略号	書名	出版社	刊行年月
外16	現代外国人名録2016	日外アソシエーツ	2016.1
海文新	海外文学新進作家事典	日外アソシエーツ	2016.6
化学	化学史事典	化学同人	2017.3
覚思	覚えておきたい人と思想100人 世界の思想家ガイドブック	清水書院	2014.9
覚思ス	覚えておきたい人と思想100人 スマート版 世界の思想家ガイドブック	清水書院	2016.8
学叢思	学術辞典叢書 第5巻 思想家人名辞典	学術出版会	2010.9
学叢歴	学術辞典叢書 第10巻 歴史辞典	学術出版会	2010.11
科史	科学史人物事典	中央公論新社	2013.2
韓現文	韓国近現代文学事典	明石書店	2012.8
韓朝新	韓国・朝鮮を知る事典 新版	平凡社	2014.3
韓俳	新版 movieweek 韓国俳優事典	ソフトバンククリエイティブ	2008.1
韓歴用	韓国歴史用語辞典	明石書店	2011.9
教思増	教育思想事典［増補改訂版］	勁草書房	2017.9
教小3	新版 教育小事典 第3版	学陽書房	2011.4
教人	教育人名資料事典 第1～2巻 教育人名辞典	日本図書センター	2009.3
教聖	全面改訂版 教会の聖人たち 上・下巻	サンパウロ	2016.10～2017.11
近中	近代中国人名辞典 修訂版	霞山会	2018.3
ク音3	クラシック音楽作品名辞典 第3版	三省堂	2009.6
ク俳	クィンラン版 世界映画俳優大事典	講談社	2002.12
グラデ	グラフィック・デザイン＆デザイナー事典	晃洋書房	2005.5
芸13	世界芸術家辞典 改訂増補版	エフ・エム・ジー	2013.10
現アジ	現代アジア事典	文眞堂	2009.7
現アテ	現代アーティスト事典	美術出版社	2012.10
現音キ	現代音楽キーワード事典	春秋社	2011.9
現科大	現代科学史大百科事典	朝倉書店	2014.5
現社	現代社会学事典	弘文堂	2012.12
現社福	現代社会福祉辞典	有斐閣	2003.11
現宗	現代宗教事典	弘文堂	2005.1
現精	現代精神医学事典	弘文堂	2011.10
現精縮	縮刷版 現代精神医学事典	弘文堂	2016.12
現世文	現代世界文学人名事典	日外アソシエーツ	2019.1
皇国	ヨーロッパの皇帝・国王200人	新人物往来社	2013.1
広辞7	広辞苑 第7版	岩波書店	2018.1
国政	国際政治事典	弘文堂	2005.12
最世ス	最新 世界スポーツ人名事典	日外アソシエーツ	2014.1
三新生	三省堂 新生物小事典	三省堂	2012.5
三新物	三省堂 新物理小事典	三省堂	2009.6
失声	失われた声を求めて	DU BOOKS	2014.10
社小増	社会学小辞典 新版増補版	有斐閣	2005.5
社心小	社会心理学小辞典 増補版	有斐閣	2002.9

（後見返しに続く）

//
外国人物レファレンス事典

20世紀
III（2011-2019）

1
欧文名［A-K］

日外アソシエーツ

BIOGRAPHY INDEX

55,000 Foreign Historical Figures After 1901,
Appearing in 166 Volumes of
151 Biographical Dictionaries and Encyclopedias

published in 2011-2019

1
A-K

Compiled by
Nichigai Associates, Inc.

©2019 by Nichigai Associates, Inc.
Printed in Japan

本書はディジタルデータでご利用いただくことができます。詳細はお問い合わせください。

●編集スタッフ●
小川 修司／成田 さくら子／木村 月子／青木 竜馬

刊行にあたって

　本書は、20世紀に活躍した歴史上の外国人がどの人名事典等にどのような表記で掲載されているかを一覧できる総索引として弊社が刊行した「外国人物レファレンス事典 20世紀」(2002年刊) 及び「同 Ⅱ」(2011～2012年刊) の追補新版である。前版同様、アルファベットから引ける「欧文名」(2分冊)、漢字の画数順に引ける「漢字名」、カナ表記から引ける「索引」で構成する。人名見出しの下には人物同定の判断材料に加えて人物の概要がわかるよう、地域・肩書・職業などのプロフィールを簡潔に示した。

　今版でも前版・前々版と同様、西洋人などは比較的異なりの少ない欧文綴りを見出しとしてローマ字アルファベット順に排列、中国・朝鮮など漢字表記の人名は漢字名見出しを総画数順に排列した。原音表記と中国での漢字名の両方が用いられる人物（中国、香港、台湾、ベトナムなどの地域）は、同じ人物を欧文名ではアルファベット表記から、漢字名では漢字表記からそれぞれ検索できるようにした。人名見出しの下には、各事典に記載されている見出し表記と生没年を一覧できるように並記した。また、索引では各事典で用いられた全てのカナ表記から本文人名見出しの所在を引くことができる。

　索引の対象となった事典は、別表に示した151種166冊である。前版編集後の9年間に刊行された事典のほか、1993年以降に刊行され前版・前々版では収録対象にならなかった事典も含めている。前版同様に基本となる総合人物事典、分野別人物事典に加え、各分野の専門事典も収録に加えた。専門事典には、専門用語や地名とともに人名項目も多数含まれており、各分野の人物を調査する時の基本ツールとなる。

　近年では、古代から近代までの世界史を対象とした人名事典よりも、地域や主題を限定した人名事典・専門事典が多く刊行されている。これらの

事典を索引対象に加えた結果、これまでの人名事典では取り上げられなかった人物も今版では数多く収録された。今版で収録した人物5.5万人のうち、2万人以上が今回新たに収録された人物である。

　編集にあたっては、誤りのないよう努めたが、膨大な人名を扱うことから、人物確認に不十分な点もあるかと思われる。編集過程でも、一人の人物が別名で立項されている例もいくつか目にした。本書でもそのような間違いがないとも限らない。お気づきの点はご教示いただければ幸いである。

　本書が、外国人物調査の際の基本ツールとして、前版、および日本人を対象とする「人物レファレンス事典」シリーズ同様に多くの図書館・大学・学校等で利用されることを祈りたい。

　2019年9月

　　　　　　　　　　　　　　　　　　　　　　　　　　日外アソシエーツ

凡　例

1. 本書の内容

    (1) 本書は、国内の代表的な人物事典、百科事典、歴史事典に掲載されている20世紀に活躍した外国人（西洋人・東洋人）の総索引である。欧文または漢字で表記された見出しとしての人名のほか、その人物の出身地・国籍、肩書・職業、業績など人物の特定に最低限必要なプロフィールを補記し、その人物がどの事典にどのように表記され、生没年はどう記されているかを明らかにしたものである。

    (2) 分冊の構成は以下の通り。

    　　1　欧文名（A-K）
    　　2　欧文名（L-Z）
    　　3　漢字名
    　　4　索　引

2. 収録範囲と人数

    (1) 前版編集後の2011～2019年に刊行された事典、および1993年以降に刊行され前版・前々版では収録対象にならなかった事典、併せて151種166冊に掲載されている、20世紀に活躍した外国人を収録した。収録対象は原則として1830年以降に生まれ、且つ1905年以降に没した人物とした。収録対象事典の詳細は別表「収録事典一覧」に示した。

    (2) 原則として実在の人物を収録し、小説の登場人物など架空の人物は除いた。

    (3) 「欧文名」の収録人数は50,577人、事典項目数はのべ91,709項目である。

3. 記載事項

    本書の各項目は次の要素から成る。

    　　(1) 人名見出し

(2) 人物説明
　(3) 掲載事典

(1) 人名見出し（欧文名）

　1) 原則として同一人物は各事典での表記に関わらず一項目にまとめた。まとめるに際しては欧文名を見出しとし、多くの事典に掲載されている一般的な綴りを採用した。
　2) 欧文綴りの採用にあたっては、地域・国を同じくする同名の人物が各事典の翻字法の微妙な差異によって離ればなれとなることのないよう、適宜統一をはかった。

(2) 人物説明

　1) プロフィール
　　　人物の地域・国名、身分・肩書・職業・業績などを簡潔に記載した。

(3) 掲載事典

　1) その人物が掲載されている事典を ⇒ の後に略号で示した。（略号は別表「収録事典一覧」を参照）
　2) 各事典における人名見出しおよび生没年を（ ）に入れて示した。見出しは各事典における日本語表記(カナ・漢字・読み)を示したが、アルファベット表記を見出しに採用している事典は、アルファベット表記およびそのカナ表記を示した。見出し形は原則として「姓, 名」に統一した。
　3) 生没年に複数の説がある場合は、／（スラッシュ）で区切って示した。
　4) 事典に生没年の記載がなく、在位年のみが記載されている場合は、(在位)と表示した。

4．排　列

(1) 人名見出しの姓の ABC 順、名の ABC 順に排列した。
(2) 冒頭の al-、as-、at-、el- 等の冠詞、Sir、Dame、Lord、Dr. 等の称号は排列上無視し、斜体で示した。またアクサンテギュなどのアクセント記

号も無視した。
　(3) Mc は Mac とみなして排列した。
　(4) 排列順位が同一の人物は、おおむね生年順とした。

5．収録事典一覧

　(1) 本書で索引対象にした事典の一覧を次ページ（および見返し）に掲げた。
　(2) 略号は、本書において掲載事典名の表示に使用したものである。
　(3) 掲載は、略号の読みの五十音順とした。

収録事典一覧

略号	書　　名	出版社	刊行年月
アア歴	アジアにおけるアメリカの歴史事典	雄松堂書店	2011.3
アガサ	アガサ・クリスティ大事典	柊風舎	2010.11
ア太戦	アジア・太平洋戦争辞典	吉川弘文館	2015.11
ア図	アメリカの児童図書館・学校図書館	日外アソシエーツ	2015.5
アニメ	アニメーションの事典	朝倉書店	2012.7
アメ経	アメリカ経済経営史事典	創風社	2008.12
アメ州	アメリカ州別文化事典	名著普及会	2004.9
アメ新	アメリカを知る事典 新版	平凡社	2012.4
遺産	オールタイム・ベスト映画遺産 外国映画男優・女優100	キネマ旬報社	2014.11
イス世	イスラーム世界事典	明石書店	2002.3
異ニ辞	異名・ニックネーム辞典	三省堂	2017.5
ＥＵ	EU情報事典	大修館書店	2009.9
岩イ	岩波イスラーム辞典	岩波書店	2002.2
岩韓	岩波小辞典　現代韓国・朝鮮	岩波書店	2002.5
岩キ	岩波 キリスト教辞典	岩波書店	2002.6
岩経	岩波 現代経済学事典	岩波書店	2004.9
岩社	岩波 社会思想事典	岩波書店	2008.3
岩女	岩波 女性学事典	岩波書店	2002.6
岩生	岩波 生物学辞典 第5版	岩波書店	2013.2
岩世人	岩波世界人名大辞典 2分冊	岩波書店	2013.12
映監	501映画監督	講談社	2009.4
エデ	エッセンシャル・ディクショナリー 音楽用語・作曲家	ヤマハミュージックメディア	2016.11
絵本	絵本の事典	朝倉書店	2011.11
旺漢3	旺文社漢字典 第三版	旺文社	2014.10
旺生5	旺文社 生物事典 五訂版	旺文社	2011.12
王妃	ヨーロッパの王妃・プリンセス200人	新人物往来社	2013.3
オク科	オックスフォード科学辞典	朝倉書店	2009.6
オク気	オックスフォード気象辞典	朝倉書店	2005.11
オク教	オックスフォードキリスト教辞典	教文館	2017.1
オク言	オックスフォード言語学辞典	朝倉書店	2009.2
オク生	オックスフォード生物学辞典	朝倉書店	2014.6
オク地	オックスフォード地球科学辞典	朝倉書店	2004.5
オク仏	オックスフォード仏教辞典	朝倉書店	2016.2
オペラ	オペラ事典	東京堂出版	2013.9
外12	現代外国人名録2012	日外アソシエーツ	2012.1

略号	書　名	出版社	刊行年月
外16	現代外国人名録 2016	日外アソシエーツ	2016.1
海文新	海外文学新進作家事典	日外アソシエーツ	2016.6
化　学	化学史事典	化学同人	2017.3
覚　思	覚えておきたい人と思想100人 世界の思想家ガイドブック	清水書院	2014.9
覚思ス	覚えておきたい人と思想100人 スマート版 世界の思想家ガイドブック	清水書院	2016.8
学叢思	学術辞典叢書 第5巻 思想家人名辞典	学術出版会	2010.9
学叢歴	学術辞典叢書 第10巻 歴史辞典	学術出版会	2010.11
科　史	科学史人物事典	中央公論新社	2013.2
韓現文	韓国近現代文学事典	明石書店	2012.8
韓朝新	韓国・朝鮮を知る事典 新版	平凡社	2014.3
韓　俳	新版 movieweek 韓国俳優事典	ソフトバンククリエイティブ	2008.1
韓歴用	韓国歴史用語辞典	明石書店	2011.9
教思増	教育思想事典［増補改訂版］	勁草書房	2017.9
教小3	新版 教育小事典 第3版	学陽書房	2011.4
教　人	教育人名資料事典 第1～2巻 教育人名辞典	日本図書センター	2009.3
教　聖	全面改訂版 教会の聖人たち 上・下巻	サンパウロ	2016.10～2017.11
近　中	近代中国人名辞典 修訂版	霞山会	2018.3
ク音3	クラシック音楽作品名辞典 第3版	三省堂	2009.6
ク　俳	クィンラン版 世界映画俳優大事典	講談社	2002.12
グラデ	グラフィック・デザイン＆デザイナー事典	晃洋書房	2005.5
芸13	世界芸術家辞典 改訂増補版	エフ・エム・ジー	2013.10
現アジ	現代アジア事典	文眞堂	2009.7
現アテ	現代アーティスト事典	美術出版社	2012.10
現音キ	現代音楽キーワード事典	春秋社	2011.9
現科大	現代科学史大百科事典	朝倉書店	2014.5
現　社	現代社会学事典	弘文堂	2012.12
現社福	現代社会福祉辞典	有斐閣	2003.11
現　宗	現代宗教事典	弘文堂	2005.1
現　精	現代精神医学事典	弘文堂	2011.10
現精縮	縮刷版 現代精神医学事典	弘文堂	2016.1
現世文	現代世界文学人名事典	日外アソシエーツ	2019.1
皇　国	ヨーロッパの皇帝・国王200人	新人物往来社	2013.1
広辞7	広辞苑 第7版	岩波書店	2018.1
国　政	国際政治事典	弘文堂	2005.12
最世ス	最新 世界スポーツ人名事典	日外アソシエーツ	2014.1
三新生	三省堂 新生物小事典	三省堂	2012.5
三新物	三省堂 新物理小事典	三省堂	2009.6
失　声	失われた声を求めて	DU BOOKS	2014.10
社小増	社会学小辞典 新版増補版	有斐閣	2005.5

略号	書　名	出版社	刊行年月
社心小	社会心理学小辞典 増補版	有斐閣	2002.9
19仏	カリカチュアでよむ19世紀末フランス人物事典	白水社	2013.6
シュル	シュルレアリスム辞典	創元社	2016.4
書道増	書道辞典 増補版	二玄社	2010.12
辞歴	辞書びきえほん 歴史上の人物	ひかりのくに	2011.3
新オペ	新オペラ鑑賞事典	有楽出版社	2012.10
新音小	新編 音楽小辞典	音楽之友社	2004.2
新音中	新編 音楽中辞典	音楽之友社	2002.3
新カト	新カトリック大事典 1～4, 別巻	研究社	1996.6～2010.9
新佛3	新・佛教辞典 第三版	誠信書房	2006.5
人文地	人文地理学辞典 普及版	朝倉書店	2012.7
数辞	数学辞典 普及版	朝倉書店	2011.4
数小増	数学小辞典 第2版増補	共立出版	2017.5
スター	501映画スター	講談社	2009.4
図哲	図解哲学人物&用語事典	日本文芸社	2015.9
スパイ	スパイ大事典	論創社	2017.5
図翻	図説 翻訳文学総合事典 2～4巻 原作者と作品(1)～(3)	大空社	2009.11
世暗	世界暗殺者事典	原書房	2003.2
精医歴	精神医学歴史事典	みすず書房	2016.7
政経改	国際政治経済辞典 改訂版	東京書籍	2003.5
西文	西洋文学事典	筑摩書房	2012.4
精分岩	精神分析事典	岩崎学術出版社	2002.3
精分弘	新版 精神分析事典	弘文堂	2002.3
世演	世界演劇辞典	東京堂出版	2015.11
世界子	世界子ども学大事典	原書房	2016.12
世建	世界の建築家図鑑	原書房	2012.10
世史改	世界史用語集 改訂版	山川出版社	2018.12
世指導	事典 世界の指導者たち―冷戦後の政治リーダー3000人	日外アソシエーツ	2018.5
世人新	新版 世界史のための人名辞典	山川出版社	2010.6
世人装	新装版 世界史のための人名辞典	山川出版社	2014.4
世数	世界数学者事典	日本評論社	2015.9
世帝	世界帝王事典	新紀元社	2015.11
世発	世界の発明発見歴史百科	原書房	2015.9
戦ア大	戦後 アメリカ大統領事典	大空社	2009.2
戦思	戦略思想家事典	芙蓉書房出版	2003.10
タイ	タイ事典	めこん	2009.9
台湾3	台湾史小事典 第3版	中国書店	2016.11
中史	96人の人物で知る中国の歴史	原書房	2017.3
中書文	中国書道文化辞典	柳原出版	2009.6

略号	書名	出版社	刊行年月
中人小	中国人名小辞典	ブックショップマイタウン	2017.7
中日3	中日辞典 第3版	小学館	2016.11
中文史	中国文化史大事典	大修館書店	2013.5
朝韓4	朝鮮韓国近現代史事典 第4版	日本評論社	2015.2
哲中	哲学中辞典	知泉書館	2016.11
天文辞	天文学辞典	日本評論社	2012.7
天文大	天文学大事典	地人書館	2007.6
南ア新	南アジアを知る事典 新版	平凡社	2012.5
日エ	日本エスペラント運動人名事典	ひつじ書房	2013.10
ニュー	ニュージーランド百科事典	春風社	2007.7
ネーム	クリエーターのための人名ネーミング辞典	学研教育出版	2014.12
ノベ3	ノーベル賞受賞者業績事典 新訂第3版	日外アソシエーツ	2013.1
博物館	博物館学事典	雄山閣	2011.8
ピ曲改	ピアノ作曲家作品事典 改訂版	ヤマハミュージックメディア	2011.6
ビト改	ビートルズ事典 改訂・増補新版	ヤマハミュージックメディア	2010.10
比文増	比較文学辞典 増訂版	東京堂出版	2013.12
姫全	お姫さま大全	講談社	2011.3
標音2	新訂 標準音楽辞典 第2版	音楽之友社	2008.3
物理	人物でよむ物理法則の事典	朝倉書店	2015.11
フ文小	フランス文学小事典	朝日出版社	2007.3
フラ食	フランス 食の事典 普及版	白水社	2007.10
ベシ経	ベーシック経営学辞典	中央経済社	2004.8
ヘミ	ヘミングウェイ大事典	勉誠出版	2012.7
ポプ人	ポプラディアプラス人物事典 1～5	ポプラ社	2017.1
マルX	マルコムX事典	雄松堂出版	2008.8
魅惑	魅惑のハイCテノール大辞典	文芸社	2009.9
メジャ	メジャー・リーグ人名事典 改訂新版	言視舎	2013.8
メル1	メルロ＝ポンティ哲学者事典 第1巻	白水社	2017.7
メル2	メルロ＝ポンティ哲学者事典 第2巻	白水社	2017.6
メル3	メルロ＝ポンティ哲学者事典 第3巻	白水社	2017.3
メル別	メルロ＝ポンティ哲学者事典 別巻	白水社	2017.12
もう山	もういちど読む山川世界史用語事典	山川出版社	2015.4
薬学	薬学史事典	薬事日報社	2016.3
有経5	有斐閣 経済辞典 第5版	有斐閣	2013.12
ユ著人	ユダヤ著名人名鑑 私家版	Elulu Publishers	2000.6
来日	江戸時代 来日外国人人名辞典	東京堂出版	2011.9
ラテ新	ラテンアメリカを知る事典 新版	平凡社	2013.3
ロック	ロック・エンサイクロペディア 1950s-1970s	みすず書房	2009.11

【A】

Aafjes, Bertus
オランダの詩人,作家。自伝的な詩『ローマへの徒歩旅行』(1946),聖書からえた霊感と現代的な言語感覚をもって歌った無韻詩『初めに』(49)は大きな評価をえた。
⇒岩世人(アーフィエス 1914.5.12–1993.4.22)
　現世文(アーフィエス,ベルトゥス 1914.5.12–1993.4.22)

Aakaatdamkoeng Raphiiphat
タイの小説家。
⇒岩世人(アーカートダムクーン 1905.11.12–1932.5.18)
　現世文(アーカートダムクーン・ラピーパット 1905.11.12–1932.11.18)
　タイ(アーカートダムクーン・ラピーパット(殿下) 1905–1932)

Aakjaer, Joppe
デンマークの小説家,詩人。『怒りの子等』(1912)が代表作。
⇒岩世人(オーケア 1866.9.10–1930.4.22)

Aalto, Hugo Alvar Henrik
フィンランドの建築家,デザイナー,都市設計家。パイミオの結核療養所の建築,ヘルシンキの文化の家(1955～58)が代表作品。
⇒岩世人(アールト 1898.2.3–1976.5.11)
　広辞7(アールト 1898–1976)
　ネーム(アールトー 1898–1976)

Aaltonen, Väinö
フィンランドの彫刻家。
⇒岩世人(アールトネン 1894.3.8–1966.5.29)

Aames, Avery
アメリカの作家,女優。
⇒海文新(エイムズ,エイヴリー)
　現世文(エイムズ,エイブリー)

Aamodt, Kjetil Andre
ノルウェーのスキー選手(アルペン)。
⇒岩世人(オーモット 1971.9.2–)
　外12(オーモット,チェーティル・アンドレ 1971.9.2–)
　最世ス(オーモット,チェーティル・アンドレ 1971.9.2–)

Aarne, Antti
フィンランドの民俗学者。
⇒岩世人(アールネ 1867.12.5–1925.2.2)

Aarnio, Eero
フィンランドの家具,インダストリアル・デザイナー。
⇒岩世人(アールニオ 1932.7.21–)

Aaron
台湾の歌手,俳優。
⇒外12(アーロン 11.20–)
　外16(アーロン 11.20–)

Aaron, Henry (Hank) Louis
アメリカの野球選手。ルースの不滅の金字塔本塁打714本をルースの22年間に対し21年目で達成。
⇒アメ州(Aaron,Henry Louis アーロン,ヘンリー・ルイス 1934–)
　岩世人(アーロン 1934.2.5–)
　外12(アーロン,ハンク 1934.2.5–)
　外16(アーロン,ハンク 1934.2.5–)
　メジャ(アーロン,ハンク 1934.2.5–)

Aaronovitch, Ben
イギリスの作家。
⇒海文新(アーロノヴィッチ,ベン 1964–)
　現世文(アーロノビッチ,ベン 1964–)

Aaronovitch, David
イギリスのジャーナリスト。
⇒外12(アーロノビッチ,デービッド 1954–)
　外16(アーロノビッチ,デービッド 1954–)

Aaroy, Tor Hogne
ノルウェーのサッカー選手(ジェフユナイテッド千葉・FW)。
⇒外12(オーロイ,トル・ホグネ 1977.3.20–)

Aars, Kristian Birch-Reichenwald
ノルウェーの哲学者,神学者。
⇒岩世人(オーシュ 1868.9.25–1917.8.4)

Abacha, Gen.Sani
ナイジェリアの政治家,軍人。ナイジェリア暫定統治評議会議長(元首),ナイジェリア軍最高司令官。
⇒世指導(アバチャ,サニ 1943.9.20–1998.6.8)

Abadi, Haider al-
イラクの政治家。イラク首相。
⇒外16(アバディ,ハイダル 1952–)
　世指導(アバディ,ハイダル 1952–)

Abad Santos, José
フィリピンの法律家。
⇒ア太戦(サントス 1886–1942)
　岩世人(アバド・サントス 1886.2.19–1942.5.2)

Abad Santos, Pedro
フィリピンの農民運動活動家。
⇒岩世人(アバド・サントス 1876.1.31–1945.1.15)

Abakanowicz, Magdalena
ポーランドの織物造形作家。
⇒外12(アバカノヴィッチ,マグダレーナ 1930.6.

20-）
外16（アバカノヴィッチ, マグダレーナ　1930.6.20-）

Abakumov, Viktor Semyonovich
ソ連の情報官僚。
⇒スパイ（アバクーモフ, ヴィクトル・セミョノヴィッチ　1908-1954）

Abakumova, Maria
ロシアのやり投げ選手。
⇒最世ス（アバクモワ, マリア　1986.1.15-）

Abate, Carmine
イタリアの作家。
⇒現世文（アバーテ, カルミネ　1954-）

Abbado, Claudio
イタリアの指揮者。
⇒岩世人（アッバード　1933.6.26-2014.1.20）
オペラ（アッバード, クラウディオ　1933-）
外12（アバド, クラウディオ　1933.6.26-）
広辞7（アバド　1933-2014）
新音中（アッバード, クラウディオ　1933.6.26-）
標音2（アッバード, クラウディオ　1933.6.26-）

Abbagnano, Nicola
イタリア実存主義哲学の代表者。主著『哲学的思惟における非合理的要素の必要』（1923），『実証的実存主義』（48）ほか。
⇒岩世人（アッバニャーノ　1901.7.15-1990.9.9）

Abbās, Ferhāt
アルジェリア民族主義運動の指導者。1946年「アルジェリア宣言民主同盟」を結成, 党首（〜55）。58年革命政府の初代首相に就任。
⇒岩イ（アッバース・ファラハート　1899-1985）
岩世人（ファルハート・アッバース　1899-1985.12.23）

Abbās, Maḥmoud
パレスチナの政治家。パレスチナ解放機構（PLO）議長, パレスチナ自治政府議長。
⇒岩世人（アッバース, マフムード　1935.3.26-）
外12（アッバス, マフムード　1935.3.26-）
外16（アッバス, マフムード　1935.3.26-）
世指導（アッバス, マフムード　1935.3.26-）

Abbas, Saadi Toamma
イラクの政治家, 軍人。イラク国防相, イラク労働社会問題相。
⇒世指導（アッバス, サアディ・トゥマ）

'Abbās Ḥilmī II
エジプトのムハンマド・アリー王朝第7代王。在位1892〜1914。最後のエジプト副王。
⇒岩世人（アッバース・ヒルミー2世　1874.8.14-1944.12.21）

Abbasi, Shahid Khaqan
パキスタンの政治家。パキスタン首相。
⇒世指導（アバシ, シャヒド・カカーン　1958.12.27-）

'Abbas Maḥmud al-'Aqqad
エジプトの哲学者, 小説家, 詩人。評論集『書と人生』や『文学と芸術』など。
⇒岩イ（アッカード　1889-1964）
岩世人（アッカード, アッバース・マフムード　1889.6.28-1964.3.12）
現世文（アッカード, アッバース・マフムード・アル　1889.6.28-1964.3.12）

Abbasof, Abdukérim
ウイグル人の革命家。イリ反乱（新疆三区革命）（1944〜49）の指導者。
⇒岩世人（アッバソフ　1921-1949）

Abbe, Cleveland
アメリカの気象学者。ヨーロッパにおける気象学の諸論文を編集して『大気力学』（3巻, 1877〜1910）を刊行した。また, プリズム望遠鏡の発明がある（1895）。
⇒アメ州（Abbe,Cleveland　アビ, クリーブランド　1838-1916）
岩世人（アッベ　1838.12.3-1916.10.28）

Abbe, Ernst Karl
ドイツの物理学者。天文台長兼気象台長, カール・ツァイス社の会長。
⇒岩世人（アッベ　1840.1.23-1905.1.14）
学叢思（アッベ, エルンスト　1840-1905）
広辞7（アッベ　1840-1905）
三新物（アッベ　1840-1905）
天文大（アッベ　1840-1905）
物理（アッベ, エルンスト　1840-1905）

Abbey, Edward
アメリカの小説家, エッセイスト。
⇒現世文（アビー, エドワード　1927-1989.3.14）

Abbey, Edwin Austin
アメリカの画家。『ハーパーズ・マガジン』の挿絵画家。ボストン公立図書館の壁画の作者。
⇒アメ州（Abbey,Edwin Austin　アベイ, エドウィン・オースチン　1852-1911）

Abbott, Berenice
アメリカの写真家。
⇒芸13（アボット, ベレニス　1898-1967）

Abbott, Bud
アメリカの喜劇俳優。
⇒ク俳（アボットとコステロ　1895-1974）
スター（アボット, バッドとコステロ, ルー　1895.10.2-1974）

Abbott, Charles Greeley
アメリカの天文学者。スミソニアン天体物理学研究所長（1907〜44）。太陽放射の研究に貢献。著書『太陽』『地球と星』。
⇒岩世人（アボット　1872.5.31-1973.12.17）
天文大（アボット　1872-1973）

Abbott, Edwin Austin
イギリスの牧師,語学者。その著「A Shakespearian grammar」(1870) は有名。
⇒岩世人 (アボット　1838.12.20–1926.10.12)

Abbott, George
アメリカの劇作家,演出家。『1頭の馬に3人の男』(1935)。『パジャマ・ゲーム』(54),『くたばれヤンキース』(55) などがある。64年自伝『ミスター・アボット』を出版。
⇒岩世人 (アボット　1887.6.25–1995.1.31)
　現世文 (アボット, ジョージ　1887.6.25–1995.1.31)
　標音2 (アボット, ジョージ　1887.6.25–)

Abbott, Grace
アメリカの社会活動家。
⇒アメ経 (アボット, グレース　1878.11.17–1939.6.19)

Abbott, James Anthony
アメリカの大リーグ選手 (投手)。
⇒メジャ (アボット, ジム　1967.9.19–)

Abbott, Jeff
アメリカの作家。
⇒外12 (アボット, ジェフ　1963–)
　外16 (アボット, ジェフ　1963–)
　現世文 (アボット, ジェフ　1963–)

Abbott, Jeremy
アメリカのフィギュアスケート選手。
⇒外12 (アボット, ジェレミー　1985.6.5–)
　外16 (アボット, ジェレミー　1985.6.5–)
　最世ス (アボット, ジェレミー　1985.6.5–)

Abbott, Lyman
アメリカの牧師,編集者。J.アボットの子。"The Outlook"の編集者。
⇒岩世人 (アボット　1835.12.18–1922.10.22)
　学叢思 (アボット, ライマン　1835–?)

Abbott, Megan E.
アメリカの作家。
⇒外12 (アボット, ミーガン)
　外16 (アボット, ミーガン)
　海文新 (アボット, ミーガン)
　現世文 (アボット, ミーガン)

Abbott, Monica
アメリカのソフトボール選手 (トヨタ自動車・投手)。
⇒最世ス (アボット, モニカ　1985.7.28–)

Abbott, Tony
アメリカの作家。
⇒現世文 (アボット, トニー　1952–)

Abbott, Tony
オーストラリアの政治家。オーストラリア首相,オーストラリア自由党党首。

⇒外16 (アボット, トニー　1957.11.14–)
　世指導 (アボット, トニー　1957.11.14–)

Abbott, William Louis
アメリカの博物学者。
⇒アア歴 (Abbott,William Louis　アボット, ウイリアム・ルイス　1860.2.23–1936.4.2)

'Abd al-'Azīz IV, Mulai
モロッコのスルタン。在位1894～1908。
⇒岩イ (アブドゥルアズィーズ, マウラーヤ　1881/1878–1943)
　岩世人 (アブドゥルアズィーズ・イブン・ハサン　1881/1878–1943.6.10)

'Abd al-'Azīz al-Tha'ālibī
青年チュニジア党の指導者。
⇒岩イ (サアーリービー, アブドゥルアズィーズ　1875–1944)
　岩世人 (サアーリービー, アブドゥルアズィーズ　1875/1876–1944)

'Abd al-Bāsiṭ Muḥammad 'Abd al-Ṣamad
エジプト生まれのクルアーン読誦学者,朗誦家。
⇒岩イ (アブドゥルバースィト・アブドゥッサマド　1927–1988)
　岩世人 (アブドゥルバースィト・アブドゥッサマド　1927–1988)

'Abd al-Ḥafīẓ, Mulai Hafiz
モロッコのスルタン。在位1908～12。
⇒岩イ (アブドゥルハフィーズ　1875–1937)
　岩世人 (アブドゥルハフィーズ・イブン・ハサン　1875–1937.4.4)

'Abd al-Ḥalīm Maḥmūd
エジプトのウラマー,アズハル総長。在任1973～78。
⇒岩イ (アブドゥルハリーム・マフムード　1910–1978)
　岩世人 (アブドゥルハリーム・マフムード　1910–1978)

'Abd al-Karīm
モロッコの政治家。1923年リーフ共和国の樹立を宣言し,大統領となる (～26)。また北アフリカ解放委員会を設立し,マグリブ諸国の民族運動に貢献した。
⇒岩イ (アブドゥルカリーム　1882頃–1963)
　岩世人 (アブドゥルカリーム・ハッタービー　1882頃–1963.2.6)
　世人新 (アブド＝アルカリーム (アブデル＝クリム)　1881/1882–1963)
　世人装 (アブド＝アルカリーム (アブデル＝クリム)　1881/1882–1963)

'Abd Allāh II
ヨルダン国王。在位1999～。
⇒岩イ (アブドゥッラー・イブン・フサイン[2]　1963–)
　岩世人 (アブドゥッラー・イブン・フサイン (2世)　1962.1.30–)
　外12 (アブドラ・ビン・フセイン　1962.1.30–)

外16（アブドラ・イブン・フセイン 1962.1.30–）
世指導（アブドラ・イブン・フセイン 1962.1.30–）

Abdallahi, Sidi Mohamed Ould Cheikh
モーリタニアの政治家。モーリタニア大統領（2007〜08）。
⇒外12（アブドライ, シディ・モハメド・ウルド・シェイフ 1938–）
　外16（アブドライ, シディ・モハメド・ウルド・シェイフ 1938–）
　世指導（アブドライ, シディ・モハメド・ウルド・シェイフ 1938–）

'Abd al-Raḥmān ibn Yūsuf al-Ifrīkī
マリ出身の学者。サウジアラビアでワッハーブ運動の教師として活躍した。
⇒岩イ（アブドゥラフマーン・イフリーキー 1908/1909–1957）

'Abd al-Rāziq, 'Alī
エジプトの思想家。イスラム改革思想を継ぐ自由主義的開明派。
⇒岩イ（アリー・アブドゥッラーズィク 1888–1966）
　岩世人（アブドゥッラーズィク, アリー 1888–1966.9.23）

Abd al-Salām, Belayd
アルジェリアの政治家。アルジェリア首相、アラブ石油輸出国機構（OAPEC）事務局長。
⇒世指導（アブデッサラム, ベレイド 1928.7–）

Abdelaziz, Mohamed
西サハラの独立運動指導者、政治家。西サハラ大統領（1976〜82）、ポリサリオ戦線書記長。
⇒岩世人（アブデルアジズ 1948–）
　世指導（アブデルアジズ, モハメド 1948–2016.5.31）
　ネーム（アブデルアジズ 1947–）

Abdelaziz, Mohamed Ould
モーリタニアの政治家、軍人。モーリタニア大統領（2009〜19）。
⇒外12（アブドルアジズ, モハメド・ウルド 1956.12.20–）
　外16（アブドルアジズ, モハメド・ウルド 1956.12.20–）
　世指導（アブデルアジズ, モハメド・ウルド 1956.12.20–）

Abdel-fatah, Mohamed
エジプトのレスリング選手（グレコローマン）。
⇒最世ス（アブドル・ファタ, モハメド 1978.2.4–）

Abdel Halim Hafez
アラブの歌手、俳優。
⇒岩世人（アブドゥル・ハリム・ハーフェズ 1929.6.21–1977.3.30）

Abdel-Malek, Anouar
エジプトのジャーナリスト、社会学者。エジプト現代社会の形成を歴史的・社会学的方法を用いて分析し高い評価を受けた。
⇒岩世人（アブデル＝マレク 1924–2012.6.15）

Abdel-Meguid, Ahmed Esmat
エジプトの外交官。エジプト外相、アラブ連盟事務局長。
⇒世指導（アブデル・メギド, アハメド・エスマト 1923.3.22–2013.12.21）

Abdel Shafi, Haidar
パレスチナの革命家。パレスチナ交渉団長。
⇒世指導（アブデルシャフィ, ハイダル 1919–2007.9.25）

Abderhalden, Emil
ドイツで活動したスイスの生化学者。蛋白質の中性溶液にニンヒドリンを加えて煮沸し、冷すと青色を呈する反応を発見し、「ニンヒドリンの反応」或は「アブデルハルデンの反応」と呼ばれる。
⇒岩生（アブデルハルデン 1877–1950）
　岩世人（アブデルハルデン 1877.3.9–1950.8.7）

Abdoud, Ibrahim
スーダンの軍人。スーダン大統領（1958〜64）、軍最高評議会議長。
⇒岩世人（アッブード, イブラーヒーム 1900–1983）

Abdrazakov, Ishenbai
キルギスの政治家、外交官。キルギス国務長官。
⇒世指導（アブドラザコフ, イシェンバイ）

Abdulatipov, Ramazan
ロシアの政治家。ロシア無所任相。
⇒世指導（アブドゥラチポフ, ラマザン 1946.8.4–）

Abdulaye Niasse
フランス植民地下セネガルの宗教指導者。
⇒岩イ（アブドゥライ・ニアス 1840–1922）

Abdul Bari
北インド・ファランギー・マハッルのウラマー＝スーフィー。
⇒岩イ（アブドゥルバーリー 1878–1926）

Abdulgani, Ruslan
インドネシアの政治家。インドネシア外相。
⇒岩世人（アブドゥルガニ, ルスラン 1914.11.24–2005.6.29）

Abdulghani, Abdul-Aziz
イエメンの政治家。イエメン首相。
⇒世指導（アブドルガニ, アブドルアジズ 1939.7.4–2011.8.22）

Abdul-Hak Hamit Tarhan
トルコの詩人、文学者、外交官。
⇒岩イ（アブデュルハク・ハーミト・タルハン 1852–1937）
　岩世人（アブデュルハク・ハーミト・タルハン 1852.1.2–1937.4.12）
　ネーム（アブドルハック＝ハーミト 1852–1937）

Abdulhamid, Ammar
シリアの作家，ジャーナリスト。
⇒現世文（アブダルハミード，アマール　1966–）

Abdul Hamid, Sultan
マレー半島西岸のクダ王国の第25代王。在位1882～1943。
⇒岩世人（アブドゥル・ハミド　1864.6.4–1943.5.13）

'Abdu'l Ḥamit II
オスマントルコ帝国第34代のスルタン。在位1876～1909。
⇒岩イ（アブデュルハミト2世　1842–1918）
　岩世人（アブデュルハミト2世　1842.9.22–1918.2.10）
　世史改（アブデュルハミト2世　1842–1918）
　世史改（アブデュルハミト2世　1842–1918）
　世人新（アブデュル=ハミト2世　1842–1918）
　世人装（アブデュル=ハミト2世　1842–1918）
　世帝（アブデュルハミト2世　1842–1918）
　ポプ人（アブデュルハミト2世　1842–1918）

'Abdu'l-Haq, Maulvī
パキスタンの教育家，ウルドゥー語学者。ウルドゥー語の普及発展に寄与している。
⇒岩世人（アブドゥル・ハック　1870.8–1961.8）

Abdul-Jabbar, Kareem
アメリカのバスケットボール選手。
⇒岩世人（アブドゥル=ジャバー　1947.4.16–）

Abdul Jalil, Mustafa
リビアの政治家，法律家。リビア国民評議会（TNC）議長。
⇒外12（アブドルジャリル，ムスタファ　1952–）
　外16（アブドルジャリル，ムスタファ　1952–）
　世指導（アブドルジャリル，ムスタファ　1952–）

Abdul Khaalis, Hamaas Khalifa
アメリカのスンナ派系黒人イスラム運動団体の一つ，"ハナフィー運動"の指導者。
⇒岩イ（アブドゥル・ハーリス　生没年不詳）

Abdullah, Abdullah
アフガニスタンの政治家，眼科医。アフガニスタン外相，行政長官（首相職）。
⇒外12（アブドラ，アブドラ　1960.9.5–）
　外16（アブドラ，アブドラ　1960.9.5–）
　世指導（アブドラ，アブドラ　1960.9.5–）

Abdullah, Basuki
インドネシアの画家。
⇒岩世人（アブドラ，バスキ　1915.1.27–1996.11.5）

Abdullah, Haji Dahlan
インドネシアの民族主義運動家。
⇒岩世人（アブドラ，ダフラン　1895–1950）

Abdullah, Muhammad Eunos
シンガポールの政治家。
⇒岩世人（アブドゥラ，ユノス　1876–1933.12.12）

Abdullāh, Sheikh Mohamad
インドの政治家。ジャム・カシミール州首相。
⇒岩世人（アブドゥッラー　1905.12.5–1982.9.8）

Abdullah, Dr.Taufik
インドネシアの歴史家，社会科学者。
⇒岩世人（アブドゥラ，タウフィック　1936.1.3–）

'Abdullāh al-Aḥmar ibn Ḥusayn
イエメンの部族連合長，政治家。
⇒岩イ（アブドゥッラー・アフマル　1930前後?–）
　岩世人（アブドゥッラー・アフマル　1930?–2007.12.29）
　世指導（アブドラ・アフマル・イブン・フセイン　?–2007.12.29）

Abdullah Badawi
マレーシアの政治家。マレーシア首相，統一マレー国民組織（UMNO）総裁。
⇒外12（アブドラ・バダウィ　1939.11.26–）
　外16（アブドラ・バダウィ　1939.11.26–）
　現アジ（アブドゥラ・アフマッド・バダウィ　1939.11.26–）
　世指導（アブドラ・バダウィ　1939.11.26–）

Abdullah Cevdet
トルコの思想家。
⇒岩世人（アブドゥッラー・ジェヴデト　1869–1932.11.29）

Abdullah Ibn Abdul Aziz
サウジアラビア国王。在位2005～15。
⇒岩世人（アブドゥッラー・イブン・アブドゥルアズィーズ　1923.8.1–）
　外12（アブドラ・イブン・アブドル・アジズ　1921.8–）
　世指導（アブドラ・ビン・アブドルアジズ　1924.8–2015.1.23）

Abdullāh ibn Husein
ヨルダン国王。第1次世界大戦ではトルコに対するアラブの叛乱を指導。46年ロンドン条約による独立の際国王に就任。51年パレスチナ人に暗殺された。
⇒岩イ（アブドゥッラー・イブン・フサイン[1]　1882–1951）
　岩世人（アブドゥッラー・イブン・フサイン（1世）　1882–1951.7.20）

Abdullahi Mohamed, Mohamed
ソマリアの政治家。ソマリア大統領（2017～）。
⇒世指導（アブドラヒ・モハメド，モハメド　1962.3.11–）

Abdul Muis
インドネシアの作家，民族主義者。
⇒岩世人（ムイス，アブドゥル　1883.7.3–1959.6.17）

A

Abdul Rahim Kajai
マレーシアの小説家。
⇒岩世人（カジャイ,アブドゥル・ラヒム　1894–1943.12.5）

Abdul Rahman, Tunku
マレーシアの政治家。1957年8月イギリス連邦内独立国マラヤ連邦の成立と同時に初代首相となる。
⇒岩イ（アブドゥル・ラマーン　1903–1990）
　岩世人（ラーマン,アブドゥル　1903.2.8–1990.12.6）
　現アジ（ラーマン,アブドゥル　1903.2.8–1990.12.6）

Abdurehim Ötkür
ウイグル人の作家。
⇒岩世人（アブドゥレヒム・オトクル　1923–1997）

Abdur Rahman Chughtai
パキスタンの画家。
⇒南ア新（アブドゥッ・ラフマーン・チュグターイー　1899–1975）

Abdürreşid İbrahim
タタール人ウラマー,ジャーナリスト,旅行家。
⇒岩イ（アブデュルレシト・イブラヒム　1857–1944）
　岩世人（アブデュルレシト・イブラヒム　1857–1944）

Abduxaliq Uyghur Abdurahman oghli
ウイグルの詩人,教育家。
⇒岩世人（アブドゥハリク・ウイグル　1901–1933.3）

Abebe Bikila
エチオピアのマラソン選手。1960年ローマ,64年東京両オリンピック大会でマラソン史上初の2回連続優勝をとげた。
⇒異二辞（アベベ・ビキラ　1932–1973）
　岩世人（アベベ　1932.8.7–1973.10.25）
　広辞7（アベベ　1932–1973）
　辞歴（アベベ・ビキラ　1932–1973）
　ポプ人（アベベ・ビキラ　1932–1973）

Abecassis, Eliette
フランスの哲学者,作家。
⇒現世文（アベカシス,エリエット　1969.1.27–）

Abed, Fazle Hasan
バングラデシュのNGO・BRACの創設者。
⇒外16（アベッド,ファズレ・ハサン　1936.4.27–）

Abedi, Isabel
ドイツの作家。
⇒海文新（アベディ,イザベル　1967.3.2–）
　現世文（アベディ,イザベル　1967.3.2–）

Abedin, Zainul
バングラデシュの画家。
⇒岩世人（アベーディン　1914.12.29–1976.5.28）
　南ア新（ザイヌル・アベディン　1914–1976）

Abegg, Emil
スイスのインド学者。チューリヒ大学教授（1928）。
⇒岩世人（アベック　1885.1.11–1962.2.12）

Abegg, Richard
ドイツの化学者。溶液の氷点に関する研究を行い（1894～98）,また原子価に関する学説を提出した（99）。
⇒岩世人（アベック　1869.1.9–1910.4.3）

Abegglen, James
アメリカの社会学者。文化人類学的立場から日本の工場の社会組織を研究。
⇒社小増（アベグレン　1926–）
　ベシ経（アベグレン　1926–）

Abel, Adolf
ドイツの建築家。
⇒岩世人（アーベル　1882.11.27–1968.11.3）

Abel, Dominique
ベルギーの映画監督,俳優,道化師。
⇒外12（アベル,ドミニク　1957–）
　外16（アベル,ドミニク　1957–）

Abel, Félix Marie
フランスの聖書学者,パレスチナ地理学者。
⇒新カト（アベル　1878.12.29–1953.3.24）

Abel, Heinrich
オーストリアのイエズス会司祭。
⇒新カト（アーベル　1843.12.15–1926.11.23）

Abel, Iorwith Wilber
アメリカの労働運動の指導者。全米統一鉄鋼労働組合会長。
⇒アメ経（エーベル,イアーウィズ　1908.8.11–）

Abel, John Jacob
アメリカの生化学者。副腎ホルモンのエピネフリン（アドレナリン）の研究は有名。
⇒岩世人（アーベル　1857.5.19–1938.5.26）
　化学（エイベル　1857–1938）
　学叢思（エーベル,ジョン）

Abel, Josef
テノール歌手。
⇒魅惑（Abel,Josef　?–）

Abel, Othenio
オーストリアの古生物学者。古生物の生態を復元する古生物学の主唱者。
⇒岩生（アーベル　1875–1946）
　岩世人（アーベル　1875.6.20–1946.7.4）

Abel, Rudolf Ivanovich
ソ連のスパイ。

⇒スパイ（アベル, ルドルフ・イワノヴィチ 1903–1971）

Abela, George
マルタの政治家。マルタ大統領（2009～14）。
⇒外12（アベーラ, ジョージ 1948.4.22–）
外16（アベーラ, ジョージ 1948.4.22–）
世指導（アベーラ, ジョージ 1948.4.22–）

Abelardo, Nicanor Santa Ana
フィリピンの作曲家。
⇒岩世人（アベラルド 1893.2.7–1934.3.21）

Abele, Anton
スウェーデンの政治家。
⇒外12（アベル, アントン）
外16（アベル, アントン）

Abell, George Ogden
アメリカの天文学者。
⇒天文大（エイベル 1927–1983）

Abell, Kjeld
デンマークの劇作家。映画の手法を取入れた『失われたメロディー』（1935）で大成功。代表作『アンナ・ソフィー・ヘドビ』（39）。
⇒岩世人（エーベル 1901.8.25–1961.3.5）
現世文（アベル, キェル 1901.8.25–1961.3.5）

Abelshauser, Werner
ドイツの経済史学者。
⇒岩世人（アーベルスハウザー 1948.8.29–）

Abel-Smith, Brian
イギリスの社会政策学者。
⇒現社福（エイベル-スミス 1926–1996）

Abelson, Robert Paul
アメリカの心理学者, 教育学者。
⇒社心小（エーベルソン 1928–）

Abend, Hallett Edward
アメリカのジャーナリスト。「ニューヨーク・タイムズ」紙極東支局長として中国に滞在（1927～42）。
⇒アア歴（Abend, Hallett E（dward） アベンド, ハレット・エドワード 1884.9.15–1955.11.27）

Abendanon, J.H.
オランダ領東インドの教育省長官。インドネシア人に対する教育の普及を指導, 女子教育を発展させた。
⇒岩世人（アベンダノン 1852.10.14–1925.12.13）

Abendroth, Hermann
ドイツの音楽家。ライプチヒ, ヴァイマルの総指揮者。
⇒岩世人（アーベントロート 1883.1.19–1956.5.29）
標音2（アーベントロート, ヘルマン 1883.1.19–1956.5.29）

Abendroth, Wolfgang
ドイツの政治学者。官僚制を批判し, 社会民主主義の理念を追求する。
⇒岩世人（アーベントロート 1906.5.2–1985.9.15）

Aber, Richard
アメリカ生まれの彫刻家。
⇒芸13（アーバー, リチャード 1948–）

Abercrombie, Lascelles
イギリスの詩人, 評論家。イギリス学士院会員（1937）。主著『間奏曲と詩』（1908）『トマス・ハーディ研究』（12）『詩–その音楽と意味』（32）など。
⇒岩世人（アバクロンビ 1881.1.9–1938.10.27）
現世文（アバクロンビー, ラッセルズ 1881.1.9–1938.10.27）

Abercrombie, Nicholas
イギリスの社会学者。
⇒社小増（アバークロンビー 1944–）

Abercrombie, *Sir* Patrick
イギリスの指導的都市計画家。
⇒岩世人（アバクロンビ 1879.6.6–1957.3.23）

Aberdeen, Ishbel Maria Gordon, Marchiness of
イギリスの婦人運動指導者。国際婦人会議の議長および組織者（1893～1936）。
⇒岩世人（アバディーン 1857.3.14–1939.4.18）

Aberdeen, John Campbell Gordon, 1st Marquis of A.and Temair
イギリスの政治家。アイルランド総督（1886, 1905～15）, カナダ総督（1893～98）を歴任。
⇒岩世人（アバディーン 1847.8.3–1934.3.7）

Abernathy, Ralph D.
アメリカの牧師。
⇒岩世人（アバナシー 1926.3.11–1990.4.17）
マルX（ABERNATHY, RALPH DAVID, SR. アバナシー, ラルフ・デイヴィッド, シニア 1926–1990）

Abernathy, Theodore Wade
アメリカの大リーグ選手（投手）。
⇒メジャ（アバナシー, テッド 1933.3.6–2004.12.26）

Abert, Hermann
ドイツの音楽学者。ヤーン著の『モーツァルト』を大幅に書き改めて"W.A.Mozart"（1919～21）を出版。
⇒新音中（アーベルト, ヘルマン 1871.3.25–1927.8.13）
ネーム（アーベルト 1871–1927）
標音2（アーベルト, ヘルマン 1871.3.25–1927.8.13）

Abetz, Heinrich Otto
ナチス・ドイツの政治家。駐仏（ヴィシー政権）

ドイツ大使。
⇒岩世人（アベッツ　1903.3.26–1958.5.5）

Abhisit Vejjajiva
タイの政治家。タイ民主党党首、タイ首相（2008〜11）。
⇒岩世人（アピシット・ウェーチャーチーワ　1964.8.3–）
　外12（アピシット・ウェチャチワ　1964.8.3–）
　外16（アピシット・ウェチャチワ　1964.8.3–）
　世指導（アピシット・ウェチャチワ　1964.8.3–）
　タイ（アピシット・ウェーチャーチーワ　1964–）

Abidal, Eric
フランスのサッカー選手（モナコ・DF）。
⇒外12（アビダル、エリック　1979.9.11–）
　外16（アビダル、エリック　1979.9.11–）
　最世ス（アビダル、エリック　1979.9.11–）

Abikusno Cokrosuyoso, Raden Mas
インドネシアの民族主義運動家。
⇒岩世人（アビクスノ・チョクロスヨノ　1897.6.16–1968.11.11）

Abil, Iolu
バヌアツの政治家。バヌアツ大統領（2009〜14）。
⇒外12（アビル、イオル　1942–）
　外16（アビル、イオル　1942–）
　世指導（アビル、イオル　1942–）

Abish, Walter
アメリカ（ユダヤ系）の作家。
⇒現世文（アビッシュ、ウォルター　1931–）
　ユ著人（Abish,Walter　アビッシュ、ウォルター　1931–）

Abitova, Inga
ロシアのマラソン選手。
⇒外12（アビトワ、インガ　1982.3.6–）
　最世ス（アビトワ、インガ　1982.3.6–）

Ablinger-Sperrhacke, Wolfgang
オーストリアのテノール歌手。
⇒魅惑（Ablinger-Sperrhacke,Wolfgang　?–）

Ablow, Keith R.
アメリカの精神科医、作家。
⇒外12（アブロウ、キース・ラッセル　1961–）
　現世文（アブロウ、キース・ラッセル　1961–）

Ablyazin, Denis
ロシアの体操選手。
⇒最世ス（アブリャジン、デニス　1992.8.3–）

Abner, Ewart
アメリカのプロデューサー、実業家。モータウン社長。
⇒ロック（Abner,Ewart　アブナー、ユーアト）

Abraham, Daniel
アメリカの作家。
⇒海文新（コーリィ、ジェイムズ・S.A.　1969–）
　海文新（エイブラハム、ダニエル　1969–）
　現世文（コーリー、ジェームズ・S.A）
　現世文（エイブラハム、ダニエル　1969–）

Abraham, F.Murray
アメリカ生まれの俳優。
⇒ク俳（エイブラハム、F・マリー　1940–）

Abraham, Gerald（Ernest Heal）
イギリスの音楽学者、評論家。
⇒新音中（エイブラハム、ジェラルド　1904.3.9–1988.3.18）
　標音2（エーブラハム、ジェラルド　1904.3.9–1988.3.18）

Abraham, Harold Maurice
イギリスの陸上選手。
⇒ユ著人（Abrahams,Harold　エイブラハムズ、ハロルド　1899–1978）

Abraham, Karl
ドイツの精神分析学者。
⇒現精（アブラハム　1877–1925）
　現精縮（アブラハム　1877–1925）
　精分岩（アブラハム、カール　1877–1925）
　精分弘（アブラハム、カール　1877–1925）

Abraham, Max
ドイツの理論物理学者。剛体電子論を提唱するなど、電磁気理論の改良を行なった。
⇒岩世人（アブラハム　1875.3.26–1922.11.16）
　三新物（アブラハム　1875–1922）

Abraham, Otto
ドイツの音響心理学研究家。
⇒標音2（アブラハム、オットー　1872.5.30–1926.1.24）

Abraham, Paul
ハンガリーの作曲家。代表曲は『ヴィクトリアと騎士』（1928）。
⇒標音2（アブラハム、パウル　1892.11.2–1960.5.9）
　ユ著人（Abraham,Paul　アブラハム、パウル　1892–1960）

Abraham, Spencer
アメリカの政治家、弁護士。エネルギー長官、上院議員（共和党）。
⇒世指導（エイブラハム、スペンサー　1952.6.12–）

Abraham, William
イギリスの労働組合指導者、政治家。
⇒学叢思（アブラハム、ウィリアム　1842–1922）

Abrahami, Eli
イスラエルの水彩画家。
⇒ユ著人（Abrahami,Eli　アブラハミ、エリ　1941–）

Abrahams, Israel
イギリスのヘブライ学者。
⇒ユ著人（Abraham,Israel　アブラハム, イスラエル　1858–1925）

Abrahams, Marc
アメリカの編集者。イグ・ノーベル賞創設者。
⇒外16（エイブラハムズ, マーク　1956–）

Abrahams, Peter
南アフリカの小説家, ジャーナリスト。
⇒現世文（エイブラハムズ, ピーター　1919.3.3–2017.1.18）

Abrahams, Peter
アメリカの作家。
⇒現世文（エイブラハムズ, ピーター　1947.6.28–）

Abram, Michael
イギリスの精神障害者。ビートルズの元メンバー, ジョージ・ハリスンを殺害しようとした。
⇒世暗（エイブラム, マイケル　1966–）

Abramov, Fyodor Aleksandrovich
ソ連の小説家。作品『兄弟たちと姉妹たち』『二度の冬と三度の夏』『わかれ道』など。
⇒現世文（アブラーモフ, フョードル・アレクサンドロヴィチ　1920.2.29–1983.5.14）

Abramovich, Roman Arkad'evich
ロシアの企業家, 政治家, チュクチ自治管区知事。
⇒外12（アブラモヴィッチ, ロマン　1966.10.24–）
　外16（アブラモヴィッチ, ロマン　1966.10.24–）

Abramowitz, Raphael
ロシアの革命家。
⇒ユ著人（Abramowitz,Raphael　アブラモヴィッツ, ラファエル　1880–1963）

Abrams, J.J.
アメリカの映画監督, テレビ・映画プロデューサー, 脚本家。
⇒外12（エイブラムス,J.J.　1966–）
　外16（エイブラムス,J.J.　1966–）

Abrams, Muhal Richard
アメリカのジャズ・ピアノ奏者, 作曲家。65年 AACM（創造的ミュージシャンの進歩のための協会）を創設し, 後進を育成。
⇒標音2（エーブラムズ, リチャード　1930.9.19–）

Abramson, Jill
アメリカのジャーナリスト。
⇒外12（エイブラムソン, ジル　1954–）
　外16（エイブラムソン, ジル　1954–）

Abrantovich, Fabiyan
ベラルーシ東方典礼カトリック教会の掌院。
⇒新カト（アブラントヴィチ　1884.9.14–1940）

Abrate, Luigi
イタリアのテノール歌手。
⇒魅惑（Abrate,Luigi　1890–?）

Abreu, Bob Kelly
ベネズエラの大リーグ選手（外野）。
⇒外12（アブレイユ, ボビー　1974.3.11–）
　最世ス（アブレイユ, ボビー　1974.3.11–）
　メジャ（アブレウ, ボビー　1974.3.11–）

Abreu, Jose
キューバの大リーグ選手（ホワイトソックス・内野）。
⇒外16（アブレイユ, ホセ　1987.1.29–）

Abri, Julius
ブダペスト生まれの神言修道会司祭, 神学者。
⇒新カト（アブリ　1914.10.14–2003.7.9）

Abrikosov, Aleksei Ivanovich
ソ連邦の医学者。肺結核第1期の解剖学的研究で有名。
⇒岩世人（アブリコーソフ　1875.1.6/18–1955.4.9）

Abrikosov, Alexei Alexeevich
ロシアの物理学者。
⇒外12（アブリコソフ, アレクセイ　1928.6.25–）
　外16（アブリコソフ, アレクセイ　1928.6.25–）
　広辞7（アブリコソフ　1928–2017）
　ノベ3（アブリコソフ,A.A.　1928.6.25–）

Abril, Victoria
スペイン生まれの女優。
⇒ク俳（アブリル, ヴィクトリア（ロハス,V）　1959–）

Abrizal Bakrie
インドネシアの実業家, 閣僚。
⇒岩世人（バクリ, アブリザル　1946.11.15–）
　世指導（バクリ, アブリザル　1946.11.15–）

Abs, Hermann J.
ドイツの銀行家。
⇒岩世人（アブス　1901.10.15–1994.2.5）

Absalon, Julien
フランスの自転車選手（マウンテンバイク）。
⇒外12（アブサロン, ジュリアン　1980.8.16–）
　外16（アブサロン, ジュリアン　1980.8.16–）
　最世ス（アブサロン, ジュリアン　1980.8.16–）

Abse, Dannie（Daniel）
イギリスの詩人, 劇作家, 小説家, 医師。
⇒現世文（アブジ, ダニー　1923.9.22–2014.9.28）

Absil, Jean
ベルギーの作曲家。1938年イザイ・コンクールのための作品, ピアノ協奏曲で国際的注目を集めた。
⇒ク音3（アブシル　1893–1974）

新音中（アブシル，ジャン　1893.10.23–1974.2.2）
標音2（アブシル，ジャン　1893.10.23–1974.2.2）

Abū al-Majd, Aḥmad Kamāl
エジプトのイスラム思想家。
⇒岩イ（アブー・マジュド　1930–）
岩世人（アブー・マジュド，アフマド・カマール　1930–）

Abu Assad, Hany
パレスチナの映画監督。
⇒外12（アブ・アサド，ハニ　1961–）
外16（アブ・アサド，ハニ　1961–）

Abubakar, Abdulsalami
ナイジェリアの政治家，軍人。ナイジェリア暫定統治評議会議長。
⇒世指導（アブバカル，アブドルサラム　1942.6.13–）

Abubakar Gumi
ナイジェリアのイスラム学者。イスラム復興運動を主導した。
⇒岩イ（アブバカル・グミ　1922–1992）

Abu Bakr al-Baghdadi
イスラム国（IS）指導者。
⇒外16（アブバクル・バグダディ師　1971–）
世指導（バグダディ，アブバクル　1971.7.28–）

Abuelaish, Izzeldin
パレスチナの産婦人科医。
⇒外16（アブエライシュ，イゼルディン　1955–）

Abul-Gheit, Ahmed Ali
エジプトの政治家，外交官。アラブ連盟事務局長，エジプト外相。
⇒世指導（アブルゲイト，アハメド・アリ　1942.6.12–）

Abu Sahmain, Nori
リビアの政治家。リビア制憲議会議長。
⇒外16（アブサハミーン，ヌーリ　1946–）
世指導（アブサハミーン，ヌーリ　1946–）

Abu Sayeed Ayyub
インド・カルカッタ生まれの哲学研究者，タゴール文学の哲学的解明に取組んだ思想家。
⇒岩イ（アブー・サイイド・アイユーブ　1906–1982）

Abū Zahra, Muḥammad
エジプト・アズハル出身のイスラム学者。
⇒岩イ（アブー・ザフラ　1898–1974）
岩世人（アブー・ザフラ，ムハンマド　1898–1974）

Accardo, Salvatore
イタリアのヴァイオリン奏者。
⇒外12（アッカルド，サルヴァトーレ　1941.9.26–）
新音中（アッカルド，サルヴァトーレ　1941.9.26–）
標音2（アッカルド，サルヴァトーレ　1941.9.26–）

Acciarito, Pietro Umberto
イタリアの鍛冶屋。イタリア国王ウンベルト1世の暗殺をはかった。
⇒世暗（アッチャリート，ピエトロ・ウンベルト　1871–1943）

Acconci, Vito
アメリカのアーティスト。
⇒岩世人（アコンチ　1940.1.24–）
芸13（アコンチ，ヴィト　1940–）

Ace, Johnny
アメリカのR&B歌手。
⇒ロック（Ace,Johnny　エイス，ジョニー　1929.6.9–1954.12.24）

Acerbi, Giuseppe
イタリアのテノール歌手。
⇒魅惑（Acerbi,Giuseppe　1871–?）

Aceves Mejia, Miguel
メキシコの男性歌手。ランチュラ（メキシコの田舎風のポピュラーソング）を得意にして，メキシコにおける第一人者となる。
⇒標音2（アセベス・メヒア，ミゲル　1915.11.13–）

Ach, Narziss Kaspar
ドイツの心理学者。ブルツブルク学派の指導者の一人。思考，意志の実験的研究，無心像的な意識性，決定傾向の考えで著名。主著 "Analyse des Willens"（1935）。
⇒岩世人（アッハ　1871.10.29–1946.7.25）
教人（アッハ　1871–1946）

Achard, Charles
フランスの医者。パラチフスB菌の発見者でパラチフス症を記載した。
⇒岩世人（アシャール　1860.7.24–1944）

Achard, Marcel
フランスの劇作家。1923年『ミサは唱えられた』『わたしと遊んでくれませんか』でファルス作家としてデビュー，59年アカデミー・フランセーズ会員。
⇒岩世人（アシャール　1899.7.5–1974.9.4）
現世文（アシャール，マルセル　1888.7.5–1979.9.14）
世演（アシャール，マルセル　1899.7.4–1974.9.4）

Acharya, Francis
ベルギー人のシトー会会員。インドにおけるキリスト教アシュラム運動の指導的人物の一人。
⇒新カト（アーチャールヤ　1912.1.17–2002.1.31）

Achdiat Karta Mihardja
インドネシアの作家，評論家。
⇒岩世人（カルタミハルジャ，アフディアット　1911.3.6–2010.7.8）
現世文（カルタミハルジャ，アフディアット　1911.3.6–2010.7.8）

Achebe, Chinua
英語で書くナイジェリアの作家。1954～66年、ナイジェリア放送協会で、国際放送を担当。主著『解体』『もはや気楽ではいられない』『神の矢』。
⇒岩世人（アチェベ　1930.11.16–2013.3.21）
外12（アチェベ、チヌア　1930.11.15–）
現世文（アチェベ、チヌア　1930.11.15–2013.3.21）
広辞7（アチェベ　1930–2013）
ネーム（アチェベ　1930–）

Acheson, Dean Gooderham
アメリカの国務長官、弁護士。朝鮮戦争、NATO創設、対日講和など、戦後処理と冷戦政策に大きな役割を演じた。
⇒岩世人（アチソン　1893.4.11–1971.10.12）

Acheson, Edward Goodrich
アメリカの化学者、発明家。
⇒岩世人（アチソン　1856.3.9–1931.7.6）
世発（アチソン、エドワード・グッドリッチ　1856–1931）
ネーム（アチソン　1856–1931）

Achron, Joseph
ロシアの音楽家。アメリカに住み（1925～）、ヴァイオリン曲、管絃楽、室内楽等を作曲。
⇒ク音3（アクロン　1886–1943）
標音2（アクロン、ジョーゼフ　1886.5.13–1943.4.29）

Achterberg, Gerrit
オランダの詩人。P.C.ホーフト賞の第一回受賞者（1950）。
⇒岩世人（アハテルベルフ　1905.5.20–1962.1.17）

Achternbusch, Herbert
ドイツ生まれの映画監督、映画脚本家、映画製作者、男優。
⇒岩世人（アハテルンブッシュ　1938.11.23–）
現世文（アハテルンブッシュ、ヘルベルト　1938.11.23–）

Acito, Marc
アメリカの作家、コラムニスト、脚本家。
⇒外12（アシート、マーク）
海文新（アシート、マーク　1966.1.11–）
現世文（アシート、マーク　1966.1.11–）

Acker, Kathy
アメリカの小説家。
⇒現世文（アッカー、キャシー　1947.4.18–1997.11.30）
ユ著人（Acker,Kathy　アッカー、キャシー　1947–）

Acker, Shane
アメリカの映画監督。
⇒外12（アッカー、シェーン　1971–）

Ackeret, Jakob
スイスの流体力学者、航空力学者。
⇒岩世人（アッケレート　1898.2.17–1981.3.27）

Ackerknecht, Erwin
ドイツの教育者。国民図書館制度と陶冶制度の改革者。文芸批評家、文芸史家としても有名。
⇒教人（アッカークネヒト　1880–）

Ackerman, Edward Augustus
アメリカの地理学者。戦後、対日占領軍技術顧問として来日（1946）、日本の資源問題の調査研究に助言を行い、資源調査会を創設。
⇒岩世人（アッカーマン　1911.12.5–1973.3.8）

Ackerman, Forrest J.
アメリカのSF誌編集者、作家。
⇒現世文（アッカーマン、フォレスト・J.　1916.11.24–2008.12.4）

Ackerman, Nathan Ward
アメリカの精神科医。
⇒現精（アッカーマン　1908–1971）
現精縮（アッカーマン　1908–1971）
精分岩（アッカーマン、ネイサン・W　1908–1971）

Ackerman, Robert Allan
アメリカの演出家。
⇒外12（アッカーマン、ロバート・アラン）
外16（アッカーマン、ロバート・アラン）

Ackermann, Friedrich Wilhelm
ドイツの数学者、論理学者。
⇒岩世人（アッカーマン　1896.3.29–1962.12.24）
世数（アッケルマン、ヴィルヘルム　1896–1962）

Ackermann, Ronny
ドイツのスキー選手（複合）。
⇒外12（アッカーマン、ロニー　1977.5.16–）
最世ス（アッカーマン、ロニー　1977.5.16–）

Ackles, David
アメリカのミュージシャン、俳優。
⇒ロック（Ackles,David　アクルズ、デイヴィッド　1937–）

Ackley, Hugh Gardner
アメリカの経済学者。
⇒有経5（アクレー　1915–1998）

Acklin, Barbara
アメリカ・シカゴ生まれのシンガー・ソングライター。
⇒ロック（Acklin,Barbara　アクリン、バーバラ　1943.2.28–）

Ackroyd, Joyce
オーストラリアの日本文学研究家。
⇒岩世人（アクロイド　1918–1991.8.30）

Ackroyd, Peter
イギリスの作家、映画・テレビ批評家。

A

⇒岩世人（アクロイド　1949.10.5–）
外12（アクロイド, ピーター　1949.10.5–）
外16（アクロイド, ピーター　1949.10.5–）
現世文（アクロイド, ピーター　1949.10.5–）

Acland, *Sir* **Richard Thomas Dyke, 15th Baronet**
イギリスの政治家。
⇒岩世人（アクランド　1906.11.26–1990.11.24）

Acuff, Roy
アメリカ生まれのカントリー歌手。
⇒アメ州（Acuff,Roy　エイカフ, ロイ　1903–）
異二辞（エイカフ, ロイ　1903–1992）
新音中（エイカフ, ロイ　1903.9.15–1992.11.23）
標音2（エーカフ, ロイ　1903.9.15–1992.11.23）
ロック（Acuff,Roy　エイカフ, ロイ　1903.9.15–）

Acuna, Alex
ペルーのジャズ演奏家。代表作『ワイルド・マン』『イミグラント』など。
⇒外12（アクーニャ, アレックス　1944.12.12–）

Acuna, Roberto
パラグアイのサッカー選手。
⇒外12（アクーニャ, ロベルト　1972.3.25–）
最世ス（アクーニャ, ロベルト　1972.3.25–）

Adair, Beegie
アメリカのジャズ・ピアノ奏者。
⇒外12（アデール, ビージー　1937.12.11–）
外16（アデール, ビージー　1937.12.11–）

Adair, Gilbert
イギリスの作家, エッセイスト。
⇒外12（アデア, ギルバート　1944–）
現世文（アデア, ギルバート　1944.12.29–2011.12.8）

Adair, Kenneth Jerry
アメリカの大リーグ選手（二塁, 遊撃）。
⇒メジャ（エイデア, ジェリー　1936.12.17–1987.5.31）

Adam, Henri-Georges
フランスの彫刻家。「ル・アーヴル港のモニュメント」(1955)など記念碑的大作を得意とした。
⇒岩世人（アダン　1904.1.14–1967.8.27）

Adam, Juliette
フランスの女性作家。自由主義的反教権主義的な政治論文や小説を書いた。
⇒岩世人（アダン　1836.10.4–1936.8.23）
19仏（アダン, ジュリエット　1836.10.4–1936.8.23）

Adam, Karl
ドイツのカトリック神学者。1934年ナチスに追われたが, のち復帰。主著『カトリシズムの本質』(24)。

⇒岩世人（アダム　1876.10.22–1966.4.1）
オク教（アダム　1878–1966）
新カト（アダム　1876.10.22–1966.4.1）

Adam, Paul
フランスの自然主義作家。代表作は4部作『時と人生』(1899～1903)。
⇒岩世人（アダン　1862.12.7–1920.1.1）
現世文（アダン, ポール　1862.12.7–1920.1.1）
19仏（アダン, ポール　1862.12.7–1920.1.1）

Adam, Theo
ドイツのバス・バリトン歌手。
⇒オペラ（アーダム, テオ　1926–）
新音中（アーダム, テーオ　1926.8.1–）
標音2（アーダム, テーオ　1926.8.1–）

Adami, Edward Fenech
マルタの政治家。マルタ大統領(2004～09), マルタ国民党党首。
⇒外12（アダミ, エドワード・フェネク　1934.2.7–）
外16（アダミ, エドワード・フェネク　1934.2.7–）
世指導（アダミ, エドワード・フェネク　1934.2.7–）

Adami, Fillippo
イタリアのテノール歌手。
⇒魅惑（Adami,Fillippo　?–）

Adami, Giuseppe
イタリアの劇作家, 台本作家, 映画のシナリオライター。
⇒オペラ（アダーミ, ジュゼッペ　1878–1946）

Adami, Valerio
イタリア生まれのポップ・アーティスト。
⇒芸13（アダミ, ヴァレリオ　1935–）

Adamic, Louis
ユーゴスラビア生まれのアメリカの作家, 評論家。
⇒現世文（アダミック, ルイス　1898–1951）

Adamkus, Valdas
リトアニアの政治家。リトアニア大統領(1998～2003,04～09)。
⇒岩世人（アダムクス　1926.11.3–）
外12（アダムクス, ワルダス　1926.11.3–）
外16（アダムクス, ワルダス　1926.11.3–）
世指導（アダムクス, ワルダス　1926.11.3–）

Adamo, Salvatore
イタリアの男性シャンソン歌手, 作詞・作曲家。1962年自作自唱の『サン=トア=マミー』で大成功を収めた。
⇒外12（アダモ, サルヴァトーレ　1943.11.1–）
外16（アダモ, サルヴァトーレ　1943.11.1–）
標音2（アダモ, サルヴァトーレ　1943.11.1–）

Adamov, Arthur
フランスの劇作家。シュールレアリスム運動の

影響を受ける。代表作『侵入』(1950),『1871年の春』(61)。
⇒岩世人（アダモフ　1908.8.23-1970.3.14)
現世文（アダモフ,アルチュール　1908.8.23-1970.3.16)
ネーム（アダモフ　1908-1970)

Adamóvich, Alesi (Aleksándr) Mikháilovich
ベラルーシ（ソ連）の作家,文芸評論家。
⇒岩世人（アダモヴィチ　1927.9.3-1994.1.26)

Adamóvich, Geórgii Víktorovich
ロシアの詩人,批評家。
⇒岩世人（アダモーヴィチ　1894.4.7/19-1972.2.21)

Adams, Alexa
アメリカの服飾デザイナー。
⇒外12（アダムズ,アレクサ)

Adams, Alice Pettee
アメリカの宣教師,社会事業家。
⇒現社福（アダムス　1866-1937)

Adams, Amy
アメリカの女優。
⇒外12（アダムズ,エイミー　1974-)

Adams, Ansel
アメリカの写真家。風景写真の第一人者。ストレート写真による近代写真の成立に尽した。
⇒アメ新（アダムス　1902-1984)
異二辞（アダムズ,アンセル　1902-1984)
岩世人（アダムス　1902.2.20-1984.4.22)
芸13（アダムズ,アンセル　1902-1984)
広辞7（アダムズ　1902-1984)

Adams, Brooke
アメリカ生まれの女優。
⇒ク俳（アダムズ,ブルック　1949-)

Adams, Bryan
カナダ生まれのミュージシャン。
⇒外12（アダムス,ブライアン　1959.11.5-)
外16（アダムス,ブライアン　1959.11.5-)

Adams, Charles Benjamin (Babe)
アメリカの大リーグ選手（投手）。
⇒メジャ（アダムス,ベーブ　1882.5.18-1968.7.27)

Adams, Douglas
イギリスの脚本家,SF作家。
⇒現世文（アダムス,ダグラス　1952.3.11-2001.5.11)

Adams, Earl John (Sparky)
アメリカの大リーグ選手（二塁,三塁）。
⇒メジャ（アダムス,スパーキー　1894.8.26-1989.2.24)

Adams, Faye
アメリカの歌手。
⇒ロック（Adams,Faye　アダムズ,フェイ)

Adams, George
アメリカのジャズ・テナー・サックス,フルート,バス・クラリネット奏者。
⇒標音2（アダムス,ジョージ　1940.4.29-)

Adams, George Irving
アメリカの地質学者。
⇒アア歴（Adams,George Irving　アダムズ,ジョージ・アーヴィング　1870.8.17-1932.9.8)

Adams, Gerry
イギリス（北アイルランド）の政治家。イギリス下院議員,シン・フェイン党党首。
⇒岩世人（アダムズ　1948.10.6-)
外12（アダムズ,ジェリー　1948.10.6-)
外16（アダムズ,ジェリー　1948.10.6-)
世指導（アダムズ,ジェリー　1948.10.6-)

Adams, Guy
イギリスの作家。
⇒海文新（アダムス,ガイ　1976-)
現世文（アダムス,ガイ　1976-)

Adams, Henry Brooks
アメリカの歴史家,小説家。主著『ジェファーソンとマジソン統治下の合衆国史』(9巻),小説『民主主義』,自叙伝『ヘンリー・アダムズの教育』。
⇒アメ州（Adams,Henry　アダムス,ヘンリ-　1838-1918)
アメ新（アダムス　1838-1918)
岩世人（アダムズ　1838.2.16-1918.3.27)
教人（アダムス　1838-1918)
新カト（アダムズ　1838.2.16-1918.3.27)

Adams, Henry Carter
アメリカ生まれの経済思想学者。
⇒岩世人（アダムス　1851.12.31-1921.8.11)

Adams, Joey Lauren
アメリカの女優。
⇒ク俳（アダムズ,ジョーイ・ローレン　1971-)

Adams, John
イギリス,アメリカの教育家。グラスゴー,ロンドン,ハーバード,ロサンゼルス各大学の教育学のゼミナール教師,教授。
⇒岩世人（アダムス　1857.7.2-1934.9.30)
教人（アダムス　1857-1934)

Adams, John
アメリカの作曲家,指揮者。
⇒岩世人（アダムズ　1947.2.15-)
エデ（アダムズ,ジョン（クーリッジ）　1947.2.15-)
オペラ（アダムズ,ジョン　1947-)
ク音3（アダムズ　1947-)

新音中（アダムズ・ジョン　1947.2.15–）

Adams, Johnny
アメリカ・ルイジアナ州ニューオーリンズのソウル歌手。
⇒ロック（Adams, Johnny　アダムズ, ジョニー）

Adams, Julie
アメリカ生まれの女優。
⇒ク俳（アダムズ, ジュリー（アダムズ, ベティ・メイ）　1926–）

Adams, Léonie（Fuller）
アメリカの女性詩人。
⇒現世文（アダムズ, レオニー　1899.12.9–1988.6.27）

Adams, Marie
アメリカ・テキサス州リンドン生まれの歌手。
⇒ロック（Adams, Marie　アダムズ, マリー）

Adams, Mark
アメリカの作家, ジャーナリスト, 編集者。
⇒外16（アダムス, マーク　1967–）

Adams, Maud
スウェーデン生まれの女優。
⇒ク俳（アダムズ, モード（ヴィクシュトルム, M）　1945–）

Adams, Maude
アメリカの女優。
⇒アメ州（Adams, Maude　アダムズ, モード　1872–1953）

Adams, Nick
アメリカの俳優。
⇒ク俳（アダムズ, ニック（アダムショック, ニコラス）　1931–1968）

Adams, Nicola
イギリスのボクサー。
⇒外16（アダムズ, ニコラ　1982.10.26–）
　最世ス（アダムズ, ニコラ　1982.10.26–）

Adams, Richard George
イギリスの作家。
⇒現世文（アダムズ, リチャード　1920.5.9–2016.12.24）

Adams, Robert Henry
アメリカの大リーグ選手(三塁, 二塁)。
⇒メジャ（アダムズ, ボビー　1921.12.14–1997.2.13）

Adams, Robert McCormick
アメリカの人類学者, 考古学者。
⇒岩世人（アダムズ　1926.7.23–）

Adams, Roger
アメリカの有機化学者。強力な酸化白金触媒の製法を発見。
⇒岩世人（アダムズ　1889.1.2–1971.7.6）
　化学（アダムス　1889–1971）

Adams, Samuel Hopkins
アメリカの小説家, ジャーナリスト。マックレーキング運動で活躍。
⇒現世文（アダムズ, サミュエル・ホプキンズ　1871.1.26–1958.11.15）

Adams, Stephen
イギリスの作曲家, テノール歌手。
⇒ク音3（アダムズ　1844–1913）

Adams, Terry Wayne
アメリカの大リーグ選手(投手)。
⇒メジャ（アダムズ, テリー　1973.3.6–）

Adams, Tom
イギリス生まれの俳優。
⇒ク俳（アダムズ, トム　1938–）

Adams, Tony
イギリスのサッカー選手。
⇒外12（アダムズ, トニー　1966.10.10–）

Adams, Valerie
ニュージーランドの砲丸投げ選手。
⇒外12（ビリ, バレリー　1984.10.6–）
　外16（アダムズ, バレリー　1984.10.6–）
　最世ス（アダムズ, バレリー　1984.10.6–）

Adams, Walter Sydney
アメリカの天文学者。シリウス伴星のスペクトル線偏位を確認。
⇒岩世人（アダムズ　1876.12.20–1956.5.11）
　天文辞（アダムス　1876–1956）

Adams, Will
アメリカの作家。
⇒海文新（アダムズ, ウィル）

Adams, William Acton Blakeway
ニュージーランドの牧場主, 政治家。
⇒ニュー（アダムズ, ウィリアム　1843–1924）

Adamson, Andrew
ニュージーランドの映画監督。
⇒外12（アダムソン, アンドルー　1966–）

Adamson, Isaac
アメリカの作家。
⇒外16（アダムソン, アイザック　1971–）
　海文新（アダムスン, アイザック　1971–）
　現世文（アダムソン, アイザック　1971–）

Adamson, Joy
オーストリア生まれの動物学者。ライオンを主人公にしたエルザ・シリーズが世界的ベストセラーとなる。
⇒ポプ人（アダムソン, ジョイ　1910–1980）

Adamson, William
イギリスの政治家,労働運動指導者。
⇒岩世人（アダムソン　1863.4.2–1936.2.23）

Adánez, Isidoro
スペイン・サモラ生まれの日本宣教師,ドミニコ会員。
⇒新カト（アダネス　1879.8.10–1958.2.7）

Adcock, Joseph Wilbur
アメリカの大リーグ選手（一塁,外野）。
⇒メジャ（アドコック,ジョー　1927.10.30–1999.5.3）

Addams, Dawn
アメリカの女優。
⇒ク俳（アダムズ,ドーン　1930–1985）

Addams, Jane
アメリカの女性社会事業家。アメリカ最初のセツルメント,フル・ハウスをシカゴに建設（1889）。ノーベル平和賞を受賞（31）。
⇒アメ経（アダムズ,ジェーン　1860.9.6–1935.5.21）
　アメ州（Addams,Jane　アダムズ,ジェーン　1860–1935）
　アメ新（アダムズ　1860–1935）
　岩世人（アダムズ　1860.9.6–1935.5.21）
　教思増（アダムズ,ジェーン　1860–1935）
　教人（アダムズ　1860–1935）
　現社福（アダムズ　1860–1935）
　広辞7（アダムズ　1860–1935）
　新カト（アダムズ　1860.9.6–1935.5.21）
　世界子（アダムズ,ジェーン　1860–1935）
　ノベ3（アダムズ,J.　1860.9.6–1935.5.21）
　ポプ人（アダムズ,ジェーン　1860–1935）

Addari
フランス生まれの芸術家。
⇒芸13（アダリ　1936–）

Adderley, James Granville
イギリスのキリスト教社会主義者。
⇒学叢思（アッダァレー,ジェームス・グランヴィル　1861–?）

Adderley, Julian（Cannonball）
アメリカのジャズ・アルトサックス奏者,作曲家,アレンジャー。
⇒異二辞（アダレイ[ジュリアン・エドウィン・～]　1928–1975）
　新音中（アダリー,キャノンボール　1928.9.15–1975.8.8）
　標音2（アダリー,キャノンボール　1928.9.15–1975.8.8）

Adderley, Nathaniel（Nat）
アメリカのジャズ・コルネット奏者。キャノンボール・アダレイの実弟。「ワーク・ソング」などで作曲者としても著名。
⇒標音2（アダリー,ナット　1931.11.25–2000.1.2）

Adderson, Caroline
カナダの作家。
⇒海文新（アダーソン,キャロライン）
　現世文（アダーソン,キャロライン）

Addinsell, Richard
イギリスの劇場・映画音楽作曲家。
⇒エデ（アディンセル,リチャード（スチュアート）1904.1.13–1977.11.14）
　ク音3（アディンセル　1904–1977）
　標音2（アディンセル,リチャード　1904.1.13–1977.11.14）

Addison, Christopher, 1st viscount
イギリスの医者,政治家。自由党から労働党に転じ第二次マクドナルド内閣の農漁相（1930～31）に任じ貴族に列せられた（37）。
⇒岩世人（アディソン　1869.6.19–1951.12.11）

Ade, George
アメリカの小説家。
⇒アメ州（Ade,George　エイド,ジョージ　1866–1944）
　現世文（エイド,ジョージ　1866.2.9–1944.5.16）

Adé, 'King'Sunny
ナイジェリアの歌手,ギター奏者,ソングライター,バンド・リーダー。
⇒岩世人（キング・サニー・アデ　1946.9.22–）
　新音中（アデ,[キング]・サニー　1946.9.1–）

Adebayo, Adigun Junior
ナイジェリアのサッカー選手（MF）。
⇒外12（アデバヨ,アディグン　1990.11.15–）

*al-*Adel, Saif
エジプトのイスラム原理主義過激派活動家。アルカイダ指導者。
⇒外12（アル・アデル,サイフ）
　外16（アル・アデル,サイフ）

Adelborg, Ottilia
スウェーデンのイラストレーター,絵本作家。
⇒絵本（アーデルボリ,オッティリア　1855–1936）

Adele
イギリスのシンガー・ソングライター。
⇒外12（アデル　1988.5.5–）
　外16（アデル　1988.5.5–）

Adeli, Muhammad Hossein
イランの外交官。イラン中央銀行総裁,駐英イラン大使。
⇒外16（アデリ,モハマド・ホセイン　1952–）

Adeline, L.Marie
カナダの作家,テレビプロデューサー。
⇒海文新（アデライン,L.マリー）
　現世文（アデライン,L.マリー）

A

Ademir da Costa
ブラジル出身の空手家。
⇒異二辞（アデミール・ダ・コスタ　1961–）

Adenauer, Konrad
ドイツの政治家。ドイツ連邦共和国の初代首相（1849～63）。
⇒EU（アデナウアー，コンラート　1876–1967）
　岩世人（アデナウアー　1876.1.5–1967.4.19）
　広辞7（アデナウアー　1876–1967）
　新カト（アデナウアー　1876.1.5–1967.4.19）
　政経改（アデナウアー　1876–1967）
　世史改（アデナウアー　1876–1967）
　世人新（アデナウアー　1876–1967）
　世人装（アデナウアー　1876–1967）
　ネーム（アデナウアー　1876–1967）
　ポプ人（アデナウアー，コンラート　1876–1967）

Áder, János
ハンガリーの政治家。ハンガリー大統領（2012～）。
⇒外16（アーデル，ヤーノシュ　1959.5.9–）
　世指導（アーデル，ヤーノシュ　1959.5.9–）

Adès, Thomas
イギリスの作曲家。
⇒ク音3（アデス　1971–）

Adhamy, Ayad Al
アメリカのミュージシャン。
⇒外12（アダミー，アヤド・アリ）

Adhémar, Jean
フランスの美術史家。長くパリ国立図書館版画部長を務めた。
⇒岩世人（アデマール　1908.3.18–1987.6.20）

Adhikari, Man Mohan
ネパールの政治家。ネパール統一共産党議長，ネパール首相。
⇒世指導（アディカリ，マン・モハン　1920.6.22–1999.4.26）

Adīb
ペルシアの詩人。
⇒岩世人（アディーベ・ピーシャーヴァリー　1844–1930）

Adibah Amin
マレーシアの女性小説家。
⇒現世文（アディバ・アミン　1936–）

Adīb-e Nīshābūrī
ペルシアの文人。
⇒岩世人（アディーベ・ニーシャーブーリー　1864/1865–1925/1926）

Adichie, Chimamanda Ngozi
ナイジェリア生まれの作家。
⇒外12（アディーチェ，チママンダ・ンゴズィ　1977–）
　外16（アディーチェ，チママンダ・ンゴズィ　1977–）
　海文新（アディーチェ，チママンダ・ンゴズィ　1977.9.15–）
　現世文（アディーチェ，チママンダ・ンゴズィ　1977.9.15–）

Adickes, Erich
ドイツの哲学者。カント文献学者で，カントの遺稿の編者。
⇒岩世人（アディケス　1866.6.29–1928.7.8）
　ネーム（アディケス　1866–1928）

Adiga, Aravind
インドの作家，経済ジャーナリスト。
⇒外16（アディガ，アラヴィンド　1974–）
　海文新（アディガ，アラヴィンド　1974.10.23–）
　現世文（アディガ，アラヴィンド　1974.10.23–）

Adigard, Erik
コンゴ共和国・ブラザビル生まれのコンピュータ・グラフィックのアーティスト，デザイナー。M.A.D.設立者。
⇒グラデ（Adigard,Erik　アディガール，エリック　1953–）

Adij, Boukari
ニジェールの政治家。ニジェール暫定内閣首相，西アフリカ諸国中央銀行副総裁。
⇒世指導（アジ，ブカリ　1939–）

Adishakti, Laretna
インドネシアの建築家。
⇒外12（アディシャクティ，ラレットナ　1958–）
　外16（アディシャクティ，ラレットナ　1958–）

Adisucipto, Agustinus
インドネシアの国家英雄。
⇒岩世人（アディスチプト　1916.7.3–1947.7.29）

Adjani, Isabelle
フランス生まれの女優。
⇒遺産（アジャーニ，イザベル　1955.6.27–）
　岩世人（アジャーニ　1955.6.27–）
　外12（アジャーニ，イザベル　1955.6.27–）
　ク俳（アジャーニ，イザベル　1955–）
　スター（アジャーニ，イザベル　1955.6.27–）
　ネーム（アジャーニ，イザベル　1955–）

Adleman, Leonard Max
アメリカのコンピューター科学者，暗号学者。
⇒岩世人（エイドルマン　1945.12.31–）

Adler, Alfred
オーストリアの精神病学者，心理学者。『個人心理学』の学派をうちたてた。
⇒岩世人（アードラー　1870.2.7–1937.5.28）
　教人（アドラー　1870–1937）
　現精（アドラー　1870–1937）
　現精縮（アドラー　1870–1937）
　広辞7（アドラー　1870–1937）
　社小増（アードラー　1870–1937）
　新カト（アードラー　1870.2.7–1936.5.28）

精分岩（アドラー, アルフレッド　1870–1937）
精分弘（アードラー, アルフレッド　1870–1937）
哲中（アドラー　1870–1937）
ネーム（アドラー　1870–1937）
ユ著人（Adler, Alfred　アードラー, アルフレッド　1870–1937）

Adler, Felix
アメリカの教育者, 倫理運動の創始者.
⇒学叢思（アドラー, フェリックス　1851–?）
教人（アドラー　1851–1933）
ユ著人（Adler, Felix　アドラー, フェリックス　1851–1933）

Adler, Friedrich
オーストリアの社会主義者.
⇒岩世人（アードラー　1879.7.9–1960.1.2）
学叢思（アドラー, フリードリヒ　1882–）
世暗（アドラー, フリードリヒ　1879–1960）

Adler, Georg
ドイツの社会経済学者, 社会主義史家. マルクスの鋭利な批評家で, 国際労働法の提唱者.
⇒岩世人（アードラー　1863.5.28–1908.6.11）
学叢思（アドラー, ゲオルグ　1863–1908）

Adler, Guido
オーストリアの音楽学者.『オーストリア音楽集成』(1894～1938) を編集.
⇒岩世人（アードラー　1855.11.1–1941.2.15）
新音中（アードラー, グイード　1855.11.1–1941.2.15）
標音2（アードラー, グイード　1855.11.1–1941.2.15）
ユ著人（Adler, Guido　アドラー, グイード　1855–1941）

Adler, Jankel
ポーランド生まれの画家.
⇒ユ著人（Adler, Jankel　アドラー, ヤンケル　1895–1949）

Adler, Lou
アメリカのプロデューサー.
⇒ロック（Adler, Lou　アドラー, ルー）

Adler, Max
オーストリアの社会民主主義者. オーストリア・マルクス主義の理論家. 主著『思想家としてのマルクス』(1908).
⇒岩世人（アードラー　1873.1.15–1937.6.28）
学叢思（アドラー, マクス　1873–?）
哲中（アドラー　1873–1937）

Adler, Mortimer Jerome
アメリカの哲学者, 教育学者.
⇒岩世人（アドラー　1902.12.28–2001.6.28）
教人（アドラー　1902–）

Adler, Richard
アメリカのポピュラー作曲家, 作詞家. ミュージカル『パジャマ＝ゲーム』(1954)・『くたばれヤンキース』(55) の名作を書いた.
⇒エデ（アドラー, リチャード　1921.8.3–2012.6.21）
標音2（アードラー, リチャード　1921.8.3–）

Adler, Samuel
アメリカの指揮者, 作曲家. 作曲家としてオペラや交響曲, 協奏曲など多数を発表.
⇒エデ（アドラー, サミュエル（ハンス）　1928.3.4–）
標音2（アードラー, サミュエル　1928.3.4–）

Adler, Stella
アメリカ生まれの女優.
⇒ユ著人（Adler, Stella　アドラー, ステラ　1902–1992）

Adler, Victor
プラハ生まれの経済思想学者.
⇒岩世人（アードラー　1852.6.24–1918.11.12）
学叢思（アドラー, フィクトル　1852–1918）
ユ著人（Adler, Viktor　アドラー, ビクトル　1852–1918）

Adler, Warren
アメリカの作家.
⇒現世文（アドラー, ウォーレン）

Adler-Olsen, Jussi
デンマークのミステリ作家.
⇒外16（エーズラ・オールスン, ユッシ　1950–）
海文新（エーズラ・オールスン, ユッシ　1950.8.2–）
現世文（エーズラ・オールスン, ユッシ　1950.8.2–）

Adlington, L.J.
イギリスの作家.
⇒海文新（アドリントン, L.J.　1970–）
現世文（アドリントン, L.J.　1970–）

Adlington, Rebecca
イギリスの水泳選手 (自由形).
⇒外12（アドリントン, レベッカ　1989.2.17–）
外16（アドリントン, レベッカ　1989.2.17–）
最世ス（アドリントン, レベッカ　1989.2.17–）

Adlon, Percy
ドイツ生まれの映画監督, 映画脚本家, 映画製作者.
⇒外12（アドロン, パーシー　1935.6–）

Adni, Daniel
イスラエルのピアノ奏者.
⇒標音2（アドニ, ダニエル　1951.12.6–）
ユ著人（Adni, Daniel　アドニ, ダニエル　1951–）

Adolph, William Henry
アメリカの栄養学者.
⇒アア歴（Adolph, William Henry　アドルフ, ウイリアム・ヘンリー　1890.9.1–1958.9.23）

Adonias, Aguiar Filho
ブラジルの作家。国立図書館長，国立出版研究所長を歴任。代表作『死の従僕』『四人の老婆』など。
⇒現世文（アドニアス, フィーリョ　1915.11.27–1990）

Adonis, Ali Said
シリア生まれのレバノンの詩人。新しいアラブ詩を求めて「タンムーズ派」の文学運動を推進。
⇒岩世人（アドニス　1930.1.1–）
　外16（アドニス　1930–）
　現世文（アドニス　1930.1.1–）

Adoratskii, Vladimir Viktorovich
ソ連のマルクス学者。
⇒岩世人（アドラッキー　1878.8.7/19–1945.6.5）
　広辞7（アドラツキー　1878–1945）
　ネーム（アドラーツキー　1878–1945）

Adorno, Theodor Wiesengrund
ドイツの哲学者，美学者，社会学者。ナチスに追われ，アメリカに亡命，ファシズム研究を主題とした『権威主義的人間』(1950) を著わし，49年帰国，ホルクハイマーとともに社会調査研究所を開設。
⇒アメ新（アドルノ　1903–1969）
　岩社（アドルノ　1903–1969）
　岩世人（アドルノ　1903.9.11–1969.8.6）
　教思増（アドルノ　1903–1969）
　現社（アドルノ　1903–1969）
　広辞7（アドルノ　1903–1969）
　社小増（アドルノ　1903–1969）
　社心小（アドルノ　1903–1969）
　新音中（アドルノ, テオドール・W.　1903.9.11–1969.8.6）
　哲中（アドルノ　1903–1969）
　ネーム（アドルノ　1903–1969）
　標音2（アドルノ, テオドーア　1903.9.11–1969.8.6）
　メル別（アドルノ, テオドーア〔テオドール〕・ルートヴィヒ・ヴィーゼングルント　1903–1969）
　ユ著人（Adorno,Theodor Wiesengrund　アドルノ, テオドール・ヴィーゼングリュント　1903–1969）

Adrià, Ferran
スペインの料理人，レストラン経営者。
⇒岩世人（アドリア　1962.5.14–）

Adrian, Edgar Douglas
イギリスの生理学者。ノイロン機能を発見し，ノーベル生理・医学賞受賞。
⇒岩生（エードリアン　1889–1977）
　岩世人（エイドリアン　1889.11.30–1977.8.4）
　オク科（エイドリアン（エドガー・ダグラス）　1889–1977）
　オク生（エイドリアン, エドガー・ダグラス, 男爵　1889–1977）
　ノベ3（エードリアン, E.D.　1889.11.30–1977.8.4）

Adrian, Nathan
アメリカの水泳選手（自由形）。
⇒外16（エードリアン, ネーサン　1988.12.7–）
　最世人（エードリアン, ネーサン　1988.12.7–）

Adriani, Nicolaus
オランダ聖書協会の宣教師。1895年セレベス島のトラジャ族居住地に入り，伝道のかたわらトラジャ族研究にすぐれた業績を残す。主著『バレー語を話す中部セレベスのトラジャ族』(1912–14)。
⇒岩世人（アドリアニ　1865.9.15–1926.5.1）

Adriano
ブラジルのサッカー選手。
⇒外12（アドリアーノ　1982.2.17–）
　外16（アドリアーノ　1982.2.17–）
　最世ス（アドリアーノ　1982.2.17–）

Adriano
ブラジルのサッカー選手（アル・ジェイシ・FW）。
⇒外12（アドリアーノ　1982.1.21–）

Adu, Freddy
アメリカのサッカー選手。
⇒外12（アドゥー, フレディ　1989.6.2–）
　最世ス（アドゥー, フレディ　1989.6.2–）

Adun Adundetcarat
タイの政治家，警察官。
⇒岩世人（アドゥン・アドゥンデーチャラット　1894.6.28–1969.12.17）

Advani, Lal Kishanchand
インドの政治家。インド内相，インド人民党 (BJP) 総裁。
⇒外12（アドバニ, ラル・キシャンチャンド　1927.11.8–）
　外16（アドバニ, ラル・キシャンチャンド　1927.11.8–）
　世指導（アドバニ, ラル・キシャンチャンド　1927.11.8–）

Advocaat, Dick
オランダのサッカー指導者，サッカー選手。
⇒外12（アドフォカート, ディック　1947.9.27–）
　外16（アドフォカート, ディック　1947.9.27–）
　最世ス（アドフォカート, ディック　1947.9.27–）

Ady Endre
ハンガリーの詩人。代表作『血と金』『死者を率いて』など。
⇒異二辞（エンドレ［アディ・～］　1877–1919）
　岩世人（アディ　1877.11.22–1919.1.27）
　新カト（アディ　1877.11.22–1919.1.27）

Aehrental, Alois Lexa von
オーストリアの外交官，伯爵。
⇒岩世人（エーレンタール　1854.9.27–1912.2.17）

Aereboe, Friedrich
ドイツの農業経営学者。主著『農業経営学総論』(1917)で、農業経営のいわゆる有機体説の理論を確立し、日本の学界にも甚大の影響を及ぼした。
⇒岩世人（エーレボー　1865.7.23–1942.8.2）

Aershorn, Shel
アメリカの木工テーブル作家。
⇒芸13（エールション，シェル）

Aerts, Peter
オランダの格闘家。
⇒異二辞（アーツ，ピーター　1970–）
　外12（アーツ，ピーター　1970.10.25–）
　外16（アーツ，ピーター　1970.10.25–）
　ネーム（アーツ，ピーター　1970–）

Afanasev, Nikolai Nikolaevich
ロシア出身の聖職者，神学者。
⇒岩世人（アファナーシエフ　1893.9.4/16–1960.12.12）

Afanas'ev, Yurii Nikolaevich
ロシアの歴史家。
⇒岩世人（アファナーシエフ　1934.9.5–）

Afanasiev, Evgenii
ロシアの外交官。駐日ロシア大使。
⇒外16（アファナシエフ，エフゲニー　1947.5.25–）
　世指導（アファナシエフ，エフゲニー　1947.5.25–）

Afanassiev, Valery
ロシア，のちベルギーのピアノ奏者。
⇒外12（アファナシエフ，ヴァレリー　1947.9.8–）
　外16（アファナシエフ，ヴァレリー　1947.9.8–）
　新音中（アファナシエフ，ヴァレリー　1947.9.8–）

Afewerki, Issaias
エリトリアの政治家。初代エリトリア大統領（1993～）。
⇒岩世人（アフェウェルキ　1946.2.2–）
　外12（イサイアス・アフェウェルキ　1946.2.2–）
　外16（イサイアス・アフェウェルキ　1946.2.2–）
　世指導（アフェウェルキ，イサイアス　1946.2.2–）

Affandi
インドネシアの画家。
⇒岩世人（アファンディ　1907.3.8–1990.5.23）

Affeldt, Jeremy David
アメリカの大リーグ選手（投手）。
⇒メジャ（アフェルト，ジェレミー　1979.6.6–）

Affleck, Ben
アメリカ生まれの男優。
⇒外12（アフレック，ベン　1972.8.15–）
　外16（アフレック，ベン　1972.8.15–）
　ク俳（アフレック，ベン　1972–）

Affonso, Victor
インドのイエズス会員。
⇒新カト（アフォンソ　1933.7.24–）

Affré, Agustarello
フランスのテノール歌手。1990年パリ・オペラ座でデビュー。以降20年にわたって同オペラ座で活動。
⇒失声（アッフレ，オーギュスト　1858–1931）
　魅惑（Affré,Agustarelle　1858–1931）

Afiff, *Dr*.Saleh
インドネシアの経済学者，閣僚。
⇒岩世人（アフィフ，サレー　1930.10.31–2005.6.28）

Afinogenov, Aleksandr Nikolaevich
ソ連の劇作家。作品に『変り者』(1928)。
⇒現世文（アフィノゲーノフ，アレクサンドル　1904.4.4–1941.10.29）
　ネーム（アフィノゲーノフ　1904–1941）

Aflaq, Michel
シリアの政治家。バース党創設者。
⇒岩イ（アフラク　1910–1989）
　岩世人（アフラク，ミーシール　1910–1989.6.23）
　ネーム（アフラク　1910–1989）

Afolayan, Kunle
ナイジェリアの映画監督，俳優。
⇒外16（アフォラヤン，クンレ）

Afrika Bambaataa
アメリカの先駆的ヒップ・ホップDJ。
⇒新音中（アフリカ・バンバータ　1960.4.10–）

Aftalion, Robert
ブルガリア生まれの経済思想学者。
⇒岩世人（アフタリオン　1874.10.21–1956.12.6）
　有経5（アフタリオン　1874–1956）

Agafonov, Mikhail
ロシア・モスクワ生まれのテノール歌手。
⇒失声（アガフォノフ，ミハイル　?）

Agagianian, Lazarus
コーカサスのアカルチュク生まれの枢機卿，アルメニア・カトリック教会総主教。
⇒新カト（アガジアニアン　1895.9.18–1971.5.16）

Agam, Yaacov
イスラエル出身の画家，彫刻家。
⇒外12（アガム，ヤーコブ　1928–）
　外16（アガム，ヤーコブ　1928–）
　芸13（アガム，ヤコブ　1928–）
　ユ著人（Agam,Jacob　アガム，ヤーコブ　1928–）

Agamben, Giorgio
イタリアの批評家，政治哲学者。
⇒外12（アガンベン，ジョルジョ　1942–）
　外16（アガンベン，ジョルジョ　1942–）

教思増（アガンベン　1942–）
現社（アガンベン　1942–）
メル別（アガンベン，ジョルジョ　1942–）

Aganbegyan, Abel Gezevich
ロシアの数理経済学者。
⇒岩世人（アガンベギャン　1932.10.8–）

Agaoglu, Adalet
トルコの劇作家。
⇒岩世人（アーオール　1929.10.23–）

Ağaoğlu, Akhmed
トルコの民族主義的思想家。
⇒岩イ（アアオール　1869–1939）

Agar, John
アメリカ生まれの俳優。
⇒ク俳（エイガー，ジョン　1921–2002）

Agassi, Andre
アメリカのテニス選手。
⇒岩世人（アガシ　1970.4.29–）
　外12（アガシ，アンドレ　1970.4.29–）
　外16（アガシ，アンドレ　1970.4.29–）
　最世ス（アガシ，アンドレ　1970.4.29–）

Agassiz, Alexander（Emmanuel Rodolphe）
アメリカの海洋学者，自然科学者。アメリカ海洋学の先駆者。
⇒岩世人（アガシ　1835.12.17–1910.3.27）

Agbayani, Benny
アメリカのプロ野球選手（外野手），大リーグ選手。
⇒外12（アグバヤニ，ベニー　1971.12.28–）

Agca, Mehmet Ali
トルコのテロリスト。ローマ法王ヨハネ・パウロ2世の暗殺をはかった。
⇒世暗（アジャ，メフメト・アリ　1959–）

Agee, James
アメリカの詩人，小説家，映画評論家。小説『家族の中の死』(1957)でピュリッツァー賞受賞。
⇒アメ経（エイジー，ジェームズ　1909.11.27–1955.5.16）
　アメ州（Agee,James　エイジー，ジェームズ　1909–1955）
　岩世人（エイジー　1909.11.27–1955.5.16）
　現世文（エージー，ジェームズ　1909.11.27–1955.5.16）
　西文（エイジー，ジェイムズ　1909–1955）

Agee, Jon
アメリカの絵本作家。
⇒外16（エージー，ジョン　1960–）

Agee, Philip
アメリカ中央情報局（CIA）の元エージェント。ラテンアメリカ担当の現地駐在員。
⇒スパイ（エイジー，フィリップ　1935–2008）

Agee, Tommie Lee
アメリカの大リーグ選手（外野）。
⇒メジャ（エイジー，トミー　1942.8.9–2001.1.22）

Agha, Mehemed Fehmy
ロシア生まれのグラフィック・アーティスト。
⇒グラデ（Agha,Mehemed Fehmy　アーガー，メハメド・フェイミ　1896–1978）

Āghā Khān III
イスラム，シーア派の指導者。全インド・ムスリム連盟の初代総裁。
⇒岩イ（アーガー・ハーン3世　1877–1957）
　岩世人（アーガー・ハーン　1877.11.2–1957.7.11）
　南ア新（アーガー・ハーン3世　1877–1957）

Āghā Khān IV, Karīm
パキスタンの宗教家。イスラム教イスマーイール派の9代教主（イマーム），カリム王子。
⇒外12（アガ・カーン4世　1936.12.13–）
　外16（アガ・カーン4世　1936.12.13–）

Agius, Marcus Ambrose Paul
イギリスの銀行家。バークレイズ会長。
⇒外12（アギウス，マーカス　1946.7.22–）
　外16（エイジアス，マーカス　1946.7.22–）

Agladze, Konstantin
ロシアの理論物理学者，生物物理学者。
⇒外12（アグラジェ，コンスタンティン）

Aglen, *Sir* Francis Arthur
イギリス人の中国海関総税務司。ハートの後を継いで総税務司に就任した（1911～28）。
⇒岩世人（アグレン　1869.10.17–1932.5.26）

Aglietta, Michel
フランスの経済学者。レギュラシオン理論を創設した。
⇒岩経（アグリエッタ　1940–）
　岩世人（アグリエッタ　1938.2.18–）
　有経5（アグリエッタ　1940–）

Aglipay, Gregorio
フィリピン独立教会の建設者。
⇒岩世人（アグリパイ　1860.5.5–1940.9.1）
　新カト（アグリパイ　1860.5.5–1940.9.1）

Agnel, Yannick
フランスの水泳選手（自由形）。
⇒外16（アニエル，ヤニック　1992.6.9–）
　最世ス（アニエル，ヤニック　1992.6.9–）

Agnelli, Giovanni
イタリアの財界人。
⇒岩世人（アニェッリ　1921.3.12–2003.1.24）

Agnelli, Susanna
イタリアの政治家。イタリア外相。

⇒世指導（アニェリ，スサンナ　1922.4.24-2009.5.15）

Agnès b.
フランスの服飾デザイナー。
⇒外12（アニエスb　1941-）
　外16（アニエスベー　1941-）

Agnetha
スウェーデンの歌手。ボーカル・グループ「アバ」のメンバー。ヒット曲『フェルナンド』『ダンシング・クイーン』など。
⇒外12（アグネッタ　1950-）
　外16（アグネッタ　1950-）

Agnew, Paul
イギリスのテノール歌手。
⇒魅惑（Agnew, Paul　1964-）

Agnew, Spiro Theodore
アメリカの政治家。副大統領。
⇒ネーム（アグニュー　1918-1996）

Agnoletti, Guido
イタリアのテノール歌手。
⇒魅惑（Agnoletti, Guido　?-?）

Agnon, Samuel Yoseph
イスラエルの作家。1966年度ノーベル文学賞受賞。主著『花嫁の持参金』(1937)，『昨日と一昨日』(45)。
⇒岩世人（アグノン　1888.7.17-1970.2.17）
　現世文（アグノン，シュムエル・ヨセフ　1888.7.17-1970.2.17）
　ネーム（アグノン　1888-1970）
　ノベ3（アグノン, S.Y.　1888.7.17-1970.2.17）
　ユ著人（Agnon, Shemuel Yoseph　アグノン，シュムエル・ヨセフ　1888-1970）

Agolli, Dritëro
アルバニアの詩人，作家。
⇒岩世人（アゴリ　1931.10.13-）

Agon, Jean-Paul
フランスの実業家。ロレアルグループ会長・CEO。
⇒外12（アゴン，ジャン・ポール　1956.7.6-）
　外16（アゴン，ジャン・ポール　1956.7.6-）

Agoncillo, Felipe
フィリピンの法律家，政治家。
⇒岩世人（アゴンシリョ　1859.5.26-1941.9.29）

Agoncillo, Teodoro Andal
フィリピンの歴史家。
⇒岩世人（アゴンシリョ　1912.11.9-1985.1.14）

Agosti, Silvano
イタリアの作家，映画監督。
⇒外12（アゴスティ，シルヴァーノ　1938-）
　外16（アゴスティ，シルヴァーノ　1938-）

Agostini, Giacomo
イタリアのオートバイ・レーサー。
⇒岩世人（アゴスティーニ　1942.6.16-）

Agosto, Benjamin
アメリカのフィギュアスケート選手（アイスダンス）。
⇒最世ス（アゴスト，ベンジャミン　1982.1.15-）

Agosto, Juan Roberto
アメリカの大リーグ選手（投手）。
⇒メジャ（アゴスト，フアン　1958.2.23-）

Agoston, Peter
ハンガリー社会民主主義者，大学教授。
⇒学叢思（アゴストン，ペーター　?-1924）

Agre, Peter
アメリカの分子生物学者。ノーベル化学賞受賞。
⇒外12（アグレ，ピーター　1949-）
　外16（アグレ，ピーター　1949-）
　化学（アグレ　1949-）
　ノベ3（アグレ, P.C.　1949.1.30-）

Aguado, Tyrone
フランスの画家。
⇒芸13（アギュード，タイロン　1949-）

Aguéli, Ivan
スウェーデンの画家。
⇒岩世人（アグエーリ　1869.5.24-1917.10.1）

Aguero, Sergio
アルゼンチンのサッカー選手（マンチェスター・シティー・FW）。
⇒外12（アグエロ，セルヒオ　1988.6.2-）
　外16（アグエロ，セルヒオ　1988.6.2-）
　最世ス（アグエロ，セルヒオ　1988.6.2-）

Aguilera, Christina
アメリカ生まれの歌手。
⇒外12（アギレラ，クリスティーナ　1980.12.18-）
　外16（アギレラ，クリスティーナ　1980.12.18-）

Aguilera, Richard Warren
アメリカの大リーグ選手（投手）。
⇒メジャ（アギレラ，リック　1961.12.31-）

Aguinaldo, Emilio
フィリピン革命の最高指導者。1899年1月，マローロス憲法を発布しフィリピン共和国を樹立。
⇒岩世人（アギナルド　1869.3.22-1964.2.6）
　広辞7（アギナルド　1869-1964）
　世史改（アギナルド　1869-1964）
　世人新（アギナルド　1869-1964）
　世人装（アギナルド　1869-1964）
　ネーム（アギナルド　1869-1964）
　ポプ人（アギナルド，エミリオ　1869-1964）
　もう山（アギナルド　1869-1964）

Aguinis, Marcos
アルゼンチンの作家,神経外科医,精神分析家。
⇒外12(アギニス,マルコス　1935-)
　外16(アギニス,マルコス　1935-)
　現世文(アギニス,マルコス　1935-)

Aguirre, Ann
アメリカの作家。
⇒海文新(アギアレイ,アン)
　現世文(アギアレイ,アン)

Aguirre, Henry John
アメリカの大リーグ選手(投手)。
⇒メジャ(アギアリー,ハンク　1931.1.31-1994.9.5)

Aguirre, Javier
メキシコのサッカー監督(アルワフダ),サッカー選手。
⇒外12(アギーレ,ハビエル　1958.12.1-)
　外16(アギーレ,ハビエル　1958.12.1-)
　最世ス(アギーレ,ハビエル　1958.12.1-)
　ネーム(アギーレ　1958-)

Aguirre, Jose Antonio
メキシコのプロボクサー。
⇒外16(アギーレ,ホセ・アントニオ　1975.7.5-)
　最世ス(アギーレ,ホセ・アントニオ　1975.7.5-)

Aguirre, Julián
アルゼンチンのピアノ奏者,作曲家。1916年アルゼンチン音楽学校の教授に就任。
⇒標音2(アギーレ,フリアン　1868.1.28-1924.8.13)

Aguirre Cerda, Pedro
チリの政治家。チリ大統領(1938~41)。人民戦線内閣を組織。
⇒岩世人(アギーレ・セルダ　1879.2.6-1941.11.25)
　世人新(アギーレ=セルダ　1879-1941)
　世人装(アギーレ=セルダ　1879-1941)

Aguirre y Lecube, José Antonio
バスク自治政府首班(レンダカリ,大統領)。
⇒岩世人(アギーレ　1904.3.6-1960.3.22)

Agulhon, Maurice
フランスの歴史家。
⇒岩世人(アギュロン　1926.12.20-2014.5.28)

Agus, Milena
イタリアの作家。
⇒海文新(アグス,ミレーナ)

Agus Salim
インドネシアの政治家,思想家。外相,外務省顧問,イスラム教大学教授などを歴任。
⇒イス世(アグス・サリム　1884-1954)
　岩イ(アグス・サリム　1884-1954)
　岩世人(サリム,アグス　1884.10.8-1954.11.4)

Agutter, Jenny
イギリス生まれの女優。
⇒ク俳(アガター,ジェニー　1952-)

Agyey, Saccidānand Hīrānand
インドのヒンディー語詩人。代表作に半自伝的小説『シェーカル:ある生涯』などがある。
⇒岩世人(アッギェーエ　1911.3.7-1987.4.4)
　現世文(アッギェーエ,サッチダーナンド・ヒーラーナンド・ヴァーツヤーヤン　1911.3.7-1987.4.4)

Ahad Ha-Am
ロシア系ユダヤ人のタルムード学者,哲学者,随筆家。ユダヤ・ナショナリズムのシオニスト。
⇒岩世人(アハド・ハアーム　1856.8.18-1927.1.2)
　ユ著人(Ahad Ha-am　アハド・ハ=アム　1856-1927)

Ahadi
アメリカ空軍情報分析官。エジプトのスパイ。
⇒スパイ(アハーディ[p]　1918?-?)

Aharoni, Yohanan
イスラエルの考古学者。
⇒新カト(アハロニ　1919.6.7-1976.2.9)
　ユ著人(Aharoni,Yohanan　アハロニ,ヨハナン　1919-)

Ahern, Bertie
アイルランドの政治家。アイルランド首相,アイルランド共和党党首。
⇒岩世人(アハーン　1951.9.12-)
　外12(アハーン,バーティ　1951.9.12-)
　外16(アハーン,バーティ　1951.9.12-)
　世指導(アハーン,バーティ　1951.9.12-)

Ahern, Cecelia
アイルランドの作家。
⇒外12(アハーン,セシリア　1981.9.30-)
　外16(アハーン,セシリア　1981.9.30-)
　海文新(アハーン,セシリア　1981.9.30-)
　現世文(アハーン,セシリア　1981.9.30-)

Ahern, George Patrick
アメリカの軍人,森林官。
⇒アア歴(Ahern,George P(atrick)　アハーン,ジョージ・パトリック　1859.12.29-1942.5.13)

Aherne, Brian
イギリスの男優。
⇒ク俳(アハーン,ブライアン　1902-1986)

Ahijo, Ahmadou
カメルーンの政治家。1958年カメルーン国民同盟UNCを結成。60年1月独立に伴い初代大統領兼首相。
⇒岩世人(アヒジョ　1924.8.24-1989.11.30)

Ahimeir, Abba
ロシア生まれのジャーナリスト,作家。

⇒ユ著人（Ahimeir,Abba　アヒメイール、アバ　1889–1962）

Ahlberg, Allan
イギリスの絵本作家。
⇒絵本（アールバーグ夫妻（ジャネット＆アラン・アールバーグ）　1938–）
外12（アルバーグ、アラン　1938–）
外16（アルバーグ、アラン　1938–）

Ahlberg, Janet
イギリスの児童文学作家、挿絵画家。
⇒絵本（アールバーグ夫妻（ジャネット＆アラン・アールバーグ）　1944–1994）

Ahlers, Eleanor E.
アメリカの図書館員。ワシントン州シアトルで司書教諭の養成に尽力し、全米にその名を知られる。
⇒ア図（アーラーズ、エレノア　1911–1997）

Ahlfors, Lars Valerian
フィンランド生まれのアメリカの数学者。
⇒岩世人（アールフォルス（アールフォシ）　1907.4.18–1996.10.11）
数辞（アールフォース、ラルス・バレリアン　1907–）
世数（アールフォース、ラーズ・ヴァレリアン　1907–1996）

Ahlin, Lars Gustaf
スウェーデンの作家。1957年にはその文学の功績に対し、作家協会から住宅を贈られた。主著『もしも』（1946）、『女よ、女よ』（55）。
⇒岩世人（アリーン　1915.4.4–1997.3.10）
現代文（アリーン、ラーシュ　1915.4.4–1997.3.10）

Ahlmann, Hans Wilhelmsson
スウェーデンの地理学者。氷河研究、とくに気候変化と氷河の消長との関係について優れた業績を遺した。
⇒岩世人（アールマン　1889.11.14–1974.3.10）

Ahlstedt, Douglas
アメリカのテノール歌手。
⇒魅惑（Ahlstedt,Douglas　1945–）

Ahluwalia, Montek Singh
インドの経済学者。インド政府計画委員会副委員長。
⇒外12（アルワリア、モンテック・シン　1943.11.23–）
外16（アルワリア、モンテック・シン　1943.11.23–）

Ahmad, Dr.Haji Abdullah
インドネシア、西スマトラの近代派のウラマー。
⇒岩世人（アフマッド、アブドゥラ　1878–1933）

Ahmad, Qazi Hussain
パキスタンの政治家、宗教指導者。イスラム協会総裁。

⇒世指導（アフマド、カジ・フセイン　1938–2013.1.6）

Ahmad, Wan
マレー半島東岸のパハン王国の創始者。在位1881〜1914。
⇒岩世人（アフマッド、ワン　（在位）1881–1914）

Aḥmad al-Fahd al-Aḥmad al-Ṣabāḥ
クウェートの王族、政治家。情報相、エネルギー相などを歴任。アジア・オリンピック評議会（OCA）会長。
⇒岩世人（アフマド・サバーフ　1961.8.12–）

Aḥmad al-Nāṣir
イエメン国王。在位1948〜1962。
⇒岩イ（アフマド・イブン・ヤフヤー・ハミードゥッディーン　1895–1962）
岩世人（アフマド・イブン・ヤフヤー・ハミードゥッディーン　1895–1962.9.18）

Ahmad Amīn
エジプトの著作家。代表作はイスラム文明を論じた一連の歴史的評論の大著。
⇒岩イ（アフマド・アミーン　1886–1954）
岩世人（アフマド・アミーン　1886.10.1–1954.5.30）
広辞7（アフマド・アミーン　1886–1954）

Aḥmad Ḥusayn
エジプトの政治家。青年エジプトの創設者。
⇒岩イ（アフマド・フサイン　1911–1982）
岩世人（アフマド・フサイン　1911.3.8–1982.9.26）

Ahmadī, Ahmad Rezā
イランのニューウェーブの詩人。
⇒絵本（アフマディ、アフマド＝レザー　1940–）

Ahmadinejad, Mahmoud
イランの政治家。イラン大統領（2005〜13）。
⇒岩世人（アフマディーネジャード　1956.10.28–）
外12（アフマディネジャド、マフムード　1956.10.28–）
外16（アフマディネジャド、マフムード　1956.10.28–）
世史改（アフマディネジャド　1956–）
世指導（アフマディネジャド、マフムード　1956.10.28–）
ポプ人（アフマディネジャド、マフムード　1956–）

Ahmad Shah
イランのカージャール朝最後（第7代）の王。在位1909〜25。
⇒岩世人（アフマド・シャー　1898.1.21–1930.2.21）

Ahmad Shāmlū
現代イランの代表的な詩人。
⇒岩世人（シャームルー　1925.12.12–2000.7.24）

Aḥmad Shauqi
エジプトの詩人、小説家、劇作家。近代の三大詩人といわれる。

⇒岩イ（アフマド・シャウキー　1868–1932）
岩世人（アフマド・シャウキー　1868–1932.10.14）

Ahmadu, Alhaji Bello
ナイジェリアの政治家。1953年同地方行政相、54年党首、及びナイジェリア北部州首相。独立後のナイジェリア政界で大きな影響力を振るったが、1966年のクーデターで殺害された。
⇒岩イ（アフマドゥ・ベロ　1910–1966）

Aḥmad 'Urābī
エジプトの軍人、民族主義者。
⇒岩イ（アラービー　1840–1911）
岩世人（アラービー、アフマド　1841頃.4.1–1911.9.21）
広辞7（アラービー　1841–1911）
世人新（ウラービー（オラービー、アフマド＝ウラービー）　1839/1841–1911）
世人装（ウラービー（オラービー、アフマド＝ウラービー）　1839/1841–1911）
ネーム（アラービ・パシャ　1841–1911）
ポプ人（アラービー・パシャ　1841–1911）

Ahmar, Daw, Ludu
ビルマ（ミャンマー）のジャーナリスト、作家。
⇒岩世人（アマー　1915.11.29–2008.4.7）

Ahmätjan Qasimi
イリ反乱（新疆三区革命）（1944〜49）の指導者。
⇒岩世人（アフメトジャン　1914–1949）

Ahmed, Akbar Muhammad
アメリカの革命行動運動（RAM）の創立メンバー。
⇒マルX（AHMED,AKBAR MUHAMMAD（Maxwell Stanford, Max Stanford）　アフメト、アクバー・ムハマド（スタンフォード、マックスウェル、スタンフォード、マックス））

Ahmed, Iajuddin
バングラデシュの政治家、土壌学者。バングラデシュ大統領（2002〜09）。
⇒外12（アハメド、イアジュディン　1931.2.1–）
世指導（アハメド、イアジュディン　1931.2.1–2012.12.10）

Ahmed, Novera
バングラデシュの女性彫刻家。
⇒岩世人（アフマド　1930–）

Ahmed, Osman
マルコムXの友人。
⇒マルX（AHMED,OSMAN　アフメト、オズマン）

Ahmed, Shahabuddin
バングラデシュの政治家。バングラデシュ大統領（1996〜2001）。
⇒世指導（アハメド、シャハブデン　1930.2.1–）

Ahmed, Sheikh Sharif
ソマリアの政治家。ソマリア大統領（2009〜12）。
⇒外12（アハメド、シェイク・シャリフ　1964.7.25–）
外16（アハメド、シェイク・シャリフ　1964.7.25–）
世指導（アハメド、シェイク・シャリフ　1964.7.25–）

Ahmed Haşim
トルコの詩人。
⇒現世文（ハーシム、アフメト　1884–1933.6.4）

Ahmed Tevfik Paşa
オスマン帝国末期の政治家。
⇒岩世人（アフメト・テヴフィク・パシャ　1845.2.11–1936.10.8）

Ahmeti, Ali
マケドニアの政治家。
⇒岩世人（アフメティ　1959.1.4–）
世指導（アフメティ、アリ　1959.1.4–）

Ahmeti, Vilson
アルバニアの政治家。アルバニア首相。
⇒世指導（アフメティ、ビルソン　1951.9.5–）

Ahmet Kemal İlkul
新疆で活動したトルコ出身の教育家。
⇒岩世人（アフメト・ケマル）

Ahmet Mithat
トルコの作家、啓蒙家。新聞『統一』『真理の伝達者』を発刊。主著『舟乗りハサン』『農夫フサイン』。
⇒岩イ（アフメト・ミドハト　1844–1912）
ネーム（アフメト・ミトハト　1844–1912）

Ahmet Riza
オスマン帝国末期の思想家。パリで青年トルコ党支部を組織。初期の立憲改革派に大きな影響を与えた。
⇒岩世人（アフメト・ルザー　1858–1930.2.26）

Ah Mon, Lawrence
南アフリカ共和国生まれの、香港を本拠とする映画監督。
⇒外12（劉国昌　リュウコクショウ　1949.7.19–）

Ahn Byung Mu
韓国の神学者。韓国神学大学教授。
⇒岩世人（安炳茂　アンビョンム　1922.6.23–1996.10.19）
新カト（アン・ビョンム　安炳茂　1922.6.23–1996.10.19）

Ahn Cheol-soo
韓国の実業家、政治家。
⇒岩世人（安哲秀　アンチョルス　1962.2.26/1.22–）
外12（アンチョルス　安哲秀　1962–）
外16（アンチョルス　安哲秀　1962.2.26–）
世指導（アン・チョルス　1962.2.26–）

Ahn Choong-yong
韓国の経済学者。
⇒外16（アンチュンヨン　安忠栄　1941–）

Ahndoril, Alexander
スウェーデンの作家。
⇒海文新（ケプレル, ラーシュ　1967–）
　現世文（ケプレル, ラーシュ）

Ahndoril, Alexandra Coelho
スウェーデンの作家。
⇒海文新（ケプレル, ラーシュ　1966–）
　現世文（ケプレル, ラーシュ）

Ahnhem, Stefan
スウェーデンの作家、脚本家。
⇒現世文（アーンヘム, ステファン　1966.11.24–）

Ahn Hyun-soo
韓国のスピードスケート選手（ショートトラック）。
⇒外12（アンヒョンス　安賢洙　1985.11.23–）
　外16（アン, ヴィクトル　1985.11.23–）
　最世ス（アンヒョンス　1985.11.23–）

Ahn Jae-mo
韓国の男優。
⇒韓俳（アン・ジェモ　1979.9.20–）

Ahn Jae-wook
韓国の俳優、歌手。
⇒外12（アンジェウク　1971.9.12–）
　韓俳（アン・ジェウク　1971.9.12–）

Ahn Jung-hwahn
韓国のサッカー選手。
⇒異二辞（アン・ジョンファン　安貞桓　1976–）
　外12（アンジョンファン　安貞桓　1976.1.27–）
　外16（アンジョンファン　安貞桓　1976.1.27–）
　最世ス（アンジョンファン　1976.1.27–）

Ahn Nae-Sang
韓国の男優。
⇒韓俳（アン・ネサン　1964.7.25–）

Ahn Sang-soo
韓国の国会議員。ハンナラ党代表、法律家。
⇒外12（アンサンス　安商守　1946.2.9–）
　外16（アンサンス　安商守　1946.2.9–）
　世指導（アン・サンス　1946.2.9–）

Ahnsjö, Claes-Haakan
スウェーデンのテノール歌手。
⇒魅惑（Ahnsjö, Claes-Haakan　1942–）

Ahn Suk-hwan
韓国の男優。
⇒韓俳（アン・ソックァン　1959.11.1–）

Ahn Sung-ki
韓国生まれの俳優。
⇒遺産（アン・ソンギ　1952.1.1–）
　岩世人（安聖基　アンソンギ　1952.1.1–）
　外12（アンソンギ　1952.1.1–）
　外16（アンソンギ　1952.1.1–）
　韓俳（アン・ソンギ　1952.1.1–）

Ahn Sun-ju
韓国のプロゴルファー。
⇒外12（アンソンジュ　1987.8.31–）

Ahn Sun-Young
韓国の女優。
⇒韓俳（アン・ソニョン　1976.2.24–）

Ahn Yong-joon
韓国の男優。
⇒韓俳（アン・ヨンジュン　1987.11.22–）

Ahn Young-il
韓国、美術界の重鎮。
⇒芸13（安英一　あんにゅんいる　1933–）

Aho, Esko Tapani
フィンランドの政治家。フィンランド首相。
⇒世指導（アホ, エスコ　1954.5.20–）

Aho, Juhani
フィンランドの作家。フィンランド・リアリズム文学の第一人者。
⇒岩世人（アホ　1861.9.11–1921.8.8）
　現世文（アホ, ユハニ　1861.9.11–1921.8.8）

Aho, Kalevi
フィンランドの作曲家。
⇒ク音3（アホ　1949–）

Ahonen, Janne
フィンランドのスキー選手（ジャンプ）。
⇒岩世人（アホネン　1977.5.11–）
　外12（アホネン, ヤンネ　1977.5.11–）
　外16（アホネン, ヤンネ　1977.5.11–）
　最世ス（アホネン, ヤンネ　1977.5.11–）

Ahrendts, Angela
アメリカの実業家。
⇒外12（アーレンツ, アンジェラ　1960–）
　外16（アーレンツ, アンジェラ　1960–）

Ahtila, Eija-Liisa
フィンランドの映像作家。
⇒岩世人（アハティラ　1959.8.6–）

Ahtisaari, Martti
フィンランドの政治家。フィンランド大統領（1994～2000）、国連事務次長。
⇒岩世人（アハティサーリ　1937.6.23–）
　外12（アハティサーリ, マルティ　1937.6.23–）
　外16（アハティサーリ, マルティ　1937.6.23–）
　世指導（アハティサーリ, マルティ　1937.6.23–）
　ノベ3（アハティサーリ, M.　1937.6.23–）

Aibazyn, Grand
アルメニアのテノール歌手。
⇒魅惑（Aibazyn,Grand ?–?）

Aibek
ソ連の作家。『ナヴォイ』(1945) でスターリン賞を受賞。
⇒岩イ（アイベク 1905–1968）
現世文（アイベク 1905.1.10–1968.7.1）

Aicher, Otl
ドイツのグラフィック・デザイナー、タイポグラファー。
⇒グラデ（Aicher,Otl アイヒャー, オトル 1922–1991）

Aichhorn, August
オーストリアの問題児教育家。非行少年矯正のための教育施設を経営。またヴィーン少年保護局の委員となり地方少年裁判所に教育相談所を創設。
⇒教人（アイヒホルン 1878–1949）
精分岩（アイヒホルン, アウグスト 1878–1949）
精分弘（アイヒホーン, アウグスト 1878–1949）

Aichinger, Ilse
オーストリアの女性作家。1948年長篇小説『より大いなる希望』発表。
⇒岩世人（アイヒンガー 1921.11.1–）
現世文（アイヒンガー, イルゼ 1921.11.1–2016.11.11）
広辞7（アイヒンガー 1921–2016）
ネーム（アイヒンガー 1921–）
ユ著人（Aichinger,Ilse アイヒンガー, イルゼ 1921–）

Aickman, Robert（Fordyce）
イギリスの小説家, 批評家。
⇒現世文（エイクマン, ロバート 1914–1981）

Aidid, Hussein
ソマリアの武装勢力指導者, 軍人, 政治家。ソマリア副首相・内相, ソマリ国民同盟 (SNA) 議長。
⇒世指導（アイディド, フセイン 1962.8.16–）

Aidit, Dipa Nusantara
インドネシアの革命家。65年11月, いわゆる「9・30事件」の主謀者として軍当局によって処刑されたといわれる。
⇒岩世人（アイディット 1923.7.30–1965.11.22）

Aidoo, Ama Ata
ガーナの女性劇作家, 詩人, 小説家。
⇒現世文（アイドウ, クリスティナ・アマ・アタ 1942–）

Aigi, Gennadii Nikolaevich
ロシア（チュバシ系）の詩人。複雑な隠喩とイメージを駆使する実験的な作風で, 現代ロシア詩の可能性を追求。
⇒岩世人（アイギ 1934.8.21–2006.2.21）
現世文（アイギ, ゲンナジー 1934.8.21–2006.2.21）
広辞7（アイギ 1934–2006）

Aigrain, René-Fernand
フランスの聖職者。
⇒新カト（エグラン 1886.3.3–1957）

Aiken, Conrad Potter
アメリカの詩人, 小説家。『選詩集』(1929) でピュリッツァー賞受賞。
⇒アメ州（Aiken,Conrad Potter エイキン, コンラッド・ポッター 1899–1973）
岩世人（エイケン 1889.8.5–1973.8.17）
現世文（エイケン, コンラッド 1889.8.5–1973.8.17）
新カト（エイクン 1889.8.5–1973.8.17）

Aiken, Howard Hathaway
アメリカの計算機科学者。
⇒岩世人（エイケン 1900.3.8–1973.3.14）
世発（エイケン, ハワード・ハザウェイ 1900–1973）

Aiken, Joan Delano
イギリスの女性作家。
⇒岩世人（エイケン（エイキン） 1924.9.4–2004.1.4）
現世文（エイケン, ジョーン・デラノ 1924.9.4–2004）

Aikens, Willie Mays
アメリカの大リーグ選手（一塁）。
⇒メジャ（エイキンズ, ウィリー 1954.10.14–）

Aikhenvald, Yulii Isaevich
ロシアの文学批評家。印象主義的批評の代表者。
⇒岩世人（アイヘンヴァリド 1872.1.12/24–1928.12.17）

Aikman, Siegfried
オランダのホッケー指導者。
⇒外12（アイクマン, ジークフリート 1959.4.28–）

Aikman, Troy
アメリカのプロフットボール選手。
⇒外12（エイクマン, トロイ 1966.11.21–）

Ailey, Alvin
アメリカの舞踊家, 振付師。ブロードウェー・ミュージカル『花の家』の振付けを担当。
⇒岩世人（エイリー 1931.1.5–1989.12.1）

Ailu
ノルウェーの詩人, 歌手。
⇒現世文（アイル 1943.3.23–2001.11.26）

Aimar, Pablo
アルゼンチンのサッカー選手。
⇒外12（アイマール, パブロ 1979.11.3–）
外16（アイマール, パブロ 1979.11.3–）
最世ス（アイマール, パブロ 1979.11.3–）

Aimard, Pierre-Laurent
フランスのピアノ奏者。
⇒外12（エマール, ピエール・ロラン　1957-）
　外16（エマール, ピエール・ロラン　1957-）

Aimeé
ラカンの学位論文『人格との関係からみられたパラノイア性精神病』(1932)で論じられた症例名。本名マルグリット・アンジュー。
⇒現精（エメ［症例］　1892-1981）
　現精縮（エメ［症例］　1892-1981）
　精分岩（エメ［症例］　1892-1981）
　精分弘（エメ(こと, マルグリット・アンジュー)　1892-1981）

Aimée, Anouk
フランスの映画女優。
⇒遺産（エーメ, アヌーク　1932.4.27-）
　外12（エーメ, アヌーク　1932.4.27-）
　外16（エーメ, アヌーク　1932.4.27-）
　ク俳（エーメ, アヌーク（ソリア, フランソワーズ）　1932-）
　ネーム（エーメ, アヌク　1932-）
　ユ著人（Aimée,Anouk　エメー, アヌーク　1932-）

Ainí
タジキスタン（ソ連）の作家, 学者, 社会活動家。主著『ブハラの死刑執行人』など。
⇒岩イ（アイニー　1878-1954）
　岩世人（アイニー　1878.4.15/27-1954.7.15）
　現世文（アイニ　1878.4.27-1954.7.15）

Ainsley, John Mark
イギリスのテノール歌手。
⇒外12（エインズリー, ジョン・マーク　1963-）
　魅惑（Ainsley,John Mark　1963-）

Ainslie, Ben
イギリスのヨット選手。
⇒外12（エインズリー, ベン　1977.2.5-）
　外16（エインズリー, ベン　1977.2.5-）
　最世ス（エインズリー, ベン　1977.2.5-）

Ainsmith, Edward Wilbur
アメリカの大リーグ選手（捕手）。
⇒メジャ（エインスミス, エディー　1890.2.4-1981.9.6）

Ainsworth, Ruth Gallard
イギリスの女性作家, 脚本家, 随筆家。
⇒現世文（エインズワース, ルース　1908-1984）

Aira, César
アルゼンチンの作家。
⇒外16（アイラ, セサル　1949-）
　現世文（アイラ, セサル　1949.2.23-）

Aird, Catherine
イギリスの作家。
⇒現世文（エアード, キャサリン　1930.6.20-）

Airth, Rennie
イギリスの作家。
⇒現世文（エアース, レニー　1935-）

Aitken, Doug
アメリカ生まれの芸術家。
⇒現アテ（Aitken,Doug　エイケン, ダグ　1968-）

Aitken, Laurel
キューバ出身の歌手。
⇒ロック（Aitken,Laurel　エイトキン, ローレル）

Aitken, Robert Grant
アメリカの天文学者。3000以上の連星を発見。
⇒岩世人（エイトケン　1864.12.31-1951.10.29）
　天文大（エイトケン　1864-1951）

Aitmatov, Chingiz
キルギスの作家。
⇒岩イ（アイトマトフ　1928-）
　岩世人（アイトマートフ　1928.12.12-2008.6.10）
　現世文（アイトマートフ, チンギス　1928.12.12-2008.6.10）
　広辞7（アイトマートフ　1928-2008）

Ai Wei-wei
中国の現代美術家, 建築家。
⇒岩世人（艾未未　がいみみ　1957.8.28-）
　外12（艾未未　ガイミミ　1957-）
　外16（艾未未　アイウェイウェイ　1957.8.28-）
　現アテ（Ai Weiwei　艾未未（アイ・ウェイウェイ）　1957-）
　中日3（艾未未　がいみみ, アイウェイウェイ　1957-）

A.J.
アメリカの歌手。
⇒外12（A.J.　エイジェイ　1978.1.9-）
　外16（A.J.　エイジェイ　1978.1.9-）

AJ
アメリカの歌手。
⇒外12（AJ　エイジェイ　1992.5.27-）

Ajalbert, Jean
フランスの小説家。ゴンクール賞受賞作『娘エルザ』のほか,『女と風景』『サオ・ヴァン・ディ』などがある。
⇒19仏（アジャルベール, ジャン　1863.6.10-1947.1.14）

Ajdukiewicz, Kazimierz
ポーランドの哲学者, 論理学者。
⇒岩世人（アイドゥキェーヴィチ　1890.12.12-1963.4.12）

Ajidarma, *Dr.*Seno Gumira
インドネシアの作家, ジャーナリスト。
⇒岩世人（アジダルマ, セノ・グミラ　1958.6.19-）

Ajip Rosidi
インドネシアの作家, 詩人。

⇒岩世人（ロシディ，アイップ　1938.1.31–）
現世文（アイップ・ロシディ　1938–）

Ajvaz, Michal
チェコの作家，詩人，哲学者。
⇒外16（アイヴァス，ミハル　1949–）
現世文（アイヴァス，ミハル　1949–）

Ajzen, Icek
アメリカの社会心理学者。
⇒社心小（エイゼン　1942–）

Akaka, Daniel Kahikina
アメリカの政治家。上院議員（民主党）。
⇒外12（アカカ，ダニエル　1924.9.1–）

Akayev, Askar A.
キルギスの政治家，量子物理学者。キルギス大統領（1990〜2005）。
⇒岩世人（アカエフ　1944.11.10–）
外12（アカエフ，アスカル　1944.11.10–）
外16（アカエフ，アスカル　1944.11.10–）
世指導（アカエフ，アスカル　1944.11.10–）

Akbar, Said
アフガニスタン東部ホースト州に住むジャドラン族の指導者バブラックの子。パキスタン首相リアカット・アリ・カーンを暗殺した。
⇒世暗（アクバール，サイード　?–1951）

Akbar Allāhābādī
インドのウルドゥー語詩人。
⇒岩世人（アクバル，アラーハーバーディー　1846.11.16–1921.2.15）

Akbulut, Yildrim
トルコの政治家。トルコ首相，トルコ祖国党総裁（党首）。
⇒世指導（アクブルト，イルディルム　1935–）

Akçura, Yusuf
トルコの哲学者，民族運動の知的指導者。
⇒岩イ（アクチュラ　1876–1935）

Akef, Muhammad Mahdi
エジプトのイスラム原理主義指導者，政治家。ムスリム同胞団最高位導師。
⇒世指導（アーキフ，ムハンマド・マフディー　1928.7.12–2017.9.22）

Aken, Frank van
テノール歌手。
⇒魅惑（Aken,Frank van　?–）

Akerlof, George Arthur
アメリカの経済学者。2001年ノーベル経済学賞。
⇒岩経（アカーロフ　1940–）
外12（アカロフ，ジョージ・アーサー　1940.6.17–）
外16（アカロフ，ジョージ・アーサー　1940.6.17–）
ノベ3（アカロフ,G.A.　1940.6.17–）

有経5（アカロフ　1940–）

Akerman, Chantal
ベルギー生まれの映画監督。
⇒岩世人（アケルマン　1950.6.6–）
映監（アケルマン，シャンタル　1950.6.6–）
現アテ（Akerman,Chantal　アケルマン，シャンタル　1950–）

Åkerman, Gustaf
スウェーデンの経済学者。
⇒有経5（オカーマン　1888–1959）

Akers, David
アメリカのプロフットボール選手（ライオンズ・K）。
⇒最世ス（エイカーズ，デービッド　1974.12.9–）

Akhavān-e sāles, Mehdī
イランの詩人。
⇒岩世人（アハヴァーネ・サーレス　1929–1990）

Akhmadulina, Bella Akhatovna
ソ連の女性詩人。処女詩集『琴線』（1961），叙事詩『わたしの系譜』（64），短篇小説『シベリアの道』（63）を発表。
⇒岩世人（アフマドゥーリナ　1937.4.10–2010.11.29）
現世文（アフマドゥーリナ，ベラ　1937.4.10–2010.11.29）

Akhmatova, Anna Andreevna
ロシア，ソ連の女性詩人。革命前にシンボリズムを継承した詩人としてデビュー。『夕べ』（1912），『白鳥の群れ』（17）など。
⇒異二辞（アフマートワ［アンナ・〜］　1889–1966）
岩世人（アフマートヴァ　1889.6.11/23–1966.3.5）
現世文（アフマートワ，アンナ　1889.6.23–1966.3.5）
広辞7（アフマートヴァ　1889–1966）
ネーム（アフマートヴァ　1893–1960）

Akhmerov, Isskhak Abdulovich
ソ連のインテリジェンス・オフィサー。
⇒スパイ（アフメーロフ，イスハーク・アブドゥロヴィチ　1901–1975）

Akhromeev, Sergei Fedorovich
ソ連の軍人。ソ連大統領顧問，ソ連軍参謀総長。
⇒岩世人（アフロメーエフ　1923.5.5–1991.8.24）

Akimov, Yevgeny
ロシアのテノール歌手。
⇒魅惑（Akimov,Yevgeny　1967–）

Akin, Fatih
ドイツの映画監督，脚本家。
⇒外12（アキン，ファティ　1973–）
外16（アキン，ファティ　1973–）

Akinci, Mustafa
キプロスの政治家。北キプロス・トルコ共和国大統領(2015~)。
⇒世指導(アクンジュ,ムスタファ 1947.12.28-)

Akinradewo, Foluke
アメリカのバレーボール選手。
⇒最世ス(アキンラデウォ,フォルケ 1987.10.5-)

Akins, Zöe
アメリカの劇作家。
⇒アメ州(Akins,Zöe エイキンス,ゾウイ 1886-1958)

Akselrod, Liubovi Isaakovna
ロシアの女性哲学者,社会民主主義者。
⇒岩世人(アクセリロート 1868-1946.2.5)

Akselrod, Pavel Borisovich
ロシアの社会民主主義者。
⇒岩世人(アクセリロート 1850.8.25-1928.4.16)

Aksenenko, Nikolai
ロシアの政治家。ロシア鉄道相,ロシア第1副首相。
⇒世指導(アクショネンコ,ニコライ 1949.3.15-2005.7.21)

Aksënov, Vasilii Pavlovich
ソ連の作家。医者として働いたのち,短篇『われらのベーラ・イワーノブナ』(1959),長篇『同期生』(60)で文壇的地位を確立。
⇒岩世人(アクショーノフ 1932.8.20-2009.7.6)
現世文(アクショーノフ,ワシリー 1932.8.20-2009.7.6)
広辞7(アクショーノフ 1932 2009)
ネーム(アクショーノフ 1932-)
ユ著人(Acksyonov,Vasilii Pavlovich アクショーノフ,ワシリー・パブロヴィチ 1932-)

Aksu, Sezen
トルコの歌手。
⇒岩世人(アクス 1954.7.13-)
外12(アクス,セゼン)
外16(アクス,セゼン)

Aksyonov, Sergei
ロシアの政治家。クリミア自治共和国首相。
⇒外16(アクショーノフ,セルゲイ 1972.11.26-)
世指導(アクショーノフ,セルゲイ 1972.11.26-)

Akufo-Addo, Nana Addo Dankwa
ガーナの政治家。ガーナ大統領(2017~)。
⇒世指導(アクフォアド,ナナ・アド・ダンクワ 1944.3.29-)

Akunin, Boris
ロシアの推理作家,翻訳家,文芸批評家。
⇒岩世人(アクーニン 1956.5.20-)
外12(アクーニン,ボリス 1956-)
外16(アクーニン,ボリス 1956.5.20-)
海文新(アクーニン,ボリス 1956.5.20-)
現世文(アクーニン,ボリス 1956.5.20-)

Akunov, Tursunbek
キルギスの人権活動家。キルギス人権擁護運動主宰者。
⇒世指導(アクノフ,トゥルスンベク)

Alabau, Marina
スペインのヨット選手(RSX級)。
⇒外16(アラバウ,マリナ 1985.8.31-)
最世ス(アラバウ,マリナ 1985.8.31-)

Alabiso, Carmelo
イタリアのテノール歌手。
⇒魅惑(Alabiso,Carmelo 1886-1966)

Aladár, Heppes
ハンガリーの戦闘機操縦者。
⇒ネーム(アラダール 1904-1988)

Aladyin, Alexis
ロシアの革命家,第一回国会の議員。
⇒学叢思(アラディーン,アレキシス 1873-?)

Alaimo, Steve
アメリカ・ニューヨーク州ロチェスター生まれの歌手,プロデューサー。
⇒ロック(Alaimo,Steve アレイモウ,スティーヴ 1940.12.12-)

Alain
フランスの哲学者。
⇒岩世人(アラン 1868.3.3-1951.6.2)
教思増(アラン 1868-1951)
教小3(アラン 1868-1951)
教人(アラン 1868-1951)
広辞7(アラン 1868-1951)
新カト(アラン 1868.3.3-1951.6.2)
西文(アラン 1868-1951)
哲中(アラン 1868-1951)
比文増(アラン 1868(明治1)-1951(昭和26)))
フ文小(アラン 1868-1951)
メル3(アラン(本名エミール=オーギュスト・シャルティエ) 1868-1951)
メル3(アラン(本名エミール=オーギュスト・シャルティエ) 1868-1951)

Alain, Jehan
フランスのオルガン奏者,作曲家。
⇒ク音3(アラン 1911-1940)
新音小(アラン,ジュアン 1911-1940)
新音中(アラン,ジュアン 1911.2.3-1940.6.20)
標音2(アラン,ジャン 1911.2.3-1940.6.20)

Alain, Marie-Claire
フランスのオルガン奏者。
⇒岩世人(アラン 1926.8.10-2013.2.26)
新音中(アラン,マリー=クレール 1926.8.10-)
標音2(アラン,マリ=クレール 1926.8.10-)

Alain-Fournier
フランスの作家。代表作『モーヌ大将』(1913), 散文集『奇跡』(24)。
⇒岩世人（アラン＝フルニエ　1886.10.3–1914.9.22）
現世文（アラン・フルニエ, アンリ　1886.10.3–1914.9.22）
広辞7（アラン・フルニエ　1886–1914）
西文（アラン-フールニエ　1886–1914）
ネーム（アラン＝フールニエ　1886–1914）
フ文小（アラン＝フルニエ　1886–1914）

Alamikkotervo, Aki
フィンランドのテノール歌手。
⇒魅惑（Alamikkotervo,Aki　?–）

Alamsjah
インドネシアの軍人, 閣僚。
⇒岩世人（アラムシャ　1925.12.25–1998.1.8）

alan
中国の歌手。
⇒外12（alan　アラン　1987.7.25–）
外16（alan　アラン　1987.7.25–）

Alan, Steven
アメリカの服飾デザイナー。
⇒外12（アラン, スティーブン　1966–）
外16（アラン, スティーブン　1966–）

Alanbrooke, Alan Francis Brooke
イギリスの陸軍軍人, 元帥。
⇒岩世人（ブルック　1883.7.23–1963.6.17）

Aland, Kurt
ドイツの新約学者, 教会史家。E.ネストレの"Novum Testamentum Graece"の第21版 (1957) 以来の改訂者。
⇒岩世人（アーラント　1915.3.28–1994.4.13）
新カト（アーラント　1915.3.28–1994.4.13）

Alarcón, Daniel
ペルー生まれのアメリカの作家。
⇒外16（アラルコン, ダニエル　1977–）
海文新（アラルコン, ダニエル　1977–）
現世文（アラルコン, ダニエル　1977–）

Alarcón, Ricardo
キューバの政治家, 外交官。キューバ人民権力全国会議（国会）議長, 外相。
⇒外12（アラルコン, リカルド　1937.5.21–）
外16（アラルコン, リカルド　1937.5.21–）
世指導（アラルコン, リカルド　1937.5.21–）

Alarcon Rivera, Fabian
エクアドルの政治家。エクアドル大統領 (1997, 1998)。
⇒世指導（アラルコン・リベラ, ファビアン　1947.4.14–）

Al Aswany, Alaa
エジプトの作家。

現世文（アルアスワーニー, アラー　1957–）

Alatas, Ali
インドネシアの外交官。インドネシア外相。
⇒岩世人（アラタス, アリ　1932.11.4–2008.12.11）
世指導（アラタス, アリ　1932.11.4–2008.12.11）

al-ʻAlawī, Aḥmad
イスラムの神秘家（スーフィー）。アラウィー教団の名祖。
⇒岩イ（アラウィー　1869–1934）
岩世人（アラウィー, アフマド　1869–1934）

Alawi, Ayad al-
イラクの政治家。イラク暫定政府首相, イラク副大統領。
⇒外12（アラウィ, アヤド　1945–）
外16（アラウィ, アヤド　1945–）
世指導（アラウィ, アヤド　1945–）

Alba, Jessica
アメリカの女優。
⇒外12（アルバ, ジェシカ　1981.4.28–）
外16（アルバ, ジェシカ　1981.4.28–）

Albahari, David
セルビアの作家。
⇒岩世人（アルバハリ　1948.3.15–）

Albaladejo, Jonathan
プロ野球選手（巨人・投手）, 大リーグ選手。
⇒外12（アルバラデホ, ジョナサン　1982.10.30–）

Albanese, Francesco
イタリアのテノール歌手。
⇒失声（アルバネーゼ, フランチェスコ　1912–2005）
魅惑（Albanese,Francesco　1912–）

Albanese, Licia
イタリア生まれのアメリカのソプラノ歌手。
⇒標音2（アルバネーゼ, リチア　1913.7.22–）

Albani, Carlo
イタリアのテノール歌手。
⇒魅惑（Albani,Carlo　1872–1938）

Albani, Luigi
イタリアのテノール歌手。
⇒魅惑（Albani,Luigi　?–）

Al Bano
イタリアのポピュラー歌手, 作曲家。
⇒標音2（アル・バーノ　1943.5.20–）

Albarn, Damon
イギリスのロック歌手。
⇒外12（アルバーン, デーモン　1968.3.23–）
外16（アルバーン, デーモン　1968.3.23–）

Albee, Edward Franklin
アメリカの劇作家。代表作『動物園物語』

(1960), 『バージニア・ウルフなんかこわくない』(62)。
⇒アメ新 (オールビー 1928-)
岩世人 (オルビー 1928.3.12-)
現世文 (オールビー, エドワード 1928.3.12-2016.9.16)
広辞7 (オールビー 1928-2016)
新カト (オールビー 1928.3.12-2016.9.16)
ネーム (オールビー 1928-)

Albelo, Celso
スペインのテノール歌手。
⇒失声 (アルベロ, セルソ 1975-)

Albéniz, Isaac Manuel Francisco
スペインのピアノ奏者, 作曲家。
⇒岩世人 (アルベニス 1860.5.29-1909.5.18)
エデ (アルベニス, イサーク (マヌエル・フランシスコ) 1860.5.29-1909.5.18)
ク音3 (アルベニス 1860-1909)
広辞7 (アルベニス 1860-1909)
新音小 (アルベニス, イサーク 1860-1909)
新音中 (アルベニス, イサーク 1860.5.29-1909.5.18)
ネーム (アルベニス 1860-1909)
ビ曲改 (アルベニス, イサーク 1860-1909)
標音2 (アルベニス, イサーク 1860.5.29-1909.5.18)

Alberghetti, Anna Maria
イタリアのソプラノ歌手。後年, 映画女優に転じた。
⇒ク俳 (アルベルゲッティ, アンナ・マリア 1936-)

Alberione, Giacomo
イタリアの修道会創立者。「聖パウロ修道会」をはじめ, 四つの女子修道会と三つの在俗修道会を創立した。
⇒教聖 (福者ヤコボ・アルベリオーネ司祭 1884.4.4-1971.11.26)

Albero, Celso
スペインのテノール歌手。
⇒魅惑 (Albero,Celso 1975-)

Alberola, Jean-Michael
フランスの現代美術家, 画家, 映画監督。
⇒外12 (アルベローラ, ジャン・ミッシェル 1953-)
外16 (アルベローラ, ジャン・ミッシェル 1953-)

Alberoni, Francesco
イタリアの社会学者, 作家。
⇒岩世人 (アルベローニ 1929.12.31-)
外12 (アルベローニ, フランチェスコ 1929-)
外16 (アルベローニ, フランチェスコ 1929-)

Albers, Josef
ドイツ生まれのアメリカの画家, 版画家, デザイナー。
⇒岩世人 (アルバーズ 1888.3.19-1976.3.25)
グラデ (Albers,Josef アルバース, ヨーゼフ 1888-1976)

芸13 (アルバース, ジョゼフ 1888-1976)

Albert, Abraham Adrian
アメリカの数学者。
⇒数辞 (アルバート, アブラハム・アドリアン 1905-1972)

Albert, Carl Bert
アメリカの政治家。アメリカ下院議長, 民主党下院院内総務。
⇒アメ州 (Albert,Carl Bert アルバート, カール・バート 1908-)

Albert, Eddie
アメリカ生まれの俳優。
⇒ク俳 (アルバート, エディ (ハイムバーガー,E・A) 1908-)

Albert, Frank
アメリカのフットボール選手。
⇒アメ州 (Albert,Frank アルバート, フランク 1920-)

Albert, Hans
ドイツの哲学者。
⇒岩世人 (アルベルト 1921.2.8-)
社小増 (アルバート 1921-)
新カト (アルバート 1921.2.8-)
メル別 (アルバート, ハンス 1921-)

Albert, Karl
ドイツの哲学者。
⇒岩世人 (アルベルト 1921.10.2-2008.10.9)

Albert, Marvin H.
アメリカの作家。
⇒現世文 (アルバート, マービン 1924.1-1996.3.24)

Albert, Michel
フランスの経済学者。EU委員会経済構造・開発名誉局長。
⇒外12 (アルベール, ミシェル 1930-)
外16 (アルベール, ミシェル 1930-)

Albert I Leopold Clement Marie Meinrad
ベルギー王。在位1909～34。第1次世界大戦後の復興に努力。
⇒岩世人 (アルベール (アルベルト) 1世 1875.4.8-1934.2.17)
皇国 (アルベール1世 (在位)1909-1934)
ネーム (アルベール1世 1875-1934)

Albert II
モナコ公国大公 (元首)。在位2005～。
⇒外12 (アルベール2世 1958.3.14-)
外16 (アルベール2世 1958.3.14-)
皇国 (アルベール2世)
世指導 (アルベール2世 1958.3.14-)

Albert II
ベルギー国王。在位1993～。

⇒外12（アルベール2世　1934.6.6–）
外16（アルベール2世　1934.6.6–）
皇国（アルベール2世）

Albert Birot, Pierre
フランスの詩人。1916年に詩誌「SIC」を発行。詩集『懐中三十一文字』『毎日の誌』など。
⇒現世文（アルベール・ビロ, ピエール　1876.4.22–1967.7.25）

Alberti, Rafael
スペインの詩人, 劇作家。
⇒岩世人（アルベルティ　1902.12.16–1999.10.28）
現世文（アルベルティ, ラファエル　1902.12.16–1999.10.28）

Alberti, Willy
オランダのコンサート歌手。
⇒失声（アルベルティ, ウィリー　1926–1985）

Albertini, Demetrio
イタリアのサッカー選手。
⇒外12（アルベルティーニ, デメトリオ　1971.8.23–）

Albiev, Islam
ロシアのレスリング選手（グレコローマン）。
⇒外12（アルビエフ, イスラム　1988.12.28–）
外16（アルビエフ, イスラム　1988.12.28–）
最世ス（アルビエフ, イスラム　1988.12.28–）

Albin, Gennifer
アメリカの作家。
⇒海文新（アルビン, ジェニファー）

Albini, Franco
イタリアの建築家。
⇒岩世人（アルビーニ　1905.10.17–1977.11.1）

Albisson, Amandine
フランスのバレリーナ。
⇒外16（アルビッソン, アマンディーヌ）

Albom, Mitch
アメリカのコラムニスト。
⇒外16（アルボム, ミッチ　1958–）
海文新（アルボム, ミッチ　1958–）
現世文（アルボム, ミッチ　1958–）

Albrecht, Eugen
ドイツの医学者。壊死・変性壊疽の研究, 腫瘍の病理学的研究などを行なった。
⇒ネーム（アルブレヒト　1872–1908）

Albrecht, Gerd
ドイツの指揮者。
⇒外12（アルブレヒト, ゲルト　1935.7.19–）

Albrecht, Gerhard
ドイツの経済学者。"Vom Klassenkampf zum sozialen Frieden"（1932）。

⇒岩世人（アルブレヒト　1889.1.22–1971.4.12）

Albrecht, Karl
ドイツの実業家。
⇒外12（アルブレヒト, カール　1920–）

Albrecht, Marc
ドイツの指揮者。
⇒外12（アルブレヒト, マルク　1964–）
外16（アルブレヒト, マルク　1964–）

Albright, Fuller
アメリカの内分泌学者, 医師。
⇒岩世人（オルブライト　1900.1.12–1969.12.8）

Albright, Gary
アメリカのプロレスラー。
⇒異二辞（オブライト, ゲーリー　1963–2000）

Albright, Lola
アメリカの女優。
⇒ク俳（オルブライト, ローラ　1924–）

Albright, Madeleine
アメリカの国際政治学者。アメリカ国務長官, 国連大使。
⇒アメ新（オルブライト　1937–）
外12（オルブライト, マデレーン　1937.5.15–）
外16（オルブライト, マデレーン　1937.5.15–）
世指導（オルブライト, マデレーン　1937.5.15–）

Albright, William Foxwell
アメリカの考古学者, 聖書研究者。
⇒岩世人（オルブライト　1891.5.24–1971.9.19）
新カト（オールブライト　1891.5.24–1971.9.19）

Albrow, Martin C.
イギリスの社会学者。
⇒社小増（アルブロウ　1932–）

Alcaide, Tomáz
ポルトガルのテノール歌手。
⇒失声（アルカイーデ, トマーズ　1901–1967）
魅惑（Alcaïde,Tomaz　1901–1967）

Alcalá Zamora, Niceto
スペインの政治家。スペイン大統領（1931～36）。
⇒岩世人（アルカラ=サモーラ　1877.7.6–1949.2.18）

Alchian, Armen Albert
アメリカの経済学者。
⇒有経5（アルキャン　1914–）

Alcindo
ブラジルのサッカー選手。
⇒外12（アルシンド　1967.10.21–）

Alda, Alan
アメリカ生まれの俳優。

⇒外12（アルダ, アラン　1936.1.28–）
外16（アルダ, アラン　1936.1.28–）
ク俳（アルダ, アラン　1936–）

Alda, Robert
アメリカの男優。
⇒ク俳（アルダ, ロバート（ダブルッツォ, アルフォンゾ）　1914–1986）

Aldanov, Mark Aleksandrovich
ロシア生まれの作家, 評論家。
⇒岩世人（アルダーノフ　1889.10.26/11.7–1957.2.25）
現世文（アルダーノフ, マルク　1889.10.26–1957.2.25）
ユ著人（Aldanov,Mark Aleksandrovich　アルダーノフ, マルク・アレクサンドロヴィチ　1889–1957）

Aldatov, Ibragim
ウクライナのレスリング選手（フリースタイル）。
⇒最世ス（アドラトフ, イブラギム　1983.11.4–）

Aldenhoff, Bernd
ドイツのテノール歌手。1957年に宮廷歌手の称号を得ている。
⇒失声（アルデンホフ, ベルント　1908–1959）
魅惑（Aldenhoff,Bernd　1908–1959）

Alder, Kurt
ドイツの有機化学者。師ディールスと共同でジエン合成（ディールス・アルダー反応）開発し（1930以降）, ノーベル化学賞受賞（50）。
⇒岩世人（アルダー　1902.7.10–1958.6.20）
化学（アルダー　1902–1958）
広辞7（アルダー　1902–1958）
ノベ3（アルダー,K.　1902.7.10–1958.6.20）

Alderman, Naomi
イギリスの作家。
⇒現世文（オルダーマン, ナオミ　1974–）

Aldington, Richard（Edward Godfree）
イギリスの詩人, 小説家。
⇒岩世人（オルディントン　1892.7.8–1962.7.27）
現世文（オールディントン, リチャード　1892.7.8–1962.7.26）
ネーム（オールディントン　1892–1962）

Aldiss, Brian Wilson
イギリスのSF作家。A.C.クラークと並ぶイギリスの巨匠。
⇒岩世人（オールディス　1925.8.18–）
外12（オールディス, ブライアン・ウィルスン　1925–）
外16（オールディス, ブライアン・ウィルスン　1925.8.18–）
現世文（オールディス, ブライアン・ウィルスン　1925.8.18–2017.8.19）

Aldon, Mari
カナダの女優。
⇒ク俳（オルドン, マリ（オルドン, メアリー）　1929–）

Aldrich, Nelson Wilmarth
アメリカの政治家, 財政専門家。保護貿易論者。
⇒アメ経（オルドリッチ, ネルソン　1841.11.6–1915.4.16）
岩世人（オールドリッチ　1841.11.6–1915.4.16）

Aldrich, Robert
アメリカの映画監督。
⇒映監（アルドリッチ, ロバート　1918.8.9–1983）
ネーム（アルドリッチ　1918–1983）

Aldrich, Thomas Bailey
アメリカの小説家, 詩人, 編集者, 随筆家。代表作『悪童物語』（1870）。
⇒図翻（オールドリッチ　1836.11.11–1907.3.19）
ネーム（オールドリッチ　1836–1907）

Aldrich, Winthrop Williams
アメリカの銀行家。ニューヨークのチェース・ナショナル・バンク総裁, ウェスティングハウス電気会社社長などを兼任。
⇒アメ経（オルドリッチ, ウィンスロープ　1885.11.2–1974.2.25）
岩世人（オールドリッチ　1885.11.2–1974.2.25）

Aldridge, Alan
イギリスのグラフィック・アーティスト。
⇒グラデ（Aldridge,Alan　オルドリッジ, アラン　1943–）

Aldridge, James
オーストラリアの作家。
⇒現世文（オルドリッジ, ジェームズ　1918.6.9–2015.2.23）

Aldridge, LaMarcus
アメリカのバスケットボール選手（トレイルブレイザーズ）。
⇒最世ス（オルドリッジ, ラマーカス　1985.7.19–）

Aldrin, Buzz
アメリカの宇宙飛行士。
⇒外12（オルドリン, バズ　1930.1.20–）
外16（オルドリン, バズ　1930.1.20–）
ネーム（オルドリン　1930–）

Alea, Tomás Gutiérrez
キューバの映画監督。
⇒映監（アレア, トマス・グティエレス　1928.12.11–1996）

Alechinsky, Pierre
ベルギー生まれの版画家。
⇒芸13（アレシンスキー, ピエール　1927–）

Alegría, Ciro
ペルーの作家。

⇒岩世人（アレグリア　1909.11.4–1967.2.17）
現世文（アレグリア, シロ　1909.11.4–1967.2.17）
ネーム（アレグリーア　1909–1967）

Aleh, Jo
ニュージーランドのヨット選手（470級）。
⇒外16（アーレ, ヨー　1986.5.15–）
最世ス（アーレ, ヨー　1986.5.15–）

Aleixandre, Vicente
スペインの詩人。作品『破壊, もしくは愛』（1935）など。
⇒岩世人（アレイクサンドレ　1898.4.26–1984.12.14）
現世文（アレイクサンドレ, ビセンテ　1898.4.28–1984.12.14）
広辞7（アレイクサンドレ　1898–1984）
ネーム（アレイクサンドレ　1898–1984）
ノベ3（アレイクサンドレ, V.　1898.4.28–1984.12.14）

Alekan, Henri
フランス生まれの撮影監督。
⇒岩世人（アルカン　1909.2.10–2001.6.15）

Alekhin, Aleksandr Aleksandrovich
ロシアのチェスの大家。チェスの世界選手権をカパブランカから奪う（1927）。
⇒岩世人（アレーヒン　1892.10.19/31–1946.3.24）

Alekna, Virgilijus
リトアニアの円盤投げ選手。
⇒外12（アレクナ, ウィルギリウス　1972.2.13–）
外16（アレクナ, ウィルギリウス　1972.2.13–）
最世ス（アレクナ, ウィルギリウス　1972.2.13–）

Alekperov, Emil
テノール歌手。
⇒魅惑（Alekperov, Emil　?–）

Aleksandar I
ユーゴスラビア国王（1921〜34）。
⇒岩世人（アレクサンダル1世　1888.12.4/16–1934.10.9）
皇国（アレクサンダル1世）

Aleksandar II
セルビア王家カラジョルジェビッチ家当主。
⇒外12（アレクサンダル2世）
外16（アレクサンダル2世　1945.7.17–）

Aleksandra Fyodrovna
最後のロシア皇帝ニコライ2世の皇后。ビクトリア女王の孫。
⇒岩世人（アレクサンドラ　1872.5.25/6.6–1918.7.16）
王妃（アレクサンドラ・フョードロヴナ　1872–1918）
姫全（アレクサンドラ・フョードロヴナ　1872–1918）

Aleksandrov, Georgii Fyodorovich
ソ連の哲学者。主要な労作として編著『弁証法的唯物論』（1954）がある。
⇒岩世人（アレクサンドロフ　1908.3.22/4.4–1961.7.21）

Aleksandrov, Grigorii Vasilevich
ソ連の映画監督。作品に『恋は魔術師』『グリンカ』など。
⇒岩世人（アレクサンドロフ　1903.1.10/23–1983.12.16）

Aleksandrov, Pavel Sergeevich
ソ連の数学者。閉集合の研究, 次元論の分野において多くの成果をあげた。
⇒岩世人（アレクサンドロフ　1896.4.25/5.7–1982.11.16）
数辞（アレクサンドロフ, パヴァル・セルゲヴィッチ　1896–1982）
世数（アレクサンドロフ, パヴェル・セルゲイヴィッチ　1896–1982）

Alekseev, Evgenii Ivanovich
ロシアの軍人, 提督。1904年2月日露戦争勃発時に極東ロシア陸海軍総司令官。
⇒岩世人（アレクセーエフ　1843.5.11–1917.5.27）
ネーム（アレクセーエフ　1843–1909）

Alekseev, Mikhail Vasilievich
ロシアの将軍。
⇒岩世人（アレクセーエフ　1857.11.3/15–1918.9.25）
世数（リャブノフ, アレクサンドル・ミハイロヴィッチ　1857–1918）

Alekseev, Sergei Sergeevich
ロシアの法理論学者, 私法学者。
⇒岩世人（アレクセーエフ　1924.7.28–2014.5.12）

Alekseev, Vasilii
ソ連の重量挙げ選手。スーパーヘビー級で人類の夢といわれた600キログラムの大台に乗せ,「世界一の力持ち」の座を守っている。
⇒岩世人（アレクセーエフ　1942.1.7–2011.11.25）

Alekseev, Vasilii Mikhailovich
ロシアの中国学者。『大華露語辞典』を発行した（1947）。
⇒岩世人（アレクセーエフ　1881.1.2/14–1951.5.12）

Aleksei Aleksandrovich
ロシアの提督。日露戦争の際のロシア艦隊の総司令官。
⇒岩世人（アレクセイ　1850.1.2–1908.11.1）

Aleksievich, Svetlana Aleksandrovna
ベラルーシの作家。
⇒岩世人（アレクシエヴィチ　1948.5.31–）
外12（アレクシエーヴィッチ, スヴェトラーナ　1948.5.31–）
外16（アレクシエーヴィッチ, スヴェトラーナ　1948.5.31–）
現世文（アレクシエーヴィッチ, スヴェトラーナ

1948.5.31-)
広辞7（アレクシエーヴィチ　1948-)

Aleksii II
ロシア正教会の第15代総主教。
⇒岩世人（アレクシー2世　1929.2.23-2008.12.5)
世指導（アレクセイ2世　1929.2.23-2008.12.5)

Aleksiun, Jan Jaromir
ポーランドの前衛芸術家。
⇒グラデ（Aleksiun,Jan Jaromir　アレクシウン，ヤン・ヤーロミール　1940-)

Aleman Lacayo, Arnoldo
ニカラグアの政治家。ニカラグア大統領（1997～2002）。
⇒世指導（アレマン・ラカヨ，アルノルド　1946.1.23-)

Alemanno, Gianni
イタリアの政治家。ローマ市長，イタリア農林相。
⇒外12（アレマンノ，ジャンニ　1958.3.3-)
外16（アレマンノ，ジャンニ　1958.3.3-)
世指導（アレマンノ，ジャンニ　1958.3.3-)

Alemán Valdés, Miguel
メキシコの弁護士，政治家。1946～52年大統領となり，メキシコの近代化に努力。
⇒岩世人（アレマン　1900.9.29-1983.5.14)

Alencar, José
ブラジルの政治家。ブラジル副大統領。
⇒世指導（アレンカール，ジョゼ　1931.10.17-2011.3.29)

Aler, John
アメリカのテノール歌手。
⇒魅惑（Aler,John　1949-)

Alès, Adhémar d'
フランスの神学者，イエズス会会員。
⇒新カト（アレス　1861.12.2-1938.2.14)

Aleš, Milokáš
チェコの画家。チェコ民族の神話と歴史を題材とする。
⇒絵本（アレシュ，ミコラーシュ　1852-1913)

Alesi, Jean
フランスのF1ドライバー。
⇒外12（アレジ，ジャン　1964.6.11-)
外16（アレジ，ジャン　1964.6.11-)

Alessandrini, Rinaldo
イタリアのチェンバロ奏者，指揮者。
⇒外12（アレッサンドリーニ，リナルド　1960-)
新音中（アレッサンドリーニ，リナルド　1960-)

Alessandri Palma, Arturo
チリの政治家。チリ大統領（20～24,25）。チリの民主化に努めた。

⇒岩世人（アレッサンドリ・パルマ　1868.12.20-1950.8.24)
ラテ新（アレッサンドリ　1868-1950)

Alessandro
ブラジルのサッカー選手（グレミオ・FW）。
⇒外12（アレッサンドロ　1982.3.2-)

Alessi, Alberto
イタリアの実業家。
⇒外12（アレッシィ，アルベルト　1946-)
外16（アレッシィ，アルベルト　1946-)

Aletrino, Arnold
オランダの小説家，医者。人生の諸相を解剖し，生活に疲れた身体と精神とを描いた。
⇒岩世人（アレトリノ　1858.4.1-1916.1.17)

Alewyn, Richard
ドイツの文学研究者。
⇒岩世人（アレヴィン　1902.2.24-1979.8.14)

Alex
アメリカのロック・ベース奏者。
⇒外12（アレックス　1976.8.18-)

Alex
韓国の歌手。
⇒外12（アレックス　1979-)

Alexander, Agnes Baldwin
バハイ教布教師。
⇒日エ（アレキサンダー　1875.7.21-1971.1.1)

Alexander, Albert Victor
イギリスの政治家。国防相（1947）。
⇒岩世人（アレグザンダー　1885.5.1-1965.1.11)

Alexander, Arthur
アメリカ・アラバマ州シェフィールド生まれの歌手。
⇒ロック（Alexander,Arthur　アレグザンダー，アーサー　1942-)

Alexander, Christopher
アメリカの建築家。
⇒岩世人（アレグザンダー　1936.10.4-)

Alexander, David Dale
アメリカの大リーグ選手（一塁）。
⇒メジャ（アレグザンダー，デイル　1903.4.26-1979.3.2)

Alexander, Douglas
イギリスの政治家。国際開発相。
⇒外12（アレグザンダー，ダグラス　1967.10.26-)
外16（アレグザンダー，ダグラス　1967.10.26-)
世指導（アレグザンダー，ダグラス　1967.10.26-)

Alexander, Doyle Lafayette
アメリカの大リーグ選手（投手）。
⇒メジャ（アレグザンダー，ドイル　1950.9.4-)

Alexander, Franz
ハンガリー生まれのアメリカの精神分析学者,精神病学者。
⇒岩世人（アレグザンダー　1891.1.22–1964.3.8）
　現精（アレキサンダー　1891–1964）
　現精縮（アレキサンダー　1891–1964）
　精分岩（アレキサンダー,フランツ　1891–1964）
　精分弘（アレキサンダー,フランツ　1891–1964）
　ユ著人（Alexander,Franz　アレクサンダー,フランツ　1891–1964）

Alexander, Grover Cleveland
アメリカの大リーグ選手(投手)。
⇒メジャ（アレグザンダー,グローヴァー　1887.2.26–1950.11.4）

Alexander, Harold Rupert Leofric George
イギリスの陸軍軍人。1944～45年イタリア戦線の連合軍総司令官。
⇒岩世人（アレグザンダー　1891.12.10–1969.6.16）

Alexander, James Waddell
アメリカの数学者。
⇒岩世人（アレグザンダー(慣アレキサンダー)　1888.9.19–1971.9.23）
　数辞（アレキサンダー,ジェームス・リデル　1888–1971）
　世数（アレクサンダー,ジェームズ・ワッデル　1888–1971）

Alexander, Jane
アメリカ生まれの女優。
⇒ク俳（アレグザンダー,ジェイン（クウィグリー,J）　1939–）

Alexander, Jeffrey Charles
アメリカの社会学者。
⇒岩世人（アレグザンダー　1947.5.30–）

Alexander, John
アメリカのテノール歌手。
⇒失声（アレキサンダー,ジョン　1923–1990）
　魅惑（Alexander,John　1935–1990）

Alexander, J.W.
アメリカ・オクラホマ州タルサ生まれの歌手,プロデューサー。
⇒ロック（Alexander,J.W.　アレグザンダー,J・W　1917–）

Alexander, Lamer
アメリカの政治家,弁護士。上院議員（共和党）,教育長官,テネシー州知事。
⇒外12（アレグザンダー,ラマー　1940.7.3–）
　外16（アレクサンダー,ラマー　1940.7.3–）
　世指導（アレクサンダー,ラマー　1940.7.3–）

Alexander, Lloyd
アメリカの児童文学作家。
⇒現世文（アレクサンダー,ロイド　1924–2007）

Alexander, Monty
ジャマイカのジャズ・ピアノ奏者。
⇒外12（アレグザンダー,モンティ　1944.6.6–）
　外16（アレクサンダー,モンティ　1944.6.6–）

Alexander, Samuel
イギリスの哲学者。新実在論の立場で独特の形而上学を展開。
⇒岩世人（アレグザンダー　1859.1.6–1938.9.13）
　新カト（アレクサンダー　1859.1.6–1938.9.13）
　ネーム（アレグザンダー　1859–1938）
　メル3（アレクサンダー,サミュエル　1859–1938）

Alexander, Shaun
アメリカのプロフットボール選手。
⇒最世ス（アレクサンダー,ショーン　1977.8.30–）

Alexander, Tasha
アメリカの作家。
⇒海文新（アレクサンダー,ターシャ）
　現世文（アレクサンダー,ターシャ）

Alexander, William
アメリカの作家。
⇒海文新（アレクサンダー,ウィリアム　1976–）
　現世文（アレクサンダー,ウィリアム　1976–）

Alexanderson, Ernst Frederick Werner
スウェーデン生まれのアメリカの電気技師,発明家。
⇒岩世人（アレグザンダソン　1878.1.25–1975.5.14）
　ネーム（アレグザンダソン　1878–1975）

Alexandra Croline Mary
イギリスの王妃。
⇒王妃（アレクサンドラ　1844–1925）

Alexandrine Auguste Herzogin zu Mecklenburg
デンマーク王クリスチャン10世の妃。
⇒王妃（アレクサンドリーネ　1879–1952）

Alexandrov, Alexander Vasil'yevich
ソ連の作曲家,合唱指導者。1928年,赤軍歌と踊りのアンサンブルを創設して指揮者となる。43年ソ連国歌を作曲。
⇒標音2（アレクサンドロフ,アレクサンドル・ヴァシリエヴィチ　1883.4.13–1946.7.8）

Alexandrov, Anatoly Nikolayevich
ロシアの作曲家。
⇒標音2（アレクサンドロフ,アナトリー・ニコラエヴィチ　1888.5.25–1982.4.16）

Alexandrova, Maria
ロシアのバレリーナ。
⇒外12（アレクサンドロワ,マリア）
　外16（アレクサンドロワ,マリア）

Alexandrovich, Mikhail
ロシア,アメリカのテノール歌手。
⇒魅惑(Alexandrovich,Mikhail 1917–)

Alexie, Sherman
アメリカ(ネイティヴ系)の小説家。
⇒現世文(アレクシー,シャーマン 1966–)

Alexiou, Haris
ギリシアの歌手,ソングライター。
⇒岩世人(アレクシーウ 1950.12.27–)

Alexis, Jacques-Edouard
ハイチの政治家,農学者。ハイチ首相,キスケヤ大学学長。
⇒世指導(アレクシス,ジャック・エドゥアール 1947.9.21–)

Alexis, Jacques Stéphen
ハイチの作家。
⇒現世文(アレクシ,ジャック,ステファン 1922–1961)

Alex Mineiro
ブラジルのサッカー選手(FW)。
⇒外12(アレックス・ミネイロ 1973.3.15–)
外16(アレックス・ミネイロ 1973.3.15–)

Alfano, Franco
イタリアの作曲家。
⇒岩世人(アルファーノ 1876.3.8–1954.10.27)
オペラ(アルファーノ,フランコ 1875–1954)
ク音3(アルファーノ 1875–1954)
新音中(アルファーノ,フランコ 1875.3.8–1954.10.27)
標音2(アルファーノ,フランコ 1875.3.8–1954.10.27)

Alfaric, Prosper
フランスの宗教学者。アウグスティヌスの研究で知られたが,のちキリスト教起源の研究をなし,イエス・キリストの歴史性を否定した。
⇒岩世人(アルファリック 1876.5.21–1955.3.28)
新カト(アルファリク 1876.5.21–1955.3.28)

Alfaro, Eloy
エクアドルの軍人,政治家。大統領(1895～1901,06～11)。
⇒岩世人(アルファロ 1842.6.25–1912.1.28)

Alfaro, Oscar
ボリビアの作家,評論家,詩人。
⇒現世文(アルファロ,オスカル 1921–1963)

Alfau, Felipe
スペイン生まれのアメリカの作家。
⇒現世文(アルファウ,フェリペ 1902–1999)

Al Fayed, Mohamed
エジプトの実業家。
⇒外12(アルファイド,モハメド 1933.1.27–)

外16(アルファイド,モハメド 1933.1.27–)

Alferi, Pierre
フランスの詩人。
⇒フ文小(アルフェリ,ピエール 1963–)

Alferov, Zhores
ベラルーシ出身のロシアの物理学者。ノーベル物理学賞受賞。
⇒岩世人(アルフョーロフ 1930.3.15–)
外12(アルフョロフ,ジョレス 1930.3.15–)
外16(アルフョロフ,ジョレス 1930.3.15–)
ノベ3(アルフョロフ,Z. 1930.3.15–)

Alfian, Teuku Ibrahim
インドネシアの歴史家。
⇒岩世人(アルフィアン,イブラヒム 1930.2.14–2006.5.31)

Alföldi András
ハンガリーの古代史家。
⇒岩世人(アルフェルディ 1895.8.27–1981.2.12)

Alfonseca, Antonio
アメリカの大リーグ選手(投手)。
⇒メジャ(アルフォンセカ,アントニオ 1972.4.16–)

Alfonsi, Alice
アメリカの作家。
⇒外12(アルフォンシ,アリス)
海文新(アルフォンシ,アリス)
海文新(キンバリー,アリス)
海文新(コイル,クレオ)
現世文(キンバリー,アリス)
現世文(コイル,クレオ)

Alfonsin, Raúl
アルゼンチンの政治家。アルゼンチン大統領(1983～89)。
⇒岩世人(アルフォンシン 1926.3.13–2009.3.31)
政経改(アルフォンシン 1926–)

Alfonso
メキシコのタレント。
⇒外12(アルフォンソ 1983.8.28–)

Alfonso XIII
スペイン王。在位1886～1931。
⇒岩世人(アルフォンソ13世 1886.5.17–1941.2.28)
皇国(アルフォンソ13世)

Alfonzo, Edgardo Antonio
アメリカの大リーグ選手(二塁,三塁)。
⇒外12(アルフォンゾ,エドガルド 1973.11.8–)
メジャ(アルフォンソ,エドガルド 1973.8.11–)

Alford, Kenneth Joseph
イギリスの作曲家,軍楽隊長。
⇒ク音3(アルフォード 1881–1945)
標音2(アルフォード,ケネス・ジョーゼフ

1881.2.21–1945.5.15）

Alfredson, Tomas
スウェーデンの映画監督。
⇒外16（アルフレッドソン, トーマス　1965.4.1–）

Alfredsson, Daniel
スウェーデンのアイスホッケー選手（レッドウィングス・FW）。
⇒最世ス（アルフレッドソン, ダニエル　1972.12.11–）

Alfredsson, Helen
スウェーデンのプロゴルファー。
⇒外12（アルフレッドソン, ヘレン　1965.4.9–）
　最世ス（アルフレッドソン, ヘレン　1965.4.9–）

Alfvén, Hannes Olof Gösta
スウェーデンの物理学者。アルベーン波を解明。電磁流体力学やプラズマ物理学の基礎を開き,1970年ノーベル物理学賞受賞。
⇒岩世人（アルヴェーン（アルフヴェン）　1908.5.30–1995.4.2）
　天文辞（アルベーン　1908–1995）
　天文大（アルヴェーン　1908–1995）
　ネーム（アルヴェーン　1908–1995）
　ノベ3（アルベーン,H.　1908.5.30–1995.4.2）
　物理（アルヴェーン, ハネス　1908–1995）

Alfvén, Hugo Emil
スウェーデンの指揮者, ヴァイオリン奏者, 作曲家。「スウェーデン狂詩曲」など多数を作曲。
⇒岩世人（アルヴェーン　1872.5.1–1960.5.8）
　ク音3（アルヴェーン　1872–1960）
　新音中（アルヴェーン, ヒューゴ　1872.5.1–1960.5.8）
　標音2（アルヴェーン, フーゴ　1872.5.1–1960.5.8）

Algazi, Leon Yehudah
ルーマニア出身のユダヤ音楽収集家, 指揮者, 作曲家。
⇒ユ著人（Algazi,Leon Yehudah　アルガジ, レオン・イェフダー　1890–1971）

Alger, Chadwick F.
アメリカの政治学者。
⇒政経改（アルジャー　1924–）

Algren, Nelson
アメリカの作家。代表作『黄金の腕を持った男』（1949）。
⇒岩世人（オルグレン　1909.3.28–1981.5.9）
　現世文（オルグレン, ネルソン　1909.3.28–1981.5.9）

Algué, José
スペインの気象学者, 聖職者。台風の研究家として知られる。
⇒岩世人（アルゲ　1856.12.28–1930.5.27）

Al Hassan, Jana
レバノンの作家, ジャーナリスト。
⇒現世文（アルハサン, ジャナー　1985–）

Ali
フィリピンのミンダナオ島マギンダナオ地方の対米反乱指導者。
⇒岩世人（アリ　?–1905）

Ali, Ahmed
パキスタンの英語, ウルドゥー語作家, 詩人。
⇒現世文（アリ, アーメド　1910.7.1–1994.1.14）

Ali, Ayaan Hirsi
ソマリア生まれのオランダの政治家。元下院議員。
⇒外12（アリ, アヤーン・ヒルシ）

Ali, John
ネーション・オブ・イスラム全米事務局長。
⇒マルX（ALI,JOHN（John 4X）　アリ, ジョン（ジョン4X））

Ali, Muhammad
アメリカのプロボクサー。
⇒アメ州（Ali,Muhammad　アリ, モハメッド　1942–）
　アメ新（アリ, モハメド　1942–）
　異二辞（アリ, モハメド　1942–2016）
　岩イ（アリ, モハメッド　1942–）
　岩世人（アリ　1942.1.18–）
　外12（アリ, モハメド　1942.1.17–）
　外16（アリ, モハメド　1942.1.17–）
　広辞7（アリ　1942–2016）
　ネーム（アリ, モハメド　1942–）
　ポプ人（アリ, モハメド　1942–2016）
　マルX（ALI,MUHAMMAD（Cassius Clay）アリ, ムハマド（クレイ, カシアス）　1942–）

'Alī, Muḥammad, Maulānā
インドの政治家。
⇒岩イ（ムハンマド・アリー²　1878–1931）
　岩世人（ムハンマド・アリー　1878.12.10–1931.1.4）

Ali, Murtopo
インドネシアの軍人, 政治家。
⇒岩世人（ムルトポ, アリ　1924.9.23–1984.5.15）

Ali, Rubina
インドの女優。
⇒外12（アリ, ルビナ）

Alia, Ramiz
アルバニアの政治家。アルバニア大統領（1991～92）。
⇒岩世人（アリア　1925.10.18–2011.10.7）
　世指導（アリア, ラミズ　1925.10.18–2011.10.7）

'Alī 'Abd al-Latīf
スーダンの反英闘争指導者。1924年反英闘争の地下組織「白旗師団」を組織し, 都市を中心に活動。
⇒岩イ（アリー・アブドゥッラーティーフ　1896頃

–1948)

Ali Akbar Khan
インドのサロード奏者, 作曲家。
⇒岩世人 (アリー・アクバル・ハーン 1922.4.14–2009.6.18)

Ali-Bab
フランスの料理研究家。
⇒フラ食 (アリ・バブ 1885–1931)

Alibert, François Paul
フランス生まれの詩人。「N.R.F.」誌の協力者。詩集『牧歌』『ローマの悲歌』など。
⇒現世文 (アリベール, フランソワ・ポール 1873.3.15–1953.6.23)

Aliberti, Lucia
イタリアのソプラノ歌手。
⇒外12 (アリベルティ, ルチア 1957–)
 外16 (アリベルティ, ルチア 1957–)

Ali Bin Al Hussein
ヨルダン王子。ヨルダンサッカー協会 (JFA) 会長。
⇒外16 (アリ・ビン・アル・フセイン 1975.12.23–)

Ali Bogra, Mohammed
パキスタンの政治家。パキスタン首相。
⇒岩世人 (アリー 1909.10–1963.1.23)

Alicea, Luis Rene
アメリカの大リーグ選手 (二塁)。
⇒メジャ (アリセア, ルイス 1965.7.29–)

'Alī Dīnār ibn Zakarīyā ibn Muḥammad al-Faḍl
スーダン西部のダルフール地域に成立したカイラ王朝の最後のスルタン。
⇒岩イ (アリー・ディーナール 1865?–1916)

Ali Fethi Okyar
トルコの軍人, 政治家。
⇒岩世人 (アリー・フェトヒ・オクヤル 1880–1943.5.7)

Ali Fuat Cebesoy
トルコの軍人, 政治家。
⇒岩世人 (アリー・フアト・ジェベソイ 1882–1968.1.10)

Aliger, Margarita Iosifovna
ソ連の女性詩人。詩集『生まれた年』(1938),『この年の冬』(38), 抒情的叙事詩『ゾーヤ』(42) などがある。
⇒岩世人 (アリゲール 1915.9.26/10.7–1992.8.1)
 現世文 (アリゲール, マルガリータ 1915.10.7–1992.8.1)
 ネーム (アリゲール 1915–1992)

Alikhanov, Abram Isaakovich
ソ連の実験物理学者。宇宙線2次成分中に多種類の新粒子を発見し (1942), これをヴァリトロンと名づけた。
⇒岩世人 (アリハーノフ 1904.2.20/3.4–1970.12.8)

'Ali Khān Türe
東トルキスタン共和国政府主席 (1944〜46)。
⇒岩世人 (アリー・ハン・トゥレ 1884–1976)

Alim, Saadah
インドネシアの女性作家。
⇒岩世人 (アリム, サアダ 1897.6.9–1968)

Alimin
インドネシアの共産党指導者。1927年蜂起後モスクワ・延安に滞在。46年帰国, サルジョノとともに党を再建。
⇒岩世人 (アリミン 1889–1964.6.24)

'Ālim Khān, Sayyid
ブハラ・アミール国最後のアミール。在位1910〜20。
⇒岩イ (アーリム・ハーン 1881–1944)

Alimorad, Abdollah
イランのアニメーション作家。
⇒アニメ (アリモラド, アブドラ 1947–)

Alion, Isaac Alfred
オランダの商人。
⇒岩世人 (アリオン 1848.3.19–1918.1.13)

Aliotta, Antonio
イタリアの哲学者。モナド的観念論に立ち新ヘーゲル派に反対した。主著『相対主義と観念論』(1922) など。
⇒岩世人 (アリオッタ 1881.1.15–1964.2.1)

Alip, Jaime Aristotle B.
フィリピンの社会運動家。
⇒外16 (アリップ, ハイメ・アリストトゥル)

Alipov, Alexei
ロシアの射撃選手 (クレー射撃)。
⇒外12 (アリポフ, アレクセイ 1975.8.7–)
 最世ス (アリポフ, アレクセイ 1975.8.7–)

Ali Sriti
アラブのウード奏者, 作曲家。
⇒岩世人 (アリー・スリティ 1918.12.16–2007.4.5)

Alito, Samuel Anthony, Jr.
アメリカの法律家。米国連邦最高裁判事。
⇒外12 (アリート, サミュエル 1950.4.1–)
 外16 (アリート, サミュエル 1950.4.1–)

Aliyev, Heydar
アゼルバイジャンの政治家。アゼルバイジャン第3代大統領 (1993〜2003)。
⇒岩世人 (アリエフ 1923.5.10–2003.12.12)
 スパイ (アリエフ, ヘイダル・A 1923–2003)
 世指導 (アリエフ, ヘイダル 1923.5.10–2003.12.12)

Aliyev, Ilham
アゼルバイジャンの政治家。アゼルバイジャン大統領(2003〜)。
⇒外12（アリエフ, イルハム　1961.12.24-）
　外16（アリエフ, イルハム　1961.12.24-）
　世指導（アリエフ, イルハム　1961.12.24-）
　ネーム（アリエフ　1961-）

Al Jaber, Sami
サウジアラビアのサッカー選手（アル・ヒラル・FW）。
⇒外12（アル・ジャバー, サミ　1972.12.11-）
　最世ス（アル・ジャバー, サミ　1972.12.11-）

Alkalaj, Sven
ボスニア・ヘルツェゴビナの外交官。ボスニア・ヘルツェゴビナ外相。
⇒外12（アルカライ, スヴェン　1948.11.11-）
　外16（アルカライ, スヴェン　1948.11.11-）
　世指導（アルカライ, スヴェン　1948.11.11-）

Alkatiri, Mari
東ティモールの政治家、独立運動家。東ティモール首相・経済開発相、東ティモール独立革命戦線（フレティリン）中央委員。
⇒岩世人（アルカティリ　1949.11.26-）
　外12（アルカティリ, マリ　1949.11.26-）
　世指導（アルカティリ, マリ　1949.11.26-）

Alkemade, Kim van
アメリカの作家。
⇒海文新（オークメイド, キム・ファン）
　現世文（オークメイド, キム・ファン）

Alker, Hayward R., Jr.
アメリカの政治学者。政治および国際関係の数量的分析が専門。著書『数学と政治』（1965）など。
⇒国政（アルカー, ヘイウォード　1937-）

Alkhanov, Alu Dadashevich
ロシアの政治家。チェチェン共和国大統領（2004〜07）。
⇒外12（アルハノフ, アル　1957-）
　世指導（アルハノフ, アル　1957-）

Alkhipov, Aleksandr
ロシアのテノール歌手。
⇒魅惑（Alkhipov,Aleksandr　?-）

Allais, Charles Alphonse
フランスのユーモア作家。著作は『ブレロー事件』(1899)など多数。
⇒シュル（アレー, アルフォンス　1854-1905）

Allais, Maurice
フランスの経済学者。
⇒岩経（アレ　1911-）
　岩世人（アレ　1911.5.31-2010.10.10）
　ノベ3（アレ,M.　1911.5.31-2010.10.9）
　有経5（アレー　1911-2010）

Allamano, Bl Giuseppe
コンソラータ宣教会の創設者。
⇒オク教（アラマーノ（福）　1851-1926）

Allan, Jay
アメリカの作家。
⇒海文新（アラン, ジェイ）
　現世文（アラン, ジェイ）

Allan, John
イギリスのインド学者。王立古銭学会の主事（1909-48）。
⇒岩世人（アラン　1884-1955.8.26）

Allan, Stella
ニュージーランドのジャーナリスト。
⇒ニュー（アラン, ステラ　1871-1962）

Allard, Wayne
アメリカの政治家。上院議員（共和党）。
⇒外12（アラード, ウェイン　1943.12.12-）

Alla uddin Khan
インドのサロード奏者、作曲家。
⇒南ア新（アラーウッディーン・ハーン　1881頃-1972）

Allbritton, Louise
アメリカの女優。
⇒ク俳（オールブリトン, ルイーズ　1920-1979）

Allchin, Frank Raymond
イギリスのインド考古学研究者。
⇒南ア新（オールチン　1923-2010）

Allchin, George
アメリカの海外伝道会宣教師。『新撰讃美歌』『さんびか、第1篇、第2篇』編纂に貢献した。
⇒岩キ（オルチン　1852-1935）
　岩世人（オルチン　1852.1.10-1935.11.28）

Allee, Warder Clyde
アメリカの生態学者。シカゴ大学動物学教授。
⇒岩生（アリー　1885-1955）
　岩世人（アリー　1885.6.5-1955.3.18）

Allègre, Claude
フランスの地球科学者、政治家。フランス国民教育研究技術相。
⇒外12（アレーグル, クロード　1937-）
　外16（アレーグル, クロード　1937.3.31-）
　世指導（アレーグル, クロード　1937.3.31-）

Allégret, Marc
フランスの映画監督。
⇒岩世人（アレグレ　1900.12.22-1973.11.4）

Allemane, Jean
フランスの社会主義者。

⇒岩世人（アルマーヌ 1843.8.25-1935.6.6）
学叢思（アルマーヌ, ジャン 1843-?）

Allemann, Beda
ドイツの文芸学者。
⇒岩世人（アレマン 1926.4.3-1991.8.19）

Allemano, Carlo
イタリアのテノール歌手。
⇒魅惑（Allemano,Carlo ?-）

Allen
韓国の歌手, 俳優。
⇒外12（アレン 1990.12.29-）

Allen, Bernard Keith
アメリカの大リーグ選手（二塁）。
⇒メジャ（アレン, バーニー 1939.4.16-）

Allen, Edward E.
アメリカの教育者。フィラデルフィア盲学校長, のちパーキンズ盲学校第三代校長。
⇒教人（アレン 1861-）

Allen, Eric
イギリスの作家。
⇒現世文（アレン, エリック 1908-1968）

Allen, Ethan Nathan
アメリカの大リーグ選手（外野）。
⇒メジャ（アレン, イーサン 1904.1.1-1993.9.15）

Allen, Eugene Thomas
アメリカの地球化学者。
⇒化学（アレン 1864-1964）

Allen, Frances Elizabeth
アメリカのコンピュータ科学者。
⇒物理（アレン, フランシス・エリザベス 1932-）

Allen, Gracie
アメリカの舞台女優。
⇒ク俳（アレン, グレイシー 1902-1964）

Allen, Henry Tureman
アメリカの陸軍軍人。
⇒アア歴（Allen,Henry T (ureman) アレン, ヘンリー・テュアマン 1859.4.13-1930.8.30）

Allen, Horace Newton
アメリカのプロテスタント宣教師, 医師, 外交官。長老教会の宣教師として中国に赴任, のち朝鮮に移り（1884）, 初代公使および総領事となる（90～1905）。
⇒アア歴（Allen,Horace N (ewton) アレン, ホラス・ニュートン 1858.4.23-1932.12.11）
岩キ（アレン 1858-1932）
岩世人（アレン 1858.4.23-1932.12.11）
朝韓4（アーレン,H.N. 1858-1932）

Allen, James Lane
アメリカの作家。

⇒アメ州（Allen,James Lane アレン, ジェームス・レーン 1849-1925）

Allen, Jared
アメリカのプロフットボール選手（バイキングス・DE）。
⇒最世ス（アレン, ジャレッド 1982.4.3-）

Allen, Joan
アメリカ生まれの女優。
⇒外12（アレン, ジョアン 1956.8.20-）
外16（アレン, ジョアン 1956.8.20-）
ク俳（アレン, ジョウン 1956-）

Allen, Joel Asaph
アメリカの博物学者。
⇒学叢思（アレン, ジョエル・アサフ 1838-?）

Allen, John Thomas
アメリカの大リーグ選手（投手）。
⇒メジャ（アレン, ジョニー 1905.9.30-1959.3.29）

Allen, Judy
イギリスの児童文学者。
⇒現世文（アレン, ジュディ）

Allen, Karen
アメリカ生まれの女優。
⇒ク俳（アレン, カレン 1951-）

Allen, Larry
アメリカのプロフットボール選手。
⇒外16（アレン, ラリー 1971.11.27-）
最世ス（アレン, ラリー 1971.11.27-）

Allen, Lee
アメリカ・カンザス州ピッツバーグ生まれのテナー・サックス奏者。
⇒ロック（Allen,Lee アレン, リー 1926.7.2-）

Allen, Lew, Jr.
アメリカの空軍軍人。国家安全保障局長官。
⇒スパイ（アレン, ルー, ジュニア 1925-2010）

Allen, Maynard
アメリカ・ミシガン州の白人職員。
⇒マルX（ALLEN,MAYNARD アレン, メナード）

Allen, Michael H.
アメリカ海軍上級無線技師。
⇒スパイ（アレン, マイケル・H）

Allen, Nancy
アメリカ生まれの女優。
⇒ク俳（アレン, ナンシー 1950-）

Allen, Pamela
ニュージーランド生まれの絵本作家。
⇒絵本（アレン, パメラ 1934-）
外16（アレン, パメラ 1934-）

Allen, Paul
アメリカの実業家。
⇒外12（アレン, ポール　1953.1.21–）
　外16（アレン, ポール　1953.1.21–）

Allen, Ray
アメリカのバスケットボール選手。
⇒外12（アレン, レイ　1975.7.20–）
　外16（アレン, レイ　1975.7.20–）
　最世ス（アレン, レイ　1975.7.20–）

Allen, Richard
イギリス生まれの芸術家。
⇒芸13（アレン, リチャード　1933–）

Allen, Richard Anthony
アメリカの大リーグ選手（一塁, 三塁, 外野）。
⇒メジャ（アレン, ディック　1942.3.8–）

Allen, Rick
イギリスのロック・ドラム奏者。
⇒外12（アレン, リック　1963.11.1–）
　外16（アレン, リック　1963.11.1–）

Allen, Roderick Bernet
アメリカの大リーグ選手（外野）。
⇒外12（アレン, ロデリック　1959.10.5–）

Allen, Roland
イギリスの宣教師, 宣教理論家。
⇒オク教（アレン　1863–1947）

Allen, Roy George Douglas
イギリスの数理経済学者。
⇒岩世人（アレン　1906.6.3–1983.9.29）
　有経5（アレン　1906–1983）

Allen, Sarah Addison
アメリカの作家。
⇒海文新（アレン, サラ・アディソン）
　現世文（アレン, サラ・アディソン）

Allen, Sharon
アメリカの実業家。
⇒外12（アレン, シャロン）
　外16（アレン, シャロン）

Allen, Thomas
イギリスのバリトン歌手。
⇒外12（アレン, トーマス　1944.9.10–）
　新音中（アレン, トマス　1944.9.10–）

Allen, Tim
アメリカの喜劇俳優。
⇒ク俳（アレン, ティム（ディック, T・A）　1953–）

Allen, Tony
アメリカのバスケットボール選手（グリズリーズ）。
⇒最世ス（アレン, トニー　1982.1.11–）

Allen, Walter（Ernest）
イギリスの小説家, 批評家。
⇒岩世人（アレン　1911.2.23–1995.2.28）
　現世文（アレン, ウォルター　1911.2.23–1995.2.28）

Allen, William Hervey
アメリカの詩人, 小説家。
⇒現世文（アレン, ウィリアム・ハーベイ　1889.12.8–1949.12.28）

Allen, William Mcpherson
アメリカの経営者。1945年ボーイング社の社長となる。
⇒アメ経（アレン, ウィリアム　1900.9.1–）

Allen, Woody
アメリカの作家, 俳優, 映画監督。映画『アニー・ホール』でアカデミー作品, 脚本, 監督賞受賞。
⇒アメ州（Allen, Woody　アレン, ウディ　1935–）
　遺産（アレン, ウディ　1935.12.1–）
　岩世人（アレン　1935.12.1–）
　映監（アレン, ウディ　1935.12.1–）
　外12（アレン, ウディ　1935.12.1–）
　外16（アレン, ウディ　1935.12.1–）
　ク俳（アレン, ウッディ（コーニグズバーグ, アレン）　1935–）
　広辞7（アレン　1935–）
　スター（アレン, ウディ　1935.12.1–）
　ネーム（アレン, ウディ　1935–）
　ユ著人（Allen, Woody　アレン, ウッディ　1935–）

Allen, Young John
アメリカのメソジスト派宣教師。
⇒アア歴（Allen, Young J（ohn）　アレン, ヤング・ジョン　1836.1.3–1907.5.30）
　岩世人（アレン　1836.1.3–1907.5.30）
　中文史（アレン　1836–1907）

Allenby, Edmund Henry Hynman, 1st Viscount
イギリスの軍人。
⇒岩世人（アレンビー　1861.4.23–1936.5.14）
　ユ著人（Allenby, Edmond Henry Hynman　アレンビー, エドモンド・ヘンリー・ハインマン　1861–1936）

Allende, Isabel
チリの女性ジャーナリスト, 小説家。
⇒外12（アジェンデ, イサベル　1942.8.8–）
　外16（アジェンデ, イサベル　1942.8.8–）
　現世文（アジェンデ, イサベル　1942.8.8–）
　広辞7（アジェンデ　1942–）
　ラテ新（アジェンデ　1942–）

Allende, Pedro Humberto
チリの作曲家。チリにおける近代的民族主義音楽の確立者。
⇒ク3（アジェンデ　1885–1959）
　新音中（アジェンデ, ペドロ・ウンベルト　1885.

6.29–1959.8.17)
標音2（アイェンデ,ペドロ・ウンベルト　1885.6.29–1959.8.17)

Allende Gossens, Salvador
チリの政治家。チリ大統領（1970～73）。
⇒岩世人（アジェンデ　1908.6.26–1973.9.11)
広辞7（アジェンデ　1908–1973)
政経改（アジェンデ　1908–1973)
世史改（アジェンデ　1908–1973)
世人新（アジェンデ　1908–1973)
世人装（アジェンデ　1908–1973)
ネーム（アジェンデ　1908–1973)
ポプ人（アジェンデ,サルバドール　1908–1973)
ラテ新（アジェンデ　1908–1973)

Allers, Rudolf
オーストリアの心理学者。主著 "Das Werden der sittlichen Person" (1929)。
⇒教人（アレルス　1883–)

Alley, Kirstie
アメリカ生まれの女優。
⇒ク俳（アリー,カースティ　1951–)

Alley, Leonard Eugene
アメリカの大リーグ選手（遊撃）。
⇒メジャ（アリー,ジーン　1940.7.10–)

Alley, Rewi
ニュージーランドの工業家。
⇒岩世人（アレー（アリー）　1897.12.2–1987.12.27)

Alley, Stephen
イギリスのインテリジェンス・オフィサー。1917年の革命時にロシアで諜報活動を行なった。
⇒スパイ（アレイ,スティーヴン　1876–1969)

Allgeier, Arthur
ドイツのカトリック神学者。主著 "Biblische Zeitgeschichte" (1937)。
⇒新カト（アルガイアー　1882.10.23–1952.7.4)

Allingham, Margery
イギリスの女性推理作家,社会歴史学者。作品『煙の中の虎』『幽霊の死』など。
⇒岩世人（アリンガム　1904.5.20–1966.6.30)
現世文（アリンガム,マージェリ　1904–1966)

Allington, Edward
イギリス生まれの彫刻家。
⇒芸13（アリントン,エドワード　1951–)

Alliot-Marie, Michèle Yvette Marie-Thérèse
フランスの政治家。フランスの外相,内相,国防相などを歴任。フランス共和国連合（RPR)総裁。
⇒岩世人（アリヨ＝マリ　1946.9.10–)
外12（アリヨマリ,ミシェル　1946.9.10–)
外16（アリヨマリ,ミシェル　1946.9.10–)

世指導（アリヨマリ,ミシェル　1946.9.10–)

Allis, David
アメリカの生物学者。
⇒外16（アリス,デービッド　1951.3.22–)

Allison, Fred
アメリカの実験物理学者。同位元素の検出に磁気光学的方法を考案。
⇒岩世人（アリソン　1882.7.4–1974.8.2)

Allison, Graham Tillett, Jr.
アメリカの政治学者。
⇒政経改（アリソン　1940–)

Allison, John Moore
アメリカの外交官。駐日アメリカ大使（1953～56)。
⇒アア歴（Allison,John Moore　アリスン,ジョン・ムア　1905.4.7–1978.10.28)
岩世人（アリソン　1905.4.7–1978.10.28)

Allison, Mose
アメリカのジャズ・ピアノ奏者,ボーカリスト。代表作『バック・カントリー組曲』。
⇒ロック（Allison,Mose　アリソン,モーズ　1927.11.11–)

Allison, William Robert
アメリカの大リーグ選手（外野,一塁）。
⇒メジャ（アリソン,ボブ　1934.7.11–1995.4.9)

Allman, Duane
アメリカのギター奏者。
⇒新音中（オールマン・ブラザーズ・バンド　1946–1971)
標音2（オールマン・ブラザーズ・バンド,ジ　1946.11.20–1971.10.29)

Allman, Gregg
アメリカのキーボード奏者,歌手,作曲家。
⇒外16（オールマン,グレッグ　1947.12.8–)
新音中（オールマン・ブラザーズ・バンド　1947–)
標音2（オールマン・ブラザーズ・バンド,ジ　1947.12.8–)

Allman, Norwood Francis
アメリカの弁護士。
⇒アア歴（Allman,Norwood F（rancis）　オールマン,ノーウッド・フランシス　1893–1987.2.28)

Allner, Walter H.
ドイツ・バウハウスで教育を受けたデザイナー,タイポグラファー,画家。
⇒グラデ（Allner,Walter H.　アルナー,ヴァルター・H.　1907–)

Allo, Ernest-Bernard
フランスの聖書学者,ドミニコ会会員。
⇒新カト（アロ　1873.2.5–1945.1.19)

Allon, Yigal
イスラエルの軍人, 政治家。イスラエル軍の創設者として知られる。
⇒ユ著人 (Allon,Yigal アロン, イイガル 1918–1980)

Allora, Jennifer
アメリカ生まれの芸術家。
⇒現アテ (Allora,Jennifer & Calzadilla,Guillermo アローラ, ジェニファー＆カルサディーリャ, ギジェルモ 1974–)

Alloway, Lawrence
イギリスの美術批評家。ポップアートの提唱者として知られる。
⇒ネーム (アロウェイ 1926–1990)

Allport, Floyd Henry
アメリカの社会心理学者。主著『社会心理学』(1924)。
⇒岩世人 (オールポート 1890.8.22–1978.10.15)
教人 (オールポート 1890–)
社小増 (オールポート 1890–1948)
社心小 (オルポート 1890–1978)

Allport, Gordon Willard
アメリカの心理学者。パーソナリティ研究の第一人者。Floyd Henry Allportの弟。
⇒岩世人 (オールポート 1897.11.11–1967.10.9)
教人 (オールポート 1897–)
現社 (オルポート 1897–1967)
現精 (オールポート 1897–1967)
現精縮 (オールポート 1897–1967)
社小増 (オールポート 1897–1967)
社心小 (オルポート 1897–1967)
新カト (オールポート 1897.11.11–1967.10.9)
ネーム (オールポート 1897–1967)

Allyn, Doug
アメリカのミステリ作家, ロックミュージシャン。
⇒外12 (アリン, ダグ 1942.10.10–)
現世文 (アリン, ダグ 1942.10.10–)

Allyson, June
アメリカ生まれの女優。
⇒ク俳 (アリスン, ジューン (ガイスマン, エリナ・"エラ") 1917–)
スター (アリスン, ジューン 1917.10.7–2006)

Almada Negreiros, José de
ポルトガルの詩人, 小説家, 画家。
⇒岩世人 (アルマーダ・ネグレイロス 1893.4.7–1970.6.15)
現世人 (アルマーダ・ネグレイロス 1893.4.7–1970.6.14)

Almagia, Roberto
イタリアの地理学者。国際地理学会副会長。
⇒ユ著人 (Almagia,Roberto アルマギア, ロベルト 1884–1962)

Almagro, Luis
ウルグアイの政治家, 法律家。ウルグアイ外相, 米州機構(OAS)事務総長。
⇒世指導 (アルマグロ, ルイス 1963.6.1–)

Alma-Tadema, Sir Laurence
オランダ生まれのイギリスの画家。風俗画の作がある。
⇒岩世人 (アルマ＝タデマ 1836.1.8–1912.6.25)
学叢思 (アルマ・タデマ, サー・ローレンス 1836–1913)
芸13 (アルマ・タデマ, ローレンス 1836–1912)

Almeida, Antonio de
フランスの指揮者。
⇒標音2 (アルメダ, アントニオ・デ 1928.1.20–)

Almeida, Juan
キューバの革命家, 作曲家。キューバ国家評議会副議長, キューバ革命軍司令官。
⇒世指導 (アルメイダ, フアン 1927–2009.9.11)

Almeida, Laurindo
ブラジルのジャズ・ギター奏者, 作曲家。スパニッシュ・ギターの巨匠としてジャズにユニークな香りをもたらした。
⇒標音2 (アルメイダ, ローリンド 1917.9.2–)

Almeida, Pua
アメリカのハワイアン歌手, バンドリーダー。
⇒標音2 (アルメイダ, プア 1922.2.17–1974.2.9)

Almendros, Nestor
スペイン生まれの撮影監督。
⇒岩世人 (アルメンドロス 1930.10.3–1992.3.4)

Almeyda, Matias
アルゼンチンのサッカー選手。
⇒異二辞 (アルメイダ[マティアス・〜] 1973–)

Almirante, Giorgio
イタリアの政治家。イタリア社会運動(MSI)書記長。
⇒岩世人 (アルミランテ 1914.6.27–1988.5.22)

Almodóvar, Pedro
スペインの映画監督, 映画プロデューサー。
⇒岩世人 (アルモドバル 1951.9.24–)
映監 (アルモドバル, ペドロ 1949.9.24–)
外12 (アルモドヴァル, ペドロ 1951.9.25–)
外16 (アルモドバル, ペドロ 1949.9.24–)
広辞7 (アルモドバル 1951–)

Almon, William Francis
アメリカの大リーグ選手(遊撃, 三塁)。
⇒メジャ (アーモン, ビル 1952.11.21–)

Almond, David
イギリスの作家。
⇒外12 (アーモンド, デービッド 1951–)

外16（アーモンド, デービッド　1951–）
海文新（アーモンド, デイヴィッド　1951.5.15–）
現世文（アーモンド, デービッド　1951.5.15–）
Almond, Gabriel Abraham
アメリカの政治学者。主著『アメリカ国民と外交政策』(1950)，『発展途上地域の政治』(60, 編著)，『比較政治学—発展アプローチ』(66, 共著)。
⇒岩世人（アーモンド　1911.1.12–2002.12.25）
　社小増（アーモンド　1911–）
Almonte, Jose
フィリピンの政治家。フィリピン国務相，大統領国家安全保障顧問，国家安全保障評議会長官。
⇒世指導（アルモンテ, ホセ）
Alois
リヒテンシュタイン皇太子。
⇒外16（アロイス　1968.6.11–）
　世指導（アロイス　1968.6.11–）
Aloisi, John
オーストラリアのサッカー選手（アラベス・FW）。
⇒最世ス（アロイージ, ジョン　1976.2.5–）
Aloma, Hal
アメリカのハワイアン歌手, スティール・ギター奏者, バンドリーダー。
⇒標音2（アロマ, ハル　1908.1.8–）
Alomar, Roberto
アメリカの大リーグ選手（二塁）。
⇒外12（アロマー, ロベルト　1968.2.5–）
　外16（アロマー, ロベルト　1968.2.5–）
　メジャ（アロマー, ロベルト　1968.2.5–）
Alomar, Santos, Jr.
アメリカの大リーグ選手（捕手）。
⇒外12（アロマー, サンディー (Jr.)　1966.6.18–）
　メジャ（アロマー, サンディ, ジュニア　1966.6.18–）
Alomar, Santos, Sr.
アメリカの大リーグ選手（二塁）。
⇒メジャ（アロマー, サンディ, シニア　1943.10.19–）
Aloni, Nissim
イスラエルの劇作家, 短編作家。
⇒ユ著人（Aloni,Nissim　アロニー, ニッシム　1926–）
Aloni, Shulamit
イスラエルの政治家。
⇒世指導（アロニ, シュラマイト　1928.11.29–2014.1.24）
Alonso, Alicia
キューバのダンサー, 監督。
⇒岩世人（アロンソ　1920.12.21–）

外12（アロンソ, アリシア　1920.12.21–）
外16（アロンソ, アリシア　1920.12.21–）
Alonso, Ana
スペインの詩人, 作家。
⇒外12（アロンソ, アナ　1970–）
　外16（アロンソ, アナ　1970–）
　海文新（アロンソ, アナ　1970–）
　現世文（アロンソ, アナ　1970–）
Alonso, Dámaso
スペインの詩人, 評論家。
⇒岩キ（アロンソ　1898–1990）
　岩世人（アロンソ　1898.10.22–1990.1.24）
　現世文（アロンソ, ダマソ　1898.10.22–1990.1.24）
　新カト（アロンソ　1898.10.22–1990.1.25）
　ネーム（アロンソ　1898–1990）
Alonso, Fernando
スペインのF1ドライバー。
⇒岩世人（アロンソ　1981.7.29–）
　外12（アロンソ, フェルナンド　1981.7.29–）
　外16（アロンソ, フェルナンド　1981.7.29–）
　最世ス（アロンソ, フェルナンド　1981.7.29–）
Alonso, Maria Conchita
キューバ生まれの女優。
→ク俳（アロンソ, マリア・コンチータ　1957–）
Alonso, Xabi
スペインのサッカー選手（レアル・マドリード・MF）。
⇒外12（アロンソ, シャビ　1981.11.25–）
　外16（シャビ・アロンソ　1981.11.25–）
　最世ス（シャビ・アロンソ　1981.11.25–）
Alonso Schökel, Luis
スペイン生まれのイエズス会司祭, 聖書学者。
⇒新カト（アロンソ・シェケル　1920.2.15–1998.7.10）
Alonto, Ahmad Domocao
フィリピンのムスリム政治指導者。
⇒岩世人（アロント　1914–2002）
Alonto, Alauya
フィリピンのムスリム指導者。
⇒岩世人（アロント　?–1952）
Alou, Felipe Rojas
アメリカの大リーグ選手（外野, 一塁）。
⇒外12（アルー, フェリペ　1935.5.12–）
　メジャ（アルー, フェリペ　1935.5.12–）
Alou, Jesus Maria Rojas
アメリカの大リーグ選手（外野）。
⇒メジャ（アルー, ヘスス　1942.3.24–）
Alou, Mateo Rojas
アメリカの大リーグ選手（外野）。

⇒メジャ（アルー, マッティ　1938.12.22–2011.11.3）

Alou, Moises Rojas
アメリカの大リーグ選手（外野）。
⇒メジャ（アルー, モイセス　1966.7.3–）

Alpaerts, Flor
ベルギーの指揮者, 作曲家。ベルギー王立アカデミーのメンバー。
⇒標音2（アルパールツ, フロール　1876.9.12–1954.10.5）

Alpari, Julius
ハンガリーの共産主義者。
⇒学叢思（アルパリー, ユリウス）

Alpatov, Mikhail Vladimirovich
ソ連の美術史家。モスクワ大学教授（1943〜）, モスクワ芸術アカデミー会員（54〜）。
⇒岩世人（アルパートフ　1902.11.27/12.10–1986.5.9）

Alpers, Antony
ニュージーランドの文学者。
⇒ニュー（アルパーズ, アントニー　1919–1996）

Alpers, Svetlana
アメリカの美術史家。
⇒岩世人（アルパーズ　1936–）

Alpert, Herb
アメリカのトランペット奏者。
⇒新音中（アルパート, ハーブ　1935.3.31–）
　ネーム（アルパート　1937–）
　標音2（アルパート, ハーブ　1935.3.31–）
　ユ著人（Alpert,Herb アルパート, ハーブ　1935–）
　ロック（Alpert,Herb アルパート, ハーブ　1937.3.31–）

Alpert, Jon
アメリカのビデオ・ジャーナリスト。
⇒外12（アルパート, ジョン）
　外16（アルパート, ジョン　1948–）

Alpert, Mark
アメリカの作家。
⇒海文新（アルパート, マーク）
　現世文（アルパート, マーク）

Alphand, Luc
フランスのスキー選手（アルペン）。
⇒外12（アルファン, リュック　1965.8.6–）
　最世ス（アルファン, リュック　1965.8.6–）

Alphonsa
インドの聖人, シリア・マラバル教会のクララ会修道女。祝日7月28日。
⇒新カト（アルフォンサ〔無原罪の御宿りの〕1910.8.19–1946.7.28）

Alptekin
代表的なウイグル人民族主義者。
⇒岩世人（アルプテキン　1901–1995.12.17）

Alquié, Ferdinand
フランスの哲学者。超現実主義, デカルト研究者。
⇒メル3（アルキエ, フェルディナン　1906–1985）

Alsdorf, Ludwig
ドイツのインド学者。
⇒岩世人（アルスドルフ　1904.8.8–1978.3.25）

Alshammar, Therese
スウェーデンの水泳選手（バタフライ）。
⇒最世ス（アルシャマー, テレーズ　1977.8.26–）

Alsop, Marin
アメリカの指揮者。
⇒外12（オールソップ, マリン　1956.10.16–）
　外16（オールソップ, マリン　1956.10.16–）

Alsterdal, Tove
スウェーデンの作家。
⇒現世文（アルステルダール, トーヴェ　1960.12.28–）

Alston, Walter Emmons
アメリカの大リーグ選手（一塁）。
⇒メジャ（オルストン, ウォルター　1911.12.1–1984.10.1）

Alt, Albrecht Georg
ドイツの旧約学者。旧約聖書の歴史的研究にすぐれた業績を残す。
⇒岩世人（アルト　1883.9.20–1956.4.24）
　新カト（アルト　1883.9.20–1956.4.24）

Altamíra y Creváa, Rafael
スペインの歴史家, 法律家。共和主義者。主著"Historia de España y de la civilzación española"（4巻, 1900〜08）など。
⇒岩世人（アルタミーラ・イ・クレベア　1866.2.10–1951.6.1）

Altan
イタリアの漫画家。
⇒絵本（アルタン　1942–）

Altaner, Berthold
ドイツのカトリック神学者, 教父学者。
⇒新カト（アルターナー　1885.9.10–1964.1.30）

Altankhuyag, Norov
モンゴルの政治家。モンゴル首相, モンゴル民主党党首。
⇒外16（アルタンホヤグ, ノロブ　1958.1.20–）
　世指導（アルタンホヤグ, ノロブ　1958.1.20–）

Altan Očir
内モンゴルの政治活動家。

⇒岩世人（金永昌　きんえいしょう　1885（光緒11)-?）

Altbacker, E.J.
アメリカの作家, 脚本家。
⇒海文新（アルトバッカー, E.J.)

Alten, Steve
アメリカの作家, 海洋学・古生物研究家。
⇒海文新（オルテン, スティーヴ）
現世文（オルテン, スティーブ　1959.8.21-）

Altenberg, Peter
オーストリアの短篇作家。
⇒岩世人（アルテンベルク　1859.3.9-1919.1.8)
現世文（アルテンベルク, ペーター　1859.3.9-1919.1.8)
ネーム（アルテンベルク　1859-1919）
ユ著人（Altenberg, Peter　アルテンベルク, ペーター　1859-1919）

Altenbourg, Gerhard
ドイツ生まれの素描家, グラフィックアーティスト。
⇒芸13（アルテンボルク, ゲラード　1926-）

Alter, Shlomo
ルーマニア生まれの画家。
⇒芸13（アルター, ショロモ　1936-）

Altglass, Max
ポーランドのテノール歌手。
⇒魅惑（Altglass, Max　1890-1952）

Althamer, Paweł
ポーランド生まれの芸術家。
⇒現アテ（Althamer, Paweł　アルトハメル, パヴェウ　1967-）

Althaus, Paul
ドイツ・ルター派のプロテスタント神学者。著書『キリスト教の真理』(1948)。
⇒岩世人（アルトハウス　1888.2.4-1966.5.18）
新カト（アルトハウス　1888.2.4-1966.5.18）

Althoff, Friedrich
ドイツ（プロイセン）の官僚政治家。
⇒岩世人（アルトホフ　1839.2.19-1908.10.20）

Althouse, Paul
アメリカのテノール歌手。
⇒失声（アルトハウス, ポール　1889-1954）
魅惑（Althouse, Paul　1889-1954）

Althusser, Louis
フランスの哲学者。主著『マルクスのために』。
⇒岩世人（アルチュセール　1918.10.16-1990.10.22）
現社（アルチュセール　1918-1990）
広辞7（アルチュセール　1918-1990）
社小増（アルチュセール　1918-1990）
世人新（アルチュセール　1918-1990）
世人装（アルチュセール　1918-1990）
哲中（アルチュセール　1918-1990）
ネーム（アルチュセール　1918-1990）
メル別（アルチュセール, ルイ・ピエール　1918-1990）

Altidore, Jozy
アメリカのサッカー選手（ビジャレアル・FW）。
⇒外12（アルティドール, ジョジー　1989.11.6-）
最世ス（アルティドール, ジョジー　1989.11.6-）

Altizer, Thomas J(onathan) J(ackson)
アメリカの神学者。
⇒岩世人（アルタイザー　1927.9.28-）
新カト（オールタイザー　1927.9.28-）

Altman, Avraham
イスラエルの歴史学者, 日本史の専門家。
⇒ユ著人（Altman, Avraham　アルトマン, アブラハム　1922-）

Altman, George Lee
アメリカの大リーグ選手（外野）。
⇒メジャ（アルトマン, ジョージ　1933.3.20-）

Altman, Georges
フランスのジャーナリスト。地下抵抗団体「フラン・ティルール」を組織し,「フラン・ティルール」誌を秘密出版して逮捕。
⇒岩世人（アルトマン　1901.5.21-1960.11.27）

Altman, Nathan Isaevich
ロシアの画家。ロシア・アヴァンギャルドを代表する一人。
⇒ユ著人（Altman, Nathan Isaevich　アルトマン, ナタン・イザエヴィッチ　1889-1970）

Altman, Robert
アメリカの映画監督。
⇒岩世人（アルトマン　1925.2.20-2006.11.20）
映監（アルトマン, ロバート　1925.2.20-2006）

Altman, Roger
アメリカの金融家。
⇒外16（アルトマン, ロジャー　1946-）

Altman, Sidney
アメリカの生物学者。1989年ノーベル化学賞。
⇒岩生（アルトマン　1939-）
化学（アルトマン　1939-）
三新生（アルトマン　1939-）
ネーム（アルトマン　1939-）
ノベ3（アルトマン, S.　1939.5.8-）

Altmann, Wilhelm
ドイツの歴史家, 音楽学者。ベルリンのプロイセン国立図書館司書（1900〜27）。
⇒標音2（アルトマン, ヴィルヘルム　1862.4.4-1951.3.25）

Altmeyer, Arthur Joseph
アメリカ・ウィスコンシン州租税委員会主任統計官，社会保障庁長官。
⇒アメ経（アルトメイヤー，アーサー　1891.5.8–1972.10.17）

Altmeyer, Theo
ドイツのテノール歌手。
⇒魅惑（Altmeyer,Theo　1931–）

Altobelli, Joseph Salvatore
アメリカの大リーグ選手（一塁，外野）。
⇒メジャ（オルトベリ，ジョー　1932.5.26–）

Altrock, Nicholas
アメリカの大リーグ選手（投手）。
⇒メジャ（アルトロック，ニック　1876.9.15–1965.1.20）

Altschevsky, Ivan
ロシアのテノール歌手。
⇒魅惑（Altschevsky,Ivan　1876–1917）
　　魅惑（Alchevsky,Ivan Alexayevich　1876–1917）

Altuve, Jose
ベネズエラの大リーグ選手（アストロズ・内野）。
⇒外16（アルトゥーベ，ホセ　1990.5.6–）

Altuzarra, Joseph
フランス生まれのファッションデザイナー。
⇒外12（アルチュザラ，ジョセフ）
　外16（アルチュザラ，ジョセフ）

Aluko, T（imothy）M（ofolorunso）
ナイジェリアの小説家。
⇒現世文（アルコ，ティモシー・モフォロルンショ　1918.6.14–2010.5.1）

Alva, Luigi
ペルーのテノール歌手。
⇒オペラ（アルヴァ，ルイージ　1927–）
　失声（アルヴァ，ルイージ　1927–）
　新音中（アルバ，ルイージ　1927.4.10–）
　標音2（アルバ，ルイージ　1927.4.10–）
　魅惑（Alva,Luigi　1927–）

Alvaliotis, Sharon
西インド諸島生まれの銅版画家。
⇒芸13（アルバリオティス，シャロン　1951–）

Alvar, Francisco
スペイン生まれの画家，版画家。
⇒芸13（アルバー，フランシスコ　1935–）

Alvarado Rivera, María Jesús
ペルーのフェミニスト。先住民の地位向上にも尽力。
⇒ラテ新（アルバラド　1878–1971）

Alvarez, Albert
フランスのテノール歌手。1894年マスネの「ナヴァールの女」世界初演に参加。
⇒魅惑（Alvarez,Albert　1860–1933）

Álvarez, Carlos
スペインのバリトン歌手。
⇒外12（アルバレス，カルロス）

Alvarez, Eduardo
ブラジルのテノール歌手。
⇒魅惑（Alvarez,Eduardo　1947–）

Alvarez, José María
スペインの日本宣教師，ドミニコ会管区長。
⇒新カト（アルバレス　1871.3.16–1937.10.28）

Alvarez, Julia
アメリカ（ドミニカ系）の女性詩人，小説家。
⇒外12（アルバレス，フーリア　1950–）
　外16（アルバレス，フーリア　1950–）
　現世文（アルバレス，フーリア　1950–）

Alvarez, Luis Walter
アメリカの物理学者。レーダの研究，原爆研究，初の陽子線型加速器の建設，高エネルギーによる素粒子の共鳴研究などで，1968年ノーベル物理学賞受賞。
⇒岩世人（アルヴァレズ　1911.6.13–1988.9.1）
　科史（アルヴァレズ　1911–1988）
　広辞7（アルヴァレズ　1911–1988）
　ネーム（アルヴァレズ　1911–1988）
　ノベ3（アルバレズ,L.W.　1911.6.13–1988.8.31）

Alvarez, Marcelo
アルゼンチンのテノール歌手。
⇒外12（アルバレス，マルセロ　1962.2–）
　外16（アルバレス，マルセロ　1962.2–）
　失声（アルヴァレス，マルセロ　1962–）
　魅惑（Álvarez,Marcero　1962–）

Alvarez, Pedro
ドミニカ共和国の大リーグ選手（パイレーツ・内野手）。
⇒最世ス（アルバレス，ペドロ　1987.2.6–）

Alvarez, Ralph
アメリカの実業家。
⇒外16（アルバレス，ラルフ　1955.5–）

Alvarez, Rosendo
ニカラグアのプロボクサー。
⇒外12（アルバレス，ロセンド　1970.5.6–）

Alvarez, Saul
メキシコのプロボクサー。
⇒最世ス（アルバレス，サウル　1990.7.18–）

Alvarez, Tony
アメリカの実業家。

⇒外16（アルバレス，トニー）
Alvarez, Walter
アメリカの地質学者。
⇒岩世人（アルヴァレズ　1940.10.3–）
Alvarez, Walter Clement
アメリカの医学者。胃腸系疾患を研究し，神経系がこれと重大な関連のあることを注意した。
⇒岩世人（アルヴァレズ　1884.7.22–1978.6.18）
Alvarez, Wilson
ベネズエラの大リーグ選手（投手）。
⇒メジャ（アルバレス，ウィルソン　1970.3.24–）
Álvarez Murena, Héctor Alberto
アルゼンチンの評論家，小説家。
⇒現世文（アルバレス・ムレーナ，エクトル・アルベルト　1924–1975）
Álvarez Quintero, Joaquín
スペインの劇作家。兄との合作により20世紀前半のスペイン演劇界を風靡。
⇒岩世人（アルバレス・キンテーロ兄弟　1873.1.20–1944.6.14）
Álvarez Quintero, Serafín
スペインの劇作家。弟との合作により20世紀前半のスペイン演劇界を風靡。
⇒岩世人（アルバレス・キンテーロ兄弟　1871.3.26–1938.4.12）
Alvaro, Corrado
イタリアの詩人，小説家。
⇒現世文（アルヴァーロ，コッラード　1895.4.15–1956.6.11）
　ネーム（アルヴァーロ　1895–1956）
Alvaro, Laurent
テノール歌手。
⇒魅惑（Alvaro,Laurent　?–）
Alvear, Marcelo Torcuato de
アルゼンチンの政治家。アルゼンチン大統領（1922～28）。
⇒岩世人（アルベアル　1868.10.4–1942.3.23）
Alvear, Yuri
コロンビアの柔道選手。
⇒最世人（アルベアル，ユリ　1986.3.29–）
Alverdes, Friedrich
ドイツの動物社会学者。心理的な立場から動物社会を研究し，動物における社会の成因を社会本能にあるとした。
⇒ネーム（アルファーデス　1889–1952）
Alverdes, Paul
ドイツの詩人，小説家。詩集『北方の人々』（1922）など。
⇒現世文（アルフェルデス，パウル　1897.5.6–1979.

2.28）
Alves, Daniel
ブラジルのサッカー選手（バルセロナ・DF）。
⇒外12（アウベス，ダニエル　1983.5.6–）
　外16（アウベス，ダニエウ　1983.5.6–）
　最世ス（アウベス，ダニエウ　1983.5.6–）
Alves, Darli
ブラジルの富豪農場主。ブラジル農民運動の指導者フランシスコ"シコ"・メンデス暗殺の首謀者。
⇒世暗（アルヴェス，ダリ　1934–）
Alvis, Roy Maxwell
アメリカの大リーグ選手（三塁）。
⇒メジャ（アルヴィス，マックス　1938.2.2–）
Alvtegen, Karin
スウェーデンの作家，テレビ脚本家。
⇒外12（アルヴテーゲン，カーリン　1965–）
　外16（アルヴテーゲン，カーリン　1965–）
　海文新（アルヴテーゲン，カーリン　1965.6.8–）
　現世文（アルヴテーゲン，カーリン　1965.6.8–）
Alwyn, William
イギリス生まれの映画音楽作曲家。
⇒標音2（オルウィン，ウィリアム　1905.11.7–1985.9.11）
Alyoshin, Samuil I.
ソ連の劇作家。戯曲『工場長』『ひとり』『病室』など。
⇒現世文（アリョーシン，サムイル・ヨシフォヴィチ　1913.7.8–）
Alÿs, Francis
ベルギー生まれの芸術家。
⇒外16（アリス，フランシス　1959–）
　現アテ（Alÿs,Francis　アリス，フランシス　1959–）
Alzheimer, Alois
ドイツの精神科医。
⇒岩世人（アルツハイマー　1864.6.14–1915.12.19）
　現精（アルツハイマー　1864–1915）
　現精縮（アルツハイマー　1864–1915）
　精医歴（アルツハイマー，アロイス　1864–1915）
　ポプ人（アルツハイマー，アロイス　1864–1915）
Alzona, Encarnacion Amoranto
フィリピンの歴史学者。
⇒岩世人（アルソナ　1895.3.23–2001.3.13）
Amade, Reymond
テノール歌手。
⇒魅惑（Amade,Reymond　?–）
Amadeus of the Heart of Jesus
アメリカの修道女。
⇒新カト（アマデイアス　1846.7.2–1919.11.10）

Amadi, Elechi
ナイジェリアの小説家, 劇作家。
⇒現世文（アマディ, エレチ　1934.5.12–2016.6.29）

Amado, Jorge
ブラジルの作家。カカオ栽培地帯の社会問題を扱った『ココア農園』などが著名。
⇒岩世人（アマード　1912.8.10–2001.8.6）
　現世文（アマード, ジョルジェ　1912.8.10–2001.8.6）
　広辞7（アマード　1912–2001）
　ラテ新（アマド　1912–2001）

Amadu Bamba
セネガルのムリーディー教団創設者。
⇒岩イ（アマドゥ・バンバ　1850?–1927）

Amagat, Emil Hilaire
フランスの物理学者。1000気圧程度の高圧に関する多くの研究があり, これに必要な水圧ポンプを製作した。
⇒岩世人（アマガ　1841.1.2–1915.2.15）
　物理（アマガ, エミール　1841–1915）

Amaldi, Edoardo
イタリアの物理学者。
⇒岩世人（アマルディ　1908.9.5–1989.12.5）

Amalorpavadass, Duraiswamy
インドのカトリック司祭, 神学者。
⇒新カト（アマロルパヴァダス　1932.6.15–1990.5.25）

Amalric, Mathieu
フランスの俳優, 映画監督。
⇒遺産（アマルリック, マチュー　1965.10.25–）
　外12（アマルリック, マチュー　1965–）
　外16（アマルリック, マチュー　1965–）

Amal'rik, Andrey Alekseevich
ソ連の指導的人権活動家, 社会評論家, 歴史家, 劇作家。著書『気に染まぬシベリア行き』『ソ連は一九八四年まで生きのびるか』など。
⇒現世文（アマルリク, アンドレイ・アレクセーヴィチ　1938.5.12–1980.11.31）

Aman, Mohammed
エチオピアの陸上選手（中距離）。
⇒最世ス（アマン, モハメド　1994.1.10–）

Aman-Jean, Edmond François
フランスの画家, 版画家。サロン・デ・チュイルリーの創設者の一人。
⇒岩世人（アマン＝ジャン　1858.1.13–1936.1.23）
　芸13（アマン・ジャン, エドモン・フランソア　1860–1936）

Amann, Émile
フランスのカトリック神学者, 教理史家。
⇒新カト（アマン　1880.6.4–1948.1.10）

Amanpour, Christiane
イギリスのジャーナリスト。
⇒外12（アマンプール, クリスティアーヌ　1958.1.12–）
　外16（アマンプール, クリスティアーヌ　1958.1.12–）

Amanu'llāh Khān
アフガニスタンのバーラクザーイー朝第6代の王。在位1919～29。
⇒岩イ（アマーノッラー　1892–1960）
　岩世人（アマーヌッラー・ハーン　1892.6.1–1960.4.25）

Amar, Joseph
カナダの画家。
⇒芸13（アマー, ジョセフ　1954–）

Amaral
ブラジルのサッカー監督。
⇒異二辞（アマラオ　1966–）
　外12（アマラオ　1966.10.16–）

Amaral, Dante
ブラジルのバレーボール選手。
⇒最世ス（アマラウ, ダンテ　1980.9.30–）

Amaral, Francisco Xavier do
東ティモールの独立運動指導者。東ティモール社会民主連合党（ASDT）党首。
⇒世指導（アマラル, フランシスコ・シャビエル・ド　1937–2012.3.6）

Amarante, Jose Ajiu
ポルトガルのフットサル監督。
⇒外12（アマランテ, ジョゼ・アジウ　1965.12.14–）
　外16（アマランテ, ジョゼ・アジウ　1965.12.14–）
　最世ス（アマランテ, ジョゼ・アジウ　1965.12.14–）

Amargo, Pablo
スペインの絵本作家。
⇒絵本（アマルゴ, パブロ　1971–）

Amargo, Rafael
スペインのフラメンコダンサー, 振付師。
⇒外12（アマルゴ, ラファエル　1975–）
　外16（アマルゴ, ラファエル　1975–）

Amarilla
パラグアイのサッカー指導者, サッカー選手。
⇒外12（アマリージャ　1960.7.19–）

Amarjargal, Rinchinnyamiyn
モンゴルの政治家。モンゴル首相。
⇒世指導（アマルジャルガル, リンチンニャム　1961.2.27–）

Amaro, Ruben, Sr.
アメリカの大リーグ選手（遊撃）。
⇒メジャ（アマロ, ルーベン　1936.1.6–）

Amato, Giuliano
イタリアの政治家。イタリア首相。
⇒外12（アマート, ジュリアーノ　1938.5.13–）
　外16（アマート, ジュリアーノ　1938.5.13–）
　世指導（アマート, ジュリアーノ　1938.5.13–）

Amato, Mary
アメリカの作家。
⇒海文新（アマート, メアリー　1961.1.3–）

Amatriain, Alicia
ドイツのバレリーナ。
⇒外12（アマトリアイン, アリシア）
　外16（アマトリアイン, アリシア）

Ambani, Anil D.
インドの実業家。
⇒外12（アンバニ, アニル　1959.6.4–）
　外16（アンバニ, アニル　1959.6.4–）

Ambani, Mukesh D.
インドの実業家。
⇒外12（アンバニ, ムケシュ　1957.4.19–）
　外16（アンバニ, ムケシュ　1957.4.19–）

Ambartsumyan, Victor Amazaspovich
ソ連の天体物理学者。恒星系の新型式を発見（1950）, これを研究して,「O・Tアソシエーション」と名づけた。
⇒岩世人（アンバルツミャーン　1908.9.5/18–1996.8.12）

Ambedkar, Bhīmrao Rāmji
インドの政治家。インド独立に際しては憲法制定議会会員, 初代法相。
⇒岩世人（アーンベードカル　1891.4.14–1956.12.6）
　オク仏（アンベードカル, ビームラーオ　1891–1956）
　現アジ（アンベードカル　1891.4.14–1956.12.6）
　現宗（アンベードカル　1891–1956）
　広辞7（アンベードカル　1891–1956）
　国政（アンベードカル　1891–1956）
　新佛3（アンベードカル　1893–1958）
　世史改（アンベードカル　1891–1956）
　南ア新（アンベードカル　1891–1956）

Ambler, Eric
イギリスのスパイ小説作家。
⇒岩世人（アンブラー　1909.6.28–1998.10.23）
　現世文（アンブラー, エリック　1909.6.28–1998.10.22）
　スパイ（アンブラー, エリック　1909–1998）

Ambrière, Francis
フランスの小説家, 評論家。代表作『大いなる休暇』(1946, ゴンクール賞受賞)。
⇒現世文（アンブリエール, フランシス　1907.9.27–1998.7）

Ambros, Victor R.
アメリカの分子医学者, 遺伝学者。
⇒外16（アンブロス, ビクター　1953.12.1–）

Ambrose, Starr
アメリカの作家。
⇒海文新（アンブローズ, スター）

Ambrosi, Luigi
イタリアの哲学者。ピサ大学哲学史教授。
⇒岩世人（アンブロージ　1870.3.17–1925.1.17）

Amdahl, Gene Myron
アメリカのコンピューター技術者。
⇒岩世人（アムダール　1922.11.16–）

Ameche, Don
アメリカ生まれの俳優。
⇒ク俳（アミーチー, ドン（アミーチ, ドミニク）1908–1993）
　スター（アメチー, ドン　1908.5.31–1993）

Ameer, Leon 4X
アフロ・アメリカン統一機構ボストン支部代表。
⇒マルX（AMEER,LEON 4X　アミア, レオン4X　1933–1965）

Ameghino, Florentino
アルゼンチンの地質学者, 古生物学者。
⇒岩世人（アメギーノ　1854.9.18–1911.8.6）

A-MEI
台湾の歌手。
⇒外12（A-MEI　アーメイ　8.9–）
　外16（A-MEI　アーメイ　8.9–）
　中日3（張惠妹　アーメイ　1972–）

Ameling, Elly
オランダのソプラノ歌手。
⇒岩世人（アメリング　1938.2.8–）
　新音中（アーメリング, エリー　1933.2.8–）
　標音2（アメリング, エリー　1933.2.8–）

Amelio, Gianni
イタリア生まれの映画監督。
⇒外12（アメリオ, ジャンニ　1945–）
　外16（アメリオ, ジャンニ　1945–）

Amelio, William J.
アメリカの実業家。
⇒外12（アメリオ, ウィリアム　1957.11.25–）
　外16（アメリオ, ウィリアム　1957.11.25–）

Amenábar, Alejandro
チリ生まれの映画監督, 映画脚本家。
⇒岩世人（アメナーバル　1972.3.31–）
　映監（アメナーバル, アレハンドロ　1972.3.31–）
　外12（アメナーバル, アレハンドロ　1973–）
　外16（アメナーバル, アレハンドロ　1972.3.31–）

Amendola, Giorgio
イタリアの政治家,共産党指導者。イタリア内閣官房長官。
⇒岩世人（アメンドラ　1907.11.21–1980.6.5）

Amendola, Giovanni
イタリアの政治家。
⇒岩世人（アメンドラ　1882.4.15–1926.4.7）

Ament, William Scott
アメリカの宣教師。
⇒アア歴（Ament,William Scott　エイメント,ウイリアム・スコット　1851.9.14–1909.1.6）

Améris, Jean-Pierre
フランスの映画監督。
⇒外12（アメリス,ジャン・ピエール　1961–）
　外16（アメリス,ジャン・ピエール　1961–）

Amerman, James Lansing
アメリカの改革派教会宣教師,神学者。東京一致神学校,明治学院神学部で英語,神学を教授。
⇒岩世人（エイマーマン（アメルマン）　1843.8.13–1928.9.6）

Améry, Jean
オーストリア生まれの小説家,批評家。
⇒岩世人（アメリー　1912.10.31–1978.10.17）
　現世文（アメリー,ジャン　1912.10.31–1978.10.17）

Amery, Leopold Stennet
イギリスの親シオニスト政治家。
⇒岩世人（エイメリー　1873.11.22–1955.9.16）

Ames, Aldrich H.
アメリカ中央情報局（CIA）防諜担当官。ソ連,ロシアのスパイ。
⇒スパイ（エイムズ,オルドリッチ・H　1941–）

Ames, James Barr
アメリカの法律学者。法制史に「ケース・メソッド」を適用普及。
⇒岩世人（エイムズ　1846.6.22–1910.1.8）

Ames, Leon Kessling（Red）
アメリカの大リーグ選手（投手）。
⇒メジャ（エイムズ,レッド　1882.8.2–1936.10.8）

Amette, Jacques-Pierre
フランスの作家,批評家。
⇒現世文（アメット,ジャック・ピエール　1943.5.18–）

Amfiteatrov, Daniele
ロシア生まれのアメリカの作曲家,指揮者。
⇒標音2（アムフィテアトロフ,ダニエル　1901.10.29–1983.6.7）

Amichai, Yehuda
イスラエルの詩人,小説家。
⇒岩世人（アミハイ　1924.5.3–2000.9.22）
　現世文（アミハイ,イェフダ　1924–2000.9.22）

Amick, Mädchen
アメリカ生まれの女優。
⇒ク俳（アミック,メッチェン　1970–）

Amiel, Irit
ポーランド生まれのイスラエルの作家,翻訳家,詩人。
⇒現世文（アミエル,イリット　1931–）

Amien Rais, Mohammed
インドネシアのイスラム系政治指導者。
⇒岩イ（アミン・ライス　1944–）

Amies, *Sir*（Edwin）Hardy
イギリスの服飾デザイナー。
⇒岩世人（エイミス　1909.7.17–2003.3.5）

Amilbangsa, Ombra
フィリピンのムスリム政治指導者。
⇒岩世人（アミルバンサ　1904/1905–1968）

amin
中国のシンガー・ソングライター。
⇒外12（amin　アミン　1973.1.15–）
　外16（amin　アミン　1973.1.15–）

Amin, Adnan
ケニア生まれの国際再生可能エネルギー機関（IRENA）事務局長。
⇒外12（アミン,アドナン　1957–）
　外16（アミン,アドナン　1957–）

Amin, Haron
アフガニスタンの外交官。駐日アフガニスタン大使。
⇒外12（アミン,ハルン　1969.7.19–）
　世指導（アミン,ハルン　1969.7.19–2015.2.15）

Amīn, Samīr
エジプトの経済学者。
⇒岩イ（サミール・アミーン　1931–）
　岩世人（アミン　1931.9.4–）
　現社（アミン　1931–）
　国政（アミン,サミール　1931–）
　社小増（アミン　1931–）
　政経改（アミン　1931–）
　有経5（アミン　1931–）

Aminabhavi, Tejraj M.
インドの高分子学者。
⇒外16（アミナバビ,テジラジ　1947–）

Amīn al-Ḥusaynī
パレスチナ・アラブ民族運動の政治的,宗教的な指導者。
⇒岩イ（アミーン・フサイニー　1893/1895/1897–1974）

Amin Dada, Idi
ウガンダの政治家,軍人。ウガンダ大統領(1971～79)。
⇒岩イ（イディ・アミン　1928?-）
　岩世人（アミン・ダダ　1928/1924.1.1-2003.8.16）
　政経改（アミン　1928-）

Amir, Yigal
イエメン生まれのイスラエルの大学生。イスラエル首相イツハク・ラビンの暗殺者。
⇒世暗（アミル,イガル　1970-）

Amira, Karl von
ドイツの法学者。北部ゲルマン法を厳格な文献学的基礎によって再構成し、また法史と一般文化史とを結合した。
⇒岩世人（アーミラ　1848.3.8-1930.6.22）

Amīr Alī, Sayyid
インドのイスラム教学者。
⇒岩イ（アミール・アリー　1849-1928）
　岩世人（アミール・アリー　1849.4.6-1928）
　南ア新（アミール・アリー　1849-1928）

Amiran, Ruth
イスラエルの女性考古学者。
⇒ユ著人（Amiran,Ruth　アミラン,ルース　1914-）

Amir Hamzah
インドネシアの詩人。
⇒岩イ（アミル・ハムザ　1911-1946）
　岩世人（ハムザ,アミル　1911.2.28-1946.3.19）
　現世文（アミル・ハムザ　1911-1946）

Amīrī
イランの詩人,評論家。彼の詩は革命時代(1906～12)における国民思想および国民感情の忠実な描写を特徴とする。
⇒岩世人（アミーリー　1860-1-1917）

Amirov, Fikret
アゼルバイジャンの作曲家。
⇒ク音3（アミーロフ　1922-1984）

Amis, Kingsley
イギリスの小説家,評論家。
⇒岩世人（エイミス　1922.4.16-1995.10.22）
　現世文（エイミス,キングズリー　1922.4.16-1995.10.22）
　ネーム（エイミス　1922-1995）

Amis, Martin（Louis）
イギリスの小説家。
⇒岩世人（エイミス　1949.8.25-）
　外12（エイミス,マーティン　1949.8.25-）
　外16（エイミス,マーティン　1949.8.25-）
　現世文（エイミス,マーティン　1949.8.25-）

Amit, Meir
イスラエルの政治家。軍事情報組織アマン(1962～63)及びモサド(1963～68)の長官を歴任した。
⇒スパイ（アミット,メイアー　1921-2009）

Amit, Yossi
イスラエル陸軍情報士官。アメリカのスパイ。
⇒スパイ（アミット,ヨッシ　1945-）

Ammaniti, Niccolò
イタリアの作家。
⇒外12（アンマニーティ,ニコロ　1966-）
　外16（アンマニーティ,ニコロ　1966-）
　現世文（アンマニーティ,ニコロ　1966-）

Ammann, Othmar
スイスの建築技師。世界最大の懸吊橋「Golden Gate Bridge」(サンフランシスコ)を築造した。
⇒岩世人（アンマン　1879.3.26-1965.9.22）

Ammann, Simon
スイスのスキー選手(ジャンプ)。
⇒岩世人（アマン　1981.6.25-）
　外12（アマン,シモン　1981.6.25-）
　外16（アマン,シモン　1981.6.25-）
　最世ス（アマン,シモン　1981.6.25-）

Ammon, Otto
ドイツの人類学者。人類学的社会学に多くの創見を示している。
⇒岩世人（アモン　1842.12.7-1916.1.14）

Ammons, Archie Randolph
アメリカの詩人。
⇒現世文（アモンズ,A.R.　1926.2.18-2001.2.25）

Ammons, Eugene（Gene）
アメリカのジャズ・テナー・サックス奏者。アルバート・アモンズの息子。
⇒標音2（アモンズ,ジーン　1925.4.14-1974.8.6）

Amonn, Alfred
オーストリアの経済学者。東京大学教授(1926～29),ベルン大学教授(29～38)。
⇒岩世人（アモン　1883.6.1-1962.11.2）
　有経5（アモン　1883-1962）

Amont, Marcel
フランスの男性シャンソン歌手。
⇒標音2（アモン,マルセル　1929.4.1-）

Amorelli, Ruben
テノール歌手。
⇒魅惑（Amorelli,Ruben　?-）

Amorim, Celso
ブラジルの政治家,外交官。ブラジル外相,国防相。
⇒外12（アモリン,セルソ　1942.6.3-）
　外16（アモリン,セルソ　1942.6.3-）
　世指導（アモリン,セルソ　1942.6.3-）

Amorim, Vicente
ブラジルの映画監督。
⇒外12（アモリン, ビセンテ　1966–）

Amoroso, Luigi
イタリアの経済学者。主著『数理経済学講義』『市場の経済学』など。
⇒岩世人（アモローゾ　1886.3.26–1965.10.28）
　有経5（アモロゾ　1886–1965）

Amoroso, Marcio
ブラジルのサッカー選手。
⇒外12（アモローゾ, マルシオ　1974.7.5–）

Amor Ruibal, Ángel María
スペインのカトリック神学者。
⇒新カト（アモル・ルイバル　1869.3.11–1930.11.4）

Amorsolo, Fernando
フィリピンの画家。
⇒岩世人（アモルソロ　1892.5.30–1972.4.24）

Amos, Daniel Paul
アメリカの実業家。
⇒外16（エイモス, ダニエル　1951.8.13–）

Amos, Paul
アメリカの実業家。
⇒外16（エイモス, ポール）

Amoureux, Sache
フランスの汽船の乗組ピアニスト。
⇒日エ（アムルー　?–?）

Ampferer, Otto
オーストリアの地質学者。造山運動に関する理論がある。
⇒岩世人（アンプフェラー　1875.12.1–1947.7.9）

Ampuero, Roberto
チリの作家, 政治家。
⇒外16（アンプエロ, ロベルト　1953–）
　現世文（アンプエロ, ロベルト　1953–）

Amrit Kaur, Rajkumārī
インドの婦人社会事業家。インド連邦政府保健相（1947）, 通信相（51）を歴任。
⇒岩世人（アムリット・カウル　1889.2.2–1964.10.2）

Amsler, Marcelle
フランス生まれの銅版画家。
⇒芸13（アムスレール, マーセル　1928–）

Amstuts, Hobart Bauman
アメリカの宣教師。
⇒アア歴（Amstuts,Hobart B（auman）　アムスタッツ, ホバート・ボーマン　1896.9.18–1980.2.16）

Amundsen, Roald（Engelbreth Gravning）
ノルウェーの極地探検家。1903～06年に北極洋の北西航路を初通過に成功。
⇒岩世人（アームンセン　1872.7.16–1928.6）
　広辞7（アムンゼン　1872–1928）
　辞歴（アムンゼン　1872–1928）
　世史改（アムンゼン　1872–1928）
　世人新（アムンゼン（アムンセン）　1872–1928）
　世人装（アムンゼン（アムンセン）　1872–1928）
　ネーム（アムンセン　1872–1928）
　ボブ人（アムンゼン, ロアルド　1872–1928）

Amunuai Virawan
タイの政治家。副首相, 財務相, 外相。
⇒世指導（アムヌアイ・ウィラワン　1932.5.22–）

Amy, Gilbert
フランスの作曲家, 指揮者。
⇒ク音3（アミ　1936–）
　新音中（アミ, ジルベール　1936.8.29–）
　標音2（アミ, ジルベール　1936.8.29–）

Anagālika Dharmapāla
大菩提会の創設者でスリランカ仏教復興運動の指導者。
⇒岩世人（ダルマパーラ　1864–1933）
　オク仏（アナガーリカ・ダルマパーラ　1864–1933）
　南ア新（ダルマパーラ　1864–1933）

Anahí
メキシコのタレント。
⇒外12（アナイ　1983.5.14–）

Anand, Mulk Raj
インドの小説家, 短篇作家, 美術評論家。
⇒岩世人（アーナンド　1905.12.12–2004.9.28）
　現世文（アーナンド, ムルク・ラージ　1905.12.12–2004.9.28）

Ānanda Metteya
イギリスの仏教徒。
⇒オク仏（アーナンダ・メッテーヤ　1872–1923）

Anand Panyarachun
タイの政治家。タイ首相。
⇒岩世人（アーナン・パンヤーラチュン　1932.8.9–）
　世指導（アナン・パンヤラチュン　1932.8.9–）
　タイ（アーナン・パンヤラチュン　1932–）

Ananiashvili, Nina Gedevanovna
ロシアの舞踊家。
⇒岩世人（アナニアシヴィリ　1964.3.19–）
　外12（アナニアシヴィリ, ニーナ　1963.3.28–）
　外16（アナニアシヴィリ, ニーナ　1963.3.28–）

Anastasia
ロシアの皇女。
⇒王妃（アナスタシア　1901–1918）
　ネーム（アナスタシア　1901–1918）
　姫全（アナスタシア・ニコラエヴナ　1901–1918?）

Anastasiades, Nicos
キプロスの政治家。キプロス大統領（2013〜）。
⇒外16（アナスタシアディス，ニコス　1946.9.27-）
世指導（アナスタシアディス，ニコス　1946.9.27-）

Anatsui, El
ガーナ生まれのナイジェリアの彫刻家，造形家。
⇒岩世人（アナツイ　1944.2.4-）
外12（アナツイ，エル　1944-）
外16（アナツイ，エル　1944-）

Anawati, Georges Chehata
カトリック・ドミニコ会の神父，イスラム学者。
⇒岩イ（アナワティ　1905-1994）
新カト（アナワーティ　1905.6.6-1994.1.28）

Ancel, Alfred
フランスの聖職者。20世紀のカトリック教会に大きな影響を及ぼした司教の一人。
⇒新カト（アンセル　1898.10.22-1984.9.11）

Ancelotti, Carlo
イタリアのサッカー選手，監督。
⇒外12（アンチェロッティ，カルロ　1959.6.10-）
外16（アンチェロッティ，カルロ　1959.6.10-）
最世ス（アンチェロッティ，カルロ　1959.6.10-）

Ančerl, Karel
チェコ生まれの指揮者。トロント交響楽団の常任指揮者。
⇒新音中（アンチェル，カレル　1908.4.11-1973.7.3）
標音2（アンチュルル，カレル　1908.4.11-1973.7.3）

Anchan
タイの女性作家。
⇒タイ（アンチャン　1952-）

An Ch'i-hwan
韓国の歌手。
⇒岩世人（安致環　アンチファン　1966.2.2-）

An Choeng-sook
韓国映画振興委員会（KOFIC）委員長。
⇒外12（アンジョンスク）

Ancona, Mario
イタリアのバリトン歌手。1890年トリエステでデビュー。エスカミーリョなどのフランス・オペラをレパートリーとした。
⇒ユ著人（Ancona,Mario　アンコーナ，マリオ　1860-1931）

Anda, Géza
スイスのピアノ奏者，指揮者。
⇒新音中（アンダ，ゲーザ　1921.11.19-1976.6.14）
標音2（アンダ，ゲーザ　1921.11.19-1976.6.14）

Anday, Melih Cevdet
トルコの詩人，劇作家。

⇒岩世人（アンダイ　1915.3.13-2002.11.28）

Anders, Günther
ドイツ（ユダヤ系）の思想家。
⇒岩世人（アンダース　1902.7.12-1992.12.17）
ネーム（アンデルス　1902-1992）

Anders, Merry
アメリカの女優。
⇒ク俳（アンダーズ，メリー（アンダースン，M）1932-）

Anders, Peter
ドイツのテノール歌手。
⇒失声（アンダース，ペーター　1908-1954）
魅惑（Anders,Peter　1908-1954）

Anders, Peter, Jr.
ドイツのテノール歌手。
⇒魅惑（Anders,Peter,Jr.　?-）

Andersch, Alfred
ドイツの作家。主著，自伝『自由のさくらんぼ』(1952)，『エフライム』(67)。
⇒岩世人（アンデルシュ　1914.2.4-1980.2.21）
現世文（アンデルシュ，アルフレート　1914.2.4-1980.2.21）

Andersen, Benny Allan
デンマークの詩人，小説家，児童文学者。
⇒岩世人（アナセン　1929.11.7-）

Andersen, Eric
アメリカ生まれのシンガー・ソングライター。
⇒標音2（アンダソン，エリック　1943.2.14-）
ロック（Andersen,Eric　アンデセン，エリック　1943.2.14-）

Andersen, Larry Eugene
アメリカの大リーグ選手（投手）。
⇒メジャ（アンダーセン，ラリー　1953.5.6-）

Andersen, Morten
デンマークのプロフットボール選手。
⇒最世ス（アンダーセン，モーテン　1960.8.19-）

Andersen, Stig
デンマークのテノール歌手。
⇒魅惑（Andersen,Stig　1950-）

Andersen, Tryggve
ノルウェーの作家。代表作『高等法官の時代』(1897)，『たそがれに向って』(1900)。
⇒岩世人（アンネシェン　1866.9.27-1920.4.10）

Anderson
ブラジルのサッカー選手（マンチェスター・ユナイテッド・MF）。
⇒外12（アンデルソン　1988.4.13-）
最世ス（アンデルソン　1988.4.13-）

Anderson, Adam
イギリスのミュージシャン。
⇒外12（アンダーソン, アダム　1984.5.14–）

Anderson, Allan Lee
アメリカの大リーグ選手（投手）。
⇒メジャ（アンダーソン, アラン　1964.1.7–）

Anderson, Benedict
イギリス出身のアメリカの政治学者。
⇒岩世人（アンダーソン　1936.8.26–）
外12（アンダーソン, ベネディクト　1936–）
外16（アンダーソン, ベネディクト　1936–）
現社（アンダーソン　1936–）
広辞7（アンダーソン　1936–2015）

Anderson, Brad
アメリカの映画監督。
⇒外12（アンダーソン, ブラッド　1964–）
外16（アンダーソン, ブラッド　1964–）

Anderson, Brady Kevin
アメリカの大リーグ選手（外野）。
⇒メジャ（アンダーソン, ブレイディ　1964.1.18–）

Anderson, Brett
イギリスのミュージシャン。
⇒外12（アンダーソン, ブレット）
外16（アンダーソン, ブレット）

Anderson, Brian James
アメリカの大リーグ選手（投手）。
⇒メジャ（アンダーソン, ブライアン　1972.4.26–）

Anderson, Carl David
アメリカの物理学者。1932年陽電子を発見, 36年ノーベル物理学賞受賞。37年 μ 中間子と名づけられた粒子を発見。
⇒岩世人（アンダーソン　1905.9.3–1991.1.11）
オク科（アンダーソン（カール・デヴィッド）　1905–1991）
広辞7（アンダーソン　1905–1991）
三新物（アンダーソン　1905–1991）
ノベ3（アンダーソン, C.D.　1905.9.3–1991.1.11）
物理（アンダーソン, カール・デイヴィッド　1905–1991）
ポプ人（アンダーソン, カール・デビット　1905–1991）

Anderson, Chris
アメリカの編集者, 実業家。
⇒外16（アンダーソン, クリス　1961–）

Anderson, C.L.
アメリカの作家。
⇒外16（ゼッテル, サラ　1966.12.14–）
海文新（アンダースン, C.L.　1966.12.14–）
現世文（ゼッテル, サラ　1966.12.14–）

Anderson, Clinton Presba
アメリカの政治家。
⇒アメ州（Anderson, Clinton Presba　アンダーソン, クリントン・プレズバ　1895–1975）

Anderson, David Lawrence
アメリカの宣教師。
⇒アア歴（Anderson, David Lawrence　アンダースン, デイヴィッド・ローレンス　1850.2.4–1911.2.16）

Anderson, Eli
フランスの作家, 医師。
⇒海文新（アンダーソン, エリ　1967.12.7–）
現世文（アンダーソン, エリ　1967.12.7–）

Anderson, Elizabeth Garrett
イギリスの女医の草分け。女性で最初のオルデブラ市長。
⇒岩世人（アンダーソン　1836.6.19–1917.12.17）

Anderson, Frederick Irving
アメリカのミステリ作家。
⇒現世文（アンダーソン, フレデリック・アービング）

Anderson, Garret Joseph
アメリカの大リーグ選手（外野）。
⇒メジャ（アンダーソン, ギャレット　1972.6.30–）

Anderson, Gillian
アメリカの女優。
⇒外12（アンダーソン, ジリアン　1968.8.9–）
外16（アンダーソン, ジリアン　1968.8.9–）
ク俳（アンダースン, ジリアン　1968–）

Anderson, Ian
イギリスのロック歌手。
⇒外12（アンダーソン, イアン　1947.8.10–）

Anderson, Ivie
アメリカの女性ジャズ歌手。
⇒標音2（アンダソン, アイヴィ　1905.7.10–1949.12.28）

Anderson, Jack
アメリカの詩人, 舞踊批評家。
⇒岩世人（アンダーソン　1935.6.15–）

Anderson, Jack Northman
アメリカの作家, コラムニスト。
⇒現世文（アンダーソン, ジャック　1922.10.19–2005.12.17）

Anderson, Jamie
アメリカのスノーボード選手（スロープスタイル）。
⇒外16（アンダーソン, ジェイミー　1990.9.13–）

Anderson, Jasey-Jay
カナダのスノーボード選手。
⇒外12（アンダーソン, ジェシージェイ　1975.4.13–）
外16（アンダーソン, ジェシー・ジェイ　1975.4.13–）

Anderson, Jodi Lynn
アメリカの作家。
⇒海文新（アンダーソン, ジョディ・リン）

Anderson, *Sir* John
英領マラヤの植民地行政官。
⇒岩世人（アンダーソン　1858.6.23–1918.3.24）

Anderson, John Frederick
アメリカの大リーグ選手（投手）。
⇒メジャ（アンダーソン, フレッド　1885.12.11–1957.12.8）

Anderson, John Joseph
アメリカの大リーグ選手（外野, 一塁）。
⇒メジャ（アンダーソン, ジョン　1873.12.14–1949.7.23）

Anderson, Jonathan William
イギリスの服飾デザイナー。
⇒外16（アンダーソン, ジョナサン　1984–）

Anderson, June
アメリカのソプラノ歌手。
⇒外12（アンダーソン, ジューン　1952.12.30–）

Anderson, Kevin
テノール歌手。
⇒魅惑（Anderson,Kevin　?–）

Anderson, Laurie
アメリカの女性パフォーマー。
⇒岩世人（アンダーソン　1947.6.5–）
　芸13（アンダーソン, ローリエ　1947–）

Anderson, Laurie Halse
アメリカの作家。
⇒外12（アンダーソン, ローリー・ハルツ　1961–）
　外16（アンダーソン, ローリー・ハルツ　1961–）
　海文新（アンダーソン, ローリー・ハルツ　1961.10.23–）
　現世文（アンダーソン, ローリー・ハルツ　1961.10.23–）

Anderson, L.Desaix
アメリカの外交官。国務省アジア局日本部長, KEDO理事長。
⇒外16（アンダーソン,L.デサエ　1936–）

Anderson, Leroy
アメリカの指揮者, 作・編曲家。ASCAP（アメリカ作曲家・著作家・出版者協会）の会長を務めた。
⇒エデ（アンダーソン, ルロイ　1908.6.29–1975.5.18）
　ク音3（アンダーソン　1908–1975）
　広辞7（アンダーソン　1908–1975）
　新音小（アンダーソン, リロイ　1908–1975）
　新音中（アンダーソン, リロイ　1908.6.29–1975.5.18）
　標音2（アンダソン, リロイ　1908.6.29–1975.5.18）

Anderson, Linda C.
アメリカの作家。
⇒外16（アンダーソン, リンダ）

Anderson, Lindsay
イギリスの映画監督, 評論家, 演出家, 俳優。
⇒岩世人（アンダーソン　1923.4.17–1994.8.30）
　映監（アンダーソン, リンゼイ　1923.4.17–1994）

Anderson, Lynn
アメリカ生まれの歌手。
⇒ロック（Anderson,Lynn　アンダソン, リン　1947.9.26–）

Anderson, Marian
アメリカの黒人アルト歌手。
⇒アメ州（Anderson,Marian　アンダーソン, マリアン　1902–）
　岩世人（アンダーソン　1897.2.27–1993.4.8）
　新音中（アンダーソン, マリアン　1897.2.27–1993.4.8）
　標音2（アンダソン, マリアン　1897.2.27–1993.4.8）
　ポプ人（アンダーソン, マリアン　1902–1993）

Anderson, Marlon Ordell
アメリカの大リーグ選手（二塁）。
⇒メジャ（アンダーソン, マーロン　1974.1.6–）

Anderson, Maxwell
アメリカの劇作家, 詩人。代表作『ウィンターセット』など。
⇒アメ州（Anderson,Maxwell　アンダーソン, マクスウェル　1888–1959）
　現世文（アンダーソン, マクスウェル　1888.12.15–1959.2.28）

Anderson, M.T.
アメリカの児童文学作家。
⇒外12（アンダーソン,M.T.）

Anderson, Nels
アメリカの都市社会学者。「浮浪者の社会学」というサブタイトルのついている『ホーボー』の著者として知られている。
⇒社小増（アンダーソン　1889–）

Anderson, Norman H.
アメリカの社会心理学者。
⇒社心小（アンダーソン　1925–）

Anderson, Paul Thomas
アメリカの映画監督, 脚本家。
⇒映監（アンダーソン, ポール・トーマス　1970.6.26–）
　外12（アンダーソン, ポール・トーマス　1970.1.1–）
　外16（アンダーソン, ポール・トーマス　1970.1.1–）

Anderson, Paul W.S.
イギリスの映画監督, 脚本家。
⇒外12（アンダーソン, ポール　1965.3.4–）
外16（アンダーソン, ポール　1965.3.4–）

A Anderson, Philip Warren
アメリカの物理学者。1977年ノーベル物理学賞。
⇒岩世人（アンダーソン　1923.12.13–）
広辞7（アンダーソン　1923–）
ノベ3（アンダーソン, P.W.　1923.12.13–）
物理（アンダーソン, フィリップ・ウォーレン　1923–）

Anderson, Poul William
アメリカのSF作家, ファンタジー作家, 推理小説家, 歴史小説家, 魔術研究家。
⇒現世文（アンダーソン, ポール　1926–2001.7.31）

Anderson, Richard H.
アメリカの実業家。
⇒外16（アンダーソン, リチャード）

Anderson, Robert（Woodruff）
アメリカの劇作家。
⇒現世文（アンダーソン, ロバート　1917.4.28–2009.2.9）

Anderson, Rocky
アメリカの政治家, 法律家。ソルトレークシティ市長。
⇒世指導（アンダーソン, ロッキー　1951–）

Anderson, Roy
スウェーデンの映画監督。
⇒外16（アンダーソン, ロイ　1943–）

Anderson, Roy Scott
アメリカの冒険家, 金融業。
⇒アア歴（Anderson, Roy S (cott)　アンダースン, ロイ・スコット　1879?–1925.3.12）

Anderson, Rudolph, Jr.
アメリカのU-2偵察機のパイロット。1962年10月27日, キューバミサイル危機の最中に撃墜された。
⇒スパイ（アンダーソン, ルドルフ, ジュニア　1927–1962）

Anderson, Ryan
アメリカのバスケットボール選手（ペリカンズ）。
⇒最世ス（アンダーソン, ライアン　1988.5.6–）

Anderson, Sherwood（Berton）
アメリカの作家。代表作『オハイオ州ワインズバーグ』(1919)。
⇒アメ州（Anderson, Sherwood　アンダーソン, シャーウッド　1876–1941）
アメ新（アンダーソン　1876–1941）
岩世人（アンダーソン　1876.9.13–1941.3.8）
現世文（アンダーソン, シャーウッド　1876.9.13–1941.3.8）
広辞7（アンダーソン　1876–1941）
新カト（アンダーソン　1876.9.13–1941.3.8）
西文（アンダーソン（シャーウッド）　1876–1941）
比文増（アンダーソン（シャーウッド）　1876（明治9）–1941（昭和16））
ヘミ（アンダスン, シャーウッド　1876–1941）

Anderson, Sparky
アメリカの大リーグ監督。
⇒岩世人（アンダーソン　1934.2.22–2010.11.4）
メジャ（アンダーソン, スパーキー　1934.2.22–2010.11.4）

Anderson, Thomas McArthur
アメリカの軍将校。
⇒アア歴（Anderson, Thomas McArthur　アンダースン, トマス・マッカーサー　1836.1.21–1917.5.8）

Anderson, Tracy
アメリカのトレーナー。
⇒外12（アンダーソン, トレーシー）

Anderson, Wes
アメリカの映画監督, 脚本家。
⇒映監（アンダーソン, ウェス　1969.5.1–）
外12（アンダーソン, ウェス　1969.5.1–）
外16（アンダーソン, ウェス　1969.5.1–）

Anderson, William
アメリカのローラ・インガルス・ワイルダー研究の第一人者。
⇒外16（アンダーソン, ウィリアム）

Anderson, William Allen
アメリカの作家。
⇒外16（アンダーソン, アレン）

Anderson, William Ashley
アメリカの作家。
⇒アア歴（Anderson, William Ashley　アンダースン, ウイリアム・アシュリー　1890.4.13–1988）

Anderson, William Brennan
アメリカの宣教師。
⇒アア歴（Anderson, William Brennan　アンダースン, ウイリアム・ブレナン　1868.12.7–1940.1.8）

Anderson, William Gilbert
アメリカの体育学者。アメリカ体育促進協会を創設した。
⇒岩世人（アンダーソン　1860.9.9–1947.7.7）

Anderson, William Hart
アメリカの軍将校, 実業家。
⇒アア歴（Anderson, William H (art)　アンダースン, ウイリアム・ハート　1871.5.12–1954）

Anderson-Gilman, Wilma
イギリスの作曲家。ピアノ曲『ウォータールー

の戦い』で知られる。
⇒標音2（アンダソン=ギルマン，ウィルマ　1882-?）
Anderson Lima
ブラジルのサッカー選手。
⇒外12（アンデルソン・リマ　1973.3.18-）

Andersson, Bibi
スウェーデン生まれの女優。
⇒ク俳（アンデルソン，ビビ（アンデルソン，ベリット）　1935-）

Andersson, Dan
スウェーデンの詩人，小説家。
⇒岩世人（アンダション　1888.4.6-1920.9.16）
　現世文（アンデション，ダーン　1888.4.6-1920.9.16）

Andersson, Harriet
スウェーデン生まれの女優。
⇒ク俳（アンデルソン，ハリエット　1932-）

Andersson, Jan-Aake
スウェーデンの陶芸家。
⇒芸13（アンデルソン，ヤナオカ　1949-）

Andersson, Johan Gunnar
スウェーデンの考古学者，地質学者。1914〜25年中国に滞在し，周口店の北京原人などを発見。
⇒岩世人（アンダション　1874.7.3-1960.10.29）
　広辞7（アンダーソン　1874-1960）
　世人新（アンダーソン（アンデルソン）　1874-1960）
　世人装（アンダーソン（アンデルソン）　1874-1960）
　中文史（アンダーソン　1874-1960）

Andersson, Lina
スウェーデンのスキー選手（クロスカントリー）。
⇒最世ス（アンデション，リナ　1981.3.18-）

Andersson, Mamma
スウェーデン生まれの画家。
⇒現アテ（Andersson,Mamma　アンダーソン，マンマ　1962-）

Anderszewski, Piotr
ポーランドのピアノ奏者。
⇒外12（アンデルシェフスキ，ピオトル　1969-）
　外16（アンデルシェフスキ，ピオトル　1969-）

Anderton, James Patrick (Jim)
ニュージーランドの政治家。
⇒ニュー（アンダートン，ジェイムズ　1938-）

Andes, Keith
アメリカの男優。
⇒ク俳（アンディーズ，キース　1920-）

Andjaparidze, Zurab
ソ連のテノール歌手。トビリシ音楽院教授。

⇒失声（アンジャパリゼ，ズラブ　1928-1997）

An Do-hyeon
韓国の詩人。
⇒外12（アンドヒョン　安度眩　1961-）
　外16（アンドヒョン　安度眩　1961-）
　韓現文（安度眩　アン・ドヒョン　1962.12.15-）
　現世文（アン・ドヒョン　安度眩　1962.12.15-）

Andoreev, Vyacheslav Andreevitch
ロシアの彫刻家。
⇒芸13（アンドレーエフ，ヴィヤチェスラフ・アンドレエヴィッチ　1890-1945）

Andrade, Carlos Drummond de
ブラジルの詩人，作家。
⇒岩世人（アンドラーデ　1902.10.31-1987.8.17）
　現世文（アンドラーデ，カルロス・ドルモンド・デ　1902.10.31-1987.8.17）

Andrade, Edward Neville da Costa
イギリスの物理学者。
⇒ユ著人（Andrade,Edward Neville Da Costa　アンドレイド，エドワード・ネーヴィル・ダ・コスタ　1887-1971）

Andrade, Eugénio de
ポルトガルの詩人。
⇒岩世人（アンドラーデ　1923.1.19-2005.6.13）

Andrade, José Oswald de Sousa
ブラジルの詩人，小説家，劇作家。
⇒岩世人（アンドラーデ　1890.1.11-1954.10.22）

Andrade, Mário de
ブラジルの詩人，小説家。代表作，詩『愛一自動詞』など。
⇒岩世人（アンドラーデ　1893.10.9-1945.2.25）
　現世文（アンドラーデ，マリオ・ラウル・デ・モライス　1893.10.9-1945.2.25）

Andrae, Ernst Walter
ドイツの考古学者，アッシリア学者。バビロンやファーラの発掘に参加（1899〜1903），ついでアッシュールの発掘に従事した（03〜13）ほかハトラをも発掘した。
⇒岩世人（アンドレー　1875.2.18-1956.7.28）

Andrašević, Stjepan
クロアチアのテノール歌手。
⇒魅惑（Andrašević,Stjepan　1912-）

Andrássy Gyula
ハンガリーの政治家，伯爵。第一次大戦末期のオーストリア・ハンガリー帝国外相となり（1918），アメリカ大統領ウィルソンに講和を申入れた。
⇒岩世人（アンドラーシ（小）　1860.6.30-1929.6.11）

André, Carl
アメリカの美術家。

⇒岩世人（アンドレ　1935.9.16–）
　芸13（アンドレ, カール　1935–）
　広辞7（アンドレ　1935–）

André, Maurice
フランスのトランペット奏者。
⇒新音中（アンドレ, モーリス　1933.5.21–）
　標音2（アンドレ, モリス　1933.5.21–）

Andreae, Wilhelm
ドイツの経済学者, 社会学者。財政学に関する研究で知られる。
⇒岩世人（アンドレーエ　1888.4.8–1962.5.20）

Andreasen, Nancy Coover
アメリカの精神科医。
⇒精医歴（アンドレアセン, ナンシー・クーヴァー　1938–）

Andreas-Salomé, Lou
ドイツの女性作家。主著『フロイトへの感謝』（1931）。
⇒岩世人（アンドレアス＝ザロメ　1861.2.12–1937.2.5）
　現精（ザロメ　1861–1937）
　現精縮（ザロメ　1861–1937）
　精分岩（アンドレアス-ザロメ, ルー　1861–1937）

Andreatta, Beniamino
イタリアの政治家。イタリア国防相・外相。
⇒世指導（アンドレアッタ, ベニアミーノ　1928.8.11–2007.3.26）

Andree, Tim
アメリカの実業家。電通初の外国人取締役・執行役員。
⇒外12（アンドレー, ティム）

Andreescu, Nicolae
ルーマニアのテノール歌手。
⇒魅惑（Andreescu,Nicolae　?–）

Andreessen, Marc
アメリカのプログラマー, 投資家。
⇒外12（アンドリーセン, マーク　1971.7.9–）
　外16（アンドリーセン, マーク　1971.7.9–）

Andreev, Andrei Andreevich
ソ連の政治家。ソ連副首相。
⇒学叢思（アンドレーエフ　1896–）

Andreev, Avram
テノール歌手。
⇒魅惑（Andreev,Avram　?–）

Andreev, Kostadin
テノール歌手。
⇒魅惑（Andreev,Kostadin　?–）

Andreev, Leonid Nikolaevich
ロシアの小説家, 劇作家。十月革命でフィンランドへ亡命。

⇒岩世人（アンドレーエフ　1871.8.9/21–1919.9.12）
　学叢思（アンドレーエフ, レオニード　1871–1919）
　現世文（アンドレーエフ, レオニード・ニコラエヴィチ　1871.8.21–1919.9.12）
　広辞7（アンドレーエフ　1871–1919）
　図翻（アンドレーエフ　1871.8.9–1919.9.12）
　西文（アンドレーエフ, レオニード・ニコラィエヴィチ　1871–1919）
　ネーム（アンドレーエフ　1871–1919）
　比文増（アンドレーエフ（レオニード・ニコラェヴィチ）　1871（明治4）–1919（大正8））

Andreolli, Florindo
イタリアのテノール歌手。
⇒魅惑（Andreolli,Florindo　1930–）

Andreotti, Fabio
イタリアのテノール歌手。
⇒魅惑（Andreotti,Fabio　?–）

Andreotti, Giulio
イタリアの政治家。イタリア首相。
⇒岩世人（アンドレオッティ　1919.1.14–2013.5.6）

Andreozzi, Robert
テノール歌手。
⇒魅惑（Andreozzi,Robert　?–）

Andres, Stefan
ドイツの小説家, 詩人。
⇒岩世人（アンドレス　1906.6.26–1970.6.29）
　現世文（アンドレス, シュテファン　1906.6.26–1970.6.29）
　新カト（アンドレス　1906.6.26–1970.6.29）

Andres, Tuck
アメリカのギター奏者。
⇒外12（アンドレス, タック　1952–）

Andresen, Frode
ノルウェーのバイアスロン選手。
⇒最世ス（アンドレセン, フローデ　1973.9.9–）

Andress, Ursula
スイス生まれの女優。
⇒ク俳（アンドレス, アーシュラ　1936–）

Andre The Giant
フランス出身のプロレスラー。
⇒異二辞（アンドレ・ザ・ジャイアント　1946–1993）
　岩世人（アンドレ・ザ・ジャイアント　1946.5.19–1993.1.27）

Andretta, Thierry
フランスの実業家。セリーヌ, モスキーノ, ランバン, マルベリーのCEOを務めるなど, 高級ファッションブランドで要職を歴任。
⇒外12（アンドレッタ, ティエリー　1957–）
　外16（アンドレッタ, ティエリー　1957–）

Andretti, Marco
アメリカのレーシングドライバー。
⇒外16（アンドレッティ,マルコ　1987.3.13-）
　最世ス（アンドレッティ,マルコ　1987.3.13-）

Andretti, Mario
イタリア生まれのカーレーサー。
⇒外12（アンドレッティ,マリオ　1940.2.28-）

Andretti, Michael
アメリカのレーシングドライバー。
⇒外12（アンドレッティ,マイケル　1962.10.5-）

Andrew, Christopher
イギリスの歴史家,国内情報問題の専門家。ケンブリッジ大学教授。
⇒スパイ（アンドリュー,クリストファー　1941-）

Andrew, George Findlay
イギリスの宣教師。
⇒岩世人（アンドリュー）

Andrew (Albert Christian Edward), Duke of York
イギリスの王族。英国女王第2王子。1979年海軍に入隊し,82年フォークランド戦争に従事する。86年ヨーク公爵に叙される。
⇒外12（アンドルー王子　1960.2.19-）
　外16（アンドルー王子　1960.2.19-）

Andrews, Anthony
イギリス生まれの俳優。
⇒ク俳（アンドルーズ,アンソニー　1946-）

Andrews, Charles
フランスの天文学者。
⇒学叢思（アンドルーズ,シャルル）

Andrews, Charles Freer
イギリス国教会のインド宣教師。
⇒岩キ（アンドルーズ　1871-1940）
　新カト（アンドルーズ　1871.2.21-1940.4.4）

Andrews, Chris
イギリス・エセックスのロムフォード生まれのシンガー・ソングライター。
⇒ロック（Andrews,Chris　アンドルーズ,クリス　1938-）

Andrews, Dana
アメリカ生まれの男優。
⇒ク俳（アンドルーズ,デイナ（アンドルーズ,カーヴァー・D）　1909-1992）

Andrews, David
アイルランドの政治家。アイルランド外相。
⇒世指導（アンドルーズ,デービッド　1935.3.15-）

Andrews, Donna
アメリカの作家。
⇒外12（アンドルーズ,ドナ）
　現世文（アンドルーズ,ドナ）

Andrews, Elisha Benjamin
アメリカの教育家,浸礼教徒。ブラウン大学学長（1889～98）,シカゴの学校監督官（1889～1900）,ネブラスカ大学名誉学長（1900～08）を歴任。
⇒学叢思（アンドリュース,エリシア・ベンジャミン　1844-?）
　教人（アンドルーズ　1844-1917）

Andrews, Jesse
アメリカの作家,脚本家。
⇒現世文（アンドルーズ,ジェス　1982-）

Andrews, John Bertram
アメリカの経済学者。アメリカ労働立法協会（AALL）事務局長。
⇒アメ経（アンドルーズ,ジョン　1880.8.2-1943.1.4）

Andrews, John Miller
北アイルランドの政治家。
⇒岩世人（アンドリューズ　1871.7.17-1956.8.5）

Andrews, Julie
イギリス生まれのアメリカの女優,歌手,児童作家。映画「サウンド・オブ・ミュージック」などを大ヒットさせたミュージカル・スター。
⇒遺産（アンドリュース,ジュリー　1935.10.1-）
　岩世人（アンドリューズ　1935.10.1-）
　外12（アンドルーズ,ジュリー　1935.10.1-）
　外16（アンドルース,ジュリー　1935.10.1-）
　ク俳（アンドルーズ,デイム・ジュリー（ウェルズ,ジュリア）　1934-）
　スター（アンドリュース,ジュリー　1935.10.1-）
　標音2（アンドルーズ,ジュリー　1935.10.1-）

Andrews, Lori
アメリカの法医学者,遺伝子学者,作家。シカゴ・ケント大学終身教授。
⇒外12（アンドルーズ,ローリー）
　外16（アンドルーズ,ローリー）
　海文新（アンドルーズ,ローリー　1952-）
　現世文（アンドルーズ,ローリー　1952-）

Andrews, Luke
ニュージーランドのラグビー選手（FW）。
⇒外12（アンドルーズ,ルーク　1976.1.16-）

Andrews, Mark
アメリカのアニメーション監督。
⇒外16（アンドルース,マーク）

Andrews, Roy Chapman
アメリカの動物学者,探検家。
⇒アア歴（Andrews,Roy Chapman　アンドルーズ,ロイ・チャップマン　1884.1.26-1960.3.11）
　岩世人（アンドリューズ　1884.1.26-1960.3.11）

Andreychin, Lyubomir
ブルガリアの言語学者。
⇒岩世人（アンドレイチン 1910.3.22/4.4–1975.9.3)

Andrianov, Nikolai Efimovich
ソ連の男子体操競技選手。
⇒岩世人（アンドリアーノフ 1952.10.14–2011.3.21)
広辞7（アンドリアノフ 1952–2011)

Andrian-Werburg, Leopold von
オーストリアの外交官、詩人。
⇒ユ著人（Andrian,Leopold von アンドリアン、レオポルド・フォン 1875–1951)

Andrić, Ivo
ユーゴスラビアの作家。1961年度ノーベル文学賞受賞。作品、小説『ドリナの橋』(1945) など。
⇒岩世人（アンドリッチ 1892.9.27/10.9–1975.3.13)
現世文（アンドリッチ、イヴォ 1892.10.10–1975.3.13)
広辞7（アンドリッチ 1892–1975)
ネーム（アンドリッチ 1892–1975)
ノベ3（アンドリッチ,I. 1892.10.10–1975.3.13)

Andriessen, Hendrik
オランダのオルガン奏者、作曲家。
⇒新音中（アンドリーセン、ヘンドリク 1892.9.17–1981.4.12)
標音2（アンドリーセ、ヘンドリク 1892.9.17–1981.4.12)

Andriessen, Jurrian
オランダの作曲家。
⇒標音2（アンドリーセ、ユリアーン 1925.11.15–)

Andriessen, Louis
オランダの作曲家。ヘンドリクの末子。
⇒岩世人（アンドリーセン 1939.6.6–)
ク音3（アンドリーセン 1939–)
現音キ（アンドリーセン、ルイ 1939–)
新音中（アンドリーセン、ルイス 1939.6.6–)
標音2（アンドリーセ、ルイ 1939.6.6–)

Andriessen, Willem
オランダのピアノ奏者、作曲家。アムステルダム音楽院の院長を務める。
⇒新音中（アンドリーセン、ヴィレム 1887.10.25–1964.3.29)
標音2（アンドリーセ、ウィレム 1887.10.25–1964.3.29)

Andrieux, Louis
フランスの政治家。
⇒19仏（アンドリュー、ルイ 1840.7.23–1931.8.27)

Andronikos, Manolis
ギリシアの考古学者。
⇒岩世人（アンゾロニコス 1919.10.23–1992.3.30)

Andropov, Yuri Vladimirovich
ソ連の政治家。国家保安委 (KGB) 議長などを経て1982年ソ連共産党書記長。
⇒岩世人（アンドローポフ 1914.6.2/15–1984.2.9)
広辞7（アンドロポフ 1914–1984)
スパイ（アンドロポフ、ユーリ・ウラジーミロヴィチ 1914–1984)
世人新（アンドロポフ 1914–1984)
世人装（アンドロポフ 1914–1984)
ネーム（アンドロポフ 1914–1984)
ボブ人（アンドロポフ、ユーリ 1914–1984)

Andrus, Elvis Augusto
ベネズエラの大リーグ選手（遊撃）。
⇒メジャ（アンドゥルス、エルビス 1988.8.26–)

Andrus, Gertrude Elizabeth
アメリカの図書館員。シアトル公共図書館の児童部門の責任者として知られ、読書の普及に尽力した。
⇒ア図（アンドラス、ガートルード 1879–1974)

Andrus, James Russell
アメリカの経済学者。
⇒アア歴（Andrus,J(ames) Russell アンドラス、ジェイムズ・ラッセル 1902.9.19–)

Andrzejewski, Jerzy
ポーランドの作家。代表作『灰とダイヤモンド』(1948)。
⇒岩世人（アンジェイェフスキ 1909.8.19–1983.4.19)
現世文（アンジェイェフスキ、イェジイ 1909.8.19–1983.4.19)
ネーム（アンジェイエフスキー 1909–1983)

Andschaparidse, Zurab
ジョージアのテノール歌手。
⇒魅惑（Andschaparidse,Zurab 1928–)

Andsnes, Leif Ove
ノルウェーのピアノ奏者。
⇒外12（アンスネス、レイフ・オヴェ 1970.4.7–)
外16（アンスネス、レイフ・オヴェ 1970.4.7–)

Andujar, Joaquin
アメリカの大リーグ選手（投手）。
⇒メジャ（アンドゥハル、ホアキン 1952.12.21–)

Andy
韓国の歌手、俳優。
⇒外12（アンディー 1981.1.21–)
外16（アンディー 1981.1.21–)
韓俳（アンディ 1981.1.21–)

Andy, Bob
ジャマイカのミュージシャン。
⇒ロック（Bob and Marcia ボブ&マーシア)

Anek Laothammathat
タイの政治学者。
⇒岩世人（アネーク・ラオタムマタット 1954.1.

20–)

Anelka, Nicolas
フランスのサッカー選手。
⇒外12（アネルカ, ニコラ　1979.3.14–）
　外16（アネルカ, ニコラ　1979.3.14–）
　最世ス（アネルカ, ニコラ　1979.3.14–）

Anes Álaverez de Castrillón, Gonzalo
スペインの歴史家, 経済学者。
⇒岩世人（アネス・アルバレス　1931.12.10–2014.3.31）

Anfinsen, Christian Boehmer
アメリカの生化学者。リボヌクレアーゼを用いて酵素分子の構造を明らかにし, 1972年ノーベル化学賞を受賞。
⇒岩生（アンフィンゼン　1916–1995）
　岩世人（アンフィンセン　1916.3.26–1995.5.14）
　化学（アンフィンセン　1916–1995）
　ネーム（アンフィンセン　1916–1995）
　ノベ3（アンフィンゼン, C.B.　1916.3.26–1995.5.14）

Angara, Edgardo
フィリピンの政治家。フィリピン上院議長、フィリピン農相。
⇒外16（アンガラ, エドガルド）
　世指導（アンガラ, エドガルド）

Ang Chouléan
カンボジアの民族学者, クメール研究家。
⇒外12（アン・チュリアン　1949–）
　外16（アン・チュリアン　1949–）

Angelababy
中国・上海生まれのモデル。
⇒外12（アンジェラベイビー　1989.2.28–）
　外16（アンジェラベイビー　1989.2.28–）

Ángela de la Cruz
スペイン生まれの聖人, 修道会創立者。祝日3月2日。
⇒新カト（アンヘラ・デ・ラ・クルス　1846.1.30–1932.3.2）

Angelakos, Michael
アメリカのミュージシャン。
⇒外12（アンジェラコス, マイケル）

Angeli, Pier
イタリアの女優。
⇒ク俳（アンジェリ, ピア（ピエランジェリ, アンナ・マリア）　1932–1971）

Angelich, Nicolas
アメリカのピアノ奏者。
⇒外12（アンゲリッシュ, ニコラ　1970–）

Angell, James Rowland
アメリカの心理学者。機能心理学（シカゴ学派）の指導者。
⇒岩世人（エンジェル　1869.5.8–1949.3.4）
　学叢思（エンジェル, ジェイムズ・ローランド　1869–?）
　教人（エインジェル　1869–1949）

Angell, Sir Norman
イギリスの経済学者, 平和運動家。1933年ノーベル平和賞受賞。
⇒岩世人（エンジェル　1872.12.26–1967.10.7）
　ノベ3（エンジェル, R.N.　1874.12.26–1967.10.7）

Angell, Robert Cooley
アメリカの心理学者, 教育学者。門下にJ.B.ウォトソン, H.カー, W.S.ハンターなどの有力な学者を輩出。
⇒教人（エインジェル　1899–）

Angelopoulos, Theo
ギリシャの映画監督。
⇒岩世人（アンゲロプロス　1935.4.27–2012.1.24）
　映監（アンゲロプロス, テオ　1935.4.17–）
　外12（アンゲロプロス, テオ　1936.4.27–）
　広辞7（アンゲロプロス　1935–2012）

Angelou, Maya
アメリカの小説家, 詩人, 女優, 劇作家, 公民権活動家, プロデューサー。
⇒岩世人（アンジェロウ　1928.4.4–2014.5.28）
　外12（アンジェロウ, マヤ　1928.4.4–）
　現世文（アンジェロウ, マヤ　1928.4.4–2014.5.28）
　マルX（ANGELOU, MAYA　アンジェロウ, マヤ　1928–）

Anger, Hal Oscar
アメリカの医学物理学者。彼の名をとってアンガー・カメラと呼ばれるラジオアイソトープ・カメラを発明。
⇒岩世人（アンガー　1920.5.24–2005.10.31）

Anger, Kenneth
アメリカ生まれの映像作家。
⇒映監（アンガー, ケネス　1927.2.3–）

Angerer, Tobias
ドイツのスキー選手（クロスカントリー）。
⇒最世ス（アンゲラー, トビアス　1977.4.12–）

Angione, Luciano
イタリアのコンサート歌手。
⇒失声（アンジョーネ, ルチアーノ　?）

Angkhaan Kanlayaanaphong
タイの詩人, 画家。
⇒岩世人（アンカーン・カンラヤーナポン　1927.2.13–2012.8.25）
　現世文（アンカーン・カンラヤーナポン　1927.2.13–2012.8.25）

タイ（アンカーン・カンラヤーナポン　1927–）

Angle, Colin
アメリカの実業家, ロボット研究者。
⇒外12（アングル, コリン　1967–）
　外16（アングル, コリン　1967–）

Angle, Edward Hartley
アメリカの矯正歯科医。顎骨骨折の際の下顎歯の保持法其他矯正歯科学に種々の貢献をした。
⇒岩世人（アングル　1855.6.1–1930.8.11）

Angle, Kurt
アメリカのプロレスラー, レスリング選手（フリースタイル）。
⇒外12（アングル, カート　1968.12.9–）
　外16（アングル, カート　1968.12.9–）

Angleberger, Tom
アメリカの作家。
⇒海文新（アングルバーガー, トム）

Anglès, Higini
スペインの音楽学者。中世・近世のスペイン音楽史の研究家として知られている。
⇒新カト（アングレス　1888.1.1–1969.12.8）
　標音2（アングレス, イヒニ　1888.1.1–1969.12.8）

Angleton, James（Jesus）
アメリカの公務員。
⇒スパイ（アングルトン, ジェイムズ・ジーザス　1917–1987）

Anglin, Leslie M.
アメリカの宣教師。
⇒アア歴（Anglin,Leslie M.　アングリン, レスリー・M.　1882.2.23–1942.9）

Angoletta, Bruno
イタリアの画家, イラストレーター。
⇒絵本（アンゴレッタ, ブルーノ　1889–1954）

Angot, Charles Alfred
フランスの気象学者。中央気象台長（1907）。
⇒岩世人（アンゴー　1848.7.4–1924.3.16）

Angst, Richard
スイス生まれの撮影監督。
⇒岩世人（アングスト　1905.7.23–1984.7.24）

Anguissola, Giana
イタリアの児童文学作家, ジャーナリスト。著書『ジュリエッタは去っていく』『ひっこみじあんなヴィオレッタ』など。
⇒現世文（アングイッソラ, ジャーナ　1906.1.14–1966.2.13）

Angulo Íniguez, Diego
スペインの美術史学者。大著『ムリーリョ,3巻』（1980）は, 偏見の対象となってきた17世紀のスペイン画家を再評価するもの。

⇒岩世人（アングーロ・イニゲス　1901.7.18–1986.10.4）

Anguste Viltoria von Schleswig-Holstein-Sonderburg-Augustenburg
ドイツ皇帝・プロイセン王ヴィルヘルム2世の妃。
⇒王妃（アウグステ・ヴィクトリア　1858–1921）

Angyal, Erica
オーストラリアの栄養コンサルタント。
⇒外16（アンギャル, エリカ　1969.5–）

Anh Duc
ベトナムの小説家。解放作家協会会員。
⇒現世文（アイン・ドゥック　1935–）

Anholt, Catherine
イギリスのイラストレーター。
⇒外16（アンホールト, キャサリン　1958.1–）
　現世文（アンホールト, キャサリン　1958.1–）

Anholt, Laurence
イギリスの児童文学者。
⇒外12（アンホールト, ローレンス）
　外16（アンホールト, ローレンス　1959.8–）
　現世文（アンホールト, ローレンス　1959.8–）

Anichebe, Victor
ナイジェリアのサッカー選手（エバートン・FW）。
⇒外12（アニチェベ, ビクター　1988.4.23–）
　最世ス（アニチェベ, ビクター　1988.4.23–）

Anichkov, Nikolai Nikolaevich
ソ連の病理学者。動脈硬化についての学説は有名。
⇒岩世人（アニーチコフ　1885.10.21/11.3–1964.12.7）

Anielewicz, Mordecai
ワルシャワ・ゲットー蜂起の総指揮官。
⇒ユ著人（Anielewicz,Mordecai　アニエレヴィチ, モルデハイ　1919–1943）

Anifah Aman
マレーシアの政治家。マレーシア外相。
⇒世指導（アニファ・アマン　1953.11.16–）

Anile, Francesco
イタリアのテノール歌手。
⇒魅惑（Anile,Francesco　?–）

Animal Warrior
アメリカのプロレスラー。
⇒外12（アニマル・ウォリアー　1961.1.26–）
　外16（アニマル・ウォリアー　1961.1.26–）

Aniston, Jennifer
アメリカの女優。
⇒外12（アニストン, ジェニファー　1969.2.11–）

外16（アニストン，ジェニファー 1969.2.11–）
ク俳（アニストン，ジェニファー 1969–）

An Jung-Hoon
韓国の男優。
⇒韓俳（アン・ジョンフン 1969.12.20–）

Anka, Darryl
アメリカのチャネラー。
⇒外12（アンカ，ダリル）

Anka, Paul
アメリカのポピュラー歌手。
⇒標音2（アンカ，ポール 1941.7.30–）
ロック（Anka,Paul アンカ，ポール 1941.7.30–）

Anker, Albert
スイスの画家，挿絵画家。ゴットヘルフの農民物語の挿絵は有名である。
⇒岩世人（アンカー 1831.4.1–1910.7.16）

Anker, Nini Roll
ノルウェーの女流作家。
⇒岩世人（アンケル 1873.5.3–1942.5.20）

Ankers, Evelyn
チリ生まれの女優，ダンサー。
⇒ク俳（アンカーズ，イーヴリン 1918–1985）

Ankiel, Rick
アメリカの大リーグ選手（投手）。
⇒外12（アンキール，リック 1979.7.19–）

An Kum-ae
北朝鮮の柔道選手。
⇒外16（アングムエ 1980.6.3–）
最世ス（アングムエ 1980.6.3–）

Ankvab, Aleksandr
アブハジアの政治家。アブハジア自治共和国大統領（2011〜14）。
⇒外12（アンクワブ，アレクサンドル）
外16（アンクワブ，アレクサンドル 1952.12.26–）
世指導（アンクワブ，アレクサンドル 1952.12.26–）

Anmers-Küller, Johanna
オランダの小説家。
⇒岩世人（ファン・アンメルス＝キュレル 1884.8.13–1966.1.23）

Annabella
フランスの映画女優。
⇒岩世人（アナベラ 1909.7.14–1996.9.18）
ク俳（アナベラ（シャルパンティエ，シュザンヌ）1909–1996）

Annadurai, C.N.
インドの政治家。ドラヴィダ進歩連盟の中心指導者。
⇒岩世人（アンナードゥライ 1909.9.15–1969.2.3）

南ア新（アンナードゥライ 1909–1969）

Annaloro, Antonio
イタリアのテノール歌手。
⇒失声（アンナローロ，アントニオ 1920–1996）
魅惑（Annaloro,Antonio 1920–1996）

Annan, Kofi Atta
ガーナ出身の国連事務総長。2001年ノーベル平和賞。
⇒岩世人（アナン 1938.4.8–）
外12（アナン，コフィ・アッタ 1938.4.8–）
外16（アナン，コフィ・アッタ 1938.4.8–）
広辞7（アナン 1938–）
政経改（アナン 1938–）
世指導（アナン，コフィ・アッタ 1938.4.8–）
世人新（アナン 1938–）
世人装（アナン 1938–）
ネーム（アナン 1938–）
ノペ3（アナン,K.A. 1938.4.8–）
ポプ人（アナン，コフィ 1938–）

Annani, Adil
モロッコのマラソン選手。
⇒外12（アンナニ，アディル）

Anna Schäffer
ドイツの神秘家，フランシスコ第三会会員，聖人。祝日10月5日。
⇒新カト（アンナ・シェーファー 1882.2.1–1925.10.5）

Annaud, Jean-Jacques
フランス生まれの映画監督。
⇒外12（アノー，ジャン・ジャック 1943.10.1–）
外16（アノー，ジャン・ジャック 1943.10.1–）

Anne, Princess Royal
イギリスの王女。
⇒王妃（アン 1950–）
外12（アン王女 1950.8.15–）
外16（アン王女 1950.8.15–）

Annekei
デンマーク生まれのシンガー・ソングライター。
⇒外12（アンナケイ 1981–）

Anne-Marie
最後のギリシャ王コンスタンティノス2世の妃。デンマーク王フレデリク9世の娘。
⇒王妃（アンナ＝マリア 1946–）

Annenberg, Walter（Hubert）
アメリカの出版業者，慈善家，外交官。ニクソン政権の駐英大使。
⇒アメ経（アネンバーグ，ウォルター 1908.3.13–）

Annenskii, Innokentii Fëdrovich
ロシアの詩人，批評家。エウリピデスの悲劇を全部翻訳。
⇒岩世人（アンネンスキー 1855.8.20–1909.11.30）

A

Annenskii, Nikolai Fyodorovich
ロシアの経済学者,統計学者,政論家。ニジェゴロト,カザニなどの自治体(ゼムストヴォ)統計の作製を指導。
⇒岩世人（アンネンスキー　1843.2.28–1912.7.26）

Anne Rau
東ドイツ生まれの女性患者。ブランケンブルクが「自明性の喪失―分裂病の現象学」で内省型の寡症状性統合失調症（ないし単純型統合失調症）として記述している自験例。
⇒現精（アンネ・ラウ［症例］）
　現精縮（アンネ・ラウ［症例］）

Annett
アメリカ生まれの歌手。
⇒ロック（Annette　アネット　1942.10.22–）

Annie Baby
中国の女性作家。中国名は安妮宝貝。
⇒岩世人（アニー・ベイビー　1974.7.11–）
　外12（アニー・ベイビー　1974.7.11–）
　海文新（アニー・ベイビー　1974.7.11–）
　現世文（アニー・ベイビー　1974.7.11–）
　広辞7（アニー・ベイビー　1974–）
　中日3（安妮宝贝　アニーベイビー、アンニーパオペイ　1974–）

Annis, Francesca
イギリス生まれの女優。
⇒アガサ（アニス,フランセスカ　1944–）
　ク俳（アニス,フランセスカ　1944–）

Ann-Margrett
スウェーデン生まれの女優。
⇒外12（アン・マーグレット　1941.4.28–）
　外16（アン・マーグレット　1941.4.28–）
　ク俳（アン＝マーグレット（オルソン、アン・マーガレット）　1941–）

Anouilh, Jean
フランスの劇作家。代表作『泥棒たちの舞踏会』(1932),『野性の女』(34),『ベケット』(59)。
⇒岩世人（アヌイ　1910.6.23–1987.10.3）
　現世文（アヌイ,ジャン　1910.6.23–1987.10.3）
　広辞7（アヌイ　1910–1987）
　新カト（アヌイ　1910.6.23–1987.10.3）
　世演（アヌイ,ジャン　1910.6.21–1987.10.3）
　フ文小（アヌイ,ジャン　1910–1987）

Anquetil, Jacques
フランスの自転車プロ・ロードレース選手。
⇒岩世人（アンクティル　1934.1.8–1987.11.18）

Ansart, Pierre
フランスの社会学者。
⇒岩世人（アンサール　1922.2.20–）

Anschütz, Gerhard
ドイツの法学者。ドイツ憲法およびヴァイマル憲法の解釈者で,方法的には法的実証主義に反した。
⇒岩世人（アンシュッツ　1867.1.10–1948.4.14）

Anschütz, Richard
ドイツの化学者。
⇒化学（アンシュッツ　1852–1937）

Anschutz Thoms, Daniela
ドイツのスピードスケート選手。
⇒外12（アンシュッツ・トームス,ダニエラ　1974.11.20–）
　外16（アンシュッツ・トームス,ダニエラ　1974.11.20–）
　最世ス（アンシュッツ・トームス,ダニエラ　1974.11.20–）

Anscombe, G.E.M.
イギリスの哲学者,ウィトゲンシュタインの唯一の女弟子。
⇒岩世人（アンスコム　1919.3.18–2001.1.5）
　新カト（アンスコム　1919.3.18–2001.1.5）
　哲中（アンスコム　1919–2001）
　メル別（アンスコム,ガートルード・エリザベス・マーガレット　1919–2001）

Anseele, Edward
ベルギーの政治家。
⇒岩世人（アンセール　1856.7.26–1938.2.8）

Anselmi, Giuseppe
イタリアのテノール歌手。
⇒失声（アンセルミ,ジュゼッペ　1876–1929）
　魅惑（Anselmi,Giuseppe　1876–1929）

Ansermet, Ernest
スイスの指揮者。
⇒岩世人（アンセルメ　1883.11.11–1969.2.20）
　新音中（アンセルメ,エルネスト　1883.11.11–1969.2.20）
　ネーム（アンセルメ　1883–1969）
　標音2（アンセルメ,エルネスト　1883.11.11–1969.2.20）

Ansip, Andrus
エストニアの政治家。エストニア首相,エストニア改革党党首。
⇒外12（アンシプ,アンドルス　1956.10.1–）
　外16（アンシプ,アンドルス　1956.10.1–）
　世指導（アンシプ,アンドルス　1956.10.1–）

Ansky, Solomon
ロシア生まれのイディッシュ語の劇作家,随筆家,民俗学者。
⇒岩世人（アン＝スキ　1863–1920.11.8）

Ansoff, H.Igor
アメリカの経営学者。著書『企業戦略論』『戦略経営論』など。
⇒岩経（アンゾフ　1918–）
　岩世人（アンゾフ　1918.12.12–2002.7.14）
　有経5（アンゾフ　1918–2002）

Anson, Adrian Constantine（Cap）
アメリカの大リーグ選手（一塁、三塁、外野）。
⇒メジャ（アンソン，キャップ　1852.4.11–1922.4.14）

Anson, *Sir* **William Reynell**
イギリスの法律学者。その著『契約法論』(1879)は19世紀における同問題の典型的入門書。
⇒岩世人（アンソン　1843.11.14–1914.6.4）
　学叢思（アンソン，サー・ウィリアム・レイネル　1843–1905）

Anspach, Susan
アメリカ生まれの女優。
⇒ク俳（アンズパック，スーザン　1939–）

Ansseau, Fernand
ベルギーのテノール歌手。
⇒失声（アンソー，フェルナン　1890–1972）
　魅惑（Ansseau,Fernand　1890–1972）

Anstee, Nick
イギリスの政治家。ロンドン市長（ロード・メイヤー）。
⇒外12（アンスティー，ニック　1958–）

Anstey, F.
イギリスの作家。
⇒図翻（アンスティ　1856.8.8–1934.3.10）

Antal, Frederick（Frigyes）
ハンガリーの美術史家。
⇒岩世人（アンタル　1887–1954）

Antall József
ハンガリーの政治家。首相（1990～93）。
⇒岩世人（アンタル　1932.4.8–1993.12.12）
　世指導（アンタル，ヨゼフ　1932.4.8–1993.12.12）

Antes, Horst
ドイツ生まれの画家。
⇒芸13（アンテス，ホースト　1936–）

Antheil, George
アメリカ（ポーランド系）のピアノ奏者，作曲家。
⇒岩世人（アンタイル　1900.7.8–1959.2.12）
　エデ（Antail, ジョージ［ゲオルク］（ヨハン・カール）　1900.7.8–1959.2.12）
　ク音3（アンタイル　1900–1959）
　現音キ（アンタイル，ジョージ　1900–1959）
　新音中（アンタイル，ジョージ　1900.7.8–1959.2.12）
　標音2（アンタイル，ジョージ　1900.7.8–1959.2.12）

Anthes, Georg
ドイツのテノール歌手。1920年よりブダペスト国立オペラの第1演出家として活動。
⇒魅惑（Anthes,Georg　1863–1923）

Anthony, Carmelo
アメリカのバスケットボール選手。
⇒外12（アンソニー，カーメロ　1984.5.29–）
　外16（アンソニー，カーメロ　1984.5.29–）
　最世ス（アンソニー，カーメロ　1984.5.29–）

Anthony, Charles
アメリカのテノール歌手。
⇒失声（アンソニー，チャールズ　1929–2012）
　魅惑（Anthony,Charles　1929–）

Anthony, Evelyn
イギリスの国際スリラー小説家。
⇒現世文（アンソニー，イーブリン　1928.7.3–2018.9.25）

Anthony, Kenny Davis
セントルシアの政治家。セントルシア首相。
⇒世指導（アンソニー，ケニー　1951.1.8–）

Anthony, Lysette
イギリス生まれの女優。
⇒ク俳（アンソニー，リセット（チョズコ,L）　1963–）

Anthony, Piers
アメリカのSF作家。
⇒外12（アンソニー，ピアズ　1934–）
　現世文（アンソニー，ピアズ　1934–）

Anthony, Ray
アメリカのジャズ・トランペット奏者，バンド・リーダー。
⇒標音2（アンソニー，レイ　1922.1.20–）

Anthony, William
アメリカ生まれの画家。
⇒芸13（アンソニー，ウイリアム　1934–）

Anti
中国のジャーナリスト，コラムニスト。
⇒外16（安替　アンティ　1975–）

Antin, Mary
アメリカの女性作家。代表作『約束の土地』(1912)。
⇒岩世人（アンティン　1881.6.13–1949.5.15）
　ユ著人（Antin,Mary　アンティン，メアリー　1881–1949）

Antin, Steve
アメリカの映画監督。
⇒外12（アンティン，スティーブン　1958–）

Antinori, Nazzareno
イタリアのテノール歌手。
⇒失声（アンティノーリ，ナッザレーノ　1950–）
　魅惑（Antinori,Nazzareno　?–）

Antoine, André
フランスの俳優，演出家。1887年自由劇場を結

成し，フランスに自由主義演劇を紹介。
⇒岩世人（アントワーヌ　1858.1.31–1943.10.19）
　19仏（アントワーヌ，アンドレ　1857.1.31–1943.10.19）
　世演（アントワーヌ，アンドレ　1858–1943）
　ネーム（アントワーヌ，アンドレ　1858–1943）
　比文増（アントワーヌ（アンドレ）　1858（安政3）–1943（昭和23）））
　フ文小（アントワーヌ，アンドレ　1858–1943）

Antokol'skii, Pavel Grigor'evich
ソ連の詩人。
⇒岩世人（アントコリスキー　1896.6.19/7.1–1978.10.9）
　現世文（アントコリスキー，パーヴェル・グリゴリエヴィチ　1896.7.1–1978.10.9）
　ユ著人（Antokolskii,Pavel Grigorievich　アントコルスキー，パベル・グリゴリェヴィッチ　1896–1978）

Antonelli, Cristiano
イタリアの経済学者。
⇒岩世人（アントネッリ　1951.12.24–）

Antonelli, Étienne
フランスの経済学者。M.E.L.ワルラスの弟子。社会保障制度についての業績がある。著書『純粋経済学原理』など。
⇒有経5（アントネリ　1879–1971）

Antonelli, Giovanni Battista
イタリア生まれの経済思想学者。
⇒岩世人（アントネッリ　1858–1944）

Antonelli, John August
アメリカの大リーグ選手（投手）。
⇒メジャ（アントネッリ，ジョニー　1930.4.12–）

Antonelli, Luigi
イタリアの劇作家。『猿の島』（1922），『風の薔薇』（28）等の作品がある。
⇒現世文（アントネッリ，ルイージ　1882.1.22–1942.11.21）

Antonelli, Paola
イタリア・ミラノ生まれのニューヨーク近代美術館（MoMA）シニアキュレーター。
⇒外12（アントネッリ，パオラ）
　外16（アントネッリ，パオラ）

Antonenko, Aleksandrs
ラトビアのテノール歌手。
⇒失声（アントネンコ，アレクサンドルス　1975–）
　魅惑（Antonenko,Aleksandrs　1975–）

Antonescu, Ion
ルーマニアの軍人，政治家。1940年から総統。
⇒岩世人（アントネスク　1882.6.2/3/14/15–1946.6.1）

Antoniadi, Eugéne M.
フランスの天文学者。
⇒天文大（アントニアディ　1870–1944）

Antoniak, Mieczyslaw
テノール歌手。
⇒魅惑（Antoniak,Mieczyslaw　?–）

Antonini, Annapia
スイス生まれの女性画家。
⇒芸13（アントニーニ，アンナピア　1942–）

Antonio, Pablo Sebero
フィリピンの建築家。
⇒岩世人（アントニオ　1902.1.25–1975.6.12）

Antonioli, Doro
イタリアのテノール歌手。
⇒失声（アントニオーリ，ドロ　1929–1999）
　魅惑（Antonioli,Doro (Isidoro)　1929–1999）

Antonioni, Michelangelo
イタリアの映画監督。
⇒岩世人（アントニオーニ　1912.9.29–2007.7.30）
　映監（アントニオーニ，ミケランジェロ　1912.9.29–2007）
　ネーム（アントニオーニ，ミケランジェロ　1912–2007）

Antonov, Sergei Petrovich
ソ連の作家。
⇒現世文（アントーノフ，セルゲイ・ペトローヴィチ　1915.5.16–1995.4.29）

Antonovich, Maksim Alekseevich
ロシアの民主主義的啓蒙家，唯物論哲学者，文芸批評家。
⇒岩世人（アントノーヴィチ　1835.4.27/5.9–1918.11.14）

Antony
イギリスのロシア正教会府主教。
⇒岩世人（アントーニー　1914.6.6/19–2003.8.4）

Antoon, Sinan
イラクの作家。
⇒現世文（アントーン，シナン　1967–）

Anttila, Jyrki
フィンランドのテノール歌手。
⇒魅惑（Anttila,Jyrki　?–）

Antūn, Farah
レバノン北部生まれの著述家，思想家。アメリカに渡り，ニューヨークでアラビア語雑誌「ジャーミア」を編集。
⇒岩イ（アントゥーン　1874–1922）

Antunes, António Lobo
ポルトガルの作家。
⇒岩世人（アントゥネス　1942.9.1–）

Antyukh, Natalya
ロシアの陸上選手（障害・短距離）。

⇒外16（アントユフ, ナタリア　1981.6.26–）
最世ス（アントユフ, ナタリア　1981.6.26–）

Anumanratchathon
タイの民俗学の創始者。人文科学界の先駆的指導者。その著書の多くは,サティーヤン・コーセートSothira Kosesのペンネームで出版された。主著『守護霊研究』(1952),『タイの旧慣』(53) など。
⇒岩世人（アヌマーンラーチャトン　1888.12.14–1969.7.12)
タイ（アヌマーンラーチャトン, プラヤー　1888–1969)

Anupong Paochinda
タイの軍人。
⇒外12（アヌポン・パオチンダ　1949.10.10–)
世指導（アヌポン・パオチンダ　1949.10.10–)

Anushka Ravishankar
インドの児童文学者。子どものための詩や物語、ノンフィクション作品を幅広く手がける。
⇒絵本（アヌシュカ・ラビシャンカール　1961–)

Anuszkiewicz, Richard
アメリカの画家。
⇒岩世人（アナスケイヴィッチ　1930.5.23–)
芸13（アヌスキェウィッツ, リチャード　1930–)

Anwar, Chairil
インドネシアの詩人。「1945年の世代」と称する作家グループの指導者。
⇒岩世人（アンワル, ハイリル　1922.7.26–1949.4.28)
現世文（アンワル, ハイリル　1922.7.26–1949.4.28)

Anwar, Gabrielle
イギリス生まれの女優。
⇒ク俳（アンウォー, ゲイブリエル　1969–)

Anwar, Rosihan
インドネシアの著名な評論家, コラムニスト。
⇒岩世人（アンワル, ロシハン　1922.5.10–2011.4.14)

Anwar Ibrahim
マレーシアを代表するイスラム知識人, 政治家。マレーシア副首相, 蔵相。
⇒イス世（アンワル・イブラヒム　1947.8–)
岩イ（アヌワール・イブラヒム　1947–)
岩世人（アンワール・イブラヒム　1947.8.10–)
外12（アンワル・イブラヒム　1947.8.10–)
外16（アンワル・イブラヒム　1947.8.10–)
現アジ（アンワル・イブラヒム　1947.8.10–)
世指導（アンワル・イブラヒム　1947.8.10–)

An Yong-hak
北朝鮮のサッカー選手（横浜FC・MF）。
⇒外12（アンヨンハッ　安英学　1978.10.25–)
外16（アンヨンハッ　安英学　1978.10.25–)
最世ス（アンヨンハッ　1978.10.25–)

Anzieu, Didier
フランスの精神分析家。
⇒メル別（アンジュー, ディディエ　1923–1999)

Anzilotti, Dionisio
イタリアの法学者。ローマ大学国際法教授(1911〜)。
⇒岩世人（アンツィロッティ　1869.2.20–1950.8.23)

Aoun, Michel
レバノンの軍人, 政治家。キリスト教徒内閣首相兼国防情報相, レバノン政府軍総司令官。レバノン大統領（2016〜）。
⇒世指導（アウン, ミシェル　1935.2.18–)

Apaka, Alfred
ハワイアン歌手。ハワイのビング=クロスビーと呼ばれる。
⇒標音2（アパカ, アルフレド　1919.3.19–1960.1.30)

Aparicio, Luis Ernesto
アメリカの大リーグ選手（遊撃）。
⇒メジャ（アパリシオ, ルイス　1934.4.29–)

Apaydın, Talip
トルコの作家。
⇒岩世人（アパイドゥン　1926–)

Apel, Karl-Otto
ドイツの哲学者。
⇒岩世人（アーベル　1922.3.15–)
新カト（アーベル　1922.3.15–2017.5.15)
哲中（アーベル　1922–)
メル別（アーベル, カール=オットー　1922–)

Apel, Paul
ドイツの作家。作品に夢幻劇 "Hans Sonnenstössers Höllenfahrt" (1911) がある。
⇒岩世人（アーベル　1872–1946)

Apel, Willi
アメリカの音楽学者。ベルリン大学を卒業後、1936年アメリカへ移住。主著『ハーバード音楽辞典』(44),『ピアノの音楽史』(47) など。
⇒岩世人（アベル　1893.10.10–1988.3.14)
新音中（アーベル, ウィリ　1893.10.10–1988.3.14)
標音2（アーベル, ウィリ　1893.10.10–1988.3.14)
ユ著人（Apel,Willi　アーベル, ウィリ　1893–1988)

Apéry, Roger
フランスの数学者。
⇒世数（アペリ, ロジェ　1916–1994)

Aphatsara Hongsakun
タイの女優。
⇒岩世人（アーパッサラー・ホンサクン　1947.1.16–)

Aphex Twin
イギリス生まれのミュージシャン。
⇒岩世人（エイフェックス・ツイン 1971.8.18–）

Aphichatphong Wirasethakun
タイの映画監督。
⇒岩世人（アピチャートポン・ウィーラセータクン 1970.7.16–）
外12（アピチャッポン・ウィーラセタクン 1970–）
外16（アピチャッポン・ウィーラセタクン 1970.7.16–）
タイ（アピチャートポン・ウィーラセータクン 1970–）

Apin, Rivai
インドネシアの詩人。
⇒岩世人（アピン, リファイ 1927.8.30–1995.5.22）

Apitz, Bruno
ドイツの作家。代表作『裸で狼の群れに』（1958）。
⇒現世文（アーピッツ, ブルーノ 1900.4.28–1979.4.7）

Apodaca, Jennifer
アメリカの作家。
⇒海文新（アポダカ, ジェニファー）
現世文（アポダカ, ジェニファー）

Apollinaire, Guillaume de Kostrowitsky
フランスの詩人。ダダイズム、シュールレアリスムなど新しい詩、芸術の創造に影響を与えた。
⇒岩世人（アポリネール 1880.8.26–1918.11.9）
グラデ（Apolinare,Guillaume アポリネール, ギョーム 1880–1918）
現世文（アポリネール, ギヨーム 1880.8.26–1918.11.9）
広辞7（アポリネール 1880–1918）
西文（アポリネール, ギョーム 1880–1918）
世演（アポリネール, ギヨーム 1880.8.26–1918.11.9）
世人新（アポリネール 1880–1918）
世人装（アポリネール 1880–1918）
ネーム（アポリネール 1880–1918）
フ文小（アポリネール, ギヨーム 1880–1918）
ポプ人（アポリネール, ギヨーム 1880–1918）

Apostel, Hans Erich
ドイツの作曲家, ピアノ演奏家, 指揮者。
⇒岩世人（アポステル 1901.1.22–1972.11.30）
ク音3（アポステル 1901–1972）
新音中（アポステル, ハンス・エーリヒ 1901.1.22–1972.11.30）
標音2（アポステル, ハンス・エーリヒ 1901.1.22–1972.11.30）

Appa Sherpa
ネパールの登山ガイド。
⇒外12（アパ・シェルパ）
外16（アパ・シェルパ）

Appel, Karel
オランダの画家。
⇒岩世人（アペル 1921.4.25–2006.5.3）
芸13（アペル, カレル 1921–）

Appelfeld, Aharon
イスラエルの作家。
⇒岩世人（アッペルフェルト 1932.2.16–）
現世文（アッペルフェルド, アハロン 1932.2.16–2018.1.4）
ユ著人（Appelfeld,Aharon アッペルフェルド, アハロン 1932–）

Appell, Paul Emile
フランスの数学者。解析学, 微分幾何学, 理論力学に功績が多い。
⇒岩世人（アペル 1855.9.27–1930.10.23）
世数（アッペル, ポール・エミール 1855–1930）

Appels, Hendrik
オランダのテノール歌手。
⇒魅惑（Appels,Hendrik 1886–1947）

Apperry, Yann
フランスの作家。フランス人の父とアメリカ人の母を両親に持つ。
⇒外12（アペリ, ヤン 1972–）
外16（アペリ, ヤン 1972–）
海文新（アペリ, ヤン 1972–）
現世文（アペリ, ヤン 1972–）

Appia, Adolphe
スイスの舞台装置家。立体的, 彫塑的な舞台空間を創造, 現代舞台美術の先駆者。
⇒岩世人（アッピア 1862.9.1–1928.2.29）
世演（アッピア, アドルフ 1862.9.1–1928.2.29）

Appier, Robert Kevin
アメリカの大リーグ選手（投手）。
⇒メジャ（エイピアー, ケヴィン 1967.12.6–）

Apple, Fiona
アメリカの女性シンガー・ソングライター。
⇒外12（アップル, フィオナ 1977.9.13–）
外16（アップル, フィオナ 1977.9.13–）

Apple, Max（Isaac）
アメリカ（ユダヤ系）の小説家。
⇒ユ著人（Apple,Max アップル, マックス 1942–）

Apple, Michael W.
アメリカの教育社会学者。
⇒教思増（アップル 1942–）

Applebaum, Anne
アメリカのジャーナリスト, コラムニスト。
⇒外12（アプルボーム, アン 1964.7–）

Appleby, Stuart
オーストラリアのプロゴルファー。

⇒外16（アップルビー, スチュアート　1971.5.1–）
最世ス（アップルビー, スチュアート　1971.5.1–）

Applegate, Katherine
アメリカの児童文学作家。
⇒外16（アップルゲート, キャサリン　1956–）
海文新（アップルゲイト, キャサリン　1956–）
現世文（アップルゲート, キャサリン　1956–）

Appleton, *Sir* Edward Victor
イギリスの実験物理学者。無線通信, 電波伝播, 電離層などの研究に業績をあげ, 1947年ノーベル物理学賞受賞。
⇒岩世人（アプルトン　1892.9.6–1965.4.21）
オク気（アップルトン, サー・エドワード・ヴィクター　1892.9.6–1965.4.21）
三新物（アップルトン　1892–1965）
ネーム（アップルトン　1892–1965）
ノベ3（アップルトン, E.　1892.9.6–1965.4.21）

Appleton, Steve
イギリスのミュージシャン。
⇒外12（アップルトン, スティーブ　1985–）

Appling, Lucius Benjamin
アメリカの大リーグ選手（遊撃）。
⇒メジャ（アプリング, ルーク　1907.4.2–1991.1.3）

Apponyi Albert
ハンガリーの政治家, 伯爵。第一次大戦後の講和会議にはハンガリーの首席代表, また国際連盟のハンガリー代表を勤めた（1926〜）。
⇒岩世人（アポニ　1846.5.29–1933.2.7）

Apponyi Geraldine
アルバニア王ゾグ1世の妃。
⇒王妃（アポニー・ゲーラルディネ　1915–2002）

Apreck, Rolf
ドイツのテノール歌手。
⇒魅惑（Apreck,Rolf　1928–）

Apruzzese, Jeff
アメリカのミュージシャン。
⇒外12（アプルゼッシ, ジェフ）

Apted, Michael
イギリスの映画監督。
⇒映監（アプテッド, マイケル　1941.2.10–）
外12（アプテッド, マイケル　1941.2.10–）
外16（アプテッド, マイケル　1941.2.10–）

Apter, David Ernest
アメリカの政治社会学者。新興国の近代化の政治過程を研究。主著『近代化の政治学』（1965）。
⇒岩世人（アプター　1924.12.18–2010.5.4）
社小増（アプター　1924–）

Aptheker, Herbert
アメリカの歴史家, ジャーナリスト。文化雑誌「Masses and Mainstream」共同編集者。

⇒岩世人（アプテカー　1915.7.31–2003.3.17）

Apy, Arthur
テノール歌手。
⇒魅惑（Apy,Arthur　?–）

Aqazadeh, Gholamreza
イランの政治家。イラン副大統領。
⇒外12（アガザデ, ゴラムレザ　1948–）
外16（アガザデ, ゴラムレザ　1948–）
世指導（アガザデ, ゴラムレザ　1948–）

Aquin, Hubert
カナダの作家。
⇒岩世人（アカン　1929.10.24–1977.3.15）

Aquino, Agapito
フィリピンの政治家。上院議員。
⇒世指導（アキノ, アガピト　1939.5.20–2015.8.17）

Aquino, Benigno, III
フィリピンの政治家。フィリピン大統領（2010〜16）。
⇒外12（アキノ, ベニグノ　1960.2.8–）
外16（アキノ, ベニグノ　1960.2.8–）
世指導（アキノ, ベニグノ3世　1960.2.8–）

Aquino, Benigno S., Jr.
フィリピンの政治家。
⇒岩世人（アキノ　1932.11.27–1983.8.21）
現アジ（アキノ, ベニグノ　1932.11.27–1983.8.21）
新カト（アキノ　1932.11.27–1983.8.21）
世人新（アキノ〈夫：ベニグノ〉　1932–1983）
世人装（アキノ〈夫：ベニグノ〉　1932–1983）

Aquino, Benigno Simeon
フィリピンの政治家。
⇒ア太戦（アキノ　1894–1947）

Aquino, Corazon C.
フィリピンの政治家。独立後7代目のフィリピン共和国大統領（1986〜92）。
⇒岩世人（アキノ　1933.1.25–2009.8.1）
広辞7（アキノ　1933–2009）
政経改（アキノ　1933–）
世指導（アキノ, コラソン　1933.1.25–2009.8.1）
世人新（アキノ〈妻：コラソン〉　1933–2009）
世人装（アキノ〈妻：コラソン〉　1933–2009）
ボブ人（アキノ, コラソン　1933–2009）

Aquino, Francisca Reyes
フィリピンの民俗舞踊研究家。
⇒岩世人（アキノ　1899.3.9/7–1983.11/12.21）

Ara
韓国の女優。
⇒外12（Ara　アラ　1990.2.11–）

Araby, Nabil el-
エジプトの外交官, 法律家。エジプト外相, アラブ連盟事務局長。

⇒外12（アラビ, ナビル）
外16（アラビ, ナビル 1935.3.15–）
世指導（アラビ, ナビル 1935.3.15–）

'Arafāt, Yāsir
パレスチナの政治家, 革命家。パレスチナ解放機構（PLO）議長, パレスチナ暫定自治政府代表。
⇒イス世（アラファート）
岩イ（アラファート 1929–）
岩世人（アラファート, ヤースィル 1929.8.27–2004.11.11）
広辞7（アラファト 1929–2004）
国政（アラファト, ヤセル 1929–2004）
世史改（アラファト 1929–2004）
世指導（アラファト, ヤセル 1929.8.24–2004.11.11）
世人新（アラファト 1929–2004）
世人装（アラファト 1929–2004）
ノベ3（アラファト, Y. 1929.8.24–2004.11.11。）
ポブ人（アラファト, ヤセル 1929–2004）

Aragall, Giacomo
スペインのテノール歌手。
⇒オペラ（アラガル, ジャコモ 1939–）
失声（アラガル, ジャコモ 1939–）
魅惑（Aragall,Giacomo 1939–）

Aragna, Roberto
フランスのテノール歌手。
⇒外12（アラーニャ, ロベルト 1963.6.7–）
外16（アラーニャ, ロベルト 1963.6.7–）
失声（アラーニャ, ロベルト 1963–）
新音中（アラーニャ, ロベルト 1963.6.7–）
魅惑（Alagna,Roberto 1963–）

Aragon, Louis
フランスの詩人, 小説家, 評論家。ダダイスム, シュールレアリスムの主唱者の一人。
⇒岩世人（アラゴン 1897.10.3–1982.12.24）
現世文（アラゴン, ルイ 1897.10.3–1982.12.24）
広辞7（アラゴン 1897–1982）
西文（アラゴン, ルイ 1897–1982）
世人新（アラゴン 1897–1982）
世人装（アラゴン 1897–1982）
ネーム（アラゴン 1897–1982）
フ文小（アラゴン, ルイ 1897–1982）
ポブ人（アラゴン, ルイ 1897–1982）

Aragones, Luis
スペインのサッカー監督。
⇒外12（アラゴネス, ルイス 1938.7.28–）
最世ス（アラゴネス, ルイス 1938.7.28–）

Araiza, Francisco
メキシコのテノール歌手。
⇒新音中（アライサ, フランシスコ 1950.10.4–）
魅惑（Araiza,Francisco 1950–）

Arākī, Moḥammad'Alī
イランの十二イマーム派の法学者。
⇒岩イ（アラーキー 1894–1994）

Aralov, Semyon Ivanovich
ソビエト軍の情報機関（GRU）の初代局長。在職1918〜19。
⇒スパイ（アラロフ, セミョーン・イワノヴィチ 1880–1969）

Arambourg, Camille
フランスの古生物学者, 人類学者。
⇒岩世人（アランブール 1885–1969.11.19）

Aramburo, Antonio
スペインのテノール歌手。
⇒魅惑（Aramburo,Antonio 1838–1912）

Aramnau, Andrei
ベラルーシの重量挙げ選手。
⇒外12（アラムナウ, アンドレイ 1988.4.17–）
最世ス（アラムナウ, アンドレイ 1988.4.17–）

Araneta, Gregorio
フィリピンの法律家, 政治家, 事業家。
⇒岩世人（アラネタ 1869.4.19–1930.5.9）

Aranha, Osvaldo
ブラジルの政治家, 外交官。駐米大使（1934〜38）, 外務大臣, 国連大臣を歴任, 47年国際連合総会議長。
⇒岩世人（アラーニャ 1894.2.15–1960.1.27）
ネーム（アラーニャ 1894–1960）

Aranyi, Desider
ハンガリーのテノール歌手。ブダペスト国立オペラに所属。
⇒魅惑（Aranyi,Desider（Dezsö） 1859–1923）

Araoz, Gustavo
アメリカの建造物保護学者。
⇒外12（アローズ, グスタボ）
外16（アローズ, グスタボ）

Arastui, Shiva
イランの作家, 詩人。
⇒現世文（アラストゥーイー, シーヴァー 1962–）

Arat, Reşid Rahmeti
トルコのウイグル語学者。
⇒岩世人（アラト 1900–1964）

Araujo
ブラジルのサッカー選手（アルガラファ・FW）。
⇒外12（アラウージョ 1977.8.8–）

Arauzo, Stella
スペインの舞踊家。
⇒外12（アラウソ, ステラ）
外16（アラウソ, ステラ）

Arbás, Celestino
スペインの日本宣教師, ドミニコ会員。
⇒新カト（アルバス 1880.2.1–1948.10.1）

Arbasino, Alberto
イタリアの作家。主著『消えた少年の手記』(1959)。
⇒岩世人（アルバジーノ　1930.1.24–）
　現世文（アルバジーノ, アルベルト　1930–）

Arbatov, Aleksei Georgievich
ロシアの政治家, 核問題研究者。
⇒外12（アルバトフ, アレクセイ　1951–）
　外16（アルバトフ, アレクセイ　1951–）

Arbatov, Georgy Arkadevich
ソ連のアメリカ学者。
⇒岩世人（アルバートフ　1923.5.19–2010.10.1）

Arbellot de Vacqueur, Simon
フランスの小説家, 歴史家。
⇒フラ食（アルベロ・ド・ヴァクール, シモン　1897–1965）

Arbenz Guzmán, Jacobo
グアテマラの政治家, 軍人。グアテマラ大統領(1951〜54)。
⇒岩世人（アルベンス　1913.9.14–1971.1.27）
　ネーム（アルベンス・グスマン　1913–1971）
　ラテ新（アルベンス・グスマン　1913–1971）

Arber, Agnes
イギリスの植物学者, 哲学者。
⇒岩世人（アーバー　1879.2.23–1960.3.22）

Arber, Werner
スイスの微生物学者。1978年ノーベル生理学医学賞。
⇒岩生（アルバー　1929–）
　岩世人（アルバー　1929.6.3–）
　外16（アルバー, ウェルナー　1929.6.3–）
　ノベ3（アルバー, W.　1929.6.3–）

Arberry, Arthur John
イギリスの東洋学者。アラビア, ペルシアの文学・宗教等に関する著書, 論文が多い。
⇒岩世人（アーベリー　1905.5.12–1969.10.2）

Arbós, Enrique Fernandez
スペインのヴァイオリン奏者, 指揮者, 作曲家。1904年からマドリード交響楽団の指揮者となり, スペイン音楽界の指導的立場にあった。
⇒ク音3（アルボース　1863–1939）

Arbour, Louise
カナダの法律家。カナダ最高裁判事, 国連人権高等弁務官。
⇒外12（アルブール, ルイーズ　1947.2.10–）
　外16（アルブール, ルイーズ　1947.2.10–）
　世指導（アルブール, ルイーズ　1947.2.10–）

Arbousse-Bastide, Paul
フランスの哲学者。
⇒メル3（アルブース=バスティード, ポール　1899–1985）

Arbuckle, Roscoe Fatty
アメリカ生まれの男優。
⇒岩世人（アーバックル　1887.3.24–1933.6.29）
　ク俳（アーバックル, ロスコウ（ファッティ）　1887–1933）
　スター（アーバックル, ロスコー・"ファッティ"　1887.3.24–1933）

Arbus, Diane
アメリカの写真家。
⇒アメ新（アーバス　1923–1971）
　岩世人（アーバス　1923.3.14–1971.7.26）
　ユ著人（Arbus,Diane　アーバス, ダイアン　1923–1971）

Arbuthnot, May Hill
アメリカの児童文学作家。
⇒ア図（アーバスノット, メイ・ヒル　1884–1969）

Arbuzov, Aleksandr Erminingeldovich
ソ連の有機化学者。有機燐化合物の研究, 化学史研究で知られ, スターリン賞を受く(1946)。
⇒岩世人（アルブーゾフ　1877.8.30/9.11–1968.1.22）

Arbuzov, Aleksei Nikolaevich
ソ連の劇作家。
⇒現世文（アルブーゾフ, アレクセイ　1908.5.26–1986.4.20）
　ネーム（アルブーゾフ　1908–1986）

Arcan, Nelly
カナダの作家。
⇒現世文（アルカン, ネリー　1973.3.5–2009.9.24）

Arcand, Denys
カナダ生まれの映画監督。
⇒映監（アルカン, ドゥニ　1941.6.25–）
　外12（アルカン, ドゥニ　1941.6.25–）
　外16（アルカン, ドゥニ　1941.6.25–）

Arcaro, Eddie
アメリカの騎手。
⇒アメ州（Arcaro,Eddie　アーカロ, エディ　1916–）

Arce, Jorge
メキシコのプロボクサー。
⇒最世ス（アルセ, ホルヘ　1979.7.27–）

Arceo, Liwayway A.
フィリピンのタガログ語（後年のピリピノ語）の女性作家。
⇒現世文（アルセオ, リワイワイ　1920–1999.12.3）

Archer, Ann
アメリカ生まれの女優。
⇒ク俳（アーチャー, アン（ボウマン,A）　1945–）

A

Archer, Jeffrey Howard
イギリスの作家, 政治家。イギリス保守党副幹事長。
⇒岩世人（アーチャー　1940.4.15-）
　外12（アーチャー, ジェフリー　1940.4.15-）
　外16（アーチャー, ジェフリー　1940.4.15-）
　現世文（アーチャー, ジェフリー　1940.4.15-）

Archer, John
アメリカの男優。
⇒ク俳（アーチャー, ジョン（ボウマン, ラルフ）1915-1999）

Archer, Neill
イギリスのテノール歌手。
⇒魅惑（Archer, Neill 1961-）

Archer, Walter E.
イギリスの鮭・鱒類の研究家。政府の水産局長を勤め（1904〜12）, 学者としてまた行政官として有名であった。
⇒岩世人（アーチャー　1855-1917）

Archer, William
イギリスの演劇評論家。
⇒岩世人（アーチャー　1856.9.23-1924.12.27）

Archipenko, Alexander
ロシア生まれの彫刻家。1928年アメリカに帰化。
⇒岩世人（アーキペンコ　1887.5.30/6.11-1964.2.25）
　芸13（アーキペンコ, アレグザンダー　1887-1964）
　広辞7（アーキペンコ　1887-1964）
　ネーム（アーキペンコ　1887-1964）

Arcilesi, Vincent
アメリカ生まれの芸術家。
⇒芸13（アルシレシ, ヴィンセント　1932-）

Arciniegas, Germán
コロンビアの作家, 歴史家, 外交官。コロンビア教育相, 駐イタリア・コロンビア大使。
⇒岩世人（アルシニエガス　1900.12.6-1999.11.30）
　現世文（アルシニエガス, ヘルマン　1900.12.6-1999.11.30）

Arco, Georg, Graf von
ドイツの電気技術者。高周波発振装置を用いる無電送信方法を開拓した。
⇒岩世人（アルコ　1869.8.30-1940.5.5）

Arcos, René
フランスの詩人。アベイ派の一人。
⇒岩世人（アルコス　1881.11.16-1959.7.16）
　現世文（アルコス, ルネ　1881.11.16-1959.7.16）

Ardabīlī, 'Abd al-Karīm Mūsavī
イランのウラマー。イラン革命後, 最高裁判所長官としてホメイニが亡くなるまで指導的立場にあった。
⇒岩イ（アルダビーリー, アブドルキャリーム　1926-）

Ardant, Fanny
フランス生まれの女優。
⇒外12（アルダン, ファニー　1949.3.22-）
　外16（アルダン, ファニー　1949.3.22-）

Arden, Elizabeth
カナダの美容師, 実業家。
⇒岩世人（アーデン　1878/1884.12.31-1966.10.18）

Arden, John
イギリスの劇作家。
⇒岩世人（アーデン　1930.10.26-2012.3.28）
　現世文（アーデン, ジョン　1930.10.26-2012.3.28）

Ardenne, Manfred Baron von
ドイツの電気技術者。
⇒岩世人（アルデンネ　1907.1.20-1997.5.26）

Ardern, Jacinda
ニュージーランドの政治家。ニュージーランド首相。
⇒世指導（アーダン, ジャシンダ　1980.7.26-）

Ardiles, Osvaldo Cesar
アルゼンチンのサッカー監督。
⇒外12（アルディレス, オズワルド　1952.8.3-）

Arditi, Pierre
フランスの俳優。
⇒外16（アルディッティ, ピエール　1944-）

Ardizzone, Edward
イギリスの画家, 絵本作家。
⇒絵本（アーディゾーニ, エドワード　1900-1979）

Ardzinba, Vladislav
アブハジアの政治家, 歴史学者。アブハジア自治共和国初代大統領（1994〜2005）。
⇒世指導（アルジンバ, ウラジスラフ　1945.5.14-2010.3.4）

Aref, Mohammad Reza
イランの政治家, 電気工学者。イラン第1副大統領。
⇒世指導（アレフ, モハマド・レザ　1951-）

Aregawi, Abeba
スウェーデンの陸上選手（中距離）。
⇒最世ス（アレガウィ, アベバ　1990.7.5-）

Arena, Bruce
アメリカのサッカー監督。
⇒外12（アリーナ, ブルース　1951.9.21-）
　最世ス（アリーナ, ブルース　1951.9.21-）

Arena, Felice
オーストラリアの作家。

Arenas, Braulio
チリの詩人, 小説家, 画家。
⇒現世文 (アレナス, ブラウリオ　1913.4.4–1988.5.12)

Arenas, Gilbert
アメリカのバスケットボール選手。
⇒最世ス (アリナス, ギルバート　1982.1.6–)

Arenas, Reinaldo
キューバの作家。
⇒岩世人 (アレナス　1943.7.16–1990.12.7)
現世文 (アレナス, レイナルド　1943–1990)
広辞7 (アレナス　1943–1990)
ラテ新 (アレナス　1943–1990)

Arendt, Hannah
アメリカの女性政治哲学者。主著に『全体主義の起源』(1951,58), 『人間の条件』(58) 等。
⇒アメ新 (アレント　1906–1975)
岩キ (アーレント　1906–1975)
岩女 (アーレント, ハンナ　1906.10.14–1975.10.5)
岩世人 (アーレント　1906.10.14–1975.12.5)
覚思 (アーレント, ハンナ　1906.10.14–1975.12.4)
覚思ス (アーレント, ハンナ　1906.10.14–1975.12.4)
教思増 (アレント　1906–1975)
現社 (アーレント　1906–1975)
広辞7 (アーレント　1906–1975)
社小増 (アーレント　1906–1975)
新カト (アレント　1906.10.14–1975.12.4)
図哲 (アーレント, ハンナ　1906–1975)
哲中 (アーレント　1906–1975)
ネーム (アーレント, ハンナ　1906 1975)
メル別 (アーレント, ハンナ　1906–1975)
有経5 (アーレント　1906–1975)
ユ著人 (Arendt,Hannah　アーレント, ハンナ　1906–1976)

Arens, Moshe
イスラエルの政治家, 航空工学者。イスラエル外相, 国防相。
⇒世指導 (アレンス, モシェ　1925.12.7–)

Arensberg, Conrad Maynadier
アメリカの人類学者。
⇒社小増 (アレンスバーグ　1910–)

Arenskii, Anton Stepanovich
ロシアの作曲家, ピアノ奏者。作品, オペラ『ボルガ河畔の夢』(1892) など。
⇒岩世人 (アレンスキー　1861.6.30–1906.2.12)
ク音3 (アレンスキー　1861–1906)
新音中 (アレンスキー, アントン　1861.7.12–1906.2.25)
ネーム (アレンスキー　1861–1906)
標音2 (アレンスキー, アントン・ステパノヴィチ　1861.7.12–1906.2.25)

Aretin, Karl Otmar Freiherr von
ドイツの歴史家。
⇒岩世人 (アレティーン　1923.7.2–2014.3.26)

Arévalo, Octavio
メキシコのテノール歌手。
⇒魅惑 (Arévalo,Octavio　?–)

Arévalo Bermujo, Juan José
グアテマラの政治家, 教育者。グアテマラ大統領(1945～51)。
⇒岩世人 (アレバロ　1904.9.10–1990.10.7)
教人 (アレーバロ・ベルメーホー　1904–)

Argazzi, Roberto
テノール歌手。
⇒魅惑 (Argazzi,Roberto　?–)

Argenta, Ataúlfo
スペインの指揮者。
⇒標音2 (アルヘンタ, アタウルフォ　1913.11.21–1958.1.20)

Argentina, La
スペインの舞踊家。民俗舞踊やフラメンコを洗練し舞台芸術まで高めた。
⇒異二辞 (ラ・アルヘンティーナ　1890–1936)
岩世人 (アルヘンティーナ　1890/1988.9.4–1936.7.18)
広辞7 (アルヘンティーナ　1890–1936)
ネーム (アルヘンティナ　1890–1936)

Argento, Dario
イタリア生まれの映画監督。
⇒映監 (アルジェント, ダリオ　1940.9.7–)
外16 (アルジェント, ダリオ　1940.9.7–)

Argerich, Martha
アルゼンチン生まれのピアノ奏者。
⇒異二辞 (アルゲリッチ[マルタ・～]　1941–)
岩世人 (アルゲリッチ(アルヘリッチ)　1941.6.5–)
外12 (アルゲリッチ, マルタ　1941.6.5–)
外16 (アルゲリッチ, マルタ　1941.6.5–)
広辞7 (アルゲリッチ　1941–)
新中音 (アルゲリッチ, マルタ　1941.6.5–)
ネーム (アルゲリッチ　1941–)
標音2 (アルヘリチ, マルタ　1941.6.5–)
ラテ新 (アルヘリッチ　1941–)

Arghezi, Tudor
ルーマニアの詩人。詩集『ふさわしい言葉』(1927), 評論集『黒い門』(30), 小説『リーナ』(41) など。
⇒岩世人 (アルゲージ　1880.10.23/11.5–1967.7.14)
現世文 (アルゲージ, トゥドール　1880.5.21–1967.7.14)
ネーム (アルゲージ　1880–1967)

Argilli, Marcello
イタリアの児童文学作家,編集者。児童新聞「ピオニエーレ」の編集者。作品『キオディーノの冒険』『くじらをすきになった潜水艦』など。
⇒現世文（アルジッリ,マルチェッロ　1926–2014.10.14）

Argimon, Daniel
スペイン生まれの代表的な抽象画家。
⇒芸13（アルジモン,ダニエル　1929–）

Argov, Sherry
アメリカのコメディエンヌ,コラムニスト。
⇒外12（アーゴフ,シェリー）

Arguedas, Alcides
ボリビアの作家。
⇒岩世人（アルゲダス　1879.7.15–1946.5.6）

Arguedas, José María
ペルーの作家,文化人類学者。
⇒岩世人（アルゲダス　1911.1.18–1969.12.2）
現世文（アルゲダス,ホセ・マリア　1911–1969）
広辞7（アルゲダス　1911–1969）
ラテ新（アルゲダス　1911–1969）

Argyle, Michael
イギリスの社会心理学者。1952年よりオックスフォード大学の社会心理学講師となる。
⇒岩世人（アーガイル　1925.8.11–2002.9.6）
社小増（アーガイル　1925–）
社心小（アーガイル　1925–）

Argyll Robertson, Douglas Moray Cooper Lamb
スコットランドの医者。或る種の疾病の特徴として,瞳孔が光線には反応せず,調節にだけ反応することを記載した（1869）。
⇒岩世人（アーガイル・ロバートソン　1837–1909.1.3）

Argyriades, Panagiotes
フランスの社会主義者。
⇒学叢思（アルジリアド,パナジオート　1832–?）

Argyris, Chris
アメリカの行動科学者。組織問題の研究に専念。主著『組織とパーソナリティ』（1957）,『新しい管理社会の探究』（64）。
⇒社小増（アージリス　1923–）
ベシ経（アージリス　1932–）

Arias, Michael
アメリカの映画監督,アニメーション監督,CGプログラマー。
⇒外12（アリアス,マイケル　1968–）
外16（アリアス,マイケル　1968–）

Arias Navarro, Carlos
スペインの政治家。5期コルテス（スペイン国会）の議員をつとめた。
⇒岩世人（アリアス・ナバーロ　1908.12.11–1989.11.27）

Arias-Sánchez, Oscar
コスタリカの政治家。コスタリカ大統領（1986～90,2006～10）。
⇒岩世人（アリアス　1941.9.13–）
外12（アリアス・サンチェス,オスカル　1940.9.13–）
外16（アリアス・サンチェス,オスカル　1940.9.13–）
世指導（アリアス・サンチェス,オスカル　1940.9.13–）
ネーム（アリアス＝サンチェス　1941–）
ノベ3（アリアス・サンチェス,O.　1941.9.13–）
ラテ新（アリアス　1943–）

Aridjis, Homero
メキシコの詩人,小説家。
⇒外12（アリディヒス,オメロ　1940.4.6–）
外16（アリディヒス,オメロ　1940.4.6–）
現世文（アリディヒス,オメロ　1940.4.6–）

Ariès, Philippe
フランスの歴史家。『死と歴史』『子供の誕生』など。
⇒岩女（アリエス,フィリップ　1914–1984.2.8）
岩世人（アリエス　1914.7.21–1984.2.9）
絵本（アリエス,フィリップ　1914–）
教思増（アリエス　1914–1984）
現社（アリエス　1914–1984）
広辞7（アリエス　1914–1984）
メル別（アリエス,フィリップ　1914–1984）

Arieti, Silvano
イタリア出身のアメリカの精神科医。
⇒現精（アリエティ　1914–1981）
現精縮（アリエティ　1914–1981）
精分岩（アリエティ,シルヴァーノ　1914–1981）

'Ārif, 'Abd al-Raḥmān
イラクの政治家。イラク大統領（1966～68）。
⇒岩イ（アーリフ兄弟　1916–）
岩世人（アーリフ,アブドッラフマーン　1916–2007.8.24）

'Ārif, 'Abd al-Salām
イラクの政治家。イラク大統領（1963～66）。
⇒岩イ（アーリフ兄弟　1921–1966）
岩世人（アーリフ,アブドッサラーム　1921–1966.4.13）

Arigoni, Duilio
スイスの有機化学者。
⇒岩世人（アリゴニ　1928.12.6–）

Arintero, Juan González
スペインの唯心論者。
⇒新カト（アリンテロ　1860.6.24–1928.2.20）

Aristide, Jean Bertrand
ハイチの政治家。ハイチ大統領（1991,94～96,

2001~04)。
⇒岩世人（アリスティド　1953.7.15–）
　外12（アリスティド，ジャン・ベルトラン　1953.7.15–）
　外16（アリスティド，ジャン・ベルトラン　1953.7.15–）
　世指導（アリスティド，ジャン・ベルトラン　1953.7.15–）

Ariyaratne, Ahangamage Tudor
スリランカの社会運動家。サルボダヤ運動指導者。
⇒外12（アリヤラトネ，アハンガマジー・チューダー　1931.11.5–）
　外16（アリヤラトネ，アハンガマジー・チューダー　1931.11.5–）

Ariyoshi, George Ryoichi
アメリカの政治家。ハワイ州知事（1974~86）。
⇒アメ新（アリヨシ　1926–）
　岩世人（アリヨシ　1926.3.12–）
　外12（アリヨシ，ジョージ　1926.3.12–）

Arjouni, Jakob
ドイツの推理作家。
⇒現世文（アルユーニ，ヤーコブ　1964.10.8–2013.1.17）

Arkhangel'sky, Alksandr Andreevich
ロシアの作曲家。
⇒ク音3（アルハンゲルスキー　1846–1924）

Arkhipov, Alexandre
ロシアのテノール歌手。
⇒魅惑（Arkhipov,Alexandre　?–）

Arkin, Alan
アメリカの俳優。
⇒外12（アーキン，アラン　1934.3.26–）
　ク俳（アーキン，アラン　1934–）
　スター（アーキン，アラン　1934.3.26–）
　ユ著人（Arkin,Alan W.　アーキン，アラン・W　1934–）

Arkūn, Muḥammad
イスラム・ネオモダニストの代表的な論客。
⇒岩イ（アルクーン　1928–）

Arland, Marcel
フランスの小説家，評論家。
⇒岩世人（アルラン　1899.7.5–1986.1.12）
　現世文（アルラン，マルセル　1899.7.5–1986.1.12）
　ネーム（アルラン　1899–1986）

Arlaud, Philippe
フランスの演出家，舞台美術家。
⇒外12（アルロー，フィリップ）
　外16（アルロー，フィリップ）

Arlen, Harold
アメリカのポピュラー作曲家。映画主題歌『虹のかなたに』やミュージカル『ブルーマー＝ガール』『セント＝ルイスの女』『花の家』などを発表。
⇒岩世人（アーレン　1905.2.15–1986.4.23）
　エデ（アーレン，ハロルド　1905.2.15–1986.4.23）
　新音中（アーレン，ハロルド　1905.2.15–1986.4.23）
　標音2（アーレン，ハロルド　1905.2.15–1986.4.23）
　ユ著人（Arlen,Harold　アレン，ハロルド　1903–1986）

Arlen, Michael
イギリスの作家。
⇒現世文（アーレン，マイケル　1985.11.16–1956.6.23）

Arlen, Richard
アメリカの俳優。
⇒ク俳（アーレン，リチャード（ヴァン・マティモア，コーネリアス・R）　1899–1976）

Arletty
フランスの女優。
⇒岩世人（アルレッティ　1898.5.15–1992.7.23）

Arley, Catherine
フランスのミステリ作家。
⇒外16（アルレー，カトリーヌ　1924–）
　現世文（アルレー，カトリーヌ　1924–）

Arlington, Lewis Charles
アメリカの政府役人。
⇒アア歴（Arlington,Lewis Charles　アーリントン，ルイス・チャールズ　1859.10.2–?）

Arliss, George
イギリス生まれの俳優。
⇒ク俳（アーリス，ジョージ（アンドルーズ,G）　1868–1946）
　スター（アーリス，ジョージ　1868.4.10–1946）

Arlosoroff, Chaim
シオニズム労働運動の指導者。
⇒ユ著人（Arlosoroff,Chaim　アルロゾロフ，ハイム　1899–1933）

Arlt, Roberto
アルゼンチンの小説家，劇作家。
⇒現世文（アルト，ロベルト　1900.4.2–1942.7.26）

Arlt, Tobias
ドイツのリュージュ選手。
⇒外16（アルト，トビアス　1987.6.2–）

Armacost, Michael Hayden
アメリカの政治学者，外交官。駐日アメリカ大使。
⇒外12（アマコスト，マイケル・ヘイドン　1937.4.15–）

外16（アマコスト, マイケル・ヘイドン　1937.4.15–）

Armah, Ayi Kwei
ガーナの小説家。代表作は『美わしきもの, いまだ生まれず』など。
⇒岩世人（アーマ　1939.10.28–）
　現世文（アーマー, アイ・クウェイ　1939–）

Arman
フランスの画家, 彫刻家。
⇒岩世人（アルマン　1928.11.17–2005.10.22）

Armani, Giorgio
イタリアの服飾デザイナー。
⇒岩世人（アルマーニ　1934.7.11–）
　外12（アルマーニ, ジョルジョ　1934.7.11–）
　外16（アルマーニ, ジョルジョ　1934.7.11–）
　広辞7（アルマーニ　1934–）
　ネーム（アルマーニ　1934–）
　ポプ人（アルマーニ, ジョルジオ　1934–）

Armas, Antonio Rafael
アメリカの大リーグ選手（外野）。
⇒メジャ（アルマス, トニー　1953.7.2–）

Armas Marcelo, J.J.
スペインの作家, 批評家。
⇒外16（アルマス・マルセロ, J.J.　1946–）
　現世文（アルマス・マルセロ, J.J.　1946–）

Armel, Aliette
フランスの作家。
⇒外12（アルメル, アリエット）
　外16（アルメル, アリエット）
　海文新（アルメル, アリエット）
　現世文（アルメル, アリエット）

Armel, Francis
テノール歌手。
⇒魅惑（Armel, Francis　?–）

Armendariz, Pedro
メキシコ生まれの俳優。
⇒ク俳（アルメンダリス, ペドロ　1912–1963）

Armfield, Neil
オーストラリアの演出家。
⇒岩世人（アームフィールド　1955.4.22–）

Armiliato, Fabio
イタリアのテノール歌手。
⇒外12（アルミリアート, ファビオ　1962–）
　外16（アルミリアート, ファビオ　1962–）
　失声（アルミリアート, ファビオ　1956–）
　魅惑（Armiliato, Fabio　1963–）

Arming, Christian
オーストリアの指揮者。
⇒外12（アルミンク, クリスティアン　1971–）
　外16（アルミンク, クリスティアン　1971–）

Armitage, Kenneth
イギリス戦後彫刻界の代表的作家。
⇒岩世人（アーミテージ　1916.7.18–2002.1.22）
　広辞7（アーミテージ　1916–2002）

Armitage, Richard Lee
アメリカの政治家, 外交官, 政策コンサルタント。アメリカ国務副長官。
⇒外12（アーミテージ, リチャード・リー　1945.4.26–）
　外16（アーミテージ, リチャード・リー　1945.4.26–）
　世指導（アーミテージ, リチャード・リー　1945.4.26–）

Armitage, Simon
イギリスの詩人, 作家。
⇒外12（アーミテージ, サイモン　1963–）
　外16（アーミテージ, サイモン　1963–）
　現世文（アーミテージ, サイモン　1963–）

Armour, Jonathan Ogden
アメリカの実業家。食肉加工会社アーマー社の経営者。
⇒アメ経（アーマー, ジョナサン　1863.11.11–1927.8.16）

Armstrong, Billie Joe
アメリカのミュージシャン。
⇒外12（アームストロング, ビリー・ジョー　1972.2.17–）
　外16（アームストロング, ビリー・ジョー　1972.2.17–）

Armstrong, Charlotte
アメリカのミステリ作家。
⇒現世文（アームストロング, シャーロット　1905.5.2–1969.7.18）

Armstrong, C.Michael
アメリカの実業家。
⇒外12（アームストロング, マイケル　1938.10.18–）
　外16（アームストロング, マイケル　1938.10.18–）

Armstrong, Daniel Louis
アメリカのジャズトランペット奏者, 歌手。
⇒アメ州（Armstrong, Daniel Louis　アームストロング, ダニエル・ルイス　1900–1971）
　アメ新（アームストロング　1900–1971）
　異二辞（アームストロング, ルイ　1901–1971）
　岩世人（アームストロング　1901.8.4–1971.7.6）
　ク俳（アームストロング, ルイ（アームストロング, ダニエル・L）　1901–1971）
　広辞7（アームストロング　1901–1971）
　新音中（アームストロング, ルイ　1901.8.4–1971.7.6）
　ネーム（アームストロング　1900–1971）
　標音2（アームストロング, ルイ　1901.8.4–1971.7.6）
　ポプ人（アームストロング, ルイ　1901–1971）

Armstrong, David Malet
オーストラリアの哲学者。

⇒岩世人（アームストロング 1926.7.8–2014.5.13）
Armstrong, Edwin Howard
アメリカの電気技師。周波数変調（FM）方式の送受信機を考案した。
⇒岩世人（アームストロング 1890.12.18–1954.1.31）
Armstrong, Gillian May
オーストラリアの女性映画監督。
⇒映監（アームストロング, ジリアン 1950.12.18–）
Armstrong, Henry
アメリカのボクサー。
⇒岩世人（アームストロング 1912.12.12–1988.10.22）
Armstrong, Henry Edward
イギリスの有機化学者。芳香族化合物, 有機化合物の色, テルペン, 酵素などを研究。
⇒化学（アームストロング 1848–1937）
Armstrong, Hubert Thomas（Tim）
ニュージーランドの政治家。
⇒ニュー（アームストロング, ヒューバート 1875–1942）
Armstrong, Kristin
アメリカの自転車選手（ロードレース）。
⇒外12（アームストロング, クリスティン 1973.8.11–）
　外16（アームストロング, クリスティン 1973.8.11–）
　最世ス（アームストロング, クリスティン 1973.8.11–）
Armstrong, Lance
アメリカの自転車選手。
⇒異二辞（アームストロング［ランス・〜］ 1971–）
　岩世人（アームストロング 1971.9.18–）
　外12（アームストロング, ランス 1971.9.18–）
　外16（アームストロング, ランス 1971.9.18–）
　最世ス（アームストロング, ランス 1971.9.18–）
Armstrong, Neil Alden
アメリカの宇宙飛行士。
⇒アメ州（Armstrong,Neil Alden アームストロング, ニール・オルデン 1930–）
　岩世人（アームストロング 1930.8.5–2012.8.25）
　広辞7（アームストロング 1930–2012）
　辞歴（アームストロング 1930–）
　ポプ人（アームストロング, ニール 1930–2012）
Armstrong, Richard
イギリスの児童文学者。
⇒現世人（アームストロング, リチャード 1903.6.18–1986.5.30）
Armstrong, Vanessa Bell
アメリカのゴスペル歌手。
⇒外12（アームストロング, バネッサ・ベル 1953.10.2–）

Armstrong, William Howard
アメリカの作家, 著述家。
⇒現世文（アームストロング, ウィリアム・ハワード 1914.9.14–1999.4.11）
Arnall, Julia
オーストリア生まれの女優, モデル。
⇒ク俳（アーナル, ジュリア 1931–）
Arnaudov, Mihail Petrov
ブルガリアの文学研究者, 民俗学者。
⇒岩世人（アルナウドフ 1878.10.5/17–1978.2.18）
Arnault, Bernard
フランスの実業家。
⇒異二辞（アルノー［ベルナール・〜］ 1949–）
　岩世人（アルノー 1949.3.5–）
　外12（アルノー, ベルナール 1949.3.5–）
　外16（アルノー, ベルナール 1949.3.5–）
Arndt, Adolf
ドイツの国法学者。
⇒学叢思（アルント, アドルフ 1849–?）
Arndt, Eduard Louis
アメリカの宣教師。
⇒アア歴（Arndt,E(duard) L(ouis) アーント, エデュアード・ルイス 1864–1929.4.17）
Arndt, Joachim
東ドイツのテノール歌手。
⇒魅惑（Arndt,Joachim 1938–）
Arndt, Judith
ドイツの自転車選手（ロードレース）。
⇒最世ス（アルント, ユーディト 1976.7.23–）
Arndt, Michael
アメリカの脚本家。
⇒外12（アーント, マイケル）
　外16（アーント, マイケル）
Arnell, Peter
アメリカのアートディレクター, デザイナー, 写真家。
⇒外12（アーネル, ピーター 1959–）
　外16（アーネル, ピーター 1959–）
Arnell, Richard
イギリスの作曲家。
⇒標音2（アーネル, リチャード 1917.9.15–）
Arneson, Robert
アメリカの彫刻家。
⇒岩世人（アーナソン 1930.9.4–1992.11.2）
Arness, James
アメリカの男優。
⇒ク俳（アーネス, ジェイムズ（アウアネス,J） 1923–）

Arnett, Peter
アメリカのジャーナリスト、テレビレポーター。
⇒外12（アーネット、ピーター　1934–）
　外16（アーネット、ピーター　1934.11.13–）

Arnezeder, Nora
フランスの女優。
⇒外12（アルネゼデール、ノラ　1989–）

Arnheim, Rudolf
ドイツの美学者、心理学者。
⇒岩世人（アルンハイム　1904.7.15–2007.6.9）

Arnim, Hans von
ドイツの古典学者。プラトンの著作年代の言語的統計的研究、ストア学派とアリストテレスの研究がある。
⇒岩世人（アルニム　1859.9.14–1931.5.25）

Arnold, Arnest Henry
イギリスの宣教師。
⇒岩世人（アーノルド　1890.4.7–1950.7.30）

Arnold, Eddy
アメリカのウェスタン歌手。
⇒アメ州（Arnold,Eddy　アーノルド、エディ　1918–）
　標音2（アーノルド、エディ　1918.5.15–）

Arnold, Edward
アメリカ生まれの俳優。
⇒ク俳（アーノルド、エドワード（シュナイダー、ギュンター・E・A）　1890–1956）
　スター（アーノルド、エドワード　1890.2.18–1956）

Arnold, Edwin Lester
イギリスの大衆小説作家。主著 "The Wonderful Adventures of Phra the Phoenician"（1890）。
⇒現世文（アーノルド、エドウィン　1857–1935）

Arnold, Franz Xaver
ドイツの学者。現代カトリックの実践神学を代表する。
⇒新カト（アルノルト　1898.9.10–1969.1.21）

Arnold, Harold DeForest
アメリカの電気技術者。
⇒岩世人（アーノルド　1883.9.3–1933.7.10）

Arnold, Henry
フランスの彫刻家。
⇒芸13（アーノル、アンリ　?）

Arnold, Henry Harley
アメリカ空軍人。第2次世界大戦中、陸軍航空隊司令官、陸軍元帥（1944年）。空軍元帥（47年）。
⇒ア太戦（アーノルド　1886–1950）

Arnold, Julean Herbert
アメリカの領事。
⇒アア歴（Arnold,Julean H（erbert）　アーノルド、ジュリアン・ハーバート　1876.7.19–1946.7.21）

Arnold, Louise
イギリスの作家。
⇒海文新（アーノルド、ルイーズ）

Arnold, Malcolm Henry
イギリスの作曲家。
⇒岩世人（アーノルド　1921.10.21–2006.9.23）
　エデ（アーノルド、マルコム（ヘンリー）　1921.10.21–2006.9.23）
　ク名3（アーノルド　1921–2006）
　新音中（アーノルド、マルコム　1921.10.21–）
　標音2（アーノルド、マルコム　1921.10.21–2006.9.23）

Arnold, P.P.
アメリカ・ロサンゼルス生まれの歌手。
⇒ロック（Arnold,P.P.　アーノルド、P・P　1946–）

Arnold, Samuel Bland
アメリカ大統領エイブラハム・リンカーン暗殺の裁判で懲役刑に処された一人。
⇒世暗（アーノルド、サミュエル・ブランド　1834–1906）

Arnold, Susan E.
アメリカの実業家。
⇒外12（アーノルド、スーザン　1954.3.8–）
　外16（アーノルド、スーザン　1954.3.8–）

Arnold, Sir Thomas Walker
イギリスの東洋学者。インドのイスラム（回）教徒に対する深い同情から、その在英留学生の指導に当った（1909〜）。
⇒岩世人（アーノルド　1864.4.19–1930.6.9）

Arnold, Thurman Wesley
アメリカの弁護士。
⇒アメ経（アーノルド、サーマン　1891.6.2–1969.11.7）
　アメ州（Arnold,Thurman Wesley　アーノルド、サーマン・ウエズリー　1891–1969）

Arnold, Tom
アメリカ生まれの俳優。
⇒ク俳（アーノルド、トム　1959–）

Arnoldson, Klas Pontus
スウェーデンの政治家、作家、平和運動家。1908年ノーベル平和賞受賞。
⇒ノベ3（アルノルドソン、K.P.　1844.10.27–1916.2.20）

Arnolid, Vladimir Igorevich
ソ連の数学者。
⇒岩世人（アーノルド（アルノーリド）　1937.6.12–2010.6.3）
　世数（アーノルド、ヴラディミール・イゴレヴィッ

チ 1937-2010)

Arnon, Daniel I (srael)
アメリカの植物生理学者。
⇒岩生（アーノン 1910-1994）
　三新生（アーノン 1910-1994）

Arnoul, Françoise
アルジェリア生まれの女優。
⇒遺産（アルヌール, フランソワーズ 1931.6.3-）

Arnoult, Louis
フランスのテノール歌手。
⇒魅惑（Arnoult, Louis 1908-?）

Arnow, Harriette（Louisa Simpson）
アメリカの作家。
⇒アメ州（Arnow, Harriette Simpson アーノウ, ハリエット・シンプソン 1908-）

Arnstein, Karl
チェコスロバキア生まれのアメリカの飛行船設計および建造家。「グッドイア・ツェッペリン会社」の副社長および主任技師（1925～39）。
⇒岩世人（アーンスタイン 1887.3.24-1974.12.13）

Arolas, Eduardo
アルゼンチンのタンゴ作曲家, バンドネオン奏者。
⇒標音2（アローラス, エドゥアルド 1892.2.24-1924.9.21）

Aron, Hermann
ドイツの電気工学者。初めて実用に供しうる電量計を発明し（1884）, 更に交流用電力計を完成して（91）, これを工業的に製作した。
⇒岩世人（アーロン 1845.10.1-1913.8.29）

Aron, Raymond
フランスの政治学者, 社会学者, ジャーナリスト。
⇒岩世人（アロン 1905.3.14-1983.10.17）
　現社（アロン 1905-1983）
　広辞7（アロン 1905-1983）
　社小増（アロン 1905-1983）
　新カト（アロン 1905.3.14-1983.10.17）
　メル3（アロン, レイモン 1905-1983）
　ユ著人（Aron, Raymond アロン, レイモン 1905-1983）

Aron, Robert
フランスの思想家, 歴史家。著書『ワーテルローの勝利』など。
⇒ユ著人（Aron, Robert アロン, ロベール 1898-1975）

Aronica, Roberto
イタリアのテノール歌手。
⇒魅惑（Aronica, Roberto 1965-）

Aronofsky, Darren
アメリカの映画監督。
⇒映監（アロノフスキー, ダーレン 1969.12.2-）
　外12（アロノフスキー, ダーレン 1969.2.12-）
　外16（アロノフスキー, ダーレン 1969.2.12-）

Aronson, Elliot
アメリカの社会心理学者。
⇒社心小（アロンソン 1932-）

Arora, Nikesh
アメリカの実業家。
⇒外16（アローラ, ニケシュ 1968.2.9-）

Arosenius, Ivar Axel Henrik
スウェーデンの画家。
⇒絵本（アロセニウス, イーヴァー 1878-1909）
　芸13（アロセニウス, イヴァル 1878-1909）

Arp, Halton Christian
アメリカの天文学者。銀河の同定の研究で有名。
⇒天文大（アープ 1927-）

Arp, Hans
フランスの画家, 彫刻家。
⇒岩世人（アルプ 1887/1886.9.16-1966.6.7）
　絵本（アルプ, ハンス 1886-1966）
　芸13（アルプ, ハンス 1887-1966）
　芸13（アルプ, ジャン 1886-1966）
　広辞7（アルプ 1886-1966）
　シュル（アルプ, ジャンあるいはハンス 1886-1966）

Arpino, Giovanni
イタリアの作家。主著『誇り高き犯罪』（1961）など。
⇒現世文（アルピーノ, ジョヴァンニ 1927-1987）

Arquette, David
アメリカの男優。
⇒ク俳（アークェット, デイヴィッド 1971-）

Arquette, Patricia
アメリカ生まれの女優。
⇒外12（アークエット, パトリシア 1968.4.8-）
　外16（アークエット, パトリシア 1968.4.8-）
　ク俳（アークェット, パトリシア 1966-）

Arquette, Rossana
アメリカ生まれの女優。
⇒外16（アークエット, ロザーナ 1959.8.10-）
　ク俳（アークェット, ロザンナ 1959-）

Arrabal, Fernando
スペイン領モロッコ生まれのフランスの劇作家。
⇒岩世人（アラバール 1932.8.11-）
　外12（アラバール, フェルナンド 1932.8.11-）
　外16（アラバール, フェルナンド 1932.8.11-）
　現世文（アラバール, フェルナンド 1932.8.11-）
　広辞7（アラバル 1932-）
　ネーム（アラバール 1932-）

Arrau, Claudio
チリのピアノ奏者。
⇒岩世人（アラウ　1903.2.6–1991.6.9）
　新音中（アラウ，クラウディオ　1903.2.6–1991.6.9）
　標音2（アラウ，クラウディオ　1903.2.6–1991.6.9）

Arreola, Juan José
メキシコの作家。
⇒現世文（アレオラ，ファン・ホセ　1918.9.21–2001.12.3）

Arrhenius, Svante August
スウェーデンの化学者，物理学者。電解質の水溶液中での電離説を提唱（1884）。1903年ノーベル化学賞を受賞。
⇒岩世人（アレニウス　1859.2.19–1927.10.2）
　オク気（アレニウス，ズヴァンテ・アウグスト　1859.2.19–1927.10.2）
　化学（アレニウス　1859–1927）
　学叢思（アレニウス　1859–?）
　科史（アレニウス　1859–1927）
　広辞7（アレニウス　1859–1927）
　三新物（アレニウス　1859–1927）
　天文大（アレニウス　1859–1927）
　ネーム（アレニウス　1859–1927）
　ノベ3（アレニウス，S.A.　1859.2.19–1927.10.2）
　物理（アレニウス，スヴァンテ　1859–1927）
　ポプ人（アレニウス，スバンテ　1859–1927）

Arriaga, Guillermo
メキシコの作家，脚本家，映画監督。
⇒外12（アリアガ，ギジェルモ　1958–）
　外16（アリアガ，ギジェルモ　1958–）
　現世文（アリアガ，ギジェルモ　1958–）

Arriaga, Manuel José de
ポルトガルの政治家。革命運動に従事し，共和国初代大統領となる（1911〜15）。
⇒岩世人（アリアガ　1840.7.6–1917.3.5）

Arrington, LaVar
アメリカのプロフットボール選手（LB）。
⇒最世ス（アーリントン，ラバー　1978.6.20–）

Arrol, *Sir* William
スコットランドの橋梁建築家。
⇒岩世人（アロル　1839.2.13–1913.2.20）

Arrow, Kenneth Joseph
アメリカの経済学者。1956年度計量経済学会会長，73年度アメリカ経済学会会長。72年度ノーベル経済学賞をヒックスと共に受賞。
⇒アメ新（アロー　1921–）
　岩経（アロー　1921–）
　岩世人（アロー　1921.8.23–）
　外12（アロー，ケネス　1921.8.23–）
　外16（アロー，ケネス　1921.8.23–）
　現社（アロー　1921–）
　広辞7（アロー　1921–2017）
　社小増（アロー　1921–）
　ノベ3（アロー，K.J.　1921.8.23–）
　有経5（アロー　1921–）
　ユ著人（Arrow,Kenneth Joseph　アロー，ケネス・ジョゼフ　1921–）

Arroyo, Bronson
アメリカの大リーグ選手（レッズ・投手）。
⇒外12（アローヨ，ブロンソン　1977.2.24–）
　最世ス（アローヨ，ブロンソン　1977.2.24–）
　メジャ（アロヨ，ブロンソン　1977.2.24–）

Arroyo, Luis Enrique
アメリカの大リーグ選手（投手）。
⇒メジャ（アロヨ，ルイス　1927.2.18–）

Arroyo, Martina
アメリカのソプラノ歌手。
⇒新音中（アローヨ，マーティーナ　1937.2.2–）
　標音2（アーロヨ，マーティナ　1937.2.2–）

Arrupe, Pedro
スペインの神学者，聖職者。
⇒岩キ（アルペ　1907–1991）
　岩世人（アルーペ　1907.11.14–1991.2.5）
　新カト（アルペ　1907.11.14–1991.2.5）

Arsa Sarasin
タイの政治家。タイ外相，タイ日協会会長。
⇒世指導（アーサ・サラシン　1936–）

Arseniev, Vladimir Klavdievich
ソ連の探検家，民俗学者。著書『ウスリー紀行』。
⇒岩世人（アルセーニエフ　1872.8.29/9.10–1930.9.4）

Arsenis, Gerasimos
ギリシャの政治家。ギリシャ国防相。
⇒世指導（アルセニス，ゲラシモス　1931.5.30–2016.4.19）

Arshavin, Andrei
ロシアのサッカー選手（アーセナル・FW）。
⇒外12（アルシャヴィン，アンドレイ　1981.5.29–）
　最世ス（アルシャヴィン，アンドレイ　1981.5.29–）

Arslan, Antonia
イタリアの作家。
⇒外12（アルスラン，アントニア）
　外16（アルスラン，アントニア）
　海文新（アルスラン，アントニア）
　現世文（アルスラン，アントニア　1938–）

Arslān, Shakīb
シリアの汎アラブ主義政治家，著述家。1920年代には「シリア・パレスチナ会議」で活動，汎アラブ主義のフランス語誌「アラブ民族」を編集。
⇒岩イ（シャキーブ・アルスラーン　1869–1946）
　岩世人（アルスラーン，シャキーブ　1869–1946）

Arsonval, Jacques Arsène d'
フランスの物理学者。生理学において熱・電気・放射能に関する多くの研究があり,高周波の大電流,低電圧の高周波電流およびその生物体に及ぼす効果を研究した。
⇒岩世人（アルソンヴァル　1851.6.8–1940.12.31）

Arsovski, Mihajlo
ユーゴスラビア・ザグレブに本拠をおくグラフィック・デザイナー。
⇒グラデ（Arsovski,Mihajlo　アルソフスキ,ミハイロ　1937–）

al-Arsūzī, Zakī
シリア北部ラタキヤ生まれのアラウィー派の教師,政治活動家。
⇒岩イ（アルスーズィー　1900–1968）

Artaev, Bakhtiyar
カザフスタンのボクサー。
⇒最世ス（アルタエフ,バフチヤル　1983.5.14–）

Artaud, Antonin
フランスの劇作家,詩人,俳優。主著,評論『ロデスからの手紙』(1946),戯曲『チェンチ一族』(56)。
⇒岩世人（アルトー　1896.9.4–1948.3.4）
　現社（アルトー　1896–1948）
　現精（アルトー　1896–1948）
　現精縮（アルトー　1896–1948）
　現世文（アルトー,アントナン　1896.9.4–1948.3.4）
　広辞7（アルトー　1896–1948）
　世演（アルトー,アントナン　1896.9.4–1948.3.4）
　ネーム（アルトー,アントナン　1896–1948）
　フ文小（アルトー,アントナン　1896–1948）

Artem'eva, Galina
ロシアの作家。
⇒海文新（アルテミエヴァ,ガリーナ）
　現世文（アルテミエヴァ,ガリーナ）

Artest, Ron
アメリカのバスケットボール選手（レイカーズ）。
⇒外12（アーテスト,ロン　1979.11.13–）
　最世ス（ワールドピース,メッタ　1979.11.13–）

Arthit Kamlangek
タイの政治家,軍人。タイ副首相,タイ国軍最高司令官。
⇒世指導（アチット・カムランエク　1925.8.31–2015.1.19）

Arthit Ourairat
タイの政治家。タイ外相。
⇒世指導（アチット・ウライラット　1938–）

Arthuis, Jean
フランスの政治家。フランス財務相。
⇒世指導（アルチュイス,ジャン　1944.10.7–）

Arthur, Jean
アメリカ生まれの女優。
⇒ク俳（アーサー,ジーン（グリーン,グラディス）　1905–1991）
　スター（アーサー,ジーン　1900.10.17–1991）

Arthur, Maurice
テノール歌手。
⇒魅惑（Arthur,Maurice　?–）

Arthur, Owen
バルバドスの政治家。バルバドス首相。
⇒外12（アーサー,オーエン　1949.10.17–）
　世指導（アーサー,オーエン　1949.10.17–）

Arthur, W.Brian
アメリカの経済学者。サンタフェ研究所招聘教授。
⇒外12（アーサー,ブライアン　1946–）
　外16（アーサー,ブライアン　1946–）

Artin, Emil
ドイツの数学者。
⇒岩世人（アルティン　1898.3.3–1962.12.20）
　数辞（アルティン,エミール　1898–1962）
　世数（アルティン,エミール　1898–1962）

Artioli, Walter
テノール歌手。
⇒魅惑（Artioli,Walter　?–）

Artmann, Hans Carl
オーストリアの詩人,劇作家。
⇒岩世人（アルトマン　1921.6.12–2000.12.4）
　現世文（アルトマン,ハンス・カール　1921.6.12–2000.12.4）

Artobolevskii, Ivan Ivanovich
ソ連の機械工学者。『機構の合成』(1944)でチェブイシェフ賞を得た。
⇒岩世人（アルトボレフスキー　1905.9.26/10.9–1977.9.21）

Artôt, Marguerite Joséphine Désirée
ベルギーのメゾ・ソプラノ,ソプラノ歌手。
⇒岩世人（アルトー　1835.7.21–1907.4.3）

Artschibatscheff, Boris
ロシアの画家。
⇒芸13（アルツィバチェフ,ボリス　1899–1968）

Artsikhovsky, Artemy Vladimirovich
ソ連の考古学者。
⇒岩世人（アルツィホフスキー　1902.12.13/26–1978.2.17）

Artsybashev, Mikhail Petrovich
ロシアの作家。十月革命後はポーランドへ亡命。
⇒岩世人（アルツイバーシェフ　1878.10.24/11.5–

1927.3.3）
学叢思（アルツィバーシェフ 1878–?）
現世文（アルツィバーシェフ,ミハイル 1878–1927.3.3）
広辞7（アルツィバーシェフ 1878–1927）
図翻（アルツィバーシェフ 1878.10.24–1927.3.3）
西文（アルツィバーシェフ,ミハイル・ペトロヴィチ 1878–1927）
比文増（アルツィバーシェフ（ミハイル・ペトロヴィチ） 1878（明治11）–1927（昭和2））

Artuzov, Artur Khristianovich
ソ連のインテリジェンス・オフィサー。
⇒スパイ（アルトゥゾフ,アルトゥール・フリスティアノヴィチ 1891–1937?）

Arum, Bob
アメリカのボクシング・プロモーター。
⇒岩世人（アラム 1931.12.8–）
外16（アラム,ボブ 1931.12.8–）

Arup, Erik
デンマークの歴史家。
⇒岩世人（アーロブ 1876.11.22–1951.9.23）

Arup, *Sir* Ove（Nyquist）
イギリスの土木技師。
⇒岩世人（アラップ 1895.4.16–1988.2.5）
世建（アラップ,オヴ 1895–1988）

Arutyunyan, Aleksandr Grigorevich
ソ連（アルメニア）の作曲家。
⇒岩世人（アルテュニャン 1920.9.23–2012.3.28）
ク音3（アルチュニャン 1920–）
標音2（アルチュニャン,アレクサンドル・グリゴリ 1920.9.23–）

Arzelá, Cesare
イタリアの数学者。
⇒世数（アルツェラ,チェザレ 1847–1912）

Arzner, Dorothy
アメリカの映画監督。
⇒映監（アーズナー,ドロシー 1897.1.3–1979）

Arzu, Alvaro
グアテマラの政治家,実業家。グアテマラ大統領（1996〜99）。
⇒外12（アルス,アルバロ 1946.1.14–）
外16（アルス,アルバロ 1946.1.14–）
世指導（アルス,アルバロ 1946.1.14–）

Asa
ナイジェリア,フランスのシンガー・ソングライター。
⇒外12（アシャ 1982–）
外16（アシャ 1982–）

al-Asad, Ḥāfiẓ
シリアの軍人,政治家。シリア大統領（1971〜2000）。
⇒岩イ（アサド 1930–2000）

岩世人（アサド,ハーフィズ 1930.10.6–2000.6.10）
広辞7（アサド 1930–2000）
政経改（アサド 1928–2000）
世指導（アサド,ハフェズ・アル 1930.10.6–2000.6.10）

Asad, Muḥammad
オーストリア（ユダヤ系）生まれのジャーナリスト。イスラムに改宗した代表的な西洋人の一人。
⇒岩世人（アサド,ムハンマド 1900.7.2–1992.2.20）

Asad, Ṭalāl
イギリス,アメリカの社会人類学者。
⇒岩世人（アサド,タラール 1933–）

Asadauskaite, Laura
リトアニアの近代五種選手。
⇒外16（アサダウスカイテ,ラウラ 1984.2.28–）
最世ス（アサダウスカイテ,ラウラ 1984.2.28–）

Asaf Ali, Aruna
インドの政治家。
⇒岩イ（アルナー・アーサフ・アリー 1909–1996）

Asafiev, Boris
ロシアの音楽学者,作曲家。
⇒岩世人（アサーフィエフ 1884.7.17/29–1949.1.27）
ク音3（アサフィエフ 1884–1949）
新音中（アサフィエフ,ボリス 1884.7.29–1949.1.27）
標音2（アサフィエフ,ボリス・ヴラディミロヴィチ 1884.7.29–1949.1.27）

Asagaroff, Grischa
ドイツのオペラ演出家。
⇒外12（アサガロフ,グリシャ）
外16（アサガロフ,グリシャ）

Asaro, Catherine
アメリカのSF作家,科学者。
⇒現世文（アサロ,キャサリン）

Asawa, Brian
アメリカのカウンターテナー歌手。
⇒外16（アサワ,ブライアン 1966–）

Åsberg, Marie
スウェーデンの精神薬理学における草分け的研究者。
⇒精医歴（アスベルグ,マリー 1938–）

Asch, Nathan
アメリカの小説家。作品『事務所』『シャトルでの愛』など。
⇒現世文（アッシュ,ネーサン 1902.7.10–1964.12.23）

Asch, Sholem
ポーランド,のちアメリカのイディシュ文学作

家,劇作家。1909年に渡米。主著『町』(1904),『ぬす人モッケ』(16)。
⇒岩世人（アッシュ　1880.11.1–1957.7.10）
現世文（アッシュ,ショーレム　1880.1.1–1957.7.10）
ユ著人（Asch,Sholem (Shalom)　アッシュ,ショーレム　1880–1957）

Asch, Solomon Elliot
ポーランド生まれのアメリカの心理学者。正統ゲシュタルト学派の一人。
⇒岩世人（アッシュ　1907.9.14–1996.2.20）
社小増（アッシュ　1907–）
社心小（アッシュ　1907–）

Aschaffenburg, Gustav
ドイツ（ユダヤ系）の精神医学者,精神科医。
⇒現精（アシャッフェンブルク　1866–1944）
現精縮（アシャッフェンブルク　1866–1944）

Aschoff, Ludwig
ドイツの病理学者。細網内皮細胞系統,虫垂炎,心臓疾患等の正常並に病理解剖研究に多くの業績がある。
⇒岩生（アショフ　1866–1942）
岩世人（アショフ　1866.1.10–1942.6.24）
ネーム（アショッフ　1866–1942）

Asciak, Paul
マルタのテノール歌手。
⇒魅惑（Asciak,Paul　1923–）

Ascoli, Alberto Abram
イタリアの医師,教育者。結核治療に対するワクチン接種のパイオニア。
⇒ユ著人（Ascoli,Alberto Abram　アスコリ,アルベルト・アブラム　1877–1957）

Aseev, Nikolai Nikolaevich
ソ連の詩人。
⇒岩世人（アセーエフ　1889.6.28/7.9–1963.7.16）
現世文（アセーエフ,ニコライ・ニコラエヴィチ　1889.7.9–1963.7.16）
ネーム（アセーエフ　1899–1963）

Asensi, Matilde
スペインの作家,ジャーナリスト。
⇒海文新（アセンシ,マティルデ　1962–）
現世文（アセンシ,マティルデ　1962–）

Asgarov, Toghrul
アゼルバイジャンのレスリング選手（フリースタイル）。
⇒外16（アスガロフ,トグルル　1992.9.17–）
最世ス（アスガロフ,トグルル　1992.9.17–）

Ásgrímsson, Halldór
アイスランドの政治家。アイスランド首相,アイスランド進歩党党首。
⇒世指導（アウスグリムソン,ハルドール　1947.9.8–2015.5.18）

Ashanti
アメリカ生まれの歌手,ダンサー。
⇒外12（アシャンティ　1980.10.13–）
外16（アシャンティ　1980.10.13–）

Ashbee, Charles Robert
イギリスのデザイナー,建築家,作家。
⇒岩世人（アシュビー　1863.5.17–1942.5.23）

Ashbery, John（Lawrence）
アメリカの詩人,評論家。
⇒アメ新（アシュベリー　1927–）
岩世人（アシュベリー　1927.7.28–）
現世文（アッシュベリー,ジョン　1927.7.28–2017.9.3）

Ashburn, Don Richard
アメリカの大リーグ選手（外野）。
⇒メジャ（アッシュバーン,リッチー　1927.3.19–1997.9.9）

Ashby, Alan Dean
アメリカの大リーグ選手（捕手）。
⇒メジャ（アシュビー,アラン　1951.7.8–）

Ashby, Andrew Jason
アメリカの大リーグ選手（投手）。
⇒メジャ（アシュビー,アンディ　1967.7.11–）

Ashby, Arthur Wilfred
イギリスの経済学者。
⇒岩世人（アシュビー　1886.8.19–1953.9.9）

Ashby, Hal
アメリカの映画監督。
⇒映監（アシュビー,ハル　1929.9.2–1988）

Ashby, Madeline
アメリカの作家。
⇒海文新（アシュビー,マデリン　1983–）

Ashcroft, John
アメリカの政治家。アメリカ司法長官。
⇒外12（アシュクロフト,ジョン　1942.5.9–）
世指導（アシュクロフト,ジョン　1942.5.9–）

Ashcroft, Dame Peggy
イギリスの女優。シェークスピア,チェーホフ,イプセンから現代劇にいたる幅広い分野で活躍。
⇒岩世人（アシュクロフト　1907.12.22–1991.6.14）
ク俳（アッシュクロフト,デイム・ペギー　1907–1991）

Ashcroft, Richard
イギリスのミュージシャン。
⇒外12（アシュクロフト,リチャード　1971.9.11–）
外16（アシュクロフト,リチャード　1971.9.11–）

Ashdown, Paddy
イギリスの政治家。イギリス自由民主党（LDP）党首。

⇒岩世人（アシュダウン　1941.2.27–）
　世指導（アシュダウン，パディ　1941.2.27–）

Asher, Jane
イギリス生まれの女優。
⇒ク俳（アッシャー，ジェイン　1946–）
　ピト改（ASHER,JANE　アッシャー，ジェーン）

Asher, Jay
アメリカの作家。
⇒海文新（アッシャー，ジェイ　1975–）
　現世文（アッシャー，ジェイ　1975–）

Asher, Ken
アメリカのピアノ奏者，プロデューサー。
⇒ピト改（ASHER,KEN　アッシャー，ケン）

Asher, Neal
イギリスの作家。
⇒外12（アッシャー，ニール　1961–）
　外16（アッシャー，ニール　1961–）
　海文新（アッシャー，ニール　1961–）
　現世文（アッシャー，ニール　1961–）

Asher, Peter
イギリスの歌手，ギター奏者，プロデューサー。
⇒ピト改（ASHER,PETER　アッシャー，ピーター）
　ロック（Peter and Gordon　ピーター&ゴードン　1944.6.22–）

Asherson, Renée
イギリス生まれの女優。
⇒ク俳（アシャースン，ルネ（アシャースン,R）1915–）

Ashford, Nickolas
アメリカの歌手，ソングライター。
⇒ロック（Ashford and Simpson　アシュフォード&シンプソン）

Ashin
台湾のミュージシャン。
⇒外12（阿信　アシン　1975–）
　外16（アシン　1975–）

Ashin Htarwara
ミャンマー（ビルマ）の僧侶。
⇒外16（アシン・ターワラ）

Ashkenazy, Vladimir
ロシア生まれのアイスランドのピアノ奏者，指揮者。
⇒岩世人（アシュケナージ　1937.7.6–）
　外12（アシュケナージ，ウラディーミル　1937.7.6–）
　外16（アシュケナージ，ウラディーミル　1937.7.6–）
　新音中（アシュケナージ，ヴラディーミル　1937.7.6–）
　ネーム（アシュケナージ　1937–）
　標音2（アシュケナージ，ヴラディミル　1937.7.6–）

ユ著人（Ashkenazi,Vladimir　アシュケナージ，ウラディーミル　1937–）

Ashley, Elizabeth
アメリカ生まれの女優。
⇒ク俳（アシュリー，エリザベス（コウル,E）1939–）

Ashley, Laura
イギリスの服飾デザイナー。
⇒岩世人（アシュリー　1925.9.7–1985.9.17）
　ポブ人（アシュレイ，ローラ　1925–1985）

Ashley, Mike
イギリスのSF・ファンタジー・ホラー研究家，アンソロジスト。
⇒外16（アシュリー，マイク　1948–）

Ashley, Robert
アメリカの作曲家。
⇒現音キ（アシュリー，ロバート　1930–）

Ashley, Tom
ニュージーランドのヨット選手。
⇒外12（アシュリー，トム　1984.2.11–）
　最世ス（アシュリー，トム　1984.2.11–）

Ashley, *Sir* William James
イギリスの経済史家，経済学者。
⇒岩経（アシュレー　1860–1927）
　岩世人（アシュリー　1860.2.25–1927.7.23）
　学叢思（アシュレー，サー・ウィリアム・ジェームズ　1860–?）
　ネーム（アシュリー　1860–1927）

'Ashmāwī, Muḥammad Sa'īdal-
エジプトの法律家。
⇒岩イ（アシュマーウィー　1932–）

Ashraf, Raja Pervez
パキスタンの政治家。パキスタン首相。
⇒外16（アシュラフ，ラジャ・ペルベズ　1950.12.26–）
　世指導（アシュラフ，ラジャ・ペルベズ　1950.12.26–）

Ashraf Pahlavī
イランの王女。
⇒岩イ（アシュラフ・パフラヴィー　1919–）
　岩世人（アシュラフ・パフラヴィー　1919.10.26–）

Ashrawi, Hanan
パレスチナの人権活動家，政治家，英文学者。
⇒外16（アシュラウィ，ハナン　1946.10.8–）
　世指導（アシュラウィ，ハナン　1946.10.8–）

Ashton, Catherine
イギリスの政治家，外交官。
⇒外12（アシュトン，キャサリン　1956.3.20–）
　外16（アシュトン，キャサリン　1956.3.20–）
　世指導（アシュトン，キャサリン　1956.3.20–）

Ashton, Chris
イギリスのラグビー選手 (サラセンズ・WTB)。
⇒最世ス (アシュトン, クリス 1987.3.29–)

Ashton, *Sir* **Frederick**
イギリスの振付師, ロイヤル・バレエ団芸術監督。
⇒岩世人 (アシュトン 1904.9.17–1988.8.18)

Ashton, Peter Shaw
イギリスの森林学者。
⇒外12 (アシュトン, ピーター・ショウ 1934.6.27–)

Ashton, Thomas Southcliffe
イギリスの経済史学者。
⇒岩世人 (アシュトン 1889.1.11–1968.9.22)
　有経5 (アシュトン 1889–1968)

Ashton, Will
イギリスの画家。風景画家。
⇒岩世人 (アシュトン 1881.9.20–1963.9.1)

Ashton-Warner, Sylvia
ニュージーランドの小説家。
⇒ニュー (アシュトン=ウォーナー, シルヴィア 1908–1984)

Ashu, Mustafa
ヨルダン国王アブドゥラー・イブン・フセインの暗殺者。
⇒世暗 (アシュ, ムスタファ 1930–1951)

Ashworth, Frederick
アメリカ海軍将校。
⇒ネーム (アッシュワース 1912–2005)

Asimov, Isaac
ロシア生まれのアメリカの生化学者, SF作家。著書『幸福の星および小惑星の掠奪者』(1953)など。
⇒アメ新 (アシモフ 1920–1992)
　岩世人 (アシモフ 1920.1.2–1992.4.6)
　現世文 (アシモフ, アイザック 1920.1.2–1992.4.6)
　広辞7 (アシモフ 1920–1992)
　ネーム (アシモフ 1920–1992)
　ポプ人 (アシモフ, アイザック 1920–1992)
　ユ著人 (Asimov,Isaac アシモフ, アイザック 1920–1992)

Askwith, Robin
イギリス生まれの俳優。
⇒ク俳 (アスクウィズ, ロビン 1950–)

Aslan, Reza
アメリカの作家, 宗教学者。
⇒外12 (アスラン, レザー 1972–)
　外16 (アスラン, レザー 1972–)

Asloum, Brahim
フランスのプロボクサー。
⇒最世ス (アスローム, ブラヒム 1979.1.31–)

Asmahān
アラブの歌手, 映画俳優。
⇒岩世人 (アスマハーン 1917.11.23–1944.7.14)

Asmussen, Hans
ドイツのプロテスタント神学者。戦後ドイツ・プロテスタント教会の理事長となる (1945～48)。
⇒岩世人 (アスムッセン 1898.8.21–1968.12.30)
　新カト (アスムッセン 1898.8.21–1968.12.30)

Asner, Ed
アメリカ生まれの俳優。
⇒ユ著人 (Asner,Edward アズナ, エドワード 1929–)

Asomugha, Nnamdi
アメリカのプロフットボール選手 (49ers・CB)。
⇒最世ス (アソムハ, ナムディ 1981.7.6–)

Aspelin, Johannes Reinhold
フィンランドの考古学者。シベリアのエニセイ川上流を調査 (1887～89)。
⇒岩世人 (アスペリーン 1842.8.1–1915.5.29)

Asperger, Hans
オーストリアの小児神経科医。
⇒現精 (アスペルガー 1906–1980)
　現精縮 (アスペルガー 1906–1980)

Aspin, Les
アメリカの政治家。アメリカ国防長官。下院議員 (民主党)。
⇒世指導 (アスピン, レス 1938.7.21–1995.5.21)

Aspinall, Neil
イギリスのビートルズのロード・マネージャー。
⇒ビト改 (ASPINALL,NEIL アスピノール, ニール)

Asplund, Erik Gunnar
スウェーデンの建築家。
⇒岩世人 (アスプルンド 1885.9.22–1940.10.20)

Asprilla, Faustino
コロンビアのサッカー選手。
⇒異二辞 (アスプリージャ [ファウスティーノ・～] 1969–)

Aspromonte, Robert Thomas
アメリカの大リーグ選手 (三塁, 外野)。
⇒メジャ (アズプロモンテ, ボブ 1938.6.19–)

Asquith, Anthony
イギリスの映画監督。
⇒岩世人 (アスキス 1902.11.9–1968.2.20)

A

Asquith, *Lady* Cynthia
イギリスの小説家、アンソロジスト。ウェミスの11代目伯爵令嬢。
⇒現世文（アスキス、シンシア 1887.9.27–1960.5.31）

Asquith, Herbert Henry
イギリスの政治家。1886年自由党で政界入り。1908〜16年首相。著書『イギリス議会50年』(26)。
⇒岩世人（アスキス 1852.9.12–1928.2.15）
広辞7（アスキス 1852–1928）
世人新（アキレス 1852–1928）
世人装（アキレス 1852–1928）
ネーム（アスクィス 1852–1928）

Asrul Sani
インドネシアの詩人、演出家。
⇒現世文（アスルル・サニ 1926.6.10–2004.1.11）

***al-*Assad, Bashar**
シリアの政治家、軍人。シリア大統領(2000〜)、シリア国軍最高司令官、バース党地域指導部書記長。
⇒岩世人（アサド、バッシャール 1965.9.11–）
外12（アサド、バッシャール・アル 1965.9.11–）
外16（アサド、バッシャール・アル 1965.9.11–）
世指導（アサド、バッシャール・アル 1965.9.11–）
世人新（アサド 1965–）
世人装（アサド 1965–）

Assad, Odair
ブラジルのギター奏者。
⇒外12（アサド、オダイル 1956–）
外16（アサド、オダイル 1956–）
新音中（アサド兄弟 1956–）

Assad, Rifaat al
シリアの政治家。シリア副大統領。
⇒世指導（アサド、リファート・アル）

Assad Simão, Sergio
ブラジルのギター奏者。
⇒外12（アサド、セルジオ 1952–）
外16（アサド、セルジオ 1952–）
新音中（アサド兄弟 1952–）

Assandri, Virginio
イタリアのテノール歌手。
⇒魅惑（Assandri,Virginio 1902–1967）

Assange, Julian
オーストラリアのジャーナリスト、コンピュータープログラマー。ウィキリークス創設者。
⇒外12（アサンジ、ジュリアン 1971–）
外16（アサンジ、ジュリアン 1971.7.3–）
ネーム（アサンジ 1971–）

Assante, Armand
アメリカ生まれの俳優。
⇒ク俳（アサンテ、アーマンド 1949–）

Assayas, Olivier
フランスの映画監督、脚本家。
⇒外12（アサイヤス、オリヴィエ 1955.1.25–）
外16（アサイヤス、オリヴィエ 1955.1.25–）

Asselborn, Ariel
アルゼンチンのギター奏者。
⇒外12（アッセルボーン、アリエル 1976–）

Asselin, Maurice
フランスの画家。
⇒芸13（アッスラン、モーリス 1882–1947）

Assenmacher, Paul Andre
アメリカの大リーグ選手(投手)。
⇒メジャ（アッセンマッカー、ポール 1960.12.10–）

Asser, Tobias Michael Carel
オランダの法律家。
⇒岩世人（アッセル 1838.4.28–1913.11.29）
ノベ3（アセル,T.M.C. 1838.4.28–1913.7.29）
ユ著人（Asser,Tobias Michael Carel アセル,トビアス・ミカエル・カレル 1838–1913）

Assis
ブラジルのサッカー選手。
⇒外12（アシス 1971.1.10–）

Assmann, Aleida
ドイツの英文学、エジプト学、文化学研究者。
⇒岩世人（アスマン 1947.3.22–）

Assmann, Hugo
ブラジル出身の神学者。
⇒岩キ（アスマン 1933–）
岩世人（アスマン 1933–2008.2.22）

Assmann, Richard
ドイツの気象学者。テスラン・ド・ボールとともに成層圏の発見者。
⇒岩世人（アスマン 1845.4.14–1918.5.28）

Astacio, Pedro Julio
アメリカの大リーグ選手(投手)。
⇒メジャ（アスタシオ、ペドロ 1969.11.28–）

Astaf'ev, Viktor Petrovich
ロシアの農村派の作家。
⇒現世文（アスターフィエフ、ヴィクトル 1924–2001.11.29）

Astaire, Fred
アメリカ生まれの男優、ダンサー。
⇒遺産（アステア、フレッド 1899.5.10–1987.6.22）
岩世人（アステア 1899.5.10–1987.6.22）
ク俳（アステア、フレッド（オースターリッツ,F 1899–1987）
新音中（アステア、フレッド 1899.5.10–1987.6.22）
スター（アステア、フレッド 1899.5.10–1987）

ネーム（アステア, フレッド　1899–1987）
標音2（アステア, フレッド　1899.5.10–1987.6.22）
ボブ人（アステア, フレッド　1899–1987）

Astaix, Claire
フランス生まれの女性画家。
⇒芸13（アステックス, クレール　1953–）

Astbury, William Thomas
イギリスの生物物理学者。X線結晶学の研究をし,1937年ベルと共にDNAの写真撮影に初めて成功した。
⇒岩生（アストベリー　1898–1961）

Astley, Thea
オーストラリアの女性小説家。
⇒現世文（アスリー, シーア　1925.8.25–2004.8.17）

Aston, Francis William
イギリスの化学者,物理学者。ネオンの同位体分離を研究,22年ノーベル化学賞受賞。
⇒岩世人（アストン　1877.9.1–1945.11.20）
オク科（アストン（フランシス・ウィリアム）　1877–1945）
化学（アストン　1877–1945）
広辞7（アストン　1877–1945）
三新物（アストン　1877–1945）
ネーム（アストン　1877–1945）
ノベ3（アストン, F.W.　1877.9.1–1945.11.20）

Aston, William George
イギリスの外交官。1864年公使館通訳生として来日,日本文化の研究に従事。
⇒岩世人（アストン　1841.4.9–1911.11.22）
広辞7（アストン　1841–1911）
比文増（アストン（ウイリアム・ジョージ）　1841（天保12）–1911（明治44））
来日（アストン, ウィリアム・ジョージ　1841–1911）

Astor, John Jacob, Baron
イギリスの新聞経営者。ノースクリフから「ザ・タイムズ」紙を買収し(1922),支配権を握った。
⇒岩世人（アスター　1886.5.20–1971.7.19）

Astor, Mary
アメリカの女優。
⇒ク俳（アスター, メアリー（ラングハンケ, ルシル）　1906–1987）
スター（アスター, メアリー　1906.5.3–1987）

Astor, Nancy Witcher, Viscountess
イギリスの女性政治家。イギリスで婦人が参政権を獲得してのち最初の選挙に当選(1919)。
⇒岩世人（アスター　1879.5.19–1964.5.2）

Astor, William Vincent
アメリカの実業家。アスター家の一族。
⇒アメ経（アスター, ウィリアム　1891.11.15–1959.2.2）
スパイ（アスター, ウィリアム・ヴィンセント　1891–1959）

Astrain, Antonio
スペインのイエズス会士,歴史家。
⇒新カト（アストライン　1857.11.17–1928.1.4）

Asturaro, Alfonso
イタリアの社会学者。
⇒学叢思（アスツラロ, アルフォンゾ　?–1915頃）

Asturias, Miguel Àngel
グアテマラの小説家,詩人,外交官。1967年ノーベル文学賞受賞。代表作『グアテマラの伝説』(1930)。
⇒岩世人（アストゥリアス　1899.10.19–1974.6.9）
現世文（アストゥリアス, ミゲール　1899.10.19–1974.6.9）
広辞7（アストゥリアス　1899–1974）
ネーム（アストゥリアス　1899–1974）
ノベ3（アストゥリアス, M.A.　1899.10.19–1974.6.9）
ラテ新（アストゥリアス　1899–1974）

Asy'ari, Mohammad Hasyim
インドネシアの宗教家。宗教組織ナフダトゥル・ウラマ（NU）の設立者。
⇒岩世人（アシャリ, ハシム　1871.2.14–1947.7.25）

Asylmuratova, Altynai
ロシアのダンサー。
⇒外12（アシルムラートワ, アルティナイ　1961.1.1–）
外16（アシルムラートワ, アルティナイ　1961.1.1–）

Atalay, Besim
トルコのトルコ語学会研究員,代議士。
⇒岩世人（アタライ　1882–1965.11.7）

Atamanov, Lev
ロシア生まれのアニメーション作家。
⇒アニメ（アタマノフ, レフ　1905–1981）

Atambayev, Almazbek
キルギスの政治家。キルギス大統領(2011～17)。
⇒外12（アタムバエフ, アルマズベク　1956.9.17–）
外16（アタムバエフ, アルマズベク　1956.9.17–）
世指導（アタムバエフ, アルマズベク　1956.9.17–）

Atanasoff, John Vincent
アメリカの物理学者,コンピューターの開拓者。
⇒岩世人（アタナソフ　1903.10.4–1995.6.15）

Atanasov, Georgy
ブルガリアの作曲家,指揮者。
⇒標音2（アタナソフ, ゲオルギ　1882.5.6–1931.11.17）

Atasi, Nuruddin Mustafa
シリアの政治家。シリア大統領(1966～70)。

⇒岩イ（アタースィー　1929頃–1992）
岩世人（アタースィー、ヌールッディーン　1929–1992）

Atcheson, George, Jr.
アメリカの外交官。占領の初期マッカーサー総司令官の政治顧問団長を務めた。
⇒アア歴（Atcheson,George,Jr　アチスン、ジョージ、ジュニア　1896.10.20–1947.8.16）
岩世人（アチソン　1896.10.20–1947.8.17）

Atget, Jean Eugène Auguste
フランスの写真家。パリの風物、歴史的建造物、市民の商売、生活等を撮影記録。
⇒異二辞（アジェ［ウジェーヌ・～］　1857–1927）
岩世人（アジェ　1857.2.12–1927.8.4）
芸13（アッジェ、ウージェーヌ　1856–1927）
広辞7（アジェ　1857–1927）

Athénagóras, Kavadas
ギリシア生まれの聖職者。コンスタンティノポリス総主教座在外主教、世界教会議会ギリシア正教代表団長などをつとめる。著書"Predigten"など。
⇒岩世人（アテナゴラス1世　1886.3.25/4.6–1972.7.7）
オク教（アテナゴラス　1886–1972）
新カト（アテナゴラス1世　1886.3.25–1972.7.7）

Atherton, Gertrude Franklin
アメリカの女性作家。カリフォルニアに取材した作品が多い。
⇒現世文（アサートン、ガートルード・フランクリン　1857.10.30–1948.6.14）

Athitapha
タイの王族、親王。
⇒岩世人（アーティットアーバー　1904.7.24–1946.5.19）

Atiman, Adrian
アフリカ出身のカテキスタ、タンザニアの医師。
⇒新カト（アティマン　1866頃–1956.4.25）

Atir, Yiftach Reicher
イスラエルの作家。
⇒現世文（アティル、エフタ・ライチャー　1949–）

Atiyah, Edward Selim
レバノン生まれのイギリスの作家。
⇒現世文（アタイヤ、エドワード　1903–1964）

Atiyah, Michael Francis
イギリスの数学者。
⇒岩世人（アティヤ　1929.4.22–）
外12（アティヤー、マイケル・フランシス　1929.4.22–）
外16（アティヤー、マイケル・フランシス　1929.4.22–）
数辞（アティヤ、マイクル・フランシス　1929–）
世数（アティヤ、マイケル・フランシス　1929–）

Atkins, Ace
アメリカの作家。
⇒外12（アトキンス、エース　1970–）
外16（アトキンス、エース　1970–）
海文新（アトキンズ、エース　1970.6.28–）
現世文（アトキンス、エース　1970.6.28–）

Atkins, Bella
イギリスの情報部員。
⇒スパイ（アトキンス、ヴェラ　1908–2000）

Atkins, Chet
アメリカのギター奏者。
⇒アメ州（Atkins,Chet　アトキンス、チェット　1924–）
新音中（アトキンズ、チェット　1924.6.20–）
標音2（アトキンス、チェット　1924.6.20–2001.6.30）
ロック（Atkins,Chet　アトキンス、チェット　1924.6.20–）

Atkins, Clarence
マルコムXの友人。
⇒マルX（ATKINS,CLARENCE　アトキンス、クラレンス　1921–2004）

Atkins, John
イギリスのジャーナリスト。
⇒ヘミ（アトキンズ、ジョン　1916–2009）

Atkins, William H.
アメリカ・ミシシッピ生まれの風景画家。
⇒芸13（アトキンス、ウイリアム・H　?–）

Atkins, William Ringrose Gelston
イギリスの海洋学者。海洋化学、海水の生産力調査に貢献。
⇒岩世人（アトキンズ　1884.9.4–1959.4.4）

Atkinson, Anna Peck
アメリカのメソジスト監督派教会宣教師。東京築地海岸女学校、英和女学校各校長。
⇒岩世人（アトキンソン　1860–1958.4.18）

Atkinson, Anthony Barnes
イギリスの経済学者。
⇒外12（アトキンソン、アンソニー　1944.9.4–）
外16（アトキンソン、アンソニー　1944.9.4–）
現社福（アトキンソン　1944–）

Atkinson, Conrad
イギリス生まれの芸術家。
⇒芸13（アトキンソン、コンラッド　1940–）

Atkinson, Fred Washington
アメリカの教育者。
⇒アア歴（Atkinson,Fred（Washington）　アトキンソン、フレッド・ワシントン　1865.5.23–1941.10.21）

Atkinson, John Laidlaw
アメリカの宣教師。日本文化（仏教）研究家。
⇒岩世人（アトキンソン　1842.8.12–1908.2.17）

Atkinson, John William
アメリカの心理学者。ミシガン大学助教授。著書 "The achievement motive" "On Personality, motivation,and achievement" など。
⇒岩世人（アトキンソン　1923.12.31–2003.10.27）

Atkinson, Kate
イギリスの作家。
⇒外12（アトキンソン，ケイト　1951–）
　外16（アトキンソン，ケイト　1951–）
　現世文（アトキンソン，ケイト　1951–）

Atkinson, Lynton
イギリスのテノール歌手。
⇒魅惑（Atkinson,Lynton　?–）

Atkinson, Robert William
イギリスの化学者。1874年来日し、東京開成学校で化学を教授。
⇒岩世人（アトキンソン　1850–1929.12.10）
　化学（アトキンソン　1850–1929）
　広辞7（アトキンソン　1850–1929）
　ネーム（アトキンソン　1850–1929）

Atkinson, Rowan
イギリスの俳優。
⇒外12（アトキンソン，ローワン　1955.1.6–）
　外16（アトキンソン，ローワン　1955.1.6–）
　ネーム（アトキンソン，ローワン　1955–）

*Dr.***Atl**
メキシコの画家、版画家、著述家。
⇒岩世人（アトル　1875.10.3–1964.8.14）

Atlantov, Vladimir
ロシアのテノール歌手。
⇒失声（アトラントフ，ウラディーミル　1939–）
　魅惑（Atlantov,Vladimir　1939–）

Atsız, Hüseyin Nihal
トルコの思想家。
⇒岩世人（アトスズ　1905–1975.12.11）

Attaff, Ahmed
アルジェリアの政治家。アルジェリア外相。
⇒世指導（アタフ，アハメド　1953.7.10–）

Attali, Jacques
フランスの経済学者、思想家。フランス大統領特別顧問、欧州復興開発銀行（EBRD）総裁。
⇒岩世人（アタリ　1943.11.1–）
　外12（アタリ，ジャック　1943.11.1–）
　外16（アタリ，ジャック　1943.11.1–）
　現世文（アタリ，ジャック　1943.11.1–）
　メル別（アタリ，ジャック　1943–）

Attas, Haidal Abu Bakr al
イエメンの政治家。イエメン首相。
⇒世指導（アッタス，ハイダル・アブ・バクル・アル　1939–）

Attenborough, David Frederick
イギリスのナチュラリスト、映画製作者、著述家。
⇒外12（アッテンボロー，デービッド　1926.5.8–）
　外16（アッテンボロー，デービッド　1926.5.8–）

Attenborough, *Sir* **Richard**
イギリス生まれの男優、映画監督、映画製作者。
⇒映監（アッテンボロー，リチャード　1923.8.29–）
　外12（アッテンボロー，リチャード　1923.8.29–）
　ク俳（アッテンボロー，サー・リチャード（アッテンボロー，ロード）　1923–）

Atterberg, Kurt Magnus
スウェーデンの作曲家、指揮者。ストックホルムの王立音楽院主事（1940）。
⇒岩世人（アッテルベリ　1887.12.12–1974.2.15）
　ク音3（アッテルベリ　1887–1974）
　新音中（アッテルベリ，クット　1887.12.12–1974.2.15）
　標音2（アッテルベリー，クルト　1887.12.12–1974.2.15）

Attila The Hun
トリニダード・トバゴのカリプソ歌手。
⇒岩世人（アッティラ・ザ・フン　1892.3.24–1962.2.22）

Attlee, Clement Richard
イギリスの政治家、首相。
⇒岩世人（アトリー　1883.1.3–1967.10.8）
　広辞7（アトリー　1883–1967）
　世史改（アトリー　1883–1967）
　世人新（アトリー　1883–1967）
　世人装（アトリー　1883–1967）
　ネーム（アトリー　1833–1967）
　ポプ人（アトリー，クレメント　1883–1967）

Attwater, Donald
イギリスのカトリック著述家。東方教会の問題を研究。
⇒岩世人（アトウォーター　1892.12.24–1977.2.3）
　新カト（アトウォーター　1892.12.24–1977.2.3）

Atwater, Wilbur Olin
アメリカの農学者、栄養学者。アトウォーター呼吸熱量計の発明者。
⇒岩世人（アトウォーター　1844.5.3–1907.9.22）
　化学（アトウォーター　1844–1907）

Atwood, Margaret Eleanor
カナダの女性詩人、小説家、批評家。現代カナダ文学の代表。
⇒岩世人（アトウッド　1939.11.18–）
　外12（アトウッド，マーガレット　1939.11.18–）
　外16（アトウッド，マーガレット　1939.11.18–）
　現世文（アトウッド，マーガレット　1939.11.18–）

広辞7（アトウッド　1939–）

Atwood, Wallace Walter
アメリカの地理学者，地質学者。「Economic Geography」誌の創刊者で編集者（1925〜）。
⇒岩世人（アトウッド　1872.10.1–1949.7.24）
ネーム（アトウッド　1872–1949）

Atxaga, Bernardo
スペインの詩人，作家。
⇒現世文（アチャーガ，ベルナルド　1951–）

Atzberger, Leonhard
ドイツのカトリック教義学者。
⇒岩世人（アッツベルガー　1854.6.23–1918.3.10）

Aub, Max
スペインの劇作家，小説家，評論家。1942年以来メキシコに住む。作品には戯曲『デセアーダ』や小説『ジュセップ・トレス・カンプラン』（58）など。
⇒岩世人（アウブ　1903.6.2–1972.7.22）
現世文（アウブ，マックス　1903.6.2–1972.7.22）
ユ著人（Aub,Max　アウブ，マックス　1903–1972）

Aubert, Brigitte
フランスのミステリ作家。
⇒現世文（オベール，ブリジット　1956–）

Aubert, Louis
フランスのピアノ奏者，作曲家。フランス学士院の会員オペラ『青い森』，交響詩『ハバネラ』などの作品がある。
⇒ク音3（オーベール　1877–1968）
標音2（オベール，ルイ　1877.2.19–1968.1.9）

Aubert, Roger
ベルギーの教会史家。
⇒新カト（オーベール　1914.1.16–2009.9.2）

Aubier, Eric
フランスのトランペット奏者。
⇒外12（オービエ，エリック　1960–）
外16（オービエ，エリック　1960–）

Aubin, Hermann
西ドイツの歴史家。ラインラント歴史地誌学研究所を設立（1921），その指導に当り，今日の西ドイツにおける地域史研究の開拓者となる。
⇒岩世人（オーバン　1885.12.23–1969.3.11）

Auboyer, Jeannine
フランスの女流インドおよび東洋美術研究家。1948年よりルーヴル学校教授。
⇒岩世人（オーボワイエ　1912.9.6–1990）

Aubréville, André
フランスの植物学者。
⇒岩世人（オーブレヴィーユ　1897.11.30–1982.8.11）

Aubrey, Anne
イギリスの女優。
⇒ク俳（オーブリー，アン　1937–）

Aubrière, Jeanne
フランスの画家。
⇒芸13（オーブリエール，ジェーン　1915–）

Aubry, Cécile
フランス生まれの女優，作家。
⇒現世文（オーブリー，セシル　1928.8.3–2010.7.19）

Aubry, Martine
フランスの政治家。フランス社会党第一書記，リール市長，フランス雇用連帯相。
⇒外12（オブリ，マルティーヌ　1950.8.8–）
外16（オブリ，マルティーヌ　1950.8.8–）
世指導（オブリ，マルティーヌ　1950.8.8–）

Aubry, Octave
フランスの歴史家。主著 "Le Roi de Rome"（1932）。
⇒岩世人（オブリ　1881.9.1–1946.3.27）

Auchincloss, Louis
アメリカの作家，弁護士。
⇒岩世人（オーキンクロス　1917.9.27–2010.1.26）
現世文（オーキンクロス，ルイス　1917.9.27–2010.1.26）

Auden, Wystan Hugh
イギリスの詩人。作品に『演説家たち』（1932）など。
⇒アメ州（Auden,Wystan Hugh　オーデン，ウイスタン　1907–1973）
岩キ（オーデン　1907–1973）
岩世人（オーデン　1907.2.21–1973.9.28）
現世文（オーデン，W.H.　1907.2.21–1973.9.28）
広辞7（オーデン　1907–1973）
西文（オーデン　1907–1973）
ネーム（オーデン　1907–1973）
標音2（オーデン，ウィスタン・ヒュー　1907.2.21–1973.9.29）

Audiard, Jaques
フランスの映画監督，脚本家。
⇒外12（オディアール，ジャック　1952–）
外16（オディアール，ジャック　1952–）

Audiberti, Jacques
フランスの劇作家，詩人，小説家。戯曲『アンペルール』（1928）など。
⇒岩世人（オーディベルティ　1899.3.25–1965.7.10）
現世文（オーディベルティ，ジャック　1899–1965）

Audisio, Gabriel
フランス生まれの作家。
⇒現世文（オーディジョ，ガブリエル　1900.7.27–1978.1.26）

Audisio, Walter
イタリアの政治家。上院議員（共産党）。ベニト・ムッソリーニを暗殺した。
⇒世暗（アウディシオ, ヴァルテル　1909–1973）

Audouin-Mamikonian, Sophie
フランスの作家。
⇒外12（オドゥワン・マミコニアン, ソフィー　1961–）
　外16（オドゥワン・マミコニアン, ソフィー　1961–）
　海文新（オドゥワン=マミコニアン, ソフィー　1961.8.24–）
　現世文（オドゥワン・マミコニアン, ソフィー　1961.8.24–）

Audoux, Margueritte
フランスの女性小説家。自伝的作品『マリー・クレール』(1910) など。
⇒現世文（オードゥー, マルグリット　1863.7.7–1937.2.1）

Auel, Jean M.
アメリカの女性作家。
⇒外12（アウル, ジーン　1936–）
　外16（アウル, ジーン・M.　1936–）
　現世文（アウル, ジーン・M.　1936–）

Auer, Ignaz
ドイツの社会民主党員。ゴータ大会 (1875) の後、党書記に就任し、ドイツ国会議員 (77～90)。
⇒岩世人（アウアー　1846.4.19–1907.4.10）
　学叢思（アウエル, イグナーツ　1846–1907）

Auer, James E.
アメリカのバンダービルト大学教授、国防総省国際安全保障局日本部長。
⇒外12（アワー, ジェームズ　1941–）
　外16（アワー, ジェームズ　1941–）

Auer, Leopold
ハンガリーのヴァイオリン奏者、教育者。1868年よりロシア王室音楽協会を主宰。
⇒岩世人（アウアー　1845.6.7–1930.7.15）
　新音中（アウアー, レーオポルト　1845.6.7–1930.7.15）
　ネーム（アウアー　1845–1930）
　標音2（アウアー, レオポルド　1845.6.7–1930.7.15）
　ユ著人（Auer,Leopold von　アウアー, レオポルド・フォン　1845–1930）

Auer, Margit
ドイツのジャーナリスト、作家。
⇒海文新（アウアー, マルギット）
　現世文（アウアー, マルギット）

Auerbach, Charlotte
スコットランドの遺伝学者。
⇒物理（アワーバック, シャーロット　1899–1994）

Auerbach, Erich
ドイツの文芸学者。『ミメーシス』(1946) によって、欧米の文学研究、文学批評に多大な影響を及ぼした。
⇒岩キ（アウエルバッハ　1892–1957）
　岩世人（アウエルバッハ　1892.11.9–1957.10.13）
　比文増（アウエルバッハ（エーリッヒ）　1892（明治25）–1957（昭和32））

Auerbach, Frank
ドイツの画家。
⇒芸13（アウアバッハ, フランク　1931–）

Auerbach, Red
アメリカのバスケットボールのコーチ。
⇒岩世人（アワーバック　1917.9.20–2006.10.28）

Auernheimer, Raoul
オーストリアの作家。喜劇 "Casanova in Wien" (1924) および小説 "Metternich" (1947) で知られている。
⇒岩世人（アウエルンハイマー　1876.4.15–1948.1.6）
　現世文（アウエルンハイマー, ラウール　1876.4.15–1948.1.6）

Auer von Welsbach, Carl Freiherr
オーストリアの化学者。
⇒岩世人（アウアー　1858.9.1–1929.8.4）
　化学（アウアー・フォン・ヴェルスバッハ　1858–1929）
　三新物（アウエル=フォン=ウェルスバッハ　1858–1929）

Auezov, Mukhtar Omar-Khanovich
カザフスタンの作家、文芸学者。
⇒岩イ（アウエゾフ　1897–1961）
　岩世人（アウエーゾフ　1897.9.16/28–1961.6.27）
　現世文（アウエーゾフ, ムフタル　1897–1961.6.27）

Augér, Arleen
アメリカのソプラノ歌手。
⇒オペラ（オジェー, アーリーン　1939–1993）

Auger, Brian
イギリスのキーボード奏者、歌手、作曲家。
⇒ロック（Auger,Brian　オーガー, ブライアン　1939.7.18–）

Auger, Henri-Marie-Joseph
フランスのパリ外国宣教会司祭、日本宣教師。
⇒新カト（オージェ　1883.4.4–1916.3.6）

Auger, Pierre Victor
フランスの物理学者。
⇒天文辞（オージェ　1899–1993）

Augeri, Steve
アメリカのロック歌手。
⇒外12（オウジェリー, スティーブ）
　外16（オウジェリー, スティーブ）

Augouard, Prosper-Philippe
アフリカ赤道地帯で活動した聖霊修道会宣教師。
⇒新カト（オグアール　1852.9.16–1921.10.7）

Augstein, Rudolf
西ドイツのジャーナリスト，出版社経営者。1946年ニュース雑誌「デア・シュピーゲル」を創刊。
⇒岩世人（アウクシュタイン　1923.11.5–2002.11.7）

August, Bille
デンマークの映画監督。
⇒映監（アウグスト，ビレ　1948.11.9–）
外12（アウグスト，ビレ　1948.11.9–）
外16（アウグスト，ビレ　1948.11.9–）

Augusto
ブラジルのサッカー監督（ブラジリアFC），サッカー選手。
⇒外12（アウグスト　1968.11.5–）

Aujame, Jean
フランスの画家。
⇒芸13（オージャム，ジャン　1905–1965）

Auker, Elden Le Roy
アメリカの大リーグ選手（投手）。
⇒メジャ（オーカー，エルデン　1910.9.21–2006.8.4）

Aulagnier, Daniel
フランス生まれの画家。
⇒芸13（オラニエ，ダニエル　1943–）

Aulard, François Victor Alphonse
フランスの歴史家。主著『フランス革命政治史』(1901)。
⇒岩世人（オラール　1849.7.19–1928.10.23）

Auld, William
イギリスの詩人。
⇒現世文（オールド，ウィリアム　1924–2006）
日エ（オールド　1924.11.6–2006.9.11）

Aulen, Gustav Emmanuel Hildebrand
スウェーデンの神学者。
⇒岩世人（アウレーン　1879.5.15–1977.12.16）
オク教（アウレン　1879–1977）
新カト（アウレン　1879.5.15–1977.12.16）

Aulenti, Gae（tana）
イタリアの建築家。
⇒外12（アウレンティ，ガエ　1927.12.4–）

Auletta, Ken
アメリカのジャーナリスト，作家。
⇒外12（オーレッタ，ケン　1942–）
外16（オーレッタ，ケン　1942–）

Aulin, Tor
スウェーデンのヴァイオリン奏者，指揮者。ストックホルム・オペラ管弦楽団首席奏者，イェーテボリ管弦楽団首席奏者を歴任。
⇒ク音3（アウリン　1866–1914）
新音中（アウリーン，トゥール　1866.9.10–1914.3.1）
標音2（アウリン，トール　1866.9.10–1914.3.1）

Auma, Alice
ウガンダの霊媒。
⇒岩世人（アウマ　1956–2007.1.17）

Auman, Robert
ドイツ出身のイスラエルの経済学者，数学者。ノーベル経済学賞受賞。
⇒外12（オーマン，ロバート・ジョン　1930.6.8–）
外16（オーマン，ロバート・ジョン　1930.6.8–）
ノベ3（オーマン，R.J.　1930.6.8–）
有経5（オーマン　1930–）

Aumont, Jean-Pierre
フランス生まれの俳優。
⇒ク俳（オーモン，ジャン＝ピエール（サロモン，J=P）　1909–2001）

Aung Bala
ビルマ（ミャンマー）の舞踊家。
⇒岩世人（アウンバラ　1883.2.18–1913.11.22）

Aung Gyi
ミャンマー（ビルマ）の軍人，政治家。ミャンマー国民民主連合（UNDP）議長。
⇒岩世人（アウンジー　1919–2012.10.25）

Aung Kyaw, Bo
ビルマ（ミャンマー）独立運動の学生犠牲者。
⇒岩世人（アウンジョー　1916–1938.12.20）

Aung San
ミャンマー（ビルマ）の政治家，独立運動指導者。
⇒ア太戦（アウンサン　1915–1947）
岩世人（アウンサン　1915.2.13–1947.7.19）
現アジ（アウン・サン　1915.2.13–1947.7.19）
広辞7（アウンサン　1915–1947）
世history改（アウン＝サン　1915–1947）
世人新（アウン＝サン　1915–1947）
世人装（アウン＝サン　1915–1947）
ポプ人（アウン・サン　1915–1947）

Aung San Suu Kyi
ミャンマーの民主化運動指導者。ビルマ建国の父アウン＝サン将軍の長女。1991年度ノーベル平和賞受賞。
⇒岩世人（アウンサンスーチー　1945.6.19–）
外12（アウン・サン・スー・チー　1945.6.19–）
外16（アウン・サン・スー・チー　1945.6.19–）
現アジ（アウン・サン・スー・チー　1945.6.19–）
広辞7（アウンサン・スーチー　1945–）
政経改（アウン・サン・スー・チー　1945–）
世史改（スー＝チー　1945–）

世指導（アウン・サン・スー・チー　1945.6.19-）
世人新（アウン＝サン＝スー＝チー　1945-）
世人装（アウン＝サン＝スー＝チー　1945-）
ノベ3（アウン・サン・スー・チー　1945.6.19-）
ポプ人（アウン・サン・スー・チー　1945-）
もう山（アウン・サン・スー・チー　1945-）

Aung Shwe
ミャンマー（ビルマ）の軍人,政治家,民主化運動指導者。ミャンマー国民民主連盟（NLD）議長。
⇒世指導（アウン・シュエ　1918-2017.8.13）

Aunor, Nora
フィリピンの女優,歌手,映画プロデューサー。
⇒岩世人（オノール　1953.5.21-）

Aurelio, Marco
ブラジルのサッカー監督。
⇒外12（アウレリオ,マルコ　1952.2.10-）

Aurélio, Marcus
ブラジルの柔術家,総合格闘家。
⇒異二辞（アウレリオ,マーカス　1973-）

Auriacombe, Louis
フランスの指揮者。
⇒標音2（オリアコンブ,ルイ　1917.2.22-1982.3.12）

Auric, Georges
フランスの作曲家。『美女と野獣』『自由を我等に』など映画の作曲でも有名。
⇒岩世人（オーリック　1899.2.15-1983.7.23）
　エデ（オーリック,ジョルジュ　1899.2.15-1983.7.23）
　ク音3（オーリック　1899-1983）
　広辞7（オーリック　1899-1983）
　新音小（オーリック,ジョルジュ　1899-1983）
　新音中（オーリック,ジョルジュ　1899.2.15-1983.7.23）
　ネーム（オーリック　1898-1983）
　ビ曲改（オーリック,ジョルジュ　1899-1983）
　標音2（オリック,ジョルジュ　1899.2.15-1983.7.23）

Aurientis, Piérre
フランスの宣教師,教育者。
⇒新カト（オーリアンティス　1854.4.1-1922.10.25）

Aurilia, Richard Santo
アメリカの大リーグ選手（遊撃）。
⇒メジャ（オーリリア,リッチ　1971.9.2-）

Auriol, George
フランスのアール・ヌーヴォーのポスター作家。
⇒グラデ（Auriol,George　オリオール,ジョルジュ　1863-1939）

Auriol, Vincent
フランスの政治家。第4共和制初代大統領（1947～54）。

⇒岩世人（オリオル　1884.8.27-1966.1.1）
　世人新（オリオル　1884-1966）
　世人装（オリオル　1884-1966）
　ポプ人（オリオール,バンサン　1884-1966）

Aurobindo, Sri
インドの哲学者,詩人。
⇒岩世人（ゴーシュ　1872.8.15-1950.12.5）
　学叢思（ゴオス,アラビンダ　1872-?）
　新カト（オーロビンド　1872.8.15-1950.12.5）
　新佛3（オーロビンド-ゴーシュ　1872-1950）
　南ア新（オーロビンゴ・ゴーシュ　1872-1950）

Aurousseau, Léonard Eugène
フランスの東洋学者。ハノイの極東学院で中国語を講ず（1920）。
⇒岩世人（オルソー　1888.7.12-1929.1.24）

Aushev, Ruslan Sultanovich
ロシアの政治家。イングーシ共和国大統領（1993～2001）。
⇒世指導（アウシェフ,ルスラン　1954-）

Ausländer, Rose
ドイツのユダヤ系女性詩人。
⇒岩世人（アウスレンダー　1901.5.11-1988.1.3）
　現世文（アウスレンダー,ローゼ　1901-1988.1.3）
　広辞7（アウスレンダー　1901-1988）

Ausmus, Bradley David
アメリカの大リーグ選手（捕手）。
⇒最世ス（オースマス,ブラッド　1969.4.14-）
　メジャ（アースマス,ブラッド　1969.4.14-）

Auster, Paul
アメリカの作家,エッセイスト,詩人,映画監督。
⇒岩世人（オースター　1947.2.3-）
　外12（オースター,ポール　1947.2.3-）
　外16（オースター,ポール　1947.2.3-）
　現世文（オースター,ポール　1947.2.3-）
　広辞7（オースター　1947-）
　ユ著人（Auster,Paul　オースター,ポール　1947-）

Austin, Alfred
イギリスの詩人。
⇒岩世人（オースティン　1835.5.30-1913.6.2）

Austin, Anson
ニュージーランドのテノール歌手。
⇒魅惑（Austin,Anson　?-）

Austin, David J.C.
イギリスの実業家。デビッド・オースチン・ロージズ社長。
⇒外12（オースチン,デービッド　1958-）
　外16（オースティン,デービッド　1958-）

Austin, James Philip
アメリカの大リーグ選手（三塁）。
⇒メジャ（オースティン,ジミー　1879.12.8-1965.）

3.6）

Austin, John Langshaw
イギリスの哲学者。
⇒岩世人（オースティン　1911.3.26–1960.2.8）
　オク言（オースティン，ジョン・ラングショー　1911–1960）
　現社（オースティン　1911–1960）
　広辞7（オースティン　1911–1960）
　社小増（オースティン　1911–1960）
　新カト（オースティン　1911.3.26–1960.2.8）
　哲中（オースティン　1911–1960）
　メル別（オースティン，ジョン・ラングショー　1911–1960）

Austin, John Paul
アメリカの企業経営者。コカ・コーラ社会長。米中国交の正常化（1979.12）によって中国におけるコーラ飲料の独占販売権を獲得した。
⇒岩世人（オースティン　1915.2.14–1985.12.26）

Austin, Larry
アメリカの作曲家。
⇒現音キ（オースティン，ラリー　1930–）

Austin, Mary Hunter
アメリカの女性小説家，随筆家。
⇒アメ州（Austin,Mary Hunter　オースチン，メリー・ハンター　1868–1934）
　岩世人（オースティン　1868.9.9–1934.8.13）
　現世文（オースティン，メアリー・ハンター　1868.9.9–1934.8.13）

Austin, Sil
アメリカ・フロリダ州ダネロン生まれのテナー・サックス奏者。
⇒ロック（Austin,Sil　オースティン，シル　1929.9.17–）

Austin, Steve
アメリカのプロレスラー。
⇒異二辞（オースチン，スティーブ　1964–）
　外12（オースチン，ストーンコールド・スティーブ　1964.12.18–）
　外16（オースチン，ストーンコールド・スティーブ　1964.12.18–）

Ausubel, David Paul
アメリカの心理学者。発達や麻薬嗜癖を問題としたのち，意味言語学習の理論を唱え，マオリやニュージーランドの比較文化的問題にも関心を示した。
⇒岩世人（オースベル　1918.10.25–2008.7.9）

Ausubel, Ramona
アメリカの作家。
⇒海文新（オースベル，ラモーナ）
　現世文（オースベル，ラモーナ）

Auteuil, Daniel
アルジェリア生まれの俳優。
⇒外12（オートゥイユ，ダニエル　1950.10.24–）

　外16（オートゥイユ，ダニエル　1950.10.24–）
　ク俳（オートゥイユ，ダニエル　1950–）
　スター（オートゥイユ，ダニエル　1950.1.24–）

Autry, Gene
アメリカのカントリー歌手，俳優。
⇒ク俳（オートリー，ジーン（オートリー，オーヴォン）　1907–1998）
　スター（オートリー，ジーン　1907.9.29–1998）
　標音2（オートリー，ジーン　1907.9.29–1998.10.2）

Autuori, Paulo
ブラジルのサッカー監督（セレッソ大阪）。
⇒外12（アウトゥオリ，パウロ　1956.8.25–）
　外16（アウトゥオリ，パウロ　1956.8.25–）

Auty, Peter
イギリスのテノール歌手。
⇒魅惑（Auty,Peter　1969–）

Auvini Kadresengane
台湾の作家。
⇒海文新（アオヴィニカドゥスガヌ　1945.11.15–）
　現世文（アオヴィニ・カドゥスガヌ　1945.11.15–）

Auwers, Arthur Georg Friedrich Julius von
ドイツの位置天文学者。連星の軌道，恒星の視差その他恒星の位置に関する研究で知られる。
⇒岩世人（アウヴェルス　1838.9.12–1915.1.24）
　ネーム（アウヴェルス　1838–1915）

Auwers, Karl Friedrich
ドイツの化学者。マールブルク大学教授。立体化学，分光化学の研究などに従事。
⇒化学（アウヴェルス　1863–1939）

Avallone, Silvia
イタリアの作家。
⇒外12（アヴァッローネ，シルヴィア　1984–）
　外16（アヴァッローネ，シルヴィア　1984–）
　海文新（アヴァッローネ，シルヴィア　1984.4.11–）
　現世文（アヴァッローネ，シルヴィア　1984.4.11–）

Avalon, Frankie
アメリカ生まれの歌手，俳優。
⇒ク俳（アヴァロン，フランキー（アヴァローネ，フランシス）　1939–）
　ロック（Avalon,Frankie　アヴァロン，フランキー　1939.9.18–）

Avanesov, Ruben Ivanovich
ソ連の言語学者。
⇒岩世人（アヴァネーソフ　1902.2.1/14–1982.5.1）

Avanesyan, Hrachya
アルメニアのヴァイオリン奏者。
⇒外12（アヴァネシアン，ラチャ）

外16（アヴァネシアン, ラチャ）

Avanzini, Lena
オーストリアの作家。
⇒海文新（アヴァンツィーニ, レーナ 1964–）
現世文（アヴァンツィーニ, レーナ 1964–）

Avati, Mario
フランスの画家。
⇒芸13（アバティ, マリオ 1921–）

Avdeeva, Yulianna
ロシアのピアノ奏者。
⇒外12（アヴデーエワ, ユリアンナ 1985–）
外16（アヴデーエワ, ユリアンナ 1985–）

Avedon, Richard
アメリカの写真家。
⇒アメ新（アベドン 1923–2004）
岩世人（アヴェドン 1923.5.15–2004.10.1）

Aveline, Claude
フランスの小説家, 随筆家, 美術評論家。
⇒現世文（アヴリーヌ, クロード 1901–1992.11.4）

Aveling, Edward
イギリスの社会主義論説家。マルクス主義の解説者。
⇒学叢思（アーヴェリング, エドワード 1852–?）

Avenarius, Ferdinand
ドイツの詩人。「デューラー・ブント Dürerbund」を結成して（1903）, 一時は25万人の会員を得た。
⇒岩世人（アヴェナリウス 1856.12.20–1923.9.22）

Avenas, Jérôme
テノール歌手。
⇒魅惑（Avenas, Jérôme ?–）

Avenel, Marie France
フランスの工芸家。
⇒芸13（アヴァネル, マリエフランス 1947–）

Averbakh, Yury Lvovich
ロシアのチェスプレーヤー, チェス史研究者。
⇒岩世人（アウエルバク（アヴェルバーフ） 1922.2.8–）

Averbukh, Ilia
ロシアのフィギュアスケート選手（アイスダンス）。
⇒外12（アヴェルブフ, イリヤ 1973.12.18–）
外16（アヴェルブフ, イリヤ 1973.12.18–）

Averchenko, Arkadiy Timofeevich
ロシアのユーモア作家。作品集『愉快な牡蠣』など。
⇒現世文（アヴェルチェンコ, アルカージー・チモフェーヴィチ 1881.3.27–1925.3.12）

Averescu, Alexander
ルーマニアの将軍, 政治家。
⇒岩世人（アヴェレスク 1859.3.9–1938.10.3）

Averill, Howard Earl
アメリカの大リーグ選手（外野）。
⇒メジャ（エイヴリル, アール 1902.5.21–1983.8.16）

Avery, Gillian Elise
イギリスの児童文学作家, 児童文学史家, 小説家。
⇒現世文（エイブリー, ジリアン 1926.9.30–2016.1.31）

Avery, Milton
アメリカの画家。
⇒岩世人（エイヴリー 1893.3.7–1965.1.3）

Avery, Oswald Theodore
アメリカの細菌学者。生物の遺伝情報がDNA（デオキシリボ核酸）であることを発見・証明（1944）。
⇒岩生（エーヴリー 1877–1955）
岩世人（エイヴリー 1877.10.21–1955.2.20）
旺生5（エイブリー 1877–1955）
オク生（エーヴリー, オズワルド・テオドール 1877–1955）

Avery, Steven Thomas
アメリカの大リーグ選手（投手）。
⇒メジャ（エイヴァリー, スティーヴ 1970.4.14–）

Avery, Tex（Fred）
アメリカ生まれのアニメーション作家。
⇒アニメ（アヴェリー, フレデリック・ビーン（アヴェリー, テックス） 1908–1980）
映監（エイヴリー, テックス 1908.2.26–1980）

Avi
アメリカの作家。
⇒外12（アビ 1937–）
外16（アビ 1937–）
現世文（アビ 1937.12.23–）

Aviat, Léonie Françoise de Sales
フランスの聖人, フランソア・ド・サル奉献修道女会創立者。祝日1月10日。
⇒新カト（レオニー・フランソアーズ・ド・サル・アヴィア 1844.9.16–1914.1.10）

Avidom, Menahem
イスラエルの作曲家。
⇒ユ著人（Avidom, Menahem アヴィドム, メナヘム 1908–）

Avieson, Bunty
オーストラリア生まれの作家。
⇒外12（アビーソン, バンティ）
外16（アビーソン, バンティ）
現世文（アビーソン, バンティ）

Avigad, Nahaman
イスラエルの考古学者。
⇒ユ著人（Avigad (Reiss), Nahaman　アヴィガド, ナハマン　1905–1992）

Avila, Alex
アメリカの大リーグ選手（タイガース・捕手）。
⇒最世人（アビラ, アレックス　1987.1.29–）

Avila, Roberto Francisco
アメリカの大リーグ選手（二塁）。
⇒メジャ（アビラ, ボビー　1924.4.2–2004.10.26）

Ávila Camacho, Manuel
メキシコの政治家, 軍人。大統領（1940～46）。対米協調によるメキシコ資本主義の育成に努力。
⇒岩世人（アビラ・カマーチョ　1897.4.24–1955.10.13）

Ávila Cordeiro de Melo, Artur
ブラジル, フランスの数学者。
⇒世数（アヴィラ, アルトゥール　1979–）

Avi-Yonah, Michael
イスラエルの考古学者。
⇒ユ著人（Avi-Yonah, Michael　アヴィ＝ヨナ, ミハエル　1904–1974）

Avni, Tzvi
イスラエルの作曲家。
⇒ユ著人（Avni, Tzvi　アブニ, ツビー　1927–）

Avolanti, Gianni
テノール歌手。
⇒魅惑（Avolanti, Gianni　?–）

Avral, Augustin
フランスの社会主義者。
⇒学叢思（アヴラール, オーギュスタン　1840–?）

Avril, Prosper
ハイチの政治家, 軍人。ハイチ大統領（1988～90）。
⇒世指導（アブリル, プロスペル　1937.12.12–）

AWA
フランスのジャズ歌手。
⇒外12（AWA　アワ　1977–）

Awalt, Francis Gloyd
アメリカのフーバー政権の副通貨監督官。
⇒アメ経（エイワルト, フランシス　1895–1966.12.30）

Awana, Theyab
アラブ首長国連邦のサッカー選手。
⇒最世人（アワナ, テヤブ　1990.7.6–2011.9.25）

Aw Boon Haw
東南アジアの華僑実業家。福建省出身。弟の文豹とともに製薬会社虎豹行を設立。国民政府の僑務委員・国民参政員となる。
⇒岩世人（胡文虎　こぶんこ　1882.3.14（光緒8.1.25）–1954.9.5）

Awdry, W（ilbert）V（ere）
イギリスの童話作家, 牧師。
⇒ポプ人（オードリー, ウィルバート　1911–1997）

Aweau, Nathan
アメリカのミュージシャン。
⇒外12（アウェアウ, ネイザン）

Awes Mohamed Barawi
19世紀, ソマリア南部を拠点として東アフリカ沿岸部一帯でカーディリー教団拡大に貢献した宗教指導者。
⇒岩イ（アウェイス・モハメド・バラウィ　1847–1909）

Awoonor, Kofi
ガーナの作家。
⇒現世文（アウーノー, コフィ　1935.3.13–2013.9.21）

Ax, Emanuel
ポーランド, のちアメリカのピアノ奏者。
⇒外12（アックス, エマニュエル　1949.6.8–）
　外16（アックス, エマニュエル　1949.6.8–）
　新音中（アックス, エマニュエル　1949.6.8–）
　標音2（アックス, エマニュエル　1949.6.8–）

Axel, Gabriel
デンマーク生まれの映画監督, 映画脚本家。
⇒映監（アクセル, ガブリエル　1918.4.18–）

Axel, Richard
アメリカの生化学者。
⇒岩生（アクセル　1946–）
　外12（アクセル, リチャード　1946.7.2–）
　外16（アクセル, リチャード　1946.7.2–）
　ノベ3（アクセル, R.　1946.7.2–）

Axelrod, Julius
アメリカの薬理学者。1970年ノーベル生理学医学賞。
⇒岩生（アクセルロッド　1912–2004）
　岩世人（アクセルロッド　1912.5.30–2004.12.29）
　ノベ3（アクセルロッド, J.　1912.5.30–2004.12.29）
　ユ著人（Axelrod, Julius　アクセルロッド, ユリウス　1912–）

Axelsson, Carina
アメリカの作家。
⇒海文新（アクセルソン, カリーナ）
　現世文（アクセルソン, カリーナ）

Axenfeld, Karl Theodor Paul Polykarpos
ドイツの眼科医。化膿転位性眼炎, 匍行性角膜潰瘍の原因等の研究がある。また結膜炎を起す

重桿菌を発見した (1896)。
⇒岩世人（アクセンフェルト　1867.6.24–1930.7.29）
ネーム（アクセンフェルト　1867–1930）

Axford, John Berton
カナダの大リーグ選手（投手）。
⇒メジャ（アックスフォード, ジョン　1983.4.1–）

Axling, William
アメリカのバプテスト派教会宣教師。
⇒アア歴（Axling,William　アクスリング, ウイリアム　1873.8.16–1963.2.24）

Axton, Hoyt
アメリカの作曲家, 俳優。
⇒ロック（Axton,Hoyt　アクストン, ホイト　1938–）

Axworthy, Lloyd
カナダの政治家。カナダ外相。
⇒世指導（アクスワージー, ロイド　1939.12.21–）

Ayala, Francisco
スペインの作家。
⇒岩世人（アヤーラ　1906.3.16–2009.11.3）
現世文（アヤーラ, フランシスコ　1906.3.16–2009.11.3）

Ayala, Francisco Jose
スペイン, アメリカの生物学者。
⇒外12（アヤラ, フランシスコ　1934.3.12–）
外16（アヤラ, フランシスコ　1934.3.12–）

Ayala, Jaime Augusto Zobel de
フィリピンの実業家。
⇒外16（アヤラ, ハイメ・アウグスト・ゾベル・デ）

Ayalon, Ami
イスラエルの防諜機関シンベトの長官。在職1996.1～2000。
⇒スパイ（アヤロン, アミ　1945–）

Ayas, Eduardo
テノール歌手。
⇒魅惑（Ayas,Eduardo　?–）

Aybar, Erick
ドミニカ共和国の大リーグ選手（エンゼルス・内野手）。
⇒最世ス（アイバー, エリック　1984.1.14–）
メジャ（アイバー, エリック　1984.1.14–）

Ayckbourn, Alan
イギリスの劇作家, 演出家。
⇒現世文（エイクボーン, アラン　1939.4.12–）

Aycock, Alice
アメリカ生まれの女性彫刻家。
⇒芸13（エイコック, アリス　1946–）

Aycock, Charles
アメリカの政治家, 学校改革の提唱者。
⇒アメ州（Aycock,Charles B.　アイコック, チャールズ・B.　1852–1912）
教人（エイコック　1859–1912）

Aydid, Muhammad Farah
ソマリアの軍人, 政治家。ソマリ国民連合（SNA）議長。
⇒岩イ（アイディード　1934–1996）
世指導（アイディド, モハメド・ファラ　?–1996.8.1）

Ayer, Alfred Jules
イギリスの哲学者。主著『言語・真理・論理』（1936）。
⇒岩世人（エア（エイヤー）　1910.10.29–1989.6.27）
広辞7（エア　1910–1989）
新カト（エイヤー　1910.10.29–1989.6.27）
哲中（エイヤー　1910–1989）
メル3（エイヤー, アルフレッド・ジュール　1910–1989）

Ayers, Kevin
イギリスのロック・ミュージシャン。
⇒ロック（Ayers,Kevin　エアズ, ケヴィン　1944.8.16–）

Ayers, Thomas Wilburn
アメリカの医療宣教師。
⇒アア歴（Ayers,Thomas Wilburn　エアーズ, トマス・ウイルバーン　1858.12.22–1954.1.5）

Aykroyd, Dan
カナダ生まれの俳優。
⇒外12（エイクロイド, ダン　1952.7.1–）
外16（エイクロイド, ダン　1952.7.1–）
ク俳（エイクロイド, ダン　1951–）

Ayla, Safiye
トルコの歌手。
⇒岩世人（アイラ　1907.7.14–1998.1.14）

Ayler, Albert
アメリカのジャズ・テナーサックス, ソプラノサックス奏者。
⇒新音中（アイラー, アルバート　1936.7.13–1970.11.5?）
標音2（アイラー, アルバート　1936.7.13–1970.11.25）

Aylwin, Patricio
チリの政治家。チリ大統領（1990～94）, チリ・キリスト教民主党（PDC）総裁。
⇒岩世人（エイルウィン　1918.11.26–）
世指導（エイルウィン, パトリシオ　1918.11.26–2016.4.19）

Aymé, Marcel
フランスの作家。
⇒岩世人（エメ　1902.3.29–1967.10.14）
絵本（エーメ, マルセル　1902–1967）

現世文（エーメ, マルセル　1902.3.29–1967.10.14）
フ文小（エメ, マルセル　1902–1967）

Ayoade, Richard
イギリスの映画監督, コメディアン。
⇒外16（アイオアディ, リチャード　1977–）

Ayrault, Jean-Marc Joseph Marcel
フランスの政治家。フランス首相。
⇒岩世人（エロー　1950.1.25–）
外16（エロー, ジャンマルク　1950.1.25–）
世指導（エロー, ジャンマルク　1950.1.25–）

Ayres, Lew
アメリカ生まれの俳優。
⇒ク俳（エアズ, リュー（エア, リュイス）　1908–1996）
スター（エアーズ, リュー　1908.12.28–1996）

Ayrton, Hertha
イギリスの物理学者。
⇒物理（エアトン, ハータ　1854–1923）

Ayrton, William Edward
イギリスの電気工学者, 物理学者。御雇い教師として工部大学校で電信学, 物理学を教授。
⇒岩世人（エアトン　1847.9.14–1908.11.8）
学叢思（エアトン, ウィリアム・エドワード　1847–1908）
科史（エアトン　1847–1908）
広辞7（エアトン　1847–1908）

Āyt Aḥmad, Ḥusayn
アルジェリアの政治活動家。
⇒岩イ（アイト・アフマド　1926–）
岩世人（アイト・アフマド　1926–）

Ayton, Sarah
イギリスのヨット選手。
⇒外12（アイトン, サラ　1980.4.9–）
最世ス（アイトン, サラ　1980.4.9–）

Ayūb Khān
アフガニスタンの族長（1880–81）。アブドゥル・ラハマーンに敗れて（81）イランに亡命。
⇒岩世人（アユーブ・ハーン　1855–1914）

Ayub Khan, Mohammed
パキスタンの政治家。1958年無血クーデターで大統領に就任（〜69年）。
⇒岩イ（アユーブ・ハーン　1907–1974）
岩世人（アユーブ・ハーン　1907.5.14–1974.4.19）
南ア新（アユーブ・ハーン　1907–1974）
ネーム（アユブ・カーン　1903–1974）

Ayvazyan, Artur
ウクライナの射撃選手（ライフル）。
⇒外12（アイワジアン, アルツール　1973.1.14–）
最世ス（アイワジアン, アルツール　1973.1.14–）

Azad, Maulana Abu'l Kalam
インドのイスラム教徒を代表する政治家。
⇒岩イ（アーザード　1888–1958）
岩世人（アーザード　1888.11.11–1958.2.22）
南ア新（アーザード　1888–1958）

Āzād, Muḥammad Ḥusain
インドの近代ウルドゥー文学開拓者, 散文家, 批評家, 詩人, ペルシア語学者。
⇒岩世人（アーザード　1834頃–1910.1.22）

Azahari, A.M.
ブルネイの政治活動家。
⇒岩世人（アザハリ, A.M.　1928.8.28–2003.5.30）

Azali, Assoumani
コモロの政治家, 軍人。コモロ大統領（1999〜2002,02〜06,16〜）。
⇒外12（アザリ, アスマニ　1959.1.1–）
世指導（アザリ, アスマニ　1959.1.1–）

Azaña y Díaz, Manuel
スペイン第2共和制下の政治家。王制の廃止に成功, 1931〜33年首相, 内政改革を実施。
⇒岩世人（アサーニャ　1880.1.10–1940.11.3）
広辞7（アサニャ　1880–1940）
世史改（アサーニャ　1880–1940）
世人新（アサニャ　1880–1940）
世人装（アサニャ　1880–1940）
ネーム（アサニャ　1880–1940）
ポプ人（アサーニャ, マヌエル　1880–1940）

Azarenka, Victoria
ベラルーシのテニス選手。
⇒外16（アザレンカ, ヴィクトリア　1989.7.31–）
最世ス（アザレンカ, ヴィクトリア　1989.7.31–）

Azarov, Mykola
ウクライナの政治家, 地質学者。
⇒外12（アザロフ, ミコラ　1947.12.17–）
外16（アザロフ, ミコラ　1947.12.17–）
世指導（アザロフ, ミコラ　1947.12.17–）

Ažbe, Anton
スロベニアの画家。
⇒岩世人（アジュベ　1862.5.30–1905.8.6/5）

Azef, Evno Fishelevich
ロシアのスパイ。革命史上最大の内通者。プレーヴェ内相を暗殺（1904）。
⇒岩世人（アゼフ　1870–1918.4.24）
スパイ（アゼフ, イェフノ（ユージーン）　1869–1918）
ユ著人（Azev,Evno Fishelevich　アゼフ, エブノ・フィシェレヴィッチ　1869–1918）

Azesberger, Kurt
オーストリアのテノール歌手。
⇒魅惑（Azesberger,Kurt　?–）

Azevêdo, Roberto
ブラジルの外交官。世界貿易機関（WTO）事務局長。
⇒外16（アゼベド, ロベルト　1957.10.3-）
　世指導（アゼベド, ロベルト　1957.10.3-）

Azgur, Zail Isakovitch
ロシアの彫刻家。
⇒芸13（アズグル, ザイル・イサコーヴィッチ　1908-1978）

Azhaev, Vasilii Nikolaevich
ソ連の作家。作品『モスクワを遠く離れて』（1948）。
⇒現世文（アジャーエフ, ワシーリー・ニコラエヴィチ　1915.2.12-1968.4.27）

Azhari, Ismail
スーダンの政治家。1954年首相となり、56年スーダン独立を果たし、初代首相。
⇒岩イ（アズハリー　1902-1969）
　岩世人（アズハリー, イスマーイール　1902-1969）
　ネーム（アズハリ　1900-1969）

Azikiwe, Benjamin Nnamdi
ナイジェリアの政治家。初代ナイジェリア大統領（1963～66）。
⇒岩世人（アジキウェ　1904.11.16-1996.5.11）
　ネーム（アジキウェ　1904-1996）

Aziz, Andi Abdul
インドネシアの軍人。
⇒岩世人（アジズ, アンディ・アブドゥル　1926-1984.1.30）

Aziz, Rafidah
マレーシアの政治家。マレーシア通産相。
⇒外12（アジズ, ラフィダ　1943.11.4-）
　外16（アジズ, ラフィダ　1943.11.4-）
　世指導（アジズ, ラフィダ　1943.11.4-）

Aziz, Sartaj
パキスタンの政治家。パキスタン外相。
⇒世指導（アジズ, サルタジ　1929.2.7-）

Aziz, Shaukat
パキスタンの政治家, 銀行家。パキスタン首相。
⇒外12（アジズ, シャウカット　1949.3.6-）
　世指導（アジズ, シャウカット　1949.3.6-）

Aziz, Tariq Mikhail
イラクの政治家。イラク副首相・外相代行。
⇒外12（アジズ, タリク・ミハイル　1936-）
　世指導（アジズ, タリク・ミハイル　1936-2015.6.5）

Azmi, Shabana
インド生まれの女優。
⇒ク俳（アズミ, シャバナ　1952-）

Aznar Cabanas, Juan Bautista
スペインの海軍軍人, 政治家。
⇒岩世人（アスナール　1860.9.5-1933.2.19）

Aznar López, José Maria
スペインの政治家。スペイン首相、スペイン国民党党首。
⇒岩世人（アスナール　1953.2.25-）
　外12（アスナール・ロペス, ホセ・マリア　1953.2.25-）
　外16（アスナール・ロペス, ホセ・マリア　1953.2.25-）
　世指導（アスナール・ロペス, ホセ・マリア　1953.2.25-）

Aznavour, Charles
フランス生まれの男優, 歌手, 作曲家。
⇒岩世人（アズナヴール　1924.5.22-）
　外12（アズナヴール, シャルル　1924.5.22-）
　外16（アズナヴール, シャルル　1924.5.22-）
　ク俳（アズナヴール, シャルル（アズナヴルジャン, シャーヌール）　1924-）
　新音中（アズナヴール, シャルル　1924.5.22-）
　ネーム（アズナヴール　1924-）
　標音2（アズナヴール, シャルル　1924.5.22-）

Azorín
スペインの随筆家, 評論家, 小説家。主著『意思』（1902）、『古典に寄せて』（15）など。
⇒岩世人（アソリン　1873.6.8-1967.3.2）
　現世文（アソリン　1873.6.8-1967.3.2）
　ネーム（アソリン　1874-1967）

Azoulay, Audrey
フランスの政治家。フランス文化・通信相, 国連教育科学文化機関（UNESCO）事務局長。
⇒世指導（アズレ, オードレ　1972.8.4-）

Azoulay, Guillaume
モロッコ生まれの画家。
⇒芸13（アズーレ, ギュイラーム　1949-）

Azpeitia, Javier
スペインの作家, 編集者。
⇒現世文（アスペイティア, ハビエル　1962-）

Azra, Azyumardi
インドネシアの歴史学者。
⇒外16（アズラ, アジュマルディ　1955.3.4-）

Azuela, Arturo
メキシコの小説家。
⇒現世文（アスエラ, アルトゥロ　1938.6.30-2012.6.7）

Azuela, Mariano
メキシコの作家。メキシコ革命文学の先駆者。代表作『虐げられし人々』（1915）。
⇒現世文（アスエラ, マリアーノ　1873.1.1-1952.3.1）
　ネーム（アスエラ　1873-1952）
　ラテ新（アスエラ　1873-1952）

'Azzām, 'Abd al-Raḥmān
エジプトの政治家。
⇒岩世人（アッザーム，アブドゥッラフマーン　1893.3.8–1976.6.2）

Azzam, Omar
サウジアラビアのイスラム学者アブド・アル・ラーマン・アザムの子。
⇒マルX（AZZAM,OMAR　アザム，オマール）

Al-Azzawi, Hikmat Mizban Ibrahim
イラクの政治家。イラク副首相・財務相。
⇒世指導（アル・アザウイ，ヒクマト・ミズバン・イブラヒム　?–2012.1.27）

Azzoni, Silvia
イタリア生まれのバレリーナ。ハンブルク・バレエ団プリンシパル。
⇒外12（アッツォーニ，シルヴィア　1973–）
　外16（アッツォーニ，シルヴィア　1973–）

Azzopardi, Trezza
イギリスの作家。
⇒外12（アッツォパルディ，トレッツァ）
　外16（アッツォパルディ，トレッツァ）
　現世文（アッツォパルディ，トレッツァ）

【 B 】

B., David
フランスの漫画家。
⇒外12（ベー，ダビッド　1959.2.9–）
　外16（ベー，ダビッド　1959.2.9–）

Bâ, Amadou Hampaté
マリの作家，民俗学者。
⇒岩イ（アマドゥ・ハンパテ・バ　1900–1991）
　現世文（バー，アマドゥ・ハンパテ　1900–1991）

Bâ, Mariama
セネガルの女性小説家。
⇒岩世人（バー　1929.4.17–1981.8.17）
　現世文（バー，マリアマ　1929–1981）

Baade, Fritz
ドイツの経済学者。キール大学の世界経済研究所長として同研究所の「紀要」の刊行者。
⇒岩世人（バーデ　1893.1.23–1974.5.15）

Baade, Walter
ドイツの天文学者。
⇒岩世人（バーデ　1893.3.24–1960.6.25）
　天文辞（バーデ　1893–1963）
　天文大（バーデ　1893–1960）

Baader, Andreas
ドイツのアナーキスト，テロリスト。
⇒岩世人（バーダー　1943.5.6–1977.10.18）

Baader, Johannes
ドイツの作家，建築家。
⇒岩世人（バーダー　1875.6.22–1955.1.15）

Baasbank, Ad van
テノール歌手。
⇒魅惑（Baasbank,Ad van　?–）

Ba'asyir, Abu Bakar
インドネシアのイスラム教指導者。ジェマー・イスラミア（JI）指導者。
⇒世指導（バアシル，アブ・バカール　1938–）

Bab, Julius
ドイツの文学者，劇作家。文学者や俳優の伝記を書いたが，のち亡命して（1933），ニューヨークで活動。
⇒岩世人（バーブ　1880.12.11–1955.2.12）
　ユ著人（Bab,Julius　バーブ，ユリウス　1880–1955）

Baba, Stephen A.
アメリカ海軍士官。
⇒スパイ（ババ，スティーヴン・A）

Baba, Tun Ghafar
マレーシアの政治家。マレーシアの副首相。
⇒岩世人（ババ，ガファール　1925.2.18–2006.4.23）

Babacan, Ali
トルコの政治家。トルコ副首相。
⇒外12（ババジャン，アリ　1967.4.4–）
　外16（ババジャン，アリ　1967.4.4–）
　世指導（ババジャン，アリ　1967.4.4–）

Babadzhanian, Arno Arutiunovich
ソ連のピアノ奏者，作曲家。作品にピアノのための『六枚の絵』など。
⇒ク音3（ババジャニャン　1921–1983）

Babaevskii, Semyon Petrovich
ソ連の小説家。コルホーズを舞台にした作品が多い。代表作『金星勲章の騎士』（1948）。
⇒現世文（ババエフスキー，セミョーン　1909.6.6–2000）

Babangida, Ibrahim Gbadamasi
ナイジェリアの政治家，軍人。ナイジェリア大統領（1985～93），国軍統治評議会議長。
⇒世指導（ババンギダ，イブラヒム　1941.8–）

Babbitt, Bruce E.
アメリカの政治家，法律家。アメリカ内務長官，アリゾナ州知事。
⇒世指導（バビット，ブルース　1938.6.27–）

Babbitt, Irving
アメリカの評論家。倫理性と古典的伝統に帰れと主張。著書『新ラオコーン』(1910) など。
⇒岩世人（バビット　1865.8.2–1933.7.15）
教人（バビット　1865–1933）

Babbitt, Milton
アメリカの作曲家。
⇒岩世人（バビット　1916.5.10–2011.1.29）
エデ（バビット, ミルトン（バイロン）　1916.5.10–2011.1.29）
現音キ（バビット, ミルトン　1916–2011）
新音小（バビット, ミルトン　1916–）
新音中（バビット, ミルトン　1916.5.10–）
ピ曲改（バビット, ミルトン　1916–2011）
標音2（バビット, ミルトン　1916.5.10–）

Babbitt, Natalie
アメリカの女性作家, 詩人, 挿絵画家。
⇒現世文（バビット, ナタリー　1932.7.28–2016.10.31）

Babcock, Harold
アメリカの天文学者, 物理学者。
⇒天文辞（バブコック　1882–1968）

Babcock, Stephen Moulton
アメリカの農芸化学者。
⇒アメ州（Babcock,Stephen Moulton　バブコック, スティーブン・モールトン　1843–1931）
化学（バブコック　1843–1931）

Babel', Isaak Emmanuilovich
ロシア, ソ連の小説家。短篇集『騎兵隊』(1926),『オデッサ物語』(31) など。
⇒岩世人（バーベリ　1894.7.1/13–1940.1.27）
現世文（バーベリ, イサーク　1894.7.13–1941.3.17）
広辞7（バーベリ　1894–1940）
ネーム（バーベリ　1894–1941）
ユ著人（Babel',Isaak Emmanuilovich　バーベリ, イサーク・エマニュイロヴィッチ　1894–1941）

Babenco, Hector
アルゼンチン生まれの映画監督。
⇒映監（バベンコ, ヘクトール　1946.2.7–）

Babes, Victor
ルーマニアの細菌学者。テクサス熱の病原体バベシア (Babesia) を発見。
⇒岩世人（バベス　1854.7.4–1926.10.19）

Babić, Milan
クロアチア内戦時のセルビア人勢力指導者。クライナ・セルビア人共和国大統領 (1991～92)。
⇒世指導（バビッチ, ミラン　1956.2.26–2006.3.5）

Babin, Jean-Christophe
フランスの実業家。
⇒外16（ババン, ジャン・クリストフ　1959–）

Babinger, Franz
ドイツの東洋学者, 歴史家。イスラム学, トルコ学, バルカン学を専攻。
⇒岩世人（バービンガー　1891.1.15–1967.6.23）

Babington-Smith, Constance
イギリスの航空専門家。
⇒スパイ（バビントン＝スミス, コンスタンス　1912–2000）

Babinski, Joseph François Felix
フランス（ポーランド系）の精神医学者。ヒステリーの研究などで有名。
⇒岩世人（ババンスキー　1857.11.17–1932.10.29）
現精（バビンスキー　1857–1932）
現精縮（バビンスキー　1857–1932）

Babiš, Andrej
チェコの政治家, 実業家。チェコ首相, ANO党首。
⇒世指導（バビシュ, アンドレイ　1954.9.2–）

Babits Mihály
ハンガリーの詩人, 小説家, 評論家。
⇒岩世人（バビッチ　1883.11.26–1941.8.4）
現世文（バビッチ, ミハーイ　1883.11.26–1941.8.4）

Baborák, Radek
チェコのホルン奏者。
⇒外12（バボラーク, ラデク　1976–）
外16（バボラーク, ラデク　1976–）

Babu, Abdul Rahman Mohammad
ザンジバル生まれの東アフリカの革命指導者。
⇒マルX（BABU,ABDUL RAHMAN MOHAMMAD　バブ, アブデュル・ラーマン・モハマド　1924–1996）

Babujab
モンゴルの独立運動家。
⇒岩世人（バボージャブ　1875–1916.10.18）

Babunski, Boban
マケドニアのサッカー監督, サッカー選手。
⇒外12（バブンスキー, ボバン　1968.5.5–）

Baburin, Sergei
ロシアの政治家。ロシア国家会議（下院）副議長。
⇒世指導（バブーリン, セルゲイ　1959.1.31–）

Babushkin, Ivan Vasilievich
ロシアの革命家。レーニンの指導した労働者サークルで革命的活動をはじめ (1893), ペテルブルグおよびエカテリノスラフの〈労働者階級解放闘争同盟〉の積極的な一員として活動。
⇒岩世人（バーブシキン　1873.1.3–1906.1.18）

Bacall, Lauren
アメリカの女優。

B

⇒遺産（バコール, ローレン　1924.9.16–2014.8.12）
　岩世人（バコール　1924.9.16–）
　外12（バコール, ローレン　1924.9.16–）
　ク俳（バコール, ローレン（バースキー, ベティ）1924–）
　スター（バコール, ローレン　1924.9.16–）
　ネーム（バコール, ローレン　1924–2014）
　ユ著人（Bacall, Lauren　バコール, ローレン　1924–）

Bacarisse, Salvador
スペインの作曲家。
⇒ク音3（バカリーセ　1898–1963）
　標音2（バカリッセ, サルバドール　1898.9.12–1963.8.5）

Bacca, Carlos
コロンビアのサッカー選手（ACミラン・FW）。
⇒外16（バッカ, カルロス　1986.9.8–）

Baccalario, Pierdomenico
イタリアの児童文学作家。
⇒海文新（バッカラリオ, ピエール・ドミニコ　1974.3.6–）
　現世文（バッカラリオ, ピエール・ドミニコ　1974.3.6–）

Baccelli, Guido
イタリアの医師。政治家。動脈瘤のバチェリ手術、破傷風療法などを残した。
⇒岩世人（バッチェッリ　1832.11.25–1916.1.11）

Bacchelli, Riccardo
イタリアの詩人、小説家、劇作家、評論家。代表作は3部作『ポー河の水車小屋』（1938〜40）。
⇒岩世人（バッケッリ　1891.4.19–1985.10.8）
　現世文（バッケッリ, リッカルド　1891.4.19–1985.10.8）
　広辞7（バッケッリ　1891–1985）
　新カト（バッケリ　1891.4.19–1985.10.8）

Bacewicz, Grazyna
ポーランドのヴァイオリン奏者、作曲家。
⇒ク音3（バツェヴィチ　1909–1969）
　新音中（バツェヴィチ, グラジナ　1909.2.5–1969.1.17）
　標音2（バツェヴィチ, グラジナ　1909.2.5–1969.1.17）

Bach, Adolf
ドイツのゲルマン学者。シュトラースブルク大学教授。
⇒岩世人（バッハ　1890.1.31–1972.4.19）

Bach, Elvira
ドイツ生まれの画家。
⇒芸13（バッハ, エルビラ　1951–）

Bach, Julius Carl von
ドイツの機械工学者。シュトゥットガルト工業大学教授（1878〜）として技術研究所（81）、材料試験所（83）を創設。

⇒岩世人（バッハ　1847.3.8–1931.10.10）

Bach, Richard
アメリカの飛行家、小説家。作品に『かもめのジョナサン』（1970）など。
⇒外12（バック, リチャード　1936–）
　外16（バック, リチャード　1936–）
　現世文（バック, リチャード　1936–）

Bach, Thomas
ドイツのフェンシング選手、弁護士。国際オリンピック委員会（IOC）会長（第9代）。
⇒外16（バッハ, トーマス　1953.12.29–）
　最世久（バッハ, トーマス　1953.12.29–）

El-Bacha, Abdel-Rachman
レバノン、のちフランスのピアノ奏者。
⇒外12（エル・バシャ, アブテル・ラーマン　1958.11.5–）
　外16（エル・バシャ, アブテル・ラーマン　1958.11.5–）

Bacharach, Burt
アメリカの作曲家。ポピュラー・ソング、映画音楽の分野で活躍。
⇒岩世人（バカラック　1928.5.12–）
　エデ（バカラック, バート　1928.5.12–）
　外12（バカラック, バート　1928.5.12–）
　外16（バカラック, バート　1928.5.12–）
　新音中（バカラック, バート　1928.5.12–）
　標音2（バカラック, バート　1928.5.12–）
　ユ著人（Bacharach, Burt　バカラック, バート　1928–）
　ロック（Bacharach, Burt　バカラック, バート　1929.5.12–）

Bachauer, Gina
イギリスのピアノ奏者。
⇒標音2（バッカウアー, ジーナ　1913.5.21–1976.8.22）

Bachchah-e Saqaw
アフガニスタンの反乱軍の指導者。
⇒岩世人（バッチャエ・サカーウ　?–1929.10）

Bachchan, Amitabh
インド生まれの男優、映画製作者。
⇒スター（バッチャン, アミターブ　1942.10.11–）
　南ア新（バッチャン　1942–）

Bache, Jules Semon
アメリカのベイシュ商会社長。
⇒アメ経（ベイシュ, ジュールズ　1861.11.9–1944.3.24）

Bachelard, Gaston
フランスの哲学者。『科学精神の形成』（1938）などの著書がある。
⇒岩世人（バシュラール　1884.6.27–1962.10.16）
　現社（バシュラール　1884–1962）
　広辞7（バシュラール　1884–1962）
　新カト（バシュラール　1884.6.27–1962.10.16）

哲中（バシュラール　1884–1962）
ネーム（バシュラール　1884–1962）
フ文小（バシュラール, ガストン　1884–1962）
メル3（バシュラール, ガストン　1884–1962）

Bachelet, Michelle
チリの女性政治家, 医師。チリ大統領（2006～10, 14～18）。
⇒岩世人（バチェレ　1951.9.29–）
外12（バチェレ, ミチェレ　1951.9.29–）
外16（バチェレ, ミチェレ　1951.9.29–）
世指導（バチェレ, ミチェル　1951.9.29–）

Bachelie, Louis
フランスの数学者。
⇒世数（バシュリエ, ルイ　1870–1946）

Bacheller, Irving Addison
アメリカのジャーナリスト, 小説家。ベストセラー『エベン・ホールデン』など作品が多い。
⇒現世文（バチェラー, アービング・アディソン　1859.9.26–1950.2.24）

Bachelor, Joy
イギリスのアニメーション作家, プロデューサー。
⇒アニメ（バチェラー, ジョイ　1914–1991）

Bachhofer, Ludwig
ドイツ生まれのアメリカの東洋美術史家。カリフォルニア大学教授（1941）。
⇒岩世人（バッハホーファー　1894.6.30–1976）

Bachler, Nikolaus
オーストリアのバイエルン州立歌劇場総裁。
⇒外16（バッハラー, ニコラウス）

Bachmann, Ingeborg
オーストリアの女性詩人, 小説家。詩集『猶予の時』（1953）長篇小説『マリーナ』（71）などが主著。
⇒岩世人（バッハマン　1926.6.25–1973.10.17）
現世文（バッハマン, インゲボルク　1926.6.25–1973.10.17）
広辞7（バッハマン　1926–1973）

Bachmann, Michele
アメリカの政治家。
⇒アメ新（バックマン　1948–）
外12（バックマン, ミシェル）
外16（バックマン, ミシェル　1956.4.6–）
世指導（バックマン, ミシェル　1956.4.6–）

Ba Choe, U
英領期ビルマ（ミャンマー）の政治家, ジャーナリスト。
⇒岩世人（バチョー　1893–1947.7.19）

Bachrach, Emil M.
アメリカの実業家。
⇒アア歴（Bachrach, Emil [Emmanuel] M.　バク

ラク, エミール [エマニュエル]・M.　1874.7.4–1937.9.28）

Bacigalupi, Paolo
アメリカのSF作家。
⇒外16（バチガルピ, パオロ　1972–）
海文新（バチガルピ, パオロ　1972–）
現世文（バチガルピ, パオロ　1972–）

Back, Frederic
ドイツ生まれのアニメーション作家。
⇒アニメ（バック, フレデリック　1924–）
外12（バック, フレデリック　1924.4.8–）

Backhaus, Wilhelm
ドイツ生まれのピアノ奏者。
⇒異二辞（バックハウス [ヴィルヘルム・～]　1884–1969）
岩世人（バックハウス　1884.3.26–1969.7.5）
新音中（バックハウス, ヴィルヘルム　1884.3.26–1969.7.5）
ネーム（バックハウス　1884–1969）
標音2（バックハウス, ヴィルヘルム　1884.3.26–1969.7.5）

Backhouse, *Sir* Edmund Trelawny
イギリスの中国研究家。ロンドンのケンブリッジ大学の中国研究所長となる（1913）。オックスフォード大学ボトリ文庫に漢籍2万7千冊を寄贈。
⇒岩世人（バックハウス　1873.10.20–1944.1.8）

Backlund, Bob
アメリカのプロレスラー。
⇒異二辞（バックランド, ボブ　1949–）

Backman, Walter Wayne
アメリカの大リーグ選手（二塁, 三塁）。
⇒メジャ（バックマン, ウォーリー　1959.9.22–）

Bäckström, Niklas
フィンランドのアイスホッケー選手（ワイルド・GK）。
⇒最division ス（バックストロム, ニクラス　1978.2.13–）

Backus, John
アメリカのコンピューター科学者。
⇒岩世人（バッカス　1924.12.3–2007.3.17）

Bacon, Alice Mabel
アメリカの教育家。来日し, 津田英学塾で英語を教授。
⇒アア歴（Bacon, Alice Mabel　ベーコン, アリス・メイベル　1858.2.26–1918.5.2）

Bacon, Ernst
アメリカの作曲家。
⇒エデ（ベーコン, アーンスト　1898.5.26–1990.3.16）

Bacon, Francis
イギリスの画家。代表作『法王インノセント10世』。

⇒岩世人（ベーコン　1909.10.28-1992.4.28）
芸13（ベーコン，フランシス　1909-1992）
広辞7（ベーコン　1909-1992）
ポプ人（ベーコン，フランシス　1909-1992）

Bacon, Kevin
アメリカ生まれの俳優。
⇒外12（ベーコン，ケビン　1958.7.8-）
外16（ベーコン，ケビン　1958.7.8-）
ク俳（ベイコン，ケヴィン　1958-）

Bacon, Lloyd
アメリカの映画監督。
⇒映監（ベーコン，ロイド　1889.12.4-1955）

Bacot, Jacques
フランスの東洋学者。東チベット，西康省，イラワジ河上流等を探検旅行し（1906〜07,09〜10），のちパリのアジア協会会長。
⇒岩世人（バコ　1877.7.4-1965.6.25）

Bacquier, Gabriel
フランスのバリトン歌手。
⇒標音2（バキエ，ガブリエル　1932.5.17-）

Bacsik, Mike
アメリカの大リーグ選手（投手）。
⇒外12（バクシック，マイク　1977.11.11-）

Baczyński, Krzysztof Kamil
ポーランドの詩人。
⇒岩世人（バチンスキ　1921.1.22-1944.8.4）
現世文（バチンスキ，クシシトフ・カミル　1921.1.22-1944.8.4）

Bada, Angelo
イタリアのテノール歌手。1908年メトロポリタン・オペラに招かれ，以後1938年まで同オペラの第1テノールを務めた。
⇒魅惑（Bada,Angelo　1876-1941）

Badar-Uugan Enkhbat
モンゴルのボクサー。
⇒外12（バダルウガン・エンクバット　1985.6.3-）
最世ス（バダルウガン・エンクバット　1985.6.3-）

Badawi, Tun Abdullah Haji Ahmad
マレーシアの政治家。
⇒岩世人（バダウィ，アブドゥラ　1939.11.26-）

Baddeley, Aaron
オーストラリアのプロゴルファー。
⇒外12（バデリー，アーロン　1981.3.17-）
外16（バデリー，アーロン　1981.3.17-）
最世ス（バデリー，アーロン　1981.3.17-）

Baddeley, Alan David
イギリスの心理学者。
⇒岩世人（バデリー　1934.3.23-）

Bade, William Frederic
アメリカの考古学者。カリフォルニア大学のパレスチナ考古学研究所所長。
⇒岩世人（ベード　1871.1.22-1936.3.4）

Badea, Alexandru
テノール歌手。
⇒魅惑（Badea,Alexandru　?-）

Baden-Powell, Robert Stephenson Smyth, 1st Baron
イギリスの軍人。ボーイ・スカウト，ガール・スカウトを組織。
⇒岩世人（ベイデン＝パウエル　1857.2.22-1941.1.8）
教人（ベーデン・ポウエル　1857-1941）
スパイ（ベーデン＝パウエル，サー・ロバート　1857-1941）
世界子（ベイデン＝パウエル，ロバート　1857-1941）

Bader, Gershom（Gustav）
ヘブライ語，イディッシュ語によるジャーナリスト，作家。
⇒ユ著人（Bader,Gershom（Gustav）　バーダー，ゲルショム（グスタフ）　1868-1953）

Bader, Hans-Dieter
ドイツのテノール歌手。
⇒魅惑（Bader,Hans-Dieter　1938-）

Bader, Jeffrey A.
アメリカの外交官。アメリカ国家安全保障会議（NSC）アジア上級部長。
⇒外12（ベーダー，ジェフリー　1945-）
外16（ベーダー，ジェフリー　1945-）

Bader, Natalie
フランスの実業家。
⇒外12（バデール，ナタリー　1963-）

Badescu, Dinu
ルーマニアのテノール歌手。
⇒失声（バデスク，ディヌ　1904-1980）
魅惑（Badescu,Dinu　1904-）

Badía, Conchita
スペインのソプラノ歌手。
⇒新音中（バディア，コンチータ　1897.11.14-1975.5.2）
標音2（バディア，コンチータ　1897.11.14-1975.5.2）

Badia, Muhammad
エジプトのイスラム原理主義指導者，政治家。ムスリム同胞団団長。
⇒世指導（バディア，ムハンマド　1943.8.7-）

Badiali, Vladimiro
イタリアのテノール歌手，声楽教師。
⇒失声（バティアーリ，ウラディミーロ　1904-?）

魅惑（Badiali,Wladimiro 1904-1933）

Badings, Henk
オランダの作曲家。
⇒岩世人（バーディンクス 1907.1.17-1987.6.26）
ク音3（バーディングス 1907-1987）
新音中（バーディングス,ヘンク 1907.1.17-1987.6.26）
標音2（バーディングス,ヘンク 1907.1.17-1987.6.26）

Badinter, Elisabeth
フランスの哲学者。『母性という神話』で著名。
⇒岩女（バダンテール,エリザベート 1944-）

Badiou, Alain
フランスの哲学者。
⇒岩世人（バディウ 1937.1.17-）
ネーム（バディウ 1937-）
メル別（バディウ,アラン 1937-）

Badley, Brenton Thoburn
アメリカの宣教師。
⇒アア歴（Badley,Brenton Thoburn バドリー,ブレントン・ソウバーン 1876.5.29-1949.2.1）

Badoglio, Pietro
イタリアの軍人,政治家。1943年臨時政府首相兼外相として連合国に無条件降伏。
⇒ア太戦（バドリオ 1871-1956）
岩世人（バドリオ 1871.9.28-1956.11.1）
広辞7（バドリオ 1871-1956）
世人新（バドリオ 1871-1956）
世人装（バドリオ 1871-1956）
ネーム（バドリオ 1871-1956）

Badran, Mudar
ヨルダンの政治家。ヨルダン首相。
⇒世指導（バドラン,ムダル 1934-）

Badrīya'Abd Allāh al-'Awaḍī
クウェートの法律家。
⇒岩イ（バドリーヤ・アワディー 1947-）
岩世人（バドリーヤ・アワディー 1947-）

Badura-Skoda, Paul
オーストリアのピアノ奏者。
⇒外12（バドゥラ・スコダ,パウル 1927.10.6-）
外16（バドゥラ・スコダ,パウル 1927.10.6-）
新音中（バドゥーラ＝スコダ,パウル 1927.10.6-）
標音2（バドゥーラ＝スコダ,パウル 1927.10.6-）

Bae, Jaechul
韓国のテノール歌手。
⇒魅惑（Bae,Jaechul ?-）

Bae Chang-ho
韓国生まれの映画監督。
⇒岩キ（裵昶浩 ペチャンホ 1953-）

Baeck, Leo
ドイツ系ユダヤ人の哲学者,ラビ。
⇒岩世人（ベック 1873.5.23-1956.11.2）
ユ著人（Baeck,Leo ベック,レオ 1873-1956）

Baeck, Samuel
ドイツのラビ,哲学者。レオ・ベックの父。
⇒ユ著人（Baeck,Samuel ベック,ザームエール 1834-1912）

Bae Do-Hwan
韓国の男優。
⇒韓俳（ペ・ドファン 1964.4.21-）

Bae Doo-na
韓国の女優。
⇒遺産（ペ・ドゥナ 1979.10.11-）
外12（ペドゥナ 1979.10.11-）
外16（ペドゥナ 1979.10.11-）
韓俳（ペ・ドゥナ 1979.10.11-）

Bae Jae-chul
韓国のテノール歌手。
⇒外12（ベーチェチョル 1969-）
外16（ベーチェチョル 1969-）
失声（ベー・チェチョル 1969-）

Bae Jong-Ok
韓国の女優。
⇒韓俳（ペ・ジョンオク 1964.5.13-）

Baek Bong-ki
韓国の男優。
⇒韓俳（ペク・ポンギ 1980.12.16-）

Baek Cha-seung
韓国の大リーグ選手（投手）。
⇒外12（ペクチャスン 白嗟承 1980.5.29-）

Baekeland, Leo Hendrik
ベルギー生まれのアメリカの化学者。1889年渡米。
⇒岩世人（ベイクランド 1863.11.14-1944.2.23）
化学（ベークランド 1863-1944）
世発（ベークランド,レオ・ヘンドリク 1863-1944）

Baekelmans, Lode
ベルギーの作家。フラマン語で書く。写実主義的手法による作品が多い。代表作『船室』（1912）。
⇒岩世人（バーケルマンス 1879.1.26-1965.5.11）

Baek Il-seob
韓国のタレント。1965年,KBSテレビタレント第5期生としてデビュー。代表作に『空と地の間』『コチミ』『息子と娘』,映画『サンポに行く道』等がある。
⇒韓俳（ペク・イルソブ 1944.6.10-）

Baek Jong-Hak
韓国の男優,プロデューサー。

⇒韓俳（ペク・チョンハク　1964.4.6–）

Baek Sung-hyun
韓国の男優。『天国の階段』，『チェオクの剣』に子役で出演。
⇒韓俳（ペク・ソンヒョン　1989.1.30–）

Baek Sun-woo
韓国の女優。
⇒外12（ペクソヌ）

Baek Yoon-sik
韓国のタレント。1970年，KBSテレビタレント第9期生としてデビュー。代表作に『江』『南十字星』『土地』『天命』『京都25時』等がある。
⇒韓俳（ペク・ユンシク　1947.3.16–）

Baelz, Erwin von
ドイツの医師。東京大学医学部教師。新潟県下のツツガムシ病なども調査。
⇒岩世人（ベルツ　1849.1.13–1913.8.31）
　学叢思（ベルツ，エルヴィン　1849–1913）
　現精（ベルツ　1849–1913）
　現精縮（ベルツ　1849–1913）
　広辞7（ベルツ　1849–1913）
　ポプ人（ベルツ，エルウィン・フォン　1849–1913）

Baena Soares, João
ブラジルの外交官。米州機構（OAS）事務総長。
⇒世指導（バエナ・ソアレス，ホアン　1931.5.14–）

Baer, Fred William
アメリカの国際消防職員組合会長。
⇒アメ経（ベア，フレッド　1884.8.16–1946.5.15）

Baerga, Carlos Obed
アメリカの大リーグ選手（二塁）。
⇒メジャ（バイエガ，カルロス　1968.11.4–）

Bae Sang-moon
韓国のプロゴルファー。
⇒外12（ベサンムン　裵相文　1986.6.21–）
　外16（ベサンムン　裵相文　1986.6.21–）

Bae Soo-bin
韓国の俳優。
⇒外12（ベスビン　1976.12.9–）
　韓俳（ペ・スビン　1976.12.9–）

Baeumker, Clemens
ドイツのカトリックの立場に立つ哲学史家。
⇒岩世人（ボイムカー　1853.9.16–1924.10.7）
　教人（ボイムカー　1853–1924）
　新カト（ボイムカー　1853.9.16–1924.10.7）

Baeva, Alena
カザフスタン生まれのヴァイオリン奏者。
⇒外12（バーエワ，アリョーナ）
　外16（バーエワ，アリョーナ）

Baeyer, Johann Friedrich Wilhelm Adolf von
ドイツの有機化学者。ノーベル化学賞受賞（1905）。
⇒岩世人（バイアー　1835.10.31–1917.8.20）
　化学（バイヤー　1835–1917）
　学叢思（ベーエル，アドルフ・フォン　1835–1915）
　広辞7（バイヤー　1835–1917）
　ノベ3（バイヤー，A.　1835.10.31–1917.8.20）
　ユ著人（Bäyer,Johan Friedrich Wilhelm Adolf von　バイエル，ヨハン・フリードリッヒ・ヴィルヘルム・アドルフ・フォン　1835–1917）

Bae Yong-joon
韓国の男優。
⇒異二辞（ペ・ヨンジュン　裵勇俊　1972–）
　岩世人（裵勇俊　ペヨンジュン　1972.8.29–）
　外12（ペヨンジュン　1972.8.29–）
　外16（ペヨンジュン　1972.8.29–）
　韓俳（ペ・ヨンジュン　1972.8.29–）

Baez, Danys G.
キューバの大リーグ選手（投手）。
⇒メジャ（バエス，ダニス　1977.9.10–）

Baez, Joan
アメリカのフォーク歌手，プロテスト歌手。
⇒岩世人（バエズ　1941.1.9–）
　外16（バエズ，ジョーン　1941.1.9–）
　新音中（バエズ，ジョーン　1941.1.9–）
　標音2（バエズ，ジョーン　1941.1.9–）
　ロック（Baez,Joan　バエズ，ジョーン　1941.1.9–）

Baffert, Bob
アメリカの競走馬調教師，生産者，馬主。
⇒岩世人（バファート　1953.1.13–）

Bagabandi, Natsagiin
モンゴルの政治家。モンゴル大統領（1997～2005），モンゴル人民革命党党首。
⇒世指導（バガバンディ，ナツァギーン　1950.4.22–）

Bagapsh, Sergei
アブハジアの政治家。アブハジア自治共和国大統領（2005～11）。
⇒世指導（バガプシュ，セルゲイ　1949.3.4–2011.5.29）

Bagby, James Charles Jacob, Jr.
アメリカの大リーグ選手（投手）。
⇒メジャ（バグビー，ジム，ジュニア　1916.9.8–1988.9.2）

Bagby, James Charles Jacob, Sr.
アメリカの大リーグ選手（投手）。
⇒メジャ（バグビー，ジム，シニア　1889.10.5–1954.7.28）

Baggett, William
アメリカ生まれの画家。
⇒芸13（バゲット，ウイリアム　1946–）

Baggio, Dino
イタリアのサッカー選手。
⇒異二辞（バッジョ［ディノ・~］ 1971-）

Baggio, Roberto
イタリアのサッカー選手。
⇒異二辞（バッジョ［ロベルト・~］ 1967-）
外12（バッジョ, ロベルト 1967.2.18-）
外16（バッジョ, ロベルト 1967.2.18-）
ネーム（バッジョ, ロベルト 1967-）

Baggot, King
アメリカの俳優, 監督, 脚本家。
⇒スター（バゴット, キング 1879.11.7-1948）

Bagley, Desmond
イギリスの冒険小説家。
⇒現世文（バグリー, デズモンド 1923.10.29-1983.4.12）

Bagley, William Chandler
アメリカの教育学者。コロンビア大学ティーチャーズ・カレッジ教授（1917~40）。教育的価値を論じてその規準を〈社会的能率〉に求めた。
⇒岩世人（バグリー 1874.3.15-1946.7.1）
教人（バグリ 1874-1946）

Bagnarello, Erika
コスタリカの映画監督。
⇒外12（バニャレロ, エリカ 1981-）
外16（バニャレロ, エリカ 1981-）

Bagratyan, Hrand Araratovich
アルメニアの政治家。アルメニア首相。
⇒世指導（バグラチャン, グラント 1958.10.18-）

Bagritskii, Eduard Georgievich
ロシア, ソ連の詩人。代表作『オパナスの語り歌』(1926)。
⇒現世文（バグリツキー, エドゥアルド・ゲオルギエヴィチ 1895.11.3-1934.2.16）
ユ著人（Bagritskii, Eduard Georgievich バグリツキィー, エドゥアルド・ゲオルギーヴィッチ 1895-1934）

Bagryana, Elisaveta
ブルガリアの詩人。
⇒岩世人（バグリャナ 1893.4.16/28-1991.3.23）
現世文（バグリャナ, エリサヴェタ 1893.4.16-1991.3.23）

Bagwell, Jeffery Robert
アメリカの大リーグ選手（一塁）。
⇒メジャ（バグウェル, ジェフ 1968.5.27-）

Ba Gyan, U
ビルマ（ミャンマー）の漫画家。
⇒岩世人（バジャン 1902.2.20-1953.2.18）

Bahaman, Dato
マレー半島東岸のパハン王国のムラユ人貴族。
⇒岩世人（バハマン, ダト）

Bahār, Muhammad Taqī Malik al-Shu'arā
イランの詩人。ジャーナリスト, 政治家としても活躍。
⇒岩イ（バハール 1886-1951）
岩世人（バハール・マシュハディー 1886-1951）

Bahdanovich, Aliaksandr
ベラルーシのカヌー選手（カナディアン）。
⇒外12（バダノヴィッチ, アレクサンドル 1982.4.29-）
外16（バダノヴィッチ, アレクサンドル 1982.4.29-）
最世스（バダノヴィッチ, アレクサンドル 1982.4.29-）

Bahdanovich, Andrei
ベラルーシのカヌー選手（カナディアン）。
⇒外12（バダノヴィッチ, アンドレイ 1987.10.15-）
外16（バダノヴィッチ, アンドレイ 1987.10.15-）
最世스（バダノヴィッチ, アンドレイ 1987.10.15-）

Ba Hein, Thakin
英領期ビルマ（ミャンマー）の作家, 共産党活動家。
⇒岩世人（バヘイン 1913-1946）

Bahmet'ev, Vladimir Matveevich
ソ連の作家。
⇒現世文（バフメーチエフ, ウラジーミル・マトヴェーヴィチ 1885.8.14-1963.10.16）

Bahnsen, Stanley Raymond
アメリカの大リーグ選手（投手）。
⇒メジャ（ボーンセン, スタン 1944.12.15-）

Bahr, Egon
ドイツの政治家, 評論家, ジャーナリスト。
⇒岩世人（バール 1922.3.18-）
外12（バール, エゴン 1922.3.18-）

Bahr, Hermann
オーストリアの評論家, 劇作家。20世紀初頭の文芸思潮の理論的指導者。
⇒岩世人（バール 1863.7.19-1934.1.15）
学叢思（バール, ヘルマン 1863-?）
新カト（バール 1863.7.19-1934.1.15）

Baiev, Khassan
ロシアの医師。
⇒外12（バイエフ, ハッサン 1963-）
外16（バイエフ, ハッサン 1963-）

Baigildin, Sergei
テノール歌手。
⇒魅惑（Baigildin, Sergei ?-）

Baij, Rāmkinkar
インドの彫刻家。

⇒岩世人（バイジュ　1906.5.20–1980.8.2）

Baikov, Aleksandr Mikhailovich
ロシア出身の経済学者。
⇒岩世人（バイコーフ　1899–1963）

Baikov, Nikolai Apollonovich
ロシアの小説家,画家。
⇒現世文（バイコフ,ニコライ　1872.11.29–1958.3.6）

Bail, Murray
オーストラリアの作家。
⇒外12（ベイル,マレイ　1941–）
　現世文（ベイル,マレイ　1941–）

Bailar, John Christian, Jr.
アメリカの無機化学者。錯体化学の立体構造に関して先駆的研究を進めた。
⇒岩世人（ベイラー　1904.5.24–1991.10.7）

Bailey, Andrew
アメリカの大リーグ選手（投手）。
⇒外12（ベイリー,アンドルー　1984.5.31–）
　外16（ベイリー,アンドルー　1984.5.31–）
　最世ス（ベイリー,アンドルー　1984.5.31–）
　メジャ（ベイリー,アンドルー　1984.5.31–）

Bailey, Champ
アメリカのプロフットボール選手（CB）。
⇒外16（ベイリー,チャンプ　1978.6.22–）
　最世ス（ベイリー,チャンプ　1978.6.22–）

Bailey, Christopher
イギリスの実業家,デザイナー。
⇒外16（ベイリー,クリストファー　1971–）

Bailey, Dennis
イギリスのデザイナー,挿絵画家,教育者。
⇒グラデ（Bailey,Dennis　ベイリー,デニス　1931–）

Bailey, Sir Harold Walter
イギリスの東洋学者。中央アジア古代言語の研究で有名。
⇒岩世人（ベイリー　1899.12.16–1996.1.11）

Bailey, Hilary
イギリスの女性小説家。
⇒現世文（ベイリー,ヒラリー　1936.9.19–2017.1.19）

Bailey, Liberty Hyde
アメリカの園芸学者,植物学者。植物分類学の権威。
⇒岩世人（ベイリー　1858.3.15–1954.12.25）

Bailey, Lonas Edgar
アメリカの大リーグ選手（捕手）。
⇒メジャ（ベイリー,エド　1931.4.15–2007.3.23）

Bailey, Mildred
アメリカの女性ジャズ歌手。白人女性歌手の草分け的な存在。
⇒標音2（ベイリー,ミルドレッド　1907.2.27–1951.12.12）

Bailey, Norman
イギリスのバリトン歌手。
⇒標音2（ベイリー,ノーマン　1933.3.23–）

Bailey, Paul
イギリスの小説家。
⇒現世文（ベイリー,ポール　1937.2.16–）

Bailey, Peter
アフロ・アメリカン統一機構（OAAU）幹部,マルコムXの側近。
⇒マルX（BAILEY,PETER　ベイリー,ピーター）

Bailey, Philip
アメリカ生まれの歌手。
⇒外16（ベイリー,フィリップ　1951.5.8–）

Bailey, Robert Sherwood
アメリカの大リーグ選手（三塁,外野）。
⇒メジャ（ベイリー,ボブ　1942.10.13–）

Bailey, Sean
アメリカの映画プロデューサー。
⇒外12（ベイリー,ショーン　1970–）
　外16（ベイリー,ショーン　1970–）

Bailie, Joseph
アメリカの農学者。
⇒アア歴（Bailie,Joseph　ベイリー,ジョゼフ　1860.7.11–1935.11.5）

Baillie, Hugh
アメリカのジャーナリスト。UP通信社社長に就任（1935）。以来,第二次大戦から戦後および朝鮮戦争まで20年にわたってUP通信社を指揮した。
⇒岩世人（ベイリー　1890.10.23–1966.3.1）

Baillie, Sir James Black
イギリスの哲学者。ヘーゲルの『精神現象学』を英訳（1910）。
⇒メル3（ベーリー,ジェームズ・ブラック　1872–1940）

Baillie, John
スコットランドの神学者。
⇒オク教（ベイリー　1886–1960）

Baillie, Tim
イギリスのカヌー選手。
⇒外16（ベイリー,ティム　1979.5.11–）
　最世ス（ベイリー,ティム　1979.5.11–）

Baillie-Stewart, Norman
イギリス陸軍士官。

⇒スパイ（ベイリー＝スチュワート，ノーマン 1909–1966）

Bailyn, Bernard
アメリカの歴史学者。
⇒岩世人（ベイリン 1922.9.9–）

Bain, Harry Foster
アメリカの鉱山技師。
⇒アア歴（Bain,H(arry) Foster ベイン，ハリー・フォスター 1872.11.2–1948.3.9）

Bain, Joe Staten
アメリカ生まれの経済思想家。
⇒岩経（ベイン 1912–1993）
岩世人（ベイン 1912.7.4–1991.9.7）
有経5（ベイン 1912–1991）

Bainbridge, Beryl
イギリスの女性作家。
⇒岩世人（ベインブリッジ 1934.11.21–2010.7.2）
現世文（ベインブリッジ，ベリル 1934.11.21–2010.7.2）

Baines, Harold Douglass
アメリカの大リーグ選手（外野,DH）。
⇒メジャ（ベインズ，ハロルド 1959.3.15–）

Baines, Oliver
イギリスのバリトン歌手。
⇒外12（ベインズ，オリバー 1982.11.23–）
外16（ベインズ，オリバー 1982.11.23–）

Bainimarama Frank
フィジーの軍人，政治家。フィジー首相，フィジー国軍総司令官。
⇒外12（バイニマラマ，フランク 1954.4.27–）
外16（バイニマラマ，ボレンゲ 1954.4.27–）
世指導（バイニマラマ，ボレンゲ 1954.4.27–）

Bainton, Roland Herbert
イギリス生まれのアメリカのプロテスタント神学者。16世紀の宗教改革，とくにその時代の人物研究に貢献。
⇒岩世人（ベイントン 1894.3.30–1984.2.13）
新カト（ベイントン 1894.3.30–1984.2.13）

Bainvel, Jean-Vincent
フランスのカトリック神学者。
⇒新カト（バンヴェル 1858.8.4–1937.1.29）

Bainville, Jacques
フランスの歴史家，評論家。王党主義運動に参加。
⇒岩世人（バンヴィル 1879.2.9–1936.2.9）

Baio, Chris
アメリカのミュージシャン。
⇒外12（バイオ，クリス 1984–）

Bair, Charles Douglas
アメリカの大リーグ選手（投手）。

⇒メジャ（ベア，ダグ 1949.8.22–）

Baird, Esther E.
アメリカの宣教師。
⇒アア歴（Baird,Esther E. ベアード，エスター・E. 1861.4.19–1950.8.15）

Baird, John Logie
イギリスの発明家。テレビ遠距離放送に初めて成功。
⇒岩世人（ベアード 1888.8.13–1946.6.14）
広辞7（ベアード 1888–1946）
世人新（ベアード 1888–1946）
世人装（ベアード 1888–1946）

Baird, Tadeusz
ポーランドの作曲家。
⇒ク音3（ベイルド 1928–1981）
新音中（バイルド，タデウシュ 1928.7.26–1981.9.2）
標音2（バイルト，タデウシ 1928.7.26–1981.9.2）

Baird, William Martyn
アメリカの宣教師。
⇒アア歴（Baird,William M(artyn) ベアード，ウィリアム・マーティン 1862.6.17–1931.11.28）
岩世人（ベアード 1862.6.16–1931.11.28）

Baire, René Louis
フランスの数学者。実変数函数論を研究。
⇒岩世人（ベール 1874.1.21–1932.7.5）
数辞（ベール，ルイス・ルネ 1874–1932）
数小増（ベール 1874–1932）
世数（ベール，ルネ・ルイ 1874–1932）

Bajammal, Abdul-qadir al-
イエメンの政治家。イエメン首相。
⇒外12（バジャンマル，アブドルカデル・アル 1946.2.18–）
世指導（バジャンマル，アブドルカディル・アル 1946.2.18–）

Bajer, Fredrik
デンマークの政治家，著作家，平和主義者。1891年国際平和事務局設立に助力。
⇒岩世人（バイア 1837.4.21–1922.1.22）
ノベ3（バイエル,F. 1837.4.21–1922.1.23）

Bajew, Christo
ドイツのテノール歌手。
⇒魅惑（Bajew,Christo 1922–1983）

Bajnai, Gordon
ハンガリーの金融家，政治家。ハンガリー首相。
⇒外12（バイナイ，ゴルドン 1968.3.5–）
外16（バイナイ，ゴルドン 1968.3.5–）
世指導（バイナイ，ゴルドン 1968.3.5–）

Bajo, David
アメリカの作家。
⇒海文新（ベイジョー，デイヴィッド）
現世文（ベイジョー，デービッド）

Bakatin, Vadim Viktorovich
ロシアの政治家。KGB議長、ソ連内相。
⇒スパイ（バカーチン，ワジム・ヴィクトロヴィチ　1937–）

Baker, Alan
イギリスの数学者、超越数の研究者。
⇒数辞（ベーカー，アラン　1939–）
　世数（ベイカー，アラン　1939–）

Baker, Alan R.H.
イギリスの歴史地理学者。
⇒岩世人（ベイカー　1938.10.20–）

Baker, Augusta
アメリカの児童図書館員。
⇒ア図（ベイカー，オーガスタ　1911–1998）

Baker, *Sir* Benjamin
イギリスの土木技術者。ロンドンの地下鉄道、タワー・ブリッジを設計，施工。
⇒岩世人（ベイカー　1840.3.31–1907.5.19）

Baker, Carlos
アメリカの大学教授。
⇒ヘミ（ベイカー，カーロス　1909–1987）

Baker, Carroll
アメリカ生まれの女優。
⇒ク俳（ベイカー，キャロル　1931–）

Baker, Charles Fuller
アメリカの動物学者。
⇒アア歴（Baker,Charles Fuller　ベイカー，チャールズ・フラー　1872.3.22–1927.7.21）

Baker, Chesney H.（Chet）
アメリカのジャズ・トランペット奏者，歌手。
⇒岩世人（ベイカー　1929.12.23–1988.5.13）
　新音中（ベイカー，チェット　1929.12.23–1988.5.13）
　標音2（ベーカー，チェット　1929.12.23–1988.5.13）

Baker, Christopher John
イギリスのタイ研究者。
⇒岩世人（ベイカー　1948.1.3–）

Baker, Delmer David
アメリカの大リーグ選手（捕手）。
⇒メジャ（ベイカー，デル　1892.5.3–1973.9.11）

Baker, Diane
アメリカ生まれの女優。
⇒ク俳（ベイカー，ダイアン　1938–）

Baker, Dusty
アメリカの大リーグ選手，監督。
⇒外12（ベーカー，ダスティ　1949.6.15–）
　外16（ベーカー，ダスティ　1949.6.15–）
　最世ス（ベーカー，ダスティ　1949.6.15–）
　メジャ（ベイカー，ダスティ　1949.6.15–）

Baker, George Pierce
アメリカの演劇学者。アメリカで最初の実践的な演劇講座をハーバード大学に開設。
⇒岩世人（ベイカー　1866.4.4–1935.1.6）

Baker, George Stephen
イギリスの造船学者。船型試験と船型の権威。
⇒岩世人（ベイカー　1877–1949.8.15）

Baker, Ginger
イギリスのドラム奏者。
⇒外12（ベーカー，ジンジャー　1939.8.19–）
　外16（ベーカー，ジンジャー　1939.8.19–）
　ビト改（BAKER,GINGER　ベイカー，ジンジャー）
　ロック（Baker,Peter 'Ginger'　ベイカー，ピーター・"ジンジャー"　1939.8.19–）

Baker, Howard Henry, Jr.
アメリカの外交官，政治家，弁護士。アメリカ大統領首席補佐官。
⇒外12（ベーカー，ハワード（Jr.）　1925.11.15–）
　世指導（ベーカー，ハワード（Jr.）　1925.11.15–2014.6.26）

Baker, James Addison, III
アメリカの政治家。アメリカ大統領首席補佐官，国務長官。
⇒アメ新（ベーカー　1930–）
　外12（ベーカー，ジェームズ（3世）　1930.4.28–）
　外16（ベーカー，ジェームズ（3世）　1930.4.28–）
　世指導（ベーカー，ジェームズ3世　1930.4.28–）

Baker, James Marion
アメリカの外交官。
⇒アア歴（Baker,James Marion　ベーカー，ジェイムズ・マリオン　1861.8.18–1940.11.21）

Baker, *Dame* Janet（Abbott）
イギリスのメゾ・ソプラノ歌手。
⇒オペラ（ベイカー，ジャネット　1933–）
　新音中（ベイカー，ジャネット　1933.8.21–）
　標音2（ベーカー，ジャネット　1933.8.21–）

Baker, Jeannie
オーストラリア在住のイギリスの女性絵本作家。
⇒絵本（ベイカー，ジーニー　1950–）

Baker, J.I.
アメリカの編集者，作家。
⇒海文新（ベイカー，J.I.）

Baker, Jo Don
アメリカの俳優。
⇒ク俳（ベーカー，ジョウ・ドン　1936–）

Baker, John Earl
アメリカの技師，団体理事。
⇒アア歴（Baker,John Earl　ベイカー，ジョン・

アール 1880.8.23–1957.7.27）
Baker, John Franklin
アメリカの大リーグ選手（三塁）。
⇒メジャ（ベイカー, フランク 1886.3.13–1963.6.28）
Baker, Josephine
アメリカ生まれのフランスの歌手, 舞踊家。
⇒異二辞（ベーカー, ジョセフィン 1906–1975）
岩世人（ベイカー 1906.6.3–1975.4.12）
新音中（ベイカー, ジョゼフィーン 1906.6.3–1975.4.12）
スパイ（ベイカー, ジョセフィン 1906–1975）
標音2（ベーカー, ジョゼフィーン 1906.6.3–1975.4.12）
Baker, Julius
アメリカのフルート奏者。
⇒新音中（ベイカー, ジュリアス 1915.9.23–）
標音2（ベーカー, ジュリアス 1915.9.23–2003.8.6）
Baker, Kage
アメリカのSF作家。
⇒海文新（ベイカー, ケイジ 1952.6.10–2010.1.31）
現世文（ベーカー, ケイジ 1952.6.10–2010.1.31）
Baker, Kathy
アメリカ生まれの女優。
⇒ク俳（ベイカー, キャシー 1947–）
Baker, Keith
アメリカの作家, ゲームデザイナー。
⇒海文新（ベイカー, キース）
Baker, Lavern
アメリカの女性ジャズ歌手。R&B界でも活躍。
⇒ロック（Baker,LaVern ベイカー, ラヴァーン 1929.11.11–）
Baker, Leo F.
アメリカ中央情報局（CIA）職員。
⇒スパイ（ベイカー, レオ・F, グレイ, ウェイド・C, シャムバーガー, ライリー・W, ジュニア ?–1961.4.19）
Baker, Mark
アメリカのテノール歌手。
⇒魅惑（Baker,Mark ?–）
Baker, Mickey 'Guitar'
アメリカ・ケンタッキー州ルイヴィル生まれのギター奏者, 歌手。
⇒ロック（Baker,Mickey 'Guitar' ベイカー, ミッキー・"ギター" 1925.10.15–）
ロック（Mickey and Sylvia ミッキー&シルヴィア 1925.10.15–）
Baker, Newton Diehl
アメリカの政治家。陸軍長官となり, メキシコ遠征（1916）, 第一次大戦（14〜18）に活躍。

⇒アメ経（ベーカー, ニュートン,2世 1871.12.3–1937.12.25）
アメ州（Baker,Newton Diehl ベーカー, ニュートン・ディール 1871–1937）
岩世人（ベイカー 1871.12.3–1937.12.25）
Baker, Nicholson
アメリカの作家。
⇒外16（ベーカー, ニコルソン 1957–）
現世文（ベーカー, ニコルソン 1957–）
Baker, Oliver Edwin
アメリカの農業地理学者。アメリカにおける土地利用研究の基礎を定めた。
⇒岩世人（ベイカー 1883.9.10–1949.12.2）
Baker, Ray Stannard
アメリカの作家。筆名David Grayson。『ウィルソン伝』（8巻,1927〜39）でピュリッツァー賞受賞。ほかに自伝的著書『アメリカ年代記』（45）など。
⇒岩世人（ベイカー 1870.4.17–1946.7.12）
Baker, Simon
アメリカの俳優。
⇒外12（ベイカー, サイモン 1969.7.30–）
外16（ベイカー, サイモン 1969.7.30–）
Baker, Stanley
イギリスの俳優。
⇒ク俳（ベイカー, サー・スタンリー 1927–1976）
Baker, Stephen
アメリカのジャーナリスト。
⇒外12（ベーカー, スティーブン）
外16（ベーカー, スティーブン）
Baker, Theodore
アメリカの音楽学者, 音楽辞典編集者。学位論文『北アメリカ原住民の音楽について』（1982）などを執筆。
⇒標音2（ベーカー, シーオドア 1851.6.3–1934.10.13）
Bakh, Aleksei Nikolaevich
ソ連の生化学者。生化学の課題が物質代謝にあることを指摘した最初の人。酵素の研究でスターリン賞を受く（1941）。ソ連生化学の樹立者。
⇒岩世人（バッハ 1857.3.5/17–1946.5.13）
化学（バッハ 1857–1946）
Ba Khin, U
ビルマ（ミャンマー）の瞑想家。
⇒岩世人（バキン 1899.3.6–1971.1.19）
オク仏（バ・キン, ウ 1889–1970）
Bakhit, Marouf
ヨルダンの政治家。ヨルダン首相, 国防相。
⇒外12（バヒート, マルーフ 1947–）
外16（バヒート, マルーフ 1947–）
世指導（バヒート, マルーフ 1947–）

Bakhita, Giuseppina
スーダン出身の聖人。祝日2月8日。カノッサ修道女会の修道女。
⇒教聖（聖ジュゼッピーナ・バキータおとめ　1868頃–1947.2.8）
　新カト（ジュゼッピーナ・バキタ　1869–1947.2.8）

Bakhrusin, Sergei Vladimirovich
ソ連の歴史家。シベリア史の研究で有名。
⇒岩世人（バフルーシン　1882.9.26/10.8–1950.3.8）

Bakht, Sikander
インドの政治家。インド外相。
⇒世指導（バクト, シカンダール　1918.8.24–2004.2.23）

Bakhtin, Mikhail Mikhailovich
ソ連の文芸学者。主著に『フランソワ・ラブレーの作品と中世ルネッサンスの民衆文化』など。
⇒岩キ（バフチン　1895–1975）
　岩世人（バフチーン　1895.11.4/5/16/17–1975.3.6）
　教思増（バフチン　1895–1975）
　現社（バフチン　1895–1975）
　広辞7（バフチン　1895–1975）
　哲中（バフチン　1895–1975）
　ネーム（バフチン　1895–1975）

Bakhtiyār, Shāpūr
イランの政治家。イラン革命で倒されたパフラヴィー朝最後の首相（1979）。
⇒岩イ（バフティヤール　1914–1991）
　岩世人（バフティヤール　1914.6.26–1991.8.6）

Bakiyev, Kurmanbek Saliyevich
キルギスの政治家。キルギス大統領（2005～10）。
⇒外12（バキエフ, クルマンベク　1949.8.1–）
　外16（バキエフ, クルマンベク　1949.8.1–）
　世指導（バキエフ, クルマンベク　1949.8.1–）
　ネーム（バキエフ　1949–）

Baklanov, Grigorii Yakovlevich
ソ連の作家。『主力攻撃より南へ』(1958) など。
⇒現代文（バクラーノフ, グリゴリー　1923.9.11–2009.12.23）

Bakoyianni, Dora
ギリシャの女性政治家。ギリシャ文化相, 外相, アテネ市長。
⇒外12（バコヤンニ, ドーラ　1954.5.6–）
　外16（バコヤンニ, ドーラ　1954.5.6–）
　世指導（バコヤンニ, ドーラ　1954.5.6–）

al-Bakr, Ahmed Hassan
イラクの政治家。クーデターによってハーシム王制を打倒。のち, 首相, 大統領に就任。
⇒岩世人（バクル, アフマド・ハサン　1914.7.1–1982.10.4）

Baksh, Ralph
イスラエル生まれのアニメーション作家。
⇒映監（バクシ, ラルフ　1938.10.29–）
　ユ著人（Bakshi,Ralf　バクシ, ラルフ　1938–）

Baksieev, Vasili Nikolaevitch
ロシアの画家。
⇒芸13（バクシェーエフ, ワシーリ・ニコラエーヴィッチ　1876–1945）

Bakst, Leon
ロシアの舞台美術家, 画家。
⇒岩世人（バクスト　1866.4.28/5.10–1924.12.27）
　ユ著人（Bakst,Leon　バクスト, レオン　1866–1924）

Bakulin, Sergey
ロシアの競歩選手。
⇒最世ス（バクリン, セルゲイ　1986.11.13–）

Ba Kyi, U
ビルマ（ミャンマー）の画家。
⇒岩世人（バチー　1912.7.16–2000.4.15）

Balabanov, Aleksei
ロシアの脚本家, プロデューサー, 映画監督。
⇒映監（バラバノフ, アレクセイ　1959.2.25–）

Balabanov, Kosta
マケドニアの歴史学者。
⇒外12（バラバノフ, コスタ　1929.4.5–）

Balaguer, Joaquin
ドミニカ共和国の政治家。ドミニカ共和国大統領 (1960～62,66～78,86～96), キリスト教社会改革党 (PRSC) 指導者。
⇒岩世人（バラゲール　1907.9.1–2002.6.14）
　世指導（バラゲール, ホアキン　1907.9.1–2002.7.14）

Balaguer, Marta
スペインの絵本作家。
⇒絵本（バラゲー, マルタ　1953–）

Balakirev, Mili Alekseevich
ロシアの作曲家。五人組の一人。
⇒岩世人（バラキレフ　1836.12.21–1910.5.16）
　エデ（バラキレフ, ミリイ・アレクセイヴィチ　1837.1.2–1910.5.29）
　学叢思（バラキレフ, ミリー・アレキセイウィッナ　1836–1910）
　ク音3（バラキレフ　1837–1910）
　広辞7（バラキレフ　1837–1910）
　新音小（バラキレフ, ミリー　1837–1910）
　新音中（バラキレフ, ミリー　1837.1.2–1910.5.29）
　ネーム（バラキレフ　1837–1910）
　ビ曲改（バラキレフ, ミリー・アレクセイヴィッチ　1837–1910）
　標音2（バラキレフ, ミリー・アレクセーエヴィチ　1837.1.2–1910.5.29）
　ポブ人（バラキレフ, ミリ・アレクセイビチ

1837-1910)

Balanchine, George
ロシアの舞踊家。アメリカン・バレエ学校を創設。
⇒岩世人（バランシン　1904.1.9/22-1983.4.30）
広辞7（バランシン　1904-1983）
新音中（バランシン, ジョージ　1904.1.22-1983.4.30）
ネーム（バランシン　1904-1983）
標音2（バランシーン, ジョージ　1904.1.22-1983.4.30）

Balandier, Georges Léon Émile
フランスの社会学者, 民族学者。
⇒岩世人（バランディエ　1920.12.21-）
外16（バランディエ, ジョルジュ　1920.12.21-）
社小増（バランディエ　1920-）

Balanskii, Nikolai Nikolaevich
ソ連の地理学者。社会発展にとって地理的環境のはたす役割についての定式化を行い, ソ連経済地理学に理論的基礎を与えた。
⇒岩世人（バランスキー　1881.7.15/27-1963.11.29）

Balas, Iolanda
ルーマニアの走高跳び選手。
⇒岩世人（バラシュ　1936.12.12-）

Balassa, Bela
ハンガリー生まれの国際経済学者。
⇒有経5（バラッサ　1928-1991）

Balasuriya, Sirimevan Tissa
スリランカの作家, カトリック神学者。
⇒岩キ（バラスリヤ　1924-）

Balayogi, G.M.C.
インドの政治家。インド下院議長。
⇒世指導（バラヨギ,G.M.C.　1951.10.1-2002.3.3）

Balazs, Etienne
ハンガリー生まれの中国学者。
⇒岩世人（バラージュ　1905.1.24-1963.11.29）

Bálazs Béla
ハンガリーの詩人, 小説家, 劇作家, 映画理論家。
⇒岩世人（バラージュ　1884.8.4-1949.5.17）
現社（バラージュ　1884-1949）
現世文（バラージュ, ベラ　1884.8.4-1949.5.17）
ネーム（バラージュ　1884-1949）

Balbo, Italo
イタリアの軍人, 飛行家, ファシスト政治家。ファシスト内閣の成立に貢献。
⇒岩世人（バルボ　1896.6.6-1940.6.28）

Balboni, Stephen Charles
アメリカの大リーグ選手（一塁,DH）。
⇒メジャ（バルボニ, スティーヴ　1957.1.16-）

Balcerowicz, Leszek
ポーランドの政治家, 経済学者。ポーランド副首相, ポーランド国立銀行総裁。
⇒外12（バルツェロヴィッチ, レシェク　1947.1.19-）
外16（バルツェロヴィッチ, レシェク　1947.1.19-）
世指導（バルツェロヴィッチ, レシェク　1947.1.19-）

Balch, Emily Greene
アメリカの経済学者。
⇒アメ州（Balch,Emily Greene　バルチ, エミリー・グリーン　1867-1961）
岩世人（ボルチ　1867.1.8-1961.1.9）
ノベ3（ボルチ,E.G.　1867.1.8-1961.1.9）

Balchin, Nigel Marlin
イギリスの小説家。代表作『わが死刑執行人』(1945)。
⇒現世文（ボールチン, ナイジェル　1908.12.3-1970.3.17）

Balcon, Michael
イギリス生まれの映画製作者。
⇒ネーム（バルコン　1896-1977）
ユ著人（Balcon,Michael Elias,Sir　バルコン, マイケル・イライアス　1896-1977）

Baldacci, David
アメリカの作家。
⇒外16（バルダッチ, デービッド　1960-）
海文新（バルダッチ, デイヴィッド　1960.8.5-）
現世文（バルダッチ, デービッド　1960.8.5-）

Baldassari, Anne
フランスのパリ国立ピカソ美術館館長。
⇒外12（バルダサリ, アンヌ）
外16（バルダサリ, アンヌ）

Balde, Jean
フランスの女性カトリック作家。
⇒新カト（バルド　1885.3.13-1938.5.8）

Baldensperger, Fernand
フランスの文学史家, 比較文学者。主著『フランスにおけるゲーテ』(1904)。
⇒比文増（バルダンスペルジェ（フェルナン）　1871（明治4）-1958（昭和33））

Baldensperger, Wilhelm
フランスのプロテスタント神学者。戦後フランスの大学となったストラスブール大学教授となる。新約聖書の歴史的研究に新分野を開いた。
⇒岩世人（バルダンスペルジェ　1856.12.12-1936.7.30）

Baldessari, John
アメリカの美術家。
⇒岩世人（バルデッサリ　1931.6.17-）
現アテ（Baldessari,John　バルダサーリ, ジョン　1931-）

Baldick, Chris
イギリスの英文学者。
⇒外16（ボルディック, クリス　1954–）

Baldin, Aldo
ブラジルのテノール歌手。1917年フランシスコ・ビニャス国際声楽コンクールに優勝。
⇒魅惑（Baldin, Aldo　1945–1994）

Baldini, Stefano
イタリアのマラソン選手。
⇒最世ス（バルディニ, ステファノ　1971.5.25–）

Baldry, Cherith
イギリスの作家。
⇒海文新（ハンター, エリン）
　現世文（ハンター, エリン）

Baldry, 'Long' John
イギリス・ロンドン生まれの歌手。
⇒ロック（Baldry,'Long' John　ボールドリ,"ロング・ジョン　1941.1.12–）

Baldus, Herbert
ドイツ生まれのブラジルの民族学者。南米に関心を持ち、しばしば冒険旅行に出かけた後、ベルリン大学で民族学を学ぶ。主著"Bibliografia critica da ethnologia Brasileira"（2巻, 1954～68）。
⇒岩世人（バルドゥス　1899.3.14–1970.10.24）

Baldwin, Alec
アメリカ生まれの俳優。
⇒外12（ボールドウィン, アレック　1958.4.3–）
　外16（ボールドウィン, アレック　1958.4.3–）
　ク俳（ボールドウィン, アレック（ボールドウィン, アレグザンダー）　1958–）

Baldwin, Carey
アメリカの作家。
⇒海文新（ボールドウィン, ケアリー）

Baldwin, Charles Busted（Lady）
アメリカの大リーグ選手（投手）。
⇒メジャ（ボールドウィン, レディ　1859.4.8–1937.3.7）

Baldwin, Charles Franklin
アメリカの外交官。
⇒アア歴（Baldwin,Charles Franklin　ボールドウィン, チャールズ・フランクリン　1902.1.21–1993.8.18）

Baldwin, Frank Dwight
アメリカの陸軍将校。
⇒アア歴（Baldwin,Frank D(wight)　ボールドウィン, フランク・ドワイト　1842.6.26–1923.4.12）

Baldwin, Hanson Weightman
アメリカの軍事評論家。

⇒岩世人（ボールドウィン　1903.3.22–1991.11.13）

Baldwin, Jack Edward
イギリスの有機化学者。
⇒岩世人（ボールドウィン　1938–）

Baldwin, James Arthur
アメリカの黒人小説家。『ジョバンニの部屋』（1956）など。
⇒アメ州（Baldwin,James Arthur　ボールドウィン, ジェームズ・アーサー　1924–）
　アメ新（ボールドウィン　1924–1987）
　岩世人（ボールドウィン　1924.8.2–1987.11.30）
　現世文（ボールドウィン, ジェームズ　1924.8.2–1987.11.30）
　広辞7（ボールドウィン　1924–1987）
　新カト（ボールドウィン　1924.8.2–1987.11.30）
　マルX（BALDWIN,JAMES　ボールドウィン, ジェイムズ　1924–1987）

Baldwin, James Mark
アメリカの哲学者, 心理学者。進化論に立ち発生的社会心理学を説いた。
⇒岩世人（ボールドウィン　1861.1.12–1934.11.8）
　学叢思（ボールドウィン, ジェームズ・マーク　1861–?）
　教人（ボールドウィン　1861–1934）
　社小増（ボールドウィン　1861–1934）

Baldwin, John
アメリカのフィギュアスケート選手。
⇒外12（ボールドウィン, ジョン　1973.10.18–）
　最世ス（ボールドウィン, ジョン　1973.10.18–）

Baldwin, Marcus Elmore
アメリカの大リーグ選手（投手）。
⇒メジャ（ボールドウィン, マーク　1863.10.29–1929.11.10）

Baldwin, Stephen
アメリカ生まれの俳優。
⇒ク俳（ボールドウィン, スティーヴン　1966–）

Baldwin, William
アメリカ生まれの俳優。
⇒ク俳（ボールドウィン, ウィリアム（ビリー）　1963–）

Baldwin of Bewdley, Stanley Baldwin, 1st Earl
イギリスの政治家。1923年首相, 31年枢密院議長, 35年首相。
⇒岩世人（ボールドウィン　1867.8.3–1947.12.13）
　広辞7（ボールドウィン　1867–1947）
　世人新（ボールドウィン　1867–1947）
　世人装（ボールドウィン　1867–1947）

Bale, Christian
イギリス生まれの俳優。
⇒外12（ベール, クリスチャン　1974.1.30–）
　外16（ベール, クリスチャン　1974.1.30–）
　ク俳（ベイル, クリスチャン　1974–）

Bale, Gareth
イギリスのサッカー選手（レアル・マドリード・DF）。
⇒外12（ベール, ギャレス　1989.7.16–）
　外16（ベイル, ガレス　1989.7.16–）
　最新ス（ベイル, ガレス　1989.7.16–）

Balenciaga, Cristóbal
フランスの服飾デザイナー。1940～50年代にはモード界の第一人者の一人とされた。
⇒異二辞（バレンシアガ［クリストバル・～］
　　1895–1972）
　岩世人（バレンシアガ　1895.1.21–1972.3.24）
　広辞7（バレンシアガ　1895–1972）

Balentien, Wladimir
オランダのプロ野球選手（ヤクルト・外野）、大リーグ選手。
⇒異二辞（バレンティン［ウラディミール・～］
　　1984–）
　外12（バレンティン, ウラディミール　1984.7.2–）
　ネーム（バレンティン　1984–）

Bales, Robert Freed
アメリカの社会学者。「組織的観察法」で知られる。
⇒社小増（ベールズ　1916–）

Balestrini, Nanni
イタリアの詩人、小説家。ネオアバングワルディア（新前衛派）の代表的作家の一人。
⇒現文文（バレストリーニ, ナンニ　1935–）

Balfour, Arthur James Balfour, 1st Earl of
イギリスの政治家。保守党議員。1902～05年首相。
⇒岩世人（バルフォア　1848.7.25–1930.3.19）
　オク教（バルフォア　1848–1930）
　広辞7（バルフォア　1848–1930）
　世人新（バルフォア　1848–1930）
　世人装（バルフォア　1848–1930）
　ポプ人（バルフォア, アーサー・ジェームズ
　　1848–1930）

Balfour, Henry
イギリスの人類学者。オックスフォード大学附属ピット・リヴァーズ博物館主任として46年間、土俗品の整理・陳列に携った。
⇒岩世人（バルフォア　1863.4.11–1939.2.9）

Balgimbayev, Nurlan
カザフスタンの政治家。カザフスタン首相。
⇒世指導（バルギンバエフ, ヌルラン　1947.11.20–2015.10.14）

Balibar, Etienne
フランスの哲学者。主著『史的唯物論研究』（1974）。
⇒岩世人（バリバール　1942.4.23–）
　外12（バリバール, エティエンヌ　1942.4.23–）

　外16（バリバール, エティエンヌ　1942.4.23–）
　現社（バリバール　1942–）
　メル別（バリバール, エティエンヌ　1942–）

Balibar, Jeanne
フランスの女優、歌手。
⇒外12（バリバール, ジャンヌ　1968.4.13–）
　外16（バリバール, ジャンヌ　1968.4.13–）

Balin, Marty
アメリカの歌手。
⇒ユ著人（Balin, Marty　バリン, マーティ　1942–）

Balint, Michael
イギリスの精神分析学者。
⇒現精（バリント　1896–1970）
　現精縮（バリント　1896–1970）
　精分岩（バリント, マイケル　1896–1970）
　精分弘（バリント, マイケル　1896–1970）
　ユ著人（Balint, Michael　ブァリント, ミシェル　1896–1970）

Balk, Fairuza
アメリカの女優。
⇒ク俳（バーク, ファイルザ　1974–）

Balkenende, Jan Peter
オランダの政治家。オランダ首相、キリスト教民主勢力（CDA）党首。
⇒外12（バルケネンデ, ヤン・ペーター　1956.5.7–）
　外16（バルケネンデ, ヤン・ペーター　1956.5.7–）
　世指導（バルケネンデ, ヤン・ペーター　1956.5.7–）

Balkenhol, Stephan
ドイツ生まれの彫刻家。
⇒現アテ（Balkenhol, Stephan　バルケンホール, シュテファン　1957–）

Ball, Sir George Joseph
イギリスの政治家。保守党内部で諜報作戦を実施した。
⇒スパイ（ボール, サー・ジョージ・ジョセフ　1885–1961）

Ball, Harvey
アメリカのグラフィック・デザイナー。
⇒グラデ（Ball, Harvey　ボール, ハーヴィー　1921–2001）

Ball, Hugo
ドイツの文学者、演劇家。
⇒岩世人（バル　1886.2.22–1927.9.14）
　新カト（バル　1886.2.22–1927.9.14）

Ball, James Dyer
イギリスの植民地政治家。香港政庁の通訳、中国人保護官等を歴任し、中国在住35年。
⇒岩世人（ボール　1847.12.4–1919.2.21）

Ball, John
アメリカのミステリ作家。

⇒現世文（ボール，ジョン　1911.7.8–1988.10.15）

Ball, Kenny
イギリス・エセックス州イルフォド生まれのトランペット奏者。
⇒ロック（Ball,Kenny　ボール，ケニー　1931.5.22–）

Ball, Lloy
アメリカのバレーボール選手。
⇒最世ス（ボール，ロイ　1972.2.17–）

Ball, Lucille
アメリカの喜劇役者。
⇒ク俳（ボール，ルシル　1911–1989）
　スター（ボール，ルシル　1911.8.6–1989）

Ball, Macmahon
オーストラリアの政治学者，経済学者。
⇒岩世人（ボール　1901.8.29–1986.12.26）

Ball, Rudi
ドイツのアイスホッケー選手。
⇒ユ著人（Ball,Rudi　ボール，ルディー　?–?）

Balla, Giacomo
イタリアの画家。未来派運動の創立者の一人。
⇒岩世人（バッラ　1871.7.24–1958.3.1）
　芸13（バッラ，ジャコモ　1871–1958）
　ネーム（ジャコモ・バッラ　1871–1958）

Ballack, Michael
ドイツのサッカー選手。
⇒外12（バラック，ミヒャエル　1976.9.26–）
　最世ス（バラック，ミヒャエル　1976.9.26–）

Balladares, Ernesto Pérez
パナマの政治家。パナマ大統領（1994～99）。
⇒世指導（バジャダレス，エルネスト・ペレス　1946.6.29–）

Balladur, Edouard
フランスの政治家。フランス首相。
⇒岩世人（バラデュール　1929.5.2–）
　世指導（バラデュール，エドゥアール　1929.5.2–）

Ballagh, James Hamilton
アメリカの改革派（カルバン系）教会宣教師。来日し，日本基督公会を設立。
⇒アア歴（Ballagh,James Hamilton　バラ，ジェームズ・ハミルトン　1832.9.7–1920.1.29）
　岩キ（バラ　1832–1920）
　岩世人（バラ　1832.9.7–1920.1.29）
　新カト（バラ　1832.9.7–1920.1.29）
　来日（バラ，ジェームズ・H　1832–1920）

Ballagh, John Craig
アメリカの教育家。来日し，築地大学校（バラー塾）校長，明治学院で英語，数学，天文学を教授。
⇒岩世人（バラー　1842.9.25–1920.11.15）

Ballagh, Margaret Tate Kinne
アメリカの宣教師夫人。
⇒来日（バラー，マーガレット・テート　1840–1909）

Ballantine, Arthur Atwood
アメリカの法律家。財務次官。
⇒アメ経（バランタイン，アーサー　1883.8.3–1958）

Ballantine, Henry
アメリカの領事。
⇒アア歴（Ballantine,Henry　バランタイン，ヘンリー　1846.11.16–1914.10.30）

Ballantyne, Lisa
イギリスの作家。
⇒海文新（バランタイン，リサ）
　現世文（バランタイン，リサ）

Ballard, Hank
アメリカ・ミシガン州デトロイト生まれの歌手。
⇒ロック（Ballard,Hank　バラード，ハンク　1936.11.18–）

Ballard, James Graham
イギリスのSF作家。代表作に『沈んだ世界』『結晶世界』など。
⇒岩世人（バラード　1930.11.15–2009.4.19）
　現世文（バラード,J.G.　1930.11.15–2009.4.19）
　広辞7（バラード　1930–2009）

Ballard, Robert
アメリカの海洋学者。
⇒外16（バラード，ロバート　1942.6.30–）

Ballesteros, Severiano
スペインのプロ・ゴルファー。
⇒岩世人（バレステロス　1957.4.9–2011.5.7）
　最世ス（バレステロス，セベ　1957.4.9–2011.5.7）

Balliett, Blue
アメリカの作家。
⇒海文新（バリエット，ブルー　1955–）
　現世文（バリエット，ブルー　1955–）

Ballin, Albert
ドイツの海運王。
⇒岩世人（バリーン　1857.8.15–1918.11.9）
　ユ著人（Ballin,Albert　バーリン，アルベルト　1857–1918）

Ballin, Carlo
イタリアのテノール歌手。
⇒魅惑（Ballin,Carlo　1880–?）

Ballinger, Bill S.
アメリカのミステリ作家。
⇒現世文（バリンジャー，ビル　1912–1980）

Ballmer, Steve
アメリカの実業家。
⇒外12（バルマー，スティーブ　1956.3–）

外16（バルマー，スティーブ　1956.3.24-）
Ballmer, Théo
スイスのデザイナー，教育者。国際タイポグラフィー様式の先駆者。
⇒グラデ（Ballmer,Théo　バルマー，テオ　1902-1965）
Ballmer, Walter
スイス生まれのデザイナー。生涯のほとんどをイタリアで過ごした。
⇒グラデ（Ballmer,Walter　バルマー，ヴァルター　1923-）
Ballo, Pietro
イタリアのテノール歌手。
⇒失声（バッロ，ピエトロ　1952-）
　魅惑（Ballo,Pietro　1952-）
Balls, Ed
イギリスの政治家。イギリス児童・学校・家庭相。
⇒外12（ボールズ，エド　1967-）
　外16（ボールズ，エド　1967.2.25-）
　世指導（ボールズ，エド　1967.2.25-）
Bally, Charles
スイスの言語学者。ソシュールの後継者。
⇒岩世人（バイイ　1865.2.4-1947.4.10）
　広辞7（バイイ　1865-1947）
Balmaceda, Carlos
アルゼンチンの作家。
⇒外12（バルマセーダ，カルロス　1954-）
　外16（バルマセーダ，カルロス　1954-）
　現世文（バルマセーダ，カルロス　1954-）
Balmain, Pierre
フランスの服飾デザイナー。バレエや映画の衣装をも手がけている。
⇒岩世人（バルマン　1914.5.18-1982.6.29）
　広辞7（バルマン　1914-1982）
Balmond, Cecil
スリランカの構造デザイナー，建築家。
⇒外12（バルモンド，セシル　1943-）
　外16（バルモンド，セシル　1943-）
Bal'mont, Konstantin Dmitrievich
ロシアの詩人。前期象徴主義の代表者。
⇒岩世人（バリモント　1867.6.3/15-1942.12.24）
　広辞7（バーリモント　1867-1942）
Balog, Dezider
ハンガリーのエスペランティスト。"Japan Advertiser"紙勤務。
⇒日エ（バローグ　?-?）
Balogh, Suzanne
オーストラリアの射撃選手（クレー射撃）。
⇒外16（バローフ，スーザン　1973.5.8-）

最世ス（バローフ，スーザン　1973.5.8-）
Balogh, Thomas, Baron
イギリスの経済学者。
⇒ユ著人（Balogh,Thomas,Baron　バログ男爵，トーマス　1905-）
Balotelli, Mario
イタリアのサッカー選手（ACミラン・FW）。
⇒外12（バロテッリ，マリオ　1990.8.12-）
　外16（バロテッリ，マリオ　1990.8.12-）
　最世ス（バロテッリ，マリオ　1990.8.12-）
Baltes, Paul
ドイツの心理学者。
⇒岩世人（バルテス　1939.6.18-2006.11.7）
Balthasar, Hans Urs von
スイスのキリスト教神学者，哲学者。主著『神の栄光—神学的美学』（1961〜65）。
⇒岩キ（バルタザール　1905-1988）
　岩世人（バルタザール　1905.8.12-1988.6.26）
　オク教（バルタザール　1905-1988）
　新カト（バルタザール　1905.8.12-1988.6.26）
Balthus
フランスの画家。
⇒異二辞（バルテュス　1908-2001）
　芸13（バルテュス　1908-2001）
　広辞7（バルテュス　1908-2001）
　ネーム（バルテュス　1908-2001）
Baltimore, David
アメリカの生化学者。1975年ノーベル生理学医学賞。
⇒岩生（ボルティモア　1938-）
　岩世人（ボルティモア　1938.3.7-）
　外16（ボールティモア，デービッド　1938.3.7-）
　ノベ3（バルチモア,D.　1938.3.7-）
　ユ著人（Bortimore,David　バルチモア，デビッド　1938-）
Baltrušaitis, Jurgis
リトアニア出身の美術史家。
⇒岩世人（バルトルシャイティス　1903.5.7-1988.1.25）
Baltsa, Agnes
ギリシャのソプラノ歌手。
⇒オペラ（バルツァ，アグネス　1944-）
　外12（バルツァ，アグネス　1944.11.19-）
　外16（バルツァ，アグネス　1944.11.19-）
　新音中（バルツァ，アグネス　1944.11.19-）
　標音2（バルツァ，アグネス　1944.11.19-）
Baltzer, Fritz
スイスの動物学者。
⇒岩生（バルツァー　1884-1974）
　岩世人（バルツァー　1884.3.12-1974.3.18）
Balzola, Asun
スペインのイラストレーター。

Ba Maw
⇒絵本（バルソラ, アスン　1942–2006）

Ba Maw
ビルマ（ミャンマー）の政治家。1937年ビルマがインドから分離したのち、初代首相に就任。43年日本軍政下にも首相。
⇒ア太戦（バモオ　1893–1977）
　岩世人（バモオ（バーモー）　1893.2.8–1977.5.29）
　広辞7（バー・モー　1893–1977）

Bambang Trihatmodjo
インドネシアの企業家。
⇒岩世人（バンバン・トリハトモジョ　1953.7.23–）

Bamberger, Eugen
ドイツの化学者。
⇒化学（バンバーガー　1857–1932）
　ユ著人（Bamberger,Eugen　バンベルガー, オイゲン　1857–1932）

Bamford, James
アメリカの作家, 犯罪レポーター, 弁護士。
⇒スパイ（バンフォード, ジェイムズ　1946–）

Bana, Eric
オーストラリアの俳優。
⇒外12（バナ, エリック　1968.8.9–）

Banach, Stefan
ポーランドの数学者。関数解析を始め、位相空間理論の発展に寄与。
⇒岩世人（バナッハ　1892.3.30–1945.8.31）
　広辞7（バナッハ　1892–1945）
　数辞（バナッハ, ステファン　1892–1945）
　世数（バナッハ, ステファン　1892–1945）

Bancha Lamsam
タイの銀行家。
⇒岩世人（バンチャー・ラムサム　1924.1.12–1992.7.18）

Banchini, Chiara
スイスのバロック・ヴァイオリン奏者。
⇒外12（バンキーニ, キアラ）
　外16（バンキーニ, キアラ）

Bancroft, Anne
アメリカの女優。
⇒ク俳（バンクロフト, アン（イタリアーノ, アンナ・マリア）　1931–）
　スター（バンクロフト, アン　1931.9.17–2005）

Bancroft, David James
アメリカの大リーグ選手（遊撃）。
⇒メジャ（バンクロフト, デイヴ　1891.4.20–1972.10.9）

Bancroft, Edgar Addison
アメリカの弁護士, 外交官。駐日アメリカ大使。
⇒アア歴（Bancroft,Edgar Addison　バンクロフト, エドガー・アディソン　1857.11.20–1925.7.28）

Bancroft, Frank Carter
アメリカの大リーグ監督。
⇒メジャ（バンクロフト, フランク　1846.5.9–1921.3.30）

Bancroft, George
アメリカの俳優。
⇒ク俳（バンクロフト, ジョージ　1882–1956）

Bancroft, Hubert Howe
アメリカの歴史家。主著『太平洋諸州の原住民』(1874~75）。
⇒アメ州（Bancroft,Hubert Howe　バンクロフト, ヒューバート・ハウ　1832–1918）
　岩世人（バンクロフト　1832.5.5–1918.3.2）

Bancroft, Mary
アメリカのエージェント。アレン・W・ダレスの愛人。
⇒スパイ（バンクロフト, メアリー　1903–1997）

Bancroft, Wilder Dwight
アメリカの化学者。
⇒化学（バンクロフト　1867–1953）

Band, Alex
アメリカのロック歌手。
⇒外12（バンド, アレックス）

Banda, Hastings Kamuzu
マラウイの政治家。マラウイ初代大統領(1966~94）。
⇒岩世人（バンダ　1898/1896–1997.11.25）
　世指導（バンダ, ヘイスティングズ・カムズ　1906.5.14–1997.11.25）

Banda, Joyce Hilda
マラウイの政治家。マラウイ大統領(2012~14）。
⇒外16（バンダ, ジョイス・ヒルダ　1950.4.12–）
　世指導（バンダ, ジョイス・ヒルダ　1950.4.12–）
　ネーム（バンダ, ジョイス　1951–）

Banda, Rupiah
ザンビアの政治家, 外交官。ザンビア大統領(2008~11）。
⇒外12（バンダ, ルピヤ　1937.2–）
　外16（バンダ, ルピヤ　1937.2.13–）
　世指導（バンダ, ルピヤ　1937.2.13–）

Bandaranaike, Anura
スリランカの政治家。スリランカ外相。
⇒世指導（バンダラナイケ, アヌラ　1949.2.15–2008.3.16）

Bandaranaike, Sirimavo Ratwatte Dias
スリランカの政治家。
⇒岩世人（バンダーラナヤカ, シリマウォ　1916.4.17–2000.10.10）
　現アジ（バンダラナーヤカ　1916.4.17–2000.10.

10)
政経改 (バンダラナイケ 1916–2000)
世指導 (バンダラナイケ, シリマボ 1916.4.17–2000.10.10)
世人新 (バンダラナイケ (バンダラナーヤカ) 1916–2000)
世人装 (バンダラナイケ (バンダラナーヤカ) 1916–2000)
南ア新 (バンダーラナーヤカ 1916–2000)
ネーム (バンダラナイケ 1916–2000)

Bandāranāyaka, Solomon West Ridgeway Dias
スリランカの政治家。
⇒岩世人 (バンダーラナーヤカ,S.W.R.D. 1899.1.8–1959.9.26)
南ア新 (バンダーラナーヤカ 1899–1959)

Banday, Basdeo
トリニダード・トバゴの政治家。トリニダード・トバゴ首相。
⇒世指導 (バンデイ, バスデオ)

Bandeira, Manuel
ブラジルの詩人。
⇒岩世人 (バンデイラ 1886.4.19–1968.10.13)
現明文 (バンデイラ・フィリョ, マヌエル・カルネイロ・デー・ソーザ 1886.4.19–1968.10.13)

Banderas, Antonio
スペイン生まれの俳優。
⇒岩世人 (バンデラス 1960.8.10–)
外12 (バンデラス, アントニオ 1960.8.10–)
外16 (バンデラス, アントニオ 1960.8.10–)
ク俳 (バンデラス, アントニオ 1960–)
スター (バンデラス, アントニオ 1960.8.10–)

Bandholtz, Harry Hill
アメリカの陸軍将校。
⇒アア歴 (Bandholtz,Harry H (ill) バンドホルツ, ハリー・ヒル 1864.12.18–1925.5.7)
岩世人 (バンドホルツ 1864–1925.5.11)

Bandi, János
イタリアのテノール歌手。
⇒失声 (バンディ, ヤーノシュ 1953–)
魅惑 (Bándi,Janos ?–)

Bandit Rittakol
タイ生まれの映画監督。
⇒タイ (バンディット・リッタコン 1951–)

Bando, Salvatore Leonard
アメリカの大リーグ選手 (三塁)。
⇒メジャ (バンドー, サル 1944.2.13–)

Bandura, Albert
アメリカの心理学者。スタンフォード大学教授。
⇒岩世人 (バンデューラ 1925.12.4–)
外16 (バンデューラ, アルバート 1925.12.4–)
社心小 (バンデューラ 1925–)
新カト (バンデューラ 1925.12.4–)

Banerjea, *Sir* Surendranath
インドの民族運動初期の指導者。国民自由連合を結成。
⇒岩世人 (バネルジー 1848.11.10–1925.8.6)
世人新 (バネルジー 1848–1925)
世人装 (バネルジー 1848–1925)
南ア新 (バナルジー 1848–1925)

Banerjee, Kali Charan
インドの政治家。
⇒学叢思 (バナジー, カリ・チアラン 1847.2.9–1907.2.6)

Banerjee, Mamata
インドの政治家。インド鉄道相, 西ベンガル州首相, 全インド草の根会議派 (AITC) 党首。
⇒外16 (バナジー, ママタ 1955.1.5–)
世指導 (バナジー, ママタ 1955.1.5–)

Banerjee, Nilanjan
インドのタゴール国際大学博物館副館長。
⇒外12 (バネルジー, ニランジャン)

Bánffy Dezso
ハンガリーの政治家。首相となり (1895～99), 宗教上の同権 (ユダヤ人解放) の法制化, オーストリアに対する自国の経済的地位の向上などを実現した。
⇒岩世人 (バーンフィ 1843.10.28–1911.5.24)

Bang, Bernhard Laurits Frederik
デンマークの獣医学者。獣医病理細菌学に関する業績のうち, 牛の伝染性流産の病原体〈バング菌〉の発見および放線状菌病, 壊死桿菌病等に関する研究業績が有名。
⇒岩世人 (バング 1848.6.7–1932.6.22)

Bang, Herman Joachim
デンマークの小説家。出世作『希望なき種族』(1880)。舞台での朗読を得意とした。
⇒岩世人 (バング 1857.4.20–1912.1.29)

Bang, Molly
アメリカの絵本作家。
⇒外12 (バング, モリー 1943–)
外16 (バング, モリー 1943–)

Bangalter, Thoma
フランスのミュージシャン。
⇒外12 (バンガルテル, トーマ 1975.1.3–)
外16 (バンガルテル, トーマ 1975.1.3–)

Bangemann, Martin
ドイツの政治家。欧州委員会委員, 西ドイツ経済相, FDP党首。
⇒世指導 (バンゲマン, マルティン 1934.11.15–)

Bang Eun-Jin
韓国の女優, 監督。
⇒韓俳 (パン・ウンジン 1965.8.5–)

Bang Kaup, Willi
ドイツの言語学者。古代トルコ語などを研究。
⇒岩世人（バング・カウプ　1869.8.9–1934.10.8）

Banharn Silpaarcha
タイの政治家。タイ首相。
⇒岩世人（バーンハーン・シンラパアーチャー　1932.8.19–）
世指導（バンハーン・シンラパアーチャ　1932.8.19–2016.4.23）
タイ（バンハーン・シンラパアーチャー　1932–）

Bani, John Bennett
バヌアツの政治家。バヌアツ大統領（1999～2004）。
⇒世指導（バニ、ジョン　1941.7.1–）

Banier, François-Marie
フランスの作家, 写真家。
⇒外12（バニエ, フランソワ・マリ）
外16（バニエ, フランソワ・マリ）
現世文（バニエ, フランソワ・マリ）

Banī Ṣadr, Abū al-Ḥasan
イラン・イスラム共和国の初代大統領。在職1980～81。
⇒岩イ（バニー・サドル　1933–）
岩世人（バニー・サドル　1933.3.22–）
世人新（バニサドル　1933–）
世人装（バニサドル　1933–）

Banjong Pisanthanakun
タイの映画監督。
⇒外16（バンジョン・ピサンタナクーン　1979.9.9–）

Bank, Melissa
アメリカの作家。
⇒外12（バンク, メリッサ　1960–）
海文新（バンク, メリッサ　1961–）
現世文（バンク, メリッサ　1961–）

Banker, Ashok
インドの作家。
⇒外12（バンカー, アショーカ　1964–）
海文新（バンカー, アショーカ・K.　1964.2.7–）

Bankhead, Tallulah
アメリカの女優。
⇒ク俳（バンクヘッド, タルーラ　1902–1968）
スター（バンクヘッド, タルラー　1902.1.31–1968）

Ban Ki-moon
韓国の政治家, 外交官。韓国外交通商相（外相）, 第8代国連事務総長。
⇒岩世人（潘基文　パンギムン　1944.6.13–）
外12（バンギムン　1944.6.13–）
外16（バンギムン　潘基文　1944.6.13–）
広辞7（パン・ギムン　潘基文　1944–）
世指導（パン・ギムン　1944.6.13–）
ポブ人（パンギムン　潘基文　1944–）

Bank-Mikkelsen, Neils Erik
デンマークの社会運動家。
⇒異二辞（バンク=ミケルセン［ニールス・エリク・～］　1919–1990）
現社福（バンク-ミケルセン　1919–1990）

Banks, Barry
イギリスのテノール歌手。
⇒失声（バンクス, バリー　?–）
魅惑（Banks,Barry　?–）

Banks, Dennis J.
アメリカの先住民公民権運動家。アメリカ・インディアン運動（AIM）リーダー。
⇒外16（バンクス, デニス　1936–）

Banks, Ernie
アメリカの大リーグ選手（一塁, 遊撃）。
⇒アメ州（Banks,Ernie　バンクス, アーニー　1931–）
メジャ（バンクス, アーニー　1931.1.31–）

Banks, Iain
イギリスの作家。
⇒岩世人（バンクス　1954.2.16–2013.6.9）
現世文（バンクス, イアン　1954.2.16–2013.6.9）

Banks, Kate
アメリカの絵本作家。
⇒外12（バンクス, ケート）
外16（バンクス, ケート）
現世文（バンクス, ケート）

Banks, Lynne Reid
イギリスの作家。
⇒現世文（バンクス, リン・リード　1929.7.31–）

Banks, Russel
アメリカの小説家。
⇒岩世人（バンクス　1940.3.28–）
外16（バンクス, ラッセル　1940.3.28–）
現世文（バンクス, ラッセル　1940.3.28–）

Banks, Tyra
アメリカのタレント, モデル。
⇒外12（バンクス, タイラ　1973.12.4–）
外16（バンクス, タイラ　1973.12.4–）

Banksy
1990年代からイギリスを中心に活躍する匿名のネオ・ゲリラ・アーティスト。
⇒現アテ（Banksy　バンクシー）

Banky, Vilma
ハンガリーの映画女優。
⇒ク俳（バンキー, ヴィルマ（ロンチート, V）　1898–1992）

Ban Min-Jung
韓国の女優。
⇒韓俳（パン・ミンジョン 1980.7.3–）

Bannen, Ian
イギリスの俳優。
⇒ク俳（バネン，イアン 1928–1999）

Banner, Jerome Le
フランスの格闘家。
⇒異二辞（レ・バンナ，ジェロム 1972–）
　外12（レ・バンナ，ジェロム 1972.12.26–）
　外16（レ・バンナ，ジェロム 1972.12.26–）
　ネーム（バンナ，ジェロム・レ 1972–）

Banning, Margeret Culkin
アメリカの女性作家。
⇒現世文（バニング，マーガレット 1891.3.18–1982.1.4）

Bannister, Brian
アメリカのプロ野球選手（投手・巨人），大リーグ選手。
⇒外12（バニスター，ブライアン 1981.2.28–）

Bannister, Floyd Franklin
アメリカの大リーグ選手（投手）。
⇒外12（バニスター，フロイド 1955.6.10–）
　メジャ（バニスター，フロイド 1955.6.10–）

Bannister, *Sir* Roger Gilbert
イギリスの陸上選手。1954年1マイルレースで，4分の壁を破る3分59秒4で走り，マイルの王者といわれる。71年，スポーツ評議会の会長に就任。
⇒岩世人（バニスター 1929.3.23–）

Bannon, Jim
アメリカの男優。
⇒ク俳（バノン，ジム 1911–1986）

Bansal, Sachin
インドの起業家。
⇒外16（バンサル，サチン）

Banse, Ewald Hermann August
ドイツの地理学者。
⇒岩世人（バンゼ 1883.5.5–1953.10.31）

Banse, Juliane
ドイツのソプラノ歌手。
⇒外12（バンゼ，ユリアーネ 1969–）

Banta, Vivian L.
アメリカの実業家。
⇒外12（バンタ，ビビアン）

Banti, Anna
イタリアの女性作家。主著『歌う尼僧たち』（1942）。
⇒岩世人（バンティ 1895.6.27–1985.9.2）

現世文（バンティ，アンナ 1895.6.27–1985.9.2）

Banti, Guido
イタリアの医師。バンティ症候群を記載した。
⇒岩世人（バンティ 1852.6.8–1925.1.8）

Banting, *Sir* Frederick Grant
カナダの医師。インシュリンを発見。1923年ノーベル生理・医学賞受賞。
⇒岩生（バンティング 1891–1941）
　岩世人（バンティング 1891.11.14–1941.2.21）
　旺生5（バンティング 1891–1941）
　広辞7（バンティング 1891–1941）
　三新生（バンティング 1891–1941）
　ネーム（バンティング 1891–1941）
　ノベ3（バンティング,F.G. 1891.11.14–1941.2.21）
　薬学（バンティング,F. 1891–1941）

Bantock, *Sir* Granville
イギリスの作曲家。管弦楽のための『オマル・ハイヤーム』(1906)などを作曲。
⇒岩世人（バントック 1868.8.7–1946.10.16）
　新音中（バントック，グランヴィル 1868.8.7–1946.10.16）
　標音2（バントク，グランヴィル 1868.8.7–1946.10.16）

Banville, John
アイルランドの作家，評論家。
⇒岩世人（バンヴィル 1945.12.8–）
　外12（バンビル，ジョン 1945.12.8–）
　外16（バンビル，ジョン 1945.12.8–）
　現世文（バンビル，ジョン 1945.12.8–）

Banyai, Istvan
ハンガリーのイラストレーター。
⇒絵本（バンニャイ，イシュトバン 1949–）

Ba Nyan, U
ビルマ（ミャンマー）の画家。ビルマの画壇にはじめて西洋画の手法を採用した。
⇒岩世人（バニャン 1897.12.25–1945.10.12）

Ba Nyein
ビルマ（ミャンマー）の政治家。
⇒岩世人（バニエイン 1914/1916/1917–2004）

Bánzer Suárez, Hugo
ボリビアの政治家，軍人。ボリビア大統領（1971～78, 97～2001）。
⇒岩世人（バンセル 1926.5.10–2002.5.5）
　世指導（バンセル，ウゴ 1926.5.10–2002.5.5）

Bao Dai
ベトナム，阮朝第13代皇帝。在位1925～45。49年国家主席。
⇒ア太戦（バオ＝ダイ 1913–1997）
　岩世人（バオダイ 1913.10.22–1997.7.31）
　現アジ（バオ・ダイ 1913.10–1997.7）
　広辞7（バオダイ 1913–1997）
　政経改（バオ・ダイ 1913–1997）

世史改（バオダイ　1914–1997）
世人新（バオダイ　1914–1997）
世人装（バオダイ　1914–1997）
世帝（保大帝　ほだいてい，バオダイデ　1913–1997）
ボブ人（バオダイ　1914–1997）

Báo Ninh
ベトナムの作家。
⇒岩世人（バオ・ニン　1952.10.18–）
外12（バオ・ニン　1952.10.18–）
外16（バオ・ニン　1952.10.18–）
現世文（バオ・ニン　1952.10.18–）

Ba Pe, U
ビルマ（ミャンマー）の政治家。
⇒岩世人（バペー　1883–?）

Bāqer Khān
イラン立憲革命期のタブリーズ包囲戦で活躍した民衆的ヒーロー。
⇒岩イ（バーケル・ハーン　?–1916）

Baquero, Ivana
スペインの女優。
⇒外12（バケロ, イバナ　1994.6.11–）

Baquet, Dean Paul
アメリカのジャーナリスト。
⇒外16（バケー, ディーン　1956.9.21–）

Bar, Alon
イスラエル生まれの映画監督, 脚本家。
⇒ユ著人（Bar,Alon　バール, アロン　1966–）

Bar, Karl Ludwig
ドイツの法学者。特に刑法およびドイツ国際私法の理論において指導的地位を占めた。
⇒岩世人（バール　1836.7.24–1913.8.20）
学叢思（バール, カール・ルドヴィヒ　1836–?）

Bara, Theda
アメリカの女優。
⇒アメ州（Bara,Theda　ベアラ, シーダ　1890–1955）
ク俳（バラ, シーダ（グッドマン, シオドシア）1890–1955）
スター（バラ, セダ　1885.7.29–1955）

Baracca, Francesco
イタリアの戦闘機操縦者。第一次世界大戦の撃墜王。
⇒ネーム（バラッカ　1888–1918）

al-Barādʻī, Muḥammad
エジプトの外交官, 政治家。
⇒岩世人（エルバラダイ（バラードゥイー）　1942.6.17–）

Baradulin, Ryhor Ivanavich
ベラルーシの詩人。
⇒外12（バラドゥーリン, リホール　1935–）

外16（バラドゥーリン, リホール　1935–）
現世文（バラドゥーリン, リホール　1935–）

Barajas, Rodrigo Richard
アメリカの大リーグ選手(捕手)。
⇒メジャ（バラハス, ロッド　1975.9.5–）

Barak, Ehud
イスラエルの軍人, 政治家。イスラエル首相（1999〜2000）。
⇒岩世人（バラク　1942.2.12–）
外12（バラク, エフード　1942.2.12–）
外16（バラク, エフード　1942.2.12–）
国政（バラク, エフード　1942–）
世指導（バラク, エフード　1942.2.12–）
世人新（バラク　1942–）
世人装（バラク　1942–）
ユ著人（Barak,Ehud　バラク, エフード　1942–）

Baraka, Amiri
アメリカの詩人, 劇作家, 小説家。
⇒アメ新（バラカ　1934–）
岩世人（バラカ　1934.10.7–2014.1.9）
外12（ジョーンズ, リロイ　1934.10.7–）
現世文（バラカ, アミリ　1934.10.7–2014.1.9）
マルX（BARAKA,IMAMU AMIRI（Jones, LeRoi）　バラカ, イマム・アミリ（ジョーンズ, リロイ）　1934–）

Barakāt, Halīm
シリアの作家。
⇒岩世人（バラカート　1936.12.4–）
外16（バラカート, ハリーム　1936–）
現世文（バラカート, ハリーム　1936–）

Barakat, Jack
アメリカのミュージシャン。
⇒外12（バラカット, ジャック）

Baran, Paul Alexander
アメリカのマルクス主義経済学者。
⇒有経5（バラン　1910–1964）

Barańczak, Stanisław
ポーランドの詩人, 批評家。
⇒岩世人（バランチャク　1946.11.13–）
現世文（バランチャク, スタニスワフ　1946.11.13–2014.12.26）

Barankiewich, Filip
ポーランド生まれのバレエダンサー。シュトゥットガルト・バレエ団プリンシパル。
⇒外12（バランキエヴィッチ, フィリップ）
外16（バランキエヴィッチ, フィリップ）

Barannikov, Viktor Pavlovich
ソ連, ロシアの内務省（MVD）高官。
⇒スパイ（バランニコフ, ヴィクトル・パヴロヴィチ　1940–1995）

Baranov, Fyodor Ilich
ロシア（ソ連）の水産学者。
⇒岩世人（バラーノフ　1886.3.19/4.1–1965.7.30）

Bárány, Robert
オーストリア出身のスウェーデンの医師。
⇒岩生（バーラーニ　1876–1936）
　岩世人（バーラーニ　1876.4.22–1936.4.8）
　ノベ3（バーラーニ,R.　1876.4.22–1936.4.8）
　ユ著人（Bárány,Robert　バラニー, ロバート　1876–1936）

Baras, Stasys
リトアニアのテノール歌手。
⇒失声（バラス, スタシス　1920–2006）

Barasorda, Antonio
プエルト・リコのテノール歌手。
⇒魅惑（Barasorda,Antonio　1948–）

Barassi, Ludovico
イタリアの法学者。
⇒岩世人（バラッシ　1873–1956）

Baraton, Alain
フランスの庭師, 作家。
⇒外16（バラトン, アラン）

Baratti, Giuseppe
イタリアのテノール歌手。
⇒魅惑（Baratti,Giuseppe　1930–）

Baratz-Logsted, Lauren
アメリカの作家。
⇒海文新（バラッツ・ログステッド, ローレン　1962–）

Barba, Eugenio
イタリアの演出家。
⇒岩世人（バルバ　1936.10.29–）
　外16（バルバ, ユージェニオ　1936.10.29–）

Barbacini, Paolo
イタリアのテノール歌手。
⇒魅惑（Barbacini,Paolo　?–）

Barbara
フランスのシャンソン歌手。
⇒標音2（バルバラ　1930.6.9–1997.11.24）

Barbaras, Renaud
フランスの哲学者, 現象学者。
⇒メル別（バルバラス, ルノー　1955–）

Barbaric, Ivica
クロアチアのサッカー監督（愛媛FC）。
⇒外12（バルバリッチ, イヴィッツァ　1962.2.23–）

Barbaro, Federico
イタリアのサレジオ会司祭, 聖書翻訳者。
⇒新カト（バルバロ　1913.2.18–1996.2.29）

Barber, Anthony Perrinott Lysberg, Baron
イギリスの政治家。
⇒岩世人（バーバー　1920.7.4–2005.12.16）

Barber, Bernard
アメリカの社会学者。
⇒社小増（バーバー　1918–）

Barber, Donald Christopher (Chris)
イギリスのジャズ・トロンボーン奏者, 歌手。
⇒標音2（バーバー, クリス　1930.1.27–）
　ロック（Barber,Chris　バーバー, クリス　1930.4.17–）

Barber, Ronde
アメリカのプロフットボール選手（CB）。
⇒最世ス（バーバー, ロンデ　1975.4.7–）

Barber, Samuel
アメリカの作曲家。
⇒岩世人（バーバー　1910.3.9–1981.1.23）
　エデ（バーバー, サミュエル　1910.3.9–1981.1.23）
　オペラ（バーバー, サミュエル　1910–1981）
　ク音3（バーバー　1910–1981）
　広辞7（バーバー　1910–1981）
　新音小（バーバー, サミュエル　1910–1981）
　新音中（バーバー, サミュエル　1910.3.9–1981.1.23）
　ビ曲改（バーバー, サミュエル　1910–1981）
　標音2（バーバー, サミュエル　1910.3.9–1981.1.23）

Barber, Stephen David
アメリカの大リーグ選手（投手）。
⇒メジャ（バーバー, スティーヴ　1938.2.22–2007.2.4）

Barber, Tiki
アメリカのプロフットボール選手（RB）。
⇒最世ス（バーバー, ティキ　1975.4.7–）

Barbera, Joseph Roland
アメリカ生まれのアニメーション作家。
⇒アニメ（バーベラ, ジョセフ　1911–2006）

Barbery, Muriel
フランスの作家。
⇒外12（バルベリ, ミュリエル　1969–）
　外16（バルベリ, ミュリエル　1969–）
　海文新（バルベリ, ミュリエル　1969.5.28–）
　現世文（バルベリ, ミュリエル　1969.5.28–）

Barbie, Klaus
ドイツのナチス指導者。
⇒スパイ（バルビー, クラウス　1913–1991）

Barbieri, Attilio
イタリアのテノール歌手。

⇒魅惑（Barbieri,Attilio　1990–?）

Barbieri, Fedora
イタリアのメゾ・ソプラノ歌手。
⇒オペラ（バルビエーリ, フェドーラ　1920–2003）
標音2（バルビエーリ, フェドーラ　1920.6.4–）

Barbirolli, *Sir* John
イギリスのオーケストラ指揮者。
⇒新音中（バルビローリ, ジョン　1899.12.2–1970.7.29）
標音2（バービロリ, ジョン　1899.12.2–1970.7.29）

Barbosa, Leandro
ブラジルのバスケットボール選手（ウィザーズ）。
⇒最世ス（バルボウサ, リアンドロ　1982.11.28–）

Barbour, George Brown
アメリカの地質学者, 教育者。
⇒アア歴（Barbour,George B (rown)　バーバー, ジョージ・ブラウン　1890.8.22–1977.7.11）

Barboza, David
アメリカのジャーナリスト。「ニューヨーク・タイムズ」上海支局長。
⇒外16（バーボザ, デービッド）

Barboza, Francis
インド・パーリ生まれの神言修道会員。
⇒新カト（バルボーサ　1949.12.6–）

Barboza, Raul
アルゼンチンのアコーディオン奏者。
⇒外12（バルボサ, ラウル　1938–）
外16（バルボサ, ラウル　1938–）

Barbusse, Henri
フランスの小説家。『砲火』(1916)でゴンクール賞受賞。
⇒岩世人（バルビュス　1873.5.17–1935.8.30）
学叢思（バルビュス, アンリー　1874–?）
現世文（バルビュス, アンリ　1873.5.17–1935.8.30）
広辞7（バルビュス　1873–1935）
図翻（バルビュス　1873.5.17–1935.8.30）
西文（バルビュス, アンリ　1874–1935）
世人新（バルビュス　1873–1935）
世人装（バルビュス　1873–1935）
ネーム（バルビュス　1873–1935）
フ文小（バルビュス, アンリ　1873–1935）
ポプ人（バルビュス, アンリ　1873–1935）

Barca, Matteo
イタリアのテノール歌手。
⇒魅惑（Barca,Matteo　?–）

Barcellona, Daniela
イタリアのオペラ歌手。
⇒外12（バルチェローナ, ダニエラ）

Barclay, Cecil
イギリス秘密情報部(MI6)職員。
⇒スパイ（バークレイ, セシル）

Barclay, Linwood
カナダの作家。
⇒海文新（バークレイ, リンウッド）
現世文（バークレイ, リンウッド）

Barclay, Stephen
イギリス生まれの画家。
⇒芸13（バークレー, ステファン　1961–）

Barclay, Thomas
スコットランド出身の台湾宣教師。
⇒台湾3（バークレイ　1849–1935）

Barclay, William
イギリスの新約学者。
⇒オク教（バークレー　1907–1978）

Barcomb, Wayne
アメリカの作家。
⇒海文新（バーカム, ウェイン　1933–）
現世文（バーカム, ウェイン　1933.1.13–2016.10.26）

Bard, Allen J.
アメリカの電気化学者。
⇒岩世人（バード　1933.12.18–）

Barda, Henri
フランスのピアノ奏者。
⇒外12（バルダ, アンリ）
外16（バルダ, アンリ）

Bardal, Anders
ノルウェーのスキー選手（ジャンプ）。
⇒最世ス（バーダル, アンデシュ　1982.8.24–）

Bardeen, John
アメリカの物理学者。トランジスタを発明した後, 超伝導の理論を完成。1956年ノーベル物理学賞受賞。
⇒岩世人（バーディーン　1908.5.23–1991.1.30）
オク科（バーディーン（ジョン）　1908–1991）
広辞7（バーディーン　1908–1991）
三新物（バーディーン　1908–1991）
世発（バーディーン, ジョン　1908–1991）
ノベ3（バーディーン, J.　1908.5.23–1991.1.30）
物理（バーディーン, ジョン　1908–1991）

Bardel, Claude
フランスの司教。
⇒新カト（バルデル　1851.2.21–1926.2.19）

Bardelli, Ademaro
イタリアの画家。
⇒芸13（バルデルリ, アデマロ　1934–）

Bardem, Javier
スペイン生まれの俳優。
⇒遺産（バルデム，ハビエル　1969.3.1–）
　外12（バルデム，ハビエル　1969.3.1–）
　外16（バルデム，ハビエル　1969.3.1–）
　スター（バルデム，ハビエル　1969.3.1–）

Bardem, Juan Antonio
スペインの映画監督。
⇒岩世人（バルデム　1922.6.2–2002.10.30）
　映監（バルデム，フアン・アントニオ　1922.6.2–2002）

Bardenhewer, Otto
ドイツのカトリック聖書学者，教父学者。
⇒新カト（バルデンホイアー　1851.3.16–1935.3.23）

Bardi, Agustín
アルゼンチンのタンゴ作曲家。
⇒標音2（バルディ，アグスティン　1884.8.13–1941.4.21）

Bardin, John Franklin
アメリカのミステリ作家。
⇒現世文（バーディン，ジョン・フランクリン　1916–1981）

Bardini, Gaetano
イタリアのテノール歌手。
⇒失声（バルディーニ，ガエターノ　1929–）
　魅惑（Bardini,Gaetano　1928–）

Bardo, Robert
アメリカの掃除夫。テレビ女優レベッカ・シェイファーを射殺した。
⇒世暗（バード，ロバート　1970–）

Bardone, Guy
フランスの画家。
⇒芸13（バルドン，ギ　1927–）

Bardot, Brigitte
フランスの映画女優。
⇒遺産（バルドー，ブリジット　1934.9.28–）
　異二辞（バルドー，ブリジット　1934–）
　岩世人（バルドー　1934.9.28–）
　外12（バルドー，ブリジット　1934.9.28–）
　外16（バルドー，ブリジット　1934.9.28–）
　ク俳（バルドー，ブリジット　1934–）
　スター（バルドー，ブリジット　1934.9.28–）
　ネーム（バルドー，ブリジット　1935–）

Bardot, Francis
テノール歌手。
⇒魅惑（Bardot,Francis　?–）

Bardugo, Leigh
イスラエル生まれのアメリカの作家。
⇒海文新（バーデュゴ，リー）

現世文（バーデュゴ，リー）

Bardy, Gustave
フランスの教父学者。
⇒新カト（バルディ　1881.11.25–1955.10.31）

Bare, Bobby
アメリカ生まれのシンガー・ソングライター。
⇒ロック（Bare,Bobby　ベア，ボビー　1935.4.7–）

Barea, Arturo
スペインの小説家。
⇒現世文（バレーア，アルトゥロ　1897.9.20–1957.12.24）

Barenboim, Daniel
アルゼンチン出身のイスラエルの指揮者，ピアノ奏者。
⇒岩世人（バレンボイム　1942.11.15–）
　外12（バレンボイム，ダニエル　1942.11.15–）
　外16（バレンボイム，ダニエル　1942.11.15–）
　新音中（バレンボイム，ダニエル　1942.11.15–）
　標音2（バレンボイム，ダニエル　1942.11.15–）
　ユ著人（Barenboim,Daniel　バレンボイム，ダニエル　1942–）

Baresi, Franco
イタリアのサッカー選手。
⇒異二辞（バレージ［フランコ・〜］　1960–）
　外12（バレージ，フランコ　1960.5.8–）
　ネーム（バレージ，フランコ　1960–）

Barfield, Jesse Lee
アメリカの大リーグ選手（外野）。
⇒メジャ（バーフィールド，ジェシー　1959.10.29–）

Barge, Gene
アメリカのテナー・サックス奏者，作曲家，プロデューサー。
⇒ロック（Barge,Gene　バージ，ジーン）

Bargeld, Blixa
ドイツのミュージシャン。
⇒外12（バーゲルト，ブリクサ）

Barham, Edmund
イギリスのテノール歌手。
⇒魅惑（Barham,Edmund　1954–）

Bari, Lynn
アメリカの女優。
⇒ク俳（バリ，リン（フィシャー，マージョリー）　1913–1989）

Baricco, Alessandro
イタリアの作家，音楽学者。
⇒岩世人（バリッコ　1958.1.25–）
　外12（バリッコ，アレッサンドロ　1958.1.25–）
　外16（バリッコ，アレッサンドロ　1958.1.25–）
　現世文（バリッコ，アレッサンドロ　1958.1.25–）

Barilier, Etienne
スイスの作家, 文芸評論家。
⇒現世文 (バリリエ, エティエンヌ　1947.10.11–)

Baring, Evelyn, 1st Earl of Cromer
イギリスの植民地行政官, 外交官。
⇒岩イ (クローマー　1841–1917)
　岩世人 (クローマー　1841.2.26–1917.1.29)

Baring, Maurice
イギリスのジャーナリスト, 著述家。
⇒岩世人 (ベアリング　1874.4.27–1945.12.14)
　新カト (ベアリング　1874.4.27–1945.12.14)

Barioni, Daniele
イタリアのテノール歌手。
⇒失声 (バリオーニ, ダニエーレ　1930–)
　魅惑 (Barioni,Daniele　1930–)

Barkatullah, Maulvi Mohammad
インドの革命家。
⇒岩イ (バルカトゥッラー　?–1928)

Barkauskas, Vytautas Praho
リトアニアの作曲家。
⇒ク音3 (バルカウスカス　1931–)

Barker, Cicely Mary
イギリスの児童文学作家, 挿絵画家。
⇒絵本 (バーカー, シシリー・メアリー　1895–1973)

Barker, Clive
イギリス生まれの彫刻家。
⇒芸13 (バーカー, クリーベ　1940–)

Barker, Clive
イギリスのミステリ作家。
⇒現世文 (バーカー, クライブ　1952–)

Barker, Ernest
イギリスの政治哲学者。民主主義の本質を「討論による政治」であると結論づけた。
⇒岩世人 (バーカー　1874.9.23–1960.2.17)
　学叢思 (バーカー, アーネスト　1874–?)

Barker, George Granville
イギリスの詩人。『全詩集』(1957) のほか, 小説やエッセーも発表。
⇒岩世人 (バーカー　1913.2.26–1991.10.27)
　現世文 (バーカー, ジョージ　1913.2.26–1991.10.27)

Barker, Leonard Harold (Len)
アメリカの大リーグ選手 (投手)。
⇒メジャ (バーカー, レン　1955.7.27–)

Barker, Lex
アメリカの俳優。
⇒ク俳 (バーカー, レックス (バーカー, アレグザンダー)　1919–1973)

Barker, Lady Mary Anne
ニュージーランドの女性作家。
⇒ニュー (バーカー, メアリー　1831–1911)

Barker, Pat
イギリスの作家。
⇒現世文 (バーカー, パット　1943–)

Barkhausen, Georg Heinrich
ドイツの物理学者, 電気学者。
⇒岩世人 (バルクハウゼン　1881.12.2–1956.2.20)

Barkin, Ellen
アメリカ生まれの女優。
⇒外12 (バーキン, エレン　1954.4.16–)
　ク俳 (バーキン, エレン　1954–)

Barkla, Charles Glover
イギリスの物理学者。X線について研究。1917年ノーベル物理学賞受賞。
⇒岩世人 (バークラ　1877.6.7–1944.10.23)
　三新物 (バークラ　1877–1944)
　ネーム (バークラ　1877–1944)
　ノベ3 (バークラ,C.G.　1877.6.7–1944.10.23)

Barkley, Charles Wade
アメリカのバスケットボール選手。
⇒異二辞 (バークレー [チャールズ・～]　1963–)

Barks, Carl
アメリカのイラストレーター。
⇒異二辞 (バークス, カール　1901–2000)

Bark Tae-ho
韓国の経済学者。
⇒外16 (パクテホ　朴泰鎬　1952.7.30–)

Barlach, Ernst
ドイツの彫刻家, 版画家, 著作家。木彫やブロンズで表現主義の作品を制作。
⇒岩世人 (バルラッハ　1870.1.2–1938.10.24)
　芸13 (バルラッハ, エルンスト　1870–1938)
　広辞7 (バルラッハ　1870–1938)
　ネーム (バルラハ　1870–1938)

Bar-Lev, Haim
イスラエルの軍人。イスラエル陸軍第8代参謀総長。
⇒ユ著人 (Bar-Lev (Brotzlewsky),Haim　バル=レヴ, ハイム　1924–)

Barlick, Albert J.
アメリカの大リーグ, ナ・リーグの審判。
⇒メジャ (バーリック, アル　1915.4.2–1995.12.27)

Barlow, Emilie-claire
カナダのジャズ歌手。
⇒外12 (バーロー, エミリー・クレア)
　外16 (バーロー, エミリー・クレア)

Barlow, Gary
イギリス生まれの歌手。
⇒外12（バーロー, ゲーリー）
外16（バーロー, ゲーリー）

Barlow, Maude
カナダの市民運動家。
⇒外12（バーロウ, モード 1947–）

Barlow, Sir Thomas
イギリスの医者。メラー＝バーロー病を研究。
⇒岩世人（バーロー 1845.9.4–1945.1.12）

Barlow, William
イギリスの結晶学者。
⇒化学（バーロウ 1845–1934）

Barnard, Chester Irving
アメリカの実業家, 経営学者。主著『経営者の役割』。
⇒岩世人（バーナード 1886.11.7–1961.6.7）
　現社（バーナード 1886–1961）
　社小増（バーナード 1886–1961）
　ベシ経（バーナード 1886–1961）
　有経5（バーナード 1886–1961）

Barnard, Edward Emerson
アメリカの天文学者。天体写真家。16の彗星と木星の第5衛星などを発見。
⇒アメ州（Barnard,Edward Emerson バーナード, エドワード・エマーソン 1857–1923）
　岩世人（バーナード 1857.12.16–1923.2.6）
　天文大（バーナード 1857–1923）

Barnard, Robert
イギリスのミステリ作家。
⇒現世文（バーナード, ロバート 1936.11.23–2013.9.19）

Barnardo, Thomas John
イギリスの博愛家。貧困児童の救済および教育で知られている。
⇒教人（バーナードウ 1845–1905）
　現社福（バナード 1845–1905）

Barna Viktor
ハンガリーの男子卓球選手。
⇒岩世人（バルナ 1911.8.24–1972.2.27）

Barnbrook, Jonathan
イギリス生まれのデザイナー, タイポグラファー。
⇒グラデ（Barnbrook,Jonathan バーンブルク, ジョナサン 1966–）

Barnes, Ben
イギリスの俳優。
⇒外12（バーンズ, ベン 1981.8.20–）
外16（バーンズ, ベン 1981.8.20–）

Barnes, Binnie
イギリス生まれの女優。
⇒ク俳（バーンズ, ビニー（バーンズ, ジテル） 1903–1998）

Barnes, Brenda C.
アメリカの実業家。
⇒外12（バーンズ, ブレンダ）
外16（バーンズ, ブレンダ）

Barnes, Djuna
アメリカの小説家, 詩人, イラストレーター。
⇒現世文（バーンズ, デューナ 1892.6.12–1982.6.14）
　ヘミ（バーンズ, ジュナ 1892–1982）

Barnes, Earl
アメリカの教育家。メリー・ダウニング・バーンズの夫, スタンフォード大学の教育学教授（1891～97）。
⇒教人（バーンズ 1861–1935）

Barnes, George Nicoll
イギリスの政治家, 労働運動指導者。
⇒岩世人（バーンズ 1859.1.2–1940.4.2）

Barnes, Harry Elmer
アメリカの歴史学者, 社会学者。歴史学, 思想史, 社会学史を専攻。
⇒学叢思（バーンズ, ハリー・エルマー 1889–）
　社小増（バーンズ 1889–1968）

Barnes, Jennifer Lynn
アメリカの作家。
⇒海文新（バーンズ, ジェニファー・リン）

Barnes, Jesse Lawrence
アメリカの大リーグ選手（投手）。
⇒メジャ（バーンズ, ジェシー 1892.8.26–1961.9.9）

Barnes, Julian Patrick
イギリスの小説家。
⇒岩世人（バーンズ 1946.1.19–）
　外16（バーンズ, ジュリアン 1946.1.19–）
　現世文（バーンズ, ジュリアン 1946.1.19–）

Barnes, Julius Howland
アメリカの実業家。食料庁の穀物会社バーンズ＝エームズ社社長。
⇒アメ経（バーンズ, ジュリアス 1873.2.2–1959.4.17）

Barnes, Roger Lewis
アメリカの工芸家。
⇒芸13（バーンズ, ロガー・ルイス 1950–）

Barnes, Roscoe Charles
アメリカの大リーグ選手（二塁, 遊撃）。
⇒メジャ（バーンズ, ロス 1850.5.8–1915.2.5）

Barnet, Boris Vasil'evich
ロシアの映画監督, 俳優。

⇒映監（バルネット, ボリス　1902.6.18–1965）

Barnett, Arthur Doak
アメリカのジャーナリスト。
⇒アア歴（Barnett,A(rthur) Doak　バーネット, アーサー・ドウク　1921.10.8–1999.3.17）

Barnett, David
アメリカ中央情報局（CIA）職員。初めてスパイ行為を罪に問われた。
⇒スパイ（バーネット, デイヴィッド　1933–1993）

Barnett, Eugene Epperson
アメリカの団体理事。
⇒アア歴（Barnett,Eugene E(pperson)　バーネット, ユージーン・エパソン　1888.2.21–1970.8.7）
　岩世人（バーネット　1888.2.21–1970.8.7）

Barnett, Henrietta
イギリスの社会活動家。
⇒岩世人（バーネット　1851.5.4–1936.6.10）
　現社福（バーネット夫妻　1851–1936）

Barnett, Josh
アメリカのプロレスラー。
⇒異二辞（バーネット, ジョシュ　1977–）
　外12（バーネット, ジョシュ　1977.10.10–）
　外16（バーネット, ジョシュ　1977.10.10–）

Barnett, Samuel Augstus
イギリス国教会の牧師, 社会改良家。大学生の社会活動を組織。主著『実践的社会主義』（1888）。
⇒オク教（バーネット　1844–1913）
　学叢思（バーネット, サミュエル・オーガスタス　1844–?）
　現社福（バーネット夫妻　1844–1913）

Barnett, Samuel Johnson
アメリカの電気学者。回転による磁化現象〈バーネット効果〉を発見した（1914）。
⇒岩世人（バーネット　1873.12.14–1956.5.22）

Barnetta, Tranquillo
スイスのサッカー選手（フィラデルフィアユニオン・MF）。
⇒外12（バルネッタ, トランクイロ　1985.5.22–）
　外16（バルネッタ, トランクイロ　1985.5.22–）
　最世スス（バルネッタ, トランクイロ　1985.5.22–）

Barnette, Aubrey
ネイション・オブ・イスラムのボストン・モスクの事務局長。
⇒マルX（BARNETTE,AUBREY　バーネット, オーブリー）

Barnette, Tony
アメリカのプロ野球選手（ヤクルト・投手）。
⇒外12（バーネット, トニー　1983.11.9–）

Barnevik, Percy Nils
スウェーデンの実業家。
⇒外12（バーネヴィク, パーシー　1941.2.13–）

　外16（バーネヴィク, パーシー　1941.2.13–）

Barney, Darwin
アメリカの大リーグ選手（カブス・内野手）。
⇒外12（バーニー, ダーウィン　1985.11.8–）
　外16（バーニー, ダーウィン　1985.11.8–）
　最世ス（バーニー, ダーウィン　1985.11.8–）
　メジャ（バーニー, ダーウィン　1985.11.8–）

Barney, Matthew
アメリカの映画監督, 現代美術家。
⇒岩世人（バーニー　1967.3.25–）
　外16（バーニー, マシュー　1967.3.25–）
　現アテ（Barney,Matthew　バーニー, マシュー　1967–）
　現アテ（Barney,Matthew　バーニー, マシュー　1967–）

Barnier, Michel
フランスの政治家。フランス外相, 農業・漁業相, 欧州委員会委員。
⇒外12（バルニエ, ミシェル　1951.1.9–）
　外16（バルニエ, ミシェル　1951.1.9–）
　世指導（バルニエ, ミシェル　1951.1.9–）

Barns, Stephanie A.
アメリカの実業家。
⇒外12（バーンズ, ステファニー）

Barnum, H.B.
アメリカの編曲家, ソングライター, プロデューサー。
⇒ロック（Barnum,H.B.　バーナム,H.B.）

Baro
韓国の歌手。
⇒外16（バロ　1992.9.5–）

Baroev, Khasan
ロシアのレスリング選手（グレコローマン）。
⇒外12（バロエフ, ハッサン　1982.12.1–）
　外16（バロエフ, ハッサン　1982.12.1–）
　最世ス（バロエフ, ハッサン　1982.12.1–）

Baroin, François
フランスの政治家。フランス経済・財務・産業相, トロワ市長。
⇒外12（バロワン, フランソワ　1965.6.21–）
　外16（バロワン, フランソワ　1965.6.21–）
　世指導（バロワン, フランソワ　1965.6.21–）

Baroja y Nessí, Pío
スペインの小説家。短篇集『暗い生活』（1900）,『知恵の木』（11）など。
⇒岩世人（バローハ　1872.12.28–1956.10.30）
　学叢思（バローハ, ピオ）
　現世文（バローハ, ピオ　1872.12.28–1956.10.30）
　広辞7（バローハ　1872–1956）

Barolsky, Paul
アメリカの美術史家。

⇒岩世人（バロルスキー　1941-）
外16（バロルスキー, ポール　1941-）
Baron
ブラジルのサッカー選手（FW）。
⇒外12（バロン　1974.1.19-）
Baron, Fabien
フランスのアート・ディレクター。
⇒グラデ（Baron,Fabien　バロン, ファビアン　1959-）
Baron-Cohen, Simon
イギリスの心理学者, 精神医学者。
⇒岩世人（バロン＝コーエン　1958.8.15-）
外16（バロン・コーエン, サイモン　1958.8.15-）
Barone, Enrico
イタリアの数理経済学者。パレート理論を発展させた。
⇒岩世人（バローネ　1859.12.22-1924.5.14）
有経5（バローネ　1859-1924）
Baroni, Carlo
イタリアのテノール歌手。
⇒魅惑（Baroni,Carlo　?-）
Baronsky, Eva
ドイツの作家。
⇒海文新（バロンスキー, エヴァ　1968-）
現世文（バロンスキー, エヴァ　1968-）
Baros, Milan
チェコのサッカー選手。
⇒外12（バロシュ, ミラン　1981.10.28-）
外16（バロシュ, ミラン　1981.10.28-）
最世ス（バロシュ, ミラン　1981.10.28-）
Barouh, Maia
東京生まれのミュージシャン。
⇒外12（バルー, マイア）
Barouh, Pierre
フランスの歌手, 詩人, 演劇家, 俳優。
⇒外12（バルー, ピエール　1934-）
外16（バルー, ピエール　1934-）
ユ著人（Barouh,Pierre　バルー, ピエール　1934-）
Barr, Alfred Hamilton, Jr.
アメリカの学芸員。
⇒岩世人（バー　1902.1.28-1981.8.15）
Barr, James
イギリスの旧約学者。
⇒新カト（バー　1924.3.20-2006.10.14）
Barr, James Leland
アメリカの大リーグ選手（投手）。
⇒メジャ（バー, ジム　1948.2.10-）

Barr, Nevada
アメリカのミステリ作家。
⇒現世文（バー, ネバダ　1952.3.1-）
Barr, Roseanne
アメリカのコメディアン, 女優。
⇒ユ著人（Barr,Roseanne　バール, ロザン　1952-）
Barra, Mary T.
アメリカの実業家。
⇒外16（バーラ, メアリー　1961.12.24-）
Barraclough, Geoffrey
イギリスの歴史学者。
⇒岩世人（バラクラフ　1908.5.10-1984.12.26）
Barragán, Luis
メキシコの建築家。
⇒ラテ新（バラガン　1902-1988）
Barraqué, Jean
フランスの作曲家。
⇒標音2（バラケ, ジャン　1928.1.17-1973.8.17）
Barrat-Boyes, Brian
ニュージーランドの心臓外科医。
⇒ニュー（バラット＝ボイス, ブライアン　1924-）
Barratier, Christophe
フランスの映画監督。
⇒外12（バラティエ, クリストフ　1963-）
Barratt, Bronte
オーストラリアの水泳選手（自由形）。
⇒最世ス（バラット, ブロンテ　1989.2.8-）
Barraud, Henry
フランスの作曲家。
⇒ク音3（バロー　1900-1997）
新音中（バロー, アンリ　1900.4.23-1997.12.28）
標音2（バロ, アンリ　1900.4.23-1997.12.28）
Barrault, Jean-Louis
フランスの俳優, 演出家。
⇒岩世人（バロー　1910.9.8-1994.1.22）
広辞7（バロー　1910-1994）
世演（バロー, ジャン＝ルイ　1910.9.8-1994.1.22）
Barrault, Marie-Christine
フランス生まれの女優。
⇒外12（バロー, マリ・クリスティーヌ　1944.3.21-）
外16（バロー, マリ・クリスティーヌ　1944.3.21-）
Barraza, Adriana
メキシコの女優。
⇒外12（バラッザ, アドリアナ　1956-）
Barre, Mohammed Siad
ソマリアの軍人, 政治家。1969年クーデターを

B

起こし、最高革命評議会議長(元首)に就任。
⇒岩世人（バーレ　1919.10.6–1995.1.2）

Barre, Raymond
フランスの政治家。フランス国民議会議員、フランス首相。
⇒岩世人（バール　1924.4.12–2007.8.25）
　世指導（バール、レイモン　1924.4.12–2007.8.25）

Barrell, Joseph
アメリカの鉱山地質学者。
⇒オク地（バレル、ジョセフ　1869–1919）

Barrera, Fernando
イタリアのテノール歌手。
⇒魅惑（Barrera,Fernando　?–）

Barrera, Marco Antonio
メキシコのプロボクサー。
⇒外12（バレラ、マルコ・アントニオ　1974.1.17–）
　最世ス（バレラ、マルコ・アントニオ　1974.1.17–）

Barrès, Auguste Maurice
フランスの小説家、政治家。フランス・ナショナリズム運動の知的推進者。
⇒岩世人（バレス　1862.8.19–1923.12.4）
　学叢思（バレス、モーリス　1862–1923）
　広辞7（バレス　1862–1923）
　19仏（バレス、モーリス　1862.8.19–1923.12.4）
　新カト（バレス　1862.8.19–1923.12.4）
　西文（バレス、モーリス　1862–1923）
　フ文小（バレス、モーリス　1862–1923）

Barresi, L.M.
イタリア生まれの画家。
⇒芸13（バルレスィ,L・M　1932–）

Barré-Sinoussi, François Claire
フランスの医学者。
⇒外12（バレシヌシ、フランソワーズ　1947.7.30–）
　外16（バレ・シヌシ、フランソワーズ　1947.7.30–）
　ノベ3（バレシヌシ,F.C.　1947.7.30–）

Barrett, Andrea
アメリカの作家。
⇒外12（バレット、アンドレア　1954–）
　外16（バレット、アンドレア　1954–）
　現世文（バレット、アンドレア　1954–）

Barrett, Charles Henry（Red）
アメリカの大リーグ選手(投手)。
⇒メジャ（バーレット、レッド　1915.2.14–1990.7.28）

Barrett, Colin
アイルランドの作家。
⇒現世文（バレット、コリン　1982–）

Barrett, Colleen C.
アメリカの実業家。
⇒外12（バレット、コリーン　1944.9.14–）
　外16（バレット、コリーン　1944.9.14–）

Barrett, Craig R.
アメリカの実業家。
⇒外12（バレット、クレッグ　1939.8.29–）
　外16（バレット、クレッグ　1939.8.29–）

Barrett, David Dean
アメリカの陸軍将校。
⇒アア歴（Barrett,David D(ean)　バレット、デイヴィッド・ディーン　1892–1977.2.3）

Barrett, James Erigena
アメリカの大リーグ選手(外野)。
⇒メジャ（バーレット、ジミー　1875.3.28–1921.10.24）

Barrett, John
アメリカの外交官。
⇒アア歴（Barrett,John　バレット、ジョン　1866.11.28–1938.10.17）

Barrett, John Joseph
アメリカの大リーグ選手(外野)。
⇒メジャ（バーレット、ジョニー　1915.12.18–1974.8.17）

Barrett, Lorna
アメリカの作家。
⇒海文新（バレット、ローナ）

Barrett, Michael Patrick
アメリカの大リーグ選手(捕手)。
⇒メジャ（バレット、マイケル　1976.10.22–）

Barrett, Michèle
フランス出身のイギリスのフェミニスト。
⇒社小増（バレット）

Barrett, Neal, Jr.
アメリカの作家。
⇒現世文（バレット、ニール（Jr.）　1929–2014）

Barrett, Neil
イギリスの服飾デザイナー。
⇒外16（バレット、ニール　1965–）

Barrett, Richard
アメリカ・フィラデルディア生まれの歌手、作曲家、プロデューサー。
⇒ロック（Barrett,Richard　バレット、リチャード）

Barrett, Robert Lemoyne
アメリカの地理学者。
⇒アア歴（Barrett,Robert Lemoyne　バレット、ロバート・ルモワーン　1871.5.28–1969.3.5）

Barrett, Tracy
アメリカの作家。
⇒海文新（バレット, トレーシー）
現世文（バレット, トレーシー　1955–）

Barri, Steve
アメリカの歌手, ソングライター, プロデューサー。
⇒ロック（Barri,Steve　バリ, スティーヴ）

Barrias, Louis-Ernest
フランスの折衷主義の彫刻家。
⇒岩世人（バリアス　1841.4.13–1905.2.4）

Barrichello, Rubens
ブラジルのF1ドライバー。
⇒外12（バリチェロ, ルーベンス　1972.5.23–）
最世ス（バリチェロ, ルーベンス　1972.5.23–）

Barrie, *Sir* James Matthew
イギリスの劇作家, 小説家。
⇒岩世人（バリー　1860.5.9–1937.6.19）
現世文（バリー, J.M.　1860.5.9–1937.6.19）
広辞7（バリー　1860–1937）
図翻（バリー　1860–1937）
西人（バリー, サー・ジェイムズ・マシュー　1860–1937）
世指子（『ピーター・パン』とＪ・Ｍ・バリー　1860–1937）
ポプ人（バリー, ジェームズ　1860–1937）

Barrie, Wendy
イギリスの女優, 司会者。
⇒ク俳（バリー, ウェンディ（ジェンキンズ, マーガレット）　1912–1978）

Barrientos, Maria
スペインのソプラノ歌手。
⇒標音2（バリエントス, マリーア　1884.3.10–1946.8.8）

Barrière, Alain
フランスのシャンソン歌手, 作詞家, 作曲家。
⇒標音2（バリエール, アラン　1935.11.18–）

Barringer, Daniel Moreau
アメリカの鉱山技師, 地質学者。
⇒岩世人（バリンジャー　1860.5.25–1929.11.30）

Barrington, James
イギリスの作家。
⇒海文新（バリントン, ジェイムズ）
現世文（バリントン, ジェームズ）

Barrios, Agustin
パラグアイのクラシック・ギター奏者, 作曲家。
⇒ク音3（バリオス＝マンゴレ　1885–1944）
新音中（バリオス, アグスティン　1885.5.5–1944.8.7）
標音2（バリオス, アグスティン　1885.5.5–1944.8.7）

Barrios, Eduardo
チリの小説家。
⇒新カト（バリオス　1884.10.25–1963.9.13）

Barrios, Enrique
チリの作家。
⇒現世文（バリオス, エンリケ　1945–）

Barrios Fernandez, Angel
スペインの作曲家, ギター奏者。
⇒標音2（バリオス・フェルナンデス, アンヘル　1882.1.4–1964.11.7）

Barro, Robert Joseph
アメリカの経済学者。
⇒岩経（バロー　1944–）
有経5（バロー　1944–）

Barron, John D.
アメリカのジャーナリスト。リーダーズ・ダイジェスト誌編集者。
⇒スパイ（バロン, ジョン・Ｄ　1930–2005）

Barros, Alex
ブラジルのオートバイライダー。
⇒最世ス（バロス, アレックス　1970.10.18–）

Barroso, Ary de（Resende）
ブラジルの作曲家, 編曲家, ピアノ奏者, 司会者, 作家, 弁護士。
⇒岩世人（バローゾ（バホーゾ）　1903.11.7–1964.2.9）

Barroso, José Manuel Durão
ポルトガルの政治家。ポルトガル首相, ポルトガル外相。
⇒外12（バローゾ, ジョゼ・マヌエル・ドゥラン　1956.3.23–）
外16（バローゾ, ジョゼ・マヌエル・ドゥラン　1956.3.23–）
世指導（バローゾ, ジョゼ・マヌエル・ドゥラン　1956.3.23–）
ネーム（バローゾ　1956–）

Barrow, Adama
ガンビアの政治家。ガンビア大統領（2017〜）。
⇒世指導（バロウ, アダマ　1965.2–）

Barrow, Dean Oliver
ベリーズの政治家。ベリーズ首相（2008〜）。
⇒外12（バロー, ディーン・オリバー　1951.3.2–）
外16（バロー, ディーン・オリバー　1951.3.2–）
世指導（バロウ, ディーン・オリバー　1951.3.2–）

Barrow, Edward Grant
ヤンキース黄金時代のGM。
⇒メジャ（バーロウ, エド　1868.5.10–1953.12.15）

Barrow, George
イギリスの岩石学者, 地質学者。スコットランドで変成岩の帯状分布を発見（1893）して, イギ

リスにおける変成岩理論の基礎を作った。
⇒岩世人（バロー　1853.12.11–1932.7.23）

Barrow, John David
イギリスの天文学者，数理物理学者。
⇒外12（バロウ，ジョン・デービッド　1952.11.29–）
　外16（バロウ，ジョン・デービッド　1952.11.29–）

Barrow, Martin
イギリスの実業家。
⇒外16（バロー，マーティン　1944.3–）

Barrow, Ruth Nita
バルバドスの総督。
⇒世指導（バロウ，ニタ　1916.11.15–1995.12.19）

Barrow, Tony
イギリスのネムズ・エンタープライズの広報担当者。
⇒ビト改（BARROW,TONY　バーロウ，トニー）

Barrow, Wilmer Lainer
アメリカの電気学者。マイクロウェーヴの諸回路の研究者で，その同軸円筒移行型共振器は，〈バロー型空洞共振器〉とも呼ばれている。
⇒岩世人（バロー　1903.10.25–1975.8.30）

Barrows, David Prescott
アメリカの教育者。
⇒アア歴（Barrows,David Prescott　バロウズ，デイヴィッド・プレスコット　1873.6.27–1954.9.5）
　岩世人（バローズ　1873.6.27–1954.9.5）

Barrueco, Manuel
キューバ，のちアメリカのギター奏者。
⇒外12（バルエコ，マヌエル　1952–）
　外16（バルエコ，マヌエル　1952–）
　新音中（バルエコ，マヌエル　1952.12.16–）

Barry, Brunonia
アメリカの作家。
⇒海文新（バリー，ブルノニア）
　現世文（バリー，ブルノニア）

Barry, Don
アメリカの男優。
⇒ク俳（バリー，ドン・"レッド"（ダ＝アコスタ，D・B）　1912–1980）

Barry, Gene
アメリカ生まれの俳優。
⇒ク俳（バリー，ジーン（クラス，ユージン）　1921–）

Barry, Jeff
アメリカのソングライター，歌手。
⇒ロック（Barry,Jeff　バリー，ジェフ）

Barry, John
イギリス生まれの映画音楽作曲家。
⇒新音中（バリー，ジョン　1933.11.3–）

標音2（バリー，ジョン　1933.11.3–2011.1.30）
ロック（Barry,John　バリー，ジョン）

Barry, John C.（Shad）
アメリカの大リーグ選手（外野，一塁）。
⇒メジャ（バリー，シャド　1878.10.27–1936.11.27）

Barry, John Joseph
アメリカの大リーグ選手（遊撃，二塁）。
⇒メジャ（バリー，ジャック　1887.4.26–1961.4.23）

Barry, Len
アメリカ・フィラデルフィア生まれの歌手。
⇒ロック（Barry,Len　バリー，レン　1942.6.12–）

Barry, Max
オーストラリアの作家。
⇒外16（バリー，マックス　1973.3.18–）
　海文新（バリー，マックス　1973.3.18–）
　現世文（バリー，マックス　1973.3.18–）

Barry, Nancy M.
アメリカの銀行家。
⇒外12（バリー，ナンシー　1949–）
　外16（バリー，ナンシー　1949–）

Barry, Philip
アメリカの劇作家。
⇒現世文（バリー，フィリップ　1896.6.18–1949.12.3）

Barry, Sebastian
アイルランドの詩人，小説家，劇作家。
⇒現世文（バリー，セバスチャン　1955.7.5–）

Barrymore, Drew
アメリカ生まれの女優。
⇒外12（バリモア，ドリュー　1975.2.22–）
　外16（バリモア，ドリュー　1975.2.22–）
　ク俳（バリモア，ドルー（バリモア，アンドルー）　1975–）
　スター（バリモア，ドリュー　1975.2.22–）

Barrymore, Ethel
アメリカの女優。『人形の家』のノラなどを演じた。
⇒ク俳（バリモア，エセル（ブライズ,E）　1879–1956）

Barrymore, John
アメリカの俳優。
⇒岩世人（バリモア　1882.2.15–1942.5.29）
　ク俳（バリモア，ジョン（ブライズ,J）　1882–1942）
　スター（バリモア，ジョン　1882.2.14–1942）

Barrymore, Lionel
アメリカの俳優。ニューヨークの名優に数えられた。
⇒ク俳（バリモア，ライオネル（ブライズ,L）　1878–1954）

スター (バリモア, ライオネル 1878.4.28-1954)

Barshai, Rudolf
ロシア, のちイスラエルの指揮者。
⇒新音中 (バルシャイ, ルドルフ 1924.10.1-)
　標音2 (バルシャイ, ルドルフ 1924.10.1-2010.11.4)

Barshefsky, Charlene
アメリカの法律家。
⇒外12 (バシェフスキー, シャーリン 1950.8.11-)
　外16 (バシェフスキー, シャーリン 1950.8.11-)
　世指導 (バシェフスキー, シャーリン 1950.8.11-)

Barstow, Stan(ley)
イギリスの小説家。
⇒現世文 (バーストー, スタン 1928.6.28-2011.8.1)

Bart, Lionel
イギリスの作詞家, 作曲家。
⇒標音2 (バート, ライオネル 1930.8.1-1999.4.3)

Bart, Patrice
フランスのダンサー, 振付家, バレエ・マスター。
⇒外12 (バール, パトリス 1945.7.30-)
　外16 (バール, パトリス 1945.7.30-)

Barta, Jiří
チェコ生まれのアニメーション作家。
⇒外12 (バルタ, イジー 1948-)
　外16 (バルタ, イジー 1948-)

Bartabas
フランスの演出家, 映画監督, 俳優。
⇒外12 (バルタバス 1957-)
　外16 (バルタバス 1957-)

Bartel, Reinhold
ドイツのテノール歌手。
⇒魅惑 (Bartel,Reinhold ?-)

Bartell, Richard William
アメリカの大リーグ選手(遊撃, 三塁)。
⇒メジャ (バーテル, ディック 1907.11.22-1995.8.4)

Bartels, Adolf
ドイツの文学史家, 作家。イェナ大学教授(1905～)。
⇒岩世人 (バルテルス 1862.11.15-1945.3.7)

Bartels, Peter
ドイツのテノール歌手。
⇒魅惑 (Bartels,Peter ?-)

Barth, Fredrik
ノルウェーの社会人類学者。
⇒岩世人 (バルト 1928.12.22-)
　外16 (バルト, フレデリック 1928.12.22-)

Barth, John
アメリカの作家。
⇒アメ新 (バース 1930-)
　岩世人 (バース 1930.5.27-)
　外16 (バース, ジョン 1930.5.27-)
　現世文 (バース, ジョン 1930.5.27-)
　広辞7 (バース 1930-)
　新カト (バース 1930.5.27-)

Barth, Karl
スイスの神学者。改革派教会牧師。
⇒岩キ (バルト 1886-1968)
　岩世人 (バルト 1886.5.10-1968.12.9)
　オク教 (バルト 1886-1968)
　教人 (バルト 1886-)
　現社 (バルト,K. 1886-1968)
　広辞7 (バルト 1886-1968)
　新カト (バルト 1886.5.10-1968.12.10)
　世人新 (バルト〈カール〉 1886-1968)
　世人装 (バルト〈カール〉 1886-1968)
　哲中 (バルト 1886-1986)
　ポプ人 (バルト, カール 1886-1968)
　メル3 (バルト, カール 1886-1968)

Barth, Paul
ドイツの哲学者, 教育学者, 社会学者。教育学に社会学を導入。
⇒岩世人 (バルト 1858.8.1-1922.9.30)

Bartha, Alfonz
ハンガリーのテノール歌手。
⇒魅惑 (Bartha,Alfonz 1929-)

Barthelemy, Gerard
フランス生まれの画家。
⇒芸13 (バーテルミー, ゲラード 1927-)

Barthélemy, Joseph
フランスの憲法学者。
⇒岩世人 (バルテルミ 1874.7.9-1945.5.14)

Barthelme, Donald
アメリカの雑誌編集者, 小説家。
⇒アメ新 (バーセルミ 1931-1989)
　岩世人 (バーセルミ 1931.4.7-1989.7.23)
　現世文 (バーセルミ, ドナルド 1931.4.7-1989.7.23)
　新カト (バーセルミ 1931.4.7-1989.7.23)

Barthelme, Frederick
アメリカの作家。
⇒現世文 (バーセルミ, フレデリック 1943-)

Barthelmess, Richard
アメリカの映画俳優。無声映画の人気スターとして活躍。
⇒ク俳 (バーセルメス, リチャード 1895-1963)

Barthes, Charles-Edouard
フランスの実業家。
⇒外12 (バルト, シャルル・エドワール 1971.3.

Barthes, Roland
フランスの批評家,文学理論家,記号学者。
⇒岩世人（バルト　1915.11.12-1980.3.26）
現社（バルト,R.　1915-1980）
広辞7（バルト　1915-1980）
社小増（バルト　1915-1980）
新カト（バルト　1915.11.12-1980.3.26）
世人新（バルト〈ロラン〉　1915-1980）
世人装（バルト〈ロラン〉　1915-1980）
フ文小（バルト,ロラン　1915-1980）
メル別（バルト,ロラン　1915-1980）

Barthez, Fabien
フランスのサッカー選手。
⇒外12（バルテズ,ファビアン　1971.6.28-）
最世ス（バルテズ,ファビアン　1971.6.28-）

Bartholomé, Paul Albert
フランスの画家,彫刻家。
⇒岩世人（バルトロメ　1848.8.29-1928.11.2）
芸13（バルトロメ,アルベール　1848-1928）

Bartholomew, Dave
アメリカ・ルイジアナ州エドガード生まれのトランペット奏者。
⇒ロック（Bartholomew,Dave　バーソロミュー,デイヴ）

Barthou, Jean Louis
フランスの政治家,弁護士。ロカルノ条約を目指して外交工作を開始したが,暗殺された。
⇒岩世人（バルトゥー　1862.8.25-1934.10.9）

Barthromae, Christian
ドイツの言語学者,イラン学者。古代および中世イランの言語史および法律史の基礎的研究を行い,サンスクリット,比較言語学にも精通した。
⇒岩世人（バルトロメー　1855.1.21-1925.8.9）

Bartko, Robert
ドイツの自転車選手。
⇒最世ス（バルトコ,ロベルト　1975.12.23-）

Bartlett, Edward Lewis
アメリカの政治家。
⇒アメ州（Bartlett,Edward Lewis　バートレット,エドワード・ルイス　1904-1968）

Bartlett, Frederic Charles
イギリスの心理学者。主著『想起』(1932)など。
⇒アア歴（Bartlett,Harley H (arris)　バートレット,ハーリー・ハリス　1886.3.9-1960.2.21）
岩世人（バートレット　1886.10.20-1969.9.30）

Bartlett, Jennifer
アメリカ生まれの女性作家。
⇒芸13（バートレット,ジェニファー　1941-）

Bartlett, Murray
アメリカの教育者。
⇒アア歴（Bartlett,Murray　バートレット,マリー　1871.3.29-1949.11.13）

Bartlett, Neil
イギリスの化学者。
⇒岩世人（バートレット　1932.9.15-2008.8.5）

Bartlett, Paul Doughty
アメリカの有機化学者。ジオキセタンの研究など有機反応機構とその速度論的解明に多くの業績を残した。
⇒岩世人（バートレット　1907.8.14-1997.10.11）

Bartłomiejczyk, Edmund
ポーランドの絵本作家。
⇒絵本（バルトゥウォミェイチク,エドゥムンド　1885-1950）

Bartning, Otto
ドイツの建築家。ヴァイマルの国立建築大学学長(1926～30)。教会建築に秀でた。
⇒岩世人（バルトニング　1883.4.12-1959.2.20）

Barto, Agniia L'vovna
ロシアの詩人。
⇒絵本（バルトー,アグニヤ　1907-1981）

Bartók Béla
ハンガリーの作曲家。マジャールの古民謡を採集,研究した。
⇒岩世人（バルトーク,ベーラ　1881.3.25-1945.9.26）
エデ（バルトーク,ベーラ　1881.3.25-1945.9.26）
オペラ（バルトーク,ベーラ　1881-1945）
ク音3（バルトーク　1881-1945）
広辞7（バルトーク　1881-1945）
新オペ（バルトーク,ベーラ　1881-1945）
新音小（バルトーク,ベーラ　1881-1945）
新音中（バルトーク,ベーラ　1881.3.25-1945.9.26）
世人新（バルトーク　1881-1945）
世人装（バルトーク　1881-1945）
ネーム（バルトーク　1881-1945）
ビ曲改（バルトーク,ベラ　1881-1945）
標音2（バルトーク,ベーラ　1881.3.25-1945.9.26）
ポプ人（バルトーク・ベラ　1881-1945）

Bartol'd, Vasilii Vladimirovich
ロシアの東洋学者。
⇒岩イ（バルトリド　1869-1930）
岩世人（バルトリド　1869.11.3/15-1930.8.19）
広辞7（バルトリド　1869-1930）
ネーム（バルトリド　1869-1950）

Bartoletti, Bruno
イタリアの指揮者。
⇒オペラ（バルトレッティ,ブルーノ　1926-2013）

Bartoli, Cecilia
イタリアのメゾ・ソプラノ歌手。
⇒外12（バルトリ,チェチーリア　1966.6.4-）
外16（バルトリ,チェチーリア　1966.6.4-）

新音中（バルトリ，チェチーリア　1966.6.4-）
Bartoli, Marion
フランスのテニス選手。
⇒外12（バルトリ，マリオン　1984.10.2-）
外16（バルトリ，マリオン　1984.10.2-）
最世ス（バルトリ，マリオン　1984.10.2-）
Bartoli, Matteo Giulio
イタリアの言語学者。ロマンス諸語の研究家。
⇒岩世人（バルトーリ　1873.11.22-1946.1.23）
Bartolini, Lando
イタリアのテノール歌手。
⇒失声（バルトリーニ，ランド　1937-）
魅惑（Bartolini,Lando　1947-）
Bartolomeu Dos Santos
ポルトガルの版画家。
⇒芸13（バルトロメ・ドス・サントス　1931-）
Barton, Bruce
アメリカの政治家，作家。バートン・ダースティン・オスボーン社初代社長，連邦議会議員。
⇒アメ経（バートン，ブルース　1886.8.5-1967.6.5）
Barton, Derek Harold Richard
イギリスの化学者。1969年ノーベル化学賞。
⇒岩世人（バートン　1918.9.18-1998.3.16）
化学（バートン　1918-1998）
ノベ3（バートン，D.H.R.　1918.9.18-1998.3.16）
Barton, Fred
アメリカの牧畜家。
⇒アア歴（Barton,Fred　バートン，フレッド　1889.4.19-1967）
Barton, John（Bernard Adie）
イギリスの演出家，劇作家。
⇒外12（バートン，ジョン　1928.11.26-）
外16（バートン，ジョン　1928.11.26-）
Barton, Mischa
イギリス生まれの女優。
⇒外12（バートン，ミーシャ　1986.1.24-）
Barton, Roy Franklin
アメリカの人類学者。
⇒アア歴（Barton,Roy Franklin　バートン，ロイ・フランクリン　1883-1947.4.19）
Bartosch, Berthold
チェコ生まれのアニメーション作家。
⇒アニメ（バルトーシュ，ベルトルト　1893-1968）
Bartoszewski, Wladyslaw
ポーランドの政治家。ポーランド外相。
⇒異二辞（バルトシェフスキ［ヴワディスワフ・〜］　1922-2015）
世指導（バルトシェフスキ，ウワディスワフ　1922-2015.4.24）
Bartsch, Rudolf Hans
オーストリアの作家。
⇒学叢思（バルチュ，ルドルフ・ハンス　1870-?）
Bartz, Carol Ann
アメリカの実業家。
⇒外12（バーツ，キャロル　1949.8.29-）
外16（バーツ，キャロル　1948.8.29-）
Barucci, Piero
イタリアの政治家，経済学者，銀行家。イタリア国庫相（財務相）。
⇒世指導（バルッチ，ピエロ　1933.6.29-）
Baruch, Bernard Mannes
アメリカの政治家，財務官。国連原子力委員会のアメリカ代表として，バルーク案を作成。
⇒アメ経（バルーク，バーナード　1870.8.19-1965.6.20）
岩世人（バールック　1870.8.19-1965.6.20）
ユ著人（Baruch,Bernard Mannes　バルク，バーナード・マンネス　1870-1965）
Baruzi, Jean
フランスの哲学史家。
⇒メル3（バリュジ，ジャン　1881-1953）
Barwahser, Hubert
オランダのフルート奏者。
⇒標音2（バルワーザー，ヒューベルト　1906.9.28-1985.4.29）
Bary, Alfred von
ドイツのテノール歌手。神経科医，脳病理学者。1903年から15年までドレスデン宮廷オペラ，15〜18年ミュンヘン宮廷オペラに所属。
⇒魅惑（Bary,Alfred von　1873-1926）
Baryshnikov, Mikhail
ラトビア生まれのアメリカのダンサー，振付家，バレエ監督。
⇒岩世人（バリシニコフ　1948.1.27-）
外12（バリシニコフ，ミハイル　1948.1.27-）
外16（バリシニコフ，ミハイル　1948.1.28-）
広辞7（バリシニコフ　1948-）
標音2（バリシニコフ，ミハイル　1948.1.27-）
Barzani, Masoud
クルド民族運動指導者。クルド自治政府議長。
⇒世指導（バルザニ，マスード　1946.8.16-）
Barzānī, Muṣṭafā
クルド人の軍人，政治家。
⇒岩世人（バルザーニー，ムスタファー　1903.3.14-1979.3.1）
Barzel, Rainer Candidus
ドイツの政治家。西ドイツ連邦議会議長，キリスト教民主同盟（CDU）党首。
⇒岩世人（バルツェル　1924.6.20-2006.8.26）

B

Barzellotti, Giacomo
イタリアの哲学者。
⇒岩世人（バルツェロッティ　1844–1917）

Bar-Zohar, Michael
イスラエルのミステリ作家。
⇒外16（バー・ゾウハー, マイケル　1938–）
　現世文（バー・ゾウハー, マイケル　1938–）

Basadre, Jorge
ペルーの歴史家。
⇒岩世人（バサドレ　1903.2.12–1980.6.29）
　ラテ新（バサドレ　1903–1980）

Basaev, Shamil
チェチェンの軍人, 政治家。
⇒世指導（バサエフ, シャミル　1965.1.14–2006.7.10）

Basaglia, Franco
イタリアの精神科医。
⇒精医歴（バザーリア, フランコ　1924–1980）

Basanavičius, Jonas
リトアニアの医者, 国民運動指導者。リトアニア人の国民的自覚を促すため同志と共に雑誌「黎明」を発刊した（1883）。
⇒岩世人（バサナーヴィチュス　1851.11.11/23–1927.2.16）

Basch, Victor Guillaume
フランスの人権活動家。
⇒岩世人（バシュ　1865.8.18–1944.1.10）

Basehart, Richard
アメリカ生まれの俳優。
⇒ク俳（ベイスハート, リチャード　1914–1984）

Ba Sein, Thakin
ビルマ（ミャンマー）の政治家。
⇒岩世人（バセイン　1910–1964）

Baselitz, Georg
ドイツの画家。
⇒岩世人（バゼリッツ　1938.1.23–）
　外12（バゼリッツ, ゲオルグ　1938.1.23–）
　外16（バゼリッツ, ゲオルグ　1938.1.23–）
　芸13（バゼリッツ, ゲオルク　1938–）

Basescu, Traian
ルーマニアの政治家。ルーマニア大統領（2004〜07,07〜12,12〜14）。
⇒岩世人（バセスク　1951.11.4–）
　外12（バセスク, トライアン　1951.11.4–）
　外16（バセスク, トライアン　1951.11.4–）
　世指導（バセスク, トライアン　1951.11.4–）

Bashford, James Whitford
アメリカのメソジスト教会宣教師, 教育家。中国に赴き（1904〜15）, 停滞していた同教会の教育伝道を発展させた。

⇒アア歴（Bashford, James W（hitford）　バシュフォード, ジェイムズ・ホイットフォード　1849.5.29–1919.3.18）
　岩世人（バシュフォード　1849.5.27–1919.3.18）

Bashir, Ahmad
フィリピンのウラマー。イスラムの純化およびイスラム教育改革運動を率いた。
⇒岩世人（バシール　1919–1989）

Bashir, Omar Hassan Ahmed Al
スーダンの政治家, 軍人。スーダン大統領（1989〜2019）。
⇒外12（バシル, オマール・ハッサン・アハメド・アル　1944.1.1–）
　外16（バシル, オマール・ハッサン・アハメド・アル　1944.1.1–）
　世指導（バシル, オマール・ハッサン・アハメド・アル　1944.1.1–）

Bashmet, Yuri
ロシアのヴィオラ奏者。
⇒外12（バシュメット, ユーリー　1953.1.24–）
　外16（バシュメット, ユーリー　1953.1.24–）
　新音中（バシュメト, ユーリ　1953.1.24–）

Basie, William（Count）
アメリカのジャズ楽団指揮者, ピアノ, ビブラフォーン奏者。
⇒アメ州（Basie, Count　ベイシー, カウント　1904–1984）
　岩世人（ベイシー　1904.8.21–1984.4.26）
　広辞7（カウント・ベイシー　1904–1984）
　新音中（ベイシー, カウント　1904.8.21–1984.4.26）
　標音2（ベーシー, カウント　1904.8.21–1984.4.26）
　マルX（BASIE, WILLIAM "COUNT"　ベイシー, ウイリアム・"カウント"　1904–1984）

Basil, Colonel de
ロシアのバレエ興行師, バレエ・リュス・ド・モンテカルロの共同監督。
⇒岩世人（バジル　1888.9.16–1951.7.27）

Basil, George Chester
アメリカの医師。
⇒アア歴（Basil, George Chester　バジル, ジョージ・チェスター　1902.9.28–1954.12.5）

Basile, Ernesto
イタリアの建築家。
⇒岩世人（バジーレ　1857.1.31–1932.8.26）

Basilio
ブラジルのサッカー選手（FW）。
⇒外12（バジーリオ　1972.7.14–）

Basinger, Kim
アメリカ生まれの女優。
⇒遺産（ベイシンガー, キム　1953.12.8–）
　外12（ベーシンガー, キム　1953.12.8–）
　外16（ベーシンガー, キム　1953.12.8–）

ク俳（ベイシンガー, キム（ベイシンガー, キミラ）
　　1953-）
Baskin, Leonard
アメリカ生まれの彫刻家。
⇒芸13（バスキン, レオナルド　1922-）
Baskov, Constantin
ロシアのテノール歌手。
⇒魅惑（Baskov,Constantin　?-）
Baskov, Nikolai
ロシアのテノール歌手。
⇒魅惑（Baskov,Nikolai（Nikolay）　?-）
Basler, Mario
ドイツのサッカー選手。
⇒異二辞（バスラー［マリオ・〜］　1968-）
Basly, Déodat-Marie
フランスの神学者, フランシスコ会会員。
⇒新カト（バスリ　1862.10.11-1937.7.14）
Basly, Emile Joseph
フランスの社会主義者。
⇒学叢思（バスリー, エミール・ジョゼフ　1854-?）
Basolo, Fred
アメリカの化学者。
⇒岩世人（バソロ　1920.2.11-2007.2.27）
Basov, Nikolai Gennadievich
ソ連の物理学者。1964年ノーベル物理学賞。
⇒岩世人（バーソフ　1922.12.14-2001.7.1）
　三新物（バソフ　1922-2001）
　ノベ3（バソフ,N.G.　1922.12.14-2001.7.1）
Basquiat, Jean-Michel
アメリカの画家。
⇒岩世人（バスキア　1960.12.22-1988.8.12）
　芸13（バスキア, ジャン・ミシェル　1960-1988）
　現アテ（Basquiat,Jean-Michel　バスキア, ジャン＝ミッシェル　1960-1988）
Bass, Fontella
アメリカ・ミズーリ州セント・ルイス生まれの歌手。
⇒ロック（Bass,Fontella　バス, フォンテラ　1940.7.3-）
Bass, Johann Hermann
ドイツの医学史家。主著『医学史の基礎』(1876)、『医師と医学の地位の発達史』(96)。
⇒岩世人（バース　1838.10.24-1909.11.10）
Bass, Kevin Charles
アメリカの大リーグ選手（外野）。
⇒メジャ（バス, ケヴィン　1959.5.12-）
Bass, L.G.
アメリカの作家。

⇒海文新（バース,L.G.）
Bass, Ralph
アメリカ・ニューヨーク生まれのプロデューサー。
⇒ロック（Bass,Ralph　バス, ラルフ）
Bass, Randy William
アメリカの大リーグ選手（一塁）。
⇒異二辞（バース［ランディ・〜］　1954-）
　ネーム（バース, ランディー　1954-）
Bass, Saul
アメリカ生まれの映画監督, 映画タイトル・デザイナー, グラフィック・デザイナー。
⇒岩世人（バス　1920.5.8-1996.4.25）
　グラデ（Bass,Saul　バス, ソウル　1920-1996）
Bassani, Giorgio
イタリアの作家。
⇒岩世人（バッサーニ　1916.3.4-2000.4.13）
　現世文（バッサーニ, ジョルジョ　1916.3.4-2000.4.13）
　広辞7（バッサーニ　1916-2000）
　ユ著人（Bassani,Giorgio　バッサーニ, ジョルジョ　1916-2000）
Basset, René Marie Joseph
フランスの東洋学者。『広東印刷のアラビア語, ペルシア語の原文から訳した中国回教徒の祈禱文』(1878)は、中国イスラム（回）教をヨーロッパに紹介した最も古いものの一つ。
⇒岩世人（バセ　1855.7.24-1924.1.4）
Bassett, Angera
アメリカ生まれの女優。
⇒ク俳（バセット, アンジェラ　1958-）
Bassett, Leslie（Raymond）
アメリカの作曲家。
⇒エデ（バセット, レスリー（レイモンド）　1923.1.22-2016.2.4）
Bassey, Shirley
イギリス生まれの歌手。
⇒標音2（バッシー, シャーリー　1937.1.8-）
　ロック（Bassey,Shirley　バッシー, シャーリー　1937.1.8-）
Bassi, Amedeo
イタリアのテノール歌手。
⇒失声（バッシ, アメデオ　1872-1949）
　魅惑（Bassi,Amedeo（Amadeo）　1874-1949）
Basso, José
アルゼンチンのタンゴ・ピアノ奏者, 楽団指揮者, 作曲家。
⇒標音2（バッソ, ホセ　1919.1.30-）
Basso, Joseph Hamilton
アメリカの小説家, 伝記作家。伝記『ボールガード―偉大なクリオール』(1933)、小説『やぎ

座の太陽』(42) など。
⇒現世文（バッソー, ジョセフ・ハミルトン　1904.
9.5–1964.5.13）

Basso, Lelio
イタリアの社会主義者。
⇒岩世人（バッソ　1903.12.25–1978.12.16）

Bastable, Charles Francis
アイルランド生まれの経済思想学者。
⇒岩世人（バスタブル　1855–1945.1）

Bastian, Henry（Charlton）
イギリスの生物学者。
⇒学叢思（バスティアン, ヘンリー・チャールトン
1837–1915）

Bastianini, Ettore
イタリアのバリトン歌手。優れたヴェルディ・バリトンとして知られた。
⇒オペラ（バスティアニーニ, エットレ　1922–1967）
　新音中（バスティアニーニ, エットレ　1922.9.24–1967.1.25）
　標音2（バスティアニーニ, エットレ　1922.9.24–1967.1.25）

Bastide, François-Régis
フランスの作家, 脚本家。
⇒現世文（バスチド, フランソワ・レジス　1926.7.1–1996.4.21）

Bastide, Roger
フランスの社会学者。
⇒社小増（バスティード　1898–1974）

Bastien-Thiry, Jean-Marie
フランスの秘密軍事組織OASの幹部。フランス大統領シャルル・ドゴールの暗殺を何度もはかった。
⇒世暗（バスティアン＝ティリー, ジャン＝マリー　1927–1963）

Bastille, Guillaume
カナダのスピードスケート選手（ショートトラック）。
⇒外12（バスティーユ, ギヨーム　1985.7.21–）
　外16（バスティーユ, ギヨーム　1985.7.21–）
　最世ス（バスティーユ, ギヨーム　1985.7.21–）

Basu, Anurag
インドの映画監督。
⇒外16（バス, アヌラーグ）

Basu, Jyoti
インドの政治家。
⇒南ア新（ジョティ・バス　1914–2010）

Basu, Suddhasattwa
インドのアニメーション映画監督, 画家, イラストレーター。
⇒アニメ（バスー, スダサットワ　1956–）

Bat'a, Tomáš
チェコスロバキアの靴製造業者。
⇒岩世人（バチャ　1876.4.3–1932.7.12）

Bataille, Félix Henry
フランスの詩人, 劇作家。詩集『白い家』(1895), 戯曲『君の血』(97) の著者として有名。
⇒岩世人（バタイユ　1872.4.4–1922.3.2）

Bataille, Georges
フランスの思想家, 評論家, 詩人, 小説家。文芸雑誌「クリチック」を創刊編集。評論『内的体験』(1943) なども著した。
⇒岩世人（バタイユ　1897.9.10–1962.7.9）
　現社（バタイユ　1897–1962）
　現世文（バタイユ, ジョルジュ　1897.9.10–1962.7.9）
　広辞7（バタイユ　1897–1962）
　世人新（バタイユ　1897–1962）
　世人装（バタイユ　1897–1962）
　哲中（バタイユ　1897–1962）
　ネーム（バタイユ, ジョルジュ　1897–1962）
　フ文小（バタイユ, ジョルジュ　1897–1962）
　メル別（バタイユ, ジョルジュ　1897–1962）

Bataille, Nicolas
フランスの演出家。
⇒世演（バタイユ, ニコラ　1926.3.14–2008.10.28）

Bataillon, Marcel
フランスのスペイン史研究者。
⇒岩世人（バタヨン　1895.5.20–1977.6.4）

Batalov, Aleksei
ロシア生まれの男優, 映画監督。
⇒外12（バターロフ, アレクセイ　1928.11.20–）
　外16（バターロフ, アレクセイ　1928.11.20–）

Batbold, Sükhbaataryn
モンゴルの政治家。モンゴル首相, モンゴル人民党（MPP）党首。
⇒外12（バトボルド, スフバートリン　1963.6.24–）
　外16（バトボルド, スフバートリン　1963.6.24–）
　世指導（バトボルド, スフバートリン　1963.6.24–）

Batchelder, Mildred Leona
アメリカの児童図書館員, その後に指導的立場にたち, アメリカ図書館協会の児童・若者図書館部会の活動を長年にわたって支える。国際的な児童図書館活動でも知られる。
⇒ア図（バッチェルダー, ミルドレッド　1901–1998）

Batchelor, John
イギリスの宣教師, アイヌ研究家。著に『アイヌ語・英語・日本語辞典』(1905)。
⇒岩キ（バチェラー　1854–1944）
　岩世人（バチェラー　1854.3.20–1944.4.2）
　教人（バチェラー　1854–1942）
　広辞7（バチェラー　1854–1944）
　ネーム（バチュラー　1854–1944）

Batchelor, Lillian Lewis
アメリカの図書館員。『学校図書館計画の基準』を策定。小学校図書館の組織化に尽くす。
⇒ア図 (バッチェラー, リリアン・ルイス 1907-1977)

Bate, Jonathan
イギリスの学者。
⇒外12 (ベイト, ジョナサン 1958.6.26-)
外16 (ベイト, ジョナサン 1958.6.26-)

Bateman, John Alvin
アメリカの大リーグ選手 (捕手)。
⇒メジャ (ベイトマン, ジョン 1940.7.21-1996.12.3)

Bateman, Robert McLellan
カナダの画家。
⇒外12 (ベイトマン, ロバート 1930.5.24-)
外16 (ベイトマン, ロバート 1930.5.24-)

Bates, Alan
イギリスの男優。
⇒ク俳 (ベイツ, アラン 1934-)

Bates, Harry Clay
アメリカの煉瓦積み職人。国際煉瓦積み工・石工・左官組合 (BMPIU) 会長。
⇒アメ経 (ベイツ, ハリー 1882.11.22-1969.4.4)

Bates, Herbert Ernest
イギリスの小説家。主著『世界で最も偉大な人民』(1942)。
⇒岩世人 (ベイツ 1905.5.16-1974.1.28)
現世文 (ベーツ, ハーバート・アーネスト 1905.5.16-1974.1.29)

Bates, John Coalter
アメリカの陸軍将校。
⇒アア歴 (Bates, John C (oalter) ベイツ, ジョン・コウルター 1842.8.26-1919.2.4)

Bates, John William
アメリカの大リーグ選手 (外野)。
⇒メジャ (ベイツ, ジョニー 1882.8.21-1949.2.10)

Bates, Kathy
アメリカ生まれの女優。
⇒外12 (ベーツ, キャシー 1948.6.28-)
外16 (ベーツ, キャシー 1948.6.28-)
スター (ベイツ, キャシー 1948.6.28-)

Bates, Miner Searle
アメリカの宣教師。
⇒アア歴 (Bates, M (iner) Searle ベイツ, マイナー・サール 1897.3.28-1978.10.28)

Bateson, Gregory
イギリス生まれのアメリカの人類学者。
⇒岩生 (ベイトソン 1904-1980)
岩世人 (ベイトソン 1904.5.9-1980.7.4)
現社 (ベイトソン 1904-1980)
現精 (ベイトソン 1904-1980)
現精縮 (ベイトソン 1904-1980)
広辞7 (ベイトソン 1904-1980)
社中増 (ベートソン 1904-1980)
精分岩 (ベイトソン, グレゴリー 1904-1980)
ネーム (ベイトソン 1904-1980)
メル別 (ベイトソン, グレゴリー 1904-1980)

Bateson, Mary
イギリスの歴史学者。
⇒岩世人 (ベイトソン 1865.9.12-1906.11.30)

Bateson, William
イギリスの動物学者, 遺伝学者。遺伝におけるメンデル法則を支持。
⇒岩生 (ベイトソン 1861-1926)
岩世人 (ベイトソン 1861.8.8-1926.2.6)
旺生5 (ベーツソン 1861-1926)
オク科 (ベイトソン (ウィリアム) 1861-1926)
オク生 (ベーツソン, ウィリアム 1861-1926)
三新生 (ベーツソン 1861-1926)

Ba Than, Saung U
ビルマ (ミャンマー) の音楽家。
⇒岩世人 (バタン 1912-1987)

Bathurst, Charles
イギリスの政治家。ニュージーランド総督 (1930～35)。
⇒ニュー (ブレディスロウ/バサースト, チャールズ 1867-1958)

Batiashivili, Lisa
ジョージアのヴァイオリン奏者。
⇒外12 (バティアシュヴィリ, リサ 1979-)
外16 (バティアシュヴィリ, リサ 1979-)

Batiffol, Pierre
フランスのカトリック教会史家。1907年著書『聖餐論』(05) などが近代主義的として禁書にされた。
⇒岩世人 (バティフォル 1861.1.27-1929.1.13)
オク教 (バティフォル 1861-1929)
新カト (バティフォル 1861.1.27-1929.1.13)

Batio, Michael Angelo
アメリカのギター奏者。
⇒異二辞 (ベティオ, マイケル・アンジェロ 1956-)

Batirov, Mavlet
ロシアのレスリング選手 (フリースタイル)。
⇒外12 (バチロフ, マフレト 1983.12.12-)
最世ス (バチロフ, マフレト 1983.12.12-)

Batista, Adilson
ブラジルのサッカー監督, サッカー選手。
⇒外12 (バティスタ, アジウソン 1968.3.16-)

Batista, Cergio
アルゼンチンのサッカー指導者, サッカー選手。

Batista, Sergio
⇒外12（バティスタ, セルヒオ　1962.11.9–）
　外16（バティスタ, セルヒオ　1962.11.9–）
　最世ス（バティスタ, セルヒオ　1962.11.9–）

Batista, Leocadio Francisco（Tony）
アメリカの大リーグ選手（遊撃, 三塁）。
⇒外12（バティスタ, トニー　1973.12.9–）
　メジャ（バティスタ, トニー　1973.12.9–）

Batista, Miguel Jerez
ドミニカ共和国の大リーグ選手（投手）。
⇒メジャ（バティスタ, ミゲル　1971.2.19–）

Batista y Zaldí-var, Fulgencio
キューバの政治家, 軍人。キューバ大統領（1940～44,52～59）。
⇒岩世人（バティスタ　1901.1.16–1973.8.6）
　広辞7（バティスタ　1901–1973）
　世人新（バティスタ　1901–1973）
　世人装（バティスタ　1901–1973）
　ラテ新（バティスタ　1901–1973）

Batistuta, Gabriel
アルゼンチンのサッカー選手。
⇒異二辞（バティストゥータ［ガブリエル・～］1969–）
　外12（バティストゥータ, ガブリエル　1969.2.1–）
　ネーム（バティストゥータ　1969–）

Batlle, Jorge
ウルグアイの政治家。ウルグアイ大統領（2000～05）, コロラド党幹事長。
⇒世指導（バジェ, ホルヘ　1927.10.25–2016.10.24）

Batlle y Ordóñez, José
ウルグアイの政治家。ウルグアイ大統領（1899, 1903～07,11～15）。
⇒岩世人（バジェ・イ・オルドニェス　1856.5.21–1929.10.20）
　ラテ新（バッジェ・イ・オルドーニェス　1856–1929）

Batmanglij, Rostam
アメリカのミュージシャン。
⇒外12（バトマングリ, ロスタム　1983–）

Batmunkh, Jambyn
モンゴルの政治家。モンゴル首相, モンゴル人民大会幹部会議長, モンゴル人民革命党書記長。
⇒岩世人（バトムンフ　1926.3.10–1997.4.14）

Batson, Matthew A.
アメリカの陸軍将校。
⇒アア歴（Batson,Matthew A.　バトスン, マシュー・A.　1867?–1917.1.15）

Batt, Mike
イギリスのミュージシャン, 音楽プロデューサー。
⇒ロック（Batt,Mike　バット, マイク　1950.2.6–）

Battaglia, Kaci
アメリカのシンガー・ソングライター。
⇒外12（バタグリア, ケイシー　1987.10.3–）

Battaglia, Romano
イタリアの作家, ジャーナリスト。
⇒岩世人（バッタッリア　1933.7.31–2012.7.22）
　現世文（バッタリア, ロマーノ　1933.7.31–2012.7.22）

Battedou, Andre
テノール歌手。
⇒魅惑（Battedou,Andre　?–）

Batten, Jean Gardner
ニュージーランドの飛行家。
⇒ニュー（バットゥン, ジェーン（ジーン）　1909–1982）

Battersby, Alan Rushton
イギリスの有機化学者。
⇒岩世人（バターズビー　1925.3.4–）

Batteux, Hans
西ドイツのテノール歌手。
⇒魅惑（Batteux,Hans　1885–1961）

Battey, Earl Jesse
アメリカの大リーグ選手（捕手）。
⇒メジャ（バッティ, アール　1935.1.5–2003.11.15）

Battier, Shane
アメリカのバスケットボール選手（ヒート）。
⇒最世ス（バティエ, シェーン　1978.9.9–）

Battin, Clyde
アメリカの歌手。
⇒ロック（Skip and Flip　スキップ&フリップ）

Battiste, Harold
アメリカのレコード・プロデューサー。
⇒ロック（Battiste,Harold　バティスト, ハロルド）

Battisti, Lucio
イタリア生まれの歌手, 作曲家。
⇒岩世人（バッティスティ　1943.3.5–1998.9.9）

Battistini, Mattia
イタリアのバリトン歌手。
⇒岩世人（バッティスティーニ　1856.2.27–1928.11.7）
　オペラ（バッティスティーニ, マッティーア　1856–1928）

Battle, Kathleen
アメリカのソプラノ歌手。
⇒新音中（バトル, キャスリーン　1948.8.13–）

Battles, Brett
アメリカの作家。
⇒海文新（バトルズ, ブレット）

現世文（バトルズ,ブレット）
Battulga, Khaltmaa
モンゴルの政治家。モンゴル大統領（2017〜）。
⇒世指導（バトトルガ,ハルトマー 1963.3.3-）
Baty, Gaston
フランスの演出家。
⇒岩世人（バティ 1885.5.26-1952.10.13）
世演（バティ,ガストン 1885.5.26-1952.10.13）
Bat-Yosef, Myriam
ドイツ生まれの画家。
⇒芸13（バット・ヨセフ,ミリアム 1931-）
Bauch, Bruno
ドイツの哲学者。新カント派。主著『批判哲学における幸福と個人』(1902)。
⇒岩世人（バウフ 1877.1.19-1942.2.27）
メル2（バウフ,ブルーノ 1877-1942）
Bauch, Kurt
ドイツの美術史家。オランダの美術を専攻、また形式および様式の研究や都市誌の著がある。
⇒岩世人（バウフ 1897.11.25-1975.3.1）
Bauchant, André
フランスの画家, 舞台装置家。1921年サロン・ドートンヌに入選。主作品『天地創造の日』。
⇒岩世人（ボーシャン 1873.4.24-1958.8.12）
芸13（ボーシャン,アンドレ 1873-1942）
Bauchau, Henry
ベルギー生まれの詩人, 小説家。
⇒現世文（ボーショー,アンリ 1913.1.22-2012.9.21）
Baucus, Max
アメリカの政治家。
⇒外12（ボーカス,マックス 1941.12.11-）
外16（ボーカス,マックス 1941.12.11-）
世指導（ボーカス,マックス 1941.12.11-）
Baudo, Serge
フランスの指揮者。
⇒新音中（ボード,セルジュ 1927.7.16-）
標音2（ボド,セルジュ 1927.7.16-）
Baudot, Anatole de
フランスの建築家。パリ,モンマルトルのサン・ジャン教会堂を建築。
⇒岩世人（ボード 1834-1915）
Baudouin I
ベルギー国王（第5代）。在位1951〜93。
⇒岩世人（ボードゥアン1世 1930.9.7-1993.7.31）
Baudouin de Courtenay, Jan Ignacy Niecisław
ポーランドの言語学者。
⇒岩世人（ボードゥアン・ド・クルトネ 1845.3.13-1929.11.3）
オク言（ボードゥアン・ド・クルトネ,ヤン 1845-1929）
Baudouy, Michel-Aimé
フランスの児童文学作家。『ブリュノ』と『高原の殿さま』は野生動物と少年たちの愛情を扱った作品。
⇒現世文（ボードゥイ,ミシェル・エメ 1909.4.1-1999）
Baudrier, Yves
フランスの作曲家。1936年メシアン, ジョリヴェ, ルジュールと結成した「若きフランス」グループの理論的中心人物。
⇒新音中（ボードリエ,イーヴ 1906.2.11-1988.11.9）
標音2（ボドリエ,イーヴ 1906.2.11-1988.11.9）
Baudrillard, Jean
フランスの社会学者, 思想家。
⇒岩世人（ボードリヤール 1929.7.27-2007.3.6）
現社（ボードリヤール 1929-2007）
現社福（ボードリヤール 1929-）
広辞7（ボードリヤール 1929-2007）
社小増（ボードリヤール 1929-）
図哲（ボードリヤール,ジャン 1929-2007）
哲中（ボードリヤール 1929-2007）
ネーム（ボードリヤール 1929-2007）
メル別（ボードリヤール,ジャン 1929-2007）
Baudrillart, Henri Marie Alfred
フランスのカトリック聖職者, 歴史家。
⇒岩世人（ボードリヤール 1859.1.6-1942.5.19）
新カト（ボードリヤール 1859.1.6-1942.5.19）
Bauer, Belinda
イギリスの作家。
⇒海文新（バウアー,ベリンダ 1962-）
現世文（バウアー,ベリンダ 1962-）
Bauer, Evgeny Frantsevich
帝政ロシアの映画監督, 舞台美術家, 脚本家。
⇒岩世人（バウエル 1865-1917.6.9）
Bauer, Günther
オーストリアの遊戯史研究者。
⇒岩世人（バウアー 1928.10.12-）
外16（バウアー,ギュンター 1928-）
Bauer, Gustav
ドイツの政治家。首相（1919）。ヴェルサイユ条約に調印（19）, またヴァイマル憲法を決議した。
⇒岩世人（バウアー 1870.1.6-1944.9.16）
Bauer, Hans
ドイツの言語学者。セム語族の動詞に関して新解釈を下したほか、シリアのラース・シャムラ（Ras Shamra）の楔形文字を解読した。
⇒岩世人（バウアー 1878.1.16-1937.3.6）

Bauer, Harold
イギリスのピアノ奏者。
⇒標音2（バウアー，ハロルド　1873.4.28–1951.3.12）

Bauer, Henry Albert
アメリカの大リーグ選手（外野）。
⇒メジャ（バウアー，ハンク　1922.7.31–2007.2.9）

Bauer, Jutta
ドイツの児童文学者。
⇒絵本（バウアー，ユッタ　1955–）

Bauer, Louis Agricola
アメリカの地磁気学者。カーネギー研究所地磁気部長に就任し（1903）、世界各国に十余の地磁気観測所を創設した。
⇒岩世人（バウアー　1865.1.26–1932.4.12）

Bauer, Lukáš
チェコのスキー選手（クロスカントリー）。
⇒最世ス（バウアー，ルカシュ　1977.8.18–）

Bauer, Marion Dane
アメリカの児童文学者。
⇒外16（バウアー，マリオン・デーン　1938–）
　現世文（バウアー，マリオン・デーン　1938–）

Bauer, Otto
オーストリア社会民主党の指導的理論家。ドイツとオーストリア合邦の実現や労働戦線の統一に努めた。
⇒岩経（バウアー　1881–1938）
　岩世人（バウアー　1882.9.5–1938.7.4）
　ユ著人（Bauer,Otto　バウアー，オットー　1881–1938）

Bauer, Stephen
オーストリアの社会主義者。
⇒学叢思（バウエル，ステフェン　1865–?）

Bauer, Viola
ドイツのスキー選手（距離）。
⇒最世ス（バウアー，ヴィオラ　1976.12.13–）

Bauer, Walter
ドイツの福音主義神学者。新約聖書のギリシア語研究に貢献。
⇒岩世人（バウアー　1877.8.8–1960.11.17）
　新カト（バウアー　1877.8.8–1960.11.17）

Bäuerle, Theodor
ドイツの教育家。市民教育とヨーロッパ教育ならびに青年自助会に対する労資協調会の議長。成人講座の促進者。
⇒教人（ボイエルレ　1882–）

Bauersima, Igor
プラハ生まれの劇作家。
⇒外12（バウアージーマ，イーゴル　1964–）
　外16（バウアージーマ，イーゴル　1964–）
　現世文（バウアージーマ，イーゴル　1964–）

Baugé, Grégory
フランスの自転車選手（トラックレース）。
⇒最世ス（ボジェ，グレゴリー　1985.1.31–）

Ba U Gyi, Saw
ビルマ（ミャンマー）のカレン民族指導者。
⇒岩世人（バウージー　1905–1950.8.12）

Baum, Lyman Frank
アメリカの作家。
⇒岩世人（ボーム　1856.5.15–1919.5.6）
　現世文（バウム，ライマン・フランク　1856.5.15–1919.5.6）
　世界子（『オズの魔法使い』とL・フランク・ボーム　1856–1919）

Baum, Oskar
ユダヤ系ドイツ語作家。
⇒岩世人（バウム　1883.1.21–1941.3.1）

Baum, Vicki
オーストリアの小説家。
⇒岩世人（バウム　1888.1.24–1960.8.29）
　現世文（バウム，ヴィキー　1888.1.24–1960.8.29）
　ユ著人（Baum,Vicki　バウム，ヴィッキー　1888–1960）

Bauman, Nikolai Ernestovich
ロシアの革命家。レーニンの「イスクラ」紙の積極的な協力者の一人。
⇒岩世人（バウマン　1873.5.17–1905.10.18）

Bauman, Zygmunt
イギリスの社会学者。
⇒岩世人（バウマン　1925.11.19–）
　外12（バウマン，ジグムント　1925.11.19–）
　外16（バウマン，ジグムント　1925.11.19–）
　現社（バウマン　1925–）
　広辞7（バウマン　1925–2017）
　社小増（バウマン　1925–）

Baumann, Emile
フランスの小説家。主著 "La fosse aux lions"（1911）。
⇒新カト（ボーマン　1868.9.24–1941.11.24）

Baumann, Frank Matt
アメリカの大リーグ選手（投手）。
⇒メジャ（ボーマン，フランク　1933.7.1–）

Baumann, Hans
ドイツの児童文学作家。
⇒現世文（バウマン，ハンス　1914–1988）

Baumann, Hermann
ドイツのホルン奏者。
⇒新音中（バウマン，ヘルマン　1934.8.1–）
　標音2（バウマン，ヘルマン　1934.8.1–）

Baumann, Julius
ドイツの哲学者。観念的実在論の立場に立つ。
⇒岩世人（バウマン　1837.4.22-1916.8.14）

Baumann, Kurt
ドイツの児童文学者。
⇒現世文（バウマン，クルト　1935-1988.2）

Baumbach, Noah
アメリカの映画監督，脚本家。
⇒外12（バームバック，ノア　1969-）

Baume, Sara
イギリスの作家。
⇒現世文（ボーム，サラ　1984-）

Baumeister, Willi
ドイツの画家。
⇒岩世人（バウマイスター　1889.1.22-1955.8.31）
芸13（バウマイスター，ヴィリ　1889-1955）

Bäumer, Gertrud
ドイツの女性作家，評論家。ドイツの婦人運動の促進に努めた。
⇒岩世人（ボイマー　1873.9.12-1954.3.25）
教人（ボイマー　1873-）

Baümer, Lorenz
アメリカのジュエリーデザイナー。
⇒外12（バウマー，ロレンツ　1965-）

Baumgardt, David
ドイツの道徳哲学者，美学者。実質的倫理学を主張。
⇒ユ著人（Baumgardt,David　バウムガルト，ダーフット　1890-1963）

Baumgärtel, Christian
テノール歌手。
⇒魅惑（Baumgärtel,Christian　?-）

Baumgartner, Alexander
ドイツの聖職者，文学史家。
⇒新カト（バウムガルトナー　1841.6.27-1910.10.5）

Baumgartner, Apollinaris William
アメリカ・ニューヨーク生まれの聖職者。琉球使徒座管理区長（現那覇教区初代教区長），グアムの司教。
⇒新カト（バウムガートナー　1899.7.24-1970.12.18）

Baumgartner, Bruce
アメリカの男子レスリング選手。
⇒岩世人（バウムガートナー　1960.11.2-）

Baumgartner, Hans Michael
ドイツの哲学者。
⇒岩世人（バウムガルトナー　1933.4.5-1999.5.11）

Baumgärtner, Klaus
西ドイツの言語学者。構造主義的言語研究を西ドイツに定着させた。
⇒岩世人（バウムゲルトナー　1931.6.22-2003.10.9）

Baumgartner, Matthias
ドイツの哲学者。新スコラ哲学の立場に立つ。
⇒岩世人（バウムガルトナー　1865.2.20-1933.6.22）

Baumgartner, Rudolf
スイスの指揮者。
⇒標音2（バウムガルトナー，ルードルフ　1917.9.14-）

Baumgartner, Walter
スイスの旧約学者。
⇒新カト（バウムガルトナー　1887.11.24-1970.1.31）

Baumholtz, Frank Conrad
アメリカの大リーグ選手（外野）。
⇒メジャ（バウムホルツ，フランク　1918.10.7-1997.12.14）

Baumol, William
アメリカ生まれの経済思想家。
⇒岩経（ボーモル　1922-）
岩世人（ボーモル　1922.2.26-）
有経5（ボーモル　1922-）

Baumont, Olivier
フランスのチェンバロ奏者。
⇒新音中（ボーモン，オリヴィエ　1960.8.15-）

Baumrind, Diana
アメリカの心理学者。
⇒世界子（バウムリンド，ダイアナ　1927-）

Baumstark, Anton
ドイツのセム語学者，典礼学者。
⇒新カト（バウムシュタルク　1872.8.4-1948.5.31）

Baur, Erwin
ドイツの植物学者，遺伝学者。メンデル遺伝学の発達に貢献したほか，植物の育種についても功績がある。
⇒岩生（バウル　1875-1933）
岩世人（バウル　1875.4.16-1933.12.3）

Baur, Harry
フランス・パリ生まれの男優。
⇒ユ著人（Baur,Harry　ボール，アリ　1880-1943）

Bausani, Alessandro
イタリアの東洋学者。『コーラン』のイタリア語訳（1965）などでイスラム研究に貢献。
⇒岩世人（バウサーニ　1921.5.29-1988.3.12）

Bausch, Pina
ドイツのダンサー，振付家，舞踊団監督。

bausc

⇒岩世人（バウシュ　1940.7.27–2009.6.30）
広辞7（バウシュ　1940–2009）

Bausch, Richard
アメリカの作家。
⇒外12（ボーシュ, リチャード　1945–）
外16（ボーシュ, リチャード　1945–）
現世文（ボーシュ, リチャード　1945–）

Baussan, Olivier
フランスの実業家。
⇒外12（ボーサン, オリビエ）
外16（ボーサン, オリビエ）

Bautista, Jose
ドミニカ共和国の大リーグ選手（ブルージェイズ・外野手）。
⇒外12（バティスタ, ホセ　1980.10.19–）
外16（バティスタ, ホセ　1980.10.19–）
最世ス（バティスタ, ホセ　1980.10.19–）
メジャ（バウティスタ, ホセ　1980.10.19–）

Bauwen, Patrick
フランスの医師, 作家。
⇒海文新（ボーウェン, パトリック）

Bava, Mario
イタリア生まれの撮影監督, 映画監督。
⇒映監（バーヴァ, マリオ　1914.7.31–1980）

Bavaud, Maurice
スイス出身の敬虔なカトリック教徒。ナチス・ドイツの総統アドルフ・ヒトラーの暗殺をはかった。
⇒世暗（バヴォー, モーリス　1916–1941）

Baverel-Robert, Florence
フランスのバイアスロン選手。
⇒外12（バベレルロベール, フローランス　1974.5.24–）
最世ス（バベレルロベール, フローランス　1974.5.24–）

Bavier, Eduard
スイスの生糸貿易商。
⇒来日（バヴィエ　1843–1926）

Bavink, Bernhard
ドイツの自然哲学者。包括的な自然科学的知識によって書かれた主著『自然科学の成果と問題』(1913)によって知られ, 汎心論的実在論の立場から唯物論および実証主義に反対した。
⇒岩世人（バーヴィンク　1879.6.30–1947.6.27）

Bavink, Hermann
オランダの神学者。オランダ・カルヴァン主義の注目すべき代表者。
⇒岩世人（バーフィンク　1854.12.13–1921.7.29）

Bawa, Manjit
インドの画家。

⇒岩世人（バーワー　1941.7.30–2008.12.29）

Bawden, Edward
イギリスのデザイナー, 挿絵画家, 版画家。
⇒グラデ（Bawden,Edward　ボーデン, エドワード　1903–1989）

Bawden, Nina
イギリスの女性作家。
⇒現世文（ボーデン, ニーナ　1925.1.19–2012.8.22）

Bawden, Samuel Day
アメリカの宣教師。
⇒アア歴（Bawden,Samuel D(ay)　ボーデン, サミュエル・デイ　1868.12.2–1946.8.3）

Bax, *Sir* Arnold Edward Trevor
イギリスの作曲家。
⇒岩世人（バックス　1883.11.8–1953.10.3）
ク音3（バックス　1883–1953）
新音中（バックス, アーノルド　1883.11.8–1953.10.3）
標音2（バックス, アーノルド　1883.11.8–1953.10.3）

Bax, Ernest Belfort
イギリスの社会主義者。
⇒学叢思（バックス, エルンスト・ベルフォート　1854–?）

Baxandall, Michael David Kighley
イギリスの美術史家。
⇒岩世人（バクサンドール　1933.4.18–2008.8.12）

Baxter, Anne
アメリカの女優。
⇒ク俳（バクスター, アン　1923–1985）

Baxter, Charles
アメリカの作家, 詩人。
⇒現世文（バクスター, チャールズ　1947–）

Baxter, Denis Charles
イギリス生まれの画家。
⇒芸13（バクスター, デニス・チャールズ　1926–）

Baxter, James K.
ニュージーランドの詩人, 劇作家, 批評家。
⇒現世文（バクスター, ジェームズ・ケア　1926.6.29–1972.10.23）
広辞7（バクスター　1926–1972）
ニュー（バクスター, ジェイムズ　1926–1972）

Baxter, Les
アメリカの指揮者, 作曲家。
⇒標音2（バクスター, レス　1922.3.14–）

Baxter, Stephen
イギリスのSF作家。
⇒外16（バクスター, スティーブン　1957–）
現世文（バクスター, スティーブン　1957–）

Baxter, Stuart W.
イギリスのサッカー監督（ゲンチレルビルリイ）、サッカー選手。
⇒外12（バクスター、スチュアート　1953.8.16–）
　外16（バクスター、スチュアート　1953.8.16–）
　最世ス（バクスター、スチュアート　1953.8.16–）

Baxter, Warner
アメリカの俳優。
⇒ク俳（バクスター、ウォーナー　1889–1951）

Bay, Didier
フランス生まれのメディア・アーティスト。
⇒芸13（ベイ、ディディエール　1944–）

Bay, Harry Elbert
アメリカの大リーグ選手（外野）。
⇒メジャ（ベイ、ハリー　1878.1.17–1952.3.20）

Bay, Jason
カナダの大リーグ選手（マリナーズ・外野）。
⇒外16（ベイ、ジェーソン　1978.9.20–）
　最世ス（ベイ、ジェーソン　1978.9.20–）
　メジャ（ベイ、ジェイソン　1978.9.20–）

Bay, Michael
アメリカ生まれの映画監督。
⇒外12（ベイ、マイケル　1964–）
　外16（ベイ、マイケル　1964–）

Bayar, Mahmut Celâl
トルコの政治家。トルコ大統領（1950〜60）。
⇒岩イ（バヤル　1883–1986）
　岩世人（バヤル　1883–1986.8.22）

Bayar, Sanjaagiin
モンゴルの政治家。モンゴル首相、モンゴル人民革命党（MPRP）党首。
⇒外12（バヤル、サンジャーギーン　1956–）
　外16（バヤル、サンジャーギーン　1956–）
　世指導（バヤル、サンジャーギーン　1956–）

Bayard, Louis
アメリカの作家。
⇒海文新（ベイヤード、ルイス）
　現世文（ベイヤード、ルイス）

Baye, Nathalie
フランス生まれの女優。
⇒遺産（バイ、ナタリー　1948.7.6–）
　外12（バイ、ナタリー　1948.7.6–）
　外16（バイ、ナタリー　1948.7.6–）

Bayer, Herbert
アメリカのグラフィック・デザイナー。
⇒岩世人（バイヤー　1900.4.5–1985.9.30）
　グラデ（Bayer,Herbert　バイアー、ヘルベルト　1900–1985）
　ユ著人（Bayer,Herbert　バイヤー、ハーバート　1900–1985）

Bayer, Otto George Wilhelm
ドイツの化学技術者。
⇒岩世人（バイアー　1902.11.4–1982.8.1）

Bayer, Raymond
フランスの美学者、哲学者。「美学雑誌」を創刊。主著『優美の美学』（1934）。
⇒岩世人（バイエ　1898.9.2–1959.7.15）

Bayer, William
アメリカのミステリ作家。
⇒現世文（ベイヤー、ウィリアム）

Bayertz, Kurt
ドイツの哲学者、応用倫理学者。
⇒岩世人（バイエルツ　1948–）

Bayh, Evan
アメリカの政治家。
⇒外12（バイ、エバン　1955.12.26–）

Baykal, Deniz
トルコの政治家。トルコ副首相・外相。
⇒世指導（バイカル、デニズ　1938–）

Baykurt, Fakir
トルコの作家。
⇒岩世人（バイクルト　1929.6.15–1999.10.11）

Bayley, Barrington J.
イギリスの作家。
⇒現世文（ベイリー、バリントン　1937.4.9–2008.10.14）
　ネーム（ベイリー、バリントン・J.　1937–2008）

Bayley, David H.
アメリカの政治学者。デンバー大国際関係大学院教授。
⇒外16（ベイリー、デービッド・ヒューム　1933–）

Bayley, John Oliver
イギリスの批評家。
⇒岩世人（ベイリー　1925.3.27–）
　外12（ベイリー、ジョン　1925.3.27–）
　現世文（ベイリー、ジョン　1925.3.27–2015.1.12）

Bayliss, Sir William Maddock
イギリスの生理学者。ホルモン研究の先駆者。
⇒岩生（ベーリス　1860–1924）
　岩世人（ベイリス　1860.5.2–1924.8.27）
　旺生5（ベーリス　1860–1924）

Baylor, Don Edward
アメリカの大リーグ選手（外野,DH）。
⇒メジャ（ベイラー、ドン　1949.6.28–）

Bayona, Juan Antonio
スペインの映画監督。
⇒外12（バヨナ、フアン・アントニオ　1975–）
　外16（バヨナ、フアン・アントニオ　1975–）

Bayramov, Rovshan
アゼルバイジャンのレスリング選手（グレコローマン）。
⇒最世ス（バイラモフ, ロフシャン　1987.5.7–）

Bayrle, Thomas
ドイツ生まれの画家。
⇒芸13（バイルレ, トーマス　1937–）

Bayrou, François
フランスの政治家。
⇒岩世人（バイルー　1951.5.25–）
外12（バイル, フランソワ　1951.5.25–）
外16（バイルー, フランソワ　1951.5.25–）
世指導（バイルー, フランソワ　1951.5.25–）

Bazan, Rodrigo
アルゼンチン生まれの実業家。アレキサンダー・ワンCEO。
⇒外16（バザン, ロドリゴ　1975–）

Bazargan, Mehdi
イランの政治家。イラン首相。
⇒イス世（バーザルガーン　1907–1995）
岩イ（バーザルカーン　1906–1995）
岩世人（バーザルガーン　1907.9.1–1995.1.20）

Bazarian, Beatrice Caragulian
アメリカの白人女性。酒場ティック・トック・クラブのダンサー。
⇒マルX（BAZARIAN,BEATRICE CARAGULIAN　バザリアン, ベアトリス・キャラグリアン）

Ba Zaw, U
ビルマ（ミャンマー）の画家。
⇒岩世人（バゾー　1891–1942.12.11）

Bazell, Josh
アメリカの作家。
⇒海文新（バゼル, ジョシュ　1970–）

Bazhan, Mikola
ソ連（ウクライナ）の詩人。
⇒岩世人（バジャン　1904.9.26/10.9–1983.11.23）
現世文（バジャン, ミコラ　1904.10.9–1983.11.23）

Bazhov, Pavel Petrovich
ソ連の作家。
⇒岩世人（バジョーフ　1879.1.15/27–1950.12.3）
現世文（バジョーフ, パーヴェル・ペトローヴィチ　1879.1.27–1950.12.3）
ネーム（バジョーフ　1879–1950）

Bazin, André
フランスの映画批評家。
⇒岩キ（バザン　1918–1958）

Bazin, Hervé
フランスの小説家。
⇒岩世人（バザン　1911.4.17–1996.2.17）
現世文（バザン, エルヴェ　1911.4.17–1996.2.17）

Bazin, Marc Louis
ハイチの政治家。ハイチ首相。
⇒世指導（バザン, マルク　1932.3.6–2010.6.16）

Bazin, René François Nicolas Marie
フランスの小説家。作品に『死に行く大地』（1899）、『オベルレー一家』（1901）など。
⇒岩世人（バザン　1853.12.26–1932.7.20）
学叢思（バザン, ルネ　1853–?）
現世文（バザン, ルネ　1853.12.26–1932.7.20）
新カト（バザン　1853.12.26–1932.7.20）

Baziotes, William
アメリカの画家。
⇒岩世人（バジオティーズ　1912.6.11–1963.6.4）

Bazoft, Farzad
イラン生まれのイギリスに亡命したジャーナリスト。スパイ容疑でイラク政府によって処刑された。
⇒スパイ（バゾフト, ファルザード　1959–1990）

B.B.King
アメリカのブルース歌手。
⇒アメ州（King,B.B.　キング,B.B.　1925–）
異二辞（B・Bキング　ビービーキング　1925–2015）
岩世人（キング　1925.9.16–）
新音中（キング,B.B.　1925.9.16–）
ビト改（KING,B.B.　キング,B.B.）
標音2（キング, ビー・ビー　1925.9.16–）
ロック（King,B.B.　キング,B・B　1925.9.16–）

Bea, Augustin
ドイツの聖書学者、枢機卿、現代のカトリック教会を代表する人物のひとり。
⇒岩キ（ベア　1881–1968）
岩世人（ベア　1881.5.28–1968.11.16）
オク教（ベア　1881–1968）
新カト（ベア　1881.5.28–1968.11.16）

Beach, Amy（Marcy）
アメリカの作曲家。
⇒エデ（ビーチ, エイミー（マーシー）　1867.9.5–1944.12.27）
ク音3（ビーチ　1867–1944）

Beach, Edward Latimer
アメリカの作家。アメリカ大統領海軍顧問。
⇒現世文（ビーチ, エドワード　1918–2002.12.1）

Beach, Harlen Page
アメリカの宣教師, 神学者。イェール大学神学部教授（1906〜21）。
⇒岩世人（ビーチ　1854.4.4–1933.3.4）

Beach, Sylvia
フランスの出版者。

⇒ヘミ（ビーチ, シルヴィア 1887–1962）

Beacham, Stephanie
イギリスの女優。
⇒ク俳（ビーチャム, ステファニー 1949–）

Beadle, George Wells
アメリカの遺伝学者。微生物による遺伝生化学の研究で, 1958年ノーベル生理・医学賞受賞。
⇒岩生（ビードル 1903–1989）
　岩世人（ビードル 1903.10.22–1989.6.9）
　旺生5（ビードル 1903–1989）
　オク科（ビードル（ジョージ・ウェルズ） 1903–1989）
　オク生（ビードル, ジョージ・ウェルズ 1903–1989）
　広辞7（ビードル 1903–1989）
　三新生（ビードル 1903–1989）
　ネーム（ビードル 1903–1989）
　ノペ3（ビードル, G.W. 1903.10.22–1989.6.9）

Beagle, Peter S.
アメリカのファンタジー作家。
⇒外16（ビーグル, ピーター 1939–）
　現世文（ビーグル, ピーター 1939–）

Beah, Ishmael
シエラレオネ生まれの人権活動家。
⇒外12（ベア, イシメール 1980–）
　外16（ベア, イシュメール 1980–）

Beale, Dorothea
イギリスの女子中等教育振興の開拓者。女子カレッジ校長, 女性校長協会会長。
⇒教人（ビール 1831–1906）

Beall, Lester
アメリカのグラフィック・デザイナー。
⇒グラデ（Beall,Lester ビーオール, レスター 1903–1969）

Beals, Alan Robin
アメリカの人類学者。
⇒アア歴（Beals,Alan Robin ビールズ, アラン・ロビン 1928.1.24–）

Beals, Carleton
アメリカのジャーナリスト。広くラテンアメリカ各地で取材し, 真実の姿を報道するのに努力した。
⇒岩世人（ビールズ 1893.11.13–1979.4.4）

Beals, Jennifer
アメリカの俳優。
⇒外12（ビールス, ジェニファー 1963.12.19–）
　外16（ビールス, ジェニファー 1963.12.19–）
　ク俳（ビールズ, ジェニファー 1963–）

Beame, Abraham David
ユダヤ人初のニューヨーク市長。
⇒ユ著人（Beame,Abraham David ビーム, アブラハム・ディヴィッド 1906–）

Bean, Alan L.
アメリカの宇宙飛行士, 画家。
⇒外12（ビーン, アラン 1932.3.15–）
　外16（ビーン, アラン 1932.3.15–）

Bean, Andy
アメリカのプロゴルファー。
⇒外12（ビーン, アンディ 1953.3.13–）

Bean, Robert Bennett
アメリカの人類学者。
⇒アア歴（Bean,Robert Bennett ビーン, ロバート・ベネット 1874.3.24–1944.8.27）

Bean, Sean
イギリス生まれの俳優。
⇒外12（ビーン, ショーン 1958.4.17–）
　外16（ビーン, ショーン 1958.4.17–）
　ク俳（ビーン, ショーン 1958–）

Beane, Billy
アメリカの大リーグ選手（外野）, アスレチックスGM。
⇒外12（ビーン, ビリー 1962.3.29–）
　外16（ビーン, ビリー 1962.3.29–）

Bear, Elizabeth
アメリカのSF作家。
⇒外12（ベア, エリザベス 1971–）
　海文新（ベア, エリザベス 1971.9.22–）
　現世文（ベア, エリザベス 1971.9.22–）

Bear, Fritz Yitzhak
ハルバーシュタット生まれの歴史家。
⇒ユ著人（Bear,Fritz Yitzhak ベェイヤー, フランツ・イツアク 1888–?）

Bear, Gregory Dale
アメリカの小説家, 詩人, 短編作家。
⇒外12（ベア, グレッグ 1951.8.20–）
　外16（ベア, グレッグ 1951.8.20–）
　現世文（ベア, グレッグ 1951.8.20–）

Beard, Amanda
アメリカの水泳選手（平泳ぎ）。
⇒最世ス（ビアード, アマンダ 1981.10.29–）

Beard, Charles Austin
アメリカの政治学者, 歴史学者。都市行政の権威で関東大震災後の東京の再建に協力。
⇒アア歴（Beard,Charles A (ustin) ビアード, チャールズ・オースティン 1874.11.27–1948.9.1）
　アメ経（ビアード, チャールズ 1874.11.27–1948）
　アメ新（ビアード 1874–1948）
　岩世人（ビアード 1874.11.27–1948.9.1）
　広辞7（ビアード 1874–1948）
　政経改（ビアード 1874–1948）

Bearden, Henry Eugene
アメリカの大リーグ選手（投手）。

⇒メジャ（ベアーデン, ジーン　1920.9.5–2004.3.18）

Bearden, Romare
アメリカの画家。
⇒岩世人（バーデン　1911.9.2–1988.3.12）

Beardsley, James Wallace
アメリカの技師。
⇒アア歴（Beardsley,James Wallace　ビアズリー, ジェイムズ・ウォレス　1860.9.11–1944.5.21）

Beardsley, Monroe C（urtis）
アメリカの哲学者, 美学者。
⇒岩世人（ビアズリー　1915.12.10–1985.9.18）

Beardsley, Richard King
アメリカの日本研究家。日本, ソ連シベリア地区の社会文化の発達を専攻。
⇒アア歴（Beardsley,Richard K（ing）　ビアズリー, リチャード・キング　1918.12.16–1978.6.9）
　岩世人（ビアズリー　1918.12.16–1978.6.9）

Béart, Emmanuelle
フランス生まれの女優。
⇒遺産（ベアール, エマニュエル　1963.8.14–）
　外12（ベアール, エマニュエル　1965.8.14–）
　外16（ベアール, エマニュエル　1965.8.14–）
　ク俳（ベアール, エマニュエル　1963–）
　スター（ベアール, エマニュエル　1963.8.14–）

Béart, Guy
フランスのシャンソン歌手, 作詞家, 作曲家。
⇒標音2（ベアール, ギ　1930.7.16–）

Beasley, William Gerald
イギリスの日本史研究家。明治以降の日英関係, 日英両国のアジア政策についての業績が多い。
⇒岩世人（ビーズリー　1919.12.22–2006.11.19）

Beato, Felix
イギリスの写真家。横浜ベアト写真館経営。
⇒岩世人（ベアト　1834–1909.1.29）

Beatrice Mary Victoria
イギリスの王女。
⇒王妃（ベアトリス　1857–1944）

Beatrix Wilhelmina Armgard
オランダ女王。在位1980〜。ユリアナ女王の長女。
⇒岩世人（ベアトリクス　1938.1.31–）
　外12（ベアトリクス女王　1938.1.31–）
　外16（ベアトリクス王女　1938.1.31–）
　皇国（ベアトリクス）

Beattie, Ann
アメリカの作家。
⇒外12（ビーティー, アン　1947.9.8–）
　外16（ビーティー, アン　1947.9.8–）
　現世文（ビーティー, アン　1947.9.8–）

Beattie, George William
アメリカの教育者。
⇒アア歴（Beattie,George William　ビーティー, ジョージ・ウイリアム　1859.4.10–1949.5.16）

Beattie, Rolla Kent
アメリカの植物学者。
⇒アア歴（Beattie,R（olla）Kent　ビーティー, ローラ・ケント　1875.1.14–1960.6.2）

Beatty, David Beatty, 1st Earl of the North Sea and of Brooksby
イギリスの軍人。1911年W.チャーチル内閣の海相。
⇒岩世人（ビーティ　1871.1.17–1936.3.12）

Beatty, Robert
カナダ出身の男優。
⇒ク俳（ビーティ, ロバート　1909–1992）

Beatty, Warren
アメリカの俳優, 映画監督。
⇒外12（ビーティー, ウォーレン　1937.3.30–）
　外16（ビーティー, ウォーレン　1937.3.30–）
　ク俳（ビーティ, ウォレン（ベイティ, ヘンリー・W）　1937–）
　スター（ビーティ, ウォーレン　1937.3.30–）

Beauchamp, Harold
ニュージーランドの実業家。
⇒ニュー（ビーチャム, ハロルド　1858–1939）

Beauduin, Lambert
ベルギーの典礼学者。
⇒オク教（ボーデュアン　1873–1960）
　新カト（ボーデュアン　1873.8.4–1960.1.11）

Beaufret, Jean
フランスの哲学者。
⇒メル3（ボーフレ, ジャン　1907–1982）

Beauman, Sally
イギリスの作家, ジャーナリスト。
⇒現世文（ボウマン, サリー　1944.7.25–2016.7.7）

Beaumont, Charles
アメリカの作家。1950年代における〈奇妙な味〉の代表的な存在。
⇒現世文（ボーモント, チャールズ　1929.1.2–1967.2.21）

Beaumont, Clarence Howeth（Ginger）
アメリカの大リーグ選手（外野）。
⇒メジャ（ボーモント, ジンジャー　1876.7.23–1956.4.10）

Beaumont, Cyril William
イギリスの舞踊評論家, 舞踊図書出版業者。主著"The ballet called Swan Lake"（1952）。

⇒岩世人（ボーモント 1891.11.1-1976.5.24）
Beaunier, André
フランスの作家。
⇒新カト（ボーニエ 1869.9.22-1925.11.9）
Beauquier, Charles
フランスの政治家、著述家。
⇒19仏（ボーキエ、シャルル 1833.12.19-1916.8.12）
Beauseigneur, James
アメリカの作家。
⇒海文新（ボーセニュー、ジェイムズ 1953-）
現世文（ボーセニュー、ジェームズ 1953-）
Beauvoir, Simone de
フランスの小説家、評論家、劇作家。小説『レ・マンダラン』で1954年ゴンクール賞受賞。
⇒岩女（ボーヴォワール、シモーヌ・ド 1908.1.9-1986.4.14）
岩世人（ボーヴォワール 1908.1.9-1986.4.14）
現社（ボーヴォワール 1908-1986）
現世文（ボーヴォワール、シモーヌ・ド 1908.1.9-1986.4.14）
広辞7（ボーヴォワール 1908-1986）
社小増（ボーヴォワール 1908-1986）
新カト（ボーヴォアール 1908.1.9-1986.4.14）
世人新（ボーヴォワール 1908-1986）
世人装（ボーヴォワール 1908-1986）
哲中（ボーヴォワール 1908-1986）
ネーム（ボーヴォワール 1908-1986）
フ文人（ボーヴォワール、シモーヌ・ド 1906-1986）
ポプ人（ボーボワール、シモーヌ・ド 1908-1986）
メル別（ボーヴォワール、シモーヌ・ド 1908-1986）
Beaverbrook, William Maxwell Aitken
カナダ生まれのイギリスの政治家、新聞経営者。
⇒岩世人（ビーヴァブルック 1879.5.25-1964.6.9）
ネーム（ビーヴァーブルック 1879-1964）
Beazley, *Sir* **Charles Raymond**
イギリスの歴史学者。特に中世の地理学史および地理的知識の発達史に力を注いだ。
⇒岩世人（ビーズリー 1868.4.3-1955.2.1）
Beazley, *Sir* **John Davidson**
イギリスの考古学者、オックスフォード大学教授（1925）。古代ギリシアおよびエトルリアの瓶画を研究した。
⇒岩世人（ビーズリー 1885.9.13-1970.5.6）
Beazley, Kim
オーストラリアの政治家、外交官。オーストラリア副首相、オーストラリア労働党党首。
⇒外12（ビーズリー、キム 1948.12.14-）
外16（ビーズリー、キム 1948.12.14-）
世指導（ビーズリー、キム 1948.12.14-）

Bébéar, Claude
フランスの実業家。
⇒外16（ベベアール、クロード 1935.7.29-）
Bebel, Ferdinand August
ドイツの政治家。1875年ドイツ社会主義労働党を創設。
⇒岩女（ベーベル、アウグスト 1840.2.22-1913.8.13）
岩世人（ベーベル 1840.2.22-1913.8.13）
学叢思（ベーベル、アウグスト 1840-1913）
広辞7（ベーベル 1840-1913）
社小増（ベーベル 1840-1913）
世史改（ベーベル 1840-1913）
世人新（ベーベル 1840-1913）
世人装（ベーベル 1840-1913）
哲中（ベーベル 1840-1913）
ネーム（ベーベル 1840-1913）
ポプ人（ベーベル、アウグスト 1840-1913）
有経5（ベーベル 1840-1913）
Bebelle, Carol
アメリカのアシェ文化芸術センター創立者・所長。
⇒外12（ビーベル、キャロル）
外16（ビーベル、キャロル）
Bebeto
ブラジルのサッカー選手。
⇒外12（ベベット 1964.2.16-）
外16（ベベット 1964.2.16-）
Beblawi, Hazem
エジプトの政治家、経済学者。エジプト暫定首相。
⇒外16（ベブラウィ、ハゼム 1936.10.17-）
世指導（ベブラウィ、ハゼム 1936.10.17-）
Bécaud, Gilbert
フランスのシャンソン歌手。
⇒岩世人（ベコー 1927.10.24-2001.12.18）
新音中（ベコー、ジルベール 1927.10.24-2001.12.18）
標音2（ベコー、ジルベール 1927.10.24-2001.12.18）
BECCA
アメリカの歌手、作家。
⇒外12（BECCA ベッカ 1989.5.9-）
Beccaria, Bruno
イタリアのテノール歌手。
⇒魅惑（Beccaria,Bruno ?-）
Becerra, Alejandro Perez
アルゼンチン生まれの画家、彫刻家。
⇒芸13（ベセーラ、アルジェンドロ・ペレス 1944-）
Becerra, Elson
コロンビアのサッカー選手。
⇒最世ス（ベセラ、エルソン ?-2006.1.8）

Becher, Bernd
ドイツの写真家。近代を再考する「タイポロジー（類型学）」の創始者。
⇒現アテ（Becher,Bernd & Hilla ベッヒャー、ベルント&ヒラ 1931-2007）

Becher, Erich
ドイツの哲学者、心理学者。主著 "Einführung in die Philosophie"（1926）。
⇒新カト（ベッヒャー 1882.9.1-1929.1.5）

Becher, Hilla
ドイツの写真家。近代を再考する「タイポロジー（類型学）」の創始者。
⇒現アテ（Becher,Bernd & Hilla ベッヒャー、ベルント&ヒラ 1934-）

Becher, Johannes Robert
ドイツの詩人、小説家。主著、詩集『ぼくらの時代の人間』（1929）、『無名の歌として』（58）、小説『別離』（41）、戯曲『冬の戦闘』（45）。
⇒岩世人（ベッヒャー 1891.5.22-1958.10.11）
現世文（ベッヒャー、ヨハネス・ローベルト 1891.5.22-1958.10.11）
広辞7（ベッヒャー 1891-1958）

Bechet, Sidney
アメリカのジャズ・ソプラノサックス、クラリネット奏者。
⇒岩世人（ベシェ 1897.5.14-1959.5.14）
新音中（ベシェ、シドニー 1897.5.14-1959.5.14）
標音2（ベシェ、シドニー 1897.5.14-1959.5.14）

Bechi, Gino
イタリアのバリトン歌手。
⇒オペラ（ベーキ、ジーノ 1913-1993）

Bechtel, Stephen Davison
アメリカの実業家。W.E.ベクテル社社長。
⇒アメ経（ベクテル、スティーブン 1900.9.24-）

BECK
アメリカ・ロサンゼルス生まれの歌手。
⇒外12（ベック 1970.7.8-）
外16（ベック 1970.7.8-）

Beck, Aaron T（emkin）
アメリカの精神科医。
⇒岩世人（ベック 1921.7.18-）
現精（ベック 1921-）
現精縮（ベック 1921-）

Beck, Béatrix
スイス生まれのフランスの作家。
⇒現世文（ベック、ベアトリ 1914.7.14-2008.11.30）

Beck, Conrad
スイスの作曲家。作品の多くはフランス新古典主義の傾向を示す。
⇒新音中（ベック、コンラート 1901.6.16-1989.10.31）
標音2（ベック、コンラート 1901.6.16-1989.10.31）

Beck, David
アメリカの労働運動指導者。国際運転手友愛会（IBT）会長。
⇒アメ経（ベック、デービッド 1894.6.16-1993）

Beck, Frederick Thomas
アメリカの大リーグ選手（一塁、外野）。
⇒メジャ（ベック、フレッド 1886.11.17-1962.3.12）

Beck, Glenn
アメリカのテレビ司会者、キャスター、作家。
⇒外12（ベック、グレン 1964-）
外16（ベック、グレン 1964-）
海文新（ベック、グレン 1964.2.10-）

Beck, Hans-Georg
西ドイツのビザンティン学者。ビザンティン帝国のイデオロギーと社会的現実を、国制史、社会史、文学史の諸側面から見なおし、皇帝理念についての通説を再検討した。
⇒岩世人（ベック 1910.2.18-1999.5.25）

Beck, Henry C.
イギリス・ロンドン地下鉄の図式的路線図のデザイナー。
⇒グラデ（Beck,Henry C. ベック、ヘンリー・C. 1903-1974）

Beck, Ian
イギリスのイラストレーター。
⇒外16（ベック、イアン 1947-）

Beck, Jeff
イギリス生まれのギター奏者。
⇒異二辞（ベック、ジェフ 1944-）
岩世人（ベック 1944.6.24-）
外12（ベック、ジェフ 1944.6.24-）
外16（ベック、ジェフ 1944.6.24-）
新音中（ベック、ジェフ 1944.6.24-）
標音2（ベック、ジェフ 1944.6.24-）
ロック（Beck,Jeff ベック、ジェフ 1944.6.24-）

Beck, Józef
ポーランドの政治家。外相（1932～39）。
⇒岩世人（ベック 1894.10.4-1944.6.5）

Beck, Judith S.
アメリカの心理学者。ベック認知療法研究所所長、ペンシルベニア大学精神科部門臨床心理学助教授。
⇒外12（ベック、ジュディス・S.）

Beck, Julian
アメリカの俳優、演出家。前衛演劇を旗印として、『営倉』などを上演。
⇒岩世人（ベック 1925.5.31-1985.9.14）

Beck, Karl Joseph
スイスのキリスト教社会主義者。
⇒学叢思(ベック,カール・ジョゼフ 1858–?)

Beck, Kurt
ドイツの政治家。ドイツ社会民主党(SPD)党首。
⇒外12(ベック,クルト 1949.2.5–)
外16(ベック,クルト 1949.2.5–)
世指導(ベック,クルト 1949.2.5–)

Beck, Ludwig
ドイツの鉄の技術史家。大著『鉄の歴史』(5巻,1884〜1903)で有名。
⇒岩世人(ベック 1841.7.10–1918.7.23)

Beck, Ludwig
ドイツの上級大将。ドイツ陸軍参謀本部初代総長。反ナチ抵抗運動を指導し,44年一揆を起した。
⇒岩世人(ベック 1880.6.29–1944.7.20)

Beck, Rod
アメリカの大リーグ選手(投手)。
⇒メジャ(ベック,ロッド 1968.8.3–2007.6.23)

Beck, Ulrich
ドイツの社会学者。
⇒岩世人(ベック 1944.5.15–)
外12(ベック,ウルリッヒ 1944–)
教思増(ベック 1944–2015)
現社(ベック 1944–)
広辞7(ベック 1944–2015)
メル別(ベック,ウルリッヒ 1944–2015)

Becke, Axel Dieter
ドイツ生まれのカナダの理論物理学者,理論化学者。
⇒岩世人(ベッケ 1953.6.10–)

Becke, Friedrich Johann Karl
オーストリアの結晶学者,岩石学者。顕微鏡を用いた岩石学研究に業績をあげる。
⇒岩世人(ベッケ 1855.12.31–1931.6.18)
オク地(ベッケ,フリードリッヒ・ヨハン・カール 1855–1931)

Beckenbach, Edwin Ford
アメリカの数学者。
⇒数辞(ベッケンバッハ,エドウィン・フォード 1906–1982)

Beckenbauer, Franz
ドイツのプロサッカー選手,監督。
⇒異二辞(ベッケンバウアー[フランツ・〜] 1945–)
岩世人(ベッケンバウアー 1945.9.11–)
外12(ベッケンバウアー,フランツ 1945.9.11–)
外16(ベッケンバウアー,フランツ 1945.9.11–)
広辞7(ベッケンバウアー 1945–)
最世ス(ベッケンバウアー,フランツ 1945.9.11–)
ネーム(ベッケンバウアー 1945–)
ポプ人(ベッケンバウアー,フランツ 1945–)

Becker, Adolf von
フィンランドの画家。
⇒岩世人(ベッカー(ベッケル) 1831.8.14–1909.8.23)

Becker, Boris
ドイツのテニス選手。
⇒異二辞(ベッカー[ボリス・〜] 1967–)
岩世人(ベッカー 1967.11.22–)
外12(ベッカー,ボリス 1967.11.22–)
外16(ベッカー,ボリス 1967.11.22–)

Becker, Carl Heinrich
ドイツの近東学者,政治家。教育制度および学士院を改革。
⇒教小3(ベッカー 1876–1933)
教人(ベッカー 1876–1933)

Becker, Carl Lotus
アメリカの歴史家。ビアード,ターナーとともに「新史学」を代表する。
⇒岩世人(ベッカー 1873.9.7–1945.4.10)

Becker, Christoph Edmund
ドイツ出身のサルヴァトール修道会員,インド宣教師,宣教師育成者。
⇒新カト(ベッカー 1875.10.22–1937.3.30)

Becker, Gary Stanley
アメリカの経済学者。1992年ノーベル経済学賞。
⇒岩経(ベッカー 1930–)
岩世人(ベッカー 1930.12.2–2014.5.3)
外12(ベッカー,ゲーリー 1930.12.2–)
ノベ3(ベッカー,G.S. 1930.12.2–)
有経5(ベッカー 1930–)

Becker, George Ferdinand
アメリカの地理学者。
⇒アア歴(Becker,George Ferdinand ベッカー,ジョージ・ファーディナンド 1847.1.5–1919.4.20)

Becker, Hellmut
ドイツの法律家,教育研究者。
⇒岩世人(ベッカー 1913.5.17–1993.12.16)

Becker, Howard Saul
アメリカの社会学者。著書『アウトサイダーズ』(1963)など。
⇒岩世人(ベッカー 1928.4.18–)
現社(ベッカー 1928–)
社小増(ベッカー 1928–)
新カト(ベッカー 1928.4.18–)

Becker, Jacques Louis
フランスの映画監督。作品『肉体の冠』(1951)『現金に手を出すな』(54)『穴』(59)など。
⇒岩世人(ベッケル 1906.9.15–1960.2.21)

映監（ベッケル, ジャック　1906.9.15–1960）
ネーム（ベッケル, ジャック　1906–1960）

Becker, Jean
フランスの映画監督。
⇒外12（ベッケル, ジャン　1938–）

Becker, Johann
第2次世界大戦中、南アメリカでSD（親衛隊保安部）の諜報活動を指揮したドイツ人。
⇒スパイ（ベッカー, ヨハン　1912–1971）

Becker, Jurek
ポーランド生まれのドイツ（ユダヤ系）の作家。
⇒岩世人（ベッカー　1937–1997.3.14）
現世文（ベッカー, ユーレク　1937.9.30–1997.3.14）
ユ著人（Becker, Jurek　ベッカー, ユーレク　1937–1997）

Becker, Jürgen
ドイツの詩人、作家。
⇒岩世人（ベッカー　1932.7.10–）

Becker, Oskar
ドイツの哲学者、美学者。数理哲学に解釈学的現象学の方法を導入。主著『数学的実存』（1927）。
⇒岩世人（ベッカー　1889.9.5–1964.11.13）
新カト（ベッカー　1899.9.5–1964.11.13）

Becker, Walter
アメリカの歌手。
⇒外12（ベッカー, ウォルター）

Beckerath, Erwin von
ドイツの経済学者。ボン大学教授。
⇒岩世人（ベッケラート　1889.7.31–1964.11.23）

Beckerath, Herbert von
ドイツの経済学者。カルルスルーエ、テュービンゲン、ボンの各大学教授。
⇒岩世人（ベッケラート　1886.4.4–1966.3.10）

Beckert, Glenn Alfred
アメリカの大リーグ選手（二塁）。
⇒メジャ（ベッカート, グレン　1940.10.12–）

Beckert, Stephanie
ドイツのスピードスケート選手。
⇒外12（ベッカート, シュテファニー　1988.5.30–）
外16（ベッカート, シュテファニー　1988.5.30–）
最世ス（ベッカート, シュテファニー　1988.5.30–）
最世ス（ベッケルト, ステファニー　1988.5.30–）

Beckett, Bernard
ニュージーランドの作家。
⇒海文新（ベケット, バーナード　1967–）
現世文（ベケット, バーナード　1967–）

Beckett, James Camlin
アイルランドの歴史家。とくにアイルランド近代史に中庸を得た研究をもって知られる。
⇒岩世人（ベケット　1912.2.8–1996.2.12）

Beckett, Josh
アメリカの大リーグ選手（投手）。
⇒外12（ベケット, ジョシュ　1980.5.15–）
外16（ベケット, ジョシュ　1980.5.15–）
最世ス（ベケット, ジョシュ　1980.5.15–）
メジャ（ベケット, ジョシュ　1980.5.15–）

Beckett, Margaret
イギリスの政治家。イギリス外相。
⇒岩世人（ベケット　1943.1.15–）
外12（ベケット, マーガレット　1943.1.15–）
外16（ベケット, マーガレット　1943.1.15–）
世指導（ベケット, マーガレット　1943.1.15–）

Beckett, Samuel
アイルランドの劇作家、小説家。作品は、小説『モロイ』(1951)，『名づけえぬもの』(53)，『事の次第』(61)，戯曲『ゴドーを待ちながら』(52)，『勝負の終り』(57)，『しあわせな日々』(61)。69年ノーベル文学賞受賞。
⇒岩キ（ベケット　1906–1989）
岩世人（ベケット　1906.4.13–1989.12.22）
現社（ベケット　1906–1989）
現世文（ベケット, サミュエル　1906.4.13–1989.12.22）
広辞7（ベケット　1906–1989）
新カト（ベケット　1906.4.13–1989.12.22）
世演（ベケット, サミュエル　1906.4.13–1989.12.22）
世人新（ベケット〈サミュエル〉　1906–1989）
世人装（ベケット〈サミュエル〉　1906–1989）
ネーム（ベケット, サミュエル　1906–1989）
ノベ3（ベケット, S.B.　1906.4.13–1989.12.22）
フ文小（ベケット, サミュエル　1906–1989）
ポブ（ベケット, サミュエル　1906–1989）

Beckett, Simon
イギリスの作家。
⇒海文新（ベケット, サイモン　1960–）
現世文（ベケット, サイモン　1960–）

Beckford, James Arthur
イギリスの宗教社会学者。
⇒現宗（ベックフォード　1942–）

Beckham, David
イギリスのサッカー選手。
⇒異二辞（ベッカム［デビッド・〜］　1975–）
外12（ベッカム, デービッド　1975.5.2–）
外16（ベッカム, デービッド　1975.5.2–）
最世ス（ベッカム, デービッド　1975.5.2–）
ネーム（ベッカム　1975–）

Beckham, Victoria
イギリスの歌手。
⇒外12（ベッカム, ビクトリア　1974.4.17–）
外16（ベッカム, ビクトリア　1974.4.17–）

Becking, Gustav
ドイツの音楽学者。
⇒標音2（ベッキング, グスタフ　1894.3.4–1945.5.8）

Beckinsale, Kate
イギリスの女優。
⇒外12（ベッキンセール, ケート　1973.7.26–）
　外16（ベッキンセール, ケート　1973.7.26–）
　ク俳（ベッキンセイル, ケイト　1973–）

Beckles, Ken
アメリカ生まれの画家。
⇒芸13（ベクレス, ケン　1947–）

Beckley, Jacob Peter
アメリカの大リーグ選手（一塁）。
⇒メジャ（ベックリー, ジェイク　1867.8.4–1918.6.25）

Becklin, Eric E.
アメリカの赤外線天文学者。
⇒天文人（ベックリン　1940–）

Beckman, Arnold Orville
アメリカの物理化学者, 企業家。
⇒岩世人（ベックマン　1900.4.10–2004.5.18）
　化学（ベックマン, A.O.　1900–2004）

Beckmann, Ernst Otto
ドイツの化学者。ベックマン転移反応, ベックマン温度計の発見, 発明で知られる。
⇒岩世人（ベックマン　1853.7.4–1923.7.13）
　化学（ベックマン, E.O.　1853–1923）

Beckmann, Johannes
ドイツの宣教学者, 教会史学者。
⇒新カト（ベックマン　1901.5.2–1971.12.17）

Beckmann, Max
ドイツの画家。1947年渡米。ドイツ印象派から表現主義に移行。
⇒岩世人（ベックマン　1884.2.12–1950.12.27）
　芸13（ベックマン, マックス　1884–1950）
　広辞7（ベックマン　1884–1950）

Beckwith, Byron de la
アメリカの公民権運動家メドガー・エドヴァーズの暗殺者。
⇒世暗（ベックウィズ, バイロン・ド・ラ　1920–2001）

Becquerel, Antoine Henri
フランスの物理学者。1896年ウラン鉱から放射線を検出。
⇒岩世人（ベクレル　1852.12.15–1908.8.25）
　オク科（ベックレル（アントワーヌ・アンリ）　1852–1908）
　化学（ベクレル, A.H.　1852–1908）
　学叢思（ベクレル, アントアヌ・アンリ　1852–1908）
　広辞7（ベクレル　1852–1908）
　三新物（ベクレル　1852–1908）
　世人新（ベクレル　1852–1908）
　世人装（ベクレル　1852–1908）
　世発（ベクレル, アントワーヌ・アンリ　1852–1908）
　ノベ3（ベクレル, A.H.　1852.12.15–1908.8.25）
　物理（ベクレル, アントワーヌ・アンリ　1852–1908）
　ポプ人（ベクレル, アントワーヌ・アンリ　1852–1908）

Beczala, Piotr
ポーランドのテノール歌手。
⇒外12（ベチャワ, ピョートル　1966–）
　外16（ベチャワ, ピョートル　1966–）
　失声（ベッァワ, ピオトル　1966–）
　魅惑（Beczala, Piotr　?–）

Beddington, Jack
イギリスのデザイン・マネージャー。
⇒グラデ（Beddington, Jack　ベディントン, ジャック　1893–1959）

Beddoe, Dan
イギリスのテノール歌手。1910年シンシナティ音楽祭に出演し, その後14, 20, 25, 27年にも同音楽祭で歌った。
⇒魅惑（Beddoe, Dan　1863–1937）

Beddoe, Robert Earl
アメリカの医療宣教師。
⇒アア歴（Beddoe, Robert Earl　ベドウ, ロバート・アール　1882.9.9–1952.1.18）

Beddows, Eric
カナダ生まれのイラストレーター。
⇒絵本（ベドウズ, エリック　1951–）

Bedelia, Bonnie
アメリカ生まれの女優。
⇒ク俳（ベデリア, ボニー（カルキン, B・B）　1946–）

Bedford, Francis Donkin
イギリスの挿絵画家。
⇒絵本（ベッドフォード, F.D.　1864–1954）

Bedie, Henri Konan
コートジボワールの政治家。コートジボワール大統領（1993～99）。
⇒岩世人（ベディエ　1934.5.5–）
　世指導（ベディエ, アンリ・コナン　1934.5.5–）

Bédier, Charles Marie Joséph
フランスの文学研究家, 文献学者。主著『叙事伝説』（4巻, 1908～21）。
⇒岩世人（ベディエ　1864.1.28–1938.8.29）

Bedjan, Paul
カトリック宣教師, 東方学者。ヴィンセンシオの宣教会の会員。主な編纂作品に「殉教者と聖人たちの行伝」全7巻,「カルデア聖務日課書」

全3巻がある。
⇒新カト（ベドヤン　1838.11.27–1920.6.9）

Bednár, Alfonz
チェコスロバキアの作家。
⇒現世文（ベドナール, アルフォンス　1914.10.13–1989.11.9）

Bednářová, Eva
チェコの絵本作家。
⇒絵本（ベドゥナージョヴァー, エヴァ　1937–1986）

Bednorz, Johannes Georg
ドイツの物理学者。1987年ノーベル物理学賞。
⇒広辞7（ベドノルツ　1950–）
　ノベ3（ベドノルツ, J.G.　1950.5.16–）
　物理（ベトノルツ, ヨハネス・ゲオルク　1950–）

Bedny, Dem'yan
ソ連の詩人。処女詩集『萬意詩』(1913)以来、40冊の詩集を残した。
⇒岩世人（ベードヌイ　1883.4.1/13–1945.5.25）
　学叢思（ベードヌイ　1883–）

Bedrosian, Stephen Wayne
アメリカの大リーグ選手(投手)。
⇒メジャ（ベドロシアン, スティーヴ　1957.12.6–）

Beebe, Frederick Leonard
アメリカの大リーグ選手(投手)。
⇒メジャ（ビービー, フレッド　1879.12.31–1957.10.30）

Beebe, William
アメリカの動物学者、探検家。ノヴァ・スコティア、メキシコ、南アメリカ等に探検旅行を試み、また潜水球を用い、深海動物相を研究した。
⇒岩世人（ビービ　1877.7.29–1962.6.4）

Beech, Keyes
アメリカのジャーナリスト。
⇒アア歴（Beech,Keyes　ビーチ, キーズ　1913.8.13–1990.2.15）

Beecham, *Sir* Thomas
イギリスの指揮者。ロンドン・フィルハーモニーなどを創立。
⇒岩世人（ビーチャム　1879.4.29–1961.3.8）
　新音中（ビーチャム, トマス　1879.4.29–1961.3.8）
　標音2（ビーチャム, トマス　1879.4.29–1961.3.8）

Beecher, Henry Knowles
アメリカの麻酔学者。
⇒岩世人（ビーチャー　1904.2.4–1976.7.25）

Beechey, Veronica
イギリスのフェミニスト、社会学者。
⇒社小増（ビーチー）

Beecroft, Vanessa
イタリアの現代美術家、パフォーマー。

⇒外12（ビークロフト, ヴァネッサ　1969–）
　外16（ビークロフト, ヴァネッサ　1969–）

Beeke, Anthon
オランダのグラフィック・デザイナー。
⇒グラデ（Beeke,Anthon　ベーケ, アントン　1940–）

Beene, Geoffrey
アメリカの服飾デザイナー。
⇒岩世人（ビーン　1927.8.30–2004.9.28）
　広辞7（ビーン　1927–2004）

Beenhakker, Leo
オランダのサッカー監督。
⇒外12（ベーンハッカー, レオ　1942–）

Beer, Hans
西ドイツのテノール歌手。
⇒魅惑（Beer,Hans　1890–?）

Beer, Israel
イスラエル陸軍士官。
⇒スパイ（ベール, イスラエル　1912–1966）

Beer, Max
ドイツ生まれの社会運動史家。
⇒学叢思（ベーア, マクス　1864–?）

Beer, Patricia
イギリスの女性詩人。
⇒現世文（ビア, パトリシア　1924.11.4–1999）

Beerbaum, Ludger
ドイツの馬術選手。
⇒最世ス（ベールバウム, ルドガー　1963.8–）

Beerbohm, *Sir* Max
イギリスの文学者。諷刺小説『ズレイカ・ドブソン』(1911)で有名。
⇒岩世人（ビアボーム　1872.8.24–1956.5.20）
　芸13（ビアボーム, マックス　1872–1956）

Beer-Hofmann, Richard
オーストリアの作家。主著は小説『ゲオルクの死』(1900)。
⇒岩世人（ベーア=ホーフマン　1866.7.11–1945.9.26）
　現世文（ベーア・ホフマン, リチャード　1866.7.11–1945.9.26）
　ユ系人（Beer-Hofmann,Richard　ベーア=ホフマン, リカルド　1866–1945）

Be'eri, Isser
イスラエルの軍情報機関アマンの初代長官。
⇒スパイ（ベーリ, イッサー　1901–1958）

Beers, Clifford Whittingham
アメリカの精神衛生運動家。
⇒現社福（ビアーズ　1876–1943）
　現精（ビーアズ　1876–1943）
　現精縮（ビーアズ　1876–1943）

Beery, Wallace
アメリカ生まれの男優。
⇒ク俳（ビアリー，ウォレス 1885–1949）

Beesley, Edward Spencer
イギリスの大学教授，実証主義者，著述家。
⇒学叢思（ビースレー，エドワード・スペンサー 1831–?）

Beesley, Patrick
イギリス海軍作戦情報本部の上級情報分析官。
⇒スパイ（ビーズリー，パトリック 1913–1986）

Beetham, Bruce Craig
ニュージーランドの政治家。
⇒ニュー（ビーサム，ブルース 1936–1997）

Beets, Théo
ベルギーのテノール歌手。
⇒魅惑（Beets,Théo 1897–1982）

Beevor, Antony
イギリスの歴史家，戦史ノンフィクション作家。
⇒外12（ビーバー，アントニー 1946–）
外16（ビーバー，アントニー 1946.12.14–）
現世文（ビーバー，アントニー 1946.12.14–）

Begali, Ottorino
テノール歌手。
⇒魅惑（Begali,Ottorino ?–）

Begas, Reinhold
ドイツの彫刻家。
⇒岩世人（ベガス 1831.7.15–1911.8.3）
芸13（ベガス，ラインホルト 1831–1911）

Bégaudeau, François
フランスの作家。
⇒外12（ベゴドー，フランソワ 1971–）
外16（ベゴドー，フランソワ 1971–）
海文新（ベゴドー，フランソワ 1971.4.27–）
現世文（ベゴドー，フランソワ 1971.4.27–）

Begg-Smith, Dale
オーストラリアのスキー選手（フリースタイル）。
⇒外12（ベッグスミス，デール 1985.1.18–）
外16（ベッグ・スミス，デール 1985.1.18–）
最世ス（ベッグ・スミス，デール 1985.1.18–）

Begin, Benny
イスラエルの政治家。イスラエル科学相，イスラエル国家統一党党首。
⇒世指導（ベギン，ベニー 1943–）

Begin, Menachem
イスラエルの政治家，ジャーナリスト。1973年には右翼連合「リクード」を結成し，党首となる。77年首相。78年ノーベル平和賞受賞。
⇒岩世人（ベギン 1913.8.16–1992.3.9）
広辞7（ベギン 1913–1992）
国政（ベギン，メナヘム 1913–1992）
世人新（ベギン 1913–1992）
世人装（ベギン 1913–1992）
ノベ3（ベギン，M. 1913.8.16–1992.3.9）
ユ著人（Begin,Menahem ベギン，メナヘム 1913–1992）

Begley, Kim
イギリスのテノール歌手。
⇒魅惑（Begley,Kim 1952–）

Begley, Louis
アメリカの作家，弁護士。
⇒現世文（ビグレー，ルイス 1933.10.6–）

Begley, Sharon
アメリカのサイエンスライター。
⇒外12（ベグレイ，シャロン）

Begoña Aguirre, Maria
スペイン・ビルバオ市生まれのドミニコ宣教修道女会員，日本宣教師。
⇒新カト（ベゴニャ 1899.3.10–1986.9.18）

Begue, S.M.
スペイン生まれの画家。
⇒芸13（ベギュエ，S・M 1959–）

Béguin, Albert
スイス生まれのフランスの批評家。カトリック作家やロマン派作家に関する研究・評論が多い。
⇒岩世人（ベガン 1901.7.17–1957.5.3）
新カト（ベガン 1901.7.17–1957.5.3）

Beguiristain, Aitor
スペインのサッカー選手。
⇒外12（ベギリスタイン，アイトール 1964.8.12–）

Begum Jahanara Shah Nawaz
パキスタン・ラホール生まれの政治家。全インド・ムスリム連盟，全インド・ムスリム女性会議，全インド女性会議（AIWC）の主要メンバー。
⇒岩イ（ベーガム・シャー・ナワーズ 1896–1996）

Behaghel, Otto
ドイツの言語学者。主著『ドイツ語統辞論』（4巻,1923～32）。
⇒岩世人（ベーハーゲル 1854.5.3–1936.10.9）

Behan, Brendan
アイルランドの劇作家。アイルランドの独立をめざす非合法軍事組織に身を投じ，投獄される。その際の経験は彼の作品の重要な要因となっている。
⇒岩世人（ビーアン 1923.2.9–1964.3.20）
現世文（ベーハン，ブレンダン・フランシス 1923.2.9–1964.3.24）

Behbahānī
イランの政治家。

⇒岩イ（ベフバハーニー　1840–1910）

Behbahani, Simin
イランの詩人。
⇒現世文（ベフバハーニー, スィーミーン　1927.7.20–2014.8.21）

Behdudiy, Mähmud khojä
サマルカンド出身の啓蒙思想家。
⇒岩イ（ベフブーディー　1875–1919）

Beheshtī, Mohammad Hoseynī
イランの法学者, 政治家。
⇒岩イ（ベヘシュティー　1928–1981）
　岩世人（ベヘシュティー　1928.10.24–1981.6.28）

Behn, Fritz
ドイツの彫刻家。動物を彫刻。
⇒岩世人（ベーン　1878.6.16–1970.1.26）

Behn, Siegfried
ドイツのカトリック教育学者。哲学を「永存の哲学」の伝統の結びつけることをみずからの学の使命とした。
⇒教人（ベーン　1884–）

Behn, Sosthenes
アメリカの実業家。ベーン・ブラザーズ設立者, 国際電話電信会社（ITT）設立者。
⇒アメ経（ベーン, ソーステンズ　1882.1.30–1957.6.6）

Behnke, Leigh
アメリカの画家。
⇒芸13（ベンケ, レイ　1947–）

Behr, Edward
フランス生まれのイギリスの作家, ジャーナリスト。
⇒現世文（ベーア, エドワード　1926.5.7–2007.5.26）

Behrend, Anton Friedrich Robert
ドイツの有機化学者。
⇒化学（ベーレント　1856–1926）

Behrend, Felix Wilhelm
ドイツの哲学者, 教育家。1925年よりベルリンのギムナジウム校長。1929年言語学者協会の初代議長。1931年ベルリン科学審査庁の議長。
⇒教人（ベーレント　1880–）

Behrend, Jakob Friedrich
ドイツの商法学者。著『商法教科書』(1880〜96）で有名。
⇒岩世人（ベーレント　1833.9.13–1907.1.9）

Behrend, Siegfried
ドイツのギター奏者。
⇒新音中（ベーレント, ジークフリート　1933.11.19–1990.9.20）
　標音2（ベーレント, ジークフリート　1933.11.19–1990.9.20）

Behrendt, Walter Curt
ドイツの建築家。近代建築に関する実証的な芸術論を書いた。
⇒岩世人（ベーレント　1884.12.16–1945.4.26）

Behrens, Friedrich
ドイツ（ドイツ民主共和国）の経済学者。ライプチヒのカール・マルクス大学経済学研究所教授・所長。
⇒岩世人（ベーレンス　1909.9.20–1980.7.19）

Behrens, Hildegard
ドイツのソプラノ歌手。
⇒オペラ（ベーレンス, ヒルデガルト　1937–2009）
　新音中（ベーレンス, ヒルデガルト　1937.2.9–）
　標音2（ベーレンス, ヒルデガルト　1937.2.9–2009.8.18）

Behrens, Peter
ドイツの建築家, 工業デザイナー。ウィーンの美術アカデミー教授。
⇒岩世人（ベーレンス　1868.4.14–1940.2.27）
　グラデ（Behrens, Peter　ベーレンス, ペーター　1868–1940）
　ネーム（ベーレンス　1868–1940）

Behrens, Walter Ulrich
ドイツの数学者。
⇒数辞（ベーレンス, ウォルター・ウリッヒ）

Behring, Emil Adolf von
ドイツの細菌学者。北里柴三郎とともに破傷風の血清療法を創案。ノーベル生理・医学賞を受賞 (1901)。
⇒岩生（ベーリング　1854–1917）
　岩世人（ベーリング　1854.3.15–1917.3.31）
　旺生5（ベーリング　1854–1917）
　広辞7（ベーリング　1854–1917）
　ノベ3（ベーリング, E.A.　1854.3.15–1917.3.31）

Behrman, David
アメリカの作曲家。
⇒現音キ（バーマン, デイヴィッド　1937–）

Behrman, Samuel Nathaniel
アメリカの劇作家。主著『はかなき瞬間』(1932)，『伝記』(33)，『夏の終り』(36)，『喜劇時代にあらず』(39)，『冷たい風と暖かい風』(58)。
⇒現世文（ベーアマン, サミュエル・ナサニエル　1893.6.9–1973.9.9）
　ユ著人（Behman, Samuel Nathaniel　バーマン, サムエル・ナタナエル　1893–1973）

Beiderbecke, Leon Bismark（Bix）
アメリカのジャズ・ピアノ, コルネット奏者。
⇒岩世人（バイダーベック　1903.3.10–1931.8.6）
　新音中（バイダーベック, ビックス　1903.3.10–1931.8.6）
　標音2（バイダーベック, ビックス　1903.3.10–

1931.8.6)

Beierwaltes, Werner
ドイツの哲学者,古代思想史家。
⇒岩世人（バイアーヴァルテス　1931.5.8-）

Beigbeder, Frederic
フランスの作家。
⇒現世文（ベグベデ,フレデリック　1965-）

Beijerinck, Martinus Willem
オランダの微生物学者。微生物の生態学的研究の端緒を作った。
⇒岩生（ベイエリンク　1851-1931）
　岩世人（ベイエリンク　1851.3.16-1931.1.1）

Beilby, *Sir* **George Thomas**
イギリスの工業化学者。石油蒸溜方法を改良。
⇒岩世人（ベイルビー　1850.11.17-1924.8.1）

Beilstein, Friedrich Konrad
ドイツの化学者。数千の有機化合物を記載した最初の有機化学便覧"Handbuch der organischen Chemie"（1880～83）を出版,今日でも版を重ねている。
⇒岩世人（バイルシュタイン（ベイリシテイン）1838.2.17-1906.10.18）
　化学（バイルシュタイン　1838-1906）

Beimel, Joseph Ronald
アメリカの大リーグ選手（投手）。
⇒メジャ（バイメル,ジョー　1977.4.19-）

Beinex, Jean-Jacques
フランス・パリ生まれの映画監督。
⇒外12（ベネックス,ジャン・ジャック　1946.10.8-）
　外16（ベネックス,ジャン・ジャック　1946.10.8-）

Beinhart, Larry
アメリカのミステリ作家。
⇒外12（バインハート,ラリー　1947-）
　現世文（バインハート,ラリー　1947-）

Beinum, Eduard van
オランダの指揮者。第2次世界大戦後,アムステルダム・コンツェルトゲボウの主任指揮者。
⇒標音2（ベイヌム,エードゥアルト・ヴァン　1900.9.3-1959.4.13）

Beirach, Richard（Richie）
アメリカのジャズ・ピアノ奏者。
⇒外12（バイラーク,リッチー　1947.5.23-）
　外16（バイラーク,リッチー　1947.5.23-）

Beirer, Hans
オーストリアのテノール歌手。ウィーン国立オペラ,ベルリン・ドイツ・オペラの宮廷歌手の称号をもつ。
⇒失声（バイラー,ハンス　1911-1993）
　魅惑（Beirer,Hans　1911-1993）

Beisel, Elizabeth
アメリカの水泳選手（個人メドレー・背泳ぎ）。
⇒最世ス（ベイゼル,エリザベス　1992.8.18-）

Beissat, Mohamed
西サハラの独立運動家。
⇒外12（ベイサット,ムハンマド）
　外16（ベイサット,ムハンマド）

Beit, *Sir* **Alfred**
南アフリカの財務家。
⇒ユ著人（Beit,Alfred,Sir　バイト,アルフレート　1853-1906）

Bei Xu
中国のジャズ歌手。
⇒外12（ベイシュー　1978-）

Béjart, Maurice
フランスの振付師。
⇒岩世人（ベジャール　1927.1.1-2007.11.22）
　広辞7（ベジャール　1927-2007）
　新音中（ベジャール,モーリス　1927.1.1-）
　ネーム（ベジャール　1927-2007）
　標音2（ベジャール,モリス　1927.1.1-2007.11.22）

Bek, Aleksandr Al'fredovich
ソ連の作家。主著『ウォロコラムスク街道』（1943～44）。
⇒現世文（ベック,アレクサンドル　1903.1.3-1972.11.4）

Bekatorou, Sofia
ギリシャのヨット選手。
⇒外12（ベカトル,ソフィア　1977.12.26-）
　最世ス（ベカトル,ソフィア　1977.12.26-）

Bekele, Kenenisa
エチオピアの陸上選手（長距離）。
⇒岩世人（ベケレ　1982.6.13-）
　外12（ベケレ,ケネニサ　1982.6.13-）
　外16（ベケレ,ケネニサ　1982.6.13-）
　最世ス（ベケレ,ケネニサ　1982.6.13-）

Békésy, Georg von
ハンガリー生まれのアメリカの物理学者,生理学者。「内耳蝸牛における刺激の物理的機構の発見」によって1961年度ノーベル生理・医学賞受賞。
⇒岩生（ベーケーシ　1899-1972）
　岩世人（ベーケーシ　1899.6.3-1972.6.13）
　ノベ3（ベケシー,G.　1899.6.3-1972.6.13）

Bekhterev, Vladimir Mikhailovich
ロシアの神経病理学者。精神反射学を提唱。主著『客観的心理学』（1907～10）,『反射学論集』（21）。
⇒岩世人（ベーフテレフ　1857.1.20/2.1-1927.12.24）

Bekker, Max Paul Eugen
ドイツの音楽批評家,指揮者。1907年から「フランクフルト新聞」の音楽批評家として活躍。
⇒岩世人（ベッカー　1882.9.11-1937.3.7）
　新音中（ベッカー,パウル　1882.9.11-1937.3.7）
　標音2（ベッカー,パウル　1882.9.11-1937.3.7）
　ユ著人（Bekker,Max Paul Eugen　ベッカー,マックス・パウル・オイゲン　1882-1937）

Bekmambetov, Timur Nuruakhitovich
ロシアの映画監督。ユダヤ系カザフ人。
⇒岩世人（ベクマンベトフ　1961.6.25-）
　外12（ベクマンベトフ,ティムール　1961-）
　外16（ベクマンベトフ,ティムール　1961-）

Beksiński, Zdzisław
ポーランドの画家,シュールリアリズムアーティスト。
⇒異二辞（ベクシンスキー［ズジスワフ・～］1929-2005）

Bektemirov, Oleg
テノール歌手。
⇒魅惑（Bektemirov,Oleg　?-）

Bel, Mario
フランス生まれの画家。
⇒芸13（ベル,マリオ　1924-）

Béla, Tarr
ハンガリーの映画監督,脚本家。
⇒外12（ベーラ,タル　1955.7.21-）
　外16（ベーラ,タル　1955.7.21-）

Belafonte, Harry
アメリカの歌手,俳優。
⇒岩世人（ベラフォンテ　1927.3.1-）
　外16（ベラフォンテ,ハリー　1927.3.1-）
　ク俳（ベラフォンテ,ハリー　1927-）
　新音中（ベラフォンテ,ハリー　1927.3.1-）
　ネーム（ベラフォンテ　1927-）
　標音2（ベラフォンテ,ハリー　1927.3.1-）
　ポプ人（ベラフォンテ,ハリー　1927-）
　ロック（Belafonte,Harry　ベラフォンテ,ハリー　1927-）

Belaïd, Chokri
チュニジアの政治家。チュニジア民主愛国主義運動（PPDU）党首。
⇒世指導（ベルイード,ショクリ　?-2013.2.6）

Béland, Héléne
カナダの画家。
⇒芸13（ベランド,ヘレン　1949-）

Belanger, Mark Henry
アメリカの大リーグ選手（遊撃）。
⇒メジャ（ベランジャー,マーク　1944.6.8-1998.10.6）

Bělař, Karl
オーストリアの動物学者。
⇒岩生（ベラー　1895-1931）

Belasco, Danièle
フランス生まれの画家。
⇒芸13（ベラスコ,ダニエル　?-）

Belasco, David
アメリカの演出家,劇作家,劇場経営者。
⇒岩世人（ベラスコ　1853.7.25-1931.5.14）
　ユ著人（Belasco,David　ベラスコ,デヴィッド　1853-1931）

Belaúnde Terry, Fernando
ペルーの建築家,政治家。大統領（1963～68,80～85）。
⇒ラテ新（ベラウンデ・テリー　1912-2002）

Belaval, Yvon
フランスの哲学者。
⇒メル3（ベラヴァル,イヴォン　1908-1988）
　メル別（ベラヴァル,イヴォン　1908-1988）

Belaza, Nacera
フランスのダンサー,振付家。
⇒外16（ベラザ,ナセラ）

Belbin, Tanith
アメリカのフィギュアスケート選手（アイスダンス）。
⇒外12（ベルビン,タニス　1984.7.11-）
　外16（ベルビン,タニス　1984.7.11-）
　最世ス（ベルビン,タニス　1984.7.11-）

Belcher, Mathew
オーストラリアのヨット選手（470級）。
⇒外16（ベルチャー,マシュー　1982.9.20-）
　最世ス（ベルチャー,マシュー　1982.9.20-）

Belcher, Timothy Wayne
アメリカの大リーグ選手（投手）。
⇒メジャ（ベルチャー,ティム　1961.10.19-）

Belcourt, Émile
カナダのテノール歌手。
⇒魅惑（Belcourt,Émile　1934-）

Belenko, Viktor
ソ連空軍の戦闘機操縦者。
⇒ネーム（ベレンコ　1947-）

Beleval, Emilio
テノール歌手。
⇒魅惑（Beleval,Emilio　?-）

Belew, Adrian
アメリカのギター奏者。
⇒外12（ブリュー,エイドリアン　1949.12.23-）

Belfrage, Cedric
イギリスのインテリジェンス・オフィサー。ソ連のスパイ。
⇒スパイ（ベルフレージ, セドリック　1904-1990）

Belichick, Bill
アメリカのプロフットボール監督（ペイトリオッツ）。
⇒最世ス（ベリチック, ビル　1952.4.16-）

Belina-Skupiewski, Stefan
ポーランドのテノール歌手。
⇒魅惑（Belina-Skupiewski,Stefan　1885-1962）

Belinda, Stanley Peter
アメリカの大リーグ選手（投手）。
⇒メジャ（ベリンダ, スタン　1966.8.6-）

Belinsky, Robert（Bo）
アメリカの大リーグ選手（投手）。
⇒メジャ（ベリンスキー, ボー　1936.12.7-2001.11.23）

Belios, Georgios D.
ギリシアの公衆衛生学者。
⇒岩世人（ベリオス　1909.5.27-1995.12.15）

Belka, Marek
ポーランドの政治家, 経済学者。ポーランド首相。
⇒外12（ベルカ, マレク　1952.1.9-）
　外16（ベルカ, マレク　1952.1.9-）
　世指導（ベルカ, マレク　1952.1.9-）

Belkhadem, Abdelaziz
アルジェリアの政治家。アルジェリア首相。
⇒外12（ベルハデム, アブデルアジズ　1945.11.8-）
　世指導（ベルハデム, アブデルアジズ　1945.11.8-）

Belkić, Beriz
ボスニア・ヘルツェゴビナの政治家。ボスニア・ヘルツェゴビナ幹部会員（イスラム教徒代表）。
⇒世指導（ベルキッチ, ベリズ　1946.9.8-）

Belkin, Boris
ロシア, のちイスラエルのヴァイオリン奏者。
⇒外12（ベルキン, ボリス　1948-）
　外16（ベルキン, ボリス　1948-）
　ユ著人（Belkin,Boris　ベルキン, ボリス　1948-）

Bell, Alexander Graham
アメリカの物理学者。電話機の発明者として著名。のちベル電話会社を設立。
⇒アメ経（ベル, アレクサンダー　1847.3.3-1922.8.2）
　アメ州（Bell,Alexander Graham　ベル, アレキサンダー・グラハム　1847-1922）
　アメ新（ベル　1847-1922）
　岩世人（ベル　1847.3.3-1922.8.2）
　学叢思（ベル, アレキサンダー・グラハム　1847-1922）
　広辞7（ベル　1847-1922）
　辞歴（ベル　1847-1922）
　世史改（ベル　1847-1922）
　世人新（ベル　1847-1922）
　世人装（ベル　1847-1922）
　世発（ベル, アレクサンダー・グレアム　1847-1922）
　ポプ人（ベル, グラハム　1847-1922）

Bell, Alexei
キューバの野球選手（外野手）。
⇒外12（ベル, アレクセイ　1983.10.2-）
　外16（ベル, アレクセイ　1983.10.2-）
　最世ス（ベル, アレクセイ　1983.10.2-）

Bell, Archie
アメリカ・テキサス州ヘンダーソン生まれのミュージシャン。
⇒ロック（Bell,Archie　ベル, アーチー　1946-）

Bell, Arthur Clive Howard
イギリスの美術評論家。近代美術評論の形式を確立。
⇒岩世人（ベル　1881.9.16-1964.9.18）

Bell, *Sir* Charles Alfred
イギリスの植民的官吏, チベット学者。チベットのラマ教, 風俗, 歴史等に関する研究がある。
⇒岩世人（ベル　1870.10.31-1945.3.8）

Bell, Daniel
アメリカの社会学者。
⇒岩世人（ベル　1919.5.10-2011.1.25）
　現社（ベル　1919-2011）
　社小増（ベル　1919-）

Bell, Daniel Wafena
アメリカの公務員。予算局局長。
⇒アメ経（ベル, ダニエル　1891.7.23-1971.10.3）

Bell, David Gus（Buddy）
アメリカの大リーグ選手（三塁, 外野）。
⇒外12（ベル, バディー　1951.8.27-）
　メジャ（ベル, バディ　1951.8.27-）

Bell, David Michael
アメリカの大リーグ選手（内野手）。
⇒メジャ（ベル, デイヴィッド　1972.9.14-）

Bell, David Russell（Gus）
アメリカの大リーグ選手（外野）。
⇒メジャ（ベル, ガス　1928.11.15-1995.5.7）

Bell, Derek Nathaniel
アメリカの大リーグ選手（外野手）。
⇒メジャ（ベル, デレク　1968.12.11-）

Bell, Eric Temple
スコットランド生まれ, のちアメリカに渡り活躍した数学者。数学普及書である『数学をつ

くった人々』(1937)で有名。
⇒世数（ベル, エリック・テンプル　1883–1960）

Bell, Francis Henry Dillon
ニュージーランドの政治家。ニュージーランド生まれ初の首相(1925)。
⇒ニュー（ベル, フランシス　1851–1936）

Bell, Gary
アメリカの大リーグ選手（投手）。
⇒メジャ（ベル, ゲイリー　1936.11.17–）

Bell, George Antonio
アメリカの大リーグ選手（外野）。
⇒メジャ（ベル, ジョージ　1959.10.21–）

Bell, George Kennedy Allen
イギリス国教会のチチェスター教区主教、エキュメニズム運動指導者。
⇒オク教（ベル　1881–1958）

Bell, Gertrude Margaret Lowthian
イギリスの女性考古学者, 旅行家。メソポタミアの戦後統治にも貢献。
⇒異二辞（ベル, ガートルード　1868–1926）
　岩世人（ベル　1868.7.14–1926.7.11）

Bell, Heath Justin
アメリカの大リーグ選手（投手）。
⇒メジャ（ベル, ヒース　1977.9.29–）

Bell, James Franklin
アメリカの陸軍将校。
⇒アア歴（Bell,J(ames) Franklin　ベル, ジェイムズ・フランクリン　1856.1.9–1919.1.8）

Bell, James Thomas（Cool Papa）
アメリカのニグロリーグの選手（内野, 外野）。
⇒メジャ（ベル, クール・パパ　1903.5.17–1991.3.7）

Bell, Jay Stuart
アメリカの大リーグ選手（遊撃, 二塁）。
⇒メジャ（ベル, ジェイ　1965.12.11–）

Bell, Jocelyn Burnell
イギリス生まれの天文学者。
⇒三新物（ベル　1943–）

Bell, John
オーストラリアの演出家。
⇒岩世人（ベル　1940.11.1–）

Bell, John Stuart
イギリスの物理学者。
⇒岩世人（ベル　1928.6.28–1990.10.1）
　物理（ベル, ジョン・スチュアート　1928–1990）

Bell, Josephine
イギリスの女性推理小説家。
⇒現世文（ベル, ジョセフィン　1897–1987）

Bell, Joshua
アメリカのヴァイオリン奏者。
⇒外12（ベル, ジョシュア　1967.12.9–）
　外16（ベル, ジョシュア　1967.12.9–）

Bell, Larry
アメリカのコラージュ画家。
⇒芸13（ベル, ラリー　1939–）

Bell, Lemuel Nelson
アメリカの医療宣教師。
⇒アア歴（Bell,L(emuel) Nelson　ベル, レミュエル・ネルソン　1894.7.30–1973.8.2）

Bell, Madison Smartt
アメリカの作家。
⇒現世文（ベル, マディソン・スマート　1957–）

Bell, Maggie
イギリス・グラスゴー生まれの歌手。
⇒ロック（Bell,Maggie　ベル, マギー　1945.1.12–）

Bell, Marie
フランスの女優。映画『舞踏会の手帖』に主演、舞台でも活躍した。
⇒岩世人（ベル　1900.12.23–1985.8.15）

Bell, Mary
イギリスの犯罪者。11歳で年下の男子2人を絞殺し、投獄。20歳で脱走したが3ケ月後に獄に戻った。
⇒ネーム（ベル, メアリー　1957–）

Bell, Nick
イギリスのグラフィック・デザイナー。
⇒グラデ（Bell,Nick　ベル, ニック　1965–）

Bell, O'Neil
ジャマイカのプロボクサー。
⇒最世ス（ベル, オニール　1974.12.29–）

Bell, Raja
アメリカのバスケットボール選手。
⇒最世ス（ベル, ラジャ　1976.9.19–）

Bell, Richard
イギリスの東洋学者, アラブ学者。
⇒岩世人（ベル　1876–1952）

Bell, Robert Charles
カナダの遊戯研究者, 遊戯具収集家, 医師。
⇒岩世人（ベル　1917–2002）

Bell, Ted
アメリカの作家。
⇒現世文（ベル, テッド）

Bell, Thom
アメリカ・フィラデルフィア生まれのプロデューサー, 編曲家。

⇒ロック（Bell,Thom　ベル,トム）
Bell, Tobin
アメリカの俳優。
⇒外12（ベル,トビン　1942–）
Bell, Vanessa
イギリスの画家、装飾デザイナー。
⇒岩世人（ベル　1879.5.30–1961.4.7）
Bell, William
アメリカ・テネシー州メンフィス生まれのシンガー・ソングライター。
⇒ロック（Bell,William　ベル,ウィリアム　1939–）
Bell, William
カナダの作家。
⇒現世文（ベル,ウィリアム　1945–）
Bell, William Brown
アメリカの実業家。アメリカン・シアナミド社社長。
⇒アメ経（ベル,ウィリアム　1879.2.16–1950.12.20）
Bell, William H.
アメリカのヒューズ・エアクラフト社の従業員。
⇒スパイ（ベル,ウィリアム・H　1921–?）
Bellah, Roger Neelly
アメリカの宗教社会学者。
⇒岩世人（ベラー　1927.2.23–2013.7.30）
　外12（ベラー,ロバート・ニーリー　1927.2.23–）
　現社（ベラー　1927–）
　現宗（ベラー　1927–）
　広辞7（ベラー　1927–2013）
　社小増（ベラー　1927–）
　新カト（ベラー　1927.2.23–2013.7.30）
Bellairs, John
アメリカの作家。
⇒現世文（ベレアーズ,ジョン　1938–1991）
Bellak, Leopold
アメリカの代表的な自我心理学者。
⇒精分岩（ベラック,レオポルド　1916–）
Bellamy, Carol
アメリカの弁護士。
⇒外12（ベラミー,キャロル　1942–）
　外16（ベラミー,キャロル　1942–）
　世指導（ベラミー,キャロル　1942–）
Bellamy, Matthew
イギリスのミュージシャン。
⇒外12（ベラミー,マシュー）
　外16（ベラミー,マシュー　1978.6.9–）
Bellamy, Ralph
アメリカ生まれの男優。
⇒ク俳（ベラミー,ラルフ　1904–1991）

スター（ベラミー,ラルフ　1904.6.17–1991）
Bell Burnell, Susan Joselyn
イギリスの天文学者。
⇒天文大（ベル-バーネル　1943–）
Belle, Albert Jojuan
アメリカの大リーグ選手（外野）。
⇒メジャ（ベル,アルバート　1966.8.25–）
Bellessort, André
フランスの歴史家、批評家。フランスや日本、スウェーデンの風景・文明・文学をはなやかな筆致で伝える。作品に『若いアメリカ』や『日本旅行・日本社会』などがあり。
⇒新カト（ベルソール　1866.3.19–1942.1.2）
Belliard, Rafael Leonidas
アメリカの大リーグ選手（遊撃）。
⇒メジャ（ベリアード,ラファエル　1961.10.24–）
Belliard, Ronald
アメリカの大リーグ選手（二塁）。
⇒メジャ（ベリアード,ロニー　1975.4.7–）
Bellincioni, Gemma
イタリアのソプラノ歌手。
⇒オペラ（ベッリンチョーニ,ジェンマ　1864–1950）
Belling, Rudolf
ドイツの彫刻家。
⇒芸13（ベリング,ルドルフ　1886–1955）
Bellman, Richard Ernest
アメリカの数学者。数学および計算工学の分野における指導的専門家の1人。
⇒有経5（ベルマン　1920–1994）
Bellmer, Hans
フランスの美術家。
⇒岩世人（ベルメール　1902.3.13–1975.2.24）
　芸13（ベルメール,ハンス　1902–1975）
　広辞7（ベルメール　1902–1975）
　シュル（ベルメール,ハンス　1902–1975）
Bello, Vincenzo
イタリアのテノール歌手。
⇒失声（ベッロ,ヴィンチェンツォ　1949–）
　魅惑（Bello,Vincenzo　1949–）
Belloc, Joseph Hilaire Pierre
イギリスの詩人、歴史家、随筆家。徒歩旅行記『ローマへの道』(1902) が有名。
⇒岩世人（ベロック　1870.7.27–1953.7.16）
　オク教（ベロック　1870–1953）
　現世文（ベロック,ヒレア　1870.7.27–1953.7.15）
　新カト（ベロック　1870.7.27–1953.7.16）
Bellocchio, Marco
イタリア生まれの映画監督。

⇒外12（ベロッキオ, マルコ　1939–）
　外16（ベロッキオ, マルコ　1939.11.9–）

Belloc-Lowndes, Marie
イギリスの女性小説家, 自伝作家。
⇒現世文（ベロック・ラウンズ, マリー　1868.8.5–1947.11.14）

Bellon, Leonida
イタリアのテノール歌手。
⇒失声（ベロン, レオニーダ　1905–1987）
　魅惑（Bellon, Leonida　?–）

Bellonci, Maria
イタリアの女性小説家, 歴史家。
⇒現世文（ベロンチ, マリア　1902.11.30–1986.5.13）

Bellow, Saul
カナダ生まれのアメリカの小説家。
⇒アメ州（Bellow, Saul　ベロー, ソウル　1915–）
　アメ新（ベロー　1915–2005）
　岩世人（ベロー　1915.7.10–2005.4.5）
　現世文（ベロー, ソウル　1915.6.10–2005.4.5）
　広辞7（ベロー　1915–2005）
　新カト（ベロー　1915.6.10–2005.4.5）
　ノベ3（ベロー, S.　1915.6.10–2005.4.5）
　ヘミ（ベロー, ソール　1915–2005）
　ユ著人（Bellow, Saul　ベロー, ソール　1915–）

Bellows, George
アメリカの画家。
⇒アメ州（Bellows, George Wesley　ベロウズ, ジョージ・ウェズリー　1882–1925）
　岩世人（ベローズ　1882.8.12–1925.1.8）
　芸13（ベローズ, ジョージ　1882–1925）

Bellucci, Monica
イタリアの女優。
⇒外12（ベルッチ, モニカ　1968.9.30–）
　外16（ベルッチ, モニカ　1964.9.30–）

Bellwood, Peter S.
オーストラリアの考古学者。
⇒外12（ベルウッド, ピーター　1943–）

Belmondo, Jean-Paul
フランス生まれの俳優。
⇒遺産（ベルモンド, ジャン＝ポール　1933.4.9–）
　岩世人（ベルモンド　1933.4.9–）
　外12（ベルモンド, ジャン・ポール　1933.4.9–）
　外16（ベルモンド, ジャン・ポール　1933.4.9–）
　ク俳（ベルモンド, ジャン＝ポール　1933–）
　スター（ベルモンド, ジャン＝ポール　1933.4.9–）
　ネーム（ベルモンド, ジャンポール　1933–）

Belmondo, Stefania
イタリアのスキー選手（距離）。
⇒岩世人（ベルモンド　1969.1.13–）

Belmonte, Mireia
スペインの水泳選手。
⇒最世人（ベルモンテ, ミレイア　1990.11.10–）

Belo, Carlos Filipe Ximenes
東ティモールのカトリック司教。1996年ノーベル平和賞。
⇒岩世人（ベロ　1948.2.3–）
　外12（ベロ, カルロス・フィリペ・シメネス　1948.2.3–）
　外16（ベロ, カルロス・フィリペ・シメネス　1948.2.3–）
　世指導（ベロ, カルロス・フィリペ・シメネス　1948.2.3–）
　ノベ3（ベロ, C.F.X.　1948.2.3–）

Beloch, Karl Julius
ドイツ生まれの古代史家。主著は『ギリシア, ローマ世界人口』(1886)。
⇒岩世人（ベロッホ　1854.1.21–1929.2.1）

Beloglazov, Sergei Alekseevich
ソ連の男子レスリング選手。
⇒岩世人（ベログラーゾフ　1956.9.16–）

Bělohlávek, Jiří
チェコの指揮者。
⇒外12（ビエロフラーヴェク, イルジー　1946.2.24–）
　外16（ビエロフラーヴェク, イルジー　1946.2.24–）
　新音中（ビエロフラーヴェク, イルジー　1946.2.24–）

Belot, Gustave
フランスの哲学者。
⇒メル3（ベロ, ギュスターヴ　1859–1929）

Belo Tannenbaum, Jane
アメリカの人類学者。
⇒アア歴（Belo (Tannenbaum), Jane　ベロウ・タネンバウム, ジェイン　1904.11.3–1968.4.3）

Belotserkovsky, Maxim
ウクライナ生まれのバレエダンサー。アメリカン・バレエ・シアター（ABT）プリンシパル。
⇒外12（ベロツェルコフスキー, マクシム）

Belousov, Vladimir Vladimirovich
ソ連の地質学者。コーカサスおよびロシア平原の地質構造発達史を研究。
⇒岩世人（ベロウーソフ　1907.10.17/30–1990.12.25）

Belousova, Lyudmila Evgenevna
ソ連の女子フィギュアスケート選手。
⇒岩世人（ベロウーソヴァ（慣ベルソワ）　1935.11.22–）

Belov, Vasilii Ivanovich
ロシアの作家。
⇒岩世人（ベローフ　1932.10.23–2012.12.4）

現世文（ベローフ，ワシリー　1932.10.23-2012.12.4）
Below, Georg von
ドイツの歴史家。法制史，都市制度の研究家。
⇒岩世人（ベロー　1858.1.19-1927.10.20）
Belting, Hans
ドイツの美術史家。
⇒岩世人（ベルティング　1935.7.7-）
Beltramelli, Antonio
イタリアの小説家。ロマーニャ地方を舞台にした作品を書いた。
⇒現世文（ベルトラメッリ，アントニオ　1879.1.11-1930.3.15）
Beltrami, Luca
イタリアの建築家。
⇒岩世人（ベルトラーミ　1854.11.13-1933.8.8）
Beltran, Carlos Ivan
アメリカの大リーグ選手（外野）。
⇒外12（ベルトラン，カルロス　1977.4.24-）
　外16（ベルトラン，カルロス　1977.4.24-）
　最世ス（ベルトラン，カルロス　1977.4.24-）
　メジャ（ベルトラン，カルロス　1977.4.24-）
Beltrán, Lola
メキシコの大衆民謡ランチェラ歌手。
⇒標音2（ベルトラン，ローラ　193?.3.7-）
Beltrán, Tito
チリのテノール歌手。
⇒魅惑（Beltrán,Tito　?-）
Beltre, Adrian
ドミニカ共和国の大リーグ選手（内野手）。
⇒外12（ベルトレ，エイドリアン　1979.4.7-）
　外16（ベルトレ，エイドリアン　1979.4.7-）
　最世ス（ベルトレ，エイドリアン　1979.4.7-）
　メジャ（ベルトレ，アドリアン　1979.4.7-）
Belushi, Jim
アメリカの俳優。
⇒ク俳（ベルーシ，ジェイムズ（ジム）　1951-）
Belushi, John
アメリカの俳優。
⇒遺産（ベルーシ，ジョン　1949.1.24-1982.3.5）
　ク俳（ベルーシ，ジョン　1949-1982）
　スター（ベルーシ，ジョン　1949.1.24-1982）
Belvin, Jesse
アメリカ・アーカンソー州テクサーカナ生まれの歌手，作曲者，ピアノ奏者。
⇒ロック（Belvin,Jesse　ベルヴィン，ジェシー　1933.12.15-）
Bely, Mikhail M.
ロシアの外交官。

⇒外12（ベールイ，ミハイル　1945.10.20-）
　外16（ベールイ，ミハイル　1945.10.20-）
Belyaev, Aleksandr Romanovich
ソ連SFの創始者の1人。作品に『ドウエル教授の首』(1925)，『両棲人間』(28)。
⇒岩世人（ベリャーエフ　1884.3.4/16-1942.1.6）
　現世文（ベリャーエフ，アレクサンドル　1884-1942）
Belyakovich, Valery
ロシアの演出家。
⇒外12（ベリャコーヴィッチ，ワレーリー　1950-）
　外16（ベリャコーヴィッチ，ワレーリー　1950-）
Belyi, Andrei
ロシアの詩人，小説家，評論家。象徴主義の文学運動の指導者。主著，詩集『るり色のなかの黄金』(1904)。
⇒岩世人（ベールイ　1880.10.14/26-1934.1.8）
　現世文（ベールイ，アンドレイ　1880.10.26-1934.1.8）
　広辞7（ベールイ　1880-1934）
　ネーム（ベールイ　1880-1934）
Bem, Daryl J.
アメリカの社会心理学者。
⇒社心小（ベム　1938-）
Bem, Sandra Ruth Lipsitz
アメリカの社会心理学者。
⇒岩世人（ベム　1944.6.22-2014.5.20）
　社心小（ベム　1944-）
Bembry, John Elton
アメリカ・チャールズタウン刑務所の黒人囚人。
⇒マルX（BEMBRY (BIMBI), JOHN ELTON　ベンブリー（ビンビ），ジョン・エルトン）
Bemelmans, Ludwig
アメリカの小説家，挿絵画家。代表作『大戦に参加して』(1937)。
⇒絵本（ベーメルマンス，ルドヴィヒ　1898-1962）
Ben
アメリカの歌手。
⇒外12（ベン　1990.9.11-）
Benacerraf, Baruj
ベネズエラ出身のアメリカの病理学者。ノーベル生理・医学賞受賞。
⇒岩生（ベナセラフ　1920-2011）
　岩世人（ベナセラフ　1920.10.29-2011.8.2）
　ノベ3（ベナセラフ，B.　1920.10.29-2011.8.2）
　ユ著人（Benacerraf,Baruj　ベナセラフ，バルーフ　1920-）
Benacquista, Tonino
フランスの推理作家。
⇒外12（ブナキスタ，トニーノ　1961-）
　外16（ブナキスタ，トニーノ　1961-）
　現世文（ブナキスタ，トニーノ　1961-）

Ben 'Alī, Zayn al-'Ābidīn
チュニジアの政治家,軍人。チュニジア大統領(1987～2011)。
⇒岩イ(ベン・アリー 1936–)
外12(ベン・アリ, ジン・エル・アビディン 1936.9.3–)
外16(ベン・アリ, ジン・エル・アビディン 1936.9.3–)
世指導(ベン・アリ, ジン・エル・アビディン 1936.9.3–)
ネーム(ベン=アリー 1936–)

Benan, Umit
トルコの服飾デザイナー。
⇒外16(ベナン, ウミット 1980–)

Benassy, Jean Pascal
フランスの経済学者。
⇒岩世人(ベナシー 1948–)

Benatzky, Ralph
チェコの作曲家。キャバレーの作曲家や指揮者,映画音楽作曲家として活躍。
⇒ク音3(ベナツキー 1884–1957)
標音2(ベナツキー, ラルフ 1884.6.5–1957.10.17)
ユ著人(Benatzky,Ralph ベナツキー, ラルフ 1884–1957)

Benavente y Martínez, Jacinto
スペインの劇作家。代表作『奥様』(1908),『作られた利害』(09)。22年ノーベル文学賞受賞。
⇒岩世人(ベナベンテ 1866.8.12–1954.7.14)
現世文(ベナベンテ, ハシント 1866.8.12–1954.7.14)
広辞7(ベナベンテ 1866–1954)
ネーム(ベナベンテ 1866–1954)
ノベ3(ベナベンテ M.,J. 1866.8.12–1954.7.14)

Ben Barka, al-Mahdi
モロッコの民族主義指導者。モロッコの民族的独立と,封建的君主制からの解放を指導し,1965年暗殺された。
⇒岩イ(ベン・バルカ 1920–1965?)

Ben Bella, Aḥmad
アルジェリアの政治家。初代首相(1962～63),大統領(63～65)。
⇒岩イ(ベン・ベラ 1918–)
岩世人(ベン・ベラ, アフマド 1918.12.25–2012.4.11)
政経改(ベン・ベラ 1916–)
世人新(ベン=ベラ 1918–2012)
世人装(ベン=ベラ 1918–2012)
ネーム(ベン・ベラ 1916–2012)
マルX(BEN BELLA,AHMED ベンベラ, アフメト 1916–)

Bench, Johnny Lee
アメリカの大リーグ選手(捕手,三塁,一塁)。
⇒岩世人(ベンチ 1947.12.7–)
メジャ(ベンチ, ジョニー 1947.12.7–)

Benchley, Peter
アメリカの作家。
⇒現世文(ベンチリー, ピーター 1940–2006.2.11)

Benda, Harry Jindrich
アメリカのインドネシア史研究者。
⇒ユ著人(Benda,Harry Jindrich ベンダ, ハリー・ジンドリッチ 1919–1971)

Benda, Julien
フランスの思想家,評論家。主著『知識人の背任』(1927)。
⇒岩世人(バンダ 1867.12.26–1956.6.8)
広辞7(バンダ 1867–1956)
ユ著人(Benda,Julien バンダ, ジュリアン 1867–1956)

Bendall, Cecil
イギリスのインド学者,東洋学者。密教の研究,考古学,古銭学などに功績をあげた。
⇒岩世人(ベンドール 1856.7.1–1906.3.14)
新佛3(ベンドール 1856–1907)

Ben David, Joseph
イスラエルの社会学者。ヘブライ大学教授。
⇒社小増(ベン=デーヴィッド 1920–1986)

Bender, Aimee
アメリカの作家。
⇒外12(ベンダー, エイミー 1969–)
外16(ベンダー, エイミー 1969–)
海文新(ベンダー, エイミー 1969–)
現世文(ベンダー, エイミー 1969–)

Bender, Charles Albert (Chief)
アメリカの大リーグ選手(投手)。
⇒メジャ(ベンダー, チーフ 1884.5.5–1954.5.22)

Bender, Hans
ドイツの小説家。主著,短篇集『狼と鳩』(1957),『郵便船』(62)。
⇒岩世人(ベンダー 1919.7.1–)
現世文(ベンダー, ハンス 1919.7.1–2015.5.28)

Bender, Lauretta
アメリカの精神医学者。ニューヨーク大学教授。
⇒精医歴(ベンダー, ローレッタ 1897–1987)

Bender, Lawrence
アメリカの映画プロデューサー。
⇒外12(ベンダー, ローレンス 1957–)

Bender, Steve
ドイツのミュージシャン。
⇒外12(ベンダー, スティーブ 1946.11.2–)

Bendix, Reinhard
ドイツ生まれのアメリカの社会学者。官僚制,社会成層,社会理論など幅広く研究。
⇒岩世人(ベンディックス 1916.2.25–1991.2.28)

現社（ベンディクス 1916–1991）
社小増（ベンディックス 1916–1991）
Bendix, Vincent
アメリカの発明家。
⇒アメ州（Bendix,Vincent ベンディックス，ヴィンセント 1882–1945）
Bendix, William
アメリカ生まれの俳優。
⇒ク俳（ベンディックス，ウィリアム 1906–1964）
Bendixen, Friedrich
ドイツの銀行家，経済学者。貨幣指図証券説を主張。
⇒岩世人（ベンディクセン 1864.9.30–1920.7.29）
Bendixson, Ivar Otto
スウェーデンの数学者。
⇒世数（ベンディクソン，イーヴァル・オットー 1861–1935）
Ben Dov, Yaakov
イスラエルの写真家のパイオニア。
⇒ユ著人（Ben Dov,Yaakov ベン・ドヴ，ヤアコヴ 1882–1968）
Bendtner, Nicklas
デンマークのサッカー選手（ヴォルフスブルク・FW）。
⇒外12（ベントナー，ニクラス 1988.1.16–）
外16（ベントナー，ニクラス 1988.1.16–）
最世ス（ベントナー，ニクラス 1988.1.16–）
Beneden, Edouard van
ベルギーの動物学者。生植細胞で染色体数が半減することを発見。
⇒岩生（ベネーデン 1846–1910）
岩世人（ベネーデン 1846.3.5–1910.4.26）
Benedetti, Mario
ウルグアイの小説家，詩人，劇作家，批評家。
⇒岩世人（ベネデッティ 1920.9.14–2009.5.17）
現世文（ベネデッティ，マリオ 1920.9.14–2009.5.17）
Benedetti-Michelangeli, Arturo
イタリアのピアノ奏者。
⇒新音中（ミケランジェリ，アルトゥーロ・ベネデッティ 1920.1.5–1995.6.12）
標音2（ミケランジェリ，アルトゥーロ・ベネデッティ 1920.1.5–1995.6.12）
Benedict, Alexandra
カナダの作家。
⇒海文新（ベネディクト，アレクサンドラ）
Benedict, Bruce Edwin
アメリカの大リーグ選手（捕手）。
⇒メジャ（ベネディクト，ブルース 1955.8.18–）

Benedict, Laura Watson
アメリカの人類学者。
⇒アア歴（Benedict,Laura Watson ベネディクト，ローラ・ワトスン 1861.5.5–1932.12.13）
Benedict, Ruth
アメリカの女性文化人類学者。文化と人格との関連を研究。1947年アメリカ人類学会会長。主著『文化の類型』(34)，『菊と刀』(46)。
⇒アメ新（ベネディクト 1887–1948）
岩世人（ベネディクト 1887.6.5–1948.9.17）
教人（ベネディクト 1887–1948）
現社（ベネディクト 1887–1948）
広辞7（ベネディクト 1887–1948）
社小増（ベネディクト 1887–1948）
ネーム（ベネディクト 1887–1948）
メル3（ベネディクト，ルース 1887–1948）
Benedictus XV
ローマ教皇。在位1914〜22。
⇒岩世人（ベネディクトゥス15世 1854.11.21–1922.1.22）
オク教（ベネディクトゥス15世 1854–1922）
新カト（ベネディクトゥス15世 1854.11.21–1922.1.22）
Benedictus XVI
ローマ教皇。在位2005〜13。
⇒岩世人（ベネディクトゥス16世 1927.4.16–）
オク教（ベネディクトゥス16世 1927–）
外12（ベネディクト16世 1927.4.16–）
外16（ベネディクト16世 1927.4.16–）
新カト（ベネディクトゥス16世 1927.4.16–）
世指導（ベネディクト16世 1927.4.16–）
世人新（ベネディクトゥス（ベネディクト）16世 1927–）
世人装（ベネディクトゥス（ベネディクト）16世 1927–）
Benediktsson, Bjarni
アイスランドの政治家，法律家。アイスランド首相，アイスランド独立党党首。
⇒世指導（ベネディクトソン，ビャルニ 1970.1.26–）
Benediktsson, Einar
アイスランドの詩人。詩集『物語と詩』(1897)，『なぎ』(1906)，『波』(13)，『怒涛』(21)，『谷間』(30)がある。
⇒現世文（ベネディクトソン，エイナル 1864.10.31–1940.1.12）
Beneduce, Alberto
イタリアのテクノクラート官僚。
⇒岩世人（ベネドゥーチェ 1877.3.29–1944.4.26）
Benegal, Shyam
インドの映画監督。
⇒映監（ベネガル，シャーム 1934.12.14–）
Ben-Eliezer, Benjamin
イスラエルの政治家，軍人。イスラエル副首相，国防相，イスラエル労働党党首。

⇒外12（ベンエリエゼル,ベンヤミン　1936.2.12–）
　外16（ベンエリエゼル,ベンヤミン　1936.2.12–）
　世指導（ベンエリエゼル,ベンヤミン　1936.2.12–2016.8.28）

Benelli, Andrea
イタリアの射撃選手（クレー射撃）。
⇒最世ス（ベネリ,アンドレア　1960.6.28–）

Benelli, Sem
イタリアの劇作家,詩人。代表作『嘲笑の饗宴』（1909）。
⇒学叢思（ベネルリ,セム　1876–?）
　現世文（ベネッリ,S.　1877.8.10–1949.12.18）

Benelli, Ugo
イタリアのテノール歌手。
⇒失声（ベネッリ,ウーゴ　1935–）
　魅惑（Benelli,Ugo　1935–）

Benes, Andy
アメリカの大リーグ選手（投手）。
⇒メジャ（ベネス,アンディ　1967.8.20–）

Beneš, Eduard
チェコスロバキアの政治家。1918〜35年チェコ共和国外相,21〜22年首相。のち大統領（35〜38,45〜48）。
⇒岩世人（ベネシュ　1884.5.28–1948.9.3）
　学叢思（ベネシュ,エドゥアルド　1884.5–）
　広辞7（ベネシュ　1884–1948）
　世人新（ベネシュ　1884–1948）
　世人装（ベネシュ　1884–1948）

Benes, Nicholas E.
アメリカの金融家。
⇒外12（ベネシュ,ニコラス　1956–）
　外16（ベネシュ,ニコラス　1956–）

Benesch, Otto
オーストリアの美術史家。師M.ドヴォルザークの学統を継ぎ,〈精神史としての美術史〉の立場を守った。
⇒岩世人（ベネシュ　1896.6.29–1964.11.16）

Benét, Stephen Vincent
アメリカの詩人,小説家。長篇物語詩『ジョン・ブラウンの遺骸』（1928,ピュリッツァー賞受賞）を発表。主著『真昼の悪夢』（40）,『西部の星』（43,ピュリッツァー賞受賞）。
⇒現世文（ベネ,スティーブン・ビンセント　1898.7.22–1943.3.13）

Benet Goitia, Juan
スペインの作家,批評家。
⇒岩世人（ベネー　1927.10.7–1993.1.5）
　現世文（ベネー,フアン　1927–1993.1.5）

Benett, John C.
南アフリカのアマチュア天文家。
⇒天文大（ベネット　1914–1990）

Benett, Michael
アメリカの演出家,ミュージカル振り付け師。
⇒岩世人（ベネット　1943.4.8–1987.7.2）

Benetton, Alessandro
イタリアの実業家。
⇒外12（ベネトン,アレッサンドロ　1964.3.2–）
　外16（ベネトン,アレッサンドロ　1964.3.2–）

Benetton, Giuliana
イタリアのデザイナー,実業家。
⇒外12（ベネトン,ジュリアーナ　1937.7.8–）
　外16（ベネトン,ジュリアーナ　1937.7.8–）

Benetton, Luciano
イタリアの実業家。
⇒外12（ベネトン,ルチアーノ　1935.5.13–）
　外16（ベネトン,ルチアーノ　1935.5.13–）

Benflis, Ali
アルジェリアの政治家。アルジェリア首相。
⇒世指導（ベンフリス,アリ　1944.9.8–）

Benford, Gregory
アメリカのSF作家,理論物理学者。
⇒現世文（ベンフォード,グレゴリー　1941–）

Benge, Raymond Adelphia
アメリカの大リーグ選手（投手）。
⇒メジャ（ベンジ,レイ　1902.4.22–1997.6.27）

Benglis, Lynda
アメリカ生まれの女性現代美術作家。
⇒岩世人（ベングリス　1941.10.25–）
　芸13（ベングリス,リンダ　1941–）

Bengtsson, Jonas T.
デンマークの作家。
⇒海文新（ベングトソン,ヨナス・T.　1976–）
　現世文（ベントソン,ヨナス　1976.4.26–）

Ben-Gurion, David
イスラエルの政治家。1948年テルアビブでイスラエル共和国の独立を宣言,臨時政府首相兼国防相となった。
⇒岩世人（ベン・グリオン　1886.10.16–1973.12.1）
　国政（ベングリオン,ダヴィド　1886–1973）
　世人新（ベン=グリオン　1886–1973）
　世人装（ベン=グリオン　1886–1973）
　ネーム（ベングリオン　1886–1973）
　ユ著人（Ben-Gurion,David　ベン=グリオン,ダヴィッド　1886–1973）

Ben-Haim, Paul
イスラエルの指揮者,作曲家。イスラエル作曲家協会会長としてイスラエル楽界を指導した。
⇒ク音3（ベン=ハイム　1897–1984）
　新音中（ベン=ハイム,パウル　1897.10.1–1984.1.14）
　標音2（ベン=ハイム,パウル　1897.10.1–1984.1.14）

ユ著人　(Ben-Haim, Paul　ベン＝ハイム, ポール　1897–1984)
Benigni, Roberto
イタリア生まれの男優, 映画監督.
⇒映監　(ベニーニ, ロベルト　1952.3.27–)
外12　(ベニーニ, ロベルト　1952.10.27–)
外16　(ベニーニ, ロベルト　1952.10.27–)
Benigni, Umberto
イタリアの教会史家, ジャーナリスト.
⇒新カト　(ベニーニ　1862.3.30–1934.2.26)
Bening, Annette
アメリカ生まれの女優.
⇒外12　(ベニング, アネット　1958.5.29–)
外16　(ベニング, アネット　1958.5.29–)
ク俳　(ベニング, アネット　1956–)
Benioff, David
アメリカの作家.
⇒外16　(ベニオフ, デービッド　1970–)
海文新　(ベニオフ, デイヴィッド　1970.9.25–)
現世文　(ベニオフ, デービッド　1970.9.25–)
Benioff, Hugo
アメリカの地球物理学者. すぐれた電磁式地震計やひずみ計の設計で知られる.
⇒岩世人　(ベニオフ　1899.9.14–1968.2.29)
オク地　(ベニオフ, ヒューゴ　1899–1968)
Benioff, Marc
アメリカの実業家.
⇒外12　(ベニオフ, マーク)
外16　(ベニオフ, マーク)
Beniquez, Juan Jose
アメリカの大リーグ選手(外野).
⇒メジャ　(ベニケス, フアン　1950.5.13–)
Benitez, Armando
ドミニカ共和国の大リーグ選手(投手).
⇒メジャ　(ベニテス, アルマンド　1972.11.3–)
Benitez, Conrado
フィリピンの教育者.
⇒岩世人　(ベニテス　1889.11.26–1971)
Benitez, Cristian
エクアドルのサッカー選手.
⇒最世ス　(ベニテス, クリスティアン　1986.5.1–2013.7.29)
Benitez, Francisca Tirona
フィリピンの教育者.
⇒岩世人　(ベニテス　1886–1974.11.17)
Benitez, Rafael
スペインのサッカー監督(レアル・マドリード), サッカー選手.
⇒外16　(ベニテス, ラファエル　1960.4.16–)

最世ス　(ベニテス, ラファエル　1960.4.16–)
ben Jadīd, al-Shādhilī
アルジェリアの政治家. アルジェリア大統領(1979～92).
⇒岩世人　(ベン・ジャディード, シャーズィリー　1929.4.14–2012.10.6)
Benjamin, Arthur
オーストラリアの作曲家, ピアノ奏者. 主作品『ジャマイカの2つの小品』(1942).
⇒ク音3　(ベンジャミン　1893–1960)
新音中　(ベンジャミン, アーサー　1893.9.18–1960.4.10)
標音2　(ベンジャミン, アーサー　1893.9.18–1960.4.10)
Benjamin, Ethel Rebecca
ニュージーランドの法律家.
⇒ニュー　(ベンジャミン, エセル　1875–1958)
Benjamin, George
イギリスの作曲家.
⇒ク音3　(ベンジャミン　1960–)
Benjamin, Leanne
オーストラリア生まれのバレリーナ. ロイヤル・バレエ団プリンシパル.
⇒外12　(ベンジャミン, リャーン)
外16　(ベンジャミン, リャーン)
Benjamin, Richard
アメリカの男優.
⇒ク俳　(ベンジャミン, リチャード　1938–)
Benjamin, Walter
ドイツの評論家. 1935年フランクフルト社会科学研究所所員. 代表作『ドイツ悲劇の起源』(28)など.
⇒岩世人　(ベンヤミン　1892.7.15–1940.9.26)
絵本　(ベンヤミン, ヴァルター　1892–1940)
教思増　(ベンヤミン　1892–1940)
現社　(ベンヤミン　1892–1940)
広辞7　(ベンヤミン　1892–1940)
社小増　(ベンヤミン　1892–1940)
新カト　(ベンヤミン　1892.7.15–1940.9.26/27)
世界子　(ベンヤミン, ヴァルター　1892–1940)
哲中　(ベンヤミン　1892–1940)
ネーム　(ベンヤミン　1892–1940)
メル別　(ベンヤミン, ヴァルター　1892–1940)
ユ著人　(Benjamin, Walter　バンジャマン, ヴァルター　1892–1940)
Ben Jelloun, Tahar
フランスの作家, 詩人, 劇作家, ジャーナリスト.
⇒岩イ　(ベン・ジェッルーン　1944–)
岩世人　(ベン・ジェルーン　1944.12.1–)
外12　(ベン・ジェルーン, タハール　1944–)
外16　(ベン・ジェルーン, タハール　1944.12.1–)
現世文　(ベン・ジェルーン, タハール　1944.12.1–)

Benjor, Jorge
ブラジルのミュージシャン。
⇒外16（ベンジョール, ジョルジ　1942–）
　標音2（ベン, ジョルジ　1942.3.22?–）

Ben Khedda, Yusuf
アルジェリアの政治家。アルジェリア共和国臨時政府首相。
⇒岩世人（ベン・ヘッダ, ベン・ユースフ　1920.4.23–2003.2.4）

Benl, Oscar
ドイツの日本学者。『徒然草』のドイツ語訳のほか、樋口一葉に関する論文などを書いた。
⇒岩世人（ベンル　1914.5.25–1986.11.21）

Benlloch y Vivó, Juan
スペインの司教、枢機卿。
⇒新カト（ベンリョホ・イ・ビボ　1864.12.26–1926.2.14）

Benmosche, Robert H.
アメリカの実業家。
⇒外12（ベンモシェ, ロバート）

Benn, Anthony Neil Wedgwood
イギリスの政治家、平和運動家。イギリス・エネルギー相。
⇒岩世人（ベン　1925.4.3–2014.3.14）

Benn, Gottfried
ドイツの詩人。処女詩集『死体置場』(1912)で有名。
⇒岩世人（ベン　1886.5.2–1956.7.7）
　現世文（ベン, ゴットフリート　1886.5.2–1956.7.7）
　広辞7（ベン　1886–1956）

ben Nabī, Mālik
アルジェリアのイスラム思想家。
⇒岩イ（ベン・ナビー　1905–1973）
　岩世人（ベン・ナビー, マーリク　1905.1.1–1973.10.31）

Bennet, Charles Edwin
アメリカの古典学者。ラテン語学に精通した。
⇒岩世人（ベネット　1858.4.6–1921.5.2）

Bennet, Gary
テノール歌手。
⇒魅惑（Bennet, Gary　?–）

Bennett, Alan
イギリスの劇作家。
⇒外12（ベネット, アラン　1934.5.9–）
　外16（ベネット, アラン　1934.5.9–）
　現世文（ベネット, アラン　1934.5.9–）

Bennett, Albert Arnold
アメリカの北バプテスト教会宣教師。
⇒岩世人（ベネット　1849.4.16–1909.10.12）

Bennett, Bob
アメリカの政治家。
⇒外12（ベネット, ボブ　1933.9.18–）

Bennett, Boyd
アメリカ・アラバマ州マスル・ショールズ生まれの歌手、ソングライター。
⇒ロック（Bennett, Boyd　ベネット, ボイド　1924.12.7–）

Bennett, Bruce
アメリカの男優。
⇒ク俳（ベネット, ブルース（ブリックス, ハーマン）　1909–）

Bennett, Burton G.
アメリカの物理学者。
⇒外12（ベネット, バートン）

Bennett, Caroline
イギリスの実業家。
⇒外12（ベネット, キャロライン）
　外16（ベネット, キャロライン）

Bennett, Charles Henry
アメリカの物理学者。
⇒外16（ベネット, チャールズ　1943.4.7–）

Bennett, Charles Moihi Te Arawaka
ニュージーランドの軍人。
⇒ニュー（ベネット, チャールズ・モイヒ　1913–1998）

Bennett, Charles Wesley
アメリカの大リーグ選手（捕手）。
⇒メジャ（ベネット, チャーリー　1854.11.21–1927.2.24）

Bennett, Cliff
イギリスの歌手。
⇒ロック（Bennett, Cliff　ベネット, クリフ　1940.6.4–）

Bennett, Constance
アメリカの女優。
⇒ク俳（ベネット, コンスタンス　1904–1965）

Bennett, Enoch Arnold
イギリス、エドワード朝時代の小説家。代表作『老妻物語』(1908)。
⇒岩世人（ベネット　1867.5.27–1931.3.27）
　現世文（ベネット, アーノルド　1867.5.27–1931.3.27）
　広辞7（ベネット　1867–1931）
　西文（ベネット, アーノルド　1867–1931）

Bennett, Harold
アメリカの作曲家。吹奏楽の分野で活躍。
⇒標音2（ベネット, ハロルド　1881.12.3–1956.12.7）

Bennett, Joan
アメリカの女優。
⇒ク俳（ベネット, ジョウン　1910–1990）
　スター（ベネット, ジョーン　1910.2.27–1990）

Bennett, Leon
フランスの挿絵画家。
⇒絵本（ベネット, レオン　1839–1917）

Bennett, Louis Simone
ジャマイカの詩人, 女優, 民話作家, 歌手。
⇒現世文（ベネット, ルイーズ・シモン　1919.9.7–2006.7.26）

Bennett, Margot
イギリスの作家。
⇒現世文（ベネット, マーゴット　1912–1980.12.6）

Bennett, Richard Rodney
イギリスの作曲家。
⇒エデ（ベネット, リチャード・ロドニー　1936.3.29–2012.12.24）
　新音中（ベネット, リチャード・ロドニー　1936.3.29–）
　標音2（ベネット, リチャード・ロドニー　1936.3.29–）

Bennett, Robert Jackson
アメリカの作家。
⇒海文新（ベネット, ロバート・ジャクソン　1984–）
　現世文（ベネット, ロバート・ジャクソン　1984–）

Bennett, Robert Russell
アメリカの指揮者。編曲者としても知られ, 1937～40年アメリカ編曲者協会の会長を務めた。
⇒エデ（ベネット, ロバート・ラッセル　1894.6.15–1981.8.17）
　標音2（ベネット, ロバート・ラッセル　1894.6.15–1981.8.17）

Bennett, Roy Coleman
アメリカの編集者。
⇒アア歴（Bennett,Roy Coleman　ベネット, ロイ・コウルマン　1889.7.2–?）

Bennett, Sophia
イギリスの作家。
⇒海文新（ベネット, ソフィア）

Bennett, Tony
アメリカのポピュラー歌手。
⇒岩世人（ベネット　1926.8.3–）
　外12（ベネット, トニー　1926.8.3–）
　外16（ベネット, トニー　1926.8.3–）
　新音中（ベネット, トニー　1926.8.3–）
　標音2（ベネット, トニー　1926.8.3–）

Bennett, William
イギリスのフルート奏者。
⇒標音2（ベネット, ウィリアム　1936.2.7–）

Benni, Stefano
イタリアの小説家, 詩人。
⇒岩世人（ベンニ　1947.8.12–）
　外16（ベンニ, ステファノ　1947–）
　現世文（ベンニ, ステファノ　1947.8.12–）

Bennington, Chester
アメリカのロック歌手。
⇒外12（ベニントン, チェスター）
　外16（ベニントン, チェスター）

Bennis, Warren G.
アメリカの社会学者。
⇒社小増（ベニス　1925–）

Benno, Marc
アメリカのシンガー・ソングライター, ギター奏者。
⇒ロック（Benno,Marc　ベノウ, マーク　1947.7.1–）

Benny
スウェーデンの歌手。
⇒外16（ベニー　1946–）

Benny, Jack
アメリカの漫談家, 俳優。
⇒ク俳（ベニー, ジャック（キューベルスキー, ベンジャミン）　1894–1974）
　スター（ベニー, ジャック　1894.2.14–1974）
　ユ著人（Benny,Jack　ベニー, ジャック　1894–1974）

Benny Rachmadi
インドネシアの漫画家, イラストレーター, グラフィック・デザイナー。
⇒岩世人（ベニー＆ミチュ　1969.8.23–）

Benois, Alexandre
ロシアの画家, 美術評論家。雑誌「芸術世界」の理論的指導者。
⇒岩世人（ブノワ（ベヌア）　1870.4.21/5.3–1960.2.9）
　絵本（ブヌア, アレクサンドル　1870–1960）

Benoist, Jocelyn
フランスの哲学者。
⇒メル別（ブノワ, ジョスラン　1968–）

Benoit, Charles
アメリカの作家, 漫画家。
⇒海文新（ベノー, チャールズ）

Benoit, Chris
カナダのプロレスラー。
⇒異二辞（ベノワ, クリス　1967–2007）

Benoit, David
アメリカのバスケットボール監督。
⇒外12（ベンワー, デービッド　1968.5.9–）

Benoit, Jean-Christopher
フランスのテノール歌手。
⇒魅惑（Benoit, Jean-Christopher　1925–）

Benoit, Pierre
フランスの小説家。幻想冒険譚『アトランティード』(1919)がある。
⇒岩世人（ブノワ　1886.7.16–1962.3.3）
　現世文（ブノア、ピエール　1886.7.16–1962.3.3）

Benoît, Pierre Maurice
フランスのカトリック聖書学者、ドミニコ会司祭。
⇒新カト（ブノア　1906.8.3–1987.4.23）

Benoît-Lévy, Edmond
フランスの弁護士、文筆家。
⇒19仏（ブノワ＝レヴィ、エドモン　1858–1929）

Benquet, Alphonse
フランス生まれの車大工。
⇒シュル（バンケ、アルフォンス　1857–1933）

Benrubi, Isaak
ドイツの哲学者。フランス哲学の研究者。
⇒岩世人（ベンルービ　1876.5.24–1943）

Bense, Max
ドイツの哲学者、美学者。科学美学の一傾向を代表。
⇒岩世人（ベンゼ　1910.2.7–1990.4.29）

ben Shanab, Muḥammad
アルジェリア植民地期の代表的アラブ・イスラム学者。
⇒岩世人（ベン・シュネブ　1869–1929）

Bensing, Heinrich
ドイツのテノール歌手。
⇒魅惑（Bensing, Heinrich　1911–1955）

Benson, Andrew Alm
アメリカの生化学者。
⇒三新生（ベンソン　1917–）

Benson, Arthur Christopher
イギリスの文学者。聖職者E.W.ベンソンの子。
⇒岩世人（ベンソン　1862.4.24–1925.6.17）

Benson, Edward Frederic
イギリスの小説家。聖職者E.W.ベンソンの子。小説"The Capsina"(1899)など。
⇒岩世人（ベンソン　1867.7.24–1940.2.29）
　現世文（ベンソン,E.F.　1867.7.24–1940.2.29）

Benson, Ezra Taft
アメリカの政治家、経済学者。農務長官。
⇒アメ経（ベンソン、エズラ　1899–）

Benson, *Sir* Frank Robert
イギリスの俳優。劇団を結成し、シェークスピアのほとんど全作品を上演。
⇒岩世人（ベンソン　1858.11.4–1939.12.31）

Benson, George
アメリカのジャズ・ギター奏者。
⇒標音2（ベンソン、ジョージ　1943.3.22–）

Benson, Jo Jo
アメリカ・オハイオ州コランバス生まれの歌手。
⇒ロック（Peggy Scott and Jo Jo Benson　ペギー・スコット＆ジョウ・ジョウ・ベンソン　1940–）

Benson, Raymond
アメリカの作家。
⇒外12（ベンソン、レイモンド　1956–）
　外16（ベンソン、レイモンド　1956–）

Benson, Robby
アメリカ生まれの俳優。
⇒ク俳（ベンスン, ロビー（シーガル, ロビン）1956–）

Benson, Robert Hugh
イギリスの小説家。聖職者E.W.ベンソンの子。主著"The last invisible"(1903)。
⇒岩世人（ベンソン　1871.11.18–1914.10.19）
　新カト（ベンソン　1871.11.18–1914.10.19）

Bensone, Kris
アメリカの大リーグ選手（投手）。
⇒外12（ベンソン、クリス　1974.11.7–）

Bensouda, Fatou B.
ガンビアの検察官。
⇒外16（ベンソーダ、ファトゥ　1961.1.31–）

Bentch, Timothy
アメリカのテノール歌手。
⇒魅惑（Bentch, Timothy　?–）

Bentley, Arthur Fisher
アメリカの政治社会学者、哲学者。主著『政治過程論』(1908)など。
⇒岩世人（ベントリー　1870.10.16–1957.5.21）
　社小増（ベントリー　1870–1957）

Bentley, Edmund Clerihew
イギリスの推理作家。彼の名をとって「クラリヒュー」と呼ばれる四行の諧謔詩を得意とした。
⇒岩世人（ベントリー　1875.7.10–1956.3.30）
　現世文（ベントリー、エドモンド・クレリヒュー　1875–1956）

Bentley, Elizabeth Turrill
アメリカの政治家。
⇒スパイ（ベントレー、エリザベス　1908–1963）

Bentley, Phyllis
イギリスの作家。
⇒岩世人（ベントリー　1894.11.19–1977.6.27）

Bentley, Wes
アメリカの男優。
⇒ク俳（ベントリー, ウェス　1978–）

Bentley, Wilson Alwyn
アメリカの雪研究家。著 "Snow crystals"（1931）は,2万2千個以上の雪の結晶等の顕微鏡写真を収める。
⇒岩世人（ベントリー　1865.2.9–1931.12.23）

Bentoiu, Pascal
ルーマニアの作曲家。あらゆる声の技巧を使ったオペラ『イフィゲニアの犠牲』(1968) は注目されている。
⇒標音2（ベントイウ, パスカル　1927.4.22–）

Benton, Brook
アメリカ・サウスカロライナ州生まれの歌手。
⇒ロック（Benton,Brook　ベントン, ブルック　1931.9.19–）

Benton, Jim
アメリカの作家。
⇒海文新（ベントン, ジム　1960.10.31–）
現世文（ベントン, ジム　1960.10.31–）

Benton, John Alton
アメリカの大リーグ選手(投手)。
⇒メジャ（ベントン, アル　1911.3.18–1968.4.14）

Benton, John Clebon（Rube）
アメリカの大リーグ選手(投手)。
⇒メジャ（ベントン, ルーブ　1890.6.27–1937.12.12）

Benton, Lawrence James
アメリカの大リーグ選手(投手)。
⇒メジャ（ベントン, ラリー　1897.11.20–1953.4.3）

Benton, Michael
イギリスの古生物学者。
⇒外12（ベントン, マイケル）
　外16（ベントン, マイケル）

Benton, Morris Fuller
アメリカの活字デザイナー。
⇒グラデ（Benton,Morris Fuller　ベントン, モリス・フラー　1872–1948）

Benton, Robert
アメリカ生まれの映画脚本家,映画監督。
⇒外12（ベントン, ロバート　1932.9.29–）

Benton, Thomas Hart
アメリカの画家。
⇒岩世人（ベントン　1889.4.15–1975.1.19）
　芸13（ベントン, トーマス・ハート　1889–1958）

Bentonelli, Joseph
アメリカのテノール歌手。
⇒魅惑（Bentonelli,Joseph　1898–1975）

Bentow, Max
ドイツの作家。
⇒海文新（ベントー, マックス　1966–）

Bentsen, Lloyd Millard, Jr.
アメリカの政治家, 弁護士。アメリカ財務長官。
⇒世指導（ベンツェン, ロイド (Jr.)　1921.2.11–2006.5.23）

Bentyne, Cheryl
アメリカの女性ジャズ歌手。1979年「マンハッタン・トランスファー」に加入。
⇒外12（ベンティーン, シェリル　1954.1.17–）
　外16（ベンティーン, シェリル　1954.1.17–）

Bentzon, Jorgen
デンマークの作曲家。1932年コペンハーゲン国民音楽学校を設立。
⇒標音2（ベンソン, イェルゲン　1897.2.14–1951.7.9）

Bentzon, Niels Viggo
デンマークのピアノ奏者,作曲家。
⇒標音2（ベンソン, ネールス・ヴィゴ　1919.8.24–2000.4.25）

Benussi, Vittorio
イタリアの心理学者。形態知覚の研究から表象産出説を提唱。主著『時間把握の心理学』（1913）,『暗示と精神分析』(32)。
⇒岩世人（ベヌッシ　1878.1.17–1927.11.24）

Benveniste, Emile
フランスの言語学者。1960年学士院会員。比較文法, インド・ヨーロッパ基語の権威。
⇒岩世人（バンヴェニスト　1902.5.27–1976.10.3）
　オク言（バンブニスト, エミール　1902–1976）
　現社（バンヴェニスト　1902–1976）
　広辞7（バンヴェニスト　1902–1976）
　ネーム（バンヴェニスト　1902–1976）
　メル別（バンヴェニスト〔ベンヴェニスト〕, エミール　1902–1976）

Ben-Yaacov, Moshe
イスラエルの外交官。駐日イスラエル大使。
⇒ユ著人（Ben-Yaacov,Moshe　ベン＝ヤアコヴ, モシェ　1937–）

Ben Yahia, Habib
チュニジアの政治家。チュニジア国防相。
⇒世指導（ベンヤヒヤ, ハビブ　1938.7.30–）

Ben-Yehuda, Eliezer
ユダヤ人の現代ヘブライ語辞典編纂者, 医師。現代ヘブライ語の復活を唱道。
⇒ユ著人（Ben-Yehuda,Eliezer　ベン＝イェフダー, エリエゼル　1858–1922）

Ben Yūsuf, Ṣalāḥ
チュニジアの政治家。
⇒岩世人（ベン・ユースフ, サーリフ　1907.10.11–

1961.8.12）

Benz, Carl Friedrich
ドイツの技術者, 発明家。自動三輪車を製作（1885）。
⇒岩世人（ベンツ　1844.11.25–1929.4.4）
　広辞7（ベンツ　1844–1929）
　ポプ人（ベンツ, カール　1844–1929）

Benz, Chris
アメリカの服飾デザイナー。
⇒外16（ベンツ, クリス　1982–）

Benz, Wolfgang
ドイツの歴史学者。
⇒外12（ベンツ, ヴォルフガング　1941–）
　外16（ベンツ, ヴォルフガング　1941–）

Benzema, Karim
フランスのサッカー選手（レアル・マドリード・FW）。
⇒外12（ベンゼマ, カリム　1987.12.19–）
　外16（ベンゼマ, カリム　1987.12.19–）
　最世ス（ベンゼマ, カリム　1987.12.19–）

Benzer, Seymour
アメリカの分子遺伝学者。ショウジョウバエの突然変異を用いて動物の行動の遺伝的解析法を確立し, 行動遺伝学を開拓した。
⇒岩生（ベンザー　1921–2007）
　岩世人（ベンザー　1921.10.15–2007.11.30）

Ben Zvi, Yitzhak
ウクライナ生まれのイスラエルの政治家。マパイ（労働党）の創立者のひとりでもある。1952年, 第二代大統領に就任。
⇒岩著人（ベン・ツヴィ　1884.11.24–1963.4.23）
　ユ著人（Ben-Zvi,Yitzchak　ベン＝ツヴィ, イツハク　1884–1963）

Bérard, Christian
フランスの画家, 舞台美術家。コクトー映画『美女と野獣』(1945),『双頭の鷲』(47) などのセットを手がけた。
⇒芸13（ベラール, クリスティアン　1902–1949）

Bérard, Léon
フランスの政治家, 法律家。特に文部大臣として（1917,19～20,26～28）フランス教育における古典研究の重要性を強調したことで知られる。
⇒教人（ベラール　1876–）

Berardi, Fabio
サンマリノの政治家。
⇒外12（ベラルディ, ファビオ　1959.5.26–）
　外16（ベラルディ, ファビオ　1959.5.26–）
　世指導（ベラルディ, ファビオ　1959.5.26–）

Berardy, Robert M.
アメリカの実業家。
⇒外12（ベラーディ, ロバート）

Béraud, Henri
フランスのジャーナリスト, 小説家。代表作品にゴンクール賞を受賞した『太りすぎのなやみ』『月の硫酸塩』(1922) 等がある。
⇒現世文（ベロー, アンリ　1885–1958）

Berbatov, Dimitar
ブルガリアのサッカー選手（FW）。
⇒外12（ベルバトフ, ディミタル　1981.1.30–）
　外16（ベルバトフ, ディミタル　1981.1.30–）
　最世ス（ベルバトフ, ディミタル　1981.1.30–）

Berberian, Cathy
アメリカのソプラノ歌手。1953年以降ヨーロッパ各地の現代音楽祭に出演し, 現代歌曲のスペシャリストとしての名声を獲得。
⇒新音中（バーベリアン, キャシー　1925.7.4–1983.3.6）
　標音2（バーベリアン, キャシー　1925.7.4–1983.3.6）

Berbérova, Nína Nikoláevna
ロシアの女性作家, 批評家。
⇒岩世人（ベルベーロヴァ　1901.7.26/8.8–1993.9.26）

Bercé, Yves-Marie
フランスの歴史家。
⇒岩世人（ベルセ　1936.8.30–）

Berchem, Max von
スイスのイスラム学者。イスラムの碑文の研究家として知られていた。
⇒岩世人（ファン・ベルヘム　1863.3.16–1921.3.7）

Berchtold, Bernhard
オーストリアのテノール歌手。
⇒魅惑（Berchtold,Bernhard　?–）

Berchtold, Leopold Graf von
オーストリアの政治家。ペテルブルク駐在大使, オーストリア＝ハンガリー外相。
⇒岩世人（ベルヒトルト　1863.4.18–1942.11.21）

Bercovici, Konrad
アメリカの小説家。
⇒現世文（ベルコヴィシ, コンラッド　1882–1961.12.27）

Bercovitch, Sacvan
アメリカ（ユダヤ系）の大学教授, 文学史家。
⇒岩世人（バーコヴィッチ　1933.10.4–）

Berdiaev, Nikolai Aleksandrovich
ロシアの哲学者。東方神秘主義者。
⇒岩キ（ベルジャーエフ　1874–1948）
　岩世人（ベルジャーエフ　1874.3.6/3.18–1948.3.23/24）
　オク教（ベルジャーエフ　1874–1948）
　教人（ベルジャーエフ　1874–1948）
　広辞7（ベルジャーエフ　1874–1948）

新カト（ベルジャーエフ 1874.3.6–1948.3.23）
ネーム（ベルジャーエフ 1874–1948）
メル3（ベルジャーエフ, ニコライ（ニコラ）1879–1948）

Berdimuhamedov, Gurbanguly
トルクメニスタンの政治家, 歯科医。トルクメニスタン大統領 (2007〜)。
⇒外12（ベルドイムハメドフ, グルバングリ 1957–）
外16（ベルドイムハメドフ, グルバングリ 1957.6.29–）
世指導（ベルドイムハメドフ, グルバングリ 1957.6.29–）

Berdini, Amedeo
イタリアのテノール歌手。
⇒魅惑（Berdini,Amedeo 1920–1964）

Berdini, Giuseppe
イタリアのテノール歌手。
⇒魅惑（Berdini,Giuseppe ?–）

Berdych, Tomas
チェコのテニス選手。
⇒最世ス（ベルディヒ, トマス 1985.9.17–）

Berdyczewski（Bin-Gorion）, Micha Josef
ロシアのヘブライ語及びイディッシュ語作家。
⇒ユ著人（Berdichevsky,Micah Joseph ベルディチェヴスキー, ミッシャ・ヨセフ 1865–1921）

Bérégovoy, Pierre Eugene
フランスの政治家。フランス首相。
⇒岩世人（ベレゴヴォワ 1925.12.25–1993.5.1）

Berelson, Bernard Reuben
アメリカの社会学者, 図書館学者。マス・コミュニケーションの研究で知られる。
⇒社小増（ベレルソン 1912–1979）

Berenboom, Alain
ベルギー王室顧問弁護士。
⇒異二辞（ベレンブーム［アラン・〜］ 1947–）

Berendsen, Carl August
ニュージーランドの外交官。
⇒ニュー（ベレンドセン, カール 1890–1973）

Berend Tibor Iván
ハンガリーの歴史家。
⇒岩世人（ベレンド 1930.12.11–）

Bérenger, Paul Raymond
モーリシャスの政治家。モーリシャス首相, モーリシャス闘争運動 (MMM) 党首。
⇒世指導（ベレンガー, ポール 1945.3.26–）

Berenger, Tom
アメリカの俳優。
⇒ク俳（ベレンジャー, トム（ムーア, トマス） 1949–）

Berenguer y Fusté, Dámaso
スペインの軍人, 政治家。
⇒岩世人（ベレンゲール 1873.8.4–1953.5.19）

Berens, Ricky
アメリカの水泳選手（自由形）。
⇒外16（ベレンズ, リッキー 1988.4.21–）
最世ス（ベレンズ, リッキー 1988.4.21–）

Berenson, Alex
アメリカの作家, 新聞記者。
⇒海文新（ベレンスン, アレックス 1973–）
現世文（ベレンスン, アレックス 1973–）

Berenson, Bernard
アメリカの美術史家。イタリア絵画の様式, 技法についての分析に活躍。
⇒岩世人（ベレンソン 1865.6.26–1959.10.6）
広辞7（ベレンソン 1865–1959）
ユ著人（Berenson,Bernard ベレンソン, バーナード 1865–1959）

Beresford, Bruce
オーストラリア出身の映画監督, オペラ演出家。
⇒映監（ベレスフォード, ブルース 1940.8.16–）

Beresford, Charles William de la Poer, 1st Baron
イギリス（アイルランド生まれ）の提督。海峡艦隊司令長官 (1907〜09), 下院議員 (10〜16)。
⇒岩世人（ベレスフォード 1846.2.10–1919.9.6）

Beresford, John Davys
イギリスの小説家。"Jacob Stahl" (1911) 以下の三部作で著名。
⇒岩世人（ベレスフォード 1873.3.7–1947.2.2）
現世文（ベレスフォード, ジョン 1873–1947）

Berestov, Valentin Dmitrievich
ロシアの詩人。
⇒絵本（ベレストフ, ワレンチン 1928–1998）

Berezovskii, Boris Abramovich
ロシアの企業家, 政治家。ロゴヴァズ・グループ総帥。
⇒岩世人（ベレゾフスキー 1946.1.23–2013.3.23）
外12（ベレゾフスキー, ボリス 1946.1.23–）

Berezovsky, Boris
ロシアのピアノ奏者。
⇒外12（ベレゾフスキー, ボリス 1969–）
外16（ベレゾフスキー, ボリス 1969–）

Berg, Alban
オーストリアの作曲家。「第2次ウィーン学派」の一人として無調音楽, 12音音楽の発展に貢献。
⇒岩世人（ベルク 1885.2.9–1935.12.24）
エデ（ベルク, アルバン 1885.2.9–1935.12.24）
オペラ（ベルク, アルバーン 1885–1935）
ク音3（ベルク 1885–1935）

広辞7（ベルク　1885–1935）
新オペ（ベルク，アルバン　1885–1935）
新音小（ベルク，アルバーン　1885–1935）
新音中（ベルク，アルバーン　1885.2.9–1935.12.24）
ビ曲改（ベルク，アルバン　1885–1935）
標音2（ベルク，アルバン　1885.2.9–1935.12.24）

Berg, A.Scott
アメリカの作家。
⇒外16（バーグ,A.スコット）
　現世文（バーグ,A.スコット）

Berg, Bengt
スウェーデンの鳥類学者。主著 "Tiger und Mensch"（1934）。
⇒岩世人（ベリ　1885.1.9–1967.7.31）

Berg, Fritz
西ドイツの財界人。ドイツ産業連盟（BDI）の会長として，西ドイツ経済の発展と労使関係の安定に指導的役割を果たした。
⇒岩世人（ベルク　1901.8.27–1979.2.3）

Berg, Leila
イギリスの児童文学者。
⇒現世文（バーグ，リーラ　1917.11.12–2012.4.17）

Berg, Lev Semyonovich
ソ連の地理学者，生物学者。魚類分類学に関する名著で有名。
⇒岩世人（ベルグ　1876.3.2/14–1950.12.24）

Berg, Max
ドイツの建築家。ブレスラウ市に『世紀館』（1913）を建てた。
⇒岩世人（ベルク　1870.4.17–1947.1.24）

Berg, Morris
アメリカの大リーグ選手（捕手，遊撃）。
⇒スパイ（バーグ，モリス（モー）　1902–1972）
　メジャ（バーグ，モー　1902.3.2–1972.5.29）

Berg, Patty
アメリカ出身の女子プロ・ゴルファー。トーナメントの優勝数は実に83にのぼり，女子の最高を占めている。
⇒岩世人（バーグ　1918.2.13–2006.9.10）

Berg, Paul
アメリカの生化学者。1980年ノーベル化学賞。
⇒岩生（バーグ　1926–）
　岩世人（バーグ　1926.6.30–）
　化学（バーグ　1926–）
　ノベ3（バーグ,P.　1926.6.30–）
　ユ著人（Berg,Paul　バーグ，ポール　1926–）

Berg, Ragnar
スウェーデンの栄養学者。
⇒岩世人（ベリ　1873.9.1–1956.3.31）

Bergamaschi, Ettore
イタリアのテノール歌手。
⇒失声（ベルガマスキ，エットレ　1884–1975）
　魅惑（Bergamaschi,Ettore　1884–1975）

Bergamini, Lamberto（Umberto）
イタリア?のテノール歌手。
⇒魅惑（Bergamini,Lamberto（Umberto）　1880–?）

Berganza, Teresa
スペインのメゾ・ソプラノ歌手。
⇒オペラ（ベルガンサ，テレサ　1935–）
　外12（ベルガンサ，テレサ　1935.3.16–）
　外16（ベルガンサ，テレサ　1935.3.16–）
　新音中（ベルガンサ，テレーサ　1935.3.16–）
　標音2（ベルガンサ，テレサ　1935.3.16–）

Bergdorf, Greg
アメリカのミュージシャン。
⇒外12（バーグドルフ，グレッグ）
　外16（バーグドルフ，グレッグ）

Berge, Claude Jacques Roger
フランスの数学者。
⇒世数（ベルジュ，クロード・ジャック・ロジェ　1926–2002）

Bergeat, Alfred Edmund
ドイツの火山学者，鉱床学者。火山配列と地質構造の関係などを研究。
⇒岩世人（ベルゲアト　1866.7.17–1924.7.30）

Bergell, Aaron
アメリカのテノール歌手。1973年サリヴァン賞，アメリカ・オペラ・センター奨励賞を受賞。
⇒魅惑（Bergell,Aaron　1943–）

Bergelson, David
ロシアのイディッシュ語作家。
⇒岩世人（ベルゲルソン　1884.8.12–1952.8.12）

Bergemann, Paul
ドイツの教育学者。理想主義的な社会的教育学説を提唱。
⇒岩世人（ベルゲマン　1862.10.20–1946.10.8）
　教人（ベルゲマン　1862–1946）

Bergen, Candice
アメリカ生まれの女優。
⇒外12（バーゲン，キャンディス　1946.5.9–）
　外16（バーゲン，キャンディス　1946.5.9–）
　ク俳（バーゲン，キャンディス　1946–）

Bergen, Edgar
アメリカの腹話術師，コメディアン。
⇒ク俳（バーゲン，エドガー　1903–1978）
　スター（バーゲン，エドガー　1903.2.16–1978）

Bergen, Paul David
アメリカの宣教師。
⇒アア歴（Bergen,Paul David　バーゲン，ポール・デイヴィッド　1860.7.19–1915.8.8）

Bergen, Polly
アメリカ生まれの女優。
⇒ク俳（バーゲン，ポリー（バーギン，ネリー）1929–）

Bergengruen, Werner
ドイツの詩人，小説家。代表作『大暴君と審判』（1935），短篇集『3羽の鷹』（37）。
⇒岩キ（ベルゲングリューン　1892–1964）
　岩世人（ベルゲングリューン　1892.9.16–1964.9.4）
　現世文（ベルゲングリューン，ヴェルナー　1892.9.16–1964.9.4）
　新カト（ベルゲングリューン　1892.9.16–1964.9.4）

Berger, Erna
ドイツのソプラノ歌手。
⇒新音中（ベルガー，エルナ　1900.10.19–1990.6.14）
　標音2（ベルガー，エルナ　1900.10.19–1990.6.14）

Berger, Gaston
フランスの哲学者。高等教育監督官となり，第二次大戦後の大学改革に尽力。
⇒岩世人（ベルジェ　1896.10.1–1960.11.13）

Berger, Georges
フランスの政治家。
⇒19仏（ベルジェ，ジョルジュ　1834.10.5–1910.7.8）

Berger, Gordon Mark
アメリカの歴史学者。
⇒外12（バーガー，ゴードン・マーク　1942–）
　外16（バーガー，ゴードン・マーク　1942–）

Berger, Han
オランダのサッカー監督，サッカー選手。
⇒外12（ベルガー，ハン　1950.6.17–）

Berger, Hans
ドイツの精神病，神経学者。脳電位を測定する器械を考案，発表。
⇒岩世人（ベルガー　1873.5.21–1941.6.1）
　現精（ベルガー　1873–1941）
　現精縮（ベルガー　1873–1941）
　精医歴（ベルガー，ハンス　1873–1941）

Berger, Helmut
オーストリア生まれの俳優。
⇒遺伝（バーガー，ヘルムート　1944.5.29–）

Berger, John（Peter）
イギリスの小説家，美術批評家，領域横断的芸術家。

⇒岩世人（バージャー　1926.11.5–）
　外16（バージャー，ジョン　1926.11.5–）
　現世文（バージャー，ジョン　1926.11.5–2017.1.2）

Berger, Marian
アメリカ生まれの画家。
⇒芸13（ベルガー，マリアン　1955–）

Berger, Max
ポーランド・シレジア生まれの強制収容所の生存者。
⇒ユ著人（Berger,Max　ベルガー，マックス　1924–1988）

Berger, Oscar
グアテマラの政治家。グアテマラ大統領（2004～08）。
⇒外12（ベルシェ，オスカル　1946.8.11–）
　世指導（ベルシェ，オスカル　1946.8.11–）

Berger, Peter
オーストリア出身のアメリカの社会学者。
⇒岩世人（バーガー　1929.3.17–）
　外16（バーガー，ピーター　1929.3.17–）
　現社（バーガー　1929–）
　現宗（バーガー　1929–）
　広辞7（バーガー　1929–2017）
　社小増（バーガー　1929–）
　新カト（バーガー　1929.3.17–）

Berger, Rudolf
チェコスロバキアのバリトン歌手，テノール歌手。1898年からベルリン宮廷オペラに出演。1912年メトロポリタン・オペラに招かれた。
⇒魅惑（Berger,Rudolf　1874–1915）

Berger, Samuel R.
アメリカの法律家，政治コンサルタント。大統領補佐官，オルブライト・ストーンブリッジグループ会長。
⇒外16（バーガー，サミュエル　1945.10.28–）
　世指導（バーガー，サンディ　1945.10.28–2015.12.2）
　ユ著人（Berger,Samuel　バーガー，サムエル　?–?）

Berger, Senta
オーストリア生まれの女優。
⇒ク俳（バーガー，センタ　1941–）

Berger, Teresa
ドイツ生まれの神学者。
⇒外12（バーガー，テレサ　1956–）
　外16（バーガー，テレサ　1956–）

Berger, Theodor
オーストリアの作曲家。多数のオーケストラ作品のほかバレー音楽や管弦四重奏曲などがある。
⇒ク音3（ベルガー　1905–1992）
　標音2（ベルガー，テーオドーア　1905.5.18–1992.8.21）

B

Berger, Thomas Louis
アメリカの小説家。
⇒現世文（バージャー,トーマス　1924.7.20–2014.7.13）

Berger, Tora
ノルウェーのバイアスロン選手。
⇒外12（ベルゲル,トラ　1981.3.18–）
外16（ベルゲル,トラ　1981.3.18–）
最世ス（ベルゲル,トラ　1981.3.18–）

Berger, Victor Louis
オーストリア生まれのアメリカの社会主義者。社会党創立（1897）に努めた。1911年から下院議員。
⇒アメ経（ベルガー,ビクター　1860.2.28–1929.8.7）
学叢思（バージャー,ヴィクター　1860–?）

Berger, Walter Antone
アメリカの大リーグ選手（外野）。
⇒メジャ（バーガー,ウォーリー　1905.10.10–1988.11.30）

Berger, Wilhelm Georg
ルーマニアの作曲家。作品には方法的で簡明な現代的表現をもつ『エネルギア』（1970）などがある。
⇒標音2（ベルガー,ヴィルヘルム・ゲオルク　1929.12.4–）

Bergerat, Émile
フランスの作家。
⇒19仏（ベルジュラ,エミール　1845.4.25–1923.10.13）

Bergeron, Patrice
カナダのアイスホッケー選手（ブルーインズ・FW）。
⇒最世ス（バージェロン,パトリス　1985.7.24–）

Bergeron, Tor
スウェーデンの気象学者。ポーラー・フロント説を提案。
⇒異二辞（ベルシェロン［トール・～］　1891–1977）
岩世人（ベルジャロン　1891.8.15–1977.6.13）
オク気（ベルシェロン,トール・ヘロルド・パーシバル　1891.8.15–1977.6.13）

Berggol'ts, Ol'ga Fyodorovna
ソ連の女性詩人。代表作『レニングラード・ノート』（1942）。
⇒岩世人（ベルゴーリツ　1910.5.3/16–1975.11.13）
現世文（ベルゴーリツ,オリガ　1910.5.16–1975.11.13）

Berggrav, Eivind
ノルウェーのルター派教会の監督。
⇒オク教（ベルググラーフ　1884–1959）

Bergh, Sven Richard
スウェーデンの画家。J.E.ベリの子。
⇒岩世人（ベリ　1858.12.28–1919.1.29）

Bergh van Eyringa, Gustaaf Adolf van den
オランダのプロテスタント神学者。ヘーゲル学徒。
⇒岩世人（ファン・デン・ベルク　1874.6.27–1957.5.26）

Bergin, Patric
アイルランド生まれの俳優。
⇒ク俳（バーギン,パトリック　1952–）

Bergius, Friedrich
ドイツの化学者。石炭の液化などの研究をし、1931年ノーベル化学賞受賞。
⇒岩世人　1884.10.11–1949.3.31）
オク科（ベルギウス（フリードリヒ・カール）1884–1949）
化学（ベルギウス　1884–1949）
広辞7（ベルギウス　1884–1949）
ノベ3（ベルギウス,F.K.R.　1884.10.11–1949.3.30）

Bergkamp, Dennis
オランダのサッカー選手。
⇒異二辞（ベルカンプ［デニス・～］　1969–）
外12（ベルカンプ,デニス　1969.5.10–）
外16（ベルカンプ,デニス　1969.5.10–）

Berglund, Paavo
フィンランドの指揮者。
⇒外12（ベリルンド,パーヴォ　1929.4.14–）
新音中（ベルグルンド,パーヴォ　1929.4.14–）

Bergman, Bo Hjalmar
スウェーデンの詩人,小説家。詩集『古代の神々』（1939）。
⇒現世文（ベイマン,ボー　1869.10.6–1967.11.17）

Bergman, David Bruce
アメリカの大リーグ選手（一塁）。
⇒メジャ（バーグマン,デイヴ　1953.6.6–）

Bergman, Erik
フィンランドの作曲家。作曲の中心は合唱曲にあり,広音域の旋律と簡潔なリズム音型を特色としている。
⇒新音中（ベリマン,エーリク　1911.11.24–）
標音2（ベルイマン,エーリク　1911.11.24–）

Bergman, Hjalmar Fredrik Elgérus
スウェーデンの小説家,劇作家。代表作『スウェーデンイェルム家』（1925）。
⇒岩世人（ベリマン　1883.9.19–1931.1.1）
現世文（ベルイマン,ヤルマル　1883.9.19–1931.1.1）

Bergman, Ingmar
スウェーデンの映画監督。
⇒岩キ（ベルイマン　1918–）

岩世人（ベルイマン（ベリマン）　1918.7.14–
　2007.7.30）
映監（ベルイマン，イングマール　1918.7.14–
　2007.7.30）
広辞7（ベルイマン　1918–2007）
ネーム（ベルイマン　1918–2007）

Bergman, Ingrid
アメリカ，イタリアで活躍したスウェーデン出身の映画女優。代表作は『ガス燈』(1944) など。2度アカデミー主演女優賞受賞。
⇒遺産（バーグマン，イングリッド　1915.8.29–
　1982.8.29）
岩世人（バーグマン（ベリマン）　1915.8.29–
　1982.8.29）
ク俳（バーグマン，イングリッド　1914–1982）
広辞7（バーグマン　1915–1982）
スター（バーグマン，イングリッド　1915.8.29–
　1982）
ネーム（バーグマン　1915–1982）
ポプ人（バーグマン，イングリッド　1915–1982）

Bergman, Nir
イスラエルの映画監督。
⇒外12（ベルグマン，ニル　1969–）
外16（ベルグマン，ニル　1969–）

Bergman, Richard
オーストリア，イングランドの男子卓球選手。
⇒岩世人（バーグマン　1918.4.10–1970.4.5）

Bergman, Robert George
アメリカの有機化学者。
⇒岩世人（バーグマン　1942.5.23–）

Bergman, Samuel
イスラエルの哲学者。ヘブライ大学教授。フランツ・カフカの友人でブーバーの弟子。
⇒岩世人（ベルクマン　1883.12.25–1975.6.18）
ユ著人（Bergmann,Samuel Hugo　ベルクマン，サミュエル・フーゴー　1883–1975）

Bergman, Tamar
イスラエルの作家。
⇒現世文（ベルグマン，タマル）

Bergmann, Ernst von
ロシア生まれのドイツの外科医。脳外科の発展に貢献，外科手術の滅菌法についても功績が多い。
⇒岩世人（ベルクマン　1836.12.16–1907.3.25）

Bergmann, Gustav von
ドイツの医学者。E.ベルクマンの子。
⇒岩世人（ベルクマン　1878.12.24–1955.9.16）

Bergmann, Max
ドイツの生化学者。元・カイザー・ヴィルヘルム皮革研究所所長。
⇒ユ著人（Bergmann,Max　ベルグマン，マックス　1886–1944）

Bergmann, Nicolai
デンマークのフラワーデザイナー。
⇒外12（バーグマン，ニコライ　1976–）

Bergner, Elisabeth
オーストリアの舞台女優。
⇒岩世人（ベルクナー　1897.8.22–1986.5.12）
ク俳（ベルクナー，エリザベート（エテル,E）
　1897–1986）
ユ著人（Bergner,Elizabeth　ベルクナー，エリザベート　1897–1986）

Bergonzi, Carlo
イタリアのテノール歌手。
⇒オペラ（ベルゴンツィ，カルロ　1924–）
失声（ベルゴンツィ，カルロ　1924–2014）
新音中（ベルゴンツィ，カルロ　1924.7.13–）
標音2（ベルゴンツィ，カルロ　1924.7.13–）
魅惑（Bergonzi,Carlo　1924–）

Bergqvist, Kajsa
スウェーデンの走り高跳び選手。
⇒最世ス（ベリークヴィスト，カイサ　1976.10.12–）

Bergsma, Jody
アメリカ生まれの画家。
⇒芸13（バーグスマ，ジョディ　1953–）

Bergsma, Jorrit
オランダのスピードスケート選手。
⇒外16（ベルフスマ，ヨリト　1986.2.1–）
最世ス（ベルグスマ，ヨリット　1986.2.1–）

Bergson, Abram
アメリカ生まれの経済思想家。
⇒岩世人（バーグソン　1914.4.21–2003.4.23）
有経5（バーグソン　1914–2003）

Bergson, Henri Louis
フランスの哲学者。1928年ノーベル文学賞受賞。
⇒岩キ（ベルクソン　1859–1941）
岩世人（ベルクソン　1859.10.18–1941.1.4）
オク教（ベルクソン　1859–1941）
学叢思（ベルクソン，アンリ　1859–?）
教思増（ベルクソン　1859–1941）
教人（ベルクソン　1859–1941）
現社（ベルクソン　1859–1941）
広辞7（ベルクソン　1859–1941）
社小増（ベルクソン　1859–1941）
新カト（ベルクソン　1859.10.18–1941.1.4）
世人新（ベルクソン　1859–1941）
世人装（ベルクソン　1859–1941）
ネーム（ベルクソン　1859–1941）
ノベ3（ベルクソン,H.L.　1859.10.18–1941.1.4）
比文増（ベルクソン（アンリ）　1859（安政6）–
　1941（昭和16））
ポプ人（ベルクソン，アンリ　1859–1941）
メル3（ベルクソン，アンリ　1859–1941）
メル3（ベルクソン，アンリ＝ルイ　1859–1941）
ユ著人（Bergson,Henri Louis　ベルクソン，アンリ・ルイ　1859–1941）

Bergsten, C.Fred
アメリカの経済学者。
⇒外12（バーグステン，フレッド　1941.4.23–）
　外16（バーグステン，フレッド　1941.4.23–）

Bergsträsser, Ludwig
ドイツの政治学者，政治家。第二帝制以後のドイツ政党政治をはじめて理論的に説明したことで知られている。
⇒岩世人（ベルクシュトレッサー　1883.2.23–1960.3.23）

Bergstrom, Sune
スウェーデンの生化学者。1982年ノーベル生理学医学賞。
⇒岩生（ベリストレーム　1916–2004）
　岩世人（ベリストレム　1916.1.10–2004.8.15）
　ノベ3（ベルイストローム,S.　1916.1.10–2004.8.15）

Beria（Beriya）, Lavrentti Pavlovich
ソ連の政治家，秘密警察の責任者。1930年代の血の大粛清の最後の担当者。
⇒岩世人（ベリヤ　1899.3.17/29–1953.12.23）
　広辞7（ベリヤ　1899–1953）
　スパイ（ベリヤ, ラヴレンチー・パヴロヴィチ　1899–1953）

Berigan, Roland Bernard（Bunny）
アメリカのジャズ・トランペット奏者。代表作『言い出しかねて』。
⇒標音2（ベリガン, バニー　1907/1908.11.2–1942.6.2）

Bérimont, Luc
フランスのプロデューサー，詩人。
⇒現世文（ベリモン, リュック　1915–1983）

Beringer, Kurt
ドイツの精神医学者。
⇒現精（ベーリンガー　1893–1949）
　現精縮（ベーリンガー　1893–1949）

Berio, Luciano
イタリアの作曲家。
⇒岩世人（ベリオ　1925.10.24–2003.5.27）
　エデ（ベリオ, ルチアーノ　1925.10.24–2003.5.27）
　オペラ（ベリオ, ルチアーノ　1925–2003）
　ク音3（ベリオ　1925–2003）
　現音キ（ベリオ, ルチアーノ　1925–2003）
　広辞7（ベリオ　1925–2003）
　新音小（ベリオ, ルチャーノ　1925–2003）
　新音中（ベリオ, ルチャーノ　1925.10.24–）
　ピ曲改（ベリオ, ルチアーノ　1925–2003）
　標音2（ベリオ, ルチアーノ　1925.10.24–2003.5.27）

Berisha, Sali
アルバニアの政治家，外科医。アルバニア大統領，首相。
⇒岩世人（ベリシャ　1944.10.15–）
　外12（ベリシャ, サリ　1944.10.15–）
　外16（ベリシャ, サリ　1944.10.15–）
　世指導（ベリシャ, サリ　1944.10.15–）
　ネーム（ベリシャ　1944–）

Berk, İlhan
トルコの詩人。
⇒岩世人（ベルク　1918.11.18–2008.8.28）

Berkeley, Anthony
イギリスの探偵小説家，批評家。
⇒現世文（バークリー, アントニー　1893.7.5–1971.3.9）

Berkeley, Busby
アメリカの映画監督。
⇒岩世人（バークリー　1895.11.29–1976.3.14）
　映監（バークリー, バズビー　1895.11.29–1976）

Berkeley, Lennox
イギリスの作曲家。
⇒ク音3（バークリー　1903–1989）
　新音中（バークリー, レノックス　1903.5.12–1989.12.26）
　標音2（バークリー, レノックス　1903.5.12–1989.12.26）

Berkeley-Steele, Richard
イギリスのテノール歌手。
⇒魅惑（Berkeley-Steele,Richard　?–）

Berkes, Janos
ハンガリーのテノール歌手。
⇒魅惑（Berkes,Janos　?–）

Berkey, Charles Peter
アメリカの地質学者。
⇒アア歴（Berkey,Charles Peter　バーキー, チャールズ・ピーター　1867.3.25–1955.8.22）

Berkhof, Hendrikus
オランダの改革派神学者。
⇒岩世人（ベルコフ　1914.6.11–1995.12.17）

Berki, Krisztián
ハンガリーの体操選手。
⇒外16（ベルキ, クリスティアン　1985.3.18–）
　最世ス（ベルキ, クリスティアン　1985.3.18–）

Berkley, Seth
アメリカの疫学者。
⇒外12（バークレー, セス）
　外16（バークレー, セス　1956–）

Berkman, Lance
アメリカの大リーグ選手（外野手）。
⇒外12（バークマン, ランス　1976.2.10–）
　外16（バークマン, ランス　1976.2.10–）
　最世ス（バークマン, ランス　1976.2.10–）
　メジャ（バークマン, ランス　1976.2.10–）

Berkoff, Steven
イギリスの劇作家，俳優，演出家。
- ⇒外12（バーコフ，スティーブン　1937.8.3-）
- 外16（バーコフ，スティーブン　1937.8.3-）
- ユ著人（Berkoff,Steven　バーコフ，スティーヴン　1937-）

Berkouwer, Gerrit Cornelis
オランダの改革派神学者。現代の福音派教義学の代表。
- ⇒岩世人（ベルカウワー　1903.6.8-1996.1.25）
- オク教（ベルコーウェル　1903-1996）

Berlage, Hendrik Peterus
オランダの建築家。作品アムステルダム株式取引所（1898〜1903）。
- ⇒岩世人（ベルラーヘ　1856.2.21-1934.8.12）

Berlanga, Luis Garcia
スペインの映画監督。
- ⇒映監（ベルランガ，ルイス・ガルシア　1921.6.12-）

Berle, Adolf Augustus, Jr.
アメリカの法律家，外交官。国務次官として第2次世界大戦中の外交問題の処理にあたる。
- ⇒アメ経（バーリー，アドルフ　1895-1971）
- 岩経（バーリ　1895-1971）
- 岩世人（バーリー　1895.1.29-1971.2.17）
- 社小増（バーリ　1895-1971）
- 有経5（バーリ　1895-1971）

Berle, Milton
アメリカのエンタテイナー。
- ⇒ク俳（バール，ミルトン（バーリンガー，M）1908-2002）
- スター（バール，ミルトン　1908.7.12-2002）
- ユ著人（Berle,Milton　バール，ミルトン　1908-）

Berlepsch, Hans Hermann von
ドイツの政治家。商工相（1890）。
- ⇒岩世人（ベルレプシュ　1843.3.30-1926.6.2）

Berlepsch, Karl Rudolf Hans Freiherr von
ドイツの鳥学者。
- ⇒岩世人（ベルレプシュ　1857.10.18-1933.9.2）

Berlewi, Henryk
ポーランド生まれのモダン・タイポグラフィーの発展への貢献者。
- ⇒グラデ（Berlewi,Henryk　バーレヴィ，ヘンリク　1894-1967）

Berlik, Jan
チェコのテノール歌手。
- ⇒魅惑（Berlik,Jan（Brdlík）　1892-1972）

Berlin, Irving
ロシア生まれのアメリカのポピュラー音楽作曲家。ミュージカル『アニーよ銃をとれ』（1946）などの作品がある。

- ⇒アメ州（Berlin,Irving　バーリン，アービング　1888-）
- アメ新（バーリン　1888-1989）
- 異二辞（バーリン［アーヴィング・〜］　1888-1989）
- 岩世人（バーリン　1888.5.11-1989.9.22）
- エデ（バーリン，アーヴィング　1888.5.11-1989.9.22）
- クз（バーリン　1888-1989）
- 新音中（バーリン，アーヴィング　1888.5.11-1989.9.22）
- 標音2（バーリン，アーヴィング　1888.5.11-1989.9.22）
- ユ著人（Berlin,Irving　バーリン，アーヴィング　1888-1989）

Berlin, Sir Isaiah
イギリスの政治哲学者，思想史家。
- ⇒岩世人（バーリン　1909.6.6-1997.11.5）
- 広辞7（バーリン　1909-1997）
- 哲中（バーリン　1909-1997）
- メル別（バーリン，アイザイア　1909-1997）

Berlin, Steve
アメリカのミュージシャン。
- ⇒外12（バーリン，スティーブ）

Berliner, Emile
アメリカ（ドイツ系）の発明家。1904年蓄音器レコードを発明。
- ⇒アメ州（Berliner,Emile　バーリナー，エミール　1851-1929）

Berlinger, Rudolph
ドイツの哲学者。実存哲学の立場に立つ。主著『無と死』（1954）など。
- ⇒標音2（ベルリンガー，ルードルフ　1907.10.26-）

Berlinguer, Enrico
イタリアの政治家。1972年イタリア共産党書記長に選ばれ，資本主義諸国の中で最大の共産党の最高指導者となる。
- ⇒岩世人（ベルリングェル　1922.5.25-1984.6.11）
- 政経改（ベルリンゲル　1922-1984）

Berlioz, Alexandre
フランスのパリ外国宣教会宣教師。
- ⇒岩世人（ベルリオーズ　1852.9.12-1929.12.30）
- 新カト（ベルリオーズ　1852.9.12-1929.12.30）

Berlitz, Maximilian Delphinius
ドイツ生まれのアメリカの語学教育家。
- ⇒岩世人（ベルリッツ　1852.4.14-1921.4.6）

Berlusconi, Silvio
イタリアの政治家，実業家。イタリア首相，フィニンベスト・グループ会長。
- ⇒岩世人（ベルルスコーニ　1936.9.29-）
- 外12（ベルスコーニ，シルヴィオ　1936.9.29-）
- 外16（ベルスコーニ，シルヴィオ　1936.9.29-）
- 広辞7（ベルスコーニ　1936-）
- 世指曾（ベルスコーニ，シルヴィオ　1936.9.29-）

ポプ人（ベルスコーニ, シルビオ　1936–）

Berluti, Olga
イタリアの靴デザイナー。
⇒外12（ベルルッティ, オルガ）
　外16（ベルルッティ, オルガ）

Berman, Gail
アメリカの実業家。
⇒外12（バーマン, ゲイル　1956.8.17–）
　外16（バーマン, ゲイル　1956.8.17–）

Berman, Lazar
ロシアのピアノ奏者。
⇒新音中（ベルマン, ラーザリ　1930.2.26–）
　標音2（ベルマン, ラザリ　1930.2.26–2005.2.6）

Bermijn, Alphonse
ベルギー出身の淳心会員, モンゴル宣教師。
⇒新カト（ベルミン　1853.1.3–1915.2.16）

Bermoy, Yanet
キューバの柔道選手。
⇒最世ス（ベルモイ, ヤネト　1987.5.29–）

Berna, Paul
フランスの作家。
⇒現世文（ベルナ, ポール　1908.2.21–1994.1.19）

Bernac, Pierre
フランスのバリトン歌手。
⇒新音中（ベルナック, ピエール　1899.1.12–1979.10.17）
　標音2（ベルナック, ピエール　1899.1.12–1979.10.17）

Bernadotte af Wisborg, Folke, Count
スウェーデンの政治家。スウェーデン国王のグスタフ5世の甥。1945年同国赤十字総裁としてドイツの降伏を連合国に取り次いだ。
⇒岩世人（バーナドット　1895.1.2–1948.9.17）

Bernal, John Desmond
イギリスの生物物理学者。主著『歴史における科学』。1953年にレーニン平和賞を受賞。
⇒岩生（バナール　1901–1971）
　岩世人（バナール　1901.5.10–1971.9.16）
　旺生5（バナール　1901–1971）
　化学（バナール　1901–1971）
　現社（バナール　1901–1971）
　三新生（バナール　1901–1971）
　世人新（バナール　1901–1971）
　世人装（バナール　1901–1971）
　ネーム（バナール　1901–1971）

Bernanke, Benjamin Shalom
アメリカの経済学者。
⇒岩世人（バーナンキ　1953.12.13–）
　外12（バーナンキ, ベン　1953.6.21–）
　外16（バーナンキ, ベン　1953.12.13–）

世指導（バーナンキ, ベン　1953.12.13–）

Bernanos, Georges
フランスの小説家。ナチスとブルジョアを攻撃する多数のパンフレットおよび小説『ウィーヌ氏』（1943）を発表。
⇒岩キ（ベルノス　1888–1948）
　岩世人（ベルナノス　1888.2.20–1948.7.5）
　現世文（ベルナノス, ジョルジュ　1888.2.20–1948.7.5）
　広辞7（ベルナノス　1888–1948）
　新カト（ベルナノス　1888.2.20–1948.7.5）
　西文（ベルナノス, ジョルジュ　1888–1948）
　フ文小（ベルナノス, ジョルジュ　1888–1948）

Bernard, Alain
フランスの水泳選手（自由形）。
⇒外12（ベルナール, アラン　1983.5.1–）
　外16（ベルナール, アラン　1983.5.1–）
　最世ス（ベルナール, アラン　1983.5.1–）

Bernard, Carlos
アメリカの俳優。
⇒外12（バーナード, カルロス）
　外16（バーナード, カルロス　1962.10.12–）

Bernard, Emile
フランスの画家, 著述家。季刊紙『美の革新』を発行。
⇒岩世人（ベルナール　1868.4.28–1941.4.16）
　芸13（ベルナール, エミール　1868–1931）

Bernard, Henri
フランス出身のイエズス会員, 中国宣教師, 歴史家。
⇒岩世人（ベルナール　1889–1975）
　新カト（ベルナール　1889.10.21–1975.2.3）

Bernard, Henri
フランスの法律家。東京裁判フランス代表判事。
⇒ア太戦（ベルナール　1899–1986）

Bernard, Jean-Jacques
フランスの劇作家。小説家T.ベルナールの子。
⇒現世文（ベルナール, ジャン・ジャック　1888–1972）

Bernard, Jean-Marc
フランスの詩人。
⇒現世文（ベルナール, ジャン・マルク　1881–1915）
　新カト（ベルナール　1881–1915.7.5）

Bernard, Joseph
フランスの彫刻家。主作品は『瓶を持つ少女』（1910）。
⇒岩世人（ベルナール　1866.1.17–1931.1.7）
　芸13（ベルナール, ジョゼフ　1866–1931）

Bernard, Luther Lee
アメリカのシカゴ学派の社会学者。主著 "An Introduction to Social Psychology"（1926）。

⇒学叢思（バーナード, ルーサー・リー　1881–）
教人（バーナード　1881–1951）

Bernard, Theos
アメリカの宗教学者。
⇒アア歴（Bernard,Theos　バーナード, シーオス　1908–1947）

Bernard, Tristan
フランスの劇作家, 小説家。戯曲『ニッケル・めっきの足』（1895）で評判を得た。
⇒岩世人（ベルナール　1866.9.7–1947.12.7）
　現世文（ベルナール, トリスタン　1866.9.7–1947.12.7）
　ユ著人（Bernard,Tristan　ベルナール, トリスタン　1866–1947）

Bernardi, Giuliano
イタリアのテノール歌手。
⇒魅惑（Bernardi,Giuliano　1939–1977）

Bernardi, Herschel
アメリカの俳優, 歌手。
⇒ユ著人（Bernardi,Herschel　ベルナルディ, ハーシェル　1923–1986）

Bernardi, Lorenzo
イタリアの男子バレーボール選手, 指導者。
⇒岩世人（ベルナルディ　1968.8.11–）

Bernardini, Don
アメリカのテノール歌手。
⇒魅惑（Bernardini,Don　?–）

Bernardo, Mike
南アフリカの格闘家, プロボクサー。
⇒ネーム（ベルナルド, マイク　1969–2012）

Bernari, Carlo
イタリアの小説家。社会批判的小説をリアリズムの手法で書いた。
⇒現世文（ベルナーリ, カルロ　1909.10.13–1992.10.22）

Bernays, Paul
ドイツの数学者, 論理学者。ヘルシンキ, チューリヒの各大学教授。
⇒岩世人（ベルナイス　1888.10.17–1977.9.18）
　世数（ベルナイス, パウル・イサーク　1888–1977）

Bernazard, Antonio
アメリカの大リーグ選手（二塁）。
⇒メジャ（バーナザード, トニー　1956.8.24–）

Berndt, Jens Peter
ドイツの男子水泳選手。
⇒岩世人（ベルント　1963.8.17–）

Berneker, Erich
ドイツのスラヴ語学者。『語源的スラヴ語辞典』（1908〜14）を編集。
⇒岩世人（ベルネカー　1874.2.3–1937.3.15）

Berners, Lord
イギリスの作曲家, 美術家。サドラーズウェルズ・バレエと最も緊密な関係を築く。
⇒新音中（バーナーズ　1883.9.18–1950.4.19）
　標音2（バーナーズ, ロード　1883.9.18–1950.4.19）

Berners-Lee, Tim
イギリスのコンピューター科学者。
⇒岩世人（バーナーズ＝リー　1955.6.8–）
　外12（バーナーズ・リー, ティム　1955.6.8–）
　外16（バーナーズ・リー, ティム　1955.6.8–）
　世発（バーナーズ＝リー, ティモシー・ジョン　1955–）

Berney, Lou
アメリカの作家。
⇒海文新（バーニー, ルー）

Bernfeld, Siegfeld
オーストリアの精神分析医, 教育者。フロイトの弟子の一人。
⇒ユ著人（Bernfeld,Siegfeld　ベルンフェルト, ジークフェルト　1892–1953）

Bernhard, Lucian
ドイツのポスターと字体のデザイナー。
⇒グラデ（Bernhard,Lucian　ベルンハルト, ルツィアーン　1883–1972）

Bernhard, Thomas
ドイツのカトリック詩人, 小説家。
⇒岩世人（ベルンハルト　1931.2.9–1989.2.12）
　現世文（ベルンハルト, トーマス　1931.2.9–1989.2.12）
　広辞7（ベルンハルト　1931–1989）

Bernhard, William Henry
アメリカの大リーグ選手（投手）。
⇒メジャ（バーナード, ビル　1871.3.16–1949.3.30）

Bernhardi, Friedrich von
ドイツの軍人, 軍事著述家。主著『ドイツと来るべき戦争』（1912）。
⇒岩世人（ベルンハルディ　1849.9.22–1930.7.10）
　学叢思（ベルンハルディ, フリードルヒ・フォン　1849–?）
　戦思（ベルンハルディ　1849–1930）

Bernhardt, Sarah
フランスの女優。当り役は『フェードル』『椿姫』。
⇒岩世人（ベルナール　1844.10.22–1923.3.26）
　広辞7（ベルナール　1845–1923）
　19仏（ベルナール, サラ　1844.10.22–1923.3.26）
　世演（ベルナール, サラ　1844.10.23–1923.3.26）
　ネーム（ベルナール　1844–1923）
　フラ食（ベルナール, サラ　1844–1923）
　ユ著人（Bernhardt,Sarah　ベルナール, サラ　1844–1923）

Bernheim, Ernst
ドイツの歴史家。主著『歴史研究と歴史哲学』（1880）。
⇒岩世人（ベルンハイム　1850.2.19–1942.3.3）
　学叢思（ベルンハイム，エルンスト　1850–?）
　広辞7（ベルンハイム　1850–1942）
　ネーム（ベルンハイム　1850–1942）

Bernheim, Hippolyte
フランスの精神医学者。催眠術，暗示の研究がある。
⇒岩世人（ベルネーム　1840.4.17–1919.2.20）

Bernheim-Jeune, Alexandre
フランスの画商，出版業者。
⇒岩世人（ベルネーム＝ジューヌ　1839.4.3–1915.3.2）

Berni, Antonio
アルゼンチンの画家，彫刻家，版画家。
⇒岩世人（ベルニ　1905.5.14–1981.10.13）

Bernier, Maxime
カナダの政治家。
⇒外12（ベルニエ，マキシム　1963.1.18–）
　外16（ベルニエ，マキシム　1963.1.18–）
　世指導（ベルニエ，マキシム　1963.1.18–）

Bernoville, Gaétan
バスク地方出身の作家。
⇒新カト（ベルノヴィル　1889.11.26–1960）

Berns, Bert
アメリカのR&Bプロデューサー，ソングライター。
⇒ロック（Berns,Bert　バーンズ，バート　1929–1967.12.31）

Bernshtein, Sergei Natanovich
ソ連の数学者。スターリン賞を受賞（1941）。
⇒岩世人（ベルンシテイン　1880.2.22/3.5–1968.10.26）
　数辞（ベルンシュタイン，セルゲイ・ナタノビッチ　1880–1968）
　世数（ベルンシュタイン，セルゲイ・ナタノヴィッチ　1880–1968）

Bernstein, Basil（Bernard）
イギリスの社会学者。
⇒教思増（バーンスタイン　1924–）
　現社（バーンスティン　1924–2000）
　社小増（バーンステイン　1924–）

Bernstein, Carl
アメリカのジャーナリスト，作家。
⇒ユ著人（Bernstein,Carl　バーンスタイン，カール　1944–）

Bernstein, David
アメリカのジャーナリスト，編集者。
⇒アア歴（Bernstein,David　バーンスタイン，デイヴィッド　1915.3.6–1974.8.21）

Bernstein, Eduard
ドイツ社会民主党の理論家，修正主義の提唱者。
⇒岩経（ベルンシュタイン　1850–1932）
　岩世人（ベルンシュタイン　1850.1.6–1932.12.18）
　学叢思（ベルンュスタイン，エデュアルト　1850–?）
　現社（ベルンシュタイン　1850–1932）
　広辞7（ベルンシュタイン　1850–1932）
　社小増（ベルンシュタイン　1850–1932）
　世史改（ベルンシュタイン　1850–1932）
　世人新（ベルンシュタイン　1850–1932）
　世人装（ベルンシュタイン　1850–1932）
　哲中（ベルンシュタイン　1850–1932）
　ネーム（ベルンシュタイン　1850–1932）
　ポプ人（ベルンシュタイン，エドゥアルト　1850–1932）
　有経5（ベルンシュタイン　1850–1932）
　ユ著人（Bernstein,Eduard（Edward）　ベルンシュタイン，エドゥアルト　1850–1932）

Bernstein, Elmer
アメリカ・ニューヨーク生まれの映画音楽作曲家。
⇒エデ（バーンスタイン，エルマー　1922.4.4–2004.8.18）
　新音中（バーンスタイン，エルマー　1922.4.4–）
　標音2（バーンスタイン，エルマー　1922.4.4–2004.8.18）
　ユ著人（Bernstein,Elmer　バーンスタイン，エルマー　1922–）

Bernstein, Felix
ドイツの数学者。
⇒世数（ベルンシュタイン，フェリックス　1878–1956）

Bernstein, Henry Léon Gustave Charles
フランスの劇作家。喜劇『泥棒』（1906）など。
⇒岩世人（ベルンスタン　1876.6.20–1953.11.27）
　ユ著人（Bernstein,Henri　ベルンスタン，アンリ　1876–1953）

Bernstein, Julius
ドイツの生理学者。
⇒岩生（ベルンシュタイン　1839–1917）

Bernstein, Leonard
アメリカの指揮者，作曲家。ニューヨーク・フィルの常任指揮者，監督。ミュージカル『ウェスト・サイド物語』（1957）など幅広く作曲。
⇒アメ州（Bernstein,Leonard　バーンスタイン，レナード　1918–）
　アメ新（バーンスタイン　1918–1990）
　岩世人（バーンスタイン　1918.8.25–1990.10.14）
　エデ（バーンスタイン，レナード　1918.8.25–1990.10.14）
　オペラ（バーンスタイン，レナード　1918–1990）
　ク音3（バーンスタイン　1918–1990）
　広辞7（バーンスタイン　1918–1990）

Bernstein, Richard Barry
アメリカの物理化学者。
⇒岩世人（バーンスタイン　1923.10.31–1990.7.8）
- 新音小（バーンスタイン, レナード　1918–1990）
- 新音中（バーンスタイン, レナード　1918.8.25–1990.10.14）
- 新カト（バーンスタイン　1918.8.25–1990.10.14）
- ネーム（バーンステイン　1918–1990）
- ピ曲改（バーンスタイン, レナード　1918–1990）
- 標音2（バーンスタイン, レナード　1918.8.25–1990.10.14）
- ポプ人（バーンスタイン, レナード　1918–1990）
- ユ著人（Bernstein,Leonard　バーンスタイン, レナード　1918–1990）

Bernstorff, Johann-Heinrich, Graf von
ドイツの外交官。ドイツの国際連盟加入を促進。
⇒岩世人（ベルンシュトルフ　1862.11.14–1939.10.6）

Bernthsen, August
ドイツの化学者。染色化学, 特にアニリン色素に関する研究や, 触媒・空中窒素固定法などの研究に貢献した。
⇒化学（ベルントゼン　1855–1931）

Béroff, Michel
フランスのピアノ奏者。メシアン, バルトークなど近代・現代の作品演奏で高く評価されている。
- ⇒外12（ベロフ, ミシェル　1950.5.9–）
- 外16（ベロフ, ミシェル　1950.5.9–）
- 新音中（ベロフ, ミシェル　1950.5.9–）
- 標音2（ベロフ, ミシェル　1950.5.9–）

Berov, Lyuben
ブルガリアの政治家, 経済学者。ブルガリア首相。
⇒世指導（ベロフ, リューベン　1925.10.6–2006.12.7）

Berque, Augustin
フランスの文化地理学者, 日本学者。
- ⇒岩世人（ベルク　1942.1.1–）
- 外12（ベルク, オギュスタン　1942.9.6–）
- 外16（ベルク, オギュスタン　1942.9.6–）

Berr, Henri
フランスの歴史家。「史学総合雑誌」を創刊。
⇒岩世人（ベール　1863.1.31–1954.11.19）

Berra, Yogi
アメリカの大リーグ選手（捕手, 外野）, 監督。
- ⇒岩世人（ベラ　1925.5.12–）
- メジャ（ベラ, ヨギ　1925.5.12–）

Berreman, Gerald Duane
アメリカの人類学者。
⇒アア歴（Berreman,Gerald D(uane)　ベリマン, ジェラルド・ドゥエイン　1930.9.2–）

Berrenni, Augustino
イタリアの犯罪学者, 社会主義者。
⇒学叢思（ベレンニ, アウグスティノ　1859–?）

Berresford, Susan Vail
アメリカの実業家。
- ⇒外12（ベレスフォード, スーザン　1943–）
- 外16（ベレスフォード, スーザン　1943–）

Berri, Claude
フランス・パリ生まれの映画監督, 映画製作者。
⇒ユ著人（Berri,Claude　ベリ, クロード　1934–）

Berri, Nabih
レバノンの政治家。
- ⇒外12（ベリ, ナビハ　1938.1.28–）
- 外16（ベリ, ナビハ　1938.1.28–）
- 世指導（ベリ, ナビハ　1938.1.28–）

Berrigan, Ted
アメリカの詩人, 劇作家。
⇒現世文（ベリガン, テッド　1934.11.15–1983.7.4）

Berroa, Angel Maria
ドミニカ共和国の大リーグ選手（遊撃）。
⇒メジャ（ベロア, アンヘル　1980.1.27–）

Berroa, Geronimo Emiliano Letta
アメリカの大リーグ選手（外野, DH）。
⇒メジャ（ベロア, ヘロニモ　1965.3.18–）

Berry, Allen Kent
アメリカの大リーグ選手（外野）。
⇒メジャ（ベリー, ケン　1941.5.10–）

Berry, Arthur D.
アメリカの北メソジスト教会宣教師。
⇒アア歴（Berry,Arthur D.　ベリー, アーサー・D.　1872.8.7–1941.2.11）

Berry, Brian Joe Lobley
イギリス生まれのアメリカの地理学者。地理学におけるシステム論の理論的基礎の確立に関しても重要な役割を果たした。
- ⇒岩世人（ベリー　1934.2.16–）
- 外16（ベリー, ブライアン・ジョー　1934.2.16–）

Berry, Charles Francis
アメリカの大リーグ選手（捕手）。
⇒メジャ（ベリー, チャーリー　1902.10.18–1972.9.6）

Berry, Chuck
アメリカのロックミュージシャン。
- ⇒異二辞（ベリー, チャック　1926–2017）
- 岩世人（ベリー　1926.10.18–）
- 新音中（ベリー, チャック　1926.10.18–）
- ネーム（ベリー, チャック　1926–）
- ビト改（BERRY,CHUCK　ベリー, チャック）
- 標音2（ベリー, チャック　1926.10.18–）

ロック（Berry,Chuck　ベリー，チャック）

Berry, Dave
イギリス・シェフィールドのウッドハウス生まれの歌手。
⇒ロック（Berry,Dave　ベリー，デイヴ　1941–）

Berry, Francis
アイルランドの騎手。
⇒外12（ベリー，フランシス　1981.1.2–）
　外16（ベリー，フランシス　1981.1.2–）

Berry, George Leonard
アメリカの国際印刷工・助手組合会長，連邦上院議員。
⇒アメ経（ベリー，ジョージ　1882.9.12–1948.12.4）

Berry, Halle
アメリカの俳優。
⇒外12（ベリー，ハル　1966.8.14–）
　外16（ベリー，ハル　1966.8.14–）
　ク俳（ベリー，ハリ　1966–）
　スター（ベリー，ハル　1966.8.14–）

Berry, Jan
アメリカ・ロサンゼルス生まれの歌手。
⇒ロック（Jan and Dean　ジャン&ディーン　1941.4.3–）

Berry, Jedediah
アメリカの作家。
⇒海文新（ベリー，ジェデダイア　1977–）
　現世文（ベリー，ジェデダイア　1977–）

Berry, John Cutting
アメリカの眼科医，プロテスタント宣教師。1872年来日，西日本で宣教医として活躍。
⇒アア歴（Berry,John Cutting　ベリー，ジョン・カティング　1847.1.16–1936.2.8）
　岩世人（ベリー　1847.1.16–1936.2.9）

Berry, Leon（Chu）
アメリカのジャズ・テナー・サックス奏者。全盛期はベン・ウェブスター，コールマン・ホーキンスと並び称される3大テナー奏者の1人として活躍。
⇒標音2（ベリー，チュー　1910.9.13–1941.10.31）

Berry, Michael Victor
イギリスの理論物理学者。
⇒物理（ベリー，マイケル・ヴィクター　1941–）

Berry, Reginald George James
ニュージーランドのデザイナー。
⇒ニュー（ベリー，ジェイムズ　1906–1979）

Berry, Richard
アメリカ・ニューオーリンズ生まれの歌手，作曲家。
⇒ロック（Berry,Richard　ベリー，リチャード　1935–）

Berry, Steve
アメリカの作家。
⇒海文新（ベリー，スティーヴ）
　現世文（ベリー，スティーブ）

Berry, Walter
オーストリアのバス・バリトン歌手。
⇒オペラ（ベリー，ヴァルター　1929–2000）
　新音中（ベリー，ヴァルター　1929.4.8–2000.10.27）
　標音2（ベリー，ヴァルター　1929.4.8–2000.10.27）

Berry, Wendell Erdman
アメリカの詩人，小説家，評論家。
⇒現世文（ベリー，ウェンデル　1934.8.5–）

Berryman, Guy
イギリスのミュージシャン。
⇒外12（ベリーマン，ガイ　1978.4.12–）
　外16（ベリーマン，ガイ　1978.4.12–）

Berryman, John
アメリカの詩人，評論家。『77の夢の歌』(1965)でピューリッツァー賞受賞，『彼の玩具，夢，休息』(69)が全米図書賞受賞。
⇒岩世人（ベリマン　1914.10.25–1972.1.7）
　現世文（ベリマン，ジョン　1914.10.25–1972.1.7）
　新カト（ベリマン　1914.10.25–1972.1.7）

Bersani, Pier Luigi
イタリアの政治家。
⇒外16（ベルサーニ，ピエルルイジ　1951.9.29–）
　世指導（ベルサーニ，ピエルルイジ　1951.9.29–）

Berscheid, Ellen
アメリカの社会心理学者。
⇒社心小（バーシャイド　1936–）

Berset, Alain
スイスの政治家。スイス大統領・内相。
⇒世指導（ベルセ，アラン　1972.4.9–）

Bert, Stany
テノール歌手。
⇒魅惑（Bert,Stany　?–?）

Bertagna, Julie
イギリスの作家。
⇒海文新（ベルターニャ，ジュリー　1962–）

Bertalanffy, Ludwig von
オーストリア生まれのアメリカの理論生物学者。生気論と機械論との止揚を目ざし，有機体論（生体論）を説いた。
⇒岩生（ベルタランフィー　1901–1972）
　岩世人（ベルタランフィ　1901.9.19–1972.6.12）
　社小増（ベルタランフィ　1901–1972）
　有経5（ベルタランフィ　1901–1972）

Bertelli, Patrizio
イタリアの実業家。
⇒外12（ベルテッリ，パトリッツィオ　1946.4-）
　外16（ベルテッリ，パトリッツィオ　1946.4-）

Bertelot, Henri
フランスのエスペランティスト。日仏拳闘試合の仲介者。
⇒日エ（ベルトロー　?-?）

Berthaud, Raymond
テノール歌手。
⇒魅惑（Berthaud, Raymond　?-?）

Berthelot, René
フランスの著作家，哲学者。P.ベルトロの子。主著"Un romantisme utilitaire"（3巻，1911～13）。
⇒岩世人（ベルトロ　1872.8.18-1960.6.16）

Berthier, Joachim-Joseph
フランスのカトリック神学者，ドミニコ会会員。
⇒新カト（ベルティエ　1848.12.31-1924.12.21）

Berthois-Rigal
フランス生まれの画家。
⇒芸13（ベルトワ・リガール　1927-）

Berthold, Thomas
ドイツのサッカー選手。
⇒外12（ベルトルト，トーマス　1964.11.12-）

Bertholet, Alfred
スイスの旧約神学者。
⇒岩世人（ベルトレート　1868.11.9-1951.8.24）

Bertholle, Jean
フランスの画家。
⇒芸13（ベルトール，ジャン　1909-1978）

Berthon, Paul
フランスのアール・ヌーヴォーのポスター作家，装飾家。
⇒グラデ（Berthon, Paul　ベルトン，ポール　1872-1909）

Berti, Marco
イタリアのテノール歌手。
⇒失声（ベルティ，マルコ　1962-）
　魅惑（Berti, Marco　1962-）

Berti, Orietta
イタリアのポピュラー歌手。
⇒標音2（ベルティ，オリエッタ　1943.6.1-）

Bertillon, Alphonse
フランスの人類学者。犯罪者の鑑定方式を考案。
⇒岩世人（ベルティヨン　1853.4.22/24-1914.2.13）
　学叢思（ベルティヨン，アルフォンス　1853-1914）

Bertin, Louis Emile
フランス海軍軍人。軍艦の設計，改良に活躍。
⇒岩世人（ベルタン　1840.3.23-1924.10.22）

Bertin, Maurice
フランス・パリ生まれのフランシスコ会司祭，日本宣教師。
⇒新カト（ベルタン　1870.7.4-1968.7.8）

Bertini, Francesca
イタリア生まれの女優。
⇒岩世人（ベルティーニ　1888.4.11-1985.10.13）

Bertini, Gary
イスラエルの指揮者。
⇒新音中（ベルティーニ，ガリー　1927.5.1-）
　ユ著人（Bertini, Gary　ベルティーニ，ガーリー　1927-）

Berto, Andre
アメリカのプロボクサー。
⇒外16（ベルト，アンドレ　1983.9.7-）
　最世ス（ベルト；アンドレ　1983.9.7-）

Berto, Giuseppe
イタリアの小説家。ネオレアリズモ風の手法で出発し，のち心理主義アンチ・ロマンに転じた。
⇒現世文（ベルト，ジュゼッペ　1914.12.27-1978.11.2）

Bertocci, Aldo
イタリアのテノール歌手。
⇒失声（ベルトッチ，アルド　1915-2004）
　魅惑（Bertocci, Aldo　1920-）

Bertolo, Aldo
イタリアのテノール歌手。
⇒失声（ベルトロ，アルド　?）
　魅惑（Bertolo, Aldo　?-）

Bertolucci, Attilio
イタリアの詩人。主著『11月の火』（1934）。
⇒現世文（ベルトルッチ，アッティーリオ　1911.11.18-2000.6.14）

Bertolucci, Bernardo
イタリアの映画監督。
⇒岩世人（ベルトルッチ　1941.3.16-）
　映監（ベルトルッチ，ベルナルド　1940.3.16-）
　外12（ベルトルッチ，ベルナルド　1941.3.16-）
　外16（ベルトルッチ，ベルナルド　1940.3.16-）
　ネーム（ベルトルッチ　1940-）

Berton, Germaine
フランスの政治運動「カムロ・デュ・ロワ（王党派員）」の指導者モーリス・プラトーの暗殺者。
⇒世暗（ベルトン，ジェルメーヌ　1902-1942）

Bertoni, Giulio
イタリアの言語学者。トリノ大学，ローマ大学でロマンス語言語学の講座を担当，国際的に著

名な学者。
⇒岩世人（ベルトーニ　1878.8.26–1942.5.28）

Bertram, Ernst
ドイツの詩人,文学史家,随筆家。『ニーチェ研究』(1918)を発表。
⇒岩世人（ベルトラム　1884.7.27–1957.5.3）
　現世文（ベルトラム,エルンスト　1884.7.27–1957.5.2）
　ネーム（ベルトラム　1884–1957）

Bertram, Holli
アメリカの作家。
⇒海文新（バートラム,ホリー）

Bertrand, Gabriel Émiel
フランスの生化学者。
⇒岩生（ベルトラン　1867–1962）
　化学（ベルトラン　1867–1962）

Bertrand, Gustave
フランスの暗号解読者。
⇒スパイ（ベルトラン,ギュスタヴ　1896–1976）

Bertrand, Jean-Pierre
フランス生まれの画家。
⇒芸13（ベルトラン,ジェーン・ピエール　1937–）

Bertrand, Louis
ベルギーの社会主義者。
⇒学叢思（ベルトラン,ルイ　1856–?）

Bertrand, Louis Marie Emile
フランスの小説家,評論家。『恋人ペペート』(1904)など,北アフリカを舞台にした小説が多い。
⇒岩世人（ベルトラン　1866.3.20–1941.12.6）
　現世文（ベルトラン,ルイ・マリー・エミリー　1866.3.20–1941.12.6）

Bertucelli, Julie
フランスの映画監督,脚本家。
⇒外16（ベルトゥチェリ,ジュリー　1968–）

Beruete, Aureliano de
スペインの文筆家,画家,収集家。
⇒岩世人（ベルエテ　1845.9.27–1912.1.5）

Berve, Helmut
ドイツの歴史家。古代史を専攻。
⇒岩世人（ベルフェ　1896.1.22–1979.4.6）

Beryakovich, Valerii Romanovich
ロシアの演出家。
⇒岩世人（ベリャコーヴィチ　1950.8.26–）

Berzin, Yan Karlovich
ソビエト軍の情報機関（GRU）の局長。在職1924～38。
⇒スパイ（ベルズィン,ヤン・カルロヴィチ　1889–1938）

Bērziņš, Andris
ラトビアの政治家,銀行家。ラトビア大統領（2011～15）。
⇒外12（ベルジンシュ,アンドリス　1944.12.10–）
　外16（ベルジンシ,アンドリス　1944.12.10–）
　世指導（ベルジンシ,アンドリス　1944.12.10–）

Berzins, Andris
ラトビアの政治家。ラトビア首相。
⇒世指導（ベルジンシ,アンドリス　1951.8.4–）

Bērziņš, Indulis
ラトビアの政治家。ラトビア外相。
⇒世指導（ベルジンシ,インドリス）

Besacier, Laurence
フランス生まれの画家。
⇒芸13（ブザシェ,ローレンス　?–）

Besancenot, Oliver
フランスの政治家。
⇒外12（ブザンスノ,オリビエ）
　外16（ブザンスノ,オリヴィエ　1974–）
　世指導（ブザンスノ,オリヴィエ　1974–）

Besant, Annie
イギリスの女性社会改革家。新マルサス主義者。
⇒岩世人（ベザント　1847.10.1–1933.9.20）
　学叢思（ベザント,アンニー　1847–?）
　新カト（ベザント　1847.10.1–1933.9.20）
　南ア新（ベサント　1847–1933）

Bescher, Robert Henry
アメリカの大リーグ選手（外野）。
⇒メジャ（ベッシャー,ボブ　1884.2.25–1942.11.29）

Besicovitch, Abram Samoilovitch
ソ連（ウクライナ）の数学者。
⇒数辞（ベシコビッチ,アブラム・サモレビッチ　1891–1970）
　ユ著人（Besicovich,Abram Samoilovitch　ベシコヴィッチ,アブラム・サモイロヴィッチ　1891–1970）

Beskow, Elsa
スウェーデンの画家,童話作家。
⇒絵本（ベスコフ,エルサ　1874–1953）

Besma, Piero
イタリアのテノール歌手。
⇒魅惑（Besma,Piero　?–）

Besnard, Paul Albert
フランスの画家。1874年ローマ大賞受賞。1913年フランス・アカデミー総裁。
⇒岩世人（ベナール　1849.6.2–1934.12.4）
　芸13（ベナール,ポール・アルベール　1849–1922）
　ネーム（ベナール　1849–1934）

Besredka, Alexandre
ロシア生まれの病理学者。
⇒岩世人 (ベスレドカ　1870.3.27/4.8–1940.2.28)

Bessa Luís, (Maria) Agustina (Ferreira Teixeira)
ポルトガルの作家。
⇒岩世人 (ベッサ・ルイス　1922.10.15–)

Besse, Jean-Martial
フランスのベネディクト会員,教会史家,ジャーナリスト。
⇒新カト (ベス　1861.10.29–1920.7.26)

Besseler, Heinrich
ドイツの音楽学者。音楽辞典 "M.G.G." の執筆者。主著『中世とルネサンスの音楽』(1931〜34)。
⇒岩世人 (ベッセラー　1900.4.2–1969.7.25)
　新音中 (ベッセラー,ハインリヒ　1900.4.2–1969.7.25)
　標音2 (ベッセラー,ハインリヒ　1900.4.2–1969.7.25)

Besser, Roy
イギリスのイラストレーター。
⇒芸13 (ベッサー,ロイ　1923–)

Bessette, André
カナダの修道士,聖人。祝日1月6日。
⇒新カト (アンドレ・ベセット　1845.8.9–1937.1.6)

Bessie, Alvah
アメリカの小説家,ジャーナリスト,脚本家。
⇒ヘミ (ベッシー,アルヴァ　1904–1985)

Bessmertnykh, Aleksandr
ロシアの政治家,外交官。ソ連外相。
⇒岩世人 (ベッスメルトヌイフ　1933.11.10–)

Besson, Luc
フランス・パリ生まれの映画監督。
⇒岩世人 (ベッソン　1959.3.18–)
　映監 (ベッソン,リュック　1959.3.18–)
　外12 (ベッソン,リュック　1959.3.18–)
　外16 (ベッソン,リュック　1959.3.18–)

Bessonova, Anna
ウクライナの新体操選手。
⇒外12 (ベッソノワ,アンナ　1984.6.29–)
　最世ス (ベッソノワ,アンナ　1984.6.29–)

Bessy, Claude
フランスのダンサー,バレエ学校長。
⇒外12 (ベッシー,クロード)

Best, Charles Herbert
カナダの生理学者。インシュリン抽出に成功。主著『人体』(1923)。
⇒岩世人 (ベスト　1899.2.27–1978.3.31)

旺生5 (ベスト　1899–1978)

Best, Elsdon
ニュージーランドのマオリ文化研究者。
⇒ニュー (ベスト,エルスドン　1856–1931)

Best, George
イギリスのサッカー選手。
⇒異二辞 (ベスト[ジョージ・〜]　1946–2005)
　岩世人 (ベスト　1946.5.22–2005.11.25)
　ネーム (ベスト,ジョージ　1946–2005)

Best, Pete
イギリスのドラム奏者。ビートルズのメンバー。
⇒ビト改 (BEST,PETE　ベスト,ピート)

Best, S.Payne
イギリスのインテリジェンス・オフィサー。
⇒スパイ (ベスト,S・ペイン　1885–1978)

Besteiro, Julián
スペイン社会党の指導者。マドリード大学の論理学教授。
⇒岩世人 (ベステイロ　1870.9.21–1940.9.27)

Bester, Alfred
アメリカのSF作家。『破壊された男』(1952)が出世作。またテレビ作家兼プロデューサーとしても著名。
⇒現世文 (ベスター,アルフレッド　1913.12.18–1987.9.30)
　ネーム (ベスター,アルフレッド　1913–1987)

Bestor, Theodore C.
アメリカの文化人類学者,日本研究者。ハーバード大学教授。
⇒外12 (ベスター,テオドール)
　外16 (ベスター,テオドール　1951–)

Betancourt, Ingrid
コロンビアの政治家。コロンビア元大統領候補。
⇒世指導 (ベタンクール,イングリッド　1961–)

Betancourt, Rafael Jose
ベネズエラの大リーグ選手(投手)。
⇒メジャ (ベタンクール,ラファエル　1975.4.29–)

Betancourt, Rómulo
ベネズエラの政治家。1958〜63年大統領。
⇒岩世人 (ベタンクール　1908.2.22–1981.9.28)
　ラテ新 (ベタンクール　1908–1981)

Betancourt, Yuniesky
キューバの大リーグ選手(遊撃)。
⇒メジャ (ベタンクール,ユニエスキー　1982.1.31–)

Bethânia, Maria
ブラジルの歌手。
⇒標音2 (ベターニア,マリーア　1946.6.18–)

Bethe, Albrecht
ドイツの生理学者。
⇒岩世人（ベーテ　1872.4.25–1954.10.19）

Bethe, Hans Albrecht
アメリカの物理学者。
⇒岩世人（ベーテ　1906.7.2–2005.3.6）
　現科大（ベーテ，ハンス・アルブレヒト　1906–2005）
　広辞7（ベーテ　1906–2005）
　三新物（ベーテ　1906–2005）
　天文辞（ベーテ　1906–2005）
　天文大（ベーテ　1906–2005）
　ノベ3（ベーテ,H.A.　1906.7.2–2005.3.6）
　物理（ベーテ，ハンス・アルブレヒト　1906–2005）
　ユ著人（Bethe,Hans Albrecht　ベーテ，ハンス・アルブレヒト　1906–）

Bethell, Ernest Thomas
イギリスのジャーナリスト。大韓毎日申報社創立者。
⇒岩世人（ベセル　1872.11.3–1909.5.1）
　韓朝新（ベセル　1872–1909）
　朝韓4（ベッセル,E.T.　1872–1909）

Bethge, Friedrich
ドイツの詩人，劇作家。
⇒岩世人（ベトゲ　1891.5.24–1963.9.17）

Bethge, Lutz
ドイツの実業家。
⇒外12（ベッケ，ルッツ　1955–）
　外16（ベッケ，ルッツ　1955–）

Bethléem, Louis
フランスのカトリック司祭。
⇒新カト（ベトレエム　1869.4.7–1940.8.18）

Bethlen, Graf Stefan
ハンガリーの反動的貴族主義者。
⇒学叢思（ベーテーレン，グラフ(伯)・ステファン）

Bethlen István
ハンガリーの政治家。
⇒岩世人（ベトレン　1874.10.8–1946.10.5）

Bethmann Hollweg, Theobald von
ドイツの政治家。1907年内相，09～17年ドイツ帝国宰相。
⇒岩世人（ベートマン＝ホルヴェーク　1856.11.29–1921.1.2）

Bethune, Mary McLeod
アメリカの黒人女性教育家。ベスーン・クックマン・カレッジ校長。
⇒アメ州（Bethune,Mary M.　ビートン，メリー・M.　1875–1955）

Bethune, Norman
カナダの外科医。スペイン内乱に人民戦線側の軍医として従軍。日中戦争では延安で医療活動をした。
⇒岩世人（ベチューン　1889.3.3–1939.11.12）
　中人小（白求恩　ベチューン，ノーマン　1890–1939）
　中日3（白求恩　1890–1939）

Béti, Mongo
カメルーン出身の作家。
⇒岩世人（ベティ　1932.6.30–2001.10.7）
　現世文（ベティ，モンゴ　1932.6.30–2001.10.8）
　広辞7（ベチ　1932–2001）

Betinho
ブラジルのサッカー選手。
⇒外12（ベッチーニョ　1966.6.14–）

Betjeman, *Sir* John
イギリスの詩人，地誌作者。主著『シオン山』(1933)。
⇒岩世人（ベッチェマン　1906.8.28–1984.5.19）
　現世文（ベッチェマン，ジョン　1906.8.28–1984.5.19）

Betocchi, Carlo
イタリアのカトリック詩人。主著『詩集』(1955)。
⇒現世文（ベトッキ，カルロ　1899.1.23–1986.5.25）

Bettany, Paul
イギリスの俳優。
⇒外12（ベタニー，ポール　1971–）

Bettel, Xavier
ルクセンブルクの政治家。ルクセンブルク首相。
⇒外16（ベッテル，グザビエ　1973.3.3–）
　世指導（ベッテル，グザヴィエ　1973.3.3–）

Bettelheim, Bruno
オーストリア生まれのアメリカで活躍した精神分析学者，教育心理学者。情緒障害児，自閉症児の治療と教育に精神分析学の方法を導入した。
⇒現社（ベッテルハイム　1903–1990）
　現精（ベッテルハイム　1903–1990）
　現精縮（ベッテルハイム　1903–1990）
　精分岩（ベッテルハイム，ブルーノ　1903–1990）
　精分弘（ベッテルハイム，ブルーノ　1903–1990）
　メル別（ベテルハイム，ブルーノ　1903–1990）

Bettelheim, Charles
フランスの経済学者。経済計画理論の専門家。1948年以降高等学術研究院教授。
⇒岩世人（ベトレーム　1913.11.20–2006.6.20）

Bettencourt, Matt
アメリカのプロゴルファー。
⇒外12（ベッテンコート，マット　1975.4.12–）
　外16（ベッテンコート，マット　1975.4.12–）
　最世ス（ベッテンコート，マット　1975.4.12–）

Bettger, Lyle
アメリカの男優。
⇒ク俳（ベトガー，ライル　1915–）

Betti, Emilio
イタリアの法学者, 哲学者。
⇒岩世人（ベッティ　1890.8.20–1968.8.11）

Betti, Ugo
イタリアの劇作家, 詩人, 小説家。ピランデッロ以後最大の劇作家といわれる。主著『裁判所の腐敗』(1949)。
⇒岩世人（ベッティ　1892.2.4–1953.6.9）
　現世文（ベッティ, ウーゴ　1892.2.4–1953.6.9）

Bettignies, Louise
フランスのレジスタンス闘士。
⇒スパイ（ド・ベッティニー, ルイーズ　1880–1918）

Bettini, Paolo
イタリアの自転車選手。
⇒最世ス（ベッティーニ, パオロ　1974.4.1–）

Bettis, Jerome
アメリカのプロフットボール選手(RB)。
⇒外16（ベティス, ジェローム　1972.2.16–）

Betto, Frei
ブラジル出身の神学者。
⇒岩世人（ベット　1944.8.25–）

Betts, Arlington Ulysses
アメリカの実業家。
⇒アア歴（Betts,Arlington U（lysses　ベッツ, アーリントン・ユリシーズ　1868.12.1–1957）

Betz, Johannes
ドイツのカトリック教義学者。
⇒新カト（ベッツ　1914.8.20–1984.6.15）

Betzig, Eric
アメリカの物理化学者, 顕微鏡学者。
⇒外16（ベツィグ, エリック　1960.1.13–）
　化学（ベツィグ　1960–）

Bet Zouri, Eliahu
中東におけるイギリスの弁理公使モイン卿の暗殺者。
⇒世暗（ベット・ズーリ, エリアフ　1922–1945）

Beukes, Lauren
南アフリカの作家。
⇒海文新（ビュークス, ローレン　1976.6.5–）
　現世文（ビュークス, ローレン　1976.6.5–）

Beumann, Helmut
ドイツの歴史家。
⇒岩世人（ボイマン　1912.10.23–1995.8.14）

Beureueh, Muhammad Daud
インドネシア, アチェのウラマー, 政治・軍事指導者。
⇒岩世人（ブルエ, ムハマッド・ダウド　1899.9.15–1987.6.10）

Beurling, Arne Karl-August
スウェーデンの数学者。
⇒世数（ブーリン, アルネ・カール-アウグスト　1905–1986）

Beurling, George Frederick
カナダ出身のイギリスの戦闘機操縦者。
⇒異二辞（バーリング［ジョージ・フレデリック・～］　1921–1948）

Beuron, Yann
テノール歌手。
⇒魅惑（Beuron,Yann　?–）

Beutler, Bruce Alan
アメリカの免疫学者, 遺伝学者。
⇒岩世人（ボイトラー　1957.12.29–）
　外12（ボイトラー, ブルース）
　外16（ボイトラー, ブルース　1957.12.29–）
　ネーム（ボイトラー　1957–）
　ノベ3（ボイトラー,B.　1957.12.29–）

Beutler, Ernst
ドイツの文学史家。ゲーテの研究者で"Goethekalender"(1929～43)を刊行。
⇒岩世人（ボイトラー　1885.4.12–1960.11.8）

Beuve-Méry, Hubert
フランスのジャーナリスト。
⇒岩世人（ブーヴ＝メリ　1902.1.5–1989.8.6）

Beuys, Joseph
ドイツの美術家。1952年金属彫刻で「鋼鉄と義足」賞受賞。61年国立デュッセルドルフ美術アカデミーの彫刻科教授。
⇒岩世人（ボイス　1921.5.12–1986.1.23）
　広辞7（ボイス　1921–1986）
　ネーム（ボイス　1921–1986）

Bevacqua, Antonio
イタリアのテノール歌手。
⇒魅惑（Bevacqua,Antonio　1941–）

Bevan, Aneurin
イギリスの政治家。1951年労働相。自伝 "In Place of Fear" (52)がある。
⇒岩世人（ベヴァン　1897.11.15–1960.7.6）
　広辞7（ベヴァン　1897–1960）

Bevan, Edward John
イギリスの化学者。クロスと共に, 人造絹糸を作ることに成功した。
⇒岩世人（ベヴァン　1856.12.11–1921.10.17）

Bevan, Tony
イギリス生まれの画家。
⇒芸13（ベーバン, トニー　1951–）

Beveridge, Albert Jeremiah
アメリカの政治家。1899～1911年連邦上院議員。12年T.ルーズベルトと進歩党結成。主著

Beveridge, William Henry Beveridge, 1st Baron, of Tuggal
イギリスの法律,経済学者。主著『失業問題』(1909),『自由社会における完全雇用』(44)。
⇒岩経（ベヴァリッジ　1879–1963）
　岩世人（ビヴァリッジ　1879.3.5–1963.3.16）
　社小増（ベヴァリッジ　1879–1963）
　有経5（ベヴァリッジ　1879–1963）

Beverly, Bill
アメリカの作家。
⇒現世文（ビバリー,ビル　1965–）

Beverly, Frankie
アメリカのミュージシャン。
⇒外12（ビバリー,フランキー）

Beverton, Raymond John Heaphy
イギリスの水産資源学者。
⇒岩世人（ベヴァートン　1922.8.29–1995.7.23）

Bevilacqua, Alberto
イタリアの作家。
⇒岩世人（ベヴィラックァ　1934.6.27–2013.9.9）
　現世文（ベヴィラックァ,アルベルト　1934.6.27–2013.9.9）

Bevin, Ernest
イギリスの労働運動指導者,政治家。1940〜45年労働相,45〜51年外相。北大西洋条約機構NATOの創設に努力。
⇒岩世人（ベヴィン　1881.3.7–1951.4.14）

Bewley, Luther Boone
アメリカの教育者。
⇒アア歴（Bewley,Luther B（oone）　ビューリー,ルーサー・ブーン　1876.4.28–1967.12.29）

Beyala, Calixthe
カメルーンの小説家。
⇒岩世人（ベヤラ　1961–）
　現世文（ベヤーラ,カリズ）

Beyer, Henry Otley
アメリカの人類学者。
⇒アア歴（Beyer,H（enry）Otley　ベイアー,ヘンリー・オトリー　1883.7.13–1966.12.31）
　岩世人（バイヤー　1883.7.13–1966.12.31）

Beyer, Marcel
ドイツの作家。
⇒現世文（バイアー,マルセル　1965–）

Beyer, Markus
ドイツのプロボクサー。
⇒最世ス（バイエル,マルクス　1971.4.28–）

Beyle, Leon
フランスのテノール歌手。1898〜1914年パリ・オペラ・コミークの第1テノール。
⇒失声（ベイル,レオン　1871–1922）
　魅惑（Beyle,Leon　1871–1922）

Beymer, Richard
アメリカの男優。
⇒ク俳（ベイマー,リチャード（ベイマー,ジョージ,ジュニア）　1938–）

Beynon, Emily
イギリスのフルート奏者。
⇒外12（ベイノン,エミリー　1969–）
　外16（ベイノン,エミリー　1969–）

Beyonce
アメリカの歌手,女優。
⇒外12（ビヨンセ　1981.9.4–）
　外16（ビヨンセ　1981.9.4–）

Beyron, Ejnar
スウェーデンのテノール歌手。
⇒魅惑（Beyron,Ejnar　1901–1979）

Bezaly, Sharon
イスラエルのフルート奏者。
⇒外12（ベザリー,シャロン　1972–）
　外16（ベザリー,シャロン　1972–）

Bezdüz, Bülent
トルコのテノール歌手。
⇒魅惑（Bezdüz,Bülent　?–）

Bezmozgis, David
ソ連生まれの作家。
⇒外12（ベズモーズギス,デービッド　1973–）
　外16（ベズモーズギス,デービッド　1973–）
　現世文（ベズモーズギス,デービッド　1973–）

Bezold, Carl Christian Ernst
ドイツのセム学者,アッシリア学者。大英博物館所蔵の楔形文書の目録を完成。
⇒岩世人（ベーツォルト　1859.5.18–1922.11.21）

Bezold, Gustav von
ドイツの美術史家。ゲルマン美術館長（1892〜1900）。
⇒岩世人（ベーツォルト　1848.7.17–1934.4.22）

Bezold, Wilhelm von
ドイツの気象学者,地球磁気学者。プロイセン中央気象台長（1885）。
⇒岩世人（ベーツォルト　1837.6.21–1907.2.17）

Bezos, Jeff
アメリカの実業家。
⇒外12（ベゾス,ジェフェリー　1964.1.12–）
　外16（ベゾス,ジェフ　1964.1.12–）
　世発（ベゾス,ジェフリー・プレストン　1964–）

Bezruč, Petr
チェコの詩人。詩集『シレジアの歌』(1906)の作者。
⇒岩世人（ベズルチ　1867.9.15–1958.2.17）
現世文（ベズルチ, ペトル　1867.9.15–1958.2.17）

Bezuyen, Arnold
テノール歌手。
⇒魅惑（Bezuyen,Arnold　?–）

Bezymenskii, Aleksandr Il'ich
ソ連の詩人。プロレタリア文学運動の中心メンバー。
⇒現世文（ベズイメンスキー, アレクサンドル　1898.1.18–1973.6.26）

Bezzenberger, Adalbert
ドイツの言語学者。バルト海沿岸諸国語の言語学を研究。
⇒岩世人（ベッツェンベルガー　1851.4.14–1922.10.31）

Bezzerides, Albert
トルコ生まれのアメリカの脚本家, 作家。
⇒現世文（ベゼリデス, アルバート　1908.8.8–2007.1.1）

Bhabha, Homi
インド出身の批評家。
⇒国政（バーバ, H.K.（ホミ）　1949–）

Bhabha, Homi Jehangir
インドの物理学者。カスケードシャワーの理論で知られる。
⇒岩世人（バーバー　1909.10.30–1966.1.24）
　三新物（バーバー　1909–1966）
　物理（バーバー, ホーミ・ジャハンギール　1909–1966）

Bhagat Singh, Sardar
パンジャーブ出身の独立運動家, 革命家, テロリスト。
⇒南ア新（バカット・シン　1907–1931）

Bhagwati, Jagdish Notwarlal
アメリカの経済学者。
⇒岩経（バグワッティ　1934–）
　岩世人（バグワッティー　1934.6.26–）
　外16（バグワティ, ジャグディシュ　1934.7.26–）

Bhandari, Bidhya Devi
ネパールの政治家。ネパール大統領（2015～）。
⇒世指導（バンダリ, ビドヤ・デビ　1961.6.19–）

Bhandarkar, Ramkrishna Gopal
インドの東洋学者。宗教改革者としても活動。
⇒岩世人（バンダルカル　1837.7.6–1925.8.24）
　新佛3（バンダルカル　1837–1925）

Bhāratī, Subrahmanya
インドのタミル語の詩人。民族主義運動に傾斜。
⇒現世文（バーラティー, スブラマンヤ　1882.12.21–1921.9.11）
　南ア新（バーラティー　1882–1921）

Bhargava, Manjul
カナダ（インド系）の数学者。
⇒世数（バルガヴァ, マンジュル　1974–）

Bhargava, Ravindra Chandra
インドの実業家。マルチ・スズキ会長。
⇒外12（バルガバ, ラビンドラ・チャンドラ）
　外16（バルガバ, ラビンドラ・チャンドラ）

Bhāshānī, Maulānā Abdul Hamīd Khan
バングラデシュの政治家。少数派である民族人民党に拠り, 与党アワミ連盟の指導者ラフマーン首相の新政府に対立する。
⇒岩イ（モウラナ・バシャニ　1880–1976）

Bhātkhaṇde, Viṣṇu Nārāyaṇ
インドの音楽学者。
⇒南ア新（バートカンデー　1860–1936）
　標音2（バートカンデ, ヴィシュヌ・ナーラーヤナ　1860.8.10–1936.9.19）

Bhatt, Ela Ramesh
インドの人権活動家。
⇒外16（バット, エラ・ラメシュ　1933–）

Bhattacharya, Bhabani
インドのジャーナリスト, 英語小説家。
⇒現世文（バータチャーリヤ, バーバーニ　1906.11.10–1988.10.9）

Bhattarai, Baburam
ネパールの政治家。ネパール首相。
⇒外12（バタライ, バブラム　1954.6.18–）
　外16（バタライ, バブラム　1954.6.18–）
　世指導（バタライ, バブラム　1954.6.18–）

Bhattarai, Krishna Prasad
ネパールの政治家。ネパール首相, ネパール会議派（NCP）総裁。
⇒世指導（バタライ, クリシュナ・プラサド　1924.12.24–2011.3.4）

Bhatti, Shahbaz
パキスタンの政治家。パキスタン少数者問題担当相。
⇒世指導（バッティ, シャフバズ　1968.9.9–2011.3.2）

Bhichai Rattakul
タイの政治家。タイ副首相, タイ民主党党首。
⇒世指導（ピチャイ・ラッタクン　1926.9.16–）

Bhimsain, Khurana
インド・アニメーションの先駆者。
⇒アニメ（ビームサイン, クーラナ　1936–）

Bhindranwale, Sant Jarnail Singh
インドの政治家, シク教徒過激派の指導者。
⇒南ア新（ビンドラーンワレー　1947–1984）

Bhosle, Asha
インドの歌手。
⇒岩世人（ボースレー　1933.9.8–）

Bhownagary, Jehangir
インドのアニメーションの先駆者。
⇒アニメ（ボーナガリ, ジェハンギル　1921–）

Bhuiyan, Momtaz
バングラデシュの実業家。
⇒外12（ブイヤン, モムタズ・ウッディン）

Bhupathi, Mahesh
インドのテニス選手。
⇒外12（ブパシ, マヘシュ　1974.6.7–）
　外16（ブパシ, マヘシュ　1974.6.7–）
　最世ス（ブパシ, マヘシュ　1974.6.7–）

Bhusdee Navavichit
タイの通訳, 翻訳家。
⇒外16（ブッサディー・ナーワーウィチット　1949.2.23–）

Bhutto, Benazir
パキスタンの政治家。元大統領ズルフィカル＝アリ＝ブット（1928～1979）の長女。1988～90年,93～96年首相。
⇒岩イ（ブットー, ベーナズィール　1953–）
　岩世人（ブットー　1953.6.21–2007.12.27）
　広辞7（ブットー　1953–2007）
　政経改（ブット　1953–）
　世指導（ブット, ベナジル　1953.6.21–2007.12.27）
　世人新（ブットー（ブット）　1953–2007）
　世人装（ブットー（ブット）　1953–2007）
　南ア新（ブットー　1953–2007）
　ポプ人（ブット, ベナジール　1953–2007）

Bhutto, Zulfikār Alī Khan
パキスタンの政治家。パキスタン大統領, パキスタン人民党（PPP）党首。
⇒岩イ（ブットー, ズルフィカール　1928–1979）
　岩世人（ブットー　1928.1.5–1979.4.4）
　南ア新（ブットー　1927–1979）

Bhutto Zardari, Bilawal
パキスタンの政治家。
⇒外12（ブット, ビラワル　1988.9–）
　外16（ブット・ザルダリ, ビラワル　1988.9.21–）
　世指導（ブット・ザルダリ, ビラワル　1988.9.21–）

Biaggi, Max
イタリアのオートバイライダー。
⇒外12（ビアッジ, マックス　1971.6.26–）
　最世ス（ビアッジ, マックス　1971.6.26–）

Bialik, Hayyim Nahman
ロシア系ユダヤ人のヘブライ詩人。代表作『孤児の時代』（1934）。
⇒岩世人（ビアリク　1873.1.9–1934.7.4）
　現世文（ビアリク, ハイム・ナハマン　1873.1.9–1934.7.4）
　ユ著人（Bialik,Hayyim (Chaim) Nahman (Nachman)　ビアリク, ハイーム・ナーマン　1873–1934）

Bialostocki, Jan
ポーランドの美術史家。西洋近世美術史を専攻し, 同時に美術理論や美術史学方法論の分野の業績においても知られる。
⇒岩世人（ビャウォストツキ　1921.8.14–1988.12.25）

Bialoszewski, Miron
ポーランドの詩人。
⇒岩世人（ビャウォシェフスキ　1922.6.30–1983.6.17）

Bianchi, Carlos
アルゼンチンのサッカー監督。
⇒外12（ビアンチ, カルロス　1949.3.26–）
　外16（ビアンチ, カルロス　1949.3.26–）
　最世ス（ビアンチ, カルロス　1949.3.26–）

Bianchi, Luigi
イタリアの数学者。
⇒岩世人（ビアンキ　1856.1.18–1928.6.6）
　世数（ビアンキ, ルイジ　1856–1928）

Bianchi, Marco
テノール歌手。
⇒魅惑（Bianchi,Marco　?–）

Bianchi, Michele
イタリアのファシスト政治家。
⇒岩世人（ビアンキ　1883.7.22–1930.2.3）

Bianchi Bandinelli, Ranuccio
イタリアの考古学者, 古代美術史家。ギリシア・ローマ美術を社会構造主義的立場から論じ, イタリアにおける古典考古学の隆昌の礎を築いた。
⇒岩世人（ビアンキ・バンディネッリ　1900.2.19–1975.1.17）

Bianciotti, Hector
フランスの作家。
⇒現世文（ビアンショッティ, エクトール　1930.3.18–2012.6.12）

Bianco, Lucien
フランスの中国研究者。
⇒岩世人（ビアンコ　1930–）

Bianco, Margery Williams
イギリス生まれの児童文学作家。
⇒現世文（ビアンコ, マージャリー・ウィリアムス　1881.7.22–1944.9.4）

Bianki, Vitalii V.
ロシアの児童文学者。
⇒絵本（ビアンキ, ヴィターリー　1894–1959）
ボブ人（ビアンキ, ビタリイ　1894–1959）

Biaussat, Raymond
フランス生まれの画家。
⇒芸13（ビオーサ, レイモンド　1932–）

Bibby, James Blair
アメリカの大リーグ選手（投手）。
⇒メジャ（ビビー, ジム　1944.10.29–2010.2.16）

Bibby, Mike G.
アメリカのバスケットボール選手。
⇒最世ス（ビビー, マイク　1978.5.13–）

Bibhūtibhūṣan Bandyopādhyāy
インドのベンガル語作家。
⇒現世文（ビブティブション・ボンドパッダエ　1894.9.12–1950.11.1）

Bichette, Dante
アメリカの大リーグ選手（外野）。
⇒メジャ（ビシェット, ダンテ　1963.11.18–）

Bichsel, Peter
スイスの作家。
⇒現世文（ビクセル, ペーター　1935.3.24–）

Bick, Esther
ポーランド生まれのクライン派の児童分析家。タビストック方式の乳幼児観察の創案者。
⇒精分岩（ビック, エスター　1901–1983）

Bickel, Luke Washington
アメリカのバプテスト派教会宣教師, 福音丸船長。
⇒アア歴（Bickel,Luke Washington　ビッケル, ルーク・ワシントン　1866.9.21–1917.5.11）
岩世人（ビッケル　1866.9.21–1917.5.11）

Bickels-Spitzer, Zvi
レンベルク生まれのイディッシュ語劇作家, 書評家。
⇒ユ著人（Bickels-Spitzer,Zvi　ビッケルス＝スピッツァー, ツヴィ　1887–1917）

Bickford, Charles
アメリカの俳優。
⇒ク俳（ビックフォード, チャールズ　1889–1967）

Bickmore, Albert Smith
アメリカの博物学者。
⇒アア歴（Bickmore,Albert Smith　ビックモア, アルバート・スミス　1839.3.1–1914.8.12）

Bicknell, John Warren
アメリカの実業家。
⇒アア歴（Bicknell,John W (arren)　ビックネル, ジョン・ウォーレン　1886.12.5–1961.6.21）

Bidault, Georges
フランスの政治家。戦後首相, 外相, 国防相を歴任, 終始一貫してドイツ封じ込め, 植民地の維持を主張。
⇒岩世人（ビドー　1899.10.5–1983.1.27）

Biddulph, Steve
オーストラリアの心理学者。
⇒外12（ビダルフ, スティーブ　1953–）
外16（ビダルフ, スティーブ　1953–）

Bidel, François
フランスの猛獣使い。
⇒19仏（ビデル, フランソワ　1839.10.23–1909.12.24）

Biden, Joseph, Jr.
アメリカの政治家。アメリカ副大統領, 上院議員（民主党）。
⇒外12（バイデン, ジョセフ (Jr.)　1942.11.20–）
外16（バイデン, ジョセフ Jr.　1942.11.20–）
世指導（バイデン, ジョセフ (Jr.)　1942.11.20–）

Bidzinski, Boguslaw
ポーランドのテノール歌手。
⇒魅惑（Bidzinski,Boguslaw　1973–）

Bie, Oscar
ドイツの音楽批評家。
⇒ユ著人（Bie,Oscar　ビー, オスカル　1864–1938）

Bieber, Clemens
ドイツのテノール歌手。
⇒魅惑（Bieber,Clemens　1956–）

Bieber, Justin
カナダのシンガー・ソングライター。
⇒外12（ビーバー, ジャスティン　1994.3.1–）
外16（ビーバー, ジャスティン　1994.3.1–）

Bieberbach, Ludwig
ドイツの数学者。函数論の権威で, 現代の等角写像論は彼に負う所が多い。
⇒岩世人（ビーベルバッハ　1886.12.4–1982.9.1）
数辞（ビーベルバッハ, ルードウィッヒ　1886–1982）

Biedenkopf, Kurt Hans
ドイツの政治家, 法学者。
⇒岩世人（ビーデンコプ　1930.1.28–）

Biedermann, Paul
ドイツの水泳選手（自由形・背泳ぎ）。
⇒最世ス（ビーデルマン, パウル　1986.8.7–）

Biegel, Paul
オランダの児童文学者。
⇒現世文（ビーヘル, パウル　1925–2006）

Biehn, Michael
アメリカ生まれの俳優。

Biel, Barbara
アメリカ生まれの女性作家。
⇒芸13（ビュール，バーバラ　1957–）

Biel, Jessica
アメリカの女優。
⇒外12（ビール，ジェシカ　1982.3.3–）
　外16（ビール，ジェシカ　1982.3.3–）

Biel, Julián
スペインのテノール歌手。
⇒魅惑（Biel,Julián　1870–1945）

Bielecki, Andrzej
ポーランドのテノール歌手。
⇒魅惑（Bielecki,Andrzej　1907–1959）

Bielecki, Jan Krzysztof
ポーランドの政治家。ポーランド首相。
⇒世指導（ビエレツキ，ヤン・クシストフ　1951.5.3–）

Bielsa, Marcelo
アルゼンチンのサッカー監督。
⇒外12（ビエルサ，マルセロ　1955.7.21–）
　外16（ビエルサ，マルセロ　1955.7.21–）
　最世ス（ビエルサ，マルセロ　1955.7.21–）

Bienek, Horst
ドイツの詩人，小説家。詩文集『囚人の夢の本』（1957），長篇小説『独房』（68）を発表。
⇒現世文（ビーネク，ホルスト　1930.5.7–1990.12.7）

Bieniek, Christian
ドイツ，オーストリアの作家。
⇒海文新（レスマン,C.B.　1956–）
　現世文（レスマン,C.B.）

Bienvenu, Léon
フランスのジャーナリスト，作家。筆名「トゥシャトゥ」。
⇒19仏（ビアンヴニュ［トゥシャトゥ］，レオン　1835.3.25–1911.1）

Bier, August Karl Gustav
ドイツの外科医。部分的炎症の療法として能動的および受動的充血による方法を提唱した。ドイツ体育大学創立者の一人でその初代総長。
⇒岩世人（ビーア　1861.11.24–1949.3.12）

Bier, Johannes
テノール歌手。
⇒魅惑（Bier,Johannes　?–）

Bier, Susanne
デンマークの映画監督。
⇒外12（ビア，スサンネ　1960–）
　外16（ビア，スサンネ　1960–）

Bierbauer, Louis W.
アメリカの大リーグ選手（二塁）。
⇒メジャ（バイアーバウアー，ルー　1865.9.23–1926.1.31）

Bierbaum, Otto Julius
ドイツの作家，ジャーナリスト。
⇒岩世人（ビーアバウム　1865.6.28–1910.2.1）
　現世文（ビーアバウム，オットー・ユーリウス　1865.6.28–1910.2.1）

Bierce, Ambrose Gwinnett
アメリカのジャーナリスト，作家。『悪魔の辞典』（1906）で有名。
⇒アメ州（Bierce,Ambrose　ビアス，アンブローズ　1842–1914）
　岩世人（ビアス　1842.6.24–1914頃）
　広辞7（ビアス　1842–1914頃）
　新カ卜（ビアース　1842.6.24–1914）
　比文増（ビアス（アンブローズ）　1842（天保13）–1914?（大正3））

Biermann, Wolf
ドイツの詩人。
⇒岩世人（ビーアマン　1936.11.15–）
　外16（ビーアマン，ヴォルフ　1936.11.15–）
　現世文（ビーアマン，ヴォルフ　1936.11.15–）

Biermer, Magnus
スイスの経済学者。
⇒学叢思（ビールマー，マグヌス　1861–?）

Bierstedt, Robert
アメリカの社会学者。
⇒社小増（ビーアステット　1913–）

Bierut, Boleslaw
ポーランドの政治家。1947〜52大統領，52〜4年首相を務めた。
⇒岩世人（ビェルト　1892.5.18–1956.3.12）

Bierut, Michael
アメリカのグラフィック・デザイナー。
⇒グラデ（Bierut,Michael　ビエルト，マイケル　1957–）

Bierwisch, Manfred
東ドイツの言語学者。構造主義的言語研究を東ドイツに定着させ，生成変形文法の理論の発展に貢献した。
⇒岩世人（ビーアヴィッシュ　1930.7.28–）

Big Bang Vader
アメリカのプロレスラー。
⇒外12（ビッグバン・ベイダー　1956.5.14–）
　外16（ビッグバン・ベイダー　1956.5.14–）

Bigbee, Brett
アメリカの画家。
⇒芸13（ビグビー，ブレット　1954–）

Bigbee, Carson Lee
アメリカの大リーグ選手（外野）。
⇒メジャ（ビグビー, カーソン　1895.3.31–1964.10.17）

Big Bopper
アメリカ・テキサス州サビーン・パス生まれのDJ, ソングライター。
⇒ロック（Big Bopper　ビッグ・ボッパー　1932.10.29–1959.2.3）

Bigelow
アメリカのプロレスラー。
⇒異ニ辞（ビガロ, クラッシャー・バンバン　1961–2007）

Bigelow, Frank Hagar
アメリカの気象学者。合衆国気象局に勤務し(1891〜1910)、その間、大気大循環に関する論文を発表。
⇒岩世人（ビグロー　1851.9.10–1924.3.2）

Bigelow, Kathryn
アメリカ生まれの映画監督, 映画脚本家。
⇒岩世人（ビグロー　1951.11.27–）
　映監（ビグロー, キャスリン　1951.11.27–）
　外12（ビグロー, キャスリン　1951.11.27–）
　外16（ビグロー, キャスリン　1951.11.27–）

Bigelow, Maurice Alpheus
アメリカの生物学者。1907年コロンビア大学教育学部の生物学教授となる。アメリカ性教育運動の大立物であるモロウの後継者として、この方面にも大きな業績をあげている。
⇒教人（ビゲロー　1872–）

Bigelow, William Sturgis
アメリカの医師。来日し、日本美術, 仏教研究を行う。
⇒アア歴（Bigelow,William Sturgis　ビゲロウ, ウイリアム・スタージス　1850.4.4–1926.10.6）

Biggers, Earl Derr
アメリカの推理小説家。
⇒現世文（ビガーズ, アール・デア　1884.8.24–1933.4.5）

Biggerstaff, Knight
アメリカの中国研究者。
⇒アア歴（Biggerstaff,Knight　ビガスタッフ, ナイト　1906.2.28–2001.5.13）

Biggio, Craig Alan
アメリカの大リーグ選手（二塁, 捕手）。
⇒外12（ビジオ, クレイグ　1965.12.14–）
　外16（ビジオ, クレイグ　1965.12.14–）
　最世ス（ビジオ, クレイグ　1965.12.14–）
　メジャ（ビジオ, クレイグ　1965.12.14–）

Biggs, Hermann Michael
アメリカの細菌学者, 公衆衛生学者。

⇒岩世人（ビッグズ　1859.9.29–1923.6.28）

Biggs, Power
アメリカのオルガン奏者。
⇒新音中（ビッグズ,E.パワー　1906.3.29–1977.3.10）
　標音2（ビッグズ, エドワード・パワー　1906.3.29–1977.3.10）

Bigiaretti, Libero
イタリアの詩人, 小説家。主著『なつかしい影』(1940),『泥棒学校』(52)。
⇒現世文（ビジャレッティ, リベロ　1906.5.16–1993.5.3）

Bigiev, Musa Jarulla
ヴォルガ・タタール人の改革派ウラマー。
⇒岩イ（ムーサー・ビギエフ　1875–1949）

Bigler, Regina Marie
アメリカの医療宣教師。
⇒アア歴（Bigler,Regina M (arie)　ビグラー, レジーナ・マリー　1860.3.29–1937.12.15）

Bigongiari, Piero
イタリアの詩人, 評論家。主著『バビロニアの娘』(1942)。
⇒現世文（ビゴンジャーリ, ピエロ　1914.10.15–1997.10.7）

Bigot, Georges Ferdinand
フランスの画家。日本美術を愛好し、その研究のため来日。
⇒岩世人（ビゴー　1860.4.7–1927.10.10）
　芸13（ビゴー, ジョルジュ　1860–1927）
　広辞7（ビゴー　1860–1927）
　ポプ人（ビゴー, ジョルジュ　1860–1927）

Big Show
アメリカのプロレスラー。
⇒外12（ビッグ・ショー　1972.2.8–）
　外16（ビッグ・ショー　1972.2.8–）

Bihlmeyer, Karl
ドイツのカトリック神学者, 教会史家。
⇒新カト（ビールマイアー　1874.7.7–1942.3.27）

Biittner, Lawrence David
アメリカの大リーグ選手（外野, 一塁）。
⇒メジャ（ビットナー, ラリー　1945.7.27–）

Biko, Stephen（Bantu）
南アフリカの政治活動家。
⇒岩キ（ビコ　1946–1977）
　岩世人（ビコ　1946.12.18–1977.9.12）

Biktimirov, Oleg
ロシアのテノール歌手。
⇒魅惑（Biktimirov,Oleg　1950–）

Bilac, Olavo Brás Martins dos

Guimarães
ブラジルの詩人,ジャーナリスト,評論家。児童を対象とした詩などを発表。
⇒現世文（ビラック,オラーヴォ　1865.12.16–1918.12.28）

Bilardo, Carlos
アルゼンチンのサッカー指導者。
⇒外12（ビラルド,カルロス　1939–）
　外16（ビラルド,カルロス　1939–）

Bilbo, Theodore Gilmore
アメリカの政治家。
⇒アメ州（Bilbo,Theodore Gilmore　ビルボー,セオドア・ギルモア　1877–1947）

Bilczewski, József
リヴォフの大司教,聖人。祝日3月20日。
⇒新カト（ユゼフ・ビルチェフスキ　1860.4.26–1923.3.20）

Bildt, Carl
スウェーデンの政治家。スウェーデン首相,ボスニア・ヘルツェゴビナ和平履行会議上級代表。
⇒外12（ビルト,カール　1949.7.15–）
　外16（ビルト,カール　1949.7.15–）
　世指導（ビルト,カール　1949.7.15–）

Bilenchi, Romano
イタリアの小説家。「ヌオーボ・コッリエーレ」などの新聞雑誌の編集長を務めた。
⇒現世文（ビレンキ,ロマノ　1909.11.9–1989.11.18）

Biles, *Sir* John Harvard
イギリスの造船家。グラスゴー大学教授（1891～1921）。駆逐艦〈ウォルフ〉号を用い,強度実験を船渠で行い（01～03）,理論と実験の一致を確めた。
⇒岩世人（バイルズ　1854–1933.10.27）

Biles, Simone
アメリカの体操選手。
⇒最新ス（バイルズ,シモーネ　1997.3.14–）

Bilharz, Alfons
ドイツの医者,哲学者。ジグマリンゲンの州立病院長（1878～）。
⇒岩世人（ビルハルツ　1836.5.2–1925.5.23）

Bilibin, Ivan Jakovlevich
ロシアの挿絵画家。
⇒絵本（ビリービン,イワン　1876–1942）

Bilk, Acker
イギリスのジャズ・クラリネット奏者。
⇒ロック（Bilk,Acker　ビルク,アッカー　1929.1.28–）

Bill, Max
スイス生まれの抽象彫刻家,画家,デザイナー。
⇒岩世人（ビル　1908.12.22–1994.12.9）
　グラデ（Bill,Max　ビル,マックス　1908–1994）
　芸13（ビル,マックス　1908–）
　広辞7（ビル　1908–1994）

Bill'-Belotserkovskii, Vladimir Naumovich
ロシア,ソ連の小説家,劇作家。戯曲『嵐』（1926）など。
⇒現世文（ビリ・ベロツェルコフスキー,ヴラジーミル・ナウモヴィチ　1885.1.9–1970.3.1）

Bille, Jean
イタリア生まれの画家。
⇒芸13（ビィエ,ジェーン　1925–）

Billerbeck, Paul
ドイツのプロテスタント神学者。シュトラックとの共著『タルムードおよびミドラシからの新約聖書註解』（1922～28）は,ユダヤ教文献と新約聖書との関係を明らかにしたもの。
⇒岩世人（ビラーベック　1853.4.4–1932.12.23）

Billetdoux, François
フランスの劇作家。俳優,ジャーナリスト,放送ディレクター,小説家としても活躍。
⇒現世文（ビエドゥー,フランソワ　1927.9.7–1991.11.26）

Billetdoux, Marie
フランスの作家。
⇒外12（ビエドゥー,マリー　1951.2.28–）
　現世文（ビエドゥー,マリー　1951.2.28–）

Billing, Auguste Lucien
フランスの宣教師。
⇒新カト（ビリング　1871.2.16–1955.11.7）

Billing, Gottfrid
スウェーデンのルター派神学者,政治家。
⇒岩世人（ビッリング　1841.4.29–1925.1.14）

Billinger, Richard
オーストリアの劇作家,詩人。『クリスマスイブ前夜』（1931）などの戯曲を残した。
⇒岩世人（ビリンガー　1890.7.20–1965.6.7）

Billingham, John Eugene
アメリカの大リーグ選手（投手）。
⇒メジャ（ビリンガム,ジャック　1943.2.21–）

Billingham, Mark
イギリスの作家。
⇒海文新（ビリンガム,マーク）
　現世文（ビリンガム,マーク）

Billings, John Shaw
アメリカの外科医。医学文献目録を刊行。
⇒岩世人（ビリングズ　1838.4.12–1913.3.11）

Billington, James Hadley
アメリカの歴史家。

⇒外12（ビリントン, ジェームズ　1929.6.1–）
外16（ビリントン, ジェームズ　1929.6.1–）

Billions, Clifford
テノール歌手。
⇒魅惑（Billions,Clifford　?–）

Billot, Louis
フランスのイエズス会神学者。近代主義に反対する立場をとった。
⇒新カト（ビヨ　1846.1.12–1931.12.18）

Billups, Chauncey
アメリカのバスケットボール選手（ピストンズ）。
⇒最世ス（ビラップス, チャンシー　1976.9.25–）

Billy, André
フランスの小説家, 評論家。
⇒現世文（ビイー, アンドレ　1882.12.13–1971.4.11）

Bilodeau, Alexandre
カナダのスキー選手（フリースタイル）。
⇒外12（ビロドー, アレクサンドル　1987.9.8–）
外16（ビロドー, アレクサンドル　1987.9.8–）
最世ス（ビロドー, アレクサンドル　1987.9.8–）

Bilozerchev, Dmitry Vladimirovich
ソ連の男子体操競技選手。
⇒岩世人（ビロゼールチェフ　1966.12.22–）

Bilson, Malcolm
アメリカのフォルテピアノ奏者。
⇒新音中（ビルソン, マルコム　1935.10.24–）
標音2（ビルソン, マルコム　1935.10.24–）

Bilson, Rachel
アメリカの女優。
⇒外12（ビルソン, レイチェル　1981.8.25–）

Bilston, Sarah
イギリス生まれの作家。
⇒海文新（ビルストン, サラ）

Binay, Jejomar
フィリピンの政治家, 法律家。フィリピン副大統領, マカティ市長。
⇒外16（ビナイ, ジェジョマル　1942.11.11–）
世指導（ビナイ, ジェジョマル　1942.11.11–）

bin Bāz, ‘Abd al-‘Azīz
サウジアラビアの法学者。
⇒岩イ（イブン・バーズ　1912–1999）
岩世人（ビン・バーズ, アブドゥルアズィーズ　1912–1999.5.24）

Binchy, Maeve
アイルランドの女性小説家。
⇒現世文（ビンチー, メイブ　1940.5.28–2012.7.30）

Binci, Mario
イタリアのテノール歌手。
⇒失声（ビンチ, マリオ　1914–2008）
魅惑（Binci,Mario　1918–）

Binder, Joseph
オーストリア生まれのデザイナー。
⇒グラデ（Binder,Joseph　ビンダー, ヨーゼフ　1898–1972）

Binder, Julius
ドイツの法哲学者。観念論の立場にたち, 法の理念は共同体にあり, 個人は共同体の一人としてのみ存在し得るとした。
⇒岩世人（ビンダー　1870.5.12–1939.8.28）

Binder, Mike
アメリカの映画監督, 脚本家。
⇒外12（バインダー, マイク　1958–）

Binding, Karl
ドイツの法学者, 歴史学者。ライプチヒ（1873～1913）大学教授。歴史法学派に属し, ローマ法やゲルマン法の歴史の研究がある。
⇒岩世人（ビンディング　1841.6.4–1920.4.7）

Binding, Rudolf Georg
ドイツの詩人, 小説家。
⇒岩世人（ビンディング　1867.8.13–1938.8.4）
現世文（ビンディング, ルードルフ・ゲオルグ　1867.8.13–1938.8.4）

Bindra, Abhinav
インドの射撃選手（ライフル）。
⇒外12（ビンドラ, アビナブ　1982.9.28–）
最世ス（ビンドラ, アビナブ　1982.9.28–）

Bindszus, Peter
ドイツのテノール歌手。
⇒魅惑（Bindszus,Peter　1938–）

Binet, Alfred
フランスの心理学者。知能検査の基礎を確立。
⇒岩世人（ビネー　1857.7.8–1911.10.18）
学叢思（ビネー, アルフレッド　1857–1911）
教思増（ビネー　1857–1911）
教人（ビネー　1857–1911）
現精（ビネー　1857–1911）
現精縮（ビネー　1857–1911）
広辞7（ビネー　1857–1911）
世界子（ビネー, アルフレッド　1857–1911）

Binet, Laurent
フランスの作家。
⇒外16（ビネ, ローラン　1972–）
海文新（ビネ, ローラン　1972.7.19–）
現世文（ビネ, ローラン　1972.7.19–）

Binet-Valmer
フランスの小説家。
⇒現世文（ビネ・ヴァルメール　1875–1940）

Binford, Lewis
アメリカの考古学者。
⇒岩世人（ビンフォード 1930.11.21–2011.4.11）

Bing, Samuel
フランスの日本美術研究家。
⇒岩世人（ビング 1838.2.26–1905.9.6）

Bing, Stanley
アメリカのコラムニスト，作家。
⇒外12（ビング，スタンリー）

Bingaman, Jeff
アメリカの政治家。
⇒外12（ビンガマン，ジェフ 1943.10.3–）

Bingham, Hiram
アメリカの探検家。インカの遺跡を研究。
⇒岩世人（ビンガム 1875.11.19–1956.6.6）
　ラテ新（ビンガム 1875–1956）

Bini, Carlo
イタリアのテノール歌手。
⇒失声（ビーニ，カルロ 1944–）
　魅惑（Bini,Carlo 1947–）

Bin Laden, Osama
サウジアラビアのイスラム原理主義過激派活動家。アルカイダ指導者。
⇒岩イ（ウサーマ・イブン・ラーディン 1957–）
　岩世人（ビン・ラーディン，ウサーマ 1957.3.10–2011.5.2）
　政経改（ビン・ラーディン 1957–）
　世史改（ビン＝ラーディン 1957–2011）
　世指導（ビンラディン，オサマ 1957–2011.5.2）
　世人新（ビン＝ラーディン 1957–2011）
　世人装（ビン＝ラーディン 1957–2011）
　ポプ人（ビンラディン，オサマ 1957?–2011）

Binning, Gerd Karl
ドイツの物理学者。1986年ノーベル物理学賞。
⇒ノベ3（ビーニッヒ,G.K. 1947.7.20–）

Binns, Archie
アメリカの小説家。
⇒アメ州（Binns,Archie　ビンズ，アーチー　1899–1971）

Binoche, Juliette
フランスの女優。
⇒遺産（ビノシュ，ジュリエット 1964.3.9–）
　岩世人（ビノシュ 1964.3.9–）
　外12（ビノシュ，ジュリエット 1964.3.9–）
　外16（ビノシュ，ジュリエット 1964.3.9–）
　ク俳（ビノシュ，ジュリエット 1964–）
　スター（ビノシュ，ジュリエット 1964.3.9–）
　ネーム（ビノシュ，ジュリエット 1964–）

Binsted, Norman Spencer
カナダの宣教師。
⇒アア歴（Binsted,Norman S(pencer)　ビンステッド，ノーマン・スペンサー 1890.10.1–1961.2.20）

Binswanger, Ludwig
スイスの精神病理学者。精神病理学における現存在分析の方法を確立。
⇒岩世人（ビンスヴァンガー 1881.4.13–1966.2.5）
　現社（ビンスワンガー 1881–1966）
　現精（ビンスワンガー 1881–1966）
　現精縮（ビンスワンガー 1881–1966）
　社小増（ビンスワンガー 1881–1966）
　新カト（ビンスヴァンガー 1881.4.13–1966.2.5）
　精分岩（ビンスワンガー，ルートヴィヒ 1881–1966）
　精分弘（ビンスワンガー，ルートヴィヒ 1881–1966）
　メル別（ビンスワンガー，ルートヴィヒ 1881–1966）

Bint al-Hudā
イラクのマルジァア・アッ＝タクリード，ムハンマド・バーキル・サドルの妹。
⇒岩イ（ビント・フダー ?–1980）

Bint al-Shāṭi'
エジプトの文筆家，アラブ言語・文学やクルアーン学の教授。
⇒岩イ（ビント・シャーティウ 1913–1998）

Bintley, David
イギリスのダンサー，振付家，バレエ監督。
⇒外12（ビントリー，デービッド 1957.9.17–）
　外16（ビントリー，デービッド 1957.9.17–）

Binyon, Laurence
イギリスの美術研究家，詩人，劇作家。東洋美術の研究で知られる。
⇒岩世人（ビニョン 1869.8.10–1943.3.10）
　現世文（ビニョン，ロバート・ローレンス 1869.8.10–1943.3.10）

Biolley, Henri
スイスの森林官。ヨーロッパの森林経営に多大の寄与をした。
⇒岩世人（ビオレ 1858.6.17–1939.10.22）

Bion, Wilfred Ruprecht
インド生まれの精神分析医。
⇒現精（ビオン 1897–1979）
　現精縮（ビオン 1897–1979）
　社小増（ビオン 1897–1979）
　精分岩（ビオン，ウィルフレッド・R 1897–1979）
　精分弘（ビオン，ウィルフレッド・ルプレヒト 1897–1979）

Biondi, Fabio
イタリアのバロック・ヴァイオリン奏者。
⇒外12（ビオンディ，ファビオ 1961–）
　外16（ビオンディ，ファビオ 1961–）
　新音中（ビオンディ，ファービオ 1961.3.15–）

Biondi, Matt
アメリカの水泳選手。

⇒岩世人（ビオンディ　1965.10.8-）

Bioy Casares, Adolfo
アルゼンチンの小説家。
⇒岩世人（ビオイ・カサレス　1914.9.15-1999.3.8）
現世文（ビオイ・カサレス, アドルフォ　1914.9.15-1999.3.8）
広辞7（ビオイ・カサレス　1914-1999）
ラテ新（ビオイ・カサレス　1914-1999）

Bira, Shagdaryn
モンゴルの歴史学者。
⇒外12（ビラ, シャグダリン）

Birch, Bill
ニュージーランドの政治家。ニュージーランド財務相・財政歳入相。
⇒世指導（バーチ, ビル　1934-）

Birch, Diane
アメリカのシンガー・ソングライター。
⇒外12（バーチ, ダイアン　1983-）

Birch, Francis
アメリカの地球物理学者。
⇒岩世人（バーチ　1903.8.22-1992.1.30）

Birch, John
中国で活動したアメリカのインテリジェンス・オフィサー。
⇒スパイ（バーチ, ジョン　1918-1945）

Birch, Ric
オーストラリアの演出家。
⇒外12（バーチ, リック）

Birch, Thora
アメリカの女優。
⇒ク俳（バーチ, ソーラ　1982-）

Bircher-Benner, Maximilian Oskar
スイスの医者。チューリヒ山の療養所長。生食および菜食を主とする〈BB食餌〉を定め、また諸種の自然療法を組織化した。
⇒岩世人（ビルヒャー＝ベンナー　1867.8.22-1939.1.24）

Bird, Brad
アメリカのアニメーション監督。
⇒外12（バード, ブラッド）
外16（バード, ブラッド　1957-）

Bird, John
イギリスの出版人。
⇒外12（バード, ジョン　1946-）
外16（バード, ジョン　1946-）

Bird, Junius Bouton
アメリカの考古学者。
⇒岩世人（バード　1907.9.21-1982.4.2）

Bird, Larry
アメリカのバスケットボール選手。
⇒岩世人（バード　1956.12.7-）

Bird, Lester Bryant
アンティグア・バーブーダの政治家。アンティグア・バーブーダ首相。
⇒世指導（バード, レスター　1938.2.21-）

Birdsall, Derek
イギリスのグラフィック・デザイナー。
⇒グラデ（Birdsall,Derek　バーズオール, デレク　1934-）

Birdsall, Jeanne
アメリカの作家。
⇒海文新（バーズオール, ジーン　1951-）
現世文（バーズオール, ジーン　1951-）

Birdseye, Clarence
アメリカのビジネスマン、発明家。
⇒アメ経（バーズアイ, クラレンス　1886.12.9-1956.10.7）
フラ食（バーザイ, クレランス　1886-1956）

Birendra Bir Bikram Shah
ネパール国王。在位1972～2001。
⇒政経改（ビレンドラ　1945-2001）

Birge, Edward Asahel
アメリカの生物学者、湖沼学者。ウィスコンシン大学動物学教授（1879～1911）, 同総長（18～25）。湖水中の酸素の研究（11）で近代湖沼学の基礎を作った。
⇒岩世人（バージ　1851.9.7-1950.6.9）

Birgisson, Jon Thor
アイスランドのミュージシャン。
⇒外12（バーギッソン, ジョンジー　1975.4.23-）
外16（バーギッソン, ジョンジー　1975.4.23-）

Birhkhoff, Garrett
アメリカの数学者。
⇒世数（バーコフ, ガレット　1911-1996）

Birkavs, Valdis
ラトビアの政治家。ラトビア首相, 外相。
⇒世指導（ビルカフス, バルディス　1942.7.28-）

Birkeland, Kristian Olaf Bernhard
ノルウェーの物理学者。極光, 地磁気研究を行った。
⇒岩世人（ビルケラン　1867.12.13-1917.6.18）
科史（ビルケラン　1867-1917）

Birkhoff, George David
アメリカの数学者。著書に『相対論と新しい物理学』（1923）『力学系』（28）, 『美の測度』（33）など。
⇒岩世人（バーコフ　1884.3.21-1944.11.12）
数辞（バーコフ, ジョージ・デーヴィド　1884-

1944)
世数（バーコフ, ジョージ・デヴィッド　1884–1944）

Birkin, Jane
イギリス生まれのフランスの女優。
⇒遺産（バーキン, ジェーン　1946.12.14–）
外12（バーキン, ジェーン　1946.12.14–）
外16（バーキン, ジェーン　1946.12.14–）

Birkmeyer, Karl von
ドイツの法学者。刑法古典学派の代表者で, 責任の基礎としての自由意思の原理を支持し, 刑罰の主目的は犯罪に対する応報であるとした。
⇒学叢思（ビルクマイエル, カール・フリードリヒ　1847–?）

Birla, Ghanshyam Das
インドの財界人。1958年からビルラ兄弟商会の会長で, インド財界でも重きをなす立志伝中の人。
⇒岩世人（ビルラー　1894.4.10–1983.6.11）

Birley, Eric
イギリスの歴史家, 考古学者。
⇒岩世人（バーリー　1906.1.12–1995.10.20）

Birmingham, Ruth
アメリカの作家, ラジオプロデューサー。
⇒現世文（バーミンガム, ルース）

Birnbacher, Dieter
ドイツの哲学者, 倫理学者。
⇒岩世人（ビルンバッハー　1946.11.21–）

Birnbaum, Karl
ドイツの精神医学者。ベルリンのブーフ精神病院長。『医学的心理学辞典』(1930)の編集はとくに有名である。
⇒岩世人（ビルンバウム　1878.8.20–1950.3.31）
現精（ビルンバウム　1878–1950）
現精縮（ビルンバウム　1878–1950）
ユ著人（Birnbaum, Karl　ビルンバウム, カール　1878–1950?）

Birnbaum, Nathan
オーストリアのシオニスト, 宗教思想家。
⇒岩世人（ビルンバウム　1864.5.16–1937.4.2）
ユ著人（Birnbaum, Nathan　ビルンバウム, ナターン　1864–1937）

Birnbaum, Norman
アメリカの社会学者。アメリカの社会学とヨーロッパの社会思想を統合した批判社会学を提唱した。
⇒社小増（バーンボーム　1926–）

Birnbaum, Salomo Asher
オーストリア生まれの著作家, 言語学者。
⇒ユ著人（Birnbaum, Salomo Asher　ビルンバウム, ザーロモ・アシェル　1891–1989）

Birnbaum, Uliel
オーストリア生まれの詩人, 画家。
⇒ユ著人（Birnbaum, Uliel　ビルンバウム, ウリエル　1894–1956）

Birney, Earle
カナダの詩人。
⇒現世文（バーニー, アール　1904.5.13–1995.9.3）

Birot, Louis
フランスのカトリック司祭, 著作家。
⇒新カト（ビロ　1863.10.7–1936.9.10）

Birraux, Joseph François
フランス・ベルネクス生まれのパリ外国宣教会会員, 日本宣教師。
⇒新カト（ビロー　1867.7.16–1950.11.9）

Birrell, Augustine
イギリスの政治家, 文人。アイルランド相を勤めたが, ダブリンの復活祭蜂起により引責辞職。
⇒岩世人（ビレル　1850.1.19–1933.11.20）

Birrenkoven, Willi
ドイツのテノール歌手。1890〜93年ケルン, 1893〜1912年ハンブルクの歌劇場に所属。ワーグナー歌手として知られた。
⇒魅惑（Birrenkoven, Willi　1865–1955）

Birrī, Nabīh
レバノンの軍人, 政治家。
⇒岩イ（ビッリー　1938–）
岩世人（ビッリー, ナビーフ　1938–）

Birtwistle, Harrison
イギリスの作曲家。
⇒外16（バートウィスル, ハリソン　1934.7.15–）
ク západ 3（バートウィスル　1934–）

Bisazza, Piero
イタリアの実業家。
⇒外12（ビザッツァ, ピエロ　1955–）
外16（ビザッツァ, ピエロ　1955–）

Bisbal, David
スペインの歌手。
⇒外12（ビスバル, ダビッド　1979–）
外16（ビスバル, ダビッド　1979–）

Bischof, Ole
ドイツの柔道選手。
⇒外12（ビショフ, オーレ　1979.8.27–）
外16（ビショフ, オーレ　1979.8.27–）
最世ス（ビショフ, オーレ　1979.8.27–）

Bischoff, David
アメリカの作家。
⇒現世文（ビショフ, デービッド　1951–2018.3.19）

Bischoff, Friedrich
ドイツの詩人, 小説家。ラジオドラマの開拓者の一人。
⇒岩独人（ビショフ　1896.1.26–1976.5.21）

Bischoff, Winfried Franz Wilhelm
イギリスの銀行家。
⇒外12（ビショップ, ウィンフリッド　1941.5.10–）
⇒外16（ビショップ, ウィンフリッド　1941.5.10–）

Bishop, Ancil Hiram
アメリカの実業家。
⇒アア歴（Bishop,Ancil H (iram)　ビショップ, アンシル・ハイラム　1891.3.1–1956.7.30）

Bishop, Bronwyn
オーストラリアの政治家。
⇒外16（ビショップ, ブラウンウィン　1942.10.19–）
世指導（ビショップ, ブラウンウィン　1942.10.19–）

Bishop, Carl Whiting
アメリカの考古学者。
⇒アア歴（Bishop,Carl Whiting　ビショップ, カール・ホワイティング　1881.7.12–1942.6.16）

Bishop, Christopher
イギリスのコンピューター科学者。エディンバラ大学教授。
⇒外16（ビショップ, クリストファー）

Bishop, Claire Huchet
アメリカの女性作家。
⇒現世文（ビショップ, クレール・ハチェット　1899–1993）

Bishop, Edmund
イギリスの礼拝学者。
⇒新カト（ビショップ　1846.5.17–1917.2.19）

Bishop, Elizabeth
アメリカの詩人。詩集『北と南』(1946)で有名になった。
⇒岩独人（ビショップ　1911.2.8–1979.10.6）
現世文（ビショップ, エリザベス　1911.2.8–1979.10.6）

Bishop, Elvin
アメリカのギター奏者。
⇒ロック（Bishop,Elvin　ビショップ, エルヴィン）

Bishop, Gavin
ニュージーランドの絵本作家, 絵本画家。
⇒絵本（ビショップ, ギャビン　1946–）

Bishop, John Michael
アメリカの微生物学者。1989年ノーベル生理学医学賞。
⇒岩生（ビショップ　1936–）
ノベ3（ビショップ,J.M.　1936.2.22–）

Bishop, John Peale
アメリカの詩人。詩集『緑のくだもの』(1917),『葬儀屋の花輪』(22),『こまやかな事がら』(35)のほかに小説『暗やみの行為』や短編小説集がある。
⇒アメ州（Bishop,John Peale　ビショップ, ジョン・ピール　1892–1944）
現世文（ビショップ, ジョン・ピール　1892.5.21–1944.4.4）

Bishop, Julie
アメリカの映画女優。
⇒ク俳（ビショップ, ジュリー（ブラウン, ジャクリーン・ウェルズ）　1914–2001）

Bishop, Max Frederick
アメリカの大リーグ選手（二塁）。
⇒メジャ（ビショップ, マックス　1899.9.5–1962.2.24）

Bishop, Michael
アメリカのSF作家。
⇒外12（ビショップ, マイケル　1945–）
現世文（ビショップ, マイケル　1945–）

Bishop, R.J.W.
神戸在住の貿易商。
⇒日エ（ビショップ　?–?）

Bishop, William
アメリカの男優。
⇒ク俳（ビショップ, ウィリアム　1917–1959）

Bishop-Kovasevich, Stephen
アメリカのピアノ奏者。
⇒標音2（ビショップ＝コヴァセヴィチ, スティーヴン　1940.10.17–）

Bisky, Lothar
ドイツの政治家。ドイツ民主社会党（PDS）党首。
⇒世指導（ビスキー, ローター　1941–）

Bismark
ブラジルのサッカー代理人, サッカー選手。
⇒外12（ビスマルク　1969.9.17–）

Biss, Jonathan
アメリカのピアノ奏者。
⇒外12（ビス, ジョナサン　1980–）
外16（ビス, ジョナサン　1980–）

Bissell, Clayton L.
アメリカの軍人。アメリカ陸軍情報部（G-2）部長。
⇒スパイ（ビッセル, クレイトン・L　1896–1972）

Bissell, Richard M., Jr.
アメリカのインテリジェンス・オフィサー。
⇒スパイ（ビッセル, リチャード・M, ジュニア　1909–1994）

Bisset, Jacqueline
イギリス生まれの女優。
⇒遺産（ビセット, ジャクリーン　1944.9.13–）
外12（ビセット, ジャクリーン　1944.9.13–）
外16（ビセット, ジャクリーン　1944.9.13–）
ク俳（ビセット, ジャクリーン（ビセット, ウィニフレッド・J）　1944–）

Bissière, Roger
フランスの画家。キュビスムの運動に参加。
⇒岩世人（ビシエール　1886.9.22–1964.12.2）

Bissolati, Leonida
イタリアの社会主義者。
⇒岩世人（ビッソラーティ　1857.2.20–1920.5.6）

Bisson, Terry
アメリカの作家。
⇒現世文（ビッソン, テリー　1942.2.12–）

Bisson, Thomas Arthur
アメリカの政治学者。
⇒アア歴（Bisson,T（homas）A（rthur）　ビッソン, トマス・アーサー　1900.11.8–1979）

Biswas, Abdul Rahman
バングラデシュの政治家。バングラデシュ大統領（1991～96）。
⇒世指導（ビスワス, アブドル・ラーマン　1926.9.1–2017.11.3）

Bitār, Salāh al-Dīn
シリアの政治家。1963年のバース党クーデター後66年まで4回にわたり首相をつとめる。
⇒岩イ（ビータール　1912–1980）

Bitov, Andrei Georgievich
ロシアの小説家。
⇒岩世人（ビートフ　1937.5.27–）
外12（ビートフ, アンドレイ　1937.5.27–）
外16（ビートフ, アンドレイ　1937.5.27–）
現世文（ビートフ, アンドレイ　1937.5.27–）

Bittel, Kurt
西ドイツの考古学者。小アジアの考古学を専攻し、トルコ、ブルガリア、エジプト、ドイツ南部、西部等で数々の発掘調査を実施した。
⇒岩世人（ビッテル　1907.7.5–1991.1.30）

Bitterlich, Walter
オーストリアの林学者。国有林の経営に従事、定角測定法を発想、その計測器を考案した（1948）。
⇒岩世人（ビッターリヒ　1908.2.19–2008.2.9）

Bittner, Julius
オーストリアの作曲家、著作家。自作の台本に種々のオペラを作曲した。
⇒標音2（ビットナー, ユーリウス　1874.4.9–1939.1.9/10）

Bittner, Rüdiger
ドイツの哲学者。
⇒岩世人（ビットナー　1945.3.19–）

Bittrof, Max
ドイツのグラフィック・デザイナー。
⇒グラデ（Bittrof,Max　ビットロフ, マックス　1890–1972）

Biver, Jean-Claude
ルクセンブルクの実業家。
⇒外12（ビバー, ジャン・クロード　1949–）
外16（ビバー, ジャン・クロード　1949–）

Bix, Herbert P.
アメリカの歴史学者。
⇒岩世人（ビックス　1938.9.21–）
外16（ビックス, ハーバート　1938–）

Bixio, Cesare Andrea
イタリアの作曲家、カンツォーネ作者。
⇒ク音3（ビクシオ　1896–1978）
標音2（ビクシオ, チェーザレ・アンドレーア　1896.10.11–1987.3）

Biya, Paul
カメルーンの政治家。カメルーン大統領（1982～）、カメルーン人民民主同盟（RDPC）党首。
⇒岩世人（ビヤ　1933.2.13–）
外12（ビヤ, ポール　1933.2.13–）
外16（ビヤ, ポール　1933.2.13–）
世指導（ビヤ, ポール　1933.2.13–）

Bizette-Lindet, André
フランスの彫刻家。
⇒芸13（ビゼット・リンデ, アンドレ　?–）

Bizimungu, Pasteur
ルワンダの政治家。ルワンダ大統領（1994～2000）。
⇒岩世人（ビジムング　1950–）
外16（ビジムング, パストゥール　1950–）
世指導（ビジムング, パストゥール　1950–）

Bizzarri, Marco
イタリアの実業家。
⇒外12（ビッザーリ, マルコ　1962–）
外16（ビッザーリ, マルコ　1962–）

Bjerknes, Jacob Aall Bonnevie
アメリカ（ノルウェー系）の気象学者。前線、ジェット気流を研究。
⇒岩世人（ビャルクネス　1897.11.2–1975.7.7）
オク気（ビヤークネス, ヤーコブ・アール・ボヌヴィ　1897.11.2–1975.7.7）

Bjerknes, Vilhelm Frimann Koren
ノルウェーの気象学者、海洋学者。気圧の絶対単位（ミリバール）の導入などで有名。
⇒岩世人（ビャルクネス　1862.3.14–1951.4.9）
オク気（ビヤークネス, ヴィルヘルム・フリマン・

コレン 1862.3.14-1951.4.9)
オク地 (ビヤークネス, ヴィルヘルム・フリマン・コーレン 1862-1951)

Bjerrum, Jannik
デンマークの化学者。錯体の研究は, 分析化学, 水圏地球化学など関連分野に大きな影響力を与えた。
⇒岩世人 (ビエルム (ビャーロム) 1909.4.5-1992.8.29)

Bjoerndalen, Ole Einar
ノルウェーのバイアスロン選手。
⇒外12 (ビョルンダーレン, オーレ・アイナル 1974.1.27-)
外16 (ビョルンダーレン, オーレ・アイナル 1974.1.27-)
最世ス (ビョルンダーレン, オーレ・アイナル 1974.1.27-)

Bjørnson, Bjørnstjerne Martinius
ノルウェーの小説家, 劇作家。作品に『幸福な若者』(1860) など。国民の指導者としても活躍。
⇒岩世人 (ビョルンソン 1832.12.8-1910.4.26)
学叢思 (ビョルンソン, ビヨルスチェルネ 1832-1910)
現世文 (ビョルンソン, ビヨルンスチェルネ 1832.12.8-1910.4.26)
広辞7 (ビョルンソン 1832-1910)
図翻 (ビョルンソン 1832.12.8-1910.4.26)
西文 (ビョルンソン, ビヨルンシチェルネ 1832-1910)
ノベ3 (ビョルンソン, B. 1832.12.8-1910.4.26)

Bjørnvig, Thorkild
デンマークの詩人。
⇒岩世人 (ビョーンヴィ 1918.2.2-2004.3.5)
現世文 (ビョルンヴィ, トルキル 1918.2.2-2004.3.5)

Bjoner, Ingrid
ノルウェーのソプラノ歌手。
⇒標音2 (ビョーネル, イングリート 1927.11.8-)

Bjorgen, Marit
ノルウェーのスキー選手 (距離)。
⇒外12 (ビョルゲン, マリット 1980.3.21-)
外16 (ビョルゲン, マリット 1980.3.21-)
最世ス (ビョルゲン, マリット 1980.3.21-)

Björk
アイスランド生まれの歌手, 作曲家, パフォーマー。
⇒岩世人 (ビョーク 1965.11.21-)
外12 (ビョーク 1965.11.21-)
外16 (ビョーク 1965.11.21-)

Bjorkman, Jonas
スウェーデンのテニス選手。
⇒外12 (ビョルクマン, ヨナス 1972.3.23-)
最世ス (ビョルクマン, ヨナス 1972.3.23-)

Björling, Gunnar Olof
フィンランドの詩人。
⇒岩世人 (ビョーリング 1887.5.31-1960.7.11)

Björling, Jussi
スウェーデンのテノール歌手。渡米し, スカラ座, バイロイト音楽祭などで活躍。
⇒岩世人 (ビョーリング (ビョルリング) 1911.2.5-1960.9.9)
オペラ (ビョルリング, ユッシ 1911-1960)
失声 (ビョルリング, ユッシ 1911-1960)
新音中 (ビョールリング, ユッシ 1911.2.5-1960.9.9)
標音2 (ビョールリング, ユッシ 1911.2.5-1960.9.9)
魅惑 (Björling, Jussi 1911-1960)

Bjorn
スウェーデンの歌手。
⇒外16 (ビョルン 1945-)

Björnsson, Sigurd
アイスランドのテノール歌手。
⇒魅惑 (Björnsson, Sigurd 1932-)

Björnsson, Sveinn
アイスランドの政治家。アイスランド初代大統領。1944年独立とともに大統領に選出された。
⇒岩世人 (スヴェイトン・ビョルトンソン 1881.2.27-1952.1.25)

Blacher, Boris
ドイツの作曲家。
⇒岩世人 (ブラッハー 1903.1.6-1975.1.30)
ク音3 (ブラッハー 1903-1975)
新音中 (ブラッハー, ボーリス 1903.1.19-1975.1.30)
標音2 (ブラッハー, ボーリス 1903.1.19-1975.1.30)

Blacher, Kolja
ドイツのヴァイオリン奏者。
⇒外12 (ブラッハー, コリア 1963-)
外16 (ブラッハー, コリア 1963-)

Blachut, Beno
チェコのテノール歌手。
⇒失声 (ブラフト, ベノ 1913-1985)
魅惑 (Blachut, Beno 1913-1985)

Black, Alistair
イギリスの図書館学者。リーズ・メトロポリタン大学図書館史・情報史教授。
⇒外12 (ブラック, アリステア)
外16 (ブラック, アリステア)

Black, Bill
アメリカ・メンフィス生まれのベース奏者。
⇒ロック (Black, Bill ブラック, ビル 1926.9.17-1965.10)

Black, Cara
ジンバブエのテニス選手。
⇒最世ス（ブラック，カーラ　1979.2.17–）

Black, Cilla
イギリスの女性歌手。
⇒ビト改（BLACK,CILLA　ブラック，シラ）
　ロック（Black,Cilla　ブラック，シラ　1943.5.27–）

Black, C.S.
シンガポール在住の作家。
⇒海文新（ブラック,C.S.　1964–）

Black, Cyril Edwin
アメリカの歴史学者。ロシア・東欧についての著作が多く，社会主義を近代化理論の枠組の中で理解することに先鞭をつけた。
⇒岩世人（ブラック　1915.9.10–1989.7.18）

Black, Davidson
カナダの解剖学者，古生物学者。シナントロプス・ペキネンシスの調査を指揮。
⇒岩世人（ブラック　1884.7.25–1934.3.15）

Black, Ethan
アメリカのジャーナリスト，作家。
⇒外12（ブラック，イーサン　1951–）
　現世文（ブラック，イーサン　1951–）

Black, Eugene Robert
アメリカの法律家。アトランタ連邦準備銀行総裁。
⇒アメ経（ブラック，ユージン　1872–1934.12.19）

Black, Fischer
アメリカの経済学者，金融工学者。
⇒岩世人（ブラック　1938.1.11–1995.8.30）

Black, Greene Vardiman
アメリカの歯科医，歯科病理学者，細菌学者。
⇒岩世人（ブラック　1836.8.3–1915.8.31）

Black, Harry Ralston（Bud）
アメリカの大リーグ選手（投手）。
⇒最世ス（ブラック，バド　1957.6.30–）
　メジャ（ブラック，バド　1957.6.30–）

Black, Holly
アメリカの作家。
⇒外12（ブラック，ホリー　1971–）
　外16（ブラック，ホリー　1971–）
　海文新（ブラック，ホリー　1971–）
　現世文（ブラック，ホリー　1971–）

Black, Hugo Lafayette
アメリカの法律家，政治家。上院議員。最高裁判所判事としてニュー・ディール政策を推進した。
⇒アメ州（Black,Hugo La Fayette　ブラック，ヒューゴ・ラフェイエット　1886–1971）

Black, Jack
アメリカの俳優，ロック・ミュージシャン。
⇒外12（ブラック，ジャック　1969–）
　外16（ブラック，ジャック　1969–）

Black, James Whyte
イギリスの薬学者。1988年ノーベル生理学医学賞。
⇒ノベ3（ブラック,J.W.　1924.6.14–2010.3.21）

Black, John Donald
アメリカの経済学者。ハーバード大学経済学教授（1927～）。
⇒アメ経（ブラック，ジョン　1883.6.6–1960.4.12）
　岩世人（ブラック　1883.6.6–1960.4.12）

Black, Joseph
アメリカの大リーグ選手（投手）。
⇒メジャ（ブラック，ジョー　1924.2.8–2002.5.17）

Black, Karen
アメリカ生まれの女優。
⇒ク俳（ブラック，カレン（ジーグラー,K）　1942–）

Black, Lisa
アメリカの作家，法科学者。
⇒海文新（ブラック，リサ）
　現世文（ブラック，リサ）

Black, Mary
アイルランドの歌手。
⇒外16（ブラック，メアリー　1955.5.23–）

Black, Max
アメリカの哲学者。
⇒岩世人（ブラック　1909.2.24–1988.8.27）

Black, Misha
イギリスの工芸家。
⇒芸13（ブラック，ミッシャ　1910–1979）

Black, *Sir* Robert Brown
イギリスの植民地行政官。
⇒岩世人（ブラック　1906.6.3–1999.10.29）

Black, Robert Franklin
アメリカの宣教師。
⇒アア歴（Black,Robert F（ranklin）　ブラック，ロバート・フランクリン　1870.8.28–1952.10.29）

Black, Shirley Temple
アメリカの女優，外交官。
⇒外12（ブラック，シャーリー・テンプル　1928.4.23–）

Black, Stanley
イギリスの指揮者，ピアノ奏者，作曲家。
⇒標音2（ブラック，スタンリー　1913.6.14–）

Blackburn, Elizabeth Helen
アメリカの生化学者。

⇒岩生（ブラックバーン　1948-）
岩世人（ブラックバーン　1948.11.26-）
外12（ブラックバーン,エリザベス・ヘレン　1948.11.26-）
外16（ブラックバーン,エリザベス・ヘレン　1948.11.26-）
ノベ3（ブラックバーン,E.H.　1948.11.26-）

Blackburn, John
イギリスの長篇および短篇小説家。
⇒現世文（ブラックバーン,ジョン　1923-1993）

Blackburn, Paul
アメリカの詩人。
⇒現世文（ブラックバーン,ポール　1926.11.24-1971.9.13）

Blackburn, Robert
イギリスの技師。世界で初めて全金属製の飛行機を設計・製作（1909）。
⇒岩世人（ブラックバーン　1885.3.26-1955.9.10）

Blackburn, Simon
イギリスの哲学者。
⇒外12（ブラックバーン,サイモン　1944-）
外16（ブラックバーン,サイモン　1944-）

Blacker, Carmen
イギリスの民俗学者,日本学者。
⇒岩世人（ブラッカー　1924.7.13-2009.7.13）

Blackett, Patric Maynard Stuart
イギリスの物理学者。1948年ノーベル物理学賞。
⇒岩世人（ブラケット　1897.11.18-1974.7.13）
オク地（ブラケット,パトリック・メイナード・スチュアート　1897-1974）
化学（ブラケット　1897-1974）
科史（ブラケット　1897-1974）
現科大（ブラケットとローレンス　1897-1974）
三新物（ブラケット　1897-1974）
ノベ3（ブラケット,P.M.S.　1897.11.18-1974.7.13）
物理（ブラケット卿［ブラケット,P.］　1897-1974）

Blackman, Geoffrey Emett
イギリスの農学者。農業研究会議の下で新作物の導入,作物生理,選択性除草剤の研究を指導（1941〜70）。
⇒岩世人（ブラックマン　1903.4.17-1980.2.8）

Blackman, Honor
イギリス生まれの女優。
⇒ク俳（ブラックマン,オナー　1923-）

Blackman, Malorie
イギリスの女性作家。
⇒外12（ブラックマン,マロリー　1962-）
外16（ブラックマン,マロリー　1962-）
現世文（ブラックマン,マロリー　1962-）

Blackmar, Frank W.
アメリカの社会学者。
⇒学叢思（ブラックマー,フランク　1854-?）

Blackmore, Ritchie
イギリス生まれのギター奏者。
⇒外12（ブラックモア,リッチー　1945.4.14-）
外16（ブラックモア,リッチー　1945.4.14-）

Blackshear, Charles Cotton
アメリカの化学者。
⇒アア歴（Blackshear,Charles Cotton　ブラックシア,チャールズ・コットン　1862.12.10-1938.10.27）

Blackton, James Stuart
イギリス生まれの漫画家,映画製作者,監督,脚本家,男優,アニメーション作家。
⇒アニメ（ブラクトン,ジェームズ・スチュアート　1875-1941）

Blackwell, Sir Basil（Henry）
イギリスの出版業者,書籍販売業者。
⇒岩世人（ブラックウェル　1889.5.29-1984.4.9）

Blackwell, 'Bumps'
アメリカのソングライター,編曲家,プロデューサー。
⇒ロック（Blackwell,'Bumps'　ブラックウェル,"バンプス"　1918.5.23-）

Blackwell, Derek
イギリスのテノール歌手。
⇒魅惑（Blackwell,Derek　1947-）

Blackwell, Ewell
アメリカの大リーグ選手（投手）。
⇒メジャ（ブラックウェル,イーウェル　1922.10.23-1996.10.29）

Blackwell, Juliet
アメリカの作家。ヘイリー・リンドはジュリエット・ブラックウェルとキャロライン・J・ローズの姉妹による共同筆名。
⇒海文新（リンド,ヘイリー）
現世文（リンド,ヘイリー）

Blackwell, Otis
アメリカの歌手,ピアノ奏者。
⇒ロック（Blackwell,Otis　ブラックウェル,オーティス　1931-）

Blackwood, Algernon Henry
イギリスの小説家。
⇒岩世人（ブラックウッド　1869.3.14-1951.12.10）
現世文（ブラックウッド,アルジャーノン　1869.3.14-1951.10.12）

Blackwood, Grant
アメリカの作家。
⇒海文新（ブラックウッド,グラント）

B

Blades, Ann
カナダの女性作家,挿絵画家。
⇒絵本(ブレイズ,アン 1947–)

Blades, Jack
アメリカのロック歌手,ロック・ベース奏者。
⇒外12(ブレイズ,ジャック 1954.4.24–)

Bladin, Christer
テノール歌手。
⇒魅惑(Bladin,Christer ?–)

Blaedel, Sara
デンマークの作家。
⇒海文新(ブレーデル,サラ)

Blaeholder, George Franklin
アメリカの大リーグ選手(投手)。
⇒メジャ(ブレイホルダー,ジョージ 1904.1.26–1947.12.29)

Blaffard, Amilcare
イタリアのテノール歌手。
⇒魅惑(Blaffard,Amilcare 1920–)

Blaga, Lucian
ルーマニアの詩人,哲学者。主著,詩集『光明の詩』(1919),『眠りの讃美』(29)など。
⇒岩世人(ブラガ 1895.4.27/5.9–1961.5.6)
現世文(ブラガ,ルチアン 1895.5.9–1961.5.6)

Blagoev, Dimitǎr
ブルガリアの思想家。ブルガリア社会民主党を結成し(1891),ブルガリアでマルクス主義を広めた。
⇒岩世人(ブラゴエフ 1856.6.14/26–1924.5.7)

Blaikley, Alan
イギリスのポップ経営者,ソングライター。
⇒ロック(Ken Howard and Alan Blaikley ケン・ハワード&アラン・ブレイクリー)

Blaine, David
アメリカのマジシャン,イリュージョニスト。
⇒外12(ブレイン,デービッド 1973.4.4–)

Blaine, Hal
アメリカのドラム奏者。
⇒ロック(Blaine,Hal ブレイン,ハル 1932–)

Blaine, Vivian
アメリカのバンド歌手,女優。
⇒ク俳(ブレイン,ヴィヴィアン(ステイプルトン,V) 1921–1995)

Blair, Betsy
アメリカの女優。
⇒ク俳(ブレア,ベッツィ(ボーガー,エリザベス) 1923–)

Blair, Bonnie
アメリカのスピードスケート選手。
⇒岩世人(ブレア 1964.3.18–)
外12(ブレア,ボニー 1964.3.18–)

Blair, Cherie
イギリスの弁護士。ブレア元英国首相夫人。
⇒外12(ブース,シェリー 1954.9.23–)
外16(ブレア,シェリー 1954.9.23–)

Blair, Dennis
アメリカの軍人。米国家情報長官,米太平洋軍司令官。
⇒外12(ブレア,デニス 1947.2.4–)
外16(ブレア,デニス 1947.2.4–)
世指導(ブレア,デニス 1947.2.4–)

Blair, Janet
アメリカの歌手,女優。
⇒ク俳(ブレア,ジャネット(ラファティ,マーサ・J) 1921–)

Blair, Linda
アメリカ生まれの女優。
⇒ク俳(ブレア,リンダ 1959–)

Blair, Paul L.D.
アメリカの大リーグ選手(外野)。
⇒メジャ(ブレア,ポール 1944.2.1–)

Blair, Tony
イギリスの政治家。イギリス首相,労働党党首。
⇒岩世人(ブレア 1953.5.6–)
外12(ブレア,トニー 1953.5.6–)
外16(ブレア,トニー 1953.5.6–)
政経改(ブレア 1953–)
世史改(ブレア 1953–)
世指導(ブレア,トニー 1953.5.6–)
世人新(ブレア 1953–)
世人装(ブレア 1953–)
ポプ人(ブレア,トニー 1953–)

Blair, William McCormick, Jr.
アメリカの弁護士,外交官。
⇒アア歴(Blair,William McCormick,Jr ブレア,ウイリアム・マコーミック,ジュニア 1916.10.24–)

Blais, Marie-Claire
カナダの女性作家。
⇒現世文(ブレ,マリー・クレール 1939.10.5–)

Blais, Robert
テノール歌手。
⇒魅惑(Blais,Robert ?–)

Blake, Al
アメリカ海軍下士官。
⇒スパイ(ブレイク,アル)

Blake, Casey
アメリカの大リーグ選手（ドジャース・内野手）。
⇒外12（ブレイク、ケーシー　1973.8.23–）
　メジャ（ブレイク、ケイシー　1973.8.23–）

Blake, George
イギリス秘密情報部（MI6）の上級インテリジェンス・オフィサー。
⇒スパイ（ブレイク、ジョージ　1922–）

Blake, *Sir* Henry Arthur
イギリスの外交官。
⇒岩世人（ブレイク　1840.1.8–1918.2.13）

Blake, James
イギリスのミュージシャン。
⇒外16（ブレイク、ジェイムス　1988–）

Blake, James Carlos
メキシコ生まれの犯罪小説作家。
⇒外12（ブレイク、ジェームズ・カルロス）
　海文新（ブレイク、ジェイムズ・カルロス）
　現世文（ブレーク、ジェームズ・カルロス）

Blake, John C.
アメリカ生まれの画家。
⇒芸13（ブレイク、ジョン・C　1945–）

Blake, John Frederick（Sheriff）
アメリカの大リーグ選手（投手）。
⇒メジャ（ブレイク、シェリフ　1899.9.17–1982.10.31）

Blake, Jose Francisco
メキシコの政治家。メキシコ内相。
⇒世指導（ブレーク、ホセ・フランシスコ　1966.5.22–2011.11.25）

Blake, Michael
アメリカの作家、シナリオライター。
⇒現世文（ブレーク、マイケル　1945.7.5–2015.5.2）

Blake, Peter
イギリスの画家。
⇒芸13（ブレイク、ピーター　1932–）

Blake, Quentine
イギリスの挿絵画家。
⇒絵本（ブレイク、クウェンティン　1932–）
　外12（ブレイク、クェンティン　1932.12.16–）
　外16（ブレイク、クェンティン　1932.12.16–）

Blake, Rob
カナダのアイスホッケー選手（DF）。
⇒最世ス（ブレーク、ロブ　1969.12.10–）

Blake, Robert
アメリカ生まれの俳優。
⇒ク俳（ブレイク、ロバート（グビトシ、マイクル）1933–）

Blake, Rockwell
アメリカのテノール歌手。
⇒失声（ブレイク、ロックウェル　1951–）
　魅惑（Blake,Rockwell　1951–）

Blake, Yohan
ジャマイカの陸上選手（短距離）。
⇒外16（ブレーク、ヨハン　1989.12.26–）
　最世ス（ブレーク、ヨハン　1989.12.26–）

Blakeney, Ben Bruce
アメリカの陸軍軍人、法律家。東京裁判の米国人弁護人。
⇒ア太戦（ブレイクニー　1908–1963）
　ネーム（ブレイクニー　1908–1963）

Blakenham, Michael
イギリスの実業家。
⇒外12（ブレイクナム、マイケル　1938.1.25–）
　外16（ブレイクナム、マイケル　1938.1.25–）

Blakeslee, Albert Francis
アメリカの植物学者、遺伝学者。チョウセンアサガオの単数体を発見し、その自花受精により純系を作った。
⇒岩世人（ブレイクスリー　1874.11.9–1954.11.16）

Blakeslee, George Hubbard
アメリカの極東問題研究者。
⇒岩世人（ブレイクスリー　1871.8.27–1954.5.5）

Blakey, Art
アメリカの黒人ジャズ・ドラム奏者。日本におけるファンキー・ジャズ・ブームの生みの親として知られる。
⇒岩世人（ブレイキー　1919.10.11–1990.10.16）
　新音中（ブレイキー、アート　1919.10.11–1990.10.16）
　標音2（ブレーキー、アート　1919.10.11–1990.10.16）

Blalock, Alfred
アメリカの外科医。心臓外科の先駆者。先天性肺動脈閉鎖症に対するブレーロック手術を創案。
⇒岩世人（ブラロック　1899.4.5–1964.8.15）

Blalock, Hank
アメリカの大リーグ選手（内野手）。
⇒メジャ（ブレイロック、ハンク　1980.11.21–）

Blalock, Hubert Morse, Jr.
アメリカの社会学者、統計学者。
⇒社小増（ブレーラック　1926–1991）

Blaman, Anna
オランダの作家。
⇒現世文（ブラマン、アンナ　1906.1.31–1960.7.13）

Blanc, Christian
フランスの実業家、政治家。
⇒外16（ブラン、クリスチャン　1942.5.17–）

世指導（ブラン, クリスチャン　1942.5.17–）

Blanc, Jenny
スウェーデンのテノール歌手。
⇒魅惑（Blanc,Jenny　1939–）

Blanc, Laurent
フランスのサッカー選手。
⇒異二辞（ブラン, ローラン　1965–）
外12（ブラン, ローラン　1965.11.19–）
外16（ブラン, ローラン　1965.11.19–）
最世ス（ブラン, ローラン　1965.11.19–）

Blanchard, Ken
アメリカの経営コンサルタント, 行動科学者。
⇒外12（ブランチャード, ケン）
外16（ブランチャード, ケン）

Blanchard, Mari
アメリカのモデル, 女優。
⇒ク俳（ブランチャード, マリ（ブランチャード, メアリー）　1927–1970）

Blanchard, Olivier
フランスの経済学者。
⇒外16（ブランシャール, オリヴィエ　1948.12.27–）

Blanche, Jacques Emile
フランスの画家, グラフィック・デザイナー, 批評家。
⇒芸13（ブランシュ, ジャック・エミール　1861–1942）

Blanchet, Emile-Arsène
フランスのカトリック司教。
⇒新カト（ブランシェ　1886.9.21–1967.4.1）

Blanchett, Cate
オーストラリアの俳優。
⇒遺産（ブランシェット, ケイト　1969.5.14–）
岩世人（ブランシェット　1969.5.14–）
外12（ブランシェット, ケイト　1969.5.14–）
外16（ブランシェット, ケイト　1969.5.14–）
ク俳（ブランシェット, ケイト　1969–）
スター（ブランシェット, ケイト　1969.5.14–）

Blanchot, Maurice
フランスの作家, 批評家。
⇒岩世人（ブランショ　1907.12.22–2003.2.20）
現社（ブランショ　1907–2003）
現世文（ブランショ, モーリス　1907.12.22–2003.2.20）
広辞7（ブランショ　1907–2003）
ネーム（ブランショ　1907–2000）
フ文小（ブランショ, モーリス　1907–2003）
メル3（ブランショ, モーリス　1907–2003）
メル別（ブランショ, モーリス　1907–2003）

Blanco, Cuauhtemoc
メキシコのサッカー選手（シカゴ・ファイアー・FW）。

⇒外12（ブランコ, クアウテモック　1973.1.17–）

Blanco, Hugo
ベネズエラのアルパ奏者。
⇒標音2（ブランコ, ウーゴ　1940頃–）

Bland, Billy
アメリカ・ノース・カロライナ州ウィルミントン生まれの歌手。
⇒ロック（Bland,Billy　ブランド, ビリー　1932.4.5–）

Bland, Bobby
アメリカ・テネシー州生まれの歌手。
⇒標音2（ブランド, ボビー　1930.1.27–）
ロック（Bland,Bobby　ブランド, ボビー　1930.2.27–）

Bland, Hubert
イギリスの社会主義者, 著述家。
⇒学叢思（ブランド, ヒューバート　1856–1914）

Bland, James A.
アメリカの作曲家。
⇒ク音3（ブランド　1854–1911）
標音2（ブランド, ジェームズ・エー　1854.10.22–1911.5.5）

Bland, John Otway Percy
イギリスの外交官。中国研究にも従事し, 著書多数。
⇒岩世人（ブランド　1863.11.15–1945.6.23）

Blanik, Leszek
ポーランドの体操選手。
⇒外12（ブラニク, レゼク　1977.3.1–）
最世ス（ブラニク, レゼク　1977.3.1–）

Blank, Hanne
アメリカの作家。
⇒海文新（ブランク, ハンネ）

Blank, Theodor
ドイツの政治家。西ドイツ政府軍事問題顧問に任命され（1950）,「ブランク機関」を主宰した。
⇒岩世人（ブランク　1905.9.19–1972.5.14）

Blankenburg, Wolfgang
ドイツの精神科医, 精神病理学者。
⇒現社（ブランケンブルク　1928–2002）
現精（ブランケンブルク　1928–2002）
現精縮（ブランケンブルク　1928–2002）

Blankenship, William
アメリカのテノール歌手。
⇒魅惑（Blankenship,William　1928–）

Blankers-Koen, Francina（Fanny）
オランダの女子陸上競技選手。
⇒岩世人（ブランカース＝クーン　1918.4.26–2004.1.25）

Blankertz, Herwig
旧西ドイツの教育学者。
⇒教思増（ブランケルツ　1927–1983）

Blankfein, Lloyd
アメリカの実業家,弁護士。
⇒外12（ブランクファイン,ロイド　1954–）
　外16（ブランクファイン,ロイド　1954–）

Blanks, Billy
アメリカのダイエット・インストラクター,タレント。
⇒外12（ブランクス,ビリー　1955.9.1–）

Blanshard, Brand
アメリカの哲学者。
⇒岩世人（ブランシャード　1892.8.27–1987.11.19）

Blanter, Matvei Isaakovich
ソ連の作曲家。第2次大戦中の『カチューシャ』(1939)が有名。
⇒ク音3（ブランテル　1903–1990）

Blanton, Darrell Elijah（Cy）
アメリカの大リーグ選手(投手)。
⇒メジャ（ブラントン,サイ　1908.7.6–1945.9.13）

Blanton, Jimmy
アメリカのジャズ・ベース奏者。
⇒標音2（ブラントン,ジミー　1918.10–1942.7.30）

Blasberg, Erica
アメリカのプロゴルファー。
⇒最世ス（ブラスバーグ,エリカ　1984.7.14–2010.5.9）

Blaschke, Wilhelm
ドイツの数学者,ハンブルク幾何学派の創始者で指導者。
⇒数辞（ブラシュケ,ウィルヘルム　1885–1962）
　世数（ブラシュケ,ヴィルヘルム・ヨハン・オイゲン　1885–1962）

Blasco Ibáñez, Vicente
スペインの小説家。自然主義小説『わら小屋』(1898)などで知られる。
⇒岩世人（ブラスコ・イバニェス　1867.1.29–1928.1.28）
　学叢思（イバーニエス,ヴィチェンテ・ブラスコ　1867–1927）
　現世文（ブラスコ・イバニェス,ビセンテ　1867.1.29–1928.1.28）
　広辞7（ブラスコ・イバニェス　1867–1928）
　図翻（ブラスコ＝イバニェス　1867.1.29–1928.1.28）
　ネーム（ブラスコ・イバニェス　1867–1928）
　ネーム（イバニェス　1867–1928）

Blasetti, Alessandro
イタリアの映画監督。
⇒映監（ブラゼッティ,アレッサンドロ　1900.7.3–1987）

Blasim, Hassan
フィンランド在住のイラクの作家。
⇒現世文（ブラーシム,ハサン　1973–）

Blasingame, Don Lee
アメリカの大リーグ選手(二塁)。
⇒メジャ（ブラシンゲイム,ドン　1932.3.16–2005.4.13）

Blasor, Lorraine
アメリカ生まれの画家。
⇒芸13（ブレーザー,ロレイヌ　1951–）

Blass, Bill
アメリカの服飾デザイナー。
⇒岩世人（ブラス　1922.6.22–2002.6.12）

Blass, Ernst
ベルリン生まれのドイツ表現主義詩人。
⇒ユ著人（Blass,Ernst　ブラス,エルンスト　1890–1938）

Blass, Stephen Robert
アメリカの大リーグ選手(投手)。
⇒メジャ（ブラス,スティーヴ　1942.4.18–）

Blassie, Fred
アメリカのプロレスラー。
⇒異二辞（ブラッシー,フレッド　1918–2003）
　岩世人（ブラッシー　1918.2.8–2003.6.2）
　ネーム（ブラッシー　1918–2003）

Blatt, Abraham C.
アメリカ陸軍の建築技師。
⇒日工（ブラット　1895–1987）

Blatter, Sepp
スイスの国際サッカー連盟(FIFA)会長。
⇒岩世人（ブラッター　1936.3.10–）
　外12（ブラッター,ゼップ　1936.3.10–）
　外16（ブラッター,ゼップ　1936.3.10–）
　最世ス（ブラッター,ゼップ　1936.3.10–）
　ネーム（ブラッター　1936–）

Blättner, Fritz
ドイツの哲学博士,教育学者。精神史の基礎,哲学,心理学,社会学などを研究。
⇒教人（ブレットナー　1891–）

Blatty, William Peter
アメリカの映画脚本家。
⇒現世文（ブラッティ,ウィリアム・ピーター　1928.1.7–2017.1.12）

Blau, Andreas
ドイツのフルート奏者。
⇒外12（ブラウ,アンドレアス　1949.2.6–）
　外16（ブラウ,アンドレアス　1949.2.6–）

Blau, Peter Michael
アメリカの政治社会学者。

⇒岩世人（ブラウ　1918.2.7–2002.3.12）
現社（ブラウ　1918–2002）
広辞7（ブラウ　1918–2002）
社小増（ブラウ　1918–）

Blaug, Mark
オランダ生まれの経済思想家。
⇒岩世人（ブラウグ　1927.4.3–2011.11.18）

Blauner, Peter
アメリカのミステリ作家。
⇒現世文（ブローナー, ピーター　1959–）

Blauner, Robert
アメリカの社会学者。
⇒社小増（ブラウナー　1929–）

Blauser, Jeffrey Michael
アメリカの大リーグ選手（遊撃）。
⇒メジャ（ブラウザー, ジェフ　1965.11.8–）

Blaylock, James P.
アメリカのSF作家。
⇒現世文（ブレイロック, ジェイムズ　1950–）

Blazevic, Miroslav
クロアチアのサッカー監督。
⇒外12（ブラゼヴィッチ, ミロスラヴ　1935.2.10–）

Blazon, Nina
ドイツの作家。
⇒海文新（ブラジョーン, ニーナ　1969.12.28–）
現世文（ブラジョーン, ニーナ　1969.12.28–）

Blech, Leo
ドイツの作曲家, 指揮者。ベルリンのシャルロッテンブルク国立オペラ劇場の指揮者兼音楽監督（1949〜）。
⇒岩世人（ブレッヒ　1871.4.22–1958.8.25）

Blechacz, Rafał
ポーランドのピアノ奏者。
⇒外12（ブレハッチ, ラファウ　1985.6.30–）
外16（ブレハッチ, ラファウ　1985.6.30–）

Blechman, Burt
アメリカの小説家。
⇒現世文（ブレクマン, バート　1927.2.3–1998.12.29）

Blechman, R.O.
アメリカ・ブルックリン生まれの挿絵画家, アニメーション作家。
⇒グラデ（Blechman,R.O.　ブレヒマン,R.O　1930–）

Bleckner, Ross
アメリカ生まれの画家。
⇒芸13（ブレックナー, ロス　1949–）
現アテ（Bleckner,Ross　ブレックナー, ロス　1949–）

Bledowski, Christopher
イギリス生まれの画家。
⇒芸13（ブレドゥスキー, クリストファー　1957–）

Bledsoe, Drew
アメリカのプロフットボール選手（QB）。
⇒最世ス（ブレッドソー, ドリュー　1972.2.14–）

Blefary, Curtis Le Roy
アメリカの大リーグ選手（外野, 一塁, 捕手）。
⇒メジャ（ブレファリー, カート　1943.7.5–2001.1.28）

Blegen, Carl William
アメリカの考古学者。トロイ遺跡の精密な再調査を行った。
⇒岩世人（ブレーゲン　1887.1.27–1971.8.24）

Blegvad, Peter
アメリカの作曲家, 歌手。
⇒外12（ブレグバド, ピーター　1951.8.14–）

Bleibtreu, Karl
ドイツ自然主義の小説家, 評論家。
⇒岩世人（ブライブトロイ　1859.1.13–1928.1.30）

Blémont, Émile
フランスの詩人。
⇒19仏（ブレモン, エミール　1839.7.17–1927.2.8）

Blériot, Louis
フランスの飛行家, 飛行機設計家。ドーヴァー海峡の横断飛行に初めて成功（1909）。
⇒岩世人（ブレリオ　1872.7.1–1936.8.3）
ネーム（ブレリオ　1872–1936）

Blethyn, Brenda
イギリスの女優。
⇒外12（ブレッシン, ブレンダ　1946.2.20–）
外16（ブレッシン, ブレンダ　1946.2.20–）
ク俳（ブレシン, ブレンダ（ボトル,B）　1946–）

Bleuler, Eugen
スイスの精神医学者。精神分裂症という概念を初めて導入。
⇒岩世人（ブロイラー　1857.4.30–1939.7.15）
現精（ブロイラー,E.　1857–1939）
現精縮（ブロイラー,E.　1857–1939）
広辞7（ブロイラー　1857–1939）
精医歴（ブロイラー, オイゲン　1857–1939）
精分岩（ブロイラー, オイゲン　1857–1939）

Bleuler, Manfred
スイスの精神医学者。
⇒現精（ブロイラー,M.　1903–1994）
現精縮（ブロイラー,M.　1903–1994）

Bley, Carla
アメリカの女流ジャズピアノ奏者, 作曲家。ニュー・ジャズ作曲家の重鎮。大作『エスカ

レーター・オーバー・ザ・ヒル』で世界的評価を得る。
⇒標音2（ブレイ，カーラ　1938.5.11–）

Blickle, Peter
ドイツの歴史家。
⇒岩世人（ブリックレ　1938.11.26–）

Blier, Bertrand
フランス生まれの映画監督，映画脚本家。
⇒映監（ブリエ，ベルトラン　1939.3.14–）

Blige, Mary J.
アメリカの歌手。
⇒外12（ブライジ，メアリー・J.　1971.1.11–）
　外16（ブライジ，メアリー・J.　1971.1.11–）

Bligh, Anna
オーストラリアの政治家。クイーンズランド州首相。
⇒外12（ブライ，アナ）
　外16（ブライ，アナ　1960–）

Blilie, Hannah
アメリカのロック・ドラム奏者。
⇒外12（ブライリー，ハンナ）

Blincoe, Nicholas
イギリスの作家。
⇒現世文（ブリンコウ，ニコラス）

Blinder, Alan Stuart
アメリカの経済学者。
⇒外12（ブラインダー，アラン　1945.10.14–）
　外16（ブラインダー，アラン　1945.10.14–）

Blinkhof, Jan
オランダのテノール歌手。
⇒魅惑（Blinkhof,Jan　1940–）

Blish, James Benjamin
アメリカのSF作家。1958年にはヒューゴー賞を受けた。
⇒現世文（ブリッシュ，ジェームズ・ベンジャミン　1921–1975）

Blishen, Edward
イギリスの作家，児童文学評論家。
⇒現世文（ブリッシェン，エドワード　1920–1996）

Bliss, *Sir* **Arthur**
イギリスの作曲家。イギリス放送協会音楽部長（1941~45）。
⇒岩世人（ブリス　1891.8.2–1975.3.27）
　エデ（ブリス，サー・アーサー（エドワード・ドラモンド）　1891.8.2–1975.3.27）
　ク音3（ブリス　1891–1975）
　新音中（ブリス，アーサー　1891.8.2–1975.3.27）
　標音2（ブリス，アーサー　1891.8.2–1975.3.27）

Bliss, Gilbert Ames
アメリカの解析学者。
⇒数辞（ブリス，ギルバート・アメス　1876–1951）

Bliss, William Dwight Porter
アメリカの聖公会司祭，キリスト教社会主義者，〈社会福音〉の活動家。
⇒学叢思（ブリス，ウィリアム・ドワイト・ポーター　1856–?）

Blissett, Luther
イタリアの作家。
⇒現世文（ブリセット，ルーサー）

Blitzstein, Marc
アメリカの作曲家。主作品『ゆりかごは揺れる』(1938)。
⇒標音2（ブリッツスタイン，マーク　1905.3.2–1964.1.22）

Blix, Hans
スウェーデンの法律家。国際原子力機関（IAEA）事務局長。
⇒外12（ブリクス，ハンス　1928.6.28–）
　外16（ブリクス，ハンス　1928.6.28–）
　世指導（ブリクス，ハンス　1928.6.28–）

Blixen, Karen
デンマークの女性作家。『7つのゴシック小説』(1934)で有名に。筆名・ディネーセン，アイザック（Dinesen,Isak）など。
⇒岩世人（ブリクセン　1885.4.17–1962.9.7）
　現世文（ブリクセン，カーレン　1885.4.17–1962.9.7）
　広辞7（ブリクセン　1885–1962）
　ヘミ（ディーネセン，イサク　1885–1962）

Bloch, Bernard
アメリカの言語学者。アメリカ言語学会機関誌〈Language〉を編集（1940~）。
⇒岩世人（ブロック　1907.6.18–1965.11.26）

Bloch, David
フランスのエージェント。パラシュートで敵地に侵入した最初のスパイの一人。
⇒スパイ（ブロック，ダヴィド　?–1916.8.1）

Bloch, Ernest
スイス生まれのユダヤ人作曲家。
⇒岩世人（ブロッホ　1880.7.24–1959.7.15）
　エデ（ブロッホ，エルネスト　1880.7.24–1959.7.15）
　ク音3（ブロッホ　1880–1959）
　新音小（ブロッホ，エルネスト　1880–1959）
　新音中（ブロッホ，エルネスト　1880.7.24–1959.7.15）
　新カト（ブロッホ　1880.7.24–1959.7.15）
　標音2（ブロッホ，エルネスト　1880.7.24–1959.7.15）
　ユ著人（Bloch,Ernest　ブロッホ，エルネスト　1880–1959）

Bloch, Ernst
ドイツの哲学者。主著『希望の原理』。1955年ドイツ民主共和国国民賞受賞。
⇒岩世人（ブロッホ　1885.7.8–1977.8.4）
　現社（ブロッホ　1885–1977）
　広辞7（ブロッホ　1885–1977）
　社小増（ブロッホ　1885–1977）
　新カト（ブロッホ　1885.7.8–1977.8.4）
　哲中（ブロッホ　1885–1977）
　メル別（ブロッホ, エルンスト　1885–1977）
　ユ著人（Bloch, Ernst　ブロッホ, エルンスト　1885–1977）

Bloch, Felix
アメリカの物理学者。1939年中性子の磁気能率を測定。46年核磁気モーメントの測定法を案出。52年E.パーセルとノーベル物理学賞受賞。
⇒岩世人（ブロッホ　1905.10.23–1983.9.10）
　三新物（ブロッホ　1905–1983）
　ノベ3（ブロッホ, F.　1905.10.23–1983.9.10）
　物理（ブロッホ, フェリックス　1905–1983）
　ユ著人（Bloch, Felix　ブロッホ, フェリックス　1905–1983）

Bloch, Felix S.
アメリカの外交官。
⇒スパイ（ブロック, フェリックス・S　1935–）

Bloch, Iwan
ドイツの皮膚科医。近代的性科学の建設者の一人。
⇒岩世人（ブロッホ　1872.4.8–1922.2.19）

Bloch, Jean-Richard
フランスの小説家, 劇作家, 評論家。短篇小説集『レビ』(1912), 長篇小説『…社会』(18〜25), 革命劇『ダントン』(46) などを発表。
⇒岩世人（ブロック　1884.5.25–1947.3.15）
　現世文（ブロック, ジャン・リシャール　1884.5.25–1947.3.15）
　西文（ブロック, ジャン・リシャール　1884–1947）
　ユ著人（Block, Jean Richard　ブロック, ジャン・リシャール　1884–1949）

Bloch, Joseph
ドイツの社会主義者, ジャーナリスト。
⇒ユ著人（Bloch, Joseph　ブロッホ, ヨーゼフ　1871–1936）

Bloch, Jules
フランスの東洋学者, サンスクリットおよびインド諸方言学者。インドの古語および現代の諸方言に精通している。
⇒岩世人（ブロック　1880.5.1–1953.11.29）

Bloch, Konrad
アメリカの生化学者。ナチスの弾圧を逃れてアメリカに亡命。1964年コレステロールと脂肪酸の代謝機構と調節の研究でノーベル生理・医学賞受賞。
⇒岩生（ブロッホ　1912–2000）
　岩世人（ブロック　1912.1.21–2000.10.15）
　ノベ3（ブロッホ, K.E.　1912.1.21–2000.10.15）
　ユ著人（Block, Konrad　ブロック, コンラート　1912–）

Bloch, Marc
フランスの歴史家。主著『フランス農村史の基本性格』(1931), 『封建社会』(39〜40), 『歴史のための弁明』(52), 『奇妙な敗北』。
⇒岩世人（ブロック　1886.7.6–1944.6.16）
　現社（ブロック　1886–1944）
　広辞7（ブロック　1886–1944）
　社小増（ブロック　1886–1944）
　世人新（ブロック　1886–1944）
　世人装（ブロック　1886–1944）
　メル別（ブロック, マルク・レオポール・バンジャマン　1886–1944）
　有経5（ブロック　1886–1944）

Bloch, Robert
アメリカの恐怖小説作家, シナリオ作家。主著『サイコ』(1959)。
⇒現世文（ブロック, ロバート　1917.4.5–1994.9.23）

Bloch, Serge
フランスの挿絵画家, 児童雑誌編集者。
⇒絵本（ブロッシュ, セルジュ　1956–）

Blochet, Edger
フランスの東洋学者。パリ国立図書館写本部でイスラム史料の整理, 校刻などを行なった。
⇒岩世人（ブロシェ　1870.12.12–1937.9.5）

Blochwitz, Hans Peter
ドイツのテノール歌手。
⇒失声（ブロホヴィッツ, ハンス・ペーター　1949–）
　魅惑（Blochwitz, Hans Peter　1949–）

Block, Francesca Lia
アメリカの作家, 詩人。
⇒岩世人（ブロック　1962.12.3–）
　外12（ブロック, フランチェスカ・リア）
　外16（ブロック, フランチェスカ・リア　1962–）
　現世文（ブロック, フランチェスカ・リア　1962–）

Block, Lawrence
アメリカのミステリ作家。
⇒外12（ブロック, ローレンス　1938.6.24–）
　外16（ブロック, ローレンス　1938.6.24–）
　現世文（ブロック, ローレンス　1938.6.24–）

Block, Ned Joel
アメリカの哲学者。
⇒メル別（ブロック, ネド・ジョエル　1942–）

Blodgett, Katharine
アメリカの物理学者。
⇒物理（ブロジェット, キャサリン　1898–1979）

Bloembergen, Nicolaas
アメリカの物理学者。
⇒岩世人（ブルームバーゲン　1920.3.11–）
ノベ3（ブルームバーゲン,N.　1920.3.11–）

Blogel, Günter
ドイツ,アメリカの生物学者。1999年ノーベル生理学医学賞。
⇒岩生（ブローベル　1936–）
外12（ブローベル,ギュンター　1936.5.21–）
外16（ブローベル,ギュンター　1936.5.21–）
ネーム（ブローベル　1936–）
ノベ3（ブローベル,G.　1936.5.21–）

Blok, Aleksandr Aleksandrovich
ロシア,ソ連の詩人。
⇒岩世人（ブローク　1880.11.16/28–1921.8.7）
学叢思（ブローク,アレクサンドル・アレクサンドロウィッチ　1880–1921）
現世文（ブローク,アレクサンドル　1880.11.28–1921.8.7）
広辞7（ブローク　1880–1921）

Blok, Petrus Johannes
オランダの歴史家。主著 "Geschiedenis van het Nederlandsche volk" (1892～1908)。
⇒岩世人（ブロック　1855.1.10–1929.10.24）

Blokhin, Oleg
ウクライナのサッカー指導者,政治家。
⇒岩世人（ブロヒン　1952.11.5–）
外12（ブロヒン,オレグ　1952.11.5–）
外16（ブロヒン,オレグ　1952.11.5–）
最世ス（ブロヒン,オレグ　1952.11.5–）

Blokhintsev, Dmitry Ivanovich
ロシア,ソ連の物理学者。
⇒岩世人（ブロヒーンツェフ　1907.12.29/1908.1.11–1979.1.27）

Blokhuijsen, Jan
オランダのスピードスケート選手。
⇒外16（フロクハイゼン,ヤン　1989.4.1–）

Blom, August
デンマーク生まれの映画監督,男優。
⇒映監（ブロム,オーガスト　1869.12.26–1947）

Blom, Eric Walter
イギリスの音楽評論家。イギリスの著名な音楽雑誌 "Music and Letters" の編集者をつとめているほか,《グローヴ音楽事典》の第5版の改訂編集を担当している。
⇒標音2（ブロム,エリック　1888.8.20–1959.4.11）

Blomberg, Werner von
ドイツの軍人。ドイツ陸軍元帥,国防相。
⇒岩世人（ブロンベルク　1878.9.2–1946.3.14）

Blomdahl, Karl-Birger
スウェーデンの作曲家。

⇒ク音3（ブルムダール（ブロムダール）　1916–1968）
新音中（ブルムダール,カール＝ビリエル　1916.10.19–1968.6.14）
標音2（ブルムダール,カルル＝ビルガー　1916.10.19–1968.6.14）

Blomkamp, Neill
カナダの映画監督。
⇒外12（ブロムカンプ,ニール　1979–）
外16（ブロムカンプ,ニール　1979–）

Blomstedt, Herbert
スウェーデンの指揮者。
⇒外12（ブロムシュテット,ヘルベルト　1927.7.11–）
外16（ブロムシュテット,ヘルベルト　1927.7.11–）
新音中（ブロムシュテット,ヘルベルト　1927.7.11–）
標音2（ブロムシュテット,ヘルベルト　1927.7.11–）

Blomstedt, Yrjö Aulis Uramo
フィンランドの建築家。
⇒岩世人（ブルムステット　1906.7.28–1979.12.21）

Blon, Franz von
ドイツの指揮者,作曲家。吹奏楽曲『勝利の旗のもとに』が親しまれている。
⇒標音2（ブロン,フランツ・フォン　1861.7.16–1945.10.21）

Blondel, Charles Aimé Alfred
フランスの精神病学者,心理学者。主著『集合心理学序説』(1928)。
⇒教人（ブロンデル　1876–1939）
現精（ブロンデル　1876–1939）
現精縮（ブロンデル　1876–1939）
社小増（ブロンデル　1876–1939）
メル3（ブロンデル,シャルル　1876–1939）

Blondel, Maurice
フランスのカトリック哲学者。主著『思惟』(2巻,1934)『存在と存在者』(35)。
⇒岩キ（ブロンデル　1861–1949）
岩世人（ブロンデル　1861.11.2–1949.6.4）
オク教（ブロンデル　1861–1949）
新カト（ブロンデル　1861.11.2–1949.6.4）
メル3（ブロンデル,モーリス　1861–1949）

Blondel, Maurice
テノール歌手。
⇒魅惑（Blondel,Maurice　?–）

Blondell, Joan
アメリカの映画女優。
⇒ク俳（ブロンデル,ジョウン　1909–1979）

Blondin, Antoine
フランスの作家。
⇒現世文（ブロンダン,アントワーヌ　1922.4.11–1991.6.7）

Blondlot, René
フランスの物理学者。ナンシー大学教授。
⇒科史（ブロンロー　1849–1930）

Blonskij, Pavel Petrovich
ソ連の教育学者。クループスカヤ共産主義教育アカデミーを創設。
⇒教人（ブロンスキー　1884–1941）

Blonsky, Nikki
アメリカの女優。
⇒外12（ブロンスキー, ニッキー　1988.11.9–）

Bloodworth, James Henry
アメリカの大リーグ選手（二塁）。
⇒メジャ（ブラッドワース, ジミー　1917.7.26–2002.8.17）

Bloom, Benjamin Samuel
アメリカの教育学者。アメリカ教育研究教会会長, シカゴ大学教授。
⇒岩世人（ブルーム　1913.2.21–1999.9.13）

Bloom, Claire
イギリス生まれの女優。
⇒外12（ブルーム, クレア　1931.2.15–）
　外16（ブルーム, クレア　1931.2.15–）
　ク俳（ブルーム, クレア（ブルーム, パトリシア・C）　1931–）
　ユ著人（Bloom,Claire　ブルーム, クレア　1931–）

Bloom, Harold
アメリカの批評家。
⇒岩世人（ブルーム　1930.7.11–）
　外16（ブルーム, ハロルド　1930.7.11–）

Bloom, Harry
南アフリカの作家, ジャーナリスト。
⇒岩世人（ブルーム　1913.1.1–1981.7.28）

Bloom, Hyman
アメリカの画家。
⇒ユ著人（Bloom,Hyman　ブルーム, ハイマン　1913–）

Bloom, Orlando
イギリスの俳優。
⇒外12（ブルーム, オーランド　1977.1.13–）
　外16（ブルーム, オーランド　1977.1.13–）

Bloomberg, Michael
アメリカの政治家, 金融家。ニューヨーク市長。
⇒外12（ブルームバーグ, マイケル　1942.2.14–）
　外16（ブルームバーグ, マイケル　1942.2.14–）
　世指導（ブルームバーグ, マイケル　1942.2.14–）

Bloome, Indigo
オーストラリアの作家。
⇒海文新（ブルーム, インディゴ）

Bloomfield, Leonard
アメリカの言語学者。言語教育では話す・聞く能力を強調し, 科学的で能率的な方法を研究した。主著『言語』。
⇒岩世人（ブルームフィールド　1887.4.1–1949.4.18）
　オク言（ブルームフィールド, レオナード　1887–1949）
　広辞7（ブルームフィールド　1887–1949）
　ネーム（ブルームフィールド　1887–1949）

Bloomfield, Maurice
アメリカのインド学者。主著『アタルバ・ベーダの讃歌』（1897）。
⇒岩世人（ブルームフィールド　1855.2.23–1928.6.13）
　新佛3（ブルームフィールド　1855–1928）
　南ア新（ブルームフィールド　1855–1928）

Bloomfield, Mike
アメリカのギター奏者。
⇒ロック（Bloomfield,Mike　ブルームフィールド, マイク　1943–）

Blos, Peter
ドイツ生まれのアメリカの精神分析家。
⇒精分岩（ブロス, ピーター　1904–1997）

Blount, James Henderson, Jr.
アメリカの弁護士, 裁判官。
⇒アア歴（Blount,James Henderson,Jr　ブラント・ジュニア, ジェイムズ・ヘンダスン　1869.3.3–1918.10.7）

Blow, Kurtis
アメリカのラッパー。
⇒異二辞（ブロウ, カーティス　1959–）

Blow, Susan Elizabeth
アメリカの幼児教育者。ドイツで幼稚園について研究し, フレーベルの使徒となる。
⇒教人（ブロー　1843–1916）

Bloy, Léon Henri Marie
フランスの小説家, ジャーナリスト。
⇒岩世人（ブロワ　1846.7.11–1917.11.3）
　新カト（ブロア　1846.7.11–1917.11.3）
　フ文小（ブロワ, レオン　1846–1917）

Blue, David
アメリカのシンガー・ソングライター。
⇒ロック（Blue,David　ブルー, デイヴィッド）

Blue, Lucy
アメリカの作家。
⇒海文新（ブルー, ルーシー）

Blue, Luzerne Atwell
アメリカの大リーグ選手（一塁）。
⇒メジャ（ブルー, ルー　1897.3.5–1958.7.28）

Blue, Victor
アメリカ海軍士官。米西戦争中にスパイとして活動した。
⇒スパイ（ブルー, ヴィクター 1865–1928）

Blue, Vida Rochelle
アメリカの大リーグ選手（投手）。
⇒メジャ（ブルー, ヴァイダ 1949.7.28–）

Bluege, Oswald Louis
アメリカの大リーグ選手（三塁, 遊撃, 二塁）。
⇒メジャ（ブルーギー, オジー 1900.10.24–1985.10.14）

Bluiett, Hamiet
アメリカのジャズ・バリトンサックス, クラリネット奏者。
⇒標音2（ブルーイット, ハミエット 1940.9.16–）

Blum, Ernest
フランスの劇作家, ジャーナリスト。
⇒19仏（ブルム, エルネスト 1836.8.15–1907.9.22）

Blum, Geoffrey Edward
アメリカの大リーグ選手（三塁）。
⇒メジャ（ブラム, ジェフ 1973.4.26–）

Blum, Léon
フランスの政治家。1936年社会主義者, ユダヤ人として初めて人民戦線内閣の首相に就任。
⇒岩世人（ブルム 1872.4.9–1950.3.30）
広辞7（ブルム 1872–1950）
世史改（ブルム 1872–1950）
世人新（ブルム 1872–1950）
世人装（ブルム 1872–1950）
ポプ人（ブルム, レオン 1872–1950）
ユ著人（Blum,Léon ブルム, レオン 1872–1950）

Blum, Naomi
アメリカ生まれの画家。
⇒芸13（ブルム, ナオミ 1937–）

Blüm, Norbert
ドイツの政治家。
⇒岩世人（ブリューム 1935.7.21–）

Blum, Rene
フランスのバレエ興行師。
⇒岩世人（ブルム 1878.3.13–1942.9.28）

Blum, Ulrich
ドイツの経済学者。
⇒外12（ブルーム, ウルリッヒ 1953.5.19–）
外16（ブルーム, ウルリッヒ 1953.5.19–）

Blumberg, Baruch Samuel
アメリカの医師。1976年ノーベル生理学医学賞。
⇒岩生（ブラムバーグ 1925–2011）
岩世人（ブランバーグ 1925.7.28–2011.4.5）
ノベ3（ブラムバーグ,B.S. 1925.7.28–2011.4.5）
ユ著人（Blumberg,Baruch Samuel ブランバーグ, バルーチ・サミュエル 1925–）

Blumberg, Binyamin
イスラエルの秘密情報機関ラカムの長官。
⇒スパイ（ブルームバーグ, ビンヤミン 1930–1992）

Blume, Clemens
ドイツの音楽学者, 讃美歌学者。
⇒新カト（ブルーメ 1862.1.31–1932.4.8）

Blume, Friedrich
ドイツの音楽学者。主著『プロテスタントの教会音楽』(1931)。
⇒新音中（ブルーメ, フリードリヒ 1893.1.5–1975.11.22）
標音2（ブルーメ, フリードリヒ 1893.1.5–1975.11.22）

Blume, Judy
アメリカの児童文学作家。
⇒現世文（ブルーム, ジュディ 1938–）

Blume, Lesley M.M.
アメリカの作家, ジャーナリスト。
⇒海文新（ブルーム, レズリー・M.M.）
現世文（ブルーム, レズリー・M.M.）

Blume, Peter
ロシアの画家。
⇒芸13（ブルーメ, ピーター 1906–1975）

Blumenberg, Hans
ドイツの哲学者。
⇒異二辞（ブルーメンベルク [ハンス・〜] 1920–1996）
岩世人（ブルーメンベルク 1920.7.13–1996.3.28）
メル別（ブルーメンベルク, ハンス 1920–1996）

Blumenfeld, Kurt
ドイツのシオニスト指導者の一人。
⇒ユ著人（Blumenfeld,Kurt ブルーメンフェルト, クルト 1884–1963）

Blumenthal, Hermann
ドイツの彫刻家。
⇒岩世人（ブルーメンタール 1905.12.31–1942.8.17）

Blumenthal, Oskar
ドイツの劇作家, 劇評家。ベルリンに「レッシング座」を創設(1888), その支配人となる(〜97)。
⇒岩世人（ブルーメンタール 1852.3.13–1917.4.24）

Blumer, Herbert George
アメリカの社会学者。著『シンボリック相互作用論』など。
⇒岩世人（ブルーマー 1900.3.7–1987.4.13）

現社（ブルーマー　1900–1987）
社小増（ブルーマー　1900–1987）
社心小（ブルーマー　1900–1987）

Blumhardt, Christoph Friedrich
ドイツのプロテスタント神学者。社会民主党に属し，ヴュルッテンベルク地方議会議員となったが（1900～06），のち神の国への奉仕に専念した。
⇒岩世人（ブルームハルト　1842.6.1–1919.8.2）

Blunck, Hans Friedrich
ドイツの小説家，劇作家。ナチス時代に政府の文化政策に協力した。
⇒岩世人（ブルンク　1888.9.3–1961.4.25）
現世文（ブルンク，ハンス・フリードリヒ　1888.9.3–1961.4.25）

Blunden, Edmund Charles
イギリスの詩人，批評家。東京大学在職中（1924～27）に書いた『戦争微韻』(28) は戦争文学の傑作とされる。
⇒岩世人（ブランデン　1896.11.1–1974.1.20）
現世文（ブランデン，エドマンド・チャールズ　1896.11.1–1974.1.20）
広辞7（ブランデン　1896–1974）
ネーム（ブランデン　1896–1874）

Blunkett, David
イギリスの政治家，コラムニスト。
⇒外12（ブランケット，デービッド　1947.6.6–）
外16（ブランケット，デービッド　1947.6.6–）
世指導（ブランケット，デービッド　1947.6.6–）

Blunstone, Colin
イギリス生まれの歌手。
⇒ロック（Blunstone,Colin　ブランストーン, コリン　1945.6.24–）

Blunt, Anthony Frederick
イギリスの美術史家。
⇒岩世人（ブラント　1907.9.26–1983.3.26）
スパイ（ブラント，サー・アンソニー・フレデリック　1907–1983）

Blunt, James
イギリスのシンガー・ソングライター。
⇒外12（ブラント，ジェームス　1977.2.22–）
外16（ブラント，ジェームス　1977.2.22–）

Blunt, *Sir* Wilfrid Scawen
イギリスの詩人。詩集『プロテウスの愛のソネット』(1880) が代表作。
⇒岩イ（ブラント　1840–1922）

Bly, Nellie
アメリカの女流ジャーナリスト。
⇒アメ州（Bly,Nellie　ブライ, ネリー　1867?–1922）

Bly, Robert
アメリカの詩人。文学雑誌「シクスティーズ」を編集。いろんな外国語からの翻訳家でもある。

⇒岩世人（ブライ　1926.12.23–）
外12（ブライ, ロバート　1926.12.23–）
外16（ブライ, ロバート　1926.12.23–）
現世文（ブライ, ロバート　1926.12.23–）

Blyleven, Rik Aalbert
アメリカの大リーグ選手（投手）。
⇒外12（ブライレブン, バート　1951.4.6–）
メジャ（ブライレヴン, バート　1951.4.6–）

Blyth, Ann
アメリカの女優。映画『われら自身のもの』(1950)，『零号作戦』(52) などに出演。
⇒ク俳（ブライス, アン　1928–）

Blythe, Arthur
アメリカのジャズ・アルトサックス奏者。
⇒標音2（ブライズ, アーサー　1940.7.5–）

Blyton, Enid
イギリスの児童文学作家。
⇒岩世人（ブライトン　1897.8.11–1968.11.28）
現世文（ブライトン, イーニド・メアリ　1897.8.11–1968.11.28）

Blyukher, Vasilii Konstantinovich
ソ連の軍人。労働者出身。東部シベリア軍司令官（1929～38）。
⇒岩世人（ブリューヘル　1890.11.19/12.1–1938.11.9）

BoA
韓国の歌手。
⇒外12（BoA　ボア　1986.11.5–）
外16（BoA　ボア　1986.11.5–）

Boahen, Albert Kwadwo Adu
ガーナの歴史家，政治家。
⇒岩世人（ボアヘン　1932.5.24–2006.5.24）

Boal, Augusto
ブラジルの演出家。ラテン・アメリカの各地で民衆演劇運動を展開した。主な作品に『被抑圧者の演劇』等がある。
⇒岩世人（ボアル　1931.3.16–2009.5.2）

Boas, Franz
ドイツ生まれのアメリカの文化人類学者。主として北アメリカのインディアンの言語, 宗教を調査。
⇒アメ新（ボアズ　1858–1942）
岩生（ボアズ　1858–1942）
岩世人（ボアズ　1858.7.9–1942.12.21）
オク言（ボアズ, フランツ　1858–1942）
教人（ボウアズ　1858–1942）
現社（ボアズ　1858–1942）
広辞7（ボアズ　1858–1942）
社小増（ボアズ　1858–1942）
新カト（ボアズ　1858.7.9–1942.12.21）

Boateng, Ozwald
イギリスの服飾デザイナー。

⇒外12（ボーテング，オズワルド　1967.2.22-）
　外16（ボーテング，オズワルド　1967.2.22-）

Bobbio, Norberto
イタリアの法哲学者，思想史家。トリノ出身。パドヴァ・トリノ等の大学で講じる。1930年代から反ファシズム運動やレジスタンスに参加，84年終身上院議員。政治権力の統御問題や知識人論・政党論・市民社会論などについて広範に思索した。
⇒岩世人（ボッビオ　1909.10.18-2004.1.9）
　広辞7（ボッビオ　1909-2004）
　メル3（ボッビオ，ノルベルト　1909-2004）

Bobbitt, J.Franklin
アメリカの教育学者。
⇒教人（ボビット　1876-）

Boberg, Gustav Ferdinand
スウェーデンの建築家。
⇒岩世人（ブーベリ　1860.4.11-1946.5.7）

Bobertag, Otto
ブレスラウ生まれの心理学者。ヒュラと共に実用的テスト紙を考案した。
⇒教人（ボーベルターク　1879-1939）

Bobesco, Lola
ベルギー（ルーマニア系）のヴァイオリン奏者。1937年にイザイ国際コンクールに優勝。
⇒標音2（ボベスク，ローラ　1919.8.9-2003.9.4）

Bob Hassan
インドネシア（華人系）の政商，実業家。
⇒現アジ（ボブ・ハッサン　1931-）

Bob Log, III
アメリカのミュージシャン。
⇒外12（ボブログ3世　1969-）

Bobo Brazil
アメリカのプロレスラー。
⇒異二辞（ブラジル，ボボ　1924-1998）

Boborykin, Pëtr Dmitrievich
ロシアの自然主義作家。代表作『峠』（1894）。
⇒岩世人（ボボルイキン　1836.8.15/27-1921.8.12）

Bobrowski, Johannes
ドイツの詩人。人間の生の謎を追究し，詩集『サルマート時代』（1961）など。
⇒岩キ（ボブロフスキー　1917-1965）
　岩世人（ボブロフスキー　1917.4.9-1965.9.2）
　現世文（ボブロフスキー，ヨハネス　1917.4.9-1965.9.2）
　広辞7（ボブロフスキー　1917-1965）
　新カト（ボブロフスキー　1917.4.9-1965.9.2）

Bobrzyński, Michał
ポーランドの歴史家，政治家。
⇒岩世人（ボブジンスキ　1849.9.30-1935.7.3）

Boc, Emil
ルーマニアの政治家。ルーマニア首相。
⇒外12（ボック，エミル　1966.9.6-）
　外16（ボック，エミル　1966.9.6-）
　世指導（ボック，エミル　1966.9.6-）

Bocachika, Hiram Colon
大リーグ選手（外野），プロ野球選手。
⇒外12（ボカチカ，ヒラム　1976.3.4-）

Bocca, Julio
アルゼンチンのダンサー，バレエ団監督。
⇒外12（ボッカ，フリオ　1967.3.6-）

Boccassini, Ilda
イタリアの検察官。
⇒外12（ボッカシーニ，イルダ）
　外16（ボッカシーニ，イルダ）

Boccioni, Umberto
イタリアの画家，彫刻家。1910年「未来派宣言」に参加。主作品『弾性』（12）。
⇒岩世人（ボッチョーニ　1882.10.19-1916.8.17）
　芸13（ボッチョーニ，ウンベルト　1882-1916）
　広辞7（ボッチョーニ　1882-1916）
　ネーム（ボッチョーニ　1882-1916）

Bocelli, Andrea
イタリアのテノール歌手。
⇒外12（ボチェッリ，アンドレア　1958.9.22-）
　外16（ボチェッリ，アンドレア　1958.9.22-）
　失声（ボチェッリ，アンドレア　1958-）
　魅惑（Bocelli,Andrea　1958-）

Bochco, Steven
アメリカの脚本家，TVプロデューサー。
⇒外12（ボチコ，スティーブン　1943-）

Bocheński, Józef Franciszek
ポーランド出身の哲学者，ドミニコ会会員。
⇒新カト（ボヘンスキ　1902.8.30-1995.2.8）

Bôcher, Maxime
アメリカの数学者。ハーバード大学教授（1894）。
⇒岩世人（ボッシャー　1867.8.28-1918.9.12）
　世数（ボッシャー，マキシム　1867-1918）

Bochkareva, Mariia Leontievna
ロシアの軍人。
⇒異二辞（ボチカリョーワ［マリア・〜］　1889-1920）

Bochner, Mel
アメリカの美術家。
⇒岩世人（ボックナー　1940.8.23-）

Bochner, Salomon
ポーランドの数学者。
⇒岩世人（ボッホナー　1899.8.20-1982.5.2）

数辞（ボホナー, サロモン　1899-1982）
世数（ボホナー, サロモン　1899-1982）
Bochnicek, Julius
チェコのテノール歌手。
⇒魅惑（Bochnicek,Julius　1871-1951）
Bochte, Bruce Anton
アメリカの大リーグ選手（一塁, 外野）。
⇒メジャ（ボクティ, ブルース　1950.11.12-）
Bochy, Bruce Douglas
アメリカの大リーグ選手（捕手）。
⇒外12（ボウチー, ブルース　1955.4.16-）
　外16（ボウチー, ブルース　1955.4.16-）
　最世ス（ボウチー, ブルース　1955.4.16-）
　メジャ（ボーチー, ブルース　1955.4.16-）
Bock, Jerry
アメリカの作曲家。
⇒標音2（ボック, ジェリー　1928.11.23-2010.11.3）
Bock, John
ドイツ生まれの芸術家。
⇒現アテ（Bock,John　ボック, ヨーン　1965-）
Böckler, Hans
ドイツの政治家。ドイツ帝国議会議員, ドイツ労働総同盟議長。
⇒岩世人（ベックラー　1875.2.26-1951.2.16）
Bock-Raming, Andreas
ドイツのチェス研究者, インド史研究者。
⇒岩世人（ボック＝ラーミング　1954.1.22-）
Bockwinkel, Nick
アメリカのプロレスラー。
⇒異二辞（ボックウィンクル, ニック　1934-2015）
Bocobo, Jorge
フィリピンの教育者, 法律家。
⇒岩世人（ボコボ　1886.10.19-1965.7.23）
Bocuse, Paul
フランスの料理人。
⇒岩世人（ボキューズ　1926.2.11-）
　外12（ボキューズ, ポール　1926.2.11-）
　外16（ボキューズ, ポール　1926.2.11-）
Bodard, Lucien Albert
中国生まれのフランスの作家。
⇒現世文（ボダール, リュシアン　1914.1.9-1998.3.2）
Bodde, Derk
アメリカの中国研究者。
⇒アア歴（Bodde,Derk　ボッド, ダーク　1909.3.9-2003.11.3）
Boddicker, Michael James
アメリカの大リーグ選手（投手）。

⇒メジャ（ボディッカー, マイク　1957.8.23-）
Bode, Boyd Henry
アメリカの哲学者, 教育学者。進歩的教育の代表者の一人。
⇒岩世人（ボーダ　1873.10.4-1953.3.29）
　教人（ボウド　1873-1953）
Bode, Rudolf Fritz Karl Berthold
ドイツの体育家, 教育家, 舞踊理論家。
⇒岩世人（ボーデ　1881.2.3-1970.10.7）
Bode, Wilhelm von
ドイツの美術史家。1906～20年にプロシアすべての王立美術館の総監督を勤めた。
⇒岩世人（ボーデ　1845.12.10-1929.3.1）
Bodelschwingh, Friedrich von
ドイツのプロテスタント神学者, 社会事業家。ドイツ最初の労働者コロニーを創設（1882）。
⇒教人（ボーデルシュヴィンク　1831-1910）
　新カト（ボーデルシュヴィンク　1831.3.6-1910.4.2）
Bodelschwingh, Friedrich von
ドイツの牧師。同名の父の子。教育機関などを設立。
⇒新カト（ボーデルシュヴィンク　1877.8.14-1946.1.4）
Bodelsen, Anders
オランダの作家。
⇒岩世人（ボーゼルセン　1937.2.11-）
　現世文（ボーデルセン, アーナス　1937-）
Bodenheimer, Frederick Simon
ドイツ生まれのイスラエルの昆虫学者, 科学史学者。
⇒岩生（ボーデンハイマー　1897-1959）
　岩世人（ボーデンハイマー　1897.6-1959.10.4）
Bodenheimer, Max Isador
ドイツのシオニスト指導者。
⇒ユ著人（Bodenheimer,Max Isidor　ボーデンハイマー, マックス・イシドール　1865-1940）
Bodenstein, Ernst August Max
ドイツの化学者。ベルリン大学教授（1923～36）。
⇒岩世人（ボーデンシュタイン　1871.7.15-1942.9.3）
　化学（ボーデンシュタイン　1871-1942）
Bodian, David
アメリカの解剖学者。
⇒ユ著人（Bodian,David　ボーディアン, デーヴィッド　1910-）
Bodie, Frank Stephan (Ping)
アメリカの大リーグ選手（外野）。
⇒メジャ（ボーディー, ピング　1887.10.8-1961.12.17）

Bodini, Floriano
イタリア生まれの彫刻家。
⇒芸13（ボディーニ, フロリアーノ　1933–）

Bodman, Samuel
アメリカの政治家。エネルギー長官。
⇒外12（ボドマン, サミュエル　1938.11.26–）
　外16（ボドマン, サミュエル　1938.11.26–）
　世指導（ボドマン, サミュエル　1938.11.26–）

Bodnar, Elena
アメリカの防災ブラジャー開発者。
⇒外12（バドナー, エレナ）

Bodoc, Liliana
アルゼンチンの作家。
⇒海文新（ボドック, リリアナ　1958.7.21–）
　現世文（ボドック, リリアナ　1958.7.21–2018.2.6）

Bodrov, Sergei
ロシア生まれの映画監督, 映画脚本家。
⇒外12（ボドロフ, セルゲイ　1948.6.28–）
　外16（ボドロフ, セルゲイ　1948.6.28–）

Bodua
モンゴルの政治家。
⇒岩世人（ボドー　1885–1922.8.31）

Bodurov, Ljubomir
ブルガリアのテノール歌手。
⇒魅惑（Bodurov,Ljubomir　1925–）

Boe, Tarjei
ノルウェーのバイアスロン選手。
⇒外12（ベー, ターリェイ　1988.7.29–）
　外16（ベー, ターリェイ　1988.7.29–）
　最世ス（ベー, ターリェイ　1988.7.29–）

Boeckenhaupt, Herbert
アメリカ空軍3等軍曹。
⇒スパイ（ベッケンハウプト, ハーバート）

Boediono, Dr.
インドネシアの経済学者, 政治家。
⇒岩世人（ブディオノ　1943.2.25–）
　世指導（ブディオノ　1943.2.25–）

Bødker, Cecil
デンマークの詩人, 作家。
⇒岩世人（ボトカー（ベトカー）　1927.3.27–）
　外12（ボトカー, セシル　1927–）
　現世文（ボトカー, セシル　1927.3.27–）

Boegner, Marc
フランスの宗教家。フランスのプロテスタント連盟の会長（1929～）, フランス改革派教会全国会議の理事長（38～）を務めた。
⇒岩世人（ベグネル　1881.2.21–1970.12.18）

Boehm, Yohanan
ポーランド生まれのイスラエルの作曲家, ホルン奏者, 音楽評論家。
⇒ユ著人（Boehm,Yohanan　ベーム, ヨハナン　1914–）

Boehner, John
アメリカの政治家。下院議長（共和党）。
⇒外12（ベイナー, ジョン　1949.11.17–）
　外16（ベイナー, ジョン　1949.11.17–）
　世指導（ベイナー, ジョン　1949.11.17–）

Boeing, William Edward
アメリカの航空機企業の創立者。
⇒アメ経（ボーイング, ウィリアム　1881.10.1–1956.9.20）
　岩世人（ボーイング　1881.10.1–1956.9.28）
　ポプ人（ボーイング, ウィリアム　1881–1956）

Boeke, Julius Herman
オランダの植民地学者。東インド（インドネシア）社会の資本主義化は不可能かつ危険として, 西欧とは異なる独自の「二元経済学」の必要を説いた。
⇒岩世人（ブーケ　1884.11.15–1956.1.9）

Bøkko, Håvard
ノルウェーのスピードスケート選手。
⇒最世ス（ボッコ, ハバルト　1987.2.2–）

Boelitz, Otto
ドイツの教育家, 政治家。1921～25年プロイセンの文部大臣。45年ゼンストにキリスト教民主同盟（CDU）を組織し, その育成に努めた。
⇒教人（ベーリッツ　1876–1951）

Boelstler, Harald
ドイツの実業家。
⇒外12（ブルストラー, ハラルド　1950.10.28–）

Boenisch, Yvonne
ドイツの柔道選手。
⇒最世ス（ベニシュ, イボンヌ　1980.12.29–）

Boes, Helge
アメリカ中央情報局（CIA）職員。
⇒スパイ（スパン, ジョニー・マイケル, ボーズ, ヘルジ　?–2003.2.5）

Boesak, Allan
オランダ改革派伝道教会牧師, 反アパルトヘイト運動のリーダー。
⇒岩キ（ブーサック　1946–）

Boestamam, Ahmad
マレーシアの政治活動家。
⇒岩世人（ブスタマム, アフマド　1920.11.30–1983.1.19）

Boetcher, Curt
アメリカの歌手, プロデューサー。

⇒ロック（Boetcher,Curt　ベチャー、カート）

Boetticher, Budd
アメリカの映画監督。
⇒映監（ベティカー、バッド　1916.7.29–2001）

Boever, Joseph Martin
アメリカの大リーグ選手（投手）。
⇒メジャ（ベイヴァー、ジョー　1960.10.4–）

Boevski, Galabin
ブルガリアの重量挙げ選手。
⇒外12（ボエフスキ、ガラビン　1974.12.19–）

Boff, Clodovis
ブラジルの解放の神学者。マリアのしもべ修道会司祭。L.ボフの弟。
⇒岩キ（ボフ,C.　1944–）

Boff, Leonardo
ブラジルの神学者。ペトロポリスの哲学・神学研究所組織神学教授。
⇒岩キ（ボフ,L.　1938–）
　岩世人（ボフ　1938.12.14–）
　新カト（ボフ　1938.12.14–）

Bofinger, Peter
ドイツの経済学者。
⇒外12（ボーフィンガー、ペーター）
　外16（ボーフィンガー、ペーター　1954–）

Bogachov, Vladimir
ロシアのテノール歌手。
⇒魅惑（Bogachov,Vladimir（Bogatschov）1960–）

Bogaliy, Anna
ロシアのバイアスロン選手。
⇒外12（ボガリ、アンナ　1979.6.12–）
　外16（ボガリ、アンナ　1979.6.12–）
　最世ス（ボガリ、アンナ　1979.6.12–）

Bogan, Louise
アメリカの女性詩人、評論家。詩集『この死のむくろ』(1923)、『暗い夏』(29)など。
⇒現世文（ボーガン、ルイーズ　1897.8.11–1970.2.4）

Bogarde, Dirk
イギリス・ロンドン生まれの男優。
⇒遺産（ボガード、ダーク　1921.3.28–1999.5.8）
　岩世人（ボガード　1921.3.28–1999.5.8）
　ク俳（ボガード、サー・ダーク（ヴァン・デン・ボガード、デレク）1920–1999）
　スター（ボガード、ダーク　1921.3.28–1999）

Bogardus, Emory Stephen
アメリカの社会学者。「応用社会学雑誌」発行。主著"Essential of Social Psychology"(1917)など。
⇒岩世人（ボガーダス　1882.2.21–1973.8.21）
　学叢思（ボガーダス、エモリー・ステフェン　1882–）
　教人（ボガーダス　1882–）
　社小増（ボガーダス　1882–1973）

Bogart, Ernest Ludlow
アメリカの経済史家。アメリカ経済学会会長(1931)。
⇒岩世人（ボガート　1870.3.16–1958.11.4）

Bogart, Humphrey DeForest
アメリカの映画俳優。『アフリカの女王』(1951年アカデミー主演男優賞受賞)などハードボイルド派のスターとして活躍。
⇒アメ州（Bogart,Humphrey　ボガート、ハンフリー　1899–1957）
　遺産（ボガート、ハンフリー　1899.12.25–1957.1.14）
　岩世人（ボガート　1899.1.23/12.25–1957.1.14）
　ク俳（ボガート、ハンフリー　1899–1957）
　広辞7（ボガート　1899–1957）
　スター（ボガート、ハンフリー　1899.12.25–1957）
　ネーム（ボガート、ハンフリー　1899–1957）
　ネーム（ボガート　1899–1957）
　ボブ人（ボガート、ハンフリー　1899–1957）

Bogatyryov, Pyotr Grigor'evich
ロシアの民俗学者、民族学者。
⇒岩世人（ボガトゥイリョフ　1893.1.16/28–1971.3.18）

Bogdanov, Aleksandr Aleksandrovich
ロシアの思想家、医師。前進党を組織しG.プレハーノフ、レーニンなどと対立。
⇒岩世人（ボグダーノフ　1873.8.10/22–1928.4.7）
　哲中（ボグダーノフ　1873–1928）

Bogdanov, Boris
テノール歌手。
⇒魅惑（Bogdanov,Boris　?–）

Bogdanovich, Aleksander
ロシアのテノール歌手。
⇒魅惑（Bogdanovich,Aleksander　1874–1950）

Bogdanovich, Peter
アメリカ生まれの映画監督。
⇒映監（ボグダノヴィッチ、ピーター　1939.7.30–）
　外12（ボグダノビッチ、ピーター　1939.7.30–）

Boγda Qaγan
モンゴル国のハーン。在位1911～24。
⇒岩世人（ボグド・ハーン　1869–1924.5.20）

Boggs, James
アメリカの黒人社会主義者。
⇒マルX（BOGGS,JAMES　ボッグズ、ジェイムズ　1919–1993）

Boggs, John
アメリカのスポーツ代理人。

⇒外16（ボッグス，ジョン）
Boggs, Wade Anthony
アメリカの大リーグ選手（三塁）。
⇒外12（ボッグス，ウェイド 1958.6.15-）
メジャ（ボッグス，ウェイド 1958.6.15-）
Bogle, John C.
アメリカの金融家。
⇒外12（ボーグル，ジョン）
外16（ボーグル，ジョン）
Bogle, Sarah Comly
アメリカの図書館員。
⇒ア図（ボーグル，サラ 1870-1932）
Bogolepov, Mikhail Ivanovich
ソ連の経済学者。財政問題の専門家。
⇒岩世人（ボゴレーポフ 1879.1.9/21-1945.8.7）
Bogoliubov, Nikolai Nikolaevich
ソ連の理論物理学者。変分法，概周期関数，などの研究で1947年スターリン賞受賞。58年レーニン賞受賞。
⇒岩世人（ボゴリューボフ 1909.8.8/21-1992.2.13）
物理（ボゴリューボフ，ニコライ 1909-1992）
Bogomolets, Aleksandr Aleksandrovich
ソ連の病理学者。アカデミー会員，ウクライナ・アカデミー総裁を長く務めた。
⇒岩世人（ボゴモーレツ 1881.5.12/24-1946.7.19）
Bogomolov, Vladimir Osipovich
ソ連の作家。著書『イワーン』（1957）『初恋』(58)『ゾーシャ』（63）。
⇒現世文（ボゴモロフ，ウラジーミル 1926.7.3-2003.12.30）
Bogoraz-tan, Vladimir Germanovich
ソ連の人類学者，言語学者，作家。北太平洋沿岸住民を調査。
⇒岩世人（ボゴラス 1865.4.15/27-1936.5.10）
Bogorodsky, Fyodor Semiyonovitch
ロシアの画家。
⇒芸13（ボゴロドスキー，フョードル・セミョノーヴィッチ 1895-1964）
Bogoslovskij, Mihail
ロシアの歴史家。
⇒岩世人（ボゴスロフスキー 1867.3.13/25-1929.4.20）
Bogrov, Dmitri
ロシアの革命家。ロシア首相ピョートル・ストルイピンを射殺。
⇒世暗（ボグロフ，ドミトリ 1887-1911）

Bogut, Andrew
オーストラリアのバスケットボール選手（ウォリアーズ）。
⇒最世ス（ボーガット，アンドリュー 1984.11.28-）
Bogza, Geo
ルーマニアの詩人，ジャーナリスト。代表作，詩集『反抗と愛と死の歌』(1945)，ルポルタージュ『オルト川の書』(40)。
⇒現世文（ボグザ，ジェオ 1908.2.6-1993.9.14）
Böhlau, Helene
ドイツの女流作家。
⇒学叢思（ベーラウ，ヘレーネ 1859-?）
Bohlin, Torsten Bernhard
スウェーデンのプロテスタント神学者。キルケゴールの研究者として知られる。
⇒岩世人（ブリーン 1889.12.2-1950.8.27）
Bohm, David
イギリスの理論物理学者。
⇒岩世人（ボーム 1917.12.20-1992.10.27）
物理（ボーム，デヴィッド・ジョセフ 1917-1992）
メル別（ボーム，デヴィッド・ジョーゼフ 1917-1992）
Böhm, Dominikus
ドイツの建築家。カトリック教会建築に現代的構造を用いた。
⇒岩世人（ベーム 1880.10.23-1955.8.6）
Böhm, Jaroslav
チェコスロバキアの考古学者。多数の重要遺跡を発掘調査した。
⇒岩世人（ベーム 1901.3.8-1962.12.6）
Böhm, Johann
オーストリアの労働運動家。
⇒岩世人（ベーム 1886.1.26-1959.5.13）
Bohm, Karl
ドイツの作曲家，ピアノ奏者。
⇒ク音3（ボーム 1844-1920）
標準2（ボーム，カルル 1844.9.11-1920.4.4）
Böhm, Karl
オーストリアの指揮者。モーツァルトからR.シュトラウスに至るドイツ・オペラの指揮は当代随一とされる。オーストリア共和国音楽総監督の称号をもつ。
⇒岩世人（ベーム 1894.8.28-1981.8.14）
オペラ（ベーム，カール 1894-1981）
広辞7（ベーム 1894-1981）
新音中（ベーム，カール 1894.8.28-1981.8.14）
標準2（ベーム，カルル 1894.8.28-1981.8.14）
ポプ人（ベーム，カール 1894-1981）
Böhm, Karl-Walter
ドイツのテノール歌手。
⇒魅惑（Böhm,Karl-Walter 1938-）

Bohman, Berndt
スウェーデンのチェロ奏者，宣教師。
⇒外12（ボーマン,ベアンテ 1956.1.8–）
　外16（ボーマン,ベアンテ 1951.1.8–）

Böhm-Bawerk, Eugen von
オーストリアの経済学者。ウィーン学派を形成。
⇒岩経（ベーム＝バヴェルク 1851–1914）
　岩世人（ベーム＝バーヴェルク 1851.2.12–1914.8.27）
　学叢思（ボェーム・バヴェルク,オイゲン・フォン 1851–1914）
　有経5（ベーム-バヴェルク 1851–1914）

Böhme, Gernot
ドイツの哲学者。
⇒岩世人（ベーメ 1937.1.3–）
　メル別（ベーメ,ゲルノート 1937–）

Böhme, Kurt
ドイツのバス歌手。
⇒オペラ（ベーメ,クルト 1908–1989）
　失声（バウム,クルト 1908–1989）
　標音2（ベーメ,クルト 1908.5.5–1989.12.20）
　魅惑（Baum,Kurt 1908–1989）

Böhme, Lothar
ドイツ生まれの画家。
⇒芸13（ベーメ,ロサ 1938–）

Bohmeier, Bernd
ドイツの画家，作家。
⇒芸13（ボーマイアー,ベルンド 1943–）

Böhner, Kurt
ドイツの考古学者。
⇒岩世人（ベーナー 1914.11.29–2007.5.31）

Bohr, Aage Niels
デンマークの物理学者。1975年ノーベル物理学賞を受賞。
⇒岩世人（ボーア 1922.6.19–2009.9.8）
　ノベ3（ボーア,A. 1922.6.19–2009.9.8）
　ユ著人（Bohr,Aage Niels ボーア,アウゲ・ニールス 1922–）

Bohr, Harald
デンマークの数学者。物理学者ニールス・ボーアの弟。
⇒数辞（ボーア,ハロルド 1887–1951）
　世数（ボーア,ハラルド・アウグスト 1887–1951）
　ユ著人（Bohr,Harald ボーア,ハラルド 1887–1951）

Bohr, Niels Henrik David
デンマークの物理学者。アメリカへ渡り原子爆弾開発に協力。戦後は原子力の平和利用運動に尽力。22年ノーベル物理学賞受賞。
⇒岩世人（ボーア 1885.10.7–1962.11.18）
　オク科（ボーア（ニールス・ヘンリク・ダヴィド） 1885–1962）
　化学（ボーア 1885–1962）
　学叢思（ボール,ニールス 1885–）
　科史（ボーア 1885–1962）
　現科大（ボーア,ニールス 1885–1962）
　広辞7（ボーア 1885–1962）
　三新物（ボーア 1885–1962）
　新カト（ボーア 1885.10.7–1962.11.18）
　世人新（ボーア 1885–1962）
　世人装（ボーア 1885–1962）
　ノベ3（ボーア,N.H.D. 1885.10.7–1962.11.18）
　物理（ボーア,ニールス・ヘンリク・ダヴィド 1885–1962）
　ポプ（ボーア,ニールス 1885–1962）
　ユ著人（Bohr,Niels Hendrick David ボーア,ニールス・ヘンドリック・ダヴィド 1885–1962）

Bohrer, Karl Heinz
ドイツの文学理論家，評論家。
⇒岩世人（ボーラー 1932.9.26–）

Bohringer, Romane
フランス生まれの女優。
⇒ク俳（ボーランジェ,ロマーヌ 1973–）

Boileau, Pierre
フランスの推理作家。T.ナルスジャック（1908～）とボワロー＝ナルスジャックの共同筆名で作品『牝狼』『女魔術師』『呪い』などを発表。
⇒現世文（ボワロー・ナルスジャック 1906–1989）

Boillot, Laurent
フランスの実業家。
⇒外12（ボワロ,ローラン 1964–）
　外16（ボワロ,ローラン 1964–）

Boisbaudran, Paul Emile Lecoq de
フランスの化学者。分光分析，稀土類の研究で有名。
⇒岩世人（ボワボードラン 1838.4.18–1912.5.28）
　化学（ルコック・ド・ボワボードラン 1838–1912）

Boisdeffre, René de
フランスの作曲家。ピアノ二重奏の『小川のほとり』がとくに親しまれている。
⇒ク音3（ボワデフル 1838–1906）
　標音2（ボアデフル,ルネ・ド 1838.4.3–1906.11.25）

Boismard, Marie-Emile
フランス・カトリックの新約聖書学者，ドミニコ会司祭。
⇒新カト（ボアマール 1916.12.14–2004.4.23）

Boismenu, Alain Marie Guynot de
フランス出身のイエズスの聖心布教会員，パプア・ニューギニア宣教師，司教。
⇒新カト（ボアムニュ 1870.12.27–1953.11.5）

Boiteux, Marcel Paul
フランスの経済学者。フランス電力会社社長。

⇒有経5（ボワトー　1922–）

Boito, Arrigo
イタリアの詩人，作曲家。『オテロ』『ジョコンダ』などの台本作家として有名。
⇒岩世人（ボーイト　1842.2.24–1918.6.10）
　オペラ（ボイト，アルリーゴ　1842–1918）
　ク音3（ボイト　1842–1918）
　新オペ（ボイト，アリーゴ　1842–1918）
　新音小（ボーイト，アッリーゴ　1842–1918）
　新音中（ボーイト，アッリーゴ　1842.2.24–1918.6.10）
　標音2（ボーイト，アッリゴ　1842.2.24–1918.6.10）

Boito, Camillo
イタリアの建築家，著述家。
⇒岩世人（ボーイト　1836.10.30–1914.6.28）

Boitsov, Evgeni
ロシアのテノール歌手。
⇒魅惑（Boitsov,Evgeni　?–）

Bojan
スペインのサッカー選手（バルセロナ・FW）。
⇒外12（ボージャン，クルキック　1990.8.28–）
　外16（ボージャン，クルキッチ　1990.8.28–）
　最世ス（ボージャン，クルキック　1990.8.28–）

Bojanowski, Marc
アメリカの作家。
⇒海文新（ボジャノウスキ，マーク）

Bojer, Johan
ノルウェーの小説家。主著『行進』（1896），『海辺の人々』（1929）。
⇒岩世人（ボイエル　1872.3.6–1959.7.3）
　学叢思（ボーエル，ヨハン　1872–?）
　現世文（ボイエル，ヨーハン　1872.3.6–1959.7.3）

Bok, Bart
オランダの天文学者。オーストラリア国立大学教授，アリゾナ大学天文学教授，アメリカ天文学会副会長。
⇒天文辞（ボーク　1906–1983）
　天文大（ボーク　1906–1983）

Bok, Derek C.
アメリカの法学者。
⇒外12（ボック，デレク　1930.3.22–）
　外16（ボック，デレク　1930.3.22–）

Bok, Hannes
アメリカの幻想的な挿絵画家，小説家。
⇒現世文（ボク，ハネス　1914–1964）

Bokassa, Jean Bédel
中央アフリカの軍人，政治家。中央アフリカ皇帝。
⇒異二辞（ボカサ［ジャン＝ベデル・～］　1921–1996）

⇒岩世人（ボカサ　1921.2.22–1996.11.3）
　政経改（ボカサ1世　1921–1996）

Bökeykhan, Älikhan
カザフ人の知識人，政治家。アラシュ・オルダ自治政府の議長。
⇒岩世人（ボケイハン　1866?–1937.9.27）

Bokhane, Sergei
ソビエト軍の情報機関（GRU）のアテネ副局長。
⇒スパイ（ボハネ，セルゲイ）

Bokova, Irina
ブルガリアの外交官，政治家。
⇒外12（ボコヴァ，イリナ　1952.7.12–）
　外16（ボコヴァ，イリナ　1952.7.12–）
　世指導（ボコヴァ，イリナ　1952.7.12–）

Bo Kyi
ミャンマー（ビルマ）の民主化運動家。
⇒外12（ボー・チー　1965–）
　外16（ボー・チー　1965–）
　世指導（ボー・チー　1965–）

Bolan, Marc
イギリスのロック・ミュージシャン。
⇒ピト改（BOLAN,MARC　ボラン，マーク）
　ロック（Bolan,Marc　ボラーン，マーク　1947.7.30–）

Boland, Eavan
アイルランドの女性詩人。
⇒岩世人（ボランド　1944.9.24–）

Bolaño, Roberto
チリ生まれのスペインの作家，詩人。
⇒岩世人（ボラーニョ　1953.4.28–2003.7.15）
　現世文（ボラーニョ，ロベルト　1953–2003）
　広辞7（ボラーニョ　1953–2003）

Bolaños, Enrique
ニカラグアの政治家，実業家。ニカラグア大統領（2002～07），ボラニョス・サイムサ・グループ総裁。
⇒外12（ボラニョス，エンリケ　1928.5.13–）
　世指導（ボラニョス，エンリケ　1928.5.13–）

Bolcom, William (Elden)
アメリカの作曲家。
⇒エデ（ボルコム，ウィリアム（エルデン）　1938.5.26–）

Bolden, Charles Buddy
アメリカのコルネット奏者。初代ジャズ王に擬せられている伝説上の巨人。
⇒標音2（ボールデン，バディ　1877.9.6–1931.11.4）

Boldini, Giovanni
イタリアの画家。多くの肖像画を描き，1872年以来パリに住み，シャンゼリゼ展に出品。
⇒岩世人（ボルディーニ　1842.12.31–1931.1.1）

芸13（ボルディーニ, ジョヴァンニ　1842-1931）
Boldon, Ato
トリニダード・トバゴの陸上選手（短距離）。
⇒異二辞（ボルドン[アト・～]　1973-）
Boldrini, Laura
イタリアの政治家。
⇒外16（ボルドリニ, ラウラ　1961.4.28-）
　世指導（ボルドリニ, ラウラ　1961.4.28-）
Boles, John
アメリカの男優, 歌手。
⇒ク俳（ボウルズ, ジョン　1895-1969）
Bolet, Jorge
アメリカ（キューバ系）のピアノ奏者。リストの伝記映画 "Song without End" のピアノ演奏を担当。
⇒新音中（ボレット, ホルヘ　1914.11.15-1990.10.16）
　標音2（ボレット, ホルヘ　1914.11.15-1990.10.16）
Bolger, Dermot
アイルランドの小説家, 戯曲家, 詩人, 出版者。
⇒現世文（ボルジャー, ダーモット　1959.2.6-）
Bolger, James Brendan
ニュージーランドの政治家, 外交官。ニュージーランド首相, ニュージーランド国民党（NP）党首。
⇒外12（ボルジャー, ジェームズ　1935.5.31-）
　外16（ボルジャー, ジェームズ　1935.5.31-）
　世指導（ボルジャー, ジェームズ　1935.5.31-）
　ニュー（ボルジャー, ジェイムズ　1935-）
Bolger, Ray
アメリカのダンサー, 俳優。
⇒ク俳（ボルジャー, レイ　1904-1987）
Bolin, Bobby Donald
アメリカの大リーグ選手（投手）。
⇒メジャ（ボーリン, ボビー　1939.1.29-）
Bolinger, Dwight Lemerton
アメリカの言語学者。英語に関する豊富な資料を鋭い言語直観で分析, 記述した独創的研究が多い。
⇒岩世人（ボリンジャー　1907.8.18-1992.2.23）
Bolkiah, Hassanal
ブルネイの第29代スルタンおよび現国王。在位1967～。
⇒岩イ（スルタン・ボルキア　1946-）
　岩世人（ボルキア　1946.7.15-）
　外12（ボルキア, ハサナル　1946.7.15-）
　外16（ボルキア, ハサナル　1946.7.15-）
　現アジ（ボルキア国王　1946.7.15-）
　世指導（ボルキア, ハサナル　1946.7.15-）

Bolkiah, Muda Mohammed
ブルネイの政治家。ブルネイ外相。
⇒外12（ボルキア, モハメッド　1947.8.27-）
　外16（ボルキア, モハメッド　1947.8.27-）
　世指導（ボルキア, モハメッド　1947.8.27-）
Boll, Franz
ドイツの言語学者。古代の天文学および占星術の研究がある。
⇒岩世人（ボル　1867.7.1-1924.7.3）
Böll, Heinrich
ドイツの小説家。主著『列車は定時に発着した』(1949) など。71年以来国際ペンクラブ会長。72年ノーベル文学賞受賞。
⇒岩キ（ベル　1917-1985）
　岩世人（ベル　1917.12.21-1985.7.16）
　現世文（ベル, ハインリッヒ　1917.12.21-1985.7.16）
　広辞7（ベル　1917-1985）
　新カト（ベル　1917.12.21-1985.7.16）
　ノベ3（ベル, H.T.　1917.12.21-1985.7.16）
Boll, Timo
ドイツの卓球選手。
⇒最世ス（ボル, ティモ　1981.3.8-）
Bolland, Gerardus Johannes Petrus
オランダの哲学者。ヘーゲル学派の代表者で, キリスト教的コスモポリタン的自由主義を主張。主著『純粋理性』(1904)。
⇒岩世人（ボラント　1854.6.9-1922.2.11）
Bolle, Roberto
イタリアのバレエダンサー。
⇒外12（ボッレ, ロベルト）
　外16（ボッレ, ロベルト）
Bollettieri, Nick
アメリカのテニス指導者。
⇒外16（ボロテリー, ニック　1931.7.31-）
Bolling, Claude
フランスのジャズバンド・リーダー, 作曲家。
⇒エデ（ボリング, クロード　1930.4.10-）
Bolling, Frank Elmore
アメリカの大リーグ選手（二塁）。
⇒メジャ（ボーリング, フランク　1931.11.16-）
Bollinger, Lee C.
アメリカの法学者。
⇒外12（ボリンジャー, リー　1946.4.30-）
　外16（ボリンジャー, リー　1946.4.30-）
Bollmann, Hans Heinz
ドイツのテノール歌手。
⇒魅惑（Bollmann, Hans Heinz　1889-1974）
Bollnow, Otto Friedrich
ドイツの哲学者, 教育学者。生の哲学と人文主

義の伝統の上に立ち,実存哲学の一面性を指摘する。
⇒岩世人（ボルノー　1903.3.14–1991.2.7）
教思増（ボルノウ　1903–1991）
教小3（ボルノウ　1903–1991）
教人（ボルノウ　1903–）
新カト（ボルノー　1903.3.14–1991.2.7）

Bollwahn, Barbara
ドイツの作家。
⇒海文新（ボルバーン,バーバラ　1964–）
現世文（ボルバーン,バーバラ　1964–）

Bolognesi, Mario
イタリアのテノール歌手。
⇒魅惑（Bolognesi,Mario　?–）

Bölsche, Willhelm
ドイツの作家,自然哲学者。
⇒岩世人（ベルシェ　1861.1.2–1939.8.31）

Bolshakov, Aleksei
ロシアの政治家。ロシア第1副首相。
⇒世指導（ボリシャコフ,アレクセイ　1939.12.17–）

Bolshakov, Georgi Nikotovich
KGBの上級職員。ソ連の英文雑誌『USSR』の編集者として,1960年代初頭にアメリカに駐在した。
⇒スパイ（ボルシャコフ,ゲオルギー・ニコトヴィチ　1922–1989）

Bol'shakov, Nikolaj
ロシア・ウクライナのテノール歌手。
⇒魅惑（Bol'shakov,Nikolaj　1874–1958）

Bolt, Robert Oxton
イギリスの劇作家。『すべての季節の男』（1960）で62年度のニューヨーク劇評家賞を受賞。映画監督も手がける。
⇒岩世人（ボールト　1924.8.15–1995.2.20）
現世文（ボルト,ロバート　1924.8.15–1995.2.20）

Bolt, Usain
ジャマイカの陸上選手（短距離）。
⇒異二辞（ボルト［ウサイン・～］　1986–）
岩世人（ボルト　1986.8.21–）
外12（ボルト,ウサイン　1986.8.21–）
外16（ボルト,ウサイン　1986.8.21–）
最世ス（ボルト,ウサイン　1986.8.21–）
ネーム（ボルト,ウサイン　1986–）

Boltanski, Christian
フランス・パリ生まれの映像作家,美術家。
⇒岩世人（ボルタンスキー　1944.9.6–）
外12（ボルタンスキー,クリスチャン　1944.9.6–）
外16（ボルタンスキー,クリスチャン　1944.9.6–）
芸13（ボルタルスキー,クリスチャン　1944–）
現アテ（Boltanski,Christian　ボルタンスキー,クリスチャン　1944–）

Bolte, Karl Martin
ドイツの社会学者。
⇒社小増（ボルテ　1925–）

Bolten, Joshua B.
アメリカの法律家。大統領首席補佐官。
⇒外12（ボルテン,ジョシュア　1954.8.16–）
外16（ボルテン,ジョシュア　1954.8.16–）

Bolton, Ivor
イギリスの指揮者。
⇒外12（ボルトン,アイボー　1958–）
外16（ボルトン,アイボー　1958–）

Bolton, John Robert
アメリカの政治家。国連大使,アメリカ国務次官。
⇒外12（ボルトン,ジョン　1948.11.20–）
世指導（ボルトン,ジョン　1948.11.20–）

Bolton, Michael
アメリカ・コネティカット州生まれの歌手。
⇒外12（ボルトン,マイケル　1953.2.26–）

Bolton, S.J.
イギリスの作家。
⇒海文新（ボルトン,S.J.）
現世文（ボルトン,S.J.）

Boltwood, Bertram Borden
アメリカの化学者,物理学者。放射能化学に関する研究を進めた。
⇒オク地（ボルドウッド,バートラム・ボーデン　1870–1927）

Boltzmann, Ludwig
オーストリアの物理学者。
⇒岩世人（ボルツマン　1844.2.20–1906.9.6）
オク科（ボルツマン（ルートヴィッヒ・エドゥアルト）　1844–1906）
化学（ボルツマン　1844–1906）
科史（ボルツマン　1844–1906）
現科大（ボルツマン,ルートヴィッヒ　1844–1906）
広辞7（ボルツマン　1844–1906）
三新物（ボルツマン　1844–1906）
物理（ボルツマン,ルードヴィッヒ・エドゥアルト　1844–1906）

Bolves, Keith Alexander
テノール歌手。
⇒魅惑（Bolves,Keith Alexander　?–）

Bolz, Norbert
ドイツの哲学者,メディア理論研究者。
⇒岩世人（ボルツ　1953.4.17–）
外12（ボルツ,ノルベルト　1953–）
外16（ボルツ,ノルベルト　1953–）
メル別（ボルツ,ノルベルト　1953–）

Bolz, Oskar
ドイツのテノール歌手。1906年シュトゥットガルト国立劇場,ハンブルク国立オペラを経て,22年ベルリン国立オペラと契約。
⇒魅惑（Bolz,Oskar　1875–1935）

Bolza, Oskar
ドイツの数学者。
⇒数辞（ボルザ,オスカー　1857–1942）

BOM
韓国の歌手。
⇒外12（BOM　ボム　1984.3.24–）

Bomberg, David
イギリスの画家。
⇒芸13（ボンバーグ,デイヴィッド　1890–1957）
ユ著人（Bomberg,David　ボンバーグ,ディヴィッド　1890–1957）

Bombieri, Enrico
イタリアの数学者。中心的業績は解析数論とくに篩の方法とよばれる分野に集中している。フィールズ賞受賞（1974）。
⇒岩世人（ボンビエーリ　1940.11.26–）
外16（ボンビエリ,エンリコ　1940.11.26–）
数辞（ボンビエリ,エンリコ　1940–）
世数（ボンビエリ,エンリコ　1940–）

Bombois, Camille
フランスの画家。
⇒芸13（ボムボア,カミーユ　1883–?）

Bommarito, Peter
アメリカの統一ゴム・コルク・リノリウム・プラスティック労働組合（URW）国際会長。
⇒アメ経（ボマリト,ピーター　1915.5.17–）

Bona, Richard
カメルーンのベース奏者,歌手,作曲家。
⇒岩世人（ボナ　1967.10.28–）
外12（ボナ,リチャード　1967–）
外16（ボナ,リチャード　1967–）

Bonacic, Luca
クロアチアのサッカー監督。
⇒外12（ボナチッチ,ルカ　1955.3.21–）

Bonallack, Sir Michael F.
イギリスのゴルファー,ゴルフ場管理者。
⇒岩世人（ボナラック　1934.12.31–）

Bonamy, Philippe
フランス生まれの画家。
⇒芸13（ボナミ,フィリップ　1926–）

Bonanotte, Cecco
イタリアの彫刻家。
⇒外16（ボナノッテ,チェッコ　1942.8.24–）

Bonansinga, Jay
アメリカの作家。
⇒外16（ボナンジンガ,ジェイ）
海文新（ボナンジンガ,ジェイ）
現世文（ボナンジンガ,ジェイ）

Bonaparte, Marie
フランスの精神分析家。
⇒現精（ボナパルト　1882–1962）
現精縮（ボナパルト　1882–1962）
精分岩（ボナパルト,マリー　1882–1962）

Bonar, James
イギリス・スコットランド生まれの経済思想学者。
⇒学叢思（ボーナー,ジェームス　1852–?）

Bonas, Jordi
スペイン生まれの画家。
⇒芸13（ボナス,ジョディ　1937–）

Bonati, Angelo
イタリアの実業家。
⇒外12（ボナーティ,アンジェロ　1951–）
外16（ボナーティ,アンジェロ　1951–）

Bonatti, Walter
イタリアの登山家,ジャーナリスト。
⇒岩世人（ボナッティ　1930.6.22–2011.9.13）

Bonatz, Paul
ドイツの建築家。
⇒岩世人（ボーナッツ　1877.12.6–1956.12.20）

Bonavena, Oscar
ブエノスアイレス出身のプロボクサー。
⇒異二辞（ボナベナ,オスカー　1942–1976）

Bonaventura, Arnaldo
イタリアの音楽学者。
⇒標音2（ボナヴェントゥーラ,アルナルド　1862.7.28–1952.10.7）

Bonci, Alessandro
イタリアのテノール歌手。
⇒オペラ（ボンチ,アレッサンドロ　1870–1940）
失声（ボンチ,アレッサンドロ　1870–1940）
魅惑（Bonci,Alessandro　1870–1940）

Boncompain, Pierre
フランス生まれの画家。
⇒芸13（ボンコンパン,ピエール　1938–）

Bond, Bradley
アメリカの作家。
⇒海文新（ボンド,ブラッドレー　1968–）
現世文（ボンド,ブラッドレー　1968–）

Bond, Christopher Samuel
アメリカの政治家。

⇒外12（ボンド, クリストファー　1939.3.6–）

Bond, Graham
イギリスのキーボード奏者, サックス奏者。
⇒ロック（Bond,Graham　ボンド, グレアム）

Bond, Hamish
ニュージーランドのボート選手。
⇒外16（ボンド, ヘイミッシュ　1986.2.13–）
　最世ス（ボンド, ヘイミッシュ　1986.2.13–）

Bond, John
イギリスの銀行家, 実業家。
⇒外12（ボンド, ジョン　1941–）
　外16（ボンド, ジョン　1941.7.24–）

Bond, Johnny
アメリカ・オクラホマ州エンヴィル生まれの歌手。
⇒ロック（Bond,Johnny　ボンド, ジョニー　1915.6.1–）

Bond, Julian
アメリカの政治家。黒人の教育者ホレース・ボンドの子。1967年から下院議員。
⇒アメ州（Bond,Julian　ボンド, ジュリアン　1940–）

Bond, Larry
アメリカのスリラー作家。
⇒現世文（ボンド, ラリー　1951–）

Bond, Michael
イギリスの作家。
⇒岩世人（ボンド　1926.1.13–）
　外12（ボンド, マイケル　1926–）
　外16（ボンド, マイケル　1926.1.13–）
　現世文（ボンド, マイケル　1926.1.13–2017.6.27）

Bond, *Sir* Robert
ニューファウンドランドの政治家。カナダとの合併に終始反対。
⇒岩世人（ボンド　1857.2.25–1927.3.16）

Bond, Ruskin
インドの英語小説家, 詩人。
⇒現世文（ボンド, ラスキン　1934.5.19–）

Bond, Thomas Edward
イギリスの戯曲家。
⇒岩世人（ボンド　1934.7.18–）
　外12（ボンド, エドワード　1934.7.18–）
　外16（ボンド, エドワード　1934.7.18–）
　現世文（ボンド, エドワード　1934.7.18–）

Bond, Thomas Henry
アメリカの大リーグ選手（投手）。
⇒メジャ（ボンド, トミー　1856.4.2–1941.1.24）

Bond, Victor Potter
アメリカの放射線生物物理学者。核酸の動きを知る研究, 手段として水素の放射性同位体トリチウムを組み込んだトリチウム・チミジンをトレーサーとして用いる方法を開発。
⇒岩世人（ボンド　1919.11.30–2007.1.23）

Bondarchuk, Sergei Fedorovich
ソ連の映画俳優, 監督。主演作品『オセロ』（1955）, 主演兼監督作品『人間の運命』（59）, 『戦争と平和』（65～67）。
⇒岩世人（ボンダルチュク　1920.9.25–1994.10.20）
　ネーム（ボンダルチュク　1920–1994）

Bondarenko, Bohdan
ウクライナの走り高跳び選手。
⇒最世ス（ボンダレンコ, ボーダン　1989.8.30–）

Bondarev, Yurii Vasil'evich
ソ連の小説家。彼に作家的地歩を確立させたのは, 長編『大隊は砲火を願う』（1957）, 『最後の一斉射撃』（59）の二編である。
⇒現世文（ボンダレフ, ユーリー　1924.3.15–）

Bondevik, Kjell Magne
ノルウェーの政治家, 外交官。ノルウェー首相。
⇒岩世人（ボンネヴィーク　1947.9.3–）
　外12（ボンデヴィック, ヒェル・マグネ　1947.9.3–）
　外16（ボンデヴィック, ヒェル・マグネ　1947.9.3–）
　世指導（ボンデヴィック, ヒェル・マグネ　1947.9.3–）

Bondfield, Margaret Grace
イギリスの女性政治家。イギリス初の婦人大臣, 第2次マクドナルド内閣の労働相（1929～31）。
⇒岩世人（ボンドフィールド（ボンフィールド）　1873.3.17–1953.6.16）

Bondi, *Sir* Hermann
イギリスの物理学者, 天文学者。
⇒天文辞（ボンディ　1919–2005）
　天文大（ボンディ　1919–）

Bondino, Ruggero
イタリアのテノール歌手。
⇒失声（ボンディーノ, ルッジェーロ　1930–）
　魅惑（Bondino,Ruggero　1930–）

Bondolfi, Pietro
ベトレヘム外国宣教会の創立者。イタリア・ローマ在住のスイス人家庭の生まれ。
⇒新カト（ボンドルフィ　1872.4.10–1943.6.27）

Bondoux, Anne-Laure
フランスの作家。
⇒海文新（ボンドゥー, アンヌ＝ロール　1971.4.23–）
　現世文（ボンドゥー, アンヌ・ロール　1971.4.23–）

Bonds, Barry
アメリカの大リーグ選手（外野）。
⇒岩世人（ボンズ　1964.7.24–）

外12（ボンズ, バリー　1964.7.24–）
外16（ボンズ, バリー　1964.7.24–）
最新ス（ボンズ, バリー　1964.7.24–）
メジャ（ボンズ, バリー　1964.7.24–）

Bonds, Bobby Lee
アメリカの大リーグ選手（外野）。
⇒メジャ（ボンズ, ボビー　1946.3.15–2003.8.23）

Bonds, Gary U.S.
アメリカ・フロリダ州ジャクソンヴィル生まれの歌手。
⇒ロック（Bonds,Gary U.S.　ボンズ, ゲアリ・U.S.　1939.6.6–）

Bondurant, Matt
アメリカの作家。
⇒海文新（ボンデュラント, マット　1971–）
現明文（ボンデュラント, マット　1971–）

Bondy, Curt W.
ドイツの心理学者, 社会教育学者。青少年刑法の改革を主張。
⇒岩世人（ボンディ　1894.4.3–1972.1.17）

Bonfa, Luiz
ブラジル生まれのギター奏者, 歌手, 作曲家。1958年, 映画『黒いオルフェ』の主題歌を作曲。アメリカに移住し, ボサ・ノバ・ブームを生み出す。
⇒標音2（ボンファ, ルイス　1922.10.17–2001.1.12）

Bonfatti, Gregory
テノール歌手。
⇒魅惑（Bonfatti,Gregory　?–）

Bonfield, Peter Leahy
イギリスの実業家。
⇒外12（ボンフィールド, ピーター　1944.6.3–）
外16（ボンフィールド, ピーター　1944.6.3–）

Bonfiglio, Giuseppe
イギリスの実業家。
⇒外16（ボンフィリオ, ジュゼッペ　1969–）

Bong, Richard
アメリカの戦闘機操縦者。第二次世界大戦の撃墜王。
⇒ネーム（ボング, リチャード　1920–1945）

Bongers, Fred
テノール歌手。
⇒魅惑（Bongers,Fred　?–）

Bong Jun-ho
韓国の映画監督, 脚本家。
⇒岩世人（奉俊昊　ボンジュノ　1969.9.14–）
外12（ボンジュノ　1969.9.14–）
外16（ボンジュノ　1969.9.14–）

Bongo, Omar
ガボンの政治家, 軍人。ガボン大統領（1967～2009）。
⇒岩世人（オンディンバ　1935.12.30–2009.6.8）
世指導（ボンゴ・オンディンバ, オマル　1935.12.30–2009.6.8）

Bongo Ondimba, Ali
ガボンの政治家。ガボン大統領（2009～）。
⇒外12（ボンゴ・オンディンバ, アリ　1959.2.9–）
外16（ボンゴ・オンディンバ, アリ　1959.2.9–）
世指導（ボンゴ・オンディンバ, アリ　1959.2.9–）

Bong Tae-gyu
韓国の男優。
⇒韓俳（ポン・テギュ　1981.5.19–）

Bonham, Ernest Edward（Tiny）
アメリカの大リーグ選手（投手）。
⇒メジャ（ボナム, タイニー　1913.8.16–1949.9.15）

Bonham, Jason
イギリスのロック・ドラム奏者。
⇒外12（ボーナム, ジェイソン　1966.7.15–）

Bonham-Carter, Helena
イギリス生まれの女優。
⇒外12（ボナム・カーター, ヘレナ　1966.5.26–）
外16（ボナム・カーター, ヘレナ　1966.5.26–）
ク俳（カーター, ヘレナ・ボナム　1966–）

Bonhoeffer, Dietrich
ドイツのプロテスタント神学者。ヒトラー暗殺計画に参加した。
⇒岩キ（ボンヘッファー　1906–1945）
岩世人（ボンヘッファー　1906.2.4–1945.4.9）
オク教（ボンヘッファー　1906–1945）
広辞7（ボンヘッファー　1906–1945）
新カト（ボンヘッファー　1906.2.4–1945.4.9）
世暗（ボンヘッファー, ディートリヒ　1906–1945）

Bonhoeffer, Karl
ドイツの精神医学者。ボンヘファー氏症候群を記載（1897）。
⇒岩世人（ボンヘッファー　1868.3.31–1948.12.4）
現精（ボンヘッファー〔ボネッファー〕　1868–1948）
現精縮（ボンヘッファー〔ボネッファー〕　1868–1948）

Bonhoeffer, Karl Friedrich
ドイツの化学者。ゲッティンゲン大学名誉助教授, マックス・プランク協会物理化学部長（1948～）。
⇒岩世人（ボンヘッファー　1899.1.13–1957.5.15）

Bonhomme, Jean
カナダのテノール歌手。
⇒魅惑（Bonhomme,Jean　1937–）

Boni, Giacomo
イタリアの建築家,考古学者。古代ローマのフォールムを発掘(1898～1904)。
⇒岩世人（ボーニ　1859.4.25-1925.7.10）

Bonilla, Bobby
アメリカの大リーグ選手(三塁,外野)。
⇒メジャ（ボニーヤ,ボビー　1963.2.23-）

Bonilla y San Martín, Adolfo
スペインの哲学史家,評論家。マドリード大学教授(1905)。
⇒岩世人（ボニーリャ　1875.9.27/23-1926.1.17）

Bonin, Charles Eudes
フランスの外交官,探検家。論文『甘粛回教徒とその最後の反乱』(1910)がある。
⇒岩世人（ボナン　1865.6.26-1929.9.30）

Bonington, *Sir* Chris
イギリスの登山家。
⇒岩世人（ボニントン　1934.8.6-）

Bonino, José Miguez
アルゼンチンのメソジスト派牧師,神学者。
⇒岩キ（ボニーノ　1924-）

Bonino, Luigi
フランスのダンサー,振付指導者。
⇒外12（ボニーノ,ルイジ）
　外16（ボニーノ,ルイジ）

Bonisolli, Franco
イタリアのテノール歌手。
⇒失声（ボニゾッリ,フランコ　1938-2003）
　魅惑（Bonisolli,Franco　1937-2003）

Bonitzer, Pascal
フランス・パリ生まれの映画批評家,映画脚本家,映画監督。
⇒外12（ボニツェール,パスカル　1946.2.1-）
　外16（ボニツェール,パスカル　1946.2.1-）

Bonjasky, Remy
オランダの格闘家。
⇒外12（ボンヤスキー,レミー　1976.1.10-）
　外16（ボンヤスキー,レミー　1976.1.10-）

Bonjour, Edgar
スイスの歴史家。
⇒岩世人（ボンジュール　1898.8.21-1991.5.26）

Bon Jovi, John
アメリカ・ニュージャージー州生まれの歌手。
⇒外12（ボン・ジョビ,ジョン　1962.3.2-）
　外16（ボン・ジョビ,ジョン　1962.3.2-）

Bonmarchand, George
フランスの東洋学者。1907年来日。日仏会館を創立(24),同館理事(24～41)として両国の文化交流に尽くした。
⇒岩世人（ボンマルシャン　1884.5.25-1967）

Bonnaire, Sandrine
フランス生まれの女優。
⇒外12（ボネール,サンドリーヌ　1967.5.31-）
　外16（ボネール,サンドリーヌ　1967.5.31-）

Bonnand, Michel
フランスの画家。
⇒芸13（ボナン,ミッシェル　1935-）

Bonnard, Pierre
フランスの画家。
⇒岩世人（ボナール　1867.10.3-1947.1.23）
　グラデ（Bonnard,Pierre　ボナール,ピエール　1867-1947）
　芸13（ボナール,ピエール　1867-1947）
　広辞7（ボナール　1867-1947）
　ネーム（ボナール　1867-1947）
　ポプ人（ボナール,ピエール　1867-1947）

Bonnat, Léon Joseph Florentin
フランスの画家。1888年エコール・デ・ボザールの教授,のち学長。
⇒岩世人（ボナ　1834-1922/1923）
　芸13（ボンナ,レオン　1833-1922）
　広辞7（ボナ　1833-1922）

Bonne, François
フランスの聖職者。1879年来日し,のち長崎神学校校長となる(1882～1911)。
⇒岩世人（ボンヌ　1855.5.25-1912.1.11）
　新カト（ボンヌ　1855.3.25-1912.1.11）

Bonneau, George
フランスの詩人。漱石の『こころ』,安部公房の『砂の女』を仏訳した。
⇒岩世人（ボノー　1897.1.15-1973.12.23）

Bonnefoit, Alain
フランスの画家。
⇒芸13（ボンヌフォア,アラン　1937-）

Bonnefond, Cecile
フランスの実業家。
⇒外12（ボンヌフォン,セシル　1956-）
　外16（ボンヌフォン,セシル　1956-）

Bonnefoy, Yves
フランスの詩人,評論家。
⇒岩世人（ボヌフォワ　1923.6.24-）
　外12（ボンヌフォワ,イヴ　1923.6.24-）
　外16（ボンヌフォワ,イヴ　1923.6.24-）
　現世文（ボンヌフォワ,イヴ　1923.6.24-2016.7.1）
　広辞7（ボヌフォワ　1923-2016）
　フ文小（ボヌフォア,イヴ　1925-）

Bonnema, Albert
オランダのテノール歌手。

⇒失声（ボンネマ，アルベルト ?）
魅惑（Bonnema,Albert 1953–）
Bonner, Elena Georgievna
ロシアの反体制主義者。
⇒岩世人（ボンネル 1923.2.15–2011.6.18）
Bonner, Gary
アメリカのソングライター。
⇒ロック（Bonner and Gordon ボナー＆ゴードン）
Bonner, James
アメリカの植物生理学者，生化学者。
⇒岩生（ボナー 1910–1996）
Bonner, John Tyler
アメリカの生物学者。
⇒外12（ボナー，ジョン・タイラー 1920.5.12–）
外16（ボナー，ジョン・タイラー 1920.5.12–）
Bonnet, Georges Etienne
フランスの政治家，外交官。急進社会党下院議員として（1924～），蔵相，外相などを歴任。
⇒岩世人（ボネ 1889.7.23–1973.6.18）
Bonnet, Maxime Jules Ceśar
フランスの宣教師。
⇒新カト（ボネ 1878.2.27–1959.3.19）
Bonneval, René
テノール歌手。
⇒魅惑（Bonneval,René ?–）
Bonneville, Hugh
イギリスの俳優。
⇒外16（ボネビル，ヒュー 1963.11.10–）
Bonney, Barbara
アメリカのソプラノ歌手。
⇒外12（ボニー，バーバラ 1956.4.14–）
外16（ボニー，バーバラ 1956.4.14–）
Bonnier de la Chapelle, Fernand
フランスのヴィシー政府派のジャン・ダルラン提督の暗殺者。
⇒世暗（ボニエ・ド・ラ・シャベル，フェルナン 1922–1942）
Bono
アイルランドのロック歌手。
⇒外12（ボノ 1960.5.10–）
外16（ボノ 1960.5.10–）
Bono, Sonny
アメリカの歌手。
⇒ロック（Sonny and Cher サニー＆シェール 1935.2.16–）
Bonomelli, Geremia
イタリアのカトリック聖職者。
⇒新カト（ボノメリ 1831.9.12–1914.8.3）

Bonomi, Ivanoe
イタリアの政治家。首相（1921～2,44.6～45.6）。
⇒岩世人（ボノーミ 1873.10.18–1951.4.20）
Bonsels, Waldemar
ドイツの作家。主著『蜜蜂マーヤの冒険』(1912)，『インド紀行』(16)。
⇒岩世人（ボンゼルス 1880.2.21–1952.7.31）
現世文（ボンゼルス，ヴァルデマル 1881.2.21–1952.7.31）
ネーム（ボンゼルス 1881–1952）
Bonsirven, Joseph-Paul
フランス・ラヴォール生まれの新約聖書学者，ラビ文学研究者，イエズス会司祭。
⇒新カト（ボンシルヴァン 1880.1.25–1958.2.12）
Bonte, Raymond
テノール歌手。
⇒魅惑（Bonte,Raymond ?–）
Bontecou, Lee
アメリカの画家，彫刻家。
⇒岩世人（ボンテクー 1931.1.15–）
Bontempelli, Massimo
イタリアの小説家，詩人。ノベチェンティズモを唱え,C.マラパルテと雑誌「ノベチェント」を創刊，1930年代モダニズム文学運動の主導者。主著『最後のエバ』(23)。
⇒岩世人（ボンテンペッリ 1878.5.12–1960.7.21）
現世文（ボンテンペッリ，マッシモ 1878.5.12–1960.7.21）
Bontemps, Arna
アメリカの小説家。
⇒岩世人（ボンタン 1902.10.13–1973.6.4）
現世文（ボンタン，アーナ 1902.10.13–1973.6.4）
Bonura, Henry John（Zeke）
アメリカの大リーグ選手（一塁）。
⇒メジャ（ボヌラ，ジーク 1908.9.20–1987.3.9）
Bony, Wilfried
コートジボワールのサッカー選手（スウォンジー・FW）。
⇒最世ス（ボニー，ウィルフリード 1988.12.10–）
Bonynge, Richard
オーストラリアの指揮者。
⇒新音中（ボニング，リチャード 1930.9.29–）
標音2（ボニング，リチャード 1930.9.29–）
Bonzon, Paul-Jacques
フランスの児童文学者。
⇒現世文（ボンゾン，ポール・ジャック 1908.8.31–1978.9.24）
Boo, Katherine
アメリカのジャーナリスト。

⇒外16（ブー，キャサリン）
Boodin, John Elof
スウェーデン生まれのアメリカの哲学者。
⇒新カト（ボーディン　1869.9.14-1950.11.14）
Bookchin, Murray
アメリカの社会思想家。社会的平等が環境保全型社会の必要条件であることを説き，ソーシャル-エコロジーを提唱。著書に『自由のエコロジー』『ソーシャルエコロジーの哲学』など。
⇒哲中（ブクチン　1921-2006）
Booker, James
アメリカ・ニューオーリンズ生まれのピアノ奏者。
⇒ロック（Booker,James　ブッカー，ジェイムズ　1939.12.17-）
Booker, Rob
アメリカのFXコーチ，トレーダー。
⇒外12（ブッカー，ロブ）
　外16（ブッカー，ロブ）
Bookman, Marc
アメリカの実業家。
⇒外12（ブックマン，マーク）
　外16（ブックマン，マーク）
Bookwalter, Lulu Gertrude
アメリカの宣教師教育者。
⇒アア歴（Bookwalter,Lulu G（ertrude）　ブックウォルター，ルールー・ガートルード　1884.11.24-1958.9.4）
Boole Stott, Alicia
アイルランド生まれのイギリスの数学者。
⇒世数（ブール・ストット，アリシア　1860-1940）
Boom, Irma
オランダのグラフィック・デザイナー。
⇒グラデ（Boom,Irma　ボーム，イルマ　1961-）
Boon, Dany
フランスの映画監督，俳優。
⇒外12（ブーン，ダニー　1966.6.26-）
　外16（ブーン，ダニー　1966.6.26-）
Boon, Louis-Paul
ベルギーの作家。
⇒岩世人（ボーン　1912.3.15-1979.5.10）
Boone, Aaron John
アメリカの大リーグ選手（三塁）。
⇒メジャ（ブーン，アーロン　1973.3.9-）
Boone, Bret Robert
アメリカの大リーグ選手（二塁）。
⇒外12（ブーン，ブレット　1969.4.6-）
　メジャ（ブーン，ブレット　1969.4.6-）
Boone, Pat
アメリカの歌手，俳優。『砂に書いたラブレター』などのヒット曲がある。
⇒ク俳（ブーン，パット（ブーン，チャールズ）1934-）
　標音2（ブーン，パット　1934.6.1-）
　ロック（Boone,Pat　ブーン，パット　1934.6.1-）
Boone, Raymond Otis
アメリカの大リーグ選手（遊撃，三塁，一塁）。
⇒メジャ（ブーン，レイ　1923.7.27-2004.10.17）
Boone, Richard
アメリカ生まれの俳優。
⇒ク俳（ブーン，リチャード　1917-1981）
　ユ西人（Boone,Richard　ブーン，リチャード　1916-）
Boone, Robert Raymond
アメリカの大リーグ選手（捕手）。
⇒メジャ（ブーン，ボブ　1947.11.19-）
Boonen, Stefan
ベルギーの作家。
⇒海文新（ボーネン，ステファン　1966.10.29-）
　現世文（ボーネン，ステファン　1966.10.29-）
Boonen, Tom
ベルギーの自転車ロードレース選手。
⇒異二辞（ボーネン［トム・〜］　1980-）
Boonsithi, Chokwatana
タイの実業家。
⇒外16（ブンヤシット・チョクワタナー　1937.7.25-）
Boontje, Tord
オランダの工業デザイナー。
⇒外12（ボーンチェ，トード　1968.10.3-）
　外16（ボーンチェ，トード　1968.10.3-）
Boorman, John
イギリス生まれの映画監督。
⇒映監（ブアマン，ジョン　1933.1.18-）
　外12（ブアマン，ジョン　1933.1.18-）
　外16（ブアマン，ジョン　1933.1.18-）
Boorstin, Daniel J.
アメリカの歴史学者。
⇒現社（ブーアスティン　1914-2004）
　社小増（ブーアスティン　1914-）
Booth, Adrian
アメリカの女優。
⇒ク俳（ブース，エイドリアン（パウンド，ヴァージニア）1918-）
Booth, Charles
イギリスの海運業経営者，統計学者，社会改良家。
⇒岩世人（ブース　1840.3.30-1916.11.23）
　学叢思（ブース，チャールズ　1840-?）

現社福（ブース　1840–1916）
社小増（ブース　1840–1916）

Booth, Eugene Samuel
アメリカの宣教師，教育者。
⇒アア歴（Booth,Eugene Samuel　ブース，ユージーン・サミュエル　1850.8.16–1931.2.9）

Booth, Evangeline Cory
救世軍を設立したW.ブースの第7子。父の意志を継ぎ，カナダ，アメリカで活躍。
⇒岩世人（ブース　1865.12.25–1950.7.17）

Booth, Lewis William Killcross
イギリスの実業家。
⇒外12（ブース，ルイス　1948.11.7–）
外16（ブース，ルイス　1948.11.7–）

Booth, Michael
イギリスのフードジャーナリスト，トラベルジャーナリスト。
⇒外16（ブース，マイケル　1971–）

Booth, Shirley
アメリカ生まれの女優。
⇒ク俳（ブース，シャーリー（フォード，セルマ・B）1897–1992）

Booth, Stephen
イギリスのミステリ作家。
⇒外12（ブース，スティーブン）
海文新（ブース，スティーヴン）
現世文（ブース，スティーブン）

Booth, Webster
イギリスのテノール歌手。
⇒魅惑（Booth,Webster　1905–1984）

Boothe, Ken
ジャマイカのレゲエ歌手。
⇒ロック（Boothe,Ken　ブーズ，ケン　1949–）

Boothe, Powers
アメリカ生まれの俳優。
⇒ク俳（ブース，パワーズ　1949–）

Boothman, Nicholas
イギリス生まれの対人関係コンサルタント，写真家。
⇒外12（ブースマン，ニコラス）
外16（ブースマン，ニコラス）

Boothroyd, Betty
イギリス労働党の政治家，下院議長。
⇒世指導（ブースロイド，ベティ　1929.10.8–）

Booty, Kasma
マレー映画の女優。
⇒岩世人（ブーティ，カスマ　1932/1930.4–2007.6.1）

Boozer, Carlos
アメリカのバスケットボール選手。
⇒外12（ブーザー，カルロス　1981.11.20–）
最世スポ（ブーザー，カルロス　1981.11.20–）

Bopp, Léon
スイスの作家，随筆家，文芸批評家。
⇒現世文（ボップ，レオン　1896.5.17–1977.1.29）

Bopp, Linus
ドイツの神学者，教育学者，教育心理学者。1927年以後ドイツ教育科学研究所フライブルク支所長。
⇒教人（ボップ　1887–）

Borah, William Edgar
アメリカの法律家，政治家。ルーズヴェルトのニュー・ディールに強く反対。
⇒アメ州（Borah,William Edgar　ボラー，ウイリアム・エドガー　1865–1940）
アメ新（ボラー　1865–1940）
岩世人（ボーラ　1865.6.29–1940.1.19）

Boralevi, Antonella
イタリアの作家，脚本家。
⇒海文新（ボラレーヴィ，アントネッラ　1963–）
現世文（ボラレーヴィ，アントネッラ　1953.6.18–）

Boram
韓国の歌手。
⇒外12（ボラム　1986.3.22–）

Boras, Scott
アメリカのスポーツ代理人。
⇒外12（ボラス，スコット　1952.11.2–）
外16（ボラス，スコット　1952.11.2–）

Boratynski, Antoni
ポーランドのイラストレーター。
⇒絵本（ボラティンスキ，アントニー　1930–）

Borbon, Pedro
アメリカの大リーグ選手（投手）。
⇒メジャ（ボーボン，ペドロ　1946.12.2–2012.6.4）

Borch, Fred J.
アメリカの企業経営者。1963年GE社長，68～72年会長。この間,GEを情報化社会のパイオニア企業に築きあげたが，60年代末には経営不振に陥り，会長の座を譲った。
⇒岩世人（ボーチ　1910.4.28–1995.3.1）

Borchardt, Rudolf
ドイツの作家。ロマン文化に結びつくきびしい芸術形式の代表者。主著『ヨーラムの書』（1907）。
⇒岩世人（ボルヒャルト　1877.6.9–1945.1.10）
現世文（ボルヒャルト，ルドルフ　1877.6.9–1945.1.10）
ユ著人（Borchardt,Rudolf　ボルヒャルト，ルド

ルフ 1877-1945)

Borcherds, Richard Ewen
イギリスの数学者。
⇒世数 (ボーチャーズ, リチャード・イーウェン 1959-)

Borchert, Wolfgang
ドイツの詩人, 小説家。戯曲『戸口の外で』(1947) はドイツ戦後文学の第1歩となった。
⇒岩世人 (ボルヒェルト 1921.5.20-1947.11.20)
現世文 (ボルヒェルト, ヴォルフガング 1921.5.20-1947.11.20)

Borchgrevink
ノルウェー生まれの画家。
⇒芸13 (ボルクゲルウィンク 1951-)

Borchin, Valeriy
ロシアの競歩選手。
⇒外12 (ボルチン, ワレリー 1986.9.11-)
最世ス (ボルチン, ワレリー 1986.9.11-)

Bordeaux, Henry
フランスの小説家。主著『ロックビラール家』(1906), 『足跡の上の雪』(11)。
⇒岩世人 (ボルドー 1870.1.25-1963.3.29)
現世文 (ボルドー, ヘンリー 1870.1.25-1963.3.29)
新カト (ボルドー 1870.1.25-1963.3.29)

Borden, Marian Edelman
アメリカの作家。
⇒海文新 (デイヴィッド, イヴリン)

Borden, *Sir* Robert Laird
カナダの政治家。1911年首相, 第1次世界大戦後はカナダの国際的地位の向上に努力。
⇒岩世人 (ボーデン 1854.6.26-1937.6.10)

Borden, William Alanson
アメリカの図書館司書。
⇒アア歴 (Borden,William A (Ianson) ボーデン, ウイリアム・アランスン 1854.4.4-1931.11.16)

Borders, Patrick Lance
アメリカの大リーグ選手 (捕手)。
⇒メジャ (ボーダース, パット 1963.5.14-)

Bordet, Jules Jean Baptiste Vincent
ベルギーの細菌学者。1919年ノーベル生理・医学賞受賞。
⇒岩生 (ボルデ 1870-1961)
岩世人 (ボルデ 1870.6.13-1961.4.6)
ノベ3 (ボルデ,J. 1870.6.13-1961.4.6)

Bordick, Michael Todd
アメリカの大リーグ選手 (遊撃, 二塁)。
⇒メジャ (ボーディック, マイク 1965.7.21-)

Bordyuzha, Nikolai
ロシアの政治家。ロシア大統領府長官, 集団安全保障条約機構 (CSTO) 事務局長。
⇒世指導 (ボルジュジャ, ニコライ 1949.10.20-)

Borel, Armand
アメリカの数学者。
⇒岩世人 (ボレル 1923.5.21-2003.8.11)
数小増 (ボレル (アルマン) 1923-2003)
世数 (ボレル, アルマン 1923-2003)

Borel, Félix Édouard Justin Émile
フランスの数学者, 政治家。ボレル集合の導入で知られる。
⇒岩世人 (ボレル 1871.1.7-1956.2.4)
数辞 (ボレル, フェリックス・エドワード・ジュスタン・エミール 1871-1956)
数小増 (ボレル (エミール) 1871-1956)
世数 (ボレル, フェリクス・エデュアール・ジュスタン・エミール 1871-1956)

Borel, Jacques
フランスの作家。小説 "L'adoration" (1965) によってゴンクール賞を獲得。
⇒岩世人 (ボレル 1925.12.17-2002.9.25)
現世文 (ボレル, ジャック 1925.12.17-2002.9.25)

Borg, Bjorn Rune
スウェーデンのテニス選手。
⇒異二辞 (ボルグ [ビョルン・〜] 1956-)
岩世人 (ボルグ 1956.6.6-)
外12 (ボルグ, ビョルン 1956.6.6-)
外16 (ボルグ, ビョルン 1956.6.6-)
ネーム (ボルグ, ビヨン 1956-)
ボブ人 (ボルグ, ビョルン 1956-)

Borg, Kim
フィンランドのバス歌手。
⇒新音中 (ボルイ, キム 1919.8.7-2000.4.28)
標音2 (ボルイ, キム 1919.8.7-2000.4.28)

Borgatta, Edgar F.
イタリア・ミラノ出身のアメリカの社会学者, 社会心理学者。
⇒社小増 (ボーガッタ 1924-)

Borgatti, Giuseppe
イタリアのテノール歌手。
⇒オペラ (ボルガッティ, ジュゼッペ 1871-1950)
失声 (ボルガッティ, ジュゼッペ 1871-1950)
魅惑 (Borgatti,Giuseppe 1871-1950)

Borgen, Johan
ノルウェーの小説家, 劇作家。
⇒岩世人 (ボルゲン 1902.4.28-1979.10.16)
現世文 (ボルゲン, ヨハン 1902.4.28-1979.10.16)

Borges, Antonio
ポルトガルの経営学者, 銀行家。国際通貨基金

(IMF)欧州局長,欧州経営大学院(INSEAD)学長。
⇒外12(ボルゲス,アントニオ)
外16(ボルゲス,アントニオ)

Bórges, Jorge Luis
アルゼンチンの詩人,小説家,評論家。『虚構』(1944),『アレフ』(49)などの作品でラテンアメリカ文学を代表する一人。1955年以後国立図書館長。61年第1回フォルメントール賞受賞。
⇒岩キ(ボルヘス 1899–1986)
岩世人(ボルヘス 1899.8.24–1986.6.14)
現世文(ボルヘス,ホルヘ・ルイス 1899.8.24–1986.6.14)
広辞7(ボルヘス 1899–1986)
世人新(ボルヘス 1899–1986)
世人装(ボルヘス 1899–1986)
ネーム(ボルヘス 1899–1986)
ポプ人(ボルヘス,ホルヘ・ルイス 1899–1986)
ラテ新(ボルヘス 1899–1986)

Borgese, Giuseppe Antonio
イタリアの小説家,評論家。ファシズム批判を行い,1931年アメリカ・シカゴ大学教授。38年市民権を獲得。主著『ゴリアテ』(37)。
⇒岩世人(ボルジェーゼ 1882.11.12–1952.12.4)
現世文(ボルジェーゼ,ジュゼッペ・アントーニオ 1882.11.12–1952.12.4)

Borghese, Franz
イタリアの画家。
⇒芸13(ボーゲス,フランツ 1941–)

Borgioli, Dino
イタリアのテノール歌手。
⇒失声(ボルジョーリ,ディノ 1891–1960)
魅惑(Borgioli,Dino 1891–1960)

Borglum, Gutzon
アメリカの彫刻家。
⇒アメ州(Borglum,Gutzon ボーグラム,ガツン 1871–1941)

Borgnine, Ernest
アメリカの俳優。1955年『マーティ』でアカデミー主演男優賞受賞。
⇒遺産(ボーグナイン,アーネスト 1917.1.24–2012.7.8)
外12(ボーグナイン,アーネスト 1917.1.24–)
ク俳(ボーグナイン,アーネスト(ボルニーノ,エルメス) 1915–)
スター(ボーグナイン,アーネスト 1917.1.24–)

Borin, Valter
イタリアのテノール歌手。
⇒魅惑(Borin,Valter ?–)

Boring, Edwin Garrigues
アメリカの心理学者。事実に忠実な科学主義の立場をとった。主著『実験心理学史』(1929,50)。
⇒岩世人(ボーリング 1886.10.23–1968.7.1)
教人(ボウリング 1886–)

Boris III
ブルガリア国王。在位1918～43。35年以来独裁制を確立。
⇒岩世人(ボリス3世 1894.1.18/30–1943.8.28)
皇国(ボリス3世)

Borisov, Boyko
ブルガリアの政治家。ブルガリア首相。
⇒外12(ボリソフ,ボイコ 1959.6.13–)
外16(ボリソフ,ボイコ 1959.6.13–)
世指導(ボリソフ,ボイコ 1959.6.13–)

Borisov-Musatov, Viktor El'pidiforovich
ロシアの画家。
⇒岩世人(ボリーソフ=ムサートフ 1870.4.2–1905.10.26)

Borja Cevallos, Rodrigo
エクアドルの政治家,政治学者。エクアドル大統領(1988～92)。
⇒世指導(ボルハ,ロドリゴ 1935.6.19–)

Borkenau, Franz
ドイツの社会思想学者。
⇒岩世人(ボルケナウ 1900.12.15–1957.5.22)
現社(ボルケナウ 1900–1957)
広辞7(ボルケナウ 1900–1957)
社小増(ボルケナウ 1900–1957)

Borkh, Inge
ドイツのソプラノ歌手。
⇒標音2(ボルク,インゲ 1921.5.26–)

Borlaug, Norman Ernest
アメリカの農学者。低開発国で推進された近代技術による食糧増産の功労者として,1970年度ノーベル平和賞を受賞。
⇒アメ州(Borlaug,Norman Ernest ボーローグ,ノーマン・アーネスト 1914–)
岩生(ボーローグ 1914–2009)
岩世人(ボーローグ 1914.3.25–2009.9.12)
世発(ボーローグ,ノーマン・アーネスト 1914–2009)
ネーム(ボーローグ 1914–2009)
ノベ3(ボーローグ,N.E. 1914.3.25–2009.9.12)

Borlin, Jean
スウェーデンの舞踊家,振付師。
⇒岩世人(ボルラン 1893.3.13–1930.12.6)

Bormann, Martin Ludwig
ドイツの政治家。ナチス・ドイツ統制官房長・国務相。
⇒岩世人(ボルマン 1900.6.17–1945.5.2)

Borms, August
ベルギーの政治家。
⇒岩世人(ボルムス 1878.4.14–1946.4.12)

Born, Adolf
チェコの画家,イラストレーター,映画製作者。
⇒絵本（ボルン,アドルフ　1930–）

Born, Max
ドイツの理論物理学者。量子力学開拓者の一人。1954年ノーベル物理学賞受賞。
⇒岩世人（ボルン　1882.12.11–1970.1.5）
　科史（ボルン　1882–1970）
　三新物（ボルン　1882–1970）
　ノベ3（ボルン,M.　1882.12.11–1970.1.5）
　物理（ボルン,マックス　1882–1970）
　ユ著人（Born,Max　ボルン,マックス　1882–1970）

Borne, Alain
フランスの弁護士,詩人。
⇒現世文（ボルヌ,アラン　1915–1963）

Bornhak, Conrad
ドイツの法律学者。ベルリン大学教授（1898～）。国際法,国法学の権威。
⇒岩世人（ボルンハーク　1861.3.21–1944.2.16）
　学叢思（ボルンハック,コンラード　1861–?）

Bornkamm, Gunter
ドイツのプロテスタント神学者。ハイデルベルク大学新約教授（1949～）。新約聖書の批判的解釈者。
⇒岩世人（ボルンカム　1905.10.8–1990.2.18）
　新カト（ボルンカム　1905.10.8–1990.2.18）

Bornkamm, Heinrich
ドイツのプロテスタント教会史家。「福音主義同盟」総裁（1935～）。
⇒岩世人（ボルンカム　1901.6.26–1977.1.21）

Borochov, Ber
ロシアのユダヤ民族問題活動家。シオニズムと社会主義の統合をめざす労働者シオニズム運動の理念上の先駆者。
⇒国政（ボロホフ,ベール　1881–1917）
　ユ著人（Borochov,Dov Ber　ボーロホフ,ドブ・ビーア　1881–1917）

Borodakova, Maria
ロシアのバレーボール選手。
⇒最世ス（ボロダコワ,マリア　1986.3.8–）

Borodavkin, Aleksei N.
ロシアの外交官。
⇒外12（ボロダフキン,アレクセイ　1950.12–）
　外16（ボロダフキン,アレクセイ　1950.12–）

Borodin, Mikhail Markovich
ソ連の政治家。1923年から27年中国国民党の顧問。
⇒岩世人（ボロディン　1884.7.9–1951.5.29）
　広辞7（ボロディン　1884–1951）

Borodin, Sergei Pettovich
ソ連の作家。筆名アミル・サルギジャン（Amir Sargidzhan）。
⇒現世文（ボロジン,セルゲイ　1902.9.25–1974.6.22）

Borodina, Olga
ロシアのメゾ・ソプラノ歌手。
⇒外12（ボロディナ,オリガ　1963–）
　外16（ボロディナ,オリガ　1963–）

Borofsky, Jonathan
アメリカの美術家。
⇒芸13（ボロフスキー,ジョナサン　1942–）

Boros, Ladislaus
ハンガリーのカトリック神学者,著述家。
⇒新カト（ボロシュ　1927.10.2–1981.12.8）

Boross, Péter
ハンガリーの政治家。ハンガリー首相。
⇒世指導（ボロッシュ,ペーテル　1928.8.28–）

Borowski, Felix
イギリス,のちアメリカの作曲家,ヴァイオリン教師。
⇒ク音3（ボロウスキ　1872–1956）

Borowski, Joseph Thomas
アメリカの大リーグ選手（投手）。
⇒メジャ（ボロウスキー,ジョー　1971.5.4–）

Borowski, Tadeusz
ポーランドの詩人,小説家。『マリアとの別れ』(1948)など,強制収容所の体験に基づく短篇を発表。
⇒現世文（ボロフスキ,タデウシ　1922.11.12–1951.7.3）

Borowy, Henry Ludwig
アメリカの大リーグ選手（投手）。
⇒メジャ（ボロウィ,ハンク　1916.5.12–2004.8.23）

Borrell, Alfons
スペイン生まれの画家。
⇒芸13（ボイル,アルフォンス　1931–）

Borren, Charles van den
ベルギーの音楽学者。『イギリスにおける鍵盤音楽の起源』(1912),『オランダ音楽史』(48～51)などの著書がある。
⇒標音2（ボラン,シャルル・ヴァン・ダン　1874.9.17–1966.1.14）

Borriello, Marco
イタリアのサッカー選手（ジェノア・FW）。
⇒外12（ボッリエッロ,マルコ　1982.6.18–）

Borries, Achim Von
ドイツの映画監督,脚本家。
⇒外12（ボリエス,アヒム・フォン　1968–）

Borrmann, Mechtild
ドイツの作家。
⇒海文新（ボルマン, メヒティルト　1960–）
　現世文（ボルマン, メヒティルト　1960–）

Borso, Umberto
イタリアのテノール歌手。
⇒失声（ボルソ, ウンベルト　1923–）
　魅惑（Borso,Umberto　1923–）

Borst, Arno
ドイツのカトリックの歴史家。
⇒岩世人（ボルスト　1925.5.8–2007.4.24）

Borsuk, Karol
ポーランドの数学者,W.シェルピンスキーの弟子。
⇒世数（ボルスク, カロル　1905–1982）

Bortkiewicz, Ladislaus von
ドイツの経済学者, 統計学者。ベルリン大学教授（1907）。
⇒岩経（ボルトキェヴィッチ　1868–1931）
　岩人（ボルトキエーヴィチ　1868.8.7–1931.7.15）
　有経5（ボルトキエヴィチ　1868–1931）

Bortkiewicz, Sergei Eduardovich
ロシア, のちオーストリアの作曲家。
⇒ク音3（ボルトキエヴィチ　1877–1952）

Borton, Hugh
アメリカの日本学者。コロンビア大学日本学助教授兼同大学東亜研究所理事補（1948〜）。
⇒岩世人（ボートン　1903.5.14–1995.8.6）

Boruc, Artur
ポーランドのサッカー選手（ボーンマス・GK）。
⇒外12（ボルツ, アルトゥル　1980.2.20–）
　外16（ボルツ, アルトゥール　1980.2.20–）
　最世ス（ボルツ, アルトゥル　1980.2.20–）

Borūjerdī, Seyyed Ḥoseyn Ṭabāṭabā'ī
イラン史上数少ない"マルジャア・アッ=タクリード"の称号をもつ大アーヤトッラー。
⇒岩イ（ボルージェルディー　1875–1962）

Borzage, Frank
アメリカ生まれの映画監督。
⇒岩世人（ボーゼイギ（ボーゼイジ）　1890.4.23–1962.6.19）
　映監（ボーゼイジ, フランク　1893.4.23–1962）

Borzakovskii, Yurii
ロシアの陸上選手（中距離）。
⇒外12（ボルザコフスキー, ユーリー　1981.4.12–）
　最世ス（ボルザコフスキー, ユーリー　1981.4.12–）

Bos, Jan
オランダのスピードスケート選手。
⇒外16（ボス, ヤン　1975.3.29–）
　最世ス（ボス, ヤン　1975.3.29–）

Bos, Theo
オランダの自転車選手（ロードレース）。
⇒最世ス（ボス, テオ　1983.8.22–）

Bosanquet, Bernard
イギリス新ヘーゲル主義の最後の哲学者。
⇒岩世人（ボーザンケト　1848.6/7.14–1923.2.8）
　オク教（ボーサンケト　1848–1923）
　学叢思（ボザンケット, バーナード　1848–1923）
　教人（ボーズンキット　1848–1923）
　国政（ボーザンケト　1848–1923）
　メル3（ボーザンケト, バーナード　1848–1923）

Boscardin, Maria Bertilla
イタリアの看護修道女, 聖人。本名アンナ・フランチェスカ・ボスカルディン（Anna Francesca Boscardin）。
⇒新カト（マリア・ベルティラ・ボスカルディン　1888.10.6–1922.10.20）

Bosch, Carl
ドイツの工業化学者。1919年バディシェ・アニリン・ウント・ソーダ会社社長。
⇒岩世人（ボッシュ　1874.8.27–1940.4.26）
　化学（ボッシュ　1874–1940）
　広辞7（ボッシュ　1874–1940）
　ノベ3（ボッシュ,C.　1874.8.27–1940.4.26）

Bosch, David Jacobus
南アフリカのプロテスタント宣教学者。
⇒新カト（ボッシュ　1929.12.13–1992.4.15）

Bosch, Edith
オランダの柔道選手。
⇒最世ス（ボッシュ, エディス　1980.5.31–）

Bosch, Franz Xaver
ドイツのイエズス会司祭, 上智大学教授。
⇒新カト（ボッシュ　1910.8.10–1958.11.28）

Bosch, Juan
ドミニカ共和国の作家, 政治家。
⇒ラテ新（ボシュ　1909–2001）

Bosch, Robert August
ドイツの電気技術者, 工業家。シュトゥットガルトに小工場を設け（1886）, 高圧磁石発電機を完成した（93）。
⇒岩世人（ボッシュ　1861.9.23–1942.3.9）

Bosch Gaviño, Juan
ドミニカ共和国の政治家。
⇒岩世人（ボッシュ　1909.6.30–2001.11.1）

Bosco, Henri
フランスの小説家, 詩人。小説『ズボンをはい

たロバ』(1937), 詩集『海の牧歌』(28) など。
⇒岩世人 (ボスコ 1888.11.16–1976.5.4)
絵本 (ボスコ, アンリ 1888–1976)
現世文 (ボスコ, アンリ 1888.11.16–1976.5.4)
フ文小 (ボスコ, アンリ 1888–1976)

Boscovich, Alexsander Uriyah
イスラエルの作曲家。
⇒ユ著人 (Boscovich,Alexsander Uriyah ボスコヴィチ, アレキサンデル・ウリヤ 1907–1964)

Bose, Amar
アメリカの実業家。
⇒外12 (ボーズ, アマー)

Bose, Fritz
ドイツの音楽学者。
⇒標音2 (ボーゼ, フリッツ 1906.7.26–1975.8.16)

Bose, *Sir* Jagadish Chandra
インドの物理学者。カルカッタ州大学教授 (1885〜1915)。電波の性質を測定する装置を考案(95), 電波の屈折, 反射, 成極作用等を明らかにした。
⇒岩世人 (ボース 1858.11.30–1937.11.23)

Bose, Nandalāl
インドの画家。
⇒岩世人 (ボース(ボシュ) 1882.12.3–1966.4.16)

Bose, Rash Behari
インドの独立運動家。1923年日本に帰化。第2次世界大戦中シンガポールに成立した自由インド仮政府の最高顧問。
⇒ア太戦 (ボース 1886–1945)
岩世人 (ボース(ボシュ) 1886.3.15–1945.1.21)
現アジ (ボース 1886.3.15–1945.1.21)
広辞7 (ボース 1886–1945)
南ア新 (ボース 1886–1944)

Bose, Satyendra Nath
インドの物理学者。1923年プランクの放射公式を導き, ボース=アインシュタイン統計と呼ばれる。
⇒岩世人 (ボース 1894.1.1–1974.2.4)
科史 (ボース 1894–1974)
広辞7 (ボース 1894–1974)
物理 (ボース, サティエンドラ・ナート 1894–1974)

Bose, Shonali
インドの映画監督, 脚本家。
⇒外16 (ボース, ショナリ 1965–)

Bose, Subhas Chandra
インドの民族独立運動家。1943年10月21日自由インド (アーザード・ヒンドゥ) 仮政府を樹立。
⇒ア太戦 (ボース 1897–1945)
岩世人 (ボース(ボシュ) 1897.1.23–1945.8.18)
現アジ (ボース 1897.1.23–1945.8.18)
広辞7 (ボース 1897–1945)

世史改 (ボース, チャンドラ= 1897–1945)
世人新 (ボース (チャンドラ=ボース) 1897–1945)
世人装 (ボース (チャンドラ=ボース) 1897–1945)
南ア新 (ボース 1897–1945)
ネーム (ボース, チャンドラ 1897–1945)
ポプ人 (ボース, チャンドラ 1897–1945)

Bosh, Chris
アメリカのバスケットボール選手(ヒート)。
⇒最新ス (ボッシュ, クリス 1984.3.24–)

Boshikov, Alexander
ブルガリアの政治家。ブルガリア副首相・産業相。
⇒世指導 (ボシュコフ, アレクサンドル 1951.8.9–)

Bosi, Carlo
テノール歌手。
⇒魅惑 (Bosi,Carlo ?–)

Bosinski, Gerhard
ドイツの考古学者。
⇒岩世人 (ボジンスキー 1937.6.1–)

Bosio, Christopher Louis
アメリカの大リーグ選手(投手)。
⇒メジャ (ボジオ, クリス 1963.4.3–)

Boskin, Michael Jay
アメリカの経済学者。
⇒外16 (ボスキン, マイケル 1945.9.23–)

Boskovsky, Willi
オーストリアのヴァイオリン奏者, 指揮者。
⇒新音中 (ボスコフスキー, ヴィリ 1909.6.16–1991.4.21)
標音2 (ボスコフスキー, ヴィリ 1909.6.16–1991.4.21)

Bosl, Karl
ドイツの歴史家。
⇒岩世人 (ボーズル 1908.11.11–1993.1.18)

Bosman, Herman Charles
南アフリカの短編作家, 随筆家, 小説家。
⇒現世文 (ボスマン,H.C. 1905.2.5–1951.10.14)

Bosman, Jean-Marc
ベルギーのプロサッカー選手。
⇒岩世人 (ボスマン 1964.10.30–)

Bosman, Richard
インド生まれの画家。
⇒芸13 (ボスマン, リチャード 1944–)

Bosman, Richard Allen
アメリカの大リーグ選手(投手)。
⇒メジャ (ボスマン, ディック 1944.2.17–)

Bosnak, Robert
アメリカの精神分析家。
⇒外12（ボスナック，ロバート　1948–）
　外16（ボスナック，ロバート　1948–）

Bosquet, Alain
フランスの詩人，批評家。
⇒岩世人（ボスケ　1919.3.28–1998.3.17）
　現世文（ボスケ，アラン　1919.3.28–1998.3.17）

Boss, Benjamin
アメリカの天文学者。
⇒天文大（ボス　1880–1970）

Boss, Lewis
アメリカの天文学者。オルバニーのダドリ天文台長になり（1876），10年計画（1904〜）による全天の恒星観測を完成した。恒星位置に関する権威。
⇒岩世人（ボス　1846.10.26–1912.10.5）
　天文大（ボス　1846–1912）

Boss, Medard
スイスの精神医学者。性倒錯を愛の世界内存在可能性からとらえなおした。
⇒岩世人（ボス　1903.10.4–1990.12.21）
　現精（ボス　1903–1990）
　現精縮（ボス　1903–1990）
　新カト（ボス　1903.10.4–1990.12.21）
　精分岩（ボス，メダールド　1903–1990）
　メル別（ボス，メダルト　1903–1990）

Bossard, Frank
ソ連のイギリス人スパイ。ソ連からの亡命者「トップ・ハット」によって正体を暴露された。
⇒スパイ（ボサード，フランク　1912–2001）

Bossard, James Herbert Siward
アメリカの社会学者。主著 "Ritual in Family Living"（1950）。
⇒教人（ボサード　1888–）
　社小増（ボッサード　1888–1960）

Bosse, Gerhard
ドイツのヴァイオリン奏者，指揮者。
⇒外12（ボッセ，ゲルハルト　1922.1.23–）

Bossert, Helmuth Theodor
トルコに帰化したドイツのヒッタイト学者。カラ・テペの発掘でヒッタイト絵文字とフェニキア語の2国語碑文を発見・研究し，その解読に寄与。
⇒岩世人（ボッサート　1889.9.11–1961.2.5）

Bossi, Marco Enrico
イタリアの作曲家，オルガン演奏家。ローマのサンタ・チェチーリア音楽院院長。
⇒岩世人（ボッシ　1861.4.25–1925.2.20）
　ク音　（ボッシ　1861–1925）
　新音中（ボッシ，マルコ・エンリーコ　1861.4.25–1925.2.20）
　標音2（ボッシ，マルコ・エンリーコ　1861.4.25–1925.2.20）

Bossi, Umberto
イタリアの政治家。
⇒岩世人（ボッシ　1941.9.19–）
　外12（ボッシ，ウンベルト　1941.9.19–）
　外16（ボッシ，ウンベルト　1941.9.19–）
　世指導（ボッシ，ウンベルト　1941.9.19–）

Bossick, Eric
アメリカの俳優，写真家。
⇒外12（ボシック，エリック　1973–）

Bossidy, Larry
アメリカの実業家。
⇒外16（ボシディ，ラリー　1935.3.5–）

Bost, Pierre
フランス生まれの映画脚本家，小説家。
⇒現世文（ボスト，ピエール　1901.9.5–1975.12.6）

Bostic, Earl
アメリカのアルトサックス奏者，バンドリーダー。"Temptation" "Flamingo" などのヒットで戦後の一時代を風びした。
⇒ロック（Bostic,Earl　ボスティック，アール　1913.4.25–）

Boston, Daryl Lamont
アメリカの大リーグ選手（外野）。
⇒メジャ（ボストン，ダリル　1963.1.4–）

Boston, Lucy Maria
イギリスの女性童話作家。『グリーン・ノウのお客さま』（1961）で，61年度のカーネギー賞を受賞。
⇒岩世人（ボストン　1892.12.10–1990.5.25）
　現世文（ボストン，ルーシー・マリア　1892.12.10–1990.5.25）

Bostridge, Ian
イギリスのテノール歌手。
⇒外12（ボストリッジ，イアン　1964.12.25–）
　外16（ボストリッジ，イアン　1964.12.25–）
　失声（ボストリッジ，イアン　1964–）
　魅惑（Bostridge,Ian　1964–）

Bostrom, Nick
スウェーデンの哲学者。
⇒メル別（ボストロム，ニック　1973–）

Bosustow, Stephen
カナダ生まれのアニメーション作家。
⇒アニメ（ボサストウ，スティーヴン　1911–1981）

Boswell, Connee
アメリカの女性ジャズ歌手。1931〜35年にかけて人気を博したボズウェル・シスターズの一人。
⇒岩世人（ボズウェル・シスターズ　1907–1976）

Boswell, Helvetia
アメリカの女性ジャズ歌手。1931～35年にかけて人気を博したボズウェル・シスターズの一人。
⇒岩世人（ボズウェル・シスターズ　1911-1988）

Boswell, Martha
アメリカの女性ジャズ歌手。1931～35年にかけて人気を博したボズウェル・シスターズの一人。
⇒岩世人（ボズウェル・シスターズ　1905-1958）

Bosworth, Stephen Warren
アメリカの外交官。
⇒アア歴（Bosworth,Stephen W (arren)　ボズワース, スティーヴン・ウォーレン　1939.12.4-）
　外12（ボズワース, スティーブン　1939.12.4-）
　外16（ボズワース, スティーブン　1939.12.4-）
　世指導（ボズワース, スティーブン　1939.12.4-2016.1.4）

Botan
タイの小説家。
⇒岩世人（ボータン　1945.8-）
　現世文（ボータン　1945-）
　タイ（ボータン　1945-）

Bötel, Heinrich
ドイツのテノール歌手。生涯ハンブルクの歌劇場に在団したが、ベルリン、ケルン、シュトゥットガルト、ブレスラウにも客演。
⇒魅惑（Bötel,Heinrich　1854-1938）

Botero, Fernando
コロンビア生まれの画家。
⇒岩世人（ボテーロ　1932.4.19-）
　外12（ボテロ, フェルナンド　1932.4.19-）
　外16（ボテロ, フェルナンド　1932.4.19-）
　芸13（ボテロ, フェルナンド　1932-）

Botha, Johan
南アフリカのテノール歌手。
⇒外12（ボータ, ヨハン　1965-）
　外16（ボータ, ヨハン　1965-）
　失声（ボータ, ヨハン　1965-）
　魅惑（Botha,Johan　1965-）

Botha, Pieter Willem
南アフリカの政治家。南アフリカ共和国首相（1978～84）、同大統領（1984～89）。
⇒岩世人（ボータ　1916.1.12-2006.10.31）

Botham, Mark
イギリスの宣教師。中国における内地教会宣教師として父についで多年西北中国イスラム教徒の伝道に従事。
⇒岩世人（ボサム　?-1921）

Bothe, Walter Wilhelm Georg Franz
ドイツの物理学者。1954年M.ボルンとともにノーベル物理学賞受賞。
⇒岩世人（ボーテ　1891.8-1957.2.8）

三新物（ボーテ　1891-1957）
ノベ3（ボーテ,W.　1891.1.8-1957.2.8）

Bothmer, Ferdinand von
ドイツのテノール歌手。
⇒魅惑（Bothmer,Ferdinand von　?-）

Botiaux, Gustave
フランスのテノール歌手。
⇒失声（ボティオー, ギュスターヴ　1926-）
　失声（ボティオー, ギュスターヴ　?）
　魅惑（Botiaux,Gustave　1926-）

Botta, Giuseppe
テノール歌手。
⇒魅惑（Botta,Giuseppe　?-）

Botta, Mario
スイスの建築家。ローザンヌ連邦大学教授、アメリカ建築家協会名誉会員。
⇒岩世人（ボッタ　1943.4.1-）

Botta, Riccardo
テノール歌手。
⇒魅惑（Botta,Riccardo　?-）

Bottai, Giuseppe
イタリアのファシスト、ローマ進軍の計画者。
⇒岩世人（ボッターイ　1895.9.3-1959.1.9）

Bottalico, Ricky Paul
アメリカの大リーグ選手（投手）。
⇒メジャ（ボタリコ, リッキー　1969.8.26-）

Bottazzo, Pietro
イタリアのテノール歌手。
⇒失声（ボタッツォ, ピエトロ　1934-1999）
　魅惑（Bottazzo,Pietro　1934-）

Botte, Bernard
ベルギーのカトリック神学者。
⇒新カト（ボット　1893.10.22-1980.3.4）

Botteghelli, Raimondo
テノール歌手。
⇒魅惑（Botteghelli,Raimondo　?-）

Botti, Chris
アメリカのジャズ・トランペット奏者。
⇒外12（ボッティ, クリス　1962.10.12-）
　外16（ボッティ, クリス　1962.10.12-）

Botti, Italo
アメリカ生まれの画家。
⇒芸13（ボッティ, イタロ　1923-）

Bottion, Aldo
イタリアのテノール歌手、声楽教師。
⇒失声（ボッティオン, アルド　1933-2009）
　魅惑（Bottion,Aldo　1934-）

Bottomley, Gordon
イギリスの詩人, 詩劇作家。
⇒岩世人（ボトムリー　1874.2.20–1948.8.25）

Bottomley, James Leroy
アメリカの大リーグ選手（一塁）。
⇒メジャ（ボトムリー, ジム　1900.4.23–1959.12.11）

Bottomore, Thomas Burton
イギリスの社会学者。
⇒岩世人（ボットモア　1920.4.8–1992.12.9）
　社小増（ボットモア　1920–1992）

Bottoms, Timothy
アメリカ生まれの俳優。
⇒ク俳（ボトムズ, ティモシー　1949–）

Bottone, Bonaventura
イギリスのテノール歌手。
⇒魅惑（Bottone,Bonaventura　1950–）

Bottrall, Ronald
イギリスの詩人。イギリス文化振興会駐日代表（1959～63）を務めた。
⇒現世文（ボトラル, ロナルド　1906.9.2–1989）

Botts, Jason
アメリカの大リーグ選手（内野）。
⇒外12（ボッツ, ジェイソン　1980.7.26–）

Bouasone Bouphavanh
ラオスの政治家。ラオス首相。
⇒岩世人（ブアソーン　1954.6.3–）
　外12（ブアソン・ブパワン　1954.6.3–）
　外16（ブアソン・ブパワン　1954.6.3–）
　世指導（ブアソン・ブパワン　1954.6.3–）

Boubka, Sergei
ウクライナの棒高跳び選手。
⇒異二辞（ブブカ［セルゲイ・～］　1963–）
　岩世人（ブブカ　1963.12.4–）
　外12（ブブカ, セルゲイ　1963.12.4–）
　外16（ブブカ, セルゲイ　1963.12.4–）
　広辞7（ブブカ　1963–）
　ネーム（ブブカ　1963–）

Boucher, Anthony
アメリカのSF作家, 探偵小説作家, 編集者。
⇒現世文（バウチャー, アンソニー　1911.8.21–1968.4.29）

Boucher, Émile
フランスの詩人, 編集者。
⇒19仏（ブーシェ, エミール　1854.7.29–?）

Bouchery, Michel
フランス生まれの画家。
⇒芸17（ブッショリー, ミッシェル　1929–）

Bouchet, Dominique
フランスの料理人。
⇒外12（ブシェ, ドミニク　1952.7.27–）
　外16（ブシェ, ドミニク　1952.7.27–）

Bouchez, Elodie
フランスの女優。
⇒外12（ブシェーズ, エロディ　1973.4.5–）
　ク俳（ブーシェズ, エロディ　1973–）

Bouchor, Maurice
フランスの高踏派詩人, 劇作家。
⇒現世文（ブーショール, モーリス　1855–1929）

Bouchy, Anne
フランスの民俗学者。
⇒外12（ブッシー, アンヌ　1947–）
　外16（ブッシー, アンヌ　1947–）

Bouckaert, Peter
ベルギーの国際人権活動家。
⇒外16（ブッカー, ピーター）

Boucourechliev, André
ブルガリア生まれのフランスの作曲家。
⇒ク音3（ブクレシュリエフ　1925–1997）

Bouda, Cyril
チェコの画家。
⇒絵本（ボウダ, ツィリル　1901–1984）

Boudard, Alphones
フランスの作家, 風俗史家。
⇒現世文（ブーダール, アルフォンス　1925.12.17–2000.1.14）

Bouder, Ashley
アメリカのバレリーナ。
⇒外12（ボーダー, アシュレイ）
　外16（ボーダー, アシュレイ）

Boudia, David
アメリカの飛び込み選手。
⇒外16（ボウディア, デービッド　1989.4.24–）
　最世久（ボウディア, デービッド　1989.4.24–）

Boudon, Raymond
フランスの社会学者。
⇒岩世人（ブードン　1934.1.27–2013.4.10）
　現社（ブードン　1934–）
　社小増（ブードン　1934–）

Boudreau, Louis
アメリカの大リーグ選手（遊撃）。
⇒メジャ（ブードロー, ルー　1917.7.17–2001.8.10）

Bouez, Fares
レバノンの政治家。レバノン外相。
⇒世指導（ブエズ, ファレス）

Bouglé, Célestin
フランスのÉ.デュルケム学派の社会学者。主著『価値社会学』(1922)。
⇒学叢思（ブーグレ）
社小増（ブーグレ 1870–1940）
メル3（ブーグレ, セレスタン 1870–1940）

Bouhail, Thomas
フランスの体操選手。
⇒最世人（ブーアイ, トマ 1986.7.3–）

Bouhélier, Saint-Georges de
フランスの詩人, 劇作家, 小説家。
⇒現世文（ブーエリエ, サン・ジョルジュ・ド 1876.5.19–1947）
19仏（ブーエリエ, サン＝ジョルジュ・ド 1876.5.19–1947.12.20）

Bouillard, Henri
フランスのイエズス会神学者, 哲学者。
⇒新カト（ブイヤール 1908.3.13–1981.6.22）

Boujon, Claude
フランスのイラストレーター。
⇒絵本（ブージョン, クロード 1930–1995）

Boulanger, Daniel
フランスの作家。
⇒現世文（ブーランジェ, ダニエル 1922.1.24–2014.10.27）

Boulanger, Lili
フランスの作曲家。1913年『ファウストとヘレナ』で女性として初めてのローマ大賞を獲得。
⇒ク音3（ブーランジェ 1893–1918）
新音中（ブーランジェ, リリ 1893.8.21–1918.3.15）
標音2（ブランジェ, リリ 1893.8.21–1918.3.15）

Boulanger, Nadia
フランスの女性作曲家, 指揮者。交響楽団で最初の女性指揮。
⇒岩世人（ブーランジェ 1887.9.16–1979.10.22）
エデ（ブーランジェ, ナディア（ジュリエット） 1887.9.16–1979.10.22）
新音小（ブーランジェ, ナディア 1887–1979）
新音中（ブーランジェ, ナディア 1887.9.16–1979.10.22）
標音2（ブランジェ, ナディア 1887.9.16–1979.10.22）

Boulay, Olivier
フランスのカーデザイナー。
⇒外12（ブーレイ, オリヴィエ 1957.8.9–）
外16（ブーレイ, オリヴィエ 1957.8.9–）

Boulding, Kenneth Ewart
アメリカの近代経済学者, 未来学や平和研究の開拓者。1971年コロラド大学行動科学研究所長。主著『経済政策の原理』(58)。
⇒岩経（ボールディング 1910–1993）
岩世人（ボールディング 1910.1.18–1993.3.18）
現社福（ボールディング 1910–1993）
広辞7（ボールディング 1910–1993）
社小増（ボールディング 1910–1993）
政経改（ボールディング 1910–1993）
有経5（ボールディング 1910–1993）

Boule, Pierre Mercellin
フランスの考古学者。パリの国立自然誌博物館の教授。
⇒岩生（ブール 1861–1942）
岩世人（ブール 1861.1.1–1942.7.4）

Boulez, Pierre
フランスの作曲家, 指揮者。
⇒岩世人（ブーレーズ 1925.3.25–）
エデ（ブーレーズ, ピエール 1925.3.26–2016.1.5）
外12（ブーレーズ, ピエール 1925.3.26–）
外16（ブーレーズ, ピエール 1925.3.26–）
ク音3（ブーレーズ 1925–）
現音キ（ブーレーズ, ピエール 1925–）
広辞7（ブーレーズ 1925–2016）
新音小（ブーレーズ, ピエール 1925–）
新音中（ブーレーズ, ピエール 1925.3.25–）
ネーム（ブーレーズ 1925–）
ピ曲改（ブレーズ, ピエール 1925–）
標音2（ブレーズ, ピエール 1925.3.26–）

Boulle, Pierre
フランスの小説家。『戦場にかける橋』でサントブーブ賞受賞。ほかに『猿の惑星』など。
⇒現世文（ブール, ピエール 1912.2.20–1994.1.30）

Boulogne, Joëlle
フランスのバレリーナ。
⇒外12（ブーローニュ, ジョエル 1968–）

Boult, *Sir* Adrian Cedric
イギリスの指揮者。ロンドン・フィルハーモニー管絃楽団主任指揮者(1950〜)。
⇒岩世人（ボールト 1889.4.8–1983.2.23）
新音中（ボールト, エイドリアン 1889.4.8–1983.2.22）
標音2（ボールト, エードリアン 1889.4.8–1983.2.22）

Boulton, Marjorie
イギリスの詩人, 作家。
⇒現世文（ボウルトン, マージョリー 1924.5.7–2017.8.30）

Boulton, Prudence
インディアンの少女。ヘミングウェイの小説のモデル。
⇒ヘミ（ボールトン, プルーデンス 1901–1918）

Bouman, Tom
アメリカの作家。
⇒現世文（ボウマン, トム）

Boumédienne, Houari
アルジェリアの軍人, 政治家。1965年革命評議会議長, 第一副首相兼国防相に就任。76〜78年

大統領。
⇒岩イ（ブーメディエン　1932–1978）
岩世人（ブーメディエン，フワーリー　1932.8.23–1978.12.27）

Bounnyang Vorachit
ラオスの政治家。ラオス大統領（2016～）。
⇒岩世人（ブンニャン　1937.8.14–）
外12（ブンニャン・ウォラチット　1937.8.15–）
外16（ブンニャン・ウォラチット　1937.8.15–）
世指導（ブンニャン・ウォラチット　1937.8.15–）

Boun Oum na Champassak
ラオスの政治家。ラオス首相。
⇒岩世人（ブンウム　1911.12.12–1980.5.17）

Bounxouei, Alexandra
ラオスの歌手。
⇒外12（ブンスアイ，アレクサンドラ　1987–）
外16（ブンスアイ，アレクサンドラ　1987–）

Bouquet, Carol
フランス生まれの女優。
⇒外12（ブーケ，キャロル　1957.8.18–）
外16（ブーケ，キャロル　1957.8.18–）

Bour, Danièle
フランスのイラストレーター。
⇒絵本（ブール，ダニエル　1939–）

Bour, Ernest
フランスの指揮者。
⇒標音2（ブール，エルネスト　1913.4.20–）

Bourbon-busset, Jacques de
フランスの小説家，外交官。
⇒新カト（ブルボン・ビュッセ　1912.4.27–2001.5.7）

Bourdain, Anthony
アメリカの料理人，作家。
⇒外12（ボーデイン，アンソニー　1956–）
外16（ボーデイン，アンソニー　1956–）

Bourdeaut, Olivier
フランスの作家。
⇒現世文（ブルドー，オリヴィエ　1980–）

Bourdelle, Émile Antoine
フランスの彫刻家，画家。代表作は『アルベアル将軍の記念碑』（1923）など。
⇒芸13（ブールデル，アントワーヌ　1861–1929）
広辞7（ブールデル　1861–1929）
ネーム（ブールデル　1861–1929）
ポプ人（ブールデル，エミール＝アントワーヌ　1861–1929）

Bourdet, Edouard
フランスの劇作家。代表作は『弱き性』（1929）など。
⇒岩世人（ブールデ　1887.10.26–1945.1.18）
現世文（ブールデ，エドワール　1887.10.26–1945.1.17）

Bourdieu, Pierre
フランスの社会学者。
⇒岩イ（ブルデュー　1930–2002）
岩世人（ブルデュー　1930.8.1–2002.1.23）
教思増（ブルデュー　1930–2002）
現社（ブルデュー　1930–2002）
広辞7（ブルデュー　1930–2002）
社小増（ブルデュー　1930–2002）
哲中（ブルデュー　1930–2002）
ネーム（ブルデュー　1930–2002）
メル別（ブルデュー，ピエール　1930–2002）

Bourdon, Georges
フランスのジャーナリスト。
⇒岩世人（ブルドン　1868–1938.11）

Bourdon, Rob
アメリカのロック・ドラム奏者。
⇒外12（ボードン，ロブ）
外16（ボードン，ロブ）

Bourgain, Jean
ベルギー生まれの数学者。
⇒世数（ブルガン，ジャン　1954–）

Bourgeois, Emile
フランスの歴史家。初め古代および中世史を研究，のち近・現代の外交史を専攻した。
⇒岩世人（ブルジョワ　1857.7.24–1934.8.25）

Bourgeois, Léon Victor Auguste
フランスの政治家。国際連盟の熱心な提唱者。ノーベル平和賞受賞（1920）。
⇒学叢思（ブルジョア，レオン・ヴィクトル・オーギュスト　1851–1925）
ノベ3（ブルジョワ,L.V.A.　1851.5.21–1925.9.29）

Bourgeois, Louise
アメリカの彫刻家。
⇒岩世人（ブルジョワ　1911.12.25–2010.5.31）
広辞7（ブルジョア　1911–2010）

Bourgeois, Victor
ベルギーの建築家。主作品「ヴァイセンホーフ集合住宅」（1927）。
⇒岩世人（ブルジョワ　1897–1962.7.24）

Bourges, Elémir
フランスの小説家，詩人。ときの自然主義文学と無縁の創作活動をし，主著『斧の下』（1855）などを発表。
⇒現世文（ブールジュ，エレミール　1852.3.26–1925.11.13）

Bourget, Paul Charles Joseph
フランスの小説家，評論家。小説に『嘘』（1887），『弟子』（89）など。
⇒岩世人（ブールジェ　1852.9.2–1935.12.25）
学叢思（ブールジェ，ポール　1852–1923）

現世文（ブールジェ, ポール 1852.9.2-1935.12.25）
広辞7（ブールジェ 1852-1935）
19仏（ブールジェ, ポール 1852.9.2-1935.12.25）
新カト（ブールジェ 1852.9.2-1935.12.25）
西文（ブールジェ, ポール 1852-1935）
フ文小（ブールジェ, ポール 1852-1935）

Bourgoin, Louise
フランスの女優。
⇒外12（ブルゴワン, ルイーズ 1981.11.28-）
外16（ブルゴワン, ルイーズ 1981.11.28-）

Bourguignon, Jean Pierre
フランスの数学者。
⇒外12（ブルギニョン, ジャンピエール 1947-）
外16（ブルギニョン, ジャン・ピエール 1947-）

Bourin, Jeanne
フランスの作家。
⇒現世文（ブーラン, ジャンヌ 1922-2003）

Bourjaily, Vance
アメリカの作家。
⇒現世文（ブアジェイリー, バンス 1922.9.17-2010.8.31）

Bourke-White, Margaret
アメリカの女性写真家。各国の産業の実状を的確にとらえた報道写真を撮影。
⇒アメ新（バークホワイト 1906-1971）
岩世人（バーク＝ホワイト 1906.6.14-1971.8.27）
芸13（バークホワイト, マーガレット 1906-1975）

Bourliaguet, Léonce
フランスの児童文学作家。
⇒現世文（ブールリアゲ, レオンス 1895-1965）

Bourmeister（Burmeister）, Vladimir
ソ連のダンサー, 振付家, バレエ・マスター。
⇒岩世人（ブルメイステル 1904.7.2/15-1971.3.5）

Bourn, Michael
アメリカの大リーグ選手（インディアンス・外野手）。
⇒最世ス（ボーン, マイケル 1982.12.27-）
メジャ（ボーン, マイケル 1982.12.27-）

Bourne, *Sir* Frederick Samuel Augustus
イギリスの司法官, 外交官。領事として中国に赴任（1876）。通商使節団を率いて, 四川, 雲南, 貴州, 広西方面を調査した（96〜97）。
⇒岩世人（ボーン 1854.10.3-1940.8.23）

Bourne, Matthew
イギリスの舞台演出家, 振付師。
⇒岩世人（ボーン 1960.1.13-）
外12（ボーン, マシュー 1960.1.13-）
外16（ボーン, マシュー 1960.1.13-）

Bourne, Sam
イギリスのジャーナリスト, キャスター, 作家。
⇒外12（ボーン, サム 1967-）
外16（フリードランド, ジョナサン 1967-）
海文新（ボーン, サム 1967-）
現世文（ボーン, サム 1967-）

Bourneville, Désiré-Magloire
フランスの医師, 政治家。
⇒19仏（ブルヌヴィル, デジレ＝マグロワール 1840.10.21-1909.5.30）

Bourque, Pierre
カナダの政治家。
⇒外12（ブルク, ピエール）

Bourricaud, François
フランスの社会学者。
⇒岩世人（ブリコー 1922.12.28-1991.11.8）

Bourrie, André
フランス生まれの画家。
⇒芸13（ブーリエ, アンドレ 1938-）

Boursicot, Bernard
フランス外務省職員。女装の京劇俳優に誘惑されてスパイとなった。
⇒スパイ（ブルシコ, ベルナール 1944-）

Bousquet, Joë
フランスの詩人。詩集に『沈黙からの表現』（1941）,『月の操縦者』（46）,『夕べの認識』（47）などがある。
⇒現世文（ブスケ, ジョエ 1897.3.19-1950.9.28）

Bousquet, Marie-Julien-Sylvain
フランスの宣教師。
⇒新カト（ブスケ 1877.11.19-1943.3.10）

Boussac, Marcel
フランスの実業家, 競走馬生産者, 馬主。
⇒岩世人（ブーサック 1889.4.17-1980.3.21）

Bousset, Wilhelm
ドイツの福音主義神学者。
⇒オク教（ブセット 1865-1920）
学叢思（ブーセット, ヴィルヘルム 1865-1920）

Boussinesq, Valentin Joseph
フランスの数学者。
⇒岩世人（ブシネスク 1842.3.13-1929.2.19）

Boutan, Mila
フランスの出版者。
⇒絵本（ブータン, ミラ）

Boutavant, Marc
フランスのイラストレーター, 絵本作家。
⇒外16（ブタヴァン, マルク 1970-）

Bouteflika, Abdelaziz
アルジェリアの政治家。アルジェリア大統領（1999～2019）。
⇒岩イ（ブーテフリカ　1937–）
　岩世人（ブーテフリカ　1937.3.2–）
　外12（ブーテフリカ, アブデルアジズ　1937.3.2–）
　外16（ブーテフリカ, アブデルアジズ　1937.3.2–）
　世指導（ブーテフリカ, アブデルアジズ　1937.3.2–）

Boutens, Pieter Cornelis
オランダの詩人。初めは陰鬱な詩 "Verzen"（1898）"Praeludiën"（1902）等を発表し, のちに古典的な美しい詩を書いた。
⇒岩世人（バウテンス　1870.2.20–1943.3.14）

Bouterse, Desi
スリナムの政治家, 軍人。スリナム大統領（2010～）。スリナム国民民主党（NPP）党首, スリナム国会議員, スリナム陸軍総司令官。
⇒外12（ボーテルセ, デシ　1945.10.13–）
　外16（ボーテルセ, デシ　1945.10.13–）
　世指導（ボーテルセ, デシ　1945.10.13–）

Boutiba, Mahmoud
アルジェリアの指導者。アフメト・ベンベラの個人的助言者。
⇒マルX（BOUTIBA,MAHMOUD　ブティバ, マフムト）

Boutmy, Émile
フランスの教育者, 作家。1865年以降建築専門学校において文明史の教授, 72年には政治・行制教育の目的をもつ政治科学の学校を設立した。
⇒教人（ブートミー　1835–1906）

Bouton, James Alan
アメリカの大リーグ選手（投手）。
⇒メジャ（バウトン, ジム　1939.3.8–）

Boutroux, Etienne Emile Marie
科学批判に立脚したフランスの唯心論哲学者。主著『自然法則の偶然性』(1874), 『パスカル』(1900) など。
⇒岩世人（ブートルー　1845.7.28–1921.11.22）
　学叢思（ブートルー, エミール　1845–1921）
　新カト（ブトルー　1845.7.28–1921.11.22）

Bouveresse, Jacques
フランスの哲学者。
⇒メル別（ブーヴレス, ジャック　1940–）

Bouvy, Edmond
フランスの神学者, アウグスチノ会員。
⇒新カト（ブーヴィ　1847.5.17–1940.7.3）

Bouyer, Louis
フランスのカトリック神学者, オラトリオ会員。
⇒新カト（ブイエ　1913.2.17–2004.10.22）

Bouygues, Francis
フランスの土木技術者, 企業家。
⇒岩世人（ブイグ　1922.12.5–1993.7.24）

Bova, Ben
アメリカの作家。
⇒現世文（ボーバ, ベン　1932.11.8–）

Bove, Emmanuel
フランスの作家。
⇒岩世人（ボーヴ　1898.4.20–1945.7.13）

Bové, José
フランスの反グローバル運動指導者。
⇒岩世人（ボヴェ　1953.6.11–）
　外12（ボヴェ, ジョゼ　1953.6.11–）
　外16（ボヴェ, ジョゼ　1953.6.11–）
　世指導（ボヴェ, ジョゼ　1953.6.11–）

Boveri, Theodor Heinrich
ドイツの動物学者。主著『細胞学』(1887～1907)。
⇒岩生（ボヴェリ　1862–1915）
　岩世人（ボーヴェリ　1862.10.12–1915.10.15）
　三新生（ボベリ　1862–1915）

Bovet, Daniel
イタリアの薬理学者。抗ヒスタミン剤を創製。クラーレを人工的につくった業績で, 1957年ノーベル生理・医学賞受賞。
⇒岩生（ボヴェ　1907–1992）
　岩世人（ボヴェ　1907.3.23–1992.4.8）
　ノベ3（ボベ,D.　1907.3.23–1992.4.8）

Bovet, Pierre
スイスの哲学者, 教育学者。1903～12年ヌーシャトル大学で哲学の教授。12年Institut J.・J.Rousseau（後のInstitut des Sciences de l'Éducation）開設と同時に歿するまで所長に在任。
⇒教人（ボヴェー　1878–1944）

Bow, Clara
アメリカの映画女優。主演作品『人罠』(1926), 『つばさ』(27)。
⇒岩世人（ボウ　1905.7.29–1965.9.27）
　ク俳（ボウ, クララ　1905–1965）
　スター（ボウ, クララ　1905.7.29–1965）
　ネーム（ボウ, クララ　1905–1965）

Bowa, Larry
アメリカの大リーグ監督。
⇒メジャ（ボーワ, ラリー　1945.12.6–）

Bowditch, Henry Pickering
アメリカの生理学者。神経の非疲労性を研究して, バウジッチ法則を残し, 小児の成長に関する研究でも知られる。
⇒岩世人（バウディッチ　1840.4.4–1911.3.13）

Bowen, Arthur John
アメリカの宣教師教育者。
⇒**アア歴**（Bowen,Arthur J (ohn)　ボウエン、アーサー・ジョン　1873.1.12–1944.7.28）

Bowen, Bruce
アメリカのバスケットボール選手。
⇒**最世ス**（ボーエン、ブルース　1971.6.14–）

Bowen, Elizabeth Dorothea Cole
イギリスの女性作家。作品『すぎし九月』(1929)、『北へ』(32)。
⇒**岩世人**（ボウエン　1899.6.7–1973.2.22）
　現世文（ボーエン、エリザベス　1899.6.7–1973.2.22）
　広辞7（ボウエン　1899–1973）

Bowen, Ira Sprague
アメリカの実験物理学者、天体物理学者。ウィルソン山天文台台長。
⇒**天文辞**（ボウエン　1898–1973）

Bowen, Kenneth
イギリスのテノール歌手。
⇒**魅惑**（Bowen,Kenneth　1932–）

Bowen, Norman Levi
アメリカの岩石学者。主著『火成岩の進化』(1928)。
⇒**岩世人**（ボウエン　1887.6.21–1956.9.11）
　オク地（ボウエン、ノーマン・レビ　1887–1956）

Bowen, Rhys
イギリス生まれの作家。
⇒**外12**（ボーエン、リース）
　外16（ボーエン、リース）
　現世文（ボーエン、リース）

Bower, Gordon Howard
アメリカの心理学者。
⇒**岩世人**（バウアー　1932.12.30–）
　外16（バウアー、ゴードン　1932.12.30–）

Bower, *Sir* Hamilton
イギリスの軍人、探検家。インド駐屯軍に属し、新疆、西蔵の探検に従い、古文書の発見などにより学界に貢献するところ多い。
⇒**岩世人**（バウアー　1858–1940）

Bower, Thomas Gillie Russell
イギリスの心理学者。
⇒**岩世人**（バウアー　1941–）

Bowerman, Frank Eugene
アメリカの大リーグ選手（捕手）。
⇒**メジャ**（パワーマン、フランク　1868.12.5–1948.11.30）

Bowers, David
イギリスのアニメーション監督。
⇒**外12**（パワーズ、デービッド）

Bowers, Faubion
アメリカの歌舞伎研究家。
⇒**アア歴**（Bowers,Faubion　バウアーズ、フォービオン　1917.1.29–1999.11.16）
　広辞7（パワーズ　1917–1999）

Bowie, David
イギリス生まれの男優、ロック歌手。
⇒**エデ**（ボウイ、デヴィッド　1947.1.8–2016.1.10）
　外12（ボウイ、デビッド　1947.1.8–）
　外16（ボウイ、デビッド　1947.1.8–）
　ク俳（ボウイ、デイヴィッド（ヘイウォード＝ジョウンズ,D）　1947–）
　新音中（ボウイ、デイヴィド　1947.1.8–）
　ネーム（ボウイ、デヴィッド　1947–）
　標音2（ボーイ、デーヴィド　1947.1.8–）
　ポプ人（ボウイ、デビッド　1947–2016）
　ロック（Bowie,David　ボウイ、デイヴィッド　1947.1.8–）

Bowie, Henry Pike
アメリカの日本美術研究家。平野威馬雄の父。
⇒**日エ**（ブーイ　1848.4.1–1920.12.23）

Bowie, Lester
アメリカのジャズ・トランペット、フリューゲル・ホーン奏者。1968年「アート・アンサンブル・オブ・シカゴ」を結成。
⇒**標音2**（ボーイ、レスター　1941.10.11–1999.11.8）

Bowlby, (Edward) John (Mostyn)
イギリスの心理学者。
⇒**岩世人**（ボールビー　1907.2.26–1990.9.2）
　現社福（ボウルビー　1907–1990）
　現精（ボウルビー　1907–1990）
　現精縮（ボウルビー　1907–1990）
　広辞7（ボウルビー　1907–1990）
　精医歴（ボウルビー、ジョン　1907–1990）
　精分岩（ボウルビィ、ジョン　1907–1990）
　世界子（ボウルビー、ジョン　1907–1990）

Bowler, Tim
イギリスの児童文学作家。
⇒**外12**（ボウラー、ティム　1953–）
　海文新（ボウラー、ティム　1953–）
　現世文（ボウラー、ティム　1953–）

Bowles, Chester Bliss
アメリカの政治家、外交官。駐インド・アメリカ大使。
⇒**アア歴**（Bowles,Chester Bliss　ボウルズ、チェスター・ブリス　1901.4.5–1986.5.23）

Bowles, Gilbert
アメリカのフレンド派（クエイカー）宣教師。
⇒**アア歴**（Bowles,Gilbert　ボウルズ、ギルバート　1869.10.16–1960.10.9）

Bowles, Gordon Townsend
アメリカの人類学者。
⇒**アア歴**（Bowles,Gordon T (ownsend)　ボウル

ズ, ゴードン・タウンゼンド　1904.6.25–1991.
　　11）
Bowles, Jane
　アメリカの女性作家。
　⇒現世文（ボウルズ, ジェーン　1917.2.22–1973.5.
　　4）
Bowles, Paul（Frederick）
　アメリカの小説家, 作曲家。
　⇒岩世人（ボールズ, ポール　1910.12.30–1999.11.18）
　　現世文（ボウルズ, ポール　1910.12.30–1999.11.
　　18）
　　標音2（ボールズ, ポール　1910.12.30–1999.11.
　　18）
Bowley, *Sir* Arthur Lyon
　イギリスの統計学者。
　⇒岩世人（バウリー　1869.11.6–1957.1.21）
　　学叢思（ボーレー, アーサー・リオン　1869–?）
　　有経5（ボーリー　1869–1957）
Bowman, Isaiah
　アメリカの地理学者。アメリカ地理学会を国際的学会にし, のちジョンズ・ホプキンズ大学学長（1935～48）。主著『新大陸——政治地理学の諸問題』（28）。
　⇒岩世人（ボーマン　1878.12.26–1950.1.6）
Bowman, Lee
　アメリカの男優。
　⇒ク俳（ボウマン, リー　1910–1979）
Bowman, Maddie
　アメリカのスキー選手（フリースタイル）。
　⇒外16（ボーマン, マディー　1994.1.10–）
Bowman, Robert
　テノール歌手。
　⇒魅惑（Bowman,Robert　?–）
Bowman, Stephen
　イギリスのバリトン歌手。
　⇒外12（ボウマン, スティーブン　1982.8.22–）
　　外16（ボウマン, スティーブン　1982.8.22–）
Bownas, Geoffrey
　イギリスの日本研究家。シェフィールド大学日本研究センターの初代所長を務め, 同国の日本研究機関, 研究者の組織に貢献した。
　⇒岩世人（ボーナス　1923.2.9–2011.2.17）
Bowne, Bordon Parker
　アメリカの哲学者。ボストン大学教授（1876）。ハウイソンとともに人格主義を説いた。
　⇒岩キ（バウン　1847–1910）
　　岩世人（バウン　1847.1.14–1910.4.1）
Boworadet
　タイの王族, 親王。
　⇒岩世人（ボーウォーラデート　1877.4.2–1953.11.
　　16）

タイ（ボーウォーラデート（親王）　1878–1953）
Bowra, Cecil Maurice
　イギリスの文学者, 古典学者。『ロマン主義詩人の想像力』（1950）など著書多数。51年ナイトに。
　⇒岩世人（バウラ　1898.4.8–1971.7.4）
Bowring, Richard
　イギリスの日本研究家。ケンブリッジ大学名誉教授。
　⇒外16（バウリング, リチャード・ジョン　1945–）
Box, C.J.
　アメリカのミステリ作家。旅行マーケティング会社経営。
　⇒外12（ボックス,C.J.）
　　外16（ボックス,C.J.　1967–）
　　海文新（ボックス,C.J.　1967–）
　　現世文（ボックス,C.J.　1967–）
Boxer, Barbara
　アメリカの政治家。
　⇒外12（ボクサー, バーバラ　1940.11.11–）
Boxer, Charles Ralph
　イギリスの日本学者。1930年語学将校として来日。日欧通交史を究め, 幾多の独創的研究を発表。
　⇒岩世人（ボクサー　1904.3.8–2000.4.27）
　　新カト（ボクサー　1904.3.8–2000.4.27）
Boy, Philipp
　ドイツの体操選手。
　⇒外12（ボイ, フィリップ　1987.7.23–）
　　最世ス（ボイ, フィリップ　1987.7.23–）
Boyarchikov, Nikolai
　ソ連のダンサー, 振付家, バレエ監督。
　⇒外12（ボヤルチコフ, ニコライ　1935.9.27–）
　　外16（ボヤルチコフ, ニコライ　1935.9.27–）
Boyce, Christopher
　友人のアンドリュー・D・リーと共に, 人工衛星に関する秘密情報をソ連に売り渡したアメリカ人。
　⇒スパイ（ボイス, クリストファー　1953–）
Boyce, Edward
　アメリカの労働運動指導者。鉱山労働者西部同盟（WFM）会長。
　⇒アメ経（ボイス, エドワード　1863.11.8–1941.12.
　　24）
Boyce, Sonia
　イギリスの画家, マルチメディア作家。
　⇒岩世人（ボイス　1962–）
Boyd, Arthur
　オーストラリアの画家。
　⇒岩世人（ボイド　1920.7.20–1999.4.24）
　　芸13（ボイド, アーサー　1920–）

Boyd, Brandon
アメリカのミュージシャン。
⇒外12（ボイド,ブランドン 1976.2.15–）
外16（ボイド,ブランドン 1976.2.15–）

Boyd, Francis R.
アメリカの実験岩石学者。
⇒岩世人（ボイド 1930–2004.1.13）

Boyd, James
アメリカの小説家。
⇒アメ州（Boyd,James ボイド,ジェームズ 1888–1944）

Boyd, Jessie Edna
アメリカの図書館員。カリフォルニア州内の学校図書館のネットワークづくりに尽力して知られる。
⇒ア図（ボイド,ジェシー・エドナ 1899–1978）

Boyd, Joe
アメリカのプロデューサー。
⇒ロック（Boyd,Joe ボイド,ジョウ）

Boyd, John
アメリカのSF作家。
⇒現世文（ボイド,ジョン 1919.10.3–2013.6.8）

Boyd, John Dixon Iklé
イギリスの外交官。
⇒外12（ボイド,ジョン・イクレー 1936.1.17–）
外16（ボイド,ジョン・イクレー 1936.1.17–）

Boyd, Jonny
イギリスの女性。パティ・ボイドの妹。
⇒ビト改（BOYD,JONNY ボイド,ジョニー）

Boyd, Martin
オーストラリアの小説家。
⇒現世文（ボイド,マーティン 1893.6.10–1972.6.6）

Boyd, Neal E.
アメリカの歌手。
⇒外12（ボイド,ニール 1975.11.18–）

Boyd, Stephen
アメリカの俳優。
⇒ク俳（ボイド,スティーヴン（ミラー,ウィリアム） 1928–1977）

Boyd, William
アメリカの俳優。
⇒ク俳（ボイド,ウィリアム 1895–1972）

Boyd, William
イギリスの作家。
⇒岩世人（ボイド 1952.3.7–）
外12（ボイド,ウィリアム 1952.3.7–）
外16（ボイド,ウィリアム 1952.3.7–）
現世文（ボイド,ウィリアム 1952.3.7–）

Boyd, William Clouser
アメリカの免疫学者。世界各地の血液型の人類学的分布を調査し，その頻度分布によって人類を13の集団に分類した。
⇒岩世人（ボイド 1903.3.4–1983.2.19）

Boyd-Orr of Brechin Mearns, John Boyd Orr, 1st Baron
イギリスの農業科学者。初代国連食糧農業機関FAO事務総長。49年度ノーベル平和賞受賞。
⇒岩世人（ボイド・オア 1880.9.23–1971.6.25）
ノベ3（ボイド・オア,J. 1880.9.23–1971.6.25）

Boye, Karin Maria
スウェーデンの女性小説家。雑誌「クラルテ」を主軸とする社会主義運動の中心人物。
⇒岩世人（ボイエ 1900.10.26–1941.4.24）
現世文（ボイエ,カーリン 1900.10.26–1941.4.24）

Boyer, Charles
フランスのイエズス会士。
⇒新カト（ボアイエ 1884.12.4–1980.2.23）

Boyer, Charles
フランスの映画俳優。『うたかたの恋』（フランス,1936），『ガス燈』（アメリカ,44）で有名。
⇒岩世人（ボワイエ 1899.8.28–1978.8.26）
ク俳（ボワイエ,シャルル 1897–1978）
ネーム（ボワイエ 1899–1978）

Boyer, Cletis Leroy
アメリカの大リーグ選手（三塁）。
⇒メジャ（ボイヤー,クリート 1937.2.9–2007.6.4）

Boyer, Ernest Leroy
アメリカの教育改革者。
⇒岩世人（ボイヤー 1928.9.13–1995.12.8）

Boyer, Herbert
アメリカの遺伝子工学スペシャリスト。1976年，ロバート・スワンソンとジェネンテク社を創業し，副社長となる。
⇒外12（ボイヤー,ハーバート 1936–）

Boyer, Joseph
アメリカの実業家。ボイヤー機械会社創業者，バローズ計算機社長。
⇒アメ経（ボイヤー,ジョゼフ 1848–1930.10.24）

Boyer, Kenton Lloyd
アメリカの大リーグ選手（三塁,外野）。
⇒メジャ（ボイヤー,ケン 1931.5.20–1982.9.7）

Boyer, Lucienne
フランスのシャンソン歌手。1930年『聞かせてよ,愛の言葉』を発表,大ヒットとなりディスク大賞を受賞した。ラブソングを得意とする。
⇒新音中（ボワイエ,リュシエンヌ 1903–1983.12.6）
標音2（ボアイエ,リュシエンヌ 1903–1983.12.6）

Boyer, Paul Delos
アメリカの化学者。1997年ノーベル化学賞。
⇒外12（ボイヤー, ポール　1918.7.31–）
　外16（ボイヤー, ポール　1918.7.31–）
　化学（ボイヤー　1918–）
　ノベ3（ボイヤー, P.D.　1918.7.31–）

Boyer, Rick
アメリカの推理作家。
⇒現世文（ボイヤー, リック　1943.10.13–）

Boyer, Robert
南フランス生まれの経済思想家。
⇒岩経（ボワイエ　1943–）
　岩世人（ボワイエ　1943.3.25–）
　外16（ボワイエ, ロベール　1943.3–）
　有経5（ボワイエ　1943–）

Boy George
イギリスの歌手。
⇒外12（ボーイ・ジョージ　1961.6.14–）
　外16（ボーイ・ジョージ　1961.6.14–）

Boylan, Clare
アイルランドの作家。
⇒現世文（ボイラン, クレア）

Boyle, Danny
イギリスの映画監督。
⇒映監（ボイル, ダニー　1956.10.20–）
　外12（ボイル, ダニー　1956.10.20–）
　外16（ボイル, ダニー　1956.10.20–）

Boyle, Henry J.
アメリカの大リーグ選手(投手)。
⇒メジャ（ボイル, ヘンリー　1860.9.20–1932.5.25）

Boyle, John Anthony
アメリカの大リーグ選手(捕手, 一塁)。
⇒メジャ（ボイル, ジャック　1866.3.22–1913.1.6）

Boyle, Kay
アメリカの女性小説家, 詩人。連合軍占領下のドイツ人とアメリカ人の交渉を描いた『別れのない世代』(1960)などが代表作。
⇒岩世人（ボイル　1902.2.19–1992.12.27）
　現世文（ボイル, カイ　1902.2.19–1992.12.27）

Boyle, Lala Flynn
アメリカ生まれの女優。
⇒ク俳（ボイル, ララ・フリン　1970–）

Boyle, Peter
アメリカ生まれの俳優。
⇒ク俳（ボイル, ピーター　1933–）

Boyle, Susan
イギリスの歌手。
⇒外12（ボイル, スーザン　1961.4.1–）
　外16（ボイル, スーザン　1961.4.1–）

Boyle, T(homas) Coraghessan
アメリカの小説家。
⇒外12（ボイル, T.コラゲッサン　1948.12.2–）
　外16（ボイル, T.コラゲッサン　1948.12.2–）
　現世文（ボイル, T.コラゲッサン　1948.12.2–）

Boyle, Willard
カナダの物理学者。2009年ノーベル物理学賞を受賞。
⇒岩世人（ボイル　1924.8.19–2011.5.7）
　ノベ3（ボイル, W.S.　1924.8.19–2011.5.7）

Boyle, William Anthony
アメリカの労働運動指導者。統一鉱山労働組合(UMW)会長。
⇒アメ経（ボイル, ウィリアム　1904.12.1–）

Boylesve, René Tardivaux
フランスの小説家。『マドモアゼル・クロック』(1899)などの作品がある。
⇒岩世人（ボワレーヴ　1867.4.14–1926.1.14）
　現世文（ボアレーブ, ルネ　1867.4.14–1926.1.14）

Boyne, John
アイルランドの作家。
⇒外16（ボイン, ジョン　1971–）
　海文新（ボイン, ジョン　1971–）
　現世文（ボイン, ジョン　1971.4.30–）

Boynton, Grace Morrison
アメリカの宣教師教育者。
⇒アア歴（Boynton,Grace M(orrison)　ボイントン, グレイス・モリスン　1890.8.14–1970.3.30）

Boys, *Sir* Charles Vernon
イギリスの実験物理学者。捩り秤の改良型で重力の常数を決定し,地球の平均密度を5.5270と算出した。
⇒岩世人（ボイズ　1855.3.15–1944.3.30）

Boysen Jensen, Peter
デンマークの植物生理学者。植物の屈光性が植物体内の化学物質の拡散によることを証明(1910)，以後植物ホルモンの初期の研究に寄与した。
⇒岩生（ボイセン＝イェンセン　1883–1959）
　岩世人（ボイセン・イェンセン　1883.1.18–1959.11.21）
　旺生5（ボイセン＝イェンセン　1883–1959）

Bozart, James F.
ブルックリン・イーグル紙の新聞配達をしていたニューヨークの青年。
⇒スパイ（ボザート, ジェイムズ・F）

Bozay Attila
ハンガリーの作曲家。
⇒ク音3（ボザイ　1939–1999）

Bozizé, François
中央アフリカの政治家,軍人。中央アフリカ大

統領 (2003～13)。
⇒外12（ボジゼ, フランソワ 1946.10.14-)
外16（ボジゼ, フランソワ 1946.10.14-)
世指導（ボジゼ, フランソワ 1946.10.14-)

Bozorg 'Alavī
イランの作家。
⇒岩世人（ボゾルグ・アラヴィー 1904.2.2-1997.2)
現世文（ボゾルグ・アラビー 1907-)

Bozsó, József
ハンガリーのテノール歌手。
⇒魅惑（Bozsó, József ?-)

Bozza, Eugène Joseph
フランスの作曲家。
⇒ク音3（ボザ 1905-1991)
新音中（ボザ, ウジェーヌ 1905.4.4-1991.9.28)
標音2（ボザ, ウジェヌ 1905.4.4-1991.9.28)

Bozzetto, Bruno
イタリア生まれの映画監督。
⇒アニメ（ボツェット, ブルーノ 1938-)

Bozzio, Terry
アメリカのロック・ドラム奏者。
⇒外12（ボジオ, テリー 1950.12.27-)
外16（ボジオ, テリー 1950.12.27-)

Braak, Menno ter
オランダの評論家, 小説家。主著, 随筆『市民の謝肉祭』(1930) など。
⇒岩世人（テル・ブラーク 1902.1.26-1940.5.15)

Braath, Elombe
アメリカの時事漫画家。
⇒マルX（BRAATH,ELOMBE ブラース, イロンベ）

Brabants, Tim
イギリスのカヌー選手。
⇒外12（ブラバンツ, ティム 1977.1.23-)
最世ス（ブラバンツ, ティム 1977.1.23-)

Brabham, David
オーストラリアのレーシングドライバー, F1ドライバー。
⇒外16（ブラバム, デービッド 1965.9.5-)
最世ス（ブラバム, デービッド 1965.9.5-)

Brabham, *Sir* John Arthur
オーストラリアの自動車レーサー。
⇒岩世人（ブラバム 1926.4.2-2014.5.19)

Brac, Guillaume
フランスの映画監督。
⇒外16（ブラック, ギヨーム 1977-)

Bracco, Larraine
アメリカ生まれの女優。
⇒ク俳（ブラッコ, ロレイン 1955-)

Bracco, Roberto
イタリアの劇作家, 小説家。主著『不貞の妻』(1894)。
⇒現世文（ブラッコ, ロベルト 1862.9.20-1943.4.20)

Bracharz, Kurt
オーストリアの作家。
⇒現世文（ブラハルツ, クルト 1947-)

Bracher, Karl Dietrich
西ドイツの政治学者。ナチス体制の構造についての実証的研究を行なった。
⇒岩世人（ブラハー 1922.3.13-)

Brachet, Albert
ベルギーの動物学者。実験発生学の研究がある。
⇒岩世人（ブラシェ 1869.1.1-1930.12.27)

Brachet, Jean
ベルギーの発生学者。
⇒岩生（ブラシェー 1909-1998)

Brack, Alexandre Marie
フランスの社会主義者。
⇒学叢思（ブラック, アレキサンドル・マリエ 1861-?)

Bracken, Eddie
アメリカ生まれの俳優。
⇒ク俳（ブラッケン, エディ 1920-)

Brackett, Leigh
アメリカのSF作家, 脚本家。
⇒現世文（ブラケット, リー 1915-1978)

Brackman, Andrew Warren
アメリカの大リーグ選手（ヤンキース・投手）。
⇒外12（ブラックマン, アンドルー 1985.12.4-)

Brackmann, Albert
ドイツの歴史家。教皇関係の古文書を整理刊行し, また中世ドイツの皇帝政を研究した。
⇒岩世人（ブラックマン 1871.6.24-1952.3.17)
新カト（ブラックマン 1871.6.24-1952.3.17)

Bracquemond, Félix Henri Félix Joseph Auguste
フランスの画家, 版画家。鳥獣を好んで描いた。印象派の若い画家たちに版画を教えた。
⇒岩世人（ブラックモン 1833.5.22-1914.10.29)

Bracy, Arnold
アメリカ海兵隊員。
⇒スパイ（ブレイシー, アーノルド）

Brad
アメリカのロック・ドラム奏者。
⇒外12（ブラッド）
外16（ウィルク, ブラッド）

Bradbrook, Muriel（Clara）
イギリスの女性古典学者,批評家。
⇒岩世人（ブラッドブルック　1909.4.27–1993.6.11）

Bradbury, Jennifer
アメリカの作家。
⇒海文新（ブラッドベリ,ジェニファー）

Bradbury, Sir Malcolm Stanley
イギリスの批評家,小説家。
⇒岩世人（ブラッドベリ　1932.9.7–2000.11.27）
現世文（ブラッドベリ,マルコム　1932.9.7–2000.11.27）

Bradbury, Ray（Douglas）
アメリカの空想科学小説家。『火星年代記』(1950)、『華氏451度』(53)などの小説や、映画『白鯨』(56)のシナリオなどを書いた。
⇒アメ州（Bradbury,Ray Douglas　ブラッドベリ,レイ・ダグラス　1920–）
異二辞（ブラッドベリ［レイ・～］　1920–2012）
岩世人（ブラッドベリ　1920.8.22–2012.6.5）
外12（ブラッドベリー,レイ　1920.8.22–）
現世文（ブラッドベリ,レイ　1920.8.22–2012.6.5）
広辞7（ブラッドベリ　1920–2012）
ネーム（ブラッドベリ　1920–2012）

Braddon, Mary Elizabeth
イギリスの女性小説家。
⇒岩世人（ブラッドン　1835.10.4–1915.2.4）

Braden, Dallas
アメリカの大リーグ選手（投手）。
⇒外12（ブレーデン,ダラス　1983.8.13–）
外16（ブレーデン,ダラス　1983.8.13–）
最世ス（ブレーデン,ダラス　1983.8.13–）

Bradfield, James Dean
イギリスのロック歌手,ギター奏者。
⇒外12（ブラッドフィールド,ジェームス・ディーン　1969.2.21–）
外16（ブラッドフィールド,ジェームス・ディーン　1969.2.21–）

Bradford, Alex
アメリカ・アラバマ州ベサマー生まれのゴスペル歌手。
⇒ロック（Bradford,Alex　ブラッドフォード,アレックス）

Bradford, Arthur
アメリカの作家,映画監督。
⇒外12（ブラッドフォード,アーサー　1969–）
外16（ブラッドフォード,アーサー　1969–）
海文新（ブラッドフォード,アーサー　1969–）
現世文（ブラッドフォード,アーサー　1969–）

Bradford, Barbara Taylor
アメリカの作家。

⇒外12（ブラッドフォード,バーバラ　1933–）
外16（ブラッドフォード,バーバラ　1933.5.10–）
現世文（ブラッドフォード,バーバラ　1933.5.10–）

Bradford, Chadwick Lee
アメリカの大リーグ選手（投手）。
⇒メジャ（ブラッドフォード,チャド　1974.9.14–）

Bradley, Alan
カナダの作家。
⇒海文新（ブラッドリー,アラン　1938–）
現世文（ブラッドリー,アラン　1938–）

Bradley, Andrew Cecil
イギリスの文学者,批評家。哲学者F.ブラッドリーの弟。批評家。オックスフォード大学詩学教授などを務めた。
⇒岩世人（ブラッドリー　1851.3.26–1935.9.2）

Bradley, Bill
アメリカの政治家,バスケットボール選手。上院議員（民主党）。
⇒外12（ブラッドリー,ビル　1943.7.28–）
外16（ブラッドリー,ビル　1943.7.28–）
世指導（ブラッドリー,ビル　1943.7.28–）

Bradley, Celeste
アメリカの作家。
⇒海文新（ブラッドリー,セレステ）

Bradley, David
アメリカの作家。
⇒現世文（ブラッドリー,デービッド）

Bradley, Edward
マルコムXの友人。
⇒マルX（BRADLEY,EDWARD　ブラッドリー,エドワード）

Bradley, Francis Herbert
イギリスの哲学者。功利主義や功利主義の倫理学に反対。
⇒岩世人（ブラッドリー　1846.1.30–1924.9.18）
オク教（ブラッドリー　1846–1924）
学叢思（ブラッドレー,フランシス・ハーバート　1846–1924）
教人（ブラッドリ　1846–1924）
広辞7（ブラッドリー　1846–1924）
新カト（ブラッドリ　1846.1.30–1924.9.18）
哲中（ブラッドリー　1846–1924）
メル3（ブラッドリー,フランシス　1846–1924）

Bradley, George Washington
アメリカの大リーグ選手（投手,三塁）。
⇒メジャ（ブラッドリー,ジョージ　1852.7.13–1931.10.2）

Bradley, James
アメリカの作家。「硫黄島の星条旗」の共著者。
⇒外12（ブラッドリー,ジェームズ　1954–）

Bradley, Keegan
アメリカのプロゴルファー。
⇒外12（ブラッドリー，キーガン　1986.6.7-）
外16（ブラッドリー，キーガン　1986.6.7-）
最世ス（ブラッドリー，キーガン　1986.6.7-）

Bradley, Kimberly Brubaker
アメリカの作家。
⇒現世文（ブラッドリー，キンバリー・ブルベイカー　1967-）

Bradley, Marion Zimmer
アメリカの作家。
⇒現世文（ブラッドリー，マリオン・ジマー　1930.6.30-1999.9.25）

Bradley, Mary Hastings
アメリカの作家。
⇒現世文（ブラッドリー，メアリー・ヘイスティングズ　1882.4.19-1976.10.25）

Bradley, Milton Obelle
アメリカの大リーグ選手（外野）。
⇒メジャ（ブラッドリー，ミルトン　1978.4.15-）

Bradley, Omar Nelson
アメリカの軍人。北大西洋条約機構（NATO）軍事委員長，元帥などを歴任。
⇒アメ州（Bradley,Omar Nelson　ブラッドレー，オマール・ネルソン　1893-）
岩世人（ブラッドリー　1893.2.12-1981.4.8）

Bradley, Philip Poole
アメリカの大リーグ選手（外野）。
⇒メジャ（ブラッドリー，フィル　1959.3.11-）

Bradley, Ryan
アメリカのフィギュアスケート選手。
⇒外12（ブラッドリー，ライアン　1983.11.17-）

Bradley, Will
アメリカのグラフィック・デザイナー，美術編集者。
⇒グラデ（Bradley,Will　ブラッドリー，ウィル　1868-1962）

Bradley, William Joseph
アメリカの大リーグ選手（三塁）。
⇒メジャ（ブラッドリー，ビル　1878.2.13-1954.3.11）

Bradshow, Tiny
アメリカ・オハイオ州ヤングタウン生まれの歌手。
⇒ロック（Bradshow,Tiny　ブラッドショウ，タイニー　1905-1959.1）

Brady, Alice
アメリカの女優。
⇒ク俳（ブレイディ，アリス　1892-1939）

Brady, James Buchanan
アメリカの実業家。
⇒アメ州（Brady,James Buchanan　ブレイディ，ジェームズ・ブキャナン　1856-1917）

Brady, Joan
アメリカの作家。
⇒現世文（ブレーディ，ジョーン）

Brady, Scott
アメリカ生まれの俳優。
⇒ク俳（ブレイディ，スコット（ティアニー，ジェラルド）　1924-1985）

Brady, Tom
アメリカのプロフットボール選手（QB）。
⇒岩世人（ブレイディ　1977.8.3-）
外12（ブレイディ，トム　1977.8.3-）
外16（ブレイディ，トム　1977.8.3-）
最世ス（ブレイディ，トム　1977.8.3-）

Braga, Joaquim Teófilo Fernandes
ポルトガルの詩人，文学史家。ポルトガル共和国臨時大統領（1910,15）。
⇒岩世人（ブラガ　1843.2.24-1924.1.28）

Bragg, Melvyn
イギリスの小説家，放送作家。
⇒岩世人（ブラッグ　1939.10.6-）
外16（ブラッグ，メルビン　1939.10.6-）
現世文（ブラッグ，メルビン　1939.10.6-）

Bragg, *Sir* William Henry
イギリスの物理学者。
⇒岩世人（ブラッグ　1862.7.2-1942.3.12）
オク科（ブラッグ（サー・ウィリアム・ヘンリー）　1862-1942）
化学（ブラッグ,W.H.　1862-1942）
学叢思（ブラッグ，ウィリアム・ヘンリー　1862-?）
科史（ブラッグ,W.H.　1862-1942）
広辞7（ブラッグ　1862-1942）
三新物（ブラッグ①　1862-1942）
ノベ3（ブラッグ,W.H.　1862.7.2-1942.3.12）

Bragg, *Sir* William Lawrence
イギリスの物理学者。W.H.ブラッグの息子。1912年「ブラッグの条件」を確立。15年父親とともにノーベル物理学賞受賞。
⇒岩世人（ブラッグ　1890.3.31-1971.7.1）
オク地（ブラッグ，ウィリアム・ローレンス　1890-1970）
化学（ブラッグ,W.L.　1890-1971）
広辞7（ブラッグ　1890-1971）
三新物（ブラッグ②　1890-1971）
ノベ3（ブラッグ,W.L.　1890.3.31-1971.7.1）
物理（ブラッグ，サー・ウィリアム・ローレンス　1890-1971）

Brahimi, Lakhdar
アルジェリアの外交官，政治家。国連事務総長

特別顧問, アルジェリア外相。
⇒外12（ブラヒミ, ラクダール　1934.1.1-）
外16（ブラヒミ, ラクダール　1934.1.1-）
世指導（ブラヒミ, ラクダール　1934.1.1-）

Brahm, Otto
ドイツの文芸批評家, 劇団主宰者。H.イプセンの『幽霊』などを上演。
⇒岩世人（ブラーム　1856.2.5-1912.11.28）
世演（ブラーム, オットー　1856-1912）
ユ著人（Brahm,Otto　ブラーム, オットー　1856-1912）

Braid, James
イギリスのゴルファー。
⇒岩世人（ブレイド　1870.2.6-1950.11.27）

Braig, Carl
ドイツの哲学者, 神学者。
⇒新カト（ブレイク　1853.2.10-1923.3.24）

Brailowsky（Brailovsky）, Alexander
ロシア, のちアメリカのピアノ奏者。
⇒新音中（ブライロフスキー, アレグザンダー　1896.2.16-1976.4.25）
標音2（ブライロフスキー, アレグザンダー　1896.2.16-1976.4.25）

Brailsford, John Annesley
ニュージーランド大学の英文学講師, ジャーナリスト。
⇒日エ（ブレールスフォード　1883-1956.5.18）

Brain, David Leonard
アメリカの大リーグ選手（三塁, 遊撃）。
⇒メジャ（ブレイン, デイヴ　1879.1.24-1959.5.25）

Brain, Dennis
イギリスのホルン奏者。
⇒新音中（ブレイン, デニス　1921.5.17-1957.9.1）
標音2（ブレイン, デニス　1921.5.17-1957.9.1）

Brainard, Lael
アメリカの連邦準備制度理事会（FRB）理事。
⇒外16（ブレイナード, ラエル）

Braine, John Gerard
イギリスの小説家。主著 "Room at the top"（1957）。
⇒岩世人（ブレイン　1922.4.13-1986.10.28）
現世文（ブレイン, ジョン　1922.4.13-1986.10.28）

Brainin, Reuben
ヘブライ語, イディッシュ語の作家。
⇒ユ著人（Brainin,Reuben　ブライニン, ルーベン　1862-1939）

Braithwaite, Edward Ricardo
ガイアナの自伝作家, 外交官, 教師。
⇒現世文（ブレイスウェイト,E.R.　1912.6.27-2016.12.12）

Braithwaite, Richard Bevan
イギリスの思想家。
⇒岩世人（ブレイスウェート　1900.1.15-1990.4.21）

Brajnik, Miro
ユーゴスラビアのテノール歌手。
⇒魅惑（Brajnik,Miro　1920-）

Brake, John Brian
ニュージーランドの写真家。
⇒ニュー（ブレイク, ジョン　1927-1988）

Brakhage, Stan
アメリカ生まれの映像作家。
⇒映監（ブラッケージ, スタン　1933.1.14-2003）

Braley, Frank
フランスのピアノ奏者。
⇒外12（ブラレイ, フランク　1968.10.4-）
外16（ブラレイ, フランク　1968.10.4-）

Brambilla, Vittorio
イタリアのレーシングドライバー。
⇒異二辞（ブランビラ［ヴィットリオ・～］　1937-2001）

Brameld, Theodore
アメリカの教育哲学者。「進歩主義運動」内部で活躍。
⇒岩世人（ブラメルド　1904.1.20-1987.10.18）

Bramlett, Bonnie
アメリカ・イリノイ州アクトン生まれの歌手。
⇒ビト改（DELANEY AND BONNEY　デラニー&ボニー）
ロック（Delaney and Bonnie　ディレイニー&ボニー　1944.11.8-）

Bramlett, Delaney
アメリカ・ミシシッピ州ポントトック郡生まれの歌手。
⇒ビト改（DELANEY AND BONNEY　デラニー&ボニー）
ロック（Delaney and Bonnie　ディレイニー&ボニー　1939.7.1-）

Branagh, Kenneth
アイルランド生まれの男優, 映画監督。
⇒岩世人（ブラナー　1960.12.10-）
映監（ブラナー, ケネス　1960.12.10-）
外12（ブラナー, ケネス　1960.12.10-）
外16（ブラナー, ケネス　1960.12.10-）
ク俳（ブラナー, ケニス　1960-）
ネーム（ブラナー, ケネス　1960-）

Branca, Ralph Theodore Joseph
アメリカの大リーグ選手（投手）。
⇒メジャ（ブランカ, ラルフ　1926.1.6-）

Branca, Wilhelm von
ドイツの地質学者。アンモニデス(軟体動物),化石人の研究のほか、火山については特にマールの研究がある。
⇒岩世人（ブランカ　1844.9.9-1928.3.12）

Brancati, Vitaliano
イタリアの小説家,評論家。主著『シチリアのドン・ジョバンニ』(1942)。
⇒現世文（ブランカーティ、ヴィタリアーノ　1907.7.24-1954.9.25）

Branch, Michelle
アメリカのシンガー・ソングライター。
⇒外12（ブランチ,ミシェル）
外16（ブランチ,ミシェル）

Branch, Winston
西インド諸島、セントルシア島生まれの画家。
⇒芸13（ブランチ、ウィンストン　1947-）

Branchini, Giovanni
イタリアのサッカー代理人。
⇒外12（ブランキーニ、ジョバンニ　1956-）
外16（ブランキーニ、ジョバンニ　1956-）

Brancusi, Constantin
ルーマニアの彫刻家。原始美術やモダンアート運動に興味を示した。
⇒岩世人（ブランクーシ　1876.2.21-1957.3.16）
芸13（ブランクーシ、コンスタンティン　1876-1957）
広辞7（ブランクーシ　1876-1957）
ポプ人（ブランクーシ、コンスタンティン　1876-1957）

Brand, Christianna
イギリスの女性探偵小説家。
⇒現世文（ブランド、クリスティアナ　1907.12.17-1988.3.11）

Brand, Elton
アメリカのバスケットボール選手(ホークス)。
⇒最世ス（ブランド、エルトン　1979.3.11-）

Brand, Neville
アメリカの俳優。
⇒ク俳（ブランド、ネヴィル　1921-1992）

Brandauer, Klaus Maria
オーストリア生まれの男優、映画監督。
⇒ク俳（ブランダウアー、クラウス・マリア（シュテンク,K・M）　1944-）
スター（ブランダウアー、クラウス・マリア　1944.6.22-）

Brandeis, Louis Dembitz
アメリカの法律家。ユダヤ人としては最初の最高裁判所判事(1916～39)に任命された。
⇒アメ経（ブランダイス、ルイス　1856-1941.10.5）
アメ新（ブランダイス　1856-1941）

岩世人（ブランダイス　1856.11.13-1941.10.5）
ユ著人（Brandeis,Louis Dembitz　ブランダイス、ルイス・デンビィツ　1856-1941）

Brandenburg, Erich
ドイツの歴史家。主著『世界戦争の諸原因』(1925)など。
⇒岩世人（ブランデンブルク　1868.7.31-1946.1.22）

Brandes, Carl Edvard
デンマークの作家。自由主義的な文芸評論および劇評のほかに、イプセン流の問題劇『婚約』(1887)などを作る。
⇒学叢思（ブランデス、カール・エドフアード・コーエン　1847-?）

Brandes, Georg Morris Cohen
ユダヤ系デンマークの思想家,文芸評論家。雑誌『19世紀』を出版。
⇒岩世人（ブランデス　1842.2.4-1927.2.19）
学叢思（ブランデス、ゲオルグ・モリス・コーエン　1842-1926）
広辞7（ブランデス　1842-1927）
ネーム（ブランデス　1842-1927）
比文増（ブランデス（ゲオルク・モリス・コーエン）　1842（天保13）-1927（昭和2））
ユ著人（Brandes,Georg Morris　ブランデス、ゲオルク・モーリス　1842-1927）

Brandes, Jan Laufens Andries
オランダの東洋学者。
⇒岩世人（ブランデス　1857.1.13-1905.6.26）

Brandl, Alois
オーストリアの英語学者。『シェークスピア年鑑』の刊行者(1898～1919)。
⇒岩世人（ブランドル　1855.6.21-1940.2.5）

Brando, Marlon
アメリカの映画俳優。
⇒アメ州（Brando,Marlon　ブランド、マーロン　1934-）
遺産（ブランド、マーロン　1924.4.3-2004.7.1）
岩世人（ブランド　1924.4.3-2004.7.1）
ク俳（ブランド、マーロン　1924-）
広辞7（ブランド　1924-2004）
スター（ブランド、マーロン　1924.4.3-2004）
世演（ブランド、マーロン　1924.4.3-2004.7.1）

Brandon, Ali
アメリカの作家。
⇒海文新（ブランドン、アリ　1957-）
現世文（スタカート、ダイアン・A.S.　1957-）

Brandstaetter, Roman
ポーランド(ユダヤ系)の作家。
⇒新カト（ブラントステッター　1906.1.3-1987.9.28）

Brandt, Bill
イギリスの写真家。第二次大戦中イギリス政府の委嘱で空爆下の市民生活を記録撮影した。

⇒岩世人（ブラント　1904.5–1983.12.20）
Brandt, Edward Arthur
アメリカの大リーグ選手（投手）。
⇒メジャ（ブラント,エド　1905.2.17–1944.11.1）
Brandt, John George
アメリカの大リーグ選手（外野）。
⇒メジャ（ブラント,ジャッキー　1934.4.28–）
Brandt, Max August Scipio von
ドイツの外交官。駐日プロシア公使。1860年来日、日普修好通商条約の締結に尽力。
⇒岩世人（ブラント　1835.10.8–1920.8.24）
　来日（ブラント,マックス・アウグスト・スキピオ・フォン　1835–1920）
Brandt, Reinhard
ドイツの哲学者、応用倫理学者。
⇒岩世人（ブラント　1937.4.10–）
Brandt, Willy
ドイツ連邦共和国の政治家。1969年首相に就任。東西両ドイツ基本条件締結などにより，71年10月ノーベル平和賞受賞。
⇒岩世人（ブラント　1913.12.18–1992.10.9）
　広辞7（ブラント　1913–1992）
　政経改（ブラント　1913–1992）
　世史改（ブラント　1913–1992）
　世人新（ブラント　1913–1992）
　世人装（ブラント　1913–1992）
　ノベ3（ブラント,W.　1913.12.18–1992.10.8）
　ポブ人（ブラント,ウィリー　1913–1992）
　もう山（ブラント　1913–1992）
Brandys, Kazimierz
ポーランドの小説家。『戦争と戦争の間』（1947～51）など、問題作を発表。
⇒現世文（ブランディス,カジミェシュ　1916.12.27–2000.3.11）
Brangoccio, Michael
アメリカ生まれの画家。
⇒芸13（ブランゴチオ,マイケル　1954–）
Brang Seng, Marang
ビルマ（ミャンマー）のカチン民族指導者。
⇒岩世人（ブランセン　1931–1995.8.30）
Brangwyn, *Sir* Frank
イギリスの画家。ロンドンのスキンナーズ・ホールの大壁面画（1904～09）を制作。
⇒岩世人（ブラングウィン　1867.5.13–1956.6.11）
Branly, Edouard
フランスの物理学者。無線通信技術の発達に貢献した。
⇒岩世人（ブランリ　1844.10.23–1940.3.25）
Brannan, J.T.
イギリスの作家。

⇒海文新（ブラナン,J.T.）
Branner, Hans Christian
デンマークの作家。中篇『騎手』（1949）で成功を収めた。
⇒岩世人（ブラナー　1903.6.23–1966.4.24）
　現世文（ブランナー,ハンス・クリスティアン　1903–1966）
Brännström, Mats
スウェーデンの医師。
⇒外16（ブレンストレム,マッツ）
Bransfield, William Edward (Kitty)
アメリカの大リーグ選手（一塁）。
⇒メジャ（ブランズフィールド,キティ　1875.1.7–1947.5.1）
Branson, Richard
イギリスの実業家、冒険家。
⇒異二辞（ブランソン［リチャード・～］　1950–）
　外12（ブランソン,リチャード　1950.7.18–）
　外16（ブランソン,リチャード　1950.7.18–）
　ポブ人（ブランソン,リチャード　1950–）
Branstad, Terry
アメリカの政治家。駐中国米国大使、アイオワ州知事。
⇒外12（ブランスタッド,テリー　1946.11.17–）
　外16（ブランスタッド,テリー　1946.11.17–）
　世指導（ブランスタッド,テリー　1946.11.17–）
Brant, Henry
アメリカの作曲家。
⇒現音キ（ブラント,ヘンリー　1913–2008）
Branting, Karl Hjalmar
スウェーデンの政治家、ジャーナリスト。首相を3回務めた。平和主義者として21年ノーベル平和賞を受賞。
⇒岩世人（ブランティング　1860.11.23–1925.2.24）
　学叢思（ブランティング,カール　1860–?）
　ネーム（ブランティング　1860–1925）
　ノベ3（ブランティング,K.H.　1860.11.23–1925.2.24）
Brantley, Jeffrey Hoke
アメリカの大リーグ選手（投手）。
⇒メジャ（ブラントリー,ジェフ　1963.9.5–）
Branyan, Russell Oles
アメリカの大リーグ選手（三塁）。
⇒メジャ（ブラニヤン,ラス　1975.12.19–）
Branzi, Andrea
イタリアのデザイナー、建築家。
⇒外16（ブランジ,アンドレア　1938–）
Braque, Georges
フランスの画家。ピカソとともにキュビスムを

代表する2大画家。
⇒岩世人（ブラック　1882.5.13–1963.8.31）
　芸13（ブラック, ジョルジュ　1882–1963）
　広辞7（ブラック　1882–1963）
　世人新（ブラック　1882–1963）
　世人装（ブラック　1882–1963）
　ポプ人（ブラック, ジョルジュ　1882–1963）

Bras, Michel
フランスの料理人。
⇒外12（ブラス, ミシェル　1946.11.4–）
　外16（ブラス, ミシェル　1946.11.4–）

Brasch, Charles
ニュージーランドの詩人。
⇒ニュー（ブラシュ, チャールズ　1909–1973）

Brasch, Thomas
ドイツの作家, 詩人, 劇作家, 映画監督, 翻訳家。
⇒現世文（ブラッシュ, トーマス　1945.2.19–2001.11.3）

Braschi, Achille
イタリアのテノール歌手。
⇒失声（ブラスキ, アキーレ　1909–1983）
　魅惑（Braschi,Achille　1909–1983）

Brashares, Ann
アメリカの作家。
⇒海文新（ブラッシェアーズ, アン）
　現世文（ブラッシェアーズ, アン　1967.7.30–）

Brasillach, Robert
フランスの小説家, 評論家, 詩人。ナチズムに賛同しドイツ占領軍に協力。戦後死刑に。
⇒岩世人（ブラジヤック　1909.3.31–1945.2.6）
　現世文（ブラジアック, ロベール　1909.3.31–1945.2.6）

Brasme, Anne-Sophie
フランスの作家。
⇒外12（ブラスム, アンヌ・ソフィ　1984–）
　海文新（ブラスム, アンヌ=ソフィ　1984–）
　現世文（ブラスム, アンヌ・ソフィ　1984–）

Brass, Tinto
イタリア生まれの映画監督。
⇒外12（ブラス, ティント　1933–）

Brassaï, Pierre
ルーマニア生まれのフランスの写真家。1933年写真集『夜のパリ』を発表。
⇒岩世人（ブラッサイ　1899.9.9–1984.7.8）
　広辞7（ブラッサイ　1899–1984）
　シュル（ブラッサイ　1899–1984）

Brassens, Georges
フランスのシャンソン歌手, 作詞・作曲家。1967年アカデミー・フランセーズの詩部門で大賞を受賞。
⇒岩世人（ブラッサンス　1921.10.22–1981.10.29）

　新音中（ブラサンス, ジョルジュ　1921.10.22–1981.10.30）
　標音2（ブラサンス, ジョルジュ　1921.10.22–1981.10.30）

Brassier, Ray
イギリスの哲学者。
⇒メル別（ブラシエ, レイ　1965–）

Brathwaite, Edward
バルバドスの詩人, 歴史学者。
⇒現世文（ブラスウェイト, エドワード・カマウ　1930.5.11–）
　広辞7（ブラスウェイト　1930–）

Brathwaite, Nicolas Alexander
グレナダの政治家。グレナダ首相。
⇒世指導（ブレースウェイト, ニコラス　1925.7.8–2016.10.28）

Brathwaite, Ryan
バルバドスの陸上選手（ハードル）。
⇒最指ス（ブラスウェイト, ライアン　1988.6.6–）

Brătianu, Ion Constantin
ルーマニアの政治家。伯父ディミトリーのあと首相に就任。
⇒岩世人（ブラティアヌ（小）　1864.8.20–1927.11.24）

Brattain, Walter Houser
アメリカの物理学者。56年トランジスタの研究でノーベル物理学賞受賞。
⇒岩世人（ブラッタン　1902.2.10–1987.10.13）
　オク科（ブラッタン（ウォルター）　1917–1987）
　三新物（ブラッタン　1902–1987）
　世発（ブラッテン, ウォルター・ハウザー　1902–1987）
　ネーム（ブラッテン　1902–1987）
　ノベ3（ブラッテン,W.H.　1902.2.10–1987.10.13）

Bratteli, Trygve Martin
ノルウェーの政治家。1965年から労働党委員長。71年以来2度首相に就任。
⇒岩世人（ブラッテリ　1910.1.11–1984.11.20）

Brattinga, Pieter
オランダのグラフィック・デザイナー, 教育者, 著述家。
⇒グラデ（Brattinga,Pieter　ブラティンガ, ピーター　1931–）

Bratušek, Alenka
スロベニアの政治家。スロベニア首相。
⇒外16（ブラトゥシェク, アレンカ　1970.3.31–）
　世指導（ブラトゥシェク, アレンカ　1970.3.31–）

Brauchitsch, Walter von
ドイツの軍人。ドイツ陸軍司令官。
⇒岩世人（ブラウヒッチュ　1881.10.4–1948.10.18）

Braudel, Fernand
フランスの歴史家。
⇒岩世人（ブローデル 1902.8.24–1985.11.28）
現社（ブローデル 1902–1985）
広辞7（ブローデル 1902–1985）
社小増（ブローデル 1902–1985）
世史改（ブローデル 1902–1985）
ネーム（ブローデル 1902–1985）
ポプ人（ブローデル, フェルナン 1902–1985）
メル別（ブローデル, フェルナン 1902–1985）
有経5（ブローデル 1902–1985）

Braue, Richard Dagobert
ドイツ生まれのアメリカの数学者。
⇒世数（ブラウワー, リチャード・ダゴバート 1901–1977）

Brauer, Erich
オーストリア生まれの画家。
⇒芸13（ブラウアー, エリッヒ 1929–）
ユ著人（Brauer,Erich ブラウアー, エーリッヒ 1929–）

Braun, Joseph
ドイツの美術史家, 考古学者。イエズス会会員。
⇒新カト（ブラウン 1857.7.8–1947.7.8）

Braun, Karl Ferdinand
ドイツの物理学者。1897年ブラウン管を発明し, 1909年ノーベル物理学賞受賞。
⇒岩世人（ブラウン 1850.6.6–1918.4.20）
オク科（ブラウン（カール・フェルディナント） 1850–1918）
学叢思（ブラウン, フェルディナント 1850–?）
広辞7（ブラウン 1850–1918）
三新物（ブラウン① 1850–1918）
ノベ3（ブラウン,K.F. 1850.6.6–1918.4.20）
物理（ブラウン, カール・フェルディナンド 1850–1918）
ポプ人（ブラウン, カール・フェルディナント 1850–1918）

Braun, Lilian Jackson
アメリカのミステリ作家。
⇒現世文（ブラウン, リリアン J. 1913.6.20–2011.6.4）

Braun, Lily
ドイツの社会主義者。
⇒学叢思（ブラウン, リリー 1865–?）

Braun, Ott
ドイツの革命運動家。
⇒岩世人（ブラウン 1900.9.28–1974.8.15）

Braun, Otto
ドイツの政治家。印刷工出身。再三首相の地位についた（〜33）。
⇒岩世人（ブラウン 1872.1.28–1955.12.15）

Braun, Ryan
アメリカの大リーグ選手（ブリュワーズ・外野手）。
⇒外12（ブラウン, ライアン 1983.11.17–）
外16（ブラウン, ライアン 1983.11.17–）
最世ス（ブラウン, ライアン 1983.11.17–）
メジャ（ブローン, ライアン 1983.11.17–）

Braun, Stephen Russell
アメリカの大リーグ選手（外野, 三塁）。
⇒メジャ（ブラウン, スティーヴ 1948.5.8–）

Braun, Volker
ドイツの作家, 詩人, 劇作家。
⇒岩世人（ブラウン 1939.5.7–）
外16（ブラウン, フォルカー 1939.5.7–）
現世文（ブラウン, フォルカー 1939.5.7–）

Braun, Wernher von
ドイツ生まれのロケット工学者。戦後アメリカに帰化し, 米陸軍の研究所でロケットを研究。宇宙開発計画に活躍。
⇒岩世人（ブラウン 1912.3.23–1977.6.16）
広辞7（フォン・ブラウン 1912–1977）
ポプ人（フォン・ブラウン, ウェルナー 1912–1977）

Braun-Blanquet, Josias
スイスの生態学者。植物社会学の創始者。群落統計による適合度をもとに植物群落の分類法を確立した。
⇒岩生（ブローン-ブランケ 1884–1980）
岩世人（ブラウン=ブランケ 1884.8.3–1980.9.20）
三新生（ブラウン-ブランケ 1884–1980）

Braune, Wilhelm
ドイツのゲルマン語学者。パウルと共に'Beiträge zur Geschichte der deutschen Sprache und Literatur' (1874) を創刊。
⇒岩世ネ（ブラウネ 1850.2.20–1926.11.10）

Brauner, Bohuslav
チェコの化学者。
⇒化学（ブラウナー 1855–1935）

Brauner, Victor
ルーマニア出身のフランスの画家。
⇒芸13（ブラウネル, ヴィクトール 1903–1973）
芸13（ブローネル, ヴィクトール 1903–1966）
シュル（ブローネル, ヴィクトル 1903–1966）

Braunfels, Walter
ドイツのピアノ奏者, 作曲家。
⇒新音中（ブラウンフェルス, ヴァルター 1882.12.19–1954.3.19）
標音2（ブラウンフェルス, ヴァルター 1882.12.19–1954.3.19）

Brauns, Axel
ドイツの作家。
⇒海文新（ブラウンズ, アクセル 1963.7.2–）

Brauns, Heinrich
ドイツの政治家。
⇒新カト（ブラウンス 1868.1.3-1939.10.19）

Braunsberger, Otto
ドイツのカトリック教会史家, イエズス会士。
⇒新カト（ブラウンスベルガー 1850.2.21-1926.3.27）

Braunstein, Guy
イスラエルのヴァイオリン奏者。
⇒外12（ブラウンシュタイン, ガイ 1971-）
外16（ブラウンシュタイン, ガイ 1971-）

Braunwald, Eugene
アメリカの医師。循環器疾患, ことに血行力学の権威。
⇒岩世人（ブラウンワルト 1929.8.15-）

Brautigan, Richard
アメリカの小説家。
⇒岩世人（ブローティガン 1935.1.30-1984.9.16）
現世文（ブローティガン, リチャード 1935.1.30-1984.9.）
広辞7（ブローティガン 1935-1984）

Braverman, Harry
アメリカ生まれの経済思想家。
⇒社小増（ブレーヴァマン 1920-1976）
有経5（ブレイヴァマン 1920-1976）

Bravo, Rose Marie
アメリカの実業家。
⇒外12（ブラボー, ローズ・マリー）
外16（ブラボー, ローズ・マリー）

Braw, Monica
スウェーデンの生まれの歴史家, ジャーナリスト。
⇒外12（ブラウ, モニカ 1945-）
外16（ブラウ, モニカ 1945-）

Brawn, Ross
イギリスのF1テクニカルディレクター。ブラウンGP代表。
⇒外12（ブラウン, ロス 1954-）

Braxton, Anthony
アメリカのジャズ・クラリネット, アルトサックス奏者, 作曲家。1970年チック・コリアの『サークル』に起用され, 脚光を浴びる。
⇒標音2（ブラクストン, アンソニー 1945.6.4-）

Braxton, Edgar Garland
アメリカの大リーグ選手（投手）。
⇒メジャ（ブラクストン, ガーランド 1900.6.10-1966.2.26）

Brayer, Yves
フランスの画家。
⇒芸13（ブレイエ, イーヴ 1907-1976）

Brazauskas, Algirdas Mykolas
リトアニアの政治家, 独立回復後の初代大統領（1993～98）。
⇒岩世人（ブラザウスカス 1932.9.22-2010.6.26）
世指導（ブラザウスカス, アルギルダス 1932.9.22-2010.6.26）

Brazell, Craig
アメリカのプロ野球選手（阪神・内野手）, 大リーグ選手。
⇒外12（ブラゼル, クレイグ 1980.5.10-）

Brazile, Donna
アメリカの政治ストラテジスト。
⇒外12（ブラジル, ダナ）
外16（ブラジル, ドナ）

Brazoban, Yhency Jose
ドミニカ共和国のプロ野球選手（ソフトバンク・投手）, 大リーグ選手。
⇒外12（ブラゾバン, イェンシー 1980.6.11-）

Brazza, Pierre Savorgnan de
フランスの探検家, 行政官, 仏領コンゴの創設者。
⇒岩世人（ブラザ 1852.1.26-1905.9.14）
19仏（ブラザ, ピエール・サヴォルニャン・ド 1852.1.26-1905.9.14）

Brazzi, Jean
フランスのテノール歌手。
⇒失声（ブラッツィ, ジャン 1936-1992）
魅惑（Brazzi,Jean 1936-）

Brazzi, Rossano
イタリア生まれの男優。
⇒ク俳（ブラッツィ, ロッサノ 1916-1994）

Bréal, Michel
フランスの言語学者。「意味論」の提唱者。
⇒岩世人（ブレアル 1832.3.26-1915.11.25）
オク言（ブレアル, ミシェル 1832-1915）
広辞7（ブレアル 1832-1915）

Bream, Julian
イギリスのギター奏者, リュート奏者。
⇒新音中（ブリーム, ジュリアン 1933.7.15-）
標2（ブリーム, ジュリアン 1933.7.15-）

Bream, Sidney Eugene
アメリカの大リーグ選手（一塁）。
⇒メジャ（ブリーム, シド 1960.8.3-）

Breasted, James Henry
アメリカの歴史家, 近東学者。
⇒岩世人（ブレステッド 1865.8.27-1935.12.2）

Breaux, John B.
アメリカの政治家。上院議員（民主党）。
⇒外12（ブロー, ジョン 1944.3.1-）

Brecciaroli, Giovanni
テノール歌手。
⇒魅惑（Brecciaroli,Giovanni ?-）

Brecheen, Harry David
アメリカの大リーグ選手（投手）。
⇒メジャ（ブレッキーン，ハリー 1914.10.14-2004.1.17）

Brecheret, Victor
ブラジルの彫刻家。
⇒岩世人（ブレシェレト 1894.2.22-1955.12.18）

Brecht, Bertolt
ドイツの劇作家,詩人。『夜打つ太鼓』(1922)，『バール』(23)，『三文オペラ』(28)など。
⇒岩キ（ブレヒト 1898-1956）
　岩世人（ブレヒト 1898.2.10-1956.8.14）
　オペラ（ブレヒト，ベルトルト 1898-1956）
　現社（ブレヒト 1898-1956）
　現世文（ブレヒト，ベルトルト 1898.2.10-1956.8.14）
　広辞7（ブレヒト 1898-1956）
　新カト（ブレヒト 1898.2.10-1956.8.14）
　世演（ブレヒト，ベルトルト 1898.2.10-1956.8.14）
　世人新（ブレヒト 1898-1956）
　世人装（ブレヒト 1898-1956）
　ネーム（ブレヒト 1898-1956）
　標音2（ブレヒト，ベルトルト 1898.2.10-1956.8.14）
　ポプ人（ブレヒト，ベルトルト 1898-1956）

Brecht, George
アメリカの美術家。
⇒岩世人（ブレクト 1926.8.27-2008.12.5）

Brecker, Randy
アメリカのジャズ・トランペット奏者。マイクの兄。ウィーンの国際ジャズ祭（1966年）で優勝。
⇒外12（ブレッカー，ランディ 1945.11.27-）
　外16（ブレッカー，ランディ 1945.11.27-）

Brecknock, John
イギリスのテノール歌手。
⇒魅惑（Brecknock,John 1937-）

Bredekamp, Horst
ドイツの芸術史家。ベルリン・フンボルト大学教授。
⇒外12（ブレーデカンプ，ホルスト 1947-）
　外16（ブレーデカンプ，ホルスト 1947-）

Bredel, Willi
ドイツの小説家。1923年共産党に入党，以後獄窓生活と亡命を繰返し，戦後は東ドイツで活躍。
⇒岩世人（ブレーデル 1901.5.2-1964.10.27）
　現世文（ブレーデル，ヴィリー 1901.5.2-1964.10.27）

Bredig, Georg
ドイツの化学者。白金の触媒作用を研究し，電気分解によるコロイドの製法（ブレーディヒの法）を考案した。
⇒岩世人（ブレーディヒ 1868.10.1-1944.4.24）

Bredow, Ferdinand von
ドイツ国防軍防諜部（Abwehr）長官。在職1930～32。
⇒スパイ（ブレドウ，フェルディナント・フォン 1884-1934）

Breed, Frederick Stephen
アメリカの教育者。1930年代から新実在主義教育哲学を主張。シカゴ大学教授。
⇒教人（ブリード 1876-）

Breeden, Richard C.
アメリカのブリーデン・パートナーズ会長。
⇒外12（ブリーデン，リチャード 1949.12.6-）

Breen, Jon L.
アメリカのミステリ作家。
⇒現世文（ブリーン，ジョン 1943-）

Breer, William T.
アメリカの外交官。在日アメリカ公使，戦略国際問題研究所日本部長。
⇒外12（ブリア，ウィリアム 1936-）
　外16（ブリア，ウィリアム 1936-）

Brees, Drew
アメリカのプロフットボール選手（セインツ・QB）。
⇒外12（ブリーズ，ドリュー 1979.1.15-）
　外16（ブリーズ，ドリュー 1979.1.15-）
　最世ス（ブリーズ，ドリュー 1979.1.15-）

Bregović, Goran
ボスニア・ヘルツェゴビナの作曲家。
⇒岩世人（ブレゴヴィチ 1950.3.22-）

Bréguet, Louis Charles
フランスの飛行機設計家。ブレゲ型飛行機の創始者。空輸会社を創立（1919），のちに今日のエール・フランスとなる。
⇒岩世人（ブレゲ 1880.1.2-1955.5.4）

Brégy, Wiktor
ポーランドのテノール歌手。戦後のポーランド音楽界再興に尽力。
⇒魅惑（Brégy,Wiktor 1903-1976）

Bréhier, Emile François
フランスの哲学史家。『哲学雑誌』の主筆。アカデミー・フランセーズ会員。
⇒岩世人（ブレイエ 1876.4.12-1952.2.3）
　新カト（ブレイエ 1876.4.12-1952.2.3）
　メル3（ブレイエ，エミール 1876-1952）

Bréhier, Louis
フランスの歴史家,美術史家。ビザンティンおよびロマネスク美術に関する著書がある。
⇒岩世人（ブレイエ　1868.8.5-1951.10.13）

Brehm, Jack Williams
アメリカの社会心理学者。
⇒社心小（ブレーム　1928-）

Brehme, Andreas
ドイツのサッカー選手。
⇒異二辞（ブレーメ［アンドレアス・～］　1960-）

Breillat, Catherine
フランスの女性映画監督。
⇒映監（ブレイヤ,カトリーヌ　1948.7.13-）
外12（ブレイヤ,カトリーヌ　1948-）

Breit, Gregory
アメリカの理論物理学者。原子核物理の領域で多くの業績を発表した。
⇒岩世人（ブライト　1899.7.14-1981.9.11）

Breitenstein, Theodore P.
アメリカの大リーグ選手（投手）。
⇒メジャ（ブライテンスタイン,テッド　1869.6.1-1935.5.3）

Breithaupt, Rudolf Maria
ドイツのピアノ演奏教育家。上体を自然に動かす演奏法を唱えた。
⇒標音2（ブライトハウプト,ルードルフ・マリーア　1873.8.11-1945.4.2）

Breitman, George
アメリカのジャーナリスト,政治活動家,社会労働者党の党員,党公式機関誌「闘士」の編集者（1941～43）。
⇒マルX（BREITMAN,GEORGE　ブライトマン,ジョージ　1916-1986）

Breitner, Paul
ドイツのサッカー選手。
⇒外16（ブライトナー,パウル　1951.9.5-）

Breitscheid, Rudolf
ドイツの政治家,経済学者。初め民主党,ついで社会党（1912）,独立社会民主党（17）,更に合同後の社会党に属した。
⇒岩世人（ブライトシャイト　1874.11.2-1944.8.24）

Breitung, Eusebio
ドイツ・グロッセンタフト生まれのフランシスコ会司祭,日本宣教師。
⇒新カト（ブライトゥング　1884.7.20-1969.10.18）

Brel, Jacques
フランスの作詩家,歌手。映画にも出演し,監督も手がける。
⇒岩世人（ブレル　1929.4.8-1978.10.9）

新音中（ブレル,ジャック　1929.4.8-1978.10.8）
標音2（ブレル,ジャック　1929.4.8-1978.10.9）

Brelet, Gisèle Jeanne Marie Noémie
フランスの音楽美学者,ピアノ奏者。ピアノ奏者としてはフランス国立放送を通じて現代作品を演奏。
⇒標音2（ブルレ,ジゼル　1915.3.6-1973.6.21）

Bremer, Arthur
アメリカの暗殺者。アラバマ州知事ジョージ・C.ウォレスを銃撃した。
⇒世暗（ブレマー,アーサー　1950-）

Bremer, Paul L.
アメリカの文民行政官,外交官。イラク暫定占領当局（CPA）代表。
⇒外12（ブレマー,ポール　1941.9.30-）
外16（ブレマー,ポール　1941.9.30-）
世指導（ブレマー,ポール　1941.9.30-）

Bremmer, Ian
アメリカの国際政治学者,実業家。
⇒外12（ブレマー,イアン　1969-）

Bremond, Henri
フランスの宗教,文学の研究家。1923年アカデミー・フランセーズ会員。
⇒岩世人（ブレモン　1865.7.31-1933.8.17）
オク教（ブレモン　1865-1933）
新カト（ブレモン　1865.7.31-1933.8.17）

Brémond d'Ars, Eusèbe de
フランスの詩人。
⇒新カト（ブレモン・ダール　1888.4.8-1958）

Brenan, Gerald（Edward Fitzgerald）
イギリスの作家。
⇒現世文（ブレナン,ジェラルド　1894-1987.1.19）

Brendel, Alfred
オーストリアのピアノ奏者。
⇒岩世人（ブレンデル　1931.1.5-）
外12（ブレンデル,アルフレート　1931.1.5-）
外16（ブレンデル,アルフレート　1931.1.5-）
新音中（ブレンデル,アルフレート　1931.1.5-）
標音2（ブレンデル,アルフレート　1931.1.5-）

Brendel, Sebastian
ドイツのカヌー選手。
⇒外16（ブレンデル,セバスティアン　1988.3.12-）
最世ス（ブレンデル,セバスティアン　1988.3.12-）

Brendt, Peter
ドイツの作家。
⇒海文新（ブレント,ペーター　1964-）

Brenguier, François-Xavier Louis
フランス・ミヨー生まれのパリ外国宣教会会員、日本宣教師。
⇒新カト（ブランギエ　1871.10.11–1946.4.5）

Brenly, Bob
アメリカの大リーグ監督。
⇒メジャ（ブレンリー，ボブ　1954.2.25–）

Brennan, Allison
アメリカの作家。
⇒外16（ブレナン，アリスン）
　海文新（ブレナン，アリスン）
　現世文（ブレナン，アリスン）

Brennan, Christopher John
オーストラリアの詩人，学者。象徴主義などヨーロッパの文学運動をオーストラリアに導入。
⇒現世文（ブレナン，クリストファー・ジョン　1870.11.1–1932.10.5）

Brennan, John Owen
アメリカ中央情報局（CIA）長官。
⇒外16（ブレナン，ジョン　1955.9.22–）

Brennan, Robert Edward
アメリカの哲学者，心理学者。ドミニコ会員。
⇒新カト（ブレナン　1897.6.29–1975.6.17）

Brennan, Sarah Rees
アイルランドの作家。
⇒海文新（ブレナン，サラ・リース　1983.9.21–）

Brennan, Scott
オーストラリアのボート選手。
⇒外12（ブレナン，スコット　1983.1.9–）
　最新ス（ブレナン，スコット　1983.1.9–）

Brennan, Séamus
アイルランドの政治家。アイルランド運輸相。
⇒世指導（ブレナン，シェーマス　1948.2.16–2008.7.9）

Brennan, Walter
アメリカの俳優。
⇒遺産（ブレナン，ウォルター　1894.7.25–1974.9.21）
　スター（ブレナン，ウォルター　1894.7.25–1974）

Brenneis, Gerd
ドイツのテノール歌手。
⇒魅惑（Brenneis,Gerd　1936–2003）

Brenner, Charles
アメリカの精神分析家。
⇒精分岩（ブレナー，チャールズ　1913–）

Brenner, Joseph Chaim
ウクライナのヘブライ作家。
⇒ユ著人（Brenner,Yosef Hayyim　ブレンナー，ヨセフ・ハイム　1881–1921）

Brenner, Otto
西ドイツの労働運動家。
⇒岩世人（ブレンナー　1907.11.8–1972.4.15）

Brenner, Sydney
南アフリカ出身のアメリカの生物学者。ノーベル生理・医学賞受賞。
⇒岩生（ブレナー　1927–）
　外12（ブレナー，シドニー　1927.1.13–）
　外16（ブレナー，シドニー　1927.1.13–）
　ノベ3（ブレナー,S.　1927.1.13–）

Brent, Charles Henry
アメリカの監督教会の監督。教会の合同を目的とする「信仰と職制」運動の発起者および促進者。
⇒アア歴（Brent,Charles Henry　ブレント，チャールズ・ヘンリー　1862.4.9–1929.3.27）
　岩世人（ブレント　1862.4.9–1929.3.27）
　オク教（ブレント　1862–1929）
　新カト（ブレント　1862.4.9–1929.3.27）

Brent, Evelyn
アメリカの女優。
⇒ク俳（ブレント，イーヴリン（リグズ，メアリー）1899–1975）

Brent, George
アイルランド生まれの男優。
⇒ク俳（ブレント，ジョージ（ノラン,G・ブレンダン）1904–1979）

Brentano, Bernard von
ドイツの小説家。小説『テオドール・キンドラー』（1936）が代表作。
⇒現世文（ブレンターノ，ベルナルト・フォン　1901–1964）

Brentano, Franz
オーストリアの哲学者，心理学者。主著『アリストテレスの心理学』（1867），『経験的心理学』（74）。
⇒岩世人（ブレンターノ　1838.1.16–1917.5.17）
　学叢思（ブレンタノー，フランツ　1838–?）
　教人（ブレンターノ　1838–1917）
　広辞7（ブレンターノ　1838–1917）
　新カト（ブレンターノ　1838.1.16–1917.3.17）
　哲中（ブレンターノ　1838–1917）
　メル3（ブレンターノ，フランツ　1838–1917）

Brentano, Lujo
ドイツの経済学者。労働組合結成の権利を認め、労働保険、工場法による労働保護の必要を主張。
⇒岩経（ブレンターノ　1844–1931）
　岩世人（ブレンターノ　1844.12.18–1931.9.9）
　学叢思（ブレンタノー，ルーヨー　1844–?）
　現社（ブレンターノ　1844–1931）
　ネーム（ブレンターノ　1844–1931）
　有経5（ブレンターノ　1844–1931）

Brenton, Howard
イギリスの劇作家。

⇒現世文（ブレントン, ハワード　1942.12.13–）

Brès, Madeleine
フランスの医者。
⇒岩世人（ブレス　1839–1925）

Breschan, Matthias
オーストリアの実業家。
⇒外16（ブレッシャン, マティアス　1964–）

Bresciani-Turroni, Costantino
イタリア生まれの経済思想家。
⇒岩世人（ブレシャーニ＝トゥッローニ　1882–1963）

Breslik, Pavol
スロバキアのテノール歌手。
⇒魅惑（Breslik,Pavol（Brslik）　1979–）

Breslow, Ronald
アメリカの有機化学者。
⇒岩世人（ブレスロウ　1931.3.14–）

Bresnahan, Roger Phillip
アメリカの大リーグ選手（捕手, 外野）。
⇒メジャ（ブレスナハン, ロジャー　1879.6.11–1944.12.4）

Bressane, Júlio
ブラジルの映画監督。
⇒映監（ブレサネ, ジュリオ　1946.2.13–）

Bresset, Julie
フランスの自転車選手（マウンテンバイク）。
⇒外16（ブレセ, ジュリ　1989.6.9–）
　最世ス（ブレセ, ジュリ　1989.6.9–）

Bresslau, Harry
ドイツの歴史家, 古文書研究家。中世史を研究。主著『ハインリヒ2世とコンラート2世治下のドイツ国家（年報）』（1879–84）,『ゲルマン史跡学の歴史』（1921）。
⇒岩世人（ブレスラウ　1848.3.22–1926.10.27）
　ユ著人（Breslau,Harry　ブレスラウ, ハリィ　1848–1926）

Bressler, Charles
アメリカのテノール歌手。
⇒魅惑（Bressler,Charles　1926–1996）

Bressler, Raymond Bloom（Rube）
アメリカの大リーグ選手（外野, 一塁, 投手）。
⇒メジャ（ブレスラー, ルーブ　1894.10.23–1966.11.7）

Bresson, Robert
フランス生まれの映画監督。
⇒岩キ（ブレッソン　1901–1999）
　岩世人（ブレッソン　1907.9.25–1999.12.18）
　映監（ブレッソン, ロベール　1901.9.25–1999）

Bressoud, Edward Francis
アメリカの大リーグ選手（遊撃, 二塁）。
⇒メジャ（ブラースー, エディー　1932.5.2–）

Bret, François
フランスの画家。
⇒芸13（ブレ, フランソワ　1918–2004）

Breton, Albert Henri
フランスの宣教師。
⇒新カト（ブルトン　1882.7.16–1952.8.12）

Breton, André
フランスの詩人。1924年,『シュールレアリスム宣言』を発表, その理論的指導者となった。
⇒岩世人（ブルトン　1896.2.18–1966.9.28）
　絵本（ブルトン, アンドレ　1896–1966）
　現社（ブルトン　1896–1966）
　現世文（ブルトン, アンドレ　1896.2.18–1966.9.28）
　広辞7（ブルトン　1896–1966）
　シュル（ブルトン, アンドレ　1896–1966）
　西文（ブルトン, アンドレ　1896–1966）
　世人新（ブルトン　1896–1966）
　世人装（ブルトン　1896–1966）
　ネーム（ブルトン　1896–1966）
　フ文小（ブルトン, アンドレ　1896–1966）
　ポプ人（ブルトン, アンドレ　1896–1966）
　ラテ新（ブルトン　1896–1966）

Breton, Jean-Germain
フランスのカトリック神学者。
⇒新カト（ブルトン　1852.5.28–1931.8.4）

Breton, Joseph Jean-Baptiste
フランス・トゥール教区出身のパリ外国宣教会会員, 日本宣教師。
⇒新カト（ブルトン　1875.12.27–1957.7.25）

Bretón, Tomás
スペインの指揮者, 作曲家。音楽家協会を創立して指揮にあたり, スペインの新作を多数紹介した。のちにマドリード音楽院で指揮にあたり, コンサート協会, マドリード交響楽団の指揮者を務めた。
⇒ク音3（ブレトン　1850–1923）
　標音2（ブレトン, トマス　1850.12.29–1923.12.2）

Brett, George Howard
アメリカの大リーグ選手（三塁, 一塁）。
⇒メジャ（ブレット, ジョージ　1953.5.15–）

Brett, Kenneth Alven
アメリカの大リーグ選手（投手）。
⇒メジャ（ブレット, ケン　1948.9.18–2003.11.18）

Brett, Peter V.
アメリカの作家。
⇒海文新（ブレット, ピーター・V.　1973.2.8–）
　現世文（ブレット, ピーター　1973.2.8–）

Brett, Simon
イギリスのミステリ作家。
⇒現世文（ブレット, サイモン　1945-）

Brett, William Howard
アメリカの図書館員。クリーブランド公共図書館の館長として児童図書コレクションを構築，担当者を育て，同地のウェスタン・リザーブ大学の新たな図書館学教育に協力する。
⇒ア図（ブレット, ウィリアム・ハワード　1846-1918）

Bretteville, Scheila Levrant de
アメリカのグラフィック・デザイナー，教師。特に女性に関係する社会問題の視覚的表示に関与した。
⇒グラデ（Bretteville,Scheila Levrant de　ブレットヴィル, シェイラ・ルブラン・ド　1940-）

Breuer, Hans
ドイツのテノール歌手。1898～1900年メトロポリタン・オペラに所属し，コヴェント・ガーデン王立オペラにもたびたび出演。00～09年ウィーン宮廷オペラ名誉メンバー。
⇒魅惑（Breuer,Hans　1868-1929）

Breuer, Josef
オーストリアの生理学者，内科医。フロイトとの共著『ヒステリーの研究』(1895)がある。
⇒岩世人（ブロイアー（ブロイエル）　1842.1.15-1925.6.20）
　現精（ブロイアー　1842-1925）
　現精縮（ブロイアー　1842-1925）
　精分岩（ブロイエル, ヨーゼフ　1842-1925）
　精分弘（ブロイアー, ヨーゼフ　1842-1925）
　ユ著人（Breuer,Josef　ブロイヤー, ヨセフ　1842-1925）

Breuer, Marcel Lajos
ハンガリー生まれのアメリカの建築家。1937年渡米。バウハウス運動を推進。
⇒岩世人（ブロイアー　1902.5.21-1981.7.1）
　ネーム（ブロイアー　1902-1981）
　ユ著人（Breuer,Marcel Lajos　ブロイヤー, マルセル・ラージャス　1902-1981）

Breuer, Rolf E.
ドイツの銀行家。
⇒外12（ブロイヤー, ロルフ　1937-）
　外16（ブロイヤー, ロルフ　1937-）

Breuil, Henri Edouard Prosper
フランスの考古学者。先史時代の美術分野のパイオニア的存在。
⇒岩世人（ブルイユ　1877.2.28-1961.8.14）
　新カ人（ブルイユ　1877.2.28-1961.8.14）

Bréval, Lucienne
スイス，のちフランスのソプラノ歌手。
⇒ユ著人（Bréval,Lucienne　ブレヴァル, リュシェンヌ　1869-1935）

Breviario, Giovanni
イタリアのテノール歌手。
⇒失声（ブレヴィアリオ, ジョヴァンニ　1891-1982）
　魅惑（Breviario,Giovanni　1891-1982）

Bréville, Pierre de
フランスの作曲家, 音楽批評家。
⇒標音2（ブレヴィル, ピエール・ド　1861.2.21-1949.9.24）

Brewer, Bruce
アメリカのテノール歌手。
⇒魅惑（Brewer,Bruce　1944-）

Brewer, Derek Stanley
イギリスの英文学者。チョーサー, マロリの専門家。
⇒岩世人（ブルーアー　1923.7.13-2008.10.23）

Brewer, Heather
アメリカの作家。
⇒海文新（ブリューワー, ヘザー　1973-）
　現世文（ブリューワー, ザック　1973-）

Brewer, James Thomas
アメリカの大リーグ選手（投手）。
⇒メジャ（ブルワー, ジム　1937.11.14-1987.11.16）

Brewer, John
イギリス, アメリカの歴史家。
⇒岩世人（ブルーアー　1947.3.22-）
　外16（ブリューワー, ジョン　1947.3.22-）

Brewer, Mike
アメリカ・オクラホマ州生まれのソングライター。
⇒ロック（Brewer and Shipley　ブルーア＆シプリー　1942-）

Brewster, Lamon Tajuan
アメリカのプロボクサー。
⇒最世ス（ブルースター, ラモン　1973.6.5-）

Brewster, William Nesbitt
アメリカの宣教師。
⇒アア歴（Brewster,William N (esbitt)　ブルースター, ウイリアム・ネズビット　1862.12.5-1916.11.12）

Breytenbach, Breyten
南アフリカの画家, 詩人, エッセイスト。
⇒現世文（ブレイテンバッハ, ブレイテン　1939-）

Breza, Tadeusz
ポーランドの小説家, 外交官。
⇒現世文（ブレザ, タデウシュ　1905.12.31-1970.5.19）

Brezhnev, Leonid Ilich
ソ連の政治家。1960～63年最高会議幹部会議長を経て, 66年ソ連共産党書記長。

⇒岩世人（ブレジネフ　1906.12.6/19–1982.11.10）
広辞7（ブレジネフ　1906–1982）
政経改（ブレジネフ　1906–1982）
世史改（ブレジネフ　1906–1982）
世人新（ブレジネフ　1906–1982）
世人装（ブレジネフ　1906–1982）
ネーム（ブレジネフ　1906–1982）
ポプ人（ブレジネフ，レオニード　1906–1982）

Březina, Jaroslav
チェコのテノール歌手。
⇒魅惑（Březina, Jaroslav　1968–）

Březina, Otakar
チェコの詩人。チェコの象徴主義の代表。
⇒岩世人（ブジェジナ　1868.9.13–1929.3.25）

Brian
アメリカの歌手。
⇒外12（ブライアン　1975.2.20–）
外16（ブライアン　1975.2.20–）

Brian, David
アメリカの男優。
⇒ク俳（ブライアン，デイヴィッド（デイヴィス，ブライアン）　1911–1993）

Brian, Kate
アメリカの作家。
⇒海文新（ブライアン，ケイト　1974.3.11–）
現世文（ブライアン，ケイト　1974.3.11–）

Brian, Mary
アメリカの女優。
⇒ク俳（ブライアン，メアリー（ダンツラー，ルイーズ）　1908–）

Brianchon, Maurice
フランスの画家。
⇒芸13（ブリアンション，モーリス　1899–1968）

Briand, Aristide
フランスの政治家。
⇒EU（ブリアン，アリスティード　1862–1932）
岩世人（ブリアン　1862.3.28–1932.3.7）
学叢思（ブリアン，アリスティド　1862–?）
広辞7（ブリアン　1862–1932）
世史改（ブリアン　1862–1932）
世史改（ブリアン　1862–1932）
世人新（ブリアン　1862–1932）
世人装（ブリアン　1862–1932）
ネーム（ブリアン　1862–1932）
ノペ3（ブリアン, A.　1862.3.28–1932.3.7）
ポプ人（ブリアン，アリスティド　1862–1932）
もう山（ブリアン　1862–1932）

Briant, Pierre
フランスの歴史家。
⇒岩世人（ブリアン　1940.9.30–）

Brice, Fanny
アメリカの女優，歌手。ミュージカル『ファニー・ガール』（1964）は彼女の生涯を題材とした。
⇒標音2（ブライス，ファニー　1891.10.29–1951.5.29）

Brickhouse, Farrell
アメリカ生まれの画家。
⇒芸13（ブリックハウス，ファレル　1949–）

Bricklin, Dan
アメリカの発明家。
⇒岩世人（ブリックリン　1951.7.16–）

Bricout, Joseph
フランスのカトリック著作家，司祭。
⇒新カト（ブリク　1867.11.6–1930.11.29）

Bridel, Louis
スイスの法学者。1900来日し，東京帝国大学法科大学で独・仏法を教授。
⇒日エ（ブリデル　1852.7.6–1913.3.23）

Bridge, Frank
イギリスの作曲家，指揮者，ヴィオラ奏者。室内楽の作品が多い。
⇒岩世人（ブリッジ　1879.2.26–1941.1.10）
ク音3（ブリッジ　1879–1941）
新音中（ブリッジ，フランク　1879.2.26–1941.1.10）
標音2（ブリッジ，フランク　1879.2.26–1941.1.10）

Bridges, Beau
アメリカ生まれの俳優。
⇒ク俳（ブリッジズ，ボー（ブリッジズ3世，ロイド）　1941–）

Bridges, Calvin Blackman
アメリカの遺伝学者。性染色体の不分離現象の発見，三倍体のショウジョウバエ，唾腺染色体の研究等で知られる。
⇒岩生（ブリジェズ　1889–1938）
岩世人（ブリジェズ　1889.1.11–1938.12.27）
三新生（ブリッジェズ　1889–1938）

Bridges, Harry
オーストラリア生まれのアメリカの労働運動家。「沖仲仕倉庫番組合」（C.I.O.系）を組織。
⇒アメ経（ブリジズ，ハリー　1901.7.28–1990）
岩世人（ブリジェズ　1901.7.28–1990.3.30）

Bridges, Jeff
アメリカの俳優，作曲家。
⇒遺産（ブリッジス，ジェフ　1949.12.4–）
外12（ブリッジス，ジェフ　1949.12.4–）
外16（ブリッジス，ジェフ　1949.12.4–）
ク俳（ブリッジス，ジェフ　1949–）
スター（ブリッジス，ジェフ　1949.12.4–）

Bridges, Lloyd
アメリカ生まれの俳優。

⇒ク俳（ブリッジズ, ロイド 1913–1998）
スター（ブリッジズ, ロイド 1913.1.15–1998）

Bridges, Robert Seymour
イギリスの詩人, 批評家。桂冠詩人。代表作に『新詩集』(1929)、『美の遺言』(29) など。
⇒岩世人（ブリジェズ 1844.10.23–1930.4.21）
オク教（ブリッジズ 1844–1930）
現世文（ブリッジズ, ロバート 1844.10.23–1930.4.21）

Bridges, Thomas Jefferson Davis
アメリカの大リーグ選手 (投手)。
⇒メジャ（ブリッジス, トミー 1906.12.28–1968.4.19）

Bridgewater, Dee Dee
アメリカの女性ジャズ歌手。1975年黒人ミュージカル『ウィズ』の準主役でトニー賞受賞。
⇒外12（ブリッジウォーター, ディー・ディー 1950.5.27–）
外16（ブリッジウォーター, ディー・ディー 1950.5.27–）

Bridgman, Percy Williams
アメリカの物理学者。高圧下の物性の研究を行ない1946年ノーベル物理学賞受賞。
⇒岩世人（ブリッジマン 1882.4.21–1961.8.20）
広辞7（ブリッジマン 1882–1961）
三新物（ブリッジマン 1882–1961）
ノベ3（ブリッジマン, P.W. 1882.4.21–1961.8.20）
物理（ブリッジマン, パーシー・ウィリアムズ 1882–1961）

Bridie, James
イギリスの劇作家。スコットランドに取材した戯曲が多い。
⇒岩世人（ブライディ 1888.1.3–1951.1.29）
現世文（ブライディ, ジェームズ 1888.1.3–1951.1.29）

Bridwell, Albert Henry
アメリカの大リーグ選手 (遊撃)。
⇒メジャ（ブリッドウェル, アル 1884.1.4–1969.1.23）

Briefs, Goetz
ドイツの経済学者, 社会学者。ジョージタウン大学教授 (1937～)。主著『プロレタリア論』。
⇒岩世人（ブリーフス 1889.1.1–1974.5.16）
社小増（ブリーフス 1889–1974）

Briesemeister, Otto
ドイツのテノール歌手。1894～95年アーヘン市立劇場を経て,95年からブレスラウ・オペラに所属。
⇒魅惑（Briesemeister,Otto 1866–1910）

Brieux, Eugène
フランスの劇作家。
⇒岩世人（ブリュー 1858.1.19–1932.12.7）
学叢思（ブリュー, ウージェーヌ 1858–?）

現世文（ブリュー, ウージェーヌ 1858.1.19–1932.12.6）
新カト（ブリュー 1858.1.19–1932.12.7）

Brigantino, Lisa
アメリカのミュージシャン。
⇒外12（ブリガンティノ, リサ）

Briggs, Charles Augustus
アメリカの旧約聖書学者, 神学者。共同編集の『ヘブライ語=英語辞典』(1891～1905) などの著作がある。
⇒オク教（ブリッグズ 1841–1913）

Briggs, Charles Whitman
アメリカの宣教師。
⇒アア歴（Briggs,Charles W (hitman) ブリッグズ, チャールズ・ホイットマン 1874.7.17–1962.3.24）

Briggs, Everett Francis
アメリカ・マサチューセッツ州出身のメリノール宣教会司祭, 日本宣教師。
⇒新カト（ブリッグス 1908.1.27–2006.12.27）

Briggs, Francis Clayton
アメリカのバプテスト教会宣教師。1902年来日し, 姫路を中心として播但地方の伝道及び教育に従事。
⇒岩世人（ブリッグズ 1863.2.16–1918.1.19）

Briggs, George Weston
アメリカの宣教師。
⇒アア歴（Briggs,George Weston ブリッグズ, ジョージ・ウエストン 1874.9.21–1966.4.18）

Briggs, Sir Harold Rawdon
イギリスの軍人, 英印軍中将。
⇒岩世人（ブリッグズ 1894.7.14–1952.10.27）

Briggs, John Edward
アメリカの大リーグ選手 (外野, 一塁)。
⇒メジャ（ブリッグス, ジョニー 1944.3.10–）

Briggs, Patricia
アメリカの作家。
⇒外12（ブリッグズ, パトリシア 1965–）
海文新（ブリッグズ, パトリシア 1965–）
現世文（ブリッグズ, パトリシア 1965–）

Briggs, Preter
イギリス生まれの造形家。
⇒芸13（ブリッグズ, プレター 1950–）

Briggs, Raymond Redvers
イギリスの絵本作家, 挿絵画家。
⇒絵本（ブリッグズ, レイモンド 1934–）
絵本（ブリッグズ, レイモンド 1934–）
外12（ブリッグズ, レイモンド 1934.1.18–）
外16（ブリッグズ, レイモンド 1934.1.18–）

Briggs, Thomas Henry
アメリカの教育者。コロンビア大学教育学部教授。中等教育の専門家として著名で, この方面の業績が多い。
⇒教人（ブリッグズ　1877-）

Briggs, Winslow Russell
アメリカの植物生理学者。
⇒岩生（ブリッグズ　1928-）

Bright, Adam
オーストラリアの野球選手（投手）。
⇒外12（ブライト, アダム　1984.8.11-）

Bright, Robert
アメリカの絵本作家, 詩人。
⇒現世文（ブライト, ロバート　1902.8.5-1988.11.21）

Bright, Torah
オーストラリアのスノーボード選手（ハーフパイプ）。
⇒外12（ブライト, トーラ　1986.12.27-）
　外16（ブライト, トーラ　1986.12.27-）
　最世ス（ブライト, トーラ　1986.12.27-）

Brightman, Edgar Sheffield
アメリカの哲学者。ボストン大学教授（1919～）。人格主義者。
⇒岩世人（ブライトマン　1884.9.20-1953.2.25）
　新カト（ブライトマン　1884.9.20-1953.2.25）

Brightman, Sarah
イギリスの歌手。
⇒外12（ブライトマン, サラ　1960.8.14-）
　外16（ブライトマン, サラ　1960.8.14-）

Brik, Osip Maksimovich
ソ連の文芸理論家, 劇作家。
⇒岩世人（ブリーク　1888.1.4/16-1945.2.22）

Briles, Nelson Kelley
アメリカの大リーグ選手（投手）。
⇒メジャ（ブライルズ, ネルソン　1943.8.5-2005.2.13）

Brilioth, Helge
スウェーデンのテノール歌手。
⇒失声（ブリリオート, ヘルゲ　1931-1998）
　魅惑（Brilioth,Helge　1931-）

Brill, Gerow Dodge
アメリカの農学者。
⇒アア歴（Brill,Gerow D（odge）　ブリル, ジェロウ・ドッジ　1864.4.2-1931.9.10）

Brillant, Maurice
フランスの文筆家, ジャーナリスト。
⇒新カト（ブリヤン　1881.10.15-1953.7.23）

Brillantes, Gregorio C.
フィリピンの英語作家。
⇒現世文（ブリヤンテス, グレゴリオ　1932-）

Brillouin, Léon Nicolas
フランスの理論物理学者。金属電子理論の研究のほか, 相対性理論, 電波物理学, 帯磁率の理論等にすぐれた業績がある。
⇒岩世人（ブリユアン　1889.8.7-1969.10.10）
　物理（ブリユアン（ブリルアン）, レオン・ニコラ　1889-1969）

Brin, David
アメリカのSF作家。
⇒外12（ブリン, デービッド　1950-）
　現世文（ブリン, デービッド　1950-）

Brin, Sergey
アメリカの実業家, コンピューター科学者。
⇒岩世人（ブリン　1973.8.21-）
　外12（ブリン, サーゲイ　1973.8.21-）
　外16（ブリン, サーゲイ　1973.8.21-）
　世発（ブリン, セルゲイ・ミハイロヴィッチ　1973-）

Brinckmann, Albert Erich
ドイツの美術史家。主著 "Platz und Monument" (1908)。
⇒岩世人（ブリンクマン　1881.9.4-1958.8.10）

Brinckmann, Justus
ドイツの美術史家。ハンブルクの美術工芸博物館の設立に尽しその館長となる（1877）。
⇒岩世人（ブリンクマン　1843.5.23-1915.2.8）

Brinell, Johann August
スウェーデンの技術者。パリ万国博覧会（1900）に, 初めて金属材料の硬さを測定する装置を陳列。
⇒岩世人（ブリネル　1849.11.21-1925.11.17）

Brines, Russell
アメリカの新聞記者。1945年日本降伏後直ちにAP通信社東京支局長となる。
⇒岩世人（ブラインズ　1911-1982）

Brink, Andre
南アフリカのアフリカーナー作家。
⇒岩世人（ブリンク　1935.5.29-）
　外12（ブリンク, アンドレ　1935.5.29-）
　現世文（ブリンク, アンドレ　1935.5.29-2015.2.6）

Brink, Carol Ryril
アメリカの女性児童文学作家。1935年『キャディー・ウッドローン』（邦訳名『風の子キャディ』）でニューベリー賞を受賞。
⇒現世文（ブリンク, キャロル・ライリー　1895.12.28-1981.8.15）

Brink, Julius
ドイツのビーチバレー選手。
⇒外16（ブリンク,ユリウス 1982.7.6-）
最世ス（ブリンク,ユリウス 1982.7.6-）

Brink, Royal Alexander
アメリカの遺伝学者。
⇒岩生（ブリンク 1897-1984）

Brinkley, Francis
イギリスの海軍士官。海軍砲術学校他で教鞭をとり,ジャパン・メイル紙を刊行。日本紹介に尽力。
⇒岩世人（ブリンクリー 1841.12.30-1912.10.12）
広辞7（ブリンクリー 1841-1912）
来日（ブリンクリー,フランシス 1841-1912）

Brinkman, Edwin Albert
アメリカの大リーグ選手（遊撃）。
⇒メジャ（ブリンクマン,エド 1941.12.8-2008.9.30）

Brinkman, Johannes Andreas
オランダの建築家。ロッテルダムの『ファン・ネレたばこ工場』（1928～30）は20年代の近代建築の代表的な作例となった。
⇒岩世人（ブリンクマン 1902.3.22-1949.5.6）

Brinkmann, Carl
ドイツの経済史家,社会学者。ハイデルベルク（1923）,テュービンゲン（46）の各大学教授を歴任。
⇒岩世人（ブリンクマン 1885.3.19-1954.5.20）
社小増（ブリンクマン 1885-1954）

Brinkmann, Rolf Dieter
西ドイツの詩人,小説家。
⇒岩世人（ブリンクマン 1940.4.16-1975.4.23）

Brinkmann, Theodor
ドイツの農業経営学者。その著『農業経営経済学』（1922）は,理想型を想定して演繹的に農業経営における経営原理の実現を論じたもので,我国の農業経営学にも大きい影響を与えた。
⇒岩世人（ブリンクマン 1877.7.24-1951.8.11）

Brinktrine, Johannes
ドイツのカトリック教理神学者。
⇒新カト（ブリンクトリネ 1889.3.22-1965.12.13）

Brinnin, John Malcolm
カナダ生まれの詩人。ニューヨークにあるポエトリー・センターのディレクター。作品に『庭園は政治的である』（1942）,『冷たい石の悲しみ』（51）などがある。
⇒現世文（ブリニン,ジョン・マルカム 1916.10.13-1998.6.25）

Brinsmead, Hesba F.
オーストラリアの児童文学作家。
⇒現世文（ブリンズミード,ヘスバ 1922.3.15-

2003.11.23）

Brion, Marcel
フランスの評論家,小説家。イタリア・ルネサンス,ドイツ・ロマン主義の専門家で美術史家。
⇒現世文（ブリヨン,マルセル 1895.11.21-1984.10.23）

Briss, Sami
イスラエル生まれの画家。
⇒芸13（ブリス,サミー 1930-）

Brissac, Henri
フランスの社会主義者。
⇒学叢思（ブリサク,アンリ 1833-1906）

Brisset, Claire-akiko
フランスの日本文化研究者。パリ・ディドロ大学准教授。
⇒外12（ブリセ,クレア・碧子）
外16（ブリセ,クレア・碧子）

Brisson, Eugène Henri
フランスの政治家。国民議会議員として極左翼に籍をおき,2度首相になった（1885,98）。
⇒岩世人（ブリソン 1835.7.31-1912.4.14）
19仏（ブリソン,アンリ 1835.7.31-1912.4.13）

Brisson, Pierre-Marie
フランス生まれの画家。
⇒芸13（ブリッソン,ピエール・マリ 1955-）

Bristol, James David
アメリカの大リーグ監督（レッズ）。
⇒メジャ（ブリストル,デイヴ 1933.6.23-）

Bristol, Johnny
アメリカのソングライター,プロデューサー。
⇒ロック（Bristol,Johnny ブリストル,ジョニー）

Brisville, Jean-Claude Gabriel
フランスの劇作家,作家,評論家。
⇒現世文（ブリスヴィル,ジャン・クロード 1922.5.28-2014.8.11）

Britain, Kristen
アメリカの作家。
⇒海文新（ブリテン,クリステン）

Britt, Elton
アメリカのカントリー歌手。
⇒標音2（ブリット,エルトン 1913.6.27-1972.6.23）

Brittain, Vera Mary
イギリスの作家。
⇒現世文（ブリテン,ビラ 1893.12.29-1970.3.29）

Brittain, William
アメリカのミステリ作家。
⇒現世文（ブリテン,ウィリアム 1930-）

Brittan, Leon
イギリスの政治家,銀行家。EU欧州委員会副委員長,イギリス下院議員（保守党）。
⇒**EU**（ブリタン,レオン　1939-）
　外12（ブリタン,レオン　1939.9.25）
　世指導（ブリタン,レオン　1939.9.25-2015.1.21）

Britten, Edward Benjamin
イギリスの作曲家。主作品は『戦争レクイエム』(1942)。
⇒**岩世人**（ブリテン　1913.11.22-1976.12.4）
　エデ（ブリテン,ベンジャミン　1913.11.22-1976.12.4）
　オク教（ブリテン　1913-1976）
　オペラ（ブリテン,ベンジャミン　1913-1976）
　ク音3（ブリテン　1913-1976）
　広辞7（ブリテン　1913-1976）
　新オペ（ブリテン,エドワード・ベンジャミン　1913-1977）
　新音小（ブリテン,ベンジャミン　1913-1976）
　新音中（ブリテン,ベンジャミン　1913.11.22-1976.12.4）
　新カト（ブリテン　1913.11.22-1976.12.4）
　ピ曲改（ブリテン,ベンジャミン　1913-1976）
　標音2（ブリテン,エドワード・ベンジャミン　1913.11.22-1976.12.4）
　ポブ人（ブリテン,ベンジャミン　1913-1976）

Britting, Georg
ドイツの詩人,小説家。自然描写を得意とする。
⇒**現世文**（ブリッティング,ゲオルク　1891.2.17-1964.4.27）

Britton, Andrew
イギリス生まれの作家。
⇒**海文新**（ブリトン,アンドリュー　1981.1.6-2008.3.18）
　現世文（ブリトン,アンドルー　1981.1.6-2008.3.18）

Britton, Barbara
アメリカの女優。
⇒**ク俳**（ブリトン,バーバラ（ブランティンガム,B）1919-1980）

Britton, Roswell Sessoms
アメリカの教育者。
⇒**アア歴**（Britton,Roswell S（essoms）　ブリトン,ロズウェル・セサムス　1897.7.3-1951.2.2）

Briuchanov, N.P.
ソ連の政治家。
⇒**学叢思**（ブリュハノフ　1878-?）

Brnabić, Ana
セルビアの政治家。セルビア首相。
⇒**世指導**（ブルナビッチ,アナ　1975.9.28-）

Broach, Elise
アメリカの作家。
⇒**海文新**（ブローチ,エリース　1963.9.20-）

Broad, Charlie Dunbar
イギリスの哲学者。ケンブリッジ大学道徳哲学教授（1933～53）。
⇒**岩世人**（ブロード　1887.12.30-1971.3.11）
　メル3（ブロード,チャーリー・ダンバー　1887-1971）

Broad, William
アメリカの科学ジャーナリスト。
⇒**外12**（ブロード,ウィリアム）
　外16（ブロード,ウィリアム）

Broadbent, Donald Eric
アメリカの心理学者。
⇒**岩世人**（ブロードベント　1926.5.6-1993.4.10）

Broadbent, Jim
イギリスの俳優。
⇒**外12**（ブロードベント,ジム　1949.5.24-）
　外16（ブロードベント,ジム　1949.5.24-）

Broadhurst, Henry
イギリスの政治家。鍛冶屋の小僧および石工として働き（～1872），ついで労働運動に投じ,下院に入る（80～92,94～1906）。労働党の独立に反対,自由党と行動を共にした。
⇒**岩世人**（ブローダースト　1840.4.13-1911.10.11）

Brocail, Douglas Keith
アメリカの大リーグ選手（投手）。
⇒**メジャ**（ブロケイル,ダグ　1967.5.16-）

Broccardi, Carlo
イタリアのテノール歌手。
⇒**魅惑**（Broccardi,Carlo　1877-1953）

Brocchi, Virgilio
イタリアの小説家。感傷的社会主義の作品を多く残す。
⇒**現世文**（ブロッキ,ヴィルジリオ　1876.1.19-1961.4.7）

Broch, Hermann
オーストリアの作家。アメリカに亡命。主著『夢遊の人々』(1931～32)，『ウェルギリウスの死』(45)，『罪なき人々』(50)，『誘惑者』(53)。
⇒**岩世人**（ブロッホ　1886.11.1-1951.5.31）
　現世文（ブロッホ,ヘルマン　1886.11.1-1951.5.30）
　広辞7（ブロッホ　1886-1951）
　新カト（ブロッホ　1886.11.1-1951.5.30）
　ネーム（ブロッホ　1886-1951）
　ユ著人（Broch,Hermann　ブロッホ,ヘルマン　1886-1951）

Brochard, Victor Charles Louis
フランスの哲学者,哲学史家。ソルボンヌ大学古代哲学史教授。
⇒**岩世人**（ブロシャール　1848-1907.11.25）
　メル2（ブロシャール,ヴィクトール＝シャルル＝ルイ　1848-1907）

Brochero, José Gabriel del Rosario
アルゼンチンのカトリック司祭。
⇒岩世人（ブロチェーロ　1840.3.17–1914.1.26）

Brochet, Henri
フランスの芸術家,画家。サロン・ドートンヌ会員。
⇒新カト（ブロシェ　1898.5.24–1953）

Brock, Gregory Allen
アメリカの大リーグ選手（一塁）。
⇒メジャ（ブロック,グレッグ　1957.6.14–）

Brock, Louis Clark
アメリカの大リーグ選手（外野）。
⇒メジャ（ブロック,ルー　1939.6.18–）

Brock, *Sir* Thomas
イギリスの彫刻家。
⇒芸13（ブロック,トーマス　1847–1922）

Brocka, Lino
フィリピン生まれの映画監督。
⇒岩世人（ブロッカ　1939.4.3–1991.5.21）
　映監（ブロッカ,リノ　1939.4.7–1991）

Brockdorff, Kay von
ドイツの哲学者。特にホッブスの研究で知られる。
⇒岩世人（ブロックドルフ　1874.4.17–1946.1.29）

Brockdorff-Rantzau, Ulrich, Graf von
ドイツの外交官。平和会議首席代表としてヴェルサイユに赴き,和平条件の緩和に努めたが成功せず,講和条約に署名を拒んで辞職。
⇒岩世人（ブロックドルフ＝ランツァウ　1869.5.29–1928.9.8）

Brockelmann, Carl
ドイツの東洋学者,セム語学者。イスラム学,言語学,トルコ学などで新分野を開拓。
⇒岩イ（ブロッケルマン　1868–1956）
　岩世人（ブロッケルマン　1868.9.17–1956.5.6）

Brockhaus, Heinrich
ドイツの美術史家。フィレンツェ美術史研究所長（1897～1912）。
⇒岩世人（ブロックハウス　1858.3.3–1941.10.24）

Brockhaus, Henning
舞台演出家。
⇒外12（ブロックハウス,ヘニング　1946–）

Brockhouse, Bertram N.
カナダの物理学者。1994年ノーベル物理学賞を受賞。
⇒岩世人（ブロックハウス　1918.7.15–2003.10.13）
　ネーム（ブロックハウス　1918–2003）
　ノベ3（ブロックハウス,B.N.　1918.7.15–2003.10.13）

Brockman, Fletcher Sims
アメリカの団体理事。
⇒アア歴（Brockman,Fletcher Sims　ブロックマン,フレッチャー・シムズ　1867.11.18–1944.11.12）

Brockmeier, Kevin
アメリカの作家。
⇒外12（ブロックマイヤー,ケビン　1972–）
　外16（ブロックマイヤー,ケビン　1972–）
　海文新（ブロックマイヤー,ケヴィン　1972.12.6–）
　現世文（ブロックマイヤー,ケビン　1972.12.6–）

Brockway, Connie
アメリカのロマンス作家。
⇒外12（ブロックウェイ,コニー）

Brod, Max
イスラエル（オーストリア系）の作家,評論家。代表作『テュヒョ・ブラーエの神への道』（1916）,『憧れの女性』（27）。
⇒岩世人（ブロート　1884.5.27–1968.12.20）
　現世文（ブロート,マックス　1884.5.27–1968.12.20）
　ユ著人（Brod,Max　ブロート,マックス　1884–1968）

Broderick, Damien
オーストラリアの作家。
⇒現世文（ブローデリック,デミアン　1944–）

Broderick, Matthew
アメリカ生まれの俳優。
⇒外12（ブロデリック,マシュー　1962.3.21–）
　外16（ブロデリック,マシュー　1962.3.21–）
　ク俳（ブロデリック,マシュー　1961–）

Brodeur, Martin
カナダのアイスホッケー選手（GK）。
⇒外16（ブロデューア,マーティン　1972.5.6–）
　最世ス（ブロデューア,マーティン　1972.5.6–）

Brodhun, Eugen Heinrich Eduard Ernst
ドイツの実験物理学者。色彩や光度について研究し,ルンマー・ブロートフンの光度計を作った（1889）。
⇒岩世人（ブロートフン　1860.10.15–1938.9.19）

Brodie, Bernard
アメリカの政治学者。民間防衛と抑止の戦略との関係に重点をおいて研究した。主著"Strategy in the Missile Age"（1959）。
⇒国政（ブローディー,バーナード　1910–1978）

Brodie, Steve
アメリカの男優。
⇒ク俳（ブロディ,スティーヴ（スティーヴンズ,ジョン）　1919–）

Brodie, Walter Scott (Steve)
アメリカの大リーグ選手 (外野)。
⇒メジャ (ブローディー, スティーヴ 1868.9.11–1935.10.30)

Bródka, Zbigniew
ポーランドのスピードスケート選手。
⇒外16 (ブロドカ, ズビグニェフ 1984.10.8–)

Brodkey, Harold
アメリカの小説家。
⇒現世文 (ブロドキー, ハロルド 1930–1996.1.26)

Brodovitch, Alexey
ロシア生まれの写真家, アートディレクター。
⇒岩世人 (ブロードヴィチ 1898–1971.4.15)
グラデ (Brodovitch, Alexey ブロドヴィッチ, アレクセイ 1898–1971)

Brodrick, James
アイルランド生まれのイエズス会司祭, 歴史家。
⇒新カト (ブロドリク 1891.7.26–1973.8.26)

Brodskii, Iosif Aleksandrovich
ロシアの詩人。アメリカに住む国際的詩人。
⇒岩世人 (ブロツキー 1940.5.24–1996.1.28)
現世文 (ブロツキー, ジョセフ 1940.5.24–1996.1.29)
広辞7 (ブロツキー 1940–1996)
ノベ3 (ブロツキー, J. 1940.5.24–1996.1.28)
ユ著人 (Brodsky, Joseph (Brodski, Yosif) ブロツキー, ヨセフ 1940–1996)

Brodsky, Isaac Izrailevich
ソ連の画家。
⇒ユ著人 (Brodsky, Isaac Izrailevich ブロツキー, イサーク・イズライレヴィッチ 1884–1930)

Brody, Adrien
アメリカの俳優。
⇒外12 (ブロディ, エイドリアン 1973.4.14–)
外16 (ブロディ, エイドリアン 1973.4.14–)

Brody, Bruiser
アメリカのプロレスラー。
⇒異二辞 (ブロディ, ブルーザー 1946–1988)
岩世人 (ブロディ 1946.6.18–1988.7.17)
ネーム (ブロディ, ブルーザー 1946–1988)

Brody, Neville
イギリスのアート・ディレクター, グラフィック・デザイナー, タイポグラファー。
⇒グラデ (Brody, Neville ブロディ, ネヴィル 1957–)

Bródy Sándor
ハンガリーの作家。
⇒現世文 (ブローディ・シャーンドル 1863.7.23–1924.8.12)
ユ著人 (Bródy, Sándor ブローディ, シャーンドル 1863–1924)

Broecker, Wallace Smith
アメリカの地球化学者。
⇒岩世人 (ブロッカー 1931.11.29–)
外16 (ブロッカー, ウォーレス 1931.11.29–)

Brøgger, Lilian
デンマークの画家。
⇒絵本 (ブレガー, リリアン 1950–)

Brøgger, Suzanne Preis
デンマークの女性作家。
⇒岩世人 (ブレガー 1944.11.18–)

Brøndal, Rasmus Viggo
デンマークの言語学者。
⇒岩世人 (ブレンダル 1887.10.13–1942.12.14)

Brønsted, Johannes Nicolaus
デンマークの物理化学者。爆鳴気, 電池の起電力を測定 (1909), 酸, 塩基の新定義を提唱 (22)。
⇒岩世人 (ブレンステド (ブレンステズ) 1879.2.12–1947.12.17)
化学 (ブレンステッド 1879–1947)

Bröger, Karl
ドイツの詩人。"Kamerad, als wir marschiert" (1916)。
⇒岩世人 (ブレーガー 1886.3.10–1944.5.4)

Brögger, Anton Wilhelm
ノルウェーの考古学者。遠古の考古学, 特にヴァイキング時代の考古学を研究。
⇒岩世人 (ブレッゲル 1884.10.11–1951.8.29)

Brögger, Waldemar Christofer
ノルウェーの地質鉱物学者。ノルウェーのアルカリ火成岩の詳細な記載を行い, 岩石区という概念を立てた。
⇒岩世人 (ブレッゲル 1851.11.10–1940.2.17)
オク地 (ブレガー, ヴァルデマル・クリストファー 1851–1940)

Broglie, Guy de
フランスのカトリック神学者, イエズス会員。
⇒新カト (ブロイ 1889.2.3–1983.5.13)

Broglie, Maurice, Duc de
フランスの物理学者。β 線スペクトル, X線, γ 線を研究した。
⇒岩世人 (ブロイ 1875.4.27–1960.7.14)

Broglio, Ernest Gilbert
アメリカの大リーグ選手 (投手)。
⇒メジャ (ブローリオ, アーニー 1935.8.27–)

Brogna, Rico Joseph
アメリカの大リーグ選手 (一塁)。
⇒メジャ (ブローニャ, リコ 1970.4.18–)

Broitman, Ruben
テノール歌手。

⇒魅惑（Broitman,Ruben ?–）

Brokaw, Tom
アメリカのニュースキャスター, ジャーナリスト。
⇒外12（ブロコウ, トム 1940.2.6–）
外16（ブロコウ, トム 1940.2.6–）

Brokmeier, Willi
ドイツのテノール歌手。
⇒魅惑（Brokmeier,Willi 1928–）

Brolin, James
アメリカ生まれの俳優。
⇒ク俳（ブローリン, ジェイムズ（ブルーダリン,J.） 1940–）

Bromberg, David
アメリカのシンガー・ソングライター。
⇒ビト改（BROMBERG,DAVID ブロンバーグ, デヴィッド）

Bromfield, Louis
アメリカの小説家。代表作『緑の月桂樹』（1924），『初秋』（26, ピュリッツァー賞受賞），『善良な女』（27），『雨季来る』（37），『楽しき渓谷』（45），『マラバー農場』（48）。
⇒アメ州（Bromfield,Louis ブロムフィールド, ルイス 1896–1956）
岩世人（ブロムフィールド 1896.12.27–1956.3.18）
現世文（ブロムフィールド, ルイス 1896.12.27–1956.3.18）

Bron, Zakhar
ロシア, のちドイツのヴァイオリン奏者。
⇒外12（ブロン, ザハール 1947–）
外16（ブロン, ザハール 1947–）

Bronder, Peter
イギリスのテノール歌手。
⇒魅惑（Bronder,Peter ?–）

Broner, Adrien
アメリカのプロボクサー。
⇒最世ス（ブローナー, エイドリアン 1989.7.28–）

Bronfenbrenner, Martin
アメリカの経済学者。
⇒有経5（ブロンフェンブレンナー 1914–1997）

Bronfenbrenner, Urie
アメリカの心理学者。コーネル大学教授。
⇒岩世人（ブロンフェンブレナー 1917.4.29–2005.9.25）
社小増（ブロンフェンブレンナー 1917–）

Bronfman, Edgar Miles, Jr.
アメリカの実業家。
⇒外16（ブロンフマン, エドガー・マイルスJr. 1955.5.16–）

Bronfman, Gerald
カナダの実業家, 慈善家。
⇒ユ著人（Bronfman,Gerald ブロンフマン, ジェラルド 1911–1986）

Bronfman, Yefim
ロシア, のちイスラエルのピアノ奏者。
⇒外12（ブロンフマン, イェフィム 1958–）
外16（ブロンフマン, イェフィム 1958–）
ユ著人（Bronfman,Yehum ブロンフマン, イェフィム 1958–）

Broniewski, Wladyslaw
ポーランドの詩人。革命と社会主義をたたえた。詩集『風車』（1925），『心労と歌』（32），『最後の叫び』（38），『悲しみの木』（45），『希望』（51），『アンカ』（56）がある。
⇒現世文（ブロニエフスキ, ヴワディスワス 1897.12.17–1962.2.10）

Bronisch, Paul
ドイツの彫刻家。
⇒芸13（ブローニッシュ, パウル 1904–1973）

Bronnen, Arnolt
オーストリアの劇作家, 小説家。代表作, 戯曲『父親殺し』（1920），『イソップ物語』（56）。
⇒岩世人（ブロンネン 1895.8.19–1959.10.12）
現世文（ブロンネン, アルノルト 1895.8.19–1959.10.12）

Brönner, Till
ドイツのジャズ・トランペット奏者。
⇒外16（ブレナー, ティル）

Bronowski, Jacob
ポーランド生まれのイギリスの科学評論家。科学を人間の歴史のなかに位置づけた数々の啓蒙書を出版。
⇒岩世人（ブロノフスキー 1908.1.18–1974.8.22）

Bronsart, von Schellendorf, Hans
ドイツの作曲家, 指揮者, ピアノ奏者。1887年ワイマル宮廷劇場総監督に任命された。
⇒標音2（ブロンザルト・フォン・シェレンドルフ, ハンス 1830.2.11–1913.11.3）

Bronsky, Alina
ロシアの作家。
⇒現世文（ブロンスキー, アリーナ 1978–）

*Staff Sgt.***Bronson**
アメリカ空軍軍曹。
⇒スパイ（ブロンソン3等軍曹［p］）

Bronson, Charles
アメリカ生まれの男優。
⇒遺産（ブロンソン, チャールズ 1921.11.3–）
ク俳（ブロンソン, チャールズ（ブチンスキー,C）1920–）
スター（ブロンソン, チャールズ 1921.11.3–

2003）
ユ著人 (Bronson, Charles　ブロンスン, チャールズ　1923–)

Bronzini, Giorgia
イタリアの自転車選手。
⇒最世ス（ブロンツィーニ, ジョルジャ　1983.8.3–）

Broodthaers, Marcel
ベルギーの彫刻家。
⇒芸13（ブロータース, マルセル　1924–1976）

Brook, Barry
アメリカの音楽学者。
⇒標音2（ブルック, バリー　1918.11.1–）

Brook, Clive
イギリス出身の俳優。
⇒ク俳（ブルック, クライヴ（ブルック, クリフォード）　1887–1974）

Brook, Irina
フランス, イギリスの演出家。
⇒外12（ブルック, イリーナ）

Brook, Julie
ドイツ生まれの女性画家。
⇒芸13（ブルック, ジュリー　1961–）

Brook, Peter
イギリスの演出家。
⇒岩世人（ブルック　1925.3.21–）
　外12（ブルック, ピーター　1925.3.21–）
　外16（ブルック, ピーター　1925.3.21–）
　世演（ブルック, ピーター　1925.3.21–）

Brooke, Christina
オーストラリアの作家。
⇒海文新（ブルック, クリスティーナ）

Brooke, Hillary
アメリカの映画女優。
⇒ク俳（ブルック, ヒラリー（ピータースン, ビアトリス）　1914–1999）

Brooke, Lauren
イギリスの作家。
⇒海文新（ブルック, ローレン）

Brooke, Rupert Chawner
イギリスの詩人。ソネット集『1914年』(1915)，『ジョン・ウェブスターとエリザベス朝演劇』(16) がある。
⇒岩世人（ブルック　1887.8.3–1915.4.23）
　現世文（ブルック, ルパート　1887.8.3–1915.4.23）

Brooke, Stopford Augustus
アイルランドの宗教家, 文芸批評家。すぐれた英詩論を残している。
⇒岩世人（ブルック　1832.11.14–1916.3.18）
　オク教（ブルック　1832–1916）

Brookeborough, Basil Stanlake Brooke, 1st Viscount
北アイルランドの政治家, 首相。
⇒岩世人（ブルックバラ　1888.6.9–1973.8.18）

Brookens, Thomas Dale
アメリカの大リーグ選手（二塁, 三塁）。
⇒メジャ（ブルッケンズ, トム　1953.8.10–）

Brooker, Gary
イギリス生まれのシンガー, ソングライター, キーボード奏者。
⇒外16（ブルッカー, ゲイリー　1945.5.29–）
　ビト改（BROOKER, GARY　ブルッカー, ゲイリー）

Brooke-Rose, Christine
イギリスの作家。
⇒岩世人（ブルック＝ローズ　1923.1.16–2012.3.21）
　現世文（ブルック・ローズ, クリスティーン　1923.1.16–2012.3.21）

Brookes, Adam
カナダ生まれのイギリスの作家。
⇒海文新（ブルックス, アダム）
　現世文（ブルックス, アダム）

Brooking, Keith
アメリカのプロフットボール選手 (LB)。
⇒最世ス（ブルッキング, キース　1975.10.30–）

Brookings, Robert Somers
アメリカの実業家で慈善家。政治, 経済研究機関を設立, 運営。
⇒アメ経（ブルッキングス, ロバート　1850.1.22–1932.11.15）

Brookmyre, Christopher
イギリスの作家。
⇒外12（ブルックマイア, クリストファー　1968–）
　海文新（ブルックマイア, クリストファー　1968.9.6–）
　現世文（ブルックマイア, クリストファー　1968.9.6–）

Brookner, Anita
イギリスの小説家, 美術史家。
⇒現世文（ブルックナー, アニータ　1928.7.16–2016.3.10）

Brooks, Aaron
アメリカのバスケットボール選手（ロケッツ）。
⇒最世ス（ブルックス, アーロン　1985.1.14–）

Brooks, Albert
アメリカ生まれの俳優。
⇒外16（ブルックス, アルバート　1947.7.22–）
　ク俳（ブルックス, アルバート（アインシュタイン, A.)　1947–）

Brooks, Cleanth
アメリカの文芸批評家。歴史的背景を無視して、ひたすら作品の世界を分析する「新批評」が一世を風靡。
⇒岩世人（ブルックス　1906.10.16–1994.5.10）
　新カト（ブルックス　1906.10.16–1994.5.10）

Brooks, Derrick
アメリカのプロフットボール選手（LB）。
⇒外16（ブルックス, デリック　1973.4.18–）
　最世ス（ブルックス, デリック　1973.4.18–）

Brooks, Elkie
イギリス・マンチェスター生まれの歌手。
⇒ロック（Brooks,Elkie　ブルックス, エルキー　1945.2.25–）

Brooks, Fred
アメリカのコンピューター技術者。
⇒岩世人（ブルックス　1931.4.19–）

Brooks, Garth
アメリカ・オクラホマ州生まれの歌手。
⇒外16（ブルックス, ガース　1962.2.7–）

Brooks, Geraldine
オーストラリアの作家。
⇒海文新（ブルックス, ジェラルディン）
　現世文（ブルックス, ジェラルディン）

Brooks, Gwendolyn
アメリカの女性詩人, 小説家, 教育者。
⇒アメ州（Brooks,Gwendolyn　ブルックス, グウェンドリン　1917–）
　岩世人（ブルックス　1917.6.7–2000.12.3）
　現世文（ブルックス, グウェンドリン　1917.6.7–2000.12.3）

Brooks, Hubert
アメリカの大リーグ選手（外野, 三塁, 遊撃）。
⇒メジャ（ブルックス, ヒュービー　1956.9.24–）

Brooks, James L.
アメリカ生まれの映画監督, 映画製作者。
⇒映監（ブルックス, ジェームズ・L　1940.5.9–）
　外12（ブルックス, ジェームズ　1940.5.9–）
　外16（ブルックス, ジェームズ　1940.5.9–）

Brooks, John Graham
アメリカの経済学者。
⇒学叢思（ブルークス, ジョン・グラハム　1846–?）

Brooks, Kevin
イギリスの作家。
⇒現世文（ブルックス, ケビン）

Brooks, Leslie
アメリカの女優。
⇒ク俳（ブルックス, レスリー（ゲットマン, ロレイン）　1922–）

Brooks, Louise
アメリカの映画女優。
⇒岩世人（ブルックス　1906.11.14–1985.8.8）
　ク俳（ブルックス, ルイーズ　1906–1985）
　スター（ブルックス, ルイーズ　1906.11.14–1985）

Brooks, Max
アメリカの作家。
⇒海文新（ブルックス, マックス　1972–）
　現世文（ブルックス, マックス　1972–）

Brooks, Mel
アメリカ・ニューヨーク生まれの映画監督, 映画脚本家, 映画製作者, 男優。
⇒映監（ブルックス, メル　1926.6.18–）
　外12（ブルックス, メル　1926.6.28–）
　外16（ブルックス, メル　1926.6.28–）
　ク俳（ブルックス, メル（カミンスキー, メルヴィン）　1926–）
　スター（ブルックス, メル　1926.6.28–）
　ユ著人（Brooks,Mel　ブルックス, メル　1927–）

Brooks, Nick
スコットランド出身の作家。
⇒海文新（ブルックス, ニック）

Brooks, Richard
アメリカ生まれの映画監督, 映画脚本家。
⇒映監（ブルックス, リチャード　1912.5.18–1992）
　ユ著人（Brooks,Richard　ブルックス, リチャード　1912–1992）

Brooks, Terry
アメリカの作家。
⇒外12（ブルックス, テリー　1941–）
　外16（ブルックス, テリー　1941–）
　現世文（ブルックス, テリー　1941–）

Brooks, Van Wyck
アメリカの評論家。『ヘンリー・ジェームズの巡礼』（1925）などの著書がある。
⇒アメ新（ブルックス　1886–1963）
　岩世人（ブルックス　1886.2.16–1963.5.2）
　新カト（ブルックス　1886.2.16–1963.5.2）

Brooks, William Keith
アメリカの動物学者。海産動物について多くの研究がある。
⇒岩世人（ブルックス　1848.3.25–1908.11.12）

Brooks, William Penn
アメリカの農学者。札幌農学校で農学, 植物学を教授。
⇒アア歴（Brooks,William P（enn）　ブルックス, ウイリアム・ペン　1851.11.19–1938.3.8）

Broom, Robert
イギリスの人類学者, 古生物学者。パラントロプス・クラシデンス（1949）などを発見。
⇒岩生（ブルーム　1866–1951）
　岩世人（ブルーム　1866.11.30–1951.4.6）

Broomfield, Nick
イギリス出身のドキュメンタリー映画監督。
⇒映監（ブルームフィールド, ニック 1948.1.30–）

Broomhall, Marshall
イギリスの宣教師。中国内地会（China Inland Mission）所属。
⇒岩世人（ブルームホール 1866.7.17–1937.10.24）

Broonzy, Big Bill
アメリカのブルース歌手, ギター奏者。
⇒ロック（Broonzy, Big Bill ブルーンジィ, ビッグ・ビル 1893–）

Brophy, Brigid（Antonia Susan）
イギリスの女性小説家, 伝記作家, 批評家。
⇒現世文（ブローフィ, ブリジッド 1929.6.12–1995.8.7）

Broqueville, Charles Comte de
ベルギーの政治家。第一次大戦中はル・アーヴルの亡命政権を率いてドイツ占領軍に抵抗した。
⇒岩世人（ブロックヴィル 1860.12.4–1940.9.5）

Brosius, Scott David
アメリカの大リーグ選手（三塁）。
⇒外12（ブローシャス, スコット 1966.8.15–）
メジャ（ブローシャス, スコット 1966.8.15–）

Brosnan, James Patrick
アメリカの大リーグ選手（投手）。
⇒メジャ（ブロスナン, ジム 1929.10.24–）

Brosnan, Pierce
アイルランド生まれの俳優。
⇒外12（ブロスナン, ピアース 1953.5.16–）
外16（ブロスナン, ピアース 1953.5.16–）
ク俳（ブロズナン, ピアス 1951–）

Brossard, Chandler
アメリカの小説家。
⇒現世文（ブラサード, チャンドラー 1922.7.18–1993.8.29）

Brossat, Alain
フランスの哲学者。
⇒外12（ブロサ, アラン 1946–）

Brossolete, Pierre
フランスのエージェント。第2次世界大戦中, ドイツに対してスパイ活動を行なった。
⇒スパイ（ブロソレット, ピエール 1903–1944）

Brotelande, Marie-Charles-Alexandre
フランス・シレー生まれのパリ外国宣教会会員, 日本宣教師。
⇒新カト（ブロトランド 1849.6.15–1908.9.15）

Brotherton, Mike
アメリカの作家, 天文学者。

⇒海文新（ブラザートン, マイク 1968.3.26–）
現世文（ブラザートン, マイク 1968.3.26–）

Brottier, Daniel Jules-Alexis
聖霊修道会のフランス人司祭, 宣教師。
⇒新カト（ブロティエ 1876.9.7–1936.2.28）

Brough, John
イギリスの梵語学者。ロンドン大学教授, ケンブリッジ大学教授。
⇒岩世人（ブラフ 1917.8.31–1984.1.9）

Brouillard, Anne
ベルギーの絵本作家。
⇒絵本（ブルイヤール, アンヌ 1967–）

Broussard, Grace
アメリカ・ルイジアナ州出身の歌手。
⇒ロック（Dale and Grace デイル＆グレイス）

Brousse, Paul
フランスの政治家, 社会主義者。パリ市議会副議長。
⇒岩世人（ブルース 1844.1.23–1912.4.1）
学叢思（ブルース, ポール 1854–?）

Brouthers, Dennis Joseph（Dan）
アメリカの大リーグ選手（一塁）。
⇒メジャ（ブルーザーズ, ダン 1858.5.8–1932.8.2）

Brouwer, Leo
キューバのギター奏者, 作曲家。
⇒エデ（ブローウェル, レオ 1939.3.1–）
ク音3（ブロウウェル 1939–）
新音中（ブロウエル, レオ 1939.3.1–）

Brouwer, Luitzen Egbertus Jan
オランダの数学者。数学における直観主義の創始者。主著『直観主義と形式主義』(1913)。
⇒岩世人（ブラウエル 1881.2.27–1966.12.2）
広辞7（ブラウワー 1881–1966）
数辞（ブロウエル, ルイツェン・エグバータス・ヤン 1881–1966）
数小増（ブラウワー 1881–1966）
世数（ブラウアー, ルイツェン・エクベルトゥス・ヤン 1881–1966）
有経5（ブラウワー 1881–1966）

Brouwers, Jeroen
オランダの作家。
⇒現世文（ブラウワーズ, イエルーン 1940–）

Bróvka, Petrúsi
ソ連（ベラルーシ）の詩人。白ロシア作家同盟議長。
⇒現世文（ブロフカ, ペトルーシ 1905.6.12–1980.3.24）

Browder, Earl Russel
アメリカの政治家。共産党結成と共に入党(1919)。書記長(30～44)。

⇒岩世人（ブラウダー　1891.5.20–1973.6.27）
スパイ（ブラウダー，アール・R　1891–1973）

Brown, Albert Richard
イギリスの航海士。灯台船船長、日本郵船会社ゼネラル・マネージャー。
⇒来日（ブラウン，アルバート・リチャード　1839–1913）

Brown, Alexander Crum
イギリスの化学者。エジンバラ大学教授。
⇒化学（ブラウン，A.C.　1838–1922）

Brown, Amanda
アメリカの作家。
⇒海文新（ブラウン，アマンダ）
　現世文（ブラウン，アマンダ）

Brown, Arthur
イギリスのロック・ミュージシャン。
⇒ロック（Brown,Arthur　ブラウン，アーサー　1942.6.24–）

Brown, Barnum
アメリカの化石ハンター、古生物学者。
⇒岩世人（ブラウン　1873.2.12–1963.2.5）

Brown, Benjamin
アメリカ・ブロンクス地区のムスリムの寺院の主導者。
⇒マルX（BROWN,BENJAMIN（Benjamin X）ブラウン，ベンジャミン（ベンジャミンX））

Brown, Bobby
アメリカの歌手。
⇒外12（ブラウン，ボビー　1969.2.5–）

Brown, Brendan
イギリスの国際経済学者。
⇒外16（ブラウン，ブレンダン　1951–）

Brown, Bryan
オーストラリア生まれの俳優。
⇒ク俳（ブラウン，ブライアン　1947–）

Brown, Buster
アメリカ・ジョージア州クリス生まれの歌手、ハーモニカ奏者。
⇒ロック（Brown,Buster　ブラウン，バスター　1914.8.11–）

Brown, Charles
アメリカ・テキサス州テキサス・シティ生まれの歌手、ピアノ奏者。
⇒ロック（Brown,Charles　ブラウン，チャールズ　1920–1968）

Brown, Chris
アメリカの歌手。
⇒外12（ブラウン，クリス　1989.5.5–）
　外16（ブラウン，クリス　1989.5.5–）

Brown, Clarence
アメリカ生まれの映画監督。
⇒映監（ブラウン，クラレンス　1890.5.1–1987）

Brown, Clarence 'Gatemouth'
アメリカ・テキサス州オレンジ生まれのテキサス・ブルーズ・ギター奏者。
⇒ロック（Brown,Clarence 'Gatemouth'　ブラウン，クラレンス・"ゲイトマウス"　1924.4.18–）

Brown, Clifford
アメリカのジャズ・トランペット奏者。マイルスに続く巨人と目され、54年度DB誌批評家投票新人賞を受けた。
⇒岩世人（ブラウン　1930.10.30–1956.6.26）
　新音中（ブラウン，クリフォード　1930.10.30–1956.6.26）
　標音2（ブラウン，クリフォード　1930.10.30–1956.6.26）

Brown, Dale
アメリカの作家。
⇒外16（ブラウン，デール　1956–）
　現世文（ブラウン，デール　1956–）

Brown, Dan
アメリカの作家。
⇒外12（ブラウン，ダン　1964.6.22–）
　外16（ブラウン，ダン　1964.6.22–）
　海文新（ブラウン，ダン　1964.6.22–）
　現世文（ブラウン，ダン　1964.6.22–）

Brown, Dee
アメリカのプロ野球選手（西武・外野手）。
⇒外12（ブラウン，ディー　1978.3.27–）

Brown, Delmer Myers
アメリカの日本研究家。日本古代中世史専攻。
⇒岩世人（ブラウン　1909.11.20–2011.11.9）

Brown, Dennis
アメリカのレゲエ歌手。
⇒異二辞（ブラウン，デニス　1957–1999）

Brown, Donald David
アメリカの発生学者。
⇒岩生（ブラウン　1931–）

Brown, Donald J.
アメリカの数理経済学者。
⇒有経5（ブラウン　1936–）

Brown, Earle Appleton
アメリカの作曲家。
⇒エデ（ブラウン，アール（アップルトン，ジュニア）　1926.12.26–2002.7.2）
　ク音3（ブラウン　1926–2002）
　現音キ（ブラウン，アール　1926–）
　新音中（ブラウン，アール　1926.12.26–）
　標音2（ブラウン，アール　1926.12.26–）

Brown, Elwoods
アメリカの青年キリスト教協会YMCA所属の体育指導者。フィリピン諸都市のレクリエーション計画、学校遊戯場設置運動を起こした。
⇒日エ（ブラウン　?-?）

Brown, E.R.
カナダの作家。
⇒海文新（ブラウン,E.R.）
　現世文（ブラウン,E.R.）

Brown, Ernest William
アメリカの天文学者。月の位置表を完成（1919）。
⇒岩世人（ブラウン　1866.11.29-1938.7.22）

Brown, Francis James
アメリカの教育社会学者。主著『教育社会学』（1953）。
⇒教人（ブラウン　1894-）

Brown, Fredric
アメリカの推理・SF作家。私立探偵ハンター・シリーズで知られる。
⇒現世文（ブラウン,フレドリック　1906.10.29-1972.3.11）
　ネーム（ブラウン,フレドリック　1906-1972）

Brown, George Mackay
イギリスの詩人、小説家、劇作家。
⇒岩世人（ブラウン　1921.10.17-1996.4.13）
　現世文（ブラウン,ジョージ・マカイ　1921.10.17-1996.4.13）

Brown, George Thompson
アメリカの宣教師。
⇒アア歴（Brown,George T(hompson)　ブラウン,ジョージ・トンプスン　1921.4.30-）

Brown, Gordon
イギリスの政治家。イギリス首相、労働党党首。
⇒岩世人（ブラウン　1951.2.20-）
　外12（ブラウン,ゴードン　1951.2.20-）
　外16（ブラウン,ゴードン　1951.2.20-）
　世指導（ブラウン,ゴードン　1951.2.20-）
　世人新（ブラウン〈ゴードン〉　1951-）
　世人装（ブラウン〈ゴードン〉　1951-）
　ポプ人（ブラウン,ゴードン　1951-）

Brown, Graeme
オーストラリアの自転車選手。
⇒最世ス（ブラウン,グレーム　1979.4.9-）

Brown, Harvey Winfield
アメリカの機械工。国際機械工組合（IAM）会長。
⇒アメ経（ブラウン,ハーベイ　1883.10.28-1956.9.4）

Brown, Hector Harold
アメリカの大リーグ選手（投手）。
⇒メジャ（ブラウン,ハル　1924.12.11-）

Brown, Helen Gurley
アメリカの雑誌編集者、作家。
⇒アメ州（Brown,Helen Gurley　ブラウン,ヘレン・ガーリー　1922-）
　外12（ガーリー・ブラウン,ヘレン　1922.2.18-）

Brown, Henry Jacob
アメリカの宣教師。
⇒アア歴（Brown,Henry J(acob)　ブラウン,ヘンリー・ジェイコブ　1879.12.9-1959.9.23）

Brown, Herbert Charles
アメリカの科学者。ノーベル化学賞受賞。
⇒岩世人（ブラウン　1912.5.22-2004.12.19）
　化学（ブラウン,H.C.　1912-2004）
　ノベ3（ブラウン,H.C.　1912.5.22-2004.12.19）
　ユ著人（Brown,Charles Herbert　ブラウン,チャールス・ハーバート　1912-）

Brown, Hubert Gerold
アメリカの学生非暴力共同委員会（SNCC）の戦闘的指導者。
⇒マルX（BROWN,HUBERT GEROLD（H."Rap"、Jamil Abdullah Al-Amin）　ブラウン,ヒューバート・ジェラルド（H."ラップ"、ジャミル・アブデュラ・アルアミン）　1943-）

Brown, James
アメリカのソウル歌手。
⇒異二辞（ブラウン,ジェームス　1933-2006）
　岩世人（ブラウン　1933.5.3-2006.12.25）
　新音中（ブラウン,ジェイムズ　1928.5.3-）
　標音2（ブラウン,ジェームズ　1928.5.3-）
　ロック（Brown,James　ブラウン,ジェイムズ）

Brown, James Kevin
アメリカの大リーグ選手（投手）。
⇒メジャ（ブラウン,ケヴィン　1965.3.14-）

Brown, Jerry
アメリカの政治家。
⇒アメ州（Brown,Edmund Gerald,Jr.　ブラウン,エドマンド・ジェラルド,ジュニア　1938-）
　外12（ブラウン,ジェリー　1938.4.7-）
　外16（ブラウン,ジェリー　1938.4.7-）
　世指導（ブラウン,ジェリー　1938.4.7-）

Brown, Jim
アメリカの俳優。アメリカンフットボール選手。
⇒アメ州（Brown,Jimmy　ブラウン,ジミー　1936-）
　岩世人（ブラウン　1936.2.17-）
　ク俳（ブラウン,ジム　1935-）

Brown, Joe
イギリス・リンカンシャー生まれの歌手、俳優。
⇒ロック（Brown,Joe　ブラウン,ジョウ　1941.5.13-）

Brown, Joe E.
アメリカの俳優。
⇒ク俳（ブラウン，ジョー・E　1892–1973）

Brown, Johnny Mack
アメリカのフットボール選手，俳優。
⇒ク俳（ブラウン，ジョニー・マック　1904–1974）

Brown, John Seely
アメリカの実業家，科学者。
⇒外12（ブラウン，ジョン・シーリー）
　外16（ブラウン，ジョン・シーリー）

Brown, Jonathan Mayer
アメリカの美術史家。
⇒岩世人（ブラウン　1939–）

Brown, Joseph G.
アメリカの航空兵。
⇒スパイ（ブラウン，ジョセフ・G）

Brown, Kwame
アメリカのバスケットボール選手。
⇒最世ス（ブラウン，クワミ　1982.3.10–）

Brown, Larry
アメリカのバスケットボール監督。
⇒岩世人（ブラウン　1940.9.14–）
　外12（ブラウン，ラリー　1940.9.14–）
　外16（ブラウン，ラリー　1940.9.14–）
　最世ス（ブラウン，ラリー　1940.9.14–）

Brown, Larry Leslie
アメリカの大リーグ選手（遊撃，二塁）。
⇒メジャ（ブラウン，ラリー　1940.3.1–）

Brown, Lascelles
カナダのボブスレー選手。
⇒外12（ブラウン，ラッセルズ　1974.10.12–）
　外16（ブラウン，ラッセルズ　1974.10.12–）
　最世ス（ブラウン，ラッセルズ　1974.10.12–）

Brown, Les
アメリカのバンドリーダー，クラリネット奏者，サックス奏者。
⇒標音2（ブラウン，レス　1912.3.14–）

Brown, Lester Russell
アメリカの環境問題研究者。
⇒岩世人（ブラウン　1934.3.28–）
　外12（ブラウン，レスター　1934–）
　外16（ブラウン，レスター　1934.3.28–）

Brown, Lloyd Andrew
アメリカの大リーグ選手（投手）。
⇒メジャ（ブラウン，ロイド　1904.12.25–1974.1.14）

Brown, Marcia
アメリカの女性絵本作家。
⇒絵本（ブラウン，マーシャ　1918–）
　現世文（ブラウン，マーシャ　1918.7.13–2015.4.28）
　ポブ人（ブラウン，マーシャ　1918–2015）

Brown, Margaret Wise
アメリカの児童作家。ゴールデン・マクドナルドの筆名で発表した『小さな島』は1947年度のカルデコット賞を受賞。『おやすみなさいのほん』(43) も称賛されている。
⇒絵本（ブラウン，マーガレット・ワイズ　1910–1952）

Brown, Marty
アメリカの野球指導者，大リーグ選手（外野，内野）。
⇒外12（ブラウン，マーティー　1963.1.23–）
　外16（ブラウン，マーティー　1963.1.23–）

Brown, Maxine
アメリカ・サウスカロライナ州キングズトリー生まれの歌手。
⇒ロック（Brown,Maxine　ブラウン，マクシーン）

Brown, Michael E.
アメリカの天文学者。
⇒異二辞（ブラウン [マイケル・～]　1965–）
　外12（ブラウン，マイケル）
　外16（ブラウン，マイケル　1965–）

Brown, Michael Stuart
アメリカの遺伝学者。ノーベル生理・医学賞受賞。
⇒外12（ブラウン，マイケル・スチュアート　1941.4.13–）
　外16（ブラウン，マイケル・スチュアート　1941.4.13–）
　ノベ3（ブラウン，M.S.　1941.4.13–）

Brown, Molly
アメリカの慈善事業家。
⇒アメ州（Brown,Molly　ブラウン，モリー　生没年不詳）

Brown, Mordecai Peter Centennial
アメリカの大リーグ選手（投手）。
⇒メジャ（ブラウン，モーデカイ　1876.10.19–1948.2.14）

Brown, Nacio Herb
アメリカのソング・ライター，ピアノ奏者。《ハリウッド・レヴュー》の中の「雨に唄えば」のヒットで人気作曲家となった。
⇒新音中（ブラウン，ネイシオ・ハーブ　1896.2.22–1964.9.28）
　標音2（ブラウン，ネーシオ・ハーブ　1896.2.22–1964.9.28）

Brown, Nappy
アメリカ・ニュージャージー州ニューアーク生まれの歌手。
⇒ロック（Brown,Nappy　ブラウン，ナッピー）

Brown, Norman Oliver
アメリカの古典学者。ウェズリアン大学古典学教授。
⇒広辞7（ブラウン　1913–2002）

Brown, Ollie Lee
アメリカの大リーグ選手（外野）。
⇒メジャ（ブラウン, オリー　1944.2.11–）

Brown, Paul (Eugene)
アメリカのフットボールのコーチ。
⇒岩世人（ブラウン　1908.9.7–1991.8.5）

Brown, Pete
イギリスの詩人, ソングライター, バンドリーダー。
⇒ロック（Brown, Pete　ブラウン, ピート　1940.12.25–）

Brown, Peter Robert Lamont
アイルランド出身の古典学者, 教父学者, 歴史家。
⇒岩世人（ブラウン　1935.7.6–）
　外16（ブラウン, ピーター・ロバート・ラモント　1935.7.6–）

Brown, Pierce
アメリカの作家。
⇒海文新（ブラウン, ピアース　1988–）
　現世文（ブラウン, ピアース　1988–）

Brown, Raymond C.
アメリカのニグロリーグの選手（投手）。
⇒メジャ（ブラウン, レイ　1908.2.23–1965.2.8）

Brown, Raymond Edward
アメリカのカトリック神学者, 新約学者。
⇒新カト（ブラウン　1928.5.22–1998.8.8）

Brown, Raymond Matthews (Ray)
アメリカのジャズ・ベース奏者。完璧なテクニックに定評がある。
⇒標音2（ブラウン, レイ　1926.10.13–）

Brown, Rebecca
アメリカの作家。
⇒外12（ブラウン, レベッカ　1956–）
　外16（ブラウン, レベッカ　1956–）
　現世文（ブラウン, レベッカ　1956–）

Brown, Rita Mae
アメリカの女性詩人, 小説家, 公民権運動家。
⇒外12（ブラウン, リタ・メイ　1944–）
　外16（ブラウン, リタ・メイ　1944–）
　現世文（ブラウン, リタ・メイ　1944.11.28–）

Brown, Robert Hanbury
イギリスの電波天文学者。
⇒天文大（ハンブリーブラウン　1916–）

Brown, Robert William
アメリカの大リーグ選手（三塁）。
⇒メジャ（ブラウン, ボビー　1924.10.25–）

Brown, Roger William
アメリカの社会心理学者。ハーバード大学社会心理学教授。
⇒社小増（ブラウン　1925–）
　社心小（ブラウン　1925–）

Brown, Ronald
アメリカの政治家, 法律家。商務長官。
⇒世指導（ブラウン, ロナルド　1941.8.1–1996.4.3）

Brown, Roxanna Maude
アメリカの東南アジア陶磁史研究家。
⇒岩世人（ブラウン　1946.5.2–2008.5.14）

Brown, Roy
アメリカのジャズ歌手。
⇒ロック（Brown, Roy　ブラウン, ロイ　1925.9.10–）

Brown, Roy Howard
アメリカの宣教師, 教育者。
⇒アア歴（Brown, Roy Howard　ブラウン, ロイ・ハワード　1878.5.2–1958.12.28）

Brown, Russell P.
アメリカ空母ミッドウェイに乗務していた電子技師。
⇒スパイ（ブラウン, ラッセル・P）

Brown, Ruth
アメリカのR&B, ジャズ歌手。
⇒ロック（Brown, Ruth　ブラウン, ルース　1928.1.30–）

Brown, Sandra
アメリカの作家。
⇒外12（ブラウン, サンドラ　1948–）
　外16（ブラウン, サンドラ　1948–）
　現世文（ブラウン, サンドラ　1948–）

Brown, Sarah
ブラウン元英国首相夫人。スペシャルオリンピックス国際親善大使。
⇒外12（ブラウン, サラ　1963.10–）

Brown, Scott
アメリカの政治家。
⇒外12（ブラウン, スコット）

Brown, Sidney George
イギリスの電気技術者, 発明家。長距離海底電線の通信を中継する為に, 継電器と磁気シャントを作る（1899）。
⇒岩世人（ブラウン　1873.7.6–1948.8.7）

Brown, Thomas Tarlton
アメリカの大リーグ選手（外野）。

⇒メジャ（ブラウン,トム　1860.9.21–1927.10.25）

Brown, Tim
アメリカのプロフットボール選手（WR）。
⇒外16（ブラウン,ティム　1966.7.22–）

Brown, Tony
ニュージーランドのラグビー選手。
⇒（ブラウン,トニー　1975.1.17–）
外16（ブラウン,トニー　1975.1.17–）
最世ス（ブラウン,トニー　1975.1.17–）

Brown, Trisha
アメリカのダンサー,振付家,舞踊団監督。
⇒岩世人（ブラウン　1936.11.25–）
外12（ブラウン,トリシャ　1936.11.25–）
外16（ブラウン,トリシャ　1936.11.25–）

Brown, Tudor
イギリスの実業家。
⇒外12（ブラウン,チューダー）
外16（ブラウン,チューダー）

Brown, Willard Jessie
アメリカの大リーグ選手（外野）。
⇒メジャ（ブラウン,ウィラード　1915.6.26–1996.8.4）

Brown, William Adams
アメリカのプロテスタント神学者。長老教会牧師として全世界運動を指導（1924～）。
⇒岩世人（ブラウン　1865.12.29–1943.12.15）

Brown, William Henry
アメリカの植物学者。
⇒アア歴（Brown,William H(enry)　ブラウン,ウィリアム・ヘンリー　1884.10.6–1939.11.9）

Brown, William James（Gates）
アメリカの大リーグ選手（外野）。
⇒メジャ（ブラウン,ゲイツ　1939.5.2–）

Brown, William Norman
アメリカのインド学者。サンスクリット文学のモティーフ,民話,中期・近世インドに及ぶ歴史,文化,美術に独自の学風をひらいた。
⇒アア歴（Brown,W(illiam) Norman　ブラウン,ウィリアム・ノーマン　1892.6.24–1975.4.22）
岩世人（ブラウン　1892.6.24–1975.4.22）

Brownback, Sam
アメリカの政治家。
⇒外12（ブラウンバック,サム　1956.9.12–）

Browne, Anthony
イギリスの絵本作家,挿絵画家。
⇒絵本（ブラウン,アンソニー　1946–）
外12（ブラウン,アンソニー　1946–）
外16（ブラウン,アンソニー　1946–）

Browne, Edward Granville
イギリスの東洋学者。
⇒岩世人（ブラウン　1862.2.7–1926.1.5）

Browne, Gaston
アンティグア・バーブーダの政治家。アンティグア・バーブーダ首相。
⇒外16（ブラウン,ガストン　1967.2.9–）
世指導（ブラウン,ガストン　1967.2.9–）

Browne, George Edward
アメリカの大リーグ選手（外野）。
⇒メジャ（ブラウン,ジョージ　1876.1.12–1920.12.9）

Browne, Jackson
ドイツ生まれのシンガー・ソングライター。
⇒外12（ブラウン,ジャクソン　1948.10.9–）
外16（ブラウン,ジャクソン　1948.10.9–）
ロック（Browne,Jackson　ブラウン,ジャクソン　1950–）

Browne, John
イギリスの実業家。
⇒外12（ブラウン,ジョン）
外16（ブラウン,ジョン　1948.2.20–）

Browne, S.G.
アメリカの作家。
⇒海文新（ブラウン,S.G.　1965–）

Browne, Thom
アメリカの服飾デザイナー。
⇒外12（ブラウン,トム）
外16（ブラウン,トム）

Brownell, Clarence Ludlow
アメリカの御雇教師。早稲田大学,富山県立富山中学校で英語を教授。
⇒アア歴（Brownell,Clarence Ludlow　ブラウネル,クラレンス・ラドロウ　1864.6.6–1927.2.3）

Browning, John
アメリカのピアノ奏者。
⇒標音2（ブラウニング,ジョン　1933.5.22–2003.1.26）

Browning, John Moses
アメリカの銃器発明家。アメリカ陸軍で広く使われている各種の銃を発明。
⇒アメ州（Browning,John Moses　ブラウニング,ジョン・モーゼス　1855–1926）

Browning, Louis Rogers（Pete）
アメリカの大リーグ選手（外野,三塁,二塁）。
⇒メジャ（ブラウニング,ピート　1861.6.17–1905.9.10）

Browning, Thomas Leo
アメリカの大リーグ選手（投手）。
⇒メジャ（ブラウニング,トム　1960.4.28–）

Browning, Tod
アメリカの映画監督。『ドラキュラ』(1931)など怪奇映画を多くつくった。
⇒映監（ブラウニング, トッド　1882.7.12–1962）

Brownjohn, Alan Charles
イギリスの詩人。
⇒現世文（ブラウンジョン, アラン・チャールズ　1931.7.28–）

Brownjohn, Robert
アメリカのグラフィック・デザイナー。
⇒グラデ（Brownjohn,Robert　ブラウンジョーン, ロバート　1925–1970）

Brownlee, Alistair
イギリスのトライアスロン選手。
⇒外16（ブラウンリー, アリステア　1988.4.23–）
最世ス（ブラウンリー, アリステア　1988.4.23–）

Brownlee, Jonathan
イギリスのトライアスロン選手。
⇒外16（ブラウンリー, ジョナサン　1990.4.30–）
最世ス（ブラウンリー, ジョナサン　1990.4.30–）

Brownlee, Lawrence
アメリカのテノール歌手。
⇒失声（ブラウンリー, ローレンス　1972–）

Brownless, Edmund
イギリスのテノール歌手。
⇒魅惑（Brownless,Edmund　?–）

Brownstein, Ronald
アメリカのジャーナリスト, 政治評論家。
⇒外12（ブラウンスティン, ロナルド　1958–）

Brown-Trafton, Stephanie
アメリカの円盤投げ選手。
⇒外12（ブラウントラフトン, ステファニー　1979.12.1–）
外16（ブラウン・トラフトン, ステファニー　1979.12.1–）
最世ス（ブラウン・トラフトン, ステファニー　1979.12.1–）

Broxton, Jonathan Roy
アメリカの大リーグ選手（投手）。
⇒メジャ（ブロクストン, ジョナサン　1984.6.16–）

Bruant, Aristide
フランスのシャンソン歌手。酒場『黒猫』や『ミルリトン』を根城にシャンソン＝レアリスト（現実派シャンソン）のスタイルを確立し, 今日のシャンソンの基礎を築いた。
⇒19仏（ブリュアン, アリスティッド　1851.5.6–1925.2.11）
標音2（ブリュアン, アリスティド　1851.5.6–1925.2.11）

Brubacher, John S.
アメリカの教育学者。
⇒教人（ブルバッハー　1898–）

Brubeck, Dave
アメリカのジャズ・ピアノ奏者, 作曲家。1959年『テイク・ファイブ』で変拍子ジャズの流行に先鞭をつけた。
⇒エデ（ブルーベック, デイヴ（デイヴィッド・ウォーレン）　1920.12.6–2012.12.5）
新音中（ブルーベック, デイヴ　1920.12.6–）
標音2（ブルーベック, デーヴ　1920.12.6–）

Bruce, *Sir* David
イギリスの病理・細菌学者。熱帯病の病原の調査研究で知られる。
⇒岩世人（ブルース　1855.5.29–1931.11.29）

Bruce, Edward Bright
アメリカの実業家。
⇒アア歴（Bruce,Edward B（right）　ブルース, エドワード・ブライト　1879.4.13–1943.1.26）

Bruce, Henry James
アメリカの宣教師。
⇒アア歴（Bruce,Henry James　ブルース, ヘンリー・ジェイムズ　1835.2.5–1909.5.4）

Bruce, Jack
イギリスのベーシスト, コンポーザー。
⇒外12（ブルース, ジャック　1943.5.14–）
ロック（Bruce,Jack　ブルース, ジャック　1943.5.14–）

Bruce, Jay
アメリカの大リーグ選手（レッズ・外野手）。
⇒最世ス（ブルース, ジェイ　1987.4.3–）
メジャ（ブルース, ジェイ　1987.4.3–）

Bruce, Virginia
アメリカの女優。
⇒ク俳（ブルース, ヴァージニア（ブリッグズ, ヘレン・V）　1910–1982）

Bruch, Klaus
テノール歌手。
⇒魅惑（Bruch,Klaus　?–）

Bruch, Max
ドイツの作曲家, 指揮者。主作品はカンタータ『美しいエレン』(1867)など。
⇒岩世人（ブルフ　1838.1.6–1920.10.2）
エデ（ブルッフ, マックス（カール・アウグスト）　1838.1.6–1920.10.2）
ク3（ブルッフ　1838–1920）
新音小（ブルッフ, マックス　1838–1920）
新音中（ブルッフ, マックス　1838.1.6–1920.10.2）
標音2（ブルッフ, マックス　1838.1.6–1920.10.2）

Bruckheimer, Jerry
アメリカの映画プロデューサー。
⇒外12（ブラッカイマー, ジェリー　1945–）
外16（ブラッカイマー, ジェリー　1945–）

Brückner, Eduard
オーストリアの地理学者, 気候学者。全地球上に35年毎に同時に生ずる気候の変化を立証した（ブリュックナー周期）。
⇒岩世人（ブリュックナー　1862.7.29-1927.5.20）

Bruckner, Ferdinand
オーストリアの劇作家。1923年ベルリンに「ルネサンス劇場」を創設,『犯罪者』(29)などで,劇作家としての地位を確立。
⇒岩世人（ブルックナー　1891.8.26-1958.12.5）
　現世文（ブルックナー, フェルディナンド　1891.8.26-1958.12.5）

Bruckner, Karel
チェコのサッカー監督。
⇒外12（ブルックナー, カレル）
　最世ス（ブルックナー, カレル）

Bruen, Ken
アイルランド生まれのミステリ作家。
⇒外12（ブルーウン, ケン　1951-）
　外16（ブルーウン, ケン　1951-）
　海文新（ブルーエン, ケン　1951-）
　現世文（ブルーウン, ケン　1951-）

Bruford, Bill
イギリスのドラム奏者, 編曲家。
⇒外12（ブラフォード, ビル　1950.5.17-）
　外16（ブルーフォード, ビル　1950.5.17-）

Brüggen, Frans
オランダのフルート奏者, 指揮者。
⇒岩世人（ブリュッヘン　1934.10.30-2014.8.13）
　外12（ブリュッヘン, フランス　1934.10.30-）
　新音中（ブリュッヘン, フランス　1934.10.30-）
　標音2（ブリュッヘン, フランス　1934.10.30-）

Brugger, Walter
ドイツのカトリック・新スコラ哲学者。
⇒新カト（ブルッガー　1904.2.17-1990.5.13）

Brugha, Cathal
アイルランドの独立運動指導者。
⇒岩世人（ブルハ　1874.7.18-1922.7.7）

Brugmann, Karl
ドイツの言語学者。インド＝ヨーロッパ語族の比較言語学を専攻。
⇒岩世人（ブルークマン　1849.3.16-1919.6.29）
　オク言（ブルークマン, カール　1849-1919）
　広辞7（ブルークマン　1849-1919）

Bruhat, François Georg
フランスの数学者。パリ大学教授。
⇒世数（ブリュア, フランソワ・ジョルジュ・ルネ　1929-2007）

Brühl, Daniel
ドイツの俳優。
⇒外12（ブリュール, ダニエル　1978.6.16-）
　外16（ブリュール, ダニエル　1978.6.16-）

Brüll, Ignaz
オーストリアのピアノ奏者, 作曲家。オペラ『黄金の十字架』ほか, 多数の歌曲, バレー音楽などがある。
⇒新音中（ブリュル, イグナーツ　1846.11.7-1907.9.17）
　標音2（ブリュル, イグナーツ　1846.11.7-1907.9.17）

Bruller, Jean
フランスの絵本作家。
⇒絵本（ブリュレル, ジャン　1902-1991）

Brumel, Valery Nikolaevich
ソ連の男子陸上選手。
⇒岩世人（ブルメル（ブルメリ）　1942.4.14-2003.1.26）

Brun, Donald
スイスのデザイナー。ポスター, ディスプレーに活躍。
⇒グラデ（Brun,Donald　ブルン, ドナルド　1909-）

Brun, Viggo
ノルウェーの数学者。
⇒世数（ブルン, ヴィッゴ　1885-1978）

Bruna, Dick
オランダの絵本作家, グラフィックデザイナー。
⇒岩世人（ブルーナ　1927.8.23-）
　絵本（ブルーナ, ディック　1927-）
　外12（ブルーナ, ディック　1927-）
　外16（ブルーナ, ディック　1927-）
　広辞7（ブルーナ　1927-2017）
　ポプ人（ブルーナ, ディック　1927-）

Brunansky, Thomas Andrew
アメリカの大リーグ選手（外野）。
⇒メジャ（ブラナンスキー, トム　1960.8.20-）

Brundage, Avery
アメリカの体育家。1852〜72年間IOC会長を務め, 一貫してオリンピック精神を守り続けた。
⇒アメ州（Brundage,Avery　ブランデージ, アベリー　1887-1975）
　異二辞（ブランデージ［アベリー・〜］　1887-1975）
　岩世人（ブランデージ　1887.9.28-1975.5.8）

Brundtland, Gro Harlem
ノルウェーの政治家。同国初の女性首相。
⇒岩世人（ブルントラン　1939.4.20-）
　外12（ブルントラント, グロ・ハルレム　1939.4.20-）
　外16（ブルントラント, グロ・ハルレム　1939.4.20-）
　広辞7（ブルントラント　1939-）
　世指導（ブルントラント, グロ・ハルレム　1939.

4.20-)

Bruneau, Alfred
フランスの作曲家,批評家。
- ⇒ク音3 (ブリュノー 1857-1934)
- 新音中 (ブリュノー,アルフレッド 1857.3.3-1934.6.15)
- 標音2 (ブリュノー,アルフレッド 1857.3.3-1934.6.15)

Brunello, Mario
イタリアのチェロ奏者。
- ⇒外12 (ブルネロ,マリオ 1960-)
- 外16 (ブルネロ,マリオ 1960-)

Bruner, Jerome S (eymour)
アメリカの心理学者。
- ⇒岩世人 (ブルーナー 1915.10.1-)
- 外16 (ブルーナー,ジェローム 1915.10.1-)
- 教思増 (ブルーナー 1915-2016)
- 教小3 (ブルーナー 1915-)
- 社心小 (ブルーナー 1915-)
- ネーム (ブルーナー 1915-)

Brunet, Jules
フランスの軍人。
- ⇒岩世人 (ブリュネ 1838.1.2-1911.8.12)
- 来日 (ブリュネ,ジュール 1838-1911)

Brunet, Michel
フランスの人類学者。
- ⇒外12 (ブルネ,ミシェル)

Brunet, Roger
フランスの地理学者。
- ⇒岩世人 (ブリュネ 1931.3.30-)

Brunetière, Ferdinand
フランスの評論家。裁断批評の代表者。主著『自然主義の小説』(1883) など。
- ⇒岩世人 (ブリュンティエール 1849.7.19-1906.12.9)
- 広辞7 (ブリュンティエール 1849-1906)
- 新カト (ブリュンティエール 1849.7.19-1906.12.9)
- 西文 (ブリュヌチエール,フェルジナン 1848-1906)
- ネーム (ブリュンティエール 1849-1906)

Brunhes, Gabriel
フランスのカトリック神学者,司教。
- ⇒新カト (ブリュヌ 1874.9.5-1949.2.24)

Brunhes, Jean
フランスの地理学者。1912年以後コレージュ・ド・フランスの教授。
- ⇒岩世人 (ブリュン 1869.10.25-1930.8.25)

Brunhoff, Jean de
フランスの童画家。絵物語『ぞうのババール』(1931),『ババールの旅行』(32),『王様ババール』(33),『さるのゼフィールの休暇』(36) を出版した。
- ⇒絵本 (ブリュノフ,ジャン・ド 1899-1937)

Brunhoff, Laurent de
フランスのイラストレーター。
- ⇒絵本 (ブリュノフ,ローラン・ド 1925-)
- 外12 (ブリュノフ,ローラン・ド 1925-)
- 外16 (ブリュノフ,ローラン・ド 1925-)
- 現世文 (ブリュノフ,ローラン・ド 1925-)

Bruni, Bruno
イタリア生まれの造形作家,画家。
- ⇒芸13 (ブルーニ,ブルーノ 1935-)

Bruni, Carla
フランスのシンガー・ソングライター,ファッションモデル。サルコジ・フランス大統領夫人。
- ⇒外12 (ブルーニ,カーラ 1967.12.23-)
- 外16 (ブルーニ,カーラ 1967.12.23-)

Bruni, Sergio
イタリアのナポリターナ,ポピュラー歌手。
- ⇒標音2 (ブルーニ,セルジョ 1921.9.15-2003.6.22)

Brüning, Heinrich
ドイツの政治家,政治学者。1930年に首相に就任。ナチス政権の成立後アメリカに亡命。
- ⇒岩世人 (ブリューニング 1885.11.26-1970.3.30)
- 新カト (ブリューニング 1885.11.26-1970.3.30)

Brunneer, August
ドイツのカトリック哲学者,イエズス会士。
- ⇒新カト (ブルンナー 1894.1.3-1985.4.11)

Brunner, Constantin
ドイツの哲学者。
- ⇒メル3 (ブルンナー,コンスタンティン 1862-1936)

Brunner, Emil
スイスのプロテスタント神学者。主著『神秘と言葉』(1924),『自然と思想』(34) など。
- ⇒岩キ (ブルンナー 1889-1966)
- 岩世人 (ブルンナー 1889.12.23-1966.4.6)
- オク教 (ブルンナー 1889-1966)
- 教人 (ブルンナー 1889-)
- 広辞7 (ブルンナー 1889-1966)
- 新カト (ブルンナー 1889.12.23-1966.4.6)
- 世人新 (ブルンナー 1889-1966)
- 世人装 (ブルンナー 1889-1966)

Brunner, Heinrich
オーストリアの法制史学者。中世法制史研究に業績を残した。
- ⇒岩世人 (ブルンナー 1840.6.21-1915.8.11)

Brunner, Hélène
フランスのインド学者。
- ⇒岩世人 (ブルンネル 1920.5.20-2005.3.27)

Brunner, John
イギリスのSF作家。
⇒現世文（ブラナー, ジョン　1934.9.14–1995.8.25）

Brunner, Otto
ドイツの歴史家。鋭い概念批判の方法を駆使して, 西ドイツにおける新しい社会史研究に大きな刺激を与えた。
⇒岩世人（ブルンナー　1898.4.21–1982.6.12）

Brunner, Richard
アメリカのテノール歌手。
⇒魅惑（Brunner,Richard　?–）

Bruno, Vanessa
フランスの服飾デザイナー。
⇒外12（ブリューノ, ヴァネッサ　1967.7–）

Brunot, Ferdinand Eugène
フランスの言語学者。主著『フランス語史』（1905～38）。
⇒岩世人（ブリュノ　1860.11.6–1938.1.31）

Brunschvicg, Léon
フランスの観念論哲学者。フランス哲学会（1901）の創立者の一人。
⇒岩世人（ブランシュヴィック　1869.11.10–1944.1.18）
　新力ト（ブランシュヴィク　1869.11.10–1944.1.18）
　メル3（ブランシュヴィック, レオン　1869–1944）

Brunschvig, Robert
フランスの東洋学者。
⇒ユ著人（Brunschvig,Robert　ブランシュヴィック, ロベール　1901–1990）

Brunstäd, Friedrich
ドイツの哲学者, ルター派神学者。
⇒岩世人（ブルンシュテート　1883.7.22–1944.11.2）

Brunswig, Alfred
ドイツの哲学者。主著 "Das Grundproblem Kants" (1914)。
⇒岩世人（ブルンスヴィヒ　1877.6.13–1927.6.22）

Brunswik, Egon
アメリカの心理学者。ハンガリー出身。カリフォルニア大学教授。
⇒岩世人（ブルンスウィック　1903.3.18–1955.7.7）

Brunton, *Sir* Thomas Lauder
イギリスの医師。心臓血管系に及ぼす薬物の作用の研究で著名。
⇒岩世人（ブラントン　1844.3.14–1916.9.16）

Brusca, Robert
アメリカのエコノミスト。
⇒外12（ブラスカ, ロバート）
　外16（ブラスカ, ロバート）

Bruscantini, Sesto
イタリアのバリトン歌手。
⇒オペラ（ブルスカンティーニ, セスト　1919–2003）
　新音中（ブルスカンティーニ, セスト　1919.12.10–）
　標音2（ブルスカンティーニ, セスト　1919.12.10–2003.5.4）

Bruschi, Tedy
アメリカのプロフットボール選手。
⇒外12（ブルースキー, テディ　1973.6.9–）
　最世ス（ブルースキー, テディ　1973.6.9–）

Brush, Charles Francis
アメリカの発明家, 電気技術者。高圧直流発電機（1876）およびアーク灯を発明（78）, クリーヴランドにブラッシュ電気会社を設立して社長となった（81～91）。
⇒岩世人（ブラッシュ　1849.3.17–1929.1.15）

Brush, George de Forest
アメリカの画家。アメリカ・インディアンや母子の肖像画を描いた。
⇒アメ州（Brush,George de Forest　ブラッシュ, ジョージ・デフォレスト　1855–1941）

Bruson, Renato
イタリアのバリトン歌手。
⇒オペラ（ブルゾン, レナート　1936–）
　新音中（ブルゾン, レナート　1936.1.13–）
　標音2（ブルゾン, レナート　1936.1.13–）

Brussig, Thomas
ドイツの作家。
⇒外16（ブルスィヒ, トーマス　1965–）
　現世文（ブルスィヒ, トーマス　1965–）

Brussolo, Serge
フランスの作家。
⇒外12（ブリュソロ, セルジュ　1951–）
　外16（ブリュソロ, セルジュ　1951–）
　現世文（ブリュソロ, セルジュ　1951–）

Bruton, John Gerard
アイルランドの政治家。アイルランド首相, 統一アイルランド党（フィニ・ゲイル）党首。
⇒岩世人（ブルートン　1947.5.18–）
　外16（ブルートン, ジョン　1947.5.18–）
　世指導（ブルートン, ジョン　1947.5.18–）

Bruton, William Haron
アメリカの大リーグ選手（外野）。
⇒メジャ（ブルトン, ビル　1925.11.9–1995.12.5）

Brutskus, Boris Davidovich
ロシアの経済学者。
⇒岩世人（ブルックス　1874.10.3/15–1938.12.7）

Brutus, Dennis
南アフリカ共和国の詩人。

⇒現世文（ブルータス, デニス　1924.11.28–2009.12.26）

Bruun, Anton Frederick
デンマークの海洋生物学者。Galathea号の世界周航深海調査を指揮した。
⇒岩世人（ブルーン　1901.12.14–1961.12.13）

Bruvel, Gil
フランスの画家。
⇒芸13（ブルベール, ジル　1959–）

Bryan, Bob
アメリカのテニス選手。
⇒外12（ブライアン, ボブ　1978.4.29–）
　外16（ブライアン, ボブ　1978.4.29–）
　最世ス（ブライアン, ボブ　1978.4.29–）

Bryan, Charles Page
アメリカの外交官。
⇒アア歴（Bryan,Charles Page　ブライアン, チャールズ・ペイジ　1856.10.6–1918.3.17）

Bryan, David
アメリカのロック・キーボード奏者。
⇒外12（ブライアン, デービッド　1962.2.7–）
　外16（ブライアン, デービッド　1962.2.7–）

Bryan, Mike
アメリカのテニス選手。
⇒外12（ブライアン, マイク　1978.4.29–）
　外16（ブライアン, マイク　1978.4.29–）
　最世ス（ブライアン, マイク　1978.4.29–）

Bryan, Robert Thomas
アメリカの宣教師。
⇒アア歴（Bryan,Robert Thomas　ブライアン, ロバート・トマス　1855.10.14–1946.4.3）

Bryan, William Jennings
アメリカの政治家。金権政治を否定し, 帝国主義反対を唱え, 大雄弁家として知られた。
⇒アメ経（ブライアン, ウィリアム　1860.3.19–1925.7.26）
　アメ州（Bryan,William Jennings　ブライアン, ウイリアム・ジェニングス　1860–1925）
　アメ新（ブライアン　1860–1925）
　岩世人（ブライアン　1860.3.19–1925.7.26）

Bryant, Ann
イギリスの作家。
⇒海文新（ブライアント, アン）

Bryant, Boudleaux
アメリカ・ジョージア州シェルマン生まれのヴァイオリン奏者, ソングライター。
⇒ロック（Felice and Boudleaux Bryant　フェリース&ブードロウ・ブライアント　1920–）

Bryant, Claiborne Henry
アメリカの大リーグ選手（投手）。
⇒メジャ（ブライアント, クレイ　1911.11.26–1999.4.9）

Bryant, Ed
アメリカのSF作家。
⇒現世文（ブライアント, エド　1945–）

Bryant, Felice
アメリカ・ウィスコンシン州ミルウォーキー生まれのソングライター。
⇒ロック（Felice and Boudleaux Bryant　フェリース&ブードロウ・ブライアント　1925–）

Bryant, Joe
アメリカのバスケットボール監督（ライジング福岡）, バスケットボール選手。
⇒外12（ブライアント, ジョー　1954.10.19–）
　外16（ブライアント, ジョー　1954.10.19–）
　最世ス（ブライアント, ジョー　1954.10.19–）

Bryant, Kobe
アメリカのバスケットボール選手。
⇒岩世人（ブライアント　1978.8.23–）
　外12（ブライアント, コービー　1978.8.23–）
　外16（ブライアント, コービー　1978.8.23–）
　最世ス（ブライアント, コービー　1978.8.23–）

Bryant, Ralph Wendell
アメリカの大リーグ選手（外野）。
⇒外12（ブライアント, ラルフ　1961.5.20–）

Bryant, Ronald Raymond
アメリカの大リーグ選手（投手）。
⇒メジャ（ブライアント, ロン　1947.11.12–）

Bryant, Sophie
アイルランドの数学者, 教育家, 女性解放運動家。
⇒岩世人（ブライアント　1850.2.15–1922.8.29）

Bryantsev, Georgii Mikhailovich
ソ連の小説家, 児童文学作家。
⇒現世文（ブリャンツェフ, ゲオルギー　1904–1960）

Bryars, Gavin
イギリスの作曲家。
⇒ク音3（ブライアーズ　1943–）
　新音中（ブライアーズ, ギャヴィン　1943.1.16–）

Bryce, James
イギリスの法学者, 政治学者, 政治家。主著『近代民主制』(1921)が著名。
⇒アメ経（ブライス, ジェームズ　1838–）
　アメ新（ブライス　1838–1922）
　岩世人（ブライス　1838.5.10–1922.1.22）
　学叢思（ブライス, ジェームズ　1838–1922）

Bryce Echenique, Alfredo
ペルーの作家。
⇒岩世人（ブライス・エチェニケ　1939.2.19–）
　外16（ブライス・エチェニケ, アルフレード　1939.2.19–）

現世文（ブライス・エチェニケ，アルフレード　1939.2.19–）
ラテ新（ブライス・エチェニケ　1939–）

Brycz, Pavel
チェコの作家。
⇒海文新（ブリッチ，パヴェル　1968–）
　現世文（ブリッチ，パヴェル　1968–）

Bryennios, Philotheos
キリスト教東方教会神学者。コレメンス書簡の手写本などを発見し，注とともに出版。
⇒新カト（ブリュエンニオス　1833.3.26–1918）

Bryggman, Erik
フィンランドの建築家。ヴィールメーキの体育学校（1936），オーボの図書館等の公共建築物を建築。
⇒岩世人（ブリッグマン　1891.2.7–1955.12.21）

Brynner, Yul
アメリカの俳優。1956年映画「王様と私」でアカデミー主演賞を獲得。
⇒ク俳（ブリナー，ユル（ブリナー，ユール）　1915–1985）
　スター（ブリンナー，ユル　1915.7.11–1985）
　ネーム（ブリンナー，ユル　1920–1985）

Bryson, Peabo
アメリカの歌手。
⇒外12（ブライソン，ピーボ　1951.4.13–）
　外16（ブライソン，ピーボ　1951.4.13–）

Bryson, William Norman
アメリカの美術史家。
⇒岩世人（ブライソン　1949–）

Bryukhonenko, Sergei Sergeevich
ソ連の生理学者。
⇒岩世人（ブリュホネンコ　1890.4.30/5.12–1960.4.20）

Bryusov, Valerii Iakovlevich
ロシアの詩人，評論家。ロシアにおける象徴主義運動の出発点を築いた。
⇒岩世人（ブリューソフ　1873.12.1/13–1924.10.9）
　現世文（ブリューソフ，ワレリー　1873.12.13–1924.10.9）
　広辞7（ブリューソフ　1873–1924）
　ネーム（ブリューソフ　1873–1924）

Brzechwa, Jan
ポーランドの詩人，童話作家。ポーランドの子どものための詩の大家。
⇒現世文（ブジェフバ，ヤン　1900–1966）

Brzezinski, Zbigniew
アメリカの国際問題研究者。国務省顧問。ソ連・東欧問題の研究者として知られる。
⇒アメ新（ブレジンスキー　1928–）
　岩世人（ブレジンスキー　1928.3.28–）
　外12（ブレジンスキー，ズビグニュー　1928.3.28–）
　外16（ブレジンスキー，ズビグニュー　1928.3.28–）
　国政（ブレンジンスキー，ズビグネフ　1928–）
　世指導（ブレジンスキー，ズビグニュー　1928.3.28–2017.5.26）

Brzinski, Matthew
アメリカのジャーナリスト。
⇒外12（ブレジンスキー，マシュー）
　外16（ブレジンスキー，マシュー　1965–）

Btalla, Hugo
ウルグアイの政治家。ウルグアイ副大統領。
⇒世指導（バタジャ，ウゴ　?–1998.10.3）

Buakaw Por Puramuk
タイの格闘家。
⇒外12（ブアカーオ・ポー・プラムック　1982.5.8–）

Buarque, Chico
ブラジルの作曲家。
⇒岩世人（ブアルキ　1944.6.19–）
　外16（ブアルキ，シコ　1944.6.19–）

Bubbles, Barney
イギリス・ロンドンに本拠を置いたデザイナー。
⇒グラデ（Bubbles,Barney　バブルズ，バーニー　1942–1983）

Bubeníček, Jiří
チェコのバレエダンサー，振付師。
⇒外12（ブベニチェク，イリ　1974–）
　外16（ブベニチェク，イリ　1974–）

Bubennov, Mikhail Semënovich
ソ連の小説家。代表作は長篇『白樺』（1947,52）。
⇒現世文（ブベンノフ，ミハイル　1909.11.21–1983.10.3）

Buber, Martin
オーストリア生まれのユダヤ系宗教哲学者，社会学者。対話の哲学の代表者。
⇒岩キ（ブーバー　1878–1965）
　岩世人（ブーバー　1878.2.8–1965.6.13）
　オク教（ブーバー　1878–1965）
　教思増（ブーバー　1878–1965）
　教人（ブーバー　1878–）
　現社（ブーバー　1878–1965）
　広辞7（ブーバー　1878–1965）
　新カト（ブーバー　1878.2.8–1965.6.13）
　哲中（ブーバー　1878–1965）
　メル別（ブーバー，マルティン　1878–1965）
　ユ著他（Buber,Martin　ブーバー，マルチン　1878–1965）

Bubka, Sergei, Jr.
ウクライナのテニス選手。
⇒外12（ブブカ，セルゲイ（Jr.）　1987.2.10–）

Buble, Michael
カナダ生まれの歌手。

⇒外12（ブーブレ, マイケル　1975.9.9–）
外16（ブーブレ, マイケル　1975.9.9–）

Bubner, Rüdiger
ドイツの哲学者。
⇒岩世人（ブブナー　1941.5.9–2007.2.9）

Bubnoff, Sergius von
ロシア生まれのドイツの地質学者。構造地質学, 鉱床学, 地史学の研究がある。
⇒岩世人（ブブノフ　1888.7.15/27–1957.11.16）

Bubunov, Alexander Pavlovich
ロシアの画家。
⇒芸13（ブブノフ, アレクサンドル・パヴロヴィッチ　1908–1977）

Bucaram, Abdalá
エクアドルの政治家。エクアドル大統領（1996～97）。
⇒世指導（ブカラム, アブダラ　1952.2.20–）

Bucchi, Valentino
イタリアの作曲家。
⇒オペラ（ブッキ, ヴァレンティーノ　1916–1976）

Bucerius, Gerd
ドイツの出版人, 政治家。
⇒岩世人（ブツェリウス　1906.5.19–1995.9.29）

Buchan, James
スコットランドの作家, 評論家。
⇒現代文（バカン, ジェームズ　1954–）

Buchan, Sir John, 1st Baron Tweedsmuir
スコットランドの著述家。情報部長（1917～18）, カナダ総督（35～40）。
⇒岩世人（バハン（バカン）　1875.8.26–1940.2.11）
スパイ（バカン, ジョン　1875–1940）

Buchanan, Bill
アメリカの音楽家, 歌手。
⇒ロック（Buchanan and Goodman　ブキャナン＆グッドマン　1935–）

Buchanan, Dean
ニュージーランドの画家。
⇒ニュー（ブキャナン, ディーン　1952–）

Buchanan, James Mcgill
アメリカの経済学者。1986年「新政治経済学」の理論研究によりノーベル経済学賞受賞。
⇒岩世経（ブキャナン　1919–）
岩世人（ブキャナン　1919.10.3–2013.1.9）
ノベ3（ブキャナン, J.M.　1919.10.2–）
有経5（ブキャナン　1919–2013）

Buchanan, John Young
イギリスの海洋学者。チャレンジャー号による探検に物理化学担当者として参加し（1872～76）, 大西洋の深海における温度および塩分含有量を調査発表した。
⇒岩世人（ブキャナン　1844–1925.10.16）
化学（ブキャナン　1844–1925）

Buchanan, Joseph Ray
アメリカの社会主義者。
⇒学叢思（ブカナン, ヨセフ・レー　1851–?）

Buchanan, Mark
アメリカのサイエンスライター。
⇒外12（ブキャナン, マーク　1961–）
外16（ブキャナン, マーク　1961–）

Buchanan, Pat
アメリカの政治評論家, 政治コラムニスト。
⇒アメ新（ブキャナン　1938–）
外12（ブキャナン, パット　1938.11.2–）
外16（ブキャナン, パット　1938.11.2–）
世指導（ブキャナン, パット　1938.11.2–）

Buchanan, Roy
アメリカのギター奏者。
⇒ロック（Buchanan, Roy　ブキャナン, ロイ　1939.9.23–）

Buchbauer, Robert
オーストリアの実業家。
⇒外12（ブッフバウアー, ロバート）
外16（ブッフバウアー, ロバート）

Buchberger, Michael
ドイツのカトリック神学者。
⇒新カト（ブフベルガー　1874.6.8–1961.6.10）

Buchbinder, Rudolf
チェコ, のちオーストリアのピアノ奏者。
⇒外12（ブッフビンダー, ルドルフ　1946.12.1–）
外16（ブッフビンダー, ルドルフ　1946.12.1–）

Bücheler, Franz
ドイツの古典学者。ラテン語, 古代イタリア方言の研究がある。
⇒岩世人（ビューヒェラー　1837.6.3–1908.5.3）

Bücher, Karl
ドイツの経済学者, 新歴史学派の代表者。新聞の社会学的研究に先鞭をつけた。
⇒岩世人（ビューヒャー　1847.2.16–1930.11.12）
社小増（ビュッヒャー　1847–1930）
標音2（ビューヒャー, カルル　1847.2.16–1930.11.12）
有経5（ビュッヒャー　1847–1930）

Bucher, Lloyd M.
アメリカの海軍軍人。情報収集艦プエブロの艦長。
⇒スパイ（ブッチャー, ロイド・M　1928–2004）

Bucherer, Alfred
ドイツの物理学者。電子論に関する研究がある。

⇒岩世人（ブーヘラー　1863.7.9–1927.4.16）

Buchheim, Lothar-Günther
ドイツ（西ドイツ）の作家, 出版者。
⇒現世文（ブーフハイム, ロータル・ギュンター　1918.2.6–2007.2.22）

Buchholz, Clay
アメリカの大リーグ選手（レッドソックス・投手）。
⇒外12（バックホルツ, クレー　1984.8.14–）
　外16（バックホルツ, クレー　1984.8.14–）
　最世ス（バックホルツ, クレー　1984.8.14–）

Buchholz, Horst
ドイツ生まれの俳優。
⇒ク俳（ブッフホルツ, ホルスト　1932–）

Buchman, Frank
アメリカの宗教家, MRA（道徳再武装）運動の創始者。
⇒岩世人（ブックマン　1878.6.4–1961.8.7）
　オク教（ブックマン　1878–1961）
　新カト（ブックマン　1878.6.4–1961.8.7）

Buchmann, Edward O.
アメリカの空軍士官学校の生徒。
⇒スパイ（バックマン, エドワード・O）

Büchner, Eberhard
東ドイツのテノール歌手。
⇒失声（ビュヒュナー, エベルハルト　1939–）
　魅惑（Büchner, Eberhard　1939–）

Buchner, Eduard
ドイツの生化学者。無細胞のアルコール発酵を発見（1896）, ノーベル化学賞受賞（1907）。
⇒岩生（ブフナー　1860–1917）
　岩世人（ブーフナー　1860.5.20–1917.8.13）
　旺生5（ブフナー　1860–1917）
　化学（ブフナー　1860–1917）
　学叢思（ブフネル, エドゥアルト　1860–1917）
　広辞7（ブフナー　1860–1917）
　ノベ3（ブフナー, E.　1860.5.20–1917.8.13）

Büchner, Franz
西ドイツの病理学者。酸素欠乏状態によっておこる生体の細胞・組織・器官の病理, および先天性奇形の発生についての研究が高く評価されている。
⇒岩世人（ビューヒナー　1895.1.20–1991.3.9）

Büchner, Karl
ドイツの古典ラテン語学者, ローマ文学史家。
⇒岩世人（ビューヒナー　1910.8.6–1981.11.19）

Buchta, Hubert
オーストリアのテノール歌手。
⇒魅惑（Buchta,Hubert　1899–1987）

Buchwald, Art（hur）
アメリカのジャーナリスト。
⇒アメ新（バックウォルド　1925–2007）

Buchwald, Guido
ドイツのサッカー選手, 監督。
⇒外12（ブッフバルト, ギド　1961.1.24–）
　外16（ブッフバルト, ギド　1961.1.24–）
　ネーム（ブッフバルト, ギド　1961–）

Buck, Carl Darling
アメリカの言語学者。ラテン語とギリシア語の研究に貢献。主著『オスク語ウンブリア語文法』（1904）など。
⇒岩世人（バック　1866.10.2–1955.2.8）

Buck, Chris
アメリカのアニメーション監督, アニメーター。
⇒外16（バック, クリス　1960.10.25–）

Buck, Frank
アメリカの動物収集家。
⇒アア歴（Buck,Frank（lin Howard）　バック, フランク［リン］・ハワード　1884.11.17–1950.3.25）

Buck, Johnathan Richard
アメリカの大リーグ選手（捕手）。
⇒メジャ（バック, ジョン　1980.7.7–）

Buck, John Lossing
アメリカの農業経済学者。
⇒アア歴（Buck,J（ohn）Lossing　バック, ジョン・ロシング　1890.11.27–1975.9.27）
　岩世人（バック　1890.11.27–1975.9.27）

Buck, Linda B.
アメリカの生理学者。
⇒外12（バック, リンダ）
　外16（バック, リンダ　1947–）
　ノベ3（バック, L.B.　1947.1.29–）

Buck, Oscar Macmillan
アメリカの宣教師。
⇒アア歴（Buck,Oscar Macmillan　バック, オスカー・マクミラン　1885.2.9–1941.2.10）

Buck, Pearl
アメリカの女性小説家。『大地』（1931）によって, ピュリッツァー賞を受賞。38年ノーベル文学賞受賞。
⇒アア歴（Buck,Pearl（Sydenstricker）　バック, パール・サイデンストリッカー　1892.6.26–1973.3.6）
　アメ州（Buck,Pearl　バック, パール　1892–1973）
　岩女（バック, パール　1892.6.26–1973.3.6）
　岩世人（バック　1892.6.26–1973.3.6）
　現世文（バック, パール　1892.6.26–1973.3.6）
　広辞7（パール・バック　1892–1973）
　新カト（バック　1892.6.26–1973.3.6）
　西文（バック, パール　1892–1973）

ノベ3 (バック, P. 1892.6.26–1973.3.6)
ポプ人 (バック, パール 1892–1973)

Buck, Peter
アメリカのロック・ギター奏者。
⇒外12 (バック, ピーター 1956.12.6–)
外16 (バック, ピーター 1956.12.6–)

Buck, *Sir* Peter Henry
ニュージーランドのマオリ学者, 作家。
⇒ニュー (バック, ピーター 1877頃–1951)

Buck, Philo Melvin
アメリカの宣教師。
⇒アア歴 (Buck,Philo M(elvin) バック, ファイロウ・メルヴィン 1846.5.15–1924.9.8)

Buckel, Ursula
ドイツのソプラノ歌手。
⇒標音2 (ブッケル, ウルズラ 1926.2.11–)

Buckelew, Alan B.
アメリカの実業家。
⇒外16 (バクルー, アラン 1948–)

Buckell, Tobias S.
アメリカの作家。
⇒海文新 (バッケル, トビアス・S.)
現世文 (バッケル, トバイアス・S. 1979–)

Buckels, Jim
アメリカ生まれの画家。
⇒芸13 (バックルス, ジム 1948–)

Bucken, Ernst
ドイツの音楽学者。『音楽学叢書』,『音楽の偉大な巨匠たち』を編集。
⇒標音2 (ビュッケン, エルンスト 1884.5.2–1949.7.28)

Buckenberger, Albert C.
アメリカの大リーグ監督。
⇒メジャ (バッケンバーガー, アル 1861.1.31–1917.7.1)

Buckingham, Amyand David
オーストラリア生まれのイギリスの理論化学者。
⇒岩世人 (バキンガム 1930.1.28–)

Buckingham, Benjamin Horr
アメリカの海軍将校。
⇒アア歴 (Buckingham,Benjamin H(orr) バッキンガム, ベンジャミン・ホア 1848.2.11–1906.1.16)

Buckingham, Earle
アメリカの機械工学者。マサチューセッツ理工科大学教授。歯車および計測学者として知られる。
⇒岩世人 (バキンガム 1887.9.4–1978)

Buckingham, Marcus
イギリスのマネジメント・コンサルタント。ザ・マーカス・バッキンガム・カンパニー創業者。
⇒外12 (バッキンガム, マーカス)
外16 (バッキンガム, マーカス)

Buckland, Jonny
イギリスのミュージシャン。
⇒外12 (バックランド, ジョニー 1977.9.11–)
外16 (バックランド, ジョニー 1977.9.11–)

Buckley, Michael
アメリカの児童文学作家。
⇒海文新 (バックリー, マイケル)
現世文 (バックリー, マイケル)

Buckley, Tim
アメリカのシンガー・ソングライター。
⇒ロック (Buckley,Tim バックリー, ティム 1947.4.12–)

Buckley, Vincent
オーストラリアの詩人, 批評家。
⇒現世文 (バックリー, ビンセント 1925.7.8–1988.11.12)

Buckley, Walter
アメリカの社会学者。
⇒社小増 (バックレー 1921–)

Buckley, William F.
アメリカの防諜専門家。中央情報局(CIA)ベイルート支局長。
⇒スパイ (バックリー, ウィリアム・F 1928–1985)

Buckley, William Frank, Jr.
アメリカの保守派を代表する政治評論家, 雑誌編集者, 小説家。
⇒アメ新 (バックリー 1925–2008)
現世文 (バックリー, ウィリアム (Jr.) 1925.11.24–2008.2.27)

Buckley-Archer, Linda
イギリスの脚本家, 作家。
⇒外16 (バックリー・アーチャー, リンダ)
海文新 (バックリー・アーチャー, リンダ)
現世文 (バックリー・アーチャー, リンダ)

Buckmaster, Leland Stanford
アメリカの統一ゴム労働組合 (URW) 会長。
⇒アメ経 (バクマスター, リーランド 1894.3.30–1967.1.2)

Buckner, M.M.
アメリカのSF作家。
⇒外12 (バックナー,M.M.)
外16 (バックナー,M.M.)
海文新 (バックナー,M.M.)
現世文 (バックナー,M.M.)

Buckner, William Joseph
アメリカの大リーグ選手（一塁, 外野）。
⇒メジャ（バックナー, ビル　1949.12.14–）

Bucky, Gustav
ドイツ生まれのアメリカの放射線科医。ブッキー線の発見者。
⇒ユ著人（Bucky,Gustav　ブッキー, グスタフ　1880–1963）

Budde, Gerhard
ドイツの教育学者。オイケン哲学の影響下に, 人格教育, 個性尊重の立場から「精神論的教育学」を説いた。
⇒岩世人（ブッデ　1865.2.19–1944.3）
　教人（ブッデ　1865–1944）

Budde, Karl Ferdinand Reinhard
ドイツの旧約聖書学者。旧約聖書の註釈を書いた。
⇒岩世人（ブッデ　1850.4.13–1935.1.29）

Budenny, S.M.
ソ連の政治家。
⇒学叢思（ブデンヌイ　1881–）

Budge, Don
アメリカのテニス選手。
⇒岩世人（バッジ　1915.6.13–2000.1.26）
　ネーム（バッジ, ドン　1915–2000）

Budiman, Arief
インドネシアの社会学者, 作家, 評論家, 社会活動家。
⇒岩世人（ブディマン, アリフ　1941.1.3–）

Budnitz, Judy
アメリカの作家。
⇒外16（バドニッツ, ジュディ　1973–）
　海文新（バドニッツ, ジュディ）
　現世文（バドニッツ, ジュディ　1973–）

Budyko, Mikhail Ivanovich
ソ連の気候学者。全地球を対象とした地表面の熱収支, 水収支の研究で有名。
⇒岩世人（ブドゥイコ　1920.1.20–2001.12.10）

Budyonnyi, Semyon Mikhailovich
ソ連の軍人, 元帥。反革命軍に対し, 赤色騎兵隊を組織して戦った。
⇒岩世人（ブジョンヌイ　1883.4.13/25–1973.10.26）

Buechele, Steven Bernard
アメリカの大リーグ選手（三塁）。
⇒メジャ（ブーシェル, スティーヴ　1961.9.26–）

Bueckner, Frederick
アメリカの作家。
⇒現世文（ビークナー, フレデリック・カール　1926–）

Buehrle, Mark
アメリカの大リーグ選手（投手）。
⇒外12（バーリー, マーク　1979.3.23–）
　外16（バーリー, マーク　1979.3.23–）
　最世ス（バーリー, マーク　1979.3.23–）
　メジャ（バーリー, マーク　1979.3.23–）

Buencamino, Francisco Beltran, Sr.
フィリピンの作曲家。
⇒岩世人（ブエンカミノ　1883.11.5–1952.10.16）

Bueno, Maria
ブラジルのテニス選手。
⇒異二辞（ブエノ［マリア・～］　1939–）

Buergenthal, Thomas
チェコスロバキア生まれの法律家。国際司法裁判所判事。
⇒外12（バーゲンソール, トーマス　1934.5.11–）
　外16（バーゲンソール, トーマス　1934.5.11–）

Buerger, Leo
アメリカの医師。
⇒ユ著人（Buerger,Leo　ビュルガー, レオ　1879–1943）

Buero Vallejo, Antonio
スペインの劇作家。
⇒岩世人（ブエロ・バリェーホ　1916.9.29–2000.4.29）
　現世文（ブエロ・バリェッホ, アントニオ　1916.9.29–2000.4.28）

Buettner, Robert
アメリカの作家。
⇒海文新（ブートナー, ロバート　1947.7.7–）
　現世文（ブートナー, ロバート　1947.7.7–）

Bufalino, Gesualdo
イタリアの作家。
⇒現世文（ブファリーノ, ジェズアルド　1920–1996.6.14）

Buff, Joe
アメリカの作家。
⇒海文新（バフ, ジョー）
　現世文（バフ, ジョー）

Buffa, Dudley W.
アメリカの作家, 弁護士。
⇒海文新（バッファ,D.W.）
　現世文（バッファ,D.W.）

Buffalo Bill
アメリカ西部の開拓者。
⇒アメ新（バッファロー・ビル　1846–1917）

Buffenoir, Hippolyte
フランスの作家。
⇒19仏（ビュフノワール, イポリット　1847.10.16–1928.7.5）

Buffet, Bernard
フランスの画家, 版画家。
⇒岩世人（ビュッフェ　1928.7.10-1999.10.4）
芸13（ビュッフェ, ベルナール　1928-）
広辞7（ビュッフェ　1928-1999）
ポプ人（ビュッフェ, ベルナール　1928-1999）

Buffett, Warren Edward
アメリカの投資会社経営者。
⇒外12（バフェット, ウォーレン　1930.8.30-）
外16（バフェット, ウォーレン　1930.8.30-）

Buff-Giessen, Hans
ドイツのテノール歌手。1888～94年ワイマール宮廷劇場, 94～98年ヴィースバーデン宮廷オペラと契約。99年ドレスデン宮廷オペラに移った。
⇒魅惑（Buff-Giessen, Hans　1862-1907）

Buffinton, Charles G.
アメリカの大リーグ選手 (投手)。
⇒メジャ（バフィントン, チャーリー　1861.6.14-1907.9.23）

Buffon, Gianluigi
イタリアのサッカー選手。
⇒外12（ブッフォン, ジャンルイジ　1978.1.28-）
外16（ブッフォン, ジャンルイジ　1978.1.28-）
最世ス（ブッフォン, ジャンルイジ　1978.1.28-）
ネーム（ブッフォン　1978-）

Bufi, Ylli
アルバニアの政治家。アルバニア首相。
⇒世指導（ブフィ, イリ　1948.5.25-）

Bufkens, Roland
ベルギーのテノール歌手。
⇒魅惑（Bufkens, Roland　1936-）

Buford, Bill
アメリカの編集者, 作家。
⇒外12（ビューフォード, ビル　1954-）

Buford, Donald Alvin
アメリカの大リーグ選手 (外野, 二塁, 三塁)。
⇒メジャ（ビュフォード, ドン　1937.2.2-）

Bugg, Jake
イギリスのシンガー・ソングライター。
⇒外16（バグ, ジェイク　1994-）

Bugge, Elseus Sophus
ノルウェーの言語学者。北欧の言語, 文学, 神話を研究し, またエッダおよびルーン文字碑文を刊行した。
⇒岩世人（ブッゲ　1833.1.5/4-1907.7.8）

Bughici, Dumitru
ルーマニアの作曲家。
⇒標音2（ブギッチ, ドゥミトル　1921.11.14-）

Bugnini, Annibale
イタリアの典礼学者。
⇒新カト（ブニーニ　1912.6.14-1982.7.3）

Buguet, Henry
フランスのジャーナリスト, 劇作家。
⇒19仏（ビュゲ, アンリ　1845.11.18-1920.6.10）

Buhari, Muhammad
ナイジェリアの政治家, 軍人。ナイジェリア最高軍事評議会議長 (元首)。
⇒外16（ブハリ, ムハンマドゥ　1942.12.17-）
世指導（ブハリ, ムハンマドゥ　1942.12.17-）

Buḥīrid, Jamīla
アルジェリア独立戦争時に活躍した民族解放戦線 (FLN) の女性活動家。
⇒岩イ（ブーヒルド　1935/1937-）

Buhl, Hermann
オーストリアの登山家。1957年カラコルムのブロード＝ピークに初登頂。
⇒岩世人（ブール　1924.9.21-1957.6.27）

Buhl, Robert Ray
アメリカの大リーグ選手 (投手)。
⇒メジャ（ブール, ボブ　1928.8.12-2001.2.16）

Bühler, Charlotte Bertha
ドイツ, オーストリア, アメリカの女性心理学者。心理学者K.ビューラーの妻。児童, 青年の精神発達研究に貢献。
⇒岩世人（ビューラー　1893.12.20-1974.2.3）
教人（ビューラー　1893-）
現精（ビューラー, C.　1893-1974）
現精縮（ビューラー, C.　1893-1974）
世界子（ビューラー, シャーロット　1893-1974）

Bühler, Karl
ドイツ, オーストリア, アメリカの心理学者。ゲシュタルト心理学, 発達心理学および言語心理学で著名。
⇒岩世人（ビューラー　1879.5.27/17-1963.10.24）
オク言（ビューラー, カール　1879-1963）
教人（ビューラー　1879-）
現精（ビューラー, K.　1879-1963）
現精縮（ビューラー, K.　1879-1963）
メル3（ビューラー, カール　1879-1963）

Buhler, Urs
スイスのテノール歌手。
⇒外12（ブーラー, ウルス　1971.7.19-）
外16（ブーラー, ウルス　1971.7.19-）

Buhner, Jay Campbell
アメリカの大リーグ選手 (外野)。
⇒メジャ（ビューナー, ジェイ　1964.8.13-）

Buica, Manuel
ポルトガル王カルロス1世の暗殺者。

⇒世暗（ブイカ,マヌエル　1877–1908）
Builes, Miguel Angel
コロンビアの司教,ヤルマル外国宣教会の創立者。
⇒新カト（ブイレス　1888.9.9–1971.9.29）
Bùi Quang Chiêu
ベトナムの政治家。
⇒岩世人（ブイ・クアン・チエウ　1873–1945.9.29）
Buisson, Ferdinand-Édouard
フランスの教育家。人間法連盟の総裁などを勤め,ノーベル平和賞受賞（1927）。
⇒岩世人（ビュイソン　1841.12.20–1932.2.16）
　教人（ビュイッソン　1841–1932）
　ノベ3（ビュイソン,F.E.　1841.12.20–1932.2.16）
Buitenen, Johannes Adrianus Bernardus van
オランダ生まれのアメリカのインド学者。
⇒岩世人（バイトネン　1928.5.21–1979.9.21）
Buitrago, Jairo
コロンビアの児童文学作家,イラストレーター。
⇒現世文（ブイトラゴ,ハイロ　1973–）
Bujold, Genevieve
カナダ生まれの女優。
⇒ク俳（ビュジョルド,ジュヌヴィエーヴ　1942–）
Bujold, Lois McMaster
アメリカのSF作家。
⇒外12（ビジョルド,ロイス・マクマスター　1941–）
　外16（ビジョルド,ロイス・マクマスター　1941–）
　現世文（ビジョルド,ロイス・マクマスター　1941–）
　ネーム（ビジョルド,L.M.　1949–）
Bujor, Flavia
フランスの作家。
⇒現世文（ビュジョール,フラヴィア　1988–）
Buker, Raymond Bates
アメリカの宣教師。
⇒アア歴（Buker,Raymond B（ates） and Buker, Richard S（teele）　ブーカー,レイモンド・ベイツ,ブーカー,リチャード・スティール　1899.8.27–1992.6.3）
Buker, Richard Steele
アメリカの医療宣教師。
⇒アア歴（Buker,Raymond B（ates） and Buker, Richard S（teele）　ブーカー,レイモンド・ベイツ,ブーカー,リチャード・スティール　1899.8.27–1994）
Bukh, Niels
デンマークの体操家。基本体操を考案,指導普及に努めた。
⇒岩世人（ブク　1880.6.15–1950.7.7）

Bukhari
インドネシアの刻文学者,古代史家。
⇒岩世人（ブハリ　1927.3.24–1991.5.28）
Bukharin, Nikolai Ivanovich
ソ連の政治家。党中央委員となり,機関紙『プラウダ』の編集に務めたが,1938年の反革命陰謀のかどで処刑。
⇒岩経（ブハーリン　1888–1938）
　岩世人（ブハーリン　1888.9.27/10.9–1938.3.15）
　学叢思（ブハーリン,ニコライ　1888–）
　現社（ブハーリン　1888–1938）
　広辞7（ブハーリン　1888–1938）
　国政（ブハーリン　1888–1938）
　社小増（ブハーリン　1888–1938）
　世史改（ブハーリン　1888–1938）
　世人新（ブハーリン　1888–1938）
　世人装（ブハーリン　1888–1938）
　哲中（ブハーリン　1888–1938）
　ネーム（ブハーリン　1888–1938）
　ポプ人（ブハーリン,ニコライ・イワノビッチ　1888–1938）
　有経5（ブハーリン　1888–1938）
Bukofzer, Manfred Fritz
ドイツ生まれのアメリカの音楽学者。主著『バロック時代の音楽』（1947）。
⇒新音中（ブコフツァー,マンフレート・F.　1910.3.17–1955.12.7）
　標音2（ブコフツァー,マンフレート・フリッツ　1910.3.17–1955.12.7）
　ユ著人（Bukofzer,Manfred Fritz　ブコフツァー,マンフレート・フリッツ　1910–1955）
Bukovac, Vlaho
ユーゴスラビアの画家。
⇒岩世人（ブコヴァツ　1855–1922.4.23）
Bukowski, Charles
アメリカの詩人,短編,長編小説家。
⇒岩世人（ブコウスキー　1920.8.16–1994.3.9）
　現世文（ブコウスキー,チャールズ　1920.8.16–1994.3.9）
　広辞7（ブコウスキー　1920–1994）
Bulatović, Miodrag
ユーゴスラビア（ツルナ・ゴーラ系）の小説家。『悪魔どもが来る』（1955）で戦後ユーゴスラビアの「怒れる若者」の文学の旗手となった。
⇒岩世人（ブラトヴィチ　1930.2.20–1991.3.15）
　現世文（ブラトヴィチ,ミオドラグ　1930.2.10–1991.3.14）
Bulatović, Momir
モンテネグロの政治家。ユーゴスラビア連邦首相。
⇒外16（ブラトヴィッチ,モミル　1956.9.21–）
　世指導（ブラトヴィッチ,モミル　1956.9.21–）
Bulatović, Pavle
ユーゴスラビアの政治家。ユーゴスラビア国防相。

⇒世指導（ブラトヴィッチ，パブレ ?-2000.2.7)

Bulawayo, NoViolet
ジンバブエの作家。
⇒現世文（ブラワヨ，ノヴァイオレット 1981-)

Bulcke, Camille
ベルギーのイエズス会司祭。
⇒新カト（ブルケ 1909.9.1-1982.8.17)

Bulcke, Paul
ベルギーの実業家。
⇒外12（ブルケ，ポール 1954-)
　外16（ブルケ，ポール 1954-)

Buldakova, Lyudmila Stepanovna
ソ連の女子バレーボール選手。
⇒岩世人（ブルダコーヴァ（ブルダコワ） 1938.5.25-2006.11.9)

Bulgak, Vladimir
ロシアの政治家。ロシア副首相。
⇒世指導（ブルガク，ウラジーミル 1941.5.9-)

Bulgakov, Mikhail Afanas'evich
ソ連の作家。諷刺短篇集『運河の卵』(1925)，『悪魔物語』(25) などを発表。戯曲の多くは発禁となった。
⇒岩世人（ブルガーコフ 1891.5.3/15-1940.3.10)
　現世文（ブルガーコフ，ミハイル 1891.5.14-1940.3.10)
　広辞7（ブルガーコフ 1891-1940)

Bulgakov, Sergei Nikolaevich
ロシアの経済学者，神学者。神学体系の確立とエキュメニズム運動に貢献。
⇒岩キ（ブルガーコフ 1871-1944)
　岩世人（ブルガーコフ 1871.7.16/28-1944.7.13)
　オク教（ブルガーコフ 1871-1944)
　新カト（ブルガーコフ 1871.6.16-1944.7.13)

Bulganin, Nikolai Aleksandrovich
ソ連の政治家。1955年首相となり，平和共存外交を推進。のち失脚，左遷された。
⇒岩世人（ブルガーニン 1895.5.30/6.11-1975.2.24)
　広辞7（ブルガーニン 1895-1975)
　世人新（ブルガーニン 1895-1975)
　世人装（ブルガーニン 1895-1975)
　ネーム（ブルガーニン 1895-1975)

Bulgarelli, Bruno
イタリアのテノール歌手。
⇒失声（ブルガレッリ，ブルーノ ?)
　魅惑（Bulgarelli,Bruno ?-)

Bulgari, Nicola
イタリアの実業家。
⇒外16（ブルガリ，ニコラ 1941-)

Bulgari, Paolo
イタリアの実業家。

⇒外12（ブルガリ，パオロ 1937.10.8-)
　外16（ブルガリ，パオロ 1937.10.8-)

Bulkeley, Morgan Gardner
アメリカ大リーグ，ナ・リーグの初代会長。
⇒アメ経（バルクレー，モルガン 1837.12.26-1922.11.6)
　メジャ（バルクリー，モーガン 1837.12.26-1922.11.6)

Bull, Adam
オーストラリアのバレエダンサー。
⇒外12（ブル，アダム 1981.8.18-)
　外16（ブル，アダム 1981.8.18-)

Bull, Hedley Norman
オーストラリア出身の国際政治学者。
⇒岩世人（ブル 1932.6.10-1985.5.18)
　国政（ブル，ヘドリー 1932-1985)

Bull, Olaf
ノルウェーの詩人。『メトープ』(1927)，『100年間』(28) など。
⇒現世文（ブル，オーラフ 1883.11.10-1933.6.23)

Bull, Sandy
アメリカ・ニューヨーク生まれのミュージシャン。
⇒ロック（Bull,Sandy ブル，サンディ 1941-)

Bullard, Sir Edward Crisp
イギリスの地球物理学者。地磁気原因論，海底地殻熱流量測定法の開発，大陸移動論などに著しい業績をあげた。
⇒岩世人（ブラード 1907.9.21-1980.4.3)
　オク地（バラード，エドワード・クリスプ 1907-1980)

Bullard, Gene
アメリカのテノール歌手。
⇒魅惑（Bullard,Gene 1937-)

Bulle, Heinrich
ドイツの考古学者。ギリシアの劇場を研究し，『考古学提要』(1913) を編集した。
⇒岩世人（ブーレ 1867.12.11-1945.4.6)

Buller, Sir Redvers Henry
イギリスの将軍。ビクトリア十字勲章を受けた。
⇒岩世人（ブラー 1839.12.7-1908.6.2)

Buller, Walter Lawry
ニュージーランドの鳥類学者。
⇒ニュー（ブラー，ウォルター 1838-1906)

Bullington, Bryan
アメリカのプロ野球選手（広島・投手)，大リーグ選手。
⇒外12（バリントン，ブライアン 1980.9.30-)

Bullins, Ed
アメリカの劇作家，エッセイスト，詩人，小説家，

映画制作者。
⇒岩世人（ブリンズ　1935.7.2–）
　現世文（ブリンズ, エド　1935–）

Bullock, Charles Jesse
アメリカの経済学者。ハーバード大学経済学教授(1908～35)。財政学を専攻した。
⇒岩世人（ブロック　1869–1941）

B　Bullock, Sandra
アメリカ生まれの女優。
⇒遺産（ブロック, サンドラ　1964.7.26–）
　外12（ブロック, サンドラ　1964.7.26–）
　外16（ブロック, サンドラ　1964.7.26–）
　ク俳（ブロック, サンドラ　1964–）

Bulmer, Martin
イギリスの社会学者。
⇒社小増（バルマー　1943–）

Bulosan, Carlos
アメリカ（フィリピン系）の自伝作家。
⇒岩サン　1911.11.2–1956.9.11）
　現世文（ブロサン, カルロス　1914.11.24–1956.9.13）

Bülow, Bernhard Heinrich, Fürst von
ドイツの政治家, 外交官。帝国宰相, プロシア首相として3B政策の推進を図った。
⇒岩世人（ビューロー　1849.5.3–1929.10.28）
　世人新（ビューロー　1849–1929）
　世人裝（ビューロー　1849–1929）

Bultmann, Rudolf Karl
ドイツのプロテスタント神学者, 聖書学者。新約聖書研究に様式史的方法を導入。
⇒岩キ（ブルトマン　1884–1976）
　岩世人（ブルトマン　1884.8.20–1976.7.30）
　オク教（ブルトマン　1884–1976）
　広辞7（ブルトマン　1884–1976）
　新カト（ブルトマン　1884.8.20–1976.7.30）
　哲中（ブルトマン　1884–1976）

Bulygin, Aleksandr Grigorievich
ロシアの政治家。「ブルイギン国会」と言われる, きびしい制限選挙資格を定めた。
⇒岩世人（ブルイギン　1851.8.6–1919.9.5）

Bumbry, Alonza Benjamin
アメリカの大リーグ選手（外野）。
⇒メジャ（バンブリー, アル　1947.4.21–）

Bumbry, Grace
アメリカのメゾ・ソプラノ歌手。
⇒新音中（バンブリー, グレイス　1937.1.4–）
　標音7（バンブリー, グレース　1937.1.4–）

Bumgarner, Madison
アメリカの大リーグ選手（ジャイアンツ・投手）。
⇒外16（バムガーナー, マディソン　1989.8.1–）

Bumke, Oswald
ドイツの精神病学者。『精神病提要』(1928～)の編集者。
⇒現精（ブムケ　1877–1950）
　現精縮（ブムケ　1877–1950）

Bump, Marjorie
ヘミングウェイ初期の短編「あることの終わり」と「三日吹く風」に実名で登場した女性。
⇒ヘミ（バンプ, マージョリー　1901–1987）

Bumpers, Dale
アメリカの政治家, 法律家。
⇒アメ州（Bumpers,Dale　バンパース, デール　1925–）

Bunau-Varilla, Philippe Jean
フランスの技師。パナマ運河建設に尽力。
⇒岩世人（ビュノー＝ヴァリラ　1859.7.26–1940.5.18）

Bunce, Arthur Cyril
アメリカの経済学者, 政府役人。
⇒アア歴（Bunce,Arthur C(yril)　バンス, アーサー・シリル　1901.1.11–1953.5.27）

Bunce, William K.
アメリカの軍人, 外交官。
⇒岩世人（バンス　1907.8.31–2008.7.23）

Bunche, Ralph Johnson
アメリカの政治学者。人種問題, 植民地問題の権威。イスラエル, エジプト間の休戦調停の功績により1950年ノーベル平和賞を受賞。
⇒岩世人（バンチ　1904.8.7–1971.12.9）
　ノベ3（バンチ, R.J.　1904.8.7–1971.12.9）
　マルX（BUNCHE,RALPH　バンチ, ラルフ　1904–1971）

Bunchuu Rojanastien
タイの政治家, 銀行家。タイのバンコク銀行(BB)総裁。
⇒岩世人（ブンチュー・ローチャナサティエン　1921.1.20–2007.3.19）
　タイ（ブンチュー・ローチャナサティエン（黄聞波）　1921–2007）

Bündchen, Gisele
ブラジルのファッションモデル。
⇒外12（ブンチェン, ジゼル　1980.7.20–）
　外16（ジゼル　1980.7.20–）

Bundy, McGeorge
アメリカの国際問題専門家。ケネディ, ジョンソン政権下の大統領特別補佐官。
⇒岩世人（バンディ　1919.3.30–1996.9.16）

Bungei, Wilfred
ケニアの陸上選手（中距離）。
⇒外12（ブンゲイ, ウィルフレッド　1980.7.24–）
　最世ス（ブンゲイ, ウィルフレッド　1980.7.24–）

Bunin, Ivan Alekseevich
ロシアの詩人, 小説家。ノーベル文学賞受賞者 (1933)。20年フランスに亡命。主著『トルストイの解放』(37)。
⇒岩世人（ブーニン　1870.10.10/22-1953.11.8)
現世文（ブーニン, イワン　1870.10.22-1953.11.8)
広辞7（ブーニン　1870-1953)
ノベ3（ブーニン, I.　1870.10.22-1953.11.8)

Bunin, Stanislav Aleksandrovich
ロシアのピアノ奏者。
⇒外12（ブーニン, スタニスラフ　1966.9.25-)
外16（ブーニン, スタニスラフ　1966.9.25-)
新音中（ブーニン, スタニスラフ　1966.9.25-)

Bunk, Holger
ドイツ生まれの画家。
⇒芸13（ブンク, ホーガー　1954-)

Bunke, Haidee Tamara
ソ連のエージェント。キューバの革命家チェ・ゲバラの愛人。
⇒スパイ（ブンケ, ハイディー・タマラ　1937-1967)

Bunker, Alonzo
アメリカの宣教師。
⇒アア歴（Bunker, Alonzo　バンカー, アロンゾ　1837.1.30-1912.3.8)

Bunker, Dalzell Adelbert
アメリカの宣教師。
⇒アア歴（Bunker, Dalzell A (delbert)　バンカー, ダルイェル・アデルバート　1853.8.10-1932.11.23)

Bunker, Edward
アメリカの作家。
⇒現世文（バンカー, エドワード　1933.12.31-2005.7.19)

Bunker, Ellsworth
アメリカの実業家, 外交官。米州機構 (OAS) アメリカ代表, 駐南ベトナム大使を歴任。
⇒アア歴（Bunker, Ellsworth　バンカー, エルズワース　1894.5.11-1984.9.27)

Bünning, Erwin
ドイツの植物生理学者。
⇒岩生（ビュニング　1906-1990)
岩世人（ビュニング　1906.1.23-1990.10.4)

Bunning, James Paul David
アメリカの大リーグ選手（投手）。
⇒外12（バニング, ジム　1931.10.23-)
外16（バニング, ジム　1931.10.23-)
メジャ（バニング, ジム　1931.10.23-)

Bunting, Basil
イギリスの詩人。ペルソナの使用, ソナタ形式の採用, ウェールズの歌人の伝統などをもりこむことに成功した。

⇒岩世人（バンティング　1900.3.1-1985.4.17)
現世文（バンティング, バジル　1900.3.1-1985.4.17)

Bunting, Eve
アメリカの児童文学者。
⇒現世文（バンティング, イブ　1928.12.19-)

Buñuel, Luis
スペインの映画監督。1928年の『アンダルシアの犬』はシュールレアリスム映画の代表作。
⇒岩キ（ブニュエル　1900-1983)
岩世人（ブニュエル　1900.2.22-1983.7.29)
映監（ブニュエル, ルイス　1900.2.22-1983)
広辞7（ブニュエル　1900-1983)
ネーム（ブニュエル　1900-1983)
ラテ新（ブニュエル　1900-1983)

Bunyan, Vashti
イギリスのシンガー・ソングライター。
⇒外16（バニアン, バシュティ　1945-)

Buonaiuti, Ernesto
イタリアの近代主義の神学者。筆名ヴィンチ (P.Vinci)。
⇒新カト（ブオナユーティ　1881.6.25-1946.4.20)

Burali-Forti, Cesare
イタリアの数学者。数学基礎論とベクトル解析の研究で著名。主著『数学的論理学』(1894)。
⇒数辞（ブラリ・フォルティ, チェザレ　1861-1931)
世数（ブラリ・フォルチ, チェザレ　1861-1931)

Buranelli, Francesco
イタリア生まれの考古学者。ローマ教皇庁教会文化財委員会局長・キリスト教考古学委員会監督。
⇒外12（ブラネッリ, フランチェスコ　1955-)

Burba, David Allen
アメリカの大リーグ選手（投手）。
⇒メジャ（バーバ, デイヴ　1966.7.7-)

Burbank, Luther
アメリカの園芸家。種なしスモモなど, 多くの新種, 改良種の育成に成功。
⇒アメ州（Burbank, Luther　バーバンク, ルーサー　1849-1926)
岩生（バーバンク　1849-1926)
岩世人（バーバンク　1849.3.7-1926.10.11)
旺生5（バーバンク　1849-1926)
ネーム（バーバンク　1849-1926)
ボブ人（バーバンク, ルーサー　1849-1926)

Burberry, Thomas
イギリスの服飾デザイナー, 実業家。
⇒岩世人（バーバリー　1835.8.27-1926.4.4)
ボブ人（バーバリー, トーマス　1835-1926)

Burbidge, (Eleanor) Margaret
イギリスの天文学者。

⇒岩世人（バービジ　1919.8.12–）
外16（バービッジ，エレノア・マーガレット　1919.8.12–）
物理（バービッジ，マーガレット　1919–）

Burbidge, Geoffrey Ronald
イギリス出身の天文学者。
⇒天文辞（バービッジ　1925–2010）

Burbulis, Gennadii Eduardovich
ロシアの政治家。ロシア国務長官。
⇒岩世人（ブルブリス　1945.8.4–）
外16（ブルブリス，ゲンナジー　1945.8.4–）
世指導（ブルブリス，ゲンナジー　1945.8.4–）

Burcell, Robin
アメリカの作家。
⇒外12（バーセル，ロビン）
外16（バーセル，ロビン）
現世文（バーセル，ロビン）

Burchard, Brendon
アメリカの作家。
⇒海文新（バーチャード，ブレンドン）

Burchett, Jan
イギリスの作家。
⇒海文新（バーチェット，ジャン）

Burchett, Wilfred G.
オーストラリアのジャーナリスト。ベトナム戦争唯一の西側ジャーナリストとして活躍。
⇒岩世人（バーチェット　1911.9.16–1983.9.27）
スパイ（バーチェット，ウィルフレッド　1911–1983）

Burchfield, Charles
アメリカの画家。
⇒芸13（バーチフィールド，チャールズ　1893–）

Burden, Chris
アメリカの美術家。
⇒岩世人（バーデン　1946.4.11–）

Burden, William
アメリカのテノール歌手。
⇒魅惑（Burden,William　?–）

Burden, William Douglas
アメリカの探検家，博物学者。
⇒アア歴（Burden,W(illiam) Douglas　バーデン，ウイリアム・ダグラス　1898.9.24–1978.11.4）

Burdenko, Nikolai Nilovich
ソ連の医学者，神経外科医。
⇒岩世人（ブルデンコ　1876.5.22/6.3–1946.11.11）

Burdette, Selva Lewis
アメリカの大リーグ選手（投手）。
⇒メジャ（バーデット，ルー　1926.11.22–2007.2.6）

Burdick, Eugene Leonard
アメリカの作家。
⇒アメ州（Burdick,Eugene Leonard　バーディック，ユージン・レオナード　1918–1965）

Burdino, Andre
ベルギーのテノール歌手。
⇒魅惑（Burdino,Andre　?–）

Burdon, Eric
イギリス生まれの歌手。
⇒ロック（Burdon,Eric　バードン，エリック）

Bure, Pavel
ロシアのアイスホッケー選手（FW）。
⇒外16（ブレ，パベル　1971.3.31–）

Buren, Daniel
フランス生まれの造形作家。
⇒岩世人（ビュラン　1938.3.25–）
外12（ビュレン，ダニエル　1938.3.25–）
外16（ビュラン，ダニエル　1938.3.25–）
芸13（ビュラン，ダニエル　1938–）

Burgelin, Pierre
フランスの哲学者，ルソー研究家。
⇒メル3（ビュルジュラン，ピエール　1905–1985）

Burger, Adolf
スロバキア生まれの作家，ジャーナリスト，印刷工。
⇒外12（ブルガー，アドルフ　1917–）

Bürger, Peter
ドイツのフランス文学研究者。
⇒岩世人（ビュルガー　1936.12.6–）

Burger, Schalk
南アフリカのラグビー選手（ストーマーズ・FL）。
⇒最世ス（バーガー，スカルク　1983.4.13–）

Burger, Warren Earl
第15代アメリカ最高裁首席裁判官。在職1969～86。
⇒アメ新（バーガー　1907–1995）

Burgers, Johannes Martinus
オランダの物理学者。
⇒岩世人（バーガース　1895.1.13–1981.6.7）

Burgess, Anthony
イギリスの作家。
⇒岩世人（バージェス　1917.2.25–1993.11.22）
現世文（バージェス，アントニー　1917.2.25–1993.11.22）
ネーム（バージェス　1917–1993）

Burgess, Ernest Watson
アメリカの都市社会学者。同心円地帯理論で知られる。

Burgess, Forrest Harrill (Smoky)
アメリカの大リーグ選手(捕手)。
⇒メジャ(バージェス,スモーキー　1927.2.6–1991.9.15)

Burgess, Gary
アメリカのテノール歌手。
⇒魅惑(Burgess,Gary　1938–)

Burgess, Georgia Anna Burrus
アメリカの宣教師。
⇒アア歴(Burgess,Georgia (Anna) (Burrus)　バージェス,ジョージア・アナ・バラス　1866.7.19–1948.9.25)

Burgess, Guy de Moncey
イギリスの外交官、ソ連のスパイ。ケンブリッジ・スパイ網のメンバー。
⇒スパイ(バージェス,ガイ・ド・モンシー　1911–1963)

Burgess, James
イギリスの考古学者、インド学者。
⇒岩世人(バージェス　1832.8.14–1916.10.3/5)
　新佛3(バージェス　1832–1917)

Burgess, John Stewart
アメリカの社会学者。
⇒アア歴(Burgess,J(ohn) Stewart　バージェス,ジョン・ステュワート　1883.7.12–1949.8.16)

Burgess, Joseph
イギリスの社会主義者、労働指導者。
⇒学叢思(バージェス,ジョゼフ　1853–?)

Burgess, Thornton W.
アメリカの動物童話作家。『グッド・ハウスキーピング』誌の編集者を長く勤めた。
⇒現世文(バージェス,ソーントン　1874–1965)

Burgmeier, Thomas Henry
アメリカの大リーグ選手(投手)。
⇒メジャ(バーグマイアー,トム　1943.8.2–)

Burgos, German
アルゼンチンのサッカー選手。
⇒異二辞(ブルゴス[ヘルマン・~]　1969–)

Burgstaller, Alois
ドイツのテノール歌手。
⇒魅惑(Burgstaller,Aloys　1871–1945)

Burgwinkel, Josef
ドイツのテノール、バリトン歌手。
⇒魅惑(Burgwinkel,Josef　1895–1966)

Burhan Shahidi
中国の政治家。
⇒岩イ(ブルハン《包爾漢》　1894–1989)
　岩世人(ブルハン　1894–1989)

Burhanuddin Al-Helmy
マレーシアのイスラム知識人、政治活動家。汎マレーシア・イスラム党(PAS)党首(1956～65)。
⇒岩イ(ブルハヌディン・アル・ヘルミ　1911–1969)
　岩世人(ブルハヌッディン・アルヘルミ　1911–1969.11.6)

Burian, Emil Frantisek
チェコの作曲家、演出家、著述家。戦後、かつて1933年に結成したD34という劇団を再結成、ラジオ、新聞の批評も担当。
⇒新音中(ブリアン、エミル・フランティシェク　1904.4.11–1959.8.9)
　標音2(ブリヤン、エミル・フランティシェク　1904.4.11–1959.8.9)

Burian, Karel
チェコのテノール歌手。
⇒魅惑(Burrian,Carl (Burian,Karel)　1870–1924)

Burjanadze, Nino
ジョージアの女性政治家、国際法学者。ジョージア大統領。
⇒外12(ブルジャナゼ,ニノ　1964.7.16–)
　外16(ブルジャナゼ,ニノ　1964.7.16–)
　世指導(ブルジャナゼ,ニノ　1964.7.16–)

Burk, Frederic Lister
アメリカの教育者。サンタ・バーバラ案の発案者として有名。サンフランシスコ州立師範学校の校長(1899～)。
⇒教人(バーク　1862–1924)

Burkamp, Wilhelm
ドイツの哲学者。主著 "Naturphilosophie der Gegenwart" (1930)。
⇒岩世人(バルカンプ　1879.1.20–1939.8.26)

Burke, James Lee
アメリカのミステリ作家。
⇒外12(バーク,ジェームズ・リー)
　外16(バーク,ジェームズ・リー　1936–)
　現世文(バーク,ジェームズ・リー　1936–)

Burke, Jan
アメリカの作家。
⇒外12(バーク,ジャン　1953–)
　現世文(バーク,ジャン　1953–)

Burke, John
アメリカの政治家。
⇒アメ州(Burke,John　バーク,ジョン　1859–1937)

Burke, Johnny
アメリカの作詞家。
⇒エデ（バーク, ジョニー　1908.10.3–1964.2.25）

Burke, Kathy
イギリスの女優。
⇒ク俳（バーク, キャシー　1962–）

Burke, Kenneth Duva
アメリカの文芸評論家。主著に『動機の文法』(1945),『象徴的行為としての言語』(66) など。
⇒岩世人（バーク　1897.5.5–1993.11.19）
　現社（バーグ,K.　1897–1993）
　広辞7（バーク　1897–1993）
　新カト（バーク　1897.5.5–1993.11.19）

Burke, Michael
フランスの実業家。
⇒外16（バーク, マイケル　1957.2.20–）

Burke, Ray
アイルランドの政治家。アイルランド外相。
⇒世指導（バーク, レイ　1943.9.30–）

Burke, Richard
テノール歌手。
⇒魅惑（Burke,Richard　?–）

Burke, Sarah
カナダのスキー選手（フリースタイル）。
⇒最世ス（バーク, サラ　1982.9.3–2012.1.19）

Burke, Solomon
アメリカのゴスペル歌手。
⇒異二辞（バーク, ソロモン　1940–2010）
　ロック（Burke,Solomon　バーク, ソロモン）

Burke, Tom（Thomas）
イギリスのテノール歌手。
⇒魅惑（Burke,Tom（Thomas）　1890–1969）

Burke, William Blount
アメリカの宣教師。
⇒アア歴（Burke,William B（lount）　バーク, ウイリアム・ブラント　1864.6.12–1947.12.19）

Burkert, Walter
ドイツの古代ギリシア神話・宗教学者。
⇒岩世人（ブルケルト　1931.2.2–）
　外16（ブルケルト, ヴァルター　1931.2.2–）

Burkett, Jesse Cail
アメリカの大リーグ選手（外野）。
⇒メジャ（バーケット, ジェシー　1868.12.4–1953.5.27）

Burkett, John David
アメリカの大リーグ選手（投手）。
⇒メジャ（バーケット, ジョン　1964.11.28–）

Burkhalter, Didier
スイスの政治家。スイス大統領。
⇒外16（ブルカルテル, ディディエ　1960.4.17–）
　世指導（ブルカルテル, ディディエ　1960.4.17–）

Burkhard, Willy
スイスの作曲家。最後の作品『ピアノ・プレリュード』(1955) は十二音技法を用いたすぐれたもの。
⇒ク音3（ブルクハルト　1900–1955）
　新音中（ブルクハルト, ヴィリー　1900.4.17–1955.6.18）
　標音2（ブルクハルト, ヴィリー　1900.4.17–1955.6.18）

Burkhardt, Johannes
ドイツの歴史家。
⇒岩世人（ブルクハルト　1943.2.24–）

Burkitt, Denis Parsons
イギリスの外科医。
⇒岩世人（バーキット　1911.2.28–1993.3.23）

Burkitt, Francis Crawford
イギリスの聖書学者。新約学, 教父学を中心とする。著書 "Church and Gnosis" (1932) ほか。
⇒岩世人（バーキット　1864.9.3–1935.5.11）

Burkitt, Miles Crawford
イギリスの考古学者。バーキット, F.C. の子。
⇒岩世人（バーキット　1890.12.27–1971.8.22）

Burkleo, Tyler Lee
アメリカの大リーグコーチ（マリナーズ）, プロ野球選手。
⇒外12（バークレオ, タイラー・リー　1962.10.7–）

Burks, Ellis
アメリカの大リーグ選手（外野手）。
⇒メジャ（バークス, エリス　1964.9.11–）

Burla, Yehudah
エルサレム生まれのヘブライ語作家。
⇒ユ著人（Burla (Bourla),Yehudah　ブルラ, イェフダー　1866–1969）

Burles, Charles
フランスのテノール歌手。
⇒失声（ビュルル, シャルル　1936–）
　魅惑（Burles,Charles　1936–）

Burleson, Richard Paul
アメリカの大リーグ選手（遊撃, 二塁）。
⇒メジャ（バールソン, リック　1951.4.29–）

Burley, John
アメリカの作家, 医師。
⇒海文新（バーレー, ジョン　1971–）

Burling, Robbins
アメリカの人類学者。

⇒アア歴（Burling,Robbins バーリング, ロビンズ 1926.4.18–）

Burlon, Marcelo
イタリアの服飾デザイナー。
⇒外16（ブロン, マルセロ 1976 ）

Burloud, Albert
フランスの心理学者。レンヌ大学教授。
⇒メル3（ビュルルー, アルベール 1888–1954）

Burlyuk, David Davidovich
ロシア生まれの前衛画家, 詩人。
⇒岩世人（ブルリューク 1882.7.9/21–1967.1.15）

Burman, Ben Lucien
アメリカの作家, 絵本作家。
⇒現世文（バーマン, ベン・ルシアン 1896.12.12–1984.11.12）

Burman, Rahul Dev
インドの映画音楽の作曲家, 歌手。
⇒岩世人（バルマン 1939.6.27–1994.1.4）

Burmeister, Annelies
ドイツのアルト歌手。
⇒標音2（ブルマイスター, アンネリース 1930–1988.6.15）

Burmeister, Willy
ドイツのヴァイオリン奏者。ヨアヒムに師事（～1885）。我国にも来演した（1923）。
⇒岩世人（ブルメスター 1869.3.16–1933.1.16）

Burn, Gordon
イギリスの作家。
⇒現世文（バーン, ゴードン 1948–）

Burn, *Sir* Richard
イギリスのインド学者。『インド帝国地名辞典』(第3版,1905) の共編者。
⇒岩世人（バーン 1871.2.1–1947.7.26）

Burnell, Cerrie
イギリスのタレント。
⇒外16（バーネル, ケリー）

Burnell, Susan Jocelyn Bell
北アイルランド出身の女性天文学者。
⇒物理（バーネル, ジョスリン 1943–）

Burnes, Aaron
アメリカのタイポグラフィック・デザイナー。
⇒グラデ（Burnes,Aaron バーンズ, エアロン 1922–1991）

Burnet, *Sir* Frank Macfarlane
オーストラリアの医師, 免疫学者。動物ウイルスの遺伝子組替えを研究。1960年ノーベル生理・医学賞を受賞。
⇒岩生（バーネット 1899–1985）

岩世人（バーネット 1899.9.3–1985.8.31）
オク生（バーネット, フランク・マックファーレン, 卿 1899–1985）
広辞7（バーネット 1899–1985）
ノベ3（バーネット,F.M. 1899.9.3–1985.8.31）

Burnet, John
イギリスのギリシア哲学研究家。『プラトン全集』の校訂などを行なった。
⇒岩世人（バーネット 1863.12.9–1928.5.26）

Burnett, Allen James
アメリカの大リーグ選手（投手）。
⇒外12（バーネット,A.J. 1977.1.3–）
外16（バーネット,A.J. 1977.1.3–）
最新ス（バーネット,A.J. 1977.1.3–）
メジャ（バーネット,A・J 1977.1.3–）

Burnett, Charles
アメリカ（アフリカ系）ニューブラック・シネマの映画監督。
⇒映監（バーネット, チャールズ 1944.4.13–）

Burnett, Frances Eliza Hodgson
アメリカ（イギリス系）の女性小説家。『小公子』(1886) の著者として有名。
⇒岩世人（バーネット 1849.11.24–1924.10.29）
広辞7（バーネット 1849–1924）
図翻（バーネット 1849.11.24–1924.10.29）
ポプ人（バーネット, フランシス・ホジソン 1849–1924）

Burnett, *Sir* Frank Macfarlane
オーストラリアのウイルス学者。
⇒オク科（バーネット（サー・フランク・マクファーレイン）1899–1985）

Burnett, William Riley
アメリカの作家。主著 "King Cole" (1936) "The dark command" (38) など。
⇒現世文（バーネット, ウィリアム 1899–1982）

Burnette, Dorsey
アメリカ・メンフィス生まれのソングライター, C&W歌手。
⇒ロック（Burnette,Dorsey バーネット, ドーシー 1932.12.28–）

Burnette, Johnny
アメリカ・テネシー州生まれの歌手。
⇒ロック（Burnette,Johnny バーネット, ジョニー 1934.3.25–）

Burnford, Sheila
スコットランドの児童文学作家。
⇒現世文（バンフォード, シーラ 1918.5.11–1984.4.20）

Burnham, Daniel Hudson
アメリカの建築家。『リライアンス・ビル』(1890～95) などを建設。初期高層建築の代表的作例となった。

⇒岩世人（バーナム　1846.9.4–1912.6.1）
Burnham, Gary, Jr.
アメリカのプロ野球選手（内野手）。
⇒外12（バーナム, ゲイリー（Jr.）　1974.10.13–）
Burnham, James
アメリカの政治・経済評論家。
⇒岩世人（バーナム　1905.11.22–1987.7.28）
　社小増（バーナム　1905–1987）
Burningham, John
イギリスの絵本作家。
⇒絵本（バーニンガム, ジョン　1936–）
　外12（バーニンガム, ジョン　1936.4.27–）
　外16（バーニンガム, ジョン　1936.4.27–）
Burnitz, Jeromy Neal
アメリカの大リーグ選手（外野手）。
⇒メジャ（バーニッツ, ジェロミー　1969.4.15–）
Burns, Arthur Frank
アメリカの経済学者。国立経済研究所所長。ニクソン大統領の顧問などを務めた。
⇒アメ経（バーンズ, アーサー　1904.4.27–1987.6.6）
　有経5（バーンズ　1904–1987）
　ユ著人（Burns, Arthur Frank　バーンズ, アーサー・フランク　1904–1987）
Burns, Conrad
アメリカの政治家。
⇒外12（バーンズ, コンラッド　1935.1.25–）
Burns, George
アメリカ生まれの俳優。夫婦でコメディー・コンビを組む。
⇒ク俳（バーンズ, ジョージ（バーンバウム, ネイサン）　1896–1996）
　スター（バーンズ, ジョージ　1896.1.20–1996）
Burns, George Henry
アメリカの大リーグ選手（一塁）。
⇒メジャ（バーンズ, ジョージ　1893.1.31–1978.1.7）
Burns, George Joseph
アメリカの大リーグ選手（外野）。
⇒メジャ（バーンズ, ジョージ　1889.11.24–1966.8.15）
Burns, John
イギリスの政治家。
⇒岩世人（バーンズ　1858.10.20–1943.1.24）
　学叢思（バーンズ, ジョン　1858–?）
Burns, John Horne
アメリカの作家。
⇒現世文（バーンズ, ジョン・ホーン　1916.10.7–1953.8.10）

Burns, Ken
アメリカのドキュメンタリー作家, 映画監督。
⇒外12（バーンズ, ケン　1953.7.29–）
　外16（バーンズ, ケン　1953.7.29–）
Burns, Nicholas
アメリカの外交官。
⇒外12（バーンズ, ニコラス　1956.1.28–）
　外16（バーンズ, ニコラス　1956.1.28–）
Burns, Thomas P.（Oyster）
アメリカの大リーグ選手（外野, 遊撃）。
⇒メジャ（バーンズ, オイスター　1864.9.6–1928.11.11）
Burns, Ursula M.
アメリカの実業家。
⇒外16（バーンズ, ウルスラ　1958.9.20–）
Burns, William
アメリカの外交官。
⇒外12（バーンズ, ウィリアム　1956.4.11–）
　外16（バーンズ, ウィリアム　1956.4.11–）
　世指導（バーンズ, ウィリアム　1956.4.11–）
Burnside, Adrian
オーストラリアのプロ野球選手（韓国ネクセン・投手）。
⇒外12（バーンサイド, エイドリアン　1977.3.15–）
Burnside, William
イギリスの数学者。
⇒数辞（バーンサイド, ウィリアム　1852–1927）
　世数（バーンサイド, ウィリアム　1852–1927）
Būrqība, al-Ḥabīb
チュニジアの政治家。初代チュニジア大統領（1957～87）。
⇒岩イ（ブルギバ　1903–2000）
　岩世人（ブルギーバ, ハビーブ　1903.8.3–2000.4.6）
　広辞7（ブルギバ　1903–2000）
　政経改（ブルギバ　1903–2000）
Burr, Raymond
アメリカの俳優。
⇒ク俳（バー, レイモンド　1917–1993）
Burra, Edward
イギリスの画家。
⇒芸13（バラ, エドワード　1905–1976）
Burrell, Patrick Brian
アメリカの大リーグ選手（外野）。
⇒メジャ（バール, パット　1976.10.10–）
Burri, Alberto
イタリアの画家。
⇒岩世人（ブッリ　1915.3.12–1995.2.13）
　芸13（ブッリ, アルベルト　1915–1995）

Burrin, Esther Virginia
アメリカの図書館員。インディアナ州の小学校図書館のシステム化により名を知られる。
⇒ア図（バーリン,エスター・ヴァージニア　1908-1975）

Burris, Bertram Ray
アメリカの大リーグ選手（投手）。
⇒メジャ（バリス,レイ　1950.8.22-）

Burroughs, Edgar Rice
アメリカの小説家。ターザンを主人公にした小説を30冊以上発表。
⇒アメ州（Burroughs,Edgar Rice　バローズ,エドガー・ライス　1875-1950）
　岩世人（バローズ　1875.9.1-1950.3.19）
　現世文（バローズ,エドガー・ライス　1875.9.1-1950.3.19）
　広辞7（バローズ　1875-1950）

Burroughs, Jeffrey Alan
アメリカの大リーグ選手（外野）。
⇒メジャ（バロウズ,ジェフ　1951.3.7-）

Burroughs, John
アメリカの随筆家。自然を主題とする随筆を著わした。『ウェーク・ロビン』(1871)など。
⇒アメ州（Burroughs,John　バローズ,ジョン　1837-1921）

Burroughs, Jordan
アメリカのレスリング選手（フリースタイル）。
⇒外16（バローズ,ジョーダン　1988.7.8-）
　最世ス（ブローシュ,ジョーダン　1988.7.8-）

Burroughs, William Seward
アメリカの小説家。麻薬中毒に陥りつつ『ジャンキー』(1953)などを書いた。
⇒岩世人（バローズ　1914.2.5-1997.8.2）
　現世文（バローズ,ウィリアム　1914.2.5-1997.8.2）
　広辞7（バロウズ　1914-1997）

Burrow, Thomas
イギリスの東洋学者。オックスフォード大学サンスクリット教授。ドラヴィダ語および中央アジア出土カロシュティー文書の研究・解読に従った。
⇒岩世人（バロー　1909.6.29-1986.6.8）

Burrows, Brian
イギリスのテノール歌手。
⇒魅惑（Burrows,Brian　?-）

Burrows, Herbert
イギリスの社会主義者。
⇒学叢思（バーロース,ハーバート　1845-?）

Burrows, Saffron
イギリスの女優。
⇒ク俳（バロウズ,サフロン　1969-）

Burrows, Stuart
ウェールズのテノール歌手。
⇒失声（バロウズ,スチュワート　1933-）
　魅惑（Burrows,Stuart　1933-）

Burrows, William E.
アメリカのジャーナリズム学の教授,犯罪捜査リポーター。
⇒スパイ（バロウズ,ウィリアム・E　1937-）

Burström, Hans
スウェーデンの植物生理学者。
⇒岩生（ブルストレーム　1906-1987）

Burstyn, Ellen
アメリカ生まれの女優。
⇒外12（バースティン,エレン　1932.12.7-）
　外16（バースティン,エレン　1932.12.7-）
　ク俳（バースティン,エレン（ギルーリー,エドナ）1932-）

Burt, Cyril（Ludovic）
イギリスの心理学者。
⇒岩世人（バート　1883.3.3-1971.10.10）
　世界子（バート,シリル　1883-1971）

Burt, Maxwell Struthers
アメリカの小説家。
⇒アメ州（Burt,Maxwell Struthers　バート,マックスウエル・ストルーザーズ　1882-1954）

Burt, Rob
テノール歌手。
⇒魅惑（Burt,Rob　?-）

Burte, Hermann
ドイツの作家,詩人。本名Strübe。小説"Wiltfeber der ewige Deutsche" (1912) は,頗る成功を博した。
⇒岩世人（ブルテ　1879.2.15-1960.3.21）

Burtin, Will
ドイツ,のちアメリカのグラフィックと展示のデザイナー。
⇒グラデ（Burtin,Will　ブルティン・ヴィル　1908-1972）

Burton, Gary
アメリカのジャズ・バイブ奏者。4本のマレットを使い技巧を駆使する当代バイブの第一人者。
⇒新音中（バートン,ゲイリー　1943.1.23-）
　標音2（バートン,ゲリー　1943.1.23-）

Burton, Jaci
アメリカの作家。
⇒海文新（バートン,ジェイシー）

Burton, James
アメリカのギター奏者。
⇒異二辞（バートン,ジェームズ　1939-）
　ロック（Burton,James　バートン,ジェイムズ）

Burton, Jessie
イギリスの作家,女優。
⇒海文新(バートン,ジェシー 1982–)
現世文(バートン,ジェシー 1982–)

Burton, Katherine Kurz
アメリカの伝記作家。
⇒新カト(バートン 1890–1969.9.22)

Burton, Richard
イギリスの俳優。ハムレットの演技で,ニューヨーク劇評家賞を受けた。多くの映画にも出演。
⇒岩世人(バートン 1925.11.10–1984.8.5)
ク俳(バートン,リチャード(ジェンキンズ,R) 1925–1984)
スター(バートン,リチャード 1925.11.10–1984)

Burton, Tim
アメリカの映画監督。
⇒岩世人(バートン 1958.8.25–)
映監(バートン,ティム 1958.8.25–)
外12(バートン,ティム 1958.8.25–)
外16(バートン,ティム 1958.8.25–)

Burton, Virginia Lee
アメリカの絵本作家。
⇒絵本(バートン,ヴァージニア・リー 1909–1968)
ポプ人(バートン,バージニア・リー 1909–1968)

Burtynsky, Edward
カナダの写真家。
⇒外12(バーティンスキー,エドワード 1955–)
外16(バーティンスキー,エドワード 1955–)

Bury, John Bagnell
イギリスの古典学者,歴史学者。古代ローマ帝政後期をめぐる歴史著作を多く発表。
⇒岩世人(ベリー(ビュリー) 1861.10.16–1927.6.1)

Bury, Pol
ベルギー生まれの彫刻家。
⇒芸13(ビュリ,ポル 1922–)

Busby, James Franklin
アメリカの大リーグ選手(外野)。
⇒メジャ(バズビー,ジム 1927.1.8–1996.7.8)

Busby, Steven Lee
アメリカの大リーグ選手(投手)。
⇒メジャ(バズビー,スティーヴ 1949.9.29–)

Buscemi, Steve
アメリカ生まれの俳優。
⇒外12(ブシェミ,スティーブ 1957.12.13–)
外16(ブシェミ,スティーブ 1957.12.13–)
スター(ブシェミ,スティーヴ 1957.12.13–)

Busch, Adolf
ドイツのヴァイオリン演奏家,作曲家。ブッシュ絃楽四重奏団を組織して欧米各国を巡演した。
⇒岩世人(ブッシュ 1891.8.8–1952.6.9)
新音中(ブッシュ,アードルフ 1891.8.8–1952.6.9)
標音2(ブッシュ,アードルフ 1891.8.8–1952.6.9)

Busch, Frederick
アメリカの小説家。
⇒現世文(ブッシュ,フレデリック 1941–)

Busch, Fritz
ドイツの指揮者。ヴァイオリンのアドルフ,チェロのヘルマンの兄にあたる。
⇒新音中(ブッシュ,フリッツ 1890.3.13–1951.9.14)
標音2(ブッシュ,フリッツ 1890.3.13–1951.9.14)

Busch, Heinrich
ドイツの中国学者。
⇒岩世人(ブッシュ 1912.12.17–2002.5.9)

Büsch, Otto
ドイツの歴史家。
⇒岩世人(ビュッシュ 1928.4.30–1994.3.23)

Busch, Petra
ドイツの作家。
⇒海文新(ブッシュ,ペトラ 1967–)
現世文(ブッシュ,ペトラ 1967–)

Busch, Wilhelm
ドイツの詩人,諷刺画家。漫画の先駆者。
⇒岩世人(ブッシュ 1832.4.15–1908.1.9)
絵本(ブッシュ,ヴィルヘルム 1832–1908)
芸13(ブッシュ,ヴィルヘルム 1832–1908)

Buschmann, Karl
テノール歌手。
⇒魅惑(Buschmann,Karl ?–)

Buschor, Ernst
ドイツの考古学者。ミュンヘン大学教授(1929〜)。サモスの発掘を行い,ヘライオン(女神への神殿)を発見。
⇒岩世人(ブーショル 1886.6.2–1961.12.11)

Busemann, Adolf
ドイツの流体力学者。高速空気力学の権威で,高速飛行機の後退翼の創案者。
⇒岩世人(ブーゼマン 1901.4.20–1986.11.3)

Busemann, Adolf H.H.
ドイツの教育心理学者。児童心理学,青年心理学,特に教育環境学を研究した。
⇒岩世人(ブーゼマン 1887.5.15–1968.6.5)
教人(ブーゼマン 1887–)

Busey, Gary
アメリカ生まれの俳優。
⇒ク俳(ビジー,ゲーリー 1944–)

Bush, Alan
イギリスの作曲家。
⇒新音中（ブッシュ, アラン　1900.12.22–1995.10.31)
　標音2（ブッシュ, アラン　1900.12.22–1995.10.31)

Bush, Barbara
ブッシュ第41代アメリカ大統領夫人。
⇒外12（ブッシュ, バーバラ　1925.6.8–）
　外16（ブッシュ, バーバラ　1925.6.8–）

Bush, George Herbert Walker
アメリカの政治家。第41代大統領（1989〜93）。
⇒アメ新（ブッシュ　1924–）
　岩世人（ブッシュ　1924.6.12–）
　外12（ブッシュ, ジョージ　1924.6.12–）
　外16（ブッシュ, ジョージ　1924.6.12–）
　広辞7（ブッシュ　1924–）
　スパイ（ブッシュ, ジョージ・H・W　1924–）
　政経改（ブッシュ　1924–）
　世史改（ブッシュ〈父〉　1924–）
　世指導（ブッシュ, ジョージ　1924.6.12–）
　世人新（ブッシュ〈父〉　1924–）
　世人装（ブッシュ〈父〉　1924–）
　戦ア大（ブッシュ, ジョージ・H.W.　1924.6.12–1993.1.20）
　ポプ人（ブッシュ, ジョージ（父）　1924–）
　もう山（ブッシュ（父）　1924–）

Bush, George W.
アメリカの政治家。第43代大統領（2001〜09）。
⇒アメ新（ブッシュ　1946–）
　岩世人（ブッシュ　1946.7.6–）
　外12（ブッシュ, ジョージ（Jr.）　1946.7.6–）
　外16（ブッシュ, ジョージJr.　1946.7.6–）
　広辞7（ブッシュ　1946–）
　政経改（ブッシュ　1946–）
　世史改（ブッシュ〈子〉　1946–）
　世指導（ブッシュ, ジョージ（Jr.）　1946.7.6–）
　世人新（ブッシュ〈子〉　1946–）
　世人装（ブッシュ〈子〉　1946–）
　戦ア大（ブッシュ, ジョージ・W.,Jr.　1946.7.6–）
　ポプ人（ブッシュ, ジョージ（子）　1946–）
　もう山（ブッシュ, ジョージ・W.（子）　1946–）

Bush, Guy Terrell
アメリカの大リーグ選手（投手）。
⇒メジャ（ブッシュ, ガイ　1901.8.23–1985.7.2）

Bush, Jeb
アメリカの政治家, 実業家。フロリダ州知事（共和党）, ブッシュ・クライン・リアリティ社会長。
⇒外12（ブッシュ, ジェブ　1953.2.11–）
　外16（ブッシュ, ジェブ　1953.2.11–）
　世指導（ブッシュ, ジェブ　1953.2.11–）

Bush, Kate
イギリス生まれの女性シンガー・ソングライター, パフォーマー。
⇒外12（ブッシュ, ケイト　1958.7.30–）
　外16（ブッシュ, ケイト　1958.7.30–）

Bush, Laura
ブッシュ第43代アメリカ大統領夫人。
⇒外12（ブッシュ, ローラ　1946.11.4–）
　外16（ブッシュ, ローラ　1946.11.4–）

Bush, Lauren
アメリカのモデル, 服飾デザイナー。
⇒外12（ブッシュ, ローレン　1984.6.24–）
　外16（ブッシュ, ローレン　1984.6.24–）

Bush, Leslie Ambrose（Joe）
アメリカの大リーグ選手（投手）。
⇒メジャ（ブッシュ, ジョー　1892.11.27–1974.11.1）

Bush, Michael
アメリカの衣装デザイナー。
⇒外16（ブッシュ, マイケル　1958–）

Bush, Owen Joseph（Donie）
アメリカの大リーグ選手（遊撃）。
⇒メジャ（ブッシュ, ドニー　1887.10.8–1972.3.28）

Bush, Robert Randall
アメリカの大リーグ選手（外野）。
⇒メジャ（ブッシュ, ランディ　1958.10.5–）

Bush, Vannevar
アメリカの電気工学者。1939〜55年までワシントンのカーネギー協会会長。
⇒岩世人（ブッシュ　1890.3.11–1974.6.28）
　数辞（ブッシュ・ヴァネーヴァー　1890–1974）

Bushell, Stephen Wootton
イギリスの東洋学者。北京のイギリス公使官附軍医（1868〜99）。
⇒岩世人（ブッシェル　1844.7.28–1908.9.19）

Busher, Andrew
テノール歌手。
⇒魅惑（Busher,Andrew　?–）

Bushnell, Candace
アメリカのジャーナリスト。
⇒外12（ブシュネル, キャンディス　1959–）
　外16（ブシュネル, キャンディス　1959–）

Bushnell, Nolan K.
アメリカの技術者, 企業家。
⇒岩世人（ブッシュネル　1943.2.5–）

Busolt, Georg
ドイツのギリシア史家。その『ギリシア史』（1893〜1904）は実証的歴史記述の典型で, 今日も価値高い。
⇒岩世人（ブーゾルト　1850.11.13–1920.9.2）

Busoni, Ferruccio Benvenuto
イタリアの作曲家, ピアノ奏者。未完のオペラ

『ファウスト博士』などを発表。
⇒岩世人（ブゾーニ　1866.4.1–1924.7.27）
エデ（ブゾーニ，フェルッチョ（ダンテ・ミケランジェロ・ベンヴェヌート）　1866.4.1–1924.7.27）
オペラ（ブゾーニ，フェルッチョ　1866–1924）
ク音3（ブゾーニ　1866–1924）
広辞7（ブゾーニ　1866–1924）
新音小（ブゾーニ，フェルッチョ　1866–1924）
新音中（ブゾーニ，フェルッチョ　1866.4.1–1924.7.27）
ビ曲改（ブゾーニ，フェルッチョ・ベンヴェヌート　1866–1924）
標音2（ブゾーニ，フェルッチョ・ベンヴェヌート　1866.4.1–1924.7.27）

Buss, Claude Albert
アメリカの政府役人，教育者。
⇒アア歴（Buss,Claude A (lbert)　バス，クロード・アルバート　1903.11.29–1998.11.17）

Bussche, Axel von dem
ドイツの陸軍軍人。ナチス・ドイツの総統アドルフ・ヒトラーの暗殺をはかった。
⇒世暗（ブッシェ，アクセル・フォン・デム　1919–1993）

Busse, Barry
アメリカのテノール歌手。
⇒魅惑（Busse,Barry　1946–）

Busse, Carl
ドイツの詩人，小説家，評論家。上田敏訳「山のあなたの空遠く」で有名。
⇒岩世人（ブッセ　1872.11.12–1918.12.3）
現世文（ブッセ，カール　1872.11.12–1918.12.3）
広辞7（ブッセ　1872–1918）
比文増（ブッセ（カール）　1872（明治5）–1918（大正7））
ポプ人（ブッセ，カール　1872–1918）

Busse, Ludwig
ドイツの哲学者。来日し，東京帝国大学文科大学でヨーロッパ哲学を教授。
⇒岩世人（ブッセ　1862.9.27–1907.9.13）
学叢思（ブッセ，ルドヴィヒ　1862–1907）
新カト（ブッセ　1862.9.27–1907.9.13）

Bussell, Darcey Andrea
イギリスのバレリーナ。
⇒外12（バッセル，ダーシー　1969.4.27–）
外16（バッセル，ダーシー　1969.4.27–）

Busser, Paul Henri
フランスの作曲家，指揮者，オルガン奏者。主作品にオペラ『コリント人の結婚』(1922) など。
⇒ク音3（ビュセール　1872–1973）
新音中（ビュッセル，アンリ　1872.1.16–1973.12.30）
標音2（ビュッセル，アンリ　1872.1.16–1973.12.30）

Bussi, Michel
フランスの作家，地理学者。
⇒海文新（ビュッシ，ミシェル　1965.4.29–）
現世文（ビュッシ，ミシェル　1965.4.29–）

Bussotti, Sylvano
イタリアの作曲家。
⇒岩世人（ブッソッティ　1931.10.1–）
オペラ（ブッソッティ，シルヴァーノ　1931–）
ク音3（ブソッティ　1931–）
現世キ（ブッソッティ，シルヴァーノ　1931–）
新音中（ブッソッティ，シルヴァーノ　1931.10.1–）
標音2（ブッソッティ，シルヴァーノ　1931.10.1–）

Bustamante, Alberto
ペルーの政治家，法律家。ペルー首相。
⇒世指導（ブスタマンテ，アルベルト）

Bustamante, Alfonso
ペルーの政治家。ペルー首相。
⇒世指導（ブスタマンテ，アルフォンソ　1941.11.12–）

Buster, Prince
ジャマイカ生まれのミュージシャン。
⇒ロック（Buster,Prince　バスター，プリンス　1939.5.28–）

Bustini, Alessandro
イタリアの作曲家。サンタ・チェチーリア音楽院学院長。
⇒オペラ（ブスティーニ，アレッサンドロ　1876–1970）

Butcher
スーダンのプロレスラー。
⇒異二辞（アブドーラ・ザ・ブッチャー　1941/1936–）
岩世人（アブドーラ・ザ・ブッチャー　1941.1.11–）
外12（アブドーラ・ザ・ブッチャー　1936.1.1–）
外16（アブドーラ・ザ・ブッチャー　1936.1.1–）
ネーム（ブッチャー　1941–）

Butcher, Albert Maxwell
アメリカの大リーグ選手（投手）。
⇒メジャ（ブッチャー，マックス　1910.9.21–1957.9.15）

Butcher, Jim
アメリカの作家。
⇒海文新（ブッチャー，ジム　1971–）
現世文（ブッチャー，ジム　1971–）

Butcher, Samuel Henry
イギリスのギリシア学者。ラングと共にホメロスの『オデュッセイア』を英訳した(1897)。
⇒岩世人（ブッチャー　1850.4.16–1910.12.29）
教人（ブッチャー　1850–1910）

Butenandt, Adolf Friedrich Johann
ドイツの生化学者。性ホルモンの研究で1939年のノーベル化学賞を贈られたが，ナチスに禁止され，第2次世界大戦後に受賞。

⇒岩生（ブーテナント　1903-1995）
　岩世人（ブーテナント　1903.3.24-1995.1.18）
　旺生5（ブーテナント　1903-1995）
　化学（ブーテナント　1903-1995）
　広辞7（ブーテナント　1903-1995）
　ネーム（ブーテナント　1903-1995）
　ノベ3（ブーテナント,A.F.J.　1903.3.24-1995.1.18）

Butenko, Bohdan
ポーランドのグラフィックアーティスト。
⇒絵本（ブテンコ, ボフダン　1931-）

Butenko, John
アメリカAT&T社の電子技師。
⇒スパイ（ブテンコ, ジョン）

Buthayna bint Taymūr
オマーンの王女。母は神戸のダンサー大山清子。
⇒岩イ（ブサイナ・ビント・タイムール　1937-）

Buthelezi, Mangosuthu Gatsha
南アフリカの政治家。南アフリカ内相, インカタ自由党（IFP）党首, ズールー族首長。
⇒岩世人（ブテレジ　1928.8.27-）
　外16（ブテレジ, マンゴスツ　1928.8.27-）
　世指導（ブテレジ, マンゴスツ　1928.8.27-）

Buti, Carlo
イタリア出身の歌手。
⇒失声（ブーティ, カルロ　1902-1963）

al-Būṭī, Muḥammad Sa'īd Ramaḍān
シリアのイスラム法学者。
⇒岩イ（ブーティー　1929-）

Butler, Billy
アメリカの大リーグ選手（ロイヤルズ・内野手）。
⇒最世ス（バトラー, ビリー　1986.4.18-）
　メジャ（バトラー, ビリー　1986.4.18-）

Butler, Brett Morgan
アメリカの大リーグ選手（外野）。
⇒メジャ（バトラー, ブレット　1957.6.15-）

Butler, Dori Hillestad
アメリカの作家。
⇒海文新（バトラー, ドリー・ヒルスタッド）

Butler, Edward Cuthbert
イギリスのベネディクト派修道院長, 歴史家。
⇒新カト（バトラー　1858.5.6-1934.4.1）

Butler, Ellis Parker
アメリカのユーモア作家。
⇒現世文（バトラー, エリス・パーカー　1869.12.5-1937.9.13）

Butler, Esther
アメリカの宣教師。
⇒アア歴（Butler,Esther　バトラー, エスター　1850.5.10-1921.8）

Butler, Frederick Guy
南アフリカの白人詩人, 劇作家。
⇒現世文（バトラー, ガイ　1918.1.21-2001.4.26）

Butler, Gerard
イギリスの俳優。
⇒外12（バトラー, ジェラルド　1969.11.13-）
　外16（バトラー, ジェラルド　1969.11.13-）

Butler, Jerry
アメリカ生まれの歌手。
⇒ロック（Butler,Jerry　バトラー, ジェリー　1939-）

Butler, John
アメリカのミュージシャン。
⇒外12（バトラー, ジョン　1975.4.1-）

Butler, Judith
アメリカの女性批評家, フェミニズム理論家, フェミニスト。
⇒教思増（バトラー　1956-）
　メル別（バトラー, ジュディス・パメラ　1956-）

Bütler, Maria Bernarda
スイス出身の聖人, 宣教師。祝日5月19日。扶助者マリアのフランシスコ修道会創立者。
⇒新カト（マリア・ベルナルダ・ビュトラー　1848.5.28-1924.5.19）

Butler, Nicholas Murray
アメリカの教育家。ニューヨーク教員養成カレッジを設立。1931年ノーベル平和賞受賞。
⇒岩世人（バトラー　1862.4.2-1947.12.7）
　教人（バトラー　1862-1947）
　広辞7（バトラー　1862-1947）
　ノベ3（バトラー,N.M.　1862.4.2-1947.12.7）

Butler, Norman 3X
マルコムX暗殺犯。
⇒マルX（BUTLER,NORMAN 3X（Muhammed Abdul Aziz）　バトラー, ノーマン3X（ムハマド・アブデュル・アジズ））

Butler, Octavia
アメリカの女性SF小説家。
⇒岩世人（バトラー　1947.6.22-2006.2.24）
　現世文（バトラー, オクテービア　1947.6.22-2006.2.24）

Butler, Reg
イギリスの彫刻家。1953年〈無名政治囚の記念碑〉のための国際競作で一等賞を受賞。
⇒岩世人（バトラー　1913.4.28-1981.10.23）

Butler, Richard Austen
イギリスの政治家。保守党内閣で, 蔵相, 内相, 副首相, 外相を歴任。
⇒岩世人（バトラー　1902.12.9-1982.3.8）

Butler, Robert Olen
アメリカの小説家。
⇒現世文（バトラー, ロバート　1945–）

Butler, Smedley Darlington
アメリカ海兵隊将校。
⇒アア歴（Butler,Smedley D（arlington）　バトラー, スメドリー・ダーリントン　1881.7.30–1940.6.21）

Butor, Michel
フランスの小説家, 評論家。1957年小説『心変り』でルノードー賞を受賞。
⇒岩世人（ビュトール　1926.9.14–）
　外12（ビュトール, ミシェル　1926.9.14–）
　外16（ビュトール, ミシェル　1926.9.14–）
　現世文（ビュトール, ミシェル　1926.9.14–2016.8.24）
　広辞7（ビュトール　1926–2016）
　ネーム（ビュトール　1926–）
　フ文小（ビュトール, ミシェル　1926–）

Butragueño, Emilio
スペインのサッカー選手。
⇒異二辞（ブトラゲーニョ［エミリオ・〜］　1963–）

Buṭrus Buṭrus Ghālī
エジプトの政治家。第6代国連事務総長（1992〜96）。
⇒岩世人（ブトルス・ブトルス・ガーリー　1922.11.14–）

Bütschli, Otto
ドイツの動物学者, 細胞学者。
⇒岩生（ビュッチュリ　1848–1920）
　岩世人（ビュッチュリ　1848.5.3–1920.2.3）

Butte, George Charles Felix
アメリカの弁護士, 政府役人, 植民地行政官。
⇒アア歴（Butte,George C（harles Felix）　ビュート, ジョージ・チャールズ・フェリックス　1877.5.9–1940.1.18）

Butterfield, Herbert
イギリスの歴史家。ケンブリッジ大学現代史教授。主著『ナポレオンの平和政策』（1908〜09）。
⇒岩世人（バタフィールド　1900.10.7–1979.7.20）
　オク教（バターフィールド　1900–1979）

Butterfield, Paul
アメリカのハーモニカ奏者。
⇒ロック（Butterfield,Paul　バタフィールド, ポール　1942.12.17–）

Butterworth, Emerson McMillin
アメリカの石油地質学者。
⇒アア歴（Butterworth,Emerson McMillin　バターワース, エマソン・マクミリン　1894.8.4–1961.12.3）

Butterworth, George
イギリスの作曲家。
⇒ク音3（バターワース　1885–1916）
　標音2（バタワース, ジョージ　1885.7.12–1916.8.5）

Butting, Max
ドイツの作曲家。ドナウエッシンゲン音楽祭で演奏された室内作品で国際的名声を得た。
⇒標音2（ブッティング, マックス　1888.10.6–1976.7.13）

Buttle, Jeffrey
カナダのフィギュアスケート選手。
⇒異二辞（バトル［ジェフリー・〜］　1982–）
　最世ス（バトル, ジェフリー　1982.9.1–）

Button, Dick
アメリカのアイススケート選手。
⇒岩世人（バトン　1929.7.18–）

Button, Jenson
イギリスのF1ドライバー。
⇒外12（バトン, ジェンソン　1980.1.19–）
　外16（バトン, ジェンソン　1980.1.19–）
　最世ス（バトン, ジェンソン　1980.1.19–）

Buttons, Red
アメリカ生まれの俳優。
⇒ク俳（バトンズ, レッド（シュワット, アーロン）　1918–）

Butu, Abdul Baqui
スールー王国末期の宰相, フィリピン議会議員。
⇒岩世人（ブトゥ　1865–1938）

Buxani, Ram
インド生まれの実業家。コスモスグループ会長, 国際貿易会社（ITL）グループ会長。
⇒外12（バクサニ, ラム）
　外16（バクサニ, ラム）

Buxton, Barclay Fowell
イギリスの聖公会宣教師。
⇒岩キ（バックストン　1860–1946）
　岩世人（バクストン　1860.8.16–1946.2.5）

Buyanmanduqu
中国モンゴル族の政治家, 知識人。
⇒岩世人（ボヤンマンドホ　1894.10.15–1980.11.9）

Buyea, Rob
アメリカの作家, 高校教師。
⇒海文新（ブイエー, ロブ）

Buyoya, Pierre
ブルンジの政治家, 軍人。ブルンジ大統領（1976〜93, 96〜2003）。
⇒岩世人（ブヨヤ　1949.11.24–）
　外16（ブヨヤ, ピエール　1949.11.24–）
　世指導（ブヨヤ, ピエール　1949.11.24–）

Buysse, Cyriel
ベルギーの小説家。「きょうとあした」誌の創刊者の一人。
⇒岩世人（バウセ　1859.9.20–1932.7.25）

Buzea, Ion
ルーマニアのテノール歌手。
⇒失声（ブツェア, イオン　1934–）
　魅惑（Buzea,Ion　1934–）

Buzek, Jerzy
ポーランドの政治家。ポーランド首相。
⇒世指導（ブゼック, イエジ　1940.7.3–）

Buzo, Alexander
オーストラリアの劇作家。
⇒現世文（ブーゾ, アレグザンダー　1944.7.23–2006.8.16）

Buzzati, Dino
イタリアの小説家。主著『ボスコ・ベッキオの秘密』(1935),『タタール人の砂漠』(40)。
⇒異二辞（ブッツァーティ［ディーノ・〜］　1906–1972）
　岩世人（ブッツァーティ・トラヴェルソ　1906.10.16–1972.1.28）
　現世文（ブッツァーティ, ディーノ　1906.10.16–1972.1.28）

Buzzell, Annie Syrena
アメリカのバプテスト派教会宣教師。
⇒岩世人（ブゼル　1866.8.3–1936.2.5）

Byambasuren, Dashiin
モンゴルの政治家。モンゴル首相。
⇒世指導（ビャムバスレン, ダシン　1942.6.20–）

Byars, Betsy
アメリカの女性作家。
⇒外12（バイアーズ, ベッツィー　1928–）
　外16（バイアーズ, ベッツィー　1928–）
　現世文（バイアーズ, ベッツィー　1928.8.7–）

Byatt, Antonia Susan
イギリスの作家, 英文学者, 英文学批評家。
⇒岩世人（バイアット　1936.8.24–）
　外16（バイアット,A.S.　1936.8.24–）
　現世文（バイアット,A.S.　1936.8.24–）
　広辞7（バイアット　1936–）

Bychkov, Semyon
ロシア, のちアメリカの指揮者。
⇒外12（ビシュコフ, セミヨン　1952.11.30–）
　外16（ビシュコフ, セミヨン　1952.11.30–）
　新音中（ビシュコフ, セミヨン　1952.11.30–）

Byck, Samuel
アメリカのテロリスト。アメリカ大統領リチャード・M.ニクソン殺害をたくらみ, 航空機をハイジャックしてホワイトハウスに激突させようとした。

⇒世暗（ビク, サミュエル　1930–1974）

Byeon Woo-Min
韓国の男優。
⇒韓俳（ビョン・ウミン　1965.2.1–）

Byer, Tom
アメリカのサッカー指導者, サッカー選手。
⇒外12（バイヤー, トム　1960.11.21–）

Byers, Alan
テノール歌手。
⇒魅惑（Byers,Alan　?–）

Bykov, Konstantin Mikhailovich
ソ連の生理学者。パブロフの条件反射理論を充実, 拡大した。スターリン賞受賞。
⇒岩世人（ブイコフ　1886.1.8/20–1959.5.13）

Býkov, Vasílii Vlalńlmirovir
ベラルーシ（ソ連）の作家。
⇒岩世人（ブイカウ　1924.6.19–2003.6.22）
　現世文（ブイコフ, ワシリー　1924–2003.6.22）

Bykova, Stella Artemievna
ロシアの日本語教育者, 研究者。モスクワ大学附属アジア・アフリカ諸国大学助教授, 日本語学科長。
⇒外16（ブイコワ, ステラ・アルテーミエヴナ　1944–）

Bylina, Michał
ポーランドの絵本作家。
⇒絵本（ビリナ, ミハウ　1904–1982）

Bylsma, Anner
オランダのチェロ奏者。
⇒外12（ビルスマ, アンナー　1934.2.17–）
　外16（ビルスマ, アンナー　1934.2.17–）
　新音中（ビルスマ, アンネル　1934.2.17–）

Bylsma, Dan
アメリカのアイスホッケー男子米国代表監督。
⇒最世ス（バイルズマ, ダン　1970.9.19–）

Bynes, Amanda Laura
アメリカの女優。
⇒外12（バインズ, アマンダ　1986.4.3–）

Bynner, Witter
アメリカの詩人。
⇒現世文（ビナー, ウィッター　1881.8.10–1968.6.1）

Bynum, Andrew
アメリカのバスケットボール選手（キャバリアーズ）。
⇒最世ス（バイナム, アンドリュー　1987.10.27–）

Byrd, Charlie
アメリカのジャズ・ギター奏者, 作曲家。62年

『ジャズ・サンバ』でボサ・ノバの立役者の1人となる。
⇒標音2（バード, チャーリー　1925.9.16–1999.12.2）

Byrd, Chris Cornelius
アメリカのプロボクサー。
⇒最世ス（バード, クリス　1970.8.15–）

Byrd, Donald
アメリカのジャズ・トランペット奏者, 作曲家。黒人問題, 公民権問題等を研究。1973年ワシントン大学音楽部主任教授。
⇒標音2（バード, ドナルド　1932.12.9–）

Byrd, Harry Flood
アメリカの政治家。保守的民主党員で, 連邦権力拡大に反対。
⇒アメ州（Byrd,Harry Flood　バード, ハリー・フラッド　1887–1966）

Byrd, Harry Gladwin
アメリカの大リーグ選手（投手）。
⇒メジャ（バード, ハリー　1925.2.3–1985.5.14）

Byrd, Marlon Jerrard
アメリカの大リーグ選手（外野）。
⇒メジャ（バード, マーロン　1977.8.30–）

Byrd, Paul Gregory
アメリカの大リーグ選手（投手）。
⇒メジャ（バード, ポール　1970.12.3–）

Byrd, Richard Evelyn
アメリカの極地探検家。1947年史上最大の南極探検隊を指揮。
⇒アメ州（Byrd,Richard Evelyn　バード, リチャード・イブリン　1888–1957）
岩世人（バード　1888.10.25–1957.3.11）
広辞7（バード　1888–1957）
世人新（バード　1888–1957）
世人装（バード　1888–1957）

Byrd, Robert Carlyle
アメリカの政治家。
⇒世指導（バード, ロバート・カーライル　1917.11.20–2010.6.28）

Byrne, David
アイルランドの政治家, 法律家。アイルランド法務官。
⇒世指導（バーン, デービッド　1947.4.26–）

Byrne, David
イギリスのロック・ミュージシャン。
⇒外12（バーン, デービッド　1952.5.14–）
外16（バーン, デービッド　1952.5.14–）

Byrne, Donn Earwin
アメリカの社会心理学者。
⇒社心小（バーン　1931–）

Byrne, Gabriel
アイルランド生まれの俳優。
⇒外12（バーン, ガブリエル　1950.5.12–）
外16（バーン, ガブリエル　1950.5.12–）
ク俳（バーン, ゲイブリエル　1950–）

Byrne, Jerry
アメリカの歌手。
⇒ロック（Byrne,Jerry　バーン, ジェリー）

Byrne, Kerrigan
アメリカの作家。
⇒海文新（バーン, ケリガン）

Byrne, Nicky
アイルランドの歌手。
⇒外12（バーン, ニッキー　1978.10.9–）

Byrne, Patrick James
アメリカの宣教師。
⇒アア歴（Byrne,Patrick James　バーン, パトリック・ジェイムズ　1888.10.26–1950.11.25）
新カト（バーン　1888.10.26–1950.11.25）

Byrne, Rhonda
オーストラリアの作家。
⇒外12（バーン, ロンダ　1945–）
外16（バーン, ロンダ　1945–）

Byrne, Robert Matthew
アメリカの大リーグ選手（三塁, 二塁）。
⇒メジャ（バーン, ボビー　1884.12.31–1964.12.31）

Byrnes, Eric James
アメリカの大リーグ選手（外野）。
⇒メジャ（バーンズ, エリック　1976.2.16–）

Byrnes, James Francis
アメリカの政治家。対ソ強硬派。
⇒ア太戦（1879–1972）
アメ州（Byrnes,James Francis　バーンズ, ジェームズ・フランシス　1879–1972）
岩世人（バーンズ　1879.5.2–1972.4.9）

Byrnes, Michael
アメリカの作家。
⇒海文新（バーンズ, マイクル　1970.5.3–）

Byron, Galvez
メキシコ生まれの画家。
⇒芸13（バイロン, ガルベス　1941–）

Byron, Kathleen
イギリス生まれの女優。
⇒ク俳（バイロン, キャスリーン　1922–）

Bystoel, Lars
ノルウェーのスキー選手（ジャンプ）。
⇒外12（ビステル, ラーシュ　1978.12.4–）
最世ス（ビステル, ラーシュ　1978.12.4–）

Byun Hee-bong
韓国の男優。
⇒韓俳（ビョン・ヒボン 1942.6.8–）

Byun Joo-Yeon
韓国の女優。
⇒韓俳（ビョン・ジュヨン 1998.10.8–）

Byun Jung-soo
韓国の女優，モデル。
⇒韓俳（ビョン・ジョンス 1974.4.15–）

Byun Young-joo
韓国の映画監督，映画プロデューサー。
⇒岩世人（ビョン・ヨンジュ 1966.12.20–）
　外12（ビョンヨンジュ 1966–）

Bywater, Hector C.
イギリスのジャーナリスト。
⇒スパイ（バイウォーター，ヘクター・C 1884–1940）

Bywater, Ingram
イギリスの古典学者。古代哲学，特にアリストテレスの研究家。
⇒岩世人（バイウォーター 1840.6.27–1914.12.8）

【 C 】

Caan, James
アメリカ生まれの俳優。
⇒ク俳（カーン，ジェイムズ（カーン,J） 1938–）
　スター（カーン，ジェームズ 1940.3.26–）

Caballé, Montserat
スペインのソプラノ歌手。
⇒オペラ（カバリエ，モンセラ 1933–）
　標音2（カバリエ，モンセラート 1933.4.12–）

Caballero, Celestino
パナマのプロボクサー。
⇒最世ス（カバジェロ，セレスティーノ 1976.6.21–）

Caballero Calderón, Eduardo
コロンビアの作家。
⇒現世文（カバリェロ・カルデロン，エドゥアルド 1910.3.6–1993.4.3）

Cabanis, José
フランスの作家。
⇒現世文（カバニス，ジョゼ 1922.3.24–2000.10.6）

Cabell, Enos Milton
アメリカの大リーグ選手（三塁，一塁，外野）。

⇒メジャ（カベル，イノス 1949.10.8–）

Cabell, James Branch
アメリカの小説家，詩人，歴史家。
⇒アメ州（Cabell,James Branch キャベル，ジェームズ・ブランチ 1879–1958）

Cable, George Washington
アメリカの小説家。
⇒岩世人（ケイブル 1844.10.12–1925.1.31）

Cabore
ブラジルのサッカー選手（アルアラビ・FW）。
⇒外12（カボレ 1980.2.19–）

Cabot, Bruce
アメリカの男優。
⇒ク俳（キャボット，ブルース（ブジャック，エティエンヌ・ド） 1903–1972）

Cabot, Meg
アメリカのロマンス作家，イラストレーター。
⇒海文新（キャボット，メグ 1967.2.1–）
　現世文（キャボット，メグ 1967.2.1–）

Cabot, Susan
アメリカの女優，歌手。
⇒ク俳（キャボット，スーザン（シャピロ，ハリエット） 1927–1986）

Cabral, Amilcar
ギニア・ビサウ共和国の解放闘争の指導者。1956年独立運動のためのギニア・カボベルデ独立アフリカ党（PAIGC）を創設，議長となった。
⇒岩世人（カブラル 1924.9.12–1973.1.20）

Cabral de Melo Neto, João
ブラジルの詩人。
⇒岩世人（メロ・ネット 1920.1.9–1999.10.9）
　現世文（カブラル・デ・メーロ・ネト，ジョアン 1920–1999.10.9）

Cabrera, Alex
ベネズエラのプロ野球選手（ソフトバンク・内野），大リーグ選手。
⇒外12（カブレラ，アレックス 1971.12.24–）

Cabrera, Angel
アルゼンチンのプロゴルファー。
⇒外12（カブレラ，アンヘル 1969.9.12–）
　外16（カブレラ，アンヘル 1969.9.12–）
　最世ス（カブレラ，アンヘル 1969.9.12–）

Cabrera, Asdrubal
ベネズエラの大リーグ選手（インディアンス・内野）。
⇒最世ス（カブレラ，アズドゥルバル 1985.11.13–）
　メジャ（カブレラ，アスドゥルバル 1985.11.13–）

Cabrera, Everth
ニカラグアの大リーグ選手（遊撃）。

⇒メジャ（カブレラ, エバース　1986.11.17–）
Cabrera, Jose Miguel
ベネズエラの大リーグ選手（三塁, 外野, 一塁）。
⇒外16（カブレラ, ミゲル　1983.4.18–）
最新ス（カブレラ, ミゲル　1983.4.18–）
メジャ（カブレラ, ミゲル　1983.4.18–）
Cabrera, Luis
メキシコの法律家。蔵相（1914～17,19～20）, メキシコ市で弁護士開業（1920～）。
⇒岩世人（カブレーラ　1876.7.17–1954.4.12）
Cabrera, Melky
ドミニカ共和国の大リーグ選手（ホワイトソックス・外野手）。
⇒外16（カブレラ, メルキー　1984.8.11–）
最新ス（カブレラ, メルキー　1984.8.11–）
Cabrera, Orlando Luis
アメリカの大リーグ選手（遊撃）。
⇒最新ス（カブレラ, オーランド　1974.11.2–）
メジャ（カブレラ, オルランド　1974.11.2–）
Cabrera Infante, Guillermo
キューバの小説家。
⇒現世文（カブレラ・インファンテ, ギリェルモ　1929.4.22–2005.2.21）
広辞7（カブレラ・インファンテ　1929–2005）
ラテ新（カブレラ・インファンテ　1929–2005）
Cabrini, Francisca Xaveria, St.
イタリア出身の聖女。渡米してイタリア系移民の生活向上に尽した。46年列聖。
⇒アメ州（Cabrini,St.Frances Xavier　カブリーニ, 聖フランシス・ザビエル　1850–1917）
オク教（カブリーニ（聖）　1850–1917）
新カト（フランチェスカ・サヴェリオ・カブリーニ　1850.7.15–1917.12.22）
Cabrol, Fernand
フランスのベネディクト会士, 典礼学者。ソレームのベネディクト修道院院長（1890）。
⇒岩世人（カブロル　1855.12.11–1937.6.4）
新カト（カブロル　1855.12.11–1937.6.4）
Cáceres, Andrés Avelino
ペルーの政治家, 軍人。ペルー大統領（1886～90,94～95）。
⇒岩世人（カセレス　1836.11.10–1923.10.10）
Cáceres, Ramón
ドミニカ共和国の政治家。ドミニカ共和国大統領（1906～11）。
⇒世暗（カセレス, ラモン　1866–1911）
Cachao
キューバのベース奏者, 作曲家。
⇒岩世人（カチャーオ　1918.9.14–2008.3.22）
Cacheux, Francois
フランス生まれの彫刻家。

⇒芸13（カシュー, フランコ　1923–）
Cachin, Marcel
フランスの共産党指導者。共産党結成時（1920）に指導的な役割を演じた。
⇒岩世人（カシャン　1869.9.20–1958.2.12）
学叢思（カッシャン, マルセユ　1869–?）
Cadbury, Henry Joel
アメリカの新約聖書学者。平和論者で, 第一次大戦後ドイツの児童救済に尽力。
⇒オク教（キャドベリー　1883–1974）
Cadbury, William Warder
アメリカの医師。
⇒アア歴（Cadbury,William W（arder）　キャドベリー, ウイリアム・ウォーダー　1877.10.15–1959.10.15）
Cade, John FJ
オーストラリアの精神科医。
⇒現精（ケイド　1912–1980）
現精縮（ケイド　1912–1980）
Cadière, Léopold (-Michel)
フランスのカトリック司祭, 学者。
⇒岩世人（カディエール　1869.2.14–1955.7.6）
Cadilhac, Hippolyte Louis
フランスの宣教師。
⇒新カト（カディヤック　1859.3.15–1930.11.19）
Cadiot, Olivier
フランスの詩人。
⇒フ文小（カディオ, オリヴィエ　1956–）
Cadiou, Michel
フランスのテノール歌手。
⇒失声（カディウ, ミッシェル　1931–）
Cadman, Charles Wakefield
アメリカの作曲家。アメリカ・インディアン音楽の研究から生じた歌曲で知られる。
⇒ク音3（キャドマン　1881–1946）
標音2（キャドマン, チャールズ・ウェークフィールド　1881.12.24–1946.12.30）
Cadogan, *Sir* Alexander George Montague
イギリスの外交官。国際連盟に協力し, 満州問題で活躍（1919～26）。
⇒岩世人（カドガン　1884.11.24–1968.7.9）
Cadorna, Luigi
イタリアの軍人。第1次世界大戦時の参謀総長。
⇒岩世人（カドルナ　1850.9.4–1928.12.21）
Cady, John Frank
アメリカの歴史学者。
⇒アア歴（Cady,John F（rank）　ケイディ, ジョン・フランク　1901.7.14–1996.6.17）

Caemmerer, Ernst von
ドイツの法学者。
⇒岩世人（ケメラー 1908.1.17-1985.6.23）

Caesar, Sid
アメリカのコメディアン，俳優。
⇒ク俳（シーザー，シド 1922-）
　ユ著人（Caesar,Sid シーザー，シド 1922-）

Caetani, Leone
イタリアのイスラム学者。『イスラム年代記』を刊行（1905～26）した。
⇒岩イ（カエターニ 1869-1935）
　岩世人（カエターニ 1869.9.12-1935.12.25）

Caetano, Marcello José das Neves Alves
ポルトガルの政治家。1968年サラザール首相が病気で倒れ，トマス大統領に請われ首相に就任。74年軍部クーデターによりブラジルへ亡命。
⇒岩世人（カエターノ 1906.8.17-1980.10.26）

Caferoglu, Ahmet
トルコの東洋学者。主著『アゼルバイジャーン歌謡バヤティ』（1930）。
⇒岩世人（ジャフェロール 1899.4.17-1975.1.6）

Caflisch, Max
スイスの書物デザイナー，タイポグラファー。
⇒グラデ（Caflisch,Max カフリッシュ，マックス 1916-）

Cafu
ブラジルのサッカー選手。
⇒最世ス（カフー 1970.6.7-）

Cage, John
アメリカ生まれの作曲家，思想家。
⇒アメ新（ケージ 1912-1992）
　岩世人（ケイジ 1912.9.5-1992.8.12）
　エデ（ケージ，ジョン（ミルトン，ジュニア） 1912.9.5-1992.8.12）
　ク音3（ケージ 1912-1992）
　芸13（ケージ，ジョン 1912-）
　現音キ（ケージ，ジョン 1912-1992）
　広辞7（ケージ 1912-1992）
　新音小（ケージ，ジョン 1912-1992）
　ピ曲八（ケージ，ジョン 1912-1992）
　標音2（ケージ，ジョン 1912.9.5-1992.8.12）
　ポプ人（ケージ，ジョン 1912-1992）

Cage, Nicolas
アメリカ生まれの男優，映画製作者。
⇒遺産（ケイジ,ニコラス 1964.1.7-）
　外12（ケイジ,ニコラス 1964.1.7-）
　外16（ケイジ,ニコラス 1964.1.7-）
　ク俳（ケイジ,ニコラス（コッポラ,N.） 1964-）
　スター（ケイジ,ニコラス 1964.1.7-）

Cagli, Corrado
イタリアの画家。
⇒ユ著人（Cagli,Corrado カリ，コッラド 1910-1976）

Cagna, Mario
イタリア生まれの聖職者。初代駐日教皇大使。
⇒新カト（カーニャ 1911.10.8-1986.4.4）

Cagney, James
アメリカの俳優。
⇒遺産（キャグニー，ジェームズ 1899.7.17-1986.3.30）
　ク俳（キャグニー，ジェイムズ 1899-1986）
　スター（キャグニー，ジェームズ 1899.7.17-1986）

Cahan, Abraham
アメリカの小説家。
⇒岩世人（カーハン 1860.7.7-1951.8.31）
　ユ著人（Cahan,Abraham カーン，エイブラハム 1860-1961）

Cahensly, Peter Paul
ドイツのカトリック信徒，社会運動指導者。
⇒新カト（カヘンスリ 1838.10.28-1923.12.25）

Cahierre, Armel
フランスの実業家。
⇒外12（カイエール，アルメル 1959.8.1-）
　外16（カイエール，アルメル 1959.8.1-）

Cahill, James Francis
アメリカの東洋美術史学者。概説書 "Chinese painting"（1961）を著わした。
⇒岩世人（ケイヒル 1926.8.13-2014.2.14）

Cahill, Tim
オーストラリアのサッカー選手（上海申花・FW）。
⇒外16（ケーヒル，ティム 1979.12.6-）
　最世ス（ケーヒル，ティム 1979.12.6-）

Cahn, John Werner
アメリカの材料科学者。
⇒外12（カーン，ジョン・ワーナー 1928.1.9-）
　外16（カーン，ジョン・ワーナー 1928.1.9-）

Cahn, Sammy
アメリカの作詞家。
⇒標音2（カーン，サミー 1913.6.18-1993.1.15）
　ユ著人（Cahn,Sammy カーン，サミー 1913-1993）

Cahun, Claude
フランスの芸術家。
⇒シュル（カーアン，クロード 1894-1954）

Caid Essebsi, Beji
チュニジアの政治家。チュニジア大統領（2014～19）。
⇒外12（カイドセブシ，ベジ）
　外16（カイドセブシ，ベジ 1926.11.29-）
　世指導（カイドセブシ，ベジ 1926.11.29-）

Caidin, Martin
アメリカの作家,航空評論家。
⇒現世文（ケイディン,マーティン　1927–1997）

Caifa, Carlo
イタリアのテノール歌手。
⇒魅惑（Caifa,Carlo　?–）

Caillard, Christian
フランスの画家。
⇒芸13（カイヤール,クリスティアン　1899–1968）

Caillat, Colbie
アメリカのシンガー・ソングライター。
⇒外12（キャレイ,コルビー　1985.5.28–）
　外16（キャレイ,コルビー　1985.5.28–）

Caillaux, Henriette
フランス首相ジョセフ・カイヨー夫人。夫のスキャンダルを暴いた,パリの有力紙「フィガロ」の編集長ガストン・カルメットを暗殺した。
⇒世暗（カイヨー,アンリエット　1877–1943）

Caillaux, Joseph Marie Auguste
フランスの政治家。ドゥメルグ内閣の蔵相となったが（1913～14）,「フィガロ」紙編集長カルメットの攻撃をうけ,妻が彼を射殺した（14.3.16）,いわゆる「カイヨー事件」で辞職した。
⇒岩世人（カイヨー　1863.3.30–1944.11.21）

Caillet, Lucien
フランス生まれのアメリカの作曲家,編曲家,指揮者。
⇒標音2（カイエ,リュシエン　1891.5.22–1984.12.27）

Cailletet, Louis Paul
フランスの物理学者,工学者。鉄工場主。
⇒岩世人（カイユテ　1832.9.21–1913.1.5）
　三新物（カイユテ　1832–1913）

Cailliau, Robert
ベルギーの情報科学技師。
⇒世発（カイリュー,ロバート　1947–）

Caillois, Roger
フランスの評論家。主著『神話と人間』（1938）,『サン=ジョン・ペルスの詩法』（54）。
⇒岩世人（カイヨワ　1913.3.3–1978.12.21）
　現社（カイヨワ　1913–1978）
　広辞7（カイヨワ　1913–1978）
　社小増（カイヨワ　1913–1978）
　メル別（カイヨワ,ロジェ　1913–1978）

Caillois, Roland
フランスの哲学者。
⇒メル3（カイヨワ,ロラン　1918–）

Cain, Chelsea
アメリカの作家。

⇒海文新（ケイン,チェルシー）
　現世文（ケイン,チェルシー　1972–）

Cain, Errol le
イギリスのイラストレーター。
⇒異二辞（ル・カイン［エロール・～］　1941–1989）

Cain, Herman
アメリカの実業家,コラムニスト。
⇒外12（ケイン,ハーマン　1945.12.13–）
　外16（ケイン,ハーマン　1945.12.13–）

Cain, James Mallahan
アメリカの小説家。代表作『郵便配達夫はいつもベルを二度鳴らす』（1934）。
⇒岩世人（ケイン　1892.7.1–1977.10.27）
　現世文（ケイン,ジェームズ・M.　1892.7.1–1977.10.27）

Cain, Jonathan
アメリカのロック・キーボード奏者。
⇒外16（ケイン,ジョナサン　1950.2.26–）

Cain, Matt
アメリカの大リーグ選手（ジャイアンツ・投手）。
⇒外12（ケイン,マット　1984.10.1–）
　外16（ケイン,マット　1984.10.1–）
　最世ス（ケイン,マット　1984.10.1–）
　メジャ（ケイン,マット　1984.10.1–）

Caine, Michael
イギリス・ロンドン生まれの男優。
⇒遺産（ケイン,マイケル　1933.3.14–）
　外16（ケイン,マイケル　1933.3.14–）
　ク俳（ケイン,サー・マイクル（ミクルホワイト,モーリス）　1933–）
　スター（ケイン,マイケル　1933.3.14–）

Caine, Sir Thomas Henry Hall
イギリスの小説家。主著『罪の影』（1885）,『マン島人』（94）など。
⇒岩世人（ケイン　1853.5.14–1931.8.31）

Cainero, Chiara
イタリアの射撃選手（クレー射撃）。
⇒外12（カイネロ,キアラ　1978.3.24–）
　最世ス（カイネロ,キアラ　1978.3.24–）

Caio Junior
ブラジルのサッカー監督。
⇒外12（カイオ・ジュニオール　1965.3.8–）

Caird, Edward
イギリスの哲学者。新ヘーゲル学派の指導者。
⇒岩世人（ケアード　1835.3.22–1908.11.1）
　オク教（ケアード　1835–1908）
　学叢思（ケアード,エドワード　1835–1908）
　新カト（ケアード　1835.5.23–1908.11.1）

Caird, John
イギリスの演出家。

⇒外12 (ケアード, ジョン 1948.9.22-)
外16 (ケアード, ジョン 1948.9.22-)

Cairncross, John
イギリスの公務員, ソ連のスパイ。ケンブリッジ・スパイ網のメンバー。「第5の男」とも呼ばれる。
⇒スパイ (ケアンクロス, ジョン 1913-1995)

Cairo, Miguel
ベネズエラの大リーグ選手 (ヤンキース・内野)。
⇒外12 (カイロ, ミゲル 1974.5.4-)
メジャ (カイロ, ミゲル 1974.5.4-)

Cajori, Florian
スイス生まれのアメリカの科学史家。物理学史および数学史に関する多くの著作がある。
⇒岩世人 (カジョリ 1859.2.28-1930.8.14)
数小増 (カジョリ 1859-1930)

Çakir, Asli
トルコの陸上選手 (中距離)。
⇒外16 (ジャキール, アスリ 1985.8.20-)
最世ス (ジャキール, アスリ 1985.8.20-)

Cakkraphan Posayakrit
タイの画家。
⇒岩世人 (チャックラパン・ポーサヤクリット 1943.8.16-)

Çakmak, Fevzi, Mustafa
トルコの軍人, 政治家。
⇒岩世人 (チャクマク, フェヴズィ 1876-1950.4.12)

Cal, David
スペインのカヌー選手。
⇒外12 (カル, ダビド 1982.10.10-)
外16 (カル, ダビド 1982.10.10-)
最世ス (カル, ダビド 1982.10.10-)

Calabi, Eugenio
アメリカの数学者, フィラデルフィアの大学教授。
⇒岩世人 (カラビ 1923.5.11-)

Calabresi, Guido
アメリカの法学者, 裁判官。
⇒岩世人 (カラブレイジ 1932.10.18-)
有経5 (カラブレージ 1932-)

Calabria, Giovanni
イタリアの聖人, 司祭, カラブリア修道会の創立者。祝日12月4日。
⇒新カト (ジョヴァンニ・カラブリア 1873.10.8-1954.12.4)

Caland, Willem
オランダのサンスクリット学者。古代インドの祭式学を研究。
⇒岩世人 (カーラント 1859.8.27-1932.3.23)

Calatayud, Zulia
キューバの陸上選手 (中距離)。
⇒最世ス (カラタイウド, スリア 1979.11.9-)

Calatrava Valls, Santiago
スペインの建築家, デザイナー。
⇒世建 (カラトラバ, サンティアゴ 1951-)

Calce, Antonio
スイスの実業家。
⇒外12 (カルチェ, アントニオ 1967-)
外16 (カルチェ, アントニオ 1967-)

Caldecott, Sir Andrew
イギリスの文官。
⇒岩世人 (コールデコット 1884.10.26-1951.7.14)

Calder, Alexander
アメリカの彫刻家。モビールの創始者。代表作『エビと魚の尾』(1939),『鯨』(37) など。
⇒岩世人 (コールダー 1898.7.22-1976.11.11)
芸13 (コルダー, アレキサンダー 1898-1976)
広辞7 (コールダー 1898-1976)
シュル (コールダー, アレクサンダー 1898-1976)
ネーム (コールダー 1898-1976)

Calder, Kent E.
アメリカの政治学者。プリンストン大学教授, 日米研究所長。
⇒外12 (カルダー, ケント 1948.4.18-)
外16 (カルダー, ケント 1948.4.18-)

Caldera, Rafael
ベネズエラの政治家, 法律家。ベネズエラ大統領。
⇒世指導 (カルデラ, ラファエル 1916.1.24-2009.12.24)

Calderón, Alberto-Pedro
アメリカの数学者。
⇒世数 (カルデロン, アルベルト 1920-1998)

Calderon, Armando
エルサルバドルの政治家。エルサルバドル大統領 (1994〜99)。
⇒世指導 (カルデロン, アルマンド 1948.6.24-2017.10.9)

Calderón, Felipe
メキシコの政治家, 弁護士。メキシコ大統領 (2006〜12)。
⇒岩世人 (カルデロン 1962.8.18-)
外12 (カルデロン, フェリペ 1962.8.18-)
外16 (カルデロン, フェリペ 1962.8.18-)
世指導 (カルデロン, フェリペ 1962.8.18-)
ネーム (カルデロン 1962-)

Calderon, Ivan
アメリカの大リーグ選手 (外野)。
⇒メジャ (カルデロン, イバン 1962.3.19-2003.12.

27)
Calderón, Ivan
プエルト・リコのボクサー。
⇒異二辞（カルデロン［イバン・～］ 1975–）
Calderon, Jose
スペインのバスケットボール選手（マーベリックス）。
⇒最世ス（カルデロン，ホセ 1981.9.28–）
Calderon, Phillipe
フランスの映画監督。
⇒外12（カルデロン，フィリップ 1955.10.30–）
Calderon, Rafael Angel
コスタリカの政治家。コスタリカ大統領（1990～94）。
⇒世指導（カルデロン，ラファエル・アンヘル 1949.3.14–）
Calderón, Santiago
テノール歌手。
⇒魅惑（Calderón,Santiago ?–）
Calderón Guardia, Rafael Ángel
コスタリカの医師，政治家。
⇒岩世人（カルデロン・グアルディア 1900.3.10–1970.6.9）
Caldicott, Helen (Broinowski)
オーストラリアの小児科医，反核運動家。
⇒外12（カルディコット，ヘレン 1938–）
　外16（カルディコット，ヘレン 1938–）
Caldwell, Bobby
アメリカ・ニューヨーク生まれの歌手。
⇒外12（コールドウェル，ボビー 1952.8.15–）
　外16（コールドウェル，ボビー 1952.8.15–）
Caldwell, Erskine Preston
アメリカの小説家。1932年，『タバコ・ロード』で貧乏な白人の悲惨な生活をきわめてグロテスクな筆致で描いて有名になった。
⇒アメ州（Caldwell,Erskine Preston コールドウェル，アースキン・プレストン 1903–）
　岩世人（コールドウェル 1903.12.17–1987.4.11）
　現世文（コールドウェル，アースキン 1903.12.7–1987.4.11）
　広辞7（コールドウェル 1903–1987）
　新カト（コールドウェル 1903.12.17–1987.4.11）
　西文（コールドウェル，アースキン 1903–1987）
Caldwell, John Cope
アメリカの作家。
⇒アア歴（Caldwell,John C (ope) コールドウェル，ジョン・コウプ 1913.11.27–）
Caldwell, Oliver Johnson
アメリカの教育者。
⇒アア歴（Caldwell,Oliver J (honson) コールド

ウェル，オリヴァー・ジョンスン 1904.11.16–1990）
Caldwell, Ralph Michael
アメリカの大リーグ選手（投手）。
⇒メジャ（コールドウェル，マイク 1949.1.22–）
Caldwell, Raymond Benjamin
アメリカの大リーグ選手（投手）。
⇒メジャ（コールドウェル，レイ 1888.4.26–1967.8.17）
Cale, J.J.
アメリカのシンガー・ソングライター。
⇒ロック（Cale,J.J. ケイル,J・J 1939–）
Cale, John
イギリスのヴィオラ奏者，キーボード奏者，作曲家。
⇒ロック（Cale,John ケイル，ジョン 1942–）
Caley, Ian
イギリスのテノール歌手。
⇒魅惑（Caley,Ian ?–）
Calhoun, Haystacks
アメリカのプロレスラー。
⇒異二辞（カルホーン，ヘイスタック 1934–1989）
Calhoun, Rory
アメリカ生まれの俳優。
⇒ク俳（カルホウン，ロリー（ダーギン，フランシス） 1922–1999）
Calhoun, William James
アメリカの弁護士，外交官。ベネズエラへのルーズベルト大統領特使（1905～08）をへて中国駐在公使となる（09～13）。
⇒アア歴（Calhoun,William James カルフーン，ウィリアム・ジェイムズ 1848.10.5–1916.9.19）
　岩世人（カルフーン 1848.10.5–1916.9.19）
Càlinescu, George
ルーマニアの小説家，文学史家。
⇒岩世人（カリネスク 1899.6.7/19–1965.3.12）
　現世文（カリネスク，ジョルジェ 1899.6.19–1965.3.12）
Calisher, Hortense
アメリカの小説家，短編作家。
⇒現世文（キャリシャー，ホーテンス 1911.12.20–2009.1.13）
　ユ著人（Calisher,Hortense キャリシャー，ホーテンス 1911–）
Callaghan, James
イギリスの政治家。イギリス首相，労働党党首。
⇒岩世人（キャラハン 1912.3.27–2005.3.26）
　世人新（キャラハン 1912–2005）
　世人装（キャラハン 1912–2005）
　ボブ人（キャラハン，ジェームズ 1912–2005）

Callaghan, Morley Edward
カナダの作家。主著『奇妙な逃亡者』(1928)、『わが愛する者』(34)、『愛され失われし者』(51)。
⇒岩世人（キャラハン 1903.2.22-1990.8.25）
現世文（キャラハン, モーリー・エドワード 1903.2.22-1990.8.25）
ヘミ（キャラハン, モーリー 1903-1990）

Callahan, James Joseph
アメリカの大リーグ選手（投手, 外野, 三塁）。
⇒メジャ（キャラハン, ニクシー 1874.3.18-1934.10.4）

Callanan, Liam
アメリカの作家。
⇒海文新（キャラナン, リーアム）
現世文（キャラナン, リーアム）

Callard, Kay
カナダ生まれの女優。
⇒ク俳（カラード, ケイ 1933-）

Callas, Maria Meneghini
アメリカ生まれのギリシャのソプラノ歌手。最高のコロラトゥーラ技巧に劇的な歌唱力と演技力をあわせそなえていたため, 当代無比のプリマ・ドンナとうたわれた。
⇒岩世人（カラス 1923.12.2-1977.9.16）
オペラ（カッラス, マリーア 1923-1977）
新音中（カラス, マリア 1923.12.2-1977.9.16）
標音2（カラス, マリア 1923.12.2-1977.9.16）
ボブ人（カラス, マリア 1923-1977）

Calle, Sophie
フランスの現代芸術家。
⇒岩世人（カル 1953.10.9-）
外12（カル, ソフィ 1953-）
外16（カル, ソフィ 1953-）
現アテ（Calle,Sophie カル, ソフィ 1953-）

Callegari, Giordano
イタリアのテノール歌手。
⇒魅惑（Callegari,Giordano ?-）

Calleja, Icilio
マルタのテノール歌手。
⇒失声（カレヤ, イチリオ 1882-1941）
魅惑（Calleja,Icilio 1882-1941）

Calleja, Joseph
マルタのテノール歌手。
⇒外12（カレヤ, ジョセフ 1978-）
外16（カレヤ, ジョセフ 1978-）
魅惑（Calleja,Joseph 1978-）

Callejas, Rafael Leonardo
ホンジュラスの政治家。ホンジュラス大統領（1990～94）。
⇒世指導（カジェハス, ラファエル・レオナルド 1943.11.14-）

Callendar, Hugh Longbourne
イギリスの実験物理学者。蒸気機関の研究, 水の比熱の測定等を行った。
⇒岩世人（カレンダー 1863-1930.1.21）

Calles, Plutarco Elías
メキシコの政治家。
⇒岩世人（カリェス 1877.9.25-1945.10.19）
ラテ新（カリェス 1877-1945）

Callicott, John Baird
アメリカの哲学者。環境倫理学という分野の開拓者。
⇒メル別（キャリコット, ジョン・ベアード 1941-）

Callison, John Wesley
アメリカの大リーグ選手（外野）。
⇒メジャ（キャリソン, ジョニー 1939.3.12-2006.10.12）

Callisto Caravario
イタリア生まれの聖人, 殉教者, サレジオ会会員, 中国宣教師。祝日7月9日。
⇒新カト（カリスト・カラヴァリオ 1903.6.18-1930.2.25）

Calloway, Cab
アメリカのバンドリーダー, 歌手。
⇒岩世人（キャロウェイ 1907.12.25-1994.11.18）
新音中（キャロウェイ, キャブ 1907.12.25-1994.11.18）
標音2（キャロウェイ, キャブ 1907.12.25-1994.11.18）

Calloway, Cassidy
アメリカの作家。
⇒海文新（キャロウェイ, キャシディ）

Calmel, Mireille
フランスの作家。
⇒海文新（カルメル, ミレイユ 1964.12.8-）

Calmes, Mary
アメリカの作家。
⇒海文新（カルムス, メアリー）
現世文（カルムス, メアリー）

Calmette, Albert Léon Charles
フランスの細菌学者。1891年サイゴンにパスツール研究所を設立し, 蛇毒血清を開発。
⇒岩世人（カルメット 1863.7.12-1933.10.29）
旺生5（カルメット 1863-1933）

Calmy-Rey, Micheline
スイスの政治家。スイス大統領, 外相。
⇒外12（カルミレイ, ミシュリン 1945.7.8-）
外16（カルミレイ, ミシュリン 1945.7.8-）
世指導（カルミレイ, ミシュリン 1945.7.8-）

Calne, Roy Yorke
イギリスの外科医。
⇒外16（カーン,ロイ　1930.12.30-）

Calonita, Jen
アメリカの作家。
⇒海文新（キャロニタ,ジェン）
現世文（キャロニタ,ジェン）

Calosa, Pedro
フィリピンの民衆運動指導者。
⇒岩世人（カローサ　1900頃-1967）

Cals, Joseph Maria Laurens Theo
オランダの政治家。文相（1952～63）として科学教育法（61）,中等教育法（63）を制定し,オランダの中等教育制度に大改革を加えた。
⇒岩世人（カルス　1914.7.18-1971.12.30）

Calvé, Emma
フランスのソプラノ歌手。1882年ブリュッセルでデビュー。当り役は『カルメン』。
⇒岩世人（カルヴェ　1858.8.15-1942.1.6）

Calvé, Louise
カナダ生まれの画家。
⇒芸13（カルベ,ルイス　1937-）

Calvel, Raymond
フランス国立製粉学校教授。
⇒異二辞（カルヴェル［レイモン・~］　1913-2005）

Calvert, Phyllis
イギリス・ロンドン生まれの女優。
⇒ク俳（カルヴァート,フィリス（ビクル,フィリス）1915-2002）

Calvet, Corinne
フランスの映画女優。
⇒ク俳（カルヴェ,コリーヌ（ディボ,C）1925-2001）

Calvet, Jean
フランスの文学史家。カトリックの立場からではあるが,比較的公平な文学的評価を与えた。
⇒新カト（カルヴェ　1874.1.17-1965.1.26）

Calvetti, Paola
イタリアの作家。
⇒海文新（カルヴェッティ,パオラ）
現世文（カルヴェッティ,パオラ）

Calvin
台湾の歌手,俳優。
⇒外12（ケルビン　11.10-）
外16（ケルビン　11.10-）

Calvin, Melvin
アメリカの有機化学者,生化学者。光合成の研究,特にカルビン=ベンソン回路の発見で有名。1961年ノーベル化学賞受賞。

⇒アメ州（Calbin,Melvin　カルビン,メルビン　1911-）
岩生（カルヴィン　1911-1997）
岩世人（カルヴィン　1911.4.8-1997.1.8）
旺世5（カルビン　1911-1997）
オク科（カルヴィン（メルヴィン）　1911-1997）
オク生（カルビン,メルビン　1911-1997）
化学（カルヴィン　1911-1997）
広辞7（カルヴィン　1911-1997）
三新生（カルビン　1911-1997）
ノベ3（カルヴィン,M.　1911.4.8-1997.1.8）
ユ著人（Calvin,Melvin　カルビン,メルビン　1911-1997）

Calvino, Italo
イタリアの作家。著書は『くもの巣の小道』（1947）『真二つの子爵』（52）,『宇宙喜劇』（66）など。
⇒異二辞（カルヴィーノ［イタロ・~］　1923-1985）
岩世人（カルヴィーノ　1923.10.15-1985.9.19）
絵本（カルヴィーノ,イタロ　1923-1985）
現世文（カルヴィーノ,イタロ　1923.10.15-1985.9.19）
広辞7（カルヴィーノ　1923-1985）
ネーム（カルヴィーノ　1923-1985）

Calvo, Juan
スペイン生まれのドミニコ会員,日本宣教師。
⇒新カト（カルボ　1882.1.10-1952.7.18）

Calvo Sotelo, José
スペインの財政家,政治家。1925～30年蔵相をつとめる。
⇒岩世人（カルボ・ソテーロ　1893.5.6-1936.7.13）

Calvo-Sotelo Bustelo, Leopoldo
スペインの政治家。スペイン首相。
⇒岩世人（カルボ・ソテーロ　1926.4.14-2008.5.3）

Calza, Gian Carlo
イタリアの東洋美術の専門家。国際北斎リサーチ・センター所長。
⇒外12（カルツァ,ジャン・カルロ　1940-）

Calzadilla, Guillermo
キューバ生まれの芸術家。
⇒現アテ（Allora,Jennifer & Calzadilla,Guillermo　アローラ,ジェニファー&カルサディーリャ,ギジェルモ　1971-）

Calzaghe, Joe
イギリスのプロボクサー。
⇒最世3（カルザゲ,ジョー　1972.3.23-）

Cam, Helen Maud
イギリスの女流歴史家。主著 "Local government in Francia and England" (1912)。
⇒岩世人（キャム　1885.8.22-1968.2.9）

Camacho, José Antonio
スペインのサッカー監督。
⇒外12（カマーチョ,ホセ・アントニオ　1955.6.8-）

外16（カマーチョ, ホセ・アントニオ　1955.6.8-）
最世ス（カマーチョ, ホセ・アントニオ　1955.6.8-）
ネーム（カマチョ, ホセ　1955-）

Camacho Abad, Marcelino
スペインの労働運動指導者。
⇒岩世人（カマーチョ　1918.1.21-2010.10.29）

Câmara, Hélder
ブラジルの大司教, 詩人, 解放の神学の実践的指導者。
⇒岩キ（カマラ　1902-1999）
　岩世人（カマラ　1909.2.7-1999.8.27）
　オク教（カマラ　1909-1999）
　広辞7（カマラ　1909-1999）
　新カト（カマラ　1909.2.7-1999.8.27）

Cámara, Javier
スペインの俳優。
⇒外16（カマラ, ハビエル　1967-）

Camara, Moussa Dadis
ギニアの政治家, 軍人。ギニア大統領（2008～09）。
⇒外12（カマラ, ムサ・ダディ　1964-）
　外16（カマラ, ムサ・ダディ　1964-）
　世指導（カマラ, ムサ・ダディ　1964-）

Camargo, Daniel
ブラジル生まれのバレエダンサー。シュトゥットガルト・バレエ団プリンシパル。
⇒外16（カマルゴ, ダニエル　1991-）

Camargo Guarnieri, Mozart
ブラジルの作曲家, 指揮者, 教育者。
⇒標音2（グアルニエリ, モーツァルト・カマルゴ　1907.2.1-1993.1.13）

Camarón de la Isla
スペインのフラメンコ歌手。
⇒岩世人（カマロン・デ・ラ・イスラ　1950.12.5-1992.7.2）

Camberlin, Jean-Paul
フランス生まれの画家。
⇒芸13（カンベラン, ジェーン・ポール　1950-）

Cambias, James L.
アメリカのSF作家, ゲームデザイナー。
⇒海文新（キャンビアス, ジェイムズ・L.）
　現世文（キャンビアス, ジェイムズ・L.）

Cambiasso, Esteban
アルゼンチンのサッカー選手（オリンピアコス・MF）。
⇒外12（カンビアッソ, エステバン　1980.8.18-）
　外16（カンビアッソ, エステバン　1980.8.18-）
　最世ス（カンビアッソ, エステバン　1980.8.18-）

Cambo, Damilevil
フランス生まれの画家。

⇒芸13（カンボ, ダミレビ　1934-）

Cambó, Francisco
スペインの政治家, 実業家。
⇒岩世人（カンボ　1876.9.2-1947.4.30）

Cambon, Jules Martin
フランスの行政官。アメリカ, スペイン, ドイツ駐在大使を歴任。
⇒岩世人（カンボン　1845.4.4-1935.9.19）

Cambon, Pierre Paul
フランスの外交官。スペイン, トルコ, イギリス駐在大使を歴任。
⇒岩世人（カンボン　1843.1.20-1924.5.28）

Cambrelling, Sylvain
フランスの指揮者。
⇒外12（カンブルラン, シルヴァン　1948.7.2-）
　外16（カンブルラン, シルヴァン　1948.7.2-）

Camby, Marcus
アメリカのバスケットボール選手（ロケッツ）。
⇒最世ス（キャンビー, マーカス　1974.3.22-）

Camdessus, Michel Jean
フランスの銀行家。
⇒外12（カムドシュ, ミシェル　1933.5.1-）
　外16（カムドシュ, ミシェル　1933.5.1-）

Camerini, Mario
イタリア・ローマ生まれの映画監督。
⇒映監（カメリーニ, マリオ　1895.2.6-1981）

Cameron, Alexander Christie
ニュージーランドの実業家。
⇒ニュー（キャメロン, アレクサンダー　1893-1961）

Cameron, David William Duncan
イギリスの政治家。イギリス首相, 保守党党首, 下院議員。
⇒岩世人（キャメロン　1966.10.9-）
　外12（キャメロン, デービッド　1966.10.9-）
　外16（キャメロン, デービッド　1966.10.9-）
　世指導（キャメロン, デービッド　1966.10.9-）
　ボブ人（キャメロン, デービッド　1966-）

Cameron, James
アメリカの映画監督。
⇒岩世人（キャメロン　1954.8.16-）
　映監（キャメロン, ジェームズ　1954.8.16-）
　外12（キャメロン, ジェームズ　1954.8.16-）
　外16（キャメロン, ジェームズ　1954.8.16-）

Cameron, Marc
アメリカの作家。
⇒海文新（キャメロン, マーク）
　現世文（キャメロン, マーク）

Cameron, Mike Terrance
アメリカの大リーグ選手(外野手)。
⇒外12(キャメロン,マイク 1973.1.8–)
最世ス(キャメロン,マイク 1973.1.8–)
メジャ(キャメロン,マイク 1973.1.8–)

Cameron, Peter
アメリカの作家。
⇒外12(キャメロン,ピーター 1959–)
外16(キャメロン,ピーター 1959–)
海文新(キャメロン,ピーター 1959.11.29–)
現世文(キャメロン,ピーター 1959.11.29–)

Cameron, Rod
カナダの男優。
⇒ク俳(キャメロン,ロッド(コックス,ネイサン・R) 1910–1983)

Cameron, W.Bruce
アメリカの作家,コラムニスト。
⇒海文新(キャメロン,W.ブルース 1960–)
現世文(キャメロン,W.ブルース 1960–)

Cami, Pierre
フランスのユーモア作家。
⇒現世文(カミ,ピエール 1884.6.20–1958.11.3)

Camilla
チャールズ英国皇太子夫人。
⇒岩世人(カミラ 1947.7.17–)
外12(カミラ 1947.7.17–)
外16(カミラ 1947.7.17–)

Camilleri, Andrea Calogero
イタリアの作家,舞台監督。
⇒岩世人(カミッレーリ 1925.9.6–)
現世文(カミッレーリ,アンドレア 1926–)

Camilleri, Louis C.
イギリスの実業家。
⇒外12(カミレリ,ルイス 1955–)
外16(カミレリ,ルイス 1955–)

Camilli, Adolph Louis
アメリカの大リーグ選手(一塁)。
⇒メジャ(カミリ,ドルフ 1907.4.23–1997.10.21)

Camilo, Michel
ドミニカ共和国のジャズ・ピアノ奏者,作曲家。
⇒外12(カミロ,ミシェル 1954.4.4–)
外16(カミロ,ミシェル 1954.4.4–)

Camilo, Tiago
ブラジルの柔道選手。
⇒最世ス(カミロ,ティアゴ 1982.5.24–)

Caminiti, Ken
アメリカの大リーグ選手(三塁)。
⇒メジャ(カミニティ,ケン 1963.4.21–2004.10.10)

Cammaerts, Emile
ベルギーの詩人,評論家。1908年よりイギリスに定住。
⇒岩世人(カマルツ 1878.3.16–1953.11.2)

Cammarelle, Roberto
イタリアのボクサー。
⇒外12(カンマレリ,ロベルト 1980.7.30–)
外16(カンマレリ,ロベルト 1980.7.30–)
最世ス(カンマレリ,ロベルト 1980.7.30–)

Cammell, Donald
スコットランド出身の実験映画監督,肖像画家。
⇒映監(キャメル,ドナルド 1934.1.17–1996)

Camnitz, Samuel Howard
アメリカの大リーグ選手(投手)。
⇒メジャ(カムニッツ,ハウィー 1881.8.22–1960.3.2)

Camoletti, Marc
フランス,ブールバール劇の代表的作家。作品は『ボーイング・ボーイング』(1960)など。
⇒現世文(カモレッティ,マルク 1923.11.16–2003.7.18)

Camp, Shawn Anthony
アメリカの大リーグ選手(投手)。
⇒メジャ(キャンプ,ショーン 1975.11.18–)

Camp, Walter Chauncey
アメリカのフットボールの立役者。1889年オール・アメリカン・フットボール・チームの選定委員。
⇒アメ州(Camp,Walter Chauncey キャンプ,ウォルター・チョーンシー 1859–1925)

Campagnano, Vasco
イタリアのテノール歌手。
⇒失声(カンパニャーノ,ヴァスコ 1909–1976)
魅惑(Campagnano,Vasco 1910–1976)

Campagnola, Léon
フランスのテノール歌手。コヴェント・ガーデン王立オペラで成功した。
⇒魅惑(Campagnola,Leon 1875–1955)

Campana, Dino
イタリアの詩人。主著『オルフェウスの歌』(1914)。
⇒岩世人(カンパーナ 1885.8.20–1932.3.1)

Campanella, Roy
アメリカの大リーグ選手(捕手)。
⇒メジャ(キャンパネラ,ロイ 1921.11.19–1993.6.26)

Campaneris, Dagoberto (Bert)
アメリカの大リーグ選手(遊撃)。
⇒メジャ(カンパネリス,バート 1942.3.9–)

Campanile, Achille
イタリアの小説家,劇作家。小説『なんだ,この愛は?』『月がツキをくれるなら』など。
⇒現世文 (カンパニーレ,アキッレ 1899.2.28-1977.1.3)

Campau, Charles Columbus (Count)
アメリカの大リーグ選手(外野)。
⇒メジャ (キャンボー,カウント 1863.10.17-1938.4.3)

Campbell, Albert Angus
アメリカの社会学者,心理学者。
⇒社小増 (キャンベル 1910-1980)

Campbell, Alistair Te Ariki
ニュージーランドの詩人。
⇒ニュー (キャンベル,アリステア・テ・アリキ 1926-)

Campbell, Anna
オーストラリアのロマンス作家。
⇒海文新 (キャンベル,アナ)
現世文 (キャンベル,アナ)

Campbell, Bebe Moore
アメリカの女性作家。
⇒現世文 (キャンベル,ビビ・ムーア 1950.2.18-2006.11.27)

Campbell, Ben Nighthorse
アメリカの政治家,柔道家。
⇒外12 (キャンベル,ベン・ナイトホース 1933.4.13-)
外16 (キャンベル,ベン・ナイトホース 1933.4.13-)

Campbell, Brian
カナダのアイスホッケー選手(パンサーズ・DF)。
⇒最世ス (キャンベル,ブライアン 1979.5.23-)

Campbell, Bruce
アメリカ生まれの俳優。
⇒ク俳 (キャンベル,ブルース 1957-)

Campbell, Bruce Douglas
アメリカの大リーグ選手(外野)。
⇒メジャ (キャンベル,ブルース 1909.10.20-1995.6.17)

Campbell, Cate
オーストラリアの水泳選手(自由形)。
⇒外16 (キャンベル,ケイト 1992.5.20-)
最世ス (キャンベル,ケート 1992.5.20-)

Campbell, Chad
アメリカのプロゴルファー。
⇒外16 (キャンベル,チャド 1974.5.31-)
最世ス (キャンベル,チャド 1974.5.31-)

Campbell, Charles William
イギリスの外交官。上海副領事(1899~1900),北京公使館書記官(06~11))等を歴任。
⇒岩世人 (キャンベル 1861.10.21-1927.5.27)

Campbell, Chris
オーストラリアのプロゴルファー。
⇒外12 (キャンベル,クリス 1975.11.20-)

Campbell, Colin
ジャマイカ生まれの作家。
⇒現世文 (キャンベル,コリン)

Campbell, Francis J.
アメリカの教育者。3才半で外傷によって失明,以後音楽を勉強し,1868年(37才)ヨーロッパとくにドイツの盲教育,音楽の視察研究をし,ロンドンに音楽学院を創設した(1872)。
⇒教人 (キャンブル 1832-1914)

Campbell, Glen
アメリカのロック・ミュージシャン。
⇒外16 (キャンベル,グレン 1936-)
標音2 (キャンベル,グレン 1938.4.10-)
ロック (Campbell,Glen キャンベル,グレン 1938.4.10-)

Campbell, Gordon
アメリカの作家。
⇒海文新 (キャンベル,ゴードン 1942-)
現世文 (キャンベル,ゴードン 1942-)

Campbell, (Ignatius) Roy (ston Dunnachie)
南アフリカの詩人。
⇒岩世人 (キャンベル 1901.10.2-1957.4.22)
現世文 (キャンベル,ロイ 1901.10.2-1957.4.23)

Campbell, Jack
アメリカの作家。
⇒海文新 (キャンベル,ジャック)
現世文 (キャンベル,ジャック)

Campbell, James
アメリカ・サウスカロライナ州出身の公民権活動家,パン・アフリカニスト。
⇒マルX (CAMPBELL,JAMES キャンベル,ジェイムズ)

Campbell, James Marshall
アメリカ・ニューヨーク州生まれの教父学研究者,教育者,カトリック司祭。
⇒新カト (キャンベル 1895.9.30-1977.3.25)

Campbell, Jo Ann
アメリカ・フロリダ州ジャクソンヴィル生まれの歌手。
⇒ロック (Campbell,Jo Ann キャンベル,ジョウ・アン 1938.7.20-)

Campbell, (John) Ramsey
イギリスの小説家。
⇒外12（キャンベル, ラムゼー　1946–）
　現世文（キャンベル, ラムゼー　1946–）

Campbell, John T.
アメリカのテクノスリラー作家。
⇒現世文（キャンベル, ジョン　1947.12.4–）

Campbell, John Wood, Jr.
アメリカのSF作家, 雑誌編集者。
⇒現世文（キャンベル, ジョン・W.(Jr.)　1910.6.8–1971.7.11）

Campbell, Joseph John
アメリカの作家, 神話学者。
⇒岩世人（キャンベル　1904.3.26–1987.10.30）

Campbell, Dame Kate Isabel
オーストラリアの小児科医。
⇒岩世人（キャンベル　1899.4.22–1986.7.12）

Campbell, Keith Henry Stockman
イングランドの生物学者。
⇒世発（キャンベル, キース・H・S　1954–）

Campbell, Kim
カナダの政治家。カナダ首相。
⇒世指導（キャンベル, キム　1947.3.10–）

Campbell, Kurt M.
アメリカの外交官。アメリカ国務次官補（東アジア太平洋担当）, 新米国安全保障研究所（CNAS）所長。
⇒外12（キャンベル, カート）
　外16（キャンベル, カート　1957–）

Campbell, Lewis
イギリスの古典学者。聖アンドルーズ大学教授（1863〜94）。
⇒岩世人（キャンベル　1830.9.3–1908.10.25）

Campbell, Luke
イギリスのボクサー。
⇒外16（キャンベル, ルーク　1987.9.27–）
　最世ス（キャンベル, ルーク　1987.9.27–）

Campbell, Lyle
アメリカの言語学者。
⇒岩世人（キャンベル　1942–）

Campbell, Martin
ニュージーランドの映画監督。
⇒外12（キャンベル, マーティン　1940–）
　外16（キャンベル, マーティン　1943.10.24–）

Campbell, Michael
ニュージーランドのプロゴルファー。
⇒外12（キャンベル, マイケル　1969.2.23–）

Campbell, Naomi
イギリスのファッションモデル。
⇒外12（キャンベル, ナオミ　1970.5.22–）
　外16（キャンベル, ナオミ　1970.5.22–）

Campbell, Nate
アメリカのプロボクサー。
⇒最世ス（キャンベル, ネート　1972.3.7–）

Campbell, Neve
カナダの女優。
⇒外12（キャンベル, ネーブ　1973.10.3–）
　ク俳（キャンベル, ニーヴ　1973–）

Campbell, Nikki
オーストラリアのプロゴルファー。
⇒外12（キャンベル, ニッキー　1980.9.9–）

Campbell, Reginald John
イギリスの牧師。新神学を提唱（1906）。主著"A faith for today"（00）, "The peace of God"（36）。
⇒岩世人（キャンベル　1867–1956.3.1）

Campbell, Robert Wright
アメリカのミステリ作家, 脚本家。
⇒現世文（キャンベル, ロバート　1927.6.9–2000.9.21）

Campbell, Sol
イギリスのサッカー選手。
⇒外12（キャンベル, ソル　1974.9.18–）
　最世ス（キャンベル, ソル　1974.9.18–）

Campbell, William
イギリスのプロテスタント宣教師。『蘭人治下の台湾』などの著書がある。
⇒岩世人（キャンベル　1841–1921.9.9）

Campbell, William
アメリカの男優。
⇒ク俳（キャンベル, ウィリアム　1926–）

Campbell, William C.
アメリカの天然物化学者, 生物学者。
⇒外16（キャンベル, ウィリアム　1930–）
　化学（キャンベル　1930–）

Campbell, William Richard
アメリカの大リーグ選手（投手）。
⇒メジャ（キャンベル, ビル　1948.8.9–）

Campbell-Bannerman, Sir Henry
イギリスの政治家, 自由党内閣首相（1905〜08）。
⇒岩世人（キャンベル＝バナマン　1836.9.7–1908.4.22）

Campbell-Brown, Veronica
ジャマイカの陸上選手（短距離）。
⇒外12（キャンベル・ブラウン, ベロニカ　1982.5.5–）

外16（キャンベル・ブラウン, ベロニカ 1982.5.
5–）
最世ス（キャンベル・ブラウン, ベロニカ 1982.
5.5–）
Campendonk, Heinrich
ドイツの画家。
⇒芸13（カムペンドンク 1889–1958）
Campenhausen, Hans Freiherr von
ドイツのプロテスタントの教会史, 教父学, 新約
学者。
⇒新カト（カンペンハウゼン 1903.12.16–1989.1.
6）
Campert, Jan Remco Theodoor
オランダの詩人。主著 "Verzen"（1925）。
⇒岩世人（カンペルト 1902.8.15–1943.1.12）
Campese, David
オーストラリアのラグビー選手。
⇒岩世人（キャンピージ 1962.10.21–）
外12（キャンピージー, デービッド 1962.10.21–）
Campigli, Massimo
イタリアの画家。
⇒芸13（カムピーリ, マッシモ 1895–1964）
Campion, Alexander
アメリカの作家。
⇒海文新（キャンピオン, アレクサンダー 1944–）
現世文（キャンピオン, アレクサンダー 1944–）
Campion, Jane
ニュージーランドの女性映画監督。
⇒岩世人（カンピオン 1954.4.30–）
映監（カンピオン, ジェーン 1954.4.30–）
外12（カンピオン, ジェーン 1954.4.30–）
外16（カンピオン, ジェーン 1954.4.30–）
ニュー（カンピオン, ジェーン 1954–）
Campioni, Inigo
イタリアの軍人。
⇒ネーム（カンピオーニ 1878–1944）
Camplin, Alisa
オーストラリアのスキー選手（フリースタイ
ル）。
⇒外12（キャンプリン, アリサ 1974.11.10–）
最世人（キャンプリン, アリサ 1974.11.10–）
Campo, Conrado del
スペインの作曲家。
⇒標音2（カンポ, コンラード・デル 1878.10.28–
1953.3.17）
Campogalliani, Ettore
イタリアの声楽教師。
⇒オペラ（カンポガッリアーニ, エットレ 1903–
1992）
失声（カンポガッリアーニ, エットレ 1903–1992）

Campoli, Alfred
イタリア, のちイギリスのヴァイオリン奏者。
⇒標音2（カンポーリ, アルフレド 1906.10.20–
1991.3.27）
Campora, Giuseppe
イタリアのテノール歌手。
⇒失声（カンポーラ, ジュゼッペ 1923–2004）
魅惑（Campora,Giuseppe 1923–2004）
Cámpora, Héctor José
アルゼンチンの政治家。ペロン派の国内での重
要人物。
⇒岩世人（カンポラ 1909.3.26–1980.12.19）
Campos, Eduardo
ブラジルの政治家。ペルナンブコ州知事, ブラ
ジル社会党（PSB）党首。
⇒世指導（カンポス, エドゥアルド 1965.8.10–
2014.8.13）
Campriani, Niccoló
イタリアの射撃選手（ライフル）。
⇒外16（カンプリアーニ, ニッコロ 1987.11.6–）
最世ス（カンプリアーニ, ニッコロ 1987.11.6–）
Camps, Arnulf
オランダのカトリック宣教学者。
⇒新カト（カンプス 1925.2.1–2006.3.5）
Camus, Albert
フランスの小説家, 評論家。1957年度ノーベル
文学賞受賞。主著『異邦人』,『シーシュポスの
神話』(42) ,『ペスト』(47) など。
⇒岩世人（カミュ 1913.11.7–1960.1.4）
覚思（カミュ 1913.11.7–1960.1.4）
覚思ス（カミュ 1913.11.7–1960.1.4）
現世文（カミュ, アルベール 1913.11.7–1960.1.
4）
広辞7（カミュ 1913–1960）
辞歴（カミュ 1913–1960）
新カト（カミュ 1913.11.7–1960.1.4）
西文（カミュ, アルベール 1913–1960）
世演（カミュ, アルベール 1913.11.7–1960.1.4）
世人新（カミュ 1913–1960）
世人装（カミュ 1913–1960）
哲中（カミュ 1913–1960）
ネーム（カミュ, アルベール 1913–1960）
ノベ3（カミュ, A. 1913.11.7–1960.1.4）
フ文小（カミュ, アルベール 1913–1960）
ポブ人（カミュ, アルベール 1913–1960）
Camus, Marcel
フランスの映画監督。代表作『黒いオルフェ』
(1959)。
⇒映監（カミュ, マルセル 1912.4.21–1982）
Camus, Philippe
フランスの実業家。
⇒外16（カミュ, フィリップ 1948.6.28–）

Canalejas y Méndez, José
スペインの政治家。法相(1888), 蔵相(89), 首相(1910～11)などを歴任。
⇒岩世人(カナレハス 1854.7.31–1912.11.12)

Canaris, Wilhelm
ドイツの軍人。ベックと共に反抗運動の細胞を作ったが発覚し捕縛され(1944), 絞首刑。
⇒岩世人(カナーリス 1887.1.1–1945.4.9)
スパイ(カナリス, ヴィルヘルム・フランツ 1887–1945)

Canaro, Francisco
アルゼンチン・タンゴの楽団指揮者。
⇒岩世人(カナーロ 1888.11.26–1964.12.14)
新音中(カナロ, フランシスコ 1888.10.26–1964.12.14)
標音2(カナロ, フランシスコ 1888.11.26–1964.12.14)
ラテ新(カナーロ 1888–1964)

Canby, Henry Seidel
アメリカの大学教授, 編集者, 批評家。
⇒アメ州(Canby,Henry Seidel キャンビー, ヘンリー・サイドル 1878–1961)

Cancellara, Fabian
スイスの自転車選手(ロードレース)。
⇒外12(カンセララ, ファビアン 1981.3.18–)
外16(カンセララ, ファビアン 1981.3.18–)
最新ス(カンセララ, ファビアン 1981.3.18–)

Can Cu Siem, Dr.
インドネシアの言語学者。
⇒岩世人(チャン・チューシム 1909.4.3–1978.12.30)

Can Cu Som, Dr.
インドネシアの中国学者。
⇒岩世人(チャン・チューソム 1903–1969.2)

Candau, Sauveur Antoine
カトリックのパリ外国宣教会士。1925年来日。カトリック大神学校初代校長として邦人司祭を養成。主著には『思想の旅』(52), など。
⇒岩キ(カンドゥ 1897–1955)
岩世人(カンドー 1897.5.29–1955.9.28)
広辞7(カンドー 1897–1955)
新カト(カンドー 1897.5.29–1955.9.28)

Candelaria, John Robert
アメリカの大リーグ選手(投手)。
⇒メジャ(キャンデラリア, ジョン 1953.11.6–)

Candia, Marcello
イタリアの慈善事業家。
⇒新カト(カンディア 1916–1983.8.31)

Candida María de Jesús Cipitria y Barriola
スペインの聖人, 修道会創立者。祝日8月9日。

⇒新カト(カンディダ・マリア・デ・ヘスス 1845.5.31–1912.8.9)

Candiotti, Tom
アメリカの大リーグ選手(投手)。
⇒メジャ(キャンディオッティ, トム 1957.8.31–)

Candland, Paul
アメリカの実業家。
⇒外12(キャンドランド, ポール 1958–)
外16(キャンドランド, ポール 1958.12.4–)

Candler, Asa Griggs
アメリカの実業家。1892年コカ・コーラ社を創設。
⇒ポプ人(キャンドラー, エイサ 1851–1929)

Candy, John
カナダ生まれの俳優。
⇒ク俳(キャンディ, ジョン 1950–1994)

Canet, Guillaume
フランスの俳優。
⇒外12(カネ, ギヨーム 1973.4.10–)

Canetti, Elias
オーストリアの作家。スペイン系ユダヤ人。主著に『めまい』(1935), 『虚栄の喜劇』(50)『群集と権力』(60) など。
⇒岩世人(カネッティ 1905.7.25–1994.8.14)
現社(カネッティ 1905–1994)
現世文(カネッティ, エリアス 1905.7.25–1994.8.14)
広辞7(カネッティ 1905–1994)
社小増(カネッティ 1905–1994)
新カト(カネッティ 1905.7.25–1994.8.14)
ノベ3(カネッティ 1905.7.25–1994.8.14)
メル別(カネッティ, エリアス 1905–1994)
ユ著人(Canetti,Elias カネッティ, エリアス 1905–1994)

Cangelosi, David
アメリカのテノール歌手。
⇒魅惑(Cangelosi,David ?–)

Cangelosi, John Anthony
アメリカの大リーグ選手(外野)。
⇒メジャ(キャンジェロシ, ジョン 1963.3.10–)

Canguilhem, Georges
フランスの科学哲学者, 科学史家。主著『生命の認識』(1952)。
⇒岩世人(カンギレム 1904.6.4–1995.9.11)
哲中(カンギレム 1904–1995)
メル3(カンギレム, ジョルジュ 1904–1995)

Caniggia, Claudio
アルゼンチンのサッカー選手。
⇒異二辞(カニージャ[クラウディオ・~] 1967–)

Caniglia, Maria
イタリアのソプラノ歌手。

⇒オペラ（カニーリャ, マリーア 1906-1979）

Canin, Ethan
アメリカの作家。
⇒現世文（ケーニン, イーサン 1960-）
ユ著人（Canin,Ethan ケイニン, イーサン 1960-）

Cañizares, Juan Manuel
スペインのフラメンコギター奏者。
⇒外16（カニサレス, フアン・マヌエル 1966-）

Cankar, Ivan
スロベニア（ユーゴスラビア）の詩人, 小説家, 劇作家。
⇒岩世人（ツァンカル 1876.5.10-1918.12.11）

Cannadine, David（Nicholas）
イギリスの歴史家。
⇒岩世人（キャナダイン 1950.9.7-）

Cannan, Edwin
イギリスの経済学者。
⇒岩世人（キャナン 1861.2.3-1935.4.8）
学叢思（キャナン, エドウィン 1861-?）
有経5（キャナン 1861-1935）

Cannavaro, Fabio
イタリアのサッカー選手。
⇒外12（カンナヴァロ, ファビオ 1973.9.13-）
外16（カンナヴァーロ, ファビオ 1973.9.13-）
最世ス（カンナヴァーロ, ファビオ 1973.9.13-）
ネーム（カンナバーロ 1973-）

Cannell, Stephen J.
アメリカの映画プロデューサー, 脚本家, 作家。
⇒現世文（キャネル, スティーブン 1941.2.5-2010.9.30）

Canning, Victor
イギリスの作家。
⇒現世文（カニング, ビクター 1911.6.16-1986.2.21）

Cannon, Annie Jump
アメリカの女性天文学者。28万6千余の恒星スペクトルを分類。
⇒天文辞（キャノン 1863-1941）
天文大（キャノン 1863-1941）
物理（キャノン, アニー・ジャンプ 1863-1941）

Cannon, Bobe
アメリカ生まれのUPAを代表するアニメーション作家。
⇒アニメ（キャノン, ボブ 1909-1964）

Cannon, Dyan
アメリカ生まれの女優。
⇒ク俳（キャノン, ダイアン（フリーセン, サミリー, のちに法律的に改名） 1937-）

Cannon, Freddy
アメリカ・マサチューセッツ州生まれの歌手。
⇒ロック（Cannon,Freddy キャノン, フレディ 1940.12.4-）

Cannon, Kevin
アメリカの彫刻家。
⇒芸13（キャノン, ケビン 1948-）

Cannon, Nick
アメリカの歌手, 俳優。
⇒外12（キャノン, ニック 1980.10.8-）
外16（キャノン, ニック 1980.10.8-）

Cannon, Walter Bradford
アメリカの生理学者。人体の恒常性に関する概念を導き出した。
⇒岩生（キャノン 1871-1945）
岩世人（キャノン 1871.10.19-1945.10.1）
旺生5（キャノン 1871-1945）
三新生（キャノン 1871-1945）
薬学（キャノン,W.B. 1871-1945）

Cano, Alfonso
コロンビア革命軍（FARC）最高指導者。
⇒世指導（カノ, アルフォンソ 1948.7.22-2011.11.4）

Canó, Robinson
ドミニカ共和国の大リーグ選手（マリナーズ・内野手）。
⇒外16（カノ, ロビンソン 1982.10.22-）
最世ス（カノ, ロビンソン 1982.10.22-）
メジャ（カノ, ロビンソン 1982.10.22-）

Canon, Jack C.
アメリカの軍人。
⇒岩世人（キャノン 1914-1981.3.8）

Canonici, Luca
イタリアのテノール歌手。
⇒失声（カノーニチ, ルカ 1960-）
魅惑（Canonici,Luca 1963-）

Canova, Judy
アメリカの歌手, コメディエンヌ。
⇒ク俳（カノーヴァ, ジュディ（カノーヴァ, ジュリエット） 1916-1983）

Canseco, Jose
アメリカの大リーグ選手（外野,DH）, 格闘家。
⇒外12（カンセコ, ホセ 1964.7.2-）
外16（カンセコ, ホセ 1964.7.2-）
メジャ（カンセコ, ホセ 1964.7.2-）

Cansever, Edip
トルコの詩人。
⇒岩世人（ジャンセヴェル 1928.8.8-1986.5.28）

Cansino, Eliacer
スペインの作家。

Cantacuzino, Gheorghe
ルーマニアの政治家。
⇒岩世人（カンタクジーノ　1832.9.22–1913.3.23）

Cantarelli
ブラジルのサッカー指導者, サッカー選手。
⇒外12（カンタレッリ　1953.9.26–）

Cantelli, Guido
イタリアの指揮者。1956年スカラ座管弦楽団の常任指揮者に就任。ノヴァラでカンテリ国際指揮者コンクールが開かれている。
⇒新音中（カンテッリ, グイード　1920.4.27–1956.11.24）
標音2（カンテッリ, グイード　1920.4.27–1956.11.24）

Cantelli Francesco Paolo
イタリアの数学者。
⇒世数（カンテリ, フランチェスコ・パオロ　1875–1966）

Canteloube, Marie-Joseph
フランスの作曲家。『フランス民謡集』(1939～44)がある。
⇒ク音3（カントループ　1879–1957）
新音小（カントループ, ジョゼフ　1879–1957）
新音中（カントループ, ジョゼフ　1879.10.21–1957.11.4）
標音2（カントループ, ジョゼフ　1879.10.21–1957.11.4）

Cantet, Laurent
フランスの映画監督。
⇒外12（カンテ, ローラン　1961.6.15–）
外16（カンテ, ローラン　1961.6.15–）

Cantimori, Delio
イタリアの歴史家。
⇒岩世人（カンティモーリ　1904.8.30–1966.9.13）

Cantinflas
メキシコの喜劇俳優。
⇒スター（カンティンフラス　1911.8.12–1993）
ラテ新（カンティンフラス　1911–1993）

Cantona, Eric
フランスのサッカー選手。
⇒異二辞（カントナ［エリック・～］　1966–）
外12（カントナ, エリック　1966–）
外16（カントナ, エリック　1966.5.24–）
ネーム（カントナ, エリック　1966–）

Cantoni, Carlo
イタリアの新カント派の代表的哲学者。主著 "Emanuele Kant" (1879～84) など。
⇒岩世人（カントーニ　1840.11.20–1906.9.11）
メル2（カントーニ, カルロ　1840–1906）

Cantor, Eddie
アメリカの俳優。当り役は『キッド・ブーツ』(1923～26),『ウーピー』(28)。著書『栄光のジーグフェルド』(34)。
⇒ク俳（カンター, エディ（イスコヴィッツ, イズラエル）　1892–1964）
スター（カンター, エディー　1892.1.31–1964）
ユ著人（Cantor, Eddie　カンター, エディ　1892–1964）

Cantor, Georg Ferdinand Ludwig Philip
ドイツの数学者。集合論を確立。
⇒岩世人（カントル　1845.3.3–1918.1.6）
学叢思（カントール, ゲオルク　1845–?）
広辞7（カントル　1845–1918）
数辞（カントール, ゲオルグ・フェルディナント・ルドウィヒ・フィリップ　1845–1918）
数小増（カントール（ゲオルグ）　1845–1918）
世数（カントール, ゲオルク・フェルディナント・ルトヴィッヒ・フィリップ　1845–1918）
メル別（カントール, ゲオルグ・フェルディナント・ルートヴィヒ・フィリップ　1845–1918）
ユ著人（Cantor, Georg Ferdinand Ludwig Philip　カントル, ゲオルグ・フェルディナンド・ルードヴィヒ・フィリップ　1845–1918）

Cantrell, Rebecca
ドイツの作家。
⇒海文新（キャントレル, レベッカ）
現世文（キャントレル, レベッカ）

Cantril, Albert Hadley
アメリカの社会心理学者。マス・コミュニケーション, 世論における大衆の受ける影響を分析。主著『ラジオの心理学』(1935, G.オールポートと共著)。
⇒岩世人（キャントリル　1906.6.16–1969.5.28）
社小増（キャントリル　1906–1969）
社心小（キャントリル　1906–1969）

Cantu, Jorge Luis
アメリカの大リーグ選手(三塁)。
⇒メジャ（カントゥ, ホルヘ　1982.1.30–）

Cantwell, Christian
アメリカの砲丸投げ選手。
⇒最世ス（カントウェル, クリスチャン　1980.9.30–）

Cantwell, Maria E.
アメリカの政治家。
⇒外12（カントウェル, マリア　1958.10.13–）

Cao, Victor Luis
ウルグアイの外交官。
⇒日エ（カオ　1917–1982.1.1）

Cao Fei
中国生まれの芸術家。
⇒現アテ（Cao Fei　曹斐（ツァオ・フェイ）　1978–）

Cao-Xuan-Duc
ベトナムの嗣徳帝の学部尚書。

⇒岩世人（カオ・スアン・ズック　1842?–1923.6.5）
Capa, Conel
ハンガリー生まれの報道写真家。マグナム・フォトス代表。
⇒ユ著人（Capa,Conel　キャパ, コーネル　1918–）
Capa, Robert
報道写真家。ハンガリー生まれのユダヤ人。
⇒岩世人（キャパ　1913.10.22–1954.5.25）
芸13（キャパ, ロバート　1913–1954）
広辞7（キャパ　1913–1954）
ヘミ人（キャパ, ロバート　1913–1954）
ポプ人（キャパ, ロバート　1913–1954）
ユ著人（Capa,Robert　キャパ, ロバート　1913–1954）
Capablanca y Granperra, José Raoul
キューバのチェスの大家。ハバナの世界選手権大会でラスカーを破ったが（1921）、のちアレーヒンに破れた。
⇒岩世人（カパブランカ　1888.11.19–1942.3.8）
Capaldi, Jim
イギリス生まれのドラム奏者。
⇒ロック（Capaldi,Jim　カポールディ, ジム　1944.8.2–）
Capart, Jean
ベルギーのエジプト学者。ブリュッセルの王室美術歴史博物館館長（1925〜）。
⇒岩世人（カパール　1877.2.21–1947.6.16）
Capasa, Ennio
イタリアの服飾デザイナー。
⇒外12（カパサ, エンニョ　1960–）
外16（カパサ, エンニョ　1960–）
Cape, Jonathan
イギリスの出版者。
⇒岩世人（ケイプ　1879.11.15–1960.2.10）
Cape, Safford
ベルギーの指揮者。
⇒新音中（ケイプ, サフォード　1906.6.28–1973.3.26）
標音2（ケープ, サフォード　1906.6.28–1973.3.26）
Capecchi, Mario R.
イタリア生まれのアメリカの分子生物学者。
⇒岩生（カペッキ　1937–）
外12（カペッキ, マリオ・レナト　1937.10.6–）
外16（カペッキ, マリオ　1937.10.6–）
三新生（カペッキ　1937–）
ノベ3（カペッキ,M.R.　1937.10.6–）
Čapek, Josef
チェコスロバキアの画家、挿絵画家、美術評論家、作家。作家K.チャペックの兄。
⇒岩世人（チャペック　1887.3.23–1945.4）

絵本（チャペック, ヨゼフ　1887–1945）
世人新（チャペック〈兄：ヨゼフ〉　1887–1945）
世人装（チャペック〈兄：ヨゼフ〉　1887–1945）
Čapek, Karel
チェコスロバキアの小説家、劇作家。主著はSF風の小説『絶対子工場』（1922）、『山椒魚戦争』（36）、戯曲『ロボット』（20）など。
⇒岩世人（チャペック　1890.1.9–1938.12.25）
学叢思（チャペック, カーレル　1890–）
現世文（チャペック, カレル　1890.1.9–1938.12.25）
広辞7（チャペック　1890–1938）
世演（チャペック, カレル　1890.1.9–1938.12.25）
世人新（チャペック〈弟：カレル〉　1890–1938）
世人装（チャペック〈弟：カレル〉　1890–1938）
ネーム（チャペック　1890–1938）
ポプ人（チャペック, カレル　1890–1938）
Capella, Anthony
イギリスの作家。
⇒海文新（カペラ, アンソニー　1962–）
Capelle, Bernard
ベルギーの典礼学者、ベネディクト会会員。
⇒新カト（カペル　1884.2.8–1961.10.12）
Capelli, Bettino
テノール歌手。
⇒魅惑（Capelli,Bettino　1890–?）
Capello, Fabio
イタリアのサッカー監督。
⇒外12（カペッロ, ファビオ　1946.6.18–）
外16（カペッロ, ファビオ　1946.6.18–）
最世ス（カペッロ, ファビオ　1946.6.18–）
Capéran, Louis
フランスの神学者、教会史学者。
⇒新カト（カペラン　1884.4.15–1962.1.9）
Capet, Lucien
フランスのヴァイオリン演奏家。
⇒岩世人（カペー　1873.1.8–1928.12.18）
新音中（カペー, リュシアン　1873.1.8–1928.12.18）
標音2（カペー, リュシアン　1873.1.8–1928.12.18）
Capgras, Jean Marie Joseph
フランスの精神医学者。
⇒現精（カプグラ　1873–1950）
現精縮（カプグラ　1873–1950）
Capirossi, Loris
イタリアのオートバイライダー。
⇒外12（カピロッシ, ロリス　1973.4.5–）
最世ス（カピロッシ, ロリス　1973.4.5–）
Capitanich, Jorge
アルゼンチンの政治家。アルゼンチン首相。

⇒世指導（カピタニチ, ホルヘ　1964.11.28–）
Capitant, Rané
フランスの法律家, 政治家。1944〜45年文部大臣。68〜69年司法大臣。
⇒岩世人（カピタン　1901.8.19–1970.5.23）
Caplet, André
フランスの作曲家。
⇒岩世人（カプレ　1878.11.23–1925.4.22）
ク音3（カプレ　1878–1925）
新音中（カプレ, アンドレ　1878.11.23–1925.4.22）
標音2（カプレ, アンドレ　1878.11.23–1925.4.22）
Caplow, Theodore
アメリカの産業社会学者。
⇒社小増（キャプロウ　1920–）
Capone, Al（Alphonso）
1920年代のシカゴのギャング団のボス。禁酒法下, 酒の密売で巨利を得, シカゴのほぼ3分の1を支配した。
⇒アメ経（カポネ, アルフォンス　1899.1.17–1947.1.25）
アメ州（Capone,Al　カポネ, アル　1899?–1944）
アメ新（カポネ　1899–1947）
異二辞（カポネ, アル　1899–1947）
広辞7（カポネ　1899–1947）
世人新（カポネ　1899–1947）
世人装（カポネ　1899–1947）
Capote, Truman
アメリカの作家。主作品に『遠い声, 遠い部屋』(1948)『ティファニーで朝食を』(58) など。『冷血』(66)でピュリッツァー賞を受賞。
⇒アメ州（Capote,Truman　カポーティ, トルーマン　1924–）
アメ新（カポーティ　1924–1984）
岩世人（カポーティ　1924.9.30–1984.8.25）
現世文（カポーティ, トルーマン　1924.9.30–1984.8.25）
広辞7（カポーティ　1924–1984）
新カト（カポーティ　1924.9.30–1984.8.25）
ネーム（カポーティ　1924–1984）
Capoul, Victor
フランスのテノール歌手。1891年にはヴェルディの『オテロ』アメリカ初演に出演。
⇒19仏（カプール, ヴィクトル　1839.2.27–1924.2.18）
魅惑（Capoul,Victor　1839–1924）
Capper, Arthur
アメリカの政治家。上院議員(共和党)。
⇒アメ経（カパー, アーサー　1865.7.14–1951.12.19）
Capps, Ronald Everett
アメリカの作家。
⇒海文新（キャップス, ロナルド・エヴェレット）

Cappuccilli, Piero
イタリアのバリトン歌手。
⇒オペラ（カップッチッリ, ピエーロ　1929–2005）
新音中（カプッチッリ, ピエーロ　1929.11.9–）
標音2（カップッチッリ, ピエーロ　1929.11.9–2005.7.12）
Capra, Frank R.
アメリカの映画監督。主作品『或る夜の出来事』(1934) など。
⇒岩世人（キャプラ　1897.5.18–1991.9.3）
映監（キャプラ, フランク　1897.5.18–1991）
広辞7（キャプラ　1897–1991）
ネーム（キャプラ, フランク　1897–1991）
Capra, Lee William（Buzz）
アメリカの大リーグ選手(投手)。
⇒メジャ（キャプラ, バズ　1947.10.1–）
Capra, Muḥammad 'Umar
パキスタン生まれの経済学者。
⇒岩イ（チャプラ　?–）
Caprai, Luca
イタリアの実業家。
⇒外16（カプライ, ルカ　1966–）
Capriati, Jennifer
アメリカのテニス選手。
⇒外16（カプリアティ, ジェニファー　1976.3.29–）
Capriolo, Paola
イタリアの作家, 翻訳家。
⇒岩世人（カプリオーロ　1962.1.1–）
Caproni, Gianni
イタリアの飛行機製作者。カプローニ型爆撃機を製作した。
⇒岩世人（カプローニ　1886.7.3–1957.10.27）
Capshaw, Kate
アメリカ生まれの女優。
⇒ク俳（キャプショー, ケイト(ネイル, キャスリーン)　1953–）
Captain Beefheart
アメリカのロック・ミュージシャン。
⇒ロック（Captain Beefheart and his Magic Band　キャプテン・ビーフハート&ヒズ・マジック・バンド　1941.1.15–）
Capuana, Luigi
イタリアの小説家, 評論家。
⇒岩世人（カプアーナ　1839.5.28–1915.11.29）
Capucine
フランス生まれの女優。
⇒ク俳（キャプシーヌ(ジャーメン・ルフェーヴル)　1931–1990）

Capuçon, Gautier
フランスのチェロ奏者。
⇒外12（カプソン, ゴーティエ　1981–）
　外16（カプソン, ゴーティエ　1981–）

Capuçon, Renaud
フランスのヴァイオリン奏者。
⇒外12（カプソン, ルノー　1976–）
　外16（カプソン, ルノー　1976–）

Capus, Alex
スイスの作家。
⇒外12（カピュ, アレックス　1961–）
　外16（カピュ, アレックス　1961–）
　海文新（カピュ, アレックス　1961.7.23–）
　現世文（カピュ, アレックス　1961.7.23–）

Capus, Alfred
フランスの作家, ジャーナリスト。喜劇作家として知られ, パリの生活に取材した軽妙な劇を書いた。
⇒岩世人（カピュ　1858.11.25–1922.11.1）

Carabellese, Pantaleo
イタリアの哲学者。主著『存在と宗教問題』(1914),『哲学としての神学問題』(31)ほか。
⇒新カト（カラベレーゼ　1877.7.6–1948.9.19）

Caragiale, Ion Luca
ルーマニアの劇作家。
⇒岩世人（カラジャーレ　1852.1.30–1912.6.9）

Caran d'Ache
フランスの諷刺画家, 挿絵画家。
⇒19仏（ダッシュ, カラン　1858.11.6–1909.2.26）

Carascalao, Manuel
東ティモールの政治家。
⇒外12（カラスカラオ, マヌエル　1933–）
　世指導（カラスカラオ, マヌエル　1933.12.16–2009.7.11）

Carathéodory, Constantin
ドイツの数学者。実変数函数論の研究がある。
⇒岩世人（カラテオドリー　1873.9.13–1950.2.2）
　広辞7（カラテオドリ　1873–1950）
　数辞（カラテオドリ, コンスタンティン　1873–1950）

Caravelli
フランスの楽団指揮者, ピアノ奏者, 編曲者。新鮮な感覚のムード音楽演奏に定評がある。
⇒標音2（カラヴェリ　1930.9.12–）

Caraway, Hattie Wyatt
アメリカの政治家。
⇒アメ州（Caraway,Hattie Wyatt　キャラウェイ, ハティ・ワイアット　1878–1950）

Caraway, Pawl W.
アメリカの軍人。

⇒アア歴（Caraway,Paul Wyatt　キャラウェイ, ポール・ワイアット　1905.12.23–1985.12.13）

Carax, Léos
フランス生まれの映画監督。
⇒岩世人（カラックス　1960.11.22–）
　外12（カラックス, レオス　1960.11.22–）
　外16（カラックス, レオス　1960.11.22–）

Carbo, Bernardo
アメリカの大リーグ選手（外野）。
⇒メジャ（カルボ, バーニー　1947.8.5–）

Carbonell, Ona
スペインのシンクロナイズドスイミング選手。
⇒最世ス（カルボネル, オナ　1990.6.5–）

Carboni, Andrea
テノール歌手。
⇒魅惑（Carboni,Andrea　?–）

Carboni, Luigi
イタリア生まれの画家, 彫刻家。
⇒芸13（カルボニ, ルイギ　1957–）

Carcelle, Yves
フランスの実業家。
⇒外12（カルセル, イヴ　1948.5.18–）

Carco, Francis
フランスの詩人, 小説家, 美術評論家。『追いつめられた男』(1921)でアカデミー小説大賞受賞。
⇒岩世人（カルコ　1886.7.3–1958.5.26）
　広辞7（カルコ　1886–1958）

Carcopino, Jerome
フランスの歴史家。
⇒岩世人（カルコピーノ　1881.6.27–1970.3.17）

Card, Andrew
アメリカの政治家, 実業家。
⇒外12（カード, アンドルー　1947.5.10–）
　外16（カード, アンドルー　1947.5.10–）
　世指導（カード, アンドルー　1947.5.10–）

Card, Melanie
アメリカの作家。
⇒海文新（カード, メラニー　?–）

Card, Orson Scott
アメリカのSF作家。
⇒外16（カード, オースン・スコット　1951–）
　現世文（カード, オースン・スコット　1951–）

Cardarelli, Vincenzo
イタリアの詩人。文芸誌『ロンダ』を創刊し, 伝統詩の復活を唱えた。主著『プロローグ』(1916),『日盛り』(30)。
⇒岩世人（カルダレッリ　1887.5.1–1959.6.18）

C

Cardellini, Linda
アメリカの女優。
⇒外12（カーデリーニ, リンダ　1975.6.25–）

Cardenal, Ernesto
ニカラグアのカトリック神父, 詩人, 政治活動家。元・文化相。
⇒岩キ（カルデナル　1925–）
　岩世人（カルデナル　1925.1.20–）
　現世文（カルデナル, エルネスト　1925.1.20–）
　新カト（カルデナル・マルティネス　1925.1.20–）

Cardenal, Jose Rosario Domec
アメリカの大リーグ選手（外野）。
⇒メジャ（カルデナル, ホセ　1943.10.7–）

Cardenas, Leonardo Lazaro
アメリカの大リーグ選手（遊撃）。
⇒メジャ（カルデナス, レオ　1938.12.17–）

Cárdenas del Rio, Lázaro
メキシコの政治家。メキシコ大統領（1934〜40）。社会経済改革6ヵ年計画を施行。軍の徹底的改革を行った。
⇒岩世人（カルデナス　1895.5.21–1970.10.19）
　世史新（カルデナス　1895–1970）
　世人新（カルデナス　1895–1970）
　世人装（カルデナス　1895–1970）
　ネーム（カルデナス　1895–1970）
　ポプ人（カルデナス, ラサロ　1895–1970）
　ラテ新（カルデナス　1895–1970）

Cárdenas Solorzano, Cuauhtémoc
メキシコの政治家。
⇒世指導（カルデナス, クアウテモック　1935.5.1–）
　ラテ新（カルデナス　1934–）

Cardew, Cornelius
イギリスの作曲家。
⇒ク音3（カーデュー　1936–1981）

Cardiff, Janet
カナダ生まれの芸術家。
⇒外16（カーディフ, ジャネット　1957–）
　現アテ（Cardiff,Janet & Miller,George Bures カーディフ, ジャネット＆ミラー; ジョージ・ビュレス　1957–）

Cardijn, Josef
ベルギーの枢機卿。国際カトリック青年労働者連盟（JOC）の創立者。
⇒オク教（カルディン　1882–1967）
　新カト（カルディン　1882.11.13–1967.7.25）

Cardillo, Salvatore
イタリアの作曲家。
⇒標音2（カルディッロ, サルヴァトーレ　1874.4.20–1947.2.5）

Cardin, Pierre
現代パリ・モードの代表的なデザイナー。
⇒岩世人（カルダン　1922.7.2–）
　外12（カルダン, ピエール　1922.7.2–）
　外16（カルダン, ピエール　1922.7.2–）
　広辞7（カルダン　1922–）
　ポプ人（カルダン, ピエール　1922–）

Cardinale, Claudia
チュニジア生まれの女優。
⇒遺産（カルディナーレ, クラウディア　1938.4.15–）
　岩世人（カルディナーレ　1938.4.15–）
　外12（カルディナーレ, クラウディア　1939.4.15–）
　外16（カルディナーレ, クラウディア　1939.4.15–）
　ク俳（カルディナーレ, クラウディア　1938–）
　スター（カルディナーレ, クラウディア　1938.4.15–）
　ネーム（カルディナーレ, クラウディア　1938–）

Cardini
イギリス生まれのアメリカの奇術師。
⇒岩世人（カルディーニ　1895–1973）

Cardoso, Elizeth
ブラジルの歌手。
⇒新音中（カルドーゾ, エリゼッチ　1920.7.16–1990.5.7）
　標音2（カルドーゾ, エリゼッチ　1920.7.16–1990.5.7）

Cardoso, Fernando Henrique
ブラジルの政治家, 社会学者。ブラジル大統領（1995〜2002）。
⇒岩世人（カルドゾ　1931.6.18–）
　外12（カルドゾ, フェルナンド・エンリケ　1931.6.18–）
　外16（カルドゾ, フェルナンド・エンリケ　1931.6.18–）
　国政（カルドーゾ, フェルナンド・エンリケ　1931–）
　世指導（カルドゾ, フェルナンド・エンリケ　1931.6.18–）
　ラテ新（カルドーソ　1931–）

Cardozo, Benjamin Nathan
アメリカの法律学者。プラグマチズムの法思想の代表者。
⇒アメ経（カードーゾー, ベンジャミン　1870.5.24–）
　岩世人（カードーゾ　1870.5.24–1938.7.9）
　ユ著人（Cardozo,Benjamin Nathan カードーゾー, ベンジャミン・ネイサン　1870–1938）

Carducci, Giosuè
イタリアの詩人, 古典文学者。1906年度ノーベル文学賞受賞。
⇒岩世人（カルドゥッチ　1835.7.27–1907.2.16）
　現世文（カルドゥッチ, ジョズエー　1835.7.21–1907.2.16）
　広辞7（カルドゥッチ　1835–1907）
　新カト（カルドゥッチ　1835.7.27–1907.2.16）
　ネーム（カルドゥッチ　1835–1907）
　ノベ3（カルドゥッチ, G.　1835.7.27–1907.2.16）

Cardwell, Donald Eugene
アメリカの大リーグ選手（投手）。
⇒メジャ（カードウェル, ドン 1935.12.7–2008.1.14）

Carell, Steve
アメリカの俳優。
⇒外16（カレル, スティーブ 1962.8.16–）

Carelli, Gabor
アメリカのテノール歌手。
⇒失声（カレッリ, ガボール 1915–1999）
魅惑（Carelli,Gabor 1917–）

Carew, Jan（Rynveld）
ガイアナの小説家, 詩人。
⇒現世文（カリュー, ジャン・リンヴェルド ?–2012.12.6）

Carew, John
ノルウェーのサッカー選手。
⇒外12（カリュー, ジョン 1979.9.5–）

Carew, Rodney Cline
アメリカの大リーグ選手（二塁, 一塁）。
⇒メジャ（カルー, ロッド 1945.10.1–）

Carew, William Aquin
カナダ生まれの大司教。駐日教皇大使（1983～97）。
⇒新カト（カルー 1922.10.23–2012.5.8）

Carey, Harry
アメリカの映画俳優。無名時代のジョン・フォードの主演スターとして有名。
⇒ク俳（ケアリー, ハリー 1878–1947）

Carey, Jacqueline
アメリカの作家。
⇒海文新（ケアリー, ジャクリーン 1964–）
現世文（ケアリー, ジャクリーン 1964–）

Carey, Janet Lee
アメリカの作家, ミュージシャン。
⇒海文新（ケアリー, ジャネット・リー）
現世文（ケアリー, ジャネット・リー）

Carey, Macdonald
アメリカの男優。
⇒ク俳（ケアリー, マクドナルド（ケアリー, エドワード・M）1913–1994）

Carey, Mariah
アメリカ・ニューヨーク州生まれの歌手。
⇒外12（キャリー, マライア 1970.3.27–）
外16（キャリー, マライア 1970.3.27–）

Carey, Max George
アメリカの大リーグ選手（外野）。
⇒メジャ（キャリー, マックス 1890.1.11–1976.5.30）

Carey, Peter
オーストラリアの小説家。
⇒外12（ケアリー, ピーター 1943.5.7–）
外16（ケアリー, ピーター 1943.5.7–）
現世文（ケアリー, ピーター 1943.5.7–）
広辞7（ケアリー 1943–）

Carey, Philip
アメリカの男優。
⇒ク俳（ケアリー, フィル（ケアリー, ユージン）1925–）

Carfagna, Mara
イタリアの政治家。
⇒外12（カルファーニャ, マーラ 1975.12.18–）
外16（カルファーニャ, マーラ 1975.12.18–）

Carignani, Paolo
イタリアの指揮者。
⇒外12（カリニャーニ, パオロ 1961–）
外16（カリニャーニ, パオロ 1961–）

Carl, Francis Augustus
アメリカの政府役人。
⇒アア歴（Carl,Francis Augustus カール, フランシス・オーガスタス 1861.7.16–1930.1.5）

Carl, Katherine Augusta
アメリカの画家。
⇒アア歴（Carl,Katherine Augusta カール, キャサリン・オーガスタ ?–1938.12.7）

Carlao
ブラジルのサッカー選手（鹿島アントラーズ・FW）。
⇒外12（カルロン 1986.8.1–）

Carl Bernadotte
スウェーデンの王族, エステルイェートランド公。
⇒日エ（カール王子 1911.1.10–2003.6.27）

Carle, Eric
アメリカの絵本作家, 挿絵画家。
⇒岩世人（カール 1929.6.25–）
絵本（カール, エリック 1929–）
外12（カール, エリック 1929.6.25–）
外16（カール, エリック 1929.6.25–）
現世文（カール, エリック 1929.6.25–）
ポプ人（カール, エリック 1929–）

Carleman, Tage Jilles Torsten
スウェーデンの数学者。
⇒世数（カーレマン, ターゲ・ギリス・トルステン 1892–1949）

Carleson, Lennant Axel Edvard
スウェーデンの数学者。
⇒世数（カールソン, レナート・アクセル・エドヴァルト 1928–）

Carleton, James Otto（Tex）
アメリカの大リーグ選手(投手)。
⇒メジャ（カールトン,テックス　1906.8.19–1977.1.12）

Carli, Roberto
テノール歌手。
⇒魅惑（Carli,Roberto　?–）

Carlile, Wilson
イギリス国教会の聖職者。〈チャーチ・アーミー〉(Church Army)の創始者。
⇒オク教（カーライル　1847–1942）

Carlin, James Joseph
アメリカの教育者。
⇒アア歴（Carlin,James Joseph　カーリン,ジェイムズ・ジョゼフ　1872.4.14–1930.10.1）

Carlin, Mario
イタリアのテノール歌手。
⇒魅惑（Carlin,Mario　1917–）

Carlos, Bun E.
アメリカのロック・ドラム奏者。
⇒外12（カルロス,バーニー）
外16（カルロス,バーニー）

Carlos, John
アメリカの黒人陸上選手。
⇒マルX（CARLOS,JOHN　カーロス,ジョン　1945–）

Carlos, Walter
アメリカの作曲家,演奏家。電子音楽初期の実験家。
⇒標音2（カーロス,ウォールター　1939.11.14–）

Carlos I
ポルトガル王。在位1889～1908。
⇒岩世人（カルロス1世　1863.9.28–1908.2.1）
皇国（カルロス1世　?–1908.2）
世帝（カルルシュ1世　1863–1908）

Carlos María de Borbón y Austria-Este
スペインの王位要求者。
⇒岩世人（カルロス・マリア　1848.3.30–1909.7.25）

Carlot, Maxime
バヌアツの政治家。バヌアツ首相。
⇒世指導（カルロ,マキシム　1941–）

Carlsen, Magnus
ノルウェーのチェス世界王者。
⇒異二辞（カールセン［マグヌス・～］　1990–）
外12（カールセン,マグヌス）
外16（カールセン,マグヌス）

Carlson, Chester
アメリカの技術者。
⇒岩世人（カールソン　1906.2.8–1968.9.19）
世発（カールソン,チェスター・フロイド　1906–1968）

Carlson, Evans Fordyce
アメリカの軍人。第2次世界大戦中上陸部隊隊長として,マキン島,ガダルカナル島で日本軍を悩ませた。
⇒アア歴（Carlson,Evans F (ordyce)　カールソン,エヴァンズ・フォーダイス　1896.2.26–1947.5.27）

Carlson, Harold Gust
アメリカの大リーグ選手(投手)。
⇒メジャ（カールソン,ハル　1892.5.17–1930.5.28）

Carlson, Jeff
アメリカの作家。
⇒海文新（カールソン,ジェフ　1969–）
現世文（カールソン,ジェフ　1969–）

Carlson, Natalie Savage
アメリカの児童文学者。
⇒現世文（カールソン,ナタリー・サベッジ　1906.10.3–1997.9.23）

Carlson, Richard
アメリカの男優,脚本家,監督。
⇒ク俳（カールスン,リチャード　1912–1977）

Carlson, Richard
アメリカのセラピスト,心理学者。
⇒外12（カールソン,リチャード　1961–）
外16（カールソン,リチャード　1961–）

Carlsson, Arvid
スウェーデンの薬理学者。2000年ノーベル生理学医学賞。
⇒外12（カールソン,アーヴィド　1923.1.25–）
外16（カールソン,アーヴィド　1923.1.25–）
ノベ3（カールソン,A.　1923.1.25–）

Carlsson, Ingvar G.
スウェーデンの政治家。スウェーデン首相,スウェーデン社会民主労働党党首。
⇒世指導（カールソン,イングバル　1934.11.9–）

Carlsson, N.Gösta
スウェーデンの社会学者。
⇒社小増（カールソン　1919–）

Carlton, Carl
アメリカ・デトロイト生まれの歌手。
⇒ロック（Carlton,Carl　カールトン,カール　1953–）

Carlton, Larry Eugene
アメリカのジャズ・ギター奏者。1972年「クルセイダーズ」に参加,73,74年のベスト・ギタリストに選ばれた。
⇒外12（カールトン,ラリー　1948.3.2–）

外16(カールトン, ラリー 1948.3.2–)
Carlton, Steven Norman
アメリカの大リーグ選手(投手)。
⇒メジャ(カールトン, スティーヴ 1944.12.22–)
Carlton, Vanessa
アメリカ・ペンシルベニア州生まれの歌手。
⇒外12(カールトン, バネッサ 1980.8.16–)
外16(カールトン, バネッサ 1980.8.16–)
Carlu, Jean
フランスのグラフィック・デザイナー, 挿絵画家。
⇒岩世人(カルリュ 1900.5.3–1997.4.22)
グラデ(Carlu,Jean カルリュ, ジャン 1900–1997)
Carlyle, Buddy
アメリカの大リーグ選手(投手)。
⇒外12(カーライル, バディ 1977.12.21–)
Carlyle, Liz
アメリカの作家。
⇒海文新(カーライル, リズ)
Carlyle, Robert
イギリスの俳優。
⇒外12(カーライル, ロバート 1961.4.14–)
外16(カーライル, ロバート 1961.4.14–)
ク俳(カーライル, ロバート 1961–)
Carman, Patrick
アメリカの作家。
⇒海文新(カーマン, パトリック)
現世文(カーマン, パトリック)
Carmer, Carl Lamson
アメリカの作家, 編集者。
⇒アメ州(Carmer,Carl Lamson カーマー, カール・ラムソン 1893–1976)
Carmichael, Hoagy
アメリカのジャズ・ピアノ奏者, 作曲家, 俳優。『スターダスト』の作曲者。
⇒アメ州(Carmichael,Hoagy カーマイケル, ホウギー 1899–1981)
岩世人(カーマイケル 1899.11.22–1981.12.27)
エデ(カーマイケル, ホーギー [ホーグランド](ハワード) 1899.11.22–1981.12.27)
新音中(カーマイケル, ホーギー 1899.11.22–1981.12.27)
標音2(カーマイケル, ホーギー 1899.11.22–1981.12.27)
Carmichael, Ian
イギリスの喜劇男優。
⇒ク俳(カーマイクル, イアン 1920–)
Carmichael, Jesse
アメリカのミュージシャン。
⇒外12(カーマイケル, ジェシー)

外16(カーマイケル, ジェシー)
Carmichael, Robert Daniel
アメリカの数学者。
⇒世数(カーマイケル, ロバート 1879–1967)
Carmichael, Stokely
アメリカの急進的活動家。
⇒アメ州(Carmichael,Stokely カーマイケル, ストークリー 1941–)
岩世人(カーマイケル 1941.6.21–1998.11.15)
マルX(CARMICHAEL,STOKELY(Kwane Ture[or Toure]) カーマイケル, ストークリー(トゥレ[またはトゥーレ], クワニ) 1941–1998)
Carmignola, Giuliano
イタリアのヴァイオリン奏者。
⇒外12(カルミニョーラ, ジュリアーノ 1951–)
外16(カルミニョーラ, ジュリアーノ 1951–)
Carminati Molina, Emanuele
イタリアの実業家。
⇒外16(カルミナーティモリーナ, エマヌエーレ 1952–)
Carmo, Antonio
ポルトガル生まれの画家。
⇒芸13(カルモ, アントニオ 1949–)
Carmona, Anthony
トリニダード・トバゴの政治家, 法律家。トリニダード・トバゴ大統領(2013〜18)。
⇒外16(カルモナ, アンソニー 1953.3.7–)
世指導(カルモナ, アンソニー 1953.3.7–)
Carmona, António Óscar de Fragoso
ポルトガルの軍人, 政治家。首相兼陸相を経て大統領に選ばれ(1928), その後三選された(35, 42,49)。
⇒岩世人(カルモナ 1869.11.24–1951.4.18)
Carmona, Juan Luque
スペインのテノール歌手。
⇒魅惑(Carmona,Juan Luque 1958–)
Carnahan, Joe
アメリカの映画監督, 脚本家。
⇒外12(カーナハン, ジョー 1969.5.9–)
Carnap, Rudolf
ドイツ生まれのアメリカの論理学者, 論理実証主義あるいは論理経験主義の代表者。主著『世界の論理的構築』(1928), 『意味論入門』(42) など。
⇒岩世人(カルナップ 1891.5.18–1970.9.14)
広辞7(カルナップ 1891–1970)
新力ト(カルナップ 1891.5.18–1970.9.14)
哲中(カルナップ 1891–1970)
メル3(カルナップ, ルドルフ 1891–1970)
Carnarvon, George Edward

C

Stanhope Molyneux Herbert
イギリスのエジプト学者。H.カーターとともにトゥトアンクアメンの墓を発見。
⇒岩世人（カーナーヴォン　1866.6.26–1923.4.5）

Carné, Marcel
フランスの映画監督。作品に『霧の波止場』(1938),『天井桟敷の人々』(44),『嘆きのテレーズ』(53)など。
⇒岩世人（カルネ　1903.8.18–1996.10.31）
映監（カルネ, マルセル　1909.8.18–1996）
広辞7（カルネ　1909–1996）

Carnegie, Andrew
アメリカの鉄鋼王。ホームステッド製鋼工場、カーネギー鉄鋼株式会社を経営。
⇒アメ経（カーネギー, アンドリュー　1835.11.25–1919.8.11）
アメ州（Carnegie,Andrew　カーネギー, アンドリュー　1835–1919）
アメ新（カーネギー　1835–1919）
異二辞（カーネギー［アンドリュー・～］　1835–1919）
岩世人（カーネギー　1835.11.25–1919.8.11）
学叢思（カーネギー, アンドリュー　1835–?）
教人（カーネギー　1835–1919）
広辞7（カーネギー　1835–1919）
世人新（カーネギー　1835–1919）
世人装（カーネギー　1835–1919）
ボブ人（カーネギー, アンドリュー　1835–1919）

Carnegie, Dale
アメリカの評論家。
⇒アメ州（Carnegie,Dale　カーネギー, デール　1888–1955）

Carneiro da Silva, Euclides
カトリック神父、著述家。
⇒日工（カルネイロ　1919.2.16–1998.5.24）

Carnera, Primo
イタリアのプロボクサー、プロレスラー。
⇒異二辞（カルネラ, プリモ　1906–1967）

Carney, Art
アメリカ生まれの俳優。
⇒ク俳（カーニー, アート　1918–）

Carney, Harry Howell
アメリカのジャズ演奏家。バリトンサックス・ソロのパイオニアとして、48年間エリントン楽団で活躍。
⇒標音2（カーニー, ハリー　1910.4.1–1974.10.8）

Carney, Jeffrey M.
アメリカ空軍の情報スペシャリスト。
⇒スパイ（カーニー, ジェフリー・M　1963–）

Carney, John
アイルランドの映画監督。
⇒外12（カーニー, ジョン　1970–）

外16（カーニー, ジョン　1970–）

Carney, Mark
カナダの銀行家。
⇒外16（カーニー, マーク　1965.3.16–）

Carnogurský, Ján
スロバキアの政治家、法律家。スロバキア共和国首相、キリスト教民主運動議長。
⇒世指導（チャルノグルスキー, ヤン　1944.1.1–）

Caro, Anthony
イギリス生まれの彫刻家。
⇒岩世人（カロ　1924.3.28–2013.10.23）
外12（カロ, アンソニー　1924.3.8–）
芸13（カロ, アンソニー　1924–）
広辞7（カロ　1924–2013）

Caro, Heinrich
ドイツの有機化学技術者。アリザリンの工業的製造法を考案。カロ酸を発見。
⇒岩世人（カロ　1834.2.13–1910.9.11）
化学（カロ　1834–1910）
ユ著人（Caro,Heinrich　カロ, ハインリッヒ　1834–1910）

Caro, Marc
フランスの映像作家、ミュージシャン。
⇒外12（キャロ, マルク　1956–）

Caro, Nikodem
ドイツの化学者。空中窒素固定の石灰窒素法を研究し、1898年にこれを完成。
⇒ユ著人（Caro,Nikodem　カロ, ニコデム　1871–1935）

Caroen Siriwatthanaphakdi
タイの実業家。
⇒岩世人（チャルーン・シリワッタナパクディー　1944.5.2–）

Carofiglio, Gianrico
イタリアの作家。
⇒外12（カロフィーリオ, ジャンリーコ　1961–）
外16（カロフィーリオ, ジャンリーコ　1961–）
海文新（カロフィーリオ, ジャンリーコ　1961.5.30–）
現世人（カロフィーリオ, ジャンリーコ　1961.5.30–）

Carol, Martine
フランスの女優。
⇒ク俳（カロル, マルティーヌ（ムレール, マリー＝ルイーズ・ド）　1921–1967）

Carol I
ルーマニア初代の国王。在位1881～1914。
⇒岩世人（カロル1世　1839.4.8–1914.9.27）
皇人（カロル1世　(在位)1881–1914）

Carol II
ルーマニア王。在位1930～40。王位継承権を放

棄してルベスク夫人とパリに逃れた (1925〜30)。
⇒岩世人（カロル2世　1893.10.3/15–1953.4.3）
　皇国（カロル2世）

Carolus-Duran, Charles Auguste Emile
フランスの画家。代表作『手袋をはめた婦人』(1867)。1904年アカデミー・デ・ボーザール会員。
⇒岩世人（カロリュス＝デュラン　1837.7.4–1917.2.18）
　芸13（カロルス・デュラン　1837–1917）
　広辞7（カロリュス・デュラン　1837–1917）

Caron, Gérard
フランスのデザイナー。
⇒外12（キャロン, ジェラール　1938.8.30–）
　外16（キャロン, ジェラール　1938.8.30–）

Caron, Leslie
フランス・パリ生まれの女優, ダンサー。
⇒外12（キャロン, レスリー　1931.7.1–）
　外16（キャロン, レスリー　1931.7.1–）
　ク俳（キャロン, レスリー　1931–）
　スター（キャロン, レスリー　1931.7.1–）

Caron, Michel
フランスのテノール歌手。
⇒魅惑（Caron,Michel　1929–2001）

Caron, Willy
テノール歌手。
⇒魅惑（Caron,Willy　?–）

Carossa, Hans
ドイツの詩人, 小説家, 医者。
⇒岩キ（カロッサ　1878–1956）
　岩世人（カロッサ　1878.12.15–1956.9.12）
　現世文（カロッサ, ハンス　1878.12.15–1956.9.12）
　広辞7（カロッサ　1878–1956）
　新カト（カロッサ　1878.12.15–1956.9.12）
　西文（カロッサ, ハンス　1878–1956）
　ネーム（カロッサ　1878–1956）
　ポプ人（カロッサ, ハンス　1878–1956）

Carothers, Wallace Hume
アメリカの有機化学者。合成ゴム(1931), ナイロン(37)を発明。
⇒アメ州（Carothers,Wallace Hume　カローザーズ, ウォレス・ヒューム　1896–1937）
　岩世人（カロザーズ　1896.4.27–1937.4.29）
　オク科（カローザース（ウォーレス・ヒューム）1896–1937）
　化学（カローザース　1896–1937）
　広辞7（カローザース　1896–1937）
　ネーム（カローザーズ　1896–1937）
　ポプ人（カロザーズ, ウォーレス・ヒューム　1896–1937）

Caroz, Ya'akov
イスラエルの情報機関シャイ, のちモサド所属のエージェント。
⇒スパイ（カロズ, ヤーコヴ）

Carp, Petrache
ルーマニアの政治家。保守派の指導者, 首相(1900〜01.11〜12)。
⇒岩世人（カルプ　1837.6.28–1919.6.19）

Carpelan, Bo Gustaf Bertelsson
フィンランドの作家, 詩人。
⇒岩世人（カルペラン　1926.10.25–2011.2.11）
　現世文（カルペラン, ボ　1926.10.25–2011.2.11）

Carpena, Cécile
フランス生まれの画家。
⇒芸13（カルペーニャ, セシル　1954–）

Carpenter, Cameron
アメリカのオルガン奏者。
⇒外16（カーペンター, キャメロン　1981–）

Carpenter, Chris
アメリカの大リーグ選手(投手)。
⇒外12（カーペンター, クリス　1975.4.27–）
　外16（カーペンター, クリス　1975.4.27–）
　最世ス（カーペンター, クリス　1975.4.27–）
　メジャ（カーペンター, クリス　1975.4.27–）

Carpenter, Clarence Ray
アメリカの霊長類学者。野生霊長類の行動と社会を研究し, なわばり制を明らかにした。
⇒アア歴（Carpenter,C (larence) Ray　カーペンター, クラレンス・レイ　1905.11.28–1975.3.1）
　岩生（カーペンター　1905–1975）
　岩世人（カーペンター　1905.11.28–1975.3.1）

Carpenter, Edward
イギリスの著述家, 社会改革家。主著は"Towards Democracy"(1983)。
⇒岩世人（カーペンター　1844.8.29–1929.6.28）
　学叢思（カーペンター, エドワード　1844–?）
　教人（カーペンター　1844–1929）
　広辞7（カーペンター　1844–1929）
　比文増（カーペンター（エドワード）　1844（弘化1)–1929（昭和4））

Carpenter, Frank Watson
アメリカの植民地行政官。
⇒アア歴（Carpenter,Frank Watson　カーペンター, フランク・ワトスン　1871.6.16–1945.2.28）

Carpenter, John
アメリカの映画監督, 作曲家。
⇒映監（カーペンター, ジョン　1948.1.16–）
　外12（カーペンター, ジョン　1948.1.16–）
　外16（カーペンター, ジョン　1948.1.16–）

Carpenter, John
テノール歌手。
⇒魅惑（Carpenter,John　?–）

Carpenter, John Alden
アメリカの作曲家。代表作は,管弦楽曲『乳母車の冒険』(1915),バレエ曲『摩天楼』(26)。
⇒岩世人（カーペンター　1876.2.28–1951.4.26）
ク音3（カーペンター　1876–1951）
新音小（カーペンター,ジョン・オールデン　1876–1951）
新音中（カーペンター,ジョン・オールデン　1876.2.28–1951.4.26）
標音2（カーペンター,ジョン・オールデン　1876.2.28–1951.4.26）

Carpenter, Joseph Estlin
イギリスの牧師,宗教学者。
⇒岩世人（カーペンター　1844.10.5–1927.6.2）

Carpenter, Karen
アメリカのボーカル歌手。
⇒岩世人（カーペンター　1950.3.2–1983.2.4）
標音2（カーペンターズ,ザ　1950–1983）

Carpenter, Lea
アメリカの作家。
⇒海文新（カーペンター,リー）

Carpenter, Malcolm Scott
アメリカの宇宙飛行士。1962年5月24日地球を3周し,4時間56分の弾道飛行に成功。
⇒アメ州（Carpenter,Malcolm Scott　カーペンター,マルコム・スコット　1925–）

Carpenter, Mindi
リチャード・カーペンターの三女。
⇒外12（カーペンター,ミンディ）

Carpenter, Paul
カナダ生まれのアイスホッケー選手,歌手,俳優。
⇒ク俳（カーペンター,ポール（カーペンター,パトリック・P）1921–1964）

Carpenter, Warren William (Hick)
アメリカの大リーグ選手（三塁）。
⇒メジャ（カーペンター,ヒック　1855.8.16–1937.4.18）

Carpenters, Richard
アメリカの音楽プロデューサー,歌手。
⇒外12（カーペンター,リチャード　1945.10–）
外16（カーペンター,リチャード　1945.10–）
標音2（カーペンターズ,ザ　1946–）

Carpentier, Alejo
キューバの作家。『エクエ・ヤンバ・オ』(1933),『この世の王国』(49),『光明の世紀』(63)などの作品がある。
⇒岩世人（カルペンティエル　1904.12.26–1980.4.24）
現世文（カルペンティエル,アレホ　1904.12.26–1980.4.25）
広辞7（カルペンティエール　1904–1980）
ラテ新（カルペンティエル　1904–1980）

Carpentier, Édouard
フランスのプロレスラー。
⇒異二辞（カーペンティア［エドワード・～］1926–2010）

Carper, Jean
アメリカの医療ジャーナリスト。
⇒外12（カーパー,ジーン）
外16（カーパー,ジーン）

Carper, Thom
アメリカの政治家,軍人。上院議員（民主党),デラウェア州知事。
⇒外12（カーパー,トム　1947.1.23–）

Carpi, Fernando
イタリアのテノール歌手,教師。
⇒魅惑（Carpi,Fernando　1876–1959）

Carr, Alistair
イギリスの服飾デザイナー。
⇒外16（カー,アリステア）

Carr, Charles Lee Glenn
アメリカの大リーグ選手（外野）。
⇒メジャ（カー,チャック　1967.8.10–）

Carr, Edward Ellis
アメリカの記者,キリスト教社会主義者。
⇒学叢思（カー,エドワード・エリス　1866–?）

Carr, Edward Hallett
イギリスの国際政治学者,歴史学者。主著『危機の20年』(1939)。
⇒岩世人（カー　1892.6.28–1982.11.4）
現社（カー　1892–1982）
広辞7（カー　1892–1982）
国政（カー,エドワード　1892–1982）
社小増（カー　1892–1982）
政経改（カー　1892–1982）

Carr, Edwin
ニュージーランドの作曲家。
⇒ニュー（カー,エドウィン　1926–）

Carr, Emily
カナダの女性画家,作家。インディアンと森林を描くのを得意とした。
⇒現世文（カー,エミリー　1871.12.13–1945.3.2）

Carr, Henry
カナダの聖職者,教育者。バシリウス司祭修道会総会長,トロントの教皇庁立中世研究所の創設者。
⇒新カト（カー　1880.1.8–1963.11.28）

Carr, Herbert Wildon
イギリスの哲学者。主客を合一した純粋活動のうちに具体的な実在をもとめ,この活動はライプニッツ流の単子(モナド)に表現されるとした。
⇒岩世人 (カー 1857.1.16–1931.7.8)

Carr, Jamese
エジプト生まれの歌手。
⇒ロック (Carr,James カー, ジェイムズ 1942.6.13–)

Carr, John Dickson
アメリカの推理小説家。
⇒異二辞 (ディクスン・カー [ジョン・~] 1906–1977)
岩世人 (カー 1906.11.30–1977.2.27)
現世文 (カー, ジョン・ディクソン 1906–1977.2.27)
広辞7 (カー 1906–1977)
ネーム (ディクソン・カー 1906–1977)

Carr, Nicholas G.
イギリスの著述家。
⇒外16 (カー, ニコラス・G.)

Carr, Sam
カナダ共産党書記,ソ連のスパイ。
⇒スパイ (カー, サム 1906–1989)

Carr, Shelly Dickson
アメリカの作家。
⇒海文新 (カー, シェリー・ディクスン)
現世文 (カー, シェリー・ディクソン)

Carr, Terry
アメリカのSF作家,編集者。
⇒現世文 (カー, テリー 1937.2.19–1987.4.7)

Carrà, Carlo
イタリアの画家,美術評論家。著書に『戦争画論』(1915),『ジョット』(24),『メモアール』(45)など。
⇒岩世人 (カッラ 1881.2.11–1966.4.13)
芸13 (カルラ, カルロ 1881–1966)
ネーム (カッラ, カルロ 1881–1966)

Carradine, David
アメリカ生まれの俳優。
⇒ク俳 (キャラダイン, デイヴィッド (キャラダイン, ジョン・アーサー) 1936–)

Carradine, John
アメリカの俳優。
⇒スター (キャラダイン, ジョン 1906.4.5–1988)

Carradine, Keith
アメリカ生まれの俳優。
⇒ク俳 (キャラダイン, キース 1949–)

Carranza, Andreu
スペインのカタルーニャ語作家,ジャーナリスト。
⇒海文新 (カランサ, アンドレウ 1956–)
現世文 (カランサ, アンドレウ 1956–)

Carranza, Ramon
スペイン海軍の駐在士官。
⇒スパイ (カランザ, ラモン)

Carranza, Venustiano
メキシコ革命の指導者。メキシコ大統領(1917~20)。
⇒岩世人 (カランサ 1859.12.29–1920.5.20)
世史新 (カランサ 1859–1920)
世人新 (カランサ 1859–1920)
世人装 (カランサ 1859–1920)
ポブ人 (カランサ, ベヌスティアーノ 1859–1920)
ラテ新 (カランサ 1859–1920)

Carrascalão, Mario
東ティモールの政治家。東ティモール副首相,東ティモール民族抵抗評議会(CNRT)総裁。
⇒世指導 (カラスカラオ, マリオ 1937.5.12–2017.5.19)

Carrasco, Diego
スペインのギター奏者,歌手,作曲家。
⇒外12 (カラスコ, ディエゴ 1954–)

Carrasco, Hector
ドミニカ共和国の大リーグ選手(投手)。
⇒メジャ (カラスコ, エクトル 1969.10.22–)

Carrasco, Jesús
スペインの作家。
⇒現世文 (カラスコ, ヘスス 1972–)

Carrasco, Manuela
スペインのフラメンコダンサー。
⇒異二辞 (カラスコ, マヌエラ 1954–)

Carrasquel, Alfonso (Chico)
アメリカの大リーグ選手(遊撃)。
⇒メジャ (カラスケル, チコ 1928.1.23–2005.5.26)

Carré, Mathilde
フランスの諜報部員。
⇒スパイ (カレ, マチルド 1908–1970?)

Carré de Malberg, Raymond
フランスの公法学者。
⇒岩世人 (カレ・ド・マルベール 1861.11.1–1935.3.21)

Carrel, Alexis
フランスの外科医,社会学者,生物学者。組織培養法を発見。
⇒岩生 (カレル 1873–1944)
岩世人 (カレル 1873.6.28–1944.11.5)
旺生5 (カレル 1873–1944)
広辞7 (カレル 1873–1944)

C

ノベ3（カレル, A. 1873.6.28–1944.11.5）

Carrell, Jennifer Lee
アメリカの作家。
⇒海文新（キャレル, ジェニファー・リー 1962.3.25–）
現世文（キャレル, ジェニファー・リー 1962.3.25–）

Carreño, José Manuel
キューバのバレエダンサー。
⇒外12（カレーニョ, ホセ・マニュエル 1968.5.25–）
外16（カレーニョ, ホセ・マニュエル 1968.5.25–）

Carreño, María Teresa
ベネズエラの女性ピアノ奏者, 作曲家。ルビンシテインに師事し, 欧米各国に巡演。
⇒岩世人（カレーニョ 1853.12.22–1917.6.12）

Carreño, Mario
キューバの画家。
⇒岩世人（カレーニョ 1913.6.24–1999.12.20）

Carrer, Chiara
イタリアのイラストレーター。
⇒絵本（カッレール, キアーラ 1958–）

Carrera, Barbara
ニカラグア生まれの女優。
⇒ク俳（キャレラ, バーバラ 1951–）

Carrera Andrade, Jorge
エクアドルの詩人, 外交官。
⇒現世文（カレーラ・アンドラデ, ホルヘ 1903.9.28–1978）

Carreras, José
スペインのテノール歌手。
⇒オペラ（カレーラス, ホセ 1946–）
外12（カレーラス, ホセ 1946.12.15–）
外16（カレーラス, ホセ 1946–）
広辞7（カレーラス 1946–）
失声（カレラス, ホセ 1946–）
新音中（カレーラス, ホセ 1946.12.5–）
標音2（カレーラス, ホセ 1946.12.5–）
魅惑（Carreras, José 1946–）

Carrère, Emmanuel
フランスの作家。
⇒外12（カレール, エマニュエル 1957–）
現世文（カレール, エマニュエル 1957–）

Carrère, John Merven
ブラジル生まれのアメリカの建築家。ヘースティングズと共に「カレール・ヘースティングズ」会社を設立した（1884）。
⇒岩世人（カレール 1858–1911）

Carrère d'Encausse, Hélène
フランスの歴史学者。

⇒外12（カレール・ダンコース, エレーヌ 1929.7.6–）
外16（カレール・ダンコース, エレーヌ 1929.7.6–）

Carrero Blanco, Luis
スペインの海軍提督, 首相。1966年提督をつとめ, 73年首相に任命された。
⇒岩世人（カレーロ・ブランコ 1904.3.4–1973.12.20）

Carrey, Jim
カナダ生まれの男優。
⇒外12（キャリー, ジム 1962.1.17–）
外16（キャリー, ジム 1962.1.17–）
ク俳（キャリー, ジム 1962–）
スター（キャリー, ジム 1962.1.17–）

Carrick, Michael
イギリスのサッカー選手（マンチェスター・ユナイテッド・MF）。
⇒外12（キャリック, マイケル 1981.7.28–）
外16（キャリック, マイケル 1981.7.28–）
最世ス（キャリック, マイケル 1981.7.28–）

Carrier, Willis（Haviland）
アメリカのエンジニア, 発明家。
⇒アメ経（キャリア, ウィリス 1876.11.26–1950.10.7）

Carrière, Eugène
フランスの画家, 彫刻家。作品に『若い母親』（1873）『母性愛』『接吻』『思想』など。
⇒岩世人（カリエール 1849.1.17–1906.3.27）
芸13（カリエール, ウージェーヌ 1849–1906）
広辞7（カリエール 1849–1906）
ネーム（カリエール 1849–1906）

Carrière, Jean-Claude
フランス生まれの映画脚本家。
⇒外12（カリエール, ジャン・クロード 1931–）
外16（カリエール, ジャン・クロード 1931–）
現世文（カリエール, ジャン・クロード 1931–）

Carrière, Jean Paul Jacques
フランスの作家。
⇒現世文（カリエール, ジャン 1932.8.6–）

Carrigan, William Francis
アメリカの大リーグ選手（捕手）。
⇒メジャ（キャリガン, ビル 1883.10.22–1969.7.8）

Carriger, Gail
イギリス出身のアメリカのSF作家。
⇒海文新（キャリガー, ゲイル）
現世文（キャリガー, ゲイル）

Carrillo, Julián
メキシコ（インディアン系）の作曲家。微分音音楽の開拓者で, "Sonido 13"と名づける微分音理論を形成。

⇒新音中 (カリーリョ, フリアン 1875.1.28–1965.9.9)
標音2 (カリーリョ, フリアン 1875.1.28–1965.9.9)

Carrillo, Ramón
アルゼンチンの公衆衛生学者, 神経外科医。
⇒岩世人 (カリージョ 1906.3.7–1956.12.20)

Carrillo Solares, Santiago
スペイン共産党書記長。
⇒岩世人 (カリーリョ 1915.1.18–2012.9.18)

Carrington, Leonora
イギリス生まれの画家, 作家 (フランス語で発表)。
⇒岩世人 (キャリントン 1917.4.6–2011.5.25)
現世文 (キャリントン, レオノーラ 1917.4.6–2011.5.25)

Carrington, Lisa
ニュージーランドのカヌー選手。
⇒外16 (キャリントン, リサ 1989.6.23–)
最世ス (キャリントン, リサ 1989.6.23–)

Carrington, Peter A.R.
イギリスの政治家。北大西洋条約機構 (NATO) 事務総長, イギリス外相。
⇒世指導 (キャリントン, ピーター 1919.6.6–)

Carrington, Terri Lyne
アメリカの天才少女ドラム奏者。11才でバークリー音楽院のスカラシップを最年少で得る。
⇒外12 (キャリントン, テリ・リン 1965–)
⇒外16 (キャリントン, テリ・リン 1965–)

Carrisi, Donato
イタリアの作家。
⇒海文新 (カッリージ, ドナート 1973–)
現世文 (カッリージ, ドナート 1973.3.25–)

Carroll, Andrew
イギリスのサッカー選手 (ニューカッスル・FW)。
⇒外12 (キャロル, アンドルー 1989.1.6–)
外16 (キャロル, アンディ 1989.1.6–)
最世ス (キャロル, アンディ 1989.1.6–)

Carroll, Charles Joseph
アメリカの鉄道技師。
⇒アア歴 (Carroll,Charles J (oseph) キャロル, チャールズ・ジョゼフ 1877.9.18–1941.7.9)

Carroll, Clay Palmer
アメリカの大リーグ選手 (投手)。
⇒メジャ (キャロル, クレイ 1941.5.2–)

Carroll, Cynthia
アメリカの実業家, 地質学者。
⇒外12 (キャロル, シンシア)
外16 (キャロル, シンシア)

Carroll, Earl
アメリカの実業家。
⇒アア歴 (Carroll,Earl キャロル, アール 1905.9.27–1982.9.6)

Carroll, James
アメリカ陸軍の軍医。黄熱病の病原体がウイルスであることを実証。
⇒岩世人 (キャロル 1854–1907)

Carroll, James
ニュージーランドの政治家。
⇒ニュー (キャロル, ジェイムズ 1857–1926)

Carroll, Jamey Blake
アメリカの大リーグ選手 (二塁)。
⇒メジャ (キャロル, ジェイミー 1974.2.18–)

Carroll, Jim
アメリカの詩人, ロック・ローラー。
⇒現世文 (キャロル, ジム 1950–2009.9.11)

Carroll, John
アメリカの歌手, 俳優。
⇒ク俳 (キャロル, ジョン (ラ・フェイ, ジュリアン) 1905–1979)

Carroll, Jonathan
アメリカの小説家。
⇒外12 (キャロル, ジョナサン 1949.1.26–)
外16 (キャロル, ジョナサン 1949.1.26–)
現世文 (キャロル, ジョナサン 1949.1.26–)

Carroll, Lawrence
オーストラリア生まれの画家。
⇒芸13 (キャロル, ローレンス 1954–)

Carroll, Madeleine
イングランド生まれの女優。
⇒ク俳 (キャロル, マデリン (オキャロル, マリー=マデリン) 1906–1987)

Carroll, Nancy
アメリカ生まれの女優。
⇒ク俳 (キャロル, ナンシー (ラ・ヒフ, アン) 1904–1965)

Carroll, Sean M.
アメリカの理論物理学者。
⇒外16 (キャロル, ショーン)

Carron, Arthur
イギリスのテノール歌手。
⇒魅惑 (Carron,Arthur (本名Cox) 1900–1967)

Carruth, Hayden
アメリカの詩人。
⇒現世文 (カルース, ヘイデン 1921.8.3–2008.9.29)

Carruthers, Alexander Douglas

Mitchell
イギリスの探検家, 動物学者。蒙古および中央アジア, 小アジア等を探検し, その自然に関する調査報告多数を公にした。
⇒岩世人（カラザーズ　1882.10.4–1962.5.23）

Carsey, Wilfred（Kid）
アメリカの大リーグ選手（投手）。
⇒メジャ（カーシー, キッド　1872.10.22–1960.3.29）

Carson, Adam Clarke
アメリカの判事。
⇒アア歴（Carson,Adam C（larke）　カースン, アダム・クラーク　1869.1.14–1941.5.23）

Carson, Arthur E.
アメリカの宣教師。
⇒アア歴（Carson,Arthur E.and Carson,Laura L. Hardin　カースン, アーサー・E.　1860.8.6–1908.4.1）

Carson, Arthur Leroy
アメリカの宣教師, 教育者。
⇒アア歴（Carson,Arthur L（eroy）　カースン, アーサー・ルロイ　1895.5.29–1985.4.11）

Carson, Ben
アメリカの神経外科医。
⇒外16（カーソン, ベン　1951.9.18–）

Carson, Ciaran
北アイルランドの詩人。
⇒外16（カーソン, キアラン　1948–）
　現世文（カーソン, キアラン　1948–）

Carson, Clayborne
アメリカの歴史家。
⇒岩世人（カーソン　1944.6.15–）

Carson, David
アメリカのグラフィック・デザイナー。
⇒グラデ（Carson,David　カーソン, デヴィッド　1956–）

Carson, Edward Henry, Baron of Duncairn
アイルランド出身のイギリスの政治家, 弁護士。
⇒岩世人（カーソン　1854.2.9–1935.10.22）

Carson, Jack
アメリカの喜劇俳優。
⇒ク俳（カースン, ジャック　1910–1963）

Carson, John
セイロン生まれの男優。
⇒ク俳（カースン, ジョン（カースン＝パーカー,J）　1927–）

Carson, Laura L.Hardin
アメリカの宣教師。
⇒アア歴（Carson,Arthur E.and Carson,Laura L. Hardin　カースン, ローラ・L.ハーディン　1858.9.28–1942.7.19）

Carson, Paul
アイルランドの作家, 小児科医。
⇒現世文（カーソン, ポール）

Carson, Rachel
アメリカの生物学者。DDTによる環境汚染を警告した『沈黙の春』(1962)の著者。
⇒アメ経（カーソン, レイチェル　1907.5.27–1964）
　アメ州（Carson,Rachel　カーソン, レイチェル　1907–1964）
　異二辞（カーソン, レイチェル　1907–1964）
　岩生（カーソン　1907–1964）
　岩世人（カーソン　1907.5.27–1964.4.14）
　化学（カーソン　1907–1964）
　覚思（カーソン, レイチェル　1907.5.27–1964.4.14）
　覚思ス（カーソン, レイチェル　1907.5.27–1964.4.14）
　広辞7（カーソン　1907–1964）
　三新生（カーソン　1907–1964）
　世史改（カーソン, レイチェル＝　1907–1964）
　世人新（カーソン　1907–1964）
　世人装（カーソン　1907–1964）
　世発（カーソン, レイチェル・ルイーズ　1907–1964）
　ポプ人（カーソン, レイチェル　1907–1964）
　メル別（カーソン, レイチェル　1907–1964）

Carson, Rae
アメリカの作家。
⇒海文新（カーソン, レイ　1973.8.17–）

Carstens, Agustin
メキシコのエコノミスト。
⇒外12（カルステンス, アグスティン　1958–）
　外16（カルステンス, アグスティン　1958–）

Carstens, Karl
ドイツの政治家。西ドイツ大統領(1979〜84)。
⇒岩世人（カルステンス　1914.12.14–1992.5.30）

Carta, Fabio
イタリアのスピードスケート選手（ショートトラック）。
⇒最世ス（カルタ, ファビオ　1977.10.6–）

Cartailhac, Emile
フランスの先史考古学者。アルタミラ洞窟壁画の研究で名高い。古生物学の進展にも貢献。
⇒岩世人（カルタヤック　1845.2.15–1921.11.25）

Cartan, Elie Joseph
フランスの数学者。接続の幾何学の発見者。
⇒岩世人（カルタン　1869.4.9–1951.5.6）
　広辞7（カルタン　1869–1951）
　数辞（カルタン, エリー・ジョセフ　1869–1951）
　数小増（カルタン（エリー）　1869–1951）
　世数（カルタン, エリー　1869–1951）

Cartan, Henri
フランスの数学者。E.カルタンの長男。ブルバキの創始に参加, 位相幾何学, ホモロジー代数等に基本的な貢献をした。
⇒岩世人（カルタン 1904.7.8–2008.8.13）
数辞（カルタン, アンリ・ポール 1904–）
数小増（カルタン（アンリ） 1904–2008）
世数（カルタン, アンリ・ポール 1904–2008）

Cărtărescu, Mircea
ルーマニアの作家, 詩人。
⇒岩世人（カルタレスク 1956.6.1–）
現世文（カルタレスク, ミルチャ 1956.6.1–）

Cartelier, Jean
フランス生まれの経済思想家。
⇒岩世人（カルトリエ 1942.4.9–）

Carter, Ally
アメリカの作家。
⇒海文新（カーター, アリー）

Carter, Alvin Pleasant
アメリカのカントリー歌手。
⇒標音2（カーター・ファミリー, ザ 1891.12.15–1960.11.7）

Carter, Amon Gilles
アメリカの実業家。フォート・ワース・スター・テレグラム紙社長。アメリカン航空会社創業者。
⇒アメ経（カーター, アーマン 1879.12.11–1955.6.23）

Carter, Angela
イギリスの女性作家。
⇒岩世人（カーター 1940.5.7–1992.2.16）
現世文（カーター, アンジェラ 1940–1992.2.16）

Carter, Ashton
アメリカの政治家, 物理学者。国防長官。
⇒外16（カーター, アシュトン 1954.9.24–）
世指導（カーター, アシュトン 1954.9.24–）

Carter, Benny
アメリカのジャズ・アルトサックス奏者。その楽団から多くのスターを輩出し, エリントンやアームストロングなどと並び称せられるジャズ界の巨人。
⇒エデ（カーター, ベニー 1907.8.8–2003.7.12）
新音中（カーター, ベニー 1907.8.8–）
標音2（カーター, ベニー 1907.8.8–2003.7.12）

Carter, Brandon
イギリスの物理学者。
⇒天文大（カーター 1942–）

Carter, Chris
アメリカのテレビプロデューサー, 脚本家, 映画監督。
⇒外12（カーター, クリス 1956.10.13–）

Carter, Clarence
アメリカの歌手。
⇒ロック（Carter,Clarence カーター, クラレンス）

Carter, Cris
アメリカのアメリカンフットボール選手。
⇒外16（カーター, クリス 1965.11.25–）

Carter, Dan
ニュージーランドのラグビー選手（クルセーダーズ・SO）。
⇒外12（カーター, ダン 1982.3.5–）
外16（カーター, ダン 1982.3.5–）
最世ス（カーター, ダン 1982.3.5–）

Carter, David
アメリカの絵本画家。
⇒絵本（カーター, デヴィッド・A. 1957–）

Carter, Dean Vincent
イギリスの作家。
⇒海文新（カーター, ディーン・ヴィンセント 1976.7–）
現世文（カーター, ディーン・ビンセント 1976.7–）

Carter, Edward Clark
アメリカの団体理事。
⇒アア歴（Carter,Edward Clark カーター, エドワード・クラーク 1878.6.9–1954.11.9）

Carter, Elliott Cook
アメリカの作曲家。
⇒岩世人（カーター 1908.12.11–2012.12.11）
エデ（カーター, エリオット（クック, ジュニア） 1908.12.11–2012.11.5）
ク音3（カーター 1908–）
現音キ（カーター, エリオット 1908–）
新音小（カーター, エリオット 1908–）
新音中（カーター, エリオット 1908.12.11–）
ピ曲改（カーター, エリオット 1908–）
標音2（カーター, エリオット 1908.12.11–）

Carter, Gary Edmund
アメリカの大リーグ選手（捕手, 外野）。
⇒外12（カーター, ゲーリー 1954.4.8–）
メジャ（カーター, ゲイリー 1954.4.8–2012.2.16）

Carter, Hamish
ニュージーランドのトライアスロン選手。
⇒最世ス（カーター, ハミシュ 1971.4.28–）

Carter, Hodding
アメリカのジャーナリスト。
⇒アメ州（Carter,Hodding カーター, ホディング 1907–1972）

Carter, Howard
イギリスのエジプト考古学者。王家の谷でツタンカーメンの石室を発掘。

⇒岩世人（カーター　1874.5.9-1939.3.2）
ボブ人（カーター, ハワード　1874-1939）
Carter, James Earl
アメリカの政治家。第39代大統領（1977～81）。
⇒アメ州（Carter,James Earl　カーター, ジェームス・アール　1924-）
アメ新（カーター　1924-）
岩韓（カーター　1924-）
岩世人（カーター　1924.10.1-）
外12（カーター, ジミー　1924.10.1-）
外16（カーター, ジミー　1924.10.1-）
広辞7（カーター　1924-）
政経改（カーター　1924-）
世史改（カーター　1924-）
世指導（カーター, ジミー　1924.10.1-）
世人新（カーター　1924-）
世人装（カーター　1924-）
戦ア大（カーター, ジェームズ・E.,Jr.　1924.10.1-）
ノベ3（カーター,J.　1924.10.1-）
ボブ人（カーター, ジミー　1924-）

Carter, Janis
アメリカの女優, オペラ歌手。
⇒ク俳（カーター, ジャニス（ドレマン,J）　1913-1994）

Carter, Joe
アメリカの大リーグ選手（外野手）。
⇒メジャ（カーター, ジョー　1960.3.7-）

Carter, John
イギリス・バーミンガム生まれのソングライター。
⇒ロック（Carter and Lewis　カーター&ルイス　1942-）

Carter, Lin
アメリカの作家, 編集者。
⇒現世文（カーター, リン　1930.6.9-1988.2.7）

Carter, Mathew
アメリカとイギリスで活動する書体デザイナー。
⇒グラデ（Carter,Mathew　カーター, マシュー　1937-）

Carter, Maybelle
アメリカのカントリー歌手。
⇒標音2（カーター・ファミリー, ザ　1909.5.10-1978）

Carter, Mel
アメリカ・シンシナティ生まれの歌手。
⇒ロック（Carter,Mel　カーター, メル　1943.4.22-）

Carter, Ronald Levin（Ron）
アメリカのジャズ・ベース奏者。進歩的なベース奏者として, 当代屈指の名手。
⇒外12（カーター, ロン　1937.5.4-）
外16（カーター, ロン　1937.5.4-）
標音2（カーター, ロン　1937.5.4-）

Carter, Rubin "Hurricane"
アメリカのプロボクサー。
⇒マルX（CARTER,RUBIN"HURRICANE"　カーター, ルービン・"ハリケーン"　1937-）

Carter, Sara
アメリカのカントリー歌手。
⇒標音2（カーター・ファミリー, ザ　1898.7.21-1979.1.8）

Carter, Thomas Francis
アメリカの中国学者。主著『中国における印刷術の起原』（1925）。
⇒岩世人（カーター　1882.10.2-1925.8.6）

Carter, Vince
アメリカのNBA選手。
⇒外12（カーター, ビンス　1977.1.26-）
最世ス（カーター, ビンス　1977.1.26-）

Cartes Jara, Horacio Manuel
パラグアイの政治家, 実業家。パラグアイ大統領（2013～18）。
⇒外16（カルテス・ハラ, オラシオ・マヌエル　1956.7.5-）
世指導（カルテス・ハラ, オラシオ・マヌエル　1956.7.5-）

Cartier-Bresson, Henri
フランスの写真家。
⇒岩世人（カルティエ=ブレッソン　1908.8.22-2004.8.3）
広辞7（カルティエ・ブレッソン　1908-2004）
ネーム（カルチエ・ブレッソン　1908-2004）
ボブ人（カルティエ=ブレッソン, アンリ　1908-2004）

Cartland, Barbara
イギリスの作家。
⇒現世文（カートランド, バーバラ　1901.7.9-2000.5.21）

Cartman, Charles
アメリカの外交官。朝鮮半島エネルギー開発機構（KEDO）事務局長。
⇒世指導（カートマン, チャールズ）

Cartola
ブラジルのサンバ歌手, ソングライター。
⇒岩世人（カルトーラ　1908.10.11-1980.11.30）

Cartwright, Dorwin Philip
アメリカの社会心理学者。グループ・ダイナミクス理論についての貢献が大きい。
⇒社小増（カートライト　1915-）

Cartwright, Henry
イギリスのインテリジェンス・オフィサー。第2次世界大戦中スイスに駐在していた。
⇒スパイ（カートライト, ヘンリー）

Cartwright, Sarah Blakley
アメリカの作家。
⇒海文新(カートライト, サラ・ブレイクリー 1988–)

Cartwright, Silvia
ニュージーランドの女性政治家, 弁護士。ニュージーランド総督(2001～06)。
⇒ニュー(カートライト, シルヴィア 1943–)

Carty, Ricardo Adolfo Jacobo
アメリカの大リーグ選手(外野, DH)。
⇒メジャ(カーティ, リコ 1939.9.1–)

Carus, Paul
アメリカの哲学者, 仏教研究家。
⇒岩世人(ケイラス 1852.7.18–1919.2.11)

Caruso, David
アメリカ生まれの俳優。
⇒外12(カルーソ, デービッド 1956.1.7–)
ク俳(カルーソ, デイヴィッド 1956–)

Caruso, D.J.
アメリカの映画監督。
⇒外12(カルーソ, D.J. 1965–)

Caruso, Enrico
イタリアのテノール歌手。1903年『リゴレット』でメトロポリタン歌劇場にデビュー, 以後毎年出演。
⇒岩世人(カルーゾ 1873.2.27–1921.8.2)
オペラ(カルーソ, エンリーコ 1873–1921)
広辞7(カルーソー 1873–1921)
失声(カルーソ, エンリコ 1873–1921)
新音中(カルーゾー, エンリーコ 1873.2.25–1921.8.2)
ネーム(カルーソー 1873–1921)
標音2(カルーゾ, エンリーコ 1873.2.25–1921.8.2)
魅惑(Caruso,Enrico 1873–1921)

Caruso, Mariano
イタリアのテノール歌手。
⇒魅惑(Caruso,Mariano 1905–1975)

Caruthers, Robert Lee
アメリカの大リーグ選手(投手, 外野)。
⇒メジャ(カルザース, ボブ 1864.1.5–1911.8.5)

Carvalho, Evaristo
サントメ・プリンシペの政治家。サントメ・プリンシペ大統領(2016～)。
⇒世指導(カルバリョ, エバリスト 1941.10.22–)

Carver, George Washington
アメリカの化学者。黒人奴隷の出身。貧困な南部諸州の農業改革を指導。
⇒アメ経(カーバー, ジョージ 1864頃–1943)
アメ州(Carver,George Washington カーバー, ジョージ・ワシントン 1861?–1943)

岩世人(カーヴァー 1864–1943.1.5)

Carver, Raymond
アメリカの短編小説家。代表作『大聖堂』。
⇒岩世人(カーヴァー 1938.5.25–1988.8.2)
現世文(カーバー, レイモンド 1938.5–1988.8.2)
広辞7(カーヴァー 1938–1988)
ヘミ(カーヴァー, レイモンド 1938–1988)

Carver, Thomas Nixon
アメリカの経済学者。アメリカ経済学会長(1916～)。
⇒岩世人(カーヴァー 1865.3.25–1961.3.8)

Carwardine, Mark
イギリスの動物学者, 作家, 写真家。
⇒外12(カーワディン, マーク 1956–)
外16(カーワディン, マーク 1956–)

Cary, Arthur Joyce Lunel
イギリスの小説家。代表作『自分でもびっくり』(1941), 『巡礼となる』(42), 『馬の口』(44)。
⇒岩世人(ケアリ 1888.12.7–1957.3.29)
広辞7(ケアリー 1888–1957)

Cary, Joseph M.
アメリカの弁護士, 政治家。
⇒アメ州(Cary,Joseph M. ケアリー, ジョセフ・M. 1845–1924)

Cary, Kate
イギリスの作家。
⇒海文新(ハンター, エリン)
現世文(ハンター, エリン)

Cary, Otis
アメリカのアメリカン・ボード宣教師。
⇒アア歴(Cary,Otis ケアリー, オーティス 1851.4.20–1932.7.23)

Cary, Otis
アメリカの日本文化研究者。
⇒岩世人(ケアリ(慣ケーリ) 1921?–2006.4.14)

Carzan, Carlo
イタリアの作家。
⇒海文新(カルザン, カルロ 1967–)
現世文(カルザン, カルロ 1967–)

Casablancas, Julian
アメリカのミュージシャン。
⇒外12(カサブランカス, ジュリアン 1978.8.23–)

Casadesus, Robert
フランスのピアノ奏者, 作曲家。フォンテンブローのアメリカ音楽院ピアノ科主任教授。
⇒エデ(カサドシュ, ロベール 1899.4.7–1972.9.19)
ク音3(カザドゥシュ 1899–1972)
新音中(カザドシュ, ロベール 1899.4.7–1972.9.19)
標音2(カザドシュ, ロベール 1899.4.7–1972.9.

19)
Casado, Philippe
テノール歌手。
⇒魅惑（Casado,Philippe　?–）

Casaldáliga, Pedro
スペイン出身のクラレチアン会士、ブラジル宣教師、詩人、司教。
⇒岩世人（カサルダリガ　1928.2.16–）

Casaleggio, Gianroberto
イタリアのIT企業家、政治家。五つ星運動共同創設者。
⇒世指導（カザレッジョ、ジャンロベルト　1954–2016.4.12）

Casalin, Luca
イタリアのテノール歌手。
⇒魅惑（Casalin,Luca　1966–）

Casals, Pablo
スペインのチェロ奏者。カザルス音楽祭を主催。
⇒異二辞（カザルス［パブロ・～］　1876–1973）
　岩世人（カザルス　1876.12.29–1973.10.22）
　ク音3（カザルス　1876–1973）
　広辞7（カザルス　1876–1973）
　新音中（カザルス、パブロ　1876.12.29–1973.10.22）
　ネーム（カザルス　1876–1973）
　標音2（カザルス、パブロ　1876.12.29–1973.10.22）
　ポプ人（カザルス、パブロ　1876–1973）

Casamayor, Joel
キューバのプロボクサー。
⇒外16（カサマヨル、ホエル　1971.7.12–）
　最世ス（カサマヨル、ホエル　1971.7.12–）

Casanova, Francisco
ドミニカ共和国のテノール歌手。
⇒魅惑（Casanova,Francisco　?–）

Casanova, Laurent
フランスの政治家。「フランス婦人同盟」の指導者の一人として抵抗運動に当ったが逮捕されて獄死。
⇒岩世人（カザノヴァ　1906.10.9–1972.3.20）

Casanova, Pablo González
メキシコの社会学者。
⇒岩世人（カサノーバ　1922.2.11–）

Casanova, Sarah
カナダの実業家。
⇒外16（カサノバ、サラ　1965.4–）

Casarès, Maria
スペイン生まれのフランスの悲劇女優。
⇒岩世人（カザレス　1922.11.21–1996.11.22）

Casares Quiroga, Santiago
スペインの政治家。
⇒岩世人（カサレス・キローガ　1884.5.8–1950.2.17）

Casaroli, Agostino
バチカンのカトリック枢機卿。ローマ法王庁国務省長官（首相）。
⇒新カト（カザロリ　1914.11.24–1998.6.9）

Casas, Julio
キューバの政治家。キューバ国家評議会副議長、キューバ国防相。
⇒世指導（カサス、フリオ　1936.2.16–2011.9.3）

Casciarri, Giorgio
イタリアのテノール歌手。
⇒魅惑（Casciarri,Giorgio　?–）

Cascio, Giuseppe
アメリカ空軍の写真技官。在韓米軍基地駐在中の1952年に、F-86Eセイバーの飛行試験データを北朝鮮に売り渡したとして逮捕された。
⇒スパイ（カッシオ、ジュゼッペ）

Cascioli, Gianluca
イタリアのピアノ奏者、指揮者、作曲家。
⇒外12（カシオーリ、ジャンルカ　1979–）
　外16（カシオーリ、ジャンルカ　1979–）

Case, Brayton Clarke
アメリカの農業指導宣教師。
⇒アア歴（Case,Brayton C（larke）　ケイス、ブレイトン・クラーク　1887.8.18–1944.7.14）

Case, George Washington
アメリカの大リーグ選手（外野）。
⇒メジャ（ケイス、ジョージ　1915.11.11–1989.1.23）

Casel, Otto
ドイツのカトリック神学者。典礼運動の指導的学者として知られる。
⇒岩世人（カーゼル　1886.9.27–1948.3.28）
　オク教（カーゼル　1886–1948）
　新カト（カーゼル　1886.9.27–1948.3.28）

Casella, Alfredo
イタリアの作曲家、ピアノ奏者、指揮者。1917年国民音楽協会を創立。
⇒岩世人（カゼッラ　1883.7.25–1947.3.5）
　エデ（カゼッラ、アルフレード　1883.7.25–1947.3.5）
　オペラ（カゼッラ、アルフレード　1883–1947）
　ク音3（カゼッラ　1883–1947）
　新音小（カゼッラ、アルフレード　1883–1947）
　新音中（カゼッラ、アルフレード　1883.7.25–1947.3.5）
　ピ曲改（カセッラ、アルフレード　1883–1947）
　標音2（カセッラ、アルフレード　1883.7.25–1947.3.5）

Casellato, Renzo
イタリアのテノール歌手。
⇒魅惑（Casellato,Renzo 1936–）

Casellato-Lamberti, Giorgio
イタリアのテノール歌手。
⇒魅惑（Casellato-Lamberti,Giorgio 1938–）

Casely-Hayford, Joseph Ephraim
ゴールドコースト（ガーナ）民主主義運動の先駆的指導者。
⇒岩世人（ケイスリー・ヘイフォード 1866.9.29–1930.8.11）

Casement, *Sir* Roger David
アイルランドの独立運動家。
⇒岩世人（ケイスメント 1864.9.1–1916.8.3）
スパイ（ケースメント，サー・ロジャー（デイヴィッド） 1864–1916）

Casertano, Angelo
テノール歌手。
⇒魅惑（Casertano,Angelo ?–）

Casey, Al
アメリカのギター奏者。
⇒ロック（Casey,Al ケイシー，アル）

Casey, Daniel Maurice
アメリカの大リーグ選手（投手）。
⇒メジャ（ケイシー，ダン 1862.11.20–1943.2.8）

Casey, Dwane
アメリカのバスケットボール監督（ラプターズ）。
⇒外16（ケーシー，ドゥエイン 1957.4.17–）

Casey, Jacqueline
アメリカのグラフィック・デザイナー，ファッション・挿絵画家，広告，編集，インテリアのデザイナー。
⇒グラデ（Casey,Jacqueline ケイシィ，ジャクリーン 1927–1992）

Casey, James Patrick（Doc）
アメリカの大リーグ選手（三塁）。
⇒メジャ（ケイシー，ドク 1870.3.15–1936.12.31）

Casey, Jane
アイルランドの作家。
⇒海文新（ケーシー，ジェーン）
現世文（ケーシー，ジェーン）

Casey, Sean Thomas
アメリカの大リーグ選手（内野手）。
⇒メジャ（ケイシー，ショーン 1974.7.2–）

Casey, William
アメリカの政治家。米国中央情報局長官（1981～87）。
⇒スパイ（ケーシー，ウィリアム・J 1913–1987）

Cash, David
アメリカの大リーグ選手（二塁）。
⇒メジャ（キャッシュ，デイヴ 1948.6.11–）

Cash, Johnny
アメリカのカントリー歌手，作詞・作曲家。
⇒アメ州（Cash,Johnny キャッシュ，ジョニー 1932–）
岩世人（キャッシュ 1932.2.26–2003.9.12）
新音中（キャッシュ，ジョニー 1932.2.26–）
標音2（キャッシュ，ジョニー 1932.2.26–2003.9.12）
ロック（Cash,Johnny キャッシュ，ジョニー 1932.2.26–）

Cash, Norman Dalton
アメリカの大リーグ選手（一塁）。
⇒メジャ（キャッシュ，ノーム 1934.11.10–1986.10.12）

Cash, Wiley
アメリカの作家。
⇒海文新（キャッシュ，ワイリー 1977.9.7–）
現世文（キャッシュ，ワイリー 1977.9.7–）

Cashen, Thomas Cecil
アメリカ操車係組合委員長。
⇒アメ経（カッシュエン，トマス 1879.9.15–1959）

Cashman, Brian
アメリカの大リーグ，ニューヨーク・ヤンキースGM。
⇒外12（キャッシュマン，ブライアン 1967.7.3–）
外16（キャッシュマン，ブライアン 1967.7.3–）

Cashore, Kristin
アメリカの作家。
⇒海文新（カショア，クリスティン）

Casillas, Iker
スペインのサッカー選手。
⇒外12（カシージャス，イケル 1981.5.20–）
外16（カシージャス，イケル 1981.5.20–）
最新ス（カシージャス，イケル 1981.5.20–）

Casimir, H.B.G.
オランダの物理学者。カシミール作用素などが知られている。
⇒岩世人（カシミール 1909.7.15–2000.5.4）
物理（カシミール，ヘンドリク 1909–2000）

Casimir-Périer, Jean Paul Pierre
フランスの政治家。首相，大統領を歴任。
⇒岩世人（カジミール=ペリエ 1847.11.8–1907.3.11）

Cáslavská, Věra
チェコの体操選手。
⇒異二辞（チャスラフスカ［ベラ・〜］ 1942–2016）
岩世人（チャースラフスカー 1942.5.3–）
外12（チャスラフスカ，ベラ 1942.5.3–）

外16（チャスラフスカ, ベラ　1942.5.3–）
広辞7（チャスラフスカ　1942–2016）

Caso, Antonio
メキシコの代表的知識人, 哲学者, 教育家。
⇒新カト（カソ　1883.12.19–1946.3.7）

Casona, Alejandro
スペインの劇作家。1934年『陸にあがった人魚』でローペ・デ・ベーガ賞受賞。
⇒現世文（カソナ, アレハンドロ　1903.3.23–1965.9.17）

Caso y Andrade, Alfonso
メキシコの考古学者, 人類学者。オワハカ州モンテ・アルバンでの発掘調査を行ない（1931～43）古代サポテカおよびミステカ文化の理解に重要な貢献をした。
⇒岩世人（カソ　1896.2.1–1970.11.30）
ラテ新（カソ　1896–1970）

Caspar, Karl
ドイツの画家。主作品にバンベルクの聖堂の壁画がある。
⇒岩世人（カスパル　1879.3.13–1956.9.21）

Caspari, Otto
ドイツの哲学者。ダーウィン主義を支持した。
⇒岩世人（カスパーリ　1841.5.24–1917.8.28）

Caspersson, Torbjörn
スウェーデンの細胞化学者。
⇒岩生（カスペルソーン　1910–1997）
三新生（カスペルソーン　1910–1997）

Cass, Kiera
アメリカの作家。
⇒現世文（キャス, キーラ　1981–）

Cassadó, Gaspar
スペインのチェロ奏者, 作曲家。
⇒岩世人（カサド　1897.9.30–1966.12.24）
ク音3（カサド　1897–1966）
新音中（カサド, ガスパール　1897.9.30–1966.12.24）
標音2（カサド, ガスパル　1897.9.30–1966.12.24）

Cassandre, Adolphe Mouron
フランスのポスター作家, 装飾芸術家。ポスター作品は『ビボロ』（1924）, 『デュボネ』（32）舞台装置, 室内壁画も手がけた。
⇒岩世人（カサンドル　1901.1.24–1968.6.18）
グラ（Cassandre,A.M.　カサンドル,A.M. 1901–1968）

Cassano, Antonio
イタリアのサッカー選手。
⇒外12（カッサーノ, アントニオ　1982.7.12–）
外16（カッサーノ, アントニオ　1982.7.12–）
最世ス（カッサーノ, アントニオ　1982.7.12–）

Cassano, Silvano
イタリアの実業家。
⇒外16（カッサーノ, シルヴァーノ　1956–）

Cassar, Jon
アメリカのテレビドラマ製作者・監督。
⇒外12（カサー, ジョン）

Cassard, Frank
テノール歌手。
⇒魅惑（Cassard,Frank　?–）

Cassatt, Mary
アメリカの女性画家, 版画家。母子像を主なテーマとする。
⇒アメ新（カサット　1844–1926）
岩世人（カサット　1845.5.22–1926.6.14）
芸13（カサット, メアリー　1845–1926）
世界子（カサット, メアリ　1844–1926）

Cassavetes, John
アメリカの映画監督, 俳優。ニュー・アメリカン・シネマ運動のなかで社会問題を取り扱った映画をつくった。
⇒岩世人（カサヴェテス　1929.12.9–1989.2.3）
映監（カサヴェテス, ジョン　1929.12.9–1989）
ク俳（カサヴェテス, ジョン　1929–1989）
スター（カサヴェテス, ジョン　1929.12.9–1989）
ネーム（カサヴェテス　1929–1989）

Cassavetes, Nick
アメリカ生まれの俳優。
⇒外12（カサベテス, ニック　1959.5.21–）

Cassavetes, Zoe
アメリカの映画監督。
⇒外12（カサベテス, ゾエ）

Cassel, Frédéric
フランスのショコラティエ。
⇒外12（カッセル, フレデリック　1967.5.25–）
外16（カッセル, フレデリック　1967.5.25–）

Cassel, Jean-Pierre
フランス生まれの俳優。
⇒岩世人（カッセル　1866.10.20–1945.1.15）
ク俳（カッセル, ジャン＝ピエール（クロシヨン, J＝P）　1932–）

Cassel, Karl Gustav
スウェーデンの経済学者。主著『購買力平価説』（1922）。
⇒岩経（カッセル　1866–1945）
有経5（カッセル　1866–1945）

Cassel, Vincent
フランスの俳優。父は俳優ジャン＝ピエール・カッセル。
⇒外12（カッセル, ヴァンサン　1966.11.23–）
外16（カッセル, ヴァンサン　1966.11.23–）

ク俳（カッセル, ヴァンサン 1967-）
Cassey, Eileen M.
オーストラリアのエスペランティスト。ライジングサン社勤務。
⇒日エ（ケイシー ?-?）
Cassidy, Cathy
イギリスの作家。
⇒海文新（キャシディー, キャシー 1962-）
Cassidy, David
アメリカ・ニューヨーク生まれの歌手。
⇒ロック（Cassidy,David キャシディ, デイヴィッド 1950.4.12-）
Cassigneul, Jean-Pierre
フランス生まれの画家。
⇒芸13（カシニョール, ジェーン・ピエール 1935-）
Cassilly, Richard
アメリカのテノール歌手。
⇒失声（キャシリー, リチャード 1927-1998）
魅惑（Cassilly,Richard 1927-1998）
Cassin, René Samuel
フランスの法律家, ノーベル平和賞受賞者。
⇒岩世人（カサン 1887.10.5-1976.2.20）
ノベ3（カサン,R. 1887.10.5-1976.2.20）
ユ著人（Cassin,René Samuel カサン, ルネ・サムエル 1887-1976）
Cassinari, Bruno
イタリアの画家。
⇒芸13（カシナリ, ブルーノ 1912-1981）
Cassinelli, Ricardo
アルゼンチンのテノール歌手。
⇒魅惑（Cassinelli,Ricardo 1936-）
Cassirer, Bruno
ドイツの出版者。
⇒岩世人（カッシーラー 1872.12.12-1941.10.29）
Cassirer, Ernst
ドイツのユダヤ人哲学者。
⇒岩世人（カッシーラー 1874.7.28-1945.4.13）
学叢思（カッシーレル, エルンスト 1874-?）
教思増（カッシーラー 1874-1945）
現社（カッシーラー 1874-1945）
広辞7（カッシーラー 1874-1945）
社小増（カッシーラー 1874-1945）
新カト（カッシーラー 1874.7.28-1945.4.13）
世人新（カッシーラー 1874-1945）
世人装（カッシーラ 1874-1945）
哲中（カッシーラー 1874-1945）
ネーム（カッシーラー 1874-1945）
メル3（カッシーラー, エルンスト 1874-1945）
ユ著人（Cassirer,Ernst カッシーラ, エルンスト 1874-1945）

Cassiser, Paul
ドイツの画商, 出版業者。
⇒ユ著人（Cassiser,Paul カッシーラ, パウル 1871-1926）
Cassola, Carlo
イタリアの作家。主著『ファウストとアンナ』(1952),『ブーベの恋人』(60)。
⇒岩世人（カッソーラ 1917.3.17-1987.1.29）
現世文（カッソーラ, カルロ 1917.3.17-1987）
広辞7（カッソーラ 1917-1987）
Casson, Herbert N.
アメリカの雑誌記者。
⇒学叢思（カッソン, ハーバート 1869-?）
Cassou, Jean
フランスの小説家, 美術評論家。主著, 小説『夢の鍵』(1929), 美術研究『グレコ論』(31) など。
⇒岩世人（カスー 1897.7.9-1986.1.16）
現世文（カスー, ジャン 1897.7.9-1986.1.16）
Cassuto, Umberto
イタリアの聖書学者。
⇒新カト（カッスート 1883.9.16-1951.10.18）
Castagna, Vanessa J.
アメリカの実業家。
⇒外12（カスターニャ, バネッサ）
外16（カスターニャ, バネッサ）
Castaneda, Carlos
ブラジルの人類学者。
⇒現宗（カスタネダ 1930頃-1998）
現世文（カスタネダ, カルロス 1925.12.25-1998.4.27）
Castañeda, Héctor-Neri
グアテマラ生まれのアメリカの哲学者。
⇒岩世人（カスタネーダ 1924.12.13-1991.9.7）
Castañeda, Jorge
メキシコの政治家, 政治学者, コラムニスト。メキシコ外相。
⇒世指導（カスタニェーダ, ホルヘ 1953.5.24-）
Castanier, Jean-Baptiste
フランスの宣教師。
⇒岩世人（カスタニエ 1877.1.7-1943.3.12）
新カト（カスタニエ 1877.1.7-1943.3.12）
Castel, Nico
アメリカのテノール歌手。
⇒魅惑（Castel,Nico 1931-）
Castel, Robert
フランスの社会学者。
⇒岩世人（カステル 1933.8.1-2013.3.12）
Castelbajac, Jean-Charles de
モロッコ生まれのフランスの服飾デザイナー。

作風は機能性重視と天然素材を多く使うのが特徴。
⇒外16（カステルバジャック, ジャン・シャルル・ドゥ　1949–）

Castel-Bloom, Orley
イスラエルの女性作家。
⇒ユ著人（Castel-Bloom,Orley　カステル＝ブルーム, オルリ　1960–）

Castellan, William
イタリアの司祭, カルメル会員, 日本宣教師。
⇒新カト（カステラン　1912.3.7–1978.7.29）

Castellana, Franco
イタリアのテノール歌手。
⇒魅惑（Castellana,Franco　1939–）

Castellani, Aldo
イタリアの病理学者, 細菌学者。人体脊髄液中の「睡眠病病原体」(1903) および「インド痘病原体」(05) を発見した。
⇒岩世人（カステラーニ　1877–1971.10.6）

Castellani, Charles
フランスの画家。
⇒19仏（カステラニ, シャルル　1838.5.24–1913.12.1）

Castellani, Enrico
イタリアの芸術家。
⇒外12（カステラーニ, エンリコ　1930–）
外16（カステラーニ, エンリコ　1930–）

Castellani Contepomi, Leonardo Luis
アルゼンチンの聖職者, 著述家。
⇒岩世人（カステラーニ　1899.11.16–1981.3.15）

Castellanos, Rosario
メキシコの女性作家。
⇒現世文（カステリャノス, ロサリオ　1925.5.25–1974.8.7）

Castelli, Luciano
スイスの画家。
⇒芸13（カステリ, ルチアーノ　1951–）

Castelli Gattinara di Zubiena, Enrico
イタリアのカトリック哲学者。
⇒新カト（カステッリ　1900.6.20–1977.3.1）

Castells, Manuel
スペイン生まれの社会学者。カリフォルニア大学バークレイ校教授。
⇒岩世人（カステル　1942.2.9–）
外12（カステル, マヌエル　1942–）
外16（カステル, マヌエル　1942–）
現社（カステル　1942–）
社小増（カステル　1942–）

Castellucci, Romeo
イタリアの演出家。
⇒外12（カステルッチ, ロメオ　1960–）

Castelnau, Noël Marie Joseph Edouard de Curières de
フランスの軍人, 政治家。第一次大戦には参謀総長となる。
⇒岩世人（カステルノー　1851.10.24–1944.3.19）

Castelnuovo, Guido
イタリアの数学者。代数幾何学に貢献。曲面と曲線との代数的対応についての基礎理論を作り上げる。
⇒世数（カステルヌオヴォ, ギド　1865–1952）

Castelnuovo-Tedesco, Mario
アメリカのイタリア人作曲家。1939年アメリカに渡りハリウッドに定住。
⇒オペラ（カステルヌォーヴォ＝テデスコ, マリオ　1895–1968）
ク音3（カステルヌオーヴォ＝テデスコ　1895–1968）
新音小（カステルヌオーヴォ＝テデスコ, マーリオ　1895–1968）
新音中（カステルヌオーヴォ＝テデスコ, マーリオ　1895.4.3–1968.3.16）
標音2（カステルヌオーヴォ＝テデスコ, マーリオ　1895.4.3–1968.3.17）
ユ著人（Castelnuovo-Tedesco,Mario　カステルヌオーボ＝テデスコ, マリオ　1895–1968）

Castelo Branco, Humberto
ブラジルの軍人, 政治家。軍事政権最初の大統領（1964～67）。軍事政権の長期化をはかるため大統領の間接選挙をとり入れた新憲法を制定した。
⇒岩世人（カステロ・ブランコ　1900.9.20–1967.7.18）

Castiglioni, Arturo
イタリア生まれのアメリカの医学史家。イェール大学教授（1943～）。
⇒岩世人（カスティリオーニ　1874.4.10–1952.1.21）

Castiglioni, Consuelo
イタリアの服飾デザイナー。
⇒外16（カスティリオーニ, コンスエロ）

Castilla, Vinny
メキシコの大リーグ選手（内野）。
⇒外12（カスティーヤ, ビニー　1967.7.4–）
メジャ（カスティーヤ, ビニー　1967.7.4–）

Castillo, Frank Anthony
アメリカの大リーグ選手（投手）。
⇒メジャ（カスティーヨ, フランク　1969.4.1–）

Castillo, Jose
ベネズエラのプロ野球選手（ロッテ・内野）, 大リーグ選手。
⇒外12（カスティーヨ, ホセ　1981.3.19–）

Castillo, Luis
ドミニカ共和国の大リーグ選手(内野手)。
⇒外12 (カスティーヨ, ルイス 1975.9.12–)
最世ス (カスティーヨ, ルイス 1975.9.12–)
メジャ (カスティーヨ, ルイス 1975.9.12–)

Castillo, Michel del
スペイン生まれのフランスの作家。
⇒外12 (カスティーヨ, ミシェル・デル 1933.8.2–)
外16 (カスティーヨ, ミシェル・デル 1933.8.2–)
現世文 (カスティーヨ, ミシェル・デル 1933.8.2–)

Castillo Ledón, Amalia de
メキシコの女性作家、国際的フェミニスト。
⇒ラテ新 (カスティリョ・レドン 1898–1986)

Castillon, Claire
フランスの作家。
⇒海文新 (カスティヨン, クレール 1975–)
現世文 (カスティヨン, クレール 1975.5.25–)

Castino, John Anthony
アメリカの大リーグ選手(三塁,二塁)。
⇒メジャ (カスティノ, ジョン 1954.10.23–)

Castle, Barbara Anne
イギリスの政治家。イギリス社会保障相、労働党議長。
⇒岩世人 (カッスル 1910.10.6–2002.5.3)

Castle, Don
アメリカの俳優、プロデューサー。
⇒ク俳 (キャッスル, ドン (グッドマン, マリオン, ジュニア) 1919–1966)

Castle, Eduard
オーストリアのゲルマン学者、文学史家。ヴィーン大学教授(1945~)。
⇒岩世人 (カストレ 1875.11.7–1959.6.8)

Castle, Leonard Ramasy
ニュージーランドの陶芸家。
⇒ニュー (カースル, レナード 1924–)

Castle, Peggie
アメリカの女優。
⇒ク俳 (キャッスル, ペギー 1926–1973)

Castle, Richard
アメリカの作家。
⇒海文新 (キャッスル, リチャード)
現世文 (キャッスル, リチャード)

Castle, Vernon
史上最も有名なボールルーム・ダンスのカップルの一つ。
⇒岩世人 (カッスル 1887.5.2–1918.2.15)

Castle, William Ernest
アメリカの動物学者。遺伝学の研究で知られる。

⇒岩生 (キャッスル 1867–1962)
岩世人 (カッスル 1867.10.25–1962.6.3)

Castor, Jimmy
アメリカ・ニューヨーク生まれの歌手、ソングライター。
⇒ロック (Castor,Jimmy キャスター, ジミー 1943.6.22–)

Castriadis, Cornelius
ギリシャ出身のフランスの哲学者、経済学者、精神分析家。社会科学高等研究院指導教官。
⇒現社 (カストリアディス 1922–1997)
メル別 (カストリアディス, コルネリウス〔コルネリュウス〕 1922–1997)

Castro, Adam-Troy
アメリカのSF作家。
⇒現世文 (カストロ, アダム・トロイ 1960–)

Castro, Américo
スペインの言語学者、評論家、随筆家。
⇒岩世人 (カストロ・ケサーダ 1885.5.4–1972.7.25)

Castro, Cipriano
ベネズエラの独裁者。ベネズエラ大統領(1901~08)。
⇒岩世人 (カストロ 1858.10.12–1924.12.5)

Castro, Ferreira de
ポルトガルの小説家。自己の体験にもとづいたゴム栽培における移民の悲惨さを暴露した『大密林』が代表作。
⇒現世文 (カストロ, フェレイラ・デ 1898.5.24–1974.6.29)

Castro, Juan Gabriel
メキシコの大リーグ選手(遊撃)。
⇒メジャ (カストロ, フアン 1972.6.20–)

Castro, Juan José
アルゼンチンの指揮者、作曲家。
⇒標音2 (カストロ, フアン・ホセ 1895.3.7–1968.9.5)

Castro, Julián
アメリカの政治家。
⇒外16 (カストロ, フリアン 1974.9.16–)
世指導 (カストロ, フリアン 1974.9.16–)

Castro, Mariela
キューバの性科学者。キューバ国立性教育センター(CENESEX)所長。ラウル・カストロの娘。
⇒外12 (カストロ, マリエラ 1962–)
外16 (カストロ, マリエラ 1962–)

Castro, Sheilla
ブラジルのバレーボール選手。
⇒最世ス (カストロ, シェイラ 1983.7.1–)

Castro, Starlin De Jesus
ドミニカ共和国の大リーグ選手(遊撃)。
⇒メジャ(カストロ, スターリン 1990.3.24–)

Castro-Neves, Helio
ブラジルのレーシングドライバー。
⇒外16(カストロネヴェス, エリオ 1975.5.10–)
最世ス(カストロネヴェス, エリオ 1975.5.10–)

Castronovo, Charles
アメリカのテノール歌手。
⇒魅惑(Castronovo,Charles ?–)

Castronovo, Deen
アメリカのロック・ドラム奏者。
⇒外12(カストロノバ, ディーン)
外16(カストロノバ, ディーン)

Castro Ruz, Fidel
キューバの政治家で, 同時に第三世界の指導的人物の一人。
⇒岩世人(カストロ 1926.8.13–)
外12(カストロ, フィデル 1926.8.13–)
外16(カストロ, フィデル 1926.8.13–)
広辞7(カストロ 1926–2016)
国政(カストロ, フィデル 1926–)
政経改(カストロ 1927–)
世史改(カストロ 1926–2016)
世指導(カストロ, フィデル 1926.8.13–2016.11.25)
世人新(カストロ〈兄:フィデル〉 1926–)
世人装(カストロ〈兄:フィデル〉 1926–)
ネーム(カストロ 1926–)
ポブ人(カストロ, フィデル 1926–2016)
マルX(CASTRO,FIDEL カストロ, フィデル 1926–)
もう山(カストロ 1926–)
ラテ新(カストロ 1926–)

Castro Ruz, Raúl
キューバの政治家。フィデル・カストロ・ルスの実弟。カストロ首相の忠実な同志としてキューバのナンバー2。
⇒岩世人(カストロ 1931.6.3–)
外16(カストロ, ラウル 1931.6.3–)
世指導(カストロ, ラウル 1931.6.3–)
世人新(カストロ〈弟:ラウル〉 1931–)
世人装(カストロ〈弟:ラウル〉 1931–)

Castroverde, Pedro Poveda
スペインの聖人, 司祭, 殉教者。祝日7月28日。
⇒新カト(ペドロ・ポベダ・カストロベルデ 1874.12.3–1936.7.28)

Caswell, Hollis Leland
アメリカの教育学者。教育課程の研究で知られる。
⇒教人(キャズウェル 1901–)

Catalanotto, Frank John
アメリカの大リーグ選手(外野手)。

Cataldo, Giuseppe Maria
イタリアのイエズス会士, アメリカ・インディアンに布教した宣教師。
⇒新カト(カタルド 1837.3.17–1928.4.9)

Cătălin, Țăranu
ルーマニアの棋士(囲碁)。
⇒岩世人(カタリン 1973.3.31–)

Catani, Cesare
イタリアのテノール歌手。
⇒魅惑(Catani,Cesare ?–)

Catanoso, Gaetano
イタリアの聖人。祝日4月4日。修道会創立者。
⇒新カト(ガエターノ・カタノソ 1879.2.14–1963.4.4)

Catchings, Tamika
アメリカのバスケットボール選手。
⇒外16(キャッチングス, タミカ 1979.7.21–)
最世ス(キャッチングス, タミカ 1979.7.21–)

Cater, Danny Anderson
アメリカの大リーグ選手(外野, 一塁, 三塁)。
⇒メジャ(ケイター, ダニー 1940.2.25–)

Cates, Bailey
アメリカの作家。
⇒海文新(ケイツ, ベイリー)
現代文(ケイツ, ベイリー)

Cates, Phoebe
アメリカ生まれの女優。
⇒ク俳(ケイツ, フィービー(カッツ,P) 1962–)

Cathcart, Allen
アメリカのテノール歌手。
⇒魅惑(Cathcart,Allen 1938–)

Cathcart, Patti
アメリカのジャズ歌手。
⇒外12(キャスカート, パティ)

Cathelin, Bernard
フランス生まれの画家。
⇒芸13(カトラン, ベルナード 1919–)

Cather, Willa Sibert
アメリカの女性小説家。『われらの一人』(1922)でピュリッツァー賞受賞。
⇒アメ州(Cather,Willa Sibert キャザー, ウィラ・サイバート 1873–1947)
岩世人(キャザー 1873.12.7–1947.4.24)
現代文(キャザー, ウィラ 1873.12.7–1947.4.24)
広辞7(キャザー 1873–1947)
新カト(キャザー 1873.12.7–1947.4.24)
西文(キャザー, ウィラ 1873–1947)
ヘミ(キャザー, ウィラ 1873–1947)

Catherine
ウィリアム英国王子夫人。
⇒王妃（キャサリン　1982-）
　外12（キャサリン妃　1982.1.9-）
　外16（キャサリン妃　1982.1.9-）

Catherinet, Félix-Marie
フランスの神学者。
⇒新カト（カトリネ　1884.1.11-1967.7.17）

Cathrein, Victor
スイスの神学者。諸民族間の統一的倫理観を探求。
⇒岩世人（カトライン　1845.5.8-1931.9.10）
　新カト（カトライン　1845.5.18-1931.9.10）

Catlett, Sidney（Big Sid）
アメリカのジャズ・ドラマー。
⇒標音2（カトレット, シドニー　1910.1.17-1951.3.24）

Catlin, George Edward Gordon
イギリスの政治学者。主著"Thomas Hobbes"（1921）, "The Unity of Europe"（44）。
⇒岩世人（カトリン　1896.7.29-1979.2.8）

Catmull, Ed
アメリカのコンピューター・グラフィックス・デザイナー。
⇒外12（キャットムル, エドウィン　1946.3.31-）
　外16（キャットムル, エド　1945.3.31-）

Cato, Ken
オーストラリアのグラフィック・デザイナー、アート・ディレクター。
⇒グラデ（Cato,Ken　カート, ケン　1946-）

Caton-Jones, Michael
イギリスの映画監督。
⇒外12（ケイトン・ジョーンズ, マイケル　1957.10.15-）
　外16（ケイトン・ジョーンズ, マイケル　1957.10.15-）

Catroux, Georges
フランスの軍人。仏印総督としてヴィシ政府に服従を拒み（1940）, ド・ゴールと結んでシリアで連合軍を指揮した。
⇒岩世人（カトルー　1877.1.29-1969.12.21）

Catt, Carrie Chapman
アメリカの婦人参政権運動と平和運動の指導者。全国婦人参政権協会議長（1915～47）。
⇒アメ州（Catt,Carrie Chapman　キャット, キャリー・チャップマン　1859-1947）
　岩世人（キャット　1859.1.9-1947.5.9）

Cattaneo, Hernan
アルゼンチンのDJ。
⇒外12（カタネオ, エルナン）
　外16（カタネオ, エルナン）

Cattaneo, Peter
イギリスの映画監督。
⇒外12（カッタネオ, ピーター　1964-）

Cattelan, Maurizio
イタリア生まれの芸術家。
⇒現アテ（Cattelan,Maurizio　カテラン, マウリツィオ　1960-）

Cattell, Everett Lewis
アメリカの宣教師。
⇒アア歴（Cattell,Everett Lewis　カテル, エヴェレット・ルイス　1905.9.16-1981.3.2）

Cattell, James McKeen
アメリカの心理学者。アメリカ心理学界創始期の指導者の一人。個体差, 精神測定研究に貢献。
⇒岩世人（キャッテル　1860.5.25-1944.1.20）
　学叢思（キャッテル, ジェームス・マッキーン　1860-?）

Cattell, Raymond Bernard
アメリカの心理学者。
⇒岩世人（キャッテル　1905.3.20-1998.2.2）
　教人（キャッテル　1905-）

Cattin, Emmanuel
フランスの哲学者。
⇒メル別（カタン, エマニュエル　1966-）

Catton, Eleanor
カナダ生まれのニュージーランドの作家。
⇒外16（カットン, エレノア　1985-）
　現世文（カットン, エレノア　1985-）

Cattral, Kim
イギリス生まれの女優。
⇒外12（キャトラル, キム　1956.8.21-）
　ク俳（キャットロール, キム　1956-）

Caturla, Alejandro García
キューバの作曲家。
⇒標音2（カトゥルラ, アレハンドロ・ガルシア　1906.3.7-1940.11.12）

Catz, Safra
アメリカの実業家。
⇒外12（キャッツ, サフラ）
　外16（キャッツ, サフラ　1961.12.1-）

Cau, Jean
フランスの小説家, 詩人, ジャーナリスト。
⇒現世文（コー, ジャン　1925.7.8-1993.6.18）

Cauchie, Alfred-Henri-Joseph
ベルギーの教会史家。
⇒新カト（コーシ　1860.10.26-1922.2.22）

Caudill, Rebecca
アメリカの作家。
⇒現世文（コーディル, レベッカ　1899-1985）

Caudwell, Sarah
イギリスの作家。
⇒現世文（コードウェル, サラ　1939.5.27–）

Cauer, Paul
ブレスラウ生まれの哲学博士。"Unsere Erziehung durch Griechen und Römer"（1890）他を著した。
⇒教人（カウエル　1854–1921）

Caulfield, Genevieve
アメリカの盲人教育研究者。
⇒アア歴（Caulfield,Genevieve　コールフィールド, ジュヌヴィーヴ　1888.5.8–1972.12.12）

Caulfield, Joan
アメリカの女優。
⇒ク俳（コールフィールド, ジョウン（コールフィールド, ビアトリス・J）　1922–1991）

Caullery, Maurice
フランスの動物学者。発生, 遺伝, 進化を研究。
⇒岩生（コールリ　1868–1958）
　岩世人（コールリ　1868.9.5–1958.7.13）

Caumery
フランスのシナリオライター。
⇒絵本（コームリー　1867–1941）

Causey, James Wayne
アメリカの大リーグ選手（三塁, 遊撃, 二塁）。
⇒メジャ（コージー, ウェイン　1936.12.26–）

Causley, Charles
イギリスの詩人。
⇒現世文（コーズリー, チャールズ　1917.8.24–2003.11.4）

Causse, Antoine
フランスのプロテスタント神学者。ストラスブール大学旧約学, 宗教学の教授。
⇒岩世人（コース　1877–1947）

Cauthen, Steve
アメリカの競馬騎手。
⇒岩世人（コーゼン　1960.5.1–）

Cauvin, Patrick
フランスの作家。
⇒現世文（コーヴァン, パトリック　1932.10.6–2010.8.13）

Cavaco Silva, Aníbal
ポルトガルの政治家, 経済学者。ポルトガル大統領（2006～16）。
⇒外12（カバコ・シルバ, アニバル　1939.7.15–）
　外16（カバコ・シルバ, アニバル　1939.7.15–）
　世指導（カバコ・シルバ, アニバル　1939.7.15–）

Cavaignac, Jean-François-Edouard
パリ外国宣教会司祭, 日本宣教師。

⇒新カト（カヴェニャク　1875.3.29–1917.4.18）

Cavaillès, Jean
フランスの哲学者。『論理学と科学論』は, ゲーデルの1931年の不完全性定理と後期フッサールの哲学を結合したユニークな数学論。
⇒岩世人（カヴァイエス　1903.5.15–1944.2.17）
　メル3（カヴァイエス, ジャン　1903–1944（銃殺））

Cavalcanti, Alberto
ブラジル生まれの映画監督。1926年『時のほか何もなし』でアヴァンギャルド映画におけるドキュメンタリースタイルを確立。
⇒アニメ（カヴァルカンティ, アルベルト　1897–1982）

Cavalcanti, Emiliano di
ブラジルの画家。
⇒ラテ新（カバルカンティ　1897–1976）

Cavallaro, Carmen
アメリカ・ニューヨーク生まれのピアノ奏者。
⇒標音2（キャヴァレロ, カーメン　1913.5.6–1989.10.15）

Cavallera, Ferdinand
フランスのイエズス会神学者, 教父学者。
⇒新カト（カヴァレラ　1875.11.26–1954.3.10）

Cavalli, Roberto
イタリアの服飾デザイナー。
⇒外16（カヴァリ, ロベルト　1940.11.15–）

Cavallo, Domingo Felipe
アルゼンチンの政治家。アルゼンチン経済財政相, エクアドル政府経済顧問。
⇒世指導（カバロ, ドミンゴ・フェリペ　1946.7.21–）

Cavanagh, Gladys Louise
アメリカの図書館員。マディソン地区学校図書館監督官として州内の図書館活動を束ね, ウィスコンシン大学では「児童および若者文学」を教える。
⇒ア図（カヴァナフ, グラディス　1901–1988）

Cavanagh, Steve
イギリスの作家。
⇒海文新（キャヴァナー, スティーヴ）
　現世文（キャバナー, スティーブ）

Cavanagh, Thomas P.
アメリカの航空技師。
⇒スパイ（カヴァナー, トーマス・P　1945–）

Cavani, Edinson
ウルグアイのサッカー選手（パリ・サンジェルマン・FW）。
⇒最世ス（カヴァーニ, エディンソン　1987.2.14–）

Cavani, Liliana
イタリア生まれの映画監督。

⇒映監（カヴァーニ, リリアーナ　1933.1.12–）

Cavanna, François
フランスの作家, 編集者。
⇒現世文（カヴァナ, フランソワ　1923–）

Cavarretta, Philip Joseph
アメリカの大リーグ選手（一塁, 外野）。
⇒メジャ（キャヴァレッタ, フィル　1916.7.19–2010.12.18）

Cavell, Edith Louisa
イギリスの看護婦。
⇒岩世人（カヴェル　1865.12.4–1915.10.12）
　スパイ（キャヴェル, エディス・ルイーザ　1865–1915）

Cavell, Stanley
アメリカの哲学者。
⇒岩世人（カヴェル　1926.9.1–）
　外12（カベル, スタンリー　1926–）
　メル別（キャベル〔カベル〕, スタンリー　1926–）

Caviezel, Jim
アメリカの俳優。
⇒外12（カビーゼル, ジム　1968.9.26–）
　外16（カビーゼル, ジム　1968.9.26–）

Cavit, Mehmet
オスマン帝国の財政専門家, 政治家。
⇒岩イ（シャヴィト　1875–1926）

Cavoli, Antonio
イタリアの司祭。
⇒新カト（カヴォリ　1888.8.4–1972.11.22）

Cavour, Ernesto
ボリビアのチャランゴ演奏家, 作曲家, フォルクローレ研究家。
⇒岩世人（カブール　1940.4.9–）
　外12（カブール, エルネスト　1940–）

Caws, Matthew
アメリカのミュージシャン。
⇒外12（カーズ, マシュー）

Caymmi, Dorival
ブラジルの歌手, ソングライター。
⇒岩世人（カイーミ　1914.4.30–2008.8.16）
　標音2（カイミ, ドリヴァル　1914.4.30–）

Cayré, Fulbert
フランスの教父学者, 聖母被昇天修道会員。
⇒新カト（ケレ　1884.6.23–1971.10.23）

Cayrol, Jean
フランスの詩人, 小説家。
⇒岩世人（ケロール　1911.6.6–2005.2.10）
　現世文（ケロール, ジャン　1910.6.6–2005.2.10）
　新カト（ケーロール　1911.6.6–2005.2.10）

Cazalis, Henry
フランスの詩人。仏教の影響をうけた厭世的な詩を書いた。
⇒岩世人（カザリス　1840.3.9–1909.7.1）
　19仏（カザリス, アンリ　1840.3.9–1907.7.1）

Cazelles, Henri
フランスのカトリック旧約学者, 司祭。
⇒新カト（カゼル　1912.6.8–2009.1.10）

Cazeneuve, Bernard
フランスの政治家, 法律家。フランス首相。
⇒世指導（カズヌーヴ, ベルナール　1963.6.2–）

Cazeneuve, Jean
フランスの社会学者。
⇒社小増（カズヌーヴ　1915–）

Cazette, Louis
フランスのテノール歌手。
⇒失声（カゼット, ルイ　1887–1922）
　失声（カゼット, ルイ　?–1922）
　魅惑（Cazette, Louis　1887–1922）

Cazin, Paul
フランスの作家。
⇒新カト（カザン　1881.4.28–1963）

Cazorla, Santi
スペインのサッカー選手（アーセナル・MF）。
⇒外12（カソルラ, サンティ　1984.12.13–）
　外16（カソルラ, サンティ　1984.12.13–）
　最世ス（カソルラ, サンティ　1984.12.13–）

Cazzaniga, Renato
テノール歌手。
⇒魅惑（Cazzaniga, Renato　?–）

Céard, Henri
フランスの作家。アカデミー・ゴンクール会員。
⇒岩世人（セアール　1851.11.18–1924.8.16）
　19仏（セアール, アンリ　1851.11.18–1924.8.16）

Ceausescu, Nicolae Caurapancasika
ルーマニアの政治家。1965年労働者党書記長。67年以降国家評議会議長（元首）を兼任。
⇒岩世人（チャウシェスク　1918.1.26–1989.12.25）
　広辞7（チャウシェスク　1918–1989）
　政経改（チャウシェスク　1918–1989）
　世人新（チャウシェスク　1918–1989）
　世人装（チャウシェスク　1918–1989）
　ネーム（チャウシェスク　1918–1989）
　ポプ人（チャウシェスク, ニコラエ　1918–1989）

Cebi, Selcuk
トルコのレスリング選手（グレコローマン）。
⇒最世ス（セビ, セルクク　1982.6.3–）

Ceca
セルビアの歌手。

⇒異二辞（ツェツァ　1973–）
Ceccato, Aldo
イタリアの指揮者。
⇒標音2（チェッカート, アルド　1934.2.18–）
Cecchele, Gianfranco
イタリアのテノール歌手。
⇒失声（チェッケレ, ジャンフランコ　1938–）
　魅惑（Cecchele,Gianfranco　1938–）
Cecchetti, Enrico
イタリアの舞踊家, 舞踊教師。舞踊教授法チェケッティ・メソードを確立。
⇒岩世人（チェケッティ　1850.6.21–1928.11.13）
　標音2（チェッケッティ, エンリーコ　1850.6.21–1928.11.13）
Cecchi, Emilio
イタリアの評論家, 文学史家。『イタリア文学史』（1963～70）の編纂者の一人。他に『批評研究』（12）など。
⇒岩世人（チェッキ　1884.7.17–1966.9.5）
Ceccoli
オーストラリアのサッカー選手（DF）。
⇒外12（チェッコリ　1974.8.5–）
Cech, Edouard
チェコスロバキアの数学者。
⇒数辞（チェック, エドワード　1893–1960）
　世数（チェック, エドゥアルト　1893–1960）
Cech, Petr
チェコのサッカー選手（アーセナル・GK）。
⇒外12（チェフ, ペトル　1982.5.20–）
　外16（チェック, ペトル　1982.5.20–）
　最世ス（チェフ, ペトル　1982.5.20–）
Čech, Svatopluk
チェコの詩人, 小説家。文芸集団「ルフ」の代表者。
⇒岩世人（チェフ　1846.2.21–1908.2.23）
Cech, Thomas Robert
アメリカの化学者。1989年ノーベル化学賞。
⇒岩生（チェック　1947–）
　外16（チェック, トーマス・ロバート　1947.12.8–）
　化学（チェック　1947–）
　ノベ3（チェック,T.　1947.12.8–）
Cecil, Edgar Algernon Robert, 1st Viscount Cecil of Chelwood
イギリスの政治家。ボールドウィン内閣に国璽尚書, ランカスター公領尚書（24～27）を歴任。
⇒岩世人（セシル　1864.9.14–1958.11.24）
　ノベ3（セシル,E.A.R.　1864.9.14–1958.11.24）
Cecil, Lord（Edward Christian） David（Gascoyne）
イギリスの批評家, 伝記作家。
⇒岩世人（セシル　1902.4.9–1986.1.1）
Cecil, Lionello
オーストラリアのテノール歌手。
⇒失声（チェチル, リオネッロ　1893–1957）
　魅惑（Cecil,Lionello（Lionel）　1889–1960）
Cedeno, Cesar
アメリカの大リーグ選手（外野, 一塁）。
⇒メジャ（セデニョ, セサル　1951.2.25–）
Cedeno, Roger Leandro
ベネズエラの大リーグ選手（外野）。
⇒メジャ（セデニョ, ロジャー　1974.8.16–）
Céelle
フランス生まれの画家。
⇒芸13（セエル　1929–）
Cejudo, Henry
アメリカのレスリング選手（フリースタイル）。
⇒外12（セジュード, ヘンリー　1987.2.9–）
　最世ス（セジュード, ヘンリー　1987.2.9–）
Cela, Camilo José
スペインの作家。
⇒岩世人（セラ　1916.5.11–2002.1.17）
　現世文（セラ, カミロ・ホセ　1916.5.11–2002.1.17）
　広辞7（セラ　1916–2002）
　ノベ3（セラ,C.J.　1916.5.11–2002.1.17）
Celan, Paul
オーストリア（ユダヤ系）の詩人。詩集『けしと記憶』（1955）, ビュヒナー賞受賞講演『子午線』（61）などを残す。
⇒岩キ（ツェラン　1920–1970）
　岩世人（ツェラーン　1920.11.23–1970.4.20頃）
　現世文（ツェラン, パウル　1920.11.23–1970.4.26）
　広辞7（ツェラーン　1920–1970）
　新カト（ツェラーン　1920.11.23–1970.4.20）
　ユ著人（Celan,Paul　ツェーラン, パウル　1920–1970）
Celati, Gianni
イタリアの作家, 翻訳家, 評論家。
⇒岩世人（チェラーティ　1937–）
Celentano, Adriano
イタリア生まれのロック歌手。
⇒標音2（チェレンターノ, アドリアーノ　1938.1.4–）
Celibidache, Sergiu
ルーマニア, のちドイツの指揮者。
⇒岩世人（チェリビダッケ　1912.7.11–1996.8.14）
　広辞7（チェリビダッケ　1912–1996）
　新音中（チェリビダッケ, セルジュ　1912.7.11–

1996.8.14)
　標音2 (チェリビダケ, セルジュ　1912.7.11–
　　1996.8.14)
Céline, Louis Ferdinand
フランスの小説家。処女作『夜の果ての旅』
(1932)で, 小説に新しい可能性を開いた。他に
『なしくずしの死』(36) など。
　⇒岩世人 (セリーヌ　1894.5.27–1961.7.1)
　現世文 (セリーヌ, ルイ・フェルディナン　1894.
　　5.27–1961.7.2)
　広辞7 (セリーヌ　1894–1961)
　西人 (セリーヌ, ルイ・フェルディナン　1894–
　　1961)
　ネーム (セリーヌ　1894–1961)
　フ文人 (セリーヌ　1894–1961)
Celis, Perez
アルゼンチン生まれの画家。
　⇒芸13 (セリス, ペレス　1939–)
Cem, Ismail
トルコの政治家。トルコ外相, 新トルコ党党首。
　⇒世指導 (ジェム, イスマイル　1940–2007.1.24)
Cendrars, Blaise
フランスの詩人, 小説家。詩集『ニューヨーク
の復活祭』(1912), 詩的小説『金』(25), 回想記
『なくした手』(46) などがある。
　⇒岩世人 (サンドラール　1887.9.1–1961.1.21)
　ネーム (サンドラール　1887–1961)
　フ文人 (サンドラール, ブレーズ　1887–1961)
Ceni, Rogerio
ブラジルのサッカー選手 (サンパウロ・GK)。
　⇒外12 (セニ, ロジェリオ　1973.1.22–)
　最世ス (セニ, ロジェリオ　1973.1.22–)
Centers, Richard
アメリカの社会心理学者。主著『社会階級の心
理学』(1949)。
　⇒社小増 (センターズ　1912–)
Century, Douglas
カナダの作家, ジャーナリスト。
　⇒外12 (センチュリー, ダグラス)
Cepeda, Frederich
キューバの野球選手 (外野手)。
　⇒外16 (セペダ, フレデリック　1980.4.8–)
Cepeda, Orlando Manuel
アメリカの大リーグ選手 (一塁, 外野)。
　⇒メジャ (セペダ, オルランド　1937.9.17–)
Cerar, Miro
スロベニアの政治家, 法学者。スロベニア首相。
　⇒外16 (ツェラル, ミロ　1963.8.25–)
　世指導 (ツェラル, ミロ　1963.8.25–)
Cerasini, Marc
アメリカの作家。

　海文新 (コイル, クレオ)
　海文新 (キンバリー, アリス)
　現世文 (コイル, クレオ)
　現世文 (キンバリー, アリス)
Cercas, Javier
スペインの作家。
　⇒外12 (セルカス, ハビエル　1962–)
　外16 (セルカス, ハビエル　1962–)
　現世文 (セルカス, ハビエル　1962–)
Čerengdorji
モンゴルの政治家。
　⇒岩世人 (ツェレンドルジ　1868–1928.2.13)
Cerenkov, Pavel Alekseyevitch
ソ連の物理学者。
　⇒オク科 (チェレンコフ (パーヴェル・アレクセー
　　ヴィッチ)　1904–1990)
Cerezo, Toninho
ブラジルのサッカー指導者, サッカー選手。
　⇒外12 (セレーゾ, トニーニョ　1955.4.21–)
　外16 (セレーゾ, トニーニョ　1955.4.21–)
　ネーム (セレゾ, トニーニョ　1955–)
Cerezo, Vinincio
グアテマラの政治家, 弁護士。グアテマラ大統
領 (1986～91)。
　⇒世指導 (セレソ, ビニシオ　1943.12.26–)
Cerf, Bennett Alfred
アメリカの出版家。ランダムハウスの創立者。
　⇒アメ州 (Cerf,Bennett　サーフ, ベネト　1899–
　　1971)
Cerf, Vinton Gray
アメリカの実業家, コンピューター科学者。
　⇒岩世人 (サーフ　1943.6.23–)
　外12 (サーフ, ビントン　1943.6.23–)
　外16 (サーフ, ビントン　1943.6.23–)
Cerfaux, Lucien
ベルギーのカトリック新約学者。
　⇒新カト (セルフォー　1883.6.14–1968.8.11)
Cerha, Friedrich
オーストリアの作曲家, 指揮者。
　⇒ク音3 (チェルハ (ツェルハ)　1926–)
　新音中 (ツェルハ, フリードリヒ　1926.2.17–)
　標音2 (ツェルハ, フリードリヒ　1926.2.17–)
Çerkes Ethem
トルコ革命最大のゲリラ兵力の指導者。
　⇒岩イ (チェルケス・エトヘム　1886?–1948)
Cerletti, Ugo
イタリアの神経病理学者。L.ビニとともに電気
けいれん療法 (ECT) を創始した。
　⇒現精 (ツェルレッティ　1877–1963)
　現精縮 (ツェルレッティ　1877–1963)

Černin, A.
ロシア(ユダヤ系)のエスペランティスト。
JEA会員。
⇒日エ (チェルニン ?–?)

Cerno Bokar Salif Tal
フランス植民地下のマリで活動したスーフィー。
⇒岩イ (チェルノ・ボカール 1883頃–1940)

Černoch, Pavel
テノール歌手。
⇒魅惑 (Černoch,Pavel ?–)

Cernogoraz, Giovanni
クロアチアの射撃選手(クレー射撃)。
⇒外16 (ツェルノゴラズ,ジョバンニ 1982.12.27–)
最世ス (ツェルノゴラズ,ジョバンニ 1982.12.27–)

Cernuda, Luis
スペインの詩人、「27年代」詩人グループの一人。1936年以後の全詩作を『現実と欲望』のタイトルで発表。
⇒岩世人 (セルヌーダ 1902.9.21–1963.11.6)
現世文 (セルヌダ,ルイス 1902.9.21–1963.11.6)

Černý, Jaroslav
チェコのエジプト学者。
⇒岩世人 (チェルニー 1898.8.22–1970.5.29)

Ceroli, Mario
イタリア生まれの彫刻家。
⇒芸13 (チェローリ,マリオ 1938–)

Cerone, Richard Aldo
アメリカの大リーグ選手(捕手)。
⇒メジャ (セローン,リック 1954.5.19–)

Ceroni, Aronne
テノール歌手。
⇒魅惑 (Ceroni,Aronne ?–)

Cerquetti, Anita
イタリアのソプラノ歌手。
⇒オペラ (チェルクェッティ,アニータ 1931–)
標音2 (チェルクエッティ,アニタ 1931.4.13–)

Cerruto, Oscar
ボリビアの作家。
⇒現世文 (セルート,オスカール 1912–1981)

Certain, Casper Carl
アメリカの図書館員。初期の学校図書館の基準をつくりあげる。アメリカ図書館協会の教育委員会の委員として『学校図書館年鑑』を編纂する。
⇒ア図 (サーテン,キャスパー・カール 1885–1940)

Certeau, Michel de
フランス・シャンベリー生まれのイエズス会司祭、文化人類学者、歴史家。

⇒岩世人 (ド・セルトー 1925.5.17–1986.1.9)
現社 (セルトー 1925–1986)
新カト (セルトー 1925.5.17–1986.1.9)
メル別 (セルトー,ミシェル・ド 1925–1986)

Cerulli, Enrico
イタリアの外交官、エティオピアおよびイスラム学者。ダンテの『神曲』がその発想をアラビア・スペインの説話に得ていることを解明。
⇒岩世人 (チェルッリ 1898.2.15–1988.9.19)

Cerv, Robert Henry
アメリカの大リーグ選手(外野)。
⇒メジャ (サーヴ,ボブ 1925.5.5–)

Césaire, Aimé
フランスの海外県マルティニーク(西インド諸島東部)の詩人、政治家。
⇒岩世人 (セゼール 1913.6.26–2008.4.17)
現世文 (セゼール,エメ 1913.6.25–2008.4.17)
広辞7 (セゼール 1913–2008)

César, Baldiccini
フランスの現代彫刻家。
⇒岩世人 (セザール 1921.1.1–1998.12.6)
芸13 (セザール,ベルデチーニ 1921–)
広辞7 (セザール 1921–1998)

Cesar, Jerome
フランスの画家。
⇒芸13 (セザール,ジェローム 1920–)

Cesareo, Alessandra
テノール歌手。
⇒魅惑 (Cesareo,Alessandra ?–)

Cesarini, Athos
イタリアのテノール歌手。
⇒魅惑 (Cesarini,Athos ?–)

Cesaro, Ernesto
イタリアの数学者。級数におけるチェザーロの求和法の発見で知られる。
⇒岩世人 (チェザーロ 1859.3.12–1906.9.12)
数辞 (チェザロ,エルネスト 1859–1906)
世数 (チェザロ,エルネスト 1859–1906)

Cesbron, Gilbert
フランス小説家、評論家。著書に、小説『聖者は地獄へ行く』(1952)、評論『わが信ずるところ』(70)など。
⇒現世文 (セブロン,ジルベール 1913.1.13–1979)
新カト (セスブロン 1913.1.13–1979.8.12)

Cesc
スペインのサッカー選手(チェルシー・MF)。
⇒外12 (セスク 1987.5.4–)
外16 (セスク 1987.5.4–)
最世ス (セスク 1987.5.4–)

Ceska, Anton
ポーランドの宣教師。

⇒新カト（チェスカ　1877.12.8-1951.4.29）

Cespedes, Yoenis
キューバの大リーグ選手（アスレチックス・外野）。
⇒外16（セスペデス, ヨエニス　1985.10.18-）
最世ス（セスペデス, ヨエニス　1985.10.18-）

Cesselin, Charles
パリ外国宣教会司祭, 日本宣教師。
⇒新カト（セスラン　1882.3.16-1965.1.13）

Cestari, Danilo
イタリアのテノール歌手。
⇒失声（チェスターリ, ダニロ　1921-2009）

Cester, Chris
オーストラリアのミュージシャン。
⇒外12（セスター, クリス）

Cester, Nic
オーストラリアのミュージシャン。
⇒外12（セスター, ニック）

Cetin, Hikmet
トルコの政治家。トルコ首相。
⇒世指導（チェテイン, ヒクメト　1937-）

Cey, Ronald Charles
アメリカの大リーグ選手（三塁）。
⇒メジャ（セイ, ロン　1948.2.15-）

Cézanne, Paul
フランスの画家。後期印象派の代表者。
⇒異二辞（セザンヌ［ポール・～］　1839-1906）
　岩世人（セザンヌ　1839.1.19-1906.10.22）
　学叢思（セザンヌ, ポール　1839-1906）
　芸13（セザンヌ, ポール　1839-1906）
　広辞7（セザンヌ　1839-1906）
　19仏（セザンヌ, ポール　1839.1.19-1906.10.22）
　辞歴（セザンヌ　1839-1906）
　新カト（セザンヌ　1839.1.19-1906.10.23）
　世史改（セザンヌ　1839-1906）
　世人新（セザンヌ　1839-1906）
　世人装（セザンヌ　1839-1906）
　ポプ人（セザンヌ, ポール　1839-1906）
　もう山（セザンヌ　1839-1906）

Cha, Victor D.
アメリカの政治学者。
⇒外12（チャ, ビクター　1961-）
　外16（チャ, ビクター　1961-）

Chabal, Sebastien
フランスのラグビー選手（FW）。
⇒外12（シャバル, セバスチャン）
　外16（シャバル, セバスチャン　1977.12.8-）
　最世ス（シャバル, セバスチャン　1977.12.8-）

Chaban-Delmas, Jacques Michel Pierre
フランスの政治家。フランス首相, フランス下院議長。
⇒岩世人（シャバン＝デルマス　1915.3.1-2000.11.10）

Chabas, Paul Émile Joseph
フランスの画家。1889年に国家賞,1900年に金賞を獲得。
⇒芸13（シャバ, ポール　1869-1937）

Chabay, Leslie
ハンガリーのテノール歌手。
⇒魅惑（Chabay,Leslie（László Csabay）　1907-1989）

Chabod, Federico
イタリアの歴史家。研究はルネッサンス期, 近代イタリア外交史, 歴史理論など広い分野に及んだ。
⇒岩世人（シャボー　1901.2.23-1960.7.14）

Chabon, Michael
アメリカ（ユダヤ系）の小説家。
⇒外12（シェーボン, マイケル　1963-）
　外16（シェーボン, マイケル　1963.5.24-）
　現世文（シェーボン, マイケル　1963.5.24-）

Chabrol, Claude
フランス・パリ生まれの映画監督。
⇒岩世人（シャブロル　1930.6.24-2010.9.12）
　映監（シャブロル, クロード　1930.6.24-）
　ネーム（シャブロル　1930-2010）

Chabukiani (Chaboukiani), Vakhtang
ソ連のダンサー, 振付家, バレエ・マスター, 教師。
⇒岩世人（チャブキアーニ　1910.2.27/3.12-1992.4.5）

Chacksfield, Frank
イギリスの作曲家, 編曲家, 指揮者。1953年『ライムライトのテーマ』の大ヒットで有名になった。
⇒標音2（チャックスフィールド, フランク　1914.5.9-）

Chacón-Cruz, Arturo
メキシコのテノール歌手。
⇒魅惑（Chacón-Cruz,Arturo　?-）

Chadbourn, Mark
イギリスの作家。
⇒外12（チャドボーン, マーク）
　外16（チャドボーン, マーク　1960-）
　現世文（チャドボーン, マーク　1960-）

Cha Dong-min
韓国のテコンドー選手。
⇒外12（チャドンミン　車東旻　1986.8.24-）

Chadwick, George Whitefield
アメリカの作曲家。作品,序曲『リップ・バン・ウィンクル』(1879),交響詩『アフロディテ』など。
⇒新音中(チャドウィック,ジョージ・ホワイトフィールド 1854.11.13–1931.4.4)

Chadwick, Hector Munro
イギリスの人類学者。ケンブリッジ大学考古学・人類学科を創設。
⇒岩世人(チャドウィック 1870.10.22–1947.1.2)

Chadwick, Henry
イギリスの教父学者。
⇒オク教(チャドウィック 1920–2008)
新カト(チャドウィック 1920.6.23–2008.6.17)

Chadwick, *Sir* James
イギリスの物理学者。中性子の存在を突止めた。1935年ノーベル物理学賞受賞。
⇒岩世人(チャドウィック 1891.10.20–1974.7.24)
オク科(チャドウィック(サー・ジェイムズ) 1891–1974)
化学(チャドウィック 1891–1974)
科史(チャドウィック 1891–1974)
広辞7(チャドウィック 1891–1974)
三新物(チャドウィック 1891–1974)
ネーム(チャドウィック 1891–1974)
ノペ3(チャドウィック,J. 1891.10.20–1974.7.24)
物理(チャドウィック,サー・ジェームズ 1891–1974)
ポプ人(チャドウィック,ジェームズ 1891–1974)

Chadwick, John
イギリスの古典学者。ケンブリッジ大学名誉教授。
⇒岩世人(チャドウィック 1920.5.21–1998.11.24)

Chadwick, Justin
イギリスの映画監督。
⇒外12(チャドウイック,ジャスティン)

Chadwick, Lynn
イギリスの彫刻家。
⇒岩世人(チャドウィック 1914.11.24–2003.4.25)
芸13(チャドウィック,リン 1914–)
広辞7(チャドウィック 1914–2003)

Chadwick, William Owen
イギリスの歴史家,教会史家。
⇒新カト(チャドウィック 1916.5.20–2015.7.17)

Chae Jung-an
韓国の女優。
⇒韓俳(チェ・ジョンアン 1977.9.9–)

Chae Min-seo
韓国の女優。
⇒外12(チェミンソ 1981.3.16–)
韓俳(チェ・ミンソ 1981.3.16–)

ChaeRim
韓国の女優。
⇒外12(チェリム 1979.3.28–)
韓俳(チェリム 1979.3.28–)

Chae Shi-Ra
韓国のタレント。1984年,ロッテ「ガーナチョコレート」のCFでデビュー。代表作に『コチミ』『黎明の瞳』『息子と娘』等がある。
⇒韓俳(チェ・シラ 1968.6.25–)

Chafee, Lincoln
アメリカの政治家。
⇒外16(チェイフィー,リンカーン 1953.3.26–)
世指導(チェイフィー,リンカーン 1953.3.26–)

Chaffee, Adna Romanza
アメリカの軍人。米西戦争,エルケネーの戦いで活躍。
⇒アア歴(Chaffee,Adna(Romanza) チャフィー,アドナ・ロマンザ 1842.4.14–1914.11.1)

Chafin, Robert
アメリカのテノール歌手。
⇒魅惑(Chafin,Robert ?–)

Chagaev, Ruslan
ウズベキスタンのプロボクサー。
⇒最世ス(チャガエフ,ルスラン 1978.10.19–)

Chagall, Marc
ロシア出身のフランスの画家,版画家。フランス表現主義を代表するエコール・ド・パリ最大の画家。1948年ベネチア・ビエンナーレ展で版画賞受賞。
⇒異二辞(シャガール[マルク・〜] 1887–1985)
岩キ(ジャガール 1887–1985)
岩世人(シャガール 1887.6.23/7.7–1985.3.28)
芸13(シャガール,マルク 1887–1985)
広辞7(シャガール 1887–1985)
新カト(シャガール 1887.7.7–1985.3.28)
世人新(シャガール 1887–1985)
世人装(シャガール 1887–1985)
ネーム(シャガール 1887–1985)
ポプ人(シャガール,マルク 1887–1985)
ユ著人(Chagall,Marc シャガール,マルク 1887–1985)

Chagas, Carlos
ブラジルの医師。
⇒岩世人(シャガス 1879.7.9–1934.11.8)

Chahed, Youssef
チュニジアの政治家。チュニジア首相。
⇒世指導(シャヘド,ユスフ 1975.9.18–)

Chahine, Yusuf
エジプト生まれの映画監督。
⇒岩世人(シャヒーン 1926.1.25–2008.7.27)

最世ス(チャドンミン 1986.8.24–)

映監（シャヒーン,ユーセフ 1926.1.25-2008）
Chaianan Samutthawanit
タイの政治学者。
⇒岩世人（チャイアナン・サムッタワニット 1944.2.23–）

Chaigne, Louis
フランスの詩人,随筆家。『マリアの生涯』(1954)など多数の聖人伝,カトリック作家伝を書いている。
⇒新カト（シェニュ 1899–1973）

Chaiken, Sol
アメリカの国際婦人服労働組合（ILGWU）会長。
⇒アメ経（チャイケン,ソル 1918.1.9–）

Chailley, Jacques
フランスの指揮者,音楽学者。
⇒新音中（シャイエ,ジャック 1910.3.24–1999.1.21）
標音2（シャイエ,ジャック 1910.3.24–1999.1.21）

Chailly, Riccardo
イタリアの指揮者。
⇒外12（シャイー,リッカルド 1953.2.20–）
外16（シャイー,リッカルド 1953.2.20–）
新音中（シャイー,リッカルド 1953.2.2–）
標音2（シャイー,リッカルド 1953.2.20–）

Chain, Ernst Boris
イギリスに亡命したドイツの生化学者。ペニシリンの医療効果を発見,1945年フレミングらとともにノーベル医学,生理学賞受賞。
⇒岩世人（チェイン(チェーン) 1906.6.19–1979.8.12）
オク科（チェイン(サー・エルンスト・ボリス) 1906–1979）
オク生（チェイン,アーンスト・ボリス,卿 1906–1979）
ノベ3（チェーン,E.B. 1906.6.19–1979.8.12）
ユ著人（Chain,Ernest Boris,Sir チェイン,アーネスト・ボリス 1906–1979）

Chai Ruangsin
タイの歴史学者。
⇒岩世人（チャイ・ルアンシン 1904.6.10–1975.1.26）

Chaix, Yves
フランス生まれの画家。
⇒芸13（シェクス,イブ 1936–）

Chaiyuth Karnasuta
タイの企業集団イタルタイ・グループの総帥。
⇒岩世人（チャイユット・カンナスート 1921–2004）

Chajes, Hirsch Perez
ウィーンの主席ラビ。在職1918～。
⇒ユ著人（Chajes,Hirsch (Zevi) Perez ハイエス,ヒルシュ・ペレツ 1876–1927）

Chajes, Saul
ウィーンの主席ラビ,著述家,東洋書誌学者。
⇒ユ著人（Chajes,Saul ハイエス,ザウル 1884–1935）

Chaka Chaka, Yvonne
南アフリカの歌手。
⇒外16（チャカチャカ,イボンヌ）

Chakhkiev, Rakhim
ロシアのプロボクサー。
⇒外12（チャフケフ,ラヒム 1983.1.11–）
外16（チャフケフ,ラヒム 1983.1.11–）
最世ス（チャフケフ,ラヒム 1983.1.11–）

Chakiris, George
アメリカ生まれの俳優。
⇒外12（チャキリス,ジョージ 1934.9.16–）
ク俳（チャキリス,ジョージ 1933–）

Chakovskii, Aleksandr Borisovich
現代ソ連の小説家。『こちらはもう朝だ』でスターリン賞受賞(1952)。
⇒現世文（チャコフスキー,アレクサンドル 1913.8.26–1994.2.17）

Chakrapong, Norodom
カンボジアの政治家,王族。カンボジア副首相。
⇒岩世人（ノロドム・チャクラポン 1945.10.21–）
外16（チャクラポン,ノロドム 1945.10.21–）
世指導（チャクラポン,ノロドム 1945.10.21–）

Cha Kwang-Su
韓国の男優。
⇒韓俳（チャ・グァンス 1966.2.15–）

Chalabi, Ahmad
イラクの政治家,銀行家。イラク副首相,イラク国民会議（INC）代表。
⇒外12（チャラビ,アフマド 1945–）
世指導（チャラビ,アフマド 1944.10.30–2015.11.3）

Chalayan, Hussein
イギリスの服飾デザイナー,現代美術家。
⇒外12（チャラヤン,フセイン 1970–）
外16（チャラヤン,フセイン 1970–）

Chalfant, Frank Herring
アメリカの宣教師。
⇒アア歴（Chalfant,Frank H (erring) チャルファント,フランク・ヘリング 1862.5.29–1914.1.14）

Chalfie, Martin
アメリカの生物学者,生化学者。2008年ノーベル化学賞受賞。
⇒岩世人（チャルフィー 1947.1.15–）
外12（チャルフィー,マーティン 1947–）
外16（チャルフィー,マーティン 1947.1.15–）
化学（チャルフィー 1947–）

ノベ3（チャルフィー,M. 1947.1.15-）
Chaliao Yuwitthaya
タイの企業家。
⇒岩世人（チャリアオ・ユーウィッタヤー 1922-2012.3.17）

Chalk, David Lee
アメリカの大リーグ選手（三塁、遊撃）。
⇒メジャ（チョーク, デイヴ 1950.8.30-）

Challe, Maurice
アルジェリアの軍人。アルジェリア駐留元仏軍司令官。
⇒岩世人（シャール 1905.9.5-1979.1.18）

Chalmers, David John
オーストラリア出身の哲学者。
⇒メル別（チャーマーズ, ディヴィッド・ジョン 1966-）

Chamate, Olga Lopez
ベネズエラの芸術家。
⇒芸13（シャメイト, オルガ・ロペス ?-）

Chambenlain, Owen
アメリカの物理学者。1959年ノーベル物理学賞。
⇒岩世人（チェンバレン 1920.7.10-2006.2.28）
  三新物（チェンバレン 1920-2006）
  ノベ3（チェンバレン,O. 1920.7.10-2006.2.28）

Chamberlain, Arthur Neville
イギリスの政治家。J.チェンバレンの2男。
⇒ア太戦（チェンバレン 1869-1940）
  岩世人（チェンバレン 1869.3.18-1940.11.9）
  広辞7（チェンバレン 1869-1940）
  世史改（チェンバレン, ネヴィル= 1869-1940）
  世人新（チェンバレン〈ネヴィル〉 1869-1940）
  世人装（チェンバレン〈ネヴィル〉 1869-1940）
  ネーム（チェンバレン 1869-1940）
  ポプ人（チェンバレン, ネビル 1869-1940）
  もう山（チェンバレン, ネヴィル 1869-1940）

Chamberlain, Basil Hall
イギリスの言語学者, 日本学者。1873～1911年滞日。
⇒岩世人（チェンバレン 1850.10.18-1935.2.15）
  広辞7（チェンバレン 1850-1935）
  比文増（チェンバレン（バジル・ホール） 1850（嘉永3）-1935（昭和10））

Chamberlain, Elton P.
アメリカの大リーグ選手（投手）。
⇒メジャ（チェンバレン, エルトン 1867.11.5-1929.9.22）

Chamberlain, Houston Stewart
ドイツの政治哲学者。アーリアまたはゲルマン人種の優越性を唱え, ナチス世界観の基礎となった。主著『19世紀の基礎』（1899～1901）。
⇒岩世人（チェンバレン 1855.9.9-1927.1.9）
  新力ト（チェンバレン 1855.9.9-1927.1.9）

Chamberlain, Jacob
アメリカのオランダ改革派のインド派遣宣教師。
⇒アア歴（Chamberlain,Jacob チェインバレン, ジェイコブ 1835.4.13-1908.3.2）

Chamberlain, Joba
アメリカの大リーグ選手（ヤンキース・投手）。
⇒外12（チェンバレン, ジョバ 1985.9.23-）

Chamberlain, John
アメリカ生まれの彫刻家。
⇒岩世人（チェンバレン 1927.4.16-2011.12.21）
  芸13（チェンバレン, ジョン 1927-）

Chamberlain, Joseph
イギリスの政治家。1888年自由党を分裂させ, 自由統一党を結成。
⇒岩世人（チェンバレン 1836.7.8-1914.7.2）
  広辞7（チェンバレン 1836-1914）
  世史改（チェンバレン, ジョゼフ= 1836-1914）
  世人新（チェンバレン〈ジョゼフ〉 1836-1914）
  世人装（チェンバレン〈ジョゼフ〉 1836-1914）
  ポプ人（チェンバレン, ジョセフ 1836-1914）
  もう山（チェンバレン, ジョゼフ 1836-1914）

Chamberlain, Sir Joseph Austen
イギリスの政治家。J.チェンバレンの長子。
⇒岩世人（チェンバレン 1863.10.16-1937.3.16）
  広辞7（チェンバレン 1863-1937）
  ノベ3（チェンバレン,J.A. 1863.10.16-1937.3.16）

Chamberlain, Richard
アメリカ生まれの俳優。
⇒ク俳（チェンバレン, リチャード（チェンバレン, ジョージ・R） 1935-）

Chamberlain, William Isaac
アメリカの宣教師。
⇒アア歴（Chamberlain,William I（saac） チェインバレン, ウイリアム・アイザック 1862.10.10-1937.9.27）

Chamberlain, Wilt
アメリカのNBA選手。
⇒アメ州（Chamberlain,Wilt チェンバレン, ウィルト 1936-）
  岩世人（チェンバレン 1936.8.21-1999.10.12）

Chamberlin, Edward Hastings
アメリカの経済学者。『独占的競争の理論』（1933）で学界の注目を浴びた。
⇒岩経（チェンバレン 1899-1967）
  岩世人（チェンバリン 1899.5.18-1967.7.16）
  広辞7（チェンバリン 1899-1967）
  有経5（チェンバリン 1899-1967）

Chamberlin, J.Edward
カナダの文学者。
⇒外16（チェンバリン,J.エドワード）

Chamberlin, Jimmy
アメリカのロック・ドラム奏者。
- ⇒外12（チェンバレン, ジミー　1964.6.10–）
  外16（チェンバレン, ジミー　1964.6.10–）

Chamberlin, Thomas Chrowder
アメリカの地質学者。氷河地質学の研究等で知られる。
- ⇒岩世人（チェンバリン　1843.9.25–1928.11.15）
  オク地（チェンバレン, トーマス・クラウダー　1843–1928）

Chambers, Aidan
イギリスの作家, 評論家。
- ⇒現世文（チェンバーズ, エイダン　1934–）

Chambers, Bunnie Jack
アメリカのエスペランティスト。アメリカ大使館付きの無線技師。
- ⇒日エ（チェンバーズ　1906.4.20–1985.10.15）

Chambers, Sir Edmund Kerchever
イギリスのシェイクスピア学者, 演劇史家。
- ⇒岩世人（チェンバーズ　1866.3.16–1954.1.21）

Chambers, John T.
アメリカの実業家。
- ⇒外12（チェンバース, ジョン）
  外16（チェンバース, ジョン）

Chambers, Martin
カナダのテノール歌手。
- ⇒魅惑（Chambers,Martin　1944–）

Chambers, Merritt Madison
アメリカの教育学者, 政治学者。カーネギー財団の教育振興, 社会科学, アメリカ教育会議連合委員会の研究など教育事業にたずさわる。
- ⇒教人（チェンバーズ　1899–）

Chambers, Paul Laurence Dunbar, Jr.
アメリカのジャズ・ベース奏者。8年間マイルスと共演, モダン・ベースを代表する一人となる。
- ⇒標音2（チェンバーズ, ポール　1935.4.22–1969.1.4）

Chambers, Robert
アメリカの実験細胞学者。
- ⇒岩生（チェンバーズ　1881–1957）

Chambers, Sir (Stanley) Paul
イギリスの官僚, 実業家。
- ⇒岩世人（チェンバーズ　1904.4.2–1981.12.23）

Chambers, Stuart
イギリスの実業家。
- ⇒外12（チェンバース, スチュアート　1956.5.25–）

Chambers, Whittaker
アメリカのジャーナリスト, 作家, ソ連のスパイ。
- ⇒スパイ（チェンバース, ホイッテイカー　1901–1961）

Chambliss, Carroll Christopher
アメリカの大リーグ選手（一塁）。
- ⇒メジャ（チャンブリス, クリス　1948.12.26–）

Chambon, Jean Alexis
フランスのパリ外国宣教会宣教師。
- ⇒岩世人（シャンボン　1875.3.17–1948.9.8）
  新カト（シャンボン　1875.3.18–1948.9.8）

Chaminade, Cécile Louise Stéphanie

フランスの女性ピアノ奏者, 作曲家。ゴダールの弟子。
- ⇒岩世人（シャミナード　1857.8.8–1944.4.13）
  エデ（シャミナード, セシル（ルイーズ・ステファニー）　1857.8.8–1944.4.13）
  ク音3（シャミナード　1857–1944）
  新音中（シャミナード, セシル　1857.8.8–1944.4.13）
  標音2（シャミナド, セシル　1857.8.8–1944.4.18）

Chamlee, Mario
アメリカのテノール歌手。
- ⇒失声（チャムリー, マリオ　1892–1966）
  魅惑（Chamlee,Mario　1892–1966）

Chamlong Srimuang
タイの政治家。タイ副首相, 道義党党首, バンコク知事。
- ⇒岩世人（チャムローン・シームアン　1935.7.5–）
  世指導（チャムロン・スリムアン　1935.7.5–）
  タイ（チャムローン・シームアン　1935–）

Chamoiseau, Patrick
フランスの小説家。
- ⇒岩世人（シャモワゾー　1953.12.3–）
  外16（シャモワゾー, パトリック　1953–）
  現世文（シャモワゾー, パトリック　1953–）
  広辞7（シャモワゾー　1953–）

Chamorro, Vieleta Barrios de
ニカラグアの政治家, 新聞人。ニカラグア大統領（1990～97）, ラプレンサ紙社主。
- ⇒岩世人（チャモロ　1929.10.18–）
  政経改（チャモロ　1929–）
  世指導（チャモロ, ビオレタ・バリオス・デ　1929.10.18–）

Chamorro Vargas, Emiliano
ニカラグアの政治家。
- ⇒岩世人（チャモロ　1871.5.11–1966.2.26）

Champernowne, David Gawen
イギリスの経済学者。
- ⇒有経5（チャンパーノウン　1912–2000）

Champetier de Ribes, Henri
フランスの政治家。反ナチス抵抗運動に加わり逮捕されたが（1942）, 解放されてニュルンベル

ク戦犯裁判の検事長となる。
⇒岩世人（シャンプティエ・ド・リブ　1882.7.30–1947.3.6）

Champion, Gower
アメリカのミュージカル俳優、振付師。
⇒岩世人（チャンピオン　1919.6.22–1980.8.25）
標音2（チャンピオン，ガウアー　1920.6.22–1980.8.25）

Champion, Marge
アメリカ生まれの女優。
⇒ク俳（チャンピオン，マージ（ベルチャー，マージョリー）　1921–）

Champion, Will
イギリスのミュージシャン。
⇒外12（チャンピオン，ウィル　1978.7.31–）
外16（チャンピオン，ウィル　1978.7.31–）

Champsaur, Félicien
フランスの作家。
⇒19仏（シャンソール，フェリシアン　1858.1.10–1934.12.22）

Chamson, André Jules Louis
フランスの小説家。アカデミー・フランセーズ会員。主著『落下する石のように』(1964)。
⇒岩世人（シャンソン　1900.6.6–1983.11.9）
現世文（シャンソン，アンドレ　1900.6.6–1983.11.9）

Chamusca, Pericles
ブラジルのサッカー監督（アル・ガラファ）。
⇒外12（シャムスカ，ペリクレス　1965.9.29–）
外16（シャムスカ，ペリクレス　1965.9.29–）

Chan, Agnes
香港生まれの歌手、レポーター。
⇒中人小（陳美齢　アグネスチャン　1955–）

Chan, Anson
香港の官僚、政治家。香港特別行政区政務長官。
⇒岩世人（陳方安生　ちんほうあんせい　1940.1.17–）
外12（陳方安生　チンホウアンセイ　1940.1.17–）
現アジ（チャン，アンソン　1940.1.17–）
世指導（陳方安生　ちんほう・あんせい　1940.1.17–）
中日3（陳方安生　チャン，アンソン　1940–）

Chan, Benny
香港の映画監督。
⇒外12（チャン，ベニー　1961–）
外16（チャン，ベニー　1961–）

Chan, Fruit
香港の映画監督、脚本家。
⇒外12（チャン，フルーツ　1959.4.15–）
外16（チャン，フルーツ　1959.4.15–）

Chan, Jackie
香港生まれの俳優。
⇒遺産（チェン，ジャッキー　1954.4.7–）
岩世人（チェン　1954.4.7–）
外12（チェン，ジャッキー　1954.4.7–）
外16（チェン，ジャッキー　1954.4.7–）
ク俳（チェン，ジャッキー（チャン・コンサン）1954–）
スター（チェン，ジャッキー　1954.4.7–）
中人小（成龙　チャンロン　1954–）
中日3（成龙　チェン，ジャッキー　1954–）

Chan, Jaycee
香港の俳優。
⇒外12（チェン，ジェイシー　1982–）

Chan, Julius
パプアニューギニアの政治家。1980～82年、1994～97年同国首相。
⇒世指導（チャン，ジュリアス　1939.8.29–）

Chan, Kylie
オーストラリアの作家。
⇒海文新（チャン，カイリー）
現世文（チャン，カイリー）

Chan, Margaret
中国の医師。
⇒外12（チャン，マーガレット　1947.8.21–）
外16（チャン，マーガレット　1947.8.21–）
世指導（チャン，マーガレット　1947.8.21–）
中日3（陈冯富珍　1947–）

Chan, Patrick
カナダのフィギュアスケート選手。
⇒外12（チャン，パトリック　1990.12.31–）
外16（チャン，パトリック　1990.12.31–）
最世ス（チャン，パトリック　1990.12.31–）

Chan, Peter
香港生まれの映画監督。
⇒外12（チャン，ピーター　1962–）
外16（チャン，ピーター　1962–）

Chan, Rose
マラヤの大衆芸術家、ストリップの女王。
⇒岩世人（ローズ・チャン　1925–1987.5.25）

Chan, Teddy
香港の映画監督。
⇒外12（チャン，テディ　1958.4.26–）
外16（チャン，テディ　1958.4.26–）

Chanajev, Nikander
ソ連のテノール歌手。
⇒魅惑（Chanajev,Nikander (Khanaev)　1890–1974）

Chance, Britton
アメリカの生化学者。1949年よりペンシルベニ

ア大学教授。52年ヘルシンキ・オリンピックでヨット競技に金メダルを得た。
⇒岩生（チャンス 1913–2010）
岩世人（チャンス 1913.7.24–2010.11.16）

Chance, Frank Leroy
アメリカの大リーグ選手(一塁，捕手)。
⇒メジャ（チャンス，フランク 1876.9.9–1924.9.15）

Chance, Wilmer Dean
アメリカの大リーグ選手(投手)。
⇒メジャ（チャンス，ディーン 1941.6.1–）

Chand, Lokendra Bahadur
ネパールの政治家。ネパール首相。
⇒世指導（チャンド，ロケンドラ・バハドル 1940.2.15–）

Chandernagor, Françoise
フランスの作家。
⇒外12（シャンデルナゴール，フランソワーズ 1945–）
現世文（シャンデルナゴール，フランソワーズ 1945–）
ネーム（シャンデルナゴール 1945–）

Chandès, Hervé
フランスのキュレーター。
⇒外12（シャンデス，エルヴェ 1956–）

Chandler, Albert Benjamin
アメリカの政治家。
⇒アメ州（Chandler,Albert Benjamin チャンドラー，アルバート・ベンジャミン 1898–）

Chandler, Alfred Dupont, Jr.
アメリカの経営史学者。
⇒アメ新（チャンドラー 1918–2007）
岩経（チャンドラー 1918–）
岩世人（チャンドラー 1918.9.15–2007.5.9）
ベシ経（チャンドラー 1918–）
有経5（チャンドラー 1918–2007）

Chandler, A (rthur) Bertram
オーストラリアのSF作家。
⇒現世文（チャンドラー，A.バートラム 1912.3.28–1984.6.6）

Chandler, Chas
イギリス生まれのベース奏者，プロデューサー。
⇒ロック（Chandler,Bryan 'Chas' チャンドラー，ブライアン・"チャズ"）

Chandler, Gene
アメリカ・シカゴ生まれの歌手。
⇒ロック（Chandler,Gene チャンドラー，ジーン 1937.7.6–）

Chandler, Happy
アメリカの政治家，大リーグ第2代コミッショナー。

⇒岩世人（チャンドラー 1898.7.14–1991.6.15）
メジャ（チャンドラー，ハッピー 1898.7.14–1991.6.15）

Chandler, Harry
アメリカの実業家。ロサンゼルス・タイムズ紙経営者。
⇒アメ経（チャンドラー，ハリー 1864.5.17–1944.9.23）

Chandler, Jeff
アメリカの俳優。
⇒ク俳（チャンドラー，ジェフ（グロセル，アイラ）1918–1961）

Chandler, John Scudder
アメリカの宣教師。
⇒アア歴（Chandler,John Scudder チャンドラー，ジョン・スカダー 1849.4.12–1934.6.19）

Chandler, Raymond（Thornton）
アメリカの推理小説作家。『かわいい女』『長いお別れ』など一連のマーロウ物で人気が高い。
⇒アメ州（Chandler,Raymond チャンドラー，レイモンド 1888–1959）
アメ新（チャンドラー 1888–1959）
岩世人（チャンドラー 1888.7.23–1959.3.26）
現世文（チャンドラー，レイモンド 1888.7.23–1959.3.26）
広辞7（チャンドラー 1888–1959）
ネーム（チャンドラー 1888–1959）
ポプ人（チャンドラー，レイモンド 1888–1959）

Chandler, Robert Flint, Jr.
アメリカの農学者。
⇒アア歴（Chandler,Robert F (lint) ,Jr チャンドラー，ロバート・フリント，ジュニア 1907.6.27–1999.3.23）

Chandler, Seth Carlo
アメリカの天文学者。ハーバード大学天文台員(1881〜85)。
⇒岩世人（チャンドラー 1846.9.17–1913.12.31）

Chandler, Spurgeon Ferdinand (Spud)
アメリカの大リーグ選手(投手)。
⇒メジャ（チャンドラー，スパッド 1907.9.12–1990.1.9）

Chandler, Tyson
アメリカのバスケットボール選手(ニックス)。
⇒最世ス（チャンドラー，タイソン 1982.10.2–）

Chandralekha
インドのダンサー，振付家，デザイナー，作家。
⇒岩世人（チャンドラレーカー 1929.12.6–2006.12.26）

Chandrasekhar, Subrahmanyan
アメリカの理論天文学者。"Astrophysical Journal"誌の編集長(1952〜71)を長くつとめた。

⇒岩世人（チャンドラセカール（チャンドラシューカル）1910.10.19–1995.8.21）
科史（チャンドラセカール 1910–1995）
現科大（チャンドラセカール，スブラマニアン 1910–1995）
広辞7（チャンドラセカール 1910–1995）
三新物（チャンドラセカール 1910–1995）
天文辞（チャンドラセカール 1910–1995）
天文大（チャンドラセカール 1910–1995）
ネーム（チャンドラセカール 1910–1995）
ノベ3（チャンドラセカール,S. 1910.10.19–1995.8.21）
物理（チャンドラセカール，スブラマニアン 1910–1995）

Chandrasonic
イギリスのギター奏者。
⇒外12（チャンドラソニック）
外16（チャンドラソニック）

Chanel, Gabrielle
パリの女性デザイナー。活動的なスタイルを発表し，従来の服飾の伝統を破った。また香水，シャネル5番も有名。通称ココ・シャネル。
⇒岩世人（シャネル 1883.8.19–1971.1.10）
広辞7（シャネル 1883–1971）
ネーム（シャネル 1833–1971）
ポプ人（シャネル，ガブリエル 1883–1971）

Chanev, Kamen
ブルガリアのテノール歌手。
⇒魅惑（Chanev,Kamen ?–）

Chaney, Lon
アメリカの舞台，映画俳優。かたき役として一世を風靡。出演作『オペラの怪人』（1925）など。
⇒アメ州（Chaney,Lon チェイニー，ロン 1883–1930）
ク俳（チェイニー，ロン（チェイニー，アロンゾ）1883–1930）
スター（チェイニー，ロン 1883.4.1–1930）
ネーム（チェイニー，ロン 1883–1930）

Chaney, Lon, Jr.
アメリカの俳優。
⇒ク俳（チェイニー，ロン，ジュニア（チェイニー，クレイトン）1905–1973）
スター（チェイニー，ロン，ジュニア 1906.2.10–1973）

Chaney, Ralph Works
アメリカの古植物学者。
⇒アア歴（Chaney,Ralph Works チェイニー，ラルフ・ワークス 1890.8.24–1971.3.3）

Chang, Chun-ming
中国の国際政治学者。
⇒岩世人（張純明 ちょうじゅんめい 1903.4.2（光緒29.3.5）–1984.7.29）

Chang, Eileen
中国出身の女性作家。筆名に梁京など。
⇒岩世人（張愛玲 ちょうあいれい 1920.9.30–1995.9.8）
現世文（張愛玲 ちょう・あいれい 1920.9.30–1995.9.8）
広辞7（ちょう・あいれい 張愛玲 1920–1995）
中日3（张爱玲 ちょうあいれい、チャンアイリン 1920–1995）

Chang, Grace
香港の女優，歌手。
⇒岩世人（チャン 1933.6.13–）

Chang, Han-na
韓国のチェロ奏者。
⇒外12（チャン，ハンナ 1982–）
外16（チャン，ハンナ 1982–）

Chang, Jenny
台湾の実業家。
⇒外12（チャン，ジェニー 1956.11.5–）
外16（チャン，ジェニー 1956.11.5–）

Chang, Jin
アメリカの実業家。
⇒外16（チャン，ジン）

Chang, Jung
中国のノンフィクション作家。
⇒岩世人（チアン 1952.3.25–）
外12（チアン，ユン 1952.3.25–）
外16（チアン，ユン 1952.3.25–）
現世文（チアン，ユン 張戎 1952.3.25–）

Chang, Kelly
香港の歌手，女優。
⇒外12（チャン，ケリー 1973.9.13–）
外16（チャン，ケリー 1973.9.13–）

Chang, Michael
アメリカのテニス選手。
⇒外12（チャン，マイケル 1972.2.22–）
外16（チャン，マイケル 1972.2.22–）

Chang, Min Chueh
アメリカ（中国系）の生物学者，教育者。
⇒世発（チャン，ミン・チュー（M・C）1908–1991）

Chang, Morris
華人の企業家。
⇒岩世人（張忠謀 ちょうちゅうぼう 1931.7.10–）
外12（張忠謀 チョウチュウボウ 1931.7–）
外16（張忠謀 チョウチュウボウ 1931.7–）

Chang, Sarah
韓国，のちアメリカのヴァイオリン奏者。
⇒外12（チャン，サラ 1980–）
外16（チャン，サラ 1980–）

Chang, Steve
台湾の実業家，コンピューター技術者。
⇒外12（チャン，スティーブ 1954.11.5–）
外16（チャン，スティーブ 1954.11.5–）

Chang, Sylvia
台湾生まれの女優。
⇒岩世人（チャン　1953.7.22–）
　外12（チャン，シルビア　1953.7.22–）
　外16（チャン，シルビア　1953.7.22–）

Chang, Terence
香港の映画プロデューサー。
⇒外12（チャン，テレンス　1949–）
　外16（チャン，テレンス　1949–）

Chang, Xu
中国のテノール歌手。中国四川音楽大学客員教授。
⇒失声（チャン，シュー（許昌）　1974–）

Changalovich, Miroslav
ロシアのバス歌手。
⇒標音2（チャンガロヴィチ，ミロスラフ　1921–）

Chang Cheh
香港の映画監督。中国・浙江省青田生まれ。1973年独立して長弓電影を創立，台湾で史劇大作を手がけている。アクション映画の第一人者。主な作品は『嵐を呼ぶドラゴン！』。
⇒岩世人（チャン・チェー　1924.1.17–2002.6.22）
　映監（チャン・チェ　1923.2.10–2002）

Chang Chen
台湾の俳優。
⇒外12（チャンチェン　1976.10.14–）
　外16（チャンチェン　1976.10.14–）

Changchien, Louis Ozawa
アメリカの俳優。
⇒外12（チャンチェン，ルイ・オザワ　1975.10.11–）
　外16（チャンチェン，ルイ・オザワ　1975.10.11–）

Chang Chol
北朝鮮の政治家。北朝鮮副首相・最高人民会議副議長，公演協会長，文化芸術部長，中央委員。
⇒世指導（チャン・チョル　1926.3–2003.8.30）

Chang Dae-whan
韓国の新聞人。
⇒外12（ジャンデファン　大煥　1952.3.21–）
　外16（チャンデファン　張大煥　1952.3.21–）

Chang Euen-sook
韓国の歌手。
⇒外12（チャンウンスク　1960.5.2–）

Chang Hyok-chu
朝鮮生まれの作家。本名・張恩重。
⇒岩世人（張赫宙　チャンヒョクチュ　1905.10.5（光武9.9.7）–1997.2.1）
　韓現文（張赫宙　チャン・ヒョクチュ　1905.10.13–1997）
　韓朝新（チャン・ヒョクチュ　張赫宙　1905–1997）
　現世文（チャン・ヒョクチュ　張赫宙　1905.10.

5–1997.2.1）
　広辞7（チャン・ヒョクチュ　張赫宙　1905–1997）

Changhyun
韓国の歌手。
⇒外12（チャンヒョン　1988.6.9–）

Chang Hyung Yun
韓国のアニメーション映画監督。
⇒アニメ（張炯允　チャン・ヒョンユン　1975–）

Chang Jeong-il
韓国の作家。
⇒岩韓（チャン・ジョンイル　1962–）
　現世文（チャン・ジョンイル　蔣正一　1962–）

Chang Jin
韓国の映画監督，演出家，脚本家。
⇒外12（チャンジン　1971.1.1–）
　外16（チャンジン　1971.2.24–）

Chang Jung-chi
台湾の映画監督。
⇒外16（チャンロンジー　1980–）

Chang Kwang-chih
アメリカ在住の考古学者・人類学者。
⇒岩世人（張光直　ちょうこうちょく　1931.4.15–2001.1.3）

Changmin
韓国の歌手, 俳優。
⇒外12（チャンミン　1988.2.18–）
　外16（チャンミン　1988.2.18–）

Chang Song-taek
金正日の実妹・金慶喜（党中央委政治局員・書記）の夫，北朝鮮の高位級幹部。
⇒岩韓（チャン・ソンテク　張成沢　1946–）
　岩世人（張成沢　チャンソンテク　1946.2.6–2013.12.12）
　外12（チャンソンテク　張成沢　1946.1.22–）
　韓朝新（チャン・ソンテク　張成沢　1946–2013）
　世指導（チャン・ソンテク　1946.2.6–2013.12.13）

Chang Ung
北朝鮮のバスケットボール選手。
⇒外16（チョウユウ　張雄　1938.7.5–）

Chang Woe-ryong
韓国のサッカー監督。
⇒外12（チャンウェリョン　張外龍　1959.4.5–）

Chang Yeon-Tok
韓国生まれの造形家。
⇒芸13（チャンイオン・トク　1939–）

Chang Yong-hak
実存主義文学の影響を受けた朝鮮の作家。
⇒岩世人（張龍鶴　チャンヨンハク　1921.4.25–1999.8.31）

韓現文（張龍鶴　チャン・ヨンハク　1921.4.25–1999）
現世文（チャン・ヨンハク　張龍鶴　1921.4.25–1999.8.31）

Chang Yoo-hyun
韓国の映画監督。
⇒外12（チャンユニョン　1967.7.11–）

Chan In-pyo
韓国の俳優。
⇒外12（チャインピョ　1967.10.14–）
　外16（チャインピョ　1967.10.14–）
　韓俳（チャ・インピョ　1967.10.14–）

Chan Issara
タイの不動産業者。
⇒岩世人（チャーン・イッサラ　1916–）

Channel, Bruce
アメリカ・テキサス州生まれの歌手。
⇒ロック（Channel,Bruce　チャネル，ブルース　1940.11.28–）

Channing, Carol
アメリカ生まれの女優。
⇒標音2（チャニング，キャロル　1921.1.31–）

Channing, Edward
アメリカの歴史家。『合衆国史』6巻，（1905〜25）でピュリツァー賞受賞。
⇒岩世人（チャニング　1856.6.15–1931.1.7）

Channing, Stockard
アメリカ生まれの女優。
⇒ク俳（チャニング，ストッカード（ストッカード，スーザン）　1944–）

Chanoine, Charles Sulpice Jules
フランスの軍人。徳川幕府が招いたフランス陸軍軍事教官団の団長。
⇒岩世人（シャノワーヌ　1835.12.8–1915.12.9/29）
　来日（シャノワーヌ，シャルル・スュルピス・ジュール　1835–1915）

Chan Si
カンボジアの政治家。カンボジア首相。
⇒岩世人（チャン・シー　1932.5.7–1984.12.24）

Chansiri, Kraisorn
タイの実業家。
⇒外16（チャンシリ，クライソン）

Chansiri, Thiraphong
タイの実業家。
⇒外16（チャンシリ，ティラポン　1965–）

Chansung
韓国の歌手。
⇒外12（チャンソン　1990.2.11–）

Chantepie de la Saussaye
オランダの宗教学者。

⇒岩世人（シャントピ・ド・ラ・ソセー　1848.4.9–1920.4.20）

Chanute, Octave
アメリカの航空技術者。複葉の翼に支柱と張線を使う構造を考案した。
⇒岩世人（シャヌート　1832.2.18–1910.11.24）
　学叢思（シャニュート，オクターヴ　1832–1910）

Chan Wai
香港の作家。
⇒岩世人（チャン・ワイ）

Chan Yang
韓国の歌手。
⇒外12（チャニャン　1988.10.23–）

Chao, Chi
中国のバレエダンサー。
⇒外12（ツァオ，チー）
　外16（ツァオ，チー）

Chao, Elaine
アメリカの政治家。ジョージ・ブッシュ政権の労働長官。
⇒外12（チャオ，イレーン）
　外16（チャオ，イレーン　1953.3.26–）
　世指導（チャオ，イレーン　1953.3.26–）

Chao, Manu
フランスのロック・ミュージシャン，プロデューサー。
⇒岩世人（チャオ　1961.6.21–）
　外16（マヌ・チャオ　1961.6.26–）

Chao, Mark
台湾の俳優。
⇒外16（チャオ，マーク　1984.9.25–）

Chao, Yuen Ren
アメリカ（中国系）の言語学者。
⇒岩世人（趙元任　ちょうげんじん　1892.11.3（光緒18.9.14）–1982.2.25）
　近中（趙元任　ちょうげんにん　1892.11.3–1982.2.25）
　中日3（趙元任　ちょうげんじん，チャオユアンレン　1892–1982）

Chaovalit Yongchaiyudh
タイの政治家，軍人。タイ首相，タイ新希望党党首。
⇒岩世人（チャワリット・ヨンチャイユット　1932.5.15–）
　世指導（チャワリット・ヨンチャイユット　1932.5.25–）
　タイ（チャワリット・ヨンチャイユット　1932–）

Chapel, Alain
フランスの料理人，レストラン経営者。
⇒岩世人（シャペル　1937.12.30–1990.7.10）

Chapelain-Midy, Roger
フランス生まれの画家。

⇒芸13(シャプラン・ミディ,ロジャー 1904–)

Chapelle, Placide Louis
アメリカの聖職者。
⇒アア歴(Chapelle,Placide Louis シャベル,プラシード・ルイ 1842.8.28–1905.8.9)

Chapin, Francis Stuart
アメリカの社会学者。統計学者。自然科学的方法を社会学に導入,社会・経済的地位尺度は特に有名。主著 "Field Work and Social Research"(1920)。
⇒社小増(チェービン 1888–1974)

Chapin, Harry
アメリカ・ニューヨーク生まれの歌手。
⇒ロック(Chapin,Harry チェイピン,ハリー 1942.12.7–)

Chapin, Roy Dikeman
アメリカの実業家。トマス・デトロイト社設立者,ハドソン・モーター社設立者,社長。
⇒アメ経(チャッピン,ロイ 1880.2.23–1936.2.16)

Chapin, Roy Dikeman, Jr.
アメリカの実業家。アメリカン・モーターズ社社長,ジェネラル・マネージャー,最高経営責任者。
⇒アメ経(チャッピン,ロイ,2世 1915.9.21–)

Chapí(y Lorente), Ruperto
スペインの作曲家。
⇒ク音3(チャピ 1851–1909)
　新音中(チャピ,ルベルト 1851.3.27–1909.3.25)
　標音2(チャピ,ルベルト 1851.3.27–1909.3.25)

Chaplet, Anne
ドイツのミステリ作家,政治学者,現代史家。
⇒外12(シャプレ,アンネ 1952–)
　外16(シャプレ,アンネ 1952–)
　海文新(シャプレ,アンネ 1952–)
　現世文(シャプレ,アンネ 1952–)

Chaplin, Ben
イギリスの男優。
⇒ク俳(チャップリン,ベン 1973–)

Chaplin, Charles Spencer
イギリスの喜劇俳優,映画監督。『モダン・タイムズ』(1936),反ヒトラーの『独裁者』(40)などの傑作を残した。
⇒アメ新(チャップリン 1889–1977)
　遺伝(チャップリン,チャールズ 1989.4.16–1977.12.25)
　異二辞(チャップリン[チャールズ・~] 1889–1977)
　岩世人(チャップリン 1889.4.16–1977.12.25)
　映監(チャップリン,チャールズ 1889.4.16–1977)
　ク俳(チャップリン,サー・チャールズ 1889–1977)
　広辞7(チャップリン 1889–1977)
　辞歴(チャップリン 1889–1977)
　スター(チャップリン,チャールズ 1889.4.16–1977)
　世人新(チャップリン 1889–1977)
　世人装(チャップリン 1889–1977)
　ネーム(チャップリン 1889–1977)
　ポプ人(チャップリン,チャーリー 1889–1977)
　ユ著人(Chaplin,Charles チャップリン,チャールズ 1889–1977)

Chaplin, Geraldine
アメリカ生まれの女優。
⇒外12(チャップリン,ジェラルディン 1944.7.31–)
　外16(チャップリン,ジェラルディン 1944.7.31–)
　ク俳(チャップリン,ジェラルディン 1944–)

Chaplin, Maxwell
アメリカの宣教師。
⇒アア歴(Chaplin,Maxwell チャプリン,マックスウェル 1890.5.9–1926.7.19)

Chaplin, Winfield
アメリカの土木技師。東京開成学校で土木工学を教授。
⇒アア歴(Chaplin,Winfield S(cott) チャプリン,ウィンフィールド・スコット 1847.8.22–1918.3.12)
　岩世人(チャップリン 1847.8.22–1918.3.12)

Chapman, Anna
ロシアの美人スパイ。ファンド・サービス・バンク取締役。
⇒外12(チャップマン,アンナ)
　外16(チャップマン,アンナ)

Chapman, Aroldis Albertin
キューバの大リーグ選手(レッズ・投手)。
⇒外12(チャプマン,アロルディス 1987.9.11–)
　外16(チャプマン,アロルディス 1987.9.11–)

Chapman, Dinos
イギリス生まれの芸術家。
⇒現アテ(Chapman,Jake & Dinos チャップマン,ジェイク&ディノス 1966–)

Chapman, Drew
アメリカの作家,脚本家。
⇒海文新(チャップマン,ドルー)
　現世文(チャップマン,ドルー)

Chapman, Herbert
イングランドのサッカー監督。
⇒岩世人(チャップマン 1878.1.19–1934.1.6)

Chapman, Jake
イギリス生まれの芸術家。
⇒現アテ(Chapman,Jake & Dinos チャップマン,ジェイク&ディノス 1962–)

Chapman, John
イギリスの神学者,著作家。1929年ダウンサイ

ド修道院長。主著『初期教皇制度の研究』(28)。
⇒オク教（チャップマン　1865–1933）

Chapman, John Curtis
アメリカの大リーグ選手（外野）。
⇒メジャ（チャップマン, ジャック　1843.5.8–1916.6.10）

Chapman, Linda
イギリスの作家。
⇒海文新（チャップマン, リンダ　1969–）
　現世文（チャップマン, リンダ　1969–）

Chapman, Margarite
アメリカの映画女優。
⇒ク俳（チャップマン, マーガリート　1918–1999）

Chapman, Mark（David）
アメリカの殺人者。
⇒世暗（チャップマン, マーク・デイヴィッド　1955–）

Chapman, Raymond Johnson
アメリカの大リーグ選手（遊撃）。
⇒メジャ（チャップマン, レイ　1891.1.15–1920.8.17）

Chapman, Royal Norton
アメリカの昆虫学者, 動物生態学者。
⇒岩生（チャプマン　1889–1939）

Chapman, Samuel Blake
アメリカの大リーグ選手（外野）。
⇒メジャ（チャップマン, サム　1916.4.11–2006.12.22）

Chapman, Sydney
イギリスの地球物理学者。オックスフォード大学教授（1946〜）。
⇒岩世人（チャップマン　1888.1.29–1970.6.16）
　オク気（チャップマン, シドニー　1888.1.29–1970.6.16）

Chapman, Tracy
アメリカの女性シンガー・ソングライター。
⇒標音2（チャップマン, トレーシー　1964–）

Chapman, William Benjamin
アメリカの大リーグ選手（外野, 三塁, 投手）。
⇒メジャ（チャップマン, ベン　1908.12.25–1993.7.7）

Chappell, Fred
アメリカの作家。
⇒現世文（チャベル, フレッド　1936–）

Chappelle, Dave
アメリカのコメディアン, 俳優。
⇒外12（チャベル, デイブ　1973.8.17–）

Chapsal, Madeleine
フランスの作家, ジャーナリスト。
⇒現世文（シャプサル, マドレーヌ　1925.9.1–）

Chapuis, Jean-Frédéric
フランスのスキー選手（フリースタイル）。
⇒外16（シャピュイ, ジャン・フレデリク　1989.3.2–）

Chapuis, Michel
フランスのオルガン奏者。
⇒標音2（シャピュイ, ミシェル　1930.1.15–）

Char, René
フランスの詩人。第2次世界大戦中抗独レジスタンスに加わり, その当時書いた詩によって名声を確立。作品に『ただ残れるは…』(1945),『狂熱と神秘』(48) など。
⇒岩世人（シャール　1907.6.14–1988.2.19）
　現世文（シャール, ルネ　1907.6.14–1988.2.19）
　広辞7（シャール　1907–1988）
　フ文小（シャール, ルネ　1907–1988）

Charboneau, Joseph
アメリカの大リーグ選手（外野）。
⇒メジャ（シャーボーノ, ジョー　1955.6.17–）

Chardonne, Jacques
フランスの小説家。『祝婚歌』で男女の問題に新しい光をあてた作家として名声を博した。
⇒岩世人（シャルドンヌ　1884.1.2–1968.5.30）
　広辞7（シャルドンヌ　1884–1968）
　西文（シャルドンヌ, ジャック　1884–1968）
　ネーム（シャルドンヌ　1884–1968）

Chardonnet, Louis Marie Hilaire Bernigaud, Come de
フランスの化学者。人絹を発明。
⇒岩世人（シャルドネ　1839.5.1–1924.3.12）
　化学（シャルドンネ　1839–1924）
　広辞7（シャルドネ　1839–1924）

Chargaff, Erwin
ウクライナの生化学者。
⇒岩生（シャルガフ　1905–2002）
　岩世人（シャルガフ　1905.8.11–2002.6.20）
　オク生（シャルガフ, アーウィン　1905–2002）

Charice
フィリピンの歌手。
⇒外12（シャリース　1992.5.10–）
　外16（シャリース　1992.5.10–）

Charisse, Cyd
アメリカ生まれの女優。
⇒遺産（チャリシー, シド　1921.3.8–2008.6.17）
　ク俳（チャリシ, シド（フィンクリー, トゥラ）1921–）

Charlene
モナコの水泳選手。
⇒外12（シャルレーン公妃　1978.1.25–）
　外16（シャルレーン公妃　1978.1.25–）

Charles, Bobby
アメリカのシンガー・ソングライター。
⇒ロック（Charles,Bobby　チャールズ, ボビー　1938-）

Charles, Daniel
フランスの哲学者, 音楽美学者。
⇒標音2（シャルル, ダニエル　1935-）

Charles, Edwin Douglas
アメリカの大リーグ選手（三塁）。
⇒メジャ（チャールズ, エド　1933.4.29-）

Charles, Mary Eugenia
ドミニカ国の政治家。ドミニカ国首相。
⇒世指導（チャールズ, メアリー・ユージニア　1919.5.15-2005.9.6）

Charles, Pierre
ベルギー出身のイエズス会士, 宣教師,〈ルーヴェン学派〉の創始者。
⇒新カト（シャルル　1883.7.3-1954.2.11）

Charles, Pierre
ドミニカ国の政治家。ドミニカ国首相。
⇒世指導（チャールズ, ピエール　1954.6.30-2004.1.6）

Charles, Prince of Wales
イギリスの皇太子。
⇒岩世人（チャールズ　1948.11.14-）
　外12（チャールズ皇太子　1948.11.14-）
　外16（チャールズ皇太子　1948.11.14-）
　世人新（チャールズ　1948-）
　世人装（チャールズ　1948-）

Charles, Ray
アメリカの黒人歌手, ピアノ奏者, 作曲家。
⇒アメ州（Charles,Ray　チャールズ, レイ　1930-）
　岩世人（チャールズ　1930.9.23-2004.6.10）
　新音中（チャールズ, レイ　1930.9.23-）
　標音2（チャールズ, レイ　1930.9.23-2004.6.10）
　ポプ人（チャールズ, レイ　1930-2004）
　ロック（Charles,Ray　チャールズ, レイ　1932.9.23-）

Charles-Roux, Edmonde
フランスの作家。
⇒現世文（シャルル・ルー, エドモンド　1920.4.17-2016.1.20）

Charleston, Oscar
アメリカのニグロリーグの選手（外野）, 監督。
⇒メジャ（チャールストン, オスカー　1896.10.14-1954.10.5）

Charlesworth, George
イングランドの物理学者, 技術者。
⇒世発（チャールズワース, ジョージ　1917-2011）

Charlier, Carl Vilhelm Ludwig
スウェーデンの天文学者。天体力学, 恒星統計学などの領域で業績をあげた。
⇒数辞（シャリエ, カルル・ヴィルヘルム・ルドヴィック　1862-1934）

Charlotte Aldegonde Elise Marie Wilhelmine
ルクセンブルクの王族。ルクセンブルク大公国の首長。
⇒岩世人（シャルロット　1896.1.23-1985.7.9）

Charlton, Bobby
イギリスのサッカー選手。
⇒岩世人（チャールトン　1937.10.11-）
　外16（チャールトン, ボビー　1937.10.11-）
　ネーム（チャールトン, ボビー　1937-）

Charlton, Norman Wood
アメリカの大リーグ選手（投手）。
⇒メジャ（チャールトン, ノーム　1963.1.6-）

Charmes, Marie Julien Joseph François
フランスのジャーナリスト。芸術のための芸術に反対し一種の文学的進化論に立った。アカデミー・フランセーズ会員, 下院議員。
⇒19仏（シャルム, フランシス　1848.11.21-1916.1.4）

Charmoy, Cozette De
イギリスの芸術家。
⇒芸13（シャルモイ, コゼット・デ　1939-）

Charney, Jule Gregory
アメリカの理論気象学者。ノイマンと協力して, 天気予報の数値予報の実用化の基礎を築いた。
⇒岩世人（チャーニー　1917.1.1-1981.6.16）
　オク気（チャーニー, ジュール・グレゴリー　1917.1.1-1981.6.16）

Charney, Noah
アメリカ生まれの美術犯罪専門家, 作家。
⇒海文新（チャーニイ, ノア　1979-）
　現世文（チャーニー, ノア　1979-）

Charnvit Kasetsiri
タイの歴史学者, 政治学者。
⇒外16（チャーンウィット・カセートシリ　1941.5.6-）

Charpak, Georges
フランスの物理学者。1992年ノーベル物理学賞。
⇒岩世人（シャルパク　1924.8.1-2010.9.29）
　ネーム（シャルパック　1924-2010）
　ノベ3（シャルパック,G.　1924.3.8-2010.9.29）
　ユ著人（Charpak,Georges　チャルペック, ジョルジュ　1924-）

Charpentier, Georges
フランスの出版業者。印象派の愛好者, パトロ

ン。彼のサロンにはルノアールなど当代一流の
文化人が集った。
⇒岩世人（シャルバンティエ　1846.12.22–1905.11.
15）

Charpentier, Gustave
フランスの作曲家。1887年カンタータ『ディド
ン』で，ローマ大賞受賞。
⇒岩世人（シャルバンティエ　1860.6.25–1956.2.
18）
オペラ（シャルバンティエ，ギュスターヴ　1860–
1956）
ク音3（シャルバンティエ　1860–1956）
新オペ（シャンパルティエ，ギュスターヴ　1860–
1956）
新音小（シャルバンティエ，ギュスターヴ　1860–
1956）
新音中（シャルバンティエ，ギュスターヴ　1860.
6.25–1956.2.18）
ネーム（シャルバンティエ　1860–1956）
標音2（シャルバンティエ，ギュスターヴ　1860.6.
25–1956.2.18）

Charral, Benito Ros
スペインの自転車選手（マウンテンバイク）。
⇒最世ス（チャラル，ベニト・ロス　1981.5.2–）

Charrat, Janine
フランスのダンサー，振付家，バレエ監督。
⇒岩世人（シャラ　1924.7.24–）
標音2（シャラ，ジャニーヌ　1924.7.24–）

Charrière, François
スイスの司教。
⇒新カト（シャリエール　1893.9.1–1976.7.11）

Charron, Isidor-Adolphe
フランス・セー教区生まれのパリ外国宣教会
司祭。
⇒新カト（シャロン　1867.3.14–1952.8.4）

Charskaya, Lidiya Alekseevna
ロシアの少女小説家。
⇒岩世人（チャールスカヤ　1875.1.19/31–1937.3.
18）

Charteris, Leslie
アメリカの犯罪小説作家。
⇒現世文（チャートリス，レズリー　1907.5.12–
1993.4.15）

Charters, Werrett Wallace
カナダ生まれの教育者。『カリキュラム構成』
を著わす。またラジオ，テレビ，映画の教育的利
用についても先駆的研究者。
⇒教人（チャーターズ　1875–1952）

Chartier, Roger
フランスの歴史家。
⇒岩世人（シャルティエ　1945.12.9–）
現社（シャルチェ　1945–）

Charushin, Evgenij Ivanovich
ロシアのイラストレーター。
⇒絵本（チャルーシン，エヴゲニー　1901–1965）

Charyn, Jerome
アメリカの小説家。
⇒現世文（チャーリン，ジェローム　1937.5.13–）

Chasanowich, Leon
ヴィルナ近郊に生まれた労働者シオニストの指
導者。
⇒ユ著人（Chasanowich,Leon　ハサノーヴィチ，レ
オン　1882–1925）

Chase, Chevy
アメリカの俳優，コメディアン。
⇒外12（チェイス，チェヴィー　1943.10.8–）
ク俳（チェイス，チェヴィ（チェイス，コーネリア
ス）1943–）

Chase, Clifford
アメリカの作家。
⇒海文新（チェイス，クリフォード）
現世文（チェイス，クリフォード）

Chase, Harold Homer
アメリカの大リーグ選手（一塁）。
⇒メジャ（チェイス，ハル　1883.2.13–1947.5.18）

Chase, James Hadley
イギリスの犯罪小説家。
⇒岩世人（チェイス　1906.12.24–1985.2.6）
現世文（チェース，ジェームズ・ハドリー　1906–
1985.2.6）

Chase, John Calvin
アメリカの政治家。
⇒学叢思（チェーズ，ジョン・カルヴィン　1870–?）

Chase, Louisa
パナマの画家。
⇒芸13（チェイス，ルイーザ　1951–）

Chase, Lucia
アメリカのバレエ団経営者。
⇒岩世人（チェイス　1907.3.24–1986.1.9）

Chase, Mary Ellen
アメリカの作家。
⇒アメ州（Chase,Mary Ellen　チェイス，メアリ・
エレン　1887–1973）

Chase, Richard
アメリカの殺人犯。
⇒ネーム（チェイス，リチャード　1950–1980）

Chase, William Merritt
アメリカの画家。1878年ニューヨーク西10番街
にアトリエを開く。
⇒芸13（チェイス，ウィリアム・メリット　1849–
1916）

Chase-Riboud, Barbara
アメリカの女性小説家, 詩人, 彫刻家。
⇒外16 (チェイス・リボウ, バーバラ 1939-)
現世文 (チェイス・リボウ, バーバラ 1939-)

Chasins, Abram
アメリカのピアノ奏者, 作曲家。
⇒標音2 (チェーシンズ, エーブラム 1903.8.17-1987.6.21)

Chastain, Jessica
アメリカの女優。
⇒外16 (チャステイン, ジェシカ 1977.3.24-)

Chastel, André-Adrien
フランスの美術史家。
⇒岩世人 (シャステル 1912.11.15-1990.7.18)

Chastel, Guy
フランスの文人。
⇒新カト (シャステル 1883.8.5-1962.7.9)

Cha Sung-won
韓国の俳優。
⇒外12 (チャスンウォン 1970.6.7-)
外16 (チャスンウォン 1970.6.7-)
韓俳 (チャ・スンウォン 1970.6.7-)

Cha Suphattho
タイの仏僧。
⇒岩世人 (チャー 1918.6.17-1992.1.16)

Cha Tae-hyun
韓国の俳優。
⇒外12 (チャテヒョン 1976.3.25-)
外16 (チャテヒョン 1976.3.25-)
韓俳 (チャ・テヒョン 1976.3.25-)

Chatchawan Khongudom
タイの実業家。
⇒岩世人 (チャッチャワーン・コンウドム 1943.11.12-)

Chateaubriant, Alphonse de
フランスの小説家。『デ・ルールディヌ氏』(1911) でゴンクール賞, 『荒地』(23) でアカデミー賞受賞。
⇒岩世人 (シャトーブリアン 1877.3.25-1951.5.2)

Châtelet, François
フランスの哲学者。
⇒メル別 (シャトレ, フランソワ 1925-1985)

Châtelet, Noëlle
フランスの作家。パリ第五大学教授。
⇒外12 (シャトレ, ノエル 1944-)
外16 (シャトレ, ノエル 1944-)
現世文 (シャトレ, ノエル 1944-)

Chatichai Choonhavan
タイの政治家。タイ首相・国防相, タイ国家発

展党党首。
⇒岩世人 (チャートチャーイ・チュンハワン 1922.4.5-1998.5.6)
政経改 (チャチャイ 1920-1998)
世指導 (チャチャイ・チュンハワン 1922.4.5-1998.5.6)
タイ (チャートチャーイ・チュンハワン 1920-1998)

Chat Kopchitti
タイの作家。
⇒岩世人 (チャート・コープチッティ 1954.6.24-)
現世文 (チャート・コープチッティ 1954.6.25-)
タイ (チャート・コープチッティ 1954-)

Chatrichaloem Yukhon
タイの映画監督。
⇒岩世人 (チャートリーチャルーム・ユコン 1942.11.29-)
タイ (チャートリーチャルーム・ユコン (殿下) 1942-)

Chatron, Jules Auguste
フランスの宣教師。
⇒新カト (シャトロン 1844.4.20-1917.5.6)

Chatsuman Kabinlasing
タイの比丘尼, 仏教学者。
⇒岩世人 (チャッスマン・カビンラシン 1944.10.6-)

Chatt, Joseph
イギリスの無機化学者。
⇒岩世人 (チャット 1914.11.6-1994.5.19)

Chatterjee, Partha
インドの政治学者, 歴史学者。
⇒外12 (チャタジー, パルタ 1947-)
外16 (チャタジー, パルタ 1947-)

Chatterji, Suniti Kumar
インドの言語学者。古典的名著『ベンガル語の起源と進化』を著す。
⇒岩世人 (チャタルジー (チャタジー) 1890.10.26-1977.5.29)
南ア新 (チャテルジー 1890-1977)

Chatterton, Ruth
アメリカの女優, 作家。1914年『足長おじさん』のジュディ役でヒット。小説に,『孔雀の誇り』(55) など。
⇒ク俳 (チャタートン, ルース 1893-1961)

Chatwin, (Charles) Bruce
イギリスの小説家, 旅行記作家。
⇒岩世人 (チャトウィン 1940.5.13-1989.1.17/18)
現世文 (チャトウィン, ブルース 1940.5.13-1989.1.18)

Chauchard, Paul
フランスの神経生理学者, 医学者。
⇒岩世人 (ショシャール 1912.6.14-2003.4.27)

新カト（ショシャール　1912.6.14–2003.4.27）

Chaudhry, Mahendra
フィジーの政治家。フィジー首相，フィジー労働党党首。
⇒世指導（チョードリ，マヘンドラ　1942.9.2–）

Chaumet, Joseph
フランスの宝飾デザイナー。
⇒岩世人（ショーメ　1852–1928）

Chausson, Anne-Caroline
フランスの自転車選手（BMX）。
⇒外12（ショソン，アンヌカロリン　1977.10.8–）
最世ス（ショソン，アンヌカロリン　1977.10.8–）

Chautard, Jean-Baptiste
フランスの厳律シトー会修道院長。
⇒新カト（ショータール　1858.3.12–1935.9.29）

Chautemps, Camille
フランスの政治家。フランス首相。
⇒岩世人（ショータン　1885.2.1–1963.7.1）

Chauveau, Léopold
フランスの作家。
⇒絵本（ショヴォー，レオポルド　1870–1940）
現世文（ショヴォー，レオポルド　1870–1940）

Chauvet, Guy
フランスのテノール歌手。
⇒失声（ショーヴェ，ギー　1933–2007）
失声（ショーヴェ，ギー　?）
魅惑（Chauvet,Guy　1933–）

Chauvin, Yves
フランスの化学者。2005年ノーベル化学賞を受賞。
⇒岩世人（ショーヴァン　1930.10.10–）
外12（ショーヴァン，イヴ　1930.10.10–）
化学（ショーヴァン　1930–2015）
ノベ3（ショーヴァン,Y.　1930.10.10–）

Chauviré, Yvette
フランスのバレリーナ，教師。
⇒岩世人（ショヴィレ　1917.7.8–）
外12（ショヴィレ，イヴェット　1917.4.22–）
外16（ショヴィレ，イヴェット　1917.4.22–）

Chavannes, Emanuel Edouard
フランスの中国学者。ヨーロッパの東洋学者。著書に『司馬遷史記』(1905)など。
⇒岩世人（シャヴァンヌ　1865.10.5–1918.1.29）
広辞7（シャヴァンヌ　1865–1918）
中文史（シャバンヌ　1865–1918）

Chavarría, Daniel
ウルグアイの作家。
⇒現世文（チャバリア，ダニエル　1933.11.23–2018.4.6）

Chavasse, Antoine
フランスの典礼学者。
⇒新カト（シャヴァス　1909.5.3–1983）

Chaveau, Jacky
フランスの画家。
⇒芸13（クラヴォー，ジャッキー　1933–）

Chávez, Carlos
メキシコの作曲家，指揮者。1928年メキシコ交響楽団を創設。代表作『打楽器のためのトッカータ』(42)。
⇒岩世人（チャベス　1899.6.13–1978.8.2）
　エデ（チャベス（イ・ラミレス），カルロス（アントニオ・デ・パドゥア）　1899.6.13–1978.8.2）
　ク音3（チャベス　1899–1978）
　新音小（チャベス，カルロス　1899–1978）
　新音中（チャベス，カルロス　1899.6.13–1978.8.2）
　標音2（チャベス，カルロス　1899.6.13–1978.8.2）
　ラテ新（チャベス　1899–1978）

Chavez, Cesar（Estrada）
アメリカのメキシコ系労働者の指導者。メキシコ系季節移動労働者を，初めて連合農園労働者組織委員会（NFWA）を作って組織化し，アメリカ労働総同盟産業別労働組合会議（AFL・CIO）に加入。
⇒アメ経（チャベス，セザール　1927.3.31–）

Chavez, Dennis
アメリカの政治家。
⇒アメ州（Chavez,Dennis　チャビス，デニス　1888–1962）

Chavez, Eric Cesar
アメリカの大リーグ選手（三塁）。
⇒最世ス（チャベス，エリック　1977.12.7–）
メジャ（チャベス，エリック　1977.12.7–）

Chavez, Julio Cesar
メキシコのプロボクサー。
⇒岩世人（チャベス　1962.7.12–）
外12（チャベス，フリオ・セサール　1962.7.12–）
外16（チャベス，フリオ・セサール　1962.7.12–）
ネーム（チャベス　1962–）

Chávez Frias, Hugo
ベネズエラの政治家，軍人。ベネズエラ大統領（1999～2002,02～13）。
⇒岩世人（チャベス　1954.7.28–2013.3.5）
外12（チャベス，ウゴ　1954.7.28–）
広辞7（チャベス　1954–2013）
世指導（チャベス，ウゴ　1954.7.28–2013.3.5）
ポプ人（チャベス，ウゴ　1954–2013）
ラテ新（チャベス　1954–）

Chaviano, Daina
キューバの作家。
⇒外12（チャヴィアノ，ダイナ）
外16（チャヴィアノ，ダイナ）

現世文(チャヴィアノ,ダイナ)
Chayanov, Aleksandr Vasil'ervich
ロシアの農業経済学者。小農経済論を中心とする農業経済論で有名。1920年代後半に反革命を企て,失脚。
⇒岩世人(チャヤーノフ 1888.1.17/29–1937.10.3)
広辞7(チャヤーノフ 1888–1937)

Chayefsky, Paddy
アメリカの劇作家,脚本家。
⇒現世文(チェイエフスキー,パディ 1923.1.29–1981.8.1)

Chazarreta, Andrés
アルゼンチンのフォルクローレ採譜者,ギター奏者。
⇒標音2(チャサレータ,アンドレス 1876.5.29–1960.10.24)

Chazin, Suzanne
アメリカの作家。
⇒現世文(チェイズン,スザンヌ)

Chbosky, Stephen
アメリカの作家,映画監督。
⇒外16(チョボウスキー,スティーブン 1970–)
海文新(チョボスキー,スティーブン 1970.1.25–)
現世文(チョボウスキー,スティーブン 1970.1.25–)

Cheadle, Don
アメリカの俳優。
⇒外12(チードル,ドン 1964.11.29–)
外16(チードル,ドン 1964.11.29–)

Chea Sim
カンボジアの政治家。
⇒岩世人(チア・シム 1932.11.15–)
外12(チア・シム 1932.11.15–)
世指導(チア・シム 1932.11.15–2015.6.8)

Cheban, Yuri
ウクライナのカヌー選手。
⇒外16(チェバン,ユーリー 1986.7.5–)
最世ス(チェバン,ユーリー 1986.7.5–)

Chebotaryov, Nikolai Grigorievich
ソ連の数学者。1924年ディリクレの等差数列の素数定理の代数体への拡張に関する密度定理を証明。
⇒世数(チェボタレフ,ニコライ・グリゴレヴィッチ 1894–1947)

Chebrikov, Viktor Mikhailovich
ソ連の政治家。KGB議長(1982～88),政治局員。
⇒スパイ(チェブリコフ,ヴィクトル・ミハイロヴィチ 1923–1999)

Chebroux, Ernest
フランスのシャンソニエ。
⇒19仏(シュブルー,エルネスト 1840.9.28–1910)

Checkel, Jeffrey Taylor
ノルウェー在住の政治学者。
⇒国政(チェッケル,ジェフリー 1959–)

Checker, Chubby
アメリカ・サウスカロライナ州生まれの歌手。
⇒標音2(チェッカー,チャビー 1941.10.3–)
ロック(Checker,Chubby チェッカー,チャビー 1941.10.5–)

Checkland, Olive
イギリスの歴史学者。
⇒岩世人(チェックランド 1920.6.6–2004.9.8)

Cheek, Joey
アメリカのスピードスケート選手。
⇒外12(チーク,ジョーイ 1979.6.22–)
最世ス(チーク,ジョーイ 1979.6.22–)

Cheeseman, Thomas Frederick
ニュージーランドの植物学者。
⇒ニュー(チーズマン,トマス 1845–1923)

Chee Soon Juan
シンガポールの政治活動家。
⇒岩世人(チー・スンジュアン 1962.7.20–)

Cheever, John
アメリカの小説家。「ニューヨーカー」誌などに短篇を発表。作品『ワップショット家年代記』(1957)など。58年全米図書賞受賞。
⇒岩世人(チーヴァー 1912.5.27–1982.6.18)
現世文(チーバー,ジョン 1912.5.27–1982.6.18)

Cheiffou, Amadou
ニジェールの政治家。ニジェール首相・国防相,ニジェール社会民主連合(RSD)党首。
⇒世指導(シェフ,アマドウ 1942.12.1–)

Cheikha Rimitti
アルジェリアの歌手,ソングライター。
⇒岩世人(シェイハ・リミッティ 1923.5.8–2006.5.15)

Cheikho, Louis
アラビアの古典学者。イエズス会士。アラビア語雑誌『東方』を刊行(1898～1923)。
⇒岩世人(シャイホー 1859–1927)
新カト(シェイコ 1859.2.5–1927.12.7)

Chekhov, Mikhail Aleksandrovich
ロシア生まれの俳優,演出家。
⇒岩世人(チェーホフ 1891.8.16/29–1955.10.1)

Che Lan Vien
ベトナムの詩人。
⇒岩世人(チェー・ラン・ヴィエン 1920.10.23–

1989.6.19)
Chelios, Chris
アメリカのアイスホッケー選手。
⇒最世ス（チェリオス, クリス　1962.1.25-）
Chelmsford, Frederic John Napier Thesiger, 3rd Baron and 1st Viscount
イギリスの政治家。インド総督としてインド人の自治を拡大したがガンジーなどの反対で各地に騒擾が起った。
⇒岩世人（チェムスフォード　1868.8.12-1933.4.1）
Chemiakin, Mihail
ソ連・モスクワ生まれの画家。
⇒芸13（シュミアキン, ミハイル　1943-）
Chemin-Petit, Hans
西ドイツの指揮者, 作曲家。
⇒標音2（シュマン=プティ, ハンス　1902.7.24-1981.4.12）
Chen, Anthony
シンガポールの映画監督。
⇒外16（チェン, アンソニー　1984-）
Chen, Arvin
台湾の映画監督。
⇒外12（チェン, アービン　1978.11.26-）
　外16（チェン, アービン　1978.11.26-）
Chen, Cheer
台湾のシンガー・ソングライター。
⇒外12（チェン, チア）
　外16（チェン, チア）
Chen, Edison
香港の俳優, 歌手。
⇒外12（チャン, エディソン　1980.10.7-）
Chen, Eva
台湾の実業家。
⇒外12（チェン, エバ　1959.2.23-）
　外16（チェン, エバ　1959.2.23-）
Chen, Jingrun
中国の数学者。中国科学院数学研究所研究員, 中国科学院数学物理学部委員。
⇒世数（チェン, ジンルン（陳景潤, チン・ケイジュン）　1933-1996）
Chen, Joan
アメリカ華人として国際的に活躍する中国出身の女優, 映画監督。
⇒岩世人（チェン　1961.4-）
　外12（チェン, ジョアン　1961.4-）
　外16（チェン, ジョアン　1961.4.26-）
　ク俳（チェン, ジョウン（チェン・チュン）1961-）

Chen, Ray
台湾生まれのヴァイオリン奏者。
⇒外16（チェン, レイ　1989-）
Chen, Sean
台湾の政治家。台湾行政院院長（首相）。
⇒外12（陳冲　チンチュウ　1949.10.13-）
　外16（陳冲　チンチュウ　1949.10.13-）
　世指導（陳冲　ちん・ちゅう　1949.10.13-）
Chen, Shiatzy
台湾の服飾デザイナー。
⇒外16（チェン, シャッツィ　1951-）
Chen, Steve
アメリカのユーチューブ共同創業者, CTO。
⇒外12（チェン, スティーブ　1978-）
Chen Bo-lin
台湾の俳優。
⇒外12（チェンボーリン　1983.8.27-）
　外16（チェンボーリン　1983.8.27-）
Chen Chieh-jen
台湾の美術作家。
⇒岩世人（チェン・ジエレン　1960.4.11-）
Che'nelle
マレーシア生まれの歌手。
⇒外12（シェネル）
　外16（シェネル）
Chenery, Hollis Burnley
アメリカの経済学者。
⇒有経5（チェネリー　1918-1994）
Chenevière, Jacques
スイスの詩人, 作家。主著"Les beaux jours"（1909）
⇒岩世人（シュヌヴィエール　1886.4.17-1976.4.22）
Cheney, Dick
アメリカの政治家, 実業家。アメリカ副大統領。
⇒アメ新（チェイニー　1941-）
　岩世人（チェイニー　1941.1.30-）
　外12（チェイニー, ディック　1941.1.30-）
　外16（チェイニー, ディック　1941.1.30-）
　世指導（チェイニー, ディック　1941.1.30-）
Cheney, Laurance Russell
アメリカの大リーグ選手（投手）。
⇒メジャ（チェイニー, ラリー　1886.5.2-1969.1.6）
Cheng, Ekin
香港の俳優, 歌手。
⇒外12（チェン, イーキン　1967.10.4-）
　外16（チェン, イーキン　1967.10.4-）
Cheng, François
フランスの作家, 書道家。

⇒岩世人（チェン 1929.8.30-）
外12（チェン, フランソワ 1929-）
外16（チェン, フランソワ 1929-）
現世文（チェン, フランソワ　程抱一　1929.8.30-）

Cheng, Joseph
台湾の俳優。
⇒外12（チェン, ジョセフ 1982.6.19-）
外16（チェン, ジョセフ 1982.6.19-）

Cheng, Pei-Pei
香港の女優。
⇒スター（チェン・ペイペイ 1946.12.4-）

Cheng Heng
カンボジアの政治家。カンボジア元首。
⇒岩世人（チェン・ヘン 1910.1.10-1996.3.15）

Cheng Yu-chieh
台湾の映画監督。
⇒外12（チェンヨウチェー 1977-）
外16（チェンヨウチェー 1977-）

Cheng Yu-Tung
香港の実業家。香港最大級の総合企業集団・新世界集団の創始者。
⇒現アジ（鄭裕彤 1925-）

Chen Hong
中国の女優, プロデューサー。
⇒外12（チェンホン 1968.12.31-）

Chenier, Clifton
アメリカのアコーディオン奏者, ブルース歌手。
⇒岩世人（シェニエ 1925.6.25-1987.12.12）
ロック（Chenier,Clifton シェニエ, クリフトン 1925.6.25-）

Chen Kai-ge
中国の映画監督。中国映画界の新鋭。日本読みは「ちんがいか」。1984年, 第1作『黄色い大地』で世界から注目を浴び, その詩的な映像表現から中国のヌーベルバーグと称される。作品に『子供たちの王様』『人生は琴の弦のように』『さらば, わが愛/覇王別姫』など。
⇒岩世人（チェン・カイコー 1952.8.12-）
外12（チェンカイコー 1952-）
外16（チェンカイコー 1952-）
中人小（陈凯歌　ちんがいか 1952-）
中日3（陈凯歌　ちんがいか, チェンカイコー 1952-）

Chen Kun
中国の俳優。
⇒外12（チェンクン 1976.2.4-）
外16（チェンクン 1976.2.4-）

Chennault, Anna
アメリカの華人政治活動家。
⇒岩世人（陳香梅　ちんこうばい 1925.6.23-）

Chennault, Claire Lee
アメリカの軍人。日華事変中, 中国空軍に入って戦い, 司令官をつとめた。
⇒アア歴（Chennault,Claire Lee シェノールト, クレア・リー 1890.9.6-1958.7.27）
ア太戦（シェンノート 1890-1958）
岩世人（シェンノート（シェノール（ト）） 1893.9.6-1958.7.27）

Chénon, Emile
フランスの法制史学者。地方史や宗教史の研究を行なった。主著『起源より1815年にいたるフランスの公法と私法の歴史概説』(1926～29)。
⇒岩世人（シェノン 1857.5.16-1927.4.11）

Chen Rui-Xian
シンガポールの小説家, 詩人。
⇒現世文（陳瑞献　ちん・ずいけん 1943.5.5-）

Chen Ruo-xi
カナダ（中国系）の作家。
⇒岩世人（陳若曦　ちんじゃくぎ 1938.11.15-）
現世文（陳若曦　ちん・じゃくぎ 1938-）

Chen Shiang-chyi
台湾の女優。
⇒外12（チェンシアンチー 1967-）

Chenu, Marie-Dominique
フランスのローマ・カトリック教会司祭, 神学者。
⇒岩世人（シュニュ 1895.1.7-1990.2.11）
新カト（シュニュ 1895.1.7-1990.2.11）

Cheon Myeong-kwan
韓国の作家, 脚本家。
⇒現世文（チョン・ミョングァン 1964-）

Cheon Un-yeong
韓国の作家。
⇒現世文（チョン・ウニョン　千雲寧 1971-）

Cher
アメリカの歌手, 女優。
⇒外12（シェール 1946.5.20-）
外16（シェール 1946.5.20-）
ク俳（シェール（シェリリン・サーキシアン） 1946-）
ロック（Sonny and Cher サニー&シェール 1946.5.20-）
ロック（Cher シェール 1946.5.20-）

Cherd Songsri
タイ生まれの映画監督。
⇒岩世人（チュート・ソンシー 1931.9.20-2006.5.20）
タイ（チュート・ソンシー ?-2006）

Chéreau, Patrice
フランス生まれの映画監督, 男優, 舞台演出家。
⇒岩世人（シェロー 1944.11.2-2013.10.7）
外12（シェロー, パトリス 1944.11.2-）

Chérel, Jean Félix Marie
フランスのパリ外国宣教会宣教師。
⇒岩世人（シェレル　1868.7.9–1948.3.21）

Cherenkov, Pavel Alekseyevich
ソ連の物理学者。1934年チェレンコフ放射を発見。58年ノーベル物理学賞受賞。
⇒岩世人（チェレンコフ　1904.7.15/28–1990.1.6）
　三新物（チェレンコフ　1904–1990）
　ノベ3（チェレンコフ,P.A.　1904.7.28–1990.1.6）
　物理（チェレンコフ,パーヴェル・アレクセイヴィチ　1904–1990）

Cherepkov, Viktor
ロシアの政治家。ウラジオストク市長、ロシア下院議員。
⇒世指導（チェレプコフ,ヴィクトル　1942–2017.9.2）

Cherepnin, Aleksandr Nikolaevich
ロシアのピアノ奏者、作曲家。
⇒岩世人（チェレプニン　1899.1.8/20–1977.9.29）
　エデ（チェレプニン,アレクサンドル（ニコライェヴィチ）　1899.1.20–1977.9.29）
　ク音3（チェレプニン　1899–1977）
　新音小（チェレプニン,アレクサンドル　1899–1977）
　新音中（チェレプニン,アレクサンドル　1899.1.20–1977.9.29）
　ピ曲改（チェレプニン,アレクサンドル・ニコラエヴィッチ　1899–1977）
　標音2（チェレプニン,アレクサンドル・ニコラエヴィチ　1899.1.21–1977.9.29）

Cherepnin, Lev Vladimirobich
ソ連時代のロシア中世史家。
⇒岩世人（チェレプニン　1905.3.30/4.12–1977.6.12）

Cherepnin, Nikolai Nikolaevich
ソ連の指揮者、作曲家。
⇒ク音3（チェレプニン　1873–1945）
　新音中（チェレプニン,ニコライ　1873.5.15–1945.6.26）
　標音2（チェレプニン,ニコライ・ニコラエヴィチ　1873.5.15–1945.6.26）

Cherestal, Jean-Marie
ハイチの政治家。ハイチ首相。
⇒世指導（シェレスタル,ジャンマリー　1948–）

Chéret, Jules
フランスの画家、版画家。カラー・リトグラフによるポスター印刷に才能を発揮した。
⇒岩世人（シェレ　1836.5.31–1932.9.23）
　グラデ（Chéret,Jule　シェレ,ジュール　1836–1932）
　19仏（シェレ,ジュール　1836.5.31–1932.9.23）

Chericoff, Edgni
ロシアの作家。
⇒学叢思（チェリコフ,エジュニ　1864–?）

Cherkaoui, Sidi Larbi
ベルギーの振付師、ダンサー。
⇒外12（シェルカウイ,シディ・ラルビ　1976–）
　外16（シェルカウイ,シディ・ラルビ　1976–）

Cherkasov, Nikolay Konstantionovich
ソ連の俳優。舞台のほか、映画『イワン雷帝』(1946)、などにも出演。著書『ソ連俳優の手記』(53) など。
⇒スター（チェルカーソフ,ニコライ　1903.7.27–1966）

Cherkassky, Schura
ロシア、のちアメリカのピアノ奏者。
⇒新音中（チェルカスキー,シューラ　1909.10.7–1995.12.27）
　標音2（チャーカスキー,シューラ　1911.10.7–1995.12.27）

Chern, Shiing-shen
アメリカ（中国系）の数学者、教育者。
⇒岩世人（チャーン　1911.10.26–2004.12.3）
　世数（チャーン,シンシェン（陳省身,チン・ショウシン）　1911–2004）

Chernenko, Konstahtin Ustinovich
ソ連の政治家。
⇒岩世人（チェルネンコ　1911.9.11/24–1985.3.10）
　広辞7（チェルネンコ　1911–1985）
　世人新（チェルネンコ　1911–1985）
　世人装（チェルネンコ　1911–1985）
　ポプ人（チェルネンコ,コンスタンティン　1911–1985）

Cherniss, Harold Frederik
アメリカの古代哲学史家。
⇒岩世人（チャーニス　1904.3.11–1987.7.18）

Chernomyrdin, Viktor Stepanovich
ロシアの政治家。エリツィン政権を支えた元ロシア首相。
⇒岩世人（チェルノムイルジン　1938.4.9–2010.11.3）
　世指導（チェルノムイルジン,ヴィクトル　1938.4.9–2010.11.3）
　ネーム（チェルノムイルジン　1938–2010）

Chernov, Dmitrii Konstantinovich
ロシアの冶金学者。
⇒化学（チェルノフ　1839–1921）

Chernov, Victor Mikhailovich
ロシアの革命家。社会革命党の指導者。1917年臨時連合政府の農林相。
⇒岩世人（チェルノーフ　1873.11.25/12.7–1952.4.15）

Chernova, Tatyana
ロシアの七種競技選手。
⇒最世ス（チェルノワ,タチアナ　1988.1.29–）

Chernyaev, Anatoly Sergeevich
ソ連の政治家。
⇒岩世人（チェルニャーエフ　1921.5.25–）

Chernyakhovskij, Ivan
ソ連の陸軍軍人。
⇒ネーム（チェルニャホフスキー　1906–1945）

Cherozamsky, Vlada
ブルガリア人の殺し屋。ユーゴスラビア国王アレクサンドル1世とフランス外相ルイ・バルトゥーを暗殺。
⇒世暗（チェロザムスキィ, ウラーダ）

Cherry, Donald E. (Don)
アメリカのジャズ・ホーン, ピアノ奏者。
⇒新音中（チェリー, ドン　1936.11.18–1995.10.19）
標音2（チェリー, ドン　1936.11.18–1995.10.19）

Cherry, William Thomas
アメリカの印刷業者, 宣教師。
⇒アア歴（Cherry,William T (homas)　チェリー, ウイリアム・トマス　1872.10.11–1941.10.12）

Cherryh, C.J.
アメリカの作家。
⇒現世文（チェリイ,C.J.　1942.9.1–）

Chertoff, Michael
アメリカの法律家。
⇒外12（チャートフ, マイケル　1953.11.28–）
外16（チャートフ, マイケル　1953.11.28–）

Cheruiyot, Robert
ケニアのマラソン選手。
⇒外12（チェルイヨット, ロバート　1978.9.26–）
最世ス（チェルイヨット, ロバート　1978.9.26–）

Cheruiyot, Vivian
ケニアの陸上選手（長距離）。
⇒最世ス（チェルイヨット, ヴィヴィアン　1983.9.11–）

Chervenkov, Vulko
ブルガリアの政治家。1949～54年共産党書記長, 50～56年首相。
⇒岩世人（チェルヴェンコフ　1900.9.6/19–1980.10.21）

Chesbro, George C.
アメリカのミステリ作家。
⇒現世文（チェスブロ, ジョージ　1940–）

Chesbro, John Dwight
アメリカの大リーグ選手（投手）。
⇒メジャ（チェズブロ, ジャック　1874.6.5–1931.11.6）

Cheshire, Chevalier Geoffrey
イギリスの法学者。
⇒岩世人（チェシャー　1886.6.27–1978.10.27）

Cheshire, Fleming Duncan
アメリカの領事。
⇒アア歴（Cheshire,Fleming Duncan　チェシア, フレミング・ダンカン　1849.3.4–1922.6.13）

Chesneaux, Jean
フランスの中国研究者。
⇒岩世人（シェノー　1922–2007.1.23）

Chesnut, Eleanor
アメリカの医療宣教師。
⇒アア歴（Chesnut,Eleanor　チェスナット, エレナー　1868.1.8–1905.10.25）

Chesnutt, Charles Waddell
アメリカの黒人小説家。短篇集『女魔法使い』(1899)で,「アメリカ最初の黒人作家」と呼ばれた。
⇒岩世人（チェスナット　1858.6.20–1932.11.15）

Chess, Leonard
チェス・レーベルの創立者, プロデューサー。
⇒新音中（チェス, レナード　1917.3.12–1969.10.16）

Chessex, Jacques
スイスの小説家。
⇒現世文（シェセックス, ジャック　1934–）

Chessman, Harriet Scott
アメリカの作家。
⇒海文新（チェスマン, ハリエット・スコット）
現世文（チェスマン, ハリエット・スコット）

Chester, Colby Mitchell
アメリカの弁護士, 実業家。ポスタム穀物会社社長, ジェネラル・フーズ社社長。
⇒アメ経（チェスター, コルビー　1877.7.23–1965.9.26）

Chester, Kenn
アメリカのテノール歌手。
⇒魅惑（Chester,Kenn　?–）

Chesterton, Gilbert Keith
イギリスのジャーナリスト, 著作家。
⇒岩キ（チェスタトン　1874–1936）
岩世人（チェスタトン　1874.5.29–1936.6.14）
広辞7（チェスタートン　1874–1936）
新カト（チェスタトン　1874.5.29–1936.6.14）
ネーム（チェスタートン　1874–1936）

Chetverikov, Sergei Sergevich
ソ連の遺伝学者。
⇒岩生（チェトヴェリコフ　1880–1959）

Cheung, Cecilia
香港の女優, 歌手。
⇒外12（チャン, セシリア　1980.5.24–）
外16（チャン, セシリア　1980.5.24–）

Cheung, Jackie
中国生まれの俳優。
- ⇒異二辞（チュン，ジャッキー　張学友　1961-）
- 岩世人（チュン(チョン)　1961.7.10-）
- 外12（チュン，ジャッキー　1961.7.10-）
- 外16（チュン，ジャッキー　1961.7.10-）

Cheung, Jacob C.L.
香港の映画監督。
- ⇒外12（チャン，ジェイコブ　1959.9.6-）

Cheung, Jasper
香港の実業家。
- ⇒外12（チャン，ジャスパー　1964.10.26-）

Cheung, Leslie
香港の俳優，歌手。
- ⇒遺産（チャン，レスリー　張国栄　1956.9.12-2003.4.1）
- 岩世人（チャン　1956.9.12-2003.4.1）
- 中日3（张国荣　チャン，レスリー　1956-2003）

Cheung, Maggie
香港生まれの女優。漢字名・張曼玉。
- ⇒遺産（チャン，マギー　張曼玉　1964.9.20-）
- 岩世人（チャン　1964.9.20-）
- 外12（チャン，マギー　1964.9.20-）
- 外16（チャン，マギー　1964.9.20-）
- スター（チャン，マギー　1964.9.20-）
- 中日3（张曼玉　チャン，マギー　1964-）

Cheung, William
香港の映画美術監督，衣装デザイナー。
- ⇒岩世人（チョン　1954-）
- 外12（チョン，ウィリアム　1953.11.12-）
- 外16（チョン，ウィリアム　1953.11.12-）

Cheung Yan
中国の実業家。
- ⇒外12（張茵　チョウイン　1957-）
- 外16（張茵　チョウイン　1957-）

Chevalier, Maurice
フランスのシャンソン歌手，俳優。カジノ・ド・パリのスター。
- ⇒岩世人（シュヴァリエ　1888.9.12-1972.1.1）
- ク俳（シュヴァリエ，モーリス　1888-1972）
- 新音中（シュヴァリエ，モーリス　1888.9.12-1972.1.1）
- スター（シュヴァリエ，モーリス　1888.9.12-1972）
- ネーム（シュヴァリエ　1888-1972）
- 標音2（シュヴァリエ，モリス　1888.9.12-1972.1.1）

Chevalier, Peter
ドイツ生まれの画家。
- ⇒芸13（シュバリエ，ピーター　1953-）

Chevalier, Tracy
アメリカの作家。
- ⇒外12（シュバリエ，トレイシー　1962-）
- 外16（シュバリエ，トレイシー　1962.10.19-）
- 海文新（シュヴァリエ，トレイシー　1962.10.19-）
- 現世文（シュバリエ，トレイシー　1962.10.19-）

Chevalier, Ulysse
フランスの書誌学者，歴史家。
- ⇒新カト（シュヴァリエ　1841.2.24-1923.10.27）

Chevalley, Claude
フランスの数学者。類体論の算術化に成功。
- ⇒岩世人（シュヴァレー　1909.2.11-1984.6.28）
- 世数（シュヴァレー，クロード　1907-1984）

Chevallier, Gabriel
フランスの小説家。
- ⇒現世文（シュヴァリエ，ガブリエル　1895.5.3-1969.4.6）

Chevénement, Jean Pierre
フランスの政治家。研究・技術相，文相，内相。共和派市民運動(MRC)党首。
- ⇒岩世人（シュヴェヌマン　1939.3.9-）
- 外12（シュベーヌマン，ジャン・ピエール　1939.3.9-）
- 外16（シュベーヌマン，ジャン・ピエール　1939.3.9-）
- 世指導（シュベーヌマン，ジャン・ピエール　1939.3.9-）

Chew, Geoffrey F.
アメリカの理論物理学者。
- ⇒岩世人（チュー　1924.6.5-）

Chew, Ruth
アメリカの児童文学作家，イラストレーター。
- ⇒現世文（チュウ，ルース　1920-2010.5.13）

Chew Chong
ニュージーランド（中国系）の企業家。
- ⇒ニュー（チュー，チョン　1830頃-1920）

Chew Choon Seng
シンガポールの実業家。
- ⇒外12（チュウチュン・セン）
- 外16（チュウチュン・セン）

Cheyne, Thomas Kelly
イギリスの神学者。イギリスにおけるヴェルハウゼン派の代表者。
- ⇒岩世人（チェイニ　1841.9.18-1915.2.16）

Chey Tae-won
韓国の実業家。
- ⇒外16（チェテウォン　崔泰源　1961-）

Cheywa, Milca Chemos
ケニアの陸上選手(障害)。
- ⇒最世ス（チェイワ，ミルカ・チェモス　1986.2.24-）

Chi, Jimmy
オーストラリア先住民の劇作家，音楽家。

⇒岩世人（チャイ 1948-）
Chia, Sandro
イタリア生まれの画家。
⇒芸13（キア，サンドロ 1946-）
Chiaia, Giovanni
イタリアのテノール歌手。
⇒失声（キアイヤ，ジョヴァンニ 1894-1965）
魅惑（Chiaia,Giovanni 1894-?）
Chiang, Ted
アメリカの作家。
⇒外12（チャン，テッド 1967-）
外16（チャン，テッド 1967-）
現世文（チャン，テッド 1967-）
Chiari, Giuseppe
イタリアの作曲家。
⇒現音キ（キアリ，ジュゼッペ 1926-2007）
Chiattone, Mario
イタリアの建築家。ミラノで「新都市」のための諸建築のスケッチを展示し（1914），未来派建築の発展に寄与した。
⇒岩世人（キアットーネ 1891.11.11-1957.8.21）
Chiau Sing-chi
香港の俳優，映画監督。
⇒岩世人（チャウ・シンチー 1962.6.22-）
外12（チャウシンチー 1962.6.22-）
外16（チャウシンチー 1962.6.22-）
Chicago, Judy
アメリカの芸術家。
⇒岩世人（シカゴ 1939.7.20-）
Chichagova, Galina Dmitrievna
モスクワ生まれの女性挿絵画家，グラフィック・デザイナー。
⇒絵本（チチャーゴワ姉妹 1886-1958）
Chichagova, Ol'ga Dmitrievna
ロシア・モスクワ生まれの女性挿絵画家，グラフィック・デザイナー。
⇒絵本（チチャーゴワ姉妹 1891-1966）
Chi Chang-hoon
韓国の実業家。
⇒外16（チチャンフン 智昌薫 1953-）
Chicherin, Georgi Vasilievich
ソ連の政治家。第1次大戦中ロンドンで反戦運動，ロシア政治亡命者救援運動を組織。
⇒岩世人（チチェーリン 1872.11.12/24-1936.7.7）
学叢思（チチェリン 1872-?）
Chicherova, Anna
ロシアの走り高跳び選手。
⇒外16（チチェロワ，アンナ 1982.7.22-）
最世ス（チチェロワ，アンナ 1982.7.22-）

Chichibabin, Alexei Yevgen'evich
ロシア，ソ連の化学者。
⇒化学（チチバービン 1871-1945）
Chidambaram, Palaniappan
インドの政治家。
⇒外16（チダムバラム，パラニアパン 1945.9.16-）
世指導（チダムバラム，パラニアパン 1945.9.16-）
Chi Daniwad
台湾のタロコ人牧師。チー・ダニワド（Chi Daniwad）とも呼ばれる。
⇒岩世（チーオアン（芝苑）1872-1946）
岩世人（チワン 1872（同治11）-1946）
Chidgey, Catherine
ニュージーランドの小説家。
⇒ニュー（チッジー，キャサリン 1970-）
Chiellini, Giorgio
イタリアのサッカー選手（ユベントス・DF）。
⇒最世ス（キエッリーニ，ジョルジョ 1984.8.14-）
Chien, Fredrick F.
台湾の政治家。台湾外交部長（外相），台湾監察院長，台湾国民党中央常務委員。
⇒世指導（銭復 せん・ふく 1935.2.17-）
Chiera, Edward
アメリカの考古学者。
⇒岩世人（キエラ 1885.8.5-1933.6.21）
Chifley, Joseph Benedict
オーストラリアの政治家。1945〜49年首相。
⇒岩世人（チフリー 1885.9.22-1951.6.13）
Chigyri, Mikhail N.
ベラルーシの政治家。ベラルーシ首相。
⇒世指導（チギリ，ミハイル 1948-）
Chikatilo, Andrej
ロシアの殺人犯。
⇒ネーム（チカチーロ，アンドレイ 1936-1994）
Chilavert, Jose Luis
パラグアイのサッカー選手。
⇒ネーム（チラベルト 1965-）
Child, Charles Manning
アメリカの動物学者。ロックフェラー派遣教授として来日し，東北帝国大学で講義（1930〜31）。
⇒岩生（チャイルド 1869-1954）
岩世人（チャイルド 1869.2.2-1954.12.19）
Child, Jacob Tripler
アメリカの教育者，外交官。
⇒アア歴（Child,Jacob T（ripler） チャイルド，ジェイコブ・トリプラー 1833.1.19-?）

Child, Lauren
イギリスの絵本作家。
⇒絵本（チャイルド, ローレン　1965–）
　外12（チャイルド, ローレン）
　外16（チャイルド, ローレン）
　現世文（チャイルド, ローレン）

Child, Lee
イギリス生まれの作家。
⇒外12（チャイルド, リー　1954–）
　外16（チャイルド, リー　1954–）
　海文新（チャイルド, リー　1954.10.29–）
　現世文（チャイルド, リー　1954.10.29–）

Child, Lincoln
アメリカの作家, 編集者。
⇒外12（チャイルド, リンカーン　1957–）
　外16（チャイルド, リンカーン　1957–）
　現世文（チャイルド, リンカーン　1957–）

Childe, Vere Gordon
オーストラリア生まれの考古学者。農耕の起源などについて独特の史観を完成。主著『人類の生成』(1936)。
⇒岩世人（チャイルド　1892.4.14–1957.10.17）
　広辞7（チャイルド　1892–1957）

Childers, Erskine Hamilton
アイルランドの政治家。アイルランド大統領（1973～74）。
⇒岩世人（チルダーズ　1905.12.11–1974.11.17）

Childers,（Robert）Erskine
イギリスの小説家。
⇒岩世人（チルダーズ　1870.6.25–1922.11.24）
　スパイ（チルダース, ロバート・アースキン　1870–1922）

Childs, Barney
アメリカの作曲家。
⇒エデ（チャイルズ, バーニー　1926.2.13–2000.1.11）
　現音キ（チャイルズ, バーニー　1926–2000）

Childs,（Cupid）Clarence Algernon
アメリカの大リーグ選手（二塁）。
⇒メジャ（チャイルズ, キューピッド　1867.8.8–1912.11.8）

Childs, John Lawrence
アメリカの教育学者。民主的行動連盟副総裁, 教職員組同盟（A.F.T.）の戦後教育再建全国委員会議長などをつとめた。
⇒教人（チャイルズ　1889–）

Childs, Laura
アメリカのミステリ作家。
⇒外16（チャイルズ, ローラ）
　海文新（チャイルズ, ローラ）
　現世文（チャイルズ, ローラ）

Chilembwe, John
マラウイ（旧英領ニヤサランド）の独立教会運動指導者, 反英運動指導者。
⇒岩世人（チレンブウェ　1871?–1915.2.3）
　世人新（チレンブエ　1865–1915）
　世人装（チレンブエ　1865–1915）

Chilesotti, Oscar
イタリアの音楽学者。
⇒標音2（キレゾッティ, オスカル　1848.7.12–1916.6.20）

Chillida, Eduardo
スペインの彫刻家, 版画家。
⇒岩世人（チリーダ　1924.1.10–2002.8.19）
　芸13（チリーダ, エドアルド　1924–）
　広辞7（チリダ　1924–2002）

Chillida, Pedro
スペイン生まれの画家。
⇒芸13（チリーダ, ペドロ　1952–）

Chiluba, Frederick
ザンビアの政治家。ザンビア大統領（1991～2002）。
⇒岩世人（チルバ　1943.4.30–2011.6.18）
　世指導（チルバ, フレデリック　1943.4.30–2011.6.18）

Chimes, Thomas
アメリカの画家。
⇒芸13（チャイムス, トーマス　1921–）

Chi Myong-kwan
韓国の宗教哲学者。「歴史批判」主宰, 翰林大学翰林科学院教授, 日本学研究所長, 東京女子大学教授。
⇒岩韓（チ・ミョングァン　池明観　1924–）
　外12（チ ミョングァン　池明観　1924.10.11–）
　外16（チ ミョングァン　池明観　1924.10.11–）
　新カト（チ・ミョンクワン　1924.10.11–）

Chin, Curtis S.
アメリカのコミュニケーション・コンサルタント。
⇒外16（チン, カーティス　1965–）

Chin, Larry
アメリカ（中国系）の中央情報局（CIA）分析官。勤務の傍ら, 30年以上にわたってスパイ行為を続けた。
⇒スパイ（チン, ラリー　1922–1986）

Chinchilla, Laura
コスタリカの政治家。コスタリカ大統領（2010～14）。
⇒外12（チンチジャ, ラウラ　1959.3.28–）
　外16（チンチジャ, ラウラ　1959.3.28–）
　世指導（チンチジャ, ラウラ　1959.3.28–）

Ching Siu-tung
香港の映画監督、アクション監督、武術指導家。
⇒外12（チンシウトン 1952–）
　外16（チンシウトン 1952–）

Chin Peng
マレーシアの共産ゲリラ指導者。マラヤ共産党書記長。
⇒岩世人（チン・ペン 1924.10.21–2013.9.16）

Chinshanlo, Zulfiya
カザフスタンの重量挙げ選手。
⇒外16（チンシャンロ, ズルフィヤ 1993.7.25–）
　最指ス（チンシャンロ, ズルフィヤ 1993.7.25–）

Chin Soophonphanich
タイのバンコク銀行（BB）創業者。
⇒岩世人（チン・ソーポンパーニット 1910.11.10–1988.1.4）

Chiostri, Carlo
イタリアの風刺画家。
⇒絵本（キオストリ, カルロ 1863–1936）

Chi Po-lin
台湾の写真家、ドキュメンタリー監督。
⇒外16（チーポーリン）

Chipperfield, David
イギリスの建築家、インテリアデザイナー。
⇒外16（チッパーフィールド, デービッド 1953.12.18–）

Chiquet, Maureen
アメリカの実業家。シャネル・グローバルCEO。
⇒外12（シケット, モーレン）
　外16（シケット, モーレン 1963.3.9–）

Chirac, Jacques René
フランスの政治家。フランス大統領（1995〜2007）。
⇒岩世人（シラク 1932.11.29–）
　外12（シラク, ジャック 1932.11.29–）
　外16（シラク, ジャック 1932.11.29–）
　広辞7（シラク 1932–）
　政経改（シラク 1932–）
　世指導（シラク, ジャック 1932.11.29–）
　世人新（シラク 1932–）
　世人装（シラク 1932–）
　ネーム（シラク 1932–）
　ポブ人（シラク, ジャック 1932–）

Chirico, Giorgio de
イタリアの画家。「形而上学的絵画」と自他ともに認める詩的神秘の作品世界を顕現した。
⇒岩世人（キリコ 1888.7.10–1978.11.20）
　芸13（デ・キリコ, ジョルジオ 1888–1978）
　広辞7（キリコ 1888–1978）
　シュル（デ・キリコ, ジョルジョ 1888–1978）
　ポブ人（キリコ, ジョルジョ・デ 1888–1978）

Chirol, Sir Ignatius Valentine
イギリスの新聞記者。「ロンドン・タイムズ」紙外交部主任。
⇒岩世人（チロル 1852.5.28–1929.10.22）

Chisholm, George Goudie
イギリスの地理学者。主著 "Handbook of commercial geography"（1889）。
⇒岩世人（チザム 1850.5.1–1930.2.9）

Chisholm, Margaret Elizabeth
アメリカの図書館員。メリーランド大学においてメディア教育に尽力する。アメリカ図書館協会の会長も務める。旅行家としても知られる。
⇒ア図（チザム, マーガレット 1921–1999）

Chisholm, Roderick Milton
アメリカの哲学者。米国芸術科学アカデミー会員。
⇒岩世人（チザム 1916–1999）
　哲中（チザム 1916–1999）

Chisholm, Shirley
アメリカの政治家。
⇒アメ州（Chisholm, Shirley チズム, シャーリー 1924–）

Chissano, Joaquim Alberto
モザンビークの政治家。モザンビーク大統領（1986〜2005）。
⇒岩世人（シサノ 1939.10.22–）
　外12（シサノ, ジョアキム・アルベルト 1939.10.22–）
　外16（シサノ, ジョアキム・アルベルト 1939.10.22–）
　世指導（シサノ, ジョアキム・アルベルト 1939.10.22–）

Chistiakov, Ivan M.
ソ連の軍人。
⇒岩韓（チスチャコフ 1900–1979）

Chit Hlaing, U
英領期ビルマの政治家。
⇒岩世人（チッフライン 1879–1952.10.31）

Chit Maung, Thakin
ビルマ（ミャンマー）の政治家。
⇒岩世人（チッマウン 1915–2005.3.3）

Chittenden, Russel Henry
アメリカの生理化学者。アメリカ最初の生理化学教室を作った。栄養学を研究。
⇒岩世人（チッテンデン 1856.2.18–1943.12.26）
　化学（チッテンデン 1856–1943）

Chitti, Franco
テノール歌手。
⇒魅惑（Chitti, Franco ?–）

Chizen, Bruce
アメリカの実業家。

⇒外12（チーゼン，ブルース　1955.9.5–）

Chizhikov, Viktor Aleksandrovich
ロシアのイラストレーター。
⇒絵本（チジコフ，ヴィクトル　1935–）

Chizzali, Rudolf
テノール歌手。
⇒魅惑（Chizzali,Rudolf　?–）

Chloe
アイルランドの歌手。
⇒外12（クロエ）

Chmelnitzki, Melech
キエフ生まれのイディッシュ語詩人，医学の普及者。
⇒ユ著人（Chmelnitzki,Melech　クメルニッキー，メレフ　1885–1945）

Chmielewska, Iwona
ポーランドの絵本作家。
⇒絵本（フミェレフスカ，イヴォナ　1960–）

Chmielowski, Alberto Adamo
ポーランドの聖人，修道会創立者。祝日12月25日。
⇒新カト（アルベルト・アダモ・フミェロフスキ　1845.8.20–1916.12.25）

Cho Byung-hwa
韓国の詩人。仁荷大学名誉教授。
⇒韓現文（趙炳華　チョ・ビョンファ　1921.5.2–2003.3.8）
現世文（チョ・ビョンファ　趙炳華　1921.5.2–2003.3.8）

Chocano, José Santos
ペルーの詩人。最初の「アメリカの詩人」を自称し，原住民の現状を告発。詩集に『西インドの黄金』（1934）など。
⇒岩世人（チョカーノ　1875.5.14–1934.12.13）

Cho Chang-in
韓国の作家。
⇒外12（チョチャンイン　趙昌仁）
外16（チョチャンイン　趙昌仁）
海文新（チョチャンイン　趙昌仁）
現世文（チョ・チャンイン　趙昌仁）

Cho Dong-il
韓国の韓国文学者。
⇒外12（チョドンイル　趙東一　1939–）
外16（チョドンイル　趙東一　1939–）

Chodorow, Nancy J.
アメリカの精神分析派フェミニズム理論家，社会学者。
⇒岩女（チョドロウ，ナンシー　1944–）

Choe Byung-yul
韓国の国会議員。1959年朝鮮日政治部記者，編集局長などを経て，84年まで理事。その後，国会議員，大統領政務首席秘書官，労働部長官などを歴任。
⇒世指導（チェ・ビョンヨル　1938.9.16–）

Choe In-hun
韓国の作家。著作に『広場』（1960），『九雲夢』（1963）。
⇒岩韓（チェ・イヌン　崔仁勲　1936–）
岩世人（崔仁勲　チェイヌン　1936.4.13–）
韓現文（崔仁勲　チェ・イヌン　1936.4.13–）
現世文（チェ・イヌン　崔仁勲　1936.4.13–）

Choe Jae-chun
韓国の生態学者，動物行動学者。
⇒外12（チェジェチョン　崔在天）
外16（チェジェチョン　崔在天）

Choe Jeong-hui
韓国の作家。保母を務めるかたわら創作を開始。主著に短編『一周忌祭』『夜話』『春』，長編『人間史』『河の流れまた何千里』などがある。
⇒岩世人（崔貞熙　チェジョンヒ　1906.12.3（光武10.10.18）–1990.12.21）
韓現文（崔貞熙　チェ・ジョンヒ　1912.12.3–1990）
現世文（チェ・ジョンヒ　崔貞熙　1912.12.3–1990.12.21）

Choe Min-kyong
韓国の作家。
⇒海文新（チェミンギョン　1974–）
現世文（チェ・ミンギョン　1974–）

Choe Pu-il
北朝鮮の軍人，政治家。北朝鮮国務委員，朝鮮労働党政治局員。
⇒外16（チェブイル　崔富一　1944.3.6–）
世指導（チェ・ブイル　1944.3.6–）

Choe Ryong-hae
北朝鮮の政治家，軍人。北朝鮮国務副委員長，朝鮮労働党副委員長・政治局常務委員。
⇒外16（チェリョンヘ　崔竜海　1950.1.15–）
世指導（チェ・リョンヘ　1950.1.15–）

Choe Sang-Hun
韓国のタレント。1982年，MBCテレビタレント第15期生としてデビュー。代表作に『愛と真実』『バラ色の人生』『憤怒の王国』等がある。
⇒韓俳（チェ・サンフン　1954.9.8–）

Choe Thae-bok
北朝鮮の政治家。北朝鮮最高人民会議議長，朝鮮労働党中央委員会副委員長。
⇒岩韓（チェ・テボク　崔泰福　1930–）
外12（チェテボク　崔泰福　1930.12.6–）
外16（チェテボク　崔泰福　1930.12.6–）
世指導（チェ・テボク　1930.12.6–）

Cho Eun-ji
韓国の女優。
⇒外12（チョウンジ　1981.2.10–）

韓俳（チョ・ウンジ 1981.2.10-）
Cho Eun-Suk
韓国の女優。
⇒韓俳（チョ・ウンスク 1973.8.7-）
Choe Wan-gyu
韓国の脚本家。
⇒外12（チェワンギュ 1964.8.18-）
外16（チェワンギュ 1964.8.18-）
Choe Yong-Min
韓国の男優。
⇒韓俳（チェ・ヨンミン 1953.8.19-）
Choe Yong-rim
北朝鮮の政治家。北朝鮮首相、朝鮮労働党政治局常務委員。
⇒外12（チェヨンリム 崔永林 1930.11.20-）
外16（チェヨンリム 崔永林 1930.11.20-）
世指導（チェ・ヨンリム 1930.11.20-）
Choe Young-mi
韓国の詩人、小説家。
⇒岩韓（チェ・ヨンミ 崔泳美 1961-）
外12（チェヨンミ 崔泳美）
現世文（チェ・ヨンミ 崔泳美 1961-）
Cho Gum-hwa
北朝鮮の普天堡電子楽団所属のソロ女性歌手。
⇒岩韓（チョ・グムファ 1970-）
Cho Han-seon
韓国の俳優。
⇒外12（チョハンソン 1981.6.17-）
韓俳（チョ・ハンソン 1981.6.17-）
Cho Ha-ri
韓国のスピードスケート選手（ショートトラック）。
⇒外16（チョヘリ 1986.7.29-）
Cho Hyun
韓国の外交官。韓国国際原子力機関（IAEA）大使、駐オーストリア大使、外交部第一次官。
⇒外12（チョヒュン 趙顕）
外16（チョヒュン 趙顕）
Cho Hyung-Ki
韓国の男優。
⇒韓俳（チョ・ヒョンギ 1958.10.15-）
Cho hyun-jae
韓国の俳優。
⇒外12（チョヒョンジェ 1980.5.9-）
外16（チョヒョンジェ 1980.5.9-）
韓俳（チョ・ヒョンジェ 1980.5.9-）
Choi, Sangho
韓国のテノール歌手。
⇒魅惑（Choi,Sangho ?-）

Choi Bool-am
韓国の男優。
⇒韓俳（チェ・ブラム 1940.6.15-）
Choi Deok-moon
韓国の男優。
⇒韓俳（チェ・ドンムン 1970.3.5-）
Choi Dong-hun
韓国の映画監督、俳優。
⇒外12（チェドンフン 1971-）
外16（チェドンフン 1971-）
Choi Eun-kyung
韓国のスピードスケート選手（ショートトラック）。
⇒最世ス（チェウンギョン 1984.12.26-）
Choi Hak-rak
韓国の男優。
⇒韓俳（チェ・ハンナク 1964.9.10-）
Choi Hong-man
韓国のキックボクサー、総合格闘家。
⇒異二辞（チェ・ホンマン 崔洪万 1980-）
外12（チェホンマン 1980.10.30-）
外16（チェホンマン 1980.10.30-）
Choi In-ho
韓国の小説家。1972年延世大学英文学科卒業。1963年韓国日報の新春文芸に小説当選で文壇デビュー。作品に『家族』『失われた王国』『赤道の花』ほか多数がある。
⇒岩韓（チェ・イノ 崔仁浩 1945-）
外12（チェインホ 崔仁浩 1945.10.17-）
外16（チェインホ 崔仁浩 1945.10.17-）
韓現文（崔仁浩 チェ・インホ 1945-）
現世文（チェ・インホ 崔仁浩 1945.10.17-）
Choi In-kee
韓国の内務部次官。羅州出身。1966年ソウル大学行政学科卒業。忠清南道副知事、光州市長、全羅南道知事などを歴任。
⇒世指導（チェ・インギ 1944.3.78-）
Choi Ja-Hye
韓国の女優。
⇒韓俳（チェ・ジャヘ 1981.7.26-）
Choi Jin-hyuk
韓国の俳優。
⇒外16（チェジニョク 1985.2.9-）
Choi Ji-woo
韓国の女優。
⇒異二辞（チェ・ジウ 崔志宇 1975-）
外12（チェジウ 1975.6.11-）
外16（チェジウ 1975.6.11-）
韓俳（チェ・ジウ 1975.6.11-）
Choi Jong-hun
韓国のミュージシャン。

⇒外12（チェジョンフン 1990.3.7–）
Choi Jong-Won
韓国の男優。
⇒韓俳（チェ・ジョンウォン 1950.1.27–）
Choi Joon-yong
韓国の男優。
⇒韓俳（チェ・ジュニョン 1966.3.7–）
Choi Jung-han
韓国のサッカー選手（大分トリニータ・FW）。
⇒外12（チェジョンハン 1989.6.3–）
Choi Jung-won
韓国の女優。
⇒韓俳（チェ・ジョンウォン 1981.4.30–）
Choi Jung-won
韓国の男優。
⇒韓俳（チェ・ジョンウォン 1981.5.1–）
Choi Jung-yoon
韓国の女優。
⇒韓俳（チェ・ジョンユン 1977.5.9–）
Choi Kang-hee
韓国の女優。
⇒韓俳（チェ・ガンヒ 1977.5.5–）
Choi Kyung-ju
韓国のプロゴルファー。
⇒外16（チェキョンジュ 崔京周 1970.5.19–）
　最世ス（チェキョンジュ 1970.5.19–）
Choi Min-ho
韓国の柔道選手。
⇒外12（チェミンホ 崔敏浩 1980.8.18–）
　外16（チェミンホ 崔敏浩 1980.8.18–）
　最世ス（チェミンホ 1980.8.18–）
Choi Min-hwan
韓国のミュージシャン。
⇒外12（チェミンファン 1992.11.11–）
Choi Min-kyung
韓国のスピードスケート選手（ショートトラック）。
⇒最世ス（チェミンギョン 1982.8.25–）
Choi Min-sik
韓国の俳優。
⇒遺産（チェ・ミンシク 1962.4.27–）
　外12（チェ・ミンシク 1962.4.27–）
　外16（チェ・ミンシク 1962.4.27–）
　韓俳（チェ・ミンシク 1962.4.27–）
Choi Min-soo
韓国のタレント。父は俳優の崔戊竜。1985年デビュー。代表作に『コチミ』『愛が何だか』『ムドンイの家』『歩いて空まで』等がある。
⇒外12（チェ・ミンス 1962.5.1–）

　外16（チェミンス 1962.3.27–）
　韓俳（チェ・ミンス 1962.5.1–）
Choi Min-Yong
韓国の男優。
⇒韓俳（チェ・ミニョン 1977.4.20–）
Choi Moon-Ki
韓国の東洋画家。
⇒芸13（崔文琦 ちぇもんき 1956–）
Choi Na-yeon
韓国のプロゴルファー。
⇒外16（チェナヨン 1987.10.28–）
Choi Phillip
韓国の男優。
⇒韓俳（チェ・フィリップ 1979.8.18–）
Choi Ran
韓国の女優。
⇒韓俳（チェ・ラン 1960.11.30–）
Choi Sang-yong
韓国の政治学者。
⇒岩韓（チェ・サンヨン 崔相竜 1942–）
　外12（チェサンヨン 崔相龍 1942.3.28–）
　外16（チェサンヨン 崔相龍 1942.3.28–）
Choi Siwon
韓国の男優、歌手。
⇒韓俳（チェ・シウォン 1987.2.10–）
Choi Soo-jong
韓国のタレント。1987年,KBSテレビよりデビュー。代表作に『愛が花咲く木』『幸福語辞典』『嫉妬』『家族』『都市人』『息子と娘』等がある。
⇒外12（チェスジョン 1962.12.28–）
　韓俳（チェ・スジョン 1962.12.28–）
Choi Sung-bong
韓国の声楽家。
⇒外16（チェソンボン）
Choi Sung-hong
韓国の外交官。韓国外交通商相（外相）。
⇒世指導（チェ・ソンホン 1938.12.24–）
Choi Sung-kook
韓国のサッカー選手（FW）。
⇒外12（チェソングク 崔成国 1983.2.8–）
Choi Sung-Kuk
韓国の男優。
⇒韓俳（チェ・ソングク 1970.12.2–）
Choi Sung-yong
韓国のサッカー選手。
⇒外12（チェソンヨン 崔成勇 1975.12.25–）
Choisy, François Auguste
フランスの考古学者,技師。土木橋梁学校建築

学教授。
⇒岩世人（ショワジ　1841.2.7-1909.9.18）

Choi Tae-ji
韓国のバレリーナ。
⇒外12（チェテェジ　1959.9.23-）

Choi Won-Goy
韓国の男優。
⇒韓俳（チェ・ウンギョ　1960.2.5-）

Choi Won-shik
韓国の韓国文学者,文芸評論家。
⇒外12（チェウォンシク　崔元植　1949-）
外16（チェウォンシク　崔元植　1949-）

Choi Woo-hyuk
韓国の男優。
⇒韓俳（チェ・ウヒョク　1985.10.18-）

Choi Woo-Je
韓国の男優,モデル。
⇒韓俳（チェ・ウジェ　1974.2.19-）

Choi Yeo-jin
韓国の女優。
⇒韓俳（チェ・ヨジン　1983.7.27-）

Choi Yoon-Young
韓国の女優,モデル,司会者。
⇒韓俳（チェ・ユニョン　1975.8.5-）

Choi Yo-sam
韓国のプロボクサー。
⇒最世ス（チェヨサム　1972.3.1-2008.1.3）

Choi Yu-ri
韓国の作家。
⇒外12（チェユリ）

Cho Jae-jin
韓国のサッカー選手（FW）。
⇒外12（チョジェジン　1981.7.9-）
最世ス（チョジェジン　1981.7.9-）

Cho Jea-hyun
韓国の俳優。
⇒外12（チョジェヒョン　1965.6.30-）
外16（チョジェヒョン　1965.6.30-）
韓俳（チョ・ジェヒョン　1965.6.30-）

Choldenko, Gennifer
アメリカの児童文学作家。
⇒海文新（チョールデンコウ, ジェニファ　1957-）
現世文（チョールデンコウ, ジェニファ　1957-）

Cho Lee-jay
アメリカの国際政治学者。
⇒外16（趙利済　チョウリサイ　1936-）

Cholesky, André-Louis
フランスの砲兵隊司令官。

⇒世数（ショレスキ, アンドレ-ルイ　1875-1918）

Chollet, Jean-Arthur
フランスの司教,神学者。
⇒新カト（ショレ　1862.4.8-1952.12.2）

Cholodenko, Lisa
アメリカの映画監督。
⇒外12（チョロデンコ, リサ）
外16（チョロデンコ, リサ）

Cho'lpon, Abdulhamid Sulaymon
アンディジャン出身のウズベク詩人,作家。
⇒岩イ（チョルパン　1897-1938）

Chombart de Lauwe, Paul-Henry
フランスの社会学者。
⇒社小増（ションパール・ド・ロウ　1913-）

Chomet, Sylvain
パリ近郊出身のマンガ家,アニメーション映画監督。
⇒アニメ（ショメ, シルヴァン　1963-）

Chomsky, Noam
アメリカの言語学者,思想家。
⇒アメ新（チョムスキー　1928-）
岩生（チョムスキー　1929-）
岩世人（チョムスキー　1928.12.7-）
オク言（チョムスキー, エイヴラム・ノーム　1928-）
外12（チョムスキー, ノーム　1928.12.7-）
外16（チョムスキー, ノーム　1928.12.7-）
現社（チョムスキー　1928-）
広辞7（チョムスキー　1928-）
社小増（チョムスキー　1928-）
世人新（チョムスキー　1928-）
世人装（チョムスキー　1928-）
哲中（チョムスキー　1928-）
ネーム（チョムスキー　1928-）
メル別（チョムスキー, エイヴラム・ノーム　1928-）
ユ著人（Chomsky, Avram Noam　チョムスキー, アブラム・ノーム　1928-）

Cho Myong-chol
韓国の経済学者。
⇒外12（チョミョンチョル　趙明哲　1959-）
外16（チョミョンチョル　趙明哲　1959-）

Cho Myoung-gyon
韓国の政治家。韓国統一相。
⇒世指導（チョ・ミョンギュン　1957.11.17-）

Chone, Saya
ビルマの画家。
⇒岩世人（チョウン　1866（ビルマ暦1228）頃-1916（同1278））

Chong, Rae Dawn
カナダ生まれの女優。
⇒ク俳（チョン, レイ・ドーン　1960-）

C

Chong, Tommy
カナダ生まれの俳優。
⇒スター（チーチ・アンド・チョン　1938.5.24–）

Chong Ha-chol
北朝鮮の政治家。
⇒岩韓（チョン・ハチョル　鄭夏哲　1933–）
外12（チョンハチョル　鄭夏哲　1933.5–）
世指導（チョン・ハチョル　1933.5–）

Chong Hyon-suk
韓国スミダ電機労組委員長。
⇒外12（チョンヒョンスク　鄭賢淑）
外16（チョンヒョンスク　鄭賢淑）

Chong Te-se
北朝鮮のサッカー選手（清水エスパルス・FW）。
⇒外12（チョンテセ　鄭大世　1984.3.2–）
外16（チョンテセ　鄭大世　1984.3.2–）
最世ス（チョンテセ　1984.3.2–）

Chon Su-chan
韓国の作家。
⇒現世文（チョン・スチャン　1968–）

Chon Wol-son
韓国の声楽家。
⇒外12（チョンウォルソン　1958.10.8–）
外16（チョンウォルソン　1958.10.8–）

Chon Yong-teack
韓国の政治家。韓国国家情報院院長，国防相。
⇒世指導（チョン・ヨンテク　1937.8.28–）

Chon Yo-ok
韓国の政治家，ジャーナリスト。
⇒外12（ジョンヨオク　田麗玉　1959.4.19–）
外16（ジョンヨオク　田麗玉　1959.4.19–）

Choo, Jimmy
イギリスの靴デザイナー。
⇒外12（チュー，ジミー　1954–）
外16（チュー，ジミー　1954–）

Chookiat Sakveerakul
タイの映画監督。
⇒外12（チューキアット・サックウィーラクン　1981–）
外16（チューキアット・サックウィーラクン　1981–）

Choo Shin-soo
韓国の大リーグ選手（レンジャーズ・外野）。
⇒外12（チュウシンス　秋信守　1982.7.13–）
外16（チュウシンス　秋信守　1982.7.13–）
最世ス（チュウシンス　1982.7.13–）

Choo So-Young
韓国の女優，歌手。
⇒韓俳（チュ・ソヨン　1981.1.25–）

Chopra, Gotham
アメリカの作家。
⇒外12（チョプラ，ゴータマ　1975–）

Chopra, Yash
パキスタン生まれのインドの映画監督，プロデューサー。
⇒映監（チョープラー，ヤッシュ　1932.9.27–）

Choquet, Gustave Alfred Astor
フランスの数学者。
⇒世数（ショケー，ギュスタヴ・アルフレッド・アルトゥール　1915–2006）

Chorell, Niall
フィンランドのテノール歌手。
⇒魅惑（Chorell,Niall　1975–）

Chorkina, Svetlana
ロシアの体操選手。
⇒岩世人（ホールキナ　1979.1.19–）

Chorley, Richard John
イギリスの地形学者。
⇒岩世人（チョーリー　1927.9.4–2002.5.12）

Chorzempa, Daniel
アメリカのオルガン奏者。
⇒新音中（コルゼンパ，ダニエル　1944.12.7–）
標音2（コルゼンパ，ダニエル　1944.12.7–）

Cho Se-hui
韓国の小説家。
⇒韓現文（趙世熙　チョ・セヒ　1942–）
現世文（チョ・セヒ　趙世熙　1942–）

Cho Se-hyung
韓国の政治家。駐日韓国大使，韓国国会議員。
⇒世指導（チョ・セヒョン　1931.8.22–2009.6.17）

Cho Seung-woo
韓国の男優。
⇒外12（チョスンウ　1980.3.28–）
外16（チョスンウ　1980.3.28–）
韓俳（チョ・スンウ　1980.3.28–）

Cho Song-dae
韓国の軍人。韓国国防相。
⇒世指導（チョ・ソンテ　1942.11.3–）

Cho Suck-rai
韓国の実業家。
⇒外12（チョソクレ　趙錫来　1935.11.19–）
外16（チョソクレ　趙錫来　1935.11.19–）

Cho Sun
韓国の政治家。ソウル市長。
⇒世指導（チョ・スン　1928.2.1–）

Cho Sung-hwan
韓国のサッカー選手（全北・DF）。

⇒外12（チョウソンファン　趙晟桓　1982.4.9–）

Cho Sung-min
韓国のプロ野球選手（投手）。
⇒異二辞（チョ・ソンミン　趙成珉　1973–2013）
　外12（チョソンミン　趙成珉　1973.4.5–）
　最世ス（チョソンミン　1973.4.5–2013.1.6）

Cho Sung-woo
韓国の作曲家, 映画音楽監督。
⇒外12（チョソンウ　1963.8.16–）

Chotek, Sophie
ドイツの貴族夫人。
⇒王妃（ゾフィー・ホテク　1868–1914）

Chou, Vic
台湾の歌手, 俳優。
⇒外12（チョウ, ヴィック　1981.6.9–）

Chouinard, Yvon
アメリカの実業家。
⇒外12（シュイナード, イボン　1938–）
　外16（シュイナード, イボン　1938.11.9–）

Chou Kap-che
韓国のジャーナリスト, ノンフィクションライター。
⇒岩韓（チョ・ガプチェ　趙甲済　1945–）
　外12（ジョカプジェ　趙甲済　1945–）
　外16（ジョカブジェ　趙甲済　1945–）

Choummaly Sayasone
ラオスの政治家, 軍人。ラオス大統領（2006～16）。
⇒岩世人（チュムマリー　1936.3.6–）
　外12（チュンマリ・サイニャソーン　1936.3.6–）
　外16（チュンマリ・サイニャソーン　1936.3.6–）
　世指導（チュンマリ・サイニャソーン　1936.3.6–）
　ネーム（サイニャーソン　1936–）

Chouraqui, André
ユダヤ人の歴史家, 聖書学者, 政治活動家。
⇒岩世人（シュラキ　1917.8.11–2007.7.9）
　ユ著人（Chouraqui, André　シュラキ, アンドレ　1917–）

Chou Wen-chung
アメリカ（中国系）の作曲家, 教育者。
⇒岩世人（チョウ　1923.6.29–）
　エデ（周, 文中　1923.6.29–）
　ク音3（チュー・ウェン＝チュン　1923–）

Chow, Raymond
香港の映画製作者。
⇒岩世人（チョウ　1927.5.17–）

Chow, Roy
香港の映画監督。
⇒外12（チョウ, ロイ　1978–）

Chow, Tina
アメリカのモデル, 宝石デザイナー。
⇒異二辞（チャウ, ティナ　1950–1992）

Chowdhury, Anwarul Karim
バングラデシュの外交官。国連事務次長。
⇒外12（チョードリ, アンワルル　1943.2.5–）
　外16（チョードリ, アンワルル　1943.2.5–）
　世指導（チョードリ, アンワルル　1943.2.5–）

Chowdhury, Badruddoza
バングラデシュの政治家。バングラデシュ大統領（2001～02）。
⇒世指導（チョードリ, バドルドーザ　1932.11.1–）

Cho Won-hee
韓国のサッカー選手（水原三星・MF）。
⇒外12（チョウォンヒ　趙源熙　1983.4.17–）

Chow Yun-Fat
香港生まれの男優。
⇒遺産（チョウ・ユンファ　周潤發　1955.5.18–）
　岩世人（チョウ・ユンファ　1955.5.18–）
　外12（チョウユンファ　1955.5.18–）
　外16（チョウユンファ　1955.5.18–）
　ク俳（チョウ・ユン＝ファ　1955–）

Cho Yang-ho
韓国の実業家。
⇒外16（チョヤンホ　趙亮鎬　1949–）

Choybalsan, Khorloghiyin
モンゴルの政治家。1938年首相兼内相, 内相, 軍司令官。「モンゴルのスターリン」として独裁的権力をふるった。
⇒岩世人（チョイバルサン　1895–1952）
　広辞7（チョイバルサン　1895–1952）
　世史改（チョイバルサン　1895–1952）
　世史改（チョイバルサン　1895–1952）
　世人新（チョイバルサン　1895–1952）
　世人装（チョイバルサン　1895–1952）
　ネーム（チョイバルサン　1895–1952）
　ポプ人（チョイバルサン, ホルローギーン　1895–1952）

Cho Yeo-jeong
韓国の女優, モデル。
⇒韓俳（チョ・ヨジョン　1981.2.10–）

Cho Yeon-Woo
韓国の男優。
⇒韓俳（チョ・ヨヌ　1973.5.30–）

Cho Yonggi
韓国の牧師。純福音教会堂会長, 純福音世界宣教協会総裁, 国民日報理事長。
⇒岩キ（趙鏞基　チョヨンギ　1936–）

Cho Yong-pil
韓国の歌手。
⇒岩韓（チョ・ヨンピル　趙容弼　1950–）

岩世人（趙容弼　チョヨンピル　1950.3.21-）
外12（チョーヨンピル　1950.3.21-）
外16（チョーヨンピル　1950.3.21-）

Cho Young-cheol
韓国のサッカー選手（アルビレックス新潟・FW）。
⇒外12（チョヨンチョル　曺永哲　1989.5.31-）
最世ス（チョヨンチョル　1989.5.31-）

Chrétien, Jean
カナダの政治家。カナダ首相。
⇒世指導（クレティエン，ジャン　1934.1.11-）
ネーム（クレティエン　1934-）

Chrétien, Jean-Louis
フランスの哲学者。
⇒メル別（クレティアン，ジャン＝ルイ　1952-）

Chris
アメリカの歌手。
⇒外12（クリス　1989.3.28-）

Christ, Carl Finley
アメリカの経済学者。
⇒有経5（クリスト　1923-）

Christ, Renate
オーストリア生まれの気候変動に関する政府間パネル（IPCC）事務局長。
⇒外16（クリスト，レナーテ　1953-）

Christ, Rudolf
オーストリアのテノール歌手。
⇒魅惑（Christ,Rudolf　1916-1982）

Christ, Wolfram
ドイツのヴィオラ奏者。
⇒外12（クリスト，ウォルフラム　1955-）
外16（クリスト，ウォルフラム　1955-）

Christaller, Walter
ドイツの地理学者。集落地理学を体系づけた。
⇒岩世人（クリスタラー　1893.4.21-1969.3.9）
人文地（クリスタラー　1893-1969）
有経5（クリスタラー　1893-1969）

Christensen, Arthur E.
デンマークの言語学者。コペンハーゲン大学教授。
⇒岩世人（クリステンセン　1875.1.9-1945.3.31）

Christensen, Benjamin
デンマーク生まれの映画監督，脚本家，男優。
⇒映監（クリスチャンセン，ベンジャミン　1879.9.28-1959）

Christensen, Clayton M.
アメリカの経営学者。
⇒外12（クリステンセン，クレイトン　1952-）
外16（クリステンセン，クレイトン　1952-）

Christensen, Hayden
カナダの俳優。
⇒外12（クリステンセン，ヘイデン　1981.4.19-）

Christensen, Inger
デンマークの女性詩人，小説家。
⇒岩世人（クリステンセン　1935.1.16-2009.1.2）
現世文（クリステンセン，インゲ　1935.1.16-2009.1.2）

Christensen, Joss
アメリカのスキー選手（フリースタイル）。
⇒外16（クリステンセン，ジョス　1991.12.20-）

Christensen, Lars Saabye
ノルウェーの作家。
⇒岩世人（クリステンセン　1953.9.21-）

Christer, Sam
イギリスの作家。
⇒海文新（クリスター，サム　1957-）
現世文（クリスター，サム　1957-）

Christian
メキシコのタレント。
⇒外12（クリスチャン　1983.8.7-）

Christian, Emile Joseph
アメリカのジャズ・トロンボーン奏者。
⇒岩世人（クリスチャン　1916.7.29-1942.3.2）
新音中（クリスチャン，チャーリー　1916.7.29-1942.3.2）
標音2（クリスチャン，チャーリー　1916.7.29-1942.3.2）

Christian X
デンマーク王（1912～47），アイスランド王（18～44）。
⇒岩世人（クリスチャン10世　1870.9.26-1947.4.19）
世帝（クリスチャン10世　1870-1947）

Christians, Mady
オーストリア生まれの映画女優。
⇒ク俳（クリスチャンズ，マディ（クリスチャンズ，マルガレーテ）　1900-1951）

Christiansen, Broder
ドイツの哲学者，美学者。カント哲学および新カント学派を批判しつつ，一種の形而上学的人間学に到達。
⇒岩世人（クリスティアンゼン　1869.7.9-1958.6.6）

Christianson, Reiner
テノール歌手。
⇒魅惑（Christianson,Reiner　?-）

Christie, Agatha
イギリスの女性推理小説家。代表作に『アクロイド殺人事件』（1926）など。
⇒アガサ（クリスティ，アガサ　1890-1976）
異二辞（クリスティ，アガサ　1890-1976）

岩世人（クリスティ　1890.9.15–1976.1.12)
現世文（クリスティー、アガサ　1890.9.15–1976.1.12)
広辞7（クリスティ　1890–1976)
辞歴（クリスティー、アガサ　1890–1976)
世人新（クリスティー　1890–1976)
世人装（クリスティー　1890–1976)
ネーム（クリスティ、アガサ　1890–1976)
ポプ人（クリスティ、アガサ　1890–1976)

Christie, Chris
アメリカの政治家, 法律家。
⇒外16（クリスティ、クリス　1962.9.6–)
世指導（クリスティ、クリス　1962.9.6–)

Christie, Dugald
イギリス（スコットランド）の宣教師。
⇒岩世人（クリスティ　1855–1936)

Christie, Emerson Brewer
アメリカの政府役人, 人類学者。
⇒アア歴（Christie,Emerson B (rewer)　クリスティー、エマスン・ブルアー　1878.3.17–1967.11.29)

Christie, Gordon
テノール歌手。
⇒魅惑（Christie,Gordon　?–)

Christie, Gregory
アメリカのイラストレーター, 絵本作家。
⇒外12（クリスティ、グレゴリー　1971–)
外16（クリスティ、グレゴリー　1971–)

Christie, Julie
インド生まれの女優。
⇒遺産（クリスティ、ジュリー　1941.4.14–)
外12（クリスティ、ジュリー　1940.4.14–)
外16（クリスティ、ジュリー　1940.4.14–)
ク俳（クリスティ、ジュリー　1940–)
スター（クリスティ、ジュリー　1941.4.14–)

Christie, Lou
アメリカ・ペンシルベニア州生まれの歌手。
⇒ロック（Christie,Lou　クリスティ、ルー　1943.2.19–)

Christie, Perry Gladstone
バハマの政治家, 弁護士。バハマ首相。
⇒外12（クリスティ、ペリー・グラッドストン　1943.8.21–)
外16（クリスティ、ペリー・グラッドストン　1943.8.21–)
世指導（クリスティ、ペリー・グラッドストン　1943.8.21–)

Christie, William
アメリカの宣教師。
⇒アア歴（Christie,William　クリスティー、ウイリアム　1870.4.28–1955.1.11)

Christie, William
アメリカのチェンバロ奏者, 指揮者。
⇒外12（クリスティ、ウィリアム　1944.12.19–)
外16（クリスティ、ウィリアム　1944.12.19–)
新音中（クリスティ、ウィリアム　1944.12.19–)

Christie, *Sir* William Henry Mahoney
イギリスの天文学者。グニリジ天文台長（1881～1910)。
⇒岩世人（クリスティ　1845.10.1–1922.1.22)

Christison, *Sir* Alexander Frank Philip, 4th Baronet
イギリスの軍人。
⇒岩世人（クリスティソン　1893.11.17–1993.12.21)

Christo
ブルガリア生まれのアメリカの芸術家。
⇒外12（クリスト　1935.6.13–)
外16（クリスト　1935.6.13–)
芸13（クリスト、ジャバチェフ　1935–)
ポプ人（クリスト　1935–)

Christoff, Boris
ブルガリアのバス歌手。
⇒オペラ（クリストフ、ボリス　1918–1993)
新音中（クリストフ、ボリス　1914.5.18–1993.6.28)
標音2（クリストフ、ボリス　1914.5.18–1993.6.28)

Christoff, Miroslav
ブルガリアのテノール歌手。
⇒魅惑（Christoff,Miroslav　?–)

Christofias, Demetris
キプロスの政治家。キプロス大統領（2008～13)。
⇒外12（フリストフィアス、ディミトリス　1946.8.29–)
外16（フリストフィアス、ディミトリス　1946.8.29–)
世指導（フリストフィアス、ディミトリス　1946.8.29–)

Christophe
フランスの漫画家, 生物学者。
⇒絵本（クリストフ　1856–1945)

Christophe, Jules
フランスのジャーナリスト。
⇒19仏（クリストフ、ジュールとセルベール、アナトール　1840.5.21–1908)

Christopher
メキシコのタレント。
⇒外12（クリストファー　1986.10.21–)

Christopher, John
イギリスのSF作家, 児童文学作家。

⇒外12（クリストファー, ジョン 1922–）
現世文（クリストファー, ジョン 1922.4.16–2012.2.3）

Christopher, Ted
テノール歌手。
⇒魅惑（Christopher,Ted ?–）

Christopher, Warren M.
アメリカの政治家, 法律家。アメリカ国務長官。
⇒世指導（クリストファー, ウォーレン 1925.10.27–2011.3.18）

Christopher Francis Patten, Baron Patten of Barnes
イギリスの政治家。
⇒現アジ（クリス・パッテン 1944.5.12–）

Christov, Dobri
ブルガリアの作曲家, 教育者, 合唱指揮者。ブルガリア芸術音楽の草分時代の重要な作曲家。
⇒標音2（ハリストフ, ドブリ 1875.12.14–1941.1.23）

Christy, James Walter
アメリカの天文学者。ハリントンとともに冥王星の衛星カロンを発見した。
⇒天文大（クリスティ 1938–）

Chrysler, Walther Percy
アメリカの自動車技術者。クライスラー・コーポレーションを創立し, 世界有数の自動車製造工場とした。
⇒アメ経（クライスラー, ウォルター 1875.4.2–1940.8.18）
アメ州（Chrysler,Walter Percy クライスラー, ウォルター・パーシー 1875–1940）
岩世人（クライスラー 1875.4.2–1940.8.18）

Chu, Eric Li-luan
台湾の政治家。台湾行政院副院長（副首相）, 台湾国民党主席, 新北市長。
⇒外12（朱立倫 シュリツリン 1961.6.7–）
外16（朱立倫 シュリツリン 1961.6.7–）
世指導（朱立倫 しゅ・りつりん 1961.6.7–）

Chu, Ken
台湾の歌手, 俳優。
⇒外12（チュウ, ケン 1979.1.15–）

Chua, Amy
アメリカの法学者。
⇒外12（チュア, エイミー）
外16（チュア, エイミー 1962–）

Chua, Nam-hai
シンガポールの植物分子生物学者。
⇒岩生（チュア 1944–）
外12（チュア, ナム・ハイ 1944.4.8–）
外16（チュア, ナム・ハイ 1944.4.8–）

Chuan Leekpai
タイの政治家。タイ首相。
⇒岩世人（チュワン・リークパイ 1938.7.28–）
外12（チュアン・リークパイ 1938.7.28–）
世指導（チュアン・リークパイ 1938.7.28–）
タイ（チュワン・リークパイ 1938–）

Chuan Rattanarak
タイの実業家, 銀行家。アユタヤ銀行グループ（大城銀行集団）の創始者。
⇒岩世人（チュワン・ラッタナラック 1920–1993.8）

Chubais, Anatolii Borisovich
ロシアの企業家, 政治家。ロシア第1副首相, ロシア統一エネルギー機構（UES）会長・CEO, ロシア・ナノテクノロジーCEO。
⇒岩世人（チュバイス 1955.6.16–）
外12（チュバイス, アナトリー 1955.6.16–）
外16（チュバイス, アナトリー 1955.6.16–）
世指導（チュバイス, アナトリー 1955.6.16–）

Chūbak, Sādeq
イランの作家。
⇒岩イ（サーデク・チューバク 1916–）
岩世人（サーデク・チューバク 1916.8–1998.7.3）
現世文（チューバク, サーデク 1916.7.5–1998.7.3）

Chudin, Semyon
ロシアのバレエダンサー。
⇒外12（チュージン, セミョーン 1985–）
外16（チュージン, セミョーン 1985–）

Chueca, Federico
スペインの作曲家。
⇒ク音3（チュエカ 1846–1908）
標音2（チュエカ, フェデリコ 1846.5.5–1908.6.20）

Chueca Goitia, Fernando
スペインの建築家, 建築史家。
⇒岩世人（チュエカ 1911.5.29–2004.10.30）

Chugthai, Abdur Rahman
パキスタンの画家。
⇒岩世人（チュグターイー 1897/1899.9.21–1975.1.17）

Chui, Fernando Sai on
中国の政治家。マカオ特別行政区行政長官。
⇒外12（崔世安 サイセイアン 1957.1–）
外16（崔世安 サイセイアン 1957.1–）
世指導（崔世安 さい・せいあん 1957.1–）

Chukhrai, Grigorii
ウクライナ生まれの映画監督。
⇒岩世人（チュフライ 1921.5.23–2001.10.29）

Chukovskaya, Lidiya Korneevna
ロシアの文芸評論家。

⇒岩世人（チュコーフスカヤ　1907.3.11/24-1996. 2.7）
現世文（チュコフスカヤ, リジヤ　1907.3.24-1996.2.7）

Chukovskii, Kornei Ivanovich
ソ連の評論家, 詩人。英米文学の翻訳家。
⇒岩世人（チュコーフスキー　1882.3.19/31-1969. 10.28）
絵本（チュコフスキー, コルネイ　1882-1969）

Chuko'vskii, Nikol'ai Kornéevich
ソ連の作家。
⇒現世文（チュコフスキー, ニコライ・コルネーヴィチ　1904.6.2-1965.11.4）

Chulabhorn, Princess
プミポン・タイ国王の第3王女。チュラポーン研究所所長。
⇒外12（チュラポーン王女　1957.7.4-）
外16（チュラポーン王女　1957.7.4-）
タイ（チュラーボーン（王女）　1957-）

Chum, Johannes
オーストリアのテノール歌手。
⇒魅惑（Chum,Johannes　?-）

Chumachenko, Ana
イタリア生まれのヴァイオリン奏者。ミュンヘン音楽大学教授。
⇒外12（チュマチェンコ, アナ）
外16（チュマチェンコ, アナ）

Chu Mi-e
韓国の政治家, 法律家。共に民主党代表, 韓国国会議員。
⇒世指導（チュ・ミエ　1958.10.23-）

Chun, Karl
ドイツの生物学者。浮遊生物, 深海生物の研究がある。
⇒岩生（クーン　1852-1914）
岩世人（クーン　1852.10.1-1914.4.11）

Chun Dung
韓国の歌手。
⇒外12（チョンドン　1990.10.7-）

Chung, Doo-ri
アメリカの服飾デザイナー。
⇒外12（チャン, ドゥー・リー　1973-）
外16（チャン, ドゥー・リー　1973-）

Chung, Ook
カナダ（韓国系）の作家。
⇒外12（チャング, ウーク　1963-）
海文新（チャング, ウーク）
現世文（チャング, ウーク　1963-）

Chung, Yikun
韓国のテノール歌手。
⇒魅惑（Chung,Yikun　?-）

Chung Bi-soku
韓国の小説家。本名端竹。『諸神祭』（1940）,『孤高』（40）などの作品がある。
⇒岩世人（鄭飛石　チョンビソク　1911.5.21-1991. 10.19）
韓現世（鄭飛石　チョン・ビソク　1911.5.21-1991）
現世文（チョン・ビソク　鄭飛石　1911.5.21-1991.10.19）

Chung Chung-kil
韓国の行政学者。
⇒外12（チョンジョンギル　鄭正佶　1942.5.20-）
外16（チョンジョンギル　鄭正佶　1942.5.20-）

Chung Dong-young
韓国の政治家。韓国統一相, ウリ党議長, 民主平和党代表。
⇒岩韓（チョン・ドンヨン　鄭東泳　1953-）
外12（チョンドンヨン　鄭東泳　1953.6.17-）
外16（チョンドンヨン　鄭東泳　1953.6.17-）
世指導（チョン・ドンヨン　1953.6.17-）

Chung Hong-won
韓国の政治家, 法律家。韓国首相。
⇒外16（チョンホンウォン　鄭烘原　1944.10.9-）
世指導（チョン・ホンウォン　1944.10.9-）

Chung In-kyung
韓国の漫画家, 漫画研究者。
⇒外12（チョンインキョン　1973-）

Chung Jae-jeong
韓国の歴史学者。
⇒外12（チョンジェジョン　鄭在貞　1951.9.18-）
外16（チョンジェジョン　鄭在貞　1951.9.18-）

Chung Ji-a
韓国の作家。
⇒外16（チョンジア　鄭智我　1965-）
現世文（チョン・ジア　鄭智我　1965-）

Chung Joon-yang
韓国の実業家。
⇒外16（チョンジュンヤン　鄭俊陽　1948.2.3-）

Chung Ku-chong
韓国のジャーナリスト。
⇒外12（チョングジョン　鄭求宗　1944.11.4-）
外16（チョングジョン　鄭求宗　1944.11.4-）

Chung Kyung-wha
韓国のヴァイオリン奏者。レパートリーはバッハの室内楽からストラヴィンスキー, ウォルトンの協奏曲に及ぶ。
⇒岩世人（チョン・キョンファ　1948.3.26-）
外12（チョンキョンホア　1948.3.26-）
外16（チョンキョンホア　1948.3.26-）
新音中（チョン・キョンファ　鄭京和　1948.3.26-）
標音2（チョン, キョン=ファ　鄭京和　1948.3.26-）

Chung Mi-kyung
韓国の作家。
⇒現世文（チョン・ミギョン　鄭美景　1960-2017）

Chung Mong-hun
韓国の経済人。現代グループ（現代財閥）2代目会長。
⇒岩韓（チョン・モンホン　鄭夢憲　1948-）
現アジ（鄭夢憲　1948.9.14-2003.8.4）

Chung Mong-joon
韓国の政治家, 実業家。ハンナラ党代表。
⇒岩韓（チョン・モンジュン　鄭夢準　1951-）
外12（チョンモンジュン　鄭夢準　1951.10.17-）
外16（チョンモンジュン　鄭夢準　1951.10.17-）
世指導（チョン・モンジュン　1951.10.17-）

Chung Mong-koo
韓国の実業家。
⇒外12（チョンモンク　鄭夢九　1938.3.19-）
外16（チョンモンク　鄭夢九　1938.3.19-）

Chung Myung-whun
韓国の指揮者, ピアノ奏者。
⇒岩韓（チョン・ミョンフン　鄭明勲　1953-）
岩世人（チョン・ミョンフン　1953.1.22-）
外12（チョンミョンフン　1953.1.22-）
外16（チョンミョンフン　1953.1.22-）
新音中（チョン・ミョンフン　鄭明勲　1953.1.22-）

Chung Se-rang
韓国の作家。
⇒海文新（チョンセラン　鄭世朗　1984-）
現世文（チョン・セラン　鄭世朗　1984-）

Chung Sye-kyun
韓国の政治家。韓国国会議長。
⇒外12（チョンセギュン　丁世均　1950.9.26-）
外16（チョンセギュン　丁世均　1950.9.26-）
世指導（チョン・セギュン　1950.9.26-）

Chung Un-chan
韓国の政治家, 経済学者。韓国首相。
⇒外12（チョンウンチャン　鄭雲燦　1946.2.29-）
外16（チョンウンチャン　鄭雲燦　1946.2.29-）
世指導（チョン・ウンチャン　1946.2.29-）

Chung Won-shik
韓国の政治家, 教育学者。韓国首相。
⇒岩韓（チョン・ウォンシク　鄭元植　1928-）
外12（チョンウォンシク　鄭元植　1928.8.5-）
外16（チョンウォンシク　鄭元植　1928.8.5-）
世指導（チョン・ウォンシク　1928.8.5-）

Chung Yoon-chul
韓国の映画監督。
⇒外12（チョンユンチョル　1971-）

Chung Young-moon
韓国の作家。

⇒現世文（チョン・ヨンムン　鄭泳文　1965-）

Chun Ho-Jin
韓国のタレント。1982年, MBCテレビタレント第14期生としてデビュー。代表作に『秋の花・冬の木』『女の時間』『ナツメの木に愛が成る』, 映画『ブルースケッチ』等がある。
⇒韓俳（チョン・ホジン　1960.9.9-）

Chun Hyuck Lim
韓国の現代美術家。
⇒芸13（チュン・ヒュック・リム　1916-）

Chun Jeong-myoung
韓国の俳優。
⇒外12（チョンジョンミョン　1980.11.29-）
外16（チョンジョンミョン　1980.11.29-）
韓俳（チョン・ジョンミョン　1980.11.29-）

Chun Kwang-young
韓国の現代美術家。
⇒外12（チョンクァンヨン　全光栄　1944-）
外16（チョンクァンヨン　全光栄　1944-）

Chun Woo-hee
韓国の女優。
⇒外16（チョンウヒ　1987.4.20-）

Chun Yung-woo
韓国の外交官。
⇒外12（チョンヨンウ　千英宇）
外16（チョンヨンウ　千英宇）

Chuon Nath
カンボジアの僧侶。
⇒岩世人（チュオン・ナート　1883.3-1969.9.25）

Church, Alonzo
アメリカの数学者, 論理学者。
⇒岩世人（チャーチ　1903.6.14-1995.8.11）
世数（チャーチ, アロンゾ　1903-1995）

Church, Charlotte
ウェールズ出身の歌手。
⇒世界子（チャーチ, シャルロット　1986-）

Church, Doris
ニュージーランドの社会改革者。
⇒ニュー（チャーチ, ドリス　1940-）

Church, John Adams
アメリカの鉱山技師。
⇒アア歴（Church,John Adams　チャーチ, ジョン・アダムズ　1843.4.5-1917.2.12）

Church, Richard
イギリスの詩人, 小説家, 文芸評論家。自伝『橋を渡って』でサンデー・タイムズ文学賞受賞。
⇒現世文（チャーチ, リチャード　1893-1972）

Churchill, Caryl
イギリスの劇作家。

⇒現世文（チャーチル, キャリル　1938.9.3-）
Churchill, David Carroll
アメリカの機械技師。
⇒アア歴（Churchill,(David) Carroll　チャーチル, デイヴィッド・キャロル　1873.3.17-1969.1.6）
Churchill, Jill
アメリカのミステリ作家。
⇒外12（チャーチル, ジル）
　外16（チャーチル, ジル）
　現世文（チャーチル, ジル　1943-）
Churchill, William
アメリカの民族学者。太平洋およびマレー多島海の諸民族の民族学的・言語学的研究を行った。
⇒岩世人（チャーチル　1859.10.5-1920.6.9）
Churchill, *Sir* Winston Leonard Spencer
イギリスの政治家。1940年首相に就任。第2次世界大戦下、国際的に活躍した。
⇒ア太戦（チャーチル　1874-1965）
　EU（チャーチル, ウィンストン　1874-1965）
　岩世人（チャーチル　1874.11.30-1965.1.24）
　広辞7（チャーチル　1874-1965）
　辞歴（チャーチル　1874-1965）
　政経改（チャーチル　1874-1965）
　世史改（チャーチル　1874-1965）
　世史改（チャーチル　1874-1965）
　世人新（チャーチル　1874-1965）
　世人装（チャーチル　1874-1965）
　ノベ3（チャーチル, W.L.S.　1874.11.30-1965.1.24）
　ポブ人（チャーチル, ウィンストン　1874-1965）
　もう山（チャーチル　1874-1965）
Churchland, Paul
カナダの哲学者。
⇒メル別（チャーチランド, ポール　1942-）
Churkin, Vitaly
ロシアの外交官。国連大使。
⇒世指導（チュルキン, ヴィタリー　1952.2.21-2017.2.20）
Chu Sang-mi
韓国の女優。
⇒外12（チュサンミ　1973.5.9-）
　韓俳（チュ・サンミ　1973.5.9-）
Chusovitina, Oksana
ドイツの体操選手。
⇒外12（チュソヴィチナ, オクサナ　1975.6.19-）
　外16（チュソヴィチナ, オクサナ　1975.6.19-）
　最新ス（チュソヴィチナ, オクサナ　1975.6.19-）
Chu Van Tan
北ベトナムの軍人, 政治家。1934年インドシナ共産党に入党, 40年山岳部隊の反日反仏運動を指導。60年国会常任委員会副委員長。

⇒岩世人（チュー・ヴァン・タン　1910-1983）
Chwast, Seymour
アメリカのイラストレーター。
⇒絵本（クワスト, シーモア　1931-）
　グラデ（Chwast,Seymour　クワスト, シーモア　1931-）
Chylak, Nestor L.
アメリカの大リーグ, ア・リーグ審判。
⇒メジャ（チャイラック, ネスター　1922.5.11-1982.2.17）
Chytilová, Věra
チェコの女性映画監督。
⇒映監（ヒティロヴァ, ヴェラ　1929.2.2-）
Ciabrini, Carlo
フランスのテノール歌手。
⇒魅惑（Ciabrini,Carlo　?-）
Cialdini, Robert B.
アメリカの社会心理学者。
⇒外12（チャルディーニ, ロバート　1945-）
Ciamician, Giacomo Luigi
イタリアの化学者。
⇒化学（チャミチャン　1857-1922）
Ciampi, Carlo Azeglio
イタリアの政治家。イタリア大統領（1999～2006）。
⇒世指導（チャンピ, カルロ・アゼリョ　1920.12.9-2016.9.16）
Cianfrance, Derek
アメリカの映画監督。
⇒外16（シアンフランス, デレク　1974.1-）
Ciannella, Giuliano
イタリアのテノール歌手。
⇒失声（チャンネッラ, ジュリアーノ　1943-2008）
　魅惑（Ciannella,Giuliano　1943-）
Ciano, Galeazzo, Conte di Cortellazzo
イタリアの政治家, 外交官。ムッソリーニの娘婿。1943年のファシスト大評議会でムッソリーニ不信任を表明し, 処刑された。
⇒ア太戦（チアーノ　1903-1944）
　岩世人（チアーノ　1903.3.18-1944.1.11）
　広辞7（チアーノ　1903-1944）
Ciara
アメリカの歌手。
⇒外12（シアラ　1985.10.25-）
　外16（シアラ　1985.10.25-）
Ciardi, John
アメリカの詩人。戦争詩を書く。『アメリカへもどる』（1939）『もう1日生きる』（49）。
⇒現世文（チァーディ, ジョン　1916.6.24-1986.3.

Ciaroff-Ciarini, Romano
テノール歌手。
⇒魅惑（Ciaroff-Ciarini,Romano　1878–?）

Cica
中国出身のモデル、女優。
⇒外12（Cica　シカ　8.26–）

Cicchetti, Davide
イタリアのテノール歌手。
⇒魅惑（Cicchetti,Davide　?–）

Cicciolina
イタリアの女優。
⇒外12（チッチョリーナ　1951.12.26–）
　外16（チッチョリーナ　1951.12.26–）

Ciccolini, Aldo
イタリア、のちフランスのピアノ奏者。
⇒外12（チッコリーニ、アルド　1925.8.15–）
　新音中（チッコリーニ、アルド　1925.8.15–）
　標音2（チッコリーニ、アルド　1925.8.15–）

Ciccolini, Guido
イタリアのテノール歌手。
⇒魅惑（Ciccolini,Guido　1885–1963）

Cicero
ドイツの為に働いたアルバニア人スパイ。第2次世界大戦中、トルコのイギリス大使をスパイして、ドイツに情報を売り渡した。本名エリエザ・バズナ。
⇒スパイ（キケロ　1905–1970）

Cicognani, Amleto Giovanni
イタリアのカトリック聖職者、枢機卿。
⇒新カト（チコニャニ　1883.2.24–1973.12.17）

Cicognani, Gaetano
イタリアの枢機卿。
⇒新カト（チコニャニ　1882.11.26–1962.2.5）

Cicognini, Alessandro
イタリアの映画音楽作曲家。
⇒標音2（チコニーニ、アレッサンドロ　1906.1.25–1995.11.20）

Cicotte, Edward Victor
アメリカの大リーグ選手（投手）。
⇒メジャ（シコット、エディー　1884.6.19–1969.5.5）

Cicourel, Aaron Victor
アメリカの社会学者。
⇒岩世人（シクレル　1928.8.29–）
　社小増（シクーレル　1928–）

Ciechanover, Aaron
イスラエルの医学者、生化学者。ノーベル化学賞受賞。

⇒外12（チカノバー、アーロン　1947.10.1–）
　外16（チカノバー、アーロン　1947.10.1–）
　化学（チカノーヴァー　1947–）
　ノベ3（チカノバー、A.　1947.10.1–）

Cielo Filho, Cesar
ブラジルの水泳選手（自由形・バタフライ）。
⇒外12（シエロフィリョ、セザール　1987.1.10–）
　外16（シエロフィリョ、セザール　1987.1.10–）
　最世ス（シエロフィリョ、セザール　1987.1.10–）

Cierva, Juan de la
スペインの飛行家、航空機設計家。1923年にオートジャイロを設計した。
⇒岩世人（シエルバ　1895.9.21–1936.12.9）

Cieslewicz, Roman
ポーランド生まれのグラフィック・デザイナー、ポスター作家、アート・ディレクター。
⇒グラデ（Cieslewicz,Roman　チェスレヴィッチ、ロマン　1930–1996）

Cieslik, Hubert
ドイツ生まれのイエズス会司祭、キリシタン史研究家。
⇒新カト（チースリク　1914.7.2–1998.9.22）

Cigliano, Fausto
イタリアのナポリターナ、ポピュラー歌手。
⇒標音2（チリアーノ、ファウスト　1937.2.15–）

Cigna, Gina
イタリア（フランス系）のソプラノ歌手。
⇒オペラ（チーニャ、ジーナ　1900–2001）

Cigoj, Krunoslav
クロアチアのテノール歌手。
⇒失声（チゴイ、クルノスラフ　1949–）

Cikker, Jan
スロバキアの作曲家。
⇒ク音3（ツィケル　1911–1989）

Cilea, Francesco
イタリアの作曲家。『ティルダ』（1892）、『アルルの女』（97）などのオペラを作曲。
⇒オペラ（チレーア、フランチェスコ　1866–1950）
　ク音3（チレーア　1866–1950）
　新オペ（チレーア、フランチェスコ　1866–1950）
　新音小（チレーア、フランチェスコ　1866–1950）
　新音中（チレーア、フランチェスコ　1866.7.23–1950.11.20）
　標音2（チレーア、フランチェスコ　1866.7.23–1950.11.20）

Cilento, Diane
ニューギニア生まれの女優。
⇒ク俳（シレント、ダイアン　1933–）

Cilic, Marin
クロアチアのテニス選手。

⇒外16（チリッチ,マリン 1988.9.28–）
Cilla, Luigi
イタリアのテノール歌手。
⇒魅惑（Cilla,Luigi 1885–?）
Ciller, Tansu
トルコの政治家。トルコ首相。
⇒岩イ（チルレル 1946–）
　岩世人（チルレル 1946.5.24–）
　世指導（チルレル, タンス 1946–）
　ネーム（チルレル 1946–）
Cimatti, Vincenzo
イタリアの宣教師。
⇒岩世人（チマッティ 1879.7.15–1965.10.6）
　新カト（チマッティ 1879.7.15–1965.10.6）
Cimino, Michael
アメリカ・ニューヨーク生まれの映画脚本家, 映画監督。
⇒外16（チミノ,マイケル 1943–）
Cimoszewicz, Włodzimierz
ポーランドの政治家。ポーランド首相。
⇒世指導（チモシェビッチ, ウオジミエシュ 1950.9.13–）
Ciniselli, Ferdinando
イタリアのテノール歌手。
⇒失声（チニセッリ, フェルディナンド 1893–1954）
　魅惑（Ciniselli,Ferdinando 1893–1954）
Cink, Stewart
アメリカのプロゴルファー。
⇒外12（シンク, スチュワート 1973.5.21–）
　外16（シンク, スチュワート 1973.5.21–）
　最世本（シンク, スチュワート 1973.5.21–）
Cinquetti, Gigliola
イタリア生まれの歌手。
⇒標音2（チンクエッティ, ジリオラ 1947.12.20–）
Cioffi, Giuseppe
イタリアのナポリターナ作曲家。
⇒標音2（チオッフィ, ジュゼッペ 1901.11.3–）
Ciofi, Patrizia
イタリアのソプラノ歌手。
⇒外12（チョーフィ, パトリツィア 1967–）
　外16（チョーフィ, パトリツィア 1967–）
Cioni, Renato
イタリアのテノール歌手。
⇒失声（チオーニ, レナート 1929–2014）
　魅惑（Cioni,Renato 1929–）
Cioran, Émile Michel
ルーマニア出身のフランスの思想家、エッセイスト。
⇒岩世人（シオラン 1911.4.8–1995.6.20）

メル別（シオラン, エミール・ミシェル 1911–1995）
Ciorbea, Victor
ルーマニアの政治家。ルーマニア首相。
⇒世指導（チョルベア, ビクトル 1954.10.26–）
Ciortea, Tudor
ルーマニアの作曲家。作品には、ルーマニア民謡を現代的に再創造した管弦楽『マラムーレシュ組曲』などがある。
⇒標音2（チョルテア, トゥドル 1903.12.10–）
Cipriani, Amilcare
イタリアの革命的社会主義者。
⇒学叢思（チプリアニー, アミルカーレ 1845–1918）
Ciputra
インドネシアの企業家。
⇒岩世人（チプトラ 1931.8.24–）
Ciranan Phitpricha
タイの詩人。
⇒岩世人（チラナン・ピットプリーチャー 1955.2.25–）
　現世文（チラナン・ピップリーチャ 1955.2.25–）
　タイ（チラナン・ピットプリーチャー 1955–）
Ciraolo, Giovanni
イタリア赤十字社社長, 上院議員。
⇒学叢思（シ（チ）ラオロ, ジオヴンニ）
Cirillo, Jeffrey Howard
アメリカの大リーグ選手（三塁）。
⇒メジャ（シリロ, ジェフ 1969.9.23–）
Cisneros, Antonio
ペルーの詩人。
⇒現世文（シスネロス, アントニオ 1942–）
Cisneros, Gustavo A.
ベネズエラの実業家。
⇒外12（シスネロス, グスタボ 1947.8.16–）
　外16（シスネロス, グスタボ 1947.8.16–）
Cisneros, Henry
アメリカの政治家。住宅都市開発長官, アメリカン・シティ・ビスタ会長・CEO。
⇒外12（シスネロス, ヘンリー 1947.6.11–）
　外16（シスネロス, ヘンリー 1947.6.11–）
　世指導（シスネロス, ヘンリー 1947.6.11–）
Cisneros, Jesús
スペインの絵本作家。
⇒外16（シスネロス, ヘスース 1969–）
Cisneros, Sandra
アメリカ（メキシコ系）の詩人, 小説家。
⇒岩世人（シスネロス 1954.12.20–）

C

Cisse, Djibril
フランスのサッカー選手。
⇒外12（シセ, ジブリル　1981.8.12–）
　外16（シセ, ジブリル　1981.8.12–）
　最世ス（シセ, ジブリル　1981.8.12–）

Cit Phumisak
タイの詩人, 評論家。
⇒岩世人（チット・プーミサック　1930.9.25–1966.5.5)
　タイ（チット・プーミサック　1930–1966）

Citrin, M.
アメリカの作家。
⇒海文新（シトリン, M.）
　現世文（シトリン, M.）

Citrine, *Sir* Walter McLennan
イギリスの労働運動家。アトリー内閣の国策に沿って対ソ協調をはかり, 世界労連（WFTU）結成に参画し, 1945年議長。
⇒岩世人（シトリーン　1887.8.22–1983.1.22）

Citroën, André Gustav
フランスの産業経営者, シトロエンの創業者。
⇒岩世人（シトロエン　1878.2.5–1935.7.3）
　ユ著人（Citroën, André Gustave　シトロエン, アンドレ・グスタフ　1878–1935）

Citron, Lana
アイルランドの作家, 女優。
⇒海文新（シトロン, ラナ　1969–）

Čiurlionis, Mikalojus Konstantinas
リトアニアの画家, 作曲家。
⇒岩世人（チュルリョーニス　1875.9.22–1911.4.10)
　広辞7（チュルリョーニス　1875–1911）

Civil, Alan
イギリスのホルン奏者。
⇒新音中（シヴィル, アラン　1929.6.13–1989.3.19)
　標音2（シヴィル, アラン　1929.6.13–1989.3.19)

Civil, Miguel
スペイン生まれのアメリカのアッシリア学者。
⇒岩世人（シヴィル　1926.5.7–）

Civil, Paolo
スペインのテノール歌手。
⇒魅惑（Civil, Paolo　1899–1987）

Cixous, Hélène
フランスの学者, 小説家, フェミニスト。
⇒岩女（シクスー, エレーヌ　1937.6.5–）
　岩世人（シクスー　1937.6.5–）
　外12（シクスー, エレーヌ　1937.6.5–）
　外16（シクスー, エレーヌ　1937.6.5–）
　現世文（シクスー, エレーヌ　1937.6.5–）
　メル別（シクスー, エレーヌ　1937–）

CL
韓国の歌手。
⇒外12（CL　シーエル　1991.2.26–）

Claes, Ernest
ベルギーの小説家。代表作『麻くず』(1920)。
⇒岩世人（クラース　1885.10.24–1968.9.2)

Claes, Willy
ベルギーの政治家。ベルギー副首相, 外相, 北大西洋条約機構（NATO）事務総長。
⇒世指導（クラース, ウィリー　1938.11.24–）

Claesson, Stig Johan
スウェーデンの小説家, 挿絵画家。
⇒岩世人（クラーソン　1928.6.2–2008.1.4）

Clair, René
フランスの映画監督。
⇒アニメ（クレール, ルネ　1898–1981)
　岩世人（クレール　1898.11.11–1981.3.15)
　映監（クレール, ルネ　1898.11.11–1981)
　広辞7（クレール　1898–1981）
　ネーム（クレール, ルネ　1898–1981)

Claisen, Ludwig
ドイツの有機化学者。
⇒岩世人（クライゼン　1851.1.14–1930.1.5）
　化学（クライゼン　1851–1930）

Claiton
ブラジルのサッカー選手（MF）。
⇒外12（クライトン　1978.1.25–）

Clampett, Bob
アメリカ生まれのアニメーション作家。
⇒映監（クランペット, ボブ　1913.5.8–1984)

Clancy, James
アメリカの大リーグ選手（投手）。
⇒メジャ（クランシー, ジム　1955.12.18–）

Clancy, Tom
アメリカのミステリ作家。
⇒外12（クランシー, トム　1947–)
　現世文（クランシー, トム　1947.3.12–2013.10.1)
　スパイ（クランシー, トム　1947–2013）

Clanton, Jimmy
アメリカ・ルイジアナ州生まれの歌手。
⇒ロック（Clanton, Jimmy　クラントン, ジミー　1940.9.2–）

Claparède, Edouard
スイスの心理学者。ルソー研究所を設立(1912)。主著 "L'association des idées" (04), "L'invention dirigée" (37) など。
⇒岩世人（クラパレード　1873.3.24–1940.9.29)
　教人（クラパレード　1873–1940）

Clapham, John Harold
イギリスの経済史家。
⇒岩世人（クラバム　1873.9.13-1946.3.29）
　有経5（クラバム　1873-1946）

Clapp, Frederick Gardner
アメリカの石油地質学者。
⇒アア歴（Clapp,Frederick Gardner　クラップ,フ
　レデリック・ガードナー　1879.7.20-1944.2.18）

Clapp, *Sir* Harold Winthrop
オーストラリアの電気技術者。電気鉄道事業に従事。
⇒岩世人（クラップ　1875.5.7-1952.10.21）

Clapton, Eric
イギリス生まれのミュージシャン。
⇒異二辞（クラプトン,エリック　1945-）
　岩世人（クラプトン　1945.3.30-）
　外12（クラプトン,エリック　1945.3.30-）
　外16（クラプトン,エリック　1945.3.30-）
　新音中（クラプトン,エリック　1945.3.30-）
　ネーム（クラプトン,エリック　1945-）
　ビト改（CLAPTON,ERIC　クラプトン,エリック）
　標音2（クラプトン,エリック　1945.3.30-）
　ロック（Clapton,Eric　クラプトン,エリック　1945.3.30-）

Clare, Cassandra
イラン生まれのアメリカの作家。
⇒海文新（クレア,カサンドラ）
　現世文（クレア,カサンドラ）

Claretie, Jules
フランスのジャーナリスト、劇作家。コメディー・フランセーズ座の支配人。
⇒19仏（クラルティ,ジュール　1840.12.3-1913.12.23）

Claretie, Léo
フランスの作家。
⇒19仏（クラルティ,レオ　1862.6.2-1924.7.16）

Clark, Alden Hyde
アメリカの宣教師。
⇒アア歴（Clark,Alden Hyde　クラーク,オールデン・ハイド　1878.6.26-1960.5.37）

Clark, Barney
イギリスの俳優。
⇒外12（クラーク,バーニー　1993.6.25-）

Clark, Champ
アメリカの政治家。
⇒アメ州（Clark,Champ　クラーク,チャンプ　1850-1921）

Clark, Colin Grant
イギリス・ロンドン生まれの応用経済学者、開発経済学者。

⇒岩世人（クラーク　1905.11.2-1989.9.4）
　有経5（クラーク〔A〕　1905-1989）

Clark, Dee
アメリカ・アーカンソー州ブライズヴィル生まれの歌手。
⇒ロック（Clark,Dee　クラーク,ディー　1938.7.11-）

Clark, Dick
アメリカの司会者。
⇒ロック（Clark,Dick　クラーク,ディック　1929-）

Clark, Edward Waren
アメリカの教育家。静岡学校、開成学校で化学を教授。
⇒アア歴（Clark,Edward Warren　クラーク,エドワード・ウォーレン　1849.1.27-1907.6.5）
　岩世人（クラーク　1849.1.27-1907.6.5）
　化学（クラーク,E.W.　1849-1907）

Clark, Edward Winter
アメリカの宣教師。
⇒アア歴（Clark,Edward W (inter)　クラーク,エドワード・ウィンター　1830.2.25-1913.5.13）

Clark, Francis Edward
アメリカのプロテスタント牧師、キリスト教青年運動の指導者。
⇒岩世人（クラーク　1851.9.12-1927.5.26）

Clark, Gene
アメリカのシンガー・ソングライター。
⇒ロック（Clark,Gene　クラーク,ジーン　1941.11.17-）

Clark, *Sir* George Norman
イギリスの歴史家。「イギリス史学雑誌」編集員。
⇒岩世人（クラーク　1890.2.27-1979.2.6）

Clark, Gillian
イギリスの歴史学者。
⇒外16（クラーク,ジリアン）

Clark, Grover
アメリカの編集者。
⇒アア歴（Clark,Grover　クラーク,グロウヴァー　1891.12.14-1938.7.17）

Clark, Helen
ニュージーランドの政治家。ニュージーランド首相、ニュージーランド労働党党首。
⇒岩世人（クラーク　1950.2.26-）
　外12（クラーク,ヘレン　1950.2.26-）
　外16（クラーク,ヘレン　1950.2.26-）
　世指導（クラーク,ヘレン　1950.2.26-）
　ニュー（クラーク,ヘレン　1950-）

Clark, Jack Anthony
アメリカの大リーグ選手(外野、一塁)。

⇒メジャ（クラーク, ジャック　1955.11.10–）
Clark, James B.
アメリカの映画監督。
⇒岩世人（クラーク　1936.3.4–1968.4.7）
Clark, James Dawson Chichester-, Baron Moyola
北アイルランドの政治家。
⇒岩世人（クラーク　1923.2.12–2002.5.17）
Clark, Jesse
全米鉄道信号手組合会長。
⇒アメ経（クラーク, ジェシー　1901.11.21–）
Clark, John
アメリカの鉱山・工場・精錬労働者国際組合会長。
⇒アメ経（クラーク, ジョン　1888–1967.2.26）
Clark, John Bates
アメリカの経済学者。私有財産制と自由競争原理とを基礎として限界効用理論の体系を樹立。
⇒岩経（クラーク　1847–1938）
　岩世人（クラーク　1847.1.26–1938.3.21）
　学叢思（クラーク, ジョン・ベーツ　1847–?）
　有経5（クラーク〔B〕　1847–1938）
Clark, John Grahame Douglas
イギリスの考古学者。スター・カーを初めとしてイギリスの遠古諸遺跡, マケドニアなどを発掘した。
⇒岩世人（クラーク　1907.7.28–1995.9.12）
Clark, John Maurice
アメリカの経済学者。アメリカ制度学派の権威。主著『間接費の経済理論』（1923）。
⇒岩経（クラーク　1884–1963）
　岩世人（クラーク　1884.11.30–1963.6.27）
　有経5（クラーク〔C〕　1884–1963）
Clark, John Pepper
ナイジェリアの詩人, 劇作家。部族の伝承文学発掘に努め, イジョウ族伝説に取材した作品で注目された。ビアフラ市民戦争時のソインカとの対立は有名である。
⇒現世文（クラーク, ジョン・ペッパー　1935.4.6–）
Clark, Joshua Reuben, Jr.
アメリカの外交官, 弁護士。国務次官, 駐メキシコ大使。
⇒アメ経（クラーク, ジョシュア, 2世　1871.9.1–1961.10.6）
Clark, Kelly
アメリカのスノーボード選手（ハーフパイプ）。
⇒外12（クラーク, ケリー　1983.7.26–）
　外16（クラーク, ケリー　1983.7.26–）
　最世ス（クラーク, ケリー　1983.7.26–）

Clark, Kenneth B.
パナマ生まれのアメリカの社会心理学者, 教育者。
⇒マルX（CLARK,KENNETH B.　クラーク, ケネス・B　1914–2005）
Clark, Kenneth Mackenzie
イギリスの美術史家, 評論家。
⇒岩世人（クラーク　1903.7.13–1983.5.21）
　広辞7（クラーク　1903–1983）
Clark, Larry
アメリカ生まれの写真家, 映画監督。
⇒現アテ（Clark,Larry　クラーク, ラリー　1943–）
Clark, Mark Wayne
アメリカの軍人。極東連合軍司令官（1952）。
⇒岩世人（クラーク　1896.5.1–1984.4.17）
Clark, Martin
アメリカの作家。
⇒海文新（クラーク, マーティン）
　現世文（クラーク, マーティン）
Clark, Mary Higgins
アメリカのミステリ作家。
⇒外12（クラーク, メアリ・ヒギンズ　1929.12.24–）
　外16（クラーク, メアリ・ヒギンズ　1929.12.24–）
　現世文（クラーク, メアリ・ヒギンズ　1929.12.24–）
Clark, Michael
イギリスのダンサー, 振付師。
⇒岩世人（クラーク　1962.6.2–）
Clark, Petura
イギリス生まれの女優。
⇒ク俳（クラーク, ペテュラ　1932–）
　標音2（クラーク, ペテュラ　1932.11.15–）
　ロック（Clark,Petura　クラーク, ペテューラ　1933.11.15–）
Clark, Robert
アメリカの作家。
⇒現世文（クラーク, ロバート　1953–）
Clark, Robert Sterling
アメリカの美術品収集家。
⇒アア歴（Clark,Robert Sterling　クラーク, ロバート・スターリング　1877.6.25–1956.12.29）
Clark, Robin Jon Hawes
イギリスの物理化学者, 無機化学者。
⇒岩世人（クラーク　1935.2.16–）
Clark, Sanford
アメリカ・オクラホマ州生まれの歌手。
⇒ロック（Clark,Sanford　クラーク, サンフォード　1933–）

Clark, Susan
カナダ生まれの女優。
⇒ク俳（クラーク, スーザン（ゴールディング, ノラ）
1940–）

Clark, Tim
イギリスの学芸員。
⇒外16（クラーク, ティム　1959–）

Clark, Timothy James
イギリスの美術史家。
⇒岩世人（クラーク　1943–）

Clark, Tony
アメリカの大リーグ選手（内野手）。
⇒外16（クラーク, トニー　1972.6.15–）
メジャ（クラーク, トニー　1972.6.15–）

Clark, Walter van Tilburg
アメリカの小説家。
⇒アメ州（Clark, Walter van Tilburg　クラーク,
ウォルター・バン・ティルバーグ　1909–1971）
現世文（クラーク, ウォルター・バン・ティルバー
グ　1909.8.3–1971.11.10）

Clark, Will
アメリカの大リーグ選手（一塁）。
⇒メジャ（クラーク, ウィル　1964.3.13–）

Clark, William, Jr.
アメリカの外交官。国務次官補（東アジア・太
平洋担当）。
⇒世指導（クラーク, ウィリアム　1930.10.12–
2008.1.22）

Clark, William Andrews
アメリカの産業資本家, 政治家。上院議員。
⇒アメ州（Clark, William Andrews　クラーク, ウ
ィリアム・アンドルーズ　1839–1925）

Clark, William Watson
アメリカの大リーグ選手（投手）。
⇒メジャ（クラーク, ワッティ　1902.5.16–1972.3.
4）

Clarke, Alan
イギリスの映画監督。
⇒映監（クラーク, アラン　1935.10.28–1990）

Clarke, Arthur（Charles）
イギリスのSF作家。代表作『宇宙の島々』
（1952）,『幼年期の終り』（53）,『2001年宇宙の
旅』（68）など。
⇒岩世人（クラーク　1917.12.16–2008.3.19）
科史（クラーク　1917–2008）
現世文（クラーク, アーサー・C.　1917.12.16–
2008.3.19）
広辞7（クラーク　1917–2008）
ネーム（クラーク, アーサー・C.　1917–2008）
ポプ人（クラーク, アーサー・チャールズ　1917–
2008）

Clarke, Austin
アイルランドの詩人, 批評家, 劇作家, 編集者。
⇒現世文（クラーク, オースティン　1896.5.9–1974.
3.19）

Clarke, Darren
イギリスのプロゴルファー。
⇒外12（クラーク, ダレン　1968.8.4–）
外16（クラーク, ダレン　1968.8.4–）
最世ス（クラーク, ダレン　1968.8.4–）

Clarke, Edward Bramwell
イギリスの教育家。慶応義塾大学, 第三高等学
校, 京都帝国大学で英文学を教授。
⇒岩世人（クラーク　1874.1.31–1934.4.28）

Clarke, Frank Wigglesworth
アメリカの地球化学者。地殻の化学的組成を推
定したクラーク数で有名。著書『地球化学の
データ』（1908）。
⇒岩世人（クラーク　1847.3.19–1931.5.23）
オク地（クラーク, フランク・ウィッグルスワース
1847–1931）
化学（クラーク, F.W.　1847–1931）

Clarke, Fred
イギリスの教育家。
⇒岩世人（クラーク　1880–1952）

Clarke, Fred Clifford
アメリカの大リーグ選手（外野）。
⇒メジャ（クラーク, フレッド　1872.10.3–1960.8.
14）

Clarke, Graham
イギリスのテノール歌手。
⇒魅惑（Clarke, Graham（Clark）　1941–）

Clarke, Henry Harrison
アメリカの体育学者, 体育測定学者。
⇒岩世人（クラーク　1902.6.30–1995.6.8）

Clarke, Horace Meredith
アメリカの大リーグ選手（二塁, 遊撃）。
⇒メジャ（クラーク, ホレイス　1940.6.2–）

Clarke, John Henrik
アメリカの歴史家, 短編小説家。
⇒マルX（CLARKE, JOHN HENRIK　クラーク,
ジョン・ヘンリク　1915–1998）

Clarke, Kenneth（Harry）
イギリスの政治家。
⇒岩世人（クラーク　1940.7.2–）
世指導（クラーク, ケネス・ハリー　1940.7.2–）

Clarke, Kenneth Spearman（Kenny）
アメリカのジャズ・ドラム奏者。モダン・ドラ
ムの先駆者。

⇒新音中（クラーク，ケニー　1914.1.9–1985.1.26）
標音2（クラーク，ケニー　1914.1.9–1985.1.26）

Clarke, Mae
アメリカの女優。
⇒ク俳（クラーク，メイ（クロツ，ヴァイオレット）1907–1992）

Clarke, Paul Charles
イギリスのテノール歌手。
⇒魅惑（Clarke,Paul Charles　?–）

Clarke, Robert I.
アメリカの男優。
⇒ク俳（クラーク，ロバート　1920–）

Clarke, Shirley
アメリカの映画作家。
⇒映監（クラーク，シャーリー　1919.10.2–1997）

Clarke, Stanley
アメリカのジャズ・ベース奏者。「リターン・トゥ・フォーエバー」の大ヒットを機に1970年代を代表するベース奏者となる。
⇒外16（クラーク，スタンリー　1951.6.30–）

Clarke, Stephen
イギリスの作家，ジャーナリスト。
⇒海文新（クラーク，スティーヴン　1958.10.15–）

Clarke, Susanna
イギリスの作家。
⇒外12（クラーク，スザンナ　1959–）
　外16（クラーク，スザンナ　1959–）
　海文新（クラーク，スザンナ　1959.11.1–）
　現世文（クラーク，スザンナ　1959.11.1–）

Clarke, William Newton
アメリカのバプテスト派牧師，神学者。
⇒岩キ（クラーク，W.N.　1841–1912）
　岩世人（クラーク　1841.12.2–1912.1.14）

Clarkson, John Gibson
アメリカの大リーグ選手（投手）。
⇒メジャ（クラークソン，ジョン　1861.7.1–1909.2.4）

Clarkson, Patricia
アメリカの女優。
⇒外12（クラークソン，パトリシア　1959.12.29–）

Clary, Tyler
アメリカの水泳選手（背泳ぎ・バタフライ）。
⇒外16（クラリー，タイラー　1989.3.12–）
　最世ス（クラリー，タイラー　1989.3.12–）

Class, Heinrich
ドイツの政治家。全ドイツ連盟総裁となり（1908），全ドイツ運動を促進。
⇒岩世人（クラス　1868.2.29–1953.4.16）

Classen, Alexander
ドイツの分析化学者。
⇒化学（クラッセン　1843–1934）

Claude, Albert
アメリカの細胞学者。ノーベル生理・医学賞を受賞（1974）。
⇒岩生（クロード　1899–1983）
　岩世人（クロード　1899.8.24–1983.5.23）
　ノベ3（クロード,A.　1899.8.24–1983.5.22）

Claude, Georges
フランスの化学者，物理学者。ネオン燈や蛍光燈の基礎になる研究を行なった。
⇒化学（クロード　1870–1960）

Claude, Henri-Charles-Jules
フランスの精神科医。
⇒精医歴（クロード，アンリ＝シャルル＝ジュール　1869–1945）

Claudel, Camille
フランスの彫刻家。
⇒岩世人（クローデル　1864.12.8–1943.10.19）
　ポプ人（クローデル，カミーユ　1864–1943）

Claudel, Marcel
ベルギーのテノール歌手。
⇒魅惑（Claudel,Marcel　1902–）

Claudel, Paul Louis Charles Marie
フランスの詩人，劇作家，外交官（駐日大使）。
⇒岩キ（クローデル　1868–1955）
　岩世人（クローデル　1868.8.6–1955.2.23）
　オク教（クローデル　1868–1955）
　学叢思（クローデル，ポール　1868–?）
　現世文（クローデル，ポール　1868.8.6–1955.2.23）
　広辞7（クローデル　1868–1955）
　新カト（クローデル　1868.8.6–1955.2.23）
　西文（クローデル，ポール　1868–1955）
　世演（クローデル，ポール　1868.8.6–1955.2.23）
　ネーム（クローデル　1868–1955）
　標音2（クローデル，ポール　1868.8.6–1955.2.23）
　フ文小（クローデル，ポール　1868–1955）
　ポプ人（クローデル，ポール　1868–1955）

Claudel, Philippe
フランスの作家，脚本家。
⇒外12（クローデル，フィリップ　1962–）
　外16（クローデル，フィリップ　1962–）
　海文新（クローデル，フィリップ　1962.2.2–）
　現世文（クローデル，フィリップ　1962.2.2–）

Claudino, Fabiana
ブラジルのバレーボール選手。
⇒最世ス（クラウジノ，ファビアナ　1985.1.24–）

Claudio
ブラジルのサッカー選手（DF）。
⇒外12（クラウジオ　1972.3.31–）

Claus, Carlfriedrich
ドイツ生まれの画家。
⇒芸13 (クラウス,カールフレッドリッチ 1930-)

Claus, Emile
ベルギーの画家。印象派の影響を受け,外光派絵画を描いた。
⇒岩世人 (クラウス 1849.9.27-1924.6.5)

Claus, Hugo Maurice Julien
ベルギーの小説家,劇作家。
⇒岩世人 (クラウス 1929.4.5-2008.3.19)
　現世文 (クラウス,ヒューホ 1929-2008.3.19)

Clausen, Alden Winship
アメリカの銀行家。バンク・オブ・アメリカの頭取。世界銀行総裁。
⇒岩世人 (クローセン 1923.2.17-2013.1.21)

Clausen, *Sir* George
イギリスの画家。代表作は『戸口に立つ少女』(1889)。
⇒岩世人 (クラウセン 1852.4.18-1944.11.22)
　芸13 (クローゼン,ジョージ 1852-1944)

Clausen, Jens
デンマーク生まれの植物分類学者。
⇒岩生 (クラウセン 1891-1969)

Clauson, *Sir* Gerard Leslie Makins
イギリスの官吏,東洋語学者。
⇒岩世人 (クローゾン 1891.4.28-1974.5.1)

Claussen, Sophus Niels Christen
デンマークの詩人。雑誌『塔』(1893~)を発行,デンマーク象徴主義運動を創始。
⇒岩世人 (クラウセン 1865.9.12-1931.4.11)

Clavé, Antoni
スペインの画家。
⇒芸13 (クラヴェ,アントニ 1913-1982)

Claveau, André
フランスのシャンソン歌手。1950年ディスク大賞をえた『小さな乗合馬車』のほか『あじさい娘』『ドミノ』などヒット曲も多い。
⇒標音2 (クラヴォー,アンドレ 1915.12.17-)

Clavel, Maurice
フランスの作家。詩的な劇作,霊肉を問題とする小説で知られる。主著 "Ce que je crois" (1975)。
⇒岩世人 (クラヴェル 1920.11.10-1979.4.23)
　現世文 (クラヴェル,モーリス 1920.11.10-1979.4.23)

Clavell, James du Maresq
イギリスの映画監督,脚本家,小説家。『大脱走』の脚本を担当。小説『ショーグン』が1980年アメリカで大ヒット。
⇒現世文 (クラベル,ジェームズ 1924-1994.9.6)

Claveloux, Nicole
フランスの画家。出版社や児童雑誌で活躍。
⇒絵本 (クラヴルー,ニコル 1940-)

Claverie, Jean
フランスの児童文学者。
⇒絵本 (クラヴリ,ジャン 1946-)

Claxton, Philander Priestley
アメリカの教育者。
⇒アメ州 (Claxton,Philander Priestley クラクストン,フィランダー・プリーストリー 1862-1957)

Clay, Bryan
アメリカの十種競技選手。
⇒外12 (クレイ,ブライアン 1980.1.3-)
　最世ス (クレイ,ブライアン 1980.1.3-)

Clay, Henry
イギリスの経済学者。主著 "Economics,an introduction for the general reader" (1929)。
⇒岩世人 (クレイ 1883.5.9-1954.7.30)

Clay, Laura
アメリカの社会活動家。
⇒アメ州 (Clay,Laura クレイ,ローラ 1849-1941)

Clay, Lucius Dubignon
アメリカの軍人,実業家。1948年のベルリン封鎖に対して,西ベルリンへの物資補給の大空輸を発案,指揮した。
⇒アメ州 (Clay,Lucius DuBignon クレイ,ルシアス・デュビニョン 1897-)
　岩世人 (クレイ 1897.4.23-1978.4.16)

Clay, Philippe
フランスのシャンソン歌手。
⇒標音2 (クレー,フィリップ 1927.3.7-)

Clayburgh, Jill
アメリカの女優。
⇒ク俳 (クレイバーグ,ジル 1941-)

Clayderman, Richard
フランスのポピュラー・ピアノ奏者,作曲家。
⇒異二辞 (クレイダーマン[リチャード・~] 1953-)
　岩世人 (クレイダーマン 1953.12.28-)
　外12 (クレイダーマン,リチャード 1953.12.28-)
　外16 (クレイダーマン,リチャード 1953.12.28-)
　標音2 (クレイダーマン,リチャード 1953.12.28-)

Clayton, Adam
イギリスのロック・ベース奏者。
⇒外12 (クレイトン,アダム 1960.3.13-)
　外16 (クレイトン,アダム 1960.3.13-)

C

Clayton, Edward Hyers
アメリカの宣教師教育者。
⇒アア歴（Clayton,Edward Hyers　クレイトン，エドワード・ハイアーズ　1866.12.10–1946.11.17）

Clayton, Jack
イギリス生まれの映画監督。
⇒映監（クレイトン，ジャック　1921.3.1–1995）

Clayton, Paula Jean
アメリカの精神医学者。セントルイス学派の最も名の知られたメンバーの一人。
⇒精医歴（クレイトン，ポーラ・ジーン　1934–）

Clayton, Royce Spencer
アメリカの大リーグ選手（遊撃）。
⇒メジャ（クレイトン，ロイス　1970.1.2–）

Clayton, William Lockhart
アメリカの実業家，官僚。アンダーソン・クレイトン商会設立者。マーシャル・プランの起草に中心的役割を果した。
⇒アメ経（クレイトン，ウィリアム　1880.2.7–1966.2.8）

Cleage, Albert B., Jr.
アメリカの牧師。
⇒マルX（CLEAGE,ALBERT B.,JR（Reverend Jaramogi Abebe Agyeman）　クリージ，アルバート・B，ジュニア（ジャラモギ・アベベ・アジェマン牧師）　1911–2000）

Clear, Marc
オランダのテノール歌手。
⇒魅惑（Clear,Marc　1964–）

Clear, Mark Alan
アメリカの大リーグ選手（投手）。
⇒メジャ（クリアー，マーク　1956.5.27–）

Cleary, Beverly
アメリカの児童文学作家。
⇒岩世人（クリアリー　1916.4.12–）
外12（クリアリー，ビバリー　1916–）
外16（クリアリー，ビバリー　1916–）
現世文（クリアリー，ビバリー　1916.4.12–）

Cleary, Florence Damon
アメリカの図書館人。デトロイトのウェイン大学教育カレッジにおいて，学校教師を学校図書館員として養成する活動に尽力，その活動が全米に知られる。
⇒ア図（クリアリー，フローレンス　1896–1982）

Cleary, Jon Stephen
オーストラリアの推理作家。
⇒現世文（クリアリー，ジョン　1917.11.22–2010.7.19）

Cleave, Chris
イギリスの作家。
⇒海文新（クリーヴ，クリス　1973–）
現世文（クリーブ，クリス　1973–）

Cleave, Paul
ニュージーランドの作家。
⇒外16（クリーブ，ポール　1974–）
海文新（クリーヴ，ポール　1974–）
現世文（クリーブ，ポール　1974–）

Cleaver, Eldridge
アメリカの黒人運動家。
⇒マルX（CLEAVER,ELDRIDGE　クリーヴァー，エルドリッジ　1935–1996）

Cleaver, Elizabeth
カナダの絵本作家。
⇒絵本（クリーヴァー，エリザベス　1939–1985）

Cleese, John
イギリス生まれの俳優。
⇒ク俳（クリーズ，ジョン　1939–）
スター（クリーズ，ジョン　1939.10.27–）

Cleeves, Ann
イギリスの作家。
⇒外12（クリーブス，アン　1954–）
外16（クリーブス，アン　1954–）
現世文（クリーブス，アン　1954–）

Clegg, Nick
イギリスの政治家。イギリス副首相，自由民主党（LDP）党首。
⇒岩世人（クレッグ　1967.1.7–）
外12（クレッグ，ニック　1967.1.7–）
外16（クレッグ，ニック　1967.1.7–）
世指導（クレッグ，ニック　1967.1.7–）

Cleland, Jane K.
アメリカの作家。
⇒海文新（クリーランド，ジェーン・K.）
現世文（クリーランド，ジェーン・K.）

Clemen, Carl
ドイツのプロテスタント神学者。宗教史の研究がある。
⇒岩世人（クレーメン　1865.3.30–1940.7.8）

Clemen, Paul
ドイツの芸術史家。ライン地方の中世壁画の研究に貢献。
⇒岩世人（クレーメン　1866.10.31–1947.7.8）

Clémenceau, Georges
フランスの政治家。1906〜09,17〜20年首相。
⇒岩世人（クレマンソー　1841.9.28–1929.11.24）
学叢思（クレマンソー，ジョルジュ　1841.9.28–?）
広辞7（クレマンソー　1841–1929）
19仏（クレマンソー，ジョルジュ　1841.9.28–1929.11.24）
世史改（クレマンソー　1841–1929）
世人新（クレマンソー　1841–1929）

世人装（クレマンソー 1841-1929）
ネーム（クレマンソー 1841-1929）
ポプ人（クレマンソー, ジョルジュ 1841-1929）

Clemens, Hans
ドイツのテノール歌手。
⇒魅惑（Clemens,Hans 1890-1958）

Clemens, Helmut
オーストリアの金属物理学者。
⇒外16（クレメンス, ヘルムート 1957.7.26-）

Clemens, William Roger
アメリカの大リーグ選手（投手）。
⇒異二辞（クレメンス［ロジャー・～］ 1962-）
岩世人（クレメンス 1962.8.4-）
外12（クレメンス, ロジャー 1962.8.4-）
外16（クレメンス, ロジャー 1962.8.4-）
最世ス（クレメンス, ロジャー 1962.8.4-）
メジャ（クレメンス, ロジャー 1962.8.4-）

Clement, Catherine
フランスの作家, 哲学者。
⇒現世文（クレマン, カトリーヌ）

Clément, Edomond
フランスのテノール歌手。
⇒失声（クレマン, エドモン 1867-1928）
魅惑（Clément,Edmond 1867-1928）

Clement, Ernest Wilson
アメリカ・バプテスト派教会宣教師。第1高等学校で英語教育に従事。
⇒アア歴（Clement,Ernest W（ilson） クレメント, アーネスト・ウィルソン 1860.2.21-1941.3.11）
岩世人（クレメント 1860.2.21-1941.3.11）

Clément, Frédéric
フランスのイラストレーター。
⇒絵本（クレマン, フレデリック 1949-）

Clement, Hal
アメリカのSF作家。著書に『重力への挑戦』(1954),『窒素固定世界』(80)などがある。
⇒現世文（クレメント, ハル 1922.5.30-2003.10.29）

Clement, Jack
アメリカ・メンフィス生まれの歌手, ソングライター, プロデューサー。
⇒ロック（Clement,Jack クレメント, ジャック 1932-）

Clement, Kerron
アメリカの陸上選手（ハードル）。
⇒最世ス（クレメント, カーロン 1985.10.31-）

Clément, Olivier
フランスの文筆家, 新教父学派の成員。
⇒岩世人（クレマン 1921.11.17-2009.1.15）

Clement, Peter
アメリカの作家, 医師。
⇒海文新（クレメント, ピーター）

Clément, René
フランスの映画監督。
⇒岩世人（クレマン 1913.3.18-1996.3.17）
広辞7（クレマン 1913-1996）
ネーム（クレマン, ルネ 1913-1996）
ポプ人（クレマン, ルネ 1913-1996）

Clement, Wolfgang
ドイツの政治家, ジャーナリスト。
⇒外12（クレメント, ウォルフガング 1940.7.7-）
外16（クレメント, ウォルフガング 1940.7.7-）
世指導（クレメント, ウォルフガング 1940.7.7-）

Clemente, Francesco
イタリアの画家。
⇒外12（クレメンテ, フランチェスコ 1952-）
外16（クレメンテ, フランチェスコ 1952.3.23-）
芸13（クレメンテ, フランチェスコ 1952-）
現アテ（Clemente,Francesco クレメンテ, フランチェスコ 1952-）

Clemente, Roberto
アメリカの大リーグ選手（外野）。
⇒岩世人（クレメンテ 1934.8.18-1972.12.31）
メジャ（クレメンテ, ロベルト 1934.8.18-1972.12.31）

Clemente de Diego y Gutiérrez, Felipe
スペインの法律家。
⇒岩世人（クレメンテ・デ・ディエゴ 1866-1945）

Clementi, Sir Cecil
イギリスの植民地行政官。香港総督（1925～30）, マレー植民地総督（30～34）などを歴任。
⇒岩世人（クレメンティ 1875.9.1-1947.4.5）

Clementi, David Cecil
イギリスの銀行家。
⇒外12（クレメンティ, デービッド 1949.2.25-）
外16（クレメンティ, デービッド 1949.2.25-）

Clémentine
フランス・パリ生まれの歌手。
⇒外12（クレモンティーヌ 1963-）
外16（クレモンティーヌ 1963-）

Clementis, Vladimír
チェコスロバキアの政治家。法律家で詩人, 作家でもあった。
⇒岩世人（クレメンティス 1902.9.20-1952.12.3）

Clements, Frederic Edward
アメリカの植物生態学者。植物群落の研究を進め遷移の学説を完成。
⇒岩生（クレメンツ 1874-1945）

Clements, Sir John
イギリスの男優，劇場支配人，演出家。
⇒ク俳（クレメンツ，サー・ジョン　1910–1988）

Clements, John J.
アメリカの大リーグ選手(捕手)。
⇒メジャ（クレメンツ，ジャック　1864.7.24–1941.5.23）

Clements, Ron
アメリカのアニメーション監督。
⇒外12（クレメンツ，ロン　1953–）

Clemmons, Francois
アメリカのテノール歌手。
⇒魅惑（Clemmons,Francois　1945–）

Clemo, Jack
イギリスの詩人。
⇒現世文（クレモー，ジャック　1916.3.11–1994.7.25）

Clemons, Steven
アメリカの日本研究家。
⇒外12（クレモンズ，スティーブン　1962–）
外16（クレモンズ，スティーブン　1962–）

Clendenon, Donn Alvin
アメリカの大リーグ選手(一塁)。
⇒メジャ（クレンデノン，ドン　1935.7.15–2005.9.17）

Clérambault, Gaëtan Gatian de
フランスの精神医学者。
⇒現精（クレランボー　1872–1934）
現精縮（クレランボー　1872–1934）

Clerc, Vincent
フランスのラグビー選手（スタッド・トゥールーザン・WTB）。
⇒最世文（クレール，ヴァンサン　1981.5.7–）

Clère, Jules
フランスのジャーナリスト。
⇒19仏（クレール，ジュール　1850.10.19–?）

Clerides, Glafkos John
キプロスの政治家。キプロス大統領(1993～2003)。
⇒世指導（クレリデス，グラフコス　1919.4.24–2013.11.25）

Clerk, Sir Dugald
スコットランドの土木技師。2サイクル機関を設計し(1877)，改良した(78)。
⇒岩世人（クラーク　1854.3.31–1932.11.12）

Clermont-Ganneau, Charles
フランスの考古学者，東洋学者。1869年メシャ王(前9世紀)のモアブ石碑を発見，ユダヤの古代都市ゲザの遺跡であると確認。主著『東洋考古学研究』(2巻，1880～97)，『東洋考古学集成』(8巻，85～1924)。
⇒岩世人（クレルモン=ガノー　1846–1923）

Cleve, Per Teodor
スウェーデンの化学者，博物学者。錯塩化学の研究，無機化合物における異性現象の研究に寄与。またヘリウムなどの発見など稀土類化学にも貢献。
⇒岩世人（クレーヴェ　1840.2.10–1905.6.18）
化学（クレーヴェ　1840–1905）

Cleveland, Reginald Leslie
アメリカの大リーグ選手(投手)。
⇒メジャ（クリーヴランド，レジー　1948.5.23–）

Cleveland, Stephen Grover
アメリカの政治家。第22,24代大統領(1885～89,93～97)。
⇒アメ経（クリーブランド，グローバー　1837–1908）
アメ州（Cleveland,Grover　クリーブランド，グローバー　1837–1908）
アメ新（クリーブランド　1837–1908）
岩世人（クリーヴランド　1837.3.18–1908.6.24）

Cleveman, Lars
スウェーデンのテノール歌手。
⇒魅惑（Cleveman,Lars　?–）

Clevenger, Craig
アメリカの作家。
⇒海文新（クレヴェンジャー，クレイグ）
現世文（クレベンジャー，クレイグ　1965–）

Clever, Todd
アメリカのラグビー選手(NTTシャイニング・アークス・FL)。
⇒最世人（クレバー，トッド　1983.1.16–）

Clewing, Carl
ドイツのテノール歌手。
⇒魅惑（Clewing,Carl　1884–1954）

Cliburn, Van
アメリカのピアノ奏者。
⇒新音中（クライバーン，ヴァン　1934.7.12–）
標音2（クライバン，ヴァン　1934.7.12–）

Clidat, France
フランスのピアノ奏者。
⇒外12（クリダ，フランス　1938–）

Cliff, Jimmy
ジャマイカのレゲエ歌手。
⇒岩世人（クリフ　1948.4.1–）
外12（クリフ，ジミー　1948.4.1–）
外16（クリフ，ジミー　1948.4.1–）
ロック（Cliff,Jimmy　クリフ，ジミー　1948–）

Clifford, *Sir* Hugh Charles
英領マラヤの植民地行政官。
⇒岩世人（クリフォード 1866.3.5-1941.12.18）

Clifford, James
アメリカの文化人類学者, 文化批評家。
⇒外12（クリフォード, ジェームズ 1945-）
　外16（クリフォード, ジェームズ 1945-）

Clifford, John
イギリスのバプテスト派牧師。バプテスト世界連盟初代議長。
⇒オク教（クリフォード 1836-1923）
　学叢思（クリッフォード, ジョン 1836-?）

Clift, Harlond Benton
アメリカの大リーグ選手（三塁）。
⇒メジャ（クリフト, ハーロンド 1912.8.12-1992.4.27）

Clift, Montgomery
アメリカの映画俳優。主演作品『陽のあたる場所』（1951）など。
⇒ク俳（クリフト, モントゴメリー（クリフト, エドワード・M） 1920-1966）
　スター（クリフト, モンゴメリー 1920.10.17-1966）

Clijsters, Kim
ベルギーのテニス選手。
⇒外12（クライシュテルス, キム 1983.6.8-）
　最世ス（クライシュテルス, キム 1983.6.8-）

Clinard, Marshall Barron
アメリカの社会学者。
⇒社小増（クリナード 1911-）

Cline, Emma
アメリカの作家。
⇒現世文（クライン, エマ 1989-）

Cline, Ernest
アメリカの作家。
⇒海文新（クライン, アーネスト 1972-）
　現世文（クライン, アーネスト 1972-）

Cline, Patsy
アメリカのカントリー歌手。
⇒新音中（クライン, パッツィ 1932.9.8-1963.3.5）
　標音2（クライン, パッツィ 1932.9.8-1963.3.5）
　ロック（Cline,Patsy クライン, パツィ 1932-）

Cline, Ray S.
アメリカ中央情報局（CIA）次官。
⇒スパイ（クライン, レイ・S 1918-1996）

Clinton, Bill
アメリカの政治家。アメリカ第42代大統領（1993〜2001）。
⇒アメ州（Clinton,Bill クリントン, ビル 1946-）
　アメ新（クリントン 1946-）
　岩韓（クリントン 1946-）
　岩世人（クリントン 1946.8.19-）
　外12（クリントン, ビル 1946.8.19-）
　外16（クリントン, ビル 1946.8.19-）
　広辞7（クリントン 1946-）
　政経改（クリントン 1946-）
　世史改（クリントン 1946-）
　世指導（クリントン, ビル 1946.8.19-）
　世人新（クリントン 1946-）
　世人装（クリントン 1946-）
　戦ア大（クリントン, ウィリアム・J. 1944.8.19-）
　ボブ人（クリントン, ビル 1946-）
　もう山（クリントン 1946-）

Clinton, Chelsea
アメリカのジャーナリスト。NBCテレビ記者。ビル・クリントンの長女。
⇒外12（クリントン, チェルシー 1980-）

Clinton, George
アメリカの歌手, 作曲家, 音楽プロデューサー。
⇒岩世人（クリントン 1941.7.22-）

Clinton, Hillary Rodham
アメリカの政治家, 弁護士, 大統領夫人。
⇒アメ新（クリントン 1947-）
　岩世人（クリントン 1947.10.26-）
　外12（クリントン, ヒラリー 1947.10.26-）
　外16（クリントン, ヒラリー 1947.10.26-）
　世指導（クリントン, ヒラリー 1947.10.26-）
　ボブ人（クリントン, ヒラリー 1947-）

Clive, Colin
イギリスの俳優。
⇒ク俳（クライヴ, コリン（グレイグ,C・C） 1898-1937）

Clodumar, Kinza
ナウルの政治家。ナウル大統領（1997〜98）。
⇒世指導（クロドゥマール, キンザ 1945.2.8-）

Cloman, Sydney Amos
アメリカの陸軍将校。
⇒アア歴（Cloman,Sydney Amos クロウマン, シドニー・エイモス 1867.10.10-1923.5.12）

Cloninger, Tony Lee
アメリカの大リーグ選手（投手）。
⇒メジャ（クロニンガー, トニー 1940.8.13-）

Clooney, George
アメリカ生まれの男優。
⇒遺産（クルーニー, ジョージ 1961.5.6-）
　外12（クルーニー, ジョージ 1961.5.6-）
　外16（クルーニー, ジョージ 1961.5.6-）
　ク俳（クルーニー, ジョージ 1961-）
　スター（クルーニー, ジョージ 1961.5.6-）

Clooney, Rosemary
アメリカの歌手, 女優。
⇒標音2（クルーニー, ローズマリー 1928.5.23-）

Cloos, Hans
ドイツの地質学者。地質構造学,火山論などの研究がある。
⇒岩世人（クロース　1885.11.8–1951.9.26）

Close, Chuck
アメリカ生まれの画家。
⇒岩世人（クロース　1940.7.5–）
芸13（クロース,チャック　1940–）

Close, Glenn
アメリカ生まれの女優。
⇒外12（クローズ,グレン　1947.3.19–）
外16（クローズ,グレン　1947.3.19–）
ク俳（クロウス,グレン　1947–）

Close, Upton
アメリカの作家。1917〜22年極東通信員。著書『アジアの叛乱』(27),『挑戦―日本の素顔の下』(34)など。
⇒アア歴（Close,Upton　クロウス,アプトン　1894.2.27–1960.11.14）

Clostermann, Pierre
フランスの戦闘機操縦者。
⇒ネーム（クロステルマン　1921–2006）

Clough, John Everett
アメリカのバプテスト派宣教師。
⇒アア歴（Clough,John E(verett)　クラフ,ジョン・エヴェレット　1836.7.16–1910.11.24）

Clouzot, Henri-Georges
フランスの映画監督。主作品『犯罪河岸』(1946),『情婦マノン』Manon(48),『恐怖の報酬』(53),『悪魔のような女』(54)。
⇒映監（クルーゾー,アンリ＝ジョルジュ　1907.11.20–1977）

Clower, Robert Wayne
アメリカ生まれの経済思想家。
⇒岩経（クラウアー　1926–）
有経5（クラウワー　1926–2011）

Clubb, Oliver Edmund
アメリカの外交官。
⇒アア歴（Clubb,O(liver) Edmund　クラブ,オリヴァー・エドマンド　1901.2.16–1989.5.9）

Clurman, Harold
アメリカの演出家,劇評家。
⇒岩世人（クラーマン　1901.9.18–1980.9.9）

Clusius, Klaus
ドイツの物理化学者。
⇒岩世人（クルージウス　1903.3.19–1963.5.28）

Cluytens, André
ベルギーの指揮者。1949年パリ音楽院管弦楽団の常任指揮者となった。
⇒岩世人（クリュイタンス　1905.3.26–1967.6.3）
新音中（クリュイタンス,アンドレ　1905.3.26–1967.6.3）
ネーム（クリュイタンス　1905–1967）
標音2（クリュイタンス,アンドレ　1905.3.26–1967.6.3）

Clyde, Jeremy
イギリスのミュージシャン,俳優。
⇒ロック（Chad and Jeremy　チャド＆ジェレミー　1944.3.22–）

Clyde, June
アメリカの女優。
⇒ク俳（クライド,ジューン（テトラジーニ,J)　1909–1987）

Clynes, John Robert
イギリスの政治家。労働党委員長。国璽尚書(1924),内相(29〜31)を歴任。
⇒岩世人（クラインズ　1869.3.27–1949.10.23）
学叢思（クラインズ,ジョン・ロバート　1869–?）

Cnu
韓国の歌手。
⇒外16（シヌウ　1991.6.16–）

Coase, Ronald Harry
アメリカの経済学者。1991年ノーベル経済学賞。
⇒岩世人（コース　1910.12.29–2013.9.2）
ノベ3（コース,R.H.　1910.12.29–）
有経5（コース　1910–2013）

Coates, Albert
ロシア生まれのイギリスの指揮者,作曲家。主作品 "Samuel Pepys" (1929)。
⇒標音2（コーツ,アルバート　1882.4.23–1953.12.11）

Coates, Eric
イギリスの作曲家。主作品『ミニアチュア組曲』。
⇒岩世人（コーツ　1886.8.27–1957.12.21）
ク音3（コーツ　1886–1957）
標音2（コーツ,エリック　1886.8.27–1957.12.23）

Coates, Happer Havelock
カナダのメソジスト派教会宣教師。日本文化研究に従事。
⇒岩世人（コーツ　1865.2.18–1934.10.22）

Coates, John
イギリスのテノール歌手。
⇒魅惑（Coates,John　1865–1941）

Coates, John
オーストラリアの法律家。
⇒外16（コーツ,ジョン　1950.5.7–）

Coates, Joseph Gordon
ニュージーランドの政治家。ニュージーランドの首相(1925〜28)。
⇒ニュー（コーツ,ジョセフ　1878–1943）

Coates, Ta-Nehisi
アメリカの作家, ジャーナリスト。
⇒現世文（コーツ, タナハシ　1975.9.30–）

Coats, Alfred William
イギリス生まれの経済思想家。
⇒岩世人（コーツ　1924.9.3/1–2007.4.9）

Coats, Daniel
アメリカの政治家。
⇒外12（コーツ, ダニエル　1943.5.16–）

Coatsworth, Elizabeth
アメリカの児童文学作家。
⇒現世文（コーツワース, エリザベス・ジェイン　1893.5.31–1986.8.31）

Cobb, Irvin Shrewsbury
アメリカの小説家, ジャーナリスト。
⇒アメ州（Cobb,Irvin Shrewsbury　コッブ, アービン・シュルーズベリー　1876–1944）

Cobb, James H.
アメリカの作家。
⇒海文新（コッブ, ジェイムズ・H.　1953–2014.7.8）
　現世文（コッブ, ジェームズ　1953–2014.7.8）

Cobb, John Boswell, Jr.
アメリカの神学者。
⇒岩キ（カブ　1925–）

Cobb, John Nathan
アメリカの水産学者。ワシントン州立大学に水産学部を創設。
⇒岩世人（コッブ　1868.2.20–1930.1.13）

Cobb, Lee
アメリカの俳優。代表作『波止場』(1954)『カラマーゾフの兄弟』(58)。
⇒ク俳（コッブ, リー・J（ジャコビー, レオ）1911–1976）
　スター（コッブ, リー・J　1911.12.8–1976）

Cobb, Ty
アメリカの大リーグ選手（外野）, 監督。
⇒アメ州（Cobb,Tyrus Raymond　コッブ, タイラス・レイモンド　1886–1961）
　アメ新（カップ, タイ　1886–1961）
　岩世人（カップ（コッブ）　1886.12.18–1961.7.17）
　ネーム（カップ, タイ　1886–1961）
　メジャ（カップ, タイ　1886.12.18–1961.7.17）

Cobbi, Jane
フランスの民族学者, 日本文化研究家。
⇒外12（コビー, ジャーヌ）
　外16（コビー, ジャーヌ）

Cobbold, Richard
イギリスの軍人。
⇒外12（コボルド, リチャード）

　外16（コボルド, リチャード）

Cobden-Sanderson, Thomas James
イギリスの製本家, 装幀家。
⇒岩世人（コブデン＝サンダーソン　1840.12.2–1922.9.7）

Coben, Harlan
アメリカのミステリ作家。
⇒外12（コーベン, ハーラン　1962–）
　外16（コーベン, ハーラン　1962.1.4–）
　現世文（コーベン, ハーラン　1962.1.4–）

Coberly, Alan D.
アメリカ海兵隊の脱走兵。
⇒スパイ（コバリー, アラン・D）

Coburn, Charles
アメリカ生まれの俳優。
⇒ク俳（コバーン, チャールズ　1877–1961）
　スター（コバーン, チャールズ　1877.6.19–1961）

Coburn, James
アメリカ生まれの俳優。
⇒ク俳（コバーン, ジェイムズ　1928–2002）

Cochereau, Pierre
フランスのオルガン奏者, 作曲家。
⇒標音2（コシュロー, ピエール　1924.7.9–1984.3.5）

Cochet, Jean-Laurent
テノール歌手。
⇒魅惑（Cochet,Jean-Laurent　?–）

Cochran, *Sir* Charles Blake
イギリスの興行師。M.ラインハルト演出の『奇跡』(1911)やN.カワードの多くの作品を上演。
⇒岩世人（コクラン　1872.9.25–1951.1.31）

Cochran, Eddie
アメリカの歌手。
⇒ロック（Cochran,Eddie　コクラン, エディ　1938.10.3–）

Cochran, Horace Merle
アメリカの外交官。
⇒アア歴（Cochran,H(orace) Merle　コクラン, ホラス・マール　1892.7.6–1973.9.20）

Cochran, Jacqueline
アメリカの飛行家。
⇒アメ州（Cochran,Jacqueline　コクラン, ジャクリーン　1912–）

Cochran, Steve
アメリカの俳優。
⇒ク俳（コクラン, スティーヴ（コクラン, ロバート）1917–1965）

Cochran, Thad
アメリカの政治家。

⇒外12（コクラン,タッド　1937.12.7-）
Cochran, William
アメリカのテノール歌手。
⇒魅惑（Cochran,William　1939-）
Cochran, William Gemmel
アメリカの数学者。
⇒数辞（コクラン,ウィリアム・ゲンメル　1909-1980）
Cochrane, Archibald Leman
イギリスの疫学者。
⇒岩世人（コクラン　1909.1.12-1988.6.18）
Cochrane, Gordon Stanley (Mickey)
アメリカの大リーグ選手（捕手）。
⇒メジャ（カクレイン,ミッキー　1903.4.6-1962.6.28）
Cochrane, Ryan
カナダの水泳選手（自由形）。
⇒最世ス（コクラン,ライアン　1988.10.29-）
Cockayne, Leonard
ニュージーランドの植物学者。
⇒ニュー（コッケイン,レナード　1855-1934）
Cockburn, Patrick
アイルランドのジャーナリスト。
⇒外12（コバーン,パトリック　1950-）
　外16（コバーン,パトリック　1950-）
Cockcroft, *Sir* John Douglas
イギリスの実験物理学者。1932年E.ウォルトンと陽子の加速に成功、人工的に加速した粒子によって初めての原子核破壊を行なった。51年ノーベル物理学賞受賞。
⇒岩世人（コッククロフト　1897.5.27-1967.9.18）
　オク科（コッククロフト（サー・ジョン・ダグラス）　1897-1967）
　広辞7（コッククロフト　1897-1967）
　三新物（コッククロフト　1897-1967）
　ノベ3（コッククロフト,J.D.　1897.5.27-1967.9.18）
　物理（コッククロフト,サー・ジョン・ダグラス　1897-1967）
Cocke, John
アメリカのコンピューター工学者。
⇒岩世人（コック　1925.5.30-2002.7.16）
Cocker, Joe
イギリス生まれの歌手。
⇒ロック（Cocker,Joe　コッカー,ジョウ　1944.5.20-）
Cockerell, *Sir* Christopher Sydney
イギリスの技術者。ホバークラフトの発明者。
⇒岩世人（コッカレル　1910.6.4-1999.6.1）

Coco, Francesco
イタリアのサッカー選手。
⇒外12（ココ,フランチェスコ　1977.1.8-）
Cocteau, Jean
フランスの小説家、詩人。代表作は詩集『喜望峰』(1919)、『平調楽』(23)、戯曲『人間の声』(30)、『オルフェ』(27出版,50映画化)、『エディプス王』(28)、小説『山師トマ』(23)、映画『詩人の血』(32)など。
⇒岩世人（コクトー　1889.7.5-1963.10.11）
　映監（コクトー,ジャン　1889.7.5-1963）
　芸13（コクトー,ジャン　1889-1963）
　現世文（コクトー,ジャン　1889.7.5-1963.10.11）
　広辞7（コクトー　1889-1963）
　新音中（コクトー,ジャン　1889.7.5-1963.10.11）
　西文（コクトー,ジャン　1889-1963）
　世演（コクトー,ジャン　1889.7.5-1963.10.11）
　世人新（コクトー　1889-1963）
　世人装（コクトー　1889-1963）
　ネーム（コクトー,ジャン　1889-1963）
　標音2（コクトー,ジャン　1889.7.5-1963.10.11）
　フ文小（コクトー,ジャン　1889-1963）
　ポブ人（コクトー,ジャン　1889-1963）
Cocu, Philip
オランダのサッカー選手。
⇒外16（コクー,フィリップ　1970.10.29-）
Codd, Edgar Frank
イギリス出身のアメリカのコンピューター科学者、工学者。
⇒岩世人（コッド　1923.8.23-2003.4.18）
Coddington, Grace
イギリスのファッションエディター、スタイリスト。
⇒外12（コディントン,グレース　1941-）
　外16（コディントン,グレース　1941-）
Codeluppi, Alessandro
イタリアのテノール歌手。
⇒魅惑（Codeluppi,Alessandro　1971-）
Codley, Alexander John
イギリスの軍人。
⇒ニュー（ゴッドレー,アレクサンダー　1867-1957）
Codman, Ernest Amory
アメリカの外科医、整形外科医。
⇒岩世人（コッドマン　1869.12.30-1940.11.23）
Codreanu, Corneliu Zelea
ルーマニアの政治家。「緑シャツ団：祖国の為に」を組織。反逆罪の廉で死刑を宣せられ、逃亡を企てて射殺された。
⇒岩世人（コドレアヌ　1899.9.13-1938.11.30）
Codrington, Robert Henry
イギリスの宣教師、人類学者。1863～67年東メ

ラネシアに宣教師として赴任。
⇒岩世人（コドリントン 1830.9.15-1922.9.11）
　新カト（コドリントン 1830.9.15-1922.9.11）

Cody, Diablo
アメリカの脚本家。
⇒外12（コディ, ディアブロ 1978.6.14-）
　外16（コディ, ディアブロ 1978.6.14-）
　現世文（コディ, ディアブロ 1978.6.14-）

Cody, Liza
イギリスのミステリ作家。
⇒現世文（コディ, リザ 1944.4.11-）

Cody, William Frederick
アメリカの開拓者, ショー演出家。通称「野牛のビル」。1883年「荒野の西部」劇団を結成。
⇒アメ州（Buffalo Bill ビル, バッファロー 1846-1917）
　岩世人（コーディ 1846.2.26-1917.1.10）

Coe, George Albert
アメリカの宗教心理学者。コロンビア大学師範大学教授（1922～27）。
⇒教人（コー 1862-）

Coe, Michael Douglas
アメリカの考古学者, 人類学者。
⇒岩世人（コウ 1929.3.14-）

Coe, Sebastian
イギリスの陸上選手。
⇒岩世人（コウ 1956.9.29-）
　外12（コー, セバスチャン 1956.9.29-）
　外16（コー, セバスチャン 1956.9.29-）
　最世人（コー, セバスチャン 1956.9.29-）

Coedès, Georges
フランスの東南アジア史学者。碑銘学的研究によるインドシナの歴史研究に多大の貢献をした。
⇒岩世人（セデス 1886.8.10-1969.10.2）
　広辞7（セデス 1886-1969）
　タイ（セデス 1886-1969）

Coelho, Francisco Adolfo
ポルトガルの言語学者。
⇒岩世人（コエーリョ 1847.1.15-1919.2.9）

Coelho, Paulo
ブラジルの作家, 作詞家。
⇒外12（コエーリョ, パウロ 1947.8.24-）
　外16（コエーリョ, パウロ 1947.8.24-）
　現世文（コエーリョ, パウロ 1947.8.24-）
　広辞7（コエーリョ 1947-）

Coelho, Pedro Passos
ポルトガルの政治家。ポルトガル首相, ポルトガル社会民主党（PSD）党首。
⇒岩世人（コエーリョ, ペドロ・パソス）
　外16（コエリョ, ペドロ・パソス 1964.7.24-）
　世指導（コエーリョ, ペドロ・パソス 1964.7.24-）

Coen, Ethan
アメリカの映画監督, 映画プロデューサー, 脚本家。
⇒映監（コーエン, ジョエル&イーサン 1957.9.21-）
　外12（コーエン, イーサン 1957.9.21-）
　外16（コーエン, イーサン 1957.9.21-）

Coen, Joel
アメリカ生まれの映画監督, 映画脚本家。
⇒映監（コーエン, ジョエル&イーサン 1954.11.29-）
　外12（コーエン, ジョエル 1954.11.29-）
　外16（コーエン, ジョエル 1954.11.29-）

Coentrão, Fábio
ポルトガルのサッカー選手（レアル・マドリード・DF）。
⇒最世ス（コエントラン, ファビオ 1988.3.11-）

Coerr, Eleanor
アメリカの女性作家。
⇒現世文（コア, エレノア 1922-2010.11.22）

Coetzee, Felix
南アフリカの騎手。
⇒外12（コーツィー, フェリックス 1959.3.7-）
　外16（コーツィー, フェリックス 1959.3.7-）

Coetzee, John Maxwell
南アフリカのアフリカーナー小説家, 批評家。
⇒岩世人（クッツェー 1940.2.9-）
　外12（クッツェー, J.M. 1940.2.9-）
　外16（クッツェー, J.M. 1940.2.9-）
　現世文（クッツェー, J.M. 1940.2.9-）
　広辞7（クッツェー 1940-）
　ノベ3（クッツェー, J.M. 1940.2.9-）

Coffin, Howard Earle
アメリカの実業家。国防会議議長, 全国航空協会設立者, 会長, ナショナル航空輸送会社創業者。
⇒アメ経（コフィン, ハワード 1873.9.6-1937.11.21）

Coffin, Robert Peter
アメリカの詩人, 作家。
⇒アメ州（Coffin,Robert Peter Tristram コフィン, ロバート・ピーター・トリストラム 1892-1955）

Cogeval, Guy
フランスのオルセー美術館館長。
⇒外16（コジュヴァル, ギー 1955-）

Coghlan, Chris
アメリカの大リーグ選手（カブス・外野手）。
⇒外12（コグラン, クリス 1985.6.18-）
　外16（コグラン, クリス 1985.6.18-）
　最世ス（コグラン, クリス 1985.6.18-）
　メジャ（コグラン, クリス 1985.6.18-）

Cognets, Jean des
フランスの詩人, 批評家。
⇒**新カト**（コニェ　1883.12.15–1961.12.19）

Cognetti de Martiis, Saolvatore
イタリアの社会学者, 経済学者。
⇒**学叢思**（コグネッティ・ド・マルティイス、サルバトレ　1844–?）

Cohan, George Michael
アメリカの劇作家, 劇場支配人。軽喜劇やミュージカルの作者として活躍。
⇒**アメ州**（Cohan,George Michael　コーハン、ジョージ・マイケル　1878–1942）
　岩世人（コハン　1878.7.3–1942.11.5）
　エデ（コハン、ジョージ・M.［マイケル］　1878.7.3–1942.11.5）
　新音中（コーアン、ジョージ・M．　1878.7.3/4–1942.11.5）
　標音2（コハン、ジョージ・エム　1878.7.3/4–1942.11.5）

Cohen, Abby Joseph
アメリカの金融家。
⇒**外12**（コーエン、アビー　1952.2.29–）
　外16（コーエン、アビー　1952.2.29–）

Cohen, Abner
イギリスの人類学者。
⇒**岩世人**（コーエン　1921.11.11–2001.5.17）

Cohen, Alan
アメリカの自己啓発家。
⇒**外16**（コーエン、アラン）

Cohen, Albert
スイスの小説家。
⇒**ユ著人**（Cohen,Albert　コーアン、アルベール　1895–1981）

Cohen, Albert Kircidel
アメリカの社会学者。
⇒**社小増**（コーエン　1918–）

Cohen, Benjamin Victor
アメリカの法律家, 会社法と行政学の専門家。
⇒**アメ経**（コーエン、ベンジャミン　1894.9.23–1983）

Cohen, Bernard
アメリカの科学史家。
⇒**岩世人**（コーエン　1914.3.1–2003.6.20）

Cohen, Elaine Lustig
アメリカの女流グラフィック・デザイナー。
⇒**グラデ**（Cohen,Elaine Lustig　コーエン、イレイン・ラスティグ　1927–）

Cohen, Eli
イスラエルの情報部員。
⇒**スパイ**（コーエン、エリアフ・ベン・シャウル　1924–1965）

Cohen, Eli
イスラエルの外交官。
⇒**外12**（コーヘン、エリ　1949–）
　外16（コーヘン、エリ　1949.5.29–）
　世指導（コーヘン、エリ　1949.5.29–）

Cohen, Emst Julius
オランダの物理化学者。
⇒**化学**（コーヘン　1869–1944）

Cohen, Gustave
フランスの中世文学研究家。中世の宗教劇の現代的研究に大いに貢献。
⇒**新カト**（コエン　1879.12.24–1958.6.10）

Cohen, Hermann
ドイツの新カント派哲学者, マールブルク学派の創立者。
⇒**岩世人**（コーエン　1842.7.4–1918.4.4）
　学叢思（コーエン、ヘルマン　1842–1918）
　教人（コーエン　1842–1918）
　広辞7（コーヘン　1842–1918）
　新カト（コーエン　1842.7.4–1918.4.4）
　哲人（コーエン　1842–1918）
　メル2（コーエン、ヘルマン　1842–1918）
　ユ著人（Cohen,Hermann　コーエン、ヘルマン　1842–1918）

Cohen, Ilan Duran
イスラエル生まれのフランスの作家, 映画監督。
⇒**現世文**（コーエン、イラン・デュラン）

Cohen, Julius Berend
イギリスの化学者。リーズ大学教授。
⇒**ユ著人**（Cohen,Julius Berend　コーエン、ユリュース・ベレンド　1859–1935）

Cohen, Larry
アメリカの映画監督, 脚本家, プロデューサー。
⇒**映監**（コーエン、ラリー　1938.7.15–）

Cohen, Leonard
カナダ生まれのシンガー・ソングライター, 詩人, 小説家。
⇒**外12**（コーエン、レナード　1934.9.21–）
　外16（コーエン、レナード　1934.9.21–）
　現世文（コーエン、レナード　1934.9.21–2016.11.7）
　ロック（Cohen,Leonard　コーエン、レナード　1934.9.21–）

Cohen, Marcel
フランスの言語学者。セム語についての数多くの研究, セム語比較言語学, セム・ハム諸語の分類に従事。
⇒**岩世人**（コアン　1884.2.6–1974.11.5）

Cohen, Morris
ソ連のエージェント。
⇒**スパイ**（コーエン、モリス　1910–1995）

Cohen, Morris Raphael
ロシア生まれのアメリカの哲学者,法哲学者。1938〜41年シカゴ大学教授。
⇒岩世人（コーエン　1880.7.25-1947.1.28）

Cohen, Nathan
ニュージーランドのボート選手。
⇒外16（コーエン,ネーサン　1986.1.2-）
最世ス（コーエン,ネーサン　1986.1.2-）

Cohen, Paul Joseph
アメリカの数学者。フィールズ賞受賞。
⇒岩世人（コーエン　1934.4.2-2007.3.23）
数辞（コーヘン,ポール・ジョセフ　1934-）
数小増（コーエン　1934-2007）
世紀（コーエン（コーヘン），ポール・ジョセフ　1934-2007）
ユ著人（Cohen,Paul Joseph コーエン,ポール・ヨセフ　1934-）

Cohen, Rob
アメリカの映画監督,映画製作者。
⇒外12（コーエン,ロブ　1949.3.12-）
外16（コーエン,ロブ　1949.3.12-）

Cohen, Ruth Louisa
イングランド生まれの経済思想家。
⇒岩世人（コーエン　1906.11.10-1991.7.27）

Cohen, Sacha Baron
イギリスの俳優,脚本家。
⇒外12（コーエン,サシャ・バロン　1971.10.13-）
外16（コーエン,サシャ・バロン　1971.10.13-）

Cohen, Sasha
アメリカのフィギュアスケート選手。
⇒外12（コーエン,サーシャ　1984.10.26-）
外16（コーエン,サーシャ　1984.10.26-）
最世ス（コーエン,サーシャ　1984.10.26-）

Cohen, Stanley
アメリカの生化学者。1986年ノーベル生理学医学賞。
⇒岩生（コーエン　1922-）
岩世人（コーエン　1922.11.27-）
外12（コーエン,スタンレー　1922.11.17-）
外16（コーエン,スタンレー　1922.11.17-）
ネーム（コーエン　1922-）
ノベ3（コーエン,S.　1922.11.17-）
ユ著人（Cohen,Stanley コーエン,スタンリー　1922-）

Cohen, Theodore
アメリカの労働問題専門家。
⇒アア歴（Cohen,Theodore コウエン,シオドア　1918.5.31-1983.12.21）
岩世人（コーエン　1918.5.31-1983.12.21）

Cohen, William S.
アメリカの政治家,作家。アメリカ国防長官。
⇒外12（コーエン,ウィリアム　1940.8.28-）
外16（コーエン,ウィリアム　1940.8.28-）
世指導（コーエン,ウィリアム　1940.8.28-）

Cohen, Yehoshua
ユダヤ人活動家。1948年イスラエルに派遣された国連代表でスウェーデンのグスタフ5世の甥にあたるフォーク・ベルナドット伯爵を暗殺した。
⇒世暗（コーエン,イエホシュア　1922-1986）

Cohen-Tannoudji Claude
アルジェリア出身のフランスの物理学者。ノーベル物理学賞受賞。
⇒岩世人（コーエン＝タヌージ　1933.4.1-）
外12（コーエンタヌジ,クロード　1933.4.1-）
外16（コーエンタヌジ,クロード　1933.4.1-）
ネーム（コーエン＝タヌジ　1933-）
ノベ3（コーエンタヌジ,C.N.　1933.4.1-）
物（コーエン＝タヌジ,クロード　1933-）

Cohl, Émile
フランス・パリ生まれのアニメーション作家,漫画家。
⇒アニメ（コール,エミール　1857-1938）
19仏（コール,エミール　1857.1.4-1938.1.20）

Cohn, Bernard Samuel
アメリカの人類学者。
⇒アア歴（Cohn,Bernard S（amuel） コーン,バーナード・サミュエル　1928.5.13-2003.11.25）

Cohn, Gustav
ドイツの経済学者。新歴史学派の一人。主著『国民経済学体系』(1885〜98)。
⇒岩世人（コーン　1840.12.12-1919.9.17）
学叢思（コーン,グスタフ　1840-1919）

Cohn, Harry
アメリカ・ニューヨーク生まれの映画製作者,企業家。
⇒ユ著人（Cohn,Harry コーン,ハリー　1891-1956）

Cohn, Jonas
ドイツの哲学者,美学者。新ヘーゲル学派の立場に立ち,「批判的弁証法」を主張した。美学の分野では美的価値領域の境界設定を試みた。
⇒岩世人（コーン　1869.12.2-1947.1.12）
教人（コーン　1869-1947）
ユ著人（Cohn,Jonas コーン,ヨナス　1869-1947）

Cohn, Lassar
ドイツの化学者。ケーニヒスベルク大学教授。
⇒化学（コーン,L.　1858-1922）
ユ著人（Cohn,Lassar コーン,ラッサール　1858-1922）

Cohn-Bendit, Daniel
ドイツの政治家。
⇒岩世人（コーン＝ベンディット　1945.4.4-）

Coignard, James
フランスの画家。
⇒芸13（コワニャール, ジェームズ　1928–）

Coing, Helmut
ドイツの代表的法学者。
⇒岩世人（コーイング　1912.2.28–2000.8.15）

Coit, Stanton
アメリカの倫理学者, 哲学博士。
⇒学叢思（コイト, スタントン　1857–?）

Coixet, Isabel
スペインの映画監督。
⇒外12（コイシェ, イサベル　1962–）
外16（コイシェ, イサベル　1962–）

Cojocaru, Alina
ルーマニア生まれのバレリーナ。ロイヤル・バレエ団プリンシパル。
⇒外12（コジョカル, アリーナ　1981.5.27–）
外16（コジョカル, アリーナ　1981.5.27–）

Cojuangco, Eduardo, Jr.
フィリピンの実業家, 政治家。
⇒外16（コファンコ, エドアルドJr.　1935–）

Coker, Ernest George
イギリスの工学者。弾性体の中に生ずる応力の分布を測定。
⇒岩世人（コーカー　1869.4.26–1946.4.9）

Coker, Francis William
アメリカの政治学者。オハイオ州立大学政治学教授（1914～29）。
⇒岩世人（コーカー　1878.11.1–1963.5.24）

Colani, Madeleine
フランスの女流考古学者。インドシナ石器時代を研究。
⇒岩世人（コラーニ　1866–1943）

Colas, Guilbaut
フランスのスキー選手（フリースタイル）。
⇒最世ス（コラス, ギルバート　1983.6.18–）

Colautti, Arturo
イタリアの台本作家, 詩人, 小説家, ジャーナリスト。
⇒オペラ（コラウッティ, アルトゥーロ　1851–1914）

Colavito, Rocco Domenico
アメリカの大リーグ選手（外野）。
⇒メジャ（コラヴィト, ロッキー　1933.8.10–）

Colbert, Claudette
アメリカの女優。代表作『或る夜の出来事』（1934年度アカデミー主演女優賞）『結婚5年目』（42）。

⇒岩世人（コルベール　1903.9.13–1996.7.30）
ク俳（コルベール, クローデット（ショーショワン, リリー・クローデット）　1903–1996）
スター（コルベール, クローデット　1903.9.13–1996）

Colbert, Curt
アメリカのミステリ作家。
⇒海文新（コルバート, カート　1947.8.23–）
現世文（コルバート, カート　1947.8.23–）

Colbert, Edwin Harris
アメリカの古生物学者。コロンビア大学動物学部講師, 古脊椎動物学教授（1945～69）を歴任。
⇒岩世人（コルバート　1905.8.28–2001.11.15）

Colbert, Gregory
カナダの写真家。
⇒外12（コルベール, グレゴリー　1960–）
外16（コルベール, グレゴリー　1960–）

Colbert, Nathan
アメリカの大リーグ選手（一塁）。
⇒メジャ（コルバート, ネイト　1946.4.9–）

Colborn, James William
アメリカの大リーグ選手（投手）。
⇒メジャ（コルボーン, ジム　1946.5.22–）

Colborn, Theodora E.
アメリカの動物学者。
⇒外12（コルボーン, ティオドラ　1927.3.28–）
化学（コルボーン　1927–2014）
ボブ人（コルボーン, シーア　1927–2014）

Colby, William E.
アメリカの中央情報長官（DCI）。在職1973～76。
⇒スパイ（コルビー, ウィリアム・E　1920–1996）

Cole, Andy
イギリスのサッカー選手。
⇒外12（コール, アンディ　1971.10.15–）

Cole, Ashley
イギリスのサッカー選手。
⇒外12（コール, アシュリー　1980.12.20–）
外16（コール, アシュリー　1980.12.20–）
最世ス（コール, アシュリー　1980.12.20–）

Cole, August
アメリカのライター, アナリスト。
⇒海文新（コール, オーガスト）

Cole, Bruce
アメリカの美術史家。
⇒岩世人（コール　1938–）

Cole, Cheryl
イギリスの歌手。
⇒外12（コール, シェリル　1983.6.30–）

外16（コール, シェリル　1983.6.30–）
Cole, Fay-Cooper
アメリカの人類学者。
⇒アア歴（Cole,Fay-Cooper　コウル, フェイ＝クーパー　1881.8.8–1961.9.3）
Cole, Freddie
アメリカの歌手。
⇒外12（コール, フレディ　1931–）
　外16（コール, フレディ　1931.10.15–）
Cole, George
イギリスの俳優。
⇒ク俳（コウル, ジョージ　1925–）
Cole, George Douglas Howard
イギリスの社会主義者, 反体制的経済学者。
⇒岩経（コール　1889–1959）
　岩世人（コール　1889.9.25–1959.1.14）
　学叢思（コール, ジョージ・ダグラス・ホワード　1889–）
　社小増（コール　1889–1959）
Cole, Gerrit
アメリカの大リーグ選手（パイレーツ・投手）。
⇒外12（コール, ゲリット　1990.9.8–）
　外16（コール, ゲリット　1990.9.8–）
Cole, Holly
カナダ生まれの歌手。
⇒外12（コール, ホリー　1963–）
　外16（コール, ホリー　1963–）
Cole, Joe
イギリスのサッカー選手（アストン・ヴィラ・MF）。
⇒外12（コール, ジョー　1981.11.8–）
　外16（コール, ジョー　1981.11.8–）
　最世ス（コール, ジョー　1981.11.8–）
Cole, Kresley
アメリカのロマンス作家。
⇒外12（コール, クレスリー）
Cole, Leonard Leslie（King）
アメリカの大リーグ選手（投手）。
⇒メジャ（コール, キング　1886.4.15–1916.1.6）
Cole, Lily
イギリスの女優, ファッションモデル。
⇒外12（コール, リリー　1988–）
　外16（コール, リリー　1988.5.19–）
Cole, Michael
アメリカの心理学者。
⇒岩世人（コール　1938.4.13–）
Cole, Natalie
アメリカのジャズ歌手。
⇒外12（コール, ナタリー　1950.2.6–）

外16（コール, ナタリー　1950.2.6–）
Cole, Nat King
アメリカのジャズおよびポピュラー歌手, ピアノ奏者。
⇒アメ州（Cole,Nat "King"　コール, ナット・キング　1919–1965）
　岩世人（コール　1919.3.17–1965.2.15）
　広辞7（コール　1919–1965）
　新音中（コール, ナット・[キング]　1917.3.17–1965.2.15）
　ネーム（コール, ナット・キング　1919–1965）
　標音2（コール, ナット・キング　1917.3.17–1965.2.15）
　ロック（Cole,Nat 'King'　コール, ナット・"キング"　1917.3.17–）
Cole, Richie
アメリカのジャズ・アルトサックス奏者。
⇒標音2（コール, リッチー　1948.2.29–）
Cole, Steven
テノール歌手。
⇒魅惑（Cole,Steven　?–）
Cole, Teju
アメリカの作家, 写真家, 美術批評家。
⇒現世文（コール, テジュ　1975.6.27–）
Cole, Vinson
アメリカのテノール歌手。
⇒失声（コール, ヴィンソン　1950–）
　魅惑（Cole,Vinson　1950–）
Coleman, Cy
アメリカのジャズ・ピアノ奏者。
⇒エデ（コールマン, サイ　1929.6.14–2004.11.18）
Coleman, Douglas
アメリカの生化学者。
⇒外12（コールマン, ダグラス　1931–）
Coleman, James Samuel
アメリカの社会学者。数理社会学の第一人者。
⇒岩世人（コールマン　1926.5.12–1995.3.25）
　現社（コールマン　1926–1995）
　社小増（コールマン　1926–1995）
Coleman, John
アメリカの元軍人。英国諜報部将校。
⇒外12（コールマン, ジョン　1935–）
　外16（コールマン, ジョン　1935–）
Coleman, Joseph Howard
アメリカの大リーグ選手（投手）。
⇒メジャ（コールマン, ジョー　1947.2.3–）
Coleman, Nancy
アメリカの女優。
⇒ク俳（コウルマン, ナンシー　1912–2000）

Coleman, Ornette
アメリカのジャズ・サックス奏者、作曲家。
- ⇒岩世人（コールマン　1930.3.9–）
- エデ（コールマン、オーネット　1930.3.9–2015.6.11）
- 外12（コールマン、オーネット　1930.3.19–）
- 新音中（コールマン、オーネット　1930.3.19–）
- 標音2（コールマン、オーネット　1930.3.19–）

Coleman, Reed Farrel
アメリカの作家。
- ⇒現世文（コールマン、リード・ファレル　1956–）

Coleman, Vincent Maurice
アメリカの大リーグ選手（外野）。
- ⇒メジャ（コールマン、ヴィンス　1961.9.22–）

Colepaugh, William C.
アメリカの船員、ドイツのスパイ。
- ⇒スパイ（コールボー、ウィリアム・C　1918–2005）

Coleridge-Taylor, Samuel
イギリスの作曲家。作品に"A Tale of Old Japan"(1911)など。
- ⇒異二辞（コールリッジ＝テイラー［サミュエル・～］　1875–1912）
- 岩世人（コールリッジ＝テイラー　1875.8.15–1912.9.1）
- エデ（コールリッジ＝テイラー、サミュエル　1875.8.15–1912.9.1）
- ク音3（コールリッジ＝テイラー　1875–1912）
- 新音中（コールリッジ＝テイラー、サミュエル　1875.8.15–1912.9.1）
- 標音2（コールリッジ＝テイラー、サミュエル　1875.8.15–1912.9.1）

Colette, Sidonie-Gabrielle
フランスの女性小説家。
- ⇒岩世人（コレット　1873.1.28–1954.8.3）
- 現世文（コレット、シドニー・ガブリエル　1873.1.28–1954.8.3）
- 広辞7（コレット　1873–1954）
- ネーム（コレット　1873–1954）
- フ文小（コレット、シドニー＝ガブリエル　1873–1954）
- フラ食（コレット、シドニ・ガブリエル　1873–1954）
- ポブ人（コレット、シドニー＝ガブリエル　1873–1954）

Colfer, Chris
アメリカの俳優、作家。
- ⇒現世文（コルファー、クリス　1990.5.27–）

Colfer, Eoin
アイルランドの作家。
- ⇒外12（コルファー、オーエン　1965–）
- 外16（コルファー、オーエン　1965–）
- 海文新（コルファー、オーエン　1965.5.14–）
- 現世文（コルファー、オーエン　1965.5.14–）

Colijn, Hendrik
オランダの政治家。反革命党党首、首相（1925～26）。
- ⇒岩世人（コレイン　1869.6.22–1944.9.18）

Colin, Daniel
フランスのアコーディオン奏者。
- ⇒外12（コラン、ダニエル）
- 外16（コラン、ダニエル　1941–）

Colin, Paul
フランスの画家、ポスター作家。
- ⇒グラデ（Colin,Paul　コラン、ポール　1892–1985）

Colin, Raphaël
フランスの画家。
- ⇒岩世人（コラン　1850.6.17–1916.10.21）
- 芸13（コラン、ラファエル　1850–1916）
- 広辞7（コラン　1850–1916）

Colin, Vladimir
ルーマニアの作家。児童文学の分野では、創作民話を主に書き、また、おとな向けの幻想文学作品も書いている。
- ⇒現世文（コリン、ウラディミル　1921.5.1–1991.12.6）

Coll, Steve
アメリカのジャーナリスト。
- ⇒外12（コール、スティーブ　1958–）
- 外16（コール、スティーブ　1958–）

Collard, Jean-Philippe
フランスのピアノ奏者。
- ⇒外12（コラール、ジャン・フィリップ　1948.1.27–）
- 外16（コラール、ジャン・フィリップ　1948.1.27–）
- 新音中（コラール、ジャン＝フィリップ　1948.1.27–）

Collasse, Richard
フランスの実業家、作家。
- ⇒外12（コラス、リシャール　1953.7.8–）

Collatz, Lothar
ドイツの数学者。
- ⇒世数（コラッツ、ロター　1910–1990）

Collazo, Oscar
プエルト・リコの国家主義者。1950年グリセリオ・トレソラとアメリカ大統領ハリー・S.トルーマン暗殺をはかった。
- ⇒世暗（コラソ、オスカル　1915–1994）

Collbran, Harry
アメリカの鉄道技師、鉱山技師。
- ⇒アア歴（Collbran,Harry　コルブラン、ハリー　1852.12.24–1925.2.15）

Collcutt, Martin
アメリカの日本史研究家。
⇒外12（コルカット, マーティン　1939–）
　外16（コルカット, マーティン　1939.10.14–）

Colleano, Bonar
アメリカ生まれの男優。
⇒ク俳（コレアーノ, ボナー（サリヴァン2世,B）
　1924–1958）

Collen, Phil
イギリスのロック・ギター奏者。
⇒外12（コリン, フィル　1957.12.8–）
　外16（コリン, フィル　1957.12.8–）

Collette, Sandrine
フランスの作家。
⇒現世文（コレット, サンドリーヌ　1970–）

Collette, Toni
オーストラリアの女優。
⇒ク俳（コレット, トニ　1972–）

Colli, Giorgio
イタリアの哲学者, 古典文献学者。
⇒岩世人（コッリ　1917.1.16–1979.1.6）

Collie, John Norman
イギリスの化学者。
⇒化学（コリー　1859–1942）

Collier, Bryan
アメリカの画家, 絵本作家。
⇒外16（コリアー, ブライアン）

Collier, John
イギリスの画家。キップリング像（1891）, ハクスリ教授像（91）等の作がある。
⇒岩世人（コリアー　1850.1.27–1934.4.11）

Collier, John Henry Noyes
イギリスの小説家, 詩人。幻想的な諷刺小説に才能を発揮。
⇒岩世人（コリアー　1901.5.3–1980.4.6）
　現世文（コリア, ジョン　1901.5.3–1980）

Collier, Peter Fenelon
アメリカの出版業者。予約分割支払方式で出版販売する出版社を創立。
⇒岩世人（コリアー　1849.12.12–1909.4.24）

Collignon, Albert
フランスの編集者, 著述家。
⇒19仏（コリニヨン, アルベール　1839.7.31–1922）

Collignon, Léon Maxime
フランスの考古学者。古典考古学に関する研究がある。
⇒岩世人（コリニヨン　1849.11.9–1917.10.15）

Collina, Pierluigi
イタリアのサッカー審判員。
⇒岩世人（コッリーナ　1960.2.13–）
　外12（コッリーナ, ピエルルイジ　1960.2.13–）

Collinder, Björn
スウェーデンの言語学者。ウラル語族, とりわけフィン・ウゴル語派を研究。
⇒岩世人（コリンデル　1894.7.22–1983.5.20）

Collings, Jesse
イギリスの政治家, 農業改良家。
⇒岩世人（コリングズ　1831.1.9–1920.11.20）

Collingwood, Robin George
イギリスの哲学者, 歴史学者, 考古学者。主著"Religion and Philosophy"（1916）など。
⇒岩世人（コリングウッド　1889.2.22–1943.1.9）

Collini, Stefan
イギリスの批評家。ケンブリッジ大学教授。
⇒外16（コリーニ, ステファン　1947–）

Collins, Albert
アメリカ・テキサス州リオーナ生まれの歌手, ギター奏者。
⇒ロック（Collins,Albert　コリンズ, アルバート　1930–）

Collins, Anthony
イギリスの指揮者, 作曲家。
⇒標音2（コリンズ, アンソニー　1893.9.3–1963.12.11）

Collins, David S.
アメリカの大リーグ選手（外野）。
⇒メジャ（コリンズ, デイヴ　1952.10.20–）

Collins, Edward Trowbridge, Sr.
アメリカの大リーグ選手（二塁）。
⇒メジャ（コリンズ, エディー　1887.5.2–1951.3.25）

Collins, Edwyn
イギリスの歌手, ギター奏者, 作曲家。
⇒外16（コリンズ, エドウィン　1959.8.23–）

Collins, Eileen Marie
アメリカの宇宙飛行士, 軍人。
⇒外12（コリンズ, アイリーン　1956.11.19–）
　外16（コリンズ, アイリーン　1956.11.19–）

Collins, Ella Little
マルコムXの異母姉。
⇒マルX（COLLINS,ELLA LITTLE　コリンズ, エラ・リトル　1914–1996）

Collins, Francis S.
アメリカの遺伝学者。
⇒外12（コリンズ, フランシス・S.）
　外16（コリンズ, フランシス・S.　1950.4.14–）

Collins, Harry Warren（Rip）
アメリカの大リーグ選手(投手)。
⇒メジャ（コリンズ, リップ　1896.2.26–1968.5.27）

Collins, Jackie
イギリスの女性大衆小説家, 映画女優。
⇒現世文（コリンズ, ジャッキー　1937.10.4–2015.9.19）

Collins, James Anthony（Ripper）
アメリカの大リーグ選手(一塁)。
⇒メジャ（コリンズ, リッパー　1904.3.30–1970.4.15）

Collins, James C.
アメリカの経営学者, 企業コンサルタント。
⇒外12（コリンズ, ジェームズ　1958–）

Collins, James Joseph
アメリカの大リーグ選手(三塁)。
⇒メジャ（コリンズ, ジミー　1870.1.16–1943.3.6）

Collins, Jason
アメリカのバスケットボール選手。
⇒最世ス（コリンズ, ジェーソン　1978.12.2–）

Collins, Joan
イギリスの女優。
⇒外12（コリンズ, ジョーン　1933.5.23–）
　外16（コリンズ, ジョーン　1933.5.23–）
　ク俳（コリンズ, ジョウン　1933–）

Collins, John Francis（Shano）
アメリカの大リーグ選手(外野, 一塁)。
⇒メジャ（コリンズ, シャノ　1885.12.4–1955.9.10）

Collins, Joseph Lawton
アメリカの陸軍軍人。第2次世界大戦の第7軍司令官。
⇒アア歴（Collins,J(oseph) Lawton　コリンズ, ジョゼフ・ロートン　1896.5.1–1987.9.12）

Collins, Judy
アメリカ・ワシントン州生まれの歌手。
⇒標音2（コリンズ, ジュディ　1939.5.1–）
　ロック（Collins,Judy　コリンズ, ジューディ　1939.5.1–）

Collins, Kenneth
イギリスのテノール歌手。
⇒魅惑（Collins,Kenneth　1935–）

Collins, Kim
セントクリストファー・ネービスの陸上選手(短距離)。
⇒外12（コリンズ, キム　1976.4.5–）
　外16（コリンズ, キム　1976.4.5–）

Collins, Larry
アメリカの作家。
⇒現世文（コリンズ, ラリー　1929–2005.6.20）

Collins, Lily
アメリカの女優。
⇒外16（コリンズ, リリー　1989–）

Collins, Lynn
アメリカの女優。
⇒外16（コリンズ, リン　1979–）

Collins, Max Allan
アメリカのミステリ作家。
⇒外12（コリンズ, マックス・アラン　1948–）
　外16（コリンズ, マックス・アラン　1948–）
　現世文（コリンズ, マックス・アラン　1948–）

Collins, Michael
アイルランドの革命家。アイルランド共和国軍の組織者として知られ, 1922年首相となる。
⇒岩世人（コリンズ　1890.10.16–1922.8.22）

Collins, Michael
アメリカのミステリ作家。
⇒現世文（コリンズ, マイケル　1924–2005）

Collins, Peter
イギリス生まれの画家。
⇒芸13（コリンズ, ピーター　1923–）

Collins, Phil
イギリスのドラム奏者, ボーカリスト, 作曲家。
⇒外12（コリンズ, フィル　1951.1.30–）
　外16（コリンズ, フィル　1951.1.30–）

Collins, Randall
アメリカの社会学者。
⇒岩世人（コリンズ　1941.7.29–）
　社小増（コリンズ　1941–）

Collins, Rodnell
マルコムXの甥。
⇒マルX（COLLINS,RODNELL　コリンズ, ロドネル　1945–）

Collins, Susan
アメリカの政治家。
⇒外12（コリンズ, スーザン　1952.12.7–）

Collins, Suzanne
アメリカの作家。
⇒外16（コリンズ, スーザン　1962–）
　海文新（コリンズ, スーザン　1962.8.11–）
　現世文（コリンズ, スーザン　1962.8.11–）

Collins, Terry Lee
アメリカの大リーグ監督(メッツ)。
⇒外12（コリンズ, テリー　1949.5.27–）
　外16（コリンズ, テリー　1949.5.27–）
　メジャ（コリンズ, テリー　1949.5.27–）

Collins, Timothy Clark
アメリカの金融家。
⇒外12（コリンズ, ティモシー　1956.10.8–）
　外16（コリンズ, ティモシー　1956.10.8–）

Collins-White, David
オーストラリアのテノール歌手。
⇒魅惑（Collins-White,David　?–）

Collip, James Bertram
カナダの生化学者。内分泌の研究で知られている。
⇒岩世人（コリップ　1892.11.20–1965.6.19）

Collis, Maurice
アイルランドの作家。
⇒岩世人（コリス　1889.1.10–1973.1.12）
　現世文（コリス, モーリス　1889–1973）

Collomb, Paul
フランス生まれの画家。
⇒芸13（コロン, ポール　1921–）

Collor de Mello, Fernando
ブラジルの政治家。ブラジル大統領（1990～92）。
⇒岩世人（コロル・デ・メロ　1949.8.12–）
　世指導（コロル・デ・メロ, フェルナンド　1949.8.12–）

Colm, Gerhard
アメリカの経済学者, 財政学者。フィスカル・ポリシーと経済予測の研究に従事し, コルム方式として知られる積上げ方式の予測法を開発した。
⇒岩世人（コルム　1897.6.30–1968.12.25）
　有経5（コルム〔A〕　1897–1968）

Colman, Ronald
イギリスの映画俳優。アメリカで活躍。口ひげはコールマンひげと呼ばれ流行を生んだ。
⇒岩世人（コールマン　1891.2.9–1958.5.19）
　ク俳（コールマン, ロナルド　1891–1958）
　ネーム（コールマン　1891–1958）

Colmar, Fon der Goltz
ドイツの写真家。
⇒芸13（コルマー, フォン・デール・ゴルツ　1944–）

Cologna, Dario
スイスのスキー選手（距離）。
⇒外12（コロニャ, ダリオ　1986.3.11–）
　外16（コロニャ, ダリオ　1986.3.11–）
　最世ス（コロニャ, ダリオ　1986.3.11–）

Colom, Álvaro
グアテマラの政治家, 実業家。グアテマラ大統領（2008～12）。
⇒外12（コロン, アルバロ　1951.6.15–）
　外16（コロン, アルバロ　1951.6.15–）
　世指導（コロン, アルバロ　1951.6.15–）

Coloma, El Padre Luis
スペインの小説家。
⇒新カト（コローマ　1851.1.9–1915.6.10）

Colombani, Jean-Marie
フランスのジャーナリスト。
⇒外12（コロンバニ, ジャン・マリー　1948.7.7–）
　外16（コロンバニ, ジャン・マリー　1948.7.7–）

Colombo, Carlo
イタリアの神学者, ミラノ補佐司教。
⇒新カト（コロンボ　1908.4.13–1991.2.11）

Colombo, Furio
イタリアの小説家。主著『狂った女たち』（1964）。
⇒現世文（コロンボ, フーリオ　1931.1.1–）

Colombo, Pia
フランスのシャンソン歌手。
⇒標音2（コロンボ, ピア　1934–1986）

Colon, Bartolo
ドミニカ共和国出身の大リーグ選手（投手）。
⇒外12（コローン, バートロ　1973.5.24–）
　外16（コローン, バートロ　1973.5.24–）
　最世ス（コローン, バートロ　1973.5.24–）
　メジャ（コロン, バルトロ　1973.5.24–）

Colón, Willie
アメリカのサルサのトロンボーン奏者, 作詞家, 作曲家, 歌手。
⇒標音2（コロン, ウィリー　1950.4.28–）

Colonne, Édouard
フランスの指揮者, ヴァイオリン奏者。1878年万国博の公式指揮者を務めた。
⇒新音中（コロンヌ, エドゥアール　1838.7.23–1910.3.28）
　標音2（コロンヌ, エドゥアール　1838.7.23–1910.3.28）

Colter, Cyrus
アメリカの小説家。
⇒現世文（コルター, サイラス　1910.1.8–2002.4.17）

Coltman, Robert, Jr.
アメリカの医療宣教師。
⇒アア歴（Coltman,Robert,Jr　コウルトマン・ジュニア, ロバート　1862.8.19–1931.11.3）

Coltrane, John
アメリカ・ノースカロライナ州生まれのジャズ・サックス奏者。
⇒アメ新（コルトレーン　1926–1967）
　岩世人（コルトレーン　1926.9.23–1967.7.17）
　広辞7（コルトレーン　1926–1967）
　新音中（コルトレーン, ジョン　1926.9.23–1967.7.17）
　ネーム（コルトレーン　1926–1967）

標音2（コルトレーン, ジョン　1926.9.23–1967.7.17）
ポプ人（コルトレーン, ジョン　1926–1967）

Coltrane, Robbie
スコットランド生まれの俳優。
⇒外12（コルトレーン, ロビー　1950.3.30–）
外16（コルトレーン, ロビー　1950.3.30–）

Colucci, Frank
イギリスのミュージシャン。
⇒外12（コルッチ, フランク）

Colum, Padraic
アイルランドの劇作家, 詩人。『アイリッシュ・レビュー』の創刊者。
⇒岩世人（コラム　1881.12.8–1972.1.11）
現世文（コラム, パードリック　1881.12.8–1972.1.11）

Columbus, Chris
アメリカ生まれの映画監督, 映画脚本家。
⇒外12（コロンバス, クリス　1958.9.10–）
外16（コロンバス, クリス　1958.9.10–）

Colvin, *Sir* Sidney
イギリスの文学, 美術批評家。1884～1912年大英博物館の絵画部長。
⇒岩世人（コルヴィン　1845.6.18–1927.5.11）

Colwell, Rita Rossi
アメリカの微生物学者。
⇒外12（コールウェル, リタ・ロッシ　1934.11.23–）
外16（コールウェル, リタ・ロッシ　1934.11.23–）

Colwell, Robert Cameron
アメリカの電気学者。大気圏の電波反射層を発見（1936）。
⇒岩世人（コルウェル　1884.10.14–1959.6.10）

Comaneci, Nadia
ルーマニアの体操選手。
⇒異二辞（コマネチ［ナディア・～］　1961–）
岩世人（コマネチ　1961.11.12–）
外12（コマネチ, ナディア　1961.11.12–）
外16（コマネチ, ナディア　1961.11.12–）

Comas, Antonio
スペインのテノール歌手。
⇒魅惑（Comas, Antonio　1961–）

Comas Camps, Juan
メキシコの人類学者。啓蒙的書物によってスペイン語系諸国にこの学問を普及させた。
⇒岩世人（コマス　1900.1.21–1979.1.18）

Combarieu, Jules Leon Jean
フランスの音楽学者。
⇒岩世人（コンバリュー　1859.2.5–1916.7.7）
標音2（コンバリュー, ジュル　1859.2.3–1916.7.7）

Combaz, Gisbert
ベルギーのインド学者。インド文明と周辺の諸文化との関係を研究。
⇒岩世人（コンバズ　1869.9.23–1941.1.18）

Combaz, Jean Claude
フランスの宣教師。パリ外国会に属して活動。
⇒岩世人（コンバズ　1856.12.8–1926.8.18）
新カト（コンバズ　1856.12.8–1926.8.18）

Combes, Justin Louis Emile
フランスの政治家。1902年首相となる。
⇒岩世人（コンブ　1835.9.6–1921.5.24）

Combs, Earle Bryan
アメリカの大リーグ選手（外野）。
⇒メジャ（クームズ, アール　1899.5.14–1976.7.21）

Comencini, Maurizio
イタリアのテノール歌手。
⇒魅惑（Comencini, Maurizio　?–）

Comey, James Brien, Jr.
アメリカの法律家。アメリカ連邦捜査局（FBI）長官。
⇒外16（コミー, ジェームズ　1960.12.14–）

Comfort, Alex
イギリスの医師, 詩人, 小説家。
⇒岩世人（カンフォート　1920.2.10–2000.3.26）
現世文（コンフォート, アレックス　1920–2000.3.26）

Comiskey, Charles Albert
アメリカの大リーグ選手（一塁）。
⇒メジャ（コミスキー, チャールズ　1859.8.15–1931.10.26）

Comisso, Giovanni
イタリアの小説家。主著『ファウスト・ディアマンテの犯罪』（1933）。
⇒現世文（コミッソ, ジョヴァンニ　1895.10.3–1969.1.21）

Commer, Ernst
ドイツの宗教哲学者。新スコラ学派の指導者。
⇒岩世人（コンマー　1847.2.18–1928.4.24）
新カト（コンマー　1847.2.18–1928.4.24）

Commère, Hervé
フランスの作家。
⇒海文新（コメール, エルヴェ　1974–）
現世文（コメール, エルヴェ　1974–）

Commerford, Tim
アメリカのロック・ベース奏者。
⇒外12（ティム）
外16（コマーフォード, ティム）

Commoner, Barry
アメリカの植物生理学者, 生態学者。環境問題

を告発する市民に情報を提供する科学者協会(SIPI)を組織して委員長に就任。
⇒アメ経 (コモナー, バリー 1917-)
　岩世人 (コモナー 1917.5.28-2012.9.30)

Commons, John Rogers
アメリカの経済学者。移民問題, 労働問題等の調査に活躍。制度経済学を主張。
⇒アメ経 (コモンズ, ジョン 1862.10.13-1944.5.11)
　岩経 (コモンズ 1862-1945)
　岩世人 (コモンズ 1862.10.13-1945.5.11)
　学叢思 (コンモンス, ジョン・ロージャース 1862-?)
　ネーム (コモンズ 1862-1945)

Como, Perry
アメリカのポピュラー歌手。
⇒アメ州 (Como,Perry コモ, ペリー 1912-)
　標音2 (コモ, ペリー 1912.5.18-2001.5.12)
　ロック (Como,Perry コモ, ペリー 1912.5.18-)

Compagnon, Antoine Marcel Thomas
ベルギー生まれのフランス文学者。コレージュ・ド・フランス教授, コロンビア大学教授。
⇒外16 (コンパニョン, アントワーヌ 1950.7.20-)

Companys i Jover, Lluis
スペインの政治家, 弁護士。
⇒岩世人 (クンパニス 1882.6.21-1940.10.15)

Compaoré, Blaise
ブルキナファソの政治家, 軍人。ブルキナファソ大統領(1987~2014)。
⇒岩世人 (コンパオレ 1951.2.3-)
　外12 (コンパオレ, ブレーズ 1951.2.3-)
　外16 (コンパオレ, ブレーズ 1951.2.3-)
　世指導 (コンパオレ, ブレーズ 1951.2.3-)

Comparetti, Domenico
イタリアの言語学者。クレタ島ゴルテュン大碑文等の研究がある。
⇒岩世人 (コンパレッティ 1835.6.27-1927.1.20)

Compayré, Jules Gabriel
フランスの教育行政家, 教育学者。教職を経て代議士となり, その後リヨン大学総長, 学士院会員などを歴任。
⇒岩世人 (コンペレ 1843.1.2-1913.2.24)
　教人 (コムペイレ 1843-1913)
　19仏 (コンペレ, ガブリエル 1843.1.2-1913.2.24)

Compere-Morel, Constant Adolphe
フランスの社会主義者, 下院議員。
⇒学叢思 (コンプル・モーレル, コンスタン・アドルフ 1872-?)

Compson, Betty
アメリカの女優。

⇒ク俳 (コンプスン, ベティ (コンプスン, エリナ) 1896-1974)

Compton, Arthur Holly
アメリカの物理学者。1923年X線の散乱に関する「コンプトン効果」を発見, のち宇宙線の研究に転じた。ノーベル物理学賞受賞 (27)。
⇒アメ州 (Compton,Arthur Holly コンプトン, アーサー・ホリー 1892-1962)
　岩世人 (コンプトン 1892.9.10-1962.3.15)
　広辞7 (コンプトン 1892-1962)
　三新物 (コンプトン 1892-1962)
　ネーム (コンプトン 1892-1962)
　ノベ3 (コンプトン,A.H. 1892.9.10-1962.3.15)
　物ニ (コンプトン, アーサー 1892-1962)

Compton, Erik
アメリカのプロゴルファー。
⇒外12 (コンプトン, エリック 1979.11.11-)
　外16 (コンプトン, エリック 1979.11.11-)

Compton, Fay
イギリスの舞台女優。
⇒ク俳 (コンプトン, フェイ (マッケンジー, ヴァージニア・C) 1894-1978)

Compton, John George Melvin
セントルシアの政治家。セントルシア首相。
⇒世指導 (コンプトン, ジョン 1925-2007.9.7)

Compton, Karl Taylor
アメリカの実験物理学者。放電, スペクトル, 陰極線, X線等に関する多くの研究がある。
⇒岩世人 (コンプトン 1887.9.14-1954.6.22)

Compton-Burnett, Ivy
イギリスの女性小説家。洗練された対話の形式を用いて深刻な家庭生活の問題を取扱う。
⇒岩世人 (コンプトン=バーネット 1884.6.5-1969.8.27)
　現世文 (コンプトン・バーネット, アイビー 1884.6.5-1969.8.27)

Comrie, Bernard
イギリス生まれのアメリカの言語学者。
⇒岩世人 (コムリー 1947.5.23-)

Comstock, Bobby
アメリカ・ニューヨーク州イサカ生まれの歌手。
⇒ロック (Comstock,Bobby カムストック, ボビー 1943.12.28-)

Comstock, John Henry
アメリカの昆虫学者。主著『昆虫学入門』(1924)。
⇒岩生 (コムストック 1849-1931)
　岩世人 (コムストック 1849.2.24-1931.3.20)

Comte-Sponville, André
フランスの哲学者。
⇒外12 (コント・スポンヴィル, アンドレ 1952-)
　外16 (コント・スポンヴィル, アンドレ 1952-)

Comyns-Carr, Arthur Strettell
イギリス・ロンドン生まれの弁護士, 政治家。東京裁判の英国代表検事。
⇒ア太戦（コミンズ＝カー 1882–1965）

Conant, Charles Arthur
アメリカのジャーナリスト, 経済学者, 銀行家。1896年に著わした『近代発券銀行史』は, 中央銀行制度の優越性を説き, その必要を早期に推奨した。
⇒アア歴（Conant, Charles A (rthur) コウナント, チャールズ・アーサー 1861.7.2–1915.7.4）

Conant, James Bryant
アメリカの化学者, 教育家。
⇒岩世人（コナント 1893.3.26–1978.2.11）
化学（コナント 1893–1978）
教小3（コナント 1893–1978）
教人（コナント 1893–）

Conant, Kenneth John
アメリカの考古学者, 建築史家。クリュニー修道院遺構の発掘調査にあたり（1927～）, 三期にわたる建築や浮彫装飾の復原に努めた。
⇒岩世人（コナント 1894.6.28–1984）

Conceição, Sergio
ポルトガルのサッカー選手。
⇒外12（コンセイソン, セルジオ 1974.11.15–）

Concepcion, David Ismael
アメリカの大リーグ選手（遊撃, 二塁）。
⇒メジャ（コンセプシオン, デイブ 1948.6.17–）

Conchon, Georges
フランスの作家。中央アフリカ立法議会初代事務局長。
⇒現世文（コンション, ジョルジュ 1925.5.9–1990.7.29）

Concina, Carlo
イタリアのポピュラー作曲家。
⇒標音2（コンチーナ, カルロ 1900.10.7–1968.9.28）

Condé, Alpha
ギニアの政治家。ギニア大統領（2010～）。
⇒外12（コンデ, アルファ 1938.3.4–）
外16（コンデ, アルファ 1938.3.4–）
世指導（コンデ, アルファ 1938.3.4–）

Conde, David W.W.
アメリカのジャーナリスト。
⇒岩韓（コンデ 1906–?）

Condé, Maryse
フランス海外県グアドループ出身の作家。
⇒岩世人（コンデ 1937.2.11–）
外12（コンデ, マリーズ 1937–）
現世文（コンデ, マリーズ 1937–）
広辞7（コンデ 1937–）

Conder, Charles
イギリスの画家。ワトーおよび東洋美術の影響を受け, 真珠色を主調とする繊細で優美な装飾的様式を発展させた。
⇒岩世人（コンダー 1868.10.24–1909.2.9）

Conder, Claude Reignier
イギリスの技術者, 探検家。技術将校としてパレスチナの測量を指揮。
⇒岩世人（コンダー 1848–1910）

Conder, Josiah
イギリスの建築家。1876年来日。
⇒岩世人（コンドル（コンダー） 1852.9.28–1920.6.21）
広辞7（コンドル 1852–1920）
博物館（コンドル, ジョサイア 1852–1920）
ポプ人（コンドル, ジョサイア 1852–1920）

Condie, Ally
アメリカの作家。
⇒外16（コンディ, アリー）
海文新（コンディ, アリー）
現世文（コンディ, アリー）

Condon, Bill
アメリカの映画監督, 脚本家。
⇒外12（コンドン, ビル 1955–）
外16（コンドン, ビル 1955–）

Condon, Eddie
アメリカのジャズ・ギター奏者, バンジョー奏者。
⇒標音2（コンドン, エディ 1905.11.16–1973.8.4）

Condon, Edward Uhler
アメリカの理論物理学者。原子および分子スペクトルに関する理論的研究に大きな業績がある。
⇒アメ州（Condon, Edward Uhler コンドン, エドワード・ユーラ 1902–1974）
岩世人（コンドン 1902.3.2–1974.3.26）

Condon, Richard
アメリカの作家。
⇒現世文（コンドン, リチャード 1915–1996.4.9）

Condry, Ian
アメリカの文化人類学者。マサチューセッツ工科大学外国語・文学部日本文化研究准教授。
⇒外16（コンドリー, イアン 1965–）

Cone, David
アメリカの大リーグ選手（投手）。
⇒メジャ（コーン, デイヴィッド 1963.1.2–）

Coney, Michael
イギリスのSF作家。
⇒現世文（コーニイ, マイケル 1932–2005）

Coney, Sandra
ニュージーランドのジャーナリスト, フェミニ

ズム推進者。
⇒ニュー（コーニー, サンドラ　1944-）

Confiant, Raphaël
フランスの海外県マルティニーク（西インド諸島東部）の小説家。
⇒岩世人（コンフィアン　1951.1.25-）
広辞7（コンフィアン　1951-）

Conford, Ellen
アメリカの女性作家。
⇒現世文（コンフォード, エレン　1942.3.20-2015.3.20）

Conforti, Guido Maria
イタリアの司教, ザベリオ宣教会創立者。聖人。祝日11月5日。
⇒教聖（聖グイド・マリア・コンフォルティ司教　1865.3.30-1931.11.5）
新カト（グイド・マリア・コンフォルティ　1865.3.30-1931.11.5）

Congar, Yves
フランスのカトリック神学者。
⇒岩キ（コンガール　1904-1995）
岩世人（コンガール　1904.4.8-1995.6.22）
オク教（コンガール　1904-1995）
広辞7（コンガール　1904-1995）
新カト（コンガール　1904.4.8-1995.6.22）

Conger, Edwin Hurd
アメリカの外交官。
⇒アア歴（Conger,Edwin Hurd　コンガー, エドウィン・ハード　1843.3.7-1907.5.18）

Conigliaro, Anthony Richard
アメリカの大リーグ選手（外野）。
⇒メジャ（コニグリアロ, トニー　1945.1.7-1990.2.24）

Conine, Jeffrey Guy
アメリカの大リーグ選手（外野, 一塁）。
⇒メジャ（コナイン, ジェフ　1966.6.27-）

Conklin, Edwin Grant
アメリカの動物学者。発生学について研究。
⇒岩生（コンクリン　1863-1952）
岩世人（コンクリン　1863.11.24-1952.11.21）

Conklin, Gladys Plemon
アメリカの図書館員。カリフォルニア州ヘイワード公共図書館で勤めるかたわら, 子ども向けのノンフィクション作家としても活躍。
⇒ア図（コンクリン, グラディス　1903-1983）

Conklin, Harold Colyer
アメリカの人類学者。
⇒アア歴（Conklin,Harold C (olyer)　コンクリン, ハロルド・コウリャー　1926.4.27-）
岩世人（コンクリン　1926.4.27-）

Conlan, John Bertrand（Jocko）
アメリカの大リーグ選手（外野）。
⇒メジャ（コンラン, ジョッコ　1899.12.6-1989.4.16）

Conley, Arthur
アメリカ生まれのソウル歌手。
⇒ロック（Conley,Arthur　コンリー, アーサー　1946.4.1-）

Conley, Donald Eugene
アメリカの大リーグ選手（投手）。
⇒メジャ（コンリー, ジーン　1930.11.10-）

Conley, Eugene
アメリカのテノール歌手。
⇒失声（コンリー, ユージン　1908-1981）
魅惑（Conley,Eugene　1908-1981）

Conlon, Edward
アメリカの作家。
⇒海文新（コンロン, エドワード　1965.1.15-）
現世文（コンロン, エドワード　1965.1.15-）

Conlon, James
アメリカの指揮者。
⇒外12（コンロン, ジェームズ　1950.3.18-）
外16（コンロン, ジェームズ　1950.3.18-）

Conly, Jane Leslie
アメリカの作家。
⇒現世文（コンリー, ジェイン・レズリー　1948-）

Connaught, Arthur William Patrick Albert, Duke of
ビクトリア女王の3男で陸軍軍人。アイルランド軍司令官, 陸軍総監, 地中海軍司令官を経てカナダ総督となる。
⇒岩世人（コノート　1850.5.1-1942.1.16）

Connaughton, James L.
アメリカの弁護士。米国環境評議会議長。
⇒外12（コノートン, ジェームズ）
外16（コノートン, ジェームズ）

Connell, Evan Shelby
アメリカの小説家。
⇒現世文（コネル, エバン・S.　1924.8.17-2013.1.10）

Connell, Francis Jeremiah
アメリカの神学者, レデンプトール会員。
⇒新カト（コネル　1888.1.29-1967.5.12）

Connell, Raewyn
オーストラリアの社会学者。
⇒岩世人（コンネル　1944.1.3-）

Connelly, Jennifer
アメリカ生まれの女優。

⇒遺産（コネリー, ジェニファー　1970.12.12–）
外12（コネリー, ジェニファー　1970.12.12–）
外16（コネリー, ジェニファー　1970.12.12–）
ク俳（コネリー, ジェニファー　1970–）

Connelly, Marc（Marcus Cook）
アメリカの劇作家。作品は『にわか大尽』(1924)のほか,『緑の牧場』(30)でピュリッツァー賞受賞。
⇒現世文（コネリー, マーク　1890.12.13–1980.12.21）

Connelly, Michael
アメリカのミステリ作家。
⇒外12（コナリー, マイケル　1956–）
外16（コナリー, マイケル　1956–）
現世文（コナリー, マイケル　1956–）

Conner, Bruce
アメリカ生まれの映像作家。
⇒岩世人（コナー　1933.11.18–2008.7.7）
映監（コナー, ブルース　1933.11.18–）

Connery, Sean
イギリス生まれの男優。
⇒遺産（コネリー, ショーン　1930.8.25–）
外12（コネリー, ショーン　1930.8.25–）
外16（コネリー, ショーン　1930.8.25–）
ク俳（コネリー, サー・ショーン（コネリー, トマス・S）　1930–）
スター（コネリー, ショーン　1930.8.25–）

Connes, Alain
フランスの数学者。
⇒数辞（コンヌ, アラン　1947–）
世数（コンヌ, アラン　1947–）

Connick, Harry, Jr.
アメリカの歌手, 俳優。
⇒外12（コニック, ハリー（Jr.）　1967.9.11–）
外16（コニック, ハリーJr.　1967.9.11–）

Connolly, Billy
イギリスのコメディアン, 俳優。
⇒外12（コノリー, ビリー　1942.11.24–）
外16（コノリー, ビリー　1942.11.24–）
ク俳（コノリー, ビリー　1942–）

Connolly, Cyril Vernon
イギリスの批評家。評論集に『不安な墓場』(1944),『思想と場所』(53), 小説に『岩穴』(35)がある。
⇒岩世人（コノリー　1903.9.10–1974.11.26）

Connolly, James
アイルランド独立運動の指導者。アイルランドに社会主義思想を導入。
⇒岩世人（コノリー　1868.6.5–1916.5.12）
ネーム（コノリー　1868–1916）

Connolly, John
アイルランドの作家。
⇒海文新（コナリー, ジョン　1968–）
現世文（コノリー, ジョン　1968–）

Connolly, Maureen（Catherine）
アメリカのテニス選手。
⇒アメ州（Connolly, Maureen Catherine　コノリー, モーリン・キャサリン　1934–1969）
異二辞（コノリー［モーリーン・〜］　1934–1969）

Connolly, Richard Hugh
オーストラリア・ウェラジェル生まれの教父学者, 古代の典礼およびシリア教会研究の権威者。
⇒新カト（コノリ　1873.7.12–1948.3.16）

Connolly, Thomas Henry
アメリカ, 大リーグの審判。
⇒メジャ（コナリー, トム　1870.12.31–1961.4.28）

Connor, Roger
アメリカの大リーグ選手（一塁, 三塁）。
⇒メジャ（コナー, ロジャー　1857.7.1–1931.1.4）

Connor, Theophilus Eugene
アメリカ・アラバマ州バーミングハム市の警察署長, 政治家。
⇒マルX（CONNOR,THEOPHILUS EUGENE (BULL)　コナー（ブル）, シオフィラス・ユージン　1897–1973）

Connors, Chuck
アメリカの俳優, 作家, バスケットボール選手, 大リーグ選手。
⇒ク俳（コナーズ, チャック（コナーズ, ケヴィン）　1921–1992）
メジャ（コナーズ, チャック　1921.4.10–1992.11.10）

Connors, Jimmy
アメリカのテニス選手。
⇒外12（コナーズ, ジミー　1952.9.2–）
外16（コナーズ, ジミー　1952.9.2–）
ネーム（コナーズ, ジミー　1952–）

Connors, Mike
アメリカ生まれの俳優。
⇒ク俳（コナーズ, マイクル（オハニアン, クレカー）　1925–）

Connors, Rose
アメリカの作家。
⇒現世文（コナーズ, ローズ）

Conquest, George Robert Acworth
イギリスの詩人。
⇒現世文（コンクエスト, ロバート　1917.7.15–2015.8.3）

Conrad, Andreas
ドイツのテノール歌手。

⇒魅惑（Conrad,Andreas ?–）
Conrad, Clyde Lee
アメリカ陸軍下士官（1等軍曹）。
⇒スパイ（コンラッド,クライド・リー 1948–1998）
Conrad, Ferdinand
ドイツのリコーダー奏者。
⇒標音2（コンラート,フェルディナント 1912.1.23–）
Conrad, Johannes
ドイツの経済学者。主著『経済学研究の概念』（1896〜1910）など。
⇒岩世人（コンラート 1839.2.28–1915.4.25）
学叢思（コンラッド,ヨハネス 1839–?）
Conrad, Joseph
イギリスの小説家。1886年にポーランドからイギリスに帰化。
⇒岩世人（コンラッド 1857.12.3–1924.8.3）
学叢思（コンラッド,ジョセフ 1857–1924）
現世文（コンラッド,ジョゼフ 1857.12.3–1924.8.3）
広辞7（コンラッド 1857–1924）
新カト（コンラッド 1857.12.3–1924.8.3）
スパイ（コンラッド,ジョセフ 1857–1924）
西文（コンラッド,ジョゼフ 1857–1924）
ネーム（コンラッド 1857–1924）
Conrad, Kent
アメリカの政治家。
⇒外12（コンラッド,ケント 1948.3.12–）
Conrad, Klaus
ドイツの精神医学者。ゲッティンゲン大学教授。
⇒現精（コンラート 1905–1961）
現精縮（コンラート 1905–1961）
Conrad, Michael Georg
ドイツの作家。ドイツ新文学の機関誌と"Die Gesellschaft"（1885〜1902）を創刊,主宰。
⇒岩世人（コンラート 1846.4.5–1927.12.20）
Conrad, Richard
アメリカのテノール歌手。
⇒魅惑（Conrad,Richard ?–）
Conrad, Victor
オーストリアの地球物理学者。
⇒岩世人（コンラッド（コンラート） 1876.8.25–1962.4.25）
Conrad, William
アメリカ生まれの俳優。
⇒ク俳（コンラッド,ウィリアム 1920–1994）
Conrades, George H.
アメリカの実業家。
⇒外12（コンレイデス,ジョージ 1939–）

Conradi, Maurice
ロシアの軍人。ソ連の外交官ヴァツラフ・ヴォロフスキィを暗殺。
⇒世暗（コンラーディ,モーリス 1896–1947）
Conrad-Martius, Hedwig
ドイツの女性哲学者。現象学から出発し,存在論の立場に立った自然哲学を築いた。
⇒岩世人（コンラート＝マルティウス 1888.2.27–1966.2.15）
Conrad von Hötzendorf, Franz, Graf
オーストリアの軍人。第1次世界大戦でオーストリア＝ハンガリー軍司令官。
⇒岩世人（コンラート・フォン・ヘッツェンドルフ 1852.11.11–1925.8.25）
Conrady, August
ドイツの中国学者。インドシナ言語学を創唱。
⇒岩世人（コンラーディ 1864.4.28–1925.6.4）
Conran, Shirley
イギリスの作家,編集者,デザイナー。
⇒外12（コンラン,シャーリー 1932.9.21–）
現世文（コンラン,シャーリー 1932.9.21–）
Conran, *Sir* Terence (Orby)
イギリスのインテリアデザイナー,建築家,実業家。
⇒外12（コンラン,テレンス 1931.10.4–）
外16（コンラン,テレンス 1931.10.4–）
Conroy, Frank
アメリカの小説家。
⇒岩世人（コンロイ 1936.1.15–2005.4.6）
現世文（コンロイ,フランク 1936–）
Conroy, Jack
アメリカの作家。代表作として『無産の民』（1933）。
⇒現世文（コンロイ,ジャック 1899.12.5–1990.2.28）
Conroy, Pat
アメリカの作家。
⇒岩世人（コンロイ 1945.10.26–）
現世文（コンロイ,パット 1945.10.26–2016.3.4）
Conroy, William Edward (Wid)
アメリカの大リーグ選手（三塁,遊撃,外野）。
⇒メジャ（コンロイ,ウィド 1877.4.5–1959.12.6）
Consagra, Pietro
イタリア生まれの彫刻家。
⇒芸13（コンサグラ,ピエトロ 1920–）
Conseil, Dominique
フランスの実業家。
⇒外12（コンセイユ,ドミニク 1956–）

外16（コンセイユ, ドミニク　1956–）
Consentini, Francesco
イタリアの社会学者, 法律学者。著書『発生的社会学』(1905)。
⇒学叢思（コンセンティニ, エフ）
Consiglio, Giovanni
イタリアのテノール歌手。
⇒失声（コンシーリオ, ジョヴァンニ　1923–2012）
　魅惑（Consiglio,Giovanni　1925?–）
Consolini, Stefano
テノール歌手。
⇒魅惑（Consolini,Stefano　?–）
Constable, Kate
オーストラリアの作家。
⇒海文新（コンスタブル, ケイト　1966–）
　現時文（コンスタブル, ケイト　1966–）
Constant, Marius
ルーマニア, のちフランスの作曲家, 指揮者。
⇒ク音3（コンスタン　1925–2004）
　新音中（コンスタン, マリユス　1925.2.7–）
　標音2（コンスタン, マリユス　1925.2.7–）
Constantine, Eddie
フランスの歌手, 俳優。
⇒ク俳（コンスタンティーン, エディ　1917–1993）
Constantine I
ギリシャ国王。在位1913～17,20～22。
⇒岩世人（コンスタンディノス1世　1868.7.21–1922.12.29）
Constantine II
ギリシャ国王。在位1964～73。
⇒岩世人（コンスタンディノス2世　1940.6.2–）
　外12（コンスタンチノス2世　1940.6.2–）
　外16（コンスタンチノス2世　1940.6.2–）
　皇国（コンスタンチノス2世）
　ネーム（コンスタンティノス2世　1940–）
Constantinescu, Emil
ルーマニアの政治家, 地質学者。ルーマニア大統領（1996～2000）。
⇒岩世人（コンスタンティネスク　1939.11.19–）
　世指導（コンスタンチネスク, エミル　1939.11.19–）
Constantinescu, Paul
ルーマニアの作曲家。
⇒ク音3（コンスタンティネスク　1909–1963）
　ネーム（コンスタンティネスク　1909–1963）
Constantino, Florencio
スペインのテノール歌手。マントヴァ公爵, アルフレード（椿姫）などをレパートリーとした。
⇒失声（コンスタンティーノ, フロレンツィオ　1869–1919）
　失声（コンスタンティーノ, フロレンツィオ　1869.4.9–1919.11.19）
　魅惑（Constantino,Florencio　1869–1919）
Constantino, Renato
フィリピンの歴史家, 政治学者, 思想家, ジャーナリスト。
⇒岩世人（コンスタンティーノ　1919.3.10–1999.9.15）
Consuma, Enzo
イタリアのテノール歌手。
⇒オペラ（コンスーマ, エンツォ　1935–）
Contador, Alberto
スペインの自転車選手（ロードレース）。
⇒最世ス（コンタドール, アルベルト　1982.6.12–）
Conte, Antonio
イタリアのサッカー選手。
⇒外12（コンテ, アントニオ　1969.7.31–）
　外16（コンテ, アントニオ　1969.7.31–）
　最世ス（コンテ, アントニオ　1969.7.31–）
Conté, Lansana
ギニアの政治家, 軍人。ギニア大統領（1984～2008）。
⇒岩世人（コンテ　1934?–2008.12.22）
　世指導（コンテ, ランサナ　1934–2008.12.22）
Conte, Nicola
イタリアのギター奏者, 音楽プロデューサー, DJ。
⇒外12（コンテ, ニコラ）
　外16（コンテ, ニコラ）
Conte, Richard
アメリカ生まれの俳優。
⇒ク俳（コンテ, リチャード（コンテ, ニコラス）　1910–1975）
Contenau, Georges
フランスの考古学者。ルーヴル博物館古代オリエント部長（1937）。
⇒岩世人（コントノー　1877.4.9–1964.3.22）
Conti, Ida-Maria Irene
イタリアの聖職者, 日本聖パウロ女子修道会創設者。
⇒岩世人（コンティ　1913.4.16–）
Conti, Tom
スコットランド生まれの俳優。
⇒ク俳（コンティ, トム　1941–）
Contini, Gianfranco
イタリアのロマンス語学者, 文芸評論家。
⇒広辞7（コンティーニ　1912–1990）
Conti Rossini, Carlo
イタリアの行政官, 文化人類学者, 言語学者。
⇒岩世人（コンティ・ロッシーニ　1872.4.25–1949.8.21）

Contreras, Jose
キューバ出身(のちにアメリカへ亡命)の大リーグ選手(投手)。
⇒外12 (コントレラス, ホセ 1971.12.6–)

Contreras, Manuel
テノール歌手。
⇒魅惑 (Contreras,Manuel ?–)

Con Ungphakon
タイの社会活動家。
⇒岩世人 (チョーン・ウンパーコーン 1947.9.19–)

Convers, Clara A.
アメリカのバプテスト婦人伝道会宣教師。横浜捜真女学校を創立。
⇒岩世人 (カンバルス(コンヴァース) 1857.4.18–1935.1.24)

Converse, Frederick
アメリカの作曲家, 教師。
⇒標音2 (コンヴァース, フレデリック・シェパード 1871.1.5–1940.6.8)

Conway, John Horton
イギリスの数学者。
⇒岩世人 (コンウェイ 1937.12.26–)
世数 (コンウェイ, ジョン・ホートン 1937–)

Conway, Robert Seymour
イギリスの古典学者。
⇒岩世人 (コンウェイ 1864.9.20–1933.9.28)

Conway, Tom
ロシア生まれの男優。
⇒ク俳 (コンウェイ, トム(サンダーズ, トマス) 1904–1967)

Conway of Allington, *Sir* **William Martin**
イギリスの美術史家, 登山家。ヨーロッパ各地を歴訪し, 10万枚に及ぶ美術品の写真と複製を収集。
⇒岩世人 (コンウェイ 1856.4.12–1937.4.19)

Conwentz, Hugo
ドイツの植物学者。ベルリンの自然記念物保護庁長官。
⇒岩世人 (コンヴェンツ 1855.1.20–1922.5.12)

Conybeare, Frederick Cornwallis
イギリスのオリエント学者。
⇒新カト (コニベア 1856.9.14–1924.1.9)

Conyngham, Barry
オーストラリアの作曲家。
⇒ク音3 (カニンガム 1944–)

Conze, Alexander
ドイツの考古学者。サモトラケ, ペルガモンを発掘しドイツ考古学研究所総書記長(1887~

1905)を務めた。
⇒岩世人 (コンツェ 1831.12.10–1914.7.19)

Conze, Edward
ドイツの仏教学者。
⇒オク仏 (コンゼ, エドワード 1904–1979)

Conze, Werner
西ドイツの歴史家。『歴史家としてのライプニッツ』(1951)などのほか, 多数の論文, 編著がある。
⇒岩世人 (コンツェ 1910.12.31–1986.4.28)

Conzelmann, Hans
西ドイツのプロテスタント神学者。ブルトマン学派に属し, 史的イエスの再発見の理解に貢献した。
⇒岩世人 (コンツェルマン 1915.10.27–1989.6.20)
新カト (コンツェルマン 1915.10.27–1989.6.20)

Cooder, Ry
アメリカのギター奏者, 歌手。
⇒岩世人 (クーダー 1947.3.15–)
外12 (クーダー, ライ 1947.3.15–)
外16 (クーダー, ライ 1947.3.15–)
標音2 (クーダー, ライ 1947.3.15–)
ロック (Cooder,Ry クーダー, ライ 1947.3.15–)

Coogan, Jackie
アメリカの俳優。
⇒ク俳 (クーガン, ジャッキー 1914–1984)

Coogler, Ryan
アメリカの映画監督。
⇒外16 (クーグラー, ライアン 1986–)

Cook, Albert Ruskin
イギリスの医学教育者。
⇒岩世人 (クック 1870.3.2–1951.4.2)

Cook, Arthur James
イギリスの労働組合指導者。
⇒岩世人 (クック 1883.11.22–1931.11.2)

Cook, Beryl
イギリス生まれの画家。
⇒芸13 (クック, ベリル 1926–)

Cook, Dane
アメリカのコメディアン, 俳優。
⇒外12 (クック, デイン 1972.3.18–)
外16 (クック, デイン 1972.3.18–)

Cook, Dennis Bryan
アメリカの大リーグ選手(投手)。
⇒メジャ (クック, デニス 1962.10.4–)

Cook, Donald
アメリカの俳優。
⇒ク俳 (クック, ドナルド 1900–1961)

Cook, Edward
テノール歌手。
⇒魅惑（Cook,Edward ?–）

Cook, Frederick Albert
アメリカの極地探検家, 医者。北極探検を試みた（1907〜09）。
⇒岩世人（クック 1865.6.10–1940.8.5）

Cook, Herman Henry
アメリカの宣教師。
⇒アア歴（Cook,Herman H (enry) クック, ハーマン・ヘンリー 1878.9.20–1916.4.7）

Cook, Jamie
イギリスのミュージシャン, ロック・ギター奏者。
⇒外12（クック, ジェイミー）

Cook, *Sir* Joseph
オーストラリアの政治家。首相（1913〜14）, ロンドン駐在オーストラリア連邦政府代表（21〜27）などを歴任。
⇒岩世人（クック 1860.12.7–1947.7.30）

Cook, Linda Zarda
アメリカの実業家。
⇒外12（クック, リンダ 1958.6–）
　外16（クック, リンダ 1958.6–）

Cook, Lloyd Allen
アメリカの教育社会学者。機能学派の立場から社会学の理論と技術を教育に応用。
⇒教人（クック 1899–）

Cook, Natalie
オーストラリアのビーチバレー選手。
⇒外16（クック, ナタリー 1975.1.19–）
　最世ス（クック, ナタリー 1975.1.19–）

Cook, Paul
イギリスのロック・ドラム奏者。
⇒外12（クック, ポール 1956.7.20–）

Cook, Rachael Leigh
アメリカの女優。
⇒ク俳（クック, レイチェル・リー 1979–）

Cook, Richard W.
アメリカの実業家。
⇒外12（クック, リチャード）
　外16（クック, リチャード）

Cook, Robin
アメリカのミステリ作家。
⇒外16（クック, ロビン 1940–）
　現世文（クック, ロビン 1940–）

Cook, Robin
イギリスの政治家。イギリス外相, 下院院内総務。
⇒世指導（クック, ロビン 1946.2.28–2005.8.6）

Cook, Scott D.
アメリカの実業家。
⇒外16（クック, スコット 1952–）

Cook, Thomas H.
アメリカのミステリ作家。
⇒外12（クック, トーマス 1947–）
　外16（クック, トーマス 1947–）
　現世文（クック, トーマス 1947–）

Cook, Tim
アメリカの実業家。
⇒外12（クック, ティム 1960.11.1–）
　外16（クック, ティム 1960.11.1–）

Cook, Troy
アメリカの作家。
⇒海文新（クック, トロイ）

Cooke, Charles Maynard, Jr.
アメリカの海軍将校。
⇒アア歴（Cooke,Charles M (aynard) ,Jr クック, チャールズ・メイナード, ジュニア 1886.12.19–1970.12.24）

Cooke, Christopher M.
アメリカ空軍士官。
⇒スパイ（クック, クリストファー・M）

Cooke, Hope
シッキム女王。
⇒アア歴（Cooke,Hope クック, ホウプ 1940.6.24–）

Cooke, Nicole
イギリスの自転車選手（ロードレース）。
⇒外12（クック, ニコル 1983.4.13–）
　外16（クック, ニコール 1983.4.13–）
　最世ス（クック, ニコール 1983.4.13–）

Cooke, Sam
アメリカのソウル歌手, 作曲家。
⇒岩世人（クック 1931.1.22–1964.12.11）
　新音中（クック, サム 1931.1.22–1964.12.11）
　標音2（クック, サム 1931.1.22–1964.12.11）
　ロック（Cooke,Sam クック, サム 1931.1.22–）

Cookie Lady
ベトナム戦争下のサイゴンで大規模スパイ網の一員と誤って信じられたクッキー売り。
⇒スパイ（クッキー・レディ）

Cooks, Carlos A.
アフリカン・ナショナリスト・パイオニア運動（ANPM）結成者。
⇒マルX（COOKS,CARLOS A. クックス, カーロス・A 1913–1966）

Cool, Tre
西ドイツ生まれのミュージシャン。
⇒外12(クール,トレ 1972.12.9-)
外16(クール,トレ 1972.12.9-)

Coolbaugh, Mike
アメリカの大リーグ選手(内野),コーチ。
⇒最世ス(クールボー,マイク 1972.6.5-2007.7.22)

Coole, Arthur Braddan
アメリカの宣教師。
⇒アア歴(Coole,Arthur Braddan クール,アーサー・ブラダン 1900.1.6-1978.9)

Cooley, Charles Horton
アメリカの社会学者。社会や制度と個人との相互作用を研究。
⇒岩世人(クーリー 1864.8.17-1929.5.7)
学叢思(クーレー,シー・エッチ 1864-?)
教人(クーリー 1864-1929)
現社(クーリー 1864-1929)
広辞7(クーリー 1864-1929)
社小増(クーリー 1864-1929)
有経5(クーリー 1864-1929)

Cooley, Duff Gordon
アメリカの大リーグ選手(外野,一塁)。
⇒メジャ(クーリー,ダフ 1873.3.29-1937.8.9)

Coolidge, Harold Jeffesrson
アメリカの動物学者。
⇒アア歴(Coolidge,Harold J(effesrson) クーリッジ,ハロルド・ジェファスン 1904.1.15-1985.2.15)

Coolidge, John Calvin
アメリカの政治家。第30代大統領(1925〜29)。
⇒アメ州(Coolidge,John Calvin クーリッジ,カルビン・ジョン 1872-1933)
アメ新(クーリッジ 1872-1933)
岩世人(クーリッジ 1872.7.4-1933.1.5)
世世改(クーリッジ 1872-1933)
世人新(クーリッジ 1872-1933)
世人装(クーリッジ 1872-1933)
ポプ人(クーリッジ,カルビン 1872-1933)

Coolidge, Rita
アメリカの女性歌手。
⇒外12(クーリッジ,リタ 1944.5.1-)
ロック(Coolidge,Rita クーリッジ,リータ 1944.5.1-)

Coolidge, William David
アメリカの物理学者。
⇒岩世人(クーリッジ 1873.10.23-1975.2.3)
三新物(クーリッジ 1873-1975)
ネーム(クーリッジ 1873-1975)

Coomaraswamy, Ananda Kentish
スリランカ(セイロン)出身のインド美術史家,文化史家。

⇒岩世人(クマーラサーミ(クマーラスワーミー),アーナンダ 1877.8.22-1947.9.9)

Coombs, Frank Leslie
アメリカの弁護士,外交官。
⇒アア歴(Coombs,Frank L(eslie) クームズ,フランク・レスリー 1853.12.27-1934.10.5)

Coombs, John Wesley
アメリカの大リーグ選手(投手)。
⇒メジャ(クームズ,ジャック 1882.11.18-1957.4.15)

Coombs-Strittmater, Lucinda L.
アメリカの医療宣教師。
⇒アア歴(Coombs-Strittmater,Lucinda L. クームズ=ストリットメイター,ルシンダ・L. 1849-1919.4.23)

Coon, Carleton (Stevens)
アメリカの人類学者。
⇒岩世人(クーン 1904.6.23-1981.6.3)

Cooney, John Walter
アメリカの大リーグ選手(外野,投手)。
⇒メジャ(クーニー,ジョニー 1901.3.18-1986.7.8)

Coonts, Deborah
アメリカの作家。
⇒海文新(クーンツ,デボラ)

Coonts, Stephen
アメリカの作家。
⇒外12(クーンツ,スティーブン 1946-)
外16(クーンツ,スティーブン 1946-)
現世文(クーンツ,スティーブン 1946-)

Cooper, Adam
イギリスのダンサー。
⇒外12(クーパー,アダム 1971.7.22-)
外16(クーパー,アダム 1971.7.22-)

Cooper, Alice
アメリカのロック・ミュージシャン。
⇒外12(クーパー,アリス 1948.2.4-)
外16(クーパー,アリス 1948.2.4-)
ロック(Cooper,Alice クーパー,アリス 1948.2.4-)

Cooper, Andrew Lewis
アメリカのニグロリーグの選手(投手)。
⇒メジャ(クーパー,アンディ 1898.4.24-1941.6.3)

Cooper, Arley Wilbur
アメリカの大リーグ選手(投手)。
⇒メジャ(クーパー,ウィルバー 1892.2.24-1973.8.7)

Cooper, Austin
イギリスで活動したカナダ生まれのポスター・

デザイナー。
⇒グラデ（Cooper,Austin　クーパー、オースティン　1890–1964）

Cooper, Ben
アメリカの男優。
⇒ク俳（クーパー、ベン　1930–）

Cooper, Bradley
アメリカの俳優。
⇒外16（クーパー、ブラッドリー　1975.1.5–）

Cooper, Cecil Celester
アメリカの大リーグ選手（一塁）。
⇒メジャ（クーパー、セシル　1949.12.20–）

Cooper, Chris
アメリカの俳優。
⇒外12（クーパー、クリス　1951.7.9–）
　外16（クーパー、クリス　1951.7.9–）
　ク俳（クーパー、クリス　1951–）

Cooper, David G.
イギリスの精神科医。
⇒精医歴（クーパー、デイヴィッド・G　1931–1986）

Cooper, Gary
アメリカの映画俳優。『ヨーク軍曹』（1941）、『真昼の決闘』（52）で2回のアカデミー主演男優賞受賞。
⇒アメ州（Cooper,Gary　クーパー、ゲーリー　1901–1961）
　アメ新（クーパー　1901–1961）
　遺産（クーパー、ゲイリー　1901.5.7–1961.5.13）
　岩世人（クーパー　1901.5.7–1961.5.13）
　ク俳（クーパー、ゲーリー（クーパー、フランク）1901–1961）
　広辞7（クーパー　1901–1961）
　スター（クーパー、ゲイリー　1901.5.7–1961）
　ネーム（クーパー、ゲイリー　1901–1961）

Cooper, Jackie
アメリカ生まれの俳優。
⇒ク俳（クーパー、ジャッキー（クーパーマン、ジョン、ジュニア）　1921–）

Cooper, John Sherman
アメリカの政治家、外交官。
⇒アア歴（Cooper,John Sherman　クーパー、ジョン・シャーマン　1901.8.23–1991.2.21）

Cooper, Kent
アメリカのジャーナリスト。1925年AP通信社支配人、43年専務理事。著者『知る権利』(56)。
⇒岩世人（クーパー　1880.2.22–1965.1.31）

Cooper, Leon N.
アメリカの物理学者。1972年ノーベル物理学賞。
⇒岩世人（クーパー　1930.2.28–）
　オク科（クーパー（レオン）　1930–）
　外16（クーパー、レオン　1930.2.28–）

　ノベ3（クーパー,L.N.　1930.2.28–）

Cooper, Morton Cecil
アメリカの大リーグ選手（投手）。
⇒メジャ（クーパー、モート　1913.3.2–1958.11.17）

Cooper, Muriel
アメリカのグラフィックと書物のデザイナー。
⇒グラデ（Cooper,Muriel　クーパー、ミューリアル　1925–1994）

Cooper, Oswald
アメリカの書体デザイナー。
⇒グラデ（Cooper,Oswald　クーパー、オズワルド　1879–1940）

Cooper, Richard Newell
アメリカの経済学者。
⇒外12（クーパー、リチャード　1934.6.14–）
　外16（クーパー、リチャード　1934.6.14–）
　政経改（クーパー　1934–）

Cooper, Robert
イギリスの外交官。
⇒外12（クーパー、ロバート　1947.8.28–）
　外16（クーパー、ロバート　1947.8.28–）

Cooper, Scott Kendrick
アメリカの大リーグ選手（三塁、一塁）。
⇒メジャ（クーパー、スコット　1967.10.13–）

Cooper, Simon
イギリスの実業家。
⇒外12（クーパー、サイモン　1945–）
　外16（クーパー、サイモン　1945–）

Cooper, Susan
イギリスの児童文学者。
⇒岩世人（クーパー　1935.5.23–）
　外12（クーパー、スーザン　1935–）
　現世文（クーパー、スーザン　1935–）

Cooper, *Dame* Whina
ニュージーランドのマオリ族のリーダー。
⇒ニュー（クーパー、フィナ　1895–1994）

Cooper, William
イギリスの小説家。
⇒現世文（クーパー、ウィリアム　1910–2002）

Cooper, William Walker
アメリカの大リーグ選手（捕手）。
⇒メジャ（クーパー、ウォーカー　1915.1.8–1991.4.11）

Cooper-Posey, Tracy
オーストラリアの作家。共同筆名アナスタシア・ブラック。
⇒海文新（クーパー・ポージー、トレイシー）
　海文新（ブラック、アナスタシア）

Coover, Robert
アメリカの小説家。
⇒岩世人 (クーヴァー 1932.2.4-)
現世文 (クーバー, ロバート 1932.2.4-)

Cope, Andrew
イギリスの作家。
⇒海文新 (コープ, アンドリュー 1966-)

Cope, Arthur C.
アメリカの有機化学者。
⇒岩世人 (コープ 1909.6.27-1966.6.4)

Cope, *Sir* Arthur Stockdale
イギリスの画家。主として肖像画を描いた。
⇒岩世人 (コープ 1857.11.2-1940.7.5)

Cope, Mother Marianne
ドイツ生まれのカトリック教徒。
⇒新カト (マリアンヌ・コープ 1838.1.23-1918.8.9)

Copeau, Jacques
フランスの演出家。
⇒岩世人 (コポー 1879.2.4-1949.10.21)
世演 (コポー, ジャック 1879.2.4-1949.10.21)

Copeland, Edwin Bingham
アメリカの植物学者, 農学者。
⇒アア歴 (Copeland,Edwin Bingham コウプランド, エドウィン・ビンガム 1873.9.30-1964.3.24)
岩世人 (コープランド 1873.9.20-1964.3.24)

Copeland, Katherine
イギリスのボート選手。
⇒外16 (コープランド, キャサリン 1990.12.1-)
最新ス (コープランド, キャサリン 1990.12.1-)

Copeland, Misty
アメリカのバレリーナ。
⇒外16 (コープランド, ミスティ)

Copeland, Morris Albert
アメリカの経済学者。金融論を中心に多くの業績をもつ。『アメリカにおける貨幣の流れに関する研究』(1952) は, 資金循環分析の先駆的業績として有名。
⇒有経5 (コープランド 1895-)

Copeland, Stewart
イギリスのドラム奏者。
⇒外12 (コープランド, スチュアート 1952.7.16-)

Ćopić, Branko
ユーゴスラビア (ボスニア系) の小説家。作品,『青銅の夜警よ, 悲しむな』(1958) など。
⇒岩世人 (チョピッチ 1914.12.19/1915.1.1-1984.3.26)
現世文 (チョピッチ, ブランコ 1915.1.1-1984.3.26)

Copland, Aaron
アメリカの作曲家。1930年『ダンス・シンフォニー』(1925作曲) でRCAビクター賞を獲得。
⇒アメ新 (コープランド 1900-1990)
岩世人 (コープランド 1900.11.14-1990.12.2)
エデ (コープランド, アーロン 1900.11.14-1990.12.2)
ク音3 (コープランド 1900-1990)
広辞7 (コープランド 1900-1990)
新音小 (コープランド, アーロン 1900-1990)
新音中 (コープランド, アーロン 1900.11.14-1990.12.2)
ネーム (コープランド 1900-1990)
ピ曲笑 (コープランド, アーロン 1900-1990)
標音2 (コプランド, アーロン 1900.11.14-1990.12.2)
ユ著人 (Copland,Aaron コープランド, エーアロン 1900-1990)

Copleston, Frederik
イギリスの哲学者, 哲学史家。主著 "A History of Philosophy" (3巻,1946〜53),『中世哲学史』(52),『トマス・アクィナス』(55) など。
⇒新カト (コプルストン 1907.4.10-1994.2.3)

Copley, Jim
イギリスのロック・ドラム奏者。
⇒外12 (コープリー, ジム 1953.12.29-)

Copley, Sharlto
南アフリカの俳優, 映画監督, 映画プロデューサー。
⇒外12 (コプリー, シャルト 1973.11.27-)
外16 (コプリー, シャルト 1973.11.27-)

Coplon, Judith
アメリカ司法省職員。
⇒スパイ (コプロン, ジュディス 1921-2011)

Coppée, François
フランスの詩人, 劇作家。
⇒岩世人 (コペ 1842.1.12-1908.5.23)
広辞7 (コペ 1842-1908)
19仏 (コペ, フランソワ 1842.1.12-1908.5.17)
新カト (コペー 1842.1.12-1908.5.23)

Coppens, Matthijs
テノール歌手。
⇒魅惑 (Coppens,Matthijs ?-)

Copper, Basil
イギリスの犯罪小説家, 怪奇小説家。
⇒現世文 (コパー, バジル 1924.2.5-2013.4.3)

Copperfield, David
アメリカのマジシャン, イリュージョニスト, エンタテイナー。
⇒岩世人 (カッパーフィールド 1956.9.16-)
外12 (カッパーフィールド, デービッド 1956.9.16-)
外16 (カッパーフィールド, デービッド 1956.9.

Copperman, E.J.
アメリカの作家。
⇒海文新（コッパーマン,E.J.　1957–）
　現世文（コッパーマン,E.J.　1957–）

Coppi,（Angelo）Fausto
イタリアの自転車競技選手。
⇒岩世人（コッピ　1919.9.15–1960.1.2）

Coppieters, Bernice
ベルギーのバレリーナ。モナコ公国モンテカルロ・バレエ団エトワール。
⇒外12（コビエテルス、ベルニス）
　外16（コビエテルス、ベルニス）

Copping, Peter
イギリスの服飾デザイナー。
⇒外12（コッピング,ピーター　1966–）
　外16（コッピング,ピーター　1966–）

Coppola, Francis
アメリカの映画監督。
⇒岩世人（コッポラ　1939.4.7–）
　映監（コッポラ,フランシス・フォード　1939.4.7–）
　外12（コッポラ,フランシス　1939.4.7–）
　外16（コッポラ,フランシス・フォード　1939.4.7–）
　広辞7（コッポラ　1939–）
　ネーム（コッポラ,フランシス　1939–）
　ポプ人（コッポラ,フランシス・フォード　1939–）

Coppola, Piero
イタリアの指揮者、作曲家。
⇒標音2（コッポラ,ピエーロ　1888.10.11–1971.3.17）

Coppola, Walter
イタリアのテノール歌手。
⇒魅惑（Coppola,Walter　?–）

Coppora, Sofia
アメリカの映画監督、映画プロデューサー、脚本家、女優。
⇒外12（コッポラ,ソフィア　1971.5.14–）
　外16（コッポラ,ソフィア　1971.5.14–）

Copps, Sheila
カナダの政治家。カナダ民族遺産相。
⇒世指導（コップス,シーラ　1952.11.27–）

Coquelin, Benoît Constant
フランスの俳優。通称「兄コクラン」。
⇒19仏（コクラン,コンスタン　1841.1.23–1909.1.27）
　ネーム（コクラン　1841–1909）

Coquelin, Ernest
フランスの俳優。演劇関係の著作が多い。兄ブノワ＝コンスタンとの共著『独白術』など。
⇒19仏（コクラン,エルネスト　1848.5.16–1909.2.8）

Cora, Jose Alexander
プエルト・リコの大リーグ選手（遊撃、二塁）。
⇒メジャ（コラ,アレックス　1975.10.18–）

Cora, Jose Manuel
アメリカの大リーグ選手（二塁）。
⇒メジャ（コラ,ジョーイ　1965.5.14–）

Corazza, Rémy
フランスのテノール歌手。
⇒魅惑（Corazza,Rémy　1933–）

Corbat, Michael L.
アメリカの実業家。
⇒外16（コルバット,マイケル）

Corbató, Fernando José
アメリカのコンピューター工学者。
⇒岩世人（コルバト　1926.7.1–）

Corbel, Cécile
フランスの歌手、ハープ奏者。
⇒外12（コルベル,セシル　1980–）

Corbett, David
アメリカの作家。
⇒現世文（コーベット,デービッド　1953–）

Corbett, Hunter
アメリカの宣教師。
⇒アア歴（Corbett,Hunter　コーベット,ハンター　1835.12.8–1920.1.7）

Corbett, James John
アメリカのプロボクサー。
⇒アメ州（Corbett,James John　コーベット,ジェームズ・ジョン　1866–1933）
　岩世人（コーベット　1866.9.1–1933.2.18）

Corbett, John D.
アメリカの無機化学者。
⇒岩世人（コーベット（コルベット）　1926.3.23–2013.9.2）

Corbett, Julian
イギリスの海軍史家。
⇒戦思（コーベット　1854–1922）

Corbett, William Jesse
イギリスの作家。
⇒現世文（コーベット,ウィリアム）

Corbiau, Gérard
ベルギー生まれの映画監督。
⇒外12（コルビオ,ジェラール　1941–）

Corbin, Alain Michel Marie Antoine
フランスの歴史家。

⇒岩世人（コルバン 1936.1.12-）
外12（コルバン, アラン 1936-）
外16（コルバン, アラン 1936-）
現社（コルバン 1936-）
メル別（コルバン, アラン 1936-）

Corbin, Arthur Linton
アメリカの法学者。
⇒岩世人（コービン 1874.10.17-1967）

Corbin, Henry
フランスのイスラム思想研究者。
⇒岩世人（コルバン 1903.4.14-1978.10.7）
メル3（コルバン, アンリ 1903-1978）

Corbishley, Thomas
イギリスのイエズス会会員。
⇒新カト（コービシリ 1903.5.30-1976.3.11）

Corboz, Michel
スイスの指揮者。
⇒外12（コルボ, ミシェル 1934.2.14-）
外16（コルボ, ミシェル 1934.2.14-）
新音中（コルボ, ミシェル 1934.2.14-）
標音2（コルボ, ミシェル 1934.2.14-）

Corbyn, Jeremy
イギリスの政治家。労働党党首, 下院議員。
⇒外16（コービン, ジェレミー 1949-）
世指導（コービン, ジェレミー 1949.5.26-）

Corcoran, Thomas Gardiner
アメリカの立法戦略家。
⇒アメ経（コーコラン, トマス 1900.12.29-1981.12.6）

Corcoran, Thomas William
アメリカの大リーグ選手（遊撃）。
⇒メジャ（コーコラン, トミー 1869.1.4-1960.6.25）

Corday, Mara
アメリカの女優。
⇒ク俳（コーデイ, マーラ（ウォッツ, マリリン） 1932-）

Corday, Rita
タヒチ生まれの女優。
⇒ク俳（コーデイ, リタポーラ（テイポテマーガ, ジャンヌ・ポール） 1920-1992）

Cordell, Denny
ブラジル生まれのイギリスのレコード・プロデューサー。
⇒ロック（Cordell,Denny コーデル, デニー 1942-）

Cordella, Salvatore
イタリアのテノール歌手。
⇒魅惑（Cordella,Salvatore ?-）

Corder, Zizou
イギリスのファンタジー作家。
⇒現世文（コーダー, ジズー）

Cordero, Chad Patrick
アメリカの大リーグ選手（投手）。
⇒メジャ（コルデロ, チャド 1982.3.18-）

Cordero, Francisco Javier
ドミニカ共和国の大リーグ選手（投手）。
⇒メジャ（コルデロ, フランシスコ 1975.5.11-）

Cordero, Wilfredo
プエルト・リコの大リーグ選手（遊撃, 外野）。
⇒メジャ（コルデロ, ウィル 1971.10.3-）

Cordero Muñoz, Miguel Febres
エクアドル南部クエンカ生まれのラ・サール会修道士, 聖人。祝日2月9日。手足の不自由な子どもたちの守護聖人。
⇒新カト（ミゲル・フェブレス・コルデロ 1854.11.7-1910.2.9）

Cordier, Henri
フランスの東洋学者。雑誌『通報』の主幹。
⇒岩世人（コルディエ 1849.8.8-1925.3.16）
広辞7（コルディエ 1849-1925）
新カト（コルディエ 1849.8.8-1925.3.16）
中文史（コルディエ 1849-1925）

Cordiferro, Riccardo
イタリアの作詞家。
⇒標音2（コルディフェッロ, リッカルド 1875.10.27-1940.8.20）

Cordova, Ivan
コロンビアのサッカー選手。
⇒外12（コルドバ, イバン 1976.8.11-）
最世ス（コルドバ, イバン 1976.8.11-）

Cordova, Marty
アメリカの大リーグ選手（外野手）。
⇒メジャ（コルドバ, マーティ 1969.7.10-）

Cordrey, Robert E.
アメリカ海兵隊員。
⇒スパイ（コードレイ, ロバート・E）

Cordy, Henry
ドイツのテノール歌手。
⇒魅惑（Cordy,Henry 1908-1965）

Corea, Chick
アメリカのジャズ・ピアノ奏者, 作曲家。
⇒岩世人（コリア 1941.6.12-）
外12（コリア, チック 1941.6.12-）
外16（コリア, チック 1941.6.12-）
新音中（コリア, チック 1941.6.12-）
標音2（コリア, チック 1941.6.12-）
ロック（Corea,Chick コリア, チック）

Corella, Angel
スペインのバレエダンサー。
⇒外12（コレーラ, アンヘル　1975.11.8-）
　外16（コレーラ, アンヘル　1975.11.8-）

Corelli, Franco
イタリアのテノール歌手。
⇒オペラ（コレッリ, フランコ　1921-2003）
　失声（コレッリ, フランコ　1921-2003）
　新音中（コレッリ, フランコ　1921.4.8-）
　標音2（コレッリ, フランコ　1921.4.8-2003.10.29）
　魅惑（Corelli,Franco　1921-2003）

Corelli, Marie
イギリスの小説家。大衆小説を多作。
⇒岩世人（コレリ　1855.5.1-1924.4.21）

Coren, Stanley
カナダの心理学者。
⇒外12（コレン, スタンレー）
　外16（コレン, スタンレー）

Corena, Fernando
イタリアのバス歌手。
⇒新音中（コレーナ, フェルナンド　1916.12.22-1984.11.26）
　標音2（コレナ, フェルナンド　1916.12.22-1984.11.26）

Corentin, Philippe
フランスの前衛的イラストレーターの一人。
⇒絵本（コランタン, フィリップ　1936-）

Coreth, Emerich
オーストリアのカトリック哲学者, 神学者。イエズス会員。
⇒岩世人（コレート　1919.8.10-2006.9.1）
　新カト（コレト　1919.8.10-2006.9.1）

Corey, Elias James
アメリカの有機化学者。1990年ノーベル化学賞。
⇒岩世人（コーリー　1928.7.12-）
　外12（コーリー, エリアス・ジェームス　1928.7.12-）
　外16（コーリー, エリアス・ジェームス　1928.7.12-）
　化学（コーリー　1928-）
　ノベ3（コーリー, E.　1928.7.12-）

Corey, Lewis
アメリカの経済学者。「ニュー・フリーマン」誌等の進歩的雑誌に経済評論を寄稿。
⇒岩世人（コーリー　1892.10.7-1953.9.16）

Corey, Wendell
アメリカの俳優。
⇒ク俳（コーリー, ウェンデル　1914-1968）

Corgan, Billy
アメリカのロック・ギター奏者, ロック歌手。

⇒外12（コーガン, ビリー　1967.3.17-）
　外16（コーガン, ビリー　1967.3.17-）

Corgier, Flavien Félix
フランス・ランシャル生まれのパリ外国宣教会司祭, 来日宣教師。
⇒新カト（コルジエ　1873.10.12-1945.5.30）

Cori, Carl Ferdinand
アメリカの生理学者, 生化学者, 薬理学者。1947年夫婦でノーベル生理・医学賞を受賞。
⇒岩生（コリ　1896-1984）
　岩世人（コリ　1896.12.5-1984.10.20）
　旺世5（コリ　1896-1984）
　ノベ3（コリ,C.F.　1896.12.5-1984.10.20）

Cori, Gerty Theresa Radniz
アメリカの生化学者。1947年夫婦でノーベル生理学医学賞。
⇒ノベ3（コリ,G.T.R.　1896.8.15-1957.10.26）

Coria, Guillermo
アルゼンチンのテニス選手。
⇒最世ス（コリア, ギレルモ　1982.1.13-）

Coriat, Benjamin
フランスの経済学者。
⇒岩世人（コリア　1948-）

Coriell, Shelley
アメリカの作家。
⇒海文新（コレール, シェリー）

Corigliano, John
アメリカの作曲家。
⇒エデ（コリリアーノ, ジョン（ポール）　1938.2.16-）
　ク音3（コリリアーノ　1938-）
　新音中（コリリアーノ, ジョン　1938.2.16-）

Corinth, Lovis
ドイツ印象派の画家, 版画家。
⇒岩世人（コリント　1858.7.21-1925.7.17）
　芸13（コリント, ロヴィス　1858-1925）

Corkhill, John Stewart（Pop）
アメリカの大リーグ選手（外野）。
⇒メジャ（コークヒル, ポップ　1858.4.11-1921.4.3）

Corlett, William
イギリスの作家, 劇作家。
⇒現世文（コーレット, ウィリアム　1938.10.8-）

Cormack, Allan MacLeod
アメリカの医学物理学者。ノーベル生理・医学賞を受賞（1979）。
⇒岩世人（コーマック　1924.2.23-1998.5.7）
　ネーメ（コーマック　1924-1998）
　ノベ3（コーマック,A.M.　1924.2.23-1998.5.7）

Corman, Avery
アメリカ(ユダヤ系)の作家。
⇒外12 (コーマン,エイブリー 1935-)
現世文 (コーマン,エイブリー 1935-)

Corman, Cid
アメリカの詩人。
⇒現世文 (コーマン,シド 1924.6.29-2004.3.12)

Corman, Roger
アメリカ生まれの映画製作者,映画監督。
⇒映監 (コーマン,ロジャー 1926.4.5-)
外12 (コーマン,ロジャー・ウィリアム 1926.4.5-)
外16 (コーマン,ロジャー・ウィリアム 1926.4.5-)
ネーム (コーマン,ロジャー 1926-)

Cormier, Rheal Paul
カナダの大リーグ選手(投手)。
⇒メジャ (コルミエ,レアル 1967.4.23-)

Cormier, Robert
アメリカの児童文学者。
⇒岩世人 (コーミア 1925.1.17-2000.11.2)
現世文 (コーミア,ロバート 1925-2000.11.2)

Corneille
カナダのシンガー・ソングライター。
⇒外12 (コルネイユ 1977.3.24-)
外16 (コルネイユ 1977.3.24-)

Cornelius, Hans
ドイツの哲学者。哲学の基礎を心理学に求め,哲学が独断的観念を前提とすることを極力排した。
⇒岩世人 (コルネリウス 1863.9.27-1947.8.23)
学叢思 (コルネリウス,ハンス 1863-?)

Cornelius, Peter
デンマークのテノール歌手。
⇒魅惑 (Cornelius,Peter 1865-1934)

Cornell, Chris
アメリカのミュージシャン。
⇒外12 (コーネル,クリス 1964.7.20-)
外16 (コーネル,クリス 1964.7.20-)

Cornell, Eric A.
アメリカの物理学者。2001年ノーベル物理学賞。
⇒外12 (コーネル,エリック 1961.12.19-)
外16 (コーネル,エリック 1961.12.19-)
ノベ3 (コーネル,E.A. 1961.12.19-)

Cornell, Joseph
アメリカの彫刻家。
⇒岩世人 (コーネル 1903.12.24-1972.12.29)
芸13 (コーネル,ジョゼフ 1903-1972)
広辞7 (コーネル 1903-1972)
シュル (コーネル,ジョゼフ 1903-1972)

Cornell, Katharine
アメリカの女優。
⇒岩世人 (コーネル 1893.2.16-1974.6.9)

Cornely, Rudolf
西ドイツの神学者。
⇒新カト (コルネリ 1830.4.19-1908.3.3)

Corner, Edred John Henry
イギリスの植物学者。
⇒岩生 (コーナー 1906-1996)
岩世人 (コーナー 1906.1.12-1996.9.14)

Cornford, Francis Macdonald
イギリスの古典学者,哲学者。プラトン,ツキジデスなどの研究にすぐれ,主著には『プラトンの宇宙論』(1937)などがある。
⇒岩世人 (コーンフォード 1874.2.27-1943.1.3)

Cornford, Rupert John
イギリスの詩人。
⇒現世文 (コーンフォード,ジョン 1915.12.27-1936.12.28)

Cornforth, *Sir* John Warcup
イギリスの有機化学者。1975年ノーベル化学賞。
⇒岩世人 (コーンフォース 1917.9.7-)
化学 (コーンフォース 1917-2013)
ノベ3 (コーンフォース,J.W. 1917.9.7-)

Cornier, Alexandre Mathieu
フランスの宣教師。
⇒新カト (コルニエ 1876.8.19-1957.1.8)

Cornubert, Pierre
フランスのテノール歌手。パリ音楽院教授。
⇒魅惑 (Cornubert,Pierre 1863-1922)

Cornwell, Bernard
イギリスの歴史小説作家。
⇒現世文 (コーンウェル,バーナード)

Cornwell, John
イギリスの作家。
⇒現世文 (コーンウェル,ジョン)

Cornwell, Joseph
イギリスのテノール歌手。
⇒魅惑 (Cornwell,Joseph ?-)

Cornwell, Patricia Daniels
アメリカのミステリ作家。
⇒外12 (コーンウェル,パトリシア 1957.6.9-)
外16 (コーンウェル,パトリシア 1957.6.9-)
現世文 (コーンウェル,パトリシア 1957.6.9-)

Corominas i Vigneaux, Joan
スペインの言語学者,ロマンス語学者。
⇒岩世人 (コロミナス 1905.3.21-1997.1.2)

Corpora, Antonio
イタリアの画家。前衛的な抽象画家。非形象の抒情的な絵を描く。
⇒芸13（コルポラ, アントニオ　1909–1978）

Corr, Andrea
アイルランドのミュージシャン。
⇒外12（コアー, アンドレア）
　外16（コアー, アンドレア）

Corr, Caroline
アイルランドのミュージシャン。
⇒外12（コアー, キャロライン）
　外16（コアー, キャロライン）

Corr, Jim
アイルランドのミュージシャン。
⇒外12（コアー, ジム）
　外16（コアー, ジム）

Corr, Sharon
アイルランドのミュージシャン。
⇒外12（コアー, シャロン）
　外16（コアー, シャロン）

Corra, Émile
フランスのジャーナリスト, 教育者。
⇒19仏（コラ, エミール　1848.6.11–1934.6.23）

Corradi, Gianpaolo
イタリアのテノール歌手。
⇒魅惑（Corradi,Gianpaolo　1930–）

Corradini, Enrico
イタリアの政治家, 評論家。上院議員（1923）, 国務相（28）となり, ムッソリーニの政策を支援。
⇒岩世人（コッラディーニ　1865.7.20–1931.12.10）

Corrales, Maria Mercedes M.
フィリピンの実業家。
⇒外12（コラーレス, マリア・メルセデス　1949.7.13–）
　外16（コラーレス, マリア・メルセデス　1949.7.13–）

Corrales, Patrick
アメリカの大リーグ選手（捕手）。
⇒メジャ（コラレス, パット　1941.3.20–）

Corre, Jean Marie
フランスのパリ外国宣教会宣教師。来日して救癩活動に従事し, 熊本待労院を創立。
⇒岩世人（コール　1850.6.28–1911.2.9）
　新カト（コール　1850.6.28–1911.2.9）

Correa, Arnaldo
キューバのミステリ作家。
⇒外12（コレア, アルナルド　1935–）

Correa, Charles M.
インドの建築家。
⇒外12（コレア, チャールズ　1930.9.1–）

Correa, Rafael
エクアドルの政治家, 経済学者。エクアドル大統領（2007～17）。
⇒岩世人（コレア　1963.4.6–）
　外12（コレア, ラファエル　1963.4.6–）
　外16（コレア, ラファエル　1963.4.6–）
　世指導（コレア, ラファエル　1963.4.6–）
　ネーム（コレア　1963–）

Correns, Karl Franz Joseph Erich
ドイツの植物学者, 遺伝学者。メンデル再発見（1900）に関与し, 高等植物について性の決定と遺伝とを研究。
⇒岩生（コレンス　1864–1933）
　岩世人（コレンス　1864.9.19–1933.2.18）
　旺生5（コレンス　1864–1933）
　三新生（コレンス　1864–1933）
　ネーム（コレンス　1864–1933）

Corri, Adrienne
イギリス生まれの女優。
⇒ク俳（コリ, エイドリエン（リッコボーニ, A）1930–）

Corrigan, E.Gerald
アメリカの銀行家, エコノミスト。
⇒外12（コリガン, ジェラルド　1941.6.3–）
　外16（コリガン, ジェラルド　1941.6.3–）

Corrigan, Mairead
イギリスの女性平和運動家。1976年度ノーベル平和賞を受賞。
⇒外12（コリガン・マグワイア, メイリード　1944.1.27–）
　外16（コリガン・マグワイア, メイリード　1944.1.27–）
　ネーム（コリガン＝マグアイア　1944–）
　ノベ3（コリガン, M.　1944.1.27–）

Corrigan, Wilfred J.
アメリカの実業家。
⇒外12（コリガン, ウィルフレッド）

Corsetti, Renato
イタリアのエスペランティスト。
⇒外12（コルセッティ, レナート）

Corso, Gregory Nunzio
アメリカのビート・ジェネレーションの詩人。
⇒現世文（コーソ, グレゴリー　1930.3.26–2001.1.17）

Cort, Edwin Charles
アメリカの医療宣教師。
⇒アア歴（Cort,Edwin Charles　コート, エドウィン・チャールズ　1879.3.14–1950.1.12）

Cortázar, Julio
アルゼンチンの小説家。小説『報賞』(1960)と『石けり遊び』(63)が代表作。
⇒岩世人(コルタサル 1914.8.26-1984.2.12)
現世文(コルタサル,フリオ 1914.8.26-1984.2.12)
広辞7(コルタサル 1914-1984)
ネーム(コルタサル 1898-1984)
ラテ新(コルタサル 1914-1984)

Cortazzi, *Sir* Arthur Hugh
イギリスの外交官。
⇒岩世人(コータッツィ 1924.5.2-)

Cortellari, Jacques
フランスの画家。
⇒芸13(コルトラリ,ジャック 1942-)

Cortés, Joaquín
スペインのフラメンコダンサー。
⇒外12(コルテス,ホアキン 1969.2.22-)
外16(コルテス,ホアキン 1969.2.22-)

Cortese, Valentina
イタリア生まれの女優。
⇒ク俳(コルテーゼ,ヴァレンティナ 1924-)

Cortez, Ricardo
アメリカの俳優,実業家。
⇒ク俳(コルテス,リカルド(クランツ,ジェイコブ) 1899-1977)

Cortis, Antonio
スペインのテノール歌手。
⇒失声(コルティス,アントニオ 1891-1952)
魅惑(Cortis,Antonio 1891-1952)

Cortot, Alfred
フランスのピアノ奏者,指揮者。
⇒岩世人(コルトー 1877.9.26-1962.6.15)
広辞7(コルトー 1877-1962)
新音中(コルトー,アルフレッド 1877.9.26-1962.6.15)
標音2(コルトー,アルフレド 1877.9.26-1962.6.15)

Coryell, Larry
アメリカのジャズ・ギター奏者。フィード・バック奏法をフルに使ったギター奏法でジャズ界にセンセーションをおこす。
⇒標音2(コリエル,ラリー 1943.4.2-)
ロック(Coryell,Larry コリエル,ラリー 1943.4.2-)

Corzine, Jon Stevens
アメリカの投資家,政治家。
⇒外12(コーザイン,ジョン 1947.1.1-)
外16(コーザイン,ジョン 1947.1.1-)

Cosack, Konrad
ドイツの法学者。その著は商法の標準的教科書とされる。
⇒学叢思(コザック,コンラード 1855-?)

Cosby, Bill
アメリカの俳優。
⇒岩世人(コスビー 1937.7.12-)

Cosell, Howard
アメリカのスポーツキャスター。
⇒ユ著人(Cosell,Howard コーセル,ハワード 1920-)

Cosentino, Alessandro
イタリアのテノール歌手。
⇒魅惑(Cosentino,Alessandro 1964-)

Coser, Lewis Alfred
アメリカの社会学者。知識人の社会的機能についての比較研究を試みた『知識人』(1965)がある。
⇒岩世人(コーザー 1913.11.27-2003.7.8)
社小増(コーザー 1913-)

Coseriu, Eugenio
ルーマニア生まれの言語学者。ヨーロッパ言語学会の会長・副会長などを歴任。
⇒岩世人(コセリウ 1921.7.27-2002.9.7)
オク言(コセリウ,エウジェニオ 1921-2002)

Cosgrave, Liam
アイルランドの政治家。エール統一党首,1973年首相となる。
⇒岩世人(コズグレイヴ 1920.4.13-)

Cosgrave, William Thomas
アイルランドの政治家。
⇒岩世人(コズグレイヴ 1880.6.5-1965.11.16)

Cosgrove, Peter
オーストラリアの軍人。オーストラリア総督(2014〜)。
⇒世指導(コスグローブ,ピーター 1947.7.28-)

Cosías, Carles
テノール歌手。
⇒魅惑(Cosías,Carles ?-)

Čosić, Dobrica
ユーゴスラビアの政治家,作家。
⇒岩世人(チョシッチ 1921.12.29-2014.5.18)
現世文(チョシッチ,ドブリツァ 1921.12.29-2014.5.18)

Cosío Villegas Daniel
メキシコの歴史家。
⇒岩世人(コシオ・ビジェガス 1898.7.23-1976.3.10)
ラテ新(コシオ・ビジェガス 1898-1976)

Cosotti, Max-René
イタリアのテノール歌手。

⇒魅惑（Cosotti,Max-René ?–)

Cosper, Darcy
アメリカの作家,書評家。
⇒海文新（コスパー,ダーシー）

Cossard, Yves
フランスの宣教師。
⇒新カト（コサール 1905.3.16–1946.7.17）

Cossery, Albert
エジプト・カイロ生まれのフランス語作家。
⇒現世文（コスリー,アルベール 1913–2008.6.22）

Cossiga, Francesco
イタリアの政治家。イタリア大統領（1985～92）。
⇒世指導（コシガ,フランチェスコ 1928.7.26–2010.8.17）

Cossotto, Fiorenza
イタリアのメゾ・ソプラノ歌手。
⇒オペラ（コッソット,フィオレンツァ 1935–)
外12（コッソット,フィオレンツァ 1935.4.22–)
新音中（コッソット,フィオレンツァ 1935.4.22–)
標音2（コッソット,フィオレンツァ 1935.4.22–)

Cossutta, Carlo
イタリアのテノール歌手。
⇒失声（コッスッタ,カルロ 1932–2000)
魅惑（Cossutta,Carlo 1932–2000)

Cossutta, Enrico
イタリアのテノール歌手。
⇒魅惑（Cossutta,Enrico ?–)

Costa, Afonso Augusto da
ポルトガルの政治家。
⇒岩世人（コスタ 1871.3.6–1937.5.11)

Costa, Andrea
イタリアの政治家。イタリア下院副議長。
⇒岩世人（コスタ 1851.11.30–1910.1.19)

Costa, António
ポルトガルの政治家。ポルトガル首相,ポルトガル社会党書記長。
⇒世指導（コスタ,アントニオ 1961.7.17–)

Costa, Diego
スペインのサッカー選手（チェルシー・FW）。
⇒外16（コスタ,ディエゴ 1988.10.7–)

Costa, Gal
ブラジルの歌手。
⇒外12（コスタ,ガル）
外16（コスタ,ガル）
標音2（コスタ,ガル 1945.9.26–)

Costa, Lúcio
ブラジルの建築家,都市計画者。
⇒ラテ新（コスタ 1902–1998)

Costa, Manuel de Oliveira Gomes da
ポルトガルの軍人,政治家。
⇒岩世人（コスタ 1863.1.14–1929.12.17)

Costa, Nicoletta
イタリアの絵本作家。
⇒絵本（コスタ,ニコレッタ 1953–)

Costa, Pasquale Mario
イタリアのナポリターナ作曲家。
⇒標音2（コスタ,パスクアーレ・マーリオ 1858.7.26–1933.9.27)

Costa, Pedro
ポルトガルの映画監督,ドキュメンタリー作家。
⇒外12（コスタ,ペドロ 1959.3.3–)
外16（コスタ,ペドロ 1959.3.3–)

Costa, Stefano
テノール歌手。
⇒魅惑（Costa,Stefano ?–)

Costa, Vasco Fernando Leotte de Almeida e
ポルトガルの外交官。
⇒岩世人（コスタ 1932.7.26–2010.7.25)

Costacurta, Alessandro
イタリアのサッカー選手。
⇒外12（コスタクルタ,アレッサンドロ 1966.4.24–)

Costa-Gavras, Constantin
ギリシャ生まれの映画監督。代表作『Z』(1968)。
⇒映監（コスタ＝ガヴラス 1933.2.12–)
外12（コスタ・ガヴラス,コンスタンタン 1933.2.13–)
外16（コスタ・ガヴラス,コンスタンタン 1933.2.13–)

Costantini, Celso
イタリアの教会芸術の振興者。
⇒新カト（コスタンティーニ 1876.4.3–1958.10.17)

Costantino, Antonio
イタリアのテノール歌手。
⇒魅惑（Costantino,Antonio ?–)

Costantino, Ivano
テノール歌手。
⇒魅惑（Costantino,Ivano ?–)

Costanzo, Giuseppe
イタリアのテノール歌手。

⇒魅惑 (Costanzo, Giuseppe ?-)
Costa y Martínez, Joaquín
スペインの思想家,政治家。農業改革を基礎としたスペイン刷新運動の指導的人物。
⇒岩世人 (コスタ 1846.9.14-1911.2.8)
Coste-Floret, Paul
フランスの政治家,法学者。反ナチス抵抗運動に参加。
⇒岩世人 (コスト=フロレ 1911.4.9-1979.8.27)
Costello, Dolores
アメリカの女優。
⇒ク俳 (コステロ,ドロレス 1905-1979)
Costello, Elvis
イギリスのシンガー・ソングライター。
⇒岩世人 (コステロ 1954.8.25-)
エデ (コステロ,エルヴィス 1954.8.25-)
外12 (コステロ,エルビス 1954.8.25-)
外16 (コステロ,エルビス 1954.8.25-)
新音中 (コステロ,エルヴィス 1954.8.25-)
標音2 (コステロ,エルヴィス 1954.8.25-)
Costello, John
イギリスの情報史家。
⇒スパイ (コステロ,ジョン 1943-1995)
Costello, John Aloysius
アイルランドの政治家。アイルランド共和国成立時(1949)反デ・バレラ派の連立内閣主班(48~51)。
⇒岩世人 (コステロ 1891.6.20-1976.1.5)
Costello, Lou
アメリカの喜劇俳優。
⇒ク俳 (アボットとコステロ 1906-1959)
スター (アボット,バッドとコステロ,ルー 1906.3.6-1959)
Costello, Stephen
アメリカのテノール歌手。
⇒失声 (コステッロ,スティーヴン 1981-)
Coster, Dirk
オランダの実験物理学者。ヘヴェシと共に元素ハフニウムを発見(1923)。
⇒岩世人 (コスター 1889.10.5-1950.2.12)
Costigan, Edward Prentice
アメリカの弁護士,政治家,革新主義者。上院議員(民主党)。
⇒アメ経 (カスティガン,エドワード 1874.7.1-1939.1.17)
Costner, Kevin
アメリカの俳優。
⇒外12 (コスナー,ケビン 1955.1.18-)
外16 (コスナー,ケビン 1955.1.18-)
ク俳 (コストナー,ケヴィン 1955-)

スター (コスナー,ケヴィン 1955.1.18-)
Costolo, Dick
アメリカの実業家。
⇒外16 (コストロ,ディック 1963.9.10-)
Cot, Pierre
フランスの政治家,平和運動家。「平和擁護」誌の主幹。
⇒岩世人 (コット 1895.11.20-1977.8.21)
Cotillard, Marion
フランスの女優。
⇒外12 (コティヤール,マリオン 1975-)
外16 (コティヤール,マリオン 1975.9.30-)
Cotogni, Antonio
イタリアのバリトン歌手。
⇒オペラ (コトーニ,アントニオ 1831-1918)
Cotrubas, Ileana
ルーマニアのソプラノ歌手。
⇒新音中 (コトルバス,イリャナ 1939.6.9-)
標音2 (コトルバス,イリャーナ 1939.6.9-)
Cotta, Anthony
カトリックの中国宣教師。
⇒新カト (コッタ 1872-1957)
Cottavoz, André
フランス生まれの画家。
⇒芸13 (コタボ,アンドレ 1922-)
Cotten, Joseph
アメリカ生まれの男優,映画脚本家。
⇒岩世人 (コットン 1905.5.15-1994.2.6)
ク俳 (コットン,ジョウゼフ 1905-1994)
スター (コットン,ジョゼフ 1905.5.15-1994)
Cotterill, Colin
イギリス生まれの作家。
⇒外12 (コッタリル,コリン 1952-)
外16 (コッタリル,コリン 1952-)
海文新 (コッタリル,コリン 1952-)
現世文 (コッタリル,コリン 1952-)
Cottet, Charles
フランスの画家。
⇒芸13 (コッテ,シャルル 1863-1925)
Cotti, Flavio
スイスの政治家。スイス外相。
⇒世指導 (コッティ,フラヴィオ 1939.10.18-)
Cotto, Miguel
プエルト・リコのプロボクサー。
⇒最世ス (コット,ミゲール 1980.10.29-)
Cotton, Aimé Auguste
フランスの物理学者。ソルボンヌ大学教授,同物理学研究所長。

⇒岩世人（コトン　1869.10.9–1951.4.16）

Cotton, Charles Andrew
ニュージーランドの地形学者。
⇒ニュー（コットン, チャールズ　1885–1970）

Cotton, Ejeni
フランスの物理学者, 社会活動家。
⇒岩世人（コトン　1881.10.13–1967.6.16）

Cotton, Frank Albert
アメリカの無機化学者。
⇒岩世人（コットン　1930.4.9–2007.2.20）

Cotton, F.Sidney
オーストラリア生まれの飛行機を用いた諜報活動のパイオニア。
⇒スパイ（コットン, F・シドニー　1894–1969）

Cottrell, Frederic Gardner
アメリカの化学者。高電圧を使ってガス中の微粒子を回収するコットレル収塵器で有名。
⇒岩世人（コットレル　1877.1.10–1948.11.16）
　日工（コットレル　1877.1.10–1948.11.16）

Cottrell Boyce, Frank
イギリスの脚本家, 作家。
⇒現世文（コットレル・ボイス, フランク）

Coty, François
フランスの香水・化粧品製造業者, 新聞社主。「香水王」と呼ばれ, 日刊紙「フィガロ」を所有。
⇒岩世人（コティ　1874–1934.7.25）

Coty, René
フランスの政治家。第4共和制最後の大統領（1954〜59）。
⇒岩世人（コティ　1882.3.20–1962.11.22）
　ボブ人（コティ, ルネ　1882–1962）

Coubertin, Pierre de, Baron
フランスの教育家。近代オリンピック競技の創始者。
⇒異二辞（クーベルタン[ピエール・ド・〜]　1863–1937）
　岩世人（クーベルタン　1863.1.1–1937.9.2）
　教人（クーベルタン　1863–1937）
　広辞7（クーベルタン　1863–1937）
　世人新（クーベルタン　1863–1937）
　世人装（クーベルタン　1863–1937）
　ネーム（クーベルタン　1863–1937）
　ボブ人（グーベルタン, ピエール・ド　1863–1937）

Couchepin, Pascal
スイスの政治家。スイス大統領。
⇒外12（クシュパン, パスカル　1942.4.5–）
　外16（クシュパン, パスカル　1942.4.5–）
　世指導（クシュパン, パスカル　1942.4.5–）

Coudenhove-Kalergi, Michael
オーストリアの画家。

⇒外12（クーデンホーフ・カレルギー, ミヒャエル　1937–）
　外16（クーデンホーフ・カレルギー, ミヒャエル　1937–）

Coudenhove-Kalergi, Mitsuko
オーストリアの伯爵夫人。日本人。夫亡き後も, 莫大な財産管理を見事にこなし, 社交界の花として聡明な美しさで衆目を浴びた。
⇒異二辞（クーデンホーフ光子　クーデンホーフみつこ　1874–1941）

Coudenhove-Kalergi, Richard Nikolaus
パン・ヨーロッパ運動家。元オーストリア, のちフランス国籍。哲学博士。1922年ヨーロッパ統合運動を提唱。47年ヨーロッパ議員連盟を結成。主著『パン・ヨーロッパ』(23)。
⇒EU（クーデンホーフ・カレルギー　1894–1972）
　岩世人（クーデンホーフ＝カレルギー　1894.11.16–1972.7.27）
　世史改（クーデンホーフ＝カレルギー　1894–1972）
　ボブ人（クーデンホーフ＝カレルギー, リヒャルト　1894–1972）

Coudert, Stephanie
フランスの服飾デザイナー。
⇒外16（クデール, ステファニー　1975–）

Coudray, Yves
フランスのテノール歌手。
⇒魅惑（Coudray,Yves　?–）

Coué, Emile
フランスの自己暗示療法の創始者。
⇒岩世人（クーエ　1857.2.26–1926.7.2）
　教人（クエ　1857–1926）

Coughlin, Jack
アメリカの作家。
⇒海文新（コグリン, ジャック　1966–）
　現世文（コフリン, ジャック　1966–）

Coughlin, Natalie
アメリカの水泳選手（背泳ぎ）。
⇒外12（コーグリン, ナタリー　1982.8.23–）
　外16（コーグリン, ナタリー　1982.8.23–）
　最世ス（コーグリン, ナタリー　1982.8.23–）

Couling, Samuel
イギリスの中国学者。バプテスト教会宣教師。
⇒岩世人（クーリング　1859–1922.6.15）

Coulmas, Florian
ドイツの言語学者。ドイツ日本研究所所長。
⇒外12（クルマス, フロリアン　1949–）
　外16（クルマス, フロリアン　1949–）

Coulson, Charles Alfred
イギリスの物理化学者。不朽の著書『化学結合論』(1952,61)など分子軌道法の理論の発展に貢献した。

⇒岩世人（クールソン　1910.12.13–1974.1.7）
化学（クールソン　1910–1974）
Coulter, Allen
アメリカの映画監督，テレビディレクター。
⇒外12（コールター，アレン）
Coulthard, David
イギリスのF1ドライバー。
⇒外12（クルサード，デービッド　1971.3.27–）
最世ス（クルサード，デービッド　1971.3.27–）
Counsell, Craig John
アメリカの大リーグ選手（二塁，遊撃）。
⇒メジャ（カウンセル，クレイグ　1970.8.21–）
Count Ossie
ジャマイカのラスタファリ・ドラム奏者。
⇒ロック（Count Ossie　カウント・オシー）
Counts, George Sylvester
アメリカの進歩主義教育学者。プラグマティズムの立場に立つ。
⇒岩世人（カウンツ　1889.12.9–1974.11.10）
教思増（カウンツ　1889–1974）
教人（カウンツ　1889–）
Couperie, Katy
フランスのイラストレーター。
⇒絵本（クーブリ，カティ　1966–）
Couperus, Louis Marie Anne
オランダの小説家。
⇒岩世人（クペールス　1863.6.10–1923.7.16）
Coupland, Douglas
カナダの彫刻家，小説家。
⇒現世文（クーブランド，ダグラス・キャンベル　1961.12.30–）
Couples, Fred
アメリカのプロゴルファー。
⇒外12（カプルス，フレッド　1959.10.3–）
外16（カプルス，フレッド　1959.10.3–）
最世ス（カプルス，フレッド　1959.10.3–）
Courant, Maurice
フランスの東洋学者。
⇒中文史（クーラン　1865–1935）
朝韓4（クーラン,M.　1865–1925）
Courant, Richard
ドイツ生まれのアメリカ（ポーランド系）の数学者。偏微分方程式論や変分法，数理物理学などに業績がある。
⇒岩世人（クーラント　1888.1.8–1972.1.27）
数辞（クーラント，リチャード　1888–1972）
世数（クーラント，リヒャルト（またはリチャード）　1888–1972）
ユ著人（Courant,Richard　クーラント，リチャード　1888–1972）

Couric, Katie
アメリカのテレビ司会者，ジャーナリスト。
⇒外12（コーリック，ケイティー　1957.1.7–）
外16（コーリック，ケイティー　1957.1.7–）
Cournand, André Frédéric
フランス生まれの生理学者。1941年アメリカに帰化。ノーベル生理・医学賞受賞。
⇒岩世人（クールナン　1895.9.24–1988.2.19）
ノベ3（クールナン,A.F.　1895.9.24–1988.2.19）
Courrèges, André
フランスの服飾デザイナー。1965年にミニスカートを発表して脚光を浴びた。
⇒岩世人（クレージュ　1923.3.9–）
ポブ人（クレージュ，アンドレ　1923–2016）
Court, Hazel
イギリスの女優。
⇒ク俳（コート，ヘイゼル　1926–）
Court, Margaret Smith
オーストラリアのテニス選手。
⇒ポブ人（コート，マーガレット・スミス　1942–）
Court, Richard
オーストラリアの外交官。西オーストラリア州首相，駐日オーストラリア大使。
⇒世指導（コート，リチャード　1947–）
Courteline, Georges
フランスの小説家，劇作家。
⇒岩世人（クールトリーヌ　1858.6.25–1929.6.25）
19仏（クルトリーヌ，ジョルジュ　1858.6.25–1929.6.25）
ネーム（クルトリーヌ　1858–1929）
Courtenay, Tom
イギリスの俳優。
⇒外16（コートネイ，トム　1937.2.25–）
ク俳（コートニー，トム　1937–）
Courtine, Jean-Francois
フランスの哲学者。
⇒メル別（クルティーヌ，ジャン＝フランソワ　1944–）
Courtneidge, Cicely
イギリスの女優。Jack Hulbert夫人。
⇒ク俳（コートニッジ，デイム・シシリー（コートニッジ，エズメラルダ・C）　1893–1980）
Courtois, Thibaut
ベルギーのサッカー選手（チェルシー・GK）。
⇒外16（クルトワ，ティボー　1992.5.11–）
Courvoisier, Jaques
スイスのプロテスタント神学者。
⇒岩世人（クールヴォワジエ　1900.2.12–1988.8.23）

Cousin, Ertharin
アメリカの弁護士。国連世界食糧計画（WFP）事務局長。
⇒世指導（カズン, アーサリン　1957-）

Cousin, Jules Alphonse
フランスのパリ外国宣教会宣教師。
⇒岩世人（クーザン　1842.4.21-1911.9.18）
　新カト（クーザン　1842.4.21-1911.9.18）
　来日（クーザン, ユリオ・アルフォンス　1842-1911）

Cousinet, Roger
フランスの教育家。初等教育視学官（1910〜41）,「新しい学校」の編集者。
⇒教人（クージネ　1881-）

Cousins, Lucy
イギリスのイラストレーター。
⇒外12（カズンズ, ルーシー　1964-）
　外16（カズンズ, ルーシー　1964-）
　現世文（カズンズ, ルーシー　1964-）

Cousins, Michael-Gene
アメリカのテノール歌手。
⇒魅惑（Cousins,Michael-Gene　1940-）

Cousins, Norman
アメリカのジャーナリスト, 平和運動家。著書『ネルーと語る』ほか多数。
⇒岩世人（カズンズ　1915.6.24-1990.11.30）

Cousteau, Jacques-Yves
フランスの海中探検家。1943年アクアラングを発明し, 世界各地の海を撮影した。『沈黙の海』で56年のカンヌ映画祭グランプリを受賞。
⇒岩世人（クストー　1910.6.11-1997.6.25）
　広辞7（クストー　1910-1997）
　ボブ人（クストー, ジャック＝イブ　1910-1997）

Coustellier, Gilles
フランスの自転車選手（マウンテンバイク）。
⇒最世ス（クステイエ, ジュ　1986.5.31-）

Cousturier, Lucie
フランスの画家。
⇒芸13（クーテュリエ, ルシイ　1876-1925）

Coutaud, Lucien
フランスのシュールレアリスムの代表的画家。
⇒芸13（クート-, ルシアン　1904-1973）

Couthures, Daniel
フランスの画家。
⇒芸13（クチュール, ダニエル　1930-）

Coutinho, Alex G.
ウガンダの医学者, 医師。
⇒外16（コウティーノ, アレックス　1959.6.19-）

Coutts, Alicia
オーストラリアの水泳選手（個人メドレー・バタフライ）。
⇒外16（クーツ, アリシア　1987.9.14-）
　最世ス（クーツ, アリシア　1987.9.14-）

Couturat, Louis
フランスの哲学者, 論理学者。主著『数学的無限』『形而上学叙説』(1901)。
⇒岩世人（クテュラ　1868.1.17-1914.8.3）
　メル3（クーチュラ, ルイ　1868-1914）

Couture, Randy
アメリカの格闘家。
⇒異二辞（クートゥア, ランディ　1963-）
　外12（クートゥア, ランディ　1963.6.22-）
　外16（クートゥア, ランディ　1963.6.22-）

Couturier, Paul Irénée
フランスのカトリック司祭, 教会一致運動の促進者。
⇒オク教（クテュリエ　1881-1953）
　新カト（クテュリエ　1881.7.29-1953.3.24）

Couve de Murville, Maurice
フランスの外交官, 政治家。1958年外相。68年蔵相を経て首相。
⇒岩世人（クーヴ・ド・ミュルヴィル　1907.1.24-1999.12.24）

Couvreur, Séraphin
フランスのイエズス会宣教師, 中国学者。中国の古典に精通し, 訳出した。
⇒岩世人（クヴルール　1835.1.14-1919）
　新カト（クーヴルール　1835.1.14-1919.11.19）
　中文史（クーブルール　1835-1919）

Couzens, James
アメリカの政治家。デトロイト市長, 連邦上院議員。
⇒アメ経（カズンズ, ジェームズ　1872.8.26-1936.10.22）

Covaliu, Mihai
ルーマニアのフェンシング選手。
⇒外12（コバリウ, ミハイ　1977.11.5-）
　最世ス（コバリウ, ミハイ　1977.11.5-）

Covay, Don
アメリカ・サウスカロライナ州生まれの歌手。
⇒ロック（Covay,Don　コヴェイ, ドン　1938.3-）

Coveleski, Stanley Anthony
アメリカの大リーグ選手（投手）。
⇒メジャ（コヴェルスキー, スタン　1889.7.13-1984.3.20）

Coventry, Kirsty
ジンバブエの水泳選手（背泳ぎ）。
⇒外12（コベントリー, カースティ　1983.9.16-）
　外16（コベントリー, カースティ　1983.9.16-）

最世ス（コベントリー, カースティ 1983.9.16-）
Coverdale, David
イギリスのロック歌手。
⇒外12（カバデール, デービッド 1951.9.22-）
Covey, Stephen R.
アメリカの企業コンサルタント。
⇒外12（コビー, スティーブン 1932-）
外16（コビー, スティーブン 1932-）
Covey-Crump, Rogers
イギリスのテノール歌手。
⇒魅惑（Covey-Crump,Rogers 1960-）
Covič, Dragan
ボスニア・ヘルツェゴビナの政治家。ボスニア・ヘルツェゴビナ幹部会員。
⇒外16（チョヴィッチ, ドラガン 1956.8.20-）
世指導（チョヴィッチ, ドラガン 1956.8.20-）
Coville, Bruce
アメリカの児童文学作家。
⇒外16（コービル, ブルース 1950.5.16-）
現世文（コービル, ブルース 1950.5.16-）
Covington, John Wesley
アメリカの大リーグ選手（外野）。
⇒メジャ（コヴィントン, ウェス 1932.3.27-2011.7.4）
Cowan, Clyde
アメリカの物理学者。1956年にライネスとともにニュートリノを発見した。
⇒オク科（コーワン（クライド） 1919-2007）
Cowan, Peter
オーストラリアの作家。
⇒現世文（カウァン, ピーター 1914.11.4-2002.6.6）
Coward, Nöel Pierce
イギリスの劇作家, 俳優。『花粉熱』(1925)，『私生活』(30)，『陽気な幽霊』(41)などの作品がある。
⇒岩世人（カワード 1899.12.16-1973.3.26）
ク俳（カワード, サー・ノエル 1899-1973）
現世文（カワード, ノエル 1899.12.16-1973.3.26）
広辞7（カワード 1899-1973）
新音中（カワード, ノエル 1899.12.16-1973.3.26）
世演（カワード, ノエル 1899.12.16-1973.3.26）
標音2（カワード, ノエル 1899.12.16-1973.3.26）
Cowell, Cresida
イギリスの作家。
⇒海文新（コーウェル, クレシッダ 1966.4.15-）
現世文（コーウェル, クレシッダ 1966.4.15-）
Cowell, Henry Dixon
アメリカの作曲家, ピアノ奏者。新しい音素材を探究。アメリカの代表的モダニスト。
⇒岩世人（カウエル 1897.3.11-1965.12.10）
エデ（カウエル, ヘンリー（ディクソン） 1897.3.11-1965.12.10）
ク音3（カウエル 1897-1965）
現音キ（カウエル, ヘンリー 1897-1965）
新音小（カウエル, ヘンリー 1897-1965）
新音中（カウエル, ヘンリー 1897.3.11-1965.12.10）
ビ曲改（カウエル, ヘンリー（ディクソン） 1897-1965）
標音2（カウエル, ヘンリー 1897.3.11-1965.12.10）
Cowell, Simon
イギリスの音楽プロデューサー。
⇒外12（コーウェル, サイモン 1959.10.7-）
外16（コーウェル, サイモン 1959.10.7-）
Cowen, Brian
アイルランドの政治家。アイルランド首相, アイルランド共和党党首。
⇒岩世人（カウエン 1960.1.10-）
外12（カウエン, ブライアン 1960.1.10-）
外16（カウエン, ブライアン 1960.1.10-）
世指導（カウエン, ブライアン 1960.1.10-）
Cowen, Sir Frederic
イギリスの作曲家, 指揮者, ピアノ奏者。
⇒岩世人（コーウェン 1852.1.29-1935.10.6）
Cowen, Myron Melvin
アメリカの弁護士, 外交官。
⇒アア歴（Cowen,Myron M（elvin） コウエン, マイロン・メルヴィン 1898.1.25-1965.11.1）
Cowen, Tyler
アメリカの経済学者。
⇒外12（コーエン, タイラー 1962-）
外16（コーエン, タイラー 1962-）
Cowens, Alfred Edward
アメリカの大リーグ選手（外野）。
⇒メジャ（カウエンズ, アル 1951.10.25-2002.3.11）
Cowie, William Clark
イギリス人の冒険家, 実業家。
⇒岩世人（カウィ 1849.4.8-1910.9.14）
Cowley, Joy
ニュージーランドの児童文学作家, 小説家。
⇒絵本（カウリー, ジョイ 1936-）
外12（カウリー, ジョイ 1936-）
外16（カウリー, ジョイ 1936-）
現世文（カウリー, ジョイ 1936.8.7-）
Cowley, Malcolm
アメリカの評論家。自己の内面生活を分析したすぐれた評論 "Exile's return,a narrative of ideas" (1934)を著す。

⇒岩世人（カウリー　1898.8.24-1989.3.27）
ヘミ（カウリー，マルカム　1898-1989）

Cowman, Charles E.
アメリカの宣教師。
⇒アア歴（Cowman,Charles E.and Cowman, Lettie（Burd）　カウマン，チャールズ・E. 1868.3.13-1924.9.25）

Cowman, Lettie Burd
アメリカの宣教師。
⇒アア歴（Cowman,Charles E.and Cowman, Lettie（Burd）　カウマン，レティ・バード　1870.3.3-1960.4.17）

Cowper, Richard
イギリスの作家。
⇒現世文（カウパー，リチャード　1926.5.9-2002.3.31）

Cowperthwaite, Sir John James
イギリスの官僚。
⇒岩世人（カウパースウェイト　1915.4.25-2006.1.21）

Cox, Alex
イギリスの映画監督。
⇒外12（コックス，アレックス　1954.12.15-）

Cox, Allan Verne
アメリカの地球物理学者。
⇒岩世人（コックス　1926.12.17-1987.1.27）

Cox, Anthony Berkeley
イギリスの探偵小説家。
⇒岩世人（コックス　1893.7.5-1971.3.9）

Cox, Archibald, Jr.
アメリカの法学者。
⇒岩世人（コックス　1912.5.17-2004.5.29）

Cox, Bobby
アメリカの大リーグ監督。
⇒外12（コックス，ボビー　1941.5.21-）
　外16（コックス，ボビー　1941.5.21-）
　最世ス（コックス，ボビー　1941.5.21-）
　メジャ（コックス，ボビー　1941.5.21-）

Cox, Charlie
イギリスの俳優。
⇒外12（コックス，チャーリー　1982.12.21-）
　外16（コックス，チャーリー　1982.12.21-）

Cox, Christopher
アメリカの政治家。
⇒外12（コックス，クリストファー　1952-）
　外16（コックス，クリストファー　1952-）

Cox, Courteney
アメリカの女優。
⇒ク俳（コックス，コートニー　1964-）

Cox, Harvey
アメリカのプロテスタント神学者。ボストンのバプティスト教会牧師。
⇒岩世人（コックス　1929.5.15-）
　現宗（コックス　1929-）
　新カト（コックス　1929.5.19-）

Cox, James Middleton
アメリカの政治家，新聞業者。デーリー・ニューズ紙（1898）などを入手，経営。オハイオ州知事などを務めた。
⇒岩世人（コックス　1870.3.31-1957.7.15）

Cox, Jean
アメリカのテノール歌手。
⇒失声（コックス，ジーン　1922-2012）
　魅惑（Cox,Jean　1932-）

Cox, Josiah
イギリスの宣教師。中国に渡り，布教。
⇒岩世人（コックス）

Cox, M.J.
イギリスの新聞記者。日華事変に際し，日本憲兵隊の外国人スパイ一斉検挙でスパイ容疑者として逮捕（1940）。
⇒岩世人（コックス　1884.12.22-1940.7.29）

Cox, Patrick
アイルランドの政治家，エコノミスト。欧州議会議長。
⇒世指導（コックス，パトリック　1952.11.28-）

Cox, Paul
オーストラリアの映画監督。
⇒映監（コックス，ポール　1940.4.16-）
　外12（コックス，ポール　1940.4.16-）

Cox, Paul
フランスのイラストレーター。
⇒絵本（コックス，ポール　1959-）

Cox, Paul Alan
アメリカの植物学者。
⇒外12（コックス，ポール・アラン）
　外16（コックス，ポール・アラン）

Cox, Robert Warburton
カナダの国際政治学者。
⇒岩世人（コックス　1926.9.18-）
　国政（コックス，ロバート　1926-）
　政経改（コックス　1926-）

Cox, William Richard
アメリカの大リーグ選手（三塁，遊撃）。
⇒メジャ（コックス，ビリー　1919.8.29-1978.3.30）

Coxeter, Harold Scott Macdonald
イギリスの数学者。
⇒岩世人（コクセター　1907.2.9-2003.3.31）

世数（コクセター，ハロルド・スコット・マクドナルド 1907-2003）

Coxon, Graham
イギリスのロック・ギター奏者。
⇒外12（コクソン，グラハム）
外16（コクソン，グラハム）

Coyote, Peter
アメリカ生まれの俳優。
⇒ク俳（コヨーテ，ピーター（コウオン,P） 1941-）

Cozens, Frederick Warren
アメリカの体育家,体育学者。全米保健,体育,レクリエーション協会会長（1938〜39）。
⇒岩世人（カズンズ 1890.11.19-1954.1.2）

Cozette, Emilie
フランスのバレリーナ。
⇒外12（コゼット，エミリー）

Cozzens, James Gould
アメリカの作家。『儀仗兵』（1948）でピュリッツァー賞受賞,ほかに『愛に憑かれて』（57）など。
⇒岩世人（カズンズ 1903.8.19-1978.8.9）
現世文（カズンズ，ジェームズ・グールド 1903.8.19-1978.8.9）

Craag, Johan
スリナムの政治家。スリナム暫定大統領,スリナム国民党（NPS）名誉総裁。
⇒世指導（クラーフ，ヨハン 1913-1996）

Crabb, Lionel
船員,アメリカのガソリンスタンド店員,イギリスのビジネスマン,写真家,イギリス海軍の潜水士。
⇒スパイ（クラブ，ライオネル 1910-1956）

Crabbe, Buster
アメリカの水泳選手,俳優。オリンピック金メダリスト。
⇒ク俳（クラブ，ラリー・"バスター"（クラブ，クラレンス） 1907-1983）
スター（クラブ，バスター 1907.2.17-1983）

Crace, Jim
イギリスの作家。
⇒外12（クレイス，ジム 1946.3.1-）
外16（クレイス，ジム 1946.3.1-）
現世文（クレイス，ジム 1946.3.1-）

Cradock, Steve
イギリスのロック・ギター奏者。
⇒外12（クラドック，スティーブ 1969.8.22-）
外16（クラドック，スティーブ 1969.8.22-）

Craemer, Ute
ブラジルのボランティア活動家。
⇒外12（クレーマー，ウテ 1938-）

Craft, Barry
アメリカのテノール歌手。
⇒魅惑（Craft,Barry ?-）

Craft, Robert
アメリカの指揮者,音楽学者。I.ストラビンスキー研究の権威。
⇒岩世人（クラフト 1923.10.20-）
新音中（クラフト，ロバート 1923.10.20-）
標音2（クラフト，ロバート 1923.10.20-）

Crafts, James Mason
アメリカの化学者。フリーデル＝クラフツ反応を発見（1877）。マサチューセッツ工科大学学長（97〜1900）。
⇒岩世人（クラフツ 1839.3.8-1917.6.20）
化学（クラフツ 1839-1917）

Cragg, Tony
イギリスの彫刻家。
⇒岩世人（クラッグ 1949.4.9-）
外12（クラッグ，トニー 1949.4.9-）
外16（クラッグ，トニー 1949.4.9-）
芸13（クラッグ，トニー 1949-）
現アテ（Cragg,Tony クラッグ，トニー 1949-）

Cragun, Richard
アメリカのダンサー。
⇒岩世人（クレイガン（クラガン） 1944.10.5-2012.8.6）

Craig, Albert Morton
アメリカの日本近代史研究者。明治維新に関して独特の見識をもつ。
⇒岩世人（クレイグ 1927.12.9-）

Craig, Austin
アメリカの教育者,作家。
⇒アア歴（Craig,Austin クレイグ，オースティン 1872.2.22-1949.2.11）

Craig, Charles
イギリスのテノール歌手。
⇒失声（クレイグ，チャールズ 1919-1997）
魅惑（Craig,Charles 1922-）

Craig, Daniel
イギリスの俳優。
⇒遺産（クレイグ，ダニエル 1968.3.2-）
外12（クレイグ，ダニエル 1968.3.2-）
外16（クレイグ，ダニエル 1968.3.2-）

Craig, Edward Gordon
イギリスの俳優,演出家,舞台装置家,演劇理論家。
⇒岩世人（クレイグ 1872.1.16-1966.7.29）
広辞7（クレイグ 1872-1966）
世演（クレイグ，ゴードン 1872.1.16-1966.7.29）

Craig, Harmon
アメリカの地球化学者。隕石の起源,海洋と大気

の物質交換などについてすぐれた研究をとげた。
⇒岩世人（クレイグ　1926.3.15-2003.3.14）

Craig, James
アメリカの男優。
⇒ク俳（クレイグ, ジェイムズ（ミーダー, ジョン）
1912-1985）

Craig, Karl Jerry
ジャマイカ生まれの画家。
⇒芸13（クレイグ, カール・ジェリー　1936-）

Craig, Larry Edwin
アメリカの政治家。
⇒外12（クレイグ, ラリー　1945.7.20-）

Craig, Michael
イギリスの俳優。
⇒ク俳（クレイグ, マイクル（グレグスン,M）
1928-）

Craig, Roger Lee
アメリカの大リーグ選手（投手）。
⇒メジャ（クレイグ, ロジャー　1930.2.17-）

Craigavon of Stormont, *Sir* **James Craig, 1st Viscount**
アイルランドの政治家。北アイルランド政府の初代首相（1921～40）。
⇒岩世人（クレイグ　1871.1.8-1940.11.24）

Craigie, Pearl Mary
イギリスの作家。
⇒新カト（クレイギー　1867.11.3-1906.8.13）

Craigie, *Sir* **Robert Leslie**
イギリスの外交官。駐日大使（1937）。
⇒ア太戦（クレーギー　1883-1959）
　岩世人（クレイギー　1883.12.6-1959.5.16）

Craigie, *Sir* **William Alexander**
イギリスの言語学者。『オックスフォード英語辞典』の編者。
⇒岩世人（クレイギー　1867.8.13-1957.9.2）

Crain, Jeanne
アメリカの女優。
⇒ク俳（クレイン, ジーン　1925-）

Crain, Jon
アメリカのテノール歌手。
⇒魅惑（Crain,Jon　1923-）

Crais, Robert
アメリカのミステリ作家。
⇒外12（クレイス, ロバート　1953.6-）
　外16（クレイス, ロバート　1953.6-）
　現世文（クレイス, ロバート　1953.6-）

Cram, Donald James
アメリカの有機化学者。1987年ノーベル化学賞。
⇒岩世人（クラム　1919.4.22-2001.6.17）
化学（クラム,D.J.　1919-2001）
広辞7（クラム　1919-2001）
ノベ3（クラム,D.J.　1919.4.22-2001.6.17）

Cramer, Dattner
ドイツサッカー協会のプロコーチ。1960年10月, 東京オリンピックのサッカー選手強化のため来日。71年日本政府より勲三等瑞宝章受章。
⇒異二辞（クラマー[デットマール・～]　1925-2015）
外12（クラマー, デットマル　1925.4.4-）

Cramer, Floyd
アメリカ・ルイジアナ州シュリーヴポート生まれのピアノ奏者。
⇒ロック（Cramer,Floyd　クレイマー, フロイド　1933.11.27-）

Cramér, Harald
スウェーデンの数学者。ストックホルム大学初代保険数理・数理統計学教授, ストックホルム大学学長。
⇒数辞（クラメール, ハラルド　1893-1985）
世数（クラメール, カール・ハラルド　1893-1985）

Cramer, Konrad
ドイツの哲学者。
⇒岩世人（クラーマー　1933.12.6-2013.2.12）

Cramer, Rie
オランダの絵本作家。
⇒絵本（クラマー, リー　1887-1977）

Cramer, Roger Maxwell（Doc）
アメリカの大リーグ選手（外野）。
⇒メジャ（クレイマー, ドク　1905.7.22-1990.9.9）

Cramer, Wolfgang
ドイツの哲学者。主著 "Das Problem der reinen Anschauung"（1937）, "Das Absolute und das kontingente"（58）。
⇒岩世人（クラーマー　1901.10.18-1974.4.2）

Crampton, Henry Edward
アメリカの動物学者。進化, 遺伝, 発生などを研究。
⇒岩世人（クランプトン　1875.1.5-1956.2.26）

Crandall, Delmar Wesley
アメリカの大リーグ選手（捕手）。
⇒メジャ（クランドール, デル　1930.3.5-）

Crandall, James Otis（Doc）
アメリカの大リーグ選手（投手）。
⇒メジャ（クランドール, ドク　1887.10.8-1951.8.17）

Crandall, Susan
アメリカの作家。
⇒海文新（クランダル, スーザン）

Crane, Caprice
アメリカの小説家。
⇒海文新（クレイン, カプリス）
現世文（クレイン, カプリス）

Crane, Harold Hart
アメリカの詩人。処女詩集『白い建物』(1926)、代表作に『橋』(30)。
⇒アメ州（Crane,Harold Hart クレーン, ハロルド・ハート 1899–1932）
岩世人（クレイン 1899.7.21–1932.4.27）
現世文（クレイン, ハロルド・ハート 1899.7.21–1932.4.27）
新カト（クレイン 1899.7.21–1932.4.27）

Crane, Peter Robert
イギリスの古生物学者、植物学者。
⇒外12（クレーン, ピーター 1954.7.18–）
外16（クレーン, ピーター 1954.7.18–）

Crane, Walter
イギリスの画家、図案家、著述家。著書に『ある芸術家の回想』(1907)がある。
⇒岩世人（クレイン 1845.8.15–1915.3.14）
絵本（クレーン, ウォルター 1845–1915）
学叢思（クレーン, ウォルター 1845–1915）
グラデ（Crane,Walter クレイン, ウォルター 1845–1915）

Cranko, John
イギリスのバレエ振付師。『ロミオとジュリエット』、『エフゲニー・オネーギン』などの作品がある。
⇒岩世人（クランコ 1927.8.15–1973.6.26）
ネーム（クランコ 1927–1973）
ユ著人（Cranko,John クランコ, ジョン 1927–1973）

Cranston, Edwin A.
アメリカの日本文学研究家。
⇒外12（クランストン, エドウィン 1932–）
外16（クランストン, エドウィン 1932–）

Crapo, Mike
アメリカの政治家、弁護士。
⇒外12（クラポ, マイク 1951.5.20–）

Crass, Franz
ドイツのバスバリトン歌手。
⇒標音2（クラス, フランツ 1928.2.9–）

Cravath, Clifford Carlton (Gavy)
アメリカの大リーグ選手（外野）。
⇒メジャ（クラヴァス, ギャヴィー 1881.3.23–1963.5.23）

Craven, Danie
南アフリカのラグビー選手、指導者。
⇒岩世人（クレイヴン 1910.10.11–1993.1.4）

Craven, Philip
イギリスの車いすバスケットボール選手、車いす水泳選手。
⇒外16（クレーブン, フィリップ 1950.7.4–）
最世ス（クレーブン, フィリップ 1950.7.4–）

Craven, Wes
アメリカ生まれの映画監督。
⇒映監（クレイヴン, ウェス 1939.8.2–）

Craviotto, Saúl
スペインのカヌー選手（カヤック）。
⇒外12（クラビオット, サウル 1984.11.3–）
外16（クラビオット, サウル 1984.11.3–）
最世ス（クラビオット, サウル 1984.11.3–）

Crawford, Anne
パレスチナ生まれのイギリスの女優。
⇒ク俳（クローフォード, アン（クローフォード, イメルダ） 1919–1956）

Crawford, Broderick
アメリカの俳優。
⇒ク俳（クローフォード, ブロデリック（クローフォード, ウィリアム・B） 1910–1986）
スター（クロフォード, ブロデリック 1911.12.9–1986）

Crawford, Bryce Low, Jr.
アメリカの物理化学者。
⇒岩世人（クローフォード 1914.11.27–2011.9.16）

Crawford, Carl
アメリカの大リーグ選手（ドジャース・外野手）。
⇒外12（クロフォード, カール 1981.8.5–）
外16（クロフォード, カール 1981.8.5–）
最世ス（クロフォード, カール 1981.8.5–）
メジャ（クローフォード, カール 1981.8.5–）

Crawford, Chandra
カナダのスキー選手（距離）。
⇒外12（クロフォード, チャンドラ 1983.11.19–）
外16（クロフォード, チャンドラ 1983.11.19–）
最世ス（クロフォード, チャンドラ 1983.11.19–）

Crawford, Cindy
アメリカのモデル、女優。
⇒外12（クロフォード, シンディ 1966.2.20–）
外16（クロフォード, シンディ 1966.2.20–）

Crawford, Francis Marion
アメリカの小説家、歴史家。
⇒アア歴（Crawford,F(rancis) Marion クローフォード, フランシス・マリオン 1854.8.2–1909.4.9）
新カト（クローフォード 1854.8.2–1909.4.9）

Crawford, Jamal
アメリカのバスケットボール選手（クリッパーズ）。
⇒最世ス（クロフォード, ジャマール 1980.3.20–）

Crawford, Jesse
アメリカの劇場オルガン奏者。
⇒標音2（クローフォード, ジェシー　1895.12.2–1962.3.27)

Crawford, Joan
アメリカの女優。作品『何がジェーンに起ったか?』(1962)など。59～76年ペプシ・コーラ社副社長。
⇒ク俳（クローフォード, ジョウン (ル・スール, ルシル）　1904–1977)
　スター（クロフォード, ジョーン　1905.3.23–1977)

Crawford, Johnny
アメリカ・ロサンゼルス生まれの俳優。
⇒ロック（Crawford,Johnny　クローフォド, ジョニー　1946–)

Crawford, Joseph U.
アメリカの鉄道技師。来日し, 手宮‐札幌間鉄道を創設。
⇒アア歴（Crawford,Joseph Ury　クローフォード, ジョセフ・ユアリ　1842.8.25–1924.11.21)
　岩世人（クローフォード　1842–1924.11.21)

Crawford, Michael
イギリスの俳優。
⇒ク俳（クローフォード, マイクル (ダンブル=スミス,M)　1942–)

Crawford, Michael A.
イギリスの栄養学者。
⇒外16（クロフォード, マイケル）

Crawford, Osbert Guy Stanhope
イギリスの考古学者。野外考古学に重点をおき, とくに航空写真の利用を提唱した。
⇒岩世人（クローフォード　1886.10.28–1957.11.28)

Crawford, Randy
アメリカの女性歌手。1979年クルセイダーズの『ストリート・ライフ』で大ヒット。
⇒外12（クロフォード, ランディ　1952.2.18–)
　外16（クロフォード, ランディ　1952.2.18–)

Crawford, Samuel Earl
アメリカの大リーグ選手（外野, 一塁）。
⇒メジャ（クロフォード, サム　1880.4.18–1968.6.15)

Crawford, Shawn
アメリカの陸上競技選手（短距離）。
⇒外12（クロフォード, ショーン　1978.1.14–)
　最世ス（クロフォード, ショーン　1978.1.14–)

Crawford, Willie Murphy
アメリカの大リーグ選手（外野）。
⇒メジャ（クローフォード, ウィリー　1946.9.7–)

Crawshay, David
オーストラリアのボート選手。
⇒外12（クローシェイ, デービッド　1979.8.11–)
　最世ス（クローシェイ, デービッド　1979.8.11–)

Craxi, Bettino
イタリアの政治家。社会党書記長と中央機関紙編集長を兼任。1983年, 連立内閣の首班に選ばれた。
⇒岩世人（クラクシ　1934.2.24–2000.1.19)
　世人新（クラクシ　1934–2000)
　世人装（クラクシ　1934–2000)

Cray, Seymour Roger
アメリカのコンピュータ技術者。
⇒岩世人（クレイ　1925.9.28–1996.10.5)

Cready, Gwyn
アメリカの作家。
⇒海文新（クレディ, グウィン）

Creamer, Paula
アメリカのプロゴルファー。
⇒外12（クリーマー, ポーラ　1986.8.5–)
　外16（クリーマー, ポーラ　1986.8.5–)
　最世ス（クリーマー, ポーラ　1986.8.5–)

Creasey, John
イギリスの犯罪小説作家。
⇒現世文（クリーシー, ジョン　1908.9.17–1973.6.9)

Creatore, Luigi
アメリカ・ニューヨーク出身のソングライター, プロデューサー。
⇒ロック（Hugo and Luigi　ヒューゴ＆ルイージ）

Creber, Frank
イギリスの画家。
⇒芸13（クレバー, フランク　1959–)

Credaro, Luigi
イタリアの哲学者, 政治家。1910～14年公教育大臣, ローマ大学教授兼同大学教育博物館長, 図書館長などを歴任。
⇒教人（クレダロ　1860–)

Credé, Carl
ドイツの劇作家, 医者。
⇒岩世人（クレデ　1878.1.8–1952.12.27)

Crede, Joe
アメリカの大リーグ選手（三塁）。
⇒最世ス（クリーディ, ジョー　1978.4.26–)
　メジャ（クリーディ, ジョー　1978.4.26–)

Creech, Philip
アメリカのテノール歌手。
⇒魅惑（Creech,Philip　1950–)

Creech, Sharon
アメリカの女性作家。
⇒外12（クリーチ, シャロン 1945-）
外16（クリーチ, シャロン 1945-）
現世文（クリーチ, シャロン 1945-）

Creed, John
北アイルランド生まれの作家。
⇒外12（クリード, ジョン 1961-）
現世文（クリード, ジョン 1961-）

Creed, Martin
イギリス生まれの芸術家。
⇒現アテ（Creed,Martin クリード, マーティン 1968-）

Creeley, Robert
アメリカの詩人。詩集『鞭』(1957), 『女たちの形』(59), 『愛によせて』(62) など。
⇒岩世人（クリーリー 1926.5.21-2005.3.30）
現世文（クリーリー, ロバート 1926.5.21-2005.3.30）

Cregar, Laird
アメリカの男優。
⇒ク俳（クリーガー, レアド（クリーガー, サミュエル・L）1913-1944）

Creighton, James Edwin
アメリカの論理学者。『哲学評論』を編集。
⇒岩世人（クレイトン 1861.4.8-1924.10.8）

Cremer, *Sir* William Randal
イギリスの労働組合指導者, 平和運動家。下院議員（1885～95,1900～08）。
⇒広辞7（クリーマー 1838-1908）
ノベ3（クリーマー,W.R. 1838.3.18-1908.7.22）

Crémieux, Benjamin
フランスの評論家。
⇒岩世人（クレミュー 1888.12.1-1944.4.14）
ユ著人（Crémieux,Banjamin クレミュー, バンジャマン 1888-1944）

Cremin, Lawrence（Arthur）
アメリカの歴史学者, 教育者。
⇒岩世人（クレミン 1925.10.31-1990.9.4）
教思増（クレミン 1925-1990）

Cremonesi, Alessandro
イタリア生まれの実業家。ジル・サンダーグループCEO。
⇒外16（クレモネージ, アレッサンドロ 1968-）

Crenna, Richard
アメリカの俳優。
⇒ク俳（クレンナ, リチャード 1926-）

Crescenzo, Luciano De
イタリアのテレビ司会者, 映画監督, 脚本家, 俳優, 作家。

⇒外12（クレシェンツォ, ルチアーノ・デ 1928-）
外16（クレシェンツォ, ルチアーノ・デ 1928-）
現世文（クレシェンツォ, ルチアーノ・デ 1928.8.20-）

Crespin, Régine
フランスのソプラノ歌手。
⇒新音中（クレスパン, レジーヌ 1927.2.23-）
標音2（クレスパン, レジーヌ 1927.2.23-2007.7.5）

Crespo, Hernan
アルゼンチンのサッカー選手。
⇒異二辞（クレスポ[エルナン・～］ 1975-）
外12（クレスポ, エルナン 1975.7.5-）
外16（クレスポ, エルナン 1975.7.5-）
最世ス（クレスポ, エルナン 1975.7.5-）

Cress, Fred
インドの画家。
⇒芸13（クレス, フレッド 1938-）

Cressey, Donald Ray
アメリカの社会学者, 犯罪学者。
⇒社小増（クレッシー 1919-1987）

Cressey, George Babcock
アメリカの地理学者。東アジアの人文地理を専攻。
⇒アア歴（Cressey,George B（abcock） クレッシー, ジョージ・バブコック 1896.12.15-1963.10.21）
岩世人（クレッシ 1896.12.15-1963.10.21）

Cresson, Edith
フランスの女性政治家。
⇒岩世人（クレソン 1934.1.27-）
世指導（クレッソン, エディット 1934.1.27-）

Cresswell, Brad
アメリカのテノール歌手。
⇒魅惑（Cresswell,Brad ?-）

*Sgt.*Crest
アメリカ空軍下士官の仮名。
⇒スパイ（クレスト軍曹[p]）

Creston, Paul
アメリカの作曲家, 教育者。『創造的和声』などの著作がある。
⇒エデ（クレストン, ポール 1906.10.10-1985.8.24）
ク音3（クレストン 1906-1985）
新音中（クレストン, ポール 1906.10.10-1985.8.24）
標音2（クレストン, ポール 1906.10.10-1985.8.24）

Creswell, Archibald
イギリスのイスラム建築史学者。
⇒岩世人（クレスウェル 1879.9.13-1974.4.8）

Crevel, René
フランスの作家。超現実主義の作家。
⇒岩世人（クルヴェル　1900.8.10–1935.6.18）
現世文（クルヴェル，ルネ　1900.8.10–1935.6.18）

Crewe, Bob
アメリカ・ニュージャージー州生まれのソングライター。
⇒ロック（Crewe,Bob　クルー，ボブ　1931–）

Crewe, Robert Offley Ashburton Crewe-Milnes, 1st Marquess of
イギリスの政治家。1885年上院議員。植民相（1908～10），インド相（10～15）として活躍。
⇒岩世人（クルー　1858.1.12–1945.6.20）

Crialese, Emanuele
イタリアの映画監督。
⇒外16（クリアレーゼ，エマヌエール　1965–）

Cribb, Reg
オーストラリアの劇作家，俳優。
⇒外12（クリップ，レグ）
現世文（クリップ，レグ）

Crichton, Charles
イギリスの映画監督。
⇒映監（クライトン，チャールズ　1910.8.6–1999）

Crichton, Michael
アメリカの映画監督。
⇒現世文（クライトン，マイケル　1942.10.23–2008.11.4）

Crichton-Browne, James
イギリスの精神病研究のパイオニア。
⇒精医歴（クライトン=ブラウン，ジェームズ　1840–1938）

Crick, Bernard（Rowland）
イギリスの政治学者，伝記作家。
⇒岩世人（クリック　1929.12.16–2008.12.19）

Crick, Francis Harry Compton
イギリスの生化学者。核酸の分子構造を発見し，1962年のノーベル生理・医学賞受賞。
⇒岩生（クリック　1916–2004）
　岩世人（クリック　1916.6.8–2004.7.28）
　旺生5（クリック　1916–2004）
　オク科（クリック（フランシス・ハリー・コンプトン）1916–2004）
　オク生（クリック，フランシス・ハリー・コンプトン　1916–2004）
　化学（クリック　1916–2004）
　現科大（クリックとワトソン　1916–2004）
　広辞7（クリック　1916–2004）
　三新生（クリック　1916–2004）
　世人新（クリック　1916–2004）
　世人装（クリック　1916–2004）
　ノベ3（クリック，F.H.C.　1916.6.8–2004.7.28）
　ボブ人（クリック，フランシス　1916–2004）

Criegee, Rudolf
ドイツの有機化学者。
⇒岩世人（クリーゲー（慣クリーギー）　1902.5.23–1975.11.7）

Criger, Louis
アメリカの大リーグ選手（捕手）。
⇒メジャ（クリーガー，ルー　1872.2.3–1934.5.14）

Crimi, Giulio
イタリアのテノール歌手。
⇒失声（クリーミ，ジューリオ　1885–1939）
　魅惑（Crimi,Giulio　1885–1939）

Cripps, Sir Richard Stafford
イギリスの政治家，労働党員。1947年アトリー内閣商相，ついで経済相兼蔵相。
⇒岩世人（クリップス　1889.4.24–1952.4.21）

Crismanich, Sebastián
アルゼンチンのテコンドー選手。
⇒外16（クリスマニッチ，セバスティアン　1986.10.3–）
　最世ス（クリスマニッチ，セバスティアン　1986.10.3–）

Crisp, Covelli Loyce（Coco）
アメリカの大リーグ選手（外野）。
⇒メジャ（クリスプ，ココ　1979.11.1–）

Crispien, Arthur
ドイツの政治家。
⇒岩世人（クリスピーン　1875.11.4–1946.11.29）

Crispin, Edmund
イギリスの探偵小説家。本名のブルース・モンゴメリーで映画音楽の作曲を行う。
⇒岩世人（クリスピン　1921.10.2–1978.9.15）
　現世文（クリスピン，エドマンド　1921–1978）

Cristali, Italo
イタリアのテノール歌手。
⇒魅惑（Cristali,Italo　1879–1932）

Cristiani, Alfredo F.
エルサルバドルの政治家，実業家。エルサルバドル大統領（1989～94）。
⇒岩世人（クリスティアニ　1947.11.22–）
　世指導（クリスティアニ，アルフレド　1947.11.22–）

Cristiani, Quirino
イタリア生まれのアルゼンチンに移住したアニメーション映画監督，諷刺漫画家。
⇒アニメ（クリスティアーニ，キリーノ　1896–1984）

Cristiano Ronaldo
ポルトガルのサッカー選手。
⇒外12（クリスティアーノ・ロナウド　1985.2.5–）
　外16（クリスティアーノ・ロナウド　1985.2.5–）

最世ス（クリスティアーノ・ロナウド　1985.2.5-）
ネーム（クリスティアーノ・ロナウド　1985-）

Critchley, Simon
イギリスの哲学者。
⇒メル別（クリッチリー，サイモン　1960-）

Critz, Hugh Melville
アメリカの大リーグ選手（二塁）。
⇒メジャ（クライツ，ヒューイー　1900.9.17-1980.1.10）

Crnjanski, Miloš
ユーゴスラビアの小説家。ライフワークの長篇『移住』(1927～57)で人間性の探究と歴史心景の叙情詩化に成功。
⇒岩世人（ツルニャンスキ　1893.10.14/26-1977.11.30）

Croce, Benedetto
イタリアの哲学者，文芸評論家，政治家。主著『精神の哲学』(1902)。
⇒岩世人（クローチェ　1866.2.25-1952.11.20）
オク教（クローチェ　1866-1952）
オク言（クローチェ，ベネデット　1866-1952）
学叢思（クローチェ，ベネデット　1866-?）
教人（クローチェ　1866-1952）
現社（クローチェ　1866-1952）
広辞7（クローチェ　1866-1952）
新カト（クローチェ　1866.2.25-1952.11.20）
西文（クローチェ，ベネデット　1866-1952）
世人新（クローチェ　1866-1952）
世人装（クローチェ　1866-1952）
哲中（クローチェ　1866-1952）
比文増（クローチェ（ベネデート）　1866（慶応2）-1952（昭和27））
メル3（クローチェ，ベネデット　1866-1952）

Croce, Jim
アメリカ・ペンシルヴァニア州生まれのシンガー・ソングライター。
⇒ロック（Croce, Jim　クローチ，ジム　1943.1.10-）

Crocetto, Leah
アメリカのソプラノ歌手。
⇒外16（クロチェット，リア　1980-）

Crocker, Ian
アメリカの水泳選手（バタフライ）。
⇒最世ス（クロッカー，イアン　1982.8.31-）

Crockett, Andrew Duncan
イギリスの銀行家。
⇒外12（クロケット，アンドルー　1943.3.23-）

Cro Cop, Mirko
クロアチアの総合格闘家。
⇒ネーム（クロコップ，ミルコ　1974-）

Crofoot, Alan Paul
カナダのテノール歌手。

⇒魅惑（Crofoot, Alan Paul　1929-1979）

Croft, Richard
アメリカのテノール歌手。
⇒魅惑（Croft, Richard　1959-）

Crofts, Dash
アメリカ・テキサス州生まれのシンガー・ソングライター。
⇒ロック（Seals and Crofts　シールズ＆クロフツ　1940-）

Crofts, Freeman Wills
イギリスの推理作家。『クロイドン発一二時三〇分』は，倒叙推理小説の佳作。
⇒岩世人（クロフツ　1879.6.1-1957.4.11）
現世文（クロフツ，フリーマン・ウィルス　1879.6.7-1957.4.11）
ネーム（クロフツ　1879-1957）

Crohn, Burrill Bernnard
アメリカの胃腸病学者。
⇒ユ著人（Crohn, Burrill Bernnard　クローン，ブリル・ベルンナルド　1884-1983）

Croizat, Leon
イタリア生まれの生物地理学者。
⇒岩生（クロイツァート　1894-1982）

Croly, Herbert
アメリカのジャーナリスト，政治評論家。
⇒アメ経（クローリー，ハーバート　1869.1.23-1930.5.17）
岩世人（クローリー　1869.1.23-1930.5.17）

Cromartie, Warren
アメリカのプロ野球選手，大リーグ選手（外野，一塁），監督。
⇒外12（クロマティ，ウォーレン　1953.9.29-）
メジャ（クロマーティー，ウォーレン　1953.9.29-）

Crombie, Deborah
アメリカの作家。
⇒外16（クロンビー，デボラ）
現世文（クロンビー，デボラ）

Crommelynck, Fernand
ベルギーの劇作家。
⇒岩世人（クロムランク　1886.11.19-1970.3.17）

Cromwell, James
アメリカの俳優。
⇒外16（クロムウェル，ジェームズ　1940.1.27-）

Cromwell, Richard
アメリカの男優。
⇒ク俳（クロムウェル，リチャード（ラダボー，ロイ）　1910-1960）

Cron, Chris
アメリカのミュージシャン。

⇒外12（クロン，クリス）

Cronbach, Lee Joseph
アメリカの心理学者。
⇒岩世人（クロンバック 1916.4.22–2001.10.1）

Cronenberg, David
カナダの映画監督，映画脚本家。
⇒映監（クローネンバーグ，デヴィッド 1943.3.15–）
外12（クローネンバーグ，デービッド 1943.3.15–）
外16（クローネンバーグ，デービッド 1943.3.15–）
ユ著人（Cronenberg,David クローネンバーグ，デービッド 1943–）

Croner, Fritz N.
スウェーデンの社会学者。
⇒社小増（クローナー 1896–1979）

Cronin, Archibald Joseph
イギリスの小説家。代表作『帽子屋の城』（1931），『城砦』（37）。
⇒岩世人（クローニン 1896.7.19–1981.1.6）
現世文（クローニン，アーチボルド・ジョーゼフ 1896.7.19–1981.1.6）
新カト（クローニン 1896.7.19–1981.1.6）
ネーム（クローニン 1896–1981）

Cronin, James Watson
アメリカの物理学者。中性K粒子崩壊における基本的対称性の破れを発見（1964），ノーベル物理学賞を受賞（80）。
⇒岩世人（クローニン 1931.9.29–）
ノベ3（クローニン,J.W. 1931.9.29–）

Cronin, Joseph Edward
アメリカの大リーグ選手（遊撃）。
⇒メジャ（クローニン，ジョー 1906.10.2–1984.9.7）

Cronin, Patrick M.
アメリカの安全保障研究家。
⇒外16（クローニン，パトリック 1958–）

Cronkite, Walter Leland, Jr.
アメリカのジャーナリスト，テレビニュース解説者。『You Are There』『The Morning Show』などの番組のホストをつとめる。
⇒岩世人（クロンカイト 1916.11.4–2009.7.15）
広辞7（クロンカイト 1916–2009）

Cronquist, Arthur John
アメリカの植物学者。
⇒岩世人（クロンキスト 1919.3.19–1992.3.22）

Cronyn, Hume
カナダの俳優。
⇒スター（クローニン，ヒューム 1911.7.18–2003）

Crook, Paul
イギリスのテノール歌手。

⇒魅惑（Crook,Paul 1936–）

Crooke, William
イギリスのインド行政官，民俗研究者。
⇒岩世人（クルック 1848.8.6–1923.10.25）

Crookes, *Sir* William
イギリスの化学者，物理学者。新元素タリウムを発見。
⇒岩世人（クルックス 1832.6.17–1919.4.4）
オク科（クルックス（サー・ウィリアム） 1832–1919）
化学（クルックス 1832–1919）
学叢思（クルックス，ウィリアム 1832–1919）
三新物（クルックス 1832–1919）

Crooks, Richard
アメリカのテノール歌手。
⇒失声（クルックス，リチャード 1900–1972）
魅惑（Crooks,Richard 1900–1972）

Cropper, Steve
アメリカのギター奏者，音楽プロデューサー。
⇒外12（クロッパー，スティーブ 1942–）
ビト改（CROPPER,STEVE クロッパー，スティーヴ）
ロック（Cropper,Steve クロッパー，スティーヴ）

Cros, Cézar Isidore Henri
フランスの彫刻家，画家，詩人。蝋，磁器，色ガラスなどによる新しい彫刻の技法を研究。
⇒岩世人（クロ 1840.11.16–1907.1.20）

Cros, Léonard Joseph Marie
フランス・ヴァーブル生まれのフランシスコ・ザビエルの研究家，イエズス会司祭。
⇒新カト（クロ 1831.10.31–1913.1.17）

Crosby, Bing
アメリカの歌手，映画俳優。映画『我が道を往く』（1944）でアカデミー主演男優賞を獲得。
⇒アメ州（Crosby,Bing クロスビー，ビング 1903–1977）
アメ新（クロスビー 1903–1977）
異二辞（クロスビー，ビング 1903–1977）
岩世人（クロズビー 1903.5.2–1977.10.14）
ク俳（クロスビー，ビング（クロスビー，ハリー）1901–1977）
広辞7（クロスビー 1903–1977）
新音中（クロスビー，ビング 1904.5.2–1977.10.14）
スター（クロスビー，ビング 1903.5.2–1977）
ネーム（クロスビー，ビング 1903–1977）
標音2（クロズビー，ビング 1904.5.2–1977.10.14）
ポプ人（クロスビー，ビング 1903–1977）

Crosby, David
アメリカのシンガー・ソングライター，ギター奏者。
⇒新音中（クロスビー，スティルス，ナッシュ アンド・ヤング 1941–）

標音2（クロズビー, スティルズ, ナッシュ・アンド・ヤング 1941-）
ロック（Crosby,David クロズビー, デイヴィッド 1941.8.14-）

Crosby, Geore Robert（Bob）
アメリカのジャズ歌手。ビング・クロスビーの実弟。
⇒標音2（クロズビー, ボブ 1913.8.25-1993.3.9）

Crosby, Ralph Willis
アメリカの鉱山技師。鉱山会社幹部。
⇒アア歴（Crosby,Ralph W（illis） クロズビー, ラルフ・ウィリス 1902.11.2-）

Crosby, Robert Edward
アメリカの大リーグ選手（遊撃）。
⇒メジャ（クロズビー, ボビー 1980.1.12-）

Crosby, Sidney
カナダのアイスホッケー選手（ペンギンズ・FW）。
⇒外12（クロスビー, シドニー 1987.8.7-）
外16（クロスビー, シドニー 1987.8.7-）
最世ス（クロスビー, シドニー 1987.8.7-）

Crosetti, Frank Peter Joseph
アメリカの大リーグ選手（遊撃, 三塁）。
⇒メジャ（クロゼッティ, フランキー 1910.10.4-2002.2.11）

Crosland, Charles Anthony Raven
イギリスの政治家, 労働党の理論家。福祉国家体制における社会主義の理論家として知られる。
⇒岩世人（クロスランド 1918.8.29-1977.2.19）

Cross, Amanda
アメリカの大学教授, 女性推理小説作家。
⇒現世文（クロス, アマンダ 1926.1.13-2003.10.9）

Cross, Ben
イギリスの男優。
⇒ク俳（クロス, ベン（クロス, バーナード） 1947-）

Cross, Charles Frederick
イギリスの有機化学者。ビスコース繊維の製法を発明（1892）。
⇒岩世人（クロス 1855.12.11-1935.4.15）

Cross, Charles Whitman
アメリカの岩石学者。合衆国地質調査所に勤務。
⇒岩世人（クロス 1854.9.1-1949）

Cross, Gillian
イギリスの児童文学作家。
⇒現世文（クロス, ジリアン 1945.1.1-）

Cross, Henri Edmond
フランスの画家。点描主義絵画を制作。
⇒芸13（クロッス, アンリ・エドマン 1856-1910）

Cross, Kady
カナダの作家。
⇒海文新（クロス, ケイディ 1971-）
現世文（クロス, ケイディ 1971-）

Cross, Lafayette Napoleon（Lave）
アメリカの大リーグ選手（三塁, 捕手）。
⇒メジャ（クロス, ラヴ 1866.5.12-1927.9.6）

Cross, Montford Montgomery
アメリカの大リーグ選手（遊撃）。
⇒メジャ（クロス, モンティ 1869.8.31-1934.6.21）

Cross, Wilbur Lucius
アメリカの教育者, 政治家。イェール大学大学院学部長。のち, コネティカット州知事。
⇒アメ州（Cross,Wilbur Lucius クロス, ウィルバー・ルーシャス 1862-1948）

Crossley, Nick
イギリスの社会学者。
⇒現社（クロスリー 1968-）

Crossley-Holland, Kevin
イギリスの児童文学者。
⇒現世文（クロスレー・ホーランド, ケビン・ジョン・ウィリアム 1941.2.7-）

Crossman, Richard Howard Stafford
イギリスの政治家。労働党下院議員。住宅・地方行政相, 枢相, 社会問題相などを歴任。
⇒岩世人（クロスマン 1907.12.15-1974.4.5）

Crouch, Blake
アメリカの作家。
⇒海文新（クラウチ, ブレイク 1978-）

Crouch, Peter
イギリスのサッカー選手（ストーク・FW）。
⇒外12（クラウチ, ピーター 1981.1.30-）
外16（クラウチ, ピーター 1981.1.30-）
最世ス（クラウチ, ピーター 1981.1.30-）

Crouhy, Michel
フランス生まれのリスクマネージャー。
⇒外12（クルーイ, ミシェル）

Crouwel, Wim
オランダのグラフィック・デザイナー, 展示デザイナー, 教育者。
⇒グラデ（Crouwel,Wim クロウェル, ウィム 1928-）

Crow, Herbert Carl
アメリカのジャーナリスト。
⇒アア歴（Crow,（Herbert）Carl クロウ, ハーバート・カール 1883.9.26-1945.6.8）

Crow, James Franklin
アメリカの遺伝学者。

⇒岩生（クロー　1916–2012）

Crow, Sheryl
アメリカのシンガー・ソングライター。
⇒外12（クロウ, シェリル　1962.2.11–）
　外16（クロウ, シェリル　1962.2.11–）

Crow, Thomas Eugene
アメリカの美術史家。
⇒岩世人（クロー　1948–）

Crow, Timothy John
イギリスの生物学的精神医学者。
⇒精医歴（クロウ, ティモシー・ジョン　1938–）

Crowder, Alvin Floyd
アメリカの大リーグ選手（投手）。
⇒メジャ（クラウダー, アルヴィン　1899.1.11–1972.4.3）

Crowe, Cameron
アメリカ生まれの映画脚本家, 映画監督。
⇒映監（クロウ, キャメロン　1957.7.13–）
　外12（クロウ, キャメロン　1957.7.13–）
　外16（クロウ, キャメロン　1957.7.13–）

Crowe, *Sir* **Eyre Alexander Barby Wichart**
イギリスの外交官。パリ講和会議のイギリス全権（1919）など務めた。
⇒岩世人（クロー　1864.7.30–1925.4.28）

Crowe, Russell
ニュージーランド生まれのアメリカの俳優。
⇒外12（クロウ, ラッセル　1964.4.7–）
　外16（クロウ, ラッセル　1964.4.7–）
　ク俳（クロウ, ラッセル　1964–）
　スター（クロウ, ラッセル　1964.4.7–）

Crowley, John
アメリカの作家。
⇒外12（クロウリー, ジョン　1942–）
　外16（クロウリー, ジョン　1942–）
　現世文（クロウリー, ジョン　1942–）

Crowley, Leo Thomas
アメリカの銀行家, 政治家。ステート・バンク・オブ・ウィスコンシン頭取。
⇒アメ経（クローリー, レオ　1889–1972.4.15）

Crowther, C.
神戸在住の貿易商。
⇒日エ（クローザー　?–?）

Crowther, Kitty
ベルギーの絵本作家。
⇒外12（クローザー, キティ　1970–）
　外16（クローザー, キティ　1970–）
　現世文（クローザー, キティ　1970–）

Crowther, Yasmin
イギリス生まれの作家。
⇒海文新（クラウザー, ヤスミン）
　現世文（クラウザー, ヤスミン）

Crozier, Michel
フランスの社会学者。
⇒岩世人（クロジエ　1922.11.6–2013.5.24）
　社小増（クロジエ　1922–）

Crudup, Arthur 'Big Boy'
アメリカ・ミシシッピ州生まれの歌手。
⇒ロック（Crudup, Arthur 'Big Boy'　クリューダップ, アーサー・"ビッグ・ボーイ"　1905–1973）

Crudup, Billy
アメリカの男優。
⇒ク俳（クラダップ, ビリー　1968–）

Crüger, Christiana
ドイツ生まれの画家。
⇒芸13（クリューガー, クリスティーナ　1955–）

Cruise, Tom
アメリカの俳優。
⇒遺産（クルーズ, トム　1962.7.3–）
　岩世人（クルーズ　1962.7.3–）
　外12（クルーズ, トム　1962.7.3–）
　外16（クルーズ, トム　1962.7.3–）
　ク俳（クルーズ, トム（メイポザー, T・C）　1962–）
　スター（クルーズ, トム　1962.7.3–）

Crumb, George
アメリカの作曲家。
⇒岩世人（クラム　1929.10.24–）
　エデ（クラム, ジョージ（ヘンリー）　1929.10.24–）
　現音キ（クラム, ジョージ　1929–）
　新音小（クラム, ジョージ　1929–）
　新音中（クラム, ジョージ　1929.10.24–）
　ピ曲改（クラム, ジョージ　1929–）
　標音2（クラム, ジョージ　1929.10.24–）

Crumb, Robert
アメリカの漫画家。
⇒外12（クラム, ロバート　1943–）
　外16（クラム, ロバート　1943–）

Crumey, Andrew
イギリスの作家。
⇒外12（クルミー, アンドルー　1961–）
　外16（クルミー, アンドルー　1961–）
　現世文（クルミー, アンドルー　1961–）

Crumley, James
アメリカのミステリ作家。
⇒現世文（クラムリー, ジェームズ　1939–2008.9.16）

Crump, Edward Hull
アメリカの政治家。

⇒アメ州（Crump,Edward Hull　クランプ，エドワード・ハル　1874-1954）

Crumpacker, Franklin Henry
アメリカの宣教師。
⇒アア歴（Crumpacker,Franklin Henry　クラムパッカー，フランクリン・ヘンリー　1876.5.13-1951.12.20）

Crusie, Jennifer
アメリカのロマンス作家。
⇒海文新（クルージー，ジェニファー）
現世文（クルージー，ジェニファー）

Crutchfield, Richard Stanley
アメリカの心理学者。専攻は社会心理学。とりわけ知覚、パーソナリティ・アセスメントに関する研究が多い。
⇒社小増（クラッチフィールド　1912-）

Crutzen, Paul
オランダの気象学者，化学者。
⇒岩世人（クルッツェン　1933.12.3-）
外12（クルッツェン，パウル　1933.12.3-）
外16（クルッツェン，パウル　1933.12.3-）
化学（クルッツェン　1933-）
広辞7（クルッツェン　1933-）
ネーム（クルッツェン　1933-）
ノベ3（クルッツェン,P.　1933.12.3-）

Cruyff, Johann
オランダのサッカー選手。
⇒異二辞（クライフ［ヨハン・〜］　1947-2016）
岩世人（クライフ　1947.4.25-）
外12（クライフ，ヨハン　1947.4.25-）
外16（クライフ，ヨハン　1947.4.25-）
ネーム（クライフ，ヨハン　1947-）
ポブ人（クライフ，ヨハン　1947-2016）

Cruz, Celia
キューバ生まれの歌手。
⇒岩世人（クルス　1925.10.21-2003.7.16）
新音中（クルース，セリア　1924.10.21-）
標音2（クルス，セリア　1924.10.21-）

Cruz, Deivi
ドミニカ共和国の大リーグ選手（遊撃）。
⇒メジャ（クルス，デイビ　1972.11.6-）

Cruz, Jose
アメリカの大リーグ選手（外野）。
⇒メジャ（クルス，ホセ，シニア　1947.8.8-）

Cruz, Jose L.
アメリカの大リーグ選手（外野）。
⇒メジャ（クルス，ホセ，ジュニア　1974.4.19-）

Cruz, Julio Luis
アメリカの大リーグ選手（二塁）。
⇒メジャ（クルス，フリオ　1954.12.2-）

Cruz, Julio Ricardo
アルゼンチンのサッカー選手。
⇒最世ス（クルス，フリオ・リカルド　1974.10.10-）

Cruz, Nelson
ドミニカ共和国の大リーグ選手（マリナーズ・外野手）。
⇒外16（クルーズ，ネルソン　1980.7.1-）
メジャ（クルス，ネルソン　1980.7.1-）

Cruz, Oswaldo Goncalves
ブラジルの細菌学者，衛生学者。リオデジャネイロの黄熱病を根絶。
⇒岩世人（クルス　1872.8.5-1917.2.11）
ラテ新（クルス　1872-1917）

Cruz, Penélope
スペイン生まれの女優。
⇒遺産（クルス，ペネロペ　1974.4.28-）
岩世人（クルス　1974.4.28-）
外12（クルス，ペネロペ　1974.4.28-）
外16（クルス，ペネロペ　1974.4.28-）
ク俳（クルツ，ペネロペ（サンチェス,P・C）1974-）
スター（クルス，ペネロペ　1974.4.28-）

Cruz, Ted
アメリカの政治家。
⇒外16（クルーズ，テッド　1970.12.22-）
世指導（クルーズ，テッド　1970.12.22-）

Cruz, Zoe
アメリカの銀行家。
⇒外12（クルス，ゾー　1955.2.2-）
外16（クルス，ゾー　1955.2.2-）

Crvenkovski, Branko
マケドニアの政治家。マケドニア大統領（2004～09），マケドニア社会民主同盟（SDUM）党首。
⇒外12（ツルベンコフスキ，ブランコ　1962.10.12-）
外16（ツルベンコフスキ，ブランコ　1962.10.12-）
世指導（ツルベンコフスキ，ブランコ　1962.10.12-）

Crystal, Billy
アメリカのコメディアン，俳優。
⇒外12（クリスタル，ビリー　1947.3.14-）
外16（クリスタル，ビリー　1947.3.14-）
ク俳（クリスタル，ビリー　1947-）
スター（クリスタル，ビリー　1947.3.14-）
ユ著人（Crystal,Billy　クリスタル，ビリー　1948-）

Csáky István
ハンガリーの外交官。外相となり（1938），ユーゴスラビアと永久友好条約を結んだ（40）。
⇒岩世人（チャーキ　1894.7.18-1941.1.27）

Csányi, János
ハンガリーのテノール歌手。

⇒魅惑（Csányi,János 1931–）

Csáth Géza
ハンガリーの作家,音楽評論家。
⇒岩世人（チャート 1887.2.13–1919.9.11）

Cseh, László
ハンガリーの水泳選手（個人メドレー・バタフライ）。
⇒外12（チェー,ラースロ 1985.12.3–）
　外16（チェー,ラースロ 1985.12.3–）
　最世ス（チェー,ラースロ 1985.12.3–）

Cselóczki, Tamás
ハンガリーのテノール歌手。
⇒魅惑（Cselóczki,Tamás ?–）

Csokor, Franz Theodor
オーストリアの劇作家,小説家。オーストリア表現主義を代表する。戯曲『知恵の本』(1919)など。
⇒岩世人（チョコル 1885.9.6–1969.1.5）

Ctvrtek, Václav
チェコ（チェコスロバキア）の作家。
⇒現世文（チトゥヴルテック,ヴァーツラフ 1911–1976）

Cuarón, Alfonso Orozco
メキシコの映画監督,脚本家。
⇒映監（キュアロン,アルフォンソ 1961.11.28–）
　外12（キュアロン,アルフォンソ 1961.11.28–）
　外16（キュアロン,アルフォンソ 1961.11.28–）

Cuarón, Carlos
メキシコの映画監督,脚本家。
⇒外12（キュアロン,カルロス 1966–）

Cuban, Mark
アメリカの起業家。
⇒外12（キューバン,マーク 1958–）
　外16（キューバン,マーク 1958–）

Cubas, Raúl Grau
パラグアイの政治家。パラグアイ大統領(1998～99)。
⇒世指導（クバス,ラウル・グラウ 1943.8.23–）

Cubberley, Ellwood Patterson
アメリカの教育学者,教育史家。著書『公立学校行政』(1915),『合衆国の公教育』(19),『教育史』(21)など。
⇒岩世人（カバリー 1868.6.6–1941.9.14）
　教人（カバリー 1868–1941）

Cubillan, Darwin
ベネズエラのプロ野球選手（投手）。
⇒外12（クビアン,ダーウィン 1972.11.15–）

Čubrilović, Vaso
ユーゴスラビア,セルビアの歴史家。

⇒岩世人（チュブリロヴィチ 1897.1.14/26–1990.6.11）

Cucchi, Enzo
イタリアの画家。
⇒芸13（クッキ,エンゾ 1950–）

Cuccinello, Anthony Francis
アメリカの大リーグ選手（二塁,三塁）。
⇒メジャ（クチネロ,トニー 1907.11.8–1995.9.21）

Cuche, Didier
スイスのスキー選手（アルペン）。
⇒外12（キュシュ,ディディエ 1974.8.16–）
　最世ス（キュシュ,ディディエ 1974.8.16–）

Cucinelli, Brunello
イタリアの実業家。
⇒外12（クチネリ,ブルネロ 1953–）
　外16（クチネリ,ブルネロ 1953–）

Cuddyer, Michael
アメリカの大リーグ選手（ロッキーズ・外野手）。
⇒最世ス（カダイアー,マイケル 1979.3.27–）
　メジャ（カダイアー,マイケル 1979.3.27–）

Cuellar, Miguel Angel
アメリカの大リーグ選手（投手）。
⇒メジャ（クエイヤー,マイク 1937.5.8–2010.4.2）

Cuénod, Hugues
スイスのテノール歌手。
⇒失声（キュエノー,ユーグ 1902–2010）
　魅惑（Cuénod,Hugues 1902–）

Cuénot, Lucien Claude Jules Marie
フランスの動物学者。ナンシ大学名誉教授。進化論,遺伝学に業績がある。
⇒岩生（キュエノ 1866–1951）
　岩世人（キュエノ 1866.10.21–1951.1.7）

Cuevas, Jose Luis
メキシコ生まれの画家。
⇒芸13（クーヴァス,ホセ・ルイス 1933–）

Cuevas, Marquis George de
チリ,アメリカのパトロン,バレエ団「クエヴァス侯グラン・バレエ」の団長。
⇒岩世人（クエヴァス 1885.5.26–1961.2.22）

Cugat, Xavier
アメリカのラテン・バンドの指揮者。
⇒岩世人（クガート 1900.1.1–1990.10.27）
　新音中（クガート,ザビア 1900.1.1–1990.10.27）
　標音2（クガート,ザビア 1900.1.1–1990.10.27）

Cukor, George
アメリカの映画監督。
⇒映監（キューカー,ジョージ 1899.7.7–1983）
　ユ著人（Cuker,George キューカー,ジョージ 1899–1983）

Cukurs, Herberts
ラトビアの戦闘機操縦者。
⇒ネーム（ツクルス 1900-1965）

Culin, Robert Stewart
アメリカの文化人類学者。
⇒アア歴（Culin,[Robert] Stewart キューリン, ロバート・ステュアート 1858.7.13-1929.4.8）

Culioli, Antoine
フランスの言語学者。
⇒岩世人（キュリオリ 1924.9.24-）

Culkin, Kieran
アメリカの俳優。
⇒外12（カルキン, キーラン 1982.9.30-）

Culkin, Macaulay
アメリカ生まれの俳優。
⇒外12（カルキン, マコーレー 1980.8.26-）
ク俳（カルキン, マコーリー 1980-）

Cullberg, Birgit
スウェーデンの舞踊家。
⇒岩世人（クルベリ 1908.8.3-1999.9.8）

Cullen, Countée
アメリカの詩人。
⇒岩世人（カレン 1903.3.30-1946.1.9）

Cullen, Michael J.
アメリカの実業家。
⇒世発（カレン, マイケル・J 1884-1936）

Cullenbine, Roy Joesph
アメリカの大リーグ選手（外野, 一塁）。
⇒メジャ（カレンバイン, ロイ 1913.10.18-1991.5.28）

Culler, Jonathan Dwight
アメリカの文学研究者。
⇒岩世人（カラー 1944.10.1-）
外12（カラー, ジョナサン 1944-）
外16（カラー, ジョナサン 1944-）

Cullin, Mitch
アメリカの作家。
⇒外16（カリン, ミッチ 1968-）
海文新（カリン, ミッチ 1968.5.23-）
現世文（カリン, ミッチ 1968.5.23-）

Cullis-Suzuki, Severn
カナダの環境活動家。
⇒外12（カリス・スズキ, セバン 1979-）
外16（カリス・スズキ, セバン 1979-）

Cullmann, Oscar
フランスの新約聖書学者, 初期教会史家。『旧新約神学論文集』を編集。
⇒岩世人（クルマン 1902.2.25-1999.1.16）
オク教（クルマン 1902-1999）

新カト（クルマン 1902.2.25-1999.1.16）

Cullum, Jamie
イギリス生まれのジャズ系ボーカリスト, ピアノ奏者。
⇒外12（カラム, ジェイミー 1979-）
外16（カラム, ジェイミー 1979-）

Culp, Julia
オランダのソプラノ歌手。
⇒岩世人（クルプ 1880.10.6-1970.10.13）

Culp, Raymond Leonard
アメリカの大リーグ選手（投手）。
⇒メジャ（カルプ, レイ 1941.8.6-）

Culp, Robert
アメリカの俳優, 映画監督。
⇒ク俳（カルプ, ロバート 1930-）

Culpepper, Daunte
アメリカのプロフットボール選手（QB）。
⇒最世ス（カルペッパー, ダンテ 1977.1.28-）

Culpepper, Robert Harrell
アメリカの宣教師。
⇒アア歴（Culpepper,Robert H (arrell) カルペパー, ロバート・ハレル 1924.12.8-）

Culpi, Levir
ブラジルのサッカー指導者。
⇒外12（クルピ, レヴィー 1953.2.28-）
外16（クルピ, レヴィー 1953.2.28-）

Cumalı, Necati
トルコの詩人, 作家。
⇒岩世人（ジュマル 1921.1.13-2001.1.10）

Cumba, Yumileidi
キューバの砲丸投げ選手。
⇒最世ス（クンバ, ユミレイディ 1975.2.11-）

Cumberbatch, Benedict
イギリスの俳優。
⇒外16（カンバーバッチ, ベネディクト 1976.7.19-）

Cumenal, Frédéric
フランスの実業家。
⇒外12（キュメナル, フレデリック 1959-）
外16（キュメナル, フレデリック 1959-）

Cumings, Bruce
アメリカの歴史家。平和部隊として韓国に滞在（1967〜68）。
⇒岩韓（カミングス 1943-）

Cumming, Charles
イギリスの作家。
⇒海文新（カミング, チャールズ 1971-）
現世文（カミング, チャールズ 1971-）

Cumming, Sir Mansfield
イギリス秘密情報部(MI6)の初代長官。
⇒スパイ(カミング,サー・マンスフィールド 1859–1923)

Cummings, Bob
アメリカの俳優。
⇒ク俳(カミングズ,ロバート(カミングズ,クラレンス・R) 1908–1990)
スター(カミングズ,ロバート 1908.6.10–1990)

Cummings, Constance
アメリカの女優。
⇒ク俳(カミングズ,コンスタンス(ハルヴァーシュタット,C・C) 1910–)

Cummings, Edward Estlin
アメリカの詩人,小説家,画家。
⇒岩世人(カミングズ 1894.10.14–1962.9.3)
現世文(カミングズ,E.E. 1894.10.14–1962.9.2)
広辞7(カミングズ 1894–1962)
新カト(カミングズ 1894.10.14–1962.9.3)
西文(カミングズ,エドワード 1894–1962)

Cummings, Lindsay
アメリカの作家。
⇒海文新(カミングズ,リンゼイ)

Cummings, Walter J.
アメリカの銀行家。連邦預金保険公社(FDIC)初代理事会議長。
⇒アメ経(カミングズ,ウォルター 1879.6.24–1967.8.20)

Cummings, William Arthur (Candy)
アメリカの大リーグ選手(投手)。
⇒メジャ(カミングズ,キャンディ 1848.10.18–1924.5.16)

Cummings, William Hayman
イギリスのテノール歌手,音楽学者,作曲家,オルガン奏者。
⇒標音2(カミングズ,ウィリアム・ヘイマン 1831.8.22–1915.6.6)

Cummins, Peggy
イギリス生まれの女優。
⇒ク俳(カミンズ,ペギー 1925–)

Cumont, Franz Valéry Marie
ベルギーの宗教学者。
⇒岩世人(キュモン 1868.1.3–1947.8.25)

Cumpston, John Howard Lidgett
オーストラリアの公衆衛生学者。
⇒岩世人(カンプストン 1880.6.9–1954.10.9)

Cunanan, Andrew Philip
アメリカの殺人犯。イタリアの有名デザイナー,ジャンニ・ヴェルサーチを暗殺。
⇒世暗(クナナン,アンドリュー・フィリップ 1969–1997)

Cundey, Angus
イギリスの実業家。
⇒外12(カンディ,アンガス 1937–)
外16(カンディ,アンガス 1937–)

Cundiff, Ruby Ethel
アメリカの図書館員。ジョージ・ピーボディ・カレッジ,マディソン・カレッジで学校図書館関連の科目を受け持つ。その方面の図書の執筆でも知られる。
⇒ア図(カンディフ,ルビー・エセル 1890–1972)

Cunha, Euclides Rodrigues Pimenta da
ブラジルの小説家,ジャーナリスト。代表作『奥地』(1902)。
⇒岩世人(クーニャ 1866.1.20–1909.8.15)

Cunningham, Barry
イギリスの編集者。
⇒外12(カニンガム,バリー)

Cunningham, Colin
イギリスのテノール歌手。
⇒魅惑(Cunningham,Colin ?–)

Cunningham, Edwin Sheddan
アメリカの領事。
⇒アア歴(Cunningham,Edwin Sheddan カニンガム,エドウィン・シェダン 1868.7.6–1953.1.20)

Cunningham, Ellsworth Elmer (Bert)
アメリカの大リーグ選手(投手)。
⇒メジャ(カニンガム,バート 1865.11.25–1952.5.14)

Cunningham, Gordon Herriot
ニュージーランドの植物病理学者。
⇒ニュー(カニングハム,ゴードン 1892–1962)

Cunningham, James Vincent
アメリカの詩人,批評家。
⇒現世文(カニンガム,J.V. 1911.8.23–1985.3.30)

Cunningham, Joseph Robert
アメリカの大リーグ選手(一塁,外野)。
⇒メジャ(カニンガム,ジョー 1931.8.27–)

Cunningham, Merce
アメリカの舞踊家,振付家。
⇒アメ新(カニングハム 1919–2009)
岩世人(カニングハム(カニングハム) 1919.4.16–2009.7.26)

Cunningham, Michael
アメリカの小説家。

Cunningham, William
イギリスの歴史学派の経済学者。主著『イギリス商工業の発達』(1882)。
⇒岩世人 (カニンガム 1849.12.29–1919.6.10)

Cunningham, William Dayton
アメリカの宣教師。
⇒岩世人 (カニンガム 1864.7–1936.6.24)

Cunnington, Eveline
ニュージーランドの社会改革・女性の権利擁護推進者。
⇒ニュー (カニングトン, エヴェリン 1849–1916)

Cuno, Wilhelm
ドイツの実業家, 政治家。1922年首相となり, 穏和な右翼内閣を組織したが, 翌年辞職した。
⇒岩世人 (クーノ 1876.7.2–1933.1.3)

Cunow, Heinrich Wilhelm Carl
ドイツの経済史家, 人類学者, 社会学者。主著『マルクス主義の歴史, 社会, 国家学説』(1920～21), 『経済全史』(4巻, 26～31) のほか, 『オーストラリアネグロの親族組織』(1894), 『母権制の経済的基礎』(97～98) など。
⇒岩世人 (クーノー 1862.4.11–1936.8.20)
　学叢思 (クノー, ハインリッヒ)

Cunqueiro, Alvaro
スペインの小説家。代表作は1968年度ナダル賞受賞作『オレステスに似た男』。
⇒現世文 (クンケイロ, アルバロ 1911.12.22–1981.2.25)

Cuomo, Rivers
アメリカのミュージシャン。
⇒外16 (クオモ, リバース)

Cuong Đe
ベトナムの阮王朝の王族。ズイタンホイ (維新会) 会長となり, 1906年日本に亡命した。
⇒岩世人 (クオン・デー 1882.2.28–1951.4.6)

Cúper, Héctor
アルゼンチンのサッカー監督。
⇒外12 (クーペル, エクトル 1955.11.16–)
　外16 (クーペル, エクトル 1955.11.16–)

Cupido, Alberto
イタリアのテノール歌手。
⇒外12 (クピード, アルベルト)
　外16 (クピード, アルベルト)
　失声 (クピード, アルベルト 1952–)
　魅惑 (Cupido, Alberto 1952–)

Cuppy, George Joseph (Nig)
アメリカの大リーグ選手 (投手)。

Cura, José
アルゼンチンのテノール歌手。
⇒外12 (クーラ, ホセ 1962.12.5–)
　外16 (クーラ, ホセ 1962.12.5–)
　失声 (クーラ, ホセ 1962–)
　新音中 (クーラ, ホセ 1962.12.5–)
　魅惑 (Cura, José 1962–)

Curb, Mike
アメリカ生まれの作曲家, プロデューサー。
⇒ロック (Curb, Mike カーブ, マイク 1944.12.24–)

Curel, François, Vicomte de
フランスの劇作家。
⇒岩世人 (キュレル 1854.6.10–1928.4.26)
　新カト (キュレル 1854.6.10–1928.4.26)

Curie, Marie
フランスの女性化学者。1898年ポロニウムおよびラジウムを発見。
⇒岩世人 (キュリー 1867.11.7–1934.7.4)
　オク科 (キュリー (マリー・スクロドフスカ) 1867–1934)
　化学 (キュリー, M. 1867–1934)
　学叢思 (キュリー, マリー 1867–?)
　科史 (マリー・キュリー 1867–1934)
　現科大 (キュリー夫妻 1867–1934)
　広辞7 (キュリー 1867–1934)
　三新物 (キュリー② 1867–1934)
　辞歴 (キュリー夫人 1867–1934)
　新カト (キュリー 1867.11.7–1934.7.4)
　世人新 (キュリー〈妻：マリ〉 1867–1934)
　世人装 (キュリー〈妻：マリ〉 1867–1934)
　世発 (キュリー (旧姓スクウォドフスカ), マリ 1867–1934)
　ノベ3 (キュリー, M. 1867.11.7–1934.7.4)
　物理 (キュリー, マリー 1867–1934)
　ポプ人 (キュリー, マリー 1867–1934)
　もう山 (キュリー夫妻 1867–1934)

Curie, Pierre
フランスの物理学者。1880年圧電気現象を発見。1903年ノーベル物理学賞受賞。
⇒岩世人 (キュリー 1859.5.15–1906.4.19)
　オク科 (キュリー (ピエール) 1859–1906)
　化学 (キュリー, P. 1859–1906)
　学叢思 (キュリー, ピエール 1859–1906)
　現科大 (キュリー夫妻 1859–1906)
　広辞7 (キュリー 1859–1906)
　三新物 (キュリー① 1859–1906)
　世人新 (キュリー〈夫：ピエール〉 1859–1906)
　世人装 (キュリー〈夫：ピエール〉 1859–1906)
　世発 (キュリー, ピエール 1859–1906)
　ノベ3 (キュリー, P. 1859.5.15–1906.4.19)
　物理 (キュリー, ピエール 1859–1906)
　ポプ人 (キュリー, ピエール 1859–1906)
　もう山 (キュリー夫妻 1859–1906)

Curl, Robert Floyd
アメリカの化学者。1996年ノーベル化学賞。
⇒岩世人（カール　1933.8.23-）
　化学（カール,R.F.　1933-）
　ノベ3（カール,R.F.　1933.8.23-）

Curley, James Michael
アメリカの政治家。
⇒アメ州（Curley,James Michael　カーレー，ジェームズ・マイケル　1874-1958）

Curley, Tom
アメリカのジャーナリスト。AP通信社長・CEO。
⇒外12（カーリー，トム　1948.7.6-）
　外16（カーリー，トム　1948.7.6-）

Curme, George Oliver
アメリカの文法家。主著『ドイツ語文法』(1905,改訂版22)，『構文論』(31)，『品詞と形態論』(35)。
⇒岩世人（カーム　1860.1.14-1948.4.29）

Curnonsky
フランスの食通，ジャーナリスト。
⇒岩世人（キュルノンスキー　1872.10.12-1956.7.22）

Curnow, Allen
ニュージーランドの詩人，批評家。
⇒現世文（カーナウ，アレン　1911.6.17-2001.9.23）

Curnow, Thomas Allen Munro
ニュージーランドの詩人。
⇒ニュー（カーノウ，アラン　1911-2001）

Curran, Alvin
イタリアの作曲家。
⇒現音キ（カラン，アルヴィン　1938-）

Curran, Charles Edward
アメリカのカトリック教会神学者。
⇒新カト（カラン　1934.3.30-）

Curran, Colleen
アメリカの作家。
⇒海文新（カラン，コリーン）

Curran, Paul
イギリス生まれの演出家。ノルウェー国立歌劇場芸術監督。
⇒外12（カラン，ポール）
　外16（カラン，ポール）

Currie, Sir Arthur William
カナダの軍人，教育者。陸軍少将(1915)，フランス派遣カナダ軍司令官(17)，マギル大学学長(20～33)。
⇒教人（キューリ　1875-1933）

Currie, Ken
イギリス生まれの画家。
⇒芸13（カリー，ケン　1960-）

Currie, Lauchlin B.
アメリカのケインズ学派の経済学者。
⇒アメ経（カリー，ラクリン　1902.10.8-1993.12.23）
　アメ新（カリー　1902-1993）
　スパイ（カリー，ロークリン　1902-1993）

Currie, Ron, Jr.
アメリカの作家。
⇒海文新（カリー，ジュニア，ロン　1975-）
　現世文（カリー，ロン　1975-）

Currin, John
アメリカ生まれの芸術家。
⇒現アテ（Currin,John　カリン，ジョン　1962-）

Curry, Izola
アメリカの女性精神障害者。アメリカの公民権運動指導者，キング牧師の殺害をはかった。
⇒世暗（カリー，イゾラ　1916-）

Curry, John Steuart
アメリカの画家。1930年代を中心におこった地方主義の3巨頭の1人。
⇒芸13（カリー，ジョン・ステュアート　1897-1946）

Curry, Stephen
アメリカのバスケットボール選手（ウォリアーズ）。
⇒最世ス（カリー，ステフォン　1988.3.14-）

Curschmann, Heinrich
ドイツの医者。クルシュマンの螺旋体を記載。
⇒岩世人（クルシュマン　1846.6.28-1910.5.6）

Curtin, John
オーストラリアの政治家。オーストラリア首相。
⇒岩世人（カーティン　1885.1.8-1945.7.5）

Curtis, Ben
アメリカのプロゴルファー。
⇒外16（カーティス，ベン　1977.5.26-）
　最世ス（カーティス，ベン　1977.5.26-）

Curtis, Betty
イタリア生まれの歌手。
⇒標音2（クルティス，ベティ　1934.3.22-）

Curtis, Chad David
アメリカの大リーグ選手（外野）。
⇒メジャ（カーティス，チャド　1968.11.6-）

Curtis, Charles Goldon
アメリカの発明家，実業家。「カーティス蒸気タービン」を発明した(1895)。
⇒岩世人（カーティス　1860.4.20-1953.3.10）

Curtis, Charle Whittlesey
アメリカの数学者、ウイスコンシン大学教授。
⇒現世文（カーティス、クリストファー・ポール　1953-）

Curtis, Cyrus Hermann Kotzschmar
アメリカの出版業者。多くの新聞雑誌を発行。
⇒アメ経（カーティス、サイラス　1850.6.18-1933.6.7）

Curtis, Gerald L.
アメリカの政治学者。コロンビア大学教授、コロンビア大学大東アジア研究所長。
⇒外12（カーティス、ジェラルド　1940.9.18-）
　外16（カーティス、ジェラルド　1940.9.18-）

Curtis, Heber Doust
アメリカの天文学者。ミシガン大学天文台長。
⇒天文辞（カーチス　1872-1942）

Curtis, Jamie Lee
アメリカ生まれの女優。
⇒外12（カーティス、ジェイミー・リー　1958.11.22-）
　ク俳（カーティス、ジェイミー・リー　1958-）

Curtis, Jean Louis
フランスの小説家。主著 "La parade"（1960）。
⇒岩世人（キュルティス　1917.5.21-1995.11.11）
　現世文（キュルティス、ジャン・ルイ　1917.5.21-1995.11.11）

Curtis, John Duffield
アメリカの大リーグ選手（投手）。
⇒メジャ（カーティス、ジョン　1948.3.9-）

Curtis, King
アメリカのサックス奏者。
⇒ビト改（CURTIS,KING　カーティス、キング）
　ロック（Curtis,King　カーティス、キング　1934.2.7-）

Curtis, Richard
イギリスの脚本家、映画監督。
⇒外16（カーティス、リチャード　1956-）

Curtis, Tony
アメリカ・ニューヨーク生まれの男優。
⇒ク俳（カーティス、トニー（シュウォーツ、バーナード）　1925-）
　スター（カーティス、トニー　1925.6.3-）
　ユ著人（Curtis,Tony　カーチス、トニー　1926-）

Curtiss, Glenn Hammond
アメリカの発明家、飛行家、実業家。カーティス航空会社を創設した（1923）。
⇒岩世人（カーティス　1878.5.21-1930.7.23）

Curtius, Ernst Robert
ドイツの文学研究者、ラテン語学者。主著『バルザック』（1923）、『ヨーロッパ文学とラテンの中世』（48）、『20世紀のフランスの精神』（52）。
⇒岩キ（クルツィウス　1886-1956）
　岩世人（クルティウス　1886.4.14-1956.4.19）

Curtius, Julius
ドイツの政治家、弁護士。経済相（1926～29）、外相（29）。
⇒岩世人（クルティウス　1877.2.7-1948.11.10）

Curtius, Ludwig
ドイツの考古学者。ローマのドイツ考古学研究所長（1928～37）。
⇒岩世人（クルティウス　1874.12.13-1954.4.10）

Curtius, Theodor
ドイツの化学者。ジアゾ酢酸エステル、ヒドラジンの発見（1887）、アジ化物の合成（90）などの業績がある。
⇒岩世人（クルティウス　1857.5.27-1928.2.8）

Curtiz, Michael
ハンガリー、のちアメリカの映画監督。
⇒映監（カーティス、マイケル　1886.12.24-1962）

Curuchet, Juan Esteban
アルゼンチンの自転車選手（マディソン）。
⇒外12（クルチェト、フアンエステバン　1965.2.4-）
　最世ス（クルチェト、フアン・エステバン　1965.2.4-）

Curwen, Harold
イギリス・プレイストウのカーウェン印刷所の印刷家。
⇒グラデ（Curwen,Harold　カーウェン、ハロルド　1885-1949）

Curwood, James Oliver
アメリカの小説家。アメリカの北部地方およびカナダを舞台にした冒険的な小説を多く書いた。
⇒現世文（カーウッド、ジェームズ・オリバー　1878.6.12-1927.8.13）

Curzi, Cesare
アメリカ（イタリア系）のテノール歌手。
⇒失声（クルツィ、チェーザレ　1926-）
　魅惑（Curzi,Cesare　1926-）

Curzon, Clifford
イギリスの代表的ピアノ奏者。1926年以後ヨーロッパ各地の管弦楽団に独奏者とし出演。
⇒新音中（カーゾン、クリフォード　1907.5.18-1982.9.1）
　標音2（カーゾン、クリフォード　1907.5.18-1982.9.1）

Curzon, George Nathaniel
イギリスの政治家。著書に『中央アジアにおけるロシア』（1889）。
⇒岩世人（カーゾン　1859.1.11-1925.3.20）
　広辞7（カーゾン　1859-1925）
　世人新（カーゾン　1859-1925）
　世人装（カーゾン　1859-1925）

南ア新（カーゾン　1859–1925）
ネーム（カーゾン　1859–1925）

Curzon, Mary Leiter
イギリスの貴族夫人。
⇒アア歴（Curzon,Mary（Victoria Leiter）　カーズン, メアリー・ヴィクトリア・ライター　1870.5.27–1906.7.18）

Cusack, Joan
アメリカ生まれの女優。
⇒外16（キューザック, ジョーン　1962.10.11–）

Cusack, John
アメリカ生まれの俳優。
⇒外12（キューザック, ジョン　1966.6.28–）
　外16（キューザック, ジョン　1966.6.28–）
　ク俳（キューザック, ジョン　1966–）
　スター（キューザック, ジョン　1966.6.28–）

Cushing, Harvey Williams
アメリカの外科医。脳神経外科医学の開拓者。
⇒岩世人（クッシング　1869.4.8–1939.10.7）

Cushing, Josiah Nelson
アメリカの宣教師。
⇒アア歴（Cushing,Josiah Nelson　クッシング, ジョサイア・ネルソン　1840.5.4–1905.5.17）

Cushing, Peter
イギリスの俳優。
⇒ク俳（クッシング, ピーター　1913–1994）
　スター（クッシング, ピーター　1913.5.26–1994）

Cushing, Richard
アメリカ・ボストン生まれの枢機卿, ボストン大司教, 使徒ヤコブ宣教会創立者。
⇒新カト（クッシング　1895.8.24–1970.11.2）

Cushman, Joseph Augustine
アメリカの生物学者, 古生物学者。微小有孔虫およびその化石を研究。
⇒岩生（カッシュマン　1881–1949）
　岩世人（カッシュマン（慣カッシュマン）　1881.1.31–1949.4.16）

Cussler, Clive
アメリカのミステリ作家。
⇒外12（カッスラー, クライブ　1931.7–）
　外16（カッスラー, クライブ　1931.7.15–）
　現世文（カッスラー, クライブ　1931.7.15–）

Cust, John Joseph
アメリカの大リーグ選手（DH, 外野）。
⇒メジャ（カスト, ジャック　1979.1.16–）

Cusumano, Michael A.
アメリカの経営学者。マサチューセッツ工科大学スローン経営大学院教授。
⇒外16（クスマノ, マイケル　1954–）

Cuthbert, Elisha
アメリカの女優。
⇒外12（カスパート, エリシャ　1982.11.30–）

Cuthbert, Elizabeth（Betty）
オーストラリアの陸上競技選手。
⇒岩世人（カスパート　1938.4.20–）

Cutler, Chris
イギリスのミュージシャン, 批評家。
⇒外12（カトラー, クリス　1947.1.4–）
　外16（カトラー, クリス　1947.1.4–）

Cutler, Eric
アメリカのテノール歌手。
⇒失声（カトラー, エリック　?）
　魅惑（Cutler,Eric　?–）

Cutler, Ronald
アメリカのラジオプロデューサー, 作家。
⇒外12（カトラー, ロナルド）
　海文新（カトラー, ロナルド）

Cutshaw, George William
アメリカの大リーグ選手（二塁）。
⇒メジャ（カットショウ, ジョージ　1886.7.29–1973.8.22）

Cutting, Charles Suydam
アメリカの博物学者。
⇒アア歴（Cutting,C（harles）Suydam　カッティング, チャールズ・スイダム　1889.1.17–1972.8.24）

Cutugno, Toto
イタリアのポピュラー歌手, 作曲家。
⇒標音2（クトゥニョ, トト　1943.7.7–）

Cuvellier, Vincent
フランスの作家。
⇒外12（キュヴェリエ, ヴァンサン　1969–）
　現世文（キュヴェリエ, ヴァンサン　1969–）

Cuvillier, Armand Joseph
フランスの社会学者。主著『社会学概論』（1950）。
⇒社小増（キュヴィリエ　1887–1973）

Cuyler, Hazen Shirley（Kiki）
アメリカの大リーグ選手（外野）。
⇒メジャ（カイラー, カイカイ　1898.8.30–1950.2.11）

Cuzin, François
フランスの哲学者。
⇒メル3（キュザン, フランソワ　1914–1944（銃殺））

Cuzner, Harold
アメリカの森林学者。
⇒アア歴（Cuzner,Harold　カズナー, ハロルド

1878.3.19–1956.9.25)
Cvetković, Mirko
セルビアの政治家、エコノミスト。セルビア首相。
⇒外12（ツベトコヴィッチ、ミルコ　1950.8.16–）
　外16（ツベトコヴィッチ、ミルコ　1950.8.16–）
　世指導（ツベトコヴィッチ、ミルコ　1950.8.16–）
Cvijić, Jovan
セルビアの地理学者。バルカン地方の地理学および民俗学について研究。
⇒岩世人（ツヴィイッチ　1865.10.12–1927.1.10）
Cyinthia Maung
ビルマ（ミャンマー）のカレン人女性医師。
⇒岩世人（シンシア・マウン　1959.12.6–）
Cymbal, Johnny
スコットランド生まれの歌手。
⇒ロック（Cymbal,Johnny　シンバル、ジョニー）
Cyon, Elie de
ロシアの生理学者。1866年血管運動反射を発見した。
⇒ユ著人（Cyon,Elie de　シオン、エリー・デ　1843–1912）
Cyrankiewicz, Józef
ポーランドの政治家。1970年国家評議会議長（元首）となるが、ギエレク体制下で、地位を失い、72年辞任。
⇒岩世人（ツィランキェヴィチ　1911.4.23–1989.1.20）
　ネーム（ツィランキェビッチ　1911–1981）
Cyrulnik, Boris
フランスの作家、精神科医。
⇒外16（シリュルニック、ボリス　1937.7.26–）
Cyrus, Miley
アメリカの歌手。
⇒外12（サイラス、マイリー　1992.11.23–）
　外16（サイラス、マイリー　1992.11.23–）
Cysarz, Herbert
オーストリアの文学史家。バロックおよび古典主義研究に業績を残す。
⇒岩世人（ツィザルツ　1896.1.29–1985.1.1）
Czernin von und zu Chudenitz, Ottokar, Graf
オーストリアの政治家。1917年ブレスト・リトフスク条約に調印。著書に『世界大戦論』(19)。
⇒岩世人（チェルニーン　1872.9.26–1932.4.4）
Czerny, Adalbert
ドイツの小児科学者。滲出性体質の概念を導入。
⇒岩世人（チェルニー　1863.3.25–1942.10.3）
Czerny, Vincenz
ベーメン生まれのドイツの外科医。ハイデルベルク市実験癌研究所主任。
⇒岩世人（チェルニー　1842.11.19–1916.10.3）
Czerny-Stefańska, Halina
ポーランドのピアノ奏者。
⇒新音中（チェルニー＝ステファンスカ、ハリナ　1922.12.31–2001.7.1）
　標音2（チェルニー＝ステファニスカ、ハリナ　1922.12.31–2001.7.1）
Cziffra György
ハンガリーのピアノ奏者。1956年ハンガリー動乱を期にフランスに亡命。リストの作品等にたくましい技巧を示す。
⇒新音中（シフラ、ジェルジュ　1921.11.5–1994.1.17）
　標音2（ツィフラ、ジェルジュ　1921.11.5–1994.1.17）
Czóbel, Bèla
ハンガリーの画家。
⇒芸13（ツォベル、ベラ　1883–1952）
Czolgosz, Leon F.
アメリカ・デトロイト生まれの無政府主義者。アメリカ大統領ウィリアム・マッキンレーを射殺。
⇒世暗（チョルゴシ、レオン・F　1873–1901）

【D】

Daan, Sarge
オランダの時間生物学者。
⇒岩生（ダーン　1940–）
　外12（ダアン、サージ　1940.6.11–）
　外16（ダアン、サージ　1940.6.11–）
Dabit, Eugène
フランスの小説家。1929年『北ホテル』でポピュリスト賞を受賞。
⇒岩世人（ダビ　1898.12.21–1936.8.21）
　現世文（ダビ、ウージェーヌ　1898.12.21–1936.8.21）
　広辞5（ダビ　1898–1936）
D'Abo, Mike
イギリス・サリー州ベッチワース生まれの歌手、作曲家、プロデューサー、俳優。
⇒ロック（D'Abo,Mike　ダボウ、マイク　1944.3.1–）
Dabrowska, Maria
ポーランドの代表的女性作家。代表作『夜と昼』（1932〜34）。34年と57年に国家文学賞を受賞。
⇒岩世人（ドンブロフスカ　1889.10.6–1965.5.19）

Dacian, Ion
ルーマニアのテノール歌手。
⇒魅惑（Dacian,Ion ?–）

Dačić, Ivica
セルビアの政治家。セルビア首相。
⇒外16（ダチッチ, イヴィツァ 1966.1.1–）
世指導（ダチッチ, イヴィツァ 1966.1.1–）

Da Costa, Albert
アメリカのテノール歌手。
⇒失声（ダ・コスタ, アルベルト 1927–1967）
魅惑（Da Costa,Albert 1927–1967）

Da Costa, Manuel Pinto
サントメ・プリンシペの政治家。サントメ・プリンシペ大統領（1975～91,2011～16）。
⇒外16（ダコスタ, マヌエル・ピント 1937.8.5–）
世指導（ダコスタ, マヌエル・ピント 1937.8.5–）

Daddah, Mokhtar Ould
モーリタニアの政治家。初代モーリタニア大統領（1961～78）, モーリタニア人民党（PPM）書記長。
⇒岩イ（ウルド・ダッダー 1924–）
岩世人（ダッダ 1924.12.25–2003.10.14）

Daddi, Francesco
イタリアのテノール歌手。
⇒魅惑（Daddi,Francesco 1864–1945）

Daehlie, Bjorn
ノルウェーのスキー選手（距離）。
⇒岩世人（ダーリ 1967.6.19–）

Dae-hyun
韓国の歌手。
⇒外16（デヒョン 1993.6.28–）

Daeninckx, Didier
フランスの作家。
⇒現世文（デナンクス, ディディエ 1950–）

Dafoe, Willem
アメリカ生まれの俳優。
⇒外12（デフォー, ウィレム 1955.7.22–）
外16（デフォー, ウィレム 1955.7.22–）
ク俳（デフォー, ウィレム（デフォー, ウィリアム）1955–）
スター（デフォー, ウィレム 1955.7.22–）

Dagan, Avigdor
イスラエルのチェコ語の作家。
⇒現世文（ダガン, アヴィグドル 1912.6.30–2006.5）

Dagerman, Stig Halvard
スウェーデンの小説家, 劇作家。小説『裁かれた島』(1946), 戯曲『死刑囚』(47)など。
⇒岩世人（ダーゲルマン 1923.10.5–1954.11.4）
現世文（ダーゲルマン, スティーグ 1923.10.5–1954.11.4）

Dāgh Dihlavī, Nawāb Mīrzā Khān
インドのウルドゥー詩人。
⇒岩世人（ダーグ・デヘルヴィー 1831–1905）

Dağlarca, Fazil Hüsnü
トルコの詩人。
⇒岩イ（ファズル・ヒュスヌ・ダーラルジャ 1914–）
岩世人（ダーラルジャ 1914.8.26–2008.10.15）

Dagognet, François
フランスの哲学者, 科学史家。
⇒メル別（ダゴニェ, フランソワ 1924–2015）

Dagon Taya
ビルマの小説家。代表作『澄んだ水と蓮の花』（1954～55）。
⇒岩世人（ダゴンターヤー 1919.5.10–2013.8.19）

D'Agostino, Angel
アルゼンチンのタンゴ指揮者, ピアノ奏者。
⇒標音2（ダゴスティノ, アンヘル 1900.5.25–）

D'Agostino, Gregory
アメリカのオルガン奏者。
⇒外12（ダゴスティーノ, グレゴリー）
外16（ダゴスティーノ, グレゴリー）

D'aguanno, Emanuele
イタリアのテノール歌手。
⇒魅惑（D'aguanno,Emanuele 1978–）

Dahabi, Nader al
ヨルダンの政治家。ヨルダン首相。
⇒外12（ダハビ, ナデル 1946.10.7–）
外16（ダハビ, ナデル 1946.10.7–）
世指導（ダハビ, ナデル 1946.10.7–）

Dahal, Pushpa Kamal
ネパールの政治家。ネパール首相。
⇒外12（ダハル, プスパ・カマル 1954.12.11–）
外16（ダハル, プスパ・カマル 1954.12.11–）
世指導（ダハル, プスパ・カマル 1954.12.11–）

Dahan, Andre
フランスのイラストレーター。
⇒外12（ダーハン, アンドレ 1935–）
外16（ダーハン, アンドレ 1935–）

Dahan, Olivier
フランスの映画監督。
⇒外12（ダアン, オリヴィエ 1967–）
外16（ダアン, オリヴィエ 1967–）

Dahl, Arlene
アメリカの女優, 美容コラムニスト。
⇒ク俳（ダール, アーリン 1924–）

Dahl, Ingolf
アメリカの作曲家。

⇒エデ（ダール,インゴルフ　1912.6.9-1970.8.6）
標音2（ダール,インゴルフ　1912.6.9-1970.8.7）

Dahl, Julia
アメリカの作家。
⇒現世文（ダール,ジュリア）

Dahl, Ole-Johan
ノルウェーのコンピューター科学者。
⇒岩世人（ダール　1931.10.12-2002.6.29）

Dahl, Roald
アメリカの短編小説作家。『あなたに似た人』（1957）『キス・キス』（60）ほか。
⇒岩世人（ダール　1916.9.13-1990.11.23）
　現世文（ダール,ロアルド　1916.9.13-1990.11.23）
　ポプ人（ダール,ロアルド　1916-1990）

Dahl, Robert Alan
アメリカの政治学者。
⇒岩世人（ダール　1915.12.17-2014.2.5）
　現社（ダール　1915-）
　広辞7（ダール　1915-2014）
　社小増（ダール　1915-）

Dahl, Sophie
イギリスのモデル,作家。
⇒外12（ダール,ソフィー　1978-）

Dahlan, Ahmad
インドネシアのイスラム教教師,社会運動家。1912年ムハマディア協会を設立。
⇒岩イ（ダフラン　1868-1923）
　岩世人（ダフラン,アフマッド　1868.8.1-1923.2.23）

Dahlberg, Edward
アメリカの小説家。プロレタリア小説『どん底の犬』（1930）・『フラッシングからカルバリまで』（32）などで知られる。
⇒現世文（ダールバーグ,エドワード　1900.7.22-1977.2.27）

Dahlberg, Stefan
スウェーデンのテノール歌手。
⇒魅惑（Dahlberg,Stefan　1955-）

Dahle, Gro
ノルウェーの詩人,作家。
⇒外12（ダーレ,グロー　1962-）
　外16（ダーレ,グロー　1962-）
　現世文（ダーレ,グロー　1962-）

Dahle, Gunn-Rita
ノルウェーの自転車選手（マウンテンバイク）。
⇒外16（ダーレ・フレショ,グン・リタ　1973.2.10-）
　最世ス（ダーレ・フレショ,グン・リタ　1973.2.10-）

Dahlen, William Frederick
アメリカの大リーグ選手（遊撃,三塁）。
⇒メジャ（ダーレン,ビル　1870.1.5-1950.12.5）

Dahlgren, Ellsworth Tenney (Babe)
アメリカの大リーグ選手（一塁）。
⇒メジャ（ダールグレン,ベーブ　1912.6.15-1996.9.4）

Dahlhaus, Carl
ドイツの音楽学者。
⇒岩世人（ダールハウス　1928.6.10-1989.5.13）
　新音中（ダールハウス,カール　1928.6.10-1989.3.13）
　標音2（ダールハウス,カルル　1928.6.10-1989.3.13）

Dahlmann, Joseph
ドイツのイエズス会司祭,インド学者。
⇒岩世人（ダールマン　1861.10.14-1930.6.23）
　新カト（ダールマン　1861.10.14-1930.6.23）

Dahlvig, Anders
スウェーデンの実業家。
⇒外12（ダルビッグ,アンダッシュ）

Dahm, Georg
ドイツの法学者。パキスタンのダッカ大学教授（1951）。特に刑法史,刑事政策を研究。
⇒岩世人（ダーム　1904.1.10-1963.7.30）

Dahn, Felix
ドイツの作家,法制史研究家。歴史小説『ローマ攻略戦』（1876）などを著す。
⇒岩世人（ダーン　1834.2.9-1912.1.3）

Dahood, Mitchell Joseph
アメリカのカトリックの古代中東言語学者,イエズス会司祭。
⇒新カト（ダフード　1922.2.2-1982.3.8）

Dahrendorf, Ralf
イギリスの社会学者,哲学者,政治家。
⇒岩世人（ダーレンドルフ　1929.5.1-2009.6.17）
　現社（ダーレンドルフ　1929-2009）
　社小増（ダーレンドルフ　1929-）

Dahu Ali
台湾原住民の指導者。
⇒岩世人（ダフ・アリ　1869（同治8）頃-1941）

Dai, Yu Qiang
中国のテノール歌手。
⇒魅惑（Dai,Yu Qiang（戴玉強）　?-）

Daiches, David
イギリスの評論家。
⇒岩世人（デイシス　1912.9.2-2005.7.5）

D

Daif, Rashid al-
レバノンの作家。
⇒現世文（ダイーフ, ラシード　1945–）

Daigle, France
カナダの作家。
⇒現世文（デーグル, フランス）

Dailey, Dan
アメリカ生まれの俳優。
⇒ク俳（デイリー, ダン　1914–1978）

Dailey, Janet
アメリカの作家。
⇒外12（デイリー, ジャネット　1944–）
　現世文（デイリー, ジャネット　1944–2013.12.14）

Daily, Gretchen
アメリカの生物学者。
⇒外12（デイリー, グレッチェン）
　外16（デイリー, グレッチェン　1964–）

Daily, Hugh Ignatius
アメリカの大リーグ選手（投手）。
⇒メジャ（デイリー, ヒュー　1847.7.17–?）

Daim Zainuddin
マレーシアの政治家。マレーシア財務相。
⇒世指導（ダイム・ザイヌディン　1938.4.29–）

Dainton, Frederick Sydney
イギリスの物理化学者。
⇒岩世人（デイントン　1914.11.11–1997.12.5）

Dai Sijie
中国の映画監督。
⇒外12（ダイシージエ　1954.3.2–）
　外16（ダイシージエ　1954.3.2–）
　海文新（ダイ・シージエ　戴思傑　1954.3.2–）
　現世文（ダイ・シージエ　戴思傑　1954.3.2–）

Daisne, Johan
ベルギーのオランダ語の作家。
⇒新カト（ダイスネ　1912.9.2–1978.9.8）

Dakin, Henry Drysdale
イギリスの化学者。デーキン溶液と呼ばれる消毒液を発達させた。
⇒岩世人（デイキン　1880.3.12–1952.2.10）

Daladier, Édouard
フランスの政治家。1938年首相のときヒトラーの要求に屈し、ミュンヘン協定に調印、人民戦線の崩壊を招いた。
⇒岩世人（ダラディエ　1884.6.18–1970.10.11）
　広辞7（ダラディエ　1884–1970）
　世史改（ダラディエ　1884–1970）
　世人新（ダラディエ　1884–1970）
　世人装（ダラディエ　1884–1970）
　ネーム（ダラディエ　1884–1970）
　ポブ人（ダラディエ, エドゥアール　1884–1970）

Dalai Lama XIII, Thubs-bstan rgya-mtsho
チベット・ラマ教の法王。中華民国成立後はチベット王国の主権回復のため活動。
⇒岩世人（ダライラマ13世　1876–1933）
　世史改（ダライ=ラマ13世　1876–1933）
　世人新（ダライ=ラマ13世　1876–1933）
　世人装（ダライ=ラマ13世　1876–1933）

Dalai Lama XIV
チベット族のラマ教の法王。
⇒岩世人（ダライラマ14世　1935.7.6–）
　オク仏（ダライ・ラマ14世　1935–）
　外12（ダライ・ラマ14世　1935.7.6–）
　外16（ダライ・ラマ14世　1935.7.6–）
　現アジ（ダライ・ラマ14世　1935.7.6–）
　現宗（ダライラマ14世　1935–）
　辞歴（ダライ・ラマ　1935–）
　政経改（ダライラマ14世　1935–）
　世史改（ダライ=ラマ14世　1935–）
　世指導（ダライ・ラマ14世　1935.7.6–）
　世人新（ダライ=ラマ14世　1935–）
　世人装（ダライ=ラマ14世　1935–）
　中人小（达赖喇嘛（14世）　ダライラマ　1935–）
　中日3（达赖喇嘛十四世　ダライラマ14世　1935–）
　南ア新（ダライ・ラマ［14世］　1935–）
　ノベ3（ダライ・ラマ14世　1935.7.6–）
　ポブ人（ダライ・ラマ　1935–）

Dalaras, Giorgos
ギリシアの歌手。
⇒岩世人（ダラーラス　1949.9.29–）

D'Albert, Eugen
イギリス（フランス系）のピアノ奏者, 作曲家。ヴァイマル宮廷指揮者（1885）。
⇒岩世人（ダルベール　1864.4.10–1932.3.3）
　ク音3（ダルベール　1864–1932）
　新音中（ダルベール, オイゲン　1864.4.10–1932.3.3）
　標音2（アルベール, オイゲン　1864.4.10–1932.3.3）

Dalberto, Michel
フランスのピアノ奏者。
⇒外12（ダルベルト, ミシェル　1955.6.2–）
　外16（ダルベルト, ミシェル　1955.6.2–）

Dalbiez, Roland
フランスの心理学者。レンヌ大学教授。
⇒メル3（ダルビエッツ, ロラン　1893–1976）

Dalcroze, Émile
スイスの音楽教育家, 作曲家。ユーリズミックの創始者。著書『リズム, 音楽, 教育』（1922）。
⇒岩世人（ジャック=ダルクローズ　1865.7.6–1950.7.1）
　エデ（ダルクローズ, エミール・ジャック　1865.7.6–1950.7.1）
　広辞7（ダルクローズ　1865–1950）
　新音中（ジャック=ダルクローズ, エミール

1865.7.6–1950.7.1)
世演（ダルクローズ,エミール・ジャック　1865–1950）
ネーム（ジャック=ダルクローズ　1865–1950）
標音2（ジャック=ダルクローズ,エミル　1865.7.6–1950.7.1）

Daldry, Stephen
イギリスの演出家,映画監督。
⇒外12（ダルドリー,スティーブン　1960.5.2–）
　外16（ダルドリー,スティーブン　1960.5.2–）

Dale, Amy Marjorie
イギリスの古典学者。
⇒岩世人（デイル　1901.1.15–1967.2.4）

Dale, Anna
イギリスの作家。
⇒海文新（デイル,アンナ　1971–）

Dale, Edgar
アメリカの教育学者。全米教育学会理事。
⇒教人（デール　1900–）

Dale, *Sir* Henry Hallett
イギリスの医学者,生化学者。
⇒岩生（デール　1875–1968）
　岩世人（デイル　1875.6.9–1968.7.23）
　化学（デイル　1875–1968）
　ノベ3（デール,H.H.　1875.6.9–1968.7.23）

Dale, Jim
イギリス生まれの俳優,作詞家。
⇒ク俳（デイル,ジム（スミス,ジェイムズ）　1935–）

Dale, Laurence
イギリスのテノール歌手。
⇒魅惑（Dale,Laurence　1957–）

Dale, Richard
イギリスの映画監督,テレビ監督。
⇒外12（デイル,リチャード）

D'Alema, Massimo
イタリアの政治家。イタリア首相。
⇒外12（ダレーマ,マッシモ　1949.4.20–）
　世指導（ダレーマ,マッシモ　1949.4.20–）

Dalén, Nils Gustaf
スウェーデンの技術者。1906年アセチレンガスの自動調節を行う燈台燈を発明。
⇒岩世人（ダレーン　1869.11.30–1937.12.9）
　学叢思（ダレン,ニルス・グスタフ　1869–?）
　三新物（ダレーン　1869–1937）
　ノベ3（ダレーン,N.G.　1869.11.30–1937.12.9）

Dale Oen, Alexander
ノルウェーの水泳選手（平泳ぎ）。
⇒外12（ダーレオーエン,アレクサンデル　1985.5.21–）
　最世ス（ダーレオーエン,アレクサンドル　1985.5.21–2012.4.29）

D'Alessio, Roberto
イタリアのテノール歌手。
⇒失声（ダレッシオ,ロベルト　1893–1975）
　魅惑（D'Alessio,Roberto　1893–1975）

Daley, Leavitt Leo (Bud)
アメリカの大リーグ選手（投手）。
⇒メジャ（デイリー,バド　1932.10.7–）

Daley, Richard Joseph
アメリカの政治家。1950年以後シカゴ市長に6選。
⇒アメ州（Daley,Richard Joseph　デイリー,リチャード・ジョセフ　1902–1976）

Daley, Tom
イギリスの飛び込み選手。
⇒外12（デーリー,トム　1994.5.21–）
　外16（デーリー,トム　1994.5.21–）
　最世ス（デーリー,トム　1994.5.21–）

Daley, William
アメリカの実業家。アメリカ大統領首席補佐官。
⇒外12（デーリー,ウィリアム　1948.8.9–）
　外16（デーリー,ウィリアム　1948.8.9–）
　世指導（デーリー,ウィリアム　1948.8.9–）

Dal Ferro, Gianni
イタリアのテノール歌手。
⇒魅惑（Dal Ferro,Gianni　?–）

Dalgado, Sebastião Rodolfo
インド出身の司祭,言語学者。
⇒新カト（ダルガード　1855.5.8–1922.4.4）

Dalgliesh, Alice
アメリカの児童文学作家。
⇒ア図（ダルグリーシュ,アリス　1893–1979）
　現世文（ダルグリーシュ,アリス　1893.10.7–1979.6.11）

Dalglish, Kenny
イギリスのサッカー選手,監督。
⇒外12（ダルグリッシュ,ケニー　1951.3.4–）
　外16（ダルグリッシュ,ケニー　1951.3.4–）

Dalhausser, Philip
アメリカのビーチバレー選手。
⇒外12（ダルハウサー,フィリップ　1980.1.26–）
　最世ス（ダルハウサー,フィリップ　1980.1.26–）

Dali, Amira
ネパールのラブ・グリーン・ネパール（LGN）代表。
⇒外12（ダリ,アミーラ）
　外16（ダリ,アミーラ）

Dali, Salvador
スペイン生まれのアメリカの画家。シュールレアリスムの代表的画家。

⇒岩キ（ダリ　1904–1989）
　岩世人（ダリ　1904.5.11–1989.1.23）
　絵本（ダリ, サルバドール　1904–1989）
　芸13（ダリ, サルバドール　1904–1989）
　広辞7（ダリ　1904–1989）
　シュル（ダリ, サルバドール　1904–1989）
　世史改（ダリ　1904–1989）
　世人新（ダリ　1904–1989）
　世人装（ダリ　1904–1989）
　ポプ人（ダリ, サルバドール　1904–1989）

Dalida
エジプト, フランスで活躍したポピュラー歌手。
⇒標音2（ダリダ　1933.1.17–1987.5.3）

Dall, William Healey
アメリカの博物学者, 貝類学者。アラスカおよびアリューシャン群島の考古学的調査を行った。
⇒岩世人（ドール　1845.8.21–1927.3.27）

Dallapiccola, Luigi
イタリアの作曲家。オペラ『夜間飛行』(1939),『解放の歌』(55)など。1972年オネゲル賞受賞。
⇒岩世人（ダッラピッコラ　1904.2.3–1975.2.19）
　エデ（ダッラピッコラ, ルイージ　1904.2.3–1975.2.19）
　オペラ（ダッラピッコラ, ルイージ　1904–1975）
　ク音3（ダッラピッコラ　1904–1975）
　新オペ（ダッラピッコラ, ルイージ　1904–1975）
　新音小（ダラピッコラ, ルイージ　1904–1975）
　新音中（ダラピッコラ, ルイージ　1904.2.3–1975.2.19）
　ネーム（ダラピッコーラ　1904–1975）
　ピ曲改（ダラピッコラ, ルイジ　1904–1975）
　標音2（ダッラピッコラ, ルイージ　1904.2.3–1975.2.19）

Dallapozza, Adolf
オーストリアのテノール歌手。
⇒失声（ダラポッツァ, アドルフ　1940–）
　魅惑（Dallapozza,Adolf　1940–）

Dallara, Charles H.
アメリカの銀行家。国際金融協会(IIF)専務理事, 米国財務次官補。
⇒外16（ダラーラ, チャールズ　1948–）

Dallara, Tony
イタリア生まれの歌手。
⇒標音2（ダッラーラ, トニー　1936.6.30–）

Dalle, Béatrice
フランス生まれの女優。
⇒外12（ダル, ベアトリス　1964.12.19–）
　外16（ダル, ベアトリス　1964.12.19–）

Dallek, Robert
アメリカの歴史学者。
⇒外12（ダレク, ロバート）
　外16（ダレク, ロバート）

Dalle Périer, Louis
フランス出身のペルー宣教師。
⇒新カト（ダル　1922.4.27–1982.5.9）

Dallesandro, Joe
アメリカ生まれの俳優。
⇒スター（ダレッサンドロ, ジョー　1948.12.31–）

Dalman, Gustav Hermann
ドイツのプロテスタント神学者。主著 "Arbeit und Sitte in Palästina" (1928〜42)。
⇒岩世人（ダルマン　1855.6.9–1941.8.19）
　オク教（ダルマン　1855–1941）

Dal-Monte, Toti
イタリアのソプラノ歌手。
⇒オペラ（ダル・モンテ, トーティ　1893–1975）
　新音中（ダル・モンテ, トーティ　1893.6.27–1975.1.25）
　標音2（ダル・モンテ, トーティ　1893.6.27–1975.1.25）

Dalmorès, Charles
フランスのテノール歌手。
⇒失声（ダルモレ, シャルル　1871–1939）
　魅惑（Dalmores,Charles　1871–1939）

D'Alpuget, Blanche
オーストラリアの女性作家。
⇒現世文（ダルピュジェ, ブランシュ　1944–）

Dalrymple, Abner Frank
アメリカの大リーグ選手（外野）。
⇒メジャ（ダルリンブル, エイブナー　1857.9.9–1939.1.25）

Dalrymple, Clayton Errol
アメリカの大リーグ選手（捕手）。
⇒メジャ（ダルリンブル, クレイ　1936.12.3–）

Dalrymple, Sherman Harrison
アメリカの統一ゴム労働組合会長。
⇒アメ経（ダルリンブル, シャーマン　1889.4.4–1962.3.16）

Dalton, Annie
イギリスの女性作家。
⇒現世文（ドルトン, アニー）

Dalton, Edward Hugh John Neale
イギリスの政治家, 経済学者。労働党に属し, 蔵相, 都市計画相などを歴任。
⇒岩世人（ドールトン　1887.8.26–1962.2.13）
　有経5（ドールトン　1887–1962）

Dalton, Timothy
イギリス生まれの俳優。
⇒外16（ダルトン, ティモシー　1946.3.21–）
　ク俳（ドルトン, ティモシー　1940–）

Dalton, Wesley
テノール歌手。
⇒魅惑（Dalton,Wesley ?-?）

Daltrey, Roger
イギリス生まれの俳優。
⇒外12（ダルトリー, ロジャー　1944.3.1-）
外16（ダルトリー, ロジャー　1944.3.1-）
ロック（Daltrey,Roger　ドールトリ, ロジャー 1945-）

Daly, Elizabeth
アメリカのミステリ作家。
⇒現世文（デーリー, エリザベス　1878.10.15-1967.9.2）

Daly, Herman E.
アメリカの経済学者。
⇒外16（デーリー, ハーマン　1938-）

Daly, John
アメリカのプロゴルファー。
⇒異二辞（デーリー, ジョン　1966-）
外12（デーリー, ジョン　1966.4.28-）
外16（デーリー, ジョン　1966.4.28-）

Daly, John Vincent
アメリカのイエズス会宣教師。
⇒岩世人（デイリー　1936.11.21-）

Daly, Mary
アメリカのフェミニスト, 神学を専門とする著述家。
⇒岩キ（デイリー　1928-）

Daly, Reginald Aldworth
アメリカの地質学者。サンゴ礁の成因に関する氷河制約説などで著名。著書『大洋底』（1942）など。
⇒岩世人（デイリー　1871.5.19-1957.9.19）
オク地（デーリー, レジナード・アードワース 1871-1957）

Daly, Thomas Peter
アメリカの大リーグ選手（二塁, 捕手, 三塁）。
⇒メジャ（デイリー, トム　1866.2.7-1938.10.29）

Dam, Carl Peter Henrik
デンマークの生化学者。1934～35年にビタミンKを発見。43年度ノーベル生理・医学賞受賞。
⇒岩生（ダム　1895-1976）
岩世人（ダム　1895.2.21-1976.4.24）
ノベ3（ダム,C.P.H.　1895.2.21-1976.4.24）

Damadian, Raymond V.
アメリカの医学者。
⇒外12（ダマディアン, レイモンド　1936-）
外16（ダマディアン, レイモンド　1936-）

Damari, Shoshana
イスラエルの国民的女声歌手。
⇒ユ著人（Damari,Shoshana　ダマリ, ショシャナ 1922?-）

Damas, Léon Gontran
ギアナ出身の詩人。黒人精神「ネグリチュード」を歌う黒人詩人の存在を最初にフランス人に知らしめた。
⇒岩世人（ダマス　1912.3.28-1978.1.22）
現世文（ダマース, レオン・ゴントラン　1912.3.28-1978.1.22）
広辞7（ダマス　1912-1978）

Damaschke, Adolf
ドイツの土地改革運動家。大都市の住宅問題の解決を試みた。
⇒岩世人（ダマシュケ　1865.11.24-1935.7.30）

Damase, Jean-Michel
フランスの作曲家。
⇒ク音3（ダマーズ　1928-）
新音中（ダマーズ, ジャン＝ミシェル　1928.1.27-）
標音2（ダマーズ, ジャン＝ミシェル　1928.1.27-）

Damásio, António Rosa
アメリカの神経科学者。
⇒岩世人（ダマジオ　1944.2.5-）
メル別（ダマシオ, アントニオ　1944-）

Damaskinos
ギリシアの聖職者, 政治家。アテネの大司教（1938）。
⇒岩世人（ザマスキノス　1890-1949.5.20）

D'Amato, Barbara
アメリカのミステリ作家, ノンフィクション作家。
⇒現世文（ダマート, バーバラ　1938-）

D'Amato, Cosimo
テノール歌手。
⇒魅惑（D'Amato,Cosimo　?-）

Damayev, Vasilij Petrovich
ロシアのテノール歌手。
⇒魅惑（Damayev,Vasilij Petrovich　1878-1932）

Dambadorji, Čeringwčir-un
モンゴルの革命家, 作家。
⇒岩世人（ダムバドルジ　1899-1934.6.26）

Dambijangčan
西モンゴルの有力者, 高僧。
⇒岩世人（ダムビジャンツァン　1860?-1922）

D'Ambrosio, Alfredo
イタリアのヴァイオリン奏者, 作曲家。
⇒ク音3（ダンブロジオ　1871-1914）
標音2（ダンブロージョ, アルフレード　1871.6.13-1914.12.29）

D

Damdingsürüng
モンゴルの軍人, 政治家。
⇒岩世人（ダムディンスレン　1871-1921）

Damdinsüreng, Tsendīn
モンゴルの作家, 文献学者。近代モンゴル文学の創始者。
⇒現代文（ダムディンスレン, ツェンディーン　1908-1986）

Dame, Donald
アメリカのテノール歌手。
⇒魅惑（Dame,Donald　1917-1952）

Dameron, Tadley Ewing（Tadd）
アメリカのジャズ・ピアノ奏者, 作編曲家。
⇒標音2（ダメロン, タッド　1917.2.21-1965.3.8）

Damia
フランスの女性シャンソン歌手。本名Maryse Damien。『暗い日曜日』が有名。
⇒岩世人（ダミア　1892/1889.12.15-1978.1.30）
新音中（ダミア　1892.12.5-1978.1.30）
標音2（ダミア　1892.12.5-1978.1.30）

Damian, Georgeta
ルーマニアのボート選手。
⇒外12（ダミアン, ゲオルゲタ　1976.4.14-）
最世ス（ダミアン, ゲオルゲタ　1976.4.14-）

Damianov, Damian
ブルガリアのテノール歌手。
⇒魅惑（Damianov,Damian　?-）

Damianov, Dimitar
ブルガリアのテノール歌手。
⇒失声（ダミアノフ, ディミタル　?）

D'Amico, Italo
イタリアのテノール歌手。
⇒魅惑（D'Amico,Italo　?-）

Damon, Johnny David
アメリカの大リーグ選手（外野）。
⇒外12（デーモン, ジョニー　1973.11.5-）
外16（デーモン, ジョニー　1973.11.5-）
最世ス（デーモン, ジョニー　1973.11.5-）
メジャ（デイモン, ジョニー　1973.11.5-）

Damon, Mark
アメリカ生まれの俳優。
⇒ク俳（デイモン, マーク（ハリス, アラン）　1933-）

Damon, Matt
アメリカの俳優。
⇒遺産（デイモン, マット　1970.10.8-）
外12（デイモン, マット　1970.10.8-）
外16（デイモン, マット　1970.10.8-）
ク俳（デイモン, マット　1970-）
スター（デイモン, マット　1970.10.8-）

Damone, Vic
アメリカ生まれの俳優。
⇒標音2（ダモーン, ヴィック　1928.6.12-）

Dampier, Alfred
オーストラリアの俳優, 劇作家, 興行師。
⇒岩世人（ダンピア　1847/1843/1845/1848.2.28-1908.5.23）

Dampier, Sir William Cecil
イギリスの科学史家。自然科学, 農学, 経済学, 社会学などを研究。
⇒岩世人（ダンピア　1867.12.27-1952.12.11）

Damrau, Diana
ドイツのソプラノ歌手。
⇒外12（ダムラウ, ディアナ　1971-）
外16（ダムラウ, ディアナ　1971-）

Damrong, Rajanubhab
タイの歴史・考古・民俗学者。『史料集』（100巻）は, タイ史研究上の重要資料。
⇒岩世人（ダムロン　1862.6.21-1943.12.1）
タイ（ダムロン（親王）　1862-1943）

Damrosch, Walter
アメリカの指揮者。1903～27年ニューヨーク・フィルの常任指揮者。チャイコフスキーをアメリカに紹介した。
⇒岩世人（ダムロッシュ　1862.1.30-1950.12.22）
エデ（ダムロッシュ, ウォルター・ヨハネス　1862.1.30-1950.12.22）
新音中（ダムロシュ, ウォルター　1862.1.30-1950.12.22）
標音2（ダムロッシュ, ウォールター　1862.1.30-1950.12.22）

Damyanov, Dimitur
ブルガリアのテノール歌手。
⇒魅惑（Damyanov,Dimitur　?-）

Dana, Edward Salisbury
アメリカの鉱物学者。J.D.デーナの子。
⇒岩世人（デイナ　1849.11.16-1935.6.16）

Dana, Paul
アメリカのレーシングドライバー。
⇒最世ス（ダナ, ポール　1975.4.15-2006.3.26）

Danarto
インドネシアの作家。
⇒岩世人（ダナルト　1940.6.27-）

Dance, Charles
イギリス生まれの俳優。
⇒ク俳（ダンス, チャールズ　1946-）

Dan Chupong
タイの俳優。
⇒外12（ダン・チューポン　1981-）

Dăncilă, Viorica
ルーマニアの政治家。ルーマニア首相。
⇒世指導(ダンチラ, ヴィオリカ 1963.12.16-)

Danco, Susanne
ベルギーのソプラノ歌手。
⇒新音中(ダンコ, シュザンヌ 1911.1.22-2000.8.10)
　標音2 (ダンコ, シュザンヌ 1911.1.22-2000.8.10)

Dändliker, Karl
スイスの歴史家。
⇒岩世人(デントリカー 1849.5.6-1910.9.14)

Dandoy, Georges
ベルギー・アンプタンヌ生まれのインドで活躍したイエズス会宣教師。
⇒新カト(ダンドイ 1882.2.5-1962.6.11)

Dandridge, Dorothy
アメリカの女優。
⇒ク俳(ダンドリッジ, ドロシー 1923-1965)
　スター(ダンドリッジ, ドロシー 1922.11.9-1965)

Dandridge, Gloria
アメリカの公民権運動家。
⇒マルX (DANDRIDGE(RICHARDSON), GLORIA ダンドリッジ(リチャードスン), グロリア 1922-)

Dandridge, Raymond Emmett
アメリカのニグロリーグの選手(三塁)。
⇒メジャ(ダンドリッジ, レイ 1913.8.31-1994.2.12)

Danes, Claire
アメリカの女優。
⇒外12(デーンズ, クレア 1979.4.12-)
　外16(デーンズ, クレア 1979.4.12-)
　ク俳(デインズ, クレア 1979-)

Danev, Stoyan
ブルガリアの政治家。第一次バルカン戦争直後に首相に就任(1912)。
⇒岩世人(ダネフ 1858.1.28/2.9-1949.7.30)

Danforth, John Claggett
アメリカの政治家。共和党上院議員。
⇒世指導(ダンフォース, ジョン・クラゲット 1936.9.5-)

Dānge, Śrīpad Amrit
インドの共産主義政治家。
⇒岩世人(ダーンゲー 1899.10.10-1991.5.22)
　南ア新(ダーンゲー 1899-1991)

D'Angelo, Beverly
アメリカ生まれの女優。
⇒ク俳(ダンジェロ, ベヴァリー 1951-)

d'Anglejan, Geoffroy
フランスの実業家。
⇒外16(ダングルジャン, ジョフロア 1956-)

Dang Nhat Minh
ベトナムの映画監督。
⇒岩世人(ダン・ニャット・ミン 1938.11.5-)

Dang Thai Son
ベトナムのピアノ奏者。
⇒岩世人(ダン・タイ・ソン 1958.7.2-)
　外12(ダン・タイ・ソン 1958.7.2-)
　外16(ダン・タイ・ソン 1958.7.2-)

Dang Ye-seo
韓国の卓球選手。
⇒外16(タンイェソ 唐汭序 1981.4.27-)
　最世ス(タンイェソ 1981.4.27-)

Dani, Carlo
イタリアのテノール歌手。
⇒魅惑(Dani,Carlo 1875-?)

Daniel, Glyn
イギリスの作家。
⇒岩世人(ダニエル 1914.4.23-1986.12.13)
　現世文(ダニエル, グリン 1914.4.23-1986)

Daniel, Jean
フランスの編集者。
⇒外12(ダニエル, ジャン 1920.7.21-)
　外16(ダニエル, ジャン 1920.7.21-)

Daniel, Roh
韓国の実業家, 作家。
⇒外12(ダニエル, ロー 1954.6-)
　外16(ダニエル, ロー 1954.6-)

Dániel, Vadász
ハンガリーのテノール歌手。
⇒魅惑(Dániel,Vadász 1974-)

Daniel', Yuriy Markovich
ソ連の小説家, 翻訳家。『こちらはモスクワです』(1961)などの短編を西欧に流し発表。
⇒現世文(ダニエル, ユーリー・マルコヴィチ 1925.11.15-1988.12.30)
　ユ著人(Daniel,Yuli Markovich ダニエル, ユーリー・マルコヴィッチ 1925-)

Daniell, Percy John
イギリスの数学者。
⇒世数(ダニエル, パーシー・ジョン 1889-1946)

Daniel-Lesur
フランスのオルガン奏者, ピアノ奏者, 作曲家。スコラ・カントルム学長。
⇒新音中(ダニエル=ルシュール 1908.11.19-)
　標音2 (ダニエル=ルシュール 1908.11.19-)

Daniélou, Jean
フランスの神学者, イエズス会員, 枢機卿。
⇒岩世人（ダニエル　1905.5.14–1974.5.20）
オク教（ダニエル　1905–1974）
新カト（ダニエル　1905.5.14–1974.5.20）

Daniel Raby, Lucy
イギリスの作家。
⇒海文新（ダニエル＝レイビー, ルーシー　1958–）

Daniel-Rops, Henri
フランスの文学者, 宗教史家。『イエスとその時代』(1945)は17ヵ国語に翻訳。
⇒岩世人（ダニエル＝ロプス　1901.1.19–1965.7.27）
新カト（ダニエル・ロプス　1901.1.19–1965.7.27）

Daniels, Alfred
イギリスの画家。
⇒ユ著人（Daniels, Alfred　ダニエルス, アルフレッド　1924–1975）

Daniels, Bebe
アメリカの女優。
⇒ク俳（ダニエルズ, ビービー（ダニエルズ, ヴァージニア）　1901–1971）

Daniels, Charles
イギリスのテノール歌手。
⇒魅惑（Daniels, Charles　?–）

Daniels, Frank James
イギリスの日本研究家。日本語, 日本民話を専攻。日本に滞在(1933～41)。
⇒岩世人（ダニエルズ　1899.11.25–1983.8.9）

Daniels, Jeff
アメリカ生まれの俳優。
⇒外16（ダニエルズ, ジェフ　1955.2.19–）
ク俳（ダニエルズ, ジェフ　1955–）

Daniels, Jon
アメリカの大リーグ, レンジャーズGM。
⇒外12（ダニエルズ, ジョン）
外16（ダニエルズ, ジョン　1977.8.24–）

Daniels, Josephus
アメリカのジャーナリスト, 政治家, 外交官。『ニュース・アンド・オブザーバー』紙(1904～48)を編集, 刊行。著書『ウィルソンの時代』(44～45)など。
⇒岩世人（ダニエルズ　1862.5.18–1948.1.15）

Daniels, Kalvoski
アメリカの大リーグ選手(外野)。
⇒メジャ（ダニエルズ, カル　1963.8.20–）

Daniels, Lee
アメリカの映画監督。
⇒外16（ダニエルズ, リー　1959–）

Daniels, Mitchell
アメリカの政治家, 実業家。インディアナ州知事, 米国行政管理予算局(OMB)局長。
⇒外16（ダニエルズ, ミッチェル　1949–）
世指導（ダニエルズ, ミッチェル　1949–）

Daniel'son, Nikolai Frantsevich
ロシアの経済学者。『資本論』の最初のロシア語訳者。主著『改革後のわが国の社会経済概要』(1893)。筆名Nikolaion。
⇒岩世人（ダニエリソーン　1844.1.26/2.7–1918.7.3）

Danielson-Kalmari, Johan Richard
フィンランドの歴史家, 政治家。主著『18および19世紀におけるフィンランドの国家社会生活』(15巻,1921～35)。
⇒岩世人（ダニエルソン＝カルマリ　1853.5.7–1933.5.23）

Danilo
ブラジルのサッカー選手(MF)。
⇒外12（ダニーロ　1979.6.11–）

Daniloff, Nicholas S.
モスクワ在住のアメリカ人ジャーナリスト。
⇒スパイ（ダニロフ, ニコラス・S）

Danilova, Alexandra
ロシアのバレエ・ダンサー。1952年アメリカに帰化。53年バレエ団を結成した。
⇒岩世人（ダニロワ（ダニーロヴァ）　1903.11.8/20–1997.7.13）
ネーム（ダニロワ　1904–1997）

Danilson
コロンビアのサッカー選手(名古屋グランパス・MF)。
⇒外12（ダニルソン　1986.9.6–）

Daninos, Pierre
フランスのユーモア作家, ジャーナリスト。作品『トンプソン少佐の手帳』(1954)など。
⇒現世文（ダニノス, ピエール　1913.5.26–2005.1.7）

Danishefsky, Samuel J.
アメリカの有機化学者。
⇒岩世人（ダニシェフスキー　1936–）

Dan Ji
韓国の女優, リポーター。
⇒韓俳（タンジ　1985.8.30–）

Danjon, André
フランスの天文学者。パリ天文台長, 国際天文学連合会長。
⇒天文大（ダンジョン　1890–1967）

Danker, William John
アメリカの宣教師。
⇒アア歴（Danker, W(illiam) John　ダンカー, ウ

イリアム・ジョン 1914.6.9–)
Danko, Rick
カナダ生まれのベース奏者、歌手、作曲家。
⇒ビト改（DANKO,RICK ダンコ, リック）
Danks, Denise
アメリカの作家。
⇒外12（ダンクス, デニーズ）
Dannay, Frederic
アメリカの推理小説家。いとこのリーとエラリー・クイーンの筆名で執筆。
⇒アメ新（クイーン, エラリー 1905–1982）
　岩世人（クイーン 1905–1982）
　現世文（クイーン, エラリー 1905–1982）
　広辞7（クイーン 1905–1982）
　ポブ人（クイーン, エラリー 1905–1982）
Dannemann, Friedrich
ドイツの自然科学史家。
⇒岩世人（ダンネマン 1859.12.28–1936）
　広辞7（ダンネマン 1859–1936）
　ネーム（ダンネマン 1859–1936）
Danner, Blythe
アメリカ生まれの女優。
⇒外16（ダナー, ブライス 1943.2.3–）
Danning, Harry
アメリカの大リーグ選手（捕手）。
⇒メジャ（ダニング, ハリー 1911.9.6–2004.11.29）
Danning, Sybil
オーストリア生まれの女優。
⇒ク俳（ダニング, シビル 1950–）
Dannreuther, Edward
ドイツのピアノ演奏家, 音楽学者。ロンドン・ヴァーグナー協会を設立（1872）。
⇒岩世人（ダンロイター 1844.11.4–1905.2.12）
　標音2（ダンロイター, エドワード 1844.11.4–1905.2.12）
D'Annunzio, Gabriele
イタリアの詩人, 小説家, 劇作家。官能主義的作品を残す。
⇒岩世人（ダンヌンツィオ 1863.3.12–1938.3.1）
　オペラ（ダンヌンツィオ, ガブリエーレ 1863–1938）
　学叢思（ダヌンチオ, ガブリエレ 1864–?）
　現世文（ダンヌンツィオ, ガブリエーレ 1863.3.12–1938.3.1）
　広辞7（ダンヌンツィオ 1863–1938）
　新カト（ダンヌンツィオ 1863.3.12–1938.3.1）
　図翻（ダヌンツィオ 1863.3.12–1938.3.1）
　西文（ダヌンツィオ, ガブリエレ 1863–1938）
　世人新（ダンヌンツィオ 1863–1938）
　世人装（ダンヌンツィオ 1863–1938）
　ネーム（ダンヌンツィオ 1863–1938）
　比文増（ダヌンツィオ（ガブリエーレ） 1863（文久3）–1938（昭和13））

Dano, Paul
アメリカの俳優。
⇒外12（ダノ, ポール 1984–)
　外16（ダノ, ポール 1984.6.19–）
Danon, Abraham
トルコ・エディルネ生まれの学者, 作家, ユダヤ音楽の収集家。
⇒ユ著人（Danon,Abraham ダノン, アブラハム 1857–1925）
Danson, Ted
アメリカ生まれの俳優。
⇒ク俳（ダンスン, テッド 1947–）
Dante, Joe
アメリカの映画監督, 漫画家。
⇒映監（ダンテ, ジョー 1946.11.28–）
Danticat, Edwidge
アメリカの小説家。
⇒外12（ダンティカ, エドウィージ 1969.1.19–）
　外16（ダンティカ, エドウィージ 1969.1.19–）
　現世文（ダンティカ, エドウィージ 1969.1.19–）
Danto, Arthur Coleman
アメリカの哲学者。
⇒岩世人（ダント 1924.1.1–2013.10.25）
　メル別（ダントー, アーサー・コールマン 1924–2013）
Danton, Ray
アメリカ生まれの俳優。
⇒ク俳（ダントン, レイ 1931–1992）
D'Antonio, Michael
アメリカのジャーナリスト。
⇒外12（ダントーニオ, マイケル）
　外16（ダントーニオ, マイケル）
Dantzig, George Bernard
アメリカの数学者。
⇒岩世人（ダンツィッヒ 1914.11.8–2005.5.13）
　世数（ダンツイク, ジョージ・バーナード 1914–2005）
　有経5（ダンツィッヒ 1914–2005）
Dantzig, Rudi van
オランダのダンサー, 振付家, 監督。
⇒外12（ダンツィヒ, ルディ・ファン 1933.8.4–）
Danvers, Dennis
アメリカの作家。
⇒現世文（ダンバーズ, デニス 1947–）
Danzan
モンゴルの政治家。
⇒岩世人（ダンザン 1875–1932）
Danzan
モンゴルの政治家。

⇒岩世人（ダンザン　1885–1924.8.31）

D'Anzi, Giovanni
イタリアのポピュラー作曲家。
⇒標音2（ダンツィ, ジョヴァンニ　1906.8.6–）

Danziger, Itzhak
イスラエルの彫刻家。
⇒ユ著人（Danziger,Yitshak　ダンジガー, イツハック　1916–1977）

Danziger, Kurt
ドイツ生まれのカナダの心理学者。
⇒岩世人（ダンツィガー　1926.6.3–）

Danziger, Louis
アメリカのグラフィック・デザイナー, 写真家。
⇒グラデ（Danziger,Louis　ダンジガー, ルイス　1923–）

Danziger, Paula
アメリカの児童文学者。
⇒現世文（ダンジガー, ポーラ　1944–2004）

Đào Duy Anh
ベトナムの学者。漢字では陶維英。『漢越辞典』(1932)、『法越辞典』の編さん者として著名。
⇒岩世人（ダオ・ズイ・アイン　1904.4.25–1988.4.1）

Daoud, Kamel
アルジェリアの作家, ジャーナリスト。
⇒現世文（ダーウド, カメル　1970–）

Da Putz, Wilhelm
テノール歌手。
⇒魅惑（Da Putz,Wilhelm　?–）

Dar, Avraham
イスラエルのインテリジェンス・オフィサー。エジプトでスパイ網を組織した。
⇒スパイ（ダール, アヴラハム　1925–）

DARA
韓国の歌手。
⇒外12（DARA　ダラ　1984.11.12–）

Dara, Enzo
イタリアのバス歌手。
⇒オペラ（ダーラ, エンツォ　1938–）

Darabont, Frank
アメリカの映画監督, 脚本家。
⇒外12（ダラボン, フランク　1959–）

Al-daradji, Mohamed
イラクの映画監督。
⇒外12（アルダラジー, モハメド　1978–）
　外16（アルダラジー, モハメド　1978–）

Darbinyan, Armen
アルメニアの政治家。アルメニア首相。

⇒世指導（ダルビニャン, アルメン）

Darboux, Jean Gaston
フランスの数学者。微分幾何学の分野でサイクロイドの理論を展開。
⇒岩世人（ダルブー　1842.8.14–1917.2.23）
　数辞（ダルブー, ジャン・ガストン　1842–1917）
　数小増（ダルブー　1842–1917）
　世数（ダルブー, ジャン・ガストン　1842–1917）

Darboven, Hanne
ドイツのコンセプチュアルアートの画家。
⇒ネーム（ダルボーフェン　1941–2009）

Darby, *Sir*（Henry）Clifford
イギリスの歴史地理学者。
⇒岩世人（ダービー　1909.2.7–1992.4.14）
　人文地（ダービー　1909–1992）

Darby, Kim
アメリカ生まれの女優。
⇒ク俳（ダービー, キム（ザビー, デボラ）　1947–）

D'arcangelo, Allen
アメリカの芸術家。
⇒芸13（ダーカンジェロ, アレン　1930–）

D'Arcangelo, Ildebrando
イタリアのバス・バリトン歌手。
⇒外12（ダルカンジェロ, イルデブランド　1969–）
　外16（ダルカンジェロ, イルデブランド　1969–）

Darchinyan, Vic
オーストラリアのプロボクサー。
⇒最世ス（ダルチニアン, ビック　1976.1.7–）

D'Arcy, Martin Cyril
イギリスのカトリック神学者, イエズス会士。著書『トマス・アクィナス』(1930)など。
⇒オク教（ダーシー　1888–1976）
　新カト（ダーシ　1888.6.15–1976.11.20）

Dard, Frédéric
フランスのミステリ作家。
⇒現世文（ダール, フレデリック　1921.6.29–2000.6.6）

Dardenne, Jean-Pierre
ベルギー生まれの映画監督。
⇒映監（ダルデンヌ, ジャン＝ピエール＆リュック　1951.4.21–）
　外12（ダルデンヌ, ジャン・ピエール　1951.4.21–）
　外16（ダルデンヌ, ジャン・ピエール　1951.4.21–）

Dardenne, Luc
ベルギーの映画監督, 映画プロデューサー, 脚本家。
⇒映監（ダルデンヌ, ジャン＝ピエール＆リュック　1954.3.10–）
　外12（ダルデンヌ, リュック　1954.3.10–）

外16（ダルデンヌ, リュック 1954.3.10–）

D'Arienzo, Juan
アルゼンチンのタンゴ楽団指揮者。1950年代タンゴ界の花形。
- ⇒異二辞（ダリエンソ［フアン・～］ 1900–1976）
- 新音中（ダリエンソ, フアン 1900.12.14–1976.1.14）
- 標音2（ダリエンソ, フアン 1900.12.14–1976.1.14）
- ラテ新（ダリエンソ 1900–1976）

Darin, Bobby
アメリカの歌手, 俳優。
- ⇒ク俳（ダーリン, ボビー（カソット, ロバート・ウォルデン） 1934–1973）
- 標音2（ダーリン, ボビー 1936.5.14–1973.12.20）
- ロック（Darin, Bobby ダーリン, ボビー 1936.5.14–）

Darío, Rubén
ニカラグアの詩人。チリ, アルゼンチン, スペイン, パリなど各地で活躍。
- ⇒岩世人（ダリオ 1867.1.18–1916.2.6）
- 現世文（ダリオ, ルベン 1867.1.18–1916.2.6）
- 広辞7（ダリーオ 1867–1916）
- ネーム（ダリーオ 1867–1916）
- ラテ新（ダリオ 1867–1916）

Dark, Alvin Ralph
アメリカの大リーグ選手（遊撃, 三塁）。
- ⇒メジャ（ダーク, アルヴィン 1922.1.7–）

Dark, Eleanor
オーストラリアの小説家。
- ⇒現世文（ダーク, エレナー 1901.8.26–1985.9.11）

D'Arkor, André
ベルギーのテノール歌手。
- ⇒失声（ダルコール, アンドレ 1901–1971）
- 魅惑（D'Arkor, Andre 1901–1971）

Darlan, Jean Louis Xavier François
フランスの軍人, 政治家。1941年外務大臣。42年フランス軍総司令官。同年アフリカ総督に就任後, 暗殺。
- ⇒岩世人（ダルラン 1881.8.7–1942.12.24）

Darling, Ronald Maurice
アメリカの大リーグ選手（投手）。
- ⇒メジャ（ダーリング, ロン 1960.8.19–）

Darlington, Cyril Dean
イギリスの植物学者。ジョン・インネス園芸試験場長（1939～）。
- ⇒岩生（ダーリントン 1903–1981）
- 岩世人（ダーリントン 1903.12.19–1981.3.26）

Darlton, Clark
ドイツのSF作家。
- ⇒外12（ダールトン, クラーク 1920.6.13–）
- 外16（ダールトン, クラーク 1920.6.13–）

- 現世文（ダールトン, クラーク 1920.6.13–2005.1.15）

Darma, Dr.Budi
インドネシアの作家。
- ⇒岩世人（ダルマ, ブディ 1937.4.25–）

Darnand, Joseph
フランスの政治家。
- ⇒岩世人（ダルナン 1897.3.19–1945.10.10）

Darnell, Linda
アメリカの映画女優。
- ⇒ク俳（ダーネル, リンダ（ダーネル, マネッタ） 1921–1965）

Darnton, John
アメリカのジャーナリスト, 作家。
- ⇒外12（ダーントン, ジョン 1941–）
- 現世文（ダーントン, ジョン 1941–）

Darré, Richard-Walther
ナチス・ドイツの政治家。党農民指導者, 食糧相。
- ⇒岩世人（ダレ 1895.7.14–1953.9.5）

Darren, James
アメリカ・ペンシルベニア州生まれの俳優。
- ⇒ロック（Darren, James ダレン, ジェイムズ 1936.10.3–）

Darrieus, Pierre Joseph Gabriel Georges
フランスの軍人。海軍中将。
- ⇒戦思（ダリユ 1859–1931）

Darrieussecq, Marie
フランスの作家。
- ⇒外16（ダリュセック, マリー 1969.1.3–）
- 現世文（ダリュセック, マリー 1969.1.3–）

Darrieux, Danielle
フランス生まれの女優。
- ⇒遺産（ダリュー, ダニエル 1917.5.1–）
- 岩世人（ダリュー 1917.5.1–）
- 外12（ダリュー, ダニエル 1917.5.1–）
- ク俳（ダリュー, ダニエル 1917–）
- 標音2（ダリュー, ダニエル 1917.5.1–）

Darrow, Clarence Seward
アメリカの弁護士。主として社会主義者, 労働運動家達の公判における弁護に当った。
- ⇒岩世人（ダロー 1857.4.18–1938.3.13）

Darsono Notosodirjo, Raden
インドネシアの民族主義運動家。
- ⇒岩世人（ダルソノ 1893–1976）

Dart, Raymond Arthur
オーストリア生まれの人類学者。アウストラロピテクスの発見, 命名者。

⇒岩生（ダート　1893-1988）
　岩世人（ダート　1893.2.4-1988.11.22）
　科史（ダート　1893-1988）

Dart, Thurston
イギリスのハープシコード奏者, 音楽学者。
⇒新音中（ダート, サーストン　1921.9.3-1971.3.6）
　標音2（ダート, サーストン　1921.9.3-1971.3.6）

D'Arturo, Guido Horn
イタリアの天文学者。
⇒ユ著人（D'Arturo,Guido Horn　ダアルトゥーロ, グィード・ホルン　1879-1967）

Darty, Paulette
フランスの歌手。
⇒異二辞（ダルティ, ポーレット　1871-1939）

Darwin, Daniel Wayne
アメリカの大リーグ選手（投手）。
⇒メジャ（ダーウィン, ダニー　1955.10.25-）

Darwin, Francis
イギリスの植物学者。進化論者C.ダーウィンの子。
⇒岩世人（ダーウィン　1848.8.16-1925.9.19）

Darwin, *Sir* George Howard
イギリスの天文学者。C.ダーウィンの2男。
⇒岩世人（ダーウィン　1845.7.9-1912.12.7）

Darwīsh, 'Abd Allāh Nimr
イスラエルのイスラム運動指導者。
⇒岩イ（ダルウィーシュ, アブドゥッラー　?-）

Darwīsh, Maḥmūd
パレスチナ・PLO所属の詩人, ジャーナリスト。
⇒岩イ（ダルウィーシュ, マフムード　1941-）
　岩世人（ダルウィーシュ, マフムード　1941-2008.8.9）
　現世文（ダルウィーシュ, マフムード　1941.3.13-2008.8.9）

Darwīsh, Sayyid
アラブの歌手, 作曲家。
⇒岩世人（ダルウィーシュ, サイイド　1892.3.17-1923.9.15）

Das, Chitta Ranjan
インド国民運動の指導者, スワラジ党首。国民会議派議長（1922）, カルカッタ市長となった（24）。
⇒岩世人（ダース　1870.11.5-1925.6.16）
　南ア新（ダース　1870-1925）

Das, Kamala
インドの女性英語詩人, 小説家。
⇒現世文（ダース, カマーラ　1934.3.31-2009.5.31）

Das, Sarat Chandra
インドのサンスクリット学者, チベット学者。古代チベット仏教史の研究の先駆者。

⇒岩世人（ダース　1849-1917）
　岩世人（サラット・チャンドラ・ダース　1849-1917）
　新佛3（ダス　?-1917）

Dasaad
インドネシアの企業家。
⇒岩世人（ダサアド　1905.8.25-1970.11.11）

Daschle, Thomas
アメリカの政治家。民主党上院院内総務。
⇒外12（ダシュル, トーマス　1947.12.9-）
　外16（ダシュル, トーマス　1947.12.9-）
　世指導（ダシュル, トーマス　1947.12.9-）

Dasgupta, Partha Sarathi
イギリスの経済学者。
⇒外16（ダスグプタ, パーサ　1942.11.17-）

Dasgupta, Rana
イギリス出身の作家。
⇒海文新（ダスグプタ, ラーナ　1971.10.5-）

Dashewski, Pinhas
ロシアのシオン主義者。パヴォラキ・クルシェヴァンを刃物で襲撃したが, かすり傷を与えただけに終わった。
⇒世暗（ダシェウスキィ, ピンハス　1879-1934）

Dashner, James
アメリカの作家。
⇒海文新（ダシュナー, ジェイムズ　1972-）

Dashtī, 'Alī
イランの作家。代表作『幽囚の日々』（1921）。21年「赤い黎明」紙を発刊,41年正義党（アダーラト）創設。
⇒岩世人（ダシュティー, アリー　1894-1982.1.16）
　現世文（ダシュティー, アリー　1897.3.31-1982.1.16）

Dashyondon, Büdragchaagiin
モンゴルの政治家。モンゴル人民革命党（MPRP）中央幹部会議長。
⇒世指導（ダシヨンドン, ブドラグチャーギン　1946.2.17-）

da Silva, Leônidas
ブラジルのサッカー選手。
⇒異二辞（ダ・シルバ, レオニダス　1913-2004）

Daskalov, Stanislav
ブルガリアの政治家。ブルガリア外相。
⇒世指導（ダスカロフ, スタニスラフ　1952.4.4-）

Dass, Dean
アメリカ生まれの画家。
⇒芸13（ダス, ディーン　1955-）

Dassary, André
フランスのオペレッタ歌手, 俳優。
⇒失声（ダッサリー, アンドレ　1912-1987）

標音2（ダサリ，アンドレ　1912.9.10–）

Dassault, Marcel
フランスの航空術の先駆者，産業家，政治家。
⇒岩世人（ダッソー　1892.1.22–1986.4.17）

Dassin, Jules
アメリカ生まれの映画監督，男優。
⇒映監（ダッシン，ジュールス　1911.12.18–2008）
ユ著人（Dassin,Jules　ダーシン，ジュール　1911–）

Dassler, Adolf
ドイツのスポーツシューズ製作者，企業家。
⇒ポプ人（ダスラー，アドルフ　1900–1978）

Dassler, Horst
ドイツのスポーツ用具メーカー経営者。
⇒岩世人（ダスラー　1936.3.12–1987.4.9）

D'Assumpção, Carlos Augusto Corrêa
マカオの政治家。
⇒岩世人（ダスンサン　1929.3.1–1992.4.20）

Dasto, Dany
フランスの画家。
⇒芸13（ダスト，ダニー　1940–）

Dastur, Françoise
フランスの哲学者。
⇒メル別（ダスチュール，フランソワーズ　1942–）

Daszyński, Ignacy
ポーランドの政治家。1892年ポーランド社会民主党の結成に参画。副首相（1920~21），議会議長（28~30）を歴任。
⇒岩世人（ダシンスキ　1866.10.26–1936.10.31）

Dati, Rachida
フランスの政治家。
⇒外12（ダチ，ラシダ　1965–）
外16（ダティ，ラシダ　1965–）
世指導（ダティ，ラシダ　1965–）

Dato 'Noor Adlan
マレーシアの外交官。アジア太平洋経済協力会議（APEC）事務局長。
⇒世指導（ダトー・ヌーア・アドラン　1939–）

Datsyuk, Pavel
ロシアのアイスホッケー選手（レッドウイングス・FW）。
⇒最世ス（ダツック，パヴェル　1978.7.20–）

Daubechies, Ingrid
アメリカの数学者。
⇒外16（ドブシー，イングリッド　1954.8.17–）

Daubert, Jacob Ellsworth
アメリカの大リーグ選手（一塁）。

⇒メジャ（ドーバート，ジェイク　1884.4.17–1924.10.9）

Däubler, Theodor
ドイツの詩人。代表作に神秘的叙事詩『極光』（1910）。
⇒岩世人（ドイブラー　1876.8.17–1934.6.13）
学叢思（ドイブレル，テオドル　1876–?）

Däubler-Gmelin, Herta
ドイツの女性政治家。ドイツ法相，ドイツ社会民主党（SPD）副党首。
⇒世指導（ドイブラー・グメリン，ヘルタ　1943.8.12–）

Daud, Sardar Muhammad
アフガニスタンの軍人，政治家。1973年無血クーデターを起し，初代大統領兼首相となるが，78年のクーデターで処刑された。
⇒岩イ（ダーウード，ムハンマド　1909–1978）

Daud Beureueh, Teungku Muhammad
インドネシア，アチェのイスラム指導者。
⇒岩イ（ダウド・ブレエ　1899?–1987）

Daudet, Léon
フランスの小説家，評論家。A.ドーデの息子。文芸批評家としてプルースト，セリーヌなどを発見。
⇒岩世人（ドーデ　1867.11.16–1942.6.30）
学叢思（ドーデー，レオン　1868–?）
新カト（ドーデ　1867.11.16–1942.6.30）
フラ食（ドーデ，レオン　1867–1942）

Daud Syah, Sultan Muhammad
インドネシア，スマトラ島北部のアチェ王国の最後の王。在位1874~1903。
⇒岩世人（ダウド・シャー，ムハンマド　（在位）1874–1903）

Dauer, Richard Fremont
アメリカの大リーグ選手（二塁，三塁）。
⇒メジャ（ダウアー，リッチ　1952.7.27–）

Daujat, Jean
フランスのカトリック神学者，新トマス主義の哲学者。
⇒新カト（ドージャ　1906.10.27–1998.5.31）

Daulton, Darren Arthur
アメリカの大リーグ選手（捕手，外野）。
⇒メジャ（ドールトン，ダーレン　1962.1.3–）

Daum, Cristoph
ドイツのサッカー監督（ブリュージュ）。
⇒外12（ダウム，クリストフ　1953.10.24–）

Daumal, René
フランスの詩人。現代フランスにインド文化・哲学を紹介した。

Daunton, Martin James
イギリスの歴史家。
⇒岩世人（ドーントン　1949.2.7–）

Dauphin, Claude
フランスの俳優。
⇒ク俳（ドーファン，クロード（フランク＝ノーアン，C）　1903–1978）

Dauphin, Eugène
フランスの画家。
⇒19仏（ドーファン，ウジェーヌ　1857.11.30–1930）

Dauriac, Jacqueline
フランス生まれの女性作家。
⇒芸13（ドリアック，ジャクリーヌ　1945–）

Dauss, George August（Hooks）
アメリカの大リーグ選手（投手）。
⇒メジャ（ドース，フックス　1889.9.22–1963.7.27）

Dausset, Jean
フランスの病理学者。1980年ノーベル生理学医学賞。
⇒岩生（ドーセ　1916–2009）
　岩世人（ドーセ　1916.10.19–2009.6.6）
　ノベ3（ドーセ，J.　1916.10.19–2009.6.6）

Dauthendey, Max
ドイツの小説家，詩人。
⇒岩世人（ダウテンダイ　1867.7.25–1918.8.29）

Dauzat, Albert
フランスの言語学者。主著『言語地理学』(1922)。
⇒岩世人（ドーザ　1877.7.4–1955.10.31）

Davaagiin Batbayar
モンゴルの政治家，力士（小結）。モンゴル国民大会議員・大統領補佐官。
⇒外12（ダバァー・バトバヤル　1973.3.8–）
　外16（ダバァーギーン・バトバヤル　1973.3.8–）

Davalillo, Victor Jose
アメリカの大リーグ選手（外野）。
⇒メジャ（ダバリーヨ，ビック　1936.7.31–）

Davenport, Charles Benedict
アメリカの動物学者。カーネギー研究所遺伝学部長，優生学記録所長を歴任。主著『ジャマイカにおける人種混血』(1929)など。
⇒岩生（ダヴェンポート　1866–1944）
　岩世人（ダヴェンポート　1866.6.1–1944.2.18）

Davenport, David W.
アメリカの大リーグ選手（投手）。
⇒メジャ（ダヴェンポート，デイヴ　1890.2.20–1954.10.16）

Davenport, Guy Mattison, Jr.
アメリカの作家。
⇒現世文（ダベンポート，ガイ　1927.11.23–2005.1.4）

Davenport, Harold
イギリスの数学者。
⇒世数（ダヴェンポート，ハロルド　1907–1969）

Davenport, Herbert Joseph
アメリカ生まれの経済思想学者。
⇒岩世人（ダヴェンポート　1861.8.10–1931.6.15）

Davenport, James Houston
アメリカの大リーグ選手（三塁，遊撃）。
⇒メジャ（ダヴェンポート，ジム　1933.8.17–）

Davenport, Lindsay
アメリカのテニス選手。
⇒外12（ダベンポート，リンゼイ　1976.6.8–）
　外16（ダベンポート，リンゼイ　1976.6.8–）
　最世ス（ダベンポート，リンゼイ　1976.6.8–）

Davenport, Nigel
イギリス生まれの俳優。
⇒ク俳（ダヴェンポート，ナイジェル　1928–）

Davićo, Oskar
ユーゴスラビアの詩人，小説家。
⇒現世文（ダヴィチョ，オスカー　1909.1.18–1989.10.1）

Davico, Vincenzo
イタリアの作曲家。
⇒オペラ（ダヴィーコ，ヴィンチェンツォ　1889–1969）

David, Antoine
テノール歌手。
⇒魅惑（David, Antoine　?–）

David, Craig
イギリス生まれの歌手。
⇒外12（デービッド，クレイグ　1981–）
　外16（デービッド，クレイグ　1981.5.5–）

David, Eduard
ドイツの社会主義経済学者，政治家。著『社会主義と農業』(1903)。
⇒岩世人（ダーヴィト　1863.6.11–1930.12.24）

David, Hal
アメリカの作詞家。
⇒標音2（デーヴィド，ハル　1921.5.25–）

David, Johann Nepomuk
オーストリアの作曲家，オルガン演奏家。シュトゥットガルト音楽院作曲教授(1948)兼ブルックナー合唱団指揮者。
⇒岩世人（ダーヴィト　1895.11.30–1977.12.22）
　ク音3（ターヴィト　1895–1977）

新音小（ダーヴィト, ヨハン・ネーポムク　1895–1977）
新音中（ダーヴィト, ヨハン・ネーポムク　1895.11.30–1977.12.22）
標音2（ダーヴィト, ヨハン・ネーポムク　1895.11.30–1977.12.22）

David, Léon
フランスのテノール歌手。1924～37年パリ音楽院の声楽科教授。
⇒失声（ダヴィッド, レオン　1867–1962）
魅惑（David,Léon　1867–1962）

David, Ophélie
フランスのスキー選手（フリースタイル）。
⇒最世ス（ダビド, オフェリー　1976.7.6–）

David, Sir Percival, 2nd Baronet
イギリスの中国陶磁の収集家, 研究家。
⇒岩世人（デイヴィド　1892.7.21–1964.10.9）

David, Peter
アメリカの作家, 脚本家, 漫画家。
⇒外12（デービッド, ピーター　1956–）

David Luiz
ブラジルのサッカー選手（チェルシー・DF）。
⇒最世ス（ダビド・ルイス　1987.4.22–）

Davidov, Alexander
ウクライナのテノール歌手。
⇒魅惑（Davidov,Alexander　1872–1944）

Davidovitch, Lolita
カナダ生まれの女優。
⇒ク俳（ダヴィドヴィッチ, ロリータ　1961–）

Davidovsky, Mario
アメリカの作曲家。
⇒エデ（ダヴィドフスキー, マリオ　1934.3.4–）
現音キ（ダビドフスキー, マリオ　1934–）

Davids, Caloline Augusta
イギリスの女流仏教学者。T.W.R.に師事し, のち彼と結婚。
⇒岩世人（リース・デイヴィズ　1857.9.27–1942.6.26）
オク仏（リス・デヴィッツ, キャロライン・オーガスタ・フォーリー　1858–1942）

Davids, Edgar
オランダのサッカー選手。
⇒異二辞（ダーヴィッツ［エドガー・～］　1973–）
外12（ダーヴィッツ, エドハー　1973.3.13–）
外16（ダーヴィッツ, エドハー　1973.3.13–）
ネーム（ダヴィッツ, エドガー　1973–）

Davids, Thomas William Rhys
イギリスの仏教学者。多数のパーリ語聖典をローマ字化し, 出版。
⇒岩世人（リース・デイヴィズ　1843.5.12–1922.12.27）

オク仏（リス・デヴィッツ, トーマス・ウィリアム　1843–1922）
新佛3（デーヴィズ　1843–1922）

Davidson, Andrew
カナダの作家。
⇒海文新（デイビッドソン, アンドリュー　1969–）
現世文（デビッドソン, アンドルー　1969–）

Davidson, Avram
アメリカの作家。
⇒現世文（デビッドソン, エイブラム　1923.4.23–1993.5.8）

Davidson, Basil Risbridger
イギリスのジャーナリスト, アフリカ研究者。著書は『アフリカの目覚め』など。
⇒岩世人（デイヴィドソン　1914.11.9–2010.7.9）

Davidson, Craig
カナダの作家。
⇒海文新（デイヴィッドソン, クレイグ　1976–）

Davidson, David
スウェーデンの経済学者。
⇒有経5（デヴィッドソン　1854–1942）

Davidson, Diane Mott
アメリカの作家。
⇒外12（デビッドソン, ダイアン）
外16（デビッドソン, ダイアン）
現世文（デビッドソン, ダイアン）

Davidson, Donald
アメリカの哲学者。
⇒岩世人（デイヴィドソン　1917.3.6–2003.8.30）
現社（デイヴィドソン　1917–2003）
哲中（デイヴィドソン　1917–2003）
メル別（デイヴィドソン, ドナルド　1917–2003）

Davidson, Ernest Roy
アメリカの理論化学者。
⇒岩世人（デイヴィドソン　1936.10.12–）

Davidson, James Wheeler
アメリカの領事, 財務代行者。
⇒アア歴（Davidson,James Wheeler　デイヴィッドソン, ジェイムズ・ホイーラー　1872.6.14–1933.7.18）

Davidson, John
スコットランドの作家。
⇒岩世人（デイヴィドソン　1857.4.11–1909.4.23頃）

Davidson, Jo（Joseph）
アメリカの彫刻家。20世紀の著名な人物の肖像を300以上制作。
⇒ユ著人（Davidson,Jo　ダヴィッドソン, ジョー　1882–1953）

Davidson, Lionel
イギリスの冒険小説家, 推理小説家。

⇒現世文（デビッドソン, ライオネル　1922.3.31–2009.10.21）

Davidson, MaryJanice
アメリカのロマンス作家。
⇒海文新（デヴィッドスン, メアリジャニス）
現世文（デビッドソン, メアリジャニス）

Davidson, Paul
ドイツ初期の映画制作者。劇場主。
⇒ユ著人（Davidson,Paul and Fellner,Hermann　ダヴィッドソン, パウルとフェルナー, ヘルマン）

Davidson, Paul
アメリカ生まれの経済思想家。
⇒岩経（デヴィッドソン　1930–）

Davidson, Randall Thomas
イギリスの聖職者。カンタベリ大主教。
⇒岩世人（デイヴィドソン　1848.4.7–1930.5.25）
オク教（デーヴィッドソン　1848–1930）

Davidson, William Saltau
ニュージーランドの農民, 実業家。
⇒ニュー（デヴィッドソン, ウィリアム　1846–1924）

Davidtz, Embeth
アメリカ生まれの女優。
⇒ク俳（ダヴィッツ, エンベス　1966–）

David Villa
スペインのサッカー選手（ニューヨーク・シティ・FW）。
⇒外12（ダビド・ビジャ　1981.12.3–）
外16（ダビド・ビジャ　1981.12.3–）
最世ス（ダビド・ビジャ　1981.12.3–）

Davie, Donald Alfred
イギリスの詩人, 批評家。1950年代に新しい文学運動を推進した知的詩人の一人。
⇒岩世人（デイヴィ　1922.7.17–1995.9.18）
現世文（デービー, ドナルド　1922.7.17–1995.9.18）

Davies, Allen J.
アメリカ空軍下士官。
⇒スパイ（デイヴィーズ, アレン・J）

Davies, Arthur
イギリスのテノール歌手。
⇒魅惑（Davies,Arthur　1950–）

Davies, Ben
イギリスのテノール歌手。1887年『ドロシー』, 91年『アイヴァンホー』世界初演に主役で参加。
⇒魅惑（Davies,Ben　1858–1943）

Davies, Clement Edward
イギリスの政治家。自由党党首（1945～56）。
⇒岩世人（デイヴィス　1884.2.19–1962.3.23）

Davies, Cyril 'Squirrel'
イギリス・バッキンガムシャーのデナム生まれのミュージシャン, ハーモニカ奏者。
⇒ロック（Davies,Cyril 'Squirrel'　デイヴィス, シリル・"スクィレル"　1932–1964.1.7）

Davies, Donald Watts
ウェールズの科学者。
⇒世発（デイヴィス, ドナルド・ワッツ　1924–2000）

Davies, Glyn
アメリカの外交官。
⇒外12（デービース, グリン）
外16（デービース, グリン）

Davies, Sir Henry Walford
イギリスのオルガン奏者, 作曲家。主著『音楽の探究』(1935)。
⇒標音2（デーヴィス, ヘンリー・ウォルフォード　1869.9.6–1941.3.11）

Davies, Howard John
イギリスの銀行家。
⇒外12（デービス, ハワード　1951.2.12–）
外16（デービス, ハワード　1951.2.12–）

Davies, Jacqueline
アメリカの作家。
⇒海文新（デイヴィーズ, ジャクリーヌ）

Davies, John Paton, Jr.
アメリカの外交官。
⇒アア歴（Davies,John Paton,Jr　デイヴィーズ, ジョン・ペイトン, ジュニア　1908.4.6–1999.12.23）

Davies, Joseph Edward
アメリカの政治家。共和党所属。ポツダム会議に出席（1945）。
⇒岩世人（デイヴィズ　1876.11.29–1958.5.9）

Davies, Laura
イギリスのプロゴルファー。
⇒外16（デービース, ローラ　1963.10.5–）
最世ス（デービース, ローラ　1963.10.5–）

Davies, Leslie Purnell
イギリスの作家。
⇒現世文（デービース,L.P.　1914.10.14–1988.1.6）

Davies, Maldwyn
イギリスのテノール歌手。
⇒魅惑（Davies,Maldwyn　1950–）

Davies, Marion
アメリカの女優。
⇒ク俳（デイヴィス, マリオン（ドウラス, マリオン）　1897–1961）

Davies, Murray
イギリスの作家。

Davies, Nicola
イギリスの作家、テレビプロデューサー。
⇒外16（デービス、ニコラ）
海文新（デイビス、ニコラ）

Davies, Norman de Garis
イギリスのエジプト学者。
⇒岩世人（デイヴィス 1865.9.14–1941.11.5）

Davies, Peter Maxwell
イギリスの作曲家。
⇒エデ（デイヴィス、ピーター・マクスウェル 1934.9.8–2016.3.25）
ク音3（デイヴィス 1934–）
現音キ（デイヴィス、ピーター・マックスウェル 1934–）
新音中（デイヴィス、ピーター・マクスウェル 1934.9.8–）
標音2（デーヴィス、ピーター・マクスウェル 1934.9.8–）

Davies, Ray
イギリスのロック歌手、映像作家。
⇒異二辞（デイヴィス、レイ 1944–）
外12（デービス、レイ 1944.6.21–）

Davies, Ryland
ウェールズのテノール歌手。
⇒魅惑（Davies,Ryland 1943–）

Davies, Tudor
イギリスのテノール歌手。
⇒魅惑（Davies,Tudor 1892–1958）

Davies, William Henry
イギリスの詩人。『超浮浪者の自伝』（1908）を書く。
⇒岩世人（デイヴィス 1870.4.20–1940.9.26）

Davies, (William) Robertson
カナダの小説家、劇作家、随筆家、評論家。
⇒現世文（デービース、ロバートソン 1913–1995.12.2）

Davignon, Henri
ベルギーの作家。子爵。小説 "Un Belge"（1913）。
⇒岩世人（ダヴィニョン 1879.8.24–1964.11.14）

Davilia, Rafael
アメリカ陸軍州兵の情報士官。
⇒スパイ（ダヴィリア、ラファエル）

Davis, Allison
アメリカの教育学者。南部の社会経済的構造、青年のパーソナリティの発達などについて研究。
⇒教人（デイヴィス 1902–）

Davis, Alvin Glenn
アメリカの大リーグ選手（一塁）。
⇒メジャ（デイヴィス、アルヴィン 1960.9.9–）

Davis, Andrew
イギリスの指揮者。
⇒新音中（デイヴィス、アンドルー 1944.2.2–）

Davis, Andrew
アメリカの映画監督。
⇒外12（デービス、アンドルー 1946.11.21–）

Davis, Angela (Yvonne)
アメリカ（アフリカ系）の女性評論家、政治活動家。
⇒岩世人（デイヴィス 1944.1.26–）
マルX（DAVIS,ANGELA デイヴィス、アンジェラ 1944–）

Davis, Annalee
バルバドスの画家。
⇒芸13（デーヴィス、アンナーリー ?–）

Davis, Anthony
アメリカのバスケットボール選手（ペリカンズ）。
⇒最世ス（デービス、アンソニー 1993.3.11–）

Davis, Arthur Vining
アメリカの工場経営者、慈善家。
⇒アメ経（デービス、アーサー 1867.5.30–1962.11.17）

Davis, Bette
アメリカの映画女優。アカデミー女優主演賞を2度受賞。
⇒岩世人（デイヴィス 1908.4.5–1989.10.7）
ク俳（デイヴィス、ベティ（デイヴィス、ルース・エリザベス） 1908–1989）
スター（デイヴィス、ベティ 1908.4.5–1989）
ネーム（デイヴィス、ベティ 1908–1989）

Davis, Billie
イギリス・サリーのウォーキング生まれのソウル歌手。
⇒ロック（Davis,Billie デイヴィス、ビリー 1945–）

Davis, Charles
ハワイ生まれのテノール歌手。
⇒失声（ディヴィス、チャールズ 1925–1991）
魅惑（Davis,Charles K.L. ?–）

Davis, Charles Theodore (Chili)
アメリカの大リーグ選手（外野,DH）。
⇒メジャ（デイヴィス、チリ 1960.1.17–）

Davis, Chester Charles
アメリカの農業調整局長、セントルイス連邦準備銀行総裁、フォード財団理事長。

⇒アメ経（デービス，チェスター　1887.11.17–1975.9.25）

Davis, Chris
アメリカの大リーグ選手（オリオールズ・内野手）。
⇒最世ス（デービス，クリス　1986.3.17–）

Davis, Clive
アメリカの実業家。
⇒外12（デービス，クライブ）
　外16（デービス，クライブ　1932.4.4–）

Davis, *Sir* Colin
イギリスの指揮者。
⇒オペラ（デイヴィス，コリン　1927–2013）
　外12（デービス，コリン　1927.9.25–）
　新音中（デイヴィス，コリン　1927.9.25–）
　標音2（デーヴィス，コリン　1927.9.25–）

Davis, Curtis Benton
アメリカの大リーグ選手（投手）。
⇒メジャ（デイヴィス，カート　1903.9.7–1965.10.12）

Davis, Dennis Russell
アメリカの指揮者。
⇒外12（デービス，デニス・ラッセル　1944–）
　外16（デービス，デニス・ラッセル　1944–）

Davis, Douglas
アメリカの大リーグ選手（投手）。
⇒メジャ（デイヴィス，ダグ　1975.9.21–）

Davis, Dwight Filley
アメリカの政治家。英米庭球試合にデーヴィス・カップを寄贈。
⇒アア歴（Davis,Dwight F（illey）　デイヴィス，ドワイト・フィリー　1879.7.5–1945.11.28）
　アメ州（Davis,Dwight Filley　デイヴィス，ドワイト・フィリー　1879–1945）
　岩世人（デイヴィス　1879.7.5–1945.11.28）

Davis, Eric Keith
アメリカの大リーグ選手（外野）。
⇒メジャ（デイヴィス，エリック　1962.5.29–）

Davis, Ernest Hyam
ニュージーランドの実業家。
⇒ニュー（デーヴィス，アーネスト　1872–1962）

Davis, Geena
アメリカ生まれの女優。
⇒外12（デービス，ジーナ　1957.1.21–）
　外16（デービス，ジーナ　1957.1.21–）
　ク俳（デイヴィス，ジーナ（デイヴィス，ヴァージニア）　1957–）

Davis, George Earl（Storm）
アメリカの大リーグ選手（投手）。
⇒メジャ（デイヴィス，ストーム　1961.12.26–）

Davis, George Stacey
アメリカの大リーグ選手（遊撃，三塁，外野）。
⇒メジャ（デイヴィス，ジョージ　1870.8.23–1940.10.17）

Davis, George Whitefield
アメリカの陸軍将校，技師。
⇒アア歴（Davis,George Whitefield　デイヴィス，ジョージ・ホイットフィールド　1839.7.26–1918.7.12）

Davis, Glenn Earle
アメリカの大リーグ選手（一塁）。
⇒メジャ（デイヴィス，グレン　1961.3.28–）

Davis, Hal C.
アメリカの打楽器奏者。アメリカ音楽家連盟会長。
⇒アメ経（デービス，ハル　?–1978.1）

Davis, Harry H.
アメリカの大リーグ選手（一塁）。
⇒メジャ（デイヴィス，ハリー　1873.7.19–1947.8.11）

Davis, Hassoldt
アメリカの探検家，作家。
⇒アア歴（Davis,Hassoldt　デイヴィス，ハッソルト　1907.7.3–1959.9.9）

Davis, Herman Thomas
アメリカの大リーグ選手（外野）。
⇒メジャ（デイヴィス，トミー　1939.3.21–）

Davis, Jack
オーストラリアの作家。
⇒岩世人（デイヴィス　1917.3.11–2000.3.17）

Davis, James John
アメリカの政治家。労働長官，上院議員。
⇒アメ経（デービス，ジェームズ　1873.10.27–1947.11.22）

Davis, James T.
アメリカ陸軍の情報専門家。
⇒スパイ（デイヴィス，ジェイムズ・T　1936–1961）

Davis, Jeremy
アメリカのミュージシャン。
⇒外12（デービス，ジェレミー）

Davis, Jerome Dean
アメリカのアメリカン・ボード宣教師。同志社の創立功労者。
⇒アア歴（Davis,Jerome Dean　デイヴィス，ジェロウム・ディーン　1838.1.17–1910.11.4）
　岩世人（デイヴィス　1838.1.17–1910.11.4）

Davis, Jesse Ed
アメリカのギター奏者。
⇒ビト改（DAVIS,JESSE ED　デイヴィス，ジェ

シ・エド）
Davis, Jim
アメリカの男優。
⇒ク俳（デイヴィス，ジム（デイヴィス，マーリン）1915-1981）

Davis, Joan
アメリカの喜劇女優。
⇒ク俳（デイヴィス，ジョウン（デイヴィス，マドンナ）1907-1961）

Davis, Jody Richard
アメリカの大リーグ選手（捕手）。
⇒メジャ（デイヴィス，ジョディ　1956.11.12-）

Davis, John William
アメリカの弁護士，外交官，政治家（民主党）。駐英大使。
⇒アメ経（デービス，ジョン　1873.4.13-1955.3.24）
アメ州（Davis,John William　デービス，ジョン・ウイリアム　1873-1955）

Davis, Judy
オーストラリア生まれの女優。
⇒外12（デービス，ジュディ　1955.4.23-）
　外16（デービス，ジュディ　1955.4.23-）
　ク俳（デイヴィス，ジュディ　1955-）
　スター（デイヴィス，ジュディ　1955.4.23-）

Davis, Justin
アメリカのロマンス作家。
⇒外12（デービス，ジャスティン）

Davis, Kenneth C.
アメリカの法学者。
⇒岩世人（デイヴィス　1908-2003.8.30）

Davis, Kingsley
アメリカの社会学者。
⇒社小増（デービス　1908-）

Davis, Kristin
アメリカの女優。
⇒外12（デービス，クリスティン　1965.2.23-）
　外16（デービス，クリスティン　1965.2.23-）

Davis, Kyra
アメリカの作家。
⇒海文新（デイヴィス，キーラ）

Davis, Lindsey
イギリスのミステリ作家。
⇒外12（デービス，リンゼイ　1949-）
　外16（デービス，リンゼイ　1949-）
　現世文（デービス，リンゼイ　1949-）

Davis, Lydia
アメリカの作家，翻訳家。
⇒外12（デービス，リディア　1947-）
　外16（デービス，リディア　1947-）

現世文（デービス，リディア　1947-）

Davis, Mac
アメリカ・テキサス州生まれの作曲家。
⇒ロック（Davis,Mac　デイヴィス，マック　1941-）

Davis, Mark
アメリカの大リーグ選手（投手）。
⇒メジャ（デイヴィス，マーク　1960.10.19-）

Davis, Mary Gould
アメリカの図書館員。ニューヨーク公共図書館で修業，ストーリーテリングの第一人者として，国内各地で実演して知られる。
⇒ア図（ディヴィス，メアリー　1882-1956）

Davis, Maxwell
アメリカ・カンザス州インディペンデンス生まれのサックス奏者，A&Rマン，編曲家。
⇒ロック（Davis,Maxwell　デイヴィス，マックスウェル　1916.1.14-1967）

Davis, Meryl
アメリカのフィギュアスケート選手（アイスダンス）。
⇒外16（デービス，メリル　1987.1.1-）
　最世ス（デービス，メリル　1987.1.1-）

Davis, Michael Philip
テノール歌手。
⇒魅惑（Davis,Michael Philip.　?-）

Davis, Miles
アメリカのジャズ・トランペット奏者。1960年代のジャズ界の不動の王者。
⇒アメ新（デービス　1926-1991）
　岩世人（デイヴィス　1926.5.25-1991.9.28）
　エデ（デイヴィス，マイルス（デューイ,3世）1926.5.25-1991.9.28）
　広辞7（デービス　1926-1991）
　新音中（デイヴィス，マイルズ　1926.5.25-1991.9.28）
　ネーム（デイヴィス，マイルス　1926-1991）
　標音2（デーヴィス，マイルス　1926.5.26-1991.9.28）
　ポプ人（デイビス，マイルス　1926-1991）
　ロック（Davis,Miles　デイヴィス，マイルズ　1926.5.25-）

Davis, Natalie Zemon
アメリカの歴史家。
⇒岩世人（デイヴィス　1928.11.8-）

Davis, Ossie
アメリカの演劇俳優，脚本家，小説家。
⇒スター（デイヴィス，オシー　1917.12.18-2005）
　マルX（DAVIS,OSSIE　デイヴィス，オッシー　1917-2005）

Davis, Paul
アメリカの版画作家。
⇒グラデ（Davis,Paul　デイヴィス，ポール

davis 480 外国人物レファレンス事典

1938–）

Davis, Raymond
アメリカの天体物理学者。2002年ノーベル物理学賞。
⇒岩世人（デイヴィス 1914.10.14–2006.5.31）
ノベ3（デービス,R. 1914.10.14–2006.5.31）

Davis, Richard Harding
アメリカのジャーナリスト，小説家，劇作家。作品，『ライオンと一角獣』(1899)，『独裁者』(1904) など。
⇒岩世人（デイヴィス 1864.4.18–1916.4.11）

Davis, Sammy, Jr.
アメリカのポピュラー歌手。エンターテイナーとして多彩な芸をみせる。
⇒アメ州（Davis,Sammy,Jr. デイビス，サミー，ジュニア 1925–）
ク俳（デイヴィス，サミー，ジュニア 1925–1990）
新音中（デイヴィス，サミー（ジュニア） 1925.12.8–1990.5.16）
スター（デイヴィス，サミー，ジュニア 1926.12.8–1990）
標音2（デーヴィス，サミー，ジュニア 1925.12.8–1990.5.16）

Davis, Shani
アメリカのスピードスケート選手。
⇒岩世人（デイヴィス 1982.8.13–）
外12（デービス，シャニー 1982.8.13–）
外16（デービス，シャニー 1982.8.13–）
最世ス（デービス，シャニー 1982.8.13–）

Davis, Skeeter
アメリカ・ケンタッキー州生まれの歌手。
⇒ロック（Davis,Skeeter デイヴィス，スキーター 1931.12.30–）

Davis, Stuart
アメリカの画家。
⇒岩世人（デイヴィス 1894.12.7–1964.6.24）
芸13（デイヴィス，ステュアート 1894–1964）
芸13（デーヴィス，ステュアート 1894–1963）

Davis, Tyrone
アメリカ・ミシシッピ州グリーンヴィル生まれの歌手。
⇒ロック（Davis,Tyrone デイヴィス，タイローン 1938–）

Davis, Viola
アメリカの女優。
⇒外16（デービス，ビオラ 1955.8.11–）

Davis, Virgil Lawrence（Spud）
アメリカの大リーグ選手（捕手）。
⇒メジャ（デイヴィス，スパッド 1904.12.20–1984.8.14）

Davis, Walter
アメリカの三段跳び選手，走り幅跳び選手。

⇒最世ス（デービス，ウォルター 1979.7.2–）

Davis, William Allison
アメリカの教育社会学者，社会人類学者。
⇒社小増（デーヴィス 1902–1983）

Davis, William Henry
アメリカの大リーグ選手（外野）。
⇒メジャ（デイヴィス，ウィリー 1940.4.15–2010.3.9）

Davis, William Morris
アメリカの地理学者，地形学者。地形輪廻説の提唱者。
⇒岩世人（デイヴィス 1850.2.12–1934.2.5）
オク地（デービス，ウィリアム・モリス 1850–1934）
広辞7（デーヴィス 1850–1934）

Davislim, Steve
オーストラリアのテノール歌手。
⇒魅惑（Davislim,Steve. ?–）

Davis Morgan Jones
アメリカの石油地質学者。
⇒アア歴（Davis Morgan J（ones） デイヴィス，モーガン・ジョーンズ 1898.11.18–1979.12.31）

Davison, Bruce
アメリカ生まれの俳優。
⇒ク俳（デイヴィスン，ブルース 1946–）

Davison, John Carrol
アメリカの宣教師。『基督教聖歌集』(1884) 等を出版。
⇒岩世人（デイヴィソン 1843–1928）

Davisson, Clinton Joseph
アメリカの物理学者。電子の波動性を実証し，1937年ノーベル物理学賞受賞。
⇒岩世人（デイヴィソン 1881.10.22–1958.2.1）
三新物（デビッソン 1881–1958）
ノベ3（デビソン,C.J. 1881.10.22–1958.2.1）
物（デイヴィソン，クリントン・ジョセフ 1881–1958）

Davitt, Michael
アイルランドの農民運動指導者。1879年に土地同盟を創立して土地戦争を指導。
⇒岩世人（ダヴィット 1846.3.25–1906.5.31）
学叢思（ダヴィット，マイケル 1846–1906）

Davutoğlu, Ahmet
トルコの政治家，国際政治学者。トルコ首相，トルコ公正発展党（AKP）党首。
⇒外12（ダウトオール，アフメト 1959.2.26–）
外16（ダウトオール，アフメト 1959.2.26–）
世指導（ダウトオール，アフメト 1959.2.26–）

Davy, Georges Ambroise
フランスの社会学者。デュルケム学派の中心的人物。主著『デュルケム』(1912)，『誓信論』

(22) など。
⇒社小増（ダヴィ 1883-1976）
メル3（ダヴィ, ジョルジュ 1883-1976）

Davydenko, Nikolay
ロシアのテニス選手。
⇒最世ス（ダヴィデンコ, ニコライ 1981.6.2-）

Davydov, Aleksandr Sergeevich
ソ連の物理化学者。光の分散および散乱の理論や核反応理論の発展に貢献。
⇒岩世人（ダヴィドフ 1912.12.13/26-1993.2.19）

Davydov, Mikhail
ロシアのテノール歌手。
⇒魅惑（Davydov,Mikhail ?-）

Davydov, Oleg
ロシアの政治家。ロシア副首相・対外経済関係相。
⇒世指導（ダヴィドフ, オレグ 1940.5.25-）

Davydova, Anastasia
ロシアのシンクロナイズドスイミング選手。
⇒外12（ダビドワ, アナスタシア 1983.2.2-）
　外16（ダビドワ, アナスタシア 1983.2.2-）
　最世ス（ダビドワ, アナスタシア 1983.2.2-）

Dawe, Donald Bruce
オーストラリアの詩人。
⇒現世文（ドー, ブルース 1930.2.15-）

Dawes, Charles Gates
アメリカの政治家, 外交官, 財政家。副大統領（1925〜29）。
⇒アメ経（ドーズ, チャールズ 1865.8.27-1955.4.23）
　岩世人（ドーズ 1865.8.27-1951.4.23）
　世人新（ドーズ 1865-1951）
　世人装（ドーズ 1865-1951）
　ノベ3（ドーズ,C.G. 1865.8.27-1951.4.23）

Dawkins, Richard
イギリスの動物学者。
⇒岩生（ドーキンス 1941-）
　岩世人（ドーキンス 1941.3.26-）
　外16（ドーキンス, リチャード 1941.3.26-）
　現社（ドーキンス 1941-）
　広辞7（ドーキンス 1941-）
　新カト（ドーキンズ 1941.3.26-）
　メル別（ドーキンス, クリントン・リチャード 1941-）

Dawley, William Sanborn
アメリカの鉄道技師。
⇒アア歴（Dawley,William Sanborn ドーリー, ウイリアム・サンボーン 1856.11.27-1927.5.18）

Dawson, Andre
アメリカの大リーグ選手（外野）。
⇒外12（ドーソン, アンドレ 1954.7.10-）
　外16（ドーソン, アンドレ 1954.7.10-）
　メジャ（ドーソン, アンドレ 1954.7.10-）

Dawson, Chad
アメリカのプロボクサー。
⇒最世ス（ドーソン, チャド 1982.7.13-）

Dawson, Christopher Henry
イギリスの宗教哲学者, 宗教史家, 文明評論家。主著『宗教と近代国家』（1935）など。
⇒岩キ（ドーソン 1889-1970）
　岩世人（ドーソン 1889.10.12-1970.5.25）
　新カト（ドーソン 1889.10.12-1970.5.25）

Dawson, Jennifer
イギリスの女性小説家。
⇒現世文（ドースン, ジェニファー 1929-2000）

Dawson, Rian
アメリカのミュージシャン。
⇒外12（ドーソン, ライアン）

Dawson, Toby
アメリカのスキー選手（フリースタイル）。
⇒外12（ドーソン, トビー 1978.11.30-）
　最世ス（ドーソン, トビー 1978.11.30-）

Dawson, William L.
アメリカの政治家。シカゴの黒人政治社会の指導者。
⇒マルX（DAWSON,WILLIAM L. ドウスン, ウイリアム・L 1886-1970）

Dawud, Hajj Talib Ahmed
アメリカのイマーム（聖職者）。ムスリム・ブラザーフッド・イン・アメリカ・インクを結成した。
⇒マルX（DAWUD,HAJJ TALIB AHMED ダウド, ハジ・タリブ・アフメト）

D'axa, Zo
フランスのジャーナリスト。
⇒19仏（ダクサ, ゾ 1864.5.24-1930.8.30）

Day, Arthur Louis
アメリカの地球物理学者。
⇒岩世人（デイ 1869.10.30-1960.3.2）

Day, Bobby
アメリカ・テキサス州フォート・ワース生まれの歌手。
⇒ロック（Day,Bobby デイ, ボビー 1943-）

Day, Doris
アメリカの歌手, 女優。
⇒外12（デイ, ドリス 1924.4.3-）
　外16（デイ, ドリス 1924.4.3-）
　ク俳（デイ, ドリス（カペルホフ,D） 1924-）
　スター（デイ, ドリス 1924.4.3-）
　標音2（デイ, ドリス 1924.4.3-）
　ユ著人（Day,Doris デイ, ドリス 1924-）

Day, Dorothy
アメリカのカトリック社会活動家, ジャーナリスト。〈カトリック・アナーキスト〉の異名をとっている。
⇒アメ経（デイ, ドロシー　1897-1980）
　岩世人（デイ　1897.11.8-1980.11.29）
　オク教（デイ　1897-1980）
　新カト（デイ　1897.11.8-1980.11.29）

Day, Laraine
アメリカ生まれの女優。
⇒ク俳（デイ, ラレイン（ジョンスン, ラレイン）1917-）

Day, Leon
アメリカのニグロリーグの選手（投手）。
⇒メジャ（デイ, レオン　1916.10.30-1995.3.14）

Day, Robin
イギリスの工芸家。
⇒芸13（デイ, ロビン　1915-1984）

Day, Sylvia
アメリカの作家。
⇒海文新（デイ, シルヴィア　1973.3.11-）

Dayan, Moshe
イスラエルの軍人, 政治家。建国の国民的英雄。1967～74年国防相。77年6月以来外相。黒い眼帯をトレード・マークとするタカ派の独眼竜将軍として有名。
⇒岩世人（ダヤン　1915.5.20-1981.10.16）
　国政（ダヤン, モシェー　1915-1981）
　ユ著人（Dayan,Moshe　ダヤン, モーシェ　1915-1981）

Dayhoff, Margaret Oakley
アメリカの生化学者, 分子進化学者。
⇒岩生（デイホフ　1925-1983）

Daykin, John
イギリス生まれの画家。
⇒芸13（デイキン, ジョン　1947-）

Day-Lewis, Cecil
イギリスの詩人, 批評家。1968年桂冠詩人となる。評論『詩への希望』(34) など。
⇒岩世人（ルイス　1904.4.27-1972.5.22）
　現世文（デイ・ルイス, セシル　1904.4.27-1972.5.22）

Dayre, Valérie
フランスの作家。
⇒外12（デール, ヴァレリー　1958-）
　外16（デール, ヴァレリー　1958-）
　現世文（デール, ヴァレリー　1958-）

Dayton, Mark
アメリカの政治家。
⇒外12（デイトン, マーク　1947.1.26-）

Daza, Eugenio Salazar
フィリピンの革命軍将校, 政治家。
⇒岩世人（ダサ　1870.11.15-1954.12.16）

DBC Pierre
イギリスの作家。
⇒外12（DBCピエール　ディービーシーピエール　1961.6-）
　海文新（DBCピエール　1961.6-）
　現世文（DBCピエール　1961.6-）

Deacon, John
イギリスのロック・ギター奏者。
⇒外12（ディーコン, ジョン　1951.8.19-）
　外16（ディーコン, ジョン　1951.8.19-）

Deacon, Richard
イギリスの作家。
⇒スパイ（ディーコン, リチャード[p]　1911-1998）

Deacon, Richard
イギリスの彫刻家。
⇒芸13（ディーコン, リチャード　1949-）

Deák, István
ハンガリー生まれのアメリカの歴史家。近現代の中東欧史を研究。
⇒岩世人（デアーク　1926.5.11-）

Deakes, Nathan
オーストラリアの競歩選手。
⇒最世ス（ディークス, ネーサン　1977.8.17-）

Deakin, Arthur
イギリスの労働組合指導者。労働党機関紙「デーリー・ヘラルド」理事長をつとめた。
⇒岩世人（ディーキン　1890.11.11-1955.5.1）

Dealey, James Quayle
アメリカの社会学者。
⇒学叢思（ディーレー, ジェー・アール　1861-?）

De Ambris, Alceste
イタリアの労働運動家。
⇒岩世人（デ・アンブリス　1874.9.15-1934.12.9）

De Amicis, Edmondo
イタリアの小説家, 児童文学者。主著『ロンドンの思い出』(1874),『クオレ』(86)。
⇒岩世人（デ・アミーチス　1846.10.21-1908.3.11）
　絵本（デ・アミーチス, エドモンド　1846-1908）
　新カト（デ・アミーチス　1846.10.21-1908.3.11）
　図翻（デ・アミーチス　1846.10.21-1908.3.11）
　ネーム（デ・アミーチス　1846-1908）
　ポプ人（デ・アミーチス, エドモンド　1846-1908）

Dean, Bashford
アメリカの動物学者。アメリカ博物館爬虫類・魚類部主事（1903～10）。
⇒岩生（ディーン　1867-1928）
　岩世人（ディーン　1867.10.28-1928.12.6）

Dean, Christopher
イギリスのフィギュアスケート選手。
⇒岩世人（ディーン　1958.7.27-）

Dean, Debra
アメリカの作家。
⇒海文新（ディーン, デブラ）
現世文（ディーン, デブラ）

Dean, Howard
アメリカの政治家。バーモント州知事。
⇒外12（ディーン, ハワード　1948.11.17-）
外16（ディーン, ハワード　1948.11.17-）
世指導（ディーン, ハワード　1948.11.17-）

Dean, James
アメリカの映画俳優。『エデンの東』(1955)など3本に主演したのみで, 愛車ポルシェの事故により24歳の若さで世を去った。
⇒アメ州（Dean,James　ディーン, ジェームス　1931-1955）
遺産（ディーン, ジェームズ　1931.2.8-1955.9.30）
岩世人（ディーン　1931.2.8-1955.9.30）
ク俳（ディーン, ジェイムズ　1931-1955）
広辞7（ディーン　1931-1955）
スター（ディーン, ジェームズ　1931.2.8-1955）
ネーム（ディーン, ジェームズ　1931-1955）
ポプ人（ディーン, ジェームズ　1931-1955）

Dean, Jay Hanna（Dizzy）
アメリカの大リーグ選手（投手）。
⇒アメ州（Dean,Dizzy　ディーン, ディジー　1911-1974）
メジャ（ディーン, ディジー　1910.1.16-1974.7.17）

Dean, Jimmy
アメリカ・テキサス州生まれの歌手。
⇒ロック（Dean,Jimmy　ディーン, ジミー）

Dean, Joel
アメリカの経営学者, 経営コンサルタント。
⇒有経5（ディーン　1906-1979）

De Andre, Fabrizio
イタリアのカンタウトーレ（シンガー・ソングライター）。
⇒岩世人（デ・アンドレ　1940.2.18-1999.1.11）

DeAndrea, William L.
アメリカの作家。
⇒現世文（デアンドリア, ウィリアム　1952-）

Deane, Derek
イギリスのダンサー, 振付家, 監督。
⇒外12（ディーン, デレク　1953.6.18-）

Deane, Seamus
アイルランドの詩人, 文化史研究家。
⇒外12（ディーン, シェイマス　1940.2.9-）

外16（ディーン, シェイマス　1940.2.9-）
現世文（ディーン, シェイマス　1940.2.9-）

Deane, William Patrick
オーストラリアの法律家。オーストラリア総督（1996～2001）, オーストラリア高等裁判所判事。
⇒世指導（ディーン, ウィリアム・パトリック　1931.1.4-）

De Angelis, Nazzareno
イタリアのバス歌手。
⇒オペラ（デ・アンジェーリス, ナッザレーノ　1881-1962）

Deans, Robbie
ニュージーランドのラグビー監督（パナソニック）, ラグビー選手。
⇒外16（ディーンズ, ロビー　1959.9.4-）

De Araújo, Rui Maria
東ティモールの政治家, 医師。東ティモール首相。
⇒外16（デアラウジョ, ルイ・マリア　1964.5.21-）
世指導（デアラウジョ, ルイ・マリア　1964.5.21-）

Dearden, Carmen Diana
ベネズエラ生まれのIBBY会長。
⇒絵本（デアルデン, カルメン・ディアナ　1942-）

Dearie, Blossom
アメリカの女性ジャズ歌手。ヨーロッパでも活躍。弾き語りの名手。
⇒標音2（ディアリー, ブロッサム　1926.4.28-）

Dearing, John Lincoln
アメリカのバプテスト教会宣教師。1889年来日。横浜バプテスト神学校となる(94)。
⇒アア歴（Dearing,John Lincoln　ディアリング, ジョン・リンカン　1858.12.10-1916.12.20）

Dearmer, Percy
イギリスの讃美歌学者。
⇒オク教（ディアマー　1867-1936）

Déat, Marcel
フランスの政治家。下院議員（1928,36,39～40）。
⇒岩世人（デア　1894.3.7-1955.1.5）

Deaton, Angus
アメリカの経済学者。
⇒外16（ディートン, アンガス　1945-）

Deaver, Jeffery
アメリカのミステリ作家。
⇒外12（ディーバー, ジェフリー　1950-）
外16（ディーバー, ジェフリー　1950-）
現世文（ディーバー, ジェフリー　1950-）

DeBakey, Michael Ellis
アメリカの心臓外科医。1人の少女から摘出した

心臓，肺，二つの腎臓を同時に4人の患者に移植する世界初の「多重移植」に成功した（1968）。
⇒アメ州（Debakey,Michael　ディバケィ，マイケル　1908–）
　岩世人（ドベイキー　1908.9.7–2008.7.14）

De Banzie, Brenda
イギリスの女優。
⇒ク俳（デ・バンジー，ブレンダ　1915–1981）

De Beer, *Sir* Gavin Rylands
イギリスの動物学者。大英博物館長（1950～）。
⇒岩生（ド＝ビーア　1899–1972）
　岩人（デ・ビア　1899.11.1–1972.6.21）

De Berniéres, Louis
イギリスの小説家。
⇒外12（ド・ベルニエール，ルイ　1954–）
　現世文（ベルニエール，ルイ・ド　1954–）
　現世文（ド・ベルニエール，ルイ　1954–）

Deberry, Clifton
アメリカのブラック・ナショナリスト。1964年の選挙における社会主義労働者党の大統領候補。
⇒マルX（DEBERRY,CLIFTON　ドベリー，クリフトン　1924–2006）

Debevec, Rajmond
スロベニアの射撃選手（ライフル）。
⇒外12（デベベッチ，ライモンド　1963.3.29–）
　外16（デベベッチ，ライモンド　1963.3.29–）
　最世ス（デベベッチ，ライモンド　1963.3.29–）

De Biasio, Roberto
イタリアのテノール歌手。
⇒魅惑（De Biasio,Roberto　?–）

De Billy, Bertrand
フランスの指揮者。
⇒外12（ド・ビリー，ベルトラン　1965–）
　外16（ド・ビリー，ベルトラン　1965–）

Deblasio, Bill
アメリカの政治家。
⇒外16（デブラシオ，ビル　1961.5.8–）
　世指導（デブラシオ，ビル　1961.5.8–）

DeBlois, Dean
カナダの映画監督，アニメーション監督，脚本家，アニメーター。
⇒外12（デュボア，ディーン）
　外16（デュボア，ディーン）

De Boer, Frank
オランダのサッカー選手。
⇒外16（デ・ブール，フランク　1970.5.15–）

De Boer, Jan Hendrik
オランダの物理学者。フィリップス電灯会社研究所員。電子放射をはじめ半導体に関する実験的および理論的研究がある。

⇒岩世人（ド・ブール　1899.3.19–1971.4.25）

De Bono, Emilio
イタリアの軍人。1922年ファシストのローマ進軍を指揮した四天王の一人。
⇒岩世人（デ・ボーノ　1866.3.19–1944.1.11）

De Bont, Jan
オランダの映画監督。
⇒岩世人（デ・ボン　1943.10.22–）

De Boor, Hans Otto
ドイツの法学者。ゲッティンゲン大学教授（1950～）。著作権法の権威。
⇒岩世人（デ・ボーア　1886.9.9–1956.2.10）

Debord, Guy
フランスの著述家，映画制作者。
⇒現社（ドゥボール　1931–1994）
　メル別（ドゥボール，ギー　1931–1994）

Deborin, Abram Moiseevich
ソ連の哲学者，科学史家。1920年代の唯物論哲学を指導。
⇒岩世人（デボーリン　1881.6.4/16–1963.3.8）
　広辞7（デボーリン　1881–1963）
　哲中（デボーリン　1881–1963）
　ユ著人（Deborin,Abraham Moiseevich　デーブリン，アブラハム・モイセーエヴィッチ　1881–1963）

Debost, Michel
フランスのフルート奏者。
⇒新音中（デボスト，ミシェル　1934.1.20–）
　標音2（ドボ，ミシェル　1934.1.20–）

de Branges, Louis
アメリカの数学者。
⇒数辞（ド・ブラックンジュ，ルイ　1932–）

Debray, Régis
フランスの外交官。ミッテラン政権の外交顧問。
⇒外12（ドブレ，レジス　1940.9.2–）
　外16（ドブレ，レジス　1940.9.2–）
　現社（ドブレ　1940–）
　現世文（ドブレ，レジス　1940.9.2–）
　メル別（ドゥブレ，レジス　1940–）

Debré, Michel
フランスの政治家。フランス首相。
⇒岩世人（ドブレ　1912.1.15–1996.8.2）

de Brem, Jean
フランスの植民地パラシュート部隊の元少尉，右翼団体の秘密軍組織（OAS）メンバー。パリユニオン銀行会長，アンリ・ラフォンを暗殺した。
⇒世暗（ドブラム，ジャン　1935–1963）

Debreu, Gerard
アメリカの経済学者。1983年ノーベル経済学賞。
⇒岩経（ドブリュー　1921–）

岩世人（ドブリュー（ドブルー） 1921.7.4-2004.
12.31)
ノベ3（ドブリュー,G. 1921.7.4-2004.12.31)
有経5（ドブリュー 1921-2004)

de Broca, Philippe
フランスの映画監督。
⇒映監（ド・ブロカ, フィリップ 1933.3.15-2004)

de Broglie, Louis（Victor Pierre Raymond)
フランスの物理学者。
⇒岩世人（ブロイ 1892.8.15-1987.3.19)
オク科（ド・ブロイ（ルイ・ヴィクトル・ピエール・レイモン） 1892-1987)
科史（ドゥ・ブローイ 1892-1987)
広辞7（ド・ブローイ 1892-1987)
三新物（ド＝ブロイ 1892-1987)
新カト（ブロイ 1892.8.15-1987.3.19)
ノベ3（ド・ブローイ,L.V. 1892.8.15-1987.3.19)
物理（ド・ブロイ, 公爵ルイ・ヴィクトル・ピエール・レーモン 1892-1987)
メル3（ド・ブロイ, ルイ 1892-1987)

De Brum, Tony
マーシャル諸島の政治家。マーシャル諸島外相。
⇒世指導（デブルム, トニー 1945.2.26-2017.8.22)

Debrunner, Johann Albert
スイスの言語学者。ベルン大学比較言語学教授。
⇒岩世人（デブルンナー 1884.2.8-1958.2.2)

Debs, Eugene Victor
アメリカの労働運動指導者、社会主義者。1898年社会民主党(1901年社会党)を創設。
⇒アメ経（デブズ, ユージン 1855.11.5-1926.10.20)
アメ州（Debs,Eugene Victor デブズ, ユージン・ヴィクター 1855-1926)
アメ新（デブズ 1855-1926)
岩世人（デブズ 1855.11.5-1926.10.20)
学叢思（デブス, ユージン・ヴィクター 1855-?)

DeBusschere, David Albert
アメリカの大リーグ選手(投手)。
⇒メジャ（デブッシャー, デイヴ 1940.10.16-2003.5.14)

Debussy, Achille Claude
フランスの作曲家。全音音階, 平行和音, などを自由に駆使し, 印象主義の音楽を確立。
⇒異二辞（ドビュッシー[クロード・〜] 1862-1918)
岩世人（ドビュッシー 1862.8.22-1918.3.25)
エデ（ドビュッシー,(アシル)クロード 1862.8.22-1918.3.25)
オペラ（ドビュッシー, クロード 1862-1918)
学叢思（デビュッシイ, クロード 1862-1919)
ク音3（ドビュッシー 1862-1918)
広辞7（ドビュッシー 1862-1918)
新オペ（ドビュッシー, クロード・アシル 1862-1918)
新音小（ドビュッシー, クロード 1862-1918)
新音中（ドビュッシー, クロード 1862.8.22-1918.3.25)
新カト（ドビュッシー 1862.8.22-1918.3.25)
世史改（ドビュッシー 1862-1918)
世人新（ドビュッシー 1862-1918)
世人装（ドビュッシー 1862-1918)
ピ曲改（ドビュッシー, クロード・アシル 1862-1918)
標音2（ドビュッシー, クロード 1862.8.22-1918.3.25)
ポプ人（ドビュッシー, クロード 1862-1918)

Deby, Idriss
チャドの政治家、軍人。チャド大統領(1990〜)。
⇒岩世人（デビ 1952-)
外12（デビ, イドリス 1952-)
外16（デビ, イドリス 1952-)
世指導（デビ, イドリス 1952-)

Debye, Peter Joseph William
オランダ生まれのアメリカの物理化学者。X線, 電子線回折の研究などで,1936年ノーベル化学賞を受賞。
⇒岩世人（デバイ 1884.3.24-1966.11.2)
化学（デバイ 1884-1966)
広辞7（デバイ 1884-1966)
三新物（デバイ 1884-1966)
ノベ3（デバイ,P.J.W. 1884.3.24-1966.11.2)
物理（デバイ, ピーター・ヨハネス・ウィリアム 1884-1966)

De Camp, Lyon Sprague
アメリカのSF作家, アンソロジスト。
⇒現世文（デ・キャンプ,L.スプレイグ 1907.11.27-2000.11.6)

De Carlo, Andrea
イタリアの小説家。
⇒岩世人（デ・カルロ 1952.12.11-)
現世文（デ・カルロ, アンドレーア 1952.12.11-)

De Carlo, Yvonne
カナダ生まれの女優。
⇒ク俳（デ・カーロ, イヴォンヌ（ミドルトン, ペギー・Y） 1922-)

De Caro, Julio
アルゼンチンのタンゴ指揮者, ヴァイオリン奏者, 作曲家。
⇒岩世人（デ・カロ 1899.12.11-1980.3.11)
標音2（デ・カロ, フリオ 1899.12.11-1980)

De Castries, Christian Marie Ferdinand de la Croix
フランスの軍人。
⇒岩世人（ド・カストリ 1902.8.11-1991.7.29)

de Castries, Henri
フランスの実業家。
⇒外16（ドゥ・キャストゥル, アンリ 1954.8.15-)

Decaux, Alain
フランスの歴史家, テレビプロデューサー。
⇒外12（ドゥコー, アラン　1925.7.23–）
　外16（ドゥコー, アラン　1925.7.23–）

DeChamplain, Raymond
アメリカ海軍下士官。
⇒スパイ（デシャンプラン, レイモンド）

de Charette, Herve
フランスの政治家。フランス外相。
⇒世指導（ドシャレット, エルベ　1938.7.30–）

Déchelette, Joseph
フランスの考古学者。ケルト考古学, ゴール考古学を研究。
⇒岩世人（デシュレット　1862.1.8–1914.10.3）
　新カト（デシュレット　1862.1.8–1914.10.4）

DeCinces, Douglas Vernon
アメリカの大リーグ選手（三塁）。
⇒メジャ（デシンセイ, ダグ　1950.8.29–）

Decker, Richard
アメリカのテノール歌手。
⇒魅惑（Decker,Richard　?–）

Deco
ポルトガルのサッカー選手。
⇒外12（デコ　1977.8.27–）
　外16（デコ　1977.8.27–）
　最世ス（デコ　1977.8.27–）

De Cock, Michael
ベルギーの児童文学作家, ジャーナリスト。
⇒海文新（デコック, ミヒャエル　1972–）
　現世文（デコック, ミヒャエル　1972–）

Decoin, Didier
フランスの作家。
⇒現世文（ドゥコワン, ディディエ　1945.3.13–）

Décosse, Lucie
フランスの柔道選手。
⇒外16（デコス, リュシ　1981.8.6–）
　最世ス（デコス, リュシ　1981.8.6–）

Decouflé, Philippe
フランスのダンサー, 振付家, 監督。
⇒外12（ドゥクフレ, フィリップ　1961–）
　外16（ドゥクフレ, フィリップ　1961–）

Decoux, Jean
フランスの海軍軍人。1940年インドシナ総督に任ぜられた。
⇒ア太戦（ドクー　1884–1963）
　岩世人（ドクー　1884–1963.10.21）

De Crécy, Nicolas
フランスの漫画家。

⇒外12（ド・クレシー, ニコラ　1966.9.29–）
　外16（ド・クレシー, ニコラ　1966.9.29–）

Decroly, Ovide
ベルギーの教育学者, 心理学者, 医学者。ドクロリー法の創始者。
⇒岩世人（ドクロリー　1871.7.23–1932.9.12）
　教思増（ドクロリー　1871–1932）
　教小3（ドクロリー　1871–1932）
　教人（ドクロリー　1871–1932）

Decroux, Étienne
フランスのパントマイム俳優。「様式的パントマイム」と呼ばれる。
⇒岩世人（ドゥクルー　1898.7.19–1991.3.12）

De Cuéllar, Javier Pérez
ペルーの政治家, 外交官。ペルー首相, 国連事務総長。
⇒岩世人（デ・クエヤル　1920.1.19–）
　外12（デクエヤル, ハビエル・ペレス　1920.1.19–）
　外16（デクエヤル, ハビエル・ペレス　1920.1.19–）
　広辞7（デ・クエヤル　1920–）
　世指導（デクエヤル, ハビエル・ペレス　1920.1.19–）

De Curtis, Ernesto
イタリアのピアノ奏者, 作曲家。名歌手ジリのピアノ伴奏者としても知られる。兄の詩人ジャンバティスタとともに多くのカンツォーネを作曲。
⇒ク音3（クルティス　1875–1937）
　新音中（デ・クルティス, エルネスト　1875.10.4–1937.12.31）
　標音2（デ・クルティス, エルネスト　1875.10.4–1937.12.31）

De Curtis, Giambattista
イタリアのナポリターナ作詞家, 作曲家。
⇒ク音3（クルティス　1860–1926）
　標音2（デ・クルティス, ジャンバッティスタ　1860.7.20–1926.1.25）

Dedeaux, Raoul Martial（Rod）
アメリカの大リーグ選手（遊撃）。
⇒メジャ（ディードー, ロッド　1914.2.17–2006.1.5）

Dedekind, Julius Wilhelm Richard
ドイツの数学者。「切断」の概念により, 無理数を定義。
⇒岩世人（デーデキント　1831.10.6–1916.2.12）
　広辞7（デデキント　1831–1916）
　数辞（デデキント, ユリウス・ウィルヘルム・リヒャルト　1831–1916）
　数小増（デデキント　1831–1916）
　世人（デデキント, ユリウス・ヴィルヘルム・リヒャルト　1831–1916）

Dedeyan, Sahag K.
アメリカの数学者。

⇒スパイ（デデヤン, サハグ・K）

Dedieu, Virginie
フランスのシンクロナイズドスイミング選手。
⇒外12（デデュー, ヴィルジニー　1979.2.25–）
最世ス（デデュー, ヴィルジニー　1979.2.25–）

Dedijer, Vladimir
ユーゴスラビアの歴史家。1966〜67年ベトナム戦争犯罪調査のラッセル法廷会議議長。その後も同法廷で活躍。
⇒岩世人（デデイエル　1914.2.4/17–1990.11.30）

Dedik, Alexander
ウズベキスタンのテノール歌手。
⇒魅惑（Dedik,Alexander　1945–）

Dedimar
ブラジルのサッカー選手（DF）。
⇒外12（デジマール　1976.1.27–）

De Duve, Christian Reńe
ベルギーの生化学者。1974年ノーベル生理学医学賞。
⇒岩生（ド＝デューヴ　1917–）
　岩世人（ド・デューヴ　1917.10.2–2013.5.4）
　ノベ3（ド・デューブ,C.R.　1917.10.2–）

Dee
インドネシアの小説家, 歌手。
⇒岩世人（ディー　1976.1.20–）

Dee, Joey
アメリカのミュージシャン。
⇒ロック（Joey Dee and the Starlighters　ジョウイ・ディー＆ザ・スターライターズ　1940.6.11–）

Dee, Kiki
イギリス・ヨークシャーのブラッドフォード生まれの歌手。
⇒ロック（Dee,Kiki　ディー, キキ　1947–）

Dee, Ruby
アメリカの俳優。
⇒マルX（DEE,RUBY（Wallace,Ruby Ann）ディー, ルビー（ウォレス, ルビー・アン）1924–）

Dee, Sandra
アメリカ生まれの女優。
⇒ク俳（ディー, サンドラ（ザック, アリグザンドリア）　1942–）

Deer, Robert George
アメリカの大リーグ選手（外野）。
⇒メジャ（ディアー, ロブ　1960.9.29–）

Défago, Didier
スイスのスキー選手（アルペン）。
⇒外12（デファゴ, ディディエ　1977.10.2–）
　外16（デファゴ, ディディエ　1977.10.2–）

最世ス（デファゴ, ディディエ　1977.10.2–）

Defar, Meseret
エチオピアの陸上選手（長距離）。
⇒外12（デファー, メセレト　1983.11.19–）
　外16（デファー, メセレト　1983.11.19–）
　最世ス（デファー, メセレト　1983.11.19–）

Defaux, Bernard
フランスの画家。
⇒芸13（デュホー, ベルナルド　1939–）

Deffer, Gervasio
スペインの体操選手。
⇒外12（デフェル, ヘルバシオ　1980.11.7–）
　最世ス（デフェル, ヘルバシオ　1980.11.7–）

Defferre, Gaston
フランスの政治家。1946年以来下院議員をつとめ, 情報相, 海外領土相などを歴任。
⇒岩世人（デフェール　1910.9.14–1986.5.7）

Deffrennes, Jean-Baptiste
フランスの宣教師。
⇒新カト（デフレヌ　1870.1.1–1958.11.7）

De Filippi, Filippo
イタリアの医者, 探検家。
⇒岩世人（デ・フィリッピ　1869.4.6–1938.9.23）

De Filippo, Eduardo
イタリアの俳優, 劇作家。1932年姉や弟とユーモア座を結成。代表作は,『ナポリ百万長者』（45）。
⇒岩世人（デ・フィリッポ　1900.5.24–1984.10.31）
　現世文（デ・フィリッポ, エドゥアルド　1900.5.24–1984.10.31）
　広辞7（デ・フィリッポ　1900–1984）

Deford, Frank
アメリカの作家, コメンテーター。
⇒現世文（デフォード, フランク　1938.12.16–2017.5.28）

De Forest, Charlotte Burgio
アメリカのアメリカン・ボード宣教師。神戸女学院院長。
⇒アア歴（DeForest,Charlotte B（urgis）　デフォレスト, シャーロット・バージズ　1879.2.23–1973.7.2）

De Forest, John Kinn Hoyde
アメリカの組合教会宣教師。来日し（1874）, 仙台に東華学校を設立。
⇒アア歴（DeForest,John（Kinne）H（yde）　デフォレスト, ジョン・キン・ハイド　1844.6.25–1911.5.8）
　岩世人（デフォレスト　1844.6.25–1911.5.8）

De Forest, Lee
アメリカの電気工学者。3極真空管を発明（1907）。

⇒岩世人（ド・フォレスト　1873.8.26–1961.6.30）
広辞7（デ・フォレスト　1873–1961）
三新物（ド＝フォレスト　1873–1961）
世発（ド・フォレスト，リー　1873–1961）

De Forest, Lockwood
アメリカの芸術家。
⇒アア歴（De Forest,Lockwood　デフォレスト，ロックウッド　1850.6.23–1932.4.3）

Deforges, Régine
フランスの作家，出版者。
⇒現世文（デフォルジュ，レジーヌ　1935.8.15–2014.4.3）

Defossez, Alfred
フランス生まれの画家。
⇒芸13（デフォッセ，アルフレッド　1932–）

De France, Cecile
ベルギーの女優。
⇒外12（ド・フランス，セシル　1975.7.17–）
外16（ド・フランス，セシル　1975.7.17–）

De Franco, Boniface Ferdinand Leonard（Buddy）
アメリカのジャズ・クラリネット奏者，バンドリーダー。モダン・クラリネットの第一人者。
⇒新音中（デ・フランコ，バディ　1923.2.17–）
標音2（デフランコ，バディ　1923.2.17–）

Defrancq, Philip
ベルギーのテノール歌手。
⇒魅惑（Defrancq,Philip　?–）

Defrantz, Anita L.
アメリカのボート選手。
⇒外16（デフランツ，アニタ　1952.10.4–）

Defrasne, Vincent
フランスのバイアスロン選手。
⇒外12（ドフラスン，バンサン　1977.3.9–）
最世ス（ドフラスン，バンサン　1977.3.9–）

Defregger, Franz von
オーストリアの画家。歴史画および風俗画が多い。
⇒岩世人（デフレッガー　1835.4.30–1921.1.2）

de Funes, Louis
フランス生まれの俳優。
⇒岩世人（フュネス　1914.7.31–1983.1.27）
ク俳（ド・フュネス，ルイ（デ・F・ガラーザ，カルロス・L）1908–1983）
スター（ルイ・ド・フュネス　1914.7.31–1983）

Degale, James
イギリスのプロボクサー。
⇒外12（デゲール，ジェームズ　1986.2.3–）
外16（デゲール，ジェームズ　1986.2.3–）
最世ス（デゲール，ジェームズ　1986.2.3–）

De Garmo, Charles
アメリカの教育学者。「全国ヘルバルト協会」を創設（1992）。
⇒岩世人（ド・ガーモ　1849.1.7–1934）
教人（ド・ガルモ　1849–1934）

Degas, Hilaire Germain Edgar
フランスの画家。
⇒異二辞（ドガ［エドガー・～］　1834–1917）
岩世人（ドガ　1834.7.19–1917.9.26）
学叢思（ドガ，イレール・ジェルメーヌ・エドガール　1834–1917）
芸13（ドガ，エドガー　1834–1917）
広辞7（ドガ　1834–1917）
辞歴（ドガ　1834–1917）
世人新（ドガ　1834–1917）
世人装（ドガ　1834–1917）
ポプ人（ドガ，エドガー　1834–1917）

De Gasperi, Alcide
イタリアの政治家。第2次大戦中は反ファシズム闘争に活躍。1946〜53年キリスト教民主党CDP党首。45〜53年首相。
⇒EU（デ・ガスペリ，アルシード　1881–1954）
岩世人（デ・ガスペリ　1881.4.3–1954.8.19）
広辞7（デ・ガスペリ　1881–1954）
新カト（デ・ガスペリ　1881.4.3–1954.8.19）

De Gaulle, Charles André Joseph Marie
フランスの軍人，政治家。第2次大戦中フランス解放運動を指導。
⇒ア太戦（ド＝ゴール　1890–1970）
岩世人（ド・ゴール　1890.11.22–1970.11.9）
広辞7（ド・ゴール　1890–1970）
国政（ドゴール将軍　1890–1970）
新カト（ド・ゴール　1890.11.22–1970.11.9）
政経改（ド・ゴール　1890–1970）
世史改（ド＝ゴール　1890–1970）
世史改（ド＝ゴール　1890–1970）
世人新（ド＝ゴール　1890–1970）
世人装（ド＝ゴール　1890–1970）
ポプ人（ド・ゴール，シャルル　1890–1970）
もう山（ド・ゴール　1890–1970）

DeGeneres, Ellen
アメリカのコメディアン，女優，司会者。
⇒外12（デジェネレス，エレン　1958.1.26–）
外16（デジェネレス，エレン　1958.1.26–）

de Gennes, Pierre-Gilles
フランスの物理学者。1991年ノーベル物理学賞。
⇒岩世人（ド・ジェンヌ　1932.12.24–2007.5.18）
広辞7（ド・ジェンヌ　1932–2007）
ノベ3（ド・ジャンヌ，P.G.　1932.10.24–2007.5.18）
物理（ド・ジェンヌ，ピエール＝ジル　1932–2007）

Degerfeldt, Jonas
スウェーデンのテノール歌手。
⇒魅惑（Degerfeldt,Jonas.　?–）

Degeyter, Pierre
ベルギーの作曲家。
⇒ク音3（ドジェーテル 1848–1932）

DeGioia, John J.
アメリカのジョージタウン大学学長。
⇒外16（デジョイア, ジョン 1957–）

de Goede, Jules
オランダの画家。
⇒芸13（デ・ゲーデ, ジュレス　?–）

de Goeje, Michael Jan
オランダの東洋学者。
⇒岩世人（ド・フーイェ　1836.8.13–1909.5.17）

De Graaff, Simon
オランダの政治家。
⇒岩世人（デ・フラーフ　1861.8.24–1953.1.22）

De Graeff, Andries Cornelis Dirk
オランダの政治家。
⇒岩世人（デ・フラーフ　1872.8.7–1957.4.24）

DeGraw, Gavin
アメリカのシンガー・ソングライター。
⇒外12（デグロウ, ギャビン　1977–）
　外16（デグロウ, ギャビン　1977–）

de Grazia, Sebastian
アメリカの政治学者。政治学のほかに精神病学，宗教などの分野でも，数多くの論説を新聞，雑誌に寄稿している。
⇒社小増（デ・グレージア　1917–）

Degrelle, Léon
ベルギーの政治家。ファッショ組織〈レキシストRexist〉運動を創始した（1933）。
⇒岩世人（ドグレル　1906.6.15–1994.3.31）

Degron, Henri Joseph
フランスの外交官。横浜フランス郵便局長。
⇒来日（デグロン, ヘンリー・ジョセフ　1839–1906）

De Gruyter, Walter
ドイツの出版業者。
⇒岩世人（ド・グロイター　1862.5.10–1923.9.6）

Deguy, Michel
フランスの詩人。詩集『デュ・ベレーの墓』（1973）など。
⇒岩世人（ドゥギ　1930.5.23–）
　外16（ドゥギー, ミシェル　1930.5.23–）
　現世文（ドゥギー, ミシェル　1930.5.23–）

De Guzman, Jonathan
オランダのサッカー選手（ナポリ・MF）。
⇒外12（デグズマン, ジョナサン　1987.9.13–）
　外16（デ・グズマン, ジョナサン　1987.9.13–）
　最世ス（デ・グズマン, ジョナサン　1987.9.13–）

De Haan, John David
アメリカのテノール歌手。
⇒魅惑（De Haan,John David.　?–）

De Haas, Wander Johannes
オランダの物理学者。
⇒岩世人（ド・ハース　1878.3.2–1960.4.26）
　物理（ド・ハース, ワンダー・ヨハン　1878–1960）

Dehaene, Jean-Luc
ベルギーの政治家。ベルギー首相。
⇒外12（デハーネ, ジャン・リュック　1940.8.7–）
　世指導（デハーネ, ジャン・リュック　1940.8.7–2014.5.15）

de Hartog, Jan
オランダの作家。作風は写実的で，ペーソスとユーモアに富んでいる。
⇒岩世人（デ・ハルトフ　1914.4.22–2002.9.22）
　現世文（デハルトグ, ヤン　1914.4.22–2002.9.22）

De Haven, Gloria
アメリカ生まれの女優。
⇒ク俳（デ・ヘイヴン, グローリア　1924–）

De Havilland, *Sir* Geoffrey
イギリスの飛行機設計および製造家。G.トマスと共にデ・ハヴィランド航空機会社を創設（1911）。
⇒岩世人（デ・ハヴィランド　1882.7.27–1965.5.21）

de Heer, Rolf
オーストラリアの映画監督。
⇒映監（デ・ヒーア, ロルフ　1951.5.4–）

Dehergne, Joseph
フランスのイエズス会宣教師，宣教史家。
⇒新カト（ドゥエルニュ　1903.3.10–1990.6.1）

Dehio, Georg
ドイツの美術史学者。主著『ドイツ美術史』（1919～24）。
⇒岩世人（デヒーオ　1850.11.22–1932.3.19）

Dehler, Thomas
ドイツの政治家。
⇒岩世人（デーラー　1897.12.14–1967.7.21）

Dehmel, Richard
ドイツの抒情詩人。
⇒岩世人（デーメル　1863.11.18–1920.2.8）
　学叢思（デーメル, リヒャルト　1863–1920）
　広辞7（デーメル　1863–1920）
　西文（デーメル, リヒャルト　1863–1920）
　ネーム（デーメル　1863–1920）

Dehmelt, Hans George
アメリカの物理学者。1989年ノーベル物理学賞。
⇒ノベ3（デーメルト,H.G.　1922.9.9–）

Dehn, Max
ドイツの数学者。
⇒岩世人（デーン　1878.11.13–1952.6.27）
世数（デーン, マックス　1878–1952）

Dehon, Léon-Gustave
フランス・ラ・カペル生まれのイエズスの聖心司祭修道会の創立者。
⇒新カト（ドオン　1843.3.14–1925.8.12）

De Hoop Scheffer, Jaap
オランダの政治家。オランダ外相、北大西洋条約機構（NATO）事務総長。
⇒外12（デホープスヘッフェル, ヤープ　1948.4.3–）
　外16（デホープスヘッフェル, ヤープ　1948.4.3–）
　世指導（デホープスヘッフェル, ヤープ　1948.4.3–）

Dehs, Volker
ドイツのヴェルヌ研究家、翻訳家。
⇒外16（デース, フォルカー　1964–）

Deighton, Len
イギリスのミステリ作家。
⇒岩世人（デイトン　1929.2.18–）
　現世文（デイトン, レン　1929.2.18–）
　スパイ（デイトン, レン　1929–）

Deignan, Herbert Girton
アメリカの鳥類学者。
⇒アア歴（Deignan, Herbert G (irton)　デイナン、ハーバート・ガートン　1906.12.5–1968.3.15）

Deimel, Anton
ドイツのアッシリア学者。シュメール語の辞書編纂に功績があった。
⇒岩世人（ダイメル　1865.12.5–1954.8.7）
　新カト（ダイメル　1865.12.4–1954.8.7）

Deineka, Alexandre
ロシアの画家。
⇒岩世人（デイネカ　1899.5.8/20–1969.6.12）
　芸13（デイネカ, アレクサンドル　1899–1963）

Deis, Jean
アメリカのテノール歌手。
⇒魅惑（Deis, Jean　?–）

Deisenhofer, Johau
ドイツの生化学者。1988年ノーベル化学賞。
⇒岩生（ダイゼンホーファー　1943–）
　化学（ダイゼンホーファー　1943–）
　三新生（ダイゼンホファー　1943–）
　ノベ（ダイゼンホーファー, J.　1943.9.30–）

Deisler, Sebastian
ドイツのサッカー選手。
⇒外12（ダイスラー, セバスチャン　1980.1.5–）

Deiss, Joseph
スイスの政治家。スイス大統領・経済相。
⇒外12（ダイス, ヨゼフ　1946.1.18–）
　外16（ダイス, ヨゼフ　1946.1.18–）
　世指導（ダイス, ヨゼフ　1946.1.18–）

Deissmann, Adolf
ドイツのルター派新約学者。教会合同運動にも先駆的役割を果した。主著『光は東方より』（1923）。
⇒岩世人（ダイスマン　1866.11.7–1937.4.5）
　オク教（ダイスマン　1866–1937）
　新カト（ダイスマン　1866.11.7–1937.4.5）

Deiters, Heinrich
東ドイツの教育学者。社会主義・共産主義に基づく学校制度の改革を実践した。
⇒教人（ダイテルス　1887–）

Dejean, Louis
フランスの彫刻家。
⇒芸13（ドジャン, ルイ　1872–1941）

DeJean, Michael Dwain
アメリカの大リーグ選手（投手）。
⇒メジャ（デジャン, マイク　1970.9.28–）

DeJesus, David Christopher
アメリカの大リーグ選手（外野）。
⇒メジャ（デヘスス, デイヴィッド　1979.12.20–）

DeJesus, Ivan
アメリカの大リーグ選手（遊撃）。
⇒メジャ（デヘスス, イバン　1953.1.9–）

De Johnette, Jack
アメリカのジャズ・ドラム奏者。ピアノも弾き、メロディカも奏するクロスオーバーな演奏家。作・編曲も行なう。
⇒外12（デ・ジョネット, ジャック　1942.8.9–）
　外16（デ・ジョネット, ジャック　1942.8.9–）
　標音2（デジョネット, ジャック　1942.8.9–）

De Jong, Bob
オランダのスピードスケート選手。
⇒外12（デヨング, ボブ　1976.11.13–）
　外16（デヨング, ボブ　1976.11.13–）
　最新ス（デヨング, ボブ　1976.11.13–）

De Jong, Louis
オランダの歴史家、ジャーナリスト。
⇒岩世人（デ・ヨング　1914.4.24–2005.3.15）

De Jonge, Bonifacius Cornelis
オランダの政治家。
⇒岩世人（デ・ヨンゲ　1875.1.22–1954.6.24）

De Josselin de Jong, Jan Petrus Benjamin
オランダの人類学者。オランダにおける構造主義の拠点、いわゆるライデン学派の創始者。
⇒岩世人（デ・ヨセリン・デ・ヨング　1886.3.13–1964.11.15）

De Josselin de Jong, Patrick Edward
オランダの文化人類学者。
⇒岩世人（デ・ヨセリン・デ・ヨング　1922.7.8-1999.1.1）

De Julis, Gabriele
イタリアのテノール歌手。
⇒魅惑（De Julis,Gabriele　?-）

De Juniac, Alexandre
フランスの実業家。
⇒外16（ドジュニアック，アレクサンドル　1962.11.10-）

Dekhodā Qazvīnī
イランの詩人，文学者。
⇒岩世人（デホダー・カズヴィーニー　1879頃-1955）

Dekker, Albert
アメリカ生まれの俳優。
⇒ク俳（デッカー，アルバート　1904-1968）

Dekker, Desmond
ジャマイカ生まれの歌手。
⇒ロック（Dekker,Desmond　デッカー，デズモンド）

Dekker, Inge
オランダの水泳選手（バタフライ）。
⇒最世ス（デッカー，インヘ　1985.8.18-）

Dekker, Ramon
オランダのキックボクサー。
⇒異ニ辞（デッカー［ラモン・～］　1969-2013）

Dekker, Ted
インドネシア生まれの作家。
⇒海文新（デッカー，テッド）
　現世文（デッカー，テッド）

de Klerk, Frederik Willem
南アフリカの政治家。南アフリカ共和国大統領（1989～94）。
⇒岩世人（デ・クラーク　1936.3.18-）
　外12（デクラーク，フレデリク　1936.3.18-）
　外16（デクラーク，フレデリク　1936.3.18-）
　世史改（デクラーク　1936-）
　世指導（デクラーク，フレデリク　1936.3.18-）
　世人新（デクラーク　1936-）
　世人装（デクラーク　1936-）
　ノペ3（デクラーク,F.W.　1936.3.18-）
　ボプ人（デクラーク，フレデリック・ウィレム　1936-）

de Klerk, Michel
オランダの建築家。
⇒岩世人（デ・クレルク（クラーク）　1884.11.24-1923.11.24）

Dekobra, Maurice
フランスの作家。主著"Satan refuse du monde"（1947）。
⇒岩世人（デコブラ　1885.5.26-1973.6.1）

De Kooning, Willem
アメリカの画家。アクション・ペインティングの第一人者。
⇒アメ新（デ・クーニング　1904-1997）
　岩世人（デ・クーニング　1904.4.24-1997.3.19）
　芸13（デ・クーニング，ウィレム　1904-1997）
　広辞7（デ・クーニング　1904-1997）
　ネーム（デ・クーニング　1904-1997）
　ボプ人（デ・クーニング，ウィレム　1904-1997）

De Koven, Reginald
アメリカの作曲家。
⇒ク音3（デ・コーヴェン　1859-1920）
　標音2（デ・コーヴェン，レジナルド　1859.4.3-1920.1.16）

Delabrousse, Lucien
フランスの政治家。
⇒19仏（ドゥラブルース，リュシアン　1846.8.9-1919）

Delacourt, Grégoire
フランスの作家。
⇒海文新（ドラクール，グレゴワール　1960-）

Delacroix, Henri
フランスの心理学者。科学的心理学に反対し，内省的方法で精神活動を研究。主著『芸術心理学』（1927）。
⇒岩世人（ドラクロワ　1873.12.2-1937.12.3）
　メル3（ドラクロワ，アンリ　1873-1937）

Delacroix, Léon Frédéric Gustave
ベルギーの政治家。
⇒岩世人（ドラクロワ　1867.12.27-1929.10.15）

Delacroix, Michel
フランス生まれの画家。
⇒芸13（ドラクロワ，ミッシェル　1933-）

De La Cruz, Ulises
エクアドルのサッカー選手（DF）。
⇒最世ス（デラクルス，ウリセス　1974.2.8-）

Delage, Maurice
フランスの作曲家。
⇒標音2（ドラージュ，モリス　1879.11.13-1961.9.19）

Delage, Yves
フランスの動物学者。動物の受精，発生，遺伝を研究。
⇒岩生（ドラージュ　1854-1920）
　岩世人（ドラージュ　1854.5.13-1920.10.7）

D

Delahanty, James Christopher
アメリカの大リーグ選手（二塁、三塁、外野）。
⇒メジャ（デラハンティ, ジム　1879.6.20–1953.10.17）

DeLaHoya, Oscar
アメリカのプロボクサー。
⇒異二辞（デ・ラ・ホーヤ, オスカー　1973–）
　岩世人（デ・ラ・ホーヤ　1973.2.4–）
　外12（デラホーヤ, オスカー　1973.2.4–）
　外16（デラホーヤ, オスカー　1973.2.4–）
　最新ス（デラホーヤ, オスカー　1973.2.4–）

De La Mare, Walter John
イギリスの詩人、小説家。代表作『耳すます者』（1912）。
⇒岩世人（デ・ラ・メア　1873.4.25–1956.6.22）
　現世文（デ・ラ・メア, ウォルター　1873.4.25–1956.6.22）
　広辞7（デ・ラ・メア　1873–1956）
　ネーム（デ・ラ・メア　1873–1956）

de la Mora, Fernando
メキシコのテノール歌手。
⇒失声（デ・ラ・モーラ, フェルナンド　1958–）
　魅惑（De la Mora,Fernando　?–）

de la Motte, Anders
スウェーデンの作家。
⇒海文新（デ・ラ・モッツ, アンデシュ　1971–）
　現世文（デ・ラ・モッツ, アンデシュ　1971–）

Delamotte, Guibourg
フランスの国際政治学者。
⇒外12（ドラモット, ギブール　1975–）
　外16（ドラモット, ギブール　1975–）

Delamuraz, Jean-Pascal
スイスの政治家。スイス大統領。
⇒世指導（デラミュラ, ジャン・パスカル　1936.4.1–1998.10.4）

Delanda, Manuel
アメリカの哲学者。
⇒メル別（デランダ, マヌエル　1952–）

Delaney, Joseph
イギリスの児童文学作家。
⇒外16（ディレーニー, ジョゼフ　1945–）
　海文新（ディレイニー, ジョゼフ　1945–）
　現世文（ディレーニー, ジョゼフ　1945–）

Delaney, Luke
イギリスの作家。
⇒海文新（デラニー, ルーク）
　現世文（デラニー, ルーク）

Delaney, Shelagh
イギリスの女性劇作家。作品、『蜜の味』、『恋するライオン』（1960）など。
⇒岩世人（ディリイニー　1938.11.25–2011.11.20）
　現世文（ディレーニー, シーラ　1939.11.25–2011.11.20）

Delank, Claudia
ドイツ生まれの美術史家。
⇒外12（デランク, クラウディア　1952–）

Delannoy, Marcel
フランスの作曲家。作品に喜歌劇『貧乏の梨の木』、舞踊交声曲『貴婦人の気違い』など。
⇒新音中（ドラノワ, マルセル　1898.7.9–1962.9.14）
　標音2（ドラノア, マルセル　1898.7.9–1962.9.14）

Delanoe, Bertrand
フランスの政治家。
⇒外12（ドラノエ, ベルトラン　1950.5–）
　外16（ドラノエ, ベルトラン　1950.5.30–）
　世指導（ドラノエ, ベルトラン　1950.5.30–）

Delany, Samuel Ray
アメリカの作家。『バベル‐17』（1966）で66年度ネビュラ賞受賞。
⇒外16（ディレーニー, サミュエル・レイ　1942.4.1–）
　現世文（ディレーニー, サミュエル・レイ　1942.4.1–）
　ネーム（ディレイニー, サミュエル・R.　1942–）

Delap, Rory
アイルランドのサッカー選手。
⇒異二辞（デラップ［ロリー・～］　1976–）

de la Parra, Alondra
メキシコの指揮者。
⇒外12（デ・ラ・パーラ, アロンドラ　1980–）
　外16（デ・ラ・パーラ, アロンドラ　1980–）

Delaporte, Louis Joseph
フランスの東洋学者。中東地域古代史に関する業績が多い。
⇒岩世人（ドラポルト　1874.10.22–1944.2）

De la Puente, Oscar Francisco
ペルーの政治家。ペルー首相。
⇒世指導（デ・ラ・プエンテ, オスカル・フランシスコ　1938.10.4–）

de la Rocha, Zack
アメリカのロック歌手。
⇒外12（ザック　1970–）
　外16（デ・ラ・ロッチャ, ザック　1970–）

de la Rosa, Pedro
スペインのF1ドライバー。
⇒外12（デラロサ, ペドロ　1971.2.24–）
　外16（デラロサ, ペドロ　1971.2.24–）
　最新ス（デラロサ, ペドロ　1971.2.24–）

Delarosiere, Jacques
フランスの金融家。
⇒外12（ドラロジエール, ジャック　1929.11.12–）

外16（ドラロジエール,ジャック　1929.11.12–）
De La Rúa, Fernando
アルゼンチンの政治家,法学者。アルゼンチン大統領(1999〜2001)。
⇒世指導（デラルア,フェルナンド　1937.9.15–）
De la Taille, Maurice
フランスのカトリック神学者。
⇒オク教（ラ・タイユ　1872–1933）
　新カト（ラ・タイユ　1872.11.30–1933.10.28）
De la Torre, Edicio
フィリピンのカトリック神学者,民衆運動指導者,神言会士。タガイタイ市神言会神学院教授。
⇒岩キ（デ・ラ・トーレ　1943–）
　岩世人（デ・ラ・トーレ　1943–）
De la Tour, Georges Imbart.
フランスのテノール歌手。
⇒魅惑（De la Tour,Georges Imbart.　1865–1913）
Delattre, Louis-Alfred
フランスの考古学者,カトリック司祭。
⇒新カト（ドラットル　1850.6.26–1932.1.11）
Delaunay, Robert
フランスの画家。オルフィスムの創始者で,抽象主義の先駆者の一人。
⇒岩世人（ドローネー　1885.4.12–1941.10.25）
　芸13（ドローネー,ロベール　1885–1941）
　広辞7（ドローネー　1885–1941）
　ネーム（ドローネー　1885–1941）
Delaunay, Sonia
ロシア生まれの画家。R.ドロネーと結婚,彼とともに〈同時的対比〉の理論による制作を進めた。
⇒岩世人（ドローネー　1885.11.14–1979.12.5）
　グラデ（Delaunay,Sonia　ドローネ,ソーニア　1885–1979）
De Laurentiis, Martha
イタリアの映画プロデューサー。
⇒外12（デ・ラウレンティス,マーサ　1954–）
　外16（デ・ラウレンティス,マーサ　1954–）
De la Villehervé, Robert
フランスの作家。
⇒19仏（ラ・ヴィルエルヴェ,ロベール・ド　1849.11.15–1919.8.14）
DeLay, Dorothy
アメリカのヴァイオリン奏者,教師。
⇒新音中（ディレイ,ドロシー　1917.3.31–）
Delay, Florence
フランスの作家,比較文学者,女優。
⇒外12（ドゥレ,フロランス　1941.3.19–）
　外16（ドゥレ,フロランス　1941.3.19–）
　現世文（ドゥレ,フロランス　1941.3.19–）

Delay, Jean
フランスの精神科医,評論家。
⇒現精（ドレー　1907–1987）
　現精縮（ドレー　1907–1987）
　精医歴（ドレイ,ジャン＝ルイ＝ポール　1907–1987）
DeLay, Tom
アメリカの政治家。
⇒外12（ディレイ,トム　1947.4.8–）
　世指導（ディレイ,トム　1947.4.8–）
De Lazzari, Natale
テノール歌手。
⇒魅惑（De Lazzari,Natale　?–）
Del Bianco, Tito
テノール歌手。
⇒魅惑（Del Bianco,Tito　?–）
Delblanc, Sven
スウェーデンの小説家,批評家。
⇒岩世人（デルブラング　1931.5.26–1992.12.15）
　現世文（デルブラン,スヴェン　1931.5.26–1992.12.15）
Delbos, Etienne Marie Justin Victor
フランスの哲学者。スピノザ,および19世紀ドイツ哲学の研究者。
⇒岩世人（デルボス　1862.9.26–1916.6.16）
　メル3（デルボス,ヴィクトル　1862–1916）
Delbos, Fernand
フランス・モンミュラ生まれのパリ外国宣教会司祭,初代日本管区長。
⇒新カト（デルボス　1903.3.24–1989.1.1）
Delbos, Yvon
フランスの政治家。国民議会議員(1945〜),文相(48〜50)等を歴任。
⇒岩世人（デルボス　1885.5.7–1956.11.15）
Del Bosque, Vicente
スペインのサッカー監督。
⇒外12（デルボスケ,ビセンテ　1950.12.23–）
　外16（デル・ボスケ,ビセンテ　1950.12.23–）
　最世ス（デル・ボスケ,ビセンテ　1950.12.23–）
Delbrück, Berthold
ドイツの言語学者。主著『統辞論研究』(共著,1871〜88)。
⇒岩世人（デルブリュック　1842.7.26–1922.1.3）
Delbrück, Hans Gottlieb Leopold
ドイツの軍事史家,政治家。1889〜1919年『プロシア年鑑』の編集責任者。
⇒岩世人（デルブリュック　1848.11.11–1929.7.14）
Delbrück, Max
アメリカの生物学者,物理学者。1945年ファー

D

ジの遺伝的組換え現象を発見。69年ノーベル生理・医学賞受賞。
⇒岩生（デルブリュック 1906-1981）
岩世人（デルブリュック 1906.9.4-1981.3.9）
化学（デルブリュック 1906-1981）
科史（デルブリュック 1906-1981）
ネーム（デルブリュック 1906-1981）
ノベ3（デルブリュック,M. 1906.9.4-1981.3.9）
物理（デルブリュック,マックス・ルードビッヒ・ヘニング 1906-1981）

Del Buono, Oreste
イタリアの小説家。アンチ・ロマンの作品を書く。
⇒現世文（デル・ブオーノ,オレステ 1923.3.8-2003.9.30）

Delcassé, Théophile
フランスの政治家。外相として1904年英仏協商を締結,1907年三国協商への道を開く。
⇒岩世人（デルカッセ 1852.3.1-1923.2.22）
ネーム（デルカッセ 1852-1923）

Del Castillo, Jorge
ペルーの政治家。ペルー首相。
⇒外12（デルカスティージョ,ホルヘ・アルフォンソ 1950.7.2-）
外16（デルカスティージョ,ホルヘ 1950.7.2-）
世指導（デルカスティージョ,ホルヘ 1950.7.2-）

Deledda, Grazia
イタリアの女性小説家。1926年度ノーベル文学賞受賞。
⇒岩世人（デレッダ 1871.9.27-1936.8.15）
現世文（デレッダ,グラツィア 1871.9.27-1936.8.16）
広辞7（デレッダ 1871-1936）
ネーム（デレッダ 1871-1936）
ノベ3（デレッダ,G. 1871.9.27-1936.8.15）

De Lee, Josepf Bolivar
アメリカ産婦人科医。
⇒ユ著人（De Lee,Josepf Bolivar ドリー,ヨセフ・ボリヴァー 1869-1942）

De Leeuw, Jan
ベルギーの作家。
⇒海文新（デ・レーウ,ヤン 1968.5.21-）
現世文（デ・レーウ,ヤン 1968.5.21-）

Deleg, Tumurbaatar
モンゴルの日本文学研究家,ジャーナリスト。
⇒外16（デレグ,トゥムルバートル）

Delehaye, Hippolyte
ベルギーのカトリック歴史家,ボランディスト（聖人伝編者）。
⇒新カト（ドルエー 1859.8.19-1941.4.1）

Delekat, Friedrich
ドイツの福音派神学者,教育学者。教育の現実主義を厳しく批判している。

⇒教人（デレカート 1892-）

De Leon, Daniel
アメリカの社会主義者,労働運動家。1905年世界産業労働者組合IWW結成に参加。
⇒岩世人（デ・レオン 1852.12.14-1914.5.11）
学叢思（ダニエル・デ・レオン 1852-?）
学叢思（ドゥ・リオン,ダニエル 1852-?）

De Leon, Gerardo
フィリピン生まれの映画監督。
⇒岩世人（デ・レオン 1913.9.12-1981.7.25）
映監（デ・レオン,ジェラルド 1913.9.12-1981）

DeLeon, Jose
アメリカの大リーグ選手（投手）。
⇒メジャ（デレオン,ホセ 1960.12.20-）

De Leon, Narcisa Buencamino, Vda
フィリピンの映画プロデューサー。
⇒岩世人（デ・レオン 1877.10.29-1966.2.6）

De Leon Carpio, Ramiro
グアテマラの政治家,法学者。グアテマラ大統領（1993〜96）。
⇒世指導（デレオン・カルピオ,ラミロ 1942.1.12-2002.4.16）

Delerm, Philippe
フランスの作家。
⇒現世文（ドレルム,フィリップ 1950-）

Delescluse, Jean
フランスのテノール歌手。
⇒魅惑（Delescluse,Jean ?-）

Delessert, Etienne
スイスのイラストレーター。
⇒絵本（ドルセール,エティエンヌ 1941-）

Delestraint, Charles
フランスの軍人。
⇒ネーム（ドゥレストラン 1879-1945）

Deleuze, Gilles
フランスの哲学者。主著に『差異と反復』『反エディプス』など。
⇒岩世人（ドゥルーズ 1925.1.18-1995.11.4）
教思増（ドゥルーズ（=ガタリ） 1925-1995）
現社（ドゥルーズ 1925-1995）
広辞7（ドゥルーズ 1925-1995）
図哲（ドゥルーズ,ジル 1925-1995）
哲中（ドゥルーズ 1925-1995）
ネーム（ドゥルーズ 1925-1995）
メル3（ドゥルーズ,ジル 1925-1995）
メル別（ドゥルーズ,ジル 1925-1995）

Del Ferro, Leonardo
テノール歌手。
⇒魅惑（Del Ferro,Leonardo ?-）

Delfini, Antonio
イタリアの小説家。反ファシズムの諷刺作品を書いた。主著『バスカの思い出』。
⇒現世文（デルフィーニ，アントーニオ　1908.6.10–1963.2.23）

Delgado, Carlos Juan
プエルト・リコの大リーグ選手（内野手）。
⇒外12（デルガド，カルロス　1972.6.25–）
　メジャ（デルガド，カルロス　1972.6.25–）

D'Elia, Pasquale
イタリア人イエズス会神父，中国学者。中国人聖職者の階級組織を確立，また中国キリスト教史に関する多くの論著を出す。
⇒岩世人（デリーア　1890–1963.5.18）
　新カト（デリーア　1890.4.2–1963.5.18）

De Libero, Libero
イタリアの詩人。エルメティズモ派の一人。
⇒現世文（デ・リーベロ，リーベロ　1906.10.10–1981.7.2）

Delibes, Miguel
スペインの小説家。『糸杉の影は長し』(1948)でナダル賞を受賞。
⇒岩世人（デリベス　1920.10.17–2010.3.12）
　現世文（デリベス，ミゲル　1920.10.17–2010.3.12）

Deligne, Pierrc
ベルギーの数学者。
⇒数辞（ドリーニュ，ピエール・ジャーク　1944–）
　世数（ドリーニュ，ピエール・ルネ　1944–）

DeLillo, Don
アメリカの作家。
⇒岩世人（デリーロ　1936.11.20–）
　外12（デリーロ，ドン　1936.11.20–）
　外16（デリーロ，ドン　1936.11.20–）
　現世文（デリーロ，ドン　1936.11.20–）

Delisi, Charles
アメリカの生物物理学者。
⇒世発（デリシ，チャールズ　1941–）

De Lisi, Leonardo
イタリアのテノール歌手。
⇒魅惑（De Lisi,Leonardo　?–）

Delitzsch, Friedrich
ドイツのアッシリア学者。F.デリッチの子。主著『バビロンと聖書』(1902～03)。
⇒岩世人（デーリッチ　1850.9.3–1922.12.19）

Delius, Frederick
イギリスの作曲家。
⇒岩世人（ディーリアス　1862.1.29–1934.6.10）
　エデ（ディーリアス，(フリッツ) フレデリック　1862.1.29–1934.6.10）
　ク音3（ディーリアス　1862–1934）
　新音小（ディーリアス，フレデリック　1862–1934）
　新音中（ディーリアス，フレデリック　1862.1.29–1934.6.10）
　新カ卜（ディーリアス　1862.1.29–1934.6.10）
　標音2（ディーリアス，フレデリック　1862.1.29–1934.6.10）

Delius, Friedrich Christian
ドイツの風刺作家。
⇒現世文（デリウス，フリードリヒ　1943–）

Dell, Michael S.
アメリカの起業家。
⇒外12（デル，マイケル　1965.2.23–）
　外16（デル，マイケル　1965.2.23–）

Della Casa, Lisa
スイスのソプラノ歌手。
⇒新音中（デラ・カーザ，リーザ　1919.2.2–）
　標音2（デラ・カーザ，リーザ　1919.2.2–）

Della Corte, Matteo
イタリアの考古学者。ポンペイの発掘主任。
⇒岩世人（デッラ・コルテ　1875.10.13–1962.8.2.5）

Della Pergola, Luciano
ルーマニアのテノール歌手。
⇒魅惑（Della Pergola,Luciano　1910–1991）

Della Valle, Diego
イタリアの実業家。
⇒外12（デッラ・ヴァッレ，ディエゴ　1953–）
　外16（デッラ・ヴァッレ，ディエゴ　1953.12.30–）

Della Volpe, Galvano
イタリアの哲学者。1944年イタリア共産党に入党，党内にデラ・ヴォルペ学派をつくる。
⇒岩世人（デッラ・ヴォルペ　1895.9.24–1968.7.13）

Deller, Alfred
イギリスのカウンターテノール歌手。1950年デラー・コンソートを組織し，中世やイギリスの古い時代の曲の発掘と指導に努めた。
⇒オペラ（デラー，アルフレッド　1912–1979）
　新音中（デラー，アルフレッド　1912.5.31–1979.7.16）
　標音2（デラー，アルフレッド　1912.5.31–1979.7.16）

Deller, Jeremy
イギリス生まれの芸術家。
⇒現アテ（Deller,Jeremy　デラー，ジェレミー　1966–）

Dellinger, John Howard
アメリカの物理学者。1935年に電波のデリンジャー現象を発見。
⇒岩世人（デリンジャー　1886.7.3–1962.12.28）
　三新物（デリンジャー　1886–1962）

Dello Joio, Norman
アメリカのオルガン奏者,作曲家。1957年『伝道書の冥想』でピュリッツァー賞受賞。
⇒エデ（デロ=ジョイオ, ノーマン　1913.1.24–2008.7.24)
　ク音3（デロ・ジョイオ　1913–2008)
　新音中（デロ・ジョイオ, ノーマン　1913.1.24–)
　ピ曲改（デロ・ジョイオ, ノーマン　1913–2008)
　標音2（デロ・ジョイオ, ノーマン　1913.1.24–)

Dello Russo, Anna
イタリアの編集者。
⇒外16（デッロ・ルッソ, アンナ　1962–)

Delluc, Louis
フランスの映画監督,映画理論家。フランス映画創始期における前衛的監督。
⇒岩世人（デリュック　1890.10.14–1924.3.22)

Dellucci, David Michael
アメリカの大リーグ選手(外野)。
⇒メジャ（デルーチ, デイヴィッド　1973.10.31–)

Del Monaco, Marcello
イタリアの声楽教師。
⇒失声（デル・モナコ, マルチェッロ　1919–1984)

Del Monaco, Mario
イタリアのオペラ歌手。はりのある声は〈黄金のトランペット〉といわれる。
⇒岩世人（デル・モナコ　1915.7.27–1982.10.16)
　オペラ（デル・モナコ, マリオ　1915–1982)
　失声（デル・モナコ, マリオ　1915–1982)
　新音中（デル・モーナコ, マーリオ　1915.5.27–1982.10.16)
　ネーム（デル・モナコ　1915–1982)
　標音2（デル・モーナコ, マーリオ　1915.7.27–1982.10.16)
　魅惑（Del Monaco,Mario　1915–1982)

Del Monte, Carlo
スペインのテノール歌手。
⇒魅惑（Del Monte,Carlo　1923–2000)

Del Neri, Luigi
イタリアのサッカー指導者,サッカー選手。
⇒外12（デル・ネーリ, ルイージ　1950.8.23–)
　外16（デル・ネーリ, ルイージ　1950.8.23–)
　最世ス（デル・ネーリ, ルイージ　1950.8.23–)

Delobel, Isabelle
フランスのフィギュアスケート選手(アイスダンス)。
⇒最世ス（ドロベル, イザベル　1978.6.17–)

Delon, Alain
フランスの映画俳優。『太陽がいっぱい』(1959),『若者のすべて』(60)の2本でスターの地位を確立した。
⇒遺産（ドロン, アラン　1935.11.8–)
　岩世人（ドロン　1935.11.8–)
　外12（ドロン, アラン　1935.11.8–)
　外16（ドロン, アラン　1935.11.8–)
　ク俳（ドロン, アラン　1935–)
　スター（ドロン, アラン　1935.11.8–)
　ネーム（ドロン, アラン　1935–)

De'Longhi, Giuseppe
イタリアの実業家。
⇒外12（デロンギ, ジュゼッペ　1939–)
　外16（デロンギ, ジュゼッペ　1939–)

Deloria, Vine Victor, Jr.
アメリカ先住民の権利獲得運動を先導する代表的知識人。
⇒岩世人（デロリア　1933.3.26–2005.11.13)

Delorko, Ratko
クロアチアのテノール歌手。
⇒失声（デロルコ, ラトコ　1916–?)
　魅惑（Delorko,Ratko　1916–)

Delors, Jacques Lucien Jean
フランスの政治家,労組市民活動家。EU欧州委員会委員長。
⇒EU（ドロール, ジャック　1925–)
　岩世人　1925.7.20–)
　外12（ドロール, ジャック　1925.7.20–)
　外16（ドロール, ジャック　1925.7.20–)
　世指導（ドロール, ジャック　1925.7.20–)
　有経5（ドロール　1925–)

De Los Angeles, Victoria
スペインのソプラノ歌手。1947年ジュネーブ国際コンクールで1位入賞。
⇒オペラ（ロス・アンヘレス, ヴィクトリア・デ　1923–2005)
　新音中（ロス・アンヘレス, ビクトリア・デ　1923.11.1–)
　標音2（ロス・アンヘレス, ビクトリア・デ　1923.11.1–2005.1.15)

De los Reyes, Isabelo
フィリピンの労働運動家。
⇒岩世人（デ・ロス・レイエス　1864–1938)

De los Santos, Valentin
フィリピンの宗教家。
⇒岩世人（デ・ロス・サントス　1881?–1967)

Deloustal, Raymond
フランスの学者。
⇒岩世人（ドゥルースタル　1872.11.20–1933)

Delp, Alfred
ドイツの哲学者,神学者。キリスト教と社会主義との総合を構想した。主著『キリストと現代』(1949)。
⇒岩世人（デルプ　1907.9.15–1945.2.2)
　新カト（デルプ　1907.9.15–1945.2.2)

Delphy, Christine
フランスの代表的唯物論フェミニスト, 社会

学者。
⇒社小増（デルフィ）

Del Piero, Alessandro
イタリアのサッカー選手。
⇒異二辞（デル・ピエロ［アレッサンドロ・～］1974–)
外12（デルピエロ，アレッサンドロ　1974.11.9–)
外16（デルピエロ，アレッサンドロ　1974.11.9–)
最世ス（デルピエロ，アレッサンドロ　1974.11.9–)
ネーム（デル・ピエロ，アレッサンドロ　1974–)

Delplace, Louis
ベルギーのイエズス会員。教会史を中心とする著述家。日本関係では，キリシタン史概説書『日本におけるカトリシズム』全2巻がある。
⇒新カト（デルプラス　1843.9.16–1928.10.3)

Delponte, Carla
スイスの検察官，外交官。
⇒外12（デルポンテ，カルラ　1947.2.9–)
外16（デルポンテ，カルラ　1947.2.9–)
世指導（デルポンテ，カルラ　1947.2.9–)

Del Potro, Juan Martin
アルゼンチンのテニス選手。
⇒外12（デル・ポトロ，フアン・マルティン　1988.9.23–)
外16（デル・ポトロ，フアン・マルティン　1988.9.23–)
最世ス（デル・ポトロ，フアン・マルティン　1988.9.23–)

Delpy, Julie
フランス・パリ生まれの女優。
⇒遺産（デルピー，ジュリー　1969.12.21–)
外12（デルピー，ジュリー　1969.12.21–)
外16（デルピー，ジュリー　1969.12.21–)
ク俳（デルピー，ジュリー　1969–)

Del Rey, Lana
アメリカの歌手。
⇒外16（デル・レイ，ラナ　1986.6.21–)

Del Riego, Teresa
スペイン，イギリスの混血作曲家。
⇒標音2（デル・リエーゴ，テレーサ　1876.4.7–1968)

Delsarte, Jean Frédéric Auguste
フランスの数学者。
⇒世数（デルサルト，ジャン　1903–1968)

Delson, Brad
アメリカのロック・ギター奏者。
⇒外12（デルソン，ブラッド）
外16（デルソン，ブラッド）

Delteil, Joseph
フランスの詩人，小説家。小説『コレラ』（1925）でフェミナ賞受賞。

⇒現世文（デルテイユ，ジョゼフ　1894.4.20–1978.4.12)

Delteil, Maite
フランスの画家。
⇒芸13（デルティル，メイテ　1933–)

Del Toro, Benicio
アメリカの俳優。
⇒外12（デル・トロ，ベニシオ　1967.2.19–)
外16（デル・トロ，ベニシオ　1967.2.19–)
スター（デル・トロ，ベニチオ　1967.2.19–)

Del Toro, Guillermo
メキシコの映画監督，映画プロデューサー，脚本家。
⇒映監（デル・トロ，ギレルモ　1964.10.9–)
外12（デル・トロ，ギレルモ　1964.10.9–)
外16（デル・トロ，ギレルモ　1964.10.9–)

Del Tredici, David（Walter）
アメリカの作曲家。
⇒エデ（デル・トレディッチ，デイヴィッド（ウォルター）　1937.3.16–)

De Luca, Giuseppe
イタリアの音楽家。
⇒オペラ（デ・ルーカ，ジュゼッペ　1876–1950)

De Luca, Libero
スイスのテノール歌手。
⇒失声（デ・ルカ，リベロ　1913–1997)
魅惑（De Luca,Libero　1913–1998)

De Lucia, Fernando
イタリアのテノール歌手。
⇒オペラ（デ・ルチーア，フェルナンド　1860–1925)
失声（デ・ルチア，フェルナンド　1860–1925)
魅惑（De Lucia,Fernando　1860–1925)

de Lucía, Paco
スペインのギター奏者。
⇒岩世人（パコ・デ・ルシア　1947.12.21–)
外12（パコ・デ・ルシア　1947.12.21–)
新音中（デ・ルシア，パコ　1947.12.21–)

Delumeau, Jean
フランスの中世史家，ルネサンス史家。
⇒外12（ドリュモー，ジャン　1923.6.18–)
外16（ドリュモー，ジャン　1923.6.18–)

Delvaux, André
ベルギー生まれの映画監督。
⇒映監（デルヴォー，アンドレ　1926.3.21–2002)

Delvaux, Paul
ベルギーのシュールレアリスムの画家。
⇒岩世人（デルヴォー　1897.9.23–1994.7.20)
芸13（デルヴォー，ポール　1897–)
ポプ人（デルボー，ポール　1897–1994)

D

Del Vecchio, Claudio
イタリアの実業家。ブルックス・ブラザーズ会長・CEO。
⇒外12（デル・ベッキオ, クラウディオ　1957–）
外16（デル・ベッキオ, クラウディオ　1957–）

del Vecchio, Giorgio
イタリアの法学者。自然法は絶対的正義の永遠の要求であり, 歴史的現実的な法のうちに実証されると説く。
⇒岩世人（デル・ヴェッキオ　1878.8.26–1970.11.28）
新カト（デル・ヴェッキョ　1878.8.26–1970.11.28）

Del Vecchio, Gustavo
中部イタリア生まれの経済思想家。
⇒岩世人（デル・ヴェッキオ　1883.6.22–1972.9.6）

Delvincourt, Claude
フランスの作曲家。1913年ローマ大賞を獲得。
⇒新音中（デルヴァンクール, クロード　1888.1.12–1954.4.5）
標音2（デルヴァンクール, クロード　1888.1.12–1954.4.5）

Delyle, Lucienne
フランスの女性シャンソン歌手。1947年に『私にくちづけを』でディスク大賞を得た。
⇒標音2（ドリル, リュシエンヌ　1917–1962.4.10）

Demachy,（Léon）Robert
フランスの芸術写真家。
⇒岩世人（ドマシー　1859.7.7–1936.12.29）

DeMaestri, Joseph Paul
アメリカの大リーグ選手（遊撃）。
⇒メジャ（ディメイストリー, ジョー　1928.12.9–）

de Maiziére, Lothar
ドイツの政治家。キリスト教民主同盟（CDU）副党首, 東ドイツ首相。
⇒岩世人（デ・メジエール　1940.3.2–）

de Man, Hendrik
ベルギーの政治家。
⇒岩世人（デ・マン　1885.11.17–1953.6.20）
メル3（ド・マン, アンリ　1885–1953）

de Man, Paul
アメリカの批評家, 文学理論家。
⇒岩世人（ド・マン　1919.12.6–1983.12.21）
現社（ド・マン　1919–1983）
広辞7（ド・マン　1919–1983）
メル別（ド・マン, ポール　1919–1983）

Demand, Thomas
ドイツの現代美術家。
⇒外16（デマンド, トーマス　1964–）
現アテ（Demand,Thomas　デマンド, トーマス　1964–）

Demange, Florian
フランスの宣教師。1898年以来朝鮮で布教。主著『朝鮮代牧区創設百年記念』（1931）。
⇒新カト（ドマンジュ　1875.4.25–1938.2.9）

Demangelle, Henri Anatole Wilhelm
フランス・ブザンソン生まれのパリ外国宣教会司祭, 日本宣教師。
⇒新カト（ドマンジェル　1868.4.24–1929.3.19）

Demangeon, Albert
フランスの地理学者。フランス学派の発展に寄与。
⇒岩世人（ドマンジョン　1872.6.13–1940.7.25）

de Manzini, Carlo
イタリアのエスペランティスト。
⇒日エ（デ・マンジーニ　1941.8.27–2002.11.13）

De Marchi, Emilio
イタリアのテノール歌手。
⇒魅惑（De Marchi,Emilio　1861–1917）

De Marco, Guido
マルタの政治家, 刑法学者。マルタ大統領（1999～2004）。
⇒世指導（デマルコ, グイド　1931.7.22–2010.8.12）

Demaree, Joseph Franklin
アメリカの大リーグ選手（外野）。
⇒メジャ（ディマリー, フランク　1910.6.10–1958.8.30）

de Maria, Walter
アメリカのアース・ワーク作家。
⇒岩世人（デ・マリア　1935.10.1–2013.7.25）
芸13（デ・マリア, ウオルター　1935–）

De Marinis, Enrico
イタリアの政治家, 社会学者。
⇒学叢思（デ・マリニス, エンリコ　1863–?）

Demarne, Jean Francois
フランス生まれの画家。
⇒芸13（ドマーヌ, ジェーン・フランコ　1954–）

De Masi, Francesco
イタリアの指揮者。
⇒標音2（デ・マージ, フランチェスコ　1930–）

De Mauro, Tullio
イタリアの言語学者。ソシュールの『一般言語学講義』のイタリア語訳と注釈により, ソシュール言語学を大きく進展させた。
⇒岩世人（デ・マウロ　1932.3.31–）

Demčügdungrub
内蒙古の王。独立運動家。シリンゴル盟の世襲親王。本名デムチュクドンロブ。
⇒ア太戦（とくおう　徳王　1902–1966）

岩世人（デムチュグドンロブ 1902（光緒28.2）-1966.5.23）
近中（徳王 とくおう 1902.2.8-1966.5.23）
広辞7（とく・おう 徳王 1902-1966）

Deme, Victor
ブルキナファソのシンガー・ソングライター。
⇒外12（デメ, ヴィクター）
外16（デメ, ヴィクター）

De Mello, Anthony
インドのイエズス会司祭, 霊的著作家, 司祭, 黙想指導者。
⇒新カト（デ・メロ 1931.9.4-1987.6.2）

De Mello, Sergio Vieira
ブラジル生まれの国連人権高等弁務官, 国連事務総長イラク特別代表。
⇒世指導（デメロ, セルジオ・ビエイラ 1948.3.15-2003.8.19）

De Menezes, Fradique Bandeira Melo
サントメ・プリンシペの政治家。サントメ・プリンシペ大統領（2001～03,03～11）。
⇒外12（デメネゼス, フラディケ 1942.3.21-）
外16（デメネゼス, フラディケ 1942.3.21-）
世指導（デメネゼス, フラディケ 1942.3.21-）

Dementiev, Eugeniy
ロシアのスキー選手（距離）。
⇒外12（デメンティエフ, エフゲニー 1983.1.17-）
最世ス（デメンティエフ, エフゲニー 1983.1.17-）

Dementieva, Elena
ロシアのテニス選手。
⇒外12（デメンチェワ, エレーナ 1981.10.15-）
最世ス（デメンチェワ, エレーナ 1981.10.15-）

Demerec, Milislav
ユーゴスラビア, アメリカの遺伝学者。
⇒岩生（デメレッツ 1895-1966）

Demeter, Donald Lee
アメリカの大リーグ選手（外野, 三塁）。
⇒メジャ（デミター, ドン 1935.6.25-）

Demetrios I
コンスタンティノポリス総主教。在職1972～91。
⇒新カト（デメトリオス1世 1914.9.8-1991.10.2）

De Meuron, Pierre
スイスの建築家。
⇒外12（ド・ムーロン, ピエール 1950.5.8-）
外16（ド・ムーロン, ピエール 1950.5.8-）

De Mey, Guy
ベルギーのテノール歌手。
⇒魅惑（De Mey,Guy 1955-）

de Meyer, Gregie
ベルギーの絵本作家。
⇒絵本（ドゥ・マイヤー, グレギー 1951-1998）

Demick, Barbara
アメリカのジャーナリスト。「ロサンゼルス・タイムズ」北京支局長。
⇒外12（デミック, バーバラ）
外16（デミック, バーバラ）

Demiéville, Paul
フランスの中国学者。コレジュ・ド・フランス教授として, 中国語および中国文学を担当。
⇒岩世人（ドミエヴィル 1894.9.13-1979.3.23）

De Mille, Agnes George
アメリカの舞踊家, 振付師。『黒い儀式』（1940）などを創作。
⇒岩世人（デ・ミル 1905/1906/1909.9.18-1993.10.7）

De Mille, Cecil Blount
アメリカの映画監督, 製作者。スペクタクル映画を手がけ, 作品『十戒』など。
⇒アメ州（De Mille,Cecil Blount デミル, セシル・ブラント 1881-1959）
アメ新（デミル 1881-1959）
岩世人（デ・ミル 1881.8.12-1959.1.21）
映監（デミル, セシル・B 1881.8.12-1959）
広辞7（デ・ミル 1881-1959）

DeMille, Nelson
アメリカのミステリ作家。
⇒外12（デミル, ネルソン 1943-）
外16（デミル, ネルソン 1943-）
現世文（デミル, ネルソン 1943-）

Deming, Rust
アメリカの外交官。
⇒外16（デミング, ラスト 1941.10-）

Deming, William Edwards
アメリカの数理統計学者。
⇒岩世人（デミング 1900.10.14-1993.12.20）
ネーム（デミング 1900-1993）
ベシ経（デミング）

Demirel, Süleyman
トルコの政治家。トルコ大統領（1993～2000）。
⇒岩イ（デミレル 1924-）
岩世人（デミレル, スレイマン 1924.11.1-）
世指導（デミレル, スレイマン 1924.11.1-2015.6.17）

de Mistura, Staffan
イタリア, スウェーデンの外交官。
⇒外16（デミストゥラ, スタファン 1947.1.25-）

Demme, Jonathan
アメリカ生まれの映画監督, 映画脚本家, 映画製作者。

⇒映監（デミ, ジョナサン　1944.2.22–）
外12（デミ, ジョナサン　1944.2.22–）
外16（デミ, ジョナサン　1944.2.22–）

Demolins, Joseph Edmond
フランスの社会学者, 教育家。急進的社会改良主義者。1899年ロシュの学校を設立し, みずからその新教育論を実践。主著『新教育論』(98)。
⇒岩世人（ドモラン　1852.1.23–1907.7.27）
教人（ドモラン　1852–1907）

Demong, Bill
アメリカのスキー選手（複合）。
⇒外12（デモン, ビル　1980.3.29–）
外16（デモン, ビル　1980.3.29–）
最世ス（デモン, ビル　1980.3.29–）

Demongeot, Mylène
フランス生まれの女優。
⇒ク俳（ドモンジョ, ミレーヌ（ドモンジョ, マリー＝エレヌ）　1936–）

De Mont, Pol
ベルギー（オランダ語圏）の詩人, 評論家。
⇒岩世人（デ・モント　1857.4.15–1931.6.30）

De Montbrial, Thierry
フランスの経済学者。
⇒外12（ド・モンブリアル, ティエリ　1943–）
外16（ド・モンブリアル, ティエリ　1943–）

De Montero, Kol
カンボジアの閣僚。
⇒岩世人（デ・モンテイロ　1844–1905頃）

DeMontreville, Eugene Napoleon
アメリカの大リーグ選手（遊撃, 二塁）。
⇒メジャ（デモントレヴィル, ジーン　1873.3.10–1935.2.18）

De Moraes, Flavio
ブラジルのテノール歌手。
⇒魅惑（De Moraes,Flavio　?–）

De Morgan, Mary Evelyn
イギリスの画家。
⇒岩世人（ド・モーガン　1855.8.30–1919.5.2）

De Morgan, William Frend
イギリスの陶芸家, 小説家。小説『不名誉な出来事』(1910) など。
⇒岩世人（ド・モーガン　1839.11.16–1917.1.15）

DeMornay, Rebecca
アメリカ生まれの女優。
⇒ク俳（デュモーネイ, レベッカ（ジョージ,R）　1961–）

Demoustier, Anaïs
フランスの女優。
⇒外16（ドゥームスティエ, アナイス　1987–）

Dempf, Alois
ドイツの哲学者。中世カトリック哲学の研究で知られる。
⇒新カト（デンプフ　1891.1.2–1982.11.15）

Dempf, Peter
ドイツの作家。
⇒外12（デンプ, ペーター　1959–）
外16（デンプ, ペーター　1959–）

Dempsey, Gregory
オーストラリアのテノール歌手。
⇒魅惑（Dempsey,Gregory　1931–）

Dempsey, Jack
アメリカのプロボクサー。1919～26年ヘビー級世界選手権を保持した「拳の英雄」。
⇒アメ州（Dempsey,Jack　デンプシー, ジャック　1895–）
アメ新（デンプシー　1895–1983）
岩世人（デンプシー　1895.6.24–1983.5.31）
ネーム（デンプシー　1895–1983）

Dempsey, John Rikard
アメリカの大リーグ選手（捕手）。
⇒メジャ（デンプシー, リック　1949.9.13–）

Dempsey, Martin E.
アメリカの軍人。
⇒外16（デンプシー, マーティン　1952.3.14–）

Dempsey, Patrick
アメリカ生まれの俳優。
⇒ク俳（デンプシー, パトリック　1966–）

Dempster, Ryan Scott
カナダの大リーグ選手（投手）。
⇒メジャ（デンプスター, ライアン　1977.5.3–）

Dempwolff, Otto
ドイツの言語学者, 民族学者。
⇒岩世人（デンプヴォルフ　1871.5.25–1938.11.27）

De Muro, Bernardo
イタリアのテノール歌手。
⇒失声（デ・ムーロ, ベルナルド　1881–1955）
魅惑（De Muro,Bernardo　1881–1955）

Demuro, Francesco
イタリアのテノール歌手, サルディニア民謡の歌手。
⇒失声（ムーロ, フランチェスコ・デ　1978–）

Demuro, Mirco
イタリアの騎手。
⇒外12（デムーロ, ミルコ　1979.1.11–）
外16（デムーロ, ミルコ　1979.1.11–）
最世ス（デムーロ, ミルコ　1979.1.11–）

De Muro Lomanto, Enzo
イタリアのテノール歌手。

⇒失声（デ・ムーロ・ロマント, エンツォ 1902–1952）
魅惑（De Muro Lomanto,Enzo 1902–1952）

Demus, Jörg
オーストリアのピアノ奏者。
⇒外12（デームス, イェルク 1928.12.2–）
外16（デームス, イェルク 1928.12.2–）
新音中（デームス, イェルク 1928.12.2–）
標音2（デームス, イェルク 1928.12.2–）

Demus, Lashinda
アメリカの陸上選手（ハードル・短距離）。
⇒最世ス（ディーマス, ラシンダ 1983.3.10–）

Demus, Otto
オーストリアの美術史家。ビザンツ中期のモザイクによる教会堂装飾の様式史的研究の基礎を固めた。
⇒岩世人（デームス 1902.11.4–1990.11.17）

Demuth, Charles
アメリカの水彩画家。
⇒岩世人（ディームス 1883.11.8–1935.10.23）
芸13（ディムース, チャールズ 1883–1935）

Demy, Jacques
フランス生まれの映画監督。
⇒岩世人（ドゥミ 1931.6.5–1990.10.27）

Demy, Mathieu
フランスの俳優。
⇒外12（ドゥミ, マチュー 1972–）

Denard, Michaël
フランスのダンサー。
⇒外12（ドナール, ミカエル 1944.11.5–）

Denby, Charles, Jr.
アメリカの領事。
⇒アア歴（Denby,Charles,Jr デンビー, チャールズ, ジュニア 1861.11.14–1938.2.4）

Dench, *Dame* Judi
イギリスの女優。
⇒遺産（デンチ, ジュディ 1934.12.9–）
岩世人（デンチ 1934.12.9–）
外12（デンチ, ジュディ 1934.12.9–）
外16（デンチ, ジュディ 1934.12.9–）
ク俳（デンチ, デイム・ジュディ 1934–）
スター（デンチ, ジュディ 1934.12.9–）

De Negri, Giovanni
イタリアのテノール歌手。
⇒魅惑（De Negri,Giovanni 1850–1923）

Deneriaz, Antoine
フランスのスキー選手（アルペン）。
⇒外12（ドヌリアズ, アントワヌ 1976.3.6–）
最世ス（ドヌリアズ, アントワヌ 1976.3.6–）

Deneuve, Catherine
フランスの女優。『シェルブールの雨傘』『昼顔』でトップスターとなる。
⇒遺産（ドヌーヴ, カトリーヌ 1943.10.22–）
岩世人（ドヌーヴ 1943.10.22–）
外12（ドヌーヴ, カトリーヌ 1943.10.22–）
外16（ドヌーヴ, カトリーヌ 1943.10.22–）
ク俳（ドヌーヴ, カトリーヌ（ドルレアック, カトリーヌ） 1943–）
スター（ドヌーヴ, カトリーヌ 1943.10.22–）
ネーム（ドヌーヴ, カトリーヌ 1943–）

Deng, Luol
イギリスのバスケットボール選手（ヒート）。
⇒外12（デン, ルオー 1985.4.16–）
外16（デン, ルオー 1985.4.16–）
最世ス（デン, ルオー 1985.4.16–）

Deng, Xiao Jun
中国のテノール歌手。
⇒魅惑（Deng,Xiao Jun ?–）

Dengel, Anna
オーストリア出身の女性医師、修道女会創立者。
⇒新カト（デンゲル 1892.3.16–1980.4.17）

Den Hartog, Jacob Pieter
オランダ生まれのアメリカの機械工学者。マサチューセッツ工科大学機械工学教授（1945～）。
⇒岩世人（デン・ハルトーグ 1901.7.23–1989.3.17）

De Nicola, Enrico
イタリアの政治家。イタリア解放後、臨時大統領に就任（1946）。
⇒岩世人（デ・ニコーラ 1877.11.9–1959.10.1）

de Niese, Danielle
アメリカのソプラノ歌手。
⇒外12（ド・ニース, ダニエル 1979–）
外16（ド・ニース, ダニエル 1979–）

Denifle, Heinrich Seuse
オーストリアの歴史家、中世哲学史家。「中世の文学および教会史文庫」（1885～1900）を創刊。
⇒岩世人（デニフレ 1844.1.16–1905.6.10）
新カト（デニフレ 1844.1.16–1905.6.10）

Deniker, Pierre
フランスの精神科医。
⇒現精（ドニケル 1917–1997）
現精縮（ドニケル 1917–1997）
精医歴（ドニケル, ピエール＝ジョルジュ 1917–1998）

Denikin, Anton Ivanovich
ロシアの陸軍軍人。1918年白衛軍最高司令官となる。
⇒岩世人（デニーキン 1872.12.4/16–1947.8.8）

Dening, Walter
イギリスのジャーナリスト、宣教師。東京高等

denir

師範学校, 第二高等学校で英語を教授。
⇒岩世人（デニング　1846.7.23–1913.12.5）

De Niro, Robert
アメリカの俳優。『タクシー・ドライバー』、『レイジング・ブル』(1981, アカデミー主演賞) など, マーチン・スコセーシ監督作品のほとんどに主演。
⇒遺産（デ・ニーロ, ロバート　1943.8.17–）
　岩世人（デ・ニーロ　1943.8.17–）
　外12（デ・ニーロ, ロバート　1943.8.17–）
　外16（デ・ニーロ, ロバート　1943.8.17–）
　ク俳（デ・ニーロ, ロバート　1943–）
　スター（デ・ニーロ, ロバート　1943.8.17–）
　ネーム（デ・ニーロ, ロバート　1943–）

Denis, Claire
フランスの女性映画監督。
⇒映監（ドニ, クレール　1948.4.21–）

Denis, Hector
ベルギーの社会主義者。
⇒学叢思（デニー, エクトル　1842–?）

Denis, Maurice
フランスの画家。1919年パリに「アトリエ・ダール・サクレ」を創設, 宗教芸術復興運動を起す。
⇒岩キ（ドニ　1870–1943）
　岩世人（ドニ　1870.11.25–1943.11.3）
　芸13（ドニ, モーリス　1870–1943）
　広辞7（ドニ　1870–1943）
　新カト（ドニ　1870.11.25–1943.11.13）

Denis Marques
ブラジルのサッカー選手（FW）。
⇒外12（デニス・マルケス　1981.2.22–）

Denison, Henry Willard
アメリカの外交官。来日し, 条約改正, 日清・日露両戦の交渉に貢献。
⇒アア歴（Denison, Henry W (illard)　デニスン, ヘンリー・ウィラード　1846.5.11–1914.7.3）
　岩世人（デニソン　1846.5.11/9.11–1914.7.3）

Denisov, Edison
ロシアの作曲家。
⇒岩世人（デニーソフ　1929.4.6–1996.11.24）
　ク音3（デニソフ　1929–1996）
　新音中（デニーソフ, エディソン　1929.4.6–1996.11.24）
　標音2（デニソフ, エディソン・ヴァシリエヴィチ　1929.4.6–1996.11.24）

Denjoy, Arnaud
フランスの数学者。
⇒世数（ダンジョワ, アルノー　1884–1974）

Den Junlaphan
タイのプロボクサー。
⇒タイ（デーン・チュンラパン　1978–）

Denk, Joseph
ドイツのカトリック聖書学者, 司祭。
⇒新カト（デンク　1849.8.9–1927.1.23）

Denk, Wolfgang
オーストリアの外科医。ヴィーン大学教授（1923）。
⇒岩世人（デンク　1882.3.21–1970.2.4）

Denke, Karl
ドイツの殺人犯。
⇒ネーム（カール・デンケ　1870–1924）

Denkel, Solanus
ドイツ出身のフランシスコ会員。
⇒新カト（デンケル　1896.7.16–1974.11.21）

Denkova, Albena
ブルガリアのフィギュアスケート選手（アイスダンス）。
⇒最世ス（デンコヴァ, アルベナ　1974.12.3–）

Denktas, Rauf
キプロスの政治家。北キプロス・トルコ共和国大統領（1975〜90,90〜2005）。
⇒世指導（デンクタシュ, ラウフ　1924.1.27–2012.1.13）

Dennard, Robert Heath
アメリカの電子工学者。
⇒外16（デナード, ロバート・ヒース　1932.9.5–）

Dennett, Daniel Clement
アメリカの哲学者, 認知科学者。
⇒岩世人（デネット　1942.3.28–）
　メル別（デネット, ダニエル・クレメント　1942–）

Denney, James
スコットランド自由教会牧師, 新約神学者。
⇒岩世人（デニー　1856.2.5–1917）
　オク教（デニー　1856–1917）
　新カト（デニ　1856.2.5–1917.6.12）

Denning, Alfred Thompson, Baron
イギリスの裁判官。
⇒岩世人（デニング　1899.1.23–1999.3.5）

Denning, Sir Norman
イギリスの海軍人。イギリス海軍作戦情報本部（OIC）創設者。
⇒スパイ（デニング, サー・ノーマン　1904–1979）

Denning, Richard
アメリカの男優。
⇒ク俳（デニング, リチャード（ルドヴィッヒ, のちにルイス・デニンガー）　1914–1998）

Denning, Troy
アメリカの作家。
⇒外12（デニング, トロイ　1963–）

Dennis, Eugene
アメリカの政治家。アメリカ共産党書記長(1946〜)。
⇒岩世人（デニス　1905.8.10-1961.1.31）

Dennis, Ron
イギリスの実業家。マクラーレン・インターナショナル社長, マクラーレン・メルセデス代表。
⇒外12（デニス, ロン）

Dennis, Sandy
アメリカ生まれの女優。
⇒ク俳（デニス, サンディ（デニス, サンドラ）1937-1992）

Dennis Oh
韓国の男優, モデル。
⇒韓俳（デニス・オー　1981.8.29-）

Dennison, David Mathias
アメリカの物理学者。
⇒岩世人（デニソン　1900.4.26-1976.4.3）

Denniston, Alastair G.
イギリスの政府暗号学校（GC&CS）長官。在職1921〜44。
⇒スパイ（デニストン, アラステア・G　1881-1961）

Denniston, John Dewar
イギリスの古典学者。
⇒岩世人（デニストン　1887.3.4-1949.5.2）

Denny, Jeremiah Dennis
アメリカの大リーグ選手（三塁）。
⇒メジャ（デニー, ジェリー　1859.3.16-1927.8.16）

Denny, John Allen
アメリカの大リーグ選手（投手）。
⇒メジャ（デニー, ジョン　1952.11.8-）

Denny, Martin
アメリカのピアノ奏者, 作曲家。
⇒岩世人（デニー　1911.4.10-2005.3.2）

Denny, Reginald
イギリスの男優。
⇒ク俳（デニー, レジナルド（デイモア,R）1891-1967）

Denny, Sandy
イギリス生まれの女性歌手, 作曲家。
⇒ロック（Denny,Sandy　デニー, サンディ）

Denoke, Angela
ドイツのソプラノ歌手。
⇒外12（デノケ, アンゲラ　1961-）

Denolfo, Ian
アメリカのテノール歌手。
⇒魅惑（Denolfo,Ian　1967-）

Densmore, Frances
アメリカの民族音楽学者。
⇒標音2（デンスモア, フランシス　1867.5.21-1957.6.5）

Dent, *Sir* Alfred
イギリスの実業家。
⇒岩世人（デント　1844.12.12-1927.11.23）

Dent, Edward Joseph
イギリスの音楽学者, 批評家, 教師。
⇒岩世人（デント　1876.7.16-1957.8.22）
新音中（デント, エドワード・J.　1876.7.16-1957.8.22）
標音2（デント, エドワード　1876.7.16-1957.8.22）

Dent, Russell Earl（Bucky）
アメリカの大リーグ選手（遊撃）。
⇒メジャ（デント, バッキー　1951.11.25-）

Dentan, Robert Knox
アメリカの人類学者。
⇒アア歴（Dentan,Robert K（nox）　デンタン, ロバート・ノックス　1936.8.28-）

Denton, Eric James
イギリスの海洋生物学者。
⇒岩生（デントン　1923-2007）

Denton, Mary Florence
アメリカのアメリカン・ボード宣教師。同志社女子大学で女子教育, 看護教育に尽力。
⇒アア歴（Denton,Mary Florence　デントン, メアリー・フローレンス　1857.7.4-1947.12.24）

Denton, Peter
イギリスのミュージシャン。
⇒外12（デントン, ピーター）

D'Entrèves, Alexander Passerin
イタリアの法哲学者, 政治哲学者。法実証主義のディレンマの検討を通して自然法論を展開。
⇒岩世人（ダントレーヴ　1902.4.26-1985.12.15）

Den-Uyl, Joop
オランダの政治家。オランダ首相。
⇒岩世人（デン・アイル　1919.8.9-1987.12.24）

Denver, John
アメリカのフォーク歌手。
⇒標音2（デンヴァー, ジョン　1943.12.31-1997.10.12）
ロック（Denver,John　デンヴァー, ジョン　1943-）

Denyes, John Russell
アメリカの宣教師。
⇒アア歴（Denyes,John R（ussell）　デニーズ, ジョン・ラッセル　1869.1.24-1936.1.22）

D

Denza, Luisi
イタリアの作曲家。主作品は500曲以上のイタリア歌曲にあり、その名声はトスティと並ぶ。
- ⇒ク音3（デンツァ　1846–1922）
  - 標音2（デンツァ, ルイージ　1846.2.24–1922.1.26）

De Ocampo, Roberto
フィリピンの政治家。フィリピン財務相。
- ⇒世指導（デオカンポ, ロベルト）

Déon, Michel
フランスの作家。
- ⇒外16（デオン, ミシェル　1919.8.4–）
  - 現世文（デオン, ミシェル　1919.8.4–2016.12.28）

Dèo Văn Trì
ベトナムの白タイ族の土侯。
- ⇒岩世人（デオ・ヴァン・チー　1849?–1909）

De Palma, Antonio
イタリアのテノール歌手。
- ⇒魅惑（De Palma,Antonio　?–）

De Palma, Brian
アメリカ生まれの映画監督。
- ⇒岩世人（デ・パルマ　1940.9.11–）
  - 映監（デ・パルマ, ブライアン　1940.9.11–）
  - 外12（デ・パルマ, ブライアン　1940.9.11–）
  - 外16（デ・パルマ, ブライアン　1940.9.11–）

De Palma, Piero
イタリアのテノール歌手。
- ⇒失声（デ・パルマ, ピエロ　1925–2013）
  - 魅惑（De Palma,Piero　1916–）

dePaola, Tomie
アメリカの絵本作家, 挿絵画家, 作家。
- ⇒絵本（デ・パオラ, トミー　1934–）
  - 外16（デ・パオラ, トミー　1934–）
  - 現世文（デ・パオラ, トミー　1934–）

De Paoli, Ambrose
アメリカ・ペンシルヴァニア州ジャネット生まれの大司教。駐日教皇大使（1998～2004）。
- ⇒新カト（デ・パオリ　1934.8.19–2007.10.10）

De Paolis, Alessio
イタリアのテノール歌手。
- ⇒魅惑（De Paolis,Alessio　1893–1964）

Depardieu, Géard
フランスの俳優。
- ⇒岩世人（ドパルデュ　1948.12.27–）
  - 外12（ドパルデュー, ジェラール　1948.12.27–）
  - 外16（ドパルデュー, ジェラール　1948.12.27–）
  - ク俳（ドパルデュー, ジェラール　1948–）
  - スター（ドパルデュー, ジェラール　1948.12.27–）

Depardon, Raymond
フランスの写真家, 映画監督。
- ⇒外12（ドパルドン, レイモン　1942.7.6–）
  - 外16（ドパルドン, レイモン　1942.7.6–）

Depasse, Hector
フランスのジャーナリスト, 政治家。
- ⇒19仏（ドゥパッス, エクトル　1842.12.14–1911.9.16）

De-Paul, Lynsey
イギリス生まれの歌手。
- ⇒ロック（de Paul,Lynsey　ド・ポール, リンジー　1951–）

Depero, Fortunato
イタリアの未来主義者, 画家, 作家, 舞台デザイナー。
- ⇒グラデ（Depero,Fortunato　デペーロ, フォルトゥナート　1892–1960）

Depestre, René
ハイチ出身の詩人, 小説家。
- ⇒現世文（ドペストル, ルネ　1926.8.29–）
  - 広辞7（ドペストル　1926–）

De Poumayrac, Georges
テノール歌手。
- ⇒魅惑（De Poumayrac,Georges　?–?）

Depp, Daniel
アメリカの作家。
- ⇒海文新（デップ, ダニエル　1953–）
  - 現世文（デップ, ダニエル　1953–）

Depp, Johnny
アメリカ生まれの俳優。
- ⇒遺産（デップ, ジョニー　1963.6.9–）
  - 異二辞（デップ, ジョニー　1963–）
  - 岩世人（デップ　1963.6.9–）
  - 外12（デップ, ジョニー　1963.6.9–）
  - 外16（デップ, ジョニー　1963.6.9–）
  - ク俳（デップ, ジョニー（デップ2世, ジョン）　1963–）
  - スター（デップ, ジョニー　1963.6.9–）

Deppermann, Charles Edward
アメリカの科学者。
- ⇒アア歴（Deppermann,Charles E（dward）　デッパーマン, チャールズ・エドワード　1889.3.28–1957.5.8）

Depraz, Natalie
フランスの哲学者。
- ⇒メル別（ドゥプラズ, ナタリー　1964–）

De Preist, James
アメリカの指揮者。
- ⇒外12（デプリースト, ジェームズ　1936.11.21–）

Dequenne, Emilie
ベルギーの女優。
- ⇒外16（ドゥケンヌ, エミリー　1981.8.29–）

Derain, André
フランスの画家。フォービスムの画家。大作『アルルカンとピエロ』(1924)など。
⇒岩世人（ドラン 1880.6.10-1954.9.10）
　芸13（ドラン, アンドレ 1880-1954）
　広辞7（ドラン 1880-1954）

Derby, Edward George Villiers Stanley, 17th Earl of
イギリスの政治家。
⇒岩世人（ダービー 1865.4.4-1948.2.4）

Derby, Frederick Arthur Stanley, 16th Earl of
イギリスの政治家。E.G.S.S.ダービーの子。上院議員(1886), カナダ総督(88〜93)を歴任。
⇒岩世人（ダービー 1841.1.15-1908.6.14）

Derby, George H.
アメリカの大リーグ選手（投手）。
⇒メジャ（ダービー, ジョージ 1857.7.6-1925.7.4）

Derbyshire, Charles E.
アメリカの教育者。
⇒アア歴（Derbyshire,Charles E. ダービーシャー, チャールズ・E. 1880.1.17-1933.4.10）

Der Derian, James
アメリカの国際関係論研究者。
⇒国政（ダー・デリアン, ジェームズ）

De Regniers, Beatrice
アメリカの児童文学作家。
⇒現世文（レニエ, ビアトリス・シェンク・ドゥ 1914-2000）

Derek, Bo
アメリカ生まれの女優。
⇒ク俳（デレク, ボウ（コリンズ, メアリー） 1956-）

Derek, John
アメリカ生まれの俳優。
⇒ク俳（デレク, ジョン（ハリス, デレク） 1926-1998）

Deren, Maya
アメリカの映画作家。
⇒映監（デレン, マヤ 1917.4.29-1961）

Derenbourg, Hartwig
フランスの東洋学者。J.ドランブールの子。アラビア語学に関する研究が多い。
⇒岩世人（ドランブール 1844.6.17-1908.4.12）

Derenne, Paul
フランスのテノール歌手。
⇒失声（ドゥレンヌ, ポール 1907-1988）
　魅惑（Derenne,Paul 1907-1982）

De Reszke, Jean
ポーランドのテノール歌手。エドゥアルトの兄。
⇒岩世人（レシュケ 1850.1.14-1925.4.3）
　失声（ド・レスケ, ジャン 1850-1925）
　魅惑（De Reszke,Jean 1850-1925）

Derevyanko, Kuzma Nikolaevich
ソ連の軍人。陸軍中将。占領期の対日理事会（連合国日本管理理事会）ソ連代表。
⇒岩世人（デレヴァンコ 1904.11.14-1954.12.30）

de Rham, Georges-William
ベルギーの数学者。
⇒世数（ド・ラム, ジョルジュ 1903-1990）

Deriabin, Peter Sergeyevich
元KGB職員。1954年ウィーンで亡命, 後にCIAで勤務した。
⇒スパイ（デリアビン, ペテル・セルゲイエヴィチ 1921-1992）

De Rieux, Max
フランスのテノール歌手。
⇒魅惑（De Rieux,Max ?-）

De Rijke, Johannes
オランダの土木技師。来日して淀川治水工事, 大阪港築港, 我が国初の近代下水道工事などを手がけた。
⇒岩世人（ド・レイケ（デ・レーケ） 1842.12.4-1913.1.20）
　ポプ人（デ・レーケ, ヨハネス 1842-1913）

Deripaska, Oleg Vladimirovich
ロシアの企業家。ロシア・アルミニウム社長。
⇒外12（デリパスカ, オレグ 1968.1.2-）
　外16（デリパスカ, オレグ 1968.1.2-）

Deris, Andi
ドイツのロック歌手。
⇒外12（デリス, アンディ 1964.8.18-）
　外16（デリス, アンディ 1964.8.18-）

Derjaguin, Boris Vladimirovich
ソ連の物理学者。
⇒科史（デリャーギン 1902-1994）

Derleth, August William
アメリカの小説家, 詩人, アンソロジスト, 出版者。〈Arkham House〉の創立者。
⇒現世文（ダーレス, オーガスト 1909.2.24-1971.7.4）

Derly, Joao
ブラジルの柔道選手。
⇒最世ス（デルリ, ジョアン 1981.6.2-）

Der Meel, Nico van
オランダのテノール歌手。
⇒魅惑（Der Meel,Nico van ?-）

Dermenghem, Emile
フランスの宗教学者。

dermo 506

⇒新カト（デルメンゲム　1892.1.3–1971.3.15）

Dermody, Vincent
アメリカ・ニューヨーク市の副検事，マルコムX暗殺裁判の主任。
⇒マルX（DERMODY, VINCENT　ダーモディ，ヴィンセント　1915–1992）

Dermota, Anton
スロヴェニア，のちオーストリアのテノール歌手。
⇒失声（デルモータ，アントン　1910–1989）
　新音中（デルモータ，アントン　1910.6.4–1989.6.22）
　標音2（デルモータ，アントン　1910.6.4–1989.6.22）
　魅惑（Dermota, Anton　1910–1989）

Dern, Bruce
アメリカ生まれの俳優。
⇒外16（ダーン，ブルース　1936.6.4–）
　ク俳（ダーン，ブルース　1936–）

Dern, George Henry
アメリカの政治家，発明家。
⇒アメ州（Dern, George Henry　ダーン，ジョージ・ヘンリー　1872–1936）

Dern, Laura
アメリカ生まれの女優。
⇒外12（ダーン，ローラ　1967.2.10–）
　外16（ダーン，ローラ　1967.2.10–）
　ク俳（ダーン，ローラ　1966–）

Dernburg, Bernhard
ドイツ・ダルムシュタット生まれの政治家，銀行家。植民地相，蔵相・副首相。ドイツ民主党所属議員（1919〜30）。
⇒ユ著人（Dernburg, Bernhard　デンブルク，ベルンハルト　1865–1937）

Dernesch, Helga
オーストリアのソプラノ歌手。
⇒新音中（デルネシュ，ヘルガ　1939.2.3/13–）
　標音2（デルネシュ，ヘルガ　1939.2.3/13–）

Dernier, Robert Eugene
アメリカの大リーグ選手（外野）。
⇒メジャ（ダーニアー，ボブ　1957.1.5–）

Der Nister
ソ連のイディッシュ語作家。本名ピンハス・カハノヴィチ。
⇒岩世人（デル・ニステル　1884.11.1–1950.6.4）

De Roberto, Federico
イタリアの作家。
⇒岩世人（デ・ロベルト　1861.1.16–1927.7.26）

DeRosa, Mark Thomas
アメリカの大リーグ選手（二塁，三塁，外野）。
⇒メジャ（デロサ，マーク　1975.2.26–）

De Rossi, Daniele
イタリアのサッカー選手（ローマ・MF）。
⇒外12（デ・ロッシ，ダニエレ　1983.7.24–）
　外16（デ・ロッシ，ダニエレ　1983.7.24–）
　最世ス（デ・ロッシ，ダニエレ　1983.7.24–）
　ネーム（デ・ロッシ　1983–）

De Rotz, Marc Marie
フランスの宣教師。日本に渡来（1868）し，社会事業に貢献。
⇒岩キ（ド・ロー　1840–1914）
　岩世人（ド・ロ　1840.3.27–1914.11.7）
　新カト（ド・ロ　1840.3.27–1914.11.7）
　ポプ人（マルコ・マリー・ド・ロ　1840–1914）

Déroulède, Paul
フランスの詩人，政治家。普仏戦争とパリ・コミューンの鎮圧に参加。1882年「愛国者同盟」を創設。
⇒岩世人（デルレード　1846.9.2–1914.1.30）
　19仏（デルレード，ポール　1846.9.2–1914.1.30）

Der Plas, Harrie von
オランダのテノール歌手。
⇒魅惑（Der Plas, Harrie von　?–）

Derrida, Jacques
フランスの哲学者。
⇒岩イ（デリダ　1930–）
　岩キ（デリダ　1930–）
　岩世人（デリダ　1930.7.15–2004.10.8）
　教思増（デリダ　1930–2004）
　広辞7（デリダ　1930–2004）
　社小増（デリダ　1930–）
　新カト（デリダ　1930.7.15–2004.10.8）
　図哲（デリダ，ジャック　1930–2004）
　世人新（デリダ　1930–2004）
　世人装（デリダ　1930–2004）
　哲（デリダ　1930–2004）
　ネーム（デリダ，ジャック　1930–2004）
　フ文小（デリダ，ジャック　1930–2004）
　メル別（デリダ，ジャック　1930–2004）
　ユ著人（Derrida, Jacques　デリダ，ジャック　1930–）

Derringer, Rick
アメリカ・オハイオ州生まれの歌手。
⇒ロック（Derringer, Rick　デリンジャー，リック）

Derringer, Samuel Paul
アメリカの大リーグ選手（投手）。
⇒メジャ（デリンジャー，ポール　1906.10.17–1987.11.17）

Der Schaaf, Jerrold van
アメリカのテノール歌手。
⇒魅惑（Der Schaaf, Jerrold van　?–）

Dershowitz, Alan Morton
アメリカの法学者。
⇒岩世人（ダーショウィッツ　1938.9.1–）

Deruy, Georges Joseph
フランス・ベテューヌ生まれのパリ外国宣教会員,日本宣教師。
⇒新カト(ドリュイ 1884.1.28–1957.12.29)

Dervan, Peter B.
アメリカの有機化学者。
⇒岩世人(ダーヴァン 1945.6.28–)

Dervaux, Pierre
フランスの指揮者,作曲家。
⇒標音2(デルヴォー,ピエール 1917.1.3–1992.2.20)

Derviş, Kemal
トルコの政治家,経済学者。国連開発計画(UNDP)総裁,トルコ財務相。
⇒外12(デルビシュ,ケマル 1949.1.10–)
　外16(デルビシュ,ケマル 1949.1.10–)
　世指導(デルビシュ,ケマル 1949.1.10–)

Der Walt, Deon van
南アフリカのテノール歌手。
⇒魅惑(Der Walt,Deon van 1958–2005)

Derwent, Henry
イギリス生まれの国際排出量取引協会(IETA)社長・CEO。
⇒外12(ダーウェント,ヘンリー 1951–)
　外16(ダーウェント,ヘンリー 1951–)

Derycke, Eric
ベルギーの政治家,法律家。ベルギー副首相,外相。
⇒世指導(デレイケ,エリック 1949.10.28–)

Déry Tibor
ハンガリーの小説家。1956年のハンガリー動乱の心人物の一人。
⇒岩世人(デーリ 1894.10.18–1977.8.18)
　現世文(デーリ,ティボル 1894.10.18–1977.8.18)
　ユ著人(Tibor,Déry ティボール,デリー 1894–1977)

Der Zalm, Johan van
オランダのテノール歌手。
⇒魅惑(Der Zalm,Johan van 1919–1995)

Dēsāī, Anītā
インドの女性英語作家。
⇒岩世人(デサイ(デーサーイー) 1937.6.24–)
　外16(デサイ,アニタ 1937.6.24–)
　現世文(デサイ,アニタ 1937.6.24–)

Desai, Kiran
インド・ニューデリー生まれの作家。
⇒海文新(デサイ,キラン 1971.9.3–)
　現世文(デサイ,キラン 1971.9.3–)

Desai, Meghnad Jagdishchandra
イギリスの経済学者。
⇒外16(デサイ,メグナッド 1940.7.10–)

Desai, Shri Morarji Ranchhodji
インドの政治家。M.ガンジーの不服従運動に参加。1967～69年I.ガンジー内閣の首相兼蔵相。
⇒岩世人(デーサーイー 1896.2.29–1995.4.10)
　世人新(デサイ 1896–1995)
　世人裝(デサイ 1896–1995)
　南ア新(デーサーイー 1896–1995)

De Sanctis, Gaetano
イタリアの歴史家。古典古代史の権威。
⇒岩世人(デ・サンクティス 1870.10.15–1957.4.9)

Desani, Govindas Vishnoodas
ケニアの小説家。
⇒現世文(デサニ,G.V. 1909.7.8–2000.11.15)

Desanti, Jean-Toussaint
フランスの数理哲学者。
⇒メル別(ドゥサンティ,ジャン=トゥサン 1914–2002)

De Santis, Giuseppe
イタリア生まれの映画監督。
⇒映監(デ・サンティス,ジュゼッペ 1917.2.11–1997)

De Santis, Vittorio
テノール歌手。
⇒魅惑(De Santis,Vittorio ?–?)

De Santo, Sugar Pie
アメリカのR&B歌手。
⇒ロック(De Santo,Sugar Pie ド・サーントゥ,シュガー・パイ)

D'Escatha, Yannick
フランス国立宇宙研究センター(CNES)理事長。
⇒外12(デスカタ,ヤニック)
　外16(デスカタ,ヤニック)

Descaves, Lucian
フランスの小説家,劇作家。
⇒岩世人(デカーヴ 1861.3.19–1949.9.6)
　19仏(デカーヴ,リュシアン 1861.3.18–1949.9.6)

Desch, Cecil Henry
イギリスの化学者,冶金学者。著『金相学』(1910～45)は金属学,金属材料の応用に大きく貢献。
⇒岩世人(デッシュ 1874.9.7–1958.6.19)

Deschamps, Didier
フランスのサッカー監督。
⇒外12(デシャン,ディディエ 1968.10.15–)
　外16(デシャン,ディディエ 1968.10.15–)
　最近ス(デシャン,ディディエ 1968.10.15–)

Deschanel, Emily
アメリカの女優。
⇒外12（デシャネル,エミリー　1976.10.11–）

Deschanel, Paul Eugène Louis
フランスの政治家。第三共和制第10代の大統領（1920）。
⇒岩世人（デシャネル　1855.2.13–1922.4.28）
19仏（デシャネル,ポール　1855.2.13–1922.4.28）

Descheix, Jean-Pierre
テノール歌手。
⇒魅惑（Descheix,Jean-Pierre　?–）

Descola, Philippe
フランスの文化人類学者。
⇒外16（デスコラ,フィリップ　1949.6.19–）
メル別（デスコーラ,フィリップ　1949–）

Descoqs, Pedro
フランスのカトリック神学者,哲学者。
⇒新カト（デコック　1877.6.2–1946.11.7/8）

D'Escoto
ニカラグアの外交官,政治家,司祭。
⇒外16（デスコト　1933–）
世指導（デスコト,ミゲル　1933.2.5–2017.6.8）

Desderi, Claudio
イタリアのバリトン歌手。
⇒オペラ（デズデーリ,クラウディオ　1943–）

Des Forêts, Louis-René
フランスの小説家。主著『子供部屋』（1960）。
⇒岩世人（デ・フォレ　1918.1.28–2000.12.31）
現世文（デ・フォレ,ルイ・ルネ　1918.1.28–2000.12.31）

DeShaies, James Joseph
アメリカの大リーグ選手（投手）。
⇒メジャ（デシェイズ,ジム　1960.6.23–）

Deshannon, Jackie
アメリカ・ケンタッキー州生まれの歌手。
⇒ロック（De Shannon,Jackie　デ・シャノン,ジャッキー）

DeShields, Delino Lamont
アメリカの大リーグ選手（二塁）。
⇒メジャ（デシールズ,デライノ　1969.1.15–）

Deshpande, Shashi
インドの女性英語作家。
⇒現世文（デシュパンデ,シャシ　1938.8.19–）

De Sica, Vittorio
イタリアの映画監督,俳優。『自転車泥棒』（1948）などの名作より,ネオレアリズモの代表的監督となる。
⇒アニメ（デ・シーカ,ヴィットリオ　1906–1977）
岩世人（デ・シーカ　1901.7.7–1974.11.13）
映監（デ・シーカ,ヴィットリオ　1902.7.7–1974）
ク俳（デ・シーカ,ヴィットリオ　1894–1974）
広辞7（デ・シーカ　1901–1974）
ネーム（デ・シーカ　1901–1974）

Desiderio, Vincent
アメリカ生まれの現代美術家。
⇒芸13（デシデリオ,ヴィンセント　1955–）

De Silguy, Yves-Thibault
フランスの実業家。
⇒外16（ドシルギ,イブチボー　1948.7.22–）

DeSilva, Bruce
アメリカの作家。
⇒外12（ダシルバ,ブルース）
外16（ダシルバ,ブルース）
海文新（ダシルヴァ,ブルース）
現世文（ダシルバ,ブルース）

Désir, Harlem
フランスの政治家。
⇒外16（デジール,アルレム　1959.11.25–）
世指導（デジール,アルレム　1959.11.25–）

De Sitter, Willem
オランダの天文学者,宇宙学者。
⇒岩世人（デ・シッテル（ド・ジッター）　1872.5.6–1934.11.20）
天文辞（ド・ジッター　1872–1934）
ネーム（デ・シッテ　1872–1934）
物理（ド・ジッター,ウィレム　1872–1934）

Deslandres, Henry
フランスの天体物理学者。太陽物理学,太陽のスペクトル分析を研究。
⇒岩世人（デランドル　1853.7.24–1948.1.15）

Deslauriers, Philippe
カナダ・ケベック生まれの日本で活動したドミニコ会員。
⇒新カト（デロリエ　1907–1959）

Desmarest, Thierry
フランスの実業家。
⇒外12（デマレ,ティエリー　1945.12.18–）
外16（デマレ,ティエリー　1945.12.18–）

Desmond, Adrian J.
イギリスの古生物学者,生物進化学者,作家。
⇒外12（デズモンド,エイドリアン　1947–）
外16（デズモンド,エイドリアン　1947–）

Desmond, Ian
アメリカの大リーグ選手（ナショナルズ・内野手）。
⇒最世ス（デズモンド,イアン　1985.9.20–）

Desmond, Paul（Breitenfeld）
アメリカのジャズ・アルトサックス奏者。DB誌の読者人気投票で1955～59年連続トップを獲

得。作曲にもすぐれ,『テイク・ファイブ』等の
ヒット作を作曲。
⇒標音2（デズモンド, ポール 1924.11.25–1977.5.
30）

Desmond-Hellmann, Susan
アメリカの実業家, 医学者。
⇒外12（デズモンド・ヘルマン, スーザン）
外16（デズモンド・ヘルマン, スーザン）

Desmons, Frédéric
フランスの政治家。
⇒19仏（デモン, フレデリック 1832.10.14–1910.
1.4）

Desnoes, Edmundo
キューバの小説家。
⇒外16（デスノエス, エドムンド 1930–）
現世文（デスノエス, エドムンド 1930–）

Desnos, Robert
フランスの詩人。シュルレアリスム運動に参加。
⇒岩世人（デスノス 1900.7.4–1945.6.8）
現世文（デスノス, ロベール 1900.7.4–1945.6.8）
広辞7（デスノス 1900–1945）

Desnoyer, François
フランスの画家。
⇒芸13（デノワイエ, フランソア 1894–1972）

des Ombiaux, Maurice
ベルギー出身の作家, 美食家。
⇒フラ食（デゾンビオ, モリス 1868–1943）

Desormeaux, Kent
アメリカの騎手。
⇒外12（デザーモ, ケント 1970.2.27–）
外16（デザーモ, ケント 1970.2.27–）
最世ス（デザーモ, ケント 1970.2.27–）

Desormière, Roger
フランスのオーケストラ指揮者。フランス放送
協会「オルケストル・ナシォナル」の常任指
揮者。
⇒新音中（デゾルミエール, ロジェ 1898.9.13–
1963.10.25）
標音2（デゾルミエール, ロジェ 1898.9.13–
1963.10.25）

De Sousa, Mauricio
ブラジルの漫画家。
⇒外12（デ・ソウザ, マウリシオ 1935–）
外16（デ・ソウザ, マウリシオ 1935–）

D'Espagnat, Georges
フランスの画家。1905年サロン・ドートンヌの
設立に参加。
⇒芸13（デスパニャ, ジョルジュ 1870–1950）

Despatie, Alexandre
カナダの飛込み選手。

⇒最世ス（ディスパティエ, アレクサンダー 1985.
6.8–）

Despiau, Charles
フランスの彫刻家。ロダンの助手として働く。
⇒岩世人（デスピオー 1874.11.4–1946.10.28/30）
芸13（デスピオ, シャルル 1874–1946）
広辞7（デスピオ 1874–1946）

Despiérre, Jacques
フランスの画家。
⇒芸13（デピエール, ジャック 1912–1981）

Despinette, Janine
フランスの著述家。
⇒絵本（デスピネット, ジャニーヌ）

Desplechin, Arnaud
フランス生まれの映画監督。
⇒外12（デプレシャン, アルノー 1960–）
外16（デプレシャン, アルノー 1960–）

Despotovic, Ranko
セルビアのサッカー選手（FW）。
⇒外16（デスポトヴィッチ, ランコ 1983.1.21–）

Desrosiers, Léo Paul
カナダ（フランス系）の小説家。
⇒現世文（デロジェ, レオ・ポール 1896–1967）

Dessau, Paul
ドイツの指揮者, 作曲家。
⇒ク音3（デッサウ 1894–1979）
新音中（デッサウ, パウル 1894.12.19–1979.6.
28）
標音2（デッサウ, パウル 1894.12.19–1979.6.28）
ユ著写（Dessau,Paul ダッサウ, パウル 1894–
1979）

Dessauer, Friedrich
ドイツの生物物理学者, 哲学者。量子生物学の
創始者。
⇒岩世人（デッサウアー 1881.7.19–1963.2.16）
新カト（デッサウアー 1881.7.19–1963.2.16）

Dessay, Natalie
フランスのソプラノ歌手。
⇒外12（デセイ, ナタリー 1965–）
外16（デセイ, ナタリー 1965–）

Dessen, Sarah
アメリカの作家。
⇒外12（デッセン, サラ 1970–）
海文新（デッセン, サラ 1970–）
現世文（デッセン, サラ 1970–）

Dessi, Daniela
イタリアのソプラノ歌手。
⇒外12（デッシー, ダニエラ 1957–）
外16（デッシー, ダニエラ 1957–）

Dessí, Giuseppe
イタリアの小説家, 劇作家。
⇒現世文（デッシ, ジュゼッペ　1909.8.7-1977.7.6）

Dessoir, Max
ドイツの美学者。一般芸術学の提唱者。主著『美学と一般芸術学』(1906)。
⇒岩世人（デソワール　1867.2.8-1947.7.19）
学叢思（デソアール, マクス　1867-?）

De Ste. Croix, Geoffery Ernest Maurice
イギリスの歴史家。
⇒岩世人（デ・セント・クロイックス　1910.2.10-2000.2.5）

Destinn, Emmy
チェコスロバキアのソプラノ歌手。ベルリンでデビュー(1893)。
⇒岩世人（デスティン　1878.2.26-1930.1.28）

d'Estournelles de Constant, Paul Henri Benjamin Balluat, Baron de Constan de Rebecque
フランスの外交官・政治家。ハーグの平和会議にはフランス代表として出席。ノーベル平和賞受賞(1909)。
⇒岩世人（エストゥルネル・ド・コンスタン　1852.11.22-1924.5.15）
ノベ3（デストゥールネイユ・ド・コンスタン, P.B.B., B.d.C.d.R.　1854.11.22-1924.5.15）

Destrade, Orestes
アメリカの大リーグ選手（一塁）。
⇒異二辞（デストラーデ［オレステス・〜］　1962-）
外12（デストラーデ, オレステス　1962.5.8-）

Destrée, Jules
ベルギーの政治家, 文学者, 美術史家。
⇒岩世人（デストレ　1863.8.21-1936.1.3）

Destrem, Jean
フランスのジャーナリスト, 作家。
⇒19仏（デストレム, ジャン　1842.2.3-1929.3.11）

Destroy, Helen
アメリカのミュージシャン。
⇒外12（デストロイ, ヘレン）

Desvallières, Georges
フランスの画家。1919年M.ドニとアトリエ・ダール・サクレを創設, 宗教美術復興運動をおこす。
⇒岩世人（デヴァリエール　1861.3.14-1950.10.4）
芸13（デヴァリエール, ジョルジュ　1861-1950）
新カト（デヴァリエール　1861.3.14-1950.10.5）

Des Voeux, Sir George William
イギリスの外交官。
⇒岩世人（デ・ヴォー　1834.9.22-1909.12.5）

Detaille, Jean-Baptiste-Édouard
フランスの画家。戦争画と歴史画を描く。
⇒芸13（デタイユ, エドゥアール　1848-1912）

De Teran, Lisa St Aubin
イギリスの作家。
⇒現世文（ドゥ・テラン, リーサ・セイント・オービン　1953-）

Deterding, Sir Henri Wilhelm August
オランダの石油王。1907年ロイヤル・ダッチ・シェル社の設立を進め, 国際石油業界の指導的存在となる。
⇒岩世人（デターディング　1866.4.19-1939.2.4）

Đe Tham
北部ベトナムの民族英雄。フランス軍の侵略に抗した。通称デ・タム(Đe Tham: 提探)。
⇒岩世人（ホアン・ホア・タム　1858?-1913.3.18?）
世人新（ホアン＝ホア＝タム　1846-1913）
世人装（ホアン＝ホア＝タム　1846-1913）

Detienne, Marcel
フランスの宗教学者, 神話学者。
⇒岩世人（ドゥティエンヌ　1935-）
外16（ドゥティエンヌ, マルセル　1935-）

Detoni, Dubravko
ユーゴスラビアのピアノ奏者, 作曲家。前衛音楽演奏グループ "Acezantez" の主宰者。
⇒標音2（デトーニ, ドゥブラフコ　1937.2.22-）

De Trevi, José
ベルギーのテノール歌手。
⇒魅惑（De Trevi, José　1890-1958）

Detring, Gustaf
清(中国)の御雇外国人。
⇒岩世人（デトリング　1842-1913）

Dettori, Frankie
イタリアの騎手。
⇒岩世人（デットーリ　1970.12.15-）
外12（デットーリ, ランフランコ　1970.12.15-）
外16（デットーリ, ランフランコ　1970.12.15-）
最新ス（デットーリ, ランフランコ　1970.12.15-）

Deuba, Sher Bahadur
ネパールの政治家。ネパール首相。
⇒外12（デウバ, シェール・バハドゥル　1946.6.13-）
世指導（デウバ, シェール・バハドゥル　1946.6.13-）

Deuel, Michael M.
アメリカ中央情報局(CIA)職員。
⇒スパイ（デュエル, マイケル・M　?-1965）

Deussen, Paul
ドイツの哲学者, インド哲学研究家。西欧思想とインド思想の総合を試みた。

⇒岩世人（ドイセン　1845.1.7-1919.7.6）
学叢思（ドイッセン,パウル　1845-1919）
新佛3（ドイッセン　1845-1919）

Deutch, John M.
アメリカ中央情報長官（DCI）。
⇒スパイ（ドイッチ,ジョン・M　1938-）

Deutekom, Christina
オランダのソプラノ歌手。
⇒標音2（ドイテコム,クリスティナ　1932.8.28-）

Deutsch, André
イギリスの出版者。
⇒岩世人（ドイッチ　1917.11.15-2000.4.11）

Deutsch, Ernst
ドイツの俳優。古典劇を得意とした。
⇒ユ著人（Deutsch,Ernst　ドイッチ,エルンスト　1890-1969）

Deutsch, Helene
アメリカ（ポーランド系）の精神分析医。
⇒現精（ドイチュ　1884-1982）
　現精縮（ドイチュ　1884-1982）
　精医歴（ドイッチュ,ヘレーネ・ローゼンバッハ　1884-1982）
　精分岩（ドイチュ,ヘレーネ　1884-1982）
　精分弘（ドイチュ,ヘレーネ（旧姓ローゼンバッハ）　1884-1984）

Deutsch, Julius
オーストリアの政治家。共産主義的独裁制に反対して,オーストリア社会党の在外書記局を指導した（1946～）。
⇒岩世人（ドイチュ　1884.2.2-1968.1.17）

Deutsch, Karl Wolfgang
アメリカの政治学者。
⇒岩世人（ドイッチュ　1912.7.21-1992.11.1）
　広辞7（ドイッチュ　1912-1992）
　政経改（ドイッチュ　1912-1992）

Deutsch, Morton
アメリカの社会心理学者。コロンビア大学教授。
⇒小小増（ドイッチュ　1920-）
　社心小（ドイッチュ　1920-）

Deutsch, Otto Erich
オーストリアの音楽文献学者,伝記作家。シューベルトに関する多数の著作がある。
⇒新音中（ドイチュ,オットー・エーリヒ　1883.9.5-1967.11.21）
　標音2（ドイチュ,オットー・エーリヒ　1883.9.5-1967.11.21）

Deutscher, Isaac
イギリスのソ連社会研究家。ポーランド人。主著『スターリン伝』（1949）。
⇒岩世人（ドイッチャー　1907.4.3-1967.8.19）
　広辞7（ドイッチャー　1907-1967）
　ユ著人（Deutscher,Isaac　ドイッチャー,アイ

ザック　1907-1967）

De Valera, Eamon
アイルランドの政治家。エール独立運動参加。大統領（1959～73）。
⇒岩世人（デ・ヴァレラ　1882.10.14-1975.8.29）
　世史改（デ＝ヴァレラ　1882-1975）
　世人新（デ＝ヴァレラ　1882-1975）
　世人装（デ＝ヴァレラ　1882-1975）
　ネーム（デ・ヴァレラ　1882-1975）

Devalois, John James（Jack）
アメリカの農業指導宣教師。
⇒アア歴（Devalois,John J（ames）（"Jack"）ドゥヴァロワ,ジョン・ジェイムズ・[ジャック]　1892.11.3-1988.10.14）

de Valois, Ninette
アイルランド生まれの女性舞踊家,振付家。
⇒岩世人（ヴァロワ　1898.6.6-2001.3.8）

Devane, William
アメリカ生まれの俳優。
⇒ク俳（ディヴェイン,ウィリアム　1939-）

De Varine(-Bohan), Hugues
フランスの考古学者。ICOM副会長,ディレクター。
⇒博物館（ド・ヴァリーン（・ボアン）,ユグ　1935-）

De Vaucouleurs, Gerard Henri
フランス生まれのアメリカの天文学者。
⇒天文辞（ドゥ・ボークルール　1918-1995）
　天文大（ドゥボークルール　1918-1995）

Devaulx, Noël
フランスの小説家。『聖女バルブグリーズ』（1952）などで,現代幻想小説の先ぶれをなす。
⇒現世文（ドゥヴォー,ノエル　1905.12.9-1995.6.9）

Devawongse Varoprakar
タイ,ラーマ4世の第42子。タイ外相。
⇒タイ（テーウウォン（親王）　1858-1923）

Devčić, Natko
ユーゴスラビアの作曲家。クロアチア語や民謡の要素を生かし繊細な感覚をもつ現代的な作品を書いている。
⇒標音2（デフチッチ,ナトコ　1914.6.30-1997.9.4）

De Venecia, Jose
フィリピンの政治家。
⇒外12（デベネシア,ホセ）
　外16（デベネシア,ホセ　1936-）
　世指図（デベネシア,ホセ　1936-）

Deventer, Conrad Theodore van
オランダの法律家,下院・上院議員。インドネシアの〈倫理政策〉の代表的人物。
⇒岩世人（デーフェンテル　1857.9.29-1915.9.27）

D

Devereaux, Michael
アメリカの大リーグ選手(外野)。
⇒メジャ(デヴェロー,マイク 1963.4.10–)

Devers, Gail
アメリカの陸上競技選手(短距離・障害)。
⇒岩世人(ディヴァーズ 1966.11.19–)

Devèze, Albert
ベルギーの政治家,法学者。首相代理兼国防相(1949〜50)。
⇒岩世人(ドヴェーズ 1881.6.6–1959.11.28)

Devia, Mariella
イタリアのソプラノ歌手。
⇒オペラ(デヴィーア,マリエッラ 1948–)
外12(デヴィーア,マリエッラ 1948–)

de Vigan, Delphine
フランスの作家,映画監督。
⇒外12(ヴィガン,デルフィーヌ・ドゥ 1966–)
外16(ヴィガン,デルフィーヌ・ドゥ 1966–)
海文新(ドゥ・ヴィガン,デルフィーヌ 1966.3.1–)
現世文(ドゥ・ヴィガン,デルフィーヌ 1966.3.1–)

De Villa, Renato
フィリピンの政治家,軍人。フィリピン国防相。
⇒世指導(デビリヤ,レナト 1935.7.20–)

Deville, Gabriel
フランス生まれの社会主義者。
⇒学叢思(デヴィル,ガブリエル 1854–?)

Deville, Michel
フランスの映画監督。
⇒外12(ドヴィル,ミシェル 1913.4.13–)

Deville, Patrick
フランスの作家。
⇒外16(ドヴィル,パトリック 1957–)
現世文(ドヴィル,パトリック 1957–)

de Villepin, Dominique Marie François René Galouzeau
フランスの外交官。フランス首相。
⇒岩世人(ド・ヴィルパン 1953.11.14–)
外12(ド・ヴィルパン,ドミニク 1953.11.14–)
外16(ド・ヴィルパン,ドミニク 1953.11.14–)
世指導(ド・ヴィルパン,ドミニク 1953.11.14–)

De Villiers, Gérard
フランスのスパイ作家。
⇒現世文(ド・ヴィリエ,ジェラール 1929.12.8–2013.10.21)

Devine, D.M.
イギリスの作家。
⇒現世文(ディバイン,D.M. 1920–1980)

DeVito, Danny
アメリカ生まれの男優。
⇒外12(デ・ビート,ダニー 1944.11.17–)
外16(デ・ビート,ダニー 1944.11.17–)
ク俳(デヴィート,ダニー 1944–)
スター(デヴィート,ダニー 1944.11.17–)

Devkoṭā, Iakṣmīprasād
ネパールの詩人,カター(短編小説)作家,劇作家。
⇒岩世人(デウコタ 1909.10–1959.9)

Devlin, Arthur McArthur
アメリカの大リーグ選手(三塁,一塁)。
⇒メジャ(デヴリン,アート 1879.10.16–1948.9.18)

De Voll, Ray
テノール歌手。
⇒魅惑(De Voll,Ray ?–)

Devonish, Courtney
西インド諸島,バルバドス生まれの彫刻家。
⇒芸13(デボニシュ,コートネー ?–)

Devonshire, Victor Christian William Cavendish, 9th Duke of
イギリスの政治家。
⇒岩世人(デヴォンシャー 1868.5.31–1938.5.6)

Devos, Claude
フランスのテノール歌手。
⇒失声(ドゥヴォ,クロード ?)
魅惑(Devos,Claude ?–)

Devos, Louis
ベルギーのテノール歌手。
⇒魅惑(Devos,Louis 1926–)

DeVoto, Bernard(Augustine)
アメリカの編集者,評論家,歴史家,小説家。
⇒アメ州(DeVoto,Bernard Augustine デボト,バーナード・オーガスティン 1897–1955)

Devoto, Giacomo
イタリアの言語学者。イタリア語の方言学,語源学,語彙論,文体論などに大きな業績を残す。
⇒岩世人(デヴォート 1897.7.19–1974.12.25)

Devoy, John
アイルランドのジャーナリスト,民族主義者。
⇒岩世人(デヴォイ 1842.9.3–1928.9.30)

Devoyon, Pascal
フランスのピアノ奏者。
⇒外12(ドゥヴァイヨン,パスカル 1953–)
外16(ドゥヴァイヨン,パスカル 1953–)

Devred, Emille Alexandre Joseph
パリ外国宣教会会員,ソウルの補佐司教。

⇒新カト（ドヴレ　1877.1.7–1926.1.18）

Devreesse, Robert
フランスのカトリック神学者,歴史家。
⇒新カト（ドヴレッス　1894.5.20–1978.8.16）

Devreux, George
アメリカ,フランスの精神分析家,文化人類学者。
⇒精分岩（ドゥヴルー,ジョルジュ　1908–1985）

Devriès, David
オランダのテノール歌手。
⇒失声（デヴリエ,ダヴィッド　1881–1936）
　魅惑（Devries,David　1881–1936）

De Vries, Hugo
オランダの植物学者,遺伝学者。マツヨイグサの遺伝を研究。突然変異説を発表。
⇒岩生（ド＝フリース　1848–1935）
　岩世人（ド・フリース　1848.2.16–1935.5.21）
　旺生5（ド＝フリース　1848–1935）
　オク生（ド・フリース,フーホ・マリー　1848–1935）
　学叢思（ドゥ・フリース　1848–?）
　広辞7（ド・フリース　1848–1935）
　三新生（ド＝フリース　1848–1935）
　ネーム（ド・フリース　1848–1935）
　ポプ人（ド・フリース,ユーゴ　1848–1935）

De Vries, Peter
アメリカの小説家。
⇒現世文（ディ・ブリース,ピーター　1910–1993.9.28）

de Waal, Frans B.M.
オランダの動物行動学者。
⇒外16（ドゥ・ヴァール,フランス　1948–）

De Waart, Edo
オランダの指揮者。
⇒外12（デ・ワールト,エド　1941.6.1–）
　外16（デ・ワールト,エド　1941.6.1–）
　新音中（デ・ワールト,エド　1941.6.1–）
　標音2（デ・ワールト,エド　1941.6.1–）

Dewald, Thomas
ドイツのテノール歌手。
⇒魅惑（Dewald,Thomas　1960–）

Dewar, Donald Campbell
イギリスの政治家。スコットランド自治政府首相。
⇒岩世人（デューアー　1937.8.21–2000.10.11）
　世指導（デュア,ドナルド　1937.8.21–2000.10.11）

Dewar, *Sir* James
イギリスの化学者,物理学者。1895年空気液化に成功。デューア壜を発明(92)。
⇒岩世人（デューアー　1842.9.20–1923.3.27）
　オク科（デュワー(サー・ジェイムズ)　1842–1923）
　化学（デュワー　1842–1923）
　学叢思（デュワー,ジェイムズ　1842–1923）
　科史（デュワー　1842–1923）
　三新物（デュワー　1842–1923）
　ネーム（デュワー　1842–1923）
　物理（デュワー,サー・ジェイムズ　1842–1923）

Dewar, Michael James Steuart
アメリカの化学者。有機化合物の分子構造に対する物理化学的研究を行う。
⇒岩世人（デューアー　1918.9.24–1997.10.10）

Dewasne, Jean
フランスの画家。
⇒芸13（ドゥアズネ,ジャン　1921–1990）

Dewavrin, André
フランスの軍人。第2次世界大戦中,自由フランス軍で情報部門の長を務めた。
⇒スパイ（ドゥヴァラン,アンドレ　1911–1998）
　ネーム（ドゥヴァラン　1911–1998）

Dewey, George
アメリカの海軍軍人。アメリカ海軍初の海軍元帥。
⇒アア歴（Dewey,George　デューイ,ジョージ　1837.12.26–1917.1.16）
　アメ州（Dewey,George　デューイ,ジョージ　1837–1917）
　岩世人（デューイ　1837.12.26–1917.1.16）

Dewey, John
アメリカの哲学者,教育学者,心理学者。プラグマティズムの立場にたち,概念道具説を主張。
⇒アア歴（Dewey,John　デューイ,ジョン　1859.10.20–1952.6.1）
　アメ州（Dewey,John　デューイ,ジョン　1859–1952）
　アメ新（デューイ　1859–1952）
　岩社（デューイ　1859–1952）
　岩世人（デューイ　1859.10.20–1952.6.1）
　覚思（デューイ　1859.10.20–1952.6.1）
　覚思ス（デューイ　1859.10.20–1952.6.1）
　学叢思（デュイー,ジョン　1859–?）
　教思増（デューイ　1859–1952）
　教小3（デューイ　1859–1952）
　現社（デューイ　1859–1952）
　広辞7（デューイ　1859–1952）
　社小増（デューイ　1859–1952）
　新カト（デューイ　1859.10.20–1952.6.1）
　世界子（デューイ,ジョン　1859–1952）
　世史改（デューイ　1859–1952）
　世人新（デューイ　1859–1952）
　世人装（デューイ　1859–1952）
　哲中（デューイ　1859–1952）
　ネーム（デューイ　1859–1952）
　ポプ人（デューイ,ジョン　1859–1952）
　メル3（デューイ,ジョン　1859–1952）

Dewey, Thomas Edmund
アメリカの政治家,法律家。1942～54年,ニュー

ヨーク州知事。44,48年の共和党の大統領候補（落選）。
⇒アメ州（Dewey,Thomas Edmond　デューイ,トーマス・エドモンド　1902–1971）
　岩世人（デューイ　1902.3.24–1971.3.16）

De Windt, Reginald
オランダ領キュラソー島出身の柔道選手。
⇒外16（デビント, レギナルド　1983.11.30–）
　最近ス（デビント, レギナルド　1983.11.30–）

De Winne, Frank
ベルギーの空軍軍人。
⇒ネーム（ディビュナー　1961–）

De Wit, Cornelis Teunis
オランダの土壌学者。
⇒岩世人（デ・ウィット　1924.1.27–1993.12.8）

Dewitt, Clyde Alton
アメリカの弁護士。
⇒アア歴（Dewitt,Clyde A（lton）　ドウィット, クライド・オールトン　1879.5.16–1956.11.3）

deWitt, Patrick
カナダの作家。
⇒海文新（デウィット, パトリック　1975.3.6–）
　現世文（デウィット, パトリック　1975.3.6–）

Dewson, Mary Williams
アメリカの社会運動家。民主党全国委員会の女性部門の委員長。
⇒アメ経（デューソン, メアリー　1874.2.18–1962.10.24）

Dexter, Anthony
アメリカ生まれの俳優。
⇒ク俳（デクスター, アンソニー（フライシュマン, ウォルター）　1919–2001）

Dexter, Colin
イギリスの作家。
⇒岩世人（デクスター　1930.9.29–）
　現世文（デクスター, コリン　1930.9.29–2017.3.21）

Deyrolle, Jean Jacques
フランスの画家。1947年カンディンスキー賞受賞。
⇒芸13（デイロル, ジャン）

Deyssel, Lodewijk van
オランダの評論家, 小説家。主著は小説『愛』（1889）, 評論『ゾラからメーテルランクまで』（95）など。
⇒岩世人（ファン・デイセル　1864.9.22–1952.1.26）

Dezeuze, Daniel
フランス生まれの画家。
⇒芸13（ドゥズーズ, ダニエル　1942–）

Dezo, Lien
ベトナム生まれの画家。
⇒芸13（デゾ, リエン　1954–）

Dezza, Paolo
イタリアのイエズス会員, 枢機卿, 新トマス主義の哲学者。
⇒新カト（デッツァ　1901.12.13–1999.12.17）

al-Dhahabī, Muḥammad Ḥusayn
エジプトのクルアーン学者, 宗教相。
⇒岩イ（ザハビー　1915–1977）

Dhakā Ullāh, Maulvī Muhammad
インドの教育家, 歴史家, 数学者。学生用の著書, 翻訳書を多く出版。主著『インド史』『女帝の法規』。
⇒岩世人（ザカーウッラー　1832.4.1–1910.11.7）

Dhammaloka
アイルランド出身の上座部仏教僧。
⇒岩世人（ダンマローカ　1856頃–1914頃）

Dhanu
「タミル・イーラム解放のトラ」（LTTE）の一員。元インド首相ラジヴ・ガンジーを暗殺した。
⇒世暗（ダヌ　1970?–1991）

Dhar, Mainak
インドの作家。
⇒海文新（ダル, マイナク）

D'Harcourt, Eugène
フランスの指揮者, 作曲家。
⇒標音2（ダルクール, ウジェヌ　1859.5.2–1918.3.4）

d'Hardelot, Guy
フランスの作曲家, ピアノ奏者。
⇒ク音3（ダルドロ　1858–1936）
　標音2（ダルドロ, ギー　1858頃–1936.1.7）

Dharsono, Hartono Rekso
インドネシアの軍人, 外交官。
⇒岩世人（ダルソノ, ハルトノ・レクソ　1925.6.10–1996.6.5）

d'Hérelle, Felix Hubert
カナダの細菌学者。1916年バクテリオファージを発見, 命名。
⇒岩生（デレル　1873–1949）

D'hervilly, Ernest
フランスのジャーナリスト, 詩人, 小説家, 劇作家。
⇒19仏（デルヴィイ, エルネスト　1839.5.26–1911.11.18）

Dhoinine, Ikililou
コモロの政治家。コモロ大統領（2011～16）。
⇒外16（ドイニン, イキリル　1962.8.14–）

世指導（ドイニン, イキリル　1962.8.14–）

Dhomhnaill, Nuala Ní
アイルランドの詩人。
⇒現世文（ゴーノル, ヌーラ）

Dhorme, Edouard
フランスの東洋学者, 聖書釈義学者。〈ラース・シャムラ〉原典や〈ビブロス〉文書を解読した。
⇒岩世人（ドルム　1881.1.15–1966.1.19）
　新カト（ドルム　1881.1.15–1966.1.19）

Dhôtel, André
フランスの小説家。主著『夜明けの町』（1945）。
⇒岩世人（ドーテル　1900.9.1–1991.7.22）
　現世文（ドーテル, アンドレ　1952.9.1–）

Diab, Amr
エジプトの歌手, ソングライター。
⇒岩世人（ディアーブ　1961.10.11–）

Diaconescu, Florin
ルーマニアのテノール歌手。
⇒失声（ディアコネスク, フローリン　1942–）
　魅惑（Diaconescu,Florin　1942–）

Diaghilev, Sergei Pavlovich
ロシアのバレエのプロデューサー, 舞台美術家。1909年バレエ団「バレエ・リュッス」をパリで結成。
⇒岩世人（ディアギレフ（ジャーギレフ）　1872.3.19/31–1929.8.19）
　広辞7（ディアギレフ　1872–1929）
　新音中（ディアギレフ, セルゲイ　1872.3.31–1929.8.19）
　ネーム（ディアギレフ　1872–1929）
　標音2（ディアギレフ, セルゲイ・パヴロヴィチ　1872.3.31–1929.8.19）

Diah, Burhanuddin Muhammad
インドネシアのジャーナリスト, 政治家。
⇒岩世人（ディア, ブルハヌディン・ムハマッド　1917.4.7–1996.6.10）

Diamand, Emily
イギリスの児童文学作家。
⇒海文新（ダイアモンド, エミリー）
　現世文（ダイアモンド, エミリー）

Diamandis, Peter
アメリカの起業家。
⇒外16（ディアマンディス, ピーター）

Diamond, David
アメリカの作曲家。
⇒エデ（ダイアモンド, デイヴィッド（レオ）　1915.7.9–2005.6.13）
　ク音3（ダイアモンド　1915–2005）
　新音中（ダイアモンド, デイヴィド　1915.7.9–）
　標音2（ダイアモンド, デーヴィド　1915.7.9–）

Diamond, Jared
アメリカの進化生物学者。
⇒外12（ダイアモンド, ジャレド　1937.9.10–）
　外16（ダイアモンド, ジャレド　1937.9.10–）

Diamond, Louis L.Klein
アメリカの血液病学者。
⇒ユ著人（Diamond,Louis L.Klein　ダイアモンド, ルイス・クライン　1902–?）

Diamond, Michael
オーストラリアの射撃選手（クレー射撃）。
⇒外16（ダイアモンド, マイケル　1972.5.20–）
　最世ス（ダイアモンド, マイケル　1972.5.20–）

Diamond, Neil
アメリカ・ニューヨーク州生まれのシンガー・ソングライター。
⇒エデ（ダイアモンド, ニール（レスリー）　1941.1.24–）
　標音2（ダイアモンド, ニール　1941.1.24–）
　ユ著人（Diamond,Neil　ダイアモンド, ニール　1941/1942–）
　ロック（Diamond,Neil　ダイアモンド, ニール）

Diamond, Norma Joyce
アメリカの人類学者。
⇒アア歴（Diamond,Norma（Joyce）　ダイアモンド, ノーマ・ジョイス　1933.2.12–）

Diamond, Peter A.
アメリカの経済学者, ノーベル経済学賞受賞者, マサチューセッツ工科大学（MIT）教授。
⇒外12（ダイアモンド, ピーター　1940–）
　外16（ダイアモンド, ピーター　1940–）
　ノベ3（ダイアモンド,P.A.　1940.4.29–）
　有経5（ダイアモンド　1940–）

Diana, Princess of Wales
イギリス皇太子妃。
⇒岩世人（ダイアナ　1961.7.1–1997.8.31）
　王妃（ダイアナ　1961–1997）
　広辞7（ダイアナ　1961–1997）
　世人新（ダイアナ　1961–1997）
　世人装（ダイアナ　1961–1997）
　姫全（ダイアナ妃　1961–1997）
　ポプ人（ダイアナひ　ダイアナ妃　1961–1997）

Diao Yi-nan
中国の映画監督, 脚本家。
⇒外16（ディアオイーナン　1969–）

Diaw, Boris
フランスのバスケットボール選手（スパーズ）。
⇒最世ス（ディーオウ, ボリス　1982.4.16–）

Díaz, Alirio
ベネズエラのギター奏者。
⇒標音2（ディアス, アリリオ　1923.11.12–）

Diaz, Armando
イタリアの軍人。第1次世界大戦で活躍。1922年ムッソリーニ内閣の軍事相。24年元帥。
⇒岩世人（ディアツ　1861.12.5–1928.2.29）

Diaz, Baudilio Jose
アメリカの大リーグ選手（捕手）。
⇒メジャ（ディアス, ボー　1953.3.23–1990.11.23）

Diaz, Cameron
アメリカ生まれの女優。
⇒外12（ディアス, キャメロン　1972.8.30–）
　外16（ディアス, キャメロン　1972.8.30–）
　ク俳（ディアズ, キャメロン　1972–）

Diaz, Felix
ドミニカ共和国のボクサー。
⇒外12（ディアス, フェリックス　1983.12.10–）
　最世ス（ディアス, フェリックス　1983.12.10–）

Diaz, Juan
アメリカのプロボクサー。
⇒最世ス（ディアス, ファン　1983.9.17–）

Diaz, Juan Thomàs
ドミニカ共和国の将軍。ドミニカ共和国大統領、ラファエル・レオニダス・トルヒヨ暗殺計画の首謀者。
⇒世暗（ディアス, フアン・トマス　1905–1961）

Díaz, Junot
ドミニカ共和国生まれのアメリカの作家。
⇒外16（ディアス, ジュノ　1968–）
　海文新（ディアス, ジュノ　1968.12.31–）
　現世文（ディアス, ジュノ　1968.12.31–）

Díaz, Porfirio
メキシコの軍人, 独裁者。メキシコ大統領（1877〜80,84〜1911）。76年クーデターで権力を握る。メキシコ革命により追放。
⇒岩世人（ディアス　1830.9.15–1915.7.2）
　広辞7（ディアス　1830–1915）
　世史明（ディアス　1830–1915）
　世人新（ディアス〈ポルフィリオ〉　1830–1911）
　世人装（ディアス〈ポルフィリオ〉　1830–1911）
　ポブ人（ディアス, ポルフィリオ　1830–1915）
　ラテ新（ディアス　1830–1915）

Diaz, Rafaelo
アメリカのテノール歌手。
⇒魅惑（Diaz,Rafaelo　1884–1943）

Díaz, Ramón
アルゼンチンのサッカー選手, 監督。
⇒異二辞（ディアス [ラモン・〜]　1959–）
　ネーム（ディアス, ラモン　1959–）

Diaz, Ramona
アメリカの映画監督。
⇒外12（ディアス, ラモーナ）

Diaz-Abaya, Marilou
フィリピン映画を代表する女性監督。
⇒岩世人（ディアス＝アバヤ　1955.3.30–2012.10.8）
　外12（アバヤ, マリル・ディアス　1955.3–）

Diaz-Balart, Fidel Castro
キューバの科学者。
⇒外12（ディアスバラールト, フィデル・カストロ　1949.9.1–）
　外16（ディアスバラールト, フィデル・カストロ　1949.9.1–）

Díaz-Canel Bermudez, Miguel
キューバの政治家。キューバ大統領・首相（2019〜）。
⇒世指導（ディアス・カネル・ベルムデス, ミゲル　1960.4.20–）

Diaz Ordaz, Gustavo
メキシコの政治家。メキシコ大統領（1964〜70）。
⇒岩世人（ディアス・オルダス　1911.3.21–1979.7.15）

Dib, Mohammed
アルジェリアの作家。主著は『火事』『荒れた岸辺を走れ』など。
⇒現世文（ディブ, ムハンマド　1920.7.21–2003.5.2）

Dibaba, Tirunesh
エチオピアの女子陸上選手。
⇒岩世人（ディババ　1985.10.1–）
　外12（ディババ, ティルネッシュ　1985.6.1–）
　外16（ディババ, ティルネッシュ　1985.6.1–）
　最世ス（ディババ, ティルネッシュ　1985.6.1–）

Dibango, Manu
カメルーンのサックス奏者。
⇒新音中（ディバンゴ, マヌ　1934.2.10–）

Di Bari, Nicola
イタリアのポピュラー歌手。
⇒標2（ディ・バリ, ニコラ　1940.9.29–）

Dibben, Damian
イギリスの作家, 脚本家。
⇒海文新（ディベン, ダミアン）

Dibble, Robert Keith
アメリカの大リーグ選手（投手）。
⇒メジャ（ディブル, ロブ　1964.1.24–）

Dibdin, Michael
北アイルランド生まれの推理小説家。
⇒現世文（ディブディン, マイケル　1947.3.21–2007.3.30）

Dibelius, Friedrich Karl Otto
ドイツ福音主義教会の指導者, ベルリンの監督。
⇒岩世人（ディベリウス　1880.5.15–1967.1.31）

オク教 (ディベリウス 1880-1967)
Dibelius, Martin
ドイツのプロテスタント神学者。ハイデルベルク大学教授(1915〜)。
⇒岩世人 (ディベリウス 1883.9.14-1947.11.11)
　オク教 (ディベリウス 1883-1947)
　新カト (ディベリウス 1883.9.14-1947.11.11)
DiBiase, Ted
アメリカのプロレスラー。
⇒異二辞 (デビアス, テッド 1954-)
DiCamillo, Kate
アメリカの作家。
⇒外12 (ディカミロ, ケイト)
　外16 (ディカミロ, ケイト)
　海文新 (ディカミロ, ケイト 1964.3.25-)
　現世文 (ディカミロ, ケイト 1964.3.25-)
di Candido, Roberto
ブラジルのコンサート歌手。
⇒失声 (ディ・カンディド, ロベルト ?)
DiCaprio, Leonardo
アメリカ生まれの男優。
⇒遺産 (ディカプリオ, レオナルド 1974.11.11-)
　異二辞 (ディカプリオ[レオナルド・〜] 1974-)
　岩世人 (ディカプリオ 1974.11.11-)
　外12 (ディカプリオ, レオナルド 1974.11.11-)
　外16 (ディカプリオ, レオナルド 1974.11.11-)
　ク俳 (ディカプリオ, レオナルド 1974-)
　スター (ディカプリオ, レオナルド 1974.11.11-)
　ネーム (ディカプリオ, レオナルド 1974-)
Di Capua, Eduardo
イタリアの作曲家。カフェや映画館、小劇場で演奏しながら生活するかたわら、カンツォーネを作曲した。"O sole mio" (1898), "Maria Mari" (99) などの代表作は今日も世界的に親しまれている。
⇒ク音3 (カプア 1864-1917)
　新音中 (ディ・カープア, エドゥアルド 1865.5.12-1917.10.3)
　標音2 (ディ・カープア, エドゥアルド 1865.5.12-1917.10.3)
Dicciani, Nance K.
アメリカの実業家。
⇒外12 (ディキアニ, ナンス)
　外16 (ディキアニ, ナンス)
Di Centa, Giorgio
イタリアのスキー選手(距離)。
⇒外12 (ディチェンタ, ジョルジョ 1972.7.10-)
　外16 (ディ・チェンタ, ジョルジョ 1972.7.10-)
　最ス (ディ・チェンタ, ジョルジョ 1972.7.10-)
Di Cesare, Ezio
イタリアのテノール歌手。

⇒魅惑 (Di Cesare, Ezio ?-)
Dicey, Albert Venn
イギリスの憲法学者。
⇒岩世人 (ダイシー 1835.2.4-1922.4.7)
Di Chiara, Vincenzo
イタリアのナポリターナ, ポピュラー作曲家。
⇒標音2 (ディ・キアーラ, ヴィンチェンツォ 1864.6.22-1937.1.12)
Dichler, Josef
オーストリアのピアノ奏者。
⇒標音2 (ディヒラー, ヨーゼフ 1912.7.11-)
Dick, Philip K.
アメリカのSF作家。
⇒岩世人 (ディック 1928.12.16-1982.3.2)
　現世文 (ディック, フィリップ・K. 1928.12.16-1982.3.2)
　広辞7 (ディック 1928-1982)
　ネーム (ディック, フィリップ・k 1928-1982)
Dick, Robert McCullough
アメリカのジャーナリスト。
⇒アア歴 (Dick, R(obert) McCullough ディック, ロバート・マカラック 1873.1.22-1960.9.18)
Dick, Rudolf Hugo
スイスの貿易商。
⇒日エ (ディック 1891.5.30-1971.10.30)
Dicke, Robert Henry
アメリカの物理学者。
⇒三新物 (ディッケ 1916-1997)
　天文辞 (ディッケ 1916-1997)
　物理 (ディッケ, ロバート・ヘンリー 1916-1997)
Dickens, Monica
イギリスの児童文学作家。
⇒現世文 (ディケンズ, モニカ 1915-1992.12.25)
Dickenson, Victor (Vic)
アメリカのジャズ・ベース奏者。
⇒標音2 (ディケンソン, ヴィク 1906.8.6-1984.11.16)
Dicker, Joël
スイスの作家。
⇒海文新 (ディケール, ジョエル 1985.6.16-)
　現世文 (ディケール, ジョエル 1985.6.16-)
Dickerson, Bernard
イギリスのテノール歌手。
⇒魅惑 (Dickerson, Bernard ?-)
Dickey, James Lafayette
アメリカの詩人。
⇒岩世人 (ディッキー 1923.2.2-1997.1.19)
　現世文 (ディッキー, ジェームズ 1923.2.2-1997.1.19)

Dickey, R.A.
アメリカの大リーグ選手（ブルージェイズ・投手）。
⇒最世ス（ディッキー,R.A. 1974.10.29–）
メジャ（ディッキー,R・A 1974.10.29–）

Dickey, Robert Lee
アメリカ・フロリダ州タラハシー生まれの歌手,ギター奏者。
⇒ロック（Purify,James and Bobby ジェイムズ＆ボビー・ピューリファイ 1939.9.2–）

Dickey, William Malcolm
アメリカの大リーグ選手（捕手）。
⇒メジャ（ディッキー,ビル 1907.6.6–1993.11.12）

Dickie, George
アメリカの分析美学者。
⇒メル別（ディッキー,ジョージ 1926–）

Dickie, John
イギリスのテノール歌手。
⇒魅惑（Dickie,John 1953–）

Dickie, Murray
イギリスのテノール歌手。妻はソプラノのモーリーン・スプリンガー・ディッキー。
⇒失声（ディッキー,マレー 1924–1995）
魅惑（Dickie,Murray 1924–）

Dickins, Frederick Victor
イギリスの日本文学翻訳者。
⇒来日（ディキンズ 1838–1915）

Dickinson, Angie
アメリカ生まれの女優。
⇒遺産（ディキンソン,アンジー 1931.9.30–）
ク俳（ディッキンスン,アンジー（ブラウン,アンジェリン） 1931–）

Dickinson, Bruce
イギリスのロック歌手。
⇒外12（ディッキンソン,ブルース）
外16（ディッキンソン,ブルース）

Dickinson, Goldsworthy Lowes
イギリスの哲学的作家。
⇒岩世人（ディキンソン 1862.8.6–1932.8.3）

Dickinson, Harry Thomas
イギリスの歴史家。
⇒岩世人（ディキンソン 1939.3.9–）

Dickinson, Peter
イギリスのミステリ作家。
⇒外16（ディキンソン,ピーター 1927.12.16–）
現世文（ディキンソン,ピーター 1927.12.16–2015.12.16）

Dickinson, Robert Eric
イギリスの地理学者。社会単位としての地域を組織的に比較研究し,地域計画に科学的根拠を与えることに努力。
⇒岩世人（ディキンソン 1905.2.9–1981.9.1）

Dickinson, Velvalee
アメリカ・ニューヨーク市の人形店店主,日本のスパイ。
⇒スパイ（ディキンソン,ヴェルヴァリー 1893–1980）

Dicks, Matthew
アメリカの作家。
⇒海文新（ディックス,マシュー）
現世文（ディックス,マシュー）

Dickson, Gordon Rupert
アメリカのSF作家。
⇒現世文（ディクソン,ゴードン・ルパート 1923–2001.1.31）

Dickson, Jane
アメリカ生まれの画家。
⇒芸13（ディクソン,ジェーン 1952–）

Dickson, Leonard Eugene
アメリカの数学者。
⇒数辞（ディクソン,レオナード・ユージン 1874–1954）
世数（ディクソン,レオナード・ユージン 1874–1954）

Dickson, Lillian Ruth Levesconte
アメリカの宣教師。
⇒アア歴（Dickson,Lillian（Ruth Levesconte）ディクスン,リリアン・ルース・レヴェスコンテ 1901.1.29–1983.1.14）

Dickson, Murry Monroe
アメリカの大リーグ選手（投手）。
⇒メジャ（ディクソン,マリー 1961.8.21–1989.9.21）

Dickstein, Samuel
アメリカの政治家。下院議員（民主党），下院非米活動委員会創設者。ソ連のためにスパイ行為をしたことが知られている唯一のアメリカ議員。
⇒スパイ（ディックシュタイン,サミュエル 1885–1954）

Dick the Bruiser
アメリカのプロレスラー。
⇒異二辞（ディック・ザ・ブルーザー 1929–1991）

Di Costa, Tino
テノール歌手。
⇒魅惑（Di Costa,Tino ?–）

Di Credico, Oslavio
イタリアのテノール歌手。
⇒魅惑（Di Credico,Oslavio ?–）

Dida
ブラジルのサッカー選手。

⇒ネーム（ジーダ 1973–）

Diddley, Bo
アメリカのミュージシャン。
⇒岩世人（ディドリー 1928.12.30–2008.6.2）
新音中（ディドリー，ボ 1928.12.30–）
ロック（Bo Diddley ボウ・ディドリー）

Didi-Huberman, Georges
フランスの美術史家。
⇒メル別（ディディ=ユベルマン，ジョルジュ 1953–）

Didion, Joan
アメリカの作家。『祈禱書』で，1978年アメリカン・アカデミー・オブ・アーツ・アンド・レタース賞受賞。
⇒岩世人（ディディオン 1934.12.5–）
外12（ディディオン，ジョーン 1934.12.5–）
外16（ディディオン，ジョーン 1934.12.5–）
現世文（ディディオン，ジョーン 1934.12.5–）

Di Domenico, Dino
イタリアのテノール歌手。
⇒魅惑（Di Domenico,Dino ?–）

Didrikson, Babe
アメリカのスポーツ万能選手。
⇒アメ州（Didrikson,Babe ディドリクソン，ベイブ 1914–1956）

Diebenkorn, Richard
アメリカの画家。
⇒岩世人（ディーベンコーン 1922.4.22–1993.3.30）
芸13（ディーベンコーン，リチャード 1922–1993）

Diebold, Bernhard
ドイツの文学者。ミュンヘン劇場附作者（1913～16），のちフランクフルト新聞の主筆となる。
⇒岩世人（ディーボルト 1886.1.6–1945.8.9）

Dieckmann, Max
ドイツの電気学者。空中電気，テレビジョン，航空無電技術，無線航法に関する諸種の発明をした。
⇒岩世人（ディークマン 1882.7.5–1960.7.28）

Diederichs, Eugen
ドイツの出版業者。文化哲学，教育学に関する図書，叢書等を出版。
⇒岩世人（ディーデリヒス 1867.6.22–1930.9.10）

Diego
ブラジルのサッカー選手（京都サンガ・MF）。
⇒外12（ディエゴ 1984.3.22–）

Diego
ブラジルのサッカー選手（アトレチコ・マドリード・MF）。
⇒外12（ジエゴ 1985.2.28–）

最世ス（ジエゴ 1985.2.28–）

Diego, Gerardo
スペインの詩人。詩集『泡の手引き』(1924)，『人間の詩』(25) など。また，『現代スペイン詩抄』(32) の編者。
⇒岩世人（ディエゴ 1896.10.3–1987.7.8）
現世文（ディエゴ，ヘラルド 1896.10.3–1987.7.8）

Diegues, Carlos
ブラジルの映画監督，映画評論家。
⇒映監（ディエギス，カルロス 1940.5.19–）
外12（ディエギス，カルロス 1940.5.19–）
外16（ディエギス，カルロス 1940.5.19–）

Diehl, Karl
ドイツの経済学者。主著『マルクス経済学における価値と価格の関係について』(1898)。
⇒岩世人（ディール 1864.3.27–1943.5.12）
学叢思（ディール，カール 1864–?）

Diehl, Michel Charles
フランスの美術史家。ビザンティン美術の解明に貢献。
⇒岩世人（ディール 1859.7.4–1944.11.1）

Diekamp, Franz
ドイツのカトリック神学者。
⇒岩世人（ディーカンプ 1864.11.8–1943.10.10）
新カト（ディーカンプ 1864.11.8–1943.10.10）

Diels, Hermann
ドイツの古典文献学者，哲学史家。主著『ソクラテス以前の哲学者断片集』(1903)。
⇒岩世人（ディールス 1848.5.18–1922.6.4）

Diels, Otto Paul Hermann
ドイツの有機化学者。
⇒岩世人（ディールス 1876.1.23–1954.3.7）
化学（ディールス 1876–1954）
広辞7（ディールス 1876–1954）
ノベ3（ディールス,O.P.H. 1876.1.23–1954.3.7）

Diem, Carl
ドイツの体育学者，体育行政家。1936年オリンピックベルリン大会を組織し，聖火式典を創始した。
⇒岩世人（ディーム 1882.6.24–1962.12.17）

Diémer, Louis
フランスのピアノ奏者，作曲家。
⇒標音2（ディエメール，ルイ 1843.2.14–1919.12.21）

Dien, Cut Nyak
インドネシアの国家英雄。
⇒岩世人（ディン，チュット・ニャック 1848–1908.11.6）

Diepenbrock, Alphons
オランダの作曲家。宗教的合唱曲，歌曲，付随音

楽を得意とした。
⇒新音中（ディーペンブロック，アルフォンス 1862.9.2–1921.4.5）
標音2（ディーペンブロック，アルフォンス 1862.9.2–1921.4.5）

Diepgen, Paul Robert
ドイツの婦人科医，医学史家。主著 "Geschichte der Medizin"（1949）。
⇒岩世人（ディープゲン 1878.11.24–1966.1.2）

Dierauer, Johannes
スイスの歴史家。
⇒岩世人（ディエラウアー 1842.3.20–1920.3.14）

Dierker, Larry
アメリカの大リーグ監督。
⇒メジャ（ダーカー，ラリー 1946.9.22–）

Dierx, Léon
フランスの詩人。
⇒岩世人（ディエルクス 1838.10.20–1912.6.11）
19仏（ディエルクス，レオン 1838.3.31–1912.6.12）

Diesel, Rudolf
ドイツの機械技術者。ディーゼル機関の発明者。
⇒岩世人（ディーゼル 1858.3.18–1913.9.29/30）
広辞7（ディーゼル 1858–1913）
世史改（ディーゼル 1858–1913）
世人新（ディーゼル 1858–1913）
世人装（ディーゼル 1858–1913）
ポブ人（ディーゼル，ルドルフ 1858–1913）

Dieterich, Albrecht
ドイツの古典学者，宗教史家。ヘレニズム期宗教史を研究。
⇒岩世人（ディーテリヒ 1866.5.2–1908.5.6）

Dietrich, Marlene
ドイツ生まれの映画女優。「百万ドルの脚線美」，ハスキーな歌声，頽廃的な美貌で一躍世界的スターとなる。
⇒アメ新（ディートリッヒ 1901–1992）
遺産（ディートリッヒ，マレーネ 1901.10.27–1992.5.6）
岩世人（ディートリッヒ 1901.12.27–1992.5.6）
ク俳（ディートリッヒ，マルレーネ（ディートリッヒ，マリア・マグダレーネ） 1900–1992）
広辞7（ディートリヒ 1901–1992）
新音中（ディートリヒ，マルレーネ 1901.12.27–1992.5.6）
スター（ディートリッヒ，マレーネ 1901.12.27–1992）
ネーム（ディートリヒ 1904–1992）
標音2（ディートリヒ，マレーネ 1901.12.27–1992.5.6）
ヘミ（ディートリッヒ，マレーネ 1901–1992）

Dietrich, Wilfried
ドイツの男子レスリング選手。
⇒岩世人（ディートリヒ 1933.10.14–1992.6.3）

Dietrich, William
アメリカの作家，ジャーナリスト。
⇒海文新（ディートリッヒ，ウィリアム 1951–）
現世文（ディートリヒ，ウィリアム 1951–）

Dietrich, William John
アメリカの大リーグ選手（投手）。
⇒メジャ（ディートリック，ビル 1910.3.29–1978.6.20）

Dietz, Robert Sinclair
アメリカの海洋地質学者。
⇒岩世人（ディーツ 1914.9.14–1995.5.19）
オク地（ディーツ，ロバート・シンクレア 1914–1995）

Dietze, Tina
ドイツのカヌー選手。
⇒外16（ディッツェ，ティナ 1988.1.25–）
最世ス（ディッツェ，ティナ 1988.1.25–）

Dietzel, Heinrich
ドイツの経済学者。新古典派の立場に立って自由貿易を主張。
⇒岩世人（ディーツェル 1857.1.19–1935.5.22）
学叢思（ディーツェル，ハインリヒ 1857–?）

Dietzsch, Franka
ドイツの円盤投げ選手。
⇒外12（ディーチュ，フランカ 1968.1.22–）
最世ス（ディーチュ，フランカ 1968.1.22–）

Dieudonné, Jean Alexandre Eugéne
フランスの数学者。ブルバキの一員。ことに関数解析に関し指導的な著述をした。
⇒岩世人（デュドネ 1906.7.1–1992.11.29）
世数（デュドネ，ジャン・アレクサンドル・ユージェーヌ 1906–1992）

Dieulafoy, Marcel Auguste
フランスの考古学者。
⇒岩世人（デューラフォワ 1844.8.3–1920.2.24）

Dieulafoy, Paul Georges
フランスの医師。
⇒岩世人（デューラフォワ 1839.11.18–1911.8.16）

Diez, Ernst
オーストリアの美術史家。アジアの美術を研究。
⇒岩世人（ディーツ 1878.7.27–1961.7.8）

Díez-Macho, Alejandro
スペインの古代ヘブライ語，アラム語ならびにアラビア語学者，ラビ文学研究者。司祭，聖心宣教会会員。
⇒新カト（ディエス・マチョ 1916.5.13–1984.10.6）

Di Felici, Mario
テノール歌手。
⇒魅惑（Di Felici,Mario ?–）

Diffenbaugh, Vanessa
アメリカの作家。
⇒海文新(ディフェンバー, ヴァネッサ)
現世文(ディフェンバー, バネッサ)

Diffring, Anton
ドイツ生まれの俳優。ベルリンの演劇アカデミーで学び、アメリカ、フランス、ドイツの作品に多数出演している。
⇒ク俳(ディフリング, アントン 1918–1989)

Di Francisca, Elisa
イタリアのフェンシング選手(フルーレ)。
⇒外16(ディフランチスカ, エリザ 1982.12.13–)
最世ス(ディフランチスカ, エリザ 1982.12.13–)

Digby, Marie
アメリカのシンガー・ソングライター。
⇒外12(ディグビー, マリエ 1983.4–)
外16(ディグビー, マリエ 1983.4–)

Di Giacomo, Carlo
イタリアのテノール歌手。
⇒魅惑(Di Giacomo,Carlo ?–)

Di Giacomo, Salvatore
イタリアの詩人, 小説家, 劇作家。ナポリの庶民文学を確立。主著『ナポリ小話集』(1914)。
⇒岩世人(ディ・ジャコモ 1860.3.12–1934.4.4)
オペラ(ディ・ジャコモ, サルヴァトーレ 1860–1934)

Di Giuseppe, Enrico
アメリカ(イタリア系)のテノール歌手。
⇒失声(ディ・ジュゼッペ, エンリコ 1932–2005)
魅惑(Di Giuseppe,Enrico 1932–2005)

Diguet, Charles
フランスの作家。
⇒19仏(ディゲ, シャルル 1836–1909)

Dihigo, Martin
キューバのニグロリーグの選手(投手, 二塁, 三塁, 外野)。スポーツ大臣。
⇒メジャ(ディイゴ, マルティン 1905.5.25–1971.5.20)

Dijk, Cornelius van
オランダのテノール歌手。
⇒魅惑(Dijk,Cornelius van 1924–)

Dijkstra, Edsger Wybe
オランダの数学者。
⇒岩世人(ダイクストラ(デイクストラ) 1930.5.11–2002.8.6)

Dijkstra, Peter
オランダの指揮者。
⇒外12(ダイクストラ, ペーター 1978–)
外16(ダイクストラ, ペーター 1978–)

Dijkstra, Rineke
オランダ生まれの写真家。
⇒現アテ(Dijkstra,Rineke ダイクストラ, リネケ 1959–)

Dijsselbloem, Jeroen
オランダの政治家。
⇒外16(ダイセルブルーム, イェルーン 1966.3.29–)
世指導(ダイセルブルーム, イェルーン 1966.3.29–)

Dikötter, Frank
オランダ生まれの歴史学者。ロンドン大学東洋・アフリカ研究学院教授。
⇒外12(ディケーター, フランク 1961–)
外16(ディケーター, フランク 1961–)

Diktonius, Elmer Rafael
フィンランドの詩人。
⇒岩世人(デイクトゥーニウス 1896.1.20–1961.9.23)

Dikushin, Vladimir Ivanovich
ソ連の機械技師。初めてソ連邦式綜合機械を製作し、これを企業化。
⇒岩世人(ジクーシン 1902.7.26/8.8–1979.1.12)

Di Lazzaro, Eldo
イタリアのポピュラー作曲家。
⇒標音2(ディ・ラッザーロ, エルド 1902.8.15–)

Di Li
ベトナムのミステリ作家。
⇒現世文(ジー・リー)

Dilke, *Sir* Charles Wentworth
イギリスの自由党政治家。労働組合運動の専門家として活躍。
⇒岩世人(ディルク 1843.9.4–1911.1.26)

Dillard, Annie
アメリカの女性作家。
⇒岩世人(ディラード 1945.4.30–)
現世文(ディラード, アニー 1945.4.30–)

Diller, Barry
アメリカの実業家。
⇒外12(ディラー, バリー 1942.2.2–)
外16(ディラー, バリー 1942.2.2–)

Diller, Phyllis
アメリカのコメディエンヌ, 女優。
⇒ク俳(ディラー, フィリス(ドライヴァー,P 1917–)

Dillinger, John
アメリカの強盗, 殺人犯。
⇒アメ州(Dillinger,John デリンジャー, ジョン 1902–1934)

Dillinger, Robert Bernard
アメリカの大リーグ選手(三塁)。
⇒メジャ (ディリンジャー, ボブ　1918.9.17–2009.11.7)

Dillingham, Benjamin Franklin
アメリカの実業家。
⇒アメ州 (Dillingham,Benjamin Franklin　ディリンガム, ベンジャミン・フランクリン　1844–1918)

Dillman, Bradford
アメリカ生まれの俳優。
⇒ク俳 (ディルマン, ブラッドフォード　1930–)

Dillon, Diane
アメリカのイラストレーター。
⇒絵本 (ディロン, レオ&ダイアン　1933–)

Dillon, Douglas
アメリカの政治家, 外交官。国務次官, 財務長官, U.S.フォーリン・セキュリティーズ社およびU.S.インターナショナル・セキュリティーズ社の共同経営者。
⇒アメ経 (ディロン, ダグラス　1909.8.21–)

Dillon, Erwin
テノール歌手。
⇒魅惑 (Dillon,Erwin　?–)

Dillon, George
アメリカの詩人。
⇒アメ州 (Dillon,Geoge　ディロン, ジョージ　1906–1968)

Dillon, John
アイルランドの政治家。土地同盟の指導者。のち, イギリス議会で活躍。
⇒岩世人 (ディロン　1851.9.4–1927.8.4)

Dillon, Leo
アメリカのイラストレーター。
⇒絵本 (ディロン, レオ&ダイアン　1933–)

Dillon, Matt
アメリカ生まれの俳優。
⇒外12 (ディロン, マット　1964.2.18–)
　外16 (ディロン, マット　1964.2.18–)
　ク俳 (ディロン, マット　1964–)
　スター (ディロン, マット　1964.2.18–)

Dillon, Melinda
アメリカ生まれの女優。
⇒ク俳 (ディロン, メリンダ　1939–)

Dilthey, Wilhelm
ドイツの哲学者。生の哲学の創始者。
⇒岩世人 (ディルタイ　1833.11.19–1911.10.1)
　オク教 (ディルタイ　1833–1911)
　学叢思 (ディルタイ, ヴィルヘルム　1833–1911)
　教思増 (ディルタイ　1833–1911)
　教小3 (ディルタイ　1833–1911)
　教人 (ディルタイ　1833–1911)
　現社 (ディルタイ　1833–1911)
　広辞7 (ディルタイ　1833–1911)
　社小増 (ディルタイ　1833–1911)
　新カト (ディルタイ　1833.11.19–1911.10.1)
　世人新 (ディルタイ　1833–1911)
　世人装 (ディルタイ　1833–1911)
　哲中 (ディルタイ　1833–1911)
　ネーム (ディルタイ　1833–1911)
　標音2 (ディルタイ, ヴィルヘルム　1833.11.19–1911.10.3)
　メル3 (ディルタイ, ヴィルヘルム　1833–1911)

DiMaggio, Dominic Paul
アメリカの大リーグ選手(外野)。
⇒メジャ (ディマジオ, ドム　1917.2.12–2009.5.8)

DiMaggio, Joseph Paul
アメリカの大リーグ選手(外野)。
⇒岩世人 (ディマジオ　1914.11.25–1999.3.8)
　広辞7 (ディマジオ　1914–1999)
　ネーム (ディマジオ, ジョー　1914–1999)
　メジャ (ディマジオ, ジョー　1914.11.25–1999.3.8)

DiMaggio, Vincent Paul
アメリカの大リーグ選手(外野)。
⇒メジャ (ディマジオ, ヴィンス　1912.9.6–1986.10.3)

Dimahilig, Carlito
フィリピン・シニシアン村出身の測量技師。フィリピンのファーストレディ, イメルダ・マルコスの暗殺をはかった。
⇒世暗 (ディマイリグ, カルリト　1945–1972)

Dimakaling
フィリピンのミンダナオ島の反乱者。
⇒岩世人 (ディマカリン　?–1935)

Di Maria, Angel
アルゼンチンのサッカー選手(パリ・サンジェルマン・MF)。
⇒外12 (ディ・マリア, アンヘル　1988.2.14–)
　外16 (ディ・マリア, アンヘル　1988.2.14–)
　最世ス (ディ・マリア, アンヘル　1988.2.14–)

Dimas, Stavros
ギリシャの政治家。
⇒外12 (ディマス, スタブロス　1941–)
　外16 (ディマス, スタブロス　1941.4.30–)
　世指導 (ディマス, スタブロス　1941.4.30–)

Di Mazzei, Enrico
ブルガリアのテノール歌手。
⇒失声 (ディ・マッツェイ, エンリコ　1894–1958)
　魅惑 (Di Mazzei,Enrico　?–?)

Di Medico, Oslavio
テノール歌手。

⇒魅惑（Di Medico, Oslavio　?–?）
Dimier, Louis
フランスの作家, 美術史家。
⇒新カト（ディミエ　1865.2.11–1943.11.21）
Dimitriev, Emil
マケドニアの政治家。マケドニア首相。
⇒世指導（ディミトリエフ, エミル　1979.3.19–）
Dimitrijević, Braco
ユーゴスラビア生まれの彫刻家, 画家。
⇒芸13（ディミトリーエヴィッチ, ブラコ　1948–）
Dimitrijević, Dragutin
セルビアの軍人。1914年, サライェヴォでオーストリア・ハンガリーの皇太子を暗殺, 第一次大戦の因をなした。
⇒岩世人（ディミトリイェヴィチ（・アピス）　1876.8.22–1917.6.26）
Dimitrov, Dimitri
テノール歌手。
⇒魅惑（Dimitrov, Dimitri (Dimiter)　?–?）
Dimitrov, Filip
ブルガリアの政治家。ブルガリア首相。
⇒政経改（ディミトロフ　1955–）
　世指導（ディミトロフ, フィリップ　1955.3–）
Dimitrov, Georgi Mikhailovich
ブルガリアの政治家。1945年首相。ブルガリア共和国憲法を起草。
⇒岩世人（ディミトロフ　1882.6.18/30–1949.7.2）
　広辞7（ディミトロフ　1882–1949）
　ネーム（ディミトロフ　1882–1949）
Dimitrov, Grigor
ブルガリアのテニス選手。
⇒最世ス（ディミトロフ, グリゴール　1991.5.16–）
Dimitrova, Gehna
ブルガリアのソプラノ歌手。
⇒オペラ（ディミトローヴァ, ゲーナ　1941–2005）
Dimock, Marshall Edward
アメリカの経営学者。1967～68年日本の国際基督教大学客員教授。主著"Philosophy of Administration"(58)。
⇒岩世人（ディモック　1903.10.24–1991.11.14）
Dimon, James
アメリカの金融家。
⇒外12（ダイモン, ジェームズ　1956–）
　外16（ダイモン, ジェイミー　1956.3.13–）
Dimov, Dimitur Todorov
ブルガリアの小説家。主著『煙草』(1951)。
⇒現世文（ディモフ, ディミタル　1909.6.25–1966.4.1）

Dinallo, Gregory S.
アメリカのサスペンス作家。
⇒外12（ディナロ, グレッグ　1941–）
　現世文（ディナロ, グレッグ　1941–）
Dinata, Raden Otto Iskandar
インドネシアのスンダ同盟の指導者。
⇒岩世人（ディナタ, オットー・イスカンダル　1897.3.31–1945.12.20）
Dindinger, Johannes Baptist
ドイツの宣教史学者。
⇒新カト（ディンディンガー　1881.9.8–1958.7.31）
D'Indy, Paul Marie Théodore Vincent
フランスの作曲家, 指揮者, 教育家。1894年「スコラ・カントールム」創設。
⇒岩世人（ダンディ　1851.3.27–1931.12.2）
　エデ（アンディ（ダンディ）,（ポール・マリ・テオドール）・ヴァンサン・ド　1851.3.27–1931.12.2）
　オペラ（ダンディ, ヴァンサン　1851–1931）
　学叢思（ダンディー, ヴンザン　1851–?）
　ク音3（ダンディ　1851–1931）
　新音小（ダンディ, ヴァンサン　1851–1931）
　新音中（ダンディ, ヴァンサン　1851.3.27–1931.12.2）
　新カト（ダンディ　1851.3.27–1931.12.2）
　標音2（ダンディ, ヴァンサン　1851.3.27–1931.12.2）
Dine, Jim
アメリカ生まれの画家。
⇒岩世人（ダイン　1935.6.16–）
　外12（ダイン, ジム　1935.6.16–）
　外16（ダイン, ジム　1935.6.16–）
　芸13（ダイン, ジム　1935–）
Dines, William Henry
イギリスの気象学者。ダインズ自記風速計を発明。
⇒岩世人（ダインズ　1855.8.5–1927.12.24）
　オク気（ダインス, ウイリアム・ヘンリー　1855.8.5–1927.12.24）
Dineson, Jacob
コブノ地方に生まれたイディッシュ語小説家。
⇒ユ著人（Dineson, Jacob　ディネゾーン, ヤーコブ　1856?–1919）
Dingler, Hugo
ドイツの哲学者, 数学者。主著『自然哲学の基礎』(1913)。
⇒岩世人（ディングラー　1881.7.7–1954.6.29）
Dinh, Linh
ベトナム・サイゴン生まれの詩人, 小説家, 翻訳家。
⇒海文新（ディン, リン　1963–）
　現世文（ディン, リン　1963–）

Dini, Lamberto
イタリアの政治家, エコノミスト。イタリア首相, 外相, 蔵相。
⇒外12（ディーニ, ランベルト 1931.3.1–）
外16（ディーニ, ランベルト 1931.3.1–）
世指導（ディーニ, ランベルト 1931.3.1–）

Dini, Nh.
インドネシアの作家。
⇒岩世人（ディニ, エヌ・ハー 1936.2.29–）
現世文（ディニ, Nh. 1936–）

Dini, Ulisse
イタリアの数学者。
⇒数辞（ディニ, ウリス 1845–1918）
世数（ディニ, ウリッセ 1845–1918）

Dinicu, Grigoras
ルーマニアのヴァイオリン奏者, 作曲家。『ホラ・スタッカート』(1906)がよく知られている。
⇒ク音3（ディニク 1889–1949）
標音2（ディニク, グリゴラシュ 1889.4.3–1949.3.28）

Dinneen, William Henry
アメリカの大リーグ選手（投手）。
⇒メジャ（ディニーン, ビル 1876.4.5–1955.1.13）

Dinsmore, Hugh Anderson
アメリカの弁護士, 外交官。
⇒アア歴（Dinsmore, Hugh Anderson ディンズモー, ヒュー・アンダースン 1850.12.24–1930.5.2）

Dinur, Ben Zion
イスラエルの歴史家, 教育者, シオニスト。ヘブライ大学教授。
⇒ユ著人（Dinur, Ben Zion ディヌール, ベン・ツィオン 1884–1972）

Diodorov, Boris Arkad'evich
ロシア・モスクワ生まれの画家。
⇒絵本（ディオドーロフ, ボリス 1934–）

Diome, Fatou
セネガル生まれの作家。
⇒外12（ディオム, ファトゥ 1968–）
外16（ディオム, ファトゥ 1968–）
現世文（ディオム, ファトゥ 1968–）

Dion
アメリカ・ニューヨーク生まれの歌手。
⇒新音中（ディオン・アンド・ザ・ベルモンツ 1939–）
ロック（Dion and the Belmonts ディオン＆ザ・ベルモンツ 1939.7.18–）

Dion, Celine
カナダ生まれの歌手。
⇒外12（ディオン, セリーヌ 1968.3.30–）
外16（ディオン, セリーヌ 1968.3.30–）

Dion, Mark
アメリカの芸術家。
⇒シュル（ダイオン, マーク 1961–）

Dion, Roger
フランスの歴史地理学者。
⇒岩世人（ディオン 1896.10.28–1981.9.19）

Diop, Birago Ismael
フランス語で書くセネガルの作家, 外交官。主著, 小説『アマドゥ・クンバ物語』(1947), 『おとり餌と微光』(60)など。
⇒現世文（ディオプ, ビラゴ 1906.12.11–1989.11.25）

Diop, Cheikh Anta
セネガルの歴史家, 政治家。古代エジプト文明が黒人に起源を持つとする説は大きな論争を呼んだ。
⇒岩世人（シェイク・アンタ・ジョップ 1923.12.29–1986.2.7）

Diop, David
フランス語で書くアフリカの詩人。詩集『杵つき』(1956)など。
⇒現世文（ディオプ, ダヴィッド・マンデシ 1927.7.9–1960.8.29）

Dior, Christian Ernest
フランス・パリのオートクチュール・デザイナー。チューリップライン, Hラインなどのスタイルを創作し, ライン時代を築く。1956年レジョン・ドヌール勲章受賞。
⇒岩世人（ディオール 1905.1.21–1957.10.24）
広辞7（ディオール 1905–1957）
ポプ人（ディオール, クリスチャン 1905–1957）

Diouf, Abdou
セネガルの政治家。セネガル大統領(1981～2000), アフリカ統一機構(OAU)議長。
⇒岩世人（ディウフ 1935.9.7–）
外16（ディウフ, アブド 1935.9.7–）
世指導（ディウフ, アブド 1935.9.7–）

Diouf, El-Hadji
セネガルのサッカー選手。
⇒外12（ディウフ, エル・ハジ 1981.1.15–）

Diouf, Jacques
セネガルの外交官, 作物学者。
⇒外12（ディウフ, ジャック 1938.8.1–）
外16（ディウフ, ジャック 1938.8.1–）
世指導（ディウフ, ジャック 1938.8.1–）

Di Pietro, Antonio
イタリアの政治家, 法律家。イタリア公共事業相, 価値あるイタリア党創立者。
⇒岩世人（ディ・ピエトロ 1950.10.2–）
世指導（ディ・ピエトロ, アントニオ 1950.10.2–）

DiPino, Frank Michael
アメリカの大リーグ選手(投手)。
⇒メジャ (ディピノ, フランク 1956.10.22-)

Dippel, Andreas
ドイツのテノール歌手。1910〜13年シカゴ・グランド・オペラ・カンパニーの芸術監督。
⇒魅惑 (Dippel,Andreas 1866-1932)

Dirac, Paul Adrien Maurice
イギリスの理論物理学者。1928年ディラックの電子論を提唱。33年ノーベル物理学賞を受賞。
⇒岩世人 (ディラック 1902.8.8-1984.10.20)
  科史 (ディラック 1902-1984)
  現科大 (ディラック, ポール・エイドリアン・モーリス 1902-1984)
  広辞7 (ディラック 1902-1984)
  三新物 (ディラック 1902-1984)
  数辞 (ディラック, ポール・エイドリアン・モーリス 1902-1984)
  世数 (ディラック, ポール・アイドリアン・モーリス 1902-1984)
  ネーム (ディラック 1902-1984)
  ノペ3 (ディラック,P.A.M. 1902.8.8-1984.10.20)
  物理 (ディラック, ポール 1902-1984)

Dirda, Michael
アメリカの書評家、エッセイスト。
⇒外12 (ディルダ, マイケル 1948-)
  外16 (ディルダ, マイケル 1948-)

Direk Jayanama
タイの政治家。
⇒ア太戦 (ディレーク=チャイヤナーム 1905-1967)
  岩世人 (ディレーク・チャイヤナーム 1904.1.18-1967.5.1)

Di Renzi, Richard
アメリカのテノール歌手。
⇒魅惑 (Di Renzi,Richard ?-)

Di Resta, Paul
イギリスのF1ドライバー。
⇒最世ス (ディ・レスタ, ポール 1986.4.16-)

Dirgo, Craig
アメリカの作家。
⇒海文新 (ダーゴ, クレイグ)

Dirie, Waris
アメリカのモデル。
⇒岩世人 (ディリー 1965-)

Dirks, Marianne
ドイツのカトリック女性運動の指導者。W.ディルクスの妻。
⇒新カト (ディルクス 1913.8.26-1993.10.15)

Dirks, Walter
ドイツのカトリック思想家、評論家、編集者。
⇒新カト (ディルクス 1901.1.8-1991.5.30)

Dirksen, Everett McKinley
アメリカの政治家。1950年より上院議員。
⇒アメ州 (Dirksen,Everett Mckinley ダークセン, エバレット・マッキンレー 1896-1969)

Dirksen, Herbert von
ドイツの外交官。駐ソ大使(1928〜33)、駐日大使(33〜38)。
⇒ア太戦 (ディルクセン 1882-1955)
  岩世人 (ディルクセン 1882.4.2-1955.12.9)

Dirnt, Mike
アメリカのミュージシャン。
⇒外12 (ダーント, マイク 1972.5.4-)
  外16 (ダーント, マイク 1972.5.4-)

Dirr, Adolf
ドイツの言語学者、民俗学者。カフカス語研究の先駆者。
⇒岩世人 (ディル 1867.12.17-1930.4.9)

Di Rupo, Elio
ベルギーの政治家。ベルギー首相、ワロン系社会党党首。
⇒外16 (ディ・ルポ, エリオ 1951.7.18-)
  世指導 (ディ・ルポ, エリオ 1951.7.18-)

Disarcina, Gary Thomas
アメリカの大リーグ選手(遊撃)。
⇒メジャ (ディサーシナ, ゲイリー 1967.11.19-)

Di Sarli, Carlos
アルゼンチンのタンゴ演奏者。1936年六重奏団を組織し、独特のロマンチックなスタイルで人気を得た。
⇒岩世人 (ディ・サルリ 1903.1.7-1960.1.12)
  標音2 (ディ・サルリ, カルロス 1903.1.7-1960.1.12)

Discépolo, Enrique Santos
アルゼンチンの指揮者、作詞家、作曲家。
⇒標音2 (ディスセポロ, エンリケ・サントス 1901.3.27-1951.12.23)

Disch, Thomas Michael
アメリカの作家。
⇒現世文 (ディッシュ, トーマス 1940.2.2-2008.7.4)

Dischinger, Franz
ドイツの構造力学者。曲面版構造(シャーレ)理論の開拓者として著名。
⇒岩世人 (ディッシンガー 1887.10.8-1953.1.9)

Diski, Jenny
イギリス(ユダヤ系)の女性小説家。
⇒現世文 (ディスキー, ジェニー 1947.7.8-2016.4.28)

Disnadda Diskul
タイのメーファールアン財団事務局長。
⇒外16（ディスナダ・ディッサクン）

Disney, Walt
アメリカのアニメーション作家・製作者, 大衆文化事業家。
⇒アニメ（ディズニー, ウォルター・イライアス（ディズニー, ウォルト）1901-1966）
アメ州（Disney,Walt　ディズニー, ウォルト　1901-1966）
アメ新（ディズニー　1901-1966）
岩世人（ディズニー　1901.12.5-1966.12.15）
映監（ディズニー, ウォルト　1901.12.5-1966）
広辞7（ディズニー　1901-1966）
世人新（ディズニー　1901-1966）
世人装（ディズニー　1901-1966）
ポプ人（ディズニー, ウォルト　1901-1966）

DiSpigna, Tony
イタリア生まれのタイポグラフィーとレタリングのデザイナー。
⇒グラデ（DiSpigna,Tony　ディスピニャ, トニー　1943-）

Di Stefano, Alfredo
スペインのサッカー選手。
⇒岩世人（ディ・ステファノ　1926.7.4-2014.7.7）

Di Stefano, Arturo
イギリス生まれの画家。
⇒芸13（デ・ステファノ, アタロ　1955-）

Di Stefano, Giuseppe
イタリアのテノール歌手。1951年以降ミラノのスカラ座に所属。
⇒オペラ（ディ・ステファノ, ジュゼッペ　1921-2008）
失声（ステファノ, ジュゼッペ・ディ　1921-2008）
新音中（ディ・ステーファノ, ジュゼッペ　1921.7.24-）
標音2（ディ・ステーファノ, ジュゼッペ　1921.7.24-2008.3.3）
魅惑（Di Stefano,Giuseppe　1921-2008）

Distefano, Juan Carlos
アルゼンチンのグラフィックとタイポグラフィーのデザイナー。
⇒グラデ（Distefano,Juan Carlos　ディステファーノ, ジュアン・カルロス　1933-）

Distler, Hugo
ドイツの作曲家。ベルリンの音楽大学教授（1940〜）。教会音楽に新しい合唱様式を導入した。
⇒岩世人（ディストラー　1908.6.24-1942.11.1）
ク音3（ディストラー　1908-1942）
新音小（ディストラー, フーゴー　1908-1942）
新音中（ディストラー, フーゴー　1908.6.24-1942.11.1）
新カ人（ディストラー　1908.6.24-1942.11.1）
標音2（ディストラー, フーゴ　1908.6.24-1942.11.1）

Distor, Louis
ベルギーのテノール歌手。
⇒魅惑（Distor,Louis　1887-1964）

di Suvero, Mark
アメリカ（イタリア系）の彫刻家。
⇒岩世人（ディ・スヴェロ　1933.9.18-）

Dita, Constantina
ルーマニアのマラソン選手。
⇒外12（ディタ, コンスタンティナ　1970.1.23-）
最世ス（ディタ, コンスタンティナ　1970.1.23-）

Dita von Teese
アメリカのモデル, ダンサー。
⇒外12（ディタ・フォン・ティース）
外16（ディタ・フォン・ティース　1972-）

Di Tella, Guido
アルゼンチンの政治家, 外交官。アルゼンチン外相, 駐米アルゼンチン大使。
⇒世指導（ディテラ, ギド　1931.6.12-2001.12.31）

DiTerlizzi, Tony
アメリカの絵本作家。
⇒外12（ディテルリッジ, トニー　1969-）
外16（ディテルリッジ, トニー　1969-）
海文新（ディテルリッジ, トニー　1969-）
現世文（ディテルリッジ, トニー　1969-）

Ditlevsen, Tove
デンマークの女性詩人, 小説家。著書, 『子供のために』(1946)など。
⇒岩世人（ディトレウセン　1917.12.14-1976.3.7）
現世文（ディトレウセン, トーヴェ　1917.12.14-1976.3.7）

Di Tommaso, Salvatore
テノール歌手。
⇒魅惑（Di Tommaso,Salvatore　?-?）

Dittmann, Wilhelm
ドイツの社会主義者。
⇒岩世人（ディットマン　1874.11.13-1954.8.7）

Dittmer, Andreas
ドイツのカヌー選手（カナディアン）。
⇒最世ス（ディトマー, アンドレアス　1972.4.16-）

Ditto, Beth
アメリカのロック歌手。
⇒外12（ディトー, ベス　1981.2.19-）

Dittrich, Boris
オランダの社会活動家。
⇒外16（ディトリッヒ, ボリス　1955-）
世指導（ディトリッヒ, ボリス　1955-）

Dittrich, Rudolf
ドイツのテノール歌手。
⇒魅惑（Dittrich,Rudolf 1903–?）

Dittrich, Rudolf E.
オーストリアの音楽家。
⇒標音2（ディットリヒ, ルードルフ 1861.4.25–1919.1.16）

Di Vaio, Marco
イタリアのサッカー選手。
⇒外12（ディ・ヴァイオ, マルコ 1976.7.15–）
　外16（ディ・ヴァイオ, マルコ 1976.7.15–）

Divers, Edward
イギリスの化学者。1873年来日、東京帝国大学教授となる。窒素化合物など無機化学の研究がある。
⇒岩世人（ダイヴァーズ 1837.11.27–1912.4.12）
　化学（ダイバース 1837–1912）

Di Vietri, Pietro
テノール歌手。
⇒魅惑（Di Vietri,Pietro ?–）

Divine
アメリカ生まれの俳優。
⇒スター（ディヴァイン 1945.10.19–1988）

Di Virgilio, Nicholas
アメリカのテノール歌手。
⇒魅惑（Di Virgilio,Nicholas ?–）

Dix, Gregory
イギリスの教会史家、典礼学者。
⇒岩世人（ディックス 1901.10.4–1952.5.12）
　オク教（ディックス 1901–1952）
　新カト（ディクス 1901.10.4–1952.5.12）

Dix, Otto
ドイツの画家、版画家。1919年ドレスデン分離派に参加。のちダダイスムに転じ、ノイエ・ザハリヒカイトを指導。
⇒岩世人（ディクス 1891.12.2–1969.7.25）
　芸13（ディクス, オットー 1891–1969）
　広辞7（ディックス 1891–1969）

Dix, Richard
アメリカ生まれの俳優。
⇒ク俳（ディックス, リチャード（ブリマー, アーネスト） 1893–1949）

Dix, Shane
オーストラリアの作家。
⇒現世文（ディックス, シェーン）

Dixmier, Jacques
フランスの数学者。
⇒世数（ディクスミエ, ジャック・アンドレ・ジャン 1924–）

Dixon, Dougal
イギリスのサイエンスライター、地質学者、古生物学者。
⇒外12（ディクソン, ドゥーガル 1947–）
　外16（ディクソン, ドゥーガル 1947–）

Dixon, Floyd
アメリカのR&B歌手、ピアノ奏者。
⇒ロック（Dixon,Floyd ディクソン, フロイド）

Dixon, George
カナダのプロ・ボクサー。世界バンタム級・フェザー級両チャンピオン。
⇒異二辞（ディクソン［ジョージ・〜］ 1870–1908）

Dixon, Harold Baily
イギリスの化学者。マンチェスター大学教授。
⇒化学（ディクソン 1852–1930）

Dixon, James Tennant
イングランドの繊維化学者。ポリエステル繊維を発明。
⇒世発（ディクソン, ジェイムズ・テナント）

Dixon, Roland Burrage
アメリカの人類学者。カリフォルニア・インディアンを研究。
⇒岩世人（ディクソン 1875.11.6–1934.12.19）

Dixon, Scott
ニュージーランドのレーシングドライバー。
⇒最世ス（ディクソン, スコット 1980.7.22–）

Dixon, Thomas
アメリカの小説家。
⇒岩世人（ディクソン 1864.1.11–1946.4.3）

Dixon, Willard
アメリカの画家。
⇒芸13（ディクソン, ウィラード 1942–）

Dixon, Willie
アメリカの歌手、ベース奏者、プロデューサー。
⇒新音中（ディクソン, ウィリー 1915.7.1–1992.1.29）
　ロック（Dixon,Willie ディクソン, ウィリー 1915.4.1–）

Dizon, Leah
アメリカ出身のグラビアタレント。
⇒異二辞（ディゾン, リア 1986–）

Djavann, Chahdortt
イラン生まれの作家、批評家、人類学者。
⇒海文新（ジャヴァン, シャードルト 1967–）
　現世文（ジャヴァン, シャードルト 1967–）

Djebar, Assia
アルジェリアの小説家。
⇒外12（ジェバール, アシア 1936.6.30–）
　現世文（ジェバール, アシア 1936.6.30–2015.2.

6)

Djerassi, Carl
アメリカの化学者,作家,詩人。
⇒岩世人（ジェラシー　1923.10.29–）
　外12（ジェラッシ,カール　1923.10.29–）

Djian, Philippe
フランスの作家。
⇒現世文（ジャン,フィリップ　1949–）

Djibo, Salou
ニジェールの軍人。
⇒外12（ジボ,サル　1965–）
　外16（ジボ,サル　1965–）
　世指導（ジボ,サル　1965–）

Đjilas, Milovan
ユーゴスラビアの政治家。
⇒岩世人（ジラス　1911.6.12/25–1995.4.20）

Djindjić, Zoran
セルビア・モンテネグロの政治家。セルビア共和国首相。
⇒岩世人（ジンジッチ　1952.8.1–2003.3.12）
　世指導（ジンジッチ,ゾラン　1952.8.1–2003.3.12）

Djoghlaf, Ahmed
アルジェリアの外交官,国連職員。生物多様性条約締約国会議事務局長。
⇒外12（ジョグラフ,アハメド　1953–）

Djohar, Said Mohamed
コモロの政治家。コモロ大統領（1990〜95,96）。
⇒世指導（ジョハル,サイド・モハメド　?–2006.2.22）

Djojopuspito, Suwarsih
インドネシアの小説家。
⇒岩世人（ジョヨプスピト,スワルシ　1912.4.21–1977.8.24）

Djokovic, Novak
セルビアのテニス選手。
⇒外12（ジョコヴィッチ,ノヴァク　1987.5.22–）
　外16（ジョコヴィッチ,ノヴァク　1987.5.22–）
　最世ス（ジョコヴィッチ,ノヴァク　1987.5.22–）

Djotodia, Michel
中央アフリカの反政府勢力指導者,政治家。中央アフリカ大統領（2013〜14）。
⇒外16（ジョトディア,ミシェル　1949–）
　世指導（ジョトディア,ミシェル　1949–）

Djukanović, Milo
セルビア・モンテネグロの政治家。モンテネグロ共和国大統領（1998〜2002）,モンテネグロ大統領（2018〜）。
⇒岩世人（ジュカノヴィチ　1962.2.15–）
　外12（ジュカノヴィッチ,ミロ　1962.2.15–）
　外16（ジュカノヴィッチ,ミロ　1962.2.15–）
　世指導（ジュカノヴィッチ,ミロ　1962.2.15–）
　ネーム（ジュカノヴィッチ　1962–）

Djurovich, Karlo
ユーゴスラビアの画家。
⇒芸13（ジュロビッチ,カルロ　1945–）

d'Lacey, Chris
マルタ生まれのイギリスの児童文学作家。
⇒現世文（ダレーシー,クリス　1954–）

Dlamini, Absalom Themba
スワジランドの政治家。スワジランド首相。
⇒外12（ドラミニ,センバ　1950.12.1–）
　外16（ドラミニ,センバ　1950.12.1–）
　世指導（ドラミニ,センバ　1950.12.1–）

Dlamini, Sibusiso
スワジランドの政治家。スワジランド首相。
⇒外12（ドラミニ,シブシソ　1942.5.15–）
　外16（ドラミニ,シブシソ　1942.5.15–）
　世指導（ドラミニ,シブシソ　1942.5.15–）

Dlamini-Zuma, Nkosazana
南アフリカの政治家。
⇒外12（ズマ,ヌコサザナ・ドラミニ　1949.1.27–）
　外16（ドラミニ・ズマ,ヌコサザナ　1949.1.27–）
　世指導（ドラミニ・ズマ,ヌコサザナ　1949.1.27–）

D'León, Oscar
ベネズエラ出身のサルサ歌手,ベース奏者。
⇒標音（デ・レオン,オスカル　1943.6.11–）

D-LITE
韓国の歌手。
⇒外12（D-LITE　ディライト　1989.4.26–）
　外16（D-LITE　ディライト　1989.4.26–）

Dlouhy, Lukas
チェコのテニス選手。
⇒最世ス（ドロウヒー,ルーカス　1983.4.9–）

Dlouhý, Vladimír
チェコの経済学者,政治家。
⇒外16（ドロウヒ,ウラジミール　1953.7.31–）
　世指導（ドロウヒ,ウラジミール　1953.7.31–）

D'lzarny, François
フランスの画家。
⇒芸13（ディザルニ,フランコ　1952–）

DMC
アメリカのミュージシャン。
⇒外12（DMC　ディーエムシー　1964–）

Dmitriev, Vladimir Karpovich
ロシアの数理経済学者。
⇒岩経（ドミトリエフ　1868–1913）

Dmitrijewskij, Alexis-

Athanasievitch
ロシアの典礼学者。
⇒新カト(ドミトリエフスキー 1856-1929)

Dmowski, Roman
ポーランドの政治家。1919年ベルサイユ会議代表としてポーランド共和国独立承認に尽力。
⇒岩世人(ドモフスキ 1864.8.9-1939.1.2)

Dmytryk, Edward
カナダ生まれの映画監督。
⇒映監(ドミトリク,エドワード 1908.9.4-1999)

Doak, William Leopold
アメリカの大リーグ選手(投手)。
⇒メジャ(ドーク,ビル 1891.1.28-1954.11.26)

Doak, William Nuckles
アメリカの労働運動指導者。労働長官,鉄道乗務員友愛会副議長。
⇒アメ経(ドーク,ウィリアム 1882.12.12-1933.10.23)

Do Amaral, Diogo Freitas
ポルトガルの政治家,政治学者。ポルトガル副首相・外相,国連総会議長。
⇒世指導(ドアマラル,ディオゴ・フレイタス 1941.7.21-)

Dobb, Maurice Herbert
イギリスの代表的マルクス経済学者。
⇒岩経(ドッブ 1900-1976)
岩世人(ドッブ 1900.7.24-1976.8.17)
有経5(ドッブ 1900-1976)

Dobbelaere, Karel
ベルギーの宗教社会学者。
⇒現社(ドベラーレ 1933-)

Dobbs, Michael
イギリスの政治家,政治評論家,小説家。
⇒外12(ドブズ,マイケル 1948.11.4-)
外16(ドブズ,マイケル 1948.11.4-)
現世文(ドブズ,マイケル 1948.11.4-)

Dobell, William
オーストラリアの画家。多くの賞を獲得した現代一流の肖像画家。
⇒岩世人(ドーベル 1899.9.24-1970.5.13)

Dobiáš, Václav
チェコの作曲家。祖国の防衛,社会の再建に深くかかわった音楽を主に作曲。
⇒標音2(ドビアーシュ,ヴァーツラフ 1909.9.22-1978.5.18)

Dobie, James Frank
アメリカの歴史作家。
⇒アメ州(Dobie,James Frank ドゥビー,ジェームズ・フランク 1888-1964)

Döblin, Alfred
ドイツ(ユダヤ系)の小説家。主著『ベルリン・アレクサンダー広場』(1929)など。
⇒岩キ(デーブリン 1878-1957)
岩世人(デーブリン 1878.8.10-1957.6.28)
現世文(デーブリーン,アルフレート 1878.8.10-1957.6.28)
広辞7(デーブリーン 1878-1957)
新カト(デーブリン 1878.8.10-1957.6.26)
西文(デブリーン,アルフレット 1878-1957)
ユ著人(Döblin,Alfred デーブリン,アルフレート 1878-1957)

Döblin, Wolfgang
ドイツ出身,フランスの精神科医,作家。
⇒世数(デブリン,ヴォルフガング 1915-1940)

Dobosz, Adam
ポーランドのテノール歌手。
⇒魅惑(Dobosz,Adam 1885-1952)

Dobrogeanu-Gherea, Constantin
ルーマニアの政治・文学評論家,社会主義運動指導者。ルーマニア社会民主労働者党を創設(1893)。
⇒岩世人(ドブロジャーヌ=ゲレア 1855.5.21-1920.5.7)

Dobrowolski, Andrzej
ポーランドの作曲家。1954~68年作曲家同盟書記長を務めた。
⇒新音中(ドブロヴォルスキ,アンジェイ 1921.9.9-1990.8.8)
標音2(ドブロヴォルスキ,アンジェイ 1921.9.9-1990.8.8)

Dobrynin, Anatolii Fedorovich
ロシアの外交官。ソ連大統領外交特別顧問。
⇒岩世人(ドブルイニン 1919.11.16-2010.4.6)

Dobrynska, Nataliia
ウクライナの七種競技選手。
⇒外12(ドブルインスカ,ナタリア 1982.5.29-)
外16(ドブルインスカ,ナタリア 1982.5.29-)
最新ス(ドブルインスカ,ナタリア 1982.5.29-)

Dobson, Andrew
イギリスの政治学者。
⇒外12(ドブソン,アンドルー 1957-)

Dobson, Frank
イギリスの彫刻家。
⇒芸13(ドブスン,フランク 1889-1958)

Dobson, Henry Austin
イギリスの詩人,官吏。主著『博愛主義の武侠家』(1899,1901)。
⇒岩世人(ドブソン 1840.1.18-1921.9.2)

Dobson, John
アメリカのアマチュア天文家。いわゆる「ドブ

ソニアン望遠鏡」を考案した。
⇒天文大（ドブソン　1915-）

Dobson, John
イギリスのテノール歌手。
⇒魅惑（Dobson,John　1930-）

Dobson, Joseph Gordon
アメリカの大リーグ選手(投手)。
⇒メジャ（ドブソン, ジョー　1917.1.20-1994.6.23）

Dobson, Patrick Edward
アメリカの大リーグ選手(投手)。
⇒メジャ（ドブソン, パット　1942.2.12-2006.11.22）

Dobson, Rosemary
オーストラリアの女性詩人。
⇒現世文（ドブソン, ローズマリー　1920.6.18-1987.6.27）

Doby, Lawrence Eugene
アメリカの大リーグ選手(外野)。
⇒メジャ（ドビー, ラリー　1923.12.13-2003.6.18）

Dobyns, Stephen
アメリカの詩人, 小説家。
⇒現世文（ドビンズ, スティーブン　1941.2.19-）

Dobzhansky, Theodosius Grigorievich
アメリカ(ロシア系)の動物学者。コロンビア大学教授(1940～)。
⇒岩生（ドブジャンスキー　1900-1975）
　岩人（ドブジャンスキー　1900.1.12/25-1975.12.19）
　旺生5（ドブジャンスキー　1900-1975）
　現科大（ドブジャンスキー, テオドシウス　1900-1975）
　三新生（ドブジャンスキー　1900-1975）

Dobzynski, Charles
フランスの詩人。詩集に『ミチューリンの農園にて』(1951),『愛の光に』(55),『共通の声で』(62)など。
⇒現世文（ドブジンスキー, シャルル　1929-2014.9.26）

Dochao, Carmen
スペイン・ビルバオ生まれのベリス・メルセス宣教修道女会員。
⇒新カト（ドチャオ　1884.11.20-1965.8.13）

Döcker, Richard
ドイツの建築家。シュトゥットガルト工業大学教授(1940～)。
⇒岩世人（デッカー　1894.6.13-1968.11.9）

Docter, Pete
アメリカのアニメーション監督, 脚本家。
⇒外12（ドクター, ピート　1968-）
　外16（ドクター, ピート　1968-）

Doctorow, Cory
カナダの作家。
⇒外12（ドクトロウ, コリー　1971.7.17-）
　外16（ドクトロウ, コリー　1971.7.17-）
　海文新（ドクトロウ, コリイ　1971.7.17-）
　現世文（ドクトロウ, コリー　1971.7.17-）

Doctorow, Edgar Lawrence
アメリカの作家。長編『ラグタイム』が有名。
⇒岩世人（ドクトロウ　1931.1.6-）
　現世文（ドクトロウ,E.L.　1931.1.6-2015.7.21）
　ユ著名（Doctorow,Edgar Laurence　ドクトロウ, エドガー・ローレンス　1931-）

Dodd, Charles Harold
イギリスのプロテスタント神学者。ケンブリッジ大学教授。聖書の様式史的研究の強力な指導者。
⇒岩世人（ドッド　1884.4.7-1973.9.21）
　オク教（ドッド　1884-1973）
　新カト（ドッド　1884.4.7-1973.9.22）

Dodd, Christina
アメリカの作家。
⇒外12（ドット, クリスティーナ）

Dodd, Christopher
アメリカの政治家。
⇒外12（ドッド, クリストファー　1944.5.27-）
　外16（ドッド, クリストファー　1944.5.27-）
　世指導（ドッド, クリストファー　1944.5.27-）

Dodd, Lynley Stuart
ニュージーランドの女性絵本作家, 挿絵画家。
⇒絵本（ドッド, リンリー　1941-）
　外12（ドッド, リンリー　1941-）

Dodd, Martha
アメリカの社会主義者。
⇒スパイ（ドッド, マーサ）

Dodd, William Clifton
アメリカの宣教師。
⇒アア歴（Dodd,William Clifton　ドッド, ウイリアム・クリフトン　1857.10.15-1919.10.15）

Dodds, Eric Robertson
イギリスのギリシア古典学者。
⇒岩世人（ドッズ　1893.7.26-1979.4.8）

Dodds, Johnny
アメリカのジャズ・クラリネット奏者。ニューオリンズのクラリネットの第一人者として活躍。
⇒標音2（ドッズ, ジョニー　1892.4.12-1940.8.8）

Dodds, Warren（Baby）
アメリカのジャズ・ドラム奏者。ジョニーの弟。ニューオリンズ・スタイルの最高のドラマーで多くの人に影響を与えた。
⇒標音2（ドッズ, ベービー　1898.12.24-1959.2.14）

Doder, Dusko
アメリカのジャーナリスト。
⇒スパイ（ドーダー, デュスコ）

Doderer, Heimito von
オーストリアの小説家。『シュトルードルホーフ階段』『悪霊たち』が代表作。
⇒岩世人（ドーデラー　1896.9.5-1966.12.23）
　現世文（ドーデラー, ハイミート・フォン　1896.9.5-1966.12.23）

Döderlein, Ludwig
ドイツの動物学者。東京大学医学部で植物学, 動物学を教授。
⇒岩生（デーデルライン　1855-1936）
　岩世人（デーデルライン　1855.3.3-1936.3.23）

Dodge, David A.
カナダの銀行家, 経済学者。
⇒外12（ドッジ, デービッド）
　外16（ドッジ, デービッド）

Dodge, John Francis
アメリカの実業家。
⇒アメ州（Dodge,John Francis　ダッジ, ジョン・フランシス　1864-1920）

Dodge, Joseph Morrell
アメリカの銀行家, 財政金融専門家。
⇒岩世人（ドッジ　1890.11.18-1964.12.2）
　ポプ人（ドッジ, ジョセフ・モレル　1890-1964）

Dodik, Milorad
ボスニア・ヘルツェゴビナの政治家。セルビア人共和国首相。
⇒世指導（ドディック, ミロラド　1959-）

Dodin, Lev Abramovich
ロシアの演出家。
⇒岩世人（ドージン　1944.5.14-）
　外16（ドージン, レフ　1944.5.14-）

Dodon, Igor
モルドバの政治家。モルドバ大統領（2016～）。
⇒世指導（ドドン, イーゴル　1975.2.18-）

Dodwell, Henry Herbert
イギリスのインド近世史家。マドラス文書館長などを勤めた。
⇒岩世人（ドッドウェル　1879-1946.10.30）

Doe, Jane
CIAのためにソ連でスパイ行為をしたと主張する夫妻。2004年に発行された訴状で用いられた変名。
⇒スパイ（ドー, ジョン及びジェーン[p]）

Doe, John
CIAのためにソ連でスパイ行為をしたと主張する夫妻。2004年に発行された訴状で用いられた変名。
⇒スパイ（ドー, ジョン及びジェーン[p]）

Doe, Samuel Kanyon
リベリアの軍人, 政治家。人民救済評議会議長（1980～86）, リベリア大統領（86～90）。
⇒岩世人（ドウ　1951.5.6-1990.9.9）
　世暗（ドエ, サミュエル・カンヨン　1950-1990）

Doelter, Cornelio August
オーストリアの鉱物学者。鉱物の合成, 融解等の実験の開拓者。
⇒岩世人（デルター　1850.9.16-1930.8.8）
　化学（デルター　1850-1930）

Doerr, Anthony
アメリカの作家。
⇒外12（ドーア, アンソニー　1973-）
　外16（ドーア, アンソニー　1973-）
　海文新（ドーア, アンソニー　1973-）
　現世文（ドーア, アンソニー　1973-）

Doerr, Harriet
アメリカの女性小説家。
⇒現世文（ドア, ハリエット　1910-2002.11.24）

Doerr, John
アメリカの投資家。
⇒外16（ドーア, ジョン　1951.6.29-）

Doerr, Robert Pershing
アメリカの大リーグ選手（二塁手）。
⇒メジャ（ドーア, ボビー　1918.4.7-）

Doetsch, Richard
アメリカの作家。
⇒外12（ドイッチ, リチャード）
　外16（ドイッチ, リチャード）
　海文新（ドイッチ, リチャード）
　現世文（ドイッチ, リチャード）

Doflein, Franz
ドイツの動物学者。原生動物, 甲殻類の研究や動物の生態研究を行った。
⇒岩生（ドフライン　1873-1924）
　岩世人（ドーフライン　1873.4.5-1924.8.24）

Dogadov, A.J.
ソ連の政治家。
⇒学叢思（ドガドフ　1887-）

Dogan, Ahmed
ブルガリアの政治家。
⇒岩世人（ドガン　1954.3.29-）
　世指導（ドガン, アハメド　1954.3.29-）

Doggett, Bill
アメリカ・フィラデルフィア生まれのピアノ奏者。
⇒ロック（Doggett,Bill　ドゲット, ビル）

Doghan, Philip James
イギリスのテノール歌手。1980年トゥールーズ国際声楽コンクールで第一位受賞。
⇒魅惑 (Doghan,Philip James　1949–)

Dogonadze, Anna
ドイツのトランポリン選手。
⇒外16 (ドゴナゼ, アンナ　1973.2.15–)
　最世ス (ドゴナゼ, アンナ　1973.2.15–)

Do Han
韓国の男優。
⇒韓俳 (トハン　1982.7.22–)

Doheny, Edward
アメリカの実業家。カリフォルニア・メキシコ石油会社創業者。
⇒アメ経 (ドヘニー, エドワード　1856.8.10–1935.9.8)

Doherty, Berlie
イギリスの作家, 脚本家。
⇒外12 (ドハーティ, バーリー　1943–)
　外16 (ドハーティ, バーリー　1943–)
　現世文 (ドハーティ, バーリー　1943–)

Doherty, Catherine
カトリックの信徒使徒職の先駆者の一人。
⇒オク教 (ドハーティ　1896–1985)

Doherty, Henry Latham
アメリカの実業家。アメリカ電灯電鉄会社社長, シティーズ・サービス社設立者。
⇒アメ経 (ドハーティ, ヘンリー　1870.5.15–1939.12.26)

Doherty, Laurence
イギリスのテニス選手。
⇒異二辞 (ドハティー [ローレンス・～]　1875–1919)

Doherty, P.C.
イギリスの作家。
⇒現世文 (ドハティー, ポール　1946.9.21–)

Doherty, Peter Charles
オーストラリア, アメリカの医学者。1996年ノーベル生理学医学賞。
⇒岩生 (ドハーティ　1940–)
　外12 (ドハティ, ピーター　1940.10.15–)
　外16 (ドハティ, ピーター　1940.10.15–)
　ノベ3 (ドハティ,P.C.　1940.10.15–)

Doherty, Reginald
イギリスのテニス選手。
⇒異二辞 (ドハティー [レジナルド・～]　1872–1910)

Dohnányi, Christoph von
ドイツの指揮者。
⇒外12 (ドホナーニ, クリストフ・フォン　1929.9.8–)
　外16 (ドホナーニ, クリストフ・フォン　1929.9.8–)
　新音中 (ドホナーニ, クリストフ・フォン　1929.9.8–)
　標音2 (ドホナーニ, クリストフ・フォン　1929.9.8–)

Dohnányi Ernö
ハンガリーの作曲家, ピアノ奏者, 指揮者。ブダペスト音楽院長, ハンガリー放送総監督を歴任。
⇒岩世人 (ドホナーニ　1877.7.27–1960.2.9)
　エデ (ドホナーニ, エルネー (エルンスト・フォン)　1877.7.27–1960.2.9)
　ク音3 (ドホナーニ　1877–1960)
　新音小 (ドホナーニ, エルネー　1877–1960)
　新音中 (ドホナーニ, エルネー　1877.7.27–1960.2.9)
　ネーム (ドホナーニ　1877–1960)
　ピ曲改 (ドホナーニ, エルネー　1877–1960)
　標音2 (ドホナーニ, エルネー　1877.7.27–1960.2.9)

Do Hoang Dieu
ベトナムの作家。
⇒外12 (ドー・ホアン・ジュウ　1976–)
　外16 (ドー・ホアン・ジュウ　1976–)
　現世文 (ドー・ホアン・ジュウ　1976–)

Dohrn, Anton
ドイツの動物学者。ナポリのドイツ臨海実験所の建設に努めた (1870～)。
⇒岩生 (ドールン　1840–1909)
　岩世人 (ドールン　1840.12.20–1909.9.26)

Doig, Christopher
ニュージーランドのテノール歌手。
⇒魅惑 (Doig,Christopher　?–)

Doig, Ivan
アメリカの作家。
⇒外12 (ドイグ, アイバン　1939–)
　外16 (ドイグ, アイバン　1939–)
　現世文 (ドイグ, アイバン　1939–)

Doig, Peter
イギリス生まれの画家。
⇒現アテ (Doig,Peter　ドイグ, ピーター　1959–)

Doikov, Roumen
ブルガリアのテノール歌手。
⇒魅惑 (Doikov,Roumen　?–)

Doillon, Jacques
フランス・パリ生まれの映画監督。
⇒外12 (ドワイヨン, ジャック　1944–)
　外16 (ドワイヨン, ジャック　1944–)

Doillon, Lou
フランスの女優。
⇒外12 (ドワイヨン, ルー　1982–)

Doiron, Paul
アメリカの作家。
⇒海文新（ドイロン, ポール）
現世文（ドイロン, ポール）

D'Oisly, Maurice
イギリスのテノール歌手。
⇒魅惑（D'Oisly,Maurice 1882–1949）

Doisneau, Robert
フランスの写真家。
⇒岩人（ドワノー 1912.4.14–1994.4.1）
広辞7（ドアノー 1912–1994）

Doisy, Edoward Adelbert
アメリカの生化学者。1943年ノーベル生理学医学賞。
⇒岩生（ドイジ 1893–1986）
岩人（ドイジー 1893.11.13–1986.10.23）
ノベ3（ドイジー,E.A. 1893.11.13–1986.10.23）

Do Ji-won
韓国のタレント。1989年, KBSテレビよりデビュー。代表作に『ソウルトゥクペギ』『2冊の日記』『日出峰』等がある。
⇒外12（トジウォン 1968.2.14–）
韓俳（ト・ジウォン 1968.2.14–）

Do Jong-hwan
韓国の詩人。
⇒現世文（ト・ジョンファン 都鍾煥 1954–）

Dokic, Jerena
セルビア・モンテネグロのテニス選手。
⇒外12（ドキッチ, エレナ 1983.4.12–）
外16（ドキッチ, エレナ 1983.4.12–）
最世ス（ドキッチ, エレナ 1983.4.12–）

Doky, Chris Minh
デンマークのジャズ・ベース奏者。
⇒外12（ドーキー, クリス・ミン 1969.2.7–）
外16（ドーキー, クリス・ミン 1969.2.7–）

Dolahosch, Peter
テノール歌手。
⇒魅惑（Dolahosch,Peter ?–）

Dolan, Brooke, II
アメリカの探検家。博物学者。
⇒アア歴（Dolan,Brooke,II ドウラン2世, ブルック 1908.10.12–1945.8.19）

Dolan, Xavier
カナダの映画監督。
⇒外16（ドラン, グザヴィエ 1989–）

Dolbeare, Frederick Russell
アメリカの法律顧問。
⇒アア歴（Dolbeare,Frederick R（ussell） ドルベアー, フレデリック・ラッセル 1885.10.8–1962.7.17）

Dolby, Thomas
エジプト生まれのイギリスの作曲家, プロデューサー, キーボード奏者。
⇒外12（ドルビー, トーマス 1958.10.14–）

Dolce, Domenico
イタリアの服飾デザイナー。
⇒外12（ドルチェ, ドメニコ 1958.8.13–）
外16（ドルチェ, ドメニコ 1958.8.13–）
ポプ人（ドルチェ, ドメニコ 1958–）

Dolce, Thomas J.
メリーランド州のアメリカ陸軍アバディーン性能試験場で勤務していた民間人研究者。1979年から83年にかけ, 機密文書を南アフリカ共和国に渡した。
⇒スパイ（ドルチェ, トーマス・J）

Dolch, Heimo
西ドイツのカトリック哲学者, 神学者。
⇒新カト（ドルヒ 1912.7.20–1984.4.2）

Dolci, Alessandro
イタリアのテノール歌手。
⇒失声（ドルチ, アレッサンドロ 1888–1954）
魅惑（Dolci,Alessandro 1888–1954）

Dold, Alban
スイスの典礼学者, 歴史家。
⇒オク教（ドルト 1882–1960）
新カト（ドルト 1882.7.7–1960.9.27）

Dole, Robert J.
アメリカの政治家。上院議員, 共和党上院院内総務, 共和党全国委員長。
⇒アメ新（ドール 1923–）
世指導（ドール, ボブ 1923.7.22–）

Dole, Elizabeth Hanford
アメリカの政治家。労働長官, 上院議員（共和党）, 米国赤十字社総裁。
⇒外12（ドール, エリザベス 1936.7.29–）
外16（ドール, エリザベス 1936.7.29–）
世指導（ドール, エリザベス 1936.7.29–）

Dole, James Drummond
アメリカの実業家。
⇒アメ州（Dole,James Drummond ドール, ジェームズ・ドラモンド 1877–1958）

Dole, Sanford Ballard
アメリカの政治家。ハワイ共和国大統領（1893～1900）。アメリカのハワイ准州の初代総督（1900～03）。
⇒アメ州（Dole,Sanford Ballard ドール, サンフォード・バラード 1844–1926）

Doležal, Vladimir
チェコのテノール歌手。
⇒魅惑（Doležal,Vladimir 1951–）

Dölger, Franz
ドイツのビザンティン学者。ミュンヘン大学教授（1931〜）。
⇒岩世人（デルガー 1891.10.4–1968.11.5）

Dölger, Franz Joseph
ドイツのカトリック教会史家。初期キリスト教時代の生活の研究で知られる。
⇒岩世人（デルガー 1879.10.18–1940.10.17）
　新カト（デルガー 1879.10.18–1940.10.17）

Dolgorsürengiin Dagvadorj
モンゴルの力士（第68代横綱）。
⇒異二辞（朝青龍明徳 あさしょうりゅうあきのり 1980–）
　外12（ドルゴルスレン・ダグワドルジ 1980.9.27–）
　外16（ドルゴルスレン・ダグワドルジ 1980.9.27–）

Dolin, Anton
イギリスの舞踊家。1961年までロンドン・フェスティバル・バレエ団のディレクター兼振付師。
⇒岩世人（ドーリン 1904.7.27–1983.11.25）

Dolivo-Dobrowolski, Michail
ロシア生まれのドイツの電気工学者。ドイツの電気会社AEGの技師長（1909〜）。
⇒岩世人（ドリヴォ＝ドブロヴォルスキー 1862.12.21/1.2–1919.11.15）

Doll, William Richard Shaboe
イングランドの疫病学者。
⇒世発（ドール，ウィリアム・リチャード・シャボー 1912–2005）

Dollard, John
アメリカの心理学者。エール大学心理学教授。
⇒社小増（ドラード 1900頃–1980）
　社心小（ダラード 1900–1980）

Dollfus, Audouin Charles
フランスの物理学者，天文学者。
⇒天文大（ドルフュス 1924–）

Dollfuss, Engelbert
オーストリアの政治家。1932〜34年首相。ナチスのオーストリア合併に抵抗した。
⇒岩世人（ドルフース 1892.10.4–1934.7.25）
　新カト（ドルフス 1892.10.4–1934.7.25）

Dollo, Louis
ベルギーの古生物学者。生物進化における『逆行不能の法則』を唱えた。
⇒岩生（ドロ 1857–1931）
　岩世人（ドロ 1857.12.7–1931.4.19）
　オク地（ドロ，ルイ・アントワーヌ・マリ・ジョセフ 1857–1931）

Dolmetsch, Arnold
イギリスの音楽学者。
⇒岩世人（ドルメッチ 1858.2.24–1940.2.28）
　新音中（ドルメッチ，アーノルド 1858.2.24–1940.2.28）
　標音2（ドルメッチ，アーノルド 1858.2.24–1940.2.28）

Dolphy
フィリピンのコメディアン，俳優。
⇒岩世人（ドルフィ 1928–2012.7.10）

Dolphy, Eric
アメリカのジャズ・アルトサックス奏者。前衛的プレイでジャズ史に輝く名演を残す。
⇒岩世人（ドルフィ 1928.6.20–1964.6.29）
　新音中（ドルフィ，エリック 1928.6.20–1964.6.29）
　標音2（ドルフィ，エリック 1928.6.20–1964.6.29）

Dolto, Françoise
フランスの精神分析家。専門の精神分析学以外にも，さまざまな方面で活躍，とくに子どもの教育に関心が深く「教育の医者」といわれた。
⇒絵本（ドルト，フランソアーズ 1908–1988）
　精分岩（ドルト，フランソワーズ 1908–1988）
　精分弘（ドルト，フランソワーズ 1908–1988）

Doltz, Paul
アメリカの宣教師。
⇒アア歴（Doltz,Paul ドルツ，ポール 1875.9.23–1943.2.6）

Doma, Damir
クロアチア生まれのファッションデザイナー。
⇒外12（ドーマ，ダミール 1981–）
　外16（ドーマ，ダミール 1981–）

Domagk, Gerhard Johannes Paul
ドイツの生化学者。1932年抗菌染料プロントジルを開発。46年抗結核薬ティビオンも発見。39年ノーベル生理・医学賞受賞。（ナチスの指示で辞退）。
⇒岩生（ドーマク 1895–1964）
　岩世人（ドーマク 1895.10.30–1964.4.24）
　旺生5（ドーマク 1895–1964）
　オク科（ドマーク（ゲルハルト 1895–1964）
　オク生（ドマーク，ゲルハルト 1895–1964）
　広辞7（ドーマク 1895–1964）
　三新生（ドーマク 1895–1964）
　ノベ3（ドーマク,G. 1895.10.30–1964.4.24）

Domar, Evsey D.
ポーランド生まれの経済思想家。
⇒岩経（ドーマー 1914–1998）
　岩世人（ドーマー 1914.4.16–1997.4.1）
　有経5（ドーマー 1914–1997）

Domashenko, Marina
ロシア生まれのソプラノ歌手。
⇒外12（ドマシェンコ，マリーナ）

Dombi, Rudolf
ハンガリーのカヌー選手。

Dombrovskii, Yurii Osipovich
ソ連の作家。作品『古代保存官』など。
⇒現世文（ドンブロフスキー, ユーリー・オーシポヴィチ　1909.5.12–1978.5.29）

Dombrovskis, Valdis
ラトビアの政治家, エコノミスト。ラトビア首相。
⇒外16（ドムブロフスキス, ヴァルディス　1971.8.5–）
　世指導（ドムブロフスキス, ヴァルディス　1971.8.5–）

Domela Nieuwenhuis, Ferdinand
オランダの政治家。
⇒岩世人（ドメラ・ニューウェンハイス　1846.12.31–1919.11.18）
　学叢思（ニューヴェンフイス, フェルディナント・ドメラ　1846–?）

Domenach, Jean-Marie
フランスの評論家・ジャーナリスト。『エスプリ』編集長。
⇒メル別（ドムナック, ジャン＝マリー　1922–1997）

Domenech, Raymond
フランスのサッカー指導者, サッカー選手。
⇒外12（ドメネク, レイモン）
　最世ス（ドメネク, レイモン）

Domeneghini, Anton Gino
イタリア生まれの広告アーティスト・アニメーション作家。
⇒アニメ（ドメネギーニ, アントン・ジーノ　1887–1966）

Domenici, Pete V.
アメリカの政治家。
⇒外12（ドメニチ, ピート　1932.5.7–）

Domes, Jürgen
ドイツの中国研究者。
⇒岩世人（ドメス　1932.4.2–2001.9.22）

Domhoff, George William
アメリカの社会学者。
⇒社小増（ドムホフ　1936–）

Domin, Hilde
ドイツ（ユダヤ系）の女性詩人。詩集『帰航』(1961) など。
⇒岩世人（ドーミン　1908.7.27–2006.2.22）
　現世文（ドミーン, ヒルデ　1909.7.27–2006.2.22）

Domingo, Plácido
スペインのテノール歌手。
⇒岩世人（ドミンゴ　1941.1.21–）
　オペラ（ドミンゴ, プラシド　1941–）
　外12（ドミンゴ, プラシド　1941.1.21–）
　外16（ドミンゴ, プラシド　1941.1.21–）
　広辞7（ドミンゴ　1941–）
　失声（ドミンゴ, プラシド　1941–）
　新音中（ドミンゴ, プラシド　1941.1.21–）
　標音2（ドミンゴ, プラシド　1941.1.21–）
　魅惑（Domingo, Placido　1941–）

Domingues, Leandro
ブラジルのサッカー選手（柏レイソル・MF）。
⇒外12（ドミンゲス, レアンドロ　1983.8.24–）

Dominguez, Emiliano
スペイン・タランコン生まれのドミニコ会員, 日本宣教師。
⇒新カト（ドミンゲス　1879.11.12–1942.11.13）

Dominguez, Oralia
メキシコのメゾ・ソプラノ歌手。
⇒標音2（ドミンゲス, オラリア　1927.10.15–）

Dominguez, Oscar
スペイン生まれのフランスの画家。パリで活躍したシュールレアリスト。
⇒芸13（ドミンゲス, オスカー　1906–1975）
　シュル（ドミンゲス, オスカル　1906–1957）

Domínguez, Rubén
ベネズエラのテノール歌手。
⇒失声（ドミンゲス, ルーベン　1940–）

Domínguez Ortiz, Antonio
スペインの歴史家。
⇒岩世人（ドミンゲス・オルティス　1909.10.18–2003.1.21）

Domino, Fats
アメリカの黒人歌手, ピアノ奏者, 作曲家。
⇒異二辞（ドミノ, ファッツ　1928–）
　岩世人（ドミノ　1928.2.26–）
　外16（ドミノ, ファッツ　1928.2.26–）
　標音2（ドミノ, ファッツ　1928.2.26–）
　ロック（Domino, Fats　ドミノ, ファッツ　1928.2.26–）

Domnina, Oksana
ロシアのフィギュアスケート選手（アイスダンス）。
⇒最世ス（ドムニナ, オクサナ　1984.8.17–）

Domracheva, Darya
ベラルーシのバイアスロン選手。
⇒外16（ドムラチェワ, ダリア　1986.8.3–）

Doms, Herbert
ドイツ語圏のカトリック倫理神学者。
⇒新カト（ドムス　1890.4.14–1977.9.22）

Domscheit-Berg, Daniel
ドイツのオープンリークス代表。ウィキリークスの元広報担当者。
⇒外16（ドムシャイトベルク, ダニエル　1978–）

Do Muoi
ベトナムの政治家。ベトナム首相、ベトナム共産党書記長。
⇒岩世人（ドー・ムオイ　1917.2.2-）
　外16（ド・ムオイ　1917.2.2-）
　政経改（ド・ムオイ　1917-）
　世指導（ド・ムオイ　1917.2.2-）
　ネーム（ド・ムオイ　1917-）

Donadoni, Roberto
イタリアのサッカー監督（ボローニャ）、サッカー選手。
⇒外12（ドナドニ、ロベルト　1963.9.9-）
　外16（ドナドーニ、ロベルト　1963.9.9-）
　最世ス（ドナドーニ、ロベルト　1963.9.9-）

Donaggio, Pino
イタリア生まれの歌手。
⇒標音2（ドナッジョ、ピーノ　1941.3.12-）

Donahue, Francis Rostell (Red)
アメリカの大リーグ選手（投手）。
⇒メジャ（ドナヒュー、レッド　1873.1.23-1913.8.25）

Donahue, Jonathan
アメリカのロック歌手、ロック・ギター奏者。
⇒外12（ドナヒュー、ジョナサン）
　外16（ドナヒュー、ジョナサン）

Donahue, Tom
アメリカ・インディアナ州サウス・ベンド生まれのDJ。
⇒ロック（Donahue,Tom　ドナヒュー、トム　1928.5.21-1975.4.28）

Donahue, Troy
アメリカ生まれの俳優。
⇒ク俳（ドナヒュー、トロイ（ジョンスン、マール）1936-2001）

Donaire, Nonito
フィリピンのプロボクサー。
⇒最世ス（ドネア、ノニト　1982.11.16-）

Donald, Howard
イギリスの歌手。
⇒外12（ドナルド、ハワード）
　外16（ドナルド、ハワード）

Donald, James
スコットランド生まれの俳優。
⇒ク俳（ドナルド、ジェイムズ　1917-1993）

Donald, Luke
イギリスのプロゴルファー。
⇒外12（ドナルド、ルーク　1977.12.7-）
　外16（ドナルド、ルーク　1977.12.7-）
　最世ス（ドナルド、ルーク　1977.12.7-）

Donald, Robin
オーストラリアのテノール歌手。
⇒魅惑（Donald,Robin　1942-）

Donaldson, Julia
イギリスの児童文学者。
⇒外16（ドナルドソン、ジュリア　1948-）
　現世文（ドナルドソン、ジュリア　1948-）

Donaldson, Roger
オーストラリア生まれの映画監督。
⇒映監（ドナルドソン、ロジャー　1945.11.15-）
　外12（ドナルドソン、ロジャー　1945.11.15-）
　外16（ドナルドソン、ロジャー　1945.11.15-）

Donaldson, Simon Kirwan
イギリスの数学者。
⇒数辞（ドナルドソン、サイモン・カーワン　1957-）
　世数（ドナルドソン、サイモン・カーマン　1957-）

Donaldson, Walter
アメリカのソングライター、出版者。作詞・作曲で『私の青空』『ラブ・ミー・オア・リーブ・ミー』といった傑作を生んだ。
⇒エデ（ドナルドソン、ウォルター　1893.2.15-1947.7.15）
　新音中（ドナルドソン、ウォルター　1893.2.15-1947.7.15）
　標音2（ドナルドソン、ウォールター　1893.2.15-1947.7.15）

Donaldson, William H.
アメリカの金融家。
⇒外12（ドナルドソン、ウィリアム　1931.6.2-）
　外16（ドナルドソン、ウィリアム　1931.6.2-）

Don Alejandro
グアテマラの神官。
⇒外12（ドン・アレハンドロ）

Donat, Robert
イギリスの俳優、舞台演出家、映画監督。
⇒ク俳（ドナット、ロバート（ドナット、フレデリック・R）1905-1958）

Donath, Helen
アメリカのソプラノ歌手。
⇒オペラ（ドーナト、ヘレン　1940-）
　新音中（ドナート、ヘレン　1940.7.10-）
　標音2（ドナート、ヘレン　1940.7.10-）

Donati, Bruno
テノール歌手。
⇒魅惑（Donati,Bruno　?-）

Donati, Umberto
イタリアの実業家。
⇒外16（ドナーティ、ウンベルト）

Donati, Walter
ドイツのテノール歌手。

⇒魅惑 (Donati, Walter ?–)

Donato, Edgardo
アルゼンチンのタンゴ楽団指揮者，ヴァイオリン奏者，作曲家。
⇒標音2（ドナート，エドガルド　1897.4.14–1963.2.12）

Donatoni, Franco
イタリアの作曲家。
⇒ク音3（ドナトーニ　1927–2000）

Donaudy, Stefano
イタリアの音楽家。
⇒ク音3（ドナウディ　1879–1925）
　標音2（ドナウディ，ステーファノ　1879.2.21–1925.5.30）

Donbavand, Tommy
イギリスの作家。
⇒海文新（ドンババンド，トミー）
　現世文（ドンババンド，トミー）

Donegan, Lonnie
イギリスのロック・ミュージシャン。
⇒異二辞（ドネガン［ロニー・〜］　1931–2002）
　ロック（Donegan, Lonnie　ドネガン，ロニー　1931.4.29–）

Donen, Stanley
アメリカ生まれの映画監督。
⇒映監（ドーネン，スタンリー　1924.4.13–）

Dongen, Kees van
フランスに帰化したオランダの画家。パリの花形肖像画家となる。
⇒岩世人（ヴァン・ドンゲン　1877.1.26–1968.5.28）
　芸13（ヴァン・ドンゲン，キース　1877–1968）
　ネーム（キース・ヴァン・ドンゲン　1877–1968）

Donghae
韓国の歌手。
⇒外12（ドンヘ　1986.10.15–）

Dong Hwan
韓国のプロゴルファー。
⇒外12（ドンファン　1987.4.9–）

Dong Jie
中国の女優。
⇒外12（ドンジエ　1980.4.19–）

Dong Jun
韓国の歌手。
⇒外12（ドンジュン　1992.2.11–）

Don grub rgyal
チベットの作家。
⇒現世文（トンドゥプジャ　1953–1985）

Donida, Carlo
イタリアのポピュラー作曲家。
⇒標音2（ドニーダ，カルロ　1920.10.30–）

Donike, Manfred
ドイツの生化学者。
⇒岩世人（ドニケ　1933.8.23–1995.8.21）

Donington, Robert
イギリスの音楽学者。
⇒標音2（ドーニントン，ロバート　1907.5.4–1990.1.20）

Dönitz, Karl
ドイツの海軍軍人。1943年元帥，ドイツ海軍司令長官。45年総統となり，連合国に降伏。
⇒岩世人（デーニッツ　1891.9.16–1980.12.25）
　ネーム（デーニッツ　1891–1980）

Donker, Anthonie
オランダの評論家。アムステルダム大学教授 (1936〜)。
⇒岩世人（ドンケル　1902.9.8–1965.12.26）

Donleavy, J.P.
アイルランドの作家，劇作家。
⇒現世文（ドンリービー，J.P.　1926.4.23–2017.9.11）

Donlevy, Brian
北アイルランド生まれの俳優。
⇒ク俳（ドンレヴィ，ブライアン（ドンレヴィ，グロッスン・B）　1899–1972）

Donlin, Michael Joseph
アメリカの大リーグ選手(外野)。
⇒メジャ（ドンリン，マイク　1878.5.30–1933.9.24）

Donmoyer, Nate
アメリカのミュージシャン。
⇒外12（ドンモイヤー，ネイト）

Donn, Jorge
アルゼンチンのダンサー。
⇒岩世人（ドン　1947.2.28–1992.12.1）

Donnan, Frederick George
イギリス(アイルランド)の化学者。溶液の熱力学的研究を行なった。
⇒岩世人（ドナン　1870.9.6–1956.12.16）
　化学（ドナン　1870–1956）

Donnay, Maurice Charles
フランスの劇作家。
⇒岩世人（ドネー　1859.10.12–1945.3.31）

Donnelly, Jennifer
アメリカの作家。
⇒現世文（ドネリー，ジェニファー）

Donnelly, Michael
カナダの政治学者。
⇒外16（ドネリー，マイケル　1939.2.28–）

Donner, Jörn
フィンランドのスウェーデン語系作家, 映画監督。
⇒岩世人（ドンネル　1933.2.5–）

Donner, Ral
アメリカ・シカゴ生まれの歌手。
⇒ロック（Donner,Ral　ドナー, ラル　1943.2.10–）

Donner, Richard
アメリカ・ニューヨーク生まれの映画監督。
⇒映監（ドナー, リチャード　1930.4.24–）
外12（ドナー, リチャード　1930–）

Donnersmarck, Florian Henckel von
ドイツの映画監督。
⇒外12（ドナースマルク, フロリアン・ヘンケル・フォン　1973–）
外16（ドナースマルク, フロリアン・ヘンケル・フォン　1973–）

Donnison, David Vernon
イギリスの社会科学者。ロンドン政治経済大学（LSE）社会福祉行政学部教授, グラスゴー大学地域計画学部名誉教授。
⇒現社福（ドニソン　1928–）

Donofrio, Beverly
アメリカの作家。
⇒外12（ドノフリオ, ビバリー　1950–）
外16（ドノフリオ, ビバリー　1950–）
現世文（ドノフリオ, ビバリー　1950–）

Donohoe, Ammanda
イギリス生まれの女優。
⇒ク俳（ドノホー, アマンダ　1962–）

Donohue, Keith
アメリカの作家。
⇒海文新（ドノヒュー, キース　1960–）
現世文（ドノヒュー, キース　1960–）

Donohue, Peter Joseph
アメリカの大リーグ選手（投手）。
⇒メジャ（ドノヒュー, ピート　1900.11.5–1988.2.23）

Donoso, José
チリの作家。
⇒岩世人（ドノソ　1925.9.25–1996.12.7）
現世文（ドノーソ, ホセ　1924.10.5–1996.12.7）
広辞7（ドノソ　1924–1996）
ラテ新（ドノソ　1924–1996）

Donovan
イギリス・スコットランド生まれの歌手。
⇒標音12（ドノヴァン　1946.5.10–）
ロック（Donovan　ドノヴァン　1946.5.10–）

Donovan, Anne
アメリカのバスケットボール選手。
⇒外12（ドノバン, アン　1961.11.1–）
外16（ドノバン, アン　1961.11.1–）
最世ス（ドノバン, アン　1961.11.1–）

Donovan, Landon
アメリカのサッカー選手。
⇒外12（ドノバン, ランドン　1982.3.4–）
外16（ドノバン, ランドン　1982.3.4–）
最世ス（ドノバン, ランドン　1982.3.4–）

Donovan, Patrick Joseph
アメリカの大リーグ選手（外野）。
⇒メジャ（ドノヴァン, パッツィ　1863.3.16–1953.12.25）

Donovan, Richard Edward
アメリカの大リーグ選手（投手）。
⇒メジャ（ドノヴァン, ディック　1927.12.7–1997.1.6）

Donovan, William
アメリカ戦略諜報局（OSS）長官。
⇒スパイ（ドノヴァン, ウィリアム　1883–1959）

Donovan, William Edward
アメリカの大リーグ選手（投手）。
⇒メジャ（ドノヴァン, ビル　1876.10.13–1923.12.9）

Donskoi, Mark
ウクライナ生まれの映画監督, 映画脚本家。
⇒ユ著人（Donskoy,Mark Semenovich　ドンスコイ, マーク・セメノヴィッチ　1901–1981）

Donzelli, Valerie
フランスの映画監督, 女優。
⇒外16（ドンゼッリ, ヴァレリー　1973.3.2–）

Donzelot, Jacques
フランスの社会学者, 社会史家。
⇒岩世人（ドンズロ　1943–）
現社（ドンズロ　1943–）

Doob, Joseph Leo
アメリカの数学者。
⇒岩世人（ドゥーブ　1910.2.27–2004.6.7）
世数（ドゥーブ, ジョゼフ・レオ　1910–2004）

Doob, Leonard William
アメリカの社会心理学者。宣伝・世論の研究者として知られる。
⇒社小増（ドゥーブ　1909–）

Doodson, Arthur Thomas
イギリスの潮汐学者。ベッセル函数, 潮汐の予報および動力学的研究などがある。
⇒岩世人（ドッドソン　1890.3.31–1968.1.10）

Doohan, Michael
オーストラリアのオートバイライダー。
⇒岩世人（ドゥーハン　1965.6.4–）

Dooin, Charles Sebastian (Red)
アメリカの大リーグ選手(捕手)。
⇒メジャ (ドゥーイン, レッド 1879.6.12–1952.5.14)

Dookmaisot
タイの女性小説家。
⇒岩世人 (ドークマイソット 1906.2.17–1963.1.17)
現世文 (ドークマイソット 1905.2.17–1963.1.17)
タイ (ドークマイソット 1905–1963)

Doolan, Michael Joseph
アメリカの大リーグ選手(遊撃)。
⇒メジャ (ドゥーラン, ミッキー 1880.5.7–1951.11.1)

Dooley, Thomas Anthony
「ジャングルの医師」といわれたアメリカの医師、著述家、講演者。ラオスに病院を建設。1957年国際医療救護組織を結成した。
⇒アア歴 (Dooley,Thomas A (nthony) ドゥーリー, トマス・アンソニー 1927.1.17–1961.1.18)
スパイ (ドゥーリイ, トーマス・A 1927–1961)

Doolittle, Hilda
アメリカの女性詩人。イマジズム運動に参加。作品『海の園』(1916)など。
⇒岩世人 (ドゥーリトル 1886.9.10–1961.9.27)
現世文 (ドゥーリトル, ヒルダ 1886.9.10–1961.9.27)
新カト (ドゥーリトル 1886.9.10–1961.9.27)
ネーム (ドゥーリトル 1886–1961)

Doolittle, Jamas H.
アメリカの飛行家、軍人。1942年B25爆撃機隊を指揮して日本本土を奇襲爆撃。
⇒アメ州 (Doolittle,James Harold ドゥーリトル, ジェームズ・ハロルド 1896–)
岩世人 (ドゥーリトル 1896.12.14–1993.9.27)

Dooman, Eugene Hoffman
アメリカの外交官。
⇒アア歴 (Dooman,Eugene H (offman) ドゥーマン, ユージーン・ホフマン 1890.3.25–1969.2.2)
ア太戦 (ドゥーマン 1890–1969)
岩世人 (ドゥーマン 1890.3.25–1969.2.2)

Dooyeweerd, Herman
オランダの哲学者。
⇒岩世人 (ドーイウェールト 1894.10.7–1977.2.12)

Döpfner, Julius
ドイツの神学者、枢機卿。
⇒新カト (デップフナー 1913.8.26–1976.7.24)

Doppelfeld, Otto
ドイツの考古学者。1959年よりケルンのローマ・ゲルマン博物館長。
⇒岩世人 (ドッペルフェルト 1907.2.26–1979.5.15)

Döpp Vorwald, Heinrich
ドイツの教育学者。主著 "Lebendige Bewegung und Menschenbildung" (1929)。
⇒教人 (デップ・フォルヴァルト 1902–)

Dopsch, Alfons
オーストリアの経済史家。発展段階説を批判し、古代末期と中世初期の文化連続を主張した。
⇒岩世人 (ドープシュ 1868.6.14–1953.9.1)

Dora
フロイトが「あるヒステリー患者の分析の断片」(1905)で報告した症例名。本名イーダ・バウアー。
⇒現精 (ドラ[症例])
現精縮 (ドラ[症例])
精分弘 (ドラ 1882–1945)

Doran, Gregory
イギリスの舞台演出家。
⇒外12 (ドーラン, グレゴリー 1959–)
外16 (ドーラン, グレゴリー 1959–)

Doran, Teresa
アイルランド生まれの作家。
⇒海文新 (ドラン, テレサ)

Doran, William Donald
アメリカの大リーグ選手(二塁)。
⇒メジャ (ドーラン, ビル 1958.5.28–)

Dorantes
アンダルシア出身のピアノ奏者。
⇒外12 (ドランテ)
外16 (ドランテ)

Dorati, Antal
アメリカの指揮者、作曲家。1975年ロイヤル・フィルハーモニー管弦楽団の常任指揮者に就任。
⇒新音中 (ドラティ, アンタル 1906.4.9–1988.11.13)
標音2 (ドラティ, アンタル 1906.4.9–1988.11.13)
ユ著人 (Dorati,Antál ドラテイ, アンタール 1906–1988)

Doré, Jean-Marie
ギニアの政治家。ギニア首相。
⇒世指導 (ドレ, ジャン・マリー 1939.6.12–2016.1.29)

Dore, Ronald Philip
イギリスの社会学者。
⇒岩世人 (ドーア 1925.2.1–)
外12 (ドーア, ロナルド 1925.2.1–)
外16 (ドーア, ロナルド 1925.2.1–)
教思増 (ドーア 1925–)
現社 (ドーア 1925–)
社小増 (ドーア 1925–)

D

Dorelli, Johnny
イタリアのポピュラー歌手。
⇒標音2（ドレッリ, ジョニー　1937.2.20–）

Dorfan, Jonathan
南アフリカ生まれの物理学者。
⇒外12（ドーファン, ジョナサン）
　外16（ドーファン, ジョナサン）

Dorff, Stephen
アメリカ生まれの俳優。
⇒ク俳（ドーフ, スティーヴン　1973–）

Dörflinger, Bernd
ドイツの哲学者。
⇒岩世人（デルフリンガー　1953.9.11–）

Dorfman, Ariel
チリの批評家, 小説家。
⇒外12（ドルフマン, アリエル　1942.5.6–）
　外16（ドルフマン, アリエル　1942.5.6–）
　現世文（ドルフマン, アリエル　1942.5.6–）
　広辞7（ドルフマン　1942–）

Dorfmeister, Michaela
オーストリアのスキー選手（アルペン）。
⇒外12（ドルフマイスター, ミカエラ　1973.3.25–）
　最世ス（ドルフマイスター, ミカエラ　1973.3.25–）

Dorfsman, Lou
ニューヨークのグラフィック・デザイナー。
⇒グラデ（Dorfsman,Lou　ドーフスマン, ルゥ　1918–）

Dorgan, Byron Leslie
アメリカの政治家。
⇒外12（ドーガン, バイロン　1942.5.14–）

Dorgelès, Roland
フランスの小説家, 回想録作者。
⇒岩世人（ドルジュレス　1886.6.15–1973.3.18）
　西文（ドルジュレス, ロラン　1886–1973）
　ネーム（ドルジュレス　1886–1973）

Dorham, Mckinley Howard（Kenny）
アメリカのジャズ・トランペット奏者。典型的なハード・バッパー。
⇒標音2（ドーハム, ケニー　1924.8.30–1972.12.5）

Döring, Heinrich
ドイツ人のイエズス会祭, インドのプーナ司教, 広島初代代牧。
⇒新カト（デーリング　1859.9.13–1951.12.17）

Doriot, Jacques
フランスの政治家。労働者出身。セーヌ県選出下院議員。
⇒岩世人（ドリオ　1898.9.26–1945.2.22）

Dorjeff
モンゴル出身のチベットのラマ僧。13代ダライ・ラマの側近として親ロシア政策を進めた。
⇒岩世人（ドルジエフ　1854–1938.1.29）

Dorleac, Francoise
フランス・パリ生まれの女優。
⇒遺産（ドルレアック, フランソワーズ　1942.3.21–1967.6.26）
　ク俳（ドルレアック, フランソワーズ　1942–1967）

Dormael, Jaco Van
ベルギーの映画監督。
⇒外12（ドルマル, ジャコ・ヴァン　1957.2.9–）

Dorman, David W.
アメリカの実業家。
⇒外12（ドーマン, デービッド　1954–）
　外16（ドーマン, デービッド　1954–）

Dormann, Jürgen
ドイツの実業家。
⇒外12（ドルマン, ユルゲン　1940.1.12–）
　外16（ドルマン, ユルゲン　1940.1.12–）

Dorman-Smith, Eric Edward "Chink"
アイルランド人のイギリス軍指揮官。
⇒ヘミ（ドーマン＝スミス, エリック・エドワード（チンク）　1895–1969）

Dorman-Smith, Sir Reginald
イギリスの政治家。
⇒岩世人（ドーマン＝スミス　1899–1977）

d'Ormesson, Jean
フランスの作家。
⇒新カト（ドルメッソン　1925.6.16–）

Dorn, Frank
アメリカの陸軍将校。
⇒アア歴（Dorn,Frank　ドーン, フランク　1901.6.25–1981.7.26）

Dorn, Thea
ドイツのミステリ作家, 劇作家。
⇒現世文（ドルン, テア　1970–）

Dornbusch, Rudiger
ドイツ生まれの経済思想家。
⇒有経5（ドーンブッシュ　1942–2002）

Dorner, August
ドイツのプロテスタント神学者。I.ドルナーの子。
⇒学叢思（ドルネル, アウグスト・ヨハネス　1846–?）

Dornhelm, Robert
オーストリアの映画監督。
⇒外12（ドーンヘルム, ロバート　1947–）

外16（ドーンヘルム, ロバート 1947–）

Dornier, Claudius
ドイツの航空工学者, 航空機製造事業家。1929年, 巨人飛行艇Do Xを建造。第2次大戦後はDo 27,28などSTOL機の先駆的な機体を発表。
⇒岩世人（ドルニエ 1884.5.14–1969.12.5）

Dorodjatun Kuntjoro-Jakti
インドネシアの経済学者。
⇒岩世人（ドロジャトゥン・クンチョロヤクティ 1939.11.25–）
外16（ドロジャトゥン・クンチョロヤクティ 1939.11.25–）
世指導（ドロジャトゥン・クンチョロヤクティ 1939.11.25–）

Doropo, Walter
アメリカの大リーグ選手（一塁）。
⇒メジャ（ドローポ, ウォルト 1923.1.30–2010.12.17）

Dorosh, Efim
ソ連の作家。
⇒現世文（ドーロシ, エフィム・ヤーコヴレヴィチ 1908.12.25–1972.8.20）

Dörpfeld, Wilhelm
ドイツの建築家, 考古学者。シュリーマンの跡を継いでトロイを発掘。
⇒岩世人（デルプフェルト 1853.12.26–1940.4.25）
ネーム（デルプフェルト 1853–1940）

Dorrance, John Thompson
アメリカの化学者。キャンベル社社長。
⇒アメ経（ドランス, ジョン 1873.11.11–1930.9.21）

Dörre, Katrin
ドイツのマラソン選手。
⇒外12（ドーレ, カトリン 1961.10.6–）

Dörrie, Doris
ドイツ生まれの映画監督, 映画脚本家。
⇒外16（デリエ, ドリス 1955–）

Dors, Dianna
イギリスの女優。
⇒ク俳（ドース, ダイアナ（フラック,D）1931–1984）

Dorsett, Palemon Howard
アメリカの植物探究者。
⇒アア歴（Dorsett,P(alemon) H(oward) ドーセット, ペイルモン・ハワード 1862.4.21–1943.4.1）

Dorsey, Jack
アメリカの起業家, 技術者。
⇒外16（ドーシー, ジャック 1976.11.19–）

Dorsey, Jimmy
アメリカのジャズ・クラリネット・サックス奏者。1935～53年, 自己の楽団のリーダー。
⇒新音中（ドーシー, ジミー 1904.2.29–1957.6.12）
標音2（ドーシー, ジミー 1904.2.29–1957.6.12）

Dorsey, Lee
アメリカの音楽家。
⇒ロック（Dorsey,Lee ドーシー, リー 1924.12.24–）

Dorsey, Thomas Andrew
アメリカのゴスペル歌手, 作曲家。
⇒新音中（ドーシー, トマス・A. 1899.7.1–1993.1.23）
標音2（ドーシー, トマス・エー 1899.7.1–1993.1.23）

Dorsey, Tommy
アメリカのジャズ・トランペット, トロンボーン奏者。ジミーの弟。1935年トミー・ドーシー楽団を組織。
⇒岩世人（ドーシー 1905.11.19–1956.11.26）
新音中（ドーシー, トミー 1905.11.27–1956.11.26）
標音2（ドーシー, トミー 1905.11.27–1956.11.26）

Dorst, Tankred
ドイツの劇作家。著書『トラー』(1968)など。
⇒現世文（ドルスト, タンクレート 1925.12.19–2017.6.1）

d'Ors y Rovira, Eugenio
スペインの哲学者, 随筆家。
⇒岩世人（ドルス 1882.9.28–1954.9.25）

Dort, Bernard
フランスの劇評家。
⇒岩世人（ドルト 1929.9.29–1994.5.5）

Dos Passos, John Roderigo
アメリカの小説家。近代都市ニューヨークの非情さを描いた『マンハッタン乗換駅』などにより作家としての地位を確立した。
⇒アメ新（ドス・パソス 1896–1970）
岩世人（ドス・パソス 1896.1.14–1970.9.28）
現世文（ドス・パソス, ジョン 1896.1.14–1970.9.28）
広辞7（ドス・パソス 1896–1970）
新カ七（ドス・パソス 1896.1.14–1970.9.28）
西文（ドス・パソス, ジョン 1896–1970）
世人新（ドス=パソス 1896–1970）
世人装（ドス=パソス 1896–1970）
ネーム（ドス・パソス 1896–1970）
ヘミ（ドス・パソス, ジョン 1896–1970）

dos Santos, Daiane
ブラジルの女子体操選手。
⇒異二辞（ドス・サントス［ダイアネ・～］ 1983–）

Dos Santos, José Eduardo
アンゴラの政治家。アンゴラ大統領（1979～2017），アンゴラ解放人民運動（MPLA）議長。

⇒岩世人（ドス・サントス　1942.8.28–）
外12（ドス・サントス,ジョゼ・エドゥアルド　1942.8.28–）
外16（ドス・サントス,ジョゼ・エドゥアルド　1942.8.28–）
世指導（ドス・サントス,ジョゼ・エドゥアルド　1942.8.28–）

dos Santos, Nelson Pereira
ブラジルの映画監督。1940年の処女長編"Rio40°"はブラジルの映画運動〈シネマ・ノーヴォ〉の理念を最もよくあらわしている。
⇒映監（ドス・サントス,ネルソン・ペレイラ　1928.10.22–）

Dos Santos, Theotonio
ブラジルの経済学者。
⇒国政（ドス・サントス,テオトニオ　1936–）

Dosser, William Earl
アメリカの陸軍将校。
⇒アア歴（Dosser,William Earl　ダサー,ウイリアム・アール　1882.12.5–?）

Dossett, Rhonda
アメリカの作家。
⇒海文新（デイヴィッド,イヴリン）

Dossi, Carlo
イタリアの小説家。主著『2日前』(1867)。
⇒岩世人（ドッシ　1849.3.27–1910.11.16）

Dossier, René
フランス・ポールバイユ生まれのパリ外国宣教会員,日本宣教師。
⇒新カト（ドシエ　1878.12.24–1949.3.10）

Dost, Jan
シリアの作家。
⇒現世文（ドスト,ジャン　1965–）

Dostal, Hermann
オーストリアの作曲家。
⇒ク音3（ドスタル　1874–1930）

Dostal, Nico
オーストリアの作曲家。出世作となったオペレッタ『クリヴィア』(1933)を初めとする多くの劇音楽作品がある。
⇒ク音3（ドスタル　1895–1981）
標音2（ドスタル,ニーコ　1895.11.27–1981.10.27）

Dostum, Abdul Rashid
アフガニスタンの軍人,政治家。アフガニスタン第1副大統領。
⇒岩イ（ドスタム　1954–）
岩世人（ドースタム,アブドゥル・ラシード　1954–）
世指導（ドスタム,アブドルラシド　1954–）

Dotel, Octavio Eduardo
ドミニカ共和国の大リーグ選手（投手）。
⇒メジャ（ドテル,オクタビオ　1973.11.25–）

Dothan, Moshe
イスラエルの考古学者。
⇒ユ著人（Dothan,Moshe　ドタン,モシェ　1919–）

Dothan, Trude
イスラエルの女性考古学者。
⇒ユ著人（Dothan,Trude　ドタン,トルード　1923–）

Dotson, Richard Elliott
アメリカの大リーグ選手（投手）。
⇒メジャ（ドットソン,リチャード　1959.1.10–）

Douady, Adrien
フランスの数学者。
⇒世数（ドゥアディ,アドリアーン　1935–2006）

Douai, Jacques
フランスのシャンソン歌手。
⇒標音2（ドゥエ,ジャック　1920.12.11–）

Douangchay Phichit
ラオスの政治家,軍人。ラオス副首相・国防相。
⇒世指導（ドゥアンチャイ・ピチット　1944–2014.5.17）

Doubrovsky, Serge
フランスの作家,評論家。
⇒現世文（ドゥブロフスキー,セルジュ　1928–）

Doucette, Paul
アメリカのミュージシャン。
⇒外12（ドゥセット,ポール）
外16（ドゥセット,ポール）

Doucouré, Ladji
フランスの陸上選手（ハードル）。
⇒最世ス（ドゥクレ,ラッジ　1983.3.28–）

Doudou Ndiaye Rose
セネガルの打楽器奏者。
⇒外12（ドゥドゥ・ニジャエ・ローズ）

Dougan, Brady W.
アメリカの銀行家。
⇒外12（ドゥーガン,ブレイディ　1959–）
外16（ドゥーガン,ブレイディ　1959–）

Dougherty, Dennis Joseph
アメリカの聖職者。
⇒アア歴（Dougherty,Dennis J(oseph)　ドゥアティー,デニス・ジョセフ　1865.8.16–1951.5.31）

Dougherty, Patrick Henry
アメリカの大リーグ選手（外野）。
⇒メジャ（ドアティ,パッツィ　1876.10.27–1940.4.30）

Douglas
ブラジルのサッカー選手(徳島ヴォルティス・FW)。
⇒外12(ドウグラス　1987.12.30-)

Douglas, Barry
イギリスのピアノ奏者。
⇒外12(ダグラス, バリー　1960.4.23-)
　外16(ダグラス, バリー　1960.4.23-)

Douglas, Carole Nelson
アメリカの作家。
⇒外12(ダグラス, キャロル・ネルソン　1944-)

Douglas, David Charles
イギリスの中世史家。とくにノルマン人の研究で著名。
⇒岩世人(ダグラス　1898-1982)

Douglas, Denzil Llewellyn
セントクリストファー・ネービスの政治家。セントクリストファー・ネービス首相。
⇒外12(ダグラス, デンジル　1953.1.14-)
　外16(ダグラス, デンジル　1953.1.14-)
　世指導(ダグラス, デンジル　1953.1.14-)

Douglas, Donald Wills
米航空機会社マグドネル・ダグラス社名誉会長。1920年ダグラス社を創立。天才的な飛行機設計家としても知られる。
⇒アメ経(ダグラス, ドナルド　1892.4.6-1981)
　アメ州(Douglas,Donald Wills　ダグラス, ドナルド・ウイリス　1892-)
　岩世人(ダグラス　1892.4.6-1981.2.1)

Douglas, Gabrielle
アメリカの体操選手。
⇒外16(ダグラス, ガブリエル　1995.12.31-)
　最世ス(ダグラス, ガブリエル　1995.12.31-)

Douglas, George Norman
イギリスの小説家。小説『南風』(1917), 紀行文『古きカラブリア』(15)など。
⇒岩世人(ダグラス　1868.12.8-1952.2.7)

Douglas, James Stewart
カナダ生まれのアメリカの鉱山技師, 医師。
⇒アメ州(Douglas,James Stewart　ダグラス, ジェームズ・スチュワート　1837-1918)

Douglas, Jesse
アメリカの数学者。
⇒岩世人(ダグラス　1897.7.3-1965.10.7)
　数辞(ダグラス, ジェシー　1897-1965)
　世数(ダグラス, ジェス　1897-1965)

Douglas, Keith
イギリスの詩人。第2次世界大戦で戦死。主著『全詩集』(1951)。
⇒現世文(ダグラス, キース　1920.1.20-1944.6.9)

Douglas, Kirk
アメリカ生まれの男優。
⇒岩世人(ダグラス　1916.12.9-)
　外12(ダグラス, カーク　1916.12.9-)
　外16(ダグラス, カーク　1916.12.9-)
　ク俳(ダグラス, カーク(イスール・ダニエロヴィッチ, のちにデムスキー)　1916-)
　スター(ダグラス, カーク　1916.12.9-)
　ユ著人(Douglas,Kirk　ダグラス, カーク　1916-)

Douglas, Lewis William
アメリカの政治家。連邦下院議員。
⇒アメ経(ダグラス, ルイス　1894.7.2-1974.3.7)

Douglas, Mary T.
イギリスの社会人類学者。
⇒岩世人(ダグラス　1921.3.25-2007.5.16)
　現社(ダグラス　1921-2007)
　広辞7(ダグラス　1921-2007)
　新カト(ダグラス　1921.3.25-2007.5.16)

Douglas, Mary Teresa Peacock
アメリカ・ノース・カロライナ州公教育局の学校図書館アドバイザー。州内の学校図書館のネットワーク化に尽力して知られる。『司書教諭ハンドブック』の著者である。
⇒ア図(ダグラス, メアリー　1903-1970)

Douglas, Melvin
アメリカの俳優。『ハッド』(1963),『ビーイング・ゼア』(79)で2度アカデミー助演男優賞を受賞。
⇒ク俳(ダグラス, メルヴィン(ヘッセルバーグ,M)　1901-1981)
　スター(ダグラス, メルヴィン　1901.4.5-1981)
　ユ著人(Douglas,Melvyn　ダグラス, メルヴィン　1901-1981)

Douglas, Michael
アメリカ生まれの男優, 映画製作者。
⇒岩世人(ダグラス　1944.9.25-)
　外12(ダグラス, マイケル　1944.9.25-)
　外16(ダグラス, マイケル　1944.9.25-)
　ク俳(ダグラス, マイクル　1944-)
　スター(ダグラス, マイケル　1944.9.25-)

Douglas, Nigel
イギリスのテノール歌手。
⇒魅惑(Douglas,Nigel　1934-)

Douglas, Paul
アメリカの俳優。
⇒ク俳(ダグラス, ポール　1907-1959)

Douglas, Paul Howard
アメリカの経済学者, 政治家。「コップ=ダグラス型生産関数」を考察。
⇒アメ州(Douglas,Paul Howard　ダグラス, ポール・ハワード　1892-)
　岩世人(ダグラス　1892.3.26-1976.9.24)

有経5（ダグラス　1892–1976）
Douglas, Phillip Brooks
アメリカの大リーグ選手（投手）。
⇒メジャ（ダグラス, フィル　1890.6.17–1952.8.1）
Douglas, *Sir* Robert Kennaway
イギリスの中国および日本研究家。中国の言語,文学,宗教,歴史に関する研究がある。
⇒岩世人（ダグラス　1838.8.23–1913.5.20）
Douglas, Roger
ニュージーランドの政治家。
⇒ニュー（ダグラス, ロジャー　1937–）
Douglas, Stan
カナダ生まれの芸術家。
⇒現アテ（Douglas,Stan　ダグラス, スタン　1960–）
Douglas, William Orville
アメリカの裁判官。36年7カ月という判事生活は,アメリカ最高裁史上の最長期間。
⇒アメ経（ダグラス, ウィリアム　1898.10.16–1980.1.19）
　岩世人（ダグラス　1898.10.16–1980.1.19）
Douhet, Giulio
イタリアの軍人,航空戦略理論家。主著『制空権―航空戦技術論』（1921）。
⇒戦思（ドゥーエ　1869–1930）
Douillet, David
フランスの柔道選手。
⇒外12（ドイエ, ダビド　1969.2.17–）
　外16（ドイエ, ダビド　1969.2.17–）
Doumbia
コートジボワールのサッカー選手（CSVモスクワ・FW）。
⇒外12（ドゥンビア　1987.12.31–）
　外16（ドゥンビア, セイドゥ　1987.12.31–）
　最世ス（ドゥンビア, セイドゥ　1987.12.31–）
Doumer, Paul
フランスの政治家。第三共和国第13代大統領（1931～32）。
⇒岩世人（ドゥメール　1857.8.22–1932.5.7）
Doumergue, Emile
フランスのプロテスタント神学者。カルヴァンの研究で知られた。
⇒岩世人（ドゥメルグ　1844.11.25–1937.2.14）
　新カト（ドゥメルグ　1844.11.25–1937.2.14）
Doumergue, Gaston
フランスの政治家。1924年大統領。
⇒岩世人（ドゥメルグ　1863.8.1–1937.6.18）
Doumik, René
フランスの文学史家。"Revue des Deux Mondes"誌の刊行者（1916～）。

⇒新カト（ドゥーミック　1860.3.7–1937.12.2）
Doussant, Herbert
アメリカのテノール歌手。
⇒魅惑（Doussant,Herbert　1931–）
Douste-Blazy, Philippe
フランスの政治家,医師。フランス外相・文化相。
⇒外12（ドストブラジ, フィリップ　1953.1.1–）
　世指導（ドストブラジ, フィリップ　1953.1.1–）
Douthit, Taylor Lee
アメリカの大リーグ選手（外野）。
⇒メジャ（ダウシット, テイラー　1901.4.22–1986.5.28）
Douzou, Olivier
フランスのイラストレーター。
⇒絵本（ドゥズー, オリヴィエ　1963–）
Dove, Arthur Garfield
アメリカの画家。抽象画コラージュを制作。
⇒岩世人（ダヴ　1880.8.2–1946.11.23）
　芸13（ダヴ, アーサー　1880–1946）
Dove, Rita
アメリカの女性詩人。
⇒岩世人（ダヴ　1952.8.28–）
　現世文（ダブ, リタ　1952.8.28–）
Dover, Kenneth James
イギリスの古典学者。
⇒岩世人（ドーヴァー　1920.3.11–2010.3.7）
Dovizioso, Andrea
イタリアのオートバイライダー。
⇒最世ス（ドヴィツィオーゾ, アンドレア　1986.3.23–）
Dovlatov, Sergei Donatovich
ソ連の小説家。亡命してニューヨークで客死した。
⇒岩世人（ドヴラートフ　1941.9.3–1990.8.24）
　現世文（ドヴラートフ, セルゲイ・ドナートヴィチ　1941–1990）
　広辞6（ドヴラートフ　1941–1990）
Dovniković-Bordo, Borivoj
クロアチア生まれのアニメーション作家,漫画家。
⇒アニメ（ドヴニコヴィチ, "ボルド"・ボリヴォイ　1930–）
Dovzhenko, Aleksandr Petrovich
ソ連の映画監督。作品,『愛のいちご』（1926）,『大地』（30）など。
⇒岩世人（ドヴジェンコ　1894.8.29/9.10–1956.11.25）
　映監（ドヴジェンコ, アレクサンドル　1894.9.11–1956）

Dow, Herbert Henry
アメリカの工業化学者。ダウ・ケミカル社の創立者。1930年パーキン・メダルを授賞。
⇒アメ経（ダウ, ハーバート　1866.2.26–1930.10.15）
　岩世人（ダウ　1866.2.26–1930.10.15）

Dow, Peggy
アメリカの女優。
⇒ク俳（ダウ, ペギー（バーナドウ, マーガレット）1928–）

Dowd, Jeffrey
アメリカのテノール歌手。
⇒魅惑（Dowd, Jeffrey　?–）

Dowd, Ronald
オーストラリアのテノール歌手。1972年新開場したシドニー・オペラの首席テノールとなる。
⇒魅惑（Dowd, Ronald　1914–1990）

Dowd, Siobhan
イギリスの作家。
⇒海文新（ダウド, シヴォーン　1960.2.4–2007.8.21）
　現世文（ダウド, シボーン　1960.2.4–2007.8.21）

Dowd, Thomas Jefferson
アメリカの大リーグ選手（外野, 二塁）。
⇒メジャ（ダウド, トミー　1869.4.20–1933.7.2）

Dowd, Tom
アメリカのプロデューサー。
⇒ロック（Dowd, Tom　ダウド, トム）

Dowden, Edward
アイルランドの批評家。
⇒岩世人（ダウデン　1843.5.3–1913.4.4）

Dowell, *Sir* Anthony
イギリスのダンサー, 監督。
⇒外12（ダウエル, アンソニー　1943.2.16–）
　外16（ダウエル, アンソニー　1943.2.16–）

Dower, John W.
アメリカの日本史学者。
⇒岩世人（ダワー　1938.6.21–）
　外12（ダワー, ジョン　1938.6.21–）
　外16（ダワー, ジョン・W.　1938.6.21–）

Dowiyogo, Bernard
ナウルの政治家。ナウル大統領。
⇒世指導（ドウィヨゴ, バーナード　1946.2.14–2003.3.9）

Dowlatābādī, Maḥmūd
イランの作家。
⇒岩世人（ドウラターバーディー　1940–）

Down, Lesley-Anne
イギリス生まれの女優。
⇒ク俳（ダウン, レズリー＝アン　1954–）

Down, Ronald
テノール歌手。
⇒魅惑（Down, Ronald　?–）

Downer, Alexander John Gosse
オーストラリアの政治家, 外交官。オーストラリア外相, 駐英オーストラリア高等弁務官（大使）。
⇒外12（ダウナー, アレクサンダー　1951.9.9–）
　外16（ダウナー, アレクサンダー　1951.9.9–）
　世指導（ダウナー, アレクサンダー　1951.9.9–）

Downer, Lesley
イギリスの作家, 日本文化研究家。
⇒外16（ダウナー, レズリー）
　現世文（ダウナー, レズリー）

Downey, John
アメリカ中央情報局（CIA）職員。1952年11月29日中国で拘束された。
⇒スパイ（ダウニー, ジョン　1930–2014）

Downey, Robert, Jr.
アメリカ生まれの俳優。
⇒外12（ダウニー, ロバート（Jr.）　1965.4.4–）
　外16（ダウニー, ロバートJr.　1965.4.4–）
　ク俳（ダウニー, ロバート, ジュニア　1965–）
　スター（ダウニー, ロバート, ジュニア　1965.4.4–）

Downham, Jenny
イギリスの作家。
⇒海文新（ダウンハム, ジェニー　1964–）
　現世文（ダウンハム, ジェニー　1964–）

Downing, Alphonso Erwin
アメリカの大リーグ選手（投手）。
⇒メジャ（ダウニング, アル　1941.6.28–）

Downing, Big Al
アメリカのR&Bの歌手, ソングライター。
⇒ロック（Downing, Big Al　ダウニング, ビッグ・アル）

Downing, Brian Jay
アメリカの大リーグ選手（捕手, 外野, DH）。
⇒メジャ（ダウニング, ブライアン　1950.10.9–）

Downs, Cathy
アメリカの女優。
⇒ク俳（ダウンズ, キャシー　1924–1976）

Downs, Johnny
アメリカの男優。
⇒ク俳（ダウンズ, ジョニー　1913–1994）

Doxiadis, Apostolos
ギリシャの作家, 映画監督。
⇒現世文（ドキアディス, アポストロス　1953–）

Doxiadis, Konstantinos Apostolos
ギリシャの都市計画家。
⇒社小増（ドキシアディス　1913–1975）

Doyle, *Sir* **Arthur Conan**
イギリスの推理小説作家，歴史小説作家。
⇒岩世人（ドイル　1859.5.22–1930.7.7）
　現世文（ドイル，コナン　1859.5.22–1930.7.7）
　広辞7（ドイル　1859–1930）
　辞歴（ドイル，コナン　1859–1930）
　新カト（ドイル　1859.5.22–1930.7.7）
　図翻（ドイル　1859.5.22–1930.7.7）
　ネーム（コナン・ドイル　1859–1930）
　ポプ人（ドイル，コナン　1859–1930）

Doyle, Christopher
オーストラリア生まれの撮影監督，映画監督。
⇒岩世人（ドイル　1952.5.2–）
　外12（ドイル，クリストファー　1952.5.2–）
　外16（ドイル，クリストファー　1952.5.2–）

Doyle, John Joseph
アメリカの大リーグ選手（一塁，捕手，二塁）。
⇒メジャ（ドイル，ジャック　1869.10.25–1958.12.31）

Doyle, Lawrence Joseph
アメリカの大リーグ選手（二塁）。
⇒メジャ（ドイル，ラリー　1886.7.31–1974.3.1）

Doyle, Malachy
イギリスの児童文学作家。
⇒外16（ドイル，マラキー　1954–）
　現世文（ドイル，マラキー　1954–）

Doyle, Peter
オーストラリアの作家。
⇒現世文（ドイル，ピーター）

Doyle, Roddy
アイルランドの小説家，劇作家。
⇒外16（ドイル，ロディ　1958–）
　現世文（ドイル，ロディ　1958–）

Dozier, Charles Kelsey
アメリカのバプテスト教会宣教師。1906年来日。西南学院院長（17～29）。
⇒アア歴（Dozier, Charles Kelsey　ドウジアー，チャールズ・ケルシー　1879.1.1–1933.5.31）
　岩世人（ドージア　1876.1.1–1933.5.31）

Dozier, Edward P.
アメリカの人類学者。
⇒アア歴（Dozier, Edward P.　ドウジアー，エドワード・P.　1916.4.23–1971.5.2）

Dozier, Edwin Burke
アメリカの宣教師，教育者。
⇒アア歴（Dozier, Edwin Burke　ドウジアー，エドウィン・バーク　1908.4.16–1969.5.10）

Dozois, Gardner
アメリカの作家。
⇒現世文（ドゾア，ガードナー　1947.7.23–2018.5.27）

Drabble, Margaret
イギリスの作家。主著『夏の鳥かご』(1963)。
⇒岩世人（ドラブル　1939.6.5–）
　外12（ドラブル，マーガレット　1939.6.5–）
　外16（ドラブル，マーガレット　1939.6.5–）
　現世文（ドラブル，マーガレット　1939.6.5–）

Drabek, Douglas Dean
アメリカの大リーグ選手（投手）。
⇒メジャ（ドレイベック，ダグ　1962.7.25–）

Drabowsky, Myron Walter
アメリカの大リーグ選手（投手）。
⇒メジャ（ドラバウスキー，モー　1935.7.21–2006.6.10）

Drach, Albert
オーストリア（ユダヤ系）の作家。主著『アンセンチメンタル・ジャーニー』(1966)。
⇒現世文（ドラッハ，アルベルト　1902.12.17–1995.3.27）

Drachmann, Holger
デンマークの詩人。作品『ぶどうとばら』(1879)，『歌の本』(89) など。
⇒岩世人（ドラクマン　1846.10.9–1908.1.14）

Draghi, Mario
イタリアのエコノミスト。
⇒異二辞（ドラギ［マリオ・～］　1947–）
　外12（ドラギ，マリオ　1947.9.3–）
　外16（ドラギ，マリオ　1947.9.3–）

Drago, Luis María
アルゼンチンの政治家，法律家。ドラゴ主義で知られる。
⇒岩世人（ドラゴ　1859.5.6–1921.6.9）

Drago, Richard Anthony
アメリカの大リーグ選手（投手）。
⇒メジャ（ドレイゴ，ディック　1945.6.25–）

Dragoi, Sabin
ルーマニアの作曲家。1945～64年ブカレスト民族音楽研究所所長となり民族音楽学者としても知られた。
⇒標音2（ドラゴイ，サビン　1894.6.6–1968.12.31）

Dragon, Carmen
アメリカの指揮者。
⇒標音2（ドラゴン，カーメン　1914.7.28–1984.3.28）

Dragoumis, Ion
ギリシアの外交官，政治家，著述家。
⇒岩世人（ゾラグミス　1878.9.2–1920.7.31）

Dragset, Ingar
ノルウェー生まれの芸術家。
⇒現アテ（Elmgreen,Michael & Dragset,Ingar エルムグリーン,ミカエル&ドラグセット,インガー 1969–）

Dragt, Tonke
オランダの作家。
⇒外12（ドラフト,トンケ 1930–）
外16（ドラフト,トンケ 1930–）
現世文（ドラフト,トンケ 1930.11.12–）

Dragulescu, Marian
ルーマニアの体操選手。
⇒最世ス（ドラグレスク,マリアン 1980.12.18–）

Dragunov, Aleksandr Aleksandrovich
ソ連の言語学者。中国語、ジュンヤン語の研究に従事するかたわら、中央アジアにおけるジュンヤン語調査のフィールド・ワークなど多彩な活動を行なった。
⇒岩世人（ドラグノーフ 1900.2.21/3.6–1955.2.21）

Dragutescu, Titu
ルーマニアの画家。
⇒芸13（ドラグテスク,テイト 1949–）

Drake, Frances
アメリカの女優。
⇒ク俳（ドレイク,フランシス（ディーン,F）1908–2000）

Drake, Frank Donald
アメリカの天文学者。
⇒天文辞（ドレイク 1930–）

Drake, Nick
ミャンマー（ビルマ）生まれのイギリスのシンガー・ソングライター。
⇒ロック（Drake,Nick ドレイク,ニック）

Drake, Noah Fields
アメリカの地質学者。
⇒アア歴（Drake,Noah Fields ドレイク,ノア・フィールズ 1864.1.30–1945.5.4）

Drake, Pete
アメリカ・ジョージア州オーガスタ生まれの音楽プロデューサー,スティール・ギター奏者。
⇒ヒト改（DRAKE,PETE ドレイク,ピート）
ロック（Drake,Pete ドレイク,ピート 1933.10.8–）

Drake, Tom
アメリカの男優。
⇒ク俳（ドレイク,トム（オールダーディス,アルフレッド）1918–1982）

Drakulich, Merrilee Levine
アメリカ生まれの女性画家。
⇒芸13（ドラクリッチ,メリリー・レヴィン ?–）

Dran, André
フランスのテノール歌手。
⇒魅惑（Dran,André ?–）

Dran, Therry
フランスのテノール歌手。
⇒魅惑（Dran,Therry 1954–）

Draner
ベルギーのイラストレーター。
⇒19仏（ドラネル 1833.11.11–1926）

Draper, Gideon Frank
アメリカのメソジスト派宣教師。
⇒岩世人（ドレイパー 1858.7.20–1951.1.24）

Draper, William Henry
アメリカの実業家。1947～48年の間に対日賠償調査団の団長として来日し、「ドレーパー報告」を出した。
⇒岩世人（ドレイパー 1894.8.10–1974.12.26）

Drapšin, Petar
ユーゴスラビアの軍人。陸軍中将。
⇒ネーム（ドラプシン 1914–1945）

Drašković, Vuk
セルビアの政治家。ユーゴスラビア連邦副首相、セルビア・モンテネグロ外相。
⇒世指導（ドラシュコヴィッチ,ブック 1946.11.29–）

Drayton, Bill
アメリカの実業家。
⇒外12（ドレイトン,ビル 1943–）
外16（ドレイトン,ビル 1943–）

Drdla, Franz
チェコスロバキアのヴァイオリン奏者,作曲家。
⇒ク音3（ドルドラ 1868–1944）
新音中（ドルドラ,フランティシェク・アロイス 1869.11.28–1944.9.3）
標音2（ドルドラ,フランティシェク 1869.11.28–1944.9.3）

Dr.Dre
アメリカのヒップホッププロデューサー。
⇒外16（ドクター・ドレー 1965–）

Dreaver, Mary
ニュージーランドの社会改革推進者。女性第3番目の下院議員（1941～43）。
⇒ニュー（ドリーバー,メアリー 1887–1964）

Drechsler, Heike
ドイツの陸上選手（短距離）,走り幅跳び選手。
⇒岩世人（ドレクスラー 1964.12.16–）

Drees, Willem
オランダの政治家。1948年,首相に就任。

⇒岩世人（ドレース　1886.7.5–1988.5.14）

Dreifuss, Ruth
スイスの政治家。スイス大大統領。
⇒外16（ドライフス, ルート　1940.1.9–）
世指導（ドライフス, ルート　1940.1.9–）

Dreiser, Theodore Herman Albert
アメリカの小説家。主著『アメリカの悲劇』（1925）。アメリカ自然主義文学の代表者。
⇒アメ州（Dreiser,Theodore Herman Albert　ドライサー, セオドア・ハーマン・アルバート　1871–1945）
アメ新（ドライサー　1871–1945）
岩世人（ドライサー　1871.8.27–1945.12.28）
現世文（ドライサー, シオドア　1871.8.27–1945.12.28）
広辞7（ドライサー　1871–1945）
新カト（ドライザー　1871.8.27–1945.12.28）
西文（ドライザー, セオドア　1871–1945）
ネーム（ドライサー　1871–1945）

Drell, Sidney David
アメリカの物理学者, 軍備管理専門家。
⇒外12（ドレル, シドニー　1926.9.13–）
外16（ドレル, シドニー　1926.9.13–）

Dresch, Jean
フランスの地理学者。北アフリカをはじめとする乾燥地域の自然および社会の研究に業績を残す。
⇒岩世人（ドレッシュ　1905.11.30–1994）

Dresden, Sem
オランダの指揮者, ピアノ奏者, 作曲家。著書に"Dutch Music Since 1880"（1923）。
⇒標音2（ドレスデン, ゼム　1881.4.20–1957.7.30）

Dresselhaus, Mildred Spiewak
アメリカの物理学者。
⇒外12（ドレッセルハウス, ミルドレッド　1930.11.11–）
外16（ドレッセルハウス, ミルドレッド　1930.11.11–）

Dressen, Charles Walter
アメリカの大リーグ選手（三塁）。
⇒メジャ（ドレッセン, チャック　1894.9.20–1966.8.10）

Dresser, Paul
アメリカの小説家シオドア・ドライサーの兄, ポピュラー・ソングの作曲家。
⇒アメ州（Dresser,Paul　ドレッサー, ポール）

Dressler, Marie
カナダ生まれの女優。
⇒ク俳（ドレスラー, マリー（ケーバー, ライラ・フォン）　1869–1934）

Dressler, William
アメリカの心臓専門医, 心電図専門医。

⇒ユ著人（Dressler,William　ドレスラー, ウイリアム　1890–1969）

Dreves, Guido Maria
ドイツの修道士, 音楽学者。
⇒新カト（ドレーヴェス　1854.10.27–1909.6.1）

Drew, David Jonathan
アメリカの大リーグ選手（外野）。
⇒メジャ（ドルー, J・D　1975.11.20–）

Drew, Edward Bangs
アメリカの政府役人。
⇒アア歴（Drew,E(dward) B(angs)　ドルー, エドワード・バンズ　1843.8.24–1924.8.16）

Drew, Ellen
アメリカの女優。
⇒ク俳（ドルー, エレン（レイ, テリー）　1915–）

Drew, J.D.
アメリカの大リーグ選手（レッドソックス・外野手）。
⇒外12（ドリュー, J.D.　1975.11.20–）

Drew Ali, Noble
アメリカ・ムーア科学寺院の創設者。
⇒岩イ（ドリュー・アリ　1886–1929?）
マルX（ALI,NOBLE DREW,AND THE MOORISH SCIENCE TEMPLE（Timothy Drew）　ノーブル・ドゥルー・アリとムアリッシュ・サイエンス・テンプル（ティモジー・ドゥルー）　1886–1929）

Drewett, Brad
オーストラリアのテニス選手。
⇒最世ス（ドルーエット, ブラッド　1958.7.19–2013.5.3）

Drews, Arthur
ドイツの哲学者。汎神論の立場に立ち, 具体的一元論を主張。
⇒岩世人（ドレウス　1865.11.1–1935.7.19）

Drexel, Katharine
アメリカのカトリック教会女子修道会創設者。
⇒新カト（ドレクセル　1858.11.26–1955.3.3）

Drexler, K.Eric
アメリカのコンピューター科学者, 技術者。
⇒外12（ドレクスラー, エリック　1955.4–）

Dreyer, Carl Theodor
デンマークの映画監督。『裁かるるジャンヌ』（1928）は無声映画最後の傑作。
⇒岩キ（ドライアー　1889–1968）
岩世人（ドライヤー　1889.2.3–1968.3.20）
映監（ドライエル, カール・テオドール　1888.2.3–1968）

Dreyer, Eileen
アメリカの作家。

⇒外12（ドライアー，アイリーン）
　現世文（ドライアー，アイリーン）
Dreyer, John Louis Emil
コペンハーゲン生まれのアイルランドの天文学者。1882年アルマー天文台長となり，有名な『星雲，星団の新総目録』を作った。
⇒岩世人（ドライヤー　1852.2.13-1926.9.14）
　天文大（ドライヤー　1852-1926）

Dreyfus, Alfred
フランス（ユダヤ系）の陸軍将校。1894年ドイツのスパイとされたが無罪を主張。
⇒岩世人（ドレフュス　1859.10.9-1935.7.12）
　スパイ（ドレフュス，アルフレド　1859-1935）
　世人新（ドレフュス　1859-1935）
　世人装（ドレフュス　1859-1935）
　ネーム（ドレフュス　1859-1935）
　ポプ人（ドレフュス，アルフレッド　1859-1935）
　ユ著人（Dreyfus,Alfred　ドレフュス，アルフレッド　1859-1935）

Dreyfus, Hubert Lederer
アメリカの哲学者。
⇒メル別（ドレイファス，ヒューバート・レドラー　1929-）

Dreyfus, Huguette-Pauline
フランスのチェンバロ奏者。
⇒標音2（ドレフュス，ユゲト　1928.11.30-）

Dreyfus, Pierre
フランスの実業家。1955年ルノー公団の2代目の総裁に就任。
⇒岩世人（ドレフュス　1907.11.18-1994.12.25）

Dreyfuss, Barney
アメリカの大リーグの球団経営者。
⇒メジャ（ドレイファス，バーニー　1865.2.23-1932.2.5）

Dreyfuss, Henry
アメリカの工業デザイナー。家庭用品から航空機まで，広範囲にわたる活動を通じて工業デザインの開拓者となる。
⇒岩世人（ドレフュス　1904.3.2-1972.10.5）

Dreyfuss, Richard
アメリカ・ニューヨーク生まれの男優。
⇒外12（ドレイファス，リチャード　1947.10.29-）
　外16（ドレイファス，リチャード　1947.10.29-）
　ク俳（ドレイファス，リチャード　1947-）
　スター（ドレイファス，リチャード　1947.10.29-）
　ユ著人（Dreyfuss,Richard　ドレフュース，リチャード　1948-）

Drickamer, Harry George
アメリカの物理学者。
⇒岩世人（ドリッカマー　1918.11.19-2002.5.6）

Driesch, Hans Adolf Eduard
ドイツの生物学者，生命哲学者。生命現象の根本に超自然的原理を設定し，新生気論を主張。
⇒岩生（ドリーシュ　1867-1941）
　岩世人（ドリーシュ　1867.10.28-1941.4.17）
　旺生5（ドリーシュ　1867-1941）
　学叢思（ドリーシュ，ハンス　1867-?）
　三新生（ドリーシュ　1867-1941）
　新カト（ドリーシュ　1867.10.28-1941.4.16）
　ネーム（ドリーシュ　1867-1941）
　メル3（ドリーシュ，ハンス　1867-1941）

Driesch, Johannes von den
ドイツの教育家。1945年アーヘンへに教育アカデミーを創設。
⇒教人（ドリーシュ　1880-）

Driessen, Daniel
アメリカの大リーグ選手（一塁，三塁）。
⇒メジャ（ドリーセン，ダン　1951.7.29-）

Driessen, M.G.
オランダの選炭技師，発明家。重液選炭の装置を発明。
⇒岩世人（ドリーセン　1899.4.1-1950.7.17）

Driessen, Paul
オランダ生まれのアニメーション作家。
⇒アニメ（ドリエセン，ポール　1940-）

Drieu la Rochelle, Pierre Eugene
フランスの小説家。エッセー『ファシズム的社会主義』(1934)，小説『ジル』(39)などを著わす。
⇒岩世人（ドリュ・ラ・ロシェル　1893.1.3-1945.3.16）
　現世文（ドリュ・ラ・ロシェル，ピエール　1893.1.3-1945.3.16）
　広辞7（ドリュ・ラ・ロシェル　1893-1945）
　西人（ドリュ・ラ・ロシェル，ピエール　1893-1945）
　ネーム（ドリュ・ラ・ロシェル　1893-1945）
　フ文小（ドリュ・ラ・ロシェル，ピエール　1893-1945）

Drigo, Riccardo
イタリアの作曲家，指揮者。
⇒ク音3（ドリゴ　1846-1930）
　新音中（ドリーゴ，リッカルド　1846.6.30-1930.10.1）
　ネーム（ドリーゴ　1846-1930）
　標音2（ドリーゴ，リッカルド　1846.6.30-1930.10.1）

Drinfeld, Vladimir Gershonovich
ウクライナ生まれの数学者。
⇒数辞（ドリンフェルト・ウラジミール　1954-）
　世数（ドリンフェルト，ヴラディミール　1954-）

Drinkwater, John
イギリスの詩人，劇作家。作品『アブラハム・リンカーン』(1918)など。
⇒岩世人（ドリンクウォーター　1882.6.1-1937.3.25）
　学叢思（ドリンクウォーター，ジョン　1882-）

Drinov, Marin Stojanovič
ブルガリアの歴史家。主著『ブルガリア教会, 始まりから今日までの史的概観』。
⇒岩世人（ドリノフ　1838.10.20–1906.2.28）

Driscoll, Agnes Meyer
アメリカの暗号解読者。
⇒スパイ（ドリスコル, アグネス・メイヤー　1889–1971）

Driscoll, Bobby
アメリカの男優。
⇒ク俳（ドリスコル, ボビー　1937–1968）

Driscoll, Julie
イギリスの女性歌手。
⇒ロック（Driscoll,Julie　ドリスコール, ジューリー　1947.6.8–）

Driscoll, Loren
アメリカのテノール歌手。現代オペラの諸役に定評がある。
⇒魅惑（Driscoll,Loren　1928–）

Driver, Minnie
イギリスの女優, ソプラノ歌手。
⇒ク俳（ドライヴァー, ミニー（ドライヴァー, アメリア）　1970–）

Driver, Samuel Rolles
イギリスの聖書学者。主著 "An introduction to the literature of the Old Testament" (1891)。
⇒岩世人（ドライヴァー　1846.10.2–1914.2.26）
オク教（ドライヴァー　1846–1914）

Drivier, Léon-Ernest
フランスの彫刻家。
⇒芸13（ドゥリヴィエ, レオン　1878–1947）

Drnovšek, Janez
スロベニアの政治家。スロベニア大統領（2002～07）, スロベニア自由民主主義党（LDS）党首。
⇒世指導（ドルノウシェク, ヤネズ　1950.5.17–2008.2.23）

Dr.Drobner
ポーランド・ガリツィアの社会民主主義者。
⇒学叢思（ドローブネル）

Drogba, Didier
コートジボワールのサッカー選手（モントリオール・インパクト・FW）。
⇒外12（ドログバ, ディディエ　1978.3.11–）
外16（ドログバ, ディディエ　1978.3.11–）
最世ス（ドログバ, ディディエ　1978.3.11–）
ネーム（ドログバ　1978–）

Dronke, Peter
ニュージーランドの英文学者。
⇒外16（ドロンケ, ピーター　1934.5.30–）

Dronning Sonja av Norge
ノルウェー王ハーラル5世の妃。
⇒王妃（ソニア　1937–）

Droppers, Garrett
アメリカの経済学者。慶応義塾大学で経済学を教授。日本経済史研究の著作がある。
⇒岩世人（ドロッパーズ　1860.4.12–1927.7.7）

Drost, Hendrik
オランダのテノール歌手。
⇒魅惑（Drost,Hendrik　1891–1963）

Drouart de Lézey, Lucien
フランスのカトリック司祭。1873年来日し, 明治, 大正のカトリック思想界に貢献。1918年神山病院長となり救癩事業に奉仕, 藍綬褒章受章。『真理の本源』(96) など著書多数。
⇒新カト（ドルアール・ド・ルゼー　1849.4.27–1930.11.3）

Drouet, François
フランス・ラ・シャペル・デュ・ジュネ生まれのパリ外国宣教会員, 日本宣教師。
⇒新カト（ドルエ　1887.8.1–1983.2.26）

Drought, James Matthew
アメリカのカトリック神父。
⇒ア太戦（ドラウト　1896–1943）

Dru, Joanne
アメリカの映画女優。
⇒ク俳（ドルー, ジョウアン（ラコック,J）　1922–1996）

Drucker, Peter Ferdinand
アメリカの経営学者。
⇒岩経（ドラッカー　1909–）
岩世人（ドラッカー　1909.11.19–2005.11.11）
現社（ドラッカー　1909–2005）
広経7（ドラッカー　1909–2005）
社小増（ドラッカー　1909–）
新カト（ドラッカー　1909.11.19–2005.11.11）
ベシ経（ドラッカー　1909–）
ポプ人（ドラッカー, ピーター　1909–2005）
有経5（ドラッカー　1909–2005）

Druckman, Jacob（Raphael）
アメリカの作曲家。
⇒エデ（ドラックマン, ジェイコブ（ラファエル）　1928.6.26–1996.5.24）
現音キ（ドラックマン, ジェイコブ　1928–1996）

Druckrey, Inge
ドイツ生まれのグラフィック・デザイナー。
⇒グラデ（Druckrey,Inge　ドルックレー, インゲ　1941–）

Drude, Oscar
ドイツの植物地理学者。
⇒岩生（ドルーデ　1852–1933）

Drude, Paul Karl Ludwig
ドイツの理論物理学者。光学現象の電磁理論を発展させ,カー効果を説明。
⇒岩世人（ドルーデ 1863.7.12-1906.7.5）
三新物（ドルーデ 1863-1906）
物理（ドルーデ,パウル・カール・ルートヴィヒ 1863-1906）

Druker, Brian J.
アメリカの医学者。
⇒外16（ドラッカー,ブライアン 1955.4.30-）

Drummond, James
イギリスのユニテリアンの神学者。主著『道,真実,生』（1894）。
⇒オク教（ドラモンド 1835-1918）

Drummond, *Sir* James Eric, 16th Earl of Perth
イギリスの外交家。国際連盟初代事務総長（1919～33）。
⇒岩世人（ドラモンド 1876.8.17-1951.12.15）

Drummond, Laurie Lynn
アメリカの作家。
⇒外12（ドラモンド,ローリー・リン）
外16（ドラモンド,ローリー・リン）
海文新（ドラモンド,ローリー・リン）
現世文（ドラモンド,ローリー・リン）

Drummond, Nelson C.
ロンドンのアメリカ海軍司令部の事務官,ソ連のスパイ。スパイ行為で有罪となった初のアフリカ系アメリカ人。
⇒スパイ（ドラモンド,ネルソン・C）

Drumont, Édouard-Adolphe
フランスのジャーナリスト,政治家。
⇒岩世人（ドリュモン 1844.5.3-1917.2.4）
19仏（ドリュモン,エドゥアール 1844.5.3-1917.2.3）
新カト（ドリュモン 1844.5.3-1917.2.3）

Druon, Maurice
フランスの小説家,劇作家。
⇒絵本（ドリュオン,モーリス 1918-2007）
現世文（ドリュオン,モーリス 1918.4.23-2009.4.14）

Drury, Alfred
イギリスの彫刻家。
⇒芸13（ドゥルーリー,アルフレッド 1857-1944）

Drury, Allen（Stuart）
アメリカの小説家,ジャーナリスト。
⇒現世文（ドルーリー,アレン・スチュアート 1918.9.2-1998.9.2）

Druṭă, Ion
モルドヴァ（ソ連）の作家。
⇒現世文（ドルーツェ,イオン 1928.9.13-）

Druzhinin, Nikolai Mikhailovich
ソ連の歴史家。19世紀の政治,経済史の研究で指導的な役割を果たす。
⇒岩世人（ドルジーニン 1886.1.1/13-1986.8.11）

Drvenkar, Zoran
クロアチア生まれの作家。
⇒外12（ドヴェンカー,ゾラン 1967-）
外16（ドヴェンカー,ゾラン 1967-）
現世文（ドヴェンカー,ゾラン 1967-）

Dryden, John Fairfield
プルデンシャル保険会社創業者。
⇒アメ経（ドライデン,ジョン 1839.8.7-1911.11.24）

Drygalski, Erich Dagobert von
ドイツの地理学者,極地探検家。南極探検を指揮し,現在のカイザーウィルヘルム2世ランドに到達した（1901～03）。
⇒岩世人（ドリガルスキー 1865.2.9-1949.1.10）

Drysdale, Donald Scott
アメリカの大リーグ選手（投手）。
⇒メジャ（ドライスデイル,ドン 1936.7.23-1993.7.3）

Drysdale, George Russell
オーストラリアの画家。オーストラリア絵画の指導者の一人。
⇒岩世人（ドライズデール 1912.2.7-1981.6.29）

Drysdale, Mahé
ニュージーランドのボート選手。
⇒外16（ドライスデール,マー 1978.11.19-）
最信ス（ドライスデール,マー 1978.11.19-）

Drysdale, Peter
オーストラリアの経済学者。オーストラリア国立大学勤務,元・一橋大学研究員,豪日研究センター所長。
⇒外12（ドライスデール,ピーター 1938-）
外16（ドライスデール,ピーター 1938-）

Dua, Octave
ベルギーのテノール歌手。
⇒魅惑（Dua,Octave 1882-1952）

Duan Bunnak
タイの政治家,学者。
⇒岩世人（ドゥアン・ブンナーク 1905.9.5-1982.7.15）

Duane, Diane
アメリカのミステリ作家。
⇒外12（デュエイン,ダイアン 1952.5.18-）
外16（デュエイン,ダイアン 1952.5.18-）
現世文（デュエイン,ダイアン 1952.5.18-）

Duane, William
アメリカの物理学者。放射能, レントゲン線, 量子論を研究。
⇒岩世人（デュアン　1872.2.17-1935.3.7）

duangjai
タイの女性作家, 大学教員。
⇒タイ（ドゥワンチャイ　1943-）

Duarte, Jose Napoléon
エルサルバドルの政治家。エルサルバドル大統領（1984〜89）。
⇒岩世人（ドゥアルテ　1925.11.23-1990.2.23）

Duarte, Nicanor
パラグアイの政治家。パラグアイ大統領（2003〜08）, コロラド党党首。
⇒外12（ドゥアルテ, ニカノル　1956.10.11-）
　世指導（ドゥアルテ, ニカノル　1956.10.11-）

Duato, Nacho
スペインのダンサー, 振付家, 監督。
⇒岩世人（ドゥアト　1957.1.8-）
　外12（ドゥアト, ナチョ　1957.1.8-）
　外16（ドゥアト, ナチョ　1957.1.8-）

Dubas, Marie
フランスのシャンソン歌手。
⇒標音2（デュバ, マリ　1894-1972.2）

Dubberstein, Waldo H.
アメリカ中央情報局（CIA）元職員。アメリカの軍事機密をリビアに売り渡した容疑で起訴された当日, 死体で発見された。
⇒スパイ（デュバーシュタイン, ウォルドー・H　1907-1983）

Dubček, Alexander
チェコスロバキアの政治家。1968年同国共産党第一書記。自由化政策を進めたが, ソ連の武力介入を招き, 辞任。
⇒岩世人（ドプチェク　1921.11.27-1992.11.7）
　広辞7（ドプチェク　1921-1992）
　政経改（ドプチェク　1921-1992）
　世史改（ドプチェク　1921-1992）
　世人新（ドプチェク　1921-1992）
　世人装（ドプチェク　1921-1992）
　ネーム（ドプチェク　1921-1992）
　ポプ人（ドプチェク, アレクサンデル　1921-1992）

Dubensky, Arcady
アメリカのヴァイオリン奏者, 作曲家。
⇒標音2（ドゥベンスキー, アーケディ　1890.10.15-1966.10.14）

Dubet, François
フランスの社会学者。
⇒岩世人（デュベ　1946.5.23-）

Dubillard, Roland
フランスの劇作家, 俳優。前衛的な作品『うぶなつばめたち』（1961）など。
⇒現世文（デュビヤール, ロラン　1923.12.2-2011.12.14）

Dubin, Robert
アメリカの産業社会学者。
⇒社小増（デュービン　1916-）

Dubinin, Yurii
ソ連の外交官。駐米ソ連大使。
⇒世指導（ドゥビニン, ユーリー　1930.10.7-2013.12.20）

Dubinsky, David
アメリカの労働運動指導者。
⇒アメ経（ドゥビンスキー, デービッド　1892.2.22-1982.9.17）
　岩世人（ドゥビンスキー　1892.2.22-1982.9.17）
　ユ著人（Dubinsky,David　ドビンスキー, デーヴィッド　1892-1982）

Dublanchy, Edmond
フランスのカトリック神学者。
⇒新カト（デュブランシー　1858.1.21-1938.1.26）

Dubnow, Simon
ベラルーシ生まれの歴史家, ユダヤ自治論の理論家。
⇒ユ著人（Dubnow,Simon　ドブノウ, シモン　1860-1941）

DuBois, Brendan
アメリカの作家。
⇒外12（デュボイズ, ブレンダン）
　外16（デュボイズ, ブレンダン）
　現世文（デュボイズ, ブレンダン）

Du Bois, Coert
アメリカの外交官。
⇒アア歴（Du Bois,Coert　デュボイス, コート　1881.11.10-1960.3.6）

Du Bois, Cora
アメリカの文化人類学者。心理学が人類学の現地調査の技術に対して貢献できる分野を理論的に提起した。
⇒アア歴（Du Bois,Cora　デュボイス, コーラ　1903.10.26-1991.4.7）
　社小増（デュボア　1903-1991）

Du Bois, David Graham
アメリカの小説家, 講演者, ジャーナリスト。
⇒マルX（DU BOIS,DAVID GRAHAM　デュボイス, デイヴィッド・グレアム　1925-2005）

Dubois, François Clément
フランスの作曲家, オルガン奏者, 音楽理論家。1861年ローマ大賞受賞。著書に『対位法とフーガ教本』（1901）, 作品にはオペラ, 管弦楽曲などがある。

⇒岩世人（デュボワ 1837.8.24-1924.6.11）
新音中（デュボワ, テオドール 1837.8.24-1924.6.11）
標音2（デュボア, テオドール 1837.8.24-1924.6.11）

Dubois, Jean
フランスの言語学者。構造言語学の方法論を用い, フランス語をひとつのコード体系として分析。
⇒岩世人（デュボワ 1920-）

Dubois, Marie Eugène François Thomas
オランダの医学者, 人類学者。1890～91年ジャワ原人（ピテカントロプス・エレクトゥス）の骨を発見。
⇒岩生（デュボア 1858-1940）
岩世人（デュボワ 1858.1.28-1940.12.16）
旺新5（デュボア 1858-1940）
広辞7（デュボア 1858-1940）
世人新（デュボア 1858-1940）
世人装（デュボア 1858-1940）
ネーム（デュボア 1858-1940）
ポプ人（デュボワ, ユージェーヌ 1858-1940）

Dubois, Mark
カナダのテノール歌手。
⇒失声（デュボワ, マーク 1953-）
魅惑（DuBois,Mark ?-）

Du Bois, Shirley Graham
アメリカの女性児童文学作家。
⇒岩世人（デュ・ボイス 1896.11.11-1977.3.27）
マルX（DU BOIS,SHIRLEY GRAHAM デュボイス, シャーリー・グレアム 1896-1977）

Du Bois, William Edward Burghardt
アメリカの著述家, 編集者, 黒人運動指導者。1909年全国有色人種協会NAACPの創設に参加。
⇒アメ新（デュ・ボイス 1868-1963）
岩世人（デュ・ボイス 1868.2.23-1963.8.27）
広辞7（デュボイス 1868-1963）
世史改（デュボイス 1868-1963）
世人新（デュ＝ボイス 1868-1963）
世人装（デュボイス 1868-1963）
ネーム（デュ・ボイス 1868-1963）
ポプ人（デュボイス, ウィリアム・エドワード・バーガート 1868-1963）
マルX（DU BOIS,W.E.B. デュボイス, W・E・B 1868-1963）
メル別（デュ・ボイス, ウィリアム・エドワード・バーグハード〔バーガード〕 1868-1963）

Du Bos, Charles
フランスの評論家。著書に『ジッドとの往復書簡』（1950）など。
⇒岩世人（デュ・ボス 1882.10.27-1939.8.5）
新カト（デュ・ボス 1882.10.27-1939.8.5）

Dubos, René Jules
アメリカの細菌学者, 実験病理学者。1940年ブレビス菌による抗生物質を開発。
⇒岩生（デュボス 1901-1982）
岩世人（デュボス 1901.2.20-1982.2.20）

Dubose, Hampden Coit
アメリカの宣教師。
⇒アア歴（Dubose,H（ampden）C（oit） デュボウズ, ハンプデン・コイト 1845.9.30-1910.3.22）

DuBose, William Porcher
アメリカの聖公会司祭, 神学者。
⇒岩キ（ドゥボーズ 1836-1918）
岩世人（ドゥボーズ 1836.4.11-1918.8.18）

Du Bouchet, André
フランスの詩人。
⇒岩世人（デュ・ブーシェ 1924.5.7-2001.4.19）
現世文（デュ・ブーシェ, アンドレ 1924-2001.4.19）
フ文小（デュ・ブーシェ, アンドレ 1924-2001）

Du Brul, Jack B.
アメリカの作家。
⇒外12（ダブラル, ジャック）
外16（ダブラル, ジャック）
海文新（ダブラル, ジャック）
現世文（ダブラル, ジャック）

Dubs, Charles Newton
アメリカの宣教師。
⇒アア歴（Dubs,C（harles）Newton ドゥブス, チャールズ・ニュートン 1862.8-1936.7.9）

Dubs, Homer Hasenflug
アメリカの中国学者。中国湖南省の〈福音教会伝道団〉を主宰したダブスの子。
⇒岩世人（ダブズ 1892.3.28-1969.8.16）

Dubuffet, Jean
フランスの画家。アンフォルメル美術の先駆者の一人。
⇒岩世人（デュビュフェ 1901.7.31-1985.5.12）
芸13（デュビュッフェ, ジャン 1901-1986）
広辞7（デュビュッフェ 1901-1985）
ネーム（デュビュッフェ 1901-1985）

Duby, Georges
現代フランスを代表する歴史家。
⇒岩世人（デュビー 1919.10.7-1996.12.3）

Duc, Antoine
フランス生まれの画家。
⇒芸13（デュック, アンソニー 1932-）

Ducasse, Alain
フランスの料理人, レストランプロデューサー。
⇒岩世人（デュカス 1956.9.13-）
外12（デュカス, アラン 1956.9.13-）
外16（デュカス, アラン 1956.9.13-）

Ducasse, Curt John
フランス生まれのアメリカの哲学者, 美学者。ブラウン大学名誉教授。
⇒岩世人（デュカス　1881.7.7–1969.9.3）

Ducaté, Marie
フランス生まれの画家。
⇒芸13（デュカテ, マリエ　1954–）

Duchamp, Marcel
フランスの画家, 彫刻家。1912年絵画『階段を降りる裸体』で反響を呼ぶ。
⇒アメ新（デュシャン　1887–1968）
岩世人（デュシャン　1887.7.28–1968.10.2）
絵本（デュシャン, マルセル　1887–1968）
芸13（デュシャン, マルセル　1887–1968）
広辞7（デュシャン　1887–1968）
シュル（デュシャン, マルセル　1887–1968）
ネーム（デュシャン　1887–1968）
ポプ人（デュシャン, マルセル　1887–1968）

Duchamp-Villon, Raymond
フランスの彫刻家。キュビスムの分派, セクシオン・ドールの中心的存在として活躍。
⇒岩世人（デュシャン＝ヴィヨン　1876.11.5–1918.10.7/9）
芸13（デュシャン, ヴィヨン　1876–1918）
広辞7（デュシャン・ヴィヨン　1876–1918）

Duchesne, Louis Marie Olivier
フランスのカトリック教会史家。ローマのフランス学院の校長などを歴任。
⇒岩世人（デュシェーヌ　1843.9.13–1922.4.21）
オク教（デュシェーヌ　1843–1922）
新カト（デュシェーヌ　1843.9.13–1922.4.21）

Duchovny, David
アメリカ生まれの俳優。
⇒外12（ドゥカブニー, デービッド　1960.8.7–）
外16（ドゥカブニー, デービッド　1960.8.7–）
ク俳（デュコヴニー, デイヴィッド（デュコヴニー, D）　1960–）

Ducić, Jovan
セルビア（ユーゴスラビア）の詩人, 外交官。『散文詩, 青い伝説』(1908) など。
⇒岩世人（ドゥチッチ　1874.1.24/2.5–1943.4.7）

Duckworth, William
アメリカの作曲家。
⇒現音キ（ダックワース, ウィリアム　1943–）

Duckworth-Ford, Robert Geoffrey Alexander
アメリカの陸軍将校。
⇒アア歴（Duckworth-Ford,Robert Geoffrey Alexander　ダックワース＝フォード, ロバート・ジェフリー・アレグザンダー　1877.7.4–1949.4.19）

Duclos, Jacques
フランスの政治家。第2次世界大戦の被占領中のレジスタンスの共産党最高指導者。解放後, 第4共和国憲法制定議会副議長。
⇒岩世人（デュクロ　1896.10.2–1975.4.25）
広辞7（デュクロ　1896–1975）

Ducommun, Elie
スイスの文学者。ベルンの国際平和局局長などを勤め, ノーベル平和賞受賞（1902）。
⇒岩世人（デュコマン　1833.2.19–1906.12.7）
ノベ3（デュコマン, E.　1833.2.19–1906.12.7）

Ducos du Hauron, Louis
フランスの写真技術者。三色写真法および写真による三色版印刷を発明（1868）。
⇒岩世人（デュコ・デュ・オーロン　1837.12.8–1920.8.31）
広辞7（デュコ・デュ・オーロン　1837–1920）

Ducquercy, Albert
フランスの社会主義者。
⇒学叢思（デュクケルシー, アルベール）

Ducros, Michel
フランスの実業家。
⇒外12（デュクロ, ミシェル　1949–）
外16（デュクロ, ミシェル　1949–）

Duda, Andrzej
ポーランドの政治家。ポーランド大統領（2015～）。
⇒外16（ドゥダ, アンジェイ　1972–）
世指導（ドゥダ, アンジェイ　1972.5.16–）

Duda, Herbert
オーストリアのトルコ学者, イスラム（回）教学者。ヴィーン大学教授（1943）。
⇒岩世人（ドゥーダ　1900.1.18–1975.2.16）

Dudaev, Zhokhar
チェチェンの軍人, 政治家。チェチェン共和国初代大統領（1991～96）。
⇒岩世人（ドゥダーエフ　1944.2.15–1996.4.21）
世指導（ドゥダーエフ, ジョハル　1944.2–1996.4.21）
ネーム（ドゥダーエフ　1944–1996）

Dudamel, Gustavo
ベネズエラの指揮者。
⇒外12（ドゥダメル, グスターボ　1981–）
外16（ドゥダメル, グスターボ　1981–）

Duddell, William du Bois
イギリスの電気技術者。熱電流計を考案。
⇒岩世人（ダッデル　1872.7.1–1917.11.4）

Duddley, Julia Elizabeth
アメリカのアメリカン・ボード宣教師。女学校（神戸女学院の前身）を設立。
⇒岩世人（ダドリー　1840.12.5–1906.7.12）

Dudgeon, Gus
イギリス生まれのプロデューサー。
⇒ロック（Dudgeon,Gus ダジョン, ガス 1942.9.30–）

Dudintsev, Vladimir Dmitrievich
ソ連の小説家。『パンのみによるにあらず』で著名。
⇒岩世人（ドゥジーンツェフ 1918.7.29–1998.7.22）
　現世文（ドゥジンツェフ, ウラジーミル 1918.7.29–1998.7.23）

Dudley, John
テノール歌手。
⇒魅惑（Dudley,John ?–?）

Dudley, Robert
アメリカの実業家。
⇒外12（ダドリー, ロバート）
　外16（ダドリー, ロバート 1955.9.14–）

Dudley, William C.
アメリカのエコノミスト。
⇒外12（ダドリー, ウィリアム）
　外16（ダドリー, ウィリアム 1952–）

Dudok, Willem Marinus
オランダの建築家。代表作はヒルベルシュム市の市庁舎。
⇒岩世人（デュドック（ドゥドック） 1884.7.6–1974.4.6）

Dudok de Wit, Michaël
オランダ生まれのアニメーション作家。
⇒アニメ（デュドク・ドゥ・ヴィット, マイケル 1953–）

Dudu
ブラジルのサッカー選手。
⇒外12（ドゥドゥ 1983.4.15–）

Dudziak, Francis
テノール歌手。
⇒魅惑（Dudziak,Francis ?–）

Dueball, Felix
ドイツ囲碁連盟の創設者。
⇒岩世人（デューバル 1880.3.20–1970.10.8）

Dueñas, María
スペインの作家。
⇒海文新（ドゥエニャス, マリーア 1964–）
　現世文（ドゥエニャス, マリーア 1964–）

Duesberg, Hilaire
ベルギーのカトリック旧約聖書学者, ベネディクト会司祭。
⇒新カト（デュスベール 1888.8.29–1969.3.10）

Duesberg, Peter H.
アメリカのウイルス学者。

⇒外12（デューズバーグ, ピーター 1936.12.2–）
　外16（デューズバーグ, ピーター 1936.12.2–）

Duesenberry, James Stemble
アメリカの経済学者。マクロ経済学におけるモデル・ビルディングの中心的存在となる消費関数の理論に大きく貢献した。
⇒岩経（デューゼンベリー 1918–）
　岩世人（デューゼンベリー 1918.7.18–2009.10.5）
　有経5（デューゼンベリ 1918–2009）

Duey, Kathleen
アメリカの作家。
⇒海文新（デューイ, キャスリーン）
　現世文（デューイ, キャスリーン）

Duff, Alan
ニュージーランドのマオリ人作家, 新聞のコラムニスト。
⇒ニュー（ダフ, アラン 1950–）

Duff, Annis
アメリカのヴァイキング出版の児童図書部門の編集者。多数の児童図書を刊行して知られる。
⇒ア図（ダフ, アニス 1904?–1986）

Duff, Howard
アメリカの男優。
⇒ク俳（ダフ, ハワード 1913–1990）

Düffel, John von
ドイツの作家, 劇作家。
⇒外12（デュッフェル, ジョン・フォン 1966–）
　外16（デュッフェル, ジョン・フォン 1966–）
　現世文（デュッフェル, ジョン・フォン 1966.10.20–）

Duffield, Alan
テノール歌手。
⇒魅惑（Duffield,Alan ?–）

Duffy
イギリスの歌手。
⇒外12（ダフィー 1984–）

Duffy, Carol Ann
イギリスの女性詩人。
⇒岩世人（ダフィ 1955.12.23–）
　現世文（ダフィー, キャロル・アン 1955.12.23–）

Duffy, David
アメリカの作家。
⇒海文新（ダフィ, デイヴィッド 1957–）
　現世文（ダフィ, デービッド 1957–）

Duffy, Eamon
アイルランドのキリスト教史家。
⇒新カト（ダフィー 1947.2.9–）

Duffy, Frank
アメリカの大工。統一大工・家具職人友愛組合

中央執行委員。アメリカ労働総同盟副議長。
⇒アメ経（ダフィ，フランク　1861–1955.7.11）

Duffy, Hugh
アメリカの大リーグ選手（外野）。
⇒メジャ（ダフィ，ヒュー　1866.11.26–1954.10.19）

Duflot, Cécile
フランスの政治家。
⇒外16（デュフロ，セシル　1975.4.1–）
　世指導（デュフロ，セシル　1975.4.1–）

Dufner, Jason
アメリカのプロゴルファー。
⇒最世ス（ダフナー，ジェイソン　1977.3.24–）

Dufour, Chantal
フランス生まれの画家。
⇒芸13（デュフール，シャンタル　1946–）

Dufour, Jean-Frederic
スイスの実業家。ゼニスCEO。
⇒外16（デュフール，ジャン・フレデリック　1967–）

Dufour, Mathieu
フランスのフルート奏者。
⇒外12（デュフォー，マチュー　1972–）
　外16（デュフォー，マチュー　1972–）

Dufour-Lapointe, Justine
カナダのスキー選手（フリースタイル）。
⇒外16（デュフール・ラポワント，ジュスティーヌ　1994.3.25–）

Dufrenne, Mikel
フランスの美学者。主著『美的体験の現象学』(1953)は現象学的美学の代表作。
⇒岩世人（デュフレンヌ　1910.2.9–1995.6.10）
　メル別（デュフレンヌ，ミケル　1910–1995）

Dufrénoy, Georges Léon
フランスの画家。プロバンス地方やパリ，ウィーンなどの風景を描く。
⇒芸13（デュフレノア，ジョルジュ　1870–1943）

Dufresne, Charles
フランスの画家。1923年サロン・デ・チュイルリー創設のメンバー。
⇒芸13（デュフレーヌ，シャルル　1876–1938）

Dufy, Raoul
フランスの画家，デザイナー。
⇒異二辞（デュフィ［ラウル・〜］　1877–1953）
　岩世人（デュフィ　1877.6.3–1953.3.23）
　芸13（デュフィ，ラウール　1877–1953）
　広辞7（デュフィ　1877–1953）
　ポプ人（デュフィ，ラウル　1877–1953）

Dugan, Joseph Anthony
アメリカの大リーグ選手（三塁，遊撃）。
⇒メジャ（デュガン，ジョー　1897.5.12–1982.7.7）

Duggan, Laurence
アメリカ国務省職員。ソ連のためにスパイ行為をしたとされる。
⇒スパイ（デュガン，ローレンス　1905–1948）

Duggan, Maurice
ニュージーランドの短編小説作家。
⇒現世文（ダガン，モーリス　1922.11.25–1974.12.11）

Dugrenier, Martine
カナダのレスリング選手。
⇒最世ス（ダグレニアー，マーティン　1979.6.12–）

Duguit, Léon
フランスの法学者。ボルドー大学法科学長(1919〜28)。
⇒岩世人（デュギ　1859.2.4–1928.12.18）
　学叢思（デュギー　1859–1928）
　広辞7（デュギー　1859–1928）
　ネーム（デュギー　1859–1928）

Duhalde, Eduardo
アルゼンチンの政治家。アルゼンチン大統領(2002〜03)。
⇒外12（ドゥアルデ，エドゥアルド　1941.10.5–）
　世指導（ドゥアルデ，エドゥアルド　1941.10.5–）

Duhamel, Georges
フランスの小説家，評論家，詩人。
⇒岩世人（デュアメル　1884.6.30–1966.4.13）
　現世文（デュアメル，ジョルジュ　1884.6.30–1966.4.13）
　広辞7（デュアメル　1884–1966）
　西文（デュアメル，ジョルジュ　1884–1966）
　ネーム（デュアメル　1884–1966）

Duhamelet, Geneviève-Pauline
フランスの女性カトリック文筆家。
⇒新カト（デュアムレ　1890.1.8–1980）

Duhem, Pierre Maurice Marie
フランスの理論物理学者，哲学者，科学史家。主著『レオナルド・ダ・ビンチ研究』(1903)。
⇒岩世人（デュエム　1861.6.10–1916.9.14）
　化学（デュエム　1861–1916）
　広辞7（デュエム　1861–1916）
　メル3（デュエム，ピエール・モーリス・マリー　1861–1916）

Duheme, Jacqueline
フランスのイラストレーター。
⇒絵本（デュエーム，ジャクリーヌ　1927–）

Duhm, Bernhard
ドイツのプロテスタント神学者。イザヤ書，エレミヤ書，詩篇の註解を書いた。
⇒オク教（ドゥーム　1847–1928）
　新カト（ドゥーム　1847.10.10–1928.9.1）

Duhr, Bernhard
ドイツのカトリック神学者, イエズス会の歴史著述者。
⇒新カト（ドゥーア　1852.8.2–1930.9.21）

Dühring, Karl Eugen
ドイツの哲学者, 経済学者。マルクスを批判。
⇒岩世人（デューリング　1833.1.12–1921.9.21）
　学叢思（デューリング, オイゲン・カール　1833–?）
　ネーム（デューリング　1833–1921）
　メル3（デューリング, カール・オイゲン　1833–1921）

Duignan, Rene
アイルランドの映画監督。
⇒外16（ダイグナン, レネ　1971–）

Duisberg, Friedrich Carl
ドイツの化学者, 工業家。新染料を製出。
⇒岩世人（デュイスベルク　1861.9.29–1935.3.19）

Duisenberg, Willem
オランダ生まれの政治家, 銀行家。欧州中央銀行（ECB）総裁。
⇒EU（ドイセンベルク, ウィム　1935–2005）
　岩世人（ダイセンベルフ（ドイセンベルク）　1935.7.9–2005.7.31）

Dujardin, Charlotte
イギリスの馬術選手。
⇒外16（ジュジャルディン, シャルロット　1985.7.13–）
　最世ス（ジュジャルディン, シャルロット　1985.7.13–）

Dujardin, Édouard
フランスの詩人, 小説家, 評論家。
⇒岩世人（デュジャルダン　1861.10.10–1949.10.31）
　19仏（デュジャルダン, エドゥアール　1861.11.10–1949.10.31）

Dujardin, Jean
フランスの俳優。
⇒外16（デュジャルダン, ジャン　1972.6.19–）

Dujarric, Robert
アメリカの国際関係学者。
⇒外12（デュジャリック, ロバート）
　外16（デュジャリック, ロバート　1961–）

Dujmovits, Julia
オーストリアのスノーボード選手。
⇒外16（デュモヴィッツ, ユリア　1987.6.12–）

Dujom Rinpoche
チベット仏教のトゥルク, ニンマ派の指導者。ゾクチェンの大家となり, 埋蔵教法（テルテン）を発見した。
⇒オク仏（ドゥジョム・リンポチェ　1904–1987）

Dukakis, Michael
アメリカの政治家。
⇒外16（デュカキス, マイケル　1933.11.3–）

Dukas, Paul
フランスの作曲家, 教師, 評論家。フランス的な感性と斬新なアイディアで独自の音楽語法を創出。
⇒岩世人（デュカス　1865.10.1–1935.5.17）
　エデ（デュカス, ポール　1865.10.1–1935.5.17）
　オペラ（デュカス, ポール　1865–1935）
　ク音3（デュカス（デュカ）　1865–1935）
　広辞7（デュカ　1865–1935）
　新音小（デュカス, ポール　1865–1935）
　新音中（デュカス, ポール　1865.10.1–1935.5.17）
　ビ曲改（デュカス, ポール　1865–1935）
　標音2（デュカース, ポール　1865.10.1–1935.5.17）
　ユ著人（Duckas,Paul　デュカ, ポール　1865–1935）

Duke, James Buchanan
アメリカのタバコ製造業者。イギリスのインペリアル・タバコ会社と提携して, タバコ製造販売の国際的独占を確立した。
⇒アメ経（デューク, ジェームズ　1856–1925）
　アメ州（Duke,James Buchanan　デューク, ジェームズ・ブキャナン　1856–1925）

Duke, Mike
アメリカの実業家。
⇒外12（デューク, マイク）
　外16（デューク, マイク）

Duke, Patty
アメリカ・ニューヨーク生まれの女優。
⇒ク俳（デューク, パティ（デューク, アナ）　1946–）

Duke, Vernon
ロシア, アメリカの作曲家。
⇒エデ（デューク, ヴァーノン　1903.10.10–1969.1.16）

Dukes, Sir Paul
イギリスのエージェント。ボルシェビキ革命当時のロシアで諜報活動に携わった。
⇒スパイ（デュークス, サー・ポール　1889–1967）

al-Dukkālī, Abū Shu'ayb
モロッコの代表的なサラフィー主義思想家, ナショナリズム運動の指導者。
⇒岩イ（ドゥッカーリー　1878–1937）

Dulac, Edmund
イギリスの挿絵画家。スティーブンソンの『宝島』（1927）などの挿絵を製作。
⇒絵本（デュラック, エドマンド　1882–1953）

Dulac, Germaine
フランスの女性映画監督, 映画理論家。『スペインの祭り』（1919）, 『貝殻と僧侶』（28）などの前

衛的実験映画を残した。
⇒岩世人（デュラック　1882.11.17–1942.7.20）
　映監（デュラック，ジェルメーヌ　1882.11.17–1942）

Dulatov, Mírjaqïp
カザフ人の知識人，詩人，ジャーナリスト。
⇒岩イ（ドゥラトフ　1885–1935）

Dulbecco, Renato
イタリア生まれのアメリカのウイルス学者。
⇒岩生（ダルベッコ　1914–2012）
　岩世人（ダルベッコ　1914.2.22–2012.2.19）
　ノベ3（ダルベッコー,R.　1914.2.22–2012.2.19）

Dulce
メキシコのタレント。
⇒外12（ドゥルセ　1985.11.6–）

Dulfer, Candy
オランダのジャズ・サックス奏者。
⇒外12（ダルファー，キャンディ）
　外16（ダルファー，キャンディ　1969–）

Dülfer, Martin
ドイツの建築家。主作品，リューベクの劇場（1908）など。
⇒岩世人（デュルファー　1859.1.1–1942.12.21）

Dulguerov, Kiril
ブルガリアのテノール歌手。
⇒魅惑（Dulguerov,Kiril（Cyril）　?–）

Dullea, Keir
アメリカ生まれの俳優。
⇒ク俳（ダリー，キア　1936–）

Dulles, Allen Welsh
アメリカの法律家，外交官。J.ダレスの実弟。1953～61年中央情報局CIA長官。
⇒スパイ（ダレス，アレン・W　1893–1969）

Dulles, Avery
アメリカのカトリック神学者。
⇒オク教（ダレス　1918–2008）
　新カト（ダレス　1918.8.24–2008.12.12）

Dulles, John Foster
アメリカの外交官，政治家。1953年国務長官に就任。強硬な反共政策をとり，東南アジア条約機構SEATOなどの創設を推進した。著書『戦争か平和か』（50）など。
⇒ア太戦（ダレス　1888–1959）
　アメ州（Dulles,John Foster　ダレス，ジョン・フォスター　1888–1959）
　アメ新（ダレス　1888–1959）
　岩韓（ダレス　1888–1959）
　岩世人（ダレス　1888.2.25–1959.5.24）
　広辞7（ダレス　1888–1959）
　政経改（ダレス　1888–1959）
　世人新（ダレス　1888–1959）
　世人装（ダレス　1888–1959）

Dullin, Charles
フランスの俳優，演出家。1921～41年アトリエ座を主宰。数々の現代戯曲を紹介した。
⇒岩世人（デュラン　1885.5.8–1949.12.11）
　世演（デュラン，シャルル　1885.5.8–1949.12.12）
　ネーム（デュラン　1885–1949）

Dumaine, Alexandre
フランスの料理人。
⇒フラ食（デュメーヌ，アレクサンドル　1895–1974）

Dumala, Piotr
ポーランドを代表するアニメーション作家。
⇒アニメ（ドゥマウア，ピョートル　1956–）

Dumas, André
カナダの宣教師，ドミニコ会員。第3代函館教区長。
⇒新カト（デュマ　1895.10.6–1959.12.25）

Dumas, Axel
フランスの実業家。
⇒外16（デュマ，アクセル）

Dumas, Georges
フランスの心理学者，生理学者。P.ジャネと"Journal de Psychologie"を創刊。
⇒岩世人（デュマ　1866.3.6–1946.2.12）
　メル3（デュマ，ジョルジュ　1866–1946）

Dumas, Marlene
オランダの画家。
⇒外12（デュマス，マルレーネ　1953–）
　外16（デュマス，マルレーネ　1953–）
　現アテ（Dumas,Marlene　デュマス，マルレーネ　1953–）

Dumas, Nora
フランスの写真家。
⇒芸13（デューマ，ノラ　1895–）

Dumas, Philippe
フランス生まれの作家。
⇒絵本（デュマ，フィリップ　1940–）

Du Maurier, Daphne
イギリスの女性作家。『レベッカ』（1938），『鳥』（52）。
⇒岩世人（デュ・モーリエ　1907.5.13–1989.4.19）
　現世文（デュ・モーリエ，ダフネ　1907.5.13–1989.4.19）
　広辞7（デュ・モーリエ　1907–1989）

Dumay, Augustin
フランスのヴァイオリン奏者。
⇒外12（デュメイ，オーギュスタン　1949.1.17–）
　外16（デュメイ，オーギュスタン　1949.1.17–）
　新音中（デュメー，オーギュスタン　1949.1.17–）

Dumay, Jean
フランスの社会主義者。
⇒学叢思（デュメー, ジャン　1840-?）

Dumazedier, Joffre
フランスの社会学者。
⇒社小増（デュマズディエ　1915-）

Dumbar, Gert
オランダのグラフィック・デザイナー, 教育者。
⇒グラデ（Dumbar,Gert　ドゥンバー, ゲルト　1940-）

Dume, Robert
テノール歌手。
⇒魅惑（Dume,Robert　?-）

Duméry, Henry
フランスの宗教哲学者。
⇒メル3（デュメリ, アンリ　1920-2012）

Dumézil, George
フランスの言語学者, 神話学者。1948年コレージュ・ド・フランス教授に選出され,70年文芸アカデミー会員となる。
⇒岩世人（デュメジル　1898.3.4-1986.10.11）
　現社（デュメジル　1898-1986）
　メル別（デュメジル, ジョルジュ　1898-1986）

Dumini, Amerigo
アメリカ生まれのイタリアのファシスト党員。イタリアの社会党指導者, ジャコモ・マッテオッティを暗殺。
⇒世暗（ドゥミニ, アメリゴ　1894-1966）

Dumitru, Alina
ルーマニアの柔道家。
⇒外12（ドゥミトル, アリナ　1982.8.30-）
　外16（ドゥミトル, アリナ　1982.8.30-）
　最世ス（ドゥミトル, アリナ　1982.8.30-）

Dummer, Geoffrey William Arnold
イングランドの電子工学技師。
⇒世発（ダマー, ジェフリー・ウィリアム・アーノルド　1909-2002）

Dummett, Michael Anthony Eardley
イギリスの思想家。
⇒岩世人（ダメット　1925.6.27-2011.12.27）
　メル別（ダメット, マイケル・アンソニー・アードレー　1925-2011）

Dumont, Bruno
フランスの映画監督。
⇒外12（デュモン, ブリュノ　1958.3-）
　外16（デュモン, ブリュノ　1958.3-）

Dumont, Charles
フランスのシャンソン作曲家, 歌手。
⇒標音2（デュモン, シャルル　1929-）

Dumont, Louis
フランスの人類学者。
⇒岩世人（デュモン　1911-1998.11.19）
　社小増（デュモン　1911-）

DuMont, Reinhold Neven
ドイツの出版者。
⇒岩世人（デュモン　1936.11.12-）

Dumoulin, Franck
フランスの射撃選手（ピストル）。
⇒外16（デュムラン, フランク　1973.5.13-）
　最世ス（デュムラン, フランク　1973.5.13-）

Dumoulin, Heinrich
ドイツのイエズス会司祭, 宗教学者。
⇒新カト（デュモリン　1905.5.31-1995.7.21）

Dun, David
アメリカの作家。
⇒海文新（ダン, デイヴィッド　1949-）
　現世文（ダン, デービッド　1949.12.12-）

Dun, Edwin
アメリカの教師, 外交官。来日して酪農, 土地改良技術などを伝える。のち駐日アメリカ公使。
⇒アア歴（Dun,Edwin　ダン, エドウィン　1848.7.19-1931.5.16）
　岩世人（ダン　1848.7.19-1931.5.15）
　ポプ人（ダン, エドウィン　1848-1931）

Dunaevskii, Isaak Iosifovich
ソ連の作曲家。ソ連邦最初の音楽喜劇映画『愉快な仲間』(1934) の音楽で大衆的名声を得た。
⇒ク音3（ドゥナエフスキー　1900-1955）
　新音中（ドゥナエフスキー, イサーク　1900.1.30-1955.7.25）
　標音2（ドゥナエフスキー, イサーク・イオシフォヴィチ　1900.1.30-1955.7.25）
　ユ著人（Dunayevsky,Issak Iosifovich　ドゥナイエウスキー, イッサーク・ヨシィフォビッチ　1900-1955）

Dunan, Charles-Stanislas
フランスの哲学者。
⇒メル2（デュナン, シャルル=スタニスラス　1849-1931）

Dunan, Gérard
フランスのテノール歌手。
⇒魅惑（Dunan,Gérard　1936-）

Dunand, Jean
スイスの彫刻家, 金銀細工師。
⇒芸13（デュナン, ジャン　1877-1942）

Dunant, Sarah
イギリスのミステリ作家。
⇒現世文（デュナント, サラ　1950-）

Dunaway, Faye
アメリカ生まれの女優。

⇒遺産（ダナウェイ,フェイ 1941.1.14-）
外12（ダナウェイ,フェイ 1941.1.14-）
外16（ダナウェイ,フェイ 1941.1.14-）
ク俳（ダナウェイ,フェイ（ダナウェイ,ドロシー・F） 1941-）
スター（ダナウェイ,フェイ 1941.1.14-）

Dunbar, Fiona
イギリスの作家。
⇒海文新（ダンバー,フィオナ 1961-）
現世文（ダンバー,フィオナ 1961-）

Dunbar, Paul Laurence
アメリカの詩人,小説家。
⇒アメ州（Dunbar,Paul Laurence ダンバー,ポール・ローレンス 1872-1906）
岩世人（ダンバー 1872.6.27-1906.2.9）

Dunbar, Sly
ジャマイカのミュージシャン。
⇒外12（ダンバー,スライ 1952.5.10-）
外16（ダンバー,スライ 1952.5.10-）

Duncan, David Edwin
アメリカの大リーグ選手（捕手）。
⇒メジャ（ダンカン,デイヴ 1945.9.26-）

Duncan, Helen
スコットランドの降霊術師。
⇒スパイ（ダンカン,ヘレン 1897-1956）

Duncan, Isadora
アメリカの女性舞踊家。近代舞踊の祖といわれる。
⇒アメ新（ダンカン 1878-1927）
岩世人（ダンカン 1877.5.26-1927.9.14）
広辞7（ダンカン 1878-1927）
ネーム（ダンカン,イサドラ 1877-1927）
標音2（ダンカン,イサドラ 1878.5.27-1927.9.14）
ポプ人（ダンカン,イサドラ 1878-1927）

Duncan, Johnny
アメリカ・テネシー州オリバー・スプリングス生まれの歌手,ギター奏者。
⇒ロック（Duncan,Johnny ダンカン,ジョニー 1931-）

Duncan, Lois
アメリカの女性作家。
⇒現世文（ダンカン,ロイス 1934.4.28-2016.6.15）

Duncan, Mariano
アメリカの大リーグ選手（二塁,遊撃）。
⇒外12（ダンカン,マリアーノ 1963.3.13-）
メジャ（ダンカン,マリアノ 1963.3.13-）

Duncan, Marion Herbert
アメリカの宣教師。
⇒アア歴（Duncan,Marion H (erbert) ダンカン,マリオン・ハーバート 1896.1.17-1977）

Duncan, Otis Dudley
アメリカの社会学者。生物統計学で開発されたパス解析の技法を掘りおこし,社会学研究への応用可能性を発見し普及させた点で高く評価されている。
⇒岩世人（ダンカン 1921.12.2-2004.11.16）
現社（ダンカン 1921-2004）
社小増（ダンカン 1921-）

Duncan, Robert Edward
アメリカの詩人。『天の都会,地の都会』（1947）,『手紙』（59）など。
⇒現世文（ダンカン,ロバート 1919.1.7-1988.2.3）

Duncan, Ronald
イギリスの詩人,劇作家。作品に『この墓場への道』（1945）など。
⇒岩世人（ダンカン 1914.8.6-1982.6.3）
現世文（ダンカン,ロナルド 1914.8.6-1982）

Duncan, Tim
アメリカのNBA選手。
⇒外12（ダンカン,ティム 1976.4.25-）
外16（ダンカン,ティム 1976.4.25-）
最世ス（ダンカン,ティム 1976.4.25-）

Duncan Smith, Iain
イギリスの政治家。
⇒岩世人（ダンカン・スミス 1954.4.9-）
外12（ダンカン・スミス,イアン 1954.4.9-）
外16（ダンカン・スミス,イアン 1954.4.9-）
世指導（ダンカン・スミス,イアン 1954.4.9-）

Dunckel, Jean Benoit
フランスのミュージシャン。
⇒外12（デュンケル,ジャン・ブノワ）
外16（デュンケル,ジャン・ブノワ）

Duncker, Karl
ドイツの心理学者。主著 "Zur Psychologie des produktiven Denkens" (1935) は,思考心理学の実験的研究書として有名。
⇒教人（ドゥンカー 1903-?）

Dunér, Nils Christoffer
スウェーデンの天文学者,恒星・太陽の分光学的研究をした。
⇒岩世人（ドゥネル（デュネール） 1839.5.21-1914.11.10）

Dunford, Joseph
アメリカの軍人。米国統合参謀本部議長。
⇒世指導（ダンフォード,ジョセフ 1955.12.8-）

Dunga
ブラジルのサッカー指導者,サッカー選手。
⇒異二辞（ドゥンガ 1963-）
外12（ドゥンガ 1963.10.31-）
外16（ドゥンガ 1963.10.31-）
最世ス（ドゥンガ 1963.10.31-）

Dung Kai-Cheung
香港の作家。
⇒岩世人（董啓章　とうけいしょう　1967–）

Dungy, Tony
アメリカのプロフットボール監督, プロフットボール選手。
⇒外12（ダンジー, トニー　1955–）
　最世ス（ダンジー, トニー　1955–）

Dunham, Katherine
アメリカのダンサー, 教師, 振付家, 監督。
⇒岩世人（ダナム　1912.6.22–2006.5.21）

Dunham, William
アメリカの数学者。
⇒外12（ダンハム, ウィリアム　1947.12.8–）
　外16（ダンハム, ウィリアム　1947.12.8–）

Dunin-Borkowski, Zbigniew Stanislaus Martin Graf von
オーストリアのカトリック聖職者, 思想史研究家。
⇒岩世人（ドゥニン＝ボルコフスキー　1864.11.11–1934.5.1）
　新カト（ドゥニン・ボルコヴスキ　1864.11.11–1934.5.1）

Dunlap, Jack E.
アメリカ陸軍軍曹。
⇒スパイ（ダンラップ, ジャック・E　1927–1963）

Dunlap, Riley E.
アメリカの社会学者。環境社会学の創始者。
⇒現社（ダンラップ　1943–）

Dunlop, Andy
イギリスのロック・ギター奏者。
⇒外12（ダンロップ, アンディ　1972.3.16–）
　外16（ダンロップ, アンディ　1972.3.16–）

Dunlop, John Boyd
イギリスの空気タイヤ発明家。ダンロップ・ゴム会社の基礎を築く。
⇒岩世人（ダンロップ　1840.2.5–1921.10.23）
　世発（ダンロップ, ジョン・ボイド　1840–1921）
　ボブ人（ダンロップ, ジョン・ボイド　1840–1921）

Dunlop, John Thomas
アメリカ生まれの経済思想家。
⇒有経5（ダンロップ　1914–2003）

Dunmore, Helen
イギリスの女性詩人, 小説家。
⇒外16（ダンモア, ヘレン　1952–）
　現世文（ダンモア, ヘレン　1952.12.12–2017.6.5）

Dunmur, David
イギリスの物理学者。
⇒外12（ダンマー, デービッド　1940–）
　外16（ダンマー, デービッド　1940–）

Dunn, Adam Troy
アメリカの大リーグ選手（外野, 一塁）。
⇒メジャ（ダン, アダム　1979.11.9–）

Dunn, Alf
イギリス生まれの画家。
⇒芸13（ダン, アルフ　1937–）

Dunn, Charles James
イギリスの日本学者。江戸文学, 特に浄瑠璃と人形劇との研究を専門とする。
⇒岩世人（ダン　1915.6.24–1995.11.2）

Dunn, Douglas
イギリスの詩人。
⇒岩世人（ダン　1942.10.23–）
　現世文（ダン, ダグラス　1942.10.23–）

Dunn, James
アメリカ生まれの俳優。
⇒ク俳（ダン, ジェイムズ　1901–1967）

Dunn, John Joseph
アメリカの大リーグ選手（投手, 三塁）。
⇒メジャ（ダン, ジャック　1872.10.6–1928.10.22）

Dunn, Katherine
アメリカの作家。
⇒現世文（ダン, キャサリン　1945.10.24–2016.5.11）

Dunn, Opal
イギリスの児童教育研究者。
⇒外12（ダン, オーパル）

Dunn, Patricia Cecile
アメリカの実業家。
⇒外12（ダン, パトリシア）

Dunne, Irene
アメリカの映画女優。
⇒ク俳（ダン, アイリーン（ダン,I.）　1898–1990）
　スター（ダン, アイリーン　1898.12.20–1990）

Dunne, John Gregory
アメリカの作家, 脚本家。
⇒岩世人（ダン　1932.5.25–2003.12.30）
　現世文（ダン, ジョン・グレゴリー　?–2003.12.30）

Dunne, Reggie
アイルランド共和国軍（IRA）のメンバー。ジョー・オサリバンとともにイギリスのヘンリー・ウィルソン陸軍元帥を暗殺した。
⇒世暗（ダン, レジー　1898–1922）

Dunning, George
カナダ生まれのアニメーション作家。
⇒アニメ（ダニング, ジョージ　1920–1979）

Dunning, John
アメリカのミステリ作家。
⇒**外12**（ダニング，ジョン 1942.1.9–）
　外16（ダニング，ジョン 1942.1.9–）
　現世文（ダニング，ジョン 1942.1.9–）

Dunning, William Archibald
アメリカの政治学者，歴史学者。南北戦争後の再建期の研究がある。
⇒**岩世人**（ダニング 1857.5.12–1922.8.25）

Dunsany, Edward John Moreton Drax Plunkett, 18th Baron
アイルランドの詩人，劇作家。作品『神々の笑い』(1910)，『アドリアン卿』(33) など。
⇒**岩世人**（ダンセイニ 1878.7.24–1957.10.25）
　学叢思（ダンセニー卿 1878–?）
　広辞7（ダンセーニ 1878–1957）
　ネーム（ダンセーニ 1878–1957）

Dunst, Kirsten
アメリカの女優。
⇒**遺伝**（ダンスト，キルスティン 1982.4.30–）
　外12（ダンスト，キルスティン 1982.4.30–）
　外16（ダンスト，キルスティン 1982.4.30–）
　ク俳（ダンスト，キルステン 1982–）

Dunston, Shawon Donnell
アメリカの大リーグ選手（遊撃，外野）。
⇒**メジャ**（ダンストン，ショーン 1963.3.21–）

Dunwoody, Ann
アメリカの軍人。女性初の陸軍大将。
⇒**ネーム**（ダンウッディ 1953–）

Duong Thu Huong
ベトナムの作家。
⇒**岩世人**（ズオン・トゥー・フォン 1947.1.3–）
　外12（ズオン・トゥー・フォン 1947–）
　外16（ズオン・トゥー・フォン 1947–）
　現世文（ズオン・トゥー・フォン 1947–）

Duong Van Minh
ベトナムの政治家，軍人。ベトナム共和国（南ベトナム）大統領（1963〜64,75）。
⇒**岩世人**（ズオン・ヴァン・ミン 1916.2.16–2001.8.6）
　世人新（ズオン＝バン＝ミン 1916–2001）
　世人装（ズオン＝バン＝ミン 1916–2001）

Duparc, Marie Eugene Henri
フランスの作曲家。近代フランス音楽に貢献した「フランキスト」の一人。
⇒**岩世人**（デュパルク 1848.1.21–1933.2.12）
　ク音3（デュパルク 1848–1933）
　広辞7（デュパルク 1848–1933）
　新音小（デュパルク，アンリ 1848–1933）
　新音中（デュパルク，アンリ 1848.1.21–1933.2.12）
　ネーム（デュパルク 1848–1933）
　標音2（デュパルク，アンリ 1848.1.21–1933.2.）

Dupeyron, Ferdinand Hector
フランスのテノール歌手。
⇒**魅惑**（Dupeyron,Ferdinand Hector 1861–1911）

Dupeyron, François
フランスの映画監督，脚本家。
⇒**外12**（デュペイロン，フランソワ）

Dupin, Jacques
フランスの詩人。
⇒**岩世人**（デュパン 1927.3.4–2012.10.27）
　現世文（デュパン，ジャック 1927.3.4–2012.10.27）

Du Plessys, Maurice
フランスの詩人。主著『オリンピア抒情詩集』(1922)。
⇒**19仏**（デュ・プレシ，モーリス 1864.10.14–1924.1.22）

Dupond, Patrick
フランスのダンサー，監督。
⇒**外12**（デュポン，パトリック 1959.3.14–）
　外16（デュポン，パトリック 1959.3.14–）

Dupont, Aurélie
フランスのバレリーナ。
⇒**外12**（デュポン，オーレリ 1973.1.15–）
　外16（デュポン，オーレリ 1973.1.15–）

Dupont, Jacques
ベルギーのカトリック新約聖書学者，ベネディクト会司祭。
⇒**新カト**（デュポン 1915.12.19–1998.9.10）

Du Pont, Pierre Samuel
アメリカの実業家。第1次世界大戦時に莫大な利益を上げてデュポン社を世界最大の総合化学メーカーとした。
⇒**アメ経**（デュポン，ピエール 1870.1.15–1954.4.5）

Dupont, René Marie Albert
フランスのパリ外国宣教会宣教師。
⇒**岩世人**（デュポン 1929.9.2–）

Du Pont de Nemours, Thomas Coleman
アメリカの実業家。曾祖父の建設した火薬工場を発展させ，アメリカ最大の化学コンツェルンとした。
⇒**岩世人**（デュ・ポン・ド・ヌムール 1863.12.11–1930.11.11）
　ネーム（デュポン・ドヌムール 1863–1930）

Dupouy, Jean
フランスのテノール歌手。
⇒**魅惑**（Dupouy,Jean 1938–）

Duprat, Guillaume Léonce
スイスの社会学者。G.リシャールとともに心理学的社会学派を代表する。
⇒学叢思（デュプラ 1874-?）

Du Pré, Jacqueline
イギリス生まれのチェロ奏者。
⇒新音中（デュ・プレ、ジャクリーヌ 1945.1.26-1987.10.19）
標音2（デュ・プレ、ジャクリン 1945.1.26-1987.10.19）
ユ著人（Du Pré,Jacqueline デュ・プレ、ジャクリーヌ 1945-1987）

Dupré, Marcel
フランスの作曲家、オルガン奏者。1920年J.S.バッハのオルガン曲を全曲演奏。
⇒岩世人（デュプレ 1886.5.3-1971.5.30）
エデ（デュプレ、マルセル 1886.5.3-1971.5.30）
ク音3（デュプレ 1886-1971）
新音中（デュプレ、マルセル 1886.5.3-1971.5.30）
新カト（デュプレ 1886.5.3-1971.5.30）
ネーム（デュプレ 1886-1971）
標音2（デュプレ、マルセル 1886.5.3-1971.5.30）

Dupree,（Champion）Jack
アメリカのジャズ・ピアノ奏者、歌手。
⇒ロック（Dupree,Champion Jack デュプリー、チャンピオン・ジャック 1910.7.4-）

Du Preez, Fourie
南アフリカのラグビー選手(サントリー・サンゴリアス・SH)。
⇒最世ス（デュプレア、フーリー 1982.3.24-）

Dupuy, Jean
フランスのジャーナリスト。
⇒岩世人（デュピュイ 1844.10.1-1919.12.31）

Dupuy, Jean-Pierre
フランス出身の哲学者。
⇒外12（デュピュイ、ジャン・ピエール 1941-）
外16（デュピュイ、ジャン・ピエール 1941-）
メル別（デュピュイ、ジャン=ピエール 1941-）

Duque, Orlando
コロンビアの飛込み選手。
⇒最世ス（デュケ、オーランド 1974.9.10-）

Duquennoy, Jacque
フランスの児童文学者。
⇒外12（デュケノワ、ジャック 1953-）
外16（デュケノワ、ジャック 1953-）

Durán, José Luis
スペインの実業家。
⇒外16（デュラン、ホセ・ルイス 1964-）

Duran, Roberto
パナマのプロボクサー。
⇒異二辞（デュラン、ロベルト 1951-）
岩世人（デュラン 1951.6.16-）

Duran Ballen, Sixto
エクアドルの政治家。エクアドル大統領（1992～96）。
⇒世指導（ドゥラン・バジェン、シクスト 1921.7.14-2016.11.15）

Durand, Marguerite
フランスのジャーナリスト。
⇒岩世人（デュラン 1864.1.24-1936.3.16）

Durand-Ruel, Paul-Marie-Joseph
フランスの画商。
⇒岩世人（デュラン=リュエル 1831.8.31-1922.2.5）

Duran-Reynals, Francisco
アメリカの医者、細菌学者。現代ヒアルロニダーゼとして知られる拡散因子を発見したほか、癌の研究もある。
⇒岩世人（デュラン=レナルズ 1899.12.5-1958.3.27）

Durant, Kevin
アメリカのバスケットボール選手(サンダー)。
⇒外12（デュラント、ケビン 1988.9.29-）
外16（デュラント、ケビン 1988.9.29-）
最世ス（デュラント、ケビン 1988.9.29-）

Durant, Sam
アメリカ生まれの芸術家。
⇒現アテ（Durant,Sam デュラント、サム 1961-）

Durant, William Crapo
アメリカの産業資本家。ジェネラル・モーターズ会社を組織（1908）。
⇒アメ経（デュラント、ウィリアム 1861.12.8-1947.3.18）

Durante, Jimmy
アメリカのコメディアン、歌手、エンタテイナー。
⇒ク俳（デュランテ、ジミー・"シュノズル" 1893-1980）
標音2（デュランテ、ジミー 1893.2.10-1980.1.29）

Durante, Viviana
イタリアのダンサー。
⇒外12（デュランテ、ヴィヴィアナ 1967.5.8-）
外16（デュランテ、ヴィヴィアナ 1967.5.8-）

Duranty, Walter
イギリス生まれのアメリカの新聞記者、作家。オー・ヘンリー短篇賞（1929）、ピュリッツァー賞（32）を受賞。
⇒現世文（デュランティー、ウォルター 1884.5.25-1957.10.3）

Duras, Marguerite
フランスの女性小説家。ヌーボー・ロマンに近

い作風。小説『広場』(1955)など。
⇒岩世人　1914.4.4–1996.3.3)
映監（デュラス, マルグリット　1914.4.4–1996)
絵本（デュラス, マルグリット　1914–1996)
現世文（デュラス, マルグリット　1914.4.4–1996.3.3)
広辞7（デュラス　1914–1996)
ネーム（デュラス, マルグリット　1914–1996)
フ文小（デュラス, マルグリット　1914–1996)

Durbin, Deanna
カナダ生まれの女優。
⇒ク俳（ダービン, ディアナ（ダービン, エドナ・メイ）　1921–)

Durbin, Dick
アメリカの政治家。
⇒外12（ダービン, ディック　1944.11.21–)

Durbin, Evan Frank Mottram
イギリスの社会民主主義者, 経済学者。ケインズ経済理論と議会主義の強調を主眼とする著書『民主社会主義の政治理論』は, 第2次大戦後の右派社会民主主義の理論的基礎を与えているとみられる。
⇒有経5（ダービン　1906–1948)

Durbrow, Elbridge
アメリカの外交官。
⇒アア歴（Durbrow, Elbridge　ダーブロウ, エルブリッジ　1903.9.21–1977.5.17)

Durdikova, Lida
フランスの絵本作家。
⇒絵本（デュルディコーヴァ, リダ　1897–1955)

Durdin, Frank Tillman
アメリカのジャーナリスト。
⇒アア歴（Durdin, (Frank) Tillman　ダーディン, フランク・ティルマン　1903.3.30–1998.7.7)

Duren, Rinold George（Ryne）
アメリカの大リーグ選手（投手）。
⇒メジャ（デューレン, ライン　1929.2.22–2011.1.6)

Duret, Théodore
フランスの美術評論家。主著『印象派の画家達』(1885)。
⇒岩世人（デュレ　1838.1.19–1927.1.16)

Durey, Louis
フランスの作曲家。
⇒ク音3（デュレ　1888–1979)
新音中（デュレ, ルイ　1888.5.27–1979.7.3)
ネーム（デュレ, ルイ　1888–1979)
標音2（デュレ, ルイ　1888.5.27–1979.7.3)

Durham, Jimmie
アメリカ生まれの芸術家。
⇒現アテ（Durham, Jimmie　ダーラム, ジミー

Durham, Laura
アメリカのウエディング・プランナー, 作家。
⇒外12（ダラム, ローラ）
外16（ダラム, ローラ）
海文新（ダラム, ローラ）
現世文（ダラム, ローラ）

Durham, Leon
アメリカの大リーグ選手（一塁, 外野）。
⇒メジャ（ダーラム, レオン　1957.7.31–)

Durham, Ray
アメリカの大リーグ選手（二塁）。
⇒メジャ（ダーラム, レイ　1971.11.30–)

During, Elie
フランスの哲学者。
⇒外12（デューリング, エリー　1972–)
外16（デューリング, エリー　1972–)

Duris, Romain
フランスの俳優。
⇒外12（デュリス, ロマン　1974.5.5–)

Durkan, John Mark
北アイルランドの政治家。
⇒岩世人（ダーカン　1960.6.26–)
世指導（ダーカン, マーク　1960.6.26–)

Durkheim, Émile
フランス社会学の創設者。1897年『社会学年報』を創刊し, デュルケム学派を形成。
⇒岩イ（デュルケム　1858–1917)
岩世人（デュルケム　1858.4.15–1917.11.15)
学叢思（デュルケーム, エミール　1858–1917)
教思増（デュルケーム　1858–1917)
教小3（デュルケーム　1858–1917)
教人（デュルケーム　1858–1917)
現社（デュルケム　1858–1917)
現宗（デュルケム　1858–1917)
現精（デュルケーム　1858–1917)
現精縮（デュルケーム　1858–1917)
広辞7（デュルケム　1858–1917)
社小増（デュルケム　1858–1917)
新カト（デュルケム　1858.4.15–1917.11.15)
哲中（デュルケム　1858–1917)
ネーム（デュルケム　1858–1917)
メル3（デュルケム, エミール　1858–1917)
ユ著人（Durkheim, Émile　デュルケーム, エミール　1858–1917)

Dürmüller, Jörg
スイスのテノール歌手。
⇒魅惑（Dürmüller, Jörg　1959–)

Durnovo, Pëtr Nikolaevich
ロシアの政治家。
⇒岩世人（ドゥルノヴォー　1845?–1915.9.11)

Durocher, Leo Ernest
アメリカの大リーグ選手(遊撃)。
⇒メジャ(デュローシャー, レオ　1905.7.27–1991.10.7)

Dürr, Alfred
ドイツの音楽学者。
⇒標音2(デュル, アルフレート　1918.3.3–)

Durrell, Gerald Malcolm
イギリスの動物学者, 作家。
⇒現世文(ダレル, ジェラルド　1925.1.7–1995.1.30)

Durrell, Lawrence George
イギリスの小説家, 詩人。
⇒岩世人(ダレル　1912.2.27–1990.11.7)
　現世文(ダレル, ロレンス　1912.2.27–1990.11.7)
　広辞7(ダレル　1912–1990)

Dürrenmatt, Friedrich
スイスの劇作家。世相を風刺した『貴婦人故郷に帰る』は最も優れた作品。
⇒岩世人(デュレンマット　1921.1.5–1990.12.14)
　現世文(デュレンマット, フリードリヒ　1921.1.5–1990.12.14)
　広辞7(デュレンマット　1921–1990)
　新カト(デュレンマット　1921.1.5–1990.12.14)
　ネーム(デュレンマット　1921–1990)

Durrer, Robert
スイスの技術者。酸素上吹転炉製鋼法(LD法)の発明者。
⇒岩世人(ドゥラー　1890.11.18–1978.2.13)

Durrīya Shafīq
エジプトのフェミニスト活動家, 詩人。
⇒岩イ(ドゥッリーヤ・シャフィーク　1908–1975)
　岩世人(ドゥッリーヤ・シャフィーク　1908–1975)

Durruti, Buenaventura
スペインの政治活動家。
⇒岩世人(ドゥルーティ　1896.7.14–1936.11.20)

Durtain, Luc
フランスの詩人, 小説家, 評論家。主著, 詩集『人間の帰還』(1920)。
⇒岩世人(デュルタン　1881.3.10–1959.3.29)

Duruflé, Maurice
フランスのオルガン奏者, 作曲家。代表作『レクィエム』。
⇒ク音3(デュリュフレ　1902–1986)
　新音小(デュリュフレ, モーリス　1902–1986)
　新音中(デュリュフレ, モーリス　1902.1.11–1986.6.16)
　標音2(デュリュフレ, モリス　1902.1.11–1986.6.16)

Duryea, Charles Edgar
アメリカの発明家。アメリカ初の内燃機関を備えた自動車を製作(1892)。
⇒岩世人(ドゥリエイ　1861.12.15–1938.9.28)

Duryea, Dan
アメリカの俳優。
⇒ク俳(デュリエ, ダン　1907–1968)

Dusautoir, Thierry
フランスのラグビー選手(スタッド・トゥールーザン, FL)。
⇒最世ス(デュソトワール, ティエリー　1981.11.18–)

Du Sautoy, Marcus
イギリスの数学者。
⇒外12(デュ・ソートイ, マーカス　1965–)
　外16(デュ・ソートイ, マーカス　1965.8.26–)

Duse, Eleonora
イタリアの女優。サラ・ベルナールとともに, 当時の2大悲劇女優と称された。
⇒岩世人(ドゥーゼ　1858.10.3–1924.4.21)

Dusenbery, Walter
アメリカ生まれの彫刻家。
⇒芸13(ドゥセンベリー, ウオルター　1939–)

Dusick, Ryan
アメリカのミュージシャン。
⇒外12(デューシック, ライアン)

Dusk, Matt
カナダのジャズ歌手。
⇒外12(ダスク, マット　1978–)
　外16(ダスク, マット　1978–)

Dussel, Enrique
アルゼンチンのカトリック信徒神学者, 教会史家。
⇒岩世人(ドゥセル　1934.12.24–)

Duterte, Rodrigo
フィリピンの政治家。フィリピン大統領(2016～)。
⇒異二辞(ドゥテルテ[ロドリゴ・～]　1945–)
　世指導(ドゥテルテ, ロドリゴ　1945.3.28–)
　ボブ人(ドゥテルテ, ロドリゴ　1945–)

Dutilleux, Henri
フランスの作曲家。
⇒岩世人(デュティユー　1916.1.22–2013.5.22)
　外12(デュティユー, アンリ　1916.1.22–)
　ク音3(デュティユー　1916–)
　新音中(デュティユー, アンリ　1916.1.22–)
　ピ曲改(デュティーユ, アンリ　1916–)
　標音2(デュティユ, アンリ　1916.1.22–)

Du Toit, Alexander Logie
南アフリカの地質学者。
⇒岩世人(デュ・トワ　1878.3.14–1948.2.25)
　オク地(デュトア, ジェームス・アレクサンダー・

dutoi

ロジェ 1878–1948）

Dutoit, Charles
スイスの指揮者。
⇒異二辞（デュトワ[シャルル・～] 1936–)
外12（デュトワ, シャルル 1936.10.7–)
外16（デュトワ, シャルル 1936.10.7–)
新音中（デュトワ, シャルル 1936.10.7–)
標音2（デュトア, シャルル 1936.10.7–)

Dutoit, Eugénie
スイスの女流教育者。
⇒教人（デュトワ 1867–1933)

Du Toit, Natalie
南アフリカの水泳選手（オープン・ウオーター）。
⇒外12（デュトイト, ナタリー 1984.1.29–)
外16（デュトワ, ナタリー 1984.1.29–)
最世ス（デュトイト, ナタリー 1984.1.29–)

Dutourd, Jean
フランスの小説家。
⇒現国文（デュトゥール, ジャン 1920.1.14–2011.1.17)

Dutra, Eurico Gaspar
ブラジルの政治家。ブラジル大統領（1946～51）。
⇒岩世人（ドゥトラ 1885.5.18–1974.6.11)

Dutreix, Maurice
フランスのテノール歌手。
⇒魅惑（Dutreix,Maurice 1883–1928)

Dutschke, Rudi
西ドイツの1960年代学生運動の指導者。
⇒岩世人（ドゥチュケ 1940.3.7–1979.12.24)

Dutt, Guru
インド生まれの映画監督, 男優, 映画製作者。
⇒岩世人（グル・ダット 1925.7.9–1964.10.10)
南ア新（ダット 1925–1964)

Dutt, Rajani Palme
イギリスの共産党指導者, ジャーナリスト。1921年から74年に死去するまで雑誌 "Labour Monthly" の編集長。
⇒岩世人（ダット 1896.6.19–1974.12.20)

Dutt, Romesh Chunder
インドの歴史家, 文学者。英領インドの経済史は古典的名著とされる。
⇒岩世人（ダット 1848.8.13–1909.11.30)

Düttmann, Alexander García
スペイン・バルセロナ生まれの哲学者。
⇒外12（デュットマン, アレクサンダー・ガルシア 1961–)
外16（デュットマン, アレクサンダー・ガルシア 1961–)

Dutton, Clarence Edward
アメリカの地質学者。
⇒オク地（ダットン, クラーレンス・エドワード 1841–1912)

Dutton, Garrett
アメリカのミュージシャン。
⇒外12（ダットン, ギャレット 1972.10.3–)
外16（ダットン, ギャレット 1972.10.3–)

Dutton, Ira Barnes
モロカイ島で活動したアメリカ出身の信徒宣教師。
⇒新カト（ダットン 1843.4.27–1931.3.26)

Duttweiler, Gottlieb
スイスの生活協同組合の創設者, 政治家。
⇒岩世人（ドットヴァイラー 1888.8.15–1962.6.8)

Duun, Olav
ノルウェーの小説家。ノルウェーの第2の国語ランスモールを用いる。
⇒岩世人（ドゥーン 1876.11.21–1939.9.13)

Duus, Peter
アメリカの日本現代政治史研究家。"Feudalism in Japan"（1969）で日本研究への新しい道を開く。
⇒岩世人（ドゥース 1933.12.27–)
外16（ドゥス, ピーター 1933.12.27–)

D'Uva, Antonio
イタリアのテノール歌手。
⇒魅惑（D'Uva,Antonio ?–)

Duval, David
アメリカのプロゴルファー。
⇒外12（デュバル, デービッド 1971.11.9–)
外16（デュバル, デービッド 1971.11.9–)
最世ス（デュバル, デービッド 1971.11.9–)

Duval, José Luis
メキシコのテノール歌手。
⇒魅惑（Duval,José Luis ?–)

Duval, Loïc
フランスのレーシングドライバー。
⇒外12（デュヴァル, ロイック 1982.6.12–)
外16（デュヴァル, ロイック 1982.6.12–)
最世ス（デュヴァル, ロイック 1982.6.12–)

Duval, Mathias
フランスの医師。
⇒19仏（デュヴァル, マティアス 1844.2.7–1907)

Duval, Pierre
カナダのテノール歌手。
⇒失声（デュヴァル, ピエール 1932–)
魅惑（Duval,Pieere 1932–)

Duvalier, François
ハイチの政治家。ハイチ大統領(1957〜71)。しだいに独裁化し,64年憲法を改正し,終身大統領となる。
⇒岩世人（デュヴァリエ 1907.4.14-1971.4.21）
ネーム（デュヴァリエ 1909-1971）
ラテ新（デュバリエ 1907-1971）

Duvalier, Jean Claude
ハイチの政治家。ハイチ大統領(1971〜86)。
⇒外12（デュバリエ, ジャン・クロード 1951.7.3-）

Duvall, Robert
アメリカ生まれの男優。
⇒外12（デュバル, ロバート 1931.1.5-）
外16（デュバル, ロバート 1931.1.5-）
ク俳（デュヴォール, ロバート 1931-）

Duvall, Shelley
アメリカ生まれの女優。
⇒ク俳（デュヴォール, シェリー 1949-）

Duveen, Joseph, Lord
イギリスの美術商。
⇒ユ著人（Duveen,Joseph,Lord デューヴィン, ジョセフ 1869-1939）

Duverger, Maurice
フランスの憲法学者,政治学者。
⇒社小増（デュヴェルジェ 1917-）

Duvidov, Viktor Aronovich
ロシアのイラストレーター。
⇒絵本（ドゥビードフ, ヴィクトル 1932-2000）

Duvignaud, Jean
フランスの社会学者。
⇒社小増（デュヴィニョー 1921-）

Du Vigneaud, Vincent
アメリカの生化学者。1955年,脳下垂体後葉ホルモンの研究によりノーベル化学賞を受賞。
⇒岩生（デュ=ヴィニョー 1901-1978）
岩人（デュ・ヴィニョー 1901.5.18-1978.12.11）
化学（デュ・ヴィニョー 1901-1978）
ノベ3（デュ・ビニョー,V. 1901.5.18-1978.12.11）

Duvivier, Julien
フランスの映画監督。1930年代フランス映画の代表的作家。作品『望郷』(36)『舞踏会の手帖』(37)など。
⇒岩世人（デュヴィヴィエ 1896.10.8-1967.10.29）
映監（デュヴィヴィエ, ジュリアン 1896.10.3-1967）
広辞7（デュヴィヴィエ 1896-1967）
ネーム（デュヴィヴィエ 1896-1967）

Duvoisin, Roger
アメリカの画家,児童文学者。

⇒絵本（デュボアザン, ロジャー 1904-1980）

Duykers, John
アメリカのテノール歌手。
⇒魅惑（Duykers,John ?-）

Duysens, Louis Nico Marie
オランダの生物物理学者。
⇒岩生（ドイセンス 1921-）

Duy Tân
ベトナム,阮朝第10代皇帝。在位1907〜16。
⇒岩世人（ズイタン帝 1900.9.19-1945.12.26）
世帝（維新帝 いしんてい, ズイタンデ 1900-1945）

Duyvendak, Jan Julius Lodewik
オランダのライデン大学を活動の中心とした東洋学の先駆的な学者の一人。
⇒岩世人（ドイフェンダク 1889.6.28-1954.7.9）

Dvivedī, Hazārīprasād
インドのヒンディー語文学研究者,評論家。主著『ヒンディー文学史序説』(1940)などのほか,タゴール文学の翻訳も行なう。
⇒岩世人（ドヴィヴェーディー 1907.8.19-1979.5.19）

Dvivedī, Mahāvīrprasād
インドのヒンディー語編集者,評論家。標準ヒンディー散文体の確立のため,尽力。
⇒岩世人（ドヴィヴェーディー 1864.5.15-1938.12.21）
南ア新（ドゥヴィヴェーディー 1864-1938）

Dvorak, Ann
アメリカの女優。
⇒ク俳（ドヴォラク, アン（マッキム, アナ） 1911-1979）

Dvořák, Max
オーストリアの美術史学者。いわゆるウィーン学派に属し, 美術史を精神史として探究。
⇒岩世人（ドヴォルザーク（ドヴォジャーク） 1874.6.24-1921.2.8）
広辞7（ドヴォルジャーク 1874-1921）

Dvořáková, Ludmila
チェコスロバキアのソプラノ歌手。夫は指揮者ルドルフ・ヴァシャタ。
⇒標音2（ドヴォルジャーコヴァー, ルドミラ 1923.7.11-）

Dvorkovich, Arkady
ロシアの政治家。ロシア副首相。
⇒外12（ドヴォルコヴィッチ, アルカジー 1972.3.26-）
外16（ドヴォルコヴィッチ, アルカジー 1972.3.26-）
世指導（ドヴォルコヴィッチ, アルカジー 1972.3.26-）

Dvorník, František
チェコのビザンティン学者，教会史家。
⇒新カト（ドヴォルニク　1893.8.14–1975.11.4）

Dvorovenko, Irina
アメリカのバレリーナ。アメリカン・バレエ・シアター（ABT）プリンシパル。
⇒外12（ドヴォロヴェンコ，イリーナ　1973.8.28–）
　外16（ドヴォロヴェンコ，イリーナ　1973.8.28–）

Dvorsky, Jaroslav
スロバキアのテノール歌手。
⇒魅惑（Dvorsky,Jaroslav　?–）

Dvorský, Miroslav
スロバキアのテノール歌手。
⇒失声（ドヴォルスキー，ミロフスラフ　1960–）
　魅惑（Dvorsky,Miroslav　?–）

Dvorský, Peter
チェコスロバキアのテノール歌手。1975年のジュネーヴ国際音楽コンクールで第一位。
⇒失声（ドヴォルスキー，ペテル　1951–）
　魅惑（Dvorsky,Peter　1951–）

Dvortcsak, Michael
アメリカ生まれの画家。
⇒芸13（ドボールツザーク，マイケル　1938–）

Dvortsevoy, Sergey
カザフスタンの映画監督。
⇒外12（ドボルツェボイ，セルゲイ）

Dwiggins, William Addison
アメリカの書物と活字のデザイナー。1922年にグラフィック・デザイナーという用語を初めて用いたとされる。
⇒グラデ（Dwiggins,William Addison　ドゥウィギンズ，ウィリアム・アディソン　1880–1956）

Dwight
オランダのサッカー監督。
⇒外12（ドワイト　1957.10.26–）

Dwinger, Edwin Erich
ドイツの小説家，年代記作家。作品『白と赤のはざま』（1930）など。
⇒岩世人（ドヴィンガー　1898.4.23–1981.12.17）
　現世文（ドヴィンガー，エドヴィン　1898.4.23–1981.12.17）

Dworkin, Andrea
アメリカのフェミニスト作家。
⇒現社（ドウォーキン,A.　1946–2005）

Dworkin, Ronald（Myles）
アメリカの法学者。
⇒岩世人（ドゥオーキン　1931.12.11–2013.2.14）
　外12（ドゥウォーキン，ロナルド　1931.12.11–）
　現社（ドゥウォーキン,R.　1931–）

哲中（ドゥオーキン　1931–2013）

Dworkin, Susan
アメリカの作家，脚本家。
⇒外12（ドゥオーキン，スーザン）
　外16（ドゥオーキン，スーザン）
　現世文（ドゥオーキン，スーザン）

Dwyer, Conor
アメリカの水泳選手（自由形）。
⇒外16（ドワイヤー，コナー　1989.1.10–）
　最世ス（ドワイヤー，コナー　1989.1.10–）

Dwyer, James Edward
アメリカの大リーグ選手（外野,DH）。
⇒メジャ（ドワイアー，ジム　1950.6.3–）

Dwyer, John Francis
アメリカの大リーグ選手（投手）。
⇒メジャ（ドワイアー，フランク　1868.3.25–1943.2.4）

Dyachenko, Alexander
ロシアのカヌー選手。
⇒外16（ディヤチェンコ，アレクサンドル　1990.1.24–）
　最世ス（ディヤチェンコ，アレクサンドル　1990.1.24–）

dyakovski, Lyubomir
ブルガリアのテノール歌手。
⇒失声（ディアコフスキ，リュボミール　?）
　魅惑（Dyakovski,Lyubomir　?–）

Dybek, Nick
アメリカの作家。
⇒海文新（ダイベック，ニック）

Dybek, Stuart
アメリカの作家，詩人。
⇒外12（ダイベック，スチュアート　1942–）
　外16（ダイベック，スチュアート　1942–）
　現世文（ダイベック，スチュアート　1942–）

Dyck, Walther Franz Anton von
ドイツの数学者。ミュンヘン工科大学教授。
⇒世数（ディック，ヴァルター・フォン　1856–1934）

Dye, Jermaine Terrell
アメリカの大リーグ選手（外野）。
⇒外12（ダイ，ジャーメイン　1974.1.28–）
　最世ス（ダイ，ジャーメイン　1974.1.28–）
　メジャ（ダイ，ジャーメイン　1974.1.28–）

Dyer, Edwin Hawley
アメリカの大リーグ選手（投手）。
⇒メジャ（ダイアー，エディー　1899.10.11–1964.4.20）

Dyer, Geoff
イギリスの作家。

⇒外12（ダイヤー, ジェフ 1958-）
外16（ダイヤー, ジェフ 1958-）
現世文（ダイヤー, ジェフ 1958-）

Dyer, Hadley
カナダの児童文学作家, 編集者。
⇒海文新（ダイアー, ハドリー）
現世文（ダイアー, ハドリー）

Dyer, Heather
イギリスの児童文学作家。
⇒海文新（ダイヤー, ヘザー）
現世文（ダイヤー, ヘザー）

Dyer, Henry
イギリスの工学者。工部大学校初代教頭。
⇒岩世人（ダイアー（ダイエル） 1848.8.16–1918.9.25）
化学（ダイアー 1848–1918）
科史（ダイアー 1848–1918）

Dyer, Wayne W.
アメリカの精神分析学者。
⇒外12（ダイアー, ウエイン 1940-）

Dyhrenfurth, Norman Gunter
アメリカの登山家。
⇒アア歴（Dyhrenfurth, Norman Gunter ディーレンファース, ノーマン・ガンター 1918.5.7-）

Dyk, Cornelis van
テノール歌手。
⇒魅惑（Dyk, Cornelis van ?–?）

Dyke, Greg
イギリスの放送人。
⇒外16（ダイク, グレッグ 1947.5.20-）

Dyke, Kenneth R.
アメリカの軍人。
⇒岩世人（ダイク 1897.3.12–1980.1.17）

Dykes, James Joseph
アメリカの大リーグ選手（三塁, 二塁）。
⇒メジャ（ダイクス, ジミー 1896.11.10–1976.6.15）

Dykstra, John
アメリカ生まれの特撮監督。
⇒岩世人（ダイクストラ 1947.6.3-）

Dykstra, Leonard Kyle
アメリカの大リーグ選手（外野）。
⇒メジャ（ダイクストラ, レニー 1963.2.10-）

Dylan, Bob
アメリカのシンガー・ソングライター。代表作に『風に吹かれて』『ライク・ア・ローリング・ストーン』など。
⇒アメ州（Dylan, Bob ディラン, ボブ 1941-）
アメ新（ディラン 1941-）
異二辞（ディラン, ボブ 1941-）
岩世人（ディラン 1941.5.24-）
エデ（ディラン, ボブ 1941.5.24-）
外12（ディラン, ボブ 1941.5.24-）
外16（ディラン, ボブ 1941.5.24-）
現世文（ディラン, ボブ 1941.5.24-）
広辞7（ディラン 1941-）
新音中（ディラン, ボブ 1941.5.24-）
ネーム（ディラン, ボブ 1941-）
ビト改（DYLAN, BOB ディラン, ボブ）
標音2（ディラン, ボブ 1941.5.24-）
ボブ人（ディラン, ボブ 1941-）
ユ著人（Dylan, Bob ディラン, ボブ 1941-）
ロック（Dylan, Bob ディラン, ボブ 1941.5.24-）

Dymit, Thomas
アメリカのテノール歌手。
⇒魅惑（Dymit, Thomas ?-）

The Dynamite Kid
イギリスのプロレスラー。
⇒異二辞（ダイナマイト・キッド 1958-）

Dynkin, Evgenii Borisovich
ロシア生まれの数学者。主にアメリカで活躍。
⇒世数（ディンキン, ユージン・ボリソヴィッチ 1924–2014）

Dyrason, Orri
アイスランドのミュージシャン。
⇒外12（レイソン, オーリー）
外16（レイソン, オーリー）

Dyroff, Adolf
ドイツの哲学者。
⇒岩世人（デュロフ 1866.2.2–1943.7.3）
新カト（デュロフ 1866.2.2–1943.7.3）

Dyson, Freeman John
イギリス生まれのアメリカの理論物理学者。
⇒岩世人（ダイソン 1923.12.15-）
物理（ダイソン, フリーマン 1923-）

Dyson, George
イギリスのオルガン奏者, 作曲家。
⇒新音中（ダイソン, ジョージ 1883.5.28–1964.9.28）
標音2（ダイソン, ジョージ 1883.5.28–1964.9.28）

Dyson, James
イギリスのデザイナー。
⇒外12（ダイソン, ジェームズ 1947.5.2-）
外16（ダイソン, ジェームズ 1947.5.2-）

Dyson, Verne
アメリカの作家。
⇒アア歴（Dyson, Verne ダイソン, ヴァーン 1879.1.25–1971）

Dyvobisdzev, Vladimir
テノール歌手。
⇒魅惑（Dyvobisdzev,Vladimir　?–）

Dzagoev, Alan
ロシアのサッカー選手（CSKAモスクワ・MF）。
⇒最世ス（ジャゴエフ, アラン　1990.6.17–）

Džeko, Edin
ボスニア・ヘルツェゴビナのサッカー選手（ローマ・FW）。
⇒外16（ジェコ, エディン　1986.3.17–）

Dzerzhinskii, Feliks Edmundovich
ソ連の政治家, 革命家。ソ連国家保安委員会（KGB）創始者。
⇒岩世人（ゼルジンスキー　1877.8.30/9.11–1926.7.20）
　学叢思（ジェルジンスキー　?–1927）
　広辞7（ジェルジンスキー　1877–1926）
　スパイ（ジェルジンスキー, フェリクス・エドムンドヴィチ　1877–1926）

Dzerzhinskii, Ivan
ロシアの作曲家。
⇒ク音3（ジェルジンスキー　1909–1978）
　標音2（ジェルジンスキー, イヴァン・イヴァノヴィチ　1909.4.9–1978.1.18）

Dzhalil', Musa Mustafievich
ソ連・タタール自治共和国の詩人。死後, 詩集『モアビトの手帳』でレーニン賞受賞。
⇒現世文（ジャリーリ, ムサ・ムスタフォヴィチ　1906.2.15–1944.8.25）

Dzhemilev, Mustafa
ウクライナの民族運動指導者, 政治家。
⇒外12（ジェミレフ, ムスタファ　1943–）
　外16（ジェミレフ, ムスタファ　1943.11.14–）
　世指導（ジェミレフ, ムスタファ　1943.11.14–）

Dzhurtchenko, Vitaly
KGB高官。1985年8月アメリカへ亡命。
⇒スパイ（ジュルトチェンコ, ヴィタリー）

Dzhyma, Juliya
ウクライナのバイアスロン選手。
⇒外16（ジマ, ユリア　1990.9.19–）

Dziub, Ivan
ウクライナの物理学者, 翻訳家, 日本文学研究家。
⇒外12（ジューブ, イワン）
　外16（ジューブ, イワン　1934–）

Dzurinda, Mikuláš
スロバキアの政治家。スロバキア首相（1998～2006）。
⇒岩世人（ズリンダ　1955.2.4–）
　世指導（ズリンダ, ミクラーシュ　1955.2.4–）

【 E 】

Eagle, Harry
アメリカの医学者。細胞培養法に「イーグルの培地」と呼ばれる特殊な培地を開発。
⇒岩世人（イーグル　1905.7.13–1992.6.21）

Eagleburger, Lawrence Sidney
アメリカの外交専門家。アメリカ国務長官。
⇒世指導（イーグルバーガー, ローレンス　1930.8.1–2011.6.4）

Eagle Den Janlaphan
タイのプロボクサー。
⇒外12（イーグル・デーン・ジュンラパン　1978.12.4–）
　最世ス（イーグル・デーン・ジュンラパン　1978.12.4–）

Eagleton, Terry
イギリスの英文学者, 批評家。オックスフォード大学ウォダム・カレッジに奉職。
⇒岩世人（イーグルトン　1943.2.22–）
　外12（イーグルトン, テリー　1943.2.22–）
　外16（イーグルトン, テリー　1943.2.22–）
　現社（イーグルトン　1943–）
　広辞7（イーグルトン　1943–）
　ネーム（イーグルトン　1943–）
　メル別（イーグルトン, テリー　1943–）

Eaglin, Snooks
アメリカ・ニューオーリンズ生まれの歌手, ギター奏者。
⇒ロック（Eaglin,Snooks　イーグリン, スヌックス　1936–）

Eakin, John Anderson
アメリカの教育者。
⇒アア歴（Eakin,John Anderson　イーキン, ジョン・アンダースン　1854.2.28–1929.1.21）

Eakins, Thomas
アメリカの画家。厳格な写実的方法で自然や人物を描いた。代表作『スカルに乗る人』（1871）。
⇒アメ州（Eakins,Thomas　アイキンズ, トーマス　1844–1916）
　岩世人（エイキンズ　1844.7.25–1916.6.25）
　芸13（イーキンズ, トーマス　1844–1916）
　芸13（エイキンズ, トマス　1844–1916）

E.A.Mario
イタリアの作曲家, 作詞家。
⇒標音2（イー・エー・マーリオ　1884.5.5–1961.6.24）

Eames, Charles
アメリカの工業デザイナー。1961年カウフマン国際デザイン大賞を受賞。
⇒岩世人（イームズ　1907.6.17–1978.8.21）
絵本（イームズ,チャールズ　1907–1978）

Eames, Ray
アメリカのデザイナー，建築家，映像作家。
⇒絵本（イームズ,レイ　1912–1988）

Eanes, António dos Santos Ramalho
ポルトガルの政治家，軍人。ポルトガル大統領（1976～86）。
⇒岩世人（エアネス　1935.1.25–）

Earhart, Amelia
アメリカの女性飛行家。女性初の大西洋横断の飛行者。
⇒アメ州（Earhart,Amelia　エアハート，アメリア　1898–1937?）
岩世人（エアハート　1897.7.24–1937.7）
スパイ（イアハート，アメリア　1897–1937?）
ネーム（エアハート　1898–1937）

Earle, Sylvia A.
アメリカの海洋生物学者，海洋探検家。
⇒外12（アール，シルビア　1935–）
外16（アール，シルビア　1935–）

Earnshaw, George Livingston
アメリカの大リーグ選手（投手）。
⇒メジャ（アーンショウ，ジョージ　1900.2.15–1976.12.1）

Earp, Wyatt Berry Stapp
アメリカ西部の賭博士，名挙銃使い，保安官。OK牧場の決闘の中心人物。
⇒アメ州（Earp,Wyatt　アープ，ワイアット　1848–1929）
アメ新（アープ　1848–1929）
世暗（アープ，ワイアット　1848–1929）

Easdale, Brian
イギリスの作曲家。
⇒ク音3（イーズデイル　1909–1995）
標音2（イースデール，ブライアン　1909.8.10–1995.10.30）

Easler, Michael Anthony
アメリカの大リーグ選手（外野，DH）。
⇒メジャ（イースラー，マイク　1950.11.29–）

Easley, Jacinto Damion
アメリカの大リーグ選手（二塁）。
⇒メジャ（イーズリー，ダミオン　1969.11.11–）

Easley, Mike
アメリカの政治家。
⇒外12（イーズリー，マイク　1950.3.23–）

East, Edward Murray
アメリカの育種家。トウモロコシの品種改良事業に携った。
⇒岩世人（イースト　1879.10.4–1938.11.9）

Easterfield, Thomas Hill
ニュージーランドの化学者。
⇒ニュー（イースターフィールド，トマス　1866–1949）

Easterling, Patricia Elizabeth
イギリスの古典学者。
⇒岩世人（イースタリング　1934.3.11–）

Eastlake, Frank Warrington
アメリカの言語学者，英語教育家。1884年来日，東京独立新聞（英文）を創刊。
⇒アア歴（Eastlake,F(rederick) Warrington　イーストレイク，フレデリック・ウォリントン　1858–1905.2.18）
岩世人（イーストレイク（イーストレーキ）　1858.1.22–1905.2.18）
広辞7（イーストレーキ　1858–1905）
ネーム（イーストレーク　1858–1905）

Eastman, George
アメリカの発明・企業家。1892年イーストマン-コダック社を設立。
⇒アメ経（イーストマン，ジョージ　1854.7.12–1932.3.12）
アメ州（Eastman,George　イーストマン，ジョージ　1854–1932）
アメ新（イーストマン　1854–1932）
岩世人（イーストマン　1854.7.12–1932.3.14）
化学（イーストマン　1854–1932）
広辞7（イーストマン　1854–1932）
ネーム（イーストマン　1854–1932）
ポプ（イーストマン，ジョージ　1854–1932）

Eastman, Joseph Bartlett
アメリカの官са。交通事務の権威。
⇒アメ経（イーストマン，ジョゼフ　1882.6.26–1944.3.15）

Eastoe, Madeleine
オーストラリアのバレリーナ。
⇒外12（イースト―，マドレーヌ）
外16（イースト―，マドレーヌ）

Easton, David
アメリカで活躍するカナダ人政治学者。
⇒岩世人（イーストン　1917.6.24–2014.7.19）
社小増（イーストン　1917–）

Easton, Roger L.
アメリカのGPSの発明者，設計者。
⇒世発（イーストン，ロジャー・L　1921–）

Eastwick, Rawlins Jackson
アメリカの大リーグ選手（投手）。
⇒メジャ（イーストウィック，ローリー　1950.10.24–）

Eastwood, Clint
アメリカ生まれの男優, 映画監督。
⇒遺産（イーストウッド, クリント　1930.5.31–）
　岩世人（イーストウッド　1930.5.31–）
　映監（イーストウッド, クリント　1930.5.31–）
　外12（イーストウッド, クリント　1930.5.31–）
　外16（イーストウッド, クリント　1930.5.31–）
　ク俳（イーストウッド, クリント　1930–）
　広辞7（イーストウッド　1930–）
　スター（イーストウッド, クリント　1930.5.31–）
　ネーム（イーストウッド, クリント　1930–）

Eastwood, Kyle
アメリカのジャズ・ベース奏者。
⇒外12（イーストウッド, カイル　1968.5.19–）
　外16（イーストウッド, カイル　1968.5.19–）

Eastwood, Rupert
イギリスの実業家。
⇒外12（イーストウッド, ルパート）

Eatherly, Claude
アメリカの空軍軍人。
⇒ネーム（イーザリー　1918–1978）

Eaton, Anne Thaxter
アメリカの図書館員。コロンビア大学教員養成カレッジの図書館を経てから学校図書館員養成の専門家となる。児童文学史関係の著者としても知られる。
⇒ア図（イートン, アン　1881–1971）

Eaton, Ashton
アメリカの十種競技選手。
⇒外16（イートン, アシュトン　1988.1.21–）
　最世ス（イートン, アシュトン　1988.1.21–）

Eaton, Cyrus Stephen
アメリカの実業家。一代にして巨富を蓄えたが、核兵器廃絶を訴えたラッセル・アインシュタイン宣言（1955）に共鳴し、そのための科学者の国際会議を後援した。
⇒岩世人（イートン　1883.12.27–1979.5.9）

Eaton, Jason Carter
アメリカの作家。
⇒海文新（イートン, ジェイソン・カーター）
　現世文（イートン, ジェイソン・カーター）

Eaton, Shirley
イギリス生まれの女優。
⇒ク俳（イートン, シャーリー　1936–）

Eatwell, John
イギリスの経済学者。
⇒岩経（イートウェル　1945–）

Ebadi, Shirin
イランの人権活動家, 弁護士。
⇒外12（エバディ, シリン　1947–）

　外16（エバディ, シリン　1947–）
　世指導（エバディ, シリン　1947–）
　ネーム（エバーディー　1947–）
　ノベ3（エバディ, S.　1947.6.21–）

Eban, Abba
イスラエルの政治家, 外交官。イスラエル外相, イスラエル・ワイズマン科学研究所所長。
⇒ユ著人（Eban,Abba　エバン, アバ　1915–）

Ebbinghaus, Hermann
ドイツの心理学者。高等精神作用の実験研究に着手。
⇒岩世人（エビングハウス　1850.1.24–1909.2.26）
　学叢思（エビングハウス, ヘルマン　1850–1908）
　教人（エビングハウス　1850–1909）

Ebbinghaus, Julius（Karl Ludwig）
ドイツの哲学者。
⇒岩世人（エビングハウス　1885.11.9–1981.6.16）
　教人（エビングハウス　1885–）

Ebeling, Erich
ドイツのアッシリア学者。アッシュール市出土の宗教関係文書の出版および解読を行った。
⇒岩世人（エーベリング　1886.11.21–1955.10.28）

Ebeling, Gerhard
ドイツのルター派神学者。
⇒岩キ（エベリング　1912–2001）
　岩世人（エーベリング　1912.7.6–2001.9.30）
　新カト（エーベリング　1912.7.6–2001.9.30）

Eben, Petr
チェコスロバキアの作曲家, ピアノ奏者。
⇒ク音3（エベン　1929–2007）

Eberhard, D.Otto
ドイツの教育学者。主著『労作学校から生活学校へ』（1925）,『学校, 宗教および生活』(26)。
⇒教人（エーベルハルト　1875–）

Eberhard, Wolfram
ドイツの中国学者。中国への民間説話の比較研究に関する論著が多い。
⇒岩世人（エーバーハルト　1909.3.17–1989.8.15）

Eberhart, Mignon
アメリカの推理作家。
⇒現世文（エバハート, ミニオン　1899–1996）

Eberhart, Richard Ghormeley
アメリカの詩人。瞑想的な自然詩人。詩集『美しい大地』(1930),『精神を読む』(37),『うたと理想』(42) などがある。
⇒現世文（エバハート, リチャード　1904–2005.6.9）

Ebershoff, David
アメリカの編集者, 作家。
⇒海文新（エバーショフ, デイヴィッド　1969–）
　現世文（エバーショフ, デービッド　1969–）

Ebersol, Dick
アメリカのテレビ会社社長。
⇒岩世人（エバソール　1947.7.28–）

Ebert, Friedrich
ドイツの政治家, 社会民主主義者。
⇒岩世人（エーベルト　1871.2.4–1925.2.28）
学叢思（エーベルト, フリードリヒ　1861–1925）
広辞7（エーベルト　1871–1925）
世史改（エーベルト　1871–1925）
世人新（エーベルト　1871–1925）
世人装（エーベルト　1871–1925）
ネーム（エーベルト　1871–1925）
ポプ人（エーベルト, フリードリヒ　1871–1925）

Ebert, Max
ドイツの古代学者。全ヨーロッパの学者を動員して（1924頃）,『先史大事典』編修に従事し, "Vorgeschichtliches Jahrbuch" を刊行した（26 ～）。
⇒岩世人（エーベルト　1879.9.4–1929.11.15）

Eberth, Karl Joseph
ドイツの病理学者, 解剖学者。細菌学の先駆者。コッホと同時に腸チフス菌を発見した（1880）。
⇒岩世人（エーベルト　1835.9.21–1926.12.2）

Eberz, Joseph
ドイツの画家。教会芸術の革新者。主作品『ガブリエル教会』。
⇒芸13（エーベルツ, ヨゼフ　1880–1942）

Ebhardt, Bodo
ドイツの建築家。諸方の城の修復に従事した。
⇒岩世人（エープハルト　1865.1.5–1945.2.13）

Ebner, Ferdinand
オーストリアの人格主義哲学者。
⇒新カト（エープナー　1882.1.31–1931.10.17）

Ebner, F.W.
上海ドイツ人カントリー・クラブ書記。
⇒日エ（エブナー　?–?）

Ebner, Karl-Michael
オーストリアのテノール歌手。
⇒魅惑（Ebner,Karl-Michael　1972–）

Ebner-Eschenbach, Marie Freifrau von
オーストリアの女性作家。短篇集『村と城の物語』など。
⇒岩世人（エーブナー＝エッシェンバッハ　1830.9.13–1916.3.12）

Éboué, Félix Adolphe Sylvestre
フランスの官僚, 政治家。
⇒岩世人（エブエ　1884.12.26–1944.5.17）

Ebrāhīmī, Nāder
イランの作家。

⇒絵本（エブラーヒーミー, ナーデル　1936–2008）

Ebsen, Buddy
アメリカ生まれの俳優。
⇒ク俳（イブセン, バディ（イブセン, クリスチャン）1908–）
スター（イブセン, バディ　1908.4.2–2003）

Ebstein, Wilhelm
ドイツの医者。エープシュタイン病の記述がある。
⇒岩世人（エプシュタイン　1836.11.27–1912.10.22）

Ebtehāj, Hūshang
イランの詩人。
⇒岩世人（エブテハージュ, フーシャング　1928.2.25–）

Ebtekar, Masoumeh
イランの科学者, ジャーナリスト, 政治家。イラン副大統領, 環境庁長官。
⇒外12（エブテカール, マスーメ　1960.9.21–）
外16（エブテカール, マスーメ　1960.9.21–）
世指導（エブテカール, マスーメ　1960.9.21–）

Eby, Charles Samuel
カナダのメソジスト派教会宣教師。甲府英学校で英語を教授。
⇒岩世人（イービー　1845.11.4–1925.12.20）

Eccles, *Sir* John Carew
オーストラリアの生理学者。神経細胞の興奮のイオン機構の研究により, ノーベル生理・医学賞受賞（1963）。
⇒岩生（エクルズ　1903–1997）
岩世人（エクルズ　1903.1.27–1997.5.2）
オク科（エクルズ（サー・ジョン・カーリュー）1903–1997）
オク生（エクルズ, ジョン・カルー, 卿　1903–1997）
広辞7（エクルズ　1903–1997）
ノベ3（エックルズ,J.　1903.1.27–1997.5.4）

Eccles, Marriner S.
アメリカ生まれの地方銀行家。モルモン教徒。
⇒アメ経（エクルズ, マリナー　1890.9.9–1977.12.18）
アメ新（エクルズ　1890–1977）

Eccleshare, Julia
イギリスの作家, ブロードキャスター。
⇒外12（エクルスシェア, ジュリア）
外16（エクルスシェア, ジュリア）

Eccleston, Christopher
イギリスの男優。
⇒ク俳（エクルストン, クリストファー　1964–）

Ecclestone, Bernie
イギリスの実業家。
⇒岩世人（エクレストン　1930.10.28–）

外12（エクレストン，バーニー　1930.10.28–）
外16（エクレストン，バーニー　1930.10.28–）

Ecevit, Bülent
トルコの政治家，ジャーナリスト。トルコ首相。
⇒岩イ（エジェヴィト　1925–）
　岩世人（エジェヴィト　1925.5.28–2006.11.5）
　世指導（エジェビット，ビュレント　1925.5.28–2006.11.5）

Echavarri, Fernando
スペインのヨット選手（トーネード級）。
⇒外12（エサヴァリ，フェルナンド　1972.8.13–）
　最世況（エサヴァリ，フェルナンド　1972.8.13–）

Echavarri, Luis
スペイン生まれの経済協力開発機構原子力機関（OECD/NEA）事務局長。
⇒外16（エチャバリ，ルイス　1949.4.17–）

Echegaray y Eizaguirre, José
スペインの劇作家，数学者，政治家。1904年度ノーベル文学賞受賞。
⇒岩世人（エチェガライ　1832.4.19–1916.9.27）
　学叢思（エチェガライ，ホセ・デ　1832–1916）
　現世文（エチェガライ・イ・エイサギーレ，ホセ　1832.4.19–1916.9.27）
　広辞7（エチェガライ　1832–1916）
　ノベ3（エチェガライ，J.　1832.4.19–1916.9.27）

Echenoz, Jean
フランスの作家。
⇒岩世人（エシュノーズ　1947.12.26–）
　外12（エシュノーズ，ジャン　1947.12.26–）
　外16（エシュノーズ，ジャン　1947.12.26–）
　現世文（エシュノーズ，ジャン　1947.12.26–）
　フ文小（エシュノーズ，ジャン　1947–）

Echeverria Alvarez, Luis
メキシコの政治家。メキシコ大統領（1970～76）。
⇒岩世人（エチェベリア　1922.1.17–）
　政経改（エチェベリア　1922–）

Eckardstein, Hermann, Freiherr von
ドイツの外交官。英独同盟交渉に主動的役割を演じ，日英同盟成立の機をつくった。
⇒岩世人（エッカルトシュタイン　1864.7.5–1933.11.21）

Eckardstein, Severin von
ドイツのピアノ奏者。
⇒外12（エッカードシュタイン，セヴェリン・フォン　1978–）
　外16（エッカードシュタイン，セヴェリン・フォン　1978–）

Eckardt, Hans
ドイツの音楽学者。
⇒標音2（エッカルト，ハンス　1905.10.29–1969.2.26）

Eckel, William A.
アメリカの宣教師。
⇒アア歴（Eckel,William A.　エッケル，ウイリアム・A.　1892.6.10–1976.12.26）

Eckelmann, Gerold
ドイツのエスペランチスト。"Heroldo de E"誌の特派員。
⇒日エ（エッケルマン　?–?）

Eckener, Hugo
ドイツの飛行船設計者，操縦者。ツェッペリン会社取締役会長となり（1920），飛行船を操縦して第1回のアメリカへの飛行（24）をはじめ，世界一周航行をした。
⇒岩世人（エッケナー　1868.8.10–1954.8.14）

Eckeren, Gerard van
オランダの小説家，出版者。主著 "Ida Westerman"（1908）。
⇒岩世人（ファン・エッケレン　1876.11.29–1951.10.22）

Eckersley, Dennis Lee
アメリカの大リーグ選手（投手）。
⇒メジャ（エッカーズリー，デニス　1954.10.3–）

Eckersley, Peter Pendleton
イギリスの無線技術者。長波の大電力放送を提案実施し（1925）イギリスに放送網をしいた。
⇒岩世人（エカズリー　1892.1.6–1963.3.18）

Eckersley, Tom
イギリスのグラフィック・デザイナー，教育者。
⇒グラデ（Eckersley,Tom　エッカースリー，トム　1914–1997）

Eckert, Franz von
ドイツ人の軍楽長。来日して海軍軍務局に奉職。宮内省式部職雅楽部専任を兼ね，吹奏楽に貢献。
⇒岩世人（エッケルト（エッカート）　1852.4.5–1916.8.6）
　広辞7（エッケルト　1852–1916）
　ネーム（エッケルト　1852–1916）
　標音2（エッケルト，フランツ　1852.4.5–1916.8.6）

Eckert, John Presper
アメリカの電気工学者。
⇒岩世人（エッカート　1919.4.9–1995.6.3）

Eckert-Greifendorff, Max
ドイツの地理学者，地図学者。
⇒岩世人（エッカート＝グライフェンドルフ　1868.4.10–1938.12.26）

Eckhart, Aaron
アメリカの俳優。
⇒外12（エッカート，アーロン　1968–）

Eckhoff, Tiril
ノルウェーのバイアスロン選手。

⇒外16（エクホフ, ティリル　1990.5.21-）

Eckstein, David Mark
アメリカの大リーグ選手（遊撃, 二塁）。
⇒メジヤ（エックスタイン, デイヴィッド　1975.1.20-）

Eckstine, Billy
アメリカのジャズ歌手, トランペット奏者。1944年にはチャーリー・パーカー, アート・ブレーキーなどがいる豪華なビッグ・バンドを結成。
⇒岩世人（エクスタイン　1914.6.8-1993.3.8）
　新音中（エクスタイン, ビリー　1914.7.8-1993.3.8）
　標音2（エクスタイン, ビリー　1914.7.8-1993.3.8）

Eco, Umberto
イタリアの評論家。「新前衛派」の重要な一員。
⇒岩キ（エーコ　1932-）
　岩世人（エーコ　1932.1.5-）
　外12（エーコ, ウンベルト　1932.1.5-）
　外16（エーコ, ウンベルト　1932.1.5-）
　現社（エーコ　1932-）
　現世文（エーコ, ウンベルト　1932.1.5-2016.2.19）
　広辞7（エーコ　1932-2016）
　ネーム（エーコ, ウンベルト　1932-）
　ポプ人（エーコ, ウンベルト　1932-2016）
　メル別（エーコ, ウンベルト　1932-2016）

Economo, Constantin, Freiherr von San
オーストリアの神経学者。嗜眠性脳炎について最初の適切な記載を行い,「エコノモ氏病」の名が残った。
⇒岩世人（エコノモ　1876-1931）
　現精（エコノモ　1876-1931）
　現精縮（エコノモ　1876-1931）

Edades, Victorio C.
フィリピンの画家。
⇒岩世人（エダデス　1895.12.23-1985.3.7）

Edberg, Stefan
スウェーデンのテニス選手。
⇒異ニ辞（エドベリ [ステファン・～]　1966-）
　外16（エドベリ, ステファン　1966.1.19-）

Eddie
韓国の歌手。
⇒外12（エディー　1981.9.29-）

Eddings, David
アメリカの作家。
⇒現世文（エディングス, デービッド　1931-2009.6.1）

Eddington, Sir Arthur Stanley
イギリスの天文学者, 物理学者。ケンブリッジ天文台長などを務めた。
⇒岩世人（エディントン　1882.12.28-1944.11.21）
　広辞7（エディントン　1882-1944）
　三新物（エディントン　1882-1944）
　天文辞（エディントン　1882-1944）
　天文大（エディントン　1882-1944）
　物理（エディントン, サー・アーサー・スタンレー　1882-1944）
　メル3（エディントン（サー）, アーサー・スタンレー　1882-1944）

Eddy, Duane
アメリカのギター奏者。
⇒ロック（Eddy,Duane　エディ, ドゥエイン　1938.4.28-）

Eddy, George Sherwood
アメリカの宣教師, 著作家。5カ年運動を提唱し（1930）, 中国におけるキリスト教運動を発展させた。
⇒アア歴（Eddy,(George) Sherwood　エディ, ジョージ・シャーウッド　1871.1.19-1963.3.3）
　岩世人（エディ　1871.1.19-1963.3.3）

Eddy, Nelson
アメリカのバリトン歌手。
⇒ク俳（エディ, ネルスン　1901-1967）
　標音2（エディ, ネルソン　1901.6.29-1967.3.6）

Edebohls, George Michael
アメリカの外科医。腎臓水腫の成形手術（1886）などを初めて行い, 腎臓外科に寄与した。
⇒岩世人（エーデボールズ　1853.5.8-1908.8.8）

Edel, (Joseph) Leon
アメリカの伝記作家。
⇒岩世人（エーデル　1907.9.9-1997.9.5）

Edelfelt, Albert Gustav
フィンランドの画家。パリに赴き（1874）, フランス自然主義の影響をうけ, 肖像画などを描いた。
⇒岩世人（エーデルフェルト　1854.7.21-1905.8.18）

Edelman, Gerald Maurice
アメリカの生化学者。ノーベル生理・医学賞受賞。
⇒岩生（エーデルマン　1929-）
　岩世人（エーデルマン　1929.7.1-）
　ノベ3（エーデルマン,G.M.　1929.7.1-）
　ユ著人（Edelman,Gerald Maurice　エーデルマン, ジェラルド・モーリス　1912-）

Edelman, Marian Wright
アメリカの公民権運動活動家。
⇒マルX（EDELMAN,MARIAN WRIGHT　イーデルマン, メアリアン・ライト　1939-）

Edelmann, Heinz
ドイツのグラフィック・デザイナー, 動画映画制作者, 挿絵画家。
⇒グラデ（Edelmann,Heinz　エーデルマン, ハインツ　1934-）

Edelmann, Otto
オーストリアのバス・バリトン歌手。
⇒オペラ（エーデルマン, オットー 1917-2003）
新音中（エーデルマン, オットー 1917.2.5-）
標音2（エーデルマン, オットー 1917.2.5-2003.5.14）

Edelmann, Sergei
ソ連, のちアメリカのピアノ奏者。1979年ジーナ・バッカウアー・コンクールで第一位に入賞。
⇒外12（エーデルマン, セルゲイ 1960.6.22-）
　外16（エーデルマン, セルゲイ 1960.6.22-）

Edelson, Mary Beth
アメリカ生まれの女性画家, 写真家。
⇒芸13（エデルソン, マリー・ベス　?-）

Eden, Barbara
アメリカ生まれの女優。
⇒ク俳（イーデン, バーバラ（ムーアヘッド,B, のちにハフマン）1934-）

Eden, Robert Anthony, First Earl of Avon
イギリスの政治家。イギリスの首相（1955～57）。第2次大戦中は外相として連合国間の提携強化に努める。56年スエズ動乱でイギリス出兵に失敗し, 引退。
⇒ア太戦（イーデン　1897-1977）
　岩世人（イーデン　1897.6.12-1977.1.14）
　広辞7（イーデン　1897-1977）
　世史改（イーデン　1897-1977）
　世人新（イーデン　1897-1977）
　世人装（イーデン　1897-1977）
　ネーム（イーデン　1897-1977）

Eder, Helmut
オーストリアの作曲家。
⇒ク音3（エーダー　1916-2005）

Eder, Josef Maria
オーストリアの女流写真化学者。写真化学の基礎的研究, スペクトル分析を行った。
⇒岩世人（エーダー　1855.3.16-1944.10.18）
　化学（エーダー　1855-1944）

Eder, Manfred A.J.
ドイツのチェス史研究者, 収集家, 企業家。
⇒岩世人（エーダー　1937.6.1-）

Ederle, Gertrude（Caroline）
アメリカの水泳選手。
⇒岩世人（エダール　1905.10.23-2003.11.30）

Ederle, Nino
イタリアのテノール歌手。
⇒失声（エデルレ, ニーノ　1892-1951）
　魅惑（Ederle,Nino 1887-1951）

Edgar, David
イギリスの劇作家。
⇒現世文（エドガー, デービッド　1948.2.26-）

Edgar, Frank
アメリカの格闘家。
⇒外16（エドガー, フランク　1981.10.16-）

Edgar, Knoop
ドイツ生まれの画家。
⇒芸13（エドガー, クノープ　1936-）

Edge
イギリスのロック・ギター奏者。
⇒外12（エッジ　1961.8.8-）
　外16（エッジ　1961.8.8-）

Edger, Kate Milligan
ニュージーランドの教育者。大英帝国初の女性大学卒業者。
⇒ニュー（エドガー, ケイト　1857-1935）

Edgerton, Franklin
アメリカのアイオワ州生まれの言語学者, インド学者。
⇒岩世人（エジャトン　1885.7.24-1963.12.7）
　新佛3（エジャトン）
　南ア系（エジャートン　1885-1963）

Edgeworth, Francis Ysidro
イギリスの経済学者。主な学問的業績は, 確率論と統計理論, および経済学にある。
⇒岩経（エッジワース　1845-1926）
　岩世人（エッジワース　1845.2.8-1926.2.13）
　学叢思（エッジウォース, フランシス・イシードロ　1845-?）
　世数（エッジワース, フランシス・イシードロ　1845-1926）
　有経5（エッジワース　1845-1926）

Edilson
ブラジルのサッカー選手。
⇒異二辞（エジウソン　1970-）
　外12（エジウソン　1970.9.17-）

Edinburgh, The Duke of
イギリス女王エリザベス2世の夫。世界自然保護基金（WWF）名誉総裁。
⇒岩世人（エディンバラ　1921.6.19-）
　外12（エディンバラ公　1921.6.10-）
　外16（エディンバラ公　1921.6.10-）

Edinger, Ludwig
ドイツの神経解剖学者, 神経科専門医。
⇒ユ著人（Edinger,Ludwig　エディンガー, ルードヴィヒ　1855-1918）

Edison, Harry（Sweets）
アメリカのジャズ・トランペット奏者。
⇒標音2（エディソン, ハリー　1915.10.10-1999.7.27）

Edison, Thomas Alva
アメリカの発明家。白熱電球, 活動写真など

1100を越す発明を達成。
⇒アメ州 (Edison,Thomas Alva　エジソン,トーマス・アルバ　1847-1931)
アメ州 (Edison,Thomas Alva　エジソン,トーマス・アルバ　1847-1931)
アメ新 (エジソン　1847-1931)
異二辞 (エジソン[トーマス・〜]　1847-1931)
岩世人 (エディソン(慣エジソン)　1847.2.11-1931.10.18)
学叢思 (エディソン,トーマス・アルヴァ　1874-?)
広辞7 (エジソン　1847-1931)
辞歴 (エジソン　1847-1931)
世史改 (エディソン　1847-1931)
世人新 (エディソン　1847-1931)
世人装 (エディソン　1847-1931)
物理 (エディソン,トーマス・アルバ　1847-1931)
ポプ人 (エジソン,トーマス・アルバ　1847-1931)

Edlund, Richard
アメリカ生まれの特撮監督。
⇒外12 (エドランド,リチャード　1940.12.6-)
外16 (エドランド,リチャード　1940.12.6-)

Edman, Pehr Victor
スウェーデンの生化学者。
⇒岩世人 (エードマン(慣エドマン)　1916.4.14-1977.3.19)

Edmilson
ブラジルのサッカー選手(ビジャレアル・DF)。
⇒外12 (エジミウソン　1976.7.10-)

Edmilson
ブラジルのサッカー選手(アルガラファ・FW)。
⇒外12 (エジミウソン　1982.9.15-)

Edmilson, Alves
ブラジルのサッカー選手(MF)。
⇒外12 (エジミウソン　1976.2.17-)

Edmond, Lauris
ニュージーランドの女性詩人。
⇒ニュー (エドモンド,ローリス　1924-2000)

Edmonds, James Patrick
アメリカの大リーグ選手(外野)。
⇒外12 (エドモンズ,ジム　1970.6.27-)
最世ス (エドモンズ,ジム　1970.6.27-)
メジャ (エドモンズ,ジム　1970.6.27-)

Edmunds, Charles Keyser
アメリカの教育者。
⇒アア歴 (Edmunds,Charles K (eyser)　エドマンズ,チャールズ・カイザー　1876.9.21-1949.1.8)

Edmunds, Dave
イギリスのギター奏者,作曲家,プロデューサー。
⇒ロック (Edmunds,Dave　エドマンズ,デイヴ　1964-)

Edsall, David Linn
アメリカの医学者,産業医。

⇒岩世人 (エドサル　1869.7.6-1945.8.12)

Edschmid, Kasimir
ドイツの作家。主著『瑪瑙の弾丸』(1920) など。
⇒岩世人 (エートシュミート　1890.10.5-1966.8.31)

Edson, Margaret
アメリカの劇作家。
⇒現世文 (エドソン,マーガレット　1961-)

Edström, Johannes Sigfrid
スウェーデンの体育家,実業家。国際オリンピック委員会会長(1946〜)。国際商業会議所名誉会長。
⇒岩世人 (エードストレム　1870.11.21-1964.3.18)

Edu
ブラジルのサッカーコーチ。
⇒外12 (エドゥー　1947.2.5-)

Edú
ブラジルのサッカー選手。
⇒外12 (エドゥー　1963.2.2-)

Eduardo
アルゼンチンのタンゴ舞踊家,演出家,振付家。
⇒外12 (エドゥアルド)

Edumundo
ブラジルのサッカー選手。
⇒異二辞 (エジムンド　1971-)

Edward, Prince
イギリス王子。
⇒外12 (エドワード王子　1964.3.10-)
外16 (エドワード王子　1964.3.10-)

Edward VII
イギリス国王。在位1901〜10。ビクトリア女王の長男。
⇒岩世人 (エドワード7世　1841.11.9-1910.5.6)
学叢歴 (エドワード7世　1841-1910)
皇国 (エドワード7世　(在位)1901-1910)
広辞7 (エドワード7世　1841-1910)
世帝 (エドワード7世　1841-1910)
フラ食 (エドワード7世[エドワード・セート]　1841-1910)

Edward VIII (Duke of Windsor)
イギリスの国王。1936年即位したが,シンプソン夫人との結婚問題のため退位。
⇒岩世人 (エドワード8世(ウィンザー公)　1894.6.23-1972.5.28)
皇国 (エドワード8世)
広辞7 (エドワード(8世)　1894-1972)
世人新 (エドワード8世(ウィンザー公)　1894-1972)
世人装 (エドワード8世(ウィンザー公)　1894-1972)
世帝 (エドワード8世　1894-1972)
ネーム (エドワード8世　1894-1972)

E

Edwards, Anthony
アメリカ生まれの俳優。
⇒外12（エドワーズ,アンソニー　1962.7.19-）
　外16（エドワーズ,アンソニー　1962.7.19-）
　ク俳（エドワーズ,アンソニー　1962-）

Edwards, Blake
アメリカ生まれの映画監督,映画脚本家。
⇒映監（エドワーズ,ブレイク　1922.7.26-）

Edwards, Charles Bruce
アメリカの大リーグ選手（捕手）。
⇒メジャ（エドワーズ,ブルース　1923.7.15-1975.4.25）

Edwards, Colin
アメリカのオートバイライダー。
⇒最世ス（エドワーズ,コーリン　1974.2.27-）

Edwards, Dorothy
イギリスの児童文学作家。
⇒現世文（エドワーズ,ドロシー　1914.11.6-1982）

Edwards, Gareth
イギリスの映画監督。
⇒外16（エドワーズ,ギャレス　1975-）

Edwards, Gareth Owen
イギリスのラグビー選手。
⇒岩世人（エドワーズ　1947.7.12-）
　外16（エドワーズ,ギャレス　1947.7.12-）

Edwards, Gordon
アメリカのジャズ・ベース奏者。
⇒ビト改（EDWARDS,GORDON　エドワーズ,ゴードン）

Edwards, Harry Taylor
アメリカの農学者。
⇒アア歴（Edwards,Harry T(aylor)　エドワーズ,ハリー・テイラー　1877.10.28-1949.5.6）

Edwards, Henry
イギリスの男優。
⇒ク俳（エドワーズ,ヘンリー(エドワーズ,エセルバート)　1882-1952）

Edwards, Jeffery S.
アメリカの軍事コンサルタント,作家。
⇒海文新（エドワーズ,ジェフ）
　現世文（エドワーズ,ジェフ）

Edwards, John
イギリス生まれの画家。
⇒芸13（エドワーズ,ジョン　1938-）

Edwards, John Alban
アメリカの大リーグ選手（捕手）。
⇒メジャ（エドワーズ,ジョニー　1938.6.10-）

Edwards, John R.
アメリカの政治家。上院議員（民主党）。
⇒外12（エドワーズ,ジョン　1953.6.10-）
　世指導（エドワーズ,ジョン　1953.6.10-）

Edwards, Kim
アメリカの作家。ケンタッキー大学准教授。
⇒海文新（エドワーズ,キム）
　現世文（エドワーズ,キム）

Edwards, Margaret Alexander
アメリカの図書館員。イノック・プラット無料図書館で「ヤング・アダルト・コーナー」を展開し,全米に名を知られる。アメリカ図書館協会その他で役職の地位に就く。
⇒ア図（エドワーズ,マーガレット　1902-1988）

Edwards, Martin
イギリスの作家,評論家。
⇒現世文（エドワーズ,マーティン　1955-）

Edwards, Norkie
アメリカのリードギター奏者。
⇒外12（エドワーズ,ノーキー　1936-）

Edwards, Perrie
イギリスの歌手。
⇒外16（エドワーズ,ペリー　1993.7.10-）

Edwards, Robert Geoffrey
イギリスの生物学者。ケンブリッジ大学名誉教授。世界最初の"試験管ベビー"を出産させた。
⇒岩世人（エドワーズ　1925.9.27-2013.4.10）
　外12（エドワーズ,ロバート　1925.9.27-）
　ノベ3（エドワーズ,R.G.　1925.9.27-）

Edwards, Simon
テノール歌手。
⇒魅惑（Edwards,Simon　?-）

Edwards, Sylvia
アメリカ生まれの女性画家。
⇒芸13（エドワーズ,シルヴィア　?-）

Edwards, Teresa
アメリカのバスケットボール選手。
⇒外16（エドワーズ,テレサ　1964.7.19-）

Edwards, Tommy
アメリカ・ヴァージニア州生まれの歌手。
⇒ロック（Edwards,Tommy　エドワズ,トミー　1922.2.17-1969.12.22）

Edwards, Vincent
アメリカ生まれの俳優。
⇒ク俳（エドワーズ,ヴィンス(ツォイノ,ヴィンセント・エドゥアルド)　1926-1996）

Edwins, August William
アメリカの宣教師。

⇒アア歴（Edwins,August W（illiam） エドウィンズ，オーガスト・ウイリアム 1871.8.12–1942.7.2）

Eeden, Frederik Willem van
オランダの詩人，小説家，随筆家，劇作家，医師。物語『小さなヨハンネス』（1885）など。
⇒岩世人（ファン・エーデン 1860.4.3–1932.6.16）

Eekhoud, Georges
ベルギーの作家。主著 "La nouvelle Carthage"（1888）。
⇒岩世人（エコット 1854.5.27–1927.5.31）

Eelles, Walter Crosby
アメリカの教育家。1947年占領軍総司令部CIE（民間情報教育局）の高等教育に関する顧問として来日。
⇒岩世人（イールズ 1886.3.6–1962.12.15）

Effenberger, Theodor
ドイツの建築家。主作品，ベーベルヴィッツ集合住宅。
⇒岩世人（エッフェンベルガー 1882.8.21–1968.3.6）

Effendi, Rustam
インドネシアの文学者，共産主義者。
⇒岩世人（エフェンディ，ルスタム 1903.5.13–1979.5.24）

Effinger, George Alec
アメリカのSF作家。
⇒現世文（エフィンジャー，ジョージ・アレック 1947–2002.4.26）

Efremov, Ivan Antonovich
ソ連のSF作家，古生物学者。『人間の世界』（1964）などで知られる。
⇒岩世人（エフレーモフ 1907.4.9/22–1972.10.5）
現世文（エフレーモフ，イワン・アントノヴィチ 1907.4.22–1972.10.5）

Efremov, Oleg Nikolaevich
ロシアの演出家，俳優。
⇒岩世人（エフレーモフ 1927.10.1–2000.5.24）

Efron, Zac
アメリカの俳優。
⇒外12（エフロン，ザック 1987–）
外16（エフロン，ザック 1987–）

Efros, Anatolii Vasilievich
ロシアの代表的演出家。
⇒岩世人（エーフロス 1925.7.3–1987.1.13）

Egal, Mohamed Ibrahim
ソマリアの政治家。ソマリランド大統領（1993～2002），ソマリア共和国首相・外相。
⇒世指導（エガル，モハメド 1928.8.15–2002.5.3）

Egan, Desmond
アイルランドの詩人。
⇒現世文（イーガン，デズモンド 1936.7.15–）

Egan, Greg
オーストラリアのSF作家。
⇒外12（イーガン，グレッグ 1961–）
外16（イーガン，グレッグ 1961–）
現世文（イーガン，グレッグ 1961–）

Egan, Jennifer
アメリカの作家。
⇒外12（イーガン，ジェニファー 1962–）
外16（イーガン，ジェニファー 1962–）
現世文（イーガン，ジェニファー 1962–）

Egan, Kian
アイルランドの歌手。
⇒外12（イーガン，キーアン 1980.4.29–）

Egan, Martin
アメリカのジャーナリスト，政治評論家。
⇒アア歴（Egan,Martin イーガン，マーティン 1872.6.18–1938.12.7）

Egan, Richard
アメリカの男優。
⇒ク俳（イーガン，リチャード 1921–1987）

Egbert, Nelly Young
アメリカの司書。
⇒アア歴（Egbert,Nelly Young エグバート，ネリー・ヤング 1843–1913.6.2）

Egeland, Tom
ノルウェーの作家。
⇒海文新（エーゲラン，トム 1959.7.8–）
現世文（エーゲラン，トム 1959.7.8–）

Egenter, Richard
ドイツのカトリック神学者。主著 "Das Edle und der Christ"（1935）。
⇒岩世人（エーゲンター 1902.5.3–1981.2.11）

Egerton, Francis
テノール歌手。
⇒魅惑（Egerton,Francis 1942–）

Eggan, Fred Russel
アメリカの人類学者。ホピ・インディアンに関する研究が著名。
⇒アア歴（Eggan,Fred(erick) R(ussell) エガン，フレデリック・ラッセル 1906.9.12–1991.5.7）
岩世人（エガン 1906.9.12–1991.5.7）

Eggar, Samantha
イギリス生まれの女優。
⇒ク俳（エッガー，サマンサ（エッガー，ヴィクトリア・S） 1938–）

Egge, Klaus
ノルウェーの作曲家。1945年からノルウェー作曲家協会会長などの要職を歴任,音楽批評も行なう。
⇒新音中 (エッゲ, クレーウス　1906.7.16-1979.3.7)
標音2 (エッゲ, クラウス　1906.7.19-1979.3.7)

Eggebrecht, Axel Constantin August
ドイツのジャーナリスト。
⇒岩世人 (エッゲブレヒト　1899.1.10-1991.7.14)

Eggebrecht, Hans Heinrich
ドイツの音楽学者。
⇒岩世人 (エッゲブレヒト　1919.1.5-1999.8.30)
新音中 (エッゲブレヒト, ハンス・ハインリヒ　1919.1.5-1999.8.30)

Eggeling, Viking
スウェーデン生まれの映画監督,画家。
⇒アニメ (エッゲリング, ヴィキング　1880-1925)

Egger, Augustin
スイス,ザンクト・ガレンの司教。
⇒新カト (エッガー　1833.8.5-1906.3.12)

Egger, Max
スイスのピアノ奏者。
⇒標音2 (エッガー, マックス　1916.7.19-2008.4.19)

Eggers, Dave
アメリカのライター。
⇒外12 (エガーズ, デーブ　1970-)
外16 (エガーズ, デーブ　1970-)
海文新 (エガーズ, デイヴ　1970-)
現世文 (エガーズ, デーブ　1970-)

Eggers, Hans
ドイツのゲルマン語学者。
⇒岩世人 (エッガース　1907.7.9-1988.5.31)

Eggers, Hans Jürgen
ドイツの考古学者。
⇒岩世人 (エッガース　1906.1.2-1975.4.19)

Eggersdorfer, Franz Xaver
ドイツの教育学者,教育行政家。
⇒教人 (エッガースドルファー　1879-)
新カト (エッガースドルファー　1879.2.22-1958.5.20)

Eggert, Manfred K.H.
ドイツの考古学者。
⇒岩世人 (エッガート　1941-)

Eggleston, *Sir* Frederick William
オーストラリアの政治家,外交官。オーストラリア最初の駐中国公使として重慶に駐在 (1941~4)。

⇒岩世人 (エグルストン　1875.10.17-1954.11.12)

Eggleston, William
アメリカの写真家。
⇒外12 (エグルストン, ウィリアム　1939.7.27-)
外16 (エグルストン, ウィリアム　1939.7.27-)
現アテ (Eggleston,William　エグルストン, ウィリアム　1939-)

Egholm, Elsebeth
デンマークの作家。
⇒海文新 (イーホルム, エルスベツ　1960.9.17-)
現世文 (イーホルム, エルスベツ　1960.9.17-)

Egk, Werner
ドイツの作曲家。オリンピック芸術競技に優勝 (1936)。
⇒岩世人 (エック　1901.5.17-1983.7.10)
ク音3 (エック　1901-1983)
新音小 (エック, ヴェルナー　1901-1983)
新音中 (エック, ヴェルナー　1901.5.17-1983.7.10)
標音2 (エック, ヴェルナー　1901.5.17-1983.7.10)

Egli, Paul
スイス・ウズヴィル生まれのドミニコ会員,日本宣教師。
⇒新カト (エグリ　1907.7.23-1985.6.2)

Egmond, Max
オランダのバス・バリトン歌手。
⇒標音2 (エフモント, マックス　1936.2.1-)

Egner, Thorbrorw
ノルウェーの画家,児童文学者。
⇒絵本 (エグネル, トルビョルン　1912-1990)

Egorov, Dmitrii Fedorovich
ソ連の数学者。
⇒世数 (エゴロフ, ディミトリ・フェドロヴィッチ　1869-1931)

Egorov, Nikolai
ロシアの政治家。ロシア大統領府長官。
⇒世指導 (エゴロフ, ニコライ　1951-1997.4.25)

Egorova, Valentina
ロシアのマラソン選手。
⇒外12 (エゴロワ, ワレンティナ　1964-)

Egoyan, Atom
エジプト生まれの映画監督。
⇒岩世人 (エゴヤン　1960.7.19-)
映監 (エゴヤン, アトム　1960.7.19-)
外12 (エゴヤン, アトム　1960.7.19-)
外16 (エゴヤン, アトム　1960.7.19-)

Eheberg, Karl Theodor von
ドイツの財政学者。
⇒学叢思 (エーベルヒ, カール・テオドル・フォン　1855-?)

Ehelolf, Hans
ドイツのヒッタイト学者。
⇒岩世人（エーエロルフ　1891.7.30–1939.5.29）

Ehle, Jennifer
アメリカ生まれのイギリスの女優。
⇒ク俳（エイル, ジェニファー　1969–）

Ehmke, Horst
ドイツの法学者, 政治家。
⇒岩世人（エームケ　1927.2.4–）

Ehmke, Howard Jonathan
アメリカの大リーグ選手（投手）。
⇒メジャ（エムキー, ハワード　1894.4.24–1959.3.17）

Ehnes, James
カナダのヴァイオリン奏者。
⇒外12（エーネス, ジェームズ　1976–）

Ehre, Júrgen
ドイツ生まれの画家。
⇒芸13（エーベ, ジョーガン　1941–）

Ehrenberg, Richard
ドイツの経済学者。ヨーロッパ経済史専門家。
⇒岩世人（エーレンベルク　1857.2.5–1921.12.17）
　学叢思（エーレンベルヒ, リヒャルド　1857–?）

Ehrenberg, Victor Leopold
イギリスの古典古代史家。ドイツに生まれ, 1947年イギリスに帰化。ギリシア史を専門とする。『ギリシア人の国家』など多くの論著がある。
⇒岩世人（エーレンベルク　1891.11.22–1976.1.25）

Ehrenberg, Viktor
ドイツの法学者。主著 "Versicherungsrecht"（1893）。
⇒岩世人（エーレンベルク　1851.8.22–1929.3.9）

Ehrenburg, Il'ya Grigor'evich
ソ連の作家。
⇒岩世人（エレンブルグ　1891.1.14/27–1967.8.31）
　現世文（エレンブルグ, イリヤ　1891.1.27–1967.8.31）
　広辞7（エレンブルグ　1891–1967）
　西文（エレンブルグ, イリヤ　1891–1967）
　ネーム（エレンブルグ　1891–1967）
　ポブ人（エレンブルグ, イリヤ　1891–1967）
　ユ著人（Erenburg, Il'ya Grigor'evich　エレンブルグ, イリア・グリゴーリェヴィッチ　1891–1967）

Ehrenfels, Christian von
ドイツの哲学者。ブレンターノ学派に属した。
⇒岩世人（エーレンフェルス　1859.6.20–1932.9.7）
　学叢思（エーレンフェルス, クリスティアン・フライヘル・フォン　1859–?）

Ehrenfest, Paul
オーストリアの理論物理学者。古典量子理論の発展に寄与。
⇒岩世人（エーレンフェスト　1880.1.18–1933.9.25）
　科史（エーレンフェスト　1880–1933）
　三新物（エーレンフェスト　1880–1933）
　ネーム（エーレンフェスト　1880–1933）
　物理（エーレンフェスト, ポール　1880–1933）
　ユ著人（Ehrenfest, Paul　エレンフェスト, パウル　1880–1933）

Ehrenhaft, Felix
オーストリアの物理学者。実験によって電荷測定を行い, 原子物理学に関する諸論文を書いた。
⇒岩世人（エーレンハフト　1879.4.24–1952.3.4）

Ehrenreich, Barbara
アメリカの社会学者, 作家。
⇒外12（エーレンライク, バーバラ　1941–）
　外16（エーレンライク, バーバラ　1941–）

Ehrenstein, Albert
オーストリアの詩人, 作家。表現主義的詩人。
⇒ユ著人（Ehrenstein, Albert　エーレンシュタイン, アルベルト　1886–1950）

Ehret, Philip Sydney (Red)
アメリカの大リーグ選手（投手）。
⇒メジャ（アーレット, レッド　1868.8.31–1940.7.28）

Ehrhard, Albert
ドイツのカトリック教会史家。古代キリスト教文学, ビザンティン神学に通じていた。
⇒岩世人（エールハルト　1862.3.14–1940.9.23）
　新カト（エールハルト　1862.3.14–1940.9.23）

Ehrle, Franz
ドイツの聖職者。枢機卿（1922）, ローマ教会図書館長兼文庫保管者。
⇒岩世人（エールレ　1845.10.17–1934.3.31）
　新カト（エールレ　1845.10.17–1934.3.31）

Ehrlich, Eugen
オーストリアの法学者。自由法論の先駆者の一人。
⇒岩世人（エールリヒ　1862.9.14–1922.5.2）
　広辞7（エールリッヒ　1862–1922）
　社小増（エールリッヒ　1862–1922）

Ehrlich, Gretel
アメリカの女性小説家, エッセイスト。
⇒現世文（アーリック, グレテル　1946–）

Ehrlich, Paul
ドイツの細菌学者, 化学者。免疫に関する研究で, 1908年度のノーベル生理・医学賞を受賞。
⇒岩生（エールリヒ　1854–1915）
　岩世人（エールリヒ　1854.3.14–1915.8.20）
　旺生5（エールリヒ　1854–1915）
　オク生（エールリヒ, パウル　1854–1915）
　化学（エールリヒ　1854–1915）

学叢思（エールリッヒ，パウル　1851–?）
広辞7（エールリッヒ　1854–1915）
三新生（エールリヒ　1854–1915）
ネーム（エールリヒ　1854–1915）
ノベ3（エールリヒ,P.　1854.3.14–1915.8.20）
ポプ人（エールリッヒ,パウル　1854–1915）
薬学（エールリッヒ,P.　1854–1915）
ユ著人（Ehrlich,Paul　エールリッヒ，パウル　1854–1915）

Eḥsān Allāh Khān
イランの革命家。ジャンギャリー運動の左派グループを率いた。
⇒岩イ（エフサーノッラー　1883–?）

Ehses, Stephan
ドイツの教会史家。
⇒新カト（エーゼス　1855.12.9–1926.1.19）

Eich, Günter
ドイツの詩人，放送劇作家。
⇒現世文（アイヒ，ギュンター　1907.2.1–1972.12.22）

Eichel, Hans
ドイツの政治家。ドイツ財務相。
⇒外12（アイヘル，ハンス　1941.12.24–）
外16（アイヘル，ハンス　1941.12.24–）
世指導（アイヘル，ハンス　1941.12.24–）

Eichelberger, Robert Lawrence
アメリカの陸軍軍人。1944年第8軍司令官として対日占領に参加。著書 "Our Jungle Road to Tokyo"（1950）。
⇒アア歴（Eichelberger,Robert Lawrence　アイケルバーガー，ロバート・ローレンス　1886.3.9–1961.9.26）
ア太戦（アイケルバーガー　1886–1961）
岩世人（アイケルバーガー　1886.3.9–1961.9.26）
ネーム（アイケルバーガー　1886–1961）

Eichengreen, Barry
アメリカの経済学者。
⇒外16（アイケングリーン，バリー　1952–）

Eichhorn, Mark Anthony
アメリカの大リーグ選手（投手）。
⇒メジャ（アイクホーン，マーク　1960.11.21–）

Eichmann, Eduard
ドイツのカトリック神学者，教会法学者。
⇒新カト（アイヒマン　1870.2.14–1946.4.26）

Eichmann, Karl Adolf
元ナチス秘密警察ユダヤ課長，親衛隊中佐。ユダヤ人集団殺害の責任者。
⇒岩人（アイヒマン　1906.3.19–1962.5.31）
広辞7（アイヒマン　1906–1962）
国政（アイヒマン，アドルフ　1906–1962）
世人新（アイヒマン　1906–1962）
世人装（アイヒマン　1906–1962）

ネーム（アイヒマン　1906–1962）
ポプ人（アイヒマン，カール・アドルフ　1906–1962）

Eichner, Alfred Solomon
アメリカ生まれの経済思想家。
⇒岩経（アイクナー　1937–1988）

Eichrodt, Walther
スイスの旧約聖書学者。主著に『旧約神学』（1933〜39）。
⇒新カト（アイヒロット　1890.8.1–1978.5.20）

Eichwald, Maria
カザフスタンのバレリーナ。
⇒外12（アイヒヴァルト，マリア）
外16（アイヒヴァルト，マリア）

Eickstedt, Egon, Freiherr von
ドイツの人類学者。著書『人種学および人種史』で皮膚の色による人類分類表を完成。
⇒岩世人（アイクシュテット　1892.10.10–1965.12.20）

Eidrigevicius, Stasys
リトアニアの画家。
⇒絵本（エイドリゲヴィチュス，スタシス　1949–）
芸13（アイドリゲヴィチウス　1949–）

Eielson, Carl Ben
アメリカの飛行家。
⇒アメ州（Eielson,Carl Ben　アイアルソン，カール・ベン　1897–1927）

Eiermann, Egon
ドイツの建築家。ベルリンの『ヴィルヘルム皇帝記念教会』（1959〜62）は，戦災による廃墟と新建築を共存させることによって劇的効果をもたらしたものとして有名。
⇒岩世人（アイアーマン　1904.9.29–1970.7.19）

Eiffel, Alexandre Gustave
フランスの建築家。『エッフェル塔』やパナマ運河の水門を設計。
⇒岩世人（エッフェル　1832.12.15–1923.12.28）
19仏（エッフェル，ギュスターヴ　1832.12.15–1923.12.27）
世人新（エッフェル，ギュスターヴ　1832–1923）
世人装（エッフェル　1832–1923）
ポプ人（エッフェル，ギュスターブ　1832–1923）

Eifman, Boris
ソ連のダンサー，振付家，バレエ監督。
⇒岩世人（エイフマン　1946.7.22–）
外12（エイフマン，ボリス　1946.7.22–）
外16（エイフマン，ボリス　1946.7.22–）

Eigen, Manfred
ドイツの物理化学者。
⇒岩世人（アイゲン　1927.5.9–）
化学（アイゲン　1927–）

ノベ3（アイゲン,M. 1927.5.9-）
Eigenmann, Carl H.
ドイツ生まれのアメリカの魚類学者。インディアナ大学生物研究所を設立してその所長となる（1895～1920）。カーネギー博物館魚類部長（1909～18）。
⇒岩世人（アイゲンマン 1863.3.9-1927.4.24）

Eijkman, Christiaan
オランダの生理学者。ビタミン欠乏症研究の先駆者，ノーベル生理学・医学賞受賞。
⇒岩生（エイクマン 1858-1930）
　岩世人（エイクマン 1858.8.11-1930.11.5）
　旺音5（エイクマン 1858-1930）
　広辞7（エイクマン 1858-1930）
　ネーム（エイクマン 1858-1930）
　ノベ3（エイクマン,C. 1858.8.11-1930.11.5）

Eikhenbaum, Boris Mikhailovich
ロシア（ソ連）の文学史家，文芸理論家。
⇒岩世人（エイヘンバウム 1886.10.4/16-1959.11.24）
　広辞7（エイヘンバウム 1886-1959）

Eikötter, Uwe
ドイツのテノール歌手。
⇒魅惑（Eikötter,Uwe ?-）

Eilemberg, Richard
ドイツの通俗音楽作曲家。管弦楽曲の『森の水車』がよく知られている。
⇒ク音3（アイレンベルク 1848-1925）
　標音2（アイレンベルク，リヒャルト 1848.1.13-1925.12.6）

Eilenberg, Samuel
アメリカの数学者。
⇒数辞（アイレンバーグ，サミュエル 1913-）
　世数（アイレンバーグ，サミュエル 1913-1998）

Eilers, Wilhelm
ドイツの東洋学者。
⇒岩世人（アイラース 1906.9.27-1989.7.3）

Eimert, Herbert
ドイツの音楽理論家，作曲家，評論家。「電子音楽」の創始者。
⇒岩世人（アイメルト 1897.4.8-1972.12.15）
　ク音3（アイメルト 1897-1972）
　新音中（アイメルト，ヘルベルト 1897.4.8-1972.12.15）
　標音2（アイメルト，ヘルベルト 1897.4.8-1972.12.15）

Einaudi, Ludovico
イタリアのピアノ奏者，作曲家。
⇒外12（エイナウディ，ルドヴィコ 1955-）
　外16（エイナウディ，ルドヴィコ 1955.11.23-）

Einaudi, Luigi
イタリアの政治家，経済学者。自由主義の立場からファシスト体制を批判。
⇒岩世人（エイナウディ 1874.3.24-1961.10.30）

Einem, Gottfried von
スイス生まれのオーストリアの作曲家。
⇒岩世人（アイネム 1918.1.24-1996.7.12）
　ク音3（アイネム 1918-1996）
　新音小（アイネム，ゴットフリート・フォン 1918-1996）
　新音中（アイネム，ゴットフリート・フォン 1918.1.24-1996.7.12）
　標音2（アイネム，ゴットフリート・フォン 1918.1.24-1996.7.12）

Einstein, Albert
ドイツ生まれのアメリカの理論物理学者。一般相対性理論を発表し，ノーベル物理学賞を受賞する。
⇒ア太戦（アインシュタイン 1879-1955）
　アメ州（Einstein,Albert アインシュタイン,アルバート 1879-1955）
　アメ新（アインシュタイン 1879-1955）
　異二辞（アインシュタイン［アルベルト・～］ 1879-1955）
　岩世人（アインシュタイン 1879.3.14-1955.4.18）
　オク科（アインシュタイン（アルベルト） 1879-1955）
　化学（アインシュタイン 1879-1955）
　学叢思（アインスタイン，アルベルト 1879-?）
　科史（アインシュタイン 1879-1955）
　教人（アインシュタイン 1879-1955）
　現科大（アインシュタイン，アルバート 1879-1955）
　広辞7（アインシュタイン 1879-1955）
　三新物（アインシュタイン 1879-1955）
　辞歴（アインシュタイン 1879-1955）
　新カト（アインシュタイン 1879.3.14-1955.4.18）
　数辞（アインシュタイン，アルベルト 1879-1955）
　数小増（アインシュタイン 1879-1955）
　世史改（アインシュタイン 1879-1955）
　世史改（アインシュタイン 1879-1955）
　世人新（アインシュタイン 1879-1955）
　世人装（アインシュタイン 1879-1955）
　世発（アインシュタイン，アルバート 1879-1955）
　天文辞（アインシュタイン 1879-1955）
　天文人（アインシュタイン 1879-1955）
　ノベ3（アインシュタイン,A. 1879.3.14-1955.4.18）
　物理（アインシュタイン，アルバート 1879-1955）
　ボブ人（アインシュタイン，アルバート 1879-1955）
　メル3（アインシュタイン，アルベルト 1879-1955）
　もう山（アインシュタイン 1879-1955）
　ユ著人（Einstein,Albert アインシュタイン,アルベルト 1879-1955）

Einstein, Alfred
ドイツ生まれのアメリカの音楽学者。物理学者アルベルト・アインシュタインのいとこ。
⇒岩世人（アインシュタイン 1880.12.30-1952.2.13）

新音中（アインシュタイン,アルフレート　1880.12.30–1952.2.13）
標音2（アインシュタイン,アルフレド　1880.12.30–1952.2.13）
ユ著人（Einstein,Alfred　アインシュタイン,アルフレート　1880–1952）

Einstein, Carl
ドイツの小説家,美術史家,批評家。
⇒現世文（アインシュタイン,カール　1885.4.26–1940.7.5）

Einthoven, Willem
オランダの生理学者。心電図法の発見,研究で1924年ノーベル生理・医学賞受賞。
⇒岩世人（アイントーホーフェン　1860.5.21–1927.9.28）
広辞7（エイントーフェン　1860–1927）
ノベ3（アイントホーフェン,W.　1891.5.21–1927.9.29）

Einziger, Michael
アメリカのロック・ギター奏者。
⇒外12（アインジガー,マイケル　1976.6.21–）
外16（アインジガー,マイケル　1976.6.21–）

Eipper, Paul
ドイツの著述家。主著 "Tiere sehen dich an"（1928）。
⇒岩世人（アイパー　1891.7.10–1964.7.22）
現世文（アイパー,パウル　1891.7.10–1964.7.22）

Eiselsberg, Anton, Freiherr von
オーストリアの外科医。手術にすぐれ,甲状腺剔除,移植術,脳手術,脊髄手術に寄与した。
⇒岩世人（アイゼルスベルク　1860.7.31–1939.10.25）

Eisenberg, Jesse
アメリカの俳優。
⇒外12（アイゼンバーグ,ジェシー　1983.10.5–）
外16（アイゼンバーグ,ジェシー　1983.10.5–）

Eisendecher, Karl J.G.von
ドイツの外交官。駐日弁理代理公使として来日し（1875）,条約改正交渉に関係した。特命全権公使に昇格（80）。
⇒岩世人（アイゼンデッヒャー　1841.6.23–1934.8.19）

Eisenhofer, Ludwig Karl August
ドイツの典礼学者。
⇒新カト（アイゼンホーファー　1871.4.1–1941.3.29）

Eisenhower, Dwight David
アメリカの軍人,政治家。第2次世界大戦ノルマンディー進攻で活躍,1952年共和党から第34代大統領。
⇒ア太戦（アイゼンハワー　1890–1969）
アメ州（Eisenhower,Dwight David　アイゼンハワー,ドワイト・デビッド　1890–1969）
アメ新（アイゼンハワー　1890–1969）

岩世人（アイゼンハワー　1890.10.14–1969.3.28）
広辞7（アイゼンハワー　1890–1969）
政経改（アイゼンハワー　1890–1969）
世史改（アイゼンハワー　1890–1969）
世史改（アイゼンハワー　1890–1969）
世人新（アイゼンハウアー　1890–1969）
世人装（アイゼンハウアー　1890–1969）
戦ア大（アイゼンハワー,ドワイト・D.　1890.10.14–1969.3.28）
ネーム（アイゼンハウアー　1890–1969）
ボブ人（アイゼンハワー,ドワイト　1890–1969）
マルX（EISENHOWER,DWIGHT DAVID　アイゼンハワー,ドワイト・デイヴィッド　1890–1969）
もう山（アイゼンハワー　1890–1969）

Eisenreich, James Michael
アメリカの大リーグ選手（外野）。
⇒メジャ（アイゼンライク,ジム　1959.4.18–）

Eisenstadt, Shmuel Noah
イスラエルの社会学者。代表作は,『諸帝国の政治システム』（1963）。
⇒岩世人（アイゼンシュタット　1923.9.10–2010.9.2）
社小増（アイゼンシュタット　1923–）

Eisenstaedt, Alfred
ドイツ生まれのアメリカの写真家。1936年「ライフ」誌の報道カメラマン。
⇒芸13（アイゼンステット,アルフレッド　1899–1969）
ユ著人（Eisenstaedt,Alfred　アイゼンシュテット,アルフレッド　1898–1985）

Eisler, Barry
アメリカの作家,弁護士。
⇒外12（アイスラー,バリー　1964–）
外16（アイスラー,バリー　1964–）
海文新（アイスラー,バリー　1964–）
現世文（アイスラー,バリー　1964–）

Eisler, David
テノール歌手。
⇒魅惑（Eisler,David　?–）

Eisler, Hanns
ドイツの作曲家。プロレタリア作曲家として活動。
⇒岩世人（アイスラー　1898.7.6–1962.9.6）
ク音3（アイスラー　1898–1962）
新音小（アイスラー,ハンス　1898–1962）
新音中（アイスラー,ハンス　1898.7.6–1962.9.6）
標音2（アイスラー,ハンス　1898.7.6–1962.9.6）

Eisler, Rudolf
ドイツの哲学者。『カント辞典』の編者として有名。
⇒岩世人（アイスラー　1873.1.7–1926.12.13/14）
新カト（アイスラー　1873.1.7–1926.12.14）

Eisner, Kurt
ドイツの社会主義者。1918年バイエルン首相、翌年暗殺された。
⇒岩世人（アイスナー　1867.5.14-1919.2.21）
学叢思（アイスネル, クルト　1867-1919.2.21）
ネーム（アイスナー　1867-1919）
ユ著人（Eisner, Kurt　アイスナー, クルト　1867-1919）

Eisner, Michael
アメリカの実業家。ウォルト・ディズニーCEO。
⇒外12（アイズナー, マイケル　1942.3.7-）
外16（アイズナー, マイケル　1942.3.7-）

Eisner, Robert
アメリカの経済学者。マクロ経済理論, 経済政策, 国民経済計算の分野で貢献。主著『資本的支出の決定』『企業の投資決定要因』など。
⇒有経5（アイスナー　1922-1998）

Eissfeldt, Otto
ドイツの旧約学者, 東洋学者。ヴェルハウゼン流の本文批判に詳しい。
⇒新カト（アイスフェルト　1887.9.1-1973.4.23）

Eitan, Rafael
イスラエルの情報士官, スパイマスター。ジョナサン・ジェイ・ポラードのスパイ活動を指揮した。
⇒スパイ（エイタン, ラファエル　1929-2004）

Eitel, Ernest Johann
ドイツの宣教師, 中国学者。中国の言語, 宗教を研究し, 独, 英両国語並に漢文の著書, 論文が多数ある。
⇒岩世人（アイテル　?-1909）

Eitingon, Max
ロシア生まれの精神分析学者。
⇒ユ著人（Eitingon, Max　アイティンゴン, マックス　1881-1943）

Eitner, Robert
ドイツの音楽家。ベルリンに「音楽研究会」をつくり (1868),「音楽史雑誌」(1869～1904) を発刊。
⇒岩世人（アイトナー　1832.10.22-1905.2.2）
標音2（アイトナー, ローベルト　1832.10.22-1905.2.2）

Eitz, Carl
ドイツの音楽教育家。アイツ階名を考案して, 階名唱法に多大の寄与をした。
⇒岩世人（アイツ　1848.6.25-1924.4.18）

Eizenshtein, Sergei Mikhailovich
ソ連の映画監督, 映画理論家。
⇒岩世人（エイゼンシュテイン　1898.1.10/22-1948.2.11）
映監（エイゼンシュテイン, セルゲイ・M　1898.1.23-1948）
広辞7（エイゼンシュテイン　1898-1948）
ネーム（エイゼンシュテイン　1898-1948）
ユ著人（Eizenshtein, Sergei Mikhailovich　エイゼンシュタイン, セルゲイ・ミカイロビッチ　1898-1948）
ラテ新（エイゼンシュテイン　1898-1948）

EJFD, Thomas
フランスの作家。
⇒海文新（エージーエフデー, トマ　1973.10.31-）

Ek, Harald
スウェーデンのテノール歌手。
⇒魅惑（Ek, Harald　1936-）

Ek, Mats
スウェーデンのダンサー, 振付家。
⇒岩世人（エック　1945.4.18-）
外12（エック, マッツ　1945-）
外16（エック, マッツ　1945.4.18-）

Ekberg, Anita
スウェーデン生まれの女優。
⇒ク俳（エクバーグ, アニタ（エクバーグ, チェルスティン・A）　1931-）

Ekeland, Ivar
フランスの数学者。
⇒世数（エクランド, イーヴァル　1944-）

Ekelöf, Bengt Gunnar
スウェーデンの詩人。作品『悲しみと星』(1936),『渡し船の歌』(41) など。
⇒岩世人（エーケレーヴ　1907.9.15-1968.3.16）
現世文（エーケレーヴ, ベンクト・グンナル　1907.9.15-1968.3.16）

Ekelund, Otto Vilhelm
スウェーデンの詩人。
⇒岩世人（エーケルンド　1880.10.14-1949.9.3）

Ekier, Maria
ポーランドの絵本作家。
⇒絵本（エキエル, マリア　1943-）

Ekland, Britt
スウェーデン生まれの女優。
⇒ク俳（エクランド, ブリット（エクランド, ブリット＝マリー）　1942-）

Eklund, Gordon
アメリカのSF作家。1974年『もし星が神ならば』でネビュラ賞受賞。
⇒現世文（エクランド, ゴードン　1945.7.24-）

Eklundh, Claes
スウェーデン生まれの画家。
⇒芸13（エクルンド, クラエス　1944-）

Ekman, Fam
スウェーデンのイラストレーター。

⇒絵本（エークマン, ファム　1946–）

Ekman, Kerstin
スウェーデンの女性作家。
⇒岩世人（エークマン　1933.8.27–）
現世文（エークマン, シャスティン　1933.8.27–）

Ekman, Paul
アメリカの心理学者。
⇒岩世人（エクマン　1934.2.15–）

Ekman, Vagn Walfrid
スウェーデンの海洋物理学者。海流理論の開拓者。
⇒岩世人（エークマン（エクマン）　1874.5.3–1954.3.9）

Ekmečić, Milorad
ユーゴスラビア, セルビアの歴史家。
⇒岩世人（エクメチッチ　1928.10.4–）

Eksell, Olle
スウェーデンのグラフィックとインダストリアルと展示のデザイナー, 挿絵画家, 画家, 彫刻家。
⇒グラデ（Eksell,Olle　エクセル, オレ　1918–）

Ekvall, Robert Brainerd
アメリカの宣教師。
⇒アア歴（Ekvall,Robert Brainerd　エクヴォル, ロバート・ブレイナード　1898.2.18–1983.5）
岩世人（イークヴァル）

Ekwensi, Cyprian
ナイジェリアの作家。主著『町の人々』（1954）など。英語で執筆。
⇒現世文（エクェンシー, シプリアン　1921.9.26–2007.11.4）

El Akkad, Omar
カナダ在住のエジプトの作家。
⇒現世文（エル・アッカド, オマル　1982–）

Elan, Maika
ベトナムの写真家。
⇒外16（エラン, マイカ　1986–）

Elbaradei, Muhammad Mostafa
エジプトの外交官, 国際法学者。
⇒外12（エルバラダイ, ムハンマド・モスタファ　1942.6.17–）
外16（エルバラダイ, ムハンマド・モスタファ　1942.6.17–）
世指導（エルバラダイ, ムハンマド・モスタファ　1942.6.17–）
ノベ3（エルバラダイ,M.M.　1942.6.17–）

Elbaz, Alber
モロッコの服飾デザイナー。
⇒外12（エルバス, アルベール　1961–）
外16（エルバス, アルベール　1961–）

Elbegdorj, Tsahiagiin
モンゴルの政治家。モンゴル大統領（2009～17）。
⇒外12（エルベグドルジ, ツァヒャギン　1963.3.30–）
外16（エルベグドルジ, ツァヒャギン　1963.3.30–）
世指導（エルベグドルジ, ツァヒアギン　1963.3.30–）

Elberfeld, Norman Arthur（Kid）
アメリカの大リーグ選手（遊撃, 三塁）。
⇒メジャ（エルバーフェルド, キッド　1875.4.13–1944.1.13）

Elbert, Donnie
アメリカの歌手。
⇒ロック（Elbert,Donnie　エルバート, ドニー）

Elchibey, Abulfaz
アゼルバイジャンの政治家。アゼルバイジャン大統領（1992～93）。
⇒世指導（エリチベイ, アブルファズ　1938.6.7–2000.8.22）

Elderkin, Susan
イギリスの作家。
⇒海文新（エルダーキン, スーザン　1968–）
現世文（エルダーキン, スーザン　1968–）

Eldershaw, M.Barnard
オーストラリアの作家, 歴史作家。
⇒現世文（エルダーショー,M.バーナード）

Eldredge, Niles
アメリカの古生物学者。
⇒岩生（エルドレジ　1943–）

Eldridge, David Roy（Little Jazz）
アメリカのジャズ・トランペット奏者, 歌手。1930～40年代スイング・トランペットの第一人者として活躍。
⇒標音2（エルドリッジ, ロイ　1911.1.30–1989.2.26）

Eldridge, Robert D.
アメリカの歴史学者。
⇒岩世人（エルドリッジ　1968.1.23–）

Elena del Montenegro
イタリア王ヴィットーリオ・エマヌエーレ3世の妃, モンテネグロ王女。
⇒王妃（エレナ　1873–1952）

Elert, Werner
ドイツの神学者。ナチスに対するドイツ福音教会の抗争においては, ルター主義の最も保守的な代表者の一人。
⇒岩世人（エーレルト　1885.8.19–1954.11.21）

Eleutheropulos, Abroteles
スイスの哲学者。純科学的な哲学の存立を主張。主著 "Einführung in eine wissenschaftliche Philosophie" (1906)。
⇒岩世人（エロイテロプロス 1873.5.24–1963.10.26）

Elffers, Dick
オランダのグラフィックと展示のデザイナー，挿絵画家，画家。
⇒グラデ (Elffers,Dick エルフェルス，ディク 1910–1990)

Elfgren, Sara B.
スウェーデンの脚本家，作家。
⇒海文新（エルフグリエン，サラ・B. 1980–）
現世文（エルフグリエン，サラ・B. 1980–）

Elfman, Danny
アメリカ生まれの映画音楽作曲家。
⇒外12（エルフマン，ダニー 1953.5.29–）
外16（エルフマン，ダニー 1953.5.29–）

Elgar, *Sir* Edward William
イギリスの作曲家。「イギリス音楽のルネサンス」と呼ばれる時期の代表的作曲家の一人。
⇒岩世人（エルガー 1857.6.2–1934.2.23）
エデ（エルガー，サー・エドワード（ウィリアム）1857.6.2–1934.2.23）
オク教（エルガー 1857–1934）
ク音3（エルガー 1857–1934）
広辞7（エルガー 1857–1934）
新音小（エルガー，エドワード 1857–1934）
新音中（エルガー，エドワード 1857.6.2–1934.2.23）
ネーム（エルガー 1857–1934）
標音2（エルガー，エドワード 1857.6.2–1934.2.23）
ポプ人（エルガー，エドワード 1857–1934）

Elgart, Les
アメリカのジャズ・トランペット奏者，バンドリーダー。ラリーは弟。
⇒標音2（エルガート，レス 1918.8.3–）

El Gigante
アルゼンチン出身のプロレスラー。
⇒異二辞（エル・ヒガンテ 1966–2010）

El Hadj M'Hamed El Anka
アルジェリアの音楽家。
⇒岩世人（エル・ハジ・モハメッド・エル・アンカ 1907.5.20–1978.11.23）

El Harrachi, Dahmane
アルジェリアのシャアビ歌手，ソングライター。
⇒岩世人（エルハラシ 1926.7.7–1980.8.31）

Elia, Doron
イスラエルの美術家。
⇒ユ著人 (Elia,Doron エリア，ドロン 1955–)

Eliadé, Mircea
ルーマニア生まれの宗教学者，神話学者。数十冊をこえる著書と厖大な学術論文がある。
⇒岩キ（エリアーデ 1907–1986）
岩世人（エリアーデ 1907.2.28/3.13–1986.4.22）
現社（エリアーデ 1907–1986）
現宗（エリアーデ 1907–1986）
広辞7（エリアーデ 1907–1986）
社小増（エリアーデ 1907–1986）
新カト（エリアーデ 1907.3.9–1986.4.22）
メル別（エリアーデ，ミルチャ 1907–1986）

Eliane
ブラジルの歌手，ジャズ・ピアノ奏者。
⇒外12（イリアーヌ）
外16（イリアーヌ）

Elias, Norbert
ドイツ・ブレスラウ（現ポーランド）生まれの社会学者。
⇒岩世人（エリアス 1897.6.22–1990.8.1）
現社（エリアス 1897–1990）
社小増（エリアス 1897–1990）
哲中（エリアス 1897–1990）
ネーム（エリアス 1897–1990）

Eliasson, Olafur
デンマークの現代美術家。
⇒岩世人（エリーアソン 1967.2.15–）
外12（エリアソン，オラフュー 1967–）
外16（エリアソン，オラファー 1967.2.15–）
現アテ (Eliasson,Olafur エリアソン，オラファー 1967–)

Eliasson, Sven Olof
スウェーデンのテノール歌手。
⇒魅惑 (Eliasson,Sven-Olof 1933–)

Eliel, Ernest Ludwig
ドイツ生まれのアメリカの有機化学者。
⇒岩世人（エリエル 1921.12.28–2008.9.18）

Elijah Muhammad
アメリカ（アフリカ系）のイスラム運動指導者。
⇒岩イ（イライジャ・ムハンマド 1897–1975）
岩世人（ムハンマド 1897.10.7–1975.2.25）
マルX (MUHAMMAD,ELIJAH,SR. ムハマド，イライジャ，シニア)

Elin Pelin
ブルガリアの作家。
⇒岩世人（エリン・ペリン 1877.7.18/30–1949.12.3）

Elion, Gertrude Bell
アメリカの薬理学者。1988年ノーベル生理学医学賞。
⇒ノベ3（エリオン，G.B. 1918.1.23–1999.2.21）
ユ著人 (Elion,Gertrude Bell エリオン，ガートルード・ベル 1918–)

Eliot, *Sir* **Charles Norton Edgcumbe**
イギリスの外交官, 東洋学者。
⇒岩世人（エリオット　1862.1.8-1931.3.16）
　新佛3（エリオット　1864-1931）

Eliot, Charles William
アメリカのハーバード大学学長。教育改革者。初等教育6年, 中等教育6年の制度を推した。
⇒岩世人（エリオット　1834.3.20-1926.8.22）
　教人（エリオット　1834-1926）

Eliot, *Sir* **John**
イギリスの気象学者。インドの天文台総台長（1887〜1903）。インドの天気予報および暴風警報に関する組織を確立。
⇒岩世人（エリオット　1839.5.25-1908.3.18）

Eliot, Peter B.
ロシアの銀行家。シティグループ・ジャパン・ホールディングス社長。
⇒外16（エリオット, ピーター）

Eliot, Thomas Stearns
イギリスの詩人, 批評家, 劇作家。第一次大戦後の英米文学に大きな影響を与えたいわゆるモダニズム文学の中心人物の1人。1948年ノーベル文学賞を受賞。
⇒アメ州（Eliot,Thomas Sterns　エリオット, トーマス・スターンズ　1888-1965）
　アメ新（エリオット　1888-1965）
　岩キ（エリオット,T.S.　1888-1965）
　岩世人（エリオット　1888.9.26-1965.1.4）
　オク教（エリオット　1888-1965）
　現世文（エリオット,T.S.　1888.9.26-1965.1.4）
　広辞7（エリオット　1888-1965）
　新カト（エリオット　1888.9.26-1965.1.4）
　西文（エリオット, トマス・スターンズ　1888-1965）
　世演（エリオット, トーマス　1888.9.26-1965.1.4）
　世人新（エリオット　1888-1965）
　世人装（エリオット　1888-1965）
　ネーム（エリオット　1888-1965）
　ノベ3（エリオット,T.S.　1888.9.26-1965.1.4）
　比文増（エリオット（トマス・スターンズ）　1888（明治21）-1965（昭和40））
　ヘミ（エリオット・T・S　1888-1965）
　ポブ人（エリオット, トーマス・スターンズ　1888-1965）

Elisabeth
ルーマニアの王妃, 女性作家。ルーマニアの民族文学を独, 英, 仏訳して紹介。
⇒岩世人（エリーザベト　1843.12.29-1916.3.2）
　王妃（エリザベタ　1843-1916）

Élisabeth de la Trinité
フランスのカトリック修道女。
⇒岩世人（エリザベート（三位一体の）　1880.7.18-1906.11.9）
　新カト（エリザベト〔三位一体の〕　1880.7.18-1906.11.9）

Elisabeth Marie Henriette Stephanie Gisela
オーストリア皇太子ルドルフと妃ステファニーの娘。
⇒王妃（エリーザベト　1883-1963）

Eliška, Radomil
チェコの指揮者。
⇒外12（エリシュカ, ラドミル　1931-）
　外16（エリシュカ, ラドミル　1931-）

Elissalde, Jean-Pierre
フランスのラグビー監督, ラグビー選手。
⇒外12（エリサルド, ジャンピエール　1953.12.31-）

Elisseeff, Serge
ロシア生まれのアメリカの日本学者。ハーバード大学で日本語の指導に当る。
⇒アメ新（エリセーエフ　1889-1975）
　岩世人（エリセーエフ　1889.1.1/13-1975.4.13）
　広辞7（エリセーエフ　1889-1975）
　比文増（エリセフ（セルゲイ・グリゴリエビッチ）　1889（明治22）-1975（昭和50））

Elistratov, Semion
ロシアのスピードスケート選手（ショートトラック）。
⇒外16（エリストラトフ, セミヨン　1990.5.3-）

Elizabeth, Queen Mother
イギリス女王。在位1936〜52。
⇒王妃（エリザベス・ボーズ＝ライアン　1900-2002）

Elizabeth II
イギリス女王。在位1952〜。
⇒岩世人（エリザベス2世　1926.4.21-）
　外12（エリザベス2世　1926.4.21-）
　外16（エリザベス2世　1926.4.21-）
　皇国（エリザベス2世）
　広辞7（エリザベス（2世）　1926-）
　辞歴（エリザベス2世　1926-）
　政経改（エリザベス2世　1926-）
　世人新（エリザベス2世　1926-）
　世人装（エリザベス2世　1926-）
　世帝（エリザベス2世　1926-）
　ポブ人（エリザベスにせい　エリザベス2世　1926-）

Fräulein **Elizabeth von R.**
フロイトが「ヒステリー研究」（1895）で報告した症例名。
⇒現精（エリーザベト・フォン・R嬢［症例］）
　現精縮（エリーザベト・フォン・R嬢［症例］）
　精分岩（エリザベート・フォン・R嬢［症例］）

Elizarov, Mikhail
ロシアの作家。
⇒海文新（エリザーロフ, ミハイル　1973.1.28-）
　現世文（エリザーロフ, ミハイル　1973.1.28-）

Elizondo, Salvador
メキシコの作家。
⇒現世文（エリソンド，サルバドール　1932.12.19-2006.3.29）

Elkes, Charmian
イギリス生まれのアメリカの女性精神科医。精神薬理学において最初期にコントロール下の臨床試験を導入した研究者の一人。
⇒精医歴（エルクス，チャーミアン　1919-1995）

Elkes, Joel
ドイツ・ケーニヒスベルク生まれの精神薬理学者。
⇒精医歴（エルクス，ジョエル　1913-）

Elkin, Adolphus Peter
オーストラリアの人類学者。シドニー大学人類学部教授。
⇒岩世人（エルキン　1891.3.27-1979.7.9）

Elkin, Stanley（Lawrence）
アメリカの小説家，短編小説作家。
⇒岩世人（エルキン　1930.5.11-1995.5.31）
　現世文（エルキン，スタンレー　1930.5.11-1995.5.31）
　ユ著人（Elkin,Stanley Laurence　エルキン，スタンリー・ローレンス　1930-）

Elkins, Aaron J.
アメリカのミステリ作家。
⇒外12（エルキンズ，アーロン　1935.7.24-）
　外16（エルキンズ，アーロン　1935.7.24-）
　現世文（エルキンズ，アーロン　1935.7.24-）

Elkins, Charlotte
アメリカの作家。
⇒外12（エルキンズ，シャーロット）
　外16（エルキンズ，シャーロット）
　現世文（エルキンズ，シャーロット　1948.7.4-）

Elkins, Stephen Benton
アメリカの政治家，法律家，実業家。上院議員（1895～1911），鉄道，鉱山，財政方面にも活動。
⇒岩世人（エルキンズ　1841.9.26-1911.1.4）

Ellacuria, Ignacio
スペイン生まれの神学者。
⇒岩世人（エリャクリア　1930.11.9-1989.11.16）

Elleder, Richard J.
ロシア（ハンガリー系）のエスペランティスト。長崎駐在ロシア領事館書記。
⇒日エ（エレデル　?-?）

Ellefson, Dave
アメリカのロック・ベース奏者。
⇒外12（エレフソン，デイブ　1964.11.12-）
　外16（エレフソン，デイブ　1964.11.12-）

Ellenberg, Heinz
西ドイツの生態学者。ユネスコの世界植物群系分類システムを作成（1973）。
⇒岩世人（エレンベルク　1913.8.1-1997.5.2）

Ellenberger, Henri Frédéric
カナダの精神医学者。
⇒現精（エレンベルガー　1905-1993）
　現精縮（エレンベルガー　1905-1993）
　精分岩（エレンベルガー，アンリ・フレデリク　1905-1993）

Eller, Walton Glenn
アメリカの射撃選手（クレー射撃）。
⇒外12（エラー，ウォルトン　1982.1.6-）
　最世ス（エラー，ウォルトン　1982.1.6-）

Ellin, Stanley
アメリカの推理小説家。
⇒現世文（エリン，スタンリー　1916-1986.7.31）

Elling, Kurt
アメリカのジャズ歌手。
⇒外12（エリング，カート）
　外16（エリング，カート　1967-）

Ellington, Edward Kennedy（Duke）
アメリカのジャズ作曲家，楽団指揮者。アメリカを代表する作曲家の一人。『A列車で行こう』など。
⇒アメ州（Ellington,Duke　エリントン，デューク　1889-1974）
　アメ新（エリントン　1899-1974）
　異二辞（エリントン，デューク　1899-1974）
　岩世人（エリントン　1899.4.29-1974.5.24）
　エデ（エリントン，"デューク"（エドワード・ケネディ）　1899.4.29-1974.5.24）
　広辞7（エリントン　1899-1974）
　新音中（エリントン，デューク　1899.4.29-1974.5.24）
　ネーム（エリントン，デューク　1899-1974）
　標音2（エリントン，デューク　1899.4.29-1974.5.24）
　ポプ人（エリントン，エドワード・ケネディ　1899-1974）
　マルX（ELLINGTON,DUKE　エリントン，デューク　1899-1974）

Elliot, Adam Benjamin
オーストラリアのアニメーター。
⇒アニメ（エリオット，アダム・ベンジャミン　1972-）

Elliot, Cass
アメリカのフォーク歌手。
⇒ロック（Elliot,Mama Cass　エリオット，ママ・キャス　1941.9.9-）

Elliot, Denholm
イギリス生まれの俳優。
⇒ク俳（エリオット，デンホルム　1922-1992）

Elliot, Ira
アメリカのロック・ドラム奏者。
⇒外12（エリオット, アイラ）

Elliot, Jay
アメリカの起業家。
⇒外16（エリオット, ジェイ）

Elliot, Rita
ソ連のスパイ。
⇒スパイ（エリオット, リタ）

Elliott, Alasdair
イギリスのテノール歌手。
⇒魅惑（Elliott,Alasdair　?–）

Elliott, Charles Burke
アメリカの弁護士, 植民地行政官。
⇒アア歴（Elliott,Charles B（urke）　エリオット, チャールズ・バーク　1861.1.6–1935.9.18）

Elliott, David
イギリスのキュレーター。
⇒外12（エリオット, デービッド　1949–）
　外16（エリオット, デービッド　1949–）

Elliott, Dennis
イギリス生まれの彫刻家。
⇒芸13（エリオット, デニス　1950–）

Elliott, James Thomas（Jumbo）
アメリカの大リーグ選手（投手）。
⇒メジャ（エリオット, ジャンボ　1900.10.22–1970.1.7）

Elliott, Joe
イギリスのロック歌手。
⇒外12（エリオット, ジョー　1959.8.1–）
　外16（エリオット, ジョー　1959.8.1–）

Elliott, Mabel Agnes
アメリカの社会学者, 犯罪学者。
⇒社小増（エリオット　1898–1992）

Elliott, Paul
イギリスのテノール歌手。
⇒魅惑（Elliott,Paul　1950–）

Elliott, Ramblin' Jack
アメリカ・ニューヨーク州生まれのフォーク歌手。
⇒新音中（エリオット,「ランブリン」・ジャック　1931.8.1–）
　標音2（エリオット, ジャック　1931.8.1–）
　ロック（Elliott,（Ramblin'）Jack　エリオット,（ランブリン・）ジャック　1931–）

Elliott, Robert Irving
アメリカの大リーグ選手（三塁, 外野）。
⇒メジャ（エリオット, ボブ　1916.11.26–1966.5.4）

Elliott, Sam
アメリカ生まれの俳優。
⇒外12（エリオット, サム　1944.8.9–）
　外16（エリオット, サム　1944.8.9–）
　ク俳（エリオット, サム　1944–）

Elliott, Walter
アメリカのカトリック宣教師, 作家。
⇒新カト（エリオット　1842.1.6–1928.4.18）

Elliott, William
アメリカ生まれの俳優。
⇒ク俳（エリオット, ウィリアム・"ワイルド・ビル"（ナンス, ゴードン）　1903–1965）

Ellis, Albert
アメリカの心理学者。
⇒岩世人（エリス　1913.9.27–2007.7.24）

Ellis, Bret Easton
アメリカの小説家。
⇒外16（エリス, ブレット・イーストン　1964.3.7–）
　現世文（エリス, ブレット・イーストン　1964.3.7–）

Ellis, Charles D.
アメリカの投資コンサルタント。
⇒外12（エリス, チャールズ　1937–）
　外16（エリス, チャールズ　1937–）

Ellis, Sir Charles Drummond
イギリスの物理学者。放射能の研究, 特にβ崩壊に関する研究がある。
⇒岩世人（エリス　1895.8.11–1980.1.10）

Ellis, Charles Howard（Dick）
イギリス秘密情報部（MI6）職員。ドイツとソ連の諜報機関に情報を売り渡した。
⇒スパイ（エリス, チャールズ・ハワード（ディック）　1895–1975）

Ellis, David
アメリカの作家。
⇒海文新（エリス, デイヴィッド　1967–）
　現世文（エリス, デービッド　1967–）

Ellis, Deborah
カナダの作家, 平和運動家。
⇒外12（エリス, デボラ）
　外16（エリス, デボラ）
　海文新（エリス, デボラ　1960–）
　現世文（エリス, デボラ　1960–）

Ellis, Dock Phillip
アメリカの大リーグ選手（投手）。
⇒メジャ（エリス, ドック　1945.3.11–2008.12.19）

Ellis, Don
アメリカのジャズ・トランペット奏者, ビック・バンドのリーダー。

Ellis, Earl H.
アメリカ海兵隊士官。
⇒スパイ (エリス, アール・H 1880–1923)

⇒標音2 (エリス, ドン 1934.7.25–1978.12.17)

Ellis, Henry Havelock
イギリスの思想家, 心理学者。
⇒岩世人 (エリス 1859.2.2–1939.7.8)
学叢思 (エリス, ハヴロック 1859–?)
教人 (エリス 1859–1936)
現精 (エリス 1859–1939)
現精縮 (エリス 1859–1939)
広辞7 (エリス 1859–1939)
精医歴 (エリス, ハヴェロック 1859–1939)
精分岩 (エリス, ヘンリー・ハヴロック 1859–1939)

Ellis, Howard Sylvester
現代アメリカの経済学者。貨幣論, 外国為替論の研究で知られる。
⇒岩世人 (エリス 1898.7.2–1992.4.15)

Ellis, Mark William
アメリカの大リーグ選手 (二塁)。
⇒メジャ (エリス, マーク 1977.6.6–)

Ellis, Monta
アメリカのバスケットボール選手 (マーベリックス)。
⇒最世ス (エリス, モンテイ 1985.10.26–)

Ellis, Robert W.
アメリカ海軍下士官。カリフォルニア州・モフェット・フィールド海軍航空基地所属。
⇒スパイ (エリス, ロバート・W)

Ellis, Shirley
アメリカ・ニューヨーク生まれの女性歌手。
⇒ロック (Ellis,Shirley エリス, シャーリー 1941–)

Ellison, Harlan
アメリカの作家, ジャーナリスト, 脚本家。
⇒現世文 (エリソン, ハーラン 1934.5.27–2018.6.27)
ネーム (エリスン, ハーラン 1934–)

Ellison, J.T.
アメリカの作家。
⇒海文新 (エリソン,J.T.)
現世文 (エリソン,J.T.)

Ellison, Larry
アメリカの実業家。
⇒外12 (エリソン, ラリー 1944.8–)
外16 (エリソン, ラリー 1944.8–)

Ellison, Lorraine
アメリカのソウル歌手。
⇒ロック (Ellison,Lorraine エリソン, ロレイン)

Ellison, Ralph Waldo
アメリカの黒人小説家, 評論家, 教師。長篇『見えない人間』で全米図書賞を受賞。
⇒アメ州 (Ellison,Ralph エリソン, ラルフ 1914–)
アメ州 (Ellison,Ralph Waldo エリソン, ラルフ・ウォルドー 1914–)
岩世人 (エリソン 1914.3.1–1994.4.16)
現世文 (エリソン, ラルフ 1914.3.1–1994.4.16)
広辞7 (エリソン 1914–1994)
新カト (エリスン 1914.3.1–1994.4.16)
ネーム (エリソン 1914–1994)

Ellroy, James
アメリカの犯罪小説家。
⇒外12 (エルロイ, ジェームズ 1948.3.4–)
外16 (エルロイ, ジェームズ 1948.3.4–)
現世文 (エルロイ, ジェームズ 1948.3.4–)

Ellsberg, Daniel
アメリカの戦略理論学者。アメリカがずるずるとベトナムの泥沼に引きずり込まれた, とする「泥沼神話」への反論を多数発表した。
⇒外12 (エルズバーグ, ダニエル 1931.4.7–)
外16 (エルズバーグ, ダニエル 1931.4.7–)

Ellsbury, Jacoby
アメリカの大リーグ選手 (ヤンキース・外野手)。
⇒外12 (エルズブリー, ジャコビー 1983.9.11–)
外16 (エルズブリー, ジャコビー 1983.9.11–)
最世ス (エルズブリー, ジャコビー 1983.9.11–)
メジャ (エルズベリー, ジャコビー 1983.9.11–)

Ellsworth, Loretta
アメリカの作家。
⇒海文新 (エルスワース, ロレッタ)

Ellsworth, Richard Clark
アメリカの大リーグ選手 (投手)。
⇒メジャ (エルスワース, ディック 1940.3.22–)

Ellsworth, Warren
テノール歌手。
⇒魅惑 (Ellsworth,Warren ?–)

Ellwood, Charles Abram
アメリカの社会学者。社会心理学と社会学の綜合をはかった。
⇒学叢思 (エルウッド, シー・エー 1873–?)
教人 (エルウッド 1873–1946)
社小増 (エルウッド 1873–1946)

Elman, Mischa
ウクライナ生まれのアメリカのヴァイオリン奏者。
⇒岩世人 (エルマン 1891.1.8/20–1967.4.5)
新音中 (エルマン, ミッシャ 1891.1.20–1967.4.5)
ネーム (エルマン 1891–1967)
標音2 (エルマン, ミッシャ 1891.1.20–1967.4.5)
ユ著人 (Elman,Mischa エルマン, ミッシャ

1891–1967)
Elmer, Adolph Daniel Edward
アメリカの植物学者，植物収集家。
⇒アア歴（Elmer,A(dolph) D(aniel) E(dward)
エルマー，アドルフ・ダニエル・エドワード
1870.6.14–1942.4.17)
Elmer Harrison Flick
アメリカの大リーグ選手（外野）。
⇒メジャ（フリック，エルマー　1876.1.11–1971.1.9）
Elmgreen, Michael
デンマーク生まれの芸術家。
⇒現アテ（Elmgreen,Michael & Dragset,Ingar
エルムグリーン，ミカエル&ドラグセット，インガー　1961–）
Elming, Poul
デンマークのテノール歌手。
⇒失声（エルミング，ポール　1949–）
　魅惑（Elming,Poul　1949–）
Elmslie, Brittany
オーストラリアの水泳選手（自由形）。
⇒外16（エルムスリー，ブリタニー　1994.6.19–）
　最世ス（エルムスリー，ブリタニー　1994.6.19–）
Eloy, Jean-Claude
フランスの作曲家。
⇒ク音3（エロワ　1938–）
　新音中（エロワ，ジャン=クロード　1938.6.15–）
　標音2（エロア，ジャン=クロード　1938.6.15–）
Els, Ernie
南アフリカのプロゴルファー。
⇒異二辞（エルス，アーニー　1969–）
　外12（エルス，アーニー　1969.10.17–）
　外16（エルス，アーニー　1969.10.17–）
　最世ス（エルス，アーニー　1969.10.17–）
Elsässer, Martin
ドイツの建築家。主作品，フランクフルト大市場（1927〜28）。
⇒岩世人（エルゼッサー　1884.5.28–1957.8.5）
Elsasser, Walter Maurice
アメリカ（ドイツ系）の物理学者。地球磁気の原因を探求した。
⇒オク地（エルサッサー，ワルター・モーリス　1904–1991）
Elsberg, Marc
オーストリアの作家。
⇒海文新（エルスベルグ，マルク　1967–）
Elsenhans, Theodor
ドイツの哲学者，心理学者。
⇒岩世人（エルゼンハンス　1862/1867/1868.7.3–1918.3.1）
　学叢思（エルゼンハウス，テオドル　1862–?）

Elser, Johann Georg
ヒトラー暗殺に失敗した大工，箪笥職人。
⇒世暗（エルザー，ヨハン・ゲオルク　1903–1945）
El Shaarawy, Stephan
イタリアのサッカー選手（モナコ・FW）。
⇒外16（エル・シャーラウィ，ステファン　1992.10.27–）
　最世ス（エル・シャーラウィ，ステファン　1992.10.27–）
El Shirazy, Habiburrahman
インドネシアの作家。
⇒岩世人（エル・シラジー，ハビブルラフマン　1976.9.30–）
Elsken, Ed Van der
オランダの写真家。写真集『サンジェルマン・デ・プレの恋』で有名。
⇒岩世人（エルスケン　1925.3.10–1990.12.28）
　広辞7（エルスケン　1925–1990）
Elsner, Christian
ドイツのテノール歌手。
⇒魅惑（Elsner,Christian　?–）
Elsschot, Willem
ベルギーの作家。主著『ばらの別荘』（1913）。
⇒岩世人（エルスホット　1882.5.7–1960.5.31）
　現世文（エルスホット，ヴィレム　1882.5.7–1960.5.31）
Elster, John Phillip Ludwig Julius
ドイツの実験物理学者。大気イオンの発見，鋭敏な光電池の作成によって知られている。
⇒岩世人（エルスター　1854.12.24–1920.4.8）
　三新物（エルスター　1854–1920）
Elton, Ben
イギリスの俳優，劇作家，小説家。
⇒現世文（エルトン，ベン　1959–）
Elton, Charles Sutherland
イギリスの動物学者，生態学者。北極探検，ラプランドの探検などに加わった。
⇒岩生（エルトン　1900–1991）
　岩世人（エルトン　1900.3.29–1991.5.1）
　旺生5（エルトン　1900–1991）
　オク生（エルトン，チャールズ・サザーランド　1900–1991）
　広辞7（エルトン　1900–1991）
　三新生（エルトン　1900–1991）
　ネーム（エルトン　1900–1991）
Elton, Geoffrey Rudolf
イギリスの歴史家。イギリス16世紀の国制史を中心とした業績が多く，現代イギリス史学界の中心人物のひとり。
⇒岩世人（エルトン　1921.8.17–1994.12.3）
Elton, Oliver
イギリスの文学研究者，批評家。

⇒岩世人（エルトン　1861.6.3-1945.6.4）

Eluard, Paul
フランスの詩人。『自然な流れ』(1938) など多くの詩集を発表。シュールレアリスム詩人の一人。
⇒岩世人（エリュアール　1895.12.14-1952.11.18）
　絵本（エリュアール，ポール　1895-1952）
　現世文（エリュアール，ポール　1895.12.14-1952.11.18）
　広辞7（エリュアール　1895-1952）
　西文（エリュアール，ポール　1895-1952）
　ネーム（エリュアール　1895-1952）
　フ文小（エリュアール，ポール　1895-1952）

Eluay, Theys Huyo
西パプア（イリアンジャヤ）独立運動家，政治家。西パプア国民評議会（DNPB）議長。
⇒世指導（エルアイ，テイス・フヨ　1937.11.3-2001.11.11）

Elwes, Cary
イギリス生まれの俳優。
⇒ク俳（エルウィズ，ケーリー（エルウィズ，アイヴァン・C）　1962-）

Elwes, Gervase
イギリスのテノール歌手。1904年ロンドンでワインガルトナー指揮によりエルガーの「ジェロンティアスの夢」の独唱を受けもった。
⇒魅惑（Elwes,Gervase　1866-1921）

Elwes, John
イギリスのテノール歌手。
⇒外12（エルウィス，ジョン　1946-）
　魅惑（Elwes,John　1946-）

Elwin, Harry Verrier Holman
イギリス生まれの民族誌・口承伝承研究者，人類学者。
⇒南ア新（エルウィン　1902-1964）

Ely, David
アメリカのミステリ作家。
⇒外12（イーリイ，デービッド　1927-）
　外16（イーリイ，デービッド　1927-）
　現世文（イーリイ，デービッド　1927-）

Ely, Richard Theodore
アメリカ生まれの経済思想学者。
⇒アメ経（イーリー，リチャード　1854.4.13-1943.10.4）
　岩世人（イーリー　1854.4.13-1943.10.4）
　学叢思（イリー，リチャード・セオドル　1854-?）
　有経5（イリー　1854-1943）

Ely, William Frederick (Bones)
アメリカの大リーグ選手（遊撃，外野）。
⇒メジャ（イーライ，ボーンズ　1863.6.7-1952.1.10）

Elýtis, Odýsseus
ギリシャの詩人。『方向』(1940)，『第一の太陽』(43) などの詩集を発表。
⇒岩世人（エリティス　1911.10.20/11.2-1996.3.18）
　現世文（エリティス，オディッセウス　1911.11.2-1996.3.18）
　ネーム（エリティス　1911-1996）
　ノベ3（エリティス，O.　1911.11.2-1996.3.18）

Emane, Gevrise
フランスの柔道選手。
⇒最世ス（エマヌ，ジブリズ　1982.7.27-）

Emants, Marcellus
オランダの文学者。「De Nieuwe Gids」誌運動の先駆者で，『旗』を創刊。
⇒岩世人（エーマンツ　1848.8.12-1923.10.14）

Emanuel, Arghiri
ギリシャ生まれの経済思想家。
⇒岩世人（エマニュエル　1911.6.22-2001.12.14）

Emanuel, Rahm
アメリカの政治家，銀行家。シカゴ市長，米国大統領首席補佐官。
⇒外12（エマニュエル，ラーム　1959.11.29-）
　外16（エマニュエル，ラーム　1959.11.29-）
　世指導（エマニュエル，ラーム　1959.11.29-）

Emberley, Ed
アメリカの作家，絵本作家，挿絵画家。
⇒絵本（エンバリー，エド　1931-）

Emboma
カメルーンのサッカー選手。
⇒異二辞（エムボマ［パトリック・～］　1970-）
　外12（エムボマ，パトリック　1970.11.15-）
　最世ス（エムボマ，パトリック　1970.11.15-）
　ネーム（エムボマ　1970-）

Embree, Alan Duane
アメリカの大リーグ選手（投手）。
⇒メジャ（エンブリー，アラン　1970.1.23-）

Embree, John Fee
アメリカの文化人類学者，日本研究家。
⇒アア歴（Embree,John Fee　エンブリー，ジョン・フィー　1908.8.26-1950.12.22）
　岩世人（エンブリー　1908.8.26-1950.12.22）
　社小増（エンブリー　1908-1950）
　ネーム（エンブリー　1908-1950）

Embree, Lester
アメリカの哲学者。
⇒メル別（エンブリー，レスター　1938-2017）

Emde, Robert N.
アメリカの精神分析家。
⇒精分岩（エムディ，ロバート・N　1935-）

Emecheta, Buchi
ナイジェリアの女性作家。

⇒現世文（エメチェタ, ブチ　1944.7.21–2017.1.25）

Emeneau, Murray Barnson
アメリカの言語学者, インド学者。インド学, 特にドラヴィダ語学を専攻。
⇒岩世人（エメノー　1904.2.28–2005.8.29）

Emerick, Geoff
イギリス生まれのレコーディング・エンジニア, プロデューサー。
⇒ピト改（EMERICK,GEOFFREY　エメリック, ジョフリー）

Emerson
ブラジルのサッカー選手。
⇒外12（エメルソン　1976.4.4–）
　最世ス（エメルソン　1976.4.4–）

Emerson
サッカー選手（コリンチャンス・FW）。
⇒外12（エメルソン　1978.12.6–）
　外16（エメルソン　1978.12.6–）
　最世ス（エメルソン　1978.12.6–）

Emerson, Faye
アメリカの女優, テレビのパーソナリティ。
⇒ク俳（エマスン, フェイ　1917–1983）

Emerson, Keith
イギリス生まれの歌手。
⇒外12（エマーソン, キース　1944.11.2–）
　外16（エマーソン, キース　1944.11.2–）

Emerson, Peter Henry
イギリスの写真家。
⇒岩世人（エマーソン　1856.5.3–1936.5.2）
　芸13（エマースン, ピーター・ヘンリー　1856–1936）

Emerson, Robert
アメリカの植物生理学者。
⇒岩生（エマーソン　1903–1959）

Emerson, Rollis Adams
アメリカの遺伝学者, 育種学者。1902年インゲンマメを材料にメンデルの法則の正しいことを証明。
⇒岩生（エマーソン　1873–1947）

Emery, Walter Bryan
イギリスのエジプト古代学者。テル・エル・アマルナの発掘は有名。
⇒岩世人（エメリー　1902.7.2–1971.3.11）

Emig, Stephan
ドイツのジャズ・ドラム奏者。
⇒外12（エーミッヒ, ステファン　1976–）

Emili, Romano
イタリアのテノール歌手。
⇒魅惑（Emili,Romano　1937–）

Emilson, Peje
スウェーデンの実業家, 起業家。クレアブ・ギャビン・アンダーソン会長。
⇒外12（エミルソン, ペイエ）
　外16（エミルソン, ペイエ）

Emin, Tracey Karima
イギリスの画家, インスタレーション作家。
⇒岩世人（エミン　1963.7.3–）
　外12（エミン, トレイシー　1963–）
　外16（エミン, トレイシー　1963–）
　現アテ（Emin,Tracey　エミン, トレイシー　1963–）

Eminem
アメリカのラッパー。
⇒外12（エミネム　1972.10.17–）
　外16（エミネム　1972.10.17–）

Emma
イギリスの歌手。
⇒外12（エマ　1978.1.21–）
　外16（エマ　1978.1.21–）

Emmanuel, Maurice
フランスの作曲家, 音楽学者。作品は, ラヴェル, ルセル以前のフランスの新古典主義を代表する。
⇒新音中（エマニュエル, モーリス　1862.5.2–1938.12.14）
　標音2（エマニュエル, モリス　1862.5.2–1938.12.14）

Emmanuel, Pierre
フランスの詩人, 評論家。
⇒岩世人（エマニュエル　1916.5.3–1984.9.22）
　現世文（エマニュエル, ピエール　1916.5.3–1984.9.22）
　新カト（エマニュエル　1916.5.3–1984.9.22）

Emmanuelli, Henri Joseph
フランスの政治家。
⇒岩世人（エマニュエリ　1945.5.31–）

Emmanuelli, Xavier
フランスの医師。
⇒外12（エマヌエリ, グザビエ　1938–）
　外16（エマヌエリ, グザビエ　1938–）

Emmerich, Michael
アメリカの翻訳家。
⇒外12（エメリック, マイケル　1975–）
　外16（エメリック, マイケル　1975–）

Emmerich, Roland
ドイツの映画監督, 映画プロデューサー。
⇒外12（エメリッヒ, ローランド　1955.11.10–）
　外16（エメリッヒ, ローランド　1955.11.10–）

Emmerick, Ronald Eric
オーストラリア出身のイラン語学者。ハンブルク大学教授（1971〜）。

⇒岩世人（エメリック　1937.3.9-2001.8.31）

Emmerson, John K.Kenneth
アメリカの外交官。
⇒アア歴（Emmerson,John K（enneth）　エマスン, ジョン・ケネス　1908.3.17-1984.3.24）
岩世人（エマーソン　1908.3.17-1984.3.24）

Emminghaus, Karl Bernhard Arwed
ドイツの経済学者, 実際家。
⇒学叢思（エミングハウス, カール・ベルンハルト・アルヴェット　1831-?）

Emmons, Katerina
チェコの射撃選手（ライフル）。
⇒外12（エモンシュ, カテリナ　1983.11.17-）
最世ス（エモンシュ, カテリナ　1983.11.17-）

Emmons, Matthew
アメリカの射撃選手（ライフル）。
⇒外12（エモンズ, マシュー　1981.4.5-）
外16（エモンズ, マシュー　1981.4.5-）
最世ス（エモンズ, マシュー　1981.4.5-）

Emmons, S.F.
アメリカの鉱床地質学者。分泌説を主張。主著"The genesis of certain ore・deposits"。
⇒岩世人（エモンズ　1841.3.29-1911.3.28）

Emmott, Bill
イギリスのジャーナリスト。
⇒外12（エモット, ビル　1956.8.6-）
外16（エモット, ビル　1956.8.6-）

Frau Emmy von N.
フロイトが『ヒステリー研究』(1895)の中で報告した症例。スイスの実業家未亡人。
⇒現精（エミー・フォン・N夫人［症例］）
現精縮（エミー・フォン・N夫人［症例］）
精分岩（エミー・フォン・N夫人［症例］）

Emperger, Fritz von
オーストリアの土木技術者。
⇒岩世人（エンペルガー　1862.1.11-1942.2.7）

Empey, Reginald Norman Morgan, Baron
北アイルランドの政治家。
⇒岩世人（エンビー　1947.10.26-）
世指導（エムビー, レッジ　1947.10.26-）

Empson, William
イギリスの批評家, 詩人。17世紀の詩人ジョン・ダンの影響の濃い形而上学的な詩を発表し, 戦後の若い詩人たちの注目を集めた。
⇒岩世人（エンプソン　1906.9.27-1984.4.15）
現世文（エンプソン, ウィリアム　1906.9.27-1984.4.15）
広辞7（エンプソン　1906-1984）
西文（エムプソン, ウィリアム　1906-1984）

ネーム（エンプソン　1906-1984）

Emrich, Wilhelm
西ドイツの文学史家。大著『フランツ・カフカ』(1958,65)では, カフカ文学を初めて作品に即した原典解釈のゲルマニスティク本道に位置づけて新生面を拓いた。
⇒岩世人（エムリヒ　1909.11.29-1998.8.7）

Emshwiller, Carol
アメリカの作家。
⇒外12（エムシュウィラー, キャロル　1921-）
外16（エムシュウィラー, キャロル　1921-）
現世文（エムシュウィラー, キャロル　1921-）

Énard, Mathias
フランスの作家。
⇒海文新（エナール, マティアス　1972.1.11-）
現世文（エナール, マティアス　1972.1.11-）

Encarnacion, Edwin Elpidio
ドミニカ共和国の大リーグ選手（三塁,DH）。
⇒メジャ（エンカルナシオン, エドウィン　1983.1.7-）

Encarnacion, Juan De Dios
ドミニカ共和国の大リーグ選手（外野）。
⇒メジャ（エンカルナシオン, フアン　1976.3.8-）

Encinas, Ignacio
スペインのテノール歌手。
⇒失声（エンシナス, イグナシオ　1953-）
魅惑（Encinas,Ignacio　?-）

Enckell, Knut Magnus
フィンランドの画家。作品『目覚め』(1894)。
⇒岩世人（エンケル　1870.11.9-1925.11.26）

Enckell, Rabbe Arnfinn
フィンランドのスウェーデン語系作家。
⇒岩世人（エンケル　1903.3.3-1974.6.7）

Endara, Guillermo
パナマの政治家。パナマ大統領(1989～94)。
⇒世指導（エンダラ, ギジェルモ　1936.5.12-2009.9.28）

Ende, Edgar
ドイツの画家。シュールレアリスムの先駆者の一人。
⇒広辞7（エンデ　1901-1965）

Ende, Michael
ドイツの作家, 俳優。
⇒岩世人（エンデ　1929.11.12-1995.8.28）
現世文（エンデ, ミヒャエル　1929.11.12-1995.8.28）
ポプ人（エンデ, ミヒャエル　1929-1995）

Enders, John Franklin
アメリカのウイルス学者。小児麻痺（ポリオ）ウ

イルスの人工培養に成功し,1954年ノーベル医学生理学賞受賞。
⇒岩生（エンダース　1897–1985）
岩世人（エンダーズ　1897.2.10–1985.9.8）
世発（エンダーズ,ジョン・フランクリン　1897–1985）
ノベ3（エンダース,J.F.　1897.2.10–1985.9.8）

Enders, Werner
ドイツのテノール歌手。
⇒魅惑（Enders,Werner　1924–2005）

Endicott, Jean
アメリカの心理学者。
⇒岩世人（エンディコット　1936.7.23–）

Endres, Gustavo
ブラジルのバレーボール選手。
⇒最世ス（エンドレス,グスタボ　1975.8.25–）

Endres, Max
ドイツの林政学者。土地純収穫説の理論的構成を明らかにし,林政学の学問体系を築いた。
⇒岩世人（エンドレス　1860.4.3–1940.11.9）

Endres, Murilo
ブラジルのバレーボール選手。
⇒最世ス（エンドレス,ムーリオ　1981.5.3–）

Endrigo, Sergio
イタリアのポピュラー歌手。
⇒標音2（エンドリゴ,セルジョ　1933.6.15–）

Endzelīns, Jānis
ラトビアの言語学者。
⇒岩世人（エンゼリーンス　1873.2.10/22–1961.7.1）

Enebish, Lhamsurengiin
モンゴルの政治家。モンゴル国民大会議議長,モンゴル人民革命党（MPRP）書記長。
⇒世指導（エネビシ,ラムスレンギン　1947–2001.9.29）

Enesco, Georges
ルーマニアの作曲家,指揮者,ヴァイオリン奏者,教師。
⇒岩世人（エネスク　1881.8.7/19–1955.5.4）
エデ（エネスコ[エネスク],ジョルジュ[ジョルジェ]　1881.8.19–1955.5.4）
ク音3（エネスク（エネスコ）　1881–1955）
広辞7（エネスコ　1881–1955）
新音小（エネスコ,ジョルジェ　1881–1955）
新音中（エネスコ,ジョルジェ　1881.8.19–1955.5.3/4）
ネーム（エネスコ　1881–1955）
標音2（エネスク,ジョルジュ　1881.8.19–1955.5.3/4）

Engdahl, Sylvia Louise
アメリカの女性作家。
⇒現世文（エングダール,シルビア・ルイーズ　1933.11.24–）

Engebak, Per
ノルウェー生まれのユニセフ東部南部アフリカ地域事務所長。
⇒外12（エンゲバック,ペール）

Engeboll, Arne
テノール歌手。
⇒魅惑（Engeboll,Arne　?–）

Engel, Carl
アメリカの作曲家。アメリカの国会図書館音楽部長（1921～35）。
⇒岩世人（エンゲル　1883.7.21–1944.5.6）

Engel, George L.
アメリカの精神科医。「生物・心理・社会モデル」という表現の考案者。
⇒精医歴（エンゲル,ジョージ・L　1913–1999）

Engel, Joel
イスラエルの作曲家。
⇒ユ著人（Engel,Joel　エンゲル,ジョエル　1868–1927）

Engel, Marian
カナダの女性小説家。
⇒現世文（エンゲル,マリアン　1933.5.24–1985.2.16）

Engel, Pascal
フランスの哲学者。
⇒メル別（アンジェル,パスカル　1954–）

Engelbart, Douglas Carl
アメリカのコンピューター工学者。
⇒岩世人（エンゲルバート　1925.1.30–2013.7.2）

Engelberg, Ernst
東ドイツの歴史家。第二次大戦後東ドイツの歴史学で指導的立場に立ち,ライプチヒおよびベルリンのアカデミー歴史研究所長,ドイツ歴史家協会会長を歴任。
⇒岩世人（エンゲルベルク　1909.4.5–2010.12.8）

Engelgardt, Vladimir Aleksandrovich
ソ連の生化学者。筋肉の基本的構造蛋白質であるミオシンの酵素的性質を発見（1939～41）。
⇒岩生（エンゲリガルト　1894–1984）
岩世人（エンゲリガルト　1894.11.21/12.3–1984.7.10）
旺生5（エンゲルガルト　1894–1984）

Engelman, Peter G.
アメリカの作家。
⇒海文新（エンゲルマン,ピーター・G.）

Engelmann, Hans Ulrich
ドイツの作曲家,理論家。ラジオ,劇場,映画のために多くの作品を書き,これらの部門や現代

音楽に関する論文も執筆。
⇒標音2 (エンゲルマン, ハンス・ウルリヒ 1921.9.8–)

Engels, Gert
ドイツのサッカー指導者, サッカー選手。
⇒外12 (エンゲルス, ゲルト 1957.4.26–)
　外16 (エンゲルス, ゲルト 1957.4.26–)

Engen, Kieth
アメリカ(ノルウェー系)のバス歌手。バイエルン国立オペラの第1バスとして活躍。
⇒標音2 (エンゲン, キース 1925.4.5–)

Enger, Thomas
ノルウェーの作家。
⇒海文新 (エンゲル, トマス 1973.11.21–)

Engisch, Karl
ドイツの法学者。
⇒岩世人 (エンギッシュ 1899.3.15–1990.9.11)

Englander, Nathan
アメリカの作家。
⇒外16 (イングランダー, ネイサン 1970–)
　海文新 (イングランダー, ネイサン 1970–)
　現世文 (イングランダー, ネイサン 1970–)

Engle, Paul Hamilton
アメリカの抒情詩人。主著, "Worn earth" (1932)。
⇒現世文 (エングル, ポール・ハミルトン 1908.10.12–1991.3.22)

Engle, Robert F.
アメリカの経済学者。
⇒岩経 (エングル 1942–)
　外12 (エングル, ロバート 1942–)
　外16 (エングル, ロバート 1942.11.10–)
　ノベ3 (エングル, R.F. 1942.11.10–)
　有経5 (エングル 1942–)

Engler, Heinrich Gustav Adolf
ドイツの植物分類学者, 植物地理学者。
⇒岩生 (エングラー 1844–1930)
　岩世人 (エングラー 1844.3.25–1930.10.10)
　旺生5 (エングラー 1844–1930)
　三新生 (エングラー 1844–1930)
　ネーム (エングラー 1844–1930)
　ポプ人 (エングラー, アドルフ 1844–1930)

Englert, François
ベルギーの物理学者。
⇒外16 (アングレール, フランソワ 1932.11.6–)
　ネーム (アングレール 1932–)

Englert, J.F.
アメリカの作家。
⇒海文新 (イングラート, J.F.)

English, Bill
ニュージーランドの政治家。ニュージーランド首相, ニュージーランド国民党党首。
⇒世指導 (イングリッシュ, ビル 1961.12.30–)

English, Elwood George
アメリカの大リーグ選手(遊撃, 三塁)。
⇒メジャ (イングリッシュ, ウッディ 1906.3.2–1997.9.26)

English, Gerald
イギリスのテノール歌手。
⇒魅惑 (English, Gerald 1925–)

English, Manalani
アメリカのフラダンサー。
⇒外16 (イングリッシュ, マナラニ 1989.4.2–)

Englund, Einar
フィンランドの作曲家。
⇒新音中 (エングルンド, エイナル 1916.6.17–1999.6.27)

Englund, Robert
アメリカ生まれの俳優。
⇒ク俳 (イングランド, ロバート 1947–)

Engnell, Karl Ivan Alexander
スウェーデンの旧約学者。
⇒新カト (エングネル 1906.12.12–1964.1.10)

Enhco, Thomas
フランスのジャズ・ピアノ奏者。
⇒外12 (エンコ, トーマス)
　外16 (エンコ, トーマス)

Enke, Karin
ドイツの女子スピードスケート選手。
⇒岩世人 (エンケ 1961.6.20–)

Enke, Robert
ドイツのサッカー選手。
⇒最世ス (エンケ, ロベルト 1977.8.24–2009.11.10)

Enkhbayar, Nambaryn
モンゴルの政治家, 作家。モンゴル大統領(2005～09), モンゴル国民大会議議長, モンゴル人民革命党(MPRP)党首。
⇒外12 (エンフバヤル, ナンバリン 1958.6.1–)
　外16 (エンフバヤル, ナンバリン 1958.6.1–)
　世指導 (エンフバヤル, ナンバリン 1958.6.1–)

Enkhbold, Miegombyn
モンゴルの政治家。モンゴル首相, モンゴル人民党(MPP)党首。
⇒外12 (エンフボルド, ミエゴムビーン 1964.7.19–)
　外16 (エンフボルド, ミエゴムビーン 1964.7.19–)
　世指導 (エンフボルド, ミエゴムビーン 1964.7.

19–)
Enkhsaikhan, Mendsaikhani
モンゴルの政治家。モンゴル首相。
⇒外12（エンフサイハン，メンドサイハニィ 1955.6.4–)
世指導（エンフサイハン，メンドサイハニィ 1955.6.4–)

Enloe, Cynthia
アメリカの政治学者。フェミニスト国際関係論の先駆的研究者の一人。
⇒国政（エンロー，シンシア 1938–)

Enneccerus, Ludwig
ドイツの法律学者，政治家。ドイツ国会議員（1887〜90,93〜8）。"Lehrbuch des bürgerlichen Rechts"（98）の共著者。
⇒岩世人（エンネクツェルス 1843.4.1–1928.5.31)

Ennen, Edith
ドイツの歴史家。特に中世法制史を専攻。主著は『ヨーロッパ都市の初期の歴史』。
⇒岩世人（エンネン 1907.10.28–1999.6.28)

Ennis, Delmer
アメリカの大リーグ選手（外野）。
⇒メジャ（イニス，デル 1925.6.8–1996.2.8)

Ennis, Jessica
イギリスの七種競技選手。
⇒外16（エニス，ジェシカ 1986.1.28–)
最世ス（エニス，ジェシカ 1986.1.28–)

Eno, Brian
イギリス生まれの音楽家，プロデューサー。
⇒岩世人（イーノ 1948.5.15–)
外12（イーノ，ブライアン 1948.5.15–)
外16（イーノ，ブライアン 1948.5.15–)
新音中（イーノ，ブライアン 1948.5.15–)
標音2（イーノ，ブライアン 1948.5.15–)

Enoch, Wesley
オーストラリアの演出家，劇作家。
⇒外12（イノック，ウェスリー）
外16（イノック，ウェスリー）
現世文（イノック，ウェスリー）

Enochs, Susan
アメリカの作家。
⇒海文新（イノックス，スーザン）

Enquist, Per Olov
スウェーデンの小説家，劇作家。
⇒岩世人（エークンヴィスト 1934.9.23–)
外12（エンクヴィスト，ペール・ウーロヴ 1934.9.23–)
外16（エンクヴィスト，ペール・ウーロヴ 1934.9.23–)
現世文（エンクヴィスト，ペール・ウーロヴ 1934.9.23–)

Enrici, Domenico
イタリアの聖職者。駐日教皇公使（1960〜62）。
⇒新カト（エンリーチ 1909.4.9–1997.12.3)

Enright, Anne
アイルランドの作家。
⇒現世文（エンライト，アン 1962–)

Enright, Dennis Joseph
イギリスの詩人，文学者。甲南大学客員教授（1953〜56）。
⇒岩世人（エンライト 1920.3.11–2002.12.31)
現世文（エンライト，D.J. 1920.3.11–2002.12.31)

Enrile, Juan Ponce
フィリピンの政治家。フィリピン上院議員，フィリピン国防相。
⇒世指導（エンリレ，フアン・ポンセ 1924.2.14–)

Enriques, Federigo
イタリアの数学者，論理学者。主著 "Problemi della scienza"（1908）。
⇒岩世人（エンリクェス 1871.1.5–1946.6.14)
世数（エンリケス，アブラモ・ジィウリオ・ウンベルト・フェデリゴ 1871–1946)

Enriquez, Augusto
キューバの歌手。
⇒外12（エンリケス，アウグスト）

Enriquez, Mariana
アルゼンチンの作家，ジャーナリスト。
⇒現世文（エンリケス，マリアーナ 1973–)

Ensberg, Morgan
アメリカの大リーグ選手（三塁）。
⇒最世ス（エンスバーグ，モーガン 1975.8.26–)
メジャ（エンズバーグ，モーガン 1975.8.26–)

Ensign, John
アメリカの政治家。
⇒外12（エンサイン，ジョン 1958.3.25–)

Ensikat, Klaus
ドイツのイラストレーター，グラフィックデザイナー。
⇒絵本（エンジカート，クラウス 1937–)

Ensminger, Douglas
アメリカの農学者。
⇒アア歴（Ensminger,Douglas インズミンガー，ダグラス 1910–1989.5.25)

Ensor, James
ベルギーの画家。表現主義絵画の先駆者。主作品『キリストのブリュッセル入城』。
⇒岩世人（エンソル 1860.4.13–1949.12.18)
芸15（アンソール，ジェームズ 1860–1949)
広辞7（アンソール 1860–1949)
ネーム（アンソール 1860–1949)

Ensour, Abdullah
ヨルダンの政治家。ヨルダン首相。
⇒外16（ヌスール，アブドラ　1939.1.20-）
世指導（ヌスール，アブドラ　1939.1.20-）

Entremont, Philippe
フランスのピアノ奏者，指揮者。
⇒外12（アントルモン，フィリップ　1934.6.6-）
外16（アントルモン，フィリップ　1934.6.6-）
新音中（アントルモン，フィリップ　1934.6.6-）
標音2（アントルモン，フィリップ　1934.6.6-）

Enukidze, Abel Sofronovich
ロシアの革命家。1918年全ロシア中央執行委員会幹部会員および同書記37年12月反革命陰謀を企てたとして銃殺された。
⇒学叢思（エヌキゼ　1877-?）

Enver Paşa, Ismail
トルコの軍人，政治家。
⇒岩イ（エンヴェル・パシャ　1881-1922）
岩世人（エンヴェル・パシャ　1881.11.23-1922.8.4）
世人新（エンヴェル＝パシャ　1881-1922）
世人装（エンヴェル＝パシャ　1881-1922）

Enya
アイルランド生まれの歌手。
⇒岩世人（エンヤ　1961.5.17-）
外12（エンヤ　1961.5.17-）
外16（エンヤ　1961.5.17-）

Enzensberger, Hans Magnus
ドイツの詩人，評論家。
⇒岩世人（エンツェンスベルガー　1929.11.11-）
外12（エンツェンスベルガー，ハンス・マグヌス　1929.11.11-）
外16（エンツェンスベルガー，ハンス・マグヌス　1929.11.11-）
現世文（エンツェンスベルガー，ハンス・マグヌス　1929.11.11-）
広辞7（エンツェンスベルガー　1929-）

Enzi, Mike
アメリカの政治家，実業家。
⇒外12（エンジ，マイク　1944.2.1-）

Eötvös Péter
ハンガリーの作曲家，指揮者。
⇒外12（エトヴェシュ，ペーテル　1944.1.2-）
外16（エトヴェシュ，ペーテル　1944.1.2-）

Eötvös Roland, Baron von
ハンガリーの実験物理学者。液体の表面張力に関する〈エトヴェシュの法則〉を見出した（1886）。
⇒岩世人（エトヴェシュ　1848.7.27-1919.4.8）
広辞7（エトヴェシュ　1848-1919）
物理（エトヴェシュ，ロラーンド　1848-1919）

Ephron, Nora
アメリカ・ニューヨーク生まれの映画監督，映画製作者，映画脚本家，小説家。
⇒外12（エフロン，ノーラ　1941.5.19-）
現世文（エフロン，ノーラ　1941.5.19-2012.6.26）

Ephrussi, Boris
フランスの遺伝学者。ショウジョウバエや酵母を用いての遺伝生化学的研究や異種細胞の融合実験で著名。
⇒岩生（エフリュッシ　1901-1979）
岩世人（エフリュッシ　1901.5.9-1979.5.2）

Epp, Franz Xaver Ritter von
ドイツの軍人，国会議員。
⇒岩世人（エップ　1868.10.16-1947）

Epping, Charles
アメリカの作家。
⇒海文新（エッピング，チャールズ　1952-）
現世文（エッピング，チャールズ　1952-）

Eppler, Erhard
ドイツの政治家。
⇒岩世人（エップラー　1926.12.9-）

Epps, Archie
「マルコムX―ハーヴァード演説集」の編集者。1963年のワシントン大行進のボストン地区組織者，ハーバード・ジャーナル・オブ・ニグロ・アフェアーズ（ニグロ問題研究誌）の創刊者の一人。
⇒マルX（EPPS,ARCHIE　エップス，アーチー　1937-2003）

Epshtein, Mikhail Naumovich
ロシア出身の哲学者，文芸批評家，文化研究者。
⇒岩世人（エプシテイン　1950.4.21-）

Epstein, Abraham
アメリカのペンシルベニア老齢年金委員会の調査担当ディレクター。
⇒アメ経（エプスタイン，エイブラハム　1872.4.20-1942.5.5）

Epstein, Adam Jay
アメリカの脚本家，作家。
⇒海文新（エプスタイン，アダム・ジェイ）
現世文（エプスタイン，アダム・ジェイ）

Epstein, Brian
イギリス・リヴァプール生まれのビートルズのマネージャー。
⇒ビト改（EPSTEIN,BRIAN　エプスタイン，ブライアン）
ロック（Epstein,Brian　エプスタイン，ブライアン　1934.9.19-1967.8.27）

Epstein, Helen
プラハ生まれのアメリカの作家，ジャーナリスト。

⇒現世文（エプスタイン, ヘレン　1947.11–）

Epstein, Sir Jacob
イギリスの彫刻家。人物像制作を主要なテーマとする。
⇒岩世人（エプスタイン　1880.11.10–1959.8.19）
芸13（エプスタイン, ジャコブ　1880–1959）
広辞7（エプスタイン　1880–1959）
ネーム（エプスタイン　1880–1959）
ユ著人（Epstain,Jacob,Sir　エプスタイン, ジェイコブ　1880–1959）

Epstein, Jean
フランスの映画理論家, 監督。『アッシャー家の末裔』（1926）などの名作を残した。
⇒岩世人（エプスティン　1897.3.25–1953.4.2）

Epstein, Michael Peter
アメリカの大リーグ選手（一塁）。
⇒メジャ（エプスティーン, マイク　1943.4.4–）

Epstein, Richard
アメリカの法学者。
⇒有経5（エプステイン　1943–）

Epstein, Samuel
北アメリカで活躍したポーランド生まれの地球化学者。
⇒岩世人（エプスタイン　1919.12.9–2001.9.17）

Epstein, Theo
アメリカの大リーグ, レッドソックスのGM, カブス編成本部長。
⇒外12（エプスタイン, セオ　1973.12.29–）
外16（エプスタイン, セオ　1973.12.29–）

Equiluz, Kurt
オーストリアのテノール歌手。
⇒魅惑（Equiluz,Kurt　1929–）

Erb, Donald（James）
アメリカの作曲家。
⇒エデ（アーブ, ドナルド（ジェイムズ）　1927.1.17–2008.8.12）
現音キ（アーブ, ドナルド　1927–2008）

Erb, Karl
ドイツのテノール歌手。バイエルン国立オペラに所属, モーツァルトの作品を得意とした。
⇒失声（エルプ, カール　1877–1958）
魅惑（Erb,Karl　1877–1958）

Erb, Wilhelm Heinrich
ドイツの神経学者。神経病理学に電気診断法を導入し, また電気療法を行った。エルプ麻痺, エルプ・シャルコ麻痺等を記述。
⇒岩世人（エルプ　1840.11.30–1921.10.29）

Erbakan, Necmettin
トルコの政治家。トルコ首相, イスラム福祉党党首。

⇒岩イ（エルバカン　1926–）
岩世人（エルバカン　1926.10.29–2011.2.27）
世指導（エルバカン, ネジメティン　1926.10.29–2011.2.27）

Erbse, Heimo
ドイツの作曲家。
⇒標音2（エルプセ, ハイモ　1924.2.27–）

Ercolani, Renato
イタリアのテノール歌手。
⇒魅惑（Ercolani,Renato　1920–）

Erdene, Sengiyn
モンゴルの作家。作品『サルヒトイン・ゴルの人々』『チューリップ』など。
⇒現世文（エルデネ, センギィーン　1929.12.7–2000）

Erdenebat, Jargaltulgyin
モンゴルの政治家。モンゴル首相。
⇒世指導（エルデネバト, ジャルガルトラギン　1974.7.17–）

Erdman, Nikolai Robertovich
ソ連の劇作家。
⇒現世文（エルドマン, ニコライ・ロベルトヴィチ　1902.11.16–1970.8.10）

Erdmann, Benno
ドイツの哲学者, 論理学者。主著『カントの批判主義』（1878）。
⇒岩世人（エルトマン　1851.5.30–1921.1.7）
學概思（エルドマン, ベノー　1851–1920）

Erdmann, Carl
ドイツの歴史家。
⇒岩世人（エルトマン　1898.11.27–1945.3.3）

Erdmann, Mojca
ドイツのソプラノ歌手。
⇒外16（エルトマン, モイツァ　1975–）

Erdoes, Mary Callahan
アメリカの銀行家。
⇒外12（アードス, メアリー・キャラハン　1967.8.13–）
外16（アードス, メアリー・キャラハン　1967.8.13–）

Erdogan, Recep Tayyip
トルコの政治家。トルコ首相（2003～14）, 大統領（14～）, トルコ公正発展党（AKP）党首。
⇒岩世人（エルドアン　1954.2.26–）
外12（エルドアン, レジェブ・タイップ　1954.2.26–）
外16（エルドアン, レジェブ・タイップ　1954.2.26–）
世指導（エルドアン, レジェブ・タイップ　1954.2.26–）

Erdös, Paul
ハンガリーの数学者。

⇒岩世人（エルデシュ　1913.3.26–1996.9.20）
数辞（エルデーシュ, ポウル　1913–）
世数（エルデシュ, ポール（またはパル）　1913–1996）

Erdossy, Adam
アメリカのパフォーマー。
⇒外12（エードッシー, アダム）

Erdrich, Louise
アメリカの女性作家。
⇒岩世人（アードリック　1954.6.7–）
外12（アードリック, ルイーズ　1954.6.7–）
外16（アードリック, ルイーズ　1954.6.7–）
現世文（アードリック, ルイーズ　1954.6.7–）

Erdt, Hans Rudi
ドイツ・ベルリンのポスター芸術家。
⇒グラデ（Erdt,Hans Rudi　エルト, ハンス・ルーディ　1883–1918）

Erede, Alberto
イタリアの指揮者。
⇒新音中（エレーデ, アルベルト　1909.11.8–）
標音2（エレーデ, アルベルト　1909.11.8–2001.4.12）

Eremenko, Andrei Ivanovich
ソ連の将軍。25年にわたる赤軍に対する功労に対してレーニン勲章を授与された。
⇒ネーム（エレメンコ　1892–1970）

Erfurth, Hugo
ドイツの写真家。
⇒芸13（エルフルト, フーゴー　1874–1948）

Erhard, Ludwig
ドイツ連邦共和国の政治家。1963年首相となり, アデナウアーの外交政策を手直しして, 東方政策を展開した。
⇒岩世人（エアハルト　1897.2.4–1977.5.5）
広辞7（エアハルト　1897–1977）
新カ1（エルハルト　1897.2.4–1977.5.5）
世人新（エアハルト　1897–1977）
世人装（エアハルト　1897–1977）
ネーム（エアハルト　1897–1977）
ポブ人（エアハルト, ルートウィヒ　1897–1977）

Erhardt, Franz
ドイツの哲学者。主著 "Kritik der kantischen Antinomienlehre"（1888）。
⇒岩世人（エアハルト　1864.11.4–1930.4.6）

Erian, Alicia
アメリカの作家, 脚本家。
⇒海文新（エリアン, アリシア　1967–）
現世文（エリアン, アリシア　1967–）

El-Erian, Mohamed A.
アメリカのエコノミスト。アリアンツ・チーフエコノミック・アドバイザー, ピムコCEO。

⇒外16（エラリアン, モハメド　1958.8.19–）

Eric
韓国の歌手, 俳優。
⇒外12（エリック　1979.2.16–）
外16（エリック　1979.2.16–）
韓俳（エリック（ムン・ジョンヒョク）　1979.2.16–）

Erice Aras, Víctor
スペイン生まれの映画監督, 映画脚本家。
⇒岩世人（エリセ　1940.6.30–）
映監（エリセ, ヴィクトル　1940.6.30–）
外12（エリセ, ビクトル　1940.6.30–）
外16（エリセ, ビクトル　1940.6.30–）
広辞7（エリセ　1940–）

Erich, Fritz von
アメリカのプロレスラー。
⇒異二辞（フォン・エリック［フリッツ・～］　1929–1997）

Erickson, Milton Hyland
アメリカの催眠療法家, 精神科医。
⇒現精（エリクソン, M.H.　1901–1980）
現精縮（エリクソン, M.H.　1901–1980）

Erickson, Scott Gavin
アメリカの大リーグ選手（投手）。
⇒メジャ（エリクソン, スコット　1968.2.2–）

Erickson, Steve
アメリカの小説家。
⇒外12（エリクソン, スティーブ　1950–）
外16（エリクソン, スティーブ　1950–）
現世文（エリクソン, スティーブ　1950–）

Ericson, John
アメリカ・ミシガン州デトロイト生まれの俳優。
⇒ク俳（エリクソン, ジョン（マイベス, ジョウゼフ）　1926–）

Erikkson, John
スウェーデンのミュージシャン。
⇒外12（エリクソン, ジョン）
外16（エリクソン, ジョン）

Eriksen, Christian
デンマークのサッカー選手（トッテナム・MF）。
⇒外12（エリクセン, クリスティアン　1992.2.14–）
外16（エリクセン, クリスティアン　1992.2.14–）
最世ス（エリクセン, クリスティアン　1992.2.14–）

Eriksen, Rolf
デンマークの実業家。
⇒外12（エリクセン, ロルフ　1944–）
外16（エリクセン, ロルフ　1944–）

Erikson, Duke
アメリカのミュージシャン。

⇒外12（エリクソン, デューク　1953.1.15–）
外16（エリクソン, デューク　1953.1.15–）

Erikson, Erik Homburger
アメリカの精神分析者。無意識の衝動よりも自我の機能に重点をおくいわゆる自我心理学派の1人。
⇒アメ新（エリクソン　1902–1994）
岩世人（エリクソン　1902.6.15–1994.5.12）
教思増（エリクソン　1902–1994）
現社（エリクソン　1902–1994）
現社福（エリクソン　1902–1994）
現精（エリクソン, E.H.　1902–1994）
現精縮（エリクソン, E.H.　1902–1994）
広辞7（エリクソン　1902–1994）
社小増（エリクソン　1902–1994）
社心小（エリクソン　1902–1994）
新カト（エリクソン　1902.6.15–1994.5.12）
精医歴（エリクソン, エリック　1902–1994）
精分岩（エリクソン, エリク・ホンブルガー　1902–1994）
世界子（エリクソン, エリク・H　1902–1994）
哲中（エリクソン　1902–1994）
ネーム（エリクソン　1902–1994）
ユ著人（Erikson, Erik Homburger　エリクソン, エリック・ホーンブルガー　1902–1994）

Erikson, Steven
カナダのファンタジー作家。
⇒現世文（エリクソン, スティーブン　1959–）

Eriksson, Eva
スウェーデンのイラストレーター。
⇒外12（エリクソン, エヴァ　1949–）
外16（エリクソン, エヴァ　1949–）

Eriksson, Sven Goran
スウェーデンのサッカー監督。
⇒外12（エリクソン, スヴェン・ゴラン　1948.2.5–）
外16（エリクソン, スヴェン・ゴラン　1948.2.5–）
最世ス（エリクソン, スヴェン・ゴラン　1948.2.5–）

Erkes, Eduard
ドイツの中国学者。「楚辞」の研究に精しい。
⇒岩世人（エルケス　1891.7.23–1958.4.2）

Erlander, Tage Fritiof
スウェーデンの政治家, 首相（1946〜69）。
⇒岩世人（エルランデル　1901.6.13–1985.6.21）
ネーム（エルランダル　1901–1985）

Erlang, Agner Krarup
デンマークの学者。
⇒数辞（アーラン, アグネル・クラルプ　1878–1929）

Erlanger, Joseph
アメリカの生理学者。
⇒岩生（アーランガー　1874–1965）
岩世人（アーランガー　1874.1.5–1965.12.5）
ネーム（アーランガー　1874–1965）

ノベ3（アーランガー, J.　1874.1.5–1965.12.5）
ユ著人（Erlanger, Joseph　アーランガー, ジョセフ　1874–1965）

Erlbruch, Wolf
ドイツの児童文学者。
⇒絵本（ェァルブルッフ, ヴォルフ　1948–）

Erlich, Leandro
アルゼンチン生まれの芸術家。
⇒外16（エルリッヒ, レアンドロ　1973–）
現アテ（Erlich, Leandro　エルリッヒ, レアンドロ　1973–）

Erlinghagen, Karl
ドイツの教育学者, イエズス会員。
⇒新カ人（エルリンハーゲン　1913.5.13–2003.1.12）

Ermakova, Anastasia
ロシアのシンクロナイズドスイミング選手。
⇒外12（エルマコワ, アナスタシア　1983.4.8–）
最世ス（エルマコワ, アナスタシア　1983.4.8–）

Erman, Adolf
ドイツのエジプト学者。『エジプト語辞典』（1926〜54）は, 特に斯学に貢献。
⇒岩世人（エルマン　1854.10.31–1937.6.25）

Ermatinger, Emil
スイスの文学史家。精神科学としての文学史や, 抒情詩の研究, (G.)ケラー研究に功績ある。
⇒岩世人（エルマティンガー　1873.5.21–1953.9.17）

Ermecke, Gustav
ドイツのカトリック神学者。
⇒新カト（エルメケ　1907.2.28–1987.2.17）

Ermolaeva, Vera Mikhailovna
ロシア・クリューチ（サラトフ州）生まれの女性画家。
⇒絵本（エルモラーエワ, ヴェーラ　1893–1938）

Ermolova, Mariya Nikolaevna
ロシアの女優。共和国人民芸術家の称号を受け（1920）, モスクワには彼女の名を冠した劇場がある。
⇒岩世人（エルモーロヴァ　1853.7.3/15–1928.3.12）
ネーム（エルモーロヴァ　1853–1928）

Ern, Vladimir Frantsevich
ロシアの哲学者, 社会評論家。
⇒岩世人（エルン　1882.8.5–1917.4.29）

Ernani, Francesco
イタリアのオペラ歌劇場運営の専門家。ボローニャ市立歌劇場総監督, ローマ歌劇場総監督。
⇒外16（エルナーニ, フランチェスコ　1937–）

Ernaux, Annie
フランスの作家。
⇒岩世人（エルノー　1940.9.1-）
　現世文（エルノー, アニー　1940-）
　広辞7（エルノー　1940-）
　フ文小（エルノー, アニー　1940-）

Ernest, Wilhelm
西ドイツのテノール, バリトン歌手。
⇒魅惑（Ernest,Wilhelm　1913-1975）

Erni, Hans
スイスの画家。
⇒芸13（エルニ, ハンス　1909-1978）

Ernle, Rowland Edmund Prothero, 1st Baron
イギリスの農学者。「Quarterly Review」誌を編集（1894～99）。農相（1916～19）。
⇒岩世人（アーンル　1851.9.6-1937.7.1）

Ernout, Alfred Georges
フランスのラテン語学者。ラテン文法, プラウトゥス, 古ラテン語の研究に貢献。
⇒岩世人（エルヌー　1879.10.30-1973.6.16）

Ernst, Max
フランスの画家。「コラージュ」の技法,「フロッタージュ」の技法の開発など多彩で独創的な活動を展開した。
⇒岩世人（エルンスト　1891.4.2-1976.4.1）
　絵本（エルンスト, マックス　1891-1976）
　芸13（エルンスト, マックス　1891-1976）
　広辞7（エルンスト　1891-1976）
　シュル（エルンスト, マックス　1891-1976）
　世人新（エルンスト　1891-1976）
　世人装（エルンスト　1891-1976）
　ネーム（エルンスト　1891-1976）
　ポプ人（エルンスト, マックス　1891-1976）

Ernst, Paul Carl Friedrich
ドイツの小説家, 劇作家。
⇒岩世人（エルンスト　1866.3.7-1933.5.13）
　学叢思（エルンスト, パウル　1866-?）

Ernst, Richard R.
スイスの化学者。1991年ノーベル化学賞。
⇒岩世人（エルンスト　1933.8.14-）
　外12（エルンスト, リヒャルト　1933.8.14-）
　外16（エルンスト, リヒャルト　1933.8.14-）
　化学（エルンスト　1933-）
　ノベ3（エルンスト,R.R.　1933.8.14-）

Eröd, Adrian
オーストリアのバリトン歌手。
⇒外16（エレート, アドリアン）

Eroféev, Venedíkt
ソ連の作家。
⇒岩世人（エロフェーエフ　1938.10.24-1990.5.11）
　現世文（エロフェーエフ, ベネディクト　1938.10.24-1990.5.11）
　広辞7（エロフェーエフ　1938-1990）

Eroféev, Víktor Vladímirovich
ロシアの作家, 批評家。
⇒岩世人（エロフェーエフ　1947.9.19-）
　現世文（エロフェーエフ, ヴィクトル　1947-）

Eroğlu, Dervis
キプロスの政治家。北キプロス・トルコ共和国大統領（2010～15）。
⇒外12（エロール, デルウィシュ　1938-）
　外16（エロール, デルウィシュ　1938-）
　世指導（エロール, デルウィシュ　1938-）

Eroshenko, Vasilii
ロシアの盲目詩人, 童話作家。1915年に来日し, 秋田雨雀, 相馬黒光などと知り合う。日本語, エスペラント語で作品を発表。
⇒岩世人（エロシェンコ　1889.12.31/1990.1.12-1952.12.23）
　現世文（エロシェンコ, ワシリー　1890.1.12-1952.12.23）
　広辞7（エロシェンコ　1890-1952）
　日エ（エロシェンコ　1890.1.12〔ロシア暦1889.12.31〕-1952.12.23）
　ネーム（エロシェンコ　1890-1952）

Erpf, Hermann
ドイツの音楽理論家, 教育家。
⇒標音2（エルプフ, ヘルマン　1891.4.23-1969.10.7）

Errani, Sara
イタリアのテニス選手。
⇒外16（エラニ, サラ　1987.4.29-）
　最世ス（エラニ, サラ　1987.4.29-）

Erre, Jean-Marcel
フランスの作家。
⇒海文新（エール, ジャン＝マルセル　1971-）
　現世文（エール, ジャン・マルセル　1971-）

Erró, Gudmundur Gudmundsson
アイスランドの芸術家。
⇒岩世人（エッロウ　1932.7.19-）
　芸13（エロ, ガドマンダール・ガドマンダソン　1932-）

Errolle, Raloh
アメリカのテノール歌手。
⇒魅惑（Errolle,Raloh　1890-1973）

Erschov, Ivan
ロシアのテノール歌手。
⇒魅惑（Erschov,Ivan　1867-1943）

Ershad, Hossain Mohammad
バングラデシュの軍人, 政治家。バングラデシュ大統領（1983～90）。
⇒岩イ（エルシャド　1930-）

世指導（エルシャド, フセイン・モハマド　1930.
2.1-）
南ア新（エルシャド　1930-）
Erskine, Albert Russel
アメリカの実業家。自動車製造業のステュードベーカー社社長。
⇒アメ経（アースキン, アルバート　1871.1.24-1933.6.30）
Erskine, Carl Daniel
アメリカの大リーグ選手（投手）。
⇒メジャ（アースキン, カール　1926.12.13-）
Erskine, Kathryn
オランダの作家。
⇒海文新（アースキン, キャスリン）
現世文（アースキン, キャスリン）
Erskine, William Hugh
アメリカの宣教師。
⇒アア歴（Erskine,W(illiam) H(ugh)　アースキン, ウイリアム・ヒュー　1879.2.2-1954.2.17）
Erslev, Kristian
デンマークの歴史家, 歴史教育者。
⇒岩世人（エアスリウ　1852.12.28-1930.6.20）
Erstad, Darin
アメリカの大リーグ選手（外野手）。
⇒メジャ（アースタッド, ダリン　1974.6.4-）
Ersted, Ruth Marion
アメリカの図書館員。38年間にわたりミネソタ州の学校図書館監督官として同州の学校図書館システム全体の発展に尽くす。
⇒ア図（エルステッド, ルース・マリオン　1904-1990）
Erté
ソ連の画家, 舞台衣装デザイナー。
⇒グラデ（Erté　エルテ　1892-1990）
Ertl, Gerhard
ドイツの化学者。2007年ノーベル化学賞を受賞。
⇒岩世人（エルトル　1936.10.10-）
外12（エルトゥル, ゲルハルト　1936.10.10-）
外16（エルトゥル, ゲルハルト　1936.10.10-）
化学（エルトル　1936-）
ネーム（エルトル　1936-）
ノベ3（エルトゥル,G.　1936.10.10-）
Ervin, Anthony
アメリカの水泳選手。
⇒外16（アービン, アンソニー　1981.5.26-）
最世人（アービン, アンソニー　1981.5.26-）
Ervine, St.John Greer
イギリス（アイルランド）の劇作家, 小説家。小説, 演劇論のほか, アイルランド問題研究などもある。
⇒岩世人（アーヴィン　1883.12.28-1971.1.24）

Erving, Julius "Dr.J"
アメリカのNBA選手。
⇒岩世人（アーヴィング　1950.2.22-）
Erwen, Keith
イギリスのテノール歌手。
⇒魅惑（Erwen,Keith　1942-）
Erwin, Stuart
アメリカの男優。
⇒ク俳（アーウィン, ステュアート　1902-1967）
Erwitt, Elliott
アメリカの写真家。
⇒外12（アーウィット, エリオット　1928-）
外16（アーウィット, エリオット　1928-）
Erzberger, Matthias
ドイツ中央党の政治家。蔵相, 首相代理を歴任。
⇒岩世人（エルツベルガー　1875.9.20-1921.8.26）
ネーム（エルツベルガー　1875-1921）
Esasky, Nicholas Andrew
アメリカの大リーグ選手（一塁, 三塁）。
⇒メジャ（エサスキー, ニック　1960.2.24-）
Es'at Pasha, Ahmed
アルバニアの独裁者。バルカン戦争（1912～13）で, 独立を宣言し, 独裁制をしいた。
⇒岩世人（エサト・パシャ・トプタニ　1863-1920.6.13）
Esau, Katherine
ロシア生まれのアメリカの植物学者。
⇒岩生（エソー　1898-1997）
Escalaïs, Léon
フランスのテノール歌手。
⇒失声（エスカレ, レオン　1859-1940）
魅惑（Escalaïs,Léonce-Antoine　1859-1940）
Escarpit, Denise
フランスの児童文学研究者。
⇒絵本（エスカルピ, ドニーズ　1920-）
Escarpit, Robert
フランスの比較文学者, ジャーナリスト, 小説家。
⇒比文増（エスカルピ（ロベール）　1918（大正7）-2000（平成12））
Eschbach, Andreas
ドイツの作家。
⇒現世文（エシュバッハ, アンドレアス　1959-）
Eschenbach, Christoph
ドイツの指揮者, ピアノ奏者。
⇒外12（エッシェンバッハ, クリストフ　1940.2.20-）
外16（エッシェンバハ, クリストフ　1940.2.20-）
新音中（エッシェンバハ, クリストフ　1940.2.

ネーム（エッシェンバッハ　1940–）
標音2（エッシェンバッハ，クリストフ　1940.2.20–）

Eschenmoser, Albert Jakob
スイスの有機化学者。コリン化合物の有機化学的研究を基礎に，R.B.ウッドワードと共に行ったビタミンB_{12}の全合成は有名。
⇒岩世人（エッシェンモーザー　1925.8.5–）

Escher, George Arnold
オランダの土木技術者。
⇒岩世人（エッセル（エッシャー、エッシェル）1843.5.10–1939.6.14）

Escher, Mauris Cornelis
オランダのグラフィック・アーティスト。
⇒異二辞（エッシャー［マウリッツ・～］1898–1972）
　岩世人（エッシャー（エッセル）1898.6.17–1972.3.27）
　広辞7（エッシャー　1898–1972）
　ポプ人（エッシャー，マウリッツ　1898–1972）

Escherich, Karl
ドイツの森林昆虫学者。応用昆虫学会を創設した（1913）。主著 "Die Ameise"（06）。
⇒岩世人（エッシェリヒ　1871.11.18–1951.11.22）

Escherich, Theodor von
ドイツの小児科医、細菌学者。腸内細菌およびジフテリアに関する研究、また大腸菌の発見者。
⇒岩世人（エッシェリヒ　1857.11.29–1911.2.15）

Eschert, Hasso
ドイツのテノール歌手。
⇒魅惑（Eschert,Hasso　1917–）

Eschrig, Ralph
ドイツのテノール歌手。
⇒魅惑（Eschrig,Ralph　1959–）

Eschweiler, Karl
ドイツのカトリック神学者。
⇒新カト（エシュヴァイラー　1886.8.5–1936.9.30）

Escobar, Kelvim Jose
ベネズエラの大リーグ選手（投手）。
⇒メジャ（エスコバル，ケルビム　1976.4.11–）

Escoffier, Auguste
フランスの料理人。フランス料理を改良し、新しい料理を創案した。
⇒異二辞（エスコフィエ［ジョルジュ・オーギュスト・～］1846–1935）
　岩世人（エスコフィエ　1846.10.28–1935.2.12）
　ネーム（エスコフィエ　1846–1935）
　フラ食（エスコフィエ、オーギュスト　1846–1935）

Escrivá de Balaguer y Albás,
Josemaría
スペイン・バルバストロ生まれの聖人、オプス・デイ創立者。祝日6月26日。
⇒岩世人（エスクリバ　1902.1.9–1975.6.26）
　教聖（聖ホセ・マリア・エスクリバー司祭　1902.1.9–1975.6.26）
　新カト（エスクリバー・デ・バラゲル　1902.1.9–1975.6.26）
　ネーム（エスクリバー　1902–1975）

Escudero Sergio
スペイン、のち日本のサッカー選手（浦和レッズ・FW）。
⇒外12（エスクデロ・セルヒオ　1988.9.1–）

Esenbel, Selcuk
トルコの歴史学者。
⇒外12（エセンベル, セルチュク）
　外16（エセンベル, セルチュク　1946–）

Esenin, Sergei Aleksandrovich
ロシア、ソ連の詩人。
⇒岩世人（エセーニン　1895.9.21/10.3–1925.12.28）
　現明文（エセーニン、セルゲイ　1895.10.23–1925.12.28）
　広辞7（エセーニン　1895–1925）
　ネーム（エセーニン　1895–1925）

Eshkol, Levy
シオニスト労働運動の指導者、イスラエルの政治家。第3代首相（1963〜69）。
⇒岩世人（エシュロル　1895.10.25–1969.2.26）
　ユ著人（Eshkol,Levi（y）エシュコル、レヴィ　1895–1969）

Eshpay, Andrey Yakovlevich
ソ連の作曲家。ソビエト連邦人民芸術家。
⇒ク音3（エシパイ　1925–）
　標音2（エシパイ、アンドレイ・ヤコヴレヴィチ　1925.5.15–）

'Eshqī, Muhammad Rezā
イランの詩人。作品『イラン帝王の復活』『黒い経帷子』など。
⇒岩世人（エシュキー　1894.12–1924.7）

Eskola, Pentti Eelis
フィンランドの地質鉱物学者。近代岩石学に貢献。
⇒岩世人（エスコラ　1883–1964.12.14）
　オク地（エスコラ、ペンチー・エリアス　1883–1964）

Eskridge, Chauncey
アメリカの公民権活動家。
⇒マルX（ESKRIDGE,CHAUNCEY　エスクリッジ、チョーンシー　1918–1988）

Esma
マケドニアの歌手。
⇒岩世人（エスマ　1945.8.8–）

Esmein, Adhémar
フランスの法学者。法律史の研究において, 歴史的立場と体系的思想とを結合するに努めた。主著 "Le mariage en droit canonique" (1891)。
⇒岩世人（エスマン　1848.2.1–1913.7.20）

Espanca, Florbela
ポルトガルの女性詩人。
⇒現世文（エスパンカ, フロルベーラ　1894.12.8–1930.12.8）

Espenschied, Lloyd
アメリカの電気技術者。
⇒岩世人（エスペンシード　1889.4.27–1986.6.1）

Esper, Charles H.（Duke）
アメリカの大リーグ選手（投手）。
⇒メジャ（エスパー, デューク　1868.7.28–1910.8.31）

Esperanza
アメリカのジャズ・ベース奏者。
⇒外12（エスペランサ　1984–）
　外16（エスペランサ　1984–）

Espina de la Serna, Concha
スペインの女性作家。スペイン伝統の写実主義を守る。
⇒岩世人（エスピーナ　1877.4.15–1955.5.19）
　新カト（エスピナ　1869/1877/1879.4.15–1955.5.19）

Espinas, Alfred Victor
フランスの哲学者。社会構造を科学的に研究。
⇒岩世人（エスピナス　1844.5.23–1922.2.24）
　メル3（エスピナス, アルフレッド　1844–1922）

Espinosa
ブラジルのサッカー監督, サッカー選手。
⇒外12（エスピノーザ　1947.10.17–）

Espinosa, Paola
メキシコの飛込み選手。
⇒最世ス（エスピノサ, パオラ　1986.7.31–）

Espinoza, Maria
メキシコのテコンドー選手。
⇒外12（エスピノサ, マリア　1987.11.29–）
　外16（エスピノサ, マリア　1987.11.29–）
　最世ス（エスピノサ, マリア　1987.11.29–）

Esplá, Oskar
スペインの作曲家。マドリード音楽学校長。
⇒岩世人（エスプラ　1886.8.5–1976.1.6）
　ク音3（エスプラ　1886–1976）
　新音中（エスプラ, オスカル　1886.8.5–1976.1.6）
　標音2（エスプラ, オスカル　1886.8.5–1976.1.6）

Esquivel, Adolfo Pérez
アルゼンチンの平和運動家, 彫刻家。1980年ノーベル平和賞。
⇒外12（ペレス・エスキベル, アドルフォ　1931.11.26–）
　外16（ペレス・エスキベル, アドルフォ　1931.11.26–）
　ネーム（エスキベル　1931–）
　ノベ3（エスキベル, A.P.　1931.11.26–）

Esquivel, Manuel
ベリーズの政治家。ベリーズ首相。
⇒世指導（エスキベル, マヌエル　1940.5.2–）

Esser, Hartmut
ドイツの社会学者。
⇒岩世人（エッサー　1943.12.21–）

Esser, Hermin
ドイツのテノール歌手。
⇒魅惑（Esser, Hermin　1928–）

Essex, David
イギリス・ロンドン生まれの歌手。
⇒ロック（Essex, David　エセックス, デイヴィッド　1974.7.23–）

Essex, Karen
アメリカの作家, 脚本家, ジャーナリスト。
⇒海文新（エセックス, カレン）
　現世文（エセックス, カレン）

Essid, Habib
チュニジアの政治家。チュニジア首相。
⇒外16（シド, ハビブ　1949.6.1–）
　世指導（シド, ハビブ　1949.6.1–）

Essien, Michael
ガーナのサッカー選手（MF）。
⇒外12（エシエン, マイケル　1982.12.3–）
　外16（エッシェン, マイケル　1982.12.3–）
　最世ス（エッシェン, マイケル　1982.12.3–）

Essien-Udom, E.U.
ナイジェリア出身の社会学者。『ブラック・ナショナリズム』の著者。
⇒マルX（ESSIEN-UDOM, E.U.　エシアン＝ウドム, E・U　1928–1980以降）

Esslin, Martin（Julius）
ハンガリー出身の演劇評論家。
⇒世演（エスリン, マーチン　1918.6.8–2002.2.24）
　ネーム（エスリン　1918–2002）

Esson, Louis
オーストラリアの劇作家。
⇒岩世人（エッソン　1879–1943）

Esson, William
イギリスの数学者, 化学者。
⇒化学（エッソン　1839/1838?–1916）

Essy, Amara
コートジボワールの政治家。コートジボワール外相。

⇒外16（エシー, アマラ 1944.12.20–）
世指導（エシー, アマラ 1944.12.20–）

Estang, Luc
フランスの詩人, 小説家。作品『魂の救済』『訊問』など。
⇒現世文（エスタン, リュック 1911.11.12–1992.7.25）
新カト（エスタン 1911.11.12–1992.7.25）

Estanguet, Tony
フランスのカヌー選手（カナディアン）。
⇒外16（エスタンゲ, トニ 1978.5.6–）
最世ス（エスタンゲ, トニ 1978.5.6–）

Estaunié, Edouard
フランスの小説家。主著 "La vie secrète (1908)"。
⇒岩世人（エストーニエ 1862.2.4–1942.4.2）
新カト（エストーニエ 1862.2.4–1942.4.2）

Estep, Craig
アメリカのテノール歌手。
⇒魅惑（Estep,Craig ?–）

Esterhazy, Marie Charles Ferdinand Walsin
フランス（ハンガリー系）の軍人。ドレフュス事件に関し, ドレフュスに不利な証拠を捏造したことを告白した。
⇒岩世人（エステルアジ 1847.12.16–1923.5.21）

Esterházy Péter
ハンガリーの作家, エッセイスト。
⇒岩世人（エステルハージ 1950.4.14–）
外12（エステルハージ, ペーテル 1950.4.14–）
外16（エステルハージ, ペーテル 1950.4.14–）
現世文（エステルハージ, ペーテル 1950.4.14–2016.7.14）

Estermann, Theodor
ドイツの数学者。
⇒数小増（エスターマン 1902–1991）

Estes, Aaron Shawn
アメリカの大リーグ選手（投手）。
⇒メジャ（エステス, ショーン 1973.2.18–）

Estes, Eleanor
アメリカの女性児童文学作家。処女作『モファッツ一家』（邦訳名「黄色い家」）（1940）。
⇒現世文（エスティス, エレナー 1906–1988.7）

Estes, Evgenia
ロシアのバレーボール選手。
⇒外16（エステス, エヴゲーニヤ 1975.7.17–）
最世ス（エステス, エヴゲーニヤ 1975.7.17–）

Estes, Richard
アメリカの画家。
⇒岩世人（エステス 1932.5.14–）

芸13（エステス, リチャード 1932–）
ネーム（エステス 1932–）

Estes, Simon
アメリカのバス・バリトン歌手。
⇒標音2（エステス, サイモン 1938.2.2–）

Esteve, Vicenç
スペインのテノール歌手。
⇒魅惑（Esteve,Vicenç ?–）

Estevez, Emilio
アメリカ生まれの俳優。
⇒外12（エステベス, エミリオ 1962.5.12–）
外16（エステベス, エミリオ 1962.5.12–）
ク俳（エステヴェス, エミリオ 1962–）

Estigarribia, José Félix
パラグアイの軍人, 政治家。1939年大統領に就任。
⇒岩世人（エスティガリビア 1888.2.21–1940.9.7）

Estil, Frode
ノルウェーのスキー選手（距離）。
⇒最世ス（エスティル, フローデ 1972.5.31–）

Estleman, Loren D.
アメリカのミステリ作家。
⇒外16（エスルマン, ローレン 1952.9.15–）
現世文（エスルマン, ローレン 1952.9.15–）

Estrada, Adolfo
アメリカ生まれの画家。
⇒芸13（エストラーダ, アドルフ 1927–）

Estrada, Charles Leonard
アメリカの大リーグ選手（投手）。
⇒メジャ（エストラダ, チャック 1938.2.15–）

Estrada, Joseph
フィリピンの俳優, 政治家。フィリピン大統領（1997～2001）。
⇒岩世人（エストラーダ 1937.4.19–）
外12（エストラダ, ジョセフ 1937.4.19–）
外16（エストラダ, ジョセフ 1937.4.19–）
現アジ（エストラダ, ジョセフ 1937.4.19–）
世指導（エストラダ, ジョセフ 1937.4.19–）
世人新（エストラダ 1937–）
世人装（エストラダ 1937–）
ポプ人（エストラダ, ジョセフ 1937–）

Estrada, Julio
メキシコの作曲家, 音楽学者。
⇒外12（エストラーダ, フリオ 1943–）
外16（エストラーダ, フリオ 1943–）

Estrada Cabrera, Manuel
グアテマラの政治家。
⇒岩世人（エストラーダ・カブレーラ 1857.11.21–1924.9.6）
ラテ新（エストラーダ・カブレラ 1857–1924）

Estrada Palma, Tomás
キューバの政治家。独立運動の指導者として活躍、初代キューバ大統領（1902～06）に就任。
⇒岩世人（エストラーダ・パルマ　1835.7.9–1908.11.8）

Esui
モンゴルの女子プロレスラー。
⇒外12（エスイ　1985.5.9–）

Eswood, Paul
イギリスのカウンターテナー歌手。
⇒新音中（エスウッド、ポール　1942.6.6–）
標音2（エスウッド、ポール　1942.6.6–）

Étaix, Pierre
フランス生まれの映画監督、男優。
⇒ク俳（エテックス、ピエール　1928–）

Etchebarren, Andrew Auguste
アメリカの大リーグ選手（捕手）。
⇒メジャ（エッチェバーレン、アンディ　1943.6.20–）

Etel, Alex
イギリスの俳優。
⇒外12（エテル、アレックス　1994.9.19–）

Etheridge, Melissa
アメリカのシンガー・ソングライター。
⇒外12（エスリッジ、メリッサ　1961.5.29–）
外16（エスリッジ、メリッサ　1961.5.29–）

Ethier, Andre
アメリカの大リーグ選手（ドジャース・外野手）。
⇒最世ス（イーシアー、アンドレ　1982.4.10–）
メジャ（イーシアー、アンドレ　1982.4.10–）

Étiemble, René
フランスの批評家、小説家。
⇒比文増（エチアンブル（ルネ）　1909（明治42）–2002（平成14））

Étienne, Eugène
フランスの政治家。
⇒岩世人（エティエンヌ　1844.12.15–1921.5.13）

Etienne-Martin
フランスの彫刻家。神秘感にみちた作風。
⇒岩世人（エティエンヌ＝マルタン　1913.2.4–1995.3.21）

Eto, Kinbo Ishii
台湾生まれの指揮者。マグデブルク劇場音楽総監督。
⇒外12（エトウ、キンボウ・イシイ）
外16（エトウ、キンボウ・イシイ）

Eto'o, Samuel
カメルーンのサッカー選手。
⇒外12（エトオ、サミュエル　1981.3.10–）
外16（エトオ、サミュエル　1981.3.10–）
最世ス（エトオ、サミュエル　1981.3.10–）

Etro, Gimmo
イタリアの実業家、デザイナー。
⇒外16（エトロ、ジーモ　1940–）

Ets, Marie Hall
アメリカの挿絵画家。
⇒絵本（エッツ、マリー・H.　1893–1984）
ポブ人（エッツ、マリー　1895–1984）

Ettedgui, Edouard
モロッコ生まれの実業家。マンダリンオリエンタルCEO。
⇒外16（エテギー、エドワード　1951–）

Ettinger, Bracha
イスラエル生まれの画家。
⇒芸13（エティンガー、ブラチャ　?–）

Ettinger, Dan
イスラエルの指揮者、ピアノ奏者。
⇒外12（エッティンガー、ダン　1971–）
外16（エッティンガー、ダン　1971–）

Ettinghausen, Richard
ドイツ生まれのイスラム美術史学者。
⇒岩世人（エッティングハウゼン　1906.2.4–1979.4.2）

Ettten, Nicholas Raymond Thomas
アメリカの大リーグ選手（一塁）。
⇒メジャ（エッテン、ニック　1913.9.19–1990.10.18）

Etzioni, Amitai（Werner）
アメリカの社会学者。代表作は、『組織の社会学的分析』（1961）、『活力ある社会』（68）など。
⇒社小増（エツィオーニ　1929–）

Eubel, Konrad
ドイツのフランシスコ会修道士、教会史家。
⇒新カト（オイベル　1842.1.19–1923.2.5）

Eucken, Rudolf Christoph
ドイツの哲学者。1908年ノーベル文学賞受賞。
⇒岩世人（オイケン　1846.1.5–1926.9.15）
学叢思（オイケン、ルドルフ　1846–1926）
教人（オイケン　1846–1926）
広辞7（オイケン　1846.1.5–1926.9.15）
新カト（オイケン　1846.1.5–1926.9.15）
ネーム（オイケン　1846–1926）
ノベ3（オイケン、R.　1846.1.5–1926.9.14）

Eucken, Walter
ドイツの経済学者。年鑑「Ordo」を創刊。
⇒岩世人（オイケン　1891.1.17–1950.3.20）
新カト（オイケン　1891.1.17–1950.3.20）
有経5（オイケン　1891–1950）

Eugen, Printz
スウェーデンの画家。
⇒岩世人（エウシェーン 1865.8.1-1947.8.17）

Eugene
韓国の女優, 歌手。
⇒韓俳（ユジン 1981.3.3-）

Eugenides, Jeffrey
アメリカの作家。
⇒外12（ユージェニデス, ジェフリー 1960-）
外16（ユージェニデス, ジェフリー 1960.3.8-）
海文新（ユージェニデス, ジェフリー 1960.3.8-）
現世文（ユージェニデス, ジェフリー 1960.3.8-）

Eulenberg, Herbert
ドイツの劇作家, 演出家。
⇒岩世人（オイレンベルク 1876.1.25-1949.9.4）
学叢思（オイレンベルク, ヘルベルト 1876-?）

Eulenburg, Botho
ドイツの政治家。L.カプリビの後任首相。
⇒岩世人（オイレンブルク 1831.7.31-1912.11.5）

Eulenburg und Hertefeld, Philip, Prinz zu
ドイツの外交官, ウィルヘルム2世の側近。
⇒岩世人（オイレンブルク 1847.2.12-1921.9.17）

Euler-Chelpin, Hans Karl August Simon von
スウェーデン（ドイツ系）の生化学者。酵素および発酵の研究でノーベル化学賞受賞（1929）。
⇒岩生（オイラー-ケルピン 1873-1964）
岩世人（オイラー=ケルピン 1873.2.15-1964.11.6）
化学（オイラー・ケルピン 1873-1965）
ネーム（オイラー=ケルピン 1873-1964）
ノベ3（オイラー・ケルピン,H.K.A.S. 1873.2.15-1964.11.7）

Euler-Chelpin, Ulf Svante von
スウェーデンの生理学者。1970年神経末梢部の伝達物質の研究でノーベル生理・医学賞受賞。
⇒岩生（オイラー 1905-1983）
岩世人（オイラー（=ケルピン） 1905.2.7-1983.3.9）
ノベ3（オイラー,U.S. 1905.2.7-1983.3.10）

Euller
ブラジルのサッカー選手。
⇒異二辞（エウレル 1971-）

Eumorfopoulos, George
イギリスの美術収集家。
⇒岩世人（ユーモルフォプロス 1863.4.18-1939.12.19）

Eun Hee-kyung
韓国の小説家。
⇒岩韓（ウン・ヒギョン 殷煕耕 1959-）

外12（ウンヒギョン 殷煕耕 1959-）
外16（ウンヒギョン 殷煕耕 1959-）
海文新（殷煕耕 ウンヒギョン 1959-）
韓現文（殷煕耕 ウン・ヒギョン 1959-）
韓朝新（ウン・ヒギョン 殷煕耕 1959-）
現世文（ウン・ヒギョン 殷煕耕 1959-）

Eunhyuk
韓国の歌手。
⇒外12（ウニョク 1986.4.4-）

Eunjung
韓国の歌手。
⇒外12（ウンジョン 1988.12.12-）

Eun Seo-Woo
韓国の女優。
⇒韓俳（ウン・ソウ 1996.11.25-）

Eun Won-Jae
韓国の男優。
⇒韓俳（ウン・ウォンジェ 1994.7.21-）

Eusebio
ポルトガルのサッカー選手。
⇒異二辞（エウゼビオ[～・ダ・シルヴァ・フェレイラ] 1942-2014）
岩世人（エウゼビオ 1942.1.25-2014.1.5）
外12（エウゼビオ 1942.1.25-）
ネーム（エウゼビオ 1942-2014）

Eustace, Arnhim
セントビンセント・グレナディーンの政治家。セントビンセント・グレナディーン首相。
⇒外16（ユスタス, アーンヒム 1946.10.5-）
世指導（ユスタス, アーンヒム 1946.10.5-）

Eustache, Jean
フランス生まれの映画監督。
⇒映監（ユスターシュ, ジャン 1938.11.30-1981）

Eustasio Rivera, José
コロンビアの小説家, 詩人, 外交官。アマゾン川上流の生活を体験し, それにもとづいて書いた小説『大渦』（1924）で国際的名声を得た。
⇒岩世人（エウスタシオ・リベラ 1889.2.19-1928.12.1）

Euthana Mukdasanit
タイ生まれの映画監督。
⇒タイ（ユッタナー・ムックダーサニット 1952-）

Euwe, Max
オランダのチェス選手。チェス世界選手権保持者（1935〜37）。
⇒岩世人（ウーヴェ 1901.5.20-1981.11.26）

Eva, Little
アメリカ・ノースカロライナ州生まれの歌手。
⇒ロック（Eva,Little イーヴァ, リトル 1945.6.29-）

Eval'd, Viktor Vladimirovich
ロシアの作曲家，土木工学の専門家，ホルン，チェロの奏者。
⇒ク音3（エーヴァルド　1860–1935）

Evancho, Jackie
アメリカの歌手。
⇒外12（エヴァンコ，ジャッキー　2000.4.9–）

Evander, Per Gunnar Henning
スウェーデンの小説家。
⇒岩世人（エヴァンデル　1933.4.25–）

Evangelides, Petros
キプロスのテノール歌手。
⇒魅惑（Evangelides,Petros　1950–）

Evangelista, Crisanto A.
フィリピンの労働組合活動家，左翼政治家。
⇒岩世人（エバンヘリスタ　1888.11.1–1942.1.25）

Evangelisti, Franco
イタリアの作曲家。イタリアにおける実験的な音楽運動の組織者。
⇒新音中（エヴァンジェリスティ，フランコ　1926.1.26–1980.1.28）
　標音2（エヴァンジェリスティ，フランコ　1926.1.26–1980.1.28）

Evanovich, Janet
アメリカのミステリ作家。
⇒外12（イヴァノヴィッチ，ジャネット）
　外16（イヴァノヴィッチ，ジャネット）
　現世文（イヴァノヴィッチ，ジャネット）

Evans, Sir Arthur John
イギリスの考古学者。クレタ文明の解明に貢献。
⇒岩世人（エヴァンズ　1851.7.8–1941.7.11）
　広辞7（エヴァンズ　1851–1941）
　世人新（エヴァンズ　1851–1941）
　世人装（エヴァンズ　1851–1941）
　ポプ人（エバンズ，アーサー　1851–1941）

Evans, Bill
アメリカのジャズ・ピアノ奏者。『カンバセーション・ウイズ・マイセルフ』でグラミー賞受賞。
⇒岩世人（エヴァンズ　1929.8.16–1980.9.15）
　新音中（エヴァンズ，ビル　1929.8.16–1980.9.15）
　標音2（エヴァンズ，ビル　1929.8.16–1980.9.15）
　ポプ人（エヴァンズ，ビル　1929–1980）

Evans, Cadel
オーストラリアの自転車選手（ロードレース）。
⇒最新ス（エバンス，カデル　1977.2.14–）

Evans, Cerith Wyn
イギリス生まれの芸術家。
⇒現アテ（Evans,Cerith Wyn　エヴァンス，ケリス・ウィン　1958–）

Evans, Chris
カナダの作家。
⇒海文新（エヴァンズ，クリス）
　現世文（エバンズ，クリス）

Evans, Dale
アメリカのカントリー歌手。
⇒ク俳（エヴァンズ，デイル（スミス，フランシス）1912–2001）
　スター（エヴァンス，デイル　1912.10.31–2001）

Evans, Darrell Wayne
アメリカの大リーグ選手（三塁，一塁）。
⇒メジャ（エヴァンズ，ダーレル　1947.5.26–）

Evans, Don
アメリカの実業家。商務長官，トム・ブラウン会長・CEO。
⇒世指導（エバンズ，ドン　1946.7.27–）

Evans, Douglas
アメリカの児童文学者。
⇒海文新（エバンス，ダグラス）

Evans, Dwight Michael
アメリカの大リーグ選手（外野）。
⇒メジャ（エヴァンズ，ドワイト　1951.11.3–）

Evans, Dame Edith Mary
イギリスの女優。17世紀喜劇，O.ワイルド，G.B.ショーらの作品に出演。
⇒岩世人（エヴァンズ　1888.2.8–1976.10.14）
　ク俳（エヴァンズ，デイム・イーディス　1888–1976）

Evans, Edward Ratcliffe Garth Russell, 1st Baron Mountevans
イギリスの軍人。
⇒岩世人（エヴァンズ　1880.10.28–1957.8.20）

Evans, Gareth
インドネシアの映画監督，脚本家。
⇒外16（エバンス，ギャレス）

Evans, Gareth John
オーストラリアの政治家。
⇒外16（エバンス，ギャレス・ジョン　1944.9.5–）
　世指導（エバンス，ギャレス・ジョン　1944.9.5–）

Evans, Sir Geraint
ウェールズのバリトン歌手。
⇒新音中（エヴァンズ，ゲラィント　1922.2.16–1992.9.19）
　標音2（エヴァンズ，ジェレイント　1922.2.16–1992.9.19）

Evans, Gil
カナダ生まれのジャズ編曲家。ジャズ界最高のアレンジャーとして君臨。代表作に『スケッチ・オブ・スペイン』『時の歩廊』。
⇒新音中（エヴァンズ，ギル　1912.5.13–1988.3.20）

標音2（エヴァンズ，ギル　1912.5.13–1988.3.20）
Evans, Griffith Conrad
アメリカの数学者。ポテンシャル理論等に寄与し、また経済現象の数理的研究を試みた。
⇒岩世人（エヴァンズ　1887.5.11–1973.12.8）
Evans, Janet
アメリカの水泳選手。
⇒岩世人（エヴァンズ　1971.8.28–）
　外12（エバンス、ジャネット　1971.8.28–）
Evans, Jon
カナダの作家。
⇒外12（エバンス、ジョン　1973–）
　外16（エバンス、ジョン　1973–）
　現世文（エバンス、ジョン　1973–）
Evans, Joseph
アメリカのテノール歌手。
⇒魅惑（Evans,Joseph　?–）
Evans, Madge
アメリカの女優。
⇒ク俳（エヴァンズ、マッジ（エヴァンズ、マルゲリータ）1909–1981）
Evans, Malcom
イギリス生まれのビートルズのロード・マネージャー。
⇒ビト改（EVANS,MALCOM　エバンス、マルコム）
Evans, Martin John
イギリスの医学者。
⇒外12（エバンズ、マーティン　1941.1.1–）
　外16（エバンズ、マーティン　1941.1.1–）
　三新生（エバンス　1941–）
　ノベ3（エバンズ,M.J.　1941.1.1–）
Evans, (Michael) Gareth Justin
イギリスの思想家。
⇒岩世人（エヴァンズ　1946.5.12–1980.8.10）
Evans, Nicholas
イギリスの作家。
⇒外16（エバンス、ニコラス　1950–）
　現世文（エバンス、ニコラス　1950–）
Evans, Richard Paul
アメリカの作家。
⇒現世文（エバンズ、リチャード・ポール）
Evans, Richard Taylor
アメリカの弁護士。
⇒アア歴（Evans,Richard T(aylor）　エヴァンズ、リチャード・テイラー　1885.4.27–1940.12.23）
Evans, Rick
アメリカ・ネブラスカ州リンカーン生まれの歌手。

⇒ロック（Zagar and Evans　ゼイガー＆エヴァンズ　1943.1.20–）
Evans, Robert
アメリカの映画プロデューサー、俳優。
⇒外12（エバンス、ロバート　1930.6.29–）
Evans, Tyreke
アメリカのバスケットボール選手（ペリカンズ）。
⇒最世ス（エバンス、タイリーク　1989.9.19–）
Evans, Walker
アメリカの写真家。
⇒アメ新（エバンス　1903–1975）
　岩世人（エヴァンズ　1903.11.3–1975.4.10）
Evans, William George
アメリカの大リーグ、ア・リーグ審判。
⇒メジャ（エヴァンズ、ビリー　1884.2.10–1956.1.23）
Evans, Winford
イギリスのテノール歌手。
⇒魅惑（Evans,Winford　1946–）
Evans-Pritchard, Edward Evan
イギリスの社会人類学者。スーダンのザンデ族やヌーア族の研究家として著名。
⇒岩世人（エヴァンズ＝プリチャード　1902.9.21–1973.9.11）
　現社（エヴァンズ＝プリチャード　1902–1973）
　広辞7（エヴァンズ・プリチャード　1902–1973）
　社小増（エヴァンズ＝プリチャード　1902–1973）
　新カト（エヴァンス・プリッチャード　1902.9.21–1973.9.11）
　ネーム（エヴァンズ＝プリチャード　1902–1973）
Evans-Wentz, Walter Yeeling
アメリカの宗教研究者。
⇒アア歴（Evans-Wentz,W(alter)　Y(eeling)　エヴァンズ＝ウェンツ、ウォルター・イーリング　1878.2.2–1965.7.17）
　オク仏（エヴァンス-ウェンツ、ウォルター・イェーリング　1878–1965）
Evatt, Herbert Vere
オーストラリアの政治家。1951年のサンフランシスコでの対日講和会議では、イギリス連邦を代表する形で大きな影響力を振るった。
⇒岩世人（エヴァット　1894.4.30–1965.11.2）
Evdokimov, G.E.
ソ連の政治家。
⇒学叢思（エフドキモフ　1884–）
Evdokimov, Pavel Nikolaevič
フランスで活躍したロシア正教会の信徒神学者。
⇒新カト（エフドキーモフ　1901.8.2–1970.9.16）
Evensen, Johan
ノルウェーのスキージャンプ選手。

⇒ネーム（エベンセン　1985–）

Evenson, Brian
アメリカの作家。
⇒外16（エブンソン, ブライアン　1966–）
現世文（エブンソン, ブライアン　1966–）

Everding, Augst
ドイツの劇場支配人, 演出家。
⇒標音2（エファーディング, アウグスト　1928.10.31–1999.1.26）

Everett, Betty
アメリカ・ミシシッピ生まれのソウル歌手。
⇒ロック（Everett,Betty　エヴァレット, ベティ　1939–）

Everett, Carl Edward
アメリカの大リーグ選手（外野手）。
⇒メジャ（エヴェレット, カール　1971.6.3–）

Everett, Hugh, III
アメリカの物理学者。
⇒岩世人（エヴェレット　1930.11.11–1982.7.19）

Everett, Rupert
イギリス生まれの俳優。
⇒外12（エベレット, ルパート　1960.5.29–）
ク俳（エヴェレット, ルパート　1959–）

Evergood, Philip
アメリカの画家。
⇒ユ著人（Evergood,Philip　エヴァグッド, フィリップ　1901–?）

Everhart, Emerald
イギリスの作家。本名アンジェラ・ウールフ。
⇒外16（ウールフ, アンジェラ　1976–）
海文新（エバーハート, エメラルド　1976–）
現世文（エバーハート, エメラルド　1976–）

Everly, Don
アメリカのロックンロール・グループの兄弟。
⇒新音中（エヴァリー・ブラザーズ　1937–）
標音2（エヴァリー・ブラザーズ, ジ　1937.2.1–）

Everly, Phil
アメリカのロックンロール・グループの兄弟。
⇒新音中（エヴァリー・ブラザーズ　1939–）
標音2（エヴァリー・ブラザーズ, ジ　1939.1.19–）

Evers, Caroline
ニュージーランドのボート選手。
⇒外12（エバーズ, キャロライン　1978.10.10–）
最世ス（エバーズ, キャロライン　1978.10.10–）

Evers, Georgina
ニュージーランドのボート選手。
⇒外12（エバーズ, ジョージナ　1978.10.10–）
最世ス（エバーズ, ジョージナ　1978.10.10–）

Evers, John Joseph
アメリカの大リーグ選手（二塁）。
⇒メジャ（エヴァース, ジョニー　1881.7.21–1947.3.28）

Evers, Medgar Wylie
アメリカの公民権運動家。ミシシッピ州最初のNAACP現地局長。
⇒マルX（EVERS,MEDGAR WYLIE　エヴァーズ, メドガー・ワイリー　1925–1963）

Evers, Walter Arthur（Hoot）
アメリカの大リーグ選手（外野）。
⇒メジャ（エヴァース, フート　1921.2.8–1991.1.25）

Evershed, John
イギリスの太陽物理学者。
⇒天文大（エバーシェッド　1864–1956）

Evers-Williams, Myrlie
アメリカの公民権運動家メドガー・エヴァーズの妻。
⇒マルX（EVERS-WILLIAMS,MYRLIE　エヴァーズ＝ウイリアムズ, マーリー　1933–）

Eversz, Robert
アメリカの作家, 脚本家。
⇒外12（エバーツ, ロバート）
海文新（エヴァーツ, ロバート）
現世文（エバーツ, ロバート）

Evert, Chris
アメリカのテニス選手。
⇒外12（エバート, クリス　1954.12.21–）
外16（エバート, クリス　1954.12.21–）

Everton, Nogueira
ブラジルのサッカー選手。
⇒外12（エバートン, ノゲイラ　1959.12.12–）

Évora, Cesária
カボベルデの歌手。
⇒岩世人（エヴォラ　1941.8.27–2011.12.17）

Evora, Nelson
ポルトガルの三段跳び選手。
⇒外12（エボラ, ネルソン　1984.4.20–）
最世ス（エボラ, ネルソン　1984.4.20–）

Evra, Patrice
フランスのサッカー選手。
⇒外12（エヴラ, パトリス　1981.5.15–）
外16（エヴラ, パトリス　1981.5.15–）
最世ス（エヴラ, パトリス　1981.5.15–）

Evrard, Félix
フランスの宣教師。
⇒新カト（エヴラール　1844.2.25–1919.5.4）
来日（エヴラール　1844–1919）

Evreinov, Nikolai Nikolayevich
ソ連の劇作家。代表的作品は『魂の劇場』(1912)。
⇒岩世人(エヴレーイノフ　1879.2.13/25–1953.9.7)

Evren, Kenan
トルコの政治家,軍人。トルコ大統領(1982～89)。
⇒岩世人(エヴレン　1918.7.17–)

Evtushenko, Evgenii Aleksandrovich
ロシアの詩人。
⇒岩世人(エフトゥシェンコ　1933.7.18–)
現世文(エフトゥシェンコ,エフゲニー　1933.7.18–2017.4.1)
広辞7(エフトゥシェンコ　1933–2017)
ネーム(エフトゥシェンコ　1933–)

Ewald, Carl Anton
ドイツの医者。消化障害と胃の分泌の研究で有名。
⇒岩世人(エーヴァルト　1845.10.30–1915.9.20)

Ewald, Paul Peter
ドイツ生まれの結晶学者,物理学者。
⇒岩世人(エーヴァルト　1888.1.23–1985.12.22)
物理(エバルト,パウル・ペーター　1888–1985)

Ewald, Wendy
アメリカの写真家,作家。
⇒世界子(イーウォルド,ウェンディ　1951–)

Ewan, Chris
イギリスの作家。
⇒海文新(イーワン,クリス　1976–)

Ewart, Gavin Buchanan
イギリスの詩人。
⇒現世文(ユーアート,ギャビン・ブキャナン　1916.2.4–1995)

Ewell, Tom
アメリカ生まれの俳優。
⇒ク俳(ユーウェル,トム(トンプキンズ,サミュエル・ユーウェル)　1909–1994)

Ewer, Graeme
テノール歌手。
⇒魅惑(Ewer,Graeme　?–)

Ewers, Hans Heinz
ドイツの怪奇小説家。主著『吸血鬼』(1920)。
⇒岩世人(エーヴェルス　1871.11.3–1943.6.12)

Ewers, H.G.
ドイツの作家。
⇒現世文(エーヴェルス,H.G.　1930–2013.9.19)

Ewing, Arthur Henry
アメリカの宣教師。
⇒アア歴(Ewing,Arthur Henry　ユーイング,アーサー・ヘンリー　1864.10.18–1912.9.18)

Ewing, George Lemuel (Bob)
アメリカの大リーグ選手(投手)。
⇒メジャ(ユーイング,ボブ　1873.4.24–1947.6.20)

Ewing, James
アメリカの病理学者。腫瘍の分類と鑑別について多くの業績を残す。
⇒岩世人(ユーイング　1866.12.25–1943.5.16)

Ewing, *Sir* James Alfred
スコットランドの物理学者。1878年東京大学教授。
⇒岩世人(ユーイング　1855.3.27–1935.1.7)
広辞7(ユーイング　1855–1935)
スパイ(ユーイング,サー・アルフレッド(ジェイムズ)　1855–1935)

Ewing, James Caruthers Rhea
アメリカの宣教師。
⇒アア歴(Ewing,James Caruthers Rhea　ユーイング,ジェイムズ・カラザーズ・リーア　1854.6.23–1925.8.20)

Ewing, Patrick
アメリカのNBA選手。
⇒外12(ユーイング,パトリック　1962.8.5–)

Ewing, William (Buck)
アメリカの大リーグ選手(捕手,三塁,一塁,外野)。
⇒メジャ(ユーイング,バック　1859.10.17–1906.10.20)

Ewing, William Maurice
アメリカの地球物理学者。海洋における人工地震の実験,海底堆積物の研究など,すぐれた業績を残す。
⇒岩世人(ユーイング　1906.5.12–1974.5.4)
オク地(ユーイング,モーリス　1906–1974)

Exarchopoulos, Adèle
フランスの女優。
⇒外16(エグザルコプロス,アデル　1993.11.22–)

Excoffon, Roger
フランスのグラフィックと書体のデザイナー。
⇒グラデ(Excoffon,Roger　エクスコフォン,ロジェ　1901–1983)

Exner, Felix
オーストリアの気象学者。主研究は,低気圧の発生と進行および発達と衰滅。
⇒岩世人(エクスナー　1876.8.23–1930.2.7)

Exner, Franz Serafin
オーストリアの物理学者。

⇒岩世人（エクスナー　1849.3.24-1926.10.15）
Exner, Sigmund
オーストリアの生理学者。神経系の生理学、嗅覚生理学、聴器生理学領域に多くの研究を行った。
⇒岩世人（エクスナー　1846.4.5-1926.2.5）
Exter, Aleksandra
ロシアの女性舞台美術家、衣装デザイナー。
⇒絵本（エクステル、アレクサンドラ　1882-1949）
　絵本（エクステル、アレクサンドル　1882-1949）
Exter, Julius
ドイツの画家。
⇒岩世人（エクスター　1863.9.20-1939.10.16）
Ey, Henri
フランスの精神医学者。
⇒岩世人（エー　1900.8.10-1977.9.7）
　現精（エー　1900-1977）
　現精縮（エー　1900-1977）
　精医歴（エー、アンリ　1900-1977）
　メル別（エー、アンリ　1900-1977）
Eyadéma, Gnassingbe
トーゴの政治家。1967年グルニッキー大統領追放の無血クーデターを指導。同年、大統領兼国防相に就任。トーゴ大統領（1967〜2005）。
⇒岩世人（エヤデマ　1935.12.26-2005.2.5）
　世暗（ニャシンベ、エヤデマ　1937-）
　世指導（エヤデマ、ニャシンベ　1937.12.26-2005.2.5）
Eyck, Erich
ドイツの歴史家。主著『ヴァイマル共和国史』『ビスマルク』。
⇒岩世人（アイク　1878.2.7-1964.6.23）
Eykman, Johann Frederik
オランダの製薬学者。内務省衛生局、東京大学医学部で製薬化学を教授。
⇒化学（エイクマン　1851-1915）
Eymieu, Antonin
フランスの説教者、イエズス会員。
⇒新カト（エイミュ　1861.11.21-1933.10.9）
E-young
韓国の歌手。
⇒外12（イヨン　1992.8.16-）
Eyre, Lucy
イギリスの作家。
⇒海文新（エア、ルーシー）
Eyre, *Sir* Richard（Charles Hastings）
イギリスの演出家。
⇒外12（エア、リチャード　1943.3.28-）
　外16（エア、リチャード　1943.3.28-）

Eyre, Scott Alan
アメリカの大リーグ選手（投手）。
⇒メジャ（エアー、スコット　1972.5.30-）
Eyring, Henry
アメリカの物理化学者。絶対反応速度論、酵素反応、吸着、光学活性の研究で著名。
⇒岩世人（アイリング　1901.2.20-1981.12.26）
　化学（アイリング　1901-1981）
Eysenck, Hans Jurgen
ドイツ・ベルリン生まれ、のちイギリスに帰化した心理学者。
⇒岩世人（アイゼンク　1916.3.4-1997.9.4）
　現精（アイゼンク　1916-1997）
　現精縮（アイゼンク　1916-1997）
　社小増（アイゼンク　1916-）
　社小（アイゼンク　1916-1997）
　精医歴（アイゼンク、ハンス・ユルゲン　1916-1997）
　ユ著人（Eysenck,Hans Jürgen　アイゼンク、ハンス・ユルゲン　1916-1997）
Eyskens, Gaston
ベルギーの政治家。蔵相を歴任したベルギー政界の重鎮。
⇒岩世人（エイスケンス　1905.4.1-1988.1.3）
Eysler, Edmund
オーストリアのオペレッタ作曲家。1903年に『旅職人』で大成功を収めた。
⇒標音2（アイスラー、エトムント　1874.3.12-1949.10.4）
Eyth, Max von
ドイツの工業技術者、農業組織者。「ドイツ農事協会」を組織し（1883）、農事改良に貢献した。
⇒岩世人（アイト　1836.5.6-1906.8.25）
Ezekiel, Nissim
インドの英語詩人、劇作家、文芸評論家。
⇒現世文（イジーキェル、ニッシム　1924.12.16-2004.1.9）
Ezer, Sini
フィンランドの作家。
⇒海文新（エゼル、シニ　1964-）
Ezhov, Nikolai Ivanovich
ソ連の政治家。1936〜38年ゲーペーウー（国家政治保安部）長官、スターリン時代の「大粛清」の当事者。
⇒広辞7（エジョフ　1895-1940）
　スパイ（エジョフ、ニコライ・イワノヴィチ　1895-1939）

【 F 】

Fabares, Shelley
アメリカ・カリフォルニア州生まれの歌手,女優。
⇒ロック (Fabares,Shelley ファバーレイ,シェリー 1944.1.19–)

Fabbri, Diego
イタリアの劇作家,ジャーナリスト。主著『キリストの審判』(1955)。
⇒現世文 (ファッブリ,ディエゴ 1911.7.2–1980)
新カト (ファブリ 1911.7.2–1980.8.14)

Faber, Michel
イギリスの作家。
⇒海文新 (フェイバー,ミッシェル 1960.4.13–)
現世文 (フェイバー,ミッシェル 1960.4.13–)

Faber, Urban Charles (Red)
アメリカの大リーグ選手(投手)。
⇒メジャ (フェイバー,レッド 1888.9.6–1976.9.25)

Fabian
アメリカ・ペンシルベニア州生まれの歌手。
⇒ク俳 (フェイビアン(フォルテ・ボナパルテ,F) 1942–)
ロック (Fabian フェイビアン 1943.2.6–)

Fabian, Rudolph J.
アメリカ海軍の暗号担当官。第2次世界大戦中,オーストラリアのベル暗号解読局を率いた。
⇒スパイ (ファビアン,ルドルフ・J 1908–1984)

Fabinho
ブラジルのサッカーコーチ。
⇒外12 (ファビーニョ 1973.6.26–)

Fabius, Laurent
フランスの政治家。フランス首相,フランス社会党第1書記。
⇒岩世人 (ファビウス 1946.8.20–)
外16 (ファビウス,ローラン 1946.8.20–)
世指導 (ファビウス,ローラン 1946.8.20–)

Fabre, André
フランスの競走馬調教師。
⇒岩世人 (ファーブル 1945.12.9–)

Fabre, Jan
ベルギーの振付家,パフォーマンス・アーティスト,演劇演出家。
⇒外12 (ファーブル,ヤン 1958–)
外16 (ファーブル,ヤン 1958–)
現アテ (Fabre,Jan ファーブル,ヤン 1958–)

Fabre-Luce, Alfred
フランスの文学者。独仏の融和を唱道する'Journal Intime'誌を創刊(1938)。
⇒岩世人 (ファーブル=リュス 1899.5.16–1983.5.17)

Fabris, Enrico
イタリアのスピードスケート選手。
⇒外12 (ファブリス,エンリコ 1981.10.5–)
最世ス (ファブリス,エンリコ 1981.10.5–)

Fabry, Charles
フランスの物理学者。ファブリー=ペローの干渉計を考案。
⇒岩世人 (ファブリ 1867.6.11–1945.12.11)

Facchetti, Giacinto
イタリアのサッカー選手。インテル会長。
⇒最世ス (ファケッティ,ジャシント 1942.7.18–2006.9.4)

Facchini, Vittoria
イタリアのイラストレーター,グラフィックデザイナー。
⇒絵本 (ファッキーニ,ヴィットリア 1969–)

Face, Elroy Leon
アメリカの大リーグ選手(投手)。
⇒メジャ (フェイス,ロイ 1928.2.20–)

Facenda, Tommy 'Bubba'
アメリカ・ヴァージニア州ポーツマス生まれの歌手。
⇒ロック (Facenda,Tommy 'Bubba' ファセンダ,トミー・"バッバ" 1939.11.10–)

Facetti, Germano
イタリアのグラフィック・デザイナー。
⇒グラデ (Facetti,Germano ファチェティ,ジェルマノ 1926–)

Facini, Enrico
イタリアのテノール歌手。
⇒魅惑 (Facini,Enrico 1954–)

Fadeev, Aleksandr Aleksandrovich
ソ連の小説家。プロレタリア文学運動の指導者として活躍。
⇒岩世人 (ファジェーエフ 1901.12.11/24–1956.5.13)
現世文 (ファジェーエフ,アレクサンドル・アレクサンドロヴィチ 1901.12.24–1956.5.13)
広辞7 (ファデーエフ 1901–1956)
西文 (ファデーエフ,アレクサンドル 1901–1956)

Dr.Fadl
エジプトのイスラム原理主義過激派活動家。
⇒外12 (ドクトル・ファドル 1950–)

Faḍl Allāh, Muḥammad Ḥusayn
レバノンのシーア派ウラマー（学者）。
⇒岩イ（ファドルッラー 1935-）
岩世人（ファドルッラー, ムハンマド・フサイン 1935.11-2010.7.4）
世指導（ファドララ, ムハンマド 1935-2010.7.4）

Fadzaev, Arsen Suleimanovich
ソ連の男子レスリング選手。
⇒岩世人（ファザーエフ 1962.9.5-）

Faenza, Roberto
イタリアの映画監督。
⇒外12（ファエンツァ, ロベルト 1943-）

Fagan, Brian M.
イギリスの人類学者。カリフォルニア大学サンタバーバラ校名誉教授。
⇒外12（フェイガン, ブライアン）
外16（フェイガン, ブライアン）

Fagen, Donald
アメリカの作曲家, 歌手, キーボード奏者。
⇒外12（フェーゲン, ドナルド）
外16（フェーゲン, ドナルド）

Fagerberg, Sven Gustaf
スウェーデンの小説家。
⇒岩世人（ファーゲルホルム 1901.12.31-1984.5.22）

Fagoaga, Isidoro
スペインのテノール歌手。
⇒魅惑（Fagoaga,Isidoro 1895-1976）

Fagone, Orazio
イタリアのアイススレッジホッケー選手, スピードスケート選手（ショートトラック）。
⇒外12（ファゴーネ, オラツィオ 1968.11.13-）
最世ス（ファゴーネ, オラツィオ 1968.11.13-）

Faguet, Auguste Émile
フランスの評論家。アカデミーフランセーズ会員。
⇒岩世人（ファゲ 1847.12.17-1916.6.7）
新カト（ファゲ 1847.9.17-1916.6.7）

Fagus
フランスの詩人。
⇒新カト（ファギュス 1872.1.22-1933.11.9）

Fahad bin Mahmoud Al-Said
オマーンの政治家。オマーン副首相。
⇒外12（ファハド・ビン・マハムード・アル・サイド 1940.10.5-）
外16（ファハド・ビン・マハムード・アル・サイド 1940.10.5-）
世指導（ファハド・ビン・マハムード・アル・サイド 1940.10.5-）

Fahd Ibn Abdul Aziz
サウジアラビア国王。在位1982〜2005。
⇒イス世（ファハド・ブン・アブド・アルアジーズ 1923?-）
岩イ（ファハド・イブン・アブドゥルアズィーズ 1921?-）
岩世人（ファハド・イブン・アブドゥルアズィーズ 1921-2005.5.27）
政経改（ファハド 1921-）
世指導（ファハド・ビン・アブドルアジズ 1923-2005.8.1）
世人新（ファハド 1923-2005）
世人装（ファハド 1923-2005）
ネーム（ファハド 1923-2005）

Fahey, Jacqueline
ニュージーランドの画家。
⇒ニュー（ファーヘイ, ジャックリーン 1929-）

Fahey, Jeff
アメリカ生まれの俳優。
⇒ク俳（フェイイ, ジェフ 1952-）

Fahey, John
アメリカ・メリーランド州タコマ・パーク育ちのフォーク・ブルーズ・クラシック・ギター奏者。
⇒ロック（Fahey,John フェイヒー, ジョン 1939.2.28-）

Fahim, Mohammad
アフガニスタンの政治家, 軍人。アフガニスタン第1副大統領, 北部同盟最高指導者。
⇒外12（ファヒーム, モハマド 1957-）
世指導（ファヒム, ムハマド・カシム 1957-2014.3.9）

Fahlström, Öyvind Axel Christian
スウェーデンの美術家, 作家, 詩人, 作曲家。
⇒岩世人（ファールストレーム 1928.12.28-1976.11.8）

Fahmī, 'Abd al-'Azīz
エジプトの法律家, 政治家。
⇒岩世人（ファフミー 1870.12.23-1951.3.3）

Fåhræus, Robin Sanno
スウェーデンの医学者。
⇒岩世人（フォーレウス 1888.10.15-1968.9.18）

Fahrenkamp, Emil
ドイツの建築家。デュッセルドルフ工芸学校教授, 同地美術学校研究科教授（1945）。
⇒岩世人（ファーレンカンプ 1885.11.8-1966.5.24）

Fahruddin, Kyai Haji
インドネシアのイスラム組織ムハマディヤの指導者。
⇒岩世人（ファフルディン 1890-1929.2.28）

Fahsel, Helmut
ドイツのカトリック聖職者。哲学, 宗教に関する著書によって知られる。
⇒新カト（ファーゼル 1891.11.2-1983.1.15）

Fahy, Warren
アメリカの作家。
⇒海文新（フェイ, ウォーレン）

Faiko, Aleksei Mikhailovich
ソ連の劇作家。
⇒現世文（ファイコ, アレクセイ　1893.9.19–1978.1.25）

Fain, Ferris Roy
アメリカの大リーグ選手（一塁）。
⇒メジャ（フェイン, フェリス　1921.3.29–2001.10.18）

Fain, Sammy
アメリカのソング・ライター。作詞家のアーヴィング・カールと組んでブロードウェイと映画で100以上の歌を書いた。
⇒新音中（フェイン, サミー　1902.6.17–1989.12.6）
　標音2（フェイン, サミー　1902.6.17–1989.12.6）

Fairbairn, Andrew Martin
イギリス組合教会の神学者。
⇒岩世人（フェアベアン　1838.11.4–1912.2.9）
　オク教（フェアベアン　1838–1912）

Fairbairn, William Ronald Dodds
スコットランド生まれの精神分析医。
⇒現精（フェアベーン　1889–1964）
　現精縮（フェアベーン　1889–1964）
　精分岩（フェアバーン, W・R・D　1889–1964）

Fairbank, John King
アメリカの歴史家, 中国研究者。著書に『アメリカと中国』『現代の中国』がある。
⇒アア歴（Fairbank,John K(ing)　フェアバンク, ジョン・キング　1907.5.24–1991.9.14）
　岩世人（フェアバンク　1907.5.24–1991.9.14）
　広辞7（フェアバンク　1907–1991）

Fairbanks, Douglas
アメリカの映画俳優。『バグダッドの盗賊』(1924)が有名。
⇒アメ州（Fairbanks,Douglas,Sr.　フェアバンクス, ダグラス, シニア　1883–1939）
　岩世人（フェアバンクス　1883.5.23–1939.12.12）
　ク俳（フェアバンクス, ダグラス（ウルマン,D・エルトン）　1883–1939）
　スター（フェアバンクス, ダグラス　1883.5.23–1939）

Fairbanks, *Sir* Douglas, Jr.
アメリカ生まれの俳優。
⇒アメ州（Fairbanks,Douglas,Jr.　フェアバンクス, ダグラス, ジュニア　1909–）
　ク俳（フェアバンクス, ダグラス, ジュニア　1909–2000）
　スター（フェアバンクス, ダグラス, ジュニア　1909.12.9–2000）

Fairbanks, Henry
アメリカの発明家。

⇒アメ州（Fairbanks,Henry　フェアバンクス, ヘンリー　1830–1918）

Fairburn, A(rthur) R(ex) D(ugard)
ニュージーランドの詩人。
⇒ニュー（フェアバーン, アーサー　1904–1957）

Fairchild, David Grandison
アメリカの植物探究者。
⇒アア歴（Fairchild,David Grandison　フェアチャイルド, デイヴィッド・グランディスン　1869.4.7–1954.8.2）

Fairey, *Sir* Charles Richard
イギリスの飛行機設計家。「フェアリ飛行機会社」を創設し(1915), 優秀な飛行機を設計, 製作した。
⇒岩世人（フェアリ　1887.5.5–1956.9.30）

Fairfield, Wynn Cowan
アメリカの宣教師。
⇒アア歴（Fairfield,Wynn C(owan)　フェアフィールド, ウィン・カウアン　1886.10.27–1961.10.14）

Fairly, Ronald Ray
アメリカの大リーグ選手（一塁, 外野）。
⇒メジャ（フェアリー, ロン　1938.7.12–）

Fairstein, Linda A.
アメリカの作家, 検察官。
⇒外12（フェアスタイン, リンダ）
　海文新（フェアスタイン, リンダ　1947–）
　現世文（フェアスタイン, リンダ　1947–）

Faisal, Musad Abdel Aziza
サウジアラビアの王子。サウジアラビアのファイサル国王を射殺した。
⇒世暗（ファイサル, ムサド・アブデル・アジザ　1947–1975）

Faisal I
イラクの国王。在位1921～33。イギリスのアラブ感情宥和策によりイラク国王に選ばれ, 1930年英‐イラク条約を締結, 32年国際連盟に加盟。
⇒岩イ（ファイサル・イブン・フサイン　1883–1933）
　岩世人（ファイサル1世　1883.5.20–1933.9.8）
　世人新（ファイサル1世　1885–1933）
　世人装（ファイサル1世　1885–1933）

Faisal II
イラク国王。在位1939～58。ファイサルI世の孫。幼くして即位した。
⇒岩世人（ファイサル2世　1935.5.2–1958.7.14）
　世人新（ファイサル2世　1935–1958）
　世人装（ファイサル2世　1935–1958）

Faith, Adam
イギリス生まれの俳優。
⇒ク俳（フェイス, アダム（ネラムズ, テレンス）

1940–）
ロック（Faith,Adam　フェイス,アダム　1940.
6.23–）
Faith, Percy
カナダ生まれのアメリカのポピュラー音楽指揮者。『ムーラン・ルージュの歌』,『夏の日の恋』などのヒット曲がある。
⇒標音2（フェイス,パーシー　1908.4.7–1976.2.9）
Faithfull, Marianne
イギリス生まれの女優。
⇒外12（フェイスフル,マリアンヌ　1946.12.29–）
外16（フェイスフル,マリアンヌ　1946.12.29–）
ロック（Faithful,Marianne　フェイスフル,マリアンヌ　1946–）
Faivre, Virginie
スイスのスキー選手（フリースタイル）。
⇒最世ス（ファーブレ,ヴージニア　1982.9.6–）
Faiz, Faiz Aḥmad
パキスタンのウルドゥー語詩人。詩集に『東風の手』(1953) など。
⇒岩イ（ファイズ・アフマド・ファイズ　1911–1984）
岩世人（ファイズ　1911.1.7–1984.11.20）
現世文（ファイズ,ファイズ・アハマド　1911.2.13–1984.11.20）
南ア新（ファイズ　1911–1984）
Fajans, Kasimir
ポーランド生まれのアメリカの化学者。F.ソディとは独立かつ同時に放射性元素の変位法則を発表。
⇒岩世人（ファヤンス　1887.5.27–1975.5.18）
ユ著人（Fajans,Kasimir　ファヤンス,カシミール　1887–1975）
Fajdek, Pawel
ポーランドのハンマー投げ選手。
⇒最世ス（ファイデク,パヴェウ　1989.6.4–）
Falardeau, Philippe
カナダの映画監督。
⇒外16（ファラルドー,フィリップ　1968–）
Falaschi, Luigi
テノール歌手。
⇒魅惑（Falaschi,Luigi　?–）
Falcam, Leo A.
ミクロネシアの政治家。ミクロネシア大統領（1999〜2003）。
⇒世指導（ファルカム,レオ　1935.11.20–）
Falcão
ブラジルのフットサル選手。
⇒外12（ファルカン　1977.8.6–）
外16（ファルカン　1977.6.8–）
最世ス（ファルカン　1977.8.6–）

Falcao, Paulo Roberto
ブラジルのサッカー選手。
⇒異二辞（ファルカン［パウロ・ロベルト・〜］　1953–）
外12（ファルカン,パウロ・ロベルト　1953.10.16–）
外16（ファルカン,パウロ・ロベルト　1953.10.16–）
ネーム（ファルカン　1953–）
Falcao, Radamel
コロンビアのサッカー選手（モナコ・FW）。
⇒異二辞（ファルカオ［ラダメル・〜］　1986–）
最世ス（ファルカオ,ラダメル　1986.2.10–）
Falckenberg, Richard
ドイツの哲学史家。叢書『フロンマン哲学古典家』の編集者(1896〜)。
⇒岩世人（ファルケンベルク　1851.12.23–1920.9.28）
Falco, Joaquim
スペイン生まれの画家。
⇒芸13（ファルコ,ホーキン　1958–）
Falcón, Ada
アルゼンチンのタンゴ歌手。
⇒標音2（ファルコン,アダ　1905.8.17–）
Falcone, Giovanni
イタリアの判事。
⇒岩世人（ファルコーネ　1939.5.18–1992.5.23）
Falconer, Ian
アメリカの画家,イラストレーター,絵本作家。
⇒外12（ファルコナー,イアン　1959–）
外16（ファルコナー,イアン　1959–）
Falcones, Ildefonso
スペインの作家,弁護士。
⇒海文新（ファルコネス,イルデフォンソ　1958–）
現世文（ファルコネス,イルデフォンソ　1958–）
Falcón Paradí, Arístides
キューバ生まれの詩人,劇作家。
⇒外12（ファルコン・パラディ,アリスティデス）
外16（ファルコン・パラディ,アリスティデス）
現世文（ファルコン・パラディ,アリスティデス）
Faletti, Giorgio
イタリアのコメディアン,作詞家,作家。
⇒外12（ファレッティ,ジョルジョ　1950–）
海文新（ファレッティ,ジョルジョ　1950–2014）
現世文（ファレッティ,ジョルジョ　1950.11.25–2014.7.6）
Falih Rifki Atay
トルコのジャーナリスト,作家。国会議員。
⇒岩世人（アタイ　1894–1971.3.20）

Falk, Bibb August
アメリカの大リーグ選手(外野)。
⇒メジャ(フォーク,ビブ 1899.1.27-1989.6.8)

Falk, Nick
イギリスの作家,実験心理学者。
⇒海文新(フォーク,ニック)
現世文(フォーク,ニック)

Falk, Peter
アメリカ・ニューヨーク生まれの男優。
⇒ク俳(フォーク,ピーター 1927-)
広辞7(フォーク 1927-2011)
ユ著人(Falk,Peter フォーク,ピーター 1927-)

Falk, Richard Anderson
アメリカの国際法学者。
⇒岩世人(フォーク 1930.11.13-)
外12(フォーク,リチャード 1930-)
外16(フォーク,リチャード 1930-)

Falk, Robert Rafailovich
アメリカの芸術家。
⇒ユ著人(Falk,Robert Rafailovich フォーク,ローベルト・ラファイロヴィチ 1886-1958)

Falkberget, Johan
ノルウェーの小説家。代表作は「夜のパン」(1940~59)。
⇒岩世人(ファルクベルゲ 1879.9.30-1967.4.5)

Falke, Gustav
ドイツの小説家,詩人。主著,詩集『死神メネール』(1892)など。
⇒岩世人(ファルケ 1853.1.11-1916.2.8)

Falkenberg, Frederick Peter (Cy)
アメリカの大リーグ選手(投手)。
⇒メジャ(ファルケンバーグ,サイ 1879.12.17-1961.4.15)

Falkenborg, Brian Thomas
アメリカのプロ野球選手(ソフトバンク・投手),大リーグ選手。
⇒外12(ファルケンボーグ,ブライアン 1978.1.18-)

Falkenhayn, Erich von
ドイツの軍人。マルヌの会戦後,ドイツの戦争指導の責任者となった。
⇒岩世人(ファルケンハイン 1861.9.11-1922.4.8)

Falkenstein, Adam
ドイツのアッシリア学者。ウルクの発掘に従った。語学と宗教文学に造詣深い。
⇒岩世人(ファルケンシュタイン 1906.9.17-1966.10.15)

Falkner, Brian
ニュージーランドの作家。
⇒海文新(フォークナー,ブライアン 1962-)

現世文(フォークナー,ブライアン 1962-)

Falkner, Roland Post
アメリカの教育家。
⇒学叢思(フォークナー,ローランド・ポスト 1860-?)

Fall, Albert Bacon
アメリカの政治家。ハーディング内閣の内務長官(1921~23)在任中,「ティーポット・ドーム・スキャンダル」として知られる収賄事件を起した。
⇒アメ州(Fall,Albert Bacon フォール,アルバート・ベーコン 1861-1944)
岩世人(フォール 1861.11.26-1944.11.30)

Fall, Leo
オーストリアの作曲家。
⇒岩世人(ファル 1873.2.2-1925.9.16)
ク音3(ファル 1873-1925)
新音中(ファル,レーオ 1873.2.2-1925.9.16)
標音2(ファル,レーオ 1873.2.2-1925.9.16)
ユ著人(Fall,Leopold ファル,レオポルド 1873-1925)

Falla, Maiken Caspersen
ノルウェーのスキー選手(距離)。
⇒外16(ファラ,マイケン・カスペルセン 1990.8.13-)

Falla, Manuel de
スペインの作曲家。主作品はオペラ『三角帽子』(1919)。
⇒岩世人(ファリャ 1876.11.23-1946.11.14)
エデ(ファリャ(イ・マテウ),マヌエル(マリア)・デ 1876.11.23-1946.11.14)
オペラ(ファリャ,マヌエル・デ 1876-1946)
ク音3(ファリャ 1876-1946)
広辞7(ファリャ 1876-1946)
新オペ(ファリャ,マヌエル・デ 1876-1946)
新音小(ファリャ,マヌエル・デ 1876-1946)
新音中(ファリャ,マヌエル・デ 1876.11.23-1946.11.14)
ネーム(ファリャ 1876-1946)
ピ曲改(ファリャ,マニュエル・デ 1876-1946)
標音2(ファリャ,マヌエル・デ 1876.11.23-1946.11.14)

Falla, Robert Alexander
ニュージーランドの博物学者,とくに鳥類の研究家。
⇒ニュー(ファラ,ロバート 1901-1979)

Fallaci, Oriana
イタリアのジャーナリスト。
⇒岩世人(ファッラーチ 1929.6.29-2006.9.15)
現世文(ファラーチ,オリアーナ 1929.6.29-2006.9.15)

Fallada, Hans
ドイツの小説家。主著『小さな男よ,さてどうする?』(1932)など。

⇒岩世人（ファラダ　1893.7.21–1947.2.5）
現世文（ファラダ, ハンス　1893.7.21–1947.2.5）

Fallici, Giuseppe
イタリアのテノール歌手。
⇒魅惑（Fallici,Giuseppe　?–）

Fallières, Clément Armand
フランスの政治家。共和国第8代大統領（1906～13）。穏和な共和主義者。
⇒岩世人（ファリエール　1841.11.6–1931.6.22）

Fallon, Jane
イギリスの作家, テレビプロデューサー。
⇒海文新（ファロン, ジェーン　1960–）

Fallon, Kieren
イギリスの騎手。
⇒岩世人（ファロン　1965.2.22–）

Fallon, Pierre
ベルギー・ナミュール生まれの宣教師。
⇒新カト（ファロン　1912.9.24–1985.9.20）

Falls, Kat
アメリカの作家。
⇒海文新（フォールズ, カット）

Fals, Iwan Virgiawan Listianto
インドネシアの歌手, ソングライター。
⇒岩世人（ファルス, イワン　1961.9.3–）

Faltings, Gerd
西ドイツ出身のドイツの数学者。
⇒数辞（ファルティングス, ゲルト　1954–）
世数（ファルティングス, ゲルト　1954–）

Falú, Eduardo
アルゼンチンのフォルクローレのギター奏者, 歌手, 作曲家。
⇒岩世人（ファルー　1923.7.7–2013.8.9）
標音2（ファルー, エドゥアルド　1923.7.7–）

Falvo, Rodolfo
イタリアのナポリターナ作曲家。
⇒標音2（ファルヴォ, ロドルフォ　1873.7.7–1937.12.4）

Falwell, Jerry
アメリカのキリスト教保守派の指導者。
⇒アメ新（ファルウェル　1933–2007）
オク教（フォールウェル　1933–2007）

Falzetti, Nino
テノール歌手。
⇒魅惑（Falzetti,Nino　?–）

Fama, Eugene F.
アメリカの経済学者。
⇒外16（ファーマ, ユージン　1939.2.14–）

Fame, Georgie
イングランド生まれの歌手, キーボード奏者。
⇒外12（フェイム, ジョージ　1943.6.26–）
外16（フェイム, ジョージ　1943.6.26–）
ロック（Fame,Georgie　フェイム, ジョージー　1943.6.26–）

Fame, Herb
アメリカの歌手。
⇒ロック（Peaches and Herb　ピーチズ＆ハーブ）

Fan, Jing Ma
テノール歌手。
⇒魅惑（Fan,Jing Ma　?–）

Fan, Mavis
台湾の女優, 歌手。
⇒外12（ファン, メイビス　1977.2.27–）

Fănăteanu, Corneliu
ルーマニアのテノール歌手。
⇒魅惑（Fănăteanu,Corneliu　1933–）

Fan Bing-bing
中国の女優。
⇒外12（ファンビンビン　1981.9.16–）
外16（ファンビンビン　1981.9.16–）

Fanck, Arnold
ドイツの映画監督。スキー, 登山映画を製作, スポーツ映画の一様式を創始した。
⇒岩世人（ファンク　1889.3.6–1974.9.27）

Fanfani, Amintore
イタリアの政治家, 経済学者。
⇒岩世人（ファンファーニ　1908.2.6–1999.11.20）
新カト（ファンファーニ　1908.2.6–1999.11.20）

Fangen, Ronald
ノルウェーの作家。主著 "Erik"（1931）, "Duel"（32）。
⇒岩世人（ファンゲン　1895.4.29–1946.5.22）
現世文（ファンゲン, ローナル　1895.4.29–1946.5.22）

Fangio, Juan Manuel
アルゼンチンのレーサー。
⇒岩世人（ファンジオ　1911.6.24–1995.7.17）

Fan Ji-uei
台湾の俳優。
⇒外12（ファンチーウェイ　1980.2.28–）

Fanning, Dakota
アメリカの女優。
⇒外12（ファニング, ダコタ　1994.2.23–）
外16（ファニング, ダコタ　1994.2.23–）

Fanning, Elle
アメリカの女優。
⇒外16（ファニング, エル　1998.4.9–）

Fanon, Frantz
黒人の精神科医。アフリカ革命の理論家。主著『地に呪われたる者』(1961)。
⇒岩イ（ファノン　1925-1961）
岩世人（ファノン　1925.7.20-1961.12.6）
現社（ファノン　1925-1961）
現精（ファノン　1925-1961）
現精縮（ファノン　1925-1961）
広辞7（ファノン　1925-1961）
社小増（ファノン　1925-1961）
精分岩（ファノン, フランツ　1925-1961）
マルX（FANON,FRANTZ　ファノン, フランツ　1925-1961）
メル別（ファノン, フランツ・オマー　1925-1961）

Fansler, Dean Spruill
アメリカの教育者, 民俗学者。
⇒アア歴（Fansler,Dean Spruill　ファンスラー, ディーン・スプルーイル　1885.9.21-1945.7.12）

Fanta, Berta
女性解放運動の先駆者となったドイツ語系ユダヤ人。
⇒岩世人（ファンタ　1866.5.18-1918.12.28）

Fante, Dan
アメリカの作家。
⇒外16（ファンテ, ダン　1944-）
現世文（ファンテ, ダン　1944-）

Fanteanu, Corneliu
ルーマニアのテノール歌手。
⇒失声（ファンテアヌ, コルネリウ　1933-）

Fantini, Norma
イタリアのソプラノ歌手。
⇒外16（ファンティーニ, ノルマ）

Farage, Nigel
イギリスの政治家。イギリス独立党（UKIP）党首, 欧州議会議員。
⇒外16（ファラージ, ナイジェル　1964.4.3-）
世指導（ファラージ, ナイジェル　1964.4.3-）

Farah, Abdishakur Sheikh Hassan
ソマリアの政治家。ソマリア暫定政府内相。
⇒世指導（ファラ, アブディシャクール・シェイク・ハッサン　?-2011.6.10）

Farah, Mohamed
イギリスの陸上選手（長距離）。
⇒外16（ファラ, モハメド　1983.3.23-）
最世ス（ファラ, モハメド　1983.3.23-）

Farah, Nuruddin
ソマリアの作家。
⇒現世文（ファラー, ヌルディン　1945.11.24-）

Farahani, Golshifteh
イランの女優。
⇒外12（ファラハニ, ゴルシフテ　1983.7.10-）

外16（ファラハニ, ゴルシフテ　1983.7.10-）

Farāhānī, Mīrzā Moḥammad Ḥoseyn
カージャール朝の官僚。メッカ巡礼を行なった。
⇒岩イ（ファラーハーニー　1847-1912）

Farah Omar, Haji
ソマリアの独立運動家。
⇒岩イ（ファラハ・オマル　1864-1948）

Faraj, Muḥammad 'Abdal-Salām
エジプトのイスラム復興運動理論家。
⇒岩イ（ファラジュ　1953-1982）

Färbach, Alfred
テノール歌手。
⇒魅惑（Färbach,Alfred　?-）

Farber, Marvin
アメリカの哲学者。アメリカにおける国際現象学協会の中心人物。
⇒メル3（ファーバー, マーヴィン　1901-1980）

Farber, Sidney
アメリカの病理学者。
⇒岩世人（ファーバー　1903.9.30-1973.3.20）

Farcy, Eugène
フランスの軍人, 政治家。
⇒19仏（ファルシ, ウジェーヌ　1830.3.19-1910.2.26）

Fard, Wallace D.
アフリカ系アメリカ人のイスラム組織, ネーション・オブ・イスラムの創設者。
⇒岩イ（ファード　1877?-?）
マルX（FARD,W.D.（Fard,Wallace D.、Ford, Wallace Dodd、Ford,David、Ford-El,David、Farrad,Wali、Farred Muhammad、F. Muhammad Ali、Professor Ford）ファード, W・D（ファード, ワラス・D、フォード, ワラス・ドッド、フォード, デイヴィッド、フォード・エル, デイヴィッド、ファラッド, ワリ、ファード・ムハマド、F・ムハマド・アリ、プロフェッサー・フォード　1877-1893-?）

Fargo, Lucile Foster
アメリカの図書館員。アメリカの学校図書館の初期の歴史を担った一人。多くの図書館学校で「学校図書館」関連の科目を教えるとともに, テキスト『学校の図書館』を執筆する。
⇒ア図（ファーゴ, ルシール　1880-1962）

Fargue, Léon Paul
フランスの詩人, 評論家。
⇒岩世人（ファルグ　1876.3.4-1947.11.24）

Farhadi, Asghar
イランの映画監督。
⇒外16（ファルハディ, アスガー　1972-）

Farīd al-Aṭrash
アラブの歌手,作曲家,ウード奏者,俳優。
⇒岩世人（ファリード・アトラシュ　1915.10.19–1974.12.26）

Farina, Franco
アメリカのテノール歌手。
⇒失声（ファリーナ,フランコ　?）
魅惑（Farina,Franco　?–）

Farina, Mimi
アメリカのシンガー・ソングライター。
⇒ロック（Richard and Mimi Fariña　リチャード＆ミミ・ファリーニャ　1945.4.30–）

Fariña, Richard
アメリカのシンガー・ソングライター。
⇒ロック（Richard and Mimi Fariña　リチャード＆ミミ・ファリーニャ　1937–1966.4.30）

Farinacci, Roberto
イタリアのファシスト政治家。第2次大戦へのイタリア参戦を推進。
⇒岩世人（ファリナッチ　1892.10.16–1945.4.28）

Farinetti, Oscar
イタリアの実業家。
⇒外12（ファリネッティ,オスカー）
外16（ファリネッティ,オスカー）

Faris, Ellsworth
アメリカの社会学者。シカゴ大学社会学名誉教授。アメリカ社会学会長（1937）。
⇒教人（フェアリス　1874–）

Faris, Robert E.Lee
アメリカの社会学者。パーソナリティと文化との関連の問題を,とくに精神病理的立場から提起することに関心をもつ。
⇒岩世人（フェアリス　1907.2.2–1998.1.25）
社小増（フェアリス　1907–1998）

Farish, William Stamps
アメリカの石油企業家。ハンブル石油精製社長。
⇒アメ経（ファリッシュ,ウィリアム　1881.2.23–1942.11.29）

Farish, William Stamps, III
アメリカの競走馬生産者,馬主。
⇒岩世人（ファリッシュ　1939.3.17–）

Farjeon, Eleanor
イギリスの童話作家。民話的な創作童話を書きイギリスのアンデルセンともいわれる。
⇒岩世人（ファージョン　1881.2.13–1965.6.5）
現世文（ファージョン,エリナー　1881.2.13–1965.6.5）
ボブ人（ファージョン,エリナー　1881–1965）

Farley, Chris
アメリカの喜劇俳優。
⇒ク俳（ファーリー,クリス　1964–1997）

Farlow, Talmadge Holt（Tal）
アメリカのジャズ・ギター奏者。ギター界屈指のテクニシャン。
⇒標音2（ファーロー,タル　1921.6.7–）

Farlowe, Chris
イギリス・ロンドン生まれの歌手。
⇒ロック（Farlowe,Chris　ファーロウ,クリス　1940.10.13–）

Farman, Henri
フランスの飛行家,飛行機製造家。弟と共にファルマン飛行機会社を設立（1912）して「ファルマン複葉機」を製作,第一次大戦にフランスおよび連合軍に飛行機を供給した。
⇒岩世人（ファルマン　1874.5.26–1958.7.18）

Farmer, Arthur Stewart（Art）
アメリカのジャズ・トランペット奏者。
⇒標音2（ファーマー,アート　1928.8.21–）

Farmer, Fanny Merritt
アメリカの料理研究家。
⇒アメ州（Farmer,Fannie Merritt　ファーマー,ファニー・メリット　1857–1915）
アメ新（ファーマー　1857–1915）

Farmer, Frances
アメリカ生まれの女優。
⇒ク俳（ファーマー,フランシス　1910–1970）

Farmer, Harry
アメリカの宣教師。
⇒アア歴（Farmer,Harry　ファーマー,ハリー　1872.4.18–1932.9.27）

Farmer, James
アメリカの公民権運動活動家,教育者。
⇒マルX（FARMER,JAMES　ファーマー,ジェイムズ　1920–1999）

Farmer, Jerrilyn
アメリカのミステリ作家。
⇒現世文（ファーマー,ジェリリン）

Farmer, Martha Ada Beeson
アメリカの宣教師。
⇒アア歴（Farmer,(Martha) Ada Beeson　ファーマー,マーサ・エイダ・ビースン　1871.12.30–1911.3.14）

Farmer, Penelope
イギリスの女性児童小説作家。
⇒現世文（ファーマー,ペネロピ　1939.6.14–）

Farmer, Philip José
アメリカの作家。
⇒現世文（ファーマー,フィリップ・ホセ　1918.1.26–2009.2.25）

Farnie, Douglas Antony
イギリスの歴史家。
⇒岩世人（ファーニー　1926.3.26-2008.6.21）

Farnivall J.S.
イギリスのビルマ研究家。「ガンダローカ」「ビルマ研究会ジャーナル」を発刊。
⇒岩世人（ファーニヴァル　1878.2.14-1960.7.7）

Farnsworth, E.Allan
アメリカの法学者。
⇒岩世人（ファーンズワース　1928.6.30-2005.1.31）

Farnsworth, John S.
アメリカ海軍士官。
⇒スパイ（ファーンズワース, ジョン・S　1893-1952）

Farnsworth, Kyle Lynn
アメリカの大リーグ選手（投手）。
⇒メジャ（ファーンズワース, カイル　1976.4.14-）

Farnsworth, Philo Taylor
アメリカの技術者。
⇒アメ州（Farnsworth,Philo Taylor　ファーンズワース, ファイロ・テイラー　1906-1971）
世発（ファーンズワース, フィロ・テイラー　1906-1971）

Farocki, Harun
チェコスロバキア生まれの映画監督。
⇒現アテ（Farocki,Harun　ファロキ, ハルン　1944-）

Farooq Abdullah
インドの政治家。ジャンムー・カシミール州首相。
⇒岩イ（ファルーク・アブドゥッラー　1936-）

Farquhar, David
ニュージーランドの作曲家, ピアノ奏者。
⇒ニュー（ファーカー, デイヴィッド　1928-）

Farr, Steven Michael
アメリカの大リーグ選手（投手）。
⇒メジャ（ファー, スティーヴ　1956.12.12-）

Farrakhan, Louis
アメリカの黒人イスラム指導者。
⇒アメ新（ファラカン　1933-）
岩イ（ファラカーン　1933-）
外12（ファラカン, ルイス　1933.5.11-）
外16（ファラカン, ルイス　1933.5.11-）
世指導（ファラカン, ルイス　1933.5.11-）
マルX（FARRAKHAN,LOUIS（Walcott,Louis Eugene、Louis X）　ファラカン, ルイス（ウォルコット, ルイス・ユージーン、ルイスX）　1933-）

Farrar, Geraldine
アメリカのオペラ歌手（ソプラノ）。

⇒オペラ（ファラー, ジェラルディン　1882-1967）
新音中（ファラー, ジェラルディン　1882.2.28-1967.3.11）
標音2（ファラー, ジェラルディン　1882.2.28-1967.3.11）

Farrell, Charles
アメリカ生まれの俳優。
⇒ク俳（ファレル, チャールズ　1901-1990）

Farrell, Charles Andrew（Duke）
アメリカの大リーグ選手（捕手, 三塁）。
⇒メジャ（ファーレル, デューク　1866.8.31-1925.2.15）

Farrell, Colin
アイルランドの俳優。
⇒外12（ファレル, コリン　1976.5.31-）
外16（ファレル, コリン　1976.5.31-）

Farrell, Eileen
アメリカのオペラ歌手（ソプラノ）。
⇒標音2（ファレル, アイリーン　1920.2.13-2002.3.23）

Farrell, Glenda
アメリカの女優。
⇒ク俳（ファレル, グレンダ　1904-1971）

Farrell, James Gordon
イギリスの作家。
⇒現世文（ファレル, ジェームズ・ゴードン　1935.1.23-1979.8.1）

Farrell, James Thomas
アメリカの小説家。『若いロニガン』以下の3部作で評判を得た。
⇒アメ州（Farrell,James Thomas　ファレル, ジェームズ・トーマス　1904-1979）
岩世人（ファレル　1904.2.27-1979.8.22）
現世文（ファレル, ジェームズ・トーマス　1904.2.27-1979.8.22）
新カト（ファレル　1904.2.27-1979.8.22）
西文（ファレル, ジェイムズ　1904-1979）

Farrell, John
アメリカの大リーグ監督（レッドソックス）, 大リーグ選手。
⇒外12（ファレル, ジョン　1962.8.4-）
外16（ファレル, ジョン　1962.8.4-）
最世ス（ファレル, ジョン　1962.8.4-）

Farrell, Richard Joseph（Turk）
アメリカの大リーグ選手（投手）。
⇒メジャ（ファーレル, ターク　1934.4.8-1977.6.10）

Farrell, Suzanne
アメリカのダンサー。
⇒外12（ファレル, スザンヌ　1945.8.16-）
外16（ファレル, スザンヌ　1945.8.16-）

Farrell, Terry
イギリスの建築家。
⇒外12（ファレル,テリー 1938.5.12-）
　外16（ファレル,テリー 1938.5.12-）

Farrell, Wes
アメリカ・ニューヨーク生まれのソングライター、レコードプロデューサー、楽曲出版社経営者。
⇒ロック（Farrell,Wes ファレル,ウェス 1940-）

Farrell, William R.
アメリカの全米日米協会連合（NAJAS）会長。
⇒外12（ファレル,ウィリアム 1944-）
　外16（ファレル,ウィリアム 1944-）

Farrelly, Bobby
アメリカの映画監督。
⇒外12（ファレリー,ボビー 1958-）
　外16（ファレリー,ボビー 1958-）

Farrelly, Peter
アメリカの映画監督。
⇒外12（ファレリー,ピーター 1956-）
　外16（ファレリー,ピーター 1956-）

Farrelly, Ross
アイルランドのミュージシャン。
⇒外16（ファレリー,ロス）

Farrer, Austin Marsden
イギリス・聖公会の神学者。
⇒オク教（ファラー 1904-1968）

Farrer, William J.
オーストラリアの育種家。フェデレーション小麦を育成して（1901）,10年間に濠州小麦の作付の7割以上がこの品種を作るようになった。
⇒岩世人（ファラー 1845.4.3-1906.4.16）

Farrère, Claude
フランスの小説家。
⇒岩世人（ファレール 1876.4.27-1957.6.21）

Farrington, Kaitlyn
アメリカのスノーボード選手（ハーフパイプ）。
⇒外16（ファリントン,ケイトリン 1989.12.18-）

Farr-Jones, Nick
オーストラリアのラグビー選手。
⇒岩世人（ファー＝ジョーンズ 1962.4.18-）

Farro, Josh
アメリカのミュージシャン。
⇒外12（ファロ,ジョシュ）

Farro, Zac
アメリカのミュージシャン。
⇒外12（ファロ,ザック）

Farrokhī, Yazdī Mīrzā Muhammad
イランの革命詩人。
⇒岩世人（ファッロヒーイェ・ヤズディー 1887/1889-1939.10）

Farrokhzad, Forugh
イランの作家、映像作家。
⇒岩イ（フォルーグ・ファッロフザード 1935-1967）
　岩世人（フォルーグ・ファッロフザード 1935.1.5-1967.2.13）
　現世文（フォルーグ・ファッロフザード 1935.1.5-1967.2.14）

Farrow, Mark
イギリスのグラフィック・デザイナー。
⇒グラデ（Farrow,Mark ファロウ,マーク 1960-）

Farrow, Mia
アメリカ生まれの女優。
⇒遺産（ファロー,ミア 1945.2.9-）
　外12（ファロー,ミア 1945.2.9-）
　外16（ファロー,ミア 1945.2.9-）
　ク俳（ファロウ,ミア（ファロウ,マリア） 1945-）
　スター（ファロー,ミア 1945.2.9-）

Farrow, Prudence
アメリカの女優ミア・ファローの妹。ビートルズの楽曲「ディア・プルーデンス」の題材。
⇒ビト改（FARROW,PRUDENCE ファーロー,プルーデンス）

Farruggia, Michele
イタリアのテノール歌手。
⇒魅惑（Farruggia,Michele ?-）

Fārūq I
エジプトの最後の国王。1936年即位。52年ナギブ将軍らのクーデターで、エジプトを追放された。
⇒岩イ（ファールーク 1920-1965）
　岩世人（ファールーク 1920.2.11-1965.3.18）
　世人新（ファルーク1世 1920-1965）
　世人装（ファルーク1世 1920-1965）
　ネーム（ファルーク1世 1920-1965）

al-Fārūqī, Rājī Ismaʿīl
アメリカ（パレスチナ系）の学者、思想家。
⇒岩世人（ファールーキー,イスマイール 1921.1.1-1986.5.27）

Farve, Brett
アメリカのプロフットボール選手（QB）。
⇒外12（ファーブ,ブレット 1969.10.10-）
　最世ス（ファーブ,ブレット 1969.10.10-）

Farwell, Arthur
アメリカの作曲家。
⇒標音2（ファーウェル,アーサー 1872.4.23-1952.1.20）

Fasano, Renato
イタリアの指揮者。サンタ・チェチーリア音楽アカデミー院長。
⇒標音2(ファザーノ,レナート 1902.8.21-1979.8.3)

al-Fāsī, Muḥammad 'Allāl
モロッコの政治家。
⇒岩イ(ファースィー 1906?-1973)
　岩世人(ファースィー 1910.1.10-1974.5.13)

Fassbaender, Brigitte
ドイツのメゾ・ソプラノ歌手。
⇒オペラ(ファスベンダー,ブリギッテ 1939-)
　新音中(ファスベンダー,ブリギッテ 1939.7.3-)
　標音2(ファスベンダー,ブリギッテ 1939.7.3-)

Fassbinder, Rainer Werner
ドイツ生まれの映画監督、映画脚本家、男優。
⇒岩世人(ファスビンダー 1945.5.31-1982.6.10)
　映監(ファスビンダー,ライナー・ヴェルナー 1945.3.31-1982)
　ネーム(ファスビンダー 1945-1982)

Fassero, Jeffrey Joseph
アメリカの大リーグ選手(投手)。
⇒メジャ(ファセロ,ジェフ 1963.1.5-)

Fassler, Wolfgang
オーストリアのテノール歌手。
⇒魅惑(Fassler,Wolfgang 1944-1997)

Fast, Elizabeth Astrid Trygstad
アメリカの図書館員。コネティカット州グロートンで学校図書館のメディア開発にかかわる。
⇒ア図(ファスト,エリザベス 1931-1977)

Fast, Howard Melvin
アメリカの小説家。『スパルタクス』(1952)などの歴史小説を発表。スターリン平和賞を受賞。
⇒岩世人(ファースト 1914.11.11-2003.3.12)
　現世文(ファースト,ハワード・メルビン 1914.11.11-2003.3.12)
　ユ著人(Fast,Howard Melvin ファースト,ハワード・メルビン 1914-)

Fatboy Slim
イングランド生まれのミュージシャン。
⇒外12(ファットボーイ・スリム)
　外16(ファットボーイ・スリム)

Fath, Jacques
フランスの服飾デザイナー。アメリカ映画界で人気を得た。
⇒岩世人(ファット 1912.9.6-1954.11.13)

Fāṭima al-Marnīsī
モロッコのフェミニスト社会学者。
⇒岩イ(ファーティマ・メルニースィー 1940-)

Fāṭima al-Yūsuf
エジプトの女優、ジャーナリスト。
⇒岩イ(ファーティマ・ユースフ 1890年代-1945以降)

Fāṭima bint Nūr al-Dīn al-Yashruṭiya al-Ḥasanīya
パレスチナ生まれのヤシュルティー教団の指導者、神秘主義の実践家、教師。同団創設者アリー・ヌールッディーンの娘。
⇒岩イ(ファーティマ・ヤシュルティーヤ 1890-1979)

Fatmawati
インドネシア共和国初代大統領スカルノの夫人。
⇒岩世人(ファトマワティ 1923.2.5-1980.5.14)

Fatou, Pierre Joseph Louis
フランスの数学者、天文学者。
⇒数辞(ファトゥー、ピエール 1878-1929)
　世数(ファートゥー、ピエール・ジョセフ・ルイ 1878-1929)

Fattoruso, Hugo
ウルグアイのミュージシャン、パーカッション奏者、キーボード奏者。
⇒外12(ファトルーソ,ウーゴ 1943-)
　外16(ファトルーソ,ウーゴ 1943-)

Faubus, Orval Eugene
アメリカの政治家。1955~67年アーカンソー州知事(民主党)。
⇒アメ州(Faubus,Orval Eugene フォーバス、オーバル・ユージン 1910-)

Fauchon, Auguste Félix
フランスの高級食品店フォション創業者。
⇒フラ食(フォション、オーギュスト・フェリクス 1856-1939)

Fauconnet, Paul
フランスの社会学者。主著『社会学と社会諸科学』(1903)、『責任論』(20)。
⇒教人(フォーコンネ 1874-1938)
　社小増(フォコンネ 1874-1938)

Fauconnier, Gilles
フランス生まれのアメリカの言語学者。
⇒岩世人(フォコニエ 1944.8.19-)

Faulds, Henry
イギリスの長老派教会医療宣教師。1874年に来日し築地病院を設立。
⇒岩キ(フォールズ 1843-1930)
　岩世人(フォールズ 1843.6.1-1930.3.19)
　世発(フォールズ,ヘンリー 1843-1930)

Faulhaber, Michael von
ローマ・カトリック教会のミュンヘン大司教。
⇒岩世人(ファウルハーバー 1869.3.5-1952.6.12)
　オク教(ファウルハーバー 1869-1952)

新カト（ファウルハーバー　1869.3.5-1952.6.12）

Faulk, Marshall
アメリカのプロフットボール選手（RB）。
⇒外12（フォーク,マーシャル　1973.2.26-）
外16（フォーク,マーシャル　1973.2.26-）

Faulkner,（Arthur）Brian Deane, Baron F. of Downpatrick
北アイルランドの政治家。
⇒岩世人（フォークナー　1921.2.18-1977.3.3）

Faulkner, Harold Underwood
アメリカの経済史家。スミス・カレッジ教授（1931～）。
⇒岩世人（フォークナー　1890.2.25-1968.6.17）

Faulkner, Newton
イギリスのシンガー・ソングライター。
⇒外12（フォークナー,ニュートン　1985.1.11-）
外16（フォークナー,ニュートン　1985.1.11-）

Faulkner, Raymond Oliver
イギリスのエジプト学者。
⇒岩世人（フォークナー　1894.12.26-1982.3.3）

Faulkner, William Cuthbert
アメリカの小説家。『サートリス』（1929）などを発表。1949年ノーベル文学賞受賞。
⇒アメ州（Faulkner,William　フォークナー,ウイリアム　1897-1962）
アメ新（フォークナー　1897-1962）
岩キ（フォークナー　1897-1962）
岩世人（フォークナー　1897.9.25-1962.7.6）
現世文（フォークナー,ウィリアム　1897.9.25-1962.7.6）
広辞7（フォークナー　1897-1962）
新カト（フォークナー　1897.9.25-1962.7.6）
西文（フォークナー,ウィリアム　1897-1962）
世人新（フォークナー　1897-1962）
世人装（フォークナー　1897-1962）
ネーム（フォークナー　1897-1962）
ノベ3（フォークナー,W.C.　1897.9.25-1962.7.6）
比文増（フォークナー（ウィリアム・カスバート）1897-1962）
ヘミ（フォークナー,ウィリアム　1897-1962）
ボブ人（フォークナー,ウィリアム　1897-1962）

Faulks, Sebastian
イギリスの小説家。
⇒外12（フォークス,セバスティアン　1953.4.20-）
外16（フォークス,セバスティアン　1953.4.20-）
現世文（フォークス,セバスティアン　1953.4.20-）

Faure, Danny
セーシェルの政治家。セーシェル大統領（2016～）。
⇒世指導（フォール,ダニー　1962.5.8-）

Faure, Edgar
フランスの政治家,弁護士。1952年,55～56年の2期首相を務めた。
⇒岩世人（フォール　1908.8.18-1988.3.30）
世人新（フォール　1908-1988）
世人装（フォール　1908-1988）

Faure, Élie
フランスの美術史家,批評家。
⇒岩世人（フォール　1873.4.4-1937.10.29）

Fauré, Gabriel Urbain
フランスの作曲家。パリ音楽院院長として,M.ラベルなどすぐれた作曲家を育成。
⇒岩世人（フォーレ　1845.5.12-1924.11.4）
エデ（フォーレ,ガブリエル（ユルバン）　1845.5.12-1924.11.4）
学叢思（フォーレ,ガブリエル・ユルベーン　1845-1905）
ク音3（フォーレ　1845-1924）
広辞7（フォーレ　1845-1924）
新音小（フォーレ,ガブリエル　1845-1924）
新音中（フォーレ,ガブリエル　1845.5.12-1924.11.4）
新カト（フォーレ　1845.5.12-1924.11.4）
ネーム（フォーレ　1845-1924）
ビ曲改（フォーレ,ガブリエル（-ウルバイン）1845-1924）
標音2（フォーレ,ガブリエル　1845.5.12-1924.11.4）
ボプ人（フォーレ,ガブリエル　1845-1924）

Faure, Jean-Baptiste
フランスのバリトン歌手。
⇒標音2（フォール,ジャン=バティスト　1830.1.15-1914.11.9）

Faure, Maurice
フランスの政治家。
⇒19仏（フォール,モーリス　1850.1.7-1919.12.8）

Faure, Philippe
フランスの外交官。
⇒外12（フォール,フィリップ　1950.6.13-）
外16（フォール,フィリップ　1950.6.13-）

Fauré-Fremiet, Philippe
フランスの思想家。音楽家ガブリエル・フォーレの息子。
⇒メル3（フォーレ=フルミエ,フィリップ　1889-1954）

Faurie, Urbanus Jean
フランスのカトリック司祭。
⇒岩世人（フォーリー　1847.1.1-1915.7.4）
新カト（フォーリー　1847.1.1-1915.7.4）

Faust, Allen Klein
アメリカの教育者。
⇒アア歴（Faust,Allen Klein　ファウスト,アレン・クライン　1869.8.20-1953.9.13）

Faust, Charles Victor
アメリカの大リーグ選手（投手）。

⇒メジャ（ファウスト, チャーリー　1880.10.9–1915.6.18）

Faust, Drew Gilpin
アメリカの歴史学者。
⇒外12（ファウスト, ドリュー・ギルピン　1947.9.18–）
　外16（ファウスト, ドリュー・ギルピン　1947.9.18–）

Faust, Isabelle
ドイツのヴァイオリン奏者。
⇒外12（ファウスト, イザベル　1972–）
　外16（ファウスト, イザベル　1972–）

Fautrier, Jean
フランスの画家。アンフォルメル美術の確立者の一人。
⇒岩世人（フォートリエ　1898.5.16–1964.7.21）
　芸13（フォートリエ, ジャン　1898–1964）
　広辞7（フォートリエ　1898–1964）
　ネーム（フォートリエ　1898–1964）

Favano, Eugenio
テノール歌手。
⇒魅惑（Favano,Eugenio　?–）

Faverón Patriau, Gustavo
ペルーの作家, 文芸批評家, ジャーナリスト。
⇒海文新（ファベロン＝パトリアウ, グスタボ　1966–）
　現世文（ファベロン・パトリアウ, グスタボ　1966–）

Favier, Pierre-Marie-Alphonse
フランス・マルサネ・ラ・コート生まれのヴィンセンシオの宣教会員, 中国宣教師。北直隷（北京）の代牧。
⇒新カト（ファヴィエ　1837.9.22–1905.4.4）

Favorskii, Aleksei Evgrafovich
ソ連の有機化学者。アセチレン化学の権威。
⇒化学（ファヴォルスキー　1860–1945）

Favory, André
フランスの画家。
⇒芸13（ファヴォリ, アンドレ　1889–1937）

Favre, Brett（Lorenzo）
アメリカのプロ・フットボール選手。
⇒岩世人（ファーヴ　1969.10.10–）

Favreau, Jon
アメリカの俳優, 映画監督。
⇒外12（ファブロー, ジョン　1966.10.19–）
　外16（ファブロー, ジョン　1966.10.19–）

Favreau, Julien
フランスのバレエダンサー。
⇒外12（ファヴロー, ジュリアン　1977.12.17–）
　外16（ファヴロー, ジュリアン　1977.12.17–）

Favre-Brandt, James
スイスの貿易商。
⇒来日（ファヴル・ブラント　1841–1923）

Fawcett, Charles Bungay
イギリスの地理学者。王室地理学協会副会長。主として政治地理学, 国土計画を専攻。
⇒岩世人（フォーセット　1883.8.25–1952.9.21）

Fawcett, Don Wayne
アメリカの解剖学者。電子顕微鏡を用いて生殖細胞等の微細構造に関する研究を行なう。
⇒岩世人（フォーセット　1917.3.14–2009.5.7）

Fawcett, Farrah
アメリカの女優。
⇒ク俳（フォーセット, ファラ（フォーセット, メアリー・F）　1946–）

Fawcett, Dame Millicent Garrett
イギリスの婦人参政権運動の指導者。Dameの尊称を送られた。
⇒岩世人（フォーセット　1847.6.11–1929.8.5）

Fawer, Adam
アメリカの作家。
⇒外12（ファウアー, アダム　1970–）
　外16（ファウアー, アダム　1970–）
　海文新（ファウアー, アダム　1970–）
　現世文（ファウアー, アダム　1970–）

Faxon, Brad
アメリカのプロゴルファー。
⇒外12（ファクソン, ブラッド　1961.8.1–）
　外16（ファクソン, ブラッド　1961.8.1–）

Faye, Alice
アメリカ生まれの女優。
⇒ク俳（フェイ, アリス（レパート,A）　1912–1998）

Faye, Éric
フランスの作家。
⇒外16（ファーユ, エリック　1963–）
　現世文（ファーユ, エリック　1963.12.3–）

Faye, Gaël
ブルンジの作家, 音楽家。
⇒現世文（ファイユ, ガエル　1982–）

Faye, Jean-Pierre
フランスの小説家, 詩人, 劇作家。実験小説『水門』によりルノドー賞を受賞。
⇒岩世人（ファイユ　1925.7.19–）
　外16（ファイユ, ジャン・ピエール　1925.7.19–）
　現世文（ファイユ, ジャン・ピエール　1925.7.19–）

Faye, Lyndsay
アメリカの作家, 女優。
⇒海文新（フェイ, リンジー）

現世文（フェイ, リンジー）

Faymann, Werner
オーストリアの政治家。オーストリア首相、オーストリア社民党党首。
⇒外12（ファイマン, ウェルナー　1960.5.4-）
　外16（ファイマン, ウェルナー　1960.5.4-）
　世指導（ファイマン, ウェルナー　1960.5.4-）

Fayol, Henri
フランスの経営学者。経営者としての経験に基づき管理の原理を研究。著書に『産業および一般管理論』がある。
⇒世人（ファヨール　1841.7.29-1925.11.19）
　社小増（ファヨール　1841-1925）
　ベシ経（ファヨール　1841-1925）
　有経5（ファヨール　1841-1925）

Fayolle, Marie Emile
フランスの軍人。第一次大戦（1914～18）には第6軍を指揮、ドイツ占領軍司令官（19）、元帥（21）。
⇒岩世人（ファイヨル　1852.5.14-1928.8.27）

Fayolle, Roger
フランス生まれの画家。
⇒芸13（ファイヨール, ロガー　1936-）

Fayrūz
レバノンの歌手、ミュージカル女優。
⇒岩イ（ファイルーズ　1935-）
　岩世人（ファイルーズ　1935.11.21-）
　外16（ファイルーズ　1935.11.21-）
　新音中（ファイルーズ　1935.11.21-）

Fayṣal ibn 'Abd al-'Azīz
サウジアラビアの第3代国王。在位1964～75。
⇒イス世（ファイサル・ブン・アブド・アルアジーズ　1905?-1975）
　岩イ（ファイサル・イブン・アブドゥルアズィーズ　1904-1975）
　岩世人（ファイサル　1906.4-1975.3.25）
　広辞7（ファイサル　1906-1975）
　世人新（ファイサル　1906頃-1975）
　世人装（ファイサル　1906頃-1975）
　マルX（AL-FAYSAL, PRINCE MOHMAED (Prince Faisal)　アル・ファイサル, モハマド王子（ファイサル王子）　1906-1975）

Fayyad, Salam
パレスチナの政治家。パレスチナ自治政府首相。
⇒外12（ファイヤド, サラム　1952.4.12-）
　外16（ファイヤド, サラム　1952.4.12-）
　世指導（ファイヤド, サラム　1952.4.12-）

Fäyzullä Khojäev
ウズベク人革命家、政治家。
⇒岩イ（ファイズッラ・ホジャエフ　1896-1938）

Fazi, Thomas
イタリアの映画監督。
⇒外16（ファツィ, トーマス　1982-）

Fazioli, Paolo
イタリアのピアノ職人。
⇒外12（ファツィオリ, パオロ　1944-）
　外16（ファツィオリ, パオロ　1944-）

Fażl al-Raḥmān
パキスタンの哲学者。
⇒岩イ（ファズルル・ラフマーン　1919-1988）
　岩世人（ファズルル・ラフマーン　1919.9.21-1988.7.26）

Fażl-e Ḥusayn
英領パンジャーブ州の弁護士、政治家、連合党の創立者。
⇒岩イ（ファズレ・フサイン　1877-1936）

Fazlul Haq
ベンガルの大衆政治家。
⇒岩イ（フォズルル・ホック　1873-1962）

Fazzini, Guglielmo
テノール歌手。
⇒魅惑（Fazzini, Guglielmo　?-）

Fazzini, Pericle
イタリアの彫刻家。主作品『シビール』（1947）。
⇒岩世人（ファッツィーニ　1913.5.4-1987.12.5）

Fazzino, Charles
アメリカの3Dアート作家。
⇒芸13（ファジーノ, チャールス　1955-）

Fe, Sonya
アメリカの画家。
⇒芸13（フィ, ソニア　1952-）

Fearey, Robert A.
アメリカの官僚、外交官。
⇒岩世人（フィアリー　1918.7.4-2004.2.28）

Fearing, Kenneth
アメリカの詩人、小説家。フリーの雑誌記者。誌集『天使の腕』（1929）、推理小説『大きな時計』（46）。
⇒現世文（フィアリング, ケネス　1902.7.28-1961.6.26）

Fearn, Anne Walter
アメリカの宣教師。
⇒アア歴（Fearn, Anne Walter　ファーン, アン・ウォルター　1865.5.21-1939.4.28）

Feathers, Charlie
アメリカ・ミシシッピ州ホーリー・スプリングス生まれの歌手、ギター奏者。
⇒ロック（Feathers, Charlie　フェザーズ, チャーリー　1932.6.12-）

Féau, Paul
フランスの弁護士、政治家。
⇒19仏（フェオ, ポール　1852.6.7-?）

Febres Cordero, Leon
エクアドルの政治家。エクアドル大統領(1984~88)。
⇒世指導(フェブレス・コルデロ, レオン 1931.3.9-2008.12.15)

Febvre, Lucien (Paul Victor)
フランスの歴史学者。
⇒岩世人(フェーヴル 1878.7.22-1956.9.25)
現社(フェーヴル 1878-1956)
広辞7(フェーヴル 1878-1956)
社小増(フェーヴル 1878-1956)
メル3(フェーヴル, リュシアン 1878-1956)

Fechner, Carl A.
ドイツの映画監督, ジャーナリスト。
⇒外16(フェヒナー, カール・A. 1953-)

Feckes, Carl
ドイツの教義学者。
⇒新カト(フェッケス 1884.7.30-1958.3.8)

Fecteau, Richard
アメリカ中央情報局(CIA)のインテリジェンス・オフィサー。
⇒スパイ(フェクトー, リチャード 1927-)

Federer, Heinrich
スイスの小説家。主著『山と人』(1911)など。
⇒新カト(フェーデラー 1866.10.7-1928.4.29)

Federer, Roger
スイスのテニス選手。
⇒外12(フェデラー, ロジャー 1981.8.8-)
外16(フェデラー, ロジャー 1981.8.8-)
最世そ(フェデラー, ロジャー 1981.8.8-)
ネーム(フェデラー 1981-)

Federico, Gene
アメリカのアート・ディレクター, グラフィック・デザイナー。
⇒グラデ(Federico,Gene フェデリコ, ジーン 1918-)

Federman, Raymond
アメリカの小説家, 批評家。
⇒現世文(フェダマン, レイモンド 1928.5.15-2009.10.6)
ユ著人(Federman,Raymond フェダーマン, レイモンド 1928-)

Federn, Paul
オーストリアの精神分析学者。
⇒現精(フェダーン 1871-1950)
現精縮(フェダーン 1871-1950)
精分岩(フェダーン, パウル 1871-1950)
ユ著人(Federn,Paul フェーデルン, パウル 1871-1950)

Federzoni, Luigi
イタリアの政治家。
⇒岩世人(フェデルゾーニ 1878.9.27-1967.1.24)

Fedin, Alexander
ロシアのテノール歌手。
⇒魅惑(Fedin,Alexander ?-)

Fedin, Konstantin Aleksandrovich
ソ連の小説家。長篇『都市と歳月』(1924)が代表作。
⇒岩世人(フェージン 1892.2.12/24-1977.7.15)
現世文(フェージン, コンスタンチン・アレクサンドロヴィチ 1892.2.24-1977.7.15)
広辞7(フェージン 1892-1977)
西文(フェージン, コンスタンチン 1892-1977)

Fedor, Emelianenko
ウクライナの格闘家。
⇒異二辞(ヒョードル[エメリヤーエンコ・~] 1976-)
外12(ヒョードル, エメリヤーエンコ 1976.9.28-)
外16(ヒョードル, エメリヤーエンコ 1976.9.28-)

Fedora
ソ連のインテリジェンス・オフィサー。
⇒スパイ(フェドラ)

Fedorĉak, Dimitri
ハンガリーのエスペランティスト。
⇒日エ(フェドルチャク ?-?)

Fedorchuk, Vitaly Vasilievich
ソ連の情報官僚。KGB議長, 内務相。
⇒スパイ(フェドルチュク, ヴィタリー・ワシリエヴィチ 1918-2008)

Fëdorov, Evgraf Stepanovich
ロシアの結晶学者, 鉱物学者。結晶学を研究し, 230の空間群を導き(1890), 結晶測定用器具を考案。
⇒岩世人(フョードロフ 1853.12.10/22-1919.5.21)
化学(フョードロフ 1853-1919)

Fedorov, Sergei
アメリカのアイスホッケー選手(FW)。
⇒最世ス(フェドロフ, セルゲイ 1969.12.13-)

Fëdorovna, Elizaveta
ロシアの大公妃。
⇒ネーム(フョードロヴナ 1864-1918)

Fedoseev, Vladimir
ロシアの指揮者。
⇒外12(フェドセーエフ, ウラディーミル 1932.8.5-)
外16(フェドセーエフ, ウラディーミル 1932.8.5-)
新音中(フェドセーエフ, ヴラディーミル 1932.8.5-)

F

Feduccia, Alan
アメリカの古生物学者，鳥類学者。
⇒岩生（フェドゥーシア　1943–）

Fee, William Thomas
アメリカの領事。姓は「マクフィー」とも。
⇒アア歴（Fee[Macfee],William T（homas）
フィー，ウイリアム・トマス　1854.5.6–1919.4.1）

Feehan, Christine
アメリカの作家。
⇒海文新（フィーハン，クリスティン）

Feehily, Mark
アイルランドの歌手。
⇒外12（フィーリー，マーク　1980.5.28–）

Dr.Feelgood
イギリス・アトランタ出身のブルーズマン。
⇒ロック（Dr.Feelgood　ドクター・フィールグッド）

Feelings, Muriel
特に晩年のマルコムXの身近で働いた数人の女性の一人。
⇒マルX（FEELINGS,MURIEL　フィーリングズ，ミュアリエル　1938–）

Feeney, Leonard
アメリカのイエズス会司祭，著述家，詩人。
⇒新カト（フィーニ　1897.2.15–1978.1.30）

Féfer, Itsik
ソ連の詩人。ウクライナ出身のユダヤ人。
⇒ユ著人（Féfer,Isaák S.　フェーファー，イサク・S　1900–1952）

Feferman, Solomon
アメリカの数学者。スタンフォード大学教授。
⇒岩世人（フェファーマン　1928.12.13–）

Fefferman, Charles Luis
アメリカの数学者。
⇒数辞（フェファーマン，チャールズ　1949–）
世数（フェファーマン，チャールズ・ルイス　1949–）

Fehenberger, Lorenz
西ドイツのテノール歌手。
⇒失声（フェーエンベルガー，ローレンツ　1912–1984）
魅惑（Fehenberger,Lorenz　1912–）

Fehner, Léa
フランスの映画監督。
⇒外16（フェネール，レア　1981–）

Fehr, Donald
アメリカの弁護士。
⇒外12（フェア，ドナルド）

外16（フェア，ドナルド）

Fehrenbach, Konstantin
ドイツの政治家。首相（1920～21）。スパ会議（20）およびロンドン会議（21）に出席した。
⇒岩世人（フェーレンバッハ　1852.1.11–1926.3.26）

Fehringer, Franz
西ドイツのテノール歌手。
⇒魅惑（Fehringer,Franz　1910–）

Feidman, Giora
アルゼンチン生まれのクラリネット奏者。
⇒ユ著人（Feidman,Giora　フェードマン，ギオラ　1936–）

Feigenbaum, Mitchell Jay
アメリカの数学者。
⇒世数（ファイゲンバウム，ミッチェル・ジェイ　1944–）

Feigl, Fritz
オーストリア生まれの化学者。1滴～数滴の試料・試薬を用いて簡便に無機・有機の定性分析を行う「点滴分析法」の開拓者として有名。
⇒岩世人（ファイグル　1891.5.15–1971.1.23）
ユ著人（Feigl,Fritz　ファイグル，フリッツ　1891–1971）

Feigl, Herbert
アメリカの科学哲学者。
⇒岩世人（ファイグル　1902.12.14–1988.6.1）

Feiling, Keith Grahame
イギリスの歴史家。オックスフォード大学近代史教授（1946～50）。
⇒岩世人（フィーリング　1884.9.7–1977.9.16）

Feingold, Russ
アメリカの政治家。
⇒外12（ファインゴールド，ラス　1953.3.2–）

Feininger, Andreas
アメリカの写真家。
⇒芸13（ファイニンガー，アンドレアス　1906–1975）

Feininger, Lyonel
アメリカの画家。39年ニューヨーク万国博覧会の壁画を制作。
⇒岩世人（ファイニンガー　1871.7.17–1956.1.13）
グラデ（Feininger,Lyonel　ファイニンガー，ライオネル　1871–1956）
芸13（ファイニンガー，ライオネル　1871–1956）

Feinleib, Sidny
アメリカのコンサルタント。
⇒外12（ファインリーブ，シドニー　1938–）

Feinstein, Dianne
アメリカの政治家。

⇒外12（ファインスタイン, ダイアン 1933.6.22–）
Feinstein, Elaine
イギリスの女性詩人, 作家。
⇒現世文（ファインスタイン, エレーヌ 1930.10.24–）
Feintuch, David
アメリカの作家。
⇒現世文（ファインタック, デービッド 1944.7.21–2006.3.16）
Feist, Raymond E.
アメリカのSF作家。
⇒外12（フィースト, レイモンド・E. 1945–）
現世文（フィースト, レイモンド・E. 1945–）
Feit, Walter
アメリカの数学者。
⇒数辞（ファイト, ワルター 1930–）
Feiwel, Berthold
オーストリアのシオニスト。
⇒ユ著人（Feiwel,Berthold ファイベル, ベルトルード 1875–1937）
Fejér, Lipót（Leopold）
ハンガリーの数学者。
⇒数辞（フェエール, レオポルド 1880–1959）
世数（フェイエール, リポット 1880–1959）
ユ著人（Fejér,Lipót フェイェール, リポート 1880–1959）
Fejes Endre
ハンガリーの小説家。中編『くず鉄墓場』（1962）は国外でも注目を浴びた。
⇒現世文（フェイエシュ, エンドレ 1923–2015.8.25）
Feklisov, Aleksandr
ソ連のNKVD及びKGBの幹部職員。
⇒スパイ（フェクリソフ, アレクサンドル 1914–2007）
Felber, René
スイスの政治家。スイス大統領。
⇒世指導（フェルバー, ルネ 1933.3.14–）
Felciano, Richard
アメリカの作曲家。
⇒現音キ（フェルチアーノ, リチャード 1930–）
Feld, Eliot
アメリカのダンサー, 振付家, 監督。
⇒外12（フェルド, エリオット 1942.7.5–）
外16（フェルド, エリオット 1942.7.5–）
Felder, Christophe
フランスのパティシエ。
⇒外16（フェルデール, クリストフ 1966–）

Feldman, Marty
イギリス, アメリカの喜劇俳優。
⇒ク俳（フェルドマン, マーティ 1933–1982）
Feldman, Morton
アメリカの作曲家。代表作『アトランティス』（1959）。
⇒岩楽人（フェルドマン 1926.1.12–1987.9.3）
エデ（フェルドマン, モートン 1926.1.12–1987.9.3）
ク音3（フェルドマン 1926–1987）
現音キ（フェルドマン, モートン 1926–1986）
新音小（フェルドマン, モートン 1926–1987）
新音中（フェルドマン, モートン 1926.1.12–1987.9.3）
ピ曲改（フェルドマン, モートン 1926–1987）
標音2（フェルドマン, モートン 1926.1.12–1987.9.3）
Feldman, Robert
アメリカのエコノミスト。
⇒外12（フェルドマン, ロバート・アラン 1953–）
外16（フェルドマン, ロバート 1953–）
Feldstein, Martin Stuart
アメリカの経済学者。
⇒岩経（フェルドシュタイン 1939–）
外12（フェルドスタイン, マーティン 1939.11.25–）
外16（フェルドスタイン, マーティン 1939.11.25–）
Felfe, Heinz
西ドイツの情報機関BND（連邦情報庁）対情報部門責任者。ソ連の二重スパイ。
⇒スパイ（フェルフェ, ハインツ 1918–2008）
Felguérez, Manuel
メキシコの彫刻家, 画家。
⇒岩楽人（フェルゲレス 1928.12.12–）
Felici, Pericle
イタリアの教会法学者, 枢機卿, 第2ヴァティカン公会議の指導者。
⇒新カト（フェリチ 1911.8.1–1982.3.22）
Feliciano, Jose
プエルト・リコ生まれのシンガー・ソングライター。
⇒標音2（フェリシアーノ, ホセ 1945.9.10–）
ロック（Feliciano,José フェリシアーノ, ホセ 1945.9.10–）
Felipe, Luiz
ブラジルのサッカー監督。
⇒外12（フェリペ, ルイス 1948.11.9–）
外16（スコラーリ, ルイス・フェリペ 1948.11.9–）
最世ス（スコラーリ, ルイス・フェリペ 1948.11.9–）

Felipe VI
スペイン国王。在位2014〜。
⇒岩世人（フェリーペ・デ・ボルボン　1968.1.30–）
外12（フェリーペ皇太子　1968.1.30–）
外16（フェリペ6世　1968.1.30–）

Felipe（Camíno）, León
スペインの詩人。『旅人の詩と祈り』（1920），『鹿』（58）などの詩集がある。
⇒岩キ（フェリペ　1884–1968）

Felix, Allyson
アメリカの陸上選手（短距離）。
⇒外12（フェリックス, アリソン　1985.11.18–）
外16（フェリックス, アリソン　1985.11.18–）
最世ス（フェリックス, アリソン　1985.11.18–）

Felix, Loïc
フランスのテノール歌手。
⇒魅惑（Felix,Loïc　?–）

Félix, María
メキシコの映画女優。
⇒スター（フェリックス, マリア　1914.4.8–2002）

Felix-Faure Goyau, Lucie
フランスの女性作家。
⇒新カト（フェリクス・フォール・ゴヨー　1866.5.4–1913.6.24）

Feliz, Neftali
ドミニカ共和国の大リーグ選手（投手）。
⇒外12（フェリス, ネフタリ　1988.5.2–）
外16（フェリス, ネフタリ　1988.5.2–）
最世ス（フェリス, ネフタリ　1988.5.2–）
メジャ（フェリス, ネフタリ　1988.5.2–）

Feliz, Pedro Julio
ドミニカ共和国の大リーグ選手（三塁）。
⇒メジャ（フェリス, ペドロ　1975.4.27–）

Fell, Honor Bridget
イギリスの生理学者。
⇒岩生（フェル　1900–1986）

Fella, Edward
アメリカのデザイナー, 教育家。
⇒グラデ（Fella,Edward　フェラ, エドワード　1938–）

Fellaini, Marouane
ベルギーのサッカー選手（マンチェスター・ユナイテッド・MF）。
⇒最世ス（フェライニ, マルアン　1987.11.22–）

Feller, Bob
アメリカの大リーグ選手（投手）。
⇒岩世人（フェラー　1918.11.3–2010.12.15）
メジャ（フェラー, ボブ　1918.11.3–2010.12.15）

Feller, William
アメリカの数学者。
⇒世数（フェラー, ウィリアム　1906–1970）

Fellerer, Karl Gustav
ドイツの音楽学者。カトリック教会音楽の研究家。
⇒標音2（フェレラー, カルル＝グスタフ　1902.7.7–1984.1.7）

Fellers, Bonner F.
アメリカの軍人。
⇒ア太戦（フェラーズ　1896–1973）
岩世人（フェラーズ　1896.2.7–1973.10.7）
スパイ（フェラーズ, ボナー・F　1896–1973）

Fellini, Federico
イタリアの映画監督。『道』（1954），『甘い生活』（59）などの作品がある。
⇒異二辞（フェリーニ［フェデリコ・〜］　1920–1993）
岩キ（フェリーニ　1920–1993）
岩世人（フェリーニ　1920.1.20–1993.10.31）
映監（フェリーニ, フェデリコ　1920.1.20–1993）
広辞7（フェリーニ　1920–1993）
ネーム（フェリーニ, フェデリコ　1920–1993）
ポプ人（フェリーニ, フェデリコ　1920–1993）

Fellmer, Helmut
西ドイツの指揮者。ハンブルク国立オペラの合唱指揮者。
⇒標音2（フェルマー, ヘルムート　1908.5.28–1977.3.20）

Fellner, Eric
イギリスの映画プロデューサー。
⇒外12（フェルナー, エリック　1959.10.10–）
外16（フェルナー, エリック　1959.10.10–）

Fellner, Ferdinand
ドイツの建築家。ハンブルクのドイツ劇場（1900）など多くの劇場を建築した。
⇒岩世人（フェルナー　1847.4.19–1916.3.22）

Fellner, Hermann
ドイツ初期の映画制作者。劇場主。
⇒ユ著人（Davidson,Paul and Fellner,Hermann　ダヴィッドソン, パウルとフェルナー, ヘルマン）

Fellner, Till
オーストリアのピアノ奏者。
⇒外12（フェルナー, ティル　1972–）
外16（フェルナー, ティル　1972–）

Fellner, William John
アメリカのマクロ経済学者。
⇒岩世人（フェルナー　1905.5.31–1983.9.15）
有経5（フェルナー　1905–1983）

Felman, Shoshana
アメリカの女性文学批評家。

⇒ユ著人（Felman,Shoshana　フェルマン，ショシャナ　?-?）
Felsecker, Henry Joseph
アメリカ・ウィスコンシン州出身のメリノール宣教会司祭。
⇒新カト（フェルセッカー　1905.10.6-2000.11.18）
Felsenstein, Walter
オーストリアの演出家，劇場監督。
⇒新音中（フェルゼンシュタイン，ヴァルター　1901.5.30-1975.10.8）
　標音2（フェルゼンシュタイン，ヴァルター　1901.5.30-1975.10.8）
Feltin, Maurice
フランスのカトリック聖職者。「キリストの平和運動」の指導者の一人。
⇒新カト（フェルタン　1883.5.15-1975.9.27）
Feltracco, Antonio
イタリアのテノール歌手。
⇒魅惑（Feltracco,Antonio　?-）
Feltsman, Vladimir
ソ連のピアノ奏者。1971年ロン・ティボー国際コンクールでパスカル・ロジェと第一位を分かちあう。
⇒外12（フェルツマン，ウラディーミル　1952-）
　外16（フェルツマン，ウラディーミル　1952-）
Fender, Freddy
アメリカ・テキサス州生まれの歌手。
⇒ロック（Fender,Freddy　フェンダー，フレディ）
Fendi, Adele
イタリアの皮革職人，毛皮デザイナー。
⇒ポプ人（フェンディ，アデーレ　1897-1978）
Fénéon, Félix
フランスの文学批評家，美術批評家。
⇒岩世人（フェネオン　1861.6.22-1944.2.29）
Feng Shan-shan
中国のプロゴルファー。
⇒外12（フォンシャンシャン　1989.8.5-）
Feng Tian-wei
シンガポールの卓球選手。
⇒最世ス（馮天薇　フウテンビ　1986.8.31-）
Feng Xiao-gang
中国の映画脚本家，監督，俳優。
⇒岩世人（フォン・シャオガン　1958.3.18-）
　外12（フォンシャオガン　1958-）
　外16（フォンシャオガン　1958-）
　中日3（冯小刚　ふうしょうごう，フォンシアオカン　1958-）
Feng Yan
中国のドキュメンタリー映画監督。
⇒外12（フォンイェン　1962-）

　外16（フォンイェン　1962-）
Fenichel, Otto
オーストリアの精神分析学者。
⇒現精（フェニヘル　1897-1946）
　現精縮（フェニヘル　1897-1946）
　精医歴（フェニヘル，オットー　1897-1946）
　精分岩（フェニヘル，オットー　1897-1946）
　ユ著人（Fenichel,Otto　フェニヒェル，オットー　1897-1946）
Fenin, Martin
チェコのサッカー選手（FW）。
⇒外12（フェニン，マルティン　1987.4.16-）
　外16（フェニン，マルティン　1987.4.16-）
　最世ス（フェニン，マルティン　1987.4.16-）
Fenley, Molissa
アメリカのダンサー，振付家。
⇒外12（フェンレイ，モリッサ　1954.11.15-）
　外16（フェンレイ，モリッサ　1954.11.15-）
Fenn, Courtenay Hughes
アメリカの宣教師。
⇒アア歴（Fenn,Courtenay H(ughes)　フェン，コートニー・ヒューズ　1866.4.11-1953.9.9）
Fenn, John
アメリカの化学者。2002年ノーベル化学賞。
⇒岩世人（フェン　1917.6.15-2010.12.10）
　化学（フェン　1917-2010）
　ネーム（フェン，ジョン　1917-2010）
　ノベ3（フェン,J.　1917.6.15-2010.12.10）
Fenn, Sherilyn
アメリカ生まれの女優。
⇒ク俳（フェン，シェリリン（フェン，シェリル・アン）　1965-）
Fennelly, Francis John
アメリカの大リーグ選手（遊撃）。
⇒メジャ（フェネリー，フランク　1860.2.18-1920.8.4）
Fennelly, Michael
アメリカ・ニュージャージー州生まれのミュージシャン。
⇒ロック（Fennelly,Michael　フェンリー，マイケル　1948-）
Fenner, Phyllis Reid
アメリカの図書館員。児童と若者向けの作品集の編纂者として，さらに学校図書館関連のテキストの著者としても知られる。
⇒ア図（フェンナー，フィリス　1899-1982）
Fenninger, Anna
オーストリアのスキー選手（アルペン）。
⇒外12（フェニンガー，アナ　1989.6.18-）
　外16（フェニンガー，アナ　1989.6.18-）
　最世ス（フェニンガー，アナ　1989.6.18-）

Fenoglio, Beppe
イタリアの小説家。ランゲ地方の抵抗運動を素材とした。
- ⇒岩世人（フェノッリオ　1922.3.1–1963.2.18）
- 現世文（フェノッリオ, ベッペ　1922.3.1–1963.2.18）

Fenollosa, Ernest Francisco
アメリカの哲学者, 日本美術研究家。日本古美術の研究や, 伝統的な日本画の復興に努力。
- ⇒アア歴（Fenollosa,Ernest（Francisco）　フェノロサ, アーネスト・フランシスコ　1853.2.18–1908.9.21）
- アメ州（Fenollosa,Ernest Francisco　フェノロサ, アーネスト・フランシスコ　1853–1908）
- アメ新（フェノロサ　1853–1908）
- 岩世人（フェノロサ　1853.2.18–1908.9.21）
- 学叢歴（フェノロサ, アーネスト・エフ　1852–1908）
- 教人（フェノローサ　1853–1908）
- 広辞7（フェノロサ　1853–1908）
- ネーム（フェノロサ　1853–1908）
- 博物館（フェノロサ, アーネスト　1853–1908）
- 比文増（フェノロサ（アーネスト・フランシスコ）1853（嘉永6）–1908（明治41））
- ポプ人（フェノロサ, アーネスト　1853–1908）

Fenton, Charles A.
アメリカの伝記作家。
- ⇒ヘミ（フェントン, チャールズ・A　1919–1960）

Fenton, James（Martin）
イギリスの詩人。
- ⇒現世文（フェントン, ジェームズ　1949.4.25–）

Fenwick, Lex
アメリカの実業家。
- ⇒外16（フェンウィック, レックス）

Fenwick, Sara Innis
アメリカの図書館員。シカゴ大学大学院において児童・学校図書館関連科目の教育に尽力。アメリカ図書館協会の要請による世界各国の図書館活動の質の向上にも貢献。
- ⇒ア図（フェンウィック, サラ　1908–1993）

Fer, Émilie
フランスのカヌー選手。
- ⇒外16（フェール, エミリ　1983.2.17–）
- 最世ス（フェール, エミリ　1983.2.17–）

Ferand, Ernest Thomas
アメリカの音楽学者, 教育者。
- ⇒標音2（フェランド, アーネスト・トマス　1887.3.5–1972.5.29）

Feraoun, Mouloud
アルジェリアの作家。
- ⇒現世文（フェラウン, ムルド　1913.3.8–1962.3.15）

Ferber, Edna
アメリカの女性小説家, 劇作家。『ジャイアント』(1952)など主作品の多くは映画化された。
- ⇒アメ州（Ferber,Edna　ファーバー, エドナ　1887–1968）
- 岩世人（ファーバー　1885.8.15–1968.4.16）
- 現世文（ファーバー, エドナ　1887.8.15–1968.4.16）
- ユ著人（Ferber,Edna　フーバー, エドナ　1887–1968）

Ferdinand, Rio
イギリスのサッカー選手。
- ⇒外16（ファーディナンド, リオ　1978.11.7–）
- 最世ス（ファーディナンド, リオ　1978.11.7–）

Ferdinand I
ブルガリア国王。在位1908〜18。
- ⇒岩世人（フェルディナント1世　1861.2.26–1948.9.9）

Ferdinand I
ルーマニア王。在位1914〜27。第1次大戦では連合国側について領土を拡大。
- ⇒岩世人（フェルディナント1世　1865.8.12–1927.7.20）

Ferenczi, Sandor
ハンガリーの神経科・精神科医。国際分析学会の設立や"International Journal of Psychoanalysis"誌の創刊を行ない, アメリカへの影響はとくに大きい。
- ⇒岩世人（フェレンツィ　1873.7.7–1933.5.22）
- 現精（フェレンツィ　1873–1933）
- 現精縮（フェレンツィ　1873–1933）
- 精分岩（フェレンツィ, シャーンドル　1873–1933）
- 精分弘（フェレンツィ, シャーンドル　1873–1933）

Ferendinos, Tano
イギリスのテノール歌手。
- ⇒魅惑（Ferendinos,Tano　?–）

Férey, Caryl
フランスの作家。
- ⇒現世文（フェレ, カリル　1967–）

Ferguson, Alex
イギリスのサッカー監督。
- ⇒外12（ファーガソン, アレックス　1941.12.31–）
- 外16（ファーガソン, アレックス　1941.12.31–）
- 最世ス（ファーガソン, アレックス　1941.12.31–）
- ネーム（ファーガソン, アレックス　1941–）

Ferguson, Cathy Jean
アメリカの女子水泳選手。オリンピック東京大会女子100m背泳に1分07秒7の世界・オリンピック新記録を樹立し優勝。
- ⇒岩世人（ファーガソン　1948.7.17–）

Ferguson, Charles H.
アメリカのハイテク・アナリスト。
⇒外12（ファーガソン, チャールズ）
　外16（ファーガソン, チャールズ）

Ferguson, Gene
アメリカのテノール歌手。
⇒魅惑（Ferguson,Gene　1930–）

Ferguson, Ian
カナダの脚本家, ユーモア作家。
⇒外12（ファーガソン, イアン　1959–）
　外16（ファーガソン, イアン　1959–）

Ferguson, John Calvin
アメリカの宣教師教育者, 政府役人, 冒険家, 東洋美術研究者。
⇒アア歴（Ferguson,John C (alvin)　ファーガスン, ジョン・カルヴィン　1866.3.1–1945.8.3）
　岩世人（ファーガソン　1866.3.1–1945.8.3）

Ferguson, Joseph Vance
アメリカの大リーグ選手（捕手, 外野）。
⇒メジャ（ファーガソン, ジョー　1946.9.19–）

Ferguson, Kitty
アメリカのサイエンスライター。
⇒外12（ファーガソン, キティ）
　外16（ファーガソン, キティ）

Ferguson, Martin
オーストラリアの政治家, 労働運動家。
⇒外16（ファーガソン, マーティン　1953.12.12–）

Ferguson, Niall
イギリスの歴史学者。
⇒外12（ファーガソン, ニーアル　1964.4.18–）
　外16（ファーガソン, ニーアル　1964.4.18–）

Ferguson, Sarah
ヨーク公（アンドルー王子）元夫人。
⇒外12（ファーガソン, セーラ　1959.10.15–）
　外16（ファーガソン, セーラ　1959.10.15–）

Ferguson, Walter
アメリカ生まれの画家。
⇒芸13（ファーガソン, ウォルター　1930–）

Fergusson, Arthur Walsh（Art）
アメリカの植民地行政官。
⇒アア歴（Fergusson,Arthur Walsh（"Art"）ファーガスン, アーサー・ウォルシュ　1859.12.4–1908.1.30）

Ferit Pasha
オスマン・トルコ帝国末期の政治家。宰相（1903〜08）, ついでヒルミ・パシャの内相（09）, 再び宰相となり（19〜20）, アタテュルクの反対をうけて辞任した。
⇒岩世人（フェリト・パシャ, ダーマート　1853–

1923.10.6）

Ferlin, Nils
スウェーデンの詩人。1942年フリョーディング賞受賞。代表作に『はだしの子』(1933) など。
⇒岩世人（フェルリーン　1898.12.11–1961.10.21）
　現世文（フェリーン, ニルス　1898.12.11–1961.10.21）

Ferlinghetti, Lawrence
アメリカの詩人, 出版業者。「サンフランシスコ・ルネサンス」の推進者。
⇒アメ州（Ferlinghetti,Lawrence　ファーリンゲッティ, ローレンス　1920–）
　岩世人（ファーリンゲティ　1919.3.24–）
　外16（ファーリンゲティ, ローレンス　1919.3.24–）
　現世文（ファーリンゲティ, ローレンス　1919.3.24–）

Fermi, Enrico
アメリカ（イタリア系）の物理学者。原子力研究を行い, 1938年ノーベル物理学賞受賞。
⇒アメ州（Fermi,Enrico　フェルミ, エンリコ　1901–1954）
　岩世人（フェルミ　1901.9.29–1954.11.28）
　オク科（フェルミ（エンリーコ）　1901–1954）
　化学（フェルミ　1901–1954）
　科史（フェルミ　1901–1954）
　現科大（フェルミ, エンリコ　1901–1954）
　広辞7（フェルミ　1901–1954）
　三新物（フェルミ　1901–1954）
　世人新（フェルミ　1901–1954）
　世人装（フェルミ　1901–1954）
　世発（フェルミ, エンリコ　1901–1954）
　ノベ3（フェルミ,E.　1901.9.29–1954.11.28）
　物理（フェルミ, エリンコ　1901–1954）
　ボプ人（フェルミ, エンリコ　1901–1954）

Fermine, Maxence
フランスの作家。
⇒現世文（フェルミーヌ, マクサンス　1968–）

Fermor, *Sir* Patrick Leigh
イギリスの旅行記作家。
⇒現世文（ファーマー, パトリック・リー　1915.2.11–2011.6.10）

Fernandao
ブラジルのサッカー選手（FW）。
⇒外12（フェルナンドン　1978.3.18–）

Fernandat, René
フランスのカトリック詩人, 司祭。
⇒新カト（フェルナンダ　1884.4.30–1959.1.21）

Fernandel
フランスの喜劇俳優。特異な風貌とコミカルなわき役の性格的演技で人気を集めた。
⇒岩世人（フェルナンデル　1903.5.8–1971.2.26）
　ク俳（フェルナンデル（コンタンダン, フェルナン）　1902–1971）
　スター（フェルナンデル　1903.5.8–1971）

Fernandes, Francisco Hermenegildo
マカオ生まれのポルトガル人実業家。印刷業者で新聞社主。
⇒岩世人（フェルナンデス　1863.2.2-1923）

Fernandes, George
インドの政治家。インド国防相。
⇒世指導（フェルナンデス, ジョージ　1930.6.3-）

Fernandes, Tony
マレーシアの実業家。
⇒外12（フェルナンデス, トニー　1964-）
　外16（フェルナンデス, トニー　1964-）

Fernandez, Adrian
メキシコのレーシングドライバー。
⇒外12（フェルナンデス, エイドリアン　1965.4.20-）
　最世ス（フェルナンデス, エイドリアン　1965.4.20-）

Fernández, Alberto
アルゼンチンの政治家。アルゼンチン首相。
⇒外12（フェルナンデス, アルベルト　1959.4.2-）
　外16（フェルナンデス, アルベルト　1959.4.2-）
　世指導（フェルナンデス, アルベルト　1959.4.2-）

Fernandez, Alexander
アメリカの大リーグ選手（投手）。
⇒メジャ（フェルナンデス, アレックス　1969.8.13-）

Fernandez, Charles Sidney
アメリカの大リーグ選手（投手）。
⇒メジャ（フェルナンデス, シド　1962.10.12-）

Fernandez, Dominique
フランスの小説家, 批評家。
⇒岩世人（フェルナンデス　1929.8.25-）
　外12（フェルナンデス, ドミニック　1929.8.25-）
　外16（フェルナンデス, ドミニック　1929.8.25-）
　現世文（フェルナンデス, ドミニック　1929.8.25-）

Fernández, Emilio Indio
メキシコ生まれの映画監督, 男優。
⇒岩世人（フェルナンデス　1904.3.26-1986.8.6）

Fernandez, Isabel
スペインの柔道選手。
⇒最世ス（フェルナンデス, イサベル　1972.2.1-）

Fernandez, Javier
スペインのフィギュアスケート選手。
⇒外16（フェルナンデス, ハビエル　1991.4.15-）
　最世ス（フェルナンデス, ハビエル　1991.4.15-）

Fernandez, Jean
フランスのサッカー監督（オセール）, サッカー選手。
⇒外12（フェルナンデス, ジャン　1954.10.8-）

Fernandez, Jose
ドミニカ共和国のプロ野球選手（西武・内野手）。
⇒外12（フェルナンデス, ホセ　1974.11.2-）

Fernández, Leonel
ドミニカ共和国の政治家。ドミニカ共和国大統領（1996〜2000,04〜12）。
⇒外12（フェルナンデス, レオネル　1953.12.26-）
　外16（フェルナンデス, レオネル　1953.12.26-）
　世指導（フェルナンデス, レオネル　1953.12.26-）

Fernández, Oscar Lorenzo
ブラジルの作曲家。
⇒ク音3（フェルナンデス　1897-1948）
　標音2（ロレンソ・フェルナンデス, オスカル　1897.11.4-1948.8.26）

Fernandez, Tony
ドミニカ共和国出身の大リーグ選手。
⇒メジャ（フェルナンデス, トニー　1962.6.30-）

Fernandez, Victor
スペインのサッカー指導者。
⇒外12（フェルナンデス, ビクトル　1960.11.28-）
　外16（フェルナンデス, ビクトル　1960.11.28-）

Fernandez, Xavier
スペインのヨット選手。
⇒外16（フェルナンデス, ハビエル　1976.10.19-）

Fernández de Kirchner, Cristina
アルゼンチンの政治家。アルゼンチン大統領（2007〜15）。
⇒岩世人（フェルナンデス・デ・キルチネル　1953.2.19-）
　外12（フェルナンデス・デ・キルチネル, クリスティナ　1953.2.19-）
　外16（フェルナンデス・デ・キルチネル, クリスティナ　1953.2.19-）
　世指導（フェルナンデス・デ・キルチネル, クリスティナ　1953.2.19-）

Fernández Floórez, Wenceslao
スペインのユーモア作家。主著『七つの柱』など。
⇒岩世人（フェルナンデス・フロレス　1885.2.11-1964.4.29）
　現世文（フェルナンデス・フロレス, ベンセスラオ　1885.2.11-1964.4.29）

Fernández Retamar, Roberto
キューバの詩人, 評論家, カサ・デ・ラス・アメリカス社の編集者, ハバナ大学教授。
⇒現世文（フェルナンデス・レタマル, ロベルト　1930.6.9-）

Fernandi, Eugenio
イタリアのテノール歌手。
⇒失声（フェルナンディ, エウゲニオ　1922-1991）
　魅惑（Fernandi,Eugenio　1922-1991）

Fernandinho
ブラジルのサッカー選手(MF)。
⇒外12(フェルナンジーニョ 1981.1.13-)

Fernando, Lloyd
マレーシアの小説家,評論家。
⇒岩世人(フェルナンド 1926.5.31-2008.2.28)

Fernando Torres
スペインのサッカー選手(アトレチコ・マドリード・FW)。
⇒異二辞(トーレス[フェルナンド・~] 1984-)
外12(フェルナンド・トーレス 1984.3.20-)
外16(フェルナンド・トーレス 1984.3.20-)
最世ス(フェルナンド・トーレス 1984.3.20-)

Ferney, Alice
フランスの作家。
⇒現世文(フェルネ,アリス 1961.11.21-)

Ferneyhough, Brian
イギリス,のちドイツの作曲家。
⇒岩世人(ファーニホウ 1943.1.16-)
ク音3(ファーニホウ 1943-)

Fernow, Bernhard Eduard
ドイツ生まれのアメリカの林学者。連邦政府初代林業課長(1886~98)として当時衰滅しつつあった森林資源の維持,造成に科学的基礎を置き,資源保続運動の創始者の一人とされる。
⇒岩世人(ファーノウ 1851.1.7-1923.2.6)

Férotin, Marius
フランスのベネディクト会典礼史家。
⇒新カト(フェロタン 1855.11.18-1914.9.15)

Ferragamo, Ferruccio
イタリアの実業家。
⇒外12(フェラガモ,フェルッチオ 1945.9.9-)
外16(フェラガモ,フェルッチオ 1945.9.9-)

Ferragamo, Govanna Gentile
イタリアの実業家。
⇒外12(フェラガモ,ジョヴァンナ・ジェンティーレ)
外16(フェラガモ,ジョヴァンナ・ジェンティーレ)

Ferragamo, James
イタリアの実業家。
⇒外12(フェラガモ,ジェームス 1971.11.7-)
外16(フェラガモ,ジェームス 1971.11.7-)

Ferragamo, Leonardo
イタリアの実業家。
⇒外12(フェラガモ,レオナルド 1953.7.23-)
外16(フェラガモ,レオナルド 1953.7.23-)

Ferragamo, Salvatore
イタリアの靴デザイナー。
⇒ポプ人(フェラガモ,サルバトーレ 1898-1960)

Ferragamo, Wanda
イタリアの実業家。
⇒外12(フェラガモ,ワンダ)
外16(フェラガモ,ワンダ・ミレッティ)

Ferraguti, Arnaldo
イタリアの画家。
⇒絵本(フェッラグーティ,アルナルド 1862-1925)

Ferra-Mikura, Vera
オーストリアの詩人,小説家。
⇒現世文(フェラ・ミークラ,ヴェーラ 1923.2.14-1997.3.9)

Ferran, Gil de
ブラジルのレーシングドライバー。
⇒最世ス(フェラン,ジル・ド 1967.11.11-)

Ferran, Pascal
フランスの映画監督。
⇒外12(フェラン,パスカル 1960-)

Ferrand, Claudius Philippe
フランス・クレミュー生まれのパリ外国宣教会会員,日本宣教師。
⇒新カト(フェラン 1868.6.19-1930.10.5)

Ferranti, Sebastian Ziani de
イギリスの電気技術者。高圧発電および配電に関する業績のほか,大型単相交流発電機を初め,176種を発明,特許を得た。
⇒岩世人(フェランティ 1864.4.6-1930.1.13)

Ferrán y Clúa, Jaime
スペインの細菌学者。
⇒岩世人(フェラン 1851.2.2-1929.11.22)

Ferrara, Abel
アメリカの映画監督。
⇒映監(フェラーラ,アベル 1951.7.19-)

Ferrara, America
アメリカの女優。
⇒外12(フェラーラ,アメリカ 1984.4.18-)
外16(フェラーラ,アメリカ 1984.4.18-)

Ferrara, Arturo
イタリアのテノール歌手。
⇒魅惑(Ferrara,Arturo 1903-?)

Ferrara, Mario
イタリアのテノール歌手。
⇒魅惑(Ferrara,Mario ?-)

Ferrara, Napoleone
アメリカの分子生物学者。
⇒外12(フェラーラ,ナポレオン)
外16(フェラーラ,ナポレオン)

Ferrari, Andrea Carlo
イタリアの神学者,枢機卿。
⇒新カト（フェラーリ 1850.8.13–1921.2.2）

Ferrari, Enzo
イタリアのレーシングカーの設計者。
⇒広辞7（フェラーリ 1898–1988）

Ferrari, Jérôme
フランスの作家,翻訳家。
⇒現世文（フェラーリ,ジェローム 1968–）

Ferrari, Luc
フランスの作曲家。
⇒岩世人（フェラーリ 1929.2.5–2005.8.22）
ク音3（フェラーリ 1929–2005）
新音中（フェラーリ,リュック 1929.2.5–）
標音2（フェラリ,リュク 1929.2.5–）

Ferrari, Vanessa
イタリアの体操選手。
⇒外16（フェラーリ,バネッサ 1990.11.10–）
最世ス（フェラーリ,バネッサ 1990.11.10–）

Ferrari-Fontana, Edoardo
イタリアのテノール歌手。1913年にモンテメッツィの「三王の恋」世界初演でアヴィトを歌った。
⇒魅惑（Ferrari-Fontana,Edoardo 1878–1936）

Ferraris, Maurizio
イタリアの哲学者。
⇒メル別（フェラーリス,マウリツィオ 1956–）

Ferrari Trecate, Luigi
イタリアのオルガン奏者,作曲家。
⇒オペラ（フェルラーリ・トレカーティ,ルイージ 1884–1964）

Ferraro, Pier Miranda
イタリアのテノール歌手。
⇒失声（フェッラーロ,ピエル・ミランダ 1924–2009）
魅惑（Ferraro,Piermiranda 1924–）

Ferrarotti, Franco
イタリアの社会学者。
⇒岩世人（フェッラロッティ 1926.4.7–）

Ferrars, Elizabeth
イギリスの作家。
⇒現世文（フェラーズ,エリザベス 1907–1995）

Ferras, Christian
フランスのヴァイオリン奏者。1949年ロン・ティボー国際コンクールに一位なしの第二位を得た。
⇒標音2（フェラース,クリスティアン 1933.6.17–）

Ferrata, Domenico
イタリア出身の枢機卿。
⇒新カト（フェラータ 1847.3.4–1914.10.10）

Ferrauto, Augusto
イタリアのテノール歌手。
⇒失声（フェラウト,アウグスト 1903–1986）
魅惑（Ferrauto,Augusto 1902–1986）

Ferré, Léo
フランスの作詞家,作曲家,歌手。サンジェルマン・デ・プレの鬼才と呼ばれる。
⇒新音中（フェレ,レオ 1916.8.24–1993.7.14）
標音2（フェレ,レオ 1916.8.24–1993.7.14）

Ferreira, Vergílio
ポルトガルの作家。
⇒現世文（フェレイラ,ヴェルジリオ 1916.1.28–1996.3.1）

Ferrell, Richard Benjamin
アメリカの大リーグ選手（捕手）。
⇒メジャ（ファーレル,リック 1905.10.12–1995.7.27）

Ferrell, Wesley Cheek
アメリカの大リーグ選手（投手）。
⇒メジャ（ファーレル,ウェス 1908.2.2–1976.12.9）

Ferrell, Will
アメリカの俳優。
⇒外12（フェレル,ウィル 1967.7.16–）
外16（フェレル,ウィル 1967.7.16–）

Ferrer, David
スペインのテニス選手。
⇒外12（フェレール,ダビド 1982.4.2–）
外16（フェレール,ダビド 1982.4.2–）
最世ス（フェレール,ダビド 1982.4.2–）

Ferrer, Francisco
スペインのアナキスト,教育実践家。
⇒岩世人（フェレール 1859.1.10–1909.10.13）

Ferrer, José
アメリカの俳優,演出家。『オセロ』のイアゴー（1943）などが評判。
⇒ク俳（フェラー,ホセ（F.オテロ・イ・チントロン,J.ビンセンテ） 1908–1992）
スター（ファーラー,ホセ 1909.1.8–1992）

Ferrer, Mel
アメリカ生まれの俳優。
⇒ク俳（フェラー,メル（フェラー,メルキョール） 1917–）

Ferreras, Pipin
アメリカの潜水家。
⇒外12（フェレーラス,ピピン 1962–）

Ferrero, Josè
スペインのテノール歌手。
⇒魅惑（Ferrero,Josè 1972–）

Ferretti, Dante
イタリア生まれの映画美術監督。
⇒外12（フェレッティ，ダンテ 1943-）
外16（フェレッティ，ダンテ 1943-）

Ferretti, Elio
チュニジアのテノール歌手。
⇒魅惑（Ferretti,Elio 1962-）

Ferri, Alessandra
イタリアのダンサー。
⇒岩世人（フェリ（フェッリ） 1963.5.6-）
外12（フェリ，アレッサンドラ 1963-）

Ferri, Enrico
イタリアの刑法学者，政治家。『イタリア刑法草案』の作成者。
⇒岩世人（フェッリ 1856.2.25-1929.4.12）
学叢思（フェルリ，エンリコ 1856-?）

Ferrier, Joseph-Bernard
フランスの宣教師。
⇒岩世人（フェリエ 1856.8.10-1919.1.26）

Ferrier, Kathleen
イギリスのアルト歌手。G.マーラーの『大地の歌』で名声を得た。
⇒オペラ（フェリアー，キャスリーン 1912-1953）
新音中（フェリアー，キャスリーン 1912.4.22-1953.10.8）
標音2（フェリアー，キャスリーン 1912.4.22-1953.10.8）

Ferrière, Adolphe
スイスの教育家。子供の自発活動を重んじ，自由な「活動学校」を提唱した。
⇒岩世人（フェリエール 1879.8.30-1960.6.16）
教人（フェリエール 1879-?）

Ferrigno, Robert
アメリカの作家。
⇒現世文（フェリーニョ，ロバート 1947-）

Ferris, Albert Sayles
アメリカの大リーグ選手（二塁，三塁）。
⇒メジャ（フェリス，ホービー 1874.12.7-1938.3.18）

Ferris, Joshua
アメリカの作家。
⇒外12（フェリス，ジョシュア 1974-）
外16（フェリス，ジョシュア 1974-）
海文新（フェリス，ジョシュア 1974.11.8-）
現世文（フェリス，ジョシュア 1974.11.8-）

Ferriss, David Meadow
アメリカの大リーグ選手（投手）。
⇒メジャ（フェリス，デイヴ 1921.12.5-）

Ferroud, Pierre Octave
フランスの作曲家。「六人組」の後継者として新

鮮な感覚を嘱望されていたが自動車事故で歿。
⇒ク音3（フェルー 1900-1936）
標音2（フェルー，ピエール・オクターヴ 1900.1.6-1936.8.17）

Ferry, Bjorn
スウェーデンのバイアスロン選手。
⇒外12（フェリ，ビョルン 1978.8.1-）
外16（フェリ，ビョルン 1978.8.1-）
最世ス（フェリ，ビョルン 1978.8.1-）

Ferry, Bryan
イングランド生まれの歌手。
⇒外12（フェリー，ブライアン 1945.9.26-）
外16（フェリー，ブライアン 1945.9.26-）
ロック（Ferry,Bryan フェリー，ブライアン 1945.9.26-）

Ferry, Luc
フランスの哲学者。
⇒メル別（フェリー，リュック 1951-）

Fersman, Aleksandr Evgenievich
ロシアの鉱物学者，地球化学者。
⇒岩世人（フェルスマン 1883.10.27/11.8-1945.5.20）

Fert, Albert
フランスの物理学者。2007年ノーベル物理学賞受賞。
⇒外12（フェール，アルベール 1938.3.7-）
外16（フェール，アルベール 1938.3.7-）
ノベ3（フェール,A. 1938.3.7-）

Fertitta, Lorenzo
アメリカの実業家。
⇒外16（フェティータ，ロレンゾ 1969-）

Fesca, Max
ドイツの農学者。
⇒岩世人（フェスカ 1846.3.31-1917.10.31）

Fesperman, Dan
アメリカの作家，ジャーナリスト。
⇒現世文（フェスパーマン，ダン）

Fessard, Gaston
フランスの哲学者，神学者。イエズス会員。
⇒新カト（フサール 1897.1.28-1978.6.18）

Fessenden, Reginald Aubrey
アメリカの物理学者，無線工学者。高周波交流発電機・電解検波器・ヘテロダイン受信方式を発明。
⇒岩世人（フェッセンデン 1866.10.6-1932.7.22）

Fesser, Javier
スペインの映画監督。
⇒外12（フェセル，ハビエル 1964-）

Festinger, Leon
アメリカの心理学者。認知的不協和理論の提唱者。
⇒岩世人（フェスティンガー 1919.5.8–1989.2.11）
現宗（フェスティンガー 1919–1989）
社小増（フェスティンガー 1919–1989）
社心小（フェスティンガー 1919–1989）

Festugière, André Marie
フランスの哲学者, 宗教思想家。ギリシア思想, 宗教史が専門。
⇒岩世人（フェステュジエール 1898.3.15–1982.8.13）

Festugière, Jean-Paul-Philippe
フランスの神学者, ドミニコ会員。
⇒新カト（フェステュジエール 1898.3.15–1982.8）

Fetchit, Stepin
アメリカの黒人俳優。
⇒スター（フェチット, ステピン 1902.5.30–1985）

Fetscher, Iring
西ドイツの哲学者。西欧的マルクス主義を代表する。
⇒岩世人（フェッチャー 1922.3.4–2014.7.19）

Fetter, Frank Albert
アメリカの経済学者。主意心理学の立場から限界理論を批判した。
⇒岩世人（フェッター 1863.3.8–1949.3.21）
學叢思（フェッター, フランク・アルバート 1863–?）

Fetters, Michael Lee
アメリカの大リーグ選手(投手)。
⇒メジャ（フェターズ, マイク 1964.12.19–）

Fettich Nándor
ハンガリーの考古学者。民族大移動期の考古学の権威。
⇒岩世人（フェッティチ 1900.1.7–1971.5.17）

Fetting, Rainer
ドイツ生まれの画家。
⇒芸13（フェチング, レイナー 1949–）

Feuchtwanger, Lion
ドイツの小説家, 劇作家。反戦劇『トーマス・ベント』(1919)などで有名。のちアメリカに亡命。
⇒岩世人（フォイヒトヴァンガー 1884.7.7–1958.12.21）
現世文（フォイヒトヴァンガー, リオン 1884.7.7–1958.12.21）
広辞7（フォイヒトヴァンガー 1884–1958）
ネーム（フォイヒトワンガー 1884–1958）
ユ著人（Feuchtwanger,Leon フォイヒトヴァンガー, レオン 1884–1958）

Feuermann, Emanuel
オーストリアのチェロ奏者。1938年アメリカに移住。
⇒岩世人（フォイアーマン 1902.11.22–1942.5.25）
新音中（フォイアーマン, エマーヌエル 1902.11.22–1942.5.25）
標音2（フォイアマン, エマーヌエル 1902.11.22–1942.5.25）
ユ著人（Feuermann,Emanuel フォイアマン, エマーヌエル 1902–1942）

Feuillade, Louis
フランス生まれの映画監督, 脚本家, 製作者。
⇒岩世人（フイヤード 1873.2.19–1925.2.26）
映監（フイヤード, ルイ 1873.2.19–1925）

Feuillère, Edwige
フランス生まれの女優。
⇒ク俳（フイエール, エドウィジュ（クナティ＝ケーニッヒ, カロリーン・E） 1907–1998）

Feydeau, Georges
フランスの劇作家。小説家E.フェドーの子。『婦人服仕立屋』(1887)が評判となった。
⇒岩世人（フェドー 1862.12.8–1921.6.5）

Feyder, Jacques
フランスの映画監督。『女だけの都』(1935)が有名。
⇒岩世人（フェデー（フェデル） 1888.7.21–1948.5.24）
広辞7（フェデ 1885–1948）

Feyerabend, Paul
オーストリア生まれの科学哲学者。
⇒アメ新（ファイヤーアーベント 1924–1994）
岩世人（ファイヤーアーベント 1924.1.13–1994.2.11）
現社（ファイヤアーベント 1924–1994）
広辞7（ファイヤアーベント 1924–1994）
メル別（ファイヤーアーベント, ポール・カール 1924–1994）

Feynman, Richard Phillips
アメリカの理論物理学者。量子電磁力学を研究し,1965年ノーベル物理学賞受賞。
⇒岩世人（ファインマン 1918.5.11–1988.2.15）
科史（ファインマン 1918–1988）
現科大（ファインマン, リチャード 1918–1988）
広辞7（ファインマン 1918–1988）
三新物（ファインマン 1918–1988）
世人新（ファインマン 1918–1988）
世人装（ファインマン 1918–1988）
ネーム（ファインマン 1918–1988）
ノベ3（ファインマン,R.P. 1918.5.11–1988.2.15）
物理（ファインマン, リチャード 1918–1988）
ポブ人（ファインマン, リチャード 1918–1988）
ユ著人（Feynman,Richard Phillips ファインマン, リチャード・フィリップ 1918–1988）

Feyzioglu, Turhan
トルコの法学者, 政治家。副首相(1975.3〜77.6, 78.1〜79.11)。
⇒岩世人（フェイズィオール 1922–1988.3.26）

Fforde, Jasper
イギリスの作家。
⇒海文新（フォード, ジャスパー　1961-）
　現世文（フォード, ジャスパー　1961-）

Fibiger, Johannes Andreas Grib
デンマークの病理学者。人工的に胃癌をつくることに成功し, 1926年ノーベル生理・医学賞を受けた。
⇒岩世人（フィービガ（慣フィービゲル）　1867.4.23-1928.1.30）
　ノベ3（フィビゲル, J.A.G.　1867.4.23-1928.1.30）

Fichte, Hubert
ドイツの作家。
⇒岩世人（フィヒテ　1935.3.21-1986.3.8）

Fick, August
ドイツの言語学者。インド＝ヨーロッパ諸言語の語源学研究に従事。
⇒岩世人（フィック　1833.5.5-1916.3.24）

Fickenscher, Arthur
アメリカの作曲家。
⇒標音2（フィッケンシャー, アーサー　1871.3.9-1954.3.15）

Ficker, Heinrich von
ドイツの気象学者。中央アジアで気象観測を行い, また気球でアルプスのフェーンを調査した。
⇒岩世人（フィッカー　1881.11.22-1957.4.29）

Fico, Robert
スロバキアの政治家。スロバキア首相。
⇒外12（フィツォ, ロベルト　1964.9.15-）
　外16（フィツォ, ロベルト　1964.9.15-）
　世指導（フィツォ, ロベルト　1964.9.15-）

Ficowski, Jerzy
ポーランドのジプシー学者, 詩人, 文学評論家。
⇒現世文（フィツォフスキ, イェジー　1924.10.4-2006.5.9）

Fidesser, Hans
ドイツのテノール歌手。
⇒魅惑（Fidesser, Hans　1899-1982）

Fidrych, Mark Steven
アメリカの大リーグ選手（投手）。
⇒メジャ（フィドリッチ, マーク　1954.8.14-2009.4.13）

Fiedler, Arthur
アメリカの指揮者。ボストン・シンフォニー・オーケストラの指揮者（1930～）。
⇒岩世人（フィードラー　1894.12.17-1979.7.10）
　新音中（フィードラー, アーサー　1894.12.17-1979.7.10）
　標音2（フィードラー, アーサー　1894.12.17-1979.7.10）
　ユ著人（Fiedler, Arthur　フィードラー, アーサー　1894-1979）

Fiedler, Fred Edward
アメリカの社会心理学者。
⇒社心小（フィードラー　1922-）

Fiedler, Leslie Aaron
アメリカ（ユダヤ系）の批評家。
⇒ユ著人（Fiedler, Leslie Aaron　フィードラー, レスリー・アーロン　1917-）

Field, Betty
アメリカ生まれの女優。
⇒ク俳（フィールド, ベティ　1918-1973）

Field, Marshall
アメリカの実業家。需要を見越しての廉価大量仕入れと現金正価の公正取引による大量販売などの新商法によって, シカゴで正札制の百貨店経営に成功。
⇒アメ経（フィールド, マーシャル　1834.8.18-1906）

Field, Noel
アメリカの外交官。
⇒スパイ（フィールド, ノエル　1904-1970）

Field, Norma
アメリカの日本文学研究家。
⇒外12（フィールド, ノーマ　1947-）
　外16（フィールド, ノーマ　1947-）
　現社（フィールド　1947-）

Field, Patricia
アメリカの衣装デザイナー。
⇒外12（フィールド, パトリシア　1942-）

Field, Sally
アメリカ生まれの女優。
⇒外12（フィールド, サリー　1946.11.6-）
　外16（フィールド, サリー　1946.11.6-）
　ク俳（フィールド, サリー　1946-）

Field, Shirley Anne
イギリス生まれの女優。
⇒ク俳（フィールド, シャーリー・アン（ブルームフィールド, S）　1936-）

Field, Todd
アメリカの映画監督, 俳優。
⇒外12（フィールド, トッド　1964.2.24-）

Field, Virginia
イギリス生まれの女優。
⇒ク俳（フィールド, ヴァージニア（フィールド, マーガレット）　1917-1992）

Fielde, Adele Marion
アメリカの宣教師。
⇒アア歴（Fielde, Adele M（arion）　フィールド, アデル・マリオン　1839.3.30-1916.2.3）

Fielder, Cecil Grant
アメリカの大リーグ選手(一塁,DH)。
⇒外16(フィルダー,セシル 1963.9.21–)
ネーム(フィルダー 1963–)
メジャ(フィールダー,セシル 1963.9.21–)

Fielder, Prince
アメリカの大リーグ選手(レンジャーズ・内野手)。
⇒外12(フィルダー,プリンス 1984.5.9–)
外16(フィルダー,プリンス 1984.5.9–)
最世(フィルダー,プリンス 1984.5.9–)
メジャ(フィールダー,プリンス 1984.5.9–)

Fielding, Helen
イギリスの作家,ジャーナリスト。
⇒外12(フィールディング,ヘレン 1958–)
外16(フィールディング,ヘレン 1958–)
現世文(フィールディング,ヘレン 1958–)

Fielding, Joy
カナダの作家。
⇒外12(フィールディング,ジョイ)
現世文(フィールディング,ジョイ)

Fields, Gracie
イギリスの喜劇女優。
⇒ク俳(フィールズ,デイム・グレイシー(スタンスフィールド,グレイス) 1898–1979)

Fields, John Charles
アメリカの数学者,教育家。リーマン・ロッホの定理を証明するための一般方針を示した。
⇒数辞(フィールズ,ジョン・チャールズ 1863–1935)
世数(フィールズ,ジョン・チャールズ 1863–1932)

Fields, Josh
アメリカのプロ野球選手(巨人・内野手),大リーグ選手。
⇒外12(フィールズ,ジョシュ 1982.12.14–)

Fields, Mark
アメリカの実業家。
⇒外12(フィールズ,マーク 1961.1.24–)
外16(フィールズ,マーク 1961.1.24–)

Fields, W.C.
アメリカ生まれの男優。
⇒ク俳(フィールズ,W・C(デューケンフィールド,ウィリアム・クロード) 1879–1946)
スター(フィールズ,W・C 1880.1.29–1946)

Fiello, Aurelio
イタリアのナポリターナ,ポピュラー歌手。
⇒標音2(フィエッロ,アウレリオ 1923.9.13–)

Fienberg, Anna
イギリス生まれのオーストラリアの児童文学作家。

⇒外12(ファインバーグ,アナ 1956–)
外16(ファインバーグ,アナ 1956–)
現世文(ファインバーグ,アナ 1956–)

Fiennes, Joseph
イギリスの俳優。
⇒外12(ファインズ,ジョセフ 1970.5.27–)
外16(ファインズ,ジョセフ 1970.5.27–)
ク俳(ファインズ,ジョウゼフ 1970–)

Fiennes, Ralph
イギリス生まれの俳優。
⇒外12(ファインズ,レイフ 1962.12.22–)
外16(ファインズ,レイフ 1962.12.22–)
ク俳(ファインズ,レイフ 1962–)
スター(ファインズ,レイフ 1962.12.22–)

Fierlinger, Zdeněk
チェコスロバキアの政治家。首相(1946〜47,48),チェコ国民議会議長(53)。
⇒岩世人(フィールリンゲル 1891.7.11–1976.5.2)

Fierstein, Harvey (Forbes)
アメリカの劇作家。
⇒岩世人(ファイアスタイン 1952.6.6–)

Fieser, Louis Frederick
アメリカの有機化学者。生物活性物質,薬物など広い化学の領域にわたる業績を残し,また教科書など著作を通じ教育にも貢献した。
⇒岩世人(フィーザー 1899.4.7–1977.7.25)

Fiffer, Sharon
アメリカの作家。
⇒海文新(フィファー,シャロン 1951–)
現世文(フィファー,シャロン 1951–)

50CENT
アメリカのラップ歌手。
⇒外12(50セント フィフティセント)
外16(50セント フィフティセント)

Figal, Günter
ドイツの哲学者。
⇒メル別(フィガール,ギュンター 1949–)

Figeroa, Elías
チリのプロサッカー選手。
⇒岩世人(フィゲロア 1946.10.25–)

Figgins, Desmond DeChone
アメリカの大リーグ選手(三塁,外野,二塁)。
⇒メジャ(フィギンズ,ショーン 1978.1.22–)

Figgis, John Neville
イギリスの政治学者。
⇒オク教(フィッギス 1866–1919)

Figgis, Mike
イギリスの映画監督,ジャズ・ミュージシャン。
⇒映監(フィギス,マイク 1948.2.28–)

Figl, Leopold von
オーストリアの政治家。人民党総裁(1945), 首相(45〜53)。
⇒岩世人(フィグル 1902.10.2-1965.5.9)

Figner, Nikolay
ロシアのテノール歌手。
⇒魅惑(Figner,Nikolaj 1857-1918)

Figner, Vera Nikolayevna
ロシアの女性革命家。
⇒岩世人(フィグネル 1852.6.25/7.7-1942.6.15)

Figo, Luis
ポルトガルのサッカー選手。
⇒異二辞(フィーゴ[ルイス・〜] 1972-)
外12(フィーゴ,ルイス 1972.11.4-)
外16(フィーゴ,ルイス 1972.11.4-)
最世ス(フィーゴ,ルイス 1972.11.4-)
ネーム(フィーゴ 1972-)

Figueiredo, João Baptista de Oliveira
ブラジルの政治家, 軍人。ブラジル大統領(1979〜85)。
⇒岩世人(フィゲイレド 1918.1.15-1999.12.24)

Figueres, Christiana
コスタリカの外交官。
⇒外16(フィゲレス,クリスティアナ 1956.8.7-)

Figueres, José Maria
コスタリカの政治家。コスタリカ大統領(1994〜98)。
⇒外16(フィゲレス,ホセ・マリア 1951.12.24-)
世指導(フィゲレス,ホセ・マリア 1951.12.24-)

Figueres Ferrer, José
コスタリカの政治家。大統領として農業の近代化などに努めた。
⇒岩世人(フィゲレス 1906.9.25-1990.6.8)
ラテ新(フィゲレス 1908-1990)

Fikret, Tevfik
トルコの詩人。
⇒岩イ(テヴフィク・フィクレト 1867-1915)
岩世人(テヴフィク・フィクレト 1867.12.24-1915.8.19)

Filacuridi, Nicola
エジプトのテノール歌手。
⇒失声(フィラクリディ,ニコラ 1920-2009)
魅惑(Filacuridi,Nicola 1922-)

Filali, Abdellatif
モロッコの政治家。モロッコ首相。
⇒世指導(フィラリ,アブデルラティフ 1928.1.26-2009.3.20)

Filan, Shane
アイルランドの歌手。

⇒外12(フィラン,シェーン 1979.7.5-)

Filatov, Sergei
ロシアの政治家。ロシア大統領府長官, ロシア知識人会議執行委員長。
⇒世指導(フィラトフ,セルゲイ 1936.6.10-)

Filatov, Vladimir Petrovich
ソ連の眼科医。角膜移植法を完成。
⇒岩世人(フィラートフ 1875.2.15/27-1956.2.28)

Filbey, Francis Stuart
アメリカ郵便労働者組合(APWU)初代会長, 統一郵便職員組合連合(UFPC)会長。
⇒アメ経(フィルビー,フランシス 1907.7.4-1977.5.17)

Filchner, Wilhelm
ドイツの探検家。南極大陸を探検し, フィルヒナー棚氷を発見。
⇒岩世人(フィルヒナー 1877.9.13-1957.5.7)

Filene, Edward Albert
アメリカの実業家。フィリーン商会経営者。
⇒アメ経(フィリーン,エドワード 1860.9.3-1937.9.26)

Filho, Adonias
ブラジルの作家。
⇒現世文(フィリオ,アドニアス 1915-1990)

Filho, Esmir
ブラジルの映画監督。
⇒外12(フィーリョ,エズミール 1982-)
外16(フィーリョ,エズミール 1982-)

Filho, Francisco A.
ブラジルの格闘家。
⇒ネーム(フィリオ,フランシス 1971-)

Fili, Louise
アメリカの書物カバーのデザイナー。
⇒グラデ(Fili,Louise フィリ,ルイス 1951-)

Filianoti, Giuseppe
イタリアのテノール歌手。
⇒失声(フィリィアノーティ,ジュゼッペ 1974-)
魅惑(Filianoti,Giuseppe 1974-)

Filin, Sergei
ロシアのバレエダンサー。
⇒外12(フィーリン,セルゲイ)
外16(フィーリン,セルゲイ 1970-)

Filip, Jan
チェコスロバキアの考古学者。
"Enzyklopädische Handbuch zur Ur・und Frühgeschichte Europas"(2巻,1966〜69)を編纂。
⇒岩世人(フィリプ 1900.12.25-1981.4.30)

Filipek, Stanislaw
ポーランドの外交官。ポーランド日本協会副会長。
⇒外12（フィリペック,スタニスワフ）

Filipieva, Elena
ウクライナのバレリーナ。
⇒外12（フィリピエワ,エレーナ　1970.5.23–）

Filippeschi, Mario
イタリアのテノール歌手。
⇒失声（フィリッペスキ,マリオ　1907–1979）
　魅惑（Filippeschi,Mario　1907–1979）

Filippi, Pier Giovanni
テノール歌手。
⇒魅惑（Filippi,Pier Giovanni　?–）

Filliozat, Jean
フランスの東洋学者。インド文明史を研究。
⇒岩世人（フィリオザ　1906.11.4–1982.10.27）
　メル3（フィリオザ,ジャン　1906–1982）

Fillmore, Charles John
アメリカの言語学者。
⇒岩世人（フィルモア　1929–2014.2.13）

Fillmore, James Henry, Jr.
アメリカの作曲家。
⇒エデ（フィルモア,(ジェイムズ)ヘンリー(ジュニア)　1881.12.2–1956.12.7）

Fillon, François
フランスの政治家。フランス首相。
⇒岩世人（フィヨン　1954.3.4–）
　外12（フィヨン,フランソワ　1954.3.4–）
　外16（フィヨン,フランソワ　1954.3.4–）
　世指導（フィヨン,フランソワ　1954.3.4–）

Filo, David
アメリカの企業家,コンピューター技術者。
⇒岩世人（ファイロ　1966.4.20–）
　外12（ファイロ,デービッド）
　外16（ファイロ,デービッド　1966.4.20–）

Filon, Louis Napoleon George
イギリスの応用数学者,工学者。数学,弾性学,流体力学を研究。
⇒岩世人（ファイロン　1875.11.22–1937.12.29）

Filónov, Pável Nikoláevich
ロシア（ソ連）の画家。
⇒岩世人（フィローノフ　1882.12.27/1883.1.8–1941.12.3）

Filov, Bogdan Dimitrov
ブルガリアの考古学者,政治家。
⇒岩世人（フィロフ　1883.3.28/4.9–1945.2.2）

Fima
中国・ハルビン生まれの画家。
⇒ユ著人（Fima（Effraim Roeytenberg）　フィマ　1916–）

Finance, Joseph de
フランスの哲学者。
⇒新カト（フィナンス　1904.1.30–2000.2.28）

Finch, Alfred William
ベルギー出身の画家,陶芸家。
⇒岩世人（フィンチ　1854.11.28–1930.4.28）

Finch, Jennie
アメリカのソフトボール選手（投手）。
⇒最世ス（フィンチ,ジェニー　1980.9.3–）

Finch, Jon
イギリス生まれの俳優。
⇒ク俳（フィンチ,ジョン　1941–）

Finch, Paul
イギリスの作家。
⇒海文新（フィンチ,ポール）
　現世文（フィンチ,ポール）

Finch, Peter
イギリスの俳優。主な作品に『失われた地平線』（1972）などがある。
⇒ク俳（フィンチ,ピーター(フィンチ,フレデリック・P・イングル)　1916–1977）

Finch, Roland
明治初期のお雇い外国人。
⇒化学（フィンチ　1850–1911）

Fincher, David
アメリカの映画監督。
⇒映監（フィンチャー,デヴィッド　1962.8.28–）
　外12（フィンチャー,デービッド　1962.8.28–）
　外16（フィンチャー,デービッド　1962.8.28–）

Finck, Franz Nikolaus
ドイツの言語学者。言語類型学の研究で著名。主著『言語構造の主要類型』（1910）。
⇒岩世人（フィンク　1867.6.26–1910.5.4）

Finder, Joseph
アメリカの作家。
⇒外12（フィンダー,ジョセフ　1958–）
　現世文（フィンダー,ジョセフ　1958–）

Findlay, Joseph John
イギリスの社会学者。
⇒学叢思（フィンドレー,ジョセフ・ジョン　1860–?）

Findley, Timothy
カナダの小説家,劇作家。
⇒現世文（フィンドリー,ティモシー　1930–2002.6.20）

Fine, Anne
イギリスの女性小説家。

⇒外12（ファイン, アン 1947.12.7-）
外16（ファイン, アン 1947.12.7-）
現世文（ファイン, アン 1947.12.7-）

Fine, Larry
アメリカの喜劇俳優。
⇒ク俳（"三馬鹿" 1902-1974）
スター（スリー・ストゥージズ 1902.10.5-1975）

Finel, Paul
フランスのテノール歌手。
⇒失声（フィネル, ポール 1924-）
魅惑（Finel,Paul Jean-Marie 1924-）

Finelli, Benvenuto
イギリスのテノール歌手。
⇒失声（フィネッリ, ベンヴェヌート 1910-1987）

Finer, Herman
イギリスの行政学者。主著『近代政府の理論と実践』（2巻,1932）で, 近代政府に, 歴史的および比較法学的考察を加えた。
⇒岩世人（ファイナー 1898.2.24-1969.3.4）

Finer, Samuel Edward
イギリスの政治学者。行政, 地方自治, 圧力団体, 軍事独裁体制の国際比較研究など広範な領域にわたって著述がある。
⇒岩世人（ファイナー 1915.9.22-1993.6.9）

Finger, Bill
アメリカの漫画原作者。
⇒岩世人（フィンガー 1914.2.8-1974.1.18）

Fingers, Roland Glen
アメリカの大リーグ選手（投手）。
⇒岩世人（フィンガーズ 1946.8.25-）
メジャ（フィンガーズ, ローリー 1946.8.25-）

Fini, Gianfranco
イタリアの政治家。イタリア副首相, 外相, イタリア国民同盟（AN）党首。
⇒岩世人（フィーニ 1952.1.3-）
外12（フィーニ, ジャンフランコ 1952.1.3-）
外16（フィーニ, ジャンフランコ 1952.1.3-）
世指導（フィーニ, ジャンフランコ 1952.1.3-）

Fini, Leonor
アルゼンチン（イタリア系）の画家。
⇒芸13（フィニ, レオノレ 1908-1977）
シュル（フィニ, レオノール 1908-1996）

Finigan, James Leroy
アメリカの大リーグ選手（三塁, 二塁）。
⇒メジャ（フィニガン, ジム 1928.8.19-1981.5.16）

Fink, Eugen
ドイツの哲学者。フッサールからハイデッガーの存在論への方向で, 独自の世界論に基づく人間解釈を構想。
⇒岩世人（フィンク 1905.12.11-1975.7.25）

新カト（フィンク 1905.12.11-1975.7.25）
メル3（フィンク, オイゲン 1905-1975）

Fink, Laurence
アメリカの投資家。
⇒外12（フィンク, ローレンス 1952-）
外16（フィンク, ローレンス 1952-）

Fink, Manfred
ドイツのテノール歌手。
⇒魅惑（Fink,Manfred ?-）

Fink, Maximilian
電気けいれん療法をアメリカ精神医学に再び復活させた運動の主導者。
⇒精医歴（フィンク, マクシミリアン（マックス） 1923-）

Fink, Sheri
アメリカの作家, ネット記者, 医師。
⇒外12（フィンク, シェリ）
外16（フィンク, シェリ）

Finke, Heinrich
ドイツの歴史家。中世後期の歴史に精しく, 研究には特にスペインの古文書を新史料として用いた。
⇒岩世人（フィンケ 1855.6.13-1938.12.19）
新カト（フィンケ 1855.6.14-1938.12.19）

Finke, Martin
ドイツのテノール歌手。
⇒魅惑（Finke,Martin 1948-）

Finke, Volker
ドイツのサッカー監督。
⇒外12（フィンケ, フォルカー 1948.3.24-）
外16（フィンケ, フォルカー 1948.3.24-）

Finkel, David
アメリカのジャーナリスト。
⇒外16（フィンケル, デービッド）

Finkel, Irving L.
イギリスの盤上遊戯史研究者, 考古学者。
⇒岩世人（フィンケル 1951-）

Finkel, Nathan Tzevi ben Moses
リトアニア・ラセイニアイ生まれのユダヤ教学者。
⇒ユ著人（Finkel,Nathan Tzevi ben Moses フィンケル, ナタン・ツヴィ・ベン・モーゼス 1849-1927）

Finkelstein, Louis
アメリカのユダヤ教ラビ, 教育者。
⇒ユ著人（Finkelstein,Louis フィンケルシュタイン, ルイス 1895-1991）

Finkelstein, Sydney
アメリカの経営学者。

⇒外12（フィンケルシュタイン, シドニー）
Finlay, Carlos Juan
キューバの医師, 伝染病学者。黄熱病の病原体がネッタイシマカによって運搬されることを発表。
⇒岩世人（フィンレイ　1833.12.3-1915.8.21）
Finlay, Frank
イギリスの男優。
⇒ク俳（フィンレイ, フランク　1926-）
Finlay, Ian Hamilton
スコットランドの詩人。
⇒現世文（フィンレイ, イアン・ハミルトン　1925.10.28-2006.3.27）
Finley, Charles O.
アメリカの大リーグ, アスレティックスの名オーナー。
⇒メジャ（フィンリー, チャールズ　1919.2.2-1996.2.19）
Finley, Chuck
アメリカの大リーグ選手（投手）。
⇒メジャ（フィンリー, チャック　1962.11.26-）
Finley, Murray Howard
アメリカ合同衣類労働者組合（ACWA）会長。
⇒アメ経（フィンリー, マリー　1922.3.31-）
Finley, Steven Allen
アメリカの大リーグ選手（外野）。
⇒メジャ（フィンリー, スティーヴ　1965.3.12-）
Finn
フィンランド生まれの版画家。
⇒芸13（フィン　1948-）
Finnbogadottir, Vigdis
アイスランドの女性政治家。アイスランド大統領（1980〜96）。
⇒岩世人（ヴィグディス・フィンボーガドウフティル　1930.4.15-）
　外16（フィンボガドチル, ビグジス　1930.4.15-）
　世指導（フィンボガドチル, ビグジス　1930.4.15-）
Finnemore, Martha
アメリカの国際政治学者。
⇒国政（フィンモア, マーサ　1959-）
Finney, Albert
イギリス生まれの男優。
⇒アガサ（フィニー, アルバート　1936-）
　外12（フィニー, アルバート　1936.5.9-）
　外16（フィニー, アルバート　1936.5.9-）
　ク俳（フィニー, アルバート　1936-）
Finney, Charles G（randison）
アメリカの作家。
⇒現世文（フィニー, チャールズ　1905-1984.4.15）

Finney, Jack
アメリカのミステリ作家。
⇒現世文（フィニー, ジャック　1911-1995.11.14）
　ネーム（フィニイ, ジャック　1911-1995）
Finney, Louis Klopsche
アメリカの大リーグ選手（外野, 一塁）。
⇒メジャ（フィニー, ルー　1910.8.13-1966.4.22）
Finney, Ross Lee
アメリカの作曲家, 教育者。
⇒エデ（フィニー, ロス・リー　1906.12.23-1997.2.4）
Fino, Bashkim
アルバニアの政治家, 経済学者。アルバニア首相。
⇒世指導（フィノ, バシュキム　1962.10.12-）
Finot, Louis
フランスの東洋学者。
⇒岩世人（フィノー　1864.7.20-1935.5.16）
Finotti, Novello
イタリア生まれの彫刻家。
⇒芸13（フィノッティ, ノベロ　1939-）
Finscher, Ludwig
ドイツの音楽学者。
⇒標音2（フィンシャー, ルートヴィヒ　1930.3.14-）
Finsterlin, Hermann
ドイツの画家, 文筆家。B.タウトによって始められた「ユートピア通信」のグループ「ガラスの鎖」にも参加。
⇒岩世人（フィンステルリン　1887.8.18-1973.9.16）
Finsterwalder, Sebastian
ドイツの数学者, 測地学者。写真測量に関し幅射三角測量法の創始, 氷河の測量等がある。
⇒岩世人（フィンスターヴァルダー　1862.10.4-1951.12.4）
Finzi, Gerald Raphael
イギリスの作曲家。
⇒ク3（フィンジ　1901-1956）
　新音中（フィンジ, ジェラルド　1901.7.14-1956.9.27）
Finzi Pasca, Daniele
スイスの演出家。
⇒外12（フィンジ・パスカ, ダニエル　1964-）
Fior, Robin
ロンドン生まれのグラフィック・デザイナー。
⇒グラデ（Fior,Robin　フィオール, ロビン　1935-）
Fiorato, Marina
イギリスの作家。

⇒海文新（フィオラート, マリーナ）
Fiore, Quentin
アメリカのデザイナー。
⇒グラデ（Fiore,Quentin フィオーレ, クエンティン 1920-）
Fiorentino, Linda
アメリカ生まれの女優。
⇒ク俳（フィオレンティーノ, リンダ（フィオレンティーノ, クロリンダ） 1960-）
Fiorenza, Elisabeth Schüssler
アメリカのフェミニスト神学者。
⇒岩キ（フィオレンツァ 1938-）
　岩世人（シュスラー＝フィオレンツァ 1938.4.17-）
　広辞7（フィオレンツァ 1938-）
Fiorina, Carly
アメリカの実業家。
⇒外12（フィオリーナ, カーリー 1954.9.6-）
　外16（フィオリーナ, カーリー 1954.9.6-）
Firbank, Ronald
イギリスの小説家。『ひなたの悲しみ』（1924）で有名。
⇒岩世人（ファーバンク 1886.1.17-1926.5.21）
Fire, Andrew Z.
アメリカの微生物学者。
⇒岩生（ファイアー 1959-）
　外12（ファイアー, アンドルー 1959-）
　外16（ファイアー, アンドルー 1959-）
　三新生（ファイアー 1959-）
　ノベ3（ファイアー, A.Z. 1959.4.27-）
Firebrace, Francis
オーストラリア, ヨータヨータ族出身のアボリジナルアーティスト。
⇒絵本（ファイアブレイス, フランシス 1936-）
Firestone, Harvey Samuel
アメリカの実業家。ファイアストン・タイヤ・アンド・ラバー社を創立した。
⇒アメ経（ファイアストーン, ハーベイ 1868.12.20-1938.2.7）
Firestone, Shulamith
カナダのフェミニスト。
⇒岩女（ファイアストーン, シュラミス 1945-）
Firkušny, Rudolf
アメリカのピアノ奏者。
⇒新音中（フィルクスニー, ルドルフ 1912.2.11-1994.7.19）
　標音2（フィルクシュニー, ルドルフ 1912.2.11-1994.7.19）
Firman, Ralph, Jr.
イギリスのレーシングドライバー。
⇒外16（ファーマン, ラルフJr. 1975.5.20-）

最世ス（ファーマン, ラルフ（Jr.） 1975.5.20-）
Firmo, Dawidh di
イタリアの服飾デザイナー。
⇒外16（フィルモ, ダビッド・ディ 1974-）
Firpo, Roberto
タンゴ創生期のアルゼンチンのピアノ奏者, 作曲家, 指揮者。1959年には五重奏団「キンテート・デ・アンデス」を率いタンゴ界の指導者として活躍。
⇒標音2（フィルポ, ロベルト 1884.5.10-1969.4.14）
Firth, Colin
イギリス生まれの俳優。
⇒外12（ファース, コリン 1960.9.10-）
　外16（ファース, コリン 1960.9.10-）
　ク俳（ファース, コリン 1960-）
Firth, John Rupert
イギリスの言語学者。言語理論, 音韻論で有名。
⇒岩世人（ファース 1890.6.17-1960.12.14）
　オク言（ファース, ジョン・ルパート 1890-1960）
Firth, Peter
イギリス生まれの俳優。
⇒ク俳（ファース, ピーター 1953-）
Firth, Raymond
イギリスの社会人類学者。
⇒岩世人（ファース 1901.3.25-2002.2.22）
　社小増（ファース 1901-）
　ニュー（ファース, レイモンド 1901-2002）
Fisbach, Frédéric
フランスの演出家。
⇒外12（フィスバック, フレデリック 1966-）
　外16（フィスバック, フレデリック 1966-）
Fischbacher, Andrea
オーストリアのスキー選手（アルペン）。
⇒外12（フィッシュバハー, アンドレア 1985.10.14-）
　外16（フィッシュバハー, アンドレア 1985.10.14-）
　最世ス（フィッシュバハー, アンドレア 1985.10.14-）
Fischer, Alain
フランスの免疫学者, 小児科医。
⇒外16（フィッシャー, アラン 1949.9.11-）
Fischer, Albert
デンマークの細胞生物学者。
⇒岩生（フィッシャー 1891-1956）
Fischer, Alfred
ドイツの建築家。エッセンの工芸学校校長（1911～）。工場建築の設計者として知られる。
⇒岩世人（フィッシャー 1881.8.29-1950.4.10）

Fischer, Alois
ドイツの教育学者。心理学および社会学にも通じ,教育の事実を記述的立場から解明した。
⇒岩世人（フィッシャー　1880.4.10–1937.11.23）
教人（フィッシァー　1880–1937）

Fischer, Annie
ハンガリーのピアノ奏者。
⇒標音2（フィッシャー,アニー　1914.7.5–1995.4.10）

Fischer, Antonius Hubert
ケルン大司教,枢機卿。
⇒新カト（フィッシャー　1840.5.30–1912.7.30）

Fischer, Arthur Frederick
アメリカの森林学者。
⇒アア歴（Fischer,Arthur F (rederick)　フィッシャー,アーサー・フレデリック　1888.2.6–1962.10.31）

Fischer, Balthasar
西ドイツの典礼神学者。
⇒新カト（フィッシャー　1912.9.3–2001.6.27）

Fischer, Bobby
アメリカのチェス・プレーヤー。
⇒岩世人（フィッシャー　1943.3.9–2008.1.17）
ユ著人（Fischer,Bobby　フィッシャー,ボビー　1943–）

Fischer, Claude Serge
フランス生まれのアメリカの社会学者。
⇒岩世人（フィッシャー　1948.1.9–）

Fischer, Edmond
アメリカの生化学者。1992年ノーベル生理学医学賞。
⇒岩生（フィッシャー　1920–）
外16（フィッシャー,エドモンド　1920.4.6–）
ノベ3（フィッシャー,E.　1920.4.6–）

Fischer, Edwin
スイスのピアノ奏者,指揮者。フィッシャー室内管弦楽団を組織。
⇒岩世人（フィッシャー　1886.10.6–1960.1.24）
新音中（フィッシャー,エトヴィーン　1886.10.6–1960.1.24）
標音2（フィッシャー,エトヴィーン　1886.10.6–1960.1.24）

Fischer, Emil Hermann
ドイツの有機化学者。糖類およびプリンの合成でノーベル化学賞受賞（1902）。
⇒岩生（フィッシャー　1852–1919）
岩世人（フィッシャー　1852.10.9–1919.7.15）
化学（フィッシャー,H.E.　1852–1919）
学叢思（フィッシャー,エミール　1852–1919）
現科大（フィッシャー,エミール　1852–1919）
広辞7（フィッシャー　1852–1919）
ノベ3（フィッシャー,E.H.　1852.10.9–1919.7.15）

Fischer, Emil Sigmund
アメリカの銀行家,旅行家。
⇒アア歴（Fischer,Emil S (igmund)　フィッシャー,エミール・シグマンド　1865–1945.2.21）

Fischer, Engelbert Lorenz
ドイツの哲学者。
⇒岩世人（フィッシャー　1845.10.12–1923.1.17）
学叢思（フィッシャー,エンゲルベルト・ローレンツ　1845–?）

Fischer, Ernst
オーストリアの作家,政治家。
⇒岩世人（フィッシャー　1899.7.3.–1972.7.31）

Fischer, Ernst Otto
ドイツの無機化学者。1973年ノーベル化学賞。
⇒岩世人（フィッシャー　1918.11.10–2007.7.23）
化学（フィッシャー,E.O.　1918–2007）
広辞7（フィッシャー　1918–2007）
ノベ3（フィッシャー,E.O.　1918.11.10–2007.7.23）

Fischer, Ernst Sigismund
ドイツの数学者。
⇒数辞（フィッシャー,エルンスト・ジギスムンド　1875–1954）
世数（フィッシャー,エルンスト・シギスムント　1875–1954）

Fischer, Eugen
ドイツの人類学者。人類の遺伝学的,優生学的研究を行った。
⇒岩生（フィッシャー　1874–1967）

Fischer, Franz
ドイツの化学者。
⇒岩世人（フィッシャー　1877.3.19–1947.12.1）

Fischer, Fritz
西ドイツの歴史家。第一次大戦におけるドイツの政策の攻撃的性格を明らかにした大著『世界強国への道』（1961）を発表。
⇒岩世人（フィッシャー　1908.3.5–1999.12.1）

Fischer, Hans
ドイツの有機化学者。血色素などを研究。ノーベル化学賞受賞（1930）。
⇒岩生（フィッシャー　1881–1945）
岩世人（フィッシャー　1881.7.27–1945.3.31）
旺世5（フィッシャー　1881–1945）
化学（フィッシャー,H.　1881–1945）
広辞7（フィッシャー　1881–1945）
ノベ3（フィッシャー,H.　1881.7.27–1945.3.31）

Fischer, Hans Erich
スイスの挿絵画家,絵本画家。絵本『ブレーメンの音楽師』（1944）。また『誕生日』『ピッチ』などの創作絵本を作った。
⇒絵本（フィッシャー,ハンス　1909–1958）

Fischer, Heinz
オーストリアの政治家。オーストリア大統領 (2004〜16)。
⇒外12（フィッシャー, ハインツ 1938.10.9–）
外16（フィッシャー, ハインツ 1938.10.9–）
世指導（フィッシャー, ハインツ 1938.10.9–）

Fischer, Hermann von
ドイツのゲルマン学者。
⇒岩世人（フィッシャー 1851.10.12–1920.10.30）

Fischer, Iván
ハンガリーの指揮者。
⇒外12（フィッシャー, イヴァン 1951.1.20–）
外16（フィッシャー, イヴァン 1951.1.20–）
新音中（フィッシャー, イヴァーン 1951.1.20–）

Fischer, Jan
チェコの政治家, 経済学者。チェコ首相。
⇒外12（フィシェル, ヤン 1951.1.2–）
外16（フィシェル, ヤン 1951.1.2–）
世指導（フィシェル, ヤン 1951.1.2–）

Fischer, Joschka
ドイツの政治家。ドイツ副首相・外相, 緑の党指導者。
⇒岩世人（フィッシャー 1948.4.12–）
外12（フィッシャー, ヨシュカ 1948.4.12–）
外16（フィッシャー, ヨシュカ 1948.4.12–）
世指導（フィッシャー, ヨシュカ 1948.4.12–）

Fischer, Julia
ドイツのヴァイオリン奏者。
⇒外12（フィッシャー, ユリア 1984–）
外16（フィッシャー, ユリア 1984–）

Fischer, Kurt von
スイスの音楽学者。
⇒標音2（フィッシャー, クルト・フォン 1913.4.25–）

Fischer, Leni
ドイツの政治家。欧州議会議長。
⇒世指導（フィッシャー, レニ 1935.7.18–）

Fischer, Otto
ドイツの美術史家。バーゼル大学教授兼美術館長（1927）。中国の絵画に関する著述に力作がある。
⇒岩世人（フィッシャー 1886.5.22–1948.4.9）

Fischer, Samuel von
ドイツの出版業者。フランクフルト（マイン河畔）にフィッシャー書店を設けた（1886）。
⇒岩世人（フィッシャー 1859.12.24–1934.10.15）
ユ著人（Fischer,Samuel フィッシャー, ザームエル 1859–1934）

Fischer, Stanley
アメリカの経済学者, 銀行家。
⇒外12（フィッシャー, スタンリー 1943.10.15–）
外16（フィッシャー, スタンリー 1943.10.15–）

Fischer, Sven
ドイツのバイアスロン選手。
⇒外12（フィッシャー, スヴェン 1971.4.16–）
最世ス（フィッシャー, スヴェン 1971.4.16–）

Fischer, Theodor
ドイツの建築家。旧来の様式に近代的要素を加味した建築をし, またその門下から多くのすぐれた建築家を出した。
⇒岩世人（フィッシャー 1862.5.28–1938.12.25）

Fischer, Thierry
スイスの指揮者。
⇒外12（フィッシャー, ティエリー 1957–）
外16（フィッシャー, ティエリー 1957–）

Fischer, Tibor
イギリスの小説家。
⇒外12（フィッシャー, ティボール 1959–）
現世文（フィッシャー, ティボール 1959–）

Fischer, Timothy
オーストラリアの政治家。オーストラリア副首相。
⇒世指導（フィッシャー, ティモシー 1946.5.3–）

Fischer, Urs
スイス生まれの芸術家。
⇒現アテ（Fischer,Urs フィッシャー, ウルス 1973–）

Fischer, Wild Man（Larry）
アメリカの大道芸人。
⇒ロック（Fischer,Wild Man (Larry) フィッシャー, ワイルド・マン・(ラリー) 1944–）

Fischer Ádám
ハンガリーの指揮者。
⇒外12（フィッシャー, アダム 1949.9.9–）
外16（フィッシャー, アダム 1949.9.9–）
新音中（フィッシャー, アーダーム 1949.9.9–）

Fischer-Dieskau, Dietrich
ドイツのバリトン歌手。
⇒岩世人（フィッシャー＝ディースカウ 1925.5.28–2012.5.18）
オペラ（フィッシャー＝ディスカウ, ディートリヒ 1925–2012）
外12（フィッシャー・ディースカウ, ディートリヒ 1925.5.28–）
広辞7（フィッシャー・ディースカウ 1925–2012）
新音中（フィッシャー＝ディースカウ, ディートリヒ 1925.5.28–）
標音2（フィッシャー＝ディースカウ, ディートリヒ 1925.5.28–）

Fischer-Jørgensen, Eli
デンマークの言語学者, 音声学者。
⇒岩世人（フィシャ＝ヨーアンセン 1911.2.11–

2010.2.27)
Fischer-Lichte, Erika
ドイツの演劇学者。
⇒岩世人（フィッシャー＝リヒテ 1943.6.25-）

Fischinger, Oskar
ドイツ生まれのアニメーション作家。
⇒アニメ（フィッシンガー，オスカー 1900-1967）
岩世人（フィッシンガー 1900.6.22-1967.1.31）

Fischl, Eric
アメリカ生まれの画家。
⇒芸13（フィッシェル，エリック 1948-）

Fischl, Viktor
チェコ，イスラエルのユダヤ系作家，詩人。
⇒岩世人（フィシュル 1912.6.30-2006.5.28）

Fischli, Peter
スイスの現代美術家。
⇒外12（フィッシュリ，ペーター 1952.6.8-）
外16（フィッシュリ，ペーター 1952.6.8-）
現アテ（Fischli,Peter/Weiss,David フィッシュリ，ペーター/ヴァイス，ダヴィッド 1952-）

Fish, Barbara
アメリカ・ニューヨーク生まれの精神科医。カリフォルニア大学ロサンゼルス校精神医学教授。小児精神医学，とりわけ小児統合失調症の精神薬理学のパイオニア。
⇒精医歴（フィッシュ，バーバラ 1920-）

Fish, Helen Dean
アメリカのリッピンコット出版の児童図書出版の責任者。多数の秀作を刊行，評論家としても活躍した。
⇒ア図（フィッシュ，ヘレン 1889-1953）

Fish, Robert L.
アメリカのミステリ作家。
⇒現世文（フィッシュ，ロバート,L. 1912-1981.2.24）

Fish, Stanley（Eugene）
アメリカの批評家。
⇒岩世人（フィッシュ 1938.4.19-）

Fishburne, Lawrence（Larry）
アメリカ生まれの俳優。
⇒外12（フィッシュバーン，ローレンス 1961.7.30-）
外16（フィッシュバーン，ローレンス 1961.7.30-）
ク俳（フィッシュバーン，ローレンス（かつてはラリー） 1961-）

Fisher, Carrie
アメリカ生まれの女優。
⇒外12（フィッシャー，キャリー 1956.10.21-）
外16（フィッシャー，キャリー 1956.10.21-）
ク俳（フィッシャー，キャリー 1956-）

Fisher, Catherine
イギリスの作家，詩人。
⇒外12（フィッシャー，キャサリン 1957-）
外16（フィッシャー，キャサリン 1957-）
現世文（フィッシャー，キャサリン 1957-）

Fisher, Danielle
アメリカの登山家。
⇒外12（フィッシャー，ダニエル）
最世ス（フィッシャー，ダニエル）

Fisher, Doris F.
アメリカの実業家。
⇒外16（フィッシャー，ドリス 1931-）

Fisher, Dorothea Frances
アメリカの小説家。
⇒アメ州（Fisher,Dorothea Frances フィッシャー，ドロシー・フランセス 1879-1958）

Fisher, Eddie Gene
アメリカの大リーグ選手（投手）。
⇒メジャ（フィッシャー，エディー 1936.7.16-）

Fisher, Franklin Marvin
アメリカの計量経済学者。
⇒有経5（フィッシャー〔A〕 1934-）

Fisher, Frederick Bohn
アメリカの聖職者。
⇒アア歴（Fisher,Frederick Bohn フィッシャー，フレデリック・ボウン 1882.2.14-1938.4.15）

Fisher, Frederick John
アメリカの製図工。フィッシャー車体会社を設立。
⇒アメ経（フィッシャー，フレデリック 1878.1.2-1941.7.14）

Fisher, Galen M.
アメリカのキリスト教関係者。
⇒アア歴（Fisher,Galen Merriam フィッシャー，ゲイラン・メリアム 1873.4.12-1955.1.2）
岩世人（フィッシャー 1873.4.12-1955.1.2）

Fisher, Geoffrey Francis
イギリスの聖職者。カンタベリ大主教。
⇒岩世人（フィッシャー 1887.5.5-1972.9.15）
オク教（フィッシャー 1887-1972）

Fisher, Harrison
アメリカのイラストレーター。
⇒異二辞（フィッシャー［ハリソン・～］ 1877-1934）

Fisher, Helen E.
アメリカの人類学者。
⇒外12（フィッシャー，ヘレン 1945-）
外16（フィッシャー，ヘレン 1945-）

Fisher, Herbert Albert Laurens
イギリスの歴史家,政治家。文相や国際連盟総会のイギリス代表を務めた。
⇒岩世人（フィッシャー 1865.3.21–1940.4.18）

Fisher, Irving
アメリカの経済学者,統計学者。主著『価値と価格の理論の数学的研究』(1892)。
⇒アメ経（フィッシャー,アービング 1867.2.27–1947.4.29）
岩経（フィッシャー 1867–1947）
岩世人（フィッシャー 1867.2.27–1947.4.29）
学叢思（フィッシャー,アーヴィング 1867–?）
有経5（フィッシャー〔B〕 1867–1947）

Fisher, John Arbuthnot, 1st Baron
イギリスの軍人,政治家。第1次世界大戦中海軍の積極的な攻撃を指導。
⇒岩世人（フィッシャー 1841.1.25–1920.7.10）

Fisher, John Howard
アメリカの大リーグ選手（投手）。
⇒メジャ（フィッシャー,ジャック 1939.3.4–）

Fisher, Mark
イギリスのミュージシャン。
⇒外12（フィッシャー,マーク）
外16（フィッシャー,マーク）

Fisher, Morgan
イギリスのキーボード奏者。
⇒外12（フィッシャー,モーガン 1950.1.1–）

Fisher, Ray Lyle
アメリカの大リーグ選手（投手）。
⇒メジャ（フィッシャー,レイ 1887.10.4–1982.11.3）

Fisher, *Sir* Ronald Aylmer
イギリスの統計学者,遺伝学者。農場実験を多くの変動要因の存在のもとで行う基本的方法を確立。
⇒岩経（フィッシャー 1890–1962）
岩生（フィッシャー 1890–1962）
岩世人（フィッシャー 1890.2.17–1962.7.29）
現科大（フィッシャー,ロナルド・エイルマー 1890–1962）
数辞（フィッシャー,ロナルド・エイルマー 1890–1962）
数小増（フィッシャー 1890–1962）
世数（フィッシャー,ロナルド・アイルマー 1890–1962）
天文小（フィッシャー 1890–1962）

Fisher, Roy
イギリスの詩人。
⇒現世文（フィッシャー,ロイ 1930.7.11–2017.3.21）

Fisher, Terence
イギリス・ロンドン生まれの映画監督。
⇒映監（フィッシャー,テレンス 1904.2.23–1980）

Fisher, Toni
アメリカ・ロサンゼルス生まれの歌手。
⇒ロック（Fisher,Toni フィッシャー,トーニ）

Fisher, Welthy（Blakeslee）Honsinger
アメリカの宣教師教育者。
⇒アア歴（Fisher,Welthy（Blakeslee）Honsinger フィッシャー,ウェルシー・ブレイクスリー・ホンシンジャー 1879.9.18–1980.12.17）

Fishkin, James S.
アメリカの政治学者。
⇒外16（フィシュキン,ジェームズ・S. 1948–）

Fishman, Joshua Aaron
アメリカの社会言語学者。
⇒岩世人（フィッシュマン 1926.7.18–）

Fishta, Gjergj
アルバニアの詩人。フランシスコ会の神父で,抒情詩人,諷刺詩人,劇作家として知られ『光の星』誌の刊行者。
⇒岩世人（フィシュタ 1871.10.23/11.5–1940.12.30）
新カト（フィシュタ 1871.10.23–1940.12.30）

Fisichella, Giancarlo
イタリアのF1ドライバー。
⇒外12（フィジケラ,ジャンカルロ 1973.1.14–）
最世ス（フィジケラ,ジャンカルロ 1973.1.14–）

Fisichella, Salvatore
イタリアのテノール歌手。
⇒失声（フィジケッラ,サルヴァトーレ 1943–）
魅惑（Fisichella,Salvatore 1943–）

Fisk, Carlton Ernest
アメリカの大リーグ選手（捕手）。
⇒メジャ（フィスク,カールトン 1947.12.26–）

Fisk, Pauline
イギリスの児童文学作家。
⇒現世文（フィスク,ポーリン 1948.9.27–2015.1.25）

Fiske, John
アメリカのメディアおよびポピュラー・カルチャー研究者。
⇒現社（フィスク 1941–）

Fiske, Minnie Maddern
アメリカの女優。ハーディの『テス』(1897)などを夫の演出によって演じた。
⇒岩世人（フィスク 1865.12.19–1932.2.15）

Fiske, Stanford H.John
イギリス生まれのアメリカのメディア学者。
⇒岩世人（フィスク 1939–）

Fisker, Kay
デンマークの建築家。
⇒岩世人（フィスカー 1893.2.14–1965.6.21）

Fistoulari, Anatole
ロシア, のちイギリスの指揮者。
⇒新音中（フィストゥラーリ, アナトール 1907.8.20–1995.8.21）
標音2（フィストゥラーリ, アナトール 1907.8.20–1995.8.21）

Fitch, Bernard
テノール歌手。
⇒魅惑（Fitch,Bernard ?–）

Fitch, George Ashmore
アメリカの団体理事。
⇒アア歴（Fitch,George A (shmore) フィッチ, ジョージ・アシュモア 1883.1.23–1979.1.21）

Fitch, Val Logsdon
アメリカの物理学者。1980年ノーベル物理学賞。
⇒岩世人（フィッチ 1923.3.10–）
ネーム（フィッチ 1923–）
ノベ3（フィッチ,V.L. 1923.3.10–）

Fitrat, Abdurauf
中央アジアの改革思想家, 革命家, 文学者。
⇒岩イ（フィトラト 1886–1938）

Fitschen, Jüergen
ドイツの銀行家。
⇒外12（フィッチェン, ユルゲン 1948–）
外16（フィッチェン, ユルゲン 1948–）

Fittig, Rudolf
ドイツの化学者。フィティヒ反応を発見。
⇒岩世人（フィッティヒ 1835.12.6–1910.11.19）
化学（フィティヒ 1835–1910）

Fitting, Hermann Heinrich
ドイツの訴訟法学者。
⇒学叢思（フィッティング, ヘルマン・ハインリヒ 1831–?）

Fitting, Johannes
ドイツの植物学者。植物生理学を研究し, 初めて植物ホルモンを発見した（1908）。
⇒岩世人（フィッティング 1877.4.23–1970.7.6）

Fitz, Reginald Heber
アメリカの医者。虫垂炎の病理および症候を記載し（1886）, 虫垂炎の命名者であると言われる。
⇒岩世人（フィッツ 1843.5.5–1913.9.30）

Fitzek, Sebastian
ドイツの放送作家, 小説家。
⇒外12（フィツェック, セバスチャン 1971–）
外16（フィツェック, セバスチャン 1971–）
海文新（フィツェック, セバスチャン 1971–）
現世文（フィツェック, セバスチャン 1971–）

Fitzgerald, Albert
アメリカの統一電気・ラジオ・機械労働組合（UERMWA）会長。
⇒アメ経（フィッツジェラルド, アルバート 1906–1982.4.3）

Fitzgerald, Barry
アメリカの俳優。
⇒ク俳（フィッツジェラルド, バリー（シールズ, ウィリアム） 1888–1961）
スター（フィッツジェラルド, バリー 1888.3.10–1961）

Fitzgerald, Conor
イギリスの作家。
⇒海文新（フィッツジェラルド, コナー 1964–）

Fitzgerald, C.P.
オーストラリアの人類学者。
⇒岩世人（フィッツジェラルド 1902.3.5–1992.4.13）

Fitzgerald, Ella
アメリカの女性ジャズ歌手。1938年『ア・ティスケット, ア・タスケット』の大ヒットにより一躍スター歌手となった。
⇒アメ州（Fitzgerald,Ella フィッツジェラルド, エラ 1918–）
アメ新（フィッツジェラルド 1918–1996）
異二辞（フィッツジェラルド［エラ・～］ 1917–1996）
岩世人（フィッツジェラルド 1917.4.25–1996.6.15）
新音中（フィッツジェラルド, エラ 1917.4.25–1996.6.15）
標音2（フィッツジェラルド, エラ 1917.4.25–1996.6.15）

Fitzgerald, Francis Scott Key
アメリカの小説家。『偉大なるギャツビー』（1925）などの作品がある。
⇒アメ州（Fitzgerald,Francis Scott Key フィッツジェラルド, フランシス・スコット・キー 1896–1940）
アメ新（フィッツジェラルド 1896–1940）
岩世人（フィッツジェラルド 1896.9.24–1940.12.21）
現世文（フィッツジェラルド,F.スコット 1896.9.24–1940.12.21）
広辞7（フィッツジェラルド 1896–1940）
新カト（フィッツジェラルド 1896.9.24–1940.12.21）
世人新（フィッツジェラルド 1896–1940）
世人装（フィッツジェラルド 1896–1940）
ネーム（フィッツジェラルド 1896–1940）
ヘミ（フィッツジェラルド,F・スコット 1896–1940）
ポブ（フィッツジェラルド, スコット 1896–1940）

Fitzgerald, Garret
アイルランドの政治家。アイルランド首相。
⇒岩世人（フィッツジェラルド 1926.2.9–2011.5.19）

Fitzgerald, Geraldine
アイルランド生まれの女優。
⇒ク俳（フィッツジェラルド, ジェラルディン 1912–）

Fitzgerald, Larry
アメリカのプロフットボール選手（カージナルス・WR）。
⇒外12（フィッツジェラルド, ラリー 1983.8.31–）
外16（フィッツジェラルド, ラリー 1983.8.31–）
最世ス（フィッツジェラルド, ラリー 1983.8.31–）

Fitzgerald, Penelope
イギリスの女性小説家。
⇒岩世人（フィッツジェラルド 1916.12.17–2000.4.28）
現世文（フィッツジェラルド, ペネロピ 1916.12.17–2000.4.28）

FitzGerald, Robert David
オーストラリアの詩人。
⇒現世文（フィッツジェラルド, R.D. 1902.2.22–1987.5.24）

Fitzgerald, Tara
イギリスの女優。
⇒ク俳（フィッツジェラルド, タラ 1967–）

Fitzmyer, Joseph Augustine
アメリカのカトリック新約聖書および古代アラム語学者、イエズス会会員。
⇒新カト（フィッツマイアー 1920.11.4–2016.12.24）

Fitzpatrick, Becca
アメリカの作家。
⇒海文新（フィッツパトリック, ベッカ 1979–）

Fitzpatrick, Kylie
デンマーク生まれの脚本編集者、作家。
⇒海文新（フィッツパトリック, カイリー）

Fitzpatrick, Ryan
アメリカのプロフットボール選手（ジェッツ・QB）。
⇒外12（フィッツパトリック, ライアン 1982.11.24–）
外16（フィッツパトリック, ライアン 1982.11.24–）
最世ス（フィッツパトリック, ライアン 1982.11.24–）

Fitzrandolph, Casey
アメリカのスピードスケート選手。
⇒最世ス（フィッツランドルフ, ケーシー 1975.1.21–）

Fitzsimmons, Frank Edward
アメリカの労働運動指導者。運輸手組合会長。国際運転手友愛会に加入。
⇒アメ経（フィッツシモンズ, フランク 1908.4.7–1981.5.6）

Fitzsimmons, Frederick Landis
アメリカの大リーグ選手（投手）。
⇒メジャ（フィッツシモンズ, フレディー 1901.7.26–1979.11.18）

Five, Kaci Kullmann
ノルウェーの政治家。ノルウェー貿易・海運相、ノーベル委員会委員長。
⇒世指導（フィーヴェ, カーシ・クルマン 1951.4.13–2017.2.19）

Flacco, Joe
アメリカのプロフットボール選手（レイブンズ・QB）。
⇒外12（フラッコ, ジョー 1985.1.16–）
外16（フラッコ, ジョー 1985.1.16–）
最世ス（フラッコ, ジョー 1985.1.16–）

Flack, Marjorie
アメリカの絵本作家。『アンガスとアヒル』(1930) は、ごく幼い子どものための絵本の先駆となった。
⇒絵本（フラック, マージョリー 1897–1958）

Flack, Max John
アメリカの大リーグ選手（外野）。
⇒メジャ（フラック, マックス 1890.2.5–1975.7.31）

Flack, Roberta
アメリカの女性ジャズ・ポピュラー歌手。1972年『愛は面影の中に』、73年『やさしく歌って』が大ヒットし、2年連続グラミー賞を受賞。
⇒ロック（Flack,Roberta フラック, ロバータ 1937.2.10–）

Flagg, James Montgomery
アメリカの画家、版画家。ペン画の商業用の作品で有名。
⇒グラデ（Flagg,James Montgomery フラッグ, ジェームズ・モンゴメリー 1877–1960）

Flagler, Henry Morrison
アメリカの実業家。
⇒アメ州（Flagler,Henry Morrison フラグラー, ヘンリー・モリソン 1830–1913）

Flagstad, Kirsten Malfrid
ノルウェーのソプラノ歌手。スカンディナビアで活躍。今世紀最高のワーグナー歌手と称された。
⇒岩世人（フラグスタート（フラグスタ） 1895.7.12–1962.12.7）
オペラ（フラグスタート（フラグスタート）, ヒルステン 1895–1962）
新音中（フラグスタート, キルステン 1895.7.12–1962.12.7）
標音2（フラクスタ〔フラグスタート〕, ヒルステン 1895.7.12–1962.12.7）

Flagstead, Ira James
アメリカの大リーグ選手（外野, 遊撃）。
⇒メジャ（フラグステッド, アイラ　1893.9.22–1940.3.13）

Flaherty, James
カナダの政治家。カナダ財務相。
⇒外12（フレアティ, ジム　1949.12.30–）
　世指導（フレアティ, ジェームズ　1949.12.30–2014.4.10）

Flaherty, John Timothy
アメリカの大リーグ選手（捕手）。
⇒メジャ（フラハーティ, ジョン　1967.10.21–）

Flaherty, Robert Joseph
アメリカの映画監督。北極地方を探検し, 長篇記録映画『北極の怪異』（1922）を発表。
⇒岩世人（フラハーティ　1884.2.16–1951.7.23）
　映監（フラハティ, ロバート　1884.2.16–1951）
　広辞7（フラハティ　1884–1951）
　ネーム（フラハティ　1884–1951）

Flair, Ric
アメリカのプロレスラー。
⇒異二辞（フレアー, リック　1949–）
　外12（フレアー, リック　1949.2.25–）
　外16（フレアー, リック　1949.2.25–）

Flake, Otto
ドイツの小説家。『幸運の子』（1946〜48）や,30冊に及ぶ社会小説を著した。
⇒岩世人（フラーケ　1880.10.29–1963.11.10）
　現世文（フラーケ, オットー　1880.10.29–1963.11.10）

Flamini, Mathieu
フランスのサッカー選手（アーセナル・MF）。
⇒外12（フラミニ, マテュー　1984.3.7–）
　外16（フラミニ, マテュー　1984.3.7–）

Flammarion, Ernest
フランスの出版者。
⇒19仏（フラマリオン, エルネスト　1846–1936）

Flammarion, Nicolas Camille
フランスの天文学者。通俗的な天文学書を書き天文学を普及させた。
⇒岩世人（フラマリオン　1842.2.28–1925.6.7）
　19仏（フラマリオン, カミーユ　1842.2.26–1925.6.3）

Flanagan, Barry
アメリカのギター奏者, ボーカリスト。
⇒外12（フラナガン, バリー）

Flanagan, Barry
イギリス生まれの彫刻家。
⇒芸13（フラナガン, バリー　1941–）

Flanagan, Edward Joseph
アメリカのカトリック神父。非行少年の矯正のため, 自治的組織「少年の町」を創設。
⇒アメ州（Flanagan,Edward Joseph　フラナガン, エドワード・ジョゼフ　1886–1948）
　岩世人（フラナガン　1886.7.13–1948.5.15）
　新カト（フラナガン　1886.7.13–1948.5.15）

Flanagan, John
オーストラリアの児童文学作家。
⇒海文新（フラナガン, ジョン　1944.5.22–）
　現世文（フラナガン, ジョン　1944.5.22–）

Flanagan, Michael Kendall
アメリカの大リーグ選手（投手）。
⇒メジャ（フラナガン, マイク　1951.12.16–2011.8.24）

Flanagan, Richard
タスマニア生まれの作家。
⇒外12（フラナガン, リチャード　1961–）
　外16（フラナガン, リチャード　1961.7–）
　現世文（フラナガン, リチャード　1961.7–）

Flanagan, Thomas
アメリカの作家。
⇒現世文（フラナガン, トーマス　1923.11.5–2002.3.21）

Flanagan, Tommy Lee
アメリカのジャズ・ピアノ奏者。
⇒標音2（フラナガン, トミー　1930.3.16–2001.11.16）

Flandin, Pierre Étienne
フランスの政治家。1934〜35年首相兼外相など務めた。
⇒岩世人（フランダン　1889.4.12–1958.6.13）

Flandrin, Jean-Louis
フランスの歴史家。
⇒岩世人（フランドラン　1931.7.14–2001.8.8）

Flanery, Sean Patrick
アメリカ生まれの俳優。
⇒ク俳（フラネリー, ショーン・パトリック　1965–）

Flanner, Janet
アメリカのジャーナリスト。
⇒岩世人（フラナー　1892.3.13–1978.11.7）

Flannery, Kent Voughn
アメリカの考古学者, 人類学者。
⇒岩世人（フラナリー　1934.8.30–）

Flantz, Nitza
イスラエル生まれの女性美術作家。
⇒芸13（フランツ, ニッツア　1943–）

Flatt, Lester
アメリカのギター奏者, 歌手。

⇒岩世人（フラット&スクラッグス 1914.6.19-
　1979.5.11）
　標音2（フラット・アンド・スクラッグズ 1914.
　6.28-1979.5.11）
Flaujac, Joseph Marius Charles
フランス出身のパリ外国宣教会会員。
⇒新カト（フロージャク 1886.3.31-1959.12.12）
Flavell, John Hurley
アメリカの心理学者。
⇒岩世人（フレイヴェル 1928.8.9-）
Flavin, Christopher
アメリカ・カリフォルニア州生まれのワールド
ウォッチ研究所名誉所長。
⇒外12（フレイビン, クリストファー 1955-）
　外16（フレイビン, クリストファー 1955-）
Flavin, Dan
アメリカの美術家。
⇒岩世人（フレイヴィン 1933.4.1-1996.11.29）
　芸13（フレヴィン, ダン 1933-1997）
Flay, Bobby
アメリカのシェフ。
⇒外12（フレイ, ボビー 1964.12-）
Flea
オーストラリア生まれの俳優。
⇒外12（フリー 1962-）
　外16（フリー 1962-）
Flechsig, Paul Emil
ドイツの精神病医。
⇒岩世人（フレヒジヒ 1847.6.29-1929.7.22）
Flechter, Guy
フランスのテノール歌手。
⇒魅惑（Flechter,Guy ?-）
Flecker, James Elroy
イギリスの詩人, 劇作家。詩集『火の橋』
（1907）などがある。
⇒岩世人（フレッカー 1884.11.5-1915.1.3）
Fleckhaus, Willy
ドイツのアート・ディレクター, 成人向け雑誌
『トヴェン』のデザインによってその名が知ら
れた。
⇒グラデ（Fleckhaus,Willy フレックハウス, ヴィ
リー 1925-1983）
Fleet, John Faithful
イギリスのインド学者。政府古文書係となり
（1883）, インド史, 特に碑文研究に従事した。
⇒岩世人（フリート 1847-1917.2.21）
Flegenheimer, Arthur
アメリカ・ニューヨークのギャング。ニュー
ヨーク地方検事トマス・E.デューイ暗殺を企
んだ。

⇒世暗（フレゲンハイマー, アーサー 1902-1935）
Fleg (Flegenheimer), Edmond
フランスの作家。
⇒ユ著人（Fleg,Edomond フレグ, エドモン
　1874-1963）
Fleischer, Dave
アメリカのアニメーション作家兄弟の弟。
⇒アニメ（フライシャー兄弟 1894-1979）
Fleischer, Max
アメリカのアニメーション作家兄弟の兄。
⇒アニメ（フライシャー兄弟 1883-1972）
Fleischer, Nat
アメリカのボクシング・ジャーナリスト。
⇒岩世人（フライシャー 1887.11.3-1972.6.25）
Fleischer, Richard
アメリカ・ニューヨーク生まれの映画監督。
⇒ネーム（フライシャー, リチャード 1916-2006）
Fleischhauer, Wolfram
ドイツのミステリ作家。
⇒外16（フライシュハウアー, ヴォルフラム 1961-）
　海文新（フライシュハウアー, ヴォルフラム
　1961.6.9-）
Fleischman, Paul
アメリカの作家, 詩人。
⇒外16（フライシュマン, ポール 1952-）
　現世文（フライシュマン, ポール 1952-）
Fleischman, Sid
アメリカの児童文学者。
⇒現世文（フライシュマン, シド 1920.3.16-2010.
　3.17）
Fleischmann, Rudolf
ドイツの物理学者。菫青色吸収性のアルカリ層
を発見。また物理学的概念体系の群構造に関す
る研究は重要。
⇒岩世人（フライシュマン 1903.5.1-2002.2.3）
Fleisher, Benjamin Wilfrid
アメリカの新聞記者。
⇒アア歴（Fleisher,B(enjamin) W(ilfrid) and
　Fleisher,Wilfrid フライシャー, ベンジャミン・
　ウィルフリッド, フライシャー, ウィルフリッド
　1870.1.5-1946.4.29）
Fleisher, Leon
アメリカのピアノ奏者, 指揮者。
⇒外12（フライシャー, レオン 1928.7.23-）
　外16（フライシャー, レオン 1928.7.23-）
　新音中（フライシャー, レオン 1928.7.23-）
　標音2（フライシャー, レオン 1928.7.23-）
　ユ著人（Fleisher,Leon フライシャー, レオン
　1928-）

Fleisher, Wilfrid
アメリカの出版者, 編集者。
⇒アア歴（Fleisher,B（enjamin） W（ilfrid） and Fleisher,Wilfrid　フライシャー, ベンジャミン・ウィルフリッド、フライシャー, ウィルフリッド　1897.11.19–1976.7.13）

Fleisser, Marieluise
ドイツの女性民衆劇作家, 郷土文学者。
⇒岩世人（フライサー　1901.11.23–1974.2.2）
現世文（フライサー, マリールイーゼ　1901.11.23–1974.2.2）

Fleming, Sir Alexander
イギリスの細菌学者。ペニシリンの発見で, 1945年のノーベル生理・医学賞受賞。
⇒岩生（フレミング　1881–1955）
岩世人（フレミング　1881.8.6–1955.3.11）
旺生5（フレミング　1881–1955）
オク科（フレミング（サー・アレグザンダー）1881–1955）
オク生（フレミング, アレキサンダー, 卿　1881–1955）
化学（フレミング　1881–1955）
科史（フレミング　1881–1955）
広辞7（フレミング　1881–1955）
三新生（フレミング　1881–1955）
世史改（フレミング　1881–1955）
世人新（フレミング〈アレクサンダー〉　1881–1955）
世人装（フレミング〈アレクサンダー〉　1881–1955）
ノベ3（フレミング,A.　1881.8.6–1955.3.11）
ボブ人（フレミング, アレクサンダー　1881–1955）
薬学（フレミング,A.　1881–1955）

Fleming, Bethel Harris
アメリカの医療宣教師。
⇒アア歴（Fleming,Bethel（Harris）and Fleming, Robert L（eland）　フレミング, ベセル・ハリス、フレミング, ロバート・リーランド　1901.12.13–）

Fleming, Charles Alexander
ニュージーランドの自然科学者。
⇒ニュー（フレミング, チャールズ　1916–1987）

Fleming, Daniel Johnson
アメリカの宣教師教育者。
⇒アア歴（Fleming,Daniel Johnson　フレミング, ダニエル・ジョンスン　1877.1.30–1969.4.19）

Fleming, David
アメリカ海軍の潜水艦乗組員。
⇒スパイ（フレミング, デイヴィッド）

Fleming, Frances O.
アメリカの図書館員。アメリカ図書館協会（学校図書館員部会）『学校図書館』の索引を1963年より死去する1981年まで担当し続ける。
⇒ア図（フレミング, フランセス　1924–1981）

Fleming, Ian（Lancaster）
イギリスのスパイ小説家。イギリス秘密情報部員007号ジェームズ・ボンドの冒険を描いた一連のスパイ小説で人気を高めた。代表作『ダイヤモンドは永遠に』。
⇒岩世人（フレミング　1908.5.28–1964.8.12）
現世文（フレミング, イアン　1908.5.26–1964.8.12）
スパイ（フレミング, イアン　1908–1964）
世人新（フレミング〈イアン〉　1908–1964）
世人装（フレミング〈イアン〉　1908–1964）
ネーム（フレミング　1908–1964）

Fleming, Sir John Ambrose
イギリスの電気技術者。1885年電磁現象におけるフレミングの法則を発見。1904年2極真空管を発明。
⇒岩世人（フレミング　1849.11.29–1945.4.18）
広辞7（フレミング　1849–1945）
三新物（フレミング　1849–1945）
世発（フレミング, ジョン・アンブローズ　1849–1945）
物理（フレミング, サー・ジョン・アンブローズ　1849–1945）
ボブ人（フレミング, ジョン・アンブローズ　1849–1945）

Fleming, John Marcus
アメリカの経済学者。
⇒有経5（フレミング〔A〕　1911–1976）

Fleming, Kurt
ベルギーのコンサート歌手。
⇒失声（フレミング, カート　1941–2011）

Fleming, René
アメリカのソプラノ歌手。
⇒外12（フレミング, ルネ　1959.2.14–）
外16（フレミング, ルネ　1959.2.14–）

Fleming, Rhonda
アメリカ生まれの女優。
⇒ク俳（フレミング, ロンダ（ルイス, マリリン）1922–）

Fleming, Robert Leland
アメリカの鳥類学者, 宣教師。
⇒アア歴（Fleming,Bethel（Harris）and Fleming, Robert L（eland）　フレミング, ベセル・ハリス、フレミング, ロバート・リーランド　1905.3.22–）

Fleming,（Robert）Peter
イギリスの旅行作家, ジャーナリスト。
⇒岩世人（フレミング　1907.5.31–1971.8.18）

Fleming, Victor
アメリカの映画監督。代表作に『風と共に去りぬ』（1939）などがある。
⇒岩世人（フレミング　1883/1889.2.23–1949.1.6）
映監（フレミング, ヴィクター　1889.2.23–1949）

Fleming, Williamina Paton Stevens
スコットランド生まれのアメリカの天文学者。
⇒科史（フレミング 1857–1911）
　物理（フレミング，ウィリアミーナ 1857–1911）

Flemming, John Stanton
イギリスの経済学者。
⇒有経5（フレミング〔B〕 1941–2003）

Flemming, Walther
ドイツの生物学者，解剖学者，細胞学者。
⇒岩生（フレミング 1843–1905）
　岩世人（フレミング 1843.4.21–1905.8.4）
　旺生5（フレミング 1843–1905）

Flesch, Carl
ハンガリーのヴァイオリン奏者。欧米各国を巡演。
⇒岩世人（フレッシュ 1873.10.5–1944.11.15）
　新音中（フレッシュ，カール 1873.10.9–1944.11.14）
　標音2（フレッシュ，カルル 1873.10.9–1944.11.14）
　ユ著人（Flesch,Carl フレッシュ，カール 1873–1944）

Flessel-Colovic, Laura
フランスのフェンシング選手。
⇒外16（フレセル・コロビク，ローラ 1971.11.6–）
　最済ス（フレセル・コロビク，ローラ 1971.11.6–）

Fleta, Miguel
スペインのテノール歌手。
⇒オペラ（フレータ，ミゲル 1893–1938）
　失声（フレータ，ミゲール 1897–1938）
　魅惑（Fleta,Miguel 1893–1938）

Fleta, Pierre
フランスのテノール歌手。
⇒失声（フレータ，ピエール 1920–2005）
　魅惑（Fleta,Pierre 1925–）

Fletcher, Alan
イギリスのグラフィック・デザイナー。
⇒グラデ（Fletcher,Alan フレッチャー，アラン 1931–）

Fletcher, Arthur
アメリカの大リーグ選手（遊撃）。
⇒メジャ（フレッチャー，アート 1885.1.5–1950.2.6）

Fletcher, Darrin Glen
アメリカの大リーグ選手（捕手）。
⇒メジャ（フレッチャー，ダリン 1966.10.3–）

Fletcher, Elburt Preston
アメリカの大リーグ選手（一塁）。
⇒メジャ（フレッチャー，エルビー 1916.3.18–1994.3.9）

Fletcher, James
ニュージーランドの実業家。フレッチャー・チャレンジ社創業者。
⇒ニュー（フレッチャー，ジェイムズ 1886–1974）

Fletcher, John Gould
アメリカの詩人，評論家。詩"Selected poems"（1938）でピュリツァー賞受賞。
⇒アメ州（Fletcher,John Gould フレッチャー，ジョン・グールド 1886–1950）

Fletcher, Ralph
アメリカの作家。
⇒外12（フレッチャー，ラルフ 1953–）
　外16（フレッチャー，ラルフ 1953–）
　現世文（フレッチャー，ラルフ 1953–）

Fletcher, Scott Brian
アメリカの大リーグ選手（遊撃，二塁）。
⇒メジャ（フレッチャー，スコット 1958.7.30–）

Fletcher, Susan
イギリスの作家。
⇒外12（フレッチャー，スーザン 1979–）
　現世文（フレッチャー，スーザン 1979–）

Fletcher, William Miles
アメリカの歴史学者。ノースカロライナ大学助教授。
⇒外12（フレッチャー，マイルズ 1946–）
　外16（フレッチャー，マイルズ 1946–）

Flettner, Anton
ドイツの技術者。補助翼つきの新しい舵を考案し，またフレットナー・ローターをも発明した（1924）。
⇒岩世人（フレットナー 1885.11.1–1961.12.29）

Flewelling, Lynn
アメリカの作家。
⇒外16（フルエリン，リン 1958–）
　海文新（フルエリン，リン 1958–）
　現世文（フルエリン，リン 1958–）

Flexner, Abraham
アメリカの医学教育家。
⇒岩世人（フレクスナー 1866.11.13–1959.9.21）

Flexner, Simon
アメリカの病理学者。赤痢菌の一種のフレクスナー菌の発見などで知られる。
⇒岩世人（フレクスナー 1863.3.25–1946.5.2）

Fliche, Augustin
フランスの教会史家。
⇒新カト（フリッシュ 1884.11.19–1951.11.19）

Flick, Friedrich
ドイツの工業家。鉱山業のみならず，鉄鋼業をも含むフリック・コンツェルンを形成した。

⇒岩世人（フリック 1883.7.10–1972.7.20）
Flier, Manon
オランダのバレーボール選手。
⇒異二辞（フリール［マノン・～］ 1984–）
最世ス（フリール，マノン 1984.2.8–）
Fliess, Wilhelm
ベルリンの耳鼻科医。
⇒現精（フリース 1858–1928）
現精縮（フリース 1858–1928）
精分岩（フリース，ヴィルヘルム 1858–1928）
精分弘（フリース，ヴィルヘルム 1858–1928）
Flinn, Alex
アメリカの作家。
⇒海文新（フリン，アレックス）
Flint, Hughie
イギリスのドラム奏者。
⇒ロック（McGuinness Flint マグィネス・フリント 1942.3.15–）
Flint, Robert
スコットランドのプロテスタント神学者，哲学者。主著 "Philosophy of history in Europe"（1874）。
⇒岩世人（フリント 1838.3.14–1910.11.25）
学叢思（フリント，ロバート 1834–1910）
Fliter, Ingrid
アルゼンチンのピアノ奏者。
⇒外12（フリッター，イングリット 1973–）
外16（フリッター，イングリット 1973–）
Flitner, Wilhelm
ドイツの教育家。ハンブルク大学教授兼教育研究所長（1929）。
⇒岩世人（フリートナー 1889.7.20–1990.1.21）
教思増（フリットナー 1889–1990）
教人（フリットナー 1889–）
Flockhart, Calista
アメリカの女優。
⇒外12（フロックハート，キャリスタ 1964.11.11–）
外16（フロックハート，キャリスタ 1964.11.11–）
Flocon, Albert
フランスの画家。
⇒芸13（フロコン，アルベール 1909–1978）
Fløgstad, Kjartan
ノルウェーの詩人，小説家。
⇒岩世人（フレグスタ 1944.6.7–）
Flohn, Hermann
西ドイツの気候学者。大気大循環論やそれにもとづく動気候学の研究で著名。
⇒岩世人（フローン 1912.2.19–1997.6.23）

Flood, Curtis Charles
アメリカの大リーグ選手（外野）。
⇒岩世人（フラッド 1938.1.18–1997.1.20）
メジャ（フラッド，カート 1938.1.18–1997.1.20）
Flor, Claus-Peter
ドイツの指揮者。
⇒新音中（フロール，クラウス・ペーター 1953.3.16–）
Florenskii, Pavel Aleksandrovich
ロシア正教の神学者，宗教哲学者，数学者。
⇒岩キ（フロレンスキー 1882–1937）
岩世人（フロレンスキー 1882.1.9/21–1937.12.8）
広辞7（フロレンスキー 1882–1937）
Florenz, Karl
ドイツの日本学者。
⇒岩世人（フローレンツ 1865.1.10–1939.4.1）
広辞7（フローレンツ 1865–1939）
Flores, Carlos
ホンジュラスの政治家。ホンジュラス大統領（1998～2002）。
⇒世指導（フローレス，カルロス 1950.3.1–）
Flores, Francisco
エルサルバドルの政治家。エルサルバドル大統領（1999～2004）。
⇒世指導（フローレス，フランシスコ 1959.10.17–2016.1.30）
Flores, Francisco
ベネズエラのトランペット奏者。
⇒外12（フローレス，フランシスコ 1981–）
外16（フローレス，フランシスコ 1981–）
Flores, Quique
スペインのサッカー監督。
⇒最世ス（フローレス，キケ 1965.2.2–）
Flores Magón, Ricardo
メキシコの革命的ジャーナリスト，アナーキスト。
⇒ラテ新（フローレス・マゴン 1873–1922）
Florey, Sir Howard Walter
オーストラリアの病理学者。ペニシリンの大量生産と臨床への応用に成功。1945年ノーベル生理・医学賞受賞。
⇒岩世人（フローリー 1898.9.24–1968.2.21）
オク科（フローリー（ハワード・ウォルター） 1898–1968）
オク生（フローリー，ハワード・ウォルター，男爵 1898–1968）
広辞7（フローリー 1898–1968）
ノベ3（フローリー,H. 1898.9.24–1968.2.21）
Flórez, Juan Diego
ペルーのテノール歌手。
⇒外12（フローレス，フアン・ディエゴ 1973–）

外16（フローレス, フアン・ディエゴ 1973–）
失声（フローレス, フアン・ディエゴ 1973–）
魅惑（Florez,Juan Diego 1973–）

Florian, Hans
ドイツのテノール歌手。
⇒**魅惑**（Florian,Hans 1894–1979）

Flo Rida
アメリカのラップ歌手。
⇒**外12**（フロー・ライダー 1979.12.16–）
外16（フロー・ライダー 1979.12.16–）

Florida, Richard
アメリカの都市経済学者。
⇒**外16**（フロリダ, リチャード 1957–）

Floris, Gianluca
イタリアのテノール歌手。
⇒**魅惑**（Floris,Gianluca ?–）

Florovskiy, Georgiy Vasil'evich
ソ連（ロシア）の神学者。プリンストン大客員教授。
⇒**岩世人**（フロロフスキー 1893.8.28/9.9–1979.8.11）
オク教（フロロフスキー 1893–1979）

Flory, Albert
フランスの作家。
⇒**新カト**（フローリ 1890.10.24–1978）

Flory, Denis
フランス生まれの国際原子力機関（IAEA）事務次長。
⇒**外12**（フローリー, デニス）
外16（フローリー, デニス）

Flory, Paul John
アメリカの物理化学者。巨大分子合成物, 光化学, 重合機構等の研究において先駆的役割を演じた。
⇒**岩世人**（フローリー 1910.6.19–1985.9.9）
化学（フローリー 1910–1985）
広辞7（フローリー 1910–1985）
ノベ3（フローリー, P.J. 1910.6.19–1985.9.9）

Flosdorf, Earl William
アメリカの細菌学者。マッドと共に凍結乾燥法を発明し, 血清, 血漿, 細菌浮游液等の乾燥保存に広く利用されるようになった。
⇒**岩世人**（フロスドルフ 1904.1.27–1958）

Flournoy, Michele
アメリカの国防次官。
⇒**外16**（フロノイ, ミシェル）

Flournoy, Théodore
スイスの心理学者。心霊現象の研究家。
⇒**岩世人**（フルールノワ 1854.8.15–1920.11.5）

Flowers, Brandon
アメリカのミュージシャン。
⇒**外12**（フラワーズ, ブランドン 1981.6.21–）
外16（フラワーズ, ブランドン 1981.6.21–）

Flowers, Vonetta
アメリカのボブスレー選手, 陸上選手。
⇒**外12**（フラワーズ, ボネッタ 1973.10.29–）
最世ス（フラワーズ, ボネッタ 1973.10.29–）

Floyd, Bill
アメリカの作家。
⇒**海文新**（フロイド, ビル）

Floyd, Cornelius Clifford
アメリカの大リーグ選手（外野）。
⇒**メジャ**（フロイド, クリフ 1972.12.5–）

Floyd, Eddie
アメリカ・アラバマ州生まれの歌手。
⇒**ロック**（Floyd,Eddie フロイド, エディ 1935.6.25–）

Floyd, King
アメリカ・ニューオーリンズ生まれの歌手。
⇒**ロック**（Floyd,King フロイド, キング 1945.2.13–）

Flügel, Otto
ドイツの哲学者。ヘルバルトの多元論を支持した。
⇒**岩世人**（フリューゲル 1842.6.16–1914.7.9）

Fluke, Joanne
アメリカのミステリ作家。
⇒**外12**（フルーク, ジョアン）
外16（フルーク, ジョアン）
現世文（フルーク, ジョアン）

Flume, Werner
ドイツの法学者。
⇒**岩世人**（フルーメ 1908.9.12–2009.1.28）

Flürscheim, Michael
ドイツの経済学者, 土地改革論者。主著 "Auf friedlichem Wege"（1884）で土地の国有を提唱した。
⇒**岩世人**（フリュールシャイム 1844.1.27–1912.4.26）
学叢思（フリュールシャイム, ミカエル 1844–?）

Flury, Dieter
スイスのフルート奏者。
⇒**外12**（フルーリー, ディーター 1952–）
外16（フルーリー, ディーター 1952–）

Flynn, Errol
アメリカの映画俳優。主演作品『海賊ブラッド』（1936）。
⇒**岩世人**（フリン 1909.6.20–1959.10.14）
ク俳（フリン, エロール 1909–1959）

スター（フリン, エロール　1909.6.20–1959）
Flynn, Gillian
アメリカの作家。
⇒外16（フリン, ギリアン）
海文新（フリン, ギリアン）
現世文（フリン, ギリアン）
Flynn, Matt
アメリカのミュージシャン。
⇒外12（フリン, マット）
外16（フリン, マット）
Flynn, Robert Douglas
アメリカの大リーグ選手（二塁, 遊撃）。
⇒メジャ（フリン, ダグ　1951.4.18–）
Flynn, Vince
アメリカの作家。
⇒現世文（フリン, ビンス　1966.4.6–2013.6.19）
Fo, Dario
イタリアの劇作家, 俳優。1959年劇団「ラ・コムーネ」を起こす。作品に『旗と人形による大パントマイム』など。
⇒岩世人（フォー　1926.3.24–）
外12（フォ, ダリオ　1926.3.24–）
外16（フォ, ダリオ　1926.3.24–）
現世文（フォ, ダリオ　1926.3.24–2016.10.13）
広辞7（フォー　1926–2016）
ネーム（フォ, ダリオ　1926–）
ノベ3（フォ,D.　1926.3.24–）
Foa, Arrigo
イタリア出身のヴァイオリン奏者, 指揮者。
⇒岩世人（フォア　1900–1981）
Foakes-Jackson, Frederick John
イギリスの神学者。ケンブリッジ大学校長（1895～1916）。ついでアメリカに渡りニューヨーク市ユニオン神学校教授となる（16～34）。
⇒岩世人（フォークス=ジャクソン　1855.8.10–1941.12.1）
Foch, Ferdinand
フランスの軍人。1920年の休戦交渉の連合軍委員会長を務めた。
⇒岩世人（フォッシュ　1851.10.2–1929.3.20）
学薈歴（フォッシュ）
広辞7（フォッシュ　1851–1929）
戦思（フォッシュ　1851–1929）
Foch, Nina
オランダ生まれの女優。
⇒ク俳（フォック, ニナ（フォック,N）　1924–）
Focillon, Henri Joseph
フランスの美術史家。中世芸術を大系化した。
⇒岩世人（フォション　1881.9.7–1943.3.3）
広辞7（フォション　1881–1943）
ネーム（フォション　1881–1826）

Fock, Dirk
オランダの政治家。
⇒岩世人（フォック　1858.6.19–1941.10.17）
Focke, Heinrich
ドイツの飛行機製作者。フォッケ・アハゲリス飛行機製作会社をデルメンホルストに設立。
⇒岩世人（フォッケ　1890.10.8–1979.2.25）
Fockenoy, Michel
テノール歌手。
⇒魅惑（Fockenoy,Michel　?–）
Foden, Giles
イギリスの作家。
⇒海文新（フォーデン, ジャイルズ　1967–）
現世文（フォーデン, ジャイルズ　1967–）
Födlinger, Franz
ドイツのテノール歌手。
⇒魅惑（Födlinger,Franz　?–）
Fodor, Jerry Alan
アメリカの哲学者, 認知科学者。
⇒岩世人（フォーダー　1935–）
Foenkinos, David
フランスの作家, 映画監督。
⇒海文新（フェンキノス, ダヴィド　1974.10.28–）
現世文（フェンキノス, ダヴィド　1974.10.28–）
Foer, Jonathan Safran
アメリカの作家。
⇒外12（フォア, ジョナサン・サフラン　1977–）
外16（フォア, ジョナサン・サフラン　1977–）
海文新（フォア, ジョナサン・サフラン　1977.2.21–）
現世文（フォア, ジョナサン・サフラン　1977.2.21–）
Foerster, Friedrich Wilhelm
ドイツの教育学者。キリスト教の地盤の上に教育の改造を志し, 教育の目的を性格・意志および心術の陶冶にあるとした。
⇒岩世人（フェルスター　1869.6.2–1966.1.9）
教人（フェルスター　1869–?）
Foerster, Josef Bohuslav
チェコの作曲家。1945年には国民芸術家の称号を得た。交響曲第4番（05）などが知られる。
⇒岩世人（フェルステ　1859.12.30–1951.5.29）
ク音3（フェルステ　1859–1951）
新音中（フェルステ, ヨゼフ・ボフスラフ　1859.12.30–1951.5.29）
標音2（フェルステ, ヨゼフ・ボフスラフ　1859.12.30–1951.5.29）
Foerster, Otfried
ドイツの精神病学者, 神経学者。精神外科の始祖の一人といわれる。
⇒岩世人（フェルスター　1873.11.9–1941.6.15）

Fofanov, Konstantin Mikhailovich
ロシアの詩人。
⇒岩世人（フォーファノフ　1862.5.18-1911.5.17）

Fogazzaro, Antonio
イタリアの小説家。理想主義文学を提唱。『聖徒』(1906)により法王庁の忌諱にふれた。
⇒岩キ（フォガッツァーロ　1842-1911）
　岩世人（フォガッツァーロ　1842.3.25-1911.3.7）
　学叢思（フォガッツァロ, アントニオ　1842-1911）
　新カト（フォガッツァロ　1842.3.25-1911.3.7）
　ネーム（フォガッツァーロ　1842-1911）

Fogel, Robert William
アメリカの経済学者。1993年ノーベル経済学賞。
⇒岩経（フォーゲル　1926-）
　外12（フォーゲル, ロバート　1926.7.1-）
　ノベ3（フォーゲル, R.W.　1926.7.1-）
　有経5（フォーゲル　1926-2013）

Fogelberg, Dan
アメリカのシンガー・ソングライター。
⇒ユ著人（Forgelberg,Dan　フォーゲルバーグ, ダン　1951-）

Fogelin, Adrian
アメリカの作家。
⇒海文新（フォゲリン, エイドリアン）
　現世文（フォゲリン, エイドリアン）

Fogelström, Per Anders
スウェーデンの小説家。
⇒岩世人（フォーゲルストレム　1917.8.22-1998.6.20）

Fogerty, John
アメリカのロック歌手。
⇒ロック（Fogerty,John　フォガティ, ジョン　1945.5.28-）

Fohl, Leo Alexander
アメリカの大リーグ選手（捕手）。
⇒メジャ（フォール, リー　1876.11.28-1965.10.30）

Föhr, Andreas
ドイツの脚本家, 作家。
⇒現世文（フェーア, アンドレアス　1958-）

Fohrer, Georg
ドイツの旧約学者。
⇒新カト（フォーラー　1915.9.6-2002.12.4）

Fois, Marcello
イタリアの作家。
⇒現世文（フォイス, マルチェロ　1960-）

Foissy, Guy
フランスの劇作家。
⇒現世文（フォワシィ, ギィ　1932-）

Fok, Vladimir Aleksandrovich
ソ連の理論物理学者。
⇒岩世人（フォック　1898.12.10/22-1974.12.27）
　物理（フォック, ウラジミール・アレクサンドロヴィチ　1899-1974）

Fokin, Vitold Pavlovich
ウクライナの政治家。ウクライナ首相。
⇒世指導（フォーキン, ヴィトリド　1932.10.25-）

Fokine, Michel
ロシアの舞踊家。振付師として活躍。
⇒岩世人（フォーキン　1880.4.11/23-1942.8.22）
　広辞7（フォーキン　1880-1942）
　新音中（フォーキン, ミハイル　1880.4.25-1942.8.22）
　ネーム（フォーキン　1880-1942）
　標音2（フォーキン, ミハイル　1880.4.25-1942.8.22）

Fokker, Anthony Herman Gerard
オランダの航空設計家, 飛行機製作者。ドイツ政府と契約し, 第1次世界大戦中, 約40種の飛行機を製作。
⇒岩世人（フォッカー　1890.4.6-1939.12.23）

Fok Ying-tung, Henry
香港の実業家, 華人財閥グループの総帥。香港中華総商会会長, 全国人民代表大会常務委員会委員。
⇒岩世人（霍英東　かくえいとう　1923.5.10-2006.10.28）
　現アジ（霍英東　1923-2006）
　中日3（霍英東　1923-2006）

Foldes, Andor
ハンガリー生まれのアメリカのピアノ奏者。著書に『ピアノへの道』(1948)などがある。
⇒新音中（フォルデス, アンドル　1913.12.21-1992.2.9）
　標音2（フォルデシュ, アンドル　1913.12.21-1992.2.9）

Foley, Duncan K.
アメリカの経済学者。
⇒外12（フォーリー, ダンカン　1942-）
　外16（フォーリー, ダンカン　1942-）

Foley, James
アメリカの映画監督。
⇒外12（フォーリー, ジェームズ　1953-）

Foley, Red
アメリカのカントリー歌手。
⇒異二辞（フォーリー, レッド　1910-1968）

Foley, Thomas
アメリカの政治家, 法律家。下院議長（民主党）, 駐日米国大使。
⇒外12（フォーリー, トーマス　1929.3.6-）
　世指導（フォーリー, トーマス　1929.3.6-2013.10.18）

Foley, Thomas Michael
アメリカの大リーグ選手（遊撃, 二塁）。
⇒メジャ（フォーリー, トム　1959.9.9-）

Folgar, Tino
スペインのテノール歌手。
⇒魅惑（Folgar,Tino　1892-1983）

Foli, Timothy John
アメリカの大リーグ選手（遊撃）。
⇒メジャ（フォリ, ティム　1950.12.6-）

Folkers, Karl August
アメリカの化学者。マーク会社基礎研究部長となり, ビタミンB群の化学構造の決定に力を尽くした。
⇒岩世人（フォーカーズ　1906.9.1-1997.12.7）

Follain, Jean
フランスの詩人。代表詩集『大地の歌』（1937）。
⇒現世文（フォラン, ジャン　1903.8.29-1971.3.10）

Follese, Jamie
アメリカのミュージシャン。
⇒外16（フォレセー, ジェイミー　1991.12.30-）

Follese, Ryan
アメリカのミュージシャン。
⇒外16（フォレセー, ライアン　1987.2.16-）

Follett, Ken
イギリスの作家。
⇒岩世人（フォレット　1949.6.5-）
　外12（フォレット, ケン　1949.6.5-）
　外16（フォレット, ケン　1949.6.5-）
　現世文（フォレット, ケン　1949.6.5-）

Follett, Mary Parker
アメリカの政治学者, 行政学者, 経営学者。
⇒岩世人（フォレット　1868.9.3-1933.12.18）
　有経5（フォレット　1868-1933）

Folman, Ari
イスラエルの映画監督。
⇒外12（フォルマン, アリ　1962-）
　外16（フォルマン, アリ　1962-）

Folon, Jean Michel
ベルギーの画家。
⇒グラデ（Folon,Jean-Michel　フォロン, ジャン＝ミッシェル　1934-）
　芸13（フォロン, ジェーン・ミッシェル　1934-）

Folsom, James Elisha
アメリカの政治家。
⇒アメ州（Folsom,James Elisha　フォルサム, ジェームズ・イライシャ　1908-）

Folz, Jean-Martin
フランスの実業家。
⇒外12（フォルツ, ジャン・マルタン　1947.1.11-）

Fombelle, Timothée de
フランスの脚本家, 作家。
⇒外12（フォンベル, ティモテ・ド　1973-）
　外16（フォンベル, ティモテ・ド　1973-）
　海文新（フォンベル, ティモテ・ド　1973-）
　現世文（フォンベル, ティモテ・ド　1973-）

Fombeure, Maurice
フランスの詩人, 小説家。
⇒現世文（フォンブール, モーリス　1906.9.23-1981.1.1）

Fomenko, Pyotr Naumovich
ロシアの演出家。
⇒岩世人（フォメンコ　1932.7.13-2012.8.9）

Fonck, Johann Christoph Leopold
ドイツのカトリック聖書学者, イエズス会司祭。
⇒新カト（フォンク　1865.1.14-1930.10.19）

Fonck, René
フランスの戦闘機操縦者, 政治家。第一次世界大戦の撃墜王。
⇒ネーム（フォンク　1894-1953）

Fonda, Bridget
アメリカ生まれの女優。
⇒ク俳（フォンダ, ブリジット　1964-）

Fonda, Henry
アメリカの俳優。代表作に『荒野の決闘』,『黄昏』など。ジェーン, ピーターの父。
⇒アメ州（Fonda,Henry　フォンダ, ヘンリー　1905-1982）
　アメ新（フォンダ　1905-1982）
　遺産（フォンダ, ヘンリー　1905.5.16-1982.8.12）
　岩世人（フォンダ　1905.5.16-1982.8.12）
　ク俳（フォンダ, ヘンリー　1905-1982）
　スター（フォンダ, ヘンリー　1905.5.16-1982）

Fonda, Jane
アメリカの映画女優。女優業のかたわら反戦, ウーマン・リブの闘士として活躍。『コールガール』で1971年, アカデミー主演女優賞受賞。
⇒岩世人（フォンダ　1937.12.21-）
　外12（フォンダ, ジェーン　1937.12.21-）
　外16（フォンダ, ジェーン　1937.12.21-）
　ク俳（フォンダ, ジェイン　1937-）
　スター（フォンダ, ジェーン　1937.12.21-）

Fonda, Peter
アメリカの俳優, 映画監督。
⇒外12（フォンダ, ピーター　1939.2.23-）
　外16（フォンダ, ピーター　1939.2.23-）
　ク俳（フォンダ, ピーター　1939-）
　スター（フォンダ, ピーター　1940.2.23-）

Fondane, Benjamin
ルーマニア生まれのフランスの哲学者, 評論家。サルトルらの無神論的実存主義者たちの先駆的

存在。
⇒メル3（フォンダーヌ, バンジャマン 1898-1944）

Fondy, Dee Virgil
アメリカの大リーグ選手（一塁）。
⇒メジャ（フォンディ, ディー 1924.10.13-1999.8.19）

Foner, Eric
アメリカの歴史家。
⇒外12（フォーナー, エリック 1943-）
　外16（フォーナー, エリック 1943-）

Foner, Philip S.
アメリカの歴史家。主著 "History of labor movement in the U.S."（4巻, 1947〜65）。
⇒岩世人（フォーナー 1910.12.14-1994.12.13）

Fong, Wen
中国生まれのアメリカの中国美術史学者。中国美術史学の水準を画期的に向上させた。
⇒岩世人（フォン 1930.9.9-）

Fonseca, Angelo da
インドのキリスト教画家。
⇒新カト（フォンセカ 1902-1967.12.25）

Fonseca, Jorge Carlos
カボベルデの政治家。カボベルデ大統領（2011〜）。
⇒外16（フォンセカ, ジョルジ・カルロス 1950.10.20-）
　世指導（フォンセカ, ジョルジ・カルロス 1950.10.20-）

Fonseca, Lewis Albert
アメリカの大リーグ選手（一塁, 二塁, 外野）。
⇒メジャ（フォンセカ, ルー 1899.1.21-1989.11.26）

Fonseca, Roberto
キューバのミュージシャン。
⇒外12（フォンセカ, ロベルト 1975-）
　外16（フォンセカ, ロベルト 1975-）

Fontaine, Anne
フランスの映画監督, 女優。
⇒外12（フォンテーヌ, アンヌ 1959.7.15-）
　外16（フォンテーヌ, アンヌ 1959.7.15-）

Fontaine, Charles
ベルギーのテノール歌手。
⇒魅惑（Fontaine, Charles 1872-1955）

Fontaine, Joan
アメリカの女優。ヒッチコック監督の『断崖』（1941）でアカデミー主演女優賞を受賞。女優のオリビア・デ・ハヴィランドの妹。
⇒遺産（フォンティン, ジョーン 1917.10.22-2013.12.15）
　ク俳（フォンテイン, ジョウン（デ・ハヴィランド, J） 1917-）

スター（フォンティン, ジョーン 1917.10.22-）

Fontaine, Just
フランスのサッカー選手, 監督。
⇒岩世人（フォンテーヌ 1933.8.18-）
　外12（フォンテーヌ, ジュスト 1933.8.18-）
　ネーム（フォンテーヌ 1933-）

Fontaine, Nicole
フランスの政治家。フランス産業担当相, 欧州議会議長。
⇒外16（フォンテーヌ, ニコル 1942.1.16-）
　世指導（フォンテーヌ, ニコル 1942.1.16-）

Fontana, Ferdinando
イタリアの劇作家, 台本作家。
⇒オペラ（フォンターナ, フェルディナンド 1850-1919）

Fontana, Lucio
アルゼンチン生まれのイタリアの画家, 彫刻家。抽象美術を制作した。
⇒岩世人（フォンターナ 1899.2.19-1968.9.7）
　芸13（フォンタナ, ルーチョ 1899-1968）
　広辞7（フォンタナ 1899-1968）
　ネーム（フォンタナ 1899-1966）

Fontana, Wayne
イギリス・マンチェスター生まれの歌手。
⇒ロック（Fontana, Wayne フォンタナ, ウェイン 1941-）

Fontana i Lázaro, Josep
スペインの歴史家。
⇒岩世人（フンターナ・イ・ラサロ 1931.11.20-）

Fontane, Marius
フランスのジャーナリスト, 歴史家。
⇒19仏（フォンターヌ, マリユス 1838.9.4-1914）

Fontanne, Lynn
アメリカの女優。アルフレッド・ラントと共演の舞台が多い。
⇒岩世人（フォンタン 1887.12.6-1983.7.30）

Fontenay, Elisabeth de
フランスの哲学者, エッセイスト。
⇒外16（フォントネ, エリザベート・ド 1934-）

Fonteyn, *Dame* Margot
イギリスのバレリーナ。イギリスバレエ界の繁栄に貢献。
⇒岩世人（フォンティン 1919.5.18-1991.2.21）
　ネーム（フォンテーン 1919-1991）
　標準2（フォンテイン, マーゴー 1919.5.18-1991.2.21）

Foot, Michael
イギリスの政治家。ウィルソン労働党政権に雇傭相として入閣（1974〜76）, 労働組合と協調して政権の維持を助けた。80年労働党党首。

foot

⇒岩世人（フット　1913.7.23–2010.3.3）
Foot, Philippa
イギリスの思想家。
⇒岩世人（フット　1920.10.3–2010.10.3）
Foote, Alexander
第2次世界大戦中に活動したルーシー・スパイ網のメンバー。イギリス人。
⇒スパイ（フート,アレキサンダー　1905–1958）
Foote, Arthur Burling
アメリカの鉱山技師。
⇒アア歴（Foote,Arthur B (urling)　フット,アーサー・バーリング　1877.4.29–1964.7.1）
Foote, Arthur William
アメリカのオルガン奏者,作曲家。アメリカ作曲界の先駆者の一人。
⇒ク音3（フート　1853–1937）
Foote, Horton
アメリカの劇作家,脚本家。
⇒現世文（フート,ホートン　1916.3.14–2009.3.4）
Föppl, August
ドイツの工学者。橋梁理論,材料試験法,材料力学の分野で優れた業績がある。
⇒岩世人（フェップル　1854.1.25–1924.10.12）
Föppl, Ludwig
ドイツの工学者。A.フェップルの子。ミュンヘン工業大学機械工学研究所長。
⇒岩世人（フェップル　1887.2.27–1976.5.13）
Forain, Jean Louis
フランスの画家。強烈な批評精神による諷刺画を描いた。
⇒岩世人（フォラン　1852.10.23–1931.7.11）
　芸13（フォラン,ジャン・ルイ　1853–1931）
Foran, Dick
アメリカの男優。
⇒ク俳（フォラン,ディック（フォラン,ジョン）　1910–1979）
Forbes, Brian
イギリスの俳優,監督,プロデューサー。
⇒ク俳（フォーブズ,ブライアン（クラーク,ジョン）　1926–）
Forbes, Colin
イギリスのグラフィック・デザイナー。
⇒グラデ（Forbes,Colin　フォーブズ,コリン　1928–）
Forbes, Esther
アメリカの女性作家。伝記 "Paul Pevere and the World He Live in" (1942) でピュリッツァー賞受賞。
⇒岩世人（フォーブズ　1891.6.28–1967.8.12）
　現世文（フォーブズ,エスター　1891.6.28–1967.

8.12）
Forbes, Stanhope Alexander
イギリスの画家。
⇒岩世人（フォーブズ　1857.11.18–1947.3.2）
Forbes, Steve
アメリカの出版社『フォーブズ』社主。
⇒外12（フォーブズ,スティーブ　1947.7.18–）
　外16（フォーブズ,スティーブ　1947.7.18–）
Forbes, William Cameron
アメリカの実業家,外交官。
⇒アア歴（Forbes,W (illiam) Cameron　フォーブズ,ウイリアム・キャメロン　1870.5.21–1959.12.24）
Forbis, Clifton
アメリカのテノール歌手。
⇒失声（フォービス,クリフトン　?）
　魅惑（Forbis,Clifton　?–）
Ford, Bruce
アメリカのテノール歌手。
⇒失声（フォード,ブルース　1956–）
　魅惑（Ford,Bruce　1956–）
Ford, Darnell Glenn（Dan）
アメリカの大リーグ選手（外野）。
⇒メジャ（フォード,ダン　1952.5.19–）
Ford, Edward Charles（Whitey）
アメリカの大リーグ選手（投手）。
⇒メジャ（フォード,ホワイティ　1928.10.21–）
Ford, Emile
西インド諸島生まれのロック歌手。
⇒ロック（Ford,Emile　フォード,エミール）
Ford, Ford Madox
イギリスの小説家,詩人。『最後の陣地』(1928) など一連の戦争小説を執筆。
⇒岩世人（フォード　1873.12.17–1939.6.26）
　現世文（フォード,フォード・マドックス　1873.12.17–1939.6.26）
　ヘミ（フォード,フォード・マドックス　1873–1939）
Ford, Francis Xavier
アメリカ出身のメリノール会士,中国宣教師。
⇒アア歴（Ford,Francis Xavier　フォード,フランシス・ゼイヴィアー　1892.1.11–1952.2.21）
　新カト（フォード　1892.1.11–1952.2.21）
Ford, Frankie
アメリカ・ルイジアナ州グレトナ生まれの歌手。
⇒ロック（Ford,Frankie　フォード,フランキー　1941–）
Ford, Gerald M.
アメリカの推理作家。
⇒海文新（フォード,G.M.）

現世文（フォード,G.M.）

Ford, Gerald Rudolph
アメリカの政治家。第38代大統領（1974～76）。1974年11月現職のアメリカ大統領として初めて日本を公式訪問した。
⇒アメ州（Ford,Gerald Rudolph　フォード,ジェラルド・ルドルフ　1913-）
アメ新（フォード　1913-2006）
岩世人（フォード　1913.7.14-2006.12.26）
広辞7（フォード　1913-2006）
世人新（フォード〈ジェラルド〉　1913-2006）
世人装（フォード〈ジェラルド〉　1913-2006）
戦ア大（フォード,ジェラルド・R.,Jr.　1913.7.14-2006.12.26）
ポプ人（フォード,ジェラルド・ルドルフ　1913-2006）

Ford, Glenn
カナダ生まれの男優、映画製作者。
⇒ク俳（フォード,グレン（ニュートン,グウィリン）1916-）
スター（フォード,グレン　1916.5.1-2006）

Ford, Harrison
アメリカの俳優。
⇒遺産（フォード,ハリソン　1942.7.13-）
岩世人（フォード　1942.7.13-）
外12（フォード,ハリソン　1942.7.13-）
外16（フォード,ハリソン　1942.7.13-）
ク俳（フォード,ハリスン　1942-）
スター（フォード,ハリソン　1942.7.13-）
ネーム（フォード,ハリソン　1942-）
ユ著人（Ford,Harrison　フォード,ハリソン　1942-）

Ford, Henry
アメリカの実業家。フォード・モーターの設立者。
⇒アメ経（フォード,ヘンリー　1863.6.30-1947.4.7）
アメ州（Ford,Henry　フォード,ヘンリー　1863-1947）
アメ新（フォード　1863-1947）
異二辞（フォード［ヘンリー・～］　1863-1947）
岩世人（フォード　1863.7.30-1947.4.7）
広辞7（フォード　1863-1947）
辞歴（フォード　1863-1947）
世史改（フォード　1863-1947）
世人新（フォード〈ヘンリ〉　1863-1947）
世人装（フォード〈ヘンリ〉　1863-1947）
世発（フォード,ヘンリー　1863-1947）
ポプ人（フォード,ヘンリー　1863-1947）
もう山（フォード,ヘンリ　1863-1947）
有経5（フォード　1863-1947）

Ford, Henry, II
アメリカの実業家。フォード・モーター社創立者フォード,ヘンリーの孫。1960年から会長。
⇒アメ経（フォード,ヘンリー,2世　1917.9.4-1987.9.29）
岩世人（フォード　1917.9.4-1987.9.29）

Ford, Horace Hills（Hod）
アメリカの大リーグ選手（遊撃、二塁）。
⇒メジャ（フォード,ホッド　1897.7.23-1977.1.29）

Ford, Jamie
アメリカの作家。
⇒海文新（フォード,ジェイミー　1968-）
現世文（フォード,ジェイミー　1968-）

Ford, Jeffrey
アメリカの作家。
⇒外12（フォード,ジェフリー　1955-）
現世文（フォード,ジェフリー　1955-）

Ford, John
アメリカの映画監督。西部劇映画の巨匠。4度アカデミー監督賞受賞。
⇒アメ州（Ford,John　フォード,ジョン　1895-1973）
アメ新（フォード　1895-1973）
岩キ（フォード　1895-1973）
岩世人（フォード　1895.2.1-1973.8.31）
映監（フォード,ジョン　1894.2.1-1973）
ポプ人（フォード,ジョン　1894-1973）

Ford, John
イギリス・ロンドン生まれのミュージシャン。
⇒ロック（Hudson Ford　ハドソン・フォード　1946-）

Ford, Mary
アメリカ・カリフォルニア州パサディーナ生まれの歌手。
⇒ロック（Les Paul and Mary Ford　レス・ポール＆メアリ・フォード　1928.7.7-）

Ford, Richard
アメリカの小説家、短編小説作家。
⇒現世文（フォード,リチャード　1944.2.14-）

Ford, Tennesse Ernie
アメリカ・テネシー州生まれの歌手。
⇒ロック（Ford,Tennessee Ernie　フォード,テネシー・アーニー　1919.2.13-）

Ford, Tom
アメリカの服飾デザイナー、映画プロデューサー。
⇒外12（フォード,トム　1961-）
外16（フォード,トム　1961-）

Ford, William Clay
アメリカの実業家。
⇒外12（フォード,ウィリアム・クレイ　1925.3.14-）

Ford, William Cray, Jr.
アメリカの実業家。
⇒外12（フォード,ウィリアム・クレイ（Jr.）1957.5.3-）
外16（フォード,ウィリアム・クレイJr.　1957.5.

Forde, (Cyril) Daryll
イギリスの人類学者。
⇒岩世人（フォード 1902.3.16–1973.5.3）

Forehand, Joe W., Jr.
アメリカの経営コンサルタント。
⇒外12（フォーハンド, ジョー (Jr.) 1948.4.14–）
外16（フォーハンド, ジョー Jr. 1948.4.14–）

Forel, August Henri
スイスの精神病学者, 昆虫学者。脳および神経の解剖, 催眠術の研究, 犯罪者の精神医学などの諸方面に大きな業績をあげ, 禁酒運動家, 平和主義者としても有名である。
⇒岩世人（フォレル 1848.9.1–1931.7.27）
精医歴（フォレル, アウグスト 1848–1931）

Forel, François Alphonse
スイスの湖沼学者。レマン湖の湖沼誌で有名。
⇒岩世人（フォレル 1841.2.2–1912.8.8）

Foreman, "Big" George
アメリカのプロボクサー。
⇒アメ州（Foreman,Gerge フォアマン, ジョージ 1949–）
岩世人（フォアマン 1949.1.10–）
外12（フォアマン, ジョージ 1949.1.10–）
外16（フォアマン, ジョージ 1949.1.10–）

Foreman, Francis Isaiah
アメリカの大リーグ選手（投手）。
⇒メジャ（フォアマン, フランク 1863.5.1–1957.11.19）

Foreman, Richard (Lyons)
アメリカの劇作家, 演出家。
⇒外12（フォアマン, リチャード 1937–）

Forest, Fred
フランスのニューメディア作家。
⇒芸13（フォーリスト, フレッド ?–）

Forest, Michael
アメリカのテノール歌手。
⇒魅惑（Forest,Michael ?–）

Forest, Philippe
フランスの批評家, 作家。
⇒外12（フォレスト, フィリップ 1962–）
外16（フォレスト, フィリップ 1962–）
現世文（フォレスト, フィリップ 1962–）

Forester, Cecil Scott
イギリスの作家。軍人Hornblowerを主人公とした映画台本・小説で有名。
⇒岩世人（フォレスター 1899.8.27–1966.4.2）
現世文（フォレスター, セシル・スコット 1899.8.27–1966.4.2）

Forester, Lutz
ドイツのダンサー。
⇒外16（フェルスター, ルッツ 1953–）

Forgeard, Noël
フランスの実業家。
⇒外12（フォルジャール, ノエル 1946.12.8–）
外16（フォルジャール, ノエル 1946.12.8–）

Forget, Alphonse
ドミニコ会カナダ管区司祭, 日本宣教師。
⇒新カト（フォルジェ 1906.12.4–1974.7.22）

Forke, Alfred
ドイツの中国学者。中国哲学, 中国古代史に詳しい。
⇒岩世人（フォルケ 1867.1.12–1944.7.9）

Forlán, Diego
ウルグアイのサッカー選手（ペニャロール・FW）。
⇒外12（フォルラン, ディエゴ 1979.5.19–）
外16（フォルラン, ディエゴ 1979.5.19–）
最世ス（フォルラン, ディエゴ 1979.5.19–）
ネーム（フォルラン 1979–）

Forlanini, Carlo
イタリアの医師。1882年人工気胸術を創始。
⇒岩世人（フォルラニーニ 1847.6.11–1918.5.25）

Form, William Humbert
アメリカの社会学者。産業社会学の分野で活躍。
⇒社小増（フォーム 1917–）

Formaggia, Danilo
テノール歌手。
⇒魅惑（Formaggia,Danilo ?–）

Forman, Gayle
アメリカの作家。
⇒海文新（フォアマン, ゲイル）

Forman, Harrison
アメリカの探検家, ジャーナリスト。
⇒アア歴（Forman,Harrison フォーマン, ハリスン 1904.6.15–1978.2.1）

Forman, James
アメリカの公民権運動の指導者, 社会活動家。
⇒マルX（FORMAN,JAMES フォーマン, ジェイムズ 1928–2005）

Forman, Miloš
チェコスロバキア生まれの映画監督。『カッコーの巣の上で』で1975年度アカデミー監督賞受賞。
⇒映監（フォアマン, ミロス 1932.2.18–）
外12（フォアマン, ミロス 1932.2.18–）
外16（フォアマン, ミロス 1932.2.18–）
ユ著人（Forman,Milos フォアマン, ミロシュ 1932–）

Formichini, Dino
イタリアのテノール歌手。
⇒失声（フォルミキーニ, ディーノ 1927–）
魅惑（Formichini,Dino 1927–）

Fornas, Bernard
フランスの実業家。
⇒外12（フォーナス, ベルナール 1947.3.2–）
外16（フォーナス, ベルナール 1947.3.2–）

Forné Molné, Marc
アンドラの政治家, 法律家。アンドラ首相。
⇒外12（フォルネ・モルネ, マルク 1946–）
世指導（フォルネ・モルネ, マルク 1946–）

Forrer, Emil Orgetorix
スイスのヒッタイト学者。
⇒岩世人（フォラー 1894.2.19–1986.1.10）

Forrer, Matthi
オランダの日本美術研究家。
⇒外16（フォラー, マティ）

Forrest, Frederic
アメリカの俳優。
⇒ク俳（フォレスト, フレデリック 1936–）

Forrest, Gene
アメリカのR&B歌手。
⇒ロック（Gene and Eunice ジーン＆ユーニス）

Forrest, Sally
アメリカの女優。
⇒ク俳（フォレスト, サリー（フィーニー, キャサリン）1928–）

Forrest, Steve
アメリカの男優。
⇒ク俳（フォレスト, スティーヴ（アンドルーズ, ウィリアム・F）1924–）

Forrestal, James Vincent
アメリカの閣僚, 初代国防長官。三軍の再編などを行なった。
⇒岩世人（フォレスタル 1892.2.15–1949.5.22）

Forrester, Jay Wright
アメリカのシステム工学者。企業活動をフィード・バック系としてとらえ, 差分方程式を用いて工学的に解明した。
⇒岩世人（フォレスター 1918.7.14–）
有経5（フォレスター 1918–）

Forrester, Maureen
カナダのアルト歌手。
⇒標音2（フォレスター, モーリーン 1930.7.25–2010.6.16）

Forsberg, Peter
スウェーデンのアイスホッケー選手（FW）。
⇒外12（フォシュベリ, ペーター 1973.7.20–）

最世ス（フォシュベリ, ペーター 1973.7.20–）

Forsch, Kenneth Roth
アメリカの大リーグ選手（投手）。
⇒メジャ（フォーシュ, ケン 1946.9.8–）

Forsch, Robert Herbert
アメリカの大リーグ選手（投手）。
⇒メジャ（フォーシュ, ボブ 1950.1.13–2011.11.3）

Forssell, Lars
スウェーデンの詩人, 劇作家。
⇒現世文（フォシェッル, ラーシュ 1928.1.14–）

Forssmann, Werner Theodor Otto
ドイツの外科医。循環器の病変を研究し, 1956年のノーベル生理・医学賞を受けた。
⇒岩世人（フォルスマン 1904.8.29–1979.6.1）
ネーム（フォルスマン 1904–1979）
ノベ3（フォルスマン, W. 1904.8.29–1979.6.1）

Forst, Rainer
ドイツの哲学者, 社会哲学者。
⇒岩世人（フォルスト 1964.8.15–）

Forst, Willi
ドイツ, オーストリアの映画監督。『ブルグ劇場』(1936) などの作品が有名。
⇒ネーム（フォルスト 1903–1980）

Förster, Eckart
ドイツの哲学者。
⇒岩世人（フェルスター 1952.1.12–）

Forster, Edward Morgan
イギリスの小説家, 批評家。代表作『インドへの道』(1924),『小説の諸相』(27)。
⇒岩世人（フォースター 1879.1.1–1970.6.7）
現世文（フォースター, E.M. 1879.1.1–1970.6.7）
広辞7（フォースター 1879–1970）
西文（フォスター, エドワード・モーガン 1879–1970）
ネーム（フォースター 1879–1970）

Förster, Jürgen
ドイツのテノール歌手。
⇒魅惑（Förster,Jürgen 1924–）

Forster, Marc
ドイツ生まれの映画監督, 脚本家。
⇒外12（フォースター, マーク 1969–）
外16（フォースター, マーク 1969–）

Forster, Margaret
イギリスの女性小説家, 伝記作家。
⇒現世文（フォースター, マーガレット 1938.5.25–2016.2.8）

Forster, Robert
アメリカの俳優。
⇒ク俳（フォスター, ロバート（フォスター, R）

1941–)
Forster, Terry Jay
アメリカの大リーグ選手(投手)。
⇒メジャ(フォスター, テリー 1952.1.14–)

Förster, Theodor
ドイツの物理化学者。
⇒岩世人(フェルスター 1910.5.15–1974.5.20)

Förster-Nietzsche, Elisabeth
ドイツの婦人。ニーチェの妹。
⇒岩世人(フェルスター=ニーチェ 1846.7.10–1935.11.8)

Forsthoff, Ernst
ドイツの公法学者。1960～63年憲法最高裁判所長官, 67年ハイデルベルク大学法学部教授。
⇒岩世人(フォルストホフ 1902.9.13–1974.8.13)

Forsyth, Frederick
イギリスの政治スリラー作家。
⇒外12(フォーサイス, フレデリック 1938.8.25–)
外16(フォーサイス, フレデリック 1938.8.25–)
現世文(フォーサイス, フレデリック 1938.8.25–)
広辞7(フォーサイス 1938–)

Forsyth, Kate
オーストラリアの作家。
⇒外12(フォーサイス, ケイト 1966–)
外16(フォーサイス, ケイト 1966–)
海文新(フォーサイス, ケイト 1966–)
現世文(フォーサイス, ケイト 1966–)

Forsyth, Peter Taylor
イギリス・スコットランド会衆派の代表的神学者。宗教改革期の信仰の精神を現代の言葉で説いた。
⇒岩世人(フォーサイス 1848–1921.11.11)
オク教(フォーサイス 1848–1921)
新カト(フォーサイス 1848.5.12–1921.11.11)

Forsyth, Rosemary
アメリカの女優。
⇒ク俳(フォーサイス, ローズマリー 1944–)

Forsythe, John
アメリカの俳優。
⇒ク俳(フォーサイス, ジョン(フロインド, ジョン) 1918–)

Forsythe, William
アメリカのダンサー, 振付家, 監督。
⇒岩世人(フォーサイス 1949.12.30–)
外12(フォーサイス, ウィリアム 1949–)
外16(フォーサイス, ウィリアム 1949.12.30–)

Fort, Luigi
イタリアのテノール歌手。
⇒失声(フォート, ルイージ 1907–1976)

魅惑(Fort, Luigi 1907–1976)

Fort, Paul
フランスの詩人, 劇作家。象徴主義運動の推進役として活躍。
⇒岩世人(フォール 1872.2.1–1960.4.21)
広辞7(フォール 1872–1960)
西文(フォール, ポール 1872–1960)

Fortes, Meyer
イギリスの社会人類学者。西アフリカ, タレンシ族に関する2冊の報告は, 親族組織研究の標準となる名著といわれる。
⇒岩世人(フォーテス 1906.4.25–1983.1.27)
社小増(フォーテス 1906–1983)
ユ著人(Fortes, Meyer フォルツ, メイヤー 1906–1983)

Fortescue, Adrian
イギリスの司祭, 典礼学者。
⇒オク教(フォーテスキュー 1874–1923)
新カト(フォーテスキュー 1874.1.14–1923.2.11)

Fortey, Richard Alan
イギリスの古生物学者, 作家。
⇒外12(フォーティ, リチャード 1946.2.15–)

Fortier, Anne
デンマーク出身の作家。
⇒海文新(フォーティア, アン 1971–)

Fortini, Franco
イタリアの詩人, 評論家。反体制的な前衛文化運動を推進。
⇒現世文(フォルティーニ, フランコ 1917.9.10–1994.11.28)

Fortner, Wolfgang
ドイツの作曲家。ハイデルベルクの福音教会音楽学校講師(1931～)。
⇒岩世人(フォルトナー 1907.10.12–1987.9.5)
ク音3(フォルトナー 1907–1987)
新音中(フォルトナー, ヴォルフガング 1907.10.12–1987.9.5)
新音人(フォルトナー 1907.10.12–1987.9.5)
標音2(フォルトナー, ヴォルフガング 1907.10.12–1987.9.5)

Forton, Louis
フランスの漫画家。
⇒絵本(フォルトン, ルイ 1879–1934)

Fortunatov, Filip Fyodorovich
ロシアの言語学者。ロシア語の統辞論の研究などで知られる。
⇒岩世人(フォルトゥナートフ 1848.1.2–1914.9.20)

Fortune, Reo Franklin
イギリスの人類学者。
⇒岩世人(フォーチュン 1903.3.27–1979.11.25)

Fortuny y Madrazo, Mariano
スペインの画家,舞台美術家。
⇒岩世人(フォルチュニー 1871.5.11-1949.5.3)

Fortuyn, Pim
オランダの政治家,社会学者。フォルタイン党党首,エラスムス大学教授。
⇒岩世人(フォルタイン 1948.2.19-2002.5.6)
世指導(フォルタイン, ピム 1948.2.19-2002.5.6)

Forūghī, Moḥammad Ḥoseyn Khān
近代イランの文人,歴史家。
⇒岩世人(フォルーギー 1839.6.27-1907.10.19)

Forward, Robert L.
アメリカのSF作家,物理学者。
⇒現世文(フォワード, ロバート 1932.8.15-2002.9.21)

Forward, Simon
イギリスの作家。
⇒海文新(フォワード, サイモン 1967-)

Forzano, Giovacchino
イタリアの映画監督。
⇒オペラ(フォルツァーノ, ジョヴァッキーノ 1884-1970)

Fosbury, Dick
アメリカの陸上競技選手。第19回オリンピック・メキシコ大会走高跳で2m24のオリンピック新記録で優勝。
⇒岩世人(フォスベリー 1947.3.6-)
外12(フォスベリー, ディック 1947-)

Fosdick, Harry Emerson
アメリカのプロテスタント神学者。説教に長じ,特に学生に大きな感化を与えた。
⇒岩世人(フォズディック 1878.5.24-1969.10.5)
オク教(フォズディック 1878-1969)

Foss, Lukas
ドイツ生まれのアメリカの作曲家,指揮者。
⇒岩世人(フォス 1922.8.15-2009.2.1)
エデ(フォス, ルーカス 1922.8.15-2009.2.1)
ク音3(フォス 1922-2009)
新音中(フォス, ルーカス 1922.8.15-)
標音2(フォス, ルーカス 1922.8.15-2009.2.1)
ユ著人(Foss,Lukas フォス, ルーカス 1922-)

Foss, Per-Kristian
ノルウェーの政治家。ノルウェー財務相。
⇒世指導(フォス, ペール・クリスティアン 1950.7.19-)

Fosse, Bob
アメリカ生まれの映画監督,ダンサー,振付師,舞台演出家。
⇒岩世人(フォッシー 1927.6.23-1987.9.23)
映監(フォッシー, ボブ 1927.6.23-1987)

広辞7(フォッシー 1927-1987)

Fosse, Jon
ノルウェーの劇作家。
⇒岩世人(フォッセ 1959.9.29-)
現世文(フォッセ, ヨン 1959.9.29-)

Fosse, Raymond Earl
アメリカの大リーグ選手(捕手)。
⇒メジャ(フォッシー, レイ 1947.4.4-)

Fossey, Koen
ベルギーのイラストレーター。
⇒絵本(フォッセイ, クン 1953-)

Fossoux, Claude
フランス生まれの画家。
⇒芸13(フソー, クロード 1946-)

Fossum, Casey Paul
アメリカの大リーグ選手(投手)。
⇒外12(フォッサム, ケーシー 1978.1.6-)

Fossum, Karin
ノルウェーの作家。
⇒現世文(フォッスム, カリン 1954-)

Foster, Alan Dean
アメリカのSF作家。
⇒外12(フォスター, アラン・ディーン 1946.11.18-)
外16(フォスター, アラン・ディーン 1946.11.18-)
現世文(フォスター, アラン・ディーン 1946.11.18-)

Foster, Andrew (Rube)
アメリカの大リーグ選手(投手)。
⇒メジャ(フォスター, ルーブ 1879.9.17-1930.12.9)

Foster, Arian
アメリカのプロフットボール選手(テキサンズ・RB)。
⇒最世ス(フォスター, アリアン 1986.8.24-)

Foster, Arlene
北アイルランドの政治家。北アイルランド自治政府首相,民主統一党(DUP)党首。
⇒世指導(フォスター, アーリーン 1970-)

Foster, Barry
イギリス生まれの俳優。
⇒ク俳(フォスター, バリー 1931-2002)

Foster, David
オーストラリアの小説家。
⇒現世文(フォスター, デービッド 1944.5.15-)

Foster, David
カナダ生まれの歌手。

⇒外12（フォスター, デービッド　1949–）
　外16（フォスター, デービッド　1949.11.1–）

Foster, Edward Cunningham
アメリカの大リーグ選手（三塁, 二塁）。
⇒メジャ（フォスター, エディー　1887.2.13–1937.1.15）

Foster, Fred
アメリカの実業家。モニュメント・レコード設立者。
⇒ロック（Foster,Fred　フォスター, フレッド）

Foster, George Arthur
アメリカの大リーグ選手（外野）。
⇒外12（フォスター, ジョージ　1948.12.1–）
　メジャ（フォスター, ジョージ　1948.12.1–）

Foster, Graça
ブラジルの実業家。
⇒外16（フォステル, グラサス　1953.8.26–）

Foster, Gus
アメリカの写真家。
⇒芸13（フォスター, ガス　1941–）

Foster, Hal
アメリカの美術史家。
⇒外12（フォスター, ハル　1955–）
　外16（フォスター, ハル　1955–）

Foster, Jodie
アメリカ生まれの女優。
⇒遺産（フォスター, ジョディ　1962.11.19–）
　外12（フォスター, ジョディ　1962.11.19–）
　外16（フォスター, ジョディ　1962.11.19–）
　ク俳（フォスター, ジョディ（フォスター, アリシア）　1962–）
　スター（フォスター, ジョディ　1962.11.19–）

Foster, Julia
イギリス生まれの女優。
⇒ク俳（フォスター, ジュリア　1941–）

Foster, *Sir* Michael
イギリスの生理学者。生理学雑誌 "The Journal of Physiology" を創刊。
⇒岩世人（フォスター　1836.3.8–1907.1.28）

Foster, *Sir* Norman（Robert）
イギリスの建築家。
⇒岩世人（フォスター　1935.6.1–）
　外12（フォスター, ノーマン　1935.6.1–）
　外16（フォスター, ノーマン　1935.6.1–）
　世建（フォスター, ノーマン　1935–）

Foster, Preston
アメリカの俳優, オペラ歌手。
⇒ク俳（フォスター, プレストン　1900–1970）

Foster, *Sir* William
イギリスのインド史研究家。東インド会社関係の古記録を編集, 刊行し, またその史約研究を発表した。
⇒岩世人（フォスター　1863.11.19–1951.5.11）

Foster, William Trufant
アメリカ生まれの経済思想学者。
⇒教人（フォースター　1879–1950）

Foster, William Zebulon
アメリカの政治家。1921年共産党に入り, 労働者教育に献身。党全国委員長も務めた。
⇒アメ経（フォスター, ウィリアム　1881.2.25–1961.9.1）
　岩世人（フォスター　1881.2.25–1961.9.1）

Foster, Willie
アメリカのニグロリーグの選手（投手）。
⇒メジャ（フォスター, ビル　1904.6.12–1978.9.16）

Fothergill, Robert Roy
アメリカの大リーグ選手（外野）。
⇒メジャ（フォザーギル, ボブ　1897.8.16–1938.3.20）

Fottorino, Eric
フランスの新聞人, 作家。
⇒外12（フォトリーノ, エリック）
　外16（フォトリーノ, エリック　1960–）
　現世文（フォトリーノ, エリック　1960–）

Foucauld, Charles Eugène, Vicomte de
フランスの軍人, 聖職者。軍人としてアルジェリアに渡り, のち各地で修道生活を送った。
⇒岩キ（フーコー　1858–1916）
　岩世人（フーコー　1858.9.15–1916.12.1）
　広辞7（フーコー　1858–1916）
　新カト（フーコー　1858.9.15–1916.12.1）

Foucault, Michel
フランスの哲学者。主著『知の考古学』（1969）など。
⇒岩社（フーコー　1926–1984）
　岩女（フーコー, ミシェル　1926.10.15–1984.6.25）
　岩世人（フーコー　1926.10.15–1984.6.25）
　覚思（フーコー　1926.10.15–1984.6.25）
　覚思ス（フーコー　1926.10.15–1984.6.25）
　教思増（フーコー　1926–1984）
　現社（フーコー　1926–1984）
　現社福（フーコー　1926–1984）
　現精（フーコー　1926–1984）
　現精縮（フーコー　1926–1984）
　広辞7（フーコー　1926–1984）
　社小増（フーコー　1926–1984）
　新カト（フーコー　1926.10.15–1984.6.25）
　図哲（フーコー, ミシェル　1926–1984）
　精医歴（フーコー, ミシェル　1926–1984）
　世人新（フーコー　1926–1984）

世人装 (フーコー 1926–1984)
哲中 (フーコー 1926–1984)
ネーム (フーコー, ミッシェル 1926–1984)
フ文小 (フーコー, ミシェル 1926–1984)
メル別 (フーコー, ミシェル 1926–1984)

Fouché, Guy
フランスのテノール歌手。
⇒失声 (フシェ, ギー 1921–1998)
　魅惑 (Fouché,Guy ?–)

Fouché, Pierre
フランスの言語学者。フランス語の史的音声学・形態論の分野で大きな業績を残した。
⇒岩世人 (フーシェ 1891.2.8–1967.8.11)

Fouchecourt, Jean-Paul
フランスのテノール歌手。
⇒魅惑 (Fouchecourt,Jean-Paul 1958–)

Foucher, Alfred
フランスの東洋学者。インド美術をギリシャ美術と関係づけた。
⇒岩世人 (フーシェ 1865.11.21–1952.10.30)
　新佛3 (フーシェ 1865–1952)

Fouchet, Max Pol
アルジェリア生まれの詩人。
⇒現世文 (フーシェ, マックス・ポール 1913–1980)

Fouci, Anthony
アメリカの医学者。
⇒外16 (フォーシ, アンソニー)

Fougasse
イギリスの挿絵画家。
⇒グラデ (Fougasse フガス 1887–1965)

Fouillée, Alfred
フランスの哲学者。J.ギュイヨーの継父。主著『観念力の進化論』(1890)。
⇒岩世人 (フイエ 1838.10.18–1912.7.16)
　学叢思 (フイエ, アルフレド 1838–1912)
　教人 (フーイエ 1838–1912)
　社小増 (フイエ 1838–1912)
　新カト (フイエ 1838.10.18–1912.7.16)
　メル2 (フイエ, アルフレッド 1838–1912)

Foulke, Keith Charles
アメリカの大リーグ選手(投手)。
⇒メジャ (フォーク, キース 1972.10.19–)

Fountain, Ben
アメリカの作家。
⇒現世文 (ファウンテン, ベン 1958–)

Fourastié, Jean Joseph Hubert
フランスの計画経済学者, 未来学者。
⇒社小増 (フーラスティエ 1907–1990)

Fourcade, Martin
フランスのバイアスロン選手。
⇒外16 (フールカデ, マルタン 1988.9.14–)

Fourie, Jaque
南アフリカのラグビー選手(神戸製鋼コベルコ・スティーラーズ・CTB)。
⇒最世ス (フーリー, ジャック 1983.3.4–)

Fourneau, Ernest François Auguste
フランスの医化学者, 薬理学者。
⇒薬学 (フルノー,E.F.A. 1872–1949)

Fournet, Jean
フランスの指揮者。1944年以来オペラ=コミック・パリ交響楽団の指揮者。
⇒新音中 (フルネ, ジャン 1913.4.14–)
　標音2 (フルネ, ジャン 1913.4.14–2008.11.3)

Fournier, François Ernest
フランスの軍人。フランスがトンキン攻撃を開始した際(1883), 艦長として李鴻章と天津に会し, 「季・フルニエ協約」を締結(84), 清のアンナンに対する宗主権の放棄, 雲南貿易の許可等に成功した。
⇒岩世人 (フルニエ 1842–1934)

Fournier, Jean Alfred
フランスの医師, 梅毒の研究家。1880～1905年パリ大学教授。
⇒岩世人 (フルニエ 1832.5.12–1914.12.23)

Fournier, John Frank
アメリカの大リーグ選手(一塁)。
⇒メジャ (フォーニアー, ジャック 1889.9.28–1973.9.5)

Fournier, Paul-Eugène-Louis
フランスの法・歴史学者, 教会法収集家。
⇒新カト (フルニエ 1853.11.26–1935.5.14)

Fournier, Pierre
フランスのチェロ奏者。デリケートな表現で現代チェロ界を代表。
⇒新音中 (フルニエ, ピエール 1906.6.24–1986.1.8)
　ネーム (フルニエ 1906–1986)
　標音2 (フルニエ, ピエール 1906.6.24–1986.1.8)

Fournière, Joseph Eugène
フランスの社会主義者, 教授。
⇒学叢思 (フールニエール, ジョゼフ・ウジェーヌ 1857–?)

Fourtou, Jean-René
フランスの実業家。
⇒外12 (フルトゥ, ジャンルネ 1939.6.20–)
　外16 (フルトゥ, ジャンルネ 1939.6.20–)

Fou Ts'ong
中国, のちイギリスのピアノ奏者。

⇒岩世人（フー・ツォン 1934.3.14-）
外12（フーツォン 1934.3.10-）
外16（フーツォン 1934.3.10-）
標音2（フー，ツォン 傅聰 1934.3.10-）

Fowler, Bruce
アメリカのテノール歌手。
⇒魅惑（Fowler,Bruce 1962-）

Fowler, Christopher
イギリスの作家。
⇒現世文（ファウラー，クリストファー 1953-）

Fowler, H(enry) W(atson)
イギリスの辞典編集者，文法学者。
⇒岩世人（ファウラー 1858.3.10-1933.12.26）

Fowler, Karen Joy
アメリカの作家。
⇒外12（ファウラー，カレン・ジョイ 1950-）
外16（ファウラー，カレン・ジョイ 1950-）
現世文（ファウラー，カレン・ジョイ 1950-）

Fowler, Sir Ralf Howard
イギリスの数学者，物理学者。統計力学における「ダーウィン・ファウラー」の方法で有名。
⇒岩世人（ファウラー 1889.1.17-1944.7.28）

Fowler, Rickie
アメリカのプロゴルファー。
⇒外12（ファウラー，リッキー 1988.12.13-）
外16（ファウラー，リッキー 1988.12.13-）
最世ス（ファウラー，リッキー 1988.12.13-）

Fowler, Robbie
イギリスのサッカー選手。
⇒外12（ファウラー，ロビー 1975.4.9-）

Fowler, Simon
イギリスのロック歌手。
⇒外12（ファウラー，サイモン 1965.5.25-）
外16（ファウラー，サイモン 1965.5.25-）

Fowler, Therese
アメリカの作家。
⇒海文新（ファウラー，テレーズ）

Fowler, William Alfred
アメリカの物理学者。
⇒岩世人（ファウラー 1911.8.9-1995.3.14）
天文辞（ファウラー 1911-1995）
ノベ3（ファウラー，W.A. 1911.8.9-1995.3.14）

Fowles, John
イギリスの小説家。主著『コレクター』『フランス海軍大尉の女』。
⇒岩世人（ファウルズ 1926.3.31-2005.11.5）
現世文（ファウルズ，ジョン 1926.3.31-2005.11.5）

Fowley, Kim
アメリカのシンガー・ソングライター，プロデューサー。
⇒ロック（Fowley,Kim ファウリー，キム 1942.7.27-）

Fox, Charlotte Kate
アメリカの女優。
⇒外16（フォックス，シャーロット・ケイト 1985.8.14-）

Fox, Dixon Ryan
アメリカの歴史学者。アメリカ社会史，経済史研究の先駆者。
⇒教人（フォクス 1887-1945）

Fox, Edward
イギリスの俳優。
⇒ク俳（フォックス，エドワード 1937-）

Fox, Edward L.
アメリカの作家。
⇒スパイ（フォックス，エドワード・L）

Fox, Ervin (Pete)
アメリカの大リーグ選手（外野）。
⇒メジャ（フォックス，ピート 1909.3.8-1966.7.5）

Fox, Helen
イギリスの作家。
⇒海文新（フォックス，ヘレン）

Fox, Jacob Nelson
アメリカの大リーグ選手（二塁）。
⇒メジャ（フォックス，ネリー 1927.12.25-1975.12.1）

Fox, James
イギリスの俳優，牧師。
⇒ク俳（フォックス，ジェイムズ（フォックス，ウィリアム） 1939-）

Fox, John William
アメリカの作家。
⇒アメ州（Fox,John William フォックス，ジョン・ウイリアム 1862-1919）

Fox, Kerry
ニュージーランド生まれの女優。
⇒外12（フォックス，ケリー 1966.7.30-）
外16（フォックス，ケリー 1966.7.30-）

Fox, Matthew
アメリカの俳優。
⇒外12（フォックス，マシュー 1966-）
外16（フォックス，マシュー 1966.7.14-）

Fox, Megan
アメリカの女優。
⇒外12（フォックス，ミーガン 1986-）
外16（フォックス，ミーガン 1986.5.16-）

Fox, Mem
オーストラリアの女性絵本作家, 著述家。
⇒外12 (フォックス, メム 1946-)
　外16 (フォックス, メム 1946-)
　現世文 (フォックス, メム 1946-)

Fox, Michael J.
カナダの俳優。
⇒外12 (フォックス, マイケル・J. 1961.6.9-)
　外16 (フォックス, マイケル・J. 1961.6.9-)
　ク俳 (フォックス, マイクル・J (フォックス, マイクル・A) 1961-)

Fox, Paula
アメリカの児童文学作家。
⇒現世文 (フォックス, ポーラ 1923.4.22-2017.3.1)

Fox, Robert Bradford
アメリカの人類学者, 考古学者。
⇒アア歴 (Fox,Robert B (radford) フォックス, ロバート・ブラッドフォード 1918.5.11-1985.5.25)

Fox, Vicente
メキシコの政治家, 実業家。メキシコ大統領 (2000~06), グアナフアト州知事, コカ・コーラ・メキシコ社長。
⇒岩世人 (フォックス 1942.7.2-)
　外12 (フォックス, ビセンテ 1942.7.2-)
　外16 (フォックス, ビセンテ 1942.7.2-)
　世指導 (フォックス, ビセンテ 1942.7.2-)

Fox, Virgil
アメリカのオルガン奏者。
⇒標音2 (フォックス, ヴァージル 1912.5.3-1980.10.25)

Fox, William
アメリカの映画制作者。「フォックス・フィルム」を設立。
⇒アメ経 (フォックス, ウイリアム 1879.1.1-1952.5.8)
　岩世人 (フォックス 1879-1952.5.8)
　ユ著人 (Fox,William フォックス, ウイリアム 1897-1952)

Fox-Davies, Sarah
イギリスの挿絵画家。
⇒外16 (フォックス・デービス, サラ 1956-)

Foxwell, Herbert Somerton
イングランド生まれの経済思想学者。
⇒学叢思 (フォクスウェル, ハーバート・ソマートン 1849-?)

Foxworthy, Fred William
アメリカの森林学者。
⇒アア歴 (Foxworthy,Fred William フォックスワージー, フレッド・ウイリアム 1877.7.7-1950.2.4)

Foxx, Anthony
アメリカの政治家。
⇒外16 (フォックス, アンソニー 1971-)
　世指導 (フォックス, アンソニー 1971-)

Foxx, Charlie
アメリカ・ノース・カロライナ州グリーンズバラ出身のソングライター, プロデューサー。
⇒ロック (Inez and Charlie Foxx イーネズ&チャーリー・フォックス 1939.10.23-)

Foxx, Inez
アメリカ・ノース・カロライナ州グリーンズバラ出身の歌手。
⇒ロック (Inez and Charlie Foxx イーネズ&チャーリー・フォックス 1942.9.9-)

Foxx, James Emory
アメリカの大リーグ選手 (一塁, 三塁, 捕手)。
⇒メジャ (フォックス, ジミー 1907.10.22-1967.7.21)

Foxx, Jamie
アメリカの俳優, コメディアン, 歌手。
⇒外12 (フォックス, ジェイミー 1967.12.13-)
　外16 (フォックス, ジェイミー 1967.12.13-)

Foxx, Redd
アメリカの喜劇俳優。
⇒マルX (FOXX,REDD (Sanford,John Elroy) フォックス, レッド (サンフォード, ジョン・エルロイ) 1922-1991)

Frabbris, Guido
テノール歌手。
⇒魅惑 (Frabbris,Guido ?-)

Fraccaro, Walter
イタリアのテノール歌手。
⇒外16 (フラッカーロ, ヴァルテル)
　失声 (フラッカーロ, ワルター ?)
　魅惑 (Fraccaro,Walter ?-)

Fracci, Carla
イタリアのダンサー, 監督。
⇒外12 (フラッチ, カルラ 1936-)

Frachetti, (Baron) Alberto
イタリアの作曲家。
⇒オペラ (フランケッティ, アルベルト 1860-1942)
　標音2 (フランケッティ, アルベルト 1860.9.18-1942.8.4)

Fradkov, Mikhail Yefimovich
ロシアの政治家。ロシア首相。
⇒岩世人 (フラトコーフ 1950.9.1-)
　外12 (フラトコフ, ミハイル 1950.9.1-)
　外16 (フラトコフ, ミハイル 1950.9.1-)
　世指導 (フラトコフ, ミハイル 1950.9.1-)

Fraenkel, Abraham Adolf
イスラエルの数学者,論理学者。
⇒世数（フレンケル,アブラハム・アドルフ・ハレヴィ　1891–1965）

Fraenkel, Eduard
ドイツ（ユダヤ系）生まれの古典学者。
⇒岩世人（フレンケル　1888.3.17–1970.2.5）

Fraenkel-Conrat, Heinz Ludwig
アメリカの生化学者。核酸・蛋白質の構造や化学を研究。
⇒岩世人（フレンケル＝コンラート　1910.7.29–1999.4.10）

Fraga Iribarne, Manuel
スペインの政治家。
⇒岩世人（フラガ　1922.11.23–2012.1.15）

Frager, Malcolm
アメリカのピアノ奏者。
⇒標音2（フレーガー,マルコム　1935.1.15–1991.6.20）

Frahm, Hermann
ドイツの造船家。船舶の機関,船体の構造等に関する研究を行い,多数の艦船を建造した。
⇒岩世人（フラーム　1867.12.8–1939.12.28）

Fraiberg, Selma
アメリカの児童精神分析家,乳幼児精神保健のパイオニア。
⇒現精（フライバーグ　1918–1981）
　現精縮（フライバーグ　1918–1981）
　精分岩（フライバーグ,セルマ　1918–1981）

Fraineau, Pierre-Theodore
フランスの宣教師。
⇒新カト（フレノー　1847.10.10–1911.1.24）

Fraisse, Paul
フランスの心理学者。メロディ,時間知覚の研究で著名。主著『時間の心理学』(1957,67)。
⇒岩世人（フレス　1911.3.20–1996.10.12）

Fraiture, Nikolai
アメリカのミュージシャン。
⇒外12（フレイチュア,ニコライ　1978.11.13–）

Frame, Alice Seymour
アメリカの宣教師。
⇒アア歴（Frame,Alice Seymour Browne　フレイム,アリス・シーモア・ブラウン　1878.10.29–1941.8.19）

Frame, Janet (Paterson)
ニュージーランドの小説家。
⇒現世文（フレイム,ジャネット　1924.8.24–2004.1.29）
　ニュー（フレイム,ジャネット　1924–2004）

Frame, Roddy
イギリスのミュージシャン。
⇒外12（フレーム,ロディ　1964–）
　外16（フレーム,ロディ　1964–）

Frampton, *Sir* George James
イギリスの彫刻家。
⇒芸13（フラムプトン,ジョージ　1860–1928）

Frampton, Peter
イギリス生まれのギター奏者,歌手,作曲家。
⇒外12（フランプトン,ピーター　1950–）
　ビト改（FRAMPTON,PETER　フランプトン,ピーター）
　ロック（Frampton,Peter　フランプトン,ピー　1950.4.22–）

Franca
ブラジルのサッカー選手（FW）。
⇒外12（フランサ　1976.3.2–）

Françaix, Jean
フランスの作曲家。バレエ音楽『裸の王様』(1935)などを作曲。
⇒岩世人（フランセ　1912.5.23–1997.9.25）
　エディ（フランセ,ジャン　1912.5.23–1997.9.25）
　ク音3（フランセ　1912–1997）
　新音小（フランセ,ジャン　1912–1997）
　新音中（フランセ,ジャン　1912.5.23–1997.9.25）
　ビ曲改（フランセ,ジャン　1912–1997）
　標音2（フランセ,ジャン　1912.5.23–1997.9.25）

Francardi, Licinio
イタリアのテノール歌手。
⇒魅惑（Francardi,Licinio　1920–）

Francastel, Pierre
フランスの美学（芸術学）者。1948年からパリの高等学術研究院の第4部門の研究主任。
⇒岩世人（フランカステル　1900.6.8–1970.1.2）

France, Anatole
フランスの小説家,評論家。主著,小説『シルベストル・ボナールの罪』(1881)。
⇒岩世人（フランス　1844.4.16–1924.10.12）
　学叢思（フランス,アナトール　1844–1924）
　現世文（フランス,アナトール　1844.4.16–1924.10.13）
　広辞6（アナトール・フランス　1844–1924）
　19仏（フランス,アナトール　1844.4.16–1924.10.12）
　新カト（フランス　1844.4.16–1924.10.12）
　西文（フランス,アナトール　1844–1924）
　世人新（フランス（アナトール＝フランス）　1844–1924）
　世人装（フランス（アナトール＝フランス）　1844–1924）
　ノベ3（フランス,A.　1844.4.16–1924.10.13）
　標音2（フランス,アナトル　1884.4.16–1924.10.12）
　フ文小（フランス,アナトール　1844–1924）
　ポブ人（フランス,アナトール　1844–1924）

France, Hector
フランスの軍人,作家。
⇒19仏（フランス,エクトル　1837.7.5-1908.8.19）

Francell, Fernando
フランスのテノール歌手。
⇒魅惑（Francell,Fernando　1880-1966）

Frances, Gerard
フランス生まれの画家。
⇒芸13（フランシス,ジェラード　1955-）

Francés, Robert
フランスの心理学者。
⇒標音2（フランセ,ロベール　1921-）

Francescatti, Zino
フランスのヴァイオリン奏者。ピアノ奏者ロベール・カサドシュとの二重奏で好評を得た。
⇒新音中（フランチェスカッティ,ジノ　1902.8.9-1991.9.17）
　標音2（フランシェスカッティ,ジノ　1902.8.9-1991.9.17）

Francesconi, Renato
イタリアのテノール歌手。
⇒失声（フランチェスコーニ,レナート　1938-）
　魅惑（Francesconi,Renato　1938-）

Franchet, Claude
フランスの女性カトリック作家。
⇒新カト（フランシェ　1878-1971）

Franchi, Bruno
テノール歌手。
⇒魅惑（Franchi,Bruno　?-）

Franchi, Franco
イタリアのテノール歌手。
⇒魅惑（Franchi,Franco　1928-）

Franchi, Sergio
イタリア出身の歌手。
⇒失声（フランキ,セルジオ　1926-1990）
　魅惑（Franchi,Sergio　1926-1990）

Franchi de' Cavalieri, Pio
イタリアの古典学者,聖人伝作者。
⇒新カト（フランキ・デ・カヴァリエーリ　1869.8.31-1960.8.6）

Franchitti, Dario
イギリスのレーシングドライバー。
⇒外12（フランキッティ,ダリオ　1973.5.19-）
　外16（フランキッティ,ダリオ　1973.5.19-）
　最ావ（フランキッティ,ダリオ　1973.5.19-）

Franci, Benvenuto
イタリアのバリトン歌手。
⇒オペラ（フランチ,ベンヴェヌート　1891-1985）

Franci, Carlo
アルゼンチンの指揮者,作曲家。
⇒オペラ（フランチ,カルロ　1927-）

Francia, Annibale Maria di
イタリアの聖人,修道会創立者。祝日6月1日。
⇒新カト（アンニバレ・マリア・ディ・フランチア　1851.7.5-1927.6.1）

Francini, Enrique Mario
アルゼンチンの指揮者,ヴァイオリン奏者。
⇒標音2（フランチーニ,エンリケ・マリオ　1916.1.14-1978.8.27）

Franciosa, Anthony
アメリカの俳優。
⇒ク俳（フランシオサ,アンソニー（あるいはトニー）(パパレオ,A)　1928-）

Francis, Anne
アメリカの女優。
⇒ク俳（フランシス,アン　1930-）

Francis, Connie
アメリカのポップス歌手。
⇒標音2（フランシス,コニー　1938.12.12-）
　ロック（Francis,Connie　フランシス,コニー　1938.12.12-）

Francis, Dick
イギリスのサスペンス小説家。
⇒岩世人（フランシス　1920.10.31-2010.2.14）
　現世文（フランシス,ディック　1920.10.31-2010.2.14）

Francis, Felix
イギリスの作家。
⇒海文新（フランシス,フェリックス）
　現世文（フランシス,フェリックス　1953-）

Francis, Jeffrey
アメリカのテノール歌手。
⇒魅惑（Francis,Jeffrey　?-）

Francis, John
イギリスの大工の行商人。ヴィクトリア女王の命を狙った7名の暗殺者のうち2番目の人物。
⇒世暗（フランシス,ジョン　1882-）

Francis, Kay
アメリカの女優。
⇒ク俳（フランシス,ケイ（ギブズ,キャサリン）1899-1968）

Francis, Peter William
イギリスの火山学者。
⇒岩世人（フランシス　1944-1999.10.30）

Francis, Reuben X
マルコムXの護衛隊長。
⇒マルX（FRANCIS,REUBEN X　フランシス,

ルーベンX)
Francis, Sam
アメリカの画家。アンフォルメルを代表する抽象画家。
⇒芸13（フランシス，サム　1923–1994)

Francis I
ローマ教皇。在位2013〜。
⇒岩世人（フランキスクス　1936.12.17–)
　オク教（フランキスクス（フランシスコ）　1936–)
　外16（フランシスコ1世　1936.12.17–)
　新カト（フランシスクス　1936.12.17–)
　世指導（フランシスコ1世　1936.12.17–)
　ネーム（フランシスコ　1936–)

Francisco, Carlos Villaluz
フィリピンの画家。
⇒岩世人（フランシスコ　1913.11.4–1969.3.31)

Francisco, Esteban
スペインの画家。超現実主義絵画を制作。
⇒芸13（フランシスコ，エステバン　1914–1983)

Francisco, Ruth
アメリカの作家。
⇒海文新（フランシスコ，ルース)

Franciscus, James
アメリカの俳優。
⇒ク俳（フランシスカス，ジェイムズ　1934–1991)

Franck, Dan
フランスの作家。
⇒現世文（フランク，ダン　1952–)

Franck, Didier
フランスの哲学者。
⇒メル別（フランク，ディディエ　1947–)

Franck, Hans
ドイツの作家。短篇や童話風の物語を書いた。
⇒岩世人（フランク　1879.7.30–1964.4.11)

Franck, Harry Alverson
アメリカの旅行家，作家。
⇒アア歴（Franck,Harry A (Iverson)　フランク，ハリー・アルヴァスン　1881.6.29–1962.4.17)

Franck, James
アメリカ（ドイツ系）の物理学者。電子照射による原子の研究をし，ノーベル物理学賞受賞。
⇒岩世人（フランク　1882.8.26–1964.5.21)
　三新物（フランク①　1882–1964)
　ノベ3（フランク，J.　1882.8.26–1964.5.21)
　ユ著人（Franck,James　フランク，ジェームス　1882–1964)

Franck, Julia
ドイツの作家。
⇒外12（フランク，ユリア　1970–)
　外16（フランク，ユリア　1970–)

　海文新（フランク，ユリア　1970.2.20–)
　現世文（フランク，ユリア　1970.2.20–)

Franck, Kaj Gabriel
フィンランドのプロダクト・デザイナー，フィンランド・デザイン食器の第一人者。
⇒岩世人（フランク　1911.11.9–1989.9.26)

Franck, Mikko
フィンランドの指揮者。
⇒外12（フランク，ミッコ　1979–)
　外16（フランク，ミッコ　1979–)

Franck, Ty
アメリカの作家。
⇒海文新（コーリィ，ジェイムズ・S.A.　1969–)
　現世文（コーリー，ジェームズ・S.A)

Francl, Rudolf
ユーゴスラビアのテノール歌手。
⇒魅惑（Francl,Rudolf　1920–)

Franclin, Francoise
フランス生まれの画家。
⇒芸13（フランクラン，フランソワーズ　1939–)

Franco
コンゴ民主共和国の歌手，ギター奏者，ソングライター，バンド・リーダー。
⇒岩世人（フランコ　1938.7.6–1989.10.12)

Franco, Itamar Augusto Cautiero
ブラジルの政治家。ブラジル大統領（1992〜94)，駐ポルトガルブラジル大使。
⇒世指導（フランコ，イタマル　1930.6.28–2011.7.2)

Franco, João
ポルトガルの政治家。
⇒岩世人（フランコ　1855.2.14–1929.4.4)

Franco, John
アメリカの大リーグ選手（投手）。
⇒メジャ（フランコ，ジョン　1960.9.17–)

Franco, Jorge
コロンビアの作家。
⇒外16（フランコ，ホルヘ　1962–)
　海文新（フランコ，ホルヘ　1962–)
　現世文（フランコ，ホルヘ　1962–)

Franco, Julio Cesar
アメリカの大リーグ選手（遊撃，二塁，一塁)。
⇒外12（フランコ，フリオ　1958.8.23–)
　外16（フランコ，フリオ　1958.8.23–)
　メジャ（フランコ，フリオ　1958.8.23–)

Franco, Matt
アメリカの大リーグ選手（外野，内野)。
⇒外12（フランコ，マット　1969.8.19–)

Franco Bahamonde, Francisco
スペインの軍人, 政治家。人民戦線政府打倒のクーデターを起し, 独裁的権力を握った。第2次世界大戦後みずから終身国家元首に。
⇒岩世人 (フランコ　1892.12.4-1975.11.20)
　広辞7 (フランコ　1892-1975)
　新カト (フランコ　1892.12.4-1975.11.20)
　政経改 (フランコ　1892-1975)
　世史改 (フランコ　1892-1975)
　世人新 (フランコ　1892-1975)
　世人装 (フランコ　1892-1975)
　ポブ人 (フランコ, フランシスコ　1892-1975)
　もう山 (フランコ　1892-1975)

Francoeur, Jeff
アメリカの大リーグ選手(ジャイアンツ・外野手)。
⇒最世ス (フランコーア, ジェフ　1984.1.8-)
　メジャ (フランコアー, ジェフ　1984.1.8-)

Franco Gómez, Luis Federico
パラグアイの政治家。パラグアイ大統領(2012～13)。
⇒外16 (フランコ・ゴメス, ルイス・フェデリコ　1962.7.23-)
　世指導 (フランコ・ゴメス, ルイス・フェデリコ　1962.7.23-)

François, André
フランスの漫画家。作品集『入れ墨した水夫』などのほかディドロの『運命論者ジャック』の挿絵も担当。
⇒絵本 (フランソア, アンドレ　1915-)

François, Claude
フランスのシャンソン歌手。
⇒異二辞 (フランソワ, クロード　1939-1978)

François, Déborah
ベルギーの女優。
⇒外16 (フランソワ, デボラ　1987.5.24-)

Francois, Jacqueline
フランス・パリ生まれの歌手。
⇒標音2 (フランソア, ジャクリーヌ　1922.1.20-)

François, Samson
フランスのピアノ奏者。1943年ロン=チボー=コンクールで優勝。
⇒岩世人 (フランソワ　1924.5.18-1970.10.22)
　新音中 (フランソワ, サンソン　1924.5.18-1970.10.22)
　標音2 (フランソア, サンソン　1924.5.18-1970.10.22)

Francona, John Patsy (Tito)
アメリカの大リーグ選手(外野, 一塁)。
⇒メジャ (フランコナ, ティト　1933.11.4-)

Francona, Terry
アメリカの大リーグ監督。
⇒外12 (フランコナ, テリー　1959.4.22-)
　外16 (フランコナ, テリー　1959.4.22-)
　最世ス (フランコナ, テリー　1959.4.22-)
　メジャ (フランコナ, テリー　1959.4.22-)

Francqui, Lucien Joseph Émile
ベルギーの銀行家, 政治家。
⇒岩世人 (フランキ　1863.6.25-1935.11.1)

Frang, Vilde
ノルウェーのヴァイオリン奏者。
⇒外12 (フラング, ヴィルデ)
　外16 (フラング, ヴィルデ　1986-)

Frangoulis, Mario
ギリシャのテノール歌手。
⇒魅惑 (Frangoulis,Mario　1967-)

Franju, Georges
フランスの映画監督。ラ・シネマテーク・フランセーズを創設, 古典的名作映画の上映, 保存活動に奔走した。
⇒岩世人 (フランジュ　1912.4.12-1987.11.5)
　映監 (フランジュ, ジョルジュ　1912.4.12-1987)

Frank, Andre Gunder
ドイツの経済学者。主著『ラテンアメリカにおける資本主義と低開発』(1967)。
⇒岩世人 (フランク　1929.2.24-2005.4.23)
　現社 (フランク　1929-2005)
　国政 (フランク, アンドレ・グンダー　1929-)
　社小増 (フランク　1929-)
　政経改 (フランク　1929-)

Frank, Anne
ナチに捕われて収容所で死亡したユダヤ人少女。『アンネの日記』の作者。
⇒岩世人 (フランク　1929.6.12-1945.3)
　辞歴 (アンネ・フランク　1929-1945)
　世界子 (フランク, アンネ　1929-1945)
　世人新 (フランク(アンネ=フランク)　1929-1945)
　世人装 (フランク(アンネ=フランク)　1929-1945)
　ポブ人 (フランク, アンネ　1929-1945)
　ユ著 (Frank,Anne　フランク, アンネ　1927-1945)

Frank, Barney
アメリカの政治家。下院議員(民主党), 下院金融委員長。
⇒外16 (フランク, バーニー　1940.3.31-)
　世指導 (フランク, バーニー　1940.3.31-)

Frank, Bernard
フランスの日本文学研究家。日本文学・文化の紹介に貢献している。
⇒岩世人 (フランク　1927.2.28-1996.10.15)

Frank, Bruno
ドイツの作家。第一流のサロン作家と評された。

⇒岩世人（フランク　1887.6.13–1945.7.20）
　現世文（フランク, ブルーノ　1887.6.13–1945.6.20）

Frank, E.R.
アメリカの作家。
⇒外12（フランク,E.R.）
　海文新（フランク,E.R.）
　現世文（フランク,E.R.）

Frank, Hans
ドイツの政治家, 弁護士。ポーランド占領地総監（1939）。
⇒岩世人（フランク　1900.5.30–1946.10.16）

Frank, Ilya Mikhaylovich
ソ連の物理学者。チェレンコフ放射の理論を発表,1958年ノーベル物理学賞受賞。
⇒岩世人（フランク　1908.10.10/23–1990.6.22）
　三新物（フランク②　1908–1990）
　ノベ3（フランク,I.M.　1908.10.23–1990.6.22）

Frank, Jerome New
アメリカの裁判官, 法学者。連邦控訴裁判所判事, エール大学法学部事実認定講座の講師を務めた。
⇒岩世人（フランク　1889.9.10–1957.1.13）

Frank, Joseph
アメリカのテノール歌手。
⇒魅惑（Frank,Joseph　?–）

Frank, Leonhard
ドイツの小説家, 劇作家。小説『カールとアンナ』(1927) は, 劇化し (29), 映画化された。
⇒岩世人（フランク　1882.9.4–1961.8.18）

Frank, Manfred (-Rudolf)
ドイツの哲学者。
⇒岩世人（フランク　1945.3.22–）

Frank, Mary
イギリス生まれの女性彫刻家。
⇒芸13（フランク,マリー　1933–）

Frank, Pamela
アメリカのヴァイオリン奏者。
⇒外12（フランク, パメラ　1969–）
　外16（フランク, パメラ　1967–）

Frank, Philipp
オーストリア生まれのアメリカの数学者, 物理学者, 哲学者。科学哲学会長（1948～）。マッハの影響をうけた「ヴィーン学団」の一人。
⇒岩世人（フランク　1884.3.20–1966.7）

Frank, Robert
スイス生まれの写真家。写真集『アメリカ人』(1958)。
⇒岩世人（フランク　1924.11.9–）

Frank, Semen Ljudovigovič
ロシアの宗教哲学者。
⇒岩世人（フランク　1877.1.16/28–1950.12.10）

Frank, Waldo David
アメリカの批評家, 小説家。雑誌 "The Seven Arts" を創刊。
⇒岩世人（フランク　1889.8.25–1967.1.9）

Franke, Herbert W.
ドイツの作家, 科学者。
⇒現世文（フランケ, ヘルベルト　1927.5.14–）

Franke, Otto
ドイツの東洋史学者。主著『中華帝国史』(1930～52)。
⇒岩世人（フランケ　1863.9.27–1946.8.5）

Franke, Paul
アメリカのテノール歌手。
⇒魅惑（Franke,Paul　1922–）

Franke, Wolfgang
ドイツの中国学者。中国美術史を専攻。
⇒岩世人（フランケ　1912.7.24–2007.9.6）

Frankel, David
アメリカの映画監督, 映画プロデューサー, 脚本家。
⇒外16（フランケル, デービッド　1959.4.2–）

Frankel, Jeffrey Alexander
アメリカのエコノミスト。
⇒外16（フランケル, ジェフリー　1952–）

Frankel, Laurie
アメリカの作家。
⇒海文新（フランケル, ローリー）

Frankel, Max
アメリカのジャーナリスト。
⇒外16（フランケル, マックス　1930.4.3–）

Franken, Al
アメリカのコメディアン, 脚本家, 政治家。
⇒外12（フランケン, アル　1951.5.21–）
　外16（フランケン, アル　1951.5.21–）

Frankenheimer, John
アメリカの映画監督。作品『影なき狙撃者』『フィクサー』。
⇒映監（フランケンハイマー, ジョン　1930.2.19–2002）
　ユ著人（Frankenheimer,John　フランケンハイマー, ジョン　1930–）

Frankenthaler, Helen
アメリカの画家。
⇒岩世人（フランケンサーラー　1928.12.12–2011.12.27）
　芸13（フランケンサーラー, ヘレン　1928–）

Frankétienne
ハイチの作家,画家,俳優。
⇒広辞7(フランケチエンヌ 1936–)

Frankfort, Henri
オランダの考古学者。オリエント考古学専攻。イラクの諸遺跡を発掘。
⇒岩世人(フランクフォート 1897.2.24–1954.7.16)

Frankfort, Lew
アメリカの実業家。
⇒外12(フランクフォート,ルー 1946–)
 外16(フランクフォート,ルー 1946–)

Frankfurt, Harry Gordon
アメリカの哲学者。
⇒メル別(フランクファート,ハリー・ゴードン 1929–)

Frankfurter, David
クロアチア生まれのスイスのナチ党党首ヴィルヘルム・グストロフの暗殺者。
⇒世暗(フランクフルター,ダーフィト 1909–1982)

Frankfurter, Felix
アメリカの法律家、連邦最高裁判所判事。"アメリカン・マーキュリー"誌弾圧事件など、多くの著名な裁判に関係。
⇒アメ新(フランクファーター 1882–1965)
 岩世人(フランクフルター 1882.11.15–1965.2.21)
 ユ著人(Frankfurter,Felix フランクファーター,フェリックス 1882–1965)

Frankhouse, Frederick Meloy
アメリカの大リーグ選手(投手)。
⇒メジャ(フランクハウス,フレッド 1904.4.9–1989.8.17)

Frankl, Paul
ドイツの建築史家、美術批評家。ヴェルフリンの思想をついで形式主義的立場をとり、近代建築の発展における概念体系の具体化を証示した。
⇒岩世人(フランクル 1878.4.22–1962.1.30)

Frankl, Viktor Emil
オーストリアの精神分析学者。「第三ウィーン学派」の理論家として独自の実存分析を主唱。著書『夜と霧』。
⇒岩世人(フランクル 1905.3.26–1997.9.2)
 教思増(フランクル 1905–1997)
 現精(フランクル 1905–1998)
 現精縮(フランクル 1905–1998)
 社小増(フランクル 1905–1997)
 新カト(フランクル 1905.3.26–1997.9.2)
 ボプ人(フランクル,ビクトール 1905–1997)
 ユ著人(Frankl,Victor Emil フランクル,ビクトル・エミール 1905–1997)

Franklin, Alfled-Louis-Auguste
フランスの図書館員。図書館に勤務しつつ『昔の私生活』全12巻を著した。
⇒フラ食(フランクラン,アルフレッド・ルイ・オーギュスト 1850–1917)

Franklin, Aretha
アメリカの女性ジャズ,ソウル歌手。『リスペクト』で1967年度グラミー賞2部門のグランプリ、以後、74年まで8年間連続グラミー賞を受賞。
⇒異二辞(フランクリン,アレサ 1942–)
 岩世人(フランクリン 1942.3.25–)
 外16(フランクリン,アレサ 1942.3.25–)
 新音中(フランクリン,アリーサ 1942.3.25–)
 ネーム(フランクリン,アレサ 1942–)
 標音2(フランクリン,アリサ 1942.3.25–)
 ボプ人(フランクリン,アレサ 1942–)
 ロック(Franklin,Aretha フランクリン,アリーサ 1942.3.25–)

Franklin, John Hope
アメリカの歴史学者。アメリカ黒人史、南部史を専攻し、黒人史研究の第一人者である。
⇒岩世人(フランクリン 1915.1.2–2009.3.25)

Franklin, Joseph Paul
アメリカの連続殺人犯。ポルノ雑誌「ハスラー」の発行者ラリー・フリントを狙撃した。
⇒世暗(フランクリン,ジョーゼフ・ポール 1950–)

Franklin, Melissa
アメリカの水泳選手(背泳ぎ・自由形)。
⇒外12(フランクリン,メリッサ 1995.5.10–)
 外16(フランクリン,メリッサ 1995.5.10–)
 最世ス(フランクリン,メリッサ 1995.5.10–)

Franklin, Miles
オーストラリアの女性作家。オーストラリア開拓民の物語を書いた作家。
⇒現世文(フランクリン,マイルズ 1879.10.14–1954.9.19)

Franklin, Pamera
イギリスの女優。
⇒ク俳(フランクリン,パミラ 1949–)

Franklin, Rosalind
イギリス出身のX線結晶解析学者。
⇒オク科(フランクリン(ロザリンド) 1920–1958)
 化学(フランクリン 1920–1958)
 現科大(フランクリン,ロザリンド 1920–1958)
 広辞7(フランクリン 1920–1958)
 物理(フランクリン・ロザリンド 1920–1958)

Franklin, Ryan
アメリカの大リーグ選手(投手)。
⇒外12(フランクリン,ライアン 1973.3.5–)
 メジャ(フランクリン,ライアン 1973.3.5–)

Franklin, Tom
アメリカの作家。
⇒外12(フランクリン,トム 1963–)
 外16(フランクリン,トム 1963–)

海文新（フランクリン,トム　1963-）
現世文（フランクリン,トム　1963-）
Franklin, William E.
アメリカの実業家。
⇒外16（フランクリン,ウィリアム　1933.4.6-）
Franklin-Adams, John
イギリスのアマチュア天体写真家。
⇒天文大（フランクリンアダムズ　1843-1912）
Franko, Ivan Yakovlevich
ウクライナの作家,社会評論家,言語学者,社会運動家。空想小説『ザハル・ベルクート』で農民共同体の理想を描いた。
⇒岩世人（フランコ　1856.8.15-1916.5.15）
Franks, *Sir* Arthur
イギリス秘密情報部（MI6）長官。在職1979〜82。
⇒スパイ（フランクス,サー・アーサー　1920-2008）
Franks, Herman Louis
アメリカの大リーグ選手（捕手）。
⇒メジャ（フランクス,ハーマン　1914.1.4-2009.3.30）
Franks, Oliver Shewell
イギリスの銀行家。ロイズ銀行総裁。南北問題は東西対立とともに世界の二大問題であると演説し,この言葉が一般に流布するもととなった。
⇒政経改（フランクス　1905-1987）
Fransois, Andre
ルーマニアのイラストレーター。
⇒グラデ（François,André　フランソワ,アンドレ　1915-）
Franta, Karel
チェコスロバキアのイラストレーター。
⇒絵本（フランタ,カレル　1926-）
Franter, Willi
オーストリアのテノール歌手。
⇒魅惑（Franter,Willi　1912-1966）
František, Josef
チェコスロバキアの戦闘機操縦者。第二次世界大戦の撃墜王。
⇒ネーム（フランチシェク　1914-1940）
Franz, Adolph
シレジア・ランゲビーラウ生まれの典礼史学者。
⇒新カト（フランツ　1842.12.21-1916.11.6）
Franz, Arthur
アメリカの男優。
⇒ク俳（フランツ,アーサー　1920-）
Franz, Christian
ドイツのテノール歌手。

⇒外12（フランツ,クリスティアン　1968-）
外16（フランツ,クリスティアン　1968-）
魅惑（Franz,Christian　1968-）
Franz, Günther
ドイツの歴史家。中世ドイツ農民の法制史およびドイツ農民戦争の研究における第一人者。
⇒岩世人（フランツ　1902.5.23-1992.7.22）
Franz, Paul
フランスのテノール歌手。ワーグナー歌手として知られるほか,ヴェルディの諸役も得意とした。
⇒失声（フランツ,ポール　1876-1950）
魅惑（Franz,Paul　1876-1950）
Franzen, Jonathan
アメリカの作家。
⇒外12（フランゼン,ジョナサン　1959-）
外16（フランゼン,ジョナサン　1959.8.17-）
現世文（フランゼン,ジョナサン　1959.8.17-）
Franz Ferdinand
オーストリアの大公。サラエボ事件で暗殺され,第1次世界大戦の導火線となった。
⇒岩世人（フランツ・フェルディナント　1863.12.18-1914.6.28）
世人新（フランツ＝フェルディナント　1863-1914）
世人装（フランツ＝フェルディナント　1863-1914）
世文（フランツ・フェルディナント　1863-1914）
ネーム（フランツ・フェルディナント　1863-1914）
ポプ人（フランツ・フェルディナント　1863-1914）
もう山（フランツ・フェルディナント　1864-1914）
Franzini, Carlo
イタリアのテノール歌手。
⇒失声（フランジーニ,カルロ　?-2003）
魅惑（Franzini,Carlo　?-?）
Franz Joseph I
オーストリア皇帝。在位1848〜1916。
⇒岩世人（フランツ・ヨーゼフ1世　1830.8.18-1916.11.21）
皇国（フランツ・ヨーゼフ1世　(在位)1848-1916）
広辞7（フランツ　1830-1916）
新カト（フランツ・ヨゼフ1世　1830.8.18-1916.11.21）
世史改（フランツ＝ヨーゼフ1世　1830-1916）
世人新（フランツ＝ヨーゼフ1世　1830-1916）
世人装（フランツ＝ヨーゼフ1世　1830-1916）
世帝（フランツ・ヨーゼフ1世　1830-1916）
ネーム（フランツ・ヨーゼフ1世　1830-1916）
ポプ人（フランツ・ヨーゼフ1世　1830-1916）
Frascati, Tommaso
テノール歌手。
⇒魅惑（Frascati,Tommaso　?-?）

Frasch, Hermann
ドイツの化学者。深層の硫黄鉱床から容易に純粋な硫黄を採取する「フラッシュ法」を発明(1890)。
⇒岩世人（フラッシュ　1851.12.25-1914.5.1）

Fraser, Antonia
イギリスの女性伝記作家。
⇒現世文（フレーザー，アントニア　1932.8.27-）

Fraser, Brendan
アメリカ生まれの俳優。
⇒外12（フレーザー，ブレンダン　1968.12.3-）
外16（フレーザー，ブレンダン　1968.12.3-）
ク俳（フレイザー，ブレンダン　1968-）

Fraser, Charles Carrolton (Chick)
アメリカの大リーグ選手(投手)。
⇒メジャ（フレイザー，チック　1873.8.26-1940.5.8）

Fraser, Claud Lovat
イギリスの挿絵画家，舞台デザイナー。
⇒グラデ（Fraser,Claud Lovat　フレイザー，クロード・ラヴァット　1890-1921）

Fraser, Dawn
オーストラリアの女子水泳選手。100メートル自由形で，女子水泳界初のオリンピック3連勝をとげた。
⇒岩世人（フレイザー　1937.9.4-）

Fraser, Douglas Andrew
アメリカの労働運動の指導者。統一自動車労働組合(UAW)会長。
⇒アメ経（フレーザー，ダグラス　1916.12.18-）

Fraser, Eric
イギリスの挿絵画家，デザイナー。
⇒グラデ（Fraser,Eric　フレイザー，エリック　1902-1983）

Fraser, George MacDonald
イギリスの小説家。
⇒現世文（フレーザー，ジョージ・マクドナルド　1925.4.2-2008.1.2）

Fraser, George Sutherland
イギリスの詩人，批評家，レスター大学英文学講師。「新黙示派」の詩人として出発。元対日文化使節。
⇒現世文（フレーザー，ジョージ・サザーランド　1915.11.8-1980.1.3）

Fraser, John
イギリスの俳優。
⇒ク俳（フレイザー，ジョン　1931-）

Fraser, John Andrew Mary
カナダ出身のカトリック宣教師，スカボロ外国宣教会の創立者。

⇒新カト（フレイザー　1877.6.28-1962.9.3）

Fraser, John Malcolm
オーストラリアの政治家。1975年3月自由党党首。同年11月首相に就任。
⇒岩世人（フレイザー　1930.5.21-）
外12（フレーザー，ジョン　1930.5.21-）

Fraser, June
イギリスのグラフィックとパッケージのデザイナー。
⇒グラデ（Fraser,June　フレイザー，ジューン　1930-）

Fraser, Laura
スコットランド出身の女優。
⇒ク俳（フレイザー，ローラ　1976-）

Fraser, Peter
ニュージーランドの政治家。1940年4月首相となり第2次大戦下および戦争直後のニュージーランドを指導。
⇒ニュー（フレイザー，ピーター　1884-1950）

Fraser-Pryce, Shelly-Ann
ジャマイカの陸上選手(短距離)。
⇒外12（フレーザー，シェリーアン　1986.12.27-）
外16（フレーザー・プライス，シェリー・アン　1986.12.27-）
最世ス（フレーザー・プライス，シェリー・アン　1986.12.27-）

Fraser-Smith, Charles
イギリスのスパイ装置の発明家。
⇒スパイ（フレイザー＝スミス，チャールズ　1904-1992）

Frasor, Jason Andrew
アメリカの大リーグ選手(投手)。
⇒メジャ（フレイザー，ジェイソン　1977.8.9-）

Frattini, Franco
イタリアの政治家，弁護士。イタリア外相。
⇒外12（フラティニ，フランコ　1957.3.14-）
外16（フラティニ，フランコ　1957.3.14-）
世指導（フラティニ，フランコ　1957.3.14-）

Frauenknecht, Alfred
スイスのエンジニア。
⇒スパイ（フラウエンクネヒト，アルフレート　1927-1991）

Frayn, Michael
イギリスの小説家。
⇒岩世人（フレイン　1933.9.8-）
外12（フレイン，マイケル　1933.9.8-）
外16（フレイン，マイケル　1933.9.8-）
現世文（フレイン，マイケル　1933.9.8-）

Frazar, Everett Welles
アメリカの商人。
⇒アア歴（Frazar,Everett W (elles)　フレイザー，

エヴェレット・ウェルズ　1867.8.17–1951.10.14)

Frazer, Ian
オーストラリアの産婦人科医。
⇒外12（フレーザー, イアン）
　外16（フレーザー, イアン　1953.1.6–）

Frazer, *Sir* James George
イギリスの人類学者, 民俗学者, 古典文献学者。
⇒岩世人（フレイザー　1854.1.1–1941.5.7)
　教人（フレイザー　1854–1941）
　現社（フレーザー　1854–1941）
　広辞7（フレーザー　1854–1941）
　社小増（フレーザー　1854–1941）
　新カト（フレイザー　1854.1.1–1941.5.7)

Frazier, Charles
アメリカの作家。
⇒現世文（フレイジャー, チャールズ　1950.11.4–）

Frazier, Dallas
アメリカ・オクラホマ州スパイロウ出身のソングライター。
⇒ロック（Frazier,Dallas　フレイジャー, ダラス　1939–）

Frazier, Lynn Joseph
アメリカの政治家。ノース・ダコタ州知事。
⇒アメ経（フレージャー, リン　1874.12.21–1947.1.11)

Frazier, "Smokin" Joe
アメリカのプロボクサー。
⇒異二辞（フレージャー, ジョー　1944–2011）
　岩世人（フレイジャー　1944.1.12–2011.11.7)

Frazzi, Vito
イタリアの作曲家, 音楽学者。
⇒オペラ（フラッツィ, ヴィート　1888–1975）

Frears, Stephen
イギリス生まれの映画監督。
⇒映監（フリアーズ, スティーヴン　1941.6.20–）
　外12（フリアーズ, スティーブン　1941–）

Fröbe, Gert
ドイツ生まれの俳優。
⇒スター（フレーベ, ゲルト　1913.2.25–1988）

Freberg, Stan
アメリカの俳優。
⇒ロック（Freberg,Stan　フリーバーグ, スタン　1926.8.7–）

Frèches, José
フランスの作家。
⇒海文新（フレーシュ, ジョゼ　1950.6.25–）
　現世文（フレーシュ, ジョゼ　1950.6.25–）

Fréchet, Jean M.J.
フランスの化学者。
⇒外16（フレシィエ, ジャン　1944.8.18–）

Fréchet, René Maurice
フランスの数学者。抽象空間論の創始者の一人。
⇒岩世人（フレシェ　1878.9.2–1973.6.4)
　数辞（フレシェ, ルネ・モリス　1878–1973）
　数小増（フレシェ　1878–1973）
　世数（フレッシェ, ルネ・モーリス　1878–1973）

Fréchette, Louise
カナダの外交官。
⇒外12（フレシェット, ルイーズ　1946.7.16–）
　外16（フレシェット, ルイーズ　1946.7.16–）
　世指導（フレシェット, ルイーズ　1946.7.16–）

Freda, Riccardo
エジプト生まれの映画監督。
⇒映監（フレーダ, リカルド　1909.2.24–1999）

Freddie, Wilhelm
デンマークの画家。
⇒シュル（フレッディ, ウィルヘルム　1909–1995）

Frédéric, Léon
ベルギーの画家。
⇒芸13（フレデリック, レオン　1856–1911）

Frederick, Pauline
アメリカの女優。
⇒ク俳（フレデリック, ポーリン（リビー, ベアトリス・P）　1883–1938）

Fredericks, Frank
ナミビアの陸上選手（短距離）。
⇒異二辞（フレデリクス[フランク・～]　1967–）
　外12（フレデリクス, フランク　1967.10.2–）
　外16（フレデリクス, フランク　1967.10.2–）

Fredericks, Walter
テノール歌手。
⇒魅惑（Fredericks,Walter　?–?）

Frederik, HRH Crown Prince
デンマーク皇太子。
⇒外12（フレデリック皇太子　1968.5.26–）
　外16（フレデリック皇太子　1968.5.26–）

Frederik VIII
デンマーク王。在位1906～12。クリスティアン9世の子。
⇒岩世人（フレゼリク8世　1843.6.3–1912.5.14)
　世帝（フレゼリク8世　1843–1912）

Frederik IX
デンマーク国王。在位1947～1972。
⇒岩世人（フレゼリク9世　1899.3.11–1972.1.14)

Fredholm, Erik Ivar
スウェーデンの数学者。線型性の見地から積分方程式の研究を行った（1900～）。
⇒岩世人（フレードホルム　1866.4.7–1927.8.17)

数辞（フレドホルム, エリック・イヴァル 1866–1927）
世数（フレドホルム, エリック・イーヴァル 1866–1927）

Fredricks, Tucker
アメリカのスピードスケート選手。
⇒最世ス（フレドリクス, タッカー 1984.4.16–）

Fredriksson, Marianne
スウェーデンの作家, ジャーナリスト。
⇒岩世人（フレードリクソン 1927.3.28–2007.2.11）

Fredriksson, Thobias
スウェーデンのスキー選手（クロスカントリー）。
⇒最世ス（フレドリクソン, トビアス 1975.4.4–）

Fredsti, Dana
アメリカの作家, 脚本家, 女優。
⇒海文新（フレズティ, ダナ）

Free, Duncan
オーストラリアのボート選手。
⇒外12（フリー, ダンカン 1973.5.25–）
最世ス（フリー, ダンカン 1973.5.25–）

Freed, Alan
アメリカのDJ。
⇒異二辞（フリード［アラン・〜］ 1921–1965）
新音中（フリード, アラン 1922.12.15–1965.1.20）
ロック（Freed, Alan フリード, アラン 1922.12.15–）

Freed, Arthur
アメリカ生まれの映画製作者。
⇒ユ著人（Freed, Arthur フリード, アーサー 1894–1973）

Freedman, Barnet
イギリスの画家, リトグラフ作家。
⇒グラデ（Freedman, Barnett フリードマン, バーネット 1901–1958）

Freedman, Lawrence David
イギリスの国際政治学者。
⇒外16（フリードマン, ローレンス 1948.12.7–）

Freedman, Lawrence N.
アメリカ中央情報局（CIA）職員。
⇒スパイ（フリードマン, ローレンス・N. ?–1992.12.23）

Freedman, Maurice
イギリスの人類学者。
⇒岩世人（フリードマン 1920.12.11–1975.7.14）

Freedman, Michael
アメリカの数学者。
⇒数辞（フリードマン, マイケル 1951–）

世数（フリードマン, マイケル・ハートリー 1951–）

Freedman, Russell
アメリカのノンフィクション作家。
⇒現世文（フリードマン, ラッセル 1929.10.11–2018.3.16）

Freeh, Louis
アメリカの法律家。アメリカ連邦捜査局（FBI）長官。
⇒外12（フリー, ルイス 1950.1.6–）
外16（フリー, ルイス 1950.1.6–）
スパイ（フリー, ルイス・J 1950–）

Freehan, William Ashley
アメリカの大リーグ選手（捕手, 一塁）。
⇒メジャ（フリーハン, ビル 1941.11.29–）

Freeland, Bill
アメリカ生まれの彫刻家。
⇒芸13（フリーランド, ビル 1929–）

Freeling, Nicolas
イギリスの犯罪小説家。
⇒現世文（フリーリング, ニコラス 1927.3.3–2003.7.20）

Freeman, Bobby
アメリカ・サンフランシスコ生まれの歌手。
⇒ロック（Freeman, Bobby フリーマン, ボビー 1940.6.13–）

Freeman, Brian
アメリカの作家。
⇒海文新（フリーマン, ブライアン 1963–）
現世文（フリーマン, ブライアン 1963–）

Freeman, Caroline
ニュージーランドの女子教育推進者。
⇒ニュー（フリーマン, キャロライン 1855頃–1914）

Freeman, Carroll
アメリカのテノール歌手。
⇒魅惑（Freeman, Carroll ?–）

Freeman, Cathy
オーストラリアの陸上選手（短距離）。
⇒外12（フリーマン, キャシー 1973.12.27–）

Freeman, Chico
アメリカのジャズ・リード奏者。シカゴAACM派の中で最も若い世代に属す。
⇒標音2（フリーマン, チコ 1949.7.17–）

Freeman, Don
アメリカのイラストレーター。
⇒絵本（フリーマン, ドン 1908–1978）

Freeman, Douglas Southall
アメリカの新聞編集者, 歴史家。R.リー将軍の

伝記で1934年のピュリッツァー賞を受賞。
⇒アメ州（Freeman,Douglas Southall　フリーマン, ダグラス・サウソール　1886-1953)

Freeman, Frank Nugent
アメリカの心理学者。教育心理学, 知能検査, 遺伝と環境との知能に及ぼす影響の研究で著名。
⇒岩世人（フリーマン　1880.4.17-1961.10.17)

Freeman, John Frank（Buck）
アメリカの大リーグ選手(外野, 一塁)。
⇒メジャ（フリーマン, バック　1871.10.30-1949.6.25)

Freeman, John Ripley
アメリカの技師。
⇒アア歴（Freeman,John Ripley　フリーマン, ジョン・リプリー　1855.7.27-1932.10.6)

Freeman, Martha
アメリカの作家。
⇒海文新（フリーマン, マーシャ　1956.2.25-)

Freeman, Martin
イギリスの俳優。
⇒外12（フリーマン, マーティン　1971-)
　外16（フリーマン, マーティン　1971.9.8-)

Freeman, Mary Eleanor Wilkins
アメリカの女性小説家。主著『ニューイングランドの修道女』(1891)など。1925年ハウエルズ賞を受賞。
⇒岩世人（フリーマン　1852.10.31-1930.3.13)

Freeman, Mona
アメリカの女優。
⇒ク俳（フリーマン, モナ(フリーマン, モニカ)　1926-)

Freeman, Morgan
アメリカ生まれの俳優。
⇒岩世人（フリーマン　1937.6.1-)
　外12（フリーマン, モーガン　1937.6.1-)
　外16（フリーマン, モーガン　1937.6.1-)
　ク俳（フリーマン, モーガン　1937-)
　スター（フリーマン, モーガン　1937.6.1-)

Freeman, *Sir* Ralph
イギリスの土木技師。
⇒岩世人（フリーマン　1880.11.27-1950.3.11)

Freeman, Richard Austin
イギリスの推理作家。
⇒岩世人（フリーマン　1862.4.11-1943.9.28)

Freeman, Tor
イギリスの絵本作家, イラストレーター。
⇒外16（フリーマン, トール)

Freemantle, Brian
イギリスのスパイ小説家。
⇒岩世人（フリーマントル　1936.6.10-)
　外12（フリーマントル, ブライアン　1936-)
　外16（フリーマントル, ブライアン　1936-)
　現世文（フリーマントル, ブライアン　1936-)

Freeney, Dwight
アメリカのプロフットボール選手(チャージャース・OLB)。
⇒最新ス（フリーニー, ドワイト　1980.2.19-)

Freer, Paul Caspar
アメリカの化学者。
⇒アア歴（Freer,Paul Caspar　フリーア, ポール・キャスパー　1862.3.27-1912.4.17)

Freese, Eugene Lewis
アメリカの大リーグ選手(三塁, 二塁)。
⇒メジャ（フリース, ジーン　1934.1.8-)

Frege, Gottlob
ドイツの数学者, 論理学者, 哲学者。命題論理の公理の体系化を試みた。
⇒岩世人（フレーゲ　1848.11.8-1925.7.26)
　広辞7（フレーゲ　1848-1925)
　新カト（フレーゲ　1848.11.8-1925.7.26)
　数小増（フレーゲ　1848-1925)
　世数（フレーゲ, フリードリヒ・ルドヴィッヒ・ゴットローブ　1848-1925)
　哲中（フレーゲ　1849-1925)
　メル別（フレーゲ, フリードリヒ・ルートヴィヒ・ゴットローブ　1848-1925)

Fregosi, James Louis
アメリカの大リーグ選手(遊撃, 三塁, 一塁)。
⇒メジャ（フレゴシ, ジム　1942.4.4-)

Fréhel, Marguerite
フランスのシャンソン歌手。
⇒標音2（フレール　1891.7.13-1951.2.3)

Frei, Eduardo
チリの政治家。チリ大統領(1994～2000)。
⇒外12（フレイ, エドゥアルド　1942.6.24-)
　外16（フレイ, エドゥアルド　1942.6.24-)
　世指導（フレイ, エドゥアルド　1942.6.24-)

Frei, Henri
スイスの言語学者。主著は日常の言語生活に見られる誤用の機能的側面を解明した『誤用の文法』(1929)。
⇒岩世人（フレー　1899.6.5-1980.1.14)

Freidson, Eliot Lazarus
アメリカの社会学者。
⇒岩世人（フリードソン　1923.2.20-2005.12.14)

Freiman, Aleksandr Arnoldovich
ソ連のイラン語学者。オセット・ロシア・ドイツ語対訳辞書の編纂(共編)等は特に名高い。
⇒岩世人（フレイマン　1879.8.10/22-1968.1.19)

Frei Montalva, Eduardo
チリの政治家。チリ大統領 (1964~70)。
⇒岩世人（フレイ　1911.1.16–1982.1.22）
　ラテ新（フレイ　1911–1982）

Freinademetz, Joseph
南チロル出身の中国宣教師。神言修道会会員。聖人 (祝日1月28日)。
⇒新カト（ヨゼフ・フライナデメッツ　1852.4.15–1908.1.28）

Freinet, Celestin
フランスの教育者。1935年、バンスにフレネ学校を設立。
⇒岩世人（フレネ　1896.10.15–1966.10.8）
　教小3（フレネ　1896–1966）
　世界子（フレネ, セレスタン　1896–1966）

Freire, F.V.
ポルトガルのエスペランティスト。香上銀行マニラ支店勤務。
⇒日エ（フレイレ　?–?）

Freire, Nelson
ブラジルのピアノ奏者。
⇒外12（フレイレ, ネルソン　1944.10.18–）
　外16（フレイレ, ネルソン　1944.10.18–）
　標音2（フレイリ, ネルソン　1944.10.18–）

Freire, Paulo Reglus Neves
ブラジルの教育家、教育学者。
⇒岩キ（フレイレ　1921–1997）
　岩世人（フレイレ　1921.9.19–1997.5.2）
　教思増（フレイレ　1921–1997）
　教小3（フレイレ　1921–1997）
　ラテ新（フレイレ　1921–1997）

Freirich, Roy
アメリカの作家、脚本家。
⇒海文新（フライリッチ, ロイ）
　現世文（フライリッチ, ロイ）

Freitas, Acelino
ブラジルのプロボクサー。
⇒異二辞（フレイタス, アセリノ　1975–）
　外16（フレイタス, アセリノ　1975.9.21–）
　最新ス（フレイタス, アセリノ　1975.9.21–）

Freitas Branco, Luís de
ポルトガルの作曲家。ポルトガルに初めて印象主義、表現主義などのモダニズムを導入した作曲家。
⇒新音中（フレイタス・ブランコ, ルイス・デ　1890.10.12–1955.11.27）
　標音2（フレイタス・ブランコ, ルイス・デ　1890.10.12–1955.11.27）

Freleng, Friz
アメリカ生まれのアニメーション作家。
⇒アニメ（フリーレング, フリッツ　1906–1995）

Frémaux, Louis
フランスの指揮者。
⇒標音2（フレモー, ルイ　1921.8.13–）

Fremlin, Celia
イギリスのミステリ作家。
⇒現世文（フレムリン, シーリア　1914.6.20–2009.6.16）

Frémont, Georges
フランスのカトリック護教家, 説教師, 文筆家。
⇒新カト（フレモン　1852.2.29–1912.7.31）

Fremura, Alberto
イタリア生まれの画家。
⇒芸13（フレムラ, アルベルト　1936–）

Frénaud, André
フランスの詩人。
⇒岩世人（フレノー　1907.7.26–1993.6.21）
　現世文（フレノー, アンドレ　1907.7.26–1993.6.21）

Frenay, Henri
フランスの対ドイツ抵抗運動最高指導者。
⇒岩世人（フレネ　1905.11.19–1988.8.6）

French, Alice
アメリカの小説家。
⇒アメ州（French, Alice　フレンチ, アリス　1850–1934）

French, Charles Stacy
アメリカの植物生理学者。
⇒岩生（フレンチ　1907–1995）

French, Daniel（Chester）
アメリカの彫刻家。
⇒アメ州（French, Daniel Chester　フレンチ, ダニエル・チェスター　1850–1931）

French, George J.
アメリカ空軍士官。
⇒スパイ（フレンチ, ジョージ・J）

French, John Denton Pinkstone, 1st Earl of Ypres
イギリスの軍人。1913年元帥。18～21年アイルランド総督。著書に第1次世界大戦回顧録の『1914』(19)がある。
⇒岩世人（フレンチ　1852.9.28–1925.5.22）

French, Lawrence Herbert
アメリカの大リーグ選手(投手)。
⇒メジャ（フレンチ, ラリー　1907.11.1–1987.2.9）

French, Marilyn
アメリカの女性小説家, 文芸批評家。
⇒現世文（フレンチ, マリリン　1929.11.21–2009.5.2）

French, Sean
イギリスの作家。
⇒海文新（フレンチ, ニッキ）
　現世文（フレンチ, ニッキ）

French, Tana
アイルランドの作家。
⇒海文新（フレンチ, タナ）
　現世文（フレンチ, タナ）

Freni, Mirella
イタリアのソプラノ歌手。
⇒オペラ（フレーニ, ミレッラ　1935-）
　新音中（フレーニ, ミレッラ　1935.2.27-）
　標音2（フレーニ, ミレッラ　1935.2.27-）

Frenkel, Jacob Aharon
イスラエルの経済学者, 銀行家。
⇒外16（フレンケル, ジェーコブ　1943.2.8-）

Frenkel, Yakov Iliich
ソ連の物理学者。初めて液滴理論をもってスターの理論的説明を試み (1945), スターリン賞受賞 (46)。
⇒岩世人（フレンケリ　1894.1.29/2.10-1952.1.23）
　物理（フレンケル, ヤコブ・イリッヒ　1894-1952）

Frenssen, Gustav
ドイツの小説家, 新教の牧師。
⇒岩世人（フレンセン　1863.10.19-1945.4.11）

Frenz, Horst
アメリカの英米文学者, 比較文学者, 教育者。
⇒比文増（フレンツ（ホースト）　1912（大正1）-）

Frenzel, Eric
ドイツのスキー選手（複合）。
⇒外16（フレンツェル, エリック　1988.11.21-）
　最新ス（フレンツェル, エリック　1988.11.21-）

Frere, Walter Howard
イギリス国教会のトルーロ主教。
⇒オク教（フリア　1863-1938）

Frere-Jones, Tobias
アメリカの書体デザイナー。
⇒グラデ（Frere-Jones,Tobias　フリエ＝ジョーンズ, トビーアス　1970-）

Fresedo, Osvaldo
アルゼンチンの作曲家, 指揮者, バンドネオン奏者。
⇒標音2（フレセド, オスバルド　1897.5.5-）

Freshfield, Douglas William
イギリスの登山家, 地理学者。1872～80年 "Alpine Journal" の編集者, 1914～17年王立地理学会会長。主著 "The Italian Alps"（75）。
⇒岩世人（フレッシュフィールド　1845.4.27-1934.2.9）

Frešo, Tibor
チェコスロバキアの指揮者, 作曲家。
⇒標音2（フレショ, ティボル　1918.11.20-1967.7.7）

Fressange, Ines de la
フランスの服飾デザイナー, ファッションモデル。
⇒外16（フレサンジュ, イネス・ド・ラ　1957-）

Freud, Anna
イギリスの精神分析学者。S.フロイトの末娘。児童精神分析を開拓したひとりで, 遊戯療法の基礎をつくる。
⇒岩世人（フロイド（フロイト）　1895.12.3-1982.10.9）
　現社（フロイト, A.　1895-1982）
　現社福（フロイト　1895-1982）
　現精（フロイト, A.　1895-1982）
　現精縮（フロイト, A.　1895-1982）
　社小増（フロイト　1895-1982）
　精医歴（フロイト, アンナ　1895-1982）
　精分岩（フロイト, アンナ　1895-1982）
　精分弘（フロイト, アンナ　1895-1982）
　世界子（フロイト, アンナ　1895-1982）
　ユ著人（Freud,Anna　フロイト, アンナ　1895-1982）

Freud, Lucien
イギリスの芸術家, ジークムント・フロイトの孫。
⇒岩世人（フロイド（フロイト）　1922.12.8-2011.7.20）
　芸13（フロイド, ルシアン　1922-）

Freud, Sigmund
オーストリアの神経科医。精神分析学の創始者。
⇒岩キ（フロイト　1856-1939）
　岩社（フロイト　1856-1939）
　岩女（フロイト, ジグムント　1856.5.6-1939.9.23）
　岩生（フロイト　1856-1939）
　岩世人（フロイト　1856.5.6-1939.9.23）
　覚思（フロイト　1856.5.6-1939.9.23）
　覚思ス（フロイト　1856.5.6-1939.9.23）
　学叢思（フロイド, ジクムント　1856-?）
　教思増（フロイト　1856-1939）
　教小3（フロイト　1856-1939）
　教人（フロイト　1856-1939）
　現社（フロイト, S.　1856-1939）
　現社福（フロイト　1856-1939）
　現宗（フロイト　1856-1939）
　現精（フロイト, S.　1856-1939）
　現精縮（フロイト, S.　1856-1939）
　広辞7（フロイト　1856-1939）
　社小増（フロイト　1856-1939）
　社心小（フロイト　1856-1939）
　新カト（フロイト　1856.5.6-1939.9.23）
　図哲（フロイト, ジグムント　1856-1939）
　精医歴（フロイト, ジークムント　1856-1939）
　西文（フロイト, ジグムント　1856-1939）
　精分岩（フロイト, ジークムント　1856-1939）

精分弘（フロイト, ジークムント　1856-1939）
世界子（フロイト, ジークムント　1856-1939）
世史改（フロイト　1856-1939）
世人新（フロイト　1856-1939）
世人装（フロイト　1856-1939）
哲中（フロイト　1856-1939）
比文増（フロイト（ジークムント）　1856（安政3）-1936（昭和11））
ポプ人（フロイト, ジグムント　1856-1939）
メル3（フロイト, ジークムント　1856-1939）
ユ著人（Freud, Sigmund　フロイト, ジークムント　1856-1936）

Freudenthal, Hans
オランダの数学者。
⇒世数（フロイデンタール, ハンス　1905-1990）

Freudenthal, Jacob
ドイツの哲学史家。スピノザの研究によって知られる。
⇒岩世人（フロイデンタール　1839.6.20-1907.6.1）

Freund, Peter
ドイツの作家, 脚本家, 映画プロデューサー。
⇒海文新（フロイント, ペーター　1952.2.17-）

Freund, Severin
ドイツのスキー選手（ジャンプ）。
⇒外16（フロイント, ゼヴェリン　1988.5.11-）

Freundlich, Herbert
ドイツの化学者。コロイド化学, 表面化学の分野に多くの業績がある。
⇒岩世人（フロイントリヒ　1880.1.28-1941.3.30）
　化学（フロイントリッヒ　1880-1941）

Frey, Dagobert
オーストリアの美術史家。比較芸術学の基礎づけに貢献。
⇒岩世人（フライ　1883.4.23-1962.5.13）

Frey, Glenn
アメリカのロック・ミュージシャン。
⇒外12（フライ, グレン　1948.11.6-）
　外16（フライ, グレン　1948.11.6-）

Frey, James Gottfried
アメリカの大リーグ監督（カブス）。
⇒メジャ（フライ, ジム　1931.5.26-）

Frey, Linus Reinhard（Lonny）
アメリカの大リーグ選手（二塁, 遊撃）。
⇒メジャ（フライ, ロニー　1910.8.23-2009.9.13）

Frey, Paul
カナダのテノール歌手。
⇒魅惑（Frey, Paul　1941-）

Freyberg, Bernard Cyril
イギリスの軍人。ニュージーランドの総督（1946～52）。

⇒ニュー（フライバーグ, バーナード　1889-1963）

Freyer, Hans
ドイツの社会学者。その歴史主義はナチズムの原理と結びついた。
⇒岩世人（フライアー　1887.7.31-1969.1.18）
　教人（フライアー　1887-）
　現社（フライヤー　1887-1969）
　社小増（フライヤー　1887-1969）

Freymann-Weyr, Garret
アメリカの作家。
⇒海文新（フレイマン=ウェア, ギャレット）

Freyre, Gilberto de Meleo
ブラジルの思想家, 評論家。1926年第1回ブラジル地域主義会議を開催。主著『主人の館と奴隷小屋』(33)。
⇒ラテ新（フレイレ　1900-1987）

Freyssinet, Eugène
フランスの建築技師。オルリーの飛行船格納庫の制作者として有名。
⇒岩世人（フレシネ　1879.7.13-1962）

Frey-Wyssling, Albert
スイスの植物細胞学者。
⇒岩生（フライ-ウィスリング　1900-1988）

Friant, Charles
フランスのテノール歌手。
⇒失声（フリアン, シャルル　1890-1947）
　魅惑（Friant, Charles　1890-1947）

Friberg, Bernard Albert
アメリカの大リーグ選手（三塁, 二塁, 外野）。
⇒メジャ（フライバーグ, バーニー　1899.8.18-1958.12.8）

Frick, Ford Christopher
アメリカの大リーグ第3代コミッショナー。
⇒メジャ（フリック, フォード　1894.12.19-1978.4.8）

Frick, Gottlob
ドイツのバス歌手。
⇒オペラ（フリック, ゴットロープ　1906-1994）
　新音中（フリック, ゴットロープ　1906.7.28-1994.8.18）
　標音2（フリック, ゴットロープ　1906.7.28-1994.8.18）

Frick, Henry Clay
アメリカの実業家。ペンシルヴァニアのコンルズヴィル炭鉱地方にコークス製造会社を設立して（1871）成功。
⇒アメ経（フリック, ヘンリー　1849.12.129-1919.12.2）
　アメ州（Frick, Henry Clay　フリック, ヘンリー・クレイ　1849-1919）
　岩世人（フリック　1849.12.19-1919.12.2）

Frick, Mario
リヒテンシュタインの政治家。リヒテンシュタイン首相。
⇒世指導（フリック,マリオ　1965.5.8–）

Frick, Wilhelm
ナチス・ドイツの政治家。ヒトラー側近の一人でドイツ内務相。
⇒岩世人（フリック　1877.3.12–1946.10.16）

Fricker, Peter Racine
イギリスの作曲家。バルトーク, シェーンベルク, ストラヴィンスキーの影響を吸収して自己の作風を確立した最初のイギリス作曲家のひとり。
⇒新音中（フリッカー, ピーター・ラシーン　1920.9.5–1990.2.1）
　標音2（フリッカー, ピーター・ラシーン　1920.9.5–1990.2.1）

Fricker, Sylvia
カナダのフォーク歌手。
⇒標音2（イアンとシルヴィア　1940.9.19–）

Fricsay Ferenc
ハンガリーの指揮者。ベルリンおよびミュンヘン国立歌劇場の音楽総監督, 西ベルリンのリアス交響楽団の指揮者を歴任。
⇒新音中（フリッチャイ, フェレンツ　1914.8.9–1963.2.20）
　標音2（フリッチャイ, フェレンツ　1914.8.9–1963.2.20）

Frida
スウェーデンの歌手。
⇒外12（フリーダ　1945–）
　外16（フリーダ　1945–）

Fridegård, Jan
スウェーデンの作家。
⇒岩世人（フリーデゴード　1897.6.14–1968.9.8）

Fridovich, Irwin
アメリカの生化学者。従来, 機能不明であった銅・亜鉛蛋白の生理的意義を明らかにした。
⇒岩世人（フリドヴィッチ　1929.8.2–）

Fridrichsen, Anton Johnson
スウェーデンの新約聖書学者。"Acta Seminarii Neotestamentici Upsaliensis"の編集者。
⇒岩世人（フリドリクセン　1888.1.4–1953.11.16）

Fridriksson, Fridrik Thór
アイスランドの映画監督, プロデューサー, 脚本家, 俳優。
⇒映監（フリドリクソン, フリドリック・トール　1953.5.12–）

Fried, Alfred Hermann
オーストリアの平和主義者。1892年ドイツ平和協会を創設し, 1911年ノーベル平和賞を受賞。
⇒岩世人（フリート　1864.11.11–1921.5.5）
　ノベ3（フリート,A.H.　1864.11.11–1921.5.5）
　ユ著人（Fried,Alfred Hermann　フリート, アルフレッド・ヘルマン　1864–1921）

Fried, Erich
オーストリアの作家。
⇒岩世人（フリート　1921.5.6–1988.11.22）
　ユ著人（Fried,Erich　フリード, エーリッヒ　1921–1988）

Fried, Michael
アメリカの美術批評家, 美術史家。
⇒岩世人（フリード　1939.4.12–）

Fried, Seth
アメリカの作家。
⇒海文新（フリード, セス　1983–）
　現世文（フリード, セス　1983–）

Friedan, Betty Naomi Goldstein
アメリカのウーマン・リブ運動指導者。
⇒アメ新（フリーダン　1921–2006）
　岩女（フリーダン, ベティ　1921.2.4–）
　岩世人（フリーダン　1921.2.4–2006.2.4）
　現社（フリーダン　1921–2006）
　広辞7（フリーダン　1921–2006）
　社小増（フリーダン　1921–）
　ユ著人（Friedan,Betty Naomi Goldstein　フリーダン, ベティ・ナオミ・ゴールドスタイン　1921–）

Friedberg, Aaron L.
アメリカの国際政治学者。プリンストン大学教授。
⇒外16（フリードバーグ, アーロン　1956–）

Friedel, Georges
フランスの結晶学者。鉱物の合成, 加熱実験, 液晶やダイヤモンドの研究等がある。
⇒岩世人（フリデル（慣フリーデル）　1865.7.19–1933.12.11）

Friedell, Egon
オーストリアの劇作家, 文化史家。
⇒岩世人（フリーデル　1878.1.21–1938.3.16）
　ユ著人（Friedell,Egon　フリーデル, エゴン　1878–1938）

Frieden, Tanja
スイスのスノーボード選手（スノーボードクロス）。
⇒外12（フリーデン, ターニャ　1976.2.6–）
　最世ス（フリーデン, ターニャ　1976.2.6–）

Friedenreich, Arthur
ブラジルのプロサッカー選手。
⇒岩世人（フリーデンライヒ　1892.7.18–1969.9.6）

Friederich, Werner Paul
アメリカのドイツ文学, 比較文学研究者, 教育者。
⇒比文増（フリーデリッチ（ワーナー・ポール）　1905（明治38）–1993（平成5））

Friederici, Georg
ドイツの民族学者,植民史家。南洋に研究旅行を試みた(1908～10)。
⇒岩世人(フリーデリーツィ　1866.1.28-1947.4.15)

Friedkin, William
アメリカ生まれの映画監督。
⇒映監(フリードキン,ウィリアム　1935.8.29-)
外12(フリードキン,ウィリアム　1939.8.29-)
外16(フリードキン,ウィリアム　1939.8.29-)
ユ著人(Friedkin,William　フリードキン,ウィリアム　1939-)

Friedlaender, Johnny
フランスの画家。
⇒芸13(フリードレンデル,ジョニー　1912-1981)

Friedlander, Lee
アメリカの写真家。
⇒岩世人(フリードランダー　1934.7.14-)

Friedländer, Max
ドイツの音楽学者。ドイツ歌曲を研究し,特にシューベルトの作品で未知のもの100篇以上を発見,公刊した。
⇒岩世人(フリートレンダー　1852.10.12-1934.5.2)

Friedländer, Max Jakob
ドイツの美術史家。1896年からベルリン国立美術館で研究を続け,1929年館長に就任。
⇒岩世人(フリートレンダー　1867.6.5-1958.10.11)

Friedländer, Moritz
ポズナン生まれのオリエント学者,作家,教育者。
⇒ユ著人(Friedländer,Moritz　フリートレンダー,モーリッツ　1844-1919)

Friedländer, Walter
ドイツの美術史家。ナチス政権下のドイツを去り(1933),ニューヨーク大学の美術史学教授を務めた(35～)。
⇒岩世人(フリートレンダー　1873.3.10-1966.9.6)

Friedman, Benjamin M.
アメリカの経済学者。
⇒外12(フリードマン,ベンジャミン　1944-)
外16(フリードマン,ベンジャミン　1944-)

Friedman, Bruce Jay
アメリカ(ユダヤ系)の小説家,劇作家。
⇒現世文(フリードマン,ブルース・ジェイ　1930.4.26-)

Friedman, Daniel
アメリカのグラフィック・デザイナー。
⇒グラデ(Friedman,Daniel　フリードマン,ダニエル　1945-1995)

Friedman, Daniel
アメリカの作家。
⇒海文新(フリードマン,ダニエル　1981-)
現世文(フリードマン,ダニエル　1981-)

Friedman, Erick
アメリカのヴァイオリン奏者。
⇒標音2(フリードマン,エリック　1939.8.16-)

Friedman, F.William
ロシア出身のアメリカの暗号解読家。
⇒スパイ(フリードマン,ウィリアム・F　1891-1969)

Friedman, George
アメリカの政治学者。ストラトフォーCEO。
⇒外12(フリードマン,ジョージ　1949.2.1-)
外16(フリードマン,ジョージ　1949.2.1-)

Friedman, Ignaz
ポーランドのピアノ奏者。特にショパンの解釈者として知られた。
⇒ユ著人(Friedmann,Ignacy　フリードマン,イグナシイ　1882-1948)

Friedman, Jeffrey M.
アメリカの生化学者。
⇒外12(フリードマン,ジェフリー　1954.7.20-)
外16(フリードマン,ジェフリー　1954.7.20-)

Friedman, Jerome I.
アメリカの物理学者。1990年ノーベル賞物理学賞を受賞。
⇒岩世人(フリードマン　1930.3.28-)
外12(フリードマン,ジェローム　1930.3.28-)
外16(フリードマン,ジェローム　1930.3.28-)
ノベ3(フリードマン,J.I.　1930.3.28-)

Friedman, Kinky
アメリカのミステリ作家,ミュージシャン。
⇒ロック(Friedman,Kinky　フリードマン,キンキー　1944.10.31-)

Friedman, Lawrence
アメリカの法史学者。
⇒岩世人(フリードマン　1930.4.2-)
外16(フリードマン,ローレンス　1930.4.2-)

Friedman, Marty
アメリカのロック・ギター奏者,音楽プロデューサー。
⇒外12(フリードマン,マーティ　1962.12.8-)
外16(フリードマン,マーティ　1962.12.8-)

Friedman, Milton
アメリカの経済学者。1976年ノーベル経済学賞。
⇒アメ経(フリードマン,ミルトン　1912.7.31-2006.11.16)
アメ新(フリードマン　1912-2006)
岩経(フリードマン　1912-)
岩世人(フリードマン　1912.7.31-2006.11.6)

現社（フリードマン　1912–2006）
広辞7（フリードマン　1912–2006）
新カト（フリードマン　1912.7.31–2006.11.16）
ネーム（フリードマン　1912–2006）
ノベ3（フリードマン,M.　1912.7.31–2006.11.16）
有経5（フリードマン　1912–2006）
ユ著人（Friedman,Milton　フリードマン, ミルトン　1912–）

Friedman, Stephen
アメリカの金融家。
⇒外12（フリードマン, スティーブン　1937.12.21–）
外16（フリードマン, スティーブン　1937.12.21–）

Friedman, Thomas L.
アメリカのジャーナリスト。
⇒外12（フリードマン, トーマス　1953.7.20–）
外16（フリードマン, トーマス　1953.7.20–）

Friedman, Tom
アメリカ生まれの芸術家。
⇒現アテ（Friedman,Tom　フリードマン, トム　1965–）

Friedmann, Aleksandr Aleksandrovich
ロシアの数学者。
⇒天文大（フリードマン　1888–1925）
物理（フリードマン, アレキサンドル・アレキサンドロヴィッチ　1888–1925）

Friedmann, Georges Philippe
フランスの社会学者。平和運動に活躍。
⇒岩世人（フリードマン　1902.5.13–1977.11.15）
社小増（フリードマン　1902–1977）
メル3（フリードマン, ジョルジュ　1902–1977）
ユ著人（Friedmann,George Philippe　フリードマン, ジョルジュ・フィリップ　1902–1977）

Friedmann, Gérard
テノール歌手。
⇒魅惑（Friedmann,Gérard　?–）

Friedmann, Hermann
ドイツの哲学者。触覚的（物質的）世界観に対し視覚的世界観の形態学的観念論を建設しようとした。
⇒岩世人（フリートマン　1873.4.11–1957.5.25）

Friedmann, Theodore
アメリカの遺伝学者, 生化学者。
⇒外16（フリードマン, セオドア　1935.6.16–）

Friedrich, Carl Joachim
ドイツ生まれのアメリカの行政学者。ハーバード大学行政学教授（1936〜）。
⇒岩世人（フリードリヒ　1901.6.5–1984.9.19）

Friedrich, Götz
ドイツの演出家。
⇒標音2（フリードリヒ, ゲッツ　1930.8.4–）

Friedrich, Joachim
ドイツの児童文学作家。
⇒外12（フリードリヒ, ヨアヒム　1953–）
外16（フリードリヒ, ヨアヒム　1953–）
現世文（フリードリヒ, ヨアヒム　1953–）

Friedrich, Johannes
ドイツの古代オリエント言語学者。ベルリン自由大学教授（1954〜）。主としてハッティ語と小アジアの古語に造詣が深い。
⇒岩世人（フリードリヒ　1893.8.27–1972.8.12）

Friedrich, Karl
ウィーン生まれのテノール歌手。
⇒魅惑（Friedrich,Karl　1915–1981）

Friedrich, Su
アメリカの女性映画監督, 写真家, 作家。
⇒映監（フリードリッヒ, スー　1954.12.12–）

Friedrichs, Kurt Otto
ドイツの数学者。
⇒岩世人（フリードリクス　1901.9.28–1982.12.31）

Friel, Brian
イギリスの劇作家。
⇒岩世人（フリール　1929.1.9–）
現世文（フリール, ブライアン　1929.1.9–2015.10.2）

Friend, Robert Bartmess
アメリカの大リーグ選手（投手）。
⇒メジャ（フレンド, ボブ　1930.11.24–）

Friendly, Alfred
アメリカ陸軍士官。
⇒スパイ（フレンドリー, アルフレッド　1911–1983）

Fries, Charles Carpenter
アメリカの言語学者。英語史の諸分野, アメリカ英語の慣用と構造記述（特に文法）に貢献。
⇒岩世人（フリーズ　1887.11.29–1967.12.8）

Fries, Heinrich
ドイツのカトリック神学者。
⇒新カト（フリース　1911.12.31–1998.11.19）

Friese Greene, William
イギリス生まれの写真家, 発明家。
⇒世発（フリーズグリーン, ウィリアム・エドワード　1855–1921）

Friesinger, Anni
ドイツのスピードスケート選手。
⇒外12（フリージンガー, アンニ　1977.1.11–）
外16（フリージンガー, アンニ　1977.1.11–）
最世ス（フリージンガー, アンニ　1977.1.11–）

Friesz, Emile Othon
フランスの画家。主作品は『春』（1909）,『水

浴』(48)。
⇒岩世人 (フリエス 1879.2.6–1949.1.10)
芸13 (フリエス,エミール・オトン 1879–1949)

Friis, Aage
デンマークの歴史家。主著 "Bernstorfferne og Danmark" (1903〜19)。
⇒岩世人 (フリース 1870.8.16–1949.10.5)

Friis, Agnete
デンマークの児童文学作家。
⇒海文新 (フリース,アニタ 1974–)
現世文 (フリース,アニタ 1974–)

Friis, Lotte
デンマークの水泳選手(自由形)。
⇒最世ス (フリース,ロッテ 1988.2.9–)

Frillmann, Paul William
アメリカの宣教師。
⇒アア歴 (Frillmann,Paul W (illiam) フリルマン,ポール・ウイリアム 1911.12.12–1972.8.19)

Frimansson, Inger
スウェーデンのミステリ作家。
⇒外12 (フリマンソン,インゲル 1944–)
外16 (フリマンソン,インゲル 1944–)
現世文 (フリマンソン,インゲル 1944–)

Friml, Rudolf
チェコ生まれのアメリカの作曲家。
⇒エデ (フリムル,(チャールズ)ルドルフ 1879.12.2–1972.11.12)
ク音3 (フリムル 1879–1972)
新音中 (フリムル,ルドルフ 1879.12.7–1972.11.12)
標音2 (フリムル,ルードルフ 1879.12.7–1972.11.12)

Frings, Josef Richard
ドイツのカトリック司教,枢機卿。
⇒岩世人 (フリングス 1887.2.6–1978.12.17)
新カト (フリングス 1887.2.6–1978.12.17)

Frings, Theodor
ドイツのゲルマン学者。方言地理学および文化地理学に基づくその著作は,言語学研究に新しい観点を導入した。
⇒岩世人 (フリングス 1886.7.23–1968.6.6)

Frink, *Dame* Elisabeth
イギリスの彫刻家。
⇒芸13 (フリンク,エリザベス 1930–1993)

Fripp, Robert
イギリス生まれのギター奏者,作曲家,プロデューサー。
⇒外12 (フリップ,ロバート 1946.5.16–)
外16 (フリップ,ロバート 1946.5.16–)

Frisch, Frank Francis
アメリカの大リーグ選手(二塁,三塁)。
⇒アメ州 (Frisch,Frank フリッシュ,フランク 1898–1973)
メジャ (フリッシュ,フランキー 1898.9.9–1973.3.12)

Frisch, Karl von
オーストリアの動物心理学者。「ミツバチのダンス」の発見で有名。1973年度ノーベル生理・医学賞を受賞。
⇒岩生 (フリッシュ 1886–1982)
岩世人 (フリッシュ 1886.11.20–1982.6.12)
旺生5 (フリッシュ 1886–1982)
オク生 (フリッシュ,カール・フォン 1886–1982)
科生 (フリッシュ 1886–1982)
広辞7 (フリッシュ 1886–1982)
三新生 (フリッシュ 1886–1982)
ネーム (フリッシュ 1886–1982)
ノベ3 (フリッシュ,K. 1886.11.20–1982.6.12)
ポプ人 (フリッシュ,カール・フォン 1886–1982)

Frisch, Max Rudolph
スイスの作家。ユダヤ人迫害問題を扱ったドラマ『アンドラ』で知られる。
⇒岩世人 (フリッシュ 1911.5.15–1991.4.4)
現世文 (フリッシュ,マックス 1911.5.15–1991.4.3)
広辞7 (フリッシュ 1911–1991)
新カト (フリッシュ 1911.5.15–1991.4.4)

Frisch, Otto
ドイツの物理学者。ウラン核の分裂を研究し,第二次大戦当時はアメリカで原子爆弾の発達に貢献した。
⇒岩世人 (フリッシュ 1904.10.1–1979.9.22)
ユ著人 (Frisch,Otto Robert フリッシュ,オットー・ロバート 1904–1979)

Frisch, Ragner Anton Kittil
ノルウェーの経済学者,統計学者。計量経済学会の創設に参加。1969年最初のノーベル経済学賞を受賞。
⇒岩経 (フリッシュ 1895–1973)
岩世人 (フリッシュ 1895.3.3–1973.1.31)
ノベ3 (フリッシュ,R.A.K. 1895.3.3–1973.1.31)
有経5 (フリッシュ 1895–1973)

Frischeisen-Köhler, Max
ドイツの哲学者,教育学者。ディルタイの弟子で,新カント派の観念論に対し実在論を採って,認識の対象が存在であり,存在が常に体験に与えられるとした。
⇒岩世人 (フリッシュアイゼン＝ケーラー 1878.7.19–1923.10.22)
教人 (フリッシュアイゼン・ケーラー 1878–1923)

Frischman, David
ポーランドのヘブライ,イディッシュ語作家。
⇒ユ著人 (Frischmann,David フリッシュマン,ダーフィット 1859–1922)

Frist, Bill
アメリカの政治家。

⇒外12（フリスト, ビル　1952.2.22-）
Fritsch, Gustav Theodor
ドイツの解剖学者, 人類学者。世界一周旅行をして（1904〜05）, 諸人種の頭髪, 網膜標本, 写真等を集めて人類学的研究を行った。
⇒岩世人（フリッチュ　1838.3.5-1927.6.12）
Fritsch, Thierry
フランスの実業家。
⇒外12（フリッチ, ティエリー　1955-）
外16（フリッチ, ティエリー　1955-）
Fritsch, Werner Freiherr von
ヒトラーの戦争計画に反対したドイツ陸軍司令官。
⇒岩世人（フリッチュ　1880.8.4-1939.9.22）
Frittoli, Barbara
イタリアのソプラノ歌手。
⇒外12（フリットリ, バルバラ　1967-）
外16（フリットリ, バルバラ　1967-）
Fritz, Burkhard
ドイツのテノール歌手。
⇒魅惑（Fritz,Burkhard　1970-）
Fritz, Chester
アメリカの銀行家。
⇒アア歴（Fritz,Chester　フリッツ, チェスター　1892.3.25-1983.7.28）
Fritz, Haarmann
ドイツの殺人犯。
⇒ネーム（フリッツ, ハールマン　1879-1925）
Fritz, Jean
アメリカの女性作家, 著述家。
⇒現世文（フリッツ, ジーン　1915.11.16-2017.5.14）
Fritz V
アスペルガー症候群患児の代表例の一人。
⇒現精（フリッツ［症例］）
現精縮（フリッツ［症例］）
Frize, Bernard
フランス生まれの画家。
⇒現アテ（Frize,Bernard　フリーズ, ベルナール　1949-）
Frizzell, Dick
ニュージーランドの画家, グラフィック・デザイナー。
⇒ニュー（フリッツェル, ディック　1943-）
Frlec, Boris
スロベニアの政治家, 化学者。スロベニア外相。
⇒世指導（フルレツ, ボリス　1936.2.10-）
Frobenius, Georg Ferdinand
ドイツの数学者。

⇒岩世人（フロベーニウス　1849.10.26-1917.8.3）
数小増（フロベニウス　1849-1917）
世数（フロベニウス, フェルディナンド・ゲオルク　1849-1917）
有経5（フロベニウス　1849-1917）
Frobenius, Leo
ドイツの民族学者。先史時代の芸術を研究, 文化圏説の概念を提唱。
⇒岩世人（フロベーニウス　1873.6.29-1938.8.9）
新カト（フロベニウス　1873.6.29-1938.8.9）
Froch, Carl
イギリスのプロボクサー。
⇒最世ス（フローチ, カール　1977.7.2-）
Frodeno, Jan
ドイツのトライアスロン選手。
⇒外12（フロデノ, ヤン　1981.8.1-）
最世ス（フロデノ, ヤン　1981.8.1-）
Fröding, Gustaf
スウェーデンの詩人。『ギターと手風琴』（1891）, 『聖杯のしずく』（98）などを発表。
⇒岩世人（フレーディング　1860.8.22-1911.2.8）
Froget, Auguste
フランスのカトリック神学者, ドミニコ会員。
⇒新カト（フロジェ　1843.1.28-1905.5.4）
Fröhlich, Alfred
アメリカの薬理学者。
⇒ユ著人（Fröhlich,Alfred　フローリッヒ, アルフレッド　1871-1953）
Fröhlich, Herbert
ドイツ生まれのイギリスの物理学者。
⇒岩世人（フレーリヒ　1905.12.9-1991.1.23）
Fröhlich, Peter
テノール歌手。
⇒魅惑（Fröhlich,Peter　?-）
Fröhlich, Uwe
ドイツのポツダム・ヒロシマ広場をつくる会会長。
⇒外16（フレーリヒ, ウーベ　1964-）
Frohman, Charles
アメリカの劇場経営者。
⇒ユ著人（Frohman,Charles　フローマン, チャールス　1860-1915）
Frolova, Olga P.
ロシアの日本語教師。ノボシビルスク大学外国語学部教授。
⇒外12（フロロワ, オリガ　1931-）
Froman, Michael
アメリカの弁護士。米国通商代表部（USTR）代表。
⇒外16（フロマン, マイケル　1962-）

世指導（フロマン, マイケル　1962–）

Fromm, Erich
ドイツの精神分析学者。新フロイト学派。ナチスに追われ, 渡米。1952年メキシコ国立大学教授。主著『自由からの逃走』(41)。
⇒岩キ（フロム　1900–1980）
　岩世人（フロム　1900.3.23–1980.3.18）
　覚思（フロム　1900.3.23–1980.3.18）
　覚思ス（フロム　1900.3.23–1980.3.18）
　教思増（フロム　1900–1980）
　教人（フロム　1900–）
　現社（フロム　1900–1980）
　現精（フロム　1900–1980）
　現精縮（フロム　1900–1980）
　広辞7（フロム　1900–1980）
　社小増（フロム　1900–1980）
　社心小（フロム　1900–1980）
　新カト（フロム　1900.3.23–1980.3.18）
　精分岩（フロム, エーリッヒ　1900–1984）
　精分弘（フロム, エーリッヒ　1900–1980）
　哲中（フロム　1900–1980）
　ポブ人（フロム, エーリッヒ　1900–1980）
　メル3（フロム, エーリッヒ　1900–1980）
　ユ著人（Fromm,Erich　フロム, エーリッヒ　1900–1980）

Fromme, Lynette Alice
アメリカの連続殺人犯チャールズ・マンソンとそのファミリーの元メンバー。ジェラルド・フォード大統領の暗殺をはかった。
⇒世暗（フロム, リネット・アリス（"スクィーキー"）　1948–）

Fromm-Reichmann, Frieda
ドイツ生まれの精神医学者。
⇒現精（フロム-ライヒマン　1889–1957）
　現精縮（フロム-ライヒマン　1889–1957）
　精分岩（フロム-ライヒマン, フリーダ　1889–1957）

Froome, Chris
イギリスの自転車選手（ロードレース）。
⇒最世ス（フルーム, クリス　1985.5.20–）

Froshaug, Anthony
イギリスのタイポグラファー, 教育者。
⇒グラデ（Froshaug,Anthony　フロスホー, アンソニー　1920–1984）

Frost, Mark
アメリカの作家, 脚本家。
⇒外16（フロスト, マーク　1953–）
　現世文（フロスト, マーク　1953–）

Frost, Martin
アメリカの政治家。下院議員（民主党）。
⇒外12（フロスト, マーティン　1942.1–）

Frost, Nick
イギリスの俳優。

⇒外16（フロスト, ニック　1972–）

Frost, Robert Lee
アメリカの詩人。
⇒アメ州（Frost,Robert Lee　フロスト, ロバート・リー　1874–1963）
　アメ新（フロスト　1874–1963）
　岩世人（フロスト　1874.3.26–1963.1.29）
　現世文（フロスト, ロバート　1874.3.26–1963.1.29）
　広辞7（フロスト　1874–1963）
　新カト（フロスト　1874.3.26–1963.1.29）

Frost, Sadie
イギリス生まれの女優。
⇒ク俳（フロスト, セイディ（ヴォーグマン,S）　1967–）

Frost, Scott
アメリカの脚本家, 作家。
⇒海文新（フロスト, スコット）

Frost, William
ウェールズの飛行家。
⇒世発（フロスト, ウィリアム（ビル）　1850–1935）

Frotscher, Gotthold
ドイツの音楽学者。
⇒標音2（フロッチャー, ゴットホルト　1897.12.6–1967.9.30）

Froud, Brian
イギリスの美術デザイナー, 挿絵画家, 絵本作家。
⇒外12（フラウド, ブライアン　1947–）
　外16（フラウド, ブライアン　1947–）

Frug, Shimon Shmuel
ロシアの詩人。
⇒ユ著人（Frug,Shimon Shmuel　フルグ, シモン・シュムエル（フールグ, シメン）　1860–1916）

Frühbeck de Burgos, Rafael
スペインの指揮者。
⇒外12（フリューベック・デ・ブルゴス, ラファエル　1933.9.15–）
　新音中（フリューベック・デ・ブルゴス, ラファエル　1933.9.15–）
　標音2（フリューベック・デ・ブルゴス, ラファエル　1933.9.15–）

Frumerie, Gunnar de
スウェーデンの作曲家, ピアノ奏者。
⇒標音2（フルメリー, グンナル・デ　1908.7.20–1987.9.9）

Frumkin, Aleksandr Naumovich
ソ連の物理化学者。科学アカデミー会員（1932）白金電極, 電極のポテンシャル, 触媒表面の吸着の電気化学的方法の研究でスターリン賞を受賞 (40)。
⇒岩世人（フルムキン　1895.10.12/24–1976.5.27）

Frumkina, Mariia Iakovlevna
ロシアの革命家。
⇒学叢思（フルームキン　1878-?）

Frunze, Mikhail Vasilievich
ロシアの赤軍の指導者。
⇒岩世人（フルンゼ　1885.1.21/2.2-1925.10.31）
　戦思（フルンゼ　1885-1925）

Frusciante, John
アメリカのロック・ギター奏者。
⇒異二辞（フルシアンテ［ジョン・～］　1970-）
　外12（フルシアンテ，ジョン）
　外16（フルシアンテ，ジョン）

Frusoni, Maurizio
イタリアのテノール歌手。
⇒失声（フルゾーニ，マウリッツィオ　1941-2000）
　魅惑（Frusoni,Maurizio　1945-）

Frutiger, Adrian
スイスのタイポグラファー，書体・デザイナー。
⇒グラデ（Frutiger,Adrian　フルティーゲル，アドリアン　1928-）

Fruwirth, Carl
オーストリアの植物学者，育種学者。日本の育種学に多大の影響を与え，またチェコスロバキアのホップの品質が世界一であることは，彼に負う処が大きい。
⇒岩世人（フルーヴィルト　1862.8.31-1930.7.21）

Fry, Christopher
イギリスの劇作家。代表作『焚刑を免れた女』(1949)。
⇒岩世人（フライ　1907.12.18-2005.6.30）
　現世文（フライ，クリストファー　1907.12.18-2005.6.30）
　新カト（フライ　1907.12.18-2005.6.30）

Fry, Graham
イギリスの外交官。
⇒外12（フライ，グラハム　1949.12.20-）
　外16（フライ，グラハム　1949.12.20-）
　世指導（フライ，グラハム　1949.12.20-）

Fry, Roger Eliot
イギリスの画家，美術評論家。後期印象派のイギリスへの紹介に努めた。
⇒岩世人（フライ　1866.12.14-1934.9.9）
　芸13（フライ，ロジャー・エリオット　1866-1934）
　広辞7（フライ　1866-1934）

Fryatt, John
イギリスのテノール歌手。
⇒魅惑（Fryatt,John　?-）

Frydlewicz, Miroslav
チェコスロバキアのテノール歌手。
⇒失声（フリードレヴィッツ，ミロスラフ　1934-2002）
　魅惑（Frydllewicz,Miroslov　1934-）

Frye, Alexis Everett
アメリカの教育家。シカゴ師範学校で教授法および教育実習を教えた(1883～86)。カリフォルニアのSan Bernardino(91～93),Cuba(99～1901)でそれぞれ校長をつとめた。
⇒教人（フライ　1859-1936）

Frye, Don
アメリカの格闘家。
⇒外12（フライ，ドン　1965.11.23-）
　外16（フライ，ドン　1965.11.23-）

Frye, Northrop
カナダの批評家。
⇒新カト（フライ　1912.7.14-1991.1.23）
　メル別（フライ，ハーマン・ノースロプ　1912-1991）

Frye, Richard Nelson
アメリカのイラン学者。
⇒岩世人（フライ　1920.1.10-2014.3.27）

Fryer, John
イギリスの中国学者。中国における洋学の普及に寄与。
⇒岩世人（フライヤー　1839.8.6-1928.7.2）

Fryman, David Travis
アメリカの大リーグ選手(三塁，遊撃)。
⇒メジャ（フライマン，トラヴィス　1969.3.25-）

Fryman, Woodrow Thompson
アメリカの大リーグ選手(投手)。
⇒メジャ（フライマン，ウッディ　1940.4.12-2011.2.4）

Fu'ād I
メフメット・アリー朝第10代君主(1917～22,22～36)。教育事業に力をいれ，ギゼーのエジプト大学(のちのフアード一世大学)を創設。
⇒岩イ（フアード1世　1868-1936）
　岩世人（フアード1世　1868.3.26-1936.4.28）

Fua Hariphithak
タイの画家，美術家。
⇒岩世人（フア・ハリピタック　1910.4.22-1993.10.19）

Fubini, Guido
イタリアの数学者。
⇒岩世人（フビニ　1879.1.19-1943.6.6）
　数辞（フビニ，ギド　1879-1943）
　世伝（フビニ，ギド　1879-1943）

Fuchs, Abraham Moshe
イディッシュ語短編作家。
⇒ユ著人（Fuchs,Abraham Moshe　フックス，アブラハム・モーシェ　1890-1974）

Fuchs, Emil Julius Klaus
イギリスの物理学者。
⇒スパイ (フックス,エミル・ジュリアス・クラウス 1911–1988)

Fuchs, Ernst
オーストリアの眼科学者。彼の眼科教科書 "Lehrbuch der Augenheikunde" (1889) は諸国語に翻訳された。
⇒岩世人 (フックス 1851.6.14–1930.11.21)

Fuchs, Ernst
西ドイツのプロテスタント神学者。ブルトマン門下の逸材で史的イエスの再発見を試みる。
⇒岩世人 (フックス 1903.6.11–1983.1.15)
　新カト (フックス 1903.6.11–1983.1.15)

Fuchs, Ernst
オーストリア生まれの画家。
⇒岩世人 (フックス 1930.2.13–)
　芸13 (フックス,エルンスト 1930–)

Fuchs, Georg
ドイツの演出家、演劇理論家。「演劇の再演劇化」を唱道、彼の主張は『劇場の革命』(1909) に要約される。
⇒岩世人 (フックス 1868.6.15–1949.6.16)

Fuchs, Josef
ドイツのカトリック神学者。
⇒新カト (フックス 1912.7.5–2005.3.9)

Fuchs, Karl Johannes
ドイツの経済学者。農業経済学および商業政策を論じた。
⇒岩世人 (フックス 1865.8.7–1934.12.4)
　学叢思 (フックス,カール・ヨハネス 1865–?)

Fuchs, Walter
ドイツの東洋学者。中徳学会会長 (1940)、燕京大学教授 (46～47) 等を歴任。
⇒岩世人 (フックス 1902.8.1–1979.3.5)

Fuchshuber, Annegert
ドイツのイラストレーター。
⇒絵本 (フクスフーバー,アンネゲルト 1940–)

Fučík, Julius
チェコの作曲家、軍楽隊隊長。『剣士の入場』がとくに知られる。
⇒新音中 (フチーク,ユリウス 1872.7.18–1916.9.25)
　標音2 (フチーク,ユリウス 1872.7.18–1916.9.25)

Fučík, Julius
チェコスロバキアの政治家、ジャーナリスト。共産党地下中央委員となったが (1942)、ナチスに逮捕され、銃殺刑に処せられた。
⇒岩世人 (フチーク 1903.2.23–1943.9.8)

Fucks, Wilhelm
ドイツの物理学者。
⇒標音2 (フックス,ヴィルヘルム 1902.6.4–)

Fuentes, Andrea
スペインのシンクロナイズドスイミング選手。
⇒最世ス (フエンテス,アンドレア 1983.4.7–)

Fuentes, Brian Christopher
アメリカの大リーグ選手 (投手)。
⇒メジャ (フエンテス,ブライアン 1975.8.9–)

Fuentes, Carlos
メキシコの小説家。『アルテミオ・クルスの死』(1962) が有名。
⇒岩世人 (フエンテス,カルロス 1928.11.11–2012.5.15)
　外12 (フエンテス,カルロス 1928.11.11–)
　現世文 (フエンテス,カルロス 1928.11.11–2012.5.15)
　広辞7 (フエンテス 1928–2012)
　ラテ新 (フエンテス 1928–2012)

Fuentes, Rigoberto (Tito)
アメリカの大リーグ選手 (二塁、遊撃)。
⇒メジャ (フエンテス,ティト 1944.1.4–)

Fuga, Sandro
イタリアの作曲家。
⇒オペラ (フーガ,サンドロ 1906–1994)

Fugard, Athol
南アフリカの白人劇作家、俳優、演出家。『シズウェ・バンジは死んだ』は、1973年イギリスで、75年アメリカでロングランの話題作。
⇒外12 (フガード,アソール 1932.6.11–)
　外16 (フガード,アソール 1932.6.11–)
　現世文 (フガード,アソール 1932.6.11–)

Fügel, Alfons
西ドイツのテノール歌手。
⇒魅惑 (Fügel,Alfons 1912–1960)

Fuglø, Edward
フェロー諸島の画家、デザイナー。
⇒絵本 (フーレー,エドヴァルド 1965–)

Fuhr, Xaver
ドイツの画家。
⇒芸13 (フール,ザヴェル 1898–1967)

Fujii, Emi
スウェーデンの陶芸家。
⇒芸13 (フジイ,エミ)

Fujikawa, Tadd
アメリカのプロゴルファー。
⇒外12 (フジカワ,タッド 1991.1.8–)
　最世ス (フジカワ,タッド 1991.1.8–)

Fujimori, Alberto
ペルーの政治家。第91代ペルー大統領（1990～2000）。
⇒岩世人（フジモリ　1938.7.28–）
　外12（フジモリ, アルベルト　1938.7.28–）
　外16（フジモリ, アルベルト　1938.7.28–）
　広辞7（フジモリ　1938–）
　政経改（フジモリ　1938–）
　世指導（フジモリ, アルベルト　1938.7.28–）
　世人新（フジモリ　1938–）
　世人装（フジモリ　1938–）
　ラテ新（フジモリ　1938–）

Fujita, Edmundo
ブラジルの外交官。
⇒外12（フジタ, エジムンド）
　外16（フジタ, エジムンド・ススム）

Fujita, Scott
アメリカのプロフットボール選手（セインツ・LB）。
⇒外12（フジタ, スコット　1979.4.28–）
　最世ス（フジタ, スコット　1979.4.28–）

Fuksas, Massimiliano
イタリアの建築家。
⇒外12（フクサス, マッシミリアーノ　1944–）
　外16（フクサス, マッシミリアーノ　1944–）

Fukuda, Keiji
アメリカの医師。
⇒外12（フクダ, ケイジ）
　外16（フクダ, ケイジ）

Fukunaga, Cary Joji
アメリカの映画監督。
⇒外12（フクナガ, キャリー・ジョージ　1977–）
　外16（フクナガ, キャリー・ジョージ　1977–）

Fukushima, Glen S.
アメリカの実業家, 弁護士。
⇒外12（フクシマ, グレン　1949.9.9–）
　外16（フクシマ, グレン　1949.9.9–）

Fukuyama, Francis
アメリカの国際政治学者。
⇒アメ新（フクヤマ　1952–）
　外12（フクヤマ, フランシス　1952.10.27–）
　外16（フクヤマ, フランシス　1952.10.27–）
　現社（フクヤマ　1952–）
　国政（フクヤマ, フランシス　1952–）
　メル別（フクヤマ, フランシス・ヨシヒロ　1952–）

Fulbert-Dumonteil, Jean Camille
フランスのジャーナリスト, 作家。
⇒フラ食（フュルベール・デュモンテイユ, ジャン・カミーユ　1831–1912）

Fulbright, James William
アメリカの政治家。1946年に作られた, フルブライト法による教育交換計画でも広く知られる。75年国際交流基金賞を受賞。
⇒アメ州（Fulbright, James William　フルブライト, ジェームズ・ウイリアム　1905–）
　アメ新（フルブライト　1905–1995）
　岩世人（フルブライト　1905.4.9–1995.2.9）
　広辞7（フルブライト　1905–1995）
　ネーム（フルブライト　1905–1995）

Fulci, Lucio
イタリア・ローマ生まれの映画監督。
⇒映監（フルチ, ルチオ　1927.6.17–1996）

Fuld, Richard S., Jr.
アメリカの金融家。
⇒外12（フルド, リチャード　1946–）
　外12（ファルド, リチャードS.（Jr.）　1946–）
　外16（フルド, リチャードJr.　1946–）
　外16（ファルド, リチャードJr.　1946–）

Fulda, Ludwig
ドイツの劇作家。主として喜劇に才筆を揮った。
⇒岩世人（フルダ　1862.7.15–1939.3.30）

Fulford, Benjamin
カナダのジャーナリスト, ノンフィクション作家。
⇒外16（フルフォード, ベンジャミン　1961–）

Fulks, Joe
アメリカのバスケットボール選手。
⇒異二辞（ファルクス［ジョー・～］　1921–1976）

Fuller, Alfred Carl
アメリカの実業家。フラー・ブラシ創業者。
⇒アメ経（フラー, アルフレッド　1885.1.13–1973.12）

Fuller, Henry Blake
アメリカの小説家, 劇作家。
⇒アメ州（Fuller, Henry Blake　フラー, ヘンリー・ブレイク　1857–1929）

Fuller, Jerry
アメリカの歌手, ソングライター, プロデューサー。
⇒ロック（Fuller, Jerry　フラー, ジェリー）

Fuller, Jesse
アメリカ・ジョージア州ジョーンズバラ生まれのブルーズ歌手。
⇒ロック（Fuller, Jesse　フラー, ジェシー　1896–）

Fuller, John Frederick Charles
イギリスの軍人, 軍事評論家。主著『大戦下の戦車』（1920）など。
⇒戦思（フラー　1878–1966）

Fuller, John Leopold
イギリスの詩人, 批評家。
⇒現世文（フラー, ジョン　1937–）

Fuller, Loie
アメリカの舞踊家。コスチューム・ダンスで知られる。
⇒岩世人（フラー　1862.1.22-1928.1.21）

Fuller, Lon Luvois
アメリカの法哲学者。主著『法と道徳』(1964)。
⇒岩世人（フラー　1902.6.15-1978.4.8）

Fuller, Martin
イギリス生まれの画家。
⇒芸13（フラー, マーティン　1943-）

Fuller, Richard Buckminster
アメリカの技術家, 建築家。1953年『ジオデシック・ドーム』を発表。
⇒アメ州（Fuller,Richard Buckminster　フラー, リチャード・バックミンスター　1895-1983）
　アメ新（フラー　1895-1983）
　岩世人（フラー　1895.7.12-1983.7.1）
　広辞7（フラー　1895-1983）
　世建（バックミンスター・フラー,R.　1895-1983）

Fuller, Roy Broadbent
イギリスの詩人, 小説家。『ブルータスの果樹園』(1957)。
⇒岩世人（フラー　1912.2.11-1991.9.27）
　現世文（フラー, ロイ　1912.2.11-1991.9.27）

Fuller, Samuel
アメリカ生まれの映画監督, 映画脚本家。
⇒岩世人（フラー　1911/1912.8.12-1997.10.30）
　映監（フラー, サミュエル　1912.8.12-1997）
　ネーム（フラー, サミュエル　1912-1997）

Fullmer, Bradley Ryan
アメリカの大リーグ選手（一塁,DH）。
⇒メジャ（フルマー, ブラッド　1975.1.17-）

Fulmer, David
アメリカの作家。
⇒現世文（フルマー, デービッド）

Fülöp, Attila
ハンガリーのテノール歌手。
⇒魅惑（Fülöp,Attila　1942-）

Fulson, Lowell
アメリカの歌手, ギター奏者。
⇒ロック（Fulson,Lowell　フルソン, ローエル　1921-）

Fulton, Mary
アメリカの宣教師。
⇒アア歴（Fulton,Mary Hannah　フルトン, メアリー・ハナ　1854.5.31-1927.1.7）

Fulton, Samuel Peter
アメリカの長老教会宣教師。来日し(1888), 神戸神学校を創立し(1907)その校長となり, 伝道にも努力した。

⇒岩世人（フルトン　1865.8.17-1938.9.15）

Fulton, Thomas Alexander Wemyss
スコットランドの水産学者。水産動物学, 統計学, 漁業制度等に関する多くの論文がある。
⇒岩世人（フルトン　1855-1929.10.7）

Fultz, David Lewis
アメリカの大リーグ選手（外野）。
⇒メジャ（ファルツ, デイヴ　1875.5.29-1959.10.29）

Fumanti, Giorgia
イタリアの声楽家。
⇒外12（フマンティ, ジョルジア）

Fumaroli, Marc
フランスの歴史家。
⇒外12（フュマロリ, マルク　1932.6.10-）
　外16（フュマロリ, マルク　1932.6.10-）

Fumasoni Biondi, Pietro
イタリアの司教。初代駐日教皇使節。
⇒岩世人（フマゾーニ・ビオンディ　1872.9.4-1960.7.12）
　新カト（フマゾーニ・ビオンディ　1872.9.4-1960.7.12）

Fumet, Stanislas
フランスの著述家, 社会運動家。"Temps Présent"誌の編集長(1937〜)。
⇒新カト（フュメ　1896.5.10-1983.9.1）

Funck-Brentano, Jacques Chrétien Frantz
フランスの歴史家。
⇒岩世人（フンク=ブレンタノ　1862.6.15-1947.11.5）

Funes, Mauricio
エルサルバドルの政治家。エルサルバドル大統領(2009〜14)。
⇒外12（フネス, マウリシオ　1959.10.18-）
　外16（フネス, マウリシオ　1959.10.18-）
　世指導（フネス, マウリシオ　1959.10.18-）

Funicello, Annette
アメリカ生まれの女優。
⇒ク俳（ファニセロ, アネット　1942-）

Funk, Casimir
ポーランド生まれのアメリカの化学者。ビタミンの命名者。
⇒岩世人（フンク　1884.2.23-1967.11.19）
　広辞7（フンク　1884-1967）
　ユ著人（Funk,Casimir　フンク, カジマー　1884-1967）

Funk, Dory, Jr.
アメリカのプロレスラー。
⇒異二辞（ファンク, ドリー, ジュニア　1941-）
　岩世人（ザ・ファンクス　1941.2.3-）

外12（ファンク, ドリー（Jr.） 1941.2.19–）
外16（ファンク, ドリーJr. 1941.2.19–）

Funk, Franz Xaver von
ドイツのカトリック教会史家, 神学者。テュービンゲン学派の中心人物。
⇒岩世人（フンク 1840.10.12–1907.2.24）
新カト（フンク 1840.10.12–1907.2.24）

Funk, Philipp
ドイツのカトリック神学者, 歴史家, ジャーナリスト。
⇒新カト（フンク 1884.1.26–1937.1.14）

Funk, Terry
アメリカのプロレスラー。
⇒異二辞（ファンク, テリー 1944–）
岩世人（ザ・ファンクス 1944.6.30–）
外12（ファンク, テリー 1944.6.30–）
外16（ファンク, テリー 1944.6.30–）

Funk, Walter
ドイツの経済学者。経済相, 国立銀行総裁などを歴任したが, 戦後ニュルンベルク戦犯裁判で終身刑に処せられた。
⇒岩世人（フンク 1890.8.18–1960.5.31）

Funke, Cornelia Caroline
ドイツの児童文学作家, イラストレーター。
⇒外12（フンケ, コルネーリア 1958–）
外16（フンケ, コルネーリア 1958–）
現世文（フンケ, コルネーリア 1958–）

Funston, Frederick
アメリカの軍人。アメリカ＝スペイン戦争で活躍。
⇒アア歴（Funston,Frederick ファンストン, フレデリック 1865.11.9–1917.2.19）

Fuqua, Antoine
アメリカの映画監督。
⇒外12（フークア, アントワン 1966–）

Fuqua, Harvey
アメリカ・ケンタッキー州ルイヴィル生まれの歌手, ソングライター, プロデューサー。
⇒ロック（Fuqua,Harvey フークア, ハーヴィ 1929.7.27–）

Für, Lajos
ハンガリーの政治家, 歴史学者。ハンガリー国防相。
⇒世指導（フュール, ラヨシュ 1938.12.21–）

Fürbringer, Max
ドイツの比較解剖学者。
⇒岩生（フュールブリンガー 1846–1920）

Furcal, Rafael
ドミニカ共和国の大リーグ選手（遊撃）。
⇒メジャ（フルカル, ラファエル 1977.10.24–）

Furchgott, Robert
アメリカの生化学者。ノーベル生理・医学賞受賞。
⇒岩生（ファーチゴット 1916–2009）
ノベ3（ファーチゴット,R.F. 1916.6.4–2009.5.19）

Fürer-Haimendorf, Christoph von
オーストリア出身のイギリスの人類学者。
⇒岩世人（フューラー＝ハイメンドルフ 1909.6.22–1995.6.11）

Furet, François
フランスの歴史家。
⇒岩世人（フュレ 1927.3.27–1997.7.12）

Furillo, Carl Anthony
アメリカの大リーグ選手（外野）。
⇒メジャ（フリロ, カール 1922.3.8–1989.1.21）

Furlan, Lamberto
テノール歌手。
⇒魅惑（Furlan,Lamberto ?–）

Furlanetto, Ferruccio
イタリアのバス歌手。
⇒外12（フルラネット, フェルッチョ 1949–）
外16（フルラネット, フェルッチョ 1949–）

Furlanetto, Giovanna
イタリアの実業家。
⇒外16（フルラネット, ジョバンナ）

Furlong, Edward
アメリカ生まれの俳優。
⇒ク俳（ファーロング, エドワード 1977–）

Furlong, Leonard
アメリカの陸軍将校。
⇒アア歴（Furlong,Leonard ファーロング, レナード 1877.11.3–1911.7.9）

Furlong Cardiff, Guillermo
アルゼンチンのイエズス会士, 歴史家。
⇒岩世人（フルロング 1889.6.21–1974.5.20）

Furmanov, Dmitrii Andreevich
ソ連の作家。小説『チャパーエフ』（1923）の著者として知られる。
⇒岩世人（フールマノフ 1891.10.26/11.7–1926.3.15）
現世文（フールマノフ, ドミートリー・アンドレーヴィチ 1891–1926.3.15）
西文（フルマーノフ, ドミトリー 1891–1926）

Furneaux, Yvonne
フランス生まれの女優。
⇒ク俳（フルノー, イヴォンヌ（スカッチャード,Y） 1928–）

Furness, George A.
アメリカの陸軍軍人, 弁護士。東京裁判の米国

人弁護人。
⇒ア太戦（ファーネス　1896–1985）
Furness, William Henry, 3rd
アメリカの旅行家。
⇒アア歴（Furness,William Henry,3rd　ファーネス3世, ウイリアム・ヘンリー　1866.8.18–1920.9.9）

Furnival Jones, *Sir* **(Edward) Martin**
イギリスの保安部（MI5）長官。在職1965～72。
⇒スパイ（ファーニヴァル・ジョーンズ, サー（エドワード）・マーチン　1912–1997）

Furphy, Joseph
オーストラリアの作家。『人生かくの如し』(1903)。
⇒岩世人（ファーフィ　1843.9.26–1912.9.13）

Furse, Clara
イギリスの金融家。
⇒外12（ファース, クララ　1957.9.16–）
　外16（ファース, クララ　1957.9.16–）

Fürst, Ulf
ドイツのテノール歌手。
⇒魅惑（Fürst,Ulf　?–）

Fürstenberg, Friedrich
オーストリアの社会学者。専攻は産業社会学。
⇒社小増（フュルステンベルク　1930–）

Fürstenberg, Maximilian de
ベルギーの宗教家。第6代駐日教皇使節（1949～）。
⇒岩世人（フュルステンベルク　1904.10.23–1988.9.22）
　新カト（フュルステンベルク　1904.10.23–1988.9.22）

Furtwängler, Adolf
ドイツの考古学者。ベリルン博物館長, ミュンヘン大学考古学教授など勤めた。
⇒岩世人（フルトヴェングラー　1853.6.30–1907.10.11）

Furtwängler, Wilhelm
ドイツの指揮者。ベルリン・フィルの終身指揮者などとして活躍。
⇒岩世人（フルトヴェングラー　1886.1.25–1954.11.30）
　オペラ（フルトヴェングラー, ヴィルヘルム　1886–1954）
　ク音3（フルトヴェングラー　1886–1954）
　広辞7（フルトヴェングラー　1886–1954）
　新音中（フルトヴェングラー, ヴィルヘルム　1886.1.25–1954.11.30）
　ネーム（フルトヴェングラー　1886–1954）
　標音2（フルトヴェングラー, ヴィルヘルム　1886.1.25–1954.11.30）
　ポプ人（フルトベングラー, ウィルヘルム　1886–1954）

Füruzan
トルコの作家。
⇒岩世人（フュルーザーン　1935.10.29–）

Fury, Billy
イギリスのロック歌手。
⇒ロック（Fury,Billy　フューリー, ビリー　1941.4.17–）

Fury, Dalton
アメリカの作家。
⇒海文新（フュアリー, ドルトン）
　現世文（フュアリー, ドルトン　?–2016.10.21）

Furyk, Jim
アメリカのプロゴルファー。
⇒外12（フューリク, ジム　1970.5.12–）
　外16（フューリク, ジム　1970.5.12–）
　最世ス（フューリク, ジム　1970.5.12–）

Fusaro, Jean
フランス生まれの画家。
⇒芸13（フサロ, ジェーン　1925–）

Fusati, Nicola
イタリアのテノール歌手。
⇒失声（フザーティ, ニコラ　1876–1956）
　魅惑（Fusati,Nicola　1876–1956）

Fusco, Giovanni
イタリア生まれの映画音楽作曲家。
⇒標音2（フスコ, ジョヴァンニ　1906.10.10–1960.5.30）

Fusco, John
アメリカの脚本家, 作家。
⇒外12（フスコ, ジョン）

Fuster, Charles
スイスの作家。
⇒19仏（フュステール, シャルル　1866.4.22–1929.1.10）

Füst Milán
ハンガリーの詩人, 作家, 美学者。
⇒岩世人（フュシュト　1888.7.17–1967.7.26）

Fyfield, Frances
イギリスのミステリ作家。
⇒現世文（ファイフィールド, フランセス　1948–）

Fyodorov, Boris Grigor'evich
ロシアの政治家。ロシア副首相・財務相。
⇒世指導（フョードロフ, ボリス　1958.2.13–2008.11.20）

Fyson, Leslie
テノール歌手。
⇒魅惑（Fyson,Leslie　?–）

【G】

Gaag, Dmitriy
カザフスタンのトライアスロン選手。
⇒最世ス（ガーグ, ドミトリー 1971.3.20-）

Gaarder, Jostein
ノルウェーの哲学者。
⇒岩世人（ゴルデル 1952.8.8-）
外12（ゴルデル, ヨースタイン 1952-）
外16（ゴルデル, ヨースタイン 1952-）
ネーム（ゴルデル 1952-）

Gabain, Annemarie von
ドイツの東洋学者。古代トルコ語研究の世界的権威。主著『古代トルコ語文法』(1941)。
⇒岩世人（ガバイン 1901.7.4-1993.1.15）

Gabaldón, Arnoldo
ベネズエラの公衆衛生学者。
⇒岩世人（ガバルドン 1909.3.1-1990.9.1）

Gabaldon, Diana
アメリカの作家。
⇒外12（ガバルドン, ダイアナ）
外16（ガバルドン, ダイアナ）
現世文（ガバルドン, ダイアナ 1952-）

Gabbana, Stefano
イタリアの服飾デザイナー。
⇒外12（ガッバーナ, ステファノ 1962.11.14-）
外16（ガッバーナ, ステファノ 1962.11.14-）
ポプ人（ガッバーナ, ステファノ 1962-）

Gabbay, Tom
アメリカのテレビディレクター, 作家。
⇒海文新（ギャベイ, トム 1953.4.1-）

Gabe, Dora Petrova
ブルガリアの詩人, 翻訳家。
⇒岩世人（ガベ 1886.8.28/9.9-1983.11.16）

Gabelle, Guy
テノール歌手。
⇒魅惑（Gabelle,Guy ?-）

Gabetta, Sol
アルゼンチンのチェロ奏者。
⇒外12（ガベッタ, ソル 1981-）
外16（ガベッタ, ソル 1981-）

Gabier, Shane
アメリカの服飾デザイナー。
⇒外16（ガビエ, シェーン）

Gabin, Jean
フランスの代表的映画俳優。主演作品『地の果てを行く』(1935),『望郷』(37),『大いなる幻影』(37),『現金に手を出すな』(53),『ヘッドライト』(55),『地下室のメロディ』(62) など。
⇒遺産（ギャバン, ジャン 1904.5.17-1976.11.5）
岩世人（ギャバン 1904.5.17-1976.11.15）
ク俳（ギャバン, ジャン（モンクルジュ,J・アレクシ・G）1904-1976）
広辞7（ギャバン 1904-1976）
スター（ギャバン, ジャン 1904.5.17-1976）
ネーム（ギャバン, ジャン 1904-1976）

Gable, Clark
アメリカの映画俳優。『或る夜の出来事』(1934)でアカデミー主演男優賞受賞。代表作に『桑港』(36),『風と共に去りぬ』(39),『帰郷』(47),『荒馬と女』(60) など。
⇒アメ州（Gable,Clark ゲーブル, クラーク 1901-1960）
アメ新（ゲーブル 1901-1960）
岩世人（ゲイブル 1901.2.1-1960.11.16）
ク俳（ゲイブル, クラーク 1901-1960）
スター（ゲーブル, クラーク 1901.2.1-1960）

Gablenz, Carl August
ドイツの飛行家。第二次大戦中は, 盲目飛行および航空輸送を指揮。
⇒岩世人（ガブレンツ 1893.10.13-1942.8.21）

Gabler, Milt
アメリカのジャズ・プロデューサー。コモドア設立者。
⇒ロック（Gabler,Milt ガーブラー, ミルト）

Gabo, Naum
ロシア出身の抽象彫刻家。代表作 "Column"(1923),"Spiral Theme"(41) など。
⇒岩世人（ガボ 1890.8.5-1977.8.23）
芸13（ガボ, ナウム 1890-1977）
広辞7（ガボ 1890-1977）

Gabor, Dennis
イギリスの電子物理学者。ホログラフィーの実験と理論計算を行い, ノーベル物理学賞受賞(1971)。
⇒岩世人（ガボール 1900.6.5-1979.2.9）
オク科（ガボール（デニス）1900-1979）
広辞7（ガボール 1900-1979）
ネーム（ガボール 1900-1979）
ノベ3（ガボール,D. 1900.6.5-1979.2.9）
物理（ガボール, デーネシュ 1900-1979）
ユ著人（Gabor,Dennis ガボール, デニス 1900-1979）

Gabor, Eva
ハンガリー生まれの女優。
⇒ク俳（ガボール, エヴァ 1921-1995）

Gabor, József
ハンガリーのテノール歌手。

⇒魅惑（Gabor,József 1878-1929）

Gabor, Zsa Zsa
ハンガリー生まれのアメリカの女優。
⇒外12（ガボール,ザ・ザ 1919.2.6-）
ク俳（ガボール,ザ・ザ（ガボール,サリ) 1917-）
ユ著人（Gabor,Zsa Zsa ガボール,ザ・ザ（ガーボア,ジャ・ジャ）1923-）

Gabos, Gábor
ハンガリーのピアノ奏者。
⇒標音2（ガボシュ,ガーボル 1930.1.4-）

Gabriel, Alain
ベルギーのテノール歌手。
⇒魅惑（Gabriel,Alain ?-）

Gabriel, Markus
ドイツの哲学者。
⇒メル別（ガブリエル,マルクス 1980-）

Gabriel, Peter
イギリス・ロンドン生まれの歌手。
⇒岩世人（ガブリエル 1950.2.13-）
外12（ガブリエル,ピーター 1950.2.13-）
外16（ガブリエル,ピーター 1950.2.13-）

Gabriel, Siegmund
ドイツの化学者。
⇒化学（ガブリエル 1851-1924）

Gabriely, David
イスラエルの彫刻家。
⇒ユ著人（Gabriely,David ガブリエリ,デビッド 1968-）

Gaches, Samuel Francis
アメリカの実業家。
⇒アア歴（Gaches,Samuel Francis ガッチーズ,サミュエル・フランシス 1878.9.30-1946.1.6）

Gacy, John
アメリカの殺人犯。
⇒ネーム（ゲイシー,ジョン 1942-1994）

Gadamer, Hans Georg
現代ドイツの代表的哲学者の一人。
⇒岩世人（ガーダマー 1900.2.11-2002.3.13）
教思増（ガダマー 1900-2002）
現社（ガダマー 1900-2002）
広辞7（ガダマー 1900-2002）
新カト（ガダマー 1900.2.11-2002.3.14）
哲中（ガダマー 1900-2002）
ネーム（ガダマー 1900-2002）
メル別（ガダマー,ハンス=ゲオルク 1900-2002）

Gadd, Steve
アメリカのドラム奏者。
⇒外12（ガッド,スティーブ 1945.4.9-）
外16（ガッド,スティーブ 1945.4.9-）

Gadda, Carlo Emilio
イタリアの作家。主著『ウディネの城』(1934)，『炎上の館』(53)，『メルラーナ街の恐るべき混乱』(57)など。
⇒岩世人（ガッダ 1893.11.14-1973.5.21）
現世文（ガッダ,カルロ・エミーリオ 1893.11.14-1973.5.21）
広辞7（ガッダ 1893-1973）

Gaddis, William
アメリカの小説家。
⇒岩世人（ギャディス 1922.12.29-1998.12.16）
現世文（ギャディス,ウィリアム 1922-1998.12.16）

Gade, Jacob
デンマークの作曲家,ヴァイオリン奏者,指揮者。
⇒ク音3（ガーデ（ゲーゼ） 1879-1963）

Gadenne, Paul
フランスの小説家。
⇒岩世人（ガデンヌ 1907.4.4-1956.5.1）

Gādgīl, Dhananjay Ramchandra
インドの経済学者。現代インドの政治・経済の研究に取り組み多くの研究者を育成。協同組合信用の発展にも貢献し,全インド州協同銀行連合総裁(1964)などを歴任。
⇒岩世人（ガードギール 1901.4.10-1971.5.3）

Gadjev, Zdravko
ブルガリアのテノール歌手。
⇒魅惑（Gadjev,Zdravko ?-）

Gadow, Hans Friedrich
ドイツの動物学者,解剖学者,鳥類学者。
⇒岩生（ガドウ 1855-1928）

Gaede, Daniel
ドイツのヴァイオリン奏者。
⇒外12（ゲーデ,ダニエル 1969-）
外16（ゲーデ,ダニエル 1969-）

Gaede, Wolfgang
ドイツの実験物理学者。回転ポンプ(1905)，分子ポンプ(12)，拡散ポンプ(15)などを発明。
⇒岩世人（ゲーデ 1878.5.25-1945.6.24）

Gaedel, Edward Carl
アメリカの大リーグ選手(代打)。
⇒メジャ（ガデル,エディ 1925.6.8-1961.6.18）

Gaemperle, Daniel
スイスの画家。
⇒芸13（ガエムペルレ,ダニエル 1954-）

Gaetti, Gary Joseph
アメリカの大リーグ選手(三塁)。
⇒メジャ（ガイエティ,ゲイリー 1958.8.19-）

Gaffār Khān, Khān Abdul
インド北西辺境州(現、パキスタン内)出身の政治指導者。
⇒岩イ（ガッファール・ハーン　1890-1988）
　南ア新（ガッファール・ハーン　1890-1988）

Gaffky, Georg Theodor August
ドイツの細菌学者。開放性結核を区分したガフキ度表を発表。
⇒岩世人（ガフキー　1850.2.17-1918.9.23）

Gaffney, Lindsay
テノール歌手。
⇒魅惑（Gaffney,Lindsay　?-）

Gafgen, Wolfgang
ドイツの版画家。
⇒芸13（ゲフゲン、ウォレフガング　1936-）

Gafni, Miklos
ハンガリーのコンサート歌手。
⇒失声（ガフーニ、ミクローシュ　1923-1981）
　魅惑（Gafni,Miklós　1923-1981）

Gág, Wanda
アメリカの絵本作家。『百まんびきのねこ』(1928)はアメリカ初の本格的な絵本といわれるもの。
⇒絵本（ガアグ、ワンダ　1893-1946）

Lady Gaga
アメリカの歌手。
⇒外12（レディー・ガガ　1986.3.20-）
　外16（レディー・ガガ　1986.3.20-）

Gagarin, Yuri Alekseyevich
ソ連の宇宙飛行士。1961年ウォストーク1号で史上初めて宇宙飛行に成功。
⇒岩世人（ガガーリン　1934.3.9-1968.3.27）
　広辞7（ガガーリン　1934-1968）
　辞歴（ガガーリン　1934-1968）
　世人新（ガガーリン　1934-1968）
　世人装（ガガーリン　1934-1968）
　ポプ人（ガガーリン、ユーリ　1934-1968）

Gage, Brownell
アメリカの教育者。
⇒アア歴（Gage,Brownell　ゲイジ、ブラウネル　1874.4.14-1945.2.3）

Gage, Fred H.
アメリカの医学者。
⇒外12（ゲージ、フレッド）

Gaghan, Stephen
アメリカの脚本家、映画監督。
⇒外12（ゲイガン、スティーブン　1965-）

Gagliardi, Peppino
イタリアのポピュラー歌手。
⇒標音2（ガリアルディ、ペピーノ　1940.5.25-）

Gagliardo, Ruth
アメリカの児童図書の評論家。「児童図書の本棚」というコラムを担当。児童図書の賞を創始した。
⇒ア図（ガリアルド、ルース　1895-1980）

Gagne, Eric Serge
カナダの大リーグ選手(投手)。
⇒外12（ガニエ、エリック　1976.1.7-）
　メジヤ（ガニエ、エリック　1976.1.7-）

Gagne, Greg
アメリカの大リーグ選手(内野手)。
⇒メジヤ（ギャグニー、グレッグ　1961.11.12-）

Gagne, Verne
アメリカのプロレスラー。
⇒外12（ガニア、バーン　1926.2.26-）

Gagnebin, Henri
スイスのオルガン奏者、作曲家。
⇒標音2（ガニュバン、アンリ　1886.3.13-1977.6.2）

Gagnon, Charles
カナダ生まれの画家。
⇒芸13（ガニョン、チャールズ　1934-）

Gagnon, Claude
カナダの映画監督、脚本家、映画プロデューサー。
⇒外12（ガニオン、クロード　1949.12.18-）
　外16（ガニオン、クロード　1949.12.18-）

Gagnon, Pauline
カナダ生まれの画家。
⇒芸13（ガニョン、ポーリネ　1955-）

Gagnon, Yuri Yoshimura
カナダの映画プロデューサー。
⇒外12（ガニオン、ユリ・ヨシムラ　1948-）

Gahmlich, Wilfried
ドイツのテノール歌手。
⇒魅惑（Gahmlich,Wilfried　1939-）

Gaidar, Arkadii Petrovich
ソ連の童話作家。『空色のさじ』(1936)、『チュークとゲーク』(39)。
⇒現世文（ガイダル、アルカジー　1904-1941）

Gaidar, Egor Timurovich
ロシアの政治家。
⇒岩世人（ガイダル　1956.3.19-2009.12.16）
　世指導（ガイダル、エゴール　1956.3.19-2009.12.16）

Gaidoz, Henri
フランスの言語学者。フランスにおけるケルト言語学の開拓者。
⇒岩世人（ゲド　1842.7.28-1932.4.1）

Gailani, Rashīd 'Alī
イラクの政治家。イラク首相。
⇒岩世人（ガイラーニー, ラシード・アリー　1882-1965.8.28）

Gailey, Robert Reed
アメリカの団体理事。
⇒アア歴（Gailey,Robert R (eed)　ゲイリー, ロバート・リード　1869.11.26-1950.1.18）

Gaillard, Félix
フランスの政治家。
⇒岩世人（ガイヤール　1919.11.5-1970.7.9）

Gailly, Christian
フランスの作家。
⇒現世文（ガイイ, クリスチャン　1943-）

Gaiman, Neil
イギリスのファンタジー作家。
⇒外12（ゲイマン, ニール　1960-）
　外16（ゲイマン, ニール　1960-）
　現世文（ゲイマン, ニール　1960-）

Gain
韓国の歌手。
⇒外12（ガイン　1987.9.20-）

Gaines, Ann Elizabeth
アメリカの教育家。広島女学院を創立。
⇒アア歴（Gaines,Nannie B (ett)［Ann Elizabeth］　ゲインズ, ナニー・ベット　1860.4.23-1932.2.26）

Gaines, Ernest J.
アメリカ（アフリカ系）の小説家。
⇒岩世人（ゲインズ　1933.1.15-）
　現世文（ゲインズ, アーネスト　1933.1.15-）

Gainsbourg, Charlotte
イギリス生まれの女優。
⇒遺産（ゲンズブール, シャルロット　1971.7.21-）
　外12（ゲンズブール, シャルロット　1971.7.21-）
　外16（ゲンズブール, シャルロット　1971.7.21-）

Gainsbourg, Serge
フランスの作詞家, 作曲家, 映画俳優。1965年『夢みるシャンソン人形』がヒットし, 有名になる。ほかに『ジュ・テーム』など。
⇒岩世人（ゲンズブール　1928.4.2-1991.3.2）
　新音中（ゲンズブール, セルジュ　1928.4.2-1991.3.2）
　ネーム（ゲンズブール　1928-1991）
　標音2（ゲンズブール, セルジュ　1928.4.2-1991.3.2）

Gainza Paz, Alberto
アルゼンチンのジャーナリスト。最有力日刊紙「ラ・プレンサ」第3代社長。
⇒岩世人（ガインサ・パス　1899.3.16-1977.12.26）

Gairdner, William Henry Temple
スコットランド出身の英国教会宣教師。ガードナーとも呼ばれる。
⇒オク教（ゲアドナー　1873-1928）

Gaitán, Jorge Eliécer
コロンビアの政治家。1928年労働者のストライキを支持して有名になる。自由党左派の指導者。
⇒岩世人（ガイタン　1898.1.23-1948.4.9）
　ラテ新（ガイタン　1898-1948）

Gaitskell, Hugh Todd Naylor
イギリスの政治家, 経済学者。1950年蔵相。55～63年労働党党首。
⇒岩世人（ゲイッケル　1906.4.9-1963.1.18）
　有経5（ゲイッケル　1906-1963）

Gaitskill, Mary
アメリカの女性作家。
⇒現世文（ゲイツキル, メアリー）

Gajdusek, Daniel Carleton
アメリカの小児科医。ウイルス学者として知られているほか, 文化人類学者でもある。ノーベル生理・医学賞受賞（1976）。
⇒岩生（ガイジュセク　1923-2008）
　岩世人（ガイジュセク（ガイダーシェク）　1923.9.9-2008.12.12）
　ノベ3（ガイジュセク,D.C.　1923.9.9-2008.12.12）

Gál, Hans
オーストリアの作曲家, 音楽学者。マインツ音楽学校校長（1929～33）。
⇒岩世人（ガル　1890.8.5-1987.10.7）

Gal, Roger
フランスの教育家, 言語学者。ランジュヴァン委員会に参加して戦後のフランス教育改革の運動に活躍。
⇒教人（ガル　1906-）

Gala
サルバドール・ダリの妻。
⇒シュル（ガラ（エレナ・ドミトリエヴナ・ディアコノワ）　1894-1982）

Gala, Antonio
スペインの劇作家, 詩人, エッセイスト。
⇒外12（ガラ, アントニオ　1936.10.2-）
　外16（ガラ, アントニオ　1936.10.2-）
　現世文（ガラ, アントニオ　1936.10.2-）

Galamian, Ivan（Alexander）
アメリカ（アルメニア系）のヴァイオリン奏者, 教師。
⇒新音中（ガラミアン, イヴァン　1903.1.23-1981.4.5）

Galamison, Milton
アメリカ・ニューヨークの公民権運動活動家, 長老派教会牧師。

⇒マルX（GALAMISON,MILTON　ギャラミスン,ミルトン　1923-1988）

Galan, August John
アメリカの大リーグ選手（外野）。
⇒メジャ（ガラン,オーギー　1912.5.23-1993.12.28）

Galanis, Démétrus-Emmanuel
フランスの画家。
⇒芸13（ガラニス,デメトルス・エマニュエル　1882-1951）

Galarraga, Andres
アメリカの大リーグ選手（内野手）。
⇒メジャ（ガラーラガ,アンドレス　1961.6.18-）

Galbraith, John Kenneth
アメリカの経済学者。
⇒アア歴（Galbraith,John Kenneth　ガルブレイス,ジョン・ケネス　1908.10.15-2006.4.29）
アメ経（ガルブレイス,ジョン　1908.10.15-）
アメ新（ガルブレース　1908-2006）
異二辞（ガルブレイス［ジョン・ケネス・〜］　1908-2006）
岩経（ガルブレイス　1908-）
岩世人（ガルブレイス　1908.10.15-2006.4.29）
現社（ガルブレイス　1908-2006）
現社福（ガルブレイス　1908-）
広辞7（ガルブレイス　1908-2006）
社小増（ガルブレイス　1908-）
新カト（ガルブレイス　1908.10.15-2006.4.29）
政経改（ガルブレイス　1908-）
ネーム（ガルブレイス　1908-2006）
有経5（ガルブレイス　1908-2006）

Galczyński, Konstanty Ildefons
ポーランドの詩人。諷刺寸劇集『緑の鵞鳥』（1946〜55）がある。
⇒現世文（ガウチンスキ,コンスタンティ・イルデフォンス　1905.1.23-1953.12.6）

Gale, Douglas Maxwell
イギリスの経済学者。
⇒有経5（ゲール　1950-）

Gale, Esson McDowell
アメリカの中国学者。
⇒アア歴（Gale,Esson M（cDowell）　ゲイル,エスン・マクダウエル　1884.12.8-1964.5.15）
岩世人（ゲイル　1884.12.8-1964.5.15）

Gale, James Scrath
カナダのプロテスタント宣教師。聖書翻訳委員として朝鮮語聖書を完成。
⇒岩世人（ゲイル　?-1937.1.31）

Gale, Patrick
イギリスの小説家。
⇒現世文（ゲール,パトリック　1962-）

Gale, Zona
アメリカの女性小説家。
⇒アメ州（Gale,Zona　ゲイル,ゾーナ　1874-1938）

Galeano, Eduardo
ウルグアイの小説家,ジャーナリスト。
⇒現世文（ガレアーノ,エドゥアルド　1940.9.3-2015.4.13）

Galeffi, Carlo
イタリアのバリトン歌手。
⇒オペラ（ガレッフィ,カルロ　1882-1961）

Galehouse, Dennis Ward
アメリカの大リーグ選手（投手）。
⇒メジャ（ゲイルハウス,デニー　1911.12.7-1998.12.12）

Galen, Clemens August Graf von
ミュンスター大司教,枢機卿。
⇒新カト（ガーレン　1878.3.16-1946.3.22）

Galen, Shana
アメリカの作家。
⇒海文新（ガレン,シャーナ）

Galeron, Henri
フランスのイラストレーター。
⇒絵本（ガルロン,アンリ　1939-）

Galiazzo, Marco
イタリアのアーチェリー選手。
⇒外16（ガリアッツォ,マルコ　1983.5.7-）
最世ス（ガリアッツォ,マルコ　1983.5.7-）

Galich, Aleksandr Arkad'evich
ソ連の詩人,劇作家,シナリオ・ライター。戯曲『行進曲』,小説『ドレス・リハーサル』など。
⇒現世文（ガーリチ,アレクサンドル　1919.10.19-1977.12.15）

Galie, Antonio
イタリアのテノール歌手。
⇒失声（ガリエ,アントニオ　1925-1998）
魅惑（Galie,Antonio　1929-2000）

Galite, John La
フランスの作家。
⇒海文新（ガリット,ジョーン・ラ　1952-）
現世文（ガリット,ジョーン・ラ　1952-）

Galkina, Gulnara
ロシアの陸上選手（障害）。
⇒外12（サミトワガルキナ,グルナラ　1978.7.9-）
外16（ガルキナ,グルナラ　1978.7.9-）
最世ス（ガルキナ,グルナラ　1978.7.9-）

Galkina, Lioubov
ロシアの射撃選手（ライフル）。
⇒外12（ガルキナ,リュボフ　1973.3.15-）
最世ス（ガルキナ,リュボフ　1973.3.15-）

Gall, Lothar
ドイツの歴史家。
⇒岩世人（ガル　1936.12.3–）

Gallagher, Benny
スコットランド出身のソングライター。
⇒ロック（Gallagher and Lyle　ギャラガー&ライル）

Gallagher, James J.
アイルランド生まれのアメリカの労働者。1910年ニューヨーク市長ウィリアム・J.ゲイナーを狙撃して、重症を負わせた。
⇒世暗（ガラハー，ジェームズ・J　1852–1913）

Gallagher, Liam
イギリスのロック・ミュージシャン。
⇒外12（ギャラガー，リアム　1972.9.21–）
　外16（ギャラガー，リアム　1972.9.21–）

Gallagher, Noel
イギリスのロック・ミュージシャン。
⇒外12（ギャラガー，ノエル　1967.5.29–）
　外16（ギャラガー，ノエル　1967.5.29–）

Gallagher, Rory
イギリスのギター奏者，作曲家。
⇒ロック（Gallagher,Rory　ギャラガー，ローリー　1948.3.2–）

Gallagher, Shaun
アメリカの哲学者。
⇒メル別（ギャラガー，ショーン　1948–）

Gallagher, Tess
アメリカの詩人，作家。
⇒外12（ギャラガー，テス　1943–）
　現世文（ギャラガー，テス　1943–）

Gallaher, David
ニュージーランドのラグビー選手。
⇒岩世人（ギャラハー　1873.10.30–1917.10.4）

Gallant, Mavis
カナダの小説家。
⇒現世文（ギャラント，メイビス　1922.8.11–2014.2.18）

Gallardo, Gervasio
スペイン生まれのイラストレーター。
⇒芸13（ガジャールド，ゲルバシオ　1934–）

Gallardo, Yovani
メキシコの大リーグ選手（ブルワーズ・投手）。
⇒最新S（ガヤルド，ヨバニ　1986.2.27–）

Gallego, Fernando
スペインの実業家。
⇒外16（ガレゴ，フェルナンド　1963–）

Gallego, Michael Anthony
アメリカの大リーグ選手（二塁，遊撃）。
⇒メジャ（ガリエゴ，マイク　1960.10.31–）

Gallegos, Rómulo
ベネズエラの小説家，教育者，政治家。1947年大統領。代表作に『ドニヤ・バルバラ』など。
⇒岩世人（ガジェゴス　1884.8.2–1969.4.5）
　現世文（ガジェゴス，ロムロ　1884.8.2–1969.4.5）
　ラテ新（ガリェゴス　1884–1969）

Gallen-Kallela, Akseli Valdemar
フィンランドの画家。民族詩『カレワラ』を絵画化した最初の画家。
⇒岩世人（ガッレン＝カッレラ　1865.4.26–1931.3.7）

Gallet, Bernard
テノール歌手。
⇒魅惑（Gallet,Bernard　?–）

Galli, Amintore
イタリアの評論家。
⇒オペラ（ガッリ，アミントレ　1845–1919）

Galliano, John
イギリスの服飾デザイナー。
⇒外12（ガリアーノ，ジョン　1960.11.28–）
　外16（ガリアーノ，ジョン　1960.11.28–）

Gallico, Paul William
アメリカの小説家。
⇒現世文（ギャリコ，ポール・ウィリアム　1897–1976）

Galli-Curci, Amelita
イタリアのソプラノ歌手。
⇒岩世人（ガッリ＝クルチ　1889.11.18–1963.11.26）
　新音中（ガッリ＝クルチ，アメリータ　1882.11.18–1963.11.26）
　ネーム（ガリ＝クルチ　1889–1963）
　標音2（ガッリ＝クルチ，アメリータ　1882.11.18–1963.11.26）

Gallieni, Joseph Simon
フランスの軍人。普仏戦争に参加。1896～1905年マダガスカル総督ののち,14年パリ司令官。
⇒岩世人（ガリエニ　1849.4.24–1916.5.27）

Gallienne, Guillaume
フランスの俳優，映画監督。
⇒外16（ガリエンヌ，ギヨーム　1972.2.8–）

Galliera, Alceo
イタリアの指揮者，作曲家。1951年メルボルンのヴィクトリア交響楽団の常任指揮者に就任。
⇒標音2（ガッリエーラ，アルチェーオ　1910.5.3–）

Galliffet, Gaston Alexandre

Auguste
フランスの将軍。パリ・コンミューンを鎮圧。
⇒岩世人（ガリフェ　1830.1.23-1909.7.9）
　19仏（ガリフェ，ガストン・ド　1830.1.23-1909.7.9）

Gallimard, Gaston
フランスの大出版社の創業者。
⇒岩世人（ガリマール　1881.1.8-1975.12.25）

Gallin, Bernard
アメリカの人類学者。
⇒アア歴（Gallin,Bernard　ギャリン，バーナード　1929.2.9-）

Gallinari, Prospero
「赤い旅団」メンバー。イタリア首相アルド・モロを誘拐し殺害した。
⇒世暗（ガッリナーリ，プロスペロ　1950-）

Gallins, Emile
テノール歌手。
⇒魅惑（Gallins,Emile　?-）

Galliver, David
イギリスのテノール歌手，指揮者。
⇒魅惑（Galliver,David　1925-）

Gallman, Jefferson Davis（Jeff）
アメリカの陸軍将校。
⇒アア歴（Gallman,Jefferson D (avis)（"Jeff"）ゴールマン，ジェファスン・デイヴィス　1876-1945）

Gallo, Alexandre Tadeu
ブラジルのサッカー監督，サッカー選手。
⇒外12（ガーロ，アレッシャンドレ・タデウ　1967.5.29-）

Gallo, Gustavo
イタリアのテノール歌手。
⇒魅惑（Gallo,Gustavo　1904-1992）

Gallo, Lucio
イタリアのバリトン歌手。
⇒外12（ガッロ，ルチオ　1958-）
　外16（ガッロ，ルチオ　1958-）

Gallo, Max
フランスの歴史家，作家，政治家。
⇒岩世人（ガロ　1932.1.7-）
　外12（ガロ，マックス　1932.1.7-）
　外16（ガロ，マックス　1932.1.7-）
　現世文（ガロ，マックス　1932.1.7-2017.7.18）

Gallo, Robert Charles
アメリカの医師。
⇒外12（ギャロ，ロバート　1937.3.23-）

Gallo, Vincent
アメリカの俳優，映画監督，ミュージシャン，画家。
⇒外12（ギャロ，ビンセント　1962.4.11-）
　外16（ギャロ，ビンセント　1962.4.11-）

Gallois, Louis
フランスの実業家。
⇒外16（ガロワ，ルイ　1944.1.26-）

Gallois, Lucien
フランスの人文地理学者。地誌の研究で名高い。主著『自然領域と地方名』(1908)。
⇒岩世人（ガロワ　1857-1941）

Gallois, Patrick
フランスのフルート奏者。
⇒外12（ガロワ，パトリック　1956-）
　外16（ガロワ，パトリック　1956-）

Gallois-Montbrun, Raymond
フランスのヴァイオリン奏者，作曲家。
⇒新音中（ガロワ＝モンブラン，レーモン　1918.8.15-1994.8.13）
　標音2（ガロア＝モンブラン，レモン　1918.8.15-1994.8.13）

Gallone, Cataldo
イタリアのテノール歌手。
⇒魅惑（Gallone,Cataldo　?-）

Gallos, Hermann
オーストリアのテノール歌手。
⇒魅惑（Gallos,Hermann　1886-1957）

Gallotta, Jean-Claude
フランスの舞踊家，振付師。
⇒外12（ガロッタ，ジャン・クロード　1950-）
　外16（ガロッタ，ジャン・クロード　1950-）

Galloway, Clarence Edward（Chick）
アメリカの大リーグ選手(遊撃)。
⇒メジャ（ギャロウェイ，チック　1896.8.4-1969.11.7）

Galloway, George
スコットランドの神学教授。
⇒メル3（ギャロウェイ，ジョージ　1861-1933）

Galloway, Steven
カナダの作家。
⇒海文新（ギャロウェイ，スティーヴン　1975.7.13-）
　現世文（ギャロウェイ，スティーブン　1975.7.13-）

Gallucci, Robert L.
アメリカの外交官。
⇒岩韓（ガルーチ　1946-）

Gallup, George Horace
アメリカの世論統計家。質問郵送，面接などのサンプル調査により，大統領選挙予測をはじめ

各種世論調査の方法を確立した。
⇒アメ新（ギャラップ　1901-1984）
　岩世人（ギャラップ　1901.11.18-1984.7.27）
　ネーム（ギャラップ　1901-1984）

Galouzine, Vladimir
ロシアのテノール歌手。
⇒失声（ガルージン，ウラディミール　1956-）
　魅惑（Galouzine,Vladimir（Galusin）　1957-）

Galperin, Gleb
ロシアの飛込み選手。
⇒最世ス（ガルペリン，グレブ　1983.5.25-）

Galpin, Charles Josiah
アメリカの農村社会学者。アメリカ農村社会学におけるコミュニティ研究の草分け。主著 "Rural Life"（1918），"Rural Social Problems"（24）。
⇒社小増（ギャルピン　1864-1947）

Galpin, Francis William
イギリスの古楽器研究家。『イギリスの古楽器，その歴史と特徴』（1910）などの著作がある。
⇒新音中（ガルピン，フランシス・ウィリアム　1858.12.25-1945.12.30）
　標音2（ギャルピン，フランシス・ウィリアム　1858.12.25-1945.12.30）

Galstyan, Arsen
ロシアの柔道選手。
⇒外16（ガルストヤン，アルセン　1989.2.19-）
　最世ス（ガルストヤン，アルセン　1989.2.19-）

Galsworthy, John
イギリスの劇作家，小説家。1922年3部作『フォーサイト・サガ』を完成。
⇒岩世人（ゴールズワージ　1867.8.14-1933.1.31）
　現世文（ゴールズワージー，ジョン　1867.8.14-1933.1.31）
　広辞7（ゴールズワージー　1867-1933）
　図翻（ゴールズワージー　1867.8.14-1933.1.31）
　西文（ゴールズワージー，ジョン　1867-1933）
　ネーム（ゴールズワージー　1867-1933）
　ノベ3（ゴールズワージー，J.　1867.8.14-1933.1.31）

Galt, Howard Spilman
アメリカの宣教師。
⇒アア歴（Galt,Howard Spilman　ゴールト，ハワード・スピルマン　1872.9.15-1948.11.7）

Galtier, Christophe
フランスのサッカー監督（サンテティエンヌ），サッカー選手。
⇒外12（ガルティエ，クリストフ　1966.8.23-）

Galtier, Paul
フランスのカトリック神学者。
⇒新カト（ガルティエ　1872.2.9-1961.1.30）

Galtieri, Leopoldo Fortunato
アルゼンチンの政治家，軍人。アルゼンチン大統領（1981～82）。
⇒岩世人（ガルティエリ　1926.7.15-2003.1.12）

Galtung, Johan
ノルウェーの数学者，社会学者。1959年オスロに国際平和研究所を創設，所長に就任。
⇒異二辞（ガルトゥング［ヨハン・～］　1930-）
　岩世人（ガルトゥング　1930.10.24-）
　国政（ガルトゥング，ヨハン　1930-）
　政経改（ガルトゥング　1930-）

Galuzin, Mikhail
ロシアの外交官。駐日ロシア大使。
⇒世指導（ガルージン，ミハイル　1960.6.14-）

Galvão, Henrique
ポルトガルの軍人。ポルトガルの豪華客船サンタ・マリア号をカリブ海上で乗っ取り（1961.1），サラザール政府に反対する声明を出した。
⇒岩世人（ガルヴァン　1895.2.4-1970.6.25）

Galvao, Marcos
ブラジルの外交官。
⇒外12（ガウヴォン，マルコス）

Galvez, Balvino
アメリカの大リーグ選手（投手）。
⇒ネーム（ガルベス　1964-）

Galvez, Isaac
スペインの自転車選手。
⇒最世ス（ガルベス，イサーク　1975.5.20-2006.11.26）

Galvez-Vallejo, Daniel
フランスのテノール歌手。
⇒魅惑（Galvez-Vallejo,Daniel　?-）
　魅惑（Vallejo,Daniel Galvez　?-）

Galvin, Edward J.
アイルランドのローマ・カトリック教会司教，コルンバヌス外国宣教会設立者，中国宣教師。
⇒アア歴（Galvin,Edward J.　ギャルヴィン，エドワード・J.　1882.11.23-1956.2.23）
　新カト（ギャルヴィン　1882.11.23-1956.2.23）

Galway, James
イギリスのフルート奏者。
⇒岩世人（ゴールウェイ　1939.12.8-）
　外12（ゴールウェイ，ジェームズ　1939.12.8-）
　外16（ゴールウェイ，ジェームズ　1939.12.8-）
　新音中（ゴールウェイ，ジェイムズ　1939.12.8-）
　標音2（ゴールウェイ，ジェームズ　1939.12.8-）

Gam, Rita
アメリカの女優。
⇒ク俳（ガム，リタ　1927-）

Gambale, Frank
オーストラリアのジャズ・ギター奏者。
⇒外16（ギャンバレ，フランク　1958.12.22–）

Gambardella, Salvatore
イタリアのナポリターナ作曲家。
⇒標音2（ガンバルデッラ，サルヴァトーレ　1871.11.17–1913.12.29）

Gambari, Ibrahim Agboola
ナイジェリアの外交官。
⇒外12（ガンバリ,I.　1944.11.24–）
　外16（ガンバリ，イブラヒム・アッボーラ　1944.11.24–）
　世指導（ガンバリ，イブラヒム・アッボーラ　1944.11.24–）

Gambarini, Roberta
イタリアのジャズ歌手。
⇒外12（ガンバリーニ，ロバータ）
　外16（ガンバリーニ，ロバータ）

Gambill, Robert
アメリカのテノール歌手。
⇒魅惑（Gambill,Robert　1955–）

Gambina, Juan
マルタのテノール歌手。
⇒魅惑（Gambina,Juan　?–）

Gambino, Christopher J.
アメリカの作家，実業家。
⇒外12（ガンビーノ，クリストファー）
　外16（ガンビーノ，クリストファー）
　海文新（ガンビーノ，クリストファー・J.）
　現世文（ガンビーノ，クリストファー）

Gamble, Kenneth
アメリカのソングライター。
⇒新音中（ギャンブル・アンド・ハフ　1943–）
　ロック（Gamble and Huff　ギャンブル＆ハフ）

Gamble, Oscar Charles
アメリカの大リーグ選手（外野，DH）。
⇒メジャ（ギャンブル，オスカー　1949.12.20–）

Gamble, Sidney David
アメリカの宣教師。
⇒アア歴（Gamble,Sidney D (avid)　ギャンブル，シドニー・デイヴィッド　1890.7.12–1968.3.29）

Gamblin, Jacques
フランスの俳優。
⇒外12（ガンブラン，ジャック　1957.11.16–）
　外16（ガンブラン，ジャック　1957.11.16–）

Gamboa, Yuriorkis
キューバのボクサー。
⇒外16（ガンボア，ユリオルキス　1981.12.23–）
　最世ス（ガンボア，ユリオルキス　1981.12.23–）

Gamelin, Maurice Gustave
フランスの将軍。1938年全国参謀総長。
⇒岩世人（ガムラン　1872.9.20–1958.4.18）

Games, Abram
イギリスのグラフィック・デザイナー。
⇒グラデ（Games,Abram　ゲイムズ，エイブラム　1914–1996）

Gamewell, Frank Dunlap
アメリカの宣教師。
⇒アア歴（Gamewell,Frank [Francis] D (unlap)　ゲイムウェル，フランク・ダンラップ　1857.8.31–1950.8.7）

Gamillscheg, Ernst
ドイツの言語学者，ロマンス語学者。
⇒岩世人（ガミルシェク　1887.10.28–1971.3.18）

Gamio, Manuel
メキシコの人類学者，近代インディヘニスモの創始者。
⇒ラテ新（ガミオ　1883–1960）

Gamova, Ekaterina
ロシアのバレーボール選手。
⇒異二辞（ガモワ［エカテリーナ・～］　1980–）
　最世ス（ガモワ，エカテリーナ　1980.10.17–）

Gamow, George
アメリカの物理学者，科学啓蒙家。重い原子核のあるものはアルファ粒子（ヘリウムの原子核）を放出して崩壊するが，ガモフはこの現象を，量子力学的に説明して有名になる。
⇒岩世人（ガモフ　1904.3.4–1968.8.19）
　科史（ガモフ　1904–1968）
　広辞7（ガモフ　1904–1968）
　三新物（ガモフ　1904–1968）
　天文辞（ガモフ　1904–1968）
　天文大（ガモフ　1904–1968）
　ネーム（ガモフ　1904–1968）
　物理（ガモフ，ジョージ　1904–1967）
　ポプ人（ガモフ，ジョージ　1904–1968）

Gamsakhurdia, Zviad Konstantinovich
ジョージアの政治家，文学者。ジョージア共和国大統領。
⇒岩世人（ガムサフルディア　1939.3.31–1993.12.31）
　世指導（ガムサフルディア，ズビアド　1939.3.31–1993.12.31）

Gamson, William A.
アメリカの社会学者，社会心理学者。
⇒社小増（ギャムソン　1934–）

Gamzatov, Rasul Gamzatovich
ソ連ダゲスタン自治共和国の詩人。民族色の濃い多様な詩形式で山岳地帯の自然・風俗・愛・友情を奔放に謳歌し，ソ連詩壇の異色人気詩人になった。

⇒現世文（ガムザートフ，ラスール　1923.9.8–2003.
11.3）

Ganassi, Sonia
イタリアのメゾ・ソプラノ歌手。
⇒外12（ガナッシ，ソニア　1966–）
　外16（ガナッシ，ソニア　1966–）

Gance, Abel
フランスの映画監督，劇作家，俳優。作品に『戦争と平和』(1919)，『鉄路の白薔薇』(23)，『ナポレオン』(26) など。
⇒岩世人（ガンス　1889.10.25–1981.11.10）
　映監（ガンス，アベル　1889.10.25–1981）
　広辞7（ガンス　1889–1981）

Gander, Ryan
イギリス生まれの芸術家。
⇒現アテ（Gander,Ryan　ガンダー，ライアン 1976–）

Gāndhī, Indirā
インドの政治家。J.ネールの娘，故F.ガンジー下院議員夫人。1966年首相に就任，父ネールをしのぐ指導力を確立。
⇒岩イ（ガンディー，インディラ　1917–1984）
　岩世人（ガンディー（ガーンディー）　1917.11.19–1984.10.31）
　広辞7（ガンディー　1917–1984）
　政経改（ガンディ，I　1917–1984）
　世史改（ガンディー，インディラ＝　1917–1984）
　世人新（ガンディー〈母：インディラ〉　1917–1984）
　世人装（ガンディー〈母：インディラ〉　1917–1984）
　南ア新（ガーンディー　1917–1984）
　ポプ人（ガンディー，インディラ　1917–1984）

Gandhi, Manek Sanjay
インドの政治家。
⇒外16（ガンジー，マネカ・サンジャイ　1956.8.26–）
　世指導（ガンジー，マネカ・サンジャイ　1956.8.26–）

Gandhi, Mohandas Karamchand
インドの政治家。通称マハトマ（大聖）。
⇒ア太戦（ガンディー　1869–1948）
　異二辞（ガンジー［マハトマ・〜］　1869–1948）
　岩イ（ガンディー　1869–1948）
　岩キ（ガンディー　1869–1948）
　岩世人（ガンディー（ガーンディー）　1869.10.2–1948.1.30）
　覚思（ガンジー　1869.10.2–1948.1.30）
　覚思ス（ガンジー　1869.10.2–1948.1.30）
　学叢思（ガンジー，モハンダス・カラムチャンドラ　1869.10.2–?）
　教人（カンジー　1869–1948）
　現アジ（ガンジー　1869.10.2–1948.1.30）
　現社（ガンディー　1869–1948）
　広辞7（ガンディー　1869–1948）
　国政（ガンディー（マハートマ・ガンディー）　1869–1948）

　辞歴（ガンディー　1869–1948）
　新カト（ガンジー　1869.10.2–1948.1.30）
　新佛3（ガーンディー　1869–1948）
　政経改（ガンディ,M　1869–1948）
　世史改（ガンディー　1869–1948）
　世人新（ガンディー（マハトマ）　1869–1948）
　世人装（ガンディー（マハトマ）　1869–1948）
　哲中（ガンディー　1869–1948）
　南ア新（ガーンディー　1869–1948）
　ポプ人（ガンディー　1869–1948）
　もう山（ガンディー　1869–1948）

Gandhi, Rahul
インドの政治家。
⇒外12（ガンジー，ラフル　1970.6.19–）
　外16（ガンジー，ラフル　1970.6.19–）
　世指導（ガンジー，ラフル　1970.6.19–）

Gandhi, Rajimohan
インドの歴史家，人権・平和運動家。インド上院議員。
⇒世指導（ガンジー，ラジモハン　1935.8.7–）

Gandhi, Rajiv
インドの政治家。
⇒岩世人（ガンディー　1944.8.20–1991.5.21）
　世史改（ガンディー，ラジブ＝　1944–1991）
　世人新（ガンディー〈子：ラジヴ〉　1944–1991）
　世人装（ガンディー〈子：ラジヴ〉　1944–1991）
　南ア新（ガーンディー　1944–1991）
　ポプ人（ガンディー，ラジブ　1944–1991）

Gandhi, Sonia
インドの政治家。インド国民会議派総裁，インド下院議員，ラジブ・ガンジー財団総裁。
⇒外12（ガンジー，ソニア　1946.12.9–）
　外16（ガンジー，ソニア　1946.12.9–）
　世指導（ガンジー，ソニア　1946.12.9–）

Gandia, Antonio
スペインのテノール歌手。
⇒魅惑（Gandia,Antonio　?–）

Gandil, Arnold（Chick）
アメリカの大リーグ選手（一塁）。
⇒メジャ（ギャンディル，チック　1888.1.19–1970.12.13）

Gandillac, Maurice Patronnier de
フランスの哲学史家。N.クザーヌス研究で著名。
⇒メル3（ガンディヤック，モーリス・パトロニエ・ド　1906–2006）

Gandlevsky, Sergei Markovich
ロシアの詩人，作家。
⇒岩世人（ガンドレフスキー　1952.12.21–）

Gandolfi, Silvana
イタリアの児童文学作家。
⇒外16（ガンドルフィ，シルヴァーナ　1940–）
　現世文（ガンドルフィ，シルヴァーナ　1940–）

Ganev, Stoyan
ブルガリアの政治家。ブルガリア副首相・外相。
⇒世指導（ガネフ,ストヤン　1955.7.23–2013.7.2）

Gang Dong-won
韓国の俳優。
⇒外12（カンドンウォン　1981.1.18–）
外16（カンドンウォン　1981.1.18–）
韓俳（カン・ドンウォン　1981.1.18–）

Gang Hae-jeong
韓国の女優。
⇒外12（カンヘジョン　1982.1.4–）
外16（カンヘジョン　1982.1.4–）
韓俳（カン・ヘジョン　1982.1.4–）

Ganghofer, Ludwig
ドイツの小説家、劇作家。『森の沈黙』(1899)ほか小説、戯曲多数。
⇒岩世人（ガングホーファー　1855.7.7–1920.7.24）

Gani, Adnan Kapau
インドネシアの民族主義運動家、実業家。
⇒岩世人（ガニ,アドナン・カバウ　1905.9.16–1968.12.23）

Ganilau, Ratu *Sir* Penaia
フィジーの政治家。フィジー初代大統領(1987〜93)。
⇒世指導（ガニラウ,ペナイア　1918.7.28–1993.12.15）

Ganio, Denys
フランスのバレエダンサー。
⇒外12（ガニオ,デニス　1949.4.25–）

Ganio, Mathieu
フランスのバレエダンサー。
⇒外12（ガニオ,マチュー　1984.3.16–）
外16（ガニオ,マチュー　1984.3.16–）

Ganne, Louis
フランスの作曲家、指揮者。バレー音楽やオペレッタの作品がある。
⇒ク音3（ガンヌ　1862–1923）
標音2（ガンヌ,ルイ　1862.4.5–1923.7.13）

Gannett, Frank Ernest
アメリカの新聞人。ガネット社創業者。
⇒アメ経（ガネット,フランク　1876.9.15–1957.12.3）

Gannett, Ruth Stiles
アメリカの女性作家。
⇒岩世人（ガネット　1923.8.12–）
ポプ人（ガネット,ルース・スタイルス　1923–）

Gans, Carl
アメリカの爬虫両生類学者、進化生理学者、生物力学者。
⇒岩生（ガンス　1923–2009）

Gans, Herbert Julius
ドイツ生まれのアメリカの社会学者。
⇒岩世人（ガンス　1927.5.7–）
社小増（ガンス　1927–）

Gansberg, Fritz
ドイツの教育家、教育思想家。1890年、郷里ブレーメンの母校ドームシューレの教師となる。
⇒岩世人（ガンスベルク　1871.4.9–1950.2.12）
教人（ガンスベルク　1871–1950）

Ganshof, Francois Louis
ベルギーの歴史家、中世史家。
⇒岩世人（ガンスホフ　1895.3.14–1980.7.26）

Gant, Ronald Edwin
アメリカの大リーグ選手(外野、二塁)。
⇒メジャ（ギャント,ロン　1965.3.2–）

Gantin, Bernardin
ダオメー(現ベナン)出身の枢機卿。
⇒新カト（ガンティン　1922.5.8–2008.5.13）

Gantner, James Elmer
アメリカの大リーグ選手(二塁、三塁)。
⇒メジャ（ギャントナー,ジム　1953.1.5–）

Gantner, Joseph
スイスの美術史家。「視覚形式」と「表象形式」の学説を発展させ、「プレフィグラツィオン」(先形象)の理論を展開する。
⇒岩世人（ガントナー　1896.9.11–1988.4.7）

Ganz, Bruno
スイス生まれの俳優。作品『ノスフェラトゥ』『ベルリン・天使の詩』など。
⇒岩世人（ガンツ　1941.3.22–）
外12（ガンツ,ブルーノ　1941.3.22–）
外16（ガンツ,ブルーノ　1941.3.22–）
スター（ガンツ,ブルーノ　1941.3.22–）

Ganzarain, Ramon C.
チリの精神分析家。現代における精神分析的な集団精神療法の代表的な指導者。
⇒精分岩（ガンザレイン,ラモン・C　1923–）

Ganzuri, Kamal Ahmad Al
エジプトの政治家。エジプト首相。
⇒世指導（ガンズーリ,カマル　1933–）

Gao, George Fu
中国の微生物学者。
⇒外16（高福　コウフク　1961–）

Gao Wen-qian
中国の作家。
⇒外12（高文謙　コウブンケン　1953–）
外16（高文謙　コウブンケン　1953–）
現世文（高文謙　こう・ぶんけん　1953–）

Gao Xing-Jian
フランス(中国系)の作家,劇作家,画家。2000年ノーベル文学賞。
⇒岩世人 (高行健　こうこうけん　1940.1.4-)
　外12 (高行健　コウコウケン　1940.1.4-)
　外16 (高行健　コウコウケン　1940.1.4-)
　現世文 (高行健　こう・こうけん　1940.1.4-)
　広辞7 (こう・こうけん　高行健　1940-)
　世演 (高行健　こうこうけん　1940.1.4-)
　中日3 (高行健　こうこうけん、カオシンチエン　1940-)
　ノベ3 (高行健　ガオ、シンジェン　1940.1.4-)

Gao Xi-qing
中国の実業家。中国投資有限責任公司(CIC)社長。
⇒外12 (高西慶　コウセイケイ)
　外16 (高西慶　コウセイケイ)

Gao Yu
中国のジャーナリスト。
⇒外16 (高瑜　コウユ)

Gao Yuan-yuan
中国の女優。
⇒外12 (カオユエンユエン　1979.10.5-)

Gapon, Georgii Apollonovich
ロシア正教会の神父,労働組合運動家。
⇒岩世人 (ガポン　1870.2.5-1906.3.28)
　世史改 (ガポン　1870-1906)
　世人新 (ガポン　1870-1906)
　世人装 (ガポン　1870-1906)
　ポブ人 (ガポン、ゲオルギー　1870-1906)

Gaponenko, Taras Grievitch
ロシアの画家。
⇒芸13 (ガポネンコ、タラス・グリエーヴィッチ　1906-1975)

Gappah, Petina
ジンバブエの作家。
⇒海文新 (ガッパ、ペティナ　1971-)
　現世文 (ガッパ、ペティナ　1971-)

Garagiola, Joseph Henry
アメリカの大リーグ選手(捕手)。
⇒メジャ (ガラジオラ、ジョー　1926.2.12-)

Garai, Romola
イギリスの女優。
⇒外12 (ガライ、ロモーラ　1982-)
　外16 (ガライ、ロモーラ　1982.8.6-)

Garaikoetxea, Carlos
スペインのバスク・ナショナリズム運動指導者。バスク連帯創立者,バスク自治州政府初代首班。
⇒岩世人 (ガライコエチェア　1938.6.2-)
　世指導 (ガライコエチェア、カルロス　1938.6.2-)

Garanča, Elīna
ラトビアのメゾ・ソプラノ歌手。
⇒外12 (ガランチャ、エリーナ　1976-)
　外16 (ガランチャ、エリーナ　1976-)

Garang, John
スーダン南部黒人反体制指導者,軍人。スーダン第1副大統領,スーダン人民解放運動(SPLM)議長。
⇒世指導 (ガラン、ジョン　?-2005.7.30)

Gárate, Francisco
スペインのイエズス会信徒修道士。
⇒新カト (ガラテ　1857.2.3-1929.9.9)

Garaudy, Roger
フランスの哲学者。
⇒メル3 (ガロディ、ロジェ　1913-2012)

Garavani, Valentino
イタリアの服飾デザイナー。
⇒岩世人 (ガラヴァーニ　1932.5.11-)

Garaventa, Ottavio
イタリアのテノール歌手。
⇒失声 (ガラヴェンタ、オッタヴィオ　1934-)
　魅惑 (Garaventa,Ottavio　1934-)

Garayt, Patrick
テノール歌手。
⇒魅惑 (Garayt,Patrick　?-)

Garbarek, Jan
ノルウェーのジャズ・テナーサックス奏者。1970年代ヨーロッパが生んだベスト・ミュージシャンと評される。
⇒外12 (ガルバレク、ヤン　1947.3.4-)
　外16 (ガルバレク、ヤン　1947.3.4-)

Garbarski, Sam
ベルギーの映画監督。
⇒外12 (ガルバルスキ、サム　1948-)

Garbe, Richard von
ドイツのインド学者。専らインド正統哲学思想を講じ,ヴェーダ学,六派哲学の大家であった。
⇒岩世人 (ガルベ　1857.3.9-1927.9.22)
　南ア新 (ガルベ　1857-1927)

Garber, Henry Eugene
アメリカの大リーグ選手(投手)。
⇒メジャ (ガーバー、ジーン　1947.11.13-)

Garber, Joseph R.
アメリカの作家,文芸評論家,ビジネスアナリスト。
⇒現世文 (ガーバー、ジョセフ　1943.8.14-2005.5.27)

Garbers, Karl
ドイツの数学史および自然科学史学者。イスラ

ム教の自然科学に精通。
⇒岩世人（ガルベルス 1898.5.16-1990）
Garbin, Edoardo
イタリアのテノール歌手。19世紀のイタリア・オペラを中心に幅広いレパートリーをもつ。
⇒失声（ガルビン,エドアルド 1865-1943）
魅惑（Garbin,Edoardo 1865-1943）
Garbo
第2次世界大戦中，ドイツに雇われてイギリスに対するスパイ活動を行なったスペイン人，ファン・プホル・ガルシアのコードネーム。
⇒スパイ（ガルボ 1912-1988）
Garbo, Greta
スウェーデン生まれのアメリカの映画女優。『肉体と悪魔』(1927)，『アンナ・クリスティ』(30)，『椿姫』(37) などに出演。
⇒アメ州（Garbo,Greta ガルボ,グレタ 1905-）
アメ新（ガルボ 1905-1990）
岩世人（ガルボ 1905.9.18-1990.4.15）
ク俳（ガルボ,グレタ（グスタフソン,G）1905-1990）
広辞7（ガルボ 1905-1990）
スター（ガルボ,グレタ 1905.9.18-1990）
ネーム（ガルボ,グレタ 1905-1990）
Garborg, Arne
ノルウェーの小説家，劇作家。
⇒岩世人（ガルボルグ 1851.1.25-1924.1.14）
Garcia, Andy
キューバ生まれの俳優。
⇒外12（ガルシア,アンディ 1956.4.12-）
外16（ガルシア,アンディ 1956.4.12-）
ク俳（ガルシア,アンディ（ガルシア＝メネンデス,アンドレス）1956-）
スター（ガルシア,アンディ 1956.4.12-）
Garcia, Carlos Polestico
フィリピンの政治家。フィリピン大統領(1957～61)。1954年4月大野＝ガルシア覚書を交換。
⇒岩世人（ガルシア 1896.11.4-1971.6.14）
Garcia, Damaso Domingo
アメリカの大リーグ選手(二塁)。
⇒メジャ（ガルシア,ダマソ 1957.2.7-）
Garcia, Danny
アメリカのプロボクサー。
⇒最世ス（ガルシア,ダニー 1988.3.20-）
Garcia, Digno
パラグアイのアルパ（インディアン＝ハープ）奏者，作曲家。トリオをつくり，「ディグノ＝ガルシアと彼のカリオス」と名のった。
⇒標音2（ガルシア,ディグノ 1920-1984.2.4）
Garcia, Edward Miguel
アメリカの大リーグ選手(投手)。

⇒メジャ（ガルシア,マイク 1923.11.17-1986.1.13）
Garcia, Eric
アメリカの作家。
⇒海文新（ガルシア,エリック 1973-）
現世文（ガルシア,エリック 1973-）
Garcia, Eulogio Velarde
フィリピンの彫刻師，画家。
⇒岩世人（ガルシア 1871.3.11-1936.2.21）
Garcia, François
テノール歌手。
⇒魅惑（Garcia,François ?-）
Garcia, Freddy
ベネズエラの大リーグ選手(投手)。
⇒メジャ（ガルシア,フレディ 1976.10.6-）
Garcia, Jeff
アメリカのプロフットボール選手(QB)。
⇒最世ス（ガルシア,ジェフ 1970.2.24-）
Garcia, Jerry
アメリカ・サンフランシスコ生まれのギター奏者。
⇒ロック（Garcia,Jerry ガルシア,ジェリー 1942.8.1-）
Garcia, J.Jesús
アメリカのテノール歌手。
⇒魅惑（Garcia,J.Jesús 1977-）
Garcia, John
アメリカの心理学者。
⇒岩世人（ガルシア 1917.6.12-2012.10.12）
Garcia, Juan
スペインのサルスエラ歌手。
⇒失声（ガルシア,フアン 1896-1969）
Garcia, Kami
アメリカの作家。
⇒海文新（ガルシア,カミ）
Garcia, Karim
メキシコのプロ野球選手(韓国ハンファ・外野)，大リーグ選手。
⇒外12（ガルシア,カリム 1975.10.29-）
García, Laura Gallego
スペインの作家。
⇒海文新（ガルシア,ラウラ・ガジェゴ 1977.10.11-）
現世文（ガルシア,ラウラ・ガジェゴ 1977.10.11-）
Garcia, Paulina
チリの女優，演出家，劇作家。
⇒外16（ガルシア,パウリーナ 1960-）

Garcia, Ricardo
ブラジルのバレーボール選手。
⇒最世ス (ガルシア, リカルド 1975.11.19–)

Garcia, Rodrigo
コロンビア生まれの映画監督,脚本家。ガルシア・マルケスの子。
⇒外12 (ガルシア, ロドリゴ 1959–)
　外16 (ガルシア, ロドリゴ 1959–)

Garcia, Rudi
フランスのサッカー監督(ローマ),サッカー選手。
⇒外12 (ガルシア, ルディ 1964.2.20–)
　外16 (ガルシア, ルディ 1964.2.20–)
　最世ス (ガルシア, ルディ 1964.2.20–)

Garcia, Samuel Ruiz
メキシコの人権擁護活動家,カトリック司教。チアパス州サンクリストバルデラスカサス教区名誉司教。
⇒世指導 (ガルシア, サムエル・ルイス 1924.11.3–2011.1.24)

Garcia, Sergio
スペインのプロゴルファー。
⇒異二辞 (ガルシア, セルヒオ 1980–)
　外12 (ガルシア, セルヒオ 1980.1.9–)
　外16 (ガルシア, セルヒオ 1980.1.9–)
　最世ス (ガルシア, セルヒオ 1980.1.9–)

Garcia, Wilfredo
アメリカ海軍下士官。
⇒スパイ (ガルシア, ウィルフレード)

García Bernal, Gael
メキシコ生まれの男優。
⇒外12 (ガルシア・ベルナル, ガエル 1978.10.30–)

García Calderón, Francisco
ペルーの歴史家,外交官。パリ平和会議に列席(1919)。
⇒岩世人 (ガルシア・カルデロン 1883.4.8–1953.7.1)

Garcia Fons, Pierre
スペイン生まれの画家。
⇒芸13 (ガルシア・フォン, ピエール 1928–)
　芸13 (フォン, ピエール・ガルシア 1928–)

García Lorca, Federico
スペインの詩人,劇作家。作品は『ジプシー歌集』(1928),『血の結婚式』(33) など。
⇒岩世人 (ガルシア・ロルカ 1898.6.5–1936.8.19)
　ク音3 (ガルシーア・ロルカ 1898–1936)
　現世文 (ガルシア・ロルカ, フェデリコ 1898.6.5–1936.8.19)
　広辞7 (ガルシア・ロルカ 1898–1936)
　新カト (ガルシア・ロルカ 1898.6.5–1936.8.19)
　世演 (ガルシア・ロルカ, フェデリコ 1898.6.5–1936.8.19)
　標音2 (ガルシア・ロルカ, フェデリコ 1898.6.5–1936.8.19)
　ポプ人 (ロルカ, フェデリコ・ガルシア 1898–1936)

García Márquez, Gabriel
コロンビアの小説家。代表作『百年の孤独』(1967) を発表し,現代ラテンアメリカの最も重要な作家の1人と認められる。
⇒岩世人 (ガルシア・マルケス 1927.3.6–2014.4.17)
　外12 (ガルシア・マルケス, ガブリエル 1928.3.6–)
　現世文 (ガルシア・マルケス, ガブリエル 1928.3.6–2014.4.17)
　広辞7 (ガルシア・マルケス 1928–2014)
　世人新 (ガルシア=マルケス 1928–)
　世人装 (ガルシア=マルケス 1928–)
　ノベ3 (ガルシア・マルケス,G. 1928.3.6–)
　ポプ人 (ガルシア・マルケス, ガブリエル 1928–2014)
　ラテ新 (ガルシア・マルケス 1928–)

García Morales, Adelaida
スペインの作家。
⇒外12 (ガルシア・モラレス, アデライダ 1945–)
　外16 (ガルシア・モラレス, アデライダ 1945–)
　現世文 (ガルシア・モラレス, アデライダ 1945–)

Garciaparra, Anthony Nomar
アメリカの大リーグ選手(遊撃)。
⇒外12 (ガルシアパーラ, ノーマー 1973.7.23–)
　メジャ (ガルシアパーラ, ノマー 1973.7.23–)

García Pérez, Alan
ペルーの政治家。ペルー大統領(1985〜90,2006〜11)。
⇒岩世人 (ガルシア 1949.5.23–)
　外12 (ガルシア・ペレス, アラン・ガブリエル 1949.5.23–)
　外16 (ガルシア・ペレス, アラン・ガブリエル 1949.5.23–)
　世指導 (ガルシア・ペレス, アラン・ガブリエル 1949.5.23–)

Garcia Robles, Alfonso
メキシコの政治家。メキシコ外相。
⇒ネーム (ガルシア・ロブレス 1911–1991)
　ノベ3 (ガルシア・ロブレス,A. 1911.3.20–1991.9.3)
　ラテ新 (ガルシア・ロブレス 1911–1991)

Garcin, Jenny-Laure
フランスの画家。
⇒芸13 (ガルサン, ジェニー・ラウル 1896–1965)

Garcin, Jérôme
フランスの作家。
⇒外12 (ガルサン, ジェローム 1956–)
　外16 (ガルサン, ジェローム 1956–)
　現世文 (ガルサン, ジェローム 1956.10.4–)

Gardam, Jane Mary
イギリスの女性作家。
⇒現世文（ガーダム，ジェーン・メアリー　1928-）

Garde Due, Ulrik
デンマークの実業家。
⇒外12（ガーデ・ドゥエ，ウルリック　1963.1.14-）
外16（ガーデ・ドゥエ，ウルリック　1963.1.14-）

Gardeil, Ambroise
フランスのドミニコ会神学者。
⇒新カト（ガルデイユ　1859.3.29-1931.10.2）

Gardel, Carlos
アルゼンチン・タンゴの歌手。1923～33年ヨーロッパ各国を巡演,34年にはニューヨークで4本の映画に主演。
⇒岩世人（ガルデル　1890.12.11/1881.11.21-1935.6.24）
広辞7（ガルデル　1890?-1935）
新音中（ガルデル，カルロス　1890.12-1935.6.24）
標音2（ガルデル，カルロス　1890.12-1935.6.24）
ラテ新（ガルデル　1890?-1935）

Gardelli, Lamberto
イタリアの指揮者，作曲家。
⇒新音中（ガルデッリ，ランベルト　1915.11.8-1998.7.17）
標音2（ガルデッリ，ランベルト　1915.11.8-1998.7.17）

Garden, Mary
イギリスのソプラノ歌手。1902年ドビュッシーの『ペレアスとメリザンド』の主役で好評を博す。
⇒新音中（ガーデン，メアリー　1874.2.20-1967.1.13）
標音2（ガーデン，メアリー　1874.2.20-1967.1.3）

Gardenhire, Ron
アメリカの大リーグ監督。
⇒外12（ガーデンハイアー，ロン　1957.10.24-）
外16（ガーデンハイアー，ロン　1957.10.24-）
最世ス（ガーデンハイアー，ロン　1957.10.24-）
メジャ（ガーデンハイア，ロン　1957.10.24-）

Gardes, Roger
フランスのテノール歌手。
⇒失声（ギャルドゥ，ロジェ　1922-2004）
失声（ギャルドゥ，ロジェ　?）
魅惑（Gardes,Roger　1922-）

Gardiner, Alan Henderson
イギリスのエジプト学者，言語学者。シナイ文字を解読。著書に『言語活動と言語の理論』（1932）。
⇒岩世人（ガードナー　1879.3.29-1963.12.19）
新カト（ガーディナー　1879.3.29-1963.12.19）

Gardiner, Alfred George
イギリスのジャーナリスト，随筆家。1902～19年ロンドンの『デーリー・ニューズ』紙の主筆。
⇒岩世人（ガードナー　1865.6.2-1946）

Gardiner, Gerald Austin, Baron
イギリスの法律家，政治家。
⇒岩世人（ガードナー　1900.5.30-1990.1.7）

Gardiner, John Eliot
イギリスの指揮者。
⇒外12（ガーディナー，ジョン・エリオット　1943.4.20-）
外16（ガーディナー，ジョン・エリオット　1943.4.20-）
新音中（ガーディナー，ジョン・エリオット　1943.4.20-）
標音2（ガーディナー，ジョン・エリオット　1943.4.20-）

Gardiner, Meg
アメリカの作家。
⇒海文新（ガーディナー，メグ）
現世文（ガーディナー，メグ）

Gardini, Ubaldo
テノール歌手。
⇒魅惑（Gardini,Ubaldo　?-）

Gardner, Ava
アメリカの女優。主演作品に『殺人者』(1946)，『モガンボ』(53)『裸足の伯爵夫人』(54)など。
⇒ク俳（ガードナー，エヴァ　1922-1990）
スター（ガードナー，エヴァ　1922.12.24-1990）

Gardner, Brett M.
アメリカの大リーグ選手（外野）。
⇒メジャ（ガードナー，ブレット　1983.8.24-）

Gardner, Cornelius
アメリカの陸軍将校。
⇒アア歴（Gardner,Cornelius　ガードナー，コーニーリアス　1849.9.4-1921.1.2）

Gardner, Dede
アメリカの映画プロデューサー。
⇒外12（ガードナー，デデ）
外16（ガードナー，デデ）

Gardner, Erle Stanley
アメリカの推理小説作家。『ビロードの爪』(1933)に始まる，弁護士ペリー・メースンを主人公にしたシリーズはとくに人気が高く,80冊も書き継がれた。
⇒アメ州（Gardner,Erle Stanley　ガードナー，アール・スタンレイ　1889-1970）
現世文（ガードナー，E.S.　1889.7.17-1970.3.11）
広辞7（ガードナー　1889-1970）

Gardner, Ernest Arthur
イギリスの考古学者。メガロポリスとナウクラティスの発掘に従事した。
⇒岩世人（ガードナー　1862.3.16-1939.11.27）

Gardner, *Dame* Helen Louise
イギリスの女性英文学者。『エリオットの技法』(1949)に始まる学問批評はエリオットにみられる感受性を文学と宗教の両面から解明しようとするもの。
⇒岩世人（ガードナー　1908.2.13–1986.6.4）

Gardner, Howard
アメリカの心理学者。
⇒岩世人（ガードナー　1943.7.11–）

Gardner, John Champlin, Jr.
アメリカの小説家。倫理的な作風で寓話的,牧歌的な物語を描く。作品に『太陽の対話』『十月の光』など。
⇒現世文（ガードナー,ジョン　1933.7.21–1982.9.14）

Gardner, John（Edmund）
イギリスのスパイ小説家。
⇒岩世人（ガードナー　1926.11.20–2007.8.3）

Gardner, Kenneth B.
イギリスの日本書誌学の研究家。
⇒岩世人（ガードナー　1924–1995）

Gardner, Mark Allan
アメリカの大リーグ選手(投手)。
⇒メジャ（ガードナー,マーク　1962.3.1–）

Gardner, Meredith Knox
アメリカの暗号解読者。
⇒スパイ（ガードナー,メレディス・ノックス　1912–2000）

Gardner, Rulon
アメリカのレスリング選手(グレコローマン)。
⇒外12（ガードナー,ルーロン　1971.8.16–）

Gardner, Sally
イギリスの作家。
⇒現世文（ガードナー,サリー）

Gardner, Samuel
アメリカのヴァイオリン奏者,作曲家。
⇒標音2（ガードナー,サミュエル　1891.8.25–1984.8.25）

Gardner, Wayne
オーストラリアのレーシングドライバー。
⇒異二辞（ガードナー［ワイン・〜］　1959–）

Gardner, William Frederick
アメリカの大リーグ選手(二塁,遊撃,三塁)。
⇒メジャ（ガードナー,ビリー　1927.7.19–）

Gardner, William Lawrence
アメリカの大リーグ選手(三塁,二塁)。
⇒メジャ（ガードナー,ラリー　1886.5.13–1976.3.11）

Gárdonyi Géza
ハンガリーの作家。代表作は歴史小説『エゲルの星々』(1901)。
⇒岩世ニ（ガールドニ　1863.8.3–1922.10.30）
　新カト（ガールドニ　1863.8.3–1922.10.30）

Garduhn, Henno
東ドイツのテノール歌手。
⇒魅惑（Garduhn,Henno　1934–）

Garegnani, Pierangelo
イタリア生まれの経済思想家。
⇒岩経（ガレニャーニ　1930–）
　岩世人（ガレニャーニ　1930.8–2011.10.14）

Gareis, Karl
ドイツの法学者。
⇒学叢思（ガーライス,カール　1844–?）

Garen, David
アメリカのテノール歌手。
⇒魅惑（Garen,David　?–）

Garfield, Andrew
イギリスの俳優。
⇒外16（ガーフィールド,アンドルー　1983.8.20–）

Garfield, Brian
アメリカの作家。
⇒現世文（ガーフィールド,ブライアン　1939–）

Garfield, Eugene
アメリカの情報科学者。
⇒岩世人（ガーフィールド　1925.9.16–）

Garfield, John
アメリカの俳優。
⇒遺産（ガーフィールド,ジョン　1913.3.4–1952.5.21）
　ク俳（ガーフィールド,ジョン（ガーフィンクル,ジェイコブ・ジュリアス）　1912–1952）
　スター（ガーフィールド,ジョン　1913.3.4–1952）

Garfield, Leon
イギリスの児童文学作家。作品『ジャック・ホルボーン』『霧の中の悪魔』など。
⇒岩世人（ガーフィールド　1921.7.14–1996.6.2）
　現世文（ガーフィールド,レオン　1921.7.14–1996）

Garfinkel, Harold
アメリカの社会学者。主著に"Studies in ethnomethodology" (1967)など。
⇒岩世人（ガーフィンケル　1917.10.29–2011.4.21）
　現社（ガーフィンケル　1917–2011）
　広辞7（ガーフィンケル　1917–2011）
　社小増（ガーフィンケル　1917–）

Garfunkel, Art
アメリカの歌手,俳優。ポール・サイモンと1963年サイモン＆ガーファンクルを結成,『サウ

ンド・オブ・サイレンス』のヒットを生む。
⇒アメ新（サイモン・アンド・ガーファンクル 1942-）
岩世人（サイモン&ガーファンクル 1941.11.5-）
外12（ガーファンクル，アート 1941.11.5-）
外16（ガーファンクル，アート 1941.11.5-）
新音中（サイモン・アンド・ガーファンクル 1941-）
標音2（サイモンとガーファンクル 1942.11.5-）
ユ著人（Garfunkel,Art ガーファンクル，アート 1941-）
ロック（Simon and Garfunkel サイモン&ガーファンクル 1942.11.5-）
ロック（Garfunkel,Art ガーファンクル，アート）

Gari, Giulio
ルーマニアのテノール歌手。
⇒失声（ガリ，ジューリオ 1909-1994）
魅惑（Gari,Giulio 1912-）

Garia, Adrian
スペインの舞踊家。
⇒外12（ガリア，アドリアン）
外16（ガリア，アドリアン 1965-）

Garibashvili, Irakli
ジョージアの政治家。ジョージア首相。
⇒外16（ガリバシビリ，イラクリー 1982.6.28-）
世指導（ガリバシビリ，イラクリー 1982.6.28-）

Garin, Eugenio
イタリアの代表的哲学史家。
⇒岩世人（ガリン 1909.5.9-2004.12.29）

Garin Mikhailovskii
ロシアの作家。
⇒岩世人（ガーリン＝ミハイロフスキー 1852.2.8-1906.11.27）

Garin Nugroho Riyanto
インドネシアの映画監督。
⇒外12（ガリン・ヌグロホ 1961-）
外16（ガリン・ヌグロホ 1961.6.6-）

Garino, Gerard Giulio
フランスのテノール歌手。
⇒魅惑（Garino,Gerard Giulio 1949-）

Garioch, Robert
イギリスの詩人，翻訳家。
⇒現世文（ギャリオッチ，ロバート 1909.5.9-1981.4.26）

Garland, Alex
イギリスの作家。
⇒現世文（ガーランド，アレックス 1970-）

Garland, Beverly
アメリカの女優。
⇒ク俳（ガーランド，ベヴァリー（フェッセンデン，B) 1926-）

Garland, Hamlin
アメリカの作家。『中部辺境の娘』(1921) でピュリッツァー賞受賞。
⇒アメ州（Garland,Hannibal Hamlin ガーランド，ハンニバル・ハムリン 1860-1940）
岩世人（ガーランド 1860.9.14-1940.3.4）

Garland, Jon Steven
アメリカの大リーグ選手（投手）。
⇒メジャ（ガーランド，ジョン 1979.9.27-）

Garland, Judy
アメリカのポピュラー歌手，女優。1939年，映画『オズの魔法使い』に主演してアカデミー特別賞受賞。ほかに「スター誕生」など。体当り的熱演で有名。ヒット曲「虹の彼方に」。
⇒アメ州（Garland,Judy ガーランド，ジュディ 1922-1969）
遺産（ガーランド，ジュディ 1922.6.10-1969.6.22）
岩世人（ガーランド 1922.6.10-1969.6.22）
ク俳（ガーランド，ジュディ（ガム，フランシス）1922-1969）
新音中（ガーランド，ジュディ 1922.6.10-1969.6.22）
スター（ガーランド，ジュディ 1922.6.10-1969）
標音2（ガーランド，ジュディ 1922.6.10-1969.6.22）

Garland, Ken
イギリスのグラフィック・デザイナー。
⇒グラデ（Garland,Ken ガーランド，ケン 1929-）

Garland, Robert
イギリスの古典学者。
⇒外12（ガーランド，ロバート）
外16（ガーランド，ロバート）

Garland, William M.(Red)
アメリカのジャズ・ピアノ奏者。1955~58年マイルス・コンボで活躍。親しみやすい独自のスタイルで多くの後輩に影響を与えた。
⇒標音2（ガーランド，レッド 1923.5.13-1984.4.23）

Garlin, Gustave
フランスの料理人。
⇒フラ食（ガルラン，ギュスターヴ）

Garms, Debs C.
アメリカの大リーグ選手（外野，三塁）。
⇒メジャ（ガームズ，デブス 1907.6.26-1984.12.16）

Garn, Stanley Marion
アメリカの自然人類学者。
⇒岩世人（ガーン 1922.10.27-2007.8.31）

Garneau, Hector de Saint-Denys
カナダの詩人。雑誌「ラ・ルレーブ」で活躍。作品『虚空に戯れる視線』『孤独』など。

Garner, Alan
イギリスの児童文学者。『ブリジンガメンの魔法の石』。
⇒岩世人（ガーナー　1934.10.17–）
現世文（ガーナー，アラン　1934–）

Garner, Erroll Louis
アメリカのジャズ・ピアノ奏者。名曲『ミスティ』の作曲者としても有名。
⇒新音中（ガーナー，エロル　1921.6.15–1977.1.2）
標音2（ガーナー，エロル　1921.6.15–1977.1.2）

Garner, James
アメリカの俳優。
⇒外12（ガーナー，ジェームズ　1928.4.7–）
ク俳（ガーナー，ジェイムズ（バウムガーナー，J）1928–）

Garner, James Wilford
アメリカの政治学者。その "Introduction to political science"（1910）は広く普及した概説書。
⇒岩世人（ガーナー　1871.11.22–1938.12.9）

Garner, Jennifer
アメリカの女優。
⇒外12（ガーナー，ジェニファー　1972–）
外16（ガーナー，ジェニファー　1972.4.17–）

Garner, Peggy Ann
アメリカの女優。
⇒ク俳（ガーナー，ペギー・アン　1931–1984）

Garner, Philip Mason
アメリカの大リーグ選手（二塁，三塁）。
⇒外12（ガーナー，フィル　1949.4.30–）
メジャ（ガーナー，フィル　1949.4.30–）

Garner, Wightman Wells
アメリカの化学者，植物生理学者。植物の光周期を明かにした。
⇒岩世人（ガーナー　1875.7.15–1956）

Garnett, David
イギリスの作家。『狐になった奥様』（1922）で，ホーソンデン賞，ジェームズ・テイト・ブラック記念賞を受賞。
⇒岩世人（ガーネット　1892.3.9–1981.2.17）
現世文（ガーネット，デービッド　1892.3.9–1981.2.17）

Garnett, Kevin
アメリカのバスケットボール選手。
⇒外12（ガーネット，ケビン　1976.5.19–）
外16（ガーネット，ケビン　1976.5.19–）
最世ス（ガーネット，ケビン　1976.5.19–）

Garnett, Richard
イギリスの図書館員，作家，書誌学者。

⇒岩世人（ガーネット　1835.2.27–1906.4.13）

Garnier, Louis Frederic
フランスの宣教師。
⇒岩世人（ガルニエ　1860.11.20–1941.1.19）

Garnier, Tony
フランスの建築家。20世紀フランス近代建築の先駆者。
⇒岩世人（ガルニエ　1869.8.13–1948）

Garofalo, Raffaele
イタリアの刑法学者。自然犯説を主張。著書『刑事学』（1885）。
⇒岩世人（ガロファロ　1851.11.18–1934.4.18）
学叢思（ガロファロ，ラファエレ）

Garr, Ralph Allen
アメリカの大リーグ選手（外野）。
⇒メジャ（ガー，ラルフ　1945.12.12–）

Garr, Teri
アメリカ生まれの女優。
⇒ク俳（ガー，テリ　1949–）

Garred, Paul
イギリスのミュージシャン。
⇒外12（ガレッド，ポール）

Garrel, Philippe
フランス生まれの映画監督。
⇒外12（ガレル，フィリップ　1948.4.6–）
外16（ガレル，フィリップ　1948.4.6–）

Garrels, Robert Minard
アメリカの地球化学者。鉱物および岩石の化学的研究についてすぐれた研究を残した。
⇒岩世人（ギャレルズ　1916.8.24–1988.3.8）

Garrelts, Scott William
アメリカの大リーグ選手（投手）。
⇒メジャ（ギャレルツ，スコット　1961.10.30–）

Garret, Patrick Floyd
アメリカ・ニューメキシコ准州リンカーン郡の保安官。かつての友人ビリー・ザ・キッドを射殺した。
⇒世暗（ギャレット，パトリック・フロイド　1850–1908）

Garrett, Bradley L.
イギリスの文化人類学者，都市研究家，ライター，写真家。
⇒外16（ギャレット，ブラッドリー・L.）

Garrett, David
ドイツのヴァイオリン奏者。
⇒外16（ギャレット，デービッド　1980–）

Garrett, G(eorge) P(almer, Jr.
アメリカの小説家，詩人，批評家。

⇒現世文（ギャレット, ジョージ　1929.6.11–2008.
5.25）

Garrett, Malcolm
イギリスのグラフィック・デザイナー, タイポグラファー。
⇒グラデ（Garrett,Malcolm　ギャレット, マルカム　1956–）

Garrett, Peter
オーストラリアの政治家, 環境保護運動家, ロック歌手。
⇒外12（ギャレット, ピーター　1953–）
　外16（ギャレット, ピーター　1953.4.16–）
　世指導（ギャレット, ピーター　1953.4.16–）

Garrett, Randall
アメリカの作家。
⇒現世文（ギャレット, ランドル　1927–1987.12.31）

Garrett, Ronald Wayne
アメリカの大リーグ選手（三塁）。
⇒メジャ（ギャレット, ウェイン　1947.12.3–）

Garrett, Tommy 'Snuff'
アメリカ・テキサス州ダラス生まれのレコード・プロデューサー。
⇒ロック（Garrett,Tommy 'Snuff'　ギャレット, トミー・"スナッフ"　1939–）

Garrigoú-Lagrangé, Réginald
フランスの神学者, 哲学者。
⇒岩キ（ガリグー・ラグランジュ　1877–1964）
　岩世人（ガリグー＝ラグランジュ　1877.2.21–1964.2.15）
　新カト（ガリグー・ラグランジュ　1877.2.21–1964.2.15）

Garrigue, Jean
アメリカの女性詩人, 編集者, ジャーナリスト。
⇒現世文（ギャリーグ, ジーン　1914.12.8–1972.12.27）

Garrincha
ブラジルのサッカー選手。
⇒異二辞（ガリンシャ　1933–1983）
　ネーム（ガリンシャ　1933–1983）

Garris, John
アメリカのテノール歌手。
⇒魅惑（Garris,John　1911–1949）

Garrison, Jon
アメリカのテノール歌手。
⇒魅惑（Garrison,Jon　1944–）

Garrn, Toni
ドイツのモデル。
⇒外12（ガルン, トーニ）

Garro, Elena
メキシコの作家。

⇒現世文（ガーロ, エレナ　1916.12.11–1998.8.22）

Garrod, Archibald Edwald
イギリスの小児科医, 生化学者。
⇒岩世人（ギャロッド　1857.11.25–1936.3.28）

Garrod, Dorothy Annie Elizabeth
イギリスの考古学者。1939年ケンブリッジ大学初の婦人教授。
⇒岩世人（ギャロッド　1892.5.5–1968.12.18）

Garrone, Gabriel-Marie
フランスの枢機卿。
⇒新カト（ガロンヌ　1901.10.12–1994.1.15）

Garson, Greer
イギリス生まれの映画女優。
⇒ク俳（ガースン, グリア（ガースン, アイリーン・G）　1908–1996）
　スター（ガースン, グリア　1904.9.29–1996）

Garstang, John
イギリスの考古学者。中東の先史・原始文化の解明に功績を残した。
⇒岩世人（ガースタング　1876.5.5–1956.9.12）

Garth, Jennie
アメリカの女優。
⇒外12（ガース, ジェニー　1972.4.3–）

Gartside, Green
イギリスのミュージシャン。
⇒外12（ガートサイド, グリーン　1956.6.22–）

Garulli, Alfonso
イタリアのテノール歌手。
⇒魅惑（Garulli,Alfonso　1858–1915）

Garutti, Giuseppe
イタリアのテノール歌手。
⇒魅惑（Garutti,Giuseppe　1895–?）

Garvan, John M.
アメリカの民俗学者。
⇒アア歴（Garvan,John M.　ガーヴァン, ジョン・M.　1875.11.19–1938-1941）

Garve, Andrew
イギリスのミステリ作家。
⇒現世文（ガーブ, アンドルー　1908.2.12–2001）

Garver, Ned Franklin
アメリカの大リーグ選手（投手）。
⇒メジャ（ガーヴァー, ネッド　1925.12.25–）

Garvey, Marcus Moziah
アメリカの黒人運動指導者。黒人のアフリカ復帰運動を推進。
⇒アメ経（ガーベイ, マーカス　1887.8.17–1940.6.10）
　岩世人（ガーヴィ　1887.8.17–1940.6.10）
　広辞7（ガーヴィ　1887–1940）

マルX（GARVEY,MARCUS MOSIAH ガーヴィー, マーカス・モザイア 1887-1940）

Garvey, Steven Patrick
アメリカの大リーグ選手（一塁, 三塁）。
⇒外12（ガービー, スティーブ 1948.12.22-）
メジャ（ガーヴィー, スティーヴ 1948.12.22-）

Garvie, Alfred Ernest
イギリスのプロテスタント神学者。教会合同運動に努力。
⇒岩世人（ガーヴィ 1861.8.29-1945.3.7）

Garvin, James Louis
イギリスのジャーナリスト。1908～42年「オブザーバー」紙の編集長。26～29年には『エンサイクロペディア・ブリタニカ』の編集責任者。
⇒岩世人（ガーヴィン 1868.4.12-1947.1.23）

Garwood, Julie
アメリカのロマンス作家。
⇒外12（ガーウッド, ジュリー）

Gary, Elbert Henry
アメリカの弁護士, 実業家。USスティール社の創立に尽力した。
⇒アメ経（ゲーリー, エルバート 1846.10.8-1927.8.15）

Gary, Romain
フランスの作家, 映画監督。別名=エミール・アジャール。1956年小説『空の根』でゴンクール賞受賞。
⇒岩世人（ガリ 1914.5.8-1980.12.2）
現世文（ガリ, ロマン 1914.5.8-1980.12.2）

Garza, Matt
アメリカの大リーグ選手（ブリュワーズ・投手）。
⇒外12（ガーザ, マット 1983.11.26-）
外16（ガーザ, マット 1983.11.26-）

Gascar, Pierre
フランスの作家。1953年短篇集『獣たち』で批評家賞を受賞, 中篇『死者の時』でゴンクール賞も受けた。
⇒岩世人（ガスカール 1916.3.13-1997.2.20）
現世文（ガスカール, ピエール 1916.3.13-1997.2.20）

Gascoigne, Paul
イギリスのサッカー選手。
⇒外12（ガスコイン, ポール 1967.5.27-）

Gascoyne, David Emery
イギリスの詩人。詩集『放浪者』（1950）ほか。
⇒岩世人（ギャスコイン 1916.10.10-2001.11.25）
現世文（ギャスコイン, デービッド 1916.10.10-2001.11.25）

Gasdia, Cecilia
イタリアのソプラノ歌手。
⇒外12（ガスディア, チェチーリア 1960-）

外16（ガスディア, チェチーリア 1960-）

Gasemann, Gerhard
ドイツのスラヴ学者, 民族学者。バルカン諸民族の民族文学および性格学を研究。
⇒岩世人（ガーゼマン 1888.12.16-1948.3.31）

Gaskarth, Alex
アメリカのミュージシャン。
⇒外12（ガスカース, アレックス）

Gaskell, Walter Holbrook
イギリスの生理学者。心臓神経支配および心臓のリズム調節の研究に重要な業績を残した。
⇒岩世人（ギャスケル 1847.11.1-1914.9.7）

Gasol, Marc
スペインのバスケットボール選手（グリズリーズ）。
⇒最世ス（ガソル, マーク 1985.1.29-）

Gasol, Pau
スペインのバスケットボール選手（レイカーズ）。
⇒最世ス（ガソル, パウ 1980.7.6-）

Gaspais, Auguste-Ernest
フランス出身のパリ外国宣教会員, 満州宣教師, 司教。
⇒新カト（ガスペ 1884.4.22-1952.10.21）

Gaspard, John
アメリカの作家。
⇒海文新（ガスパード, ジョン 1958-）
現世文（ガスパード, ジョン 1958-）

Gaspardone, Emile
フランスの東洋学者。主著"Bibliographie annamite"（1934）。
⇒岩世人（ガスパルドーヌ 1895.6.20-1982.4.19）

Gaspari, Daniele
テノール歌手。
⇒魅惑（Gaspari,Daniele ?-）

Gaspari, Mario Pio
イタリア生まれの聖職者。駐日教皇大使（1977～83）。
⇒新カト（ガスパリ 1918.4.8-1983.6.23）

Gašparovič, Ivan
スロバキアの政治家。スロバキア大統領（2004～14）。
⇒外12（ガシュパロヴィッチ, イヴァン 1941.3.27-）
外16（ガシュパロヴィッチ, イヴァン 1941.3.27-）
世指導（ガシュパロヴィッチ, イヴァン 1941.3.27-）

Gasparri, Pietro
イタリアのカトリック教理学者, 教会政治家。

多くのコンコルダート(教皇と国家との契約),特にラテラノ条約(1929)の締結に関係した。
⇒岩世人(ガスパッリ 1852.5.5–1934.11.18)
　新カト(ガスパリ 1852.5.5–1934.11.18)

Gasparyan, Djivan
アルメニアのドゥドゥック奏者,歌手。
⇒岩世人(ガスパリアン 1928.10.12–)

Gasperini, Gian Piero
イタリアのサッカー監督(ジェノア)。
⇒外12(ガスペリーニ,ジャン・ピエロ 1958.1.26–)
　外16(ガスペリーニ,ジャン・ピエロ 1958.1.26–)

Gasprinskii, Ismail bei
クリミア・タタール人の啓蒙思想家。
⇒岩イ(ガスプラル・イスマイル 1851–1914)
　岩世人(ガスプリンスキー 1851.3.8–1914.9.11)

Gasquet, Francis Aidan
イギリスの聖職者,歴史家。イギリスにおける宗教改革史および中世教会史の権威。
⇒岩世人(ガスクェット 1846.10.5–1929.4.5)
　オク教(ガスケ 1846–1929)
　新カト(ガスケ 1846.10.5–1929.4.4)

Gasquet, Marie
フランスの作家。詩人ジョアシャン・ガスケの妻。
⇒新カト(ガスケ 1872.8.15–1960)

Gasquet, Richard
フランスのテニス選手。
⇒最世ス(ガスケ,リシャール 1985.6.18–)

Gass, William Howard
アメリカの小説家。作品に『オーメンセッターの幸運』『アメリカの果ての果て』など。
⇒現世文(ギャス,ウィリアム・ハワード 1924.7.30–2017.12.6)

Gasser, Herbert Spencer
アメリカの生理学者。1944年,神経繊維の研究で,ノーベル生理・医学賞受賞。
⇒岩生(ガッサー 1888–1963)
　岩世人(ガッサー 1888.7.5–1963.5.11)
　ノベ3(ガッサー,H.S. 1888.7.5–1963.5.11)
　ユ著人(Gasser,Herbert Spencer ガッサー,ハーバート・スペンサー 1888–1963)

Gassiev, Nikolai
ロシアのテノール歌手。
⇒魅惑(Gassiev,Nikolai ?–)

Gassman, Vittorio
イタリア生まれの男優,映画監督,詩人。
⇒ク俳(ガスマン,ヴィットリオ 1922–2000)

Gassner, Albert
テノール歌手。
⇒魅惑(Gassner,Albert ?–)

Gaster, Moses
ルーマニアの言語学者,ヘブライ学者。
⇒岩世人(ガスター 1856.9.17–1939.3.5)

Gastev, Aleksey Kapitonovich
ソ連の詩人。作品に『労働者の突撃の詩』がある。
⇒岩世人(ガースチェフ 1882.9.26/10.8–1939.4.15)

Gastiglioni, Niccolò
イタリアの作曲家,ピアノ奏者。
⇒ク音3(カスティリョーニ 1932–1996)
　新音中(カスティリョーニ,ニッコロ 1932.7.17–1996.9.7)
　標音2(カスティリオーニ,ニッコロ 1932.7.17–1996.9.7)

Gaston, Cito
アメリカの大リーグ選手(外野),監督。
⇒メジャ(ガストン,シト 1944.3.17–)

Gaston, Nathaniel Milton
アメリカの大リーグ選手(投手)。
⇒メジャ(ガストン,ミルト 1896.1.27–1996.4.26)

Gastoni, Lisa
イタリア生まれの女優。
⇒ク俳(ガストーニ,リザ 1935–)

Gastoué, Amédée
フランスの音楽学者。グレゴリオ聖歌研究の権威。
⇒新カト(ガストゥエ 1873.3.13–1943.6.1)
　標音2(ガストゥエ,アメデ 1873.3.19–1943.6.1)

Gâteaux, René Eugène
フランスの数学者。
⇒世数(ガトー,ルネ・ユージン 1889–1914)

Gatell, Francisco
アルゼンチンのテノール歌手。
⇒魅惑(Gatell,Francisco 1978–)

Gates, Antonio
アメリカのプロフットボール選手(チャージャース・TE)。
⇒最世ス(ゲイツ,アントニオ 1980.6.18–)

Gates, Arthur Irving
アメリカの心理学者。とくに読書力に関する研究が多く,現代アメリカ教育の有力な指導者。
⇒教人(ゲイツ 1890–)

Gates, Bill
アメリカの実業家。
⇒アメ新(ゲイツ 1955–)
　岩世人(ゲイツ 1955.10.28–)
　外12(ゲイツ,ビル 1955.10.28–)

外16（ゲイツ，ビル　1955.10.28–）
広辞7（ゲイツ　1955–）
世発（ゲイツ，ウィリアム・ヘンリー・"ビル"　1955–）
ネーム（ゲイツ，ビル　1955–）
ポプ人（ゲイツ，ビル　1955–）
有経5（ゲイツ，ビル　1955–）

Gates, David
アメリカ・オクラホマ州生まれの歌手。
⇒ロック（Gates, David　ゲイツ，デイヴィッド　1939.12.11–）

Gates, Henry Louis, Jr.
アメリカの教育者，批評家。
⇒岩世人（ゲイツ　1950.9.16–）

Gates, Melinda
アメリカの慈善活動家。
⇒外12（ゲイツ，メリンダ　1964.8.15–）
外16（ゲイツ，メリンダ　1964.8.15–）

Gates, Robert
アメリカの政治家。国防長官，中央情報局（CIA）長官。
⇒外12（ゲーツ，ロバート　1943.9.25–）
外16（ゲーツ，ロバート　1943.9.25–）
スパイ（ゲイツ，ロバート・M　1943–）
世指導（ゲーツ，ロバート　1943.9.25–）

Gates, Roman
アメリカの画家。
⇒芸13（ゲイツ，ロマン　?–）

Gatlif, Tony
フランスの映画監督。
⇒外12（ガトリフ，トニー　1948.9.10–）
外16（ガトリフ，トニー　1948.9.10–）

Gatlin, Justin
アメリカの陸上競技選手。
⇒外12（ガトリン，ジャスティン　1982.2.10–）
外16（ガトリン，ジャスティン　1982.2.10–）
最世ス（ガトリン，ジャスティン　1982.2.10–）

Gatsalov, Khadjimourat
ロシアのレスリング選手（フリースタイル）。
⇒外16（ガツァロフ，ハジムラト　1982.12.11–）
最世ス（ガツァロフ，ハジムラト　1982.12.11–）

Gattermann, Ludwig
ドイツの化学者。芳香族アルデヒド合成法などを研究。『有機化学実験』（1894）でも有名。
⇒岩世人（ガッターマン　1860.4.20–1920.6.20）

Gatti, Antoine
フランスの画家。
⇒19仏（ガティ，アントワーヌ　1852.11.20–?）

Gatti, Armand
フランスの劇作家。作品は1959年初演の『がま

＝水牛』，『道路清掃人夫オーギュスト・Gの幻想的生活』（62）など。
⇒現世文（ガッティ，アルマン　1924.1.26–2017.4.6）

Gatti, Arturo
カナダのプロボクサー。
⇒最世ス（ガッティ，アルツロ　1972.4.15–2009.7.11）

Gatti, Daniele
イタリアの指揮者。
⇒外12（ガッティ，ダニエレ　1961–）
外16（ガッティ，ダニエレ　1961.11.6–）

Gatti-Casazza, Giulio
イタリアの興行師。
⇒オペラ（ガッティ＝カザッツァ，ジュリオ　1869–1940）

Gatto, Alfonso
イタリアの詩人。主著『新詩集』（1950），『フレグレイの居酒屋』（62），『犠牲者の歴史』（66）。
⇒現世文（ガット，アルフォンソ　1909.7.17–1976.3.8）

Gatto, François
テノール歌手。
⇒魅惑（Gatto, François　?–）

Gattung, Theresa
ニュージーランドの実業家。
⇒外12（ガットゥング，テレサ）
外16（ガットゥング，テレサ　1962.4.11–）

Gattuso, Gennaro
イタリアのサッカー選手。
⇒異二辞（ガットゥーゾ［ジェンナーロ・～］　1978–）
外12（ガットゥーゾ，ジェンナーロ　1978.1.9–）
最世ス（ガットゥーゾ，ジェンナーロ　1978.1.9–）

Gaubert, Philippe
フランスのフルート奏者，指揮者，作曲家。
⇒ク音3（ゴーベール　1879–1941）
標音2（ゴベール，フィリップ　1879.7.4–1941.7.8）

Gauchet, Marcel
フランスの哲学者，編集者。
⇒外12（ゴーシェ，マルセル　1946–）
外16（ゴーシェ，マルセル　1946–）
メル別（ゴーシェ，マルセル　1946–）

Gauck, Joachim
ドイツの政治家，牧師，人権活動家。ドイツ大統領（2012～17）。
⇒岩世人（ガウク　1940.1.24–）
外16（ガウク，ヨアヒム　1940.1.24–）
世指導（ガウク，ヨアヒム　1940.1.24–）

Gaudasińska, Elżbieta
ポーランドの絵本作家。
⇒絵本（ガウダシンスカ，エルジュビェタ　1943-）

Gaude, Laurent
フランスの作家，劇作家。
⇒外12（ゴデ，ロラン　1972-）
海文新（ゴデ，ロラン　1972.7.6-）
現世文（ゴデ，ロラン　1972.7.6-）

Gaudel, Auguste-Joseph
フランスの神学者，司教。
⇒新カト（ゴーデル　1880.5.21-1968.8.8）

Gauder, Hartwig
ドイツの競歩選手。
⇒外12（ガウダー，ハートヴィッヒ　1954-）
外16（ガウダー，ハートヴィッヒ　1954-）

Gaudig, Hugo
ドイツの教育家。精神的労作教育の実践で名声を博す。
⇒岩世人（ガウディヒ　1860.12.5-1923.8.2）
教人（ガウディヒ　1860-1923）

Gaudin, Antoine Marc
アメリカ（フランス系）の選鉱学者。マサチューセッツ工業大学教授（1939～）。
⇒岩世人（ゴーダン　1900.8.8-1974.8.23）

Gaudio, Gaston
アルゼンチンのテニス選手。
⇒最近ス（ガウディオ，ガストン　1978.12.9-）

Gaudí y Cornet, Antonio
スペインの建築家。代表作はグエル公園（1900～02），カサ・ミラ（05～10）など。
⇒異二辞（ガウディ［アントニ・～］　1852-1926）
岩キ（ガウディ　1852-1926）
岩世人（ガウディ　1852.6.25-1926.6.10）
広辞7（ガウディ　1852-1926）
新カト（ガウディ　1852.6.26-1926.6.10）
世建（ガウディ，アントニ　1852-1926）
世人新（ガウディ　1852-1926）
世人装（ガウディ　1852-1926）
ネーム（ガウディ　1852-1926）
ポブ人（ガウディ，アントニ　1852-1926）

Gaul, August
ドイツの彫刻家。動物の彫刻に秀れ，「牡獅子と牝獅子」等の作がある。
⇒芸13（ガウル，アウグスト　1869-1921）

Gauland, Alexander
ドイツの政治家。ドイツAfD共同代表（党首）。
⇒世指導（ガウラント，アレクサンダー　1941-）

Gault, Henri
フランスのジャーナリスト，料理評論家。
⇒岩世人（ゴー　1929.11.4-2000.7.9）

Gaultier, Jean-Paul
フランスの服飾デザイナー。
⇒外12（ゴルチエ，ジャン・ポール　1952.4.24-）
外16（ゴルチエ，ジャン・ポール　1952.4.24-）

Gaultier, Jules de
フランスの哲学者，文筆家。
⇒メル3（ゴーティエ，ジュール・ド　1858-1942）

Gaumont, Léon
フランス・パリ生まれの映画製作者。
⇒岩世人（ゴーモン　1864.5.10-1946.8.9）

Gauntlett, George Edward Lockman
イギリスの教育家。
⇒日エ（ガントレット，エドワード　1868.12.4-1956.7.29）

Gaupp, Ernst Wilhelm Theodor
ドイツの比較解剖学者。
⇒岩生（ガウプ　1865-1916）

Gaupp, Robert Eugen
ドイツの精神病学者。児童心理，自殺，集団殺人等に関する研究がある。
⇒岩世人（ガウプ　1870.10.3-1953.8.30）
現精（ガウプ　1870-1953）
現精縮（ガウプ　1870-1953）

Gauss, Clarence Edward
アメリカの外交官。中国駐在大使（1941～44）となり，日中戦争には中国援助に努力。
⇒アア歴（Gauss,Clarence E（dward）　ガウス，クラレンス・エドワード　1887.1.12-1960.4.8）
岩世人（ガウス　1887.1.12-1960.4.8）

Gauthiot, Robert
フランスの比較言語学者，イラン語学者。サマルカンド東方に残るイラン系諸語を調査。
⇒岩世人（ゴーティオ　1876.6.13-1916.9.11）

Gautier, Emile Jean Marie
フランスの無政府主義者。
⇒学叢思（ゴーティエー，エミル・ジャン・マリー　1853-?）

Gautier, Georges
フランスのテノール歌手。
⇒魅惑（Gautier,Georges　?-）

Gautier, Judith
フランスの女性小説家。T.ゴーチェの娘。代表作『硬玉の書』（1867）。
⇒中文史（ゴーチェ　1845-1917）

Gautier-Brzeska, Henri
フランスの彫刻家，素描家。
⇒岩世人（ゴーディエ＝ブルゼスカ　1891.10.4-1915.6.5）
芸13（ゴーディエ・ブルゼスカ，アンリ　1891-

1915)
Gauty, Lys
フランスの女性シャンソン歌手。1933年『三文オペラ』のなかの『海賊の花嫁』『バルバラの歌』でディスク大賞を受賞。
⇒標音2（ゴーティ, リス　1908.2.14-）

Gavalda, Anna
フランスの作家。
⇒海文新（ガヴァルダ, アンナ　1970.12.9-）
現世文（ガヴァルダ, アンナ　1970.12.9-）

Gavarini, Renato
イタリアのテノール歌手。
⇒失声（ガヴァリーニ, レナート　1919-2003）
魅惑（Gavarini, Renato　?-）

Gavathas, Martinos
ギリシャ生まれの版画家。
⇒芸13（ガヴァサス, マルティネス　1943-）

Gavazzeni, Gianandrea
イタリアの指揮者, 批評家, 作曲家。
⇒オペラ（ガヴァッツェーニ, ジャナンドレーア　1909-1996）

Gavazzi, Ernesto
イタリアのテノール歌手。
⇒魅惑（Gavazzi, Ernesto　1941-）

Gaver, Mary Virginia
アメリカの図書館員。ラトガース大学で図書館員養成教育に尽力, 学校図書館に関する著書の執筆でも知られる。
⇒ア図（ゲイヴァー, メアリー　1906-1992）

Gavin, Julian
オーストラリアのテノール歌手。
⇒魅惑（Gavin, Julian　?-）

Gaviria, César
コロンビアの政治家。コロンビア大統領（1990～94）。
⇒世指導（ガビリア, セサル　1947.3.31-）

Gaviria, Simon
コロンビアの政治家。コロンビア自由党党首。
⇒外16（ガビリア, シモン）
世指導（ガビリア, シモン）

Gavras, Julie
フランスの映画監督。
⇒外12（ガヴラス, ジュリー　1970-）

Gavrilov, Andrei
ロシアのピアノ奏者。
⇒外12（ガヴリーロフ, アンドレイ　1955.9.21-）
新音中（ガヴリーロフ, アンドレイ　1955.9.21-）

Gavrylyuk, Alexander
ドイツのピアノ奏者。
⇒外12（ガブリリュク, アレクサンダー　1984.8-）
外16（ガブリリュク, アレクサンダー　1984.8-）

Gay, Francisque Désiré Olivier
フランスのカトリック活動家, 政治家。
⇒岩世人（ゲー　1885.5.2-1963.10.22）

Gay, Michel
フランスのイラストレーター, 絵本作家。
⇒絵本（ゲイ, ミシェル　1947-）
外12（ゲイ, ミシェル　1947-）
外16（ゲイ, ミシェル　1947-）

Gay, Rudy
アメリカのバスケットボール選手（ラプターズ）。
⇒最世ス（ゲイ, ルディ　1986.8.17-）

Gay, Tyson
アメリカの陸上選手（短距離）。
⇒外12（ゲイ, タイソン　1982.8.9-）
外16（ゲイ, タイソン　1982.8.9-）
最世ス（ゲイ, タイソン　1982.8.9-）

Gaya-Nuño, Juan Antonio
スペインの美術史家, 美術批評家。
⇒岩世人（ガヤ＝ヌニョ　1913.1.29-1976.7.6）

Gaye, Marvin
アメリカのソウル歌手。
⇒異二辞（ゲイ, マーヴィン　1939-1984）
岩世人（ゲイ　1939.4.2-1984.4.1）
新音中（ゲイ, マーヴィン　1939.4.2-1984.4.1）
標音2（ゲイ, マーヴィン　1939.4.2-1984.4.1）
ロック（Gaye, Marvin　ゲイ, マーヴィン　1939.4.2-）

Gaylin, Alison
アメリカのジャーナリスト, 作家。
⇒海文新（ゲイリン, アリソン）
現世文（ゲイリン, アリソン）

Gayn, Mark Julius
アメリカのジャーナリスト。マッカーサー司令部の活動を批判。1945年に出版した『ニッポン日記』は世界各国で翻訳されベストセラーとなる。
⇒岩世人（ゲイン　1909-1981.12.17）

Gaynor, Gloria
アメリカ・ニュージャージー州生まれの歌手。
⇒ロック（Gaynor, Gloria　ゲイナー, グローリア）

Gaynor, Janet
アメリカの映画女優。
⇒ク俳（ゲイナー, ジャネット（ゲイナー, ローラ）　1906-1984）

Gaynor, Mitzi
アメリカのミュージカル女優。
⇒ク俳（ゲイナー, ミッツィ（ゲルバー, フランセスカ・M・フォン）　1930–）

Gayoom, Maumoon Abdul
モルディブの政治家。モルディブ大統領（1978～2008）。
⇒外12（ガユーム, マウムーン・アブドル　1937.12.29–）
外16（ガユーム, マウムーン・アブドル　1937.12.29–）
世指導（ガユーム, マウムーン・アブドル　1937.12.29–）

Gayraud, Hippolyte
フランスの神学者, 政治家。
⇒新カト（ゲロ　1856.8.13–1911.12.17）

Gazale, Alberto
イタリアのバリトン歌手。
⇒外12（ガザーレ, アルベルト　1968–）
外16（ガザーレ, アルベルト　1968–）

Gazarek, Sara
アメリカのジャズ歌手。
⇒外12（ガザレク, サラ）
外16（ガザレク, サラ）

Gazizullin, Farit
ロシアの政治家。ロシア国家資産相。
⇒世指導（ガジズリン, ファリト　1946–）

Gazumov, Khetag
アゼルバイジャンのレスリング選手（フリースタイル）。
⇒最世ス（ガジュモフ, ヘタグ　1983.4.24–）

Gazzaniga, Michael S.
アメリカの心理学者, 神経科学者。
⇒岩世人（ガザニガ　1939.12.12–）

Gazzara, Ben
アメリカ生まれの俳優。
⇒ク俳（ギャザラ, ベン（ギャザラ, ビアゴ）　1930–）

Gazzelloni, Severino
イタリアのフルート奏者。バロックと現代の作品を得意とする。
⇒岩音（ガッツェローニ　1919.1.5–1992.11.21）
新音中（ガッゼローニ, セヴェリーノ　1919.1.5–1992.11.21）
標音2（ガッツェッローニ, セヴェリーノ　1919.1.5–1992.11.21）

Gbagbo, Laurent
コートジボワールの政治家。コートジボワール大統領（2000～11）, イボワール人民党（FPI）党首。
⇒外12（バグボ, ローラン　1945.5.31–）
外16（バグボ, ローラン　1945.5.31–）
世指導（バグボ, ローラン　1945.5.31–）

Gbowee, Leymah
リベリアの平和活動家。
⇒外12（ボウイー, リーマ　1972.2.1–）
外16（ボウイー, リーマ　1972.2.1–）
世指導（ボウイー, リーマ　1972.2.1–）
ノベ3（ボウイー, L.　1972–）

G-DRAGON
韓国の歌手。
⇒外12（G-DRAGON　ジードラゴン　1988.8.18–）
外16（G-DRAGON　ジードラゴン　1988.8.18–）

Geach, Peter Thomas
イギリスの哲学者。
⇒岩世人（ギーチ　1916.3.29–2013.12.21）
メル別（ギーチ, ピーター・トマス　1916–2013）

Gebauer, Jan
チェコスロバキアの言語学者。主著『チェコ語歴史文典』（1894～1929）。
⇒岩世人（ゲバウエル　1838.10.8–1907.5.25）

Gebel, Gerard
フランスの画家。
⇒芸13（ジベール, ジェラール　1937–）

Gebhardt, Eduard von
エストニア生まれのドイツの画家。
⇒岩世人（ゲーブハルト　1838.6.13–1925.2.3）

Gebhardt, Horst
ドイツのテノール歌手。
⇒魅惑（Gebhardt,Horst　1940–）

Gebow, Eric
アメリカのパフォーマー。
⇒外12（ジェボー, エリック）

Gebrselassie, Haile
エチオピアの陸上選手（長距離）。
⇒異二辞（ハイレ・ゲブレセラシェ　1973–）
岩世人（ゲブレセラシェ　1973.4.18–）
外12（ゲブレシラシエ, ハイレ　1973.4.18–）
外16（ゲブレシラシエ, ハイレ　1973.4.18–）
最世ス（ゲブレシラシエ, ハイレ　1973.4.18–）

Gebsattel, Victor Emil Freiherr von
ドイツの精神医学者, 精神療法家。
⇒現精（ゲープザッテル　1883–1976）
現精縮（ゲープザッテル　1883–1976）

Géczy, Barnabás von
ドイツ（ハンガリー系）のヴァイオリン奏者, 指揮者。
⇒標音2（ゲッツィ, バルナバス・フォン　1897.3.4–1971.7.2）

Gédalge, André
フランスの作曲家,教育者。
⇒標音2（ジェダルジュ,アンドレ 1856.12.27–1926.2.5）

Gedda, Nicolai
スウェーデンのテノール歌手。
⇒オペラ（ゲッダ（イェッダ）,ニコライ 1925–）
失声（ゲッダ,ニコライ 1925–）
新音中（ゲッダ,ニコライ 1925.7.11–）
標音2（ゲッダ,ニコライ 1925.7.11–）
魅惑（Gedda,Nicolai 1925–）

Geddes, Anne
オーストラリア生まれの赤ちゃん写真家。
⇒世界子（ゲッディーズ,アン）

Geddes, Sir Auckland Campbell
イギリスの政治家。商務院総裁（1919～20）,駐米大使（20～24）などを歴任。
⇒岩世人（ゲッデス 1879.6.21–1954.6.8）

Geddes, Barbara Bel
アメリカ生まれの女優。
⇒ク俳（ベル・ゲディス,バーバラ 1922–）

Geddes, Sir Eric Campbell
イギリスの政治家,実業家。中央鉄道委員会議長（1914）,海相（17～19）,運輸相（19～21）。
⇒岩世人（ゲッデス 1875.9.26–1937.6.22）

Geddes, Norman Bel
アメリカの舞台装置家。主要作品『奇跡』（1923）,『ハムレット』（31）,『デッド・エンド』（35）など。
⇒岩世人（ゲッデス 1893.4.27–1958.5.8）
芸13（ベル・ゲデズ,ノルマン 1893–1962）

Gedman, Richard Leo
アメリカの大リーグ選手（捕手）。
⇒メジャ（ゲドマン,リッチ 1959.9.26–）

Gee, Maurice Gough
ニュージーランドの作家。
⇒現世文（ジー,モーリス 1931.8.22–）
ニュー（ジー,モーリス 1931–）

Gee, Nathaniel Gist
アメリカの生物学者。
⇒アア歴（Gee,Nathaniel Gist ジー,ナサニエル・ギースト 1876.4.20–1937.12.18）

Geehl, Henry
イギリスの作曲家,指揮者,ピアノ奏者。
⇒標音2（ギール,ヘンリー 1881.9.28–1961.1.14）

Geer, Gerard de
スウェーデンの地質学者。ストックホルム地質年代学（地編年学）研究所を設立。
⇒岩世人（イェール 1858.10.2–1943.7.23）

Geertz, Clifford
アメリカの人類学者。
⇒アア歴（Geertz,Clifford（James） ギアツ,クリフォード・ジェイムズ 1926.8.23–2006.10.30）
岩イ（ギアツ 1926–）
岩世人（ギアツ 1926.8.26–2006.10.30）
現社（ギアツ 1926–2006）
現宗（ギアツ 1926–）
広辞7（ギアツ 1926–2006）
社小増（ギアツ 1926–）
新カト（ギアーツ 1926.8.23–2006.10.30）
ネーム（ギアーツ 1926–2006）
有経5（ギアツ 1927–2006）

Geertz, Hildred Storey
アメリカの人類学者。
⇒アア歴（Geertz,Hildred（Storey） ギアツ,ヒルドレッド・ストーリー 1927.2.12–）

Gees, Michael
ドイツのピアノ奏者,作曲家。
⇒外12（ゲース,ミヒャエル 1953–）
外16（ゲース,ミヒャエル 1953–）

Geesink, Anton
オランダの柔道選手。
⇒異二辞（ヘーシンク［アントン・～］ 1934–2010）
岩世人（ヘーシンク 1934.4.6–2010.8.27）
広辞7（ヘーシンク 1934–2010）
ポプ人（ヘーシンク,アントン 1934–2010）

Geeson, Judy
イギリス生まれの女優。
⇒ク俳（ギースン,ジュディ 1948–）

Geffen, David
アメリカのレコード製作者。
⇒ユ著人（Geffen,David ガフィン,デヴィド 1944–）

Geffroy, Gustave
フランスのジャーナリスト,美術評論家,小説家。主著『一新聞記者のノート』（1887）,『芸術的生活』（92～1903）,小説『閉された者』（1893）など。
⇒岩世人（ジェフロワ 1855.6.1–1926.4.4）

Geheeb, Paul
ドイツの教育者。オーデンワルトシューレの創立者。
⇒教思増（ゲヘープ 1870–1961）
教人（ゲヘープ 1870–）

Gehlen, Arnold
ドイツの社会心理学者,哲学者。主著『国家と哲学』（1935）,『人間―その本性と世界における位置』（40）,『人間学の探究』（61）など。
⇒岩世人（ゲーレン 1904.1.19–1976.1.30）
現社（ゲーレン 1904–1976）
広辞7（ゲーレン 1904–1976）
社小増（ゲーレン 1904–1976）

新カト（ゲーレン　1904.1.29–1976.1.30）
哲中（ゲーレン　1904–1976）

Gehlen, Reinhard
ドイツの哲学者, 社会学者。ライプツィヒ大学教授, ウィーン大学教授, シュパイエル行政科学大学教授, アーヘン工科大学教授。
⇒スパイ（ゲーレン, ラインハルト　1902–1979）

Gehly, Philip
テノール歌手。
⇒魅惑（Gehly,Philip　?–）

Gehrig, Lou
アメリカの大リーグ選手（一塁）。
⇒アメ州（Gehrig,Lou　ゲーリッグ, ルー　1903–1941）
アメ新（ゲーリッグ　1903–1941）
異二辞（ゲーリッグ, ルー　1903–1941）
岩世人（ゲーリッグ　1903.6.19–1941.6.2）
広辞7（ゲーリッグ　1903–1941）
ネーム（ゲーリッグ, ルー　1903–1941）
ボブ人（ゲーリッグ, ルー　1903–1941）
メジャ（ゲーリッグ, ルー　1903.6.19–1941.6.2）

Gehring, Walter Jakob
スイスの発生生物学者, 分子生物学者。
⇒岩生（ゲーリング　1939–）
岩世人（ゲーリング　1939.3.20–）
外12（ゲーリング, ヴァルター・ヤコブ　1939.3.20–）

Gehringer, Charles Leonard
アメリカの大リーグ選手（二塁）。
⇒メジャ（ゲーリンジャー, チャーリー　1903.5.11–1993.1.21）

Gehry, Frank O.
アメリカの建築家。
⇒外12（ゲーリー, フランク　1929.2.29–）
外16（ゲーリー, フランク　1929.2.28–）
世建（ゲーリー, フランク　1929–）

Geiger, Hans Wilhelm
ドイツの物理学者。ガイガー尖端計数管, ガイガー＝ミュラー計数管を考案。
⇒岩世人（ガイガー　1882.9.30–1945.9.24）
オク科（ガイガー（ハンス・ヴィルヘルム）1882–1945）
科史（ガイガー　1882–1945）
三新物（ガイガー　1882–1945）
ネーム（ガイガー　1882–1945）
物理（ガイガー, ハンス　1882–1945）
ボブ人（ガイガー, ハンス　1882–1945）

Geiger, Ludwig
ドイツ文学者, ユダヤ教改革論者。ベルリン大学ドイツ文学教授。「ゲーテ年鑑」の創刊者。
⇒ユ著人（Geiger,Ludwig　ガイガー, ルードヴィヒ　1848–1919）

Geiger, Moritz
ドイツの哲学者, 美学者。
⇒岩世人（ガイガー　1880.6.26–1937.9.9）

Geiger, Reinold
オーストリア生まれの実業家。ロクシタン会長・CEO。
⇒外16（ガイガー, レイノルド　1947–）

Geiger, Rudolf
ドイツの気象学者。微気候学の創始者。
⇒岩世人（ガイガー　1894.8.24–1981.1.22）

Geiger, Theodor
ドイツの社会学者。群集, 知識階級の研究に業績を残す。
⇒岩世人（ガイガー　1891.11.9–1952.6.16）
社小増（ガイガー　1891–1952）

Geiger, Wilhelm
ドイツのインド学者。特にパーリ学に造詣深く, 研究, 翻訳ならびに校訂出版が多い。
⇒岩世人（ガイガー　1856.7.21–1943.9.2）
新佛3（ガイガー　1856–1943）

Geijerstam, Gustaf
スウェーデンの作家。ストリンドベリの影響を強く受けた急進的リアリズム作家。
⇒岩世人（イェイエシュタム　1858.1.5–1909.3.6）

Geikie, *Sir* Archibald
イギリスの地質学者。氷河堆積物や火山活動の研究で知られる。著書『イギリスの過去の火山』（1897）, 『地質学教科書』（03）。
⇒岩世人（ゲイキ　1835.12.28–1924.11.11）
オク地（ゲイキー, アーチバード　1835–1924）

Geil, William Edgar
アメリカの探検家, 作家。
⇒アア歴（Geil,William Edgar　ガイル, ウイリアム・エドガー　1865–1925.4.12）

Geim, Andre
ロシア生まれのオランダの物理学者。2010年ノーベル物理学賞受賞。
⇒外12（ガイム, アンドレ　1958–）
外16（ガイム, アンドレ　1958.10.21–）
ネーム（ガイム, アンドレ　1958–）
ノベ3（ガイム, A.　1958.10.1–）

Geim, *Sir* Andre Konstantin
ロシア生まれのオランダ, イギリスの物理学者。
⇒岩世人（ガイム（ハイム）　1958.10.21–）

Gein, Ed
アメリカの殺人犯。
⇒ネーム（ゲイン, エド　1906–1984）

Geingob, Hage
ナミビアの政治家。ナミビア大統領（2015～）。

⇒外16（ガインゴブ, ヘイジ　1941.8.3-）
世指導（ガインゴブ, ヘイジ　1941.8.3-）

Geiringer, Karl
アメリカ（オーストリア系）の音楽学者。初期ヴィーン古典派の、とくにハイドンとブラームスに関する新しい資料の収集につとめた。
⇒新音中（ガイリンガー, カール　1899.4.26-1989.1.10）
標音2（ガイリンガー, カール　1899.4.26-1989.1.10）
ユ著人（Geiringer,Karl　ガイリンガー, カール　1899-1989）

Geisel, Ernesto
ブラジルの政治家。ブラジル大統領（1974〜79）。
⇒岩世人（ガイゼル　1907.8.3-1996.9.12）

Geiselmann, Josef Rupert
ドイツのカトリック神学者。
⇒岩世人（ガイゼルマン　1890.2.27-1970.3.5）
新カト（ガイゼルマン　1890.2.27-1970.5.5）

Geisen, Erik
アメリカのテノール歌手。
⇒魅惑（Geisen,Erik　?-）

Geisenberger, Natalie
ドイツのリュージュ選手。
⇒外16（ガイゼンベルガー, ナタリー　1988.2.5-）

Geisler, Walter
ドイツのテノール歌手。
⇒失声（ガイスラー, ワルター　1918-1979）
魅惑（Geisler,Walter　1918-1979）

Geissbuhler, Steff
スイスのグラフィック・デザイナー。
⇒グラデ（Geissbuhler,Steff　ガイスビューラー, シュテッフ　1942-）

Geißler, Heiner
ドイツの政治家。
⇒岩世人（ガイスラー　1930.3.3-）
世指導（ガイスラー, ハイナー　1930.3.3-）

Geitel, Hans Friedrich
ドイツの物理学者。光電効果に関する多くの研究を行った。
⇒岩世人（ガイテル　1855.7.16-1923.8.15）

Geithner, Timothy
アメリカのエコノミスト。
⇒外12（ガイトナー, ティモシー　1961.8.18-）
外16（ガイトナー, ティモシー　1961.8.18-）
世指導（ガイトナー, ティモシー　1961.8.18-）

Geitler, Lothar
オーストリアの植物学者。有糸内分裂を発見。
⇒岩世人（ガイトラー　1899.5.18-1990.5.1）

Gekić, Kemal
ユーゴスラビア生まれのアメリカのピアノ奏者。
⇒外12（ゲキチ, ケマル　1962-）
外16（ゲキチ, ケマル　1962-）

Gelana, Tiki
エチオピアのマラソン選手。
⇒外16（ゲラナ, ティキ　1987.10.22-）
最世ス（ゲラナ, ティキ　1987.10.22-）

Gelb, Ignace Jay
ポーランド生まれのアメリカのアッシリア学者。
⇒岩世人（ゲルブ　1907.10.14-1985.12.22）

Gelb, Peter
アメリカの音楽プロデューサー, 映画・テレビプロデューサー。
⇒外12（ゲルブ, ピーター　1953-）
外16（ゲルブ, ピーター　1953-）

Gelber, Bruno-Leonard
アルゼンチンのピアノ奏者。
⇒外12（ゲルバー, ブルーノ・レオナルド　1941.3.19-）
外16（ゲルバー, ブルーノ・レオナルド　1941.3.19-）
新音中（ゲルバー, ブルーノ・レオナルド　1941.3.19-）
標音2（ヘルベル, ブルーノ＝レオナルド　1941.3.19-）

Gelber, Jack
アメリカの劇作家。
⇒現世文（ゲルバー, ジャック　1932.4.12-2003.5.9）

Gelber, Nathan Michael
オーストリアの歴史家, シオニストの指導者。
⇒ユ著人（Gelber,Nathan Michael　ゲルバー, ネーサン・ミカエル　1891-1966）

Geldner, Karl Friedrich
ドイツのインド学者, 東洋学者。ベーダ, アベスタの研究に生涯を捧げ, 『リグ・ベーダ』を独訳。主著 "Siebzig Lieder des Rigveda"（1875）, "Avesta,die heiligen Bücher der Parsen"（3巻, 85〜95）など。
⇒岩世人（ゲルトナー　1852.12.17-1929.2.5）
新佛3（ゲルトナー　1852-1929）

Geldof, Bob
アイルランドのロック歌手, 慈善家。
⇒外12（ゲルドフ, ボブ　1954.10.5-）
外16（ゲルドフ, ボブ　1954.10.5-）

Gelfand, Izrail Moiseyevich
ロシアの数学者。
⇒岩世人（ゲルファント（ゲリファンド）　1913.8.20/9.2-2009.10.5）
世数（ゲルファント, イズライル・モイセヴィッチ　1913-2009）

Gelhorn, Martha Ellis
アメリカのジャーナリスト。
⇒ヘミ（ゲルホーン,マーサ　1908-1998）

Gelifond, Aleksandr Osipovich
ソ連の数学者。
⇒数辞（ゲルフォント,アレクサンドル・オシポビッチ　1906-1968）
世数（ゲルフォント,アレクサンダー・オシポヴィッチ　1906-1968）

Gelin, Albert
フランスの旧約釈義家。
⇒新カト（ジュラン　1902.10.3-1960.2.7）

Gelineau, Joseph
フランスの典礼学者。
⇒新カト（ジェリノー　1920.10.31-2008.8.8）

Gellar, Sarah Michelle
アメリカの女優。
⇒外12（ゲラー,サラ・ミシェル　1977.4.14-）
外16（ゲラー,サラ・ミシェル　1977.4.14-）
ク俳（ゲラー,セアラ・ミッシェル　1977-）

Geller, Uri
イスラエルの超能力者。
⇒外12（ゲラー,ユリ　1946-）
外16（ゲラー,ユリ　1946.12.20-）

Gellhorn, Walter
アメリカの法学者。
⇒岩世人（ゲルホーン　1906.9.18-1995.12.9）

Gell-Mann, Murray
アメリカの理論物理学者。1969年ノーベル物理学賞。
⇒岩世人（ゲル=マン　1929.9.15-）
外12（ゲル・マン,マリー　1929.9.15-）
外16（ゲル・マン,マリー　1929.9.15-）
三新物（ゲルマン　1929-）
ノベ3（ゲル・マン,M.　1929.9.15-）
物理（ゲルマン,マレー　1929-）
ユ著人（Gell-Mann,Murray　ゲール=マン,マーリー　1929-）

Gellner, Ernest（André）
イギリスの哲学者,社会人類学者。
⇒岩イ（ゲルナー　1925-1995）
岩世人（ゲルナー　1925.12.9-1995.11.5）
現社（ゲルナー　1925-1995）
社小増（ゲルナー　1925-1996）

Gelman, Alexander
アメリカのアーティスト,グラフィックデザイナー。
⇒外12（ゲルマン,アレクサンダー　1967-）
外16（ゲルマン,アレクサンダー　1967-）

Gelman, Juan
アルゼンチンのジャーナリスト,詩人。

⇒現世文（ヘルマン,フアン　1930.5.3-2014.1.14）

Gelmetti, Gianluigi
イタリアの指揮者。
⇒外12（ジェルメッティ,ジャンルイジ　1945-）
外16（ジェルメッティ,ジャンルイジ　1945-）

Gelsted, Otto
デンマークの作家。
⇒岩世人（ゲルステズ　1888.11.4-1968.12.22）

Gel'tser, Ekaterina Vasil'evna
ロシアのバレリーナ。
⇒岩世人（ゲリツェル　1876.11.2/14-1962.12.12）

Gelzer, Matthias
ドイツの古代史家。ローマ史について『共和時代ローマのノビレス』『カエサル』等の著作がある。
⇒岩世人（ゲルツァー　1886.12.19-1974.7.23）

Gemayel, Amin
レバノンの政治家。レバノン大統領（1982～88）。
⇒外12（ジェマイエル,アミン　1942.1.22-）

Gemeinder, Georg
ドイツ出身の神言修道会司祭,聖マリア在俗会の創立者。
⇒新カト（ゲマインダー　1900.11.21-1985.9.5）

Gemelli, Agostino Edoard
イタリアの心理学者。ミラノにサクロ・クオレのカトリック大学を創設。
⇒岩世人（ジェメッリ　1878.1.18-1959.7.15）
新カト（ジェメリ　1878.1.18-1959.7.15）

Gémier, Firmin
フランスの俳優,演出家。『ベニスの商人』などを演じる。1920年に国立民衆劇場を設立。
⇒岩世人（ジェミエ　1869.2.21-1933.11.26）
世演（ジェミエ,フィルマン　1869.2.21-1933.11.26）

Gemma, Giuliano
イタリアの俳優。"マカロニ・ウエスタン"のスーパー・スター。
⇒外12（ジェンマ,ジュリアーノ　1938.9.2-）

Gems, Pam
イギリスの女性劇作家。
⇒現世文（ジェムズ,パム　1925-2011.8.1）

Gencer, Leyla
トルコのソプラノ歌手。
⇒オペラ（ギンサー,レイラ　1928-2008）

Gendron, Maurice
フランスのチェロ奏者,指揮者。70年パリ国立音楽院教授。
⇒新音中（ジャンドロン,モーリス　1920.12.26-

1990.8.20)
標音2（ジャンドロン, モリス　1920.12.26-1990.
8.20)

Geneau, Alain
フランスの画家。
⇒**芸13**（ゲノー, アレン　1935-)

Genée, *Dame* Adeline
デンマーク, イギリスのダンサー。
⇒**岩世人**（ジェニー　1878.1.6-1970.4.23)

Geneen, Harold Sydney
アメリカの企業家。1959年にインタナショナル・テレフォン・テレグラフ（ITT）社の社長に迎えられ, ITTを多国籍企業に仕立てあげた。
⇒**アメ経**（ジェニーン, ハロルド　1910.1.22-)
　岩世人（ジェニーン　1910.1.22-1977.11.21)

Genelin, Michael
アメリカの作家, 法律家。
⇒**海文新**（ジェネリン, マイケル)
　現世文（ジェネリン, マイケル)

Genêt, Jean
フランスの小説家。少年院, 刑務所入りを繰返し, 無頼と犯罪の生活をおくり, その経験を主題とする大胆な小説を書いた。作品に『泥棒日記』(1949)、『黒んぼたち』(58) など。
⇒**岩イ**（ジュネ　1910-1986)
　岩世人（ジュネ　1910.12.19-1986.4.15)
　現世文（ジュネ, ジャン　1910.12.19-1986.4.15)
　広辞7（ジュネ　1910-1986)
　世演（ジュネ, ジャン　1910.12.19-1986.4.15)
　世人新（ジュネ　1910-1986)
　世人装（ジュネ　1910-1986)
　フ文小（ジュネ, ジャン　1910-1986)

Genette, Gérard
フランスの評論家。主著『フィギュール』(1966)。
⇒**岩世人**（ジュネット　1930-)
　フ文小（ジュネット, ジェラール　1930-)
　メル別（ジュネット, ジェラール　1930-)

Genina, Augusto
イタリアの映画監督。作品に『女』(1917)、『さらば青春』(18) など。
⇒**映監**（ジェニーナ, アウグスト　1892.1.28-1957)

Genis, Aleksandr Aleksandrovich
ロシア出身の文芸批評家, 作家。
⇒**岩世人**（ゲニス　1953.2.11-)

Genovès, Juan
スペイン生まれの画家。
⇒**芸13**（ヘノベス, ジョアン　1930-)

Gens, Ve'ronique
フランスのソプラノ歌手。
⇒**外12**（ジャンス, ヴェロニク　1966-)

Genscher, Hans-Dietrich
ドイツ連邦共和国の政治家。シュミット政権下の外相。
⇒**岩世人**（ゲンシャー　1927.3.21-)
　外12（ゲンシャー, ハンス・ディートリヒ　1927.3.21-)
　外16（ゲンシャー, ハンス・ディートリヒ　1927.3.21-)

Gent, Chris
イギリスの実業家。
⇒**外12**（ジェント, クリス　1948.5.10-)

Gent, *Sir* Gerard Edward James
イギリスの植民地官僚。
⇒**岩世人**（ゲント　1895-1948.7.4)

Gentile, Giovanni
イタリアの哲学者, 政治家。一元論的観念論を説く。
⇒**岩世人**（ジェンティーレ　1875.5.30-1944.4.15)
　オク教（ジェンティーレ　1875-1944)
　教人（ジェンティーレ　1875-1944)
　広辞7（ジェンティーレ　1875-1944)
　新カト（ジェンティーレ　1875.5.30-1944.4.15)
　哲中（ジェンティーレ　1875-1944)
　ネーム（ジェンティーレ　1875-1944)
　メル3（ジェンティーレ, ジョヴァンニ　1875-1944)

Gentile, Giuseppe
イタリアのテノール歌手。
⇒**魅惑**（Gentile,Giuseppe　?-)

Gentile, James Edward
アメリカの大リーグ選手（一塁）。
⇒**メジャ**（ジェンティール, ジム　1934.6.3-)

Gentili, Bruno
イタリアの古典学者。
⇒**岩世人**（ジェンティーリ　1915.11.20-2014.1.8)

Gentiloni, Paolo
イタリアの政治家, ジャーナリスト。イタリア首相。
⇒**世指導**（ジェンティローニ, パオロ　1954.11.22-)

Gentleman, David
イギリスのイラストレーター。
⇒**グラデ**（Gentleman,David　ジェントルマン, デェイヴィド　1930-)

Gentry, Bobbie
アメリカ・ミシシッピー州生まれの歌手。
⇒**ロック**（Gentry,Bobbie　ジェントリー, ボビー　1944.7.27-)

Genty, Philippe
フランスの舞台芸術家, 人形師。
⇒**外12**（ジャンティ, フィリップ)
　外16（ジャンティ, フィリップ)

Gentzen, Gerhard
ドイツの数学者。
⇒岩世人（ゲンツェン　1909.11.24–1945.8.4）
世数（ゲンツェン、ゲルハルト・カール・エリッヒ　1909–1945）

Gény, François
フランスの法学者。フランスにおける「科学学派」の代表者。『実定私法における科学と技術』(1914～24) を著わし、その主張を哲学的に基礎づけた。
⇒岩世人（ジェニー　1861.12.17–1959.12.16）

Genz, Christoph
ドイツのテノール歌手。
⇒魅惑（Genz,Christoph　?–）

Genzken, Isa
ドイツ生まれの芸術家。
⇒現アテ（Genzken,Isa　ゲンツケン、イザ　1948–）

Genzmer, Herald
ドイツの作曲家。
⇒岩世人（ゲンツマー　1909.2.9–2007.12.16）
新音中（ゲンツマー、ハーラルト　1909.2.9–）
標音2（ゲンツマー、ハラルド　1909.2.9–）

GEO
ドイツ出身の作曲家、音楽プロデューサー。
⇒外12（GEO　ジーイーオー）

Geoana, Mircea Dan
ルーマニアの政治家。ルーマニア外相、NATO事務次長。
⇒外12（ジョアナ、ミルチャ　1958.7.14–）
外16（ジョアナ、ミルチャ　1958.7.14–）
世指導（ジョアナ、ミルチャ　1958.7.14–）

Geoffroy, Richard
フランスのシャンパン醸造家。
⇒外12（ジェフロワ、リシャール　1954–）
外16（ジェフロワ、リシャール　1954–）

Geoghegan, Michael F.
イギリスの銀行家。
⇒外12（ゲーガン、マイケル　1953.10.4–）
外16（ゲーガン、マイケル　1953.10.4–）

Geoghegan, Richard Henry
イギリス（アイルランド系）の速記者、言語研究者。1893年アメリカに移住。
⇒日エ（ゲイガン　1866.1.8–1943.10.23）

Geon-il
韓国の歌手。
⇒外12（ゴニル　11.5–）

George, Anne
アメリカの作家、詩人。
⇒現世文（ジョージ、アン　1927.12.4–2001.3.14）

George, Claire E.
アメリカ中央情報局（CIA）の工作担当次官。イラン・コントラ事件の主役。
⇒スパイ（ジョージ、クレア・E　1930–2011）

George, Donald
アメリカのテノール歌手。
⇒魅惑（George,Donald　1955–）

George, Elizabeth
アメリカの作家。
⇒現世文（ジョージ、エリザベス　1949.2.26–）

George, Gladys
アメリカの女優。
⇒ク俳（ジョージ、グラディス（クレア,G）　1900–1954）

George, Jean Craighead
アメリカの女性作家。
⇒現世文（ジョージ、ジーン・クレイグヘッド　1919.7.2–2012.5.15）

George, Paul
アメリカのバスケットボール選手（ペイサーズ）。
⇒最世ス（ジョージ、ポール　1990.5.2–）

George, Pierre
フランスの地理学者。
⇒岩世人（ジョルジュ　1909.10.11–2006.9.11）

George, Stefan
ドイツの詩人。
⇒岩キ（ゲオルゲ　1868–1933）
岩世人（ゲオルゲ　1868.7.12–1933.12.4）
学叢思（ゲオルゲ、シュテファン　1866–?）
現世文（ゲオルゲ、シュテファン　1868.7.12–1933.12.4）
広辞7（ゲオルゲ　1868–1933）
新カト（ゲオルゲ　1868.7.12–1933.12.4）
西文（ゲオルゲ、シュテファン　1868–1933）
ネーム（ゲオルゲ　1868–1933）
標音2（ゲオルゲ、シュテファン　1868.7.12–1933.12.14）

George, Susan
アメリカ生まれの政治経済学者。ATTAC名誉会長。
⇒外12（ジョージ、スーザン）
外16（ジョージ、スーザン　1934–）

George, Susan
イギリスの女優。
⇒ク俳（ジョージ、スーザン　1950–）

George, Timothy S.
アメリカの歴史家。ロードアイランド大学教授。
⇒外16（ジョージ、ティモシー）

George, Yvonne
フランスのシャンソン歌手。
⇒標音2（ジョルジュ, イヴォンヌ　1896–1930）

George V
イギリス国王, インド皇帝。在位1910～36。
⇒岩世人（ジョージ5世　1865.6.3–1936.1.20）
　皇国（ジョージ5世　（在位）1910–1936）
　広辞7（ジョージ5世　1865–1936）
　世帝（ジョージ5世　1865–1936）
　ポプ人（ジョージ5世　1865–1936）

George VI
イギリス国王。在位1936～52。第2次世界大戦中はロンドンを離れず, 戦争遂行に努力。産業, 労働問題に関心をもち,「産業の王子」と称された。
⇒岩世人（ジョージ6世　1895.12.14–1952.2.6）
　皇国（ジョージ6世）
　広辞7（ジョージ　1895–1952）
　世帝（ジョージ6世　1895–1952）

George Keyt
スリランカ近代美術を代表する作家。
⇒南ア新（ジョージ・キート　1901–1933）

Georges, Michel Alphonse Julien
ベルギーの動物分子遺伝学者。
⇒岩世人（ジョルジュ　1959.7.18–）

Georgescu, Florin
ルーマニアのテノール歌手。
⇒魅惑（Georgescu,Florin　?–）

Georgescu-Roegen, Nicholas
アメリカの経済学者。
⇒岩経（ジョージェスク=レーゲン　1906–1994）
　岩世人（ジョージェスク=レーゲン　1906.2.4–1994.10.30）
　有経5（ジョルジェスク-レーゲン　1906–1994）

Georgeson, Charles Christian
アメリカの農学者。
⇒アア歴（Georgeson,C(harles) C(hristian) ジョージスン, チャールズ・クリスチャン　1851.6.26–1931.4.1）

Georgevic, Dusan
コンサート歌手。1936年ザグレブ・オペラでデビュー。
⇒失声（ゲオルゲヴィッチ, デューサン　1909–1999）

Georghiu-Dej, Georghe
ルーマニアの労働運動家, 国家指導者。1930年ルーマニア共産党入党。ルーマニア解放後45年10月党書記長, 48年3月～52年6月第一副首相, 以後55年9月まで首相。
⇒岩世人（ゲオルギウ=デジ　1901.11.8–1965.3.15）

Georgiades, Thrasybulos
ギリシア生まれのドイツの音楽学者。
⇒新音中（ゲオルギアーデス, トラシブロス・G.　1907.1.4–1977.3.15）
　標音2（ゲオルギアデス, トラシュブロス　1907.1.4–1977.3.15）

Georgiev, Kimon
ブルガリアの政治家。首相としてソ連と結び, ドイツに宣戦しまた君主政を廃止した。
⇒岩世人（ゲオルギエフ　1882.8.11/23–1969.9.28）

Georgiev, Vladimir
ブルガリアの言語学者。
⇒岩世人（ゲオルギエフ　1908.2.3/16–1986.6.14）

Georgievski, Ljubčo
マケドニアの政治家。マケドニア首相。
⇒岩世人（ゲオルギエフスキ　1966.1.17–）
　世指導（ゲオルギエフスキ, リュブチョ　1966.1.17–）

Georgios I
ギリシャ国王。在位1863～1913。デンマークのグリュックスベルク家の出身。
⇒岩世人（イェオルイオス1世　1845.12.24–1913.3.5）

Georgios II
ギリシア国王。在位1922～23。
⇒岩世人（イェオルイオス2世　1890.7.7/19–1947.4.1）
　皇国（ゲオルギオス2世　?–1947）

Gephardt, Richard
アメリカの政治家, 法律家。民主党下院院内総務。
⇒外12（ゲッパート, リチャード　1941.1.31–）
　世指導（ゲッパート, リチャード　1941.1.31–）

Geppert, Theodor
ドイツ出身のイエズス会司祭。上智大学経済学部教授, 東京カトリック神学院院長。
⇒岩世人（ゲッペルト　1904–2002.7.13）
　新カト（ゲッペルト　1904.3.8–2002.7.13）

Geragos, Mark
アメリカの弁護士。
⇒外12（ゲラゴス, マーク　1957–）
　外16（ゲラゴス, マーク　1957–）

Géraldy, Paul
フランスの詩人, 劇作家。作品に恋愛抒情詩『おまえとぼく』（1913）, 戯曲『三つの感傷的喜劇』（61）など。
⇒岩世人（ジェラルディ　1885.3.6–1983.3.10）

Gérard, Auguste
フランスの外交官。駐日大使。
⇒岩世人（ジェラール　1852.3.28–1922）

Gérard, Joseph Valencia
フランス生まれの南アフリカ共和国で活動したオブレート会宣教師, 聖モニカ宣教会創立者。

⇒新カト（ジェラール　1831.3.12–1914.5.29）
Gerardin, Charles
フランスの社会主義者。
⇒学叢思（ジェラルダン，シャルル）
Gerasimov, Alexander Michailovitch
ロシアの画家。
⇒岩世人（ゲラーシモフ　1881.7.31/8.12–1963.7.23）
芸13（ゲラーシモフ，アレクサンドル・ミハイロヴィッチ　1881–1963）
Gerasimov, Innokentii Petrovich
ロシアの地理学者。
⇒岩世人（ゲラーシモフ　1905.11.26/12.9–1985.3.30）
Gerber, Danie
南アフリカのラグビー選手。
⇒岩世人（ヘルバー　1958.4.14–）
Gerber, Daniel Frank, Jr.
アメリカの実業家。ガーバー・プロダクツ経営者。
⇒アメ経（ガーバー，ダニエル,2世　1898.5.6–1974.3.16）
Gerber, Walter
アメリカの大リーグ選手（遊撃）。
⇒メジャ（ガーバー，ウォーリー　1891.8.18–1951.6.19）
Gerberding, Julie Louise
アメリカの薬学者。
⇒外12（ガーバーディング，ジュリー・ルイーズ　1955.8.22–）
外16（ガーバーディング，ジュリー・ルイーズ　1955.8.22–）
Gerbner, George
ハンガリー・ブダペスト生まれの，アメリカのマスコミ研究者。
⇒社小増（ガーブナー　1919–）
Gerbrandy, Pieter Sjoerds
オランダの法学者，政治家。首相（1940～45）。
⇒岩世人（ヘルブランディ　1885.4.13–1961.9.7）
Gerdesits, Ferenc
ハンガリーのテノール歌手。
⇒魅惑（Gerdesits,Ferenc　?–）
Gerdom, Susanne
ドイツの作家。
⇒海文新（ゲルドム，ズザンネ　1958–）
現世文（ゲルドム，ズザンネ　1958–）
Gerdt, Pavel
ロシアのダンサー，教師。
⇒岩世人（ゲルト　1844.11.22–1917.7.30）

Gere, Richard
アメリカの俳優。
⇒外12（ギア，リチャード　1949.8.31–）
外16（ギア，リチャード　1949.8.31–）
ク俳（ギア，リチャード　1949–）
スター（ギア，リチャード　1949.8.31–）
Gere, Vladimir Ivanovich
ロシアの歴史家。
⇒岩世人（ゲリエ　1837.5.17/29–1919.6.30）
Geremek, Bronisław
ポーランドの政治家，歴史学者。ポーランド外相。
⇒世指導（ゲレメク，ブロニスワフ　1932.3.6–2008.7.13）
ユ著人（Geremek,Bronisław　ゲレメク，ブロニスワフ　1932–）
Geren, Bob
アメリカの大リーグ監督，大リーグ選手（捕手）。
⇒外12（ゲレン，ボブ　1961.9.22–）
Gerevini, Alessandro G.
イタリアの日本学者，翻訳家。
⇒外12（ジェレヴィーニ，アレッサンドロ　1969–）
外16（ジェレヴィーニ，アレッサンドロ　1969–）
Gergen, Kenneth Jay
アメリカの心理学者。
⇒岩世人（ガーゲン　1934.12.9–）
Gergiev, Valerii Abisalovich
ロシアの指揮者。
⇒岩世人（ゲルギエフ　1953.5.2–）
外12（ゲルギエフ，ヴァレリー　1953.5.2–）
外16（ゲルギエフ，ヴァレリー　1953.5.2–）
新音中（ゲルギエフ，ヴァレリー　1953.5.2–）
Gerhaher, Christian
ドイツのバリトン歌手。
⇒外12（ゲルハーヘル，クリスティアン　1969–）
外16（ゲルハーヘル，クリスティアン　1969–）
Gerhard, Roberto
スペインの作曲家。イギリスに帰化したため〈ゲラード〉とも呼ばれる。
⇒新音中（ジェラード，ロバート　1896.9.25–1970.1.5）
標音2（ヘラルド，ロベルト　1896.9.25–1970.1.5）
Gerhardie, William Alexander
イギリスの小説家。
⇒現世文（ジャーハーディ，ウィリアム・アエグザンダー　1895.11.21–1977.7.17）
Gerhards, Josef
ドイツ・コルトハウゼン生まれの神言修道会員，日本宣教師。
⇒新カト（ゲルハルツ　1881.9.1–1939.5.18）

Gerhardsen, Einar Henry
ノルウェーの政治家。第2次世界大戦後、労働党党首、首相(1945～51,55～63,63～65)。
⇒岩世人(ゲルハルツェン 1897.5.10-1987.9.19)

Gerhardsen, Werna
元ノルウェー首相夫人。
⇒スパイ(ゲルハルトセン,ヴェルナ 1912-1970)

Gerhardt, Dieter Felix
南アフリカ海軍士官。
⇒スパイ(ゲルハルト,ディーター・フェリクス 1935-)

Gerhardt, Elena
ドイツの女性歌手。殊にブラームス歌手として知られている。
⇒岩世人(ゲルハルト 1883.11.11-1961.1.11)

Gerhardt, Volker
ドイツの哲学者、政治哲学者。
⇒岩世人(ゲルハルト 1944.7.21-)

Gerhardt, Wolfgang
ドイツの政治家。ドイツ自由民主党(FDP)党首。
⇒世指導(ゲアハルト,ウォルフガング 1943.12.31-)

Gericke, Wilhelm
オーストリアの指揮者、作曲家。
⇒岩世人(ゲーリッケ 1845.4.18-1925.10.27)

Geringas, David
リトアニア、のちドイツのチェロ奏者。
⇒外12(ゲリンガス,ダヴィド 1946.7.29-)
外16(ゲリンガス,ダヴィド 1946.7.29-)

Gerlach, Christopher
アメリカの画家。
⇒芸13(ゲルラッハ,クリストファー 1940-)

Gerlach, Hellmuth von
ドイツの政治家。絶対的平和主義を唱えてナチスに反対。
⇒岩世人(ゲルラッハ 1866.2.2-1935.8.2)

Gerlach, Walther
ドイツの物理学者。原子構造、磁気学を研究。原子の磁気モメントの研究(1922)で知られる。
⇒岩世人(ゲルラッハ 1889.8.1-1979.8.10)
科史(ゲルラッハ 1889-1979)

Gerlache de Gomery, Adrien Victor Joseph, Baron de
ベルギーの探検家、海軍司令官。
⇒岩世人(ジェルラシュ・ド・ゴムリ 1866.8.2-1934.12.4)

Gerlach-Rusnak, Rudolf
ソ連のテノール歌手。
⇒失声(ゲルラッハ=ルズナック,ルドルフ 1895-1960)
魅惑(Gerlach-Rusnak,Rudolf 1895-1960)

Gerlier, Pierre-Marie
フランスの枢機卿、リヨン大司教。
⇒新カト(ジェルリエ 1880.1.14-1965.1.17)

Gerloff, Wilhelm
ドイツの財政学者、社会学者。貨幣論の研究がある。
⇒岩世人(ゲルロフ 1880.6.24-1954.7.23)

Germain, Carel Bailey
アメリカのソーシャルワークの研究者。コネチカット大学社会福祉学部名誉教授。生活モデル(ライフ・モデル・アプローチ)の提唱者。
⇒現社福(ジャーメイン 1916-1995)

Germain, Sylvie
フランスの作家。
⇒外12(ジェルマン,シルヴィー 1954-)
外16(ジェルマン,シルヴィー 1954-)
現世文(ジェルマン,シルヴィー 1954-)

German, Aleksei, Jr.
ロシアの映画監督。
⇒外16(ゲルマン,アレクセイ Jr. 1976-)

German, Aleksei Yur'evich
ロシアの映画監督。
⇒外12(ゲルマン,アレクセイ 1938.7.20-)

German, Sir Edward
イギリスの作曲家。
⇒岩世人(ジャーマン 1862.2.17-1936.11.11)

Germani, Fernando
イタリアのオルガン奏者。
⇒新音中(ジェルマーニ,フェルナンド 1906.4.5-1998.6.10)
標問2(ジェルマーニ,フェルナンド 1906.4.5-1998.6.10)

Germani, Gino
イタリア生まれのアルゼンチンの社会学者。
⇒岩世人(ジェルマーニ 1911.2.4-1979.10)

Germano, Justin
アメリカの大リーグ選手(投手)。
⇒外12(ジャマーノ,ジャスティン 1982.8.6-)

Gernert, Richard Edward
アメリカの大リーグ選手(一塁)。
⇒メジャ(ガーナート,ディック 1928.9.28-)

Gernet, Louis
フランスの社会学者。
⇒岩世人(ジェルネ 1882-1962.1.29)

Gernet, Mikhail Nikolaevich
ソ連の刑法学者。『帝政時代監獄史』(1941～

48)を著わしスターリン賞受賞。
⇒岩世人（ゲルネート　1874.7.12/24-1953.1.16）
Gernsback, Hugo
アメリカのSF作家。1926年世界で最初のSF専門誌「アメージング・ストーリーズ」を創刊。SFの父。
⇒現世文（ガーンズバック，ヒューゴー　1884.8.16-1967.8.19）
Gernsheim, Helmut
ドイツ生まれの写真史家，美術品鑑定家。
⇒ユ著人（Gernsheim,Helmut　ゲルンシャイム，ヘルムート　1913-）
Gero, Constanzo
イタリアのテノール歌手。
⇒失声（ジェロ，コンスタンツォ　?）
魅惑（Gero,Costanzo　?-）
Gerola, Donald
アメリカ生まれの画家。
⇒芸13（ジェローラ，ドナルド　1949-）
Geronimo, Cesar Francisco
アメリカの大リーグ選手（外野）。
⇒メジャ（ヘロニモ，セサル　1948.3.11-）
Geronimo, Sarah
フィリピンの歌手。
⇒外12（ヘロニモ，サラ　1988.7.25-）
Gerrard, Lisa
オーストラリアの歌手，作曲家。
⇒外12（ジェラルド，リサ）
Gerrard, Nicci
イギリスの作家。
⇒海文新（フレンチ，ニッキ　1958-）
現世文（フレンチ，ニッキ）
Gerrard, Steven
イギリスのサッカー選手。
⇒外12（ジェラード，スティーブン　1980.5.30-）
外16（ジェラード，スティーブン　1980.5.30-）
最世ス（ジェラード，スティーブン　1980.5.30-）
Gerrikabeitia, Gorka
テノール歌手。
⇒魅惑（Gerrikabeitia,Gorka　?-）
Gerritsen, Tess
アメリカの作家，内科医。
⇒外12（ジェリッツェン，テス）
Gerrold, David
アメリカの作家。
⇒現世文（ジェロルド，デービッド　1944-）
Gerschenkron, Alexander
アメリカの経済学者。

⇒岩世人（ガーシェンクロン　1904-1978.10.26）
社小増（ガーシェンクロン　1904-1978）
有経5（ガーシェンクロン　1904-1978）
Gersdorff, Rudolf-Christoph Freiherr von
ドイツの軍人。陸軍大佐。1943年ドイツ首相アドルフ・ヒトラーの暗殺をはかった。
⇒世暗（ゲルスドルフ，ルドルフ＝クリストフ・フライヘール・フォン　1905-1980）
Gershator, Phillis
アメリカの児童文学作家。
⇒外16（ゲイシャイトー，フィリス　1942-）
Gershenzon, Mihail Osipovich
ロシアの文学史家，思想史家。
⇒岩世人（ゲルシェンゾーン　1869.7.1/13-1925.2.19）
Gershevitch, Ilya
イギリス（ロシア系）のイラン文献学者。
⇒岩世人（ゲルシェーヴィッチ　1914.10.24-2001.4.11）
Gershon, Gina
アメリカの女優。
⇒ク俳（ガーション，ジーナ　1962-）
Gershuni, Grigori Andreyevich
ロシアの革命家。
⇒ユ著人（Gershuni,Grigorii Andreevich　ゲルシュニー，グリゴリー・アンドレーヴィッチ　1870-1908）
Gershwin, George
アメリカのピアノ奏者，作曲家。『ラプソディ・イン・ブルー』，オペラ『ポーギーとベス』などを作曲。
⇒アメ州（Gershwin,George　ガーシュイン，ジョージ　1898-1937）
アメ新（ガーシュウィン　1898-1937）
異二辞（ガーシュウィン［ジョージ・〜］　1898-1937）
岩世人（ガーシュイン　1898.9.26-1937.7.11）
エデ（ガーシュウィン，ジョージ　1898.9.26-1937.7.11）
オペラ（ガーシュウィン，ジョージ　1898-1937）
ク歌3（ガーシュウィン　1898-1937）
広辞7（ガーシュウィン　1898-1937）
新オペ（ガーシュイン，ジョージ　1898-1937）
新音小（ガーシュウィン，ジョージ　1898-1937）
新音中（ガーシュウィン，ジョージ　1898.9.26-1937.7.11）
ネーム（ガーシュイン　1898-1937）
ビ曲改（ガーシュウィン，ジョージ　1898-1937）
標音2（ガーシュイン，ジョージ　1898.9.26-1937.7.11）
ポプ人（ガーシュイン，ジョージ　1898-1937）
ユ著人（Gershwin,George　ガーシュウィン，ジョージ　1898-1937）

Gershwin, Ira
アメリカの作詞家。
⇒岩世人（ガーシュイン 1896.12.6–1983.8.17）

Gerson-Kiwi, Edith
イスラエルのユダヤ音楽史家。
⇒ユ著人（Gerson-Kiwi,Edith ゲルゾン＝キヴィ, エーディト 1908–1992）

Gerstl, Richard
オーストリアの画家。
⇒岩世人（ゲルストル 1883.9.14–1908.11.4）

Gerstner, Karl
スイスのグラフィック・デザイナー, タイポグラファー, 画家。
⇒グラデ（Gerstner,Karl ゲルストナー, カール 1930–）

Gerstner, Louis, Jr.
アメリカの実業家。
⇒外16（ガースナー, ルイスJr. 1942.3.1–）

Gertenbach, Lynn
アメリカの女性画家。
⇒芸13（ゲルテンバック, リン 1940–）

Gertler, Mark
イギリスの画家。
⇒芸13（ガートラー, マーク 1891–1939）

Gertz, Jami
アメリカ生まれの女優。
⇒ク俳（ガーツ, ジャーミ 1965–）

Gervasi, Sacha
イギリス・ロンドン生まれの脚本家, 映画監督。
⇒外12（ガバシ, サーシャ 1966–）
　外16（ガバシ, サーシャ 1966–）

Gervinho
コートジボワールのサッカー選手（ローマ・FW）。
⇒最世ス（ジェルヴィーニョ 1987.5.27–）

Gerz, Jocwen
ドイツ生まれの映像作家, サウンド・アーティスト。
⇒芸13（ゲルツ, ジョクウエン 1940–）

Gerzmava, Khibla
ジョージアのソプラノ歌手。
⇒外12（ゲルズマーワ, ヒブラ 1970–）
　外16（ゲルズマーワ, ヒブラ 1970–）

Gerzon, Mark
アメリカのファシリテーター, リーダーシップトレーナー。
⇒外12（ガーゾン, マーク）
　外16（ガーゾン, マーク）

Gesang Martohartono
インドネシアの歌手, 音楽家。
⇒岩世人（グサン・マルトハルトノ 1917.10.1–2010.5.20）

Geschke, Charles M.
アメリカの実業家。
⇒外12（ゲシュケ, チャールズ）
　外16（ゲシュケ, チャールズ 1939.9.11–）

Geschwind, Norman
アメリカの神経科医。
⇒現精（ゲシュヴィント 1926–1984）
　現精縮（ゲシュヴィント 1926–1984）

Gesell, Arnold Lucius
アメリカの児童心理学者。乳児より青年にわたる行動の発達を研究。
⇒岩世人（ゲゼル 1880.6.21–1961.5.29）
　教人（ゲゼル 1880–）
　世界子（ゲゼル, アーノルド 1880–1961）

Gesell, Silvio
ドイツの商人, 経済学者。貨幣問題を研究。主著『貨幣の国有化』（1891）。
⇒岩世人（ゲゼル 1862.3.17–1930.3.11）
　有経5（ゲゼル 1862–1930）

Gessler, Harry Homer (Doc)
アメリカの大リーグ選手（外野, 一塁）。
⇒メジャ（ゲスラー, ドク 1880.12.23–1924.12.24）

Gessler, Otto Karl
ドイツの政治家。ドイツ民主党の結成に参加。1920～28年陸軍大臣。バイエルン勤王派支持のためにナチス政府から追放された。
⇒岩世人（ゲスラー 1875.2.6–1955.3.24）

Gessler, Tatjana
ドイツの作家, テレビ司会者, ジャーナリスト。
⇒海文新（ゲスラー, タチアナ 1973–）

Gessner, George John
アメリカ陸軍の核兵器技術兵。
⇒スパイ（ゲッスナー, ジョージ・ジョン）

Getchell, Robert
アメリカのテノール歌手。
⇒魅惑（Getchell,Robert ?–）

Gethmann, Carl Friedrich
ドイツの哲学者, 言語哲学者。
⇒岩世人（ゲートマン 1944.1.22–）

Gettel, Raymond Garfield
アメリカの政治学者, 歴史学者。法学的方法による国家学的政治学の代表的学者の一人。
⇒岩世人（ゲッテル 1881.3.4–1949.10.9）

Getter, Tamar
イスラエルの女流アーティスト。

⇒ユ著人（Getter,Tamar ゲッター, タマル 1953-）

Getting, Ivan Alexander
アメリカの物理学者。
⇒世発（ゲッティング, イワン・アレクサンダー 1912-2003）

Getty, Jean Paul
アメリカの石油王, 大富豪。1920年代にゲッティ・オイル社を設立, 50年タイドウォーターなど石油会社3社を買収した。
⇒アメ経（ゲッティ, ジーン 1892.12.15-1976.6.6）
アメ州（Getty,Jean Paul ゲティ, ジャン・ポール 1892-1976）
岩世人（ゲティ 1892.12.15-1976.6.6）
世人新（ゲッティ 1892-1976）
世人装（ゲッティ 1892-1976）

Getz, Gordon
テノール歌手。
⇒魅惑（Getz,Gordon ?-）

Getz, Stanley（Stan）
アメリカのジャズ・テナー・サックス奏者。1962年に「ジャズ・サンバ」で大ヒットを出す。
⇒岩世人（ゲッツ 1927.2.2-1991.6.6）
新音中（ゲッツ, スタン 1927.2.2-1991.6.6）
標音2（ゲッツ, スタン 1927.2.2-1991.6.6）

Getzien, Charles H.
アメリカの大リーグ選手（投手）。
⇒メジャ（ゲッツェン, チャーリー 1864.2.14-1932.6.19）

Geus, Mireille
オランダの児童文学作家。
⇒海文新（ヘウス, ミレイユ 1964-）
現世文（ヘウス, ミレイユ 1964-）

Geyer, Bernhard
ドイツのカトリック神学者。
⇒新カト（ガイヤー 1880.2.3-1974.4.4）

Geyer, Franz Xaver
ドイツ出身の宣教師。
⇒新カト（ガイヤー 1859.12.3-1943.4.2）

Geyl, Pieter Catharinus
オランダの歴史家。大オランダ主義の主唱者。
⇒岩世人（ヘイル 1887.12.15-1966.12.31）

Geymüller, Heinrich, Freiherr von
オーストリアの建築史家。イタリアおよびフランスのルネサンスを専攻した。
⇒岩世人（ガイミュラー 1839.5.12-1909.12.19）

Geyser, Joseph
ドイツの哲学者。
⇒岩世人（ガイザー 1869.3.16-1948.4.11）
教人（ガイザー 1869-1948）
新カト（ガイザー 1869.3.16-1948.4.11）

Ggagnaire, Pierre
フランスの料理人。
⇒外12（ガニエール, ピエール 1950-）
外16（ガニエール, ピエール 1950-）

Ghafurov, Bobojon
タジキスタンの歴史学者, 政治家。
⇒岩世人（ガフロフ 1908.12.18/31-1977.7.12）

Ghai, Subhash
インドの映画監督, 脚本家。ボリウッド・ミュージカルのヒットメーカー。
⇒映監（ガイ, スバーシュ 1943.1.24-）

Ghali, Boutros Boutros
エジプトの政治家, 政治学者。国連事務総長（第6代）。
⇒外12（ガリ, ブトロス・ブトロス 1922.11.14-）
外16（ガリ, ブトロス・ブトロス 1922.11.14-）
政経改（ガリ 1922-）
世指導（ガリ, ブトロス・ブトロス 1922.11.14-2016.2.16）

Ghanem, Shukri
リビアの政治家。リビア全人民委員会書記（首相）。
⇒世指導（ガネム, シュクリ 1942.10.9-2012.4.29）

Ghani, Ashraf
アフガニスタンの政治家, 人類学者。アフガニスタン大統領（2014～）。
⇒外16（ガニ, アシュラフ 1949.5.19-）
世指導（ガニ, アシュラフ 1949.5.19-）

Ghanim, Faraj Said bin
イエメンの政治家。イエメン首相。
⇒世指導（ガネム, ファラジ・ビン 1937.9.1-2007.8.5）

Ghannouchi, Mohamed
チュニジアの政治家。チュニジア首相。
⇒外12（ガンヌーシ, モハメド 1941.8.18-）
外16（ガンヌーシ, モハメド 1941.8.18-）
世指導（ガンヌーシ, モハメド 1941.8.18-）

al-Ghannūshī, Rāshid
チュニジアのイスラム思想家, 運動家。
⇒岩イ（ガンヌーシー 1941-）
岩世人（ガンヌーシー, ラーシド 1941-）

Gharib, Jaouad
モロッコのマラソン選手。
⇒外12（ガリブ, ジャウアド 1972.5.22-）
最世ス（ガリブ, ジャウアド 1972.5.22-）

Ghatak, Ritwik
バングラデシュ生まれの映画監督, 男優。
⇒映監（ゴトク, リッティク 1925.11.4-1976）

al-Ghazālī, Muḥammad
エジプトのイスラム学者,説教師。
⇒岩イ (ガザーリー, ムハンマド 1917-1998)
岩世人 (ガザーリー, ムハンマド 1917.9.22-1996.3.9)

al-Ghazālī, Zaynab
エジプトのイスラム女性運動家。
⇒岩イ (ガザーリー, ザイナブ 1917-)
岩世人 (ガザーリー, ザイナブ 1917.1.2-2005.8.8)

Ghazarossian, Carl
テノール歌手。
⇒魅惑 (Ghazarossian,Carl ?-)

Ghedini, Giorgio Federico
イタリアの作曲家。多声的書法による新古典的作風をみせ,あらゆる分野に多くの作品を残した。
⇒オペラ (ゲディーニ, ジョルジョ・フェデリーコ 1892-1965)
ク音3 (ゲディーニ 1892-1965)
新音中 (ゲディーニ, ジョルジョ・フェデリーコ 1892.7.11-1965.3.25)
標音2 (ゲディーニ, ジョルジョ・フェデリーコ 1892.7.11-1965.3.25)

Gheghi, Domenico
イタリアのテノール歌手。
⇒魅惑 (Gheghi,Domenico ?-)

Ghelderode, Michel de
ベルギーの劇作家,小説家。戯曲『おーい,大将!』(1935執筆,42初演),『エスキュリアル』(48初演),『地獄の年代記』(29執筆,49初演)がある。
⇒岩世人 (ゲルドロード 1898.4.3-1962.4.1)
現世文 (ゲルドロード, ミシェル・ド 1898.4.3-1962.4.1)

Ghelfi, Brent
アメリカの作家。
⇒海文新 (ゲルフィ, ブレント)

Ghellinck, Joseph de
ベルギーの教父学者,教理史家。
⇒新カト (ヘリンク 1872.10.30-1950.1.4)

Ghent, William James
アメリカの社会主義者。
⇒学叢思 (ゲント, ウィリアム・ジェームス 1866-?)

Ghéon, Henri
フランスの詩人,劇作家,小説家。
⇒岩世人 (ゲオン 1875.3.15-1944.6.13)
オク教 (ゲオン 1875-1944)
新カト (ゲオン 1875.3.15-1944.6.13)

Gheorghiu, Angela
ルーマニアのソプラノ歌手。
⇒外12 (ゲオルギウ, アンジェラ 1965.9.7-)
外16 (ゲオルギウ, アンジェラ 1965.9.7-)
新音中 (ゲオルギウ, アンジェラ 1965.9.7-)

Gheorghiu, Constantin Virgil
ルーマニアの作家。小説『二十五時』(1949)が国際的な反響を呼んだ。
⇒現世文 (ゲオルギウ, ヴィルジル 1916.9.15-1992.6.22)
西文 (ゲオルギウ, コンスタンティン 1916-1992)
ネーム (ゲオルギウ 1916-1992)

Gherlinzoni, Edgardo
イタリアのテノール歌手。1908年マドリードでアルトゥーロ(清教徒)を歌った。
⇒魅惑 (Gherlinzoni,Edgardo 1876-1961)

Gherman, Emil
ルーマニアのテノール歌手。
⇒失声 (ゲルマン, エミール 1943-)
魅惑 (Gherman,Emil 1943-)

Gherman, Oliviu
ルーマニアの政治家。ルーマニア上院議長。
⇒世指導 (ゲルマン, オリビウ)

Ghiaurov, Nicolai
ブルガリアのバス歌手。
⇒オペラ (ギャウロフ, ニコライ 1929-2004)
新音中 (ギャウロフ, ニコライ 1929.9.13-)
標音2 (ギャウロフ, ニコライ 1929.9.13-2004.6.2)

Ghika, Vladimir
ルーマニア貴族出身のカトリック司祭。
⇒新カト (ギカ 1873.12.25-1954.5.16)

Ghil, René
ベルギー生まれのフランスの詩人。科学を基調とする科学詩の提唱者。
⇒岩世人 (ギル 1862.9.27-1925.9.15)
19仏 (ギル, ルネ 1862.9.27-1925.9.15)

Ghirardini, Emilio
イタリアのバリトン歌手。
⇒失声 (ギラルディーニ, エミーリオ 1885-1965)

Ghirshman, Roman
フランスの考古学者。1949年にはイランのバクチアリ山の洞窟で,イランで初めての新石器時代住居跡を発見。
⇒岩世人 (ギルシュマン 1895.10.3-1979.9.5)

Ghiţă, Daniel
ルーマニアのキックボクサー。
⇒異二辞 (ギタ, ダニエル 1981-)

Ghitti, Franco
イタリアのテノール歌手。
⇒魅惑 (Ghitti,Franco 1932-)

Ghobadi, Bahman
イランの映画監督,脚本家。
⇒外12（ゴバディ,バフマン 1968.2.1-）
外16（ゴバディ,バフマン 1968.2.1-）

Ghose, Zulfikar
アメリカ（パキスタン系）の英語詩人,小説家。
⇒現世文（ゴウス,ズルフィカール 1935.3.13-）

Ghosh, Amitav
インドの小説家,紀行作家,人類学者。
⇒外12（ゴーシュ,アミタヴ 1956.7.11-）
外16（ゴーシュ,アミタヴ 1956.7.11-）
現世文（ゴーシュ,アミタヴ 1956.7.11-）

Ghosh, Barindra Kumar
インドの急進的国民運動の領袖。
⇒学叢思（ゴオス,バリントラ・クーマル 1881-）

Ghosn, Carlos
フランスの実業家。
⇒異二辞（ゴーン［カルロス・〜］ 1954-）
岩世人（ゴーン 1954.3.9-）
外12（ゴーン,カルロス 1954.3.9-）
外16（ゴーン,カルロス 1954.3.9-）

Ghosn, Rita
フランスの実業家カルロス・ゴーンの妻。
⇒外12（ゴーン,リタ）

Ghotbi, Afshin
アメリカのサッカー指導者。
⇒外12（ゴトビ,アフシン 1964.2.8-）
外16（ゴトビ,アフシン 1964.2.8-）
最新ス（ゴトビ,アフシン 1964.2.8-）

Ghozali, Sid Ahmed
アルジェリアの実業家,政治家。アルジェリア首相。
⇒世指導（ゴザリ,シド・アハメド 1937.3.31-）

Ghukasian, Arkadii Arshavirovich
アゼルバイジャンの政治家。アルツァフ共和国大統領（1997〜2007）。
⇒外12（グカシャン,アルカジー 1957.6.21-）
世指導（グカシャン,アルカジー 1957.6.21-）

Ghulām Aḥmad, Mirzā
南アジアの宗教家。
⇒岩世人（グラーム・アフマド,ミルザー 1835-1908.5.26）

Ghulām Muḥammad
インド,パキスタンの政治家。
⇒岩世人（グラーム・ムハンマド 1895-1956.8.29）

Ghwell, Khalifa
リビアの政治家。リビア制憲議会首相・国務相。
⇒世指導（グウェル,ハリファ）

Giaccardo, Timoteo
イタリア生まれの司祭。
⇒教聖（福者ティモテオ・ジャッカルド司祭 1896.6.13-1948.1.24）

Giacconi, Ricardo
アメリカ（イタリア系）の宇宙物理学者。ハーバード大学教授。2002年ノーベル物理学賞。
⇒岩世人（ジャコーニ 1931.10.6-）
外12（ジャッコーニ,リカルド 1931.10.6-）
外16（ジャッコーニ,リカルド 1931.10.6-）
ノベ3（ジャッコーニ,R. 1931.10.6-）

Giacometti, Alberto
スイスの彫刻家,画家。1930年代初頭にシュールレアリスムの彫刻家として活躍。
⇒岩世人（ジャコメッティ 1901.10.10-1966.1.11）
芸13（ジャコメッティ,アルベルト 1901-1966）
広辞7（ジャコメッティ 1901-1966）
シュル（ジャコメッティ,アルベルト 1901-1966）
ネーム（ジャコメッティ 1901-1966）
ポブ人（ジャコメッティ,アルベルト 1901-1966）

Giacometti, Eric
フランスの作家,ジャーナリスト。
⇒海文新（ジャコメッティ,エリック）
現世文（ジャコメッティ,エリック）

Giacomini, Giuseppe
イタリアのテノール歌手。
⇒オペラ（ジャコミーニ,ジュゼッペ 1940-）
失声（ジャコミーニ,ジュゼッペ 1940-）
魅惑（Giacomini,Giuseppe 1940-）

Giacosa, Giuseppe
イタリアの劇作家。主著『チェス大会』（1873）。
⇒岩世人（ジャコーザ 1847.10.21-1906.9.1）
オペラ（ジャコーザ,ジュゼッペ 1847-1906）
標音2（ジャコーザ,ジュゼッペ 1847.10.21-1906.9.2）

Giaever, Ivar
アメリカの物理学者。1973年ノーベル物理学賞。
⇒岩世人（ジェイヴァー 1929.4.5-）
ノベ3（ジエーヴァー,I. 1929.4.5-）

Giamatti, Paul
アメリカの俳優。
⇒外12（ジアマッティ,ポール 1967.6.6-）

Giambanco, V.M.
イタリアの作家。
⇒海文新（ジャンバンコ,V.M.）
現世文（ジャンバンコ,V.M.）

Giambi, Jason Gilbert
アメリカの大リーグ選手（内野手）。
⇒外12（ジオンビー,ジェイソン 1971.1.8-）
外16（ジアンビー,ジェイソン 1971.1.8-）

最世ス（ジオンビー, ジェイソン　1971.1.8-）
メジャ（ジアンビー, ジェイソン　1971.1.8-）

Gianna Beretta Molla
イタリアの聖人, 医師。祝日4月28日。
⇒新カト（ジャンナ・ベレッタ・モッラ　1922.10.4-1962.4.28）

Giannini, Amadeo Peter
アメリカの銀行家。アメリカ銀行の設立者。
⇒アメ経（ジアニーニ, アマデオ　1870.5.6-1949.6.3）

Giannini, Daniele
テノール歌手。
⇒魅惑（Giannini,Daniele　?-）

Giannini, Dusolina
イタリアのソプラノ歌手。
⇒岩世人（ジャンニーニ　1902.12.19-1986.6.29）

Giannini, Ferruccio
イタリアのテノール歌手。
⇒失声（ジャンニーニ, フェルッチョ　1868-1948）
　魅惑（Giannini,Ferruccio　1868-1948）

Giannini, Frida
イタリアの服飾デザイナー。
⇒外12（ジャンニーニ, フリーダ　1972-）
　外16（ジャンニーニ, フリーダ　1972-）

Giannini, Giancarlo
イタリア生まれの俳優。
⇒ク俳（ジャンニーニ, ジャンカルロ　1942-）

Giannini, Giovanni
イタリアの画家。
⇒芸13（ギアニーニ, ギオバニ　1930-）

Giannini, Vittorio
アメリカの作曲家。
⇒エデ（ジャンニーニ, ヴィットリオ　1903.10.19-1966.11.28）

Giannino, Emanuele
イタリアのテノール歌手。
⇒魅惑（Giannino,Emanuele　?-）

Gianniotis, Spyridon
ギリシャの水泳選手（オープン・ウオーター）。
⇒最世ス（ヤイノティス, スピルドン　1980.2.19-）

Giannoli, Xavier
フランスの映画監督。
⇒外12（ジャノリ, グザヴィエ　1972-）
　外16（ジャノリ, グザヴィエ　1972-）

Giannotti, Armando
イタリアのテノール歌手。
⇒魅惑（Giannotti,Armando　?-?）

Gianotti, Fabiola
イタリアの物理学者。
⇒外16（ジャノッティ, ファビオラ　1962.10.29-）

Gianotti, Pierre
フランスのテノール歌手。
⇒失声（ジャンノッティ, ピエール　1910-1986）
　魅惑（Giannotti,Pierre　?-?）

Giard, Alfred Mathieu
フランスの動物学者。海産動物に関する研究がある。
⇒岩生（ジアール　1846-1908）
　岩世人（ジアール　1846.8.8-1908.8.8）

Giardini, Mario
イタリアのカトリック聖職者。第2代駐日教皇使節として来日（1922）。関東大震災（23）では難民救済会復興に尽力。のちイタリアのアンコーナ大司教（31）。
⇒岩世人（ジャルディーニ　1877.12.4-1947.8.30）
　新カト（ジャルディーニ　1877.12.4-1947.8.30）

Giauque, William Francis
アメリカの物理化学者。酸素の同位体の発見, 断熱消磁法による超低温生成の理論などで知られる。1949年ノーベル化学賞受賞。
⇒岩世人（ジオーク　1895.5.12-1982.3.28）
　化学（ジオーク　1895-1982）
　広辞7（ジオーク　1895-1982）
　ノベ3（ジオーク, W.F.　1895.5.12-1982.3.28）

Gibara, Samir G.
フランスの実業家。
⇒外16（ジバラ, サミール　1939.4.23-）

Gibb, Camilla
カナダの作家。
⇒現世文（ギブ, カミーラ　1968-）

Gibb, Hamilton Alexander Rosskeen
イギリスの東洋学者。"The Arab conquests in Central Asia"（1923）で学位を得た。
⇒岩イ（ギブ　1895-1971）
　岩世人（ギブ　1895.1.2-1971.10.22）

Gibberd, *Sir* Frederick
イギリスの建築家。代表作にロンドンのアパート『プルマン・コート』（1934・35）,『ロンドン空港のターミナル・ビル』（50）など。
⇒岩世人（ギバード　1908.1.7-1984.1.9）

Gibbins, David
カナダの作家。
⇒海文新（ギビンズ, デイヴィッド　1962-）

Gibbon, Lewis Grassic
イギリスの小説家。
⇒現世文（ギボン, ルイス・グラシック　1901-1935）
　広辞7（ギボン　1901-1935）

Gibbons, James
アメリカの枢機卿。ワシントン・カトリック大学初代総長。
⇒岩世人（ギボンズ　1834.7.23-1921.3.24）
　新カト（ギボンズ　1834.7.23-1921.3.24）

Gibbons, Jay Jonathan
アメリカの大リーグ選手（外野）。
⇒メジャ（ギボンズ,ジェイ　1977.3.2-）

Gibbons, Stella（Dorothea）
イギリスの女性小説家,詩人。
⇒現世文（ギボンズ,ステラ　1902-1989）

Gibbs, Erna Leonhardt
アメリカの神経学者。てんかんの臨床脳波検査を確立した一人。
⇒現精（ギブス夫妻　1906-1987）
　現精縮（ギブス夫妻　1906-1987）

Gibbs, Frederic Andrews
アメリカの神経学者。てんかんの臨床脳波検査を確立した一人。
⇒現精（ギブス夫妻　1903-1992）
　現精縮（ギブス夫妻　1903-1992）

Gibbs, May
オーストラリアの児童文学作家。
⇒絵本（ギブズ,メイ　1877-1969）

Gibbs, Raymond
アメリカのテノール歌手。
⇒魅惑（Gibbs,Raymond　1942-）

Gibbs, Robert
アメリカ大統領報道官。
⇒外12（ギブス,ロバート　1971.3.29-）

Gibbs, Stuart
アメリカの児童文学作家,脚本家。
⇒海文新（ギブス,スチュアート）
　現世文（ギブス,スチュアート）

Gibin, João
ペルーのテノール歌手。
⇒失声（ギビン,ジョアン　1929-1997）
　魅惑（Gibin,João　1929-）

Gibson, Bob
アメリカの大リーグ選手（投手）。
⇒メジャ（ギブソン,ボブ　1935.11.9-）

Gibson, Don
アメリカ・ノースカロライナ州生まれの歌手。
⇒標音2（ギブソン,ドン　1928.4.3-2003.11.17）
　ロック（Gibson,Don　ギブソン,ドン　1928.4.3-）

Gibson, Duff
カナダのスケルトン選手。
⇒外12（ギブソン,ダフ　1966.8.11-）
　最世ス（ギブソン,ダフ　1966.8.11-）

Gibson, Eleanor Jack
アメリカの心理学者。コーネル大学行動科学高等研究センター所員。
⇒岩世人（ギブソン　1910.12.7-2002.12.30）

Gibson, George C.
アメリカの大リーグ選手（捕手）。
⇒メジャ（ギブソン,ジョージ　1880.7.22-1967.1.25）

Gibson, Hoot
アメリカの俳優。
⇒ク俳（ギブスン,フート（ギブスン,エドマンド）1892-1962）

Gibson, Hugh
イギリスの実業家。
⇒外12（ギブソン,ヒュー　1946-）
　外16（ギブソン,ヒュー　1946-）

Gibson, Ian
イギリスの実業家。
⇒外16（ギブソン,イアン）

Gibson, James Jerome
アメリカの心理学者。
⇒岩世人（ギブソン　1904.1.27-1979.12.11）
　メル別（ギブソン,ジェームズ・ジェローム　1904-1979）

Gibson, Josh
アメリカの大リーグ選手（捕手）。
⇒岩世人（ギブソン　1911.12.21-1947.1.20）
　メジャ（ギブソン,ジョシュ　1911.12.21-1947.1.20）

Gibson, Kirk Harold
アメリカの大リーグ選手（外野,DH）。
⇒外12（ギブソン,カーク　1957.5.28-）
　外16（ギブソン,カーク　1957.5.28-）
　最世ス（ギブソン,カーク　1957.5.28-）
　メジャ（ギブソン,カーク　1957.5.28-）

Gibson, Mel
アメリカ生まれの男優。
⇒映監（ギブソン,メル　1956.1.3-）
　外12（ギブソン,メル　1956.1.3-）
　外16（ギブソン,メル　1956.1.3-）
　ク俳（ギブスン,メル　1956-）
　スター（ギブソン,メル　1956.1.3-）

Gibson, Wilfred（Wilson）
イギリスの詩人。
⇒岩世人（ギブソン　1878.10.2-1962.5.26）

Gibson, William
アメリカの劇作家。
⇒現世文（ギブソン,ウィリアム　1914.11.13-

2008.11.25)

Gibson, William (Ford)
アメリカの小説家，映画脚本家。
⇒外12（ギブソン，ウィリアム　1948.3.17-）
　現世文（ギブソン，ウィリアム　1948.3.17-）
　広辞7（ギブソン　1948-）
　ネーム（ギブスン，ウイリアム　1948-）

Gibson, Wynne
アメリカの女優。
⇒ク俳（ギブスン，ウィン（ギブスン，ウィニフレッド）　1899-1967）

Giddens, Anthony
イギリス生まれの社会学者。ケンブリッジ大学教授。
⇒岩世人（ギデンズ　1938.1.18-）
　外12（ギデンズ，アンソニー　1938.1.18-）
　外16（ギデンズ，アンソニー　1938.1.18-）
　現社（ギデンズ　1938-）
　広辞7（ギデンズ　1938-）
　社小増（ギデンズ　1938-）
　政経改（ギデンズ　1938-）

Giddings, Franklin Henry
アメリカの社会学者。「複数行動」から社会を説明し，統計的方法の重要性を指摘。数理学派の祖。
⇒岩世人（ギディングズ　1855.3.23-1931.6.11）
　学叢思（ギディグンス，フランクリン・ヘンリー　1855-?）
　教人（ギッディングズ　1855-1931）
　社小増（ギディングズ　1855-1931）

Gide, André Paul Guillaume
フランスの小説家，評論家。1947年ノーベル文学賞受賞。
⇒岩キ（ジッド　1869-1951）
　岩世人（ジッド　1869.11.22-1951.2.19）
　現世文（ジード，アンドレ　1869.11.22-1951.2.19）
　広辞7（ジード　1869-1951）
　新カト（ジッド　1869.11.22-1951.2.19）
　西文（ジッド，アンドレ　1869-1951）
　世人新（ジッド（アンドレ=ジード）　1869-1951）
　世人装（ジード（アンドレ=ジード）　1869-1951）
　ノベ3（ジッド,A.　1869.11.22-1951.2.19）
　比文増（ジッド（アンドレ）　1869（明治2）-1951（昭和26））
　標音2（ジード，アンドレ　1869.11.22-1951.2.19）
　フ文小（ジッド，アンドレ　1869-1951）
　ポプ人（ジッド，アンドレ　1869-1951）

Gide, Charles
フランスの経済学者，消費協同組合の理論的指導者。主著『経済学原理』（1883）など。
⇒岩世人（ジッド　1847.6.29-1932.3.13）
　学叢思（ジード，シャール　1847-?）

Gideon
カナダへ入国したソ連のイリーガル。

⇒スパイ（ギデオン）

Gideon, Melanie
アメリカの作家。
⇒海文新（ギデオン，メラニー　1963-）

Giebel, Agnes
オランダのソプラノ歌手。
⇒標音2（ギーベル，アグネス　1921.8.10-）

Giedion, Sigfried
スイスの建築史家。主著『空間，時間，建築』（1941），『永遠の現在』（62,64）。
⇒岩世人（ギーディオン　1888.4.14-1968.4.9）

Giehse, Therese
ドイツの女優。
⇒ユ著人（Giehse,Threse　ギーゼ，テレーゼ　1898-1975）

Gielen, Michael Andreas
ドイツ，のちオーストリアの指揮者，作曲家。
⇒外12（ギーレン，ミヒャエル　1927.7.20-）
　新音中（ギーレン，ミヒャエル　1927.7.20-）

Gielgud, Sir Arthur John
イギリスの俳優，演出家。自伝"Early Stages"（1938），"Stage Directions"（63）の著書がある。
⇒岩世人（ギールグッド　1904.4.14-2000.5.21）
　ク俳（ギールガッド，サー・ジョン（ギールガッド，アーサー・J）　1904-2000）
　スター（ギールガッド，ジョン　1904.4.14-2000）
　ネーム（ギルグッド　1904-2000）

Gier, Kerstin
ドイツの作家。
⇒海文新（ギア，ケルスティン　1966-）
　現世文（ギア，ケルスティン　1966-）

Gierek, Edward
ポーランドの政治家。
⇒世人新（ギエレク　1913-2001）
　世人装（ギエレク　1913-2001）

Gierke, Otto Friedrich von
ドイツの法学者。
⇒岩世人（ギールケ　1841.1.11-1921.10.10）
　学叢思（ギールケ，オットー・フリードリヒ　1841-?）
　広辞7（ギールケ　1841-1921）
　ネーム（ギールケ　1841-1921）

Giès, Jacques
フランスのギメ東洋美術館館長。
⇒外16（ジエス，ジャック　1950-）

Gieseking, Walter Wilhelm
ドイツのピアノ奏者。師K.ライマーとの共著『現代ピアノ演奏法』（1931），『リズムと強弱表現とペダル』（38）などの著書がある。
⇒岩世人（ギーゼキング　1895.11.5-1956.10.26）

新音中（ギーゼキング, ヴァルター　1895.11.5–1956.10.26)
ネーム（ギーゼキング　1895–1956)
標音2（ギーゼキング, ヴァルター　1895.11.5–1956.10.26)

Giesel, Friedrich Otto Fritz
ドイツの化学者。放射性鉱物からラジウムを製造し, 世界中の研究者に供給。新元素アクチニウムの発見などの業績がある。
⇒化学（ギーゼル　1852–1927)

Giff, Patricia Reilly
アメリカの児童文学作家。
⇒外12（ギフ, パトリシア・ライリー）
外16（ギフ, パトリシア・ライリー）
現世文（ギフ, パトリシア・ライリー　1935.4.26–)

Giffen, Albert Egges van
オランダの考古学者。同国の考古学的研究調査を軌道にのせた功績が大きい。
⇒岩世人（ファン・ヒッフェン　1884.3.14–1973.5.31)

Giffen, Robert
イギリスの経済学者, 統計学者。
⇒岩世人（ギッフェン　1837.7.21–1910.4.12)
有経5（ギッフェン　1837–1910)

Giffin, Emily
アメリカの作家。
⇒海文新（ギフィン, エミリー　1972.3.20–)
現世文（ギフィン, エミリー　1972.3.20–)

Gifford, Edward Winslow
アメリカの人類学者。カリフォルニアのミウォク族の社会組織に関する調査は有名。
⇒岩世人（ギフォード　1887.8.14–1959.5.16)

Gifford, Frances
アメリカの女優。
⇒ク俳（ギフォード, フランシス（ギフォード, メアリー・F)　1920–1994)

Gifford, Thomas
アメリカの作家。
⇒現世文（ギフォード, トーマス　1937–2000.10)

Gifford, Walter Sherman
アメリカの実業家。アメリカ電話電信会社（AT&T）社長。
⇒アメ経（ギフォード, ウォルター　1885.1.10–1966.5.7)

Giffords, Gabrielle
アメリカの政治家。下院議員（民主党）。
⇒外12（ギフォーズ, ガブリエル　1970.6.8–)
外16（ギフォーズ, ガブリエル　1970.6.8–)

Gift, Roland
イギリスのミュージシャン。
⇒外12（ギフト, ローランド）

Giggs
イギリスのサッカー選手。
⇒異二辞（ギグス[ライアン・～]　1973–)
外12（ギッグス, ライアン　1973.11.29–)
外16（ギッグス, ライアン　1973.11.29–)
最世ス（ギッグス, ライアン　1973.11.29–)
ネーム（ギッグス, ライアン　1973–)

Gigli, Beniamino
イタリアのテノール歌手。プッチーニなどイタリア歌劇を中心に広いレパートリーをもち, 典型的ベル・カント歌手としてカルーソーに続く名歌手といわれた。
⇒岩世人（ジーリ　1890.3.20–1957.11.30)
オペラ（ジーリ, ベニアミーノ　1890–1957)
失声（ジーリ, ベニアミーノ　1890–1957)
新音中（ジーリ, ベニアミーノ　1890.3.20–1957.11.30)
標音2（ジーリ, ベニアミーノ　1890.3.20–1957.11.30)
魅惑（Gigli,Beniamino　1890–1957)

Gigli, Renato
イタリアのテノール歌手。
⇒失声（ジーリ, レナート　1902–1961)

Gigout, Eugène
フランスのオルガン奏者, 作曲家。
⇒ク音3（ジグー　1844–1925)

Gihr, Nicolaus
ドイツの典礼著作家。
⇒新カト（ギール　1839.12.5–1924.6.25)

Gijsen, Marnix Jan-Albert Goris
ベルギー（オランダ語圏）の詩人, 作家。
⇒岩世人（ヘイセン　1899.10.20–1984.9.29)

Gi Ju-Bong
韓国の男優。
⇒韓俳（キ・ジュボン　1955.9.3–)

Gil
ブラジルのサッカー選手（FW）。
⇒外12（ジウ　1980.9.13–)

Gil, Gilberto
ブラジルのミュージシャン, 政治家。ブラジル文化相。
⇒外12（ジル, ジルベルト　1942.6.26–)
外16（ジル, ジルベルト　1942.6.26–)
新音中（ジル, ジルベルト　1942.6.26–)
標音2（ジル, ジルベルト　1942.6.29–)

Gilani, Syed Yousuf Raza
パキスタンの政治家。パキスタン首相。
⇒外12（ギラニ, サイヤド・ユサフ・ラザ　1952.6.9–)
外16（ギラニ, サイヤド・ユサフ・ラザ　1952.6.9–)

世指導（ギラニ，サイヤド・ユサフ・ラザ　1952.6.9–）

Gilardino, Alberto
イタリアのサッカー選手。
⇒外12（ジラルディーノ，アルベルト　1982.7.5–）
　外16（ジラルディーノ，アルベルト　1982.7.5–）
　最世ス（ジラルディーノ，アルベルト　1982.7.5–）

Gilb, Dagoberto
アメリカの作家。
⇒現世文（ヒルブ，ダゴベルト　1950–）

Gilbers, Harald
ドイツの作家。
⇒海文新（ギルバース，ハラルト　1969–）
　現世文（ギルバース，ハラルト　1969–）

Gilbert, Alan
アメリカの指揮者。
⇒外12（ギルバート，アラン　1967–）
　外16（ギルバート，アラン　1967–）

Gilbert, Cass
アメリカの建築家。主要建築にミネソタ州会議事堂（1896～1903），ウールウォース・タワー（1911～13），ワシントン最高裁判所など。
⇒アメ州（Gilbert,Cass　ギルバート，カス　1858–1934）

Gilbert, Dorothée
フランスのバレリーナ。
⇒外16（ジルベール，ドロテ　1983.9.25–）

Gilbert, Elizabeth
アメリカの作家。
⇒海文新（ギルバート，エリザベス　1969–）
　現世文（ギルバート，エリザベス　1969–）

Gilbert, Felix
アメリカの歴史家。
⇒ユ著人（Gilbert,Felix　ギルバート，フェリックス　1905–）

Gilbert, Geoffrey
イギリスのフルート奏者。
⇒標音2（ギルバート，ジェフリー　1914.5.28–1989.5.18）

Gilbert, Grove Karl
アメリカの地質学者。アメリカ地質学会会長。ナイアガラの滝の地質研究で著名。
⇒オク地（ギルバート，グローブ・カール　1843–1918）

Gilbert, Henry Franklin Belknap
アメリカの作曲家。主作品 "Negro rhapsody"（1913），"Nocturne, from Whitman"（25）。
⇒岩世人（ギルバート　1868.9.26–1928.5.19）
　標音2（ギルバート，ヘンリー　1868.9.26–1928.5.19）

Gilbert, Joao
ブラジルのギター奏者，歌手。ジョビンとボサ・ノバを創り出し，1963年スタン・ゲッツと『ゲッツ～ジルベルト』の歴史的名盤を生む。
⇒岩世人（ジルベルト　1931.6.10–）
　外12（ジルベルト，ジョアン　1931.6–）
　外16（ジルベルト，ジョアン　1931.6–）
　新音中（ジルベルト，ジョアン　1931.6.10–）
　標音2（ジルベルト，ジョアン　1931.6.10–）
　ポプ人（ジルベルト，ジョアン　1931–）

Gilbert, John
アメリカの俳優。
⇒ク俳（ギルバート，ジョン（プリングル，J）　1895–1936）

Gilbert, Kenneth
カナダのチェンバロ奏者。
⇒新音中（ギルバート，ケネス　1931.12.16–）

Gilbert, Martin（John）
イギリスの伝記作家，歴史家。
⇒外12（ギルバート，マーティン　1936.10.25–）
　ユ著人（Gilbert,Martin　ギルバート，マーチン　1936–）

Gilbert, Melissa
アメリカ生まれの女優。
⇒外12（ギルバート，メリッサ　1964.5.8–）
　外16（ギルバート，メリッサ　1964.5.8–）

Gilbert, Michael Francis
イギリスのミステリ作家，弁護士。
⇒現世文（ギルバート，マイケル・フランシス　1912.7.17–2006.2.8）

Gilbert, Newton Whiting
アメリカの弁護士。
⇒アア歴（Gilbert,Newton Whiting　ギルバート，ニュートン・ホワイティング　1862.5.24–1939.7.5）

Gilbert, Otto Attila
アメリカ国内でハンガリーのためにスパイ行為をした，ハンガリー生まれのアメリカ人。
⇒スパイ（ギルバート，オットー・アッティラ）

Gilbert, Paul
アメリカのギター奏者。
⇒外12（ギルバート，ポール　1966.11.6–）
　外16（ギルバート，ポール　1966.11.6–）

Gilbert, Philéas
フランスの料理人。
⇒岩世人（ジルベール　1857.9.11–1942.6.5）
　フラ食（ジルベール，フィレアス　1857–1942）

Gilbert, Rodney Yonkers
アメリカのジャーナリスト。
⇒アア歴（Gilbert,Rodney（Yonkers）　ギルバート，ロドニー・ヨンカーズ　1889–1968.1.11）

Gilbert, Seymour Parker
アメリカの弁護士,財務次官。クーリッジ大統領により,ドイツの賠償金支払いを統括する総監督官に任命された。
⇒アメ経(ギルバート,シーモア 1892.10.13–1938.2.23)

Gilbert, Walter
アメリカの生化学者。1980年ノーベル化学賞。
⇒岩生(ギルバート 1932–)
　岩世人(ギルバート 1932.3.21–)
　外12(ギルバート,ウォルター 1932.3.21–)
　外16(ギルバート,ウォルター 1932.3.21–)
　化学(ギルバート 1932–)
　三新生(ギルバート 1932–)
　ノベ3(ギルバート,W. 1932.3.21–)
　ユ著人(Gilbert,Walter ギルバート,ウォルター 1932–)

Gilbert, Sir William Schwenck
イギリスの劇作家。多くのコミック・オペラの台本を執筆。
⇒岩世人(ギルバート 1836.11.18–1911.5.29)
　標音2(ギルバート,ウィリアム・シュウェンク 1836.11.18–1911.5.29)

Gilbert-Martin, Charles
フランスの風刺画家。
⇒19仏(ジルベール=マルタン,シャルル 1839.8.26–1905.7.21)

Gilberto, Astrud
ブラジル生まれの歌手。
⇒標音2(ジルベルト,アストラッド 1940頃–)

Gilberto Silva
ブラジルのサッカー選手。
⇒外12(ジウベルト・シウバ 1976.10.7–)
　外16(シウバ,ジウベルト 1976.10.7–)
　最世ス(シウバ,ジウベルト 1976.10.7–)

Gilbreth, Frank Bunker
アメリカの技師。動作研究の開発者。「微細動作研究」を発案。
⇒アメ州(Gilbreth,Frank Bunker ギルブレス,フランク・バンカー 1868–1924)
　ベシ経(ギルブレス 1868–1924)

Gilby, Thomas
イギリスのカトリック神学者,著作家。
⇒新カト(ギルビ 1902.12.18–1975.11.29)

Gilchrist, Ellen
アメリカの女性短編小説家,小説家。
⇒現世文(ギルクリスト,エレン 1935–)

Gildemeister, Martin Hermann
江戸末期に来日したドイツ人貿易商。
⇒来日(ギルデマイスター 1836–?)

Gildersleeve, Basil Lanneau
アメリカの古典学者。"American Journal of Philology"誌を創刊(1880)。
⇒岩世人(ギルダースリーヴ 1831.10.23–1924.1.9)

Gildersleeve, Virginia
アメリカの大学管理者。
⇒教人(ジルダースリーブ 1877–)

Gilels, Emil Grigorevich
ロシアのピアノ奏者。1933年全ソ・コンクール,38年ブリュッセル・イザイ・コンクールで優勝。46年スターリン賞受賞。
⇒岩世人(ギレリス 1916.10.6/19–1985.10.14)
　新音中(ギレリス,エミール 1916.10.19–1985.10.14)
　ネーム(ギレリス 1916–1985)
　標音2(ギレリス,エミル 1916.10.19–1985.10.14)
　ユ著人(Gilels,Emil ギレリス,エミール 1916–1985)

Giles, Brian Stephen
アメリカの大リーグ選手(外野手)。
⇒メジャ(ジャイルズ,ブライアン 1971.1.20–)

Giles, Herbert Allen
イギリスの中国学者。主著『聊斎志異選訳』(1880),"A Chinese・English dictionary"(92)。
⇒岩世人(ジャイルズ 1845.12.8–1933.2.13)
　中文史(ジャイルズ 1845–1935)

Giles, Jennifer St.
アメリカの作家。
⇒海文新(ジャイルズ,ジェニファー・セント)

Giles, Lionel
イギリスの中国学者。大英博物館東洋図書写本部主任(1900～40)。敦煌出土文書の整理に尽力。
⇒岩世人(ジャイルズ 1875.12.29–1958.1.22)

Giles, Warren Crandall
アメリカの大リーグ,ナ・リーグの会長。
⇒メジャ(ジャイルズ,ウォーレン 1896.5.28–1979.2.7)

Gilhouser, Henry
アメリカの陸軍将校。
⇒アア歴(Gilhouser,Henry ギルハウザー,ヘンリー 1881.9.20–1964)

Gilkey, Otis Bernard
アメリカの大リーグ選手(外野)。
⇒メジャ(ギルキー,バーナード 1966.9.24–)

Gill, Arthur Eric Rowton
イギリスの彫刻家,美術評論家。主著『芸術と愛』(1927),『キリスト教と芸術』(28)。
⇒岩世人(ギル 1882.2.22–1940.11.17)
　オク教(ギル 1882–1940)
　グラデ(Gill,Eric ギル,エリック 1882–1940)

新カト（ギル　1882.2.22-1940.11.17）
Gill, B.M.
イギリスのミステリ作家。
⇒現世文（ギル,B.M.）
Gill, Bob
アメリカのデザイナー，挿絵画家。
⇒グラデ（Gill,Bob　ギル,ボブ　1931-）
Gill, *Sir* David
スコットランドの天文学者。喜望峰天文台長（1879～1906）。太陽視差決定，南天の恒星位置観測研究に貢献。
⇒岩世人（ギル　1843.6.12-1914.1.24）
　天文大（ギル　1843-1914）
Gill, Flora
アメリカの服飾デザイナー。
⇒外12（ジル,フローラ）
Gill, Merton M.
アメリカの精神分析家。
⇒精分岩（ギル,マートン・M　1914-1994）
Gill, Stephen
イギリス出身の政治経済学者。
⇒政経改（ギル　1950-）
Gillain, Marie
ベルギーの女優。
⇒外12（ジラン,マリー　1975.6.18-）
Gillan, Ian
イギリスのボーカリスト。
⇒外12（ギラン,イアン　1945-）
　外16（ギラン,イアン　1945-）
Gillard, Julia
オーストラリアの政治家，弁護士。オーストラリア首相。
⇒外12（ギラード,ジュリア　1961.9.29-）
　外16（ギラード,ジュリア　1961.9.29-）
　世指導（ギラード,ジュリア　1961.9.29-）
　ネーム（ギラード　1961-）
Gille, Christian
ドイツのカヌー選手。
⇒外12（ジレ,クリスティアン　1976.1.6-）
　最世ス（ジレ,クリスティアン　1976.1.6-）
Gillen, Brett
アメリカのパフォーマー。
⇒外12（ギレン,ブレット）
Gilles
フランスのポップアーティスト，写真家。
⇒外12（ジル）
Gilles, Raoul
テノール歌手。

⇒魅惑（Gilles,Raoul　?-?）
Gillespie, Dizzy
アメリカのジャズ・トランペット奏者。バップの代表的奏者として，モダンジャズに大きな役割を果した。
⇒岩世人（ガレスピー　1917.10.21-1993.1.6）
　新音中（ガレスピー,ディジー　1917.10.21-1993.1.6）
　標ূ2（ガレスピー,ディジー　1917.10.21-1993.1.6）
Gillet, Ernest
フランスの作曲家。
⇒標ূ2（ジレ,エルネスト　1856.9.13-1940.5.6）
Gillet, Stanislas Martin
フランスの神学者，ドミニコ会士。ドミニコ会総会長（1929～46），聖庁の検邪聖省顧問。
⇒岩世人（ジレ　1875.12.14-1951.9.4）
　新カト（ジレ　1875.12.14-1951.9.3）
Gillette, John Morris
アメリカの農村社会学者。20世紀初頭のアメリカにおける農村社会学の草分けともいわれる。主著『農村社会学』（1922）。
⇒学叢思（ジレット,ジョン・モーリス　1866-?）
　教人（ジレット　1866-1949）
　社小増（ジレット　1866-1949）
Gillette, King Camp
アメリカの発明家，企業家。1901年安全かみそりを発明，ジレット安全かみそり会社を設立。
⇒アメ州（Gillette,King Camp　ジレット,キング・キャンプ　1855-1932）
　岩世人（ジレット　1855.1.5-1932.7.9）
Gilley, Mickey
アメリカ・ルイジアナ生まれの歌手，ピアノ奏者。
⇒ロック（Gilley,Mickey　ギリー,ミッキー）
Gilli, Marcel
フランスの彫刻家。
⇒芸13（ジリ,マルセル　1914-1983）
Gilliam, James William
アメリカの大リーグ選手（二塁，三塁，外野）。
⇒メジャ（ギリアム,ジム　1928.10.17-1978.10.8）
Gilliam, Terry
アメリカ生まれの俳優。
⇒映監（ギリアム,テリー　1940.11.22-）
　外12（ギリアム,テリー　1940.11.22-）
　外16（ギリアム,テリー　1940.11.22-）
Gillick, Liam
イギリス生まれの芸術家。
⇒現アテ（Gillick,Liam　ギリック,リアム　1964-）
Gillick, Pat
アメリカの大リーグGM。

⇒外12（ギリック, パット　1937–)
外16（ギリック, パット　1937–)
メジャ（ギリック, パット　1937.8.22–)

Gilliéron, Jules
スイス生まれのフランスの言語地理学者。フランス方言学会を創立。
⇒岩世人（ジリエロン　1854.12.21–1926.4.26)
オク言（ジリエロン, ジュール　1854–1926)

Gillies, *Sir* Harold Delf
イギリスの外科医。損傷部分に植皮したり, 管状の弁状片を入れる整形手術を発明。『顔面の形成手術』(1920)の著がある。
⇒ニュー（ギリス, ハロルド　1882–1960)

Gilligan, Carol
アメリカの心理学者。
⇒岩世人（ギリガン　1936.11.28–)

Gilligan, Stephen
アメリカの心理療法家。
⇒外16（ギリガン, スティーブン　1954–)

Gillin, John Lewis
アメリカの社会学者。
⇒学叢思（ギリン, ジョン・リュイス　1871–?)
社小増（ジリン父子　1871–1958)

Gillin, John Philip
アメリカの人類学者。
⇒社小増（ジリン父子　1907–1973)

Gillion, Mario
イタリアのテノール歌手。
⇒失声（ギリオン, マリオ　1870–1914)
魅惑（Gilion,Mario　1870–1914)

Gillis, Deborah
カナダの社会活動家。
⇒外16（ギリス, デボラ）

Gillis, Don
アメリカの指揮者。
⇒標音2（ギリス, ドン　1912.6.17–1978.1.10)

Gillispie, Charles Coulston
アメリカの科学史家。総責任者として, 国際協力の成果である "Dictionary of scientific biography,16巻"（1970・80）を完成した。
⇒岩世人（ギリスピー　1918.8.6–)

Gillmor, Dan
アメリカのジャーナリスト。
⇒外12（ギルモア, ダン　1951.3.30–)
外16（ギルモア, ダン　1951.3.30–)

Gillot, Marie-Agnès
フランスのバレリーナ。
⇒外12（ジロ, マリ・アニエス）

Gilman, Alfred Alonzo
アメリカの宣教師。
⇒アア歴（Gilman,Alfred A (lonzo)　ギルマン, アルフレッド・アロンゾウ　1878.8.23–1966.9.13)

Gilman, Alfred Goodman
アメリカの生理学者。1994年ノーベル生理学医学賞。
⇒岩生（ギルマン　1941–)
外12（ギルマン, アルフレッド　1941.7.1–)
外16（ギルマン, アルフレッド　1941.7.1–)
ノベ3（ギルマン,A.G.　1941.7.1–)

Gilman, Charlotte Anna Perkins Stetson
アメリカのフェミニスト, 作家。
⇒アメ経（ギルマン, シャーロット　1860–1935.8)
岩女（ギルマン, シャーロット・パーキンズ　1860.7.3–1935.8.17)
岩世人（ギルマン　1860.7.3–1935.8.17)
学叢思（ギルマン, シャロット・パーキンズ　1860–?)

Gilman, Daniel Coit
アメリカの教育家。カリフォルニア大学学長（1872～75), ジョンズ・ホプキンズ大学総長（75～1901）。カーネギー財団初代理事長。
⇒岩世人（ギルマン　1831.7.6–1908.10.13)
教人（ジルマン　1831–1908)

Gilman, Dorothy
アメリカの児童文学作家, ミステリ作家。
⇒外12（ギルマン, ドロシー）
現代文（ギルマン, ドロシー　1923.6.25–2012.2.2)

Gilman, Harold
イギリスの画家。
⇒芸13（ギルマン, ハロルド　1878–1919)

Gilman, Henry
アメリカの化学者。
⇒岩世人（ギルマン　1893.5.9–1986.11.7)

Gilmar
ブラジルのサッカー選手。
⇒外12（ジルマール　1959.1.13–)

Gil-Marchex, Henri
フランスのピアノ奏者, 作曲家。
⇒標音2（ジル=マルシェ, アンリ　1894.12.16–1970.11.22)

Gilmore, Eugene Allen
アメリカの弁護士, 植民地行政官。
⇒アア歴（Gilmore,Eugene Allen　ギルモア, ユージーン・アレン　1871.7.4–1953.11.4)

Gilmore, George William
アメリカの宣教師。
⇒アア歴（Gilmore,George W (illiam)　ギルモア, ジョージ・ウイリアム　1858.5.12–1933.8.22)

Gilmore, Jim
アメリカの政治家, 弁護士。
⇒外16（ギルモア, ジム　1949.10.6-）
　世指導（ギルモア, ジム　1949.10.6-）

Gilmore, John
ドイツ生まれの作家, イラストレーター, ソ連のスパイ。
⇒スパイ（ギルモア, ジョン　1908-?）

Gilmore, John
テノール歌手。
⇒魅惑（Gilmore,John　?-）

Gilmore, John Washington
アメリカの農学者。
⇒アア歴（Gilmore,John W (ashington)　ギルモア, ジョン・ワシントン　1872.5.9-1942.6.25）

Gilmour, Dave
イギリスのロック・ギター奏者。
⇒外12（ギルモア, デーブ　1947.3.6-）
　外16（ギルモア, デーブ　1946.3.6-）

Gilot, Fabien
フランスの水泳選手（自由形）。
⇒外16（ジロ, ファビアン　1984.4.27-）
　最世ス（ジロ, ファビアン　1984.4.27-）

Gilot, Françoise
フランスの画家, 著述家。
⇒外12（ジロー, フランソワーズ　1921-）
　外16（ジロー, フランソワーズ　1921-）

Gilpin, Robert G., Jr.
アメリカの政治学者。覇権安定論の代表的理論家。
⇒国政（ギルピン, ロバート　1930-）
　政経改（ギルピン　1930-）

Gil Robles, Jose
スペインの政治家。欧州議会議長。
⇒世指導（ヒルロブレス, ホセ　1935.6.17-）

Gil Robles Quiñones, José Maria
スペインの政治家。オーストリア型ファシズムの形成に務めた。
⇒岩世人（ヒル・ロブレス　1898.11.27-1980.9.14）

Gilroy, Dan
アメリカの映画監督, 脚本家, 作家。
⇒外16（ギルロイ, ダン）

Gilroy, Frank D.
アメリカの劇作家, 脚本家, 映画監督。
⇒現世文（ギルロイ, フランク・D.　1925.10.13-2015.9.12）

Gilroy, Paul
イギリスの社会学者, 批評家。
⇒外12（ギルロイ, ポール　1956-）

Gilroy, Tony
アメリカの脚本家, 映画監督。
⇒外12（ギルロイ, トニー　1956-）

Gilson, Etienne
フランスの哲学者, 哲学史家。新トマス説の代表者の一人。
⇒岩キ（ジルソン　1884-1978）
　岩世人（ジルソン　1884.6.13-1978.9.19）
　オク教（ジルソン　1884-1978）
　広辞7（ジルソン　1884-1978）
　新カト（ジルソン　1884.6.13-1978.9.19）
　メル3（ジルソン, エティエンヌ　1884-1978）

Gilson, Paul
ベルギーの作曲家, 音楽批評家。1925年「ベルギー音楽雑誌」を創刊, 多くの新聞雑誌に音楽批評を執筆・寄稿。
⇒新音中（ジルソン, ポール　1865.6.15-1942.4.3）
　標音2（ジルソン, ポール　1865.6.15-1942.4.3）

Giltrow, Helen
イギリスの作家。
⇒海文新（ギルトロウ, ヘレン）

Gilvan, Raimund
ドイツのテノール歌手。
⇒魅惑（Gilvan,Raimund　?-）

Gimbel, Bernard
アメリカの実業家。ジンベル・ブラザーズ百貨店社長。
⇒アメ経（ジンベル, バーナード　1885.4.10-1966.9.29）

Gimbutas, Marija
リトアニア生まれの考古学者。
⇒岩世人（ギンバタス　1921.1.23-1994.2.2）

Gimenez, Edoardo
スペインのテノール歌手。
⇒魅惑（Gimenez,Edoardo　1940-）

Giménez, Jerónimo
スペインの音楽家。
⇒ク音3（ヒメーネス　1854-1923）

Gimenez, Raul
アルゼンチンのテノール歌手。
⇒失声（ヒメネス, ラウル　1950-）
　魅惑（Giménez,Raúl　1951-）

Gimeno, Gustavo
オランダの指揮者, 打楽器奏者。
⇒外16（ヒメノ, グスターボ）

Gimond, Marcel-Antoine
フランスの彫刻家。
⇒芸13（ジモン, マルセル・アントアーヌ　1894-

1963)

Gimpel, Erich
ドイツのスパイ。第2次世界大戦中,潜水艦でアメリカ合衆国へ上陸した。
⇒スパイ（ギンペル,エーリッヒ　1910-2010）

Ginandjar Kartasasmita
インドネシアの政治家。
⇒岩世人（ギナンジャル・カルタサスミタ　1941.4.9-）
外12（ギナンジャール・カルタサスミタ　1941.4.9-）
外16（ギナンジャール・カルタサスミタ　1941.4.9-）
世指導（ギナンジャール・カルタサスミタ　1941.4.9-）

Ginastera, Alberto
アルゼンチンの作曲家。管弦楽曲「協奏的変奏曲」(1953) などが代表作。
⇒岩世人（ヒナステラ　1916.4.11-1983.6.25）
エデ（ヒナステラ,アルベルト・エヴァリスト　1916.4.11-1983.6.25）
ク音3（ヒナステーラ　1916-1983）
新音小（ヒナステーラ,アルベルト　1916-1983）
新音中（ヒナステーラ,アルベルト　1916.4.11-1983.6.25）
ビ曲改（ヒナステラ,アルベルト（エヴァリスト）1916-1983）
標音2（ヒナステラ,アルベルト　1916.4.11-1983.6.25）
ラテ新（ヒナステラ　1916-1983）

Gindin, Alexander
ロシアのピアノ奏者。
⇒外12（ギンディン,アレクサンドル　1977-）
外16（ギンディン,アレクサンドル　1977-）

Giner, Salvador
スペインの社会学者。
⇒岩世人（ヒネル　1934.2.10-）

Gingrich, Arnold
アメリカの編集者,ヘミングウェイの友人。
⇒ヘミ（ギングリッチ,アーノルド　1903-1962）

Gingrich, Newt
アメリカの政治家。
⇒アメ新（ギングリッチ　1943-）
外12（ギングリッチ,ニュート　1943.6.17-）
外16（ギングリッチ,ニュート　1943.6.17-）
世指導（ギングリッチ,ニュート　1943.6.17-）

Gini, Corrado
イタリアの社会学者,統計学者。
⇒岩世人（ジニ　1884.5.23-1965.3.13）
社小増（ジーニ　1884-1965）
世数（ジニ,コッラド　1884-1965）

Ginisty, Paul
フランスの作家。
⇒19仏（ジニスティ,ポール　1855.4.4-1932.3.5）

Ginn, Drew
オーストラリアのボート選手。
⇒外12（ジン,ドルー　1974.11.20-）
外16（ジン,ドルー　1974.11.20-）
最世ス（ジン,ドルー　1974.11.20-）

Ginneken, Jacobus van
オランダの言語学者。
⇒岩世人（ファン・ヒネケン　1877.4.21-1945.10）

Ginobili, Emanuel
アルゼンチンのバスケットボール選手（スパーズ）。
⇒最世（ジノビリ,エマニュエル　1977.7.28-）

Gins, Madeline H.
アメリカの詩人。
⇒現世文（ギンズ,マドリン　1941-2014.1.8）

Ginsberg, Allen
アメリカの詩人。「ビート・ジェネレーション」の詩運動の中心となって活動。詩集『アメリカのたそがれ』(1972) で74年度の全米図書賞を受賞。
⇒アメ新（ギンズバーグ　1926-1997）
岩世人（ギンズバーグ　1926.6.3-1997.4.5）
現世文（ギンズバーグ,アレン　1926.6.3-1997.4.5）
広辞7（ギンズバーグ　1926-1997）
新カト（ギンズバーグ　1926.6.3-1997.4.5）
ユ人（Ginsberg,Allen　ギンズバーグ,アレン　1926-1997）

Ginsberg, Debra
アメリカの作家。
⇒海文新（ギンズバーグ,デブラ　1962.6.15-）

Ginsberg, Morris
イギリスの社会学者。総合社会学を主張。主著 "Studies in Sociology"(1932)。
⇒教人（ギンズバーグ　1889-）
社小増（ギンズバーグ　1889-1970）
ネーム（ギンズバーグ　1889-1970）

Ginsberg, Ruth
アメリカの法律家。
⇒外12（ギンズバーグ,ルース　1933.3.15-）
外16（ギンズバーグ,ルース　1933.3.15-）

Ginsburg, Saul
アメリカ（ロシア系）の作家,歴史学者。
⇒ユ著人（Ginsburg,Saul　ギンズブルク,サウル　1866-1940）

Ginzberg, Louis
アメリカのタルムード学者。
⇒ユ著人（Ginzberg,Louis　ギンズバーグ,ルイス　1873-1953）

Ginzburg, Carlo
イタリアの歴史家。

⇒外16 (ギンズブルグ, カルロ 1939-)
　現社 (ギンズブルグ 1939-)
　広辞7 (ギンズブルグ 1939-)
　ユ著人 (Ginzburg,Carlo ギンツバーグ, カルロ 1939-)

Ginzburg, Evgeniya Semyonovna
ソ連の作家。
⇒岩世人 (ギンズブルグ 1904.12.7/20-1977.5.25)
　現世文 (ギンズブルグ, エヴゲーニヤ・セミョーノヴナ 1906.12.20-1977.5.25)

Ginzburg, Moisei
ソ連の建築家。現代建築協会を創立。
⇒岩世人 (ギンズブルグ 1892.5.23/6.4-1946.1.7)

Ginzburg, Natalia Levi
イタリアの小説家, 随筆家。
⇒岩世人 (ギンズブルグ 1916.7.14-1991.10.7)
　現世文 (ギンズブルグ, ナタリーア 1916.7.14-1991.10.8)
　広辞7 (ギンズブルグ 1916-1991)
　ユ著人 (Ginzburg,Natalia ギンツブルグ, ナタリア 1916-1991)

Ginzburg, Vitaly
ロシアの物理学者。ノーベル物理学賞受賞。
⇒岩世人 (ギンズブルグ 1916.9.21/10.4-2009.11.8)
　ノベ3 (ギンズブルグ,V.L. 1916.10.4-2009.11.8)
　物 (ギンツブルク, ヴィタリー・ラザレヴィッチ 1916-2009)

Ginzkey, Franz Karl
オーストリアの作家。小説 "Prinz Tunora" (1934) などがある。
⇒岩世人 (ギンツカイ 1871.9.8-1963.4.11)

Giobbi, Robert
スイスのマジシャン, マジック研究家。
⇒外12 (ジョビー, ロベルト)

Giocante, Vahina
フランスの女優。
⇒外12 (ジョカンテ, ヴァイナ 1981.6.30-)

Giolitti, Giovanni
イタリアの自由主義政治家。5度首相となり, 20世紀初頭のイタリアにジョリッティ時代を築いた。
⇒岩世人 (ジョリッティ 1842.10.27-1928.7.17)
　世人新 (ジョリッティ 1842-1928)
　世人装 (ジョリッティ 1842-1928)

Giono, Jean
フランスの小説家, 劇作家。
⇒岩世人 (ジオノ 1895.3.30-1970.10.9)
　現世文 (ジオノ, ジャン 1895.3.30-1970.10.8)
　広辞7 (ジオノ 1895-1970)
　フ文小 (ジオノ, ジャン 1895-1970)
　ポプ人 (ジオノ, ジャン 1895-1970)

Giordana, Marco Tullio
イタリアの映画監督, 脚本家。
⇒外12 (ジョルダーナ, マルコ・トゥリオ 1950.10.1-)
　外16 (ジョルダーナ, マルコ・トゥリオ 1950.10.1-)

Giordani, Marcello
イタリアのテノール歌手。
⇒失声 (ジョルダーニ, マルチェッロ 1963-)
　魅惑 (Giordani,Marcello 1963-)

Giordano, Massimo
イタリアのテノール歌手。
⇒魅惑 (Giordano,Massimo ?-)

Giordano, Nicola Rossi
イタリアのテノール歌手。
⇒魅惑 (Giordano,Nicola Rossi ?-)

Giordano, Paolo
イタリアの物理学者, 作家。
⇒外12 (ジョルダーノ, パオロ 1982-)
　外16 (ジョルダーノ, パオロ 1982-)
　海文新 (ジョルダーノ, パオロ 1982.12.19-)
　現世文 (ジョルダーノ, パオロ 1982.12.19-)

Giordano, Umberto
イタリアの作曲家。オペラを多く書いた。作品『マラ・ピタ』など。
⇒岩世人 (ジョルダーノ 1867.8.28-1948.11.12)
　オペラ (ジョルダーノ, ウンベルト 1867-1948)
　ク音3 (ジョルダーノ 1867-1948)
　新オペ (ジョルダーノ, ウンベルト 1867-1948)
　新音小 (ジョルダーノ, ウンベルト 1867-1948)
　新音中 (ジョルダーノ, ウンベルト 1867.8.28-1948.11.12)
　ネーム (ジョルダーノ 1867-1948)
　標音2 (ジョルダーノ, ウンベルト 1867.8.28-1948.11.12)

Giorgini, Aristodemo
イタリアのテノール歌手。
⇒失声 (ジョルジーニ, アリストデモ 1879-1937)
　魅惑 (Giorgini,Aristodemo 1879-1937)

Giovagnoli, Muzio
イタリアのテノール歌手。
⇒魅惑 (Giovagnoli,Muzio 1911-1942)

Giovanca
オランダのシンガー・ソングライター, モデル。
⇒外12 (ジョヴァンカ)
　外16 (ジョヴァンカ)

Giovanelli-Gotti, Zino
イタリアのテノール歌手。
⇒魅惑 (Giovanelli-Gotti,Zino 1878-1965)

Giovani
メキシコのサッカー選手 (FW)。

⇒外12（ジオバニ　1989.5.11–）
　外16（ジオバニ　1989.5.11–）
　最世ス（ジオバニ　1989.5.11–）

Giovanna di Savoia
ブルガリア王ボリス3世の妃。イタリア王ヴィットーリオ・エヌマエーレ3世の娘。
⇒王妃（ジョヴァンナ（イヨアンナ）　1907–2000）

Giovanni, José
フランスの映画監督,小説家。
⇒現世文（ジョヴァンニ,ジョゼ　1923.6.22–2004.4.24）

Giovanni, Nikki（Yolande Cornelia）
アメリカ（アフリカ系）の女性詩人。
⇒現世文（ジョバンニ,ニッキ　1943.6–）
　マルX（GIOVANNI,NIKKI　ジョヴァンニ,ニッキ　1943–）

Gipali, Giuseppe
アルバニアのテノール歌手。
⇒魅惑（Gipali,Giuseppe　1973–）

Gipkens, Julius
ドイツのポスター作家。
⇒グラデ（Gipkens,Julius　ギプケンズ,ユーリウス　1883–）

Gippius, Zinaida Nikolaevna
ロシアの女性詩人。評論家メレジコフスキーの妻。詩集『光明』（1938）ほか。
⇒岩世人（ギッピウス　1869.11.8/20–1945.9.9）
　ネーム（ギッピウス　1869–1945）

Girál, José
スペインの政治家。海相兼外相（1931〜33,36〜39）,のちメキシコに渡り,スペイン亡命政権の首班となる（45）。
⇒岩世人（ヒラル　1879.10.22–1962.12.23）

Girard, Alain
フランスの社会学者,人口学者。
⇒社小増（ジラール　1914–）

Girard, François
カナダの映画監督。
⇒外12（ジラール,フランソワ　1963–）
　外16（ジラール,フランソワ　1963–）

Girard, Michel
フランス生まれの画家。
⇒芸13（ジラール,ミッシェル　1939–）

Girard, René
フランス,アメリカの歴史家,文芸批評家,人類学者。スタンフォード大学教授。
⇒岩世人（ジラール　1923.12.25–）
　外12（ジラール,ルネ　1923.12.25–）
　現社（ジラール　1923–）
　新カト（ジラール　1923.12.25–2015.11.4）
　メル別（ジラール,ルネ　1923–2015）

Girard, Serge
フランスの冒険家,長距離走者。
⇒外12（ジラール,セルジュ　1953.10.25–）
　外16（ジラール,セルジュ　1953.10.25–）

Girardelli, Marc
ルクセンブルクのスキー選手（アルペン）。
⇒岩世人（ジラルデリ　1963.7.18–）

Girardi, Joe
アメリカの大リーグ選手（捕手）。
⇒外12（ジラルディ,ジョー　1964.10.14–）
　外16（ジラルディ,ジョー　1964.10.14–）
　最世ス（ジラルディ,ジョー　1964.10.14–）
　メジャ（ジラーディ,ジョー　1964.10.14–）

Girardi, Pietro
イタリアのテノール歌手。
⇒魅惑（Girardi,Pietro　1900–?）

Girardot, Annie
フランス・パリ生まれの女優。
⇒ク俳（ジラルド,アニー　1931–）

Girardot, Hippolyte
フランス生まれの俳優。
⇒外12（ジラルド,イポリット　1955.10.10–）

Giraud, Albert
ベルギーの詩人。
⇒岩世人（ジロー　1860.6.23–1929.12.26）

Giraud, Claude
フランスの実業家。
⇒外16（ジロー,クロード　1952–）

Giraud, Fiorello
イタリアのテノール歌手。
⇒魅惑（Giraud,Fiorello　1868–1928）

Giraud, Henri Honoré
フランスの軍人。1943年ド・ゴールとともに国民解放フランス委員会議長。44年ドゴールと意見が合わず引退した。
⇒岩世人（ジロー　1879.1.18–1949.3.13）

Giraud, Jean Henri Gaston
フランスの漫画作画家。
⇒岩世人（ジロー　1938.5.8–2012.3.10）

Giraud, Roger
フランスのテノール歌手。
⇒魅惑（Giraud,Roger　?–?）

Giraud, Yvette
フランスの女性シャンソン歌手。
⇒標音2（ジロー,イヴェット　1916.9.14–）

Giraudeau, Jean
フランスのテノール歌手。
⇒失声（ジロドー, ジャン 1916-1995）
　魅惑（Giraudeau, Jean 1916-）

Giraudoux, Jean
フランスの劇作家, 小説家, 外交官。1928年自作小説を劇化した作品『ジークフリート』がルイ・ジュベによって上演され, 演劇史上一時代を画した。ほかに『トロイ戦争は起らないだろう』『オンディーヌ』など。
⇒岩世人（ジロドゥー　1882.10.29-1944.1.31）
　現世文（ジロドゥー, ジャン　1882.10.29-1944.1.31）
　広辞7（ジロドゥー　1882-1944）
　西文（ジロドゥー, ジャン　1882-1944）
　世演（ジロドゥ, ジャン　1882.10.29-1944.1.31）
　世人新（ジロドゥー　1882-1944）
　世人装（ジロドゥー　1882-1944）
　ネーム（ジロドゥー　1882-1944）
　フ文小（ジロドゥー, ジャン　1882-1944）

Girdler, Tom Mercer
アメリカの鉄鋼会社経営者。
⇒アメ経（ガードラー, トム　1877.5.19-1965.2.4）

Girma, Woldgiorgis
エチオピアの政治家。エチオピア大統領（2001～13）。
⇒外12（ギルマ・ウォルドギオルギス　1925.12-）
　外16（ギルマ・ウォルドギオルギス　1925.12-）
　世指導（ギルマ・ウォルドギオルギス　1925.12-）

Girolamo, Panzetta
イタリア出身のタレント。
⇒異二辞（ジローラモ[パンツェッタ・～]　1962-）

Gironella, Jose Maria
スペインの小説家。スペイン内乱を描く3部作で有名。
⇒現世文（ヒロネリャ, ホセ・マリア　1917.12.31-2003）

Giroud, Françoise
フランス（トルコ系）のジャーナリスト, 政治家。
⇒岩世人（ジルー　1916.9.21-2003.1.19）

Giroux, Henry A.
アメリカの教育学者。
⇒教思増（ジルー　1943-）

Giroux, Mathieu
カナダのスピードスケート選手。
⇒外12（ジロー, マシュー　1986.2.3-）
　外16（ジロー, マシュー　1986.2.3-）
　最世ス（ジロー, マシュー　1986.2.3-）

Gisbert, Montse
スペインの絵本作家。
⇒絵本（ジズベルト, モンセ　1968-）

Giscard d'Estaing, Valéry
フランスの政治家。1974年ポンピドー大統領急死による大統領選挙に出馬, 大統領に48歳で当選した。81年5月ミッテランに破れた。
⇒EU（ジスカールデスタン, バレリー　1926-）
　岩世人（ジスカール・デスタン　1926.2.2-）
　外12（ジスカール・デスタン, ヴァレリー　1926.2.2-）
　外16（ジスカール・デスタン, ヴァレリー　1926.2.2-）
　広辞7（ジスカール・デスタン　1926-）
　政経改（ジスカール・デスタン　1926-）
　世指導（ジスカール・デスタン, ヴァレリー　1926.2.2-）
　世人新（ジスカール-デスタン　1926-）
　世人装（ジスカール-デスタン　1926-）
　ネーム（ジスカール・デスタン　1926-）
　ポプ人（ジスカール・デスタン, バレリー　1926-）

Gischia, Léon
フランス生まれの画家, 舞台デザイナー。
⇒芸13（ギスキア, レオン　1904-?）

Gise, Friedrich Carl
ドイツのトルコ学者。
⇒岩世人（ギーゼ　1870.12.11-1944.10.19）

Gisevius, Hans Bernd
ドイツの外交官。第二次世界大戦時の駐チューリヒ・ドイツ副領事。
⇒スパイ（ギゼフィウス, ハンス・ベルント　1904-1974）

Gish, Anabeth
アメリカ生まれの女優。
⇒ク俳（ギッシュ, アナベス（ギッシュ, アン・エリザベス）　1971-）

Gish, Dorothy
アメリカの女優。
⇒ク俳（ギッシュ, ドロシー（ギーシュ, D・ド）　1898-1968）
　スター（ギッシュ, ドロシー　1898.3.11-1968）

Gish, Lillian
アメリカの女優。映画出演作品に『国民の創生』（1915）, 『イントレランス』（16）, 『散りゆく花』（19）など。舞台女優としても成功。
⇒遺産（ギッシュ, リリアン　1893.10.14-1993.2.27）
　岩世人（ギッシュ　1893.10.14-1993.2.27）
　ク俳（ギッシュ, リリアン（ギーシュ, L・ド）　1896-1993）
　広辞7（ギッシュ　1893-1993）
　スター（ギッシュ, リリアン　1893.10.14-1993）

Gisin, Dominique
スイスのスキー選手（アルペン）。
⇒外16（ギザン, ドミニク　1985.6.4-）

Gismondo, Giuseppe
イタリアのテノール歌手。

Gissell, Christopher
アメリカのプロ野球選手(台湾・統一・投手)。
⇒外12(ギッセル,クリストファー 1978.1.4-)

Gitai, Amos
イスラエル生まれの映画監督。
⇒岩世人(ギタイ 1950.10.11-)
映監(ギタイ,アモス 1950.10.11-)

Gitau, Joseph
ケニアのマラソン選手。
⇒最世ス(ギタウ,ジョセフ 1988.1.3-)

Giteau, Matt
オーストラリアのラグビー選手(トゥーロン・CTB・SO)。
⇒最世ス(ギタウ,マット 1982.9.29-)

Githae-Mugo, Micere
ケニアの女性作家。
⇒現世文(ギタエ・ムゴ,ミチェレ 1942.12.12-)

Gitlis, Ivry
イスラエルのヴァイオリン奏者。
⇒新音中(ギトリス,イヴリー 1922.8.22-)
標音2(ギトリス,イヴリー 1922.8.22-)
ユ著人(Gitlis,Ivry ギトリス,イヴォリ 1927-)

Giuffre, Jimmy
アメリカのジャズ・クラリネット,テナーおよびバリトン・サックス奏者,作曲家,編曲家。
⇒標音2(ジュフリー,ジミー 1921.4.26-)

Giuliacci, Piero
イタリアのテノール歌手。
⇒失声(ジュリアッチ,ピエロ ?)
魅惑(Giuliacci,Piero ?-)

Giuliani, Alfredo
イタリアの詩人。ネオアバンガルディアを代表する詩人の一人。主著は詩集『哀れなジュリエット,その他』(1965)。
⇒現世文(ジュリアーニ,アルフレード 1924.11.23-)

Giuliani, Rudolph
アメリカの政治家,法律家。ニューヨーク市長。
⇒岩世人(ジュリアーニ 1944.5.28-)
外12(ジュリアーニ,ルドルフ 1944.5.28-)
外16(ジュリアーニ,ルドルフ 1944.5.28-)
世指導(ジュリアーニ,ルドルフ 1944.5.28-)

Giulini, Carlo Maria
イタリアの指揮者。
⇒オペラ(ジュリーニ,カルロ・マリーア 1914-2005)
新音中(ジュリーニ,カルロ・マリーア 1914.5.9-)

標音2(ジュリーニ,カルロ・マリーア 1914.5.9-2005.6.14)

Giuranna, Barbara
イタリアの作曲家。
⇒オペラ(ジュランナ,バルバラ 1902-1998)

Giuseppe Moscati
イタリア・ベネヴェント生まれの医師,聖人。
⇒新カト(ジュゼッペ・モスカーティ 1880.7.25-1927.4.12)

Giusiano, Philippe
フランスのピアノ奏者。
⇒外12(ジュジアーノ,フィリップ 1973-)
外16(ジュジアーノ,フィリップ 1973-)

Giusti, David John
アメリカの大リーグ選手(投手)。
⇒メジャ(ジャスティ,デイヴ 1939.11.27-)

Giusti, George
イタリア・ミラノ生まれのアメリカのデザイナー。
⇒グラデ(Giusti,George ジュスティ,ゲオルゲ 1908-1991)

Givenchy, Hubert de
フランスの服飾デザイナー。
⇒岩世人(ジヴァンシー 1927.2.21-)
外12(ジバンシー,ユベール・ド 1927.2.21-)
外16(ジバンシー,ユベール・ド 1927.2.21-)
ネーム(ジヴァンシー 1927-)

Gjellerup, Karl Adolph
デンマークの小説家。1917年ノーベル文学賞受賞。
⇒岩世人(ゲレロプ 1857.6.2-1919.10.11)
現世文(ギェレルプ,カール 1857.6.2-1919.10.11)
ノベ3(ギェレルプ,K. 1857.6.2-1919.10.11)

Glad, Tor
ドイツ国軍防諜部(Abwehr)から破壊工作員として,イギリスに送られたノルウェー人。自ら地元警察に出頭したうえで,二重スパイにされた。コードネームはジェフ。
⇒スパイ(マットとジェフ)

Gladden, Clinton Daniel
アメリカの大リーグ選手(外野)。
⇒メジャ(グラッデン,ダン 1957.7.7-)

Gladden, Washington
アメリカの牧師,著述家。キリスト教の立場からの社会改革に関する著述がある。
⇒岩世人(グラッデン 1836.2.11-1918.7.2)

Gladding, Fred Earl
アメリカの大リーグ選手(投手)。
⇒メジャ(グラッディング,フレッド 1936.6.28-)

Gladilin, Anatolii Tikhonovich
ソ連の作家。主著『ビクトル・ボドグルスキーの時代の記録』(1956),『船は帆をあげる』『煙が目にしみる』(59),『新年の最初の日』(63)など。
⇒現世文 (グラジーリン, アナトリー 1935.8.21–)

Gladkov, Fëdor Vasil'evich
ソ連の小説家。主著『セメント』(1925),『エネルギー』(32～38),『幼年時代の物語』(49),『自由の民』(50),『凶年』(54)などがある。
⇒岩世人 (グラトコーフ 1883.6.9/21–1958.12.20)
広辞7 (グラトコフ 1883–1958)
西文 (グラトコフ, フョードル 1883–1958)

Gladwell, Malcolm
イギリス生まれのアメリカの作家, ジャーナリスト。
⇒外12 (グラッドウェル, マルコム 1963–)
外16 (グラッドウェル, マルコム 1963–)
現世文 (グラッドウェル, マルコム 1963–)

Glaeser, Ernst
ドイツの小説家。主著『最後の市民』(1935)は24ヵ国語に翻訳された。
⇒岩世人 (グレーザー 1902.7.29–1963.2.8)
現世文 (グレーザー, エルンスト 1902.7.29–1963.2.8)

Glanville, Douglas Metunwa
アメリカの大リーグ選手(外野), 評論家。
⇒メジャ (グランヴィル, ダグ 1970.8.25–)

Glanville-Hicks, Peggy
オーストラリアの作曲家。
⇒標音2 (グランヴィル=ヒックス, ペギー 1912.12.29–)

Glasenapp, Helmut von
ドイツのインド学, 比較宗教学者。主著"Die Literaturen Indiens von ihren Anfängen bis zur Gegenwart" (1929), "Die Philosophie der Inder" (48)など。
⇒岩世人 (グラーゼナップ 1891.9.8–1963.6.25)

Glaser, Curt
ドイツの美術史家。国立美術図書館長(1924)。
⇒岩世人 (グラーザー 1879.5.29–1943.11.23)

Glaser, Donald Arthur
アメリカの物理学者。素粒子の実験的研究を行った。1960年ノーベル物理学賞受賞。その後, 生物物理学の研究に転向。
⇒岩世人 (グレイザー 1926.9.21–)
オク科 (グレイザー(ドナルド・アーサー) 1926–)
外12 (グレーザー, ドナルド 1926.9.21–)
広辞7 (グレーザー 1926–2013)
三新物 (グレーザー 1926–)
ノベ3 (グレーザー, D.A. 1926.9.21–)
ユ著人 (Glaser, Donald Arthur グレーザー, ドナルド・アーサー 1926–)

Glaser, Hermann
ドイツの著述家。
⇒外16 (グラーザー, ヘルマン 1928.8.28–)

Gläser, John
ドイツのテノール歌手。
⇒失声 (グレーザー, ジョン 1888–1968)
魅惑 (Gläser, John 1888–1968)

Glaser, Milton
アメリカのグラフィック・デザイナー, イラストレーター。
⇒外12 (グレーザー, ミルトン 1929–)
外16 (グレーザー, ミルトン 1929–)
グラデ (Glaser, Milton グレイザー, ミルトン 1929–)

Glasgow, Ellen Anderson Gholson
アメリカの女性小説家。
⇒アメ州 (Glasgow, Ellen Anderson Gholson グラスゴー, エレン・アンダーソン・ゴールソン 1873–1945)
岩世人 (グラスゴー 1874.4.22–1945.11.12)
新カト (グラスゴー 1873.4.22–1945.11.21)

Glashow, Sheldon Lee
アメリカの物理学者。1979年ノーベル物理学賞。
⇒岩世人 (グラショー 1932.12.5–)
ネーム (グラショー 1932–)
ノベ3 (グラショー, S.L. 1932.12.5–)
ユ著人 (Glashow, Sheldon Lee グラショー, シェルダン・リー 1932–)

Glasier, J.Bruce
スコットランドの社会主義者。
⇒学叢思 (グレージア, ジェー・ブルース 1859–?)

Glaspell, Susan
アメリカの女性小説家, 劇作家。
⇒アメ州 (Glaspell, Susan グラスペル, スーザン 1882–1948)
岩世人 (グラスペル 1882.7.1–1948.7.27)

Glass, Carter
アメリカの政治家。合衆国上院議員(1920～46)として大恐慌の克服に努力。
⇒アメ経 (グラス, カーター 1858.1.4–1946.5.28)
岩世人 (グラス 1858.1.4–1946.5.28)

Glass, David Victor
イギリスの社会学者。操作的な転業階層による世代間および世代内の移動を問題としている。
⇒社小増 (グラース 1911–1978)

Glass, Philip
アメリカの作曲家。
⇒岩世人 (グラス 1937.1.31–)
エデ (グラス, フィリップ 1937.1.31–)
オペラ (グラス, フィリップ 1937–)
外16 (グラス, フィリップ 1937.1.31–)
ク音3 (グラス 1937–)

現音キ（グラス, フィリップ 1937–）
新音小（グラス, フィリップ 1937–）
新音中（グラス, フィリップ 1937.1.31–）
ピ曲改（グラス, フィリップ 1937–）
標音2（グラス, フィリップ 1937.1.31–）

Glass, Suzanne
イギリスの作家。
⇒外12（グラス, スザンヌ）
外16（グラス, スザンヌ）
現世文（グラス, スザンヌ）

Glasscock, John Wesley
アメリカの大リーグ選手（遊撃）。
⇒メジャ（グラスコック, ジャック 1857.7.22–1947.2.24）

Glassman, Allan
アメリカのテノール歌手。
⇒魅惑（Glassman,Allan 1951–）

Glastra van Loon, Karel
オランダの作家。
⇒外12（フラストラ・ファン・ローン, カレル 1962–）
現世文（フラストラ・ファン・ローン, カレル 1962–）
現世文（ローン, カレル・フラストラ・ファン 1962–）

Glattauer, Daniel
オーストリアの作家。
⇒海文新（グラッタウアー, ダニエル 1960.5.19–）
現世文（グラッタウアー, ダニエル 1960.5.19–）

Glauber, Roy Jay
アメリカの物理学者。ノーベル物理学賞受賞。
⇒岩世人（グラウバー 1925.9.1–）
外12（グラウバー, ロイ 1925.9.1–）
外16（グラウバー, ロイ 1925.9.1–）
ノベ3（グラウバー,R.J. 1925.9.1–）

Glaus, Troy
アメリカの大リーグ選手（三塁）。
⇒メジャ（グロス, トロイ 1976.8.3–）

Glauser, Friedrich
スイスのミステリ作家。
⇒現世文（グラウザー, フリードリヒ 1896–1938）

Glavine, Tom
アメリカの大リーグ選手（投手）。
⇒外12（グラビン, トム 1966.3.25–）
外16（グラビン, トム 1966.3.25–）
メジャ（グラヴィン, トム 1966.3.25–）

Glavinic, Thomas
オーストリアの作家。
⇒現世文（グラヴィニチ, トーマス 1972–）

Glawitsch, Rupert
スロベニアのテノール歌手。
⇒魅惑（Glawitsch,Rupert 1907–1981）

Glaze, Gary
アメリカのテノール歌手。
⇒魅惑（Glaze,Gary ?–）

Glaziev, Sergei
ロシアの政治家。ロシア対外経済関係相, ロシア安全保障会議局長。
⇒世指導（グラジエフ, セルゲイ 1961.1.1–）

Glazik, Josef
ドイツのカトリック宣教学者。
⇒新カト（グラジク 1913.2.1–1997.10.17）

Glazunov, Aleksandr Konstantinovich
ロシアの作曲家。
⇒岩世人（グラズノーフ 1865.7.29/8.10–1936.3.21）
エデ（グラズノフ, アレクサンドル（コンスタンティノヴィチ） 1865.8.10–1936.3.21）
ク音3（グラズノフ 1865–1936）
広辞7（グラズーノフ 1865–1936）
新音小（グラズノフ, アレクサンドル 1865–1936）
新音中（グラズノフ, アレクサンドル 1865.8.10–1936.3.21）
ネーム（グラズノフ 1865–1936）
ピ曲改（グラズノフ, アレクサンドル・コンスタンティヴィッチ 1865–1936）
標音2（グラズノフ, アレクサンドル・コンスタンティノヴィチ 1865.8.10–1936.3.21）

Gleason, Colleen
アメリカの作家。
⇒海文新（グリーソン, コリーン）

Gleason, Henry Allan, Jr.
アメリカの言語学者。優れた入門書で知られる。
⇒岩世人（グリーソン 1917.4.18–2007.1.13）

Gleason, Jackie
アメリカ生まれの俳優。
⇒ク俳（グリースン, ジャッキー（グリースン, ハーバート・ジョン） 1916–1987）
スター（グリーソン, ジャッキー 1916.2.26–1987）

Gleason, William J.（Kid）
アメリカの大リーグ選手（投手, 二塁）。
⇒メジャ（グリーソン, キッド 1866.10.26–1933.1.2）

Gleeck, Lewis Edward, Jr.
アメリカの外交官, 歴史学者。
⇒アア歴（Gleeck,Lewis E（dward）,Jr　グリーク, ルイス・エドワード, ジュニア 1912.11.2–2005.7.1）

Gleeson, Brendan
アイルランドの俳優。
⇒外16 (グリーソン, ブレンダン 1955.3.29-)

Gleich, Jaroslav
チェコのテノール歌手。
⇒魅惑 (Gleich,Jaroslav 1900-1976)

Gleick, James
アメリカの作家。
⇒外16 (グリック, ジェームズ 1954-)
現世文 (グリック, ジェームズ 1954-)

Gleitzman, Morris
オーストラリアの作家。
⇒現世文 (グライツマン, モーリス 1953-)

Gleizes, Albert-Léon
フランスの画家。
⇒岩世人 (グレーズ 1881.12.8-1953.6.24)
芸13 (グレーズ, アルベール・レオン 1881-1950)

Glemp, Joseph
ポーランドの聖職者。ポーランド首座大司教, 枢機卿。
⇒外12 (グレンプ, ユゼフ 1929.12.18-)

Glenn, John Herschel, Jr.
アメリカの宇宙飛行士。1962年マーキュリー衛星船フレンドシップ7で地球を3周し, アメリカ初の人間衛星船の飛行に成功。米上院議員(民主党)。
⇒アメ州 (Glenn,John Herschel,Jr. グレン, ジョン・ハーシェル, ジュニア 1921-)
アメ新 (グレン 1921-)
岩世人 (グレン 1921.7.18-)
天文大 (グレン 1921-)

Glenn, Scott
アメリカ生まれの俳優。
⇒ク俳 (グレン, スコット 1942-)

Glennie, Evelyn
スコットランドの打楽器奏者。
⇒外12 (グレニー, エベリン 1965.7.19-)
外16 (グレニー, エベリン 1965.7.19-)

Gleysteen, William H., Jr.
アメリカの外交官。駐韓大使。
⇒岩韓 (グライスティーン 1926-)

Gleysteen, William Henry
アメリカの宣教師教育者。
⇒アア歴 (Gleysteen,William H (enry) グレイスティーン, ウイリアム・ヘンリー 1876.7.17-1948.1.17)

Glickman, Dan
アメリカの政治家。
⇒外12 (グリックマン, ダン 1944.11.24-)

外16 (グリックマン, ダン 1944.11.24-)
世指導 (グリックマン, ダン 1944.11.24-)

Glière, Reinhold
ウクライナの作曲家。
⇒岩世人 (グリエール 1874.12.30/1875.1.11-1956.6.23)
エデ (グリエール, レインゴリト (モリツォヴィチ) 1875.1.11-1956.6.23)
ク音3 (グリエール 1875-1956)
新音小 (グリエール, レインゴリド 1875-1956)
新音中 (グリエール, レインゴリド 1875.1.11-1956.6.23)
ネーム (グリエール 1875-1956)
標音2 (グリエール, レインゴリト・モリツェヴィチ 1875.1.11-1956.6.23)

Gligorov, Kiro
マケドニアの政治家。マケドニア大統領(1991〜99)。
⇒岩世人 (グリゴロフ 1917.5.3/16-2012.1.1)
世指導 (グリゴロフ, キロ 1917.5.3-2012.1.1)
ネーム (グリゴロフ 1917-2012)

Glinka, Konstantin Dimitrievich
ロシアの土壌学者。土壌型とその地理的分布に関する研究で有名。
⇒岩世人 (グリンカ 1867.6.23/7.5-1927.11.2)
オク地 (グリンカ, コンスタンチン・ディミトリービッチ 1867-1927)

Glinz, Hans
スイスの言語学者。ドイツ語について意味中心の言語分析を発展させ, 文学作品の言語学的記述を行った。
⇒岩世人 (グリンツ 1913.12.1-2008.10.23)

Gliori, Debi
イギリスの絵本作家, イラストレーター。
⇒外16 (グリオリ, デビ 1959-)

Glissant, Édouard
フランスの海外県マルティニーク(西インド諸島東部)の詩人, 作家。
⇒岩世人 (グリッサン 1928.9.21-2011.2.3)
現世文 (グリッサン, エドゥアール 1928.9.21-2011.2.3)
広辞7 (グリッサン 1928-2011)

Glitter, Gary
イングランド生まれの歌手。
⇒ロック (Glitter,Gary グリッター, ゲアリ 1940.5.8-)

Globke, Hans
ドイツの官僚。1935年にナチス・ドイツで導入されたニュルンベルク人種法の公式解説書の共著者。
⇒岩世人 (グロブケ 1898.9.10-1973.2.13)

Globokar, Vinko
ユーゴスラビアのトロンボーン奏者, 作曲家。

⇒岩世人（グロボカール　1934.7.7-）
ク音3（グロボカール　1934-）
現音キ（グロボカール, ヴィンコ　1934-）
新音中（グロボカル, ヴィンコ　1934.7.7-）
標音2（グロボカール, ヴィンコ　1934.7.7-）

Glocer, Tom
アメリカの実業家。
⇒外12（グローサー, トム　1959.10.8-）
　外16（グローサー, トム　1959.10.8-）

Glock, Timo
ドイツのF1ドライバー。
⇒最世ス（グロック, ティモ　1982.3.18-）

Glodell, Evan
アメリカの映画監督。
⇒外16（グローデル, エバン　1980.8.4-）

Gloria
アルゼンチンのタンゴ舞踊家, 振付師。
⇒外12（グローリア　1946-）

Glorieux, Palémon
フランスのカトリック神学者。
⇒新カト（グロリュー　1892.3.8-1979/1980.7.6）

Glossner, Michael
ドイツの新スコラ哲学者, 教理神学者。
⇒新カト（グロスナー　1837.10.19-1909.4.3）

Glotz, Gustave
フランスの歴史家。主著『ギリシア刑法における家族の連帯性』(1904),『古代ギリシアにおける労働』(20),『エーゲ文明』(23),『ギリシア都市』(28)。
⇒岩世人（グロッツ　1862.2.17-1935.4.16）

Gloucester
ジョージ5世の孫, エリザベス女王の従弟。
⇒外12（グロスター公　1944.8.26-）
　外16（グロスター公　1944.8.26-）

Gloucester, Prince Henry William Frederick Albert, Duke of
イギリス王ジョージ5世の3男。陸軍大将, 空軍元帥 (1944)。
⇒岩世人（グロスター　1900.3.31-1974.6.10）

Glover, Ablade
ガーナの画家。
⇒岩世人（グローヴァー　1934-）

Glover, Danny
アメリカ生まれの男優, 映画監督, 映画製作者。
⇒外12（グローバー, ダニー　1946.7.22-）
　外16（グローバー, ダニー　1946.7.22-）
　スター（グローヴァー, ダニー　1946.7.22-）

Glover, David Carr
アメリカのピアノ教師, 作曲家。

⇒標音2（グローヴァー, デーヴィド・カー　1925.4.7-1988.9.30）

Glover, Helen
イギリスのボート選手。
⇒外16（グローバー, ヘレン　1986.6.17-）
　最世ス（グローバー, ヘレン　1986.6.17-）

Glover, Henry
アメリカ・マンハッタン生まれのトランペット奏者, ソングライター, プロデューサー。
⇒ロック（Glover,Henry　グラヴァ, ヘンリー）

Glover, Lucas
アメリカのプロゴルファー。
⇒外12（グローバー, ルーカス　1979.11.12-）
　外16（グローバー, ルーカス　1979.11.12-）
　最世ス（グローバー, ルーカス　1979.11.12-）

Glover, Robert Hall
アメリカの宣教師。
⇒アア歴（Glover,Robert H (all)　グラヴァー, ロバート・ホール　1871.10.17-1947.3.23）

Glover, Savion
アメリカのダンサー, 振付家。
⇒外12（グローバー, セビアン　1973-）
　外16（グローバー, セビアン　1973-）

Glover, Thomas Blake
イギリス商人。1859年長崎に渡来。大浦にグラバー商会を設立し, 海産物や武器を扱った。
⇒岩世人（グラヴァー　1838.6.6-1911.12.16）
　辞歴（グラバー　1838-1911）
　ポプ人（グラバー, トーマス　1838-1911）
　来日（グラバー, トーマス・ブレーク　1838-1911）

Gloy, Karen
ドイツの哲学者。
⇒岩世人（グロイ　1941.8.22-）

Glubb, John Bagot
イギリスの軍人。第二次大戦中はアラブ部隊を率いて, 中東の親ナチス軍と戦った。
⇒岩世人（グラッブ　1897.4.16-1986.3.17）

Gluck, Alma
アメリカの女性歌手。ニューヨークでデビュし (1909), 以来世界的名声を保った。
⇒岩世人（グルック　1884.5.11-1938.10.27）
　ユ著人（Gluck,Alma　グリュック, アルマ　1884-1938）

Gluck, Carol
アメリカの歴史学者。
⇒外12（グラック, キャロル　1941-）
　外16（グラック, キャロル　1941-）

Gluck, Cellin
アメリカの映画監督。
⇒外12（グラック, チェリン　1958-）

外16（グラック, チェリン 1958–）
Gluckman, Max
南アフリカ生まれのイギリスの社会人類学者。「反抗の儀礼」に関する研究で多くの人類学者に刺激を与えた。
⇒岩世人（グラックマン 1911.1.26–1975.4.13）
Glucksmann, André
フランスの哲学者。
⇒メル別（グリュックスマン, アンドレ 1937–2015）
Glueck, Eleanor
アメリカの刑法学者。
⇒社小増（グリュック夫妻 1898–1972）
Glueck, Nelson
アメリカのユダヤ人考古学者。
⇒ユ著人（Glueck,Nelson グリュック, ネルソン 1900–1971）
Glueck, Sheldon
アメリカの犯罪学者。夫人（Eleanor T. Glueck）と共同研究を行ない、青少年非行、非行早期予測をはじめ、犯罪についての業績が多い。
⇒岩世人（グリュック 1896.8.15–1980.3.10）
　社小増（グリュック夫妻 1896–1980）
Glukhovsky, Dmitry
ロシアの作家、ジャーナリスト。
⇒海文新（グルホフスキー, ドミトリー 1979.6.12–）
　現世文（グルホフスキー, ドミトリー 1979.6.12–）
Glyn, Margaret Henrietta
イギリスのオルガン奏者、音楽学者。
⇒標音2（グリン, マーガレット・ヘンリエッタ 1865.2.28–1946.6.3）
Glynn, Ryan
アメリカのプロ野球選手（投手）。
⇒外12（グリン, ライアン 1974.11.1–）
Gnassingbé, Faure
トーゴの政治家。トーゴ大統領（2005〜）。
⇒外12（ニャシンベ, フォール 1966.6.6–）
　外16（ニャシンベ, フォール 1966.6.6–）
　世指導（ニャシンベ, フォール 1966.6.6–）
Gnattali, Radamés
ブラジルの作曲家、ピアノ奏者、指揮者。
⇒標音2（ニャタリ, ラダメス 1906.1.27–）
Gnesin, Mikhail Fabianovich
ソ連の作曲家。マーラー風の半音階化した和声法を案出した。
⇒岩世人（グネーシン 1883.1.21/2.2–1957.5.5）
　標音2（グネーシン, ミハイル・ファビアノヴィチ 1883.2.2–1957.5.5）

Gnilka, Joachim
ドイツのカトリック新約学者。
⇒新カト（グニルカ 1928.12.8–）
Gnocchi-Viani, Osvaldo
イタリアの社会主義者、文筆家。
⇒岩世人（ニョッキ・ヴィアーニ 1837.8.26–1917.1.8）
Gnoli, Gherardo
イタリアの中近東特にイラン研究家。宗教と歴史との部門に業績が多い。
⇒岩世人（ニョーリ 1937.12.6–2012.3.7）
G.O
韓国の歌手。
⇒外12（ジオ 1987.11.6–）
Go Ara
韓国の女優。
⇒韓俳（コ・アラ 1990.2.11–）
Gobat, Charles Albert
スイスの政治家。ノーベル平和賞受賞（1902）。
⇒岩世人（ゴバ 1843.5.21–1914.3.16）
　ノペ3（ゴバ,C.A. 1834.5.21–1914.3.16）
Gobbi, Tito
イタリアのバリトン歌手。1938年ウィーン国際コンクールで1位。
⇒新音中（ゴッビ, ティート 1913.10.24–1984.3.5）
　標音2（ゴッビ, ティート 1913.10.24–1984.3.5）
Gobel, Mohammad
インドネシアの企業家。
⇒岩世人（ゴーベル, モハマッド 1930.9.12–1984.7.21）
Gobel, Rachmat
インドネシアの実業家。
⇒外12（ゴーベル, ラフマット 1962.9.3–）
　外16（ゴーベル, ラフマット 1962.9.3–）
　世指導（ゴーベル, ラフマット 1962.9.3–）
Gober, Robert
アメリカ生まれの芸術家。
⇒現アテ（Gober,Robert ゴーバー, ロバート 1954–）
Gobetti, Piero
イタリアの政治思想家。主著『自由主義革命、イタリアの政治闘争』（1924）。
⇒岩世人（ゴベッティ 1901.6.19–1926.2.15）
Gobetti, Sergio
ブラジルのサッカーコーチ（FC岐阜）。
⇒外12（ゴベッチ, セルジオ 1959.4.4–）
Göbl, Robert
オーストリアのイラン語圏貨幣・印章学者。
⇒岩世人（ゲーブル 1919.8.4–1997.12.8）

Goblet d'Alviella, Eugène
ベルギーの宗教史家, 考古学者, 政治家。自由党の指導的地位にあった。
⇒岩世人（ゴブレ・ダルヴィエラ　1846.8.10-1925.9.9）

Goblot, Edmond
フランスの哲学者, 論理学者。主著『論理学概論』(1918)。
⇒岩世人（ゴブロ　1858-1935）

Goda, Krisztina
ハンガリーの映画監督。
⇒外12（ゴダ, クリスティナ　1968-）

Godal, Bjoern Tore
ノルウェーの政治家。ノルウェー外相。
⇒世指導（グーダル, ビヨルン・トーレ　1945.1.20-）

Godard, André
フランスの著述家。
⇒新カト（ゴダール　1865.1.13-1941.9.10）

Godard, Jean-Luc
フランスの映画監督。アクチュアルな創造活動によって映画の変革を目ざし,「ヌーヴェルバーグ」の代表的存在となった。主作品『勝手にしやがれ』(1959),『気狂いピエロ』(65),『ウィークエンド』(67)。
⇒岩世人（ゴダール　1930.12.3-）
映監（ゴダール, ジャン=リュック　1930.12.3-）
外12（ゴダール, ジャン・リュック　1930.12.3-）
外16（ゴダール, ジャン・リュック　1930.12.3-）
広辞7（ゴダール　1930-）
ネーム（ゴダール, ジャン=リュック　1930-）
ポプ人（ゴダール, ジャン=リュック　1930-）

Godbersen, Anna
アメリカの作家。
⇒海文新（ゴッドバーセン, アンナ　1980.4.10-）

Godbout, Jacques
カナダの小説家, 詩人, シナリオ作家。
⇒現世文（ゴドブー, ジャック　1933.8.27-）

Goddard, Henry Herbert
アメリカの心理学者。知能検査, 精神欠陥の研究家。
⇒岩世人（ゴダード　1866.8.14-1957.6.18）

Goddard, Paulette
アメリカ生まれの女優。
⇒ク俳（ゴダード, ポーレット（レヴィー, ポーリン・G）　1905-1990）
スター（ゴダード, ポーレット　1910.6.3-1990）
ユ著人（Goddard,Paulette　ゴダード, ポーレット　1911-1990）

Goddard, Robert
イギリスのミステリ作家。
⇒現世文（ゴダード, ロバート　1954.11.13-）

Goddard, Robert Hutchings
アメリカの液体ロケットの開拓者。1919年論文『高々度に達する一方法』で, はじめて無人月ロケットの構想を発表。26年3月世界最初の液体ロケット打上げに成功。
⇒アメ州（Goddard,Robert Hutchins　ゴダード, ロバート・ハッチンズ　1882-1945）
岩世人（ゴダード　1882.10.5-1945.8.10）
広辞7（ゴダード　1882-1945）
世発（ゴダード, ロバート・ハッチングス　1882-1945）
ネーム（ゴダード　1882-1945）
ポプ人（ゴダード, ロバート　1882-1945）

Godden, Rumer
イギリスの小説家。
⇒岩世人（ゴッデン　1907.12.10-1998.11.8）
現世文（ゴッデン, ルーマー　1907.12.10-1998.11.8）

Goddio, Franck
フランスの考古学者。
⇒外12（ゴディオ, フランク　1947.8.12-）
外16（ゴディオ, フランク　1947.8.12-）

Godel, Armen
スイスの作家, 俳優, 演出家。
⇒外12（ゴデール, アルメン　1941-）
外16（ゴデール, アルメン　1941-）
現世文（ゴデール, アルメン　1941-）

Gödel, Kurt
アメリカの数学者, 論理学者。数学基礎論や論理学の方法に決定的な転回をもたらした多くの「ゲーデルの定理」を発表。1938年ナチスの迫害により渡米, プリンストン高等研究所研究員。
⇒アメ新（ゲーデル　1906-1978）
岩世人（ゲーデル　1906.4.28-1978.1.14）
広辞7（ゲーデル　1906-1978）
新カト（ゲーデル　1906.4.28-1978.1.14）
数辞（ゲーデル, クルト　1906-1978）
数小増（ゲーデル　1906-1978）
世数（ゲーデル, クルト　1906-1978）
ネーム（ゲーデル　1906-1978）
メル別（ゲーデル, クルト　1906-1978）

Godelier, Maurice
フランスのマルクス主義人類学者。
⇒岩世人（ゴドリエ　1934.2.28-）
外12（ゴドリエ, モーリス　1934-）
外16（ゴドリエ, モーリス　1934-）
現社（ゴドリエ　1934-）
社小増（ゴドリエ　1934-）
メル別（ゴドリエ, モーリス　1934-）

Godement, Roger
フランスの数学者。
⇒世数（ゴドマン, ロジェ　1921-）

Godin, Nicolas
フランスのミュージシャン。

⇒外12（ゴダン, ニコラ）
　外16（ゴダン, ニコラ）
Godin, Seth
アメリカの作家, 起業家。
⇒外12（ゴウディン, セス）
　外16（ゴウディン, セス）
Godina, Elena
ロシアのバレーボール選手。
⇒最世ス（ゴーディナ, エレーナ　1977.9.17–）
Godinho, Vitorino Magalhães
ポルトガルの歴史家。
⇒岩世人（ゴディーニョ　1918.5.29–2011.4.26）
Godmanis, Ivars
ラトビアの政治家, 物理学者。ラトビア首相。
⇒世指導（ゴドマニス, イワルス　1951.11.27–）
Godono, Giuseppe
イタリアのテノール歌手。
⇒失声（ゴドーノ, ジュゼッペ　1876–1963）
Go Doo-shim
韓国のタレント。
⇒韓俳（コ・ドゥシム　1951.5.22–）
Godowski, Leopold
ポーランド生まれのアメリカのピアノ奏者, 作曲家。ウィーンのピアノ学校校長などを務めた。
⇒岩世人（ゴドフスキー（ゴドウスキー）　1870.2.13–1938.11.21）
　ク音3（ゴドフスキー　1870–1938）
　新音中（ゴドフスキー, レオポルド　1870.2.13–1938.11.21）
　標音2（ゴドフスキ, レオポルド　1870.2.13–1938.11.21）
　ユ著人（Godowski,Leopold　ゴドフスキー, レオポルド　1870–1938）
Godoy, Armand
キューバ出身の詩人。
⇒新カト（ゴドア　1880–1964）
Godoy Filho, Gilberto
ブラジルのバレーボール選手。
⇒岩世人（ゴドイ・フィリョ　1976.12.23–）
　最世人（ゴドイフィリョ, ジルベルト　1976.12.23–）
Godrej, Adi
インドの実業家。
⇒外12（ゴドレジ, アディ　1942.4.3–）
　外16（ゴドレジ, アディ　1942.4.3–）
Godse, Nathuram
インド独立の父モハンダース・カラムチャンド・ガンジーの暗殺者。
⇒世暗（ゴゼ, ナスラム　1910–1949）

Godwin, Gail
アメリカの作家。
⇒外12（ゴドウィン, ゲイル　1937.6.18–）
　外16（ゴドウィン, ゲイル　1937.6.18–）
　現世文（ゴドウィン, ゲイル　1937.6.18–）
Goebbels, Paul Josef
ナチス・ドイツの宣伝相。新しい宣伝手段を駆使し, 巧みなデマゴギーを使い, 30年代の党勢拡大に大きく寄与。
⇒岩世人（ゲッベルス　1897.10.29–1945.5.1）
　広辞7（ゲッベルス　1897–1945）
　世人新（ゲッベルス　1897–1945）
　世人装（ゲッベルス　1897–1945）
　ネーム（ゲッベルス　1897–1945）
　ポブ人（ゲッベルス, ヨゼフ　1897–1945）
Goebbels, Robert
ルクセンブルクの政治家。ルクセンブルク経済相・動力公共事業相。
⇒世指導（ゲッベルス, ロベール　1944–）
Goebel, Karl Eberhardt von
ドイツの植物学者。植物形態学に関する近代的研究の基礎を作った。
⇒岩生（ゲーベル　1855–1932）
　岩世人（ゲーベル　1855.3.8–1932.10.9）
Goedhardt, Wouter
オランダのテノール歌手。
⇒魅惑（Goedhardt,Wouter　1941–）
Goehr, Alexander
イギリスの作曲家。指揮者ワルター・ゲールの息子。作品にオペラ『ルデンは死すべきなり』（1966）など。
⇒新音中（ゲーア, アレグザンダー　1932.8.10–）
　標音2（ゴーア, アレグザンダー　1932.8.10–）
Goeke, Leo
アメリカのテノール歌手。
⇒魅惑（Goeke,Leo　1936–）
Goenawan Susatyo Mohamad
インドネシアの作家, 詩人, ジャーナリスト。現代インドネシアを代表する知識人の一人。
⇒現世文（グナワン・モハマッド　1941–）
Goepppert Mayer, Maria
ドイツ生まれのアメリカの物理学者。カリフォルニア大学教授。
⇒岩世人（メイヤー　1906.6.28–1972.2.20）
　科史（メイヤー　1906–1972）
　三新物（メイヤー　1906–1972）
　ノベ5（メーヤー,M.G.　1906.6.28–1972.2.20）
Goerdeler, Carl
ドイツの政治家。ライプツィヒ市長, 民間の反ヒトラー抵抗リーダー。
⇒岩世人（ゲルデラー　1884.7.31–1945.2.2）

Goerg, Eduard-Joseph
フランスの画家。
⇒芸13（ゴエルグ,エドゥアール・ジョセフ　1893–1962）

Goergl, Elisabeth
オーストリアのスキー選手（アルペン）。
⇒外12（ゲーグル,エリザベト　1981.2.20–）
　外16（ゲーグル,エリザベト　1981.2.20–）
　最世ス（ゲーグル,エリザベト　1981.2.20–）

Goerne, Matthias
ドイツのバリトン歌手。
⇒外12（ゲルネ,マティアス　1967–）
　外16（ゲルネ,マティアス　1967–）

Goes, Albrecht
ドイツの詩人,小説家。小説『不安な夜』（1949）のほか多数の詩集,散文作品がある。
⇒岩キ（ゲース　1908–2000）
　現世文（ゲース,アルブレヒト　1908.3.22–2000.2.23）
　新カト（ゲース　1908.3.22–2002.2.23）

Goetschil, Renate
オーストリアのスキー選手（アルペン）。
⇒最世ス（ゲーチル,レナーテ　1975.8.6–）

Goette, Alexander Wilhelm
ロシア生まれのドイツの動物発生学者。
⇒岩生（ゲッテ　1840–1922）

Goette, Athanasius
アメリカの宣教師。
⇒アア歴（Goette,Remy,Goette,Athanasius,and Goette,John Capistran　レミー・ゲティ、アサネイシアス・ゲティ、ジョン・キャピストラン・ゲティ　1857.4.11–1908.3.29）

Goette, John Capistran
アメリカの宣教師。
⇒アア歴（Goette,Remy,Goette,Athanasius,and Goette,John Capistran　レミー・ゲティ、アサネイシアス・ゲティ、ジョン・キャピストラン・ゲティ　1859.3.2–1919.8.1）

Goette, Remy
アメリカの宣教師。
⇒アア歴（Goette,Remy,Goette,Athanasius,and Goette,John Capistran　レミー・ゲティ、アサネイシアス・ゲティ、ジョン・キャピストラン・ゲティ　1856.4.27–1920.7.31）

Goetz, Rainald
ドイツの作家,劇作家。
⇒現世文（ゲッツ,ライナルト　1954–）

Goetze, Albrecht
アメリカのヒッタイト,アッシリア学者。
⇒岩世人（ゲッツェ　1897.1.11–1971.8.15）

Goetzel, Sascha
オーストリアの指揮者。
⇒外16（ゲッツェル,サッシャ）

Goeyvaerts, Karel
ベルギーの作曲家,音楽学者。音響心理学および電子音楽の研究所につとめ,演奏者の積極的な表現行為に重点を置いた作品を創作。
⇒新音中（フーイファールツ,カーレル　1923.6.8–1993.2.3）
　標音2（ヘーヴァールト,カーレル　1923.6.8–1993.2.3）

Goff, Christine
アメリカの作家。
⇒海文新（ゴフ,クリスティン）

Goffin, Gerry
アメリカのソングライター。
⇒ロック（Goffin,Gerry　ゴフィン,ゲリー）

Goffin, Josse
ベルギーの児童文学者。
⇒外12（ゴフィン,ジョセ　1938–）
　外16（ゴフィン,ジョセ　1938–）
　グラデ（Goffin,Josse　ゴフィン,ジョセ　1938–）

Goffman, Erving
アメリカの社会学者。主著に『スティグマの社会学』（1963）など。
⇒岩世人　1922.6.11–1982.11.19）
　現社（ゴフマン　1922–1982）
　現社福（ゴッフマン　1922–1982）
　広辞7（ゴフマン　1922–1982）
　社小増（ゴッフマン　1922–1982）
　社心小（ゴッフマン　1922–1982）
　精医歴（ゴフマン,アーヴィング・M　1922–1982）
　ネーム（ゴフマン　1922–1982）

Goffstein, M.B.
アメリカのイラストレーター。
⇒外16（ゴフスタイン,M.B.　1940–）

Goga, Octavian
ルーマニアの詩人,政治家。主著『詩集』（1905）,『大地はわれらを呼ぶ』（13）など。37～38年首相として王制独裁体制の成立に寄与。
⇒岩世人（ゴガ　1881.3.21/4.1–1938.5.7）

Gogarten, Friedrich
ドイツの福音派の神学者。主著『非神話化と教会』（1953）,『信仰の現実性』（57）。
⇒岩世人（ゴーガルテン　1887.1.13–1967.10.16）
　新カト（ゴーガルテン　1887.1.13–1967.10.16）

Goh Chok Ton
シンガポールの政治家。シンガポール共和国第2代首相（1990〜2004）。
⇒岩世人（ゴー・チョクトン　1941.5.20–）
　外12（ゴーチョクトン　1941.5.20–）
　外16（ゴーチョクトン　1941.5.20–）

現アジ（ゴー・チョクトン　1941.5.20-）
広辞7（ゴー・チョクトン　1941-）
世指導（ゴー・チョクトン　1941.5.20-）
ネーム（ゴー・チョク・トン　1941-）

Goheen, John Lawrence
アメリカの宣教師。
⇒アア歴（Goheen, John (Lawrence)　ゴウヒーン, ジョン・ローレンス　1883.12.10-1948.2.3）

Goh Keng Swee
シンガポールの人民行動党指導者。
⇒岩世人（ゴー・ケンスウィー　1918.10.6-2010.5.14）
現アジ（ゴー・ケンスイ　1918.10.6-）

Göhre, Paul
ドイツのキリスト教社会主義者, 牧師, のちに社会民主党政治家。
⇒学叢思（ゲーレ, パウル　1864-?）

Göhrig, Heinz
テノール歌手。
⇒魅惑（Göhrig, Heinz　?-）

Go Hyun-jung
韓国のタレント。
⇒韓俳（コ・ヒョンジョン　1971.3.2-）

Goich, Wilma
イタリア生まれの歌手。
⇒標音2（ゴイク, ウィルマ　1945.10.16-）

Go Joo-Won
韓国の男優。
⇒韓俳（コ・ジュウォン　1981.10.16-）

Gokhale, Gopal Krishna
インドの政治家。1905年国民会議派議長, 穏健派の指導者として活躍。
⇒岩世人（ゴーカレー　1866.5/6.9-1915.2.19）
学叢思（ゴクヘール, ゴパラ・クリシナ　1866-1915）
南ア新（ゴーカレー　1866-1915）

Golan, Menahem
イスラエルの映画監督。作品に"Eldorado"(1963), "Casablanca"(73),『暗黒街の顔役』(74) など。
⇒岩世人（ゴーラン　1929.10.31-）

Gold, Christina
カナダの実業家。
⇒外12（ゴールド, クリスティーナ）
外16（ゴールド, クリスティーナ）

Gold, Ernest
オーストリア生まれの映画音楽作曲家。
⇒エデ（ゴールド, アーネスト　1921.7.13-1999.3.17）
ユ著人（Gold, Ernest　ゴールド, エルネスト　1921-）

Gold, Gracie
アメリカのフィギュアスケート選手。
⇒外16（ゴールド, グレーシー　1995.8.17-）

Gold, Harry
アメリカの化学者。ソ連の原爆スパイ, クラウス・フックスと共謀した。
⇒スパイ（ゴールド, ハリー　1910-1972）

Gold, Herbert
アメリカの小説家。しゃれた皮肉と郷愁の色合いとを作風とする。
⇒現世文（ゴールド, ハーバート　1924.3.9-）
ユ著人（Gold, Herbert　ゴールド, ハーバート　1924-）

Gold, Michael
アメリカのユダヤ系作家。著書に自伝的小説『金のないユダヤ人』(1930),『世界を変革せよ』(37) など。
⇒岩世人（ゴールド　1893.4.12-1967.5.14）
現世文（ゴールド, マイケル　1893.4.12-1963）
広辞7（マイケル・ゴールド　1893-1967）
ユ著人（Gold, Michael　ゴールド, マイケル　1893-1967）

Gold, Thomas
アメリカ在住のイギリスの天文学者。第二次大戦後, ホイルなどと共に定常宇宙の理論を発表した。
⇒天文大（ゴールド　1920-）

Goldberg, Barry
アメリカのキーボード奏者, 歌手, ライター, プロデューサー。
⇒ロック（Goldberg, Barry　ゴールドバーグ, バリー）

Goldberg, Bill
アメリカのプロレスラー。
⇒外12（ゴールドバーグ, ビル　1966.12.27-）
外16（ゴールドバーグ, ビル　1966.12.27-）

Goldberg, Edward David
アメリカの地球化学者。海洋環境の年代的変化, 氷河の年代決定に大きい足跡を残した。
⇒岩世人（ゴールドバーグ　1921.8.2-2008.3.7）

Goldberg, Lea
イスラエルの女性詩人, 評論家。
⇒現世文（ゴールドベルグ, レア　1911.5.29-1970.1.15）

Goldberg, Reiner
ドイツのテノール歌手。
⇒失声（ゴルドベルク, ライナー　1939-）
魅惑（Goldberg, Reiner　1939-）

Goldberg, Szymon
ポーランド生まれのヴァイオリン奏者。ドレスデン, ベルリン各フィルハーモニーのコンサー

ト・マスターを歴任。
⇒新音中（ゴルトベルク, シモン　1909.6.1-1993.7.19）
標音2（ゴルトベルク, シモン　1909.6.1-1993.7.19）

Goldberg, Whoopi
アメリカ・ニューヨーク生まれの女優, 映画製作者。
⇒外12（ゴールドバーグ, ウーピー　1955.11.13-）
外16（ゴールドバーグ, ウーピー　1955.11.13-）
ク俳（ゴールドバーグ, ウーピー（ジョンスン, キャリン）　1949-）
スター（ゴールドバーグ, ウーピー　1955.11.13-）

Goldberger, Andreas
オーストリアのスキー選手（ジャンプ）。
⇒岩世人（ゴルトベルガー　1972.11.29-）

Goldberger, Joseph
アメリカの病理学者。ペラグラ病に有効なニコチン酸を発見。
⇒岩世人（ゴールドバーガー　1874.7.16-1929.1.17）
薬学（ゴールドバーガー, J.　1874-1929）

Goldblum, Jeff
アメリカ生まれの俳優。
⇒外12（ゴールドブラム, ジェフ　1952.10.22-）
外16（ゴールドブラム, ジェフ　1952.10.22-）
ク俳（ゴールドブラム, ジェフ　1952-）
スター（ゴールドブラム, ジェフ　1952.10.22-）

Golden, Rolland
アメリカの画家。
⇒芸13（ゴールデン, ローランド　1931-）

Golden, William
アメリカのグラフィックデザイナー。
⇒グラデ（Golden,William　ゴールデン, ウィリアム　1911-1959）

Goldenberg, Schreiber Efrain
ペルーの政治家。ペルー首相・外相。
⇒世指導（ゴールデンベルグ, シュライベル　1929.12.8-）

Goldenweiser, Alexander
アメリカの人類学者。ロシアに生まれ, 1900年アメリカに移住。著書に『原始文明』(22), 『人類学』(37)などがある。
⇒岩世人（ゴールデンワイザー　1880.1.29-1940.7.6）
教小増（ゴールデンワイザー　1880-1940）
社小増（ゴールデンワイザー　1880-1940）
ネーム（ゴールデンワイザー　1880-1940）

Goldfaden, Abraham
アメリカ（ユダヤ系）の劇作家, 詩人。イディッシュ（ユダヤ）演劇の創始者。
⇒ユ著人（Goldfaden,Abraham　ゴルドファーデン, アブラハム　1840-1908）

Goldhagen, Daniel Jonah
アメリカの政治学者。ハーバード大学ヨーロッパ研究センター助教授。
⇒外12（ゴールドハーゲン, ダニエル・ジョナ　1959-）

Goldie, Charles Frederick
ニュージーランドの画家。
⇒岩世人（ゴールディ　1870.10.20-1947.7.11）

Goldin, Horace
アメリカで活躍した奇術師。
⇒岩世人（ゴールディン　1873.12.17-1939.4.22）

Goldin, Nan
アメリカ生まれの写真家。プライベート・フォトグラフィーの第一人者。
⇒現アテ（Goldin,Nan　ゴールディン, ナン　1953-）

Golding, Bruce
ジャマイカの政治家。ジャマイカ首相。
⇒外12（ゴールディング, ブルース　1947.12.5-）
外16（ゴールディング, ブルース　1947.12.5-）
世指導（ゴールディング, ブルース　1947.12.5-）

Golding, Julia
イギリスの児童文学作家。
⇒外12（ゴールディング, ジュリア　1969-）
外16（ゴールディング, ジュリア　1969-）
海文新（ゴールディング, ジュリア　1969-）
現世文（ゴールディング, ジュリア　1969-）

Golding, Matthew
カナダ生まれのバレエダンサー。ロイヤル・バレエ団プリンシパル。
⇒外12（ゴールディング, マシュー　1985.9.17-）
外16（ゴールディング, マシュー　1985.9.17-）

Golding, William Gerald
イギリスの作家。『蝿の王』(1954)など6篇の小説と劇1篇がある。
⇒岩世人（ゴールディング　1911.9.19-1993.6.19）
絵本（ゴールディング, ウィリアム　1911-1993）
現世文（ゴールディング, ウィリアム　1911.9.19-1993.6.19）
広辞7（ゴールディング　1911-1993）
新カト（ゴールディング　1911.9.14-1993.6.19）
ネーム（ゴールディング　1911-1993）
ノベ3（ゴールディング, W.　1911.9.19-1993.6.19）
ポプ人（ゴールディング, ウィリアム　1911-1993）

Goldman, Edwin Franko
アメリカの指揮者。アメリカ・バンドマスター協会を設立, 1933年には自ら初代会長を務め, フランスやイタリア政府から叙勲された。
⇒標音2（ゴールドマン, エドウィン・フランコ　1878.1.1-1956.2.21）
ユ著人（Goldman,Edwin Franko　ゴールドマン, エドウィン・フランコ　1878-1950）

Goldman, Emma
アメリカの女性無政府主義者。著書に『ロシアでの幻滅』(1923)がある。
⇒アメ経(ゴールドマン, エマ 1869.6.27–)
岩女(ゴールドマン, エマ 1869.6.27–1940.5.14)
岩世人(ゴールドマン 1869.6.27–1940.5.14)
学叢思(ゴールドマン, エンマ 1869–?)
世暗(ゴールドマン, エマ 1869–1940)
ユ著人(Goldman,Emma ゴールドマン, エマ 1869–1940)

Goldman, Jim
アメリカの実業家。
⇒外12(ゴールドマン, ジム 1958–)
外16(ゴールドマン, ジム 1958–)

Goldman, Joel
アメリカのミステリ作家,弁護士。
⇒海文新(ゴールドマン, ジョエル)
現世文(ゴールドマン, ジョエル)

Goldman, Matt
アメリカのパフォーマー。
⇒外12(ゴールドマン, マット)

Goldman, Peter
アメリカの白人リベラル派ジャーナリスト。ニューズウィーク誌の編集者。
⇒マルX(GOLDMAN,PETER ゴールドマン, ピーター 1933–)

Goldman, William
アメリカの作家,脚本家。
⇒現世文(ゴールドマン, ウィリアム 1931.8.12–2018.11.16)

Goldmann, Helmut
テノール歌手。
⇒魅惑(Goldmann,Helmut ?–)

Goldmann, Lucien
フランスの哲学者,評論家。主著に『隠された神』(1955),『小説の社会学』(64)がある。
⇒岩世人(ゴルドマン 1913.7.20–1970.10.8)
現社(ゴルドマン 1913–1970)
広辞7(ゴルドマン 1913–1970)
社小増(ゴルドマン 1913–1970)
メル別(ゴルドマン, リュシアン 1913–1970)

Goldman-Rakic, Patricia
アメリカの心理学者,神経科学者。
⇒岩世人(ゴールドマン=ラキーチ 1937.4.22–2003.7.31)

Goldmark, Karl
ハンガリーの作曲家。オペラ『シバの女王』(1875),交響曲『いなかの婚礼』(76)などが有名。
⇒岩世人(ゴルトマルク 1830.5.18–1915.1.2)
オペラ(ゴルトマルク, カーロイ 1830–1915)
ク音3(ゴルトマルク 1830–1915)
新音中(ゴルトマルク, カーロイ 1830.5.18–1915.1.2)
標音2(ゴルトマルク, カーロイ 1830.5.18–1915.1.2)
ユ著人(Goldmark,Károly[Karl] ゴルドマルク, カーロイ[カール:ドイツ名] 1830–1915)

Goldner, George
アメリカ・マンハッタン出身のレコードプロデューサー。
⇒ロック(Goldner,George ゴールドナー, ジョージ ?–1970.4.15)

Goldouzian, Ali-Reza
イラン・テヘラン生まれのイラストレーター。
⇒絵本(ゴルドゥーズィヤーン, アリ=レザー 1976–)

Goldsboro, Bobby
アメリカ・フロリダ州生まれの歌手。
⇒ロック(Goldsboro,Bobby ゴールズバラ, ボビー)

Goldsbrough, George Ridsdale
イギリスの海洋学者,数学者。地球の球形を考慮した吹送理論(1935)等の理論的研究がある。
⇒岩世人(ゴールズブロ 1881.5.19–1963.5.26)

Goldschmidt, Adolph
ドイツの美術史学者。1939年スイスへ移住。中世美術史の権威として知られる。
⇒岩世人(ゴルトシュミット 1863.1.15–1944.1.5)

Goldschmidt, Berthold
ドイツ,のちイギリスの指揮者,作曲家。
⇒新音中(ゴルトシュミット, ベルトルト 1903.1.18–1996.10.17)

Goldschmidt, Georges-Arthur
ドイツ生まれのフランスの作家。
⇒現世文(ゴルトシュミット, ジョルジュ・アルチュール 1928–)

Goldschmidt, Hans
ドイツの化学者。金属酸化物の還元を行うテルミット法を発明。
⇒岩世人(ゴルトシュミット 1861.1.18–1923.5.21)
ユ著人(Goldschmidt,Hans ゴールドシュミット, ハンス 1861–1923)

Goldschmidt, Hugo
ドイツの音楽学者。
⇒標音2(ゴルトシュミット, フーゴ 1859.9.19–1920.12.26)

Goldschmidt, Paul
アメリカの大リーグ選手(ダイヤモンドバックス・内野手)。
⇒最新ス(ゴールドシュミット, ポール 1987.9.10–)

Goldschmidt, Richard Benedict
アメリカの動物学者,遺伝学者。
⇒岩生（ゴールドシュミット　1878–1958）
　岩世人（ゴルトシュミット　1878.4.12–1958.4.24）
　旺生5（ゴールドシュミット　1878–1958）

Goldschmidt, Rudolf
ドイツの技術家。高周波発電機を製作し無線電信に応用。
⇒岩世人（ゴルトシュミット　1876.3.19–1950）

Goldschmidt, Victor
ドイツの結晶学者。ヴィーン大学で鉱物の形態を研究。
⇒岩世人（ゴルトシュミット　1853.2.10–1933.5.8）

Goldschmidt, Victor
フランスの哲学者。レンヌ大学文学部教授。
⇒メル3（ゴルトシュミット,ヴィクトル　1914–1981）

Goldschmidt, Victor Moritz
ノルウェーの鉱物学者,地球化学者。隕石,岩石圏の元素の分配律を究明した。
⇒異二辞（ゴルトシュミット［ヴィクトール・モーリッツ・～］　1888–1947）
　岩世人（ゴルトシュミット　1888.1.27–1947.3.20）
　化学（ゴールドシュミット　1888–1947）
　ネーム（ゴールドシュミット　1888–1947）
　ユ著人（Goldschmidt,Victor Moritz　ゴールドシュミット,ビクトル・モーリッツ　1888–1947）

Goldsman, Akiva
アメリカの脚本家,映画プロデューサー,映画監督。
⇒外16（ゴールズマン,アキバ　1963–）

Goldsmith, Frederick Ernest
アメリカの大リーグ選手（投手）。
⇒メジャ（ゴールドスミス,フレッド　1856.5.15–1939.3.28）

Goldsmith, Jerry
アメリカ生まれの映画音楽作曲家。
⇒ユ著人（Goldsmith,Jerry　ゴールドスミス,ジェリー　1929/1930–）

Goldsmith, Marshall
アメリカのエグゼクティブコーチ。マーシャル・ゴールドスミス・パートナーズ創業者。
⇒外12（ゴールドスミス,マーシャル　1949–）
　外16（ゴールドスミス,マーシャル　1949–）

Goldsmith, Olivia
アメリカの作家。
⇒現世文（ゴールドスミス,オリビア　1954–2004.1.15）

Goldstein, Barbara
ドイツの作家。
⇒海文新（ゴールドシュタイン,バルバラ　1966–2014）
　現世文（ゴールドシュタイン,バルバラ　1966–2014）

Goldstein, Eugen
ドイツの物理学者。真空放電管内の放射線やオーロラや螢光の研究がある。
⇒岩世人（ゴルトシュタイン　1850.9.5–1930.12.25）
　三新物（ゴルトシュタイン　1850–1930）
　ネーム（ゴルトシュタイン　1850–1930）

Goldstein, Joseph Leonard
アメリカの遺伝学者。1985年ノーベル生理学医学賞。
⇒外12（ゴールドスタイン,ジョゼフ・レナード　1940.4.18–）
　外16（ゴールドスタイン,ジョゼフ・レナード　1940.4.18–）
　ノベ3（ゴールドスタイン,J.L.　1940.4.18–）
　ユ著人（Goldstein,Joseph Leonard　ゴールドシュタイン,ジョセフ・レオナルド　1940–）

Goldstein, Kurt
ドイツ,アメリカの神経学者,精神医学者。ナチ政権に追われ,渡米。
⇒岩世人（ゴルトシュタイン　1878.11.6–1965.9.19）
　現精（ゴルトシュタイン　1878–1965）
　現精縮（ゴルトシュタイン　1878–1965）
　メル3（ゴールドシュタイン,クルト　1878–1965）

Goldstein, Wolff
ソ連のスパイ。イスラエルに対してスパイ行為をしたことが知られる最初の人物。
⇒スパイ（ゴールドシュタイン,ウォルフ　1921–2007）

Goldthorpe, John H.
イギリスの労働社会学者。
⇒現社（ゴールドソープ　1935–）
　社小増（ゴールドソープ　1935–）

Goldwasser, Ben
アメリカのミュージシャン。
⇒外12（ゴールドワッサー,ベン）

Goldwater, Barry Morris
アメリカの政治家。1964年共和党全国党大会で保守派勢力を結集し,大統領候補に指名されたが,選挙で大敗した。徹底した反共主義者。
⇒アメ経（ゴールドウォーター,バリー　1909.1.1–1998.5.29）
　アメ州（Goldwater,Barry Morris　ゴールドウォーター,モリス　1909–）
　アメ新（ゴールドウォーター,バリー　1909–1998）
　マルX（GOLDWATER,BARRY　ゴールドウォーター,バリー　1909–1998）

Goldwyn, Samuel
アメリカの映画プロデューサー。1917年ゴールドウィン社創立,24年他社を合併してメトロ・

ゴールドウィン・メーヤー(MGM)に発展、世界最大の映画会社となる。
⇒岩世人（ゴールドウィン　1879.8.17-1974.1.31）
ユ著人（Goldwyn,Samuel　ゴールドウィン、サミエル　1882-1974）

Goldziher Ignácz
ハンガリーの東洋学者。イスラム法学、ハディース、教義、詩文などに精通。
⇒岩イ（ゴルトツィーハー　1850-1921）
岩世人（ゴルトツィーハー（ゴルトツィーエル）1850.6.22-1921.11.9）
ユ著人（Ignácz,Goldziher　イグナツ、ゴルツィアー　1850-1921）

Goleizovsky, Kasyan
ロシアのダンサー、振付家。
⇒岩世人（ゴレイゾフスキー　1892.2.22/3.5-1970.5.4）

Goleminov, Marin
ブルガリアの作曲家。民謡のメロディとリズムを巧みに取り入れ、卓越した管弦楽法と現代的感覚をもつ作品を書き、指導的役割を果たしている。
⇒標音2（ゴレミノフ、マリン　1908.9.28-）

Golestān, Ebrāhīm
イランの作家、映像作家、翻訳家。
⇒岩世人（ゴレスターン　1922-）

Golestaneh, S.J.
アメリカ生まれの画家。
⇒芸13（ゴレスターネ,S・J　1958-）

Golgi, Camillo
イタリアの医師、神経学者。神経系の構造を明らかにした業績で、1906年のノーベル生理・医学賞を受賞。
⇒岩生（ゴルジ　1844-1926）
岩世人（ゴルジ　1844.7.7-1926.1.21）
旺生5（ゴルジ　1844-1926）
オク生（ゴルジ、カミーロ　1843-1926）
現科大（ゴルジとカハール　1843-1926）
広辞7（ゴルジ　1844-1926）
ノペ3（ゴルジ,C.　1843.7.7-1926.1.21）

Golienewski, Michal
ポーランドのインテリジェンス・オフィサー。
⇒スパイ（ゴリエネフスキー、ミハル　1922-1993）

Golikov, Filipp Ivanovich
ソビエト軍の情報機関（GRU）の局長。在職1940～41。
⇒スパイ（ゴリコフ、フィリップ・イワノヴィチ　1900-1980）

Golino, Valeria
イタリア生まれの女優。
⇒ク俳（ゴリノ、ヴァレリア　1966-）

Golitsyn, Anatoliy Mikhaylovich
KGB職員。1963年アメリカに亡命した。
⇒スパイ（ゴリツィン、アナトリー・ミハイロヴィチ　1926-）
スパイ（ドルニーツィン、アナトリー[p]）

Golitsyn, Boris Borisovich
ロシアの地震学者。ゴリーツィン地震計を製作。
⇒岩世人（ゴリーツィン　1862.2.18-1916.5.4）

Goll, Yvan
ドイツのシュールレアリスム詩人。
⇒岩世人（ゴル　1891.3.29-1950.2.27）
現世文（ゴル、イヴァン　1891.3.29-1950.2.27）

Gollancz, Sir Victor
イギリスの出版業者、著作家、慈善家。
⇒岩世人（ゴランツ　1893.4.9-1967.2.8）

Goller, Vinzenz
オーストリアの教会音楽家。
⇒新カト（ゴラー　1873.3.9-1953.9.11）

Gollwitzer, Helmut
ドイツの組織神学者。
⇒新カト（ゴルヴィッツァー　1908.12.29-1993.10.17）

Golmohammadi, Feeroozeh
イラン・テヘラン生まれの画家。
⇒絵本（ゴルモハンマディ、フィールーゼ　1951-）

Golon, Anne
フランスの作家。
⇒現世文（ゴロン、アン　1921.12.17-2017.7.14）

Golosov, Ilya Aleksandrovich
ソ連の建築家。幾何学的形態を採用した『モスクワ市従業員クラブ』(1928～29)の建築が、構成主義的傾向を示す代表作。
⇒岩世人（ゴーロソフ　1883.7.19/31-1945.1.29）

Golotsutskov, Anton
ロシアの体操選手。
⇒最世ス（ゴロチュツコフ、アントン　1985.7.28-）

Goloubew, Victor
ロシア生まれの考古学者。インド、ジャヴァに研究と蒐集の旅行をした。
⇒岩世人（ゴールベフ　1878.2.12-1945.4.19）

Golovkin, Gennady
カザフスタンのプロボクサー。
⇒最世ス（ゴロフキン、ゲンナジー　1982.4.8-）

Golpāygānī, Moḥammad Reẓā
イランの法学者。イラン革命期十二イマーム派のマルジャア・アッ=タクリードの一人。
⇒岩イ（ゴルパーイガーニー　1899-1993）

Golschmann, Vladimir
アメリカの指揮者。1931～57年セントルイス交響楽団常任指揮者、69～70年デンバー交響楽団

の音楽監督をつとめた。
⇒標音2（ゴルシュマン,ヴラディミル　1893.12.16–1972.3.1)
ユ著人（Golschmann,Vladimir　ゴルシュマン,ウラジミール　1893–1972)

Golshīrī, Hūshang
イランの作家。
⇒岩世人（ゴルシーリー　1938.3.16–2000.6.6)
現世文（ゴルシーリー,フーシャング　1938.3.16–2000.6.6)

Golson, Benny
アメリカのジャズ・テナー・サックス奏者,作・編曲家。
⇒標音2（ゴルソン,ベニー　1929.1.25–)

Goltz, Colmar Baron von der
ドイツの軍人。1883年『ロスバハとイェナ』,『武装した国民』を出版,軍学の古典とされた。
⇒戦思（ゴルツ　1843–1916)

Goltz, David Allan
アメリカの大リーグ選手（投手)。
⇒メジャ（ゴールツ,デイヴ　1949.6.23–)

Goltz, Joachim von der
ドイツの詩人,作家。特に戦争詩人として知られている。
⇒岩世人（ゴルツ　1892.3.19–1972.4.1)

Goltz, Rüdiger, Graf von der
ドイツの軍人。第一次大戦に活躍。のち統一祖国同盟を結成。
⇒岩世人（ゴルツ　1865.12.8–1946.11.4)

Goltz, Theodor Freiherr Baron von der
ドイツの農政学者。主著『農業経営学便覧』(1886),『ドイツ農業史』(2巻,1902～03)など。
⇒岩世人（ゴルツ　1836.7.10–1905.11.6)

Goltzsche, Dieter
ドイツ生まれの画家。
⇒芸13（ゴルチェ,ディエター　1934–)

Golub, Leon
アメリカの画家。
⇒岩世人（ゴルブ　1922.1.23–2004.8.8)

Golushko, Nikolay Mikhaylovich
ロシアの政治家。ロシア連邦第2代保安相。
⇒スパイ（ゴルシコ,ニコライ・ミハイロヴィチ　1937–)

Goma, Paul
ルーマニアの小説家。
⇒岩世人（ゴマ　1935.10.2–)

Gomberg, Moses
アメリカの化学者。ロシアを追放され,アメリカに亡命。初めて有機化合物の安定した遊離基を発見。
⇒岩世人（ゴンベルグ（ゴンバーグ）　1866.2.8–1947.2.12)
化学（ゴンバーグ　1866–1947)

Gombocz Zoltán
ハンガリーの言語学者。ウラル語,アルタイ語,一般言語学を研究。メーリヒとの共編『ハンガリー語語源辞典』(1911～44)が有名。
⇒岩世人（ゴンボツ　1877.6.18–1935.5.1)

Gömbös Gyula
ハンガリーの政治家。反ユダヤ主義的民族主義者。
⇒岩世人（ゲンベシュ　1886.12.26–1936.10.6)

Gombosi, Otto Johannes
ハンガリー生まれのアメリカの音楽学者。
⇒標音2（ゴンボシ,オットー・ヨハネス　1902.10.23–1955.2.17)

Gombotseren Tamir
モンゴルのモデル。
⇒外12（ゴンボツェレン・タミル　1980.2.13–)

Gombrich, Ernst Hans Josef
オーストリア出身の美術史家。
⇒岩世人（ゴンブリッチ　1909.3.30–2001.11.3)

Gombrowicz, Witold
ポーランド（ユダヤ系）の最も前衛的な小説家,劇作家。代表作『フェルディドゥルケ』(1938)。未成熟に最高の価値を認め,人間実在の本質をとらえようとした。64年脱稿の『コスモス』で67年度国際文学賞を受賞。
⇒岩世人（ゴンブローヴィチ　1904.8.4–1969.7.25)
現世文（ゴンブローヴィチ,ヴィトルド　1904.8.4–1969.7.26)
広辞7（ゴンブロヴィチ　1904–1969)
ユ著人（Gombrowicz,Witold　ゴムブロヴィッツ,ヴィトルド　1904–1969)

Gomelsky, Giorgio
イギリスの興行師。
⇒ロック（Gomelsky,Giorgio　ゴメルスキー,ジョルジオ)

Gomersall, Stephen John
イギリスの実業家,外交官。
⇒外12（ゴマソール,スティーブン　1948.1.17–)
外16（ゴマソール,スティーブン・ジョン　1948.1.17–)
世指導（ゴマソール,スティーブン・ジョン　1948.1.17–)

Gomes, Jonny Johnson
アメリカの大リーグ選手（外野）。
⇒メジャ（ゴームズ,ジョニー　1980.11.22–)

Gomes, Marcelo
ブラジル・マナウス生まれのバレエダンサー。アメリカン・バレエ・シアター（ABT）プリンシパル。

⇒外12（ゴメス, マルセロ　1979.9.26-）
　外16（ゴメス, マルセロ　1979.9.26-）
Gomes, Nuno
ポルトガルのサッカー選手。
⇒最世ス（ゴメス, ヌーノ　1976.7.5-）
Gomes, Renato
ジョージアのビーチバレー選手。
⇒最世ス（ゴメス, レナト　1981.1.20-）
Gómez, Aida
スペインのスペイン舞踊家。
⇒外12（ゴメス, アイーダ　1967.6.12-）
Gomez, Christopher Cory
アメリカの大リーグ選手（遊撃）。
⇒メジャ（ゴメス, クリス　1971.6.16-）
Gomez, Eddie
プエルト・リコ生まれのジャズ・ベーシスト。1966〜77年ビル・エバンス・トリオで活躍。
⇒標音2（ゴメス, エディ　1944.11.4-）
Gómez, Fernando Fernán
ペルー生まれのスペインの俳優, 監督, コメディ作家, 詩人, 小説家。
⇒スター（ゴメス, フェルナンド・フェルナン　1921.8.28-2007）
Gómez, José Miguel
キューバの政治家, 軍人。キューバ大統領（1909〜13）。キューバ独立戦争で活躍。
⇒岩世人（ゴメス　1858.6.8-1921.6.13）
Gómez, Juan Vicente
ベネズエラの政治家。1902年副大統領, 08年にカストロを打倒して政権を掌握, 大統領に就任した。
⇒岩世人（ゴメス　1857.7.24-1935.12.17）
　ラテ新（ゴメス　1857-1935）
Gomez, Mario
ドイツのサッカー選手（ベシクタシュ・FW）。
⇒外12（ゴメス, マリオ　1985.7.10-）
　外16（ゴメス, マリオ　1985.7.10-）
　最世ス（ゴメス, マリオ　1985.7.10-）
Gomez, Selena
アメリカの女優, 歌手。
⇒外16（ゴメス, セレーナ　1992.7.22-）
Gomez, Vernon Louis（Lefty）
アメリカの大リーグ選手（投手）。
⇒メジャ（ゴメス, レフティ　1908.11.26-1989.2.17）
Gómez de la Serna, Ramón
スペインの小説家。独自の短文形式「グレゲリーア」を編み出して『グレゲリーアス』（1910〜40）集録。

⇒岩世人（ゴメス・デ・ラ・セルナ　1888.7.3-1963.1.12）
Gómez-Moreno Martínez, Manuel
スペインの美術史学者。
⇒岩世人（ゴメス=モレーノ　1870.2.21-1970.6.7）
Gómez y Báez, Máximo
キューバ独立運動の指導者。
⇒岩世人（ゴメス　1836.11.18-1905.6.17）
Gompers, Samuel
アメリカの労働運動指導者。
⇒アメ経（ゴンパーズ, サミュエル　1850.1.27-1924.12.3）
　アメ新（ゴンパーズ　1850-1924）
　岩世人（ゴンパーズ　1850.1.27-1924.12.13）
　学叢思（ゴンパース, サミュエル　1850-1924）
　広辞7（ゴンパーズ　1850-1924）
　世人新（ゴンパーズ　1850-1924）
　世人装（ゴンパーズ　1850-1924）
　ユ著人（Gompers,Samuel　ゴンパーズ, サムエル　1850-1924）
Gomperz, Heinrich
オーストリアの哲学者。1920〜34年ウィーン大学教授, 36年ロサンゼルス大学教授。
⇒岩世人（ゴンペルツ　1873.1.18-1942.12.27）
Gomperz, Theodor
オーストリアの哲学者, 古典学者。1873〜1901年ウィーン大学教授。
⇒岩世人（ゴンペルツ　1832.3.29-1912.8.29）
　学叢思（ゴンペルツ, テオドル　1832-1912）
Gomringer, Eugen
スイスの詩人, 芸術理論家。
⇒岩世人（ゴムリンガー　1925.1.20-）
Gomułka, Władysław
ポーランドの政治家。地下抵抗運動を組織し, 1942年にポーランド労働者党結成に参加, 43年書記長。56年統一労働者党第一書記。
⇒岩世人（ゴムウカ　1905.2.6-1982.9.1）
　広辞7（ゴムルカ　1905-1982）
　政経改（ゴムルカ　1905-1982）
　世史改（ゴムウカ（ゴムルカ）　1905-1982）
　世人新（ゴムウカ（ゴムルカ）　1905-1982）
　世人装（ゴムウカ（ゴムルカ）　1905-1982）
　ネーム（ゴムルカ　1905-1982）
　ポプ人（ゴムルカ, ウラディスラフ　1905-1982）
Go Myung-Hwan
韓国の男優, コメディアン。
⇒韓俳（コ・ミョンファン　1972.4.18-）
Gonçalves, Vasco dos Santos
ポルトガルの軍人, 政治家。ポルトガル首相。
⇒岩世人（ゴンサルヴェス　1921.5.3-2005.6.11）
Goncharova, Natalia Sergeevna
ロシアの女性画家, 舞台美術家。

⇒岩世人（ゴンチャローヴァ 1881.6.4/16-1962.10.17）
芸13（ゴンチャロヴァ, ナターリア 1881-1962）

Gonchigdorj, Radnaasumbereliin
モンゴルの政治家, 数学者。モンゴル国民大会議議長, モンゴル社会民主党(MSDP)党首。
⇒世指導（ゴンチグドルジ, ラドナースンベレリーン 1954.7.18-）

Göncz Árpád
ハンガリーの政治家。ハンガリー大統領（1990～2000）。
⇒岩世人（ゲンツ 1922.2.10-）
世指導（ゲンツ, アルパード 1922.2.10-2015.10.6）

Gonda, Jan
オランダのサンスクリット語・インド学者。アヴェスタ・古代ペルシア語など印欧語も研究。
⇒岩世人（ホンダ 1905.4.14-1991.7.28）

Gondry, Michel
フランスの映画監督, 脚本家, CMディレクター。
⇒映監（ゴンドリー, ミシェル 1963.5.8-）
外12（ゴンドリー, ミシェル 1963.5.8-）
外16（ゴンドリー, ミシェル 1963.5.8-）

Gongchan
韓国の歌手。
⇒外16（ゴンチャン 1993.8.14-）

Gong Hailan
中国・上海生まれの画家。
⇒芸13（ゴン・ハイラン 1956-）

Gong Hyung-Jin
韓国の男優。
⇒韓俳（コン・ヒョンジン 1970.4.10-）

Gong Hyun-Joo
韓国の女優, モデル。
⇒韓俳（コン・ヒョンジュ 1984.1.7-）

Gong Ji-young
韓国の作家。
⇒岩韓（コン・ジヨン 孔枝泳 1963-）
外12（コンジヨン 孔枝泳 1963-）
外16（コンジヨン 孔枝泳 1963-）
現世文（コン・ジヨン 孔枝泳 1963-）

Gong Li
中国生まれの女優。
⇒遺産（コン・リー 鞏俐 1965.12.31-）
岩世人（コン・リー 1965.12.31-）
外12（コンリー 1965.12.31-）
外16（コンリー 1965.12.31-）
ク俳（コン・リー 1966-）
スター（コン・リー 1965.12.31-）
中人小（鞏俐 コンリイ 1965-）
中日3（巩俐 コン・リー 1965-）

Gong Ro-myung
韓国の政治家, 外交官。韓国外相。
⇒世指導（コン・ノミョン 1932.2.25-）

Gong Yoo
韓国の俳優。
⇒外12（コンユ 1979.7.10-）
外16（コンユ 1979.7.10-）
韓俳（コン・ユ 1979.7.10-）

Gonsalves, Ralph
セントビンセント・グレナディーンの政治家。セントビンセント・グレナディーン首相。
⇒外12（ゴンサルベス, ラルフ 1946.8.8-）
外16（ゴンサルベス, ラルフ 1946.8.8-）
世指導（ゴンザルベス, ラルフ 1946.8.8-）

Gonsalves, Rob
カナダの絵本作家。
⇒絵本（ゴンサルヴェス, ロブ 1959-）

Gonzaga, Luiz
ブラジルの歌手, アコーディオン奏者, 作曲家。
⇒岩世人（ゴンザーガ 1912.12.13-1989.8.2）

Gonzaga, Otoniel
アメリカのテノール歌手。
⇒魅惑（Gonzaga,Otoniel ?-）

Gonzales, Alberto
アメリカの法律家。司法長官, 大統領法律顧問。
⇒外12（ゴンザレス, アルベルト 1955.8.4-）
世指導（ゴンザレス, アルベルト 1955.8.4-）

Gonzales, Manuel
アメリカの作家。
⇒海文新（ゴンザレス, マヌエル 1974-）
現世文（ゴンザレス, マヌエル 1974-）

Gonzales, Richard Alonzo
アメリカのテニス選手。
⇒アメ州（Gonzales,Richard Alonzo ゴンザレス, リチャード・アロンゾ 1928-）

Gonzalez, Adrian
メキシコの大リーグ選手（ドジャース・内野）。
⇒外12（ゴンザレス, エイドリアン 1982.5.8-）
外16（ゴンザレス, エイドリアン 1982.5.8-）
最世文（ゴンザレス, エイドリアン 1982.5.8-）
メジャ（ゴンザレス, アドリアン 1982.5.8-）

Gonzalez, Alexander
ベネズエラの大リーグ選手（遊撃）。
⇒メジャ（ゴンサレス, アレックス 1977.2.15-）

Gonzalez, Alexander Scott
アメリカの大リーグ選手（遊撃）。
⇒メジャ（ゴンサレス, アレックス 1973.4.8-）

Gonzalez, Andres Antonio
アメリカの大リーグ選手(外野)。
⇒メジャ (ゴンサレス, トニー 1936.8.28-)

Gonzalez, Asley
キューバの柔道選手。
⇒最世ス (ゴンサレス, アスレイ 1989.9.5-)

Gonzalez, Carlos
ベネズエラの大リーグ選手(ロッキーズ・外野)。
⇒最世ス (ゴンサレス, カルロス 1985.10.17-)
メジャ (ゴンサレス, カルロス 1985.10.17-)

Gonzalez, Dalmacio
スペインのテノール歌手。
⇒失声 (ゴンサレス, ダルマシオ 1940-)

Gonzalez, Dicky
プロ野球選手(巨人・投手), 大リーグ選手。
⇒外12 (ゴンサレス, ディッキー 1978.12.21-)

Gonzalez, Driulys
キューバの柔道選手。
⇒最世ス (ゴンサレス, ドリュース 1973.9.21-)

Gonzalez, Edgar
メキシコの大リーグ選手, プロ野球選手。
⇒外12 (ゴンサレス, エドガー 1978.6.14-)

González, Felipe
スペイン社会党の指導者。
⇒岩世人 (ゴンサレス 1942.3.5-)
広辞7 (ゴンサレス 1942-)
世指導 (ゴンサレス, フェリペ 1942.3.5-)

Gonzalez, Fernando
チリのテニス選手。
⇒外12 (ゴンサレス, フェルナンド 1980.7.29-)
最世ス (ゴンサレス, フェルナンド 1980.7.29-)

Gonzalez, Geremi
ベネズエラの大リーグ選手(投手)。
⇒最世ス (ゴンサレス, ジェレミー 1975.1.8-2008.5.25)

Gonzalez, Gio
アメリカの大リーグ選手(ナショナルズ・投手)。
⇒外16 (ゴンサレス, ジオ 1985.9.19-)
最世ス (ゴンサレス, ジオ 1985.9.19-)
メジャ (ゴンサレス, ジオ 1985.9.19-)

Gonzalez, Jhonny
メキシコのプロボクサー。
⇒最世ス (ゴンサレス, ジョニー 1981.9.15-)

Gonzalez, Juan Alberto
プエルト・リコの大リーグ選手(外野)。
⇒メジャ (ゴンサレス, フアン 1969.10.20-)

González, Julio
スペインの彫刻家。キュビスム的彫刻の一形式を生んだ。
⇒岩世人 (ゴンサレス 1876.9.21-1942.3.27)
芸13 (ゴンサレス, ジュリオ 1876-1942)
広辞7 (ゴンサレス 1876-1942)

Gonzalez, Luis
ベネズエラのプロ野球選手(内野), 大リーグ選手。
⇒外12 (ゴンサレス, ルイス 1979.6.26-)

González, Luis Ángel
パラグアイの政治家。パラグアイ大統領(1999～2003)。
⇒世指導 (ゴンサレス, ルイス・アンヘル 1947.12.13-)

Gonzalez, Luis Emilio
アメリカの大リーグ選手(外野手)。
⇒外12 (ゴンサレス, ルイス 1967.9.3-)
メジャ (ゴンサレス, ルイス 1967.9.3-)

Gonzalez, Miguel Angel
アメリカの大リーグ選手(捕手)。
⇒メジャ (ゴンサレス, マイク 1890.9.24-1977.2.19)

Gonzalez, Nestor Vicente Madali
フィリピンの小説家, 短篇作家, 詩人, 文芸評論家。
⇒岩世人 (ゴンサレス 1915.9.8-1999.11.28)
現ався文 (ゴンサレス, N.V.M. 1915.9.8-1999)

Gonzalez, Roman
ニカラグアのプロボクサー。
⇒外16 (ゴンサレス, ローマン 1987.6.17-)
最世ス (ゴンサレス, ローマン 1987.6.17-)

Gonzalez, Tony
アメリカのプロフットボール選手(TE)。
⇒外16 (ゴンサレス, トニー 1976.2.27-)
最世ス (ゴンサレス, トニー 1976.2.27-)

González Bonilla, Joel
スペインのテコンドー選手。
⇒外16 (ゴンサレスボニリャ, ホエル 1989.9.30-)
最世ス (ゴンサレスボニリャ, ホエル 1989.9.30-)

Gonzalez-Fernandez, Robert
スペイン生まれの画家。
⇒芸13 (ゴンザレス・フェルナンデス, ロバート 1948-)

Gonzalez-Foerster, Dominique
フランス生まれの芸術家。
⇒現アテ (Gonzalez-Foerster, Dominique ゴンザレス=フェルステル, ドミニク 1965-)

González Prada, Manuel
ペルーの詩人, 随筆家。19世紀後半のイスパノ・アメリカで最も優れた論客の1人。
⇒岩世人（ゴンサレス・プラダ 1844.1.5-1918.7.22)
ラテ新（ゴンサレス・プラダ 1848-1918)

González-Torres, Félix
アメリカの美術家。
⇒岩世人（ゴンザレス＝トレス 1957.11.26-1996.1.9)
現アテ（Gonzalez-Torres,Felix ゴンザレス＝トレス, フェリックス 1957-1996)

Gonzares, Dalmacio
スペインのテノール歌手。
⇒魅惑（Gonzares,Dalmacio 1946-)

Gonzáres, Pedro
テノール歌手。
⇒魅惑（Gonzáres,Pedro ?-)

Gooch, George Peabody
イギリスの歴史家。
⇒岩世人（グーチ 1873.10.21-1968.8.31)

Good, Jack
イギリス・ロンドン生まれのテレビプロデューサー。
⇒ロック（Good,Jack グッド, ジャック 1931-)

Goodall, Jane
イギリスの動物学者。
⇒岩生（グドール 1934-)
外12（グドール, ジェーン 1934.4.3-)
外16（グドール, ジェーン 1934.4.3-)
ポプ人（グドール, ジェーン 1934-)

Goode, Richard
アメリカのピアノ奏者。
⇒外12（グード, リチャード 1943-)
外16（グード, リチャード 1943-)

Goode, *Sir* William Allmond Codrington
マレーシア・シンガポールの植民地総督。
⇒岩世人（グッド 1907.6.8-1986.9.15)

Goode, William Josiah
アメリカの家族社会学者。
⇒社小増（グード 1917-)

Gooden, Dwight
アメリカの大リーグ選手（投手）。
⇒外12（グッデン, ドワイト 1964.11.16-)
メジャ（グッデン, ドワイト 1964.11.16-)

Goodenough, Florence Laura
アメリカの心理学者。発達心理学, 児童心理学の研究がある。
⇒岩世人（グッディナフ 1886.8.6-1959.4.4)

教人（グッディナフ 1886-)

Goodenough, John
アメリカの物理学者。
⇒外12（グッドイナフ, ジョン 1922.7.2-)
外16（グッドイナフ, ジョン 1922.7.2-)

Goodenough, Ward Hunt
アメリカの文化人類学者。ペンシルベニア大学人類学科教授。
⇒岩世人（グッドイナフ 1919.5.30-2013.6.9)

Goodhart, Arthur Lehman
イギリスの思想家。
⇒岩世人（グッドハート 1891.3.1-1978.11.10)

Goodhart, Charles Albert Erie
イギリスの経済学者。
⇒外12（グッドハート, チャールズ 1936.10.23-)
外16（グッドハート, チャールズ 1936.10.23-)

Gooding, Cuba, Jr.
アメリカ生まれの俳優。
⇒外12（グッディング, キューバ (Jr.) 1968.1.2-)
外16（グッディング, キューバJr. 1968.1.2-)
ク俳（グッディング, キューバ, ジュニア 1968-)

Goodis, David
アメリカの犯罪小説家。
⇒現世文（グーディス, デービッド 1917-1967)

Goodison, Paul
イギリスのヨット選手（レーザー級）。
⇒外12（グディソン, ポール 1977.11.29-)
最世ス（グディソン, ポール 1977.11.29-)

Goodman, Alison
オーストラリアの作家。
⇒海文新（グッドマン, アリソン 1966-)
現世文（グッドマン, アリソン 1966-)

Goodman, Benny（Benjamin David）
アメリカのジャズ・クラリネット奏者, 楽団指揮者。1938年カーネギー・ホールで史上初のジャズコンサートを行った。"スイングの王様"とよばれる。
⇒アメ州（Goodman,Benny グッドマン, ベニー 1909-)
アメ新（グッドマン 1909-1986)
異二辞（グッドマン, ベニー 1909-1986)
岩世人（グッドマン 1909.5.30-1986.1.13)
広辞7（グッドマン 1909-1986)
新音中（グッドマン, ベニー 1909.5.30-1986.6.13)
ネーム（グッドマン, ベニー 1909-1986)
標音2（グッドマン, ベニー 1909.5.30-1986.6.13)
ポプ人（グッドマン, ベニー 1909-1986)
ユ著人（Goodman,Benny グッドマン, ベニー 1909-1986)

Goodman, Dickie
アメリカの音楽家, 歌手。
⇒ロック (Buchanan and Goodman ブキャナン&グッドマン 1934-)

Goodman, (Henry) Nelson
アメリカの哲学者。
⇒岩世人 (グッドマン 1906.8.7-1998.11.25)
メル別 (グッドマン, ネルソン 1906-1998)

Goodman, Ival Richard
アメリカの大リーグ選手(外野)。
⇒メジャ (グッドマン, アイヴァル 1908.7.23-1984.11.25)

Goodman, John
アメリカ生まれの俳優。
⇒外12 (グッドマン, ジョン 1952.6.20-)
外16 (グッドマン, ジョン 1952.6.20-)
ク俳 (グッドマン, ジョン 1952-)

Goodman, Paul
アメリカの小説家, 精神分析学者, 社会評論家。『光を止めよ』,『グランドピアノ』(1942),『不条理に生きる』(47),『ゲシュタルト療法』(51),『文学の構造』(54)ほか著書多数。
⇒現世文 (グッドマン, ポール 1911.9.9-1972.8.2)
ユ著人 (Goodman,Paul グッドマン, ポール 1911-1972)

Goodman, Shirley
アメリカ・ニューオーリンズ生まれの歌手。
⇒ロック (Shirley and Lee シャーリー&リー 1937-)

Goodman, Steve
アメリカ・シカゴ生まれのフォーク・ミュージシャン。
⇒ロック (Goodman,Steve グッドマン, スティーヴ 1948.7.25-)

Goodman, William Dale
アメリカの大リーグ選手(一塁, 二塁, 三塁)。
⇒メジャ (グッドマン, ビリー 1926.3.22-1984.10.1)

Goodnight, Charles
アメリカ家畜産業の歴史における伝説的人物。
⇒アメ経 (グッドナイト, チャールズ 1836-1929)

Goodnow, Frank Johnson
アメリカの行政法学者。
⇒アア歴 (Goodnow,Frank J (ohnson) グッドナウ, フランク・ジョンスン 1859.1.18-1939.11.15)
岩世人 (グッドナウ 1859.1.18-1939.11.15)

Goodpasture, Ernest William
アメリカの病理学者。1931年発育鶏卵の胚内ウイルス培養法を発明。痘瘡, 黄熱病, 発疹チフスなどのワクチン製造に成功。

⇒岩世人 (グッドパスチャー 1886.10.17-1960.9.20)

Goodrem, Delta
オーストラリアのシンガー・ソングライター。
⇒外12 (グッドレム, デルタ 1984.11.9-)
外16 (グッドレム, デルタ 1984.11.9-)

Goodrich, Chauncey
アメリカの宣教師。
⇒アア歴 (Goodrich,Chauncey グッドリッチ, チョーンシー 1836.6.4-1925.9.25)

Goodrich, Edwin Stephen
イギリスの動物学者。
⇒岩生 (グッドリッチ 1868-1946)

Goodrich, Joseph King
アメリカの作家。
⇒アア歴 (Goodrich,Joseph King グッドリッチ, ジョゼフ・キング 1850.1.13-1921.8.31)

Goodrich, Luther Carrington
アメリカの中国学者。ロックフェラー財団中国医療団の現地副団長(1921～25)。
⇒岩世人 (グッドリッチ 1894.9.21-1986.8.10)

Goodridge, Gary
トリニダード・トバゴの格闘家。
⇒異二辞 (グッドリッジ, ゲーリング 1966-)

Goodspeed, Edgar Johnson
アメリカのギリシア学者, 新約学者。シカゴ大学教授(1914～37)。
⇒岩世人 (グッドスピード 1871.10.23-1962.1.13)
新カト (グッドスピード 1871.10.23-1962.1.13)

Goodwin, Doris Kearns
アメリカの伝記作家。
⇒外16 (グッドウィン, ドリス・カーンズ)

Goodwin, Guy
アメリカ生まれの画家。
⇒芸13 (グッドイン, ギ 1940-)

Goodwin, Jason
イギリスの作家。
⇒外12 (グッドウィン, ジェイソン)
外16 (グッドウィン, ジェイソン)
現世文 (グッドウィン, ジェイソン)

Goodwin, Richard Murphey
アメリカの経済学者。シエナ大学名誉教授。
⇒岩経 (グッドウィン 1913-1996)
岩世人 (グッドウィン 1913.2.24-1996.8.13)
有経5 (グッドウィン 1913-1996)

Goodwin, Thomas Jones
アメリカの大リーグ選手(外野)。
⇒メジャ (グッドウィン, トム 1968.7.27-)

Goodwin, William Watson
アメリカのギリシア語学者。主著 "Syntax of the Moods and Tenses of the Greek Verb"（1860）。
⇒岩世人（グッドウィン　1831.5.9-1912.6.16）

Googoosh
イランの歌手。
⇒岩世人（グーグーシュ　1950.5.5-）

Gooley, Tristan
イギリスの作家、探検家。
⇒外16（グーリー,トリスタン）
現世文（グーリー,トリスタン）

Goosen, Retief
南アフリカのプロゴルファー。
⇒最世ス（グーセン,レティーフ　1969.2.2-）

Goossens, Ernest
ベルギーの教育者。
⇒新カト（ゴーセンス　1908.7.19-1973.3.8）

Goossens, Eugène
イギリスの管絃楽指揮者、作曲家。1921年自身の管絃楽団を結成。主作品に歌劇 "Judith"（1929）。
⇒岩世人（グーセンズ　1893.5.26-1962.6.13）
新音中（グーセンズ,ユージン　1893.5.26-1962.6.13）
標音2（グーセンス,ユージーン　1893.5.26-1962.6.13）

Gopalakrishnan, Kris
インドの実業家。
⇒外12（ゴパラクリシュナン,クリス）
外16（ゴパラクリシュナン,クリス）

Göppert-Mayer, Maria
ドイツ生まれのアメリカの物理学者。
⇒物理（ゲッパート＝メイヤー,マリア　1906-1972）

Gorbach, Alfons
オーストリアの政治家。オーストリア首相、国民等党党首。
⇒岩世人（ゴルバッハ　1898.9.2-1972.7.31）

Gorbachev, Mikhail Sergeevich
ソ連の政治家。ソ連共産党最後の書記長（1985～91）、ソ連の初代にして最後の大統領（1990～91）。
⇒岩世人（ゴルバチョフ　1931.3.2-）
外12（ゴルバチョフ,ミハイル　1931.3.2-）
外16（ゴルバチョフ,ミハイル　1931.3.2-）
広辞7（ゴルバチョフ　1931-）
国政（ゴルバチョフ,ミハイル　1931-）
辞歴（ゴルバチョフ　1931-）
政経改（ゴルバチョフ　1931-）
世史改（ゴルバチョフ　1931-）
世指導（ゴルバチョフ,ミハイル　1931.3.2-）
世人新（ゴルバチョフ　1931-）
世人装（ゴルバチョフ　1931-）
ノベ3（ゴルバチョフ,M.　1931.3.2-）
ボブ人（ゴルバチョフ,ミハイル　1931-）
もう山（ゴルバチョフ　1931-）

Gorbachev, Valeri
ウクライナ生まれの絵本作家。
⇒外12（ゴルバチョフ,バレリー　1944-）
外16（ゴルバチョフ,バレリー　1944-）

Gorbatov, Boris Leont'evich
ソ連の小説家。1943年に代表作『降伏なき民』を発表し、ドンバス民衆のドイツ軍に対する果敢な抵抗をたたえた。
⇒現世文（ゴルバートフ,ボリス・レオンチエヴィチ　1908.7.15-1954.1.20）
ネーム（ゴルバートフ　1908-1954）

Gorbunovs, Anatoliis V.
ラトビアの政治家。ラトビア議会議長。
⇒世指導（ゴルブノフ,アナトリー　1942-）

Gorcey, Leo
アメリカ（スイス系）の男優。
⇒ク俳（ゴーシー,レオ　1915-1969）

Gordan, Paul Albert
ドイツの数学者。代数形式論に寄与。
⇒岩世人（ゴルダン　1837.4.27-1912.12.21）
世я（ゴルダン,パウル・アルベルト　1837-1932）

Gordeyev, Aleksei
ロシアの政治家。ロシア副首相、農相、ロシア中央連邦管区大統領全権代表。
⇒外12（ゴルデーエフ,アレクセイ　1955.2.28-）
外16（ゴルデーエフ,アレクセイ　1955.2.28-）
世指導（ゴルデーエフ,アレクセイ　1955.2.28-）

Gordienko, George
カナダのプロレスラー、画家。
⇒異二辞（ゴーディエンコ［ジョージ・～］　1928-2002）

Gordievsky, Oleg
KGB職員、イギリスのスパイ。
⇒スパイ（ゴルディエフスキー,オレグ　1938-）

Gordimer, Nadine
南アフリカ共和国の白人女性作家。
⇒岩世人（ゴーディマ　1923.11.20-）
外12（ゴーディマ,ナディン　1923.11.20-）
現世文（ゴーディマ,ナディン　1923.11.20-2014.7.13）
広辞7（ゴーディマー　1923-2014）
ネーム（ゴーディマー　1923-）
ノベ3（ゴーディマ,N.　1923.11.20-）
ユ著（Gordimer,Nadine　ゴルディマー,ナディーヌ　1923-）

Gordin, Jacob
イギリスの劇作家。

⇒岩世人（ゴルディン　1853.5.1-1909.6.11）
ユ著人（Gordin,Jacob　ゴルディン，ヤコブ　1853-1909）

Gordis, Robert
アメリカのユダヤ教ラビ，聖書学者。
⇒新カト（ゴルディス　1908.2.6-1992.1.3）

Gordlevsky, Vladimir Aleksandrovich
ロシア，ソ連の東洋学者。
⇒岩世人（ゴルドレフスキー　1876.9.25/10.7-1956.9.10）

Gordon, Aharon David
ロシア生まれの社会主義シオニズムの指導者。
⇒ユ著人（Gordon,Aaron David　ゴルドン，アーロン・ダビッド　1856-1922）

Gordon, Alan
アメリカのソングライター。
⇒ロック（Bonner and Gordon　ボナー＆ゴードン）

Gordon, Alex
アメリカの大リーグ選手（外野手）。
⇒外12（ゴードン，アレックス　1984.2.10-）
　外16（ゴードン，アレックス　1984.2.10-）
　最世ス（ゴードン，アレックス　1984.2.10-）
　メジャ（ゴードン，アレックス　1984.2.10-）

Gordon, Andrew
アメリカの日本史研究者。
⇒岩世人（ゴードン　1952-）
　外12（ゴードン，アンドルー　1952-）
　外16（ゴードン，アンドルー　1952-）

Gordon, Beate Sirota
GHQ民政局職員，日本国憲法"男女平等"条項起草者。
⇒岩女（ゴードン，ベアテ・シロタ　1923.10.25-）
　岩世人（ゴードン　1923.10.25-2012.12.30）
　外12（ゴードン，ベアテ・シロタ　1923-）
　広辞7（ゴードン　1923-2012）
　ポプ人（ゴードン，ベアテ・シロタ　1923-2012）

Gordon, Caroline
アメリカ南部の女性作家。
⇒現世文（ゴードン，キャロライン　1895.10.6-1981.4.11）

Gordon, Cyrus Herzl
アメリカのユダヤ人セム語学者。
⇒新カト（ゴードン　1908.6.29-2001.3.30）

Gordon, David
アメリカの作家。
⇒外16（ゴードン，デービッド）
　海文新（ゴードン，デイヴィッド）
　現世文（ゴードン，デービッド）

Gordon, David
アメリカのテノール歌手。

⇒魅惑（Gordon,David　?-）

Gordon, Dee
アメリカの大リーグ選手（マーリンズ・内野手）。
⇒外16（ゴードン，ディー　1988.4.22-）

Gordon, Dexter
アメリカのジャズ・テナー・サックス奏者。
⇒標音2（ゴードン，デクスター　1923.2.27-1990.4.25）

Gordon, Douglas
イギリス生まれの映画監督。
⇒現アテ（Gordon,Douglas　ゴードン，ダグラス　1966-）

Gordon, Fiona
カナダの映画監督，女優，道化師。
⇒外12（ゴードン，フィオナ　1957-）
　外16（ゴードン，フィオナ　1957-）

Gordon, Gavin Muspratt
イギリスの歌手，作曲家。
⇒標音2（ゴードン，ガヴィン・マスプラット　1901.11.24-1970.11.18）

Gordon, Jeff
アメリカのレーシングドライバー。
⇒外12（ゴードン，ジェフ　1971.8.4-）
　外16（ゴードン，ジェフ　1971.8.4-）

Gordon, Jehue
トリニダード・トバゴの陸上選手（ハードル）。
⇒最世ス（ゴードン，ジェヒュー　1991.12.15-）

Gordon, Jim
アメリカのドラム奏者。
⇒ビト改（GORDON,JIM　ゴードン，ジム）

Gordon, John Rutherford
イギリスのジャーナリスト。約四半世紀の長期間，「サンデー・エキスプレス」編集長として敏腕を揮った。
⇒岩世人（ゴードン　1890.12.8-1974.12.9）

Gordon, Joseph Lowell
アメリカの大リーグ選手（二塁）。
⇒メジャ（ゴードン，ジョー　1915.2.18-1978.4.14）

Gordon, Keith
イギリスのミュージシャン。
⇒外12（ゴードン，キース）

Gordon, Kim
アメリカのミュージシャン。
⇒外16（ゴードン，キム　1953.4.28-）

Gordon, Linda
アメリカの歴史家。
⇒岩世人（ゴードン　1940-）

Gordon, Mary（Catherine）
アメリカの女性小説家。
⇒現世文（ゴードン, メアリー　1949–）
ユ著人（Gordon,Mary　ゴードン, メアリー　1949–）

Gordon, Michael
アメリカの映画監督。
⇒ユ著人（Gordon,Michael　ゴードン, マイクル　1909–1993）

Gordon, Myron Jules
アメリカの経済学者。トロント大学教授。
⇒有経5（ゴードン　1920–）

Gordon, Neil
南アフリカの作家。
⇒外16（ゴードン, ニール　1958–）
　海文新（ゴードン, ニール　1958–）
　現世文（ゴードン, ニール　1958–）

Gordon, Noah
アメリカの作家。
⇒現世文（ゴードン, ノア）

Gordon, Richard
イギリスの作家, 医師。
⇒現世文（ゴードン, リチャード　1921.9.15–2017.8.11）

Gordon, Roderick
イギリスの作家。
⇒海文新（ゴードン, ロデリック　1960–）
　現世文（ゴードン, ロデリック　1960–）

Gordon, Rosco
アメリカ・メンフィス生まれのR&B歌手, ピアノ奏者。
⇒ロック（Gordon,Rosco　ゴードン, ロスコウ）

Gordon, Ruth
アメリカの女優。
⇒スター（ゴードン, ルース　1896.10.30–1985）

Gordon, Sidney
アメリカの大リーグ選手（外野, 三塁）。
⇒メジャ（ゴードン, シド　1917.8.13–1975.6.17）

Gordon, Tom
アメリカの大リーグ選手（投手）。
⇒外12（ゴードン, トム　1967.11.18–）
　メジャ（ゴードン, トム　1967.11.18–）

Gordon-Levitt, Joseph
アメリカの俳優。
⇒遺産（ゴードン=レヴィット, ジョゼフ　1981.2.17–）
　外12（ゴードン・レビット, ジョセフ　1981.2.17–）
　外16（ゴードン・レビット, ジョセフ　1981.2.17–）

Gordy, Berry
アメリカのプロデューサー, ソングライター。
⇒アメ経（ゴーディ, ベリー,2世　1929.11.28–）
　新音中（ゴーディ, ベリー　1929.11.28–）

Gordy, Terry "Bam Bam"
アメリカのプロレスラー。
⇒異二辞（ゴディ, テリー　1961–2001）

Gore, Albert, Jr.
アメリカのジャーナリスト, 政治家。クリントン政権の副大統領（1993〜2001）。
⇒岩世人（ゴア　1948.3.31–）
　外12（ゴア, アルバート (Jr.)　1948.3.31–）
　外16（ゴア, アルバートJr.　1948.3.31–）
　世指導（ゴア, アルバート (Jr.)　1948.3.31–）
　ネーム（ゴア　1948–）
　ノベ3（ゴア,A.,Jr.　1948.3.31–）
　ポプ人（ゴア, アル　1948–）

Gore, Charles
イギリス国教会の神学者, 主教。主著『信迎の再建』（3巻,1924）。
⇒岩世人（ゴア　1853.1.22–1932.1.17）
　オク教（ゴア　1853–1932）
　新カト（ゴア　1853.1.22–1932.1.17）

Gore, George F.
アメリカの大リーグ選手（外野）。
⇒メジャ（ゴア, ジョージ　1854.5.3–1933.9.16）

Gore, Kristin
アメリカの脚本家, 小説家。
⇒外12（ゴア, クリスティン）
　海文新（ゴア, クリスティン　1977.6.5–）
　現世文（ゴア, クリスティン　1977.6.5–）

Gore, Lesley
アメリカ・ニューヨーク生まれの歌手。
⇒ロック（Gore,Lesley　ゴア, レズリー　1946.5.2–）

Górecki, Henryk Mikołaj
ポーランドの作曲家。
⇒岩世人（グレツキ　1933.12.6–2010.11.12）
　ク音3（グレツキ　1933–）
　新音中（グレツキ, ヘンリク・ミコワイ　1933.12.6–）
　ピ曲改（グレツキ, ヘンリク・ミコワイ　1933–2010）
　標音（グレツキ, ヘンリク・ミコワイ　1933.12.6–2010.11.12）

Goremykin, Ivan Logginovich
ロシアの政治家。内相（1895〜99）を経て首相（1906,14〜16年）。
⇒岩世人（ゴレムイキン　1839.10.27–1917.12.11）

Gores, Joseph N.
アメリカのハードボイルド作家。
⇒現世文（ゴアズ, ジョー　1931.12.25–2011.1.10）

Goretti, Maria
イタリアの少女殉教者，聖人。
⇒教聖（聖マリア・ゴレッティおとめ殉教者 1890–1902.7.5)
新カト（マリア・ゴレッティ 1890.10.16–1902.7.6)

Gorey, Edward St.John
アメリカの作家，イラストレーター。
⇒異二辞（ゴーリー［エドワード・～］ 1925–2000)

Gorgas, William Crawford
アメリカの軍医。黄熱病とマラリア治療に取組む。後年エクアドル，グァテマラ，ペルーの衛生計画に尽力。
⇒アメ州（Gorgas,William Crawford ゴーガス，ウイリアム・クロフォード 1854–1920)
岩世人（ゴーガス 1854.10.3–1920.7.4)

Gorgeous George
アメリカのプロレスラー。
⇒岩世人（ゴージャス・ジョージ 1915.3.24–1963.12.26)

Görges, Johannes
ドイツの電気学者。ドレスデン工業大学教授（1901〜30）。交流電動機の磁界分布に関する基礎的研究などがある。
⇒岩世人（ゲルゲス 1859.9.21–1946.10.7)

Gorgulov, Paul
ウクライナ難民の医師。1932年フランス大統領ポール・ドゥーメールを射殺した。
⇒世暗（ゴルグロフ，ポール 1895–1932)

Gorham, John
イギリスのグラフィック・デザイナー，挿絵画家。
⇒グラデ（Gorham,John ゴーハム，ジョン 1937–2001)

Göring, Hermann Wilhelm
ナチス・ドイツの政治家。航空相，空軍総司令官，4ヵ年計画長官などを歴任。
⇒岩世人（ゲーリング 1893.1.12–1946.10.16)
広辞7（ゲーリング 1893–1946)
世人新（ゲーリング 1893–1946)
世人装（ゲーリング 1893–1946)
ネーム（ゲーリング 1893–1946)
ポプ人（ゲーリング，ヘルマン 1893–1946)

Goring, Marius
イギリスの男優。
⇒ク俳（ゴーリング，マリアス 1912–1998)

Göring, Reinhard
ドイツの劇作家，小説家。代表作は悲劇『海戦』(1917)。
⇒岩世人（ゲーリング 1887.6.23–1936.10)
学叢思（ゲーリング，ラインハルト）
世演（ゲーリング，ラインハルト 1887.6.23–1936.11.7)

Gorjanović-Kramberger, Dragutin Karl
クロアチアの古生物学者，人類学者。
⇒岩世人（ゴルヤノヴィチ＝クランベルガー 1856.10.25–1936.12.24)

Gor'kii, Maksim
ロシア，ソ連の小説家，劇作家。社会主義リアリズムの創始者。
⇒岩キ（ゴーリキー 1868–1936)
岩世人（ゴーリキー 1868.3.16/28–1936.6.18)
絵本（ゴーリキー，マクシム 1868–1936)
学叢思（ゴーリキー，マキシム 1868–?)
現世文（ゴーリキー，マクシム 1868.3.28–1936.6.18)
広辞7（ゴーリキー 1868–1936)
西文（ゴーリキー，マクシム 1868–1936)
世演（ゴーリキー，マクシム 1868.3.28–1936.6.18)
世人新（ゴーリキー（ゴルキー) 1868–1936)
世人装（ゴーリキー（ゴルキー) 1868–1936)
比文増（ゴーリキー（マクシム) 1868（慶応4）–1936（昭和11))
ポプ人（ゴーリキー，マクシム 1868–1936)

Gorky, Arshile
アルメニア生まれのアメリカの画家。主作品『肝臓は鶏のとさか』(1944)。
⇒岩世人（ゴーキー 1904.4.15–1948.7.21)
芸13（ゴーキー，アーシル 1904–1948)
芸13（ゴルキー，アルシール 1904–1948)
広辞7（ゴーキー 1904–1948)

Görland, Albert
ドイツの哲学者。ハンブルク大学教授（1923〜35)。新カント主義者。
⇒岩世人（ゲルラント 1869.7.6–1952.11.18)
教人（ゲルラント 1869–1952)

Gorlatch, Alexej
ウクライナのピアノ奏者。
⇒外12（ゴルラッチ，アレクセイ 1988–)
外16（ゴルラッチ，アレクセイ 1988–)

Gorman, Chester (Chet)
アメリカの考古学者。
⇒アア歴（Gorman,Chester ("Chet") ゴーマン，チェスター［チェット］ 1938.3.11–1981.6.7)

Gorman, Edward (Ed)
アメリカのミステリ作家。
⇒現世文（ゴーマン，エド 1941.11–)

Gorman, Frank J.
アメリカ合同織物工組合（UTWA）会長。
⇒アメ経（ゴーマン，フランク 1877–1975.6.4)

Gorman, James P.
オーストラリアの実業家。
⇒外16（ゴーマン，ジェームズ 1958.7.14–)

Gorme, Eydie
アメリカ・ニューヨーク生まれの歌手。
⇒標音2（ゴーメ,イーディ　1931.8.16–)

Gormeley, Eileen
アイルランド生まれの作家。
⇒海文新（ハンター,イーヴィー）

Gormley, Antony
イギリス生まれの彫刻家。
⇒外16（ゴームリー,アントニー　1950.8.30–）
芸13（ゴームリー,アントニー　1950–）
現アテ（Gormley,Antony　ゴームリー,アントニー　1950–）

Gorny, Anthony
アメリカ生まれの版画家。
⇒芸13（ゴーニィ,アンソニー　1950–）

Gorodetskii, Sergei Mitrofanovich
ロシア,ソ連の詩人。雑誌「アポロン」を発行した。
⇒岩世人（ゴロデツキー　1884.1.5/17–1967.6.7）

Gorr, Rita
ベルギーのメゾソプラノ歌手。1958年バイロイト音楽祭に出演し絶賛を博した。
⇒新音中（ゴール,リタ　1926.2.18–）
標音2（ゴール,リタ　1926.2.18–）

Gorris, Marleen
オランダ生まれの映画監督。
⇒映監（ゴリス,マルレーン　1948.12.9–）

Gorriti, Gilles
フランス生まれの画家。
⇒芸13（ゴリチ,ギレス　1939–）

Gorshkov, Georgy Stepanovich
ソ連の火山学者。
⇒岩世人（ゴルシコーフ　1921.2.15–1975.4.14）

Gorshkov, Sergei Georgievich
ロシアの海軍軍人。
⇒岩世人（ゴルシコーフ　1910.2.13/26–1988.5.13）

Gorsky, Alexander
ロシアのダンサー,振付家,バレエ・マスター,教師。
⇒岩世人（ゴルスキー　1871.8.6/18–1924.10.20）

Gorst, John Eldon
イギリスの政治家,著述家。
⇒ニュー（ゴースト,ジョン　1835–1916）

Gort, 6th Viscount
イギリスの軍人。陸軍元帥,英委任統治領パレスチナの第6代高等弁務官（1944~45）。
⇒岩世人（ゴート　1886.7.10–1946.3.31）

Gorter, Cornelius Jacobus
オランダの物理学者。常磁性塩の緩和現象を発見した（1936）。
⇒岩世人（ホルテル　1907.8.14–1980.3.30）

Gorter, Herman
オランダの詩人。『5月』（1889）はオランダ文学に新風をもたらした。
⇒岩世人（ホルテル　1864.11.26–1927.9.15）

Gorz, André
フランスの思想家,ジャーナリスト。処女作『裏切者』（1958）によりサルトルに認められる。
⇒社小増（ゴルツ　1923–）
哲中（ゴルツ　1924–2007）

Goschen, George Joachim Goschen, 1st Viscount
イギリスの政治家。1886年自由統一党に加わり,蔵相（86~92）,海相（95~1900）。
⇒岩世人（ゴーシェン　1831.8.10–1907.2.7）
学叢思（ゴッシェン,ジョージ・ヨアヒム　1831–1907）

Goschen, *Sir* William Edward
イギリスの外交官。G.J.ゴーシェンの弟。
⇒岩世人（ゴーシェン　1847.7.18–1924.5.20）

Goscinny
フランスのユーモア作家。
⇒絵本（ゴシニー,ルネ　1926–1977）

Goshal, H.N.
ビルマ共産党指導者。
⇒岩世人（ゴーシャル　?–1967.6）

Goslin, Leon Allen（Goose）
アメリカの大リーグ選手（外野）。
⇒メジャ（ゴスリン,グース　1900.10.16–1971.5.）

Gosling, Paula
アメリカのミステリ作家。
⇒現世文（ゴズリング,ポーラ　1939–）

Gosling, Ryan
カナダ生まれの俳優。
⇒遺産（ゴズリング,ライアン　1980.11.12–）

Go So-young
韓国の女優。
⇒外12（コソヨン　1972.10.6–）
外16（コソヨン　1972.10.6–）
韓俳（コ・ソヨン　1972.10.6–）

Gosper, Kevan
オーストラリアの陸上選手。
⇒外16（ゴスパー,ケバン　1933.12.19–）

Goss, Porter
アメリカの政治家。中央情報局（CIA）長官,下

院議員。
⇒外12（ゴス, ポーター 1938.11.26–）
外16（ゴス, ポーター 1938.11.26–）
世指導（ゴス, ポーター 1938.11.26–）

Gossage, Richard Michael
アメリカの大リーグ選手（投手）。
⇒外12（ゴセージ, リッチ 1951.7.5–）
外16（ゴセージ, リッチ 1951.7.5–）
メジャ（ゴッセージ, リッチ 1951.7.5–）

Gosse, *Sir* Edmund William
イギリスの批評家, 文学史家。
⇒岩世人（ゴッス 1849.9.21–1928.5.16）

Gosset, William Sealy
イギリスの醸造技術者, 数理統計学者。筆名 Student。
⇒数辞（ゴゼット, ウィリアム・シーリィ 1876–1937）
世数（ゴセット, ウィリアム・シーリー 1876–1937）

Gostič, Josef
ユーゴスラビアのテノール歌手。
⇒失声（ゴスティッチ, ヨシップ 1900–1963）
魅惑（Gostič, Josef 1900–1963）

Gotch, Frank
アメリカのプロレスラー。
⇒岩世人（フランク・ゴッチ 1878.4.26–1917.12.16）

Gothein, Eberhard
ドイツ近代の文化史家, 経済史家。
⇒岩世人（ゴータイン 1853.10.29–1923.11.13）

Gotovac, Jakov
クロアチアの指揮者, 作曲家。
⇒ク音3（ゴトヴァツ 1895–1982）
新音中（ゴトヴァツ, ヤコウ 1895.11.11–1982.10.16）
標音2（ゴトヴァツ, ヤコヴ 1895.11.11–1982.10.16）

Gott, James William
アメリカの大リーグ選手（投手）。
⇒メジャ（ゴット, ジム 1959.8.3–）

Gott, Karel
チェコスロバキアのテノール歌手。
⇒魅惑（Gott, Karel 1939–）

Göttler, Joseph
ドイツの教育学者。1911年以来ミュンヘン大学神学部の教授として教育ならびに宗教問題教授法論を担当した。
⇒教人（ゲットラー 1874–1935）

Gottlieb, Adolf
アメリカの画家。
⇒岩世人（ゴットリーブ 1903.3.14–1974.3.4）
芸13（ゴットリーブ, アドルフ 1902–）

Gottlieb, Sidney
アメリカ中央情報局（CIA）の技術業務部長。CIAによる洗脳実験の責任者。
⇒スパイ（ゴットリーブ, シドニー 1918–1999）

Gottl-Ottlilienfeld, Friedrich von
ドイツの経済学者。主著『経済の本質および根本概念』(1933),『民衆, 国家, 経済, 法律』(36)。
⇒岩世人（ゴットル＝オットリーリエンフェルト 1868.11.13–1958.10.19）
有経5（ゴットル-オットリリエンフェルト 1868–1958）

Gottmann, Jean
ウクライナ出身の地理学者。アメリカ東海岸の連続した都市化地帯に対してメガロポリスという名前を初めて用いたことによっても知られている。
⇒岩世人（ゴットマン 1915.10.10–1994.2.28）

Gottschaldt, Kurt Burno
ドイツの遺伝心理学者。形態学派の一人。
⇒教人（ゴッチャルト 1902–）

Gottschalk, Alfred
スイス生まれの医者。
⇒岩世人（ゴットシャルク 1873–1954）

Gottwald, Felix
オーストリアのスキー選手（複合）。
⇒外12（ゴットワルト, フェリックス 1976.1.13–）
外16（ゴットワルト, フェリックス 1976.1.13–）
最воз ス（ゴットワルト, フェリックス 1976.1.13–）

Gottwald, Klement
チェコスロバキアの政治家, 革命家。1921年チェコスロバキア共産党結成に参加, 29年書記長。46年首相, 48年大統領。
⇒岩世人（ゴットヴァルト 1896.11.23–1953.3.14）

Gotye
オーストラリアのシンガー・ソングライター。
⇒外16（ゴティエ 1980.5.21–）

Götz, Karl Otto
ドイツ生まれの画家。
⇒芸13（ゲッツ, カール・オットー 1914–）

Götz, Werner
ドイツのテノール歌手。
⇒魅惑（Götz, Werner 1934–）

Götze, Alfred
ドイツのゲルマン学者。J.グリムの『ドイツ語辞典』に編集協力, F.クルーゲの『ドイツ語語源辞典』を改訂。
⇒岩世人（ゲッツェ 1876.5.17–1946.11.27）

Götze, Mario
ドイツのサッカー選手（バイエルン・MF）。
⇒異二辞（ゲッツェ［マリオ・～］ 1992–）
最世ス（ゲッツェ,マリオ 1992.6.3–）
ネーム（ゲッツェ,マリオ 1992–）

Gou, Terry
台湾の実業家。
⇒岩世人（郭台銘 かくたいめい 1950.10.8–）
外12（郭台銘 カクタイメイ）
外16（郭台铭 カクタイメイ 1950.10.8–）
中日3（郭台铭 ゴウ,テリー、かくたいめい、クオタイミン 1950–）

Goubert, Pierre（Marie Jean）
フランスの歴史学者。
⇒岩世人（グベール 1915.1.15–2012.1.16）

Goude, Jean-Paul
フランスのアーティスト、イラストレーター、広告デザイナー。
⇒岩世人（グード 1940–）
外16（グード,ジャン・ポール 1940–）

Goudeau, Émile
フランスの作家。
⇒19仏（グドー,エミール 1849.8.29–1906.9.17）

Goudge, Eileen
アメリカの作家。
⇒外12（グージ,アイリーン 1950–）
現世文（グージ,アイリーン 1950–）

Goudge, Elizabeth
イギリスの作家。
⇒現世文（グージ,エリザベス 1900.4.24–1984.4.1）

Goudsmit, Samuel Abraham
オランダ生まれのアメリカの物理学者。原子構造、多重散乱の理論などを研究。
⇒岩世人（ハウトスミット 1902.7.11–1978.12.4）
科史（ハウトスミット 1902–1978）

Goudy, Frederic W.
アメリカの書体デザイナー、印刷家。
⇒グラデ（Goudy,Frederic W. ガウディー、フレデリック・W. 1865–1947）

Gougaloff, Peter
ブルガリアのテノール歌手。
⇒失声（グガロフ,ペテル 1928–）
魅惑（Gougaloff,Peter 1929–）

Gougelmann, Tucker Pierre Edward Power
アメリカ中央情報局（CIA）職員。
⇒スパイ（グーゲルマン,タッカー ?–1976）

Gouhier, Henri
フランスの哲学者。ソルボンヌ大学教授。
⇒岩世人（グイエ 1898.12.5–1994.3.31）
メル3（グイエ,アンリ 1898–1994）

Gouin, Félix
フランスの政治家。フランス首相。
⇒岩世人（グアン 1884.10.4–1977.10.25）

Goulart, João
ブラジルの政治家。文民政権最後の大統領（1961～64）。ミナス州駐屯部隊が反乱を起こし、ウルグアイに亡命。
⇒岩世人（ゴラール 1918.3.1–1976.8.22）

Goulart, Ron
アメリカの作家。
⇒外12（グーラート,ロン 1933.1.13–）
外16（グーラート,ロン 1933.1.13–）
現世文（グーラート,ロン 1933.1.13–）

Gould, Elliot
アメリカ生まれの俳優。
⇒外16（ゴールド,エリオット 1938.8.29–）
ク俳（ゴールド,エリオット（ゴールドスタイン,E) 1938–）

Gould, Glenn
カナダのピアノ奏者。レコードでしか不可能な音楽を発表し、生演奏の代用物ではないレコード音楽の存在を主張。
⇒岩世人（ゴールド 1932.9.25–1982.10.4）
広辞7（ゴールド 1932–1982）
新音中（ゴールド,グレン 1932.9.25–1982.10.4）
ネーム（ゴールド 1932–1982）
標音2（ゴールド,グレン 1932.9.25–1982.10.4）

Gould, Morton
アメリカの楽団指揮者、作曲家、編曲家。
⇒エデ（ゴールド,モートン 1913.12.10–1996.2.21）
ク音3（ゴールド 1913–1996）
新音中（ゴールド,モートン 1913.12.10–1996.2.21）
標音2（ゴールド,モートン 1913.12.10–1996.2.21）
ユ著人（Gould,Moton ゴールド,モートン 1913–1996）

Gould, Peter
アメリカの地理学者。
⇒岩世人（ゴールド 1932.11.18–2000）

Gould, Randall Chase
アメリカのジャーナリスト。
⇒アア歴（Gould,Randall C(hase) ゴールド,ランドル・チェイス 1898.6.22–1979.10.23）

Gould, Shane
オーストラリアの女子水泳選手。1972年ミュンヘン・オリンピックで,3個の金メダルを得た。
⇒岩世人（ゴールド 1956.11.23–）

Gould, Stephen
アメリカのテノール歌手。
- ⇒外12（グールド,ステファン）
- 外16（グールド,ステファン）
- 失声（グールド,シュテファン ?）
- 魅惑（Gould,Stephen ?–）

Gould, Stephen Jay
アメリカの古生物学者。
- ⇒岩生（グールド 1941–2002）
- 岩生人（グールド 1941.9.10–2002.5.20）
- 科史（グールド 1941–2002）
- ポプ人（グールド,スティーブン・ジェイ 1941–2002）
- メル別（グールド,スティーヴン・ジェイ 1941–2002）

Gould, Steven
アメリカのSF作家。
- ⇒外12（グールド,スティーブン 1955–）
- 現世文（グールド,スティーブン 1955–）

Goulding, Edmund
アメリカの映画監督。
- ⇒映監（グールディング,エドマンド 1891.3.20–1959）

Gouldman, Graham
イギリスのミュージシャン。
- ⇒ロック（Gouldman,Graham グールドマン,グレアム）

Gouldner, Alvin Ward
アメリカの社会学者。パーソンズに代表される現代アメリカの主流の社会学に対する批判者として有名。
- ⇒岩世人（グールドナー 1920.7.29–1980.12.15）
- 現社（グールドナー 1920–1980）
- 広辞7（グールドナー 1920–1980）
- 社小増（グールドナー 1920–1980）

Gouled Aptidon, Hassan
ジブチの政治家。ジブチ大統領（1977～99），ジブチ進歩人民連合（RPP）議長。
- ⇒世指導（グレド・アプティドン,ハッサン 1916–2006.11.21）

Goulet, Michel
カナダ生まれの彫刻家。
- ⇒芸13（ゴーレット,ミッシェル 1944–）

Goulinat, Jean Gabriel
フランスの画家。
- ⇒芸13（グーリナ,ジャン・ガブリエル 1883–1952）

Gounaris, Dimitrios
ギリシアの政治家，王党派の指導者。国王コンスタンティノス一世の信任篤く，首相を勤めた。
- ⇒岩世人（グナリス 1867.1.5–1922.11.15）

Gourcuff, Yoann
フランスのサッカー選手（レンヌ・MF）。
- ⇒外12（グルキュフ,ヨアン 1986.7.11–）
- 外16（グルキュフ,ヨアン 1986.7.11–）
- 最世ス（グルキュフ,ヨアン 1986.7.11–）

Gourd, Jean-Jacques
スイスの哲学者。主著 "Les trois dialectiques"（1897），"Philosophie de la religion"（1911）。
- ⇒岩世人（グール 1850.9.13–1909.5.25）

Gourdault-Montagne, Maurice
フランスの外交官。
- ⇒外12（グールドモンターニュ,モーリス 1953.11.16–）
- 外16（グールドモンターニュ,モーリス 1953.11.16–）
- 世指導（グールドモンターニュ,モーリス 1953.11.16–）

Gouri, Haim
イスラエルの詩人，作家，ジャーナリスト。
- ⇒現世文（グリ,ハイム 1923.10.9–2018.1.31）

Gourley, Louis Hill
アメリカの外交官。
- ⇒アア歴（Gourley,Louis Hill グアリー,ルイス・ヒル 1889.10.17–1950.3.28）

Gourmont, Remy de
フランスの評論家，小説家。文芸雑誌『メルキュール・ド・フランス』を創刊（1890）。
- ⇒岩世人（グールモン 1858.4.4–1915.9.27）
- 学叢思（グールモン,ルミ・ド 1858–1914）
- ネーム（グールモン 1858–1915）

Gourou, Pierre
フランスの人文地理学者。
- ⇒岩世人（グールー 1900.8.31–1999.5.31）

Gourriel, Yuliesky
キューバの野球選手（内野手）。
- ⇒外12（グリエル,ユリエスキ 1984.6.9–）
- 外16（グリエル,ユリエスキ 1984.6.9–）
- 最世ス（グリエル,ユリエスキ 1984.6.9–）

Goursat, Edouard Jean Baptiste
フランスの数学者。不変式論，曲面論などに貢献。
- ⇒岩世人（グルサ 1858.5.21–1936.11.25）
- 世数（グルサ,エデュアルト・ジャン-バプディスト 1858–1936）

Gouzenko, Igor Sergeievitch
ソ連の暗号官。オタワのソ連大使館勤務。
- ⇒スパイ（グゼンコ,イーゴリ・セルゲイエヴィチ 1919–1982）

Govier, Katherine
カナダの女性作家。
- ⇒外16（ゴヴィエ,キャサリン）

Govoni, Marcello
イタリアのテノール歌手。
⇒魅惑（Govoni,Marcello　1885–1944）

Govou, Sidney
フランスのサッカー選手。
⇒最佳ス（ゴヴ, シドニー　1979.7.24–）

Gow, Ian
イギリスの歴史学者。
⇒岩世人（ガウ）

Gowda, H.D.Deve
インドの政治家。インド首相。
⇒世指導（ゴウダ,H.D.デーベ　1933.5.18–）

Gowdy, Henry Morgan
アメリカの大リーグ選手（捕手）。
⇒メジャ（ガウディ, ハンク　1889.8.24–1966.8.1）

Gowdy, John
アメリカの宣教師。
⇒アア歴（Gowdy,John　ガウディ, ジョン　1869.12.7–1963.9.9）

Gowers, *Sir* William Richard
イギリスの神経学者。ロンドン大学教授（1870）。
⇒岩世人（ガワーズ　1845.3.20–1915.5.4）

Gowers, William Timothy
イギリスの数学者。
⇒世数（ガワーズ, ウィリアム・ティモシー　1963–）

Gowing, Peter Gordon
アメリカの歴史学者。
⇒アア歴（Gowing,Peter G (ordon)　ガウイング, ピーター・ゴードン　1930.5.9–1983.7.10）

Gowland, William
イギリスの工芸技師。大阪造幣局技師として来日、古墳の研究を行い「日本考古学の父」と呼ばれる。
⇒岩世人（ガウランド（慣ゴーランド）　1842–1922.6.10）

Goyau, Pierre Louis Théophile Georges
フランスの宗教史家。"Revue des Deux Mondes"誌の編集に従事（1994～）。
⇒岩世人（ゴヨー　1869.5.31–1939.10.25）
　新カト（ゴヨー　1869.5.31–1939.10.25）

Goyen, William Charles
アメリカの小説家。
⇒現世文（ゴーイェン, ウィリアム　1915.4.24–1983.8.30）

Goytisolo, Juan
スペインの小説家。主著『手品』（1954）、『エル・パライソの決闘』（55）。

⇒岩イ（ゴイティソーロ　1931–）
　岩キ（ゴイティソーロ　1931–）
　岩世人（ゴイティソーロ　1931.1.5–）
　外12（ゴイティソロ, フアン　1931.1.5–）
　外16（ゴイティソロ, フアン　1931.1.5–）
　現世文（ゴイティソロ, フアン　1931.1.5–2017.6.4）
　ネーム（ゴイティソロ　1931–）

Gozzano, Guido Gustavo
イタリアの詩人、小説家。「たそがれ派」の代表的な詩人。詩集『隠れ家への道』（1907）、『対話』（11）。
⇒岩世人（ゴッツァーノ　1883.12.19–1916.8.9）

Graabak, Jørgen
ノルウェーのスキー選手（複合）。
⇒外16（グローバク, ヨルゲン　1991.4.26–）

Graarud, Gunnar
ノルウェーのテノール歌手。
⇒魅惑（Graarud,Gunnar　1886–1960）

Grabar, André
フランスの美術史家。皇帝崇拝、殉教者崇拝、聖像論争等のビザンツ精神史の重要な諸理念に裏づけられた美術の機能を解明した。
⇒岩世人（グラバール　1896.7.26/8.8–1990.10.5）
　新カト（グラバール　1896.7.26–1990.10.3/5）

Grabar, Igor Emmanuilovich
ソ連の画家、芸術史家。『九月の雪』『白い冬』などを制作。
⇒岩世人（グラバーリ　1871.3.13/25–1960.5.16）

Grabar-Kitarović, Kolinda
クロアチアの政治家、外交官。クロアチア大統領（2015～）。
⇒外16（グラバルキタロヴィッチ, コリンダ　1968.4.29–）
　世指導（グラバルキタロヴィッチ, コリンダ　1968.4.29–）

Grabau, Amadeus William
アメリカの地質学者。中国の古生層の地層、古生物を研究し、脈動説を提唱。著書『地向斜の移動』（1924）、『脈動説』（36）。
⇒アア歴（Grabau,Amadeus William　グレイボウ, アマディーアス・ウイリアム　1870.1.9–1946.3.20）
　岩世人（グレイボー　1870.1.9–1946.3.20）
　オク地（グレーボー, アマデウス・ウィリアム　1870–1946）

Grabenstein, Chris
アメリカの作家。
⇒海文新（グラベンスタイン, クリス）
　現世文（グラベンスタイン, クリス）

Grabianski, Janusz
ポーランドのイラストレーター。
⇒絵本（グラビャンスキ, ヤヌシ　1929–1976）

Grabiński, Stefan
ポーランドの作家, 劇作家。
⇒現世文（グラビンスキ, ステファン　1887.2.26–1936.11.12）

Grable, Betty
アメリカの女優。
⇒ク俳（グレイブル, ベティ（グレイブル, ルース・エリザベス）　1916–1973）
スター（グレイブル, ベティ　1916.12.18–1973）

Grabmann, Martin
ドイツのカトリック神学者, 中世哲学史家。
⇒岩キ（グラープマン　1875–1949）
岩世人（グラーブマン　1875.1.5–1949.1.9）
新カト（グラーブマン　1875.1.5–1949.1.9）
メル別（グラーブマン, マルティン　1875–1949）

Grabowski
ポーランドの版画家。
⇒芸13（グラボフスキ　1933–）

Grace, Eugene Gifford
アメリカの実業家。ベスレヘム・スティール社長, 会長。
⇒アメ経（グレース, ユージン　1876.8.27–）

Grace, Mark Eugene
アメリカの大リーグ選手（内野手）。
⇒外12（グレース, マーク　1964.6.28–）
メジャ（グレイス, マーク　1964.6.28–）

Grace, Patricia Frances
ニュージーランドの作家。マオリ系女性作家の中心的存在として, 詩と短編を数多く手がける。
⇒現世文（グレース, パトリシア　1937–）
ニュー（グレイス, パトリシア　1937–）

Grachev, Pavel Sergeevich
ロシアの政治家, 軍人。国防相。
⇒世指導（グラチョフ, パーヴェル　1948.1.1–2012.9.23）

Gracias, Valerian
ボンベイの大司教, インドの最初の枢機卿。
⇒新カト（グラシアス　1900.10.23–1978.9.11）

Gracie, Charlie
アメリカ・フィラデルフィア生まれの歌手, ギター奏者。
⇒ロック（Gracie,Charlie　グレイシー, チャーリー　1936.5.14–）

Gracie, Renzo
ブラジルの柔術家。
⇒外16（グレイシー, ヘンゾ　1967.3.11–）

Gracie, Rickson
ブラジルの柔術家。
⇒異二辞（グレイシー[ヒクソン・～]　1959–）
外12（グレイシー, ヒクソン　1958.11.21–）
外16（グレイシー, ヒクソン　1958.11.21–）

Gracie, Roger
ブラジルの柔術家。
⇒外12（グレイシー, ホジャー　1981.9.26–）
外16（グレイシー, ホジャー　1981.9.26–）

Gracie, Royce
アメリカの柔術家。
⇒外12（グレイシー, ホイス　1966.12.12–）

Gracie, Royler
ブラジルの柔術家。
⇒外16（グレイシー, ホイラー　1965.12.6–）

Gracq, Julien
フランスの小説家。処女作『アルゴールの城』(1938), 『シルトの岸辺』(51, ゴンクール賞を辞退), 『半島』(70) などのほか, 散文詩集『大いなる自由』, 随筆『アンドレ・ブルトン』(48) などがある。
⇒岩世人（グラック　1910.7.27–2007.12.22）
現世文（グラック, ジュリアン　1910.7.27–2007.12.22）
ネーム（グラック　1910–2007）
フ文小（グラック, ジュリアン　1910–）

Grade, Chaim
イディッシュの小説家, 詩人。
⇒岩世人（グラーデ　1910.4.4–1982.4.26）

Gradin, Anita
スウェーデンの政治家。スウェーデン貿易相, 欧州連合(EU)欧州委員会委員。
⇒世指導（グラディン, アニタ　1933–）

Gradmann, Robert
ドイツの地理学者。南ドイツの景観発達史および集落発達史を研究。
⇒岩世人（グラートマン　1865.7.18–1950.9.16）

Graebe, Karl
ドイツの化学者。芳香族化合物を研究。
⇒岩世人（グレーベ　1841.2.24–1927.1.19）
化学（グレーベ　1841–1927）

Graebner, Fritz
ドイツの民族学者。
⇒岩世人（グレーブナー　1877.3.4–1934.7.13）
社小増（グレーブナー　1877–1934）

Graener, Paul
ドイツの作曲家, 指揮者。
⇒ク音3（グレーナー　1872–1944）
標音2（グレーナー, パウル　1872.1.11–1944.11.13）

Graf, Arturo
イタリアの詩人, 評論家。主著『日没ののち』(1893)。
⇒岩世人（グラーフ　1848.1.19–1913.5.31）

Graf, Georg
ドイツのカトリック司祭,アラビア語のキリスト教文献研究者。
⇒新カト(グラーフ　1875.3.15–1955.9.18)

Graf, Herbert
オーストリアのオペラ演出家。アメリカに帰化。著書に『民衆のためのオペラ』(1951)など。
⇒新音中(グラーフ,ヘルベルト　1904.4.10–1973.4.5)
精分弘(ハンス少年)
標音2(グラーフ,ヘルベルト　1904.4.10–1973.4.5)
ユ著人(Graf,Herbert　グラーフ,ハーバート　1904–1973)

Graf, Oskar Maria
ドイツの作家。ドイツ・アメリカ作家協会会長。
⇒岩世人(グラーフ　1894.7.22–1967.6.28)
現世文(グラーフ,オスカル・マリーア　1894.7.22–1967.6.28)

Graf, Peter-Lukas
スイスのフルート奏者。
⇒新音中(グラーフ,ペーター=ルーカス　1929.1.5–)
標音2(グラーフ,ペーター=ルーカス　1929.1.5–)

Graf, Steffi
ドイツのテニス選手。
⇒異二辞(グラフ[シュテフィ・〜]　1969–)
岩世人(グラフ　1969.6.14–)
外12(グラフ,シュテフィ　1969.6.14–)
外16(グラフ,シュテフィ　1969.6.14–)
ポプ人(グラフ,シュテフィ　1969–)

Graff, Laurent
フランスの作家。
⇒海文新(グラフ,ローラン　1968–)

Graff, Lisa
アメリカの作家。
⇒海文新(グラフ,リサ)

Graff, Sigmund
ドイツの劇作家。
⇒岩世人(グラフ　1898.1.7–1979.6.18)

Graffin, René
フランスの聖職者,オリエント学者。
⇒新カト(グラファン　1858.3.22–1941.1.3)

Graffman, Gary
アメリカのピアノ奏者。
⇒標音2(グラフマン,ゲリー　1928.10.14–)

Grafström, Gillis
スウェーデンのスケート選手。
⇒ネーム(グラフストローム　1893–1938)

Grafton, C.W.
アメリカの作家。
⇒現世文(グラフトン,C.W.　1909–1982)

Grafton, Sue
アメリカのミステリ作家。
⇒外12(グラフトン,スー　1940.4.24–)
外16(グラフトン,スー　1940.4.24–)
現世文(グラフトン,スー　1940.4.24–2017.12.28)

Graham, Bill
アメリカのロック・プロモーター。ローリング・ストーンズ全米公演(1972),ボブ・ディラン全米公演(73〜74)をプロモートした。
⇒ロック(Graham,Bill　グレアム,ビル)

Graham, Billy
アメリカの伝道師(説教師)。
⇒アメ州(Graham,William Franklin　グレアム,ウイリアム・フランクリン　1918–)
アメ新(グレアム　1918–)
岩キ(グラハム　1918–)
岩世人(グラハム　1918.11.7–)
オク教(グラハム(グレアム)　1918–)
外12(グラハム,ビリー　1918.11.7–)
外16(グラハム,ビリー　1918.11.7–)
マルX(GRAHAM,BILLY　グレアム,ビリー　1918–)

Graham, Caroline
イギリスの女性推理小説家。
⇒現世文(グレアム,キャロライン)

Graham, Dan
アメリカ生まれの芸術家。
⇒岩世人(グレアム　1942.3.31–)
現アテ(Graham,Dan　グレアム,ダン　1942–)

Graham, David
オーストラリアのプロゴルファー。
⇒外16(グラハム,デービッド　1946.5.23–)

Graham, David Crockett
アメリカの動物標本収集家。
⇒アア歴(Graham,David Crockett　グラム,デイヴィッド・クロケット　1884.3.21–1961.9.15)

Graham, Davy
イギリスのギター奏者。
⇒ロック(Graham,Davy　グレアム,デイヴィ　1940–)

Graham, Frank Dunstone
アメリカの経済学者。古典的相互需要説に対してはげしい批判的態度をとり,国際価値論の再構成に努力した。
⇒有経5(グラハム　1890–1949)

Graham, Frank Porter
アメリカの教育者,政府職員。
⇒アア歴(Graham,Frank P(orter)　グラム,フランク・ポーター　1886.10.14–1972.2.16)

Graham, Heather
アメリカのロマンス作家。
⇒外12 (グレアム, ヘザー)
現世文 (グレアム, ヘザー)

Graham, Heather
アメリカの女優。
⇒外12 (グラハム, ヘザー　1970.1.29-)
外16 (グラハム, ヘザー　1970.1.29-)
ク俳 (グレイアム, ヘザー　1970-)

Graham, Inez Mae
アメリカの図書館員。メリーランド州の学校図書館を図書以外のメディアを導入することにより, 時代に則した新たな図書館として組織しなおす。
⇒ア図 (グレアム, イニス・メー　1904-1983)

Graham, Lindsay
アメリカの政治家。上院議員 (共和党)。
⇒外16 (グラム, リンゼー　1955.7.9-)
世指導 (グラム, リンゼー　1955.7.9-)

Graham, Lynne
北アイルランド出身のロマンス作家。
⇒現世文 (グレアム, リン)

Graham, Martha
アメリカの舞踊家。「コントラクション (収縮) とリリース (解放)」の理論は, バレエに対抗できる唯一のモダン・ダンス・メソッドとして名高い。
⇒岩世人 (グレアム　1894.5.11-1991.4.1)
ネーム (グラハム　1894-1991)
ユ著人 (Graham,Martha　グレアム, マーサ　1893-1991)

Graham, Philip Leslie
アメリカの新聞発行者。「ワシントン・ポスト」を「ニューヨーク・タイムズ」に次ぐ東部での有力紙に発展させた。
⇒岩世人 (グレアム　1915.7.18-1963.8.3)

Graham, Rodney
カナダ生まれの芸術家。
⇒現アテ (Graham,Rodney　グレアム, ロドニー　1949-)

Graham, Susan
アメリカのメゾ・ソプラノ歌手。
⇒外12 (グレアム, スーザン　1960.7.23-)

Graham, William
カナダの政治家。カナダ外相, 国防相。
⇒外12 (グラハム, ウィリアム　1939.3.17-)
世指導 (グラハム, ウィリアム　1939.3.17-)

Graham, W(illiam) S(ydney)
イギリスの詩人。
⇒現世文 (グレアム,W.S.　1918.11.19-1986.1.9)

Graham, Winston (Mawdsley)
イギリスの小説家, 映画脚本作家。
⇒現世文 (グレアム, ウィンストン　1908.6.30-2003.7.10)

Grahame, Gloria
アメリカの女優。『悪人と美女』(1952年) でアカデミー助演女優賞受賞。
⇒ク俳 (グレイアム, グローリア (ホールウォード, G・G)　1924-1981)
スター (グレアム, グロリア　1923.11.28-1981)

Grahame, Kenneth
イギリスの銀行家。児童文学の古典『楽しい川べ』(1908) の作者。
⇒岩世人 (グレアム　1859.3.8-1932.7.6)
ボブ人 (グレアム, ケネス　1859-1932)

Grahame, Margot
イギリスの女優。
⇒ク俳 (グレイアム, マーゴット　1911-1982)

Grahame-Smith, Seth
アメリカの作家, 脚本家, 映画プロデューサー。
⇒海文新 (グレアム=スミス, セス　1976.1.4-)
現世文 (グレアム・スミス, セス　1976.1.4-)

Grahame-White, Claude
イギリスの飛行家。飛行機製造家。多くの飛行機競技に参加。
⇒岩世人 (グレアム=ホワイト　1879.8.21-1959.8.19)

Graham-Hall, John
イギリスのテノール歌手。
⇒魅惑 (Graham-Hall,John　?-)
魅惑 (Hall,John Graham　?-)

Grainger, Katherine
イギリスのボート選手。
⇒外16 (グレインジャー, キャサリン　1975.11.12-)
最新ス (グレインジャー, キャサリン　1975.11.12-)

Grainger, Percy Aldrige
オーストラリア生まれのアメリカの作曲家, ピアノ演奏家。民謡に興味をもち, 作曲の基調をこれに求めた。
⇒岩世人 (グレインジャー　1882.7.8-1961.2.20)
エデ (グレインジャー, (ジョージ) パーシー (オルドリッジ)　1882.7.8-1961.2.20)
ク音3 (グレインジャー　1882-1961)
新音小 (グレインジャー, パーシー　1882-1961)
新音中 (グレインジャー, パーシー　1882.7.8-1961.2.20)
標音2 (グレインジャー, パーシー　1882.7.8-1961.2.20)

Grainville, Patrick
フランスの作家。
⇒外12 (グランヴィル, パトリック　1947.6.1-)

外16（グランヴィル,パトリック　1947.6.1–）
現世文（グランヴィル,パトリック　1947.6.1–）

Gral, Rodrigo
ブラジルのサッカー選手（FW）。
⇒外12（グラウ,ロドリゴ　1977.2.21–）

Gram, Jørgan Pedersen
デンマークの数学者。
⇒数辞（グラム,ヨルゲン・ペデルセン　1850–1916）
世数（グラム,ヨルゲン　1850–1916）

Gramegna, Leoardo
テノール歌手。
⇒魅惑（Gramegna,Leoardo　?–）

Grammer, Billy
アメリカ・イリノイ州ベントン生まれの歌手,ソングライター,リード・ギター奏者。
⇒ロック（Grammer,Billy　グラマー,ビリー　1925.8.28–）

Grammont, Maurice
フランスの言語学者。比較言語学,音声学,韻律論を研究。主著に『インド＝ヨーロッパ語およびロマンス諸語における子音の異化』（1895）,『音韻論提要』（1933）など。
⇒岩世人（グラモン　1866.4.15–1946.10.17）

Gramsci, Antonio
イタリアの共産党指導者,マルクス主義思想家。1921年イタリア共産党の創立に参加,コミンテルン執行委員を経て党指導者。主著『ノート』,『獄中からの手紙』（1947）。
⇒岩経（グラムシ　1891–1937）
岩社（グラムシ　1891–1937）
岩世人（グラムシ　1891.1.22–1937.4.27）
現社（グラムシ　1891–1937）
広辞7（グラムシ　1891–1937）
社小増（グラムシ　1891–1937）
世人新（グラムシ　1891–1937）
世人装（グラムシ　1891–1937）
哲中（グラムシ　1891–1937）
メル3（グラムシ,アントニオ　1891–1937）
有経5（グラムシ　1891–1937）

Gran, Sara
アメリカの作家。
⇒外16（グラン,サラ　1971–）
海文新（グラン,サラ　1971–）
現世文（グラン,サラ　1971–）

Granach, Alexander
ドイツの俳優。
⇒ユ事人（Granach,Alexander（Isaiah Gronach）グラナッハ,アレクサンダー　1890–1945）

Granados y Campina, Enrique
スペインの作曲家,ピアノ奏者。
⇒岩世人（グラナドス　1867.7.27–1916.3.24）
エデ（グラナドス（イ・カンピニャ）,エンリケ　1867.7.27–1916.3.24）
オペラ（グラナドス,エンリケ　1867–1916）
ク音3（グラナドス　1867–1916）
広辞7（グラナドス　1867–1916）
新音小（グラナドス,エンリーケ　1867–1916）
新音中（グラナドス,エンリケ　1867.7.27–1916.3.24）
ネーム（グラナドス　1867–1916）
ピ曲改（グラナドス,エンリケ　1867–1916）
標音2（グラナドス,エンリケ　1867.7.27–1916.3.24）

Granda, Alessandro
ペルーのテノール歌手。
⇒魅惑（Granda,Alessandro　1898–1962）

Grandbois, Alain
カナダ（フランス系）の詩人。
⇒現世文（グランボワ,アラン　1900.5.25–1975.3.18）

Grand-Carteret, John
フランスのジャーナリスト。
⇒19仏（グラン＝カルトレ,ジョン　1850.5.6–1927.8.31）

Grande, Ariana
アメリカの歌手。
⇒外16（グランデ,アリアナ　1993.6.26–）

Grande García, Rutilio
エルサルバドルのカトリック司祭。
⇒岩世人（グランデ　1928.7.5–1977.3.12）

Granderson, Curtis
アメリカの大リーグ選手（ヤンキース・外野手）。
⇒最世ス（グランダーソン,カーティス　1981.3.16–）
メジャ（グランダーソン,カーティス　1981.3.16–）

Grandi, Dino
イタリアの政治家。
⇒岩世人（グランディ　1895.6.4–1988.5.21）

Grandjean, Philippe
デンマークの環境医学の研究者。水銀による健康被害研究の第一人者。南デンマーク大学教授。
⇒外16（グランジャン,フィリップ　1950–）

Grandmaison, Léonce Loizeau de
フランスの神学者,イエズス会員。
⇒新カト（グランメゾン　1868.12.31–1927.6.15）

Granet, Marcel
フランスの中国学者。著書"Fêtes et chansons anciennes de la Chine"（1919）,"La Civilisation chinoise"（29）など。
⇒岩世人（グラネ　1884.2.29–1940.11.25）
中文史（グラネ　1884–1940）

Graney, John Gladstone
アメリカの大リーグ選手（外野）。

⇒メジャ（グレイニー, ジャック　1886.6.10–1978.4.20）

Grange, Harold
アメリカのプロフットボール選手。
⇒アメ州（Grange,Harold　グランジ, ハロルド　1903–）

Grangé, Jean-Christophe
フランスのミステリ作家。
⇒現世文（グランジェ, ジャン・クリストフ　1961–）

Granger, Bill
オーストラリアの料理人。
⇒外16（グレンジャー, ビル）

Granger, Bill
アメリカの作家, ジャーナリスト。
⇒現世文（グレンジャー, ビル　1944–）

Granger, Clive William John
イギリス出身の経済学者。
⇒岩経（グレンジャー　1934–）
　ネーム（グレンジャー　1934–2009）
　ノペ3（グレンジャー,C.W.J.　1934.9.4–2009.5.27）
　有経5（グレンジャー　1934–2009）

Granger, Danny
アメリカのバスケットボール選手（ペイサーズ）。
⇒最世人（グランジャー, ダニー　1983.4.20–）

Granger, David
ガイアナの政治家, 軍人。ガイアナ大統領（2015～）。
⇒世指導（グレンジャー, デービッド　1945.7.15–）

Granger, Ernest Henri
フランスの社会主義者。
⇒学叢思（グランジェ, エルネ・アンリ　1844–?）

Granger, Farley
アメリカ生まれの俳優。
⇒ク俳（グレインジャー, ファーリー（アール,F　1925–）

Granger, Gilles-Gaston
フランスの科学哲学者。
⇒メル別（グランジェ, ジル＝ガストン　1920–）

Granger, Stewart
イギリス・ロンドン生まれの男優。
⇒ク俳（グレンジャー, スチュアート（ステュアート, ジェイムズ）　1913–1993）
　スター（グレンジャー, スチュワート　1913.5.6–1993）

Granger, Walter Willis
アメリカの古生物学者。
⇒アア歴（Granger,Walter（Willis）　グレインジャー, ウォルター・ウィリス　1872.11.7–1941.9.6）

Granger, Wayne Allan
アメリカの大リーグ選手（投手）。
⇒メジャ（グレンジャー, ウェイン　1944.3.15–）

Granič, Mate
クロアチアの外交官, 政治家。クロアチア外相。
⇒外12（グラニッチ, マテ　1947.9.19–）
　世指導（グラニッチ, マテ　1947.9.19–）

Granin, Daniil Aleksandrovich
ソ連の小説家。主著『第2の案』(1949),『探究者』(54),『婚礼ののちに』(58),『雷雲への挑戦』(62)。
⇒岩世人（グラーニン　1919.1.1–）
　現世文（グラーニン, ダニール　1919.1.1–2017.7.4）

Granit, Ragner Arthur
スウェーデンの神経生理学者。1967年ノーベル生理学医学賞。
⇒岩生（グラニット　1900–1991）
　岩世人（グラニート　1900.10.30–1991.3.12）
　ネーム（グラニット　1900–1991）
　ノペ3（グラニット,R.　1900.10.30–1991.3.12）

Granovetter, Mark S.
アメリカの社会学者。
⇒岩世人（グラノヴェッター　1943.10.20–）
　社小増（グラノヴェッター　1943–）

Grant, Avram
イスラエルのサッカー指導者。
⇒外12（グラント, アブラム　1955.5.4–）
　外16（グラント, アブラム　1955.5.6–）

Grant, Barbara Rosemary
イギリスの生物学者。
⇒岩生（グラント夫妻　1936–）
　外12（グラント, バーバラ・ローズマリー　1936.10.8–）
　外16（グラント, バーバラ・ローズマリー　1936.10.8–）

Grant, Cary
アメリカの俳優。主演作品『断崖』『汚名』『泥棒成金』『北北西に進路を取れ』など。
⇒遺産（グラント, ケイリー　1904.1.18–1986.11.29）
　岩世人（グラント　1904.1.18–1986.11.29）
　ク俳（グラント, ケーリー（リーチ, アーチボルド）　1904–1986）
　広辞7（グラント　1904–1986）
　スター（グラント, ケイリー　1904.1.18–1986）

Grant, Charles L.
アメリカのホラー作家。
⇒現世文（グラント, チャールズ　1942.9.12–2006.9.15）

Grant, Earl
マルコムXの側近。

⇒マルX（GRANT,EARL　グラント,アール）
Grant, Hugh
イギリス生まれの俳優。
⇒外12（グラント,ヒュー　1960.9.9–）
　外16（グラント,ヒュー　1960.9.9–）
　ク俳（グラント,ヒュー　1960–）
　スター（グラント,ヒュー　1960.9.9–）
Grant, Iain Hamilton
イギリスの哲学者。
⇒メル別（グラント,イアン・ハミルトン　1968–）
Grant, James Timothy（Mudcat）
アメリカの大リーグ選手（投手）。
⇒メジャ（グラント,マドキャット　1935.8.13–）
Grant, John Black
アメリカの医師。
⇒アア歴（Grant,John B（lack）　グラント,ジョン・ブラック　1890.8.31–1962.10.16）
Grant, Joshua
アメリカのバレエダンサー。
⇒外12（グラント,ジョシュア　1982–）
Grant, Kirby
アメリカの俳優,ミュージシャン。
⇒ク俳（グラント,カービー（フーン,K・G）　1911–1985）
Grant, Lee
アメリカ生まれの女優。
⇒ク俳（グラント,リー（ローゼンタール,リューバ）　1927–）
Grant, Madison
アメリカの環境保護,反移民運動家。
⇒岩世人（グラント　1865.11.19–1937.5.30）
Grant, Peter Raymond
イギリスの生物学者。
⇒岩生（グラント夫妻　1936–）
　外12（グラント,ピーター・レイモンド　1936.10.26–）
　外16（グラント,ピーター・レイモンド　1936.10.26–）
Grant, Richard E.
スウェーデン生まれの俳優。
⇒ク俳（グラント,リチャード・E（エステルホイセン,R・G）　1957–）
Grant, Ulysses Franklin
アメリカの大リーグの黒人選手。
⇒メジャ（グラント,フランク　1865.8.1–1937.5.27）
Grant, William Thomas
アメリカの実業家。ディスカウント小売業者。
⇒アメ経（グラント,ウィリアム　1876.6.27–1972.8.6）

Grantham, Sir Alexander William George Herder
イギリスの植民地行政官。
⇒岩世人（グランサム　1899.3.15–1978.10.4）
Grantham, George Farley
アメリカの大リーグ選手（二塁,一塁）。
⇒メジャ（グランサム,ジョージ　1900.5.20–1954.3.16）
Granville, Bonita
アメリカの女優。
⇒ク俳（グランヴィル,ボニータ　1923–1988）
Granville, Christine
ポーランド生まれの秘密警察員。
⇒スパイ（グランヴィル,クリスティン　1915?–1952）
Granville-Barker, Harley
イギリスの演出家,俳優,劇作家。戯曲の代表作は『ボイシーの遺産』（1905）。
⇒岩世人（グランヴィル＝バーカー　1877.11.25–1946.8.31）
　世演（バーカー,グランヴィル　1877.11.25–1946.8.31）
Grappelli, Stephane
フランスのジャズ・ヴァイオリン奏者。ジャンゴ・ラインハルトとのコンビで活躍した。
⇒岩世人（グラッペリ　1908.1.26–1997.12.1）
　標音2（グラッペリ,ステファヌ　1908.1.26–1997.12.1）
Gras, Norman Scott Brien
アメリカの経済史家。企業史を専攻。
⇒岩世人（グラス　1884.7.18–1956.10.9）
Grass, Günter Wilhelm
ドイツの作家。1999年ノーベル文学賞。
⇒岩世人（グラス　1927.10.16–）
　外12（グラス,ギュンター　1927.10.16–）
　芸13（グラス,グンター　1927–）
　現世文（グラス,ギュンター　1927.10.16–2015.4.13）
　広辞7（グラス　1927–2015）
　ノベ3（グラス,G.W.　1927.10.16–）
　ポブ人（グラス,ギュンター　1927–2015）
Grasse, Edwin
アメリカのヴァイオリン奏者,作曲家。
⇒標音2（グラス,エドウィン　1884.3.13–1954.4.8）
Grässel, Hans
ドイツの建築家。墓地および墓碑の現代的改革を試みた。
⇒岩世人（グレッセル　1860.8.8–1939.3.11）
Grasset, Bernard
フランスの出版業者。
⇒岩世人（グラッセ　1881.3.6–1955.10.20）

Grasset, Eugène
スイスの画家, 版画家, 装飾家。
⇒グラデ（Grasset,Eugéne　グラッセ, ウジェーヌ　1841-1917）
　19仏（グラッセ, ウジェーヌ　1841.5.25-1917.10.23）

Grasset, Jules
フランスのミステリ作家。
⇒海文新（グラッセ, ジュール　1943-）

Grassi, Ernest
イタリア生まれのドイツの哲学者。主著『ロゴスの優位』(1938), 『現実像の統一』(51) など。
⇒岩世人（グラッシ　1902.5.2-1991.12.22）

Grassi, Giovanni Battista
イタリアの動物学者。マラリア病原虫のハマダラカ体内における生活史を明らかにした (1899)。
⇒岩生（グラッシ　1854-1925）
　岩世人（グラッシ　1854.3.27-1925.5.4）
　旺生5（グラッシ　1854-1925）

Grassi, Rinaldo
イタリアのテノール歌手。
⇒魅惑（Grassi,Rinaldo　1885-1946）

Grassle, John Frederick
アメリカの生物学者。
⇒外16（グラッスル, ジョン・フレデリック　1939.7.14-）

Grassley, Charles
アメリカの政治家。
⇒外12（グラスリー, チャールズ　1933.9.17-）

Gratton, Lynda
イギリスの経営学者。
⇒外16（グラットン, リンダ）

Grau, Hugo
西ドイツの獣医解剖学者。リンパ系およびリンパ組織, 特に腸管上皮下のリンパ組織の研究に多数のすぐれた業績がある。
⇒岩世人（グラウ　1899.4.15-1984.6.27）

Grau, Ramon
テノール歌手。
⇒魅惑（Grau,Ramon　?-）

Grau, Shirley Ann
アメリカの女性小説家。『家を守る人々』(1964) でピュリッツァー賞受賞。
⇒現世文（グロー, シャーリー・アン　1929.7.8-）

Grauer, Peter T.
アメリカの金融家。
⇒外16（グラウアー, ピーター　1945-）

Grauert, Hermann von
ドイツの歴史家。
⇒新カト（グラウエルト　1850.9.7-1924.3.12）

Grau San Martín, Ramon
キューバの政治家。キューバ大統領 (1933～34, 44～48)。
⇒岩世人（グラウ・サン・マルティン　1887.9.13-1969.7.28）

Graves, A(lfred) P(erceval)
アイルランドの詩人, 編集者。
⇒岩世人（グレイヴズ　1846.7.22-1931.12.27）

Graves, Daniel Peter
ベトナムの大リーグ選手 (投手)。
⇒メジャ（グレイヴズ, ダニー　1973.8.7-）

Graves, Frank Pierrepont
アメリカの教育者。ワシントン大学学長 (1898～1903), ニュー・ヨーク州立大学教授, ならびに州教育局長 (21～40) を歴任した。
⇒教人（グレイヴズ　1869-）

Graves, Frederick Rogers
アメリカの宣教師。
⇒アア歴（Graves,Frederick R(ogers)　グレイヴズ, フレデリック・ロジャーズ　1858.10.24-1940.5.17）

Graves, Morris
アメリカの画家。東洋哲学の研究家。主作品は『月光に歌う鳥』, 『盲の鳥』, 『千鳥の飛翔』(1955) など。
⇒芸13（グレーヴズ, モリス　1910-1979）

Graves, Nancy
アメリカ生まれの女性作家, 彫刻家。
⇒芸13（グレイヴズ, ナンシー　1940-）

Graves, Peter
アメリカ生まれの俳優。
⇒ク俳（グレイヴズ, ピーター（アウアネス,P）　1925-）

Graves, Robert von Ranke
イギリスの詩人, 小説家。主な作品に戦争回想録『すべてのものとの別れ』(1929), 詩論『白い女神』(47),『無上の特権』(55) などのほか, ホーソーンデンおよびジェームズ・テート・ブラックの両文学賞を与えられた『我クローディアス』(34) など。
⇒岩世人（グレイヴズ　1895.7.24-1985.12.7）
　現世文（グレーブズ, ロバート　1895.7.24-1985.12.7）

Graves, Rosewell Hobart
アメリカの宣教師。広東に赴任。聖書の中国訳に功がある。
⇒アア歴（Graves,Rosewell H(obart)　グレイヴズ, ローズウェル・ホウバート　1833.5.29-

1912.6.3)
岩世人（グレイヴズ　1833.5.29–1912.6.3）

Graves, Rupert
イギリス生まれの俳優。
⇒ク俳（グレイヴズ,ルパート　1963–）

Graves, William Sydney
アメリカの陸軍将校。
⇒アア歴（Graves,William Sydney　グレイヴズ,ウイリアム・シドニー　1865.3.27–1940.2.27）

Gravett, Emily
イギリスの絵本作家。
⇒絵本（グラヴェット,エミリー　1973–）

Graveure, Louis
イギリスのテノール歌手。
⇒魅惑（Graveure,Louis　1888–1968）

Gravitts, Joseph X
アメリカのネイション・オブ・イスラム指導者。
⇒マルX（GRAVITTS,（CAPTAIN）JOSEPH X（Yusuf Shah）　グラヴィッツ,（キャプテン）ジョセフX（ユースフ・シャー））

Grawitz, Paul Albert
ドイツの病理学者。1883年、のちにグラウィッツ腫瘍と呼ばれる副腎腫を記載。
⇒岩世人（グラーヴィッツ　1850.10.1–1932.6.27）

Gray, Alasdair（James）
スコットランドの小説家、画家、劇作家。
⇒岩世人（グレイ　1934.12.28–）
外12（グレイ,アラスター　1934–）
外16（グレイ,アラスター　1934.12.28–）
現世文（グレイ,アラスター　1934.12.28–）
広辞7（グレイ　1934–）

Gray, Amelia
アメリカの作家。
⇒現世文（グレイ,アメリア　1982–）

Gray, Basil
イギリスの美術史家。主にオリエントの細密画に係わる研究に成果をあげ、主著"Persian painting"（1930）は労作。
⇒岩世人（グレイ　1904.7.21–1989.6.10）

Gray, Cecil
イギリスの評論家。
⇒標音2（グレイ,セシル　1895.5.19–1951.9.9）

Gray, Coleen
アメリカの女優。
⇒ク俳（グレイ,コリーン（ジェンセン,ドリス）1922–）

Gray, Dobie
アメリカ・テキサス州生まれの歌手。
⇒ロック（Gray,Dobie　グレイ,ドウビー　1943–）

Gray, Edwyn
イギリスの作家。
⇒現世文（グレイ,エドウィン）

Gray, Glen（Spike）
アメリカのジャズ・バンドリーダー。1929～50年、初期の白人ビッグ・バンド界の金字塔、カサ・ロマ・オーケストラを率いた。
⇒標音2（グレイ,グレン　1906.6.7–1963.8.23）

Gray, Jamie Lynn
アメリカの射撃選手（ライフル）。
⇒外16（グレイ,ジェイミーリン　1984.5.26–）
最世ス（グレイ,ジェイミーリン　1984.5.26–）

Gray, Jesse
マルコムXの友人、ハーレムの家賃値上げ反対ストライキの指導者。
⇒マルX（GRAY,JESSE　グレイ,ジェッシー　1924?–1988）

Gray, Jim
アメリカのコンピューター科学者。
⇒岩世人（グレイ　1944.1.12–?）

Gray, Keith
イギリスの児童文学作家。
⇒海文新（グレイ,キース　1972–）
現世文（グレイ,キース　1972–）

Gray, Kes
イギリスの児童文学作家。
⇒海文新（グレイ,ケス　1960–）
現世文（グレイ,ケス　1960–）

Gray, Louis Harold
イギリスの放射線生物学者,物理学者。
⇒岩生（グレイ　1905–1965）
物理（グレイ,ルイス・ハロルド　1905–1965）

Gray, Louis Herbert
アメリカの比較言語学者、東洋学者。コロンビア大学比較言語学および東洋語名誉教授（1944～）。
⇒岩世人（グレイ　1875.4.10–1955.8.18）

Gray, L.Patrick
アメリカのFBI長官代行。
⇒スパイ（グレイ,L・パトリック　1916–2005）

Gray, Milner
イギリスのグラフィック、展示、産業のデザイナー。
⇒グラデ（Gray,Milner　グレイ,ミルナー　1899–1997）

Gray, Nadia
ルーマニア生まれの女優。
⇒ク俳（グレイ,ナディア（クジニール＝ヘレスク,ナジャ）　1923–1994）

Gray, Nicolete
イギリスの美術史家。
⇒グラデ（Gray,Nicolette　グレイ, ニコレット　1911-1997）

Gray, Owen
ジャマイカ生まれのレゲエ歌手。
⇒ロック（Gray,Owen　グレイ, オーエン）

Gray, Peter J.
アメリカの大リーグ選手（外野）。
⇒メジャ（グレイ, ピート　1915.3.6-2002.6.30）

Gray, Samuel David（Dolly）
アメリカの大リーグ選手（投手）。
⇒メジャ（グレイ, サム　1897.10.15-1953.4.16）

Gray, Simon James Holliday
イギリスの劇作家。
⇒現世文（グレイ, サイモン　1936.10.21-2008.8.7）

Gray, Wade C.
アメリカ中央情報局（CIA）職員。
⇒スパイ（ベイカー, レオ・F, グレイ, ウェイド・C, シャムバーガー, ライリー・W, ジュニア　?-1961.4.19）

Graysmith, Robert
アメリカのノンフィクション作家。
⇒外12（グレイスミス, ロバート　1942-）

Grayson, Kathryn
アメリカの女優。
⇒ク俳（グレイスン, キャスリン（ヘドリック, ゼルマ・K）　1922-）

Grazer, Brian
アメリカの映画プロデューサー。イマジン・エンターテイメント社長, イマジン・フィルム・エンターテイメント共同会長。
⇒外12（グレイザー, ブライアン　1951-）
　外16（グレイザー, ブライアン　1951.7.12-）

Grazer, Gigi Levangie
アメリカの脚本家, 作家。
⇒海文新（グレイザー, ジジ・L.）
　現世文（グレイザー, ジジ・L.）

Graziani, Maurizio
イタリアのテノール歌手。
⇒失声（グラツィアーニ, マウリツィオ　1954-2014）

Graziani, Rodolfo
イタリアの陸軍軍人。第2次世界大戦後, ネオ・ファシスト運動の指導者。
⇒岩世人（グラツィアーニ　1882.8.11-1955.1.11）

Graziano da Silva, José
ブラジル出身の国連食糧農業機関（FAO）事務局長。
⇒外12（グラジアノ・ダ・シルバ, ジョゼ　1949.11.17-）
　外16（グラジアノ・ダ・シルバ, ジョゼ　1949.11.17-）
　世指導（グラジアノ・ダ・シルバ, ジョゼ　1949.11.17-）

Grazier, Margaret Hayes
アメリカの図書館員。ウェイン州立大学において学校図書館員の養成に力を尽くす。
⇒ア図（グレイジアー, マーガレット・ヘイズ　1916-1999）

Grazioli, Giampaolo
テノール歌手。
⇒魅惑（Grazioli,Giampaolo　?-）

Grazziani, Maurizio
テノール歌手。
⇒魅惑（Grazziani,Maurizio　?-）

Gre, Alix
フランスの女性服飾デザイナー。パリ・クチュール連盟会長などを歴任。
⇒岩世人（グレ　1899/1903?-1993.11.24）

Greager, Richard
ニュージーランドのテノール歌手。
⇒魅惑（Greager,Richard　?-）

Greaney, Mark
アメリカの作家。
⇒海文新（グリーニー, マーク　1968-）
　現世文（グリーニー, マーク　1968-）

Greatbatch, Wilson
アメリカの無線技士。
⇒世発（グレートバッチ, ウィルソン　1919-2011）

Greaves, R.B.
イギリス生まれの歌手。
⇒ロック（Greaves,R.B.　グリーヴズ,R・B）

Grech, Rick
フランスのボルドー生まれのギター奏者, ヴァイオリン奏者, プロデューサー。
⇒ロック（Grech,Rick　グレッチ, リック　1945.11.1-）

Grechaninov, Aleksandr Tikhonovich
ロシアの作曲家。オペラ『ドブルィニヤ・ニキーティチ』などの作品がある。1946年アメリカに帰化。
⇒岩世人（グレチャニーノフ　1864.10.13/25-1956.1.4）
　ク音3（グレチャニノフ　1864-1956）
　新音中（グレチャニノフ, アレクサンドル　1864.10.25-1956.1.4）
　新カト（グレチャニノフ　1864.10.25-1956.1.4）
　標音2（グレチャニノフ, アレクサンドル・ティホノヴィチ　1864.10.25-1956.1.4）

Grecian, Alex
アメリカの作家。
⇒海文新（グレシアン，アレックス）

Greco, Emilio
イタリアの彫刻家。代表作『水浴する女』(1958)。
⇒岩世人（グレコ　1913.10.11-1995.4.5）
　芸13（グレコ，エミリオ　1913-）

Greco, Giuseppe "Pino"
イタリアのシチリア・マフィア。
⇒異二辞（グレコ［ピーノ・〜］　1952-1985）

Gréco, Juliette
フランスのシャンソン歌手,映画女優。1949年『枯葉』で歌手としてデビュー。52年『ロマンス』でディスク大賞を獲得。
⇒岩世人（グレコ　1927.2.7-）
　外12（グレコ，ジュリエット　1926.2.7-）
　外16（グレコ，ジュリエット　1926.2.7-）
　ク俳（グレコ，ジュリエット　1926-）
　新音中（グレコ，ジュリエット　1927.2.7-）
　標音2（グレコ，ジュリエット　1927.2.7-）

Greco, Michele
イタリアのシチリア・マフィア。
⇒異二辞（グレコ［ミケーレ・〜］　1924-2008）

Greco, Sam
オーストラリアの格闘家。
⇒異二辞（グレコ，サム　1967-）

Greeley, Adolphus Washington
アメリカの陸軍士官,極地探検家。1881年合衆国の北極探検隊を指揮し,グリーンランドの北方に新陸地を発見。主著『北極探検の3年間』(2巻,1885),『極地探検手引』(1909)。
⇒岩世人（グリーリー　1844.3.24-1935.10.20）

Greeley, Andrew
アメリカの作家,カトリック司祭。
⇒現世文（グリーリー，アンドルー　1928.2.5-2013.5.29）

Green, Al
アメリカ・アーカンソー州生まれの歌手。
⇒ロック（Green,Al　グリーン，アル　1946.4.13-）

Green, Alan
イギリス生まれの画家。
⇒芸13（グリーン，アラン　1932-）

Green, Anthony
イギリス生まれの画家。
⇒芸13（グリーン，アンソニー　1939-）

Green, David Gordon
アメリカの映画監督,脚本家。
⇒映監（グリーン，デヴィッド・ゴードン　1975.4.9-）

Green, Edward (Danny)
アメリカの大リーグ選手(外野)。
⇒メジャ（グリーン，ダニー　1876.11.6-1914.11.9）

Green, George Dallas
アメリカの大リーグ選手(投手)。
⇒メジャ（グリーン，ダラス　1934.8.4-）

Green, Gerald
アメリカの作家,脚本家。
⇒現世文（グリーン，ジェラルド　1922.4.8-2006.8.29）

Green, Henry
イギリスの小説家。『生きる』(1929),『愛する』(45),『結論する』(48)などの小説がある。
⇒岩世人（グリーン　1905.10.29-1973.12.13）
　現世文（グリーン，ヘンリー　1905.10.29-1973.12.13）

Green, Hetty
アメリカの実業家。
⇒アメ州（Green,Hetty　グリーン，ヘッティ　1834-1916）

Green, John
アメリカの作家。
⇒外16（グリーン，ジョン　1977-）
　海文新（グリーン，ジョン　1977-）
　現世文（グリーン，ジョン　1977-）

Green, Johnny
アメリカの作曲家。
⇒エデ（グリーン，ジョニー　1908.10.10-1989.5.15）

Green, Julien
フランス,アメリカの作家。主著『閉ざされた庭』(1927),『幻を追う人』(34),『真夜中』(36),『運命』(50)。
⇒岩キ（グリーン，J.　1900-1998）
　岩世人（グリーン　1900.9.6-1998.8.13）
　現世文（グリーン，ジュリアン　1900.9.6-1998.8.13）
　広辞7（グリーン　1900-1998）
　新カト（グリーン　1900.9.6-1998.8.13）
　フ文小（グリーン，ジュリアン　1900-1998）

Green, Leonard Charles
アメリカの大リーグ選手(外野)。
⇒メジャ（グリーン，レニー　1933.1.6-）

Green, Maurice
アメリカの陸上選手(短距離)。
⇒外12（グリーン，モーリス　1974.7.23-）

Green, Michael
アメリカの国際政治学者。米国国家安全保障会議(NSC)上級アジア部長,米国戦略国際問題研究所(CSIS)上級副所長。

⇒外12（グリーン,マイケル 1961–)
外16（グリーン,マイケル 1961–)
世指導（グリーン,マイケル 1961–)

Green, Paul Eliot
アメリカの劇作家。『アブラハムのふところに』(1926)でピュリッツァー賞受賞。『コネリー家』(31)，『栄光をともに』(47)など作品多数。
⇒アメ州（Green,Paul　グリーン, ポール 1894–1981)
現世文（グリーン, ポール 1894.3.17–1981)

Green, Peter
イギリスのギター奏者。
⇒ロック（Green,Peter　グリーン, ピーター 1946.10.29–)

Green, Richard Larry
アメリカの大リーグ選手(二塁)。
⇒メジャ（グリーン, ディック 1941.4.21–)

Green, Rosario
メキシコの政治家,外交官。メキシコ外相。
⇒世指導（グリーン, ロサリオ)

Green, Sally
イギリスの作家。
⇒海文新（グリーン, サリー)

Green, Shawn David
アメリカの大リーグ選手(外野)。
⇒外12（グリーン, ショーン 1972.11.10–)
メジャ（グリーン, ショーン 1972.11.10–)

Green, Stephen
イギリスの政治家,銀行家。貿易投資相。
⇒外12（グリーン, ステファン 1948.11.7–)
外16（グリーン, ステファン 1948.11.7–)
世指導（グリーン, ステファン 1948.11.7–)

Green, William
アメリカの労働運動指導者。AFL（アメリカ労働総同盟）中央執行委員(1913)を経てゴンパースの死後AFL会長となる(24)。
⇒アメ経（グリーン, ウィリアム 1873.3.3–1952.11.21)
岩世人（グリーン 1873.3.3–1952.11.21)
教人（グリーン 1873–1952)

Greenacre, Phyllis
アメリカ・シカゴ出身の精神科医,精神分析家。
⇒精分岩（グリーネーカー, フィリス 1894–1989)

Greenaway, Peter
イギリス生まれの映画監督,画家。
⇒岩世人（グリーナウェイ 1942.4.5–)
映監（グリーナウェイ, ピーター 1942.4.5–)
外12（グリーナウェイ, ピーター 1942.4–)
外16（グリーナウェイ, ピーター 1942.4.5–)

Greenbaum, Norman
アメリカ・マサチューセッツ州生まれの歌手。
⇒ロック（Greenbaum,Norman　グリーンバウム, ノーマン 1942.11.20–)

Greenberg, Clement
アメリカの美術評論家。自己批判の歴史としてのモダニズムの理論を追求,芸術に固有の内在的・形式的な批評を確立した。
⇒岩世人（グリーンバーグ 1909.1.16–1994.5.7)
広辞7（グリーンバーグ 1909–1994)
ネーム（グリーンバーグ 1909–1994)
ユ著人（Greenberg,Clement　グリンバーグ, クレメント 1909–1994)

Greenberg, Henry Benjamin
アメリカの大リーグ選手(一塁,外野)。
⇒メジャ（グリーンバーグ, ハンク 1911.1.1–1986.9.4)
ユ著人（Greenberg,Hank　グリンバーグ, ハンク 1911–1986)

Greenberg, Joseph Harold
アメリカの人類学者,言語学者。
⇒岩世人（グリーンバーグ 1915.5.28–2001.5.7)
オク言（グリーンバーグ, ジョセフ H. 1915–2001)

Greenberg, Keith Elliot
アメリカの作家,テレビプロデューサー。
⇒外12（グリーンバーグ, キース・エリオット)
外16（グリーンバーグ, キース・エリオット)

Greenberg, Uri Zvi
イスラエルの詩人。
⇒現世文（グリンベルグ, ウリ・ツヴィ 1896.9.22–1981.5.8)

Greenblatt, Stephen
アメリカの新歴史主義を代表する学者。
⇒岩世人（グリーンブラット 1943.11.7–)
外16（グリーンブラット, スティーブン 1943.11.7–)
現社（グリーンブラット 1943–)

Greenburg, Dan
アメリカの作家。
⇒外12（グリーンバーグ, ダン)
外16（グリーンバーグ, ダン)
現世文（グリーンバーグ, ダン)

Greene, Brian
アメリカの物理学者。
⇒外12（グリーン, ブライアン 1963–)
外16（グリーン, ブライアン 1963.2.9–)

Greene, *Sir* Cunyngham
イギリスの外交官。駐日イギリス大使。
⇒岩世人（グリーン 1854.10.29–1934.6.30)

Greene, Daniel Crosby
アメリカの組合派教会宣教師。明治2(1869)年

11月来日,1913年まで神戸で伝道。
⇒アア歴（Greene,Daniel Crosby　グリーン,ダニエル・クロズビー　1843.2.11–1913.9.15）
アメ新（グリーン　1843–1913）
岩キ（グリーン,D.C.　1843–1913）
岩世人（グリーン　1843.2.11–1913.9.15）

Greene, David
イギリスの陸上選手（ハードル）。
⇒最世ス（グリーン,デービッド　1986.4.11–）

Greene,（Henry）Graham
イギリスの小説家。主著『内なる私』（1929）など。
⇒岩キ（グリーン,G.　1904–1991）
岩世人（グリーン　1904.10.2–1991.4.3）
現世文（グリーン,グレアム　1904.10.2–1991.4.3）
広辞7（グリーン　1904–1991）
新カト（グリーン　1904.10.2–1991.4.3）
スパイ（グリーン,グレアム　1904–1991）
西文（グリーン,グレアム　1904–1991）
ヘミ（グリーン,グレアム　1904–1991）
ポプ人（グリーン,グレアム　1904–1991）
ラテ新（グリーン　1904–1991）

Greene, *Sir* Hugh Carleton
イギリスの放送人。BBC（英国放送協会）会長（1960〜69）。作家Gr.グリーンの弟。
⇒岩世人（グリーン　1910.11.15–1987.2.19）

Greene, Phillips Foster
アメリカの医療宣教師。
⇒アア歴（Greene,Phillips Foster　グリーン,フィリップス・フォスター　1892.5.30–1967.4.11）

Greene, Richard
アメリカ・ロサンゼルス生まれのフィドル奏者。
⇒ロック（Greene,Richard　グリーン,リチャード）

Greene, Richard
イギリスの男優。
⇒ク俳（グリーン,リチャード　1918–1985）

Greene, Roger Sherman
アメリカの団体理事。
⇒アア歴（Greene,Roger S（herman）　グリーン,ロジャー・シャーマン　1881.5.29–1947.3.27）

Greene, Warwick
アメリカの植民地行政官。
⇒アア歴（Greene,Warwick　グリーン,ウォリック　1879.12.18–1929.11.18）

Greenfield, Howie
アメリカの作詞家。
⇒ロック（Greenfield,Howie　グリーンフィールド,ハウイ）

Greengard, Paul
アメリカの生理学者。2000年ノーベル生理学医学賞。

⇒外12（グリーンガード,ポール　1925.12.11–）
外16（グリーンガード,ポール　1925.12.11–）
ネーム（グリーンガード　1925–）
ノベ3（グリーンガード,P.　1925.12.11–）

Greenglass, David
ソ連の原爆スパイ。ジュリアス・ローゼンバーグとその義弟ハリー・ゴールドのために,ロスアラモス国立研究所で連絡員を務めた。
⇒スパイ（グリーングラス,デイヴィッド　1922–2014）

Greengrass, Paul
イギリスの映画監督,テレビディレクター。
⇒外12（グリーングラス,ポール　1955.8.13–）
外16（グリーングラス,ポール　1955.8.13–）

Greenleaf, Stephen
アメリカのミステリ作家,弁護士。
⇒現世文（グリーンリーフ,スティーブン　1942–）

Greenson, Ralph R.
アメリカの精神分析家。
⇒精分岩（グリーンソン,ラルフ・R　1911–1979）

Greenspan, Alan
アメリカの経済専門家。
⇒アメ経（グリーンスパン,アラン　1926.3.6–）
岩世人（グリーンスパン　1926.3.6–）
外12（グリーンスパン,アラン　1926.3.6–）
外16（グリーンスパン,アラン　1926.3.6–）
ユ著人（Greenspan,Alan　グリーンスパン,アラン　1926–）

Greenstreet, Sydney
イギリス生まれの俳優。
⇒ク俳（グリーンストリート,シドニー　1879–1954）
スター（グリーンストリート,シドニー　1879.12.27–1954）

Greenwald, Bruce
アメリカの経済学者。
⇒外16（グリーンウォルド,ブルース）

Greenwald, Glenn
アメリカのジャーナリスト,弁護士。
⇒外16（グリーンウォルド,グレン　1967–）

Greenwell, Michael Lewis
アメリカの大リーグ選手（外野）。
⇒メジャ（グリーンウェル,マイク　1963.7.18–）

Greenwich, Ellie
アメリカ・ニューヨーク州ロングアイランド生まれの歌手,プロデューサー,シンガー・ソングライター。
⇒ロック（Greenwich,Ellie　グリニッチ,エリー　1940–）

Greenwood, Arthur
イギリスの政治家。労働党の副党首（1939〜

Greenwood, Brian
イギリスの熱帯医学者。
⇒外12（グリーンウッド, ブライアン　1938.11.11-）
外16（グリーンウッド, ブライアン　1938.11.11-）
ネーム（グリーンウッド　1938-）

Greenwood, Colin Charles
イギリスのミュージシャン。
⇒外12（グリーンウッド, コリン　1969.6.26-）
外16（グリーンウッド, コリン　1969.6.26-）

Greenwood, Joan
イギリスの女優。
⇒ク俳（グリーンウッド, ジョウン　1921-1987）

Greenwood, Jonny
イギリスのミュージシャン。
⇒外12（グリーンウッド, ジョニー　1971.11.5-）
外16（グリーンウッド, ジョニー　1971.11.5-）

Greer, Jane
アメリカ生まれの女優。
⇒ク俳（グリア, ジェイン（グリア, ベティジェーン）1924-2001）

Greer, Thurman Clyde (Rusty)
アメリカの大リーグ選手（外野）。
⇒メジャ（グリアー, ラスティ　1969.1.21-）

Gref, German Oskarovich
ロシアの政治家。ズベルバンクCEO, 経済発展貿易相。
⇒外12（グレフ, ゲルマン　1964.2.8-）
外16（グレフ, ヘルマン　1964.2.8-）
世指導（グレフ, ヘルマン　1964.2.8-）

Gregan, George
オーストラリアのラグビー選手。
⇒外12（グレーガン, ジョージ　1973.4.19-）
最世ス（グレーガン, ジョージ　1973.4.19-）

Gregg, Donald
アメリカの外交官。
⇒外16（グレッグ, ドナルド）

Gregg, Judd
アメリカの政治家。
⇒外12（グレッグ, ジャド　1947.2.14-）

Gregg, Kevin Marschall
アメリカの大リーグ選手（投手）。
⇒メジャ（グレッグ, ケヴィン　1978.6.20-）

Gregg, Richard Bartlett
アメリカの作家。
⇒アア歴（Gregg,Richard Bartlett　グレッグ, リチャード・バートレット　1885.2.14-1974.1）

Gregg, Sylveanus Augustus (Vean)
アメリカの大リーグ選手（投手）。
⇒メジャ（グレッグ, ヴェアン　1885.4.13-1964.7.29）

Gregh, Fernand
フランスの詩人。詩集『少年の家』（1896）でアカデミー文学大賞受賞。
⇒岩世人（グレーグ　1873.10.14-1960.1.5）

Grégoire, Henri
フランスのカトリック神学者。主著"Mémoires"（1937〜40）。
⇒岩世人（グレゴワール　1881.3.21-1964.9.28）

Gregorio, Daniela De
イタリアの作家。
⇒海文新（グレゴリオ, マイケル）
現世文（グレゴリオ, マイケル）

Gregory, Daryl
アメリカのSFファンタジー作家。
⇒現世文（グレゴリー, ダリル　1965-）

Gregory, David
アメリカの作家。
⇒海文新（グレゴリー, デイヴィッド）

Gregory, Dick
アメリカの自伝作家, コメディアン, 社会運動家。
⇒マルX（GREGORY,DICK（Gregory,Richard Claxton）グレゴリー, ディック・グレゴリー（グレゴリー, リチャード・クラクストン）1932-）

Gregory, Horace
アメリカの詩人。作品に『チェルシー下宿屋』（1910）,『退却ごめん』（33）などの詩集のほか, 詩論集『アキレスの楯』（44）や『アメリカ詩の歴史』（46）。
⇒現世文（グレゴリー, ホーレス・ビクター　1898.4.10-1982.3.11）

Gregory, Lady Isabella Augusta
アイルランドの劇作家。国民劇場の創設に参加。
⇒岩世人（グレゴリー　1852.3.15-1932.5.22）
広辞7（グレゴリー　1852-1932）
図翻（グレゴリー夫人　1852.3.15-1932.5.22）
世演（グレゴリー夫人, イザベラ　-ふじん,-　1852.3.15-1932.3.22）
ネーム（グレゴリー　1852-1932）

Gregory, Jeffrey E.
アメリカ兵。クライド・リー・コンラッド・スパイ網のメンバー。
⇒スパイ（グレゴリー, ジェフリー・E）

Gregory, John Walter
イギリスの地質学者, 探検家。雲南およびチベット（1922）等を探検し, 最後に南米のアンデス山系の探検中死去。

⇒岩世人（グレゴリー 1864.1.27-1932.6.2）
Gregory, William King
アメリカの古生物学者。主著 "The Orders of Mammals"（1910）,"Man's Place among the Anthropoids"（34）。
⇒岩生（グレゴリ 1876-1970）
岩世人（グレゴリー 1876.5.19-1970.12.29）
Gregson, Jessica
イギリスの作家。
⇒海文新（グレグソン、ジェシカ 1978-）
Gregson, Wallace
アメリカの軍人、政治家。米国国防次官補（アジア・太平洋担当）。
⇒外12（グレッグソン、ウォレス）
Greider, Carol W.
アメリカの分子生物学者。
⇒岩世人（グライダー 1961.4.15-）
外12（グライダー、キャロル 1961.4.15-）
外16（グライダー、キャロル 1961.4.15-）
ノベ3（グライダー,C.W. 1961.4.15-）
Greiman, April
アメリカのグラフィック・デザイナー。
⇒グラデ（Greiman,April グレイマン、エイプリル 1948-）
Greimas, Algirdas Julien
フランスの言語学者。パリ大学付属高等研究院教授。
⇒岩世人（グレマス 1917.3.9-1992.2.27）
Grein, Jacob Thomas
オランダ人の劇作家、劇評家。1895年イギリスに帰化。著書『演劇批評』(5巻,1898～1903)その他。
⇒世演（グライン、ジェイコブ 1862-1935）
Greindl, Josef
ドイツのバス歌手。
⇒新音中（グラインドル、ヨーゼフ 1912.12.23-1993.4.16）
標音2（グラインドル、ヨーゼフ 1912.12.23-1993.4.16）
Greinke, Zack
アメリカの大リーグ選手（投手）。
⇒外12（グリンキー、ザック 1983.10.21-）
外16（グレインキー、ザック 1983.10.21-）
最世ス（グレインキー、ザック 1983.10.21-）
メジャ（グレインキー、ザック 1983.10.21-）
Greis, Michael
ドイツのバイアスロン選手。
⇒外12（グライス、ミヒャエル 1976.8.18-）
外16（グライス、ミヒャエル 1976.8.18-）
最世ス（グライス、ミヒャエル 1976.8.18-）

Greisch, Jean
フランスの宗教哲学者。
⇒メル別（グレーシュ、ジャン 1942-）
Greisinger, Seth
アメリカのプロ野球選手（巨人・投手）、大リーグ選手。
⇒外12（グライシンガー、セス 1975.7.29-）
Grekov, Boris Dmitrievich
ソ連の歴史家。科学アカデミー会員。キエフ・ロシア時代や農民史に関する著作などで知られている。1946年、スターリン賞受賞。
⇒岩世人（グレーコフ 1882.4.9/21-1953.9.9）
Grekov, Mitrofan Borisovitch
ロシアの画家。
⇒芸13（グレコフ、ミトロファン・ボリソヴィッチ 1882-1934）
Grekova, I.
ソ連の女性作家。物理学者、工学博士でもある。著作に『夏の街にて』(1965)など。
⇒現世文（グレーコワ、イリーナ 1907.3.21-2002.4.16）
Grelot, Pierre
フランスのカトリック聖書学者、司祭。
⇒新カト（グルロ 1917.2.6-2009.6.22）
Grémillon, Hélène
フランスの作家。
⇒海文新（グレミヨン、エレーヌ 1977.2.8-）
Grémillon, Jean
フランスの映画監督。主な作品に『燈台守』(1929)『父帰らず』(30)など。
⇒岩世人（グレミヨン 1902.10.3-1959.11.25）
Grenet-Dancourt, Ernest
フランスの劇作家。
⇒19仏（グルネ=ダンクール、エルネスト 1854.2.21-1913.2.10）
Grenier, Albert
フランスの考古学者。ガリア考古学の権威。
⇒岩世人（グルニエ 1878.4.3-1961.6.23）
Grenier, Jean
フランスの小説家、哲学者。
⇒岩世人（グルニエ 1898.2.6-1971.3.5）
現世文（グルニエ、ジャン 1898.2.6-1971.3.5）
メル3（グルニエ、ジャン 1898-1971）
Grenier, Roger
フランスの作家。
⇒岩世人（グルニエ 1919.9.19-）
外16（グルニエ、ロジェ 1919.9.19-）
現世文（グルニエ、ロジェ 1919.9.19-）

Greno, Nathan
アメリカのアニメーション監督。
⇒外12（グレノ, ネイサン）

Grentrup, Theodor
ドイツの宣教学者。
⇒新カト（グレントゥルブ 1878.5.25-1967.10.11）

Grenville, 'Kate' (Catherine Elizabeth)
オーストラリアの女性小説家。
⇒現世文（グレンビル, ケイト 1950.10.14-）

Grenzmann, Wilhelm
ドイツ文学者。ボン大学教授。
⇒新カト（グレンツマン 1902.7.24-1967.9.13）

Grese, Irma
ドイツの強制収容所責任者。
⇒異二辞（グレーゼ［イルマ・～］ 1923-1945）

Gressmann, Hugo
ドイツの旧約聖書学者, 宗教史学派の代表者の一人。ベルリン大学教授（1907〜）。
⇒岩世人（グレスマン 1877.3.21-1927.4.6）
新カト（グレスマン 1877.3.21-1927.4.6）

Gretsch, Hermann
ドイツの工芸家。
⇒芸13（グレッチュ, ヘルマン 1895-1950）

Gretzky, Wayne
カナダのアイスホッケー選手。
⇒岩世人（グレツキー 1961.1.26-）
外12（グレツキー, ウェイン 1961.1.26-）
外16（グレツキー, ウェイン 1961.1.26-）

Greve, Kenneth
デンマーク生まれのバレエダンサー。フィンランド国立バレエ団芸術監督、デンマーク・ロイヤルバレエ団プリンシパル。
⇒外12（グレーヴェ, ケネット）

Grevers, Matt
アメリカの水泳選手（背泳ぎ）。
⇒外16（グレイバーズ, マシュー 1985.3.26-）
最世ス（グレイバーズ, マット 1985.3.26-）

Greverus, Boris
テノール歌手。
⇒魅惑（Greverus,Boris 1903-?）

Grew, Joseph Clark
アメリカの外交官。駐デンマーク公使, 駐スイス公使, 駐トルコ大使などを歴任。
⇒アア歴（Grew,Joseph Clark グルー, ジョセフ・クラーク 1880.5.27-1965.5.27）
ア太戦（グルー 1880-1965）
アメ州（Grew,Joseph Clark グルー, ジョセフ・クラーク 1880-1965）
アメ新（グルー 1880-1965）

岩世人（グルー 1880.5.27-1965.5.25）
広辞7（グルー 1880-1965）

Grey, Edward
イギリスの政治家。1905年外相。英露協商や英仏海軍協定の締結に尽力。
⇒岩世人（グレイ 1862.4.25-1933.9.7）

Grey, Nan
アメリカの女優。
⇒ク俳（グレイ, ナン（ミラー, エスカル） 1918-1993）

Grey, Tony
イギリスのジャズ・ベース奏者。
⇒外12（グレイ, トニー 1975.3.23-）
外16（グレイ, トニー 1975.3.23-）

Grey, Virginia
アメリカの女優。
⇒ク俳（グレイ, ヴァージニア 1917-）

Grey, Zane
アメリカの小説家。
⇒アメ州（Grey,Zane グレイ, ゼーン 1875-1938）
岩世人（グレイ 1872.1.31-1939.10.23）

Griaule, Marcel
フランスの民族学者。フランスにおけるアフリカ研究の草分け的存在。
⇒岩世人（グリオール 1898.5.16-1956.2.25）
メル3（グリオール, マルセル 1898-1956）

Gribachov, Nikolai Matveevich
ソ連の詩人。叙事詩『コルホーズ』（1947）はスターリン賞を得た。
⇒現世文（グリバチョフ, ニコライ・マトヴェーヴィチ 1910.12.19-1992）

Grice, (Herbert) Paul
イギリスの思想家。
⇒岩世人（グライス 1913.3.13-1988.8.28）
オク言（グライス, ハーバート・ポール 1913-1988）

Grich, Robert Anthony
アメリカの大リーグ選手（二塁, 遊撃）。
⇒メジャ（グリッチ, ボビー 1949.1.15-）

Grieg, Edvard Hagerup
ノルウェーの作曲家, ピアノ奏者。
⇒異二辞（グリーグ［エドヴァルド・～］ 1843-1907）
岩世人（グリーグ 1843.6.15-1907.9.4）
エデ（グリーグ, エドヴァルド・ハーゲルップ 1843.6.15-1907.9.4）
学叢思（グリーグ, エドワード 1843-1907）
ク冒3（グリーグ 1843-1907）
広辞7（グリーグ 1843-1907）
新音小（グリーグ, エドヴァルド 1843-1907）
新音中（グリーグ, エドヴァルド 1843.6.15-

1907.9.4)
世人新（グリーグ 1843-1907)
世人装（グリーグ 1843-1907)
ネーム（グリーグ 1843-1907)
ピ曲改（グリーグ,エドヴァルド・ハーゲループ 1843-1907)
標音2（グリーグ,エドヴァルド 1843.6.15-1907.9.4)
ポプ人（グリーグ,エドバルド 1843-1907)

Grieg, Johan Nordahl Brun
ノルウェーの詩人,劇作家。詩集『喜望峰を回って』(1922),小説『船はさらに進む』(24),戯曲『われらの名誉とわれらの力』(35),『敗北』(37)などの作品がある。
⇒岩世人（グリーグ 1902.11.1-1943.12.2)
現世文（グリーグ,ノルダール 1902.11.1-1943.12.2)

Grier, Pam
アメリカ生まれの女優。
⇒外12（グリアー,パム 1949.5.26-)
外16（グリアー,パム 1949.5.26-)
ク俳（グリア,パム 1949-)
スター（グリア,パム 1949.5.26-)

Grierson, *Sir* George Abraham
イギリスのインド言語学者。インド言語調査会長として179種の言語,544種の方言を精密に蒐集整理した(1898〜1902)。
⇒岩世人（グリアソン 1851.1.7-1941.3.9)
新佛3（グリアスン 1851-1941)
南ア新（グリアソン 1851-1941)

Grierson, *Sir* Herbert John Clifford
イギリスの文芸批評家。17世紀英文学の権威で,ダンの研究家。
⇒岩世人（グリアソン 1866-1960.2.19)

Griesbacher, Peter
ドイツの教会音楽家。
⇒新カト（グリースバハー 1864.3.25-1933.1.28)

Griese, Friedrich
ドイツの農民文学作家。主著『最後の束』(1927),『冬』(27)など。
⇒岩世人（グリーゼ 1890.10.2-1975.6.1)

Grieser, Dietmer
オーストリアの作家,文芸評論家。
⇒外16（グリーザー,ディートマー 1934-)

Grieve, Benjamin
アメリカの大リーグ選手(外野)。
⇒メジャ（グリーヴ,ベン 1976.5.4-)

Griffes, Charles Thomlinson
アメリカの近代音楽作曲家。極めて個性的な彼の作品は,死後漸く認められた。
⇒岩世人（グリフィス 1884.9.17-1920.4.8)
エデ（グリフス,チャールズ・トムリンソン 1884.9.17-1920.4.8)

ク音3（グリフェス 1884-1920)
新音中（グリフス,チャールズ・T. 1884.9.17-1920.4.8)
ピ曲改（グリフィス,チャールズ 1884-1920)
標音2（グリフス,チャールズ 1884.9.17-1920.4.8)

Griffey, Anthony Dean
アメリカのテノール歌手。
⇒魅惑（Griffey,Anthony Dean ?-)

Griffey, George Kenneth, Jr.
アメリカの大リーグ選手(外野)。
⇒外12（グリフィー,ケン(Jr.) 1969.11.21-)
外16（グリフィー,ケンJr. 1969.11.21-)
最世ス（グリフィー,ケン(Jr.) 1969.11.21-)
メジャ（グリフィー,ケン,ジュニア 1969.11.21-)

Griffey, George Kenneth, Sr.
アメリカの大リーグ選手(外野)。
⇒メジャ（グリフィー,ケン,シニア 1950.4.10-)

Griffin, Alfredo Claudio
アメリカの大リーグ選手(遊撃)。
⇒メジャ（グリフィン,アルフレド 1957.10.6-)

Griffin, Blake
アメリカのバスケットボール選手(クリッパーズ)。
⇒最世ス（グリフィン,ブレイク 1989.3.16-)

Griffin, Kenneth C.
アメリカの機関投資家。
⇒外16（グリフィン,ケネス 1968-)

Griffin, Laura
アメリカのロマンス作家。
⇒外12（グリフィン,ローラ）

Griffin, Lawrence Edmonds
アメリカの動物学者。
⇒アア歴（Griffin,Lawrence Edmonds グリフィン,ローレンス・エドモンズ 1874.9.10-1949.9.12)

Griffin, Michael D.
アメリカのロケット科学者。
⇒外12（グリフィン,マイケル）
外16（グリフィン,マイケル 1949.11.1-)

Griffin, Michael Joseph
アメリカの大リーグ選手(外野)。
⇒メジャ（グリフィン,マイク 1865.3.20-1908.4.10)

Griffin, Robert, III
アメリカのプロフットボール選手(レッドスキンズ・QB)。
⇒最世ス（グリフィン,ロバート(III) 1990.2.12-)

Griffin, Susan Elizabeth Cilley
アメリカの宣教師。
⇒アア歴（Griffin,Susan Elizabeth Cilley　グリフィン,スーザン・エリザベス・シリー　1851.2.28–1926）

Griffing, John B.
アメリカの農学者。
⇒アア歴（Griffing,John B.　グリフィング,ジョン・B.　1885.12.4–1962.11.12）

Griffis, William Elliot
アメリカの科学者,教育者。1870年来日,福井藩,大学南校で理化学を教授。
⇒アア歴（Griffis,William Elliot　グリフィス,ウイリアム・エリオット　1843.9.17–1928.2.5）
アメ新（グリフィス　1843–1928）
岩世人（グリフィス　1843.9.17–1928.2.5）
化学（グリフィス　1843–1928）
広辞7（グリフィス　1843–1928）

Griffith, Andy
アメリカの男優。
⇒ク俳（グリフィス,アンディ　1926–）

Griffith, Arthur
アイルランド独立運動の指導者。非合法アイルランド共和国政府首相（1919〜20）。
⇒岩世人（グリフィス　1871.3.31–1922.8.12）

Griffith, Clark Calvin
アメリカの大リーグ選手（投手）。
⇒メジャ（グリフィス,クラーク　1869.11.20–1955.10.27）

Griffith, David
アメリカのテノール歌手。
⇒魅惑（Griffith,David　1939–）

Griffith, David Lewelyn Wark
アメリカの映画監督。映画草創期の一大開拓者。
⇒アメ経（グリフィス,デービッド　1875.1.22–）
アメ新（グリフィス　1875–1948）
岩世人（グリフィス　1875.1.22–1948.7.23）
映監（グリフィス,D・W　1875.1.22–1948）
広辞7（グリフィス　1875–1948）
世発（グリフィス,デイヴィッド・リウェリン・ワーク（D・W）　1875–1948）
ネーム（グリフィス　1875–1948）

Griffith, Francis Llewellyn
イギリスのエジプト学者。オックスフォード大学教授となり同大学のヌビア探検（1910〜13）を監督した。
⇒岩世人（グリフィス　1862.5.27–1934.3.14）

Griffith, Fred
イギリスの微生物学者。
⇒旺生5（グリフィス　1881–1941）

Griffith, Griffith J.
アメリカの事業家。ロサンゼルスにグリフィス天文台を寄贈した。
⇒天文大（グリフィス　1850–1919）

Griffith, Jerome
アメリカの実業家。
⇒外12（グリフィス,ジェローム　1957–）
外16（グリフィス,ジェローム　1957–）

Griffith, Melanie
アメリカ生まれの女優。
⇒外12（グリフィス,メラニー　1957.8.9–）
外16（グリフィス,メラニー　1957.8.9–）
ク俳（グリフィス,メラニー　1957–）

Griffith, Neil
テノール歌手。
⇒魅惑（Griffith,Neil　?–）

Griffith, Nicola
イギリスの作家。
⇒現世文（グリフィス,ニコラ　1960–）

Griffith, Thomas Herman
アメリカの大リーグ選手（外野）。
⇒メジャ（グリフィス,トミー　1889.10.26–1967.4.13）

Griffiths, Bede
インドのアシュラム運動家,ベネディクト会司祭。
⇒新カト（グリフィス　1906.12.17–1993.5.13）

Griffiths, Marcia
ジャマイカのミュージシャン。
⇒ロック（Bob and Marcia　ボブ&マーシア）

Griffiths, Rachel
オーストラリアの女優。
⇒ク俳（グリフィス,レイチェル　1968–）

Griffiths, Trevor
イギリスの劇作家。
⇒現世文（グリフィス,トレバー　1935.4.4–）

Griffon, Robert
フランスの画家。
⇒芸13（グリフォーン,ロバート　1924–）

Griggs, David Tressel
アメリカの地球物理学者。高温高圧下における岩石や鉱物の変形・流動・破壊特性研究のため各種近代的実験装置や手法を開発。
⇒岩世人（グリッグズ　1911.10.6–1974.12.31）

Grignani, Franco
イタリアの画家,グラフィック・デザイナー,写真家。
⇒グラデ（Grignani,Franco　グリニャーニ,フランコ　1908–）

Grignard, François Auguste Victor
フランスの化学者。マグネシウムを用いる縮合反応の研究を行い,グリニャール試薬を発見(1901)。
⇒岩世人(グリニャール 1871.5.6–1935.12.25)
化学(グリニャール 1871–1935)
広辞7(グリニャール 1871–1935)
ネーム(グリニャール 1871–1935)
ノベ3(グリニャール,F.A.V. 1871.5.6–1935.12.13)

Grignon, Claude-Henri
カナダの小説家。作品に『影と叫喚』(1933),『男とその罪』(33)など。シナリオライターとしても活動。
⇒現世文(グリニョン,クロード・アンリ 1894–1976)

Grigolo, Romano
テノール歌手。
⇒魅惑(Grigolo,Romano ?–)

Grigòlo, Vittorio
イタリアのテノール歌手。
⇒外16(グリゴーロ,ヴィットリオ 1977–)
失声(グリゴーロ,ヴィットリオ 1977–)
魅惑(Grigolo,Vittorio 1977–)

Grigorescu, Nicolaie
ルーマニアの画家。
⇒岩世人(グリゴレスク 1838.5.15–1907.7.21)

Grigorev, Alexei
テノール歌手。
⇒魅惑(Grigorev,Alexei ?–)

Grigorev, Vladimir
ロシアのスピードスケート選手(ショートトラック)。
⇒外16(グリゴリエフ,ウラジーミル 1982.8.8–)

Grigorian, Gegam
アルメニアのテノール歌手。
⇒失声(グレゴリアン,ゲガム 1951–)
魅惑(Grigorian,Gegam ?–)

Grigorjew, Anatol
ウクライナのテノール歌手。
⇒魅惑(Grigorjew,Anatol(Anton) 1926–)

Grigorovich, Yurii Nikolaevich
ロシアの舞踊演出家。
⇒岩世人(グリゴローヴィチ 1927.1.2–)
外12(グリゴローヴィチ,ユーリー 1927.1.2–)
外16(グリゴローヴィチ,ユーリー 1927.1.2–)

Grigson, Geoffrey Edward Harvey
イギリスの詩人。"Several observations"(1939)で認められ,以後"Under the cliff"(43),"Discoveries of bones and stones"(71)などの詩集を公にした。

⇒岩世人(グリグソン 1905.3.2–1985.11.25)
現世文(グリグソン,ジェフリー 1905.3.2–1985.11.25)

Grilli, Marcel
イタリア生まれのアメリカの評論家,ジャーナリスト。
⇒標音2(グリリ,マルセル 1906.10.19–1990.9.20)

Grilli, Umberto
イタリアのテノール歌手。
⇒失声(グリッリ,ウンベルト 1934–)
魅惑(Grilli,Umberto 1934–)

Grillmeier, Alois
ドイツの神学史・教理史学者,イエズス会員。
⇒岩世人(グリルマイアー 1910.1.1–1998.9.13)
新カト(グリルマイアー 1910.1.1–1998.9.13)

Grillo, Beppe
イタリアのコメディアン,政治活動家。
⇒外12(グリッロ,ベペ 1948–)
外16(グリッロ,ベペ 1948.7.21–)
世指導(グリッロ,ベペ 1948.7.21–)

Grim, Robert Anton
アメリカの大リーグ選手(投手)。
⇒メジャ(グリム,ボブ 1930.3.8–1996.10.23)

Grimal, Pierre
フランスの古典学者。
⇒岩世人(グリマール 1912.11.21–1996.10.11)

Grimaldi, Giorgio
イタリアのテノール歌手。
⇒魅惑(Grimaldi,Giorgio 1936–)

Grimaldi, Renato
イタリアのテノール歌手。
⇒魅惑(Grimaldi,Renato ?–)

Grimaud, Hélène
フランスのピアノ奏者。
⇒外12(グリモー,エレーヌ 1969–)
外16(グリモー,エレーヌ 1969–)

Grimault, Paul
フランスのアニメーション作家。代表作『やぶにらみの暴君』(1952)はヴェネチア映画祭審査員特別賞受賞。
⇒アニメ(グリモー,ポール 1905–1994)

Grimes, Burleigh Arland
アメリカの大リーグ選手(投手)。
⇒メジャ(グライムズ,バーリー 1893.8.18–1985.12.6)

Grimes, Martha
アメリカのミステリ作家。
⇒現世文(グライムズ,マーサ)

Griminelli, Andrea
イタリアのフルート奏者。
⇒外12（グリミネッリ,アンドレア　1959-）
　外16（グリミネッリ,アンドレア　1959-）

Grimm, Alexander
ドイツのカヌー選手。
⇒外12（グリム,アレクサンドラ　1986.9.6-）
　最世ス（グリム,アレクサンドラ　1986.9.6-）

Grimm, Charles John
アメリカの大リーグ選手（一塁）。
⇒メジャ（グリム,チャーリー　1898.8.28-1983.11.15）

Grimm, Hans
ドイツの国粋主義的作家。主著『土地なき民』(1926)は当時のベストセラー。
⇒岩世人（グリム　1875.3.22-1959.9.27）

Grimsley, Jason Alan
アメリカの大リーグ選手（投手）。
⇒メジャ（グリムズリー,ジェイソン　1967.8.7-）

Grimsley, Jim
アメリカの作家,劇作家。
⇒現世文（グリムズリー,ジム　1955-）

Grimsley, Ross Albert, II
アメリカの大リーグ選手（投手）。
⇒メジャ（グリムズリー,ロス　1950.1.7-）

Grimsson, Olafur Ragnar
アイスランドの政治家。アイスランド大統領(1996〜2016)。
⇒外12（グリムソン,オラフル・ラグナル　1943.5.14-）
　外16（グリムソン,オラフル・ラグナル　1943.5.14-）
　世指導（グリムソン,オラフル・ラグナル　1943.5.14-）

Grimwood, Jon Courtenay
イギリスのSF作家。
⇒海文新（グリムウッド,ジョン・コートニー）
　現世文（グリムウッド,ジョン・コートニー）

Grimwood, Ken
アメリカの作家。
⇒現世文（グリムウッド,ケン　1944.2.27-2003.6.6）

Grin, Aleksandr Stepanovich
ソ連の作家。ユートピア小説のジャンルを開き,作品に『赤い帆船』(1923)がある。
⇒岩世人（グリーン　1880.8.11/23-1932.7.8）
　現世文（グリーン,アレクサンドル　1880.8.11-1932.7.8）
　広辞7（グリーン　1880-1932）

Grindeanu, Sorin
ルーマニアの政治家。ルーマニア首相。

⇒世指導（グリンデアーヌ,ソリン　1973.12.5-）

Gringolts, Ilya
ロシアのヴァイオリン奏者。
⇒外12（グリンゴルツ,イリア　1982-）
　外16（グリンゴルツ,イリア　1982-）

Grinnan, Randolph Bryan
アメリカの宣教師。
⇒アア歴（Grinnan,R(andolph) Bryan　グリナン,ランドルフ・ブライアン　1860.4.21-1942.7.21）

Grinnell, Henry Walton
アメリカの海軍将校。
⇒アア歴（Grinnell,Henry Walton　グリネル,ヘンリー・ウォルトン　1843.11.19-1920.9.2）

Grint, Rupert
イギリスの俳優。
⇒外12（グリント,ルパート　1988.8.24-）
　外16（グリント,ルパート　1988.8.24-）

Gripari, Pierre
フランスの作家。
⇒現世文（グリパリ,ピエール　1925.1.7-1990.12.23）

Gripe, Maria
スウェーデンの児童文学作家。
⇒現世文（グリーペ,マリア　1923.7.25-2007.4.5）

Gris, Juan
スペインの画家。『ピカソ礼讚』などキュビスムの主要作品を次々に発表。
⇒岩世人（グリス　1887.3.23-1927.5.11）
　芸13（グリス,ファン　1887-1927）

Grisales, Ernesto
コロンビア,のちスペインのテノール歌手。
⇒失声（グリザレス,エルネスト　?）
　魅惑（Grisales,Ernesto　?-）

Grisar, Hartmann
ドイツのイエズス会宗教史家。主著『中世のローマと教皇の歴史』(1901)。
⇒岩世人（グリザル　1845.9.22-1932.2.25）
　新カト（グリザル　1845.9.22-1932.2.25）

Griscom, Lloyd Carpenter
アメリカの外交官。駐日アメリカ公使。
⇒岩世人（グリスコム　1872.11.4-1959）

Grisebach, Eberhard
ドイツの教育哲学者。
⇒教人（グリゼバッハ　1880-）
　新カト（グリーゼバハ　1880.2.25-1945.7.16）

Griset, Ernest
フランス生まれの動物もの諷刺挿絵画家。
⇒絵本（グリセット,アーネスト　1844-1907）

Grisey, Gérard
フランスの作曲家。
⇒ク音3（グリゼー 1946-1998）

Grisham, John
アメリカの小説家。
⇒外12（グリシャム, ジョン 1955-）
外16（グリシャム, ジョン 1955.2.8-）
現世文（グリシャム, ジョン 1955.2.8-）

Grishin, Alexei
ベラルーシのスキー選手（フリースタイル）。
⇒外12（グリシン, アレクセイ 1979.6.18-）
外16（グリシン, アレクセイ 1979.6.18-）
最世ス（グリシン, アレクセイ 1979.6.18-）

Grishko, Vladimir
ウクライナのテノール歌手。
⇒魅惑（Grishko,Vladimir ?-）

Grissom, Marquis Deon
アメリカの大リーグ選手（外野）。
⇒メジャ（グリッソム, マーキス 1967.4.17-）

Grist, Reri
アメリカのソプラノ歌手。
⇒新世中（グリスト, レリ 1932.2.29-）
標音2（グリスト, レリ 1932.2.29-）

Griswold, Eliza
アメリカの詩人, ジャーナリスト。
⇒外12（グリズウォルド, イライザ）
外16（グリズウォルド, イライザ）
現世文（グリズウォルド, イライザ）

Griswold, Hervey Dewitt
アメリカの宣教師。
⇒アア歴（Griswold,Hervey Dewitt グリズウォルド, ハーヴィー・ドウィット 1860.5.24-1945.5.15）

Grivas, George
キプロスのギリシャ系民族運動指導者。ギリシャ系住民の民族主義地下組織エオカ（EOKA）の結成にあたり, その指導者となって激しい反英闘争を展開した。
⇒岩世人（グリヴァス 1898.5.23-1974.1.27）

Grivnov, Vsevolod
ロシアのテノール歌手。
⇒魅惑（Grivnov,Vsevolod ?-）

Groat, Richard Morrow
アメリカの大リーグ選手（遊撃）。
⇒メジャ（グロート, ディック 1930.11.4-）

Groban, Josh
アメリカ・ロサンゼルス生まれの歌手。
⇒外12（グローバン, ジョシュ 1981.2.27-）
外16（グローバン, ジョシュ 1981.2.27-）

Grobe, Donald
アメリカのテノール歌手。
⇒魅惑（Grobe,Donald 1929-1986）

Gröber, Gustav
ドイツのロマン語学者。ロマン語原典を集めた"Bibliotheca romania"を刊行した。
⇒岩世人（グレーバー 1844.5.4-1911.11.6）

Gröber, Konrad
ドイツ, フライブルクの大司教。
⇒岩世人（グレーバー 1872.4.1-1948.2.14）

Grochowiak, Stanisław
ポーランド「戦後派」の詩人, 劇作家。著作に『騎士のバラード』(1956), 『すぐり』(63) など。
⇒現世文（グロホヴャク, スタニスワフ 1934.1.24-1976.9.2）

Groddeck, Walter Georg
ドイツの医師。
⇒精分岩（グロデック, ゲオルク 1866-1934）
精分弘（グロデック, ワルター・ゲオルグ 1866-1934）

Grodecki, Louis
フランスの美術史家。サン・ドニのステンドグラスに関する長年の研究 "Les vitraux de St. Denis I" (1976) は, 画期的な業績である。
⇒岩世人（グロデツキ 1910.7.18-1982）

Grodin, Charles
アメリカの俳優, 脚本家, 演出家。
⇒ク俳（グローディン, チャールズ（グローディンスキー,C) 1935-）

Grøndahl, Kirsti Kolle
ノルウェーの政治家。ノルウェー国会議長。
⇒世指導（グロンダール, ヒシュティ・コッレ 1943.9.1-）

Groeneveldt, Willem Pieter
オランダの東洋学者。中国語を駆使して劃期的な業績『中国文献より見たるマレー群島』(1887) を著したほか, 『中国におけるオランダ人』(1905) 等を発表。
⇒岩世人（フルーネフェルト 1841.5.28-1915.8.18）

Groethuysen, Bernhard
ドイツの哲学者。
⇒メル別（グレトゥイゼン, ベルンハルト 1880-1946）

Grof, Stanislav
チェコ・プラハ生まれのアメリカに移住した精神科医。エイブラハム・マズローとともにトランスパーソナル心理学会を創始。呼吸法を用いた「ホロトロピック・ブレスワーク」は様々なセラピーに応用される。
⇒ポプ人（グロフ, スタニスラフ 1931-）

Grofé, Ferde (Ferdinand Rudolf von)
アメリカの作曲家。P.ホワイトマンのジャズ楽団のピアノ演奏家兼編曲者。作品に組曲『大峡谷』(1931) ほか。
⇒岩世人（グローフェ　1892.3.27-1972.4.3）
エデ（グローフェ, ファーディ［ファーディナンド・ルドルフ・ファン］1892.3.27-1972.4.3）
ク音3（グローフェ　1892-1972）
新音小（グローフェ, ファーディ　1892-1972）
新音中（グローフェ, ファーディ　1892.3.27-1972.4.3）
ネーム（グローフェ　1892-1972）
標音2（グローフェ, ファーディ　1892.3.27-1972.4.3）
ポブ人（グローフェ, ファーデ　1892-1972）

Groff, George Weidman (Daddy)
アメリカの農業指導宣教師。
⇒アア歴（Groff,G(eorge) Weidman ("Daddy") グロフ, ジョージ・ワイドマン・［ダディー］1884.3.29-1954.12.4）

Grogger, Paula
オーストリアの女性作家, 詩人。その作品は郷土愛, 自然の体験, カトリック的信仰を基調としている。
⇒現世文（グロッガー, パウラ　1892.7.12-1984）
新カト（グロッガー　1892.7.12-1984.1.1）

Groh, Henry Knight
アメリカの大リーグ選手（三塁, 二塁）。
⇒メジャ（グロー, ヘイニー　1889.9.18-1968.8.22）

Groh, Herbert Ernst
スイスのテノール歌手。
⇒魅惑（Groh,Herbert Ernst　1905-1982）

Grohl, Dave
アメリカのミュージシャン。
⇒外12（グロール, デーブ　1969.1.14-）
外16（グロール, デーブ　1969.1.14-）

Grol, Henk
オランダの柔道選手。
⇒最世ス（グロル, ヘンク　1985.4.14-）

Grollé, Nicole Rousseau
フランス生まれの画家。
⇒芸13（グロレ, ニコル・ロセ　1930-）

Grolleau, Charles
フランスの詩人。
⇒新カト（グロロー　1867.6.28-1940.6.15）

Grollo, Francesco
イタリアのテノール歌手。
⇒魅惑（Grollo,Francesco　?-）

Gromaire, Marcel
フランスの画家。1952年カーネギー賞,56年グッゲンハイム賞,59年フランス国家大賞などを受賞。代表作『戦争』(25)。
⇒岩世人（グロメール　1892.7.24-1971.4.11）
芸13（グロメール, マルセル　1892-1971）

Gromek, Stephen Joseph
アメリカの大リーグ選手（投手）。
⇒メジャ（グロメック, スティーヴ　1920.1.15-2002.3.12）

Gromov, Aleksei
ロシアの政治家, 外交官。ロシア大統領府第1副長官。
⇒外12（グロモフ, アレクセイ　1960-）
外16（グロモフ, アレクセイ　1960.5.31-）
世指導（グロモフ, アレクセイ　1960.5.31-）

Gromov, Mikhael L.
ロシア生まれの数学者。のちにフランスに帰化。
⇒外12（グロモフ, ミハイル　1943.12.23-）
外16（グロモフ, ミハイル　1943.12.23-）
数小増（グロモフ　1943-）
世数（グロモフ, ミハエル・レオニドヴィッチ　1943-）

Gromova, Mariya
ロシアのシンクロナイズドスイミング選手。
⇒最世ス（グロモワ, マリア　1984.7.20-）

Gromyko, Andrei Andreevich
ソ連の外交官。駐米大使, 国連安全保障理事会ソ連代表, 駐英大使などを歴任。1956年党中央委員。57年以降外相。
⇒異二辞（グロムイコ［アンドレイ・～］　1909-1989）
岩韓（グロムイコ　1909-1989）
岩世人（グロムイコ　1909.7.5/18-1989.7.2）
広辞7（グロムイコ　1909-1989）
政経改（グロムイコ　1909-1989）
世人新（グロムイコ　1909-1989）
世人装（グロムイコ　1909-1989）
ネーム（グロムイコ　1909-1989）

Grönholm, Marcus
フィンランドのラリードライバー。
⇒外12（グロンホルム, マークス　1968.2.5-）
最世ス（グロンホルム, マークス　1968.2.5-）

Grönwall, Thomas Hakon
スウェーデンの数学者。
⇒世数（グレンウォール, トーマス・ハコン　1873-1932）

Groom, Arthur Hesketh
イギリスの貿易商。ゴルフ移入者。
⇒異二辞（グルーム［アーサー・ヘスケス・～］　1846-1918）

Groom, Robert
アメリカの大リーグ選手（投手）。
⇒メジャ（グルーム, ボブ　1884.9.12-1948.2.19）

Groom, Wedsel Gary（Buddy）
アメリカの大リーグ選手（投手）。
⇒メジャ（グルーム, バディ　1965.7.10-）

Groopman, Jerome
アメリカの医学者。
⇒外12（グループマン, ジェローム　1952-）
　外16（グループマン, ジェローム　1952-）

Groos, Karl
ドイツの美学者, 哲学者。主著 "Einleitung in die Ästhetik"（1892）, "Beiträge zur Ästhetik"（1924）など。
⇒岩世人（グロース　1861.12.10-1946.3.27）
　学叢思（グロース, カール　1861-?）
　教人（グロース　1861-1946）

Groot, Johann Jakob Maria de
オランダの中国学者。
⇒岩世人（フロート　1854.2.18-1921.9.24）

Grootaers, Willem A.
ベルギーの神父, 言語学者。
⇒新カト（グロタース　1911.5.26-1999.8.9）

Groothuis, Stefan
オランダのスピードスケート選手。
⇒外16（フロートイシュ, ステファン　1981.11.23-）
　最世ス（グルーハイス, ステファン　1981.11.23-）

Gropius, Walter
ドイツ生まれのアメリカの建築家。1919年バウハウスを創立。34〜37年イギリスに亡命, 37年よりハーバード大学教授, 38〜52年同大学院建築学部長。主な作品に「バウハウス校舎」「ハーバード大学院センター」など。
⇒アメ新（グロピウス　1883-1969）
　岩世人（グロピウス　1883.5.18-1969.7.5）
　グラデ（Gropius,Walter　グロピウス, ヴァルター　1883-1969）
　広辞7（グロピウス　1883-1969）
　世人新（グロピウス　1883-1969）
　世人装（グロピウス　1883-1969）
　ネーム（グロピウス　1883-1939）
　ポプ人（グロピウス, ワルター　1883-1969）

Groppari, Alessandro
イタリアの社会学者。モデナ大学法理学教授。著書『社会学』（1908）。
⇒学叢思（グロッパリ, アレッサンドロ　1874-?）

Gropper, William
アメリカの画家。
⇒岩世人（グロッバー　1897.12.3-1977）
　芸13（グロッパー, ウィリアム　1897-1966）
　ユ著人（Gropper,William　グロッパー, ウイリアム　1897-1977）

Grosche, Robert
西ドイツのカトリック司祭, 司牧者, エキュメニズムの促進者。

⇒岩世人（グローシェ　1888.6.7-1967.5.21）
　新カト（グロシェ　1888.6.7-1967.5.21）

Grosjean, Jean
フランスの詩人。主著, 散文詩集『義人の書』（1952）。
⇒現世文（グロジャン, ジャン　1912.12.21-）

Grosjean, Romain
フランスのF1ドライバー。
⇒最世ス（グロージャン, ロマン　1986.4.17-）

Groslier, Bernard Philippe
フランスのカンボジア学者。
⇒岩世人（グロリエ　1926.5.10-1986.5.29）

Groslier, George
フランスの植民地官僚, 研究者。
⇒岩世人（グロリエ　1887.2.4-1945.6.18）

Gross, Bill
アメリカのファンド・マネージャー。
⇒外12（グロス, ビル　1944-）
　外16（グロス, ビル　1944-）

Gross, David
アメリカの理論物理学者。ノーベル物理学賞受賞。
⇒岩世人（グロス　1941.2.19-）
　外12（グロス, デービッド　1941.2.19-）
　外16（グロス, デービッド　1941.2.19-）
　ノベ3（グロス,D.J.　1941.2.19-）
　物理（グロス, デイヴィッド　1941-）

Gross, Gregory Eugene
アメリカの大リーグ選手（外野）。
⇒メジャ（グロス, グレッグ　1952.8.1-）

Gross, Kevin Frank
アメリカの大リーグ選手（投手）。
⇒メジャ（グロス, ケヴィン　1961.6.8-）

Gross, Marty
カナダの映画監督。
⇒外12（グロス, マーティ）

Gross, Mirjana
ユーゴスラビア, クロアチアの歴史家。
⇒岩世人（グロス　1922.5.22-2012.7.23）

Gross, Naphtali
ガリチアのコロメア生まれのイディッシュ語詩人, 民俗学者。
⇒ユ著人（Gross,Naphtali　グロス, ナフタリ　1896-1956）

Gross, Otto Hans Adolf
オーストリアの精神医学者。
⇒岩世人（グロース　1877.3.17-1920.2.13）

Gross, Stanislav
チェコの政治家。チェコ首相。
⇒世指導（グロス, スタニスラフ　1969.10.30–2015.4.16）

Gross, Wayne Dale
アメリカの大リーグ選手（三塁）。
⇒メジャ（グロス, ウェイン　1952.1.14–）

Gross, Yoram
ポーランド出身のオーストラリアのアニメーション映画監督, プロデューサー, 脚本家。
⇒映監（グロス, ヨーラム　1926.10.18–）

Grosse, Aristid V.
アメリカ（ドイツ系）の化学者。ピッチブレンドから91番元素プロトクチニウムを単独でとり出すことに成功。
⇒岩世人（グローセ　1905.1.4–1985.7.21）

Grosse, Ernst
ドイツの民族学者, 芸術学者。1908～13年ドイツ公使館付書記官として滞日。日本文化研究, 原始民族の芸術に関する研究で知られる。主著『芸術の始源』（94）など。
⇒岩世人（グロッセ　1862.7.29–1927.1.26）
　学叢思（グローセ, エルンスト　1862–?）

Grossi, Vincenzo
イタリア生まれの司祭。ヴィコベリニャーノの主任司祭, クレモナの司教。
⇒新カト（グロッシ　1845.3.9–1917.11.7）

Grossman, David
イスラエルの作家, 平和運動家。
⇒岩世人（グロスマン　1954.1.25–）
　外12（グロスマン, デービッド　1954–）
　外16（グロスマン, デービッド　1954.1.25–）
　現世文（グロスマン, デービッド　1954.1.25–）
　ユ著人（Grossman,David　グロスマン, ダビッド　1954–）

Grossman, Lev
アメリカの作家。
⇒海文新（グロスマン, レヴ　1969–）
　現世文（グロスマン, レブ　1969–）

Grossman, Stefan
アメリカ・ニューヨーク生まれのミュージシャン。
⇒ロック（Grossman,Stefan　グロスマン, ステファン　1945.4.16–）

Grossman, Vasilii Semyonovich
ソ連の小説家。主著『ステパン・コリチューギン』（1937～40）,『正義の事業のために』（52）など。
⇒岩世人（グロスマン　1905.11.29/12.12–1964.9.14）
　現世文（グロスマン, ワシリー・セミョーノヴィチ　1905.12.12–1964.9.14）
　ユ著人（Grossman,Vasilii Semyonovich　グロスマン, ワシリー・セミョーノヴィッチ　1905–1964）

Grossmann, Henryk
ポーランド生まれの経済思想家。
⇒岩世人（グロースマン　1881.4.14–1950.11.24）

Gross-Zimmermann, Moshe
ガリチア生まれのイディッシュ・エッセイスト。
⇒ユ著人（Gross-Zimmermann,Moshe　グロス＝ツィンメルマン, モシェ　1891–1973）

Grosz, George
ドイツ生まれのアメリカの画家, 版画家。
⇒岩世人（グロス　1893.7.26–1959.7.6）
　グラデ（Grostz,George　グロッス, ゲオルゲ　1893–1959）
　芸13（グロス, ジョージ　1893–1959）
　芸13（グロス, ゲオルゲ　1893–1959）
　広辞7（グロス　1893–1959）
　ユ著人（Grosz,George　グロス, ジョージ（グロッス, ゲオルゲ）　1893–1959）

Grosz, Hans
ドイツの刑法学者。実証科学としての刑事学の樹立者。
⇒岩世人（グロース　1847.12.26–1915.12.9）
　学叢思（グロース, ハンス　1847–1915）

Grote, Gerald Wayne（Jerry）
アメリカの大リーグ選手（捕手）。
⇒メジャ（グローティ, ジェリー　1942.10.6–）

Grotewohl, Otto
ドイツの政治家。1946年社会主義統一党委員長, 49年10月ドイツ民主共和国初代首相に就任。
⇒岩世人（グローテヴォール　1894.3.11–1964.9.21）
　ネーム（グローテウォール　1894–1964）

Groth, John Thomas
アメリカの大リーグ選手（外野）。
⇒メジャ（グロース, ジョニー　1926.7.23–）

Groth, Paul Heinrich von
ドイツの鉱物学者, 結晶学者。"Zeitschrift für Kristallographie und Mineralogie"誌を創刊（1877）。
⇒岩世人（グロート　1843.6.23–1927.12.2）
　化学（グロート　1843–1927）
　学叢思（グロート, パウル　1843–?）

Grothendieck, Alexander
フランスの数学者。1966年モスクワでのフィールズ賞授賞式出席を拒否し, 賞金全額を南ベトナム民族解放戦線にカンパした。
⇒岩世人（グロタンディエク　1928.3.28–）
　数辞（グロタンディク, アレキサンダー　1928–）
　数小増（グロタンディーク　1928–2014）
　世数（グロタンディーク, アレクサンドル　1928–2014）

ユ著人（Grothendieck,Alexander　グロタンディエク,アレキサンダー　1928–）

Grotowski, Jerzy
ポーランドの演出家。
⇒岩世人（グロトフスキ　1933.8.11–1999.1.14）
　世演（グロトフスキ,イェジュイ　1933.8.11–1999.1.14）
　ネーム（グロトフスキ　1933–1999）

Groult, Benoîte
フランスの作家,女性運動家。
⇒現世文（グルー,ブノワット　1920.1.31–2016.6.21）

Groult, Flora
フランスの作家。
⇒現世文（グルー,フロラ　1924–2001.6.3）

Grousset, René
フランスの東洋学者。主著『オリエント文明』（4巻,1929～30）,『ジンギスカン』（44）,『大草原の帝国』（38）,『中国史』（42）など。アカデミー会員（46）。
⇒岩世人（グルセ　1885.9.5–1952.9.12）

Grout, Donald Jay
アメリカの音楽学者。とくにオペラの源流,資料研究に貢献した。
⇒岩世人（グラウト　1902.9.28–1987.3.9）
　新音中（グラウト,ドナルド・J.　1902.9.28–1987.3.9）
　標音2（グラウト,ドナルド・ジェイ　1902.9.28–1987.3.9）

Grove, Andy
アメリカの実業家。
⇒外16（グローブ,アンディ　1936.9.2–）

Grove, Robert Moses（Lefty）
アメリカの大リーグ選手（投手）。
⇒アメ州（Grove,Robert Moses　グルーブ,ロバート・モーゼス　1900–1975）
　メジャ（グローヴ,レフティ　1900.3.6–1975.5.22）

Grove, S.E.
アメリカの作家,歴史家,旅行家。
⇒海文新（グローヴ,S.E.）
　現世文（グローヴ,S.E.）

Groves, Kristina
カナダのスピードスケート選手。
⇒最世ス（グローブス,クリスティナ　1976.12.4–）

Groves, Leslie Richard
アメリカの技術将校。
⇒ア太戦（グローブス　1896–1970）

Groves, Paul
アメリカのテノール歌手。
⇒失声（グローヴス,ポール　1964–）

魅惑（Groves,Paul　?–）

Groys, Boris
ドイツの批評家,芸術理論家。
⇒外12（グロイス,ボリス　1947.3.19–）
　外16（グロイス,ボリス　1947.3.19–）

Groza, Petru
ルーマニアの政治家。大国民議会幹部会議長（元首）。
⇒岩世人（グローザ　1884.12.7–1958.1.7）

Grozavescu, Traian
ルーマニアのテノール歌手。
⇒失声（グロサヴェスク,トラヤン　1895–1927）
　失声（グロサヴェスク,トラヤン　?–1927）
　魅惑（Grosavescu,Trajan　1895–1927）

Grozdeva, Maria
ブルガリアの射撃選手（ピストル）。
⇒外16（グロジェバ,マリア　1972.6.23–）
　最世ス（グロジェバ,マリア　1972.6.23–）

Gruau, Rene
イタリア生まれの画家。
⇒芸13（グロウ,ルネ　1910–2004）

Grubb, John Maywood
アメリカの大リーグ選手（外野）。
⇒メジャ（グラブ,ジョニー　1948.8.4–）

Grubbs, Robert H.
アメリカの化学者。2005年ノーベル化学賞を受賞。
⇒岩世人（グラブス　1942.2.27–）
　外12（グラブス,ロバート　1942.2.27–）
　外16（グラブス,ロバート　1942.2.27–）
　化学（グラブス　1942–）
　ノベ3（グラブス,R.H.　1942.2.27–）

Grube, Wilhelm
ドイツの言語学者,中国学者。中国を旅行し（1897～98）,主として北京に留まり,文学,民族を研究した。
⇒岩世人（グルーベ　1855.8.17–1908.7.2）

Grübel, Oswald J.
ドイツの銀行家。
⇒外12（グリューベル,オズワルド　1943–）
　外16（グリューベル,オズワルド　1943–）

Grubenmann, Ulrich
スイスの岩石学者。主著『結晶片岩』（1904～06）は当時の最高水準を示す包括的記載書。
⇒岩世人（グルーベンマン　1850.4.15–1924.3.16）

Gruber, Andreas
オーストリアの作家。
⇒海文新（グルーバー,アンドレアス　1968–）
　現世文（グルーバー,アンドレアス　1968–）

Gruber, Bernhard
オーストリアのスキー選手（複合）。
⇒外12（グルーバー，ベルンハルト　1982.8.12–）
　外16（グルーバー，ベルンハルト　1982.8.12–）
　最世ス（グルーバー，ベルンハルト　1982.8.12–）

Gruber, Ernst
オーストリアのテノール歌手。
⇒魅惑（Gruber,Ernst　1918–1979）

Gruber, Ferry
オーストリアのテノール歌手。
⇒魅惑（Gruber,Ferry　1926–）

Gruber, Francis
フランスの画家。1947年国家賞受賞。『ル・ノートル頌』(36)などの作品がある。
⇒芸13（グリューベル，フランシス　1912–1948）

Gruber, Karl
オーストリアの政治家，法律家。
⇒岩世人（グルーバー　1909.5.3–1955.2.1）

Gruber, Kelly Wayne
アメリカの大リーグ選手（三塁）。
⇒メジャ（グルーバー，ケリー　1962.2.26–）

Gruber, Michael
アメリカの作家。
⇒外12（グルーバー，マイケル　1940–）
　海文新（グルーバー，マイケル　1940–）
　現世文（グルーバー，マイケル　1940–）

Gruber, Otto von
ドイツの測地学者。氷河測量，高山写真測量を行い，ツァイス工場の学術的協力者となった。
⇒岩世人（グルーバー　1884.8.9–1942.5.3）

Gruberová, Edita
チェコのソプラノ歌手。
⇒岩世人（グルベローヴァ　1946.12.23–）
　オペラ（グルベローヴァ，エディタ　1946–）
　外12（グルベローヴァ，エディタ　1946.12.23–）
　外16（グルベローヴァ，エディタ　1946.12.23–）
　新音中（グルベロヴァー，エディタ　1946.12.23–）
　標音2（グルベローヴァ，エディタ　1946.12.23–）

Gruden, Jon
アメリカのプロフットボール監督。
⇒外16（グルーデン，ジョン　1963.8.17–）
　最世ス（グルーデン，ジョン　1963.8.17–）

Grudzielanek, Mark James
アメリカの大リーグ選手（遊撃，二塁）。
⇒最世ス（グルジラネック，マーク　1970.6.30–）
　メジャ（グルゼラネック，マーク　1970.6.30–）

Gruen, Olive Dorothy
アメリカの宣教師。
⇒アア歴（Gruen,Olive Dorothy［Grün,Oliva Dorothea］　グルーエン，オリーヴ・ドロシー［グリュン，オリヴァ・ドロテア］　1883.6.20–1963.5.11）

Gruen, Sara
カナダ生まれの作家。
⇒海文新（グルーエン，サラ）
　現世文（グルーエン，サラ）

Gruenberg, Louis
ロシア生まれのアメリカの作曲家，ピアノ奏者。オペラ『ジャックと豆の木』(1929)などが成功作。
⇒ク音3（グルーエンバーグ　1884–1964）
　新音中（グルーエンバーグ，ルイス　1884.8.3–1964.6.10）
　標音2（グルーエンバーグ，ルイ　1884.8.3–1964.6.10）

Gruening, Ernest
アメリカの政治家，ジャーナリスト。1920～34年「ネイション」編集に従事。39～53年アラスカ州知事。
⇒アメ州（Gruening,Ernest　グリューニング，アーネスト　1884–1974）

Gruevski, Nikola
マケドニアの政治家。マケドニア首相。
⇒外12（グルエフスキ，ニコラ　1970.8.31–）
　外16（グルエフスキ，ニコラ　1970.8.31–）
　世指導（グルエフスキ，ニコラ　1970.8.31–）

Gruhle, Hans Walter
ドイツの精神医学者。主著"Grundriss der Psychiatrie"(1937)。
⇒岩世人（グルーレ　1880.11.7–1958.10.3）
　教人（グルーレ　1880–）
　現精（グルーレ　1880–1958）
　現精縮（グルーレ　1880–1958）

Gruley, Bryan
アメリカの作家。
⇒海文新（グルーリー，ブライアン）
　現世文（グルーリー，ブライアン）

Grumdwald, Georg
東プロシアの教育学者。国立アカデミーの講師および教授を歴任，1920年以降レーゲンスベルク単科大学の教授となる。
⇒教人（グルントヴァルト　1879–1937）

Grumiaux, Arthur
ベルギーのヴァイオリン奏者。モーツァルト作品に定評がある。
⇒岩世人（グリュミオー　1921.3.21–1986.10.16）
　新音中（グリュミオー，アルテュール　1921.3.21–1986.10.16）
　標音2（グリュミオー，アルテュール　1921.3.21–1986.10.16）

Grümmer, Elisabeth
ドイツのソプラノ歌手。

⇒新音中（グリュンマー，エリーザベト　1911.3.31–1986.11.6)
標音2（グリュンマー，エリーザベト　1911.3.31–1986.11.6)

Grünbaum, Adolf
ドイツ生まれのアメリカの科学哲学者。
⇒岩世人（グリューンバウム　1923.5.15–）

Grünbein, Durs
ドイツの詩人。
⇒岩世人（グリューンバイン　1962.10.9–）
現世文（グリューンバイン，ドゥルス　1962.10.9–）

Grünberg, Carl
ルーマニア生まれの経済思想学者。ウィーン大学の経済学私講師。
⇒岩世人（グリューンベルク　1861.2.10–1940.2.10）

Grünberg, Peter
ドイツの物理学者。2007年ノーベル物理学賞を受賞。
⇒岩世人（グリューンベルク　1939.5.18–）
外12（グリュンベルク，ペーター　1939–）
外16（グリュンベルク，ペーター　1939.5.18–）
ネーム（グリューンベルク　1939–）
ノベ3（グリュンベルク,P.　1939.5.18–）

Grünberg, Uri Zvi
東ガリチア生まれのヘブライ語詩人。
⇒ユ著人（Grünberg,Uri Zvi　グリュンベルク，ウリ・ツヴィ　1894–1981）

Grunden, Oliver E.
アメリカ空軍兵士。
⇒スパイ（グルンデン，オリヴァー・E）

Grunden, Per
スウェーデンのテノール歌手。
⇒魅惑（Grunden,Per　1922–）

Gründgens, Gustaf
ドイツの俳優，演出家。プロシア国立劇場の総監督を経て，ジュッセルドルフ・アンサンブルを結成。
⇒岩世人（グリューントゲンス　1899.12.22–1963.10.7）

Grundheber, Franz
ドイツのバリトン歌手。
⇒外12（グルントヘーバー，フランツ　1937.9.27–）

Grundig, Hans
ドイツの画家。
⇒岩世人（グルンディヒ　1901.2.19–1958.9.11）

Grundmann, Herbert
ドイツの中世史家。
⇒岩世人（グルントマン　1902.2.14–1970.3.20）

Grunebaum, Gustave E.von
アメリカのイスラム学者。
⇒岩イ（グリューネバウム　1909–1972）

Grüning, Wilhelm
ドイツのテノール歌手。1895年ウィルヘルム・キーンツルの「福音伝道者」世界初演でマティーアスを歌った。
⇒魅惑（Grüning,Wilhelm　1858–1942）

Grünspan, Herschel
パリにおけるドイツ外交官の暗殺者。
⇒ユ著人（Grünspan（Grynszpan），Herschel　グリューンシュパン，ヘルシェル　1921–?）

Grunwald, Max
シレジア・ヒンデンブルク生まれのラビ，歴史家，民族学者。
⇒ユ著人（Grunwald,Max　グルンヴァルト，マックス　1871–1953）

Grünwedel, Albert
ドイツの人類学者。中央アジアの探検家としても著名。
⇒岩世人（グリューンヴェーデル　1856.7.31–1935.10.28）
中文史（グリュンヴェーデル　1856–1935）

Grushevsky, Mikhail Sergeevich
ウクライナの歴史家，社会活動家。
⇒岩世人（グルシェフスキー　1866.9.17/29–1934.11.25）

Grusin, Dave
アメリカの演奏家。
⇒外12（グルーシン，デーブ　1934.6.26–）

Gruszczyński, Stanislaw
ポーランドのテノール歌手。
⇒魅惑（Gruszczyński,Stanislaw　1891–1959）

Grützner, Eduard
ドイツの画家。ユーモラスな風俗画を多く描く。
⇒岩世人（グリュッツナー　1846.5.26–1925.4.3）

Grybauskaité, Dalia
リトアニアの政治家。リトアニア大統領（2009～19）。
⇒外12（グリバウスカイテ，ダリア　1956.3.1–）
外16（グリバウスカイテ，ダリア　1956.3.1–）
世指導（グリバウスカイテ，ダリア　1956.3.1–）

Grynszpan, Herschel Feibel
ユダヤ系ポーランド人。1938年パリ駐在のナチス・ドイツの外交官を射殺したことがきっかけとなって，クリスタルナハト（水晶の夜）の虐殺が起こった。
⇒世暗（グリュンツパン，ハーシェル・ファイベル　1921–194?）

Gryzlov, Bolis
ロシアの政治家。ロシア内相, 下院議長, 統一ロシア党首。
⇒岩世人 (グルイズローフ 1950.12.15-)
外12 (グリズロフ, ボリス 1950.12.15-)
外16 (グリズロフ, ボリス 1950.12.15-)
世指導 (グリズロフ, ボリス 1950.12.15-)

Gsell, Francis Xavier
ドイツ出身のイエズスの聖心布教会員, オーストラリア宣教師, 司教。
⇒新カト (グゼル 1872.10.30-1960.7.12)

Guagni, Enzo
イタリアのテノール歌手。
⇒魅惑 (Guagni,Enzo ?-)

Guajardo, Jesús
メキシコ騎兵隊の大佐。1919年メキシコ革命時, 南部の有力反乱分子だったエミリアーノ・サパタを暗殺した。
⇒世暗 (グアハルド, ヘスス 1880-1920)

Guanella, Luigi
イタリア・カンポドルチーノ生まれの聖人, 修道会創立者。祝日10月24日。
⇒新カト (ルイジ・グアネラ 1842.12.19-1915.10.24)

Guardado, Edward Adrian
アメリカの大リーグ選手(投手)。
⇒メジャ (グアルダド, エディー 1970.10.2-)

Guardia, Jaime
ペルーのチャランゴ奏者, 歌手。
⇒岩世人 (グアルディア 1933.2.10-)

Guardini, Romano
ドイツのカトリック神学者, 哲学者。主著『典礼の精神』(1918),『ドストエフスキー』(32),『ソクラテスの死』(44),『近代の終末』(59)。
⇒岩キ (グアルディーニ 1885-1968)
岩世人 (グアルディーニ 1885.2.17-1968.10.1)
教人 (グアルディーニ 1885-)
新カト (グアルディーニ 1885.2.17-1968.10.1)

Guardino, Harry
アメリカ生まれの俳優。
⇒ク俳 (ガーディノ, ハリー 1925-1995)

Guardiola, Josep
スペインのサッカー選手。
⇒外12 (グアルディオラ, ジョゼップ 1971.1.18-)
外16 (グアルディオラ, ジョゼップ 1971.1.18-)
最世ス (グアルディオラ, ジョゼップ 1971.1.18-)
ネーム (グアルディオラ, ジョゼップ 1971-)

Guareschi, Giovanni
イタリアの小説家。主著『ドン・カミッロ』(1948)。

⇒現世文 (グアレスキ, ジョバンニ 1908.5.1-1968.7.22)
新カト (グアレスキ 1908.5.1-1968.7.22)

Guarnieri, John
テノール歌手。
⇒魅惑 (Guarnieri,John ?-)

Guattari, Félix
フランスの精神分析学者。
⇒岩世人 (ガタリ 1930.4.30-1992.8.29)
教思増 (ドゥルーズ(=ガタリ) 1930-1992)
現社 (ガタリ 1930-1992)
広辞7 (ガタリ 1930-1992)
図哲 (ガタリ, ピエール=フェリックス 1930-1992)
ネーム (ガタリ 1930-1992)
メル別 (ガタリ, ピエール=フェリックス 1930-1992)

Guay, Erik
カナダのスキー選手(アルペン)。
⇒外12 (グアイ, エリック 1981.8.5-)
外16 (グアイ, エリック 1981.8.5-)
最世ス (グアイ, エリック 1981.8.5-)

Gubaidulina, Sofia
ロシアの作曲家。
⇒岩世人 (グバイドゥーリナ 1931.10.24-)
外12 (グバイドゥーリナ, ソフィア 1931.10.24-)
ク音3 (グバイドゥーリナ 1931-)
新音中 (グバイドゥーリナ, ソフィヤ 1931.10.24-)
標音2 (グバイドゥーリナ, ソフィヤ・アズガトヴナ 1931.10.24-)

Gubicza, Mark Steven
アメリカの大リーグ選手(投手)。
⇒メジャ (グーバザー, マーク 1962.8.14-)

Gucci, Alessandra
イタリアのAG創設者。マウリツィオ・グッチの長女。
⇒外12 (グッチ, アレサンドラ)

Gucci, Guccio
イタリアの皮革職人。
⇒ポプ人 (グッチ, グッチオ 1881-1953)

Gu Chang-wei
中国生まれの撮影監督。
⇒外12 (クーチャンウェイ 1958-)
外16 (クーチャンウェイ 1958-)

Guchkov, Aleksandr Ivanovich
ロシアの政治家。1910年国会議長。二月革命後, 臨時政府の陸海軍大臣。
⇒岩世人 (グチコーフ 1862.10.14/26-1936.2.14)

Gudbergur Bergsson
アイスランドの小説家。
⇒岩世人 (グヴズベルグル・ベルフソン 1932.10.

Gude, Nils
ノルウェーの画家。H.F.グーデの子。
⇒岩世人（グーデ　1859.4.4–1908.12.24）

Güden, Hilde
オーストリアのソプラノ歌手。
⇒新音中（ギューデン, ヒルデ　1917.9.15–1988.9.17）
標音2（ギューデン, ヒルデ　1917.9.15–1988.9.17）

Guderian, Heinz
ドイツの陸軍軍人。1943年戦車軍司令官。44〜45年幕僚長。主著 "Achtung！Panzer！"（1937）, "Erinnerungen eines Soldaten"（51）。
⇒異二辞（グデーリアン［ハインツ・～］　1888–1954）
岩世人（グデーリアン　1888.6.17–1954.5.14）
戦思（グデーリアン　1888–1954）

Gudzy, Nataliya
ウクライナの歌手, バンドゥーラ奏者。
⇒外12（グジー, ナターシャ　1980–）
外16（グジー, ナターシャ　1980–）

Guébriant, Jean-Baptiste Budes de
フランスの中国宣教師。パリ外国宣教会総会長（1921〜35）。
⇒新カト（ゲブリアン　1860.12.11–1935.3.6）

Guebuza, Armando Emílio
モザンビークの政治家。モザンビーク大統領（2005〜15）。
⇒外12（ゲブザ, アルマンド・エミリオ　1943.1.20–）
外16（ゲブザ, アルマンド・エミリオ　1943.1.20–）
世指導（ゲブザ, アルマンド・エミリオ　1943.1.20–）
ネーム（ゲブーザ　1943–）

Guédiguian, Robert
フランスの映画監督, 映画プロデューサー, 脚本家。
⇒外12（ゲディギアン, ロベール　1953.12.3–）
外16（ゲディギアン, ロベール　1953.12.3–）

Guedj, Denis
フランスの数学者, 作家。
⇒現世文（ゲージュ, ドゥニ　1940–2010）

Guedj, Nathalie
フランス生まれの実業家。カレラ・イ・カレラCEO。
⇒外12（ゲッジ, ナタリー　1958–）
外16（ゲッジ, ナタリー　1958–）

Guéhenno, Jean
フランスの小説家, 評論家。主著『永遠の福音』（1928）, 『フランスの青春』（35）, 『40歳の男の日記』（34）など。
⇒岩世人（ゲーノ　1890.3.25–1978.9.22）

Guéhenno, Jean-Marie
フランスの国際関係学者。
⇒外16（ゲーノ, ジャン・マリー　1949.10.30–）
世指導（ゲーノ, ジャン・マリー　1949.10.30–）

Guei, Robert
コートジボワールの政治家, 軍人。コートジボワール大統領（1999〜2000）。
⇒世指導（ゲイ, ロベール　?–2002.9.19）

Guelfi, Giangiacomo
イタリアのバリトン歌手。
⇒オペラ（グエルフィ, ジャンジャコモ　1924–2012）

Guelleh, Ismael Omar
ジブチの政治家。ジブチ大統領（1999〜）。
⇒外12（ゲレ, イスマイル・オマル　1947.11.27–）
外16（ゲレ, イスマイル・オマル　1947.11.27–）
世指導（ゲレ, イスマイル・オマル　1947.11.27–）

Guène, Faïza
フランスの作家, 映画監督, 脚本家。
⇒外12（ゲンヌ, ファイーザ　1985–）
海文新（ゲンヌ, ファイーザ　1985–）
現世文（ゲンヌ, ファイーザ　1985–）

Guenot, Steeve
フランスのレスリング選手（グレコローマン）。
⇒外12（ゲノ, スティーブ　1985.10.2–）
外16（ゲノ, スティーブ　1985.10.2–）
最世ス（ゲノ, スティーブ　1985.10.2–）

Guérard, Michel
フランスの料理人, レストラン経営者。
⇒岩世人（ゲラール　1933.3.27–）

Guérard des Lauriers, Louis-Bertrand
フランスの哲学者, 神学者, ドミニコ会員。
⇒新カト（ゲラール・デ・ロリエ　1898.10.25–1988.2.27）

Guercio, James William
アメリカのミュージシャン, プロデューサー, 映画監督。
⇒ロック（Guercio, Jim　グエルシーオ, ジム）

Guerdat, Steve
スイスの馬術選手。
⇒外16（ゲルダ, スティーブ　1982.6.10–）
最世ス（ゲルダ, スティーブ　1982.6.10–）

Guérin, Charles
フランスの詩人。主著『雪の花』（1893）, 『内部の人』（05）。
⇒岩世人（ゲラン　1873.12.29–1907.3.17）
新カト（ゲラン　1873.12.29–1907.3.17）

Guérin, Charles
フランスの画家。
⇒芸13（グェラン、シャルル　1875–1939）

Guérin, Isabelle
フランスのダンサー。
⇒外12（ゲラン、イザベル）
　外16（ゲラン、イザベル　1961.5.6–）

Guerín, José Luis
スペインの映画監督。
⇒外12（ゲリン、ホセ・ルイス　1960–）
　外16（ゲリン、ホセ・ルイス　1960–）

Guerlain, Aimé
フランスの香水メーカー・ゲランの社長、2代目調香師。
⇒異二辞（ゲラン［エメ・～］　1834–1910）

Guéroult, Martial
フランスの哲学史家。コレージュ・ド・フランス教授。
⇒メル3（ゲルー、マルシャル　1891–1976）

Guerra, Juan Luis
ドミニカ共和国のシンガー・ソングライター。
⇒外12（ゲラ、ファン・ルイス　1957–）
　外16（ゲラ、フアン・ルイス　1957–）
　標音2（ゲッラ、フアン・ルイス　1957–）

Guerra, Ruy
モザンビーク生まれの映画監督、映画脚本家、男優、詩人。
⇒映監（グエッラ、ルイ　1931.8.22–）

Guerreiro, Miguel
ポルトガルの歌手。
⇒外12（ガーレイロ、ミゲル　1998.11.21–）

Guerrero, Chavo, Sr.
アメリカ（メキシコ系）のプロレスラー。
⇒異二辞（ゲレロ、チャボ、シニア　1949–）

Guerrero, Jose Maria
スペインのテノール歌手。
⇒魅惑（Guerrero,Jose Maria　?–）

Guerrero, Pedro
アメリカの大リーグ選手（一塁、外野、三塁）。
⇒メジャ（ゲレロ、ペドロ　1956.6.29–）

Guerrero, Vladimir Alvino
ドミニカ共和国の大リーグ選手（外野手）。
⇒外12（ゲレロ、ウラジミール　1976.2.9–）
　外16（ゲレロ、ウラジミール　1976.2.9–）
　最世ス（ゲレロ、ウラジミール　1976.2.9–）
　メジャ（ゲレロ、ブラディミル　1975.2.9–）

Guerrero-Nakpil, Carmen
フィリピンの随筆家、小説家。

⇒岩世人（ゲレロ＝ナクピル　1922.7.19–）

Guesde, Jules
フランスの社会主義者。フランス社会党を設立し、第2インターナショナルを指導。
⇒岩世人（ゲド　1845.11.11–1922.7.28）
　学叢思（ゲード、ジュール　1845–1919）

Guest, Edgar
イギリス生まれのアメリカのコラムニスト。
⇒アメ州（Guest,Edgar　ゲスト、エドガー　1881–1959）

Guetary, Georges
エジプト生まれの歌手。
⇒失声（ゲッタリー、ジョルジュ　1915–1997）
　標音2（ゲタリー、ジョルジュ　1915.2.8–）

Guevara, Aleida
キューバの小児科医。
⇒外12（ゲバラ、アレイダ）
　外16（ゲバラ、アレイダ　1960–）

Guevara de la Serna, Ernest（Che）
ラテンアメリカの革命家。キューバ革命でカストロらとゲリラ戦争を展開、革命成功後、国立銀行総裁、工業相などを歴任。1967年ボリビアで活動中、政府軍に銃殺された。主著『ゲリラ戦争』(61)、『ゲバラ日記』(68)。
⇒岩世人（ゲバラ　1928.6.14–1967.10.9）
　現社（ゲバラ　1928–1967）
　広辞7（ゲバラ　1928–1967）
　国政（ゲバラ、エルネスト（チェ）　1928–1967）
　辞歴（ゲバラ、チェ　1928–1967）
　政経改（ゲバラ　1928–1967）
　世史改（ゲバラ　1928–1967）
　世人新（ゲバラ　1928–1967）
　世人装（ゲバラ　1928–1967）
　ネーム（ゲバラ、チェ　1928–1967）
　ポプ人（ゲバラ、エルネスト・チェ　1928–1967）
　マルＸ（GUEVARA,ERNESTO "CHE"　ゲバラ、エルネスト・"チェ"　1928–1967）
　ユ著人（Che Guevara de la Serna,Ernest　チェ・ゲバラ・デ・ラ・セルナ、エルネスト　1928–1967）
　ラテ新（ゲバラ　1928–1967）

Guey Lun-mei
台湾の女優。
⇒外12（グイルンメイ　1983.12.25–）
　外16（グイルンメイ　1983.12.25–）

Guez, Olivier
フランスの作家、ジャーナリスト、エッセイスト。
⇒現世文（ゲーズ、オリヴィエ　1974–）

Guggenheim, David
アメリカの銅の採掘・製錬事業者。
⇒アメ経（グッゲンハイム、デービッド　1856.7.9–1930.9.28）

Guggia, Mario
イタリアのテノール歌手。
⇒魅惑(Guggia,Mario 1933–)

Guha, Biraja Sankar
インドの形質人類学者。インドにおける人類学の礎石を築いた。
⇒岩世人（グハ 1894.8.15–1961.10.20)

Guha, Ramachandra
インドの歴史学者、社会学者。
⇒外16（グハ、ラーマチャンドラ 1958.4.29–)

Gui, Vittorio
イタリアの指揮者、作曲家。
⇒オペラ（グーイ、ヴィットリオ 1885–1975)
新音中（グーイ、ヴィットーリオ 1885.9.14–1975.10.17)
標音2（グイ、ヴィットーリオ 1885.9.14–1975.10.17)

Guibert, Hervé
フランスの小説家。
⇒岩世人（ギベール 1955.12.14–1991.12.27)
現世文（ギベール、エルヴェ 1955.12.14–1991.12.27)
フ文М（ギベール、エルヴェ 1955–1991)

Guibert, Joseph de
フランスの霊性神学・神秘神学者、イエズス会会員。
⇒新カト（ギベール 1877.9.14–1942.3.23)

Guichandut, Carlos Maria
アルゼンチンのテノール歌手。
⇒失声（グイシャンドゥット、カルロス 1914–1990)
魅惑（Guichandut,Carlos 1914–1990)

Guida, Frank
アメリカ・ニューヨーク（イタリア系）生まれのレコード店経営者、プロデューサー。
⇒ロック（Guida,Frank グィーダ、フランク）

Guidry, Ronald Ames
アメリカの大リーグ選手（投手）。
⇒メジャ（ギドリー、ロン 1950.8.28–)

Guiel, Aaron
カナダの大リーグ選手（外野）、プロ野球選手。
⇒外12（ガイエル、アーロン 1972.10.5–)

Guigou, Élisabeth
フランスの政治家。フランス法相・雇用連帯相。
⇒外12（ギグー、エリザベート 1946.8.6–)
外16（ギグー、エリザベート 1946.8.6–)
世指導（ギグー、エリザベート 1946.8.6–)

Guilain, Robert
フランスのジャーナリスト。
⇒岩世人（ギラン 1908.9.4–1998.12.29)

Guilbert, Yvette
フランスの歌手。自伝『わが人生の歌』(1928)がある。
⇒岩世人（ギルベール 1867.1.20–1944.2.4)
標音2（ギルベール、イヴェット 1865.1.20–1944.2.3)

Guilday, Peter
アメリカのローマ・カトリック教会司祭、歴史学者。
⇒新カト（ギルデイ 1884.3.25–1947.7.31)

Guilfoile, Kevin
アメリカのジャーナリスト、ユーモア作家。
⇒海文新（ギルフォイル、ケヴィン 1968.7.16–)
現世文（ギルフォイル、ケヴィン 1968.7.16–)

Guilford, Joy Paul
アメリカの心理学者。心理測定法など、統計的・数理的手法で知られる。
⇒岩世人（ギルフォード 1897.3.7–1987.11.26)
教人（ギルフォード 1897–)

Guilherm De Faria
ブラジル生まれの画家。
⇒芸13（ギルファム・デ・ファリア 1942–)

Guillaume, Albert
フランスのイラストレーター、画家。
⇒19仏（ギヨーム、アルベール 1873.2.14–1942.8.10)

Guillaume, Alfred
イギリスのヘブライおよびアラビア語学者。主著 "The traditions of Islam" (1924)。
⇒岩世人（ギヨーム 1888.11.8–1965.11.30)

Guillaume, Charles Edouard
フランスの実験物理学者。
⇒岩世人（ギヨーム 1861.2.15–1938.6.13)
化学（ギヨーム 1861–1938)
三新物（ギヨーム 1861–1938)
ノベ3（ギヨーム,C.E. 1861.2.15–1938.6.13)

Guillaume, Günter
東ドイツのスパイ。西ドイツ首相ヴィリー・ブラントの秘書。
⇒スパイ（ギヨーム、ギュンター 1927–1995)

Guillaume, Gustave
フランスの言語学者。高等研究院教授。フランス語動詞の時制の研究に業績を残し、"Temps et verbe" (1929) を著した。
⇒岩世人（ギヨーム 1883.12.16–1960.2.3)

Guillaume, Paul
フランスの心理学者。児童心理学、動物心理学の研究を行ない、フランスにゲシュタルト心理学を紹介。
⇒岩世人（ギヨーム 1878–1962)
メル3（ギヨーム、ポール 1878–1962)

Guillaumin, Jean Baptiste Armand
フランスの印象派画家。
⇒岩世人（ギョーマン　1841.2.16-1927.6.26）
　芸13（ギョーマン，アルマン　1841-1927）

Guillem, Sylvie
フランスのダンサー。
⇒岩世人（ギエム　1965.2.23-）
　外12（ギエム，シルヴィ　1965.2.23-）
　外16（ギエム，シルヴィ　1965.2.23-）
　広辞7（ギエム　1965-）

Guillemard, *Sir* Laurence Nunns
英領マラヤの海峡植民地の総督，マレー諸州の高等弁務官。在職1920〜27。
⇒岩世人（ギルマード　1862-1951）

Guillemet, Antoine
フランスの画家。
⇒19仏（ギユメ，アントワーヌ　1843.9.6-1918.5.25）

Guillemin, Henri
フランスの批評家。
⇒新カト（ギユマン　1903.3.19-1992.5.4）

Guillemin, Roger Charles Louis
アメリカの生理学者。脳の視床下部から分泌されるペプチド・ホルモンを発見し（1955），脳下垂体自体が脳の視床下部のコントロールを受けていることを証明した。ノーベル生理・医学賞を受賞（77）。
⇒岩生（ギルマン　1924-）
　岩世人（ギルマン，ギーユマン　1924.1.11-）
　ノベ3（ギルマン，R.　1924.1.11-）

Guillen, Carlos Alfonso
ベネズエラの大リーグ選手（遊撃，三塁）。
⇒メジャ（ギーエン，カルロス　1975.9.30-）

Guillén, Jorge
スペインの詩人。作品『言語と詩』(1962)，『うた』(28〜50)，『叫び』(57〜63) など。
⇒岩世人（ギリェン　1893.1.18-1984.2.6）
　現世文（ギリェン，ホルヘ　1893.1.13-1984.2.6）

Guillen, Jose Manuel
ドミニカ共和国の大リーグ選手（外野）。
⇒メジャ（ギーエン，ホセ　1976.5.17-）

Guillén, Nicolás
キューバの詩人。作品『ソンのモチーフ』(1930)，『西インド諸島民謡集』(34)，『エレジー』(58)，『大動物園』(67) など。
⇒岩世人（ギジェン　1902.7.10-1989.7.16）
　現世文（ギリェン，ニコラス　1902.7.10-1989.7.16）
　広辞7（ギジェン　1902-1989）
　ラテ新（ギリェン　1902-1989）

Guillen, Oswaldo Jose
アメリカの大リーグ選手（遊撃）。
⇒外12（ギーエン，オジー　1964.1.20-）
　外16（ギーエン，オジー　1964.1.20-）
　最世ス（ギーエン，オジー　1964.1.20-）
　メジャ（ギーエン，オジー　1964.1.20-）

Guillermond, Marie-Antoine-Alexandre
フランスの細胞学者。
⇒岩世生（ギエルモン　1876-1945）
　三新生（ギエルモン　1876-1945）

Guillevic, Eugène
フランスの詩人。『水と陸の世界』(1942)，『執行予定』(47)，『31篇のソネット』(54)，『とともに』(66) などの作品がある。
⇒岩世人（ギユヴィック　1907.8.5-1997.3.19）
　現世文（ギュヴィック，ウージェーヌ　1907.8.5-1997.3.19）

Guillot, René
フランスの児童文学者。フランス領西アフリカで中学教師として勤務するかたわら，動物とジャングルを観察，子ども向きの動物文学を書いた。
⇒現世文（ギヨ，ルネ　1900-1969）

Guillou, Jan
スウェーデンの作家，ジャーナリスト。
⇒現世文（ギルー，ヤン　1944.1.17-）

Guilloux, Louis
フランスの小説家。代表作『黒い血』(1935) は両大戦間における屈指の小説。
⇒岩世人（ギユー　1899.1.15-1980.10.14）
　現世文（ギュー，ルイ　1899.1.15-1980.10.14）

Guilmant, Félix Alexandre
フランスのオルガン奏者，作曲家。
⇒エデ（ギルマン，フェリックス・アレクサンドル　1837.3.12-1911.3.29）
　ク音3（ギルマン　1837-1911）
　新音中（ギルマン，アレクサンドル　1837.3.12-1911.3.29）
　新カト（ギルマン　1837.3.12-1911.3.29）
　標音2（ギルマン，アレクサンドル　1837.3.12-1911.3.29）

Guimarães Rosa, João
ブラジルの小説家。
⇒岩世人（ギマランイス・ローザ　1908.6.27-1967.11.19）
　現世文（ギマランイス・ローザ，ジョアン　1908.6.27-1967.11.19）
　ラテ新（ギマランイス・ローザ　1908-1967）

Guimard, Hector
フランスの建築家，デザイナー。
⇒岩世人（ギマール　1867.3.10-1942.5.20）
　ネーム（ギマール　1867-1942）

Guimard, Paul
フランスの作家, ジャーナリスト。
⇒現世文（ギマール, ポール　1921.3.3-2004.5.2）

Guimet, Emile Etienne
フランスの実業家, 蒐集家。諸国で集めた蒐集品を基にしてギメ博物館を設け国家に献じた（1884）。特に日本・中国・近東方面の蒐集で有名。
⇒岩世人（ギメ　1836.6.2-1918.10.12）

Guingona, Teofisto
フィリピンの政治家。フィリピン副大統領, ラカス代表。
⇒世指導（ギンゴナ, テオフィスト　1928.7.4-）

Guinn, Matthew
アメリカの作家。
⇒海文新（グイン, マシュー）

Guinness, *Sir* Alec
イギリスの俳優。シェークスピア劇など舞台で活躍。のち映画にも出演。『戦場にかける橋』（1957）でアカデミー主演賞受賞。
⇒遺産（ギネス, アレック　1914.4.2-2000.8.5）
　岩世人（ギネス　1914.4.2-2000.8.5）
　ク俳（ギネス, サー・アレック（ギネス・ドカフ, A）　1914-2000）
　スター（ギネス, アレック　1914.4.2-2000）

Guiomar, Michel
フランスの哲学者, 音楽美学者。
⇒標音2（ギオマール, ミシェル　1921-）

Guion, David
アメリカの作曲家。
⇒標音2（ギオン, デーヴィド　1892.12.15-1981.10.17）

Güiraldes, Ricardo
アルゼンチンの詩人, 小説家。代表作『ドン・セグンド・ソンブラ』（1926）。ほかに『ハイマカー』（23）など。
⇒岩世人（ゲイラルデス　1886.2.13-1927.10.8）
　ネーム（ゲイラルデス　1886-1927）

Guiramand, Paul
フランス生まれの画家。
⇒芸13（ギヤマン, ポール　1926-）

Guiraud, Pierre
フランスの言語学者。構造主義言語学の方法論に統計学や情報理論の成果を駆使してフランス詩における語彙論研究を開拓。
⇒岩世人（ギロー　1912.9.26-1983.2.2）

Guisan, Henri
スイスの軍人。
⇒岩世人（ギザン　1874.10.21-1960.4.7）

Guiteras Holmes, Antonio
キューバの革命家。1934年1月, バティスタ独裁反対闘争に専念, 10月には「青年キューバ」を組織し, 反帝・社会主義キューバのために闘うが, 射殺された。
⇒岩世人（ギテラス　1906.11.22-1935.5.8）

Guitry, Sacha
フランスの俳優, 劇作家。俳優L.ギトリーの子。代表作『ノノ』（1905）,『夜回り』（11）など。
⇒岩世人（ギトリ　1885.2.21-1957.7.24）
　映監（ギトリ, サッシャ　1885.2.21-1957）

Guitton, Jean
フランスの哲学者。アカデミー・フランセーズ会員。現代キリスト教哲学を代表する一人。
⇒新カト（ギトン　1901.8.18-1999.3.21）
　メル3（ギトン, ジャン　1901-1999）

Guiyeoni
韓国の作家。
⇒外12（クィヨニ　1985.1.24-）
　現世文（クィヨニ　1985.1.24-）

Guízar y Valencia, Rafael
メキシコの司教, 聖人。祝日6月6日。
⇒新カト（ラファエル・ギサル・イ・バレンシア　1878.4.26-1938.6.6）

Gujral, Inder Kumar
インドの政治家。インド首相。
⇒世指導（グジュラル, インデル・クマール　1919.12.4-2012.11.30）

Gujral, Satish
インドの造形芸術家。
⇒岩世人（グジュラール　1925.12.25-）

Gül, Abdullah
トルコの政治家。トルコ大統領（2007〜14）。
⇒岩世人（ギュル　1950.10.29-）
　外12（ギュル, アブドラ　1950.10.29-）
　外16（ギュル, アブドラ　1950.10.29-）
　世指導（ギュル, アブドラ　1950.10.29-）

Gulbis, Natalie
アメリカのプロゴルファー。
⇒外12（ガルビス, ナタリー　1983.1.7-）
　外16（ガルビス, ナタリー　1983.1.7-）
　最新ス（ガルビス, ナタリー　1983.1.7-）

Gulda, Friedrich
オーストリアのピアノ奏者, 作曲家。クラシック音楽の独奏者としての活動に満足できず, ジャズ奏者として活動をはじめた（1956）。
⇒岩世人（グルダ　1930.5.16-2000.1.27）
　ク音3（グルダ　1930-2000）
　新音中（グルダ, フリードリヒ　1930.5.16-2000.1.27）
　標音2（グルダ, フリードリヒ　1930.5.16-2000.1.27）

Gulegina, Maria
ウクライナのソプラノ歌手。
⇒外12（グレギーナ, マリア 1959–）
　外16（グレギーナ, マリア 1959–）

Gülen, Muhammed Fethullah
トルコのイスラム教指導者, ギュレン運動の指導者。
⇒岩世人（ギュレン 1941.4.27–）
　世指導（ギュレン, フェトフッラー 1941.4.27–）

Gulia, Georgii D.
ソ連（ジョージア）の作家。
⇒現世文（グーリア, ゲオールギー・ドミトリエヴィチ 1913.3.14–1989.11.29）

Gulian, Constantin Ionescu
ルーマニアの哲学者。
⇒岩世人（グリアン 1914.4.22–2011.8.21）

Gulick, John Thomas
アメリカのアメリカン・ボード宣教師。
⇒アア歴（Gulick, John Thomas　ギューリック, ジョン・トマス 1832.3.13–1923.4.16）
　岩世人（ギューリック 1832.3.13–1923.4.14）
　来日（ギュリック, ジョン・トマス 1832–1923）

Gulick, Luther Halsey
アメリカの体育家。アメリカ体育協会（現 AAHPER）会長（1904~06）。
⇒岩世人（ギューリック 1865.12.4–1918.8.13）
　世界子（ギューリック, ルーサー 1865–1918）

Gulick, Orramel Hinckley
アメリカの宣教師。
⇒アア歴（Gulick, Orramel H (inckley)　ギューリック, オーラメル・ヒンクリー 1830.10.7–1923.9.23）
　岩世人（ギューリック 1830.10.7–1923.9.18）

Gulick, Sidney Lewis
アメリカのアメリカン・ボード宣教師。同志社で神学, 大阪梅花女学校で英語を教授。
⇒アア歴（Gulick, Sidney L (ewis)　ギューリック, シドニー・ルイス 1860.4.10–1945.12.20）
　アメ新（ギューリック 1860–1945）

Gullett, Donald Edward
アメリカの大リーグ選手（投手）。
⇒メジャ（ガレット, ドン 1951.1.6–）

Gullichsen, Maire Eva Johanna
フィンランドの芸術パトロン。
⇒岩世人（グリクセン 1907.6.24–1990.7.9）

Gullickson, William Lee
アメリカの大リーグ選手（投手）。
⇒メジャ（ガリクソン, ビル 1959.2.20–）

Gullino, Walter
コンゴのテノール歌手。

⇒魅惑（Gullino, Walter 1933–）

Gullit, Ruud
オランダのサッカー監督, サッカー選手。
⇒異二辞（フリット［ルート・~］ 1962–）
　外12（フリット, ルート 1962.9.1–）
　外16（フリット, ルート 1962.9.1–）
　ネーム（フリット, ルート 1962–）

Gullstrand, Allvar
スウェーデンの眼科医。グルストランド眼鏡, 細隙燈を発明。
⇒岩世人（グルストランド 1862.6.5–1930.7.28）
　ノベ3（グルストランド, A. 1862.6.5–1930.7.21）

Gulpilil, David
アボリジニの俳優。
⇒岩世人（ガルピリル 1953.7.1–）

Gulyás, Dénes
ハンガリーのテノール歌手。
⇒失声（グヤーシュ, デネシュ 1954–）
　魅惑（Gulyás, Denes 1954–）

Gum, Colin Stanley
オーストラリアの電波天文学者。
⇒天文大（ガム 1924–1960）

Gumbert, Addison Courtney
アメリカの大リーグ選手（投手）。
⇒メジャ（ガンバート, アド 1868.10.10–1925.4.23）

Gumbert, Harry Edward
アメリカの大リーグ選手（投手）。
⇒メジャ（ガンバート, ハリー 1909.11.5–1995.1.4）

Gumilyov, Nikolai Stepanovich
ロシアの詩人。『征服者の道』(1905),『ロマンチックな花』(08),『真珠』(10),『かがり火』(18)などの詩集がある。
⇒岩世人（グミリョーフ 1886.4.3/15–1921.8.25?）

Gummer, John
イギリスの政治家。イギリス環境相, 欧州保守グループ会長。
⇒外12（ガマー, ジョン 1939.11.26–）
　世指導（ガマー, ジョン 1939.11.26–）

Gummersbach, Joseph
西ドイツの教義神学者。
⇒新カト（グンメルスバハ 1894.3.21–1964.8.26）

Gumpel, Glenn
アメリカの実業家。
⇒外12（ガンペル, グレン 1947.8.19–）
　外16（ガンペル, グレン 1947.8.19–）

Gumpert, Martin
ドイツ生まれのアメリカの医者, 作家。

⇒ユ著人（Gumpert,Martin　グムペルト,マルチーン　1897-1955）

Gumperz, John Joseph
ドイツ生まれのアメリカの社会言語学者。
⇒岩世人（ガンパーズ　1922.1.9-2013.3.29）

Gumplowicz, Ludwig
オーストリアの社会学者。
⇒岩世人（グンプロヴィチ　1838.3.9-1909.8.19/20）
学叢思（グンプロヴィッチ,ルドヴィヒ　1838-1910）
教人（グンプロヴィチ　1838-1909）
広辞7（グンプロヴィッチ　1838-1909）
社小増（グンプロヴィッチ　1838-1909）

Gun, Katharine
イギリス政府通信本部（GCHQ）職員。
⇒スパイ（ガン,キャサリン　1974-）

Günaltay, Mehmet Şemsettin
トルコの歴史家,政治家。
⇒岩世人（ギュナルタイ　1883-1961.10.19）

Gunawan, Hendra
インドネシアの画家,彫刻家。
⇒岩世人（グナワン,ヘンドラ　1918.6.11-1983.7.17）

Gunawan, Tony
インドネシアのバドミントン選手。
⇒外16（グナワン,トニー　1975.4.9-）
最世ス（グナワン,トニー　1975.4.9-）

Gundert, Wilhelm
ドイツの教育者。
⇒岩キ（グンデルト　1880-1971）

Gundlach, Gustav
西ドイツの社会学者。
⇒新カト（グントラハ　1892.4.3-1963.6.23）

Gundolf, Friedrich
ドイツの文学家。主著『ゲーテ』（1916）,『ゲオルゲ』（20）,『ロマン主義者たち』（30～31）。
⇒岩世人（グンドルフ　1880.6.20-1931.7.12）
ネーム（グンドルフ　1880-1931）
ユ著人（Gundolf,Friedrich　グンドルフ,フリードリッヒ　1880-1931）

Güney, Yilmaz
トルコ生まれの映画監督,俳優。
⇒岩世人（ギュネイ　1937.4.1-1984.9.9）
映監（ギュネイ,ユルマズ　1937.4.1-1984）

Gungaadorj, Sharavyn
モンゴルの政治家。モンゴル首相。
⇒世指導（グンガードルジ,シャラビン　1935.5.2-）

Güngsangnorbu
内モンゴルのモンゴル人王侯。

⇒岩世人（グンサンノルブ　1871-1931）

Gunkel, Hermann
ドイツの旧約学者。主著『原始と終末における創造と混沌』（1885）。
⇒岩世人（グンケル　1862.5.23-1932.3.11）
オク教（グンケル　1862-1932）
学叢思（グンケル,ヨハネス・フリードリヒ・ヘルマン　1862-?）
新カト（グンケル　1862.5.23-1932.3.11）

Gunn, Battiscombe George
イギリスのエジプト学者。「Journal of Egyptian Archaeology」誌主幹（1934～40）。
⇒岩世人（ガン　1883.6.30-1950.2.27）

Gunn, Eileen
アメリカの作家。
⇒現世文（ガン,アイリーン　1945-）

Gunn, James E.
アメリカのSF作家。
⇒現世文（ガン,ジェームズ）

Gunn, Neil Miller
イギリス（スコットランド）の作家。主著"Highland river"（1937）。
⇒岩世人（ガン　1891.11.8-1973.1.15）
現世文（ガン,ニール・ミラー　1891.11.8-1973.1.15）

Gunn, Thom
イギリスの詩人。25歳の時発表した詩集"Fighting terms"（1954）で一躍名をなした。
⇒岩世人（ガン　1929.8.29-2004.4.25）
現世文（ガン,トム　1929.8.29-2004.4.25）

Gunnarsson, Gunnar
アイスランドの小説家。主著『ボルグ家の歴史から』（1912～14）,『心の貧しき者は幸いなり』（20）。
⇒岩世人（グンナル・グンナルソン　1889.5.18-1975.11.21）

Gunnarsson, Haukur
ノルウェーの演出家。
⇒外16（グンナルソン,ホイクール　1949-）

Gunnlaugsson, Sigmundur
アイスランドの政治家。アイスランド首相。
⇒外16（グンロイグソン,シグムンドゥル　1975.3.12-）
世指導（グンロイグソン,シグムンドゥル　1975.3.12-）

Güntekin, Reşat Nurî
トルコの小説家,国会議員。『みそさざい』（1957）の作者。
⇒岩世人（ギュンテキン　1889.11.25-1956.12.7）
現世文（ギュンテキン,レシャト・ヌリ　1889.11.25-1956.12.7）

Günter, Ingo
ドイツのサテライトアーティスト,ビデオアーティスト。
⇒外12(ギュンター,インゴ 1957-)
外16(ギュンター,インゴ 1957-)

Günther, Carl
ドイツのテノール歌手。
⇒魅惑(Günther,Carl 1885-1958)

Gunther, Gerald
アメリカの法学者。
⇒岩世人(ガンサー 1927.5.26-2002.7.30)

Günther, Hans
ドイツの人類学者。主著 "Rassenkunde des deutschen Volkes"(1922)。
⇒岩世人(ギュンター 1891.2.16-1968.9.25)

Gunther, John
アメリカのジャーナリスト。主著『ヨーロッパの内幕』(1936),『ガンサーの内幕』など。
⇒アメ新(ガンサー 1901-1970)
岩世人(ガンサー 1901.8.30-1970.5.29)

Guntrip, Harry
イギリスの精神療法家,精神分析学者。
⇒現精(ガントリップ 1901-1975)
現精縮(ガントリップ 1901-1975)
精分岩(ガントリップ,ハリー 1901-1975)

Guo, Xiaolu
中国の作家,映画監督。
⇒海文新(グオ,シャオルー)
現世文(グオ,シャオルー 郭小櫓)

Gupta, Subodh
インド生まれの芸術家。
⇒現アテ(Gupta,Subodh グプタ,スボート 1964-)

Gupta, Yash
インドの経営学者。
⇒外12(グプタ,ヤシュ 1953-)
外16(グプタ,ヤシュ 1953-)

Gupte, Amole
インドの映画監督,脚本家,俳優。
⇒外16(グプテ,アモール 1962-)

Gupte, Partho
インドの子役俳優。
⇒外16(グプテ,パルソー 2001-)

Gura, Lawrence Cyril
アメリカの大リーグ選手(投手)。
⇒メジャ(グラ,ラリー 1947.11.26-)

Güra, Werner
ドイツのテノール歌手。
⇒魅惑(Güra,Werner 1964-)

Guraninja, Clark
アメリカの実業家。
⇒外12(グラニンジャー,クラーク 1968.1.27-)

Gurdon, John Bertrand
イギリスの分子生物学者,発生学者。
⇒岩生(ガードン 1933-)
岩世人(ガードン 1933.10.2-)
外12(ガードン,ジョン・バートランド 1933.10.2-)
外16(ガードン,ジョン・バートランド 1933.10.2-)
三新生(ガードン 1933-)
ノベ3(ガードン,J. 1933.10.2-)

Gurevich, Aron Yakovlevich
ロシアの歴史家。
⇒岩世人(グレーヴィチ 1924.5.12-2006.8.5)

Gurian, Waldemar
アメリカの政治学者。
⇒新カト(ガリアン 1902.2.13-1954.5.26)

Gurib-Fakim, Ameenah
モーリシャスの政治家,生物学者。モーリシャス大統領(2015~18)。
⇒世指導(ギュリブ・ファキム,アミーナ 1959.10.17-)

Guridi Bidaola, Jesús
スペインの作曲家。
⇒標音2(グリーディ,ヘスス 1886.9.25-1961.4.7)

Gurley, John Grey
アメリカの経済学者。
⇒有経5(ガーリー 1920-)

Gurlitt, Cornelius
ドイツの建築史家。バロック様式の意義を認めたことは重要。
⇒岩世人(グルリット 1850.1.1-1938.3.25)

Gurlitt, Ludwig
ドイツの教育改革者。中等教育の改革に活躍。
⇒教人(グルリット 1855-1931)

Gurlitt, Manfred
日本在住のドイツ人指揮者,作曲家。1956年日本政府から勲四等瑞宝章を受け,59年国際モーツァルト協会賞も受けた。
⇒岩世人(グルリット 1890.9.9-1972.4.29)
新音中(グルリット,マンフレート 1890.9.6-1973.4.29)
標音2(グルリット,マンフレート 1890.9.6-1973.4.29)

Gurlitt, Wilibald
ドイツの音楽学者。オルガン関係の論文を数多く残し,オルガン音楽研究振興に寄与。
⇒標音2(グルリット,ヴィリバルト 1889.3.1-

1963.12.15）

Guró, Eléna Génrikhovna
ロシアの女性詩人，作家。代表作『天の駱駝』など。
⇒岩世人（グロー 1877.5.18–1913.5.6）

Gurria, José Angel
メキシコの政治家，エコノミスト。
⇒外12（グリア，ホセ・アンヘル 1950.5.8–）
外16（グリア，ホセ・アンヘル 1950.5.8–）
世指導（グリア，ホセ・アンヘル 1950.5.8–）

Gürsel, Cemâl
トルコの軍人，政治家。第二共和国発足（1961.10）とともに大統領となり，死の半年前までその地位にあった。
⇒岩世人（ギュルセル 1895–1966.9.14）

Gursky, Andreas
ドイツの写真家。
⇒外16（グルスキー，アンドレアス 1955.1.15–）
現アテ（Gursky,Andreas グルスキー，アンドレアス 1955–）

Gurung, Prabal
シンガポール生まれのファッションデザイナー。
⇒外12（グルン，プラバル）
外16（グルン，プラバル）

Gurvich, Aleksandr Gavrilovich
ソ連の生物学者。組織学を専攻。ミトゲン線の発見（1929），発生学への場の概念の導入で知られている。
⇒岩生（グルヴィチ 1874–1954）
岩世人（グールヴィチ 1874–1954.7.27）

Gurvitch, Georges Davidovich
フランスの社会学者。主著『社会学の現代的傾向』（1950）。
⇒岩世人（ギュルヴィッチ 1894.11.2–1965.12.12）
現社（ギュルヴィッチ 1894–1965）
社小増（ギュルヴィッチ 1894–1965）
メル3（ギュルヴィッチ，ジョルジュ 1894–1965）

Gurwitsch, Aron
リトアニア生まれの哲学者。現象学派に属し，後期フッセル哲学の研究者。
⇒岩世人（ギュルヴィッチ 1901.1.17–1973.6.25）

Guryev, Victor
エストニアのテノール歌手，マンドリン奏者。
⇒失声（グリエフ，ヴィクトール 1914–1985）

Guschlbauer, Theodor
オーストリアの指揮者。
⇒外12（グシュルバウアー，テオドール 1939.4.14–）
標音2（グシュルバウアー，テオドーア 1939.4.14–）

Gusdorf, Georges
フランスの哲学者。著書『自己の発見』（1948），『人文諸科学と西洋的思惟』（66）など。
⇒岩世人（ギュスドルフ 1912.4.10–2000.10.17）
メル3（ギュスドルフ，ジョルジュ 1912–2000）

Guseinov, Suret
アゼルバイジャンの軍人，政治家。アゼルバイジャン首相。
⇒世指導（グセイノフ，スレト 1959–）

Gusenbauer, Alfred
オーストリアの政治家。オーストリア首相，オーストリア社会民主党党首。
⇒外12（グーゼンバウアー，アルフレート 1960.2.8–）
世指導（グーゼンバウアー，アルフレート 1960.2.8–）

Gusinde, Martin
ドイツの司祭，民族学者。サンティアゴ・カトリック大学人類学教授。
⇒新カト（グジンデ 1886.10.29–1969.10.18）

Gusmão, Xanana
東ティモールの独立運動家。東ティモール大統領（2002～07）。
⇒岩世人（グスマン 1946.6.20–）
外12（グスマン，シャナナ 1946.6.20–）
外16（グスマン，シャナナ 1946.6.20–）
現アジ（シャナナ・グスマン 1946.6.20–）
政経改（グスマン 1946–）
世指導（グスマン，シャナナ 1946.6.20–）
ネーム（グスマン，シャナナ 1946–）

Gustafson, Sophie
スウェーデンのプロゴルファー。
⇒外16（グスタフソン，ソフィー 1973.12.27–）
最current（グスタフソン，ソフィー 1973.12.27–）

Gustafsson, Lars
スウェーデンの小説家，詩人。
⇒岩世人（グスタフソン 1936.5.17–）
現世文（グスタフソン，ラーシュ 1936.5.17–2016.4.3）

Gustav V Adolf
スウェーデン王。在位1907～50。スカンジナビア協議会の提唱者。
⇒岩世人（グスタヴ5世 1858.6.16–1950.10.29）
広辞7（グスタフ5世 1858–1950）
世帝（グスタフ5世 1858–1950）

Gustav VI Adolf
スウェーデン国王。グスタフ5世の子。
⇒岩世人（グスタヴ6世 1882.11.11–1973.9.15）

Gusti
スペインの絵本作家。
⇒絵本（グスティ 1963–）

Gustine, Frank William
アメリカの大リーグ選手(二塁,三塁,遊撃)。
⇒メジャ (ガスタイン,フランキー 1920.2.20–1991.4.1)

Guston, Philip
アメリカの抽象表現主義の画家。1945年カーネギー賞受賞。
⇒岩世人 (ガストン 1913.6.27–1980.6.7)
芸13 (ガストン,フィリップ 1913–1980)

Gut, Lara
スイスのスキー選手(アルペン)。
⇒外16 (グート,ララ 1991.4.27–)
最世ス (グート,ララ 1991.4.27–)

Gutberlet, Konstantin
ドイツの神学者,哲学者。主著 "Lehrbuch der Philosophie" (6巻,1878〜84) , "Psychophysik" (1905) , "Experimentelle Psychologie" (15) 。
⇒岩世人 (グートベルレト 1837.1.10–1928.4.27)
新カト (グートベルレット 1837.1.10–1928.4.27)

Gutenberg, Beno
ドイツ生まれのアメリカの地球物理学者。地震学の進歩に貢献。著書『地球内部の物理学』(1959)。
⇒岩世人 (グーテンベルク 1889.6.4–1960.1.25)
オク地 (グーテンベルク,ベノ 1889–1960)

Gutenberg, Erich
ドイツの経営経済学者。主著『経営経済学原理』(1955)。
⇒岩世人 (グーテンベルク 1897.12.13–1984.5.22)
有経5 (グーテンベルク 1897–1984)

Güterbock, Hans Gustav
アメリカのヒッタイト学者。
⇒岩世人 (ギュターボック 1908.5.27–2000.3.29)

Guterres, António Manuel
ポルトガルの政治家。ポルトガル首相,ポルトガル社会党党首。
⇒外12 (グテレス,アントニオ 1949.4.30–)
外16 (グテレス,アントニオ 1949.4.30–)
世指導 (グテレス,アントニオ 1949.4.30–)
ポブ人 (グテレス,アントニオ 1949–)

Guterres Lopes, Aniceto
東ティモールの人権活動家。東ティモール真実和解委員会委員長。
⇒世指導 (グテレス・ロペス,アニセト 1967–)

Guterson, David
アメリカの作家。
⇒現世文 (グターソン,デービッド 1956.5.4–)

Guth, Alan Harvey
アメリカの物理学者。
⇒物理 (グース,アラン・ハーヴェイ 1947–)

Guth, Claus
ドイツのオペラ演出家。
⇒外12 (グート,クラウス)
外16 (グート,クラウス 1964–)

Guth, Paul
フランスの小説家,ジャーナリスト。主著『フーガ』(1946)。
⇒現世文 (ギュット,ポール 1910.3.5–1997.10.29)

Guthrie, Alfred Bertram, Jr.
アメリカの小説家。ピュリッツァー賞受賞作『西部への道』の他,映画シナリオ『シェーン』ではアカデミー賞を受賞した。
⇒アメ州 (Guthrie,Alfred Bertram ガスリー,アルフレッド・バートラム 1901–)
現世文 (ガスリー,A.B. (Jr.) 1901.1.31–1991.4.26)

Guthrie, Arlo
アメリカのフォーク歌手,俳優。父はフォーク界の第一人者ウッディ・ガスリー。
⇒ロック (Guthrie,Arlo ガスリー,アーロ 1947.7.10–)

Guthrie, Edwin Ray
アメリカの心理学者。
⇒岩世人 (ガスリー 1886.1.9–1959.4.23)

Guthrie, George Wilkins
アメリカの法律家,外交官。駐日アメリカ大使。1906〜09年ピッツバーグ市長。
⇒アア歴 (Guthrie,George W(ilkins) ガスリー,ジョージ・ウィルキンズ 1848.9.5–1917.3.8)
岩世人 (ガスリー 1848.9.5–1917.3.8)

Guthrie, Jeremy
アメリカの大リーグ選手(ロイヤルズ・投手)。
⇒外12 (ガスリー,ジェレミー 1979.4.8–)
外16 (ガスリー,ジェレミー 1979.4.8–)
最世ス (ガスリー,ジェレミー 1979.4.8–)

Guthrie, Mark Andrew
アメリカの大リーグ選手(投手)。
⇒メジャ (ガスリー,マーク 1965.9.22–)

Guthrie, William Keith Chambers
イギリスの古典学者。
⇒岩世人 (ガスリー 1906.8.1–1981.5.17)

Guthrie, Sir William Tyrone
イギリスの演出家。著書『演劇の展望』(1932),『劇場生活』(60)など。
⇒岩世人 (ガスリー 1900–1971)

Guthrie, Woody
アメリカのシンガー・ソングライター。自作自演した歌は,その数1000にのぼる。フォーク・ソングにおけるリアリズムの伝統を築いた。
⇒アメ州 (Guthrie,Woody ガスリー,ウディ 1912–1967)
岩世人 (ガスリー 1912.7.14–1967.10.3)

エデ（ガスリー，ウディ［ウッドロウ］（ウィルソ
　ン） 1912.7.14–1967.10.3）
新音中（ガスリー，ウディ 1912.7.14–1967.10.3）
標音2（ガスリー，ウディ 1912.7.14–1967.10.3）
ロック（Guthrie,Woody ガスリー，ウディ
　1912–）

Guthrie-Smith, William Herbert
ニュージーランドの農民作家。
⇒ニュー（ガスリー＝スミス，ウィリアム 1862–
　1949）

Guti
スペインのサッカー選手。
⇒外12（グティ 1976.10.31–）
　最世ス（グティ 1976.10.31–）

Gutierrez, Carlos
アメリカの実業家。
⇒外12（グティエレス，カルロス 1953.11.4–）
　外16（グティエレス，カルロス 1953.11.4–）
　世指導（グティエレス，カルロス 1953.11.4–）

Gutiérrez, César
テノール歌手。
⇒魅惑（Gutiérrez,César ?–）

Gutierrez, Franklin
ベネズエラの大リーグ選手（マリナーズ・外野）。
⇒最世ス（グティエレス，フランクリン 1983.2.
　21–）
　メジャ（グティエレス，フランクリン 1983.2.
　21–）

Gutiérrez, Gustavo
ペルーの神学者。全国カトリック学生連盟顧問，
ペルー・カトリック大学教授。
⇒岩キ（グティエレス 1928–）
　岩世人（グティエレス 1928.6.8–）
　広辞7（グティエレス 1928–）
　新カト（グティエレス 1928.6.8–）
　ラテ新（グティエレス 1928–）

Gutiérrez, Lucio
エクアドルの政治家，軍人。エクアドル大統領
（2003～05）。
⇒外12（グティエレス，ルシオ 1957.3.23–）
　外16（グティエレス，ルシオ 1957.3.23–）
　世指導（グティエレス，ルシオ 1957.3.23–）

Gutierrez, Ricardo
アメリカの大リーグ選手（遊撃）。
⇒メジャ（グティエレス，リッキー 1970.5.23–）

Gutiérrez Borbúa, Lucio
エクアドルの政治家。
⇒岩世人（グティエレス・ボルブア 1957.3.23–）

Gutman, Anne
フランスの絵本作家。
⇒外12（グットマン，アン 1970–）
　外16（グットマン，アン 1970–）

現世文（グットマン，アン 1970–）

Gutman, Herbert G.
アメリカの歴史学者。
⇒岩世人（ガットマン 1928–1985.7.21）

Gutman, Nahum
イスラエルの画家，イラストレーター。
⇒ユ著人（Gutman,Nahum グットマン，ナフム
　1898–1980）

Gutman, Nataliya
ロシア，のちドイツのチェロ奏者。
⇒外12（グートマン，ナターリャ 1942.11.14–）
　外16（グートマン，ナターリャ 1942.11.14–）

Gutmann, Amy
アメリカの政治学者。ペンシルベニア大学総長。
⇒外16（ガットマン，エイミー 1949–）

Gutmann, Bessie Pease
アメリカの画家。
⇒世界子（ガットマン，ベッシー・ピース 1876–
　1960）

Gutowsky, Herbert Sander
アメリカの物理化学者。
⇒岩世人（グトウスキー 1919.11.8–2000.1.13）

Gutschow, Niels
ドイツの建築史家，修復建築家。
⇒外12（グッチョウ，ニールズ 1941–）
　外16（グッチョウ，ニールズ 1941–）

Gutt, Camille
ベルギーのジャーナリスト，政治家。
⇒岩世人（ギュット 1884.11.14–1971.6.7）

Guttenberg, Karl-Theodor zu
ドイツの政治家。
⇒外12（グッテンベルク，カール・テオドール・ツー）
　外16（グッテンベルク，カール・テオドール・ツー）
　世指導（グッテンベルク，カール・テオドー
　ル・ツー）

Guttenberg, Steve
アメリカ生まれの俳優。
⇒ク俳（グッテンバーグ，スティーヴ 1958–）

Gutteridge, Donald Joseph
アメリカの大リーグ選手（二塁，三塁）。
⇒メジャ（ガッターリッジ，ドン 1912.6.19–2008.
　9.7）

Guttman, Julius
イスラエルの哲学者，神学者。ベルリンのユダ
ヤ教大学におけるユダヤ宗教哲学教授（1910～
34），のちエルサレムへ移住し（1934），ヘブライ
大学教授。
⇒教人（グットマン 1880–1950）

Guttman, Louis
イスラエルの心理学者。
⇒岩世人（ガットマン　1916.2.10–1987.10.25）
　社小増（ガットマン　1916–）

Guttman, Ludwig
ドイツ生まれのユダヤ系の病院院長。ナチスの迫害を避けてイギリスへ亡命。下半身不自由者のスポーツ競技会「パラリンピック」を創始する。
⇒岩世人（グットマン　1899.7.3–1980.3.18）

Guttormson, Ricky
アメリカのプロ野球選手（韓国KIA・投手）。
⇒外12（ガトームソン, リク　1977.1.11–）

Guttuso, Renato
イタリアの画家。
⇒岩世人（グットゥーゾ　1912.1.2–1987.1.17）
　芸13（グットゥーソ, レナート　1912–1981）

Guy, Buddy
アメリカのブルース歌手, ギター奏者。
⇒ロック（Guy,Buddy　ガイ, バディ　1936.7.30–）

Guy, Rosa（Cuthbert）
アメリカ（アフリカ系）の女性小説家。
⇒岩世人（ギー　1925.9.1–2012.6.3）
　現世文（ガイ, ローザ　1922.9.1–2012.6.3）

Guyard, Marius-François
フランスの比較文学者。
⇒比文増（ギュイヤール（マリウス・フランソワ）　1921（大正10）–2011（平成23））

Guyart, Brice
フランスのフェンシング選手。
⇒最世ス（ギャール, ブリス　1981.3.15–）

Guy-Blaché, Alice
フランスの映画監督。
⇒映監（ギイ, アリス　1873.7.1–1968）

Guyénot, Emile
フランスの生物学者。遺伝, 進化, 性などの研究がある。
⇒岩世人（ギュエノ　1885.9.6–1963.3.20）

Guy-Manuel
フランスのミュージシャン。
⇒外12（ギ・マニュエル　1974.2.8–）
　外16（ギ・マニュエル　1974.2.8–）

Guynemer, Georges
フランスの戦闘機操縦者。
⇒ネーム（ギヌメール　1894–1917）

Guyon, Jean Casimir
フランスの医者。泌尿器科学創設者の一人。パリ医科大学泌尿器科学教授。
⇒岩世人（ギュイヨン　1831.7.21–1920.8.2）

Guyon, Maxime
フランスの騎手。
⇒外12（ギュイヨン, マキシム　1989.5.7–）
　外16（ギュイヨン, マキシム　1989.5.7–）

Guyot, Yves
フランスの経済学者, 政治家。
⇒岩世人（ギュイヨー　1843.9.6–1928.2.22）
　19仏（ギュイヨ, イヴ　1843.9.6–1928.2.22）

Guze, Samuel Barry
アメリカの精神医学者。セントルイス学派の創設者の一人。
⇒精医歴（グーゼ, サミュエル・バリー　1923–2000）

Guzman, Cristian
ドミニカ共和国の大リーグ選手（遊撃）。
⇒メジャ（グスマン, クリスティアン　1978.3.21–）

Guzmán, Joan
ドミニカ共和国のプロボクサー。
⇒異二辞（グズマン［ホアン・〜］　1976–）

Guzman, Juan Andres
アメリカの大リーグ選手（投手）。
⇒メジャ（グスマン, フアン　1966.10.28–）

Guzmán Reynoso, Abimael
ペルーの革命家。
⇒岩世人（グスマン　1934.12.3–）
　外12（グスマン, アビマエル）

Guzzoni, Ute
ドイツの哲学者。
⇒岩世人（グッツォーニ　1934.11.2–）

Gwatkin, Henry Melvill
イギリスの神学者。ケンブリッジ大学教会史教授（1891）。
⇒新カト（グウォートキン　1844.7.30–1916.11.14）

Gwenn, Edmund
イギリス生まれの俳優。
⇒ク俳（グウェン, エドマンド　1875–1959）
　スター（グウェン, エドマンド　1875.9.26–1959）

Gwyn, Marcus
アメリカの大リーグ選手（投手）。
⇒外12（グウィン, マーカス　1977.11.4–）

Gwynn, Tony
アメリカの大リーグ選手（外野）。
⇒外12（グウィン, トニー　1960.5.9–）
　メジャ（グウィン, トニー　1960.5.9–）

Gwynne, Anne
アメリカの女優。
⇒ク俳（グウィン, アン（トライス, マーガリート・G）　1918–）

Gyan, Asamoah
ガーナのサッカー選手（アルアイン・FW）。
⇒最世ス（ギャン, アサモア　1985.11.21–）

Gyanendra
ネパール国王。在位1950〜51,2001〜08。
⇒外12（ギャネンドラ・ビル・ビクラム・シャー・デブ　1947.7.7–）
外16（ギャネンドラ・ビル・ビクラム・シャー・デブ　1947.7.7–）
世指導（ギャネンドラ・ビル・ビクラム・シャー・デブ　1947.7.7–）
ネーム（ギャネンドラ　1947–）

Gyasi, Yaa
ガーナ生まれの作家。
⇒現世文（ジャシ, ヤア　1989–）

Gyllenhaal, Jake
アメリカの俳優。
⇒外12（ギレンホール, ジェイク　1980.12.19–）
外16（ギレンホール, ジェイク　1980.12.19–）

Gyllenhaal, Maggie
アメリカの女優。
⇒外12（ギレンホール, マギー　1977.11.16–）

Gyllenhammar, Pehr Gustaf
スウェーデンの企業経営者。自動車会社ボルボ社長。世界にさきがけて、ベルトコンヴェア・システムを廃止した。
⇒外12（ジレンハマー, ペール・グスタフ　1935.4.28–）
外16（ジレンハマー, ペール・グスタフ　1935.4.28–）

Gyllensten, Lars Johan Wictor
スウェーデンの小説家。
⇒岩世人（イュッレンステーン　1921.11.12–2006.5.25）
現世文（イェーレンステン, ラーシュ　1921.11.12–2006.5.25）

Gysi, Gregor
ドイツの政治家, 法律家。ドイツ民主社会党（PDS）党首。
⇒岩世人（ギジ　1948.1.16–）
世指導（ギジ, グレゴール　1948.1.16–）

Gyurcsány, Ferenc
ハンガリーの政治家。ハンガリー首相。
⇒外12（ジュルチャーニ, フェレンツ　1961.6.4–）
外16（ジュルチャーニ, フェレンツ　1961.6.4–）
世指導（ジュルチャーニ, フェレンツ　1961.6.4–）

Gyu-ri
韓国の歌手。
⇒外12（ギュリ　1988.5.21–）
外16（ギュリ　1988.5.21–）

Gyurta, Dániel
ハンガリーの水泳選手（平泳ぎ）。
⇒外16（ジュルタ, ダニエル　1989.5.4–）
最世ス（ジュルタ, ダニエル　1989.5.4–）

【 H 】

Ha, Mike
台湾の俳優。
⇒外12（ハー, マイク　1983.12.28–）

Haack, Susan
アメリカの哲学者。
⇒メル別（ハーク, スーザン　1945–）

Haacke, Hans
ドイツ出身の美術家。社会的矛盾を鋭く衝く作品を発表。
⇒岩世人（ハーケ　1936.8.12–）
外16（ハーケ, ハンス　1936.8.12–）
芸13（ハーケ, ハンス　1936–）

Haag, Anna
スウェーデンのスキー選手（距離）。
⇒外16（ハーグ, アンナ　1986.6.1–）

Haag, Herbert
ドイツのカトリックの旧約学者。
⇒新カト（ハーグ　1915.2.11–2001.8.23）

Haag, Rudolf
西ドイツの物理学者。場の量子論の業績にハークの定理（1955）, ハーク・荒木の公理系などがある。
⇒岩世人（ハーク　1922.8.17–）

Haage, Peter
ドイツのテノール歌手。
⇒魅惑（Haage,Peter　1935–）

Haakon, Crown Prince
ノルウェー皇太子。
⇒外12（ホーコン皇太子　1973.7.20–）
外16（ホーコン皇太子　1973.7.20–）

Haakon VII
ノルウェー王。在位1905〜57。ロンドンに亡命政権を組織, ノルウェーの反独レジスタンスを支援。
⇒岩世人（ホーコン7世　1872.8.3–1957.9.21）

Haanpaa, Pentti
フィンランドの小説家。主著『荒野の戦争』（1940）。
⇒岩世人（ハーンパー　1905.10.14–1955.9.30）
現世文（ハーンパー, ペンティ　1905.10.14–1955.9.30）

Haar, Alfred
ハンガリーの数学者。〈ハール測度〉の研究で有名。
⇒岩世人（ハール　1885.10.11-1933.3.16）
　数辞（ハール,アルフレッド　1885-1933）
　世数（ハール,アルフレッド　1898-1972）

Haar, Elisabeth von der
ドイツ・フュルステナウ生まれのフランシスコ修道会の来日宣教女。
⇒新カト（ハール　1882.4.3-1961.4.5）

Haar, Michel
フランスの哲学者。パリ第四（ソルボンヌ）大学教授。
⇒メル別（アール,ミシェル　1937-2003）

Haarde, Geir
アイスランドの政治家。アイスランド首相。
⇒外12（ハーデ,ゲイル　1951.4.8-）
　外16（ハーデ,ゲイル　1951.4.8-）
　世指導（ハーデ,ゲイル　1951.4.8-）

Haas, Adolf
ドイツのカトリック神学者,自然哲学者。
⇒新カト（ハース　1914.5.5-1982.11.23）

Haas, Arthur Erich
オーストリアの物理学者。原子物理学の研究者。
⇒岩世人（ハース　1884.4.30-1941）

Haas, Bryan Edmund（Moose）
アメリカの大リーグ選手（投手）。
⇒メジャ（ハース,ムース　1956.4.22-）

Haas, Ernst Bernard
アメリカの政治学者。カリフォルニア大学国際問題研究所「国際統合研究プロジェクト」の主任。
⇒岩世人（ハース　1924.3.31-2003.3.6）
　政経改（ハース　1924-）

Haas, Gary Van
アメリカのジャーナリスト,作家。
⇒海文新（ハース,ゲイリー・ヴァン）

Haas, George William（Mule）
アメリカの大リーグ選手（外野）。
⇒メジャ（ハース,ミュール　1903.10.15-1974.6.30）

Haas, Hans
ドイツ普及福音派教会宣教師。第一高等学校でドイツ語を教授。
⇒岩世人（ハース　1868.12.3-1935.9.10）

Haas, Joseph
ドイツの作曲家。ローマおよびミュンヘン大学から名誉学位を贈られた。
⇒新音中（ハース,ヨーゼフ　1879.3.19-1960.3.30）
　標音2（ハース,ヨーゼフ　1879.3.19-1960.3.30）

Haas, Mario
オーストリアのサッカー選手（シュトルム・グラーツ・FW）。
⇒外12（ハース,マリオ　1974.9.16-）

Haas, Monique
フランスのピアノ奏者。
⇒標音2（アース,モニク　1909.10.20-1987.6.9）

Haas, Robert Maria
オーストリアの指揮者,音楽学者。
⇒新音中（ハース,ローベルト　1886.8.15-1960.10.4）
　標音2（ハース,ローベルト　1886.8.15-1960.10.4）

Haas, Tommy
ドイツのテニス選手。
⇒最世ス（ハース,トミー　1978.4.3-）

Haas, Werner
ドイツのピアノ奏者。
⇒標音2（ハース,ヴェルナー　1931.3.3-1976.10.11）

Haas, Willy
ドイツの批評家。
⇒岩世人（ハース　1891.6.7-1973.9.4）
　ユ著人（Haas,Willy　ハース,ウィリー　1891-1973）

Haas, Wolf
オーストリアのミステリ作家,コピーライター。
⇒現世文（ハース,ヴォルフ　1960-）

Haase, Hugo
ドイツの政治家,社会主義者。社会民主党を去って1917年独立社会民主党を創設。
⇒岩世人（ハーゼ　1863.9.29-1919.11.7）
　学叢思（ハーゼ,フーゴー　1863-1919.11.7）
　ユ著人（Hasse,Hugo　ハーゼ,ヒューゴ　1863-1919）

Haasse, Hella
オランダの作家。
⇒岩世人（ハーセ　1918.2.2-2011.9.29）
　現世文（ハーセ,ヘラ　1918.2.2-2011.9.29）

Haavelmo, Trygve
ノルウェーの経済学者。1989年ノーベル経済学賞。
⇒岩経（ハーヴェルモ　1911-1999）
　岩世人（ホーヴェルモ　1911.12.13-1999.7.26）
　ノベ3（ホーヴェルモ,T.　1911.12.13-1999.7.26）
　有経5（ホーヴェルモ　1911-1999）

Haavikko, Paavo
フィンランドの詩人。主著『遠方への道』（1951）。
⇒岩世人（ハーヴィッコ　1931.1.25-2008.10.6）

現世文（ハーヴィッコ，パーヴォ　1931.1.25–2008.10.6）

Hába, Alois
チェコスロバキアの作曲家。4分音によるオペラ『母』(1930)など多くの作品がある。
⇒岩世人（ハーバ　1893.6.21–1973.11.18）
ク音3（ハーバ　1893–1973）
新音小（ハーバ，アロイス　1893–1973）
新音中（ハーバ，アロイス　1893.6.21–1973.11.18）
標音2（ハーバ，アロイス　1893.6.21–1973.11.18）

Habakkuk, Hrothgar John
イギリスの歴史家。17・18世紀イギリス経済史研究者。
⇒岩世人（ハバカク　1915.5.13–2002.11.3）

Habana, Bryan
南アフリカのラグビー選手（トゥーロン・WTB）。
⇒最новS（ハバナ，ブライアン　1983.6.12–）

Habash, George
パレスチナのゲリラ指導者。パレスチナ解放人民戦線（PFLP）創設者。
⇒岩世人（ハバシュ，ジュルジ　1926.8.2–2008.1.26）
世指導（ハバシュ，ジョルジュ　1925–2008.1.26）

Haber, Fritz
ドイツの化学者。1918年アンモニアの成分元素からの合成に対してノーベル化学賞を受賞。
⇒岩世人（ハーバー　1868.12.9–1934.1.29）
オク科（ハーバー（フリッツ）　1868–1934）
化学（ハーバー　1868–1934）
現科大（ハーバー，フリッツ　1868–1934）
広辞7（ハーバー　1868–1934）
ネーム（ハーバー　1868–1934）
ノベ3（ハーバー，F.　1868.12.9–1934.1.29）
ユ著人（Haber,Fritz　ハーバー，フリッツ　1868–1934）

Haberl, Franz Xaver
ドイツの音楽学者。『合唱指揮者』(1864)，『音楽史の基礎』(85～88)などの著作がある。
⇒新カト（ハーベル　1840.4.12–1910.9.5）
標音2（ハーベル，フランツ・クサーヴァー　1840.4.12–1910.9.5）

Haberlandt, Arthur Ludwig Wolfgang
オーストリアの民俗学者。ヴィーンの民俗博物館館長（1923～），M・ハーベルラントの子。
⇒岩世人（ハーバーラント　1889.3.9–1964.5.28）

Haberlandt, Gottlieb
ドイツの植物学者。ベルリン大学植物生理学研究所長（1910～23）。
⇒岩生（ハーバーランド　1854–1945）
岩世人（ハーバーラント　1854.11.28–1945.1.30）

Haberlandt, Michael
オーストリアのインド学者，民俗学者。ヴィーンの民俗博物館館長（1912～）。
⇒岩世人（ハーバーラント　1860.9.29–1940.6.14）

Haberler, Gottfried von
オーストリア・ウィーン近郊生まれの経済思想家。
⇒岩経（ハーバラー　1900–1995）
岩世人（ハーバラー　1900.7.20–1995.5.6）
有経5（ハーバラー　1900–1995）

Häberlin, Paul
スイスの哲学者，心理学者，教育学者。主著"Der Charakter"(1925),"Philosophia perennis"(52)。
⇒教人（ヘバーリン　1878–）

Habermas, Jürgen
ドイツの哲学者，社会学者。フランクフルト学派の戦後世代を代表する理論家。
⇒岩社（ハーバーマス　1929–）
岩世人（ハーバーマス　1929.6.18–）
外16（ハーバーマス，ユルゲン　1929.6.18–）
教思増（ハーバーマス　1929–）
現社（ハーバーマス　1929–）
広辞7（ハーバーマス　1929–）
社小増（ハーバーマス　1929–）
新カト（ハーバーマス　1929.6.18–）
図哲（ハーバーマス，ユルゲン　1929–）
哲中（ハーバーマス　1929–）
ネーム（ハーバーマス　1929–）
メル別（ハーバーマス，ユルゲン　1929–）

Habert-Dys, Jules
フランスのイラストレーター。
⇒19仏（アベール＝ディス，ジュール　1850.9.23–?）

Habīb, Irfān
インドの中世史家。
⇒岩世人（イルファン・ハビーブ　1931.8.12–）

Habīb Allāh
アフガニスタンのバーラクザーイー朝第5代の王。在位1901～19。
⇒岩世人（ハビーブッラー　1872–1919.2.19）

Ḥabībī, Amīl
占領パレスチナで創作活動を続けた左翼作家。
⇒岩世人（ハビービー，エミール　1925–1996.5.2）
現世文（ハビービー，アミール　1922–1996.5.2）

Habibi, Hassan
イランの政治家。イラン第1副大統領。
⇒世指導（ハビビ，ハッサン　1937–2013.1.31）

Habibie, Bachruddin Jusuf
インドネシアの政治家，実業家。インドネシア大統領（1998～99）。
⇒岩世人（ハビビ　1936.6.25–）

外12（ハビビ, バハルディン・ユスフ　1936.6.25-）
外16（ハビビ, バハルディン・ユスフ　1936.6.25-）
現アジ（ハビビ　1936.6.25-）
世指導（ハビビ, バハルディン・ユスフ　1936.6.25-）
世人新（ハビビ　1936-）
世人装（ハビビ　1936-）

Habib Swaleh
ケニア海岸部の都市ラムにあるリヤーダ・モスクの創設者。
⇒岩イ（ハビブ・スワレフ　1852/1853-1935）

Habré, Hissène
チャドの政治家。チャド大統領（1982~90）。
⇒岩世人（ハブレ　1942.9.13-）
外12（ハブレ, ヒセーヌ　1940-）
外16（ハブレ, ヒセーヌ　1942.9.13-）

Habsburg-Lothringen, Otto von
ドイツの汎欧州主義運動指導者。欧州議会議員、汎ヨーロッパ同盟名誉会長。オーストリア・ハンガリー帝国最後の皇帝カール1世の長男。
⇒世指導（ハプスブルク・ロートリンゲン, オットー・フォン　1912.11.20-2011.7.4）

Habyarimana, Juvénal
ルワンダの軍人、政治家。ルワンダ大統領兼国防相（1973~94）。
⇒岩世人（ハビャリマナ　1937.3.8-1994.4.6）

Hacha, Emil
チェコスロバキアの政治家、法学者。大統領（1938~39）。
⇒岩世人（ハーハ　1872.7.12-1945.6.27）

Hached, Noureddine
チュニジアの外交官。駐日チュニジア大使。
⇒外12（ハシェッド, ヌルディーン　1944-）
外16（ハシェッド, ヌルディーン　1944-）

Ha Ch'un-hwa
韓国の歌手。
⇒岩世人（河春花　ハチュナ　1955.6.28-）

Hack, Stanley Camfield
アメリカの大リーグ選手（三塁）。
⇒メジャ（ハック, スタン　1909.12.6-1979.12.15）

Hacke, Axel
ドイツの作家、ジャーナリスト。
⇒外12（ハッケ, アクセル　1956-）
現世文（ハッケ, アクセル　1956.1.20-）

Hackenschmidt, George
帝政ロシアのデルプト生まれのプロレスラー、ボディービルダー、評論家。
⇒岩世人（ハッケンシュミット　1878.7.20/8.1-1968.2.19）

Hacker, Paul
ドイツのインド学者。
⇒岩世人（ハッカー　1913.1.16-1979.3.18）

Hackett, Charles
アメリカのテノール歌手。
⇒失声（ハケット, チャールズ　1889-1942）
魅惑（Hackett, Charles　1889-1942）

Hackett, Grant
オーストラリアの水泳選手（自由形）。
⇒異二辞（ハケット［グラント・~］　1980-）
外12（ハケット, グラント　1980.5.9-）
最世ス（ハケット, グラント　1980.5.9-）

Hackett, Joan
アメリカ生まれの女優。
⇒ク俳（ハケット, ジョウン　1934-1983）

Hackett, Robert Leo（Bobby）
アメリカのジャズ・コルネット、ギター奏者。
⇒標音2（ハケット, ボビー　1915.1.31-1976.6.7）

Hackett, Steve
イギリスのギター奏者。
⇒外12（ハケット, スティーブ　1950.2.12-）
外16（ハケット, スティーブ　1950.2.12-）

Hackford, Taylor
アメリカの映画監督、映画プロデューサー。
⇒外12（ハックフォード, テイラー　1947-）

Hackin, Joseph
フランスの東洋学者。
⇒岩世人（アカン　1886-1941.2.24）
新佛3（アッカン　1886-1941）

Hacking, Ian
カナダの哲学者、物理学者。
⇒メル別（ハッキング, イアン　1936-）

Hackl, Georg
ドイツのリュージュ選手。
⇒外12（ハックル, ゲオルク　1966.9.9-）

Hackman, Gene
アメリカの俳優。
⇒遺産（ハックマン, ジーン　1930.1.30-）
外12（ハックマン, ジーン　1930.1.30-）
外16（ハックマン, ジーン　1930.1.30-）
ク俳（ハックマン, ジーン　1931-）
スター（ハックマン, ジーン　1930.1.30-）

Hacks, Peter
ドイツの劇作家。主作品は『憂愁と権力』（1959）、『エックスのマルガレーテ』（67）など。
⇒岩世人（ハックス　1928.3.21-2003.8.28）
現世文（ハックス, ペーター　1928.3.21-2003.8.28）

Hadamard, Jacques Salomon
フランスの数学者。特に偏微分方程式論, 函数論, 解析的数論に貢献。
⇒岩世人（アダマール　1865.12.8–1963.10.17）
　数辞（アダマール, ジャーク・サロモン　1865–1963）
　数小増（アダマール　1865–1963）
　世数（アダマール, ジャック・サロモン　1865–1963）
　ネーム（アダマール　1865–1963）
　ユ著人（Hadamard,Jacques Solomon　アダマール, ジャック・ソロモン　1865–1963）

Haddad-Adel, Gholam-Ali
イランの政治家。イラン国会議長。
⇒世指導（ハッダードアデル, ゴラムアリ　1945–）

Haddix, Harvey
アメリカの大リーグ選手（投手）。
⇒メジャ（ハディックス, ハーヴィー　1925.9.18–1994.1.8）

Haddock, Marcus
アメリカのテノール歌手。
⇒魅惑（Haddock,Marcus　?–）

Haddon, Alfred Cort
イギリスの人類学者。野外調査の先駆とされるトレス海峡の人類学的総合調査を行なった。
⇒岩世人（ハッドン　1855.5.24–1940.4.20）

Haddon, Mark
イギリスの作家, 脚本家, イラストレーター。
⇒外12（ハッドン, マーク　1962–）
　外16（ハッドン, マーク　1962.9.26–）
　現世文（ハッドン, マーク　1962.9.26–）

Hademine, Yahya Ould
モーリタニアの政治家。モーリタニア首相。
⇒外16（ハドミン, ヤヒヤ・ウルド　1953.12.31–）
　世指導（ハドミン, ヤヒヤ・ウルド　1953.12.31–）

Haden, Charlie
アメリカのジャズ・ベース奏者。
⇒外12（ヘイデン, チャーリー　1937.8.6–）
　標音2（ヘーデン, チャーリー　1937.8.6–）

Hadi, Abd ar-Rabbuh Mansur al-
イエメンの政治家, 軍人。イエメン大統領（2012～）。
⇒外12（ハディ, アブドラボ・マンスール　1944–）
　外16（ハディ, アブドラボ・マンスール　1945.9.1–）
　世指導（ハディ, アブドラボ・マンスール　1945.9.1–）

Hadid, Zaha
レバノンの建築家。AAスクール講師。
⇒異二辞（ハディド, ザハ　1950–2016）
　外12（ハディド, ザハ　1950.10.31–）
　外16（ハディド, ザハ　1950.10.31–）
　ネーム（ハディド, ザハ　1950–）

Hadikusum, Ki Bagus
インドネシアのイスラム組織ムハマディヤの指導者。
⇒岩世人（ハディクスモ, バグス　1890.11.24–1954.11.4）

Hadise
ベルギーの歌手。
⇒外12（ハディセ　1985.10.21–）
　外16（ハディセ　1985.10.21–）

Hadjes, Menasse
テノール歌手。
⇒魅惑（Hadjes,Menasse　?–）

Hadjidakis, Manos
ギリシアの作曲家。
⇒ク音3（ハジダキス　1925–1994）

Hadley, Arthur Twining
アメリカ生まれの経済思想学者。
⇒有経5（ハドレー　1856–1930）

Hadley, Henry
アメリカの指揮者, 作曲家。
⇒標音2（ハドリー, ヘンリー　1871.12.20–1937.9.6）

Hadley, Irving Darius（Bump）
アメリカの大リーグ選手（投手）。
⇒メジャ（ハドリー, バンプ　1904.7.5–1963.2.15）

Hadley, Jerry
アメリカのテノール歌手。
⇒失声（ハドレー, ジェリー　1952–2007）
　失声（ハドレー, ジェリー　?–2007）
　魅惑（Hadley,Jerry　1952–）

Hadley, Stephen J.
アメリカの弁護士。大統領補佐官（国家安全保障問題担当）。
⇒外12（ハドリー, スティーブン　1947.2.13–）
　外16（ハドリー, スティーブン　1947.2.13–）

Ha Dong-hoon（Haha）
韓国の男優, 歌手。
⇒韓俳（ハ・ドンフン（ハハ）　1979.8.20–）

Haebler, Ingrid
オーストリア（ポーランド系）のピアノ奏者。
⇒新音中（ヘブラー, イングリット　1929.6.20–）
　標音2（ヘブラー, イングリット　1929.6.20–）

Haeckel, Ernst Heinrich
ドイツの生物学者。個体発生は系統発生を繰返すとの反復説をたてた。
⇒岩生（ヘッケル　1834–1919）
　岩世人（ヘッケル　1834.2.16–1919.8.9）
　旺生5（ヘッケル　1834–1919）

オク生（ヘッケル,エルンスト・ハインリヒ 1834-1919）
学叢思（ヘッケル,エルンスト 1834-1919）
広辞7（ヘッケル 1834-1919）
三新生（ヘッケル 1834-1919）
新カト（ヘッケル 1834.2.16-1919.8.9）
哲中（ヘッケル 1834-1919）
メル3（ヘッケル,エルンスト 1834-1919）

Haecker, Theodor
ドイツの哲学的著述家。主著『キルケゴールと内面性の哲学』(1913)。
⇒岩世人（ヘッカー 1879.6.4-1945.4.9）
新カト（ヘッカー 1879.6.4-1945.4.9）

Haefliger, Ernst
スイスのテノール歌手。
⇒失声（ヘフリガー,エルンスト 1919-2007）
新音中（ヘフリガー,エルンスト 1919.7.6-）
標音2（ヘーフリガー,エルンスト 1919.7.6-2007.3.17）
魅惑（Haefliger,Ernst 1919-）

Haefliger, Michael
スイスの芸術監督。ルツェルン国際音楽祭芸術総監督、ダボス国際音楽祭創設者。
⇒外12（ヘフリガー,ミヒャエル 1961-）
外16（ヘフリガー,ミヒャエル 1961-）

Haekel, Josef
オーストリアの民族学者。歴史民族学派の見地から、北米インディアンのトーテミズム、社会組織、宗教観念について、膨大な文献資料に基づく研究をした。
⇒岩世人（ヘッケル 1907.6.17-1973.11.2）

Haendel, Ida
ポーランド、のちイギリスのヴァイオリン奏者。
⇒外16（ヘンデル,イダ 1924.12.15-）
ユ著人（Haendel,Ida ヘンデル,イダ 1924-）

Haenel, Yannick
フランスの作家。
⇒外16（エネル,ヤニック 1967-）
海文新（エネル,ヤニック 1967-）
現世人（エネル,ヤニック 1967-）

Haenraets, Willem
オランダの画家。
⇒芸13（ヘインレイツ,ウイリアム 1940-）

Haering, Theodor Ludwig
ドイツの哲学者。科学方法論、歴史哲学、ヘーゲル研究などについての業績がある。
⇒教人（ヘーリング 1884-）

Ḥā'erī Yazdī
イランの法学者。20世紀初頭に衰退する兆しをみせていたコムを十二イマーム派学問の一大中心地に復興させたマルジャア・アッ＝タクリード。

⇒岩イ（ハーエリー 1859/1860-1936/1937）

Haese, Günter
ドイツの彫刻家。
⇒芸13（ヘーゼ,グンター 1924-）

Haesler, Otto
ドイツの建築家。ツェレ、ラーテノーで活動。
⇒岩世人（ヘースラー 1880.6.13-1962.4.2）

Hafey, Charles James (Chick)
アメリカの大リーグ選手(外野)。
⇒メジャ（ヘイフィー,チック 1903.2.12-1973.7.2）

Haffkin, Waldemar Mordecai
ロシアの細菌学者。
⇒岩世人（ハーフキン 1860.3.2/15-1930.10.26）
ユ著人（Haffkine,Mordecai Waldemar ハフキン,モルデカイ・ワルデマール 1860-1930）

Ḥāfiẓ Ibrāhīm
エジプトの詩人。ナショナリストとして政治的・社会的詩作を多くした。
⇒岩イ（ハーフィズ・イブラーヒーム 1872頃-1932）
岩世人（ハーフィズ・イブラーヒーム 1872頃-1932.7.21）
広辞7（ハーフィズ・イブラーヒーム 1872頃-1932）

Hafner, Katie
アメリカのサイエンスライター。
⇒外12（ハフナー,ケイティ）
外16（ハフナー,ケイティ）

Hafner, Travis Lee
アメリカの大リーグ選手(一塁,DH)。
⇒メジャ（ハフナー,トラヴィス 1977.6.3-）

Hafungγ-a
中国・内モンゴルにおけるモンゴル族の政治家。
⇒岩世人（ハーフンガ 1908.3.16(光緒34.2.14)-1970.11.29）

Hagan, Thomas
アフリカ系アメリカ人統一機構(OAAU)創立者マルコムXの暗殺者。
⇒世暗（ヘイガン,トマス 1943-）

Hagar, Sammy
アメリカのロック・ミュージシャン。
⇒外12（ヘイガー,サミー 1949.10.13-）

Hagara, Roman
オーストリアのヨット選手。
⇒最世ス（ハガラ,ロマン 1966.4.30-）

Hage, Rawi
レバノン生まれのカナダの作家、写真家。
⇒外12（ハージ,ラウィ 1964-）

外16（ハージ, ラウィ　1964–）
海文新（ハージ, ラウィ　1964–）
現世文（ハージ, ラウィ　1964–）

Hagège, Claude
フランスの言語学者。
⇒岩世人（アジェージュ　1936.1.1–）

Hagel, Chuck
アメリカの政治家。
⇒外12（ヘーゲル, チャック　1946.10.4–）
外16（ヘーゲル, チャック　1946.10.4–）
世指導（ヘーゲル, チャック　1946.10.4–）

Hagelin, Boris C.W.
スウェーデンの暗号機の発明者。
⇒スパイ（ハゲリン, ボリス・C・W　1892–1983）

Hagelstange, Rudolf
ドイツの詩人, 小説家。代表作はソネット集『ベネチアの信条』(1945)。
⇒現世文（ハーゲルシュタンゲ, ルードルフ　1912.1.14–1984.8.5）

Hagen, Clemens
オーストリアのチェロ奏者。
⇒外12（ハーゲン, クレメンス　1966–）
外16（ハーゲン, クレメンス　1966–）

Hagen, Jean
アメリカの女優。
⇒ク俳（ヘイゲン, ジーン（ハーゲン, ジーン・ヴァー）　1923–1977）

Hagen, Johann Georg
ドイツのイエズス会士, 天文学者。ヴァティカン天文台長(1906〜)。
⇒新カト（ハーゲン　1847.3.6–1930.9.5）

Hagen, Nina
ドイツ・東ベルリン生まれの歌手。1978年『ニナ・ハーゲン・バンド』を結成し, アルバムを2枚出す。81年ニューヨークに行き, 出産後『神と宇宙』を題材にしたソロ・アルバムを発表する。
⇒異二辞（ハーゲン, ニーナ　1955–）
外12（ハーゲン, ニナ　1955.3.11–）

Hagen, Veronika
オーストリアのヴィオラ奏者。
⇒外12（ハーゲン, ヴェロニカ　1963–）
外16（ハーゲン, ヴェロニカ　1963–）

Hagen, Walter
アメリカのプロ・ゴルファー。1914年全米オープンに初優勝, 全英オープンにも22年から4回連勝し, 全米プロにも21年から5回優勝。
⇒岩世人（ヘイゲン　1892.12.21–1962.10.5）
ネーム（ヘーゲン　1892–1969）

Hagenbeck, Karl
ドイツの動物園経営者。1907年ハンブルクに新しい構想の動物園を開設。
⇒岩世人（ハーゲンベック　1844.6.10–1913.4.14）
広辞7（ハーゲンベック　1844–1913）
ネーム（ハーゲンベック　1844–1913）
博物館（ハーゲンベック, カール　1844–1913）

Hagenstein, August
アメリカの宣教師。
⇒アア歴（Hagenstein,August　ヘイゲンスティーン, オーガスト　1858.8.11–1921.5.30）

Hager, Leopold
オーストリアの指揮者。
⇒外12（ハーガー, レオポルト　1935.10.6–）
外16（ハーガー, レオポルト　1935.10.6–）

Hägerstrand, Torsten
スウェーデンの地理学者。
⇒岩世人（ヘーゲルシュトランド（ヘーゲシトランド）　1916.10.11–2004.5.3）
人文地（ヘーエルストランド　1916–）

Hägerström, Axel
スウェーデンの哲学者。ウプサラ大学教授。
⇒メル3（ヘーガーシュトレーム（ヘーゲルストレム）, アクセル　1868–1939）

Hagerty, Julie
アメリカ生まれの女優。
⇒ク俳（ハガティ, ジュリー　1955–）

Hagerty, William
アメリカの外交官, 実業家。駐日米国大使。
⇒世指導（ハガティ, ウィリアム　1959.8.14–）

Hagerup, Francis
ノルウェーの法学者, 政治家。
⇒岩世人（ハーゲルップ　1853.1.22–1921.2.8）

Hagerup, Klaus
ノルウェーの作家。
⇒現世文（ハーゲルップ, クラウス　1946–）

Haggard, Sir Henry Rider
イギリスの小説家。『ソロモン王の宝庫』(1885)や『彼女』(87)が有名。
⇒岩世人（ハガード　1856.6.22–1925.5.14）
広辞7（ハガード　1856–1925）

Haggard, Merle
アメリカのカントリー歌手・作詞, 作曲家。サン・クエンティン刑務所で服役中, ジョニー・キャッシュ・ショーを見て歌手になる決意をし, 1965年「ストレンジャー」などのヒットを出した。
⇒アメ州（Haggard,Merle　ハガード, マール　1937–）
新音中（ハガード, マール　1937.4.6–）
標音2（ハガード, マール　1937.4.6–）
ロック（Haggard,Merle　ハガード, マール　1937.4.6–）

Haggerty, Mick
アメリカ在住のイギリスのグラフィック・デザイナー, 挿絵画家。
⇒グラデ (Haggerty,Mick ハジャティー, ミック 1943-)

Haggerty, Rosanne
アメリカの社会事業家。
⇒外12 (ハガティー, ロザンヌ)
　外16 (ハガティー, ロザンヌ)

Haggett, Peter
イギリスの地理学者。
⇒岩世人 (ハゲット 1933.1.24-)

Haggins, Robert
アメリカのニューヨーク・シティズン・コール紙の記者, 写真家。
⇒マルX (HAGGINS,ROBERT ハギンズ, ロバート 1922-)

Haggis, Paul
カナダの映画監督, 脚本家。
⇒外12 (ハギス, ポール 1953.3.10-)
　外16 (ハギス, ポール 1953.3.10-)

Hagi, Georghe
ルーマニアのサッカー選手。
⇒異二辞 (ハジ[ゲオルゲ・～] 1965-)
　外12 (ハジ, ゲオルゲ 1965.2.5-)
　外16 (ハジ, ゲオルゲ 1965.2.5-)

Hagin, Nancy
アメリカ生まれの画家。
⇒芸13 (ヘイガン, ナンシー 1940-)

Hagman, Larry
アメリカ生まれの俳優。
⇒ク俳 (ハグマン, ラリー (ハゲマン,L) 1931-)

Hagner, Viviane
ドイツのヴァイオリン奏者。
⇒外12 (ハーグナー, ヴィヴィアン 1976-)
　外16 (ハーグナー, ヴィヴィアン 1976-)

Hague, Frank
アメリカの政治家。
⇒アメ州 (Hague,Frank ヘイグ, フランク 1876-1956)

Hague, William
イギリスの政治家。イギリス外相, 連邦相, ウェールズ担当相。
⇒岩世人 (ヘイグ 1961.3.26-)
　外12 (ヘイグ, ウィリアム 1961.3.26-)
　外16 (ヘイグ, ウィリアム 1961.3.26-)
　世指導 (ヘイグ, ウィリアム 1961.3.26-)

Haguenauer, Charles
フランスの日本学者。翻訳 "Un vieillard"(志賀直哉 『老人』) (1924) など。

⇒岩世人 (アグノエール 1896.10.29-1976.12.24)

Haguewood, Robert D.
アメリカ海軍下士官。
⇒スパイ (ヘイグウッド, ロバート・D)

Ha Hee-ra
韓国のタレント。1981年, KBSテレビよりデビュー。代表作に『ノダジ』『ミニシリーズ―女は何で生きるのか』『愛が何だか』『オクセ風』等がある。
⇒外12 (ハヒラ 1969.10.30-)
　韓俳 (ハ・ヒラ 1969.10.30-)

Hahl, Albert
ドイツの植民地行政官。
⇒岩世人 (ハール 1868.9.10-1945.12.25)

Hahn, Emily
アメリカの作家。
⇒アア歴 (Hahn,Emily ハーン, エミリー 1905.1.14-1997.2.18)

Hahn, Frank
ドイツ・ベルリン生まれの経済思想家。
⇒岩経 (ハーン 1925-)
　岩世人 (ハーン 1925-2013.1.29)
　有経5 (ハーン 1925-2013)

Hahn, Frank George (Noodles)
アメリカの大リーグ選手(投手)。
⇒メジャ (ハーン, ヌードルズ 1879.4.29-1960.2.6)

Hahn, Hans
オーストリアの数学者。
⇒岩世人 (ハーン 1879.9.27-1934.7.24)
　数辞 (ハーン, ハンス 1879-1934)
　世数 (ハーン, ハンス 1879-1934)

Hahn, Hilary
アメリカのヴァイオリン奏者。
⇒外12 (ハーン, ヒラリー 1979-)
　外16 (ハーン, ヒラリー 1979-)

Hahn, Joe
アメリカのDJ。
⇒外16 (ハーン, ジョー)

Hahn, Ludwig Albert
ドイツの銀行家, 経済学者。『ケインズ一般理論の基本的誤謬』(1950)がある。
⇒岩世人 (ハーン 1889.10.12-1968.10.4)

Hahn, Otto
ドイツの化学者。ウランの核分裂の実証(1938～39)などによりノーベル化学賞受賞(44)。
⇒岩世人 (ハーン 1879.3.8-1968.7.28)
　オク科 (ハーン(オットー) 1879-1968)
　化学 (ハーン 1879-1968)
　広辞7 (ハーン 1879-1968)
　三新物 (ハーン 1879-1968)

ノベ3 (ハーン,O. 1879.3.8–1968.7.28)

Hahn, Reynaldo
ベネズエラの作曲家。専らフランスで活動した。
⇒岩世人 (アーン 1875.8.9–1947.1.28)
　ク音3 (アーン 1874/1875–1947)
　新音小 (アーン,レナルド 1874–1947)
　新音中 (アーン,レナルド 1874.8.9–1947.1.28)
　標音2 (アーン,レナルド 1874.8.9–1947.1.28)
　魅惑 (Hahn,Reynaldo 1875–1947)

Hahn Seung-hun
韓国の弁護士。著作権研究所所長。ソウル地検検事、自由実践文人協会理事などを歴任。著書に『人間と抗弁』『偽装時代の証言』などがある。
⇒岩韓 (ハン・スンホン 韓勝憲 1934–)
　岩世人 (韓勝憲 ハンスンホン 1934.9.29–)
　外12 (ハンスンホン 韓勝憲 1934.9.29–)
　外16 (ハンスンホン 韓勝憲 1934.9.29–)

Hahn Woo-Shik
韓国生まれの画家。
⇒芸13 (ハン・ウーシック 1922–)

Hà Huy Tập
ベトナムの政治運動家。
⇒岩世人 (ハー・フイ・タップ 1906.4.24?–1941.8.28)

Haider, Jörg
オーストリアの政治家。オーストリア自由党党首。
⇒岩世人 (ハイダー 1950.1.26–2008.10.11)
　世指導 (ハイダー,イェルク 1950.1.26–2008.10.11)

Haider, Karl
ドイツの画家。風景画には精確な描写と詩的内容、またのちにはやや憂鬱な気分との結合が見られる。
⇒芸13 (ハイダー,カルル 1846–1912)

Haidt, Jonathan
アメリカの社会心理学者。バージニア大学心理学部教授。
⇒外12 (ハイト,ジョナサン)
　外16 (ハイト,ジョナサン)

Haig, Alan W.（Al）
アメリカのジャズ・ピアノ奏者。1940年代より有能な白人バップ・ピアニストとして脚光をあびる。
⇒標音2 (ヘイグ,アル 1924.7.22–1982.11.16)

Haig, Douglas Haig, 1st Earl of
イギリスの軍人。1917年元帥、19～21年イギリス本国軍総司令官。19年伯爵。
⇒岩世人 (ヘイグ 1861.6.19–1928.1.29)

Haig, Francesca
オーストラリアの作家。

⇒海文新 (ヘイグ,フランチェスカ)

Haig, Matt
イギリスの作家。
⇒外16 (ヘイグ,マット 1975–)
　海文新 (ヘイグ,マット 1975–)
　現世文 (ヘイグ,マット 1975–)

Haig, Sir Thomas Wolseley
イギリスのイスラム教インド史家。"The Cambridge history of India"の第3巻を編集（1928）。
⇒岩世人 (ヘイグ 1865.8.7–1938.5.4/4.28)

Haigh, John
イギリスの殺人犯。
⇒ネーム (ヘイグ,ジョン 1909–1949)

Haikal, Muḥammad Ḥusain
エジプトの小説家、政治家。代表作『ザイナブ』。
⇒岩世人 (ハイカル,ムハンマド・フサイン 1888–1956.12)

Hail, John Baxter
アメリカの宣教師。カンバーランド・プレスビテリアン・ボード派最初の宣教師として来日（1877）。大阪西教会、同東教会の基礎を築いた。
⇒岩世人 (ヘイル 1846.10.1–1928.12.20)

Hailemariam Desalegn
エチオピアの政治家。エチオピア首相。
⇒外16 (ハイレマリアム・デサレン 1965.7.19–)
　世指導 (ハイレマリアム・デサレン 1965.7.19–)

Haile Selassie I Ras Taffari Makonnen
エチオピア皇帝。アフリカ統一機構の設立や、ビアフラ紛争などアフリカの地域紛争の調停に尽力した。
⇒岩世人 (ハイレ・セラシエ1世 1892.7.23–1975.8.27)
　広辞7 (ハイレ・セラシエ 1892–1975)
　政経改 (ハイレ・セラシエ1世 1892–1975)
　世史改 (ハイレ=セラシエ 1892–1975)
　世人新 (ハイレ=セラシエ1世 1982–1975)
　世人装 (ハイレ=セラシエ1世 1982–1975)
　ネーム (ハイレ・セラシエ1世 1891–1975)
　ポプ人 (ハイレ・セラシエ 1892–1975)

Hailey, Arthur
カナダの小説家。
⇒現世文 (ヘイリー,アーサー 1920.4.5–2004.11.24)

Hailwood, Mike
イギリスのオートバイ・レーサー。
⇒岩世人 (ヘイルウッド 1940.4.2–1981.3.23)

Haimovitz, Matt
イスラエルのチェロ奏者。
⇒外12 (ハイモビッツ,マット 1970–)
　外16 (ハイモビッツ,マット 1970–)

Hainer, Herbert
ドイツの実業家。
⇒外12 (ハイナー, ヘルベルト　1954.7.3-)
　外16 (ハイナー, ヘルベルト　1954.7.3-)

Haines, Jesse Joseph
アメリカの大リーグ選手(投手)。
⇒メジャ (ヘインズ, ジェシー　1893.7.22-1978.8.5)

Haing Ngor
カンボジア出身の映画俳優。
⇒岩世人 (ハイン・ニョール (ハン・ガオ)　1940.3.22-1996.2.25)

Hairer, Martin
オーストリアの数学者。
⇒世数 (ハイラー, マルティン　1975-)

Hairston, Jerry Wayne, Jr.
アメリカの大リーグ選手(二塁, 外野)。
⇒メジャ (ヘアストン, ジェリー　1976.5.29-)

Haitink, Bernard
オランダの指揮者。
⇒岩世人 (ハイティンク　1929.3.4-)
　オペラ (ハイティンク, ベルナルド　1929-)
　外12 (ハイティンク, ベルナルト　1929.3.4-)
　外16 (ハイティンク, ベルナルト　1929.3.4-)
　新音中 (ハイティンク, ベルナルト　1929.3.4-)
　標音1 (ハイティンク, ベルナルト　1929.3.4-)

Ha Jae-Yeong
韓国の男優。
⇒韓俳 (ハ・ジェヨン　1952.10.19-)

Hajdu, Etienne
フランスの彫刻家。大理石の丸彫, 銅板やアルミ板の打ち出し浮彫などを制作。
⇒岩世人 (アイドゥー　1907.8.12-1996.3.24)

Hajek, Otto Herbert
ドイツの芸術家。ドイツ国立美術アカデミー教授。
⇒芸13 (ハジェック, オットー・アルベルト　1927-)

Ha Ji-won
韓国の女優。
⇒外12 (ハジウォン　1979.6.28-)
　外16 (ハジウォン　1978.6.28-)
　韓俳 (ハ・ジウォン　1979.6.28-)

Haji Zainuddin N.Z.
インドネシアのイスラム説教師(ダーイー)。
⇒岩イ (ハジ・ザイヌディン　1952-)

Ḥājj Amīn al-Ḥusaynī
パレスチナ民族運動の指導者。
⇒岩世人 (ハージ・アミーン・フサイニー　1895-1974.7.4)

*al-*Ḥājj Mālik Sy
セネガルのティジャーニー教団の指導者。
⇒岩イ (ハージッジ・マーリク・スィ　1855頃-1922)

Ha Jung-woo
韓国の俳優。
⇒遺産 (ハ・ジョンウ　1978.3.11-)
　外12 (ハジョンウ　1978.3.11-)
　外16 (ハジョンウ　1978.3.11-)
　韓俳 (ハ・ジョンウ　1978.3.11-)

Haken, Hermann
西ドイツの物理学者。第二次大戦後の西ドイツの物性理論のリーダーの一人。ランダム系における秩序の自己形成を論ずるシネルジェティクスを創始。
⇒岩世人 (ハーケン　1927.7.12-)
　外16 (ハーケン, ヘルマン　1927.7.12-)

Hakim, Abdel Aziz al-
イラクのイスラム教シーア派指導者。イラク・イスラム最高評議会(SIIC)指導者。
⇒世指導 (ハキム, アブドル・アジズ　1950-2009.8.26)

Hakim, Christin
インドネシア生まれの女優。
⇒岩世人 (ハキム, クリスティン　1956.12.25-)
　外12 (ハキム, クリスティン　1956.12.25-)
　外16 (ハキム, クリスティン　1956.12.25-)

*al-*Ḥakīm, Muḥammad Bāqir
イラクのイスラム法学者, 政治家。
⇒岩世人 (ハキーム, ムハンマド・バーキル　1939-2003.8.29)
　世指導 (ハキム, ムハマド・バキル　1939-2003.8.29)

Hakkinen, Mika
フィンランドのF1ドライバー。
⇒岩世人 (ハッキネン　1968.9.28-)
　外12 (ハッキネン, ミカ　1968.9.28-)
　外16 (ハッキネン, ミカ　1968.9.28-)

Hal, Johnny van
オランダのテノール歌手。
⇒魅惑 (Hal,Johnny van　1960-)

Halam, Ann
イギリスのファンタジー作家。
⇒外12 (ハラム, アン　1952-)
　現世文 (ハラム, アン　1952-)

Halas, John
イギリスのアニメーション作家, プロデューサー。
⇒アニメ (ハラス, ジョン　1912-1995)

Halbe, Max
ドイツの劇作家。戯曲『青春』(1893)で名声を得た。

⇒岩世人（ハルベ　1865.10.4–1944.11.30）
学叢思（ハルベ, マクス　1865–?）

Halberstaedter, Ludwig
イスラエルの放射線科医。
⇒ユ著人（Halberstaedter,Ludwig　ハルベールシュテッター, ルードヴィヒ　1876–1949）

Halberstam, David
アメリカのジャーナリスト, 作家。
⇒岩世人（ハルバースタム　1934.4.10–2007.4.23）
広辞7（ハルバースタム　1934–2007）

Halbout, Augustin-Adolphe
パリ外国宣教会司祭, 日本宣教師。
⇒新カト（アルブー　1864.11.21–1945.1.14）

Halbwachs, Maurice
フランスの社会学者。社会学と心理学を研究し社会心理学研究への道を開いた。
⇒岩世人（アルヴァクス（アルブヴァクス）　1877.3.11–1945.3.16）
現社（アルヴァクス　1877–1945）
社小増（アルヴァクス　1877–1945）
ネーム（アルブワックス　1877–1945）
メル3（アルヴァックス, モーリス　1877–1945）

Haldane, John Burdon Sanderson
イギリスの生理学者, 遺伝学者, 生物統計学者。潜水中の生理についての研究業績は学界の評価が高い。
⇒岩生（ホールデン　1892–1964）
岩世人（ホールデン　1892.11.5–1964.12.1）

Haldane, John Scott
イギリスの生理学者。潜函病の研究ですぐれた業績を残した。
⇒岩生（ホールデン　1860–1936）
岩世人（ホールデン　1860.5.3–1936.3.14）
ネーム（ホールデン　1860–1936）

Haldane, Richard Burdon, Viscount Haldane of Cloan
イギリスの政治家。下院議員で自由党に属し, 1911年子爵。
⇒岩世人（ホールデン　1856.7.30–1928.8.19）

Haldeman, Joe William
アメリカの作家。
⇒外12（ホールドマン, ジョー　1943.6.9–）
外16（ホールドマン, ジョー　1943.6.9–）
現世文（ホールドマン, ジョー　1943.6.9–）

Halder, Franz
ドイツの軍人。参謀総長。ヒトラーの戦略に反対し, 収容所に送られる。
⇒ネーム（ハルダー　1884–1972）

Halderman, John Acoming
アメリカの外交官。
⇒アア歴（Halderman,John A (coming)　ハルダーマン, ジョン・アカミング　1833.4.15–1908.9.21）

Hale, Arvel Odell
アメリカの大リーグ選手（二塁, 三塁）。
⇒メジャ（ヘイル, オーデル　1908.8.10–1980.6.9）

Hale, Barbara
アメリカの女優。
⇒ク俳（ヘイル, バーバラ　1921–）

Hale, George Ellery
アメリカの天文学者。ウィルソン山天文台など（1904）を新設。分光太陽写真儀なども発明（1890）。
⇒岩世人（ヘイル　1868.6.29–1938.2.21）
広辞7（ヘール　1868–1938）
天文辞（ヘール　1868–1938）
天文大（ヘール　1868–1938）

Hale, Ginn
アメリカの作家。
⇒海文新（ヘイル, ジン）

Hale, Kathleen
イギリスの女性絵本作家, 挿絵画家。
⇒絵本（ヘイル, キャスリーン　1898–2000）

Hale, Shannon
アメリカの作家。
⇒海文新（ヘイル, シャノン）
現世文（ヘイル, シャノン）

Hale, Walter Franklin（Sapao）
アメリカの植民地行政官。
⇒アア歴（Hale,Walter Franklin（"Sapao"）　ヘイル, ウォルター・フランクリン　1874.7.27–1952.7.28）

Halecki, Oscar
ポーランドの歴史家。ニューヨークのフォーダム大学およびカナダのモントリオール大学教授（1944〜）。
⇒岩世人（ハレツキ　1891.5.26–1973.9.17）

Halévy, Daniel
フランスの歴史家, 随筆家。主著『フランス労働運動試論』（1901）。
⇒岩世人（アレヴィ　1872.12.12–1962.2.4）
ユ著人（Halévy,Daniel　アレヴィー, ダニエル　1872–1962）

Halevy, Efraim
イスラエルのモサド長官。
⇒外12（ハレビ, エフライム　1934–）
外16（ハレビ, エフライム　1934–）
世指導（ハレビ, エフライム　1934–）

Halévy, Élie
フランスのイギリス史家。
⇒ユ著人（Halévy,Élie　アレヴィー, エリー　1870–1937）

Halévy, Ludovic
フランスの小説家, オペレッタ作者。
⇒**19仏**（アレヴィ, リュドヴィック 1834.1.1-1908.5.8）
ユ著人（Halévy,Ludovic アレヴィー, リュドヴィック 1834-1908）

Haley, Alex (ander Murray Palmer)
アメリカ（アフリカ系）の小説家, ジャーナリスト。
⇒岩世人（ヘイリー 1921.8.11-1992.2.10）
現世文（ヘーリー, アレックス 1921.8.11-1992.2.10）
マルX（HALEY,ALEX PALMER ヘイリー, アレックス・パーマー 1921-1992）

Haley, Bill
アメリカ・ミシガン州生まれの作曲家, 編曲家, 指揮者, ギター奏者。
⇒異二辞（ヘイリー, ビル 1925-1981）
岩世人（ヘイリー 1925.7.6-1981.2.9）
新音中（ヘイリー, ビル 1925.7.6-1981.2.9）
標音2（ヘーリー, ビル 1925.7.6-1981.2.9）
ロック（Haley,Bill ヘイリー, ビル 1925.7.6-）

Haley, Gail E.
アメリカのイラストレーター。
⇒絵本（ヘイリー, ゲイル・E. 1939-）

Haley, Jack
アメリカの俳優。
⇒ク俳（ヘイリー, ジャック 1899-1979）

Haley, Jackie Earle
アメリカ生まれの俳優。
⇒外12（ヘイリー, ジャッキー・アール 1961.7.14-）

Haley, John O.
アメリカの法学者。
⇒外16（ヘーリー, ジョン）

Haley, Nikki
アメリカの政治家。国連大使, サウスカロライナ州知事。
⇒世指導（ヘイリー, ニッキー 1972.1.20-）

Halffter, Cristóbal
スペインの指揮者, 作曲家。エルネストおよびロドルフォの甥。
⇒ク音3（アルフテル 1930-）
新音中（ハルフテル, クリストバル 1930.3.24-）
標音2（アルフテル, クリストバル 1930.3.24-）

Halffter, Ernesto
スペインの指揮者, 作曲家。ロドルフォの弟。作品『シンフォニエッタ』(1925)は国家大賞受賞。
⇒ク音3（アルフテル 1905-1989）
新音中（ハルフテル, エルネスト 1905.1.16-1989.7.5）
標音2（アルフテル, エルネスト 1905.1.16-1989.7.5）

Halffter, Rodolfo
スペインの作曲家。1936年バレー音楽『ドン・リンド・デ・アルメリア』の成功により注目された。
⇒ク音3（アルフテル 1900-1987）
新音中（ハルフテル, ロドルフォ 1900.10.30-1987.10.14）
標音2（アルフテル, ロドルフォ 1900.10.30-1987.10.14）

Halfon, Eduardo
グアテマラの作家。
⇒現世文（ハルフォン, エドゥアルド 1971-）

Halford, Rob
イギリスのロック歌手。
⇒異二辞（ハルフォード, ロブ 1951-）
外12（ハルフォード, ロブ 1951.8.25-）
外16（ハルフォード, ロブ 1951.8.25-）

Ḥālī, Alṭāf Husain
インドのウルドゥー語詩人, 散文家, 批評家。
⇒岩イ（ハーリー 1837-1914）
岩世人（ハーリー 1837-1914.12.31）

Halide Edib Adivar
トルコの女性作家。婦人解放運動の先駆者。代表作『はえのいる雑貨屋』(1936)。
⇒岩イ（ハリデ・エディプ・アドゥヴァル 1884-1964）
岩世人（ハリデ・エディプ 1884-1964.1.9）

Halifax, Charles, Lord
イギリスの幽霊実話録の著者。"Lord Halifax's Ghost Book" (1936), "Further Stories from Lord Halifax's Ghost Book" (1937) を著す。
⇒オク教（ハリファックス 1839-1934）
新カト（ハリファックス 1839.6.7-1934.1.19）

Halifax, Edward Frederick Lindley Wood, 1st Earl of
イギリスの政治家。外相(1938～40)としてミュンヘン協定の締結に活躍, 駐アメリカ米大使(41～46)。
⇒岩世人（ハリファックス 1881.4.16-1959.12.23）

Halilhodžić, Vahid
フランスのサッカー指導者。
⇒外16（ハリルホジッチ, ヴァヒド 1952.10.15-）

Halil Paşa Kut
オスマン帝国の軍人。エンヴェル・パシャの叔父。
⇒岩イ（ハリル・パシャ 1881-1957）

Halim, Atef
フランスのヴァイオリン奏者。
⇒外12（ハリム, アテフ 1950-）
外16（ハリム, アテフ 1950-）

Halimah Yacob
シンガポールの政治家。シンガポール大統領（2017〜）。
⇒世指導（ハリマ・ヤコブ　1954.8.23–）

Halkia, Fani
ギリシャの陸上選手（障害）。
⇒外12（ハルキア, ファニ　1979.2.2–）

Hall, Adam
イギリスの作家。
⇒現世文（ホール, アダム　1920.2.17–1995.7.21）

Hall, Charles Martin
アメリカの化学者, 冶金学者。1886年アルミニウムの電解冶金法を発明し, アルミニウム工業を企業化。
⇒岩世人（ホール　1863.12.6–1914.12.27）
　化学（ホール,C.M.　1863–1914）
　広辞7（ホール　1863–1914）

Hall, Daniel George Edward
イギリスの歴史学者。
⇒岩世人（ホール　1891.11.17–1979.10.12）

Hall, Daryl
アメリカ・ペンシルベニア州生まれの歌手。
⇒外12（ホール, ダリル　1948.10.11–）
　外16（ホール, ダリル　1948.10.11–）

Hall, Donald Andrew
アメリカの詩人, 批評家。
⇒岩世人（ホール　1928.9.20–）
　現世文（ホール, ドナルド　1928.9.20–2018.6.23）

Hall, Edmond
アメリカのジャズ・クラリネット奏者。
⇒標音2（ホール, エドモンド　1901.5.15–1967.2.11）

Hall, Edward Twitchell
アメリカの人類学者。1967年以降ノースウエスタン大学教授。主著『沈黙の言語』『かくれた次元』。
⇒岩世人（ホール　1914.5.16–2009.7.20）
　現社（ホール,E.　1914–2009）
　社小増（ホール　1914–）

Hall, Edwin Herbert
アメリカの物理学者。1879年電流磁気効果の一つホール効果を発見。
⇒岩世人（ホール　1855.11.7–1938.11.20）
　三新物（ホール　1855–1938）
　物理（ホール, エドウィン・ハーバート　1855–1938）

Hall, Gary, Jr.
アメリカの水泳選手（自由形）。
⇒外12（ホール, ゲーリー（Jr.）　1974.9.26–）

Hall, George William
アメリカの大リーグ選手（外野）。
⇒メジャ（ホール, ジョージ　1849.3.29–1923.6.11）

Hall, Granville Stanley
アメリカの心理学者。ジョンズ・ホプキンズ大学にアメリカ最初の心理学実験室を設立（1883）。
⇒岩世人（ホール　1844.2.1–1924.4.24）
　学叢思（ホール, グランヴィル・スタンレー　1846–1924）
　教思増（ホール,G・S　1844–1924）
　教小3（ホール　1844–1924）
　教人（ホール　1844–1924）
　現精（ホール　1844–1924）
　現精縮（ホール　1844–1924）
　世界子（ホール, グランヴィル・スタンリー　1844–1924）

Hall, Harry Reginald Holland
イギリスの考古学者。1924年大英博物館エジプト・アッシリア部の部長。
⇒岩世人（ホール　1873.9.30–1930.10.13）

Hall, Huntz
アメリカの男優。
⇒ク俳（ホール, ハンツ（ホール, ヘンリー）　1920–1999）

Hall, James Norman
アメリカの小説家。
⇒アメ州（Hall,James Norman　ホール, ジェームス・ノーマン　1887–1951）

Hall, James Stanley (Jim)
アメリカのジャズ・ギター奏者。素朴なスタイル, 甘美でよく歌う繊細さが特徴。
⇒外12（ホール, ジム　1930.12.4–）
　新音中（ホール, ジム　1930.12.4–）
　標音2（ホール, ジム　1930.12.4–）

Hall, James W., III
アメリカ陸軍士官。
⇒スパイ（ホール, ジェイムズ・W）

Hall, James Wilson
アメリカの作家。
⇒外12（ホール, ジェームズ　1947–）
　外16（ホール, ジェームズ　1947–）
　現世文（ホール, ジェームズ　1947–）

Hall, Jimmie Randolph
アメリカの大リーグ選手（外野）。
⇒メジャ（ホール, ジミー　1938.3.17–）

Hall, John L.
アメリカの物理学者。2005年ノーベル物理学賞を受賞。
⇒岩世人（ホール　1934.8.21–）
　外12（ホール, ジョン　1934–）
　外16（ホール, ジョン　1934.8.21–）

ノベ3（ホール,J.L. 1934.8.21–）

Hall, John Whitney
アメリカの歴史学者,日本研究家。日本の近代化をテーマとする,日米研究者による研究会の議長を,1958年より10年間にわたって務めた。
⇒岩世人（ホール 1916.9.23–1997.10.21）

Hall, Jon
アメリカの男優。
⇒ク俳（ホール,ジョン（ロッカー,チャールズ・H）1913–1979）

Hall, Joyce Clyde
アメリカのグリーティング・カードの仲買人。
⇒アメ経（ホール,ジョイス 1891.12.29–1982.10.29）

Hall, Lynn
アメリカの女性作家。
⇒現世文（ホール,リン 1937–）

Hall,（Marguerite）Radclyffe
イギリスの女性詩人,小説家。
⇒岩世人（ホール 1880.8.12–1943.10.7）

Hall, Mary Evelyn
アメリカの図書館員。ブルックリン女子高等学校の図書館で,アメリカ初期の学校図書館活動の基礎を築く。
⇒ア図（ホール,メアリー・イーヴリン 1874–1956）

Hall, Melvin
アメリカの大リーグ選手（外野）。
⇒メジャ（ホール,メル 1960.9.16–）

Hall, Peter
テノール歌手。
⇒魅惑（Hall,Peter ?–）

Hall, Sir Peter Reginald Frederick
イギリスの演出家。ロイヤル・シェークスピア劇場とオールドウィッチ劇場の2班活動を行う。
⇒岩世人（ホール 1930–）

Hall, Philip
イギリスの数学者。ケンブリッジ大学サドラー記念教授。
⇒世数（ホール,フィリップ 1904–1982）

Hall, Richard Wallace
アメリカの大リーグ選手（投手,外野）。
⇒メジャ（ホール,ディック 1930.9.27–）

Hall, Rick
アメリカ・ミシシッピ生まれの独立プロデューサー,編曲家,技師。
⇒ロック（Hall,Rick ホール,リック 1932.1.31–）

Hall, Robert Burnett
アメリカの人文地理学者。ミシガン大学日本研究所所長（1947～）。
⇒アア歴（Hall,Robert B（urnett） ホール,ロバート・バーネット 1896.7.18–1975.4.4）
岩世人（ホール 1896.7.18–1975.4.4）

Hall, Rodney
オーストラリアの小説家,詩人。
⇒現世文（ホール,ロドニー 1935.11.18–）

Hall, Roger（Leighton）
ニュージーランドの劇作家。
⇒ニュー（ホール,ロジャー 1939–）

Hall, Rosetta Sherwood
アメリカの宣教師。
⇒アア歴（Hall,Rosetta Sherwood ホール,ロゼッタ・シャーウッド 1865.9.19–1951.4.5）

Hall, Steven
イギリスの作家。
⇒海文新（ホール,スティーヴン 1975–）
現世文（ホール,スティーブン 1975–）

Hall, Stuart
イギリスのカルチュラル・スタディーズの中心的思想家。
⇒岩世人（ホール 1932.2.3–2014.2.10）
現社（ホール,S. 1932–）
広辞7（ホール 1932–2014）
国政（ホール,スチュアート 1932–）
社小増（ホール 1932–）
ネーム（ホール,スチュアート 1932–2014）
メル別（ホール,スチュアート 1932–2014）

Hall, Theodore Alvin
アメリカの物理学者。
⇒スパイ（ホール,セオドア・アルヴィン 1926–1999）

Hall, Tom T.
アメリカ・ケンタッキー州オリーヴ・ヒル生まれのシンガー・ソングライター。
⇒ロック（Hall,Tom T. ホール,トム・T 1936.5.25–）

Hall, Virginia
アメリカのジャーナリスト。第2次世界大戦中にイギリス特殊作戦執行部（SOE）及びアメリカ戦略諜報局（OSS）のエージェントとして活動した。
⇒スパイ（ホール,ヴァージニア 1906–1982）

Hall, William
アメリカの大リーグ選手（三塁,遊撃）。
⇒メジャ（ホール,ビル 1979.12.28–）

Hall, Sir William Reginald
イギリス海軍情報長官。ルーム40の創設者。
⇒スパイ（ホール,サー・ウィリアム・レジナルド 1870–1943）

Hall, Willis
イギリスの劇作家。
⇒現世文（ホール，ウィリス　1929.4.6-2005）

Halladay, Roy
アメリカの大リーグ選手（投手）。
⇒外12（ハラデー，ロイ　1977.5.14-）
　外16（ハラデー，ロイ　1977.5.14-）
　最체ス（ハラデー，ロイ　1977.5.14-）
　メジャ（ハラデイ，ロイ　1977.5.14-）

Hallahan, William Anthony
アメリカの大リーグ選手（投手）。
⇒メジャ（ハラハン，ビル　1902.8.4-1981.7.8）

Hallahan, William H.
アメリカの作家。
⇒現世文（ハラハン，ウィリアム　1925.12.12-）

Hallberg, David
アメリカのバレエダンサー。
⇒外12（ホールバーグ，デービッド）
　外16（ホールバーグ，デービッド）

Halle, Morris
アメリカ（ロシア系）の言語学者。マサチューセッツ工科大学言語学科の隆盛を築いた中心人物として活躍。とくに，生成音韻論の確立に主導的役割を果たした。
⇒岩世人（ハレ　1923.7.23-）
　オク言（ハレ, モリス　1923-）

Hallensleben, Georg
ドイツ生まれの画家。
⇒外12（ハレンスレーベン，ゲオルグ　1958-）
　外16（ハレンスレーベン，ゲオルグ　1958-）

Haller, Edith
イタリアのソプラノ歌手。
⇒外12（ハッラー，エディット）

Haller, Hermann
スイスの彫刻家。女性像を主要なテーマとした。
⇒岩世人（ハラー　1880.12.24-1950.11.23）

Haller, Johannes
ドイツの歴史家。彼のドイツ史 "Die Epochen der deutschen Geschichte"（1923）は広く読まれた。
⇒岩世人（ハラー　1865.10.16-1947.12.24）

Haller, József
ポーランドの軍人。フランスでポーランドの亡命者から成る〈青軍〉を組織，これを率いてポーランドに帰り（1919），東北戦線でソ連軍と戦った（20）。
⇒岩世人（ハレル　1873.8.13-1960.6.4）

Haller, Thomas Frank
アメリカの大リーグ選手（捕手）。

⇒メジャ（ホーラー，トム　1937.6.23-2004.11.26）

Hallett, Alfred
スイスのテノール歌手。
⇒魅惑（Hallett,Alfred　?-）

Halletz, Erwin
オーストリアの作曲家，編曲家，指揮者，ヴァイオリン奏者，ピアノ奏者。
⇒標音2（ハレッツ，エルヴィン　1923.7.12-）

Halley, Peter
アメリカのアーティスト。
⇒岩世人（ハリー　1953.9.24-）
　外12（ハリー，ピーター　1953-）
　外16（ハリー，ピーター　1953.9.24-）

Hallgarten, George Wolfgang Felix
ドイツ生まれのアメリカのヨーロッパ近現代史家。主著『帝国主義研究』（1914,51）は，ヴァイマル期在野史学の金字塔とされる。
⇒岩世人（ハルガルテン　1901.1.3-1975.5.22）

Halliburton, Richard
アメリカの冒険家。
⇒アメ州（Halliburton,Richard　ハリバートン，リチャード　1900-1939）

Halliburton, William Dobinson
イギリスの生化学者。
⇒化学（ハリバートン　1860-1931）

Halliday, Michael Alexander Kirkwood
イギリスの言語学者。ロンドン学派の流れをくむ体系文法の創始者。
⇒岩世人（ハリデー　1925.4.13-）
　外16（ハリデー,M.A.K.　1925.4.13-）

Halliwell, Geri
イギリス生まれの歌手。
⇒外12（ハリウェル，ジェリ　1972.8.6-）
　外16（ハリウェル，ジェリ　1972.8.6-）

Hallman, William Wilson
アメリカの大リーグ選手（二塁，遊撃，三塁）。
⇒メジャ（ホールマン，ビル　1867.3.31-1920.9.11）

Hallock, Henry Galloway Comingo
アメリカの宣教師。
⇒アア歴（Hallock,Henry Galloway Comingo　ハロック，ヘンリー・ギャロウェー・カミンゴウ　1870.3.31-1951.1.24）

Hallon, Ladislav
テノール歌手。
⇒魅惑（Hallon,Ladislav　?-）

Halloran, James Dermot
イギリスのマス・コミュニケーション研究者。
⇒社小増（ハローラン　1927-）

Halloran, Richard
アメリカのジャーナリスト。
⇒外12（ハロラン, リチャード　1930.3.2–）
　外16（ハロラン, リチャード　1930.3.2–）

Hallowell, Alfred Irving
アメリカの人類学者。未開人のパーソナリティとその文化との関係を研究,〈ロールシャハ・テスト〉を用いて人類学の調査方法に多くの進歩をもたらした。
⇒岩世人（ハロウェル　1892.12.28–1974.10.10）
　社小増（ハロウェル　1892–1974）

Hallstein, Ingeborg
ドイツのソプラノ歌手。
⇒標音2（ハルシュタイン, インゲボルク　1937.5.23–）

Hallstein, Walter
ドイツ連邦共和国の法学者。ヨーロッパ経済共同体 (EEC) の初代委員長。
⇒EU（ハルシュタイン, ワルター　1901–1982）
　岩世人（ハルシュタイン　1901.11.17–1982.3.29）

Hallstroem, Erich
ドイツのテノール歌手。
⇒魅惑（Hallstroem, Erich　1901–1962）

Hallström, Lasse
スウェーデン生まれの映画監督。
⇒岩世人（ハルストレム　1946.6.2–）
　映監（ハルストレム, ラッセ　1946.6.2–）
　外12（ハルストレム, ラッセ　1946.6.2–）
　外16（ハルストレム, ラッセ　1946.6.2–）

Hallwachs, Wilhelm Ludwig Franz
ドイツの物理学者。
⇒岩世人（ハルヴァックス　1859.7.9–1922.6.20）

Hallyday, Johnny
フランスの歌手, 俳優。フランスのプレスリーと呼ばれた。作品『アイドルを探せ』。
⇒岩世人（アリデイ　1943.6.15–）
　標音2（アリデイ, ジョニー　1943.6.15–）
　ロック（Halliday, Johnny　アリデイ, ジョニー　1943.6.15–）

Halm, August
ドイツの音楽学者。青年音楽運動の指導者。
⇒岩世人（ハルム　1869.10.26–1929.2.1）
　標音2（ハルム, アウグスト・オットー　1869.10.26–1929.2.1）

Halm, Georg Nikolaus
ドイツの経済学者。
⇒岩世人（ハルム　1901.9.10–1984）

Halman, Greg
オランダの大リーグ選手（外野）。
⇒最世ス（ハルマン, グレッグ　1987.8.26–2011.11.21）

Halmos, János
ハンガリーのテノール歌手。
⇒魅惑（Halmos, János　1887–1961）

Halmos, Paul Richard
アメリカの数学者。
⇒世数（ハルモス, ポール・リチャード　1916–2006）

Halonen, Pekka
フィンランドの画家。
⇒岩世人（ハロネン　1865.9.23–1933.12.1）

Halonen, Tarja Kaarina
フィンランドの政治家。フィンランド初の女性大統領 (2000～12)。
⇒異二辞（ハロネン［タルヤ・～］　1943–）
　岩世人（ハロネン　1943.12.24–）
　外12（ハロネン, タルヤ　1943.12.24–）
　外16（ハロネン, タルヤ　1943.12.24–）
　世指導（ハロネン, タルヤ　1943.12.24–）

Haloun, Gustav
チェコスロバキア生まれの中国学者。中央アジアの研究を行なった。
⇒岩世人（ハルーン　1898.1.12–1951.12.24）

Halperin, Maurice
アメリカ戦略諜報局 (OSS) 士官。ラテンアメリカ調査課長。
⇒スパイ（ハルペリン, モーリス　1906–1995）

Halperin, Morton H.
アメリカの政治学者, 核戦略専門家。
⇒外16（ハルペリン, モートン　1938–）

Halpern, Adena
アメリカの作家。
⇒海文新（ハルパーン, アディーナ）

Halphen, Louis
フランスの歴史家。中世史を専攻した。
⇒岩世人（アルファン（アルフェン）　1880.2.4–1950.10.7）

Halqi, Wael Nadir al-
シリアの政治家, 医師。シリア首相。
⇒外16（ハラキー, ワイル・ナディル　1964–）
　世指導（ハラキー, ワイル・ナディル　1964–）

Halsema, Eusebius Julius
アメリカの技師。
⇒アア歴（Halsema, Eusebius Julius　ホールシマ, ユシービアス・ジューリアス　1882.12.12–1945.4.29）

Halsey, Albert Henry
イギリスの社会学者。
⇒社小増（ハルゼー　1923–）

Halsey, William Frederick
アメリカの軍人。第1次世界大戦で駆逐艦隊を

指揮。
⇒ア太戦（ハルゼー　1882–1959）
アメ州（Halsey,William F.,Jr.　ホルシー，ウイリアム・F.,ジュニア　1882–1959）

Halsman, Philippe
アメリカの写真家。
⇒芸13（ハルスマン，フィリップ　1906–）

Halsted, William Stewart
アメリカの外科医。完全な止血，絶対的な無菌などを強調し，手術中は全員にゴム手袋の着用を義務づけた最初の人。
⇒岩世人（ハルステッド　1852.9.23–1922.9.7）
広辞7（ハルステッド　1852–1922）

Halt, Karl Ferdinand, Ritter von
ドイツの運動競技指導者。ドイツ・オリンピック委員会会長（1951）。
⇒岩世人（ハルト　1891.6.2–1964.8.5）

Halter, Paul
フランスの作家。
⇒外12（アルテ，ポール　1955–）
外16（アルテ，ポール　1956–）
現世文（アルテ，ポール　1956–）

Halvorsen, Johan August
ノルウェーのヴァイオリン奏者，指揮者，作曲家。
⇒ク音3（ハルヴォルセン　1864–1935）
標音2（ハルヴォルセン，ヨハン　1864.3.15–1935.12.4）

Halvorsen, Kristin
ノルウェーの政治家。ノルウェー財務相，教育相，ノルウェー社会党（SV）党首。
⇒世指導（ハルヴォルセン，クリスティン　1960.9.2–）

Hamad bin Isa al-Khalifa
バーレーン国王。在位2002～。
⇒岩世人（ハマド・ビン・イーサー・アール・ハリーファ　1950.1.28–）
外12（ハマド・ビン・イサ・アル・ハリファ　1950.1.28–）
外16（ハマド・ビン・イサ・アル・ハリファ　1950.1.28–）
世指導（ハマド・ビン・イサ・アル・ハリファ　1950.1.28–）

Hamad bin Jassim al-Thani
カタールの政治家。カタール首相。
⇒外12（ハマド・ビン・ジャシム・アル・サルーニ　1960–）
外16（ハマド・ビン・ジャシム・アル・サーニ　1959.8.30–）
世指導（ハマド・ビン・ジャシム・アル・サーニ　1959.8.30–）

Hamad bin Khalifa al-Thani
カタールの政治家。カタール首長・国防相。
⇒岩世人（ハマド・ビン・ハリーファ・アール・サーニー　1952.1.1–）
外12（ハマド・ビン・ハリファ・アル・サーニ　1952–）
外16（ハマド・ビン・ハリファ・アル・サーニ　1952.1.1–）
世指導（ハマド・ビン・ハリファ・アル・サーニ　1952.1.1–）

Hamann, Richard
ドイツの美学者，美術史学者。マルブルク大学教授（1913～）。現象学的立場から純粋記述学としての美学を試み，個々の作品と総体的様式の連関を掘り下げた。
⇒岩世人（ハーマン　1879.5.29–1961.1.9）

Hamari, Júlia
ドイツのアルト歌手。
⇒標音2（ハマリ，ユリア　1942.11.21–）

Hambleton, Hugh George
カナダの経済学者。
⇒スパイ（ハンブルトン，ヒュー・ジョージ　1922–）

Hambleton, Mary
アメリカ生まれの女性画家。
⇒芸13（ハンブルトン，マリー　1952–）

Hambraeus, Bengt
スウェーデンの作曲家，オルガン奏者，音楽学者。メシアンなどの現代作曲家をスウェーデンに紹介。
⇒ク音3（ハン（ム）ブレウス　1928–2000）
新音中（ハンブレーウス，ベングト　1928.1.29–）
標音2（ハンブレーウス，ベント　1928.1.29–）

Hambüchen, Fabian
ドイツの体操選手。
⇒最世ス（ハンビューヘン，ファビアン　1987.10.25–）

Hamburger, Käte
ドイツの文芸評論家。
⇒岩世人（ハンブルガー　1896.9.21–1992.4.8）

Hamburger, Michael（Peter Leopold）
イギリスの詩人，翻訳家。
⇒現世文（ハンバーガー，マイケル　1924.3.22–2007.6.7）

Hamburger, Viktor
ドイツ，のちアメリカの動物学者。
⇒岩生（ハンバーガー　1900–2001）

Hamdani, Ismail
アルジェリアの政治家。アルジェリア首相。
⇒世指導（ハムダニ，スマイル　1930.3.11–2017.2.6）

Hamdi Bey, 'Othman
トルコの画家，考古学者。シドンの発掘を指導した（1887～88）。
⇒岩世人（ハムディ・ベイ　1842.12.31–1910.2.24）

Hamed, Naseem
イギリスのプロボクサー。
⇒異二辞（ハメド, ナジーム　1974-）

Hamel, George Carl Wilhelm
ドイツの力学者, 数学者。
⇒数辞（ハメル, ゲオルグ・カール・ウィルヘルム　1877-1954）
世数（ハメル, ゲオルク・カール・ヴィルヘルム　1877-1954）

Hamel, Michel
フランスのテノール歌手。
⇒魅惑（Hamel,Michel　1921-）

Hamel, Wouter
オランダのシンガー・ソングライター。
⇒外12（ヘメル, ウーター　1977-）
外16（ヘメル, ウーター　1977-）

Hamelin, Charles
カナダのスピードスケート選手（ショートトラック）。
⇒外12（アメリン, シャール　1984.4.14-）
外16（アメリン, シャール　1984.4.14-）
最世ス（アメリン, シャール　1984.4.14-）

Hamelin, François
カナダのスピードスケート選手（ショートトラック）。
⇒外12（アメリン, フランソワ　1986.12.18-）
外16（アメリン, フランソワ　1986.12.18-）
最世ス（アメリン, フランソワ　1986.12.18-）

Hamelin, Octave
フランスの哲学者。1907年『表象の主要要素についての試論』および副論文としてのアリストテレス『自然学』第2巻の翻訳と注解とを公刊。
⇒岩世人（アムラン　1856.7.22-1907.9.11）
新カト（アムラン　1856.7.22-1907.9.11）
ネーム（アムラン　1856-1907）
メル2（アムラン, オクターヴ〔＝オーギュスト〕1856-1907）

Hamelin, Robert James
アメリカの大リーグ選手（一塁, DH）。
⇒メジャ（ハムリン, ボブ　1967.11.29-）

Hamels, Cole
アメリカの大リーグ選手（フィリーズ・投手）。
⇒外12（ハメルズ, コール　1983.12.27-）
外16（ハメルズ, コール　1983.12.27-）
最世ス（ハメルズ, コール　1983.12.27-）
メジャ（ハメルズ, コール　1983.12.27-）

Hamengku Buwono IX
インドネシア, ジョクジャカルタ王国最後の王, 政治家。
⇒岩世人（ハムンク・ブウォノ9世　1912.4.12-1988.10.3）

Hamengku Buwono X
インドネシア, ジョクジャカルタのスルタン, 政治家。
⇒岩世人（ハムンク・ブウォノ10世　1946.4.2-）
外16（ハメンク・ブオノ（10世）　1946.4.2-）
世指導（ハメンク・ブオノ10世　1946.4.2-）

Hamer, Bent
ノルウェーの映画監督。
⇒外12（ハーメル, ベント　1956-）
外16（ハーメル, ベント　1956-）

Hamer, Fannie Lou
アメリカの公民権運動指導者。
⇒マルX（HAMER,FANNIE LOU　ハマー, ファニー・ルー　1917-1977）

Hamer, Jean Jérôme
ベルギーの枢機卿, 神学者, ドミニコ会員。
⇒新カト（アメール　1916.6.1-1996.12.2）

Hamer, Robert
イギリス生まれの映画監督。
⇒映監（ハーメル, ロバート　1911.3.31-1963）

Hamid, Abdul
バングラデシュの政治家。バングラデシュ大統領（2013〜）。
⇒外16（ハミド, アブドル　1944.1.1-）
世指導（ハミド, アブドル　1944.1.1-）

Hamid, Mohsin
パキスタンの作家。
⇒外12（ハミッド, モーシン　1971-）
外16（ハミッド, モーシン　1971-）
海文新（ハミッド, モーシン　1971-）
現世文（ハミッド, モーシン　1971-）

Ḥāmid al-Āmidī
トルコ人の書道家。
⇒岩世人（ハーミド・アーミディー　1891-1982）

Hamill, Mark
アメリカ生まれの俳優。
⇒ク俳（ハミル, マーク　1951-）

Hamill,（William）Pete(r)
アメリカの小説家, ジャーナリスト。
⇒外12（ハミル, ピート　1935-）
外16（ハミル, ピート　1935-）
現世文（ハミル, ピート　1935-）

Hamilton, Adam
ニュージーランドの政治家。下院議員。
⇒ニュー（ハミルトン, アダム　1880-1952）

Hamilton, Charles Robert
アメリカの宣教師, 教育者。
⇒アア歴（Hamilton,Charles R（obert）　ハミルトン, チャールズ・ロバート　1872.6.18-1954.4.4）

Hamilton, Darryl Quinn
アメリカの大リーグ選手(外野)。
⇒メジャ (ハミルトン, ダリル 1964.12.3-)

Hamilton, David
イギリスのテノール歌手。
⇒魅惑 (Hamilton, David ?-)

Hamilton, Earl Andrew
アメリカの大リーグ選手(投手)。
⇒メジャ (ハミルトン, アール 1891.7.19-1968.11.17)

Hamilton, Edmond
アメリカのSF作家。最も典型的なスペース・オペラ作家。
⇒異二辞 (ハミルトン[エドモンド・〜] 1904-1977)
現世文 (ハミルトン, エドモンド 1904-1977)

Hamilton, Foreststorn (Chico)
アメリカのジャズ・ドラマー。
⇒標音2 (ハミルトン, チコ 1921.9.21-)

Hamilton, George
アメリカ生まれの俳優。
⇒ク俳 (ハミルトン, ジョージ 1939-)

Hamilton, George, IV
アメリカ・ノースカロライナ州生まれの歌手。
⇒ロック (Hamilton, George, IV ハミルトン4世, ジョージ 1937.7.19-)

Hamilton, Gordon
アメリカにおける診断主義ケースワークの代表的な女性研究者の一人。
⇒現社福 (ハミルトン 1892-1967)

Hamilton, Hugo
アイルランドの小説家。
⇒現世文 (ハミルトン, ヒューゴー 1953-)

Hamilton, Iain
スコットランドの作曲家。
⇒標音2 (ハミルトン, イアン 1922.6.6-)

Hamilton, Jane
アメリカの作家。
⇒現世文 (ハミルトン, ジェーン 1957.7.13-)

Hamilton, Josh
アメリカの大リーグ選手(レンジャーズ・外野手)。
⇒外12 (ハミルトン, ジョシュ 1981.5.21-)
外16 (ハミルトン, ジョシュ 1981.5.21-)
最世ス (ハミルトン, ジョシュ 1981.5.21-)
メジャ (ハミルトン, ジョシュ 1981.5.21-)

Hamilton, Lewis
イギリスのF1ドライバー。
⇒岩世人 (ハミルトン 1985.1.7-)

外12 (ハミルトン, ルイス 1985.1.7-)
外16 (ハミルトン, ルイス 1985.1.7-)
最世ス (ハミルトン, ルイス 1985.1.7-)

Hamilton, Linda
アメリカ生まれの女優。
⇒ク俳 (ハミルトン, リンダ 1956-)

Hamilton, Mark
イギリスのミュージシャン。
⇒外12 (ハミルトン, マーク)
外16 (ハミルトン, マーク)

Hamilton, Max
ドイツ・オッフェンバッハ生まれの精神科医。広く使われている抑うつと不安のための評価尺度の製作者、イギリス精神薬理学の開拓者。
⇒精医歴 (ハミルトン, マックス 1912-1988)

Hamilton, Neil
アメリカの男優。
⇒ク俳 (ハミルトン, ニール(ハミルトン, ジェイムズ・N) 1899-1984)

Hamilton, Peter F.
イギリスのSF作家。
⇒現世文 (ハミルトン, ピーター・F. 1960-)

Hamilton, Richard
イギリスの画家。1952年インデペンデント・グループICAの創立会員となり、前衛運動を推進。
⇒岩世人 (ハミルトン 1922.2.24-2011.9.13)
芸13 (ハミルトン, リチャード 1922-)

Hamilton, (Robert) Ian
イギリスの詩人。
⇒現世文 (ハミルトン, イアン 1938.3.24-2001.12.27)

Hamilton, Roy
アメリカの歌手。
⇒ロック (Hamilon, Roy ハミルトン, ロイ 1929.4.16-)

Hamilton, Scott
アメリカのジャズ・テナーサックス奏者。
⇒標音2 (ハミルトン, スコット 1954.9.12-)

Hamilton, Steve
アメリカの作家。
⇒外16 (ハミルトン, スティーブ 1961-)
海文新 (ハミルトン, スティーヴ 1961-)
現世文 (ハミルトン, スティーブ 1961-)

Hamilton, Tom
アメリカのロック・ベース奏者。
⇒外16 (ハミルトン, トム 1951.12.31-)

Hamilton, Victor N.
アメリカのNSAのリサーチアナリスト。1963年にソ連へ亡命した。

⇒スパイ（ハミルトン,ヴィクター・N　1917-1998）

Hamilton, Virginia（Esther）
アメリカの黒人児童文学作家。
⇒岩世人（ハミルトン　1936.3.12-2002.2.19）
現世文（ハミルトン,バージニア　1936-2002.2）

Hamilton, Walker
スコットランドの作家。
⇒現世文（ハミルトン,ウォーカー　1934-1969）

Hamilton, William Charles Feilden
ニュージーランドの企業家。
⇒ニュー（ハミルトン,ウイリアム　1899-1978）

Hamilton, William Donald
イギリスの進化生物学者。
⇒岩生（ハミルトン　1936-2000）
岩世人（ハミルトン　1936.8.1-2000.3.7）

Hamilton, William Robert
アメリカの大リーグ選手（外野）。
⇒メジャ（ハミルトン,ビリー　1866.2.15-1940.12.15）

Hamilton-Paterson, James
イギリスの小説家。
⇒現世文（ハミルトン・パターソン,ジェームズ　1941.11.6-）

Hamka
インドネシアのイスラム界の代表的な知識人、文学者。
⇒岩イ（ハムカ　1908-1981）
岩世人（ハムカ　1908.2.16-1981.7.24）

Hamlin, George
アメリカのテノール歌手。
⇒魅惑（Hamlin,George　1869-1923）

Hamlin, Harry
アメリカ生まれの俳優。
⇒ク俳（ハムリン,ハリー　1951-）

Hamlin, Marc-André
カナダのピアノ奏者。
⇒外12（アムラン,マルク・アンドレ　1961-）
外16（アムラン,マルク・アンドレ　1961-）

Hamlish, Marvin
アメリカの作曲家。『追憶』『スティング』でアカデミー賞受賞。
⇒エデ（ハムリッシュ,マーヴィン（フレデリック）　1944.6.2-2012.8.6）
標音2（ハムリッシュ,マーヴィン　1944.6.2-）
ユ著人（Hamlish,Marvin　ハムリッシュ,マーヴィン　1944-）

Hamm, Mia
アメリカのサッカー選手。
⇒外16（ハム,ミア　1972.3.17-）

Hammadi, Saadoun
イラクの政治家,経済学者。イラク首相。
⇒世指導（ハマディ,サアドン　1930.6.22-2007.3.14）

Hammaker, Charlton Atlee
アメリカの大リーグ選手（投手）。
⇒メジャ（ハマカー,アトリー　1958.1.24-）

Hammam, Mohamed Bin
カタール生まれのアジアサッカー連盟（AFC）会長。
⇒外12（ハマム,ビン　1949.5.8-）

Hammarskjöld, Dag Hjalmar Agne Carl
スウェーデンの政治家。国連事務総長としてスエズ紛争,コンゴ紛争の処理に尽力した。1961年死後ノーベル平和賞を受賞。
⇒岩世人（ハマーショルド（ハンマルシェルド）　1905.7.29-1961.9.18）
広辞7（ハマーショルド　1905-1961）
新カト（ハマーショルド　1905.7.29-1961.9.18）
世人新（ハマーショルド　1905-1961）
世人装（ハマーショルド　1905-1961）
ネーム（ハマーショルド　1905-1961）
ノベ3（ハマショールド,D.H.A.C.　1905.7.29-1961.9.18）
ポプ人（ハマーショルド,ダグ　1905-1961）

Hammer, Armand
アメリカの企業経営者。一代でオクシデンタル・ペトロリアム社をアメリカの有力石油会社に築き上げた。
⇒アメ経（ハマー,アーマン　1898.5.21-1991）
岩世人（ハマー　1898.5.21-1990.12.10）
スパイ（ハマー,アーマンド　1898-1990）
ユ著人（Hammer,Armand　ハマー,アーマンド　1898-1990）

Hammer, Armie
アメリカの俳優。
⇒外16（ハマー,アーミー　1986.8.28-）

Hammer, Russel
テノール歌手。
⇒魅惑（Hammer,Russel　?-）

Hammer, Sarah
アメリカの自転車選手（トラックレース）。
⇒最世ス（ハマー,サラ　1983.8.18-）

Hammer, Zevulum
イスラエルの政治家。イスラエル副首相・教育相,イスラエル国家宗教党党首。
⇒世指導（ハメル,ズブルン　1936-1998.1.20）

Hammer Jacobsen, Lotte
デンマークの作家。
⇒海文新（ハマ,ロデ　1955-）
現世文（ハマ,ロデ　1955-）

Hämmerling, Joachim
ドイツの生物学者。
⇒岩生（ヘンメルリング　1901–1980）

Hammershoi, Vilhelm
デンマークの画家。主作品『妹の肖像』『アルミテス』。
⇒岩世人（ハマスホイ　1864.5.15–1916.2.13）
　芸13（ハンマーショイ, ヴィルヘルム　1864–1916）

Hammerstein, Ludwig von
ドイツのカトリック教会法学者, 著述家。
⇒新カト（ハンマーシュタイン　1832.9.1–1905.8.15）

Hammerstein, Oscar II
アメリカのミュージカルの作詞家, 台本作者。代表作『王様と私』(1951),『サウンド・オブ・ミュージック』(60)。
⇒アメ州（Hammerstein,Oscar,Jr.　ハマースタイン2世, オスカー　1895–1960）
　アメ新（ハマースタイン　1895–1960）
　岩世人（ハマースタイン　1895.7.12–1960.8.23）
　広辞7（ハマースタイン　1895–1960）
　新音中（ハマースタイン2世(—せい), オスカー　1895.7.12–1960.8.23）
　ネーム（ハマースタイン　1895–1960）
　標音大（ハマースタイン, オスカーにせい　ハマースタイン, オスカー2世　1895.7.12–1960.8.23）
　ポプ人（ハマースタインにせい, オスカー　ハマースタイン2世, オスカー　1895–1960）
　ユ英人（Hammerstein 2nd.,Oscar　ハマーシュタインII世, オスカー　1895–1960）

Hammerstein-Equord, Kurt Freiherr von
ドイツの軍人。参謀総長。
⇒岩世人（ハンマーシュタイン　1878.9.26–1943.4.25）

Hammesfahr, Petra
ドイツのミステリ作家。
⇒現世文（ハメスファール, ペトラ　1951–）

Hammett, Dashiell
アメリカの推理小説作家。『マルタの鷹』(1930),『影なき男』(32) などによってハード・ボイルド派の第一人者とされた。
⇒アメ新（ハメット　1894–1961）
　岩世人（ハメット　1894.5.27–1961.1.10）
　現世文（ハメット, ダシール　1894.5.27–1961.1.10）
　広辞7（ハメット　1894–1961）
　ヘミ（ハメット, ダシール　1894–1961）

Hammett, Louis Plack
アメリカの化学者。反応速度とエネルギーの関係を構造とその反応性に結びつけた経験則は〈ハメット則〉(1935) として有名。
⇒岩世人（ハメット　1894.4.7–1987.2.9）

Hamming Richrd W.
アメリカの数学者。
⇒岩世人（ハミング　1915.2.11–1998.1.7）

Hammitzsch, Horst
西ドイツの日本研究家。日本史, 日本精神史専攻。
⇒岩世人（ハミッチュ　1909.11.3–1991.11.8）

Hammon, Becky
ロシアのバスケットボール選手（シルバースターズ）。
⇒外12（ハモン, ベッキー　1977.3.11–）
　最世ス（ハモン, ベッキー　1977.3.11–）

Hammond, Albert
イギリス生まれのシンガー・ソングライター。
⇒ロック（Hammond,Albert　ハモンド, アルバート　1944–）

Hammond, Albert, Jr.
アメリカのミュージシャン。
⇒外12（ハモンド, アルバート (Jr.)　1980.4.9–）

Hammond, George Simms
アメリカの化学者。
⇒岩世人（ハモンド　1921.5.22–2005.10.5）

Hammond, John
アメリカのレコード・プロデューサー, タレント・スカウト。
⇒岩世人（ハモンド　1910.12.15–1987.7.10）
　新音中（ハモンド, ジョン　1910.12.15–1987.7.10）
　ロック（Hammond,John　ハモンド, ジョン　1910.12.15–）

Hammond, John, Jr.
アメリカのブルーズ歌手, ギター奏者, ハーモニカ奏者。
⇒ロック（Hammond,John,Jr.　ハモンド, ジョン, ジュニア　1943–）

Hammond, John Lawrence Le Breton
イギリスのジャーナリスト, 経済史家。
⇒岩世人（ハモンド　1872.7.18–1949.4.7）

Hammond, Nicholas Geoffrey Lemprière
イギリスの歴史家。
⇒岩世人（ハモンド　1907.11.15–2001.3.24）

Hammond, Philip
イギリスの政治家。
⇒外16（ハモンド, フィリップ　1955.12.4–）
　世指導（ハモンド, フィリップ　1955.12.4–）

Hammonds, Jeffrey Bryan
アメリカの大リーグ選手（外野）。
⇒メジャ（ハモンズ, ジェフリー　1971.3.5–）

Hammons, David
アメリカの美術家。
⇒岩世人（ハモンズ　1943.7.24–）
　現アテ（Hammons,David　ハモンズ,デヴィッド　1943–）

Hamner, Granville Wilbur
アメリカの大リーグ選手（遊撃,二塁）。
⇒メジャ（ハムナー,グラニー　1927.4.26–1993.9.12）

Hamnett, Katharine
イギリスの服飾デザイナー。
⇒外12（ハムネット,キャサリン　1947.8.16–）
⇒外16（ハムネット,キャサリン　1947.8.16–）

Ham-Nghi
ベトナム,阮朝第8代皇帝。在位1884～88。
⇒岩世人（ハムギー帝　1871.8.3–1943.1.4）
　世帝（咸宜帝　かんぎてい　1872–1943）

Hamon, Augustin
フランスの思想家。
⇒19仏（アモン,オーギュスタン　1862.1.20–1945.12.3）

Hamp, Julie
アメリカの実業家。
⇒外16（ハンプ,ジュリー　1959–）

Hampe, Michael
ドイツの演出家。
⇒外12（ハンペ,ミヒャエル　1935.6.3–）
⇒外16（ハンペ,ミヒャエル　1935.6.3–）

Hampel, Arffed
チェコのテノール歌手。
⇒魅惑（Hampel,Arffed　1939–）

Hampshire, Stuart Newton
イギリスの思想家。
⇒岩世人（ハンプシャー　1914.10.1–2004.6.13）

Hampshire, Susan
イギリス生まれの女優。
⇒ク俳（ハンプシャー,スーザン　1937–）

Hampson, Thomas
アメリカのバリトン歌手。
⇒外12（ハンプソン,トーマス　1955.6.28–）
⇒外16（ハンプソン,トーマス　1955.6.28–）
⇒新音中（ハンプソン,トマス　1955.6.28–）

Hampson, William
イギリスの化学工学者。
⇒化学（ハンプソン　1854–1926）

Hampton, Lionel
アメリカ・ケンタッキー州生まれのジャズ・ミュージシャン。
⇒岩世人（ハンプトン　1908.4.20–2002.8.31）

　新音中（ハンプトン,ライオネル　1908.4.20–）
　標音2（ハンプトン,ライオネル　1908.4.20–2002.8.31）
　マルX（HAMPTON,LIONEL　ハンプトン,ライオネル　1908–2002）

Hampton, Mary
アメリカのメソジスト監督教会婦人宣教師。日本に渡り（1881）,函館に遺愛女学校を創立しその校長となった（82）。
⇒岩世人（ハンプトン　1853.5.6–1930.7.1）

Hampton, Michael William
アメリカの大リーグ選手（投手）。
⇒外12（ハンプトン,マイク　1972.9.9–）
　メジャ（ハンプトン,マイク　1972.9.9–）

Hamre, John J.
アメリカの戦略国際問題研究所（CSIS）所長。
⇒外12（ハムレ,ジョン　1950–）
　外16（ハムレ,ジョン　1950–）

Hamrouche, Mouloud
アルジェリアの政治家,軍人。アルジェリア首相。
⇒世指導（ハムルーシュ,ムールード　1943.1.3–）

Hamsik, Marek
スロバキアのサッカー選手（ナポリ・MF）。
⇒外12（ハムシク,マレク　1987.7.27–）
　外16（ハムシク,マレク　1987.7.27–）
　最世ス（ハムシク,マレク　1987.7.27–）

Hamsun, Anne Marie
ノルウェーの女流作家。1909年に作家クヌート・ハムスンと結婚。連作童話『村の子どもたち』（四巻,24～32）で世界に知られる。
⇒現世文（ハムスン,マリー　1881–1969）

Hamsun, Knut
ノルウェーの作家。小説『飢え』（1890）,『牧神』（94）などの作品がある。
⇒岩世人（ハムスン　1859.8.4–1952.2.19）
　学叢思（ハムズン,クヌート　1860–?）
　現世文（ハムスン,クヌート　1859.8.4–1952.2.19）
　広辞7（ハムスン　1859–1952）
　図翻（ハムスン　1859.8.4–1952.2.19）
　西文（ハムスン,クヌート　1859–1952）
　ネーム（ハムスン　1859–1952）
　ノペ3（ハムスン,K.　1859.8.4–1952.2.19）

Hamud, Hamud Mohamed
タンザニア国軍中尉。1972年タンザニア副大統領シーク・アベイド・アマニ・カルメを暗殺した。その父モハメド・ハムドも暗殺者で独立直前の議会メンバーを刺殺していた。
⇒世暗（ハムド,ハムド・モハメド　1946–1972）

Hamzah, Isam
エジプトの日本研究家。

⇒外12（ハムザ, イサム　1956–）
　外16（ハムザ, イサム　1956–）

Hämzä Häkimzade Niyaziy
ウズベク人の詩人, 劇作家。
⇒岩イ（ハムザ・ハキムザーデ　1889–1929）

Hamzawy, Amr
エジプトの政治学者。
⇒外12（ハムザーウィ, アムル　1967–）
　外16（ハムザーウィ, アムル　1967–）

Hamzeh bin Hussein
ヨルダン皇太子。
⇒外12（ハムザ・ビン・フセイン　1980.3.29–）

Han, Volk
ロシアのコマンドサンボ選手。
⇒異二辞（ハン, ヴォルク　1961–）

Hanaialii, Amy
アメリカの歌手。
⇒外12（ハナイアリイ, エイミー）
　外16（ハナイアリイ, エイミー）

Hanbang
韓国の歌手。
⇒外12（ハンバン　1989.1.26–）

Han Bi
韓国の歌手。
⇒外12（ハンビ　1990.6.3–）

Han Chae-young
韓国の女優。
⇒外12（ハンチェヨン　1980.9.13–）
　外16（ハンチェヨン　1980.9.13–）
　韓俳（ハン・チェヨン　1980.9.13–）

Hancock, Graham
イギリスの作家, ジャーナリスト。
⇒外12（ハンコック, グラハム　1950–）
　外16（ハンコック, グラハム　1950–）
　現世文（ハンコック, グラハム　1950–）

Hancock, Herbie
アメリカのジャズ・ピアノ奏者。電気楽器を縦横に繰った『ヘッド・ハンターズ』の大ヒット(1973)でブラック・ファンク・ブームのきっかけを作った。
⇒岩世人（ハンコック　1940.4.12–）
　外12（ハンコック, ハービー　1940.4.12–）
　外16（ハンコック, ハービー　1940.4.12–）
　新音中（ハンコック, ハービー　1940.4.12–）
　標音2（ハンコック, ハービー　1940.4.12–）
　ロック（Hancock,Herbie　ハンコック, ハービー）

Hancock, John Lee
アメリカの映画監督, 脚本家。
⇒外16（ハンコック, ジョン・リー　1957–）

Hancock, Josh
アメリカの大リーグ選手(投手)。
⇒最世ス（ハンコック, ジョシュ　1978.4.11–2007.4.29）

Hancock, Vincent
アメリカの射撃選手(クレー射撃)。
⇒外12（ハンコック, ビンセント　1989.3.19–）
　外16（ハンコック, ビンセント　1989.3.19–）
　最世ス（ハンコック, ビンセント　1989.3.19–）

Hand, Billings Learned
アメリカの法律家。長年にわたって連邦巡回控訴裁判所判事を務めて名声を博した。
⇒岩世人（ハンド　1872.1.27–1961.8.18）

Hand, Elizabeth
アメリカの作家。
⇒外12（ハンド, エリザベス　1957.3.29–）
　外16（ハンド, エリザベス　1957.3.29–）
　現世文（ハンド, エリザベス　1957.3.29–）

Handal, Schafik
エルサルバドルの政治家, 軍人。ファラブンド・マルティ民族解放戦線(FMLN)司令官。
⇒世指導（ハンダル, シャフィク　?–2006.1.24）

Handel-Mazzetti, Enrica, Freiin von
オーストリアの女性作家。主著に『マインラート・ヘルムペルガー』(1900)。
⇒岩世人（ハンデル＝マツェッティ　1871.1.10–1955.4.8）
　学叢思（ハンデル・マツェッティ, エンリカ・フォン　1871–?）
　新カト（ハンデル・マツェッティ　1871.1.10–1955.4.8）

Handke, Peter
オーストリアの作家, 劇作家, 映画脚本家。
⇒岩世人（ハントケ　1942.12.4–）
　外12（ハントケ, ペーター　1942.12.4–）
　外16（ハントケ, ペーター　1942.12.4–）
　現世文（ハントケ, ペーター　1942.12.4–）
　広辞7（ハントケ　1942–）

Handler, David
アメリカの作家, 脚本家。
⇒外12（ハンドラー, デービッド　1952–）
　外16（ハンドラー, デービッド　1952–）
　現世文（ハンドラー, デービッド　1952–）

Handler, M.S.
アメリカ・ニューヨーク・タイムズの記者。
⇒マルX（HANDLER,M.S.　ハンドラー, M・S）

Handley, Lee Elmer
アメリカの大リーグ選手(三塁, 二塁)。
⇒メジャ（ハンドリー, リー　1913.7.13–1970.4.8）

Hands, Guy
イギリスの投資家。テラ・ファーマ・キャピタ

ル・パートナーズ会長・CIO。
⇒外12（ハンズ, ガイ　1959.9–）
　外16（ハンズ, ガイ　1959.9–）
Hands, Marina
フランスの女優。
⇒外12（ハンズ, マリナ　1975–）
　外16（ハンズ, マリナ　1975.1.10–）
Hands, William Alfred
アメリカの大リーグ選手（投手）。
⇒メジャ（ハンズ, ビル　1940.5.6–）
Handschin, Jacques Samuel
スイスの音楽学者, オルガン奏者。
⇒岩世人（ハントシン　1886.4.5–1955.11.25）
　新カト（ハントシン　1886.4.5–1955.11.25）
　標音2（ハントシン, ジャック　1886.4.5–1955.11.25）
Handt, Herbert
アメリカのテノール歌手, 指揮者。
⇒魅惑（Handt, Herbert　1926–）
Han Duck-soo
韓国の政治家, 外交官。韓国首相。
⇒外12（ハンドクス　韓悳洙　1949–）
　外16（ハンドクス　韓悳洙　1949–）
　世指導（ハン・ドクス　1949–）
Handy, William Christopher
アメリカの黒人作曲家, コルネット奏者。『メンフィス・ブルース』(1911) など作曲。
⇒アメ州（Handy, William Christopher　ハンディ, ウイリアム・クリストファー　1873–1958）
　アメ州（Handy, William Christopher　ハンディ, ウイリアム・クリストファー　1873–1958）
　岩世人（ハンディ　1873.11.16–1958.3.28）
　エデ（ハンディ, W.C.［ウィリアム・クリストファー］　1873.11.16–1958.3.28）
　新音中（ハンディ, W.C.　1873.11.16–1958.3.28）
Haneke, Micheal
ドイツ生まれの映画監督。
⇒岩世人（ハネケ　1942.3.23–）
　映監（ハネケ, ミヒャエル　1942.3.23–）
　外12（ハネケ, ミヒャエル　1942.3.23–）
　外16（ハネケ, ミヒャエル　1942.3.23–）
　ネーム（ハネケ, ミヒャエル　1942–）
Han Eun-jung
韓国の女優, モデル。
⇒韓俳（ハン・ウンジョン　1980.7.10–）
Hanevold, Halvard
ノルウェーのバイアスロン選手。
⇒外12（ハーネボル, ハルワルド　1969.12.3–）
　外16（ハーネボル, ハルワルド　1969.12.3–）
　最世ス（ハーネボル, ハルワルド　1969.12.3–）
Haney, Fred Girard
アメリカの大リーグ選手（三塁）。

⇒メジャ（ヘイニー, フレッド　1896.4.25–1977.11.9）
Hanff, Helene
アメリカの児童文学作家。
⇒現世文（ハンフ, ヘレーン　1916.4.15–1997.4.9）
Hanford, Ben
アメリカの社会主義者。
⇒学叢思（ハンフォード, ベン　1859–?）
Han Ga-in
韓国の女優。
⇒韓俳（ハン・ガイン　1982.2.2–）
Han Gang
韓国の詩人, 作家。
⇒現世文（ハン・ガン　韓江　1970.11–）
Hangeng
韓国の歌手。
⇒外12（ハンギョン　1984.2.9–）
Han Go-eun
韓国の女優。
⇒韓俳（ハン・ゴウン　1977.3.10–）
Hang Thun Hak
カンボジアの劇作家, 政治家。
⇒岩世人（ハン・トン・ハック　1926.8.21–1975.4.17?）
Han Hwa-kap
韓国の政治家。韓国新千年民主党代表。
⇒外12（ハンファガプ　韓和甲　1939.2.1–）
　外16（ハンファガプ　韓和甲　1939.2.1–）
　世指導（ハン・ファガプ　1939.2.1–）
Han Hye-jin
韓国の女優。
⇒外12（ハンヘジン　1981.10.27–）
　外16（ハンヘジン　1981.10.27–）
　韓俳（ハン・ヘジン　1981.10.27–）
Han Hyo-joo
韓国の女優。
⇒外12（ハンヒョジュ　1987.2.22–）
　外16（ハンヒョジュ　1987.2.22–）
　韓俳（ハン・ヒョジュ　1987.2.22–）
Hani, Chris
南アフリカの政治指導者。
⇒岩世人（ハニ　1942.6.28–1993.4.10）
Han In-Soo
韓国のタレント。1972年, MBCテレビタレント第5期生としてデビュー。代表作に『愛と真実』『遺産』『日出峰』等がある。
⇒韓俳（ハン・インス　1947.7.30–）
Hänisch, Konrad
ドイツの社会政策家, 教育改革者。1913～18年

プロイセン議会の社会民主党議員として活躍し，18〜21年プロイセン文部大臣として教育改革に努力した。
⇒教人（ヘニッシュ　1876–1925）

Haniya, Ismail
パレスチナの政治家。パレスチナ首相。
⇒外12（ハニヤ，イスマイル　1963.5–）
　外16（ハニヤ，イスマイル　1963.5–）
　世指導（ハニヤ，イスマイル　1962.5.23–）

Han Jae-Suk
韓国の男優。
⇒韓俳（ハン・ジェスク　1973.8.12–）

Han Ji-hye
韓国の女優。
⇒韓俳（ハン・ジヘ　1984.6.29–）

Han Ji-min
韓国の女優。
⇒韓俳（ハン・ジミン　1982.11.5–）

Han Jin-Hee
韓国の男優。
⇒韓俳（ハン・ジニ　1949.3.14–）

Hanke, John
アメリカの実業家。
⇒外12（ハンキ，ジョン）
　外16（ハンキ，ジョン）

Hankey, Maurice Pascal, 1st Baron Hankey
イギリスの海軍軍人，政治家。
⇒スパイ（ハンキー，モーリス　1877–1963）

Han Kook-young
韓国のサッカー選手（カタールSC・MF）。
⇒外16（ハングギョン　韓国栄　1990.4.19–）

Hanks, Jane Richardson
アメリカの人類学者。
⇒アア歴（Hanks,Jane Richardson　ハンクス，ジェイン・リチャードスン　1908.8.2–）

Hanks, Lucien M (ason)
アメリカの人類学者。
⇒アア歴（Hanks,Lucien M (ason)　ハンクス，ルシアン・メイスン　1910.3.25–1988）

Hanks, Tom
アメリカ生まれの俳優。
⇒岩世人（ハンクス　1956.7.9–）
　外12（ハンクス，トム　1956.7.9–）
　外16（ハンクス，トム　1956.7.9–）
　ク俳（ハンクス，トム　1956–）
　スター（ハンクス，トム　1956.7.9–）

Han Kwang-ok
韓国の政治家。韓国大統領府秘書室長，新千年民主党代表（最高委員）。
⇒世指導（ハン・グァンオク　1942.1.29–）

Hanley, Victoria
アメリカの作家。
⇒海文新（ハンリー，ヴィクトリア）

Hanlon, Edward Hugh (Ned)
アメリカの大リーグ選手（外野）。
⇒メジャ（ハンロン，ネッド　1857.8.22–1937.4.14）

Hanlon, Henry
イギリス出身のミル・ヒル宣教会員，ウガンダ宣教師，司教。
⇒新カト（ハンロン　1862.1.7–1937.8.18）

Han-Mac-Tu
ベトナムの詩人。
⇒岩世人（ハン・マック・トゥー　1912.9.22–1940.11.11）

Han Mal-sook
韓国の作家。
⇒韓現文（韓末淑　ハン・マルスク　1931.12.27–）
　現世文（ハン・マルスク　韓末淑　1931.12.27–）

Han Min-koo
韓国の軍人。韓国国防相。
⇒外16（ハンミング　韓民求　1951.8.30–）
　世指導（ハン・ミング　1951.8.30–）

Han Myong-sook
韓国の社会運動家，政治家。韓国首相。
⇒岩韓（ハン・ミョンスク　韓明淑　1944–）
　岩世人（韓明淑　ハンミョンスク　1944.3.24–）
　外12（ハンミョンスク　韓明淑　1944.3.24–）
　外16（ハンミョンスク　韓明淑　1944.3.24–）
　世指導（ハン・ミョンスク　1944.3.24–）

Hann, Julius Ferdinand von
オーストリアの気象学者，気候学者。大気の力学と熱力学などを研究。
⇒岩世人（ハン　1839.3.23–1921.10.1）

Hanna, William Denby
アメリカ生まれのアニメーション作家。
⇒アニメ（ハンナ，ウィリアム　1910–2001）

Hannah, Barry
アメリカの小説家，短編小説作家。
⇒現世文（ハナ，バリー　1942–）

Hannah, Daryl
アメリカ生まれの女優。
⇒外12（ハンナ，ダリル　1960.12.3–）
　外16（ハンナ，ダリル　1960.12.3–）
　ク俳（ハナ，ダリル　1960–）

Hannah, John
スコットランド出身の男優。
⇒ク俳（ハナ，ジョン　1962–）

Hannah, Sophie
イギリスの女性詩人, 小説家。
⇒海文新（ハナ, ソフィー　1971–）
　現世文（ハナ, ソフィー　1971–）

Hannah, Timothy
ニュージーランドの外交官。アジア太平洋経済協力会議（APEC）事務局長。
⇒世指導（ハンナ, ティモシー）

Hannawald, Sven
ドイツのスキー選手（ジャンプ）。
⇒外12（ハンナヴァルト, スヴェン　1974.11.9–）

Hannequin, Arthur
フランスの哲学史, 科学史家。理論の内面を掘下げて科学史と哲学史を一体化した。主著"Essai critique sur l'hypothèse des atomes dans la science contemporaine"（1895）。
⇒岩世人（アヌカン　1856.10.29–1905.7.5）
　メル3（アヌカン〔ハンキン〕, アルチュール・エドゥアール　1856–1905）

Hannibalsson, Jón Baldvin
アイスランドの政治家。アイスランド外相, アイスランド社会民主党（SDP）党首。
⇒世指導（ハンニバルソン, ヨン・バルドビン　1939.2.21–）

Hannikainen, Ilmari
フィンランドの作曲家, ピアノ奏者。
⇒ク音3（ハンニカイネン　1892–1955）

Hanotaux, Albert Auguste Gabriel
フランスの歴史家, 政治家。
⇒岩世人（アノトー　1853.11.19–1944.4.11）
　19仏（アノトー, ガブリエル　1853.11.19–1944.4.11）

Hanoy, Ofra
イスラエル, のちカナダのチェロ奏者。
⇒外12（ハーノイ, オーフラ　1965.1.31–）
　外16（ハーノイ, オーフラ　1965.1.31–）

Hanrahan, Joel Ryan
アメリカの大リーグ選手（投手）。
⇒メジャ（ハンラハン, ジョール　1981.10.6–）

Hans, Nicholas
イギリスの比較教育学者。アメリカのキャンデルやドイツのシュナイダーとならぶ今世紀の比較教育研究の開拓者。
⇒教人（ハンス　1888–）

Hans Adam II
リヒテンシュタイン大公（元首）。
⇒外12（ハンス・アダム2世　1945.2.14–）
　外16（ハンス・アダム2世　1945.2.14–）
　世指導（ハンス・アダム2世　1945.2.14–）

Han Sang-Jin
韓国の男優, モデル。
⇒韓俳（ハン・サンジン　1977.12.9–）

Hansard, Glen
アイルランドのミュージシャン, 俳優。
⇒外12（ハンサード, グレン　1970–）

Hansberry, Lorraine
アメリカの黒人女性劇作家。
⇒岩世人（ハンズベリー　1930.5.19–1965.1.12）
　現世文（ハンズベリー, ロレイン　1930.5.19–1965.1.12）
　マルX（HANSBERRY,LORRAINE　ハンズベリー, ロレイン　1930–1965）

Hänsch, Klaus
ドイツの政治家。欧州議会議長。
⇒世指導（ヘンシュ, クラウス　1938.12.15–）

Hänsch, Theodor W.
ドイツの物理学者。2005年ノーベル物理学賞を受賞。
⇒外12（ヘンシュ, テオドール　1941–）
　外16（ヘンシュ, テオドール　1941.10.30–）
　ノベ3（ヘンシュ, T.W.　1941.10.30–）

Hanselmann, Heinrich
スイスの治療教育学者。チューリヒ大学教授（1932～）。
⇒岩世人（ハンゼルマン　1885.9.15–1960.2.29）

Hansen, Alvin Harvey
アメリカのケインズ学派の経済学者。主著『アメリカの経済』（1957）など。
⇒アメ経（ハンセン, アルビン　1887.8.23–1975.6.6）
　アメ新（ハンセン　1887–1975）
　岩経（ハンセン　1887–1975）
　岩世人（ハンセン　1887.8.23–1975.6.6）
　有経5（ハンセン　1887–1975）

Hansen, Armauer Gerhard Henrik
ノルウェーの医学者, 癩菌の発見者。
⇒岩世人（ハンセン　1841.7.29–1912.2.12）

Hansen, Brendan
アメリカの水泳選手（平泳ぎ）。
⇒外12（ハンセン, ブレンダン　1981.8.15–）
　外16（ハンセン, ブレンダン　1981.8.15–）
　最世ス（ハンセン, ブレンダン　1981.8.15–）

Hansen, David Andrew
アメリカの大リーグ選手（三塁）。
⇒メジャ（ハンセン, デイヴ　1968.11.24–）

Hansen, Emil Christian
デンマークの植物学者。醱酵菌の研究を行い, 酵母菌の作用が酵素によることを証明した。
⇒岩世人（ハンセン　1842.5.8–1909.8.29）

Hansen, James
アメリカの画家。
⇒芸13（ハンセン, ジェームス　1952-）

Hansen, James E.
アメリカの宇宙科学者, 環境科学者。
⇒外12（ハンセン, ジェームズ　1941.3.29-）
　外16（ハンセン, ジェームズ　1941.3.29-）

Hansen, Joseph
アメリカの犯罪小説作家。
⇒現世文（ハンセン, ジョゼフ　1923.7.19-2004.11.24）

Hansen, Juanita
アメリカの女優。
⇒異二辞（ハンセン, ファニタ　1895-1961）

Hansen, Larry
カナダの実業家。
⇒外16（ハンセン, ラリー　1951-）

Hansen, Lars Peter
アメリカの経済学者。
⇒外16（ハンセン, ラース　1952.10.26-）

Hansen, Lasse Norman
デンマークの自転車選手（トラックレース）。
⇒外16（ハンセン, ラッセ・ノーマン　1992.2.11-）
　最世ス（ハンセン, ラッセ・ノーマン　1992.2.11-）

Hansen, Martin Jens Alfred
デンマークの小説家。代表作『蛇と牡牛』（1952）。
⇒岩世人（ハンセン　1909.8.20-1955.6.27）
　現世文（ハンセン, マーチン・A.　1909.8.20-1955.6.27）

Hansen, Mogens Herman
デンマークのギリシア史家。
⇒岩世人（ハンセン　1940.8.20-）

Hansen, Ron
アメリカの小説家, 短編小説作家。
⇒現世文（ハンセン, ロン　1947-）

Hansen, Ronald Lavern
アメリカの大リーグ選手（遊撃）。
⇒メジャ（ハンセン, ロン　1938.4.5-）

Hansen, Stan
アメリカのプロレスラー。
⇒異二辞（ハンセン, スタン　1949-）
　岩世人（ハンセン　1949.8.29-）
　外12（ハンセン, スタン　1949.8.29-）
　外16（ハンセン, スタン　1949.8.29-）
　ネーム（ハンセン, スタン　1949-）

Hansen, Steve
ニュージーランドのラグビー指導者。
⇒外16（ハンセン, スティーブ　1959.5.7-）

Hansen-Love, Mia
フランスの映画監督, 女優。
⇒外12（ハンセン・ラヴ, ミア　1981-）
　外16（ハンセン・ラヴ, ミア　1981-）

Hansenne, Michel
ベルギーの政治家。国際労働機関（ILO）事務局長, ベルギー雇用労働相。
⇒世指導（アンセンヌ, ミッシェル　1940.3.23-）

Hanser, Carl
ドイツの出版者。
⇒岩世人（ハンザー　1901.12.30-1985.5.10）

Han Seung-soo
韓国の政治家, 経済学者。ケンブリッジ大学教授, ソウル大学経済学科教授, 韓国首相などを歴任。著書に『ヨーロッパ予算成長と機能』『中東経済』『韓国の赤字財政』『太平洋時代と韓国』などがある。
⇒外12（ハンスンス　韓昇洙　1936.12.28-）
　外16（ハンスンス　韓昇洙　1936.12.28-）
　世指導（ハン・スンス　1936.12.28-）

Han Seung-won
韓国の作家。「大韓日報」に短篇作品『木船』が当選しデビュー。ほか, 中短篇に『霧笛』『頭足類』, 長篇に『恣怒の土地と海』などがある。
⇒現世文（ハン・スンウォン　韓勝源　1939-）

Hansi, Oncle
フランスの絵本作家。
⇒絵本（アンシ, オンクル　1873-1951）

Hansjakob, Heinrich
ドイツの聖職者, 宗教的著作家。バーデンの地方議会議員（1871～81）, のちフライブルク市聖堂主任司祭（1913）。
⇒岩世人（ハンスヤーコブ　1837.8.19-1916.6.23）
　新カト（ハンスヤーコブ　1837.8.19-1916.6.23）

Hanson, Curtis
アメリカの映画監督, 脚本家。
⇒外12（ハンソン, カーティス　1945.3.24-）
　外16（ハンソン, カーティス　1945.3.24-）

Hanson, Duane
アメリカの彫刻家。
⇒岩世人（ハンソン　1925.1.17-1996.1.6）
　芸13（ハンソン, デュアン　1925-）

Hanson, Erik Brian
アメリカの大リーグ選手（投手）。
⇒メジャ（ハンソン, エリック　1965.5.18-）

Hanson, Haward Harold
アメリカ（スウェーデン系）の作曲家, 指揮者。歌劇『楽しい山』（1934）が好評。
⇒異二辞（ハンソン［ハワード・～］　1896-1981）

岩世人（ハンソン 1896.10.28–1981.2.26）
エデ（ハンソン, ハワード（ハロルド） 1896.10.28–1981.2.26）
ク音3（ハンソン 1896–1981）
新音小（ハンソン, ハワード 1896–1981）
新音中（ハンソン, ハワード 1896.10.28–1981.2.26）
標音2（ハンソン, ハワード 1896.10.28–1981.2.26）

Hanson, Jean
イギリスの生物物理学者。
⇒岩生（ハンソン 1919–1973）

Hanson, Norwood Russell
アメリカの科学哲学者。
⇒岩世人（ハンソン 1924–1967）

Hanson, Ola
アメリカの宣教師。
⇒アア歴（Hanson,Ola ハンスン, ウーラー 1864–1929.10.17）

Hanson, Pauline
オーストラリアの政治家。下院議員, ワン・ネーション党党首。
⇒世指導（ハンソン, ポーリン）

Han Soo-san
韓国の作家。
⇒外12（ハンスサン 韓水山 1946–）
外16（ハンスサン 韓水山 1946–）
現世文（ハン・スサン 韓水山 1946–）

Hanssen, Robert P.
FBI捜査官。20年以上にわたりKGB及びその後継機関SVR（ロシア連邦対外情報庁）のためにスパイ行為を続けた。
⇒スパイ（ハンセン, ロバート・P 1944–）

Hansson, Ola
スウェーデンの作家。代表作『多感なアモローサ』(1887)。
⇒岩世人（ハーンソン 1860.11.12–1925.9.26）

Hansson, Per Albin
スウェーデンの政治家。1932〜46年首相。
⇒岩世人（ハーンソン 1885.10.28–1946.10.6）

Han Suk-kyu
韓国の俳優。
⇒外12（ハンソッキュ 1964.11.3–）
外16（ハンソッキュ 1964.11.3–）
韓俳（ハン・ソッキュ 1964.8.17–）

Han Sung-joo
韓国の国際政治学者, 政治家。駐米韓国大使, 韓国外相, 高麗大学教授。コロンビア大学客員教授, スタンフォード大学交換教授などを歴任。1993年外務長官に就任。著書に『第2共和国と韓国の民主主義』などがある。
⇒岩韓（ハン・スンジュ 韓昇洲 1940–）

岩世人（韓昇洲 ハンスンジュ 1940.9.13–）
外12（ハンスンジュ 韓昇洲 1940.9.13–）
外16（ハンスンジュ 韓昇洲 1940.9.13–）
世指導（ハン・スンジュ 1940.9.13–）

Han Suyin
イギリスの女性作家。中国人の父とベルギー人の母を持ち, 本名は周光瑚（エリザベス・シュー）。漢字では韓素英。
⇒岩世人（ハン・スーイン 1917.9.12–2012.11.2）
現世文（ハン・スーイン 韓素英 1917.9.12–2012.11.2）

Hantai, Pierre
フランスのチェンバロ奏者。
⇒外12（アンタイ, ピエール 1964–）
外16（アンタイ, ピエール 1964–）

Hantaï, Simon
ハンガリー生まれの画家。
⇒芸13（アンタイ, シモン 1922–）

Hantuchova, Daniela
スロバキアのテニス選手。
⇒外12（ハンチュコヴァ, ダニエラ 1983.4.23–）
最世ス（ハンチュコヴァ, ダニエラ 1983.4.23–）

Hantzsch, Arthur Rudolf
ドイツの化学者。ピリジンの誘導体の合成に成功, また門下のA.ヴェルナーと共に窒素化合物の立体構造を研究。有機化学の研究に物理化学的方法を採用した。
⇒岩世人（ハンチ 1857.3.7–1935.3.14）

Hanussen, Erik Jan
透視術による予言者。オーストリア生まれのチェコ系ユダヤ人。
⇒岩世人（ハヌッセン 1889.6–1933.3）

Han Woon-sa
韓国の作家。韓国放送公社（KBS）理事, 中央大学理事。放送作家協会理事長を歴任。作品に『玄海灘は知っている』『南と北』『族譜』ほか多数がある。
⇒現世文（ハン・ウンサ 韓雲史 1923.1.15–2009.8.11）

Han Yeo-reum
韓国の女優, モデル。
⇒韓俳（ハン・ヨルム 1983.10.25–）

Han Ye-seul
韓国の女優。
⇒韓俳（ハン・イェスル 1982.9.18–）

Happle, Bernard
ドイツ・ノイシュタット生まれのベネディクト会員。同会初の来日宣教師の一人。
⇒新カト（ハップレ 1900.8.19–1987.10.28）

Ḥaqqī, Yaḥyā
エジプトの作家。

⇒岩世人（ハッキー, ヤフヤー　1905–1992.12.9）
　現世文（ヤハヤー・ハッキー　1905.1.7–1992.12.9）

Ha-ra
韓国の歌手。
⇒外12（ハラ　1991.1.13–）

Haradinaj, Ramush
コソボの政治家。コソボ首相, コソボ未来連盟党首。
⇒世指導（ハラディナイ, ラムシュ　1968.7.3–）

Harahap, Burhanuddin
インドネシア・メダン生まれの政治家。1946～49年中央国民委員会常任委員, 52年党議員団長。55年首相。
⇒岩世人（ハラハップ, ブルハヌディン　1917.2.12–1987.6.14）

Harahap, Parada
インドネシアのジャーナリスト。
⇒岩世人（ハラハップ, パラダ　1899.12.15–1959.5.11）

Harahap, Rinto
インドネシアのシンガー・ソングライター。
⇒岩世人（ハラハップ, リント　1949.3.10–）

Harak, Rudolph de
アメリカのデザイナー, 教育者。
⇒グデ（Harak,Rudolph de　ハラク, ルドルフ・デ　1924–）

Harald V
ノルウェー国王。在位1991～。
⇒外12（ハラルド5世　1937.2.21–）
⇒外16（ハラルド5世　1937.2.21–）
　皇国（ハーラル5世）

Harang, Aaron
アメリカの大リーグ選手（メッツ・投手）。
⇒最世ス（ハラング, アーロン　1978.5.9–）
　メジャ（ハラング, アーロン　1978.5.9–）

Harari, Mike
イスラエルのモサド及びシンベトに所属したインテリジェンス・オフィサー。
⇒スパイ（ハラリ, マイク　1927–2014）

Harary, Franz
アメリカのマジシャン。
⇒外12（ハラーレイ, フランツ　1962.7.18–）

Haraway, Donna（Jeanne）
アメリカの女性生物学者。
⇒現社（ハラウェイ　1944–）
　メル別（ハラウェイ, ダナ・ジャンヌ　1944–）

Harbach, Chad
アメリカの作家, 編集者。
⇒海文新（ハーバック, チャド）
　現世文（ハーバック, チャド）

Harbach, Otto Abels
アメリカの劇作家。
⇒アメ州（Harbach,Otto Abels　ハーバック, オットー・エイベルズ　1873–1963）

Harbaugh, Jim
アメリカのプロフットボール選手。
⇒外16（ハーボー, ジム　1963.12.23–）
　最世ス（ハーボー, ジム　1963.12.23–）

Harbaugh, John
アメリカのプロフットボール監督（レイブンズ）。
⇒外16（ハーボー, ジョン　1962.9.23–）
　最世ス（ハーボー, ジョン　1962.9.23–）

Harbison, Frederic Harris
アメリカの労働経済学者。
⇒社小増（ハービソン　1912–1976）

Harbison, John
アメリカの作曲家。
⇒エデ（ハービソン, ジョン（ハリス）　1938.12.20–）
　ク音3（ハービソン　1938–）
　新音中（ハービソン, ジョン　1938.12.20–）

Harbou, Thea von
ドイツ生まれの映画脚本家, 映画監督。
⇒岩世人（ハルボウ　1888.12.12/27–1954.7.1）

Harcourt, Geoffrey Colin
オーストラリアのポスト・ケインズ派経済学者。
⇒岩経（ハーコート　1931–）

Hardee, Trey
アメリカの十種競技選手。
⇒最世ス（ハーディ, トレイ　1984.2.7–）

Harden, Sir Arthur
イギリスの生化学者。1929年ノーベル化学賞を受賞。
⇒岩世人（ハーデン　1865.10.12–1940.6.17）
　化学（ハーデン　1865–1940）
　ノベ3（ハーデン,A.　1865.10.12–1940.6.17）

Harden, James
アメリカのバスケットボール選手（ロケッツ）。
⇒最世ス（ハーデン, ジェームズ　1989.8.26–）

Harden, Marcia Gay
アメリカ生まれの女優。
⇒外12（ハーデン, マーシャ・ゲイ　1959.8.14–）
⇒外16（ハーデン, マーシャ・ゲイ　1959.8.14–）
　ク俳（ハーデン, マーシャ・ゲイ　1959–）

Harden, Maximilian
ドイツ（ユダヤ系）のジャーナリスト, 評論家。ウィルヘルム2世の政治を批判。
⇒岩世人（ハルデン　1861.10.20–1927.10.30）

ユ著人（Harden, Maximillian　ハルデン，マクシミリアーン　1861–1927）

Harder, Lutz-Michael
ドイツのテノール歌手。
⇒魅惑（Harder, Lutz-Michael　1951–）

Harder, Melvin Leroy
アメリカの大リーグ選手（投手）。
⇒メジャ（ハーダー，メル　1909.10.15–2002.10.20）

Harder, Rolf
ドイツ生まれのグラフィック・デザイナー。
⇒グラデ（Harder, Rolf　ハーデル，ロルフ　1929–）

Hardie, James Keir
イギリス労働党の指導者。『レイバーリーダー』紙の編集に努力した。1906年下院の労働党首領。
⇒岩世人（ハーディ　1856.8.15–1915.9.26）
　学叢思（ハーディー，ジェームズ・ケーア　1856–1915）

Hardin, Garrett
アメリカの生物学者。
⇒現社（ハーディン　1915–2003）

Hardin, Mel
アメリカ・ミシシッピ州ホーリー・スプリングス生まれの歌手。
⇒ロック（Mel and Tim　メル&ティム）

Hardin, Tim
アメリカのシンガー・ソングライター。
⇒ロック（Hardin, Tim　ハーディン，ティム　1940–）

Hardin, Ty
アメリカ生まれの俳優。
⇒ク俳（ハーディン，タイ（ハンガーフォード，オースン，のちに法的に改名）　1930–）

Harding, Ann
アメリカの女優。
⇒ク俳（ハーディング，アン（ギャトリー，ドロシー）　1901–1981）

Harding, Daniel
イギリスの指揮者。
⇒外12（ハーディング，ダニエル　1975.8.31–）
　外16（ハーディング，ダニエル　1975.8.31–）

Harding, Luke
イギリスのジャーナリスト，作家。
⇒外16（ハーディング，ルーク）

Harding, Matt
アメリカのゲームクリエーター。独特の踊りの映像を動画投稿サイト「YouTube」に投稿して話題を呼ぶ。
⇒外12（ハーディング，マット）
　外16（ハーディング，マット）

Harding, Paul
アメリカの作家。
⇒海文新（ハーディング，ポール　1967–）
　現世文（ハーディング，ポール　1967–）

Harding, Warren Gamaliel
アメリカの政治家。第29代大統領（1921～23）。1921年対ドイツ単独講和を結び，ワシントン海軍軍縮会議を召集。
⇒アメ州（Harding, Warren Gamaliel　ハーディング，ウォレン・ガマリエル　1865–1923）
　アメ新（ハーディング　1865–1923）
　岩世人（ハーディング　1865.11.2–1923.8.2）
　世史改（ハーディング　1865–1923）
　世人新（ハーディング　1865–1923）
　世人装（ハーディング　1865–1923）
　ネーム（ハーディング　1865–1923）
　ポプ人（ハーディング，ウォレン　1865–1923）

Hardinge, Charles, 1st Baron H. of Penshurst
イギリスの外交官，政治家。インド総督（1910～16），フランス駐在大使（20～23）。
⇒岩世人（ハーディング　1858.6.20–1944.8.2）

Hardinge, Frances
イギリスの作家。
⇒現世文（ハーディング，フランシス）

Hardt, Ernst
ドイツの作家。言葉の美と愛の深さとに憑かれた新ロマン主義の作家。
⇒岩世人（ハルト　1876.5.9–1947.1.3）

Hardt, Michael
アメリカの政治哲学者，比較文学者。
⇒外12（ハート，マイケル　1960–）
　外16（ハート，マイケル　1960–）
　現社（ハート，M.　1960–）
　メル別（ハート，マイケル　1960–）

Hardwick, Elizabeth（Bruce）
アメリカの小説家，批評家。
⇒現世文（ハードウィック，エリザベス　1916.7.27–2007.12.6）

Hardwick, *Sir* Cedric Webster
イギリスの俳優。『桜の園』のガーエフなどが当り役。
⇒ク俳（ハードウィック，サー・セドリック　1893–1964）

Hardy, Adrien
フランスのボート選手。
⇒外16（アルディ，アドリアン　1978.7.30–）
　最新ス（アルディ，アドリアン　1978.7.30–）

Hardy, *Sir* Alister Clavering
イギリスの海洋生物学者。プランクトンの分布に関する動物排除説を発表した。

⇒岩世人（ハーディ 1896.2.10–1985.5.22）

Hardy, Dudley
イギリスの画家，書物と雑誌の挿絵画家，ポスター・デザイナー。
⇒グラデ（Hardy,Dudley ハーディ，ダッドリー 1866–1922）

Hardy, Françoise
フランス生まれの女優。
⇒外12（アルディ，フランソワーズ 1944.1.17–）
　外16（アルディ，フランソワーズ 1944.1.17–）
　標音2（アルディ，フランソアーズ 1944.1.17–）

Hardy, Frank
オーストラリアの小説家，テレビ作家。
⇒現世文（ハーディ，フランク 1917.3.21–1994.1.28）

Hardy, Godfrey Harold
イギリスの数学者。
⇒岩世人（ハーディ 1877.2.7–1947.12.1）
　数辞（ハーディ，ゴドフリ・ハルロド 1877–1947）
　世数（ハーディ，ゴッドフリー・ハロルド 1877–1947）

Hardy, Jessica
アメリカの水泳選手（平泳ぎ）。
⇒外16（ハーディ，ジェシカ 1987.3.12–）
　最世ス（ハーディ，ジェシカ 1987.3.12–）

Hardy, J.J.
アメリカの大リーグ選手（オリオールズ・内野手）。
⇒最世ス（ハーディ，J.J. 1982.8.19–）
　メジャ（ハーディ，J・J 1982.8.19–）

Hardy, Oliver
アメリカの喜劇映画俳優。ドタバタ喜劇に活躍した。
⇒ク俳（ハーディ，オリヴァー（ハーディ，ノーヴェル，のちに法的に改名） 1892–1957）
　スター（ローレル，スタンとハーディ，オリヴァー 1892.1.8–1957）

Hardy, Ronald
イギリスの冒険作家。
⇒現世文（ハーディ，ロナルド 1919–1991）

Hardy, Thomas
イギリスの小説家，詩人。『帰郷』（1878）『テス』（91）などの小説が有名。
⇒岩キ（ハーディ 1840–1928）
　岩世人（ハーディ 1840.6.2–1928.1.11）
　学叢思（ハーディー，トマス 1840–1928）
　現世文（ハーディ，トーマス 1840.6.2–1928.1.11）
　広辞7（ハーディー 1840–1928）
　新カト（ハーディ 1840.6.2–1928.1.11）
　図翻（ハーディ 1840.6.2–1928.1.11）
　西文（ハーディ，トマス 1840–1928）
　世人新（ハーディー 1840–1928）
　世人装（ハーディー 1840–1928）
　ポプ人（ハーディ，トマス 1840–1928）

Hardy, Sir William Bate
イギリスの生物学者，化学者。
⇒化学（ハーディー 1864–1934）

Hare, David
アメリカの彫刻家。
⇒シュル（ヘア，デヴィッド 1917–1992）

Hare, David
イギリスの劇作家，演出家。
⇒岩世人（ヘア 1947.6.5–）
　外16（ヘア，デービッド 1947.6.5–）
　現世文（ヘア，デービッド 1947.6.5–）

Hare, Frederick Kenneth
カナダの気候学者。
⇒岩世人（ヘア 1919.2.5–2002.9.3）

Hare, Richard Mervyn
イギリスの哲学者。分析哲学の立場から，日常的倫理言語の機能を明らかにしようとした。
⇒岩世人（ヘア 1919.3.21–2002.1.29）
　新カト（ヘア 1919.3.21–2002.1.29）
　メル別（ヘア，リチャード・マーヴィン 1919–2002）

Harel, Isser
イスラエルの政治家。国内公安機関シンベト長官（1948〜52），対外情報機関モサド長官（52〜63），イスラエル国防軍の情報組織アマン長官（62〜63）を歴任。
⇒スパイ（ハレル，イッサー 1912–2003）

Harell, Lynn
アメリカのチェロ奏者。
⇒外12（ハレル，リン 1944.1.30–）
　外16（ハレル，リン 1944.1.30–）

Haren, Daniel John
アメリカの大リーグ選手（投手）。
⇒メジャ（ヘイレン，ダン 1980.9.17–）

Hargan, Steven Lowell
アメリカの大リーグ選手（投手）。
⇒メジャ（ハーガン，スティーヴ 1942.9.8–）

Hargis, Barbara Louise
アメリカ生まれの画家。
⇒芸13（ハーギス，バーバラ・ルイス 1930–）

Hargrave, Eugene Franklin (Bubbles)
アメリカの大リーグ選手（捕手）。
⇒メジャ（ハーグレイヴ，バブルス 1892.7.15–1969.2.23）

Hargrave, Lawrence
オーストラリアの航空界の先駆者。箱型凧とフ

ラップ翼を発明した。
⇒岩世人（ハーグレイヴ　1850.1.29-1915.7.6）

Hargreaves, Owen
イギリスのサッカー選手。
⇒外12（ハーグリーブス, オーエン　1981.1.20-）
最какS（ハーグリーブス, オーエン　1981.1.20-）

Hargrove, Dudley Michael
アメリカの大リーグ選手（一塁, 外野）。
⇒メジャ（ハーグローヴ, マイク　1949.10.26-）

Hargrove, Mike
アメリカの大リーグ監督。
⇒外12（ハーグローブ, マイク　1949.10.26-）

Hari, Badr
モロッコのキックボクサー, 格闘家。
⇒外12（ハリ, バダ　1984.12.8-）
外16（ハリ, バダ　1984.12.8-）

Harich-Schneider, Eta
東ドイツのハープシコード奏者。日本の音楽についての造詣が深い。
⇒新音中（ハーリヒ＝シュナイダー, エータ　1897.11.16-1986.10.16）
標音2（ハーリヒ＝シュナイダー, エータ　1897.11.16-1986.10.16）

Häring, Bernhard
ドイツのカトリック神学者。
⇒新カト（ヘーリング　1912.11.10-1998.7.3）

Haring, Douglas Gilbert
アメリカの人類学者。
⇒アア歴（Haring,Douglas Gilbert　ハリング, ダグラス・ギルバート　1894.8.6-1970.8.24）

Häring, Hugo
ドイツの建築家。自ら〈新建築〉と称する〈有機的建築〉の理念を発展させた。
⇒岩世人（ヘーリング　1882.5.22-1958.5.17）

Haring, Keith
アメリカの芸術家。
⇒岩世人（ヘリング　1958.5.4-1990.2.16）
現アテ（Haring,Keith　ヘリング, キース　1958-1990）
ポブ人（ヘリング, キース　1958-1990）

Harington, *Sir* Charles Robert
イギリスの化学者。国立医学研究所長（1942～）。
⇒岩世人（ハリントン　1897.8.1-1972.2.4）

Hariri, Rafik Bahaa Edinburghe
レバノンの政治家, 実業家。レバノン首相。
⇒岩世人（ハリーリー, ラフィーク　1944-2005.2.14）
世指導（ハリリ, ラフィク　1944.11.1-2005.2.14）

Hariri, Saad
レバノンの政治家, 実業家。レバノン首相。
⇒外12（ハリリ, サード　1970.4.18-）
外16（ハリリ, サード　1970.4.18-）
世指導（ハリリ, サード　1970.4.18-）
ネーム（ハリーリ　1970-）

Harish-Chandra
インドの数学者。
⇒世数（ハリシュ-チャンドラ　1923-1983）

Harisu
韓国の女優, 歌手, モデル。
⇒外12（ハリス）
韓俳（ハリス　1975.2.17-）

Harjonagoro
ジャワ文化の達人。
⇒岩世人（ハルジョナゴロ　1931.5.11-2008.11.5）

Harkaway, Nick
イギリスの作家。
⇒海文新（ハーカウェイ, ニック　1972-）

Harker, Alfred
イギリスの岩石学者, 地質学者。火成岩成因論, 変成論に貢献。
⇒岩世人（ハーカー　1859.2.19-1939.7.28）

Harkin, Tom
アメリカの政治家。
⇒外12（ハーキン, トム　1939.11.19-）

Harkins, William Draper
アメリカの化学者。元素の地表或は隕石中の存在量を調べて偶数番原子の多いことを発見（1916）,〈ハーキンズの法則〉と呼ばれているが, 今なお十分な説明がなされていない。
⇒岩世人（ハーキンズ　1873.12.28-1951.3.7）

Harkness, Deborah
アメリカの作家, 歴史学者。
⇒海文新（ハークネス, デボラ　1965-）
現世文（ハークネス, デボラ　1965-）

Harkness, Ruth
アメリカの動物収集家。
⇒アア歴（Harkness,Ruth　ハークネス, ルース　1900.9.21-1947.7.20）

Harlin, Renny
フィンランド生まれの映画監督。
⇒外12（ハーリン, レニー　1958-）
外16（ハーリン, レニー　1958-）

Harlow, Harry Frederick
アメリカの心理学者。主著『母性的感情系』（1963）。
⇒岩世人（ハーロー　1905.10.31-1981.12.6）

Harlow, Jean
アメリカの女優。
⇒ク俳（ハーロウ，ジーン（カーペンティエ，ハーリーアン）　1911–1937）
　スター（ハーロー，ジーン　1911.3.3–1937）

Harman, Graham
アメリカの哲学者。
⇒メル別（ハーマン，グレアム　1968–）

Harmatta Janos
ハンガリーの古典語，古代史，考古学，印欧語学，インド学者。
⇒岩世人（ハルマッタ　1917.10.2–2004.7.24）

Harmoko
インドネシアの政治家。
⇒岩世人（ハルモコ　1939.2.7–）
　外16（ハルモコ　1939.2.7–）
　世指導（ハルモコ　1939.2.7–）

Harmon, Claude Butch, Jr.
アメリカのゴルフ指導者。
⇒外12（ハーモン，ブッチ（Jr.）　1943.8.28–）
　外16（ハーモン，ブッチJr.　1943.8.28–）

Harmon, Robert Green
アメリカの大リーグ選手（投手）。
⇒メジャ（ハーモン，ボブ　1887.10.15–1961.11.27）

Harnack, Adolf von
ドイツの神学者，教会史家。主著『古代キリスト教文献史』（1893～1904）。
⇒岩キ（ハルナック　1851–1930）
　岩世人（ハルナック　1851.5.7–1930.6.10）
　オク教（ハルナック　1851–1930）
　学叢思（ハルナック，アドルフ　1851–?）
　新カト（ハルナック　1851.5.7–1930.6.10）

Harness, Charles L.
アメリカの作家。
⇒現世文（ハーネス，チャールズ　1915.12.29–2005.9.20）

Harness, William Edward
アメリカのテノール歌手。
⇒魅惑（Harness,William Edward　1940–）

Harnisch, Peter Thomas
アメリカの大リーグ選手（投手）。
⇒メジャ（ハーニッシュ，ピート　1966.9.23–）

Harnoncourt, Nicolaus
オーストリアのチェロ奏者，指揮者。
⇒岩世人（アーノンクール　1929.12.6–）
　オペラ（アーノンクール，ニコラウス　1929–）
　外12（アーノンクール，ニコラウス　1929.12.6–）
　外16（アーノンクール，ニコラウス　1929.12.6–）
　新中中（アーノンクール，ニコラウス　1929.12.6–）
　標音2（アルノンクール，ニコラウス　1929.12.6–）

Haro, Guillermo
メキシコの天文学者。メキシコ天文学研究所長，トナンチントラ天文台長。
⇒天文大（ハロー　1913–1988）

Haroche, Serge
フランスの物理学者。
⇒岩世人（アロシュ　1944.9.11–）
　外16（アロシュ，セルジュ　1944.9.11–）
　ノベ3（アロシュ,S.　1944.2.11–）

Harootunian, Harry D.
アメリカの歴史学者。
⇒外12（ハルトゥーニアン，ハリー　1929–）
　外16（ハルトゥーニアン，ハリー　1929–）

Haroq Nawi
台湾原住民タロコ族総頭目。
⇒岩世人（ハロク・ナウイ　?–1915.2.20）

Harper, Brian David
アメリカの大リーグ選手（捕手，外野）。
⇒メジャ（ハーパー，ブライアン　1959.10.16–）

Harper, Bryce
アメリカの大リーグ選手（ナショナルズ・外野手）。
⇒外12（ハーパー，ブライス　1992.10.16–）
　外16（ハーパー，ブライス　1992.10.16–）
　最世ス（ハーパー，ブライス　1992.10.16–）
　メジャ（ハーパー，ブライス　1992.10.16–）

Harper, Dawn
アメリカの陸上選手（障害）。
⇒外12（ハーパー，ドーン　1984.5.13–）
　外16（ハーパー，ドーン　1984.5.13–）
　最世ス（ハーパー，ドーン　1984.5.13–）

Harper, George Washington
アメリカの大リーグ選手（外野）。
⇒メジャ（ハーパー，ジョージ　1892.6.24–1978.8.18）

Harper, Heather
アイルランドのソプラノ歌手。
⇒標音2（ハーパー，ヘザー　1930.5.8–）

Harper, James D.
アメリカの電子工学エンジニア。
⇒スパイ（ハーパー，ジェイムズ・D　1934–）

Harper, John Lander
イギリスの植物生態学者。
⇒岩生（ハーパー　1925–2009）

Harper, Laureen
カナダのグラフィックデザイナー。ハーパー元カナダ首相夫人。
⇒外12（ハーパー，ローリーン　1963–）
　外16（ハーパー，ローリーン　1963–）

Harper, Paul Vincent
アメリカの医師。放射性元素のテクネチウム・99の臨床応用を開拓し、核医学の臨床に大きく貢献。
⇒岩世人 (ハーパー 1915.7.27–2005.7.15)

Harper, Roy
イギリス生まれのギター奏者, シンガー・ソングライター。
⇒ロック (Harper,Roy ハーパー, ロイ 1941.6.12–)

Harper, Stephen
カナダの政治家,経済学者。カナダ首相, カナダ保守党党首。
⇒外12 (ハーパー, スティーブン 1959.4.20–)
外16 (ハーパー, スティーブン 1959.4.20–)
世指導 (ハーパー, スティーブン 1959.4.20–)

Harper, Thomas
アメリカのテノール歌手。
⇒魅惑 (Harper,Thomas 1951–)

Harper, Tommy
アメリカの大リーグ選手 (外野, 三塁)。
⇒メジャ (ハーパー, トミー 1940.10.14–)

Harper, William Rainy
アメリカの神学者,ヘブライ語学の権威。シカゴ大学初代総長。
⇒岩世人 (ハーパー 1856.7.26–1906.1.10)
教人 (ハーパー 1856–1906)
天文人 (ハーパー 1856–1906)

Harpprecht, Klaus
ドイツ生まれの作家。
⇒現世文 (ハープレヒト, クラウス 1927.4.11–2016.9.21)

Harpster, John Henry
アメリカの宣教師。
⇒アア歴 (Harpster,John Henry ハープスター, ジョン・ヘンリー 1844.4.27–1911.2.1)

Harrah, Colbert Dale (Toby)
アメリカの大リーグ選手 (三塁, 遊撃)。
⇒メジャ (ハーラー, トビー 1948.10.26–)

Harrelson, Charles Voyde
アメリカの雇われ殺し屋。アメリカ大統領ジョン・F.ケネディ暗殺への関与をほのめかした他, 連邦地裁判事ジェームズ・G.ウッド・ジュニアの殺人共謀など複数の事件で有罪判決を受けている。
⇒世暗 (ハレルスン, チャールズ・ボイド 1938–)

Harrelson, Derrel McKinley (Bud)
アメリカの大リーグ選手 (遊撃)。
⇒メジャ (ハーレルソン, バド 1944.6.6–)

Harrelson, Kenneth Smith
アメリカの大リーグ選手 (一塁, 外野)。
⇒メジャ (ハーレルソン, ケン 1941.9.4–)

Harrelson, Woody
アメリカ生まれの俳優。
⇒外16 (ハレルソン, ウディ 1961.7.23–)
ク俳 (ハレルスン, ウッディ (ハレルスン, ウッドロウ) 1961–)

Harrer, Heinrich
オーストリアの登山家。アイガー北壁の初登攀に成功 (1938)。
⇒岩世人 (ハラー 1912.7.6–2006.1.7)

Harridge, William
アメリカの大リーグ, ア・リーグの第3代会長。
⇒メジャ (ハリッジ, ウィル 1881.10.16–1971.4.9)

Harries, Carl Dietrich
ドイツの化学者。不飽和有機化合物にオゾンを作用させてオゾン化物を作ることを発明し, この方法をゴムの研究に応用してその構造を研究した。
⇒岩世人 (ハリエス 1866.8.5–1923.11.3)
化学 (ハリエス 1866–1923)

Harriman, Edward Henry
アメリカの実業家。1901年の経済不況の原因をつくった。
⇒アメ経 (ハリマン, エドワード 1848.2.10–1909.9.9)
アメ州 (Harriman,Edward Henry ハリマン, エドワード・ヘンリー 1848–1909)
アメ新 (ハリマン 1848–1909)
岩世人 (ハリマン 1848.2.20–1909.9.9)
世人新 (ハリマン 1848–1909)
世人装 (ハリマン 1848–1909)
ネーム (ハリマン 1848–1909)

Harriman, William Averell
アメリカの政治家。1954年ニューヨーク州知事。68年ベトナム和平パリ会議アメリカ首席代表を務めた。
⇒アメ州 (Harriman,William Averell ハリマン, アベレル・ウィリアム 1891–)
岩世人 (ハリマン 1891.11.15–1986.7.26)

Harrington, Charles Kendall
アメリカのバプテスト派教会宣教師。1886年来日。横浜バプテスト神学校教授, 日本バプテスト神学校教授となり, 旧約学者として知られた。
⇒アア歴 (Harrington,Charles Kendall ハリントン, チャールズ・ケンダル 1858.3.14–1920.5.13)
岩世人 (ハリントン 1858.3.14–1920)

Harrington, Curtis
アメリカのテレビ, 映画監督。
⇒映監 (ハリントン, カーティス 1928.9.17–2007.5.6)

Harrington, Michael
アメリカの政治活動家, 政治学者。
⇒アメ経 (ハリントン, マイケル　1928.2.24–1989. 8.9)
岩世人 (ハリントン　1928.2.24–1989.7.31)

Harrington, Padraig
アイルランドのプロゴルファー。
⇒外12 (ハリントン, パドレイグ　1971.8.31–)
外16 (ハリントン, パドレイグ　1971.8.31–)
最世ス (ハリントン, パドレイグ　1971.8.31–)

Harris, Anne
アメリカのSF作家。
⇒外12 (ハリス, アン)
現世文 (ハリス, アン)

Harris, *Sir* Arthur Travers, 1st Baronet
イギリスの軍人。1942〜45年にイギリス爆撃機隊司令官として活躍。
⇒岩世人 (ハリス　1892.4.13–1984.4.5)

Harris, Barbara
アメリカ生まれの女優。
⇒ク俳 (ハリス, バーバラ(マーコヴィッツ, サンドラ)　1935–)
ユ著人 (Harris,Barbara　ハリス, バーバラ　1937–)

Harris, Barry
アメリカのジャズ・ピアノ奏者, 作曲家。
⇒標音2 (ハリス, バリー　1929.12.15–)

Harris, Calvin
イギリスのDJ。
⇒外16 (ハリス, カルビン)

Harris, Charlaine
アメリカの作家。
⇒外12 (ハリス, シャーレイン　1951–)
外16 (ハリス, シャーレイン　1951–)
現世文 (ハリス, シャーレイン　1951–)

Harris, Chauncy Dennison
アメリカの地理学者。
⇒岩世人 (ハリス　1914.1.31–2003.12.26)

Harris, Donald
アメリカの学生非暴力共同委員会(SNCC)執行部員。
⇒マルX (HARRIS,DONALD　ハリス, ドナルド)

Harris, Don "Sugarcane"
アメリカの音楽家, 歌手。
⇒ロック (Don and Dewey　ドン&デューイ　1938–)

Harris, Ed
アメリカ生まれの俳優。
⇒外12 (ハリス, エド　1950.11.28–)
外16 (ハリス, エド　1950.11.28–)
ク俳 (ハリス, エド　1949–)

Harris, Edward Norman
アメリカの宣教師。
⇒アア歴 (Harris,Edward Norman　ハリス, エドワード・ノーマン　1860.4.27–1947.8.9)

Harris, Emmylou
アメリカの歌手。
⇒標音2 (ハリス, エミルー　1947.4.2–)

Harris, Frederick
アメリカ・ニューヨーク生まれの墨絵・水彩画家。
⇒外12 (ハリス, フレデリック　1932–)
芸13 (ハリス, フレデリック　1932–)

Harris, Greg Allen
アメリカの大リーグ選手(投手)。
⇒メジャ (ハリス, グレッグ　1955.11.2–)

Harris, Hugh
イギリスのミュージシャン。
⇒外12 (ハリス, ヒュー)

Harris, James Rendel
イギリスの神学者。古写本調査の為近東地方を旅行し, 聖書とその外典の研究のほか, 古写本発見に関する功績が多い。
⇒岩世人 (ハリス　1852.1.27–1941.3.1)
新カト (ハリス　1852.1.27–1941.3.1)

Harris, Jesse
アメリカのシンガー・ソングライター。
⇒外16 (ハリス, ジェシー)

Harris, Jet
イギリスのミュージシャン。
⇒ロック (Jet Harris and Tony Meehan　ジェット・ハリス&トニー・ミーハン)

Harris, Joanne
イギリスの女性小説家。
⇒外12 (ハリス, ジョアン　1964–)
外16 (ハリス, ジョアン　1964–)
現世文 (ハリス, ジョアン　1964–)

Harris, Joel Chandler
アメリカの小説家。『リーマス小父さん—その歌とお話』(1880)シリーズで人気を呼んだ。
⇒アメ州 (Harris,Joel Chandler　ハリス, ジョエル・チャンドラー　1848–1908)
岩世人 (ハリス　1845.12.9–1908.7.3)

Harris, John
テノール歌手。
⇒魅惑 (Harris,John　?–)

Harris, Julie
アメリカ生まれの女優。

⇒ク俳（ハリス, ジュリー（ハリス, ジュリア）
　1925-）
Harris, Lenny
アメリカの大リーグ選手（外野手）。
⇒メジャ（ハリス, レニー　1964.10.28-）
Harris, Maria G.
メキシコ生まれの作家。
⇒海文新（ハリス, マリア・G.）
Harris, Marvin
アメリカの人類学者。
⇒岩世人（ハリス　1927.8.18-2001.10.25）
Harris, Merriman Colbert
アメリカのメソジスト監督教会日本・朝鮮監督。
⇒アア歴（Harris,Merriman,Colbert　ハリス, メリマン・コルバート　1846.7.9-1921.5.8）
　岩キ（ハリス,M.C.　1846-1921）
　新カト（ハリス　1846.7.9-1921.5.8）
Harris, Oliver
イギリスの作家。
⇒海文新（ハリス, オリヴァー　1978-）
Harris, Richard
アイルランド生まれの俳優, 歌手。
⇒ク俳（ハリス, リチャード　1930-2002）
　スター（ハリス, リチャード　1930.10.1-2002）
Harris, Rick
アメリカのプロレスラー。
⇒異二辞（ハリス, リック　1955-）
Harris, Robert
イギリスのジャーナリスト, 作家。
⇒現世文（ハリス, ロバート　1957-）
Harris, Rollin Arthur
アメリカの潮汐学者。沿岸陸地測量部に勤務して潮汐推算器を設計, また定常波潮汐論を唱えた（1900）。
⇒岩世人（ハリス　1863-1918）
Harris, Rosemary
アメリカの作家。
⇒海文新（ハリス, ローズマリー）
Harris, Ross
ニュージーランドの現代音楽作曲家。
⇒ニュー（ハリス, ロス　1945-）
Harris, Roy
アメリカの作曲家。交響詩曲『ジョニーが帰ってくるとき』（1934）などが代表作。
⇒岩世人（ハリス　1898.2.12-1979.10.1）
　エデ（ハリス, ロイ（リロイ・エルズワース）1898.2.12-1979.10.1）
　ク音3（ハリス　1898-1979）
　新音中（ハリス, ロイ　1898.2.12-1979.10.1）

標音2（ハリス, ロイ　1898.2.12-1979.10.1）
Harris, Seymour Edwin
アメリカのケインズ学派の経済学者。ハーバード大学教授（1945～）。
⇒岩世人（ハリス　1897.9.8-1974.10）
Harris, Stanley Raymond（Bucky）
アメリカの大リーグ選手（二塁）。
⇒メジャ（ハリス, バッキー　1896.11.8-1977.11.8）
Harris, Theodore Wilson
ガイアナの小説家。
⇒現世文（ハリス, ウィルソン　1921.3.24-2018.3.8）
Harris, Thomas
アメリカのミステリ作家。
⇒外12（ハリス, トーマス　1940.4.11-）
　外16（ハリス, トーマス　1940.4.11-）
　現世文（ハリス, トーマス　1940.4.11-）
Harris, Thurston
アメリカの歌手。
⇒ロック（Harris,Thurston　ハリス, サーストン）
Harris, William Charles
アメリカの大リーグ選手（外野, 二塁）。
⇒メジャ（ハリス, ウィリー　1978.6.22-）
Harris, William Torrey
アメリカの哲学者, 教育家。公立学校行政官。
⇒岩世人（ハリス　1835.9.10-1909.11.5）
　教人（ハリス　1835-1909）
Harris, William Wadé
リベリアの独立説教者, 予言者。
⇒岩キ（ハリス,W.W.　1860-1929）
　オク教（ハリス　1860頃-1929）
Harris, Wynonie
アメリカ・ネブラスカ州オーマハー生まれのドラム奏者, ダンサー, ブルーズ歌手。
⇒ロック（Harris,Wynonie　ハリス, ワイノニー　1915-1969）
Harris, Zellig Sabbetai
アメリカ（ロシア系）の言語学者。アメリカ構造主義言語学の理論を追求し, 変形生成文法への道を開いた。
⇒岩世人（ハリス　1909.10.23-1992.5.22）
Harrison, Alfred Craven, Jr.
アメリカの探検家。
⇒アア歴（Harrison,Alfred C（raven）,Jr　ハリソン, アルフレッド・クレイヴン, ジュニア　1876-1925.7.7）
Harrison, Alice Sinclair
アメリカの図書館員。テキサス州オースチンで一生を学校図書館活動に専念し, その活動はア

メリカ南部、さらには全米のモデルとなる。
⇒ア図（ハリソン、アリス　1882–1967）

Harrison, A.S.A.
カナダの作家。
⇒海文新（ハリスン,A.S.A.　1948–2013.4）

Harrison, Audley
イギリスのプロボクサー。
⇒最世ス（ハリソン、オードリー　1971.10.26–）

Harrison, Colin
アメリカの作家、編集者。
⇒現世文（ハリソン、コリン　1960–）

Harrison, Francis Burton
アメリカの法律家、政治家。1936年アメリカ人で最初のフィリピン市民。
⇒アア歴（Harrison,Francis Burton　ハリスン、フランシス・バートン　1873.12.18–1957.11.21）
　岩世人（ハリソン　1873.12.18–1957.11.21）

Harrison, Frederic
イギリスの哲学者、伝記作家、法律家。
⇒オク教（ハリソン　1831–1923）
　学叢思（ハリソン、フレデリク　1831–?）

Harrison, George
イギリス生まれの歌手。
⇒異二辞（ハリスン、ジョージ　1943–2001）
　エデ（ハリスン、ジョージ　1943.2.25–2001.11.29）
　新音中（ハリスン、ジョージ　1943.2.25–2001.11.29）
　ロック（Harrison,George　ハリソン、ジョージ）

Harrison, Harry
アメリカのSF作家。
⇒現世文（ハリソン、ハリイ　1925.3.12–2012.8.15）

Harrison, James
アメリカのプロフットボール選手。
⇒外12（ハリソン、ジェームズ　1978.5.4–）
　外16（ハリソン、ジェームズ　1978.5.4–）
　最世ス（ハリソン、ジェームズ　1978.5.4–）

Harrison, Jane Ellen
イギリスの古典考古学者、古典宗教学者。
⇒岩世人（ハリソン　1850.9.9–1928.4.15）

Harrison, Jerry
アメリカのミュージシャン。
⇒外12（ハリソン、ジェリー　1949.2.21–）

Harrison, Jim
アメリカの小説家、詩人、映画脚本家。
⇒現世文（ハリソン、ジム　1937.12.11–2016.3.26）

Harrison, Kathryn
アメリカの女性小説家。
⇒現世文（ハリソン、キャスリン　1961–）

Harrison, Kayla
アメリカの柔道選手。
⇒外16（ハリソン、ケイラ　1990.7.2–）
　最世ス（ハリソン、ケイラ　1990.7.2–）

Harrison, Kim
アメリカの作家。
⇒海文新（ハリスン、キム　1966–）

Harrison, Lou
アメリカの作曲家。
⇒岩世人（ハリソン　1917.3.14–2003.2.2）
　エデ（ハリソン、ルー　1917.5.14–2003.2.2）
　ク音3（ハリソン　1917–2003）
　新音小（ハリソン、ルー　1917–2003）
　新音中（ハリソン、ルー　1917.5.14–）

Harrison, M（ichael）John
イギリスのSF作家、評論家。
⇒外12（ハリソン、マイケル・ジョン　1945–）
　現世文（ハリソン、マイケル・ジョン　1945–）

Harrison, Mike
カナダの作家。
⇒海文新（ハリソン、マイク）

Harrison, Oscar
イギリスのロック・ドラム奏者。
⇒外12（ハリソン、オスカー　1965.4.15–）
　外16（ハリソン、オスカー　1965.4.15–）

Harrison, Rachel
アメリカ生まれの芸術家。
⇒現アテ（Harrison,Rachel　ハリソン、レイチェル　1966–）

Harrison, Rex
イギリスの俳優。1965年映画『マイ・フェア・レディ』でアカデミー主演男優賞を受賞。
⇒ク俳（ハリソン、サー・レックス（ハリスン、レジナルド）　1908–1990）
　スター（ハリソン、レックス　1908.3.5–1990）

Harrison, Ross Granville
アメリカの生物学者。魚類の発達、神経系、移植、組織培養（1907）等の研究について画期的な業績をあげた。"Journal of Experimental Zoology"の創刊以来の編集者（03～46）。
⇒岩生（ハリソン　1870–1959）
　岩世人（ハリソン　1870.1.13–1959.9.30）
　旺世5（ハリソン　1870–1959）
　広辞7（ハリソン　1870–1959）

Harrison, Tony
イギリスの詩人、翻訳家、劇作家。
⇒外12（ハリソン、トニー　1937.4.30–）
　外16（ハリソン、トニー　1937.4.30–）
　現世文（ハリソン、トニー　1937.4.30–）

Harrison, Wallace Kirkman
アメリカの建築家。主作品はニューヨークの『国連本館』(1947～52)。
⇒岩世人（ハリソン　1895.9.28–1981.12.2）

Harrison, Wilbert
アメリカ・ノースカロライナ生まれのR&B歌手。
⇒ロック（Harrison,Wilbert　ハリソン,ウィルバート　1929.1.6–）

Harrison, William
アメリカの作家。
⇒現世文（ハリソン,ウィリアム　1933–）

Harrison, William Burwell, Jr.
アメリカの銀行家。
⇒外12（ハリソン,ウィリアム (Jr.)　1943.8.12–）
外16（ハリソン,ウィリアムJr.　1943.8.12–）

Harrod, *Sir* Roy Forbes
イギリスの経済学者。近代成長理論の先駆者の一人。主著『国際経済学』(1933)。
⇒岩経（ハロッド　1900–1978）
岩世人（ハロッド　1900.2.13–1978.3.8/9）
広辞7（ハロッド　1900–1978）
有経5（ハロッド　1900–1978）

Harrold, Jack
アメリカのテノール歌手。
⇒魅惑（Harrold,Jack　1921–）

Harrold, Orville
アメリカのテノール歌手。1920年にスコッティシュ・オペラに加わって全米演奏旅行を行なった。
⇒魅惑（Harrold,Orville　1878–1933）

Harron, Mary
アメリカの映画監督。
⇒外12（ハロン,メアリー）

Harrower, Elizabeth
オーストラリアの女性小説家。
⇒現世文（ハロワー,エリザベス　1928.2.8–）

Harry, Myriam
フランスの作家。
⇒現世文（アリ,ミリアム　1875–1958）

Harryhausen, Ray
アメリカ生まれの特撮監督。
⇒岩世人（ハリーハウゼン　1920.6.29–2013.5.7）

Harsanyi, John Charles
アメリカの経済学者。1994年ノーベル経済学賞。
⇒岩経（ハーサニー　1920–2000）
岩世人（ハーサニ　1920.5.29–2000.8.9）
ノベ3（ハーサニー,J.C.　1920.5.29–2000.8.9）
有経5（ハーサニー　1920–2000）

Hart, Albert Gailord
アメリカの経済学者。コロンビア大学教授 (1947～)。
⇒岩世人（ハート　1909.3.9–1997.9.19）

Hart, Carolyn G.
アメリカの作家。
⇒外12（ハート,キャロリン　1936–）
現世文（ハート,キャロリン　1936–）

Hart, Donn Vorhis
アメリカの人類学者。
⇒アア歴（Hart,Donn V(orhis)　ハート,ドン・ヴォーリス　1918.2.15–1983.7.10）

Hart, Evelyn
カナダのダンサー。
⇒外12（ハート,イブリン　1956–）

Hart, Heinrich
ドイツの評論家,小説家。弟と協力して雑誌「批判的征伐」(1882～84) を創刊。
⇒岩世人（ハルト　1855.12.30–1906.6.12）

Hart, Herbert Lionel Adolphus
イギリスの哲学者,法哲学者。ハーバード大学,カリフォルニア大学の客員教授,アリストテレス協会理事長などを兼任。
⇒岩世人（ハート　1907.7.18–1992.12.19）
現社（ハート,H.L.A.　1907–1992）

Hart, Ian
イギリスの男優。
⇒ク俳（ハート,イアン　1963–）

Hart, James Ray
アメリカの大リーグ選手 (三塁,外野)。
⇒メジャ（ハート,ジミー・レイ　1941.10.30–）

Hart, John
アメリカの作家。
⇒海文新（ハート,ジョン　1965–）
現世文（ハート,ジョン　1965–）

Hart, Jon Corey
アメリカの大リーグ選手 (外野,一塁)。
⇒メジャ（ハート,コーリー　1982.3.24–）

Hart, Josephine
アイルランド出身の女性小説家,演劇プロデューサー。
⇒現世文（ハート,ジョゼフィン　1942.3.1–2011.6.2）

Hart, Lorenz
アメリカの作詩家,台本作家。リチャード・ロジャーズ (作曲) とコンビを組みヒット・ミュージカルを生み出した。
⇒岩世人（ハート　1895.5.2–1943.11.22）
新音中（ハート,ロレンツ　1895.5.2–1943.11.22）
標音2（ハート,ロレンツ　1895.5.2–1943.11.22）

Hart, Moss
アメリカの劇作家,演出家。合作で『それを持っては行けない』(1936,ピュリッツァー賞)などの喜劇を書いた。
⇒現世文(ハート,モス　1904.10.24–1961.12.20)
　標音2(ハート,モス　1904.10.24–1961.12.20)
　ユ著人(Hart,Moss　ハート,モス　1904–1961)

Hart, *Sir* Robert
イギリスの外交官。中国,清代の税関行政の最高責任者。清朝の外交,財政,通商にも大きな発言力をもった。
⇒岩世人(ハート　1835.2.20–1911.9.20)

Hart, William S.
アメリカ生まれの男優,映画監督。
⇒ク俳(ハート,ウィリアム・S　1862–1946)

Hartarto Sastrosoenarto
インドネシアの技術官僚,閣僚。
⇒岩世人(ハルタルト・サストロスナルト　1932.5.30–)

Hart Davis, Adam
イギリスのテレビプロデューサー。
⇒外12(ハート・デービス,アダム　1943–)

Hartendorp, Abram Van Heyningen
アメリカの編集者,出版者,作家。
⇒アア歴(Hartendorp,A(bram) V(an) H(eyningen)　ハーテンドープ,エイブラム・ヴァン・ハイニンゲン　1893.9.3–1964頃)

Harteros, Anja
ドイツのソプラノ歌手。
⇒外12(ハルテロス,アニヤ　1972–)
　外16(ハルテロス,アニヤ　1972–)

Hartfiel, Jürgen
テノール歌手。
⇒魅惑(Hartfiel,Jürgen　?–)

Hartford, George Huntington
アメリカの食料雑貨店王。
⇒アメ経(ハートフォード,ジョージ　1833.9.5–1917.8.29)

Hartford, John
アメリカのフィドル奏者,ギター奏者,バンジョウ奏者。
⇒ロック(Hartford,John　ハートフォード,ジョン　1937.12.30–)

Harth, Philipp
ドイツの彫刻家。専ら動物の彫刻を作った。
⇒芸13(ハルト,フィリップ　1887–1956)

Hartig, Michael
ドイツのカトリック教会美術史家。
⇒新カト(ハルティヒ　1878.9.28–1960.4.12)

Harting, Robert
ドイツの円盤投げ選手。
⇒外16(ハルティング,ロベルト　1984.10.18–)
　最世ス(ハルティング,ロベルト　1984.10.18–)

Hartke, Wolfgang
ドイツの地理学者。
⇒岩世人(ハルトケ　1908.4.4–1997.3.26)

Hartl, Franz-Ulrich
ドイツの生化学者。
⇒外12(ハートル,フランツウルリヒ　1957.3.10–)
　外16(ハートル,フランツウルリヒ　1957.3.10–)

Hartlaub, Felix
ドイツの小説家。
⇒現世文(ハルトラウプ,フェーリクス　1913.6.17–1945.4)

Hartlaub, Geno
ドイツの女性小説家。小説『月の渇き』(1963)など。
⇒現世文(ハルトラウプ,ゲーノ　1915.6.7–2007)

Hartleben, Otto Erich
ドイツの劇作家,詩人。主著,悲劇『熱狂のカーニバル』(1900)。
⇒学叢思(ハルトレーベン,オットー・フリッヒ　1864–1905)

Hartley, Eugene Leonard
アメリカの社会心理学者。
⇒社小増(ハートリー　1912–)

Hartley, Hal
アメリカの映画監督,脚本家。
⇒映監(ハートリー,ハル　1959.11.3–)
　外16(ハートリー,ハル　1959.11.3–)

Hartley, Leslie Poles
イギリスの小説家。『ゴウ・ビトウィン』(1953)でハイネマン財団賞を受賞。
⇒岩世人(ハートリー　1895.12.30–1972.12.13)
　現世文(ハートリー,レスリー・ポールズ　1895.12.30–1972.12.13)

Hartley, Marsden
アメリカの画家。
⇒岩世人(ハートリー　1877.1.4–1943.9.2)

Hartley, Sue
イギリスの生態学者。
⇒外12(ハートリー,スー)
　外16(ハートリー,スー)

Hartline, Haldan Keffer
アメリカの神経生理学者。『視覚の化学的,生理学的基礎過程の研究』で1967年のノーベル医学生理学賞を受賞。
⇒岩生(ハートライン　1903–1983)
　岩世人(ハートライン　1903.12.22–1983.3.17)

ノベ3（ハートライン,H. 1903.12.22–1983.3.18）

Härtling, Peter
ドイツの詩人,小説家。作品『家族の祝宴』（1969）。
⇒岩世人（ヘルトリング 1933.11.13–）
現代文（ヘルトリング, ペーター 1933.11.13–2017.7.10）
ポプ人（ヘルトリング, ペーター 1933–）

Hartman, Ward
アメリカの宣教師。
⇒アア歴（Hartman,Ward ハートマン, ウォード 1882.10.6–1967.1.21）

Hartmann, Carl
ドイツのテノール歌手。
⇒魅惑（Hartmann,Carl 1895–1969）

Hartmann, Carl Sadakichi
アメリカの芸術家。
⇒アメ新（ハルトマン 1867–1944）

Hartmann, Heinz
アメリカの精神分析学者。精神分析的立場による自我心理学を発展させた現代精神分析学の代表的理論家。
⇒岩世人（ハルトマン 1894.11.4–1970.5.17）
現精（ハルトマン 1894–1970）
現精縮（ハルトマン 1894–1970）
精分岩（ハルトマン, ハインツ 1894–1970）
精分弘（ハルトマン, ハインツ 1894–1970）

Hartmann, Karl Amadeus
ドイツの作曲家。ミュンヘンで現代音楽演奏団体「ムジカ・ヴィヴァ・コンツェルテ」を主宰。
⇒岩世人（ハルトマン 1905.8.2–1963.12.5）
ク音3（ハルトマン 1905–1963）
新音中（ハルトマン, カール・アマデーウス 1905.8.2–1963.12.5）
標音2（ハルトマン, カルル・アマデーウス 1905.8.2–1963.12.5）

Hartmann, Karl Robert Eduard von
ドイツの哲学者。無意識の哲学の提唱者。
⇒岩世人（ハルトマン 1842.2.23–1906.6.5）
オク教（ハルトマン 1842–1906）
学叢思（ハルトマン, カール・ロベルト・エデュアルト・フォン 1842–1906）
広辞7（ハルトマン 1842–1906）
新カト（ハルトマン 1842.2.23–1906.6.5）
メル3（ハルトマン, エドゥアルト・フォン 1842–1906）

Hartmann, Martin
ドイツのイスラム学者。「ドイツ・イスラム学会」を創立,機関誌「イスラム世界」を発行した。
⇒岩世人（ハルトマン 1851.12.9–1919.12.5）

Hartmann, Max
ドイツの動物学者。カイザー・ヴィルヘルム研究所生物学部長（1914～）。原生動物,特に核の構造,生殖現象,自然死等を研究した。
⇒岩生（ハルトマン 1876–1962）
岩世人（ハルトマン 1876.7.7–1962.10.11）

Hartmann, Nicolai
ドイツの哲学者。主著『認識の形而上学』（1921）,『美学』（53）。
⇒岩世人（ハルトマン 1882.2.20–1950.10.9）
学叢思（ハルトマン, ニコライ 1882–）
教人（ハルトマン 1882–1950）
広辞7（ハルトマン 1882–1950）
新カト（ハルトマン 1882.2.20–1950.10.9）
哲中（ハルトマン 1882–1950）
ネーム（ハルトマン 1882–1950）
標音2（ハルトマン, ニコライ 1882.2.20–1950.10.9）
メル3（ハルトマン, ニコライ 1882–1950）

Hartmann, Otto Julius
オーストリアの哲学者, 人智学者, 生物学者。
⇒岩世人（ハルトマン 1895.2.28–1989.12.28）

Hartmann, Rudolf
ドイツのオペラ演出家。R.シュトラウスと親しく,1952年『ダナエの恋』を初演,大いに称賛された。
⇒新音中（ハルトマン, ルードルフ 1900.10.11–1988.8.26）
標音2（ハルトマン, ルードルフ 1900.10.11–1988.8.26）

Hartmann, Will
ドイツのテノール歌手。
⇒魅惑（Hartmann,Will ?–）

Hartmann, Willy
デンマークのテノール歌手。
⇒魅惑（Hartmann,Willy 1934–1985）

Hartnell, Sir Norman
イギリスの服飾デザイナー,王室のドレス・メーカー。
⇒岩世人（ハートネル 1901.6.12–1979.6.8）

Hartnett, Charles Leo（Gabby）
アメリカの大リーグ選手（捕手）。
⇒異二辞（ハートネット［ギャビー・～］ 1900–1972）
メジャ（ハートネット, ギャビー 1900.12.20–1972.12.20）

Hartnett, Josh
アメリカの俳優。
⇒外12（ハートネット, ジョシュ 1978.7.21–）
外16（ハートネット, ジョシュ 1978.7.21–）

Hartnett, Sonya
オーストラリア・メルボルン生まれの作家。
⇒外12（ハートネット, ソーニャ 1968–）
外16（ハートネット, ソーニャ 1968–）
現代文（ハートネット, ソーニャ 1968–）

Hartog, François
フランスの古典学者。
⇒外12（アルトーグ, フランソワ 1946–）

Hartono Kurniawan, Rudy
インドネシアの男子バドミントン選手。
⇒岩世人（ハルトノ, ルディ 1949.8.18–）

Hartree, Douglas Rayner
イギリスの理論物理学者。波動方程式の近似法を案出。
⇒岩世人（ハートリー 1897.3.27–1958.2.12）
　三新物（ハートリー 1897–1958）
　物理（ハートリー, ダグラス・レイナー 1897–1958）

Hartsel, Tully Frederick（Topsy）
アメリカの大リーグ選手（外野）。
⇒メジャ（ハーツェル, トプシー 1874.6.26–1944.10.14）

Hartshorne, Anna Cope
アメリカの教育家。津田英学塾で英語を教授。
⇒新カト（ハーツホーン 1897.6.5–2000.10.9）

Hartshorne, Richard
アメリカの政治地理学者。
⇒岩世人（ハートショーン 1899.12.12–1992.11.5）
　人文地（ハーツホーン 1899–1992）

Hartung, Adolf
ドイツの建築家。エンデ・ベックマンの指導下に東京裁判所およびブリュンのドイツ館の設計計画に参与した。
⇒岩世人（ハルトゥング 1850.5.29–1910.3.30）

Hartung, Albert Ferdinand
アメリカの国際森林伐採工組合（IWA）会長。
⇒アメ経（ハートゥング, アルバート 1897.6.18–1973）

Hartung, Fritz
ドイツの歴史家。国制史学者として知られる。
⇒岩世人（ハルトゥング 1883.1.12–1967.11.24）

Hartung, Hans
ドイツ生まれのフランスの抽象画家。日本の書の影響を受けた太い描線による抽象画が特色。
⇒岩世人（アルトゥング 1904.9.21–1989.12.8）
　芸13（アルトゥング, ハンス 1904–1992）

Hartung, William D.
アメリカの軍事経済専門家。
⇒外16（ハートゥング, ウィリアム）

Hartwell, Jesse Boardman, Jr.
アメリカの宣教師。
⇒アア歴（Hartwell,Jesse Boardman,Jr ハートウェル, ジェシー・ボードマン, ジュニア 1835.10.17–1912.1.3）

Hartwell, Leland H.
アメリカの細胞学者。2001年ノーベル生理学医学賞。
⇒外12（ハートウェル, リーランド 1939.10.30–）
　外16（ハートウェル, リーランド 1939.10.30–）
　ネーム（ハートウェル 1939–）
　ノベ3（ハートウェル,L.H. 1939.10.30–）

Harty, Sir Herbert Hamilton
アイルランドの作曲家, 指揮者。
⇒岩世人（ハーティ 1879.12.4–1941.2.19）

Hartz, Louis
アメリカの政治学者。『アメリカにおける自由主義の伝統』はアメリカの自由主義の1枚岩的性格を分析した問題作。
⇒岩世人（ハーツ 1919.4.8–1986.1.20）

Hartzell, Roy Allen
アメリカの大リーグ選手（外野, 三塁）。
⇒メジャ（ハーツェル, ロイ 1881.7.6–1961.11.6）

Haruf, Kent
アメリカの作家。
⇒現世文（ハルフ, ケント 1943.2.24–2014.11.30）

Harvey, Alex
イギリス・グラスゴー生まれのロックミュージシャン。
⇒ロック（Harvey,Alex ハーヴィー, アレックス 1935.2.5–）

Harvey, Bryan Stanley
アメリカの大リーグ選手（投手）。
⇒メジャ（ハーヴィー, ブライアン 1963.6.2–）

Harvey, David
イギリスの地理学者。
⇒岩世人（ハーヴィ 1935.10.31–）
　外12（ハーベイ, デービッド 1935.10.31–）
　外16（ハーベイ, デービッド 1935.10.31–）
　現社（ハーヴェイ 1935–）
　有経5（ハーヴェイ 1935–）

Harvey, Godfrey Eric
イギリスのインド文官, ビルマ史の研究家。現在までに著されたビルマ史のうちで, 最も詳細な包括的な『ビルマ史』を書いた。
⇒岩世人（ハーヴィ 1889–1965）

Harvey, Harold Douglas
アメリカのナ・リーグ審判。
⇒メジャ（ハーヴィー, ダグ 1930.3.13–）

Harvey, Hildebrand Wolf
イギリスの海洋学者。海水の生産力を調査し, また海流の一推算法を得た。
⇒岩世人（ハーヴィ 1887.12.31–1970.11.26）

Harvey, John
イギリスのミステリ作家。

⇒外12（ハーベイ, ジョン　1938–）
　現世文（ハーベイ, ジョン　1938–）

Harvey, Laurence
イギリスの俳優。
⇒ク俳（ハーヴィ, ローレンス（ヒルシュ="ラルシュカ", のちにラリー=スキクネ）1927–1973）
　ユ著人（Harvey,Laurence　ハーベイ, ローレンス　1927–1973）

Harvey, Lilian
ドイツの女優。
⇒岩世人（ハーヴェイ　1906.1.19–1968.7.27）
　ク俳（ハーヴィ, リリアン（ポープ,L）　1906–1968）

Harvey, Michael
アメリカの作家, ドキュメンタリー番組製作者。著『報いの街よ, 暁に眠れ』。
⇒海文新（ハーヴェイ, マイケル）
　現世文（ハーベイ, マイケル）

Harvey, William King
アメリカ中央情報局（CIA）幹部。元FBI特別捜査官。
⇒スパイ（ハーヴェイ, ウィリアム・キング　1915–1976）
　世暗（ハーベイ, ウィリアム　1915–1976）

Harwood, Gwen (doline Nessie)
オーストラリアの女性詩人。
⇒現世文（ハーウッド, グウェン　1920.6.8–1995.12.5）

Harwood, Ronald
南アフリカの劇作家, 小説家。
⇒現世文（ハーウッド, ロナルド）

Has, Wojciech
ポーランドの映画監督。
⇒映監（ハス, ヴォイチェフ　1925.4.1–2000）

Hasan, Mohamad
インドネシア華人の実業家。
⇒岩世人（ハサン, モハマッド　1931.2.24–）

al-Ḥasan II
モロッコ国王。在位1961〜99。
⇒岩イ（ハサン2世　1929–1999）
　岩世人（ハサン2世　1929.7.9–1999.7.23）
　政経改（ハッサン2世　1929–1999）
　世指導（ハッサン2世　1929.7.9–1999.7.23）

Ḥasan'Abd Allāh al-Turābī
スーダンのイスラム主義的政治家。
⇒岩イ（ハサン・トゥラービー　1932–）

Ḥasan al-Bannā
エジプトの宗教・社会運動家。「ムスリム同胞団」の建設者。
⇒イス世（ハサン・アルバンナー　1906–1949）
　岩イ（バンナー　1906–1949）
　岩世人（バンナー, ハサン　1906.10–1949.2.12）
　広辞7（ハサン・バンナー　1906–1949）
　世人新（ハサン=アルバンナー　1906–1949）
　世人装（ハサン=アルバンナー　1906–1949）

Hasanuddin, Dr.Basri
インドネシアの学者, 閣僚。
⇒岩世人（ハサヌッディン, バスリ　1939.11.6–）

Hasbach, Wilhelm
ドイツの経済学者。主著 "Die englischen Landarbeiter in den letzten hundert Jahren und die Einhegungen"（1894）は, イギリス農業における諸変化を扱った史的研究として著名。
⇒岩世人（ハースバッハ　1849.8.25–1920.4.30）

Hascall, William Hosmer Shailer
アメリカの宣教師。
⇒アア歴（Hascall,William Hosmer Shailer　ハスカル, ウイリアム・ホズマー・シェイラー　1850.12.30–1927.3.24）

Hasek, Dominik
チェコのアイスホッケー選手。
⇒異二辞（ハシェック［ドミニク・〜］　1965–）
　岩世人（ハシェク　1965.1.29–）
　外12（ハシェック, ドミニク　1965.1.29–）
　最世ス（ハシェック, ドミニク　1965.1.29–）

Hasek, Ivan
チェコのサッカー指導者。
⇒外12（ハシェック, イワン　1963.9.6–）
　外16（ハシェック, イワン　1963.9.6–）
　最世ス（ハシェック, イワン　1963.9.6–）

Hašek, Jaroslav
チェコの小説家, ジャーナリスト。作品に『世界大戦中の善良なる兵士シュベイクの運命』（1923, 未完）。
⇒岩世人（ハシェク　1883.4.30–1923.1.3）
　現世文（ハシェク, ヤロスラフ　1883.4.24–1923.1.2）
　広辞7（ハシェク　1883–1923）
　図翻（ハシェク　1883.4.30–1923.1.3）
　ネーム（ハシェク　1883–1923）

Hasel, Karl
ドイツの林学者。
⇒岩世人（ハーゼル　1909.10.26–2001.2.20）

Haselwander, Friedrich August
ドイツの技術者。直流発電機の発明に成功（1887）, さらに予備燃焼室つきの彼の名を冠するディーゼル機関を考案した（1901）。
⇒岩世人（ハーゼルヴァンダー　1859.10.18–1932.3.14）

Hasen, Burt
アメリカ生まれの画家。
⇒芸13（ヘイセン, バート　1922–）

Hasenclever, Walter
ドイツの抒情詩人,劇作家。表現主義運動の中心的存在,1933年ナチスにより国籍を剥奪。
⇒岩世人（ハーゼンクレーヴァー 1890.7.8–1940.6.21）
学叢思（ハーゼンクレーフェル,ヴァルテル 1890–）
ユ著人（Hansenclever,Walter ハーゼンクレーヴァー,ヴァルター 1890–1940）

Ha Seok-jin
韓国の男優。
⇒韓俳（ハ・ソクジン 1982.2.10–）

Ha Seung-jin
韓国のバスケットボール選手。
⇒外12（ハスンジン 河昇鎮 1985.8.4–）
最世ス（ハスンジン 1985.8.4–）

Hāshim al-Baghdādī
イラクの書道家。
⇒岩世人（ハーシム・バグダーディー 1917–1973）

Hashman, Judy
アメリカのバドミントン選手。
⇒岩世人（ハッシュマン 1935.10.22–）

Hasi-chaolu
中国の映画監督。
⇒外12（ハスチョロー 1966–）

Hasina Wajed, Sheik
バングラデシュの政治家。バングラデシュ首相。
⇒岩イ（ハシナ 1947–）
外12（ハシナ,シェイク 1947.9.28–）
外16（ハシナ,シェイク 1947.9.28–）
世指導（ハシナ,シェイク 1947.9.28–）

Haskell, Francis James Herbert
イギリスの美術史家。
⇒岩世人（ハスケル 1928–2000.1.28）

Haski, Pierre
フランスのジャーナリスト。
⇒外12（アスキ,ピエール）

Haskil, Clara
ルーマニア生まれのスイスのピアノ奏者。第二次大戦後はヨーロッパ,アメリカで活動。
⇒新音中（ハスキル,クララ 1895.1.7–1960.12.7）
ネーム（ハスキル 1895–1960）
標音2（ハスキル,クララ 1895.1.7–1960.12.7）
ユ著人（Haskil,Clara ハスキル,クララ 1895–1960）

Haskin, Howard
アメリカのテノール歌手。
⇒魅惑（Haskin,Howard ?–）

Haslam, Chris
イギリスのミステリ作家。
⇒海文新（ハスラム,クリス）
現世文（ハスラム,クリス）

Haslam, James
イギリスの社会主義者,労働指導者。
⇒学叢思（ハスラム,ジェームス 1842–?）

Hasler, Adrian
リヒテンシュタインの政治家。リヒテンシュタイン首相。
⇒外16（ハスラー,アドリアン 1964.2.11–）
世指導（ハスラー,アドリアン 1964.2.11–）

Hasler, Otmar
リヒテンシュタインの政治家。リヒテンシュタイン首相。
⇒外12（ハスラー,オットマル 1953.9.28–）
外16（ハスラー,オットマル 1953.9.28–）
世指導（ハスラー,オットマル 1953.9.28–）

Hassall, John
イギリスの画家,漫画家。
⇒グラデ（Hassall,John ハッサル,ジョン 1868–1948）

Hassam, Frederick Childe
アメリカの画家。印象主義画家グループ「ザ・テン」の一員。主作品は,『夏の日光』（1892）など。
⇒岩世人（ハッサム 1859.10.17–1935.8.27）
芸13（ハッサム,チャイルド 1859–1935）

Hassan, Abdiqassim Salad
ソマリアの政治家。ソマリア暫定大統領（2000～04）。
⇒世指導（ハッサン,アブディカシム・サラド 1942–）

Hassan, Fred
アメリカの実業家。
⇒外12（ハッサン,フレッド 1945.11.12–）
外16（ハッサン,フレッド 1945.11.12–）

Hassan, Lemuel
アメリカ・ミシガン州デトロイトのテンプル・ナンバー・ワンの伝道師。
⇒マルX（HASSAN,LEMUEL ハッサン,レミュエル）

Hassan, Yaël
フランスの作家。
⇒海文新（ハッサン,ヤエル 1952–）
現世文（ハッサン,ヤエル 1952–）

Hassan, Zurinah
マレーシアの作家。
⇒現世文（ハッサン,ズリナー 1949–）

Hassanali, Noor Mohammed
トリニダード・トバゴの政治家,弁護士。トリニダード・トバゴ大統領（1987～1997）。

⇒世指導（ハッサナリ,ノア　1918.8.13–2006.8.25）

Hassan bin Talal
ヨルダンの皇太子, フセイン国王の弟。ヨルダン3カ年開発計画（1973～75）および5カ年計画（76～80）の責任者。
⇒外12（ハッサン・ビン・タラール　1947.3.20–）
　外16（ハッサン・ビン・タラール　1947.3.20–）
　世指導（ハッサン・ビン・タラール　1947.3.20–）

Hasse, Helmut
ドイツの数学者。類体論を整理し, 整数論, 代数学に関する研究がある。
⇒岩世人（ハッセ　1898.8.25–1979.12.26）
　世数（ハッセ, ヘルムート　1898–1979）

Hassel, Odd
ノルウェーの化学者。6員環有機化合物の分子構造を結晶解析, 電子線解析, 双極子能率などの物理的方法を用いて解明し, 1969年ノーベル化学賞受賞。
⇒岩世人（ハッセル　1897.5.17–1981.5.11）
　化学（ハッセル　1897–1981）
　ネーム（ハッセル　1897–1981）
　ノベ3（ハッセル,O.　1897.5.17–1981.5.11）

Hasselbeck, Matt
アメリカのプロフットボール選手（タイタンズ・QB）。
⇒外12（ハッセルベック,マット　1975.9.25–）

Hassell, Ulrich von
ドイツの外交官。反ナチス抵抗運動を行い（1938～）, のちヒトラー暗殺事件に連坐。
⇒岩世人（ハッセル　1881.11.12–1944.9.8）

Hasselmans, Alphonse Jean
ベルギー, のちフランスの作曲家, 近代ハープ奏法の改革者。
⇒ク音3（アセルマン（ハッセルマンス）　1845–1912）

Hasselriis, Louis
デンマークの彫刻家。主としてローマで制作（1869～）。主作品, ハイネの墓碑（1901）（パリ）。
⇒岩世人（ハセリース　1844.1.12–1912.5.20）

Hassert, Kurt
ドイツの地理学者。モンテネグロ, オーベルアルバニア, ウブルッツ, 南スラヴィア, 下部イタリア等を旅行（1891～）。地誌や旅行記, また交通地理学, 経済地理学に関して著述。
⇒岩世人（ハッセルト　1868.3.15–1947.11.5）

Hassett, John Aloysius（Buddy）
アメリカの大リーグ選手（一塁, 外野）。
⇒メジャ（ハセット, バディ　1911.9.5–1997.8.23）

Hassey, Ronald William
アメリカの大リーグ選手（捕手）。

⇒メジャ（ハッシー, ロン　1953.2.27–）

Hassinger, Hugo
オーストリアの地理学者。人文地理学を専攻。
⇒岩世人（ハッシンガー　1877.11.8–1952.3.13）

Hassoun, Sheik Ahmed
マルコムXの宗教上の助言者。
⇒マルX（HASSOUN,SHEIK AHMED　ハスン, シーク・アフメト）

Hastert, Dennis
アメリカの実業家, 政治家。
⇒外12（ハスタート, デニス　1942.1.2–）
　外16（ハスタート, デニス　1942.1.2–）
　世指導（ハスタート, デニス　1942.1.2–）

Hastings, James
イギリス・スコットランドの神学者, 自由教会牧師。
⇒岩世人（ヘイスティングズ　1852–1922）
　オク教（ヘースティングズ　1852–1922）

Hastings, Reed
アメリカの実業家。
⇒外16（ヘイスティングス, リード　1960–）

Hasyim, Kyai Haji Abdul Wahid
インドネシアのイスラム組織ナフダトゥル・ウラマ（NU）の指導者。
⇒岩世人（ハシム, アブドゥル・ワヒド　1914.6.1–1953.4.19）

Hatch, Duane Spencer
アメリカの団体理事。
⇒アア歴（Hatch,D(uane) Spencer　スペンサー・ハッチ, ドゥエイン　1888.9.3–1963.7.15）

Hatch, Marshall Davidson
オーストラリアの生化学者, 植物生理学者。
⇒岩生（ハッチ　1932–）
　岩世人（ハッチ　1932.12.24–）
　三新生（ハッチ　1932–）

Hatch, Orrin Grant
アメリカの政治家。
⇒外12（ハッチ, オーリン　1934.3.22–）

Hatch, Sarah A.
アメリカ生まれの画家。
⇒芸13（ハッチ, サラ・A　1954–）

Hatcher, Michael Vaughn
アメリカの大リーグ選手（外野）。
⇒メジャ（ハッチャー, ミッキー　1955.3.15–）

Hatcher, William Augustus
アメリカの大リーグ選手（外野）。
⇒メジャ（ハッチャー, ビリー　1960.10.4–）

Hatem, Shafik George Ma Haide
アメリカの医師。
⇒アア歴（Hatem,(Shafik) George［Ma Haide］
ハテム, シャフィク・ジョージ［・マー・ハイド］
1910.9.26–1988.10.2）

Hatfield, Elaine
アメリカの社会心理学者。
⇒社心小（ハットフィールド　1937–）

Hatfield, Frances Stokes
アメリカの図書館員。フロリダ州で広域サービスを受け持って、地域の学校図書館にメディア教育の普及を試み、その成功例を全米に知らせる。
⇒ア図（ハットフィールド, フランセス　1922–1987）

Hatfield, Hurd
アメリカの男優。
⇒ク俳（ハットフィールド, ハード（ハットフィールド, ウィリアム・H）　1917–1998）

Hathaway, Anne
アメリカの女優。
⇒外12（ハサウェイ, アン　1982.11.12–）
外16（ハサウェイ, アン　1982.11.12–）

Hathaway, Donny
アメリカのプロデューサー、セッションマン、ソングライター。
⇒ロック（Hathaway,Donny　ハザウェイ, ドニー　1945.10.1–）

Hathaway, Henry
アメリカ生まれの映画監督。
⇒映監（ハサウェイ, ヘンリー　1898.3.13–1985）

Hathaway, Lalah
アメリカの歌手。
⇒外12（ハザウェイ, レイラ　1968–）
外16（ハザウェイ, レイラ　1968–）

Hathaway, Robin
アメリカのミステリ作家。
⇒現世文（ハサウェイ, ロビン）

Hathcock, Carlos Norman
アメリカの軍人。
⇒異二辞（ハスコック［カルロス・〜］　1942–1999）

Hatherley, Charlotte
イギリスのミュージシャン。
⇒外12（ハザレイ, シャーロット）

Hatoum, Milton
ブラジルの作家。
⇒現世文（ハトゥン, ミウトン　1952–）

Hatoum, Mona
パレスチナ人（イギリス在住）の彫刻家、パフォーマンス、インスタレーション作家。
⇒岩世人（ハトゥーム　1952.2.11–）

現アテ（Hatoum,Mona　ハトゥム, モナ　1952–）
シュル（ハトゥム, モナ　1952–）

Hatry, Jeremiah James
アメリカの聖職者。
⇒アア歴（Hatry,Jeremiah J（ames）　ハーティー, ジェレマイア・ジェイムズ　1853.11.7–1927.10.30）

Hatt, Paul Kitchener
カナダ生まれのアメリカの社会学者。
⇒社小増（ハット　1914–1953）

Hatta, Mohammad
インドネシアの政治家, 経済学者。プートラ運動の指導者として独立運動を展開。1945年8月17日の独立宣言にはスカルノとともに署名、副大統領に就任。
⇒ア太戦（ハッタ　1902–1980）
岩世人（ハッタ　1902.8.12–1980.3.14）
広辞7（ハッタ　1902–1980）

Hatta Rajasa
インドネシアの政治家, 閣僚。
⇒岩世人（ハッタ・ラジャサ　1953.12.18–）
世指導（ハッタ・ラジャサ　1953.12.18–）

Hatteberg, Scott Allen
アメリカの大リーグ選手（一塁、捕手）。
⇒メジャ（ハッテバーグ, スコット　1969.12.14–）

Hattendorf, Linda
アメリカのドキュメンタリー映画監督。
⇒外12（ハッテンドーフ, リンダ）

Hattestad, Ola Vigen
ノルウェーのスキー選手。
⇒外16（ハッテスタ, オーラ・ヴィゲン　1982.4.19–）
最世ス（ハッテスタ, オーラ・ヴィゲン　1982.4.19–）

Hatton, Grady Edgebert
アメリカの大リーグ選手（三塁、二塁）。
⇒メジャ（ハットン, グレイディ　1922.10.7–2013.4.11）

Hatzfeld, Adolf von
ドイツの詩人、作家。小説 "Franziskus" (1918) は有名。
⇒岩世人（ハッツフェルト　1892.9.3–1957.7.25）

Hatzimihail, Theophilos
ギリシアの画家。
⇒岩世人（ハツィミハイル　1867/1870–1934.3.22）

Haubenstock-Ramati, Roman
イスラエルの作曲家。作品にはクラヴサン協奏曲（1978）など前衛的な手法による室内楽曲、電子音楽などがある。
⇒ク音3（ハウベンストック＝ラマティ　1919–1994）
現音キ（ハウベンストック＝ラマティ, ローマン

1919–1994)
新音中 (ハウベンストック=ラマティ, ロマン
 1919.2.27–1994.3.3)
標音2 (ハウベンストック=ラマティ, ロマン
 1919.2.27–1994.3.3)

Hauck, Albert
ドイツのプロテスタント神学者。エルランゲン(1878), ライプチヒ(89)の各大学教授。主著『ドイツ教会史』(5巻, 1887〜1920)。
⇒岩世人 (ハウク　1845.12.9–1918.4.7)

Haudebine, Madeleine Foing-
フランスのエスペランティスト。
⇒日エ (オードビン　1899.2.17–1978.1.31)

Haudricourt, André-Georges
フランスの学者。
⇒岩世人 (オードリクール　1911.1.17–1996.8.20)

Hauer, Josef Matthias
オーストリアの作曲家。独特な2配列の12音階理論を発表。
⇒岩世人 (ハウアー　1883.3.19–1959.9.22)
ク音3 (ハウアー　1883–1959)
新音中 (ハウアー, ヨーゼフ・マティーアス
 1883.3.19–1959.9.22)
標音2 (ハウアー, ヨーゼフ・マティーアス
 1883.3.19–1959.9.22)

Hauer, Rutger
オランダ生まれの俳優。
⇒外16 (ハウアー, ルトガー　1944.1.23–)
ク俳 (ハウアー, ルトガー　1944–)
スター (ハウアー, ルトガー　1944.1.23–)

Haugaard, Erik Christian
アイルランド在住のデンマークの作家, 劇作家, 詩人, 翻訳家。
⇒現世文 (ホガード, エリック　1923.4.13–)

Hauge, Olav Håkonson
ノルウェー現代詩の代表的詩人。
⇒岩世人 (ハウゲ　1908.8.8–1994.5.23)

Haugen, Paal Helge
ノルウェーの詩人, 作家。
⇒現世文 (ハウゲン, ポール・ヘルゲ　1945.4.26–)

Haugen, Tormod
ノルウェーの児童文学作家。
⇒岩世人 (ハウゲン　1945.5.12–2008.10.18)
現世文 (ハウゲン, トールモー　1945.5.12–2008.10.18)

Haughey, Charles James
アイルランドの政治家。アイルランド首相, アイルランド共和党党首。
⇒岩世人 (ホーヒー　1925.9.16–2006.6.13)

Hau'ofa, Epeli
パプアニューギア生まれの文化人類学者, 作家。

⇒外12 (ハウオファ, エペリ　1939–)
外16 (ハウオファ, エペリ　1939–)

Haupt, Albrecht
ドイツの建築家, 美術史家。ハノーヴァーの工業大学教授。
⇒岩世人 (ハウプト　1852.3.18–1932.10.27)

Haupt, Herbert
オーストリアの政治家。オーストリア社会相, オーストリア自由党党首。
⇒世指導 (ハウプト, ヘルベルト　1947.9.28–)

Haupt, Paul
ドイツのアッシリア学者, セム語学者。他のセム語学者とヘブライ語旧約聖書の校訂出版"The sacred books of the Old Testament" (1893〜1904)を行った。
⇒岩世人 (ハウプト　1858.11.25–1926.12.15)

Hauptman, Herbert A.
アメリカの数学者。1985年ノーベル化学賞。
⇒岩世人 (ハウプトマン　1917.2.14–2011.10.23)
化学 (ハウプトマン　1917–2011)
ノベ3 (ハウプトマン, H.A.　1917.2.14–)

Hauptmann, Carl
ドイツの小説家, 劇作家。小説『マチルデ』(1902),『ほほえむアインハルト』(07)など。
⇒岩世人 (ハウプトマン　1858.5.11–1921.2.4)

Hauptmann, Gerhart Johann Robert
ドイツの劇作家, 小説家, 詩人。1889年処女戯曲『日の出前』により自然主義文学の旗手となった。
⇒岩キ (ハウプトマン　1862–1946)
岩世人 (ハウプトマン　1862.11.15–1946.6.6)
学叢思 (ハウプトマン, ゲルハルト　1862–?)
現世文 (ハウプトマン, ゲルハルト　1862.11.15–1946.6.6)
広辞7 (ハウプトマン　1862–1946)
新カト (ハウプトマン　1862.11.15–1946.6.6)
図翻 (ハウプトマン　1862.11.15–1946.6.6)
西文 (ハウプトマン, ゲルハルト　1862–1946)
世演 (ハウプトマン, ゲルハルト　1862.11.15–1946.6.6)
世人新 (ハウプトマン　1862–1946)
世人装 (ハウプトマン　1862–1946)
ノベ3 (ハウプトマン, G.　1862.11.15–1946.6.6)
比文増 (ハウプトマン (ゲルハルト)　1862(文久2)–1946(昭和21))
ボプ人 (ハウプトマン, ゲルハルト　1862–1946)

Hauriou, Maurice
フランスの公法学者, 社会学者。著書『憲法要論』(1923),『行政判例』(29)など。
⇒岩世人 (オーリウ　1856.8.17–1929.3.11)

Hausdorff, Felix
ドイツの数学者。
⇒岩世人 (ハウスドルフ　1868.11.8–1942.1.26)

数辞（ハウスドルフ, フェリックス　1868–1942）
数小増（ハウスドルフ　1868–1942）
世数（ハウスドルフ, フェリックス　1868–1942）
ユ著人（Housdorff,Felix　ハウスドルフ, フェリックス　1868–1942）

Hause, Alfred
ドイツの楽団指揮者。とくにコンチネンタル＝タンゴの第一人者として知られる。
⇒岩世人（ハウゼ　1921.8.8–2005.1.14）
標音2（ハウゼ, アルフレート　1921–2005.1.14）

Hausenstein, Wilhelm
ドイツの美術史家, 外交官。主著『ジョット』（1923）,『レンブラント』(26) など。
⇒岩世人（ハウゼンシュタイン　1882.6.17–1957.6.3）

Hauser, Arnold
ハンガリー生まれのイギリスの芸術社会学者, 芸術史学者。主著『美術と文芸における社会史』(1951) など。
⇒岩世人（ハウザー　1892.5.8–1978.1.28）

Hauser, Henri
フランスの経済学者。ソルボンヌ大学歴史学教授（1919～36）。
⇒岩世人（オゼル　1866.7.19–1946.5.27）

Häuser, Martin
オーストリアのテノール歌手。
⇒魅惑（Häuser,Martin　?–）

Hauser, Otto
スイスの先史学者。フランスのドルドニュ河を発掘して,〈Homo Mousteriensis〉および〈Homo Aurignacensis〉を発見した。
⇒岩世人（ハウザー　1874.4.27–1932.6.19）

Hauser, Philip Morris
アメリカの都市社会学者, 人口学者。
⇒社小増（ハウザー　1909–）

Hauser, Sebastian
オーストリアのテノール歌手。
⇒魅惑（Hauser,Sebastian　1908–1986）

Hauser, Stjepan
クロアチアのチェロ奏者。
⇒外12（ハウザー, ステファン　1986.6.15–）
　外16（ハウザー, ステファン　1986.6.15–）

Hauser, Tim
アメリカのジャズ歌手。1969年に第一期「マンハッタン・トランスファー」を結成, 72年に再編, 現在に至る。
⇒外12（ハウザー, ティム　1941.12.12–）

Hausfater, Rachel
フランスの児童文学作家。
⇒海文新（オスファテール, ラッシェル　1955.12.3–）
現世文（オスファテール, ラッシェル　1955.12.3–）

Haushofer, Karl Ernst Nikolas
ドイツの政治地理学者。1924年『地政学報』を創刊。ヒトラーの外交顧問も。
⇒岩世人（ハウスホーファー　1869.8.27–1946.3.10）
国政（ハウスホーファー, カール　1869–1946）
戦思（ハウスホーファー　1869–1946）
ネーム（ハウスホーファー　1869–1946）

Haushofer, Max
ドイツの経済学者。
⇒学叢思（ハウスホーフェル, マクス　1840–1907）

Hausknecht, Emil
ドイツの教育家。東京帝国大学でドイツ語, 教育学を教授。
⇒岩世人（ハウスクネヒト　1853.5.23–1927.12.19）
教小3（ハウスクネヒト　1853–1927）
教人（ハウスクネヒト　1853–1927）

Hausmann, Manfred
ドイツの詩人, 小説家。日本の短歌を自由訳して紹介。詩集『愛の迷路』（1960）など。
⇒岩世人（ハウスマン　1898.9.10–1986.8.6）
現世文（ハウスマン, マンフレート　1898.9.10–1986.8.6）
新カト（ハウスマン　1898.9.10–1986.8.6）

Hausmann, Raoul
オーストリア出身の画家, 写真家。
⇒岩世人（ハウスマン　1886.7.12–1971.2.1）
芸13（ハウスマン, ラウール　1886–1971）
ネーム（ハウスマン　1886–1971）

Hausner, Jessica
オーストリアの映画監督。
⇒外16（ハウスナー, ジェシカ　1972–）

Hausner, Rudolf
オーストリアの画家。ウィーン美術学校教授。
⇒岩世人（ハウズナー　1914.12.4–1995.2.25）

Hausrath, Adolf
ドイツのプロテスタント神学者。巧みな表現によって, パウロ研究およびキリスト教の成立と, 当時の世界との関係を明らかにした。
⇒学叢思（ハウスラート, アドルフ　1837–1909）

Hauss, Carl
フランスのテノール歌手。
⇒魅惑（Hauss,Carl（Karl）　1892–1982）

Haussermann, John William
アメリカの弁護士, 鉱山会社重役。
⇒アア歴（Haussermann,John W（illiam）　ハウサーマン, ジョン・ウイリアム　1867.12.14–1965.7.11）

Hautamäki, Matti
フィンランドのスキー選手(ジャンプ)。
⇒最世ス (ハウタマキ, マッティ 1981.7.14–)

Hautzig, Esther
アメリカ在住の作家。
⇒現世文 (ハウツィヒ, エスタ 1930.10.18–2009.11.1)

Hautzig, Walter
アメリカのピアノ奏者。
⇒標音2 (ハウツィヒ, ウォールター 1924.9.28–)

Havard, James
アメリカの画家。
⇒芸13 (ハーバード, ジェームス 1937–)

Havel, Václav
チェコの政治家, 劇作家。チェコ大統領(1993~2003)。
⇒岩世人 (ハヴェル 1936.10.5–2011.12.18)
外12 (ハヴェル, ヴァーツラフ 1936.10.5–)
現世文 (ハヴェル, ヴァーツラフ 1936.10.5–2011.12.18)
広辞7 (ハヴェル 1936–2011)
政経改 (ハベル 1936–)
世指導 (ハヴェル, ヴァーツラフ 1936.10.5–2011.12.18)
世人新 (ハヴェル 1936–2011)
世人装 (ハヴェル 1936–2011)
ポプ人 (ハベル, バーツラフ 1936–2011)

Havelange, João
ブラジルの法律家。
⇒岩世人 (アヴェランジェ 1916.5.8–)
外16 (アベランジェ, ジョアン 1916.5.8–)
ネーム (アヴェランジェ 1916–)

Havell, Ernest B.
イギリスのインド美術批評家。インド思想によりインド美術を理解しようとした。
⇒岩イ (ハヴェル 1861–1934)

Havemann, Robert
東ドイツの化学者。東ドイツの政治体制を批判し, 科学アカデミーから除名された(1966)。
⇒岩世人 (ハーヴェマン 1910.3.11–1982.4.8)

Havens, Richie
アメリカのシンガー・ソングライター。
⇒ロック (Havens,Richie ヘイヴンズ, リッチー 1941.1.21–)

Haver, June
アメリカの歌手, 女優。
⇒ク俳 (ヘイヴァー, ジューン (ストーヴァー,J) 1925–)

Havers, Wilhelm
ドイツの言語学者。ヴィーン大学教授(1937)。文論の研究に専心し, 印欧語族の文やその他の表現法の変化の説明に心理的社会的な条件を求

めた。
⇒岩世人 (ハーフェルス 1879.1.5–1961.3.2)

Havet, Pierre Louis
フランスの古典学者。特にラテン語の研究に寄与した。
⇒岩世人 (アヴェ 1849.1.6–1925.1.26)

Havighurst, Robert James
アメリカの教育社会学者。
⇒岩世人 (ハヴィガースト 1900.6.5–1991.1.31)
教人 (ハーヴィガースト 1900–)
社小増 (ハヴィガースト 1900–1991)

Haviland, Virginia
アメリカの児童文学作家。
⇒ア図 (ハヴィランド, ヴァージニア 1911–1988)

Havilland, Olivia De
日本生まれの女優。
⇒ク俳 (デ・ハヴィランド, オリヴィア 1916–)
スター (デ・ハヴィランド, オリヴィア 1916.7.1–)

Havinden, Ashley
イギリスの広告デザイナー。
⇒グラデ (Havinden,Ashley ハヴィンデン, アシュリー 1903–1973)

Havlak, Lubomir
チェコのテノール歌手。
⇒魅惑 (Havlak,Lubomir 1921–)

Havlíček, Hans
チェコスロバキアの外科医。術後血栓防止法の考案者。
⇒岩世人 (ハヴリーチェク 1891.5.1–1949.5.13)

Havoc, June
アメリカのダンサー, 歌手, 女優。
⇒ク俳 (ハヴォック, ジューン (ホヴィック, エレン) 1916–)

Haw, Brian
イギリスの反戦活動家。
⇒世指導 (ホー, ブライアン 1949.1.7–2011.6.18)

Haw, George
イギリスの著述家, 社会思想家。
⇒学叢思 (ホー, ジョージ 1871–?)

Hawatmeh, Nayef
パレスチナのゲリラ指導者。
⇒岩世人 (ハワートメ, ナーイフ 1935–)
外12 (ハワトメ, ナエフ 1938–)
外16 (ハワトメ, ナエフ 1938–)
世指導 (ハワトメ, ナエフ 1938–)

Ḥāwī, Khalīl
レバノンの詩人。
⇒岩世人 (ハーウィー, ハリール 1919–1982.6.6)

Hawke, Ethan
アメリカ生まれの俳優。
⇒外12（ホーク, イーサン　1970.11.6–）
　外16（ホーク, イーサン　1970.11.6–）
　ク俳（ホーク, イーサン　1970–）

Hawke, Richard
アメリカの作家。
⇒海文新（ホーク, リチャード）
　現世文（ホーク, リチャード）

Hawke, Robert James Lee
オーストラリアの政治家, 政治評論家。オーストラリア首相。
⇒岩世人（ホーク　1929.12.9–）
　外12（ホーク, ロバート　1929.12.9–）
　外16（ホーク, ロバート　1929.12.9–）
　世指導（ホーク, ロバート　1929.12.9–）
　世人新（ホーク　1929–）
　世人装（ホーク　1929–）

Hawkes, John（Clendennin Burne, Jr.）
アメリカの小説家, 教育者。
⇒岩世人（ホークス　1925.8.17–1998.5.15）
　現世文（ホークス, ジョン　1925.8.17–1998.5.15）
　新カト（ホークス　1925.8.17–1998.5.15）

Hawking, Lucy
イギリスの作家, ジャーナリスト。
⇒外12（ホーキング, ルーシー　1970–）
　外16（ホーキング, ルーシー　1970–）
　現世文（ホーキング, ルーシー　1970.11.2–）

Hawking, Stephen William
イギリスの物理学者。一般相対論におけるアインシュタイン方程式の解は必ず特異性をもつにいたること, その特異性は（真空中では）カーのブラック・ホールに限ること（1972）を証明した。
⇒岩世人（ホーキング　1942.1.8–）
　オク科（ホーキング（スティーヴン・ウィリアム）1942–）
　外12（ホーキング, スティーブン　1942.1.8–）
　外16（ホーキング, スティーブン　1942.1.8–）
　現科人（ホーキングとセーガン　1942–）
　広辞7（ホーキング　1942–）
　天文大（ホーキング　1942–）
　物理（ホーキング, スティーヴン　1942–）
　ポブ人（ホーキング, スティーブン　1942–）

Hawkins, *Sir* Anthony Hope
イギリスの小説家。筆名アントニー・ホープ。
⇒岩世人（ホーキンズ　1863.2.9–1933.7.8）

Hawkins, Coleman
アメリカのジャズ・テナー・サックス奏者。多くのモダン派と共演し, 多大な示唆を与えたジャズ・テナーの偉大な先駆者。
⇒岩世人（ホーキンズ　1904.11.21–1969.5.19）
　新音中（ホーキンズ, コールマン　1904.11.21–1969.5.19）
　標音2（ホーキンズ, コールマン　1904.11.21–1969.5.19）

Hawkins, Dale
アメリカ・ルイジアナ州ゴールドマイン生まれの歌手, ギター奏者。
⇒ロック（Hawkins,Dale　ホーキンズ, デイル　1938.8.22–）

Hawkins, Edwin
アメリカ・カリフォルニア州オークランド生まれの聖歌隊指揮者。
⇒ロック（The Edwin Hawkins Singers　エドウィン・ホーキンズ・シンガーズ　1943.8–）

Hawkins, Gains B.
アメリカ陸軍の情報士官。
⇒スパイ（ホーキンス, ゲインズ・B　1920–1987）

Hawkins, Jack
イギリスの俳優。
⇒ク俳（ホーキンズ, ジャック　1910–1973）

Hawkins, Jeff
アメリカの起業家。
⇒外12（ホーキンス, ジェフ　1957.6.1–）
　外16（ホーキンス, ジェフ　1957.6.1–）

Hawkins, LaTroy
アメリカの大リーグ選手（投手）。
⇒メジャ（ホーキンス, ラトロイ　1972.12.21–）

Hawkins, Melton Andrew
アメリカの大リーグ選手（投手）。
⇒メジャ（ホーキンス, アンディ　1960.1.21–）

Hawkins, Paula
ジンバブエ出身の作家。
⇒海文新（ホーキンズ, ポーラ　1972–）

Hawkins, Ronnie
アメリカの歌手。
⇒ロック（Hawkins,Ronnie　ホーキンズ, ロニー）

Hawkins, Screamin'Jay
アメリカ・オハイオ州クリーヴランド生まれの歌手, ピアノ奏者。
⇒ロック（Hawkins,Screamin'Jay　ホーキンズ, スクリーミン・ジェイ　1929–）

Hawks, Haward Winchester
アメリカの映画監督。活劇物を得意とする商業映画の大物。
⇒岩世人（ホークス　1896.5.30–1977.12.26）
　映監（ホークス, ハワード　1896.5.30–1977）
　ネーム（ホークス, ハワード　1896–1977）

Hawks, John Twelve
アメリカの作家。
⇒海文新（ホークス, ジョン・トウェルヴ）

現世文（ホークス，ジョン・トウェルブ）
Hawksley, Humphrey
イギリスの作家，ジャーナリスト。
⇒外12（ホークスリー，ハンフリー）
Hawley, Amos Henry
アメリカの社会学者。
⇒社小増（ホーリー　1910-）
Hawley, Elizabeth
アメリカの山岳ジャーナリスト。
⇒外12（ホーリー，エリザベス）
　外16（ホーリー，エリザベス）
Hawley, Emerson（Pink）
アメリカの大リーグ選手（投手）。
⇒メジャ（ホーリー，ピンク　1872.12.5-1938.9.19）
Hawley, Noah
アメリカの作家。
⇒現世文（ホーリー，ノア）
Hawn, Goldie
アメリカの女優。『サボテンの花』(1969)，『プライベート・ベンジャミン』などに出演。
⇒遺産（ホーン，ゴールディ　1945.11.21-）
　外12（ホーン，ゴールディー　1945.11.21-）
　外16（ホーン，ゴールディー　1945.11.21-）
　ク俳（ホーン，ゴルディ（ストゥントレントゲホーン,G）　1945-）
　スター（ホーン，ゴールディ　1945.11.21-）
　ユ著人（Hawn,Goldie　ホーン，ゴルディー　1945-）
Haworth, *Sir* **Walter Norman**
イギリスの有機化学者。ビタミンCの構造決定，合成に成功（1934）。37年ノーベル化学賞受賞。
⇒岩生（ハース　1883-1950）
　岩世人（ハース（慣ハワース）　1883.3.19-1950.3.19）
　化学（ハウアース　1883-1950）
　広辞7（ハース　1883-1950）
　ノベ3（ハウアース,W.N.　1883.3.19-1950.3.19）
Hawpe, Bradley Bonte
アメリカの大リーグ選手（外野）。
⇒メジャ（ハウプ，ブラッド　1979.6.22-）
Hawthorne, Julian
アメリカの小説家。
⇒岩世人（ホーソーン　1846.6.22-1934.7.21）
Hawthorne, M.Frederick
アメリカの無機化学者。
⇒岩世人（ホーソーン　1928.8.24-）
Hawthorne, Nigel
イギリスの男優。
⇒ク俳（ホーソーン，サー・ナイジェル　1929-2001）

Hawtrey, Ralph George
イギリスの経済学者。主著 "Currency and credit"（1919）。
⇒岩経（ホートレー　1879-1975）
　岩世人（ホートリー　1879.11.22-1975.3.21）
　有経5（ホートリー　1879-1975）
Ḥawwā, Saʻīd
シリアのイスラム思想家。
⇒岩イ（ハウワー，サイード　1935-1989）
Hay, John Milton
アメリカの政治家。1879～81年国務次官，97年駐英大使，98年国務長官。
⇒アメ経（ヘイ，ジョン　1838.10.8-1905.7.1）
　アメ新（ヘイ　1838-1905）
　岩世人（ヘイ　1838.10.8-1905.7.1）
　世史改（ヘイ，ジョン＝　1838-1905）
　世史改（ヘイ，ジョン＝　1838-1905）
　世人新（ヘイ（ジョン＝ヘイ）　1838-1905）
　世人装（ヘイ（ジョン＝ヘイ）　1838-1905）
　ポプ人（ヘイ，ジョン　1838-1905）
Haya de la Torre, Víctor Raúl
ペルーの政治理論家，政治家。1924年急進的な政治運動南米革命人民同盟（アプラ党）を創設，45年人民党と改称し，党首。
⇒岩世人（アヤ・デ・ラ・トーレ　1895.2.22-1979.8.2）
　ネーム（アヤ・デラ・トーレ　1895-1979）
　ラテ新（アヤ・デ・ラ・トーレ　1895-1979）
Hayakawa, Samuel Ichiye
アメリカの言語学者。1968～73年サンフランシスコ州立大学学長を務めた。76年上院議員選挙に当選，米本土で初の日系上院議員となる。
⇒アメ州（Hayakawa,Samuel Ichie　ハヤカワ，サミュエル・イチエ　1906-）
　アメ新（ハヤカワ　1906-1992）
　岩世人（ハヤカワ　1906.7.18-1992.2.27）
　社小増（ハヤカワ　1906-1992）
Hayatou, Issa
カメルーンの陸上選手，バスケットボール選手。
⇒外12（ハヤトウ，イッサ　1946.8.9-）
　外16（ハヤトウ，イッサ　1946.8.9-）
Haydée, Marcia
ブラジル生まれのバレリーナ，振付師。
⇒外12（ハイデ，マリシア　1935.4.18-）
　外16（ハイデ，マリシア　1935.4.18-）
Hayden, Henri
フランスの画家。
⇒ユ著人（Hayden,Henri　ハイデン，アンリ　1883-1970）
Hayden, Joseph Ralston
アメリカの政治学者。1933～35年アメリカのフィリピン副総督。主著『フィリピン』。
⇒アア歴（Hayden,Joseph R(alston)　ヘイデン，

Hayden, Linda
イギリスの女優。
⇒ク俳（ヘイドン,リンダ(ヒギンスン,L)　1951–)

Hayden, Michael Vincent
アメリカの軍人。
⇒外12（ヘイデン,マイケル　1945.3.17–)
　外16（ヘイデン,マイケル　1945.3.17–)

Hayden, Nicky
アメリカのオートバイライダー。
⇒最世ス（ヘイデン,ニッキー　1981.7.30–)

Hayden, Sterling
アメリカ生まれの俳優。
⇒ク俳（ヘイドン,スターリング(ウォルター,クリスチャン,のちに法的に改名)　1916–1986)
　スター（ヘイドン,スターリング　1916.3.26–1986)

Hayden, Tom
アメリカの反戦活動家,政治家。カリフォルニア州上院議員(民主党)。
⇒岩世人（ヘイドン　1939.12.11–)
　世指導（ヘイドン,トム　1939.12.11–2016.10.23)

Hayden, Torey L.
アメリカ生まれの教育心理学者,作家。
⇒外12（ヘイデン,トリイ　1951.5.21–)

Hayden, Wiliam
オーストラリアの政治家。オーストラリア総督(1989～96),オーストラリア労働党党首。
⇒世指導（ヘイドン,ウィリアム　1933.1.23–)

Hayder, Mo
イギリスのミステリ作家。
⇒外16（ヘイダー,モー）
　海文新（ヘイダー,モー　1962–)
　現世文（ヘイダー,モー　1962–)

Haye, David
イギリスのプロボクサー。
⇒最世ス（ヘイ,デービッド　1980.10.13–)

Hayek, Friedrich August von
オーストリアの経済学者。1947年に自由主義者を集めた国際団体「モンペルラン・ソサエティー」を創立してその初代会長となった。74年ノーベル経済学賞受賞。
⇒岩経（ハイエク　1899–1992)
　岩世人（ハイエク　1899.5.8–1992.3.23)
　現社（ハイエク　1899–1992)
　現社福（ハイエク　1899–1992)
　広辞7（ハイエク　1899–1992)
　社小増（ハイエク　1899–1992)
　新力ト（ハイエク　1899.5.8–1992.3.23)
　哲中（ハイエク　1899–1992)
　ネーム（ハイエク　1899–1992)
　ノペ3（ハイエク,F.A.　1899.5.8–1992.3.23)
　メル別（ハイエク,フリードリヒ・アウグスト・フォン　1899–1992)
　有経5（ハイエク　1899–1992)

Hayek, G.Nick, Jr.
スイスの実業家。
⇒外12（ハイエック,ニック(Jr.)　1954–)
　外16（ハイエック,ニックJr.　1954–)

Hayek, Salma
メキシコ生まれの女優。
⇒外12（ハエック,サルマ　1965.9.2–)
　外16（ハエック,サルマ　1965.9.2–)
　ク俳（ハエック,サルマ(ヒミネス,S・H)　1966–)
　スター（ハエック,サルマ　1966.9.2–)

Hayem, Georges
フランスの医者。血液学を専攻し,血球母細胞の名付け親である(1877)。
⇒岩世人（アイエム　1841.11.24–1933.8.27)

Hayer, Talmadge
マルコムX暗殺犯。
⇒マルX（HAYER,TALMADGE(Hagan,John, Hagan,Thomas, Mujahi Abdul Halim) ヘイヤー,タルマッジ(ヘイガン,ジョン,ヘイガン,トマス,ムジャヒ・アブデュル・ハリム)　1943?–)

Hayes, Allison
アメリカの女優,ピアノ奏者。
⇒ク俳（ヘイズ,アリスン(ヘインズ,メアリー・ジェイン)　1930–1977)

Hayes, Bob
アメリカの陸上競技選手。
⇒異二辞（ヘイズ［ボブ・～］　1942–2002)
　広辞7（ヘイズ　1942–2002)

Hayes, Carlton Joseph Huntley
アメリカの歴史学者。主著"Essays on Nationalism"(1926)。
⇒岩世人（ヘイズ　1882.5.16–1964.9.3)

Hayes, Charles Dewayne
アメリカの大リーグ選手(三塁)。
⇒メジャ（ヘイズ,チャーリー　1965.5.29–)

Hayes, Darren
オーストラリア生まれのミュージシャン。
⇒外12（ヘイズ,ダレン　1972.5.8–)

Hayes, Edward Carey
アメリカの社会学者。オハイオ州のマイアミ大学経済学社会学教授,ついでイリノイ大学社会学教授兼学科長。「社会学雑誌」の編集者。
⇒学叢思（ヘーズ,イー・シー　1868–?)
　教人（ヘイズ　1868–1928)

Hayes, Franklin Witman
アメリカの大リーグ選手(捕手)。

⇒メジャ (ヘイズ, フランキー　1914.10.13–1955.6.22)

Hayes, George Gabby
アメリカの俳優。
⇒スター (ヘイズ, ジョージ・"ギャビー"　1885.5.7–1969)

Hayes, Helen
アメリカの女優。1951～53年「アメリカ国民演劇およびアカデミーANTA」会長。自伝『喜びの贈り物』(65)がある。
⇒アガサ (ヘイズ, ヘレン　1900–1993)
　岩世人 (ヘイズ　1900.10.10–1993.3.17)
　ク俳 (ヘイズ, ヘレン (ブラウン, ヘレン・H　1900–1993)
　スター (ヘイズ, ヘレン　1900.10.10–1993)

Hayes, Herbert Kendall
アメリカの育種学者。ミネソタ大学教授 (1919～)。圃場における育種手続の型を確立した。
⇒岩世人 (ヘイズ　1884.3.11–1972.9.9)

Hayes, Isaac
アメリカ・テネシー州生まれの歌手。
⇒ロック (Hayes, Isaac　ヘイズ, アイザック　1942.8.20–)

Hayes, James T.G.
アメリカの聖職者。
⇒アア歴 (Hayes, James T.G.　ヘイズ, ジェイムズ・T.G.　1889.2.11–1980.3.28)

Hayes, Max
アメリカの社会主義者。
⇒学叢思 (ヘーズ, マクス)

Hayes, Minter Carney (Jackie)
アメリカの大リーグ選手 (二塁)。
⇒メジャ (ヘイズ, ジャッキー　1906.7.19–1983.2.9)

Hayes, Quentin
テノール歌手。
⇒魅惑 (Hayes, Quentin　?–)

Hayes, Roland
アメリカのテノール歌手。
⇒失声 (ヘイエス, ローランド　1887–1977)
　魅惑 (Hayes, Roland　1887–1977)

Hayes, Samantha
イギリスの作家。
⇒海文新 (ヘイズ, サマンサ)

Hayes, Von Francis
アメリカの大リーグ選手 (外野, 一塁)。
⇒メジャ (ヘイズ, ヴォン　1958.8.31–)

Hayes, Watson M.
アメリカの宣教師。
⇒アア歴 (Hayes, Watson M (acMillan)　ヘイズ, ワトスン・マクミラン　1857.11.23–1944.8.2)

Hayes, William Brewster
アメリカのカリフォルニア州派遣の農業指導宣教師。
⇒アア歴 (Hayes, W (illiam) Brewster　ヘイズ, ウイリアム・ブルースター　1900–1957.8.20)

Häyhä, Simo
フィンランドの軍人。
⇒異二辞 (ヘイヘ [シモ・～]　1905–2002)

Haykal, Muḥammad Ḥasanayn
エジプトのジャーナリスト。
⇒岩世人 (ハイカル, ムハンマド　1923.9.23–)

Hayley Westenra
ニュージーランド生まれの歌手。
⇒外12 (ヘイリー　1987.4.10–)
　外16 (ヘイリー　1987.4.10–)

Hayner, Charlotte Irene
アメリカの図書館員。アメリカ中西部の学校図書館員育成のための教育に尽力、晩年には病院図書館の運営にも携わる。
⇒ア図 (ヘイナー, シャーロット　1896–1989)

Haynes, Elizabeth
イギリスの作家。
⇒海文新 (ヘインズ, エリザベス　1971–)
　現世文 (ヘインズ, エリザベス　1971–)

Haynes, Elwood
アメリカの発明家。一種の自動車を設計, 製作 (1893～94)。
⇒アメ州 (Haynes, Elwood　ヘインズ, エルウッド　1857–1925)
　岩世人 (ヘインズ　1857.10.14–1925.4.13)

Haynes, Joseph Walton
アメリカの大リーグ選手 (投手)。
⇒メジャ (ヘインズ, ジョー　1917.9.21–1967.1.6)

Haynes, Roy Owen
アメリカのジャズ・ドラマー。
⇒標音2 (ヘインズ, ロイ　1926.3.13–)

Haynes, Todd
アメリカの映画監督。
⇒映監 (ヘインズ, トッド　1961.1.2–)
　外12 (ヘインズ, トッド　1961.1.2–)
　外16 (ヘインズ, トッド　1961.1.2–)

Hays, William Shakespeare
アメリカの作曲家。『故郷の廃歌』など300曲に及ぶ通俗歌曲を発表。
⇒ク音3 (ヘイズ　1837–1907)
　標音2 (ヘイズ, ウィリアム・シェークスピア　1837.7.19–1907.7.22)

Hayter, Stanley William
イギリスの画家, 版画家。銅版画における新技

法を開拓。
⇒芸13（ヘイター，スタンリー・ウィリアムス　1901–1988）

Hayward, Francesca
イギリスのバレリーナ。
⇒外16（ヘイワード，フランチェスカ）

Hayward, Louis
南アフリカ生まれの男優。
⇒ク俳（ヘイウォード，ルイス〔グラント，シーフィールド〕　1909–1985）

Hayward, Susan
アメリカの女優。1958年「私は死にたくない」でアカデミー賞主演女優賞受賞。
⇒ク俳（ヘイウォード，スーザン〔マレナー，イーディス〕　1917–1975）
　スター（ヘイワード，スーザン　1917.6.30–1975）

Hayward, Thomas
テノール歌手。
⇒魅惑（Hayward,Thomas　1918–1995）

Hayward, Tony
イギリスの実業家。
⇒外12（ヘイワード，トニー　1957–）
　外16（ヘイワード，トニー　1957.5.21–）

Haywood, Dave
アメリカのミュージシャン。
⇒外12（ヘイウッド，デーブ　1982.7.5–）
　外16（ヘイウッド，デーブ　1982.7.5–）

Haywood, Gar Anthony
アメリカのミステリ作家。
⇒現世文（ヘイウッド，ガー・アンソニー　1954–）

Haywood, William Dudley
アメリカの労働運動家。世界産業労働者団を結成（1905）。
⇒アメ経（ヘイウッド，ウィリアム　1869.2.4–1928.5.18）
　アメ州（Haywood,William Dudley　ヘイウッド，ウイリアム・ダドレイ　1869–1928）
　岩世人（ヘイウッド　1869.2.4–1928.5.18）

Hayworth, Rita
アメリカの女優。
⇒遺産（ヘイワース，リタ　1918.10.17–1987.5.14）
　ク俳（ヘイワース，リタ〔カンシノ，マルガリータ〕1918–1987）
　スター（ヘイワース，リタ　1918.10.17–1987）

Haz, Hamzah
インドネシアの政治家。インドネシア副大統領、インドネシア開発統一党（PPP）党首。
⇒岩世人（ハズ，ハムザ　1940.2.15–）
　外16（ハズ，ハムザ　1940.2.15–）
　世指導（ハズ，ハムザ　1940.2.15–）

Hazanavicius, Michel
フランスの映画監督，脚本家。
⇒外16（アザナヴィシウス，ミシェル　1967.3.29–）

Hazard, Eden
ベルギーのサッカー選手（チェルシー・MF）。
⇒外16（アザール，エデン　1991.1.7–）
　最世ス（アザール，エデン　1991.1.7–）

Hazard, Paul Gustave Marie Camille
フランスの文学史家，評論家，比較文学者。イタリア文学に造詣が深い。
⇒岩世人（アザール　1878.4.30–1944.4.12）
　絵本（アザール，ポール　1878–1944）
　ネーム（アザール　1878–1944）
　比文増（アザール（ポール）　1878（明治11）–1944（昭和19））

Hazare, Anna
インドの社会運動家。
⇒外12（ハザレ，アンナ　1938.6.15–）
　外16（ハザレ，アンナ　1938.6.15–）

Hazaz, Hayim
イスラエルの作家。
⇒現世文（ハザズ，ハイム　1898.9.16–1973.3.24）

Hazelgrove, William Elliott
アメリカの作家。
⇒現世文（ヘイゼルグローブ，ウィリアム・エリオット　1959–）

Hazen, Hervey Crosby
アメリカの宣教師。
⇒アア歴（Hazen,Hervey Crosby　ヘイゼン，ハーヴィー・クロズビー　1841.6.26–1914.7.20）

Hazeu, Godard Arend Johannes
オランダのジャワ学者，植民地官僚。
⇒岩世人（ハズー　1870.8.22–1929.12.1）

Hazlewood, Lee
アメリカ・オクラホマ州生まれの歌手。
⇒ロック（Hazlewood,Lee　ヘイズルウッド，リー　1929–）

Hāzrā, Rājendra Chandra
インドのサンスクリット研究者。
⇒岩世人（ハズラ　1905–1982.3.10）

Hazzard, Shirley
オーストラリアの女性小説家。
⇒現世文（ハザド，シャーリー　1931.1.30–2016.12.12）

Head, Barclay Vincent
イギリスの古銭学者。大英博物館古貨幣部長（1893〜1906）。
⇒岩世人（ヘッド　1844.1.2–1914.6.12）

Head, Bessie
南アフリカの作家。
⇒岩世人（ヘッド、ベッシー 1937.6.6–1986.4.17）
　現世文（ヘッド、ベッシー 1937.7.6–1986.4.17）

Head, Edith
アメリカ生まれの映画衣裳デザイナー。
⇒岩世人（ヘッド 1897.10.28–1981.10.24）

Head, *Sir* **Henry**
イギリスの神経病学者。内臓異常の特異過敏帯（ヘッド帯）を指摘。
⇒岩世人（ヘッド 1861.8.4–1940.10.8）
　現精（ヘッド 1861–1940）
　現精縮（ヘッド 1861–1940）

Head, Matthew
アメリカの作家。
⇒現世文（ヘッド、マシュー 1907–1985）

Head, Roy
アメリカ・テキサス州スリー・リヴァーズ生まれの歌手。
⇒ロック（Head,Roy　ヘッド、ロイ 1941.9.1–）

Headlam, Arthur Cayley
イギリスの新約学者。
⇒オク教（ヘッドラム 1862–1947）

Headland, Isaac Taylor
アメリカの宣教師。
⇒アア歴（Headland,Isaac Taylor　ヘッドランド、アイザック・テイラー 1859.8.16–1942.8.2）

Headley, Chase
アメリカの大リーグ選手（パドレス・内野手）。
⇒最世ス（ヘッドリー、チェイス 1984.5.9–）
　メジャ（ヘッドリー、チェイス 1984.5.9–）

Headly, Glenne
アメリカ生まれの女優。
⇒ク俳（ヘドリー、グレン 1955–）

Healey, Denis Winston
イギリスの政治家。1964〜70年まで国防相として同盟国を歴訪し、新たな防衛計画を立案。
⇒岩世人（ヒーリー 1917.8.30–）

Healey, Myron
アメリカの男優。
⇒ク俳（ヒーリー、マイロン 1922–）

Healy, Fran
イギリスのロック歌手、ギター奏者。
⇒外12（ヒーリー、フラン 1973.7.23–）
　外16（ヒーリー、フラン 1973.7.23–）

Healy, Jeremiah
アメリカのミステリ作家。
⇒現世文（ヒーリー、ジェレマイア 1948.5.15–2014.8.21）

Healy, Kent T.
アメリカの交通学者。永年イェール大学で教鞭をとった。
⇒有経5（ヒーリー 1902–1985）

Healy, William
アメリカの精神医学者。特に少年非行の研究に関する先覚者。1909年シカゴ少年精神病研究所の所長、17年ボストンのベーカー判事中央指導相談所の所長。
⇒教生（ヒーリー 1869–）
　世界子（ヒーリー、ウィリアム 1869–1963）

Heaney, Seamus Justin
アイルランドの詩人。1995年ノーベル文学賞。
⇒岩世人（ヒーニー 1939.4.13–2013.8.30）
　外12（ヒーニー、シェイマス 1939.4.13–）
　現世文（ヒーニー、シェイマス 1939.4.13–2013.8.30）
　広辞7（ヒーニー 1939–2013）
　新カト（ヒーニー 1939.4.13–2013.8.30）
　ネーム（ヒーニー 1939–2013）
　ノベ3（ヒーニー,S.J. 1939.4.13–）

Heard, John
アメリカ生まれの俳優。
⇒ク俳（ハード、ジョン 1945–）

Heard, Peter
イギリス生まれの画家。
⇒芸13（ハード、ピーター 1939–）

Hearn, James Tolbert
アメリカの大リーグ選手（投手）。
⇒メジャ（ハーン、ジム 1921.4.11–1998.6.10）

Hearn, Lian
イギリス生まれの児童文学作家。
⇒現世文（ハーン、リアン 1942.8.29–）

Hearne, John
ジャマイカの小説家。
⇒現世文（ハーン、ジョン 1926.2.4–1994.12.12）

Hearne, Kevin
アメリカの作家。
⇒海文新（ハーン、ケヴィン）

Hearns, Thomas
アメリカのプロボクサー。
⇒異二辞（ハーンズ、トーマス 1958–）
　岩世人（ハーンズ 1958.10.18–）

Hearst, William Randolph
アメリカの新聞経営者。独特の経営法で巨大な「ハースト・チェーン」を築いた。
⇒アメ経（ハースト、ウィリアム 1863.4.29–1951.8.14）
　アメ州（Hearst,William Randolph　ハースト、ウィリアム・ランドルフ 1863–1951）
　アメ新（ハースト 1863–1951）

岩世人（ハースト　1863.4.29–1951.8.14）
広辞7（ハースト　1863–1951）
ポブ人（ハースト, ウィリアム・ランドルフ　1863–1951）

Heartfield, John
ドイツの画家。1958年東ドイツ政府より「反ファシズムの闘い」の功績によってメダルを受賞。
⇒岩世人（ハートフィールド　1891.6.19–1968.4.26）
　グラデ（Heartfield, John　ハートフィールド, ジョン　1891–1968）

Heater, Claude
アメリカのテノール歌手。
⇒魅惑（Heater, Claude　1930–）

Heath, Donald Read
アメリカの外交官。
⇒アア歴（Heath, Donald Read　ヒース, ドナルド・リード　1894.8.12–1981.10.15）

Heath, Edward Richard George
イギリスの政治家。1965年保守党党首に就任、70年首相となったが、75年党首を辞任。
⇒岩世人（ヒース　1916.7.9–2005.7.17）
　世人新（ヒース　1916–2005）
　世人装（ヒース　1916–2005）
　ポブ人（ヒース, エドワード　1916–2005）

Heath, Edward（Ted）
イギリスのジャズ・トロンボーン奏者。1944年に自身のバンドを結成。
⇒標音2（ヒース, テッド　1900.3.30–1969.11.18）

Heath, John Geoffrey
アメリカの大リーグ選手（外野）。
⇒メジャ（ヒース, ジェフ　1915.4.1–1975.12.9）

Heath, Michael Thomas
アメリカの大リーグ選手（捕手, 外野）。
⇒メジャ（ヒース, マイク　1955.2.5–）

Heath, Sir Thomas Little
イギリスのギリシャ数学史家。
⇒岩世人（ヒース　1861.10.5–1940.3.16）

Heathcote, Clifton Earl
アメリカの大リーグ選手（外野）。
⇒メジャ（ヒースコート, クリフ　1898.1.24–1939.1.18）

Heather
マルコムXの女友達。イライジャ・ムハマドの愛人の一人。
⇒マルX（HEATHER　ヘザー）

Heath-Stubbs, John
イギリスの詩人, 批評家。詞華集（1953）の編者。
⇒現世文（ヒース・スタッブズ, ジョン　1918.7.9–2006.12.26）

Heaton, Herbert
イギリスの経済史家。ミネソタ大学教授（1927）。
⇒岩世人（ヒートン　1890.6.6–1973.1.24）

Heaton, Neal
アメリカの大リーグ選手（投手）。
⇒メジャ（ヒートン, ニール　1960.3.3–）

Heaton, Patricia
アメリカの女優。
⇒外12（ヒートン, パトリシア　1958.3.4–）

Heaviside, Oliver
イギリスの電気工学者, 物理学者。
⇒岩世人（ヘヴィサイド　1850.5.18–1925.2.3）
　三新物（ヘビサイド　1850–1925）
　数辞（ヘビサイド, オリバー　1850–1925）
　数小増（ヘビサイド　1850–1925）
　世数（ヘヴィサイド, オリヴァー　1850–1925）
　物理（ヘヴィサイド, オリヴァー　1850–1925）

Hebard, Grace Raymond
アメリカの大学教授, 女性運動家。
⇒アメ州（Hebard, Grace Raymond　ヘバード, グレース・ライモンド　1861–1936）

Hebb, Bobby
アメリカ・テネシー州生まれの歌手。
⇒ロック（Hebb, Bobby　ヘップ, ボビー　1941.7.26–）

Hebb, Donald Olding
カナダの心理学者。主著『行動の機構』（1949）、『心理学概説』（58）。
⇒岩世人（ヘッブ　1904.7.22–1985.8.20）
　広辞7（ヘッブ　1904–1985）

Heberle, Rudolf
ドイツ生まれの社会学者。
⇒社小増（ヘバーレ　1896–1991）

Hebern, Edward H.
アメリカの暗号機製作者。ランダムな暗号化のため暗号機にローターを用いた。
⇒スパイ（ヘバーン, エドワード・H　1869–1952）

Hébert, Anne
カナダ（フランス系）の詩人, 小説家。
⇒岩世人（エベール　1916.8.1–2000.1.22）
　現世文（エベール, アンヌ　1916.8.1–2000.1.22）

Hebner, Richard Joseph
アメリカの大リーグ選手（三塁, 一塁）。
⇒メジャ（ヘブナー, リッチー　1947.11.26–）

Hébrard, Adrien François Marie
フランスのジャーナリスト。
⇒岩世人（エブラール　1833.7.1–1914.7.29）

Heche, Anne
アメリカの女優。
⇒ク俳（ヘイシュ,アン　1969–）

Hecht, Anthony（Evan）
アメリカ（ユダヤ系）の詩人。
⇒岩世人（ヘクト　1923.1.16–2004.10.20）
現世文（ヘクト,アンソニー・エバン　1923.1.16–2004.10.20）

Hecht, Ben
アメリカの小説家,劇作家。「シカゴ文芸復興」の中心人物として活躍。
⇒岩世人（ヘクト　1894.2.28–1964.4.18）
ユ事人（Hecht,Ben　ヘクト,ベン　1894–1964）

Heck, Emile
フランスのマリア会司祭。東大仏文科を創設。暁星中学校長を勤めた。
⇒新カト（エック　1868.2.16–1943.6.27）

Heck, Ludwig
ドイツの動物学者。ベルリン動物園長（1888～1932）として,同園を世界最大の動物園の一とした。
⇒岩世人（ヘック　1860.8.11–1951.7.17）

Heck, Lutz
ドイツの動物学者。ベルリン動物園長,ベルリン大学教授（1938）。
⇒岩世人（ヘック　1892.4.23–1983.4.6）

Heck, Peter J.
アメリカの作家,編集者。
⇒外12（ヘック, ピーター・J.）
現世文（ヘック, ピーター・J.）

Heck, Philipp von
ドイツの法学者。利益法学の創唱者。主著"Interessenjurisprudenz"（1923）。
⇒岩世人（ヘック　1858.7.12–1943.6.28）

Heck, Richard Fred
アメリカの化学者。2010年ノーベル化学賞を受賞。
⇒岩世人（ヘック　1931.8.15–）
外12（ヘック, リチャード　1931.8.15–）
化学（ヘック　1931–2015）
ネーム（ヘック, リチャード　1931–）
ノベ3（ヘック,R.F.　1931.8.15–）

Hecke, Erich
ドイツの数学者。モジュレーション函数,解析的整数論の研究で知られる。
⇒岩世人（ヘッケ　1887.9.20–1947.2.13）

Heckel, Erich
ドイツの画家。表現主義運動「ブリュッケ（橋派）」に参加。
⇒岩世人（ヘッケル　1883.7.31–1970.1.27）

芸13（ヘッケル,エーリッヒ　1883–1970）

Hecker, Ewald
ドイツの精神医学者。
⇒現精（ヘッカー　1843–1909）
現精縮（ヘッカー　1843–1909）

Hecker, Guy Jackson
アメリカの大リーグ選手（投手, 一塁）。
⇒メジャ（ヘッカー, ガイ　1856.4.3–1938.12.3）

Heckerling, Amy
アメリカの女性映画監督,脚本家。
⇒映監（ヘッカリング, エイミー　1954.5.7–）

Heckman, James Joseph
アメリカの経済学者。2000年ノーベル経済学賞。
⇒岩経（ヘックマン　1944–）
外12（ヘックマン, ジェームズ　1944.4.19–）
外16（ヘックマン, ジェームズ　1944.4.19–）
ノベ3（ヘックマン,J.J.　1944.4.19–）
有経5（ヘックマン　1944–）

Heckscher, Eli Filip
スウェーデンの経済史家。スウェーデンにおける経済史学の自立に努力。
⇒岩世人（ヘクシャー（ヘクシェル）　1879–1952.12.22）
有経5（ヘクシャー　1879–1952）

Heckstall-Smith, Dick
アメリカのクラリネット奏者,サックス奏者。
⇒ロック（Heckstall-Smith,Dick　ヘックストール＝スミス, ディック　1934.9.26–）

Hecquet, Laura
フランスのバレリーナ。
⇒外16（エケ, ローラ）

Hector, James
ニュージーランドの地質学者。
⇒ニュー（ヘクター, ジェイムズ　1834–1907）

Hedayat, Sadegh
イランの作家, 詩人。
⇒イス世（ヘダーヤト　1903–1951）
岩イ（ヘダーヤト, サーデク　1903–1951）
岩世人（サーデク・ヘダーヤト　1903.2.17–1951.4.8/9）
現世文（ヘダーヤト, サーデグ　1903.2.17–1951.4）
広辞7（ヘダーヤト　1903–1951）

Hedāyat Mokhber al-Salṭane, Mehdīqolī
イランの政治家,歴史家,文人。
⇒岩イ（ヘダーヤト, メフディーコリー　1864–1955）

Hedberg, Olle
スウェーデンの小説家。代表作は『勘定書をもらえるか』（1932）。

⇒岩世人（ヘードベリ　1899.5.31–1974.9.20）

Hedegaard, Connie
デンマークの政治家。
⇒外12（ヘデゴー, コニー　1960.9.15–）
　外16（ヘデゴー, コニー　1960.9.15–）
　世指導（ヘデゴー, コニー　1960.9.15–）

Hedegaard, Ole
デンマークのテノール歌手。
⇒魅惑（Hedegaard,Ole　1945–）

Hedemann, Justus Wilhelm
ドイツの法学者。土地法研究所長（1909～13）。
⇒岩世人（ヘーデマン　1878.4.24–1963.3.13）

Hedges, Frank-Hinckley
アメリカのジャーナリスト。
⇒アア歴（Hedges,Frank Hinckley　ヘッジズ, フランク・ヒンクリー　1895.4.19–1940.4.10）

Hediger, David A.
アメリカ海軍所属の潜水母艦乗組員。
⇒スパイ（ヘディガー, デイヴィッド・A）

Hedin, Sven Anders von
スウェーデンの地理学者、探検家。1893～97年アジア大陸を横断、古代都市楼蘭の遺跡を発見。
⇒岩世人（ヘディン　1865.2.19–1952.11.26）
　広辞7（ヘディン　1865–1952）
　新佛3（ヘディン　1865–1952）
　人文地（ヘディン　1865–1952）
　世史改（ヘディン　1865–1952）
　世人新（ヘディン　1865–1952）
　世人装（ヘディン　1865–1952）
　中書文（ヘディン　1865–1952）
　中文史（ヘディン　1865–1952）
　ポプ人（ヘディン, スベン　1865–1952）

Hedren, Tippi
アメリカ生まれの女優。
⇒外16（ヘドレン, ティッピ　1930.1.19–）
　ク俳（ヘドレン, ティッピ（ヘドレン, ナタリー）1935–）

Hedrick, Chad
アメリカのスピードスケート選手。
⇒外12（ヘドリック, チャド　1977.4.17–）
　外16（ヘドリック, チャド　1977.4.17–）
　最世ス（ヘドリック, チャド　1977.4.17–）

Hedtoft, Hans
デンマークの政治家。第二次世界大戦中は対独抵抗運動に参加、のち、首相となる（1947～50,53～55）。
⇒岩世人（ヒズトフト　1903.4.21–1955.1.29）

Hee Cheol
韓国の歌手。
⇒外12（ヒチョル　1989.12.9–）

Heechul
韓国の歌手。
⇒外12（ヒチョル　1983.7.10–）

Heegaard, Poul
ノルウェーの数学者。
⇒世数（ヘーガード, ポール　1871–1948）

Heeger, Alan Jay
アメリカの高分子化学者。2000年ノーベル化学賞。
⇒岩世人（ヒーガー　1936.1.22–）
　外12（ヒーガー, アラン　1936.1.22–）
　外16（ヒーガー, アラン　1936.1.22–）
　化学（ヒーガー　1936–）
　ノベ3（ヒーガー,A.J.　1936.1.22–）

Heemskerk, Femke
オランダの水泳選手（自由形）。
⇒最世ス（ヘームスケルク, フェムカ　1987.9.21–）

Heezen, Bruce Charles
アメリカの海洋学者、地質学者。詳細な世界の海洋底地形図を完成し、60年代の海洋底地球科学の発展に貢献した。
⇒岩世人（ヒーゼン　1924.4.11–1977.6.21）
　オク地（ヒーゼン, ブルース・チャールス　1924–1977）

Heffernan, Robert
アイルランドの競歩選手。
⇒最世ス（ヒファーナン, ロバート　1978.2.28–）

Heflin, Clyde Everette
アメリカの宣教師教育者。
⇒アア歴（Heflin,Clyde E (verette)　ヘフリン, クライド・エヴェレット　1888.7.12–1958.7.6）

Heflin, Van
アメリカの俳優。
⇒ク俳（ヘフリン, ヴァン（ヘフリン, エメット・エヴァン）1910–1971）
　スター（ヘフリン, ヴァン　1910.12.13–1971）

Hefner, Christie
アメリカの実業家。
⇒外12（ヘフナー, クリスティ）
　外16（ヘフナー, クリスティ）

Hefner, Hugh
アメリカの雑誌編集者、出版業者。
⇒アメ州（Hefner,Hugh　ヘフナー, ヒュー　1926–）
　岩世人（ヘフナー　1926.4.9–）
　外12（ヘフナー, ヒュー　1926.4.9–）
　外16（ヘフナー, ヒュー　1926.4.9–）

Hegan, James Edward
アメリカの大リーグ選手（捕手）。
⇒メジャ（ヒーガン, ジム　1920.8.3–1984.6.17）

Hegar, Alfred
ドイツの婦人科医。『ヘーガルの徴候』に名を残す。
⇒岩世人（ヘーガル 1830.1.6–1914.8.6）

Hegedűs, András
ハンガリーの経済学者, 政治家。ハンガリー首相。
⇒岩世人（ヘゲデューシュ 1922.10.31–1999.10.23）
社小増（ヘゲデュシュ 1922–）

Heiberg, Gunnar
ノルウェーの劇作家。戯曲『ウルリケおばさん』(1884), 『バルコニー』(94) など。
⇒岩世人（ヘイベルグ 1857.11.18–1929.2.22）

Heiberg, Johan Ludvig
デンマークの古典語学者, 科学史家。古代数学を研究し, またアルキメデスの "Peri ochoumenon" のほか, 多くの原典の考証, 復元を行った。
⇒岩世人（ハイベア〈慣ハイベルグ〉 1854.11.7–1928.1.4）

Heichel, Henriette
オランダ生まれのミュージシャン。
⇒外12（ハイヒェル, ヘンリエッテ 1953.11.13–）

Heichel, Wolfgang
ドイツのミュージシャン。
⇒外12（ハイヒェル, ウォルフガング 1950.11.4–）

Heidbüchel, Hein
テノール歌手。
⇒魅惑（Heidbüchel, Hein ?–）

Heidegger, Martin
ドイツの哲学者。主著『存在と時間』(1927) で有名。
⇒岩キ（ハイデガー 1889–1976）
岩世人（ハイデッガー 1889.9.26–1976.5.26）
オク教（ハイデガー 1889–1976）
覚思（ハイデガー 1889.9.26–1976.5.26）
覚思ス（ハイデッガー 1889.9.26–1976.5.26）
教思増（ハイデガー 1889–1976）
教人（ハイデガー 1889–）
現社（ハイデガー 1889–1976）
広辞7（ハイデガー 1889–1976）
社小増（ハイデガー 1889–1976）
新カト（ハイデガー 1889.9.26–1976.5.26）
図哲（ハイデガー, マルティン 1889–1976）
世人新（ハイデッガー 1889–1976）
世人装（ハイデッガー 1889–1976）
哲中（ハイデガー 1889–1976）
ネーム（ハイデガー 1889–1976）
ポプ人（ハイデッガー, マルティン 1889–1976）
メル3（ハイデガー, マルティン 1889–1976）
メル3（ハイデガー, マルティン 1889–1976）

Heidelberger, Michael
アメリカの生化学者。免疫化学の実質的な基盤を築いた人とされる。
⇒岩世人（ハイデルバーガー 1888.4.29–1991.6.25）

Heidemann, Britta
ドイツのフェンシング選手（エペ）。
⇒外12（ハイデマン, ブリッタ 1982.12.22–）
外16（ハイデマン, ブリッタ 1982.12.22–）
最世ス（ハイデマン, ブリッタ 1982.12.22–）

Heiden, Eric
アメリカのスピードスケート選手。
⇒岩世人（ハイデン 1958.6.14–）

Heidenhain, Martin
ドイツの細胞学者。テュービンゲン大学教授(1917)。細胞の構成物質として微小の粒子〈Plasomen〉を仮定し, また体制の向上が新しい機能の創造を意味することを強調した。
⇒岩生（ハイデンハイン 1864–1949）
岩世人（ハイデンハイン 1864.12.7–1949.12.14）

Heidenstam, Karl Gustaf Verner von
スウェーデンの詩人, 小説家。1916年ノーベル文学賞受賞。詩集『巡礼と放浪の歳月』(1888), 歴史小説『カール王の軍兵』(2巻, 97～98), 『フォルクング族』(1905～07) などを書いた。
⇒岩世人（ハイデンスタム 1859.7.6–1940.5.20）
現世文（ハイデンスタム, ヴェーネル・フォン 1859.7.6–1940.5.20）
ノベ3（ヘイデンスタム, C.G.V. 1859.7.6–1940.5.20）

Heider, Fritz
ウィーン生まれの社会心理学者。
⇒岩世人（ハイダー 1896.2.18–1988.1.2）
社小増（ハイダー 1896–1988）

Heidfeld, Nick
ドイツのF1ドライバー。
⇒外12（ハイドフェルド, ニック 1977.5.10–）
最世ス（ハイドフェルド, ニック 1977.5.10–）

Heidler, Betty
ドイツのハンマー投げ選手。
⇒最世ス（ハイドラー, ベティー 1983.10.14–）

Heidrich, Peter
ドイツのイエズス会司祭, 上智大学教授, 社会福祉事業家。
⇒新カト（ハイドリヒ 1901.9.16–1990.11.9）

Heidsieck, Eric
フランスのピアノ奏者。
⇒外12（ハイドシェック, エリック 1936.8.21–）
外16（ハイドシェック, エリック 1936.8.21–）
新音中（ハイドシェック, エリック 1936.8.21–）

Heifetz, Jascha
ロシア生まれのアメリカのヴァイオリン奏者。1926年レジオン・ドヌール勲章受章。
⇒岩世人（ハイフェッツ　1901.2.2–1987.12.10）
広辞7（ハイフェッツ　1901–1987）
新音中（ハイフェッツ, ヤッシャ　1901.2.2–1987.12.10）
ネーム（ハイフェッツ　1901–1987）
標音2（ハイフェッツ, ヤッシャ　1901.2.2–1987.12.10）
ユ著人（Heifetz,Jascha　ハイフェッツ, ヤッシャ（ジャスカ）　1901–1987）

Heigl, Katherine
アメリカの女優。
⇒外12（ヘイグル, キャスリーン　1978.11.24–）

Heijermans, Herman
オランダ（ユダヤ系）の劇作家, 小説家。
⇒岩世人（ヘイエルマンス　1864.12.3–1924.11.23）
ネーム（ハイエルマンス　1864–1924）
ユ著人（Heijermans,Herman　ハイジェルマン, ヘルマン　1864–1924）

Heil, Jennifer
カナダのスキー選手（フリースタイル）。
⇒外12（ハイル, ジェニファー　1983.4.11–）
最世ス（ハイル, ジェニファー　1983.4.11–）

Heilbron, *Sir* Ian
イギリスの化学者。ビタミンA,Dその他自然界の有機物の合成研究に業績がある。
⇒岩世人（ヒールブロン　1886.11.6–1959.9.14）
ユ著人（Heilbron,Ian Morris,Sir　ハイルブロン, イアン・モーリス　1886–1959）

Heilbroner, Robert L.
アメリカ生まれの経済思想家。
⇒岩経（ハイルブローナー　1919–）
岩世人（ハイルブローナー　1919.3.24–2005.1.4）

Heilbrunn, Lewis Victor
アメリカの生物学者。ペンシルヴァニア大学動物学教授（1943〜）。一般生理学の研究者として知られる。
⇒岩世人（ハイルブラン　1892.1.24–1959.10）

Heiler, Friedrich Johann
ドイツの宗教学者, 高教会主教。主著 "Das Gebet"（1918）など。
⇒岩世人（ハイラー　1892.1.30–1967.4.27）
オク教（ハイラー　1892–1967）
新カト（ハイラー　1892.1.30–1967.4.28）

Heiller, Anton
オーストリアのオルガン, ハープシコード奏者, 指揮者, 作曲家。
⇒新音中（ハイラー, アントン　1923.9.15–1979.3.25）
標音2（ハイラー, アントン　1923.9.15–1979.3.25）

Heilmann, Harry Edwin
アメリカの大リーグ選手（外野, 一塁）。
⇒メジャ（ハイルマン, ハリー　1894.8.3–1951.7.9）

Heilmann, Uwe
ドイツのテノール歌手。
⇒失声（ハイルマン, ウヴェ　1960–）
魅惑（Heilmann,Uwe　1960–）

Heilmeier, George Harry
アメリカの電子工学技術者, 実業家。
⇒外12（ハイルマイヤー, ジョージ　1936.5.22–）

Heim, Albert
スイスの地質学者。アルプス山脈の地質学を研究。
⇒岩世人（ハイム　1849.4.12–1937.8.31）
オク地（ハイム, アルベルト　1849–1937）

Heim, Karl
ドイツの福音主義的神学者。主著『世界の未来像』(1904)など。
⇒岩世人（ハイム　1874.1.20–1958.8.30）
オク教（ハイム　1874–1958）
新カト（ハイム　1874.1.20–1958.8.30）

Heim, Michael
オーストリアのテノール歌手。
⇒魅惑（Heim,Michael　?–）

Heimann, Eduard
ドイツの経済学者, 社会政策学者。民主社会主義の立場にたち, 社会政策および社会主義研究の世界的権威として知られる。
⇒有経5（ハイマン　1889–1967）

Heimann, Paula
ポーランド生まれの精神分析家。
⇒精分岩（ハイマン, ポーラ　1899–1982）

Heimpel, Hermann
ドイツの歴史家。
⇒岩世人（ハインペル　1901.1.19–1988.12.23）

Heimsoeth, Heinz
ドイツの哲学者, 哲学史家。主著『ヨーロッパ形而上学の6つのテーマ』(1921)。
⇒岩世人（ハイムゼート　1886.8.12–1975.9.10）

Hein, Christoph
ドイツの作家。
⇒岩世人（ハイン　1944.4.8–）
外16（ハイン, クリストフ　1944.4.8–）
現世文（ハイン, クリストフ　1944.4.8–）

Heincke, Johann Friedrich
ドイツの水産学者。ヘリゴランド島の海洋生物研究所所長および教授として魚類を研究（1891〜1921）, ニシンの生活史についての業績によって認められた。

⇒岩世人（ハインケ　1852.1.6–1929.6.5）

Heindel, Robert
アメリカの画家。
⇒芸13（ハインデル, ロバート　1938–2005）

Heindl, Robert
ドイツの刑法学者。ドイツに初めて指紋法を導入（1902）、また国際刑事警察の組織に尽力した。
⇒岩世人（ハインドル　1883.7.24–1958.9.25）

Heine, Helme
ドイツの絵本作家, イラストレーター。
⇒絵本（ハイネ, ヘルメ　1941–）
　外16（ハイネ, ヘルメ　1941–）

Heine, Hilda
マーシャル諸島の政治家。マーシャル諸島大統領（2016～）。
⇒世指導（ハイネ, ヒルダ　1951.4.6–）

Heine, Thomas Theodor
ドイツの画家, 挿絵画家。諷刺雑誌"Simplizissimus"を創刊し（1896）、諷刺画家として活動した（～1933）。
⇒ユ著人（Heine,Thomas Theodor　ハイネ, トーマス・テオドール　1867–1948）

Heine-Geldern, Robert Freiherr von
オーストリアの民族・古代学者。メラネシアの巨石文化などを研究。
⇒岩世人（ハイネ＝ゲルデルン　1885.7.16–1968.5.26）

Heineken, Alfred Henry（Freddy）
オランダの実業家。
⇒岩世人（ヘイネケン（ハイネケン）　1923.11.4–2002.1.3）

Heinemann, Gustav
ドイツ連邦共和国の政治家。1966年内相, 69年第3代大統領。
⇒岩世人（ハイネマン　1899.7.23–1976.7.7）

Heinen, Anton
ドイツの教育者。女学校長, 民族統一運動の指導者などを経て1925年ボン大学の神学名誉博士。
⇒教人（ハイネン　1869–1934）

Heinesen, William
デンマークの作家。
⇒岩世人（ハイネセン　1900.1.15–1991.3.12）
　現世文（ハイネセン, ウィリアム　1900.1.15–1991.3.12）

Heinich, Nathalie
フランスの社会学者。
⇒外12（エニック, ナタリー　1955–）
　外16（エニック, ナタリー　1955–）

Heinitz, Wilhelm
ドイツの音楽学者。

⇒標音2（ハイニツ, ヴィルヘルム　1883.12.9–1963.3.3）

Heinkel, Ernest Heinrich
ドイツの航空技術者。
⇒岩世人（ハインケル　1888.1.24–1958.1.30）

Heinleine, Robert Anson
アメリカのSF小説作家。代表作『月を売った男』、『太陽系帝国の危機』など。
⇒岩世人（ハインライン　1907.7.7–1988.5.8）
　現世文（ハインライン, ロバート　1907.7.7–1988.5.8）
　広辞7（ハインライン　1907–1988）
　ネーム（ハインライン　1907–1988）
　ポブ人（ハインライン, ロバート・アンソン　1907–1988）

Heinrich, Jutta
ドイツの作家。
⇒現世文（ハインリッヒ, ユッタ　1940–）

Heinrich, Markus
ドイツのテノール歌手。
⇒魅惑（Heinrich,Markus　1967–）

Heinrichs, Jacob
アメリカの宣教師。
⇒アア歴（Heinrichs,Jacob　ハインリクス, ジェイコブ　1860.3.2–1947.8.30）

Heinroth, Oscar
ドイツの鳥学者。
⇒岩生（ハインロート　1871–1945）

Heintel, Erich
オーストリアの哲学者。
⇒岩世人（ハインテル　1912.3.29–2000.11.25）

Heinz, Henry John
アメリカの食品かんづめ業者。アメリカにおける自然食運動の先駆者として知られる。
⇒アメ経（ハインツ, ヘンリー　1844.10.11–1919.5.14）
　アメ州（Heinz,Henry John　ハインツ, ヘンリー・ジョン　1844–1919）

Heinze, Max
ドイツの哲学者。哲学史研究で知られる。
⇒岩世人（ハインツェ　1835.12.13–1909.9.17）

Heinze, Richard
ドイツの古典学者。ルクレティウスの物象詩第3巻の評釈（1897）などがある。
⇒岩世人（ハインツェ　1867.8.11–1929.8.22）

Heiseler, Bernt von
ドイツの小説家, 劇作家。悲劇『カエサル』（1942）、戯曲『不安の家』（51）など。
⇒現世文（ハイゼラー, ベルント・フォン　1907.6.14–1969.8.24）
　新カト（ハイゼラー　1907.6.14–1969.8.24）

Heiseler, Henry von
ドイツの作家,詩人。H.v.ハイゼラーの子。福音主義的キリスト教を基調とするドイツ国民性を描いた。
⇒岩世人（ハイゼラー 1875.12.23-1928.11.25）

Heisenberg, Werner Karl
ドイツの物理学者。「不確定性原理」という自然法則を発見し,1932年ノーベル物理学賞を受賞。
⇒岩世人（ハイゼンベルク 1901.12.5-1976.2.1）
オク科（ハイゼンベルク（ヴェルナー・カール） 1901-1976）
化学（ハイゼンベルク 1901-1976）
科史（ハイゼンベルク 1901-1976）
現科大（ハイゼンベルクとパウリ 1901-1976）
広辞7（ハイゼンベルク 1901-1976）
三新物（ハイゼンベルク 1901-1976）
新カト（ハイゼンベルク 1901.12.5-1976.2.1）
世人新（ハイゼンベルク 1901-1976）
世人装（ハイゼンベルク 1901-1976）
ネーム（ハイゼンベルク 1901-1976）
ノベ3（ハイゼンベルグ,W.K. 1901.12.5-1976.2.1）
物理（ハイゼンベルク,ヴェルナー 1901-1976）
ポプ人（ハイゼンベルク,ウェルナー 1901-1976）
メル別（ハイゼンベルク,ヴェルナー・カール 1901-1976）

Heiser, Victor George
アメリカの公衆衛生医師。
⇒アア歴（Heiser,Victor George ハイザー,ヴィクター・ジョージ 1873.2.5-1972.2.27）

Heisig, Johannes
ドイツ生まれの画家。
⇒芸13（ハイジッヒ,ジュアンヌ 1953-）

Heiss, Hermann
ドイツの作曲家,音楽理論家。作曲理論上の著作は,ヒンデミット以後,ドイツにおける最も指導的なものとされる。
⇒岩世人（ハイス 1897.12.29-1966.12.6）

Heißenbüttel, Helmut
ドイツの詩人,批評家。
⇒岩世人（ハイセンビュッテル 1921.6.21-1996.9.19）
現世文（ハイセンビュッテル,ヘルムート 1921.6.21-1996.9.19）

Heiss Jenkins, Carol
アメリカのフィギュアスケート指導者,フィギュアスケート選手。
⇒外12（ヘイス・ジェンキンス,キャロル 1940.1.20-）

Heitler, Walter Heinrich
ドイツの理論物理学者。化学結合に制動放射の理論などを研究。
⇒岩世人（ハイトラー 1904.1.2-1981.11.15）
化学（ハイトラー 1904-1981）
三新物（ハイトラー 1904-1981）
物理（ハイトラー,ヴァルター 1904-1981）

Heitz, Emil
ドイツの植物学者。唾腺染色体についてバウアーとともに,その横すじが遺伝子の位置であることを示したことで有名。
⇒岩生（ハイツ 1892-1965）
旺生5（ハイツ 1892-1965）

Heizer, Michael
アメリカ生まれの彫刻家。
⇒岩世人（ハイザー 1944.11.4-）
芸13（ハイザー,ミッシェル 1944-）

Hejāzī, Muḥammad
イランの作家。
⇒現世文（ヘジャーズィー,モハンマド 1900-1974）

Hejnova, Zuzana
チェコの陸上選手（ハードル・短距離）。
⇒最世ス（ヘイノヴァ,ズザナ 1986.12.19-）

Hekmatyar, Gulbuddin
アフガニスタンの政治家。アフガニスタン首相。
⇒イス世（ヒクマティヤール）
世指導（ヘクマティアル,グルブディン 1947.6.26-）

Helbig, Gerhard
東ドイツの言語学者。語彙論と構文論の分野で語の結合価の理論を発展させ,ドイツ語の結合価辞典を作った。
⇒岩世人（ヘルビヒ 1929.12.29-2008.5.29）

Held, David
イギリスの社会学者,政治学者。
⇒岩世人（ヘルド 1951.8.27-）
国政（ヘルド,デイビッド 1951-）

Held, Klaus
ドイツの哲学者。
⇒岩世人（ヘルト 1936.2.1-）
メル別（ヘルト,クラウス 1936-）

Held, Kurt
ドイツの児童文学者。
⇒現世文（ヘルト,クルト 1897-1959）

Held, Woodson George
アメリカの大リーグ選手（遊撃,外野）。
⇒メジャ（ヘルド,ウッディ 1932.3.25-2009.6.11）

Helders, Matt
イギリスのミュージシャン,ロック・ドラム奏者。
⇒外12（ヘルダース,マット）

Helenio Herrera Gavilán
アルゼンチン出身のサッカー選手,監督。

Helfferich, Karl
ドイツの政治家,資本家。1915年蔵相となり戦時公債による財政政策を推進。
⇒岩世人(ヘルフェリヒ　1872.7.22-1924.4.23)

Helfgott, David
オーストラリアのピアノ奏者。
⇒外16(ヘルフゴット,デービッド　1947.5-)

Helgeland, Brian
アメリカの映画監督,脚本家。
⇒外16(ヘルゲランド,ブライアン　1961.1.17-)

Helgenberger, Marg
アメリカの女優。
⇒ク俳(ヘルゲンバーガー,マーグ　1958-)

Hell, Stefan W.
ドイツの物理化学者。
⇒外16(ヘル,シュテファン　1962.12.23-)
化学(ヘル　1962-)

Helland-Hansen, Bjørn
ノルウェーの海洋学者。ベルゲン大学地球物理研究所長(1917〜)。
⇒岩世人(ヘラン=ハンセン　1877.10.15-1957.9.7)

Helle, Andre
フランスの挿絵画家。
⇒絵本(エレ,アンドレ　1871-1945)

Hellebaut, Tia
ベルギーの走り高跳び選手。
⇒外12(エルボー,ティア)
外16(エルボー,ティア　1978.2.16-)
最世ス(エルボー,ティア　1978.2.16-)

Heller, Hermann
ドイツの国法学者。主著"Hegel und der nationale Machtstaatsgedanke"(1921),"Staatslehre"(34)。
⇒岩世人(ヘラー　1891.7.17-1933.11)

Heller, Joseph
アメリカの小説家。
⇒岩世人(ヘラー　1923.5.1-1999.12.12)
現世文(ヘラー,ジョゼフ　1923.5.1-1999.12.12)
新カト(ヘラー　1923.5.1-1999.12.12)
ユ著人(Heller,Joseph　ヘラー,ジョゼフ　1923-1999)

Heller, Max
ドイツの作曲家,教育者。
⇒標音2(ヘラー,マックスとパウル　1867.4.14-1951.2.4)

Heller, Paul
ドイツの作曲家,教育者。
⇒標音2(ヘラー,マックスとパウル　1867.4.14-1936.2.11)

Heller, Peter
アメリカの作家。
⇒海文新(ヘラー,ピーター　1959.2.13-)
現世文(ヘラー,ピーター　1959.2.13-)

Heller, Theodor
オーストリアの治療教育学者。1905年に精神的欠陥児童の教育の科学的・経験的研究成果を『治療教育概論』にまとめ,のちに『教育的精神治療学』として補完された。
⇒教人(ヘラー　1869-1938)

Heller, Walter W.
アメリカの経済学者。ミネソタ大学経済学教授。
⇒アメ経(ヘラー,ウォルター　?-1987)
岩経(ヘラー　1915-1987)
有経5(ヘラー　1915-1987)

Heller, Zoë
イギリス生まれの作家。
⇒外12(ヘラー,ゾーイ　1965-)

Heller Agnes
ハンガリーの女流哲学者。ブダペスト大学ではルカーチの助手であった。
⇒岩世人(ヘラー(ヘッレル)　1929.5.12-)

Hellickson, Jeremy
アメリカの大リーグ選手(レイズ・投手)。
⇒最世ス(ヘリクソン,ジェレミー　1987.4.8-)
メジャ(ヘリクソン,ジェレミー　1987.4.8-)

Helling, Ricky Allen
アメリカの大リーグ選手(投手)。
⇒メジャ(ヘリング,リック　1970.12.15-)

Hellman, Lilian Florence
アメリカの劇作家。
⇒アメ州(Hellman,Lillian　ヘルマン,リリアン　1905-)
アメ新(ヘルマン　1905-1984)
岩世人(ヘルマン　1905.6.20-1984.6.30)
現世文(ヘルマン,リリアン　1905.6.20-1984.6.30)
ヘミ(ヘルマン,リリアン　1905-1984)
ユ著人(Hellman,Lillian Florence　ヘルマン,リリアン・フローレンス　1905-1984)

Hellman, Monte
アメリカ・ニューヨーク生まれの映画監督。
⇒映監(ヘルマン,モンテ　1932.7.12-)
外16(ヘルマン,モンテ　1932.7.12-)

Hellmann, Gustav
ドイツの気象学者。プロイセン気象台長,ベルリン大学教授。
⇒岩世人(ヘルマン　1854.7.3-1939.2.21)

Hellmesberger, Joseph
オーストリアのヴァイオリン奏者,作曲家。同

名のヴァイオリン奏者の子。
⇒新音中（ヘルメスベルガー 1855-1907）
標音2（ヘルメスベルガー（4）ヨーゼフ 1855.4.9-1907.4.26）

Hellner, Marcus
スウェーデンのスキー選手（距離）。
⇒外12（ヘルナー, マルクス 1985.11.25-）
外16（ヘルナー, マルクス 1985.11.25-）
最世ス（ヘルナー, マルクス 1985.11.25-）

Hellpach, Willy
ドイツの心理学者。主著『風土心理学』（1911）。
⇒教人（ヘルパッハ 1877-1955）
社小増（ヘルパッハ 1877-1955）

Hellsberg, Clemens
オーストリアのヴァイオリン奏者。
⇒外16（ヘルスベルク, クレーメンス 1952.3.28-）

Hellsing, Lennart P.
スウェーデンの詩人, 作家。
⇒絵本（ヘルシング, レンナート 1919-）
現世文（ヘルシング, レンナート 1919.6.5-2015.11.25）

Hellström, Anders
スウェーデンのダンサー, 監督。
⇒外12（ヘルストレム, アンデッシュ 1962-）
外16（ヘルストレム, アンデッシュ 1962-）

Hellström, Börge
スウェーデンの作家。刑事施設・更正施設評論家。
⇒外16（ヘルストレム, ベリエ 1957-）
海文新（ヘルストレム, ベリエ 1957-）
現世文（ヘルストレム, ベリエ 1957-2017.2.17）

Hellwig, Konrad
ドイツの法学者。エルランゲン（1889）, ベルリン（1902）などの各大学教授。
⇒岩世人（ヘルヴィヒ 1856.9.27-1913.9.7）

Helly, Eduard
オーストリアの数学者。
⇒数辞（ヘリー, エドワード 1884-1943）
世数（ヘリー, エデュアルト 1884-1943）

Helm, Everett
アメリカの作曲家, 音楽学者, 著述家。作品に, オペラ『トッテンバーグの攻城』（1956）などがある。
⇒標音2（ヘルム, エヴリット 1913.7.17-1999.6.25）

Helm, Levon
アメリカのドラム奏者, 歌手, 作曲家。
⇒ビト改（HELM,LEVON ヘルム, レヴォン）

Helmich, Joseph G., Jr.
アメリカ陸軍士官。
⇒スパイ（ヘルミッチ, ジョセフ・G., ジュニア）

Helms, Jesse
アメリカの政治家。上院議員（共和党）・外交委員長。
⇒世指導（ヘルムズ, ジェシー 1921.10.18-2008.7.4）

Helms, Richard Mcgarrah
アメリカ中央情報局（CIA）長官, 駐イランアメリカ大使。
⇒スパイ（ヘルムズ, リチャード・M 1913-2002）

Helms, Tommy Vann
アメリカの大リーグ選手（二塁, 三塁）。
⇒メジャ（ヘルムズ, トミー 1941.5.5-）

Helms, Wesley Ray
アメリカの大リーグ選手（三塁）。
⇒メジャ（ヘルムズ, ウェス 1976.5.12-）

Helmstetter, Richard C.
アメリカの実業家。
⇒外12（ヘルムステッター, リチャード 1942-）
外16（ヘルムステッター, リチャード 1942-）

Helpmann, Sir Robert
オーストラリアのダンサー, 振付家, 監督, 俳優。
⇒岩世人（ヘルプマン 1909.4.9-1986.9.28）

Helprin, Mark
アメリカの作家。1969年から「ニューヨーカー」に短篇を発表, 代表作『エリス島』。
⇒外16（ヘルプリン, マーク 1947-）
現世文（ヘルプリン, マーク 1947-）

Heltai Jenő
ハンガリーの劇作家, 小説家。喜劇『エジプトの真珠』（1899）, 小説『夏物語』（1907）が代表作。
⇒岩世人（ヘルタイ 1871.8.11-1957.9.3）
ユ著人（Heltai,Jenö ヘルタイ, イェネー 1871-1957）

Helton, Todd Lynn
アメリカの大リーグ選手（一塁）。
⇒外12（ヘルトン, トッド 1973.8.20-）
メジャ（ヘルトン, トッド 1973.8.20-）

Hem Cheav
カンボジアの僧侶。
⇒岩世人（ハエム・チアウ 1898-1943.10.2）

Hemenway, Ruth V.
アメリカの医療宣教師。
⇒アア歴（Hemenway,Ruth V. ヒーメンウェイ, ルース・V. 1894-1974.7.9）

Hemila, Hanna
フィンランドの映画監督, 映画プロデューサー。
⇒外16（ヘミラ, ハンナ）

Hemingway, Carol Gardner
アーネスト・ヘミングウェイの妹。
⇒ヘミ（ヘミングウェイ,キャロル（ガードナー）1911-2002）

Hemingway, Clarence Edmonds
ヘミングウェイの父。
⇒ヘミ（ヘミングウェイ,クラレンス・エドモンズ 1871-1928）

Hemingway, Ernest Miller
アメリカの小説家。主著『日はまた昇る』(1926)、『武器よさらば』(29)、『誰がために鐘は鳴る』(40)、『老人と海』(52,ピュリッツァー賞受賞）など。1954年ノーベル文学賞受賞。
⇒アメ州（Hemingway,Ernest Miller ヘミングウェイ,アーネスト・ミラー 1899-1961）
　アメ新（ヘミングウェー 1899-1961）
　異二辞（ヘミングウェイ［アーネスト・〜］1899-1961）
　岩世人（ヘミングウェイ 1899.7.21-1961.7.2）
　現世文（ヘミングウェイ,アーネスト 1899.7.21-1961.7.2)
　広辞7（ヘミングウェイ 1899-1961）
　辞歴（ヘミングウェイ 1899-1961）
　新カト（ヘミングウェイ 1899.7.21-1961.7.2）
　西文（ヘミングウェイ,アーネスト 1898-1961）
　世史改（ヘミングウェー 1899-1961）
　世史改（ヘミングウェー 1899-1961）
　世人新（ヘミングウェー 1899-1961）
　世人装（ヘミングウェー 1899-1961）
　ネーム（ヘミングウェイ 1899-1961）
　ノベ3（ヘミングウェイ,E.M. 1899.7.21-1961.7.2)
　ポプ人（ヘミングウェイ,アーネスト 1899-1961）
　ラテ新（ヘミングウェー 1899-1961）

Hemingway, Grace Hall
ヘミングウェイの母。
⇒ヘミ（ヘミングウェイ,グレース・ホール 1872-1951）

Hemingway, Gregory Hancock
ヘミングウェイの3男。
⇒ヘミ（ヘミングウェイ,グレゴリー・ハンコック 1931-2001）

Hemingway, Hadley Richardson
ヘミングウェイの最初の妻。
⇒ヘミ（ヘミングウェイ,ハドリー 1891-1979）

Hemingway, John Hadley Nicanor
ヘミングウェイの長男。
⇒ヘミ（ヘミングウェイ,ジョン 1923-2000）

Hemingway, Leicester
ヘミングウェイの弟。
⇒ヘミ（ヘミングウェイ,レスター 1915-1982）

Hemingway, Madelaine
アーネスト・ヘミングウェイの妹。
⇒ヘミ（ヘミングウェイ,マデレーン（ミラー）1904-1995）

Hemingway, Marcelline
ヘミングウェイの姉。
⇒ヘミ（ヘミングウェイ,マーセリーン（サンフォード）1898-1963）

Hemingway, Mariel
アメリカ生まれの女優。
⇒ク俳（ヘミングウェイ,マリエル 1961-）

Hemingway, Mary Welsh
ヘミングウェイの4番目の妻。
⇒ヘミ（ヘミングウェイ,メアリー・ウェルシュ 1908-1986）

Hemingway, Patrick
ヘミングウェイの2男。
⇒ヘミ（ヘミングウェイ,パトリック 1928-）

Hemingway, Pauline Pfeiffer
ヘミングウェイの2番目の妻。
⇒ヘミ（ヘミングウェイ,ポーリーン・ファイファー 1895-1951）

Hemingway, Ursula
アーネスト・ヘミングウェイの妹。
⇒ヘミ（ヘミングウェイ,アーシュラ（ジェプソン）1902-1966）

Hemion, Timothy
イギリスの作家、数学者。
⇒海文新（ヘミオン,ティモシー 1961-）
　現世文（ヘミオン,ティモシー 1961-）

Hemmerdinger, William
アメリカ生まれの画家、彫刻家。
⇒芸13（ヘメルディンガー,ウイリアム 1951-）

Hemmerle, Klaus
ドイツのカトリック神学者。
⇒岩世人（ヘンメルレ 1929.4.3-1994.1.23）

Hemming, Fujiko
スウェーデンのピアノ奏者。
⇒外12（ヘミング,フジコ）
　外16（ヘミング,フジコ）

Hemmings, David
イギリス生まれの俳優。
⇒ク俳（ヘミングズ,デイヴィッド 1941-）

Hemmings, Kaui Hart
アメリカの作家。
⇒海文新（ヘミングス,カウイ・ハート）

Hemon, Aleksandar
ボスニア・ヘルツェゴビナ生まれの作家。
⇒外16（ヘモン,アレクサンダル 1964-）
　海文新（ヘモン,アレクサンダル 1964.9.9-）

現世文（ヘモン, アレクサンダル　1964.9.9–）

Hémon, Louis
フランスの作家。カナダの大自然に生きる人々を題材にした『白き処女地』が知られる。
⇒岩世人（エモン　1880.10.12–1913.7.8）

Hempel, Carl Gustav
ドイツ生まれの哲学者。
⇒岩世人（ヘンペル　1905.1.8–1997.11.9）
　メル別（ヘンペル, カール・グスタフ　1905–1997）

Hemphill, Charles Judson
アメリカの大リーグ選手（外野）。
⇒メジャ（ヘンプヒル, チャーリー　1876.4.20–1953.6.22）

Hemsley, Ralston Burdett（Rollie）
アメリカの大リーグ選手（捕手）。
⇒メジャ（ヘムズリー, ローリー　1907.6.24–1972.7.31）

Hench, Philip Showalter
アメリカの医師。副腎皮質ホルモンの研究により1950年ノーベル医学生理学賞を受賞。
⇒岩世人（ヘンチ　1896.2.28–1965.3.30）
　ノベ3（ヘンチ, P.S.　1896.2.28–1965.3.30）

Henderson, Albert Haley
アメリカの医療宣教師。
⇒アア歴（Henderson, Albert Haley　ヘンダースン, アルバート・ヘイリー　1866.2.27–1937.2.21）

Henderson, Arthur
イギリスの政治家。マクドナルド労働党内閣の内相, 外相。
⇒岩世人（ヘンダーソン　1863.9.20–1935.10.20）
　学叢思（ヘンダーソン, アーサー　1863–?）
　ノベ3（ヘンダーソン, A.　1863.9.15–1935.10.20）

Henderson, Benson
アメリカの格闘家。
⇒外16（ヘンダーソン, ベンソン　1983.11.16–）

Henderson, Charles Richmond
アメリカの社会学者。
⇒学叢思（ヘンダーソン, チャールズ・リッチモンド　1848–?）

Henderson, Charles Roy
アメリカの家畜育種学者。
⇒岩世人（ヘンダーソン　1911.4.1–1989.3.14）

Henderson, Christina Kirk
ニュージーランドの社会改革者, 教師。
⇒ニュー（ヘンダーソン, クリスティーナ　1861–1953）

Henderson, David Lee
アメリカの大リーグ選手（外野）。
⇒メジャ（ヘンダーソン, デイヴ　1958.7.21–）

Henderson, Donald Ainslie
アメリカの公衆衛生学者。
⇒外12（ヘンダーソン, ドナルド　1928.9.7–）

Henderson, Ernest Norton
アメリカの教育学者。1902年ブルックリンのアデルフィ・カレッジの助教授, のち教授となり哲学・教育学を講じた。著書に『教育原理テキスト』。
⇒教人（ヘンダーソン　1869–）

Henderson, Frederick A.
アメリカの実業家。
⇒外12（ヘンダーソン, フレデリック）
　外16（ヘンダーソン, フレデリック）

Henderson, James Fletcher（Smack）
アメリカのジャズ・ピアノ奏者, 楽団指揮者。ビッグ・バンド・ジャズの先駆者。スウィング時代をつくり出した。
⇒岩世人（ヘンダーソン　1897.12.18–1952.12.28）
　新音中（ヘンダーソン, フレッチャー　1897.12.18–1952.12.29）
　標音2（ヘンダソン, フレッチャー　1897.12.18–1952.12.29）

Henderson, Kenneth Joseph
アメリカの大リーグ選手（外野）。
⇒メジャ（ヘンダーソン, ケン　1946.6.15–）

Henderson, Loy Wesley
アメリカの外交官。
⇒アア歴（Henderson, Loy W(esley)　ヘンダースン, ロイ・ウェズリー　1892.6.28–1986.3.24）

Henderson, Rickey Henley
アメリカの大リーグ選手（外野）。
⇒岩世人（ヘンダーソン　1958.12.25–）
　外12（ヘンダーソン, リッキー　1958.12.25–）
　外16（ヘンダーソン, リッキー　1958.12.25–）
　メジャ（ヘンダーソン, リッキー　1958.12.25–）

Henderson, Stephen Curtis
アメリカの大リーグ選手（外野）。
⇒メジャ（ヘンダーソン, スティーヴ　1952.11.18–）

Hendrick, George Andrew
アメリカの大リーグ選手（外野）。
⇒メジャ（ヘンドリック, ジョージ　1949.10.18–）

Hendrick, Thomas Augustine
アメリカの聖職者。
⇒アア歴（Hendrick, Thomas A(ugustine)　ヘンドリック, トマス・オーガスティン　1849.10.29–1909.11.29）

Hendricks, Barbara
アメリカのソプラノ歌手。
⇒外12（ヘンドリックス, バーバラ　1948.11.20–）
　外16（ヘンドリックス, バーバラ　1948.11.20–）

Hendricks, Edward Lee
アメリカ生まれの彫刻家。
⇒芸13 (ヘンドリックス, エドワード・リー 1952–)

Hendricks, John Carl (Jon)
アメリカのジャズ・ドラム奏者, 歌手, ソングライター。
⇒標音2 (ランバート, ヘンドリックス・アンド・ロス 1921–)

Hendricks, John Charles
アメリカの大リーグ選手 (外野)。
⇒メジャ (ヘンドリックス, ジャック 1875.4.9–1943.5.13)

Hendricks, Vicki
アメリカの作家。
⇒海文新 (ヘンドリックス, ヴィッキー 1952–)
現世文 (ヘンドリックス, ビッキー 1952–)

Hendrickson, Sarah
アメリカのスキー選手 (ジャンプ)。
⇒外16 (ヘンドリクソン, サラ 1994.8.1–)
最世К (ヘンドリクソン, サラ 1994.8.1–)

Hendriksen, Arne
ノルウェーのテノール歌手。
⇒魅惑 (Hendriksen, Arne 1911–1996)

Hendrix, Claude Raymond
アメリカの大リーグ選手 (投手)。
⇒メジャ (ヘンドリックス, クロード 1889.4.13–1944.3.22)

Hendrix, Jimi
アメリカの黒人ロック・ギター奏者, 歌手。
⇒異二辞 (ヘンドリックス, ジミ 1942–1970)
岩人 (ヘンドリックス 1942.11.27–1970.9.18)
新音中 (ヘンドリックス, ジミ 1942.11.27–1970.9.18)
ネーム (ヘンドリックス, ジミ 1942–1970)
標音2 (ヘンドリックス, ジミ 1942.11.27–1970.9.18)
ロック (Hendrix, Jimi ヘンドリックス, ジミ 1942.11.27–)

Hendrix, Wanda
アメリカの女優。
⇒ク俳 (ヘンドリックス, ワンダ (ヘンドリックス, ディクシー・W) 1928–1981)

Hendry, Diana
イギリスの作家。
⇒現世文 (ヘンドリー, ダイアナ)

Hendry, Ian
イギリスの俳優。
⇒ク俳 (ヘンドリー, イアン 1931–1984)

Hendry, Jim
アメリカの大リーグ, カブスGM。

⇒外12 (ヘンドリー, ジム)

Heneghan, James
イギリスの作家。
⇒外12 (ヘネガン, ジェームズ 1930–)
現世文 (ヘネガン, ジェームズ 1930–)

Henenlotter, Frank
アメリカの映画監督。
⇒外12 (ヘネンロッター, フランク 1951–)

Hengel, Martin
ドイツの新約学者, 古代ユダヤ教学者。
⇒新カト (ヘンゲル 1926.12.14–2009.7.2)

Hengelbrock, Thomas
ドイツの指揮者, ヴァイオリン奏者。
⇒外12 (ヘンゲルブロック, トーマス 1958–)
外16 (ヘンゲルブロック, トーマス 1958–)

Hengge, Paul
オーストリアの脚本家。
⇒外16 (ヘンゲ, ポール)

Heng Samrin
カンボジアの政治家。
⇒岩世人 (ヘン・サムリン 1934.5.25–)
外12 (ヘン・サムリン 1934.5.25–)
外16 (ヘン・サムリン 1934.5.25–)
政経改 (ヘン・サムリン 1934–)
世指導 (ヘン・サムリン 1934.5.25–)
世人新 (ヘン＝サムリン 1934–)
世人装 (ヘン＝サムリン 1934–)
ポプ人 (ヘン・サムリン 1934–)

Hengstenberg, Hans-Eduard
西ドイツの哲学者。フッセルとM.シェーラーの現象学の影響の下に精神の存在論として哲学的人間学を基礎づけた。
⇒新カト (ヘングステンベルク 1904.9.1–1998.8.8)

Henie, Sonja
ノルウェー生まれの女優, プロ・スケーター。オリンピックのフィギュア・スケートで3回連続優勝し, 不敗の記録のままプロに転向, のち映画スターとして活躍。
⇒岩世人 (ヘニー 1912.4.8–1969.10.12)
ク俳 (ヘニー, ソーニャ 1910–1969)

Henin, Justine
ベルギーのテニス選手。
⇒外12 (エナン, ジュスティーヌ 1982.6.1–)
外16 (エナン, ジュスティーヌ 1982.6.1–)
最世ス (エナン, ジュスティーヌ 1982.6.1–)

Henke, Frederick Goodrich
アメリカの教育者。
⇒アア歴 (Henke, Frederick G (oodrich) ヘンケ, フレデリック・グッドリッチ 1876.8.2–1963.10.27)

Henke, Thomas Anthony
アメリカの大リーグ選手（投手）。
⇒メジャ（ヘンキー, トム　1957.12.21–）

Henke, Waldemar
ドイツのテノール歌手。オランダ, イギリス, スイス, スペインなどヨーロッパ各国に客演, 舞台を退いたのちは演出を手がけた。
⇒魅惑（Henke, Waldemar　1876–1945）

Henkel, Andrea
ドイツのバイアスロン選手。
⇒外12（ヘンケル, アンドレア　1977.11.10–）
　外16（ヘンケル, アンドレア　1977.11.10–）
　最世ス（ヘンケル, アンドレア　1977.11.10–）

Henkel, Hans-Olaf
ドイツの実業家。
⇒岩世人（ヘンケル　1940.3.14–）
　外12（ヘンケル, ハンス・オラフ　1940.3.14–）
　外16（ヘンケル, ハンス・オラフ　1940.3.14–）

Henkemans, Hans
オランダのピアノ奏者, 作曲家。
⇒ク音3（ヘンケマンス　1913–1995）

Henkes, Kevin
アメリカのイラストレーター。
⇒絵本（ヘンクス, ケヴィン　1960–）
　外12（ヘンクス, ケビン　1960–）
　外16（ヘンクス, ケビン　1960–）
　現世文（ヘンクス, ケビン　1960–）

Henlein, Konrad
ドイツの政治家。ズデーテンのドイツ帰属運動を展開。1945年5月連合軍に捕えられ死刑の判決を受けた。
⇒岩世人（ヘンライン　1898.5.6–1945.4.30）

Henley, Beth（Elizabeth Becker）
アメリカの女性劇作家, 女優。
⇒岩世人（ヘンリー　1952.5.8–）
　現世文（ヘンリー, ベス　1952–）

Henley, Don
アメリカのドラム奏者, 歌手, 作曲家。
⇒外12（ヘンリー, ドン　1947.7.22–）
　外16（ヘンリー, ドン　1947.7.22–）

Henley, Georgie
イギリスの女優。
⇒外12（ヘンリー, ジョージー）

Henley, Russell
アメリカのプロゴルファー。
⇒外16（ヘンリー, ラッセル　1989.4.12–）

Henne, Frances
アメリカの図書館学教育者。
⇒ア図（ヘネ, フランセス　1906–1985）

Henneberg, Ernst Lebrecht
ドイツの技師, 微分幾何学者。
⇒数辞（ヘンネベルグ, エルンスト・レブレヒト　1850–1933）

Hennebique, François
フランスの建築家。
⇒岩世人（エヌビク　1842.4.25–1921.3.20）
　世建（アネビク, フランソワ　1842–1921）

Hennecke, Edgar
ドイツの牧師, 新約聖書学者。
⇒新カト（ヘンネケ　1865.4.13–1951.3.25）

Henneman, Michael Alan
アメリカの大リーグ選手（投手）。
⇒メジャ（ヘンネマン, マイク　1961.12.11–）

Hennessy, John L.
アメリカのコンピューター科学者。
⇒外12（ヘネシー, ジョン　1952.9–）
　外16（ヘネシー, ジョン　1952.9–）

Henney, Daniel
韓国の男優, モデル。
⇒韓俳（ヘニー, ダニエル　1979.11.28–）

Hennig, Emil Hans Willi
ドイツの系統分類学者。
⇒岩生（ヘニッヒ　1913–1976）
　岩世人（ヘニック（ヘンニッヒ）　1913.4.20–1976.11.5）
　オク地（ヘニッヒ, ウィリ　1913–1976）

Hennig, Larry
アメリカのプロレスラー。
⇒異二辞（ヘニング, ラリー　1936–）

Henning, Walter Bruno
ドイツの東洋学者。ロンドン大学教授（1948）。イラン, 中央アジア, マニ教の研究に従事。
⇒岩世人（ヘニング　1908.8.26–1967.1.8）

Henningsen, Poul
デンマークの家具デザイナー, 建築家, 批評家, 映画監督。
⇒岩世人（ヘニングセン　1894.9.9–1967.1.31）

Hennique, Léon
フランスの小説家。モーパッサンをふくむ若い自然主義作家の作品集『メダンの夕』の参加者の一人。
⇒19仏（エニック, レオン　1851.11.4–1935.12.25）

Henri, Grand Duc
ルクセンブルク大公（元首）。
⇒外12（アンリ大公　1955.4.16–）
　外16（アンリ大公　1955.4.16–）
　皇国（アンリ）
　世指導（アンリ大公　1955.4.16–）

Henri, Robert
アメリカの画家。無審査, 無賞の独立美術家展開催に尽力 (1910)。
⇒岩世人 (ヘンライ 1856.6.24–1929.7.12)

Henrich, Alphonsus
フランスのマリア会宣教師。日本ではヘンリックと呼ばれた。
⇒新カト (ヘンリック 1860.9.9–1939.12.28)

Henrich, Dieter
ドイツの哲学者。
⇒岩世人 (ヘンリヒ 1927.1.5–)
　外12 (ヘンリッヒ, ディーター 1927.1.5–)
　外16 (ヘンリッヒ, ディーター 1927.1.5–)

Henrich, Thomas David
アメリカの大リーグ選手 (外野, 一塁)。
⇒メジャ (ヘンリック, トミー 1913.2.20–2009.12.1)

Henrichs, Bertina
ドイツの作家, 脚本家。
⇒海文新 (ヘンリヒス, ベルティーナ 1966–)
　現ител文 (ヘンリヒス, ベルティーナ 1966–)

Henried, Paul
オーストリア (ハンガリー帝国) 生まれの俳優。
⇒ク俳 (ヘンリード, ポール (ヘルンリート, P・フォン, あるいは H・フォン・ヴァッセル=ヴァルディンゴー, P) 1908–1992)

Henrion, F.H.K.
ドイツ生まれのイギリスのデザイナー。イギリスにおけるコーポレート・アイデンティティの先駆者。
⇒グラデ (Henrion,F.H.K.　ヘンリオン,F.H.K. 1914–1990)

Henriot, Emile
フランスの小説家, 評論家。『ル・モンド』紙の常任書評家として活躍。
⇒岩世人 (アンリオ 1889.3.3–1961.4.14)

Henriot, Philippe
フランスの政治家, ジャーナリスト。
⇒岩世人 (アンリオ 1889.1.7–1944.6.28)

Henry, Antonin-Marcel
フランスの宣教学者, ドミニコ会員。
⇒新カト (アンリ 1911.2.19–1987.1.29)

Henry, Augustine
イギリスの医者, 植物学者。中国に渡り活躍。
⇒岩世人 (ヘンリー 1857.7.2–1930.3.23)

Henry, Buck
アメリカ生まれの俳優。
⇒ユ著人 (Henry,Buck　ヘンリー, バック 1930–)

Henry, Carl Ferdinand Howard
アメリカのバプテスト派神学者。現代福音主義運動のスポークスマンとして活躍している。
⇒岩世人 (ヘンリー 1913.1.22–2003.12.7)

Henry, Charles Ansène
フランスの外交官。第二次大戦中日本の南下に伴い, 仏印を中心とする交渉に当り日本の圧力下に困難な外交交渉に当った。
⇒岩世人 (アンリ 1881–1943.11)

Henry, Clarence 'Frogman'
アメリカ・ニューオーリンズのアルジアーズ生まれの歌手。
⇒ロック (Henry,Clarence 'Frogman'　ヘンリー, クラレンス・"フロッグマン" 1937.3.19–)

Henry, Geoffrey
クック諸島の政治家。クック諸島首相, クック諸島党 (CIP) 党首。
⇒世指導 (ヘンリー, ジェフリー 1940.11.16–2012.5.9)

Henry, Graham
ニュージーランドのラグビー監督。
⇒外12 (ヘンリー, グラハム 1946.6.8–)
　最世ス (ヘンリー, グラハム 1946.6.8–)

Henry, Guillaume
フランスの服飾デザイナー。
⇒外16 (アンリ, ギョーム 1978–)

Henry, Harold
アメリカの宣教師。
⇒アア歴 (Henry,Harold　ヘンリー, ハロルド 1909.7.11–1976.3.1)

Henry, James McClure
アメリカの宣教師教育者。
⇒アア歴 (Henry,James McClure　ヘンリー, ジェイムズ・マクルーア 1880.12.2–1958.12.18)

Henry, Jodie
オーストラリアの水泳選手 (自由形)。
⇒最世ス (ヘンリー, ジョディ 1983.11.17–)

Henry, Joe
アメリカのシンガー・ソングライター。
⇒外12 (ヘンリー, ジョー 1960–)
　外16 (ヘンリー, ジョー 1960–)

Henry, John W.
アメリカの投資家。
⇒外16 (ヘンリー, ジョン 1949.9–)

Henry, Louis
フランスの歴史人口学者。
⇒岩世人 (アンリ 1911–1991)

Henry, Mark
アメリカのプロレスラー, 重量挙げ選手。

⇒外12（ヘンリー, マーク　1971.6.12–）
　外16（ヘンリー, マーク　1971.6.12–）

Henry, Maurice
フランスのシュルレアリスト。
⇒シュル（アンリ, モーリス　1907–1984）

Henry, Michel
フランスの哲学者, 作家。
⇒岩世人（アンリ　1922.1.10–2002.7.3）
　ネーム（アンリ, ミッシェル　1922–2002）
　メル別（アンリ, ミシェル　1922–2002）

Henry, Michel
フランスの画家。
⇒芸13（アンリ, ミッシェル　1928–）

Henry, Milton
アメリカの弁護士。ニューヨーク市議会議員。
⇒マルX（HENRY, MILTON (Obadele, Brother Gaidi)　ヘンリー, ミルトン（オバデレ, ブラザー・ガイディ）　1920?–）

Henry, Nancy
アメリカの英文学者。
⇒外16（ヘンリー, ナンシー）

Henry, Nicole
アメリカのジャズ歌手, 女優, モデル。
⇒外12（ヘンリー, ニコール）
　外16（ヘンリー, ニコール）

Henry, Philip Walter
アメリカの技師。
⇒アア歴（Henry, Philip Walter　ヘンリー, フィリップ・ウォルター　1864.3.24–1947.11.7）

Henry, Pierre
フランスの作曲家。
⇒ク音3（アンリ　1927–）
　新音中（アンリ, ピエール　1927.12.9–）
　標音2（アンリ, ピエール　1927.12.9–）

Henry, Prince
イギリス王子。
⇒外12（ヘンリー王子　1984.9.15–）
　外16（ヘンリー王子　1984.9.15–）

Henry, Richard B.
アメリカの弁護士。マルコムXの友人。
⇒マルX（HENRY, RICHARD B. (Obadele, Brother Imari Abubakari)　ヘンリー, リチャード（オバデレ, ブラザー・イマリ・アブバカリ））

Henry, Richard Douglas
アメリカの大リーグ選手（投手）。
⇒メジャ（ヘンリー, ダグ　1963.12.10–）

Henry, Thierry
フランスのサッカー選手。
⇒異二辞（アンリ［ティエリ・～］　1977–）
　外12（アンリ, ティエリ　1977.8.17–）
　外16（アンリ, ティエリ　1977.8.17–）
　最世ス（アンリ, ティエリ　1977.8.17–）

Henry, Tom
イギリスの美術史家。
⇒外16（ヘンリー, トム）

Henry, Victor
フランスの言語学者, 印欧語比較文法学者。パリ大学のサンスクリットおよび比較文法教授（1888～）。
⇒岩世人（アンリ　1850.8.17–1907.2.6）

Henry, William
アメリカの男優。
⇒ク俳（ヘンリー, ウィリアム（ビル）　1918–1982）

Henry, William Rodman
アメリカの大リーグ選手（投手）。
⇒メジャ（ヘンリー, ビル　1927.10.15–）

Henschell, Dietrich
ドイツのバリトン歌手。
⇒外12（ヘンシェル, ディートリヒ　1967–）
　外16（ヘンシェル, ディートリヒ　1967–）

Hensel, Heinrich
ドイツのテノール歌手。バイロイト音楽祭でローゲ, パルシファルなどを歌ってワーグナー歌手として注目された。
⇒魅惑（Hensel, Heinrich　1874–1935）

Hensel, Kurt
ドイツの数学者。マルブルク大学教授（1902）。
⇒岩世人（ヘンゼル　1861.12.29–1941.6.1）
　世数（ヘンゼル, クルト　1861–1941）

Hensel, Paul
ドイツの哲学者, 倫理学者。画家W.ヘンゼルの孫。
⇒岩世人（ヘンゼル　1860.5.17–1930.11.11/8）
　学叢思（ヘンゼル, パウル　1860–?）

Hensel, Walther
ドイツの音楽教育家。「フィンケンシュタイン連盟」を創設（1923）。
⇒岩世人（ヘンゼル　1887.9.8–1956.9.5）

Hensen, Victor
ドイツの生理学者, 水産学者。海洋の生産力測定に貢献。
⇒岩生（ヘンゼン　1835–1924）
　岩世人（ヘンゼン　1835.2.10–1924.4.5）

Henshall, Douglas
スコットランド出身の男優。
⇒ク俳（ヘンショール, ダグラス　1967–）

Henson, Herbert Hensley
イギリス国教会ダラム教区主教。
⇒オク教（ヘンソン　1863-1947）

Henstock, Ralph
アイルランドの数学者。
⇒世数（ヘンストック, ラルフ　1923-2007）

Henstridge, Natasha
カナダの女優。
⇒ク俳（ヘンストリッジ, ナターシャ　1974-）

Hentgen, Pat
アメリカの大リーグ選手（投手）。
⇒メジャ（ヘントゲン, パット　1968.11.13-）

Hentig, Hartmut von
ドイツの教育家, 教育学者。
⇒岩世人（ヘンティヒ　1925.9.23-）
　教思増（ヘンティッヒ　1925-）

Hentoff, Nat
アメリカの作家, ジャズ評論家。
⇒現世文（ヘントフ, ナット　1925.6.10-2017.1.7）

Hentsch, Oberstleutnant Richard
ドイツ軍の情報士官。第1次世界大戦中の1914年, フランス北部での進撃中止を決断させた。
⇒スパイ（ヘンチュ, オーバーシュトロイトナント・リヒャルト　1869-1918）

Henz, Rudolf
オーストリアの作家。ヴィーン放送局放送部長。小説のほか抒情詩, 叙事詩を書いた。
⇒現世文（ヘンツ, ルドルフ　1897.5.10-?）

Henze, Hans Werner
ドイツの作曲家。
⇒岩世人（ヘンツェ　1926.7.1-2012.10.27）
　エデ（ヘンツェ, ハンス・ヴェルナー　1926.7.1-2012.10.27）
　オペラ（ヘンツェ, ハンス・ヴェルナー　1926-2012）
　外12（ヘンツェ, ハンス・ヴェルナー　1926.7.1-）
　ク音3（ヘンツェ　1926-）
　新オペ（ヘンツェ, ハンス・ヴェルナー　1926-）
　新音小（ヘンツェ, ハンス・ヴェルナー　1926-）
　新音中（ヘンツェ, ハンス・ヴェルナー　1926.7.1-）
　ピ曲改（ヘンツェ, ハンス・ヴェルナー　1926-）
　標音2（ヘンツェ, ハンス・ヴェルナー　1926.7.1-）

Heo Ga-yoon
韓国の歌手。
⇒外12（ホガユン　1990.5.18-）

Heo Jin-ho
韓国の映画監督, 脚本家。
⇒外12（ホジノ　1963.8.8-）
　外16（ホジノ　1963.8.8-）

Heo Young-Ran
韓国の女優。
⇒韓俳（ホ・ヨンナン　1980.9.16-）

Hepburn, Audrey
ベルギー生まれのアメリカの映画女優。『ローマの休日』(1953)でアカデミー主演女優賞を受賞。
⇒遺産（ヘップバーン, オードリー　1929.5.4-1993.1.20）
　異二辞（ヘップバーン, オードリー　1929-1993）
　岩世人（ヘプバーン　1929.5.4-1993.1.20）
　ク俳（ヘプバーン, オードリー（ラストン, A）　1929-1993）
　広辞7（ヘプバーン　1929-1993）
　スター（ヘップバーン, オードリー　1929.5.4-1993）
　ネーム（ヘップバーン, オードリー　1929-1993）
　ポプ人（ヘップバーン, オードリー　1929-1993）

Hepburn, Katharine
アメリカの映画女優。
⇒アメ州（Hepburn, Katharine　ヘップバーン, キャサリン　1909-）
　遺産（ヘップバーン, キャサリン　1907.5.12-2003.6.29）
　岩世人（ヘプバーン　1907.5.12-2003.6.29）
　ク俳（ヘプバーン, キャサリン　1906-）
　広辞7（ヘプバーン　1907-2003）
　スター（ヘップバーン, キャサリン　1907.5.12-2003）

Heppenstall, Rayner
イギリスの小説家, 批評家, 詩人。
⇒現世文（ヘプンストール, レイナー　1911.7.27-1981.5.23）

Heppner, Ben
カナダのテノール歌手。
⇒外12（ヘップナー, ベン　1956-）
　外16（ヘップナー, ベン　1956-）
　失声（ヘップナー, ベン　1956-）
　魅惑（Heppner, Ben　1956-）

Hepworth, *Dame* Barbara
イギリスの女性彫刻家。1959年第5回サンパウロ・ビエンナーレでグランプリ, 63年第7回東京ビエンナーレで外相賞獲得。
⇒岩世人（ヘプワース　1903.1.10-1975.5.20）
　芸13（ヘップワース, バーバラ　1903-1975）
　広辞7（ヘプワース　1903-1975）

Heras, Henry
スペイン, のちインドのインド史研究者。イエズス会員。1926年インド歴史調査研究所（現ヘラス・インド歴史文化研究所）を設立。
⇒新カト（ヘラス　1888.9.11-1955.12.24）

Herasimenia, Aliaksandra
ベラルーシの水泳選手（自由形・背泳ぎ）。
⇒最世名（ヘラシメニア, アリアクサンドラ　1985.12.31-）

Herberg, Heinz
テノール歌手。
⇒魅惑（Herberg,Heinz　?–）

Herberger, Sepp
ドイツのサッカー監督。
⇒岩世人（ヘルベルガー　1897.3.28–1977.4.28）

Herberigs, Robert
ベルギーの作曲家。
⇒標音2（エルベリック, ロベール　1886.6.19–1974.9.20）

Herbert, Frank
アメリカのSF作家。
⇒現世文（ハーバート, フランク　1920–1986.2.11）

Herbert, James
イギリスの人気ホラー作家。
⇒現世文（ハーバート, ジェームズ　1943.4.8–2013.3.20）

Herbert, Raymond Ernest
アメリカの大リーグ選手（投手）。
⇒メジャ（ハーバート, レイ　1929.12.15–）

Herbert, Victor
アイルランド生まれのアメリカの作曲家。主作品は, オペレッタ『占い師』(1898)など。
⇒岩世人（ハーバート　1859.2.1–1924.5.26）
　エデ（ハーバート, ヴィクター（オーガスト）1859.2.1–1924.5.26）
　ク音3（ハーバート　1859–1924）
　新音中（ハーバート, ヴィクター　1859.2.1–1924.5.26）
　標音2（ハーバート, ヴィクター　1859.2.1–1924.5.26）

Herbert, Xavier
オーストラリアの小説家。
⇒現世文（ハーバート, ザビア　1901–1984.11.10）

Herbert, Zbigniew
ポーランドの詩人。1965年にはオーストリアのレーナウ賞を受賞。
⇒岩世人（ヘルベルト　1924.10.29–1998.7.28）
　現世文（ヘルベルト, ズビグニェフ　1924.10.29–1998.7.28）

Herbig, George Howard
アメリカの天文学者。
⇒天文大（ハービッグ　1920–）

Herbig, Günther
ドイツの指揮者。
⇒外12（ヘルビヒ, ギュンター　1931.11.30–）
　外16（ヘルビヒ, ギュンター　1931.11.30–）

Herbin, Auguste
フランスの画家。
⇒芸13（エルバン, オーギュスト　1882–1951）

Herbrand, Jacques
フランスの数学者。
⇒世数（エルブラン, ジャック　1908–1931）

Herbst, Curt Alfred
ドイツの動物学者。
⇒岩生（ヘルプスト　1866–1946）

Herdeg, Walter
スイスのデザイナー, 出版者。
⇒グラデ（Herdeg,Walter　ヘルデク, ヴァルター　1908–1995）

Heredia, Francisco
スペインのテノール歌手。
⇒魅惑（Heredia,Francisco　1965–）

Hérédia, José Maria de
フランスの詩人。雑誌に数篇ずつ詩を発表するだけで多作せず, 詩集は『トロフィー』(1893)のみ。
⇒岩世人（エレディア　1842.11.22–1905.10.2）
　19仏（エレディア, ジョゼ＝マリア・ド　1842.11.22–1905.10.2）

Hérent, René
フランスのテノール歌手。
⇒魅惑（Hérent,René　1897–1966）

Hergé
ベルギーの漫画家。
⇒岩世人（エルジェ　1907.5.22–1983.3.3）
　絵本（エルジェ　1907–1983）
　絵本（エルジェ　1907–1983）

Herges, Matthew Tyler
アメリカの大リーグ選手（投手）。
⇒メジャ（ハージェス, マット　1970.4.1–）

Hergesell, Hugo
ドイツの気象学者。航空測候, 高層気象観測などを行なった。
⇒岩世人（ヘルゲゼル　1859.5.29–1938.6.6）

He'riat, Philippe
フランスの小説家, 劇作家。『甘やかされた子供たち』(1939)でゴンクール賞受賞。
⇒現世文（エリヤ, フィリップ　1893.9.15–1971.10.10）

Héring, Jean
フランスの哲学者, プロテスタント神学者。宗教哲学の構成に現象学を導入。
⇒メル3（ヘリング, ジャン　1890–1966）

Hering, Jörg
ドイツのテノール歌手。
⇒魅惑（Hering,Jörg　?–）

Hering, Karl Ewald Konstantin
ドイツの生理学者, 心理学者。電気生理学, 知覚

生理学,生理光学を確立。
⇒岩世人（ヘーリング　1834.8.5-1918.1.26）
　学叢思（ヘリング,エヴァルト　1834-?）

Hering, Karl-Josef
ドイツのテノール歌手。
⇒魅惑（Hering,Karl-Josef　1929-1998）

Héris, Charles-Vincent
フランスの神学者,ドミニコ会員。
⇒新カト（エリス　1885.12.8-1975.12.19）

Herkner, Heinrich
ベーメン（現オーストリア）生まれの経済思想学者。
⇒岩世人（ヘルクナー　1863.6.27-1932.5.27）
　学叢思（ヘルクナー,ハインリヒ　1863-?）

Herkomer, *Sir* Hubert von
ドイツ生まれのイギリスの画家。1890年ロイヤル・アカデミー会員。主作品は『最後の招集』(75)。
⇒芸13（ハーコマー,フーベルト　1849-1914）

Herlihy, James Leo
アメリカの作家。
⇒現世文（ハーリヒイ,ジェームズ・レオ　1927.2.27-1993.10.21）

Herlitzius, Evelyn
ドイツのソプラノ歌手。
⇒外12（ヘルリツィウス,エヴェリン　1963-）
　外16（ヘルリツィウス,エヴェリン　1963-）

Herman
ハンガリー生まれのアメリカの空軍上級曹長。
⇒スパイ（ハーマン[p]）

Herman, Emma
イギリスの著述家。
⇒オク教（ハーマン　1874-1923）

Herman, Floyd Caves（Babe）
アメリカの大リーグ選手（外野,一塁）。
⇒メジャ（ハーマン,ベーブ　1903.6.26-1987.11.27）

Herman, Jerry
アメリカのミュージカル作曲家。1964年の『ハロー・ドーリー』の決定的な大成功で,ミュージカル作詞・作曲家としての地位を不動にした。
⇒新音中（ハーマン,ジェリー　1933.7.10-）
　標音2（ハーマン,ジェリー　1933.7.10-）

Herman, Mark
イギリスの映画監督,脚本家。
⇒外12（ハーマン,マーク　1954-）

Herman, William Jennings Bryan
アメリカの大リーグ選手（二塁）。
⇒メジャ（ハーマン,ビリー　1909.7.7-1992.9.5）

Herman, Woodrow Charles（Woody）
アメリカのジャズ・バンドリーダー,クラリネット奏者。1940年代に人気を誇った。
⇒岩世人（ハーマン　1913.5.16-1987.10.29）
　新音中（ハーマン,ウディ　1913.5.16-1987.10.29）
　標音2（ハーマン,ウディ　1913.5.16-1987.10.29）

Herman, Yaron
イスラエルのジャズ・ピアノ奏者。
⇒外12（ヘルマン,ヤロン　1981.7.12-）
　外16（ヘルマン,ヤロン　1981.7.12-）

Hermann, Albert
ドイツ生まれの画家。
⇒芸13（ハーマン,アルバート　1937-）

Hermann, Felix
ドイツ生まれのポーランド人フランシスコ会宣教師。
⇒新カト（ヘルマン　1887-1957）

Hermann, Georg
ドイツの小説家,随筆家,美術史家。
⇒ユ著人（Hermann,Georg　ヘルマン,ゲオルク　1871-1943）

Hermann, Imre
ハンガリー人の医師,精神分析家。
⇒精分弘（ヘルマン,イムレ　1889-1984）

Hermann, Judith
ドイツの作家。
⇒外12（ヘルマン,ユーディット　1970-）
　外16（ヘルマン,ユーディット　1970-）
　海文新（ヘルマン,ユーディット　1970.5.15-）
　現世文（ヘルマン,ユーディット　1970.5.15-）

Hermann, Ludimar
ドイツの生理学者。筋肉の代謝,生物電気の発生などを研究。
⇒岩世人（ヘルマン　1838.10.21-1914.6.5）

Hermann, Valerie
フランスの実業家。
⇒外12（ハーマン,ヴァレリー　1967-）
　外16（ハーマン,ヴァレリー　1967-）

Hermans, Willem Frederik
オランダの小説家。フローニンゲン大学教授。
⇒岩世人（ヘルマンス　1921.9.1-1995.4.27）
　現世文（ヘルマンス,ウィレム・フレデリック　1921.9.1-1995.4.27）

Hermansen, Søren
デンマークのサムソエネルギーアカデミー所長。
⇒外16（ハーマンセン,ソーレン）

Hermé, Pierre
フランスのパティシエ。

⇒外12（エルメ, ピエール　1961–）
　外16（エルメ, ピエール　1961–）

Hermel, Michel
フランス生まれの画家。
⇒芸13（エルメール, ミッシェル　1934–）

Hermlin, Stephan
ドイツの詩人。
⇒現世文（ヘルムリーン, シュテファン　1915.4.13–1997.4.6）

Hernandez, Adrian
メキシコのプロボクサー。
⇒最世ス（エルナンデス, アドリアン　1986.1.10–）

Hernandez, Amado V.
フィリピンの現代タガログ語文学の作家, 詩人, 労働運動の指導者。
⇒岩世人（エルナンデス　1903.9.13–1970.3.24）
　現世文（エルナンデス, アマド　1903.9.13–1970.3.24）

Hernandez, Cesar
アメリカのテノール歌手。
⇒魅惑（Hernandez,Cesar　?–）

Hernández, Daniel
ペルーの画家。
⇒岩世人（エルナンデス　1856.8.1–1932.10.23）

Hernandez, Felix
ベネズエラの大リーグ選手（マリナーズ・投手）。
⇒外12（ヘルナンデス, フェリックス　1986.4.8–）
　外16（ヘルナンデス, フェリックス　1986.4.8–）
　最世ス（ヘルナンデス, フェリックス　1986.4.8–）
　メジャ（エルナンデス, フェリックス　1986.4.8–）

Hernandez, Guillermo（Willie）
アメリカの大リーグ選手（投手）。
⇒メジャ（エルナンデス, ウィリー　1954.11.14–）

Hernández, Javier
メキシコのサッカー選手（マンチェスター・ユナイテッド・FW）。
⇒最世ス（エルナンデス, ハビエル　1988.6.1–）

Hernandez, Jose Antonio
アメリカの大リーグ選手（遊撃, 三塁）。
⇒メジャ（エルナンデス, ホセ　1969.7.14–）

Hernandez, Juan Martin
アルゼンチンのラグビー選手（ラシン・メトロ・SO）。
⇒最世ス（エルナンデス, フアン・マルティン　1982.8.7–）

Hernandez, Keith
アメリカの大リーグ選手（一塁）。
⇒メジャ（ヘルナンデス, キース　1953.10.20–）

Hernandez, Livan
アメリカの大リーグ選手（投手）。
⇒メジャ（エルナンデス, リバン　1975.2.20–）

Hernández, Miguel
スペインの詩人。作品に前衛詩『絶えざる光線』（1936）や,『人民の風』（36）がある。
⇒岩世人（エルナンデス　1910.10.30–1942.3.28）
　現世文（エルナンデス, ミゲル　1910.10.30–1942.3.28）

Hernandez, Olivier
テノール歌手。
⇒魅惑（Hernandez,Olivier　?–）

Hernandez, Orlando
キューバ出身の大リーグ選手（投手）。
⇒外12（エルナンデス, オルランド　1965.11.10–）

Hernández, Rafael
プエルト・リコの作曲家。『水晶の鐘』など, 多くのヒット曲を書いた。
⇒岩世人（エルナンデス　1892.10.24–1965.12.11）
　標音2（エルナンデス, ラファエル　1893/1898–1965.12.12）

Hernandez, Ramon Jose
ベネズエラの大リーグ選手（捕手）。
⇒メジャ（エルナンデス, ラモン　1976.5.20–）

Hernandez, Raoul
メキシコのテノール歌手。
⇒魅惑（Hernandez,Raoul　?–）

Hernandez, Roberto Manuel
アメリカの大リーグ選手（投手）。
⇒メジャ（エルナンデス, ロベルト　1964.11.11–）

Hernández Alvarado, Juan Orlando
ホンジュラスの政治家。ホンジュラス大統領（2014～）。
⇒外16（エルナンデス・アルバラド, フアン・オルランド　1968.10.28–）
　世指導（エルナンデス・アルバラド, フアン・オルランド　1968.10.28–）

Hernández Martínez, Maximiliano
エルサルバドルの政治家。エルサルバドル大統領（1931～44）。
⇒岩世人（エルナンデス・マルティネス　1882–1966.6）

Herndon, Larry Darnell
アメリカの大リーグ選手（外野）。
⇒メジャ（ハーンドン, ラリー　1953.11.3–）

Herndon, Thomas
アメリカのテノール歌手。
⇒魅惑（Herndon,Thomas　1937–1988）

Hero
韓国の歌手。

Herold, Jacques
ルーマニア出身の画家。
⇒シュル（エロルド, ジャック　1910-1987）

Herold, Vilhelm Kristoffer
デンマークのテノール歌手。1922～24年コペンハーゲン王立劇場オペラ監督を務めた。
⇒失声（ヘロルド, ヴィルヘルム　1865-1937）
　魅惑（Herold,Vilhelm Kristoffer　1865-1937）

Heron, Patrich
イギリスの画家, 作家, 染織家。
⇒芸13（ヘラン, パトリック　1920-1999）

Héroult, Paul Louis Toussaint
フランスの冶金技術者。
⇒岩世人（エルー　1863.4.10-1914.5.9）
　化学（エルー　1863-1914）
　広辞7（エルー　1863-1914）

Herr, Lucien
フランスの哲学者, 碩学。社会党の活動家でもあった。
⇒メル3（エール, リュシアン　1869-1926）

Herr, Thomas Mitchell
アメリカの大リーグ選手（二塁）。
⇒メジャ（ハー, トム　1956.4.4-）

Herre, Albert William Christian Theodore
アメリカの博物学者。
⇒アア歴（Herre,Albert W(illiam) C(hristian) T(heodore)　ヘア, アルバート・ウイリアム・クリスチャン・シオドア　1868.9.16-1962.1.16）

Herrera, Luis Alberto de
ウルグアイの政治家, 歴史家。
⇒ラテ新（エレラ　1873-1959）

Herrera, Paloma
アルゼンチンのダンサー。
⇒外12（ヘレーラ, パロマ　1975.12.21-）
　外16（ヘレーラ, パロマ　1975.12.21-）

Herrera y Reissig, Julio
ウルグアイの詩人。同国の「近代派」詩人のリーダー。
⇒岩世人（エレーラ・イ・レイシグ　1875.1.9-1910.3.18）

Herrero, Rodolfo
メキシコの軍人。1920年メキシコ大統領ベヌスティアーノ・カランサを暗殺。
⇒世暗（エレーロ, ロドルフォ　1885?-1964）

Herreweghe, Philippe
ベルギーの指揮者。
⇒外12（ヘレヴェッヘ, フィリップ　1947.5.7-）
　外16（ヘレヴェッヘ, フィリップ　1947.5.7-）
　新音中（ヘレヴェッヘ, フィリップ　1947.5.2-）

Herrick, James Bryan
アメリカの心臓病学者。
⇒岩世人（ヘリック　1861.8.11-1954.3.7）

Herrigel, Eugen
ドイツの哲学者。1924～29年来日して東北帝国大学教授。西南ドイツ学派の思想, 特にラスクの学説を発展させた。
⇒岩世人（ヘリゲル　1884.3.20-1955.4.18）
　教人（ヘリゲル　1884-1955）

Herring, Heath
アメリカの格闘家。
⇒異二辞（ヒーリング, ヒース　1978-）

Herrington, William Charles
アメリカの水産学者。アメリカ国務省水産顧問として, 日・米・カナダ間の漁業協定に主導的役割を務めた。
⇒岩世人（ヘリントン　1903.1.24-1991）

Herriot, Edouard
フランスの政治家。急進社会党党首として左派連合内閣を組織（1924～25）。
⇒岩世人（エリオ　1872.7.5-1957.3.26）

Herriot, James
イギリスの獣医, 作家。
⇒現世文（ヘリオット, ジェームズ　1916.10.3-1995.2.23）

Herrmann, Bernard
アメリカの指揮者, 作曲家。1940年映画『市民ケーン』の音楽を作曲し, 以来死去する直前の『タクシー・ドライバー』まで, 61の映画音楽を書いた。
⇒エデ（ハーマン, バーナード　1911.6.29-1975.12.24）
　新音中（ハーマン, バーナード　1911.6.29-1975.12.24）
　ユ著人（Herrman,Bernard　ハーマン, バーナード　1911-）

Herrmann, Cornelia
オーストリアのピアノ奏者。
⇒外12（ヘルマン, コルネリア　1977-）
　外16（ヘルマン, コルネリア　1977-）

Herrmann, Hute
ドイツ生まれの洋画家。
⇒芸13（エルマン, ウット　1969-）

Herrmann, Rudolph A.
ソ連のインテリジェンス・オフィサー。1960年代にイリーガルとしてアメリカで活動した。
⇒スパイ（ヘルマン, ルドルフ・A[p]）

Herrmann, Wilhelm Johann Georg
ドイツのルター派神学者。主著『キリスト者の

神との交わり』(1886)。
⇒岩キ (ヘルマン,J.W. 1846–1922)
岩世人 (ヘルマン 1846.12.6–1922.1.2)
オク教 (ヘルマン 1846–1922)
学叢思 (ヘルマン,ヴィルヘルム 1846–1922)
新カト (ヘルマン 1846.12.6–1922.1.2)

Herrndorf, Wolfgang
ドイツの作家。
⇒海文新 (ヘルンドルフ,ヴォルフガング 1965.6.12–2013.8.26)
現世文 (ヘルンドルフ,ヴォルフガング 1965.6.12–2013.8.26)

Herron, George Davis
アメリカの会衆派教会牧師、社会運動家。
⇒学叢思 (ヘロン,ジョージ・デーヴス 1862–?)

Herron, Mick
イギリスの作家。
⇒海文新 (ヘロン,ミック)
現世文 (ヘロン,ミック)

Hersant, Robert Joseph Émile
フランスのメディア経営者。
⇒岩世人 (エルサン 1920.1.31–1996.4.21)

Herschbach, Dudley Robert
アメリカの物理化学者。
⇒岩世人 (ハーシュバック 1932.6.18–)
外16 (ハーシュバック,ダドリー・ロバート 1932.6.18–)
化学 (ハーシュバック 1932–)
ネーム (ハーシュバック 1932–)
ノベ3 (ハーシュバック,D.R. 1932.6.18–)
ユ著人 (Herschbach,Dudley Robert ハーシュバック,ダッドリー・ロバート 1932–)

Hersey, John Richard
アメリカの雑誌記者、作家。『アダノの鐘』(1944)によりピュリツァー賞受賞(45)。
⇒岩世人 (ハーシー 1914.6.17–1993.3.24)

Hershberger, Norman Michael
アメリカの大リーグ選手 (外野)。
⇒メジャ (ハーシュバーガー,マイク 1939.10.9–2012.7.1)

Hershey, Alfred Day
アメリカの分子生物学者。
⇒岩生 (ハーシェイ 1908–1997)
岩世人 (ハーシー 1908.12.4–1997.5.22)
ネーム (ハーシェイ 1908–1997)
ノベ3 (ハーシー,A.D. 1908.12.4–1997.5.22)

Hershey, Barbara
アメリカ生まれの女優。
⇒ク俳 (ハーシー,バーバラ (ヘルツシュタイン,B) 1947–)
ユ著人 (Hershey,Babara ハーシ,バーバラ 1948–)

Hershiser, Orel Leonard Quinton
アメリカの大リーグ選手 (投手)。
⇒外12 (ハーシュハイザー,オーレル 1958.9.16–)
メジャ (ハーシャイザー,オーレル 1958.9.16–)

Hershko, Avram
ハンガリー出身のイスラエルの生化学者。ノーベル化学賞受賞。
⇒外12 (ハーシュコ,アブラム 1937–)
外16 (ハーシュコ,アブラム 1937.12.31–)
化学 (ハーシュコ 1937–)
ノベ3 (ハーシュコ,A. 1937.12.31–)

Hershman, Morris
アメリカのミステリ作家。
⇒現世文 (ハーシュマン,モリス 1926.1.21–)

Hersholt, Jean
アメリカの俳優。
⇒ク俳 (ハーショルト,ジーン 1886–1956)

Herskovits, Bela
アメリカのカントール、コンサート・アーティスト。
⇒ユ著人 (Herskovits,Bela ヘルスコヴィッツ,ベラ 1920–1974)

Herskovits, Melville Jean
アメリカの文化人類学者。主著『文化変容』(1938)。
⇒岩世人 (ハースコヴィツ 1895.9.10–1963.2.25)
社小増 (ハースコヴィツ 1895–1963)
有経5 (ハースコヴィツ 1895–1963)

Hertling, Georg, Graf von
ドイツの政治家、哲学者。帝国首相兼プロシア首相として軍の独裁に抵抗。
⇒岩世人 (ヘルトリング 1843.8.31–1919.1.4)
新カト (ヘルトリンク 1843.8.31–1919.1.4)

Hertwig, Oscar
ドイツの発生学者。
⇒岩世人 (ヘルトヴィヒ 1849–1922)
岩世人 (ヘルトヴィヒ 1849.4.21–1922.10.26)

Hertwig, Richard
ドイツの動物学者。兄のO.ヘルトウィヒとともに胚葉説を提唱。
⇒岩生 (ヘルトヴィヒ 1850–1937)
岩世人 (ヘルトヴィヒ 1850.9.23–1937.10.3)

Hertz, Gustav Ludwig
ドイツの物理学者。量子論の基礎づけに貢献、1925年ノーベル物理学賞受賞。
⇒岩世人 (ヘルツ 1887.7.22–1975.10.30)
三新物 (ヘルツ② 1887–1975)
ノベ3 (ヘルツ,G. 1887.7.22–1975.10.30)
物理 (ヘルツ,グスタフ・ルートヴィヒ 1887–1975)
ユ著人 (Hertz,Gustav Ludwig ヘルツ,グスタフ・ルードヴィヒ 1887–1975)

Hertz, Robert
フランスの社会学者。
⇒現宗（エルツ　1881-1915）

Hertzog, James Barry Munnik
南アフリカの政治家,1924年首相に就任。現地オランダ人民族主義者。
⇒岩世人（ヘルツォーク　1866.4.3-1942.11.21）

Hertzsprung, Ejnar
デンマークの天文学者。恒星の光度と色の関係を研究。
⇒岩世人（ヘルツスプルング　1873.10.8-1967.10.21）
　三新物（ヘルツシュプルング　1873-1967）
　天文大（ヘルツシュプルング　1873-1967）

Hervé, Gustave
フランスの政治家。社会党に入り反軍主義を強力に主張し,党機関紙を創刊（1908）したが,第一次大戦に際し愛国的戦争協力論と変り,社会党を去って,クレマンソーの政策を支持した。
⇒岩世人（エルヴェ　1871.1.2-1944.10）
　学叢思（エルヴェ,ギュスターヴ　1871-?）

Herve, Juliane
フランスの画家。
⇒芸13（エルベ,ジュリアン　1921-）

Hervey, Harry Clay
アメリカの作家,探検家,脚本家。
⇒アア歴（Hervey,Harry (Clay)　ハーヴィー,ハリー・クレイ　1900.11.5-1951.8.12）

Hervieu, Paul Ernest
フランスの小説家,劇作家。
⇒岩世人（エルヴュー　1857.9.2-1915.10.25）

Herwegen, Ildefons
ドイツの聖職者。ベネディクト会司祭（1901）。
⇒岩世人（ヘルヴェーゲン　1874.11.27-1946.9.2）
　新カト（ヘルヴェーゲン　1874.11.27-1946.9.2）

Herwig, Franz
ドイツの小説家。主著 "St.Sebastian vom Wedding"（1921）, "Fluchtversuche"（30）。
⇒岩世人（ヘルヴィヒ　1880.3.20-1931.8.15）

Herzberg, Frederick
アメリカの経営行動科学研究者。
⇒社小増（ハーズバーグ　1923-）
　ベシ経（ハーズバーグ　1923-2000）
　有経5（ハーズバーグ　1923-2000）

Herzberg, Gerhard
カナダの物理化学者。
⇒岩世人（ヘルツベルグ　1904.12.25-1999.3.3）
　化学（ヘルツベルク　1904-1999）
　広辞7（ヘルツベルク　1904-1999）
　ノベ3（ヘルツバーグ,G.　1904.12.25-1999.3.3）

Herzenberg, Leonard
アメリカの細胞生物学者。フロー・サイトメトリーを行うための機械を開発。
⇒広辞7（ヘルツェンバーグ　1931-2013）

Herzenberg, Leonard Arthur
アメリカの免疫学者,遺伝学者。スタンフォード大学教授。
⇒外12（ハーツェンバーグ,レナード・アーサー　1931.11.5-）

Herzfeld, Ernst
ドイツの考古学者。ペルセポリス,ヴァーンの発掘に参加。
⇒岩世人（ヘルツフェルト　1879.7.23-1948.1.20）

Herzfelde, Wieland
ドイツの作家,出版者。
⇒岩世人（ヘルツフェルデ　1896.4.11-1988.11.23）

Herzlinger, Regina E.
アメリカの経営学者。
⇒外12（ヘルツリンガー,レジナ）

Herzmanovsky-Orlando, Fritz Ritter von
オーストリアの作家。パロディーやコミックを得意とする。
⇒岩世人（ヘルツマノフスキー＝オルランド　1877.4.30-1954.5.27）

Herzog, Chaim
イスラエルの政治家。イスラエル大統領（1983～93）。
⇒スパイ（ヘルツォーグ,ハイム　1918-1997）
　ユ著人（Herzog,Chaim　ヘルツォーグ,ハイム　1918-1997）

Herzog, Charles Lincoln（Buck）
アメリカの大リーグ選手（二塁,三塁,遊撃）。
⇒メジャ（ハーゾグ,バック　1885.7.9-1953.9.4）

Herzog, David
アメリカのトランペット奏者。
⇒外12（ヘルツォーク,デービッド）

Herzog, Dorrel Norman Elvert（Whitey）
アメリカの大リーグ選手（外野）,監督。
⇒メジャ（ハーゾグ,ホワイティ　1931.11.9-）

Herzog, George
ブダペスト生まれのアメリカ在住の音楽学者。
⇒ユ著人（Herzog,George　ヘルツォーク,ジョルジュ　1901-1983）

Herzog, Jacques
スイスの建築家。
⇒外12（ヘルツォーク,ジャック　1950.4.19-）
　外16（ヘルツォーク,ジャック　1950.4.19-）

Herzog, Maurice
フランスの登山家, 政治家。
⇒岩世人（エルゾーグ　1919.1.15–2012.12.13）

Herzog, Roman
ドイツの政治家, 法律家。ドイツ大統領（1994～99）。
⇒岩世人（ヘルツォーク　1934.4.5–）
　外12（ヘルツォーク, ロマン　1934.4.5–）
　世指導（ヘルツォーク, ローマン　1934.4.5–2017.1.10）

Herzog, Werner
ドイツの映画監督。
⇒岩世人（ヘルツォーク　1942.9.5–）
　映監（ヘルツォーク, ヴェルナー　1942.9.5–）
　外12（ヘルツォーク, ヴェルナー　1942.9.5–）
　外16（ヘルツォーク, ヴェルナー　1942.9.5–）

Herzog, Wilhelm
ドイツの作家, 詩人。社会主義的な戯曲や抒情詩を書いた。
⇒岩世人（ヘルツォーク　1884.1.12–1960.4.18）

Hesburgh, Theodore Martin
アメリカのカトリック神学者, 教育学者。
⇒新カト（ヘスバーグ　1917.5.25–2015.2.26）

Heschel, Abraham Joshua
アメリカのユダヤ教神学者。
⇒岩キ（ヘッシェル　1907–1972）
　岩世人（ヘッシェル　1907.1.11–1972.12.23）
　ユ著人（Heschel, Abraham Joshua　ヘシェル, アブラハム・ヨシュア　1907–1972）

Heseltine, Michael
イギリスの政治家, 実業家。イギリス副首相。
⇒岩世人（ヘゼルタイン　1933.3.21–）
　世指導（ヘーゼルタイン, マイケル　1933.3.21–）

Heskey, Emile
イギリスのサッカー選手。
⇒最世ス（ヘスキー, エミール　1978.1.11–）

Hess, Alfred
アメリカの小児科医。
⇒ユ著人（Hess, Alfred　ヘス, アルフレッド　1875–1933）

Hess, Harry Hammond
アメリカの地質学者, 地球物理学者。歴史的な論文『海洋底の歴史』（1962）によって海洋底拡大説を提唱。
⇒岩世人（ヘス　1906.5.24–1969.8.25）
　オク地（ヘス, ハリー・ハモンド　1906–1969）

Hess, Herbert
ドイツのテノール歌手。
⇒魅惑（Hess, Herbert　?–）

Hess, Ludwig
ドイツのテノール歌手。1926年からはバリトンとしても活動。作曲も行ない, オペラ, 合唱曲, 歌曲, 交響曲などを残している。
⇒魅惑（Hess, Ludwig　1877–1944）

Hess, *Dame* Myra
イギリスのピアノ奏者。1941年デームの称号, マンチェスター大学の名誉学位を受けた。
⇒新音中（ヘス, マイラ　1890.2.25–1965.11.25）
　標音2（ヘス, マイラ　1890.2.25–1965.11.25）

Hess, Victor Francis
アメリカ（オーストリア系）の物理学者。宇宙線の存在を示した。1936年ノーベル物理学賞受賞。
⇒岩世人（ヘス　1883.6.24–1964.12.17）
　科史（ヘス　1883–1964）
　三新物（ヘス　1883–1964）
　天文大（ヘス　1883–1964）
　ノベ3（ヘス, V.F.　1883.6.24–1964.12.17）
　物理（ヘス, ヴィクトール　1883–1964）

Hess, Walter Richard Rudolf
ドイツの政治家。1920年ナチス党員。33年総統代理。41年単身渡英, イギリスとの講和交渉をはかったが失敗。戦後ニュルンベルグ裁判で終身刑。
⇒岩世人（ヘス　1894.4.26–1987.8.17）

Hess, Walter Rudolf
スイスの生理学者。1949年間脳と内臓との機能的共同作用に関する発見により, ノーベル生理・医学賞受賞。
⇒岩世人（ヘス　1881.3.17–1973.8.12）
　ノベ3（ヘス, W.R.　1881.3.17–1973.8.12）

Hesse, Eva
ドイツのエクスプレッショニスト・アーティスト。
⇒岩世人（ヘス　1936.1.11–1970.5.29）

Hesse, Hermann
ドイツの詩人, 小説家。主著『デミアン』（1919）,『荒野の狼』（27）。
⇒岩キ（ヘッセ　1877–1962）
　岩世人（ヘッセ　1877.7.2–1962.8.9）
　学叢思（ヘッセ, ヘルマン　1877–?）
　現世文（ヘッセ, ヘルマン　1877.7.2–1962.8.9）
　広辞7（ヘッセ　1877–1962）
　辞歴（ヘッセ　1877–1962）
　新カト（ヘッセ　1877.7.2–1962.8.9）
　西文（ヘッセ, ヘルマン　1877–1962）
　世人新（ヘッセ（ヘルマン＝ヘッセ）　1877–1962）
　世人装（ヘッセ（ヘルマン＝ヘッセ）　1877–1962）
　ノベ3（ヘッセ, H.　1877.7.2–1962.8.9）
　比文増（ヘッセ（ヘルマン）　1877（明治10）–1962（昭和37））
　ポプ人（ヘッセ, ヘルマン　1877–1962）

Hesse, Karen
アメリカの作家, 詩人。

⇒外12（ヘス, カレン 1952-）
外16（ヘス, カレン 1952-）
現世文（ヘス, カレン 1952-）

Hesse, Richard
ドイツの動物学者。動物の視覚生理学, 生態学, 動物地理学の業績があり, 進化と適応の観点から生態学を地理学に結びつけた。
⇒岩生（ヘッセ 1868-1944）

Hessen, Johannes
ドイツの哲学者。新スコラ学を排し, カトリックの教義と現代の宗教哲学および価値哲学との結合を求めた。
⇒岩世人（ヘッセン 1889.9.14-1971.9.2）

Hessen, Sergius
ロシア出身の哲学者, 教育学者。
⇒岩世人（ヘッセン 1887-1950）

Hessert, Ria von
ドイツのソプラノ歌手。
⇒標音2（ヘッセルト, リア・フォン 1893.1.6-1989.7.11）

Hessing, Friedrich von
ドイツの整形外科医。骨折, 関節炎等の治療法を発表（1868）。
⇒岩世人（ヘッシング 1838.6.19-1918.3.6）

Hessler, Peter
アメリカのジャーナリスト。
⇒外16（ヘスラー, ピーター 1969-）

Hessman, Michael
アメリカの大リーグ選手（内野）。
⇒外12（ヘスマン, マイク 1978.3.5-）
外16（ヘスマン, マイク 1978.3.5-）
最世ス（ヘスマン, マイク 1978.3.5-）

Hester, Devin
アメリカのプロフットボール選手（ベアーズ・CB）。
⇒外12（ヘスター, デビン）
外16（ヘスター, デビン 1982.11.4-）
最世ス（ヘスター, デビン 1982.11.4-）

Hester, Evett Dorell
アメリカのエコノミスト, 外交官。
⇒アア歴（Hester,E（vett） D（orell） ヘスター, エヴェット・ドレル 1893.5.25-1984.7.27）

Heston, Charlton
アメリカの俳優。
⇒岩世人（ヘストン 1923.10.4-2008.4.5）
ク俳（ヘストン, チャールトン（カーター, ジョン・C） 1923-）
広辞7（ヘストン 1923-2008）
スター（ヘストン, チャールトン 1924.10.4-2008）

Hetfield, James
アメリカのロック歌手。
⇒外12（ヘットフィールド, ジェームス 1963.8.3-）
外16（ヘットフィールド, ジェームス 1963.8.3-）

Hetland, Tor Arne
ノルウェーのスキー選手（距離）。
⇒最世ス（ヘトラン, トール・アルネ 1974.1.12-）

Hettich, Georg
ドイツのスキー選手（複合）。
⇒外12（ヘティッヒ, ゲオルク 1978.10.12-）
外16（ヘティッヒ, ゲオルク 1978.10.12-）
最世ス（ヘティッヒ, ゲオルク 1978.10.12-）

Hettner, Alfred
ドイツの地理学者。1913年来日, 日本アルプスを調査し, ヘットナー石を発見。
⇒岩世人（ヘットナー 1859.8.6-1941.8.31）
人文地（ヘットナー 1859-1941）

Heubaum, Alfred
ドイツの教育史家。1902年以後プロシアの文部大臣に聘せられて事業を助け, 08年には女子の高等教育改良案の制定に貢献。主著は『17世紀中葉以後におけるドイツ教育制度史』（05）。
⇒教人（ホイバウム 1863-1910）

Heuberger, Richard
オーストリアの作曲家。オペレッタ『オペラ舞踏会』（1898）などを発表。
⇒ク音3（ホイベルガー 1850-1914）
新音中（ホイベルガー, リヒャルト 1850.6.18-1914.10.28）
標音2（ホイベルガー, リヒャルト 1850.6.18-1914.10.28）

Heuer, Otto
ドイツのテノール歌手。
⇒魅惑（Heuer,Otto ?-）

Heuschele, Otto Hermann
ドイツの詩人, 小説家。詩集『恩寵のたまもの』（1954）など。
⇒現世文（ホイシェレ, オットー・ヘルマン 1900.5.8-1996.9.16）

Heusler, Andreas
スイスの法学者。スイスの諸法律の起草に当たった。
⇒岩世人（ホイスラー 1834.3.30-1921.11.2）

Heusler, Andreas
スイスのゲルマン学者。法学者A.ホイスラーの子。
⇒岩世人（ホイスラー 1865.8.10-1940.2.28）

Heuss, Theodor
ドイツの政治家。1918年ドイツ民主党に入り, 49年西ドイツ初代大統領に就任。
⇒岩世人（ホイス 1884.1.31-1963.12.12）

Heusser, Edward Burlton
アメリカの大リーグ選手(投手)。
⇒メジャ (ホイザー, エド　1909.5.7–1956.3.1)

Heuvers, Hermann
ドイツ生まれのカトリック宣教師。1923年来日、布教や教育に尽力。上智大学第2代学長。
⇒岩世人 (ホイヴェルス　1890.8.31–1977.6.9)
　新カト (ホイヴェルス　1890.8.31–1977.6.9)

Hevesy, Georg von
ハンガリーの化学者。1922年ハフニウムを発見。43年ノーベル化学賞受賞。
⇒岩世人 (ヘヴェシ　1885.8.1–1966.7.5)
　化学 (ヘヴェシー　1885–1966)
　広辞7 (ヘヴェシー　1885–1966)
　ノベ3 (ヘベシー, G.　1885.8.1–1966.7.5)
　ユ著人 (Hevesy,George Karl von　ヘベシ, ゲオルグ・カール・フォン　1885–1966)

Hévin, Jean-Paul
フランスのショコラティエ。
⇒外12 (エヴァン, ジャン・ポール　1957.12–)
　外16 (エヴァン, ジャン・ポール　1957.12–)

Hewes, Lawrence Ilsley
アメリカの経済学者、政府役人。
⇒アア歴 (Hewes,Lawrence I (lsley)　ヒューズ, ローレンス・イルズリー　1902.4.17–)

Hewett, Dorothy
オーストラリアの劇作家、詩人、小説家。
⇒岩世人 (ヒューイット　1923.5.21–2002.8.25)
　現世文 (ヒューイット, ドロシー　1923.5.21–2002.8.25)

Hewins, Caroline Maria
アメリカの図書館員。
⇒ア図 (ヒューインズ, カロライン　1846–1926)

Hewish, Antony
イギリスの天文学者。
⇒岩世人 (ヒューイッシュ　1924.5.11–)
　外16 (ヒューイッシュ, アントニー　1924.5.11–)
　広辞7 (ヒューイッシュ　1924–)
　ノベ3 (ヒューウィッシュ, A.　1924.5.11–)
　物理 (ヒューイッシュ, アントニー　1924–)

Hewitt, Angela
カナダのピアノ奏者。
⇒外12 (ヒューイット, アンジェラ　1958.7.26–)
　外16 (ヒューイット, アンジェラ　1958.7.26–)

Hewitt, Jennifer Love
アメリカの女優、歌手。
⇒外12 (ヒューイット, ジェニファー・ラブ　1979.2.21–)
　外16 (ヒューイット, ジェニファー・ラブ　1979.2.21–)
　ク俳 (ヒューウィット, ジェニファー・ラヴ　1979–)

Hewitt, Lleyton
オーストラリアのテニス選手。
⇒最世ス (ヒューイット, ライトン　1981.2.24–)

Hewitt, Peter Cooper
アメリカの電気技術者。水銀整流器を発明(1904)、そのほかラジオ用の真空管増幅器の基礎原理を発見した。
⇒岩世人 (ヒューイット　1861.5.5–1921.8.25)

Hew Len, Ihaleakala
ハワイ古来「ホ・オポノポノ」提唱者。ハワイ大学助教授。
⇒外12 (ヒューレン, イハレアカラ)
　外16 (ヒューレン, イハレアカラ)

Hewlett, Maurice Henry
イギリスの小説家、随筆家、詩人。
⇒岩世人 (ヒューレット　1861.1.22–1923.6.15)

Hewson, David
イギリスの作家。
⇒外16 (ヒューソン, デービッド　1953–)
　海文新 (ヒューソン, デイヴィッド　1953–)
　現世文 (ヒューソン, デービッド　1953–)

Hewson, John
オーストラリアの政治家。オーストラリア自由党党首。
⇒世指導 (ヒューソン, ジョン　1946.10.28–)

Hewson, Marillyn A.
アメリカの実業家。
⇒外16 (ヒューソン, マリリン)

Hext, Harrington
インド生まれのイギリスの作家。
⇒現世文 (ヘクスト, ハリントン　1862–1960)

Ḥeydar Khān
イランの革命家。
⇒岩イ (ヘイダル・ハーン　1880–1921)

Heyden, William Van der
オランダの医師、エスペランティスト。
⇒日エ (ヘイデン　1844–1910以降)

Heydon, Bridget
アイルランドの聖心会修道女。東京聖心女子学院初代院長。
⇒新カト (ヘイドン　1862.5.3–1916.11.25)

Heydrich, Reinhard
ナチス・ドイツの政治家。ドイツの秘密警察長官(1934〜)。刑吏 "der Henker" と呼ばれた。
⇒異二辞 (ハイドリヒ[ラインハルト・〜]　1904–1942)
　岩世人 (ハイドリヒ　1904.3.7–1942.6.4)
　スパイ (ハイドリヒ, ラインハルト　1904–1942)

Heyer, Georgette
イギリスの作家。
⇒現世文(ヘイヤー,ジョージェット 1902.8.16–1974.7.4)

Heyerdahl, Hans
ノルウェーの画家。
⇒芸13(ヘイエルダール,ハンス 1857–1913)

Heyerdahl, Thor
ノルウェーの人類学者,考古学者,探検家。
⇒岩世人(ヘイエルダール 1914.10.6–2002.4.18)
広辞7(ヘイエルダール 1914–2002)
世人新(ヘイエルダール 1914–2002)
世人装(ヘイエルダール 1914–2002)
ポプ人(ヘイエルダール,トール 1914–2002)

Heykens, Jonny
オランダの作曲家。
⇒ク音3(ハイケンス 1884–1945)
標音2(ハイケンス,ジョニー 1884–1945)

Heym, Georg
ドイツの詩人。作品『永遠の日』(1911)など初期表現主義に属する。
⇒岩世人(ハイム 1887.10.30–1912.1.16)
広辞7(ハイム 1887–1912)

Heym, Stefan
ドイツ(ユダヤ系)の小説家。
⇒岩世人(ハイム 1913.4.10–2001.12.16)
現世文(ハイム,シュテファン 1913.4.10–2001.12.16)

Heyman, David
イギリスの映画プロデューサー。
⇒外12(ヘイマン,デービッド 1961.7.26–)
外16(ヘイマン,デービッド 1961.7.26–)

Heymann, Ernst
ドイツの法学者。マルブルク(1904),ベルリン(1899,1914)の各大学教授。
⇒岩世人(ハイマン 1870.4.6–1946.5.2)

Heymann, Klaus
ドイツの起業家。
⇒外12(ハイマン,クラウス 1936–)
外16(ハイマン,クラウス 1936–)

Heymann, Mathias
フランスのバレエダンサー。
⇒外16(エイマン,マチアス)

Heymann, Werner Richard
ドイツの作曲家。
⇒岩世人(ハイマン 1896.2.14–1961.5.30)
ク音3(ハイマン 1896–1961)
標音2(ハイマン,ヴェルナー・リヒャルト 1896.2.14–1961.5.30)

Heymans, Corneille Jean François
ベルギーの生理学者。呼吸調節に関する研究で1938年にノーベル生理・医学賞を受賞。
⇒岩世人(ハイマンス 1892.3.28–1968.7.18)
ノベ3(ハイマンス,C. 1892.3.28–1968.7.18)

Heynckes, Jupp
ドイツのサッカー監督。
⇒最世ス(ハインケス,ユップ 1945.5.9–)

Heyne, Moritz
ドイツのゲルマン語学者。その著『ドイツ語辞典』(3巻,1890～95)は引例の豊富さで知られている。
⇒岩世人(ハイネ 1837.6.8–1906.3.1)

Heyoung
韓国の女優。
⇒外12(ヘヨン 1977.11.13–)

Heyrovsky, Jaloslav
チェコスロバキアの電気化学者。ポーラログラフを発明し,分析化学・溶液化学など他分野の発展に大きい影響を与えた。1959年ノーベル化学賞受賞。
⇒岩世人(ヘイロフスキー 1890.12.20–1967.3.27)
化学(ヘイロフスキー 1890–1967)
広辞7(ヘイロウスキー 1890–1967)
ネーム(ヘイロフスキー 1890–1967)
ノベ3(ヘイロウスキー,J. 1890.12.20–1967.3.27)

Heyse, Hans
ドイツの哲学者。雑誌「カント研究」を編集した(1935～)。
⇒新カト(ハイゼ 1891.3.8–1976.10.19)

Heyse, Paul Johann Ludwig von
ドイツの小説家,劇作家,詩人,翻訳家。1910年ノーベル文学賞受賞。
⇒岩世人(ハイゼ 1830.3.15–1914.4.2)
学叢思(ハイゼ,パウル 1830–1914)
現世文(ハイゼ,パウル 1830.3.15–1914.4.2)
広辞7(ハイゼ 1830–1914)
ノベ3(ハイゼ,P. 1830.3.15–1914.4.2)
ユ著人(Heyse,Paul Johann von ハイゼ,パウル・ヨハーン・フォン 1830–1914)

Heyting, Arend
オランダの論理学者,数学者。
⇒世数(ヘイティング,アレンド 1898–1980)

Heyward, Edwin DuBose
アメリカの詩人,小説家,劇作家。処女小説『ポーギー』(1925)の劇化でピュリッツァー賞を得た。
⇒アメ州(Heyward,Du Bose ヘイワード,デュボース 1885–1940)
岩世人(ヘイワード 1885.8.31–1940.6.16)

Heyward, Jason Alias
アメリカの大リーグ選手（外野）。
⇒メジャ（ヘイワード、ジェイソン　1989.8.9–）

Heywood, Anne
イギリス生まれの女優。
⇒ク俳（ヘイウッド、アン（プリティ、ヴァイオレット）　1930–）

Hiaasen, Carl
アメリカのミステリ作家。
⇒外12（ハイアセン、カール　1953–）
　外16（ハイアセン、カール　1953–）
　現世文（ハイアセン、カール　1953–）

Hibbard, David Sutherland
アメリカの宣教師、教育者。
⇒アア歴（Hibbard,David S(utherland)　ヒバード、デイヴィッド・サザランド　1868.10.31–1967.1）

Hibberd, Jack
オーストラリアの劇作家。
⇒現世文（ヒバド、ジャック　1940.4.12–）

Hibbett, Howard Scott
アメリカの日本文学研究家。代表的な著書に『日本小説における浮世』(1959)がある。
⇒岩世人（ヒベット　1920.7.27–）
　外16（ヒベット、ハワード　1920.7.27–）

Hibbler, Albert（Al）
アメリカのジャズ歌手。生来の盲目。1943〜51年デューク・エリントン楽団に参加。
⇒ロック（Hibbler,Al　ヒブラー、アル　1915.8.16–）

Hick, John
イギリスの思想家。
⇒岩キ（ヒック　1922–）
　外12（ヒック、ジョン　1922.1.20–）

Hickey, Patrick
ニュージーランドの炭鉱労働者、労働運動家。
⇒ニュー（ヒッキー、パトリック　1882–1930）

Hickman, Charles Taylor
アメリカの大リーグ選手（一塁、外野、三塁、投手）。
⇒メジャ（ヒックマン、チャーリー　1876.5.4–1934.4.19）

Hickman, James Lucius
アメリカの大リーグ選手（外野、一塁）。
⇒メジャ（ヒックマン、ジム　1937.5.10–）

Hicks, George Dawes
イギリスの哲学者。新実在論の立場に立つ。
⇒岩世人（ヒックス　1862.9.14–1941.2.16）
　新カト（ヒックス　1862.9.14–1941.2.16）

Hicks, James
アメリカの黒人新聞ニューヨーク・アムステルダムニューズの記者。
⇒マルX（HICKS,JAMES（JIMMY）　ヒックス、ジェイムズ（ジミー））

Hicks, *Sir* John Richard
イギリスの経済学者。現代の景気変動理論および経済成長理論の発展に貢献し、1972年度ノーベル経済学賞を受賞。
⇒岩経（ヒックス　1904–1989）
　岩世人（ヒックス　1904.4.8–1989.5.20）
　現社（ヒックス　1904–1989）
　広辞7（ヒックス　1904–1989）
　ネーム（ヒックス　1904–1989）
　ノペ3（ヒックス,J.R.　1904.4.8–1989.5.20）
　有経5（ヒックス　1904–1989）

Hicks, Neill D.
アメリカの脚本家、舞台演出家。
⇒外12（ヒックス、ニール）

Hicks, Scott
オーストラリアの映画監督。
⇒外12（ヒックス、スコット　1953–）

Hicks, William Joynson-, 1st Viscount Brentford
イギリスの政治家。
⇒岩世人（ヒックス　1865.6.23–1932.6.8）

Hickson, Joan
イギリス生まれの女優。
⇒アガサ（ヒクソン、ジョーン　1906–1998）

Hidalgo, Anne
フランスの政治家。
⇒外16（イダルゴ、アンヌ　1959.6.19–）
　世指導（イダルゴ、アンヌ　1959.6.19–）

Hidalgo, David
アメリカのミュージシャン。
⇒外12（イダルゴ、デービッド）

Hidalgo, Félix Resurrección
フィリピンの画家。
⇒岩世人（イダルゴ　1855.2.21–1913.3.13）

Hidalgo, Richard Jose
ベネズエラの大リーグ選手（外野）。
⇒メジャ（イダルゴ、リチャード　1975.6.28–）

Hidayat, Taufik
インドネシアのバドミントン選手。
⇒外16（ヒダヤト、タウフィク　1981.8.10–）
　最世（ヒダヤト、タウフィク　1981.8.10–）

Hidayat Nur Wahid, *Dr.*
インドネシアのイスラム宗教家、政治家。
⇒岩世人（ヒダヤット・ヌル・ワヒド　1960.4.8–）

Hiddink, Guus
オランダのサッカー監督，サッカー選手。
- ⇒外12（ヒディンク，フース　1946.11.8-）
- 　外16（ヒディンク，フース　1946.11.8-）
- 　最世ス（ヒディンク，フース　1946.11.8-）
- 　ネーム（ヒディンク，フース　1946-）

Hierro, Fernando
スペインのサッカー選手。
- ⇒異二辞（イエロ［フェルナンド・〜］　1968-）
- 　外12（イエロ，フェルナンド　1968.3.23-）

Hiestermann, Horst
ドイツのテノール歌手。
- ⇒魅惑（Hiestermann,Horst　1934-）

Higbe, Walter Kirby
アメリカの大リーグ選手（投手）。
- ⇒メジャ（ヒグビー，カービー　1915.4.8-1985.5.6）

Higdon, Elmer Kelso
アメリカの宣教師。
- ⇒アア歴（Higdon,Elmer Kelso　ヒグドン，エルマー・ケルソウ　1887.10.4-1961.4.15）

Higginbottom, Sam
アメリカの農業指導宣教師。
- ⇒アア歴（Higginbottom,Sam　ヒギンボトム，サム　1874.10.27-1958.6.11）

Higgins, Jack
アイルランド出身の冒険小説家。
- ⇒外12（ヒギンズ，ジャック　1929.7.27-）
- 　外16（ヒギンズ，ジャック　1929.7.27-）
- 　現世文（ヒギンズ，ジャック　1929.7.27-）

Higgins, Jon B.
アメリカの民族音楽学者。
- ⇒アア歴（Higgins,Jon B.　ヒギンズ，ジョン・B.　1939.9.18-1984.12.7）

Higgins, Michael
アイルランドの政治家，詩人，人権活動家。アイルランド大統領（2011〜）。
- ⇒外16（ヒギンズ，マイケル　1941.4.18-）
- 　現世文（ヒギンズ，マイケル　1941.4.18-）
- 　世指導（ヒギンズ，マイケル　1941.4.18-）

Higgins, Michael Franklin（Pinky）
アメリカの大リーグ選手（三塁）。
- ⇒メジャ（ヒギンズ，ピンキー　1909.5.27-1969.3.21）

Higginson, Robert Leigh
アメリカの大リーグ選手（外野）。
- ⇒メジャ（ヒギンソン，ボビー　1970.8.18-）

Higgs, Henry
イギリスの経済学者。経済学文献学者，特に重農主義経済学に精しい。
- ⇒岩世人（ヒッグズ　1864.3.4-1940.5.21）
- 　学叢思（ヒッグズ，ヘンリー　1864-?）

Higgs, Peter Ware
イギリスの理論物理学者。
- ⇒外16（ヒッグス，ピーター　1929.5.29-）
- 　物理（ヒグス，ピーター　1929-）

High, Andrew Aird
アメリカの大リーグ選手（三塁，二塁）。
- ⇒メジャ（ハイ，アンディ　1897.11.21-）

Highet, Gilbert
アメリカの古典学者。
- ⇒岩世人（ハイエット　1906.6.22-1978.1.20）

Highmore, Freddie
イギリスの俳優。
- ⇒外12（ハイモア，フレディ　1992-）

Highsmith, Patricia
アメリカの女性サスペンス小説家。
- ⇒現世文（ハイスミス，パトリシア　1921.1.19-1995.2.4）

Highwater, Jamake
インディアン部族出身のアメリカの作家，著述家。
- ⇒現世文（ハイウォーター，ジャマーク　1942-2001.6.3）

Highway, Tomson
カナダの劇作家，作家。
- ⇒外12（ハイウェイ，トムソン　1951-）
- 　現世文（ハイウェイ，トムソン　1951-）

Higuain, Gonzalo
アルゼンチンのサッカー選手（ナポリ・FW）。
- ⇒外12（イグアイン，ゴンサロ　1987.12.10-）
- 　外16（イグアイン，ゴンサロ　1987.12.10-）
- 　最世ス（イグアイン，ゴンサロ　1987.12.10-）

Higuita, René
コロンビアのサッカー選手。
- ⇒異二辞（イギータ［レネ・〜］　1966-）

Hijiya-Kirschnereit, Irmela
ドイツの日本文学研究者。
- ⇒外12（ヒジヤ・キルシュネライト，イルメラ　1948-）
- 　外16（ヒジヤ・キルシュネライト，イルメラ　1948-）

Hijuelos, Oscar
アメリカ（キューバ系）の小説家。
- ⇒現世文（イフェロス，オスカー　1951-2013.10.12）

Hilaire, Claude
フランス生まれの画家。
- ⇒芸13（イレール，クロード　1916-）

Hilaire, Laurent
フランスのダンサー。
⇒外12（イレール，ローラン　1962–）
⇒外16（イレール，ローラン　1962–）

Hilberseimer, Ludwig
ドイツの建築家，都市設計家。農業と工業を結ぶ地域的研究で有名。
⇒岩世人（ヒルバースアイマー　1885.9.14–1967.5.6）

Hilbert, David
ドイツの数学者，論理学者。幾何学の公理化，無矛盾性の証明問題に取組んだ。
⇒岩世人（ヒルベルト　1862.1.23–1943.2.14）
⇒広辞7（ヒルベルト　1862–1943）
⇒新カト（ヒルベルト　1862.1.23–1943.2.14）
⇒数辞（ヒルベルト，ダヴィド　1862–1943）
⇒数小増（ヒルベルト　1862–1943）
⇒世数（ヒルベルト，ダフィット　1862–1943）
⇒ネーム（ヒルベルト　1862–1943）
⇒物理（ヒルベルト，ダヴィッド　1862–1943）

Hildach, Eugen
ドイツのバリトン歌手，教師。
⇒標音2（ヒルダッハ，オイゲン　1849.11.20–1924.7.29）

Hildebrand, Adolf von
ドイツの彫刻家。経済学者B.ヒルデブラントの子。
⇒岩世人（ヒルデブラント　1847.10.6–1921.1.18）
⇒学叢思（ヒルデブランド，アドルフ　1847–1921）
⇒芸13（ヒルデブラント，アドルフ・フォン　1847–1921）
⇒ネーム（ヒルデブラント　1847–1921）

Hildebrand, Dietrich von
ドイツの哲学者。彫刻家A.ヒルデブラントの子。現象学，客観的実質的価値倫理学の立場にたつ。
⇒教人（ヒルデブラント　1889–）
⇒新カト（ヒルデブラント　1889.10.12–1977.1.26）

Hildebrand, Joel Henry
アメリカの化学者。カリフォルニア大学教授（1918～）。
⇒岩世人（ヒルデブランド　1881.11.16–1983.4.30）

Hildebrand, Ray
アメリカの歌手。
⇒ロック（Paul and Paula　ポール＆ポーラ　1940–）

Hildebrand, Richard
ドイツの経済学者。
⇒学叢思（ヒルデブランド，リヒャルド　1840–?）

Hildebrand-Hildebrandson, Hugo
スウェーデンの気象学者。テスラン・ド・ボールと協同で『国際雲級図』(1910)の出版に専心，この書は長く気象観測の基準となった。

⇒岩世人（ヒルデブランド＝ヒルデブランドソン　1838.8.19–1925.7.29）

Hildenbrand, Werner
ドイツの経済学者。
⇒有経5（ヒルデンブラント　1936–）

Hildesheimer, Wolfgang
ドイツの小説家，劇作家。
⇒岩世人（ヒルデスハイマー　1916.12.9–1991.8.21）
⇒現代文（ヒルデスハイマー，ウォルフガング　1916.12.9–1991.8.21）
⇒ユ著人（Hildsheimer,Wolfgang　ヒルデスハイマー，ヴォルフガング　1916–1991）

Hildick, Edmund Wallace
イギリスの作家。
⇒現代文（ヒルディック，E.W.　1925.12.29–）

Hilferding, Rudolf
ドイツ（ユダヤ系）の医者，経済学者，政治家。主著『金融資本論』(1910)で知られる。
⇒岩経（ヒルファーディング　1877–1941）
⇒岩世人（ヒルファーディング　1877.8.10–1941.2）
⇒学叢思（ヒルファーディング，ルドルフ　1878–?）
⇒現社（ヒルファディング　1877–1941）
⇒広辞7（ヒルファーディング　1877–1941）
⇒国政（ヒルファーディング　1877–1941）
⇒社小増（ヒルファーディング　1877–1941）
⇒世人新（ヒルファーディング　1877–1941）
⇒世人装（ヒルファーディング　1877–1941）
⇒ネーム（ヒルファーディング　1877–1941）
⇒有経5（ヒルファーディング　1877–1941）
⇒ユ著人（Hilferding,Rudolf　フィルフェルディンク，ルドルフ　1877–1941）

Hilfiger, Tommy
アメリカの服飾デザイナー。
⇒外16（ヒルフィガー，トミー　1951.3.24–）

Hilgard, Ernest（Ropiequet）
アメリカの心理学者。
⇒岩世人（ヒルガード　1904.7.25–2001.10.22）

Hilgard, Eugene Woldemar
ドイツ生まれのアメリカの地質学者，土壌学者。著"Agriculture and geology of Mississippi"(1860)。
⇒岩世人（ヒルガード　1833.1.5–1916.1.8）

Hilgendorf, Frederick William
ニュージーランドの農学者。
⇒ニュー（ヒルゲンドルフ，フレデリック　1874–1942）

Hilger, Matthew
アメリカのプロポーカープレイヤー，作家。
⇒外12（ヒルガー，マシュー）

Hilgers, Joseph
ドイツの神学者。

⇒新カト（ヒルガース　1858.9.9–1918.1.25）

Hill, Aaron
アメリカの大リーグ選手（ダイヤモンドバックス・内野手）。
⇒最世ス（ヒル，アーロン　1982.3.21–）
　メジャ（ヒル，アーロン　1982.3.21–）

Hill, Anthony
オーストラリアの児童文学作家。
⇒現世文（ヒル，アンソニー　1942.5.24–）

Hill, Archibald Anderson
アメリカの言語学者。アメリカ構造主義言語学の学風を最もよく代表する学者の一人。
⇒岩世人（ヒル　1902.7.5–1992.3.29）

Hill, Archibald Vivian
イギリスの生理学者。1922年に『筋肉内における熱の発生に関する発見』で、ノーベル生理学・医学賞を受賞。のち、政治的にも活躍。
⇒岩生　（ヒル　1886–1977）
　岩世人（ヒル　1886.9.26–1977.6.3）
　旺生5（ヒル　1886–1977）
　三新生（ヒル　1886–1977）
　ノベ3（ヒル,A.V.　1886.9.26–1977.6.3）

Hill, Arthur
カナダ生まれの俳優。
⇒ク俳（ヒル，アーサー　1922–）

Hill, Carl Fredrik
スウェーデンの画家。
⇒岩世人（ヒル　1849.5.31–1911.2.22）
　芸13（ヒル，カール　1849–1911）

Hill, Christopher
アメリカの外交官。国務次官補（東アジア・太平洋担当）、駐イラク米国大使。
⇒外12（ヒル，クリストファー　1952–）
　外16（ヒル，クリストファー　1952–）
　世指導（ヒル，クリストファー　1952–）

Hill, David
ニュージーランドの作家。
⇒現世文（ヒル，デービッド　1942–）

Hill, Faith
アメリカ・ミシシッピー州生まれの歌手。
⇒外12（ヒル，フェイス　1967.9.21–）
　外16（ヒル，フェイス　1967.9.21–）

Hill, Gary
アメリカのビデオアーティスト、彫刻家。
⇒岩世人（ヒル　1951.4.4–）
　外16（ヒル，ゲーリー　1951.4.4–）

Hill, Geoffrey
イギリスの詩人。
⇒岩世人（ヒル　1932.6.18–）

Hill, George
イギリスのインテリジェンス・オフィサー。
⇒スパイ（ヒル，ジョージ）

Hill, George Roy
アメリカ生まれの映画監督。
⇒映監（ヒル，ジョージ・ロイ　1921.12.20–2002）

Hill, George Washington
アメリカの実業家。アメリカン・タバコ社長。
⇒アメ経（ヒル，ジョージ　1884.10.22–1946.9.13）

Hill, George William
アメリカの数理天文学者。
⇒岩世人（ヒル　1838.3.3–1914.4.16）
　世数（ヒル，ジョージ・ウィリアム　1838–1914）

Hill, Glenallen
アメリカの大リーグ選手（外野）。
⇒メジャ（ヒル，グレナレン　1965.3.22–）

Hill, Graham
イギリスのレーシング・ドライバー。
⇒異二辞（ヒル［グラハム・～］　1929–1975）
　岩世人（ヒル　1929.2.15–1975.11.29）

Hill, Grant
アメリカのバスケットボール選手。
⇒外16（ヒル，グラント　1972.10.5–）

Hill, Jack
アメリカの脚本家、映画監督。
⇒映監（ヒル，ジャック　1933.1.28–）

Hill, James Jerome
アメリカの鉄道業者。大北鉄道会社を設立（1890）。
⇒アメ経（ヒル，ジェームズ　1838.9.16–1916.5.29）
　岩世人（ヒル　1838.9.16–1916.5.29）

Hill, Jessie
アメリカの歌手。
⇒ロック（Hill,Jessie　ヒル，ジェシー）

Hill, Joe
スウェーデン生まれのアメリカの労働運動家、詩人。
⇒岩世人（ヒル　1879.10.7–1915.11.19）

Hill, Joe
アメリカの作家。
⇒外12（ヒル，ジョー　1972–）
　外16（ヒル，ジョー　1972–）
　海文新（ヒル，ジョー　1972.6.4–）
　現世文（ヒル，ジョー　1972.6.4–）

Hill, John Edward Christopher
イギリスの歴史学者、マルクス主義者。『レーニンとロシア革命』など著作は多い。
⇒岩世人（ヒル　1912.2.6–2003.2.23）

新カト（ヒル　1912.2.6–2003.2.24）

Hill, Joseph Preston（Pete）
アメリカのニグロリーグの選手（外野）。
⇒メジャ（ヒル, ピート　1882.10.12–1951.11.19）

Hill, Kenneth Wade
アメリカの大リーグ選手（投手）。
⇒メジャ（ヒル, ケン　1965.12.14–）

Hill, Kevin
アイルランドの作家。
⇒海文新（ヒル, ケイシー）

Hill, Linda A.
アメリカのハーバード大学ビジネススクール・ウォレス・ブレット・ドナム記念講座教授。
⇒外16（ヒル, リンダ）

Hill, Martyn Geoffrey
イギリスのテノール歌手。
⇒魅惑（Hill, Martyn Geoffrey　1944–）

Hill, Melissa
アイルランドの作家。
⇒海文新（ヒル, ケイシー）

Hill, Octacvia
イギリスの住宅改革者, ナショナル・トラストの創設者。
⇒岩世人（ヒル　1838.12.3–1912.8.13）

Hill, Percy A.
アメリカの農夫。
⇒アア歴（Hill, Percy A.　ヒル, パーシー・A.　?–1937）

Hill, Reginald
イギリスの作家。
⇒岩世人（ヒル　1936.4.3–2012.1.12）
外12（ヒル, レジナルド　1936–）
現世文（ヒル, レジナルド　1936.4.3–2012.1.12）

Hill, Reuben Lorenzo, Jr.
アメリカの社会学者。
⇒社小増（ヒル　1912–1985）

Hill, Robert
イギリスの生化学者。
⇒岩生（ヒル　1899–1991）
旺生5（ヒル　1899–1991）
三新生（ヒル　1899–1991）

Hill, Sam
オーストラリアの自転車選手（マウンテンバイク）。
⇒最世ス（ヒル, サム　1985.7.21–）

Hill, Stuart
イギリスの作家。
⇒海文新（ヒル, スチュアート　1958–）

Hill, Susan Elizabeth
イギリスの作家。
⇒岩世人（ヒル　1942.2.5–）
外12（ヒル, スーザン　1942.2.5–）
外16（ヒル, スーザン　1942.2.5–）
現世文（ヒル, スーザン　1942.2.5–）

Hill, Terence
イタリア生まれの男優。
⇒ク俳（ヒル, テレンス（ジロッティ, マリオ）1939–）

Hill, Toni
スペインの作家。
⇒海文新（ヒル, トニ　1966–）

Hill, Walter
アメリカ生まれの映画監督。
⇒映監（ヒル, ウォルター　1942.1.10–）
外16（ヒル, ウォルター　1942.1.10–）

Hill,（William）Geoffrey
イギリスの詩人。
⇒外16（ヒル, ジェフリー　1932.6.18–）
現世文（ヒル, ジェフリー　1932.6.18–2016.6.30）
新カト（ヒル　1932.6.18–2016.6.30）

Hillary, Edmund Percival
ニュージーランドの登山家。
⇒岩世人（ヒラリー　1919.7.20–2008.1.11）
広辞7（ヒラリー　1919–2008）
辞歴（ヒラリー　1919–2008）
南ア新（ヒラリー　1919–2008）
ニュー（ヒラリー, エドモンド　1919–）
ポプ人（ヒラリー, エドモンド　1919–2008）

Hillary, Peter
ニュージーランドの登山家。
⇒外16（ヒラリー, ピーター　1954.12–）

Hillebrand, William Francis
アメリカの化学者。国立薬学大学教授（1892～1910）。鉱物の分析に関する優れた研究がある。
⇒岩世人（ヒレブランド　1853.12.12–1925.2.7）

Hillebrandt, Alfred
ドイツのインド学者。
⇒岩世人（ヒレブラント　1853.3.15–1927.10.18）
新佛3（ヒレブラント　1853–1927）

Hillebrecht, Hildegard
ドイツのソプラノ歌手。
⇒標音2（ヒレブレヒト, ヒルデガルト　1927.11.26–）

Hillemacher, Paul Joseph Guillaume
フランスの作曲家。
⇒標音2（イルマシェル, ポール・ジョゼフ・ギヨーム　1852.11.29–1933.8.13）

Hillenbrand, Shea Matthew
アメリカの大リーグ選手(三塁,一塁)。
⇒メジャ(ヒレンブランド,シェイ 1975.6.27-)

Hillenbrand, Tom
ドイツの作家。
⇒海文新(ヒレンブラント,トム 1972-)
現世文(ヒレンブラント,トム 1972-)

Hillenkoetter, Roscoe H.
アメリカの中央情報長官(DCI)。在職1947〜50。
⇒スパイ(ヒレンケッター,ロスコー・H 1897-1982)

Hiller, Arthur
カナダ生まれの映画監督。
⇒外12(ヒラー,アーサー 1928.11.22-)

Hiller, Hiram Milliken
アメリカの医師,旅行家。
⇒アア歴(Hiller,Hiram M (illiken) ヒラー,ハイラム・ミリケン 1867.3.8-1921.8.7)

Hiller, John Frederick
アメリカの大リーグ選手(投手)。
⇒メジャ(ヒラー,ジョン 1943.4.8-)

Hiller, Kurt
ドイツの出版者,批評家,エッセイスト。
⇒岩世人(ヒラー 1885.8.17-1972.10.1)

Hiller, Lejaren, Jr.
アメリカの音楽学者,作曲家。ニューヨーク州立大学教授。
⇒現音キ(ヒラー,レヤーレン 1924-1991)
標音2(ヒラー,レジャレン 1924.2.23-1994.1.31)

Hiller, *Dame* Wendy
イギリスの女優。
⇒ク俳(ヒラー,デイム・ウェンディ 1912-)

Hillerbrandt, Otto
テノール歌手。
⇒魅惑(Hillerbrandt,Otto ?-?)

Hillerman, Tony
アメリカのミステリ作家。
⇒現世文(ヒラーマン,トニー 1925.5.27-2008.10.26)

Hillery, Patrick John
アイルランドの政治家。アイルランド大統領(1976〜90)。
⇒岩世人(ヒラリー 1923.5.2-2008.4.12)

Hillhouse, Percy Archibald
イギリスの造船学者。東京帝国大学工科大学で造船学を教授。
⇒岩世人(ヒルハウス 1869.3.4-1942.9.28)

Hillier, Jennifer
カナダの作家,ジャーナリスト。
⇒海文新(ヒリアー,ジェニファー)

Hillier, *Sir* Walter Caine
イギリスの外交官。見習通訳として中国に渡り(1867),朝鮮総領事(89〜96)となる。
⇒岩世人(ヒリアー 1849.10.11-1927.11.9)

Hillman, Chris
アメリカ・ロサンゼルス生まれのブルーグラス・マンドリン奏者,ベース奏者。
⇒ロック(Hillman,Chris ヒルマン,クリス 1942.12.4-)

Hillman, David
イギリスのデザイナー。エディトリアル・デザインで国際的に名高い。
⇒グラデ(Hillman,David ヒルマン,デイヴィッド 1943-)

Hillman, David
テノール歌手。
⇒魅惑(Hillman,David ?-)

Hillman, Sidney
リトアニア生まれのアメリカの労働運動指導者。産業別労働組合会議の創設に貢献。
⇒アメ経(ヒルマン,シドニー 1887.3.23-1946.6.10)
ユ著人(Hilman,Sidney ヒルマン,シドニー 1887-1946)

Hillman, Trey
アメリカの大リーグ監督。
⇒外12(ヒルマン,トレイ 1963.1.4-)
外16(ヒルマン,トレイ 1963.1.4-)

Hillmann, Hans
ドイツのグラフィック・デザイナー,挿絵画家。
⇒グラデ(Hillmann,Hans ヒルマン,ハンス 1925-)

Hillquit, Morris
ラトビア生まれのアメリカの法律家,社会民主主義者。アメリカ社会党創立者の一人で,その代表として,第二インタナショナル(1896)の会合に出席した。
⇒アメ経(ヒルクウィット,モリス 1869.8.1-1933.10.7)
岩世人(ヒルクィット 1869.8.1-1933.10.7)
学叢思(ヒルキット,モリス 1869-?)

Hills, Ben
オーストラリアのジャーナリスト。
⇒外12(ヒルズ,ベン 1942-)

Hills, Carla
アメリカの弁護士。
⇒外16(ヒルズ,カーラ 1934.1.3-)
世指導(ヒルズ,カーラ 1934.1.3-)

Hilly, Francis Billy
ソロモン諸島の政治家。ソロモン諸島首相。
⇒世指導（ヒリー, フランシス　1947–）

Hillyer, Robert
アメリカの詩人。ハーバード大学教授。
⇒現世文（ヒリヤー, ロバート　1895.6.3–1961.12.24）

Hilprecht, Hermann Volrath
ドイツ生まれのアメリカのアッシリア学者。ニップール探検に4回参加（1888〜1914）。その間コンスタンティノーブルのオットマン帝室博物館の整理に当った（1893〜1903）。
⇒岩世人（ヒルプレヒト　1859.7.28–1925.3.19）

Hilson, Keri
アメリカのシンガー・ソングライター。
⇒外12（ヒルソン, ケリー）

Hilst, Hilda
ブラジルの作家, 詩人, 劇作家。
⇒現世文（イルスト, イルダ　1930.4.21–2004.2.4）

Hilton, Conrad Nicholson
アメリカのホテル経営者。第二次大戦後ホテルの買収をし始め, 40カ国に進出, 57都市に63のホテルを持った。
⇒アメ経（ヒルトン, コンラッド　1887.12.25–1979.1.4）
　アメ州（Hilton,Conrad Nicholson　ヒルトン, コンラッド・ニコルソン　1887–1979）
　岩世人（ヒルトン　1887.12.25–1979.1.4）

Hilton, James
イギリスの小説家。『チップス先生さようなら』(1934)で大好評を博した。
⇒岩世人（ヒルトン　1900.9.9–1954.12.20）
　現世文（ヒルトン, ジェームズ　1900.9.9–1954.12.20）
　ポプ人（ヒルトン, ジェームズ　1900–1954）

Hilton, Nicky
アメリカの服飾デザイナー, モデル。
⇒外12（ヒルトン, ニッキー　1983.10.5–）
　外16（ヒルトン, ニッキー　1983.10.5–）

Hilton, Paris
アメリカのモデル, 女優。
⇒外12（ヒルトン, パリス　1981.2.17–）
　外16（ヒルトン, パリス　1981.2.17–）

Hilton, Rodney Howard
イギリスの中世史家。マルクス主義的立場からイギリス封建社会の解体過程を跡づけた諸研究で知られる。
⇒岩世人（ヒルトン　1916.11.17–2002.6.7）

Hilton-Barber, Miles
イギリスの冒険家。
⇒外12（ヒルトン・バーバー, マイルズ）
　外16（ヒルトン・バーバー, マイルズ）

Hilty, Carl
スイスの法学者, 哲学者。
⇒岩世人（ヒルティ　1833.2.28–1909.10.12）
　広辞7（ヒルティ　1833–1909）
　新カト（ヒルティ　1833.2.28–1909.10.12）
　ポプ人（ヒルティ, カール　1833–1909）

Himanen, Pekka
フィンランドの哲学者。
⇒外12（ヒマネン, ペッカ　1973–）

Him-chan
韓国の歌手。
⇒外16（ヒムチャン　1990.4.19–）

Himes, Chester Bomar
アメリカの犯罪小説家。
⇒岩世人（ハイムズ　1909.7.29–1984.11.12）
　現世文（ハイムズ, チェスター　1909–1984.11.12）
　マルX（HIMES,CHESTER BOMAR　ハイムズ, チェスター・ボマー　1909–1984）

Himmelstein, Lena
アメリカのドレスメーカー。
⇒ユ著人（Himmelstein,Lena　ヒンメルスタイン, レーナ　1881–1951）

Himmler, Heinrich
ドイツの政治家。ナチス・ドイツの警察権を掌握した。
⇒岩世人（ヒムラー　1900.10.7–1945.5.23）
　広辞7（ヒムラー　1900–1945）
　スパイ（ヒムラー, ハインリヒ　1900–1945）
　世人新（ヒムラー　1900–1945）
　世人装（ヒムラー　1900–1945）
　ネーム（ヒムラー　1900–1945）
　ポプ人（ヒムラー, ハインリヒ　1900–1945）

Hinault, Bernard
フランスの自転車選手。
⇒岩世人（イノー　1954.11.14–）

Hinch, A.J.
アメリカの大リーグ監督（アストロズ）。
⇒外12（ヒンチ,A.J.　1974.5.15–）
　外16（ヒンチ,A.J.　1974.5.15–）

Hinckley, John W., Jr.
アメリカの精神障害者。1981年アメリカ大統領ロナルド・レーガンの暗殺をはかった。
⇒世暗（ヒンクリージュニア, ジョン・W　1955–）

Hind, Arthur Mayger
イギリスの美術史家。とくに西洋版画史家として著名。大英博物館に入り(1903), 版画素描部長(33〜45)を務めた。
⇒岩世人（ハインド　1880.8.26–1957.5.22）

Hinde, Thomas
イギリスの小説家。

Hindemith, Paul
ドイツ生まれのアメリカの作曲家。オペラ『画家マーティス』(1938) など多数。
⇒岩世人 (ヒンデミット　1895.11.16–1963.12.28)
　エデ (ヒンデミット, パウル　1895.11.16–1963.12.28)
　オペラ (ヒンデミット, パウル　1895–1963)
　ク音3 (ヒンデミット　1895–1963)
　広辞7 (ヒンデミット　1895–1963)
　新音小 (ヒンデミット, パウル　1895–1963)
　新音中 (ヒンデミット, パウル　1895.11.16–1963.12.28)
　世人新 (ヒンデミット　1895–1963)
　世人装 (ヒンデミット　1895–1963)
　ネーム (ヒンデミット　1895–1963)
　ビ曲改 (ヒンデミット, パウル　1895–1963)
　標音2 (ヒンデミット, パウル　1895.11.16–1963.12.28)

Hindenburg, Paul Ludwig Hans Anton von Beneckendorff und von
ドイツの軍人, 政治家。ワイマール共和国第2代大統領になったが, ヒトラーの台頭を許した。
⇒岩世人 (ヒンデンブルク　1847.10.2–1934.8.2)
　学叢歴 (ヒンデルブルグ　1847–現存)
　広辞7 (ヒンデンブルク　1847–1934)
　世史改 (ヒンデンブルク　1847–1934)
　世史改 (ヒンデンブルク　1847–1934)
　世人新 (ヒンデンブルク　1847–1934)
　世人装 (ヒンデンブルク　1847–1934)
　ネーム (ヒンデンブルク　1847–1934)
　ポプ人 (ヒンデンブルク, パウル・フォン　1847–1934)

Hindery, Leo Joseph, Jr.
アメリカの実業家。
⇒外12 (ヒンドレー, レオ　1947.10.31–)
　外16 (ヒンドレー, レオJr.　1947.10.31–)

Hindmarch, Anya
イギリスのバッグデザイナー。
⇒外16 (ハインドマーチ, アニヤ)

Hind Nawfal
エジプト初の女性雑誌『若い娘』の創刊者。
⇒岩イ (ヒンド・ナウファル　1860–1920)

Hinds, Ciarán
北アイルランドの俳優。
⇒岩世人 (ハインズ　1953.2.9–)

Hinds, Samuel Archibald Anthony
ガイアナの政治家。ガイアナ首相。
⇒外12 (ハインズ, サミュエル　1943.12.27–)
　外16 (ハインズ, サミュエル　1943.12.27–)
　世指導 (ハインズ, サミュエル　1943.12.27–)

Hine, Lewis Wickes
アメリカの写真家。
⇒アメ新 (ハイン　1874–1940)

岩世人 (ハイン　1874.9.26–1940.11.4)
世界子 (ハイン, ルイス・W　1874–1940)

Hines, Earl Fatha
アメリカのジャズ・ピアノ奏者。楽団を編成してシカゴで活躍。
⇒新音中 (ハインズ, アール　1903.12.28–1983.4.22)
　標音2 (ハインズ, アール　1903.12.28–1983.4.22)

Hines, Gregory
アメリカ生まれの俳優。
⇒ク俳 (ハインズ, グレゴリー　1946–)

Hines, Jerome
アメリカのバス歌手。
⇒標音2 (ハインズ, ジェローム　1921.11.8–2003.2.4)

Hines, (Melvin) Barry
イギリスの小説家。
⇒現世文 (ハインズ, バリー　1939.6.30–2016.3.18)

Hines, Paul A.
アメリカの大リーグ選手 (外野, 一塁)。
⇒メジャ (ハインズ, ポール　1855.3.1–1935.7.10)

Hingis, Martina
スイスのテニス選手。
⇒外12 (ヒンギス, マルチナ　1980.9.30–)
　外16 (ヒンギス, マルチナ　1980.9.30–)
　最世ス (ヒンギス, マルチナ　1980.9.30–)
　ネーム (ヒンギス　1980–)

Hink, Werner
オーストリアのヴァイオリン奏者。
⇒外16 (ヒンク, ヴェルナー　1943–)

Hinojosa y Naveros, Eduardo de
スペインの法制史家, 政治家。
⇒岩世人 (イノホーサ・イ・ナベロス　1852.11.25–1919.5.19)

Hinshelwood, Sir Cyril Norman
イギリスの物理化学者。1956年連鎖反応の研究でノーベル化学賞受賞。
⇒岩世人 (ヒンシェルウッド　1897.6.19–1967.10.9)
　化学 (ヒンシェルウッド　1897–1967)
　ノベ3 (ヒンシェルウッド, C.N.　1897.6.19–1967.10.9)

Hinske, Eric Scotto
アメリカの大リーグ選手 (ブレーブス・外野手)。
⇒外12 (ヒンスキー, エリック　1977.8.5–)
　メジャ (ヒンスキー, エリック　1977.8.5–)

Hinsley, Arthur
イギリスの宗教家。イングリッシュ・カレッジ学長, 枢機卿。
⇒オク教 (ヒンズリー　1865–1943)

新カト（ヒンズリー　1865.8.25–1943.3.17）

Hinsley, Francis Harry
イギリスの歴史家。『歴史学ジャーナル』の編集長。
⇒スパイ（ヒンズリー，フランシス・ハリー　1918–1998）

Hinterberger, Ernst
オーストリアの作家。
⇒現世文（ヒンターベルガー，エルンスト　1931.10.17–2012.5.14）

Hintikka, Jaakko
フィンランドの哲学者，論理学者。
⇒岩世人（ヒンティッカ　1929.1.12–）

Hinton, Carma
アメリカの映画監督。
⇒外12（ヒントン，カーマ　1949–）

Hinton, Charles Edward
アメリカの大リーグ選手（外野，一塁）。
⇒メジャ（ヒントン，チャック　1934.5.3–）

Hinton, Charles Howard
イギリスの数学者，作家。
⇒岩世人（ヒントン　1853–1907.4.30）

Hinton, Milton J.（Milt）
アメリカのジャズ・ベース奏者。
⇒標音2（ヒントン，ミルト　1910.6.23–）

Hinton, William Howard
アメリカの農学者。
⇒アア歴（Hinton,William H(oward）　ヒントン，ウイリアム・ハワード　1919.2.2–2004.5.15）

Hintze, Otto
ドイツの歴史家。ベルリン大学教授（1899～1920）。
⇒岩世人（ヒンツェ　1861.8.27–1940.4.25）

Hintze, Paul von
ドイツの外交官。
⇒岩世人（ヒンツェ　1864.2.13–1941.8.19）

Hintze Ribeiro, Ernesto Rodolfo
ポルトガルの政治家。
⇒岩世人（ヒンツェ・リベイロ　1849.11.7–1907.8.1）

Hinz, Walther
ドイツの東洋学者。ペルシア史に関する論著が多い。
⇒岩世人（ヒンツ　1906.11.19–1992.4.12）

Hipp, Alexius
スイス生まれのフランシスコ会司祭。
⇒岩世人（ヒップ　1882.10.30–1945.3.10）

Hipper, Franz Ritter von
ドイツの軍人。
⇒岩世人（ヘッパー　1863.9.13–1932.5.25）

Hipps, John Burder
アメリカの宣教師。
⇒アア歴（Hipps,John Burder　ヒップス，ジョン・バーダー　1884.2.12–1967.12.30）

Hirahara, Naomi
アメリカのミステリ作家。
⇒外12（ヒラハラ，ナオミ）
海文新（ヒラハラ，ナオミ）
現世文（ヒラハラ，ナオミ）

Hirano, Irene
在米日系人団体・米日カウンシル会長。
⇒外12（ヒラノ，アイリーン）
外16（ヒラノ，アイリーン）

Hirao-Solem, Mika
アメリカのフラダンサー。
⇒外12（ヒラオ・ソレム，ミカ　1986.1.10–）

Hirata, Andrea
インドネシアの小説家。
⇒岩世人（ヒラタ，アンドレア　1976.10.24–）
海文新（ヒラタ，アンドレア）
現世文（ヒラタ，アンドレア）

Hirigoyen, Rudy
フランスのオペレッタ歌手。
⇒失声（イリゴワイアン，ルディ　1919–2000）

Hirono, Mazie Keiko
日本生まれのアメリカの政治家。アメリカ史上初のアジア系女性上院議員。
⇒外12（ヒロノ，メイジー・ケイコ　1947–）
外16（ヒロノ，メイジー・ケイコ　1947.11.3–）
世指導（ヒロノ，メイジー・ケイコ　1947.11.3–）

Hirsch, Emanuel
ドイツのルター派の神学者。キルケゴールの研究家として知られる。
⇒岩世人（ヒルシュ　1886.6.14–1972.7.17）
新カト（ヒルシュ　1888.6.14–1972.7.17）

Hirsch, Emile
アメリカの俳優。
⇒外12（ハーシュ，エミール　1985.3.13–）
外16（ハーシュ，エミール　1985.3.13–）

Hirsch, Emil Gustave
アメリカのラビ，教育者，市民指導者。
⇒ユ著人（Hirsch,Emil Gustave　ヒルシュ，エミール・グスタフ　1851–1923）

Hirsch, Jeff
アメリカの作家。
⇒海文新（ハーシュ，ジェフ）

Hirsch, John V.
アメリカ空軍の情報士官。
⇒スパイ（ヒルシュ，ジョン・V）

Hirsch, Judd
アメリカ生まれの俳優。
⇒ユ著人（Hirsh,Judd　ハーシュ，ジャド　1935–）

Hirsch, Karl-Georg
ドイツの木版画家。
⇒芸13（ヒルシュ，カールジョージ　1938–）

Hirsch, Marianne
アメリカの文芸批評家。
⇒ユ著人（Hirsch,Marianne　ハーシュ，マリアンヌ　?–）

Hirschberg, Julius
ドイツの眼科医。
⇒ユ著人（Hirschberg,Julius　ヒルシュバーグ，ユリウス　1843–1925）

Hirschberger, Johannes
ドイツの哲学者，古典哲学の研究家。
⇒新カト（ヒルシュベルガー　1900.5.7–1990.11.27）

Hirschbiegel, Oliver
ドイツの映画監督。
⇒外12（ヒルシュビーゲル，オリヴァー　1957–）
　外16（ヒルシュビーゲル，オリヴァー　1957–）

Hirscher, Marcel
オーストリアのスキー選手（アルペン）。
⇒外16（ヒルシャー，マルセル　1989.3.2–）
　最世さ（ヒルシャー，マルセル　1989.3.2–）

Hirschfeld, Magnus
ドイツの性科学者。ベルリンの性科学研究所長。性本能の障害，特に同性愛の研究がある。
⇒岩世人（ヒルシュフェルト　1868.5.14–1935.5.14）

Hirschfelder, Joseph Oakland
アメリカの物理化学者。
⇒岩世人（ハーシュフェルダー　1911.5.27–1990.3.30）

Hirschhorn, Thomas
スイス生まれの芸術家。
⇒現アテ（Hirschhorn,Thomas　ヒルシュホルン，トーマス　1957–）

Hirschi, Travis
アメリカの社会学者，犯罪学者。
⇒岩世人（ハーシ　1935.4.15–）

Hirschman, Albert Otto
ドイツ・ベルリン生まれの経済思想家。
⇒岩経（ハーシュマン　1915–）
　政経改（ハーシュマン　1915–）

Hirschmann, Ralph Franz
アメリカの生化学者。
⇒岩世人（ヒルシュマン　1922.5.6–2009.6.20）

Hirschmeier, Johannes
ドイツの経済学者。南山大学学長。
⇒新カト（ヒルシュマイアー　1921.10.28–1983.6.16）

Hirshbein, Peretz
ポーランドの劇作家。『片田舎』『緑野』が代表作。
⇒ユ著人（Hirshbein,Peretz　ヒルシュバイン，ペレツ　1880–1948）

Hirshfeld, Albert
アメリカの画家，作家。
⇒ユ著人（Hirshfeld,Albert　ハーシュフィールド，アルバート　1903–）

Hirshleifer, Jack
アメリカの経済学者。
⇒有経5（ハーシュライファー　1925–2005）

Hirst, Damian Steven
イギリスの彫刻家，インスタレーション作家。
⇒岩世人（ハースト　1965.6.7–）
　外12（ハースト，ダミアン　1965–）
　外16（ハースト，ダミアン　1965–）
　現アテ（Hirst,Damien　ハースト，デミアン　1965–）

Hirst, Grayson
アメリカのテノール歌手。
⇒魅惑（Hirst,Grayson　1939–）

Hirst, Jesse Watson
アメリカの医療宣教師。
⇒アア歴（Hirst,Jesse Watson　ハースト，ジェシー・ワトスン　1864.3.30–1952.4.28）

Hirt, Hermann
ドイツの言語学者。インド＝ヨーロッパ語族の比較文法に功績が大きい。
⇒岩世人（ヒルト　1865.12.19–1936.9.12）

Hirth, Friedrich
ドイツの東洋史学者。中国の文献により東西交渉史，絵画，陶器などを研究。
⇒岩世人（ヒルト　1845.4.16–1927.1.10）
　広辞7（ヒルト　1845–1927）

Hirzebruch, Friedrich Ernst Peter
ドイツの数学者。50年代にはじまった層，ベクトル束などの位相幾何学的方法による代数幾何および複素多様体論の開拓者。
⇒岩世人（ヒルツェブルフ　1927.10.17–2012.5.27）
　世数（ヒルツェブルフ，フリードリヒ・エルンスト・ペーター　1927–2012）

Hirzel, Max
スイスのテノール歌手。

⇒失声（ハーツェル, マックス　1888–1957）
　魅惑（Hirzel, Max　1888–1957）

His, Wilhelm, Jr.
ドイツの解剖学者。W. ヒスの子。心臓生理, 病理学に貢献。
⇒岩生（ヒス　1863–1934）
　岩世人（ヒス　1863.12.29–1934.11.10）

Hisle, Larry Eugene
アメリカの大リーグ選手（外野）。
⇒メジャ（ハイズル, ラリー　1947.5.5–）

Hislop, Joseph
イギリスのテノール歌手。
⇒失声（ヒスロップ, ジョセフ　1884–1977）
　魅惑（Hislop, Joseph　1884–1977）

Hislop, Victoria
イギリスの作家, トラベル・ジャーナリスト。
⇒海文新（ヒスロップ, ヴィクトリア）
　現世文（ヒスロップ, ビクトリア）

Hiss, Alger
アメリカの官僚。
⇒岩世人（ヒス　1904.11.11–1996.11.15）
　スパイ（ヒス, アルジャー　1904–1996）

Hitchcock, Sir Arfred
イギリスの映画監督。
⇒アメ新（ヒッチコック　1899–1980）
　異二辞（ヒッチコック［アルフレッド・～］1899–1980）
　岩世人（ヒッチコック　1899.8.13–1980.4.29）
　映監（ヒッチコック, アルフレッド　1899.8.13–1980）
　広辞7（ヒッチコック　1899–1980）
　ネーム（ヒッチコック　1899–1980）
　ポプ人（ヒッチコック, アルフレッド　1899–1980）

Hitchcock, Frank Lauren
アメリカのベクトル解析学者, 物理学者。
⇒数辞（ヒッチコック, フランク・ロレン　1875–1957）

Hitchcock, Henry Russell
アメリカの近代建築史家, 建築評論家。スミス・カレッジ教授（1948～）, スミス・カレッジ美術館長（49～）。
⇒岩世人（ヒッチコック　1903.6.3–1987.2.19）

Hitchcock, John Thayer
アメリカの人類学者。
⇒アア歴（Hitchcock, John T (hayer)　ヒッチコック, ジョン・セイアー　1917.6.29–2001.1.16）

Hitchcock, Romyn
アメリカの英語教師。
⇒アア歴（Hitchcock, Romyn　ヒッチコック, ロミン　1851.12.1–1923.11.30）
　岩世人（ヒッチコック　1851.12.1–1923.11.30）

Hitchens, Dolores
アメリカの作家。
⇒現世文（ヒッチェンズ, ドロレス　1907–1973）

Hitchens, Tim
イギリスの外交官。
⇒外16（ヒッチンズ, ティム　1962–）
　世指導（ヒッチンズ, ティム　1962–）

Hitchings, George Herbert
アメリカの生化学者。1988年ノーベル生理学医学賞。
⇒ノベ3（ヒッチングス, G.H.　1905.4.18–1998.2.27）

Hitchings, Henry
イギリスの作家, 批評家。
⇒外16（ヒッチングズ, ヘンリー　1974–）

Hitler, Adolf
ドイツの政治家。「第三帝国」の総統。1933年首相に就任し, ナチス・ドイツの「第三帝国」を確立。
⇒ア太戦（ヒトラー　1889–1945）
　岩世人（ヒトラー　1889.4.20–1945.4.30）
　広辞7（ヒトラー　1889–1945）
　国政（ヒトラー　1889–1945）
　辞歴（ヒトラー　1889–1945）
　新カト（ヒトラー　1889.4.20–1945.4.30）
　政経改（ヒトラー　1889–1945）
　世改（ヒトラー　1889–1945）
　世人新（ヒトラー　1889–1945）
　世人装（ヒトラー　1889–1945）
　ポプ人（ヒトラー, アドルフ　1889–1945）
　もう山（ヒトラー　1889–1945）

Hittavainen
フィンランドのミュージシャン。
⇒外12（ヒッタヴァイネン）
　外16（ヒッタヴァイネン）

Hitti, Philip Khuri
アメリカ（シリア系）の東洋学者。プリンストン大学東洋語学部長（1944）。
⇒岩世人（ヒッティ　1886.6.24–1978）

Hitze, Franz
ドイツのカトリック神学者。
⇒岩世人（ヒッツェ　1851.3.16–1921.7.20）
　新カト（ヒッツェ　1851.3.16–1921.7.20）

Hitzfeld, Ottmar
ドイツのサッカー監督, サッカー選手。
⇒外12（ヒッツフェルト, オトマール　1949.1.12–）
　外16（ヒッツフェルト, オトマール　1949.1.12–）
　最世ス（ヒッツフェルト, オトマール　1949.1.12–）

Hitzig, Julius Eduard
フランスの精神医学者。脳の電気的興奮の原理の共同発見者。

⇒精医歴（ヒッツィヒ, ユリウス・エドゥアルト 1838–1907）

Hjärne, Harald Gabriel
スウェーデンの歴史学者。
⇒岩世人（イァーネ　1848.5.2–1922.1.6）

Hjelmslev, Louis
デンマークの言語学者。独創的な言語理論「言理学」の提唱者。構造主義言語学におけるコペンハーゲン学派を創始。
⇒岩世人（イェルムスレウ　1899.10.3–1965.5.30）
　オク言（イェルムスレウ, ルイ　1899–1965）
　現社（イェルムスレウ　1899–1965）
　広辞7（イェルムスレウ　1899–1965）
　ネーム（イェルムスレウ　1899–1965）

Hjelm-Wallén, Lena
スウェーデンの政治家。スウェーデン副首相, 外相。
⇒世指導（イエルムバレン, レナ　1943.1.14–）

Hjort, Johan
ノルウェーの海洋生物学者。オスロ大学教授。北大西洋の海洋生物学的調査に多くの業績を残した。
⇒岩世人（ヨルト（ヨット）　1869.2.18–1948.10.7）

Hjorth, Maria
スウェーデンのプロゴルファー。
⇒外12（ヨース, マリア　1973.10.15–）
　外16（ヨース, マリア　1973.10.15–）
　最世ス（ヨース, マリア　1973.10.15–）

Hjorth, Michael
スウェーデンの作家, 映画監督。
⇒海文新（ヨート, ミカエル　1963–）
　現世文（ヨート, ミカエル　1963–）

Hjortsberg, William
アメリカのファンタジー作家。
⇒現世文（ヒョーツバーグ, ウィリアム　1941.2.23–2017.4.22）

Hla, U, Ludu
ビルマ（ミャンマー）のジャーナリスト, 作家。
⇒岩世人（フラ　1910.1.19–1982.8.7）

Hla Pe, U
ビルマ（ミャンマー）出身の言語学者。
⇒岩世人（フラペ　1913–2007.7.31）

Hłasco, Marek
ポーランドの小説家。短篇集『雲のなかへの第一歩』(1956)のほか, 『週の八日め』(57),『墓場』(58),『次の人は天国へ』(58) がある。
⇒岩世人（フワスコ　1934.1.14–1969.6.14）
　現世文（フワスコ, マレク　1934.1.14–1969.6.14）

Hlavackova, Andrea
チェコのテニス選手。

⇒最世ス（フラヴァーチコヴァ, アンドレア　1986.8.10–）

Hlavsa, Jan
チェコスロバキアのテノール歌手。
⇒魅惑（Hlavsa,Jan　?–）

Hlavsa, Oldrich
チェコのブック・デザイナー, タイポグラファー。
⇒グラデ（Hlavsa,Oldrich　ハブサ, オルドリッチ　1909–）

Hlinka, Andrej
スロバキアの聖職者, 愛国者。
⇒岩世人（フリンカ　1864.9.27–1938.8.16）
　新カト（フリンカ　1864.9.27–1938.8.16）

Hlond, Augustyn
ポーランドの枢機卿。
⇒新カト（フロント　1881.7.5–1948.10.22）

Hnatyshyn, Ramon John
カナダの政治家, 法律家。カナダ総督（1990～95）, カナダ法相。
⇒世指導（ナティシン, レーモン・ジョン　1934.3.16–2002.12.18）

Ho, Edmund H.W.
マカオの実業家, 政治家。
⇒岩世人（何厚鏵　かこうか　1955.3.13–）
　外12（何厚鏵　カコウカ　1955.3.13–）
　外16（何厚鏵　カコウカ　1955.3.13–）
　世指導（何厚鏵　か・こうか　1955.3.13–）
　中日3（何厚鏵　1955–）

Ho, Josie
香港の女優。
⇒外12（ホー, ジョシー　1974.12.26–）

Ho, Peter
香港の俳優。
⇒外12（ホー, ピーター　1975.9.13–）
　外16（ホー, ピーター　1975.9.13–）

Ho, S.K.
韓国のプロゴルファー。
⇒外12（ホ,S.K.　1973.8.20–）

Ho, Stanley Hung Sun
マカオの華人企業家。
⇒岩世人（ホー　1921.11.25–）
　中日3（何鴻燊　ホー, スタンレー　1921–）

Ho, Wai-kam
中国生まれのアメリカの東洋美術史家。クリーヴランド美術館東洋部長となり, 特別展「元代：モンゴル支配下の中国美術」(1968) などを組織。
⇒岩世人（ホー　1924.3.26–2004.12.28）

Hoag, Myril Oliver
アメリカの大リーグ選手（外野）。

⇒メジャ（ホーグ, マイリル　1908.3.9–1971.7.28）

Hoag, Tami
アメリカの作家。
⇒外12（ホウグ, タミー）

Hoagland, Dennis Robert
アメリカの植物生理学者, 農芸化学者。
⇒岩生（ホーグランド　1884–1949）

Hoagland, Edward
アメリカの小説家, ネイチャーライター。
⇒現世文（ホーグランド, エドワード　1932.12.21–）

Hoagland, Mahlon Bush
アメリカの分子生物学者。細胞質内に小さなRNA分子が多種類存在し, それらのRNAがそれぞれ特定のアミノ酸とだけ結合することを突きとめた。
⇒岩世人（ホーグランド　1921.10.5–2009.9.18）

Hoai Thanh
ベトナムの文芸批評家。
⇒岩世人（ホアイ・タイン　1909.7.15–1982.3.14）

Hoak, Donald Albert
アメリカの大リーグ選手（三塁）。
⇒メジャ（ホーク, ドン　1928.2.5–1969.10.9）

Hoang Ngoc Phach
ベトナムの作家, 教師。
⇒岩世人（ホアン・ゴック・ファック　1896.8.20–1973.11.24）
　現世文（ホアン・ゴック・ファック　黄玉拍　1896–1973）

Hoang Van Chau
ベトナムのハノイ貿易大学学長。
⇒外12（ホアン・バン・チャウ）
　外16（ホアン・バン・チャウ）

Hoang Van Hoan
ベトナムの政治家, 外交官。ベトナム共産党政治局員。
⇒岩世人（ホアン・ヴァン・ホアン　1905–1991）

Hoàng Văn Thụ
ベトナムの革命家。
⇒岩世人（ホアン・ヴァン・トゥ　1906–1944.5.24）

Hoare, Antony
イギリスのコンピューター科学者。
⇒外12（ホーア, アントニー　1934.1.11–）
　外16（ホーア, アントニー　1934.1.11–）

Hoare, Peter
イギリスのテノール歌手。
⇒魅惑（Hoare,Peter　?–）

Hoback, James
テノール歌手。

⇒魅惑（Hoback,James　?–）

Hoban, Charles F., Jr.
アメリカの教育者。デューイの教育理論と直結して, 経験的事実にもとづいた視聴覚教育の学習効果を強調。
⇒教人（ホウバン　?–）

Hoban, Lillian
アメリカのイラストレーター。
⇒外16（ホーバン, リリアン　1925–）

Hoban, Russell
アメリカの作家, 児童文学作家。
⇒現世文（ホーバン, ラッセル　1925.2.4–2011.12.13）

Hobart, Alice Tisdale Nourse
アメリカの作家。
⇒アア歴（Hobart,Alice Tisdale（Nourse）　ホウバート, アリス・ティズデイル・ナース　1882.1.28–1967.3.14）

Hobbs, Cecil Carlton
アメリカの司書。
⇒アア歴（Hobbs,Cecil（Carlton）　ホッブズ, セシル・カールトン　1907.4.22–1991.12.8）

Hobbs, Jeremy
オーストラリアの人権保護活動家。
⇒外12（ホッブズ, ジェレミー　1958–）
　外16（ホッブズ, ジェレミー　1958–）
　世指導（ホッブズ, ジェレミー　1958–）

Hobbs, Roger
アメリカの作家。
⇒海文新（ホッブズ, ロジャー　1988.6.10–）
　現世文（ホッブズ, ロジャー　1988.6.10–）

Hobbs, William Herbert
アメリカの地質学者。構造地質学, 氷河等を研究。
⇒岩世人（ホッブズ　1864.7.2–1952）

Hoberecht, Earnest
アメリカのジャーナリスト。
⇒アア歴（Hoberecht,Earnest　ホウブレクト, アーネスト　1918.1.1–1999.9.22）

Hobhouse, Leonard Trelawney
イギリスの哲学者, 社会学者。1907年ロンドン大学社会学教授。主著『社会進化と政治理論』（11）。
⇒岩世人（ホブハウス　1864.9.8–1929.6.21）
　学叢思（ホブハウス, レオナード・トレローネー　1864–?）
　社小増（ホブハウス　1864–1929）
　メル3（ホブハウス, レオナルドトレローニー　1864–1929）

Hoblitzel, Richard Carleton
アメリカの大リーグ選手（一塁）。

⇒メジャ（ホブリッツェル, ディック　1888.10.26–1962.11.14）

Hoboken, Anthony van
オランダの音楽書誌学者，収集家。ヴィーン国立図書館音楽部門に「大音楽家草稿楽譜写真版資料室」を設立，バッハからブラームスまでの大作曲家の膨大な量の自筆楽譜の写真版を収蔵。
⇒新音中　（ホーボーケン，アントニー・ファン　1887.3.23–1983.11.1）
　標音2　（ホーボーケ，アントーニー・ヴァン　1887.3.23–1983.11.1）

Hobsbawm, Eric John Ernest
イギリスのマルクス主義社会史家，労働史家。
⇒岩世人　（ホブズボーム　1917.6.9–2012.10.1）
　現社　（ホブズボーム　1917–2012）
　広辞7　（ホブズボーム　1917–2012）
　社小増　（ホブズボーム　1917–）
　有経5　（ホブズボーム　1917–2012）

Hobson, David
オーストラリアのテノール歌手。
⇒魅惑（Hobson, David　?–）

Hobson, J. Allan
アメリカの精神科医。ハーバード大学医学部教授・附属マサチューセッツ精神衛生センター神経生理学研究所所長。
⇒外12　（ホブソン, J. アラン　1933–）

Hobson, John Atkinson
イギリスの改良主義的経済学者。
⇒岩経　（ホブソン　1858–1940）
　岩世人　（ホブソン　1858.7.6–1940.4.1）
　学叢思　（ホブソン, ジョン・アトキンソン　1858–?）
　有経5　（ホブソン　1858–1940）

Hobson, M.K.
アメリカの作家。
⇒海文新　（ホブスン, M.K.　1969–）

Hobson, Robert Lockhart
イギリスの考古学者。中国の陶磁器を研究。
⇒岩世人　（ホブソン　1872.7.26–1941.6.5）

Hocart, Arthur Maurice
イギリスの人類学者。
⇒岩世人　（ホカート　1883.4.26–1939.3.9）

Hocedez, Edgar
ベルギーの神学者。
⇒新カト　（オセデ　1877.7.1–1948.9.5）

Hoch, Edward D.
アメリカの作家。
⇒現世文　（ホック, エドワード・D.　1930.2.22–2008.1.17）

Höch, Hannah
ドイツの芸術家。コラージュ作品『水の反映』

『猫のニン』などがある。
⇒岩世人　（ヘッヒ（ヘーヒ）　1889.11.1–1978.5.31）

Hoche, Alfred
ドイツの精神病学者。フロイトの精神分析学に反対。
⇒岩世人　（ホッヘ　1865.8.1–1943.5.16）
　現精　（ホッヘ　1865–1943）
　現精縮　（ホッヘ　1865–1943）
　精医歴　（ホッヘ, アルフレート・エーリヒ　1865–1943）

Hochhuth, Rolf
ドイツの劇作家。
⇒岩世人　（ホーホフート　1931.4.1–）
　外12　（ホーホフート, ロルフ　1931.4.1–）
　外16　（ホーホフート, ロルフ　1931.4.1–）
　現世文　（ホーホフート, ロルフ　1931.4.1–）
　広辞7　（ホーホフート　1931–）
　新カト　（ホーホフート　1931.4.1–）

Ho Chi Minh
北ベトナムの政治家。1945年9月2日ベトナム民主共和国独立を宣言，初代主席に。フランスとの抵抗戦争（1946～54）に勝ち，抗米救国の戦争を指導。
⇒ア太戦　（ホー＝チ＝ミン　1890?–1969）
　岩世人　（ホー・チ・ミン　1890/1892/1894.5.12–1969.9.2）
　広辞7　（ホー・チ・ミン　1890–1969）
　国政　（ホー・チ・ミン（胡志明）　こしめい　(?)–1969）
　政経改　（ホー・チ・ミン　1890–1969）
　世史改　（ホー＝チ＝ミン　1890–1969）
　世史改　（ホー＝チ＝ミン　1890–1969）
　世史改　（ホー＝チ＝ミン　1890–1969）
　世人新　（ホー＝チ＝ミン　1890–1969）
　世人装　（ホー＝チ＝ミン　1890–1969）
　ポプ人　（ホー・チ・ミン　1890–1969）
　もう山　（ホー・チ・ミン　1890?–1969）

Ho Ching
シンガポールの実業家。シンガポール首相リー・シェンロンの夫人。
⇒外12　（ホーチン　1953–）
　外16　（ホーチン　1953–）

Hochschild, Arlie Russell
アメリカの社会学者。
⇒岩世人　（ホックシールド　1940.1.15–）

Hochschorner, Pavol
スロバキアのカヌー選手。
⇒外12　（ホフショルネル, パボル　1979.9.7–）
　外16　（ホフショルネル, パボル　1979.9.7–）
　最世ス　（ホフショルネル, パボル　1979.9.7–）

Hochschorner, Peter
スロバキアのカヌー選手。
⇒外12　（ホフショルネル, ペテル　1979.9.7–）
　外16　（ホフショルネル, ペテル　1979.9.7–）
　最世ス　（ホフショルネル, ペテル　1979.9.7–）

Hochstrasser, Robin Main
イギリス生まれのアメリカの物理化学者。
⇒岩世人（ホックストラッサー　1931.1.4–2013.2.27）

Hochwälder, Fritz
オーストリア・ウィーン生まれのスイスの劇作家。
⇒岩世人（ホーホヴェルダー　1911.5.28–1986.10.20）
　現世文（ホーホヴェルダー，フリッツ　1911.5.28–1986.10.20）

Hochwalt, Frederick George
アメリカのカトリック司祭。
⇒新カト（ホックウォルト　1909.2.25–1966.9）

Hocke, Gustav René
ドイツの美術史家。主著『迷宮としての世界』(1957)。
⇒岩世人（ホッケ　1908.3.1–1985.7.14）

Hocken, Thomas
ニュージーランドの医師，歴史家。
⇒ニュー（ホッケン，トマス　1836–1910）

Hockensmith, Steve
アメリカの作家。
⇒海文新（ホッケンスミス，スティーヴ　1968.8.17–）
　現世文（ホッケンスミス，スティーブ　1968.8.17–）

Hockett, Charles Francis
アメリカの人類学者，言語学者。アメリカ構造主義言語学の最盛期，その主流にあって指導的役割を果たす。
⇒岩世人（ホケット　1916.1.17–2000.11.3）

Hocking, Amanda
アメリカの作家。
⇒海文新（ホッキング，アマンダ　1984.7.12–）
　現世文（ホッキング，アマンダ　1984.7.12–）

Hocking, William Ernest
アメリカの哲学者。主著 "Types of philosophy"（1932）。
⇒岩世人（ホッキング　1873.8.10–1966.6.12）
　教人（ホッキング　1873–）
　メル3（ホッキング，ウィリアム・アーネスト　1873–1966）

Hockney, David
イギリスのポップ・アートの代表的芸術家。
⇒岩世人（ホックニー　1937.7.9–）
　外12（ホックニー，デービッド　1937.7.9–）
　外16（ホックニー，デイヴィッド　1937.7.9–）
　芸13（ホックニー，デイヴィッド　1937–）
　ネーム（ホックニー　1937–）
　ポブ人（ホックニー，デイビッド　1937–）

Hodaibi, Mamoun El-
エジプトのイスラム原理主義指導者，法律家。ムスリム同胞団最高位導師，エジプト人民議会議員。
⇒世指導（フダイビー，マアムーン　1921.5.28–2004.1.9）

Hodder, Mark
イギリスの作家。
⇒海文新（ホダー，マーク　1962.11.28–）
　現世文（ホダー，マーク　1962.11.28–）

Hoddis, Jakob van
ドイツの詩人。本名ハンス・ダーフィトゾーン。
⇒岩世人（ホッディス　1887.5.16–1942）

Hodeir, André
フランスの作曲家，批評家。映画音楽を多数担当。ジャズ理論著作も多く，世界有数のジャズと古典の理論家。
⇒標音2（オデール，アンドレ　1921.1.22–）

Hodge, John
イギリスの労働指導者，社会主義者。
⇒学叢思（ホッジ，ジョン　1855–?）

Hodge, John R.
アメリカの軍人。
⇒アア歴（Hodge, John R (eed)　ホッジ，ジョン・リード　1893.6.12–1963.11.12）
　岩韓（ホッジ　1893–1963）
　韓朝新（ホッジ　1893–1963）

Hodge, Megan
アメリカのバレーボール選手。
⇒最世ス（ホッジ，メーガン　1988.10.15–）

Hodge, *Sir* William Valance Douglas
イギリスの数学者。調和積分論の創始者。
⇒岩世人（ホッジ　1903.6.17–1975.7.7）

Hodges, Eddie
アメリカ・ミシシッピー州生まれの歌手。
⇒ロック（Hodges,Eddie　ホッジズ，エディ　1947.3.5–）

Hodges, Gilbert Raymond
アメリカの大リーグ選手（一塁）。
⇒メジャ（ホッジス，ギル　1924.4.4–1972.4.2）

Hodges, Johnny
アメリカのアルトサックス奏者。デューク・エリントン楽団で活躍。
⇒新音中（ホッジズ，ジョニー　1907.7.25–1970.5.11）
　標音2（ホッジズ，ジョニー　1907.7.25–1970.5.11）

Hodges, Kevin Jon
アメリカの大リーグ選手（投手）。

⇒外12（ホッジス, ケビン 1973.6.24–）

Hodges, Olive Ireland
アメリカのメソジスト教会婦人宣教師。1902年来日。横浜成美学園校長を勤める（1904～44）。
⇒岩世人（ハジズ（ホッジズ） 1877.1.21–1964.1.25）

Hodgins, Jack
カナダの小説家。
⇒現世文（ホジンズ, ジャック 1938.10.3–）

Hodgkin, Alan Lloyd
イギリスの生理学者。神経細胞膜の末梢および中心部分における興奮と抑制に関するイオン機構の発見で,1963年ノーベル生理・医学賞を受賞。
⇒岩生（ホジキン 1914–1998）
岩世人（ホジキン 1914.2.5–1998.12.20）
ノベ3（ホジキン,A.L. 1914.2.5–1998.12.20）

Hodgkin, Dorothy
イギリスの生化学者。
⇒岩生（ホジキン 1910–1994）
岩世人（ホジキン 1910.5.12–1994.7.29）
化学（ホジキン 1910–1994）
科史（ホジキン 1910–1994）
現科大（ホジキン, ドロシー・クロウフット 1910–1994）
ノベ3（ホジキン,D.C. 1910.5.12–1994.7.29）
物理（ホジキン, ドロシー・クロウフット 1910–1994）

Hodgkin, Haward
イギリスの画家。
⇒芸13（ホジキン, ハワード 1932–）

Hodgkins, Frances Mary
ニュージーランドの画家。
⇒岩世人（ホジキンズ 1869.4.28–1947.5.13）
ニュー（ホジキンス, フランシス 1869–1947）

Hodgson, Ralph Edwin
イギリスの詩人。『牡牛』（1913）,『栄光の歌』（13）で認められた。
⇒岩世人（ホジソン 1871.9.9–1962.11.3）

Hodgson, Roy
イギリスのサッカー・イングランド代表監督。
⇒最新ス（ホジソン, ロイ 1947.8.9–）

Hodgson, Shadworth Hollway
イギリスの哲学者。主著 "Time and space"（1865）。
⇒岩世人（ホジソン 1832.12.25–1912.6.13）
学叢思（ホッジソン, シャドワース・ホルウェー 1832–1912）
メル3（ホジソン, シャドワース・ホロウェイ 1832–1912）

Hodgson, William Hope
イギリスの怪奇小説作家。『ボーダーランド3部作』と呼ばれる異次元怪奇小説の長編群が代表作。
⇒現世文（ホジソン, ウィリアム・ホープ 1877–1918.4.17）

Hodiak, John
アメリカの男優。
⇒ク俳（ホダイアック, ジョン 1914–1955）

Hodler, Ferdinand
スイスの画家。表現主義の先駆者の一人。主作品『マドリードの風景』（1879）。
⇒岩世人（ホードラー 1853.3.14–1918.5.19）
芸13（ホドラー, フェルディナント 1853–1918）
広辞7（ホドラー 1853–1918）

Hodler, Marc
スイスの弁護士。国際スキー連盟会長（1951～98）。
⇒岩世人（ホードラー 1918.10.26–2006.10.18）

Hodorovski, J.J.
ソ連の政治家,文学者。
⇒学叢思（ホドロフスキー 1885–）

Hodous, Lewis
アメリカの教育者。
⇒アア歴（Hodous,Lewis ホウダス, ルイス 1872.12.31–1949.8.9）

Hodža, Milan
チェコスロバキアの政治家。
⇒岩世人（ホジャ 1878.2.1–1944.6.27）

Hoedemaker, Philippus Jacobus
オランダのプロテスタント（改革派）神学者,教会政治家。歴史的教会がキリストの体であると主張し,教会分裂をもたらすような教会組織改変の企ては,神の支配に対する侵犯であるとした。
⇒岩世人（フーデマーケル 1839.7.15–1909.7.26）

Hoefler, Jonathan
ニューヨーク生まれの書体デザイナー,ホフラー活字鋳造所社長。
⇒グラデ（Hoefler,Jonathan ホフラー, ジョナサン 1970–）

Hoeft, William Frederick
アメリカの大リーグ選手（投手）。
⇒メジャ（ヘフト, ビリー 1932.5.17–2010.3.16）

Højholt, Per
デンマークの詩人。
⇒岩世人（ホイホルト 1928.7.22–2004.10.15）

Hoekendijk, Johannes Christiaan
オランダの改革派神学者。
⇒岩世人（ホーケンダイク（フーケンデイク） 1912.5.3–1975.6.25）

Hoel, Sigurd
ノルウェーの作家。代表作は『夏の太陽下の罪

Hoelzer, Margaret
アメリカの水泳選手(背泳ぎ)。
⇒外12(ホルザー, マーガレット 1983.3.30–)
最世ス(ホルザー, マーガレット 1983.3.30–)

Hoelzl, Kathrin
ドイツのスキー選手(アルペン)。
⇒外12(ヘルツル, カトリン 1984.7.18–)
最世ス(ヘルツル, カトリン 1984.7.18–)

Hoepker, Thomas
ドイツの写真家。
⇒外12(ヘプカー, トーマス 1936–)
外16(ヘプカー, トーマス 1936–)

Hoernes, Moritz
オーストリアの考古学者。ヴィーン学派の基礎を築いた。
⇒岩世人(ヘルネス 1852–1917.7.10)

Hoernlé, Reinhold Friedrich Alfred
イギリスの哲学者。主著"Matter, life, mind and God"(1923)。
⇒岩世人(ヘルンレ 1880.11.27–1943.7.21)

Hoernle, Rudolf
イギリスのインド学者, 言語学者。コータン地方の発掘(1900~01)を行い, 北方インド諸民族の言語を研究, また種々の原典の出版, 翻訳をした。
⇒岩世人(ハーンリ 1841.10.19–1918.11.12)

Hoetzsch, Otto
ドイツの歴史家, 政治家。ロシアおよび近東の歴史を研究。
⇒岩世人(ヘッチ 1876.2.14–1946.8.27)

Hoeven, John
アメリカの政治家。
⇒外12(ホーベン, ジョン 1957.3.13–)

Hof, Marjolijn
オランダの作家。
⇒海文新(ホフ, マルヨライン 1956–)
現世文(ホフ, マルヨライン 1956–)

Hofer, Karl
ドイツの画家。1845年ベルリン高等造形美術学校校長。単純な形態と色彩による表現主義的画風が特徴。
⇒岩世人(ホーファー 1878.10.11–1955.4.3)
芸13(ホーファー, カルル 1878–1955)

Hoff, Katie
アメリカの水泳選手(自由形・個人メドレー)。
⇒外12(ホフ, ケイティ 1989.6.3–)
最世ス(ホフ, ケイティ 1989.6.3–)

Hoff, Ted
アメリカのマイクロプロセッサーの考案者。
⇒岩世人(ホフ 1937.10.28–)

Hoffa, Albert
ドイツの整形外科医。先天性股関節脱臼の整復手術を考案(1889)。
⇒岩世人(ホッファ 1859.5.31–1907.12.31)

Hoffa, James Riddle
アメリカの労働運動家。
⇒アメ経(ホッファー, ジェームズ 1913.2.14–1975.7)
アメ州(Hoffa, James ホッファ, ジェームズ 1913–1975)

Hoffa, Reese
アメリカの砲丸投げ選手。
⇒最世ス(ホッファ, リース 1977.10.8–)

Höffding, Harald
デンマークの哲学者。1883~1915年コペンハーゲン大学教授。
⇒岩世人(ヘフディング 1843.1.11–1931.7.2)
オク教(ヘフディング 1843–1931)
学叢思(ヘフディング, ハーラルト 1843–?)
教人(ヘフディング 1843–1931)
新カト(ヘフディング 1843.1.11–1931.7.2)
メル2(ヘフディング, ハラルド 1843–1931)

Höffe, Otfried
ドイツの哲学者, 応用理論学者。
⇒岩世人(ヘッフェ 1943.9.12–)
外16(ヘッフェ, オットフリート 1943.9.12–)

Hoffer, Yehiel
ポーランド・ワルシャワ生まれのイディッシュ語物語作家, 随筆家。
⇒ユ著人(Hoffer, Yehiel ホフェル, イエヒェル 1906–1972)

Höffgen, Marga
ドイツのアルト歌手。
⇒オペラ(ヘフゲン, マルガ 1921–1995)
標音2(ヘフゲン, マルガ 1921.4.26–)

Hoffleit, Dorrit
アメリカの天文学者。
⇒天文大(ホフライト 1907–)

Hoffman, Alice
アメリカの作家。
⇒外12(ホフマン, アリス 1952–)
外16(ホフマン, アリス 1952–)
現世文(ホフマン, アリス 1952–)

Hoffman, Daniel John
アメリカの大リーグ選手(外野)。
⇒メジャ(ホフマン, ダニー 1880.3.2–1922.3.14)

Hoffman, Dustin
アメリカ生まれの男優。
⇒遺産（ホフマン，ダスティン　1937.8.8–）
岩世人（ホフマン　1937.8.8–）
外12（ホフマン，ダスティン　1937.8.8–）
外16（ホフマン，ダスティン　1937.8.8–）
ク俳（ホフマン，ダスティン　1937–）
スター（ホフマン，ダスティン　1937.8.8–）
ネーム（ホフマン，ダスティン　1937–）
ユ著人（Hoffman,Dustin　ホフマン，ダスティン　1941–）

Hoffman, Eva
ポーランド生まれのアメリカの作家。
⇒外12（ホフマン，エバ　1947–）
外16（ホフマン，エバ　1947–）
現世文（ホフマン，エバ　1947–）

Hoffman, Jilliane
アメリカの作家。
⇒外12（ホフマン，ジリアン）
外16（ホフマン，ジリアン）
海文新（ホフマン，ジリアン）
現世文（ホフマン，ジリアン）

Hoffman, Mary
イギリスの作家。
⇒外12（ホフマン，メアリー　1945–）

Hoffman, Michael Allen
アメリカの考古学者。
⇒岩世人（ホフマン　1944.10.14–1990.4.23）

Hoffman, Paul
イギリスの作家，脚本家。
⇒海文新（ホフマン，ポール　1953–）
現世文（ホフマン，ポール　1953–）

Hoffman, Paul Felix
カナダの地質学者。
⇒岩世人（ホフマン　1941.3.21–）

Hoffman, Philip Seymour
アメリカの俳優。
⇒遺産（ホフマン，フィリップ・シーモア　1967.7.23–2014.2.2）
外12（ホフマン，フィリップ・シーモア　1967.7.23–）

Hoffman, Trevor William
アメリカの大リーグ選手（投手）。
⇒外12（ホフマン，トレバー　1967.10.13–）
最世人（ホフマン，トレバー　1967.10.13–）
メジャ（ホフマン，トレヴァー　1967.10.13–）

Hoffman, Yoel
イスラエルの作家。
⇒岩世人（ホフマン　1937–）

Hoffmann, Axel-E.
テノール歌手。
⇒魅惑（Hoffmann,Axel-E.　?–）

Hoffmann, Erich
ドイツの病理学者。ボン大学皮膚科教授。
⇒岩世人（ホフマン　1868.4.25–1959.5.8）

Hoffmann, Felix
ドイツの化学者。
⇒世発（ホフマン，フェリクス　1868–1946）

Hoffmann, Felix
スイスの画家，絵本作家。1957年からグリムの話を材料にした絵本を作り，『狼と七ひきの子山羊』や『森の眠り姫』などの傑作を生んだ。
⇒絵本（ホフマン，フェリックス　1911–1975）

Hoffmann, Gaby
アメリカの女優。
⇒ク俳（ホフマン，ギャビー（ホフマン，ゲイブリエラ）　1982–）

Hoffmann, Grace
アメリカのメゾ・ソプラノ歌手。
⇒新音中（ホフマン，グレイス　1925.1.14–）
標音2（ホフマン，グレース　1925.1.14–）

Hoffmann, Hermann
ドイツ生まれのイエズス会士。1912年上智学院を設立，28年上智大学を創立し，37年まで初代学長。
⇒岩世人（ホフマン　1864.6.23–1937.7.1）
新カト（ホフマン　1864.6.23–1937.6.1）

Hoffmann, Horst
ドイツのテノール歌手。
⇒魅惑（Hoffmann,Horst　1935–）

Hoffmann, Johannes Baptist
ドイツの宣教師，言語学者，イエズス会会員。
⇒新カト（ホフマン　1857.6.21–1928.11.19）

Hoffmann, Josef Franz Maria
オーストリアの建築家。1903年ウィーン工房の建築運動を起した。
⇒岩世人（ホフマン　1870.12.15–1956.5.7）
グラデ（Hoffmann,Josef　ホフマン，ヨーゼフ　1870–1956）
芸13（ホフマン，ヨゼフ　1870–1956）

Hoffmann, Jules A.
フランスの免疫学者。
⇒岩世人（ホフマン　1941.8.2–）
外12（ホフマン，ジュール　1941.8.2–）
外16（ホフマン，ジュール　1941.8.2–）
ノベ3（ホフマン,J.A.　1941.8.2–）

Hoffmann, Ludwig
ドイツの建築家。主作品，ドイツ大審院（1886〜95, ライプチヒ）。
⇒岩世人（ホフマン　1852.7.30–1932.11.11）

Hoffmann, Roald
ポーランド生まれのアメリカの物理化学者。
⇒岩世人（ホフマン　1937.7.18–）
外12（ホフマン, ロアルド　1937.7.18–）
外16（ホフマン, ロアルド　1937.7.18–）
化学（ホフマン, R.　1937–）
広辞7（ホフマン　1937–）
ノベ3（ホフマン, R.　1937.7.18–）
ユ著人（Hoffmann, Roald　ホフマン, ロアード　1937–）

Hoffmann, Stanley
アメリカで活躍するオーストリア人政治学者。
⇒国政（ホフマン, スタンレー　1928–）
政経改（ホフマン　1928–）

Hoffmann, Walther Gustav
ドイツの経済学者, 統計学者。
⇒有経5（ホフマン　1903–1971）

Hoffmeister, Adolf
チェコスロバキアの画家, 小説家。カリカチュアとコラージュの作品で知られる。
⇒絵本（ホッフマイステル, アドルフ　1902–1973）

Hoffmeister, Frank
アメリカのテノール歌手。
⇒魅惑（Hoffmeister, Frank　?–）

Höffner, Joseph
ドイツのカトリック実践神学者, 社会倫理学者。
⇒新カト（ヘフナー　1906.12.24–1987.10.16）

Hoffpauir, Micah
アメリカのプロ野球選手（日ハム・内野手）, 大リーグ選手。
⇒外12（ホフパワー, マイカ　1980.3.1–）

Hofinger, Johannes
オーストリア・ティロール出身のカトリック神学者。
⇒新カト（ホーフィンガー　1905.3.21–1984.2.14）

Höfler, Alois
オーストリアの哲学者。主著 "Logik"（1890）ほか。
⇒岩世人（ヘーフラー　1853.4.6–1922.2.26）
教人（ヘーフラー　1853–1922）

Höfl-Riesch, Maria
ドイツのスキー選手（アルペン）。
⇒外12（リーシュ, マリア　1984.11.24–）
外16（ヘッフル・リーシュ, マリア　1984.11.24–）
最世ス（ヘッフル・リーシュ, マリア　1984.11.24–）

Hofman, Arthur Frederick (Solly)
アメリカの大リーグ選手（外野, 二塁）。
⇒メジャ（ホフマン, ソリー　1882.10.29–1956.3.10）

Hofmann, Armin
スイスのグラフィック・デザイナー, 教育家。
⇒グラデ（Hofmann, Armin　ホフマン, アルミン　1920–）

Hofmann, Georg
ドイツのキリスト教史家, イエズス会会員。
⇒新カト（ホフマン　1885.11.1–1956.8.9）

Hofmann, Hans
ドイツ生まれのアメリカの画家。アメリカの抽象絵画の指導者。
⇒岩世人（ホフマン　1880.3.21–1966.2.17）
芸13（ホフマン, ハンス　1880–1966）

Hofmann, Josef Casimir
ポーランド生まれのアメリカのピアノ奏者, 作曲家。ルビンシテインに師事。
⇒岩世人（ホフマン　1876.1.20–1957.2.16）
標音2（ホーフマン, ヨーゼフ　1876.1.20–1957.2.16）

Hofmann, Karl Andreas
ドイツの化学者。
⇒岩世人（ホーフマン　1870.4.2–1940.10.15）

Hofmann, Peter
ドイツのテノール歌手。
⇒失声（ホフマン, ペーター　1944–2010）
新音中（ホフマン, ペーター　1944.8.12–）
魅惑（Hofmann, Peter　1944–）

Hofmann, Walter
ドイツの学者。1909年以来, 国民教養叢書の編集者となり, 14年にドイツ国民図書館制度中央協議会を創設。
⇒教人（ホフマン　1879–1952）

Hofmann, Willy
ドイツのテノール歌手。
⇒魅惑（Hofmann, Willy　1909–1984）

Hofmannsthal, Hugo von
オーストリアの詩人, 劇作家, 小説家, 随筆家。
⇒岩キ（ホーフマンスタール　1874–1929）
岩世人（ホーフマンスタール　1874.2.1–1929.7.15）
オペラ（ホフマンスタール, フーゴー・フォン　1874–1929）
学叢思（ホフマンスタール, フーゴー・フォン　1874–?）
現世文（ホーフマンスタール, フーゴー・フォン　1874.2.1–1929.7.15）
広辞7（ホフマンスタール　1874–1929）
新音中（ホフマンスタール, フーゴー・フォン　1874.2.1–1929.7.15）
新カト（ホフマンスタール　1874.2.1–1929.7.15）
西文（ホフマンスタール, フーゴー・フォン　1874–1929）
世演（ホフマンスタール, フーゴー・フォン　1874.2.1–1929.7.15）
ネーム（ホフマンスタール　1874–1929）

標音2（ホーフマンスタール, フーゴ・フォン　1874.2.1–1929.6.15）
ユ著人（Hofmannsthal,Hugo von　ホーフマンスタール, フーゴ・フォン　1874–1929）

Hofstadter, Douglas Richard
アメリカの物理学者。専門は認知科学と計算機科学。『ゲーデル、エッシャー、バッハ—あるいは不思議の環』でピュリッツァー賞を受賞した。
⇒メル別（ホフスタッター, ダグラス・リチャード　1945–）

Hofstadter, Richard
アメリカの歴史家。『アメリカ現代史』でピュリツァー賞の歴史部門賞（1956年度）。
⇒アメ新（ホフスタッター　1916–1970）
岩世人（ホフスタッター　1916.8.6–1970.10.24）
社小増（ホフスタッター　1916–1970）

Hofstadter, Robert
アメリカの物理学者。高エネルギー物理学の研究で,1961年ノーベル物理学賞受賞。
⇒岩世人（ホフスタッター　1915.2.5–1990.11.17）
三新物（ホフスタッター　1915–1990）
ノベ3（ホフスタッター,R.　1915.2.5–1990.11.17）
物理（ホフスタッター, ロバート　1915–1990）
ユ著人（Hofstadter,Robert　ホフスタッター, ロバート　1915–1990）

Hofstede, Geert
オランダの組織社会学者。
⇒社小増（ホフステード　1928–）

Hofstede de Groot, Cornelis
オランダの美術史家。特に17世紀オランダ絵画について研究。
⇒岩世人（ホフステーデ・デ・フロート　1863.11.9–1930.4.14）

Hogan, Ben
アメリカのプロゴルファー。
⇒アメ新（ホーガン, ベン　1912–1997）
岩世人（ホーガン　1912.8.13–1997.7.25）

Hogan, Brooke
アメリカの歌手, 女優。
⇒外12（ホーガン, ブルック　1988.5.5–）
外16（ホーガン, ブルック　1988.5.5–）

Hogan, Chuck
アメリカの作家。
⇒外16（ホーガン, チャック）
現世文（ホーガン, チャック）

Hogan, Edward
イギリスの作家。
⇒海文新（ホーガン, エドワード　1980–）
現世文（ホーガン, エドワード　1980–）

Hogan, Hulk
アメリカのプロレスラー。
⇒異二辞（ホーガン, ハルク　1953–）
岩世人（ホーガン　1953.8.11–）
外12（ホーガン, ハルク　1955.8.11–）
外16（ホーガン, ハルク　1955.8.11–）
ク俳（ホーガン, ハルク（ボレア, テリー）　1953–）
ネーム（ホーガン, ハルク　1953–）

Hogan, James Patrick
イギリスのSF作家。
⇒現世文（ホーガン, ジェームズ・パトリック　1941.6.27–2010.7.12）
ネーム（ホーガン,J.P.　1941–2010）

Hogan, Mark T.
アメリカの実業家。
⇒外12（ホーガン, マーク　1951.5.15–）
外16（ホーガン, マーク　1951.5.15–）

Hogan, Paul
オーストラリア生まれの俳優。
⇒外12（ホーガン, ポール　1940.10.8–）
外16（ホーガン, ポール　1940.10.8–）
ク俳（ホーガン, ポール　1939–）

Hogarth, Burne
アメリカの挿絵画家, グラフィックデザイナー。
⇒異二辞（ホガース［バーン・～］　1911–1996）

Hogarth, David George
イギリスの考古学者で, 中東に関する作家。
⇒岩世人（ホーガース　1862.5.23–1927.11.6）

Hogben, Lancelot
イギリスの生物学者, 自然科学解説者。主著『百万人の数学』。
⇒岩世人（ホグベン　1895.12.9–1975.8.22）

Hogbin, Herbert Ian
イギリス生まれのオーストラリアの人類学者。
⇒岩世人（ホグビン　1904.12.17–1989.8.2）

Höger, Fritz
ドイツの建築家。チリー館（1922, ハンブルク）, 市庁舎（29, リュストリンゲン）, 教会（ベルリン, ハンブルク等）などを制作。
⇒岩世人（ヘーガー　1877.6.12–1949.6.21）

Hoggart, Richard
イギリスの批評家。
⇒岩世人（ホガート　1918.9.24–2014.4.10）
現社（ホガート　1918–）

Hogness, David S.
アメリカの発生生物学者, 生化学者。スタンフォード大学名誉教授。
⇒外12（ホグネス, デービッド　1925–）

Hogrebe, Wolfram
ドイツの哲学者, 言語哲学者。
⇒岩世人（ホーグレーベ　1945.9.27–）

Hogrogian, Nonny
アメリカの女性絵本作家,挿絵画家。
⇒外12（ホグロギアン,ナニー 1932–）

Hogwood, Christopher
イギリスの指揮者,チェンバロ奏者,フォルテピアノ奏者。
⇒岩世人（ホグウッド 1941.9.10–）
　外12（ホグウッド,クリストファー 1941.9.10–）
　新音中（ホグウッド,クリストファー 1941.9.10–）
　標音2（ホグウッド,クリストファー 1941.9.10–）

Hohfeld, Wesley Newcomb
アメリカの法学者。
⇒岩世人（ホーフェルド 1879.8.8–1918.10.12）

Hohiwein, Ludwig
ドイツのポスター作家。
⇒グラデ（Hohiwein,Ludwig ホールヴァイン,ルートヴィヒ 1874–1949）

Hohlbein, Wolfgang
ドイツの作家。
⇒現世文（ホールバイン,ヴォルフガンク 1953–）

Hohmann, Werner
テノール歌手。
⇒魅惑（Hohmann,Werner ?–?）

Hohoff, Curt
ドイツの小説家,評論家。『禁じられた都市』(1958)など。
⇒新カト（ホーホフ 1913.3.18–2010.2.14）

Hoiles, Christopher Allen
アメリカの大リーグ選手(捕手)。
⇒メジャ（ホイルズ,クリス 1965.3.20–）

Höiseth, Kolbjörn
ノルウェーのテノール歌手。
⇒魅惑（Höiseth,Kolbjörn 1932–）

Höke, Margret
西ドイツ大統領リヒャルト・フォン・ヴァイツゼッカーの秘書。
⇒スパイ（ヘーケ,マルグレット 1935–）

Ho Kwon-ping
シンガポールの実業家。
⇒外12（ホークォンピン 1952–）
　外16（ホークォンピン 1952–）

Holan, Vladimír
チェコの代表的詩人,翻訳家。『三王の歌』、『夢』などが代表作。
⇒現世文（ホラン,ヴラジミール 1905.9.16–1980.3.31）

Holbrook, Hal
アメリカ生まれの俳優。
⇒外12（ホルブルック,ハル 1925.2.17–）

Holbrooke, Richard
アメリカの外交官,実業家。国連大使,国防次官補。
⇒世指導（ホルブルック,リチャード 1941.4.24–2010.12.13）

Holcomb, Steven
アメリカのボブスレー選手。
⇒外12（ホルコム,スティーブン 1980.4.14–）
　外16（ホルコム,スティーブン 1980.4.14–）
　最世ス（ホルコム,スティーブン 1980.4.14–）

Holcombe, Chester
アメリカの宣教師,外交官。
⇒アア歴（Holcombe,Chester ホウルコム,チェスター 1844.10.16–1912.4.25）

Holden, Edward Singleton
アメリカの天文学者。カロリン群島で日食を観測。
⇒岩世人（ホールデン 1846.11.5–1914.3.16）

Holden, J.R.
ロシアのバスケットボール選手(CSKAモスクワ)。
⇒外12（ホールデン,J.R. 1976.8.10–）
　最世ス（ホールデン,J.R. 1976.8.10–）

Holden, William
アメリカ生まれの俳優。
⇒ク俳（ホールデン,ウィリアム（ビードル,W) 1918–1981）
　スター（ホールデン,ウィリアム 1918.4.17–1981）

Holder, David
フランスの実業家。
⇒外16（オルデー,ダヴィッド 1968–）

Holder, Eric
アメリカの法律家。米国司法長官。
⇒外12（ホルダー,エリック 1951.1.21–）
　外16（ホルダー,エリック 1951.1.21–）
　世指導（ホルダー,エリック 1951.1.21–）

Holder, Nancy
アメリカの作家。
⇒現世文（ホールダー,ナンシー）

Hölder, Otto Ludwig
ドイツの数学者。
⇒数辞（ヘルダー,ルードウィヒ・オットー 1859–1937）
　世数（ヘルダー,ルドヴィッヒ・オットー 1859–1937）

Holdorf, Udo Karl
ドイツのテノール歌手。
⇒魅惑（Holdorf,Udo Karl 1946–）

Holdstock, Robert
イギリスの作家。
⇒現世文（ホールドストック, ロバート　1948.8.2-）

Holdsworth, *Sir* William Searle
イギリスの法制史学者。法制史学の大家で12巻よりなる『イギリス法制史』は、イギリス法制史に関する最も権威的な大著とされている。
⇒岩世人（ホールズワース　1871.5.7-1944.1.2）

Holenstein, Elmar
スイスの哲学者。
⇒岩世人（ホーレンシュタイン　1937.1.7-）

Holiday, Billie（Eleanora）
アメリカの黒人女性歌手。愛称Lady Day。1935年からジャズ・ボーカルの花形となった。
⇒アメ州（Holiday,Billie　ホリディ, ビリー　1915-1959）
　アメ新（ホリデー　1915-1959）
　岩世人（ホリデー　1915.4.7-1959.7.17）
　広辞7（ホリデイ　1915-1959）
　新音中（ホリデイ, ビリー　1915.4.7-1959.7.17）
　標音2（ホリデイ, ビリー　1915.4.7-1959.7.17）
　マルX（HOLIDAY,BILLIE J.（Fagan, Eleanora, "Lady Day"）　ホリデイ, ビリー・J.（フェイガン, エレアノーラ, "レディー・デイ"）　1915-1959）

Holitscher, Arthur
ドイツ語の作家。
⇒ユ著人（Holitscher,Arthur　ホリッチャー, アルトゥール　1869-1941）

Holke, Walter Henry
アメリカの大リーグ選手（一塁）。
⇒メジャ（ホルキー, ウォルター　1892.12.25-1954.10.12）

Holkeri, Harri Hermanni
フィンランドの政治家。フィンランド首相。
⇒世指導（ホルケリ, ハリ　1937.1.6-2011.8.7）

Höll, Hartmut
ドイツのピアノ奏者。
⇒外12（ヘル, ハルトムート）
　外16（ヘル, ハルトムート）

Holl, Karl
ドイツの神学者。ギリシア正教会、宗教改革の研究家。
⇒岩世人（ホル　1866.5.15-1926.5.23）
　新カト（ホル　1866.5.15-1926.5.23）

Holl, Steven
アメリカの建築家。
⇒外16（ホール, スティーブン　1947.12.9-）

Hollaender, Alexander
ドイツ生まれのアメリカの放射線生物学者。
⇒岩生（ホレンダー　1898-1986）

Holland, Agnieszka
ポーランドの映画監督。
⇒映監（ホランド, アグニエシュカ　1948.11.28-）
　外12（ホランド, アニエスカ　1948.11.28-）
　外16（ホランド, アニエスカ　1948.11.28-）

Holland, Clifford Milburn
アメリカの土木技術者。ハドソン河の下にニューヨークとニュージャージを連絡する車輌用トンネルを設計、施工。このトンネルは彼の没後、「ホランド・トンネル」と名づけられる。
⇒岩世人（ホランド　1883.3.13-1924.10.27）

Holland, Dexter
アメリカのミュージシャン。
⇒外12（ホーランド, デクスター）
　外16（ホーランド, デクスター）

Holland, Eric
アメリカのテノール歌手。
⇒魅惑（Holland,Eric　1959-）

Holland, Henry Edmond
ニュージーランドの政治家。
⇒ニュー（ホランド, ヘンリー　1868-1933）

Holland, Henry Scott
イギリス国教会の聖職者、神学者。
⇒岩世人（ホランド　1847.1.27-1918.3.17）
　オク教（ホランド　1847-1918）

Holland, Isabelle
アメリカの女性作家。
⇒現世文（ホランド, イザベル　1920.6.16-2002.2.9）

Holland, John Philip
アイルランド生まれのアメリカの発明家。1895年会社を設立、潜水艦の原型といえる『ホランド号』は1900年アメリカ海軍に正式採用。
⇒アメ州（Holland,John Philip　ホランド, ジョン・フィリップ　1840-1914）

Holland, Milt
アメリカのジャズ・ドラム、パーカッション奏者。
⇒ビト改（HOLLAND,MILT　ホランド, ミルト）

Holland, Sidney George
ニュージーランドの政治家。国民党党首（1940～49）、首相兼蔵相（49～）。
⇒岩世人（ホランド　1893.10.18-1961.8.5）
　ニュー（ホランド, シドニー　1893-1961）

Hollande, François
フランスの政治家。フランス大統領（2012～17）。
⇒岩世人（オランド　1954.8.12-）
　外12（オランド, フランソワ　1954.8.12-）
　外16（オランド, フランソワ　1954.8.12-）

世指導（オランド, フランソワ　1954.8.12–）
ネーム（オランド　1954–）
ポプ人（オランド, フランソワ　1954–）

Hollander, Franklin
アメリカの生理学者。
⇒ユ著人（Hollander,Franklin　ホランダー, フランクリン　1899–1967）

Holländer, Hans
ドイツのチェス史研究者。
⇒岩世人（ホレンダー　1932.2.6–）

Hollander, John
アメリカ（ユダヤ系）の詩人, 批評家。
⇒岩世人（ホランダー　1929.10.28–2013.8.17）
　現世文（ホランダー, ジョン　1929.10.28–2013.8.17）

Hollander, Samuel
イギリス・ロンドン生まれの経済思想家。
⇒岩世人（ホランダー　1937.4.6–）

Hollandsworth, Todd Mathew
アメリカの大リーグ選手（外野）。
⇒メジャ（ホランズワース, トッド　1973.4.20–）

Holleben, Theodor von
ドイツの外交官。駐日公使として（1885）, 条約改正のため尽力。
⇒岩世人（ホルレーベン　1838.9.16–1913.1.31）

Hollender, Ioan
オーストリアのウィーン国立歌劇場総裁。
⇒外12（ホーレンダー, イオアン　1935–）
　外16（ホーレンダー, イオアン　1935–）

Höller, Carsten
ベルギー生まれの芸術家。
⇒現アテ（Höller,Carsten　ヘラー, カールステン　1961–）

Höller, Karl
ドイツの作曲家。1949年ハースの後任としてミュンヘン音楽大学の作曲科教授, 54年学長。
⇒新音中（ヘラー, カール　1907.7.25–1987.4.14）
　標音2（ヘラー, カルル　1907.7.25–1987.4.14）

Holleran, Andrew
アメリカの小説家。
⇒現世文（ホラーラン, アンドルー）

Höllerer, Walter
ドイツの詩人, 評論家。「47年グループ」の一員。
⇒岩世人（ヘレラー　1922.12.19–2003.5.20）
　現世文（ヘレラー, ワルター　1922.12.19–2003.5.20）

Hollerith, Herman
アメリカの機械技術者。タビュレイティング・マシン社（後のIBM社）を設立。

⇒岩世人（ホレリス　1860.2.29–1929.11.17）
　広辞7（ホレリス　1860–1929）

Holley, Robert William
アメリカの遺伝生化学者。遺伝情報の解読, 蛋白合成への役割を研究。1968年ノーベル生理・医学賞を受賞。
⇒岩生（ホーリー　1922–1993）
　岩世人（ホリー　1922.1.28–1993.2.14）
　ノベ3（ホリー,R.W.　1922.1.28–1993.2.11）

Holley, William
テノール歌手。
⇒魅惑（Holley,William　?–）

Holliday, Charles, O., Jr.
アメリカの実業家。
⇒外16（ホリデイ, チャールズ　1948.3.9–）

Holliday, James Wear（Bug）
アメリカの大リーグ選手（外野）。
⇒メジャ（ホリデイ, バグ　1867.2.8–1910.2.15）

Holliday, Judy
アメリカ・ニューヨーク生まれの女優。
⇒ク俳（ホリデイ, ジュディ（タヴィム, ジュディス）　1922–1965）
　ユ著人（Holliday,Judy　ホリデイ, ジュディ　1924–1965）

Holliday, Matt
アメリカの大リーグ選手（カージナルス・外野手）。
⇒最世ス（ホリデー, マット　1980.1.15–）
　メジャ（ホリデイ, マット　1980.1.15–）

Holliday, Melanie
アメリカのソプラノ歌手。
⇒外12（ホリデイ, メラニー　1951–）
　外16（ホリデイ, メラニー　1951–）
　新音中（ホリデイ, メラニー　1951.8.12–）

Holliger, Heinz
スイスのオーボエ奏者, 作曲家。
⇒岩世人（ホリガー　1939.5.21–）
　外12（ホリガー, ハインツ　1939.5.21–）
　外16（ホリガー, ハインツ　1939.5.21–）
　ク音3（ホリガー　1939–）
　現音キ（ホリガー, ハインツ　1939–）
　新音中（ホリガー, ハインツ　1939.5.21–）
　標音2（ホリガー, ハインツ　1939.5.21–）

Holliman, Earl
アメリカ生まれの俳優。
⇒ク俳（ホリマン, アール　1928–）

Hollinghurst, Alan
イギリスの小説家。
⇒現世文（ホリングハースト, アラン　1954–）

Hollings, Ernest F.
アメリカの政治家。
⇒外12（ホリングズ、アーネスト　1922.1.1–）

Hollingshead, August de Belmont
アメリカの社会学者。
⇒社小増（ホリングスヘッド　1907–1980）

Hollingworth, Harry Levi
アメリカの心理学者。コロンビア大学教授（1921～）。
⇒岩世人（ホリングワース　1880.5.26–1959）

Hollingworth, Leta Stetter
アメリカの教育家。幼児心理の専門家。
⇒教人（ホリングワース　1886–1939）

Hollins, David Michaels
アメリカの大リーグ選手（三塁、一塁）。
⇒メジャ（ホリンズ、デイヴ　1966.5.24–）

Hollis, Florence
アメリカにおけるケースワーク理論の主流の一つである診断主義アプローチを代表する理論家の一人。
⇒現社福（ホリス　1907–1987）

Hollis, *Sir* Roger
イギリス保安部（MI5）長官。在職1956～65。
⇒スパイ（ホリス、サー・ロジャー　1905–1973）

Hollister, Charles Warren
アメリカのイギリス中世史家。ノルマン・コンクェストの史的意義について、大胆な新説を発表。
⇒岩世人（ホリスター　1930.11.2–1997.9.14）

Hollo, Anselm
フィンランドの詩人。米・英・フィンランド語の口語体で現代人の愛、都市労働者の生態、戦争下の国家をアイロニカルに描写、自国や英国詩壇に新風を吹きこんだ。
⇒岩世人（ホッロ　1934.4.12–2013.1.29）
　現世文（ホッロ、アンセルム　1934.4.12–2013.1.29）

Holloway, Brenda
アメリカ・カリフォルニア州アタスカデロ生まれのシンガー・ソングライター。
⇒ロック（Holloway,Brenda　ホロウェイ、ブレンダ　1946.6.21–）

Holloway, Stanley
イギリスの俳優。
⇒ク俳（ホロウェイ、スタンリー　1890–1982）

Hollreiser, Heinrich
ドイツの指揮者。
⇒標音2（ホルライザー、ハインリヒ　1913.6.24–）

Hollstein, Martin
ドイツのカヌー選手（カヤック）。
⇒外12（ホルシュタイン、マルティン　1987.4.2–）
　外16（ホルシュタイン、マルティン　1987.4.2–）
　最世ス（ホルシュタイン、マルティン　1987.4.2–）

Hollweg, Werner
ドイツのテノール歌手。
⇒失声（ホルヴェーグ、ウェルナー　1936–2007）
　魅惑（Hollweg,Werner　1946–2007）

Holly, Buddy
アメリカのロック・ミュージシャン。
⇒岩世人（ホリー　1936.9.7–1959.2.3）
　エデ（ホリー、バディ　1936.9.7–1959.2.2）
　新音中（ホリー、バディ　1936.9.7–1959.2.3）
　ビト改（HOLLY,BUDDY　ホリー、バディー）
　標音2（ホリー、バディ　1936.9.7–1959.2.3）
　ロック（Holly,Buddy　ホリー、バディ　1936.9.7–）

Holly, Lauren
アメリカの女優。
⇒ク俳（ホリー、ローレン　1963–）

Holm, Anne
デンマークの児童文学作家。
⇒現世文（ホルム、アネ　1922.9.10–1998.12.27）

Holm, Celeste
アメリカ生まれの女優。
⇒ク俳（ホルム、セレステ　1919–）

Holm, Georg
アイスランドのミュージシャン。
⇒外12（ホルム、ゲオルグ）
　外16（ホルム、ゲオルグ）

Holm, Ian
イギリス生まれの俳優。
⇒ク俳（ホルム、サー・イアン（カスバート,I・H）1931–）

Holm, Jennifer L.
アメリカの作家。
⇒海文新（ホルム、ジェニファー・L.　1968–）
　現世文（ホルム、ジェニファー　1968–）

Holm, Martin
スウェーデン出身のキックボクサー、ムエタイ選手。
⇒異二辞（ホルム、マーティン　1976–2009）

Holm, Richard
ドイツのテノール歌手。
⇒魅惑（Holm,Richard　1912–1988）

Holm, Richard H.
アメリカの無機化学者。
⇒岩世人（ホルム　1933.9.24–）

Holm, Stefan
スウェーデンの走り高跳び選手。
⇒外12（ホルム, ステファン　1976.5.25–）
　外16（ホルム, ステファン　1976.5.25–）
　最世ス（ホルム, ステファン　1976.5.25–）

Holman, Benjamin
アメリカのシカゴ・サン・タイムズの黒人記者。
⇒マルX（HOLMAN,BENJAMIN　ホルマン, ベンジャミン）

Holman, Eddie
アメリカ・ヴァージニア州ノーフォーク生まれのバラード歌手。
⇒ロック（Holman,Eddie　ホールマン, エディ　1946–）

Holman, Felice
アメリカの女性作家, 詩人。
⇒現世文（ホルマン, フェリス　1919–）

Holmboe, Vagn
デンマークの作曲家。
⇒ク音3（ホルンボー　1909–1996）

Holmes, Arthur
イギリスの岩石学者。1911年地質年代研究分野を開拓。またマントルの対流説を提唱。
⇒岩世人（ホームズ　1890.1.4–1965.9.20）
　オク地（ホームズ, アーサー　1890–1965）

Holmes, Chris
イギリスのジャーナリスト, 水泳選手。
⇒外16（ホームズ, クリス）

Holmes, Darren Lee
アメリカの大リーグ選手（投手）。
⇒メジャ（ホームズ, ダーレン　1966.4.25–）

Holmes, James William（Ducky）
アメリカの大リーグ選手（外野）。
⇒メジャ（ホームズ, ダッキー　1869.1.28–1932.8.6）

Holmes, John
イギリスの外交官。
⇒外12（ホームズ, ジョン）
　外16（ホームズ, ジョン　1951–）

Holmes, Katie
アメリカの女優。
⇒外12（ホームズ, ケイティ　1978.12.18–）
　外16（ホームズ, ケイティ　1978.12.18–）

Holmes, Oliver Wendell, Jr.
アメリカの法律家。1902年連邦最高裁判所判事。
⇒アメ経（ホームズ, オリバー,2世　1841.3.8–1935.3.6）
　アメ新（ホームズ　1841–1935）
　岩世人（ホームズ　1841.3.8–1935.3.5）

Holmes, Phillips
アメリカの男優。
⇒ク俳（ホームズ, フィリップス　1907–1942）

Holmes, Priest
アメリカのプロフットボール選手（RB）。
⇒最世ス（ホームズ, プリースト　1973.10.7–）

Holmes, Santonio
アメリカのプロフットボール選手（WR）。
⇒外12（ホームズ, サントニオ　1984.3.3–）
　外16（ホームズ, サントニオ　1984.3.3–）
　最世ス（ホームズ, サントニオ　1984.3.3–）

Holmes, Thomas Francis
アメリカの大リーグ選手（外野）。
⇒メジャ（ホームズ, トミー　1917.3.29–2008.4.14）

Holmes, Victoria
イギリスの作家。
⇒海文新（ハンター, エリン）
　現世文（ハンター, エリン）

Holmes, Wilfred Jay
アメリカ海軍の暗号解読者。
⇒スパイ（ホームズ, ウィルフレッド・ジェイ　1900–1986）

Holmes, William Henry
アメリカの人類学者, 考古学者。1920～32年国立美術館長。主著『古代アメリカ入門』。
⇒岩世人（ホームズ　1846.12.1–1933.4.20）

Holmgren, Mike
アメリカのプロフットボール監督。
⇒最世ス（ホルムグレン, マイク　1948.6.15–）

Holness, Andrew
ジャマイカの政治家。ジャマイカ首相。
⇒世指導（ホルネス, アンドルー　1972.7.22–）

Holness, Winston 'Niney the Observer'
ジャマイカ生まれのプロデューサー。
⇒ロック（Holness,Winston 'Niney the Observer'　ホールネス, ウィンストン・"ナイニー・ジ・オブザーヴァ"　1941–）

Holroyd, Michael de Courcy Fraser
イギリスの伝記作家。
⇒現世文（ホルロイド, マイケル　1935.8.27–）

Holst, Gustav Theodore
イギリス（スウェーデン系）の作曲家。
⇒岩世人（ホルスト　1874.9.21–1934.5.25）
　エデ（ホルスト, グスターヴ・セオドア　1874.9.21–1934.5.25）
　ク音3（ホルスト　1874–1934）
　広辞7（ホルスト　1874–1934）
　辞歴（ホルスト　1874–1934）
　新音小（ホルスト, グスターヴ　1874–1934）

新音中 (ホルスト, グスターヴ 1874.9.21–1934.5.25)
標音2 (ホルスト, グスターヴ 1874.9.21–1934.5.25)
ポプ人 (ホルスト, グスタブ 1874–1934)

Holstein, Friedrich August von
ドイツの外交官。1878年外務参事官, ビスマルク の失脚後, ドイツ外交の影の中心人物となった。
⇒岩世人 (ホルシュタイン 1837.4.24–1909.5.8)

Holsti, Kalevi Jaakko
カナダ (フィンランド系) の政治学者。
⇒政経改 (ホルスティ 1935–)

Holt, Anne
ノルウェーの作家。
⇒外16 (ホルト, アンネ 1958–)
現世文 (ホルト, アンネ 1958–)
世指導 (ホルト, アンネ 1958–)

Holt, Edwin Bissel
アメリカの心理学者, 哲学者。主著 "The concept of consciousness" (1914)。
⇒岩世人 (ホールト 1873.8.21–1946.1.25)

Holt, Jack
アメリカの男優。
⇒ク俳 (ホルト, ジャック (ホルト, チャールズ・ジョン) 1888–1951)

Holt, James Clarke
イギリスの歴史学者。
⇒外12 (ホルト, ジェームズ 1922.4.26–)

Holt, John
ジャマイカ・キングストン生まれのレゲエ歌手。
⇒ロック (Holt,John ホールト, ジョン 1946–)

Holt, Jonathan
イギリスの作家。
⇒海文新 (ホルト, ジョナサン)

Holt, Kimberly Willis
アメリカの作家。
⇒外16 (ホルト, キンバリー・ウィリス)
現世文 (ホルト, キンバリー・ウィリス)

Holt, Tim
アメリカ生まれの俳優。
⇒ク俳 (ホルト, ティム (ホルト, チャールズ・ジョン, ジュニア) 1918–1973)

Holtby, Winifred
イギリスの小説家, フェミニスト。
⇒現世文 (ホルトビー, ウィニフレッド 1898.6.23–1935.9.2)

Holtfreter, Johannes Friedrich Karl
ドイツ, のちアメリカの動物学者。
⇒岩生 (ホルトフレーター 1901–1992)

Holthusen, Hans Egon
ドイツの詩人, 評論家。『すみかなき人間』(1951), 『批判的理解』(61) など評論の分野で著名。
⇒現世文 (ホルトゥーゼン, ハンス・エーゴン 1913.4.15–1997)
新カト (ホルトゥーゼン 1913.4.15–1997.1.27)

Höltker, Georg
ドイツの民族学者, 神言修道会員。
⇒新カト (ヘルトカー 1895.5.22–1976.1.22)

Holtom, Daniel Clarence
アメリカ北バプテスト教会宣教師。
⇒アア歴 (Holtom,Daniel Clarence ホウルトム, ダニエル・クラレンス 1884.7.7–1962.8.17)
岩世人 (ホルトム 1884.7.7–1962.8.13)

Holtzman, Kenneth Dale
アメリカの大リーグ選手 (投手)。
⇒メジャ (ホルツマン, ケン 1945.11.3–)

Holtzmann, Heinrich Julius
ドイツのプロテスタント神学者。マルコ福音書が最古であり, マタイとルカには共通の資料「イエス語録」があったことを論証。
⇒学叢思 (ホルツマン, ハインリヒ・ユリウス)
新カト (ホルツマン 1832.5.17–1910.8.4)

Holyfield, Evander
アメリカのプロボクサー。
⇒岩世人 (ホリフィールド 1962.10.19–)
外12 (ホリフィールド, イベンダー 1962.10.19–)
外16 (ホリフィールド, イベンダー 1962.10.19–)
最世ス (ホリフィールド, イベンダー 1962.10.19–)

Holyoake, Keith Jacka
ニュージーランドの政治家。1957年9月首相および国民党党首。63,66,69年首相兼外相, 77〜80年総督。
⇒岩世人 (ホリオーク 1904.2.11–1983.12.8)
ニュー (ホリオーク, キース 1904–1984)

Holz, Arno
ドイツの詩人, 劇作家。『芸術, その本質と法則』(1890〜92) により「徹底自然主義」を提唱。
⇒岩世人 (ホルツ 1863.4.26–1929.10.26)
学叢思 (ホルツ, アルノー 1863–?)

Holzapfel, Rudolf Maria
オーストリアの心理学者, 哲学者。
⇒岩世人 (ホルツアプフェル 1874.4.26–1930.2.8)

Holzdeppe, Raphael
ドイツの棒高跳び選手。
⇒最世ス (ホルツデッペ, ラファエル 1989.9.28–)

Holzer, Jenny
アメリカの造形作家, コンセプチュアルアーティスト。

⇒岩世人（ホルツァー　1950.7.29–）
外16（ホルツァー，ジェニー　1950.7.29–）
現アテ（Holzer,Jenny　ホルツァー，ジェニー　1950–）

Holzhey, Helmut
ドイツの哲学史家。
⇒岩世人（ホルツァイ　1937.3.11–）

Hölzke, Karl-Friedrich
ドイツのテノール歌手。
⇒魅惑（Hölzke,Karl-Friedrich　1920–）

Hölzke, Karl-Heinz
ドイツのテノール歌手。
⇒魅惑（Hölzke,Karl-Heinz　?–?）

Holzknecht, Guido
オーストリアのレントゲン学者。レントゲンの適用を研究。
⇒岩世人（ホルツクネヒト　1872.12.3–1931.10.30）

Holzman, Jac
アメリカの実業家。エレクトラ・レコード設立者。
⇒ロック（Holzman,Jac　ホールツマン，ジャック）

Holzmeister, Clemens
ドイツの建築家。デュッセルドルフ美術学校教授（1924～33）。
⇒岩世人（ホルツマイスター　1886.3.27–1983.6.12）

Homann, Karl
ドイツの哲学者，経済倫理学者。
⇒岩世人（ホーマン　1943.4.19–）

Homans, George Caspar
アメリカの社会学者。小集団研究に基づき社会体系の理論を樹立。主著『ヒューマン・グループ』（1950）。
⇒岩世人（ホマンズ　1910.8.11–1989.5.29）
現社（ホマンズ　1910–1989）
社小増（ホマンズ　1910–1989）
社心小（ホマンズ　1910–1989）
新カト（ホマンズ　1910.8.11–1989.5.11）

Homberger, Christoph
スイスのテノール歌手。
⇒魅惑（Homberger,Christoph　?–）

Home, Alexander
イギリスの政治家。スコットランドのヒューム家第14代当主。外相，首相などを歴任。
⇒岩世人（ヒューム　1903.7.2–1995.10.9）
ポブ人（ダグラス＝ヒューム，アレック　1903–1995）

Home, William Douglas
イギリスの劇作家。
⇒現世文（ヒューム，ウィリアム・ダグラス　1912.6.3–1992.9.28）

Homeier, Skip
アメリカ生まれの俳優。
⇒ク俳（ホメイアー，スキップ（ホウマイアー，ジョージ）　1929–）

Homer, Winslow
アメリカの画家。主作品『狩人たちと犬』（1891）。
⇒アメ州（Homer,Winslow　ホーマー，ウインスロー　1836–1910）
アメ新（ホーマー　1836–1910）
岩世人（ホーマー　1836.2.24–1910.9.29）
芸13（ホーマー，ウインズロウ　1836–1920）
世界子（ホーマー，ウィンスロウ　1836–1910）

Hommel, Fritz
ドイツの東洋学者。ミュンヘン大学教授としてセム語，オリエント古代史を講じた。
⇒岩世人（ホンメル　1854.7.31–1936.4.17）

Hommel, Rudolph P.
アメリカの古物研究家。
⇒アア歴（Hommel,Rudolph [Rudolf] P.　ホメル，ルードルフ・P.　1887–1950.3.18）

Hommes, Jakob
ドイツの哲学者。
⇒新カト（ホンメス　1898.10.12–1966.7.10）

Homoki, Andreas
ドイツのオペラ演出家。
⇒外12（ホモキ，アンドレアス　1960–）
外16（ホモキ，アンドレアス　1960–）

Homolka, Oscar
オーストリア・ウィーン生まれの俳優。
⇒ク俳（ホモルカ，オスカー　1898–1978）

Homolle, Théophile
フランスの考古学者。デルフォイの神域の発掘に着手（1893～），遺跡の大体の様相を明らかにした（97）。
⇒岩世人（オモル　1848.12.19–1925.6.13）

Homrich, Martin
ドイツのテノール歌手。
⇒魅惑（Homrich,Martin　?–）

Honchar, Oles
ソ連の作家。
⇒現世文（ホンチャール，オレシ　1918.4.3–1995.7.14）

Honda, Mike
アメリカの政治家。
⇒外12（ホンダ，マイク）
外16（ホンダ，マイク　1941–）
世指導（ホンダ，マイク　1941–）

Honeck, Manfred
オーストリアの指揮者。

⇒外12（ホーネック, マンフレート　1958–）
外16（ホーネック, マンフレート　1958–）

Honeck, Rainer
オーストリアのヴァイオリン奏者。
⇒外12（ホーネック, ライナー　1961–）
外16（ホーネック, ライナー　1961–）

Honecker, Erich
ドイツ民主共和国の政治家。1971年5月党第1書記に就任。同年6月国防評議会議長兼任, 党と軍の最高指導者となる。
⇒岩世人（ホーネッカー　1912.8.25–1994.5.29）
広辞7（ホーネッカー　1912–1994）
政経改（ホーネッカー　1912–1994）
世人新（ホネカー（ホーネッカー）　1912–1994）
世人装（ホネカー（ホーネッカー）　1912–1994）
ポプ人（ホーネッカー, エーリヒ　1912–1994）

Honegger, Arthur
フランス生まれのスイスの作曲家。「六人組」の一人。拡大された調性感を基調とする書法をとり詩人クローデルの台本によるオラトリオ『火刑台上のジャンヌ・ダルク』(1935)はとくに有名。
⇒岩世人（オネゲル　1892.3.10–1955.11.27）
エデ（オネゲル, アルテュール（オスカル）　1892.3.10–1955.11.27）
ク音3（オネゲル　1892–1955）
広辞7（オネゲル　1892–1955）
新音小（オネゲル, アルテュール　1892–1955）
新音中（オネゲル, アルテュール　1892.3.10–1955.11.27）
世人新（オネゲル　1892–1955）
世人装（オネゲル　1892–1955）
ネーム（オネゲル　1892–1955）
ピ曲改（オネゲル, アルテュール　1892–1955）
標音2（オネゲール, アルテュール　1892.3.10–1955.11.27）

Honert, Martin
ドイツ生まれの芸術家。
⇒現アテ（Honert, Martin　ホナート, マルティン　1953–）

Honeycutt, Frederick Wayne
アメリカの大リーグ選手（投手）。
⇒メジャ（ハニカット, リック　1954.6.29–）

Hong, Ji-yeong
韓国の映画監督, 脚本家。
⇒外12（ホンジヨン）

Hong Eun-hee
韓国の女優。
⇒韓俳（ホン・ウニ　1980.2.17–）

Hong Eun-ju
韓国の服飾デザイナー。
⇒外12（ホンウンジュ）
外16（ホンウンジュ）

Hong Hyung
韓国の評論家。
⇒外16（ホンヒョン　洪熒　1948–）

Hong Ji-Young
韓国の女優。
⇒韓俳（ホン・ジヨン　1981.11.24–）

Hong Jun-pyo
韓国の政治家。自由韓国党代表, 韓国ハンナラ党代表。
⇒外12（ホンジュンピョ　洪準杓）
外16（ホンジュンピョ　洪準杓　1954.12.5–）
世指導（ホン・ジュンピョ　1954.12.5–）

Hong Kyung-In
韓国の男優。
⇒韓俳（ホン・ギョンイン　1976.10.27–）

Hong Kyung-Min
韓国の男優, 歌手。
⇒韓俳（ホン・ギョンミン　1976.2.9–）

Hung, Lucifer
台湾の作家。
⇒海文新（洪凌　コウリョウ　1971–）
現世文（洪凌　こう・りょう　1971–）

Hong Myung-bo
韓国のサッカー選手。
⇒異二辞（ホン・ミョンボ　洪明甫　1969–）
岩韓（ホン・ミョンボ　洪明甫　1969–）
外12（ホンミョンボ　洪明甫　1969.2.12–）
外16（ホンミョンボ　洪明甫　1969.2.12–）
最世ス（ホンミョンボ　1969.2.12–）

Hong Ra-hee
韓国の実業家。サムスン美術館リウム館長。
⇒外16（ホンラヒ　洪羅喜　1945.7.15–）

Hong Ri-na
韓国のタレント。1990年, ドラマ『秋に訪れた客』でデビュー。代表作に『テレビ―孫子兵法』『野望の歳月』等がある。
⇒韓俳（ホン・リナ　1968.2.7–）

Hong Sai-hwa
韓国のジャーナリスト, 韓国民主化運動家。
⇒外12（ホンセファ　洪世和　1947–）

Hong Sang-soo
韓国の映画監督。
⇒外12（ホンサンス　1961.10.25–）
外16（ホンサンス　1961.10.25–）

Hong Seok-hyun
韓国の新聞人, 実業家。
⇒外12（ホンソクヒョン　洪錫炫）
外16（ホンソクヒョン　洪錫炫）

Hong Sok-jung
韓国の作家。
⇒外12（ホンソクチュン　洪錫中　1941–）
現世文（ホン・ソクチュン　洪錫中　1941–）

Hong Song-nam
北朝鮮の政治家。北朝鮮首相,朝鮮労働党政治局員候補。
⇒岩韓（ホン・ソンナム　洪成南　1929–）
世指導（ホン・ソンナム　1929.10–2009.3.31）

Hong Soo-hyun
韓国の女優。
⇒韓俳（ホン・スヒョン　1981.2.15–）

Hong Soon-young
韓国の政治家,外交官。韓国統一相,外交通商相（外相）。
⇒世指導（ホン・スンヨン　1937.1.30–）

Hong Sung-won
韓国の小説家。作品に『武士と楽士』『週末旅行』『南と北』ほか多数がある。
⇒現世文（ホン・ソンウォン　洪盛原　1937.12.26–2008.5.1）

Hong Sung-yop
韓国のダンサー,振付師。
⇒外12（ホンスンヨップ　1962–）
　外16（ホンスンヨップ　1962–）

Hong Un-jong
北朝鮮の体操選手。
⇒外12（ホンウンジョン　1989.3.9–）
　最世ス（ホンウンジョン　1989.3.9–）

Hong Yong-pyo
韓国の政治家。韓国統一相。
⇒世指導（ホン・ヨンピョ　1964.4.15–）

Hönigswald, Richard
ドイツの哲学者,心理学者,教育学者。『思考心理学』を唱えた。
⇒岩世人（ヘーニヒスヴァルト　1875.7.18–1947.6.11）
　教人（ヘーニヒスヴァルト　1875–1947）

Honnefelder, Ludger
ドイツの哲学者,応用倫理学者。
⇒岩世人（ホネフェルダー　1936.3.25–）

Honneth, Axel
ドイツの哲学者,社会哲学者。
⇒岩世人（ホネット　1949.7.18–）
　メル別（ホネット,アクセル　1949–）

Honohan, Patrick
アイルランドの経済学者。アイルランド中央銀行総裁。
⇒外12（ホノハン,パトリック　1949.10–）
　外16（ホノハン,パトリック　1949.10–）

Honourat, Jean-Jacques
ハイチの弁護士,政治家。ハイチ首相。
⇒世指導（オノラ,ジャン・ジャック　1931–）

Honsinger, H.Paul
アメリカの作家。
⇒現世文（ホンジンガー,H.ポール　1960–）

Hood, Bruce M.
カナダ生まれの心理学者。
⇒外16（フッド,ブルース）

Hood, Gavin
南アフリカの映画監督。
⇒外12（フッド,ギャビン　1963–）

Hood, Hugh John
カナダの作家。
⇒現世文（フッド,ヒュー　1928.4.30–2000.8.1）

Hood, Leroy Edward
アメリカの生物学者。
⇒岩生（フッド　1938–）

Hoogervorst, Hans
オランダの政治家。
⇒外12（フーヘルフォルスト,ハンス）
　外16（フーヘルフォルスト,ハンス　1956–）
　世指導（フーヘルフォルスト,ハンス　1956–）

Hook, Sidney
アメリカの哲学者。主著に『プラグマティズムの形而上学』(1927)。
⇒岩世人（フック　1902.12.20–1989.7.12）
　メル3（フック,シドニー　1902–1989）

Hooker, Destinee
アメリカのバレーボール選手。
⇒最世ス（フッカー,デスティニー　1987.9.7–）

Hooker, Earl
アメリカのブルース歌手,ギター奏者。コンテンポラリー・ブルース・ギターの最高峰とされた。
⇒ロック（Hooker,Earl　フッカー,アール　1930.1.15–）

Hooker, John Lee
アメリカのブルース歌手,ギター奏者。1951年『アイム・イン・ザ・ムード』の大ヒットで人気スターとなる。
⇒異二辞（フッカー,ジョン・リー　1917–2001）
　岩世人（フッカー　1917.8.22–2001.6.21）
　新音中（フッカー,ジョン・リー　1917.8.22–2001.6.21）
　標音2（フッカー,ジョン・リー　1917.8.22–2001.6.21）
　ロック（Hooker,John Lee　フッカー,ジョン・リー　1917.8.22–）

Hooker, Steven
オーストラリアの棒高跳び選手。

⇒外12（フッカー, スティーブン　1982.7.16-）
　外16（フッカー, スティーブン　1982.7.16-）
　最世ス（フッカー, スティーブン　1982.7.16-）

Hooks, John
イギリス・ロンドン生まれの実業家。ジョルジョ・アルマーニ経営責任者。
⇒外12（フックス, ジョン　1956-）

Hoon, Shin Young
テノール歌手。
⇒魅惑（Hoon,Shin Young　?-）

Hooper, Harry Bartholomew
アメリカの大リーグ選手（外野）。
⇒メジャ（フーパー, ハリー　1887.8.24-1974.12.18）

Hooper, Tobe
アメリカの映画監督。
⇒映監（フーバー, トビー　1943.1.25-）

Hooper, Tom
イギリスの映画監督。
⇒外12（フーパー, トム　1972-）
　外16（フーパー, トム　1972-）

Ho'opi'i, Sol
ハワイのギター奏者。
⇒岩世人（ホオピイ　1902.12.18-1953.11.16）

Hoose, Ellison van
アメリカのテノール歌手。
⇒魅惑（Hoose,Ellison van　1868-1936）

Hoost, Ernesto
オランダのムエタイ選手。
⇒異二辞（ホースト, アーネスト　1965-）
　外12（ホースト, アーネスト　1965.7.11-）
　外16（ホースト, アーネスト　1965.7.11-）
　ネーム（ホースト, アーネスト　1965-）

Hooton, Burt Carlton
アメリカの大リーグ選手（投手）。
⇒メジャ（フートン, バート　1950.2.7-）

Hooton, Earnest Albert
アメリカの自然人類学者。人体測定学, 犯罪人類学の権威。
⇒岩世人（フートン　1887.11.20-1954.3.3）

Hoover, Blaine
アメリカのGHQ民政局公務員課長。戦後日本の官僚制度（公務員制度）改革に大きな足跡を残した。
⇒岩世人（フーヴァー　1893.1.23-1950.9.3）

Hoover, Colleen
アメリカの作家。
⇒海文新（フーヴァー, コリーン）

Hoover, Herbert Clark
アメリカの政治家。第31代大統領（1929～33）。経済恐慌への対策に尽す。
⇒アア歴（Hoover,Herbert Clark　フーヴァー, ハーバート・クラーク　1874.8.10-1964.10.20）
　ア太戦（フーヴァー　1874-1964）
　アメ経（フーバー, ハーバート（大統領）　1874.8.10-1964.10.20）
　アメ州（Hoover,Herbert Clark　フーバー, ハーバート・クラーク　1874-1964）
　アメ新（フーバー　1874-1964）
　岩世人（フーヴァー　1874.8.10-1964.10.20）
　広辞7（フーヴァー　1874-1964）
　世史改（フーヴァー　1874-1964）
　世史改（フーヴァー　1874-1964）
　世人新（フーヴァー〈クラーク〉　1874-1964）
　世人装（フーヴァー〈クラーク〉　1874-1964）
　ボブ人（フーバー, ハーバート　1874-1964）
　もう山（フーヴァー　1874-1964）

Hoover, Herbert William
アメリカの電気掃除機会社設立者。フーバー電気掃除機会社社長。
⇒アメ経（フーバー, ハーバート・ウィリアム　1877.10.30-1954.9.25）

Hoover, James Matthews
アメリカの宣教師。
⇒アア歴（Hoover,James Matthews　フーヴァー, ジェイムズ・マシューズ　1872.8.26-1935.2.11）

Hoover, John Edgar
アメリカの連邦捜査局（FBI）育ての親。1924年司法省捜査局長に抜擢されて以来死去するまでの48年間,8代の大統領につかえながら今日のFBIを築き上げた。
⇒アメ州（Hoover,John Edgar　フーバー, ジョン・エドガー　1895-1972）
　岩世人（フーヴァー　1895.1.1-1972.5.2）
　スパイ（フーヴァー, J（ジョン）・エドガー　1895-1972）
　世人新（フーヴァー〈エドガー〉　1895-1972）
　世人装（フーヴァー〈エドガー〉　1895-1972）
　マルX（HOOVER,J.EDGAR　フーヴァー, J・エドガー　1895-1972）

Hope, Alec Derwent
オーストラリアの詩人。『詩集』（1960）。
⇒現世文（ホープ, アレック　1907.7.21-2000.7.13）

Hope, Bob
イギリス生まれのアメリカの俳優, コメディアン。
⇒アメ州（Hope,Bob　ホープ, ボブ　1903-）
　ク俳（ホウプ, ボブ（ホウプ, レスリー）　1903-）
　広辞7（ボブ・ホープ　1903-2003）
　スター（ホープ, ボブ　1903.5.29-2003）

Hope, Christopher（David Tully）
南アフリカの小説家, 詩人, 短篇作家。
⇒現世文（ホープ, クリストファー　1944-）

Hope, Daniel
イギリスのヴァイオリン奏者。
⇒外12（ホープ，ダニエル　1974–）
　外16（ホープ，ダニエル　1974–）

Hopf, Eberhard
ドイツの数学者。
⇒世数（ホップ，エベルハルト・フレドリッヒ・フェルディナント　1902–1983）

Hopf, Hans
ドイツのテノール歌手。
⇒失声（ホップ，ハンス　1916–1993）
　魅惑（Hopf,Hans　1916–1993）

Hopf, Heinz
スイスの数学者。大域微分幾何学・微分多様体の位相研究の開拓者。
⇒岩世人（ホップ　1894.11.19–1971.6.3）
　世数（ホップ，ハインツ　1894–1971）

Hopferwieser, Josef
オーストリアのテノール歌手。
⇒魅惑（Hopferwieser,Josef　1938–）

Hopfner, Heiner
ドイツのテノール歌手。
⇒魅惑（Hopfner,Heiner　?–）

Hopkin, Mary
イギリスの女性歌手。
⇒ビト改（HOPKIN,MARY　ホプキン，メリー）
　ロック（Hopkin,Mary　ホプキン，メアリ　1950.5.3–）

Hopkins, Anthony
イギリス生まれの男優。
⇒岩世人（ホプキンズ　1937.12.31–）
　外12（ホプキンス，アンソニー　1937.12.31–）
　外16（ホプキンス，アンソニー　1937.12.31–）
　ク俳（ホプキンズ，サー・アンソニー　1937–）
　スター（ホプキンズ，アンソニー　1937.12.31–）
　ネーム（ホプキンズ，アンソニー　1937–）

Hopkins, Arthur Melancthon
アメリカの演出家。ジョーンズの装置によるシェークスピアの演出は有名。
⇒岩世人（ホプキンズ　1878.10.4–1950.3.22）

Hopkins, Bernard
アメリカのプロボクサー。
⇒異二辞（ホプキンス，バーナード　1965–）
　外12（ホプキンス，バーナード　1965.1.15–）
　外16（ホプキンス，バーナード　1965.1.15–）
　最世ス（ホプキンス，バーナード　1965.1.15–）

Hopkins, Edward Washburn
アメリカのインド学者。
⇒岩世人（ホプキンズ　1857.9.8–1932.7.16）

Hopkins, Sir Frederick Gowland
イギリスの生化学者。ビタミン研究により，ノーベル生理・医学賞を受けた（1929）。
⇒岩生（ホプキンズ　1861–1947）
　岩世人（ホプキンズ　1861.6.20–1947.3.16）
　旺生5（ホプキンズ　1861–1947）
　化学（ホプキンズ　1861–1947）
　三新生（ホプキンズ　1861–1947）
　ノベ3（ホプキンズ,F.G.　1861.6.20–1947.5.16）

Hopkins, Harry Lloyd
アメリカの政治家。大統領補佐官となり，ルーズベルトの特使として連合国首脳との重要交渉にあたった。
⇒アメ経（ホプキンズ，ハリー　1877.8.17–1946.1.29）
　岩世人（ホプキンズ　1890.8.17–1946.1.29）

Hopkins, Keith
イギリスのローマ史家。
⇒岩世人（ホプキンズ　1934.6.20–2004.3.8）

Hopkins, Lionel Charles
イギリスの外交官，東洋学者。甲骨文の研究で著名。
⇒岩世人（ホプキンズ　1854.3.20–1952.3.11）

Hopkins, Michael John
イギリスの建築家。
⇒外12（ホプキンス，マイケル・ジョン　1935.5.7–）
　外16（ホプキンス，マイケル・ジョン　1935.5.7–）

Hopkins, Miriam
アメリカの映画女優。1930年映画入り，『南風』(33)，『女相続人』(39) など，25年にわたり長く活動。
⇒ク俳（ホプキンズ，ミリアム（ホプキンズ，エレン・M）　1902–1972）

Hopkins, Nicky
イギリス・ロンドン生まれのキーボード奏者，ソングライター。
⇒ビト改（HOPKINS,NICKY　ホプキンス，ニッキー）
　ロック（Hopkins,Nicky　ホプキンズ，ニッキー）

Hopkins, Pauline Elizabeth
アメリカの小説家，ジャーナリスト，編集者，音楽家。
⇒岩世人（ホプキンズ　1859–1930.8.13）

Hopkins, Sam（Lightnin'）
アメリカのブルース歌手，ギター奏者。現代最高のブルース・アーティストと評価される。
⇒新音中（ホプキンズ，ライトニン　1912.3.15–1982.1.30）
　標音2（ホプキンズ，ライトニン　1912.3.15–1982.1.30）
　ロック（Hopkins,Lightnin'　ホプキンズ，ライトニン）

Hopkirk, Peter
イギリスのジャーナリスト，作家。
⇒岩世人（ホップカーク　1930–）

Hopp, John Leonard
アメリカの大リーグ選手（外野，一塁）。
⇒メジャ（ホップ，ジョニー　1916.7.18–2003.6.1）

Hoppe, Heinz
ドイツのテノール歌手。
⇒失声（ホッペ，ハインツ　1924–1993）
　魅惑（Hoppe,Heinz　1924–1993）

Hoppe, Karl
テノール歌手。
⇒魅惑（Hoppe,Karl　?–?）

Hopper, Dennis
アメリカ生まれの男優，映画監督。
⇒ク俳（ホッパー，デニス　1935–）
　スター（ホッパー，デニス　1936.5.17–）
　ネーム（ホッパー，デニス　1936–2010）

Hopper, Edward
アメリカの画家。
⇒岩世人（ホッパー　1882.7.22–1967.5.15）
　芸13（ホッパー，エドワード　1882–1967）

Hopper, Grace Murray
アメリカの女性コンピュータ技術者。商用コンピュータや事務計算用コンパイラーなどを開発。のち，海軍大佐。
⇒岩世人（ホッパー　1906.12.9–1992.1.1）
　世発（ホッパー准将，グレース・マレー　1906–1992）
　物理（ホッパー，グレース・マレー　1906–1992）

Hopper, Hedda
アメリカのジャーナリスト。
⇒ク俳（ホッパー，ヘッダ（ファリー，エルダ）1890–1966）

Hopper, Richard Hutchinson (Dick)
アメリカの石油地質学者。
⇒アア歴（Hopper,Richard H(utchinson)（"Dick"）　ホッパー，リチャード・ハッチンスン・[ディック]　1914.5.13–2009.8.22）

Horan, Niall
アイルランドの歌手。
⇒外16（ホーラン，ナイル　1993.9.13–）

Hore-Belisa, Leslie, Lord
イギリスの政治家。イギリス運輸相，国防相。
⇒岩世人（ホーア＝ベリーシャ　1893.9.7–1957.2.16）

Horenstein, Jascha
ロシア，のちアメリカの指揮者。
⇒新音中（ホーレンシュタイン，ヤッシャ　1899.5.6–1973.4.2）
　標音2（ホーレンシュタイン，ヤッシャ　1899.5.6–1973.4.2）
　ユ著人（Horenstein,Jascha　ホーレンシュタイン，ヤッシャ　1899–1973）

Horford, Al
ドミニカ共和国のバスケットボール選手（ホークス）。
⇒最世ス（ホーフォード，アル　1986.6.3–）

Horkheimer, Max
ドイツの社会学者，哲学者。フランクフルト学派の総帥として活躍。主著はアドルノとの共著『啓蒙の弁証法』（1947）。
⇒岩世人（ホルクハイマー　1895.2.14–1973.7.7）
　現社（ホルクハイマー　1895–1973）
　広辞7（ホルクハイマー　1895–1973）
　社小増（ホルクハイマー　1895–1973）
　新カト（ホルクハイマー　1895.2.4–1973.7.7）
　哲中（ホルクハイマー　1895–1973）
　ネーム（ホルクハイマー　1895–1973）
　メル別（ホルクハイマー，マックス　1895–1973）

Horlen, Joel Edward
アメリカの大リーグ選手（投手）。
⇒メジャ（ホーレン，ジョー　1937.8.14–）

Hörmander, Lars
スウェーデンの数学者。近代的偏微分方程式論の指導的開拓者。
⇒岩世人（ヘルマンダー（ホールアンデル）1931.1.24–2012.11.25）
　数辞（ヘルマンダー，ラルス　1931–）
　世数（ヘルマンダー，ラーズ　1931–2012）

Hörmann, Hans
ドイツの言語心理学者。
⇒岩世人（ヘールマン　1924.10.23–1983.5.28）

Hormats, Robert D.
アメリカの実業家。
⇒外12（ホーマッツ，ロバート）
　外16（ホーマッツ，ロバート）

Horn, Christoph
ドイツの哲学者，政治哲学者。
⇒岩世人（ホルン　1964.3.6–）

Horn, Gyula
ハンガリーの政治家。ハンガリー首相。
⇒世指導（ホルン，ジュラ　1932.7.5–2013.6.19）

Horn, Jim
アメリカのホーン奏者。
⇒ピト改（HORN,JIM　ホーン，ジム）

Horn, Paul M.
アメリカの実業家，物理学者。
⇒外12（ホーン，ポール）
　外16（ホーン，ポール）

Horn, Rebecca
ドイツ生まれの映画監督,美術家。
⇒外12（ホルン,レベッカ　1944–）
　外16（ホルン,レベッカ　1944–）

Horn, Roni
アメリカ生まれの芸術家。
⇒現アテ（Horn,Roni　ホーン,ロニ　1955–）

Horn, Stacy
アメリカの作家。
⇒外12（ホーン,ステーシー　1956–）
　外16（ホーン,ステーシー　1956–）

Horn, Trevor
イギリス生まれのミュージシャン,プロデューサー。
⇒外12（ホーン,トレバー　1949.7.15–）
　外16（ホーン,トレバー　1949.7.15–）

Hornacek, Jeff
アメリカのバスケットボール選手。
⇒外16（ホーナセック,ジェフ　1963.5.3–）
　最世ス（ホーナセック,ジェフ　1963.5.3–）

Hor Namhong
カンボジアの政治家。
⇒岩世人（ホー・ナムホン　1935.11.15–）
　世指導（ホー・ナム・ホン　1935.11.15–）

Hornbeck, Stanley Kuhl
アメリカの外交官,研究者。
⇒アア歴（Hornbeck,Stanley K (uhl)　ホーンベック,スタンリー・クール　1883.5.4–1966.12.10）
　ア太戦（ホーンベック　1883–1966）

Hornbostel, Erich Moritz von
オーストリアの心理学者。音楽心理学,東洋音楽の研究者。
⇒岩世人（ホルンボステル　1877.2.25–1935.6.13）
　新音中（ホルンボステル,エーリヒ・M.フォン　1877.2.25–1935.11.28）
　標音2（ホルンボステル,エーリヒ・フォン　1877.2.25–1935.11.28）
　ユ著人（Hornbostel,Erich Moritz von　ホルンボステル,エールリッヒ・モーリッツ・フォン　1877–1935）

Hornby, Nick
イギリスの小説家。
⇒外16（ホーンビー,ニック　1957–）
　現世文（ホーンビー,ニック　1957–）

Horne, Herman Harrell
アメリカの教育思想家。1909～42年ニュー・ヨーク大学の教育史・哲学史教授。特に重要な著作は"The Philosophy of Education"（04,27）。
⇒教人（ホーン　1874–1946）

Horne, Lena
アメリカの歌手,女優。
⇒ク俳（ホーン,リナ　1917–）
　標音2（ホーン,リナ　1917.6.30–）

Horne, Marilyn
アメリカのメゾ・ソプラノ歌手。
⇒オペラ（ホーン,マリリン　1934–）
　新音中（ホーン,マリリン　1929.1.16–）
　標音2（ホーン,マリリン　1929.1.16–）

Horner, Isaline Blew
イギリスのパーリ語学者。ニューナム・カレッジ図書館長,パーリ聖典協会五代会長。
⇒オク仏（ホーナー,イザリン・ブルー　1896–1981）

Horner, James Robert
アメリカの大リーグ選手（三塁,一塁）。
⇒異二辞（ホーナー[ボブ・～]　1957–）
　メジャ（ホーナー,ボブ　1957.8.6–）

Horner, Leopold
ドイツの有機化学者。
⇒岩世人（ホルナー　1911.8.24–2005.10.5）

Horney, Karen
ドイツ生まれのアメリカの女性精神分析学者。1934年からニューヨーク精神分析研究所,ニューヨーク医科大学で,精神分析医を養成。
⇒岩世人（ホーナイ　1885.9.16–1952.12.4）
　教人（ホルナイ　1885–1952）
　現精（ホーナイ　1885–1952）
　現精縮（ホーナイ　1885–1952）
　社小増（ホルナイ　1885–1952）
　精医歴（ホーナイ,カレン　1885–1952）
　精分岩（ホーナイ,カーレン　1885–1952）
　精分弘（ホーナイ,カレン　1885–1952）
　メル3（ホーナイ,カレン　1885–1952）

Hornish, Sam, Jr.
アメリカのレーシングドライバー。
⇒最世ス（ホーニッシュ,サム（Jr.）　1979.7.2–）

Hornsby, Rogers
アメリカの大リーグ選手（二塁,遊撃）,監督。
⇒岩世人（ホーンズビー　1896.4.27–1963.1.5）
　メジャ（ホーンズビー,ロジャース　1896.4.27–1963.1.5）

Hornung, Michael Joseph
アメリカの大リーグ選手（外野）。
⇒メジャ（ホーナング,ジョー　1857.6.12–1931.10.30）

Horodezky, Samuel Abba
ウクライナ生まれのユダヤ教神秘主義者,ハシディズムの学者,歴史家。
⇒ユ著人（Horodezky,Samuel Abba　ホロデツキー,サムエル・アッバ　1871–1957）

Horovitz, Vladimir
アメリカのピアノ奏者。
⇒ポブ人 (ホロビッツ, ウラディミール 1903–1989)

Horowitz, Anthony
イギリスの児童文学作家。
⇒外16 (ホロビッツ, アンソニー 1955–)
　現世文 (ホロビッツ, アンソニー 1955–)

Horowitz, Ben
アメリカの起業家。
⇒外16 (ホロウィッツ, ベン)

Horowitz, Ber
ウクライナ生まれのイディッシュ語詩人, 肖像画家。
⇒ユ著人 (Horowitz, Ber　ホロヴィッツ, バール 1895–1942)

Horowitz, Irving Louis
アメリカの政治社会学者。
⇒社小増 (ホロヴィッツ 1929–)

Horowitz, Israel Albert
アメリカのプロ・チェス名人。
⇒ユ著人 (Horowitz, Israel Albert　ホロヴィッツ, イスラエル・アルバート 1907–1973)

Horowitz, Vladimir
ロシア生まれのアメリカのピアノ奏者。繊細な感覚により現代最高のピアニストとしての評価を受ける。
⇒岩世人 (ホロヴィッツ 1904.10.1–1989.11.5)
　新音中 (ホロヴィッツ, ヴラディーミル 1903.10.1–1989.11.5)
　ネーム (ホロヴィッツ 1904–1989)
　標音2 (ホロヴィッツ, ヴラディミル 1904.10.1–1989.11.5)
　ユ著人 (Horowitz, Vladimir　ホロヴィッツ, ウラディミール 1904–1989)

Horrocks, Jane
イギリス生まれの女優。
⇒ク俳 (ホロックス, ジェイン 1964–)

Horschel, Billy
アメリカのプロゴルファー。
⇒外16 (ホーシェル, ビリー 1986.12.7–)

Horsley, Albert E.
アメリカの炭鉱労働者。1905年フランク・R.チューネンバーグ元アイダホ州知事を暗殺した。
⇒世暗 (ホースリー, アルバート・E 1866–1954)

Horsley, *Sir* Victor Alexander Haden
イギリスの外科医, 生理学者。1887年6月9日に史上初の脊髄腫瘍の剔出に成功。1902年受爵。
⇒岩世人 (ホーズリー 1857.4.14–1916.7.16)

Horst, Jørn Lier
ノルウェーの作家。
⇒海文新 (ホルスト, ヨルン・リーエル 1970–)
　現世文 (ホルスト, ヨルン・リーエル 1970–)

Horst, Wilhelm
テノール歌手。
⇒魅惑 (Horst, Wilhelm ?–?)

Hörstadius, Sven
スウェーデンの動物学者。ウプサラ大学教授 (1942〜)。
⇒岩生 (ヘールスタディウス 1898–1996)
　岩人 (ヘールスタディウス (ホシターディウス) 1898.2.18–1996.6.16)

Horsting, Viktor
オランダの服飾デザイナー。
⇒外16 (ホルスティン, ヴィクター 1969.5.27–)

Horstmann, August Friedrich
ドイツの物理化学者。化学現象に初めて熱力学第二法則を適用し, 塩化アンモニウムの熱解離を説明した。
⇒化学 (ホルストマン 1842–1929)

Horstmann, Rolf-Peter
ドイツの哲学者。
⇒岩世人 (ホルストマン 1940.12.5–)

Horta, José Manuel Ramos
東ティモールの政治家。
⇒岩世人 (ホルタ 1949.12.26–)

Horta, Victor Pierre
ベルギーの建築家。アール・ヌーボーの先駆者。
⇒岩世人 (オルタ 1861.1.6–1947.9.8)

Hortefeux, Brice
フランスの政治家。
⇒外12 (オルトフー, ブリス 1958.5.11–)
　外16 (オルトフー, ブリス 1958.5.11–)
　世指導 (オルトフー, ブリス 1958.5.11–)

Horthy Miklós
ハンガリーの政治家, 軍人。第一次大戦に参加, オーストリア・ハンガリー艦隊の司令長官 (1918)。
⇒岩世人 (ホルティ 1868.6.18–1957.2.9)
　広辞7 (ホルティ 1868–1957)
　世史改 (ホルティ 1868–1957)
　世人新 (ホルティ 1868–1957)
　世人装 (ホルティ 1868–1957)
　ポブ人 (ホルティ・ミクローシュ 1868–1957)

Horton, Brian P.
アメリカ海軍の水兵。
⇒スパイ (ホートン, ブライアン・P)

Horton, Johnny
アメリカ・ロサンゼルス生まれの歌手。

⇒標音2（ホートン, ジョニー　1929.4.3-1960.11.5）
ロック（Horton,Johnny　ホートン, ジョニー　1927.4.30–）

Horton, Tom
アメリカの実業家。
⇒外16（ホートン, トム）

Horton, Willie Watterson
アメリカの大リーグ選手（外野,DH）。
⇒メジャ（ホートン, ウィリー　1942.10.18–）

Horvat, Andrew
カナダのジャーナリスト。「サザン・ニュース・オブ・カナダ」アジア支局長。
⇒外12（ホルバート, アンドリュー　1946–）
　外16（ホルバート, アンドリュー　1946–）

Horvath, Juraj
チェコの絵本作家。
⇒絵本（ホルバート, ユライ　1974–）

Horváth, Ödön von
オーストリア（ハンガリー系）の劇作家。『ウィーンの森の物語』(1931)などは,60年代に高い評価を受けた。
⇒岩世人（ホルヴァート　1901.12.9–1938.6.1）
　現世文（ホルヴァート, エーデン・フォン　1901.12.9–1938.6.1）

Horvath, Polly
アメリカの作家。
⇒現世文（ホーバート, ポリー　1957–）

Horváth Alexander Sándor Maria
ハンガリーのカトリック神学者。
⇒岩世人（ホルヴァート　1884.8.6–1956.3.4）
　新カト（ホルヴァート　1884.8.6–1956.3.4）

Horváthová, Tereza
チェコの作家。
⇒海文新（ホルヴァートヴァー, テレザ　1973.8.20–）
　現世文（ホルヴァートヴァー, テレザ　1973.8.20–）

Horvitz, Robert H.
アメリカの分子生物学者。2002年ノーベル生理学医学賞。
⇒外12（ホルビッツ, ロバート　1947.5.8–）
　外16（ホルビッツ, ロバート　1947.5.8–）
　ノベ3（ホルビッツ, H.R.　1947.5.8–）

Horwich, Arthur L.
アメリカの生化学者。
⇒外12（ホロビッツ, アーサー）
　外16（ホーウィッチ, アーサー　1951–）

Horzowski, Mieczyslaw
ポーランド,のちアメリカのピアノ奏者。
⇒新音中（ホルショフスキ, ミエチスワフ　1892.6.23–1993.5.22）

Hoselitz, Berthold Frank
オーストリア・ウィーン生まれのアメリカの経済学者。
⇒社小増（ホゼリッツ　1913–）

Hosie, Sir Alexander
イギリスの外交官。駐中国商務官（1905〜08）,天津総領事（08〜12）等を歴任。
⇒岩世人（ホージー　1853.1.16–1925.3.10）

Hosking, Sophie
イギリスのボート選手。
⇒外16（ホスキング, ソフィー　1986.1.25–）
　最世ス（ホスキング, ソフィー　1986.1.25–）

Hoskins, Bob
イギリス生まれの俳優。
⇒外12（ホスキンズ, ボブ　1942.10.26–）
　ク俳（ホスキンズ, ボブ　1942–）

Hoskins, Colin MacRae
アメリカの不動産業者。
⇒アア歴（Hoskins,Colin MacRae　ホスキンズ, コリン・マクレイ　1890.7.31–1967.1.28）

Hoskyns, Edwyn Clement
イギリス国教会の神学者。聖書学の発展に貢献し,K.バルトの『ローマ書』を英訳。
⇒岩世人（ホスキンズ　1884.8.9–1937.6.28）
　オク教（ホスキンズ　1884–1937）

Hösle, Vittorio
ドイツの哲学者,応用倫理学者。
⇒岩世人（ヘスレ　1960.6.25–）

Hosmer, Frederick Lucian
アメリカのユニテリアン派牧師、讃美歌の作詞者。
⇒オク教（ホズマー　1840–1929）

Hosotte, Georges
フランス生まれの画家。
⇒芸13（オソット, ジョージ　1936–）

Hosp, David
アメリカの弁護士,作家。
⇒海文新（ホスプ, デイヴィッド）
　現世文（ホスプ, デービッド）

Hosp, Nicole
オーストリアのスキー選手（アルペン）。
⇒外16（ホスプ, ニコル　1983.11.6–）
　最世ス（ホスプ, ニコル　1983.11.6–）

Hospital, Janette Turner
オーストラリア生まれの作家。
⇒現世文（ホスピタル, ジャネット・ターナー　1942–）

Höss, Rudolf
ナチス・ドイツの親衛隊員。アウシュヴィッツ強制収容所長。
⇒岩世人（ヘス　1900.11.25-1947.4.16）

al-Hoss, Salim
レバノンの政治家。レバノン首相。
⇒世指導（ホス, サリム　1929.12.20-）

Hossain, Moazzem
バングラデシュの医師。
⇒外12（ホセイン, モアゼム）
　外16（ホセイン, モアゼム）

Hosseini, Khaled
アメリカの作家, 医師。
⇒外12（ホッセイニ, カーレド　1965-）
　外16（ホッセイニ, カーレド　1965-）
　海文新（ホッセイニ, カーレド　1965.3.4-）
　現世文（ホッセイニ, カーレド　1965.3.4-）

Hosszu, Katinka
ハンガリーの水泳選手（個人メドレー・バタフライ）。
⇒異二辞（ホッスー［カティンカ・〜］　1989-）
　最世ス（ホッスー, カティンカ　1989.5.3-）

Hosszu-Legocky, Geza
ヴァイオリン奏者。
⇒外12（ホッス・レゴツキ, ゲザ　1985-）
　外16（ホッス・レゴツキ, ゲザ　1985-）

Hotakainen, Kari
フィンランドの作家。
⇒岩世人（ホタカイネン　1957.1.9-）
　現世文（ホタカイネン, カリ　1957.1.9-）

Hotchkiss, Henry Stuart
アメリカの技師。
⇒アア歴（Hotchkiss,H(enry) Stuart　ホチキス, ヘンリー・ステュアート　1878.10.1-1947.9.16）

Hotchner, Aaron Edward
アメリカの編集者, 小説家, 劇作家, 伝記作家。
⇒ヘミ（ホッチナー.エアロン・エドワード　1920-）

Hotelling, Harold
アメリカの数学者。
⇒岩経（ホテリング　1895-1973）
　有経5（ホテリング　1895-1973）

Hotere, Ralph
ニュージーランドの画家。
⇒岩世人（ホテレ　1931.8.11-2013.2.24）

Hotter, Hans
ドイツのバス・バリトン歌手。
⇒オペラ（ホッター, ハンス　1909-2003）
　新音中（ホッター, ハンス　1909.1.19-）
　標音2（ホッター, ハンス　1909.1.19-2003.12.6）

Houbrects, Daniel
テノール歌手。
⇒魅惑（Houbrects,Daniel　?-）

Houck, Colleen
アメリカの作家。
⇒海文新（ハウック, コリーン　1969.10.3-）

Houdas, Octave
フランスの東洋学者。その翻訳『アル・ブハーリーのイスラム伝承集』(1903〜14) は, イスラム法学研究上の基本的名著。
⇒岩世人（ウダ　1840-1916）

Hou Desheng
中国の駐在武官。
⇒スパイ（ホウ・ドーシュン）

Houdet, Stephane
フランスの車いすテニス選手。
⇒最世ス（ウデ, ステファン　1970.11.20-）

Houdini, Harry（Eric Weiss）
アメリカの奇術師, 脱出奇術で一世を風靡。
⇒アメ州（Houdini,Harry　フーディニ, ハリー　1874-1926）
　アメ新（フーディニ　1874-1926）
　岩世人（ウーディニ　1874.3.24-1926.10.31）

Houdry, E.J.
アメリカの製油技術者。〈フードリ法〉と呼ばれる接触分解法を工業化するのに成功した。
⇒岩世人（フードリ（ウドリ）　1892.4.18-1962.7.18）

Houellebecq, Michel
フランスの作家。
⇒外12（ウエルベック, ミシェル　1958-）
　外16（ウエルベック, ミシェル　1958.2.26-）
　現世文（ウエルベック, ミシェル　1958.2.26-）
　フ文小（ウエルベック, ミシェル　1958-）

Hougan, Carolyn
アメリカの作家。
⇒海文新（ケース, ジョン　1943-2007）
　現世文（ホーガン, キャロリン　?-2007.2.25）
　現世文（ケース, ジョン）

Hougan, Jim
アメリカの作家。
⇒海文新（ケース, ジョン　1942-）
　現世文（ケース, ジョン）

Hough, Charles Oliver
アメリカの大リーグ選手（投手）。
⇒メジャ（ハフ, チャーリー　1948.1.5-）

Houghton, Harry Frederick
イギリス海軍の職員。
⇒スパイ（フートン, ハリー・フレデリック　1905-

1985)

Houghton, Henry Spencer
アメリカの医師，教育者。
⇒アア歴（Houghton,Henry Spencer　ホートン，ヘンリー・スペンサー　1880.3.27–1975.3.21）

Houghton, James Richardson
アメリカの実業家。
⇒外12（ホートン，ジェームズ・リチャードソン　1936.4.6–）
　外16（ホートン，ジェームズ・リチャードソン　1936.4.6–）

Houghton, John
イギリスの大気物理学者。
⇒外12（ホートン，ジョン　1931.12.30–）
　外16（ホートン，ジョン　1931.12.30–）

Houghton, William Addison
アメリカの教育者。
⇒アア歴（Houghton,William,Addison　ホートン，ウイリアム・アディソン　1852.3.10–1917.10.24）

Hou Jian-qi
中国の映画監督。
⇒外12（フォジェンチイ　1958.1.20–）
　外16（フォジェンチイ　1958.1.20–）
　中日3（霍建起　かくけんき，フオチエンチー　1958–）

Houk, Ralph George
アメリカの大リーグ選手（捕手）。
⇒メジャ（ハウク，ラルフ　1919.8.9–2010.7.21）

Houkes, Ruben
オランダの柔道選手。
⇒最世ス（フーケス，ルーベン　1979.6.8–）

Houllier, Gerard
フランスのサッカー監督。
⇒外12（ウリエ，ジェラール　1947.9.3–）
　外16（ウリエ，ジェラール　1947.9.3–）

Hoult, Nicholas
イギリスの俳優。
⇒外12（ホルト，ニコラス　1989.12.7–）
　外16（ホルト，ニコラス　1989.12.7–）

Houlton, D.J.
アメリカのプロ野球選手（ソフトバンク・投手），大リーグ選手。
⇒外12（ホールトン,D.J.　1979.8.12–）

Hou Nim
カンボジア・コンポンチャム生まれの政治家。1958年首相付副国務相。70年クーデター後はシハヌーク側につき，在北京亡命政権情報・宣伝相，統一戦線政治局員。
⇒岩世人（フー・ニム　1932.7.25–1977）

Hounsfield, Godfrey Newbold
イギリスの電子技術者。1979年ノーベル生理学医学賞。
⇒岩世人（ハウンズフィールド　1919.8.28–2004.8.12）
　広辞7（ハウンズフィールド　1919–2004）
　ノベ3（ハウンズフィールド,G.N.　1919.8.28–2004.8.12）

Houphouët-Boigny, Félix
コートジボワールの政治家。コートジボワール大統領（1960〜93）。親仏政策をとる。
⇒岩世人（ウフェ＝ボワニ　1905.10.18–1993.12.7）

Hourani, Albert
イギリスの近代アラブ思想・社会史研究者。
⇒岩イ（フーラーニー　1915–1993）

House, Edward Mandell
アメリカの外交官，政治家。ウィルソン大統領のもとで活躍。
⇒岩世人（ハウス　1858.7.26–1938.3.28）

House, Richard
イギリスの作家。
⇒海文新（ハウス，リチャード　1961–）
　現世文（ハウス，リチャード　1961–）

Household, Geoffrey
イギリスのスリラー作家。
⇒現世文（ハウスホールド，ジェフリー　1900.11.30–1988.10.4）

Houseman, John
ブカレスト（ルーマニア）生まれの俳優。1925年渡米。34歳で演劇プロデューサーとなり，マーキュリー劇団を組織し演劇活動を行う。52年『悪人と美女』で5部門のアカデミー賞を獲得。
⇒スター（ハウスマン,ジョン　1902.9.22–1988）

Houser, Allan
アメリカの彫刻家。
⇒芸13（ハウザー，アラン　?–）

Housman, Alfred Edward
イギリスの古典学者，詩人。ラテン文学教授としてロンドン大学などに奉職。
⇒岩世人（ハウスマン　1859.3.26–1936.4.30）
　新カト（ハウスマン　1859.3.26–1936.4.30）

Housman, Laurence
イギリスの作家，劇作家，挿絵画家。『あるイギリス婦人の恋文』（1900）。
⇒岩世人（ハウスマン　1865.7.18–1959.2.20）

Houssay, Bernardo Alberto
アルゼンチンの生理学者。糖消化に関する下垂体前葉ホルモンの意義について発見し，1947年ノーベル生理・医学賞を受賞。
⇒岩生（ウサイ　1887–1971）
　岩世人（ウサイ　1887.4.10–1971.9.21）

現科大（ウーサイ，ベルナルド・アルベルト　1887–1971）
広辞7（ウッセイ　1887–1971）
ノベ3（ウサイ,B.A.　1887.4.10–1971.9.21）

Houssaye, Henry
フランスの歴史家。
⇒19仏（ウーセ，アンリ　1848.2.24–1911.9.23）

Houston, Charles Snead
アメリカの医師，登山家。
⇒アア歴（Houston,Charles Snead　ヒューストン，チャールズ・スニード　1913.8.24–2009.9.27）

Houston, Dale
アメリカ・ルイジアナ州出身の歌手。
⇒ロック（Dale and Grace　デイル＆グレイス）

Houston, David Franklin
アメリカの実業家，政治家。農務長官，財務長官，テキサス大学学長。
⇒アメ経（ヒューストン，デービッド　1866.2.17–1940.9.2）

Houston, James Archibald
カナダの作家，挿絵画家。
⇒絵本（ヒューストン，ジェイムズ　1921–2005）
現世文（ヒューストン，ジェームズ　1921–2005.4.17）

Houston, Whitney
アメリカの歌手，女優。
⇒外12（ヒューストン，ホイットニー　1963.8.9–）
ク俳（ヒューストン，ホイットニー　1963–）

Houthakker, Hendriks Samuel
アメリカの経済学者。スタンフォード大学教授，ハーバード大学教授，米国大統領経済諮問委員。
⇒有経5（ハウタッカー　1924–2008）

Houtin, Albert
フランスのカトリック神学者，モデルニスムの歴史家，聖書批評家。
⇒新カト（ウータン　1867.10.4–1926.7.28）

Houtsma, Martijn Theodoor
オランダの東洋学者。
⇒岩世人（ハウツマ　1851.1.15–1943.2.9）

Houtteman, Arthur Joseph
アメリカの大リーグ選手（投手）。
⇒メジャ（フートマン，アート　1927.8.7–2003.5.6）

Hou Yuon
カンボジア・コンポンチャム州出身の政治家。1958年サンクムに加盟し，商工業および予算担当副国務相，保健担当国務相を歴任。
⇒岩世人（フー・ユオン　1930.1.14–1975）

Hove, Chenjerai
ジンバブウェの作家。
⇒現世文（ホーベ，チェンジェライ　1956.2.9–2015.7.12）

Hoveyda, Amir Abbas
イランの政治家。1965〜77年首相。経済成長率の維持，軍事力の強化，ソ連圏諸国との経済関係拡大にも努めた。イラン革命後，銃殺刑に処せられた。
⇒岩イ（ホヴェイダー　1919–1979）
岩世人（ホヴェイダー，アッバース　1919.2.18–1979.4.7）

Hovgaard, William
デンマーク生まれのアメリカの造船学者。軍艦の設計，研究に従事。
⇒岩世人（ホーヴガード　1857.11.28–1950.1.5）

Hovhaness, Alan Scott
アメリカの作曲家。
⇒岩世人（ホヴァネス　1911.3.8–2000.6.21）
エデ（ホヴァネス，アラン　1911.3.8–2000.6.21）
ク音3（ホヴァネス（ホーフハーネス）　1911–2000）
新音小（ホヴァネス，アラン　1911–2000）
新音中（ホヴァネス，アラン　1911.3.8–2000.6.21）
標音2（ホヴァネス，アラン　1911.3.8–2000.6.21）

Hoving, Isabel
オランダの児童文学作家。
⇒海文新（ホーフィング，イサベル　1955.9–）
現世文（ホーフィング，イサベル　1955.9–）

Hovland, Carl Iver
アメリカの心理学者。電子計算機シミュレーションや情報処理の心理学に先鞭をつけた。主著『コミュニケーションと説得』（1953）。
⇒岩ランド　1912.6.12–1961.4.16）
社小増（ホヴランド　1912–1961）
社心小（ホヴランド　1912–1961）

Howard, B.
アメリカのシンガー・ソングライター，音楽プロデューサー。
⇒外12（ハワード,B.）
外16（ハワード,B.）

Howard, Bronson Crocker
アメリカの劇作家。作品に風刺喜劇『サラトガ』，社会問題をとりあげた『シェナンドア』など。
⇒岩世人（ハワード　1842.10.7–1908.8.4）

Howard, Byron
アメリカのアニメーション監督。
⇒外12（ハワード，バイロン）
外16（ハワード，バイロン）

Howard, Clark
アメリカのミステリ作家。
⇒現世文（ハワード，クラーク　1934–）

Howard, Curly
アメリカの喜劇俳優。
⇒ク俳（"三馬鹿" 1903–1952）
スター（スリー・ストゥージズ 1903–1952）

Howard, Dominic
イギリスのミュージシャン。
⇒外12（ハワード, ドミニク）

Howard, Dwight
アメリカのバスケットボール選手（ロケッツ）。
⇒最世ス（ハワード, ドワイト 1985.12.8–）

Howard, Sir Ebenezer
イギリスの田園都市運動の創始者。1920年ウェルウィンガーデンシティーを創立。
⇒岩世人（ハワード 1850.1.29–1928.5.1）
広辞7（ハワード 1850–1928）
社小増（ハワード 1850–1928）

Howard, Edward Lee
アメリカ中央情報局（CIA）元職員。ソ連のエージェントであることが発し, 1985年亡命した。
⇒スパイ（ハワード, エドワード・リー 1951–2002）

Howard, Elston Gene
アメリカの大リーグ選手（捕手, 外野）。
⇒メジャ（ハワード, エルストン 1929.2.23–1980.12.14）

Howard, Frank Oliver
アメリカの大リーグ選手（外野, 一塁）。
⇒メジャ（ハワード, フランク 1936.8.8–）

Howard, G.E.
アメリカの社会学者。
⇒学叢思（ホワード, ジー・イー 1849–?）

Howard, Harvey James
アメリカの医師。
⇒アア歴（Howard,Harvey James ハワード, ハーヴィー・ジェイムズ 1880.1.30–1956.11.6）

Howard, John
アメリカの男優。
⇒ク俳（ハワード, ジョン（コックス,J） 1913–1995）

Howard, John Winston
オーストラリアの政治家。オーストラリア首相（1996～2007）。
⇒岩世人（ハワード 1939.7.26–）
外12（ハワード, ジョン 1939.7.26–）
外16（ハワード, ジョン 1939.7.26–）
世指導（ハワード, ジョン 1939.7.26–）

Howard, Ken
イギリスのポップ経営者, ソングライター。
⇒ロック（Ken Howard and Alan Blaikley ケン・ハワード&アラン・ブレイクリー）

Howard, Leslie
イギリスの俳優。アメリカで活躍。
⇒ク俳（ハワード, レズリー（ステイナー,L・H, 本名はおそらくホルヴァルト, ラズロ） 1893–1943）
ユ著人（Howard,Leslie ハワード, レスリー 1893–1943）

Howard, Mabel
ニュージーランドの政治家。
⇒ニュー（ハワード, メイベル 1894–1972）

Howard, Michael
イギリスの政治家。イギリス保守党党首, 内相。
⇒岩世人（ハワード 1941.7.7–）
外12（ハワード, マイケル 1941.7.7–）
外16（ハワード, マイケル 1941.7.7–）
世指導（ハワード, マイケル 1941.7.7–）

Howard, Moe
アメリカ・ニューヨーク生まれの男優。
⇒スター（スリー・ストゥージズ 1897.6.19–1975）

Howard, Richard
イギリスの作家。
⇒現世文（ハワード, リチャード 1958.9.23–）

Howard, Richard Joseph
アメリカの詩人, 批評家, 翻訳家。
⇒現世文（ハワード, リチャード 1929.10.13–）

Howard, Ron
アメリカ生まれの映画監督。
⇒映監（ハワード, ロン 1954.3.1–）
外12（ハワード, ロン 1954.3.1–）
外16（ハワード, ロン 1954.3.1–）
ク俳（ハワード, ロン 1953–）

Howard, Roy Wilson
アメリカのジャーナリスト, 新聞経営者。『ニューヨーク・ワールド・テレグラム』の社長兼編集主幹。
⇒岩世人（ハワード 1883.1.1–1964.11.20）

Howard, Russ
カナダのカーリング選手。
⇒外12（ハワード, ラス 1956.2.19–）
最世ス（ハワード, ラス 1956.2.19–）

Howard, Ryan
アメリカの大リーグ選手（フィリーズ・内野手）。
⇒外12（ハワード, ライアン 1979.11.19–）
外16（ハワード, ライアン 1979.11.19–）
最世ス（ハワード, ライアン 1979.11.19–）
メジャ（ハワード, ライアン 1979.11.19–）

Howard, Shemp
アメリカの喜劇俳優。
⇒ク俳（"三馬鹿" 1891–1955）
スター（スリー・ストゥージズ 1895–1955）

Howard, Sidney Coe
アメリカの劇作家, 小説家。『彼らはほしいものを知っていた』(1924) でピュリッツァー賞。
⇒岩世人 （ハワード 1891.6.26-1939.8.23)
現世文 （ハワード, シドニー 1891.6.26-1939.8.23)

Howard, Thomas Sylvester
アメリカの大リーグ選手（外野）。
⇒メジャ（ハワード, トーマス 1964.12.11-)

Howard, Trevor
イギリス生まれの男優。
⇒ク俳（ハワード, トレヴァー（ハワード＝スミス, T) 1913-1988)
スター（ハワード, トレヴァー 1913.9.29-1988)

Howe, Annie Lion
アメリカの教育家。神戸頌栄保母伝習所を創立, 日本の幼稚園教育に尽力。
⇒岩世人（ハウ 1852.1.12-1943.10.25)
教人（ハウ 1852-1943)

Howe, Art
アメリカの大リーグ監督。
⇒外12（ハウ, アート 1946.12.15-)
メジャ（ハウ, アート 1946.12.15-)

Howe, Brian
オーストラリアの政治家。オーストラリア副首相。
⇒世指導（ハウ, ブライアン 1936.1.28-)

Howe, Edger Watson
アメリカのジャーナリスト。
⇒アメ州（Howe,Edger Watson ハウ, エドガー・ワトソン 1853-1937)

Howe, Florence
アメリカの女性学の先駆者, 編集者, 英文学者。
⇒岩女（ハウ, フローレンス 1929.3.17-)

Howe, Geoffrey Richard Edward, Baron H. of Aberavon
イギリスの政治家。
⇒岩世人（ハウ 1926.12.20-)

Howe, Gordie
カナダのアイスホッケー選手。
⇒岩世人（ハウ 1928.3.31-)

Howe, Irving
アメリカの評論家, 歴史家。主著『シャーウッド・アンダーソン』(1951) など。
⇒岩世人（ハウ 1920.6.11-1993.5.5)
ユ著人（Howe,Irving ハウ, アーヴング 1920-)

Howe, Steve
イギリスのギター奏者。
⇒外12（ハウ, スティーブ 1947.4.8-)
外16（ハウ, スティーブ 1947.4.8-)

Howe, Steven Roy
アメリカの大リーグ選手（投手）。
⇒メジャ（ハウ, スティーヴ 1958.3.10-2006.4.28)

Höwedes, Benedikt
ドイツのサッカー選手（シャルケ・DF)。
⇒外12（ヘヴェデス, ベネディクト 1988.2.29-)
外16（ヘヴェデス, ベネディクト 1988.2.29-)
最世ス（ヘヴェデス, ベネディクト 1988.2.29-)

Howell, C.Thomas
アメリカ生まれの俳優。
⇒ク俳（ハウエル,C・トマス 1966-)

Howell, Dara
カナダのスキー選手（フリースタイル）。
⇒外16（ハウエル, ダラ 1994.8.23-)

Howell, Henry
テノール歌手。
⇒魅惑 (Howell,Henry ?-)

Howell, Henry Harry
アメリカの大リーグ選手（投手, 外野, 内野）。
⇒メジャ（ハウエル, ハリー 1876.11.14-1956.5.22)

Howell, Jack Robert
アメリカの大リーグ選手（三塁, 外野）。
⇒外12（ハウエル, ジャック 1961.8.18-)
メジャ（ハウエル, ジャック 1961.8.18-)

Howell, Jay Canfield
アメリカの大リーグ選手（投手）。
⇒メジャ（ハウエル, ジェイ 1955.11.26-)

Howell, Margaret
イギリスの服飾デザイナー。
⇒外12（ハウエル, マーガレット 1946.9.5-)
外16（ハウエル, マーガレット 1946.9.5-)

Howell, Roy Lee
アメリカの大リーグ選手（三塁）。
⇒メジャ（ハウエル, ロイ 1953.12.18-)

Howells, Herbert
イギリスの作曲家。
⇒オク教（ハウエルズ 1892-1983)
標音2（ハウエルズ, ハーバート 1892.10.17-1983.2.23)

Howells, William Dean
アメリカの小説家, 評論家。作品に『サイラス・ラパムの出世』(1885) など。
⇒アメ新（ハウエルズ 1837-1920)
岩世人（ハウエルズ 1837.3.10-1920.5.1)
広辞7（ハウエルズ 1837-1920)
新カト（ハウエルズ 1837.3.1-1920.5.11)
ネーム（ハウエルズ 1837-1920)

Howells, William White
アメリカの形質人類学者。
⇒岩生（ハウエルズ　1908-2005）
　岩世人（ハウエルズ　1908.11.27-2005.12.29）

Howey, Hugh
アメリカの作家。
⇒海文新（ハウイー, ヒュー　1975-）
　現世文（ハウイー, ヒュー　1975-）

Howie D
アメリカの歌手。
⇒外12（ハウィー・D　1973.8.22-）
　外16（ハウィー・D　1973.8.22-）

Howison, George Holmes
アメリカの哲学者。カリフォルニア大学教授（1884～）。カント主義の立場から人格主義の哲学を説いた。
⇒岩世人（ハウイソン　1834.11.24-1916.12.31）
　メル3（ハウイソン, ジョージ・ホームズ　1834-1916）

Howitt, Alfred William
イギリスの民族学者。オーストラリアの土民、特にその宗教を研究し、〈全父 All Father〉の信仰が流布していることを明らかにした。
⇒岩世人（ハウイット　1830.4.17-1908.3.7）

Howker, Janni
キプロス生まれのイギリスの女性児童小説家。
⇒現世文（ハウカー, ジャニ　1957-）

Howlett, Doug
ニュージーランドのラグビー選手。
⇒最世ス（ハウレット, ダグ　1978.9.21-）

Howlin' Wolf
アメリカのブルース・ミュージシャン。
⇒岩世人（ハウリン・ウルフ　1910.6.10-1976.1.10）
　新音中（ハウリン・ウルフ　1910.6.10-1976.1.10）
　ロック（Howlin'Wolf　ハウリン・ウルフ　1910.6.10-）

Howry, Bobby Dean
アメリカの大リーグ選手（投手）。
⇒メジャ（ハウリー, ボブ　1973.8.4-）

Howser, Richard Dalton
アメリカの大リーグ選手（遊撃）。
⇒メジャ（ハウザー, ディック　1936.5.14-1987.6.17）

Hoxha, Enver
アルバニアの革命運動指導者、政治家。1944年11月アルバニア初の共産主義政府を組織し、46年3月まで首相。アルバニアの国民的英雄。
⇒岩世人（ホジャ　1908.10.16/29-1985.4.11）
　政経改（ホッジャ　1908-1985）
　世人新（ホジャ（ホッジャ）　1908-1985）
　世人装（ホジャ（ホッジャ）　1908-1985）

Hoy, Chris
イギリスの自転車選手。
⇒外12（ホイ, クリス　1976.3.23-）
　外16（ホイ, クリス　1976.3.23-）
　最世ス（ホイ, クリス　1976.3.23-）

Hoy, William Edwin
アメリカの改革派教会宣教師。1885年来日し、仙台神学校（のちの東北学院）を創立。
⇒アア歴（Hoy,William E(dwin)　ホイ, ウイリアム・エドウィン　1858.6.4-1927.3.3）
　岩世人（ホーイ　1858.6.4-1927.3.3）

Hoy, William Elsworth (Dummy)
アメリカの大リーグ選手（外野）。
⇒メジャ（ホイ, ダミー　1862.5.23-1961.12.15）

Hoyer, Steny Hamilton
アメリカの政治家。
⇒外12（ホイヤー, ステニー　1939.6.14-）
　外16（ホイヤー, ステニー　1939.6.14-）

Hoyer-Larsen, Poul-Erik
デンマークのバドミントン選手。
⇒外16（ホイヤー・ラーセン, ポール・エリク　1965.9.20-）

Hoyle, Sir Fred
イギリスの天文学者、作家。1948年相対論的物質創造宇宙論（定常宇宙論）を発表。
⇒岩世人（ホイル　1915.6.24-2001.8.20）
　オク科（ホイル（サー・フレッド）　1915-2001）
　科史（ホイル　1915-2001）
　現世文（ホイル, フレッド　1915.6.24-2001.8.20）
　天文辞（ホイル　1915-2001）
　天文大（ホイル　1915-2001）
　ネーム（ホイル　1915-2001）
　物理（ホイル, フレッド　1915-2001）

Hoyos, Cristina
スペインのダンサー。
⇒異二辞（オヨス［クリスティーナ・～］　1946-）

Hoyt, Dewey La Marr
アメリカの大リーグ選手（投手）。
⇒メジャ（ホイト, ラマー　1955.1.1-）

Hoyt, Homer
アメリカの都市社会学者。扇状地帯理論を発表。
⇒社小増（ホイト　1896-1984）

Hoyt, Sarah A.
ポルトガル生まれの作家。
⇒海文新（ホイト, サラ・A.　1962-）
　現世文（ホイト, サラ　1962-）

Hoyt, Waite Charles
アメリカの大リーグ選手（投手）。
⇒メジャ（ホイト, ウェイト　1899.9.9-1984.8.25）

Hrabal, Bohumil
チェコの小説家。
⇒岩世人（フラバル　1914.3.28-1997.2.3）
現世文（フラバル，ボフミル　1914.3.28-1997.2.3）
広辞7（フラバル　1914-1997）

Hrabosky, Alan Thomas
アメリカの大リーグ選手（投手）。
⇒メジャ（ラボスキー，アル　1949.7.21-）

Hradecka, Lucie
チェコのテニス選手。
⇒最世ス（ハラデツカ，ルーシー　1985.5.21-）

Hrawi, Elias
レバノンの政治家。レバノン大統領（1989～98）。
⇒世指導（ハラウィ，エリアス　1925.9.4-2006.7.7）

Hrbek, Kent Alan
アメリカの大リーグ選手（一塁）。
⇒メジャ（ハーベック，ケント　1960.5.21-）

Hrdlička, Aleš
アメリカの自然人類学者。アメリカ自然人類学会を創設し、初代会長となった。
⇒岩生（ヘリチカ　1869-1943）
岩世人（ヘリチカ（ハードリチカ）　1869.3.30-1943.9.5）

Hrisko, Vladimir
テノール歌手。
⇒魅惑（Hrisko, Vladimir　?-）

Hroisman, Volodymyr
ウクライナの政治家。ウクライナ首相。
⇒世指導（フロイスマン，ウォロディミル　1978.1.20-）

Hromádka, Josef L.
チェコスロバキアのプロテスタント神学者。エキュメニズム運動に積極的に参与し、またキリスト者平和会議の指導者として活躍。
⇒岩キ（フロマートカ　1889-1969）
岩世人（フロマートカ　1889.6.8-1969.12.26）

Hrozný, Bedřich
チェコスロバキアの言語学者。プラハ大学教授。ヒッタイト語の楔形文字を解読『ヒッタイト人の言語』（1916）を著した。
⇒岩世人（フロズニー　1879.5.6-1952.12.12）

Hrubín, František
チェコの詩人。繊細な抒情詩で知られ、詩集『ヨブの夜』（1945）、『水晶の夜』（61）などを発表。
⇒現世文（フルビーン，フランチシェク　1910.9.17-1971.3.1）

Hrusa, Jakub
チェコの指揮者。

⇒外12（フルシャ，ヤクブ　1981-）
外16（フルシャ，ヤクブ　1981-）

Hsu, Barbie
台湾の女優。
⇒外12（スー，バービー　1976.10.6-）

Hsu, Francis Lang Kwang
アメリカ（中国系）の人類学者。
⇒岩世人（シュー　1909.10.28-1999.12.15）
社小増（シュー　1909-）

Hsü, Kenneth Jinghwa
スイスの地質学者。
⇒岩世人（シュー　1929.7.7-）
外12（シュー，ケネス・ジンファ　1929.6.28-）
外16（シュー，ケネス・ジンファ　1929.6.28-）

Hsu, Vivian
台湾の歌手、女優、タレント。
⇒異二辞（スー，ビビアン　徐若瑄　1975-）
外12（スー，ビビアン　1975.3.19-）
外16（スー，ビビアン　1975.3.19-）

Htay Thit
ミャンマー（ビルマ）の映画監督。
⇒外12（ティ・ティ）

Htin Aung
ミャンマー（ビルマ）のジャーナリスト。
⇒外12（ティン・アウン）
外16（ティン・アウン　1960-）

Htin Aung
ビルマ（ミャンマー）の歴史家。
⇒岩世人（ティンアウン　1909-1978）

Htin Kyaw
ミャンマー（ビルマ）の政治家。ミャンマー大統領（2016～18）。
⇒世指導（ティン・チョー　1946.7.20-）

Htun Aeindra Bo
ミャンマー（ビルマ）の代表的な女優、ポップス歌手で、幅広い世代にわたって人気を博している。
⇒岩世人（トゥンエインドラボー　1966.5.1-）

Hu, King
香港の映画監督。脚本、美術、振り付け、編集とすべて自ら担当する映画作家。作品には『迎春閣之風波』などがある。
⇒岩世人（キン・フー　1932.4.29-1997.1.4）
映監（フー，キン　1931.4.29-1997）

Huang, George
台湾の実業家。
⇒外16（黄少華　コウショウカ　1949.2-）

Huang, Robert
台湾生まれの実業家。シネックス創業者。

Hu-ang Chung-hwa, Chris
台湾の人形映画監督。
⇒アニメ（黄強華　ファン・チュンファ, クリス　1955–）

⇒外12（ファン, ロバート）
　外16（ファン, ロバート）

Huang Mengla
中国のヴァイオリン奏者。
⇒外12（ホアンモンラ　1980–）
　外16（ホアンモンラ　1980–）

Huang Wei-qun
中国生まれのオーストラリアの作家。
⇒現世文（黄惟群　こう・いぐん　1953–）

Huang Xiao-ming
中国の俳優。
⇒外12（ホァンシャオミン　1977.11.13–）
　外16（ホァンシャオミン　1977.11.13–）

Huang Yong Ping
中国生まれの芸術家。
⇒岩世人（黄永砅　こうえいひょう　1954–）
　現アテ（Huang Yong Ping　黄永砅（ホアン・ヨンピン）　1954–）

Huart, Clément Imbault
フランスの東洋学者。外交官としてアジア各国に勤務。死後彼の蔵書は台北帝国大学に贈られた。
⇒岩世人（ユアール　1854.2.16–1926.12.30）

Hubay Jenő
ハンガリーのヴァイオリン奏者, 作曲家。
⇒岩世人（フバイ　1858.9.15–1937.3.12）
　ク音3（フバイ　1858–1937）
　新音中（フバイ, イェネー　1858.9.15–1937.3.12）
　標音2（フバイ, イェネー　1858.9.15–1937.3.12）

Hubbard, Bernard Rosecrans
アメリカのイエズス会神父, 北極探険家。
⇒アメ州（Hubbard,Bernard Rosecrans　ハバード, バーナード・ローゼクランス　1889–1962）

Hubbard, Bruce
テノール歌手。
⇒魅惑（Hubbard,Bruce　?–）

Hubbard, Freddie
アメリカのジャズ・トランペット奏者。
⇒標音2（ハバード, フレディ　1938.4.7–2008.12.29）

Hubbard, Glenn
アメリカの経済学者。
⇒外12（ハバード, グレン　1958.9.4–）
　外16（ハバード, グレン　1958.9.4–）

Hubbard, Glenn Dee
アメリカの大リーグ選手（二塁）。

⇒メジャ（ハバード, グレン　1957.9.25–）

Hubbard, Hugh Wells
アメリカの宣教師, 鳥類学者, 切手専門家。
⇒アア歴（Hubbard,Hugh W (ells)　ハバード, ヒュー・ウェルズ　1887.3.19–1975.3.9）

Hubbard, John
イギリスの理論物理学者。
⇒物理（ハバード, ジョン　1931–1980）

Hubbard, La Fayette Ronald
アメリカのSF作家。
⇒現世文（ハバード,L.ロン　1911.3.13–1986.1.24）

Hubbard, Robert Cal
アメリカの大学フットボール, プロフットボール, 大リーグの全てで殿堂入りした人物。
⇒メジャ（ハバード, カル　1900.10.31–1977.10.17）

Hubbard, Thomas
アメリカの外交官。
⇒外12（ハバード, トーマス　1943–）
　外16（ハバード, トーマス　1943–）

Hübbe, Nikolaj
デンマークのダンサー。
⇒外12（ヒュッベ, ニコライ　1967.10.30–）
　外16（ヒュッベ, ニコライ　1967.10.30–）

Hubbell, Carl Owen
アメリカの大リーグ選手（投手）。
⇒メジャ（ハッベル, カール　1903.6.22–1988.11.21）

Hubble, Edwin Powell
アメリカの天文学者。銀河系外星雲の研究で有名。
⇒アメ州（Hubble,Edwin Powell　ハブル, エドウィン・パウエル　1889–1953）
　岩世人（ハッブル　1889.11.20–1953.9.28）
　オク科（ハッブル（エドウィン・パウエル）　1889–1953）
　現科大（ハッブル, エドウィン　1889–1953）
　広辞7（ハッブル　1889–1953）
　世発（ハッブル, エドウィン・パウエル　1889–1953）
　天文辞（ハッブル　1889–1953）
　天文大（ハッブル　1889–1953）
　ネーム（ハッブル　1889–1953）
　物理（ハッブル, エドウィン・パウエル　1889–1953）
　ポプ人（ハッブル, エドウィン　1889–1953）

Hubbs, Carl Leavitt
アメリカの魚類学者。カリフォルニア大学スクリプス海洋研究所教授（1944）。
⇒岩世人（ハッブズ　1894.10.18–1979.6.30）

Hubbs, Kenneth Douglas
アメリカの大リーグ選手（二塁）。
⇒メジャ（ハッブス, ケン　1941.12.23–1964.2.15）

Hubel, David Hunter
アメリカの神経生理学者。1981年ノーベル生理学医学賞。
⇒岩生（ヒューベル 1926–）
　岩世人（ヒューベル 1926.2.27–2013.9.22）
　広辞7（ヒューベル 1926–2013）
　ノベ3（ヒューベル,D. 1926.2.27–）

Huber, Edouard
スイスのインド学者，インドシナ学者。言語の天才で30カ国語に通じ，のちハノイの極東学院教授となった。
⇒岩世人（ユベール 1879.8.12–1914.1.6）

Huber, Ernst Rudolf
ドイツの法学者。フライブルク大学教授（1952）。
⇒岩世人（フーバー 1903.6.8–1990.10.28）

Huber, Eugen
スイスの法律学者。スイスの私法の統一に当り，学問的な基礎の上に，キリスト教的倫理と進歩的な社会観念とをもってこの課題を解決した。
⇒岩世人（フーバー 1849.7.13–1923.4.23）

Huber, Gerd
ドイツのハイデルベルク学派の精神病理学者。
⇒現精（フーバー 1921–）
　現精縮（フーバー 1921–）

Huber, Gerhard
ドイツ・ゲルンハウゼンのフランシスコ会司祭，日本宣教師。
⇒新カト（フーバー 1896.10.31–1978.9.7）

Huber, Hans
スイスの作曲家，ピアノ奏者。交響曲『テル』(1881)や合唱曲『パンドラ』で有名。
⇒新音中（フーバー, ハンス 1852.6.28–1921.12.25）
　標音2（フーバー, ハンス 1852.6.28–1921.12.25）

Huber, Joerg
ドイツの現代美術家。
⇒芸13（ユーベル，ジョージ 1953–）

Huber, Klaus
スイスの作曲家。
⇒ク音3（フーバー 1924–）
　新音中（フーバー，クラウス 1924.11.30–）
　標音2（フーバー，クラウス 1924.11.30–）

Huber, Kurt
ドイツの哲学者。ドイツの民謡を専攻，ミュンヘン大学に反ナチス運動を組織した廉で処刑された。
⇒標音2（フーバー，クルト 1893.10.24–1943.7.12）

Huber, Kurt
スイスのテノール歌手。
⇒魅惑（Huber,Kurt 1937–）

Huber, Liezel
アメリカのテニス選手。
⇒最世ス（フーバー，リーゼル 1976.8.21–）

Huber, Max
スイス生まれのグラフィック，インダストリアル，展示のデザイナー。
⇒グラデ（Huber,Max フーバー，マックス 1919–）

Huber, Nicolaus A.
ドイツの作曲家。
⇒ク音3（フーバー 1939–）

Huber, Robert
ドイツの生化学者。
⇒岩生（フーバー 1937–）
　外16（フーバー，ロベルト 1937.2.20–）
　化学（フーバー 1937–）
　ノベ3（フーバー，R. 1937.2.20–）

Huberman, Leo
アメリカのマルクス主義経済学者。独立社会主義雑誌 "Monthly Review" の編集者として有名。
⇒岩世人（ヒューバーマン 1903.10.17–1968.11.9）
　広辞7（ヒューバーマン 1903–1968）

Hubermann, Bronisław
ポーランドのヴァイオリン演奏家。スタインバーグとともにパレスチナ交響楽団を創立した。
⇒岩世人（フーベルマン 1882.12.19–1947.6.16）
　新音中（フーベルマン，ブロニスワフ 1882.12.19–1947.6.15）
　標音2（フーベルマン，ブロニスワフ 1882.12.19–1947.6.15）
　ユ著人（Huberman,Bronisław フーベルマン，ブロニスラフ 1882–1947）

Hubert, Henri
フランスの社会学者。宗教社会学に貢献。
⇒現国（ユベール 1872–1927）
　新カト（ユベール 1872.6.23–1927.5.25）

Hubert, Lucien
フランスの作家，政治家。
⇒19仏（ユベール，リュシアン 1868.8.17–1938.5.18）

Hubert, René
フランスの教育学者，哲学者。主著『一般教育学汎論』(1946)。
⇒教人（ユベール 1885–1954）

Hubley, John
アメリカ・ニューヨーク生まれのアニメーション作家。
⇒アニメ（ハブリー，ジョン 1914–1977）

Hübschmann, Heinrich
ドイツの印欧語比較文法学者。印欧語族の母音組織およびアルメニア語を研究した。

⇒岩世人（ヒューブシュマン 1848.7.1–1908.1.20）

Huch, Ricarda Octavia
ドイツの新ロマン主義を代表する女性作家、歴史家。ゲーテ賞を受賞。
⇒岩キ（フーフ 1864–1947）
岩世人（フーフ 1864.7.18–1947.11.17）
広辞7（フーフ 1864–1947）

Huchel, Peter
ドイツの詩人、ジャーナリスト。東ベルリン放送局芸術指導員などを務めた。
⇒岩世人（フーヘル 1903.4.3–1981.4.30）
現世文（フーヘル、ペーター 1903.4.3–1981.4.30）

Huchet, Eric
フランスのテノール歌手。
⇒魅惑（Huchet,Eric ?–）

Huckabee, Mike
アメリカの政治家、牧師。
⇒外12（ハッカビー、マイク 1955.8.24–）
⇒外16（ハッカビー、マイク 1955.8.24–）
世指導（ハッカビー、マイク 1955.8.24–）

Hückel, Erich Armand Arthur Joseph
ドイツの物理化学者。Walterの弟。強電解質溶液の異常な性質を解明（1922〜25、デバイ・ヒュッケルの理論）。
⇒岩世人（ヒュッケル 1896.8.9–1980.2.16）

Hückel, Walter Karl Friedrich Bernhard
ドイツの化学者。テュービンゲン大学化学教授（1948）。
⇒岩世人（ヒュッケル 1895.2.18–1973.1.4）

al-Huḍaybī, Ḥasan
エジプトの法曹家、ムスリム同胞団の第2代最高指導者（1951〜73）。
⇒岩イ（フダイビー 1891–1973）
岩世人（フダイビー 1891–1973）

Huddleston, (Ernest Urban) Trevor
イギリス国教会の伝道師。インド洋管区大主教。
⇒オク教（ハドルストン 1913–1998）

Hudgens, Vanessa
アメリカの女優、歌手。
⇒外12（ハジェンズ、バネッサ 1988.12.14–）
⇒外16（ハジェンズ、バネッサ 1988.12.14–）

Hudlin, George Willis
アメリカの大リーグ選手（投手）。
⇒メジャ（ハドソン、ウィリス 1906.5.23–2002.8.5）

Hudson, Daniel
アメリカの大リーグ選手（ダイヤモンドバックス・投手）。
⇒最世ス（ハドソン、ダニエル 1987.3.9–）

Hudson, Dawn
アメリカの実業家。
⇒外12（ハドソン、ドーン）

Hudson, Duane T.
イギリスのインテリジェンス・オフィサー。第2次世界大戦中にユーゴスラビアで活動した。
⇒スパイ（ハドソン、デュアン・T 1910–1995）

Hudson, Garth
カナダ生まれのミュージシャン。"バンド"のメンバー。
⇒ビト改（HUDSON,GARTH ハドソン、ガース）

Hudson, Jennifer
アメリカの歌手、女優。
⇒外12（ハドソン、ジェニファー 1981.9.12–）
⇒外16（ハドソン、ジェニファー 1981.9.12–）

Hudson, Kate
アメリカの女優。
⇒外12（ハドソン、ケイト 1979.4.19–）
⇒外16（ハドソン、ケイト 1979.4.19–）

Hudson, Keith
ジャマイカ生まれのプロデューサー、プロモーター、レゲエ歌手。
⇒ロック（Hudson,Keith ハドソン、キース 1946–）

Hudson, Orlando
アメリカの大リーグ選手（内野手）。
⇒最世ス（ハドソン、オーランド 1977.12.12–）
メジャ（ハドソン、オーランド 1977.12.12–）

Hudson, Richard
イギリス・ロンドン生まれのミュージシャン。
⇒ロック（Hudson Ford ハドソン・フォード 1946–）

Hudson, Rochelle
アメリカの女優。
⇒ク俳（ハドスン、ロチェル 1914–1972）

Hudson, Rock
アメリカの俳優。
⇒岩世人（ハドソン 1925.11.17–1985.10.2）
ク俳（ハドスン、ロック（シェアラー、ロイ） 1925–1985）
スター（ハドソン、ロック 1925.11.17–1985）
ネーム（ハドソン、ロック 1925–1985）

Hudson, Sidney Charles
アメリカの大リーグ選手（投手）。
⇒メジャ（ハドソン、シド 1915.1.3–2008.10.10）

Hudson, Tim
アメリカの大リーグ選手（投手）。
⇒外12（ハドソン, ティム　1975.7.14-）
　外16（ハドソン, ティム　1975.7.14-）
　最世ス（ハドソン, ティム　1975.7.14-）
　メジャ（ハドソン, ティム　1975.7.14-）

Hudson, Walter
イギリスの労働指導者, 社会主義者。
⇒学叢思（ハドソン, ウォルター　1852-?）

Hudson, William Henry
イギリスの文筆家, 博物学者。作品に『緑の館』(1904)『遠い国はるかな昔』(18)など。
⇒岩生（ハドソン　1841-1922）
　岩世人（ハドソン　1841.8.4-1922.8.18）
　広辞7（ハドソン　1841-1922）

Hue, Otto
ドイツの組合運動指導者。社会民主党所属国会議員(1920〜22)。党の穏健派に属し民主主義諸党から尊敬された。
⇒岩世人（フエ　1868.11.2-1922.4.18）

Hue, Robert
フランスの政治家。
⇒岩世人（ユー　1946.10.19-）
　外12（ユー, ロベール　1946.10.19-）
　外16（ユー, ロベール　1946.10.19-）
　世指導（ユー, ロベール　1946.10.19-）

Huebler, Douglas
アメリカの美術家。
⇒岩世人（ヒューブラー　1924.10.27-1997.7.12）

Huebner, C. William
アメリカのプロセス（写真）製版システムの開発者。
⇒岩世人（ヒューブナー　1886-1966）

Huebner, Solomon Stephen
アメリカの保険学者。保険の基礎を人命価値におく理論の提唱者として著名。
⇒有経5（ヒューブナー　1882-1964）

Hüefner, Tatjana
ドイツのリュージュ選手。
⇒外12（ヒュフナー, タチャナ　1983.4.30-）
　外16（ヒュフナー, タチアナ　1983.4.30-）
　最世ス（ヒュフナー, タチャナ　1983.4.30-）

Huelsenbeck, Richard
ドイツの作家。
⇒岩世人（ヒュルゼンベック　1892.4.23-1974.4.20）
　現世文（ヒュルゼンベック, リヒャルト　1892.4.23-1974.4.20）

Huemer, Kurt
オーストリアのテノール歌手。
⇒魅惑（Huemer, Kurt　1933-2005）

Huene, Friedrich von
ドイツの古生物学者。テュービンゲン大学名誉教授(1948)。古脊椎動物学, 特に爬虫類, 両棲類等の化石研究を行った。
⇒岩世人（ヒューネ　1875.3.22-1969.4.4）

Huerta, Adolfo de la
メキシコの政治家。1920年大統領, 20〜23年蔵相。
⇒岩世人（ウエルタ　1881.5.26-1955.7.9）

Huerta, Victoriano
メキシコの軍人, 政治家。メキシコ大統領(1913〜14)。反革命政府を樹立したが, 革命軍に圧迫され, 亡命。
⇒岩世人（ウエルタ　1854.12.23-1916.1.13）
　世暗（ウエルタ, ビクトリアーノ　1845-1916）

Huff, Aubrey
アメリカの大リーグ選手（内・外野手）。
⇒最世ス（ハフ, オーブリー　1976.12.20-）
　メジャ（ハフ, オーブリー　1976.12.20-）

Huff, Leon A.
アメリカのプロデューサー。
⇒新音中（ギャンブル・アンド・ハフ　1942-）
　ロック（Gamble and Huff　ギャンブル＆ハフ）

Huff, Tanya
カナダの作家。
⇒外12（ハフ, タニア　1957-）
　外16（ハフ, タニア　1957-）
　現世文（ハフ, タニア　1957-）

Huffington, Arianna
アメリカのコラムニスト。
⇒外12（ハフィントン, アリアーナ　1950-）
　外16（ハフィントン, アリアーナ　1950.7.15-）

Hug, Andy
スイスの格闘家。
⇒異二辞（フグ, アンディ　1964-2000）
　ネーム（フグ, アンディ　1964-2000）

Hugel, Max
アメリカの株式仲買人, 企業家。CIAの工作担当次官(DDO)。
⇒スパイ（ヒューゲル, マックス　1925-2007）

Hugenberg, Alfred
ドイツの実業家, 政治家。フーゲンベルク・コンツェルンを形成。
⇒岩世人（フーゲンベルク　1865.6.19-1951.3.12）

Huggett, Monica
イギリスのバロック・ヴァイオリン奏者。
⇒外12（ハジェット, モニカ　1953-）
　外16（ハジェット, モニカ　1953-）

Huggins, Charles Brenton
アメリカの医学者, 外科医, 泌尿器科医。1966年

前立腺癌に対するホルモン療法の発見に対しノーベル生理・医学賞を受賞。
⇒岩世人（ハギンズ　1901.9.22–1997.1.12）
ノベ3（ハギンズ,C.B.　1901.9.22–1997.1.12）

Huggins, Miller James
アメリカの大リーグ選手（二塁）。
⇒メジャ（ハギンズ,ミラー　1878.3.27–1929.9.25）

Hughart, Barry
アメリカの作家。
⇒現世文（ヒューガート,バリー　1934.3.13–）

Hughes, Arthur
イギリスの画家。幻想作家ジョージ・マクドナルドのファンタジーに付した挿絵が知られている。
⇒岩世人（ヒューズ　1832.1.27–1915.12.22）

Hughes, Carol
アメリカの作家。
⇒海文新（ヒューズ,キャロル）

Hughes, Charles Evans
アメリカの法律家,政治家。1921〜22年ワシントン海軍軍縮会議の議長として活躍。
⇒アメ経（ヒューズ,チャールズ　1862.4.11–1948.4.29）
アメ州（Hughes,Charles Evans　ヒューズ,チャールズ・エバンス　1862–1948）
アメ新（ヒューズ　1862–1948）
岩世人（ヒューズ　1862.4.11–1948.8.27）

Hughes, Clara
カナダのスピードスケート選手,自転車選手。
⇒外12（ヒューズ,クララ　1972.9.27–）
外16（ヒューズ,クララ　1972.9.27–）
最世ス（ヒューズ,クララ　1972.9.27–）

Hughes, Clovis
フランスの政治家,政論家。
⇒学叢思（ユーグ,クロヴィ　1851–1907）
19仏（ユーグ,クロヴィス　1851.11.3–1907.6.11）

Hughes, David
イギリスのテノール歌手。
⇒魅惑（Hughes,David　1928–1972）

Hughes, Dorothy B.
アメリカのミステリ作家。
⇒現世文（ヒューズ,ドロシー　1904–1993）

Hughes, Everett Cherrington
アメリカの社会学者。
⇒岩世人（ヒューズ　1897.11.30–1983.1.4）
社小増（ヒューズ　1897–1982）

Hughes, Glenn
イギリスのロック・ベース奏者。
⇒外12（ヒューズ,グレン）
外16（ヒューズ,グレン）

Hughes, Herbert
イギリスの作曲家。
⇒標音2（ヒューズ,ハーバート　1882.3.16–1937.5.1）

Hughes, Howard Robard
アメリカの企業家,飛行家,映画プロデューサー。
⇒アメ経（ヒューズ,ハワード,2世　1905.12.25–1976.4.5）
アメ州（Hughes,Howard Robard　ヒューズ,ハワード・ロバード　1905–1977）
岩世人（ヒューズ　1905.12.24–1976.4.5）
世人新（ヒューズ　1905–1976）
世人装（ヒューズ　1905–1976）
ポプ人（ヒューズ,ハワード　1905–1976）

Hughes, James Jay
アメリカの大リーグ選手（投手）。
⇒メジャ（ヒューズ,ジェイ　1874.1.22–1924.6.2）

Hughes, James Langston
アメリカの黒人詩人,小説家。詩集『ユダヤ人の晴れ衣装』（1927）,『片道切符』（49）などの作品がある。
⇒アメ州（Hughes,Langston　ヒューズ,ラングストン　1902–1967）
岩世人（ヒューズ　1902.2.1–1967.5.22）
広辞7（ヒューズ　1902–1967）
新カト（ヒューズ　1902.2.1–1967.5.22）

Hughes, Jan
イギリス生まれの画家。
⇒芸13（ヒューズ,ジャン　1958–）

Hughes, John
アメリカ生まれの映画監督,映画脚本家,映画製作者。
⇒映監（ヒューズ,ジョン　1950.2.15–）

Hughes, Karen Parfitt
アメリカの政治家,外交官。国務次官（広報外交担当）。
⇒外12（ヒューズ,カレン　1956.12.27–）
外16（ヒューズ,カレン　1956.12.27–）

Hughes, Mary Beth
アメリカの女優,歌手,エレキベース奏者。
⇒ク俳（ヒューズ,メアリー・ベス　1919–1995）

Hughes, Philip
イギリスのカトリック教会史家。
⇒新カト（ヒューズ　1895.5.11–1967.10.6）

Hughes, Richard Arthur Warren
イギリスの詩人,小説家,劇作家。
⇒岩世人（ヒューズ　1900.4.19–1976.4.28）
現世文（ヒューズ,リチャード　1900–1976）

Hughes, Shirley
イギリスの女性絵本作家,挿絵画家。
⇒絵本（ヒューズ,シャーリー　1927–）

Hughes, Ted
イギリスの詩人。D.トマス以後のイギリス詩壇を代表する詩人。
⇒岩世人（ヒューズ　1930.8.17–1998.10.28）
　現世文（ヒューズ, テッド　1930.8.17–1998.10.28）
　広辞7（ヒューズ　1930–1998）
　新カト（ヒューズ　1930.8.17–1998.10.28）

Hughes, Thomas James
アメリカの大リーグ選手（投手）。
⇒メジャ（ヒューズ, トム　1878.11.29–1956.2.8）

Hughes, Thomas Parke
アメリカの技術史家。
⇒岩世人（ヒューズ　1923–2014.2.3）

Hughes, William
オーストラリアの政治家。オーストラリア首相（1915〜23）。
⇒岩世人（ヒューズ　1862.9.25–1952.10.28）

Hughes, William H., Jr.
アメリカ空軍士官。
⇒スパイ（ヒューズ, ウィリアム・H, ジュニア）

Hughes, William Leonard
アメリカの体育家。ド・ポー大学の体育教授およびコーチ（1925〜）。
⇒岩世人（ヒューズ　1895.1.30–1957.2.20）

Hughson, Cecil Carlton（Tex）
アメリカの大リーグ選手（投手）。
⇒メジャ（ヒューソン, テックス　1916.2.9–1993.8.6）

Hugnet, Georges
フランスの詩人。
⇒シュル（ユニェ, ジョルジュ　1906–1974）

Hugo, Valentine
フランスの画家。
⇒芸13（ユーゴ, ヴァランティヌ　1897–1968）
　シュル（ユゴー, ヴァランティーヌ　1887–1968）

Hugon, Édouard
フランスのドミニコ会司祭, 神学者。
⇒新カト（ユゴン　1867.8.25–1929.2.7）

Hugueny, François-Henri
フランスの神学者, ドミニコ会員。
⇒新カト（ユグニー　1868.11.4–1942.1.2）

Huh E-jae
韓国の女優。
⇒韓俳（ホ・イジェ　1987.2.19–）

Huh Joon-ho
韓国の俳優。
⇒外12（ホジュノ　1964.4.14–）
　外16（ホジュノ　1964.4.14–）
　韓俳（ホ・ジュノ　1964.4.14–）

Huh Jung-moo
韓国のサッカー指導者。
⇒外12（ホジョンム　許丁茂　1955.1.13–）
　外16（ホジョンム　許丁茂　1955.1.13–）
　最新ス（ホジョンム　1955.1.13–）

Huh Moon-doh
韓国の政治家。朝鮮日報記者・駐日特派員, 駐日大使館公報官, 大統領秘書室政務第1秘書官, 文公部次官, 統一院長官などを歴任。
⇒外12（ホムンド　許文道　1940.2.26–）
　外16（ホムンド　許文道　1940.2.26–）

Hui, Ann
香港の女性映画監督。
⇒岩世人（ホイ　1947.5.23–）
　外12（ホイ, アン　1947.5.23–）
　外16（ホイ, アン　1947.5.23–）

Hui, Eva Yin fun
香港の実業家。
⇒外12（フイ, エバ・イン・ファン　1953.9.12–）

Hui, Michael
中国生まれの俳優。
⇒岩世人（ホイ　1942.9.3–）
　外16（ホイ, マイケル　1942.9.3–）

Hui, Samuel
中国生まれの俳優。
⇒異二辞（ホイ, サミュエル　1948–）
　岩世人（ホイ　1948.9.6–）

Huillet, Danièle
ドイツの映画監督。
⇒岩世人（ユイレ　1936.5.1–2006.10.9）

Huisgen, Rolf
ドイツの化学者。
⇒岩世人（フイスゲン　1920.6.13–）

Huizenga, Lee Sjoerds
アメリカの医療宣教師。
⇒アア歴（Huizenga, Lee S（joerds）　ホイゼンガ, リー・シューアツ　1881.6.28–1945.7.25）

Huizinga, Johan
オランダの歴史家。ライデン大学教授（1915〜41）。主著『中世の秋』(19) が著名。
⇒アア歴（Huizinga, Henry　ホイジンガ, ヘンリー　1873.1.8–1945.12.3）
　岩世人（ホイジンガ（ハイジンガ）　1872.12.7–1945.2.1）
　現社（ホイジンガ　1872–1945）
　広辞7（ホイジンガ　1872–1945）
　社小増（ホイジンガ　1872–1945）
　新カト（ホイジンガ　1872.12.7–1945.2.1）
　世人新（ホイジンガ　1872–1945）
　世人装（ホイジンガ　1872–1945）
　哲中（ホイジンガ　1872–1945）

ネーム（ホイジンガ 1872–1945）
Hulbert, Homer Bazaleel
アメリカの宣教師, 言語学者, 歴史家。
⇒アア歴（Hulbert,Homer B (ezaleel)　ハルバート, ホウマー・ビザリール　1863.1.26–1949.8.5）
　岩世人（ハルバート　1863.1.26–1948.8.5）
　韓朝新（ハルバート　1863–1949）
　朝韓4（ハルバート,H.B.　1863–1949）

Hulce, Tom
アメリカ生まれの俳優。
⇒ク俳（ハルス, トム　1953–）

Hülgert, Alfred
テノール歌手。
⇒魅惑（Hülgert,Alfred　?–?）

Hulk
ブラジルのサッカー選手（ゼニト・FW）。
⇒異二辞（フッキ　1986–）
　外12（フッキ　1986.7.25–）
　外16（フッキ　1986.7.25–）
　最世ス（フッキ　1986.7.25–）

Hulkenberg, Nico
ドイツのF1ドライバー。
⇒最世ス（ヒュルケンベルグ, ニコ　1987.8.19–）

Hull, Bobby
カナダのアイスホッケー選手。
⇒岩世人（ハル　1939.1.3–）

Hull, Clark Leonard
アメリカの心理学者。行動一般の体系化を目指した。
⇒岩世人（ハル　1884.5.24–1952.5.10）
　教人（ハル　1884–1952）
　社小増（ハル　1884–1952）
　社心小（ハル　1884–1952）

Hull, Cordell
アメリカの政治家。国際連合の創設に活躍。45年ノーベル平和賞を受賞。
⇒ア太戦（ハル　1871–1955）
　アメ経（ハル, コーデル　1871.10.2–1955.7.23）
　アメ州（Hull,Cordel　ハル, コーデル　1871–1955）
　異二辞（ハル[コーデル・～]　1871–1955）
　岩世人（ハル　1871.10.2–1955.7.23）
　広辞7（ハル　1871–1955）
　世人新（ハル　1871–1955）
　世人装（ハル　1871–1955）
　ノベ3（ハル,C.　1871.10.2–1955.7.23）

Hull, John Adley
アメリカの陸軍将校, 植民地行政官。
⇒アア歴（Hull,John A (dley)　ハル, ジョン・アドリー　1874.8.7–1944.4.17）

Hull, Linda Joffe
アメリカの作家。
⇒海文新（ハル, リンダ・ジョフィ）
　現世文（ハル, リンダ・ジョフィ）

Hulme, Keri
ニュージーランドの作家。
⇒現世文（ヒューム, ケリ　1947.3.9–）
　ニュー（ヒューム, ケリ　1947–）

Hulme, Thomas Ernest
イギリスの詩人, 批評家, 哲学者。遺稿集『省察』(1924) が文学者に大きな影響を与えた。
⇒岩世人（ヒューム　1883.9.16–1917.9.28）

Hulse, Russel Alan
アメリカの天体物理学者。1993年ノーベル物理学賞。
⇒岩世人（ハルス　1950.11.28–）
　外12（ハルス, ラッセル　1950.11.28–）
　外16（ハルス, ラッセル　1950.11.28–）
　ノベ3（ハルス,R.A.　1950.11.28–）

Hulstaert, Gustaaf
旧ベルギー領コンゴ（現コンゴ民主共和国）で活動した, ベルギー出身の宣教師, 言語学者。
⇒新カト（フルスタート　1900.7.5–1990.2.12）

Hultén, Oskar Eric Gunnar
スウェーデンの植物学者, 北極圏探検家。
⇒岩世人（フルテーン　1894.3.18–1981.2.1）

Hultquist, Ian
アメリカのミュージシャン。
⇒外12（ハルトクイスト, イアン）

Hultzsch, Eugen Julius Theodor
ドイツのインド学者。碑文, 貨幣の歴史資料としての意義を強調。
⇒岩世人（フルチ　1857.3.29–1927.1.16）
　新佛3（フルチュ　1857–1927）

Humala, Ollanta
ペルーの政治家, 軍人。ペルー大統領（2011～16）。
⇒外12（ウマラ, オジャンタ　1962.6.27–）
　外16（ウマラ, オジャンタ　1962.6.27–）
　世指導（ウマラ, オジャンタ　1962.6.27–）

Human, Charlie
南アフリカの作家。
⇒海文新（ヒューマン, チャーリー）

Humardani, Sujono
インドネシアの軍人。
⇒岩世人（フマルダニ, スジョノ　1919.12.23–1986.3.12）

Humason, Milton
アメリカの天文学者。
⇒天文辞（ハマソン　1891–1972）

Humberclaude, Henri
フランスの宣教師,教育者。
⇒新カト (アンベルクロード　1878.10.3–1955.8.9)

Humbert, Alphonse
フランスの政治家。
⇒19仏 (アンベール, アルフォンス　1844.2.21–1922.12.27)

Humbert, Georges Louis
フランスの軍人。陸軍に入り (1880),第一次大戦が勃発するやモロッコ部隊を指揮して本国に帰り (1914),師団長となる。
⇒岩世人 (アンベール　1862.4.8–1921.11.9)

Humbertclaude, Pierre
フランス人のマリア会司祭。
⇒岩世人 (アンベルクロード　1899.3.1–1984.5.13)

Humblot, Robert
フランスの画家。
⇒芸13 (アンブロー, ロベール　1907–1976)

Hume, Edward Hicks
アメリカの医師,教育者。
⇒アア歴 (Hume,Edward H (icks)　ヒューム,エドワード・ヒックス　1876.5.13–1957.2.9)

Hume, Fergus (on Wright)
イギリスの推理小説家。推理小説の古典期を代表する作家の1人である。
⇒現世文 (ヒューム, ファーガス　1859.7.8–1932.7.12)

Hume, Gary
イギリスの画家。
⇒岩世人 (ヒューム　1962–)
現アテ (Hume,Gary　ヒューム, ギャリー　1962–)

Hume, George Basil
イギリスの枢機卿,ウェストミンスター大司教。
⇒オク教 (ヒューム　1923–1999)
新カト (ヒューム　1923.3.2–1999.6.17)

Hume, John
イギリスの政治家。北アイルランド社会民主労働党党首,イギリス下院議員。
⇒岩世人 (ヒューム　1937.1.18–)
外12 (ヒューム, ジョン　1937.1.18–)
外16 (ヒューム, ジョン　1937.1.18–)
世指導 (ヒューム, ジョン　1937.1.18–)
ノベ3 (ヒューム,J.　1937.1.18–)

Hume, Robert Allen
アメリカの組合教会派の宣教師。1874年ボンベイに到り,アフマドナガルで伝道を始め,40余年にわたり,この地方の伝道に努力した。
⇒アア歴 (Hume,Robert Allen　ヒューム, ロバート・アレン　1847.3.8–1929.6.24)

Hume, Robert Ernest
アメリカの宣教師。
⇒アア歴 (Hume,Robert Ernest　ヒューム, ロバート・アーネスト　1877.3.20–1948.1.4)

Hume, Thomas Hubert
アメリカの大リーグ選手 (投手)。
⇒メジャ (ヒューム, トム　1953.3.29–)

Hume-Rothery, Williams
イギリスの金属物理学者。オックスフォード大学冶金化学講師 (1938~)。
⇒岩世人 (ヒューム=ロザリー　1899.5.15–1968.9.27)

Hummel, Arthur William
アメリカの中国学者。ワシントンの議会図書館のアジア部長 (1927~)。
⇒アア歴 (Hummel,Arthur W (illiam)　ハメル, アーサー・ウイリアム　1884.3.6–1975.3.10)
岩世人 (フンメル　1884.3.6–1975.3.10)

Hummel, John Edwin
アメリカの大リーグ選手 (二塁,外野,一塁)。
⇒メジャ (ハンメル, ジョン　1883.4.4–1959.5.18)

Hummelauer, Franz von
オーストリアの聖書釈義家,イエズス会士。
⇒新カト (フンメルアウアー　1842.8.14–1914.4.12)

Humperdinck, Engelbert
ドイツの作曲家。1879年メンデルスゾーン賞受賞。
⇒岩世人 (フンパーディンク　1854.9.1–1921.9.27)
エデ (フンパーディンク, エンゲルベルト　1854.9.1–1921.9.27)
オペラ (フンパーディンク, エンゲルベルト　1854–1921)
ク音3 (フンパーディンク　1854–1921)
新オペ (フンパーディンク, エンゲルベルト　1854–1921)
新音小 (フンパーディンク, エンゲルベルト　1854–1921)
新音中 (フンパーディング, エンゲルベルト　1854.9.1–1921.9.27)
ネーム (フンパーディンク　1864–1921)
標音2 (フンパーディンク, エンゲルベルト　1854.9.1–1921.9.27)

Humperdinck, Engelbert
インド生まれの歌手。
⇒標音2 (フンパーディンク, エンゲルベルト　1936.5.2–)
ロック (Humperdinck,Englebert　フンパディンク, エングルバート　1936.5.2–)

Humphrey, Doris
アメリカの舞踊家。モダン・ダンスを創設した一人。
⇒岩世人 (ハンフリー　1895.10.17–1958.12.29)

Humphrey, Hubert Horatio
アメリカの政治家。1965～68年ジョンソン政権の副大統領。
⇒アメ州（Humphrey,Hubert Horatio,Jr. ハンフリー，ヒューバート・ホレイショ，ジュニア 1911–）
岩世人（ハンフリー 1911.5.27–1978.1.13）

Humphrey, John
アメリカのバスケットボール選手。
⇒外12（ハンフリー，ジョン 1980.9.8–）

Humphrey, Jon
アメリカのテノール歌手。
⇒魅惑（Humphrey,Jon ?–）

Humphrey, Ronald L.
アメリカ情報庁（USIA）職員。
⇒スパイ（ハンフリー，ロナルド・L）

Humphrey, William Ewart
アメリカの政治家，弁護士。下院議員。
⇒アメ経（ハンフリー，ウィリアム 1862.3.31–1934）

Humphreys, Emyr（Owen）
イギリスの小説家，詩人。
⇒現世文（ハンフリーズ，エミアー 1919–）

Humphreys, Travers Christmas
イングランドにおける仏教の先駆者。
⇒オク仏（ハンフリーズ，トラヴァーズ・クリスマス 1901–1983）

Humphries, Barry
オーストラリアの劇作家，俳優。
⇒現世文（ハンフリーズ，バリー 1934.2.17–）

Humphries, Kaillie
カナダのボブスレー選手。
⇒外12（ハンフリーズ，ケーリー 1985.9.4–）
外16（ハンフリーズ，ケーリー 1985.9.4–）
最世ス（ハンフリーズ，ケーリー 1985.9.4–）

Hund, Friedrich Hermann
ドイツの物理学者。
⇒岩世人（フント 1896.2.4–1997.3.31）
物理（フント，フリードリッヒ・ヘルマン 1896–1997）

Hundertwasser
オーストリア生まれの画家。
⇒岩世人（フンデルトヴァッサー 1928.12.15–2000.2.19）
芸13（フンデルトヴァッサー 1928–）

Hundley, Cecil Randolph
アメリカの大リーグ選手（捕手）。
⇒メジャ（ハンドリー，ランディ 1942.6.1–）

Hundley, Todd Randolph
アメリカの大リーグ選手（捕手，外野）。
⇒メジャ（ハンドリー，トッド 1969.5.27–）

Hundt, Reed
アメリカの法律家。
⇒外12（ハント，リード 1948.3.3–）
外16（ハント，リード 1948.3.3–）

Huneker, James Gibbons
アメリカの評論家。主著『ショパン一人と音楽』（1900）『偶像破壊者たち』（05）など。
⇒岩世人（ハネカー 1857.1.31–1921.2.9）

Hunger, Herbert
オーストリアのビザンティン学者。ビザンティン史概説書，文学史関係の研究をまとめた論文集を著わす。
⇒岩世人（フンガー 1914.12.9–2000.7.9）

Hunnicutt, Gayle
アメリカ生まれの女優。
⇒ク俳（ハニカット，ゲイル 1942–）

Hunsaker, Jerome Clarke
アメリカの航空技術者。海軍航空機設計主任（1916～23）として航空機を設計し，その〈NC4〉号飛行艇は，初めて大西洋横断に成功した。
⇒岩世人（ハンセイカー 1886.8.26–1984.9.10）

Hun Sen
カンボジアの政治家。カンボジア首相，カンボジア人民党副議長。
⇒岩世人（フン・セン 1952.8.5–）
外12（フン・セン 1951.4.4–）
外16（フン・セン 1951.4.4–）
現アジ（フン・セン 1951.4.4–）
広辞7（フン・セン 1951–）
政経改（フン・セン 1951–）
世指導（フン・セン 1951.4.4–）
世人新（フンセン 1951–）
世人装（フンセン 1951–）

Hunt, Clara
アメリカの図書館員。
⇒ア図（ハント，クララ 1871–1958）

Hunt, Courtney
アメリカの映画監督。
⇒外12（ハント，コートニー 1964–）

Hunt, E.Howard
アメリカのインテリジェンス・オフィサー，作家。
⇒スパイ（ハント,E・ハワード 1918–2007）

Hunt, Elizabeth Singer
アメリカの作家。
⇒海文新（ハント，エリザベス・シンガー 1970.8.1–）
現世文（ハント，エリザベス・シンガー 1970.8.

1–)

Hunt, Hannah
アメリカの図書館員。慶応義塾大学の「ジャパン・ライブラリー・スクール」に招かれて児童図書館・学校図書館関連の科目を担当する。
⇒ア図（ハント，ハナ　1903–1973）

Hunt, Haroldson Lafayette
アメリカのハント石油会社設立者。
⇒アメ経（ハント，ハロルドソン　1889.2.17–1976.11.29）

Hunt, Helen
アメリカの女優。
⇒外12（ハント，ヘレン　1963.6.15–）
　外16（ハント，ヘレン　1963.6.15–）
　ク俳（ハント，ヘレン　1963–）

Hunt, James（Simon Wallis）
イギリスの自動車レーサー。
⇒岩世人（ハント　1947.8.29–1993.6.15）

Hunt, John
イギリスの軍人，登山家。
⇒岩世人（ハント　1910.6.22–1998.11.7）

Hunt, Laird
シンガポール生まれの作家。
⇒外16（ハント，レアード　1968–）
　海文新（ハント，レアード　1968–）
　現世文（ハント，レアード　1968–）

Hunt, Lamar
アメリカのプロ・フットボール・チーム創設者。
⇒岩世人（ハント　1932.8.2–2006.12.13）

Hunt, Leigh S.J.
アメリカの実業家。
⇒アア歴（Hunt,Leigh S.J.　ハント，リー・S.J.　1855.8.11–1933.10.5）

Hunt, Lynn
アメリカの歴史学者。
⇒外12（ハント，リン　1945–）
　外16（ハント，リン　1945–）
　現社（ハント　1945–）

Hunt, Mark
ニュージーランドの格闘家。
⇒異二辞（ハント，マーク　1974–）

Hunt, Marsha
アメリカの女優。
⇒ク俳（ハント，マーシャ（ハント，マーシャ）1917–）

Hunt, Marsha
アメリカの黒人作家，女優。
⇒ロック（Hunt,Marsha　ハント，マーシャ　1947–）

Hunt, Ronald Kenneth
アメリカの大リーグ選手（二塁，三塁）。
⇒メジャ（ハント，ロン　1941.2.23–）

Hunt, Tara
カナダのブロガー，マーケティング・コンサルタント。
⇒外12（ハント，タラ　1973–）
　外16（ハント，タラ　1973–）

Hunt, Tim
イギリスの生化学者。2001年ノーベル生理学医学賞。
⇒岩生（ハント　1943–）
　外12（ハント，ティム　1943.2.19–）
　外16（ハント，ティム　1943.2.19–）
　ノベ3（ハント，T.　1943.2.19–）

Hunt, William
イギリスの歴史家。"History of the English church"（9巻,1899～1900）を編集し，その第1巻を執筆。
⇒岩世人（ハント　1842.3.3–1931.6.14）

Hunter, Brian Lee
アメリカの大リーグ選手（外野）。
⇒メジャ（ハンター，ブライアン　1971.3.5–）

Hunter, Dard
アメリカの製紙業者，印刷業者。
⇒アア歴（Hunter,Dard　ハンター，ダード　1883.11.29–1966.2.20）

Hunter, Edward Huzlitt
イギリスの造船技師。大阪鉄工所（後の日立造船所）を創立。
⇒来日（ハンター　1843–1917）

Hunter, Floyd
アメリカの社会学者。
⇒社小増（ハンター　?–1999）

Hunter, George
イギリス（スコットランド出身）の宣教師。中国内地会（China Inland Mission）所属。
⇒岩世人（ハンター　1862.7.31–1946.12.20）

Hunter, Holly
アメリカ生まれの女優。
⇒外12（ハンター，ホリー　1958.3.20–）
　外16（ハンター，ホリー　1958.3.20–）
　ク俳（ハンター，ホリー　1958–）

Hunter, Ivory Joe
アメリカ・テキサス州カービヴィル生まれのミュージシャン。
⇒ロック（Hunter,Ivory Joe　ハンター，アイヴォリー・ジョウ　1914–1974.11.8）

Hunter, James Augustus（Catfish）
アメリカの大リーグ選手（投手）。

⇒メジャ（ハンター, キャットフィッシュ 1946.4.8–1999.9.9）

Hunter, Janet
イギリスの歴史学者。
⇒岩世人（ハンター 1948.7.18–）
　外16（ハンター, ジャネット 1948–）

Hunter, Jeffrey
アメリカの俳優。
⇒ク俳（ハンター, ジェフリー（マッキニーズ, ヘンリー） 1925–1969）

Hunter, Kim
アメリカ生まれの女優。
⇒ク俳（ハンター, キム（コウル, ジャネット） 1922–）
　スター（ハンター, キム 1922.11.12–2002）

Hunter, Maddy
アメリカの作家。
⇒海文新（ハンター, マディ）

Hunter, Mark
イギリスのボート選手。
⇒外12（ハンター, マーク 1978.7.1–）
　外16（ハンター, マーク 1978.7.1–）
　最世ス（ハンター, マーク 1978.7.1–）

Hunter, Robert
アメリカの社会改良論者。
⇒学叢思（ハンター, ロバート 1874–?）

Hunter, Stephen
アメリカの作家。
⇒外12（ハンター, スティーブン 1946–）
　外16（ハンター, スティーブン 1946–）
　現世文（ハンター, スティーブン 1946–）

Hunter, Tab
アメリカ生まれの俳優。
⇒ク俳（ハンター, タブ（ゲリーン, アーサー） 1931–）
　スター（ハンター, タブ 1931.7.11–）

Hunter, Torii Kedar
アメリカの大リーグ選手（外野）。
⇒外12（ハンター, トーリ 1975.7.18–）
　外16（ハンター, トーリ 1975.7.18–）
　最世ス（ハンター, トーリ 1975.7.18–）
　メジャ（ハンター, トリー 1975.7.18–）

Hunter-Reay, Ryan
アメリカのレーシングドライバー。
⇒最世ス（ハンター・レイ, ライアン 1980.12.17–）

Huntington, Daniel Trumbull
アメリカの宣教師。
⇒アア歴（Huntington,Daniel Trumbull ハンティントン, ダニエル・トランブル 1868.8.4–1950.5.1）

Huntington, Ellsworth
アメリカの地理学者。気候と文明の関係を調査。
⇒アア歴（Huntington,Ellsworth ハンティントン, エルズワース 1876.9.16–1947.10.17）
　岩世人（ハンティントン 1876.9.16–1947.10.17）
　人文地（ハンチントン 1876–1947）

Huntington, Henry E.
アメリカの鉄道業者, 不動産業者。
⇒岩世人（ハンティントン 1850.2.27–1927.5.23）

Huntington, Samuel Phillips
アメリカの政治学者。1970年に創刊された「フォーリン・ポリシー」誌の編集者。
⇒国政（ハンチントン, サミュエル 1927–）
　政経改（ハンティントン 1927–）

Huntington-Whiteley, Rosie
イギリスのモデル, 女優。
⇒外12（ハンティントンホワイトリー, ロージー 1987–）
　外16（ハンティントンホワイトリー, ロージー 1987–）

Huntsman, Jon
アメリカの政治家, 外交官。
⇒外12（ハンツマン, ジョン 1960.3.26–）
　外16（ハンツマン, ジョン 1960.3.26–）
　世指導（ハンツマン, ジョン 1960.3.26–）

Huntziger, Charles
フランスの軍人, 政治家。
⇒ネーム（アンツィジェール 1880–1941）

Huonder, Anton
ドイツの宣教史研究家, イエズス会員。雑誌『カトリック宣教』の編集責任者（1902〜12, 1916〜18）。
⇒新カト（フオンダー 1858.12.25–1926.8.23）

Huot Tat
カンボジアの僧侶。
⇒岩世人（フオト・タート 1891–1975）

Huovi, Hannele
フィンランドの児童文学作家。
⇒岩世人（フオヴィ 1949.3.19–）
　外12（フオヴィ, ハンネレ 1949–）
　外16（フオヴィ, ハンネレ 1949–）
　現世文（フオヴィ, ハンネレ 1949–）

Huppert, Isabelle
フランス・パリ生まれの女優。
⇒遺産（ユペール, イザベル 1953.3.16–）
　外12（ユペール, イザベル 1953.3.16–）
　外16（ユペール, イザベル 1953.3.16–）
　ク俳（ユペール, イザベル 1955–）
　スター（ユペール, イザベル 1953.3.16–）
　ネーム（ユペール 1955–）

Hurban, Vladimír Svetozár
チェコスロバキアの外交官。アメリカ駐在大使（1943～46）。
⇒岩世人（フルバン　1883.4.4–1949.10.26）

Hurd, Douglas Richard
イギリスの政治家。イギリス外相。
⇒外12（ハード，ダグラス　1930.3.8–）
　外16（ハード，ダグラス　1930.3.8–）
　世指導（ハード，ダグラス　1930.3.8–）

Hurd, Earl
アメリカ生まれのアニメーション作家。
⇒アニメ（ハード，アール　1880–1940）

Hurd, Mark
アメリカの実業家。
⇒外16（ハード，マーク　1957.1.1–）

Hurd, Peter
アメリカの画家。
⇒アメ州（Hurd,Peter　ハード，ピーター　1904–）

Hurdle, Clint
アメリカの大リーグ監督（パイレーツ），大リーグ選手（外野）。
⇒外12（ハードル，クリント　1957.7.30–）
　外16（ハードル，クリント　1957.7.30–）
　最世ス（ハードル，クリント　1957.7.30–）
　メジャ（ハードル，クリント　1957.7.30–）

Hurd-Wood, Rachel
イギリスの女優。
⇒外12（ハード・ウッド，レイチェル　1990.8.17–）

Hurewicz, Witold
オランダの数学者。アムステルダム大学教授。ホモトピー群の創始者。
⇒岩世人（フレヴィッツ　1904.6.29–1956.9.6）
　世数（フレヴィッチ，ウィトルド　1904–1956）

Hurlburt, Allen
アメリカのアート・ディレクター。
⇒グラデ（Hurlburt,Allen　ハルバート，アレン　1910–1983）

Hurley, Chad
アメリカの起業家。
⇒外12（ハーレー，チャド　1977–）
　外16（ハーレー，チャド　1977–）

Hurley, Dennis Eugene
南アフリカ連邦（現南アフリカ共和国）のカトリック大司教，オブレート会員。
⇒新カト（ハーリ　1915.11.9–2004.2.13）

Hurley, Elizabeth
イギリスの女優。
⇒外12（ハーレー，エリザベス　1965.6.10–）
　外16（ハーレー，エリザベス　1965.6.10–）
　ク俳（ハーリー，エリザベス　1965–）

Hurley, G.Victor
アメリカの作家。
⇒アア歴（Hurley,G.Vic(tor)　ハーリー，G・ヴィクター　1898.10.6–1978.6）

Hurley, John F.
アメリカの聖職者。
⇒アア歴（Hurley,John F.　ハーリー，ジョン・F.　1892–1967.12.5）

Hurley, Patrick Jay
アメリカの外交官，軍人。陸軍長官，駐華大使を務めた。
⇒アア歴（Hurley,Patrick Jay　ハーリー，パトリック・ジェイ　1883.1.8–1963.7.30）
　ア太戦（ハーレー　1883–1963）
　アメ州（Hurley,Patrick Jay　ハーリー，パトリック・ジェイ　1883–1963）
　岩世人（ハーリー　1883.1.8–1963.7.30）

Hurley, Tonya
アメリカの作家，脚本家，テレビプロデューサー。
⇒海文新（ハーリー，トーニャ）

Hurlock, Elizabeth Bergner
アメリカの心理学者。児童ならびに発達に関する著述が多い。
⇒教人（ハーロック　1898–）

Hurst, Bruce Vee
アメリカの大リーグ選手（投手）。
⇒メジャ（ハースト，ブルース　1958.3.24–）

Hurst, Frank O'Donnell
アメリカの大リーグ選手（一塁）。
⇒メジャ（ハースト，ドン　1905.8.12–1952.12.6）

Hurst, John
アメリカのテノール歌手。
⇒魅惑（Hurst,John　?–）

Hurst, Pat
アメリカのプロゴルファー。
⇒外16（ハースト，パット　1969.5.23–）
　最世ス（ハースト，パット　1969.5.23–）

Hurston, Zora Neale
アメリカの女性小説家。
⇒アメ州（Hurston,Zora Neale　ハーストン，ゾラ・ニール　1901–1960）
　岩世人（ハーストン　1891.1.7–1960.1.28）
　現世文（ハーストン，ゾラ・ニール　1901.1.7–1960.1.28）

Hurt, John
イギリス生まれの俳優。
⇒外12（ハート，ジョン　1940.1.22–）
　外16（ハート，ジョン　1940.1.22–）
　ク俳（ハート，ジョン　1940–）
　スター（ハート，ジョン　1940.1.22–）

Hurt, Mississippi John
アメリカのフォーク歌手。
⇒標音2（ハート，ミシシッピ・ジョン　1892.3.8–1966.11.2）

Hurt, William
アメリカ生まれの俳優。
⇒外12（ハート，ウィリアム　1950.3.20–）
　外16（ハート，ウィリアム　1950.3.20–）
　ク俳（ハート，ウィリアム　1950–）
　スター（ハート，ウィリアム　1950.3.20–）

Hurtado Cruchaga, Alberto
チリのカトリック聖職者。
⇒岩世人（ウルタード　1901.1.22–1952.8.18）
　新カト（アルベルト・ウルタド・クルチャガ　1901.1.22–1952.8.18）

Hurter, Hugo
スイスの神学者，イエズス会員。神学者F.E.フォン・フルターの子。主著『カトリック神学文献目録』全5巻。
⇒新カト（フルター　1832.1.11–1914.12.10）

Hurth, Peter Joseph
アメリカの聖職者。
⇒アア歴（Hurth,Peter Joseph　ハース，ピーター・ジョゼフ　1857.3.30–1935.8.1）

Hurttia, Mauno
テノール歌手。
⇒魅惑（Hurttia,Mauno　?–）

Hurvits, Moyshe Ish Halevi
イディッシュ演劇の作家，俳優，演出家。
⇒ユ著人（Hurvits,Moyshe Ish Halevi　フルヴィッツ，モイシェ・イシュ・ハレヴィ　1844–1910）

Hurwicz, Leonid
ポーランド出身のアメリカの経済学者，数学者。ノーベル経済学賞受賞。
⇒ノベ3（ハーウィッツ,L.　1917.8.21–2008.6.24）
　有経5（ハーウィッツ　1917–2008）

Hurwitz, Adolf
ドイツの数学者。連分数論における「フルビッツの定理」を初め，函数論，幾何学に関する研究がある。
⇒岩世人（フルヴィッツ　1859.3.26–1919.11.18）
　世数（フルヴィッツ，アドルフ　1859–1948）

Hurwitz, Gregg Andrew
アメリカの作家。
⇒外16（ハーウィッツ，グレッグ）
　海文新（ハーウィッツ，グレッグ）
　現世文（ハーウィッツ，グレッグ）

Hurwitz, Shai Ish
ロシア生まれのヘブライ語作家。
⇒ユ著人（Hurwitz,Shai Ish　フルヴィッツ，シャイ・イシュ　1861–1922）

Husa, Karel
チェコスロバキア，のちアメリカの指揮者，作曲家。1969年に弦楽四重奏曲第3番がピュリツァー賞を受賞。
⇒エデ（フサ，カレル　1921.8.7–）
　ク音3（フサ　1921–）
　現音キ（フサ，カレル　1921–）

Husain, Maqbool Fida
インドの画家，デザイナー，映画監督。
⇒異ニ辞（フセイン［マクブール・フィダ・～］　1915–2011）
　岩世人（フセイン　1915.9.17–2011.6.9）
　新カト（フサイン　1915.9.17–2011.6.9）
　南ア新（フセイン　1915–2011）

Husain, Mishal
イギリスのニュースキャスター。
⇒外12（フセイン，ミシェル　1973–）
　外16（フセイン，ミシェル　1973–）

Husainī, 'Alī 'Abbās
インドのウルドゥー語作家。主に出身州の農村に取材して『一人の母と二人の子供』(1928) など，ヒューマニズム溢れる短篇を発表した。
⇒岩世人（フサイニー　1899–1969）
　現世文（フサイニー，アリー・アッバース　1897–1969.9.27）

Ḥusain Kāmil
エジプトのメフメット・アリー朝第8代のスルタン。在位1914～17。
⇒岩世人（フサイン・カーミル　1853.11.21–1917.10.9）

Husák, Gustáv
チェコスロバキアの政治家。1969～87年共産党第一書記。75～89年大統領。
⇒岩世人（フサーク　1913.1.10–1991.11.18）
　広辞7（フサーク　1913–1991）
　政経改（フサーク　1913–1991）
　世人新（フサーク　1913–1991）
　世人装（フサーク　1913–1991）

Ḥusayn, Ṣaddām
イラクの政治家，軍人。イラク大統領，軍最高司令官，首相。
⇒イス世（サッダーム・フセイン　1939–）
　岩イ（サッダーム・フサイン　1937–）
　岩世人（フサイン，サッダーム　1937.4.28–2006.12.30）
　広辞7（フセイン　1937–2006）
　国政（サッダーム・フセイン　1937–）
　政経改（フセイン〈イラク〉　1937–）
　世史改（フセイン，サダム＝　1937–2006）
　世指導（フセイン，サダム　1937.4.28–2006.12.30）
　世人新（フセイン〈サダム〉　1937–2006）
　世人装（フセイン〈サダム〉　1937–2006）
　ポプ人（フセイン，サダム　1937–2006）
　もう山（サダム・フセイン　1937–2006）

Ḥusayn, Ṭāhā
エジプトの文学者。
⇒**イス世**（ターハー・フサイン 1889–1973）
　岩イ（ターハー・フサイン 1889–1973）
　岩世人（ターハー・フサイン 1889.11.14–1973.10.28）
　広辞7（ターハー・フサイン 1889–1973）

Ḥusayn, Uday
イラクの政治家,実業家。イラク国会議員。
⇒**世指導**（フセイン,ウダイ 1964–2003.7.22）

Ḥusayn ibn ʽAlī
ヒジャーズ王。在位1916〜24。ハーシム家の創始者。ファイサル1世の父。
⇒**岩イ**（フサイン・イブン・アリー 1853–1931）
　岩世人（フサイン（ヒジャーズ王） 1853–1931.6.4）
　広辞7（フセイン 1853–1931）
　世史改（フセイン（フサイン） 1852頃–1931）
　世人新（フサイン（フセイン）〈ブン＝アリー〉 1852/1853/1854–1931）
　世人装（フサイン（フセイン）〈ブン＝アリー〉 1852/1853/1854–1931）
　ポブ人（フセイン・ブン・アリー 1852?–1931）

Ḥusayn ibn Ṭalāl ibn ʽAbdullāh
ヨルダン国王。在位1953〜1999。
⇒**岩イ**（フサイン・イブン・タラール 1935–1999）
　岩世人（フサイン・イブン・タラール 1935.11.14–1999.2.7）
　広辞7（フセイン 1935–1999）
　政経改（フセイン〈ヨルダン〉 1935–1999）
　世指導（フセイン・イブン・タラール 1935.11.14–1999.2.7）
　世人新（フサイン（フセイン）〈ブン＝タラール〉 1935–1999）
　世人装（フサイン（フセイン）〈ブン＝タラール〉 1935–1999）
　ネーム（フセイン1世 1935–1999）
　ポブ人（フセイン・イブン・タラル 1935–1999）

Husbands, Clifford
バルバドス総督。
⇒**世指導**（ハズバンズ,クリフォード 1926.8.5–2017.10.11）

Hüsch, Gerhard
ドイツのバリトン歌手。1961〜63年東京芸術大学講師なども務めた。
⇒**岩世人**（ヒュッシュ 1901.2.2–1984.11.23）
　新音中（ヒュッシュ,ゲールハルト 1901.2.2–1984.11.21）
　ネーム（ヒュッシュ 1901–1984）
　標音2（ヒュッシュ,ゲルハルト 1901.2.2–1984.11.21）

Husmann, Heinrich
ドイツの音楽学者,比較音楽学者。
⇒**標音2**（フスマン,ハインリヒ 1908.12.16–1983.11.8）

Huss, Bernhard
マリアンヒル宣教会の宣教師。南アフリカにおけるキリスト教社会運動の指導者。
⇒**新カト**（フス 1876.2.24–1948.8.5）

Hussain, Chaudhry Shujat
パキスタンの政治家。パキスタン暫定首相。
⇒**世指導**（フサイン,チョードリー・シュジャート 1946.1.27–）

Hussain, Mamnoon
パキスタンの政治家。パキスタン大統領（2013〜18）。
⇒**外16**（フセイン,マムヌーン 1940.12.23–）
　世指導（フセイン,マムヌーン 1940.12.23–）

Hussain, Zakir Ustad
インドの打楽器奏者。
⇒**岩世人**（フセイン 1951.3.9–）

Hussainov, Farit
テノール歌手。
⇒**魅惑**（Hussainov,Farit ?–）

al-Hussein, Ali bin
イラク王子。
⇒**外12**（アルフセイン,アリ・ビン 1956.9–）
　外16（アルフセイン,アリ・ビン 1956.9–）

Hussein, Ebrahim N.
タンザニアのスワヒリ語作家。
⇒**現世文**（フセイン,エブラヒム 1943–）

Hussein B.Onn, Datuk
マレーシアの政治家。マレーシア首相。
⇒**岩世人**（フセイン・オン 1922.2.12–1990.3.29）
　現アジ（フセイン・オン 1992.2.12–1990.5.29）

Husseini, Faisal
パレスチナ人指導者。パレスチナ解放機構（PLO）執行委員,パレスチナ自治政府無任所相。
⇒**世指導**（フセイニ,ファイサル 1940–2001.5.31）

Husserl, Edmund
ドイツの哲学者。
⇒**岩世人**（フッサール 1859.4.8–1938.4.27）
　学叢思（フッサール,エドムンド 1859–?）
　教人（フッサール 1859–1938）
　現社（フッサール 1859–1938）
　広辞7（フッサール 1859–1938）
　社小増（フッサール 1859–1938）
　新カト（フッサール 1859.4.8–1938.4.27）
　図哲（フッサール,エドムント 1859–1938）
　世人新（フッサール 1859–1938）
　世人装（フッサール 1859–1938）
　哲中（フッサール 1859–1938）
　ネーム（フッサール 1859–1938）
　ポブ人（フッサール,エドムント 1859–1938）
　メル3（フッサール,エトムント 1859–1938）
　メル3（フッサール,エトムント・グスタフ・アルブレヒト 1859–1938）

ユ著人（Husserl,Edmund　フッサール, エドムンド　1859–1938）

Hussey, Alfred Rodman
アメリカの弁護士。
⇒岩世人（ハッシー　1902.2.1–1964.11.7）

Hussey, Olivia
アルゼンチン生まれの女優。
⇒外12（ハッセー, オリビア　1951.4.17–）
ク俳（ハッシー, オリヴィア　1951–）

Hussey, Ruth
アメリカの女優。
⇒ク俳（ハッシー, ルース（オローク,R）　1914–）

Hussong, Stefan
ドイツのアコーディオン奏者。
⇒外12（フッソング, シュテファン　1962–）
外16（フッソング, シュテファン　1962–）

Huston, Anjelica
アメリカ生まれの女優, 映画監督, 映画製作者。
⇒外12（ヒューストン, アンジェリカ　1951.7.8–）
外16（ヒューストン, アンジェリカ　1951.7.8–）
ク俳（ヒューストン, アンジェリカ　1951–）

Huston, Darren
カナダの実業家。
⇒外12（ヒューストン, ダレン　1966.1.3–）
外16（ヒューストン, ダレン　1966.1.3–）

Huston, James W.
アメリカの作家。
⇒現世文（ヒューストン, ジェームス　1953.10.26–2016.4.14）

Huston, John
アメリカの映画監督。写実的な手法で知られる。代表作「マルタの鷹」（1941）。父Walterは俳優。
⇒岩キ（ヒューストン　1906–1987）
岩世人（ヒューストン　1906.8.5–1987.8.28）
映監（ヒューストン, ジョン　1906.8.5–1987）
ク俳（ヒューストン, ジョン　1906–1987）
スター（ヒューストン, ジョン　1906.8.5–1987）
ネーム（ヒューストン, ジョン　1906–1987）

Huston, Nancy
フランスの作家。
⇒外12（ヒューストン, ナンシー　1953–）
外16（ヒューストン, ナンシー　1953–）
現世文（ヒューストン, ナンシー　1953–）

Huston, Walter
アメリカの俳優。
⇒ク俳（ヒューストン, ウォルター（ホーストン,W）　1884–1950）
スター（ヒューストン, ウォルター　1884.4.6–1950）

Hustvedt, Siri
アメリカの作家, 詩人。
⇒外12（ハストベット, シリ　1955.2.19–）
外16（ハストベット, シリ　1955.2.19–）
現世文（ハストベット, シリ　1955.2.19–）

Hustwit, Gary
アメリカの映画監督。
⇒外12（ハストウィット, ゲーリー　1965–）

Huszar, Vilmos
ブタペスト生まれの画家, グラフィック・アーティスト, デ・ステイル運動の指導的な活動家。
⇒グラデ（Huszar,Vilmos　フサール, ヴィルモス　1884–1960）

Hutchcraft, Theo
イギリスのミュージシャン。
⇒外12（ハッチクラフト, セオ　1986.8.30–）

Hutchens, Frank
オーストラリアの作曲家, ピアノ奏者。
⇒標音2（ハチェンズ, フランク　1892.1.15–1965.10.18）

Hutcherson, Bobby
アメリカのジャズ・バイブ, マリンバ奏者。
⇒標音2（ハッチャソン, ボビー　1941.1.27–）

Hutchins, Pat
イギリスの絵本作家, 挿絵画家。
⇒絵本（ハッチンス, パット　1942–）

Hutchins, Robert Maynard
アメリカの教育者, 法学者。エール大学総長（1945～51）, フォード財団理事（51～54）などを歴任。
⇒アメ州（Hutchins,Robert Maynard　ハッチンズ, ロバート・メイナード　1899–）
岩世人（ハチンズ　1899.1.17–1977.5.14）
教思増（ハッチンズ　1899–1977）
教人（ハッチンス　1899–）
新カト（ハッチンス　1899.1.17–1977.5.14）

Hutchinson, Frederick Charles
アメリカの大リーグ選手（投手）。
⇒メジャ（ハッチンソン, フレッド　1919.8.12–1964.11.12）

Hutchinson, George Evelyn
アメリカの生態学者, 陸水学者。生物地球化学や個体群生態学などの広範な分野で優れた業績を残す。
⇒岩生（ハッチンソン　1903–1991）
岩世人（ハッチンソン　1903.1.30–1991.5.17）

Hutchinson, John
イギリスの植物分類学者。新しい分類体系を発表。
⇒岩世人（ハチンソン　1884.4.7–1972.9.2）

Hutchinson, Josephine
アメリカの女優。
⇒ク俳 (ハッチンスン, ジョゼフィーン 1898–1998)

Hutchinson, Steve
アメリカのプロフットボール選手。
⇒最世ス (ハッチンソン, スティーブ 1977.11.1–)

Hutchison, James Lafayette
アメリカの実業家。
⇒アア歴 (Hutchison, James Lafayette ハチスン, ジェイムズ・ラファイエット 1890頃–1937.3.20)

Hutchison, Kay Bailey
アメリカの政治家。
⇒外12 (ハッチソン, ケイ 1943.7.22–)

Hutchison, Terence Wilmot
イングランド出身の経済思想家。
⇒岩経 (ハチスン 1912–)
岩世人 (ハチソン 1912.8.13–2007.10.6)

Hutchison, William Forrest
アメリカの大リーグ選手(投手)。
⇒メジャ (ハッチソン, ビル 1859.12.17–1926.3.19)

Hutomo Mandala Putra
インドネシアの実業家。
⇒外12 (フトモ・マンダラ・プトラ 1962–)

Hutson, Shaun
イギリスの作家。
⇒現世文 (ハトソン, ショーン 1958.9.23–)

Hutt, Robert
ドイツのテノール歌手。
⇒魅惑 (Hutt,Robert 1878–1942)

Hutter, Axel
ドイツの哲学者。
⇒岩世人 (フッター 1961.7.24–)

Hütter, Ralf
ドイツのミュージシャン。
⇒外12 (ヒュッター, ラルフ 1946.8.20–)

Hutton, Betty
アメリカ生まれの女優。
⇒ク俳 (ハットン, ベティ(ソーンバーグ, エリザベス) 1921–)

Hutton, Jim
アメリカ生まれの俳優。
⇒ク俳 (ハットン, ジム(ハットン, ダナ・ジェイムズ) 1933–1979)

Hutton, John
イギリスの作家。
⇒現世文 (ハットン, ジョン 1928–)

Hutton, John
イギリスの政治家。
⇒外12 (ハットン, ジョン 1955.5.6–)
外16 (ハットン, ジョン 1955.5.6–)
世指導 (ハットン, ジョン 1955.5.6–)

Hutton, Lauren
アメリカ生まれの女優。
⇒ク俳 (ハットン, ローレン(ハットン, メアリー・ローレンス) 1943–)

Hutton, Robert
アメリカの男優。
⇒ク俳 (ハットン, ロバート(ウィン,R) 1920–1994)

Hutton, Timothy
アメリカ生まれの俳優。
⇒外12 (ハットン, ティモシー 1960.8.16–)
ク俳 (ハットン, ティモシー 1960–)

Hutyra Ferenc
チェコスロバキア生まれのハンガリーの獣医学者。家畜の結核や豚コレラの研究を行った。
⇒岩世人 (フチラ 1860.9.6–1934.12.20)

Huvelin, Henri
フランスのカトリック司祭、霊性指導者。
⇒オク教 (ユヴラン 1838–1910)
新カト (ユヴラン 1838.10.7–1910.7.10)

Huxley, Aldous Leonard
イギリスの小説家。ノーベル医学生理学賞受賞者アンドリュー・ハクスリーは異母弟。『恋愛対位法』、評論『目的と手段』が代表作。
⇒岩世人 (ハクスリー 1894.7.26–1963.11.22)
現世文 (ハクスリー, オルダス・レナード 1894.7.26–1963.11.22)
広辞7 (Huxley 1894–1963)
新カト (ハクスリ 1894.7.26–1963.11.22)
西文 (ハックスリー, オルダス・リオナード 1894–1963)
世人新 (ハクスリー〈オールダス〉 1894–1963)
世人装 (ハクスリー〈オールダス〉 1894–1963)

Huxley, *Sir* Andrew Fielding
イギリスの生理学者。1963年ノーベル生理学医学賞。
⇒岩生 (ハクスリ 1917–2012)
岩世人 (ハクスリ 1917.11.22–2012.5.30)
旺生5 (ハクスリー 1917–)
広辞7 (ハクスリ 1917–2012)
ノベ3 (ハクスリー,A.F. 1917.11.22–)

Huxley, Elspeth
イギリスの作家。
⇒現世文 (ハクスリー, エルスペス 1907–1997)

Huxley, Hugh Esmor
イギリスの生物物理学者。
⇒岩生 (ハクスリ 1924–)

岩世人（ハクスリー　1924.2.25–2013.7.25）
旺生5（ハクスリー　1924–）

Huxley, *Sir* Julian Sorell
イギリスの生物学者。遺伝学，進化学の分野で活躍。主著 "Problems of Relative Growth"（1932）。
⇒岩生（ハクスリ　1887–1975）
　岩辞人（ハクスリー　1887.6.22–1975.2.14）
　広辞7（ハックスリ　1887–1975）
　新カト（ハクスリ　1887.6.22–1975.2.14）

Huyghe, Pierre
フランス生まれの芸術家。
⇒現アテ（Huyghe,Pierre　ユイグ, ピエール　1962–）

Huyghe, René
フランスの美術史家，美術評論家。主著は『現代美術史，絵画』（1935），『見えるものとの対話』（55）など。
⇒岩世人（ユイグ　1906.5.3–1997.2.5）

Huynh, Carol
カナダのレスリング選手。
⇒外12（ハイン, キャロル　1980.11.16–）
　外16（ハイン, キャロル　1980.11.16–）
　最世ス（ハイン, キャロル　1980.11.16–）

Huynh Cong Ut
ベトナム出身，アメリカ在住の写真家。
⇒岩世人（フイン・コン・ウット　1951.3.29–）

Huỳnh Phú Sổ
ベトナムの宗教家，新興宗教ホアハオ教の開祖。
⇒岩世人（フイン・フー・ソー　1919–1947.4.16）

Huynh Tan Phat
ベトナム社会主義共和国の政治家。1958年から解放区で活躍，69年6月の臨時革命政府結成と同時に首相に就任。76年ベトナム統一で副首相，79年国家基本建設委主任，82年6月副首相辞任。
⇒岩世人（フイン・タン・ファット　1913.2.15–1989.9.30）

Huynh Thuc Khang
ベトナムの文人。抗仏民族運動を指導した。
⇒岩世人（フイン・トゥック・カン　1876–1947.4.21）

Huynh-Tinh-Cua
19世紀末ベトナムの学者。別称パウロ・クア（Paulus CUA）。
⇒岩世人（フイン・ティン・クア　1834–1907）

Huysmans, Camille
ベルギーの政治家。社会党の指導者。首相，文相を歴任。「国際社会主義者会議（COMISCO）」の設立（1947）に尽力した。
⇒岩世人（ハイスマンス　1871.5.26–1968.2.25）

Huysmans, Joris Karl
フランスの小説家。病的に鋭い感覚と退廃趣味にあふれた傑作『さかしま』(1884)を著した。
⇒岩キ（ユイスマンス　1848–1907）
　岩世人（ユイスマンス　1848.2.5–1907.5.12）
　オク教（ユイスマンス　1848–1907）
　学叢思（ホイズマン, ジョリス・カール　1848–1909）
　広辞7（ユイスマンス　1848–1907）
　19仏（ユイスマンス, ジョリス＝カルル　1848.2.5–1907.5.12）
　新カト（ユイスマンス　1848.2.5–1907.5.12）
　西文（ユイスマンス, ジョリス-カルル　1848–1907）
　ネーム（ユイスマンス　1848–1907）
　フ文小（ユイスマンス, ジョリス＝カルル　1848–1907）

Hviezdoslav, Pavol
スロバキアの代表的詩人。『血にまみれたソネット』(1914)など。
⇒岩世人（フヴィエズドスラウ　1849.2.2–1921.11.8）

Hvorostovsky, Dmitri
ロシアのバリトン歌手。
⇒外12（ホロストフスキー, ドミトリー　1962.10.16–）
　外16（ホロストフスキー, ドミトリー　1962.10.16–）
　新音中（フヴォロストフスキー, ドミトリー　1962.10.16–）

Hwang, David（Henry）
アメリカ（中国系）の劇作家。
⇒岩世人（ホワン　1957.8.11–）
　現世文（ウォン, デービッド・ヘンリー　1957.8.11–）

Hwang Ah-reum
韓国のプロゴルファー。
⇒外12（ファンアルム　黄アルム　1987.10.17–）

Hwang-bo Kwan
韓国のサッカー指導者，サッカー選手。
⇒外12（ファンボクァン　皇甫官　1965.3.1–）

Hwang Bo-ra
韓国の女優。
⇒韓俳（ファン・ボラ　1983.10.2–）

Hwang Byeong-guk
韓国の映画監督。
⇒外12（ファンビョングク）

Hwang Byung-ki
韓国の伽倻琴（カヤグム）奏者，作曲家。
⇒外12（ファンビョンギ　黄秉冀）
　外16（ファンビョンギ　黄秉冀）

Hwang Dong-hyeuk
韓国の映画監督。

⇒外16（ファンドンヒョク 1971–）

Hwang Hee-tae
韓国の柔道選手。
⇒外12（ファンヒテ 黄禧太 1978.6.12–）
　外16（ファンヒテ 黄禧太 1978.6.12–）
　最世ス（ファンヒテ 1978.6.12–）

Hwang In-sung
韓国の政治家、アシアナ航空会長。交通部長官、国際観光公社長、国会議員、農林水産部長官、首相などを歴任。1988年アシアナ航空社長を経て現在、社長兼会長。
⇒世指導（ファン・インソン 1926.1.9–2010.10.11）

Hwang In-Young
韓国の女優、モデル。
⇒韓俳（ファン・イニョン 1978.11.23–）

Hwang Jang-yop
北朝鮮の政治家。金日成の甥。咸鏡南道出身。1959年朝鮮労働党宣伝煽動部長、65年金日成総合大学総長。70年第5回党大会で党中央委員に選出され、72年最高人民会議議長、同常設会議委員長に就任。
⇒岩韓（ファン・ジャンヨプ 黄長燁 1923–）
　岩世人（黄長燁 ファンジャンヨプ 1923.2.13–2010.10.10）
　世指導（ファン・ジャンヨプ 1923.2.17–2010.10.10）

Hwang Ji-Hyun
韓国の女優、司会者。
⇒韓俳（ファン・ジヒョン 1983.3.1–）

Hwang Jung-eun
韓国の作家。
⇒現世文（ファン・ジョンウン 黄貞殷 1976–）

Hwang Jung-gon
韓国のプロゴルファー。
⇒外12（ハンジュンゴン 黄重坤 1992.5.16–）

Hwang Jung-Min
韓国の女優。
⇒韓俳（ファン・ジョンミン 1969.5.23–）

Hwang Jung-min
韓国の俳優。
⇒外16（ファンジョンミン 1970.9.1–）
　韓俳（ファン・ジョンミン 1970.9.1–）

Hwang Kyo-ahn
韓国の政治家。韓国首相。
⇒外16（ファンギョアン 黄教安）
　世指導（ファン・ギョアン 1957.4.15–）

Hwang Kyu-Baik
韓国生まれの画家。
⇒芸13（ホワン・キューバイク 1932–）

Hwang Kyung-seon
韓国のテコンドー選手。
⇒外12（ファンギョンソン 黄敬善）
　外16（ファンギョンソン 黄敬善 1986.5.21–）
　最世ス（ファンギョンソン 1986.5.21–）

Hwang Nak-joo
韓国の政治家。韓国国会議長。
⇒世指導（ファン・ナクジュ ?–2002.12.12）

Hwang Pyong-so
北朝鮮の政治家。北朝鮮国務副委員長、朝鮮労働党政治局常務委員、朝鮮人民軍総政治局長。
⇒外16（ファンビョンソ 黄炳瑞 1949–）
　世指導（ファン・ビョンソ 1949–）

Hwang Shin-Hye
韓国の女優、モデル。
⇒韓俳（ファン・シネ 1963.12.15–）

Hwang Sok-yong
韓国の小説家。1962年「思想界」の新人文学賞入選、70年朝鮮日報新春文芸に『塔』当選。作品に『森浦行く道』『客地』『張吉山』ほか多数がある。
⇒岩韓（ファン・ソギョン 黄晳暎 1943–）
　外12（ファンソギョン 黄晳暎 1944.1.14–）
　外16（ファンソギョン 黄晳暎 1944.1.14–）
　韓現文（黄晳暎 ファン・ソギョン 1943.1.4–）
　韓朝新（ファン・ソギョン 黄晳暎 1943–）
　現世文（ファン・ソギョン 黄晳暎 1944.1.14–）

Hwang Soo-Jung
韓国の女優、MC。
⇒韓俳（ファン・スジョン 1972.12.24–）

Hwang Sun-hong
韓国のサッカー選手。
⇒異二辞（ファン・ソンホン 黄善洪 1968–）
　外12（ファンソンホン 黄善洪 1968.7.14–）

Hwang Sun Mi
韓国の児童文学作家。
⇒外12（ファンソンミ 1963–）

Hwang Sun-won
韓国の小説家。芸術院会員。『カインの後裔』で自由文学賞を受賞。『日月』『夕立』など多くの長、短篇を書いている。
⇒岩世人（黄順元 ファンスノン 1915.3.26–2000.9.14）
　韓現文（黄順元 ファン・スノン 1915.3.26–2000）
　韓朝新（ファン・スヌォン 黄順元 1915–2000）
　現世文（ファン・スノン 黄順元 1915.3.26–2000.9.14）

Hwang Woo-suk
韓国の医学者。
⇒外12（ファンウソク 黄禹錫 1952.12.15–）
　外16（ファンウソク 黄禹錫 1952.12.15–）

Hwayoung
韓国の歌手。
⇒外12（ファヨン　1993.4.22–）

Hyatt, Gigi
ドイツ生まれのバレリーナ。ジョージア・バレエ団芸術監督。
⇒外12（ハイヤット，ジジ　1962–）

Hybert, Fabrice
フランスの現代美術家。
⇒外12（イベール，ファブリス　1961–）
　外16（イベール，ファブリス　1961–）

Hyde, Douglas
アイルランドのナショナリスト，作家。独立運動に活躍，初代大統領に。
⇒岩世人（ハイド　1860.1.17–1949.7.12）

Hyde, Helen
アメリカの芸術家。
⇒アア歴（Hyde,Helen　ハイド，ヘレン　1868.4.6–1919.5.13）

Hyde, Henry
アメリカの政治家。下院外交委員長（共和党）。
⇒世指導（ハイド，ヘンリー　1924.4.18–2007.11.29）

Hyde, H.Montgomery
イギリスの歴史家，インテリジェンス・オフィサー。
⇒スパイ（ハイド,H・モントゴメリー　1907–1989）

Hyde, John Nelson
アメリカの宣教師。
⇒アア歴（Hyde,John Nelson　ハイド，ジョン・ネスルン　1865.11.9–1912.2.17）

Hyde, Karl
イギリスのミュージシャン，クリエーター。
⇒外12（ハイド，カール）
　外16（ハイド，カール）

Hyde, Robin
ニュージーランドの女性小説家，詩人。
⇒ニュー（ハイド，ロビン　1906–1939）

Hyde, Walter
イギリスのテノール歌手。
⇒魅惑（Hyde,Walter　1875–1951）

Hyeon Seok
韓国のタレント。1972年,MBCテレビタレント第5期生としてデビュー。代表作に『新婦日記』『水仙花』『ムドンイの家』等がある。
⇒韓俳（ヒョン・ソク　1947.4.18–）

Hyer, Martha
アメリカ生まれの女優。
⇒ク俳（ハイヤー，マーサ　1924–）

Hye-ryeon
韓国のタレント。
⇒外12（ヘリョン　1970.5.29–）

Hyesung
韓国の歌手。
⇒外12（ヘソン　1979.11.27–）
　外16（ヘソン　1979.11.27–）

Hye-ŭn-i
韓国の歌手。
⇒岩世人（ヘウニ　1956.8.19–）

Hyland, Brian
アメリカ・ニューヨーク生まれの歌手。
⇒ロック（Hyland,Brian　ハイランド，ブライアン　1944.11.12–）

Hyland, Stanley
イギリスの作家。
⇒現世文（ハイランド，スタンリー　1914–1997）

Hylla, Erich
ドイツの教育者。テスト測定による知能検査と職業適性検査の領域で指導的活躍をした。
⇒教人（ヒュラ　1887–）

Hylleraas, Egil Andersen
ノルウェーの理論物理学者。オスロ大学教授（1937～）。
⇒岩世人（ヒレロース　1898.5.15–1965.10.28）

Hyman, Ed
アメリカのエコノミスト。
⇒外12（ハイマン，エド　1945–）
　外16（ハイマン，エド　1945–）

Hyman, Flora
アメリカのバレーボール選手。
⇒岩世人（ハイマン　1954.7.31–1986.1.24）

Hyman, Herbert Hiram
アメリカの社会心理学者。
⇒社小増（ハイマン　1918–1985）

Hymans, Paul
ベルギーの政治家。国際連盟第1回総会議長（1920），同理事会議長（22），外相（24～25,27～35）を歴任。
⇒岩世人（ヘイマンス　1865.3.23–1941.3.9）
　ユ著人（Hymans,Paul　ハイマンズ，ポール　1865–1941）

Hymel, Bryan
アメリカのテノール歌手。
⇒魅惑（Hymel,Bryan　1979–）

Hymes, Dell
アメリカの社会言語学者。
⇒岩世人（ハイムズ　1927.6.7–2009.11.13）
　広辞7（ハイムズ　1927–2009）

Hyndman, Henry Mayers
イギリスの社会民主主義者。イギリスにおけるマルクス主義の最初の紹介者。
⇒岩世人（ハインドマン　1842.3.7–1921.11.22）
　学叢思（ハイドマン，ヘンリー・メーヤーズ　1842–1922）

Hyomin
韓国の歌手。
⇒外12（ヒョミン　1989.5.30–）

Hyon Gi-yong
韓国の作家。
⇒岩韓（ヒョン・ギヨン　玄基栄　1941–）
　外16（ヒョンギヨン　玄基栄　1941–）
　韓現文（玄基栄　ヒョン・ギヨン　1941–）
　現世文（ヒョン・ギヨン　玄基栄　1941–）

Hyon Yong-chol
北朝鮮の軍人。北朝鮮人民武力相（国防相），朝鮮人民軍総参謀長。
⇒世指導（ヒョン・ヨンチョル　1949.1.11–2015.4.30）

Hyo Seong
韓国の歌手。
⇒外12（ヒョソン　1989.10.13–）

Hyo-yeon
韓国の歌手。
⇒外12（ヒョヨン　1989.9.22–）

Hypólito, Diego
ブラジルの体操選手。
⇒外16（ヒポリト，ディエゴ　1986.6.19–）
　最世ス（ヒポリト，ディエゴ　1986.6.19–）

Hyppolite, Jean
フランスの哲学者。ヘーゲルの『精神現象学』を翻訳。著書，『マルクスとヘーゲル』など。
⇒岩世人（イポリット　1907.1.8–1968.10.26）
　現社（イポリット　1907–1968）
　メル3（イポリット，ジャン　1907–1968）

Hyun-bin
韓国の俳優。
⇒外12（ヒョンビン　1982.9.25–）
　外16（ヒョンビン　1982.9.25–）
　韓俳（ヒョンビン　1982.9.25–）

Hyung Jin-Sik
韓国生まれの画家。
⇒芸13（ヒョン・ジンシク　1950–）

Hyung-jun
韓国の歌手。
⇒外12（ヒョンジュン　1987.8.3–）

Hyungjun
韓国の歌手。
⇒外12（ヒョンジュン　1989.1.26–）

Hyung Sik
韓国の歌手。
⇒外12（ヒョンシク　1991.11.16–）

Hyun Hong-choo
韓国の外交官。ソウル高検検事，国会議員，法制処長，駐国連大使，駐米大使などを歴任。著書に『民事訴訟における処分権主義』。
⇒外12（ヒョンホンジュ　玄鴻柱　1940.8.19–）
　外16（ヒョンホンジュ　玄鴻柱　1940.8.19–）

Hyun In-taek
韓国の政治家，国際政治学者。韓国統一相。
⇒外12（ヒョンインテク　玄仁沢　1954.9.27–）
　外16（ヒョンインテク　玄仁沢　1954.9.27–）
　世指導（ヒョン・インテク　1954.9.27–）

Hyunmin
韓国の歌手。
⇒外12（ヒョンミン　1991.7.22–）

Hyun-Young
韓国の女優。
⇒韓俳（ヒョニョン　1976.9.6–）

Hyzy, Julie
アメリカの作家。
⇒海文新（ハイジー，ジュリー）
　現世文（ハイジー，ジュリー）

【 I 】

Iachino, Angelo
イタリアの軍人。
⇒ネーム（イアキーノ　1889–1976）

Iacocca, Lee
アメリカの経営者。
⇒アメ経（アイアコッカ，リー　1924.10.15–）
　岩世人（アイアコッカ　1924.10.15–）

Iacopucci, Fernando
イタリアのテノール歌手。
⇒魅惑（Iacopucci,Fernando（Jacopucci）　?–）

Ian, Janis
アメリカのシンガー・ソングライター。
⇒外12（イアン，ジャニス　1951.4.7–）
　ユ著人（Ian,Janis　イアン，ジャニス　1951–）
　ロック（Ian,Janis　イーアン，ジャニス　1951–）

Iaroslavskii, Emelian Mikhailovich
ソ連の政治家，ロシア労働運動の古い指導者。ロシア共産党中央委員。
⇒岩世人（ヤロスラフスキー　1878.2.19/3.3–1943.

12.4)
学叢思（ヤロスラフスキー 1878-?）

Iaukea, King
アメリカのプロレスラー。
⇒異二辞（イヤウケア、キング 1936-2010）

Iavlenskii, Alexej Georgievich
ロシアの画家。マティスを知り、その色彩、構図の影響を受けた。
⇒岩世人（ヤヴレンスキー 1864.3.13/25-1941.3.15）
芸13（ヤウレンスキー、アレクセイ・フォン 1864-1941）

Ibaka, Serge
スペインのバスケットボール選手（サンダー）。
⇒最世ス（イバーカ、サージ 1989.9.18-）

Ibanez, Raul Javier
アメリカの大リーグ選手（外野）。
⇒メジャ（イバニェス、ラウル 1972.6.2-）

Ibañez del Campo, Carlos
チリの政治家。1952年再度国民党から大統領に当選（～58）。
⇒ラテ新（イバニエス 1877-1960）

Ibanga, Esther Abimiku
ナイジェリアの女性運動家、牧師。
⇒外16（イバンガ、エスター・アビミク 1961-）

Ibarbourou, Juana de
ウルグアイの女性詩人。
⇒岩世人（イバルブール 1892.3.8-1979.7.15）
現世文（イバルボウロウ、フアナ・デ 1892.3.8-1979.7.15）

Ibargüen, Caterine
コロンビアの三段跳び選手、走り高跳び選手。
⇒最世ス（イバルグエン、カテリーン 1984.2.12-）

Ibargüengoitia, Jorge
メキシコの小説家、劇作家。
⇒現世文（イバルグエンゴイティア、ホルヘ 1928.1.22-1983.11.27）

Ibarretxe Markuartu, Juan José
スペインのバスク・ナショナリスト党（PNV）指導者。
⇒岩世人（イバレーチェ 1957.3.15-）

Ibárruri Gómez, Dolores
スペインの共産党活動家。
⇒岩世人（イバルリ 1895.12.9.-1989.11.12）

Ibbotson, Eva
イギリスの児童文学者。
⇒現世文（イボットソン、エヴァ 1925.1.21-2010.10.20）

Ibert, Jacques
フランスの作曲家。1919年ローマ大賞を獲得。作品は、交響組曲『寄港地』(1922)など。
⇒岩世人（イベール 1890.8.15-1962.2.5）
エデ（イベール、ジャック（フランソワ・アントワーヌ） 1890.8.15-1962.2.5）
ク音3（イベール 1890-1962）
広辞7（イベール 1890-1962）
新音小（イベール、ジャック 1890-1962）
新音中（イベール、ジャック 1890.8.15-1962.2.5）
ネーム（イベール 1890-1962）
ビ曲改（イベール、ジャック 1890-1962）
標音2（イベール、ジャック 1890.8.15-1962.2.5）

ibn ʿĀshūr, Muḥammad al-Ṭāhir
チュニジアのイスラム学者、改革思想家。
⇒岩イ（イブン・アーシュール 1877/1879-1973）
岩世人（イブン・アーシュール 1879-1973）

ibn Bādīs, ʿAbd al-Ḥamīd
アルジェリアのイスラム改革運動の指導者。
⇒岩イ（イブン・バーディース 1889-1940）
岩世人（イブン・バーディース 1889-1940）

Ibn Saʿūd, ʿAbd al-ʿAzīz
サウジアラビア王国の建設者。在位1932～53。欧米の石油会社に採掘権を与え、国家の財源とした。
⇒イス世（アブド・アルアジーズ・ブン・アブド・アッラフマーン 1880-1953）
岩イ（アブドゥルアズィーズ・イブン・サウード 1876/1880-1953）
岩世人（アブドゥルアズィーズ・イブン・サウード 1880-1953.11.9）
広辞7（イブン・サウード 1880-1953）
世史改（イブン＝サウード（アブド＝アルアジーズ） 1880-1953）
世人新（イブン＝サウード（アブド＝アルアジーズ＝ブン＝サウード） 1880-1953）
世人装（イブン＝サウード（アブド＝アルアジーズ＝ブン＝サウード） 1880-1953）
ネーム（イブン・サウード 1880-1953）
ポプ人（イブン・サウード 1880-1953）

Ibold, Mark
アメリカのミュージシャン。
⇒外12（イボルド、マーク 1960.1.4-）
外16（イボルド、マーク 1960.1.4-）

Ibra Fall
セネガルのムーリディー教団の創設者アマドゥ・バンバの最初の弟子。
⇒岩イ（イブラ・ファル 1858?-1930）

Ibragimov, Galimdzhan
タタール人革命家。
⇒岩イ（イブラギモフ 1887-1938）

Ibragimova, Alina
イギリスのヴァイオリン奏者。
⇒外16（イブラギモヴァ、アリーナ 1985-）

Ibrahim, Abdullah
南アフリカのジャズ・ピアノ奏者。
⇒外12 (イブラヒム, アブドゥーラ 1934.10.9–)
　外16 (イブラヒム, アブドゥーラ 1934.10.9–)

Ibrahim, Karam
エジプトのレスリング選手 (グレコローマン)。
⇒外16 (イブラヒム, カラム 1979.9.1–)
　最世ス (イブラヒム, カラム 1979.9.1–)

Ibrahim, Sultan
マレー半島南端のジョホール王国の第2代スルタン。在位1895～1959。
⇒岩世人 (イブラヒム 1873.9.17–1959.5.8)

Ibrahim Bek
ブハラ・ハン国東部を根拠地としたウズベク系ロカイ部族の有力者。
⇒岩イ (イブラヒム・ベク 1889–1932)

Ibrahim bin Haji Yaacob
マレー青年連盟KMM (Kesatuan Melayu Muda) の創立者、代表。
⇒岩世人 (イブラヒム・ヤーコブ 1910.11.27–1979.3.8)

Ibrahim Niasse
セネガルのティジャーニー教団の指導者。
⇒岩イ (イブラヒム・ニアス 1902–1975)

Ibrahimović, Zlatan
スウェーデンのサッカー選手。
⇒ネーム (イブラヒモビッチ 1981–)

Ibrāhīm Shukrī
エジプトの政治家。
⇒岩イ (イブラーヒーム・シュクリー 1916–)
　岩世人 (イブラーヒーム・シュクリー 1916–2008.8.5)

Ibraimov, Zhumabek
キルギスの政治家。キルギス首相。
⇒世指導 (イブライモフ, ジュマベク 1944.1.1–1999.4.4)

Ibsen, Martin
デンマークのヨット選手 (49er級)。
⇒外12 (イブセン, マルティン 1982.7.13–)
　最世ス (イブセン, マルティン 1982.7.13–)

Iburahimovic, Zlatan
スウェーデンのサッカー選手 (パリ・サンジェルマン・FW)。
⇒外12 (イブラヒモヴィッチ, ズラタン 1981.10.3–)
　外16 (イブラヒモヴィッチ, ズラタン 1981.10.3–)
　最世ス (イブラヒモヴィッチ, ズラタン 1981.10.3–)

Icahn, Carl
アメリカの株式取引人、オプション取引専門家。
⇒アメ経 (アイカーン, カール 1936–)
　外16 (アイカーン, カール 1936.2.16–)

Icaza, Jorge Coronel
エクアドルの作家。
⇒現世文 (イカーサ, ホルヘ 1906.7.10–1978.5.26)

Ice Cube
アメリカの俳優、監督、ミュージシャン。
⇒ク俳 (アイスキューブ (ジャクスン, オウシェイ) 1969–)

Iceland, Reuben
ガリチア生まれのイディッシュ語詩人、翻訳家。
⇒ユ著人 (Iceland,Reuben アイスラント, ロイベン 1884–1955)

Ice Sarunyu
タイの歌手。
⇒外12 (アイス・サランユー 1984.9.12–)
　外16 (アイス・サランユー 1984.9.12–)

Icke, David
イギリスの著述家。
⇒外12 (アイク, デービッド 1952.4.29–)
　外16 (アイク, デービッド 1952.4.29–)

Ickes, Harold LeClair
アメリカの政治家。ルーズヴェルト大統領の内務長官 (1933～46)。
⇒岩世人 (イッキス 1874.3.15–1952.2.3)

Iddings, Joseph Paxson
アメリカの岩石学者。火成岩の研究で有名であった。火成岩のノルム分類法の提唱者の一人で、鉱物イディングサイトは彼を記念したものである。
⇒岩世人 (イディングズ 1857.1.21–1920.9.8)

Ide, Henry Clay
アメリカの法律家、外交官。フィリピン総督、スペイン大使。
⇒アア歴 (Ide,Henry Clay アイド, ヘンリー・クレイ 1844.9.18–1921.6.13)

Ide, Joe
アメリカの作家。
⇒現世文 (イデ, ジョー)

Idelsohn, Abraham Zevi
ラトビア生まれのユダヤ人の音楽学者。1910年ヘブライ音楽協会を設立、14～32年『ヘブライ・オリエントの旋律辞典』を出版。
⇒標音2 (イーデルゾーン, アブラハム・ツヴィー 1882.7.14–1938.8.14)
　ユ著人 (Idelsohn,Abraham Zwi イーデルゾーン, アブラハム・ツヴィ 1882–1938)

Idelson, Benjamin
イスラエルの建築家。
⇒ユ著人 (Idelson,Benjamin イーデルゾン, ベンジャミン 1911–1972)

Idem, Josefa
イタリアのカヌー選手（カヤック）。
⇒外12（イデム, ジョセファ 1964.9.23–）
最世ス（イデム, ジョセファ 1964.9.23–）

Idenburg, Alexander Willem Frederik
オランダの政治家。植民地相, オランダ領東インド（現インドネシア）総督。
⇒岩世人（イデンブルフ 1861.7.23–1935.2.28）

Idir
アルジェリアのカビール系のシンガー・ソングライター。
⇒岩世人（イディール 1949–）

Idowu, Phillips
イギリスの三段跳び選手。
⇒最世ス（イドウ, フィリップス 1978.12.30–）

Idris, Kamil E.
スーダンの外交官, 法律家。
⇒外12（イドリス, カミール 1954–）
外16（イドリス, カミール 1954–）

Idrīs I
リビア国王。在位1951～69。
⇒岩イ（サヌースィー, イドリース 1890–1983）
岩世人（サヌースィー, イドリース 1890.3.12–1983.5.25）

Idrus
インドネシアの小説家, 劇作家。主著は『アベ・マリアからローマへの他の道』Dari Ave Maria ke Djalan Iain ke Roma（1948）。
⇒岩世人（イドルス 1921.9.21–1979.5.18）
現世文（イドルス 1921.9.21–1979.5.18）

Ielemia, Apisai
ツバルの政治家。ツバル首相。
⇒外12（イエレミア, アピサイ 1955.8.19–）
世指導（イエレミア, アピサイ 1955.8.19–）

Ieng Sary
カンボジアの政治家。ポル・ポト派最高幹部, 民主カンボジア副首相。
⇒岩世人（イエン・サリ 1925.10.24–2013.3.14）
外12（イエン・サリ 1924.10.20–）
世指導（イエン・サリ 1925.10.24–2013.3.14）

Ieng Thirith
カンボジアの政治家。ポル・ポト派（クメール・ルージュ）幹部。
⇒岩世人（イエン・チリト 1932.3.12–）

Iero, Frank
アメリカのミュージシャン。
⇒外12（アイエロ, フランク 1981.10.31–）

Ieu Koeus
カンボジアの政治家, 言語学者。

⇒岩世人（イアウ・カウフ（イオ・クース） 1905–1950.1.14）

Ifans, Rhys
ウェールズ出身の男優。
⇒ク俳（イファンズ, リース 1967–）

Ifield, Frank
イギリスのバラード歌手。
⇒ロック（Ifield, Frank アイフィールド, フランク 1936.11.30–）

al-Ifrīkī, 'Abd al-Raḥmān
マリ出身のイスラム学者。
⇒岩世人（イフリーキー, アブドゥッラフマーン 1908/1909–1957）

Ige, David
アメリカ（日系3世）の政治家。ハワイ州知事。
⇒世指導（イゲ, デービッド 1957.1.15–）

Iger, Robert Allen
アメリカの実業家。
⇒外12（アイガー, ロバート 1951.2.10–）
外16（アイガー, ロバート 1951.2.10–）

Iggy Pop
アメリカのパンク歌手。
⇒異二辞（ポップ, イギー 1947–）
外12（ポップ, イギー 1947.4.21–）
外16（ポップ, イギー 1947.4.21–）

Iginla, Jarome
カナダのアイスホッケー選手（FW）。
⇒外12（イギンラ, ジャローム 1977.7.1–）
外16（イギンラ, ジャローム 1977.7.1–）
最世ス（イギンラ, ジャローム 1977.7.1–）

Iglehart, Edwin Taylor
アメリカの宣教師, 教育者。
⇒アア歴（Iglehart, Edwin T(aylor) アイグルハート, エドウィン・テイラー 1878.11.29–1964.1.31）

Iglesias, Enrique V.
ウルグアイのエコノミスト。ウルグアイ外相, 米州開発銀行（IDB）総裁。
⇒外12（イグレシアス, エンリケ 1931.7.26–）
外16（イグレシアス, エンリケ 1931.7.26–）

Iglesias, Julio
スペインのポピュラー歌手。
⇒外12（イグレシアス, フリオ 1943.9.23–）
外16（イグレシアス, フリオ 1943.9.23–）

Iglesias, Miguel
ペルーの政治家。チリの支持で大統領となり（1883～86）, 平和条約を結んだ（83）。
⇒岩世人（イグレシアス 1830.6.11–1909.11.7）

Iglesias, Roniel
キューバのボクサー。
⇒外16（イグレシアス, ロニエル　1988.8.14–）
最世ス（イグレシアス, ロニエル　1988.8.14–）

Iglesias Posse, Pablo
スペインの政治家。スペイン労働運動の機関紙"El Socialista"の編集者。
⇒岩世人（イグレシアス　1850.10.18–1925.12.9）

Ignacio De Iturria
ウルグアイの画家。
⇒芸13（イグナシオ・デ・イトゥリア　1949–）

Ignarro, Louis
アメリカの薬理学者。1998年ノーベル生理学医学賞。
⇒外12（イグナロ, ルイス　1941.5.31–）
　外16（イグナロ, ルイス　1941.5.31–）
　ネーム（イグナロ　1941–）
　ノベ3（イグナロ, L.　1941.5.31–）

Ignashov, Alexy
ベラルーシの格闘家。
⇒異二辞（イグナショフ［アレクセイ・～］　1978–）

Ignatenko, Vitalii
ロシアの政治家, ジャーナリスト。ロシア副首相。
⇒世指導（イグナチェンコ, ヴィタリー　1941.4.19–）

Ignatieff, Michael
カナダ（ロシア系）生まれの文化史研究家, 小説家。
⇒外12（イグナティエフ, マイケル　1947.5.12–）
　外16（イグナティエフ, マイケル　1947.5.12–）
　現世文（イグナティエフ, マイケル　1947.5.12–）
　世指導（イグナティエフ, マイケル　1947.5.12–）

Ignatiev, Nikolai Pavlovich
ロシアの外交官, 政治家。1860年清国と北京条約を締結し, ウスリー江以東のロシア領有に成功。
⇒岩世人（イグナーチェフ　1832.1.17–1908.6.20）
　学叢歴（イグナチェフ　1832–?）

Ignatiev, Semyon Denisovich
ソ連の政治家。国家保安相（1951〜53）。
⇒スパイ（イグナチェフ, セミョーン・デニソヴィチ　1904–1983）

Ignatiev, Sergei Mikhailovich
ロシアのエコノミスト, 銀行家。
⇒外12（イグナチエフ, セルゲイ・ミハイロヴィッチ　1948.1.10–）
　外16（イグナチエフ, セルゲイ・ミハイロヴィッチ　1948.1.10–）

Ignatius, David
アメリカのジャーナリスト, 作家。
⇒外12（イグネーシアス, デービッド）

外16（イグネーシアス, デービッド　1950–）
現世文（イグネーシアス, デービッド　1950.5.26–）

Ignatyev, Mikhail
ロシアの自転車選手。
⇒最世ス（イグナティエフ, ミハイル　1985.5.7–）

Ignodala, Andre
アメリカのバスケットボール選手。
⇒ネーム（イグドラ　1984–）

Ignotus, Hugó
ハンガリーの作家, ジャーナリスト, 評論家。
⇒ユ著人（Ignotus, Hugó　イグノシュシュ, ヒューゴ　1869–1949）

Igor
ブラジルのサッカー選手（鹿島アントラーズ・FW）。
⇒外12（イゴール　1993.1.8–）

Iguodala, Andre
アメリカのバスケットボール選手（ウォリアーズ）。
⇒最世ス（イグダーラ, アンドレ　1984.1.28–）

Iha, James Jonas
アメリカのロック・ギター奏者, 服飾デザイナー。
⇒外12（イハ, ジェームス　1968.3.26–）
　外16（イハ, ジェームス　1968.3.26–）

Iha byams rgyal
チベットの作家。
⇒海文新（ラシャムジャ　1977–）
　現世文（ラシャムジャ　拉先加　1977–）

Ihde, Aaron John
アメリカの化学史家。
⇒化学（アイド　1909–2000）

Ihering, Herbert
ドイツの劇評家。
⇒岩世人（イェーリング　1888.2.29–1977.1.27）

Ihimaera, Witi
ニュージーランドのマオリ作家。
⇒現世文（イヒマエラ, ウィティ　1944–）
　広辞7（イヒマエラ　1944–）
　ニュー（イヒマエラ, ウィティ　1944–）

Ihle, Andreas
ドイツのカヌー選手（カヤック）。
⇒外12（イヒレ, アンドレアス　1979.6.2–）
　外16（イヒレ, アンドレアス　1979.6.2–）
　最世ス（イヒレ, アンドレアス　1979.6.2–）

Ihne, Ernst von
ドイツの建築家。主作品, カイザー・フリードリヒ博物館（1904）。

⇒岩世人（イーネ　1848.5.23–1917.4.21）

Iihoshi, Walter Shindi
ブラジルの政治家,実業家。
⇒外12（イイホシ,ワルテル）

Ikaia-Purdy, Keith
アメリカのテノール歌手。
⇒魅惑（Ikaia-Purdy,Keith　1963–）

Ikangaa, Juma
タンザニアのマラソン選手。
⇒外12（イカンガー,ジュマ　1957.7.19–）

Ike, Vincent Chukwuemeka
ナイジェリアの小説家。
⇒現世文（イケ,ヴィンセント・チュクエメカ　1931.4.28–）

Ikenberry, G.John
アメリカの政治学者。
⇒外16（アイケンベリー,G.ジョン　1954.10.5–）
国政（アイケンベリー,G・ジョン　1954–）

Ikor, Roger
フランスの作家,教師。『アヴロンの息子たち』にてゴンクール賞受賞。他作品『再検討』『空の帯』など。
⇒現世文（イコール,ロジェ　1912–1986.11.17）

Ilagan, Hermogenes Espinosa
フィリピンのタガログ語の劇作家。
⇒岩世人（イラガン　1873.4.19–1943.2.27）

Ilbert, *Sir* Courtenay Peregrine
イギリスの法律学者。その著『インド政府』(1898,1922)は,英領インドの統治機構を簡明に説明した名著である。
⇒岩世人（イルバート　1841.6.12–1924.5.14）

Ilchenko, Larisa
ロシアの水泳選手（オープン・ウオーター）。
⇒外12（イルチェンコ,ラリーサ　1988.11.18–）
最世ス（イルチェンコ,ラリーサ　1988.11.18–）

Iles, Greg
アメリカの作家。
⇒外12（アイルズ,グレッグ）
外16（アイルズ,グレッグ）
現世文（アイルズ,グレッグ）

Ileto, Reynaldo Clemeña
フィリピンの歴史家。シンガポール国立大学教授。
⇒岩世人（イレト　1946–）
外12（イレート,レイナルド　1946–）

Il'f, Il'ya
ソ連の作家。イリフ＝ペトロフの共同筆名で活躍したソ連の風刺・ユーモア小説家。
⇒現世文（イリフ・ペトロフ）
ユ著人（Ilf i Petrov　イリフとペトロフ　1897–1937）

Ilg, Alfred
スイスの技術家。エティオピアに赴き(1878),橋梁を築造,またジブティ,アディス・アベバ間の鉄道を敷設して国土の開発を図った。
⇒岩世人（イルク　1854.3.30–1916.1.7）

Iliadis, Ilias
ギリシャの柔道選手。
⇒外12（イリアディス,イリアス　1986.11.10–）
外16（イリアディス,イリアス　1986.11.10–）
最世ス（イリアディス,イリアス　1986.11.10–）

Ilichev, Ivan Ivanovich
ソビエト軍の情報機関(GRU)の局長。在職1942〜45。
⇒スパイ（イリチェフ,イワン・イワノヴィチ　1905–1983）

Ilief, Nikola Kutinceft
ブルガリアのエスペランティスト。ソフィア大学園芸学教授。
⇒日エ（イリエフ　?–?）

Iliescu, Constantin
ルーマニアのテノール歌手。
⇒魅惑（Iliescu,Constantin　?–）

Iliescu, Ion
ルーマニアの政治家。ルーマニア大統領(1990〜96,2000〜04)。
⇒岩世人（イリエスク　1930.3.3–）
外12（イリエスク,イオン　1930.3.3–）
外16（イリエスク,イオン　1930.3.3–）
世指導（イリエスク,イオン　1930.3.3–）

Iliev, Konstantin
ブルガリアの指揮者,作曲家。
⇒標音2（イリーエフ,コンスタンティン　1924.3.9–）

Ilin, Ilya
カザフスタンの重量挙げ選手。
⇒外12（イリン,イリア　1988.5.24–）
外16（イリン,イリア　1988.5.24–）
最世ス（イリン,イリア　1988.5.24–）

Il'in, Mikhail
ソ連の作家。児童向きの科学物語に新生面をひらく。主著『ボロディン物語』(1953)など。
⇒岩世人（イリイン　1895.12.29/1896.1.10–1953.11.15）
現世文（イリーン,ミハイル　1896–1953.11.15）

Illica, Luigi
イタリアの劇作家,台本作家。
⇒オペラ（イッリカ,ルイージ　1857–1919）
標音2（イッリカ,ルイージ　1857.5.9–1919.12.16）

Illich, Ivan
アメリカの社会批評家, 社会理論家。
- ⇒岩女（イリッチ, イヴァン 1926.9.4-）
- 岩世人（イリイチ 1926.9.4-2002.12.2）
- 教思増（イリイチ 1926-2002）
- 教小3（イリイチ 1926-2002）
- 現社（イリイチ 1926-2002）
- 現社福（イリイチ 1926-2002）
- 広辞7（イリイチ 1926-2002）
- 社小増（イリイチ 1926-）
- 新カト（イリッチ 1926.9.4-2002.12.2）
- 哲中（イリイチ 1926-2002）
- メル別（イリイチ, イヴァン 1926-2002）
- 有経5（イリッチ 1926-2002）

Illingworth, John Richardson
イギリス国教会の聖職者, 神学者。
- ⇒オク教（イリングワース 1848-1915）

Illy, Andrea
イタリアの実業家。
- ⇒外12（イリー, アンドレア 1964-）
- 外16（イリー, アンドレア 1964-）

Illyés Gyula
ハンガリーの詩人。1919年のハンガリー革命に参加。
- ⇒岩世人（イッエーシュ 1902.11.2-1983.4.15）
- 現世文（イェーシュ, ジュラ 1902.11.2-1983.4.15）
- ネーム（イェーシュ 1902-1983）

Iloilo, Josefa
フィジーの政治家。フィジー大統領（2000〜06）。
- ⇒世指導（イロイロ, ジョセファ 1920.12.29-2011.2.6）

Ilosfalvy, Róbert
ハンガリーのテノール歌手。
- ⇒失声（イロシュファルヴィ, ロベルト 1927-2009）
- 魅惑（Ilosfalvy,Robert 1927-）

Ilves, Toomas Hendrik
エストニアの政治家。エストニア大統領（2006〜16）。
- ⇒岩世人（イルヴェス 1953.12.26-）
- 外12（イルベス, トーマス・ヘンドリック 1953.12.26-）
- 外16（イルベス, トーマス・ヘンドリック 1953.12.26-）
- 世指導（イルベス, トーマス・ヘンドリック 1953.12.26-）

Ilyoushin, Viktor
ロシアの政治家。ロシア第1副首相。
- ⇒世指導（イリューシン, ヴィクトル 1947-）

Ilyumzhinov, Kirsan Nikolaevich
ロシアの政治家, 実業家。ロシア連邦内のカルムイク共和国大統領。
- ⇒外12（イリュムジノフ, キルサン 1962.4.5-）
- 外16（イリュムジノフ, キルサン 1962.4.5-）
- 世指導（イリュムジノフ, キルサン 1962.4.5-）

Imaeva, Zara
チェチェン人ジャーナリスト, 映像作家。国際アートセラピーセンターDiDi創立者。
- ⇒外16（イマーエワ, ザーラ 1961-）

Image, Selwyn
イギリスのデザイナー, グラフィック・アーティスト。1882年にアーサー・ヘイゲイト・マックマードとともにセンチュリー・ギルドを設立した。
- ⇒グラデ（Image,Selwyn イミッジ, セルウィン 1849-1930）

İmanov, Lütfiyar
アゼルバイジャンのテノール歌手。
- ⇒失声（イマノフ, リュトフィアール 1928-2008）

'Imāra, Muḥammad
エジプトの文筆家。
- ⇒岩イ（イマーラ 1931-）

Imbart de La Tour, Pierre-Gilbert-Jean-Marie
フランスの歴史家。
- ⇒新カト（アンバール・ド・ラ・トゥール 1860.8.22-1925.12.4）

Imber, Naphtali Herz
ヘブライ詩人, イスラエル国歌の作詞者。
- ⇒ユ著人（Imber,Naphtali Herz インバル, ナフタリ・ヘルツ 1856-1909）

Imboden, Daniel C.
アメリカのジャーナリスト。日本占領期のGHQの新聞課長。
- ⇒岩世人（インボデン 1893-1965.11.9）

Imbrie, William
アメリカの長老派教会宣教師。東京一致神学校, 明治学院で神学を教授。
- ⇒岩世人（インブリー 1845.1.1-1928.8.4）

Imbruglia, Natalie
オーストラリア生まれの歌手。
- ⇒外12（インブルーリア, ナタリー 1975.2.4-）
- 外16（インブルーリア, ナタリー 1975.2.4-）

Im Chang-jung
韓国の男優, 歌手。
- ⇒韓俳（イム・チャンジョン 1973.11.30-）

Im Dae-ho
韓国の男優。
- ⇒韓俳（イム・デホ）

Im Dong-kwon
韓国の民俗学者。同国中央大学名誉教授, 文化財委員, 民謡学会会長, 民俗学会会長。

⇒外12（イムドンゴン　任東権　1926.5.22–）

Im Ha-ryong
韓国のコメディアン。
⇒韓俳（イム・ハリョン　1952.10.31–）

Im Ho
韓国の男優。
⇒韓俳（イム・ホ　1970.1.27–）

Im Hof, Ulrich
スイスの歴史家。
⇒岩世人（イム・ホーフ　1917.8.14–2001.7.29）

Imhoof, Markus
スイスの映画監督。
⇒外16（イムホーフ，マークス　1941.9.19–）

Im Hyun-Sik
韓国のタレント。
⇒韓俳（イム・ヒョンシク　1945.12.31–）

Im Jung-eun
韓国の女優。
⇒韓俳（イム・ジョンウン　1982.3.31–）

Im Kwon-Taek
韓国生まれの映画監督。
⇒岩世人（林権沢　イムグォンテク　1936.5.2–）
映監（イム・グォンテク　1936.5.2–）
外12（イムグォンテク　1936.5.2–）
外16（イムグォンテク　1936.5.2–）
韓朝新（イム・グォンテク　林権澤　1934–）

I　Immelman, Trevor
南アフリカのプロゴルファー。
⇒外12（イメルマン，トレバー　1979.12.16–）
外16（イメルマン，トレバー　1979.12.16–）
最世ス（イメルマン，トレバー　1979.12.16–）

Immelt, Jeffrey R.
アメリカの実業家。ゼネラル・エレクトリック（GE）の最高経営責任者（CEO）。
⇒外12（イメルト，ジェフリー　1956.2.19–）
外16（イメルト，ジェフ　1956.2.19–）

Immer, Kay
テノール歌手。
⇒魅惑（Immer,Kay　?–）

Immermann, Max Franz
ドイツの戦闘機操縦者。「インメルマン旋回」の発明者。
⇒異二辞（インメルマン［マックス・〜］　1890–1916）
ネーム（インメルマン　1890–1916）

Immisch, Otto
ドイツの古典学者。広くギリシア，ラテンの古典の研究に従事。"Das Erbe der Alten"叢書の編集者（1919〜）。
⇒岩世人（インミッシュ　1862.6.18–1936.10.29）

Immmerseel, Josvan
ベルギーのフォルテピアノ奏者，チェンバロ奏者，指揮者。
⇒外12（インマゼール，ジョス・ファン　1945–）
外16（インマゼール，ジョス・ファン　1945–）

Im Sang-soo
韓国の映画監督，脚本家。
⇒外12（イムサンス　1962–）
外16（イムサンス　1962–）

I Myeong-se
韓国の映画監督。
⇒外12（イミョンセ　1957.8.20–）

İnal, İbnülemin Mahmud Kemal
トルコの伝記編纂者。
⇒岩イ（イナル　1870–1957）

İnalcık, Halil
オスマン帝国史研究の第一人者。
⇒岩世人（イナルジュク・ハリル　1916.5.26–）

Inama-Sternegg, Karl Theodor Ferdinand Michael von
ドイツ歴史学派の経済学者。
⇒岩世人（イナーマ＝シュテルネック　1843.1.20–1908.11.28）
学叢思（イナマ・ステルネック，カール・テオドル・フォン　1843–?）

İnan, Abdülkadir
バシキール出身のトルコ言語学・民俗学者。
⇒岩世人（イナン　1889–1976）

Iñárritu, Alejandro González
メキシコの映画監督，脚本家，映画プロデューサー。
⇒映監（イニャリトゥ，アレハンドロ・ゴンザレス　1963.8.15–）
外12（イニャリトゥ，アレハンドロ・ゴンサレス　1963.8.15–）
外16（イニャリトゥ，アレハンドロ・ゴンサレス　1963.8.15–）

Inbal, Eliahu
イスラエルの指揮者。
⇒外12（インバル，エリアフ　1936.2.16–）
外16（インバル，エリアフ　1936.2.16–）
新音中（インバル，エリアフ　1936.2.16–）
標音2（インバル，エリアフ　1936.2.16–）
ユ著人（Inbal,Eliahu　インバル，エリアフー　1936–）

Inber, Vera Mikhailovna
ソ連の女性詩人。叙事詩『プルコボ子午線』（1943）が有名。
⇒岩世人（インベル　1890.6.28/7.10–1972.11.11）

Incaviglia, Peter Joseph
アメリカの大リーグ選手（外野）。

Ince, Paul
イギリスのサッカー監督。
⇒外12（インス，ポール 1967.10.21–）

Ince, Thomas Harper
アメリカの映画制作者，監督。撮影台本の形式を完成，制作者の制度を確立。代表作『シビリゼーション』(1916)など。
⇒岩世人（インス 1882.11.6–1924.11.19）
映監（インス，トーマス・H 1882.11.6–1924）

Incisa, Nicolò
イタリアの実業家。
⇒外12（インチーザ，ニコロ 1936–）
外16（インチーザ，ニコロ 1936–）

Ind, Oknha Suttantaprija
カンボジアの文筆家。
⇒岩世人（アン，オクニャー・ソッタン・プライチア 1859.7.22–1924.11.8）

Indiana, Robert
アメリカ生まれのポップアーティスト。
⇒岩世人（インディアナ 1928.9.13–）
芸13（インディアナ，ロバート 1928–）

Indridason, Arnaldur
アイスランドの作家。
⇒外16（インドリダソン，アーナルデュル 1961–）
海文新（インドリダソン，アーナルデュル 1961.1.28–）
現世文（インドリダソン，アーナルデュル 1961.1.28–）

Infante, Manuel
スペインの作曲家。
⇒ク音3（インファンテ 1883–1958）

Infante, Omar Rafael
ベネズエラの大リーグ選手（二塁）。
⇒メジャ（インファンテ，オマル 1981.12.26–）

Infante, Pedro
メキシコの男性歌手。ホルヘ=ネグレテと並ぶメキシコ最大の歌手であった。
⇒スター（インファンテ，ペドロ 1917.11.18–1957）

Infantino, Luigi
イタリアのテノール歌手。
⇒失声（インファンティーノ，ルイージ 1921–1991）
魅惑（Infantino, Luigi 1921–1990）

Infeld, Leopold
ポーランド生まれのアメリカの理論物理学者。相対性理論および量子論を専攻し，アインシュタインと共同研究を行った。
⇒岩世人（インフェルト 1898.8.20–1968.1.15）
三新物（インフェルト 1898–1968）

Ing, John
アメリカのメソジスト監督派教会宣教師。1874年来日し，教育（東奥義塾：英語他）に寄与。
⇒岩世人（イング 1840.8.22–1920.6.4）

Ingalls, Rachel
アメリカの女性作家。
⇒現世文（インガルス，レーチェル）

Ingarden, Roman Witold
ポーランド出身の哲学者，文学理論家。
⇒岩世人（インガルデン 1893.2.5–1970.6.18）
新カ1（インガルデン 1893.2.5–1970.7.14）
標音2（インガルデン，ロマン 1893.2.5–1970.6.18）
メル別（インガルデン，ローマン・ヴィトルト 1893–1970）

Inge, Charles Brandon
アメリカの大リーグ選手（三塁，捕手）。
⇒メジャ（インジ，ブランドン 1977.5.19–）

Inge, William Motter
アメリカの劇作家。T.ウィリアムズの『ガラスの動物園』に感銘し劇作を始め，1950年『いとしのシバよ帰れ』で認められる。『ピクニック』(1953)でピュリッツァー賞受賞。
⇒アメ州（Inge, William インジ，ウィリアム 1913–1973）
岩世人（インジ 1913.5.3–1973.6.10）
現世文（インジ，ウィリアム 1913.5.3–1973.6.10）

Inge, William Ralph
イギリスの神学者，聖ポール寺院の司祭長（1911〜34）。神学の著作多数。
⇒岩世人（イング 1860.6.6–1954.2.26）
オク教（イング 1860–1954）
教人（イング 1860–1954）

Ingelman-Sundberg, Catharina
スウェーデンの作家，海洋考古学者。
⇒現世文（インゲルマン・スンドベリ，カタリーナ 1948–）

Ingemarsdotter, Ida
スウェーデンのスキー選手（距離）。
⇒外16（インゲマルスドッテル，アイダ 1985.4.26–）

Ingenieros, José
アルゼンチンの心理学者，精神病理学者，社会学者。H.スペンサーの影響のもとに実証主義の立場をとった。
⇒岩世人（インヘニエロス 1877.4.24–1925.10.31）

Ingersoll, Frank Bassett
アメリカの弁護士。
⇒アア歴（Ingersoll, Frank B (assett) インガソル，フランク・バセット 1866.11.29–1944.4.25）

Ingersoll, Robert Stephen, Jr.
アメリカの実業家,外交官。
⇒アア歴〈Ingersoll,Robert Stephen,Jr　インガソル,ロバート・スティーヴン,ジュニア　1914.1.28–2010.8.11〉
アメ経〈インガソル,ロバート　1914.1.28–〉

Inggit Garnasih
インドネシア共和国初代大統領スカルノの夫人。
⇒岩世人〈インギット・ガルナシ　1888.2.17–1984.4.13〉

Ingham, Patricia
イギリスの英文学者。
⇒外12〈インガム,パトリシャ〉
　外16〈インガム,パトリシャ〉

Inghelbrecht, Désiré-Émile
フランスの指揮者,作曲家。34年フランス国立放送管弦楽団を創立,指揮者を務めた。
⇒新音中〈アンゲルブレシュト,D.-É.　1880.9.17–1965.2.14〉
　標音2〈アンゲルブレシュト,デジレ＝エミル　1880.9.17–1965.2.14〉

Ingholt, Harald
アメリカの考古学者。シリアのパルミュラとハマ,およびイラクのシムシャラなどを発掘。
⇒岩世人〈インゴールト　1896.3.11–1985.10.28〉

Inglis, Alexander James
アメリカの教育学者。1912年ラトガース大学教授となり,ついで14年から24年の間ハーバード大学において教育学を講じた。
⇒教人〈イングリス　1879–1924〉

Ingman, Lauri
フィンランドのルター派神学者,政治家。
⇒岩世人〈イングマン　1868.6.30–1934.10.25〉

Ingold, Christopher Kelk
イギリスの化学者。有機電子論を開発,有機反応機構を研究。
⇒岩世人〈インゴールド　1893.10.28–1970.12.8〉
　化学〈インゴールド　1893–1970〉

Ingold, Tim
イギリスの社会人類学者。
⇒外16〈インゴールド,ティム　1948–〉

Ingólfsson, Viktor Arnar
アイスランドの作家。
⇒海文新〈インゴウルフソン,ヴィクトル・アルナル　1955.4.12–〉
　現世文〈インゴウルフソン,ヴィクトル・アルナル　1955.4.12–〉

Ingpen, Robert
オーストラリアの作家,挿絵画家。
⇒絵本〈イングペン,ロバート　1936–〉
　外16〈イングペン,ロバート　1936–〉

Ingraham, Hubert Alexander
バハマの政治家。バハマ首相。
⇒外12〈イングラハム,ヒューバート・アレクサンダー　1947.8.4–〉
　外16〈イングラハム,ヒューバート・アレクサンダー　1947.8.4–〉
　世指導〈イングラハム,ヒューバート・アレクサンダー　1947.8.4–〉

Ingram, Henry
カナダのテノール歌手。
⇒魅惑〈Ingram,Henry　?–〉

Ingram, Luther
アメリカのソウル歌手。
⇒ロック〈Ingram,Luther　イングラム,ルーサー〉

Ingrao, Pietro
イタリアの政治家。1948年に下院議員となり,68年には党国会議員団長を経て,76～79年下院議長を務めた。
⇒岩世人〈イングラオ　1915.3.30–〉
　世指導〈イングラオ,ピエトロ　1915.3.30–2015.9.27〉

Ingrid
デンマークの王妃。
⇒王妃〈イングリッド　1910–2000〉

Inhelder, Bärbel
スイスの心理学者。
⇒岩世人〈イネルデ　1913.4.15–1997.2.16〉

Inhofe, James
アメリカの政治家。
⇒外12〈インホフ,ジェームズ　1934.11.17–〉

Iniesta, Aǹdres
スペインのサッカー選手(バルセロナ・MF)。
⇒外12〈イニエスタ,アンドレス　1984.5.11–〉
　外16〈イニエスタ,アンドレス　1984.5.11–〉
　最世ス〈イニエスタ,アンドレス　1984.5.11–〉
　ネーム〈イニエスタ　1984–〉

Injun
韓国の歌手。
⇒外12〈インジュン　1992.3.9–〉

Inkeles, Alex
アメリカ社会学におけるソ連研究の第一人者。『ソヴェートの世論』(1950)はソ連社会の社会学的研究の一大金字塔である。
⇒社小増〈インケレス　1920–〉

Inkinen, Pietari
フィンランドの指揮者,ヴァイオリン奏者。
⇒外12〈インキネン,ピエタリ　1980–〉
　外16〈インキネン,ピエタリ　1980–〉

Inkster, Juli
アメリカのプロゴルファー。

⇒最世ス（インクスター, ジュリ　1960.6.24-）

Inman, Bobby Ray
アメリカの海軍軍人。アメリカ海軍情報部長（DNI）,NSA長官,中央情報副長官（DDCI）を歴任。
⇒スパイ（インマン, ボビー・レイ　1931-）

Innamorati, Silvano
テノール歌手。
⇒魅惑（Innamorati,Silvano　?-）

Innauer, Anton
オーストリアのスキージャンプ選手。
⇒岩世人（インナウアー　1958.4.1-）

Innerhofer, Christof
イタリアのスキー選手（アルペン）。
⇒外12（インネルホファー, クリストフ　1984.12.17-）
外16（インネルホファー, クリストフ　1984.12.17-）
最世ス（インネルホファー, クリストフ　1984.12.17-）

Innes, Hammond
イギリスのミステリ作家。
⇒現世文（イネス, ハモンド　1913.7.15-1998.6.10）

Innes, Leith
ニュージーランドの騎手。
⇒外12（イネス, リース　1978.4.3-）

Innes, Michael
イギリスの作家。
⇒現世文（イネス, マイケル　1906.9.30-1994.11.12）

Innis, Harold Adams
カナダの政治経済学者,コミュニケーション理論の先駆者。
⇒現社（イニス　1894-1952）
ネーム（イニス, ハロルド　1894-1952）

Innitzer, Theodor
オーストリアのカトリック教会行政家,枢機卿,新約学者。ウィーン大学の新約学教授,社会福祉大臣などを歴任。
⇒新カト（インニツァー　1875.12.25-1955.10.9）

Innocenti, Roberto
イタリアのイラストレーター。
⇒絵本（インノチェンティ, ロベルト　1940-）
外12（インノチェンティ, ロベルト　1940-）
外16（インノチェンティ, ロベルト　1940-）

Inn Yâ Moe Moe
ミャンマー（ビルマ）の女性作家。
⇒岩世人（モウウ（インヤー）　1944.10.24-1990.3.13）

Inönü, Erdal
トルコの政治家,物理学者。トルコ外相（社会民主人民党）。
⇒世指導（イノニュ, エルダル　1926-2007.10.31）

Inouye, Daniel Ken
アメリカの政治家。上院議員（民主党）。
⇒アメ州（Inoue,Daniel Ken　イノウエ, ダニエル・ケン　1924-）
アメ新（イノウエ　1924-）
岩世人（イノウエ　1924.9.7-2012.12.17）
外12（イノウエ, ダニエル　1924.9.7-）
世指導（イノウエ, ダニエル　1924.9.7-2012.12.17）

Inouye, Wayne
アメリカの実業家。
⇒外12（イノウエ, ウェイン）

Insanally, Samuel Rudolph
ガイアナの外交官。ガイアナ外相。
⇒外12（インサナリ, サミュエル・ルドルフ　1936.6.23-）
外16（インサナリ, サミュエル・ルドルフ　1936.6.23-）
世指導（インサナリ, サミュエル・ルドルフ　1936.6.23-）

Inseok
韓国の歌手。
⇒外12（インソク　1988.2.19-）

Insull, Samuel
アメリカの公益事業投資家。1892年シカゴ・エディソン会社社長。
⇒アメ経（インサル, サミュエル　1859.11.11-1938.7.16）
アメ州（Insull,Samuel　インスル, サミュエル　1859-1938）

Insulza, José Miguel
チリの政治家。
⇒外12（インスルサ, ホセ・ミゲル　1943.6.2-）
外16（インスルサ, ホセ・ミゲル　1943.6.2-）
世指導（インスルサ, ホセ・ミゲル　1943.6.2-）

Inwagen, Peter van
アメリカの哲学者。
⇒メル別（インワーゲン, ピーター・ヴァン　1942-）

Inzaghi, Filippo
イタリアのサッカー選手。
⇒外12（インザーギ, フィリッポ　1973.8.9-）
外16（インザーギ, フィリッポ　1973.8.9-）
ネーム（インザーギ　1973-）

Inzikuru, Docus
ウガンダの陸上選手（障害・長距離）。
⇒最世ス（インジクル, ドーカス　1982.2.2-）

Ioachim III
コンスタンティノポリス総主教。在職1878～

84,1901〜12。
⇒新カト（ヨアキム3世〔コンスタンティノポリスの〕 1834.1.30–1912.11.26）

Iofan, Boris Mikhailovich
ソ連の建築家。パリ万国博覧会のソビエト館などを設計した。
⇒岩世人（ヨファン 1891.4.16/28–1976.3.11）

Ioffe, Abram Fyodorovich
ソ連の物理学者。結晶の物性論的実験研究の分野で業績がある。
⇒岩世人（ヨッフェ 1880.10.17/29–1960.10.14）
ユ著人（Joffe,Abraham Feodorovich ヨッフェ、アブラハム・フィヨドロヴィッチ 1880–1960）

Ioffe, Adolf Abramovich
ソ連の革命家,外交官。十月革命後外交官として活動,1923年上海で孫文と共同宣言を発表した。
⇒岩世人（ヨッフェ 1883.10.10/22–1927.11.17）
学叢思（ヨッフェ、アドルフ 1883–1927.11.17）
広辞7（ヨッフェ 1883–1927）
世人新（ヨッフェ 1883–1927）
世人装（ヨッフェ 1883–1927）
ユ著人（I(J)offe,Adolf Abramovich ヨッフェ、アドルフ・アブラハム 1883–1927）

Iohannis, Klaus
ルーマニアの政治家。ルーマニア大統領（2014〜）。
⇒外16（ヨハニス、クラウス 1959.6.13–）
世指導（ヨハニス、クラウス 1959.6.13–）

Iona, Andy
アメリカのスティール・ギター奏者,バンドリーダー。
⇒標音2（アイオナ、アンディ 1902–1966）

Ione, Larissa
アメリカの作家。シドニー・クロフトはステファニー・タイラとの共同筆名。
⇒海文新（イオーネ、ラリッサ）
海文新（クロフト、シドニー）

Ionesco, Eugène
フランスの劇作家。アンチ・テアトルの代表作家として不条理劇を書く。作品『椅子』(1952)、『無給の殺し屋』(59)など。
⇒岩世人（イヨネスコ 1909.11.26–1994.3.28）
絵本（イヨネスコ、ウジェーヌ 1909–1994）
現世文（イヨネスコ、ウジェーヌ 1912.11.26–1994.3.28）
広辞7（イヨネスコ 1909–1994）
世（イヨネスコ、ウジェーヌ 1909.11.26–1994.3.28）
世人新（イオネスコ 1909–1994）
世人装（イオネスコ 1909–1994）
ネーム（イヨネスコ、ウジェーヌ 1909–1994）
フ文小（イヨネスコ、ウージェーヌ 1909–1994）
ポプ人（イヨネスコ、ウージェーヌ 1912–1994）
ユ著人（Ionesco,Eugène イヨネスコ、ウジェーヌ 1912–1994）

Ionesco, Eva
フランスの女優,映画監督。
⇒外16（イオネスコ、エヴァ 1965.7.18–）

Ionita, Alexandru
ルーマニアのテノール歌手。
⇒魅惑（Ionita,Alexandru 1953–）

Iordan, Iorgu
ルーマニアの言語学者。ブカレスト大学で,ロマンス語学の研究・教育を指導する。
⇒岩世人（ヨルダン 1888.9.29–1986.9.20）

Iorga, Nicolaie
ルーマニアの歴史家,ジャーナリスト,政治家。1931〜32年首相兼文相を歴任。
⇒岩世人（ヨルガ 1871.6.5/17–1940.11.28）

Ioseliani, Otar Davidovich
ジョージア出身の映画監督,脚本家。
⇒岩世人（イオセリアーニ 1934.2.2–）
外12（イオセリアーニ、オタール 1934.2.2–）
外16（イオセリアーニ、オタール 1934.2.2–）

Iosifov, Ilia
ブルガリアのテノール歌手。
⇒失声（イオシフォフ、イリヤ 1912–1993）

Ip, Regina
香港の政治家。香港立法会議員,新民党主席。
⇒外12（葉劉淑儀 ヨウリュウシュクギ 1950.8.24–）
外16（葉劉淑儀 ヨウリュウシュクギ 1950.8.24–）
世指導（葉劉淑儀 ようりゅう・しゅくぎ 1950.8.24–）

Ipatieff, Vladimir Nikolaevich
ロシア生まれのアメリカの工業化学者。
⇒岩世人（イパーチエフ 1867.11.9/21–1952.11.29）
化学（イパーチエフ 1867–1952）

Ipoustéguy, Jean-Robert
フランス生まれの彫刻家。
⇒芸13（イプステギィ、ジーン・ロバート 1920–）

Ippolitov-Ivanov, Mikhail Mikhailovich
ロシアの作曲家。革命後はソ連音楽文化の建設に貢献。作品,『カフカズの風景』など。
⇒岩世人（イッポリートフ=イヴァーノフ 1859.11.7/19–1935.1.28）
エデ（イッポリトフ=イヴァノフ、ミハイル（ミハイロヴィチ） 1859.11.19–1935.1.28）
ク音3（イッポリトフ=イワーノフ 1859–1935）
新音小（イッポリトフ=イヴァーノフ、ミハイル 1859–1935）
新音中（イッポリトフ=イヴァーノフ、ミハイル 1859.11.19–1935.1.28）
ネーム（イッポリトフ・イワーノフ 1859–1935）
標音2（イッポリトフ=イヴァノフ、ミハイル・ミ

ハイロヴィチ 1859.11.19-1935.1.28)

Iqbāl, Muḥammad
インドの詩人, 哲学者。イスラム再生の立場に立ち, パキスタン建国を主張。
⇒イス世 (イクバール 1877-1938)
岩イ (イクバール 1877-1938)
岩世人 (イクバール 1877.11.9-1938.4.21)
現世文 (イクバール, ムハンマド 1873-1938.4.21)
広辞7 (イクバール 1877-1938)
新カト (イクバール 1873.77-1938.4.21)
南ア新 (イクバール 1877-1938)

Iraj Mīrzā
イランの詩人。〈国々の栄誉 Jalālu'l-Mamālik〉とよばれる。
⇒岩世人 (イーラジュ・ミールザー 1874-1925, 1926)

Ireland, Alleyne
イギリス生まれの熱帯植民地学者。40年間に, オーストラリア, インド, 中国, 香港, 朝鮮, 中国東北, カナダ, 東南アジア諸地域を歴訪し, 25年ものあいだアメリカに居住。
⇒アア歴 (Ireland, Alleyne アイアランド, アリン 1871.1.19-1951.12.23)

Ireland, Jill
イギリスの女優。
⇒ク俳 (アイアランド, ジル 1936-1990)

Ireland, John
アイルランド生まれのアメリカの宗教家。ミネソタ州セントポールの大司教。
⇒新カト (アイアランド 1838.9.11-1918.9.25)

Ireland, John
アメリカの俳優。
⇒ク俳 (アイアランド, ジョン 1914-1992)

Ireland, John Nicholson
イギリスの作曲家。王立音楽院1908年にコベット賞を獲得。
⇒岩世人 (アイアランド 1879.8.13-1962.6.12)
エデ (アイアランド, ジョン (ニコルソン) 1879.8.13-1962.6.12)
ク音3 (アイアランド 1879-1962)
新音中 (アイアランド, ジョン 1879.8.13-1962.6.12)
標音2 (アイアランド, ジョン 1879.8.13-1962.6.12)

Ireton, William
日本生まれの映画プロデューサー。ワーナーエンターテイメントジャパン社長。
⇒外16 (アイアトン, ウィリアム 1955-)

Irglova, Marketa
チェコスロバキア・モラヴィア生まれの女優, 歌手。
⇒外12 (イルグロヴァ, マルケタ 1988-)

Irigaray, Luce
フランスの精神分析医・思想家。
⇒岩女 (イリガライ, リュース 1930?-)
岩世人 (イリガライ 1930-)
現社 (イリガライ 1932-)
メル別 (イリガライ, リュス 1930-)

Irigoyen, Hipólito
アルゼンチンの政治家。アルゼンチン大統領 (1916~22, 28~30)。
⇒岩世人 (イリゴイェン 1850.7.13-1933.7.3)
ラテ新 (イリゴージェン 1852-1933)

Irish, William
アメリカの推理小説家。1940年にコーネル=ウールリッチの名で『黒衣の花嫁』を刊行, 42年にはウィリアム=アイリッシュ名義で『幻の女』を発表。
⇒現世文 (アイリッシュ, ウィリアム 1903.12.4-1968.9.25)
広辞7 (アイリッシュ 1903-1968)

Irons, Jeremy
イギリス生まれの俳優。
⇒外12 (アイアンズ, ジェレミー 1948.9.19-)
外16 (アイアンズ, ジェレミー 1948.9.19-)
ク俳 (アイアンズ, ジェレミー 1948-)

Ironsi, Johnson Thomas Umunnakwe Aguiyi-
ナイジェリアの軍人, 政治家。
⇒岩世人 (イロンシ 1924.3.3-1966.7.29)

Irvin, Monford (Monte)
アメリカの大リーグ選手 (外野, 一塁)。
⇒メジャ (アーヴィン, モンティ 1919.2.25-)

Irvine, Sir James Colquhoun
イギリス (スコットランド) の化学者。糖類の研究に貢献した。
⇒岩世人 (アーヴィン 1877.5.9-1952.6.12)

Irving, Amy
アメリカ生まれの女優。
⇒ク俳 (アーヴィング, エイミー 1953-)

Irving, Clifford
アメリカの作家。
⇒現世文 (アービング, クリフォード 1930.11.5-2017.12.19)

Irving, Sir Henry
イギリスの俳優。
⇒岩世人 (アーヴィング 1838.2.6-1905.10.13)

Irving, John
アメリカの作家。"The World According to Garp" (1978) はベストセラーとなる。
⇒アメ新 (アービング 1942-)
外12 (アービング, ジョン 1942.3.2-)

外16（アービング, ジョン　1942.3.2–）
現世文（アービング, ジョン　1942.3.2–）
広辞7（アーヴィング　1942–）
ポプ人（アービング, ジョン　1942–）

Irving, Kyrie
アメリカ, オーストラリアのバスケットボール選手（キャバリアーズ）。
⇒最世ス（アービング, カイリー　1992.3.23–）

Irwin, Arthur Albert
アメリカの大リーグ選手（遊撃）。
⇒メジャ（アーウィン, アーサー　1858.2.14–1921.7.16(?)）

Irwin, Big Dee
アメリカ・ニューヨーク生まれのソウル歌手, ソングライター, プロデューサー。
⇒ロック（Irwin,Big Dee　アーウィン, ビッグ・ディー　1939.8.4–）

Irwin, Hadley
アメリカの作家。
⇒現世文（アーウィン, ハドリー）

Irwin, Robert
アメリカの美術家。
⇒岩世人（アーウィン　1928.9.12–）

Irwin, Robert Walker
アメリカの貿易商。三井物産, 台湾製糖創立功労者。のち日本駐劄ハワイ公使として移民事業にも尽力。
⇒アア歴（Irwin,Robert W (alker)　アーウィン, ロバート・ウォーカー　1844.1.7–1925.1.5）
来日（アーウィン　1844–1925）

Irwin, Wallace
アメリカの作家。
⇒岩世人（アーウィン　1875.3.15–1959.2.14）

Iryani, Abd al-Karim al-
イエメンの政治家。イエメン首相。
⇒世指導（イリヤニ, アブドルカリム　1934.10.12–2015.11.8）

Irzykowski, Karol
ポーランド生まれの映画批評家, 理論家, 小説家。
⇒岩世人（イジコフスキ　1873.1.23–1944.11.2）

Isaac, Jules Marx
フランスの歴史家。
⇒ユ著人（Isaac,Jules Marx　イザック, ジュール・マルクス　1877–1963）

Isaacs, Cheryl Boone
アメリカの実業家。
⇒外16（アイザックス, シェリル・ブーン　1949–）

Isaacs, George Alfred
イギリスの政治家, 労働組合役員。アトリー内閣の労働相（1945～51）, 恩給相（51）を歴任。
⇒岩世人（アイザックス　1883.5.28–1979.4.26）

Isaacs, Harold R (obert)
アメリカのジャーナリスト。
⇒アア歴（Isaacs,Harold R (obert)　アイザックス, ハロルド・ロバート　1910.9.13–1986.7.9）

Isaacs, Jeremy
スコットランドのプロデューサー, 芸術監督。
⇒ユ著人（Isaacs,Jeremy　アイザックス, ジェレミー　1932–）

Isaacs, Susan Brierley
イギリスの児童教育の専門家。
⇒岩世人（アイザックス　1885.5.24–1948.10.12）
世界子（アイザックス, スーザン　1885–1948）

Isaacson, Walter
アメリカの作家, ジャーナリスト。
⇒外12（アイザックソン, ウォルター　1952.5.20–）
外16（アイザックソン, ウォルター　1952.5.20–）

Isaak, Chris
アメリカの歌手, 俳優。
⇒外12（アイザック, クリス　1957–）

Isa bin Sulman al-Khalifa
バーレーン首長。
⇒世指導（イサ・ビン・スルマン・アル・ハリファ　1933.7.3–1999.3.6）

Isaev, Mansur
ロシアの柔道選手。
⇒外16（イサエフ, マンスール　1986.9.23–）
最世ス（イサエフ, マンスール　1986.9.23–）

Isakovskii, Mikhail Vasilievich
ソ連の詩人。「カチューシャ」その他多くの叙情詩および歌謡が作曲, 愛唱されている。
⇒岩世人（イサコフスキー　1900.1.7/19–1973.7.20）
現世文（イサコフスキー, ミハイル　1900.1.19–1973.7.20）

Isakson, Karl Oskar
スウェーデンの画家。
⇒芸13（イサクソン, カール　1878–1922）

Isard, Walter
アメリカの経済学者。地域科学および平和研究のパイオニアの一人。
⇒岩世人（アイザード　1919.4.19–2010.11.6）
有経5（アイサード　1919–2010）

Isărescu, Constantin Mugurel
ルーマニアの政治家, 経済学者。ルーマニア首相, ルーマニア国立銀行総裁。
⇒外16（イサレスク, ムグル　1949.8.1–）
世指導（イサレスク, ムグル　1949.8.1–）

Isau, Ralf
ドイツのファンタジー作家。

⇒外12（イーザウ, ラルフ　1956–）
　外16（イーザウ, ラルフ　1956–）
　現世文（イーザウ, ラルフ　1956–）

Isbak, Poul
デンマーク・エスビャルグ生まれの彫刻家。
⇒芸13（イスバック, ポール　1943–）

Isbell, William Frank
アメリカの大リーグ選手（一塁, 二塁）。
⇒メジャ（イスベル, フランク　1875.8.21–1941.7.15）

Ischinger, Wolfgang
ドイツの外交官。ドイツ外務次官, ミュンヘン安全保障会議議長。
⇒世指導（イッシンガー, ヴォルフガンク　1946.4.6–）

Iselin, Columbus O'Donnell
アメリカの海洋学者。湾流（gulf stream）, 水中の音等の研究がある。
⇒岩世人（イズリン　1904.9.25–1971.1.5）

Iser, Wolfgang
ドイツの文学者。
⇒岩世人（イーザー　1926.7.22–2007.1.24）
　メル別（イーザー, ウォルフガング　1926–2007）

Isham, Mark
アメリカの映画音楽作曲家。
⇒外12（アイシャム, マーク　1951–）
　外16（アイシャム, マーク　1951–）

Ishchenko, Natalia
ロシアのシンクロナイズドスイミング選手。
⇒外12（イーシェンコ, ナタリア　1986.4.8–）
　外16（イーシェンコ, ナタリア　1986.4.8–）
　最世ス（イーシェンコ, ナタリア　1986.4.8–）

Isherwood, Christopher William Bradshaw
イギリス生まれのアメリカの作家。作品, 『さらばベルリン』（1939）など。
⇒アメ州（Isherwood,Christopher アイシャーウッド, クリストファー　1904–）
　岩世人（イシャウッド, クリストファー　1904.8.26–1986.1.4）
　現世文（イシャウッド, クリストファー　1904.8.26–1986.1.4）
　広辞7（イシャウッド　1904–1986）
　ネーム（イシャウッド　1904–1986）

Isherwood, *Sir* Joseph William
イギリスの造船家, 発明家。「イシャウッド縦肋骨構造方式」を発明した（1906）。他に水面下の船型, 船倉口蓋等の発明考案がある。
⇒岩世人（イシャウッド　1870.5.22–1937.10.24）

Ishi
アメリカのインディアンのYahi族の最後の生存者。
⇒アメ州（Ishi　イシ　1860?–1916）

Ishiguro, Kazuo
日本生まれのイギリスの小説家。作品に『日の名残り』など。
⇒岩世人（イシグロ　1954.11.8–）
　外12（イシグロ, カズオ　1954.11.8–）
　外16（イシグロ, カズオ　1954.11.8–）
　現世文（イシグロ, カズオ　1954.11.8–）
　広辞7（イシグロ　1954–）
　ポプ人（イシグロ, カズオ　1954–）

Ishikawa, Travis
アメリカの大リーグ選手（ジャイアンツ・内野手）。
⇒外12（イシカワ, トラビス　1983.9.24–）
　最世ス（イシカワ, トラビス　1983.9.24–）

Ishmouratova, Svetlana
ロシアのバイアスロン選手。
⇒外12（イシムラトワ, スベトラーナ　1972.4.20–）
　最世ス（イシムラトワ, スベトラーナ　1972.4.20–）

Isinbayeva, Yelena
ロシアの棒高跳び選手。
⇒岩世人（イシンバーエワ　1982.6.3–）
　外12（イシンバエワ, エレーナ　1982.6.3–）
　外16（イシンバエワ, エレーナ　1982.6.3–）
　最世ス（イシンバエワ, エレーナ　1982.6.3–）

Iskander, Fazil' Abdulovich
アブハジアの小説家, 詩人。
⇒岩世人（イスカンデル　1929.3.6–）
　現世文（イスカンデル, ファジリ　1929.3.6–2016.7.31）
　広辞7（イスカンデル　1929–2016）

Iskhakïy, Gayäz
タタール民族運動の指導者, 作家。
⇒岩イ（イスハキ　1878–1954）
　岩世人（イスハキー　1878.2.10/22–1954.7.22）

Islām, Kazi Nazrūl
インド（ベンガル）の詩人。1921年, 詩「反逆者」を発表して「反逆詩人」とよばれる。
⇒岩7（カジ・ノズルル・イスラム　1899–1976）
　現世文（イスラーム, カジ・ナズルル　1899.5.24–1976.8.26）
　南ア新（イスラム　1899–1976）

Islambouli, Khaled el
エジプトの軍人。1981年エジプト大統領アンワル・サダトを暗殺した。
⇒世暗（イスラムブーリ, ハーレド・エル　1957–1982）
　ネーム（イスランブーリー　1955–1982）

Islandi, Stefan
アイスランドのテノール歌手。
⇒失声（イスランディ, ステファン　1907–1994）
　魅惑（Islandi,Stefan　1907–1994）

Isley, O'Kelly
アメリカ・オハイオ州生まれの歌手。
⇒ロック（The Isley Brothers　アイズリー・ブラザーズ　1937.12.25–）

Isley, Ronald
アメリカ・オハイオ州生まれの歌手。
⇒ロック（The Isley Brothers　アイズリー・ブラザーズ　1941.5.21–）

Isley, Rudolph
アメリカ・オハイオ州生まれの歌手。
⇒ロック（The Isley Brothers　アイズリー・ブラザーズ　1939.4.1–）

Ismail, Sherif
エジプトの政治家。エジプト首相。
⇒世指導（イスマイル，シェリフ　1955.7.6–）

Ismail, Tan Sri Abdul Samad
マレーシアのジャーナリスト。
⇒岩世人（イスマイル，サマド　1924.4.18–2008.9.4）

Ismail Qemali
アルバニアの政治家。
⇒岩世人（イスマイル・ケマリ　1844.1.16/24–1919.1.24）

Ismay, Hastings
イギリスの陸軍軍人。
⇒ネーム（イスメイ　1887–1965）

Ismayilzada, Gursel
アゼルバイジャンの外交官。
⇒外16（イスマエルザーデ，ギュルセル　1971.1.15–）

Ismet Inönü
トルコの政治家。ケマル・アタチュルクとの独立戦争を指導。1938〜50年の大統領在任中は中立政策をとり，トルコを第2次大戦の戦禍から守った。
⇒岩イ（イノニュ　1884–1973）
　岩世人（イノニュ　1884–1973.12.25）

Isokoski, Soile
フィンランドのソプラノ歌手。
⇒外12（イソコスキ，ソイレ　1957–）
　外16（イソコスキ，ソイレ　1957–）

Isola, Maija
フィンランドのテキスタイル・デザイナー。
⇒岩世人（イソラ　1927.3.15–2001.3.3）

Isou, Isidore
フランスの詩人。
⇒現世文（イズー，イジドール　1925.1.31–）

Israels, Isaäc
オランダの美術家。
⇒ユ著人（Israels,Isaäc　イスラエルス，イツハク　1865–1934）

Isringhausen, Jason
アメリカの大リーグ選手（投手）。
⇒メジャ（イズリングハウゼン，ジェイソン　1972.9.7–）

Issa, Ageela Saleh
リビアの政治家，法律家。
⇒外16（イーサ，アギーラ・サレハ　1944–）
　世指導（イーサ，アギーラ・サレハ　1944–）

Isserlis, Steven
イギリスのチェロ奏者。
⇒外12（イッサーリス，スティーブン　1958.12.19–）
　外16（イッサーリス，スティーブン　1958.12.19–）

Issoufou, Mahamadou
ニジェールの政治家。ニジェール大統領（2011〜）。
⇒外12（イスフ，マハマドゥ　1952–）
　外16（イスフ，マハマドゥ　1952–）
　世指導（イスフ，マハマドゥ　1952–）

Isticioaia-Budura, Viorel
ルーマニアの外交官。
⇒外12（イスティチワヤ，ヴィオレル　1952.7.31–）
　外16（イスティチョアイア・ブドゥラ，ヴィオレル　1952.7.31–）
　世指導（イスティチョアイア・ブドゥラ，ヴィオレル　1952.7.31–）

Istomin, Eugene
アメリカのピアノ奏者。
⇒標音2（イストミン，ユージーン　1925.11.26–2003.10.10）

Istrate, George Dan
ルーマニア生まれの彫刻家。
⇒外16（イストラーテ，ジョージ・ダン）

Itani, Frances
カナダの作家。
⇒外12（イタニ，フランシス　1942–）
　外16（イタニ，フランシス　1942–）
　現世文（イタニ，フランシス　1942.8.25–）

Itäranta, Emmi
フィンランドのSF作家，コラムニスト。
⇒現世文（イタランタ，エンミ　1976–）

Itschner, Hermann
ドイツの芸術教育運動家。リンデの人格教育学の支持者。芸術教育による全人的育成を主張して，知育偏重や詰記主義の打破を志した。
⇒教人（イッチナー　1873–1923）

Itten, Johannes
スイスの画家，美術教育家。チューリヒ工芸博物館長（1938〜53），リートベルク美術館長（52〜55）などを歴任。

⇒岩世人（イッテン 1888.11.11-1967.5.27）
グラデ（Itten,Johannes イッテン, ヨハネス 1888-1967）
芸13（イッテン, ヨハネス 1888-1967）

IU
韓国の歌手。
⇒異二辞（IU アイユー 1993-）
外16（IU アイユー 1993.5.16-）

Ivancich, Adriana
ヘミングウェイの愛人。
⇒ヘミ（イヴァンチッチ, アドリアーナ 1930-1983）

Ivanenko, Dmitry Dmitrievich
ソ連の物理学者。
⇒岩世人（イヴァネンコ 1904.7.16/29-1994.12.30）

Ivanić, Mladen
ボスニア・ヘルツェゴビナの政治家。
⇒外16（イヴァニッチ, ムラデン 1958.9.16-）
世指導（イヴァニッチ, ムラデン 1958.9.16-）

Ivanios, Mar（Givergis Thomas Panikervirtis）
インドのシリア正教会マランカル式典礼を行なうヤコブ典礼派教会総主教、ローマ・カトリック教会トリヴァンドルム首都司教。
⇒新カト（イヴァニオス 1882.9.18-1953.7.15）

Ivanishvili, Bidzina
ジョージアの政治家, 実業家。ジョージア首相。
⇒外16（イワニシヴィリ, ビジナ 1956.2.18-）
世指導（イワニシヴィリ, ビジナ 1956.2.18-）

Ivánka Endre
ハンガリー生まれの教父学者。
⇒新カト（イヴァンカ 1902.11.24-1974.12.6）

Ivanoff, Nicolas
フランスのパイロット。
⇒外16（イワノフ, ニコラス 1967.7.4-）

Ivanov, Aleksandr
ロシアの競歩選手。
⇒最世ス（イワノフ, アレクサンドル 1993.4.25-）

Ivanov, Emil
ブルガリアのテノール歌手。
⇒失声（イヴァノフ, エミール 1961-）
魅惑（Ivanov,Emil ?-）

Ivanov, Georgiy Vladimirovich
亡命ロシア詩人。1922年フランスに亡命。作品『詩選集』など。
⇒岩世人（イヴァーノフ 1894.10.29/11.10-1958.8.26）
現世人（イヴーノフ, ゲオールギー・ウラジーミロヴィチ 1894.11.10-1958.8.26）

Ivanov, Gjorge
マケドニアの政治家。マケドニア大統領（2009～19）。
⇒外12（イワノフ, ゲオルギ 1960.5.2-）
外16（イワノフ, ゲオルギ 1960.5.2-）
世指導（イワノフ, ゲオルギ 1960.5.2-）

Ivanov, Igor Alexandrovich
ソ連の貿易機関アムトルグの運転手。
⇒スパイ（イワノフ, イーゴリ・アレクサンドロヴィチ 1931-）

Ivanov, Igor S.
ロシアの政治家, 外交官。ロシア安全保障会議書記, ロシア外相。
⇒岩世人（イヴァノーフ 1945.9.23-）
外12（イワノフ, イーゴリ 1945.9.23-）
外16（イワノフ, イーゴリ 1945.9.23-）
世指導（イワノフ, イーゴリ 1945.9.23-）

Ivanov, Konstantin
ロシアのバレエダンサー。
⇒外12（イワノフ, コンスタンチン）

Ivanov, Konstantin
ソ連の指揮者。1949年スターリン賞受賞, 1958年ソビエト政府人民芸術家の称号を得た。
⇒標音2（イワノフ, コンスタンティン・コンスタンティノヴィチ 1907.5.21-）

Ivanov, Nikolai Iudovich
ロシアの将軍。
⇒岩世人（イヴァノーフ 1851.7.22/8.3-1919.1.27）

Ivanov, Sergei Borisovich
ロシアの政治家。国防相, 副首相, 大統領府長官などを歴任。
⇒外12（イワノフ, セルゲイ 1953.1.31-）
外16（イワノフ, セルゲイ 1953.1.31-）
世指導（イワノフ, セルゲイ 1953.1.31-）

Ivanov, Viacheslav Ivanovich
ロシア象徴派の詩人, 神学者, 古典学者。
⇒岩世人（イヴァーノフ 1866.2.16/28-1949.7.16）
教人（イヴァーノフ 1866-1949）
広辞7（イヴァーノフ 1866-1949）
新カト（イヴァーノフ 1866.2.28-1949.7.16）

Ivanov, Viktor
ロシアの政治家。ロシア大統領補佐官, 麻薬流通監督庁長官。
⇒外12（イワノフ, ヴィクトル 1950.5.12-）
外16（イワノフ, ヴィクトル 1950.5.12-）
世指導（イワノフ, ヴィクトル 1950.5.12-）

Ivanov, Vsevolod Vyacheslavovich
ソ連の作家。『パルチザン物語』（1923）などで, ソ連文学の初期を代表する。他に『奇術使いの冒険』（34～35）など。
⇒岩世人（イヴァーノフ 1895.2.12/24-1963.8.15）

現世文（イワーノフ, フセヴォロド・ヴャチェスラヴォヴィチ　1895.2.24–1963.8.15）
広辞7（イヴァーノフ　1895–1963）
ネーム（イヴァーノフ　1895–1963）

Ivanov, Vyacheslav V.
ロシアの代表的記号論学者。Vsevolod V.イヴァーノフの子。神話・映画論に秀でる。
⇒岩世人（イヴァーノフ　1929.8.21–）
広辞7（イヴァーノフ　1929–）

Ivanov, Yevgeny Mikhailovich
ソ連海軍駐在武官補佐（1960〜63）。ソビエト軍の情報機関（GRU）の分析局長。プロヒューモ事件で鍵となる役割を演じた人物。
⇒スパイ（イワノフ, エフゲニー・ミハイロヴィチ　1926–1994）

Ivanov, Yordan
ブルガリアの文学史家, 考古学者, 民俗学者。
⇒岩世人（イヴァノフ　1872.1.6/18–1947.7.29）

Ivanova, Dimitrana
ブルガリアの教育者。
⇒岩世人（イヴァノヴァ　1881.2.1/13–1960.5.29）
教人（イヴァノーヴァ　1882–）

Ivanova, Olimpiada
ロシアの競歩選手。
⇒最世ス（イワノワ, オリンピアダ　1970.5.5–）

Ivanovic, Ana
セルビアのテニス選手。
⇒外12（イワノヴィッチ, アナ　1987.11.6–）
外16（イワノヴィッチ, アナ　1987.11.6–）
最世ス（イワノヴィッチ, アナ　1987.11.6–）

Ivanov-Razumnik
ロシアの文芸批評家。
⇒岩世人（イヴァーノフ＝ラズームニク　1878.11.30/12.12–1946.7.9）

Ivanovsky, Dmitri Iosifovich
ロシアの植物学者。
⇒世発（イワノフスキー, ドミートリ・ヨシフォヴィッチ　1864–1920）

Ivanovsky, Vladimir
ソ連のテノール歌手。1951年国家賞,1959年ロシア共和国人民芸術家の称号を受けた。
⇒朱声（イワノフスキー, ウラディーミル　1912–2004）
魅惑（Ivanovsky,Vladimir　1912–）

Ivanov-Vano, Ivan
ロシア・モスクワ生まれのアニメーション作家。
⇒アニメ（イワノフ＝ワノー, イワン　1900–1987）

Iványi-Grünwald, Bela
ハンガリーの画家。
⇒ユ著人（Iványi-Grünwald,Bela　イヴァーニ＝グリュンヴァルド, ベーラ　1874–1940）

Ivashchenko, Elena
ロシアの柔道選手。
⇒最世ス（イワシェンコ, エレーナ　1984.12.28–2013.6.15）

Ivashutin, Petr Ivanovitch
ソビエト軍の情報機関（GRU）の局長。在職1963〜87。
⇒スパイ（イワシュチン, ピョートル・イワノヴィチ　1909–2002）

Ivens, Joris
オランダの記録映画監督。反ファシズム, 民族独立の闘いを記録した。
⇒岩世人（イヴェンス　1898.11.18–1989.6.28）
映監（イヴェンス, ヨリス　1898.11.18–1989）
広辞7（イヴェンス　1898–1989）

Iverson, Allen
アメリカのNBA選手。
⇒異二辞（アイバーソン［アレン・〜］　1975–）
外12（アイバーソン, アレン　1975.6.7–）
外16（アイバーソン, アレン　1975.6.7–）
最世ス（アイバーソン, アレン　1975.6.7–）
ネーム（アイバーソン　1975–）

Iverson, Ken
アメリカの実業家。
⇒外12（アイバーソン, ケン　1925–）
外16（アイバーソン, ケン　1925–）

Ives, Burl
アメリカ生まれの俳優。
⇒ク俳（アイヴズ, バール　1909–1995）
スター（アイヴズ, バール　1909.6.14–1995）

Ives, Charles Edward
アメリカの作曲家。1947年ピュリッツァー賞受賞。
⇒アメ新（アイブズ　1874–1954）
岩世人（アイヴズ　1874.10.20–1954.3.19）
エデ（アイヴズ, チャールズ（エドワード）　1874.10.20–1954.5.19）
ク音3（アイヴズ　1874–1954）
現音キ（アイヴズ, チャールズ　1874–1954）
広辞7（アイヴズ　1874–1954）
新音小（アイヴズ, チャールズ　1874–1954）
新音中（アイヴズ, チャールズ　1874.10.20–1954.5.19）
ピ曲改（アイヴズ, チャールズ・エドワード　1874–1954）
標音2（アイヴズ, チャールズ・エドワード　1874.10.20–1954.5.19）

Ivey, Susan M.
アメリカの実業家。
⇒外12（アイビー, スーザン）
外16（アイビー, スーザン　1958.10.31–）

Ivlev, Viktor Sergeevich
ソ連の水族生態学者。餌選択における「イヴレフの選択係数」は有名。

⇒岩生（イヴレフ　1907-1964）
岩世人（イーヴレフ　1907.7.24/8.6-1964.12.4）

Ivogün, Maria
ハンガリー生まれのソプラノ歌手。ベルリンの音楽大学教授(1950)。
⇒新音中（イーヴォギュン, マリア　1891.11.18-1987.10.2）
標音2（イーヴォギュン, マリア　1891.11.18-1987.10.2）

Ivory, James
アメリカ生まれの映画監督。
⇒映監（アイヴォリー, ジェームズ　1928.6.7-）
外12（アイボリー, ジェームズ　1928.6.7-）
外16（アイボリー, ジェームズ　1928.6.7-）

Iwand, Hans-Joachim
ドイツ・ルター派の代表的な組織神学者。
⇒岩世人（イヴァント　1899.7.11-1960.5.2）
新カト（イーヴァント　1899.7.11-1960.5.2）

Iwan Simatupang
インドネシアの作家。
⇒岩世人（シマトゥパン, イワン　1928.1.18-1970.8.4）
現世文（イワン・シマトゥパン　1928.1.18-1970.8.4）

Iwasaki, Fernando
ペルーの作家, 歴史家, 文献学者, 評論家。
⇒現世文（イワサキ, フェルナンド　1961.6.5-）

Iwaszkiewicz, Jarosław
ポーランドの小説家, 詩人。主著『尼僧ヨアンナ』(1943), 『栄光と称讃』(62)。52年,55年に国家文学賞を受賞。
⇒岩世人（イヴァシュキェーヴィチ　1894.2.20-1980.3.2）
現世文（イワシュキェビチ, ヤロスロウ　1894.2.10-1980.3.2）

Iwerks, Ub（Ubbe Ert Iwwerks）
アメリカのアニメーション作家, 特殊技術部門監督。
⇒アニメ（アイワークス, アブ　1901-1971）

Iyayi, Festus
ナイジェリアの小説家。
⇒現世文（イヤイー, フェスタス　1947.9.29-2013.11.12）

Iyengar, Sheena
アメリカの心理学者。
⇒外16（アイエンガー, シーナ　1969-）

I Yeong-ju
韓国の映画監督, 脚本家。
⇒外16（イヨンジュ　1970-）

Izambard, Sebastien
フランスの歌手。
⇒外12（イザンバール, セバスチャン　1973.3.7-）
外16（イザンバール, セバスチャン　1973.3.7-）

Izard, Anne Rebecca
アメリカの図書館員。ニューヨーク州内の公共図書館で児童図書館活動に力を尽くす。傑出したストーリーテラーとして知られる。
⇒ア図（イザード, アン・レベッカ　1916-1990）

Izbasa, Sandra
ルーマニアの体操選手。
⇒外12（イズバサ, サンドラ　1990.6.18-）
外16（イズバサ, サンドラ　1990.6.18-）
最新ス（イズバサ, サンドラ　1990.6.18-）

Izetbegović, Alija
ボスニア・ヘルツェゴビナの政治家。
⇒岩世人（イゼトベゴヴィチ　1925.8.8-2003.10.19）
世指導（イゼトベゴヴィッチ, アリヤ　1925.8.8-2003.10.19）

Izetbegović, Bakir
ボスニア・ヘルツェゴビナの政治家。
⇒外12（イゼトベゴヴィッチ, バキル　1956.6.28-）
外16（イゼトベゴヴィッチ, バキル　1956.6.28-）
世指導（イゼトベゴヴィッチ, バキル　1956.6.28-）

Izibor, Laura
アイルランドのソウル歌手。
⇒外12（イジボア, ローラ）

Izmaylov, Vladimir
ワシントンDCに勤務したソ連海軍駐在武官補佐。ソビエト軍の情報機関(GRU)の情報将校。
⇒スパイ（イズマイロフ, ウラジーミル）

Izquierdo, María
メキシコの画家。
⇒岩世人（イスキエルド　1902.10.30-1955.12.3）

Izturis, Cesar David
ベネズエラの大リーグ選手（遊撃）。
⇒メジャ（イストゥリス, セサル　1980.2.10-）

Izvol'skii, Aleksandr Petrovich
ロシアの外交官, 政治家。英露協商を締結して三国協商を完成させ, 以後その強化に努めた。
⇒岩世人（イズヴォリスキー　1856.3.6/18-1919.8.16）

Izzo, Jean-Claude
フランスの作家, 詩人。
⇒現世文（イゾ, ジャン・クロード　1945-2000.1.26）

【 J 】

Jaa, Tony
タイの俳優。
⇒外12（ジャー, トニー　1976–）
　外16（ジャー, トニー　1976.2.5–）

Jaaber, Imam Heshaam
アメリカの正統派ブラック・ムスリムの指導者。
⇒マルX（JAABER,IMAM HESHAAM　ジャーバー, イマム・ヘシャーム　1931–2007）

Jaafari, Ibrahim
イラクの政治家, 医師。イラク首相。
⇒外12（ジャファリ, イブラヒム　1947–）
　外16（ジャファリ, イブラヒム　1947–）
　世指導（ジャファリ, イブラヒム　1947–）

Jaakkola,（Kaarle）Jalmari
フィンランドの歴史家。
⇒岩世人（ヤーッコラ　1885.1.1–1964.2.12）

Jäätteenmäki, Anneli Tuulikki
フィンランドの政治家。フィンランド首相。
⇒外12（ヤーテーンマキ, アネリ　1955.2.11–）
　外16（ヤーテーンマキ, アネリ　1955.2.11–）
　世指導（ヤーテーンマキ, アネリ　1955.2.11–）

Jaber, Kamel Abu
ヨルダンの政治家, 政治学者。ヨルダン大学教授, ヨルダン外相。
⇒世指導（ジャベル, カメル・アブ）

Jaberg, Karl
スイスの言語学者。ロマンス諸言語を中心とする言語地理学, 意味論, 形態論の研究にすぐれた業績をあげている。
⇒岩世人（ヤーベルク　1877.4.24–1958.5.30）

Jabès, Edmond
エジプト生まれのユダヤ作家, 思想家。1956年最初の著作集『私は自らの住いを築く』を発表, 注目される。
⇒岩世人（ジャベス　1912.4.16–1991.1.2）
　現世文（ジャベス, エドモン　1912.4.16–1991.1.2）

Jabir al-Ahmad al-Sabah
クウェートの政治家。クウェート首長（1977～2006）。
⇒政経改（ジャビル　1928–）
　世指導（ジャビル・アハマド・サバハ　1928–2006.1.15）

al-Jābirī, Muḥammad'Ābid
モロッコの政治思想史家。
⇒岩イ（ジャービリー　1936–）

Jabir Mubarak al-Hamad al-Sabah
クウェートの政治家。クウェート首相。
⇒外16（ジャビル・ムバラク・ハマド・サバハ　1942.1.4–）
　世指導（ジャビル・ムバラク・ハマド・サバハ　1942.1.4–）

Jablonski, Marlene
ドイツ, オーストリアの作家。
⇒海文新（レスマン,C.B.　1978–）
　現世文（レスマン,C.B.）

Jablonski, Peter
スウェーデンのピアノ奏者。
⇒外12（ヤブロンスキー, ペーテル　1971.2–）
　外16（ヤブロンスキー, ペーテル　1971.2–）
　新音中（ヤブロンスキ, ペーテル　1971.2.25–）

Jablonsky, Carol
アメリカ生まれの女性画家。
⇒芸13（ジャブロンスキ, キャロル　1939–）

Jabotinsky, Vladimir Evegenevich
イギリスの政治家。シオニズム（パレスチナ故国回復運動）を指導し, 新シオニスト協会を設立。
⇒岩世人（ヤボティンスキー　1880.10.6/18–1940.8.4）
　国政（ジャボティンスキー, ウラジーミル・ゼーヴ　1880–1940）
　ユ事典（Zhabotinskii（Jabotinsky）, Vladimir　ジャボチンスキー, ウラジミール　1880–1940）

Jabrā, Jabrā Ibrāhīm
パレスチナの文学者, 画家。
⇒岩世人（ジャブラー, ジャブラー・イブラーヒーム　1920–1994.12.12）

Jaccottet, Philippe
フランスの詩人, エッセイスト。
⇒岩世人（ジャコテ　1925.6.30–）
　現世文（ジャコテ, フィリップ　1925.6.30–）
　フ文小（ジャコテ, フィリップ　1925–）

Jack, Hulan E.
アメリカの黒人初の州議会議員。
⇒マルX（JACK,HULAN E.　ジャック, フーラン・E　1905–1986）

Jackendoff, Ray Saul
アメリカの言語学者。
⇒岩世人（ジャッケンドフ　1945.1.23–）

Jackman, Hugh
オーストラリアの俳優。
⇒外12（ジャックマン, ヒュー　1968.10.12–）
　外16（ジャックマン, ヒュー　1968.10.12–）

Jacko, Edward W.
アメリカ・ニューヨークの弁護士。
⇒マルX（JACKO,EDWARD W. ジャッコウ、エドワード・W）

Jacks, Terry
カナダ生まれの歌手。
⇒ロック（Jacks,Terry ジャックス、テリー）

Jackson, Abraham Valentine Williams
アメリカのオリエント学者。
⇒岩世人（ジャクソン 1862.2.9–1937.8.8）

Jackson, Anne
アメリカ生まれの女優。
⇒ク俳（ジャクスン、アン 1925–）

Jackson, Arthur
スコットランド生まれの精神障害者。ハリウッド女優テレサ・サルダナの殺害をはかった。
⇒世暗（ジャクソン、アーサー 1935–）

Jackson, *Sir* Barry Vincent
イギリスの演出家。バーミンガム・レパートリー劇場を創設。著書に『演劇と市民生活』(1922)がある。
⇒岩世人（ジャクソン 1879.9.6–1961.4.3）

Jackson, Bershawn
アメリカの陸上選手（ハードル）。
⇒最世ス（ジャクソン、バーショーン 1983.5.8–）

Jackson, Chuck
アメリカ・ノースカロライナ州ウィンストン・セイラム生まれの歌手。
⇒ロック（Jackson,Chuck ジャクソン、チャック 1937.7.22–）

Jackson, Danny Lynn
アメリカの大リーグ選手（投手）。
⇒メジャ（ジャクソン、ダニー 1962.1.5–）

Jackson, Edwin
西ドイツ出身の大リーグ選手（投手）。
⇒外12（ジャクソン、エドウィン 1983.9.9–）
外16（ジャクソン、エドウィン 1983.9.9–）
最世ス（ジャクソン、エドウィン 1983.9.9–）

Jackson, Frank Cameron
オーストラリアの哲学者。
⇒メル別（ジャクソン、フランク・キャメロン 1943–）

Jackson, Glenda
イギリス生まれの女優。
⇒外12（ジャクソン、グレンダ 1936.5.9–）
外16（ジャクソン、グレンダ 1936.5.9–）
ク俳（ジャクスン、グレンダ 1936–）

Jackson, Gordon
イギリスの男優。
⇒ク俳（ジャクスン、ゴードン 1920–1990）

Jackson, Grant Dwight
アメリカの大リーグ選手（投手）。
⇒メジャ（ジャクソン、グラント 1942.9.28–）

Jackson, Jackie
アメリカの歌手。
⇒外12（ジャクソン、ジャッキー 1951.5.4–）

Jackson, Janet
アメリカの歌手。
⇒外12（ジャクソン、ジャネット 1966.5.16–）
外16（ジャクソン、ジャネット 1966.5.16–）

Jackson, Jesse
アメリカの牧師、政治家、公民権運動家。
⇒アメ州（Jackson,Jesse Louis ジャクソン、ジェシー・ルイス 1941–）
アメ新（ジャクソン 1941–）
外12（ジャクソン、ジェシー 1941.10.8–）
外16（ジャクソン、ジェシー 1941.10.8–）
世指導（ジャクソン、ジェシー 1941.10.8–）

Jackson, Jill
アメリカの歌手。
⇒ロック（Paul and Paula ポール＆ポーラ 1942–）

Jackson, Joe
アメリカの大リーグ選手（外野）。
⇒異二辞（ジャクソン［ジョー・～］ 1888–1951）
岩世人（ジャクソン 1888.7.16–1951.12.5）
メジャ（ジャクソン、ジョー 1887.7.16–1951.12.5）

Jackson, John Hughlings
イギリスの神経病学者。
⇒岩世人（ジャクソン 1835.4.4–1911.10.7）
現精（ジャクソン 1835–1911）
現精縮（ジャクソン 1835–1911）
精分岩（ジャクソン、ジョン・ヒューリングス 1835–1911）

Jackson, Lawrence Curtis
アメリカの大リーグ選手（投手）。
⇒メジャ（ジャクソン、ラリー 1931.6.2–1990.8.28）

Jackson, Lisa
アメリカのロマンス作家。
⇒外12（ジャクソン、リサ）

Jackson, Louis Clarence
アメリカの大リーグ選手（外野）。
⇒異二辞（ジャクソン［ルー・～］ 1935–1969）

Jackson, Mahalia
アメリカの黒人女性歌手。ゴスペル・ソングの

歌い手として世界的に知られる。
⇒アメ州（Jackson,Mahelia　ジャクソン, マヘリア 1911–）
　異二辞（ジャクソン, マヘリア　1911–1972）
　岩世人（ジャクソン　1911.10.26–1972.1.27）
　新音中（ジャクソン, マヘリア　1911.10.26–1972.1.27）
　標音2（ジャクソン, マヘリア　1911.10.26–1972.1.27）
　ロック（Jackson,Mahalia　ジャクソン, マヘーリア）

Jackson, Marlon
アメリカの歌手。
⇒外12（ジャクソン, マーロン　1957.3.12–）

Jackson, Michael
アメリカの歌手, 俳優。
⇒異二辞（ジャクソン, マイケル　1958–2009）
　岩世人（ジャクソン　1958.8.29–2009.6.25）
　エデ（ジャクソン, マイケル　1958.8.29–2009.6.25）
　広辞7（ジャクソン　1958–2009）
　新音中（ジャクソン, マイケル　1958.8.29–）
　ネーム（ジャクソン, マイケル　1958–2009）
　標音2（ジャクソン, マイケル　1958.8.19–2009.6.21）
　ポプ人（ジャクソン, マイケル　1958–2009）

Jackson, Michael Ray
アメリカの大リーグ選手（投手）。
⇒メジャ（ジャクソン, マイク　1964.12.22–）

Jackson, Mick
イギリスの作家, ドキュメンタリー映画監督。
⇒海文新（ジャクソン, ミック　1960–）
　現世文（ジャクソン, ミック　1960–）

Jackson, Millie
アメリカのソウル歌手。
⇒ロック（Jackson,Millie　ジャクソン, ミリー）

Jackson, Milt
アメリカのジャズ（ビブラフォーン）演奏者。1952年に「モダン・ジャズ・カルテット」（MJQ）を結成, 以後長くそこに籍をおいて演奏した。
⇒新音中（ジャクソン, ミルト　1923.1.1–1999.10.9）
　標音2（ジャクソン, ミルト　1923.1.1–1999.10.9）

Jackson, Peter
ニュージーランドを代表する映画監督。
⇒映監（ジャクソン, ピーター　1961.10.31–）
　外12（ジャクソン, ピーター　1961.10.31–）
　外16（ジャクソン, ピーター　1961.10.31–）
　ニュー（ジャクソン, ピーター　1961–）

Jackson, Phil
アメリカのバスケットボール監督。
⇒異二辞（ジャクソン［フィル・〜］　1945–）
　岩世人（ジャクソン　1945.9.17–）
　外12（ジャクソン, フィル　1945.9.17–）
　外16（ジャクソン, フィル　1945.9.17–）
　最世ス（ジャクソン, フィル　1945.9.17–）

Jackson, Philip Wesley
アメリカの教育学者。
⇒岩世人（ジャクソン　1928.12.2–）

Jackson, Ransom Joseph
アメリカの大リーグ選手（三塁）。
⇒メジャ（ジャクソン, ランディ　1926.2.10–）

Jackson, Reggie
アメリカのプロ野球選手。
⇒外12（ジャクソン, レジー　1946.5.18–）
　メジャ（ジャクソン, レジー　1946.5.18–）

Jackson, Sam
イギリスのミュージシャン。
⇒外12（ジャクソン, サム）

Jackson, Samuel L.
アメリカの俳優。
⇒外12（ジャクソン, サミュエル・L.　1948.12.21–）
　外16（ジャクソン, サミュエル・L.　1948.12.21–）
　ク俳（ジャクスン, サミュエル・L　1948–）
　スター（ジャクソン, サミュエル・L　1948.12.21–）

Jackson, Sheldon
アメリカの長老教会派牧師, 教育者。100以上の教会を創立し, インディアンのための学校を開いた。長老派教会大会議長。
⇒教人（ジャクソン　1834–1909）

Jackson, Sherry
アメリカの女優。
⇒ク俳（ジャクスン, シェリー　1942–）

Jackson, Shirley
アメリカの女性小説家。実際に占いや呪術をつかう魔女として知られる。
⇒現世文（ジャクソン, シャーリー　1919.12.14–1965.8.8）

Jackson, Tito
アメリカの歌手。
⇒外12（ジャクソン, ティト　1953.10.15–）

Jackson, Travis Calvin
アメリカの大リーグ選手（遊撃, 三塁）。
⇒異二辞（ジャクソン［トラビス・〜］　1903–1987）
　メジャ（ジャクソン, トラヴィス　1903.11.2–1987.7.27）

Jackson, Vina
イギリスの匿名の女性作家二人の共作時の筆名。
⇒海文新（ジャクソン, ヴィーナ）

Jackson, Vincent Edward（Bo）
アメリカの大リーグ選手（外野）。

⇒メジャ（ジャクソン, ボー　1962.11.30–）

Jackson, Wanda
アメリカ・オクラホマ州生まれの歌手。
⇒ロック（Jackson,Wanda　ジャクソン, ウォンダ）

Jackson, William Henry
アメリカの写真家。
⇒アメ州（Jackson,William Henry　ジャクソン, ウイリアム・ヘンリー　1843–1942）

Jacob, Christian
フランスのジャズ・ピアノ奏者。
⇒外12（ジェイコブ, クリスチャン　1958.5.8–）
　外16（ジェイコブ, クリスチャン　1958.5.8–）

Jacob, François
フランスの遺伝学者。1965年ノーベル生理学医学賞。
⇒岩生（ジャコブ　1920–）
　岩世人（ジャコブ　1920.6.17–2013.4.19）
　旺生5（ジャコブ　1920–）
　外12（ジャコブ, フランソワ　1920.6.17–）
　現科大（ジャコブとモノー　1920–2013）
　広辞7（ジャコブ　1920–2013）
　三新生（ジャコブ　1920–）
　ノベ3（ジャコブ, F.　1920.6.17–）
　ユ著人（Jacob,François　ジャコブ, フランソワ　1920–）

Jacob, Gorden（Percival Septimus）
イギリスの作曲家, 教育者, 作家, 指揮者。
⇒エデ（ジェイコブ, ゴードン（パーシヴァル・セプティマス）　1895.7.5–1984.6.8）
　新音中（ジェイコブ, ゴードン　1895.7.5–1984.6.8）

Jacob, Irène
フランス生まれの女優。
⇒ク俳（ジャコブ, イレヌ　1966–）

Jacob, Max
ユダヤ系フランスの詩人, 画家。ピカソらとともにキュビスム運動に参加する一方, 詩, 小説, 評論, 戯曲を数多く残す。主著, 神秘劇『聖マトレル』（1936）など。
⇒岩世人（ジャコブ　1876.7.11–1944.3.5）
　現世文（ジャコブ, マックス　1876.7.12–1944.3.5）
　新カト（ジャコブ　1876.7.12–1944.3.5）
　フ文小（ジャコブ, マックス　1876–1944）
　ユ著人（Jacob,Max　ジャコブ, マックス　1876–1944）

Jacob, Michael G.
イタリアの作家。
⇒海文新（グレゴリオ, マイケル）
　現世文（グレゴリオ, マイケル）

Jacobellis, Lindsey
アメリカのスノーボード選手（スノーボードクロス）。

⇒外12（ジャコベリス, リンゼイ　1985.8.19–）
　外16（ジャコベリス, リンゼイ　1985.8.19–）
　最世ス（ジャコベリス, リンゼイ　1985.8.19–）

Jacob-Friesen, Karl Hermann
ドイツの考古学者。
⇒岩世人（ヤーコブ＝フリーゼン　1886.1.6–1960.11.6）

Jacobi, Abraham
ドイツ生まれのアメリカの小児科医。アメリカで初めての小児科専門病院を開設。アメリカ小児科学の創始者といわれる。
⇒岩世人（ヤコービ　1830.5.6–1919.7.10）

Jacobi, Derek
イギリス生まれの俳優。
⇒岩世人（ジャコビ　1938.10.22–）

Jacobi, Hanoch
イスラエルの作曲家。
⇒ユ著人（Jacobi,Hanoch（Heinrich）　ヤコビ, ハノッホ　1909–）

Jacobi, Hermann Georg
ドイツのインド学者, 言語学者。特にジャイナ教聖典の翻訳が知られている。
⇒岩世人（ヤコービ　1850.2.11–1937.10.19）
　新佛3（ヤコービ　1850–1937）

Jacobs, Aletta
オランダの医師, 産児調整運動家。
⇒ユ著人（Jacobs,Aletta Henriette　ヤコブス, アレッタ・ヘンリエッテ　1854–1929）

Jacobs, Brandon
アメリカのプロフットボール選手。
⇒外12（ジェイコブズ, ブランドン　1982.7.6–）
　外16（ジェイコブズ, ブランドン　1982.7.6–）
　最世ス（ジェイコブズ, ブランドン　1982.7.6–）

Jacobs, Joseph Earle
アメリカの外交官。
⇒アア歴（Jacobs,Joseph E（arle）　ジェイコブズ, ジョゼフ・アール　1893.10.31–1971.1.5）

Jacobs, Kate
カナダの作家。
⇒海文新（ジェイコブス, ケイト）

Jacobs, Marc
アメリカの服飾デザイナー。
⇒外12（ジェイコブズ, マーク　1963.4.9–）
　外16（ジェイコブズ, マーク　1963.4.9–）

Jacobs, Michael James
アメリカの大リーグ選手（一塁）。
⇒メジャ（ジェイコブス, マイク　1980.10.30–）

Jacobs, Monty
ドイツの作家, 演劇評論家。「黄金古典叢書」の共同編集者。

jacob

⇒ユ著人（Jacobs,Monty ヤコブス, モンティ 1875–1945）

Jacobs, Paul E.
アメリカのエンジニア, 実業家。
⇒外12（ジェイコブズ, ポール）
外16（ジェイコブズ, ポール）

Jacobsen, Arne
デンマークの建築家, 家具デザイナー。鋭い方形やガラスの壁面に特徴づけられた機能的建築を設計し, 主作品はベラ・ビスタ共同住宅（1933）, スカンジナビア航空ビル（59）。
⇒岩世人（ヤコブセン 1902.2.11–1971.3.24）

Jacobsen, Eric
アメリカ・シカゴ出身のマネージャー, プロデューサー。
⇒ロック（Jacobsen,Eric ジェイコブセン, エリック）

Jacobsen, Robert
デンマークの彫刻家。
⇒岩世人（ヤコブセン 1912.6.4–1993.1.26）
芸13（ヤコブセン, ロバート 1912–）

Jacobsen, Rolf
ノルウェーの詩人。
⇒岩世人（ヤコブセン 1907.3.8–1994.2.20）

Jacobsen, Rowan
アメリカのジャーナリスト。
⇒外12（ジェイコブセン, ローワン）
外16（ジェイコブセン, ローワン）

Jacobsen, Steffen
デンマークの作家。
⇒海文新（ヤコブセン, シュテフェン 1956.1–）

Jacobsen, Thorkild
デンマーク生まれのアメリカのアッシリア学者。
⇒岩世人（ヤコブセン 1904.6.7–1993.5.2）

Jacobsohn, Siegfried
ドイツの批評家, 左派編集者。
⇒ユ著人（Jacobsohn,Siegfried ヤーコブゾーン, ジークフリート 1881–1926）

Jacobson, Andrew
アメリカの脚本家, 作家。
⇒海文新（ジェイコブスン, アンドリュー）
現世文（ジェイコブソン, アンドルー）

Jacobson, Dan
南アフリカの白人小説家。
⇒現世文（ジェーコブソン, ダン 1929.3.7–2014.6.12）

Jacobson, Edith
ドイツ生まれのアメリカの教育分析家。
⇒精分岩（ジェイコブソン, イディス 1897–1977）

Jacobson, Fredrik
スウェーデンのプロゴルファー。
⇒最世っ（ヤコブソン, フレドリク 1974.9.26–）

Jacobson, Howard
イギリスのユーモア作家。
⇒岩世人（ジェイコブソン 1942.8.25–）
外16（ジェイコブソン, ハワード 1942–）
現世文（ジェイコブソン, ハワード 1942.8.25–）

Jacobson, Jennifer Richard
アメリカの児童文学作家。
⇒海文新（ジェイコブソン, ジェニファー・リチャード 1958–）
現世文（ジェイコブソン, ジェニファー・リチャード 1958–）

Jacobson, Mark
アメリカの作家, ジャーナリスト。
⇒外12（ジェイコブソン, マーク 1948–）

Jacobson, Nathan
アメリカの数学者。
⇒世数（ジャコブソン, ナサン 1910–1999）

Jacobson, Nina
アメリカの映画プロデューサー。
⇒外12（ジェイコブソン, ニーナ 1966–）
外16（ジェイコブソン, ニーナ 1966–）

Jacobson, William Chester（Baby Doll）
アメリカの大リーグ選手（外野）。
⇒メジャ（ジェイコブソン, ベイビー・ドール 1890.8.16–1977.1.16）

Jacobson（Yakobson）, Leonid
ソ連のダンサー, 振付家, バレエ・マスター。
⇒岩世人（ヤコブソーン 1904.1.2/15–1975.10.17）

Jacobsson, John-Eric
スウェーデンのテノール歌手。
⇒魅惑（Jacobsson,John-Eric 1931–）

Jacobsson, Ulla
スウェーデンの女優。
⇒ク俳（ヤコブソン, ウラ 1929–1982）

Jacoby, Brook Wallace
アメリカの大リーグ選手（三塁, 一塁）。
⇒外12（ジャコビー, ブルック 1959.11.23–）
メジャ（ジャコビー, ブルック 1959.11.23–）

Jacoby, Felix
ドイツの古典学者。古代ギリシアを研究した。"Atthis"（1949）。
⇒岩世人（ヤコービ 1876.3.19–1959.11.10）

Jacoby, Günther
ドイツの哲学者。新カント派に対立して存在論

を新しく基礎づけた。
⇒岩世人（ヤコービ　1881.4.21–1969.1.4）

Jacocks, William Picard
アメリカの公衆衛生医師。
⇒アア歴（Jacocks,William P (icard)　ジェイコックス, ウイリアム・ピカード　1877.12.9–1965.2.17）

Jacopetti, Gualtiero
イタリア生まれの映画監督。
⇒岩世人（ヤコペッティ　1919.9.4–2011.8.17）

Jacops, René
フランスのカウンターテナー歌手, 指揮者。
⇒オペラ（ヤーコプス, ルネ　1946–）
　外12（ヤーコプス, ルネ　1946.10.30–）
　外16（ヤーコプス, ルネ　1946.10.30–）
　新音中（ヤーコプス, ルネ　1946.10.30–）

Jacq, Christian
フランスの作家, エジプト学者。
⇒岩世人（ジャック　1947.7.5–）

Jacques, Brian
イギリスの作家。
⇒現世文（ジェイクス, ブライアン　1939–）

Jacques, Martin
イギリスのコラムニスト。
⇒外16（ジェイクス, マーティン　1945–）

Jacquet, Aimé
フランスのサッカー監督。
⇒外12（ジャッケ, エメ　1941.11.27–）

Jacquet, Alain
フランス生まれの画家。
⇒芸13（ジャケ, アレン　1939–）

Jacquette, Yvonne
アメリカ生まれの女性画家。
⇒芸13（ジャケット, イボン　1934–）

Jacquinot, Louis
フランスの政治家。プレヴェン内閣の植民地相（1951～53）。
⇒岩世人（ジャキノ　1898.9.16–1993.6.14）

Jacquot, Benoît
フランス・パリ生まれの映画監督。
⇒外12（ジャコ, ブノワ　1947–）
　外16（ジャコ, ブノワ　1947–）

Jadassohn, Joseph
ドイツの皮膚科学者。皮膚科学および性病学の諸領域に業績があった。
⇒岩世人（ヤーダスゾーン　1863.9.10–1936.3.24）
　ユ著人（Jadassohn,Josef　ヤーダスゾーン, ヨゼフ　1863–1936）

Jade
アメリカの歌手。
⇒外12（ジェイド）

Jadlowker, Hermann
ラトビアの歌手。
⇒失声（ヤドロウカー, ヘルマン　1877–1953）
　魅惑（Jadlowker,Hermann　1877–1953）

Jadranka
ボスニア・ヘルツェゴビナの歌手, サズ奏者。
⇒外12（ヤドランカ　1950.7.24–）
　外16（ヤドランカ　1950.7.24–）

Jaeckel, Willy
ドイツの画家。
⇒芸13（ジェッケル, ウィリー　1888–1957）

Jaeger, Frank
デンマークの詩人, 小説家。
⇒岩世人（イェーア　1926.6.19–1977.7.4）

Jaeger, Lorenz
ドイツのカトリック聖職者, 司教。
⇒新カト（イェーガー　1892.9.23–1975.4.1）

Jae Hee
韓国の男優。
⇒韓俳（ジェヒ　1980.5.25–）

Jaenisch, Rudolf
アメリカの医学者。
⇒外12（イエーニッシュ, ルドルフ）
　外16（イエーニッシュ, ルドルフ　1942–）

Jaensch, Erich Rudolf
ドイツの心理学者。知覚の実験現象学的研究などで著名。主著"Studien zur Psychologie menschlicher Typen"（1930）。
⇒岩世人（イェンシュ　1883.2.26–1940.1.12）
　教人（イェンシュ　1883–1940）

Jafari, Mohammad Ali
イランの軍人。イラン・イスラム革命防衛隊総司令官（2007～）。
⇒ネーム（ジャアファリー, モハマド・アリー）

Jaffe, Harold
アメリカの作家, 編集者。
⇒現世文（ジェフィ, ハロルド　1941–）

Jaffe, Susan
アメリカのダンサー。
⇒外12（ジャフィ, スーザン　1962.5.22–）

Jaffee, Dwight M.
アメリカの経済学者。
⇒有経5（ジャッフェ　1943–）

Jagan, Cheddi Berret
ガイアナの政治家。ガイアナ大統領（1992～97）、ガイアナ人民進歩党（PPP）党首。
⇒岩世人（ジェーガン（ジャガン）　1918.3.22–1997.3.6）
　世指導（ジェーガン、チェディ　1918.3.22–1997.3.6）

Jagan, Janet
ガイアナの政治家。ガイアナ大統領（1997～99）。
⇒世指導（ジェーガン、ジャネット　1920.10.20–2009.3.28）

Jagdeo, Bharrat
ガイアナの政治家、経済学者。ガイアナ大統領（1999～2011）、ガイアナ人民進歩党（PPP）党首。
⇒外12（ジャグデオ、バラト　1964.1.23–）
　外16（ジャグデオ、バラト　1964.1.23–）
　世指導（ジャグデオ、バラト　1964.1.23–）

Jagel, Frederick
アメリカのテノール歌手。父は合唱指揮者、母はピアノ奏者。
⇒失声（ヤーゲル、フレデリック　1897–1982）
　魅惑（Jagel,Frederick　1897–1982）

Jagendorf, André Tridon
アメリカの生化学者。
⇒三新生（ヤーゲンドルフ　1926–）

Jäger, Oskar
ドイツの教育家、教育学者。1865年以後ケルンのギムナジウムの校長として活躍した。
⇒教人（イェーガー　1830–1910）

Jäger, Rudolf
ドイツのテノール歌手。「サロメ」世界初演にナラボートを歌って出演。
⇒魅惑（Jäger,Rudolf　1875–1948）

Jäger, Werner Wilhelm
ドイツ生まれのアメリカの古典文献学者、哲学者。アリストテレス研究家。
⇒教人（イェーガー　1888–）
　広辞7（イェーガー　1888–1961）
　新カト（イェーガー　1888.7.30–1961.10.19）

Jägerfeld, Jenny
スウェーデンの作家。
⇒海文新（ヤーゲルフェルト、イェニー　1974–）
　現世文（ヤーゲルフェルト、イェニー　1974–）

Jaggar, Thomas Augustus, Jr.
アメリカの火山学者。
⇒岩世人（ジャガー　1871.1.24–1953.1.17）

Jagger, Dean
アメリカ生まれの俳優。
⇒ク俳（ジャガー、ディーン　1903–1991）

Jagger, Mick
イギリスのミュージシャン。
⇒エデ（ジャガー、ミック[マイケル・フィリップ]　1944.7.26–）
　外12（ジャガー、ミック　1943.7.26–）
　外16（ジャガー、ミック　1943.7.26–）
　ネーム（ジャガー、ミック　1943–）
　ポプ人（ジャガー、ミック　1943–）

Jagger, Sargeant
イギリスの彫刻家。
⇒芸13（ジャッガー、サージェント　1885–1934）

Jagič, Vatroslav
クロアチアのスラヴ語学者。"Archiv für slawische Philologie"誌を創刊（1876）、マジャール族ハンガリー征服史資料等を出版（1900）。
⇒岩世人（ヤギッチ　1838.7.6–1923.8.5）

Jagjivan, Ram
インドの政治家。
⇒南ア新（ジャグジーヴァン・ラーム　1908–1986）

Jagland, Thorbjoern
ノルウェーの政治家。ノルウェー首相、欧州評議会事務総長。
⇒外12（ヤーグラン、トールビョルン　1950.11.5–）
　外16（ヤーグラン、トールビョルン　1950.11.5–）
　世指導（ヤーグラン、トールビョルン　1950.11.5–）

Jagr, Jaromir
チェコのアイスホッケー選手（FW）。
⇒外12（ヤーガー、ヤロミール　1972.2.15–）
　外16（ヤーガー、ヤロミール　1972.2.15–）
　最世ス（ヤーガー、ヤロミール　1972.2.15–）

Jaha, John Emil
アメリカの大リーグ選手（一塁,DH）。
⇒メジャ（ジャハ、ジョン　1966.5.27–）

Jahjaga, Atifete
コソボの政治家。コソボ大統領（2011～16）。
⇒外12（ヤヒヤガ、アティフィテ　1975–）
　外16（ヤヒヤガ、アティフェテ　1975.4.20–）
　世指導（ヤヒヤガ、アティフェテ　1975.4.20–）

Jahn, Hans Max
ドイツの物理化学者。
⇒化学（ヤーン　1853–1906）

Jahn, Ryan David
アメリカの作家。
⇒海文新（ヤーン、ライアン・デイヴィッド　1979–）
　現世文（ヤーン、ライアン・デービッド　1979–）

Jahnke, Kurt
アメリカで活動したドイツのスパイ、破壊工作員。
⇒スパイ（ヤーンケ、クルト　1882–1945）

Jahnn, Hans Henny
ドイツの小説家,劇作家。一貫して精神に優越するものとしての本能,キリスト教的モラルに対する批判をテーマとし,代表作は厖大な長篇3部作『岸辺なき川』(1949~61)。
⇒岩世人(ヤーン　1894.12.17-1959.11.29)
現世文(ヤーン,ハンス・ヘニー　1894.12.17-1959.11.29)

Jaia, Gianni
イタリアのテノール歌手。パルマのレジオ劇場から金賞を受賞。
⇒魅惑(Jaia,Gianni　1930-)

Jaime Hilario Barbal
スペイン内戦時の殉教者,聖人。祝日1月18日。
⇒新カト(ハイメ・ヒラリオ・バルバル　1898.1.2-1937.1.18)

Jaimes Freyre, Ricardo
ボリビアの詩人。
⇒岩世人(ハイメス・フレイレ　1868.5.12-1933.4.24)

Jain, Anshu
インドの銀行家。
⇒外12(ジェイン,アンシュー　1963-)
　外16(ジェイン,アンシュー　1963.1.7-)

Jain, Bijoy
インドの建築家。
⇒外16(ジェイン,ビジョイ　1965-)

Jaindl, Volker A.
オーストリア政府観光局東京事務局長。
⇒外12(ヤインドル,フォルカー　1942.8.18-)

Jainēndr akumār
インド,ヒンディー語の作家。作品はヒンディー文学における最初の心理小説といわれる『スニーター』(1936)など。
⇒現世文(ジャイネーンドル・クマール　1905.1.2-1988.12.24)

Jaitley, Arun
インドの政治家,弁護士。インド財務相。
⇒世指導(ジャイトリー,アルン　1952.12.28-)

Jaja, Gianni
イタリアのテノール歌手。
⇒失声(ヤイヤ,ジャンニ　1930-)

Jakes, John William
アメリカのSF,ファンタジー作家。
⇒現世文(ジェークス,ジョン・ウィリアム　1932-)

Jakes, S.E.
アメリカの作家。シドニー・クロフトはラリッサ・イオーネとの共同筆名。
⇒海文新(ジェイクス,S.E.)
　海文新(クロフト,シドニー)

Jakobsdóttir, Katrín
アイスランドの政治家。アイスランド首相,左派緑運動党党首。
⇒世指導(ヤコブスドッティル,カトリン　1976.2.1-)

Jakobsdóttir, Svava
アイスランドの女性作家。
⇒岩世人(スヴァーヴァ・ヤーコプスドウフティル　1930.10.4-2004.2.21)

Jakobson, Max
フィンランドのジャーナリスト,外交官。
⇒岩世人(ヤコブソン　1923.9.30-2013.3.9)

Jakobson, Roman
ロシア生まれの言語学者。音韻論と形態論における構造主義的方法の推進と,言語現象を広い視野でとらえる総合的学風とで知られる。
⇒アメ新(ヤコブソン　1896-1982)
　岩世人(ヤーコブソン　1896.10.11/23-1982.7.18)
　オク言(ヤコブソン,ローマン　1896-1982)
　現社(ヤブコソン　1896-1982)
　広辞7(ヤコブソン　1896-1982)
　社小増(ヤーコブソン　1896-1982)
　ネーム(ヤコブソン　1896-1982)
　メル別(ヤコブソン,ロマン・オシポヴィチ　1896-1982)
　ユ著人(Jakobson,Roman　ヤーコブソーン,ローマン　1896-1982)

Jakovlev
ソ連の政治家。
⇒学叢思(ヤコフレフ)

Jalabert, Louis
フランス・カトリックの碑文学者,イエズス会司祭。
⇒新カト(ジャラベール　1877.3.30-1943.5.12)

Jalāl Āl-e Ahmad
イランの作家。
⇒岩イ(ジャラール・アーレ・アフマド　1923-1969)
　岩世人(ジャラール・アーレ・アフマド　1923.12-1969.9)
　現世文(ジャラール・アーレ・アフマド　1923.12-1969.9.11)
　広辞7(ジャラール・アーレ・アフマド　1923-1969)

Jalandoni, Magdalena (Gonzaga)
フィリピンのヒリガイノン語の小説家,詩人。
⇒岩世人(ハランドニ　1891.5.27-1978.9.14)

Jalili, Abolfazl
イラン生まれの映画監督。
⇒外12(ジャリリ,アボルファズル　1957-)
　外16(ジャリリ,アボルファズル　1957-)

Jaloux, Edmond
フランスの小説家。主著,小説『あとは沈黙』

(1909), 評論『ゲーテの生涯』(33)など。
⇒岩世人（ジャルー　1878.6.19–1949.8.22）

Jamal, Ahmad
アメリカのジャズ・ピアノ奏者。近年は神秘主義に根ざしたクロスオーバー的なサウンドで人気を得る。
⇒標音2（ジャマル，アーマッド　1930.7.2–）

Jamal, Hakim A.
マルコムXの友人。
⇒マルX（JAMAL,HAKIM A.(Donaldson, Allen) ジャマル，ハキム・A.（ドナルドスン，アレン）?–1973）

Jamal, Maryam Yusuf
バーレーンの陸上選手（中距離）。
⇒最世ス（ジャマル，マリアム・ユスフ　1984.9.16–）

Jamali, Zafarullah Khan
パキスタンの政治家。パキスタン首相。
⇒世指導（ジャマリ，ザファルラ・カーン　1944.1.1–）

Jamal ul-Kiram II
フィリピン諸島南部のスールー王国の第32代スルタン。在位1884～1936。
⇒岩世人（ジャマルウル＝キラム2世　1869頃–1936）

Jamāl-zade, Muhammad 'Alī
イランの小説家。代表作『むかしむかし』(1921)。
⇒岩イ（ジャマールザーデ　1895–?）
　岩世人（ジャマールザーデ　1892/1895/1896–1997.11）
　現世文（ジャマール・ザーデ，モハンマド・アリー　1892.2.13–1997.11.8）
　広辞7（ジャマールザーデ　1892–1997）

Jameel, Fathulla
モルディブの政治家。モルディブ外相，計画・開発相。
⇒世指導（ジャミール，ファトラ　1942.9.5–2012.3.1）

James, Alexander
イギリスの写真家。
⇒外12（ジェームズ，アレクサンダー）
　外16（ジェームズ，アレクサンダー）

James, Bill
アメリカの野球データ分析家。
⇒外12（ジェームズ，ビル　1949.10.5–）

James, Carwyn Rees
イギリス（ウェールズ）のラグビー指導者。
⇒岩世人（ジェイムズ　1929.11.2–1983.1.10）

James, Clive（Vivian Leopold）
オーストラリアの作家，テレビキャスター。
⇒現世文（ジェームズ，クライブ　1939.10.7–）

James, Cyril Lionel Robert
トリニダード・トバゴ出身の小説家，歴史家，政治評論家。
⇒現世文（ジェームズ，C.L.R.　1901.1.4–1989.5.31）
　広辞7（ジェームズ　1901–1989）

James, Dick
イギリスの音楽出版者，歌手。ノーザン・ソングス設立者。
⇒ビト改（JAMES,DICK　ジェイムス，ディック）
　ロック（James,Dick　ジェイムズ，ディック）

James, Edison Chenfil
ドミニカ国の政治家。ドミニカ国首相。
⇒世指導（ジェームズ，エディソン　1943.10.18–）

James, Edmund Janes
アメリカの教育家。イリノイ大学学長(1904～20)，アメリカ大学教育拡張協会の創立者，初代会長。
⇒教人（ジェイムズ　1855–1925）

James, E.L.
イギリスの作家。
⇒外16（ジェイムズ,E.L.　1963–）
　海文新（ジェイムズ,E.L.　1963–）
　現世文（ジェームズ,E.L.　1963–）

James, Eldon Revare
アメリカの弁護士，外交顧問。
⇒アア歴（James,Eldon R（evare）ジェイムズ，エルドン・レヴェア　1875.11.21–1949.1.2）

James, Elmore
アメリカの歌手。
⇒ロック（James,Elmore　ジェイムズ，エルモア　1918.1.18–）

James, Etta
アメリカのソウル歌手。
⇒ロック（James,Etta　ジェイムズ，エッタ）

James, Harold
イギリスの歴史学者。
⇒外12（ジェームズ，ハロルド）
　外16（ジェームズ，ハロルド）

James, Harry
アメリカのジャズ・トランペット奏者。ベニー・グッドマン楽団のスター奏者。1939年自己のバンドを結成。
⇒新音中（ジェイムズ，ハリー　1916.3.15–1983.7.5）
　標音2（ジェイムズ，ハリー　1916.3.15–1983.7.5）
　ユ著人（James,Harry　ジェームズ，ハリー　1916–1983）

James, Henry, Jr.
アメリカの小説家，批評家。
⇒アメ州（James,Henry　ジェームズ，ヘンリー

1843–1916)
　アメ新（ジェームズ　1843–1916)
　岩キ（ジェイムズ　1843–1916)
　岩世人（ジェイムズ　1843.4.15–1916.2.28)
　学叢思（ジェームズ，ヘンリー　1843–1916)
　現世文（ジェームズ，ヘンリー　1843.4.15–1916.2.28)
　広辞7（ジェームズ　1843–1916)
　新カト（ジェイムズ　1843.4.15–1916.2.28)
　西文（ジェイムズ，ヘンリ　1843–1916)
　ヘミ（ジェイムズ，ヘンリー　1843–1916)

James, *Sir* Henry Evan Murchison
イギリスの官吏。
⇒岩世人（ジェイムズ　1846.1.20–1923.8.20)

James, Jason
ブリティッシュ・カウンシル駐日代表。
⇒外12（ジェームズ，ジェイスン　1965–)
　外16（ジェームズ，ジェイスン　1965–)

James, Johns Mathews
イギリスの海事関係者。
⇒来日（ジェームズ，ジョーンズ・マシューズ　1839–1908)

James, José
アメリカのジャズ歌手。
⇒外16（ジェームズ，ホセ）

James, Kirani
グレナダの陸上選手（短距離)。
⇒外12（ジェームズ，キラニ　1992.9.1–)
　外16（ジェームズ，キラニ　1992.9.1–)
　最世ス（ジェームズ，キラニ　1992.9.1–)

James, LeBron
アメリカのNBA選手。
⇒外12（ジェームズ，レブロン　1984.12.30–)
　外16（ジェームズ，レブロン　1984.12.30–)
　最世ス（ジェームズ，レブロン　1984.12.30–)

James, Lew
アメリカ中央情報局（CIA）職員の変名。
⇒スパイ（ジェイムズ，ルー[p])

James, Lily
イギリスの女優。
⇒外16（ジェームズ，リリー　1989.4.5–)

James, Mary Latimer
アメリカの医療宣教師。
⇒アア歴（James,Mary Latimer　ジェイムズ，メアリー・ラティマー　1883.2.3–1963.9.4)

James, Montague Rhodes
イギリスの怪奇小説家。20世紀初めの四大怪奇小説家の1人。
⇒新カト（ジェームズ　1862.8.1–1936.6.12)

James, Paul
イギリスの実業家。
⇒外16（ジェームズ，ポール　1965–)

James, Peter
イギリスの作家，脚本家，映画プロデューサー。
⇒外12（ジェームズ，ピーター　1948–)
　現世文（ジェームズ，ピーター　1948–)

James, Phyllis Dorothy
イギリスの女性推理小説家。
⇒外12（ジェームズ,P.D.　1920–)
　現世文（ジェームズ,P.D.　1920.8.3–2014.11.27)

James, Preston Everett
アメリカの地理学者。
⇒岩世人（ジェイムズ　1899.2.14–1986.1.5)

James, Renée J.
アメリカの実業家。
⇒外16（ジェームズ，レニー）

James, Richard D.
イギリスのミュージシャン。
⇒外12（ジェームズ，リチャード・D.)
　外16（ジェームズ，リチャード・D.)

James, Robert（Bob）
アメリカのジャズ・キーボード奏者，作・編曲家。アルバム『はげ山の一夜』でグラミー賞受賞。CTI系アーティストのアレンジも数多く担当。
⇒外12（ジェームス，ボブ　1939.12.25–)
　外16（ジェームス，ボブ　1939.12.25–)

James, Sid
南アフリカ生まれの男優。
⇒ク俳（ジェイムズ，シドニー（コーエン,S)　1913–1976)

James, Simon
イギリスのイラストレーター。
⇒外12（ジェームズ，サイモン　1961–)
　外16（ジェームズ，サイモン　1961–)

James, Sonny
アメリカ・アラバマ州生まれの歌手。
⇒ロック（James,Sonny　ジェイムズ，サニー　1929.3.1–)

James, Will
アメリカの作家，画家。『名馬スモーキー』(1926)は，ニューベリー賞を受けた。ほかに『私の最初の馬』『カウボーイ物語』など。
⇒アメ州（James,William Roderick　ジェームズ，ウイリアム・ロデリック　1892–1942)

James, William
アメリカの哲学者，心理学者。プラグマティズムの指導者。
⇒アメ州（James,William　ジェームズ，ウイリアム　1842–1910)
　アメ新（ジェームズ　1842–1910)
　岩世人（ジェイムズ　1842.1.11–1910.8.26)

オク教（ジェームズ　1842-1910）
学叢思（ジェームス,ウィリアム　1842-1910）
教人（ジェイムズ　1842-1910）
現社（ジェイムズ　1842-1910）
現精（ジェイムズ　1842-1910）
現精縮（ジェイムズ　1842-1910）
広辞7（ジェームズ　1842-1910）
社小増（ジェームズ　1842-1910）
新カト（ジェイムズ　1842.1.11-1910.8.26）
世人新（ジェームズ　1842-1910）
世人装（ジェームズ　1842-1910）
ポプ人（ジェームズ,ウィリアム　1842-1910）
メル3（ジェームズ,ウィリアム　1842-1910）

Jameson, Charles Davis
アメリカの技師。
⇒アア歴（Jameson,C(harles) D(avis)　ジェイムスン,チャールズ・デイヴィス　1855.7.2-1927.2.13）

Jameson, Fredric
マルクス主義の立場に立つアメリカの文学理論家,思想史家。
⇒外12（ジェームソン,フレドリック　1934-）
　外16（ジェームソン,フレドリック　1934-）
　メル別（ジェイムソン,フレデリック　1934-）

Jameson, John Franklin
アメリカの歴史家。「アメリカ史学会」を共同設立（1884）,"American Historical Review"を編集（95〜1928）,国会図書館文化部長（28）。
⇒岩世人（ジェイムソン　1859.9.19-1937.9.28）

Jameson, Margaret Storm
イギリスの女性小説家。
⇒現世文（ジェイムソン,マーガレット・ストーム　1891.1.8-1986.9.30）

Jameson, Michael Hamilton
アメリカの歴史家,考古学者。
⇒岩世人（ジェイムソン　1924.10.15-2004.8.18）

Jamieson, Charles Devine
アメリカの大リーグ選手（外野）。
⇒メジャ（ジェイミソン,チャーリー　1893.2.7-1969.10.27）

Jamil Jambek, Syekh Muhammad
インドネシア,西スマトラのイスラム近代派指導者。
⇒岩世人（ジャミル・ジャンベック　1860-1947.12.30）

Jamison, Judith
アメリカの舞踊家。
⇒岩世人（ジャミソン　1943.5.10-）

Jammeh, Yahya
ガンビアの政治家,軍人。ガンビア大統領（1996〜2017）。
⇒岩世人（ジャメ　1965.5.25-）
　外12（ジャメ,ヤヤ　1965.5.25-）
　外16（ジャメ,ヤヤ　1965.5.25-）
　世指導（ジャメ,ヤヤ　1965.5.25-）

Jammes, Francis
フランスの詩人。敬虔な宗教的雰囲気に満ちた詩集『空のすきま』(1906)などを著した。
⇒岩世人（ジャム　1868.12.2-1938.11.1）
　現世文（ジャム,フランシス　1868.12.2-1938.11.1）
　広辞7（ジャム　1868-1938）
　新カト（ジャム　1868.12.2-1938.11.1）
　西文（ジャム,フランシス　1868-1938）
　フ文小（ジャム,フランシス　1868-1938）

Jamtsarano
モンゴルの学者。
⇒岩世人（ジャムツァラーノ　1881-1940）

Jamyang Norbu
チベットの作家。
⇒現世文（ジャムヤン・ノルブ）

Janáček
チェコスロバキアのエスペランティスト。オーストラリアに亡命。
⇒日エ（ヤノーシェク　1927?-?）

Janáček, Leoš
チェコスロバキアの作曲家。
⇒岩世人（ヤナーチェク　1854.7.3-1928.8.12）
　エデ（ヤナーチェク,レオシュ　1854.7.3-1928.8.12）
　オペラ（ヤナーチェク,レオシュ　1854-1928）
　ク事3（ヤナーチェク　1854-1928）
　広辞7（ヤナーチェク　1854-1928）
　新オペ（ヤナーチェク,レオシュ　1854-1928）
　新音小（ヤナーチェク,レオシュ　1854-1928）
　新音中（ヤナーチェク,レオシュ　1854.7.3-1928.8.12）
　新カト（ヤナーチェク　1854.7.3-1928.8.12）
　ネーム（ヤナーチェク　1854-1928）
　ピ曲改（ヤナーチェク,レオシュ　1854-1928）
　標音2（ヤナーチェク,レオシュ　1854.7.3-1928.8.12）

Janák, Pavel
チェコスロバキアの建築家。
⇒岩世人（ヤナーク　1881.3.12-1956.8.1）

Jancsó Miklós
ハンガリーの映画監督。
⇒映監（ヤンチョー,ミクローシュ　1921.9.29-）

Janda, Jakub
チェコのスキー選手（ジャンプ）。
⇒最世ス（ヤンダ,ヤクブ　1978.4.27-）

Jandl, Ernst
オーストリアの詩人。
⇒岩世人（ヤンドル　1925.8.1-2000.6.9）
　現世文（ヤンドゥル,エルンスト　1925.8.1-2000.7.9）
　広辞7（ヤンドル　1925-2000）

Jane, Thomas
アメリカの男優。
⇒ク俳(ジェイン,トマス 1969–)

Janecek, Ota
チェコスロバキアのイラストレーター。
⇒絵本(ヤネチェック,オタ 1919–1996)

Janes, Diane
イギリスの作家。
⇒海文新(ジェーンズ,ダイアン)

Janes, Leroy Lansing
アメリカの宣教師。熊本洋学校での教えは「熊本バンド」として結実。
⇒アア歴(Janes,L(eroy) L(ansing) ジェインズ,リーロイ・ランシング 1837.3.27–1909.3.12)
アメ新(ジェーンズ 1838–1909)
岩キ(ジェーンズ 1837–1909)
岩世人(ジェインズ 1837.3.27–1909.3.27)
教人(ジェーンズ 1838–1909)
広辞7(ジェーンズ 1838–1909)
新カト(ジェインズ 1837.3.27–1909.3.27)
ポプ人(ジェーンズ,リロイ 1838–1909)

Janet, Pierre Marie Félix
フランスの心理学者,精神病理学者。
⇒岩世人(ジャネ 1859.5.28–1947.2.24)
学叢思(ジャネー,ピエール 1859–?)
教人(ジャネ 1859–1947)
現精(ジャネ 1859–1947)
現精縮(ジャネ 1859–1947)
広辞7(ジャネ 1859–1947)
精医歴(ジャネ,ピエール=マリー=フェリックス 1859–1947)
精分岩(ジャネ,ピエール 1859–1947)
メル3(ジャネ,ピエール 1859–1947)

Janet Lynn
アメリカの女子フィギュアスケート選手。
⇒岩世人(ジャネット・リン 1953.4.6–)
ネーム(ジャネット・リン 1953–)

Janeway, Elizabeth Hall
アメリカの作家。
⇒現世文(ジェーンウェー,エリザベス 1913.10.7–2005.1.15)

Jang, I.J.
韓国のプロゴルファー。
⇒外12(ジャン,I.J. 1973.2.14–)

Jang Dong-gun
韓国の俳優。
⇒外12(チャンドンゴン 1972.3.7–)
外16(チャンドンゴン 1972.3.7–)
韓俳(チャン・ドンゴン 1972.3.7–)

Jang Dong-Jick
韓国の男優,モデル。
⇒韓俳(チャン・ドンジク 1968.8.1–)

Janggut, To'
マレー半島東岸のクランタン王国で発生した反乱の中心的人物。
⇒岩世人(ジャングット,トッ 1853頃–1915.5.24)

Jang Hang-Sun
韓国の男優。
⇒韓俳(チャン・ハンソン 1947.2.22–)

Jang Hun
韓国の映画監督。
⇒外12(チャンフン 1975–)

Jang Hyuk
韓国の俳優。
⇒外12(チャンヒョク 1976.12.20–)
外16(チャンヒョク 1976.12.20–)
韓俳(チャン・ヒョク 1976.12.20–)

Jang Hyun-seung
韓国の歌手。
⇒外12(チャンヒョンスン 1989.9.3–)

Jang Hyun-Sung
韓国の男優。
⇒韓俳(チャン・ヒョンソン 1970.7.17–)

Jang Jeong
韓国のプロゴルファー。
⇒外12(チャンチョン 張晶 1980.6.11–)

Jang Jin-Young
韓国の女優。
⇒韓俳(チャン・ジニョン 1974.6.14–)

Jang Jong-nam
北朝鮮の軍人。北朝鮮人民武力相(国防相)。
⇒外16(チャンジョンナム 張正男)
世指導(チャン・ジョンナム)

Jang Keun-suk
韓国の俳優,歌手。
⇒外12(チャングンソク 1987.8.4–)
外16(チャングンソク 1987.8.4–)
韓俳(チャン・グンソク 1987.8.4–)

Jang Kyung-jin
韓国のサッカー選手(DF)。
⇒外12(チャンギョンジン 1983.8.31–)

Jang Mi-hi
韓国の映画俳優。
⇒岩世人(張美姫 チャンミヒ 1957.12.8–)
外12(チャンミヒ 1957.12.8–)
韓俳(チャン・ミヒ 1957.12.8–)

Jang Mi-ran
韓国の重量挙げ選手。
⇒外12(チャンミラン 張美蘭 1983.10.9–)
最世ス(チャンミラン 1983.10.9–)

Jang Na Ra
韓国の女優,歌手。
⇒韓俳（チャン・ナラ　1981.3.18–）

Jang Seo-Hee
韓国の女優。
⇒韓俳（チャン・ソヒ　1972.1.5–）

Jang Shin-young
韓国の女優。
⇒韓俳（チャン・シニョン　1984.1.17–）

Jang Yong
韓国の男優。
⇒韓俳（チャン・ヨン　1945.4.8–）

Jang Yoon-jeong
韓国の歌手。
⇒岩世人（張允貞　チャンユンジョン　1980.2.16–）
外16（チャンユンジョン　1980.2.16–）

Jang Young-Nam
韓国の女優。
⇒韓俳（チャン・ヨンナム　1973.11.25–）

Janicaud, Dominique
フランスの哲学研究者。
⇒メル別（ジャニコー,ドミニク　1937–2002）

Janich, Peter
ドイツの哲学者。
⇒岩世人（ヤーニヒ　1942.1.4–）

Janics, Natasa
ハンガリーのカヌー選手。
⇒外12（ヤニツ,ナターシャ　1982.6.24–）
外16（ヤニツ,ナターシャ　1982.6.24–）
最世ス（ヤニツ,ナターシャ　1982.6.24–）

Janigro, Antonio
イタリアのチェロ奏者,指揮者。1954年ザグレブ音楽院室内管弦楽団の独奏者兼指揮者となる。
⇒標音2（ヤニグロ,アントーニオ　1918.1.21–1989.5.1）

Janikovszky Éva
ハンガリーの児童文学作家。
⇒岩世人（ヤニコフスキ　1926.4.23–2003.7.14）

Janis, Irving Lester
アメリカの心理学者。
⇒社心小（ジャニス　1918–）

Janka, Carlo
スイスのスキー選手(アルペン)。
⇒外12（ヤンカ,カルロ　1986.10.15–）
外16（ヤンカ,カルロ　1986.10.15–）
最世ス（ヤンカ,カルロ　1986.10.15–）

Janke, Yuki Manuela
ドイツのヴァイオリン奏者。
⇒外16（ヤンケ,有希マヌエラ）

Jankélévich, Vladimir
フランスの哲学者。退屈,皮肉などのテーマを時間論的に扱う独創的道徳論を展開。
⇒岩世人（ジャンケレヴィッチ　1903.8.31–1985.6.6）
新音中（ジャンケレヴィチ,ウラディミール　1903.8.31–1985.6.7）
標音2（ジャンケレヴィチ,ウラディミル　1903.8.31–1985.6.6）
メル3（ジャンケレヴィッチ,ウラジミール　1903–1985）
メル別（ジャンケレヴィッチ,ウラディーミル　1903–1985）
ユ著人（Jankélévitch,Vladimir　ヤンケレヴィッチ,ウラジミール　1903–1985）

Janko, Josef
ドイツのテノール歌手。
⇒魅惑（Janko,Josef　1897–1985）

Jankó, Paul von
ハンガリーの数学者,ピアノ演奏家。6列の鍵盤を有するピアノ(ヤンコー・ピアノ)を発明。
⇒新音中（ヤンコー,パウル・フォン　1856.6.2–1919.3.17）
標音2（ヤンコー,パウル・フォン　1856.6.2–1919.3.17）

Jankovic, Jelena
セルビアのテニス選手。
⇒外12（ヤンコヴィッチ,エレナ　1985.2.28–）
外16（ヤンコヴィッチ,エレナ　1985.2.28–）
最世ス（ヤンコヴィッチ,エレナ　1985.2.28–）

Jankovits, Joszef
ハンガリーのテノール歌手。
⇒魅惑（Jankovits,Joszef　?–）

Jankuhn, Herbert
ドイツの考古学者。
⇒岩世人（ヤンクーン　1905.8.8–1990.4.30）

Jannings, Emil
ドイツの俳優。『最後の人』(1924),『バリエテ』(25),『嘆きの天使』(30)などの名作に出演。
⇒岩世人（ヤニングス　1884.7.23–1950.1.2）
ク俳（ヤニングス,エミール(ヤネンツ,テオドール・E)　1882–1950）
広辞7（ヤニングス　1884–1950）
スター（ヤニングス,エミール　1884.7.23–1950）

Janniot, Alfred
フランスの彫刻家。
⇒芸13（ジャニオ,アルフレ　1889–1958）

Janosch
ポーランドのイラストレーター。
⇒絵本（ヤーノシュ(ヤノッシュ,ヤーノッシュ)　1931–）

Janowitz, Gundula
ドイツのソプラノ歌手。
⇒オペラ（ヤノヴィッツ, グンドゥラ　1937–）
　新音中（ヤノヴィッツ, グンドゥラ　1937.8.2–）
　標音2（ヤノヴィッツ, グンドゥラ　1937.8.2–）

Janowitz, Morris
アメリカの社会学者, 社会心理学者。専攻は社会心理学, 政治学。とくにコミュニケーション論, プロパガンダ論, 遍見論などで著名。
⇒岩世人（ジャノヴィッツ　1919.10.22–1988.11.7）
　社小増（ジャノヴィッツ　1919–1988）

Janowitz, Tama
アメリカの女性作家。
⇒現世人（ジャノウィッツ, タマ）

Janowski, Marek
ポーランド, のちドイツの指揮者。
⇒外12（ヤノフスキ, マレク　1939.2.18–）
　外16（ヤノフスキ, マレク　1939.2.18–）
　新音中（ヤノフスキ, マレク　1939.2.18–）

Janša, Janez
スロベニアの政治家。スロベニア首相, スロベニア民主党 (SDS) 党首。
⇒外12（ヤンシャ, ヤネズ　1958.9.17–）
　外16（ヤンシャ, ヤネズ　1958.9.17–）
　世指導（ヤンシャ, ヤネズ　1958.9.17–）

Jansch, Bert
イギリスのアコースティック・ギター奏者。
⇒ロック（Jansch,Bert　ヤンシュ, バート　1943.11.3–）

Jansen, Jacques
フランスのバリトン歌手。
⇒新音中（ジャンセン, ジャック　1913.11.22–）

Jansen, Janine
オランダのヴァイオリン奏者。
⇒外12（ヤンセン, ジャニーヌ　1978–）
　外16（ヤンセン, ジャニーヌ　1978–）

Jansen, Lawrence Joseph
アメリカの大リーグ選手（投手）。
⇒メジャ（ジャンセン, ラリー　1920.7.16–2009.10.10）

Jansen, Marcell
ドイツのサッカー選手。
⇒外12（ヤンセン, マルセル　1985.11.4–）
　外16（ヤンセン, マルセル　1985.11.4–）
　最世ス（ヤンセン, マルセル　1985.11.4–）

Jansen, Marius Berthus
アメリカの日本史学者。
⇒岩世人（ジャンセン　1922.4.11–2000.12.10）

Jansen, Steve
イギリスのミュージシャン。

⇒外12（ジャンセン, スティーブ　1959.12.1–）
　外16（ジャンセン, スティーブ　1959.12.1–）

Jansen, Theo
オランダの造形作家。
⇒外16（ヤンセン, テオ　1948–）

Jansen, Werner
ドイツの作家。主著 "Die Insel Heldentum" (1938)。
⇒岩世人（ヤンゼン　1890.2.2–1943.12.18?）

Jansky, Karl Guthe
アメリカのラジオ技師。出所不明の弱い電波が宇宙から地球に届くことをつきとめ, 電波天文学の基礎を築いた。
⇒アメ州（Jansky,Karl Guth　ジャンスキー, カール・グス　1905–1950）
　岩世人（ジャンスキー　1905.10.22–1950.2.14）
　科史（ジャンスキー　1905–1950）
　広辞7（ジャンスキー　1905–1950）
　三新物（ジャンスキー　1905–1950）
　天文辞（ジャンスキー　1905–1950）
　天文大（ジャンスキー　1905–1950）

Janson, Johannes Ludwig
ドイツの獣医学者。東京駒場農学校, 東京帝国大学農科大学で獣医学, 盛岡高等農林学校他でドイツ語を教授。
⇒異二辞（ヤンソン［ヨハネス・ルードヴィヒ・〜］1849–1914）

Janson, José
フランスのテノール歌手。
⇒失声（ジャンソン, ジョゼ　1904–1967）

Janson, Paul-Emile
ベルギーの政治家。国防相, 法相を歴任し, 連立内閣の首相に就任 (1937〜38)。第二次大戦下, ナチス・ドイツの強制収容所で没。
⇒岩世人（ジャンソン　1872.5.30–1944.3.31）

Jansons, Arvid
ロシアの指揮者。
⇒標音2（ヤンソンス, アルヴィド　1914.10.24–1984.11.21）

Jansons, Mariss
ラトビアの指揮者。
⇒外12（ヤンソンス, マリス　1943.1.14–）
　外16（ヤンソンス, マリス　1943.1.14–）
　新音中（ヤンソンス, マリス　1943.1.14–）

Jansrud, Kjetil
ノルウェーのスキー選手（アルペン）。
⇒外16（ヤンスルード, チェーティル　1985.8.28–）

Janssen, Arnold
ドイツの神言会創立者。
⇒教聖（聖アーノルド・ヤンセン司祭　1837.11.5–1909.1.15）
　新カト（アルノルト・ヤンセン　1837.11.5–1909.

Janssen, David
アメリカの俳優。テレビ・シリーズ『逃亡者』の主役リチャード・キンブル役で知られる。
⇒ク俳（ジャンセン、デイヴィッド（メイヤー、D）1930–1980）

Janssen, Famke
オランダ生まれの女優。
⇒ク俳（ヤンセン、ファムケ　1964–）

Janssen, Horst
ドイツの画家、版画家。
⇒芸13（ヤンセン、ホルスト　1929–）

Janssen, Paul Adriaan Jan
ベルギーの精神薬理学者、ヤンセン薬品会社創立者。
⇒現精（ヤンセン　1926–2003）
　現精縮（ヤンセン　1926–2003）

Janssen, Peter Johann Theodor
ドイツの画家。風景画、歴史画、肖像画のほか、公共建物の壁画や室内装飾も担当。
⇒芸13（ヤンセン、ペーター　1844–1908）

Janssens, Jan
ベルギー・メヘレン生まれの第27代イエズス会総会長。
⇒新カト（ヤンセンス　1889.12.22–1964.10.5）

Jansson, Anna
スウェーデンの作家。
⇒海文新（ヤンソン、アンナ　1958–）

Jansson, Eugène Fredrik
スウェーデンの画家。幻想的な風景画を得意としてストックホルムで活躍。
⇒岩世人（ヤンソン　1862.3.18–1915.6.15）
　芸13（ヤンソン、ウージェーヌ　1862–1915）

Jansson, Lars
フィンランドの作家。
⇒現世文（ヤンソン、ラルス　1926–2000.7.31）

Jansson, Tove Marika
フィンランドの女性童話作家、画家。「ムーミン」シリーズは全7巻をかぞえ、1966年には国際アンデルセン大賞を受賞。
⇒岩世人（ヤンソン　1914.8.9–2001.6.27）
　絵本（ヤンソン、トーベ　1914–2001）
　現世文（ヤンソン、トーヴェ　1914.8.9–2001.6.27）
　広辞7（ヤンソン　1914–2001）
　辞歴（ヤンソン、トーベ　1914–2001）
　ポプ人（ヤンソン、トーベ　1914–2001）

Jantzen, Hans
ドイツの美術史家。ゴシック美術におけるゲルマン的特性を主張した。
⇒岩世人（ヤンツェン　1881.4.24–1967.2.15）

Janutas, Algirdass
ドイツのテノール歌手。
⇒魅惑（Janutas,Algirdass（Argis）　1961–）

Januzaj, Adnan
ベルギーのサッカー選手（マンチェスター・ユナイテッド・MF）。
⇒最世ス（ヤヌザイ、アドナン　1995.2.5–）

Jany, Andrea
イタリアのバレーボール選手。
⇒岩世人（ジャーニ　1970.4.22–）
　外16（ジャーニ、アンドレア　1970.4.22–）
　最世ス（ジャーニ、アンドレア　1970.4.22–）

Janzarik, Werner
ドイツの精神科医。
⇒現精（ヤンツァーリク　1920–）
　現精縮（ヤンツァーリク　1920–）

Janzen, Arthur
テノール歌手。
⇒魅惑（Janzen,Arthur　?–）

Janzen, Daniel Hunt
アメリカの生物学者。
⇒岩生（ジャンセン　1939–）
　外16（ジャンゼン、ダニエル・ハント　1939.1.18–）

Janzen, Tara
アメリカのロマンス作家。
⇒外12（ジャンセン、タラ）

Jaoui, Agnès
フランスの女優、脚本家、映画監督。
⇒外12（ジャウイ、アニエス　1964.10.19–）
　外16（ジャウイ、アニエス　1964.10.19–）

Japp, Andréa H.
フランスのミステリ作家、毒物学者。
⇒外12（ジャップ、アンドレア・H.　1957–）
　海文新（ジャップ、アンドレア・H.　1957.9.17–）
　現世文（ジャップ、アンドレア・H.　1957.9.17–）

Japrisot, Sébastien
フランスのミステリ作家。
⇒現世文（ジャプリゾ、セバスチャン　1931–2003.3.4）

Jaquet, Luc
フランスのドキュメンタリー映像作家、動物行動学者。
⇒外12（ジャケ、リュック　1967–）
　外16（ジャケ、リュック　1967–）

Jara, Victor
チリの歌手、作詞・作曲家。抵抗の歌の運動を進め、アジェンデ政権成立に役割を果たした。
⇒岩世人（ハラ　1932.9.23–1973.9.16）

ラテ新（ハラ　1938–1973）
Járai, Zsigmond
ハンガリーの銀行家，政治家。
⇒外12（ヤーライ，ジグモンド　1951.12.29–）
外16（ヤーライ，ジグモンド　1951.12.29–）
世指導（ヤーライ，ジグモンド　1951.12.29–）

Jaramillo, Rudy
アメリカの大リーグコーチ（カブス）。
⇒外12（ハラミーヨ，ルディ　1950.9.20–）

Jaranilla, Delfin
フィリピンの弁護士。司法長官，最高裁判事。東京裁判フィリピン代表判事。
⇒ア太戦（ハラニーリャ　1883–1980）

Járay, József
ハンガリーのテノール歌手。
⇒魅惑（Járay, József　1913–1970）

Jardin, Alexandre
フランスの作家，映画監督。
⇒現世文（ジャルダン，アレクサンドル　1965.4.14–）

Jardine, Al
アメリカのロック・ギター奏者。
⇒外12（ジャーディン，アル　1942.9.3–）
外16（ジャーディン，アル　1942.9.3–）

Jardine, William Marion
アメリカの農学者，教育家。
⇒岩世人（ジャーディン　1879.1.16–1955.1.17）

Jaresch, August
チェコのテノール歌手。
⇒魅惑（Jaresch, August　1902–1984）

Jarlin, Stanislas-François
フランス出身の宣教師。北京（北直隷）代牧を務めた。
⇒新カト（ジャルラン　1856.1.20–1932.1.27）

Jarman, Derek
イギリス生まれの映画監督。
⇒映監（ジャーマン，デレク　1942.1.31–1994）

Jarman, Julia
イギリスの児童文学作家。
⇒外16（ジャーマン，ジュリア　1946–）

Jarmusch, Jim
アメリカの映画監督。
⇒岩世人（ジャームッシュ　1953.1.22–）
映監（ジャームッシュ，ジム　1953.1.22–）
外12（ジャームッシュ，ジム　1953.1.22–）
外16（ジャームッシュ，ジム　1953.1.22–）

Jarnach, Philipp
ドイツ（スペイン系）の作曲家。1931年ドイツ国籍を取得，49～59年ハンブルクの音楽大学学長をつとめた。
⇒岩世人（ヤルナッハ　1892.7.26–1982.12.17）
新音中（ヤルナハ，フィーリップ　1892.7.26–1982.12.17）
標音2（ヤールナハ，フィリップ　1892.7.26–1982.12.17）

Järnefelt, Arvid
ソ連生まれのフィンランドの小説家。強烈なトルストイ主義者となり，進んで農民作家となった。
⇒岩世人（ヤーネフェルト　1861.11.16–1932.12.27）

Järnefelt, Edvard Armas
フィンランド生まれのスウェーデンの指揮者，作曲家。作品，交響詩『コルスホルム』など。
⇒ク音3（ヤルネフェルト　1869–1958）
新音中（ヤルネフェルト，アルマス　1869.8.14–1958.6.23）
標音2（ヤールネフェルト，アルマス　1869.8.14–1958.6.23）

Järnefelt, Eero Nikolai
フィンランドの画家。
⇒岩世人（ヤーネフェルト　1863.11.8–1937.11.15）

Jarociński, Stefan
ポーランドの音楽学者。
⇒標音2（ヤロチニスキ，ステファン　1912–1980）

Jaroussky, Philippe
フランスのカウンターテナー歌手。
⇒外12（ジャルスキー，フィリップ　1978–）
外16（ジャルスキー，フィリップ　1978–）

Jarque, Daniel
スペインのサッカー選手。
⇒最世ス（ハルケ，ダニエル　1983.1.1–2009.8.8）

Jarre, Maurice
フランス生まれの映画音楽作曲家。
⇒ク音3（ジャール　1924–2009）
新音中（ジャール，モーリス　1924.9.13–）
標音2（ジャール，モリス　1924.9.13–2009.3.29）

Jarreau, Al
アメリカのジャズ歌手。1977,78年と連続してグラミー賞《最優秀ジャズ・ボーカル歌唱賞》を受賞。
⇒標音2（ジャロー，アル　1940.3.12–）

Jarrell, Randall
アメリカの詩人，批評家。第2次世界大戦に従軍，戦争詩『小さき友よ』（1945）が生まれる。ほかに小説『ある大学風景』(54) などがある。
⇒岩世人（ジャレル　1914.5.6–1965.10.14）
現世文（ジャレル，ランダル　1914–1965）
新カト（ジャレル　1914.5.6–1965.10.14）

Jarrett, Keith
アメリカのジャズ・ピアノ奏者。1973年に行った即興ピアノ・ソロ・コンサートで名声を確立した。
- ⇒岩世人（ジャレット　1945.5.8–）
- 外12（ジャレット, キース　1945.5.8–）
- 外16（ジャレット, キース　1945.5.8–）
- 新音中（ジャレット, キース　1945.5.8–）
- 標音2（ジャレット, キース　1945.5.8–）

Jarring, Gunnar Valfrid
スウェーデンの外交官、言語学者。
- ⇒岩世人（ヤリング　1907.10.12–2002.5.29/28）

Jarry, Alfred
フランスの劇作家、詩人。
- ⇒岩世人（ジャリ　1873.9.8–1907.11.1）
- 新カト（ジャリ　1873.9.8–1907.11.1）
- 世演（ジャリ, アルフレッド　1873.9.8–1907.11.1）
- フ文小（ジャリ, アルフレッド　1873–1907）

Jaruzelski, Wojciech
ポーランドの軍人、政治家。ポーランド大統領（1989〜90）。
- ⇒岩世人（ヤルゼルスキ　1923.7.6–2014.5.25）
- 外12（ヤルゼルスキ, ウォイチェフ　1923.7.6–）
- 広辞7（ヤルゼルスキ　1923–2014）
- 政経大（ヤルゼルスキ　1923–）
- 世人新（ヤルゼルスキ　1923–）
- 世人装（ヤルゼルスキ　1923–）

Jarvela, Jonne
フィンランドのミュージシャン。
- ⇒外12（ヤルヴェラ, ヨンネ　1974.3.6–）
- 外16（ヤルヴェラ, ヨンネ　1974.3.6–）

Järvi, Kristjan
アメリカの指揮者。
- ⇒外16（ヤルヴィ, クリスチャン　1972.6.13–）

Järvi, Neeme
エストニア、のちアメリカの指揮者。
- ⇒外12（ヤルヴィ, ネーメ　1937.6.7–）
- 外16（ヤルヴィ, ネーメ　1937.6.7–）
- 新音中（ヤルヴィ, ネーメ　1937.6.7–）

Järvi, Paavo
エストニア、のちアメリカの指揮者。
- ⇒外12（ヤルヴィ, パーヴォ　1962–）
- 外16（ヤルヴィ, パーヴォ　1962–）

Jarvis
イギリスのエスペランティスト。"Japan Chronicle"記者。
- ⇒日エ（ジャーヴィス　1880頃–?）

Jarvis, Anna
アメリカの主婦。
- ⇒アメ州（Jarvis,Anna　ジャービス, アンナ　1864–1948）

Jasieński, Feliks
ポーランドの美術コレクター、批評家。
- ⇒岩世人（ヤシェンスキ　1861.7.8–1929.4.6）

Jasieńskii, Bruno
ポーランド、のちソ連の作家。
- ⇒岩世人（ヤシェンスキ（ヤセンスキ）　1901.7.17–1938.9.17）
- 現世文（ヤセンスキー, ブルーノ　1901.7.17–1938.9.17）
- ネーム（ヤセンスキー　1901–1941）

Jason
アメリカの歌手。
- ⇒外12（ジェイソン　1987.7.16–）

Jason, Neville
テノール歌手。
- ⇒魅惑（Jason,Neville　?–）

Jason, Terry
アメリカのバスケットボール選手（ネッツ）。
- ⇒最世ス（ジェイソン, テリー　1977.9.15–）

Jaspar, Henri
ベルギーの政治家。外相（1920〜24）としてベルギーの国際連盟加入を実現。挙国内閣の首相兼内相（26）。第3次内閣を組織（29〜31）。蔵相（32〜34）、外相（36）等を歴任。
- ⇒岩世人（ジャスパール　1870.7.28–1939.2.15）

Jaspers, Karl
ドイツの哲学者。実存哲学の創唱者。大著『哲学』で、「世界」、「実存」、「超在」、「限界状況」、「暗号解読」などの概念を用いて独自の哲学を展開した。
- ⇒岩世人（ヤスパース　1883.2.23–1969.2.26）
- オク教（ヤスパース　1883–1969）
- 覚思（ヤスパース　1883.2.23–1969.2.26）
- 覚思ス（ヤスパース　1883.2.23–1969.2.26）
- 教思増（ヤスパース　1883–1969）
- 教人（ヤスパース　1883–）
- 現社（ヤスパース　1883–1969）
- 現精（ヤスパース　1883–1969）
- 現精縮（ヤスパース　1883–1969）
- 広辞7（ヤスパース　1883–1969）
- 社小増（ヤスパース　1883–1969）
- 新カト（ヤスパース　1883.2.23–1969.2.26）
- 図哲（ヤスパース, カール　1883–1969）
- 精医歴（ヤスパース, カール　1883–1969）
- 世人新（ヤスパース　1883–1969）
- 世人装（ヤスパース　1883–1969）
- 哲中（ヤスパース　1883–1969）
- ネーム（ヤスパース　1883–1969）
- ポプ人（ヤスパース, カール　1883–1969）
- メル3（ヤスパース, カール　1883–1969）

Jasrai, Puntsagiin
モンゴルの政治家。モンゴル首相。
- ⇒世指導（ジャスライ, プンツァグイン　1933.11.26–2007.10.25）

Al-Jasser, Muhammad
サウジアラビア通貨庁総裁。
⇒外12（アルサヤーリ,ハマド　1941-）

Jassin, Hans Bague
インドネシアの批評家。
⇒岩世人（ヤシン,ハー・ベー　1917.7.31-2000.3.11）

Jaszi Oszkar
ハンガリーの政治家,歴史家,社会学者。「国家急進党」のち「ブルジョア急進党」党首。
⇒岩世人（ヤーシ　1875.3.2-1957.2.13）
ユ著人（Jászi,Oszkár　ヤーシ,オスカル　1875-1957）

Jatho, Karl
ドイツのプロテスタント神学者。主著"Zur Freiheit seid ihr berufen"（1913）。
⇒岩世人（ヤトー　1851.9.25-1913.3.1）

Jatho, Karl
ドイツの飛行機製造家。ライト兄弟よりも4カ月前に動力つき三葉飛行機による飛行に成功。またドイツにおける最初の飛行学校の創立者。
⇒岩世人（ヤトー　1873.2.3-1933.12.8）

Jattawaalak
タイの作家。
⇒海文新（チャッタワーラック）
現世文（チャッタワーラック）

Jaubert, Maurice
フランスの作曲家。パテ・シネマ会社の音楽監督となり,多くの映画音楽を作曲した。
⇒ク音3（ジョベール　1900-1940）
標音2（ジョベール,モリス　1900.1.3-1940.6.19）

Jaud, Jean-Paul
フランスのドキュメンタリー監督。
⇒外12（ジョー,ジャン・ポール）
外16（ジョー,ジャン・ポール）

Jauhojärvi, Sami
フィンランドのスキー選手（距離）。
⇒外16（ヤウホヤルヴィ,サミ　1981.5.5-）

Jaumann, Bernhard
ドイツの作家。
⇒外12（ヤウマン,ベルンハルト　1957-）

Jaume, Valentin
フランスのテノール歌手。
⇒魅惑（Jaume,Valentin　1877-1930）

Jaurès, Jean Léon
フランスの政治家。フランス社会党を結成。
⇒岩世人（ジョレス　1859.9.3-1914.7.31）
学叢思（ジョーレス,ジャン　1859-?）
広辞7（ジョレス　1859-1914）
世人新（ジョレス（ジャン＝ジョレス）　1859-1914）
世人装（ジョレス（ジャン＝ジョレス）　1859-1914）
ネーム（ジョレス　1859-1914）
メル3（ジョレス,ジャン　1859-1914）

Jauss, Hans Robert
ドイツの文学理論家。
⇒岩世人（ヤウス　1921.12.12-1997.3.1）
広辞7（ヤウス　1921-1997）

Javanovic, Lazar
テノール歌手。
⇒魅惑（Javanovic,Lazar　?-）

Javers, Eamon
アメリカのジャーナリスト。
⇒外12（ジャバーズ,エイモン　1972-）
外16（ジャバーズ,エイモン　1972-）

Javery, Alva William
アメリカの大リーグ選手（投手）。
⇒メジャ（ジェイヴァリー,アル　1918.6.5-1977.8.16）

Javier, Manuel Julian
アメリカの大リーグ選手（二塁）。
⇒メジャ（ハビエル,フリアン　1936.8.9-）

Javier, Stanley Julian Antonio
アメリカの大リーグ選手（外野）。
⇒メジャ（ハビエル,スタン　1964.1.9-）

al-Jawāhirī, Muḥammad Mahdī
イラクの詩人。
⇒岩イ（ジャワーヒリー　1900-1997）

Jawara, Dawda Kairaba
ガンビアの政治家。ガンビア大統領（1970～81, 81～94）。
⇒世指導（ジャワラ,ダウダ　1924.5.16-）

Jay
韓国の歌手。
⇒外12（ジェイ　1994.3.31-）

Jay, Alison
イギリスのイラストレーター。
⇒外16（ジェイ,アリソン）

Jay, Douglas Patrick Thomas, Baron
イギリスのジャーナリスト,政治家。
⇒岩世人（ジェイ　1907.3.23-1996.3.6）

Jay, Joseph Richard
アメリカの大リーグ選手（投手）。
⇒メジャ（ジェイ,ジョーイ　1935.8.15-）

Jay, Martin
アメリカの歴史学者,思想史家。

⇒外12（ジェイ,マーティン　1944–）
外16（ジェイ,マーティン　1944–）
メル別（ジェイ,マーティン　1944–）

Jay, Vincent
フランスのバイアスロン選手。
⇒外12（ジェイ,ヴァンサン　1985.5.18–）
外16（ジェイ,ヴァンサン　1985.5.18–）
最世ス（ジェイ,ヴァンサン　1985.5.18–）

Jayadiningrat, Pangeran Aria Achmad
植民地期インドネシアの県知事。
⇒岩世人（ジャヤディニングラット,アフマッド　1877.8.16–1943）

Jayadiningrat, Dr.Pangeran Aria Husein
インドネシア人の学者。
⇒岩世人（ジャヤディニングラット,フセイン　1886.12.8–1960.11.12）

Jayalalitha, C.Jayaram
インドの政治家、女優。タミル・ナードゥ州首相。
⇒外12（ジャヤラリタ,C.J.　1948.2.24–）
外16（ジャヤラリタ,ジャヤラム　1948.2.24–）
世指導（ジャヤラリタ,ジャヤラム　1948.2.24–2016.12.5）

Jayawardene, Junius Richard
スリランカの政治家、弁護士。1977年首相、78年大統領に就任。
⇒岩世人（ジャヤワルダナ,J.R.　1906.9.17–1996.11.1）
南ア新（ジャヤワルダナ　1906–1996）

Jayne, Horace Howard Furness
アメリカの考古学者。
⇒アア歴（Jayne,Horace H（oward）F（urness）
ジェイン,ホラス・ハワード・ファーネス　1898.6.9–1975.8.1）

Jay-Z
アメリカのラッパー。
⇒外12（ジェイ・Z　1969.12.4–）
外16（ジェイ・Z　1969.12.4–）

al-Jazā'irī, Ṭāhir
シリア生まれのイスラム改革者、教育者。
⇒岩イ（ジャザーイリー　1852–1920）

Jea
韓国の歌手。
⇒外12（ジェア　1981.9.18–）

Jean, Christian
フランスのテノール歌手。
⇒魅惑（Jean,Christian　1948–）

Jean, Grand Duc
ルクセンブルク大公（元首）。

⇒外12（ジャン公　1921.1.5–）
外16（ジャン公　1921.1.5–）
世指導（ジャン公　1921.1.5–）

Jean, Marcel
フランスの織物プリントの専門家。
⇒シュル（ジャン,マルセル　1900–1993）

Jean, Michaëlle
カナダの政治家、ジャーナリスト。
⇒外12（ジャン,ミカエル）
外16（ジャン,ミカエル　1957.9.6–）
世指導（ジャン,ミカエル　1957.9.6–）

Jean, Olivier
カナダのスピードスケート選手（ショートトラック）。
⇒外12（ジャン,オリビエ　1984.3.15–）
外16（ジャン,オリビエ　1984.3.15–）
最世ス（ジャン,オリビエ　1984.3.15–）

Jean, Raymond
フランスの批評家、小説家。
⇒現世文（ジャン,レイモン　1925.11.21–2012.4.3）

Jeanmaire, René
フランスのダンサー、歌手、ミュージック・ホールのスター。ジジ（Zizi）の愛称でも知られる。
⇒岩世人（ジャンメール　1924.4.29–）
外12（ジャンメール,ジジ　1924.4.29–）
外16（ジャンメール,ジジ　1924.4.29–）
ネーム（ジャンメール　1924–）
標音2（ジャンメール,ジジ　1924.4.29–）

Jeanmart, Claude
フランスの画家。
⇒芸13（ジャンマール,クロード　1937–）

Jeanne de l'Enfant-Jésus
フランス出身の修道女。日本の女子跣足カルメル会創立者。
⇒新カト（ジャンヌ・ド・ランファン・ジェズュ　1895頃–1967.7.30）

Jeanneney, Jean-Noël
フランスの歴史学者。
⇒岩世人（ジャヌネ　1942.4.2–）
外12（ジャンヌネー,ジャン・ノエル　1942.4.2–）
外16（ジャンヌネー,ジャン・ノエル　1942.4.2–）

Jeanniot, Pierre Jean
カナダの実業家。
⇒外12（ジャニオ,ピエール　1933.4.9–）
外16（ジャニオ,ピエール　1933.4.9–）

Jeans, Sir James Hopwood
イギリスの数学者、天文学者。
⇒岩世人（ジーンズ　1877.9.11–1946.9.16）
広辞7（ジーンズ　1877–1946）
天文辞（ジーンズ　1877–1946）
天文大（ジーンズ　1877–1946）

Jeanson, Francis
フランスの小説家,哲学者,評論家。サルトルの弟子で,「現代」誌の主要な寄稿家。
⇒岩世人 (ジャンソン 1922.7.7–2009.8.1)

Jeantet, Pierre
フランスのジャーナリスト。
⇒外12 (ジャンテ, ピエール)
　外16 (ジャンテ, ピエール 1947.5.14–)

Jebali, Hamadi
チュニジアの政治家。チュニジア暫定首相。
⇒外16 (ジェバリ, ハマディ 1949.10.13–)
　世指導 (ジェバリ, ハマディ 1949.10.13–)

Jebb, *Sir* **Richard Claverhouse**
イギリスの古典学者。ソフォクレス劇の翻訳や研究で著名。
⇒岩世人 (ジェブ 1841.8.27–1905.12.9)

Jedin, Hubert
ドイツのカトリック教会史家。
⇒新カト (イェディン 1900.6.17–1980.7.16)

Jedrzejczak, Otylia
ポーランドの水泳選手(バタフライ)。
⇒外16 (イェジェイチャク, オティリア 1983.12.13–)
　最世スポ (イェジェイチャク, オティリア 1983.12.13–)

Jeenbekov, Sooronbay
キルギスの政治家。キルギス大統領(2017～)。
⇒世指導 (ジェエンベコフ, ソオロンバイ 1958.11.16–)

Jefferies, Gregory Scott
アメリカの大リーグ選手(一塁, 外野, 二塁, 三塁)。
⇒メジャ (ジェフリーズ, グレッグ 1967.8.1–)

Jeffers, H.Paul
アメリカの作家。
⇒外12 (ジェファーズ, H.ポール 1934–)

Jeffers, John Robinson
アメリカの詩人。作品は, ギリシャ悲劇や旧約聖書を土台にしたものが多く,『タマーその他』(1924)に収められた長詩『悲劇のかなたの塔』は傑作の名が高い。
⇒アメ州 (Jeffers,Robinson ジェファーズ, ロビンソン 1887–1962)
　岩世人 (ジェファーズ 1887.1.10–1962.1.20)

Jefferson, Blind Lemon
アメリカの盲目のブルース歌手, ギター奏者。多くのブルース歌手に影響をあたえた偉大な伝説的人物として有名。
⇒新音中 (ジェファーソン, ブラインド・レモン 1897.7.11–1929.12.18/19)
　標音2 (ジェファソン, ブラインド・レモン 1897.9–1929.12.18/19)

Jefferson, Richard
アメリカのバスケットボール選手。
⇒最世ス (ジェファーソン, リチャード 1980.6.21–)

Jeffery, Keith
イギリスの歴史学者。
⇒外16 (ジェフリー, キース 1952–)

Jeffery, Lilian Hamilton
イギリスの碑文学者, 歴史家。
⇒岩世人 (ジェフリー 1915.1.5–1986.9.29)

Jeffes, Arthur
イギリスのミュージシャン。
⇒外16 (ジェフス, アーサー 1978–)

Jeffreys, *Sir* **Harold**
イギリスの天文学者, 地球物理学者。潮汐摩擦, 地殻内の地震波伝播および地殻表層の構造など重要な研究業績がある。
⇒岩世人 (ジェフリーズ 1891.4.22–1989.3.18)
　オク地 (ジェフリーズ, サー・ハロルド 1891–1989)

Jeffries, Randy Miles
アメリカ議会の公聴会で録画を担当するワシントンDCの企業において, メッセンジャーを務めていた人物。
⇒スパイ (ジェフリーズ, ランディー・マイルズ)

Jeilan, Ibrahim
エチオピアの陸上選手(長距離)。
⇒最世ス (ジェイラン, イブラヒム 1989.6.12–)

Jejung
韓国の歌手, 俳優。
⇒外12 (ジェジュン 1986.1.26–)
　外16 (ジェジュン 1986.1.26–)

Jelavić, Ante
ボスニア・ヘルツェゴビナの政治家。ボスニア・ヘルツェゴビナ幹部会議長(国家元首)。
⇒世指導 (イェラビッチ, アンテ 1963.8.21–)

Jelavich, Barbara
アメリカの歴史家。ヨーロッパ・ロシア外交史およびバルカン史を研究。
⇒岩世人 (イェラヴィチ 1923.4.12–1995.1.14)

Jelavich, Charles
アメリカの歴史家。19世紀のハプスブルク帝国史および19～20世紀のロシア, バルカン史を研究。
⇒岩世人 (イェラヴィチ 1922.11.15–)

Jelden, Georg
ドイツのテノール歌手。1964年シュトゥットガルト音楽大学教授に就任。
⇒魅惑 (Jelden,Georg 1928–)

Jelimo, Pamela
ケニアの陸上選手（中距離）。
- ⇒外12（ジェリモ,パメラ　1989.12.5–）
- 　外16（ジェリモ,パメラ　1989.12.5–）
- 　最世ス（ジェリモ,パメラ　1989.12.5–）

Jelinek, Elfriede
オーストリアの女性作家。
- ⇒岩世人（イェリネク　1946.10.20–）
- 　外12（イェリネク,エルフリーデ　1946.10.20–）
- 　外16（イェリネク,エルフリーデ　1946.10.20–）
- 　現世文（イェリネク,エルフリーデ　1946.10.20–）
- 　広辞7（イェリネク　1946–）
- 　ネーム（イェリネク　1946–）
- 　ノベ3（イェリネク,E.　1946.10.20–）

Jelinek, Hans
オーストリアの作曲家,音楽理論家。ヴィーンで12音音楽の範例的ピアノ作品を大量に刊行。
- ⇒新音中（イェリネク,ハンス　1901.12.5–1969.1.27）
- 　標音2（イェリネク,ハンス　1901.12.5–1969.1.27）

Jellicoe, Ann
イギリスの女性劇作家,演出家。
- ⇒現世文（ジェリコー,アン　1927.7.15–2017.8.31）

Jellicoe, John Rushworth, 1st Earl
イギリスの海軍人。1919年に元帥となり,20年にニュージーランド総督となった。25年に伯爵。
- ⇒岩世人（ジェリコー　1859.12.5–1935.11.19）

Jellinek, Georg
ドイツの公法学者。新カント派的,2元論的な方法を用いてドイツ公法学理論を体系化。
- ⇒岩世人（イェリネク　1851.6.16–1911.1.12）
- 　学叢思（エリネック,ゲオルグ　1851–?）
- 　広辞7（イェリネク　1851–1911）
- 　ネーム（イェリネック　1851–1911）
- 　ユ著人（Jellinek,Georg　イェリネック,ゲオルク　1851–1911）

Jelome, Henri
フランスのテノール歌手。
- ⇒魅惑（Jelome,Henri　1860–?）

Jelosits, Peter
オーストリアのテノール歌手。
- ⇒魅惑（Jelosits,Peter　?–）

Jemal Pasha, Ahmet
トルコの軍人,政治家。第1次世界大戦中,政府三巨頭の一人。敗戦によりドイツに逃亡。
- ⇒岩イ（ジェマル・パシャ　1872–1922）
- 　岩世人（ジェマル・パシャ　1872.5.6–1922.7.21）

Jemisin, N.K.
アメリカの作家。
- ⇒海文新（ジェミシン,N.K.）
- 　現世文（ジェミシン,N.K.）

Jemnitz Sándor
ハンガリーの作曲家。2人の師,レーガーとシェーンベルクの影響を受ける。
- ⇒新音中（イェムニツ,シャーンドル　1890.8.9–1963.8.8）
- 　標音2（イェムニツ,シャーンドル　1890.8.9–1963.8.8）

Jencks, Charles
アメリカの建築評論家。
- ⇒外12（ジェンクス,チャールズ　1939–）
- 　外16（ジェンクス,チャールズ　1939.6.21–）

Jendrick, Megan
アメリカの水泳選手（平泳ぎ）。
- ⇒最世ス（ジェンドリック,メガン　1984.1.15–）

Jenkins, A.M.
アメリカの作家。
- ⇒海文新（ジェンキンス,A.M.）
- 　現世文（ジェンキンス,A.M.　1961–）

Jenkins, Emyl
アメリカの作家,アンティーク鑑定士。
- ⇒海文新（ジェンキンス,エミール）

Jenkins, Ferguson Arthur
アメリカの大リーグ選手（投手）。
- ⇒メジャ（ジェンキンズ,ファーガソン　1942.12.13–）

Jenkins, Geoffrey Scott
アメリカの大リーグ選手（外野）。
- ⇒メジャ（ジェンキンズ,ジェフ　1974.7.21–）

Jenkins, John
イギリスの労働者,代議士。
- ⇒学叢思（ジェンキンズ,ジョン　1852–?）

Jenkins, Karl
イギリスのジャズ・ピアノ,リード奏者。
- ⇒外12（ジェンキンス,カール　1944–）
- 　外16（ジェンキンス,カール　1944–）

Jenkins, Katherine
イギリスのメゾ・ソプラノ歌手。
- ⇒外12（ジェンキンス,キャサリン）
- 　外16（ジェンキンス,キャサリン）

Jenkins, Neil
イギリスのテノール歌手。
- ⇒魅惑（Jenkins,Neil　1945–）

Jenkins, Richard
アメリカの俳優。
- ⇒外16（ジェンキンス,リチャード　1947.5.4–）

Jenkins, Roy Harris
イギリスの政治家,評論家。イギリス内相・蔵相,欧州共同体（EC）委員長,社会民主党党首。
- ⇒岩世人（ジェンキンズ　1920.11.11–2003.1.5）

Jenkins, Timothy
アメリカのテノール歌手。
⇒魅惑（Jenkins,Timothy 1951-1995）

Jenkins, T.M.
イギリスの作家，キャスター。
⇒海文新（ジェンキンズ,T.M.）

Jenkinson, Ceci
イギリスの作家。
⇒海文新（ジェンキンソン，セシ）
　現世文（ジェンキンソン，セシ）

Jenks, Albert Ernest
アメリカの人類学者。
⇒アア歴（Jenks,Albert E(rnest) ジェンクス，アルバート・アーネスト 1869.11.28-1953.6.6）

Jenks, Bobby
アメリカの大リーグ選手（レッドソックス・投手）。
⇒外12（ジェンクス，ボビー 1981.3.14-）
　メジャ（ジェンクス，ボビー 1981.3.14-）

Jenks, Jeremiah Whipple
アメリカの経済学者。
⇒アア歴（Jenks,Jeremiah Whipple ジェンクス，ジェレマイア・ウィプル 1856.9.2-1929.8.24）

Jennewein, Paul
アメリカの彫刻家。
⇒芸13（ジェヌワイン，ポール 1890-1959）

Jenney, William Le Baron
アメリカの建築家。鉄骨とガラスを用いて斬新なオフィス・ビルディングの様式を創造した。
⇒岩世人（ジェニー 1832-1907）
　世建（ジェニー，ウィリアム・ル・バロン 1832-1907）
　世発（ジェニー，ウィリアム・ル・バロン 1832-1907）

Jennings, Andrew
イギリスのジャーナリスト。
⇒外16（ジェニングズ，アンドルー 1943.9.3-）

Jennings, Elizabeth Joan
イギリスの女性詩人。モーム賞を受けた『一つの見方』(1955)ほか数冊の詩集がある。
⇒岩世人（ジェニングズ 1926.7.20-2001.10.25）
　現世文（ジェニングズ，エリザベス 1926.7.18-2001.10.26）

Jennings, Hellen Hall
アメリカの社会心理学者。
⇒社小増（ジェニングズ 1905-）

Jennings, Herbert Spencer
アメリカの動物学者。慶応義塾大学で動物学を教授。
⇒岩生（ジェニングズ 1868-1947）
　岩世人（ジェニングズ 1868.4.8-1947.4.14）

Jennings, Hugh Ambrose
アメリカの大リーグ選手（遊撃，一塁）。
⇒メジャ（ジェニングズ，ヒューイー 1869.4.2-1928.2.1）

Jennings, Humphrey
イギリスの映画監督。
⇒映監（ジェニングス，ハンフリー 1907.8.19-1950）

Jennings, Jason
アメリカの大リーグ選手（投手）。
⇒メジャ（ジェニングズ，ジェイソン 1978.7.17-）

Jennings, Jerry J.
アメリカのテノール歌手。
⇒魅惑（Jennings,Jerry J. 1936-）

Jennings, Lyfe
アメリカの歌手。
⇒外12（ジェニングズ，ライフ 1978-）

Jennings, Peter Charles
アメリカのニュースキャスター。
⇒岩世人（ジェニングズ 1938.7.29-2005.8.7）

Jennings, Waylon
アメリカ・テキサス州生まれのカントリー・ミュージシャン。
⇒標音2（ジェニングズ，ウェイロン 1937.6.15-2002.2.13）
　ロック（Jennings,Waylon ジェニングズ，ウェイロン 1937.6.15-）

Jenny, Carole
アメリカの医学者。
⇒外12（ジェニー，キャロル）

Jens, Walter
ドイツの小説家，評論家。
⇒岩世人（イェンス 1923.3.8-2013.6.9）
　外12（イェンス，ヴァルター 1923.3.8-）
　現世文（イェンス，ヴァルター 1923.3.8-2013.6.9）

Jensen, Adolf Ellegard
ドイツの民族学者。未開人の世界観の研究に貢献。著書，『民族学入門―諸民族と諸文化』（共著,1963）など。
⇒岩世人（イェンゼン 1899.1.1-1965.5.20）
　新カト（イェンゼン 1899.1.1-1965.5.20）

Jensen, Arthur Robert
アメリカの心理学者。
⇒岩世人（ジェンセン 1923.8.24-2012.10.22）

Jensen, Georg Arthur
デンマークの銀細工師，彫刻家。
⇒岩世人（イェンセン 1866.8.31-1935.10.2）

Jensen, Iain
　オーストラリアのヨット選手（49er級）。
　⇒外16（ジェンセン, イアン　1988.5.23–）
　　最世ス（ジェンセン, イアン　1988.5.23–）

Jensen, Jack Eugene
　アメリカの大リーグ選手（外野）。
　⇒メジャ（ジェンセン, ジャッキー　1927.3.9–1982.7.14）

Jensen, Johan Ludvig William Valdemar
　デンマークの解析学者, 代数学者, 工学者。
　⇒数辞（イェンセン, ヨハン・ルートヴィヒ・ウィリアム・ワルデマール　1859–1925）

Jensen, Johannes Hans Daniel
　ドイツの理論物理学者。1948年原子核の殻構造理論を発表, 63年ノーベル物理学賞受賞。
　⇒岩世人（イェンセン　1907.6.25–1973.2.11）
　　三新物（イェンセン　1907–1973）
　　ネーム（イェンセン　1906–1973）
　　ノベ3（イェンゼン, J.H.D.　1907.6.25–1973.2.11）

Jensen, Johannes Vilhelm
　デンマークの小説家。大作『長い旅』（1908～22）で世界的名声を得, 1944年度ノーベル文学賞受賞。
　⇒岩世人（イェンセン　1873.1.20–1950.11.25）
　　現世文（イェンセン, ヨハネス・ヴィルヘルム　1873.1.20–1950.11.25）
　　広辞7（イェンセン　1873–1950）
　　ノベ3（イェンセン, J.V.　1873.1.20–1950.11.25）

Jensen, Michael C.
　アメリカの経済学者。ハーバード大学教授。
　⇒有経5（ジェンセン　1939–）

Jensen, Olaf B.
　テノール歌手。
　⇒魅惑（Jensen, Olaf B.　?–）

Jensen, Wilhelm
　ドイツの作家。小説 "Nirwana"（1877）など。
　⇒岩世人（イェンゼン　1837.2.15–1911.11.24）

Jentsch, Julia
　ドイツの女優。
　⇒外12（イェンチ, ユリア　1978–）

Jeon Ari
　韓国の作家。
　⇒海文新（チョンアリ　1986–）
　　現世文（チョン・アリ　1986–）

Jeon Do-youn
　韓国の女優。出演作に映画『シークレット・サンシャイン』など。
　⇒遺産（チョン・ドヨン　1973.2.11–）
　　岩世人（全度妍　チョンドヨン　1973.2.11–）
　　外12（チョンドヨン　1973.2.11–）
　　外16（チョンドヨン　1973.2.11–）
　　韓俳（チョン・ドヨン　1973.2.11–）

Jeong Ae-Ri
　韓国の女優。
　⇒韓俳（チョン・エリ　1960.8.11–）

Jeong Da-bin
　韓国の女優。
　⇒韓俳（チョン・ダビン　1980.3.4–2017.2）

Jeong Gyu-Su
　韓国の男優。
　⇒韓俳（チョン・ギュス　1957.9.5–）

Jeong Han-Heon
　韓国の男優。
　⇒韓俳（チョン・ハノン　1954.5.25–）

Jeong Ho-keun
　韓国の男優。
　⇒韓俳（チョン・ホグン　1964–）

Jeong Jin-woon
　韓国の歌手。
　⇒外12（チョンジヌン　1991.5.2–）

Jeong Min-A
　韓国の女優。
　⇒韓俳（チョン・ミナ　1994.3.3–）

Jeong Se-hyun
　韓国の政治家。韓国統一相。
　⇒世指導（ジョン・セヒョン　1945.5.7–）

Jeon Gwang-Ryeol
　韓国の男優。
　⇒韓俳（チョン・グァンリョル　1959.2.11–）

Jeong Wook
　韓国の男優。
　⇒韓俳（チョン・ウク　1938.5.5–）

Jeong Woon-Taek
　韓国の男優。
　⇒韓俳（チョン・ウンテク　1975.7.5–）

Jeon Hye-bin
　韓国の女優, 歌手。
　⇒外12（チョンヘビン　1983.9.27–）
　　韓俳（チョン・ヘビン　1983.9.27–）

Jeon Hye-young
　北朝鮮のソロ女性歌手。
　⇒岩韓（チョン・ヘヨン　1972–）

Jeon In-teak
　韓国の俳優。
　⇒外12（チョンインテク　1952.6.18–）
　　外16（チョンインテク　1952.6.18–）
　　韓俳（チョン・インテク　1952.6.18–）

Jeon Jae Hyung
韓国の男優。
⇒韓俳（チョン・ジェヒョン　1983.6.30–）

Jeon Ji-hyun
韓国の女優。
⇒外12（チョンジヒョン　1981.10.30–）
　外16（チョンジヒョン　1981.10.30–）
　韓俳（チョン・ジヒョン　1981.10.30–）

Jeon Ji-yoon
韓国の歌手。
⇒外12（チョンジユン　1990.10.15–）

Jeon Kyung-rin
韓国の小説家。
⇒外12（チョンギョンニン　1962–）
　外16（チョンギョンニン　1962–）
　海文新（チョンギョンニン　1962–）
　韓現文（全鏡濟　チョン・ギョンニン　1962–）
　現世文（チョン・ギョンニン　1962–）

Jeon Mi-jeong
韓国のプロゴルファー。
⇒外12（ジョンミジョン　全美貞　1982.11.1–）

Jeon Min-hee
韓国のファンタジー作家。作品に『ルーンの子供たち』など。
⇒外16（ジョンミンヒ）
　海文新（ジョンミンヒ）
　現世文（ジョン・ミンヒ　全民熙）

Jeon Mi-Seon
韓国の女優。
⇒韓俳（チョン・ミソン　1972.12.7–）

Jeon Yun-churl
韓国の政治家。韓国副首相・財政経済相。
⇒世指導（ジュン・ユンチョル　1939.6.15–）

Jepkosgei, Janeth
ケニアの陸上選手（中距離）。
⇒最世ス（ジェプコスゲイ、ジェネス　1983.12.13–）

Jeppesen, Knud
デンマークの音楽学者。パレストリーナを中心とする16世紀多声合唱音楽の研究者。
⇒岩世人（イェペセン　1892.8.15–1974.6.14）
　新音中（イェペセン、クヌズ　1892.8.15–1974.6.14）
　標音2（イェペセン、クヌート　1892.8.15–1974.6.14）

Jepsen, Carly Rae
カナダのシンガー・ソングライター。
⇒外16（ジェプセン、カーリー・レイ　1985.11.21–）

Jeremiah X
アメリカのムスリムの指導者。
⇒マルX（JEREMIAH X（Shabazz,Jeremiah、Pugh,Jeremiah）　ジェレマイアX（シャボズ、ジェレマイア、ピュー、ジェレマイア））

Jeremias, Joachim
ドイツのプロテスタント神学者。ユダヤ教に関する知識は豊富。
⇒岩世人（イェレミアス　1900.9.20–1979.9.6）
　新カト（エレミアス　1900.9.20–1979.9.6）

Jergens, Adele
アメリカの女優。
⇒ク俳（ジャーゲンズ、アデル　1917–）

Jerico, Santiago Sánchez
スペインのテノール歌手。
⇒魅惑（Jerico,Santiago Sánchez　?–）

Jerkins, Grant
アメリカの作家。
⇒海文新（ジャーキンス、グラント）

Jerne, Niels Kaj
デンマークの免疫学者。
⇒岩生（ヤーネ　1911–1994）
　岩世人（イェルネ　1911.12.13–1994.10.7）
　ネーム（イェルネ　1991–1994）
　ノべ3（イェルネ,N.K.　1911.12.23–1994.10.7）

Jernigan, Thomas Roberts
アメリカの領事。
⇒アア歴（Jernigan,Thomas R（oberts）　ジャーニガン、トマス・ロバーツ　1847.2.24–1920.11.1）

Jero
アメリカ生まれの演歌歌手。
⇒異二辞（ジェロ　1981–）

Jerome, Jerome Klapka
イギリスのユーモア作家。作品に『無精者のむだ話』(1889)など。
⇒岩世人（ジェローム　1859.5.2–1927.6.14）

Jerry
韓国の歌手。
⇒外12（ジェリー　1988.5.13–）

Jershild, Arthur Thomas
アメリカの心理学者。
⇒教人（ジャーシルド　1902–）

Jersild, Per Christian
スウェーデンの作家。
⇒岩世人（ヤシルド　1935.3.14–）
　現世文（ヤシルド、ペール・クリスチャン　1935–）

Jerusalem, Siegfried
ドイツのテノール歌手。
⇒失声（イェルザレム、ジークフリート　1940–）
　魅惑（Jerusalem,Siegfried　1940–）

Jerusalem, Wilhelm
オーストリアの哲学者。主著 "Einleitung in die Philosophie" (1899)。

⇒岩世人（イェルーザレム 1854.10.11–1923.7.15）
　学叢思（イエルサレム, ウィルヘルム 1854–?）

Jesenská, Miléna
チェコのジャーナリスト，ヒューマニスト。
⇒岩世人（イェセンスカー 1896.8.10–1944.5.17）

Jesenský, Janko
チェコスロバキアの詩人，散文作家。
⇒岩世人（イェセンスキー 1874.12.30–1945.12.27）

Jespersen, Jens Otto Harry
デンマークの言語学者，英語学者。言語退化説に反対し，『言語の発達』（1894）を著わす他に『音声学教本』（1904），『言語，その本質，発達と起源』（22）など。
⇒岩世人（イェスペルセン（イェスパセン） 1860.7.16–1943.4.30）
　オク言（イェスペルセン, オットー 1860–1943）
　教人（イェスペルセン 1860–1943）
　広辞7（イェスペルセン 1860–1943）
　ネーム（イェスペルセン 1860–1943）

Jessel, Leon
ドイツのオペレッタ作曲家。もっとも成功したオペレッタは，1917年に初演された『シュヴァルツヴァルトの乙女』である。
⇒ク音3（イェッセル 1871–1942）
　標音2（イェッセル, レオン 1871.1.22–1942.1.4）

Jessica
韓国の歌手。
⇒外12（ジェシカ 1989.4.18–）

Jessie J
イギリスの歌手。
⇒外12（ジェシー・J 1988.3.29–）
　外16（ジェシー・J 1988.3.29–）

Jessner, Leopold
ドイツの表現主義の代表的演出家。多くの革新的な演出を行った。
⇒岩世人（イェスナー 1878.3.3–1945.12.13）
　ユ著人（Jessner,Leopold イェスナー, レオポルド 1878–1945）

Jessop, Thomas Edmund
イギリスの哲学者，メソディスト教会員。
⇒メル3（ジェソップ, トーマス＝エドモンド 1896–1980）

Jessup, Philip Caryl
アメリカの国際法学者，政治家。アメリカの国連代表として，『中国白書』の作成，ベルリン封鎖解決などに活躍。
⇒岩世人（ジェサップ 1897.1.5–1986.1.31）

Jeszenszky, Géza
ハンガリーの政治家，歴史学者。ハンガリー外相，ブダペスト経済大学国際関係学部長。
⇒世指導（イエセンスキー, ゲーザ 1941.11.10–）

Jetelová, Magdalena
チェコスロバキア生まれの木彫作家。
⇒芸13（ヘテロア, マグダレーナ ?–）

Jeter, Carmelita
アメリカの陸上選手（短距離）。
⇒外16（ジーター, カーメリタ 1979.11.24–）
　最世ス（ジーター, カーメリタ 1979.11.24–）

Jeter, Derek
アメリカの大リーグ選手（内野手）。
⇒外12（ジーター, デレック 1974.6.26–）
　外16（ジーター, デレク 1974.6.26–）
　最世ス（ジーター, デレク 1974.6.26–）
　メジャ（ジーター, デレク 1974.6.26–）

Jethroe, Samuel
アメリカの大リーグ選手（外野）。
⇒メジャ（ジェスロー, サム 1917.1.23–2001.6.16）

Jetsun Pema
ブータン王妃。
⇒外12（ジェツン・ペマ王妃 1990.6.4–）
　外16（ジェツン・ペマ王妃 1990.6.4–）

Jetter, Martin
ドイツの実業家。
⇒外16（イェッター, マーティン）

Jettou, Driss
モロッコの政治家。モロッコ首相。
⇒外12（ジェットゥ, ドリス 1945.5.24–）
　外16（ジェトゥー, ドリス 1945.5.24–）
　世指導（ジェトゥー, ドリス 1945.5.24–）

Jeunet, Jean-Pierre
フランスの映画監督，脚本家。
⇒映監（ジュネ, ジャン・ピエール 1953.9.3–）
　外12（ジュネ, ジャン・ピエール 1955–）
　外16（ジュネ, ジャン・ピエール 1955–）

Jeury, Michel
フランスのSF作家。
⇒現世文（ジュリ, ミシェル 1934–）

Jewell, Lisa
イギリスの作家。
⇒外12（ジュエル, リサ 1968–）

Jewett, Frank Baldwin
アメリカの物理学者，電気技術者。電話器，トーキー，電気写真，電送写真，長距離無線電話等で多くの業績がある。
⇒岩世人（ジュウェット 1879.9.5–1949.11.18）

Jewett, Frank Fanning
アメリカの化学者。開成学校で化学を教授。
⇒化学（ジュウェット 1844–1925）

Jewett, Sarah Orne
アメリカの女性小説家, 詩人。19世紀後半に始まる地方主義文学運動の最も重要な作家の一人。
⇒アメ州（Jewett,Sarah Orne ジューイット, サラ・オーン 1849–1909）
岩世人（ジュウェット 1849.9.3–1909.6.24）

Jewison, Norman
カナダ生まれの映画監督。
⇒映監（ジュイソン, ノーマン 1926.7.21–）

Jewlachow, Boris Michajlowitsch
ロシアのテノール歌手。
⇒魅惑（Jewlachow,Boris Michajlowitsch 1891–?）

Jeyaretnam, Joshua Benjamin
シンガポールの政治家。
⇒岩世人（ジェヤラトナム 1926.1.5–2008.9.30）
世指導（ジャヤラトナム,J.B. 1926.1.5–2008.9.30）

Jeyasingh, Shobana
インド生まれでイギリスを拠点とする振付家, 舞踊団監督。
⇒岩世人（ジェヤシン 1957.3.26–）

Jèze, Gaston
フランスの法学者, 財政学者。パリ大学名誉教授。国際公法図書館および国際財政学図書館長。
⇒岩世人（ジェーズ 1869.3.2–1953.8.6）

Jezil, Milos
チェコのテノール歌手。
⇒魅惑（Jezil,Milos 1948–）

Jhabvala, Ruth Prawer
インドの作家。
⇒岩世人（ジャブヴァーラ 1927.5.7–2013.4.3）
現世文（ジャブヴァーラ, ルース・プラワー 1927.5.7–2013.4.3）

Jhung Myong-suk
韓国の宗教家。
⇒外12（チョンミョンソク 鄭明析 1945–）
外16（チョンミョンソク 鄭明析 1945.3.16–）

Jhunjhunwala, Amitabh
インドの実業家。
⇒外16（ジュンジュンワラ, アミターブ）

Jiang Tiefang
中国生まれの画家。
⇒芸13（ジャン・ティエファン 1938–）

Jiang Wen
中国の男優, 映画監督。中国青年芸術劇院俳優。
⇒岩世人（ジャン・ウェン 1963.1–）
外12（チアンウェン 1963.1.5–）
外16（チアンウェン 1963.1.5–）
中日3（姜文 きょうぶん, チアンウエン 1963–）

Jia Zhang-ke
中国の映画監督。
⇒岩世人（ジャ・ジャンクー 1970.5–）
外12（ジャジャンクー 1970–）
外16（ジャジャンクー 1970–）

Jibril, Mahmoud
リビアの政治家。国民勢力連合（NFA）代表, リビア暫定政府首相。
⇒外12（ジブリル, マハムード 1952–）
外16（ジブリル, マハムード 1952.5.28–）
世指導（ジブリル, マハムード 1952.5.28–）

Ji Eun
韓国の歌手。
⇒外12（ジウン 1990.5.5–）

Jigjid, Rentsendoo
モンゴルの外交官。
⇒外12（ジグジッド, レンツェンドー 1959–）

Jigjid Munkbat
モンゴルのモンゴル相撲選手。
⇒外12（ジジド・ムンフバト）

Jigme Dorji
ブータン国王。在位1952～72。
⇒岩世人（ジグメ・ドルジェ・ワンチュク 1928.5.2–1972.7.21）

Jigme Singye
ブータン国王。在位1972～2006。
⇒岩世人（ジグメ・センケ・ワンチュク 1955.11.11–）
外12（ワンチュク, ジグメ・シンゲ 1955.11.11–）
外16（ワンチュク, ジグメ・シンゲ 1955.11.11–）
世指導（ワンチュク, ジグメ・シンゲ 1955.11.11–）

'jigs med ge sar rnam rgyal dbang phyug
ブータン国王。在位2006～。
⇒岩世人（ジグメ・ケサル・ナムギャル・ワンチュク 1980.2.21–）
外12（ワンチュク, ジグメ・ケサル・ナムゲル 1980.2.21–）
外16（ワンチュク, ジグメ・ケサル・ナムゲル 1980.2.21–）
世指導（ワンチュク, ジグメ・ケサル・ナムゲル 1980.2.21–）

Ji-hoo
韓国の俳優, 歌手。
⇒外12（ジフ 1986.3.9–）

Ji-hyuk
韓国の歌手。
⇒外12（ジヒョク 7.13–）

Jihyun
韓国のモデル, 女優。
⇒外16（ジヒョン 1983.4.24–）

Ji Hyun-woo
韓国の男優, 歌手。
⇒韓俳 （チ・ヒョヌ　1984.11.29–）

Jija
タイの女優。
⇒外12 （ジージャー　1984–）
　外16 （ジージャー　1984–）

Ji Jin-hee
韓国の俳優。
⇒外12 （チジニ　1971.6.24–）
　外16 （チジニ　1971.6.24–）
　韓俳 （チ・ジニ　1973.6.24–）

Jilemnický, Peter
チェコスロバキアの作家。スロバキア社会主義文学の創始者。作品に『耕されない畑』(1932)，『一塊の砂糖』(34) など。
⇒現世文 （イレムニツキー, ペテル　1901.3.18–1949.5.19）

Jiménez, Francisco
アメリカの作家。
⇒外12 （ヒメネス, フランシスコ　1943.6.29–）
　現世文 （ヒメネス, フランシスコ　1943.6.29–）

Jiménez, José Alfredo
メキシコの歌手, 作詞家, 作曲家。
⇒岩世人 （ヒメネス　1926.1.19–1973.11.23）

Jiménez, Juan Ramón
スペインの詩人。スペイン近代叙情詩の代表的存在。1956年ノーベル文学賞受賞。
⇒岩世人 （ヒメネス　1881.12.23–1958.5.29）
　現世文 （ヒメネス, ファン・ラモン　1881.12.24–1958.5.29）
　広辞7 （ヒメネス　1881–1958）
　ノベ3 （ヒメネス, J.R.　1881.12.24–1958.5.29）

Jiménez, Miguel Angel
スペインのプロゴルファー。
⇒外12 （ヒメネス, ミゲル・アンヘル　1964.1.5–）
　外16 （ヒメネス, ミゲル・アンヘル　1964.1.5–）
　最世ス （ヒメネス, ミゲル・アンヘル　1964.1.5–）

Jimenez, Ubaldo
ドミニカ共和国の大リーグ選手（インディアンス・投手）。
⇒外12 （ヒメネス, ウバルド　1984.1.22–）
　外16 （ヒメネス, ウバルド　1984.1.22–）
　最世ス （ヒメネス, ウバルド　1984.1.22–）

Jin, Ha
アメリカの作家。
⇒岩世人 （ハ・ジン　1956.2.21–）
　外12 （ジン, ハ　1956.2.21–）
　外16 （ジン, ハ　1956.2.21–）
　現世文 （ジン, ハ　1956.2.21–）
　広辞7 （ハ・ジン　1956–）

Jin Chen
中国の映画監督。
⇒外12 （ジヌチェヌ　1969–）

Jindal, Bobby
アメリカの政治家。
⇒外16 （ジンダル, ボビー　1971.6.10–）
　世指導 （ジンダル, ボビー　1971.6.10–）

Jin Goo
韓国の男優。
⇒韓俳 （チン・グ　1980.7.20–）

Jin Hee-kyung
韓国の女優。
⇒外12 （チンヒギョン　1968.9.7–）
　韓俳 （チン・ヒギョン　1968.9.7–）

Jin Jong-oh
韓国の射撃選手（ピストル）。
⇒外12 （チンジョンオ　秦鍾午　1979.9.24–）
　外16 （チンジョンオ　秦鍾午　1979.9.24–）
　最世ス （チンジョンオ　1979.9.24–）

Jinnah, Mohammed Ali
パキスタン建国の祖, 初代総督。在位1947～48。
⇒岩イ （ジンナー　1876–1948）
　岩世人 （ジンナー　1876.12.25–1948.9.11）
　現アジ （ジンナー　1876.12.25–1948）
　広辞7 （ジンナー　1876–1948）
　世史改 （ジンナー　1876–1948）
　世史改 （ジンナー　1876–1948）
　世人新 （ジンナー　1876–1948）
　世人装 （ジンナー　1876–1948）
　南ア新 （ジンナー　1876–1948）
　ポプ人 （ジンナー, ムハンマド・アリー　1876–1948）

Jin Nyum
韓国の財政経済相, 企画予算庁長官, 労相。
⇒世指導 （ジン・ニョム　1940.12.2–）

Jinseok
韓国の歌手。
⇒外12 （ジンソク　1991.1.22–）

Jin Sun-yu
韓国のスピードスケート選手（ショートトラック）。
⇒外12 （ジンソンユ　陳善有　1988.12.17–）
　最世ス （ジンソンユ　1988.12.17–）

Jin Yong
香港の武侠小説家。香港の日刊紙『明報』の創設者。
⇒岩世人 （金庸　きんよう　1924.2.6–）
　外12 （金庸　キンヨウ　1924–）
　外16 （金庸　キンヨウ　1924–）
　現世文 （金庸　きん・よう　1924.3.10–2018.10.30）
　広辞7 （きん・よう　金庸　1924–）
　中人小 （金庸　きんよう　1924–）

中日3（金庸　きんよう、チンヨン　1924–）

Jinyoung
韓国の歌手。
⇒外16（ジニョン　1991.11.18–）

Jirásek, Alois
チェコスロバキアの歴史小説家、劇作家。代表作『古いチェコの伝説』（1894）。
⇒岩世人（イラーセク　1851.8.23–1930.3.12）
　現世文（イラーセク，アロイス　1851.8.23–1930.3.12）
　ネーム（イラーセク　1851–1930）

Jireček, Josef Konstantin
チェコスロバキアの歴史家。バルカン学者。
⇒岩世人（イレチェク　1854.7.24–1918.1.10）

Jireš, Jaromil
チェコ・ヌーヴェル・ヴァーグを代表する映画監督、脚本家。
⇒映監（イレシュ，ヤロミール　1935.12.10–2001）

Jiro
台湾の歌手、俳優。
⇒外12（ジロー　8.24–）

Ji Sang-ryeol
韓国の男優、コメディアン。
⇒韓俳（チ・サンリョル　1970.12.26–）

Ji Soo-hyun
韓国の作家。
⇒海文新（チスヒョン　1973.7.25–）

Ji So-yun
韓国のサッカー選手（チェルシーLFC・MF）。
⇒外12（チソヨン　池笑然　1991.2.21–）
　外16（チソヨン　池笑然　1991.2.21–）
　最世ス（チソヨン　1991.2.21–）

al-**Jisr, Ḥusayn**
シリアのイスラム改革者，教育者。
⇒岩イ（ジスル　1845–1909）

Ji-sung
韓国の俳優。
⇒外12（チソン　1977.2.27–）
　外16（チソン　1977.2.27–）
　韓俳（チソン　1977.2.27–）

Jiyeon
韓国の歌手。
⇒外12（ジヨン　1993.6.7–）

Ji-young
韓国の歌手，女優。
⇒外12（ジヨン　1994.1.18–）
　外16（ジヨン　1994.1.18–）

Jo
ブラジルのサッカー選手（マンチェスター・シティ・FW）。
⇒外12（ジョー　1987.3.20–）
　最世ス（ジョー　1987.3.20–）

Jo, Sumi
韓国のソプラノ歌手。
⇒岩世人（ジョー　1962.11.22–）
　外12（ジョー、スミ　1962–）
　外16（ジョー、スミ　1962–）

Joachim, Harold Henry
イギリスの観念論哲学者。
⇒メル3（ヨアヒム，ハロルド・ヘンリー　1868–1938）

Joachim, Joseph
ハンガリーのヴァイオリン奏者。
⇒岩世人（ヨアヒム　1831.6.28–1907.8.15）
　ク音3（ヨアヒム　1831–1907）
　広辞7（ヨアヒム　1831–1907）
　新音中（ヨアヒム，ヨーゼフ　1831.6.28–1907.8.15）
　ネーム（ヨアヒム　1831–1907）
　標音2（ヨアヒム，ヨーゼフ　1831.6.28–1907.8.15）
　ユ著人（Joachim,Joseph　ヨアヒム，ヨゼフ　1831–1907）

Jo An
韓国の女優。
⇒韓俳（チョ・アン　1982.11.14–）

Joannes XXIII
ローマ教皇。在位1958～63。
⇒岩世人（ヨハネス23世　1881.11.25–1963.6.3）
　オク教（ヨアンネス23世（聖）　1881–1963）
　教聖（聖ヨハネ23世教皇　1881.11.25–1963.6.3）
　広辞7（ヨハネ（23世）　1881–1963）
　世人新（ヨハネス23世　1881–1963）
　世人装（ヨハネス23世　1881–1963）

Joaquin, Nick
フィリピンのジャーナリスト，作家。
⇒岩世人（ホアキン　1917.5.4–2004.4.29）
　現世文（ホアキン，ニック　1917.5.4–2004.4.29）

Joas, Hans
ドイツの社会学者，社会哲学者。
⇒岩世人（ヨアス　1948.11.27–）

Jobe, Brandt
アメリカのプロゴルファー。
⇒外12（ジョーブ，ブラント　1965.8.1–）

Jobe, Frank Wilson
アメリカの整形外科医。
⇒外12（ジョーブ，フランク　1925–）

Jobert, Marlene
アルジェリア生まれの女優。
⇒ク俳（ジョベール，マルレーヌ　1943–）

Jobim, Antonio Carlos
ブラジルの作曲家,ピアノ,ギター奏者。ボサ・ノバと称する新しい音楽を作り出し,『イパネマの娘』など多くの作品を書いた。
⇒異二辞（ジョビン,アントニオ・カルロス　1927-1994）
岩世人（ジョビン　1927.1.25–1994.12.8）
広辞7（ジョビン　1927–1994）
新音中（ジョビン,アントニオ・カルロス　1927.1.25–1994.12.8）
標音2（ジョビン,アントニオ・カルロス　1927.1.25–1994.12.8）
ポプ人（ジョビン,アントニオ・カルロス　1927–1994）
ラテ新（ジョビン　1927–1994）

Jobin, Paul
フランスの社会学者。
⇒外12（ジョバン,ポール　1968–）
外16（ジョバン,ポール　1968–）

Jobin, Raoul
カナダのテノール歌手。1951年フランス政府よりレジョン・ドヌール勲章,67年カナダ政府より名誉勲章を授与された。
⇒失声（ジョバン,ラウル　1906–1974）
魅惑（Jobin,Raoul　1906–1974）

Jobs, Steven Paul
アメリカのコンピュータ発明家,企業家。
⇒岩世人（ジョブズ　1955.2.24–2011.10.5）
広辞7（ジョブズ　1955–2011）
世発（ジョブズ,スティーヴン・ポール・"スティーヴ"　1955–2011）
ネーム（ジョブズ,スティーブ　1955–2011）
ポプ人（ジョブズ,スティーブ　1955–2011）
有経5（ジョブズ,スティーブ　1955–2011）

Jochens, Wilfried
ドイツのテノール歌手。
⇒魅惑（Jochens,Wilfried　?–）

Jochims, Wilfried
ドイツのテノール歌手。
⇒魅惑（Jochims,Wilfried　1936–）

Jochum, Eugen
ドイツの指揮者。ミュンヘンのバイエルン放送局指揮者（1949～）。O.ヨッフムの弟。
⇒岩世人（ヨッフム　1902.11.1–1987.3.26）
新音中（ヨッフム,オイゲン　1902.11.1–1987.3.26）
標音2（ヨッフム,オイゲン　1902.11.1–1987.3.23）

Jochum, Otto
ドイツの作曲家。オラトリオ,ミサ曲,交響曲,室内楽の作品がある。
⇒岩世人（ヨッフム　1898.3.18–1969.10.24）

Jo Dal-Hwan
韓国の男優。
⇒韓俳（チョ・ダルファン　1981.5.10–）

Jo Deok-Hyeon
韓国の男優。
⇒韓俳（チョ・ドッキョン　1967.5.29–）

Jodl, Alfred
ドイツの軍人。ドイツの国防軍作戦部長（1939～45）。
⇒岩世人（ヨードル　1890.5.10–1946.10.16）

Jodl, Friedrich
ドイツの哲学者,倫理学者。"Geschichte der Ethik"2巻。
⇒岩世人（ヨードル　1849.8.23–1914.1.26）
学叢思（ヨードル,フリードリヒ　1849–?）

Jo Dong-hyuk
韓国の男優,モデル。
⇒韓俳（チョ・ドンヒョク　1977.12.11–）

Jodorowsky, Alexandro
チリ生まれの映画監督,男優。
⇒岩世人（ホドロフスキ　1929.2.17–）
映監（ホドロフスキー,アレハンドロ　1929.2.7–）
外16（ホドロフスキー,アレハンドロ　1929.2.17–）

Joe
アメリカ・ジョージア州生まれの歌手。
⇒外12（ジョー　1972.7.5–）

Joe, James B.
アメリカ生まれの画家。
⇒芸13（ジョー,ジェームス・B　1915–）

Joel, Billy
アメリカ生まれのシンガー・ソングライター。
⇒岩世人（ジョエル　1949.5.9–）
エデ（ジョエル,ビリー［ウィリアム］（マーティン）1949.5.9–）
外12（ジョエル,ビリー　1949.5.9–）
外16（ジョエル,ビリー　1949.5.9–）
ネーム（ジョエル,ビリー　1949–）
標音2（ジョエル,ビリー　1949.5.9–）
ユ著人（Joel,Billy　ジョエル,ビリー　1949–）
ロック（Joel,Billy　ジョーエル,ビリー）

Joel, Karl
ドイツの哲学者。有機体の概念を中心とする世界観を説き,『世界観の変転』において啓蒙期以来のドイツ思想史を記述した。
⇒岩世人（ヨエル（ジョエル）　1864.3.27–1934.7.23）

Jørgensen, Alfred Theodor
デンマークのルター派神学者,社会福祉事業家,ジャーナリスト。
⇒岩世人（ヨーアンセン　1874.9.6–1953.9.12）

Jørgensen, Sophus Mads
デンマークの錯体化学者。

⇒化学（ヨルゲンセン 1837–1914）

Joerres, Jeffrey A.
アメリカの実業家。
⇒外12（ジョレス, ジェフリー）
外16（ジョレス, ジェフリー）

Joest, Ernst
ドイツの獣医学者。馬の「ボルナ病」の診断の根拠となる「ヨースト・デーゲン（Joest・Degen）小体」の発見は有名。
⇒岩世人（ヨースト 1873.2.14–1926.7.7）

Joffe, Dina
ロシア、のちイスラエルのピアノ奏者。
⇒外12（ヨッフェ, ディーナ 1952.12.18–）
外16（ヨッフェ, ディーナ 1952.12.18–）

Joffe, Roland
イギリスの映画監督。
⇒映画（ジョフィ, ローランド 1945.11.17–）
外12（ジョフィ, ローランド 1945.11.17–）
外16（ジョフィ, ローランド 1945.11.17–）

Joffre, Joseph Jacques Césaire
フランスの将軍。
⇒岩世人（ジョフル 1852.1.12–1931.1.3）
広辞7（ジョッフル 1852–1931）

Joffre, Robert
アメリカのバレエ団主催者、振付者。1956年にジョフリー・バレエ団の前身となるバレエ団を発足。
⇒岩世人（ジョフリー 1930.12.24–1988.3.25）

Joffrin, Guily
フランスの女性画家。
⇒芸13（ジョフラン, ギュリー 1909–）

Jo Geun-shik
韓国の映画監督。
⇒外12（チョグンシク 1968–）

Jogiches-Tyszka, Leon
ポーランドの革命家。
⇒ユ著人（Jogiches-Tyszko,Leo ヨギヘス＝トゥシコ, レオ 1867–1919）

Johanides, Ján
スロバキアの小説家。短篇集『プライバシー』(1963)、『ノー』(66) などで知られる。
⇒現世文（ヨハニデス, ヤーン 1934.8.18–2008.6.5）

Johannes Paulus I
ローマ教皇。在位1978。
⇒岩世人（ヨハネス・パウルス1世 1912.10.17–1978.9.28）
オク教（ヨアンネス・パウルス1世 1912–1978）
新カト（ヨアンネス・パウルス1世 1912.10.17–1978.9.28）

Johannes Paulus II
ローマ教皇。在位1978〜2005。
⇒岩キ（ヨハネ・パウロ2世 1920–）
岩世人（ヨハネス・パウルス2世 1920.5.18–2005.4.2）
オク教（ヨアンネス・パウルス2世（聖） 1920–2005）
教聖（聖ヨハネ・パウロ2世教皇 1920.5.18–2005.4.2）
現宗（ヨハネ・パウロ2世 1920–）
広辞7（ヨハネ・パウロ(2世) 1920–2005）
新カト（ヨアンネス・パウルス2世 1920.5.18–2005.4.2）
政経改（ヨハネ・パウロ2世 1920–）
世指導（ヨハネ・パウロ2世 1920.5.18–2005.4.2）
世人新（ヨハネス-パウルス2世 1920–2005）
世人装（ヨハネス-パウルス2世 1920–2005）
ポプ人（ヨハネパウロにせい ヨハネパウロ2世 1920–2005）

Jóhannesson, Gudni
アイスランドの政治家、歴史学者。アイスランド大統領（2016〜）。
⇒世指導（ヨハネソン, グズニ 1968.6.26–）

Johannet, René
フランスの文芸批評家。
⇒新カト（ジョアネ 1884.3.17–1972.6.2）

Johanns, Mike
アメリカの政治家。農務長官、上院議員（共和党）、ネブラスカ州知事。
⇒外12（ジョハンズ, マイク 1950.6.18–）
外16（ジョハンズ, マイク 1950.6.18–）
世指導（ジョハンズ, マイク 1950.6.18–）

Johanns, Pierre
ルクセンブルクのイエズス会員、インド宣教師、ヴェーダーンタ学派についての学者。
⇒新カト（ヨハンス 1882.4.1–1955.2.8）

Johannsen, Wilhelm Ludwig
デンマークの植物学者。"Elemente der exakten Erblichkeitslehre"（1905）。
⇒岩生（ヨハンセン 1857–1927）
岩世人（ヨハンセン 1857.2.3–1927.11.11）
旺生5（ヨハンセン 1857–1927）
三新生（ヨハンセン 1857–1927）

Jóhannsson, Kristján
アイスランドのテノール歌手。
⇒失声（ヨハンソン, クリスチャン 1948–）

Johansen, Erika
アメリカの作家。
⇒海文新（ジョハンセン, エリカ）

Johansen, Iris
アメリカの作家。
⇒外12（ジョハンセン, アイリス）

Johansen, Leif
ノルウェーの経済学者。
⇒有経5（ヨハンセン　1930–1982）

Johansson, Gunn
スウェーデンの服飾デザイナー。
⇒外12（ヨハンソン, グン）
　外16（ヨハンソン, グン）

Johansson, Gustaf
フィンランドのルター派神学者, 総監督。
⇒岩世人（ユーハンソン　1844.1.10–1930.7.24）

Johansson, Hans
スウェーデンのテノール歌手。
⇒魅惑（Johansson,Hans　1944–）

Johansson, Krjstian
アイスランドのテノール歌手。
⇒魅惑（Johansson,Krjstian　?–）

Johansson, Lennart
スウェーデン生まれの国際サッカー連盟（FIFA）副会長。
⇒外12（ヨハンソン, レンナート　1929.11.5–）

Johansson, Scarlett
アメリカ生まれの女優。
⇒遺産（ヨハンソン, スカーレット　1984.11.22–）
　外12（ジョハンソン, スカーレット　1984.11.22–）
　外16（ヨハンソン, スカーレット　1984.11.22–）

Johansson, Thomas
スウェーデンのテニス選手。
⇒外12（ヨハンソン, トーマス　1975.3.24–）
　最世ス（ヨハンソン, トーマス　1975.3.24–）

Johaug, Therese
ノルウェーのスキー選手（距離）。
⇒外12（ヨーハウグ, テレーセ　1988.6.25–）
　外16（ヨーハウグ, テレーセ　1988.6.25–）
　最世ス（ヨーハウグ, テレーセ　1988.6.25–）

Jo Hee-bong
韓国の男優。
⇒韓俳（チョ・ヒボン　1971.8.23–）

Dr. John
アメリカ・ルイジアナ州生まれの歌手。
⇒岩世人（ドクター・ジョン　1940.11.21–）
　外16（ドクター・ジョン　1940.11.21–）
　ロック（Dr John　ドクター・ジョン　1941–）

John, Sir Augustus Edwin
イギリスの画家。
⇒岩世人（ジョン　1878.1.4–1961.10.31）
　芸13（ジョーン, オーガスタス　1879–1961）

John, Barry
イギリスのラグビー選手。
⇒岩世人（ジョン　1945.1.6–）

John, Chris
インドネシアのプロボクサー。
⇒最世ス（ジョン, クリス　1979.9.14–）

John, Elton
イギリス生まれのシンガー・ソングライター。
⇒岩世人（ジョン　1947.3.25–）
　エデ（ジョン, エルトン　1947.3.25–）
　外12（ジョン, エルトン　1947.3.25–）
　外16（ジョン, エルトン　1947.3.25–）
　新音中（ジョン, エルトン　1947.3.25–）
　標音2（ジョン, エルトン　1947.3.25–）
　ロック（John,Elton　ジョン, エルトン　1947.3.25–）

John, Griffith
イギリスの宣教師。中国内部伝道の開拓者。聖書を諸方言に翻訳し, 漢口に博学書院を創立（1908）。
⇒岩世人（ジョン　1831.12.14–1912.7.25）

John, Gwen
ウェールズの女性画家。カトリックに改宗したとき, 自らの手で作品の多くを灰にした。
⇒岩世人（ジョン　1876.6.22–1939.9.18）
　芸13（ジョン, グウェン　1876–1939）

John, Little Willie
アメリカ・アーカンソー州キャムデン生まれの黒人歌手。
⇒ロック（John,Little Willie　ジョン, リトル・ウィリー　1937.11.15–1968.5.26）

John, Otto
西ドイツの元警察隊長。
⇒スパイ（ヨーン, オットー　1909–1997）

John, Thomas Edward
アメリカの大リーグ選手（投手）。
⇒メジャ（ジョン, トミー　1943.5.22–）

John, Sir William Goscombe
イギリスの彫刻家。
⇒芸13（ジョーン, ガスコム　1860–1953）

Johne, Heinrich Albert
ドイツの獣医学者。特に牛の抗酸性菌による慢性腸カタルの研究により, この病気は「ヨーネ病」と呼ばれるようになった。
⇒岩世人（ヨーネ　1839.12.10–1910.12.5）

John-hoon
韓国の俳優, 歌手。
⇒外12（ジョンフン　1980.1.20–）
　外16（ジョンフン　1980.1.20–）

Johns, Glyn
イギリス生まれのプロデューサー。
⇒ビト改（JOHNS,GLYN　ジョーンズ, グリン）

Johns, Glynis
南アフリカ生まれの女優。
⇒ク俳（ジョンズ, グリニス　1923–）

Johns, Jasper
アメリカの画家。
⇒アメ新（ジョーンズ　1930–）
　岩世人（ジョーンズ　1930.5.15–）
　外12（ジョーンズ, ジャスパー　1930.5.15–）
　外16（ジョーンズ, ジャスパー　1930.5.15–）
　芸13（ジョーンズ, ジャスパー　1930–）
　広辞7（ジョーンズ　1930–）
　ポプ人（ジョーンズ, ジャスパー　1930–）

Johns, Mervyn
ウェールズ出身の男優。
⇒ク俳（ジョンズ, マーヴィン　1899–1992）

Johns, William
テノール歌手。
⇒魅惑（Johns, William　?–）

Johnsen
ノルウェーのサッカー選手（オッド・FW）。
⇒外12（ヨンセン　1974.3.17–）
　外16（ヨンセン　1974.3.17–）

Johnson, Abigail Pierrepont
アメリカの金融家。
⇒外16（ジョンソン, アビゲイル　1961.12.19–）

Johnson, Adam
アメリカの作家。
⇒外16（ジョンソン, アダム　1967–）
　海文新（ジョンソン, アダム　1967.7.12–）
　現世文（ジョンソン, アダム　1967.7.12–）

Johnson, Alexander
アメリカの大リーグ選手（外野）。
⇒メジャ（ジョンソン, アレックス　1942.12.7–）

Johnson, Allen
アメリカの陸上選手（短距離）。
⇒異二辞（ジョンソン［アレン・～］　1971–）
　外12（ジョンソン, アレン　1971.3.1–）

Johnson, Andre
アメリカのプロフットボール選手（テキサンズ・WR）。
⇒最世ス（ジョンソン, アンドレ　1981.7.11–）

Johnson, Avery
アメリカのバスケットボール選手。
⇒外16（ジョンソン, エイブリー　1965.3.25–）
　最世ス（ジョンソン, エイブリー　1965.3.25–）

Johnson, Ben
アメリカ生まれの俳優。
⇒ク俳（ジョンスン, ベン　1918–1996）

Johnson, Blind Willie
アメリカの歌手, ギター奏者。テキサス・ブルースの名歌手のひとり。
⇒新音中（ジョンソン, ブラインド・ウィリー　1902–1949/1947）

Johnson, Boris
アメリカ生まれのジャーナリスト, 政治家。イギリス首相（2019～）。
⇒外12（ジョンソン, ボリス　1964.6.19–）
　外16（ジョンソン, ボリス　1964.6.19–）
　世指導（ジョンソン, ボリス　1964.6.19–）

Johnson, Brian
イギリスのロック歌手。
⇒外12（ジョンソン, ブライアン）
　外16（ジョンソン, ブライアン）

Johnson, Bryan Stanley
イギリスの小説家, 詩人。
⇒現世文（ジョンソン, B.S.　1933.2.5–1973.11.13）

Johnson, Buddy
アメリカ・サウスカロライナ州ダーリントン生まれの歌手。
⇒ロック（Johnson, Buddy　ジョンソン, バディ　1915.1.10–）

Johnson, Bunk
アメリカのジャズ・トランペット奏者。
⇒標音2（ジョンソン, バンク　1879.12.27–1949.7.7）

Johnson, Byron Bancroft
アメリカン・リーグ創設者。
⇒メジャ（ジョンソン, バン　1864.1.5–1931.3.28）

Johnson, Calvin
アメリカのプロフットボール選手（ライオンズ・WR）。
⇒最世ス（ジョンソン, カルビン　1985.9.29–）

Johnson, *Dame* Celia
イギリスの女優。デビッド・リーン監督の『逢びき』で名声を得た。
⇒ク俳（ジョンスン, デイム・シリア　1908–1982）

Johnson, Chad
アメリカのプロフットボール選手（WR）。
⇒最世ス（ジョンソン, チャド　1978.1.9–）

Johnson, Chalmers Ashby
アメリカの中国・日本研究者。
⇒岩世人（ジョンソン　1931.8.6–2010.11.20）

Johnson, Charles
アメリカの小説家, 漫画家, 批評家, 脚本家。
⇒岩世人（ジョンソン　1948.4.23–）
　現世文（ジョンソン, チャールズ　1948–）

Johnson, Charles Edward
アメリカの大リーグ選手(捕手)。
⇒メジャ（ジョンソン, チャールズ　1971.7.20–）

Johnson, Chris
アメリカのプロゴルファー。
⇒外12（ジョンソン, クリス　1958.4.25–）

Johnson, Chris
アメリカのプロフットボール選手(タイタンズ・RB)。
⇒最世ス（ジョンソン, クリス　1985.9.23–）

Johnson, Clarence Leonard
アメリカの航空機の設計者。
⇒スパイ（ジョンソン, クラレンス・L(ケリー)　1910–1990）

Johnson, Claude Juan
アメリカの歌手。
⇒ロック（Don and Juan　ドン&フアン）

Johnson, Clifford
アメリカの大リーグ選手(一塁, 捕手,DH)。
⇒メジャ（ジョンソン, クリフ　1947.7.22–）

Johnson, Darrell Dean
アメリカの大リーグ選手(捕手)。
⇒メジャ（ジョンソン, ダーレル　1928.8.25–2004.5.3）

Johnson, Dave
アメリカの大リーグ監督。
⇒外12（ジョンソン, デービー　1943.1.30–）
　外16（ジョンソン, デービー　1943.1.30–）
　最世ス（ジョンソン, デービー　1943.1.30–）
　メジャ（ジョンソン, デイヴィー　1943.1.30–）

Johnson, David T.
アメリカの法学者。ハワイ大学教授。
⇒外16（ジョンソン, デービッド）

Johnson, Denis
アメリカの作家。
⇒外16（ジョンソン, デニス　1949–）
　現世文（ジョンソン, デニス　1949.7.1–2017.5.24）

Johnson, Deron Roger
アメリカの大リーグ選手(一塁, 三塁, 外野)。
⇒メジャ（ジョンソン, デロン　1938.7.17–1992.4.23）

Johnson, Don
アメリカ生まれの俳優。
⇒ク俳（ジョンスン, ドン　1949–）

Johnson, Donald Spore
アメリカの大リーグ選手(二塁)。
⇒メジャ（ジョンソン, ドン　1911.12.7–2000.4.6）

Johnson, Douglas
アメリカのテノール歌手。
⇒魅惑（Johnson,Douglas　1959–）

Johnson, Dustin
アメリカのプロゴルファー。
⇒外16（ジョンソン, ダスティン　1984.6.22–）
　最世ス（ジョンソン, ダスティン　1984.6.22–）

Johnson, Edward
カナダのテノール歌手, 興行師。
⇒失声（ジョンソン, エドワード　1878–1959）
　魅惑（Johnson,Edward　1878–1959）

Johnson, Elias Finley
アメリカの弁護士, 判事。
⇒アア歴（Johnson,Elias Finley　ジョンスン, イライアス・フィンリー　1861.6.24–1933.8.1）

Johnson, Emory Richard
アメリカの経済学者。ホウォートン財政経済専門学校学部長(1919～33)。主著 "Transport facilities,services and polices"(47)。
⇒岩世人（ジョンソン　1864.3.22–1950.3.6）

Johnson, Eyvind Olof Verner
スウェーデンの小説家。前衛的手法を使う異色作家。
⇒岩世人（ユンソン　1900.7.29–1976.8.25）
　現世文（ユーンソン, エイヴィンド　1900.7.29–1976.8.25）
　ノベ3（ヨーンソン,E.　1900.7.29–1976.8.25）

Johnson, Francis
イギリスの政治家。
⇒学叢思（ジョンソン, フランシス　1878–?）

Johnson, Gary
アメリカの政治家, 実業家。ニューメキシコ州知事, ビッグ・J・エンタープライジズ社長・CEO。
⇒外12（ジョンソン, ゲーリー　1953.1.1–）
　外16（ジョンソン, ゲーリー　1953.1.1–）
　世指導（ジョンソン, ゲーリー　1953.1.1–）

Johnson, George Clayton
アメリカのSF作家, 脚本家。
⇒現世文（ジョンソン, ジョージ・クレイトン　1929.7.10–2015.12.25）

Johnson, Glenys
イギリスの画家。
⇒芸13（ジョンソン, グレニス　1952–）

Johnson, Harry Gordon
カナダ生まれの経済思想家。
⇒岩経（ジョンソン　1923–1979）
　有経5（ジョンソン　1923–1977）

Johnson, Herbert Buell
アメリカの宣教師教育者。

⇒アア歴（Johnson,Herbert Buell　ジョンスン，ハーバート・ビューエル　1858.4.30–1925.11.24）

Johnson, Hewlett
イギリス国教会の聖職者。マンチェスター，カンタベリーの司祭。平和運動家。
⇒岩世人（ジョンソン　1874.1.25–1966.10.22）

Johnson, Hinton
アメリカ・ニューヨークで起きたヒントン・ジョンスン事件の被害者のブラック・ムスリム。マルコムXは白人警察権力から頭蓋骨が割れる重傷を負わされて拘留されたジョンスンを救済して，ハーレムのヒーローとなった。
⇒マルX（JOHNSON,HINTON（Hinton X）ジョンスン，ヒントン（ヒントンX））

Johnson, Hiram Warren
アメリカの政治家。共和党進歩派の上院議員（1917〜45）。
⇒アメ経（ジョンソン，ハイラム　1866.9.2–1945.8.6）
　岩世人（ジョンソン　1866.9.2–1945.8.6）

Johnson, Howard Michael
アメリカの大リーグ選手（三塁，遊撃，外野）。
⇒メジャ（ジョンソン，ハワード　1960.11.29–）

Johnson, Hugh
イギリスのワイン評論家，文筆家。
⇒岩世人（ジョンソン　1939.3.10–）

Johnson, Hunter
アメリカの作曲家。
⇒標音2（ジョンソン，ハンター　1906.4.14–1998.8.27）

Johnson, Jack
アメリカのプロボクサー。
⇒アメ州（Johnson,Jack　ジョンソン，ジャック　1878–1946）
　岩世人（ジョンソン　1878.3.31–1946.6.10）

Johnson, James Louis（J.J.）
アメリカのジャズ・トロンボーン奏者，作・編曲家。同楽器における最初のバップ・プレイヤー。
⇒岩世人（ジョンソン　1924.1.22–2001.2.4）
　新音中（ジョンソン,J.J.　1924.1.22–2001.2.4）
　標音2（ジョンソン，ジェー・ジェー　1924.1.22–2001.2.4）

Johnson, James P.
アメリカのジャズ・ピアノ奏者，作曲家。
⇒標音2（ジョンソン，ジェームズ・ピー　1894.2.1–1955.11.24）

Johnson, James Robert
アメリカの大リーグ選手（投手）。
⇒メジャ（ジョンソン，ジム　1983.6.27–）

Johnson, James Weldon
アメリカの著述家。国立有色人種開発協会主事（1916〜30）として，特にアメリカの黒人を研究。
⇒アメ州（Johnson,James Weldon　ジョンソン，ジェームズ・ウェルドン　1871–1938）
　岩世人（ジョンソン　1871.6.17–1938.6.26）

Johnson, Jason Michael
アメリカの大リーグ選手（投手）。
⇒外12（ジョンソン，ジェイソン・マイケル　1973.10.27–）

Johnson, Joe
アメリカのバスケットボール選手（ネッツ）。
⇒最世ス（ジョンソン，ジョー　1981.6.29–）

Johnson, Johnnie
イギリスの戦闘機操縦者。第二次世界大戦の撃墜王。
⇒ネーム（ジョンソン，ジョニー　1915–2001）

Johnson, John Ralph（Spud）
アメリカの大リーグ選手（外野）。
⇒メジャ（ジョンソン，スパッド　1856.12–?）

Johnson, Josh
アメリカの大リーグ選手（ブルージェイズ・投手）。
⇒最世ス（ジョンソン，ジョシュ　1984.1.31–）
　メジャ（ジョンソン，ジョシュ　1984.1.31–）

Johnson, Kay
アメリカの女優。
⇒ク俳（ジョンソン，ケイ（タウンゼンド，キャサリン）　1904–1975）

Johnson, Kelly Andrew
アメリカの大リーグ選手（二塁）。
⇒メジャ（ジョンソン，ケリー　1982.2.22–）

Johnson, Kenneth Lance
アメリカの大リーグ選手（外野）。
⇒メジャ（ジョンソン，ランス　1963.7.6–）

Johnson, Kenneth Travis
アメリカの大リーグ選手（投手）。
⇒メジャ（ジョンソン，ケン　1933.6.16–）

Johnson, Kij
アメリカの作家。
⇒現世文（ジョンソン，キジ　1960–）

Johnson, Leavander
アメリカのプロボクサー。
⇒最世ス（ジョンソン，レバンダー　1969.12.24–2005.9.22）

Johnson, Linton Kwesi
ジャマイカ生まれの詩人。
⇒岩世人（ジョンソン　1952.8.24–）
　現世文（ジョンソン，リントン・クウェシ　1952–）

Johnson, Lisa Miranda
アメリカ生まれの女性画家。
⇒芸13（ジョンソン,リサ・ミランダ　1954–）

Johnson, Louis Arthur
アメリカの政治家。1949～50年国防長官。民主党員。
⇒アア歴（Johnson,Louis A(rthur)　ジョンスン,ルイス・アーサー　1891.1.10–1966.4.24）

Johnson, Lyndon Baines
アメリカの政治家。第36代大統領（1963～69）。ケネディ政権の副大統領に就任。ケネディ暗殺に伴い大統領に昇格した。北爆開始とベトナム戦争に介入し、内外からの強い批判を浴び、大統領を辞任、政界から引退した。
⇒アメ経（ジョンソン,リンドン　1908.8.27–1973.1.22）
アメ州（Johnson,Lyndon Baines　ジョンソン,リンドン・ベインズ　1908–1973）
アメ新（ジョンソン　1908–1973）
岩世人（ジョンソン　1908.8.27–1973.1.22）
広辞7（ジョンソン　1908–1973）
政経改（ジョンソン　1908–1973）
世史改（ジョンソン　1908–1973）
世人新（ジョンソン〈リンドン〉　1908–1973）
世人装（ジョンソン〈リンドン〉　1908–1973）
戦ア大（ジョンソン,リンドン・B.　1908.8.27–1973.1.22）
ポブ人（ジョンソン,リンドン　1908–1973）
マルX（JOHNSON,LYNDON B.　ジョンソン,リンドン・B　1908–1973）
もう山（ジョンソン　1908–1973）

Johnson, Magic
アメリカのバスケットボール選手。
⇒岩世人（ジョンソン　1959.8.14–）
外12（ジョンソン,アービン　1959.8.14–）
外16（ジョンソン,アービン　1959.8.14–）

Johnson, Manuel H., Jr.
アメリカの経済学者。
⇒外12（ジョンソン,マニュエル(Jr.)　1949.2.10–）
外16（ジョンソン,マニュエルJr.　1949.2.10–）

Johnson, Mark
アメリカの映画プロデューサー。
⇒外12（ジョンソン,マーク）

Johnson, Mark Steven
アメリカの映画監督、脚本家。
⇒外12（ジョンソン,マーク・スティーブン　1964–）
外16（ジョンソン,マーク・スティーブン　1964–）

Johnson, Martin
イングランドのラグビー選手、監督。
⇒岩世人（ジョンソン　1970.3.9–）
最世ス（ジョンソン,マーティン　1970.3.9–）

Johnson, Marv
アメリカ・デトロイト生まれの歌手。
⇒ロック（Johnson,Marv　ジョンソン,マーヴ　1938.10.15–）

Johnson, Mary Frances Kennon
アメリカの図書館員。学校図書館関連の基準の策定によりその名を知られる。
⇒ア図（ジョンソン,メアリー・フランセス　1928–1979）

Johnson, Michael
アメリカの陸上競技選手（短距離）。
⇒岩世人（ジョンソン　1967.9.13–）
外12（ジョンソン,マイケル　1967.9.13–）
外16（ジョンソン,マイケル　1967.9.13–）

Johnson, Nelson Trusler
アメリカの外交官。極東委員会事務総長（1946）。
⇒アア歴（Johnson,Nelson Trusler　ジョンスン,ネルスン・トラスラー　1887.4.3–1954.12.3）

Johnson, Nicole
アメリカのジャーナリスト。
⇒外12（ジョンソン,ニコール）

Johnson, Pamela Hansford
イギリスの小説家。
⇒岩世人（ジョンソン　1912.5.29–1981.6.18）
現世文（ジョンソン,パメラ・ハンスフォード　1912.5.29–1981.6.19）

Johnson, Philip Cortelyou
アメリカの建築家。
⇒岩世人（ジョンソン　1906.7.8–2005.1.25）
広辞7（ジョンソン　1906–2005）

Johnson, Plas
アメリカのテナー・サックス奏者。1960～66年ポピュラーおよびジャズ界で有名になる。62年以降ヘンリー・マンシーニ楽団で活躍。
⇒ロック（Johnson,Plas　ジョンソン,プラース　1931.7.21–）

Johnson, Ralph
アメリカのミュージシャン。
⇒外16（ジョンソン,ラルフ　1951.7.4–）

Johnson, Randall David
アメリカの大リーグ選手（投手）。
⇒異二辞（ジョンソン,ランディ　1963–）
外12（ジョンソン,ランディ　1963.9.10–）
外16（ジョンソン,ランディ　1963.9.10–）
メジャ（ジョンソン,ランディ　1963.9.10–）

Johnson, Rebecca
イギリスの反核運動家、軍縮研究家。
⇒外12（ジョンソン,レベッカ）
外16（ジョンソン,レベッカ）

Johnson, Reed Cameron
アメリカの大リーグ選手（外野）。
⇒メジャ（ジョンソン,リード　1976.12.8–）

Johnson, Richard
イギリス生まれの俳優。
⇒ク俳（ジョンスン,リチャード　1927–）

Johnson, Rita
アメリカの女優。
⇒ク俳（ジョンスン,リタ（マクシーン,R）　1912–1965）

Johnson, Robert
アメリカの歌手,ギター奏者。
⇒異二辞（ジョンソン,ロバート　1911–1938）
　岩世人（ジョンソン　1911.5.8–1938.8.16）
　エデ（ジョンソン,ロバート　1911.5.8–1938.8.16）
　新音中（ジョンソン,ロバート　1911.5.8–1938.8.16）
　標音2（ジョンソン,ロバート　1911.5.8–1938.8.16）
　ロック（Johnson,Robert　ジョンソン,ロバート）

Johnson, Robert
アメリカのテノール歌手。
⇒魅惑（Johnson,Robert　1940–）

Johnson, Robert L.
アメリカの実業家,絵画コレクター。
⇒外12（ジョンソン,ロバート　1946.4.8–）
　外16（ジョンソン,ロバート　1946.4.8–）

Johnson, Robert Lee
アメリカの大リーグ選手（外野）。
⇒メジャ（ジョンソン,ボブ　1905.11.26–1982.7.6）

Johnson, Robert Lee
アメリカ陸軍軍曹。
⇒スパイ（ジョンソン,ロバート・リー　1922–1972）

Johnson, Roy Cleveland
アメリカの大リーグ選手（外野）。
⇒メジャ（ジョンソン,ロイ　1903.2.23–1973.9.10）

Johnson, Shawn
アメリカの体操選手。
⇒外12（ジョンソン,ショーン　1992.1.19–）
　最世ス（ジョンソン,ショーン　1992.1.19–）

Johnson, Silas Kenneth
アメリカの大リーグ選手（投手）。
⇒メジャ（ジョンソン,サイ　1906.10.5–1994.5.12）

Johnson, Spencer
アメリカのコミュニケーション・コンサルタント,心理学者。
⇒外12（ジョンソン,スペンサー）
　外16（ジョンソン,スペンサー）

Johnson, Steven
アメリカの科学ジャーナリスト,コラムニスト。
⇒外12（ジョンソン,スティーブン）
　外16（ジョンソン,スティーブン）

Johnson, Suzanne M.Nora
アメリカの弁護士,実業家。
⇒外12（ジョンソン,スザンヌ・ノラ）
　外16（ジョンソン,スザンヌ・ノラ）

Johnson, Sydney
テノール歌手。
⇒魅惑（Johnson,Sydney　?–）

Johnson, Sylvester W.
アメリカの大リーグ選手（投手）。
⇒メジャ（ジョンソン,シル　1900.12.31–1985.2.20）

Johnson, Thomas 15X
マルコムX暗殺犯。
⇒マルX（JOHNSON,THOMAS 15X（Khalil Islam）　ジョンスン,トマス15X（イスラム,カリル））

Johnson, Tim
アメリカの政治家。
⇒外12（ジョンソン,ティム　1946.12.28–）

Johnson, Ural Alexis
アメリカの外交官。戦略兵器制限交渉（SALT）米側首席代表,駐日アメリカ大使。
⇒岩世人（ジョンソン　1908.10.17–1997.3.24）

Johnson, Uwe
ドイツの小説家。1959年NATO勤務の恋人をもつ東ドイツの鉄道員の謎の死を題材とした小説『ヤーコプについての推測』を発表。
⇒岩世人（ヨーンゾン　1934.7.20–1984.2.23）
　現独文（ヨーンゾン,ウーヴェ　1934.7.20–1984.2.23）

Johnson, Van
アメリカ生まれの俳優。
⇒ク俳（ジョンスン,ヴァン（ジョンスン,チャールズ・V）　1916–）

Johnson, Walter Perry
アメリカの野球選手。ワシントン・セネターズ（1907～27）の名投手として活躍した。
⇒アメ州（Johnson,Walter Perry　ジョンソン,ウォルター・ペリー　1887–1946）
　岩世人（ジョンソン　1887.11.6–1946.12.10）
　メジャ（ジョンソン,ウォルター　1887.11.6–1946.12.10）

Johnson, Wilko
イギリスのロック・ギター奏者。
⇒外16（ジョンソン,ウィルコ　1949–）

Johnson, William Julius（Judy）
アメリカの大リーグ選手（三塁）。
⇒メジャ（ジョンソン,ジュディ　1899.12.26–1989.6.15）

Johnson, Zach
アメリカのプロゴルファー。

⇒外12（ジョンソン, ザック　1976.2.24–）
外16（ジョンソン, ザック　1976.2.24–）
最世ス（ジョンソン, ザック　1976.2.24–）

Johnson-Laird, Philip Nicholas
イギリスの心理学者。
⇒岩世人（ジョンソン＝レアード　1936.10.12–）

Johnson-Sirleaf, Ellen
リベリアの政治家。リベリア大統領（2006～18）。
⇒世人新（ジョンソン-サーリーフ　1938–）
世人装（ジョンソン-サーリーフ　1938–）

Johnston, Ben
アメリカの作曲家。
⇒現音キ（ジョンストン, ベン　1926–）

Johnston, Bob
アメリカ・テキサス出身の音楽プロデューサー。
⇒ロック（Johnston, Bob　ジョンストン, ボブ）

Johnston, Bruce
アメリカ・シカゴ生まれのミュージシャン, 作曲家。
⇒外16（ジョンストン, ブルース　1942.6.27–）

Johnston, Daniel
アメリカのシンガー・ソングライター。
⇒外12（ジョンストン, ダニエル　1961–）

Johnston, Donald
カナダの政治家, 弁護士。経済協力開発機構（OECD）事務総長。
⇒世指導（ジョンストン, ドナルド　1936.6.26–）

Johnston, Edward
イギリスの書家。
⇒グラデ（Johnston, Edward　ジョンストン, エドワード　1872–1944）

Johnston, George Henry
オーストラリアの作家, ジャーナリスト。
⇒現世文（ジョンストン, ジョージ・ヘンリー　1912.7.20–1970.7.22）

Johnston, Sir Harry Hamilton
イギリスの探検家。ポルトガル領西アフリカ, コンゴ河流域を探検, 調査。
⇒岩世人（ジョンストン　1858.6.12–1927.7.31）

Johnston, James
アイルランドのテノール歌手。
⇒失声（ジョンストン, ジェームス　1903–1991）
魅惑（Johnston, James　1903–1991）

Johnston, James Harle
アメリカの大リーグ選手（三塁, 外野, 二塁, 遊撃）。
⇒メジャ（ジョンストン, ジミー　1889.12.10–1967.2.14）

Johnston, Jennifer（Prudence）
アイルランドの女性小説家。
⇒現世文（ジョンストン, ジェニファー　1930.1.12–）

Johnston, Joe
アメリカの映画監督。
⇒外12（ジョンストン, ジョー　1950–）
外16（ジョンストン, ジョー　1950–）

Johnston, Linda O.
アメリカのミステリ作家, ロマンス作家。
⇒外12（ジョンストン, リンダ）

Johnston, Sir Reginald Fleming
イギリス人の中国お雇い教師。
⇒岩世人（ジョンストン　1874–1938）

Johnston, Stanley
アメリカのジャーナリスト。
⇒スパイ（ジョンストン, スタンレー）

Johnston, Tim
アメリカの作家。
⇒海文新（ジョンストン, ティム　1962–）
現世文（ジョンストン, ティム　1962–）

Johnston, Wheeler Roger（Doc）
アメリカの大リーグ選手（一塁）。
⇒メジャ（ジョンストン, ドク　1887.9.9–1961.2.17）

Johnston, William Denis
アイルランドの劇作家。
⇒現世文（ジョンストン, デニス　1901.6.18–1984.8.8）

Johnstone, Eve
イギリス・グラスゴー生まれの医師, 精神科医。統合失調症の生物学的研究の開拓者。エディンバラ大学精神医学主任教授。
⇒精医歴（ジョンストン, イヴ　1944–）

Johnstone, John William（Jay）
アメリカの大リーグ選手（外野）。
⇒メジャ（ジョンストン, ジェイ　1945.11.20–）

Johst, Hanns
ドイツの劇作家。ナチスを支持し, 1935年から45年まで「全国著術院」の総裁を務めた。作品には戯曲『若い人』（16）,『孤独な人』（17）など。
⇒岩世人（ヨースト　1890.7.8–1978.11.23）

Jo Jae-Wan
韓国の男優。
⇒韓俳（チョ・ジェワン　1979.4.14–）

Jo Jung-Eun
韓国の女優。
⇒韓俳（チョ・ジョンウン　1996.3.10–）

Jo Jung Rin
韓国の女優, リポーター。
⇒韓俳（チョ・ジョンリン　1984.8.24–）

Jöken, Karl
ドイツのテノール歌手。
⇒魅惑（Jöken,Karl　1893–1972）

Joko Widodo
インドネシアの政治家。インドネシア大統領（2014～）。
⇒外16（ジョコ・ウィドド　1961.6.21–）
　世指導（ジョコ・ウィドド　1961.6.21–）

Jo Kwon
韓国の歌手。
⇒外12（チョグォン　1989.8.28–）

Jo Kyung Hwan
韓国の男優。
⇒韓俳（チョ・ギョンファン　1945.3.21–）

Jolas, Betsy
フランスの女性作曲家。
⇒ク音3（ジョラス　1926–）

Jolie, Angelina
アメリカ生まれの女優。
⇒遺産（ジョリー, アンジェリーナ　1975.6.4–）
　外12（ジョリー, アンジェリーナ　1975.6.4–）
　外16（ジョリー, アンジェリーナ　1975.6.4–）
　ク俳（ジョリー, アンジェリーナ〈ヴォイト,A・J〉1975–）
　スター（ジョリー, アンジェリーナ　1975.6.4–）
　ネーム（ジョリー, アンジェリナ　1975–）

Joliot-Curie, Irène
フランスの物理学者。キュリー夫妻の長女で Jean Frederic Joliot・Curieの妻。1934年人工放射能を発見, 35年ノーベル化学賞受賞。
⇒岩世人（ジョリオ＝キュリー　1897.9.12–1956.3.16）
　オク科（ジョリオ・キュリー（イレーヌ）　1897–1956）
　化学（ジョリオ・キュリー,I.　1897–1956）
　世人新（ジョリオ＝キュリー〈妻：イレーヌ〉1897–1956）
　世人装（ジョリオ＝キュリー〈妻：イレーヌ〉1897–1956）
　ノベ3（ジョリオ・キュリー,I.　1897.9.12–1956.3.17）
　物理（ジョリオ＝キューリー, イレーヌ　1897–1956）

Joliot-Curie, Jean Frédéric
フランスの核物理学者。α線による原子核の人工転換によって初めて放射性アイソトープをつくり, 1935年ノーベル化学賞受賞。57年世界平和評議会議長となり, スターリン平和賞を受けた。
⇒岩世人（ジョリオ＝キュリー　1900.3.19–1958.8.14）
　化学（ジョリオ・キュリー,F.　1900–1958）
　広辞7（ジョリオ・キュリー　1900–1958）
　世人新（ジョリオ＝キュリー〈夫：フレデリック〉1900–1958）
　世人装（ジョリオ＝キュリー〈夫：フレデリック〉1900–1958）
　ネーム（ジョリオ＝キュリー　1900–1958）
　ノベ3（ジョリオ・キュリー,J.F.　1900.3.19–1958.8.14）
　物理（ジョリオ＝キューリー, フレデリック　1900–1958）

Jolivet, André
フランスの作曲家。コメディ・フランセーズの音楽支配人。ラムルー管弦楽団の会長。主要作品に『オンド・マルトノ協奏曲』など。
⇒岩世人（ジョリヴェ　1905.8.8–1974.12.20）
　ク音3（ジョリヴェ　1905–1974）
　広辞7（ジョリヴェ　1905–1974）
　新音小（ジョリヴェ, アンドレ　1905–1974）
　新音中（ジョリヴェ, アンドレ　1905.8.8–1974.12.20）
　ビ曲改（ジョリヴェ, アンドレ　1905–1974）
　標音2（ジョリヴェ, アンドレ　1905.8.8–1974.12.20）

Joll, James
イギリスの歴史家, 政治学者。ロンドン大学国際史教授（1967～）。近代ヨーロッパの政治史, 思想史に広汎な論述を展開している。
⇒岩世人（ジョル　1918.6.21–1994.7.12）

Jolley, Elizabeth
オーストラリアの女性小説家。
⇒現世文（ジョリー, エリザベス　1923.6.4–2007.2.13）

Jolliffe, John Edward Austin
イギリスの歴史家。主著 "Pre・feudal England,the jutes"（1933）。
⇒岩世人（ジョリフ　1891–1964.1.13）

Jolly, Julius
ドイツのサンスクリット学者, ヒンドゥー法学者。古代インドの法制文献を専攻し, インド固有法の権威。
⇒岩世人（ヨリ　1849.12.28–1932.4.25）

Jolson, Al
アメリカのポピュラー歌手。1927年に史上最初のトーキー映画『ジャズ・シンガー』に主演して決定的な名声を獲得, 映画, 舞台, レコードで活躍した。
⇒岩世人（ジョルソン　1886.5.26–1950.10.23）
　ク俳（ジョルスン, アル〈ヨエルソン, アサ〉1885–1950）
　新音中（ジョルソン, アル　1886.5.26?–1950.10.23）
　スター（ジョルスン, アル　1886.5.26–1950.10.23）
　標音2（ジョルソン, アル　1886.5.26?–1950.10.23）
　ユ著人（Jolson,Al　ジョルスン, アル　1886–1950）

Joly, Alain
フランスの実業家。
⇒外12（ジョリ, アラン　1938.4.18–）
　外16（ジョリ, アラン　1938.4.18–）

Joly, Eugene
フランスの教育者。
⇒岩世人（ジョリー　1871.1.28–1966.3.6）

Joly, John
アイルランドの地質学者。1924年に地殻変動の熱的輪廻説を発表した。
⇒岩世人（ジョリー　1857.11.1–1933.12.8）
　オク地（ジョリー, ジョーン　1875–1933）

Jomaa, Mehdi
チュニジアの政治家。チュニジア首相。
⇒外16（ジョマア, メヘディ　1962.4.21–）
　世指導（ジョマア, メヘディ　1962.4.21–）

Jo Min-Ki
韓国の男優。
⇒韓俳（チョ・ミンギ　1965.11.5–）

Jo Min-Su
韓国の女優。
⇒韓俳（チョ・ミンス　1965.1.29–）

Jo Mi-Ryung
韓国の女優。
⇒韓俳（チョ・ミリョン　1973.4.16–）

Jo Myong-rok
北朝鮮の軍人, 政治家。
⇒岩韓（チョ・ミョンロク　趙明禄　1930–）
　岩世人（趙明禄　チョミョンロク　1928.7.12–2010.11.6）
　世指導（チョ・ミョンロク　1928.7.12–2010.11.6）

Jonas, Hans
ドイツの古代思想史家, 哲学者。
⇒岩キ（ヨナス　1903–1993）
　岩世人（ヨーナス　1903.5.10–1993.2.5）
　哲中（ヨナス　1903–1993）
　メル別（ヨナス, ハンス　1903–1993）
　ユ著人（Jonas,Hans　ヨナス, ハンス　1903–1993）

Jonas, Joan
アメリカの美術家。
⇒岩世人（ジョナス　1936.7.13–）

Jonasson, Johan Emanuel
スウェーデンの作曲家。管弦楽曲, ピアノ独奏曲として親しまれている『かっこうワルツ』ほか十曲が残されている。
⇒ク音3（ヨナッソン　1886–1956）
　標音2（ヨナッソン, ヨハン・エマヌエル　1886.2.23–1956.10.19）

Jonasson, Jonas
スウェーデンの作家。

Jonathan, Don Leo
アメリカのプロレスラー。
⇒異二辞（ジョナサン, ドン・レオ　1931–）

Jonathan, Goodluck Ebele
ナイジェリアの政治家。ナイジェリア大統領（2010～15）。
⇒外12（ジョナサン, グッドラック・エベレ　1957.11.20–）
　外16（ジョナサン, グッドラック・エベレ　1957.11.20–）
　世指導（ジョナサン, グッドラック・エベレ　1957.11.20–）

Jones, Adam
アメリカの大リーグ選手（オリオールズ・外野手）。
⇒最世ス（ジョーンズ, アダム　1985.8.1–）
　メジャ（ジョーンズ, アダム　1985.8.1–）

Jones, Allan
アメリカの歌手, 俳優。
⇒ク俳（ジョウンズ, アラン　1907–1992）

Jones, Allen
イギリス生まれの画家。
⇒芸13（ジョーンズ, アレン　1937–）

Jones, Andruw Rudolf
アメリカの大リーグ選手（外野）。
⇒外12（ジョーンズ, アンドルー　1977.4.23–）
　外16（ジョーンズ, アンドルー　1977.4.23–）
　最世ス（ジョーンズ, アンドルー　1977.4.23–）
　メジャ（ジョーンズ, アンドルー　1977.4.23–）

Jones, Arnold Hugh Martin
イギリスの古代史家。
⇒岩世人（ジョーンズ　1904.3.9–1970.4.9）

Jones, Bill T.
アメリカのダンサー, 振付家, 舞踊団監督。
⇒岩世人（ジョーンズ　1952.2.15–）
　外12（ジョーンズ, ビル・T.　1952.2.15–）
　外16（ジョーンズ, ビル・T.　1952.2.15–）

Jones, Bobby
アメリカのゴルファー, 弁護士。1930年グランドスラム達成。世界最強のゴルファーとなるが, その直後28歳で引退した。
⇒アメ州（Jones,Bobby　ジョーンズ, ボビー　1902–1971）
　アメ新（ジョーンズ, ボビー　1902–1971）
　異二辞（ジョーンズ［ボビー・～］　1902–1971）
　岩世人（ジョーンズ　1902.3.17–1971.12.18）
　広辞7（ボビー・ジョーンズ　1902–1971）
　ネーム（ジョーンズ, ボビー　1902–1971）

Jones, Brendan
オーストラリアのプロゴルファー。
⇒外12（ジョーンズ，ブレンダン　1975.3.3–）

Jones, Buck
アメリカの俳優。
⇒ク俳（ジョウンズ，バック（ゲブハート，チャールズ，のちに法的に改名）　1889–1942）

Jones, Carolyn
アメリカ生まれの女優。
⇒ク俳（ジョウンズ，キャロリン（ベイカー，C）　1929–1983）

Jones, Carwyn Howell
ウェールズの政治家。
⇒岩世人（ジョーンズ　1967.3.21–）
世指導（ジョーンズ，カーウィン　1967.3.21–）

Jones, Charles Wesley
アメリカの大リーグ選手（外野）。
⇒メジャ（ジョーンズ，チャーリー　1852.4.30–1911.6.6）

Jones, Chris
カナダのジャーナリスト，スポーツ・コラムニスト。
⇒外12（ジョーンズ，クリス）

Jones, Chuck
アメリカ・ワシントン生まれのアニメーション作家。
⇒アニメ（ジョーンズ，チャールズ・マーティン・ジョーンズ（ジョーンズ，チャック）　1912–2002）
映監（ジョーンズ，チャック　1912.9.21–2002）

Jones, Clarence
アメリカの公民権運動活動家，弁護士。
⇒マルX（JONES,CLARENCE　ジョーンズ，クラレンス）

Jones, Cleon Joseph
アメリカの大リーグ選手（外野）。
⇒メジャ（ジョーンズ，クレオン　1942.8.4–）

Jones, Cullen
アメリカの水泳選手（自由形）。
⇒外16（ジョーンズ，カレン　1984.2.29–）
最世ス（ジョーンズ，カレン　1984.2.29–）

Jones, Daniel
イギリスの音声学者。『英語音声学概説』(1918)などで英語の発音を記述，解説し，日本の英語学にも大きな影響を与えた。
⇒岩世人（ジョーンズ　1881.9.12–1967.12.4）
オク言（ジョーンズ，ダニエル　1881–1967）

Jones, Daniel
イギリス生まれのミュージシャン。
⇒外12（ジョーンズ，ダニエル　1973.7.22–）

Jones, David Jefferson
アメリカの大リーグ選手（外野）。
⇒メジャ（ジョーンズ，デイヴィー　1880.6.30–1972.3.30）

Jones, David M.
アメリカの金融エコノミスト。
⇒外12（ジョーンズ，デービッド　1938.6.22–）

Jones, David Michael
イギリスの詩人，画家。散文をまじえた叙事詩『括弧に入れて』(1937)は代表作。
⇒岩世人（ジョーンズ　1895.11.1–1974.10.28）
現世文（ジョーンズ，デービッド　1895.11.1–1974.10.28）
新カト（ジョーンズ　1895.11.1–1974.12.24）

Jones, Davy
イギリスの歌手。
⇒外12（ジョーンズ，デイビー　1945.12.30–）

Jones, Dean
アメリカ生まれの俳優。
⇒ク俳（ジョウンズ，ディーン　1930–）

Jones, Diana Wynne
イギリスの女性作家，劇作家。
⇒岩世人（ジョーンズ　1934.8.16–2011.3.26）
現世文（ジョーンズ，ダイアナ・ウィン　1934–2011.3.26）
ポプ人（ジョーンズ，ダイアナ・ウィン　1934–2011）

Jones, Doug
アメリカのテノール歌手。
⇒魅惑（Jones,Doug　?–）

Jones, Douglas Reid
アメリカの大リーグ選手（投手）。
⇒メジャ（ジョーンズ，ダグ　1957.6.24–）

Jones, Duncan
イギリスの映画監督。
⇒外12（ジョーンズ，ダンカン　1971.5.30–）
外16（ジョーンズ，ダンカン　1971.5.30–）

Jones, Eddie
オーストラリアのラグビー監督。
⇒外12（ジョーンズ，エディー　1960.1.30–）
外16（ジョーンズ，エディー　1960.1.30–）
最世ス（ジョーンズ，エディー　1960.1.30–）

Jones, Edward Ellsworth
アメリカの心理学者。
⇒社心小（ジョーンズ　1926–1993）

Jones, Eli Stanley
アメリカ出身のメソジスト派宣教師。インドで伝道。
⇒アア歴（Jones,E(li) Stanley　ジョーンズ，イーライ・スタンリー　1884.1.3–1973.1.25）

岩世人（ジョーンズ　1884.1.3–1973.1.25）
新カト（ジョーンズ　1884.1.3–1973.1.25）

Jones, Elvin
アメリカのジャズ・ドラム奏者。
⇒新音中（ジョーンズ，エルヴィン　1927.9.9–）
　標音2（ジョーンズ，エルヴィン　1927.9.9–2004.5.18）

Jones, Ernest
イギリスの精神分析医。イギリス精神分析学会会長（1920～40）。
⇒岩世人（ジョーンズ　1879.1.11–1958.2.11）
　現精（ジョーンズ　1879–1958）
　現精縮（ジョーンズ　1879–1958）
　精医歴（ジョーンズ，アーネスト　1879–1958）
　精分岩（ジョーンズ，アーネスト　1879–1958）
　精分弘（ジョーンズ，アーネスト　1879–1958）

Jones, Fielder Allison
アメリカの大リーグ選手（外野）。
⇒メジャ（ジョーンズ，フィールダー　1871.8.13–1934.3.13）

Jones, Geneva
アメリカ国務省の秘書。リベリア政府の転覆を目論む反乱軍に機密情報を渡す手助けをしたとして，1993年に逮捕された。
⇒スパイ（ジョーンズ，ジュニーヴァ）

Jones, Geoffrey Gareth
イギリスの経営史家。ハーバード大学ビジネススクール・イシドール・シュトラウス経営史講座教授。
⇒外12（ジョーンズ，ジェフリー　1952.7.8–）
　外16（ジョーンズ，ジェフリー　1952.7.8–）

J Jones, George
アメリカ・テキサス州生まれのカントリー歌手。
⇒アメ州（Jones,George　ジョーンズ，ジョージ　1931–）
　新音中（ジョーンズ，ジョージ　1931.9.12–）
　標音2（ジョーンズ，ジョージ　1931.9.12–）
　ロック（Jones,George　ジョーンズ，ジョージ）

Jones, George Heber
アメリカの宣教師。1887年メソジスト教会から派遣されて朝鮮で教育に従事。朝鮮聖書協会会長およびユニオン神学校長（1907～11）。
⇒アア歴（Jones,George Heber　ジョーンズ，ジョージ・ヒーバー　1867.8.14–1919.5.11）
　岩世人（ジョーンズ　1867.8.14–1919.5.10）

Jones, Gwyneth
イギリスのソプラノ歌手。
⇒オペラ（ジネス，ギネス　1936–）
　新音中（ジョーンズ，グイネス　1936.11.7–）
　標音2（ジョーンズ，グイネス　1936.11.7–）

Jones, Gwyn Hughes
イギリスのテノール歌手。
⇒魅惑（Jones,Gwyn Hughes　1969–）

Jones, Sir Harold Spencer
イギリスの天文学者。南アフリカ天文台長。太陽までの距離を発表。その功により騎士の称号を受けた。
⇒岩世人（ジョーンズ　1890.3.29–1960.11.3）

Jones, Harry Clary
アメリカの物理化学者。
⇒化学（ジョーンズ　1865–1916）

Jones, Henry Arthur
イギリスの劇作家。代表作は『デイン夫人の擁護』（1900）。
⇒岩世人（ジョーンズ　1851.9.20–1929.1.7）

Jones, Henry（Hank）
アメリカの黒人ジャズ・ピアノ奏者。サド，エルヴィン3人兄弟の長兄。キャノンボール・アダリーの名盤「サムシング・エルス」でマイルズらと共演，モダン・ピアニストとしてゆるぎない実力をみせている。
⇒新音中（ジョーンズ，ハンク　1918.7.31–）
　標音2（ジョーンズ，ハンク　1918.7.31–2010.5.16）

Jones, Howard Mumford
アメリカの大学教授，批評家，文化史学者。
⇒岩世人（ジョーンズ　1892.4.16–1980.5.11）

Jones, Howard P（alfrey）
アメリカの編集者，外交官。
⇒アア歴（Jones,Howard P（alfrey）　ジョーンズ，ハワード・ポルフリー　1899.1.2–1973.9.18）

Jones, Jacque Dewayne
アメリカの大リーグ選手（外野）。
⇒メジャ（ジョーンズ，ジャック　1975.4.25–）

Jones, Jade
イギリスのテコンドー選手。
⇒外16（ジョーンズ，ジェード　1993.3.21–）
　最世ス（ジョーンズ，ジェード　1993.3.21–）

Jones, James
アメリカの作家。『地上より永遠に』（1951）によって，第2次世界大戦後の問題作家の一人になった。
⇒岩世人（ジョーンズ　1921.11.6–1977.5.9）
　現世文（ジョーンズ，ジェームズ　1921–1977）

Jones, James L.
アメリカの軍人。
⇒外12（ジョーンズ，ジェームズ　1943.12.19–）
　外16（ジョーンズ，ジェームズ　1943.12.19–）

Jones, James Robert
アメリカの政治家，弁護士，外交官。下院予算委員長（民主党），駐メキシコ米国大使，マナット・ジョーンズ・グローバル・ストラテジーズ社長・CEO。

⇒外12（ジョーンズ, ジェームズ・ロバート　1939.5.5–）

Jones, James Weldon
アメリカのエコノミスト。
⇒アア歴（Jones,J(ames) Weldon　ジョーンズ, ジェイムズ・ウェルドン　1896.2.28–1982.11.24）

Jones, Jennifer
アメリカ生まれの女優。
⇒ク俳（ジョウンズ, ジェニファー（イズリー, フィリス）　1919–）

Jones, Jennifer
カナダのカーリング選手。
⇒外16（ジョーンズ, ジェニファー　1974.7.7–）

Jones, Jesse Holman
アメリカの不動産開発業者。復興金融公社（RFC）総裁。
⇒アメ経（ジョーンズ, ジェシー　1874.4.22–1956.6.1）

Jones, Jim
アメリカのカルト指導者。
⇒岩世人（ジョーンズ　1931.5.13–1978.11.18）
オク教（ジョーンズ（「ジム」）　1931–1978）
ネーム（ジョーンズ, ジム　1931–1978）

Jones, Jimmy
アメリカ・アラバマ州生まれの歌手。
⇒ロック（Jones,Jimmy　ジョーンズ, ジミー　1937.6.2–）

Jones, Joe
アメリカ・ニューオーリンズ生まれのミュージシャン。
⇒ロック（Jones,Joe　ジョーンズ, ジョウ　1926.8.12–）

Jones, Sir John
イギリス保安部（MI5）長官。在職1981〜85。
⇒スパイ（ジョーンズ, サー・ジョン　1923–1998）

Jones, John P.
アメリカ空軍の技術者。ジュゼッペ・カッシオ3等軍曹と共謀の上で「敵に情報を与えた」として,1952年に韓国で逮捕された。
⇒スパイ（ジョーンズ, ジョン・P）

Jones, John Paul
イギリスのベース奏者, キーボード奏者。
⇒外12（ジョーンズ, ジョン・ポール　1946.1.3–）

Jones, John Peter
アメリカの宣教師。
⇒アア歴（Jones,John Peter　ジョーンズ, ジョン・ピーター　1847.9.4–1916.10.3）

Jones, Jon
アメリカの格闘家。
⇒外16（ジョーンズ, ジョン　1987.7.19–）

Jones, Joseph Rudolth（Philly Joe）
アメリカのジャズ・ドラム奏者。50年代のドラム奏法を代表する大物ドラマー。
⇒標音2（ジョーンズ, フィリー・ジョー　1923.7.15–1985.8.30）

Jones, Kelly
アメリカの作家。
⇒海文新（ジョーンズ, ケリー）

Jones, Kelly
イギリスのミュージシャン。
⇒外12（ジョーンズ, ケリー　1974.6.3–）
外16（ジョーンズ, ケリー　1974.6.3–）

Jones, Larry Wayne（Chipper）
アメリカの大リーグ選手（三塁）。
⇒外12（ジョーンズ, チッパー　1972.4.24–）
外16（ジョーンズ, チッパー　1972.4.24–）
最世ス（ジョーンズ, チッパー　1972.4.24–）
メジャ（ジョーンズ, チッパー　1972.4.24–）

Jones, Leisel
オーストラリアの水泳選手（平泳ぎ）。
⇒外12（ジョーンズ, リーゼル　1985.8.30–）
外16（ジョーンズ, リーゼル　1985.8.30–）
最世ス（ジョーンズ, リーゼル　1985.8.30–）

Jones, Linda
アメリカの作家。
⇒外12（ジョーンズ, リンダ）

Jones, Mack
アメリカの大リーグ選手（外野）。
⇒メジャ（ジョーンズ, マック　1938.11.6–2004.6.8）

Jones, Marc Edmund
アメリカの占星術家。
⇒異二辞（ジョーンズ［マーク・エドモンド・〜］1888–1980）

Jones, Marion
アメリカの陸上競技選手（短距離）。
⇒外12（ジョーンズ, マリオン　1975.10.12–）
外16（ジョーンズ, マリオン　1975.10.12–）

Jones, Mary Harris
アメリカの労働運動家。
⇒アメ経（ジョーンズ, メアリー　1830.5.1–1930.11.30）

Jones, Michael
アメリカのコンピューター技術者。
⇒外12（ジョーンズ, マイケル）
外16（ジョーンズ, マイケル）

Jones, Mick
イギリスのロック・ミュージシャン。

⇒外12（ジョーンズ, ミック）

Jones, Norah
アメリカ・ニューヨーク生まれのジャズ歌手・ジャズピアノ奏者。
⇒外12（ジョーンズ, ノラ　1979.3.30–）
　外16（ジョーンズ, ノラ　1979.3.30–）

Jones, Parry
イギリスのテノール歌手。
⇒魅惑（Jones,Parry　1891–1963）

Jones, Paul
イギリスの歌手, 女優。
⇒ロック（Jones,Paul　ジョーンズ, ポール）

Jones, Quincy
アメリカの音楽プロデューサー, 編曲家。
⇒エデ（ジョーンズ, クインシー（ディライト, ジュニア）　1933.3.14–）
　外16（ジョーンズ, クインシー　1933.3.14–）
　新音中（ジョーンズ, クインシー　1933.3.14–）
　標音2（ジョーンズ, クインシー　1933.3.14–）

Jones, Randall Leo
アメリカの大リーグ選手（投手）。
⇒メジャ（ジョーンズ, ランディ　1950.1.12–）

Jones, Rashida
アメリカの女優。
⇒外16（ジョーンズ, ラシダ　1976.2.25–）

Jones, Richard
イギリスのミュージシャン。
⇒外12（ジョーンズ, リチャード　1974.5.23–）
　外16（ジョーンズ, リチャード　1974.5.23–）

Jones, Ricky Lee
アメリカのシンガー・ソングライター。
⇒外12（ジョーンズ, リッキー・リー　1954–）

Jones, Robert Edmond
アメリカの舞台装置家, 演出家。シアター・ギルドの設立者の一人。著書に『劇的想像力』（1941）など。
⇒岩世人（ジョーンズ　1887.12.12–1954.11.26）

Jones, Robert Joseph
アメリカの大リーグ選手（投手）。
⇒メジャ（ジョーンズ, ボビー　1970.2.10–）

Jones, Rosie
アメリカのプロゴルファー。
⇒外12（ジョーンズ, ロージー　1959.11.13–）

Jones, Rowland
イギリスのテノール歌手。
⇒魅惑（Jones,Rowland　?–?）

Jones, Roy, Jr.
アメリカのプロボクサー。

⇒外16（ジョーンズ, ロイ Jr.　1969.1.16–）
　最世ス（ジョーンズ, ロイ（Jr.）　1969.1.16–）

Jones, Rufus Matthew
アメリカの哲学者, クェーカー教徒。
⇒オク教（ジョーンズ　1863–1948）

Jones, Ruppert Sanderson
アメリカの大リーグ選手（外野）。
⇒メジャ（ジョーンズ, ルパート　1955.3.12–）

Jones, Salena
アメリカの女性ジャズ歌手。1966年イギリスに渡り, ジャズ, ソウル, ポップスの歌手として人気を得た。
⇒外12（ジョーンズ, サリナ　1944.1.29–）
　外16（ジョーンズ, サリナ　1944.1.29–）

Jones, Samuel
アメリカの大リーグ選手（投手）。
⇒メジャ（ジョーンズ, サム　1925.12.14–1971.11.5）

Jones, Samuel Pond
アメリカの大リーグ選手（投手）。
⇒メジャ（ジョーンズ, サム　1892.7.26–1966.7.6）

Jones, Sarah Lewis
アメリカの図書館員。ジョージア州の学校図書館と公共図書館の協力組織の実現に尽くす。エモリー大学その他で学校図書館関連の科目を教える。
⇒ア図（ジョーンズ, サラ・ルイス　1902–1986）

Jones, Shirley
アメリカ生まれの女優。
⇒ク俳（ジョウンズ, シャーリー　1933–）

Jones, Sidney
イギリスの作曲家。
⇒標音2（ジョーンズ, シドニー　1861.6.17–1946.1.19）

Jones, Steve
イギリスのロック・ギター奏者。
⇒外12（ジョーンズ, スティーブ　1955.9.3–）

Jones, Steve
アメリカのプロゴルファー。
⇒外12（ジョーンズ, スティーブ　1958.12.27–）

Jones, Susanna
イギリスのミステリ作家。
⇒現世文（ジョーンズ, スザンナ　1967–）

Jones, Terry
アメリカの牧師。
⇒外12（ジョーンズ, テリー）
　外16（ジョーンズ, テリー）

Jones, Terry
イギリス生まれの俳優, コメディアン, 映画脚本家・監督。
⇒外16（ジョーンズ, テリー　1942.2.1–）

Jones, Terry
イギリスのデザイナー, 編集アート・ディレクター。
⇒グラデ（Jones, Terry　ジョーンズ, テリー　1945–）

Jones, Thaddeus Joseph（Thad）
アメリカのジャズ・トランペット奏者。ハンクの弟でエルビンの兄。1965～78年、メル・ルイスと双頭で"ザ・ジャズ・オーケストラ"を結成し, 世界最高のビッグ・バンドとして君臨した。
⇒標音2（ジョーンズ, サッド　1923.3.28–1986.8.20）

Jones, Thom
アメリカの作家。
⇒外16（ジョーンズ, トム　1945–）
　現世文（ジョーンズ, トム　1945–）

Jones, Thomas
アメリカの大リーグ選手（一塁）。
⇒メジャ（ジョーンズ, トム　1877.1.22–1923.6.19）

Jones, Thomas Elsa
アメリカの教育者。
⇒アア歴（Jones, Thomas E (lsa)　ジョーンズ, トマス・エルサ　1888.3.22–1973.8.5）

Jones, Todd Barton Given
アメリカの大リーグ選手（投手）。
⇒メジャ（ジョーンズ, トッド　1968.4.24–）

Jones, Tom
ウェールズ生まれの歌手。
⇒異二辞（ジョーンズ, トム　1940–）
　標音2（ジョーンズ, トム　1940.6.7–）
　ロック（Jones, Tom　ジョーンズ, トム　1940.6.7–）

Jones, Tommy Lee
アメリカ生まれの男優。
⇒遺産（ジョーンズ, トミー・リー　1946.9.15–）
　外12（ジョーンズ, トミー・リー　1946.9.15–）
　外16（ジョーンズ, トミー・リー　1946.9.15–）
　ク俳（ジョウンズ, トミー・リー　1946–）
　スター（ジョーンズ, トミー・リー　1946.9.15–）

Jones, Vaughan Frederick Randal
ニュージーランド生まれの数学者。
⇒数辞（ジョーンズ, ヴォーン・フレデリック・ランダル　1952–）
　世数（ジョーンズ, ヴォーン・フレデリック・ランダル　1952–）

Jones, V.M.
ザンビア生まれの作家。
⇒外12（ジョーンズ, V.M.　1958–）
　外16（ジョーンズ, V.M.　1958–）
　海文新（ジョーンズ, V.M.　1958.8.23–）
　現世文（ジョーンズ, V.M.　1958.8.23–）

Jones, Walter
アメリカのプロフットボール選手。
⇒外16（ジョーンズ, ウォルター　1974.1.19–）
　最世ス（ジョーンズ, ウォルター　1974.1.19–）

Jones, William
アメリカの民俗学者。
⇒アア歴（Jones, William　ジョーンズ, ウイリアム　1871.3.28–1909.3.29）

Jones, William Atkinson
アメリカの政治家。
⇒世人新（ジョーンズ　1849–1918）
　世人装（ジョーンズ　1849–1918）

Jones, Willie Edward
アメリカの大リーグ選手（三塁）。
⇒メジャ（ジョーンズ, ウィリー　1925.8.16–1983.10.18）

Jonescu, Take
ルーマニアの政治家。文相, 法相, 内相を歴任。
⇒岩世人（ヨネスク　1858.10.13–1922.6.21）

Jong, Dola de
オランダの児童文学者。
⇒現世文（ヨング, ドラ・ド　1911–2003）

Jong, Erica（Mann）
アメリカのユダヤ系女性詩人, 小説家。
⇒現世文（ジョング, エリカ　1942.3.26–）

Jongen, Joseph
ベルギーの作曲家。
⇒岩世人（ジョンゲン（ヨンゲン）　1873.12.14–1953.7.12）
　ク音3（ヨンゲン　1873–1953）
　新音中（ヨンゲン, ジョゼフ　1873.12.14–1953.7.12）
　標音2（ヨンゲ, ヨセフ　1873.12.14–1953.7.12）

Jongen, Léon
ベルギーの作曲家。
⇒ク音3（ヨンゲン　1884–1969）
　標音2（ヨンゲ, レオン　1884.3.2–1969.11.28）

Jong Ho-seung
韓国の詩人, 作家。
⇒外12（チョンホスン　鄭浩承　1950.1.3–）
　外16（チョンホスン　鄭浩承　1950.1.3–）
　韓現文（鄭浩承　チョン・ホスン　1950.1.3–）
　現世文（チョン・ホスン　鄭浩承　1950.1.3–）

Jonghyun
韓国の歌手。
⇒外12（ジョンヒョン　1990.4.8–）

Jong Song-ok
北朝鮮のマラソン選手。
⇒岩韓（チョン・ソンオク　1974–）

Jong Sung-san
韓国のシナリオライター。
⇒外12（チョンソンサン　鄭成山　1969.11.17–）

Jong Thae-hwa
北朝鮮の外交官。
⇒岩韓（チョン・テファ　鄭泰和　1930–）
　世指導（チョン・テファ　1930.10–）

Jong-up
韓国の歌手。
⇒外16（ジョンアプ　1995.2.6–）

Jonnart, Célestin Auguste Charles
フランスの政治家。第一次大戦中ギリシア駐在高等弁務官として，コンスタンティノス一世の退位とギリシアの連合軍側への参戦に尽力。
⇒岩世人（ジョナール　1857.12.27–1927.9.30）

Jon Pyong-ho
北朝鮮の政治家。朝鮮労働党政治局員・書記，北朝鮮国防委員会委員。
⇒岩韓（チョン・ビョンホ　全秉鎬　1926–）
　外12（チョンビョンホ　全秉浩　1924–）
　世指導（チョン・ビョンホ　1926.3–2014.7.7）

Jonquet, Thierry
フランスの作家。
⇒現世文（ジョンケ, ティエリー　1954–2009）

Jónsson, Einar
アイスランドの彫刻家。アイスランドの歴史や伝承に取材した寓意的彫刻を作った。
⇒岩世人（ヨウンソン　1874.5.11–1954.10.18）

Jönsson, Emil
スウェーデンのスキー選手（クロスカントリー）。
⇒最世ス（イェンソン, エミル　1985.8.15–）

Jónsson, Finnur
アイスランドの言語学者。コペンハーゲン大学教授。
⇒岩世人（フィンヌル・ヨウンソン　1858.5.29–1934.3.10）

Jonsson, Lars-Erik
スウェーデンのテノール歌手。
⇒魅惑（Jonsson,Lars-Erik　?–）

Jonze, Spike
アメリカの映画監督，映画プロデューサー，脚本家。
⇒映監（ジョーンズ, スパイク　1969.10.22–）
　外12（ジョーンズ, スパイク　1969.10.22–）
　外16（ジョーンズ, スパイク　1969.10.22–）

Jooae
韓国の女優。
⇒外12（スエ　1980.7.25–）
　外16（スエ　1980.7.25–）
　韓俳（スエ　1980.7.25–）

Joo Ho
韓国の男優。
⇒韓俳（チュホ　1980.10.4–）

Joo Hyun
韓国の男優。
⇒韓俳（チュ・ヒョン　1941.3.1–）

Joo Jin-mo
韓国の俳優。
⇒外12（チュジンモ　1974.8.11–）
　外16（チュジンモ　1974.8.11–）
　韓俳（チュ・ジンモ　1974.8.11–）

Joon
韓国の歌手。
⇒外12（ジュン　1988.2.7–）

Joo Sang-wook
韓国の男優。
⇒韓俳（チュ・サンウク　1978.1.1–）

Joo Se-hyuk
韓国の卓球選手。
⇒最世ス（チュセヒュク　1980.1.20–）

Jooss, Kurt
ドイツの舞踊家。『緑のテーブル』(1932)は民主政治の退廃と擡頭するナチズムを諷刺したことで評判をとった。
⇒岩世人（ヨース　1901.1.12–1979.5.22）

Joost, Andreas
テノール歌手。
⇒魅惑（Joost,Andreas　?–）

Joost, Edwin David
アメリカの大リーグ選手（遊撃）。
⇒メジャ（ジュースト, エディー　1916.6.5–2011.4.12）

Joplin, Janis
アメリカのロック歌手。
⇒岩世人（ジョプリン　1943.1.19–1970.10.4）
　新音中（ジョプリン, ジャニス　1943.1.19–1970.10.4）
　ネーム（ジョプリン, ジャニス　1943–1970）
　標音2（ジョプリン, ジャニス　1943.1.19–1970.10.4）
　ロック（Joplin,Janis　ジョプリン, ジャニス　1943.1.19–）

Joplin, Scott
アメリカの黒人作曲家，ピアノ奏者。〈ラグタイムの王者〉と呼ばれた。
⇒アメ州（Joplin,Scott　ジョプリン, スコット　1868–1917）

異二辞（ジョプリン［スコット・〜］ 1868–1917）
エデ（ジョプリン, スコット 1868頃–1917.4.1）
ク音3（ジョプリン 1868–1917）
標音2（ジョプリン, スコット 1867.7から1868.1半ば–1917.4.1）

Joppy, William
アメリカのプロボクサー。
⇒最世ス（ジョッピー, ウィリアム 1970.9.11–）

Jordan, Alice Mabel
アメリカの図書館員。ボストン公共図書館の児童部門主任を40年にわたって勤め、その後は雑誌『ホーン・ブック』の編集顧問として活躍。
⇒ア図（ジョーダン, アリス 1870–1960）

Jordan, Armin
スイスの指揮者。
⇒新音中（ジョルダン, アルミン 1932.4.9–）
標音2（ジョルダン, アルミン 1932.4.9–2006.9.20）

Jordan, Bertrand
フランスの分子生物学者。
⇒外16（ジョルダン, ベルトラン 1939–）

Jordan, Brian O'Neal
アメリカの大リーグ選手（外野）。
⇒メジャ（ジョーダン, ブライアン 1967.3.29–）

Jordan, David Starr
アメリカの教育家, 魚類学者, 哲学者。
⇒岩生（ジョルダン 1851–1931）

Jordan, Ernst Pascual
ドイツの理論物理学者。ボルンと共同して量子力学を発展させ、この理論の体系化に多くの業績を残した。
⇒岩世人（ヨルダン 1902.10.18–1980.7.31）

Jordan, Irving Sidney (Duke)
アメリカのジャズ・ピアノ奏者。『危険な関係のブルース』他の作曲者としても名高い。
⇒標音2（ジョーダン, デューク 1922.4.1–）

Jordan, Johannes
ドイツのサルヴァトール修道会の創立者。
⇒新カト（ヨルダン 1848.6.16–1918.9.8）

Jordan, Sir John Newell
イギリスの外交官。北京外交界を牛耳り, 辛亥革命の際には, 袁世凱の政権掌握に尽力。
⇒岩世人（ジョーダン 1852.9.5–1925.9.14）

Jordan, Louis
アメリカのジャズ歌手, アルトサックス奏者。
⇒異二辞（ジョーダン, ルイ 1908–1975）
岩世人（ジョーダン 1908.6.8–1975.2.4）
新音中（ジョーダン, ルイ 1908.7.8–1975.2.4）
標音2（ジョーダン, ルイ 1908.7.8–1975.2.4）
ロック（Jordan,Louis ジョーダン, ルイ 1908–）

Jordan, Marie Ennemond Camille
フランスの数学者。コレジュ・ド・フランスの数学教授。主著『置換論』(1870)。
⇒岩世人（ジョルダン 1838.1.5–1922.1.22）
数辞（ジョルダン, カミーユ 1838–1922）
数小増（ジョルダン 1838–1922）
世数（ジョルダン, マリ・エネモン・カミーユ 1838–1922）

Jordan, Michael
アメリカのNBA選手。
⇒異二辞（ジョーダン, マイケル 1963–）
岩世人（ジョーダン 1963.2.17–）
外12（ジョーダン, マイケル 1963.2.17–）
外16（ジョーダン, マイケル 1963.2.17–）
広辞7（ジョーダン 1963–）
ネーム（ジョーダン, マイケル 1963–）
ポプ人（ジョーダン, マイケル 1963–）

Jordan, Neil
アイルランド生まれの映画監督, 映画脚本家。
⇒岩世人（ジョーダン 1950.2.25–）
映監（ジョーダン, ニール 1950.2.25–）
外12（ジョーダン, ニール 1950.2.25–）
外16（ジョーダン, ニール 1950.2.25–）

Jordan, Penny
イギリスのロマンス作家。
⇒外12（ジョーダン, ペニー）
現世文（ジョーダン, ペニー 1946.11.24–2011.12.31）

Jordan, Philippe
スイスの指揮者。
⇒外12（ジョルダン, フィリップ 1974–）
外16（ジョルダン, フィリップ 1974.10.18–）

Jordan, Richard
アメリカの男優。
⇒ク俳（ジョーダン, リチャード 1938–1993）

Jordan, Robert
アメリカの作家。
⇒現世文（ジョーダン, ロバート 1948.10.17–2007.9.17）

Jordan, Timothy Joseph
アメリカの大リーグ選手（一塁）。
⇒メジャ（ジョーダン, ティム 1879.2.14–1949.9.13）

Jordanov, Valentin
ブルガリアのレスリング選手（フリースタイル）。
⇒岩世人（ヨルダノフ 1960.1.26–）

Jorden, Eleanor Harz
アメリカの女流日本語教育者。コーネル大学教授として日本語を担当(1970〜)。

⇒岩世人（ジョーデン　1920.12.28–2009.2.11）

Jordi, Ismael
スペインのテノール歌手。
⇒魅惑（Jordi,Ismael　1974–）

Jörgensen, Jens Johannes
デンマークの詩人。
⇒岩キ（ヨアンセン　1866–1956）
岩世人（ヨーアンセン　1866.11.6–1956.5.29）
現世文（ヨルゲンセン，イエンス・ヨハンネス　1866.11.6–1956.5.29）
新カト（ヨアンセン　1866.11.6–1956.5.29）

Jorgensen, Martin
デンマークのサッカー選手。
⇒外12（ヨルゲンセン，マルティン　1975.10.6–）
外16（ヨルゲンセン，マルティン　1975.10.6–）
最新ス（ヨルゲンセン，マルティン　1975.10.6–）

Jorgensen, Michael
アメリカの大リーグ選手（一塁，外野）。
⇒メジャ（ジョーゲンセン，マイク　1948.8.16–）

Jorgenson, Dale Weldeau
アメリカの経済学者。
⇒外16（ジョルゲンソン，デール　1933.5.7–）
有経5（ジョルゲンソン　1933–）

Jorginho
ブラジルのサッカー選手。
⇒外12（ジョルジーニョ　1964.8.17–）
外16（ジョルジーニョ　1964.8.17–）

Jorginho do Pandeiro
ブラジルのパンデイロ奏者。
⇒外12（ジョルジーニョ・ド・パンデイロ　1930.12.3–）
外16（ジョルジーニョ・ド・パンデイロ　1930.12.3–）

Jorn, Asger
デンマークの画家。
⇒岩世人（ヨーン　1914.3.3–1973.5.1）

Jörn, Karl
ソ連，のちアメリカのテノール歌手。
⇒魅惑（Jörn,Karl　1872–1947）

Jorrin, Enrique
キューバのヴァイオリン奏者，作曲家，バンドリーダー。
⇒標音2（ホリン，エンリケ　1926.12.25–1988.12.12）

Jortner, Joshua
ポーランド生まれのイスラエルの物理化学者。
⇒岩世人（ジョートナー　1933.3.14–）

Jory, Victor
カナダ生まれの俳優。
⇒ク俳（ジョリー，ヴィクター　1902–1982）

Jose
アメリカのロック・ドラム奏者。
⇒外12（ホセ　1976.4.26–）
外16（ホゼ　1976.4.26–）

Jose, Francisco Sionil
フィリピンのジャーナリスト，小説家。
⇒岩世人（ホセ　1924.12.3–）
現世文（シオニール・ホセ，フランシスコ　1924.12.3–）

Josefowicz, Lila
カナダのヴァイオリン奏者。
⇒外12（ジョセフォウィッツ，リーラ　1977–）
外16（ジョセフォウィッツ，リーラ　1977–）

Joseph, Betty
イギリスのクライン派の女性精神分析家。
⇒精分岩（ジョゼフ，ベティ　1917–）

Joseph, Ken
アメリカの災害救援コーディネーター。
⇒外12（ジョセフ，ケン（Jr.）　1957.2.3–）

Joseph, Michael Kennedy
ニュージーランドの作家。
⇒ニュー（ジョセフ，マイケル　1914–1981）

Josephson, Brian David
イギリスの理論物理学者。
⇒岩世人（ジョゼフソン　1940.1.4–）
外16（ジョセフソン，ブライアン・デービッド　1940.1.4–）
広辞7（ジョセフソン　1940–）
ネーム（ジョセフソン　1940–）
ノベ3（ジョセフソン，B.　1940.1.4–）
物理（ジョセフソン，ブライアン・デイヴィッド　1940–）
ユ著人（Josephson,Brian David　ジョセフソン，ブライアン・デビッド　1940–）

Josephson, Ernst
スウェーデンの画家。
⇒岩世人（ユーセフソン　1851.4.16–1906.11.22）
ユ著人（Josephson,Ernest Abraham　ヨーセフソン，エルネスト・アブラハム　1851–1906）

Jōsh, Malīhābādī
パキスタンのウルドゥー語詩人。反英独立運動に投じて社会主義思想を詩によって鼓吹し革命詩人の名を得た。
⇒岩世人（ジョーシュ　1894.12.5–1982.2.22）
現世文（ジョーシュ・マリーハーバーディー　1894.12.5–1982.2.22）

Jōshī, Ilā Chandra
インド，ヒンディー語の小説家，編集者。著書『世を捨てた人』(1940)。
⇒現世文（ジョーシー，イラーチャンドル　1902.12.13–1982.12.14）

Joshua, Anthony
イギリスのプロボクサー。
⇒外16（ジョシュア,アンソニー　1989.10.15–）
　最世ス（ジョシュア,アンソニー　1989.10.15–）

Josipović, Ivo
クロアチアの政治家,法律家,作曲家。クロアチア大統領（2010〜15）。
⇒外12（ヨシポヴィッチ,イヴォ　1957.8.28–）
　外16（ヨシポヴィッチ,イヴォ　1957.8.28–）
　世指導（ヨシポヴィッチ,イヴォ　1957.8.28–）

Josipovici, Gabriel（David）
イギリスの小説家,批評家,劇作家。
⇒現世文（ジョシポービッチ,ゲイブリエル　1940.10.8–）

Joslin, Sesyle
アメリカの児童文学作家。
⇒外12（ジョスリン,セシル　1929–）
　外16（ジョスリン,セシル　1929–）
　現世文（ジョスリン,セシル　1929.8.30–）

Jospin, Lionel Robert
フランスの政治家。フランス首相。
⇒岩世人（ジョスパン　1937.7.12–）
　外12（ジョスパン,リオネル　1937.7.12–）
　外16（ジョスパン,リオネル　1937.7.12–）
　世指導（ジョスパン,リオネル　1937.7.12–）
　ネーム（ジョスパン　1937–）

Joss, Adrian
アメリカの大リーグ選手（投手）。
⇒メジャ（ジョス,アディー　1880.4.12–1911.4.14）

Joss, Morag
イギリスの作家。
⇒外12（ジョス,モーラ）
　現世文（ジョス,モーラ）

Jossinet, Frederique
フランスの柔道選手。
⇒最世ス（ジョシネ,フレデリク　1975.12.16–）

Jost, Jon
アメリカの映画監督,脚本家。
⇒映監（ジョスト,ジョン　1943.5.16–）

Jotuni, Maria Gustava
フィンランドの女性小説家。社会問題,家庭問題をテーマに,フィンランド文芸復興の先頭を切った。主著『愛』(1907),『日常生活』(09)。
⇒岩世人（ヨトゥニ　1880.4.9–1943.9.30）

Jouassard, Georges
フランスの神学者。
⇒新カト（ジュアサール　1895.3.7–1981.11.30）

Jouatte, Georges
フランスのテノール歌手。
⇒魅惑（Jouatte,Georges　1892–1969）

Joubert, Brian
フランスのフィギュアスケート選手。
⇒異二辞（ジュベール［ブライアン・〜］　1984–）
　外12（ジュベール,ブライアン　1984.9.20–）
　外16（ジュベール,ブライアン　1984.9.20–）
　最世ス（ジュベール,ブライアン　1984.9.20–）

Joubin, Louis
フランスの海洋学者。1903年パリの自然博物館教授。深海魚の研究をした。
⇒岩世人（ジュバン　1861.1.27–1935.4.24）

Jouenne, Michel
フランス生まれの画家。
⇒芸13（ジュエンヌ,ミッシェル　1933–）

Jouett, John Hamilton
アメリカの航空会社幹部。
⇒アア歴（Jouett,John H(amilton)　ジューイト,ジョン・ハミルトン　1892.5.14–1968.10.18）

Jouhandeau, Marcel
フランスの小説家,随筆家。多産な作家で,その著作は優に100冊を超える。神秘的新ロマン主義と評された。主著,3部作『シャミナードゥール』(1934〜41)。
⇒岩世人（ジュアンドー　1888.7.26–1979.4.7）
　新カト（ジュアンドー　1888.7.26–1979.4.7）

Jouhaux, Léon
フランスの労働運動家。反共的新組織「労働者の力」FOを結成。
⇒岩世人（ジュオー　1879.7.1–1954.4.28）
　広辞7（ジュオー　1879–1954）
　ノベ3（ジュオー,L.　1879.7.1–1954.4.28）

Jounel, Pierre
フランスの典礼学者。
⇒新カト（ジューネル　1914.7.16–2004.11.14）

Jourdan, Louis
フランス生まれの俳優。
⇒ク俳（ジュールダン,ルイ（ジャンドル,L）　1919–）
　スター（ジュールダン,ルイ　1919.6.19–）

Journalgyaw Ma Ma Lay
ビルマの女性作家。処女作『彼女』Thuma (1944)は,ビルマ共産党委員長タキン・タントゥンをモデルに描いた長篇作品として有名。
⇒現世文（ジャーネージョー・ママレー　1917.4.13–1982.4.6）

Journe, François-Paul
フランスの時計師。
⇒外16（ジュルヌ,フランソワ・ポール）

Journet, Charles
スイスの神学者,枢機卿。
⇒新カト（ジュールネ　1891.1.26–1975.4.15）

Journod, Monique
フランスの女性画家。
⇒芸13（ジュルノー, モニーク　1935–）

Jouve, Pierre Jean
フランスの詩人。難解だが、深い感動に満ちた詩を書いて、現代の詩人に大きな影響を与えた。
⇒岩キ（ジューヴ　1887–1976）
　岩世人（ジューヴ　1887.10.11–1976.1.9）
　現世文（ジューヴ, ピエール・ジャン　1887.10.11–1976.1.8）
　広辞7（ジューヴ　1887–1976）
　新カト（ジューヴ　1887.10.11–1976.1.8）

Jouvet, Louis
フランスの舞台・映画俳優、演出家。ジロドゥーの作品のほとんどを上演してフランス演劇界に一時代を画した。
⇒岩世人（ジュヴェ　1887.12.24–1951.8.16）
　スター（ジューヴェ, ルイ　1887.12.24–1951）
　世演（ジュヴェ, ルイ　1887.12.24–1951.8.16）

Jouvin, Georges
フランスのトランペット奏者、バンドリーダー。
⇒標音2（ジュヴァン, ジョルジュ　1923.6.19–）

Jovanotti
イタリアのラッパー、ソングライター。
⇒岩世人（ジョヴァノッティ　1966.9.27–）

Jovanović, Paja
ユーゴスラビアの画家。
⇒岩世人（ヨヴァノヴィチ　1859.6.16–1957.11.30）

Jovanović, Slobodan
ユーゴスラビア、セルビアの法律家、歴史家、政治家。
⇒岩世人（ヨヴァノヴィチ　1869.11.21/12.3–1958.12.12）

Jovanovic, Zivojin
テノール歌手。
⇒魅惑（Jovanovic,Zivojin　?–）

Jover Zamora, José María
スペインの歴史家。
⇒岩世人（ホベル・サモーラ　1920.6.5–2006.11.21）

Jovic, Bozidar
クロアチアのハンドボール選手。
⇒外12（ヨヴィッチ, ボジダール）

Joviczky, József
ハンガリーのテノール歌手。
⇒魅惑（Joviczky,József　1918–1986）

Jòvine, Francesco
イタリアの小説家。死後出版された傑作『聖なる土地』(1950) などがあり、ネオレアリスモ文学の代表的作家の一人。
⇒現世文（ヨーヴィネ, フランチェスコ　1902.10.9–1950.4.30）

Jovkov, Jordan Stefanov
ブルガリアの短篇小説家、劇作家。代表作、小説集『物語集』(3巻, 1917, 18, 32)。
⇒岩世人（ヨフコフ　1880.11.9/21–1937.10.15）

Jovovich, Mila
旧ソ連生まれの女優。
⇒外12（ジョヴォヴィッチ, ミラ　1975.12.17–）
　外16（ジョヴォヴィッチ, ミラ　1975.12.17–）
　ク俳（ジョヴォヴィチ, ミラ　1975–）

Joy
アメリカの作家。
⇒海文新（ジョイ）
　現世文（ジョイ）

Joy, Bill
アメリカのコンピューター技術者。
⇒岩世人（ジョイ　1954.11.8–）
　外12（ジョイ, ビル　1955–）
　外16（ジョイ, ビル　1955–）

Joy, Charles Turner
アメリカの陸軍将校。
⇒アア歴（Joy,Charles Turner　ジョイ, チャールズ・ターナー　1895.2.17–1956.6.6）

Joya, Malalai
アフガニスタンの人権活動家。
⇒外16（ジョヤ, マラライ　1978.4.25–）
　世指導（ジョヤ, マラライ　1978.4.25–）

Joyce
ブラジルのシンガー・ソングライター。
⇒外12（ジョイス　1948–）
　外16（モレーノ, ジョイス　1948.1.31–）

Joyce, Brenda
アメリカの女優。
⇒ク俳（ジョイス, ブレンダ（リーボ, ベティ）　1917–）

Joyce, Graham
イギリスの作家。
⇒現世文（ジョイス, グレアム　1954.10.22–2014.9.9）

Joyce, James
アイルランドの作家。
⇒岩キ（ジョイス　1882–1941）
　岩世人（ジョイス　1882.2.2–1941.1.13）
　教人（ジョイス　1882–1941）
　現世文（ジョイス, ジェームズ　1882.2.2–1941.1.13）
　広辞7（ジョイス　1882–1941）
　新カト（ジョイス　1882.2.2–1941.1.13）
　西文（ジョイス, ジェイムズ　1882–1941）
　世人新（ジョイス　1882–1941）
　世人装（ジョイス　1882–1941）
　ネーム（ジョイス　1882–1941）

比文増（ジョイス〔ジェイムズ〕 1882（明治15）- 1941（昭和17））
ヘミ（ジョイス，ジェイムズ 1882-1941）
ポプ人（ジョイス，ジェイムズ 1882-1941）

Joyce, Lydia
アメリカの作家。
⇒海文新（ジョイス，リディア）

Joyce, Rachel
イギリスの作家。
⇒海文新（ジョイス，レイチェル）
現世文（ジョイス，レイチェル）

Joyce, William
イギリスの国事犯。
⇒スパイ（ジョイス，ウィリアム 1906-1946）

Joyce, William Michael
アメリカの大リーグ選手（三塁，一塁）。
⇒メジャ（ジョイス，ビル 1867.9.22-1941.5.8）

Jo Yi-jin
韓国の女優。
⇒韓俳（チョ・イジン 1982.12.26-）

Joyner, Florence
アメリカの陸上選手。
⇒岩世人（グリフィス＝ジョイナー 1959.12.21-1998.9.21）
ポプ人（グリフィス＝ジョイナー，フローレンス 1959-1998）

Joyner, Wallace Keith
アメリカの大リーグ選手（一塁）。
⇒メジャ（ジョイナー，ウォーリー 1962.6.16-）

Joyner, William
アメリカのテノール歌手。
⇒魅惑（Joyner,William ?-）

Joyner-Kersee, Jackie
アメリカの陸上競技選手。
⇒異二辞（ジョイナー＝カーシー〔ジャッキー・〜〕 1962-）
岩世人（ジョイナー＝カーシー 1962.3.3-）

Joyon, Francis
フランスの冒険家。
⇒外12（ジョワイヨン，フランシス）
外16（ジョワイヨン，フランシス 1956.5.28-）

Jo Yoon-hee
韓国の女優。
⇒韓俳（チョ・ユニ 1982.10.13-）

Jo Young-gil
韓国の軍人。韓国国防相。
⇒世指導（ジョ・ヨンギル 1940.5.9-）

Joy Way, Victor
ペルーの政治家。ペルー首相。

⇒世指導（ホイワイ，ビクトル）

József Attila
ハンガリーの詩人。その抒情詩は20世紀ハンガリー文学の最高峰とみなされている。作品は，詩集『美の乞食』(1922) など。
⇒岩世人（ヨージェフ 1905.4.11-1937.12.3）
現世文（ヨージェフ，アッティラ 1905.4.11-1937.12.3）

Juan, Ana
スペインの絵本作家。
⇒絵本（フアン，アナ 1961-）

Juan Carlos I
スペイン王。在位1975〜。
⇒岩世人（フアン・カルロス1世 1938.1.5-）
外12（フアン・カルロス1世 1938.1.5-）
外16（フアン・カルロス1世 1938.1.5-）
皇国（フアン・カルロス1世）
世史改（フアン＝カルロス1世 1938-）
世人新（フアン＝カルロス1世 1938-）
世人装（フアン＝カルロス1世 1938-）
ポプ人（フアン・カルロス 1938-）

Juanda Kartawijaya, Ir.Haji Raden
インドネシアの政治家。
⇒岩世人（ジュアンダ 1911.1.14-1963.11.7）

Juan de Borbón y Battenberg
スペインの王位継承権主張者。
⇒岩世人（フアン・デ・ボルボン 1913.6.20-1993.4.1）

Juanes
コロンビアのギター奏者，シンガー・ソングライター。
⇒外12（フアネス 1972.8.9-）
外16（フアネス 1972.8.9-）

Juan Gabriel
メキシコの歌手。
⇒異二辞（フアン・ガブリエル 1950-）

Juday, Chancey
アメリカの湖沼学者，湖沼生物学者。
⇒岩世人（ジュデイ 1871.5.5-1944.3.29）

Judd, Ashley
アメリカの女優。
⇒外12（ジャッド，アシュレイ 1968.4.19-）
外16（ジャッド，アシュレイ 1968.4.19-）
ク俳（ジャッド，アシュリー 1968-）

Judd, Charles Hubbard
インド生まれのアメリカの心理学者，教育学者。主著『科学的教育研究入門』(1918) など。
⇒岩世人（ジャッド 1873.2.23-1946.7.19）
教人（ジャッド 1873-1946）

Judd, Donald
アメリカの美術家。すぐれて反芸術的なミニマル・アートの代表者となるとともに，コンセプ

チュアル・アートの起点をつくった。
⇒岩世人（ジャッド　1928.6.3–1994.2.12）
　芸13（ジャッド, ドナルド　1928–1994）
　広辞7（ジャッド　1928–1994）

Judd, Edward
イギリスの男優。
⇒ク俳（ジャッド, エドワード　1932–）

Judd, John Wesley
イギリスの地質学者, 岩石学者。王立鉱山学校教授（1876～1905）。
⇒岩世人（ジャッド　1840.2.18–1916.3.3）

Jude, Charles
フランスのダンサー, バレエ監督。
⇒外12（ジュド, シャルル　1953.7.25–）

Judge, Barbara
イギリスの弁護士, 実業家。
⇒外16（ジャッジ, バーバラ　1946.12.28–）

Judge, Joseph Ignatius
アメリカの大リーグ選手（一塁）。
⇒メジャ（ジャッジ, ジョー　1894.5.25–1963.3.11）

Judge Dread
イギリスのミュージシャン。
⇒ロック（Judge Dread　ジャッジ・ドレッド）

Judson, Colin
イギリスのテノール歌手。
⇒魅惑（Judson,Colin　?–）

Juergensmeyer, Mark Karl
アメリカの社会学者, 宗教学者。
⇒現宗（ユルゲンスマイヤー）

Jugah, Tun
マレーシア（サラワク）の先住民指導者。
⇒岩世人（ジュガ　1903–1981.7.8）

Jugie, Martin
フランスのカトリック神学者, オリエント学者, 東方教会史家。本名エティエンヌ・ジュギー（Étienne Jugie）。
⇒新カト（ジュジー　1878.5.3–1954.11.29）

Jugnauth, Anerood
モーリシャスの政治家。モーリシャス首相, 大統領（2003～12）。
⇒外12（ジュグノート, アネルード　1930.3.29–）
　外16（ジュグノート, アネルード　1930.3.29–）
　世指導（ジャグナット, アヌルード　1930.3.29–）

Jugnauth, Pravind
モーリシャスの政治家。モーリシャス首相, モーリシャス社会主義運動（MSM）党首。
⇒世指導（ジャグナット, プラビン　1961.12.25–）

Juhás, Tomáš
スロバキアのテノール歌手。
⇒魅惑（Juhás,Tomáš　?–）

Juhl, Finn
デンマークの建築家, デザイナー。デンマーク・モダン・スタイルの創始者。
⇒岩世人（ユール　1912.1.30–1989.5.17）

Juhn Jai-hong
韓国の映画監督。
⇒外16（チョンジェホン）

Juhnke, Harald
テノール歌手。
⇒魅惑（Juhnke,Harald　?–）

Juillet, Chantal
カナダのヴァイオリン奏者。
⇒外12（ジュイエ, シャンタル　1960–）

Juin, Alphonse
フランスの軍人。第2次世界大戦中, ドゴールの自由フランス軍に参加, 軍団を指揮して, ローマ攻略に成功をたてた。
⇒岩世人（ジュアン　1888.12.16–1967.1.27）

Ju Ji-hoon
韓国の俳優。
⇒外12（チュジフン　1982.5.16–）
　外16（チュジフン　1982.5.16–）
　韓俳（チュ・ジフン　1982.5.16–）

Ju Jin-Mo
韓国の男優。
⇒韓俳（チュ・ジンモ　1958.2.26–）

Julia, Gaston Maurice
フランスの数学者。
⇒数辞（ジュリア, ガストン・モーリス　1892–1978）
　世数（ジュリア, ガストン・モーリス　1893–1978）

Julia, Raul
プエルト・リコ生まれの俳優。
⇒スター（ジュリア, ラウル　1940.3.9–）

Julian, Percy Lavon
アメリカの化学者。
⇒化学（ジュリアン　1899–1975）

Juliana
オランダの女王。在位1948～80。
⇒岩世人（ユリアナ　1909.4.30–2004.3.20）
　皇国（ユリアナ　?–2004）

Jülicher, Adolf
ドイツのプロテスタント神学者。新約聖書の歴史的批評的研究をした。
⇒オク教（ユーリヒャー　1857–1938）
　新カト（ユーリヒャー　1857.1.26–1938.8.2）

Julio leal
ブラジルのサッカー監督。
⇒外12（ジュリオ・レアル　1951.4.13–）

Jullian, Camille
フランスの古代学者。主著『ゴール史』（1907～28）。
⇒岩世人（ジュリアン　1859.3.15–1933.12.12）

Jullien, Émile
フランスの政治家。
⇒19仏（ジュリアン，エミール　1845.7.10–1912.7.24）

Julliot, Henry Robinson de
フランスの聖職者，詩人。
⇒新カト（ジュリオ　1903.6.1–）

July, Miranda
アメリカの作家，映画監督，現代美術家。
⇒外16（ジュライ，ミランダ　1974–）
　海文新（ジュライ，ミランダ　1974.2.15–）
　現世文（ジュライ，ミランダ　1974.2.15–）

Jumʻa, ʻAlī
エジプトのイスラム法学者，ムフティー（最高裁定官）。
⇒岩世人（ジュムア，アリー　1952.3.3–）

Jumayyil, Bashīr
レバノンの陸軍将校，政治家。
⇒岩世人（ジュマイエル，バシール　1947.11.10–1982.9.14）

Jun
韓国の歌手。
⇒外12（ジュン　1984.2.3–）

Junaković, Svjetlan
クロアチアの画家，絵本作家。
⇒外12（ユナコビッチ，スヴェトラン　1961.1.23–）

Junblāt, Kamāl
レバノンの政治家。1960年代にパレスチナ解放運動の強力な支持者となり，75年ジュマイイルらのカターイブとの武力抗争を展開。
⇒岩世人（ジュンブラート，カマール　1917.12.6–1977.3.16）

Juncker, Jean-Claude
ルクセンブルクの政治家。ルクセンブルク首相・蔵相。
⇒外12（ユンケル，ジャンクロード　1954.12.9–）
　外16（ユンケル，ジャンクロード　1954.12.9–）
　世指導（ユンケル，ジャンクロード　1954.12.9–）

Jüneyit khan, Gurbanmämmet serdar
ヒヴァ・ハーン国末期のトルクメン，ヨムト部族のリーダー。
⇒岩イ（ジュナイト・ハーン　?–1938）

Jung, Andrea
カナダの実業家。
⇒外12（ジュング，アンドレア　1958–）
　外16（ジュング，アンドレア　1958.9.18–）

Jung, Carl Gustav
スイスの心理学者，精神病学者。
⇒岩キ（ユング　1875–1961）
　岩女（ユング，カール・グスタフ　1875.7.26–1961.6.6）
　岩世人（ユング　1875.7.26–1961.6.6）
　覚思（ユング　1875.7.26–1961.6.6）
　覚思ス（ユング　1875.7.26–1961.6.6）
　教思増（ユング　1875–1961）
　教小3（ユング　1875–1961）
　教人（ユング　1875–）
　現社（ユング　1875–1961）
　現社福（ユング　1875–1961）
　現宗（ユング　1875–1961）
　現精（ユング　1875–1961）
　現精縮（ユング　1875–1961）
　広辞7（ユング　1875–1961）
　社小増（ユング　1875–1961）
　新カト（ユング　1875.7.26–1961.6.6）
　精医歴（ユング，カール・グスタフ　1875–1961）
　精分岩（ユング，カール・グスタフ　1875–1961）
　精分弘（ユング，カール・グスタフ　1875–1961）
　世人新（ユング　1875–1961）
　世人装（ユング　1875–1961）
　哲中（ユング　1875–1961）
　ポプ人（ユング，カール・グスタフ　1875–1961）
　メル別（ユング，カール・グスタフ　1875–1961）

Jung, Edgar
ドイツの政治評論家。パーペンの政治顧問となり，その政見に影響を与えた。
⇒岩世人（ユング　1894.3.6–1934.6.30）

Jung, Heinrich Wilhelm Ewald
ドイツの数学者。
⇒数辞（ユング，ハインリッヒ・ウィルヘルム・エワルト　1876–1953）

Jung, Manfred
ドイツのテノール歌手。
⇒失声（ユング，マンフレート　1940–）
　魅惑（Jung, Manfred　1940–）

Jung, Michael
ドイツの馬術選手。
⇒外16（ユング，ミヒャエル　1982.7.31–）
　最世ス（ユング，ミヒャエル　1982.7.31–）

Jung-a
韓国の歌手。
⇒外12（ジョンア　1983.8.2–）

Jung Ae Youn
韓国の女優。
⇒韓俳（チョン・エヨン　1982.11.30–）

Jungbluth, Hans
ドイツの鋳造学者。熔解速度と送風量およびコークス量等の数量的関係を解明した。
⇒岩世人（ユングブルート　1894.11.14–1966.4.17）

Jung Bo-Suk
韓国の男優。
⇒韓俳（チョン・ボソク　1961.5.1–）

Jung Byeong-ho
韓国の文化人類学者。漢陽大学文化人類学科教授。
⇒外12（チョンビョンホ　鄭炳浩）
　外16（チョンビョンホ　鄭炳浩　1955–）

Jung Chan
韓国の男優。
⇒韓俳（チョン・チャン　1971.2.23–）

Jung Dong-hwan
韓国の男優。
⇒韓俳（チョン・ドンファン　1949.8.5–）

Jung Doo-Hong
韓国の男優, スタントマン, 武術監督。
⇒韓俳（チョン・ドゥホン　1966.12.14–）

Junge, Christian
西ドイツの大気化学者。気球やU2機を使って成層圏に硫酸を主成分とする0.1ミクロンよりも大きい粒子から成るエアロゾル層（ユンゲ層）が存在することを発見した。
⇒岩世人（ユンゲ　1912.7.2–1996.6.18）

Junge, Friedrich
ドイツの教育家, 理科教育の改革者。1883,1884年に「ドイツ教育的教授新聞」において理科教授の改革を主張。1885年には『生活共同体としての村の池』を著わす。
⇒教人（ユンゲ　1832–1905）

Jüngel, Eberhard
ドイツの神学者, 宗教哲学者。
⇒岩キ（ユンゲル　1934–）
　岩世人（ユンゲル　1934.12.5–）
　新カト（ユンゲル　1934.12.5–）

Jünger, Ernst
ドイツの小説家, エッセイスト。
⇒岩世人（ユンガー　1895.3.29–1998.2.17）
　現世文（ユンガー, エルンスト　1895.3.29–1998.2.17）
　広辞7（ユンガー　1895–1998）
　西文（ユンガー, エルンスト　1895–1998）

Jünger, Friedrich Georg
ドイツの詩人, 小説家。E.ユンガーの弟。おもに古典的形式の自然抒情詩を書いた。主著は『詩集』（1934）。
⇒岩世人（ユンガー　1898.9.1–1977.7.22）

Jung Eun-Pyo
韓国の男優。
⇒韓俳（チョン・ウンピョ　1966.3.27–）

Jung Han-Young
韓国の男優, 政治家。
⇒韓俳（チョン・ハニョン　1954.6.22–）

Jung Ho-Bin
韓国の男優。
⇒韓俳（チョン・ホビン　1969.4.8–）

Jung Hye-Young
韓国の女優。
⇒韓俳（チョン・ヘヨン　1973.12.14–）

Jung In-ae
韓国の女優。
⇒外12（チョンイネ　1980.11.6–）

Jung Jae-young
韓国の俳優。
⇒外12（チョンジェヨン　1970.11.21–）
　韓俳（チョン・ジェヨン　1970.11.21–）

Jung Ji-Ahn
韓国の女優。
⇒韓俳（チョン・ジアン　1990.4.21–）

Jung Ji-hyun
韓国のレスリング選手（グレコローマン）。
⇒外16（チョンジヒョン　鄭智鉉　1983.3.26–）
　最世ス（チョンジヒョン　1983.3.26–）

Jung Jin-young
韓国の俳優。
⇒外12（チョンジニョン　1964.10.16–）
　外16（チョンジニョン　1964.10.16–）
　韓俳（チョン・ジニョン　1964.10.16–）

Jung Joon
韓国の男優。
⇒韓俳（チョン・ジュン　1979.3.6–）

Jung July
韓国の映画監督。
⇒外16（チョンジュリ　1980.3.1–）

Jung Jun-Ha
韓国の男優, コメディアン。
⇒韓俳（チョン・ジュナ　1971.3.18–）

Jung Jun-ho
韓国の俳優。
⇒外12（チョンジュノ　1970.10.1–）
　外16（チョンジュノ　1970.10.1–）
　韓俳（チョン・ジュノ　1970.10.1–）

Jungk, Robert
西ドイツの著作家。多くの資料によったノン・フィクションを執筆。技術革新と能率の追求が

逆に人類の未来をおびやかすことを一貫して警告。
⇒岩世人（ユンク　1913.5.11-1994.7.14）

Jung Kyung-ho
韓国の男優。
⇒韓俳（チョン・ギョンホ　1983.8.31-）

Jungmann, Josef Andreas
オーストリアの典礼学者, 実践神学者。
⇒新カト（ユングマン　1889.11.16-1975.1.26）

Jung Min
韓国の男優。
⇒韓俳（チョン・ミン　1977.5.19-）

Jung-min
韓国の歌手, 俳優。
⇒外12（ジョンミン　1987.4.3-）

Jung Ryeo-Won
韓国の女優, 歌手。
⇒韓俳（チョン・リョウォン　1981.1.21-）

Jung Soo-young
韓国の女優, モデル。
⇒韓俳（チョン・スヨン　1982-）

Jung So-Young
韓国の女優。
⇒韓俳（チョン・ソヨン　1979.1.6-）

Jung Suk-Yong
韓国の男優。
⇒韓俳（チョン・ソギョン　1971-）

Jung Sung-hwan
韓国の俳優, プロデューサー, 声優。
⇒外12（チョンソンファン　1940-）
　韓俳（チョン・ソンファン　1940-）

Jung Sun-kyung
韓国の女優。
⇒韓俳（チョン・ソンギョン　1971.1.8-）

Jung Sun Woo
韓国の女優, モデル。
⇒韓俳（チョン・ソヌ　1984.5.2-）

Jung Tae-woo
韓国の男優。
⇒韓俳（チョン・テウ　1982.3.23-）

Jung Il Woo
韓国の男優。
⇒韓俳（チョン・イル　1987.9.9-）

Jung Woong-In
韓国の男優。
⇒韓俳（チョン・ウンイン　1971.1.20-）

Jung Woo-sung
韓国の俳優。
⇒外12（チョンウソン　1973.3.20-）
　外16（チョンウソン　1973.3.20-）
　韓俳（チョン・ウソン　1973.3.20-）

Jung Yi-hyun
韓国の作家。
⇒外12（チョンイヒョン　1972-）
　外16（チョンイヒョン　1972-）
　海文新（チョンイヒョン　1972-）
　現世文（チョン・イヒョン　1972-）

Jung Yoo-Suk
韓国の男優。
⇒韓俳（チョン・ユソク　1972.12.27-）

Jung Yu-mi
韓国の女優。
⇒韓俳（チョン・ユミ　1983.1.18-）

Junho
韓国の歌手。
⇒外12（ジュノ　1990.1.25-）

Juninho
ブラジルのサッカー選手（FW）。
⇒外12（ジュニーニョ　1977.9.15-）

Juninho Pernambucano
ブラジルのサッカー選手。
⇒外12（ジュニーニョ・ペルナンブカノ　1975.1.30-）
　外16（ジュニーニョ・ペルナンブカノ　1975.1.30-）
　最世ス（ジュニーニョ・ペルナンブカノ　1975.1.30-）

Junjin
韓国の歌手, 俳優。
⇒外12（チョンジン　1980.8.19-）
　外16（チョンジン　1980.8.19-）
　韓俳（チョンジン　1980.8.19-）

Junker, August
日本で活躍したドイツのヴァイオリン奏者, 指揮者。
⇒標音2（ユンカー, アウグスト　1868.1.28-1944.1.5）

Junker, Emil
ドイツの教育者。
⇒日エ（ユンケル　1864.7.27-1927.7.11）

Junker, Heinrich
ドイツの比較言語学者, イラン語学者。ライプチヒ大学教授（1926）。
⇒岩世人（ユンカー　1889.3.26-1970.4.3）

Junker, Hubert
ドイツの旧約学者。
⇒新カト（ユンカー　1891.8.8-1971.4.26）

Junkerman, John
アメリカの映画監督。
⇒外12（ユンカーマン, ジョン　1952–）
　外16（ユンカーマン, ジャン　1952–）

Junkers, Hugo
ドイツの工業技術家, 飛行機設計・製造家。アーヘン工科大学熱工学教授。
⇒岩世人（ユンカース（ユンケルス）　1859.2.3–1935.2.3）

Juno
韓国の歌手。
⇒外12（ジュノ　1987.1.1–）

Junod, Marcel
スイスの医師, 赤十字活動家。戦後, 赤十字国際委員会の駐日代表となり原爆救護品を調達して医薬品分配を指揮した。
⇒岩世人（ジュノー　1904.5.14–1961.6.16）

Junqueiro, Abílio Manuel Guerra
ポルトガルの詩人。リアリズム時代の最大の詩人。
⇒岩世人（ジュンケイロ　1850.9.15–1923.7.7）

Jun Soo Yeon
韓国の女優, モデル。
⇒韓俳（チョン・スヨン　1978.9.26–）

Junsu
韓国の歌手, 俳優。
⇒外12（ジュンス　1987.1.1–）
　外16（ジュンス　1987.1.1–）

Junsu
韓国の歌手。
⇒外12（ジュンス　1988.1.15–）

Jun Won-Joo
韓国の女優, 声優。
⇒韓俳（チョン・ウォンジュ　1939.8.8–）

Jun Young
韓国の歌手。
⇒外12（ジュンヨン　1989.2.9–）

Juppé, Alain Marie
フランスの政治家。フランス首相, フランス国民運動連合（UMP）党首。
⇒岩世人（ジュペ　1945.8.15–）
　外12（ジュペ, アラン　1945.8.15–）
　外16（ジュペ, アラン　1945.8.15–）
　世指導（ジュペ, アラン　1945.8.15–）

Jurado, Katy
メキシコ生まれの女優。
⇒ク俳（フラド, ケイティ（J・ガルシア, マリア）　1924–2002）

Jürgens, Curd
ドイツ生まれの俳優。
⇒ク俳（ユルゲンス, クルト　1912–1982）
　スター（ユルゲンス, クルト　1915.12.13–1982）

Jürgensmeier, Friedrich
ドイツのカトリック霊性神学者。
⇒新カト（ユルゲンスマイアー　1888.9.26–1946.11.12）

Jurges, William Frederick
アメリカの大リーグ選手（遊撃, 三塁）。
⇒メジャ（ジャーゲズ, ビリー　1908.5.9–1997.3.3）

Jurinac, Sena
ボスニアのソプラノ歌手。
⇒新音中（ユリナッツ, セーナ　1921.10.24–）
　標音2（ユリナツ, セーナ　1921.10.24–）

Jurowski, Vladimir
ロシアの指揮者。
⇒外12（ユロウスキ, ウラディーミル　1972.4.4–）
　外16（ユロウスキ, ウラディーミル　1972.4.4–）

Jussen, Arthur
オランダのピアノ奏者。
⇒外16（ユッセン, アルトゥール　1996–）

Jussen, Lucas
オランダのピアノ奏者。
⇒外16（ユッセン, ルーカス　1993–）

Juster, Norton
アメリカの建築家。
⇒外16（ジャスター, ノートン　1929–）
　現世文（ジャスター, ノートン　1929.6.2–）

Justi, Carl
ドイツの美術史家。美術史の文化史的記述を行い, また時代背景を明示しつつ芸術家の伝記を書いた。
⇒岩世人（ユスティ　1832.8.2–1912.12.9）

Justi, Eduard Wilhelm Leonhard
ドイツの物理学者。熱力学, 低温物理学の研究がある。
⇒岩世人（ユスティ　1904.5.30–1986.12.16）

Justi, Ferdinand
ドイツの東洋学者, イラン学者, ゲルマン学者。
⇒岩世人（ユスティ　1837.6.2–1907.2.17）

Justi, Ludwig
ドイツの美術史家。ベルリン国立美術館長（1909～33）, ベルリン博物館長（46）。
⇒岩世人（ユスティ　1876.3.14–1957.10.19）

Justice, David Christopher
アメリカの大リーグ選手（外野）。
⇒メジャ（ジャスティス, デイヴィッド　1966.4.14–）

Justice, Donald Rodney
アメリカの詩人。
⇒現世文（ジャスティス，ドナルド　1925.8.12–2004.8.6）

Justin, John
イギリスの男優。
⇒ク俳（ジャスティン，ジョン（レズマ,J.）　1917–）

Justis, Bill
アメリカ・アラバマ州バーミングハム生まれのジャズ・ミュージシャン，編曲家，プロデューサー。
⇒ロック（Justis,Bill　ジャスティス，ビル　1927.10.14–）

Justo, Agustín Pedro
アルゼンチンの軍人，政治家。アルゼンチン大統領（1932〜38）。
⇒岩世人（フスト　1876.2.26–1943.1.11）

Justo, Juan Bautista
アルゼンチンの政治家。社会主義者でアルゼンチン社会党の創始者。
⇒ラテ新（フスト　1865–1928）

Jutikkala, Eino Kaarlo Ilmari
フィンランドの歴史家。
⇒岩世人（ユティッカラ　1907.10.24–2006.12.22）

Jutte, Jan
オランダのイラストレーター。
⇒外12（ユッテ，ヤン　1954–）

Juu
ビルマ（ミャンマー）の作家。
⇒岩世人（ジュー　1958–）

Juutilainen, Aarne Edward
フィンランドの軍人。
⇒異二辞（ユーティライネン［アールネ・エドヴァルド・～］　1904–1976）

Juutilainen, Eino
フィンランドの戦闘機操縦者。第二次世界大戦の撃墜王。
⇒異二辞（ユーティライネン［エイノ・イルマリ・～］　1914–1999）
　ネーム（ユーティライネン　1914–1999）

Juyeon
韓国の歌手。
⇒外12（ジュヨン　1987.3.19–）

Juzhin, David Khristoforovich
ロシアのテノール歌手。
⇒魅惑（Juzhin,David Khristoforovich　1868–1923）

【 K 】

K
韓国のシンガー・ソングライター。
⇒外12（K　ケイ　1983.11.16–）
　外16（K　ケイ　1983.11.16–）

Kaaberbol, Lene
デンマークのファンタジー作家，児童文学作家。
⇒外16（コバベル，リーネ　1960–）
　海文新（コバブール，レナ　1960.3.24–）
　現世文（コーバベル，リーネ　1960.3.24–）

Kaart, Hans
オランダのテノール歌手。夫人はメゾソプラノのキャロライン・ライット。
⇒失声（カート，ハンス　1920–1963）
　魅惑（Kaart,Hans　1920–1963）

Kaas, Ludwig
ドイツの神学者，政治家。トリーア大神学校教授，中央党党首。
⇒新カト（カース　1881.5.23–1952.4.15）

Kaasch, Donald
テノール歌手。
⇒魅惑（Kaasch,Donald　?–）

Kaat, James Lee
アメリカの大リーグ選手（投手）。
⇒メジャ（カット，ジム　1938.11.7–）

Kabaeva, Alina
ロシアの新体操選手。
⇒外12（カバエワ，アリーナ　1983.5.12–）
　外16（カバエワ，アリーナ　1983.5.12–）

Kabaivanska, Raina
ブルガリアのソプラノ歌手。
⇒オペラ（カバイヴァンスカ，ライナ　1934–）

Kabakov, Aleksandr Abramovich
ロシアの作家，評論家。
⇒岩世人（カバコーフ　1943.10.22–）

Kabakov, Emilia
ウクライナ生まれの芸術家。
⇒外12（カバコフ，エミリア　1945–）
　外16（カバコフ，エミリア　1945–）
　現アテ（Kabakov,Ilya & Emilia　カバコフ，イリヤ&エミリア　1945–）

Kabakov, Iljja Iosifovich
ロシアのイラストレーター。
⇒岩世人（カバコーフ　1933.9.30–）

外12（カバコフ，イリヤ　1933.9.30-）
外16（カバコフ，イリヤ　1933.9.30-）
現アテ（Kabakov,Ilya & Emilia　カバコフ，イリヤ&エミリア　1933-）

Kabalevsky, Dmitry Borisovich
ロシアの作曲家。
⇒岩世人（カバレフスキー　1904.12.17/30-1987.2.14）
エデ（カバレフスキー，ドミトリー（ボリソヴィチ）　1904.12.30-1987.2.14）
ク音3（カバレフスキー　1904-1987）
新音小（カバレフスキー，ドミトリー　1904-1987）
新音中（カバレフスキー，ドミトリー　1904.12.30-1987.2.14）
ネーム（カバレフスキー　1904-1987）
ピ曲改（カバレフスキー，ドミトリー・ボリソヴィッチ　1904-1987）
標音2（カバレフスキー，ドミトリー・ボリソヴィチ　1904.12.30-1987.2.14）
ポブ人（カバレフスキー，ドミトリー　1904-1987）

Kabarega
ウガンダのブンヨロ王国の王。在位1869〜99。反英闘争の伝統を築いた。
⇒岩世人（カバレガ　1853-1923）

al-Kabariti, Abdul Kalim
ヨルダンの政治家。ヨルダン首相・外相・国防相。
⇒世指導（カバリティ，アブドル・カリム・アル　1949.12.15-）

Kabat, Elvin Abraham
アメリカの免疫学者。抗原，抗体，および抗原抗体反応の定量的関係を明瞭にした。
⇒岩生（カバット　1914-2000）
岩世人（カバート　1914.9.1-2000.6.16）

Kabbah, Ahmad Tejan
シエラレオネの政治家。シエラレオネ大統領（1996〜97,98〜2007），シエラレオネ人民党（SLPP）党首。
⇒外12（カバー，アフマド・テジャン　1932.2.16-）
世指導（カバー，アフマド・テジャン　1932.2.16-2014.3.13）

Kåberger, Tomas
スウェーデンの自然エネルギー財団理事長。
⇒外12（コバリエル，トーマス）
外16（コバリエル，トーマス）

Kabila, Joseph
コンゴ民主共和国の政治家，軍人。コンゴ民主共和国大統領（2001〜19）。
⇒岩世人（カビラ　1971.12.4?-）
外12（カビラ，ジョセフ　1971.6.4-）
外16（カビラ，ジョセフ　1971.6.4-）
世指導（カビラ，ジョセフ　1971.6.4-）

Kabila, Laurent Désiré
コンゴ民主共和国の政治家。コンゴ民主共和国大統領（1997〜2001）。
⇒岩世人（カビラ　1939.11.27-2001.1.16）
世指導（カビラ，ローラン　1939.11.27-2001.1.18）

Kabisch, Richard
ドイツの新教神学者，教育者。ラテン語学校教師，師範学校教師を経て，1903年ユテルゼンの師範学校長，10年デュッセルドルフの参事官兼視学官。
⇒教人（カビッシュ　1868-1914）

Kablukov, Ivan Alexsevich
ロシアの物理化学者。
⇒化学（カブルコーフ　1857-1942）

Kaboré, Roch
ブルキナファソの政治家。ブルキナファソ大統領（2015〜）。
⇒世指導（カボレ，ロシュ　1957.4.25-）

Kabua, Amata
マーシャル諸島の政治家。マーシャル諸島共和国の初代大統領（1979〜96）。
⇒世指導（カブア，アマタ　1928.11.17-1996.12.20）

Kabua, Imata
マーシャル諸島の政治家。マーシャル諸島大統領（1997〜2000）。
⇒世指導（カブア，イマタ　1943.5.20-）

Kac, Mark
アメリカの数学者。
⇒岩世人（カッツ　1914.8.3-1984.10.26）

Kacem, Mehdi Belhaj
チュニジア生まれのフランスの作家，俳優。
⇒現世文（カセム，メディ・ベラ　1973-）

Kachalov, Vasilii Ivanovich
ソ連の俳優。ジュリアス・シーザー，イワン・カラマーゾフ役などで評判を得た。
⇒岩世人（カチャーロフ　1875.1.30/2.11-1948.9.30）
ネーム（カチャーロフ　1875-1948）

Kachel, Jaroslaw
チェコスロバキアのテノール歌手。
⇒魅惑（Kachel,Jaroslaw　1932-）

Kachyna, Karel
チェコの映画監督。
⇒映監（カヒーニャ，カレル　1924.5.1-2004）

Kaczmarek, Jan A.P.
ポーランド生まれの作曲家。
⇒外12（カチュマレク，ヤン・A.P.　1953-）
外16（カチュマレク，ヤン・A.P.　1953-）

Kaczyński, Jarosław Aleksander
ポーランドの政治家,法律家。ポーランド首相,法と正義党首。
⇒外12(カチンスキ,ヤロスワフ 1949.6.18–)
　外16(カチンスキ,ヤロスワフ 1949.6.18–)
　世指導(カチンスキ,ヤロスワフ 1949.6.18–)

Kaczyński, Lech Aleksander
ポーランドの政治家。ポーランド大統領(2005～10)。
⇒世指導(カチンスキ,レフ 1949.6.18–2010.4.10)
　世人新(カチンスキ 1949–2010)
　世人装(カチンスキ 1949–2010)

Kadalie, Clements
南アフリカの労働運動指導者。戦闘的な工商業労働組合を結成。混血有色人・インド労働者との連帯闘争に努力した。
⇒岩世人(カダリー 1896–1951)

Kadannikov, Vladimir
ロシアの政治家,実業家。ロシア第1副首相。
⇒世指導(カダンニコフ,ウラジーミル 1941.9.2–)

Kádár, Ján
チェコスロバキアの映画監督。
⇒ユ著人(Kádár,Ján カーダール,ヤン 1918–1979)

Kadare, Ismail
アルバニアの小説家。作品『死者の軍隊の将軍』など。
⇒岩世人(カダレ 1936.1.28–)
　外12(カダレ,イスマイル 1936.1.28–)
　外16(カダレ,イスマイル 1936.1.28–)
　現世文(カダレ,イスマイル 1936.1.28–)

Kádár János
ハンガリーの政治家。1951年粛清で投獄されたが54年名誉回復。ハンガリー動乱後首相,65年から第一書記をつとめる首相。
⇒岩世人(カーダール 1912.5.26–1989.7.6)
　政経改(カダル 1912–)
　世人新(カーダール 1912–1989)
　世人装(カーダール 1912–1989)

Kaddoumi, Farouk
パレスチナの政治家。
⇒外12(カドゥミ,ファルーク 1931–)
　外16(カドゥミ,ファルーク 1931–)
　世指導(カドウミ,ファルーク 1931–)

Kadeer, Rabiya
ウイグル人の人権活動家。
⇒外12(カーディル,ラビア 1946.11.15–)
　外16(カーディル,ラビア 1946.11.15–)
　世指導(カーディル,ラビア 1946.11.15–)
　中日3(热比娅·卡德尔 ラビア・カーディル 1948?–)

Kades, Charles Louis
アメリカの軍人。
⇒アア歴(Kades,Charles Louis ケイディーズ,チャールズ・ルイス 1906.3.2–1996.6.18)
　岩世人(ケイディス 1906.3.12–1996.6.18)
　ユ著人(Kades,Charls Louis ケーデス,チャールズ・ルイス 1906–1996)

Kadirgamar, Lakshman
スリランカの政治家。スリランカ外相。
⇒世指導(カディルガマル,ラクシュマン 1932.4.12–2005.8.13)

Kadishman, Menashe
イスラエルの彫刻家。
⇒ユ著人(Kadishman,Menashe カディッシュマン,メナシェ 1932–)

Kadohata, Cynthia
アメリカ(日系)の小説家。
⇒岩世人(カドハタ 1956–)
　外16(カドハタ,シンシア 1956–)
　現世文(カドハタ,シンシア 1956.7.2–)

Kadosa Pál
ハンガリーのピアノ奏者,作曲家,教育家。1970年にはドイツ芸術アカデミーから名誉会員に推された。
⇒ク音3(カドーシャ 1903–1983)
　新音中(カドシャ,パール 1903.9.6–1983.3.30)

Kadyrov, Akhmed
ロシアの政治家,イスラム指導者。チェチェン共和国大統領(2003～04)。
⇒世指導(カディロフ,アフマト 1951.8.23–2004.5.9)

Kadyrov, Ramzan
ロシアの政治家。チェチェン共和国大統領(2007～)。
⇒外12(カディロフ,ラムザン 1976.10.5–)
　外16(カディロフ,ラムザン 1976.10.5–)
　世指導(カディロフ,ラムザン 1976.10.5–)

Kaegi, Werner
スイスの文化史家。ルネサンス・人文主義の精神史的研究で知られる。
⇒岩世人(ケーギ 1901.2.26–1979.6.15)

Kael, Pauline
アメリカの映画評論家。
⇒岩世人(ケイル 1919.6.19–2001.9.3)

Kaempfert, Bert
ドイツの楽団指揮者,作曲家。第二次世界大戦後,独立して自分の楽団を結成。作曲では『星空のブルース』『ダンケ=シェーン』『夜のストレンジャー』など。
⇒岩世人(ケンプフェルト 1923.10.16–1980.6.21)
　ヒト改(KAEMPFERT,BERT ケンプフェルト,ベルト)
　標音2(ケンプフェルト,ベルト 1923.10.16–

1980.6.21)

Kaepernick, Colin
アメリカのプロフットボール選手（49ers・QB）。
⇒最世ス（キャパニック, コリン　1987.11.3–）

Kaeppeli, Thomas
スイスのトマス・アクィナス研究家, ドミニコ会員。
⇒新カト（ケペリ　1900.7.20–1984.5.6）

Kaestner, Paul
ドイツの教育改革者。1919～32年プロイセン文部省の国民学校部門の局長をつとめ, 第一次世界大戦後の教育改革を促進した。
⇒教人（ケストナー　1876–1936）

Kafando, Michel
ブルキナファソの政治家。ブルキナファソ暫定大統領。
⇒外16（カファンド, ミシェル　1942.8.18–）
　世指導（カファンド, ミシェル　1942.8.18–）

Kaffka Margit
ハンガリーの女性作家, 詩人。代表作『マーリアの年月』など。
⇒岩世人（カフカ　1880.6.10–1918.12.1）

Kafi, Ali
アルジェリアの政治家。アルジェリア国家評議会議長（国家元首）。
⇒世指導（カフィ, アリ　1928–2013.4.16）

Kafka, Franz
ドイツ（ユダヤ系）の作家。主著『審判』(1925), 『城』(26), 『アメリカ』(27), 短篇『変身』(15)など。
⇒岩キ（カフカ　1883–1924）
　岩世人（カフカ　1883.7.3–1924.6.3）
　絵本（カフカ, フランツ　1883–1924）
　現社（カフカ　1883–1924）
　現世文（カフカ, フランツ　1883.7.3–1924.6.3）
　広辞7（カフカ　1883–1924）
　新カト（カフカ　1883.7.3–1924.6.3）
　西文（カフカ, フランツ　1883–1924）
　世演（カフカ, フランツ　1883.7.3–1924.6.3）
　世人新（カフカ　1883–1924）
　世人装（カフカ　1883–1924）
　比文増（カフカ（フランツ）　1883（明治16）–1924（大正13））
　ポプ人（カフカ, フランツ　1883–1924）
　ユ著人（Kafka,Franz　カフカ, フランツ　1883–1924）

Kagame, Alexis
ルワンダの司祭, 歴史家, 哲学者, 作家。
⇒新カト（カガメ　1912.5.15–1981.12.2）

Kagame, Paul
ルワンダの政治家。ルワンダ大統領（2000～）。
⇒岩世人（カガメ　1957.10.23–）

　外12（カガメ, ポール　1957.10.23–）
　外16（カガメ, ポール　1957.10.23–）
　世指導（カガメ, ポール　1957.10.23–）

Kagan, Henri B.
フランスの有機化学者。
⇒岩世人（カガン　1930.12.15–）

Kagan, Jerome
アメリカの心理学者。
⇒岩世人（ケイガン　1929–）

Kagan, Oleg
ロシアのヴァイオリン奏者。
⇒新音中（カガン, オレグ　1946.11.21–1990.7.15）

Kagan, Robert
アメリカの歴史家, 政治評論家。カーネギー国際平和財団上級研究員。
⇒外12（ケーガン, ロバート）
　外16（ケーガン, ロバート　1958–）

Kaganovich, Lazar Moiseevich
ソ連の政治家。ソ連副首相。
⇒岩世人（カガノーヴィチ　1893.11.10/22–1991.7.25）
　広辞7（カガノーヴィチ　1893–1991）
　ユ著人（Kaganovich,Lazar'Moiseevich　カガノヴィッチ, ラザール・モイセーヴィチ　1893–1991）

Kagel, Mauricio Raúl
アルゼンチン生まれのドイツの作曲家。
⇒岩世人（カーゲル　1931.12.24–2008.9.18）
　エデ（カーゲル, マウリシオ　1931.12.24–2008.9.18）
　ク音3（カーゲル　1931–2008）
　現音キ（カーゲル, マウリシオ　1931–）
　新音小（カーゲル, マウリシオ　1931–）
　新音中（カーゲル, マウリシオ　1931.12.24–）
　標音2（カーゲル, マウリシオ　1931.12.24–2008.9.18）

Kahanamoku, Duke (Paoa)
アメリカの水泳選手, サーファー。
⇒アメ州（Kahanamoku,Duke Paoa　カハナモク, デューク・パオア　1890–1968）
　異二辞（カハナモク[デューク・～]　1890–1968）
　岩世人（カハナモク　1890.8.24–1968.1.22）

Kahaney, Amelia
アメリカの作家。
⇒海文新（カヘーニ, アメリア）
　現世文（カヘーニ, アメリア）

Kahanne, Jean-Pierre
フランスの数学者。
⇒世数（カアンヌ（またはカーン）, ジャン-ピエール　1926–）

Kahi
韓国の歌手。

Kahiga, Samuel
ケニアの作家。
⇒現世文（カヒガ, サムエル　1946.8–）

Kahle, Paul
ドイツのセム系諸語学者, イスラム (回) 教学者。キルフェルと協力して叢書を編集刊行した (1932～38)。
⇒岩世人（カーレ　1875.1.25–1964.9.24）

Kähler, Martin
ドイツのルター派神学者。
⇒岩世人（ケーラー　1835.1.6–1912.9.7）
　オク教（ケーラー　1835–1912）
　新カト（ケーラー　1835.1.6–1912.9.7）

Kahlo, Frida
メキシコの画家。
⇒岩世人（カーロ　1907.7.6–1954.7.13）
　芸13（カーロ, フリーダ　1907–1954）
　広辞7（カーロ　1907–1954）
　ポプ人（カーロ, フリーダ　1907–1954）

Kahn, Albert
ドイツ生まれのアメリカの建築家。
⇒岩世人（カーン　1869.3.21–1942.12.8）

Kahn, Cedric
フランスの映画監督, 脚本家。
⇒外12（カーン, セドリック　1966.6.17–）

Kahn, David
アメリカの暗号学研究家。『暗号戦争』(1967)。
⇒スパイ（カーン, デイヴィッド　1930–）

Kahn, Gustave
フランスの象徴派の詩人, 小説家。自由詩の理論的提唱者。
⇒岩世人（カーン　1859.12.21–1936.9.5）
　19仏（カーン, ギュスターヴ　1859.12.21–1936.9.5）

Kahn, Louis Isadore
アメリカの建築家。1963年バングラデシュ (当時パキスタン) の第2首都ダッカ計画を委託される。
⇒岩世人（カーン　1901.2.20–1974.3.17）
　世建（カーン, ルイス・I.　1901–1974）

Kahn, Oliver
ドイツのサッカー選手。
⇒外12（カーン, オリバー　1969.6.15–）
　最世ス（カーン, オリバー　1969.6.15–）
　ネーム（カーン, オリバー　1969–）

Kahn, Otto Herman
アメリカの銀行家。
⇒岩世人（カーン　1867.2.21–1934.3.29）

Kahn, Reuben Leon
アメリカの細菌学者。梅毒の血清学的診断として「カーン反応」を創めた。
⇒岩世人（カーン　1887.7.26–1979.7.22）

Kahn, Richard Ferdinand
イギリスの経済学者。
⇒岩経（カーン　1905–1989）
　岩世人（カーン　1905.8.10–1989.6.6）

Kahn, Robert
アメリカの実業家, コンピュータ科学者。
⇒岩世人（カーン　1938.12.23–）
　外12（カーン, ロバート　1938.12.23–）
　外16（カーン, ロバート　1938.12.23–）

Kahn, Tom
アメリカの労働運動活動家, マルコムX批判者。
⇒マルX（KAHN,TOM　カーン, トム　1938–1992）

Kahneman, Daniel
アメリカの社会心理学者。
⇒岩世人（カーネマン　1934.3.5–）
　外12（カーネマン, ダニエル　1934.3.5–）
　外16（カーネマン, ダニエル　1934.3.5–）
　広辞7（カーネマン　1934–）
　ノベ3（カーネマン,D.　1934.3.5–）
　有経5（カーネマン　1934–）

Kahn-Freund, Otto
ドイツ出身のイギリスの法学者。
⇒岩世人（カーン＝フロインド　1900.11.17–1979.8.16）

Kahnweiler, Daniel Henry
フランス・パリの画商, 美術評論家。
⇒岩世人（カーンワイラー　1884.6.25–1979.1.11）
　ユ著人（Kahnweiler,Daniel-Henry　カーンワイラー, ダニエル＝アンリ　1884–1979）

Kahr, Gustav von
ドイツの政治家。バイエルン首相 (1920～21)。
⇒岩世人（カール　1862.11.29–1934.6.30）

Kai, Wang
中国のテノール歌手。
⇒失声（カイ, ワン　?）

Kaid, Taher
アルジェリアの外交官。駐ガーナアルジェリア大使。
⇒マルX（KAID,TAHER　カイド, タヘール）

Kaila, Eino Sakar
フィンランドの哲学者。ヴィーン学派の流れを汲む。
⇒岩世人（カイラ　1890.8.9–1958.8.1）

Kaila, Kaarina
フィンランドのイラストレーター。

⇒絵本（カイラ, カーリナ 1941–）

Kailas, Uuno
フィンランドの詩人。
⇒現世文（カイラス, ウーノ 1901.3.29–1933.3.22）

Kainapau, George
アメリカのハワイアン歌手。
⇒標音2（カイナパウ, ジョージ 1916–）

Kaing Guek Eav
カンボジアの政治家。ポル・ポト派（クメール・ルージュ）幹部。
⇒岩世人（カン・ケーク・イアウ 1942.11.17–）

Kainz, Josef
ドイツの俳優。
⇒岩世人（カインツ 1858.1.2–1910.9.20）

Kaipiainen, Birger
フィンランドの陶磁デザイナー。
⇒岩世人（カイピアイネン 1915.7.1–1988.7.18）

Kairov, Ivan Andreevich
ソ連の政治家, 教育家。
⇒教人（カイーロフ 1893–）

Kaiser, Carl William
アメリカのテノール歌手。
⇒魅惑（Kaiser, Carl William 1933–）

Kaiser, Georg
ドイツ表現主義の代表的劇作家。作品は『カレーの市民』(1914),『朝から夜中まで』(16) など。
⇒岩世人（カイザー 1878.11.25–1945.6.4）
学叢思（カイゼル, ゲオルグ 1878–?）
広辞7（カイザー 1878–1945）
世演（カイザー, ゲオルク 1878.11.25–1945.6.4）

Kaiser, Henry John
アメリカの実業家。第二次大戦中は組合せ式スピード造船の方法を考案し, 貨物船建設に功があった。
⇒アメ経（カイザー, ヘンリー 1882.5.9–1967.8.24）
岩世人（カイザー 1882.5.9–1967.8.24）

Kaiser, Jakob
ドイツの政治家。東独におけるキリスト教民主同盟の創立者の一人。1949年西ドイツへ移りドイツ統一相に就任。
⇒岩世人（カイザー 1888.2.8–1961.5.7）

Kaiser, Joseph
カナダのテノール歌手。
⇒魅惑（Kaiser, Joseph ?–）

Kaisin, Franz
ベルギーのテノール歌手。
⇒魅惑（Kaisin, Franz 1892–1987）

Kajanus, Robert
フィンランドの作曲家, 指揮者。
⇒岩世人（カヤーヌス 1856.12.2–1933.7.6）
新音中（カヤーヌス, ローベルト 1856.12.2–1933.7.6）
標音2（カヤヌス, ロベルト 1856.12.2–1933.7.6）

Kaka
ブラジルのサッカー選手。
⇒外12（カカ 1982.4.22–）
外16（カカ 1982.4.22–）
最世ス（カカ 1982.4.22–）

Kakiashvilis, Akakios
ギリシャの重量挙げ選手。
⇒岩世人（カコヤニス 1922.6.11–2011.7.25）

Kaku, Michio
アメリカの理論物理学者。
⇒外16（カク, ミチオ）

Kakuta, Gaël
フランスのサッカー選手（セビージャ・FW）。
⇒外12（カクタ, ガエル 1991.6.21–）
外16（カクタ, ガエル 1991.6.21–）
最世ス（カクタ, ガエル 1991.6.21–）

Kakutani, Michiko
アメリカのコラムニスト。
⇒外12（カクタニ, ミチコ）

Kalabis, Viktor
チェコの作曲家。
⇒ク音3（カラビス 1923–2006）

Kalam, Abdul
インドの政治家, 核兵器開発者。インド大統領(2002～07)。
⇒外12（カラム, アブドル 1931.10.15–）
世指導（カラム, アブドル 1931.10.15–2015.7.27）

Kalamatiano, Xenophon
ロシアのボルシェビキ政権に対するスパイ活動を行なったアメリカ人。
⇒スパイ（カラマチアーノ, クセノフォン 1882–1923）

Kalashnikov, Mikhail
ロシアの銃設計者。
⇒外12（カラシニコフ, ミハイル 1919.11.10–）
世発（カラシニコフ, ミハイル・チモフェエヴィッチ 1919–2013）

Kalatozov, Mikhail
ソ連の映画監督。主作品『戦争と貞操』(1957)。
⇒岩世人（カラトーゾフ 1903.12.15/28–1973.3.26）

Kalaw, Teodoro M.
フィリピンの政治家, ジャーナリスト。

⇒岩世人（カーラウ　1884.3.31–1940/1941.12.4）

Kalb, Marvin
アメリカの放送記者。
⇒外12（カルブ，マービン）
　外16（カルブ，マービン）

Kaldor, Nicholas
イギリス（ハンガリー系）の経済学者。巨視的動態論による景気分析モデルを作成。
⇒岩経（カルドア　1908–1986）
　岩世人（カルドア　1908.5.12–1986.9.30）
　広辞7（カルドア　1908–1986）
　有経5（カルドア　1908–1986）

Kale, Stuart
イギリスのテノール歌手。
⇒魅惑（Kale,Stuart　?–）

Kalecki, Michał
ポーランドの経済学者。景気論，分配論を研究。主著 "Essays on the Theory of Economic Fluctuations" (1939) など。
⇒岩経（カレツキ　1899–1970）
　岩世人（カレツキ　1899.6.22–1970.4.17）
　広辞7（カレツキ　1899–1970）
　有経5（カレツキー　1899–1970）

Kalenberg, Josef
ドイツのテノール歌手。
⇒魅惑（Kalenberg,Josef　1886–1962）

Kalentieva, Irina
ロシアの自転車選手（マウンテンバイク）。
⇒最世ス（カレンティエワ，イリナ　1977.11.10–）

Kalev, Kamen
ブルガリアの映画監督。
⇒外12（カレフ，カメン）

Kalīl Jibrān, Jibrān
レバノンの作家，詩人，思想家。絵画にも秀でていた。
⇒アメ州（Gibram,Kahlil　ジブラム，カーリール　1883–1931）
　岩イ（ジュブラーン・ハリール・ジュブラーン　1883–1931）
　岩世人（ジブラーン，ハリール　1883–1931.4.10）
　広辞7（ジュブラーン・ハリール・ジュブラーン　1883–1931）

Kalīl Muṭrān
アラブの詩人。
⇒岩世人（ムトラーン　1872.7.1–1949.6.30）

Kalin, Harold
アメリカの歌手。
⇒ロック（The Kalin Twins　キャリン・トゥインズ　1939.2.16–）

Kalin, Herbie
アメリカの歌手。

⇒ロック（The Kalin Twins　キャリン・トゥインズ　1939.2.16–）

Kalin, Tom
アメリカの映画監督，映画・ビデオプロデューサー。
⇒外12（ケーリン，トム　1962–）

Kaline, Albert William
アメリカの大リーグ選手（外野）。
⇒メジャ（ケイライン，アル　1934.12.19–）

Kalinin, Mikhail Ivanovich
ソ連の政治家。1938～46年ソ連最高会議幹部会議長。社会主義労働英雄の称号を受けた。
⇒岩世人（カリーニン　1875.11.7/19–1946.6.3）
　学叢思（カリニン，ミハエル　1875–?）
　教人（カリーニン　1875–1946）
　広辞7（カリーニン　1875–1946）

Kalinowski, Rafał
リトアニア・ヴィリニュス生まれの聖人，跣足カルメル会員。祝日11月15日。
⇒新カト（ラファエル・カリノフスキ　1835.9.1–1907.11.15）

Kalisch, Paul
ドイツのテノール歌手。「トロヴァトーレ」，「ノルマ」など数多くのオペラで妻のリリー・レーマンと共演した。
⇒魅惑（Kalisch,Paul　1855–1946）

Kaliska, Elena
スロバキアのカヌー選手。
⇒外12（カリスカ，エレーナ　1972.1.19–）
　最世ス（カリスカ，エレーナ　1972.1.19–）

Kaljulaid, Kersti
エストニアの政治家。エストニア大統領（2016～）。
⇒世指導（カリユライド，ケルスティ　1969.12.30–）

Kalla, Charlotte
スウェーデンのスキー選手（距離）。
⇒外12（カッラ，ハロッテ　1987.7.22–）
　外16（カッラ，ハロッテ　1987.7.22–）
　最世ス（カッラ，ハロッテ　1987.7.22–）

Kalla, Yusuf
インドネシアの企業家，政治家。インドネシア副大統領，ゴルカル党総裁。
⇒岩世人（カラ，ユスフ　1942.5.15–）
　外12（カラ，ユスフ　1942.5.15–）
　外16（カラ，ユスフ　1942.5.15–）
　世指導（カラ，ユスフ　1942.5.15–）

Kallas, Aino
フィンランドの作家。主著 "The Wolf's Bride" (1930)。
⇒岩世人（カッラス　1878.8.2–1956.11.9）

Kallas, Siim
エストニアの政治家。エストニア首相。
⇒世指導（カラス，シーム　1948.10.2–）

Kallay, Dusan
チェコスロバキアのイラストレーター。
⇒絵本（カーライ，ドゥシャン　1948–）
　外12（カーライ，ドゥシャン　1948–）
　外16（カーライ，ドゥシャン　1948–）

Kallenbach, Józef
ポーランドの文学史家。
⇒岩世人（カレンバッハ　1861.11.24–1929.9.12）

Kallentoft, Mons
スウェーデンの作家。
⇒海文新（カッレントフト，モンス　1968.4.15–）
　現世文（カッレントフト，モンス　1968.4.15–）

Kallio, Kyösti
フィンランドの政治家。フィンランドの大統領（1937～40）。
⇒岩世人（カッリオ　1873.4.10–1940.12.19）

Kallman, Chester
イギリスの台本作家。
⇒標音2（カルマン，チェスター　1921.1.7–1975.1.17）

Kálmán, Rudolf Emile
アメリカの数学者，電気技術者。
⇒岩世人（カルマン　1930.5.11–）

Kálmán Emmerich
ハンガリーの作曲家。作品の多くはウィーン風のオペレッタである。
⇒ク音3（カールマン　1882–1953）
　新音中（カールマーン，イムレ　1882.10.24–1953.10.24）
　標音2（カールマーン，イムレ　1882.10.24–1953.10.30）
　ユ著人（Kálmán,Emmerich (Imre)　カールマーン，エメリッヒ　1882–1953）

Kalmann, Tibor
ニューヨークで活躍するグラフィック・デザイナー。M&Co社創立者，代表者。
⇒グラデ（Kalmann,Tibor　カルマン，ティボー　1949–1999）

Kalmar, Felix
オーストリア生まれの画家。
⇒芸13（カルマー，フェリックス　1936–）

Kalniete, Sandra
ラトビアの政治家，外交官。
⇒外16（カルニエテ，サンドラ　1952.12.22–）
　世指導（カルニエテ，サンドラ　1952.12.22–）

Kalomiris, Manolis
ギリシャの作曲家。1919年にアテネにヘレニック音楽院，26年に国立音楽院を創立し，それぞれの院長。
⇒ク音3（カロミリス　1883–1962）
　新音中（カロミリス，マノリス　1883.12.14–1962.4.3）
　標音2（カロミリス，マノリス　1883.12.14–1962.4.3）

Kaloudov, Kaloudi
ブルガリアのテノール歌手。
⇒魅惑（Kaloudov,Kaloudi (Kaludov,Kaludi)　?–）

Kalp, Margaret Ellen
アメリカの図書館員。ノース・カロライナ大学で児童図書館員，学校図書館員を育てる。アメリカ図書館協会「学校図書館員部会」の活動でも知られる。
⇒ア図（カルプ，マーガレット　1915–1978）

Kalt, Frederic
アメリカのテノール歌手。
⇒魅惑（Kalt,Frederic　1962–）

Kaltenborn, Hans von
アメリカのラジオ・ニュース解説者。
⇒岩世人（カルテンボーン　1878.7.9–1965.6.14）

Kaltenbrunner, Ernst
オーストリアのナチスの指導者。
⇒スパイ（カルテンブルンナー，エルンスト　1903–1946）

Kaltenmark, Max
フランスの東洋学者。
⇒メル3（カルタンマルク，マックス　1910–2002）

Kaludov, Kaludi
ブルガリアのテノール歌手。
⇒失声（カルドフ，カルーディ　1953–）

Kalugin, Oleg Danilovich
元KGB幹部。ブルガリア人作家，ニュース解説者のゲオルギー・マルコフ暗殺を企んだ。
⇒スパイ（カルーギン，オレグ・ダニロヴィチ　1934–）
　世暗（カルーギン，オレグ・ダニロヴィチ　1934–）

Kalvitis, Aigars
ラトビアの政治家。ラトビア首相。
⇒外12（カルヴィーティス，アイガルス　1966.6.27–）
　世指導（カルヴィーティス，アイガルス　1966.6.27–）

Kalyagin, Aleksandr
ソ連，ロシアの俳優。
⇒岩世人（カリャーギン　1942.5.25–）
　外12（カリャーギン，アレクサンドル　1942.5.25–）
　外16（カリャーギン，アレクサンドル　1942.5.25–）

Kam, Sharon
イスラエルのクラリネット奏者。
- ⇒ユ著人 (Kam,Sharon カム, シャロン 1968-)

Kāma, K.R.
インドのゾロアスター教改革者。
- ⇒南ア新 (カーマ 1831-1909)

Kamanda, Kama
ルクセンブルクの詩人, 作家。
- ⇒外12 (カマンダ, カマ 1952.11.11-)
- 外16 (カマンダ, カマ・シウォール 1952.11.11-)
- 現世文 (カマンダ, カマ・シウォール 1952.11.11-)

Kāmarāj Kumāraswāmi Nadār
インドの政治家。独立運動に参加。1954～63年マドラス州首相。63年10月インド国民会議派議長。
- ⇒南ア新 (カーマラージ 1903-1975)

Kamaras, Mate
ハンガリーの歌手。
- ⇒外16 (カマラス, マテ 1976.9.21-)

Kamata, Killer Tor
アメリカのプロレスラー。
- ⇒異二辞 (カマタ, キラー・トーア 1937-2007)

Kamath, Kundapur Vaman
インドの銀行家。
- ⇒外12 (カマト, クンダプール・バマン 1947-)
- 外16 (カマト, クンダプール・バマン 1947.12.2-)

Kamban, Gudmundur Jónsson
アイスランドの劇作家, 小説家。作品に『ハッダ・パッダ』(1914),『われら殺人者』(20),『スカウルホルト』(30～33) など。
- ⇒岩世人 (カンバン 1888.6.8-1945.5.5)

Kambanis, Giannis
ギリシャのテノール歌手。
- ⇒失声 (カンバニス, ジャニス ?)

Kambartel, Friedrich
ドイツの哲学者, 言語哲学者。
- ⇒岩世人 (カンバルテル 1935.2.17-)

Kamel, Yusuf
バーレーンの陸上選手 (中距離)。
- ⇒外12 (カメル, ユーセフ 1983.3.29-)
- 最世ス (カメル, ユーセフ 1983.3.29-)

Kamen, Dean
アメリカの発明家。
- ⇒外12 (ケーメン, ディーン 1951-)
- 外16 (ケーメン, ディーン 1951-)

Kamen, Martin David
アメリカの生化学者。光合成細菌におけるエネルギー代謝や窒素固定の研究を行った。
- ⇒岩生 (ケーメン 1913-2002)
- 岩世人 (ケイメン 1913.8.27-2002.8.31)

Kamenev, Lev Borisovich
ソ連の政治家。モスクワ・ソ連議長, 労働国防会議議長などを歴任。1929年には中央利権委議長。
- ⇒岩世人 (カーメネフ 1883.7.6/18-1936.8.25)
- 学叢思 (カーメネフ 1883-)
- 広辞7 (カーメネフ 1883-1936)
- ネーム (カーメネフ 1883-1936)
- ユ著人 (Kamenev (Rosenfel'd), Lev Borisovich カーメネフ, レフ・ボリソヴィッチ 1883-1936)

Kameni, Idriss
カメルーンのサッカー選手。
- ⇒外16 (カメニ, イドリス 1984.2.18-)
- 最世ス (カメニ, イドリス 1984.2.18-)

Kamenskii, Vasilii Vesil'evich
ソ連の詩人, 小説家。「立体未来派」の創始者。主著『ステンカ・ラージン』(1912～20),『プーシキンとダンテス』(28) など。
- ⇒岩世人 (カーメンスキー 1884.4.5/17-1961.11.11)

Kamerlingh Onnes, Heike
オランダの物理学者。1911年超電気伝導現象を発見, 低温物理学の開拓者となった。13年ノーベル物理学賞受賞。
- ⇒岩世人 (カーメルリング・オンネス 1853.9.21-1926.2.21)
- 化学 (カメリン・オネス 1853-1926)
- 広辞7 (カマリング・オネス 1853-1926)
- 三新物 (カマリング=オネス 1853-1926)
- ノベ3 (カマーリン・オネス, H. 1853.9.21-1926.2.21)
- 物理 (カマリング=オネス, ヘイケ 1853-1924)
- ポプ人 (カーメルリング・オンネス, ヘイケ 1853-1926)

Kamilov, Abdulaziz Khufizovich
ウズベキスタンの政治家。ウズベキスタン外相。
- ⇒世指導 (カミロフ, アブドゥラジズ 1947.11.16-)

Kamin, Aaron
アメリカのロック・ギター奏者。
- ⇒外12 (カミン, アーロン)

Kaminski, Heinrich
ドイツの作曲家。その作曲は, 宗教的色彩を帯び独自の特性をもつ。
- ⇒岩世人 (カミンスキ 1886.7.4-1946.6.21)
- 新音中 (カミンスキ, ハインリヒ 1886.7.4-1946.6.21)
- 新力ト (カミンスキ 1886.7.4-1946.6.21)
- 標音2 (カミンスキー, ハインリヒ 1886.7.4-1946.6.21)

Kaminsky, Stuart M.
アメリカのミステリ作家。
- ⇒現世文 (カミンスキー, スチュアート 1934.9.29-

2009.10.9)

Kaminsky, Walter
ドイツの化学者。
⇒化学（カミンスキー 1941–）

Kamkwamba, William
マラウイ人大学生の発明家。独学で風力発電機を作った。
⇒外16（カムクワンバ, ウィリアム 1987–）

Kamlah, Wilhelm
ドイツの宗教哲学者。
⇒岩世人（カムラー 1905.9.3–1976.9.24）

Kamlon
フィリピンのスールー州におけるムスリムの指導者。
⇒岩世人（カムロン）

Kamm, William Edward
アメリカの大リーグ選手（三塁）。
⇒メジャ（カム, ウィリー 1900.2.2–1988.12.21）

Kammerer, Paul
オーストリアの生物学者。獲得形質の遺伝を研究。
⇒岩生（カンメラー 1880–1926）
　岩世人（カンメラー 1880.8.17–1926.9.23）
　科史（カンメラー 1880–1926）

Kamphon Watcharaphon
タイの新聞社主。
⇒岩世人（カムポン・ワッチャラポン 1919.12.27–1996.2.21）

Kampiles, William P.
アメリカ中央情報局（CIA）元監視員。
⇒スパイ（カンパイルス, ウィリアム・P 1955–）

Kamprad, Ingvar
スウェーデンの実業家。
⇒外12（カンプラード, イングバル 1926.3.30–）
　外16（カンプラード, イングバル 1926.3.30–）

Kam Shui-Fai
香港の料理人、レストラン経営者。
⇒岩世人（カム・シュイファイ 1912–2004.12.27）

Kamu, Okko
フィンランドの指揮者。
⇒外12（カム, オッコ 1946–）
　外16（カム, オッコ 1946–）

Kam Woo-sung
韓国の俳優。出演作に映画『王と道化師』など。
⇒外12（カムウソン 1970.10.1–）
　外16（カムウソン 1970.10.1–）
　韓俳（カム・ウソン 1970.10.1–）

Kanaan, Ghazi
シリアの政治家。シリア内相。
⇒世指導（カナーン, ガジ 1942–2005.10.12）

Kanaan, Tony
ブラジルのレーシングドライバー。
⇒最世ス（カナーン, トニー 1974.12.31–）

Kanafānī, Ghassān
パレスチナ・PFLPのスポークスマン、作家、ジャーナリスト。PFLPの政治理論家として党綱領の作成、政治活動計画の立案に貢献した。
⇒岩世人（カナファーニー, ガッサーン 1936.4.9–1972.7.8）
　現世文（カナファーニー, ガッサン 1936–1972.7.8）
　広辞7（カナファーニー 1936–1972）

Kanayeva, Yevgenia
ロシアの新体操選手。
⇒外12（カナエワ, エフゲニヤ 1990.4.2–）
　外16（カナエワ, エフゲニヤ 1990.4.2–）
　最世ス（カナエワ, エフゲニヤ 1990.4.2–）

Kancheli, Giya Aleksandrovich
ジョージアの作曲家。
⇒ク音3（カンチェーリ 1935–）
　新音中（カンチェーリ, ギヤ 1935.8.10–）

Kandel, Eric Richard
アメリカの神経学者。2000年ノーベル生理学医学賞。
⇒岩生（カンデル 1929–）
　外12（カンデル, エリック 1929.11.7–）
　外16（カンデル, エリック 1929.11.7–）
　ノベ3（カンデル, E.R. 1929.11.7–）

Kandel, Susan
アメリカのミステリ作家。
⇒海文新（カンデル, スーザン）
　現世文（カンデル, スーザン）

Kandinskii, Vassili
ロシア出身の画家。抽象絵画の創始者。主著『芸術における精神的なもの』（1912）。
⇒岩世人（カンディンスキー 1866.12.4/16–1944.12.13）
　芸13（カンディンスキー, ヴァシリィ 1866–1944）
　現社（カンディンスキー 1866–1944）
　広辞7（カンディンスキー 1866–1944）
　世人新（カンディンスキー 1866–1944）
　世人装（カンディンスキー 1866–1944）
　ネーム（カンディンスキー, ワシリー 1866–1944）
　ポプ人（カンディンスキー, ワシリー 1866–1944）

Kane, Bob
アメリカの漫画家。
⇒岩世人（ケイン 1915.10.24–1998.11.3）

Kane, Carol
アメリカ生まれの女優。

⇒ク俳（ケイン，キャロル（ケイン，キャロリン）
1950–）

Kane, Cherissa
アメリカのフラダンサー。
⇒外12（カーネ，チェリッサ　1983.7.2–）

Kane, Eden
インド・デリー生まれの俳優，歌手。
⇒ロック（Kane,Eden　ケーン，イーデン　1942.3.29–）

Kane, John
アメリカの画家。
⇒芸13（ケイン，ジョン　1859–1934）

Kane, Pandurang Vaman
インドの法学者，サンスクリット学者。弁護士となり，そのかたわら，サンスクリット文献，とくに法と生活規範を記したダルマシャーストラの研究に没頭した。
⇒岩世人（カーネー　1880.5.7–1972.4.18）

Kane, Patrick
アメリカのアイスホッケー選手（ブラックホークス・FW）。
⇒最世ス（ケイン，パトリック　1988.11.19–）

Kane, Samuel E.
アメリカの植民地行政官，実業家。
⇒アア歴（Kane,Samuel E.　ケイン，サミュエル・E.　?–1933.5.31）

Kaner, Simon
イギリスの歴史学者。
⇒外12（ケーナー，サイモン　1962–）
　外16（ケーナー，サイモン　1962–）

Kanevskii, Vitali
ロシア生まれの映画監督。
⇒外12（カネフスキー，ヴィタリー　1935–）

Kanevskij, Aminadav Moiseevich
ロシアのイラストレーター。
⇒絵本（カネフスキー，アミナダーフ　1898–1976）

Kang, Clara Jumi
ドイツのヴァイオリン奏者。
⇒外12（カン，クララ・ジュミ　1987–）
　外16（カン，クララ・ジュミ　1987–）

Kang, Denis
フランス出身の総合格闘家。
⇒異二辞（カーン，デニス　1977–）

Kang, Sue-jin
韓国のバレリーナ。
⇒外12（カン，スージン　1967.4.24–）
　外16（カン，スージン　1967.4.24–）

Kang Bong-kyun
韓国の政治家，経済学者。韓国財政経済相，情報通信相。
⇒世指導（カン・ボンギュン　1943.8.13–）

Kang Bu-Ja
韓国の女優。
⇒韓俳（カン・ブジャ　1941.2.8–）

Kang Dong-suk
韓国の政治家。韓国建設交通相，麗水世界博覧会組織委員長。
⇒外16（カンドンソク　姜東錫　1938.8.18–）

Kang Doo
韓国の男優，歌手。
⇒韓俳（カンドゥ　1979.2.27–）

Kanger, Stig
スウェーデンの哲学者，論理学者。
⇒岩世人（カンゲル　1924–1988）

Kang Eun-bi
韓国の女優。
⇒韓俳（カン・ウンビ　1986.4.15–）

Kang Hyeong-cheol
韓国の映画監督。
⇒外16（カンヒョンチョル　1974–）

Kangin
韓国の歌手。
⇒外12（カンイン）

Kang In-duk
韓国の政治家。
⇒岩韓（カン・インドク　康仁徳　1932–）
　外12（カンインドク　康仁徳　1932.11.10–）
　外16（カンインドク　康仁徳　1932.11.10–）

Kang Jae-sup
韓国の政治家。ハンナラ党代表（党首）。
⇒外12（カンジェソプ　姜在渉　1948.3.28–）
　外16（カンジェソプ　姜在渉　1948.3.28–）
　世指導（カン・ジェソプ　1948.3.28–）

Kang Je-gyu
韓国の映画監督，脚本家。
⇒岩世人（姜帝圭　カンジェギュ　1962.11.27–）
　外12（カンジェギュ　1962.11.27–）
　外16（カンジェギュ　1962.11.27–）

Kang Jeong Hwa
韓国の女優。
⇒韓俳（カン・ジョンファ　1981.5.29–）

kang Ji-hwan
韓国の俳優。
⇒外12（カンジファン　1977.3.20–）
　外16（カンジファン　1977.3.20–）
　韓俳（カン・ジファン　1979.3.20–）

Kang Ji-sub
韓国の男優。
⇒韓俳（カン・ジソブ　1981.2.6–）

Kang Jung-Nam
韓国生まれの画家。
⇒芸13（姜正男　がんじゃんなむ　1948–）

Kang Kum-sil
韓国の女性政治家, 法律家。韓国法相。
⇒世指導（カン・グムシル　1957.2.12–）

Kang Kyung-joon
韓国の男優。
⇒韓俳（カン・ギョンジュン　1983.2.11–）

Kang Kyung-wha
韓国の女性政治家, 外交官。韓国外相。
⇒世指導（カン・ギョンファ　1955.4.7–）

Kang Nam-chu
韓国の民俗学者, 詩人, 文芸評論家。
⇒外12（カンナムジュ　姜南周　1939–）
　外16（カンナムジュ　姜南周　1939–）

Kang San
韓国の男優。
⇒韓俳（カン・サン　1997.10.28–）

Kang Seok-Woo
韓国の男優。
⇒韓俳（カン・ソグ　1957.10.1–）

Kang Seung-yong
韓国の映画美術監督。
⇒外12（カンスンヨン　1965.11.15–）

Kang Seung-yoon
韓国の歌手。
⇒外16（カンスンユン　1994.1.21–）

Kang Shin-ho
韓国の実業家。東亜製薬会長, 尚州高校財団理事長。
⇒外12（カンシンホ　姜信浩　1927.5.27–）
　外16（カンシンホ　姜信浩　1927.5.27–）

Kang Shin-il
韓国の男優。
⇒韓俳（カン・シニル　1960.11.26–）

Kang Sok-ju
北朝鮮の外交官。外交部第1副部長, 党中央候補委員, 最高人民会議外交委副委員長。
⇒岩韓（カン・ソクチュ　姜錫柱　1939–）
　岩世人（姜錫柱　カンソクチュ　1939.8.29–）
　外12（カンソクチュ　姜錫柱　1939.8.4–）
　外16（カンソクチュ　姜錫柱　1939.8.29–）
　世指導（カン・ソクチュ　1939.8.29–2016.5.20）

Kang Song-san
北朝鮮の政治家。1969年平壌市党責任秘書, 75年政務院副総理, 80年政治局委員などを経て, 84年総理。92年総理に再任。
⇒岩韓（カン・ソンサン　姜成山　1931–）
　岩世人（姜成山　カンソンサン　1931.3.3–）
　世指導（カン・ソンサン　1931.3.3–2007）

Kang Soo-yeon
韓国生まれの女優。
⇒岩世人（姜受延　カンスヨン　1966.8.18–）
　外12（カンスヨン　1966.8.18–）
　韓俳（カン・スヨン　1966.8.18–）

Kang Suk-Bong
韓国の洋画家。
⇒芸13（姜錫奉　がんすくぼん　1941–）

Kang Sukhi
韓国の作曲家。
⇒岩世人（カン・スキ（ソッキ）　1934.10.22–）

Kang Sung-Jin
韓国の男優。
⇒韓俳（カン・ソンジン　1971.1.1–）

Kang Sung-Pil
韓国の男優。
⇒韓俳（カン・ソンピル　1976.9.17–）

Kang Sung-Yeon
韓国の女優, 歌手。
⇒韓俳（カン・ソンヨン　1976.7.21–）

Kangta
韓国の男優, 歌手, 声優。
⇒韓俳（カンタ　1979.10.10–）

Kang Tai-Wung
韓国における人形アニメーションの先駆者。
⇒アニメ（康太雄　カン・テウン　1929–）

Kang Un-tae
韓国の大統領行政秘書官。
⇒世指導（カン・ウンテ　1948.11.15–）

Kang Woo-suk
韓国生まれの映画監督, 映画製作者。
⇒岩韓（カン・ウソク　1960–）
　岩世人（康祐碩　カンウソク　1960.11.10–）
　外12（カンウソク　1960–）
　外16（カンウソク　1960.11.10–）

Kaniskina, Olga
ロシアの競歩選手。
⇒外12（カニスキナ, オリガ　1985.1.19–）
　外16（カニスキナ, オリガ　1985.1.19–）
　最世ス（カニスキナ, オリガ　1985.1.19–）

Kanjou, Youssef
シリアの考古学者。

⇒外16（カンジョ, ユーセフ 1971–）

Kann, Eduard
中国の貨幣・金融研究者。
⇒岩世人（カン 1880–1962.6.30）

Kann, Hans
オーストリアのピアノ奏者。
⇒標音2（カン, ハンス 1927.2.14–2005.6.24）

Kann, Robert Adolf
アメリカの歴史家。ハプスブルク帝国史研究にすぐれた成果をあげ、ヴィーン大学その他で客員教授をつとめる。
⇒岩世人（カン 1906.2.11–1981.8.30）

Kan Nam-gil
韓国のタレント。
⇒韓俳（カン・ナムギル 1958.8.27–）

Kannberg, Scott
アメリカのミュージシャン。
⇒外12（カンバーグ, スコット 1958.7.31–）

Kanner, Leo
アメリカの児童精神医学者。
⇒現精（カナー 1894–1981）
　現精縮（カナー 1894–1981）

Kanokphon Songsomphan
タイの作家。
⇒タイ（カノックポン・ソンソムパン 1966–2007）

Kanoldt, Alexander
ドイツの画家。カンジンスキー等と「新芸術家同盟」を組織（1909）。
⇒岩世人（カーノルト 1881.9.29–1939.1.24）

Kanon, Joseph
アメリカの作家。
⇒外12（キャノン, ジョゼフ）
　海文新（キャノン, ジョゼフ）
　現世文（キャノン, ジョゼフ）

Kant, Hermann
ドイツ民主共和国の作家。東独作家同盟議長。主著『講堂』（1965）。
⇒現世文（カント, ヘルマン 1926.6.14–2016.8.14）

Kant, Krishan
インドの政治家, 科学者。インド副大統領。
⇒世指導（カント, クリシャン 1927.2.28–2002.7.27）

Kanté, Mory
ギニアの歌手, ミュージシャン, ソングライター。
⇒岩世人（カンテ 1950.3.29–）

Kanter, Gerd
エストニアの円盤投げ選手。
⇒外12（カンテル, ゲルド 1979.5.6–）

外16（カンテル, ゲルド 1979.5.6–）
最世ス（カンテル, ゲルド 1979.5.6–）

Kanther, Manfred
ドイツの政治家。ドイツ内相。
⇒世指導（カンター, マンフレート 1939.5.26–）

Kantor, Mackinlay
アメリカの大衆小説家。
⇒アメ州（Kantor,MacKinlay カンター, マッキンレー 1904–1977）
　現世文（キャントー, マッキンレー 1904.2.4–1977.10.11）

Kantor, Mickey
アメリカの弁護士。アメリカ商務長官。
⇒外16（カンター, ミッキー 1939.8.7–）
　世指導（カンター, ミッキー 1939.8.7–）
　ユ著人（Kantor,Micky カンター, ミッキー 1939–）

Kantor, Tadeusz
ポーランド生まれの画家, 版画家, 舞台装置家, 演出家。
⇒芸13（カントル, タディウス 1915–）
　広辞7（カントール 1915–1990）
　世演（カントール, タデウシュ 1915.4.6–1990.12.8）

Kantorovich, Leonid Vital'evich
ソ連の経済学者。1975年ノーベル経済学賞。
⇒岩経（カントロヴィッチ 1912–1986）
　岩世人（カントローヴィチ 1912.1.6/19–1986.4.7）
　世数（カントロヴィチ, レオニート・ヴィタリエヴィチ 1912–1986）
　ノベ3（カントロヴィッチ, L.V. 1912.1.19–1986.4.7）
　有経5（カントロヴィッチ 1912–1986）
　ユ著人（Kantorovich,Leonid Vitalievich カントロヴィッチ, レオニード・ヴィタリエヴィッチ 1912–1986）

Kantorow, Jean-Jacques
フランスのヴァイオリン奏者。
⇒外12（カントロフ, ジャン・ジャック 1945.10–）
　外16（カントロフ, ジャン・ジャック 1945.10–）
　新音中（カントロフ, ジャン＝ジャック 1945.10.3–）
　ユ著人（Kantorow,Jean-Jacques カントロフ, ジャン＝ジャック 1945–）

Kantorowicz, Ernst Hartwig
ドイツの歴史学者。
⇒岩世人（カントロヴィチ 1895.5.3–1963.9.9）
　現社（カントロヴィッチ 1895–1963）
　ユ著人（Kantorowicz,Ernst Hartwig カントロヴィッチ, エルンスト・ハートヴィヒ 1895–1963）

Kantorowicz, Hermann
ドイツの法学者。ドイツにおける自由法運動の先駆者。著書に『法学を求めての戦い』（1906）,

『法学と社会学』(11)。
⇒岩世人（カントロヴィチ　1877.11.18–1940.2.12）

Kan Young-sook
韓国の作家。
⇒海文新（姜英淑　カンヨンスク　1966–）
現世文（カン・ヨンスク　姜英淑　1966–）

Kao, Charles Kuen
中国・上海生まれの電気工学者。
⇒岩世人（カオ　1933.11.4–）
　外12（カオ，チャールズ　1933.11.4–）
　外16（カオ，チャールズ　1933.11.4–）
　中日3（高錕　カオ，チャールズ・K.　1933–）
　ノベ3（カオ,C.　1933.11.4–）

Kao Yen Men
輸出が禁じられている機密指定のハイテク軍需品を不法にアメリカ国外へ持ち出そうとして逮捕された中国籍の人物。
⇒スパイ（カオ・イェン・メン）

Kapadia, Harish
インドの登山家、ジャーナリスト。
⇒岩世人（カパディア　1945.7.11–）

Kapany, Narinder Singh
インド、アメリカの物理学者。
⇒世発（カパニー，ナリンダー・シン　1926–）

Kapell, William
アメリカのピアノ奏者。
⇒新音中（カペル，ウィリアム　1922.9.20–1953.10.29）
　標音2（カペル，ウィリアム　1922.9.20–1953.10.29）

Kaper, Bronislaw
ポーランド生まれのアメリカの作曲家。
⇒標音2（ケーパー，ブロニスラフ　1902.2.5–1983.4.26）

Kapitáňova, Danielá
スロバキアの作家。
⇒海文新（ターレ，サムコ　1956–）
現世文（カピターニョヴァー，ダニエラ　1956.7.30–）

Kapitsa, Pyotr
ロシアの物理学者。ノーベル物理学賞受賞。
⇒岩世人（カピーツァ　1894.6.26/7.9–1984.4.8）
　化学（カピッツァ　1894–1984）
　科史（ピッツァ　1894–1984）
　現科大（カピッツァ，ピョートル　1894–1984）
　広辞7（カピッツァ　1894–1984）
　三新物（カピッツァ　1894–1984）
　ネーム（カピッツァ　1894–1984）
　ノベ3（カピッツァ,P.L.　1894.7.9–1984.4.8）
　物理（カピッツァ，ピョートル　1894–1984）
　ユ著人（Kâpitsa,Pyotr Leonidovich　カピッツァ，ピョートル・レオニードヴィチ　1894–1984）

Kaplan, Cemalettin
ドイツのトルコ系移民による急進的イスラム主義組織の指導者。
⇒岩イ（カプラン　1926–1995）

Kaplan, David Benjamin
アメリカの哲学者。
⇒岩世人（キャプラン　1933–）

Kaplan, Fanny
ロシアの女性社会革命党員。1918年レーニンの暗殺をはかった。
⇒世暗（カプラン，ファニー　1887–1918）

Kaplan, Gabriel Louis
アメリカの政府役人。
⇒アア歴（Kaplan,Gabriel L (ouis)　カプラン，ゲイブリエル・ルイス　1901.9.14–1968.9.17）

Kaplan, Mordecai Menahem
アメリカのラビ、再建派の創始者。
⇒ユ著人（Kaplan,Mordecai Menahem　カプラン，モーディケイ・メナヘム　1881–1983）

Kaplan, Morton A.
アメリカの国際関係および政治哲学者。新しい国際関係理論や政治システム論の創始者。
⇒政経改（カプラン　1921–）

Kaplan, Robert D.
アメリカの国際ジャーナリスト。
⇒外16（カプラン，ロバート　1952–）

Kaplan, Robert S.
アメリカの経営学者。
⇒岩世人（キャプラン　1940–）

Kapler, Gabriel Stefan
アメリカの大リーグ選手（外野）。
⇒メジャ（キャプラー，ゲイブ　1975.7.31–）

Kapoor, Anish
インドの彫刻家。
⇒岩世人（カプール（カプーア）　1954.3.12–）
　外12（カプーア，アニッシュ　1954.3.12–）
　外16（カプーア，アニッシュ　1954.3.12–）
　芸13（カプーア，アニッシュ　1954–）
　現アテ（Kapoor,Anish　カプーア，アニッシュ　1954–）

Kapp, Julius
ドイツの著述家。
⇒標音2（カップ，ユーリウス　1883.10.1–1962.3.18）

Kapp, Karl William
スイスの経済学者。公害・環境問題を研究、環境破壊現象と資本主義社会の経済体制との関係を初めて解明した。
⇒岩経（カップ　1910–1976）
　岩世人（カップ　1910.10.27–1976.4.10）

有経5（カップ　1910-1976）
Kapp, Wolfgang
ドイツの政治家。共和国政府に対して反乱（カップ暴動）を起した（1920.3）。
⇒岩世人（カップ　1858.7.24-1922.7.12）
　世人新（カップ　1858-1922）
　世人装（カップ　1858-1922）

Kappus, Robert
ドイツの工学者。静力学，弾性論および弾性安定に関する研究がある。
⇒岩世人（カップス　1904.11.8-1973）

Kapranova, Olga
ロシアの新体操選手。
⇒最世ス（カプラノワ, オルガ　1987.12.6-）

Kaprow, Allan
アメリカの美術家。
⇒岩世人（カプロー　1927.8.23-2006.4.5）
　芸13（カプロー, アラン　1927-）
　ネーム（カプロー, アラン　1927-2007）

Kapteyn, Jacobus Cornelius
オランダの天文学者。南天星表を完成。恒星の固有運動の研究にも力を注ぎ，恒星間の二大星流を発見。
⇒岩世人（カプタイン（カプテイン）　1851.1.19-1922.6.18）
　広辞7（カプタイン　1851-1922）
　天文辞（カプタイン　1851-1922）
　天文大（カプタイン　1851-1922）

Kapur, Shekhar
インドの映画監督。
⇒外12（カプール, シェカール　1945-）
　外16（カプール, シェカール　1945.12.6-）

Kapuściński, Ryszard
ポーランドのルポルタージュ作家。
⇒岩世人（カプシチンスキ　1932.3.4-2007.1.23）
　現代文（カプシチンスキ, リシャルト　1932.3.4-2007.1.23）

Kapustin, Nikolai Girshevich
ウクライナの作曲家，ピアノ奏者。
⇒ク音3（カプースチン　1937-）

Karabekir, Kâzim
オスマン朝とトルコ共和国の将軍。
⇒岩イ（カラベキル　1882-1948）
　岩世人（カラベキル　1882-1948.1.26）

Karadžić, Radovan
ボスニアのセルビア人勢力指導者。
⇒岩世人（カラジッチ　1945.6.19-）
　外12（カラジッチ, ラドバン　1945.6.19-）
　外16（カラジッチ, ラドヴァン　1945.6.19-）
　世指導（カラジッチ, ラドヴァン　1945.6.19-）

Karaev, Kara Abul'faz ogly
アゼルバイジャンの作曲家。
⇒ク音3（カラーエフ　1918-1982）

Karajan, Herbert von
オーストリアの指揮者。ヘルベルト・フォン・カラヤン財団を発足させた。
⇒異2辞（カラヤン［ヘルベルト・フォン・〜］　1908-1989）
　岩世人（カラヤン　1908.4.5-1989.7.16）
　オペラ（カラヤン, ヘルベルト・フォン　1908-1989）
　新音中（カラヤン, ヘルベルト・フォン　1908.4.5-1989.7.16）
　標音2（カラヤン, ヘルベルト・フォン　1908.4.5-1989.7.16）
　ポプ人（カラヤン, ヘルベルト・フォン　1908-1989）

Karakhan, Lev Mikhailovich
ソ連の外交官。主として東洋関係部面を担当。
⇒岩世人（カラハン　1889.1.20/2.1-1937.9.20）
　学叢思（カラハン　1889-）
　広辞7（カラハン　1889-1937）
　世人新（カラハン　1889-1937）
　世人装（カラハン　1889-1937）

Karaliichev, Angel
ブルガリアの作家。雑誌「赤い笑い」や児童雑誌「子供のよろこび」の編集をし，小説・詩・随筆のほか児童向け作品などを10余りのペンネームで書いた。
⇒現代文（カラリーチェフ, アンゲル　1902.8.21-1972.12.14）

Karam
韓国の歌手。
⇒外12（カラム　1991.6.28-）

Karamanlis, Konstantinos
ギリシャの政治家。ギリシャ大統領（1980〜85, 90〜95）。
⇒岩世人（カラマンリス　1907.2.23/3.8-1998.4.23）
　世指導（カラマンリス, コンスタンティノス　1907.3.8-1998.4.23）

Karamanlis, Konstantinos
ギリシャの政治家。ギリシャ首相，ギリシャ新民主主義党（ND）党首。
⇒外12（カラマンリス, コンスタンティノス　1956.9.14-）
　外16（カラマンリス, コンスタンティノス　1956.9.14-）
　世指導（カラマンリス, コンスタンティノス　1956.9.14-）

Karami, Omar
レバノンの政治家。レバノン首相。
⇒世指導（カラミ, オマル　1935.5-2015.1.1）

Karan, Donna
アメリカの服飾デザイナー。

⇒外12（キャラン, ダナ　1948.10.2-）
　外16（キャラン, ダナ　1948.10.2-）

Karaosmanoğlu, Yakup Kadri
トルコの作家, 外交官。プラハ駐在領事, スイス大使を歴任。代表作『原野』(1960)。
⇒岩イ（ヤークブ・カドリ・カラオスマンオール　1889-1974）
　岩世人（カラオスマンオール　1889.3.27-1974.12.13）

Karapetyan, Karen
アルメニアの政治家, 実業家。アルメニア首相。
⇒世指導（カラペチャン, カレン　1963.8.14-）

Karas, Anton
オーストリアのツィター奏者。C.リードに見出されて映画「第三の男」の音楽を担当, その旋律は映画のヒットと共に一世を風靡した。
⇒標音2（カラス, アントン　1906.7.7-1985.1.9）

Karásek ze Lvovic, Jiří
チェコスロバキアの詩人, 小説家, 評論家。主著：詩集『死との対話』。
⇒岩世人（カラーセク　1871.1.24-1951.3.5）

Karasiak, Andreas
ドイツのテノール歌手。
⇒魅惑（Karasiak, Andreas　?-）

Karasin, Grigory
ロシアの外交官。
⇒外12（カラシン, グリゴリー　1949.8.23-）
　外16（カラシン, グリゴリー　1949.8.23-）
　世指導（カラシン, グリゴリー　1949.8.23-）

Karaslavov, Georgi
ブルガリアの作家。長篇『嫁』(1942), 中篇『タンゴ』(51) など多数。
⇒現世文（カラスラヴォフ, ゲオルギ　1904.1.12-1980.1.26）

Karasyov, Carrie
アメリカの作家。
⇒海文新（カラショフ, キャリー）
　現世文（カラショフ, キャリー）

Karatkevich, Uladzimir Syamyonavich
ソ連時代のベラルーシの作家。
⇒岩世人（カラトケヴィチ　1930.11.26-1984.7.25）

Karavaeva, Anna Aleksandrovna
ロシアの作家。
⇒現世文（カラワーエワ, アンナ・アレクサンドロヴナ　1893.12.27-1979.5.21）

Karavaeva, Irina
ロシアのトランポリン選手。
⇒最世ス（カラバエワ, イリーナ　1975.5.18-）

Karavan, Dani
イスラエルの環境造形家, 彫刻家。
⇒外12（カラヴァン, ダニ　1930.12.7-）
　外16（カラヴァン, ダニ　1930.12.7-）
　ユ著人（Karavan, Dani　カラヴァン, ダニ　1930-）

Karayalcin, Murat
トルコの政治家。トルコ副首相。
⇒世指導（カラヤルチュン, ムラト　1943-）

Karbaschi, Gholamhossein
イランの政治家。
⇒外12（カルバスチ, ゴラムホセイン　1954-）
　外16（カルバスチ, ゴラムホセイン　1954-）
　世指導（カルバスチ, ゴラムホセイン　1954-）

Karcevskij, Sergej
ロシア生まれの言語学者。亡命後プラーグ学派の一人として活躍。ソシュール学説の紹介者。
⇒岩世人（カルツェフスキー　1884.8.28/9.9-1955.11.7）

Karczykowski, Ryszard
オーストリアのオペレッタ歌手。
⇒失声（カルチコフスキ, リシャルト　1942-）
　魅惑（Karczykowski, Ryszard　1942-）

Kardelj, Edward
ユーゴスラビアの政治家。ナチスの侵略に対するユーゴ人民蜂起の組織者の1人で, パルチザン部隊の最高司令部員として活躍した。1963～67年副大統領。
⇒岩世人（カルデリ　1910.1.14/27-1979.2.10）

Kardiner, Abraham
アメリカの精神分析学者, 民族学者。フロイトの生物学主義を批判し, 文化的要因の影響を重視。
⇒岩世人（カーディナー　1891.8.17-1981.7.20）
　社小増（カーディナー　1891-1981）
　メル3（カーディナー, エイブラム　1891-1981）

Kareev, Nikolai Ivanovich
ロシアの歴史家, 哲学者。主著『18世紀最後の四半紀における農民と農民問題』(1879)。
⇒岩世人（カレーエフ　1850.11.24/12.6-1931.2.18）

Karel, Václav
チェコの画家。
⇒絵本（カレル, ヴァーツラフ　1902-1969）

Karelin, Aleksandr
ロシアのレスリング選手。
⇒異二辞（カレリン［アレクサンドル・～］　1967-）
　岩世人（カレーリン　1967.9.19-）
　外12（カレリン, アレクサンドル　1967.9.19-）
　外16（カレリン, アレクサンドル　1967.9.19-）

Karenga, Maulana Ron
アメリカの黒人活動家。

⇒マルX（KARENGA,MAULANA RON　カレンガ,マウラナ・ロン　1941-）

Karg-Elert, Sigfrid
ドイツの音楽理論家,作曲家,オルガン奏者。
⇒ク音3（カルク＝エーレルト　1877-1933）
新音中（カルク＝エーレルト,ジークフリート　1877.11.21-1933.4.9）
標音2（カルク＝エーラト,ジークフリート　1877.11.21-1933.4.9）

Kargman, Jill
アメリカの作家。
⇒海文新（カーグマン,ジル）
現世文（カーグマン,ジル）

Karikis, Mikhail
イギリスのアーティスト。
⇒外16（カリキス,ミハイル　1975-）

Karim, Benjamin
マルコムXの側近。
⇒マルX（KARIM,BENJAMIN (Goodman, Benjamin, Benjamin 2X, Benjamin K)　ベンジャミン・カリム（グッドマン,ベンジャミン,ベンジャミン2X,ベンジャミンK）　1932-2005）

Karimi, Ali
イランのサッカー選手（MF）。
⇒外12（カリミ,アリ　1978.11.8-）
最世ス（カリミ,アリ　1978.11.8-）

Karimi, Nosratollah
イラン・アニメーションの先駆者。
⇒アニメ（カリミ,ノスラトラフ　1924-）

Karimloo, Ramin
イラン生まれのミュージカル俳優,歌手。
⇒外16（カリムルー,ラミン　1978.9.19-）

Karimov, Islam Abduganievich
ウズベキスタンの政治家。ウズベキスタン大統領（1990～2016）。
⇒岩世人（カリモフ　1938.1.30-）
外12（カリモフ,イスラム　1938.1.30-）
外16（カリモフ,イスラム　1938.1.30-）
世指導（カリモフ,イスラム　1938.1.30-2016.9.2）

Karina, Anna
デンマーク生まれの女優。
⇒遺産（カリーナ,アンナ　1940.9.22-）
外12（カリーナ,アンナ　1940.9.22-）
外16（カリーナ,アンナ　1940.9.22-）
ク俳（カリーナ,アンナ（バイヤー,ハンネ・カリン）　1940-）
スター（カリーナ,アンナ　1940.9.22-）
ネーム（カリーナ,アンナ　1940-）

Karinthy Frigyes
ハンガリーの作家。『先生、質問！』(1916),『キリストか、バラバか』(18),『わが頭蓋骨周遊記』(38)などが代表作。
⇒岩世人（カリンティ　1887.6.24-1938.8.29）

Kariya, Paul
カナダのアイスホッケー選手（FW）。
⇒外12（カリヤ,ポール　1974.10.16-）
最世ス（カリヤ,ポール　1974.10.16-）

Karizs, Béla
ハンガリーのテノール歌手。
⇒魅惑（Karizs,Béla　1931-）

Kark, Sidney
南アフリカの社会医学者,予防医学者。
⇒岩世人（カーク　1911.10.22-1998.4.18）

Karl, Benjamin
オーストリアのスノーボード選手。
⇒最世ス（カール,ベンヤミン　1985.10.16-）

Karl I
オーストリア最後の皇帝。在位1916～18。ハンガリー王。
⇒岩世人（カール1世　1887.8.17-1922.4.1）
皇国（カール1世）
世帝（カール1世　1887-1922）

Karle, Jerome
アメリカの物理化学者。1985年ノーベル化学賞。
⇒岩世人（カール　1918.6.18-2013.6.6）
化学（カール,J.　1918-2013）
ノベ3（カール,J.　1918.6.18-）

Karlfeldt, Erik Axel
スウェーデンの詩人。郷土中心主義の新ロマン主義詩人。作品は『フリードリンの歌』(1898),『フリードリンの楽園』(1901)など。1931年,生前辞退のノーベル賞を死後贈られた。
⇒岩世人（カールフェルト　1864.7.20-1931.4.8）
現世文（カールフェルト,エーリク・アクセル　1864.7.20-1931.4.8）
ノベ3（カールフェルト,E.A.　1864.7.20-1931.4.8）

Karl Gotch
ベルギー生まれのアメリカのプロレスラー。
⇒異二辞（カール・ゴッチ　1924-2007）
岩世人（カール・ゴッチ　1924.8.3-2007.7.28）
ネーム（カール・ゴッチ　1924-2007）

Karlgren, Bernhard
スウェーデンの中国語学者。中国で諸方言を調査。『中国音韻学研究』(1915-26),『中日漢字形声編』(40)など著書多数。
⇒岩世人（カールグレン　1889-1978.10.20）
中文史（カールグレン　1889-1978）

Karloff, Boris
アメリカの俳優。
⇒ク俳（カーロフ,ボリス（プラット,ウィリアム）　1887-1969）

スター（カーロフ, ボリス　1887.11.23–1969）
ネーム（カーロフ, ボリス　1887–1969）

Karlovic, Ivo
クロアチアのテニス選手。
⇒外12（カロビッチ, イボ　1979.2.28–）
　外16（カロビッチ, イボ　1979.2.28–）
　最世ス（カロビッチ, イボ　1979.2.28–）

Karlow, Serge Peter
アメリカ中央情報局（CIA）職員。
⇒スパイ（カルロウ, サージ・ピーター　1921–2005）

Karłowicz, Mieczysław
ポーランドの作曲家。
⇒ク音3（カルウォヴィチ　1876–1909）
　新音中（カルウォヴィチ, ミェチスワフ　1876.12.11–1909.2.8）

Karlson, Peter
ドイツの生化学者。
⇒岩生（カールゾン　1918–2001）

Karlstrom, Dan
フィンランドのテノール歌手。
⇒魅惑（Karlstrom,Dan　1970–）

Karl XVI Gustav
スウェーデンの国王。在位1973〜。
⇒外12（カール16世　1946.4.30–）
　外16（カール16世　1946.4.30–）
　皇国（カール16世グスタフ）

Karma Chophel
チベット人の政治家。亡命チベット代表者議会（ATPD）議長。
⇒外12（カルマ・チョペル　1949–）
　外16（カルマ・チョペル　1949–）
　世指導（カルマ・チョペル　1949–）

Karmal, Babrak
アフガニスタンの政治家。
⇒世人新（カルマル　1929–1996）
　世人装（カルマル　1929–1996）

Karman, Tawakel
イエメンのジャーナリスト、人権活動家。
⇒外12（カルマン, タワックル）
　外16（カルマン, タワックル　1979.2.7–）
　世指導（カルマン, タワックル　1979.2.7–）
　ノベ3（カルマン,T.　1979.2.7–）

Kármán, Theodore von
アメリカの流体力学、航空力学の理論家。カルマン渦の研究のほか、境界層の理論（1921）、高速気流の理論（39）など先駆的業績がある。
⇒異二辞（フォン・カルマン［セオドア・〜］　1881–1963）
　岩世人（カルマン　1881.5.11–1963.5.7）
　物理（カルマン, セオドア・フォン　1881–1963）
　ユ著人（Kármán,Theodore von　カルマン, セオドア・フォン　1881–1963）

Karmapa XVI, rgyal ba
チベット仏教カルマ・カギュ派の宗教指導者。
⇒岩世人（カルマパ16世　1924–1981）

Karmapa XVII
チベット仏教カルマ・カギュ派の宗教指導者。
⇒岩世人（カルマパ17世　1985–）
　外12（カルマパ17世　1985.6.26–）
　外16（カルマパ17世　1985.6.26–）
　現アジ（カルマパ17世　1985–）
　世指導（カルマパ17世　1985.6.26–）

Karmires, Ioannes
ギリシア正教会の神学者。
⇒新カト（カルミレス　1904.12–1992.1.5）

Karnezis, Panos
ギリシャ生まれの作家。
⇒海文新（カルネジス, パノス　1967–）
　現世文（カルネジス, パノス　1967–）

Károly, Peller
ハンガリーのテノール歌手。
⇒魅惑（Károly,Peller　1979–）

Károlyi Mihály
ハンガリーの政治家。伯爵。革命（1918）で首相となり、共和国大統領に選ばれた（19.1）。
⇒岩世人（カーロイ　1875.3.4–1955.3.19）

Karoui, Hamid
チュニジアの政治家。チュニジア首相。
⇒世指導（カルイ, ハミド　1927.12.30–）

Karousos, Christos
ギリシアの考古学者。墓碑彫刻の研究に優れた業績を遺す。
⇒岩世人（カルーゾス　1900.1.14–1967.7.30）

Karp, David
アメリカの起業家。
⇒外16（カープ, デービッド　1986.7.6–）

Karp, Richard
アメリカのコンピューター科学者。
⇒外12（カープ, リチャード　1935.1.3–）

Karpechenko, Georgy Dmitrievich
ソ連の植物学者。
⇒岩世人（カルペチェンコ　1899.4.21/5.3–1941.7.28）

Karpelès, Suzanne
植民地期カンボジアのフランス人官僚。
⇒岩世人（カルプレス　1890–1969）

Karpin, Valeri
ロシアのサッカー選手。
⇒外12（カルピン, ヴァレリー　1969.2.2–）

Karpinowitch, Abraham
イディッシュ語短編作家。
⇒ユ著人（Karpinowitch,Abraham　カルピーノヴィッチ, アブラハム　1917–）

Karpinski, W.A.
ソ連の政治家。
⇒学叢思（カルピンスキー　1880–?）

Karpinskii, Aleksandr Petrovich
ソ連の地質学者。ソ連科学アカデミー総裁（1917～36）。構造運動論および古地理学を研究。
⇒岩世人（カルピンスキー　1846.12.26/1.7–1936.7.15）

Karplus, Martin
アメリカの化学者。
⇒外16（カープラス, マーティン　1930.3.15–）
　化学（カープラス　1930–）
　ネーム（カープラス　1930–）

Karr, Garry
アメリカのコントラバス奏者。
⇒外12（カー, ゲーリー　1941.11.20–）
　新音中（カー, ゲイリー　1941.11.20–）

Karrer, Otto
スイスのカトリックの著述家。ドイツ神秘思想の研究がある。
⇒岩世人（カラー　1888.11.30–1976.12.8）
　新カト（カラー　1888.11.30–1976.12.8）

Karrer, Paul
スイスの化学者。糖類, アミノ酸, ビタミンA,B₂などの研究で著名。1937年ノーベル化学賞受賞。
⇒岩生（カラー　1889–1971）
　岩世人（カラー　1889.4.21–1971.6.18）
　化学（カラー　1889–1971）
　広辞7（カラー　1889–1971）
　ノベ3（カラー,P.　1889.4.21–1971.6.18）

Karros, Eric Peter
アメリカの大リーグ選手（一塁）。
⇒メジャ（キャロス, エリック　1967.11.4–）

Karrubi, Mahdi
イランの政治家。イラン国会議長。
⇒世指導（カルビ, マハディ　1937–）

Karsavin, Lev Platonovič
ロシアの宗教哲学者。
⇒岩世人（カルサーヴィン　1882.12.1/13–1952.7.12）

Karsavina, Tamara
ロシアのバレリーナ。1909年ディアギレフ・バレエ・リュスに参加。著書に『劇場街』(1930)など。
⇒岩世人（カルサヴィナ　1885.2.25/3.9–1978.5.26）

標音2（カルサヴィナ, タマラ　1885.3.9–1978.5.26）

Karsen, Fritz
ドイツ, アメリカの教育家。1920年ドイツ統一学校の思想を代表するワイマール時代の学校改革者。
⇒教人（カルゼン　1885–1951）

Karstädt, Otto
ドイツの教育学者, 国民学校方法論の研究家。
⇒教人（カルステット　1876–1947）

Karsten, Ekaterina
ベラルーシのボート選手（シングルスカル）。
⇒外12（カルステン, エカテリーナ　1972.6.2–）
　最世ス（カルステン, エカテリーナ　1972.6.2–）

Kartashyov, Anton Vladimirovich
ロシアの教会・社会活動家, 宗教政治家。
⇒岩世人（カルタショフ　1875.7.11/23–1960.9.10）

Kartodirdjo, *Dr*.Sartono
インドネシアの歴史学者。
⇒岩世人（カルトディルジョ, サルトノ　1921–2007）

Kartosuwiryo, Sekarmaji Marijan
インドネシアのダルル・イスラム運動のカリスマ的指導者。
⇒岩イ（カルトスウィルヨ　1905–1962）
　岩世人（カルトスウィルヨ　1905–1962.9）

Karunakara, Unni
インドの医師。
⇒外16（カルナカラ, ウンニ）

Karvaš, Peter
スロバキアの劇作家。
⇒現世文（カルヴァシ, ペテル　1920.4.25–）

Karya, Teguh
インドネシア生まれの映画監督, 舞台演出家。
⇒岩世人（カルヤ, トゥグー　1937.9.22–2001.12.11）

Karzai, Hamid
アフガニスタンの政治家。アフガニスタン大統領（2004～14）。
⇒岩世人（カルザイ　1957.12.24–）
　外12（カルザイ, ハミド　1957.12.24–）
　外16（カルザイ, ハミド　1957.12.24–）
　政経改（カルザイ　1957–）
　世指導（カルザイ, ハミド　1957.12.24–）
　ネーム（カルザイ　1957–）
　ポプ人（ハミド・カルザイ　1957–）

Kasack, Hermann
ドイツの小説家, 詩人。長篇小説『流れの背後の町』(1946)がある。
⇒岩世人（カザック　1896.7.24–1966.1.10）

現世文（カーザック，ヘルマン　1896.7.24-1966.1.10）

Kasarova, Vesselina
ブルガリアのメゾ・ソプラノ歌手。
⇒外12（カサローヴァ，ヴェッセリーナ　1965-）
外16（カサローヴァ，ヴェッセリーナ　1965-）

Kasatkin, Nikolai Alekseevich
ロシアの画家。ロシアのプロレタリアの生活と革命闘争を初めて正しく描きだした1人。
⇒芸13（カサートキン，ニコライ・アレキセエヴィッチ　1859-1930）

Kasatonov, Aleksei Viktorovich
ソ連のアイスホッケー選手。
⇒岩世人（カサトーノフ　1959.10.14-）

Kasavubu, Joseph
コンゴ（キンシャサ）の政治家。独立コンゴ初代大統領（1960～65）となったが，軍司令官のクーデターで失脚。
⇒岩世人（カサヴブ　1910?-1969.3.24）

Kaschmitter, William Andrew
アメリカのメリノール宣教会司祭，『東星ニュース』発行元の東星通信社社主。
⇒新カト（カシュミッター　1899.6.11-1986.8.6）

Kaschnitz, Marie Luise von
ドイツの女性作家。主著『愛の始り』(1933)『エリサ』(37)。
⇒岩世人（カシュニッツ　1901.1.31-1974.10.10）
現世文（カシュニッツ，マリー・ルイーゼ　1901-1974）

Kaseman, Franz
テノール歌手。
⇒魅惑（Kaseman,Franz　?-）

Käsemann, Ernst
ドイツの神学者。主著 "Leib und Leib Christi"（1933）。
⇒岩世人（ケーゼマン　1906.7.12-1998.2.17）
新カト（ケーゼマン　1906.7.12-1998.2.17）

Kasem-Samosorn Kasemsri
タイの政治家。タイ副首相。
⇒世指導（カセムサモソーン・カセムシー　1931.3.9-）

Kasem Uthayanin
タイの官僚，政治学者。
⇒岩世人（カセーム・ウタヤーニン　1910.3.28-1976.3.9）

Kāshānī, Abū al-Qāsem
イランの宗教家。
⇒岩イ（カーシャーニー，アーヤトッラー　1882-1962）
岩世人（カーシャーニー，アボルカーセム　1882-1962.3.14）

Kashkashian, Kim
アメリカのヴィオラ奏者。
⇒外12（カシュカシャン，キム　1952-）
外16（カシュカシャン，キム　1952-）
新音中（カシュカシアン，キム　1952.8.31-）

Kashkeen, Ivan
ロシアの翻訳家。
⇒ヘミ（カシュキン，イワン　1899-1963）

Kashua, Sayed
イスラエルのヘブライ語作家。
⇒現世文（カシューア，サイイド　1975-）

Kasich, John
アメリカの政治家。オハイオ州知事。
⇒外16（ケーシック，ジョン　1952.5.13-）
世指導（ケーシック，ジョン　1952.5.13-）

Kasilag, Lucrecia Roces
フィリピンの作曲家。
⇒岩世人（カシラグ　1918.8.31-2008.8.16）

Kasischke, Laura
アメリカの詩人，作家。
⇒現世文（カジシュキー，ローラ）

Kasko, Edward Michael
アメリカの大リーグ選手（遊撃，三塁）。
⇒メジャ（キャスコ，エディー　1932.6.27-）

Kasparov, Garri
ソ連，ロシアの反体制指導者，チェス選手。
⇒岩世人（カスパーロフ　1963.4.13-）
外12（カスパロフ，ゲーリー　1963.4.13-）
外16（カスパロフ，ゲーリー　1963.4.13-）
世指導（カスパロフ，ゲーリー　1963.4.13-）
ネーム（カスパロフ　1963-）
ユ著人（Kasparov,Gary　カスパロフ，ガレイ　1963-）

Kasper, Walter
ドイツのカトリック神学者。
⇒岩世人（カスパー　1933.3.5-）
新カト（カスパー　1933.3.5-）

Kaspersky, Yevgeny
ロシアの実業家。
⇒外12（カスペルスキー，ユージン）
外16（カスペルスキー，ユージン　1965-）

Kasprowicz, Jan
ポーランドの象徴主義詩人。
⇒岩世人（カスプローヴィチ　1860.12.12-1926.8.1）
新カト（カスプロヴィチ　1860.12.12-1926.8.1）

Kasprzak, Dieter
ドイツの靴職人，靴デザイナー。
⇒外12（カプチャー，ディータ　1950-）

Kasravī, Aḥmad
イランの思想家, 文明批評家。
⇒岩イ (キャスラヴィー 1890-1946)
岩世人 (キャスラヴィー 1890.9.29-1946.3.11)

Kassak, Fred
フランスのミステリ作家。
⇒現世文 (カサック, フレッド 1928.5.4-)

Kassák Lajos
ハンガリーの詩人。第二次大戦後は一時ハンガリー作家同盟の書記長。
⇒岩世人 (カッシャーク 1887.3.21-1967.7.22)

Kassek, Walter
テノール歌手。
⇒魅惑 (Kassek, Walter ?-)

Kassel, Rudolf
ドイツの古典学者。
⇒岩世人 (カッセル 1926.3.11-)

Kāssem, Adbul Karīm
イラクの軍人政治家。1958年のクーデターでファイサル2世を殺害, 王制を廃止し, 共和国首相として政権を握った。
⇒岩イ (カースィム 1914-1963)
岩世人 (カースィム, アブドゥルカリーム 1914-1963.2.9)
世人新 (カーシム (カーセム) 1914-1963)
世人装 (カーシム (カーセム) 1914-1963)
ネーム (カースィム 1914-1963)

Kassian Bezobrazov
ロシア出身の主教。
⇒岩世人 (カシアーン・ベゾブラーゾフ 1892.2.29/3.12-1965.2.4)

Kassner, Rudolf
オーストリアの思想家, 評論家。主著『観想学』(1932)。
⇒岩世人 (カスナー 1873.9.11-1959.4.1)

Kassovitz, Mathieu
フランス生まれの俳優。
⇒外12 (カソヴィッツ, マチュー 1967.8.3-)
外16 (カソヴィッツ, マチュー 1967.8.3-)
スター (カソヴィッツ, マチュー 1967.8.3-)

Kastil, Alfred
ドイツの哲学者。(F.)ブレンターノの学派に属した。
⇒岩世人 (カースティル 1874.5.12-1950.7.20)

Kastler, Alfred
フランスの物理学者。1949年光ポンピング法を発見。66年ノーベル物理学賞受賞。
⇒岩世人 (カストレール 1902.5.3-1984.1.7)
三新物 (カストレール 1902-1984)
ノベ3 (カストレール,A. 1902.5.3-1984.1.7)

Kästner, Erich
ドイツの作家。主著に『エーミールと探偵たち』(1929),『点子ちゃんとアントン』(31) など。
⇒岩世人 (ケストナー 1899.2.23-1974.7.29)
現世文 (ケストナー, エーリヒ 1899.2.23-1974.7.29)
広辞7 (ケストナー 1899-1974)
ネーム (ケストナー 1899-1974)
ポプ人 (ケストナー, エーリヒ 1899-1974)

Kasyanov, Mikhail M.
ロシアの政治家。ロシア首相。
⇒岩世人 (カシヤーノフ 1957.12.8-)
外12 (カシヤノフ, ミハイル 1957.12.8-)
外16 (カシヤノフ, ミハイル 1957.12.8-)
世指導 (カシヤノフ, ミハイル 1957.12.8-)

Kataev, Ivan Ivanovich
ソ連の小説家。作品『詩人』『乳』など。
⇒現世文 (カターエフ, イワン・イワノヴィチ 1902.5.27-1939.5.2)

Kataev, Valentin Petrovich
ソ連の作家。独ソ戦におけるオデッサの防衛を描いた『ソビエト政権のために』(1949) でレーニン賞受賞。
⇒岩世人 (カターエフ 1897.1.16/28-1986.4.12)
現世文 (カターエフ, ワレンチン 1897.1.28-1986.4.12)

Katainen, Jyrki
フィンランドの政治家。フィンランド首相。
⇒外12 (カタイネン, ユルキ 1971.10.14-)
外16 (カタイネン, ユルキ 1971.10.14-)
世指導 (カタイネン, ユルキ 1971.10.14-)

Katajainen, Nils
フィンランドの空軍軍人。
⇒異二辞 (カタヤイネン [ニルス・~] 1919-1997)

Katatni, Saad al-
エジプトの政治家, 植物学者。
⇒外16 (カタトニ, サード 1952.4.3-)
世指導 (カタトニ, サード 1952.4.3-)

Katay Don Sasorith
ラオスの右派政治家。親仏派から1954年以後親米派に転じ, 首相・閣僚を歴任。
⇒岩世人 (カターイ 1904.7.12-1959)

Katchanov, Roman
ロシア生まれのアニメーション作家。
⇒岩世人 (カチャーノフ 1921.2.25-1993.7.4)

Katchen, Julius
アメリカのピアノ奏者。パリを中心にヨーロッパ各地で活躍。スークとのデュオも人気を博した。
⇒新音中 (カッチェン, ジュリアス 1926.8.15-1969.4.29)
標音2 (カッチェン, ジュリアス 1926.8.15-

1969.4.29)

Kate, Lauren
アメリカの作家。
⇒海文新（ケイト，ローレン）

Kathir, Ephraim
イスラエルの政治家，生物物理学者。イスラエル第4代大統領（1973～78）。
⇒ユ著人（Kathir(Katzir),Ephraim　カチィール，エフライム　1916–）

Kathol, Marko
テノール歌手。
⇒魅惑（Kathol,Marko　?–）

Kathrada, Ahmed
南アフリカの政治家，反アパルトヘイト運動家。南アフリカ国会議員。
⇒世指導（カトラダ，アハメド　1929.8.21–2017.3.28）

Kathy
アメリカの陶芸家。
⇒芸13（キャッシー）

Kātib Yāsīn
アルジェリア出身の作家。
⇒岩世人（カテブ・ヤースィーン　1929.8.6–1989.10.28）

Katona, George
ハンガリー生まれの心理学者，経済学者。ミシガン大学にて，The Survey Research Centerを設立。
⇒社小増（カトーナ　1901–1981）

Katona, Julius
ドイツのテノール歌手。
⇒魅惑（Katona,Julius　1902–1977）

Katoppo, Henriette Marianne
インドネシアの女性神学者，小説家，ジャーナリスト。
⇒岩キ（カトッポ　1943–）

Katsaris, Cyprien
フランスのピアノ奏者。
⇒外12（カツァリス，シプリアン　1951.5.5–）
外16（カツァリス，シプリアン　1951.5.5–）
新音中（カツァリス，シプリアン　1951.5.5–）

Katsenelson, Yitskhok
ポーランドのヘブライ語およびイディッシュ語詩人。
⇒岩世人（カツェネルソン　1886.7.1–1944.5.1）

Katt, William
アメリカ生まれの俳優。
⇒ク俳（カット，ウィリアム　1950–）

Katz, Alex
アメリカ生まれの画家。
⇒岩世人（カッツ　1927.7.24–）
芸13（カッツ，アレックス　1927–）

Katz, *Sir* Bernard
イギリスの生理学者。
⇒岩生（カッツ　1911–2003）
岩世人（カッツ　1911.3.26–2003.4.20）
ノベ3（カッツ，B.　1911.3.26–2003.4.20）
ユ著人（Katz,Bernard,Sir　カッツ，バーナード　1911–）

Katz, Daniel
アメリカの社会心理学者。コミュニケーション理論の発展に貢献。
⇒社小増（カッツ　1903–）
社心小（カッツ　1903–）

Katz, David
ドイツの心理学者。実験現象学の代表的学者。主著『色の現われ方』（1911）など。
⇒岩世人（カッツ　1884.10.1–1953.2.10）
教人（カッツ　1884–1953）
メル3（カッツ，ダーヴィット　1884–1953）

Katz, Eberhard
ドイツのテノール歌手。
⇒魅惑（Katz,Eberhard　1928–）

Katz, Elihu
アメリカの社会学者。マス・コミュニケーションの効果論についての研究が多い。
⇒社小増（カッツ　1926–）

Katz, Michael B.
アメリカの歴史学者，教育史学者。
⇒岩世人（カッツ　1939–）
教思増（カッツ　1939–）

Katz, Shlomo
イスラエルの画家。
⇒芸13（カッツ，ショロモ　1938–）

Katzav, Moshe
イスラエルの政治家。イスラエル大統領（2000～07）。
⇒外12（カツァブ，モシェ　1945.12.5–）
外16（カツァブ，モシェ　1945.12.5–）
世指導（カツァブ，モシェ　1945.12.5–）

Katzenbach, John
アメリカのミステリ作家。
⇒現世文（カッツェンバック，ジョン　1950.6.23–）

Katzenberg, Jeffrey
アメリカの映画プロデューサー。
⇒外12（カッツェンバーグ，ジェフリー　1950.12.21–）
外16（カッツェンバーグ，ジェフリー　1950.12.21–）

Katzenstein, Peter J.
ドイツ，のちアメリカの国際政治学者。
⇒国政（カッツェンスタイン，ピーター　1945–）
　政経改（カッツェンスタイン　1945–）
　ユ著人（Katzenelson,Berl (Beeri)　カッツネルソン，ベレル　1887–1940）

Kauder, Fritz
第2次世界大戦中，ドイツに対するソ連の偽情報作戦を成功させたハンガリー生まれのユダヤ人。
⇒スパイ（カウダー，フリッツ　1903–?）

Kauff, Benjamin Michael
アメリカの大リーグ選手（外野）。
⇒メジャ（カウフ，ベニー　1890.1.5–1961.11.17）

Kauffer, Mcknight
アメリカの商業デザイナー。1915年，ロンドンではじめて地下鉄のポスターを制作。
⇒岩世人（コーファー　1891.12.14–1954.10.22）
　グラデ（Kauffer,Edward McKnight　コーファー，エドワード・マックナイト　1890–1954）

Kauffman, James Lee
アメリカの教育者。
⇒アア歴（Kauffman,James (Lee)　カウフマン，ジェイムズ・リー　1886.1.18–1968.6.5）

Kauffman, Joseph P.
アメリカ空軍士官。
⇒スパイ（カウフマン，ジョセフ・P）

Kauffman, Ross
アメリカの映画監督。
⇒外12（カウフマン，ロス）

Kauffmann, Hans
ドイツの美術史家。
⇒岩世人（カウフマン　1896.3.30–1983.3.15）

Kaufman, Andrew
カナダの作家，脚本家，ラジオプロデューサー。
⇒海文新（カウフマン，アンドリュー　1968–）

Kaufman, Bel
ドイツ生まれのアメリカの作家。
⇒現世文（カウフマン，ベル　1911.5.10–2014.7.25）

Kaufman, Boris
ポーランド生まれの撮影監督。
⇒ユ著人（Koufman,Boris　コーフマン，ボリス　1906–1980）

Kaufman, Charlie
アメリカの映画監督，脚本家。
⇒外12（カウフマン，チャーリー　1958–）

Kaufman, George Simon
アメリカの劇作家。『ニューヨーク・タイムズ』の演劇記者（1917～30）のかたわら，多くの喜劇を発表。
⇒標音2（コーフマン，ジョージ・エス　1889.11.14–1961.6.2）
　ユ著人（Kaufman,George Simon　コーフマン，ジョージ・サイモン　1889–1961）

Kaufman, Henry
アメリカの経済学者，銀行家。
⇒外12（カウフマン，ヘンリー　1927.10.20–）
　外16（カウフマン，ヘンリー　1927.10.20–）

Kaufman, Howard Keva
アメリカの人類学者。
⇒アア歴（Kaufman,Howard K (eva)　カウフマン，ハワード・キーヴァ　1922.11.5–2000.11.15）

Kaufman, John A.
アメリカ生まれのホログラフィー作家。
⇒芸13（カウフマン，ジョン・A　1946–）

Kaufman, Phillip
アメリカ生まれの映画監督。
⇒外12（カウフマン，フィリップ　1936.10.23–）
　外16（カウフマン，フィリップ　1936.10.23–）

Kaufman, Richard
アメリカの作家，イラストレーター。
⇒外12（カウフマン，リチャード　1958–）
　外16（カウフマン，リチャード　1958–）
　現世文（カウフマン，リチャード　1958–）

Kaufmann, Eugen
ドイツの建築家。E.マイの許でフランクフルト（マイン河畔の）の新住居地区計画を指導。
⇒岩世人（カウフマン　1892.1.9–1994.6.21）

Kaufmann, Fritz
ドイツの哲学者。ハイデッガー門下。
⇒メル3（カウフマン，フリッツ　1891–1958）

Kaufmann, Jonas
ドイツのテノール歌手。
⇒外12（カウフマン，ヨナス　1969–）
　外16（カウフマン，ヨナス　1969.7.10–）
　失声（カウフマン，ヨナス　1969–）
　魅惑（Kaufmann,Jonas　1969–）

Kaufmann, Karl Maria
ドイツの牧師，考古学者。1905年メナス市の遺跡を発見した。
⇒新カト（カウフマン　1872.3.2–1951.2.6）

Kaufmann, Oskar
ドイツの建築家。劇場建築設計の権威。
⇒岩世人（カウフマン　1873.2.2–1956.9.8）

Kaufmann, Sylvia-Yvonne
ドイツの政治家。欧州議会議員，ドイツ民主社会党（PDS）副党首。
⇒世指導（カウフマン，ジルビア・イボン　1955–）

Kaufmann, Walter
ドイツの物理学者。電子が光速度に近い速度で運動する際に、その質量が急激に増大することを実験した。
⇒岩世人（カウフマン　1871.6.5–1947.1.1）

Kaul, Sunil
インドの実業家。
⇒外12（コール, スニール）

Kaulbach, Friedrich
西ドイツの哲学者。アリストテレスからライプニツ、カントにいたる存在論の根本問題を究明した。
⇒岩世人（カウルバッハ　1912.2.19–1992.5.10）

Kaun, Hugo
ドイツの作曲家、合唱指揮者。1912年には芸術院の会員に選ばれ、22年にはベルリン音楽院の作曲教授となる。無伴奏男声合唱曲は、長いあいだドイツ合唱界に愛唱された。
⇒新音中（カウン, フーゴー　1863.3.21–1932.4.2）
　標音2（カウン, フーゴ　1863.3.21–1932.4.2）

Kaunda, Kenneth David
ザンビアの民族主義運動の指導者。ザンビア初代大統領（1964〜91）。
⇒岩世人（カウンダ　1924.4.28–）
　世指導（カウンダ, ケネス・デービッド　1924.4.28–）

Kaurismäki, Aki
フィンランドの映画監督、脚本家。
⇒岩世人（カウリスマキ　1957.4.4–）
　映監（カウリスマキ, アキ　1957.4.4–）
　外12（カウリスマキ, アキ　1957.4.4–）
　外16（カウリスマキ, アキ　1957.4.4–）

Kaurismäki, Mika
フィンランド生まれの映画監督、映画脚本家。
⇒外16（カウリスマキ, ミカ　1955–）

Kautsky, Karl Johann
ドイツのマルクス主義経済学者、政治家。著書『唯物史観』（1927）ほか多数。
⇒岩経（カウツキー　1854–1938）
　岩世人（カウツキー　1854.10.16–1938.10.17）
　学叢思（カウツキー, カール・ヨハン　1854–?）
　広辞7（カウツキー　1854–1938）
　国政（カウツキー, カール　1854–1938）
　社小増（カウツキー　1854–1938）
　世人新（カウツキー　1854–1938）
　世人装（カウツキー　1854–1938）
　哲中（カウツキー　1854–1938）
　ネーム（カウツキー　1854–1938）
　ポブ5（カウツキー, カール　1854–1938）
　有経5（カウツキー　1854–1938）

Kautzsch, Emil
ドイツの旧約聖書学者。主著 "Grammatik des Biblisch・Aramäischen"（1884）。
⇒岩世人（カウチ　1841.9.4–1910.5.7）

Kavafis, Konstantinos
ギリシャの詩人。1904年、10年に『詩集』を刊行。
⇒岩世人（カヴァフィス　1863.4.17/29–1933.4.29）
　現世文（カヴァフィス, コンスタンディノス　1863.4.29–1933.4.29）

Kavakos, Leonidas
ギリシャのヴァイオリン奏者。
⇒外12（カヴァコス, レオニダス　1967–）
　外16（カヴァコス, レオニダス　1967–）

Kavanagh, Patrick（Joseph）
アイルランドの詩人。
⇒岩世人（キャヴァナ　1904.10.21–1967.11.30）

Kaverin, Veniamin Aleksandrovich
ソ連の作家。著書に『親方と弟子たち』（1923）、『醜関家、あるいはワシリェフスキー島で』（28）、『開かれた本』（49〜56）など。
⇒岩世人（カヴェーリン　1902.4.6/19–1989.5.2）
　現世文（カヴェーリン, ヴェニアミン　1902.4.19–1989.5.2）
　ユ著人（Kaverin,Benjamin Aleksandrovich　カヴェーリン, ベニアミン・アレキサンドロヴィッチ　1902–1989）

Kawachi, Ichiro
日本生まれの社会疫学研究者。ハーバード大学公衆衛生大学院社会・人間開発・健康講座社会疫学教授。
⇒外16（カワチ, イチロー　1961–）

Kawalerowicz, Jerzy
ポーランドを代表する映画監督。
⇒ネーム（カワレロビッチ　1922–2007）

Kawerau, Gustav
ドイツの教会史家、実践神学者。
⇒新カト（カーヴェラウ　1847.2.25–1918.12.1）

Kawerau, Siegfried
ドイツの教育学者、歴史家。エストライヒと交り、彼の「徹底的学校改革者同盟」の結成（1919）に協力。
⇒岩世人（カーヴェラウ　1886.12.8–1936.12.16）
　教人（カヴェラウ　1886–1934）

Kay, Alan Curtis John
アメリカのコンピュータ科学者。
⇒岩世人（ケイ　1940.5.17–）
　外12（ケイ, アラン　1940.5–）
　外16（ケイ, アラン　1940.5.17–）

Kay, Jackie
スコットランドの女性詩人。
⇒現世文（ケイ, ジャッキー　1961–）

Kay, Jay
イギリスのミュージシャン。

⇒外12（ケイ, ジェイ　1969–）
外16（ケイ, ジェイ　1969–）
Kay, Richard
イギリスのジャーナリスト。
⇒外12（ケイ, リチャード　1957.2–）
外16（ケイ, リチャード　1957.2–）
Kay, Terry
アメリカの作家。
⇒外12（ケイ, テリー　1938–）
現世文（ケイ, テリー　1938–）
Kay, Ulysses（Simpson）
アメリカの作曲家。
⇒エデ（ケイ, ユリシーズ（シンプソン）　1917.1.7–1995.5.20）
Kaye, Danny
アメリカのヴォードヴィリアン, 喜劇映画俳優。映画『虹をつかむ男』(1947),『アンデルセン物語』(52) など。
⇒ク俳（ケイ, ダニー（カミンスキー, デイヴィッド・D）　1913–1987）
標音2（ケイ, ダニー　1913.1.18–1987.3.3）
ユ著人（Kaye, Danny　ケイ, ダニー　1913–1987）
Kaye, Erin
アイルランドの作家。
⇒海文新（ケイ, エリン　1966–）
現世文（ケイ, エリン　1966–）
Kaye, M（ary）M（argaret）
イギリスの女性小説家。
⇒現世文（ケイ, メアリ　1908–2004）
Kaye, Nora
アメリカのバレリーナ。
⇒岩世人（ケイ　1920.1.17–1987.2.28）
ユ著人（Kaye, Nora　ケイ, ノーラ　1920–1987）
Kaye-Smith, Sheila
イギリスの女性小説家。処女作『放浪のメソジスト』(1908) 以後サセックスを舞台とする小説を書き, 自叙伝『三つの家路』(37) もある。1929年カトリックに改宗。
⇒岩世人（ケイ＝スミス　1887.2.4–1956.1.14）
新カト（ケイ・スミス　1887.2.4–1956.1.14）
Kaylan, Howard
アメリカのミュージシャン。
⇒ロック（Flo and Eddie　フロウ＆エディ　1945.6.22–）
Kaymer, Martin
ドイツのプロゴルファー。
⇒外12（カイマー, マルティン　1984.12.28–）
外16（カイマー, マルティン　1984.12.28–）
最世ス（カイマー, マルティン　1984.12.28–）

Kayser, Emanuel
ドイツの地質学者, 古生物学者。主著"Lehrbuch der Geologie" 2巻 (1891〜93)。
⇒岩世人（カイザー　1845.3.26–1927.11.29）
Kayser, Heinrich Gustav Johannes
ドイツの物理学者。元素の線スペクトルを研究, カイザー＝ルンゲの公式を作った (1890)。
⇒岩世人（カイザー　1853.3.16–1940.10.14）
三新物（カイザー　1853–1940）
Kayser, Wolfgang
ドイツの文学史家。主著『言語芸術作品』。
⇒岩世人（カイザー　1906.12.24–1960.1.23）
Kaysone Phomvihane
ラオスの政治家。ラオス大統領 (1991〜92)。
⇒岩世人（カイソーン　1920.12.13–1992.11.21）
Kazakevich, Emmanuil Genrihovich
ソ連の作家。第2次世界大戦中, 義勇兵として活躍。これらの軍隊生活の体験をもとに長篇『オーデルの春』などを執筆。
⇒現世文（カザケーヴィチ, エマヌエル・ゲンリホヴィチ　1913.2.24–1962.9.28）
Kazakevich, Vecheslav
ベラルーシ生まれの詩人。
⇒現世文（カザケーヴィチ, ヴェチェスラフ　1951–）
Kazakov, Aleksandr
ロシアの政治家。ロシア第1副首相。
⇒世指導（カザコフ, アレクサンドル　1948.5.24–）
Kazakov, Yurii Pavlovich
ソ連の作家。代表作は『猟犬アルクトゥル』(1957),『カレワラ』(62) など。
⇒現世文（カザコフ, ユーリー　1927.8.8–1982）
Kazakova, Rimma Fedorovna
ソ連の女性詩人。処女詩集『東洋での出会い』(1958)。
⇒現世文（カザコワ, リムマ　1932–）
Kazan, Elia
アメリカの映画監督。
⇒岩世人（カザン　1909.9.7–2003.9.28）
映監（カザン, エリア　1909.9.7–2003）
広辞7（カザン　1909–2003）
世演（カザン, エリア　1909.9.7–2003.9.28）
Kazandzhiev, Vasil
ブルガリアの作曲家, 指揮者。
⇒標音2（カザンジエフ, ヴァジル　1934.9.10–）
Kazankina, Tatyana Vasilevna
ソ連 (ロシア) の陸上競技選手。
⇒岩世人（カザーンキナ　1951.12.17–）
Kazantzakis, Nikos
ギリシャの詩人, 小説家, 劇作家。長篇叙事詩

『オデュッセイア』が代表作。
⇒岩世人（カザンザキス 1883.2.18/3.2–1957.10.26）
現世文（カザンザキス, ニコス 1883.2.18–1957.10.26）
新カト（カザンツァキス 1883.2.18–1957.10.26）

Kazhdan, Aleksandr Petrovich
ソ連生まれのアメリカのビザンツ研究者。
⇒岩世人（カジダン 1922.9.3–1997.5.29）

Kazhegeldin, Akezhan
カザフスタンの政治家。カザフスタン首相。
⇒世指導（カジェゲリジン, アケジャン 1952.3.27–）

Kazi, Ghiyas Uddin
バングラデシュの洋画家。
⇒芸13（カジ・ギャスディン 1951–）

Kazi-Girej, Nikolaj Aleksandroviĉ
ロシアのエスペランティスト。東清鉄道技師。
⇒日エ（カジ＝ギレイ 1866.11.9–1917.12.30）

Kazin, Alfred
アメリカの評論家。主著『現代アメリカ文学史』（1942）。
⇒岩世人（ケイザン 1915.6.5–1998.6.5）
ユ著人（Kazin, Alfred ケイジン, アルフレッド 1915–）

Kazmir, Scott
アメリカの大リーグ選手（アストロズ・投手）。
⇒外12（カズミアー, スコット 1984.1.24–）
外16（カズミアー, スコット 1984.1.24–）
最世ス（カズミアー, スコット 1984.1.24–）
メジャ（キャズミアー, スコット 1984.1.24–）

Kdláček, Jan
チェコの作家。
⇒絵本（クドゥラーチェック, ヤン 1928–）

K-Doe, Ernie
アメリカ・ニューオーリンズ生まれの歌手。
⇒ロック（K-Doe, Ernie K＝ドゥ, アーニー 1937–）

Keach, Stacy
アメリカの男優。
⇒ク俳（キーチ, ステイシー（キーチ, ウォルター・S., ジュニア） 1941–）

Keaggy, Ian
アメリカのミュージシャン。
⇒外16（ケギー, イアン 1987.6.16–）

Keane, Dolores
アイルランドの歌手。
⇒外12（ケーン, ドロレス）

Keane, John
オーストラリアの政治学者。
⇒外16（キーン, ジョン 1947–）

Keane, John
テノール歌手。
⇒魅惑（Keane, John ?–）

Keane, John Joseph
アメリカの大リーグ, カーディナルスなどの監督。
⇒メジャ（キーン, ジョニー 1911.11.3–1967.1.6）

Keane, Molly（Mary Nesta）
アイルランドの女性小説家, 劇作家。
⇒現世文（キーン, モーリー 1904.7.20–1996.4.22）

Keane, Robbie
アイルランドのサッカー選手。
⇒外12（キーン, ロビー 1980.7.8–）
外16（キーン, ロビー 1980.7.8–）
最世ス（キーン, ロビー 1980.7.8–）

Keane, Roy
アイルランドのサッカー選手。
⇒外12（キーン, ロイ 1971.8.10–）
外16（キーン, ロイ 1971.8.10–）
最世ス（キーン, ロイ 1971.8.10–）

Keaney, Brian
イギリスの作家。
⇒現世文（キーニー, ブライアン 1954–）

Keaney, Siobhan
イギリスのグラフィック・デザイナー。
⇒グラデ（Keaney, Siobhan キーニー, シオバン 1959–）

Kearn, Bruce L.
アメリカの戦車揚陸艦タスカルーサの乗組員。
⇒スパイ（カーン, ブルース・L）

Kearney, Hannah
アメリカのスキー選手（フリースタイル）。
⇒外12（カーニー, ハナ 1986.2.26–）
外16（カーニー, ハナ 1986.2.26–）
最世ス（カーニー, ハナ 1986.2.26–）

Kearns, Austin Ryan
アメリカの大リーグ選手（外野）。
⇒メジャ（カーンズ, オースティン 1980.5.20–）

Kearns, Jack
アメリカのボクシング・マネージャー。
⇒岩世人（カーンズ 1882.8.17–1963.7.7）

Keating, Henry Reymond Fitzwalter
イギリスの探偵小説家。
⇒現世文（キーティング, H.R.F. 1926.10.31–2011.3.27）

Keating, Paul John
オーストラリアの政治家。オーストラリア労働党党首、オーストラリア首相。
⇒岩世人（キーティング　1944.1.18–）
　世指導（キーティング，ポール　1944.1.18–）

Keating, Roderic
イギリスのテノール歌手。
⇒魅惑（Keating,Roderic　1941–）

Keatings, Daniel
イギリスの体操選手。
⇒外12（キーティングス，ダニエル　1990.1.4–）
　最世ス（キーティングス，ダニエル　1990.1.4–）

Keaton, Buster
アメリカの映画俳優。アメリカの3大コメディアンの1人として喜劇映画の黄金時代を作り、その後のコメディアンに様々な影響を与えた。
⇒アメ新（キートン　1895–1966）
　遺産（キートン，バスター　1895.10.4–1966.2.1）
　異二辞（キートン［バスター・～］　1895–1966）
　岩世人（キートン　1895.10.4–1966.2.1）
　映監（キートン，バスター　1895.10.4–1966）
　ク俳（キートン，バスター（キートン，ジョウゼフ）1895–1966）
　広辞7（キートン　1895–1966）
　スター（キートン，バスター　1895.10.4–1966）
　ネーム（キートン，バスター　1895–1966）

Keaton, Diane
アメリカ生まれの女優、映画監督。
⇒遺産（キートン，ダイアン　1946.1.5–）
　外12（キートン，ダイアン　1946.1.5–）
　外16（キートン，ダイアン　1946.1.5–）
　ク俳（キートン，ダイアン（ホール,D）　1946–）
　スター（キートン，ダイアン　1946.1.5–）

Keaton, Michael
アメリカ生まれの男優。
⇒外12（キートン，マイケル　1951.9.9–）
　外16（キートン，マイケル　1951.9.9–）
　ク俳（キートン，マイクル（ダグラス,M）　1951–）
　スター（キートン，マイケル　1951.9.5–）

Keats, Ezra Jack
アメリカの絵本作家。
⇒絵本（キーツ，エズラ・ジャック　1916–1983）
　ポプ人（キーツ，エズラ・ジャック　1916–1983）

Kebede, Liya
エチオピア生まれのアメリカのファッション・モデル、女優。
⇒岩世人（ケベデ　1978.1.3–）

Kebede, Tsegaye
エチオピアのマラソン選手。
⇒外12（ケベデ，ツェガエ　1987.1.15–）
　外16（ケベデ，ツェガエ　1987.1.15–）
　最世ス（ケベデ，ツェガエ　1987.1.15–）

Kechiche, Abdellatif
フランスの映画監督、脚本家。
⇒外16（ケシシュ，アブデラティフ　1960–）

Kedrov, Bonifaty Mikhailovich
ソ連の哲学者、科学史家。
⇒岩世人（ケードロフ　1903.11.27/12.10–1985.9.10）

Kedrov, Mikhail Sergeyevich
ソ連のインテリジェンス・オフィサー。ラブレンチー・ベリヤの違法行為を報告して息子共々処刑された。
⇒スパイ（ケドロフ，ミハイル・セルゲイエヴィチ　1878–1941）

Kee, Leslie
シンガポール出身の写真家。
⇒外16（キー，レスリー　1971–）

Keedy, Jeffery
アメリカの教育者、グラフィック・デザイナー。実験的なデジタル書体を創出した。
⇒グラデ（Keedy,Jeffery　キーディ，ジェフリィ　1958–）

Keefe, Timothy John
アメリカの大リーグ選手（投手）。
⇒メジャ（キーフ，ティム　1857.1.1–1933.4.23）

Keegan, Claire
アイルランドの作家。
⇒海文新（キーガン，クレア　1968–）
　現世文（キーガン，クレア　1968–）

Keegan, Kevin
イギリスのサッカー監督（ニューカッスル）。
⇒外12（キーガン，ケビン　1951.2.1–）

Keel, Howard
アメリカ生まれの俳優。
⇒ク俳（キール，ハワード（リーク，ハロルド）1917–）
　スター（キール，ハワード　1919.4.13–2004）

Keel, Robert
スイス・ザンクト・ガレン州出身のイエズス会司祭。1913年（大正2）来日，上智大学で経済学と語学を教えた。
⇒新カト（ケール　1876.4.29–1956.5.28）

Keeler, Ruby
アメリカのダンサー、女優。
⇒ク俳（キーラー，ルビー（キーラー，エセル）1909–1993）
　スター（キーラー，ルビー　1909.8.25–1993）

Keeler, William Henry
アメリカの大リーグ選手（外野）。
⇒メジャ（キーラー，ウィリー　1872.3.3–1923.1.1）

Keeling, Charles David
アメリカの大気化学者。
⇒化学（キーリング　1928–2005）

Keen, Speedy
イギリス・ロンドンのイーリング生まれのミュージシャン。
⇒ロック（Keen,Speedy　キーン、スピーディ　1945.3.29–）

Keenan, John Lawrence
アメリカの技師。
⇒アア歴（Keenan,John L(awrence)　キーナン、ジョン・ローレンス　1889–1944.1.7）

Keenan, Joseph Berry
アメリカの法律家。1945年極東国際軍事裁判のアメリカ主席検事兼連合国主席検察官、48～49年、国連パレスチナ調査委員会アメリカ代表。
⇒ア太戦（キーナン　1888–1954）
　岩世人（キーナン　1888.1.11–1954.12.8）
　広辞7（キーナン　1888–1954）
　ネーム（キーナン　1888–1954）

Keenan, Philip Childs
アメリカの天文学者。
⇒天文大（キーナン　1908–）

Keene, Carolyn
アメリカの作家。
⇒世界子（キーン、キャロリン　1862–1930）

Keene, Donald（Lawrence）
アメリカの日本研究者。
⇒アア歴（Keene,Donald（Lawrence）　キーン、ドナルド・ローレンス　1922.6.18–）
　岩世人（キーン　1922.6.18–）

Keener, Catherine
アメリカの女優。
⇒外12（キーナー、キャサリン　1959.3.26–）
　ク俳（キーナー、キャサリン　1964–）

Keenlyside, Simon
イギリスのバリトン歌手。
⇒外12（キーンリーサイド、サイモン　1959–）
　外16（キーンリーサイド、サイモン　1959–）

Keeping, Charles
イギリスの絵本作家、挿絵画家。
⇒絵本（キーピング、チャールズ　1924–1988）

Keersmaeker, Anne Teresa de
ベルギーのダンサー、振付家、演出家。
⇒外12（ケースマイケル、アンヌ・テレサ・ドゥ　1960–）
　外16（ケースマイケル、アンヌ・テレサ・ドゥ　1960–）

Keesing, Felix Maxwell
アメリカの人類学者。
⇒アア歴（Keesing,Felix M(axwell)　キーシング、フェリックス・マックスウェル　1902.1.5–1961.4.22）

Keesing, Roger Martin
アメリカの人類学者。
⇒岩世人（キージング　1935.5.16–1993.5.7）

Keesom, Willem Hendrik
オランダの実験物理学者。ライデン大学物理学教授（1923～45）。低温物理学の研究者として著名。
⇒岩世人（ケーソム　1876.6.21–1956.3.24）

Kefauver, Estes
アメリカの政治家。
⇒アメ州（Kefauver,Estes　キーフォーバー、エステス　1903–1963）

Kehl, Sebastian
ドイツのサッカー選手。
⇒外12（ケール、セバスチャン　1980.2.13–）
　外16（ケール、セバスチャン　1980.2.13–）
　最世ス（ケール、セバスチャン　1980.2.13–）

Kehlmann, Daniel
ドイツ生まれの作家。
⇒外12（ケールマン、ダニエル　1975–）
　外16（ケールマン、ダニエル　1975–）
　海文新（ケールマン、ダニエル　1975.1.13–）
　現世文（ケールマン、ダニエル　1975.1.13–）

Kehr, Eckart
ドイツの歴史家。
⇒岩世人（ケーア　1902.6.21–1933.5.29）

Kehr, Paul Fridolin
ドイツの歴史家。
⇒岩世人（ケーア　1860.12.28–1944.11.9）
　新カト（ケール　1860.12.28–1944.11.9）

*El-*Keib, Abdurrahim
リビアの政治家、電気工学者。リビア暫定政府首相。
⇒外12（キーブ、アブドルラヒム　1950–）
　外16（キーブ、アブドルラヒム　1950–）
　世指導（キーブ、アブドルラヒム　1950–）

Keil, Geert
ドイツの哲学者。
⇒岩世人（カイル　1963.8.27–）

Keilberth, Joseph
ドイツの指揮者。ドイツ・フィルハーモニーの初代指揮者。
⇒新音中（カイルベルト、ヨーゼフ　1908.4.19–1968.7.20）
　標音2（カイルベルト、ヨーゼフ　1908.4.19–1968.7.20）

Keilin, David
イギリスの生化学者。昆虫学者としてハエ類の

生活史と形態を研究し,細胞内色素蛋白質のシトクロムを発見(1925)。
⇒岩世人（ケイリン　1887.3.21–1963.2.27）。

Keino, Kipchoge A.
ケニアの陸上選手(中距離)。
⇒外16（ケイノ,キプチョゲ　1940.1.17–）

Keirstead, James Lorimer
カナダ生まれの画家。
⇒芸13（ケヤステッド,ジェームス・ロリマー　1932–）

Keirstead, Janice Dawn
カナダ・オンタリオ州生まれの女性画家。
⇒芸13（ケヤステッド,ジャニス・ダウン　1960–）

Keita, Ibrahim
マリの政治家。マリ大統領(2013〜)。
⇒外16（ケイタ,イブラヒム　1945.1.29–）
世指導（ケイタ,イブラヒム　1945.1.29–）

Keïta, Mamady
アフリカの太鼓・ジャンベの奏者。
⇒異二辞（ケイタ,ママディ　1950–）

Keita, Mobido
マリの政治家。マリ初代大統領(1960〜68)。
⇒岩世人（ケイタ　1915.6.4–1977.5.16）

Keïta, Salif
マリのプロサッカー選手。
⇒岩世人（ケイタ　1946.12.8–）

Keïta, Salif
マリの歌手,作詞・作曲家。
⇒岩世人（ケイタ　1949.8.25–）

Keitel, Harvey
アメリカ・ニューヨーク生まれの男優。
⇒遺産（カイテル,ハーヴェイ　1939.5.13–）
外12（カイテル,ハーベイ　1939.5.13–）
外16（カイテル,ハーヴェイ　1939.5.13–）
ク俳（カイテル,ハーヴィ　1939–）
スター（カイテル,ハーヴェイ　1939.5.13–）

Keitel, Wilhelm
ドイツの軍人。1938〜45年ドイツ国防軍最高司令部総司令官。
⇒岩世人（カイテル　1882.9.22–1946.10.16）
ネーム（カイテル　1882–1946）

Keith, Agnes (Newton)
アメリカの作家。
⇒アア歴（Keith,Agnes (Newton)　キース,アグネス・ニュートン　1901.7.6–1982.3.30）
岩世人（キース　1901.7.4–1982.3.30）

Keith, *Sir* **Arthur**
イギリスの解剖学者,人類学者。主著 "Ancient Types of Man" (1911) など。
⇒岩生（キース　1866–1955）
岩世人（キース　1866.2.5–1955.1.7）

Keith, Arthur Berriedale
イギリスの法曹,東洋学者。
⇒岩世人（キース　1879.4.5–1944）

Keith, Brian
アメリカ生まれの俳優。
⇒ク俳（キース,ブライアン（キース,ロバート・B）　1921–1997）

Keith, David
アメリカ生まれの俳優。
⇒ク俳（キース,デイヴィッド　1954–）

Keith, Erick
アメリカの作家,パズル作家。
⇒海文新（キース,エリック）

Keith, Minor Cooper
アメリカの実業家。1871〜90年コスタリカ政府の要請で鉄道建設を担当,成功させた。
⇒アメ経（キース,マイナー　1848.1.19–1929.6.14）

Kejriwal, Arvind
インドの政治家,社会活動家。デリー州政府首相,インド一般人党(AAP)党首。
⇒外16（ケジリワル,アービンド　1968.6.16–）
世指導（ケジリワル,アービンド　1968.6.16–）

Kekkonen, Urho Kaleva
フィンランドの政治家。内相,法相,国会議長を歴任後,1950〜56年首相,56年大統領(〜82)。
⇒岩世人（ケッコネン　1900.9.3–1986.8.31）
広辞7（ケッコネン　1900–1986）
政経改（ケッコネン　1900–1986）

Kelemen, Milko
ユーゴスラビアの作曲家。ザグレブ・ビエンナーレの創設者。
⇒ク音3（ケレメン　1924–）
新音中（ケレメン,ミルコ　1924.3.30–）
標音2（ケレメン,ミルコ　1924.3.30–）

Kelemen Zoltán
ハンガリーのバス歌手。
⇒標音2（ケレメン,ゾルターン　1926.3.12–1979.5.9）

Kelen, Péter
ハンガリーのテノール歌手。
⇒魅惑（Kelen,Péter　?–）

Keli, Tynisha
アメリカの歌手。
⇒外12（ケリー,ティニーシャ　1985.7.28–）
外16（ケリー,ティニーシャ　1985.7.28–）

Kell, George Clyde
アメリカの大リーグ選手(三塁)。

Kell, *Sir* Vernon
イギリス保安部(MI5)の創設者,初代長官。
⇒スパイ（ケル,サー・ヴァーノン 1873–1942）

Kellar, Harry
アメリカの奇術師。
⇒岩世人（ケラー 1849.7.11–1922.3.10）

Kelleher, Victor
イギリス・ロンドン生まれのオーストラリアの作家。
⇒現世文（ケラハー,ビクター 1939–）

Kellenberger, Jakob
スイスの外交官。
⇒外16（ケレンバーガー,ヤコブ 1944.10.19–）
　世指導（ケレンバーガー,ヤコブ 1944.10.19–）

Keller, Bill
アメリカのジャーナリスト。
⇒外12（ケラー,ビル 1949.1.18–）
　外16（ケラー,ビル 1949.1.18–）

Keller, Charles Ernest
アメリカの大リーグ選手(外野)。
⇒メジャ（ケラー,チャーリー 1916.9.12–1990.5.23）

Keller, Ernst
スイスのグラフィック・デザイナー,教育者。
⇒グラデ（Keller,Ernst ケラー,エルンスト 1891–1968）

Keller, Helen Adams
アメリカの女性教育家。
⇒アメ州（Keller,Helen Adams ケラー,ヘレン・アダムズ 1880–1968）
　アメ新（ケラー 1880–1968）
　岩世人（ケラー 1880.6.27–1968.6.1）
　学叢思（ヘレン・ケラー 1880–?）
　教人（ケラー 1880–）
　広辞7（ケラー 1880–1968）
　辞歴（ヘレン・ケラー 1880–1968）
　世人新（ケラー(ヘレン=ケラー) 1880–1968）
　世人装（ケラー(ヘレン=ケラー) 1880–1968）
　ポプ人（ケラー,ヘレン 1880–1968）

Keller, Jerry
アメリカの歌手。
⇒ロック（Keller,Jerry ケラー,ジェリー 1937.6.20–）

Keller, Marthe
スイス生まれの女優。
⇒ク俳（ケラー,マルテ（ケラー,マルテ） 1945–）

Keller, Maryann N.
アメリカの自動車産業アナリスト。
⇒外16（ケラー,マリアン）

Keller, Peter
スイスの歌手。
⇒魅惑（Keller,Peter 1943–）

Keller, Thomas A.
アメリカの料理人。
⇒外12（ケラー,トーマス 1955–）
　外16（ケラー,トーマス 1955–）

Kellerman, Annette
オーストラリア生まれの運動選手。
⇒異二辞（ケラーマン[アネット・〜] 1887–1975）

Kellerman, Faye
アメリカのミステリ作家。
⇒現世文（ケラーマン,フェイ 1952.7.31–）
　ユ著人（Kellerman,Faye ケラーマン,フェイ 1952–）

Kellerman, Jesse
アメリカの作家,劇作家。
⇒海文新（ケラーマン,ジェシー 1978.9.1–）
　現世文（ケラーマン,ジェシー 1978.9.1–）

Kellerman, Jonathan
アメリカのミステリ作家。
⇒現世文（ケラーマン,ジョナサン 1949–）

Kellerman, Sally
アメリカ生まれの女優。
⇒ク俳（ケラーマン,サリー 1936–）

Kellermann, Bernhard
ドイツの小説家。主著『トンネル』(1913)。
⇒岩世人（ケラーマン 1879.3.4–1951.10.17）

Kelley, Charles
アメリカの歌手。
⇒外12（ケリー,チャールズ 1981.9.11–）
　外16（ケリー,チャールズ 1981.9.11–）

Kelley, David E.
アメリカのテレビプロデューサー,脚本家。
⇒外12（ケリー,デービッド・E. 1956–）
　外16（ケリー,デービッド・E. 1956–）

Kelley, Florence
アメリカのフェミニスト,社会事業家。
⇒アメ経（ケリー,フローレンス 1859.9.12–1932.2.17）

Kelley, Francis Clement
アメリカのローマ・カトリック教会司教,カトリック拡大協会設立者。
⇒新カト（ケリー 1870.11.24–1948.2.1）

Kelley, Harold Harding
アメリカの社会心理学者。ミネソタ大学教授,カリフォルニア大学教授。
⇒岩世人（ケリー 1921.2.16–2003.1.29）

社心小 (ケリー 1921–)

Kelley, Joseph James
アメリカの大リーグ選手(外野, 一塁)。
⇒メジャ (ケリー, ジョー 1871.12.9–1943.8.14)

Kelley, Mike
アメリカの美術家。
⇒岩世人 (ケリー 1954.10.27–2012.1.31)
現アテ (Kelley,Mike ケリー, マイク 1954–2012)

Kelley, Tom
アメリカの実業家。
⇒外16 (ケリー, トム 1955–)

Kelley, William Melvin
アメリカの小説家。
⇒現世文 (ケリー, ウィリアム・メルビン 1937–)

Kelliher, Henry Joseph
ニュージーランドの実業家。金融改革者, 美術愛好者として有名。
⇒ニュー (ケリハー, ヘンリー 1896–1991)

Kellner, Alexander Raymond
アメリカの大リーグ選手(投手)。
⇒メジャ (ケルナー, アレックス 1924.8.26–1996.5.3)

Kellner, Leon
旧オーストリアの英語学者。『英語統語法の史的概観』のほか, シェークスピアに関する研究などがある。
⇒ユ著人 (Kellner,Leon ケルナー, レオン 1859–1928)

Kellner, Oskar Johann
ドイツの農芸化学者。東京帝国大学農科大学で農芸化学を教授。
⇒岩世人 (ケルナー〈慣ケルネル〉 1851.5.13–1911.9.22)

Kellogg, Frank Billings
アメリカの政治家。駐イギリス大使(1824～28), 国務長官(25～29)。
⇒岩世人 (ケロッグ 1856.12.22–1937.12.21)
広辞7 (ケロッグ 1856–1937)
世史改 (ケロッグ 1856–1937)
世人新 (ケロッグ 1856–1937)
世人装 (ケロッグ 1856–1937)
ネーム (ケロッグ 1856–1937)
ノベ3 (ケロッグ,F.B. 1856.12.22–1937.12.21)
ポプ人 (ケロッグ, フランク 1856–1937)
もう山 (ケロッグ 1856–1937)

Kellogg, John Harvey
アメリカの医師。
⇒アメ州 (Kellogg,John Harvey ケロッグ, ジョン・ハーベイ 1852–1943)

Kellogg, Steven
アメリカの絵本作家, 挿絵画家。
⇒絵本 (ケロッグ, スティーブン 1941–)

Kellogg, W(illie) K(eith)
アメリカの穀物加工業者, 慈善家。
⇒アメ経 (ケロッグ, ウィル 1860.4.7–1951.10.6)
アメ州 (Kellogg,Will Keith ケロッグ, ウイル・キース 1860–1951)
ポプ人 (ケロッグ, ウィル・キース 1860–1951)

Kelly, Arthur
イギリスの男性。ジョージ・ハリスンの友人。
⇒ビト改 (KELLY,ARTHUR ケリー, アーサー)

Kelly, Declan
テノール歌手。
⇒魅惑 (Kelly,Declan ?–)

Kelly, Ellsworth
アメリカの画家。
⇒岩世人 (ケリー 1923.5.31–)
外12 (ケリー, エルスワース 1923.5.31–)
外16 (ケリー, エルスワース 1923.5.31–)
芸13 (ケリー, エルズワース 1923–)

Kelly, Frank
アメリカのテノール歌手。
⇒魅惑 (Kelly,Frank ?–)

Kelly, Freda
アイルランド生まれのビートルズの元秘書。
⇒外16 (ケリー, フリーダ 1945.7.14–)
ビト改 (KELLY,FREDA ケリー, フレダ)

Kelly, Gene
アメリカのダンサー, 俳優, 振付師, 監督。
⇒遺産 (ケリー, ジーン 1912.8.23–1996.2.2)
岩世人 (ケリー 1912.8.23–1996.2.2)
ク俳 (ケリー, ジーン〈ケリー, ユージン〉 1912–1996)
スター (ケリー, ジーン 1912.8.23–1996)
ネーム (ケリー, ジーン 1912–1996)
標音2 (ケリー, ジーン 1912.8.23–1996.2.2)
ポプ人 (ケリー, ジーン 1912–1996)

Kelly, George Alexander
アメリカの心理学者。
⇒岩世人 (ケリー 1905.4.28–1967.3.6)
社小増 (ケリー 1905–1966)

Kelly, George Lange
アメリカの大リーグ選手(一塁, 二塁)。
⇒メジャ (ケリー, ジョージ 1895.9.10–1984.10.13)

Kelly, Grace
アメリカの映画俳優。1956年引退, モナコ王妃となる。主演作品『喝采』(1954, アカデミー主演女優賞受賞)。

⇒アメ州（Kelly,Grace Patricia　ケリー、グレース・パトリシア　1929–1982）
遺産（ケリー、グレース　1928.11.12–1982.9.14）
岩世人（ケリー　1929.11.12–1982.9.14）
王妃（グレース・ケリー　1929–1982）
ク俳（ケリー、グレイス　1928–1982）
広辞7（ケリー　1929–1982）
スター（ケリー、グレース　1929.11.12–1982）
世人新（グレイス（グレース）＝オブ＝モナコ　1929–1982）
世人装（グレイス（グレース）＝オブ＝モナコ　1929–1982）
ネーム（ケリー、グレース　1929–1982）
姫全（ケリー、グレース　1928–1982）
ポプ人（ケリー、グレース　1929–1982）

Kelly, Harold Patrick
アメリカの大リーグ選手（外野）。
⇒メジャ（ケリー、パット　1944.7.30–2005.10.2）

Kelly, Harry Charles
アメリカの物理学者。連合軍総司令官マッカーサーの科学顧問。占領下日本の科学行政にたずさわる。
⇒岩世人（ケリー　1908.9.3–1976.2.2）

Kelly, Jacqueline
カナダの作家、弁護士、医師。
⇒海文新（ケリー、ジャクリーン）
現世文（ケリー、ジャクリーン）

Kelly, Jay Thomas
アメリカの大リーグ選手（一塁）。
⇒メジャ（ケリー、トム　1950.8.15–）

Kelly, Jim
イギリスの作家、ジャーナリスト。
⇒海文新（ケリー、ジム　1957.4.1–）
現世文（ケリー、ジム　1957.4.1–）

Kelly, John
アメリカの政治家、軍人。アメリカ大統領首席補佐官。
⇒世指導（ケリー、ジョン　1950.5.11–）

Kelly, Kevin
アメリカの著述家、編集者。
⇒外16（ケリー、ケビン　1952–）

Kelly, Lisa
アイルランドの歌手。
⇒外12（ケリー、リサ）

Kelly, Lynne
アメリカの児童文学作家。
⇒海文新（ケリー、リン　1969–）
現世文（ケリー、リン　1969–）

Kelly, Minka
アメリカの女優。
⇒外12（ケリー、ミンカ　1980.6.24–）

Kelly, Nancy
アメリカの女優。
⇒ク俳（ケリー、ナンシー　1921–1995）

Kelly, Paul
アメリカの男優。
⇒ク俳（ケリー、ポール　1899–1956）

Kelly, Paul Austin
アメリカのテノール歌手。
⇒魅惑（Kelly,Paul Austin　1960–）

Kelly, Petra
ドイツ（西ドイツ）の政治家。緑の党代表。
⇒岩世人（ケリー　1947.11.29–1992.10.1）

Kelly, Richard
アメリカの映画監督、脚本家。
⇒外12（ケリー、リチャード　1975.3.28–）

Kelly, Roberto Conrado
アメリカの大リーグ選手（外野）。
⇒メジャ（ケリー、ロベルト　1964.10.1–）

Kelly, William Wright
アメリカの文化人類学者。
⇒外12（ケリー、ウィリアム・ライト）
外16（ケリー、ウィリアム・ライト）

Kelly, Wynton
アメリカのジャズ・ピアノ奏者。
⇒標音2（ケリー、ウィントン　1931.12.2–1971.4.12）

Kelman, Herbert Chanoch
オーストリアの心理学者。
⇒社心小（ケルマン　1927–）

Kelman, James
スコットランドの小説家。
⇒岩世人（ケルマン　1946.6.9–）
現世文（ケルマン、ジェームズ　1946–）

Kelmendi, Ali
アルバニアの革命家。
⇒岩世人（ケルメンディ　1900–1939.2.11）

Kelmendi, Majlinda
コソボの柔道選手。
⇒外16（ケルメンディ、マイリンダ　1991.5.9–）
最世ス（ケルメンディ、マイリンダ　1991.5.9–）

Kelsang Tsering
中国、民国期の宗教家、政治家。
⇒岩世人（ケサンツェリン　1905（光緒31）–1946.6.5）

Kelsen, Hans
オーストリアの法哲学者。国家学、憲法学、国際法学の分野でも活躍した法思想家。
⇒岩世人（ケルゼン　1881.10.11–1973.4.19）

学叢思 (ケルゼン, ハンス 1881-)
現社 (ケルゼン 1881-1973)
広辞7 (ケルゼン 1881-1973)
新カト (ケルゼン 1881.10.11-1973.4.19)
ネーム (ケルゼン 1881-1973)
ユ著人 (Kelsen, Hans ケルゼン, ハンス 1881-1973)

Kelsey, Lavinia Jane
ニュージーランドの教育者。
⇒ニュー (ケルシー, ラヴィニア 1856-1948)

Keltie, *Sir* John Scott
イギリスの地理学者。
⇒岩世人 (ケルティ 1840.3.29-1927.6.10)

Keltner, Jim
アメリカのドラム奏者。
⇒ビト改 (KELTNER, JIM ケルトナー, ジム)

Keltner, Kenneth Frederick
アメリカの大リーグ選手 (三塁)。
⇒メジャ (ケルトナー, ケン 1916.10.31-1991.12.12)

Kemakeza, Allan
ソロモン諸島の政治家。ソロモン諸島首相。
⇒世指導 (ケマケザ, アラン 1951-)

Kemal, Orhan
トルコの作家。
⇒岩世人 (オルハン・ケマル 1914.9.15-1970.6.2)

Kemal, Yaşar
トルコの作家。
⇒岩イ (ヤシャル・ケマル 1922-)
岩世人 (ヤシャル・ケマル 1922/1923-)
現世文 (ヤシャル・ケマル 1923.10.6-2015.2.28)

Kemal Atatürk, Mustafa
トルコの軍人, 政治家。トルコ共和国建国の父, 第1代大統領 (1923～38)。
⇒イス世 (アタテュルク 1881-1938)
岩イ (アタテュルク 1881-1938)
岩世人 (アタテュルク 1881-1938.11.10)
学叢歴 (ケマル・パシャ 1882-現存)
教人 (ケマル・アタテュルク 1881-1938)
広辞7 (ケマル・アタテュルク 1881-1938)
国政 (ケマル, ムスタファ 1881-1938)
新カト (アタテュルク 1881.3.12-1938.11.10)
政経改 (アタテュルク 1881-1938)
世史改 (ムスタファ=ケマル 1881-1938)
世人新 (ケマル=アタテュルク (ムスタファ=ケマル) 1881-1938)
世人装 (ケマル=アタテュルク (ムスタファ=ケマル) 1881-1938)
ネーム (ケマル・アタチュルク 1881-1938)
ポプ人 (ケマル・アタチュルク 1881-1938)
もう山 (ムスタファ・ケマル (ケマル・アタテュルク) 1881-1938)

Kemal Tahir
トルコの作家。

⇒岩世人 (ケマル・ターヒル 1910.3.13-1973.4.21)

Kemboi, Ezekiel
ケニアの陸上選手 (障害)。
⇒外12 (ケンボイ, エゼキエル 1982.5.25-)
外16 (ケンボイ, エゼキエル 1982.5.25-)
最世ス (ケンボイ, エゼキエル 1982.5.25-)

Kemelman, Harry
アメリカのミステリ作家。
⇒現世文 (ケメルマン, ハリー 1908.11.24-1996.12.15)
ユ著人 (Kemelman, Harry ケーメルマン, ハリー 1908-)

Kemmerer, Edwin Walter
アメリカの経済学者。14の政府の金融顧問を歴任して各国の通貨制度の改革に貢献。主著『連邦準備制度のABC』(1918)。
⇒岩世人 (ケメラー 1875.6.29-1945.12.16)

Kemp, Jack
アメリカの政治家, プロフットボール選手。住宅都市開発長官, 下院議員 (共和党)。
⇒世指導 (ケンプ, ジャック 1935.7.13-2009.5.2)

Kemp, James Furman
アメリカの岩石学者, 鉱床学者。
⇒岩世人 (ケンプ 1859.8.14-1926.11.17)

Kemp, Jeremy
イギリス生まれの俳優。
⇒ク俳 (ケンプ, ジェレミー (ウォーカー, エドマンド) 1934-)

Kemp, Lindsay
イギリスのパントマイム, バレエ舞踊家, 監督。
⇒外12 (ケンプ, リンゼイ 1938.5.3-)

Kemp, Matt
アメリカの大リーグ選手 (ドジャース・外野手)。
⇒外16 (ケンプ, マット 1984.9.23-)
最世ス (ケンプ, マット 1984.9.23-)
メジャ (ケンプ, マット 1984.9.23-)

Kemp, Murray C.
オーストラリアの経済学者。
⇒有経5 (ケンプ 1926-)

Kemp, Steven F.
アメリカの大リーグ選手 (外野)。
⇒メジャ (ケンプ, スティーヴ 1954.8.7-)

Kemp, Will
イギリスのバレエダンサー, 俳優。
⇒外12 (ケンプ, ウィル 1977.6.29-)
外16 (ケンプ, ウィル 1977.6.29-)

Kemp, Wolfgang
ドイツの美術史家。
⇒岩世人 (ケンプ 1946.5.1-)

Kempe, Rudolf
ドイツの指揮者。1967年からミュンヘン・フィルハーモニーの音楽総監督を務めた。死後、その業績を記念してルドルフ・ケンペ協会が設立された。
- ⇒オペラ（ケンペ, ルドルフ　1910–1976）
  - 新音中（ケンペ, ルードルフ　1910.6.14–1976.5.12）
  - 標音2（ケンペ, ルードルフ　1910.6.14–1976.5.12）

Kempen, Paul van
オランダの指揮者。1953年からブレーメンで音楽総監督を務めた。
- ⇒新音中（ケンペン, パウル・ファン　1893.5.16–1955.12.8）
  - 標音2（ケンペン, パウル・ヴァン　1893.5.16–1955.12.8）

Kemper, Edmund
アメリカの殺人犯。
- ⇒ネーム（ケンパー, エドモンド　1948–）

Kempes, Mario
アルゼンチンのサッカー選手。
- ⇒異二辞（ケンペス［マリオ・〜］　1954–）
  - 外12（ケンペス, マリオ　1954.7.15–）
  - ネーム（ケンペス, マリオ　1954–）

Kempf, Freddy
イギリスのピアノ奏者。
- ⇒外12（ケンプ, フレディ　1977–）
  - 外16（ケンプ, フレディ　1977–）

Kempf, Friedrich
ドイツのカトリック教会史家。
- ⇒新カト（ケンプフ　1908.6.25–2002.5.29）

Kempf, Konstantin
ドイツのイエズス会員。
- ⇒新カト（ケンプフ　1873.1.28–1944.12.10）

Kempff, Wilhelm
ドイツのピアノ奏者。即興演奏の名手、オルガン奏者、作曲家としても知られている。
- ⇒岩世人（ケンプ　1895.11.25–1991.5.23）
  - 新音中（ケンプ, ヴィルヘルム　1895.11.25–1991.5.23）
  - 標音2（ケンプフ, ヴィルヘルム　1895.11.25–1991.5.23）

Kempowsky, Walter
ドイツの作家。
- ⇒岩世人（ケンポウスキー　1926.4.29–2007.10.5）

Kempthorne, Dirk
アメリカの政治家。内務長官、上院議員（共和党）、アイダホ州知事。
- ⇒外12（ケンプソーン, ダーク　1951.10.29–）
  - 世指導（ケンプソーン, ダーク　1951.10.29–）

Kemsley, James Gomer Berry, 1st Viscount
イギリスの新聞経営者。
- ⇒岩世人（ケムズリー　1883.5.7–1968.2.6）

Kem Sokha
カンボジアの政治家、人権活動家。カンボジア人権党党首、カンボジア救国党党首。
- ⇒岩世人（クム・ソカー　1953.6.27–）
  - 世指導（クム・ソカー　1953.6.27–）

Kemter, Johannes
東ドイツのテノール歌手。
- ⇒魅惑（Kemter, Johannes　1918–）

Kenan, Ken
アメリカ生まれの画家。
- ⇒芸13（ケナン, ケン　1961–）

Kendall, Carol
アメリカの女性作家。
- ⇒現世文（ケンダル, キャロル　1917.9.13–2012.7.28）

Kendall, Donald McIntosh
アメリカの企業経営者。ペプシコ会長。ニクソン大統領の内命を受け日米繊維交渉の打開に活躍。
- ⇒岩世人（ケンドル　1921.3.16–）

Kendall, Edward Calvin
アメリカの生化学者。甲状腺、副腎皮質の研究を行った。1950年ノーベル生理・医学賞受賞。
- ⇒岩世人（ケンドル　1886.3.8–1972.5.4）
  - 旺生5（ケンドル　1886–1972）
  - 化学（ケンダル　1886–1972）
  - ノベ3（ケンドル, E.C.　1886.3.8–1972.5.4）

Kendall, Henry W.
アメリカの物理学者。1990年ノーベル物理学賞。
- ⇒ノベ3（ケンドール, H.W.　1926.12.9–1999.2.15）

Kendall, Jason Daniel
アメリカの大リーグ選手（捕手）。
- ⇒メジャ（ケンドール, ジェイソン　1974.6.26–）

Kendall, Kay
イギリス生まれの女優。
- ⇒ク俳（ケンドール, ケイ（マッカーシー, ジャスティン・ケンドール）　1926–1959）

Kendall, Suzy
イギリス生まれの女優。
- ⇒ク俳（ケンドール, スージー（ハリスン, フリーダ）　1944–）

Kendall, William
イギリスのテノール歌手。
- ⇒魅惑（Kendall, William　?–）

Kendrew, John Cowdery
イギリスの生化学者。1962年ノーベル化学賞。

⇒岩生（ケンドルー　1917-1997）
　岩世人（ケンドリュー　1917.3.24-1997.8.23）
　化学（ケンドリュー　1917-1997）
　広辞7（ケンドルー　1917-1997）
　ネーム（ケンドルー　1917-1997）
　ノペ3（ケンドルー,J.C.　1917.3.24-1997.8.23）

Kendrick, Anna
アメリカの女優。
⇒外12（ケンドリック,アナ　1985.8.9-）
　外16（ケンドリック,アナ　1985.8.9-）

Kendrick, Baynard
アメリカの作家。
⇒現世文（ケンドリック,ベイナード　1894-1977）

Kendrick, John Benjamin
アメリカの牧場主,政治家。
⇒アメ州（Kendrick,John Benjamin　ケンドリック,ジョン・ベンジャミン　1857-1933）

Kendricks, Eddie
アメリカ・アラバマ州生まれの歌手。
⇒ロック（Kendricks,Eddie　ケンドリックス,エディ　1939.12.17-）

Keneally, Thomas
オーストラリアの作家。
⇒現世文（キニーリー,トマス　1935.10.7-）

Kengo wa Dondo
コンゴの政治家。ザイール首相,コンゴ民主共和国上院議長。
⇒世指導（ケンゴ・ワ・ドンド　1935-）

Keng Vannsak
カンボジアの政治家,文筆家。
⇒岩世人（ケーン・ヴァンサック　1925.9.19-2008.12.19）

Keniston, Kenneth
アメリカの社会学者。
⇒社小増（ケニストン　1930-）

Kenna, Michael
イギリスの写真家。
⇒外12（ケンナ,マイケル　1953-）

Kennally, Vincent Ignatius
アメリカの聖職者。
⇒アア歴（Kennally,Vincent Ignatius　ケナリー,ヴィンセント・イグネイシアス　1895.6.11-1977.4.12）

Kennan, George
アメリカのジャーナリスト。代表作は『シベリアのテント生活』『シベリア流刑制度』。1904年AP通信社特派員として来日。
⇒アア歴（Kennan,George　ケナン,ジョージ　1845.2.16-1924.5.10）

Kennan, George Frost
アメリカの外交官。
⇒岩世人（ケナン　1904.2.16-2005.3.17）
　広辞7（ケナン　1904-2005）
　国政（ケナン,ジョージ　1904-2005）
　政経改（ケナン　1904-）
　世人新（ケナン　1904-2005）
　世人装（ケナン　1904-2005）

Kennard, Sean
アメリカのピアノ奏者。
⇒外12（ケナード,ショーン　1984-）
　外16（ケナード,ショーン　1984-）

Kennedy, Adam Thomas
アメリカの大リーグ選手（二塁,三塁）。
⇒メジャ（ケネディ,アダム　1976.1.10-）

Kennedy, Adrienne
アメリカの劇作家。
⇒岩世人（ケネディ　1931.9.13-）
　現世文（ケネディ,エイドリアン　1931.9.13-）

Kennedy, Andrew
イギリスのテノール歌手。
⇒魅惑（Kennedy,Andrew　?-）

Kennedy, Arthur
アメリカの俳優。
⇒ク俳（ケネディ,アーサー（ケネディ,ジョン・A）1914-1990）
　スター（ケネディ,アーサー　1914.2.17-1990）

Kennedy, Caroline
アメリカの弁護士。駐日米国大使。ケネディ第35代米国大統領の長女。
⇒外16（ケネディ,キャロライン　1957.11.27-）
　世指導（ケネディ,キャロライン　1957.11.27-）

Kennedy, Charles
イギリスの政治家。自民党党首。
⇒世指導（ケネディ,チャールズ　1959.11.25-2015.6.1）

Kennedy, Edward Moore
アメリカの政治家。上院議員（民主党）。
⇒岩世人（ケネディ　1932.2.22-2009.8.25）
　世人新（ケネディ〈弟：エドワード〉　1932-2009）
　世人装（ケネディ〈弟：エドワード〉　1932-2009）

Kennedy, George
アメリカ生まれの俳優。
⇒ク俳（ケネディ,ジョージ　1925-）

Kennedy, Ian
アメリカの大リーグ選手（パドレス・投手）。
⇒最世ス（ケネディ,イアン　1984.12.19-）
　メジャ（ケネディ,イアン　1984.12.19-）

Kennedy, Jerry
アメリカのギター奏者,プロデューサー。

⇒ロック（Kennedy,Jerry　ケネディ,ジェリー）

Kennedy, John Fitzgerald
アメリカの政治家。第35代大統領（1961～63）。ニューフロンティア政策を提唱し、景気回復と経済の安定につとめた。著書『勇気ある人人』(56)で57年ピューリッツァー賞受賞。
⇒アメ経（ケネディ,ジョン・F　1917.5.29–1963.11.22）
　アメ州（Kennedy,John Fitzgerald　ケネディ,ジョン・フィッツジェラルド　1917–1963）
　アメ新（ケネディ　1917–1963）
　岩世人（ケネディ　1917.5.29–1963.11.22）
　広辞7（ケネディ　1917–1963）
　辞歴（ケネディ　1917–1963）
　新カト（ケネディ　1917.5.29–1963.11.22）
　政経改（ケネディ　1917–1963）
　世史改（ケネディ　1917–1963）
　世人新（ケネディ〈兄：ジョン〉　1917–1963）
　世人装（ケネディ〈兄：ジョン〉　1917–1963）
　戦ア大（ケネディ,ジョン・F.　1917.5.29–1963.11.22）
　ボブ人（ケネディ,ジョン・フィッツジェラルド　1917–1963）
　マルX（KENNEDY,JOHN FITZGERALD　ケネディ,ジョン・フィッツジェラルド　1917–1963）
　もう山（ケネディ　1917–1963）

Kennedy, *Sir* John Gordon
イギリスの外交官。東京領事館書記官（1878）として日本との条約改正問題について交渉。
⇒岩世人（ケネディ　1836.7.18–1912.12.3）

Kennedy, John Russell
イギリスの新聞記者。渡米後、AP通信社日本駐在員として1907年来日。14年日本初の国際通信社を設立。
⇒岩世人（ケネディ　1861.11.5–1928.1.16）

Kennedy, Joshua
オーストラリアのサッカー選手。
⇒外12（ケネディ,ジョシュア　1982.8.20–）
　外16（ケネディ,ジョシュア　1982.8.20–）
　最世ス（ケネディ,ジョシュア　1982.8.20–）

Kennedy, Lloyd Vernon
アメリカの大リーグ選手（投手）。
⇒メジャ（ケネディ,ヴァーン　1907.3.20–1993.1.28）

Kennedy, Ludovic
イギリスの作家、放送キャスター。
⇒現世文（ケネディ,ルードビック　1919.11.3–2009.10.18）

Kennedy, Margaret
イギリスの女性作家。主著 "The ladies of Lyndon" (1923)。
⇒現世文（ケネディ,マーガレット　1896.4.23–1967.7.31）

Kennedy, Milward
イギリスの作家。
⇒現世文（ケネディ,ミルワード　1894–1968）

Kennedy, Nigel
イギリスのヴァイオリン奏者。
⇒外12（ケネディ,ナイジェル　1956.12.28–）
　外16（ケネディ,ナイジェル　1956.12.28–）

Kennedy, Paul Michael
イギリスの歴史学者。
⇒外12（ケネディ,ポール　1945.6.17–）
　外16（ケネディ,ポール　1945.6.17–）

Kennedy, Raymond
アメリカの社会学者。
⇒アア歴（Kennedy,Raymond　ケネディ,レイモンド　1906.12.11–1950.4.27）

Kennedy, Robert Daniel
アメリカの大リーグ選手（外野,三塁）。
⇒メジャ（ケネディ,ボブ　1920.8.18–2005.4.7）

Kennedy, Robert Francis
アメリカの政治家。J.ケネディ大統領の弟。1961～64年司法長官。68年大統領選挙活動中にヨルダン系移民に狙撃され、死亡。
⇒アメ新（ケネディ　1925–1968）
　岩世人（ケネディ　1925.11.20–1968.6.6）
　世人新（ケネディ〈弟：ロバート〉　1925–1968）
　世人装（ケネディ〈弟：ロバート〉　1925–1968）
　マルX（KENNEDY,ROBERT (BOBBY) F.　ケネディ,ロバート（ボビー）・F　1925–1968）

Kennedy, Terrence Edward
アメリカの大リーグ選手（捕手）。
⇒メジャ（ケネディ,テリー　1956.6.4–）

Kennedy, William Joseph
アメリカの小説家、映画脚本家。
⇒岩世人（ケネディ　1928.1.16–）
　現世文（ケネディ,ウィリアム）

Kennedy, William Park (Brickyard)
アメリカの大リーグ選手（投手）。
⇒メジャ（ケネディ,ブリックヤード　1867.10.7–1915.9.23）

Kennedy, William Parker
アメリカの鉄道乗務員友愛会（BRT）会長。
⇒アメ経（ケネディ,ウィリアム　1892.4.3–1968.5.14）

Kennelly, Arthur Edwin
アメリカ（イギリス系）の電気技師。エジソンの助手、その後ハーバード大学教授。大気上空中の電離層が電磁波を反射することを発見（1902）。
⇒岩世人（ケネリー　1861.12.17–1939.6.18）

Kennen, Ally
イギリスの作家。
⇒海文新（ケネン，アリー）

Kenner, Chris
アメリカ・ケナー生まれの歌手。
⇒ロック（Kenner,Chris　ケナー，クリス　1929.12.25–）

Kenny
韓国の歌手。
⇒外12（ケニー　1981.11.19–）

Kenny, Elizabeth
オーストラリアの看護婦。
⇒アメ州（Kenny,Elizabeth　ケニー，エリザベス　1886–1952）

Kenny, Enda
アイルランドの政治家。アイルランド首相，統一アイルランド党党首。
⇒外12（ケニー，エンダ　1951.4.24–）
　外16（ケニー，エンダ　1951.4.24–）
　世指導（ケニー，エンダ　1951.4.24–）

Kenny, Jason
イギリスの自転車選手（トラックレース）。
⇒外16（ケニー，ジェーソン　1988.3.23–）
　最世ス（ケニー，ジェーソン　1988.3.23–）

Kenny, Michael
イギリス生まれの彫刻家。
⇒芸13（ケニー，ミッシェル　1941–）

Kenrick, Tony
イギリスのミステリ作家。
⇒現世文（ケンリック，トニー　1935–）

Kensit, Patsy
イギリス生まれの女優。
⇒ク俳（ケンジット，パッツィ　1965–）

Kent, Hannah
オーストラリアの作家。
⇒海文新（ケント，ハンナ　1985–）
　現世文（ケント，ハンナ　1985–）

Kent, Jeffrey Franklin
アメリカの大リーグ選手（二塁，三塁）。
⇒外12（ケント，ジェフ　1968.3.7–）
　最世ス（ケント，ジェフ　1968.3.7–）
　メジャ（ケント，ジェフ　1968.3.7–）

Kent, Jonathan
イギリスの舞台演出家。
⇒外12（ケント，ジョナサン　1951–）
　外16（ケント，ジョナサン　1951–）

Kent, Julie
アメリカのダンサー。
⇒外12（ケント，ジュリー　1969.7.11–）
　外16（ケント，ジュリー　1969.7.11–）

Kent, Steven L.
アメリカのSF作家。
⇒海文新（ケント，スティーヴン・L.）
　現世文（ケント，スティーブン）

Kent, Tyler G.
ロンドンのアメリカ大使館で勤務していた暗号事務官。
⇒スパイ（ケント，タイラー・G　1911–1988）

Kenton, Stan
アメリカ・カンサス州生まれのジャズ・ピアノ奏者。
⇒岩世人（ケントン　1911.12.15–1979.8.25）
　新音中（ケントン，スタン　1911.12.15–1979.8.25）
　標音2（ケントン，スタン　1911.12.15–1979.8.25）

Kentridge, William
南アフリカの現代美術家，アニメーション作家。
⇒岩世人（ケントリッジ　1955.4.28–）
　外12（ケントリッジ，ウィリアム　1955.4.28–）
　外16（ケントリッジ，ウィリアム　1955.4.28–）
　現アテ（Kentridge,William　ケントリッジ，ウィリアム　1955–）

Kenworthy, Duncan
イギリスの映画プロデューサー。
⇒外12（ケンワージー，ダンカン　1949.9.9–）

Kenyatta, Charles
アメリカのブラック・ナショナリスト。
⇒マルX（KENYATTA,CHARLES（Morris, Charles 37X）　ケニヤッタ，チャールズ（モリス，チャールズ37X）　1920?–2005）

Kenyatta, Jomo
ケニア独立運動の指導者。ケニア初代大統領（1964〜78）。
⇒岩世人（ケニヤッタ　1891.10.20–1978.8.22）
　広辞7（ケニヤッタ　1891–1978）
　政経改（ケニヤッタ　1891頃–1978）
　世人新（ケニヤッタ　1891–1978）
　世人装（ケニヤッタ　1891–1978）
　ネーム（ケニヤッタ　1891–1978）
　ポプ人（ケニヤッタ，ジョモ　1891?–1978）

Kenyatta, Uhuru
ケニアの政治家。ケニア大統領（2013〜）。
⇒外16（ケニヤッタ，ウフル　1961.10.26–）
　世指導（ケニヤッタ，ウフル　1961.10.26–）

Kenyon, *Sir* Frederick George
イギリスの古典学者。大英博物館長（1909）。
⇒教人（ケニヨン　1863–1952）

Kenyon, Kathleen Mary
イギリスの考古学者。

⇒新カト（ケニヨン　1906.1.5–1978.8.24）

Kenyon, Sherrilyn
アメリカの作家。
⇒海文新（ケニヨン，シェリリン）
　現世文（ケニヨン，シェリリン）

Keohane, Nannerl Overholser
アメリカの政治学者。
⇒外12（コーウェン，ナナル　1940.9.18–）
　外16（コーウェン，ナナル　1940.9.18–）

Keohane, Robert Owen
アメリカの国際政治学者。
⇒岩世人（コヘイン　1941.10.3–）
　国政（コヘイン，ロバート　1942–）
　政経改（コヘーン　1941–）

Keough, Matthew Lon
アメリカの大リーグ選手（投手）。
⇒外12（キーオ，マット　1955.7.3–）

Kepel, Gilles
フランスの政治学者，宗教社会学者。パリ政治学院教授。
⇒外12（ケベル，ジル　1955–）
　外16（ケベル，ジル　1955–）
　メル別（ケベル，ジル　1955–）

Kepes Gyorgy
ハンガリー出身の意匠家，造型理論家。主著『視覚言語』(1944)。
⇒岩世人（ケペッシュ　1906.10.4–2001.12.29）
　グラデ（Kepes,Gyorgy　ケペシュ，ギオルギー　1906–）

Kepnes, Caroline
アメリカの作家。
⇒海文新（ケプネス，キャロライン　1976–）

Keppel, Bobby
アメリカのプロ野球選手（日ハム・投手），大リーグ選手。
⇒外12（ケッペル，ボビー　1982.6.11–）

Keppler, Paul Wilhelm von
ドイツのカトリック聖職者，神学者。ロッテンブルクの司教（1898〜1926）。
⇒岩世人（ケップラー　1852.9.28–1926.7.16）
　新カト（ケップラー　1852.9.28–1926.7.16）

Ker, William Paton
イギリスの文学者。ロンドン大学教授（1889〜1922）。
⇒岩世人（ケア　1855.8.30–1923.7.17）

Keravuori, Marta Johanna
フィンランドの女流日本研究家。翻訳に日本の伝説物語『日出る国の物語』(1950)がある。
⇒岩世人（ケラヴオリ　1888.9.24–?）

Kerber, Angelique
ドイツのテニス選手。
⇒最世ス（カーバー，アンジェリーク　1988.1.18–）

Kerber, Linda K.
アメリカの歴史家。
⇒岩世人（カーバー）

Kerby, William Joseph
アメリカのカトリック司祭，社会学者。
⇒新カト（カービ　1870.2.20–1936.7.27）

Kerekou, Mathieu
ベナンの政治家，軍人。ベナン大統領。
⇒岩世人（ケレク　1933.9.2–）
　外12（ケレク，マチュー　1933.9.2–）
　世指導（ケレク，マチュー　1933.9.2–2015.10.14）

Kerenskii, Aleksandr Fyodorovich
ロシアの政治家。1917年の二月革命で臨時政府に入閣。法相，陸海相ののち首相。十月革命で失脚。18年フランスへ，40年にはアメリカへ亡命。
⇒岩世人（ケレンスキー　1881.4.22/5.4–1970.6.11）
　学叢思（ケレンスキー，アレクサンデル・フェオドロヴィッチ　1881–）
　広辞7（ケレンスキー　1881–1970）
　世史改（ケレンスキー　1881–1970）
　世人新（ケレンスキー　1881–1970）
　世人装（ケレンスキー　1881–1970）
　ネーム（ケレンスキー　1881–1970）
　ボブ人（ケレンスキー，アレクサンドル・フョードロビッチ　1881–1970）
　もう山（ケレンスキー　1881–1970）

Keret, Etgar
イスラエルの作家，映画監督。
⇒外12（ケレット，エトガー　1967–）
　外16（ケレット，エトガー　1967–）
　現世文（ケレット，エトガー　1967–）

Kerim, Srgjan
マケドニアの外交官，国際経済学者。マケドニア外相。
⇒世指導（ケリム，スルジャン　1948.12.12–）

Keris Mas
マレーシアの作家。本名カマルディン・ビン・ムハンマド。
⇒岩世人（クリス・マス　1922.6.10–1992.3.9）
　現世文（クリス・マス　1922–1992.3）

Kerker, Gustave
アメリカの指揮者，作曲家。
⇒標音2（カーカー，ガスターヴ　1857.2.28–1923.6.29）

Kerkorian, Kirk
アメリカの投資家。
⇒外12（カコリアン，カーク　1917.6.6–）

Kerl, Torsten
ドイツのテノール歌手, オーボエ奏者。
⇒失声（ケルル, トルステン　?）
　魅惑（Kerl,Torsten　?–）

Kerlan, Irvin
アメリカ・ミネソタ大学のカーラン・コレクション（児童図書の総合コレクション）の寄贈者。
⇒ア図（カーラン, アーヴィン　1912–1963）

Kerley, Jack
アメリカの作家。
⇒海文新（カーリイ, ジャック）
　現世文（カーリイ, ジャック）

Kerman, Joseph
アメリカの批評家, 音楽学者。
⇒標音2（カーマン, ジョーゼフ　1924.4.3–）

Kermānī, Nāẓem al-Eslām
イランの歴史家。主著『イラン人の覚醒の歴史』。
⇒岩世人（ケルマーニー, ナーゼモルエスラーム　1863/1864–1918.12）

Kermode, John Frank
イギリスの英文学者, 批評家。『ロマン派の形象』(1957)により, モダニズム文学のなかにロマン派の形象を見出し, 歴史批評の立場を明確にした。
⇒岩世人（カーモード　1919.11.29–2010.8.17）

Kern, Christian
オーストリアの政治家。オーストリア首相。
⇒世指導（ケルン, クリスティアン　1966.1.4–）

Kern, Erwin
ドイツ外相ヴァルター・ラーテナウの暗殺者。
⇒世暗（ケルン, エアヴィン　1897–1922）

Kern, Georges
ドイツの実業家。
⇒外16（カーン, ジョージ　1965–）

Kern, James Lester
アメリカの大リーグ選手（投手）。
⇒メジャ（カーン, ジム　1949.3.15–）

Kern, Jerome David
アメリカのミュージカル作曲家。代表作『ショー・ボート』(1927)など。
⇒アメ州（Kern,Jerome　カーン, ジェローム　1885–1945）
　エデ（カーン, ジェローム（デヴィット）　1885.1.27–1945.11.11）
　ク音3（カーン　1885–1945）
　新音中（カーン, ジェローム　1885.1.27–1945.11.11）
　標音2（カーン, ジェローム　1885.1.27–1945.11.11）
　ユ著人（Kern,Jerome David　カーン, ジェロー
ム・デーヴィッド　1885–1945）

Kern, Johan Hendrik Caspar
オランダのインド学者, 仏教学者。主著『インド仏教史』(1881~83)などのほか『妙法蓮華経』の英訳等がある。
⇒岩世人（ケルン　1833.4.6–1917.7.3）
　新佛3（ケルン　1833–1917）

Kern, Joseph
オーストリアの神学者, イエズス会員。
⇒新カト（ケルン　1856.3.5–1907.9.21）

Kern, Otto
ドイツの古典言語学者。ハレ大学教授(1907~31)。ギリシア宗教史を専攻。
⇒岩世人（ケルン　1863.2.14–1942.1.31）

Kern, Stephen
アメリカの歴史学者。
⇒現社（カーン　1943–）

Kernberg, Otto F.
アメリカの現代精神分析家。
⇒現精（カーンバーグ　1928–）
　現精縮（カーンバーグ　1928–）
　精分岩（カンバーグ, オットー・F　1928–）

Kernick, Simon
イギリスの作家。
⇒外16（カーニック, サイモン　1966–）
　海文新（カーニック, サイモン　1966–）
　現世文（カーニック, サイモン　1966–）

Kerouac, Jack
アメリカの小説家, 詩人。「ビート・ジェネレーション」の代表的な作家。主著『路上』(1957), 詩集『メキシコシティー・ブルース』(59)など。
⇒異二辞（ケルアック［ジャック・～］　1922–1969）
　岩世人（ケルアック　1922.3.12–1969.10.21）
　現世文（ケルアック, ジャック　1922.3.12–1969.10.21）
　広辞7（ケルアック　1922–1969）
　新カト（ケルアック　1922.3.12–1969.10.21）

Kerr, Alfred
ドイツの評論家。主に演劇理論で活躍。主著『演劇における世界』(5巻,1904~17)。
⇒岩世人（ケル　1867.12.25–1948.10.12）
　ユ著人（Kerr,Alfred　ケル, アルフレート　1867–1948）

Kerr, Clark
アメリカの労働経済学者。
⇒社小増（カー　1911–）

Kerr, Cristie
アメリカのプロゴルファー。
⇒外12（カー, クリスティ　1977.10.12–）
　外16（カー, クリスティ　1977.10.12–）
　最世ス（カー, クリスティ　1977.10.12–）

Kerr, Deborah
スコットランド生まれの女優。
⇒ク俳（カー, デボラ（カー＝トリマー, D) 1921–）
スター（カー, デボラ 1921.9.30–2007）
ネーム（カー, デボラ 1921–2007）

Kerr, Errol
ジャマイカのスキー選手（スキークロス）。
⇒外12（カー, エロール 1986.4.12–）
外16（カー, エロール 1986.4.12–）
最世ス（カー, エロール 1986.4.12–）

Kerr, George
イギリスの柔道家。
⇒外12（カー, ジョージ 1937–）
外16（カー, ジョージ 1937–）

Kerr, John
イギリスの外交官。外務次官, 上院議員。
⇒世指導（カー, ジョン 1942.2.22–）

Kerr, John Joseph（Buddy）
アメリカの大リーグ選手（遊撃）。
⇒メジャ（カー, バディ 1922.11.6–2006.11.7）

Kerr, Judith
ドイツ生まれのイギリスの女性絵本作家。
⇒外12（カー, ジュディス 1923–）
外16（カー, ジュディス 1923–）

Kerr, Miranda
オーストラリアのファッションモデル。
⇒外12（カー, ミランダ 1983.4.20–）
外16（カー, ミランダ 1983.4.20–）

Kerr, Philip
イギリスの小説家。
⇒外12（カー, フィリップ 1956.2.22–）
外16（カー, フィリップ 1956.2.22–）
現世文（カー, フィリップ 1956.2.22–2018.3.23）

Kerr, Robert S.
アメリカの政治家。
⇒アメ州（Kerr,Robert S. カー, ロバート・S. 1896–1963）

Kerr, Roy Patrick
シェラン島およびアメリカで仕事をした数学者, 物理学者。
⇒三新物（カー 1934–）
天文大（カー 1934–）

Kerr, Steve
アメリカのバスケットボール選手。
⇒外16（カー, スティーブ 1965.9.27–）

Kerr, Walter Francis
アメリカの劇評家。
⇒岩世人（カー 1913.7.8–1996.10.9）

Kerruish, Jessie Douglas
イギリスの大衆小説作家。
⇒現世文（ケルーアシュ, ジェシー・ダグラス 1884–1949）

Kerry, John
アメリカの政治家。上院議員（民主党）。
⇒外12（ケリー, ジョン 1943.12.11–）
外16（ケリー, ジョン 1943.12.11–）
世指導（ケリー, ジョン 1943.12.11–）

Kerschbaum, Dietmar
テノール歌手。
⇒魅惑（Kerschbaum,Dietmar ?–）

Kerschensteiner, Georg Michael
ドイツの教育学者, 教育改革家。
⇒岩世人（ケルシェンシュタイナー 1854.7.29–1932.1.15）
教思増（ケルシェンシュタイナー 1854–1932）
教小3（ケルシェンシュタイナー 1854–1932）
教人（ケルシェンシュタイナー 1854–1932）
広辞7（ケルシェンシュタイナー 1854–1932）
世界子（ケルシェンシュタイナー, ゲオルグ 1854–1932）

Kersh, Gerald
ロシア生まれの作家。"Night & City"。
⇒現世文（カーシュ, ジェラルド 1911–1968）

Kershaw, Clayton
アメリカの大リーグ選手（ドジャース・投手）。
⇒外12（カーショー, クレイトン 1988.3.19–）
外16（カーショー, クレイトン 1988.3.19–）
最世ス（カーショー, クレイトン 1988.3.19–）
メジャ（カーショウ, クレイトン 1988.3.19–）

Kershaw, Doug
アメリカのミュージシャン。
⇒ロック（Kershaw,Doug カーショー, ダグ 1936.1.24–）

Kershner, Bruce Lesher
アメリカの教育者, 宣教師。
⇒アア歴（Kershner,Bruce（Lesher） カーシュナー, ブルース・レッシャー 1871–1949.7.12）

Kersting, Wolfgang
ドイツの哲学者, 政治哲学者。
⇒岩世人（ケアスティング 1946.7.10–）

Kertész, André
ハンガリーの写真家。
⇒岩世人（ケルテス 1894.7.2–1985.9.28）

Kertész, Imre
ハンガリーの作家。2002年ノーベル文学賞。
⇒岩世人（ケルテース 1929.11.9–）
外12（ケルテース, イムレ 1929.11.9–）
外16（ケルテース, イムレ 1929.11.9–）
現世文（ケルテース, イムレ 1929.11.9–2016.3.

31)
ノベ3 (ケルテース,I. 1929.11.9–)

Kerteśz, István
ハンガリー,のちドイツの指揮者。1964年ケルン歌劇場の音楽総監督,65～68年ロンドン交響楽団首席指揮者を兼務。
⇒新音中 (ケルテース,イシュトヴァーン 1929.8.28–1973.4.16)
　標音2 (ケルテース,イシュトヴァーン 1929.8.28–1973.4.16)
　ユ著人 (Kertesz,Istevan ケルテス,イステヴァン 1929–1973)

Kertesz, Joseph
ハンガリー生まれの画家。
⇒芸13 (ケルテス,ジョセフ 1932–)

Kerwin, James
欧米出身の初の日本棋院棋士。
⇒岩世人 (カーウィン 1946.11.1–)

Kesavan, Kuunnavakkam Vinjamur
インドのネール大学国際関係学部教授。
⇒外12 (ケサヴァン,クーナヴァッカム・ヴィンジャムール 1940–)
　外16 (ケサヴァン,クーナヴァッカム・ヴィンジャムール 1940–)

Kesey, Ken
アメリカの小説家。作品『郭公の巣』『時には偉大な観念を』など。
⇒岩世人 (キージー 1935.9.17–2001.11.10)
　現世文 (キージー,ケン 1935.9.17–2001.11.10)
　新カ人 (キージ 1935.9.17–2001.11.10)

KE$HA
アメリカのシンガー・ソングライター。
⇒外12 (KE$HA ケシャ 1987.3.1–)
　外16 (KE$HA ケシャ 1987.3.1–)

Kesri, Sitaram
インドの政治家。インド国民会議派総裁。
⇒世指導 (ケスリ,シタラム ?–2000.10.24)

Kessel, Barney
アメリカのジャズ・ギター奏者。
⇒標音2 (ケッセル,バーニー 1923.10.17–)

Kessel, John
アメリカのSF作家。
⇒現世文 (ケッセル,ジョン 1950.9.24–)

Kessel, Joseph
フランスの小説家,ジャーナリスト。主著『赤い手張』(1922),『エキパージュ』(23),『昼顔』(29),『幸福のあとに来るもの』(50)など。62年アカデミー・フランセーズ会員。
⇒岩世人 (ケッセル 1898.2.10–1979.7.23)

Kesseler, Kurt
ドイツの教育家,教育学者。著作 "Kant und Schiller" (1910) など。

⇒教人 (ケッセラー 1884–1945)

Kesselring, Albert
ドイツ陸軍軍人。1940年元帥。45年3月西部軍総司令官。主著 "Gedanken zum Zweiten Weltkrieg" (55)。
⇒岩世人 (ケッセルリング 1885.11.30–1960.7.16)

Kessinger, Donald Eulon
アメリカの大リーグ選手(遊撃)。
⇒メジャ (ケッシンジャー,ドン 1942.7.17–)

Kessler, David
アメリカのホスピス・ケア専門家。
⇒外16 (ケスラー,デービッド 1957–)

Kessler, Mikkel
デンマークのプロボクサー。
⇒最世ス (ケスラー,ミッケル 1979.3.1–)

Kesten, Hermann
ドイツの小説家,劇作家,詩人。1940年アメリカに亡命。主著『ゲルニカの子供たち』(39),『カザノーバ』(52)ほか多数の小説,回想的作家論『わが友,詩人たち』(53)など。
⇒岩世人 (ケステン 1900.1.28–1996.5.3)
　現世文 (ケステン,ヘルマン 1900.1.28–1996.5.3)
　ユ著人 (Kesten,Hermann ケステン,ヘルマン 1900–1996)

Kesteren, John van
オランダのテノール歌手。
⇒魅惑 (Kesteren,John van 1921–)

Kesting, Jürgen
ドイツの音楽評論家。
⇒外12 (ケスティング,ユルゲン 1940–)

Keswick, William
イギリスの貿易商。ジャーデン・マジソン商会支配人。横浜英一番館を建て横浜外商の先駆者として活躍。
⇒来日 (ケズウィック 1834?–1912)

Ketchum, Jack
アメリカの作家。
⇒外12 (ケッチャム,ジャック 1946–)
　外16 (ケッチャム,ジャック 1946–)
　現世文 (ケッチャム,ジャック 1946–2018.1.24)

Ketelbey, Albert Willam
イギリスの作曲家,指揮者。ロンドンで劇場指揮者,コロンビア・グラモフォンの音楽監督などを務めた。
⇒ク音3 (ケテルビー 1875–1959)
　新音中 (ケテルビー,アルバート・W. 1875.8.9–1959.11.26)
　ネーム (ケテルビー 1875–1959)
　標音2 (ケテルビー,アルバート 1875.8.9–1959.11.26)

Ketterle, Wolfgang
ドイツの物理学者。2001年ノーベル物理学賞。
⇒岩世人（ケターレ　1957.10.21–）
外12（ケターレ，ウルフガング　1957.10.21–）
外16（ケターレ，ウルフガング　1957.10.21–）
ノベ3（ケターレ，W.　1957.10.21–）

Kettner, Matthias
ドイツの哲学者，社会哲学者，応用倫理学者。
⇒岩世人（ケットナー　1955.4.6–）

Ketty, Rina
イタリア生まれの女性シャンソン歌手。1936年『わが心のみ』でディスク大賞を受賞。
⇒標音2（ケッティ，リナ　1911–）

Keulen, Isabelle van
オランダのヴァイオリン奏者。
⇒外12（クーレン，イザベル・ファン　1966–）
外16（クーレン，イザベル・ファン　1966–）

Keun, Irmgard
ドイツの作家。
⇒岩世人（コイン　1910.2.6–1982.5.5）

Kevin
アメリカの歌手。
⇒外12（ケビン　1971.10.3–）
外16（ケビン　1971.10.3–）

Kevin
韓国の歌手。
⇒外12（ケビン　1988.2.23–）

Kevin, Mother
アイルランド出身の宣教師，アフリカのためのフランシスコ宣教修道女会創立者。
⇒新カト（ケヴィン　1875.4.27–1957.10.17）

Kewell, Harry
オーストラリアのサッカー選手。
⇒外12（キューウェル，ハリー　1978.9.22–）
外16（キューウェル，ハリー　1978.9.22–）
最世ス（キューウェル，ハリー　1978.9.22–）

Key
韓国の歌手。
⇒外12（キー　1991.9.23–）

Key, Alexander
アメリカの作家。
⇒現世文（ケイ，アレクサンダー　1904–1979）

Key, Ellen Karolina Sofia
スウェーデンの女性小説家，思想家。男女同権，自由な性道徳，自由精神作業による児童教育などを主唱。
⇒岩女（ケイ，エレン　1849.12.11–1926.4.25）
岩世人（ケイ，エレン　1849.12.11–1926.4.25）
学叢思（ケー，エレン　1849–1926）
教思増（ケイ　1849–1926）
教人（ケイ　1849–1926）
広辞7（ケー　1849–1926）
世界子（ケイ，エレン　1849–1926）

Key, James Edward
アメリカの大リーグ選手（投手）。
⇒メジャ（キー，ジミー　1961.4.22–）

Key, John
ニュージーランドの政治家。ニュージーランド首相，ニュージーランド国民党党首。
⇒外12（キー，ジョン　1961.8.9–）
外16（キー，ジョン　1961.8.9–）
世指導（キー，ジョン　1961.8.9–）

Key, Valdimer Orlando, Jr.
アメリカの政治学者。
⇒社小増（キー　1908–1963）

Key, Watt
アメリカの作家。
⇒海文新（キー，ワット　1970–）

Keyes, Charles Fenton
アメリカの人類学者。
⇒アア歴（Keyes,Charles F (enton)　キーズ，チャールズ・フェントン　1937.10.3–）

Keyes, Daniel
アメリカの作家。
⇒現世文（キイス，ダニエル　1927.8.9–2014.6.15）
広辞7（キース　1927–2014）
ポプ人（キイス，ダニエル　1927–2014）

Keyes, Evelyn
アメリカの女優。
⇒ク俳（キーズ，イーヴリン　1919–）

Keyes, John
テノール歌手。
⇒魅惑（Keyes,John　?–）

Keyes, Sidney Arthur Kilworth
イギリスの詩人。『鉄の月桂冠』などの作品がある。
⇒岩世人（キーズ　1922.5.27–1943.4.29）
現世文（キーズ，シドニー　1922.5.27–1943.4.29）

Keynes, John Maynard
イギリスの経済学者。著書『平和の経済的帰結』(1919)，『貨幣改革論』(23)，『貨幣論』(30)，『説得評論集』(31)，『雇用，利子および貨幣の一般理論』(36)。
⇒アメ経（ケインズ，ジョン　1883–1946.4.21）
岩経（ケインズ　1883–1946）
岩世人（ケインズ　1883.6.5–1946.4.21）
覚思（ケインズ　1883.6.5–1946.4.21）
覚思ス（ケインズ　1883.6.5–1946.4.21）
現社（ケインズ　1883–1946）
広辞7（ケインズ　1883–1946）
社小増（ケインズ　1883–1946）

新カト (ケインズ　1883.6.5-1946.4.21)
世史改 (ケインズ　1883-1946)
世人新 (ケインズ　1883-1946)
世人装 (ケインズ　1883-1946)
世発 (ケインズ, ジョン・メイナード　1883-1946)
哲中 (ケインズ　1883-1946)
ネーム (ケインズ　1883-1946)
ポプ人 (ケインズ, ジョン　1883-1946)
有経5 (ケインズ　1883-1946)

Keynes, John Neville
イギリスの論理学者, 経済学者。主著『政治経済学の範囲と方法』(1890)。
⇒岩人 (ケインズ　1852.8.31-1949.11.15)

Keynes, Randal
イギリスの科学史家, ダーウィン研究家。
⇒外12 (ケインズ, ランドル　1948-)

Keys, Alicia
アメリカの歌手。
⇒外12 (キーズ, アリシア　1981.1.25-)
　外16 (キーズ, アリシア　1981.1.25-)

Keys, Bobby
アメリカのサックス奏者。
⇒ビト改 (KEYS,BOBBY　キーズ, ボビー)

Keyserling, Eduard Graf von
ドイツの作家。代表作『侯爵夫人』(1917)。
⇒岩世人 (カイザーリング　1855.5.14-1918.9.28)

Keyserling, Hermann, Graf von
ドイツの哲学者, 社会学者。
⇒岩世人 (カイザーリング　1880.7.20-1946.4.26)
　新カト (カイザーリング　1880.7.20-1946.4.26)
　メル3 (カイザーリンク(伯爵), ヘルマン　1880-1946)

Kezilahabi, Euphrase
タンザニアのスワヒリ語小説家, 詩人。
⇒現世文 (ケジラハビ, ユフレイズ　1944.4.13-)

Kezman, Mateja
セルビア・モンテネグロのサッカー選手。
⇒外12 (ケズマン, マテヤ　1979.4.12-)
　最世ス (ケズマン, マテヤ　1979.4.12-)

Khaalis, Hamaas Abdul
ネイション・オブ・イスラム全米書記長。
⇒マルX (KHAALIS,HAMAAS ABDUL (McGee,Ernest T.2X)　カリス, ハマス・アブデュル (マクギー, アーネスト・T・2X))

Khachaturyan, Aram Il'ich
ソ連の作曲家。1939年ヴァイオリン協奏曲により, スターリン賞第2位に入賞。他に『アルメニア共和国国歌』などがある。
⇒岩世人 (ハチャトゥリヤン　1903.5.24/6.3-1978.5.1)
　エデ (ハチャトゥリアン, アラム(イリイチ) 1903.6.6-1978.5.1)
　ク音3 (ハチャトゥリャン　1903-1978)
　広辞7 (ハチャトゥリャン　1903-1978)
　新音小 (ハチャトゥリャン, アラム　1903-1978)
　新音中 (ハチャトゥリャン, アラム　1903.6.6-1978.5.1)
　世人新 (ハチャトゥリャン　1903-1978)
　世人装 (ハチャトゥリャン　1903-1978)
　ネーム (ハチャトゥリャン　1903-1978)
　ビ曲改 (ハチャトゥリャン, アラム・イリイチ　1903-1978)
　標音2 (ハチャトゥリャン, アラム・イリイチ　1903.6.6-1978.5.1)
　ポプ人 (ハチャトゥリャン, アラム　1903-1978)

Khachaturyan, Karen
ロシアの作曲家。
⇒ク音3 (ハチャトゥリャン　1920-)

Khachaturyan, Sergei
アルメニアのヴァイオリン奏者。
⇒外12 (ハチャトゥリャン, セルゲイ　1985-)
　外16 (ハチャトゥリャン, セルゲイ　1985-)

Khacon Sukkhaphanit
タイの歴史学者。
⇒岩世人 (カチョーン・スッカパーニット　1913.6.9-1978.1.4)

Khaddam, Abdul-Halim
シリアの政治家。シリア副大統領。
⇒岩イ (ハッダーム　1932-)
　岩世人 (ハッダーム, アブドゥルハリーム　1932.9.15-)
　外12 (ハダム, アブドル・ハリム　1932-)
　外16 (ハダム, アブドル・ハリム　1932.9.15-)
　世指導 (ハダム, アブドル・ハリム　1932.9.15-)

Khadijah Hashim
マレーシアの女性作家。
⇒現世文 (カティジャー・ハシム　1942.4.20-)

Khadra, Yasmina
アルジェリア生まれの男性作家。
⇒外12 (カドラ, ヤスミナ　1955-)
　外16 (カドラ, ヤスミナ　1955-)
　海文新 (カドラ, ヤスミナ　1955-)
　現世文 (カドラ, ヤスミナ　1955-)

Khady Koita
セネガルの作家, 人権活動家。
⇒岩世人 (キャディ　1959.10-)

Khadzhibekov, Artem
ロシアの射撃選手(ライフル)。
⇒外16 (ハジベコフ, アルテム　1970.4.20-)
　最世ス (ハジベコフ, アルテム　1970.4.20-)

Khaibulaev, Tagir
ロシアの柔道選手。
⇒外16 (ハイブラエフ, タギル　1984.7.24-)
　最世ス (ハイブラエフ, タギル　1984.7.24-)

Khai Dinh
ベトナムの皇帝。在位1916～1925。
⇒岩世人（カイディン帝　1885.10.8–1925.11.6）
世帝（啓定帝　けいていてい、カイディンデ　1885–1925）

Khai-Hung
ベトナムの作家。
⇒岩世人（カイ・フン　1896–1947）
現世文（カイ・フン　慨興　1896–1947）

Khaisaeng Suksai
タイの政治家。
⇒岩世人（カイセーン・スックサイ　1928.9.10–2000.10.29）

Khakamada, Irina Mutsuovna
ロシアの女性政治家。
⇒岩世人（ハカマダ　1955.4.13–）
外16（ハカマダ, イリーナ　1955.4.13–）
世指導（ハカマダ, イリーナ　1955.4.13–）

Khakhar, Bhupen
インドの画家。
⇒岩世人（カッカル　1934.3.10–2003.8.8）

Khaksar, Mullah
アフガニスタンのイスラム原理主義活動家。タリバン情報機関長官。
⇒世指導（ハクサル, ムラ　?–2006.1.14）

Khalafa Allāh, Muḥammad Aḥmad
エジプトの社会主義者。
⇒岩イ（ハラファッラー　1916–1997）
岩世人（ハラファッラー　1916–1997）

Khaled Hadj Ibrahim
アルジェリアの歌手、ソングライター。
⇒異二辞（ハレド　1960–）
岩世人（ハレド　1960.2.29–）

Khalfounie, Dominique
フランスのダンサー。
⇒外12（カルフーニ, ドミニク　1951.6.23–）
外16（カルフーニ, ドミニク　1951.6.23–）

Khalid, Khalid Muhammad
エジプトの改革思想家。アフガーニー、アブドゥらの思想的系譜を受けつぐ。『われら、ここより始めなん』(1950)は、イスラムとマルクス主義の和解による一種の民主的社会主義を強調する。
⇒岩イ（ハーリド・ムハンマド・ハーリド　1920–1996）

Khalid ibn Abdul-Aziz al-Sa'ud
サウジアラビアの第4代国王。在位1975～82。病弱なため国政の実権は弟のファハド皇太子に委ねており、ハーリド＝ファハド体制と言われる。
⇒岩イ（ハーリド　1913–1982）

al-Khalīfa, 'Abd al-Raḥmān
ヨルダンの政治家。
⇒岩イ（ハリーファ, アブドゥラフマーン　1918–?）

Khalifa bin Hamad al-Thani, Sheikh
カタールの政治家。カタール首長。
⇒世指導（ハリファ・ビン・ハマド・アル・サーニ　1932.9.17–2016.10.23）

Khalifa bin Zayed al-Nahyan
アラブ首長国連邦の政治家。アラブ首長国連邦（UAE）大統領, アブダビ首長。
⇒外12（ハリファ・ビン・ザイド・ナハヤン　1948–）
外16（ハリファ・ビン・ザイド・ナハヤン　1948.1.25–）
世指導（ハリファ・ビン・ザイド・ナハヤン　1948.1.25–）

Khalil, Karam
エジプトの日本文学研究家。
⇒外12（ハリール, カラム　1958–）
外16（ハリール, カラム　1958–）

al-Khalīlī, Muḥammad 'Abdullāh
オマーンのイスラム・イバード派最後のイマーム。在位1920～54。
⇒岩イ（ムハンマド・アブドゥッラー・ハリーリー　1881/1882–1954）
岩世人（ハリーリー, ムハンマド・アブドゥッラー　1881/1882–1954）

Khalilzad, Zalmay
アメリカの外交官。
⇒外12（ハリルザド, ザルメイ　1951.3.22–）
外16（ハリルザド, ザルメイ　1951.3.22–）
世指導（ハリルザド, ザルメイ　1951.3.22–）

Khallāf, 'Abd al-Wahhāb
エジプトのイスラム法学者。
⇒岩イ（ハッラーフ　1888–1956）
岩世人（ハッラーフ, アブドゥルワッハーブ　1888–1956.1.19）

Khama, Seretse
ボツワナの政治家。1966年独立とともに国民議会議員として大統領に選出された。
⇒岩世人（カーマ　1921.7.1–1980.7.13）

Khama, Seretse Khama Ian
ボツワナの政治家。ボツワナ大統領（2008～18）。
⇒外12（カーマ, セレツェ・カーマ・イアン　1953.2.27–）
外16（カーマ, セレツェ・カーマ・イアン　1953.2.27–）
世指導（カーマ, セレツェ・カーマ・イアン　1953.2.27–）

Khamenei, Ali Hossein
イランのイスラム法学者,政治家。イラン大統領(1981～89)。
⇒イス世(ハーメネイー 1939–)
岩イ(ハーメネイー 1939–)
岩世人(ハーメネイー 1939.7.16–)
外12(ハメネイ,アリ・ホセイン 1939.7.17–)
外16(ハメネイ,アリ・ホセイン 1939.7.17–)
政経改(ハメネイ 1938–)
世指導(ハメネイ,アリ・ホセイン 1939.7.17–)

Khamis, Imad Muhammad Deeb
シリアの政治家。シリア首相。
⇒世指導(ハミス,イマド・ムハンマド・ディーブ 1961–)

Khammao Vilay
ラオスの政治家。
⇒岩世人(カムマオ 1892–1965)

Khamphoui Keoboualapha
ラオスの政治家,銀行家。ラオス副首相。
⇒岩世人(カムプイ 1930.5.25–2008.10.21)
世指導(カムプイ・ケオプラパ 1930.5.25–2008.10.21)

Khamphun Bunthawi
タイの作家。
⇒岩世人(カンプーン・ブンタウィー 1928.6.26–2003.4.4)
タイ(カムプーン・ブンタウィー 1928–2003)

Khamtay Siphandone
ラオスの政治家,軍人。ラオス大統領(1998～2006)。
⇒岩世人(カムタイ 1924.2.8–)
世指導(カムタイ・シパンドン 1924.2.8–)

Khan, Aamir
インド生まれの男優。
⇒外16(カーン,アーミル 1965.3.14–)
スター(カーン,アーミル 1965.3.14–)

Khan, Abdul Qadeer
パキスタンの原子力科学者。
⇒外12(カーン,アブドル・カディール 1935–)
外16(カーン,アブドル・カディール 1936.4.1–)
ネーム(カーン,アブドゥル 1936–)

Khan, Akram
イギリスのダンサー,振付家。
⇒外12(カーン,アクラム 1974–)
外16(カーン,アクラム 1974–)

Khan, Amir
イギリスのプロボクサー。
⇒最世ス(カーン,アミール 1986.12.8–)

Khan, Farah
インドの映画監督。
⇒外16(カーン,ファラー 1965.1.9–)

Khan, Ghulam Ishaq
パキスタンの政治家。パキスタン大統領(1988～93)。
⇒世指導(カーン,グーラム・イスハク 1915.1.20–2006.10.27)

Khān, Imran
パキスタンの政治家,クリケット選手。
⇒外16(カーン,イムラン 1952.11.25–)
世指導(カーン,イムラン 1952.11.25–)

Khan, Irene
バングラデシュ生まれのアムネスティ・インターナショナル事務総長。
⇒外12(カーン,アイリーン 1956.12.24–)
外16(カーン,アイリーン 1956.12.24–)
世指導(カーン,アイリーン 1956.12.24–)

Khan, Rukhsana
パキスタン生まれのカナダの作家。
⇒海文新(カーン,ルクサナ 1962–)
現世文(カーン,ルクサナ 1962–)

Khan, Sadiq
イギリスの政治家。交通担当相,ロンドン市長。
⇒世指導(カーン,サディク 1970.10.8–)

Khan, Salman
アメリカの教育家。
⇒外16(カーン,サルマン 1976–)

Khan, Shah Rukh
インド生まれの男優。
⇒遺産(カーン,シャー・ルク 1965.11.2–)
外12(カーン,シャー・ルク 1965.11.2–)
外16(カーン,シャー・ルク 1965.11.2–)
スター(カーン,シャー・ルク 1965.11.2–)

Khan, Shan
イギリスの劇作家,脚本家。
⇒外12(カーン,シャン)

Khanal, Jhala Nath
ネパールの政治家。ネパール首相,ネパール統一共産党(UML)議長。
⇒外12(カナル,ジャラ・ナート 1950.3.20–)
外16(カナル,ジャラ・ナート 1950.3.20–)
世指導(カナル,ジャラ・ナート 1950.3.20–)

Khanayev, Nikandr
ロシアのテノール歌手。
⇒失声(ハナエフ,ニカンドル 1890–1974)

Khan-Din, Ayub
イギリスの作家,劇作家。
⇒現世文(カーン・ディン,アユーブ)

Khanh Ly
ベトナムの歌手。
⇒岩世人(カイン・リー 1945.3.6–)

Khānlarī, Parvīz
イランの言語学者, 詩人, 政治家。
⇒岩世人（ハーンラリー　1914–1991）

Khanti, U
ビルマの修行者。
⇒岩世人（カンティ　1868–1949.1.14）

Khanzadian, Vahan
テノール歌手。
⇒魅惑（Khanzadian,Vahan　?–）

Khaosai Galaxy
タイのボクサー。
⇒異二辞（カオサイ・ギャラクシー　1959–）
タイ（カオサーイ・ギャラクシー　1959–）

Khar, Hina Rabbani
パキスタンの政治家。
⇒外12（カル, ヒナ・ラバニ　1977.1.19–）
外16（カル, ヒナ・ラバニ　1977.1.19–）
世指導（カル, ヒナ・ラバニ　1977.1.19–）

Kharasch, Morris Selig
アメリカの有機化学者。
⇒岩世人（カラシュ　1895.8.24–1957.10.7）
ユ著人（Kharasch,Morris Selig　カラッシュ, モーリス・ゼーリッヒ　1895–1957）

Kharitonov, Sergey
ロシアの格闘家。
⇒外12（ハリトーノフ, セルゲイ　1980.8.18–）

Kharms, Daniil Ivanovich
ソ連の詩人。
⇒岩世人（ハルムス　1905.12.17/30–1942.2.2）
絵本（ハルムス, ダニイル　1905–1942）
現世文（ハルムス, ダニール　1905.12.30–1942.2.2）
広辞7（ハルムス　1905–1942）

Kharrazi, Kamal
イランの外交官。イラン外相, イラン外交戦略会議議長。
⇒外12（ハラジ, カマル　1944.12.1–）
外16（ハラジ, カマル　1944.12.1–）
世指導（ハラジ, カマル　1944.12.1–）

Khasawneh, Awn Shawkat al-
ヨルダンの政治家。ヨルダン首相。
⇒外16（ハサウネ, アウン・シャウカト　1950.2.22–）
世指導（ハサウネ, アウン・シャウカト　1950.2.22–）

Khasbulatov, Ruslan Imranovich
ロシアの政治家, 経済学者。ロシア共和国最高会議議長。
⇒岩世人（ハズブラートフ　1942.11.22–）
世指導（ハスブラートフ, ルスラン　1942.11.22–）

Khasyanova, Elvira
ロシアのシンクロナイズドスイミング選手。
⇒最世人（ハシャノワ, エルビラ　1981.3.28–）

Khatami, Mohammad
イランの政治家, イスラム教聖職者。イラン大統領(1997～2005)。
⇒岩イ（ハータミー　1943–）
岩世人（ハータミー　1943.10.14–）
外12（ハタミ, モハマド　1943.9.27–）
外16（ハタミ, モハマド　1943.9.27–）
国政（ハータミー, セイエド・モハンマド　1943–）
政経改（ハタミ　1943–）
世指導（ハタミ, モハマド　1943.9.27–）
ポプ人（ハタミ, モハンマド　1943–）

Khatib, Ghassan al
パレスチナの政治家, 社会学者。パレスチナ自治政府労相。
⇒世指導（ハティーブ, ガッサン・アル　1954–）

al-Khaṭīb, Muḥibb al-Dīn
シリアのイスラム思想家, 出版人。
⇒岩イ（ハティーブ, ムヒッブッディーン　1886–1969）

Khdoinazarov, Bakhtiyar
タジキスタン生まれの映画監督。
⇒外12（フドイナザーロフ, バフティヤル　1965–）

al-Khiḍr Ḥusayn
チュニジアのイスラム改革派ウラマー(学者)。
⇒岩イ（フサイン, ヒドル　1873–1958）
岩世人（ヒドル・フサイン　1873–1958.2.28）

Khieu Ponnary
カンボジアの政治家。ポル・ポト派(クメール・ルージュ)幹部。
⇒岩世人（キュー・ボナリー　1920–2003.7.1）

Khieu Samphan
カンボジアの政治家。民主カンボジア(ポル・ポト派)代表(議長)。
⇒岩世人（キュー・サンパン（キュー・サンファン）　1931.7.27–）
外12（キュー・サムファン　1931.7.27–）
外16（キュー・サムファン　1931.7.27–）
現アジ（キュー・サンファン　1931.7.27–）
世指導（キュー・サムファン　1931.7.27–）

Khinchin, Aleksandr Yakovlevich
ソ連の数学者。確率論, 整数論, 実変数函数論を研究した。スターリン賞を受賞(1940)。
⇒岩世人（ヒーンチン　1894.7.7/19–1959.11.18）
数辞（ヒンチン, アレクサンドル・ヤコヴレヴィチ　1894–1959）
世数（ヒンチン, アレクサンドル・ヤコヴレヴィッチ　1894–1959）

Khin Khin Htoo
ミャンマー(ビルマ)の作家。

⇒海文新 (キンキントゥー　1962-)
現世文 (キンキントゥー　1962-)

Khin Khin Lay, Dagon
ビルマの閨秀作家, 映画監督, 出版者。作品『文豪』(1935)や, 『黄金の鳶(とび)』(33)は名作として知られる。
⇒岩世人 (キンキンレー　1904.2.20-1981.7.23)

Khin Kyi, Daw
ビルマ(ミャンマー)の政治家。
⇒岩世人 (キンチー　1912-1988.12.27)

Khin Nyunt
ミャンマー(ビルマ)の政治家, 軍人。ミャンマー首相。
⇒岩世人 (キンニュン　1939.10.11-)
　外12 (キン・ニュン　1939.10.11-)
　外16 (キン・ニュン　1939.10.11-)
　現アジ (キン・ニュン　1939-)
　世指導 (キン・ニュン　1939.10.11-)

Khin Ohmar
ミャンマー(ビルマ)の民主化運動家。
⇒外12 (キン・オーンマー)
　外16 (キン・オーンマー)
　世指導 (キン・オーンマー)

Khin Swe Oo
ミャンマー(ビルマ)の女性小説家。
⇒岩世人 (キンスェーウー　1933?-)

Khitruk, Fedor
ロシア生まれのアニメーション作家。
⇒アニメ (ヒトルーク, フョードル　1917-)

Khiyābānī, Moḥammad
イランの政治指導者。1920年6月アゼルバイジャンに地方政権を樹立したが短命に終わった。
⇒岩イ (ヒヤーバーニー　1880-1920)

Khizha, Georgii
ロシアの政治家。ロシア副首相。
⇒世指導 (ヒジャ, ゲオルギー　1938.5-)

Khlebnikov, Velemir Vladimirovich
ロシア, ソ連の詩人。マヤコフスキーとともに未来派の中心メンバー。代表作は長詩『ラドミル』(1920)。
⇒岩世人 (フレーブニコフ　1885.10.28/11.9-1922.6.28)
　現世文 (フレーブニコフ, ヴェリミール　1885.11.9-1922.6.28)
　広辞7 (フレーブニコフ　1885-1922)

Khnopff, Fernand
ベルギーの画家, 彫刻家, 版画家。
⇒芸13 (クノップフ, フェルナン　1858-1921)

Khodasévich, Vladisláv F.
ロシア生まれの詩人, 批評家。
⇒岩世人 (ホダセーヴィチ　1886.5.16/28-1939.6.14)

Khodorkovskii, Mikhail Borisovich
ロシアの企業家。石油会社ユコス社長, メナテップ銀行頭取。
⇒岩世人 (ホドルコフスキー　1963.6.23-)
　外12 (ホドルコフスキー, ミハイル　1963.6.26-)
　外16 (ホドルコフスキー, ミハイル　1963.6.26-)

Khokhlov, Nikolay Y.
ソ連の暗殺者。
⇒スパイ (ホフロフ, ニコライ・Y　1922-2007)

Kholodenko, Vadym
ウクライナのピアノ奏者。
⇒外12 (ホロデンコ, ヴァディム)
　外16 (ホロデンコ, ヴァディム)

Khomeini, Ayatollah Ruhollah
イランのイスラム教シーア派の最高指導者。1963年パーラビ国王への反乱に失敗, 亡命。79年国王のイラン退去後, 帰国。「イスラム共和国」樹立を最大目標として大衆を指導。
⇒イス世 (ホメイニー　1900-1989)
　岩イ (ホメイニー　1902-1989)
　岩世人 (ホメイニー　1902.9.24-1989.6.3)
　現宗 (ホメイニー　1902-1989)
　広辞7 (ホメイニ　1902-1989)
　国政 (ホメイニー, アーヤトッラー・ルーホッラー　1900-1989)
　政経改 (ホメイニ　1902-1989)
　世史改 (ホメイニ　1902-1989)
　世人新 (ホメイニ　1902-1989)
　世人装 (ホメイニ　1902-1989)
　ポプ人 (ホメイニ, ルーハッラー　1900-1989)
　もう山 (ホメイニ　1902-1989)

Khonkhai, Khammāan
タイの作家。
⇒タイ (カムマーン・コンカイ　1937-)

Khoo, Hoo-neng
マレーシア生まれのアジア女子大学学長。
⇒外12 (クー, フーネン)
　外16 (クー, フーネン)

Khoo Swee-chiow
シンガポールの冒険家。
⇒外12 (クースウィーチャウ)
　外16 (クースウィーチャウ)

Khorana, Har Gobind
アメリカの生化学者。1968年ノーベル生理学医学賞。
⇒岩生 (コラナ　1922-2011)
　岩世人 (コラーナ　1922.1.9-2011.11.9)
　旺社5 (コラーナ　1922-)
　三新生 (コラーナ　1922-)
　ネーム (コラーナ　1922-2011)
　ノベ3 (コラーナ, H.G.　1922.1.9-2011.11.9)

Khorāsānī, Moḥammad Kāẓem
イランの十二イマーム派の法学者。19世紀末から20世紀初頭のマルジャア・アッ=タクリード（最高権威の法学者）の一人。
⇒岩イ（ホラーサーニー　1839–1911）

Khosla, Vinod
アメリカの投資家。
⇒外12（コースラ，ビノッド　1955.1.28–）
⇒外16（コースラ，ビノッド　1955.1.28–）

Khosravī Kermānshāhī
イランの歴史小説家，詩人。
⇒岩世人（ホスラヴィー・ケルマーンシャーヒー　1850–1919）

Khosrowshahi, Bijan
アメリカの実業家。
⇒外12（コスロシャヒ，ビジャン　1961.7.23–）

Khouna, Cheikh El Afia Ould Mohamed
モーリタニアの政治家。モーリタニア首相。
⇒外16（クーナ，シェイフ・エル・アフィア・ウルド・モハメド　1956–）
⇒世指導（クーナ，シェイフ・エル・アフィア・ウルド・モハメド　1956–）

Khoury, Raymond
レバノン生まれの作家。
⇒外12（クーリー，レイモンド　1960–）
⇒外16（クーリー，レイモンド　1960–）
⇒海文新（クーリー，レイモンド　1960–）
⇒現世文（クーリー，レイモンド　1960–）

Khrapovitsky, Antony
ロシアの正教会主教，神学者，哲学者。
⇒岩世人（アントーニー・フラポヴィーツキー　1863/1864.3.17/29–1936.8.11）

Khrennikov, Tikhon Nikolayevich
ロシアの作曲家。
⇒岩世人（フレーンニコフ　1913.5.28/6.10–2007.8.14）
⇒ク音3（フレンニコフ　1913–2007）
⇒新音中（フレンニコフ，ティホン　1913.6.10–）
⇒標音2（フレンニコフ，ティホン・ニコラエヴィチ　1913.6.10–2007.8.14）

Khristenko, Viktor
ロシアの政治家。ロシア第1副首相，ユーラシア経済委員会委員長。
⇒外12（フリステンコ，ヴィクトル　1957.8.28–）
⇒外16（フリステンコ，ヴィクトル　1957.8.28–）
⇒世指導（フリステンコ，ヴィクトル　1957.8.28–）

Khru, Thep
タイの詩人。
⇒岩世人（クルーテープ　1877.1.1–1943.2.1）

Khrushchev, Nikita Sergeevich
ソ連の政治家。1958年，党第一書記として首相を兼任，ソ連の最高指導者となった。のちに失脚。
⇒岩世人（フルシチョフ　1894.4.3/15–1971.9.11）
⇒広辞7（フルシチョフ　1894–1971）
⇒国政（フルシチョフ，ニキータ　1894–1971）
⇒政経改（フルシチョフ　1894–1971）
⇒世化改（フルシチョフ　1894–1971）
⇒世人新（フルシチョフ　1894–1971）
⇒世人装（フルシチョフ　1894–1971）
⇒ネーム（フルシチョフ　1894–1971）
⇒ポプ人（フルシチョフ，ニキータ　1894–1971）
⇒もう山（フルシチョフ　1894–1971）

Khruuliam
タイの小説家，ジャーナリスト。
⇒岩世人（クルーリアム　1879.8.23–1963.3.16）

Khuang Aphaiwong
タイの政治家。
⇒岩世人（クワン・アパイウォン　1902.5.17–1968.3.15）
⇒タイ（クワン・アパイウォン　1902–1968）

Khuen-Héderváry Károly
ハンガリーの政治家。ハンガリー首相（1903,10～12）ののち国民労働党を結党し総裁となった（13）。
⇒岩世人（クーエン=ヘーデルヴァーリ　1849.5.23–1918.2.16）

Khugaev, Alan
ロシアのレスリング選手（グレコローマン）。
⇒外16（フガエフ，アラン　1989.4.27–）
⇒最世ス（フガエフ，アラン　1989.4.27–）

al-Khū'ī, Abū al-Qāsim
イラクのシーア派法学者。マルジャア・アッ=タクリード。
⇒岩イ（フーイー　?–1992）

Khun Saa
ミャンマー，シャン州の麻薬商人，反政府武装集団の首領。
⇒岩世人（クンサー　1934.2.17–2007.10.26）

Khun Srun
カンボジアの小説家。
⇒岩世人（クン・スルン　1945.10.3–1978）

Khurelsukh, Uhnaa
モンゴルの政治家。モンゴル首相。
⇒世指導（フレルスフ，ウフナー　1968.6.14–）

Khurshid Ahmad
パキスタンの経済学者，教育者，イスラム神学者。
⇒岩イ（ホルシード・アフマド　1932–）

Khush, Gurdev Singh
インドの農学者，遺伝学者。
⇒岩世人（クシュ　1935–）
⇒外12（クッシュ，グルデブ・シン　1935.8.22–）

Khushtov, Aslanbek
ロシアのレスリング選手(グレコローマン)。
⇒外12(フシュトフ, アスランベク 1980.7.1–)
最世ス(フシュトフ, アスランベク 1980.7.1–)

Khvylovy, Mykola Hryhorovych
ウクライナの詩人, 小説家。
⇒岩世人(フヴィリョヴィー 1893.12.1/13–1933.5.13)

Khwāja Niyāz Ḥājjī
新疆ウイグル人の民族指導者。
⇒岩世人(ホージャ・ニヤーズ・ハッジー 1889–1937?)

Kianpour, Fredun
ドイツの作家, ピアノ奏者。
⇒海文新(キアンプール, フレドゥン 1973–)
現世文(キアンプール, フレドゥン 1973–)

Kiarostami, Abbas
イラン生まれの映画監督。
⇒岩世人(キアロスタミ 1940.6.22–)
映監(キアロスタミ, アッバス 1940.6.22–)
外12(キアロスタミ, アッバス 1940.6.22–)
外16(キアロスタミ, アッバス 1940.6.22–)
広辞7(キアロスタミ 1940–2016)

Kibaki, Mwai
ケニアの政治家。ケニア大統領(2002〜13)。
⇒岩世人(キバキ 1931.11.15–)
外12(キバキ, ムワイ 1931.11.15–)
外16(キバキ, ムワイ 1931.11.15–)
世指導(キバキ, ムワイ 1931.11.15–)
ネーム(キバキ, ムワイ 1931–)

Kibbler, Donald
オーストラリアのカウラ市日本文化センター会長。
⇒外12(キブラー, ドナルド)
外16(キブラー, ドナルド)

Kibet, Luke
ケニアのマラソン選手。
⇒最世ス(キベト, ルーク 1983.4.12–)

Kibirov, Timur Yurevich
ロシアの詩人。
⇒岩世人(キビーロフ 1955.2.15–)

Ki Bo-bae
韓国のアーチェリー選手。
⇒外16(キボベ 奇甫倍 1988.2.20–)
最世ス(キボベ 1988.2.20–)

Kibria, Shah A.M.S.
バングラデシュの政治家, 外交官。バングラデシュ財務相, ESCAP事務局長。
⇒世指導(キブリア, シャー・A.M.S. 1931.5.1–2005.1.27)

Kibum
韓国の俳優, 歌手。
⇒外12(キボム)

Kidd, Benjamin
イギリスの社会哲学者。主著『社会進化論』(1894), 『西洋文明の諸原理』(1902)。
⇒学叢思(キッド, ベンジャミン 1858–?)

Kidd, Diana
オーストラリアの児童文学作家。
⇒現世文(キッド, ダイアナ 1933–2000.9)

Kidd, Jason
アメリカのバスケットボール選手。
⇒外12(キッド, ジェイソン 1973.3.23–)
外16(キッド, ジェイソン 1973.3.23–)
最世ス(キッド, ジェイソン 1973.3.23–)

Kidd, Johnny
イギリス・ロンドン生まれのミュージシャン。
⇒ロック(Kidd,Johnny キッド, ジョニー 1939.12.23–1966.10.7)

Kidd, Sue Monk
アメリカの作家。
⇒外12(キッド, スー・モンク)
外16(キッド, スー・モンク)
現世文(キッド, スー・モンク)

Kidder, Alfred Vincent
アメリカの考古学者。アメリカ人類学協会およびアメリカ考古学会会長(1942)。
⇒岩世人(キダー 1885.10.29–1963.6.11)

Kidder, Margot
カナダ生まれの女優。
⇒ク俳(キダー, マーゴット(キダー, マーガレット) 1948–)

Kidder, Mary Eddy
アメリカの改革派教会婦人宣教師。フェリス和英女学校を創立。
⇒アア歴(Kidder,Mary E. キダー, メアリー・E. 1834.1.31–1910.6.25)
岩キ(キダー 1834–1910)
岩世人(キダー 1834–1910.6.25)

Kiderlen-Wächter, Alfred von
ドイツの外交官。外相となってからは(1910〜), モロッコに関してフランスとの間にアガディール危機を起す(11)。
⇒岩世人(キーダーレン=ヴェヒター 1852.7.10–1912.12.30)

Kidjo, Angélique
ベナンの歌手。
⇒外12(キジョー, アンジェリーク 1960–)
外16(キジョー, アンジェリーク 1960–)

Kidman, Fiona
ニュージーランドの女性小説家, 詩人。
⇒ニュー（キッドマン, フィオナ　1940–）

Kidman, Nicole
アメリカ生まれの女優。
⇒遺産（キッドマン, ニコール　1967.6.20–）
　岩世人（キッドマン　1967.6.20–）
　外12（キッドマン, ニコール　1967.6.20–）
　外16（キッドマン, ニコール　1967.6.20–）
　ク俳（キッドマン, ニコール　1967–）
　スター（キッドマン, ニコール　1967.6.20–）

Kido, Markis
インドネシアのバドミントン選手。
⇒外12（キド, マルキス　1984.8.11–）
　最世ス（キド, マルキス　1984.8.11–）

Kidston, Cath
イギリスの雑貨デザイナー。
⇒外16（キッドソン, キャス　1958–）

Kiedis, Anthony
アメリカのロック歌手。
⇒外12（キーディス, アンソニー　1962.11.1–）
　外16（キーディス, アンソニー　1962.11.1–）

Kiefer, Anselm
ドイツの画家。
⇒岩世人（キーファー　1945.3.8–）
　外12（キーファー, アンゼルム　1945.5.8–）
　外16（キーファー, アンゼルム　1945.5.8–）
　現アテ（Kiefer, Anselm　キーファー, アンゼルム　1945–）
　広辞7（キーファー　1945–）
　ポプ人（キーファー, アンセルム　1945–）

Kiefer, Robert
テノール歌手。
⇒魅惑（Kiefer, Robert　?–）

Kiefer, Warren
アメリカのミステリ作家。
⇒現世文（キーファー, ウォーレン　1929.12.18–）

Kielburger, Craig
カナダの児童労働問題活動家。
⇒外12（キールバーガー, クレイグ　1982–）
　外16（キールバーガー, クレイグ　1982–）

Kielhorn, Franz
ドイツのインド学者。『ボンベイ梵語叢書』,『インド＝アリアン言語古代学基本叢書』,『インド＝アリアン研究百科事典』の刊行にあたる。
⇒岩世人（キールホルン　1840.5.31–1908.3.19）

Kielland, Alexander Lange
ノルウェーの小説家。
⇒岩世人（ヒェランン　1849.2.18–1906.4.6）

Kienholz, Edward
アメリカの美術家。ベッド, 机などの既成品を利用しながら, 状況的な作品を作り出す。
⇒岩世人（キーンホルツ　1927.10.23–1994.6.10）

Kienzl, Wilhelm
オーストリアの作曲家。
⇒岩世人（キーンツル　1857.1.17–1941.10.3）
　新音中（キーンツル, ヴィルヘルム　1857.1.17–1941.10.3）
　標音2（キーンツル, ヴィルヘルム　1857.1.17–1941.10.3）

Kiepura, Jan
ポーランド, のちアメリカのテノール歌手。戦後はオペレッタや映画に出演し, オペラ歌手の枠をこえた名声を得た。
⇒失声（キープラ, ヤン　1902–1966）
　魅惑（Kiepura, Jan　1902–1966）

Kier, Udo
ドイツ生まれの俳優。
⇒外12（キア, ウド　1944.10.14–）
　外16（キア, ウド　1944.10.14–）
　スター（キアー, ウド　1944.10.14–）

Kiesinger, Kurt Georg
ドイツ連邦共和国の政治家。1966年キリスト教民主同盟党首に選ばれ, 社会民主党との連立工作に成功して首相となる。
⇒岩世人（キージンガー　1904.4.6–1988.3.9）
　世人新（キージンガー　1904–1988）
　世人装（キージンガー　1904–1988）
　ポプ人（キージンガー, クルト・ゲオルク　1904–1988）

Kiesler, Frederick John
アメリカの建築家。1925年のパリ万国装飾博覧会オーストリア館に『空中都市』『エンドレス劇場』案を発表。
⇒シュル（キースラー, フレデリック　1890–1965）

Kieślowski, Krzysztof
ポーランドの映画監督。監督作品『アマチュア』『殺人に関する短いフィルム』など。
⇒岩キ（キェシロフスキ　1941–1996）
　岩世人（キェシロフスキ　1941.6.27–1996.3.13）
　映監（キエシロフスキー, クシシュトフ　1941.6.27–1996）

Kiessling, Stefan
ドイツのサッカー選手（レバークーゼン・FW）。
⇒外12（キースリンク, シュテファン　1984.1.25–）
　外16（キースリンク, シュテファン　1984.1.25–）
　最世ス（キースリンク, シュテファン　1984.1.25–）

Kigeli V Ndahindurwa
ルワンダの王。在位1959〜61。
⇒岩世人（キゲリ5世　1936.6.29–）

Kiir, Salva
南スーダンの政治家, 軍人。南スーダン初代大統領。
⇒外12（キール, サルバ 1951–）
外16（キール, サルバ 1951–）
世指導（キール, サルバ 1951–）

Kiki
フランスの女性。1920年代のモンパルナスで画家たちの創作意欲をかきたてたモデル。
⇒ヘミ（キキ 1901–1953）

Kikwete, Jakaya Mrisho
タンザニアの政治家。タンザニア大統領（2005～15）。
⇒外12（キクウェテ, ジャカヤ・ムリショ 1950.10.7–）
外16（キクウェテ, ジャカヤ・ムリショ 1950.10.7–）
世指導（キクウェテ, ジャカヤ・ムリショ 1950.10.7–）

Kilar, Wojciech
ポーランドの作曲家。
⇒新音中（キラル, ヴォィチェフ 1932.7.17–）
標音2（キラール, ヴォイツィエフ 1932.7.17–）

Kilborne, Earnest Albert
カナダの宣教師。東洋宣教会第2代総理。
⇒アア歴（Kilbourne, Ernest (Albert) キルボーン, アーネスト・アルバート 1865.3.13–1928.4.13）

Kilby, Jack St.Clair
アメリカの電子技術者, 発明家。2000年ノーベル物理学賞。
⇒岩世人（キルビー 1923.11.8–2005.6.20）
広辞7（キルビー 1923–2005）
世発（キルビー, ジャック・セントクレア 1923–2005）
ネーム（キルビー 1923–2005）
ノベ3（キルビー, J. 1923.11.8–2005.6.20）

Kile, Darryl Andrew
アメリカの大リーグ選手（投手）。
⇒メジャ（カイル, ダリル 1968.12.2–2002.6.22）

Kill
ロシア正教会総主教（第16代）。
⇒外12（キリル 1946–）
外16（キリル 1946–）

Killanin, Michael Morris, 3rd Baron
アイルランドのジャーナリスト, 作家。国際オリンピック委員会（IOC）第6代会長。
⇒岩世人（キラニン 1914.7.30–1999.4.25）

Killebrew, Harmon Clayton
アメリカの大リーグ選手（一塁, 三塁, 外野）。
⇒メジャ（キルブルー, ハーモン 1936.6.29–2011.5.17）

Killefer, William Lavier
アメリカの大リーグ選手（捕手）。
⇒メジャ（キルファー, ビル 1887.10.10–1960.7.3）

Killen, Frank Bissell
アメリカの大リーグ選手（投手）。
⇒メジャ（キーレン, フランク 1870.11.30–1939.12.3）

Killens, John Oliver
アメリカの小説家, 劇作家, 政治活動家。
⇒マルX（KILLENS, JOHN OLIVER キレンズ, ジョン・オリヴァー 1916–1987）

Killer Kowalski
カナダ（ポーランド系）のプロレスラー。
⇒異二辞（キラー・コワルスキー 1926–2008）

Killian, Edwin Henry
アメリカの大リーグ選手（投手）。
⇒メジャ（キリアン, エド 1876.11.12–1928.7.18）

Killian, Gustav
ドイツの耳鼻咽喉科学者。気管支直達検査法（1898）等を創始した。
⇒岩世人（キリアン 1860.6.2–1921.2.24）

Killian, James R., Jr.
アメリカの科学者。
⇒スパイ（キリアン, ジェイムズ・R, ジュニア 1904–1998）

Killing, Wilhelm Karl Joseph
ドイツの数学者。
⇒世数（キリング, ヴィルヘルム・カール・ヨゼフ 1847–1923）

Killy, Jean-Claude
フランスのアルペンスキー選手。
⇒岩世人（キリー 1943.8.30–）

Kilmer, Val
アメリカ生まれの俳優。
⇒外12（キルマー, バル 1959.12.31–）
外16（キルマー, バル 1959.12.31–）
ク俳（キルマー, ヴァル 1959–）

Kilpatrick, William Heard
アメリカの教育学者。教育哲学, 教育方法の理論に独自の分野を開拓。プロジェクト・メソッドで著名。
⇒岩世人（キルパトリック 1871.11.20–1965.2.13）
教思増（キルパトリック 1871–1965）
教人（キルパトリック 1871–1952）

Kilpinen, Yrjo Henrik
フィンランドの作曲家。
⇒岩世人（キルピネン 1892.2.4–1959.3.2）
ク音3（キルピネン 1892–1959）
新音中（キルピネン, ユリヨ 1892.2.4–1959.3.2）
ネーム（キルピネン 1892–1959）

標音2（キルピネン，ユリエ　1892.2.4–1959.3.2）

Kilroy, Matthew Aloysius
アメリカの大リーグ選手（投手）。
⇒メジャ（キルロイ，マット　1866.6.21–1940.3.2）

Kilworth, Garry
イギリスの作家。
⇒外12（キルワース，ギャリー　1941–）
　外16（キルワース，ギャリー　1941–）
　現世文（キルワース，ギャリー　1941–）

Kil Yong-Woo
韓国の男優。
⇒韓俳（キル・ヨンウ　1954.12.17–）

Kim, Birdie
韓国のプロゴルファー。
⇒外12（キム，バーディー　1981.8.26–）

Kim, Hyun-Domg
韓国のテノール歌手。
⇒魅惑（Kim,Hyun-Domg　?–）

Kim, Jim Yong
アメリカの医学者。
⇒外16（キム，ジム・ヨン　1959.12.8–）

Kim, Kimberly
アメリカのプロゴルファー。
⇒外12（キム，キンバリー　1991.8.23–）

Kim, Ki-Young
韓国の映画監督。有星映画社長。
⇒岩世人（金綺泳　キムギヨン　1919.10.1–1998.2.6）
　映監（キム・ギヨン（金綺泳）　1919.10.10–1998）

Kim, Patti
韓国の歌手。
⇒岩世人（キム　1938.2.28–）

Kim, Patty
カナダのドキュメンタリー監督。
⇒外12（キム，パティ　1969–）

Kim, Richard
⇒岩世人（金恩国　キムウングク　1932.3.13–2009.6.23）
　現世文（キム，リチャード　1932.3.13–2009.6.23）

Kim, Robert C.
アメリカ海軍情報局のコンピュータ技師。機密文書を韓国人に渡した。
⇒スパイ（キム，ロバート・C　1940–）

Kim, Roman Nikolaevich
ソ連の小説家。実話に取材した政治的な推理小説を書いた。代表作『春川で発見された手帳』（1951）など。
⇒現世文（キム，ロマン・ニコラエヴィチ　1899.8.1–1967.5.14）

Kim, Seung-Hyun
韓国のテノール歌手。
⇒魅惑（Kim,Seung-Hyun　1974–）

Kim, Sung
アメリカの外交官。
⇒外16（キム，ソン　1960–）
　世指導（キム，ソン　1960–）

Kim, Woo-Kyung
韓国のテノール歌手。
⇒魅惑（Kim,Woo-Kyung　1977–）

Kim, Young C.
アメリカの国際政治学者。
⇒外12（キム，ヤング　1928–）

Kim, Young-Hwan
韓国のテノール歌手。
⇒魅惑（Kim,Young-Hwan（金永煥）　?–）

Kim Ae-ran
韓国の作家。
⇒外16（キムエラン　金愛爛　1980–）
　海文新（金愛爛　キムエラン　1980–）
　現世文（キム・エラン　金愛爛　1980–）

Kim A-jung
韓国の女優。
⇒外12（キムアジュン　1982.10.16–）
　外16（キムアジュン　1982.10.16–）
　韓俳（キム・アジュン　1982.10.16–）

Kim A-lang
韓国のスピードスケート選手（ショートトラック）。
⇒外16（キムアラン　1995.8.22–）

Ki Manteb Sudarsono
現代インドネシアを代表するワヤン（影絵芝居）のダラン（人形遣い）。
⇒外12（キ・マンタブ・スダルソノ　1948–）
　外16（キ・マンタブ・スダルソノ　1948–）

Kīmathi, Dedan
植民地期ケニアの反英独立戦争の指導者。
⇒岩世人（キマジ　1920–1957.2）

Kimbangu, Simon
ザイール（旧ベルギー領コンゴ）のメシア的宗教運動指導者。バコンゴ族の土着信仰とキリスト教を融合させたキンバンギズムを起こし、「黒い救世主」として多くの信者を集めた。
⇒岩世人（キンバング　1887.9.12–1951.10.12）
　オク教（キンバング　1889頃–1951）

Kim Bin-Woo
韓国の女優。
⇒韓俳（キム・ビヌ　1982.10.5–）

Kim Bo-Kyung
韓国の女優。
⇒韓俳（キム・ボギョン　1976.4.3-）

Kim Bo-kyung
韓国のサッカー選手（松本山雅・MF）。
⇒外12（キムボギョン　金甫炅　1989.10.6-）
　外16（キムボギョン　金甫炅　1989.10.6-）
　最世ス（キムボギョン　1989.10.6-）

Kim Bo-Sung
韓国の男優。
⇒韓俳（キム・ボソン　1966.6.27-）

Kimbrel, Craig
アメリカの大リーグ選手（ブレーブス・投手）。
⇒最世ス（キンブレル, クレイグ　1988.5.28-）
　メジャ（キンブレル, クレイグ　1988.5.28-）

Kim Bum
韓国の俳優。
⇒外12（キムボム　1989.7.7-）
　外16（キムボム　1989.7.7-）

Kim Bu-Seon
韓国の女優、モデル。
⇒韓俳（キム・ブソン　1961.7.7-）

Kim Byeol-ah
韓国の作家。
⇒現世文（キム・ビョラ　1969-）

Kim Byung-hyun
韓国の大リーグ選手（投手）。
⇒外12（キムビョンヒョン　金炳賢　1979.1.19-）
　外16（キムビョンヒョン　金炳賢　1979.1.19-）

Kim Byung-Ki
韓国のタレント。
⇒韓俳（キム・ビョンギ　1948.11.2-）

Kim Byung-Se
韓国の男優。
⇒韓俳（キム・ビョンセ　1962.9.26-）

Kim Chang-Wan
韓国の男優、歌手。
⇒韓俳（キム・チャンワン　1954.2.22-）

Kim Cheong-Gi
韓国のアニメーション映画監督。
⇒アニメ（金青基　キム・チョンギ　1941-）

Kim Choon-mie
韓国の翻訳家。高麗大学名誉教授。
⇒外12（キムチュンミ　金春美　1943.1.20-）
　外16（キムチュンミ　金春美　1943.1.20-）

Kim Chung
韓国のタレント。
⇒韓俳（キム・チョン　1962.6.1-）

Kim Chun-su
韓国の詩人。韓国放送公社理事。
⇒岩世人（金春洙　キムチュンス　1922.11.25-2004.11.29）
　韓現文（金春洙　キム・チュンス　1922.11.25-2004.11.29）
　現世文（キム・チュンス　金春洙　1922.11.25-2004.11.29）

Kim Dae-jin
韓国のピアノ奏者。
⇒外12（キムデジン　金大鎮）

Kim Dae-jung
韓国の政治家。1971年大統領選に敗れる。73年滞日中拉致され、国家保安法違反などで死刑判決を受けたが、最終審で無期刑へ減刑。82年12月米国へ出国。97年第15代大統領に就任（在任1998～2003）。新千年民主党総裁。2000年ノーベル平和賞。
⇒岩韓（金大中　キム・デジュン　1925-）
　岩世人（金大中　キムデジュン　1924.1.6-2009.8.18）
　韓朝新（キム・デジュン　金大中　1925-2009）
　現アジ（金大中　1925.12.3-）
　広辞7（キム・デジュン　金大中　1925-2009）
　国政（金大中　キム・デジュン　1926-）
　政経改（金大中　1925-）
　世史改（金大中　キムデジュン　1925-2009）
　世指導（キム・デジュン　1924.1.6-2009.8.18）
　世人新（金大中　きんだいちゅう（キムデジュン）1925-2009）
　世人装（金大中　きんだいちゅう（キムデジュン）1925-2009）
　朝韓4（金大中　キムデジュン　1925-2009）
　ノベ3（金大中　キム, デジュン　1924.1.6-2009.8.18）
　ポプ人（キムデジュン（きんだいちゅう）金大中　1925-2009）
　もう山（金大中　キムデジュン　1925-2009）

Kim Da-hyun
韓国の男優、歌手。
⇒韓俳（キム・ダヒョン　1980.1.1-）

Kim Deok
韓国の国家安全企画部長、韓国外国語大学政治外交学科教授。
⇒世指導（キム・ドク　1935.5.25-）

Kim Do-kyun
韓国のサッカー選手（MF）。
⇒外12（キムドギュン　金徒均　1977.1.13-）

Kim Dong-ho
韓国の芸術の殿堂社長、文化部次官。
⇒外12（キムドンホ　金東虎　1937.8.6-）

Kim Dong-joo
韓国のプロ野球選手（韓国斗山・内野手）。
⇒外12（キムドンジュ　金東柱　1976.2.3-）
　外16（キムドンジュ　金東柱　1976.2.3-）
　最世ス（キムドンジュ　1976.2.3-）

Kim Dong-ju
韓国の映画プロデューサー。
⇒外12（キムドンジュ　1965–）

Kim Dong-shin
韓国の軍人,政治家。韓国国防相,陸軍参謀総長。
⇒世指導（キム・ドンシン　1941.3.13–）

Kim Dong-wan
韓国の歌手,俳優。
⇒外12（キムドンワン　1979.11.21–）
　外16（キムドンワン　1979.11.21–）
　韓俳（キム・ドンワン　1979.11.21–）

Kim Dong-wook
韓国の格闘家,韓国相撲力士。
⇒外12（キムドンウック　1977.6.6–）

Kim Dong-wook
韓国の俳優。
⇒外12（キムドンウク　1983.7.29–）
　外16（キムドンウク　1983.7.29–）
　韓俳（キム・ドンウク　1983.7.29–）

Kim Dong-yoon
韓国の俳優。
⇒外12（キムドンユン　1980.8.30–）

Kim Doo-gwan
韓国の政治家。慶尚南道知事,韓国行政自治相。
⇒外16（キムドゥグァン　金斗官　1959.4.10–）
　世指導（キム・ドゥグァン　1959.4.10–）

Kim Duk-soo
韓国のチャンゴ奏者。韓国伝統芸術研究保存会会長。
⇒外12（キムドクス　1952.9.24–）
　外16（キムドクス　1952.9.24–）

Kimenye, Barbara
ウガンダの児童文学作家,ジャーナリスト。
⇒現世文（キメニエ,バーバラ　1929.12.19–2012.8.12）

Kimetto, Dennis
ケニアのマラソン選手。
⇒外16（キメット,デニス　1984.1.22–）
　最世ス（キメット,デニス　1984.1.22–）

Kim Eui-sung
韓国の男優。
⇒韓俳（キム・ウィソン　1965.12.17–）

Kim Eul-dong
韓国のタレント。
⇒外12（キムウルトン　金乙東　1945.9.5–）
　外16（キムウルトン　金乙東　1945.9.5–）
　韓俳（キム・ウルドン　1945.9.5–）

Kim Eun-hee
韓国の脚本家。
⇒外12（キムウニ　1973.4.2–）

Kim Eun-joo
韓国の女優,モデル。
⇒韓俳（キム・ウンジュ　1985.8.31–）

Kim Eun-jung
韓国のサッカー選手（FW）。
⇒外12（キムウンジュン　金殷中　1979.4.8–）

Kim Geun-hong
韓国の演出家。
⇒外16（キムグンホン）

Kim Geun-tae
韓国の政治家。
⇒岩韓（キム・グンテ　金槿泰　1947–）
　岩世人（金槿泰　キムグンテ　1947.2.14–2011.12.30）
　外12（キムクンテ　金槿泰　1947.2.14–）
　世指導（キム・クンテ　1947.2.14–2011.12.30）

Kim Guk-tae
北朝鮮の金日成高級党学校長,党中央委員・部長。
⇒岩韓（キム・グクテ　金国泰　1924–）
　岩世人（金国泰　キムグクテ　1924.8.27–2013.12.13）
　世指導（キム・グクテ　1924.8.27–2013.12.13）

Kim Hae-sook
韓国のタレント。
⇒韓俳（キム・ヘスク　1955.12.30–）

Kim Ha-joon
韓国の外交官。統一相。
⇒外12（キムハジュン　金夏中　1947.1.9–）
　世指導（キム・ハジュン　1947.1.9–）

Kim Hak
カンボジアの小説家。
⇒岩世人（クム・ハック　1905–?）

Kim Hak-Cheol
韓国の男優。
⇒韓俳（キム・ハクチョル　1960.8.20–）

Kim Hak-won
韓国の政治家。
⇒外12（キムハクウォン　金学元　1947.10.15–）

Kim Ha-Kyun
韓国の男優。
⇒韓俳（キム・ハギュン　1959.8.23–）

Kim Ha-neul
韓国の女優。
⇒外12（キムハヌル　1978.2.21–）
　外16（キムハヌル　1978.2.21–）
　韓俳（キム・ハヌル　1978.2.21–）

Kim Han-gil
東京生まれの韓国の作家,政治家。

⇒**外16**（キンハンギル　金ハンギル　1953.9.17–）
現世文（キム・ハンギル　金ハンギル　1953.9.17–）
世指導（キム・ハンギル　1953.9.17–）

Kim Han-soo
韓国のプロ野球コーチ。
⇒**外12**（キムハンス　金翰秀　1971.10.30–）

Kim Hee-chul
韓国の男優,歌手。
⇒**韓俳**（キム・ヒチョル　1983.7.10–）

Kim Hee-Jung
韓国の女優。
⇒**韓俳**（キム・ヒジョン　1970.12.4–）

Kim Hee-seon
韓国の女優。
⇒**外12**（キムヒソン　1977.2.25–）
外16（キムヒソン　1977.6.11–）
韓俳（キム・ヒソン　1977.2.25–）

Kim Heung-soo
韓国の男優。
⇒**韓俳**（キム・フンス　1983.5.19–）

Kim Ho-Jung
韓国の女優。
⇒**韓俳**（キム・ホジョン　1968.3.10–）

Kim Ho-sig
韓国の作家。
⇒**現世文**（キム・ホシク　1975–）

Kim Hwa-joong
韓国の保健学者。保健福祉相。
⇒**世指導**（キム・ファジュン　1945.2.20–）

Kim Hwang-sik
韓国の政治家,法律家。韓国首相,韓国最高裁判事。
⇒**外12**（キムファンシク　金滉植　1948.8.9–）
外16（キムファンシク　金滉植　1948.8.9–）
世指導（キム・ファンシク　1948.8.9–）

Kim Hye-ja
韓国のタレント。
⇒**外12**（キムヘジャ　1941.10.25–）
外16（キムヘジャ　1941.10.25–）
韓俳（キム・ヘジャ　1941.10.25–）

Kim Hye-jeong
韓国のドキュメンタリー作家。
⇒**外12**（キムヘジョン）

Kim Hye-Na
韓国の女優。
⇒**韓俳**（キム・ヘナ　1980.10.25–）

Kim Hye-Ok
韓国のタレント。
⇒**韓俳**（キム・ヘオク　1958.5.9–）

Kim Hyeong-Beom
韓国の男優。
⇒**韓俳**（キム・ヒョンボム　1974.1.2–）

Kim Hyeon-woo
韓国のレスリング選手（グレコローマン）。
⇒**外16**（キムヒョウ　金炫雨　1988.11.6–）
最世ス（キムヒョウ　1988.11.6–）

Kim Hye-seong
韓国の男優。
⇒**韓俳**（キム・ヘソン　1988.1.14–）

Kim Hye-soo
韓国のタレント。
⇒**外12**（キムヘス　1970.9.5–）
外16（キムヘス　1970.9.5–）
韓俳（キム・ヘス　1970.9.5–）

Kim Hye-Sun
韓国のタレント。
⇒**韓俳**（キム・ヘソン　1969.9.28–）

Kim Hyo-jin
韓国の女優。
⇒**外12**（キムヒョジン　1984.2.10–）
韓俳（キム・ヒョジン　1984.2.10–）

Kim Hyon-hui
北朝鮮のテロリスト。1987年11月,大韓航空機事件で逮捕された。
⇒**岩韓**（キム・ヒョニ　金賢姫　1962–）
外12（金賢姫　キムヒョンヒ　1962.1.27–）
外16（金賢姫　キムヒョンヒ　1962.1.27–）
現アジ（金賢姫　1961.1.27–）

Kim Hyun-a
韓国の歌手。
⇒**外12**（キムヒョナ　1992.6.6–）

Kim Hyun-chong
韓国の実業家,弁護士。
⇒**外12**（キムヒョンジョン　金鉉宗　1959.9.27–）
外16（キムヒョンジョン　金鉉宗　1959.9.27–）

Kim Hyung-joong
韓国の歌手,俳優。
⇒**外12**（キムヒョンジュン　1986.6.6–）
外16（キムヒョンジュン　1986.6.6–）

Kim Hyun-joo
韓国の女優,モデル。
⇒**韓俳**（キム・ヒョンジュ　1978.4.24–）

Kim Hyun-Jung
韓国の女優,モデル。
⇒**韓俳**（キム・ヒョンジョン　1979.3.29–）

Kim Hyun-Soo
韓国の女優。

⇒韓俳（キム・ヒョンス　1978.9.25-）

Kim Hyun-Sung
韓国の男優。
⇒韓俳（キム・ヒョンソン　1976.1.19-）

Kim Il
韓国のプロレスラー。
⇒異二辞（大木金太郎　おおきんたろう　1929-2006）
岩世人（金一　キムイル　1929.2.24-2006.10.26）

Kim Il-chol
北朝鮮の軍人。海軍司令官,党中央委員・中央軍事委員,最高人民会議代議員,次帥,北朝鮮人民武力相（国防相）。
⇒岩韓（キム・イルチョル　金鎰喆　1933-）
外12（キムイルチョル　金鎰喆　1928-）
外16（キムイルチョル　金鎰喆　1933-）
世指導（キム・イルチョル　1933-）

Kim Il-sung
北朝鮮の政治家。本名は成桂。1947年北朝鮮人民委員会委員長,48年北朝鮮首相,49年朝鮮労働党（北労党と南労党の合併党）委員長。66年「自主路線」を宣言。72年新憲法制定で国家元首の主席に就任。
⇒ア太戦（キムイルソン　金日成　1912-1994）
岩韓（金日成　キム・イルソン　1912-1994.7.8）
岩世人（金日成　キムイルソン　1912.4.15-1994.7.8）
韓朝新（キム・イルソン　金日成　1912-1994）
韓歴用（金日成　きんにっせい、キムイルソン　1912-1994）
現アジ（金日成　1912.4.15-1994.7.8）
広辞7（キム・イルソン　金日成　1912-1994）
国政（金日成　キムイルソン　1912-1994）
政経改（金日成　1912-1994）
世史改（金日成　キムイルソン　1912-1994）
世人新（金日成　きんにっせい（キムイルソン）　1912-1994）
世人装（金日成　きんにっせい（キムイルソン）　1912-1994）
朝韓4（金日成　キム・イルソン　1912-1994）
ポプ人（キムイルソン（きんにっせい）　金日成　1912-1994）
もう山（金日成　キムイルソン　1912-1994）

Kim Il-woo
韓国の男優。
⇒韓俳（キム・イル　1953.5.24-）

Kim Il-Woo
韓国の男優。
⇒韓俳（キム・イル　1963.6.19-）

Kim Il-wung
韓国の男優。
⇒韓俳（キム・イルン　1972.8.2-）

Kim In-kwon
韓国の男優。
⇒韓俳（キム・イングォン　1978.1.20-）

Kim In-kyung
韓国のプロゴルファー。
⇒最世ス（キムインキョン　1988.6.13-）

Kim In-Mun
韓国のタレント。
⇒韓俳（キム・インムン　1939.4.13-）

Kim In-suk
韓国の作家。
⇒現世文（キム・インスク　金仁淑　1963-）

Kim In-Tae
韓国の男優,声優。
⇒韓俳（キム・インテ　1930.2.12-）

Kim In-Tae
韓国・アニメーションの先駆者。
⇒アニメ（金仁泰　キム・インテ　1931-）

Kim Jae-bum
韓国の柔道選手。
⇒外16（キムジェボム　金宰範　1985.1.25-）
最世ス（キムジェボム　1985.1.25-）

Kim Jaeuck
韓国の男優,モデル,歌手。
⇒韓俳（キム・ジェウク　1983.4.2-）

Kim Jae-won
韓国の俳優。
⇒外12（キムジェウォン　1981.2.18-）
外16（キムジェウォン　1981.2.18-）
韓俳（キム・ジェウォン　1981.2.18-）

Kim Jai-ok
韓国の国際消費者機構（CI）副会長。
⇒外12（キムジェオク　金在玉　1946.4.28-）
外16（キムジェオク　金在玉　1946.4.28-）

Kim Jang-mi
韓国の射撃選手（ピストル）。
⇒外16（キムジャンミ　金牆美　1992.9.25-）
最世ス（キムジャンミ　1992.9.25-）

Kim Jang-soo
韓国の軍人。韓国国防相,駐中国韓国大使。
⇒外12（キムチャンス　金章洙　1948.2.26-）
外16（キムチャンス　金章洙　1948.2.26-）
世指導（キム・チャンス　1948.2.26-）

Kim Ja-Ok
韓国のタレント。
⇒韓俳（キム・ジャオク　1951.10.11-）

Kim Jeong-hak
韓国のテレビドラマ監督。
⇒外12（キムジョンハク　1951-）

Kim Jeong-hoon
韓国の男優,歌手。
⇒韓俳（キム・ジョンフン　1980.1.20-）

Kim Ji-ha
韓国の詩人・思想家。全羅南道の木浦に生まれる。李承晩政権を倒した「四・一九革命」に参加。1970年長編譚詩『五賊』を発表し,反共法違反で投獄される。74年民青学連事件で無期懲役,80年12月釈放。戯曲『ナポレオン・コニャック』(70)。
⇒岩韓 (キム・ジハ　金芝河　1941-)
　岩キ (金芝河　キムジハ　1941-)
　岩世人 (金芝河　キム ジハ　1941.2.4-)
　外12 (キム ジハ　金芝河　1941.2.4-)
　外16 (キムジハ　金芝河　1941.2.4-)
　韓現文 (金芝河　キム・ジハ　1941.2.4-)
　韓朝新 (キム・ジハ　1941-)
　現世文 (キム・ジハ　金芝河　1941.2.4-)
　広辞7 (キム・ジハ　金芝河　1941-)
　新カト (キム・ジハ　金芝河 (之夏,地下)　1941.2.4-)
　朝韓4 (金芝河　キムジハ　1941-)
　哲中 (金芝河　きんしが　1941-)

Kim Ji-Ho
韓国の女優。
⇒韓俳 (キム・ジホ　1974.7.22-)

Kim Ji-hoon
韓国の男優。
⇒韓俳 (キム・ジフン　1981.5.9-)

Kim Jin-ah
韓国の女優。
⇒韓俳 (キム・ジナ (シム・イヨン)　1980.1.31-)

Kim Jin-hyeon
韓国のサッカー選手 (セレッソ大阪・GK)。
⇒外12 (キムジンヒョン　1987.7.6-)
　最世ス (キムジンヒョン　1987.7.6-)

Kim Jin-kyu
韓国のサッカー選手 (FCソウル・DF)。
⇒外16 (キムジンギュ　金珍圭　1985.2.16-)
　最世ス (キムジンギュ　1985.2.16-)

Kim Jin-kyung
韓国の作家,詩人。
⇒外12 (キムジンギョン　1953-)
　外16 (キムジンギョン　1953-)
　現世文 (キム・ジンギョン　1953-)

Kim Jin-myung
韓国の作家。
⇒外12 (キムジンミョン　金辰明　1957-)
　現世文 (キム・ジンミョン　金辰明　1957-)

Kim Jin-pyo
韓国の政治家。副首相・財政経済相。
⇒外12 (キムジンピョ　金振杓　1947.5.4-)
　外16 (キムジンピョ　金振杓　1947.5.4-)
　世指導 (キム・ジンピョ　1947.5.4-)

Kim Jin-woo
韓国の歌手。
⇒外16 (キムジンウ　1991.9.26-)

Kim Ji-seok
韓国の男優,歌手。
⇒韓俳 (キム・ジソク　1981.4.21-)

Kim Ji-soo
韓国の女優。
⇒外12 (キムジス　1972.10.24-)
　韓俳 (キム・ジス　1972.10.24-)

Kim Ji-u
韓国の評論家,翻訳家。
⇒外12 (金智羽　キムジウ　1967-)
　外16 (キムジウ　金智羽　1967-)

Kim Ji-won
韓国の社会起業家。
⇒外12 (キムジウォン　金智元)

Kim Ji-woo
韓国の女優。
⇒韓俳 (キム・ジウ　1983.11.22-)

Kim Ji-woon
韓国の映画監督,舞台演出家。
⇒外12 (キムジウン　1964-)
　外16 (キムジウン　1964.7.6-)

Kim Ji-yeon
韓国のフェンシング選手 (サーブル)。
⇒外16 (キムジヨン　金志研　1988.3.12-)
　最世ス (キムジヨン　1988.3.12-)

Kim Ji-Young
韓国の女優。
⇒韓俳 (キム・ジヨン　1938.9.25-)

Kim Ji-Young
韓国の女優。
⇒韓俳 (キム・ジヨン　1974.9.7-)

Kim Jong-chul
北朝鮮の第2代最高指導者金正日の二男。
⇒外12 (キムジョンチョル　金正哲　1981-)
　外16 (キムジョンチョル　金正哲　1981-)

Kim Jong-duck
韓国のプロゴルファー。
⇒外12 (キムジョンドク　金鍾徳　1961.6.4-)

Kim Jong-gak
北朝鮮の軍人。北朝鮮人民武力相,朝鮮労働党政治局員候補・中央軍事委員。
⇒外16 (キムジョンガク　金正角　1941.7.20-)
　世指導 (キム・ジョンガク　1941.7.20-)

Kim Jong-hoon
韓国の外交官。
⇒外12 (キムジョンフン　金宗塤　1952.5.5-)
　外16 (キムジョンフン　金宗塤　1952.5.5-)

Kim Jong-il

北朝鮮の政治家。父である金日成の死後,共和国最高指導者となる。朝鮮労働党総書記・政治局常務委員,北朝鮮国防委員会委員長,朝鮮人民軍最高司令官・元帥。

⇒**岩韓**(金正日 キム・ジョンイル 1942-)
　岩世人(金正日 キムジョンイル 1942.2.16-2011.12.17)
　外12(キムジョンイル 金正日 1942.2.16-)
　韓朝新(キム・ジョンイル 金正日 1942-2011)
　韓歴用(金正日 きんしょうにち,キムジョンイル 1942-)
　現アジ(金正日 1942.2.16-)
　広辞7(キム・ジョンイル 金正日 1942-2011)
　国政(金正日 キムジョンイル 1942-)
　政経改(金正日 1942-)
　世史改(金正日 キムジョンイル 1942-2011)
　世指導(キム・ジョンイル 1942.2.16-2011.12.17)
　世人新(金正日 きんしょうにち(キムジョンイル) 1942-2011)
　世人装(金正日 きんしょうにち(キムジョンイル) 1942-2011)
　朝韓4(金正日 キムジョンイル 1942-2011)
　ポプ人(キムジョンイル 金正日 1942-2011)
　もう山(金正日 キムジョンイル 1942-2011)

Kim Jong-nam

北朝鮮の第2代最高指導者金正日の長男。

⇒**岩韓**(キム・ジョンナム 金正男 1971-)
　外12(キムジョンナム 金正男 1971.10.5-)
　外16(キムジョンナム 金正男 1971.10.5-)
　韓朝新(キム・ジョンナム 金正男 1971-)

Kim Jong-pil

韓国の政治家。1963年国会議員,民主共和党党長。71～75年首相。80年「権力型不正蓄財」容疑で逮捕され,公職辞退。87年新民主共和党結成,90年新与党民主自由党最高委員,95年自由民主連合結成。

⇒**岩韓**(キム・ジョンピル 金鍾泌 1926-)
　岩世人(金鍾泌 キムジョンピル 1926.1.7-)
　外12(キムジョンピル 金鍾泌 1926.1.7-)
　外16(キムジョンピル 金鍾泌 1926.1.7-)
　韓朝新(キム・ジョンピル 金鍾泌 1926-)
　現アジ(金鍾泌 1926.1.7-)
　世指導(キム・ジョンピル 1926.1.7-)
　世人新(金鍾泌 きんしょうひつ(キムジョンピル) 1926-)
　世人装(金鍾泌 きんしょうひつ(キムジョンピル) 1926-)
　朝韓4(金鍾泌 キムジョンピル 1926-)

Kim Jong-un

北朝鮮の政治家。第3代最高指導者。

⇒**岩世人**(金正恩 キムジョンウン 1982.1.8-)
　外12(キムジョンウン 金正恩 1983.1.8-)
　外16(キムジョンウン 金正恩 1983.1.8-)
　韓朝新(キム・ジョンウン 金正恩 1983-)
　世指導(キム・ジョンウン 1983.1.8-)
　ポプ人(キムジョンウン 金正恩 1982?-)

Kim Joo-Hyuk

韓国の男優。

⇒**韓俳**(キム・ジュヒョク 1972.10.3-)

Kim Joo-sung

韓国の映画監督。

⇒**外12**(キムジフン 1971-)

Kim Jung-eun

韓国の女優。

⇒**外12**(キムジョンウン 1975.3.4-)
　外16(キムジョンウン 1975.3.4-)
　韓俳(キム・ジョンウン 1975.3.4-)

Kim Jung-Hak

韓国の男優。

⇒**韓俳**(キム・ジョンハク 1973.2.16-)

Kim Jung-hwa

韓国の女優。

⇒**韓俳**(キム・ジョンファ 1983.9.9-)

Kim Jung-hyuk

韓国の作家。

⇒**海文新**(キムジュンヒョク 1971-)
　現世文(キム・ジュンヒョク 金重赫 1971-)

Kim Jung-Hyun

韓国の男優。

⇒**韓俳**(キム・ジョンヒョン 1976.6.28-)

Kim Jung-Min

韓国の男優,歌手。

⇒**韓俳**(キム・ジョンミン 1970.8.23-)

Kim Jung-Tae

韓国の男優。

⇒**韓俳**(キム・ジョンテ(キム・テウク) 1972.12.13-)

Kim Kang-woo

韓国の男優。

⇒**韓俳**(キム・ガンウ 1978.7.11-)

Kim Kap-soo

韓国の俳優。

⇒**外12**(キムガプス 1957.4.7-)
　外16(キムガプス 1957.4.7-)
　韓俳(キム・ガプス 1957.4.7-)

Kim Ka-yeon

韓国の女優。

⇒**外12**(キムガヨン 1972.9.9-)
　韓俳(キム・ガヨン 1972.9.9-)

Kim Ki-bum

韓国の男優,声優。

⇒**韓俳**(キム・ギボム 1987.8.21-)

Kim Ki-chin

北朝鮮の詩人,小説家,評論家。朝鮮プロレタリア芸術同盟結成の中心的人物。著書『クラルテ

運動の世界化』など。
⇒岩世人（金基鎮　キムギジン　1903（光武7）.6.29–1985.5.8）
現世文（キム・ギジン　金基鎮　1903–1985）
朝韓4（金基鎮（金八峰）　キムギジン（パルボン）1903–1985）

Kim Ki-choon
韓国の官僚。大統領府秘書室長。
⇒外16（キムギチュン　金淇春　1939.11.25–）
世指導（キム・ギチュン　1939.11.25–）

Kim Ki-duk
韓国の映画監督。
⇒岩世人（金基徳　キムギドク　1960.12.20–）
映監（キム・ギドク　1960.12.20–）
外12（キムギドク　1960.12.20–）
外16（キムギドク　1960.12.20–）

Kim Kih-hoon
韓国の映画監督。
⇒外12（キムギフン）

Kim Ki-jae
韓国の政治家。韓国行政自治相。
⇒世指導（キム・キジェ　1946.9.6–）

Kim Ki-tae
韓国のプロ野球選手。
⇒外12（キムキテ　金杞泰　1969.5.23–）

Kim Kwang-hyun
韓国のプロ野球選手（韓国SK・投手）。
⇒外12（キムグァンヒョン　金広鉉　1988.7.22–）
外16（キムグァンヒョン　金広鉉　1988.7.22–）
最世ス（キムグァンヒョン　1988.7.22–）

Kim Kwang-kyu
韓国の作家。
⇒韓現文（金光圭　キム・グァンギュ　1941.1.7–）
現世文（キム・クァンキュ　金光圭）

Kim Kwang-kyu
韓国の男優。
⇒韓俳（キム・グァンギュ　1967–）

Kim Kwang-rim
韓国の詩人。月刊「現代詩」主幹、長案専門大学副教授。
⇒外12（キムクァンリム　金光林　1929.9.21–）
韓現文（金光林　キム・グァンニム　1929.9.21–）
現世文（キム・クァンリム　金光林　1929.9.21–）

Kim Kwang-soo
韓国の医学者。
⇒外12（キムカンスー）
外16（キムカンスー　1954–）

Kim Kwan-jin
韓国の政治家、軍人。国防相、合同参謀本部議長。
⇒外12（キムグァンジン　金寛鎮　1949.8.27–）
外16（キムグァンジン　金寛鎮　1949.8.27–）
世指導（キム・グァンジン　1949.8.27–）

Kim Kye-gwan
北朝鮮の外交官。
⇒岩韓（キム・ゲグァン　金桂寛　1943–）
岩世人（金桂寛　キムゲグァン　1943.1.6–）
外12（キムゲグァン　金桂寛　1943.1–）
外16（キムゲグァン　金桂冠　1943.1.6–）
世指導（キム・ゲグァン　1943.1.6–）

Kim Kyok-sik
北朝鮮の軍人。朝鮮人民軍総参謀長、北朝鮮人民武力相（国防相）。
⇒世指導（キム・ギョクシク　1938.3.11–2015.5.10）

Kim Kyong-hui
北朝鮮の政治家。
⇒岩韓（キム・ギョンヒ　金敬姫　1946–）
岩世人（金敬姫　キムギョンヒ　1946.5.30–）
外12（キムギョンヒ　金敬姫　1946.5.30–）
外16（キムギョンヒ　金慶喜　1946.5.30–）
世指導（キム・ギョンヒ　1946.5.30–）

Kim Kyoung-suk
韓国の格闘家、韓国相撲力士。
⇒外12（キムギンソック　1981.12.28–）

Kim Kyu-chul
韓国の男優。
⇒韓俳（キム・ギュチョル　1960.4.6–）

Kim Kyung-tae
韓国のプロゴルファー。
⇒外12（キムキョンテ　金庚泰　1986.9.2–）

Kim Kyu-ri
韓国の女優。
⇒外12（キムギュリ　1979.6.27–）
韓俳（キム・ギュリ　1979.6.27–）

Kim Kyu-ri
韓国の女優。
⇒外12（キムミンソン　1979.8.16–）
外16（キムギュリ　1979.8.16–）
韓俳（キム・ミンソン　1979.8.16–）

Kim Man-bok
韓国の国家情報院院長。
⇒外12（キムマンボク　金万福　1946.4.25–）
外16（キムマンボク　金万福　1946.4.25–）
世指導（キム・マンボク　1946.4.25–）

Kim Mea-ja
韓国の舞踊家、振付師。剣舞会（チャンム・ダンスカンパニー）主宰、韓国舞踊研究会理事長、梨花女子大学舞踊科教授。
⇒外12（キムメジャ　金梅子　1943.5.31–）
外16（キムメジャ　金梅子　1943.5.31–）

Kimmel, Elizabeth Cody
アメリカの作家。
⇒外12（キメル, エリザベス・コーディー）

外16（キメル，エリザベス・コーディー）
海文新（キメル，エリザベス・コーディー）

Kim Mi-hyun
韓国のプロゴルファー。
⇒外12（キムミヒョン　金美賢　1977.1.13–）
最世ス（キムミヒョン　1977.1.13–）

Kim Mi-Kyung
韓国の女優。
⇒韓俳（キム・ミギョン　1963.10.14–）

Kim Min
韓国の女優，レポーター。
⇒韓俳（キム・ミン　1973.6.8–）

Kim Min-hee
韓国の女優，モデル。
⇒韓俳（キム・ミニ　1982.3.1–）

Kim Min-Jong
韓国の男優。
⇒韓俳（キム・ミンジョン　1971.3.23–）

Kim Min-joon
韓国の俳優。
⇒外12（キムミンジュン　1976.7.24–）
外16（キムミンジュン　1976.7.24–）
韓俳（キム・ミンジュン　1976.7.24–）

Kim Min-jung
韓国の女優。
⇒韓俳（キム・ミンジョン　1982.7.30–）

Kim Min-woo
韓国のサッカー選手（サガン鳥栖・MF）。
⇒外12（キムミヌ　金民友　1990.2.25–）
外16（キムミヌ　金民友　1990.2.25–）

Kim Mi-Sook
韓国のタレント。
⇒韓俳（キム・ミスク　1959.3.26–）

Kim Mu-Saeng
韓国のタレント。
⇒韓俳（キム・ムセン　1943.3.16–）

Kim Myeong-joon
韓国の映画監督。
⇒外12（キムミョンジュン　金明俊　1970–）

Kim Myung-gon
韓国生まれの俳優。
⇒外12（キムミョンゴン　金明坤　1952.12.3–）
外16（キムミョンゴン　金明坤　1952.12.3–）

Kim Myung-hwa
韓国の劇作家，演劇評論家。
⇒外12（キムミョンファ　金明和　1966–）
現世文（キム・ミョンファ　金明和　1966–）

Kim Myung-Kuk
韓国の男優。
⇒韓俳（キム・ミョングク　1963.3.2–）

Kim Myung-min
韓国の俳優。
⇒外12（キムミョンミン　1972.10.8–）
外16（キムミョンミン　1972.10.8–）
韓俳（キム・ミョンミン　1972.10.8–）

Kim Nam-gil
韓国の俳優。
⇒外16（キムナムギル　1981.3.13–）

Kim Nam-il
韓国のサッカー選手（京都サンガ・MF）。
⇒外12（キムナミル　金南一　1977.3.14–）
外16（キムナミル　金南一　1977.3.14–）
最世ス（キムナミル　1977.3.14–）

Kim Nam-jin
韓国の男優，モデル。
⇒韓俳（キム・ナムジン　1976.8.1–）

Kim Nam-jo
韓国の詩人。淑明女子大学教授，芸術院会員。
⇒韓現文（金南祚　キム・ナムジョ　1927.9.25–）
現世文（キム・ナムジョ　金南祚　1927.9.26–）

Kim Nam-Joo
韓国の女優，モデル。
⇒韓俳（キム・ナムジュ　1971.5.10–）

Kim Na-Woon
韓国のタレント。
⇒韓俳（キム・ナウン　1970.5.11–）

Kim Ok-vin
韓国の女優。
⇒韓俳（キム・オクビン　1986.12.29–）

Kimo Stamboel
インドネシアの映画監督。
⇒外16（キモ・スタンボイル）

Kim Pyong-hun
北朝鮮の作家。
⇒岩韓（キム・ビョンフン　金秉勲　1929–）
現世文（キム・ピョンフン　金炳勲　1929.11.14–）

Kim Rae-won
韓国の俳優。
⇒外12（キムレウォン　1981.3.19–）
外16（キムレウォン　1981.3.19–）
韓俳（キム・レウォン　1981.3.19–）

Kim Rang
韓国の作家。
⇒海文新（キムラン　1972–）

Kim Ri-hye
韓国の韓国舞踊家。
⇒外12（キムイヘ　金利恵　1953–）
　外16（キムイヘ　金利恵　1953–）

Kim Roi-Ha
韓国の男優。
⇒韓俳（キム・レハ　1965.11.15–）

Kim Ryeo-ryeong
韓国の作家。
⇒現世文（キム・リョリョン　金呂玲　1971–）

Kim Sang-Ho
韓国の男優。
⇒韓俳（キム・サンホ　1970.7.24–）

Kim Sang-Joong
韓国の男優。
⇒韓俳（キム・サンジュン　1965.8.6–）

Kim Sang-kyung
韓国の俳優。
⇒外12（キムサンギョン　1972.6.1–）
　外16（キムサンギョン　1972.6.1–）
　韓俳（キム・サンギョン　1972.6.1–）

Kim Sang-man
韓国の映画監督，映画美術監督。
⇒外16（キムサンマン　1970–）

Kim Sang-su
韓国の法学者。西江大学校法学専門大学院教授。
⇒外16（キムサンス　金祥洙　1962–）

Kim Sa-rang
韓国の女優。
⇒韓俳（キム・サラン　1978.1.12–）

Kim Se-jin
韓国のバレーボール選手。
⇒最世ス（キムセジン　1974.1.30–）

Kim Se-Jun
韓国の映画俳優。
⇒韓俳（キム・セジュン　1963.2.12–）

Kim Seng-yong
北朝鮮のサッカー選手（京都サンガ・FW）。
⇒外12（キムソンヨン　金成勇　1987.2.26–）

Kim Seok
韓国の男優。
⇒韓俳（キム・ソク　1992.8.10–）

Kim Seong-hwan
韓国の漫画家。朝鮮日報理事待遇編集委員。
⇒絵本（金星煥　キム・ソンファン　1932–）
　外12（キムソンファン　金星煥　1932.10.8–）

Kim Seong-min
韓国の自由北朝鮮放送代表。
⇒外12（キムソンミン　金聖珉）
　外16（キムソンミン　金聖珉）

Kim Se-re-na
韓国の歌手。
⇒岩世人（金セレナ　キムセレナ　1947.10.7–）

Kim Seung-Min
韓国の男優。
⇒韓俳（キム・スンミン　1974.6.7–）

Kim Seung-woo
韓国の映画俳優。
⇒外12（キムスンウ　1969.2.24–）
　外16（キムスンウ　1969.2.24–）
　韓俳（キム・スンウ　1969.2.24–）

Kim Seung-Wook
韓国の男優。
⇒韓俳（キム・スンウク　1963.8.4–）

Kim Seung-youg
韓国のサッカー選手（ガンバ大阪・MF）。
⇒外12（キムスンヨン　金承龍　1985.3.14–）
　最世ス（キムスンヨン　1985.3.14–）

Kim Seung-youn
韓国の京郷新聞会長，韓国火薬グループ会長。
⇒外12（キムスンヨン　金昇淵　1952.2.7–）
　外16（キムスンヨン　金昇淵　1952.2.7–）

Kim Si-hoo
韓国の男優。
⇒韓俳（キム・シフ　1988.1.2–）

Kim So-Hyun
韓国の女優。
⇒韓俳（キム・ソヒョン　1976.10.28–）

Kim Soo-han
韓国の政治家。韓国国会議長。
⇒世指導（キム・スハン　1928.8.20–）

Kim Soo-hyun
韓国の俳優。
⇒外12（キムスヒョン　1988.2.16–）
　外16（キムスヒョン　1988.2.16–）

Kim Soo-ja
韓国の現代美術家。
⇒外12（キムスージャ　1957–）
　外16（キムスージャ　1957–）

Kim Soo Mi
韓国のタレント。
⇒韓俳（キム・スミ　1951.9.3–）

Kim Sou-hwan
韓国・慶尚北道生まれの宗教家。1951年カトリック教神父となり，68年大司教としてソウル大教区長。69年3月ローマ法王から朝鮮人初の枢機卿に任命される。
⇒岩キ（金寿煥　キムスファン　1922–）

岩世人（金寿煥　キムスファン　1922.7.2–2009.2.16）
新カト（キム・スファン　金壽煥　1922.5.8–2009.2.16）

Kim So-yeon
韓国の女優。
⇒外12（キムソヨン　1980.11.2–）
　外16（キムソヨン　1980.11.2–）
　韓俳（キム・ソヨン　1980.11.2–）

Kim So Yi
韓国の女優。
⇒韓俳（キム・ソイ　1971.2.23–）

Kim Suk-hoon
韓国の俳優。
⇒外12（キムソッフン　1972.4.15–）
　韓俳（キム・ソックン　1972.4.15–）

Kim Suki
韓国生まれの作家。
⇒海文新（キムスキ）
　現世文（キム・スキ）

Kim Suk-kyu
韓国の外交官。駐日韓国大使。
⇒世指導（キム・ソクギュ　1936.3.10–）

Kim Suk-soo
韓国の政治家, 裁判官。韓国首相, 韓国中央選挙管理委員会委員長, 韓国最高裁判事。
⇒世指導（キム・ソクス　1932.11.20–）

Kim Sun-a
韓国の女優。
⇒外12（キムソナ　1975.10.1–）
　韓俳（キム・ソナ　1975.10.1–）

Kim Sung-ho
韓国の作家。
⇒現世文（キム・スンホ　金承鎬　1949–）

Kim Sung-hwan
韓国の政治家, 外交官。外交通商相（外相）。
⇒外12（キムソンファン　金星煥　1953.4.13–）
　外16（キムソンファン　金星煥　1953.4.13–）
　世指導（キム・ソンファン　1953.4.13–）

Kim Sung-jong
韓国のミステリー作家。
⇒外12（キムソンジョン　金聖鐘　1941–）
　外16（キムソンジョン　金聖鐘　1941–）
　現世文（キム・ソンジョン　金聖鐘　1941–）

Kim Sung-keun
韓国のプロ野球監督。
⇒外12（キムソングン　金星根　1942.12.13–）
　外16（キムソングン　金星根　1942.12.13–）

Kim Sung-Kyum
韓国の男優, 声優。
⇒韓俳（キム・ソンギョム　1941.5.13–）

Kim Sung-Min
韓国の男優。
⇒韓俳（キム・ソンミン　1974.2.14–）

Kim Sung-ok
韓国の作家。
⇒岩世人（金承鈺　キムスンオク　1941.12.23–）
　韓現文（金承鈺　キム・スンオク　1941.12.23–）
　現世文（キム・スンオク　金承鈺　1941.12.23–）

Kim Sung-su
韓国の映画監督。
⇒外12（キムソンス　1971.1.15–）

Kim Sung-Su
韓国の男優。
⇒韓俳（キム・スンス　1973.7.25–）

Kim Sung-Su
韓国の男優。
⇒韓俳（キム・ソンス　1975.5.23–）

Kim Su-ro
韓国の俳優。
⇒外12（キムスロ　1973.5.7–）
　外16（キムスロ　1970.5.7–）
　韓俳（キム・スロ　1973.5.7–）

Kim Tae-chang
韓国の忠北大学行政大学学院長。
⇒外12（キムテチャン　金泰昌　1934.8.1–）
　外16（キムテチャン　金泰昌　1934.8.1–）

Kim Tae-hee
韓国の女優。
⇒外12（キムテヒ　1980.3.29–）
　外16（キムテヒ　1980.3.29–）
　韓俳（キム・テヒ　1980.3.29–）

Kim Tae-ho
韓国の政治家。慶尚南道知事。
⇒外12（キムテホ　金台鎬　1962–）
　外16（キムテホ　金台鎬　1962–）
　世指導（キム・テホ　1962–）

Kim Tae-hyun
韓国の男優。
⇒韓俳（キム・テヒョン　1981.2.15–）

Kim Tae-ji
韓国の外交官。駐日韓国大使。
⇒世指導（キム・テジ　1935.2.20–）

Kim Tae Jung
韓国生まれの画家。
⇒芸13（キム・タエジャン　1937–）

Kim Tae-kyun
韓国の映画監督。
⇒外12（キムテギュン　1960–）
　外16（キムテギュン　1960–）

Kim Tae-kyun
韓国のプロ野球選手(韓国ハンファ・内野手)。
- ⇒外12(キムテギュン 金泰均 1982.5.29–)
- 外16(キムテギュン 金泰均 1982.5.29–)
- 最世ス(キムテギュン 1982.5.29–)

Kim Tae-Woo
韓国の男優。
- ⇒韓俳(キム・テウ 1971.4.15–)

Kim Tae-yeon
韓国の女優,モデル。
- ⇒外12(キムテヨン 1976.1.3–)

Kim Tae-yong
韓国の映画監督。
- ⇒外12(キムテヨン 1969.12.9–)
- 外16(キムテヨン 1969.12.9–)

Kim Tae-young
韓国の軍人。韓国国防相。
- ⇒外12(キムテヨン 金泰栄 1949.1.13–)
- 外16(キムテヨン 金泰栄 1949.1.13–)
- 世指導(キム・テヨン 1949.1.13–)

Kim Tag-hwan
韓国の作家。
- ⇒海文新(キムタクファン 1968–)
- 現世文(キム・タクファン 1968–)

Kim Thae-sik
韓国の映画監督。
- ⇒外12(キムテシク 1959–)

Kim Thae-Yeong
韓国の男優。
- ⇒韓俳(キム・テヨン 1961.2.25–)

Kim Tong-ni
韓国の小説家。本名,始鍾。1955年自由文学賞,58年芸術院賞を受賞。代表作『巫女(みこ)図』,『黄土記』,など。
- ⇒岩世人(金東里 キムドンニ 1913.11.24–1995.6.17)
- 韓現văn(金東里 キム・ドンニ 1913.11.24–1995)
- 韓朝新(キム・ドンニ 金東里 1913–1995)
- 現世文(キム・ドンリ 金東里 1913.11.24–1995.6.17)

Kim Un-guk
北朝鮮の重量挙げ選手。
- ⇒外16(キムウングク 1988.10.28–)
- 最世ス(キムウングク 1988.10.28–)

Kim Un-su
韓国の作家。
- ⇒海文新(キムオンス 1972–)
- 現世文(キム・オンス 金彦洙 1972–)

Kim Wan-seop
韓国の作家,評論家,ジャーナリスト。

⇒外12(キムワンソブ 金完燮 1963–)

Kim Won-Hee
韓国の女優。
- ⇒韓俳(キム・ウォニ 1972.6.9–)

Kim Won-ki
韓国の政治家。国会議長。
- ⇒世指導(キム・ウォンギ 1937.2.16–)

Kim Wonsook
韓国生まれ,アメリカ在住の画家。
- ⇒芸13(キム・ウンスク ?–)

Kim Won Suk
韓国の男優。
- ⇒韓俳(キム・ウォンソク 1979–)

Kim Yang-gon
北朝鮮の政治家。朝鮮労働党中央委員会統一戦線部長・政治局員候補・書記,北朝鮮国防委員会参事。
- ⇒外12(キムヤンゴン 金養建 1938.4.24–)
- 外16(キムヤンゴン 金養建 1938.4.24–)
- 世指導(キム・ヤンゴン 1942.4.24–2015.12.29)

Kim Yeo-Jin
韓国の女優。
- ⇒韓俳(キム・ヨジン 1972.6.24–)

Kim Yeong-ae
韓国のタレント。
- ⇒外16(キムヨンエ 1951.4.21–)
- 韓俳(キム・ヨンエ 1951.4.21–)

Kim Yeong-In
韓国の男優。
- ⇒韓俳(キム・ヨンイン 1940.4.9–)

Kim Yeong-min
韓国の俳優。
- ⇒外12(キムヨンミン 1971.11.5–)
- 韓俳(キム・ヨンミン 1971.11.5–)

Kim Yeon-koung
韓国のバレーボール選手。
- ⇒外12(キムヨンギョン 金軟景 1988.2.26–)
- 外16(キムヨンギョン 金軟景 1988.2.26–)
- 最世ス(キムヨンギョン 1988.2.26–)

Kim Yeon-su
韓国の作家。
- ⇒外12(キムヨンス 金衍洙 1970–)
- 外16(キムヨンス 金衍洙 1970–)
- 現世文(キム・ヨンス 金衍洙 1970–)

Kim Yo-jong
北朝鮮の政治家。朝鮮労働党宣伝扇動部副部長・政治局員候補。金正恩の実妹。
- ⇒世指導(キム・ヨジョン)

Kim Yong-chol
北朝鮮の軍人。朝鮮労働党副委員長・政治局員。

⇒世指導（キム・ヨンチョル）

Kim Yong-chun
北朝鮮の政治家。
⇒岩韓（キム・ヨンチュン　金永春　1932-）
　岩世人（金英春　キムヨンチュン　1936.3.4-）
　外12（キムヨンチュン　金永春　1936.3.4-）
　外16（キムヨンチュン　金永春　1936.3.4-）
　世指導（キム・ヨンチュン　1936.3.4-）

Kim Yong-deok
韓国の歴史家。
⇒外12（キムヨンドク　金容徳　1944-）

Kim Yong-gun
韓国のタレント。
⇒韓俳（キム・ヨンゴン　1946.5.8-）

Kim Yong-ik
韓国生まれの在米小説家。
⇒岩世人（金容謚　キムヨンイク　1920.5.15-1995.4.11）

Kim Yong-il
北朝鮮の政治家。北朝鮮首相。
⇒外12（キムヨンイル　金英逸　1944.5.2-）
　外16（キムヨンイル　金英逸　1944.5.2-）
　世指導（キム・ヨンイル　1944.5.2-）

Kim Yong-il
北朝鮮の外交官。
⇒外12（キムヨンイル　金永日　1945.4.7-）
　外16（キムヨンイル　金永日　1945.4.7-）

Kim Yong-jin
北朝鮮の政治家。北朝鮮副首相。
⇒世指導（キム・ヨンジン　?-2016.7）

Kim Yong-ju
北朝鮮の政治家。北朝鮮国家副主席。金日成の末弟。平安南道の生まれ。1961年朝鮮労働党中央委員、組織指導部長。72年7月、南北共同声明の平壌側署名者をつとめ、南北調整委員会北朝鮮側委員長となった。74年政務院副首相に就任。
⇒岩韓（キム・ヨンジュ　金英柱　1922-）
　岩世人（金英柱　キムヨンジュ　1920?-）
　外12（キムヨンジュ　金英柱　1920-）
　外16（キムヨンジュ　金英柱　1920-）
　世指導（キム・ヨンジュ　1920-）

Kim Yong-man
韓国の作家。
⇒現世文（キム・ヨンマン　金容満　1940-）

Kim Yong-nam
北朝鮮の政治家。北朝鮮副首相・外相。政治局員、党中央委員。
⇒岩韓（キム・ヨンナム　金永南　1928-）
　岩世人（金永南　キムヨンナム　1928.2.4-）
　外12（キムヨンナム　金永南　1928.2.4-）
　外16（キムヨンナム　金永南　1928.2.4-）
　韓朝新（キム・ヨンナム　金永南　1928-）

　世指導（キム・ヨンナム　1928.2.4-）

Kim Yong-shun
韓国の最高裁判事。
⇒外16（キムヨンジュン　金容俊　1938.12.2-）

Kim Yong-sun
北朝鮮の政治家。朝鮮労働党中央委員会書記、党国際部部長、反核平和委員長、最高人民会議外交委副委員長、世界人民との連帯朝鮮委員長。
⇒岩韓（キム・ヨンスン　金容淳　1934-）
　岩世人（金容淳　キムヨンスン　1934.7.5-2003.10.26）
　韓朝新（キム・ヨンスン　金容淳　1934-2003）
　世指導（キム・ヨンスン　1934.7.5-2003.10.26）

Kim Yong-sung
韓国の詩人。
⇒韓現文（キム・ヨンスン　1959.10.23-）

Kim Yong-woon
韓国の漢陽大学数学科教授。
⇒外12（キムヨンウン　金容雲　1927.9.6-）
　外16（キムヨンウン　金容雲　1927.9.6-）

Kim Yon-ja
韓国の歌手。夫は指揮者の岡宏（韓国名は金好植）。
⇒外12（キムヨンジャ　1959.1.25-）
　外16（キムヨンジャ　1959.1.25-）

Kim Yoon
韓国の実業家。
⇒外16（キムユン　金鈗　1953.1.24-）

Kim Yoon-whan
韓国の国会議員。
⇒岩韓（キム・ユンファン　金潤煥　1932-）
　世指導（キム・ユンファン　1932.6.7-2003.12.15）

Kim Young-Chan
韓国の男優。
⇒韓俳（キム・ヨンチャン　1994.9.27-）

Kim Young-cheol
韓国のタレント。妻はタレントの李文姫。
⇒韓俳（キム・ヨンチョル　1953.2.25-）

Kim Young-gwon
韓国のサッカー選手（広州恒大・DF）。
⇒外12（キムヨングン　金英権　1990.2.27-）
　外16（キムヨングン　金英権　1990.2.27-）
　最世ス（キムヨングン　1990.2.27-）

Kim Young-ha
韓国の作家。
⇒海文新（金英夏　キムヨンハ　1968-）
　現世文（キム・ヨンハ　金英夏　1968-）

Kim Young-Ho
韓国の男優。
⇒韓俳（キム・ヨンホ　1967.5.24-）

Kim Young-hwan
韓国の人権活動家, 北朝鮮研究家。
⇒外12 (キムヨンファン 金永煥 1963-)
　外16 (キムヨンファン 金永煥 1963-)
　世指導 (キム・ヨンファン 1963-)

Kim Young-hyun
韓国の脚本家。
⇒外12 (キムヨンヒョン 1966-)

Kim Young-Joon
韓国の男優。
⇒韓俳 (キム・ヨンジュン 1980.5.20-)

Kim Young-Ok
韓国の女優, 声優, アナウンサー。
⇒韓俳 (キム・ヨンオク 1937.12.5-)

Kim Young-Ran
韓国のタレント。
⇒韓俳 (キム・ヨンラン 1956.8.19-)

Kim Young-sam
韓国の政治家。1973年新民党副総裁に就任。また民主回復国民会議を結成するなど朴正熙政権批判を続けた。74,79年同党総裁,80年辞任。93年に約30年ぶりの文民大統領に就任。
⇒岩韓 (キム・ヨンサム 金泳三 1927-)
　岩世人 (金泳三 キムヨンサム 1927.12.20-)
　外12 (キムヨンサム 金泳三 1927.12.20-)
　韓朝新 (キム・ヨンサム 金泳三 1927-)
　現アジ (金泳三 1927.12.20-)
　広辞7 (キム・ヨンサム 金泳三 1927-2015)
　世史改 (金泳三 キムヨンサム 1927-2015)
　世指導 (キム・ヨンサム 1927.12.20-2015.11.22)
　世人新 (金泳三 きんえいさん (キムヨンサム) 1927-)
　世人装 (金泳三 きんえいさん (キムヨンサム) 1927-)
　朝韓4 (金泳三 キムヨンサム 1927-)
　ポプ人 (キムヨンサム 金泳三 1927-2015)

Kim Yumi
韓国の女優。
⇒外12 (キムユミ 1980.10.12-)
　韓俳 (キム・ユミ 1980.10.12-)

Kim Yu-na
韓国のフィギュアスケート選手。
⇒異二辞 (キム・ヨナ 金妍児 1990-)
　外12 (キムヨナ 1990.9.5-)
　外16 (キムヨナ 1990.9.5-)
　最世ス (キムヨナ 1990.9.5-)

Kim Yun-jin
アメリカの女優。
⇒外12 (キムユンジン 1973.11.7-)
　外16 (キムユンジン 1973.11.7-)
　韓俳 (キム・ユンジン 1973.11.7-)

Kim Yun-seok
韓国の俳優。
⇒外12 (キムユンソク 1967.1.21-)
　外16 (キムユンソク 1968.1.21-)
　韓俳 (キム・ユンソク 1967.1.21-)

Kim Yun-sik
韓国の文芸評論家。ソウル大学国文学科教授。
⇒岩世人 (金允植 キムユンシク 1936.8.10-)

Kim Yu-seok
韓国の男優。
⇒韓俳 (キム・ユソク 1967.8.8-)

Kinakh, Anatolii Kyrilovich
ウクライナの政治家。ウクライナ首相。
⇒世指導 (キナフ, アナトーリー 1954.8.4-)

Kincaid, Jamaica
アンティグア・バーブーダの女性小説家。
⇒岩世人 (キンケイド 1949.5.25-)
　現世文 (キンケイド, ジャメイカ 1949-)

Kincaid, Trevor
アメリカの昆虫学者, 水産学者。昆虫学および貝類, 特にカキの研究に優れた業績があり, かつ水産学の教育にも長年尽した。
⇒岩世人 (キンケイド 1872.12.21-1970)

Kincaid, William
アメリカのフルート奏者。
⇒標音2 (キンケイド, ウィリアム 1895.4.26-1967.3.27)

Kinck, Hans Ernst
ノルウェーの小説家。代表作は『なだれ』(1918～19),『ヘルマン・エク』(23)。
⇒岩世人 (キンク 1865.10.11-1926.10.13)

Kindelberger, James Howard
アメリカの製造士。ジェネラル航空機製造会社社長, ノース・アメリカン航空機会長。
⇒アメ経 (キンドルバーガー, ジェームズ 1895.5.8-1962.7.27)

Kinder, Ellis Raymond
アメリカの大リーグ選手 (投手)。
⇒メジャ (キンダー, エリス 1914.7.26-1968.10.16)

Kindleberger, Charles Poor
アメリカ生まれの経済思想家。
⇒岩経 (キンドルバーガー 1910-2003)
　岩世人 (キンドルバーガー 1910.10.12-2003.7.7)
　政経改 (キンドルバーガー 1910-)
　有経5 (キンドルバーガー 1910-2003)

Kindler, Jeffrey B.
アメリカの実業家, 弁護士。
⇒外12 (キンドラー, ジェフリー 1955.5.13-)
　外16 (キンドラー, ジェフリー 1955.5.13-)

Kinelev, Vladimir
ロシアの政治家。ロシア副首相，教育相。
⇒世指導（キネリョフ，ウラジーミル　1945–）

Kiner, Ralph McPherran
アメリカの大リーグ選手（外野）。
⇒メジャ（カイナー，ラルフ　1922.10.27–）

King, Albert
アメリカのブルース歌手，ギター奏者。
⇒ロック（King,Albert　キング，アルバート　1923.4.25–）

King, Andrew
イギリスのテノール歌手。
⇒魅惑（King,Andrew　?–）

King, Ben E.
アメリカの歌手。
⇒岩世人（キング　1938.9.28–）
　外12（キング，ベン・E.　1938.9.28–）
　ロック（King,Ben E.　キング，ベン・E　1938–）

King, Billie Jean
アメリカのテニス選手。
⇒岩世人（キング　1943.11.22–）
　外12（キング，ビリー・ジーン　1943.11.22–）
　外16（キング，ビリー・ジーン　1943.11.22–）
　ポプ人（キング，ビリー・ジーン　1943–）

King, Carole
アメリカの歌手，ソングライター。
⇒岩世人（キング　1942.2.9–）
　エデ（キング，キャロル　1941.2.9–）
　外12（キング，キャロル　1942.2.9–）
　外16（キング，キャロル　1942.2.9–）
　新音中（キング，キャロル　1942.2.9–）
　標音2（キング，キャロル　1942.2.9–）
　ユ著人（King,Carole　キング，キャロル　1942–）
　ロック（King,Carole　キング，キャロル　1942.2.9–）

King, Charles Frederick（Silver）
アメリカの大リーグ選手（投手）。
⇒メジャ（キング，シルヴァー　1868.1.11–1938.5.21）

King, Charles Glen
アメリカの生化学者。ビタミンCの単離（1932）および合成（同）に成功。
⇒岩世人（キング　1896.10.22–1988.1.23）

King, Clifford J.
アメリカ出身の宣教師，神言修道会員。
⇒新カト（キング　1888.2.23–1969.8.24）

King, Coretta Scott
アメリカの公民権運動指導者。
⇒マルX（KING,CORETTA SCOTT　キング，コレッタ・スコット　1927–2006）

King, Don
アメリカのプロボクシング・プロモーター。
⇒岩世人（キング　1931.8.20–）
　外12（キング，ドン　1931.8.20–）
　外16（キング，ドン　1931.8.20–）

King, Donald Wayne
アメリカ・ルイジアナ州ベル・チャスの海軍航空基地配属の航空兵。
⇒スパイ（キング，ドナルド・ウェイン）

King, Earl
アメリカ・ニューオーリンズ生まれのR&B歌手，ギター奏者。
⇒ロック（King,Earl　キング，アール　1934.2.7–）

King, Ernest Joseph
アメリカの海軍軍人。1942～45年アメリカ艦隊総司令官兼海軍作戦部長。44年元帥。
⇒ア太戦（キング　1878–1956）

King, Francis Henry
イギリスの小説家。代表作『分流』（1951）。
⇒岩世人（キング　1923.3.4–2011.7.3）
　現世文（キング，フランシス　1923.3.4–2011.7.3）

King, Franklin Hiram
アメリカの農業化学者。東洋を旅行して"Farmers of forty centuries,1911"を書き，東洋の土壌管理と地力維持方法が，西洋の農業と異なることを指摘した。
⇒岩世人（キング　1848.6.8–1911.8.4）

King, Freddy
アメリカのブルース歌手，ギター奏者。
⇒ロック（King,Freddie　キング，フレディ　1934.9.30–）

King, Frederic Truby
ニュージーランドの小児科医，精神医学者。
⇒岩世人（キング　1858.4.1–1938.2.10）
　ニュー（キング，フレデリック　1858–1938）

King, Hamilton
アメリカの教育者，外交官。
⇒アア歴（King,Hamilton　キング，ハミルトン　1852–1912.9.1）

King, Henry
アメリカ生まれの映画監督。
⇒映監（キング，ヘンリー　1886.1.24–1982）

King, James
アメリカのテノール歌手。
⇒失声（キング，ジェームズ　1925–2005）
　標音2（キング，ジェームズ　1925/1928.5.22–）
　魅惑（King,James　1925–2005）

King, James Foster
イギリスの造船家。英国海事協会副検査長として非常に進歩的な造船規則を作る。

King, James Hubert
アメリカの大リーグ選手(外野)。
⇒メジャ (キング, ジム 1932.8.27-)

King, Jeffrey Wayne
アメリカの大リーグ選手(三塁, 一塁)。
⇒メジャ (キング, ジェフ 1964.12.26-)

King, John H.
イギリス外務省の暗号事務官。ソ連に情報を流した。
⇒スパイ (キング, ジョン・H)

King, Jonathan
イギリスの歌手, 作詞・作曲家。
⇒ロック (King,Jonathan キング, ジョナサン 1944.12.6-)

King, Jonathon
アメリカの作家。
⇒外12 (キング, ジョナサン)
　外16 (キング, ジョナサン)
　海文新 (キング, ジョナサン)
　現世文 (キング, ジョナサン)

King, Karl L.
アメリカの作曲家。
⇒エデ (キング, カール・L.[ローレンス] 1891.2.21-1971.3.31)

King, Larry
アメリカの司会者。
⇒岩世人 (キング 1933.11.19-)
　外12 (キング, ラリー 1933.11.19-)
　外16 (キング, ラリー 1933.11.19-)

King, Laurie R.
アメリカのミステリ作家。
⇒外12 (キング, ローリー 1952-)
　外16 (キング, ローリー 1952-)
　現世文 (キング, ローリー 1952-)

King, Leonard William
イギリスのアッシリア学者。
⇒岩世人 (キング 1869.12.8-1919.8.20)

King, Martin Luther, Jr.
アメリカの黒人牧師, 人種差別撤廃運動家。ノーベル平和賞受賞(1964)。
⇒アメ州 (King,Martin Luther,Jr. キング, マーチン・ルーサー, ジュニア 1929-1968)
　アメ新 (キング 1929-1968)
　岩キ (キング 1926-1968)
　岩世人 (キング 1929.1.15-1968.4.4)
　オク教 (キング 1929-1968)
　覚思 (キング牧師 キングぼくし 1929.1.15-1968.4.4)
　覚思ス (キング牧師 キングぼくし 1929.1.15-1968.4.4)
　広辞7 (キング 1929-1968)
　辞歴 (キング牧師 1929-1968)
　新カト (キング 1929.1.15-1968.4.4)
　政経改 (キング 1929-1968)
　世史改 (キング牧師 1929-1968)
　世人新 (キング 1929-1968)
　世人装 (キング 1929-1968)
　ノベ3 (キング,M.L.,Jr. 1929.1.15-1968.4.4)
　ポプ人 (キング, マーティン・ルーサー・ジュニア 1929-1968)
　マルX (KING,MARTIN LUTHER,JR. キング, マーティン・ルーサー, ジュニア 1929-1968)
　もう山 (キング牧師 1929-1968)

King, Mervyn Allister
イギリスのエコノミスト。
⇒外12 (キング, マービン 1948.3.30-)
　外16 (キング, マービン 1948.3.30-)

King, Michael
ニュージーランドの歴史家, 伝記作家。
⇒ニュー (キング, マイケル 1945-2004)

King, Michael Patrick
アメリカの映画監督, テレビ監督。
⇒外12 (キング, マイケル・パトリック)

King, Philip
チュニジア生まれの彫刻家。
⇒芸13 (キング, フィリップ 1934-)

King, Ross
カナダの作家。
⇒現世文 (キング, ロス 1962-)

King, Stephen
アメリカの怪奇小説作家。
⇒異二辞 (キング, スティーブン 1947-)
　岩世人 (キング 1947.9.21-)
　外12 (キング, スティーブン 1947.9.21-)
　外16 (キング, スティーブン 1947.9.21-)
　現世文 (キング, スティーブン 1947.9.21-)
　広辞7 (キング 1947-)
　ポプ人 (キング, スティーブン 1947-)

King, Stephenson
セントルシアの政治家。セントルシア首相。
⇒外12 (キング, スティーブンソン)
　外16 (キング, スティーブンソン 1958.11.13-)
　世指導 (キング, スティーブンソン 1958.11.13-)

King, William Lyon Mackenzie
カナダの政治家。カナダ首相(1921〜30,35〜48)。
⇒岩世人 (キング 1874.12.17-1950.7.22)

Kingdon-Ward, Frank
イギリスの植物学者。
⇒岩世人 (キングドン=ウォード 1885.11.6-1958.4.8)

Kingfisher, Rupert
イギリスの作家,脚本家。
⇒海文新（キングフィッシャー, ルパート）

King Liu
台湾の実業家。
⇒外12（劉金標　リュウキンヒョウ）
　外16（劉金標　リュウキンヒョウ）

Kingman, David Arthur
アメリカの大リーグ選手（外野, 一塁, 三塁）。
⇒メジャ（キングマン, デイヴ　1948.12.21-）

Kingsbury, Albert
アメリカの技術者。ウェスティングハウスで, 主として大型発電機や水タービンの大型推力軸受の設計に当り, キングズバリ推力軸受の特許をえた（1907）。
⇒岩世人（キングズベリ　1862.12.23-1943.7.28）

Kingsbury, Karen
アメリカの作家。
⇒海文新（キングズベリー, カレン）

Kingsbury, Mary
アメリカの図書館員。ブルックリンのエラスムス・ホール高等学校の図書館を独力で創りあげる。初期のアメリカ学校図書館の先駆者として知られる。
⇒ア図（キングスバリー, メアリー　1865-1958）

Kingsbury, Mikaël
カナダのスキー選手（フリースタイル）。
⇒最新ス（キングスバリ, ミカエル　1992.7.14-）

Kingsford Smith, *Sir* Charles Edward
オーストラリアの飛行家。イギリス・オーストラリア間の単独飛行（1933）に成功。のちバグダードからシンガポールに向う途中で行方不明になった。
⇒岩世人（キングズフォード・スミス　1897.2.9-1935.11.8）

Kingsley, Ben
イギリス生まれの男優。
⇒外12（キングズリー, ベン　1943.12.31-）
　外16（キングズリー, ベン　1943.12.31-）
　ク俳（キングズリー, ベン（バンジ, クリシュナ）1943-）
　スター（キングスレー, ベン　1943.12.31-）

Kingsley, Kaza
アメリカの作家。
⇒外12（キングズリー, カザ）
　外16（キングズリー, カザ）
　海文新（キングスレイ, カザ）
　現世文（キングズリー, カザ）

Kingsley, Sidney
アメリカの劇作家。1933年上演の『白衣の人々』でピュリツァー賞, 43年『愛国者たち』でニューヨーク劇評家賞受賞。ほかに『デッド・エンド』（35）,『真昼の暗黒』（51）など。
⇒現世文（キングズリー, シドニー　1906.10.18-1995.3.20）
　広辞7（キングスリー　1906-1995）
　ユ著人（Kingsley,Sidny　キングスレー, シドニー　1906-1995）

King-Smith, Dick
イギリスの児童文学者。
⇒現世文（キング・スミス, ディック　1922.3.27-2011.1.4）

Kingsolver, Barbara
アメリカの女性小説家。
⇒現世文（キングソルバー, バーバラ　1955.4.8-）

Kingston, Maxine Hong
アメリカ（中国系）の女性小説家。
⇒岩世人（キングストン　1940.10.27-）
　現世文（キングストン, マキシーン・ホン　1940.10.27-）

Kingston, Morgan
イギリスのテノール歌手。
⇒魅惑（Kingston,Morgan　1881-1936）

Kingston, Sean
アメリカのレゲエ歌手。
⇒外12（キングストン, ショーン　1990-）

King Tubby
ジャマイカ生まれのプロデューサー, 技師, サウンド・システム経営者。
⇒ロック（King Tubby　キング・タビー）

Kiniski, Kiniski
カナダ（ポーランド系）のプロレスラー。
⇒ネーム（キニスキー　1928-2010）

Kinjikitile
アフリカ, マジマジ運動の組織者, 宗教的指導者。
⇒岩世人（キンジキティレ　1870?-1905.8.5）

Kinkade, Thomas
アメリカの画家。
⇒異二辞（キンケード［トーマス・～］　1958-2012）

Kinkel, Klaus
ドイツの政治家。ドイツ副首相・外相, ドイツ自由民主党（FDP）党首。
⇒世指導（キンケル, クラウス　1936.12.17-）

Kinkel, Walter
ドイツの哲学者。新カント派。
⇒岩世人（キンケル　1871.12.23-1938）

Kinnear, Gregg
アメリカの男優。
⇒ク俳（キニア, グレッグ　1963-）

Kinneir, Jock
イギリス・ハンプシャー州生まれのグラフィック・デザイナー、タイポグラファー。
⇒グラデ（Kinneir,Jock キネア，ジョック 1917–1994）

Kinnell, Galway
アメリカの詩人。
⇒現世文（キネル，ゴールウェイ 1927.2.1–2014.10.28）

Kinney, Jeff
アメリカの児童文学作家。
⇒外16（キニー，ジェフ 1971–）
　海文新（キニー，ジェフ 1971.2.19–）
　現世文（キニー，ジェフ 1971.2.19–）

Kinnock, Neil Gordon, Baron
イギリスの政治家。
⇒岩世人（キノック 1942.3.28–）
　世指導（キノック，ニール 1942.3.28–）

Kinnunen, Tommi
フィンランドの作家。
⇒現世文（キンヌネン，トンミ 1973–）

Kinold, Vencerous
ドイツのフランシスコ会宣教師。札幌藤高等女学校、光星商業学校を創立。
⇒新カト（キノルト 1871.7.7–1952.5.22）

Kinsella, Sophie
イギリスの作家。
⇒海文新（キンセラ，ソフィー 1969.12.12–）
　現世文（キンセラ，ソフィー 1969.12.12–）

Kinsella, Thomas
アイルランドの詩人。
⇒岩世人（キンセラ 1928.5.4–）
　現世文（キンセラ，トマス 1928.5.4–）

Kinsella, W（illiam） P（atrick）
カナダの小説家。
⇒現世文（キンセラ，ウィリアム・パトリック 1935.5.25–2016.9.16）

Kinsey, Alfred Charles
アメリカの動物学者。人間の性行動を調査。主著 "Sexual Behavior in the Human Male"（1948）, "Sexual Behavior in the Human Female"（53）。
⇒岩世人（キンゼー（キンジー） 1894.6.23–1956.8.25）
　教人（キンゼー 1894–）
　現社（キンゼイ 1894–1956）
　社小増（キンゼー 1894–1956）
　社心小（キンゼー 1894–1956）
　ネーム（キンゼー 1894–1956）

Kinski, Klaus
西ドイツの俳優。
⇒遺産（キンスキー，クラウス 1926.10.18–1991.11.23）
　スター（キンスキー，クラウス 1926.10.18–1991）

Kinski, Nastassja
ドイツの女優。
⇒遺産（キンスキー，ナスターシャ 1961.1.24–）
　外12（キンスキー，ナスターシャ 1961.1.24–）
　外16（キンスキー，ナスターシャ 1961.1.24–）
　ク俳（キンスキー，ナスターシャ（ナクスジンスキー，N） 1959–）

Kinsky, Georg Ludwig
ドイツの音楽学者。1909年、ケルンのヴィルヘルム・ハイヤーの音楽史博物館長となり、豊富な資料を駆使してカタログを出した。
⇒新音中（キンスキー，ゲオルク・ルートヴィヒ 1882.9.29–1951.4.7）
　標音2（キンスキー，ゲオルク 1882.9.29–1951.4.7）

Kinsler, Ian Michael
アメリカの大リーグ選手（二塁）。
⇒メジャ（キンズラー，イアン 1982.6.22–）

Kintner, Jill
アメリカの自転車選手（BMX）。
⇒最世ス（キントナー，ジル 1981.10.24–）

Kiphuth, Robert John Herman
アメリカの体育指導者。
⇒岩世人（キッパス 1890.11.17–1967.1.9）

Kipkorir, Jonathan
ケニアのマラソン選手。
⇒外12（キプコリル，ジョナサン 1982.12.29–）

Kiplagat, Edna
ケニアのマラソン選手。
⇒最世ス（キプラガト，エドナ 1979.11.15–）

Kiplagat, Lornah
オランダのマラソン選手、陸上選手（長距離）。
⇒外12（キプラガト，ローナ 1974.5.1–）
　最世ス（キプラガト，ローナ 1974.5.1–）

Kipling, Joseph Rudyard
インド生まれのイギリスの小説家，詩人。
⇒岩世人（キプリング 1865.12.30–1936.1.18）
　絵本（キップリング，ジョセフ 1865–1936）
　学叢思（キップリング，ラッドヤード 1865–?）
　現世文（キップリング，ラドヤード 1865.12.30–1936.1.18）
　広辞7（キップリング 1865–1936）
　新カト（キップリング 1865.12.30–1936.1.18）
　図翻（キプリング 1865.12.30–1936.1.18）
　西文（キップリング，ラディヤード 1865–1936）
　世界子（キプリング，ラドヤード 1865–1936）
　南ア新（キップリング 1865–1936）
　ノベ3（キップリング，J.R. 1865.12.30–1936.1.18）
　ポプ人（キップリング，ラドヤード 1865–1936）

Kipniss, Robert
アメリカ生まれの画家。
⇒芸13（キプニス, ロバート　1931–）

Kippenberger, Martin
ドイツ生まれの芸術家。
⇒現アテ（Kippenberger,Martin　キッペンベルガー, マルティン　1953–1997）

Kipphardt, Heinar
ドイツの劇作家,小説家。代表作『オッペンハイマー事件』(1964)。
⇒現世文（キップハルト, ハイナー　1922.3.8–1982.11.18）

Kipping, Frederic Stanley
イギリスの化学者。珪素化合物の研究に貢献があった。
⇒岩世人（キッピング　1863.8.16–1949.5.1）
化学（キッピング　1863–1949）

Kiprop, Asbel
ケニアの陸上選手（中距離）。
⇒最世ス（キプロプ, アスベル　1989.6.30–）

Kiprotich, Stephen
ウガンダのマラソン選手。
⇒外16（キプロティク, スティーブン　1989.2.27–）
最世ス（キプロティク, スティーブン　1989.2.27–）

Kiprotich, Wilson
ケニアの陸上競技選手。
⇒ネーム（キプロティチ　1982–）

Kipruto, Brimin Kiprop
ケニアの陸上選手（障害）。
⇒外12（キプルト, ブリミンキプロプ　1985.7.31–）
外16（キプルト, ブリミン・キプロプ　1985.7.31–）
最世ス（キプルト, ブリミン・キプロプ　1985.7.31–）

Kipruto, Vincent
ケニアのマラソン選手。
⇒外16（キプルト, ビンセント　1987.9.13–）

Kipsang, Salim
ケニアのマラソン選手。
⇒最世ス（キプサング, サリム　1979.12.22–）

Kipsang, Wilson
ケニアのマラソン選手。
⇒外12（キプサング, ウィルソン　1982.3.15–）
外16（キプサング, ウィルソン　1982.3.15–）
最世ス（キプサング, ウィルソン　1982.3.15–）

Kiraly, Karch
アメリカのビーチバレーボール選手, バレーボール選手。
⇒岩世人（キライ　1960.11.3–）

外16（キライ, カーチ　1960.11.3–）
最世ス（キライ, カーチ　1960.11.3–）

Kirby, Jack
アメリカの漫画キャラクターデザイナー, 原作者。
⇒岩世人（カービー　1917.8.28–1994.2.6）

Kirby, Matthew
アメリカの作家。
⇒海文新（カービー, マシュー）

Kirby, Paul
アメリカのテノール歌手。
⇒魅惑（Kirby,Paul　?–）

Kirby, Robin Cromwell
アメリカの数学者。
⇒世数（カービー, ロビオン・クロムウェル　1938–）

Kirch, Daniel
ドイツのテノール歌手。
⇒魅惑（Kirch,Daniel　1974–）

Kirchheimer, Otto
ドイツの政治社会学者。現代国家における政党の役割, 特に野党の機能に注目した。
⇒岩世人（キルヒハイマー　1905.11.11–1965.11.22）
ユ著人（Kirchheimer,Otto　キルヒハイマー, オットー　1905–1965）

Kirchhof, Paul
ドイツの法律家。
⇒岩世人（キルヒホーフ　1943.2.21–）

Kirchhoff, Alfred
ドイツの地理学者。地誌の研究に進み, 地理学の内容並びに方法の深化に努力した。
⇒岩世人（キルヒホフ　1838.5.23–1907.2.8）

Kirchhoff, Walter
ドイツのテノール歌手。1911～14年のバイロイト音楽祭の「ニュルンベルクのマイスタージンガー」に出演してワーグナー歌手としての名声を高めた。
⇒魅惑（Kirchhoff,Walter　1879–1951）

Kirchner, Alexander
オーストリアのテノール歌手。1914年バイロイト音楽祭にエリック『さまよえるオランダ人』で参加した。
⇒魅惑（Kirchner,Alexander　1876–1948）

Kirchner, Ernst Ludwig
ドイツ表現主義の画家。『街路の5人の婦人』『街』(1913)などの作品がある。
⇒岩世人（キルヒナー　1880.5.6–1938.6.15）
芸13（キルヒナー, エルンスト・ルートヴィヒ　1880–1938）
広辞7（キルヒナー　1880–1938）
ネーム（キルヒナー　1880–1938）

Kirchner, Fritz
ドイツの実験物理学者。薄膜,内部電位などについて多くの研究がある。
⇒岩世人（キルヒナー　1896.11.1-1967.11.28）

Kirchner, Leon
アメリカの指揮者,ピアノ奏者,作曲家。
⇒新音中（カーシュナー,レオン　1919.1.24-）
標音2（カーチナー,レオン　1919.1.24-）

Kirchner, Nestor
アルゼンチンの政治家。アルゼンチン大統領（2003～07）。
⇒岩世人（キルチネル　1950.2.25-2010.10.27）
世指導（キルチネル,ネストル　1950.2.25-2010.10.27）
ネーム（キルチネル　1950-2010）

Kirchschlager, Angelika
オーストリアのメゾ・ソプラノ歌手。
⇒外12（キルヒシュラーガー,アンゲリカ　1965-）
外16（キルヒシュラーガー,アンゲリカ　1965-）

Kirdorf, Emil
ドイツの企業家。ライン-ウエストファーレン石炭シンジケートの創設者。
⇒岩世人（キルドルフ　1847.4.8-1938.7.13）

Kirdyapkin, Sergey
ロシアの競歩選手。
⇒外16（キルジャプキン,セルゲイ　1980.1.16-）
最世ス（キルジャプキン,セルゲイ　1980.1.16-）

Kirfel, Willibald
ドイツのインド学者。主著 "Die Kosmographie der Inder"（1920）, "Die dreiköpfige Gottheit"（48）など。
⇒岩世人（キルフェル　1885.1.29-1964.10.16）
新佛3（キルフェル　1885-1964）

Kiriasis, Sandra
ドイツのボブスレー選手。
⇒外12（キリアシス,サンドラ　1975.1.4-）
外16（キリアシス,サンドラ　1975.1.4-）
最世ス（キリアシス,サンドラ　1975.1.4-）

Kirienko, Sergei Vladilenovich
ロシアの政治家。
⇒岩世人（キリエンコ　1962.7.26-）
世指導（キリエンコ,セルゲイ　1962.7.26-）

Kirk, David
ニュージーランドのラグビー選手。
⇒岩世人（カーク　1960.10.5-）

Kirk, Grayson Louis
アメリカの歴史学者。
⇒政経改（カーク　1903-）

Kirk, Hans
デンマークのプロレタリア作家。代表作『漁民』（1928）のほか『日雇い労働者たち』（36）。
⇒岩世人（キアク　1898.1.11-1962.6.16）
現世文（キアク,ハンス　1898.1.11-1962.6.16）

Kirk, Kenneth Escott
イギリス国教会の神学者。
⇒オク教（カーク　1886-1954）

Kirk, Norman Eric
ニュージーランドの政治家。労働党の歴史上,最も若い党首であり,かつ,党首と議会労働党リーダーを兼ねた最初の人物。
⇒ニュー（カーク,ノーマン　1923-1974）

Kirk, Phyllis
アメリカの女優。
⇒ク俳（カーク,フィリス（カークガード,P）1926-）

Kirk, Rasahn Roland
アメリカのジャズ・リード奏者。
⇒標音2（カーク,ローランド　1935.8.7-1977.12.5）

Kirkby, Emma
イギリスのソプラノ歌手。
⇒外12（カークビー,エマ　1949.2.26-）
外16（カークビー,エマ　1949.2.26-）
新音中（カークビー,エマ　1949.2.26-）
標音2（カークビー,エマ　1949.2.26-）

Kirke, Simon
イギリスのロック・ドラム奏者。
⇒外12（カーク,サイモン　1949.7.28-）
外16（カーク,サイモン　1949.7.28-）

Kirkeby, Per
デンマークの画家,彫刻家,詩人,映画監督。
⇒岩世人（キアケビュー　1938.9.1-）

Kirkilas, Gediminas
リトアニアの政治家。リトアニア首相。
⇒外12（キルキラス,ゲディミナス　1951.8.30-）
外16（キルキラス,ゲディミナス　1951.8.30-）
世指導（キルキラス,ゲディミナス　1951.8.30-）

Kirkland, Douglas
カナダ生まれの写真家。
⇒外12（カークランド,ダグラス　1934-）
外16（カークランド,ダグラス　1934-）

Kirkland, Willie Charles
アメリカの大リーグ選手（外野）。
⇒メジャ（カークランド,ウィリー　1934.2.17-）

Kirkop, Oreste
マルタ出身の歌手。
⇒失声（キルコップ,オレステ　1923-1998）

Kirkpatrick, Edgar Leon
アメリカの大リーグ選手（外野,捕手,一塁）。

⇒メジャ（カークパトリック, エド 1944.10.8–2010.11.15）

Kirkpatrick, *Sir* Ivone Augustine
イギリスの外交官。第2次大戦中,連合軍の対独委員会代表（1944〜45）。
⇒岩世人（カークパトリック 1897.2.3–1964.5.25）

Kirkpatrick, Ralph
アメリカのハープシコード,クラヴィコード,ピアノ奏者。
⇒標音2（カークパトリック, ラルフ 1911.6.10–1984.4.13）

Kirkup, James（Falconer）
イギリスの詩人,劇作家,紀行作家。
⇒現世文（カーカップ, ジェームズ 1918.4.23–2009.5.10）

Kirkus, Virginia
アメリカの図書館員。学校教師からハーパー・アンド・ブラザーズ出版の児童図書部門の責任者となる。その後,独自に児童図書紹介の「ニュースレター」を刊行する。
⇒ア図（カーカス, ヴァージニア 1893–1980）

Kirkwood, John Gamble
アメリカの化学者。「Journal of Chemical Physics」の共同編集者。
⇒岩世人（カークウッド 1907.5.30–1959.8.9）

Kirn, Walter
アメリカの作家,批評家。
⇒海文新（カーン, ウォルター 1962.8.3–）
　現世文（カーン, ウォルター 1962.8.3–）

Kirov, Sergei Mironovich
ロシアの革命運動家,ソ連初期の共産党指導者。1930年政治局員,34年中央委書記。
⇒岩世人（キーロフ 1886.3.15/27–1934.12.1）
　広辞7（キーロフ 1886–1934）
　ネーム（キーロフ 1886–1934）

Kirsanov, Semyon Isaakovich
ソ連の詩人。叙事詩『マカール・マザイ』（1949〜50）でスターリン賞受賞。
⇒現世文（キルサーノフ, セミョーン・イサーコヴィチ 1906.9.18–1972.12.10）

Kirsch, Johann Peter
リュクサンブールの教会史家。ローマのゲレス学会の歴史研究所の設立に協力してその初代の所長となる（1888）。
⇒岩世人（キルシュ 1861.11.3–1941.2.4）
　新カト（キルシュ 1861.11.3–1941.2.4）

Kirsch, Sarah
ドイツの女性詩人。
⇒岩世人（キルシュ 1935.4.16–2013.5.5）
　現世文（キルシュ, ザーラ 1935.4.16–2013.5.5）

Kirschner, Rick
アメリカの医師,コンサルタント。インスティテュート・フォー・マネジメント・スタディーズ専任教授。
⇒外12（カーシュナー, リック）
　外16（カーシュナー, リック）

Kirshner, Don
アメリカの音楽出版者,プロデューサー,マネージャー,ソングライター。
⇒ロック（Kirshner,Don　カーシュナー, ドン）

Kirshner, Mia
カナダの女優。
⇒外12（カーシュナー, ミア）

Kirshon, Vladimir Mikhailovich
ソ連の劇作家。ロシアのプロレタリア文学運動の指導者。戯曲『鉄路はうなる』（1928）,『風の都市』（28）,『穀物』（31）などがある。
⇒現世文（キルション, ウラジーミル・ミハイロヴィチ 1902.8.19–1938.7.28）

Kirsipuu, Jaan
エストニアの自転車ロードレーサー。
⇒異二辞（キルシプー［ヤーン・〜］ 1969–）

Kirst, Hans Hellmut
西ドイツの小説家。反戦小説『0815』（1954）はベストセラー。
⇒現世文（キルスト, ハンス・ヘルムート 1914.12.5–1989.2.13）

Kirstein, Lincoln
アメリカの監督,作家,及び20世紀アメリカのバレエの進路決定を助けたパトロン。
⇒岩世人（カースティーン 1907.5.4–1996.1.5）
　ユ著人（Kirstein,Lincoln　カースティン, リンカーン 1907–1996）

Kirstilä, Pentti
フィンランドのミステリ作家,翻訳家。
⇒現世文（キルスティラ, ペンッティ 1948–）

Kirszenstein-Szewinska, Irena
ポーランドの女子陸上選手（短距離）。
⇒ユ著人（Kirszenstein-Szewinska,Irena　キルツェンスタイン=ツェビンスカ, イレーネ 1946–）

Kirton, John
カナダの政治学者。トロント大学教授。
⇒外12（カートン, ジョン）
　外16（カートン, ジョン）

Kirton, Lisa Keiko
イギリスの陶芸家,彫刻家。
⇒芸13（キルトン, リサ・ケイコ 1947–）

Kirui, Abel
ケニアのマラソン選手。
⇒最世ス（キルイ, アベル 1982.6.4–）

Kirwan, John
ニュージーランドのラグビー監督。
- ⇒外12（カーワン，ジョン　1964.12.16–）
- 外16（カーワン，ジョン　1964.12.16–）
- 最世ス（カーワン，ジョン　1964.12.16–）

Kirzner, Israel M.
イギリス・ロンドン生まれの経済思想家。
- ⇒岩経（カーズナー　1930–）
- 岩世人（カーズナー　1930.2.13–）

Kiš, Danilo
ユーゴスラビアの小説家。ユダヤ系。小説『庭、灰』『死者の百科事典』など。
- ⇒岩世人（キシュ　1935.2.22–1989.10.15）
- 現世文（キシュ，ダニロ　1935.2.22–1989.10.15）
- 広辞7（キシュ　1935–1989）
- ユ著人（Kis,Danilo (Daniel)　キシュ，ダニロ　1935–1989）

Kiš, Ivica
ユーゴスラビアのテノール歌手。
- ⇒魅惑（Kiš,Ivica　1914–?）

Kisakürek, Necip Fazil
トルコの詩人、劇作家。
- ⇒岩イ（クサキュレク　1905–1983）
- 岩世人（クサキュレク　1904–1983.5.25）

Kisch, Burno Zecharias
ドイツの医師、ユダヤ学者。
- ⇒ユ著人（Kisch,Burno Zecharias　キッシュ，ブルーノ・ゼカリアス　1890–1966）

Kisch, Egon Erwin
チェコ出身のジャーナリスト、作家。マルクス主義の立場でルポルタージュ作家として国際的名声を得、新しい文学ジャンルを確立。代表作『韋駄天記者』(1925)はよく彼の活動ぶりを表現。
- ⇒岩世人（キッシュ　1885.4.29–1948.3.31）
- 広辞7（キッシュ　1885–1948）
- ユ著人（Kisch,Egon Erwin　キッシュ，エーゴン・エルヴィーン　1885–1948）

Kiselyov, Aleksei Semenovich
ソ連の政治家。白ロシア共和国首相兼外相、およびソ連邦最高会議議員。
- ⇒学叢思（キセリヨフ　1879–?）

Kishegyi, Árpád
ハンガリーのテノール歌手。
- ⇒魅惑（Kishegyi,Árpád　1922–1978）

Kishi Bashi
アメリカのシンガー・ソングライター。
- ⇒外16（キシバシ　1975–）

Kishon, Ephraim
イスラエルの風刺作家。
- ⇒現世文（キション，エフライム　1924.8.23–2005.1.29）

Kishore Kumar
インドの歌手、俳優、ソングライター。
- ⇒岩世人（キショール・クマール　1929.8.4–1987.10.13）

Kiska, Andrej
スロバキアの政治家、実業家。スロバキア大統領（2014～19）。
- ⇒外16（キスカ，アンドレイ　1963.2.2–）
- 世指導（キスカ，アンドレイ　1963.2.2–）

Kislenko, Aleksei Pavlovich
ソ連の軍人。
- ⇒岩世人（キスレンコ　1901.3.30–1981.12）

Kisling, Moïse
ポーランド生まれのフランス（ユダヤ系）の画家。エコール・ド・パリの代表的画家。
- ⇒岩キリング（キスリング　1891.1.22–1953.4.29）
- 芸13（キスリング，モイズ　1891–1953）
- 広辞7（キスリング　1891–1953）
- ネーム（キスリング　1891–1953）
- ユ著人（Kisling,Moise　キスリング，モイーズ　1891–1953）

Kison, Bruce Eugene
アメリカの大リーグ選手（投手）。
- ⇒メジャ（キーソン，ブルース　1950.2.18–）

Kissane, Edward J.
アイルランドの聖書学者。
- ⇒新カト（キッセーン　1886.5.14–1959.2.21）

Kissin, Evgenii
ロシアのピアノ奏者。
- ⇒外12（キーシン，エフゲニー　1971.10.10–）
- 外16（キーシン，エフゲニー　1971.10.10–）
- 新音中（キーシン，エヴゲニー　1971.10.10–）

Kissin, Harry, Lord
イギリスの財政家、パトロン。
- ⇒ユ著人（Kissin,Harry,Lord　キッシン，ハリー　1912–）

Kissinger, Henry Alfred
アメリカの国際政治学者、政治家、戦略理論家。
- ⇒アメ州（Kissinger,Henry Alfred　キッシンジャー，ヘンリー・アルフレッド　1923–）
- アメ新（キッシンジャー　1923–）
- 岩韓（キッシンジャー　1923–）
- 岩世人（キッシンジャー　1923.5.27–）
- 外12（キッシンジャー，ヘンリー　1923.5.27–）
- 外16（キッシンジャー，ヘンリー　1923.5.27–）
- 広辞7（キッシンジャー　1923–）
- 国政（キッシンジャー，ヘンリー　1924–）
- 政経改（キッシンジャー　1923–）
- 世改（キッシンジャー　1923–）
- 世人新（キッシンジャー　1923–）
- 世人装（キッシンジャー　1923–）
- ノベ3（キッシンジャー，H.A.　1923.5.27–）
- ボブ人（キッシンジャー，ヘンリー　1923–）

ユ著人（Kissinger,Henry Alfred　キッシンジャー, ヘンリー・アルフレッド　1923–）

Kiss József
ハンガリーの詩人。
⇒ユ著人（Kiss,Józsf　キシュ, ヨージェフ　1843–1921）

Kißling, Hans-Joachim
ドイツの東洋学者。トルコ語, 西アジアの文化および歴史を専攻。
⇒岩世人（キスリング　1912.9.8–1985.10.10）

Kistiakowsky, George Bogdan
ロシア, アメリカの化学者。
⇒岩世人（キスティアコウスキー　1900.11.18–1982.12.7）

Kistler, Darci
アメリカのダンサー。
⇒外12（キスラー, ダーシー　1964.6.4–）

Ki Sung-yong
韓国のサッカー選手（セルティック・MF）。
⇒外12（キソンヨン　奇誠庸　1989.1.24–）
　外16（キソンヨン　奇誠庸　1989.1.24–）
　最世ス（キソンヨン　1989.1.24–）

Kitaenko, Dmitri
ロシアの指揮者。
⇒外12（キタエンコ, ドミトリー　1940.8.18–）

Kitaev, Sergei Nikolaevich
ロシアの美術コレクター。
⇒岩世人（キターエフ　1864.6.10/22–1927.4.14）

Ki Tae-young
韓国の男優。
⇒韓俳（キ・テヨン　1978.12.9–）

Kitaj, Ronald Brooks
イギリス第2期ポップ・アートの代表的作家の一人。
⇒岩世人（キタイ　1932.10.29–2007.10.21）
　芸13（キタイ　1932–）

Lord Kitchener
トリニダード・トバゴのカリプソ歌手。
⇒岩世人（ロード・キチナー　1922.4.18–2000.2.11）

Kitchener, Horatio Herbert, 1st Earl of Khartoum
イギリスの軍人, 政治家。第1次世界大戦で陸相として陸軍の大拡張や軍需産業の動員に努めた。
⇒岩イ（キッチナー　1850–1916）
　岩世人（キッチナー　1850.6.24–1916.6.5）
　広辞7（キッチナー　1850–1916）
　世人新（キッチナー　1850–1916）
　世人装（キッチナー　1850–1916）

Kitchin, Joseph
アメリカの経済思想学者。
⇒有経5（キチン　1861–1932）

Kitching, Alan
イギリスのタイポグラファー, グラフィック・デザイナー。
⇒グラデ（Kitching,Alan　キッチング, アラン　1940–）

Kiti Damnoenchanwanit
タイの実業家。
⇒岩世人（キィティ・ダムヌーンチャーンワニット　1930.2.2–）

Kitingan, Tan Sri Datuk Seri Panglima Joseph Pairin
マレーシア（サバ）の政治家。
⇒岩世人（キティンガン, パイリン　1940.8.17–）
　世指導（キティンガン, パイリン　1940.8.17–）

Kitna, Jon
アメリカのプロフットボール選手（QB）。
⇒最世ス（キトナ, ジョン　1972.9.21–）

Kitson, Frank R.
アメリカの大リーグ選手（投手）。
⇒メジャ（キットソン, フランク　1869.9.11–1930.4.14）

Kitsuse, John Itsuro
アメリカ（日系2世）の社会学者。
⇒岩世人（キッセ　1923.8.25–2003.11.27）
　現社（キッセ　1923–2003）

Kitt, Eartha
アメリカの歌手, 女優。
⇒ク俳（キット, アーサ　1927–）
　標音2（キット, アーサ　1928.1.26–2008.12.25）

Kittel, Charles
アメリカの物理学者。著書『固体物理学入門』(1953) は30年近くも版を重ね, 影響力ある教科書となった。
⇒岩世人（キッテル　1916.7.18–）

Kittel, Gerhard
ドイツのプロテスタント新約学者。1933年以降『新約神学辞典』を刊行。
⇒岩世人（キッテル　1888.9.23–1948.7.11）
　オク教（キッテル　1888–1948）
　新カト（キッテル　1888.9.23–1948.7.11）

Kittel, Rudolf
ドイツの旧約聖書学者。ヘブライ語聖書の校訂出版者として知られる。
⇒新カト（キッテル　1853.3.28–1929.10.20）

Kitthiwutthō Phikkhu
タイの僧侶。
⇒オク仏（キッティウットー・ピック　1936–）

Kittirat Na Ranong
タイの政治家。タイ副首相, 財務相。

Kittle, Katrina
アメリカの作家。
⇒海文新（キトル，カトリーナ）

Kittle, Ronald Dale
アメリカの大リーグ選手（外野,DH）。
⇒メジャ（キトル，ロン　1958.1.5–）

Kittler, Friedrich Adolf
ドイツのメディア学者。
⇒岩世人（キットラー　1943.6.12–2011.10.18）
　現社（キットラー　1943–2011）

Kittrell, Darnell
アメリカのプロレスラー。
⇒異二辞（キットレル［ダーネル・～］　1979–）

Kittridge, Malachi Jeddidah
アメリカの大リーグ選手（捕手）。
⇒メジャ（キットリッジ，マラチ　1869.10.12–1928.6.23）

Kiui Tsezar Antonovich
ロシア（フランス系）の作曲家。ロシア国民学派の「五人組」の一人として活躍。
⇒岩世人（キュイ　1835.1.6/18–1918.3.26）
　エデ（キュイ，セザール［ツェーザリ］（アントノヴィチ）　1835.1.18–1918.3.26）
　ク音3（キュイ　1835–1918）
　新音小（キュイ，ツェーザリ　1835–1918）
　新音中（キュイ，ツェーザリ　1835.1.18–1918.3.26）
　標音2（キュイ，ツェザール　1835.1.18–1918.3.26）
　ポプ人（キュイ，ツェザーリ　1835–1918）

Kiviniemi, Mari
フィンランドの政治家。フィンランド首相，経済協力開発機構（OECD）事務次長。
⇒外12（キヴィニエミ，マリ　1968.9.27–）
　外16（キヴィニエミ，マリ　1968.9.27–）
　世指導（キヴィニエミ，マリ　1968.9.27–）

Kiwanuka, Joseph
ウガンダの大司教。近代における初のアフリカ人司教。
⇒新カト（キワヌカ　1899.6.25–1966.2.22）

Kiwanuka, Michael
イギリスのシンガー・ソングライター。
⇒外16（キワヌーカ，マイケル　1988–）

Kiyosaki, Robert
アメリカの実業家,投資家,著述家。
⇒外12（キヨサキ，ロバート　1947–）
　外16（キヨサキ，ロバート　1947–）

Kizart, Takesha Meshé
アメリカのソプラノ歌手。
⇒外12（キザール，タケシャ・メシェ）
　外16（キザール，タケシャ・メシェ）

Kizer, Carolyn
アメリカの女性詩人。
⇒岩世人（カイザー　1925.12.10–）

Ki-Zerbo, Joseph
ブルキナファソの歴史家,政治家,思想家,作家。ブルキナファソ民主進歩党党首。
⇒岩世人（キゼルボ　1922.6.21–2006.12.4）
　世指導（キゼルボ，ジョセフ　1922.6.21–2006.12.4）

Kizevetter, Aleksandr Aleksandrovich
ロシアの歴史家。
⇒岩世人（キゼヴェッテル　1866.5.10/22–1933.1.9）

Kjaedegaard, Lars
デンマークの作家。
⇒現世文（キエデゴー，ラース　1955.6.4–）

Kjærholm, Poul
デンマークの建築家,家具デザイナー。
⇒岩世人（ケアホルム　1929.1.8–1980.4.18）

Kjellén, Rudolf
スウェーデンの政治学者,地政学者。主著『生活形式としての国家』(1916)。
⇒岩世人（チェレン　1864.6.13–1922.11.14）

Klaatsch, Hermann
ドイツの人類学者。主著"Entstehung und Entwicklung des Menschengeschlechts"(1902)など。
⇒岩生（クラーチ　1863–1916）
　岩世人（クラーチ　1863.3.10–1916.6.5）

Klabund
ドイツの詩人。小説『モロー』(1915),ドラマ『白墨の輪』(24)などの表現派の作品も残した。
⇒岩世人（クラーブント　1891.11.4–1928.8.14）

Klafki, Wolfgang
ドイツの教育学者。
⇒岩世人（クラフキ　1927.9.1–）
　教思増（クラフキ　1927–2016）

Klages, Ludwig
ドイツの哲学者,心理学者。1919年チューリヒに表現学研究所を設立。
⇒岩世人（クラーゲス　1872.12.10–1956.7.29）
　教人（クラーゲス　1872–）
　現精（クラーゲス　1872–1956）
　現精縮（クラーゲス　1872–1956）
　新カト（クラーゲス　1872.12.10–1956.7.29）
　メル3（クラーゲス，ルートヴィッヒ　1872–1956）

Klammer, Franz
オーストリアのアルペン・スキー選手。
⇒岩世人（クランマー　1953.12.3–）

Klapisch, Cédric
フランスの映画監督。
⇒外12（クラピッシュ, セドリック　1961–）
　外16（クラピッシュ, セドリック　1961–）

Klapper, Joseph Thomas
アメリカのマスコミ研究者。
⇒社小増（クラッパー　1917–1984）

Klarlund, Anders Rønnow
デンマークの作家。
⇒海文新（カジンスキー, A.J.　1971–）

Klarwein, Franz
西ドイツのテノール歌手。
⇒魅惑（Klarwein, Franz　1914–?）

Klass, David
アメリカの作家, 脚本家。
⇒外12（クラース, デービッド）
　外16（クラース, デービッド）
　現世文（クラース, デービッド）

Klassen, Cindy
カナダのスピードスケート選手。
⇒外12（クラッセン, シンディ　1979.8.12–）
　外16（クラッセン, シンディ　1979.8.12–）
　最世ス（クラッセン, シンディ　1979.8.12–）

Klatt, Fritz
ベルリン生まれの哲学博士。「創造的休息」を主張。
⇒教人（クラット　1888–1945）

Klatten, Susanne
ドイツの実業家。
⇒外12（クラッテン, スザンネ　1962.4.28–）
　外16（クラッテン, スザンネ　1962.4.28–）

Klaus, Armin Vincent
アメリカの宣教師。
⇒アア歴（Klaus, Armin Vincent　クラウス, アーミン・ヴィンセント　1887.12.14–1965.4.27）

Klaus, Georg
ドイツの哲学者。
⇒岩世人（クラウス　1912.12.28–1974.7.29）

Klaus, Josef
オーストリアの政治家。オーストリア首相。
⇒岩世人（クラウス　1910.8.15–2001.7.25）

Klaus, Václav
チェコの政治家, 経済学者。チェコ大統領（2003～13）。
⇒岩世人（クラウス　1941.6.19–）
　外12（クラウス, ヴァツラフ　1941.6.19–）
　外16（クラウス, ヴァツラフ　1941.6.19–）
　世指導（クラウス, ヴァツラフ　1941.6.19–）

Klauser, Theodor
ドイツの教会史およびキリスト教考古学の学者。主著『古代学・キリスト教学百科事典』（編）。
⇒新カト（クラウザー　1894.2.25–1984.7.24）

Klausner, Joseph Gedaliah
ユダヤ人の宗教学者。ユダヤ人の立場からキリスト教研究をヘブライ語の著作で行った。
⇒岩世人（クラウスナー　1874.8.15–1958.10.27）
　ユ著人（Klausner, Joseph Gedaliah　クラウスナー, ヨセフ・ゲダリア　1874–1958）

Klavan, Andrew
アメリカのミステリ作家。
⇒外12（クラバン, アンドルー　1954–）
　外16（クラバン, アンドルー　1954–）
　現世文（クラバン, アンドルー　1954–）

Klay, Phil
アメリカの作家。
⇒海文新（クレイ, フィル　1983–）
　現世文（クレイ, フィル　1983–）

Klebanov, Ilya
ロシアの政治家。ロシア副首相。
⇒外12（クレバノフ, イリヤ　1951.5.7–）
　外16（クレバノフ, イリヤ　1951.5.7–）
　世指導（クレバノフ, イリヤ　1951.5.7–）

Klebe, Giselher
ドイツの作曲家。
⇒岩世人（クレーベ　1925.6.25–2009.10.5）
　ク百3（クレーベ　1925–）
　新音中（クレーベ, ギーゼルヘーア　1925.6.28–）
　標音2（クレーベ, ギーゼルヘーア　1925.6.28–）

Klebs, Edwin Theodor Albrecht
ドイツの細菌学者, 病理学者。1878年, サルの梅毒接種に成功, 83年にはジフテリア菌発見。
⇒岩世人（クレープス　1834.2.6–1913.10.23）

Klee, Paul
スイスの画家。代表作『鳥の島』『港』など。著書『造形思考』（1956）,『日記』（57）。
⇒岩世人（クレー　1879.12.18–1940.6.29）
　芸13（クレー, パウル　1879–1940）
　広辞7（クレー　1879–1940）
　新カト（クレー　1879.12.18–1940.6.29）
　ポプ人（クレー, パウル　1879–1940）

Kleemann, Thomas
ドイツの画家。
⇒芸13（クレーマン, トーマス　1954–）

Kleene, Stephen Cole
アメリカの論理学者, 数学者。
⇒世数（クリーネ, スティーヴン・コール　1909–

Kleiber, Carlos
オーストリア生まれの指揮者。
⇒岩世人（クライバー　1930.7.3–2004.7.13）
　オペラ（クライバー, カルロス　1930–2004）
　広辞7（クライバー　1930–2004）
　新音中（クライバー, カルロス　1930.7.3–）
　ネーム（クライバー　1930–2004）
　標音2（クライバー, カルロス　1930.7.3–2004.7.13）

Kleiber, Erich
オーストリアの指揮者。ニューヨークのフィルハーモニック（1930〜32）、ロンドンのコヴェント・カーデン（50）などの指揮者として国際的に知られた。
⇒岩世人（クライバー　1890.8.5–1956.1.27）
　オペラ（クライバー, エーリヒ　1890–1956）
　新音中（クライバー, エーリヒ　1890.8.5–1956.1.27）
　標音2（クライバー, エーリヒ　1890.8.5–1956.1.27）

Kleibrink, Benjamin
ドイツのフェンシング選手（フルーレ）。
⇒外12（クライブリンク, ベンヤミン　1985.7.30–）
　外16（クライブリンク, ベンヤミン　1985.7.30–）
　最世ス（クライブリンク, ベンヤミン　1985.7.30–）

Klein, Abraham Moses
カナダの詩人。
⇒現世文（クライン,A.M.　1909.2.14–1972.8.20）
　ユ著人（Klein,Abraham Moses　クライン, アブラハム・モーゼス　1909–1972）

Klein, Allen
アメリカの実業家。ビートルズのマネージャー。
⇒ビト改（KLEIN,ALLEN　クレイン, アラン）

Klein, Calvin
アメリカの服飾デザイナー。
⇒外12（クライン, カルバン　1942.11.19–）
　外16（クライン, カルバン　1942.11.19–）

Klein, Charles Herbert
アメリカの大リーグ選手（外野）。
⇒メジャ（クライン, チャック　1904.10.7–1958.3.28）

Klein, Donald F.
アメリカの精神科医。
⇒精医歴（クライン, ドナルド・F　1928–）

Klein, Felix
ドイツの数学者。『エルランゲン目録』を発表。
⇒岩世人（クライン　1849.4.25–1925.6.22）
　学叢思（クライン, フェリックス　1849–?）
　広辞7（クライン　1849–1925）
　数辞（クライン, クリスチャン・フェリクス　1849–1925）
　数小増（クライン　1849–1925）
　世数（クライン, フェリックス・クリスチャン　1849–1925）

Klein, Frederick Charles
アメリカの宣教師。来日し（1883）、横浜英和学校の校長を務めた。のち名古屋英和学校を創立。
⇒アア歴（Klein,Frederick C.　クライン, フレデリック・C.　1857.5.17–1926.12.27）
　岩世人（クライン　1857.5.17–1926.12.27）

Klein, George
スウェーデンの医学者、作家。
⇒外12（クライン, ジョージ　1925.7.28–）
　外16（クライン, ジョージ　1925.7.28–）

Klein, Georges-André
フランスの画家。
⇒芸13（クラン, ジョルジュ・アンドレ　1901–1970）

Klein, Lawrence Robert
アメリカの経済学者。
⇒岩経（クライン　1920–）
　岩世人（クライン　1920.9.14–2013.10.20）
　ノベ3（クライン,L.R.　1920.9.14–）
　有経5（クライン　1920–2013）
　ユ著人（Klein,Laurence Robert　クライン, ローレンス・ロバート　1920–）

Klein, Lou
チェコスロバキア生まれのアメリカのアート・ディレクター。
⇒グラデ（Klein,Lou　クライン, ルー　1932–）

Klein, Matthew
アメリカの作家。
⇒海文新（クライン, マシュー）
　現世文（クライン, マシュー）

Klein, Melanie
イギリスの女性精神分析家。児童の精神分析を通じてクライン学派（イギリス学派）を生むにいたった。
⇒岩世人（クライン　1882.3.30–1960.9.24）
　現精（クライン　1882–1960）
　現精縮（クライン　1882–1960）
　社小増（クライン　1882–1960）
　精医歴（クライン, メラニー・ライツェス　1880–1960）
　精分岩（クライン, メラニー　1882–1960）
　精分弘（クライン, メラニー　1882–1960）
　世界子（クライン, メラニー　1882–1960）
　メル別（クライン, メラニー　1882–1960）
　ユ著人（Klein,Melanie Reizes　クライン, メラニー・ライゼス　1882–1960）

Klein, Naomi
カナダの作家、ジャーナリスト。
⇒外12（クライン, ナオミ　1970–）
　外16（クライン, ナオミ　1970–）
　現世文（クライン, ナオミ　1970–）

Klein, Norma
アメリカの作家。
⇒現世文（クライン，ノーマ　1938.5.13–1989.4.5）

Klein, Oskar
スウェーデンの物理学者。1930年前後の相対論的な量子論の形成にあたって活躍した。
⇒岩世人（クライン　1894.9.15–1977.2.5）

Klein, Peter
ドイツのテノール歌手。
⇒魅惑（Klein,Peter　1907–?）

Klein, Ralph
カナダの政治家。アルバータ州首相，カルガリー市長，カナダ環境相。
⇒世指導（クライン，ラルフ　1942.11.1–2013.3.29）

Klein, Robin
オーストラリアの女性作家，詩人。
⇒現世文（クライン，ロビン　1936.2.28–）

Klein, William
アメリカ・ニューヨーク生まれの写真家。
⇒岩世人（クライン　1928.4.19–）

Klein, Yves
フランスの美術家。1960年前後のパリを中心とするヌーボー・レアリスム運動で中核をなす。
⇒岩世人（クライン　1928.4.28–1962.6.6）
　芸13（クライン，イヴ　1928–1962）
　広辞7（クライン　1928–1962）
　ポブ人（クライン，イヴ　1928–1962）
　ユ著人（Klein,Yves　クライン，イブ　1928–1962）

Kleinfeld, Klaus
ドイツの実業家。
⇒外16（クラインフェルト，クラウス　1957.11.6–）

Kleinman, Arthur
アメリカの精神科医。
⇒外12（クラインマン，アーサー　1941.3.11–）
　外16（クラインマン，アーサー　1941.3.11–）

Kleinrock, Leonard
アメリカのコンピューター科学者。
⇒外12（クラインロック，レナード　1934.6.13–）
　外16（クラインロック，レナード　1934.6.13–）

Kleinwächter, Friedrich
オーストリアの経済学者。
⇒学叢思（クラインヴェヒター，フリードリヒ　1838–?）

Kleist, Karl
ドイツの精神医学者。
⇒現精（クライスト　1879–1960）
　現精縮（クライスト　1879–1960）

Kleisterlee, Gerald J.
オランダの実業家。
⇒外12（クライスターリー，ジェラルド　1946.9.28–）
　外16（クライスターリー，ジェラルド　1946.9.28–）

Kleitman, Nathaniel
アメリカの睡眠研究者。
⇒現精（クライトマン　1895–1999）
　現精縮（クライトマン　1895–1999）

Klem, William Joseph
アメリカの大リーグ審判。
⇒岩世人（クレム　1874.2.22–1951.9.16）
　メジャ（クレム，ビル　1874.2.22–1951.9.16）

Klements, Dmitrii Aleksandrovich
ロシアの探検家。シベリア各地および蒙古を数回旅行。
⇒岩世人（クレメンツ　1848.12.15–1914.1.8）

Klemetsen, Håvard
ノルウェーのスキー選手（複合）。
⇒外16（クレメトセン，ホーヴァル　1979.1.5–）

Klemke, Werner
ドイツのイラストレーター。
⇒絵本（クレムケ，ヴェルナー　1917–1994）

Klemm, Hanns
ドイツの軽飛行機設計製作家。
⇒岩世人（クレム　1885.4.4–1961.4.30）

Klemperer, Otto
ドイツの指揮者。
⇒岩世人（クレンペラー　1885.5.14–1973.7.6）
　オペラ（クレンペラー，オット　1885–1956）
　新音中（クレンペラー，オットー　1885.5.14–1973.7.6）
　ネーム（クレンペラー　1885–1973）
　標音2（クレンペラー，オットー　1885.5.14–1973.7.6）
　ユ著人（Klemperer,Otto　クレンペラー，オットー　1885–1973）

Klemperer, William A.
アメリカの物理化学者。
⇒岩世人（クレンペラー　1927.10.6–）

Klenau, Paul August von
デンマークの作曲家，指揮者。"デリアス""シェーンベルク""ミヨー"の作品を紹介した。
⇒岩世人（クレーナウ　1883.2.11–1946.8.11）

Klengel, Julius
ドイツのチェロ演奏家，作曲家。
⇒岩世人（クレンゲル　1859.9.24–1933.10.27）

Klepper, Jochen
ドイツの作家。キリスト教的小説および宗教詩

を書いた。
⇒岩世人（クレッパー　1903.3.22–1942.12.11）
　新カト（クレッパー　1903.3.22–1942.12.11）

Klerman, Gerald L.
アメリカの精神科医。
⇒精医歴（クラーマン，ジェラルド・L　1928–1992）

Klesko, Ryan Anthony
アメリカの大リーグ選手（外野，一塁）。
⇒メジャ（クレスコ，ライアン　1971.6.12–）

Kleßmann, Christoph
ドイツの歴史学者。
⇒岩世人（クレスマン　1938–）

Klestil, Thomas
オーストリアの政治家，外交官。オーストリア大統領（1992～2004）。
⇒世指導（クレスティル，トーマス　1932.11.4–2004.7.6）

Kletzki, Paul
ポーランド生まれのスイスの作曲家，指揮者。作曲は交響曲，室内楽曲，協奏曲および歌曲を含んでいる。
⇒岩世人（クレツキ　1900.3.21–1973.3.5）
　標音2（クレツキ，パウル　1900.3.21–1973.3.5）
　ユ著人（Klecki,Paul　クレッキー，ポール　1900–1973）

Klíč, Karel
チェコのイラストレーター。グラビア印刷の発明者。
⇒岩世人（クリーチュ　1841.5.30–1926.11.16）
　絵本（クリッチュ，カール　1841–1926）

Klien, Walter
オーストリアのピアノ奏者。
⇒新音中（クリーン，ヴァルター　1928.11.27–1991.2.10）
　標音2（クリーン，ヴァルター　1928.11.27–1991.2.10）

Klietmann, Martin
オーストリアのテノール歌手。
⇒魅惑（Klietmann,Martin　1944–）

Klíma, Ivan
チェコの散文作家，劇作家，文芸論や随筆の執筆者。
⇒岩世人（クリーマ　1931.9.14–）
　外12（クリマ，イヴァン　1931.9.14–）
　外16（クリマ，イヴァン　1931.9.14–）
　現世文（クリーマ，イヴァン　1931.9.14–）

Klima, Viktor
オーストリアの政治家，実業家。オーストリア首相，オーストリア社民党党首。
⇒岩世人（クリマ　1947.6.4–）
　世指導（クリマ，ヴィクトール　1947.6.4–）

Klimowski, Andrzej
イギリス（ポーランド系）のデザイナー，ポスター作家。
⇒グラデ（Klimowski,Andrzej　クリモフスキ，アンジェイ　1949–）

Klimt, Gustav
オーストラリアの画家。
⇒岩世人（クリムト　1862.7.14–1918.2.6）
　グラデ（Klimt,Gustav　クリムト，グスタフ　1862–1918）
　芸13（クリムト，グスタフ　1862–1918）
　広辞7（クリムト　1862–1918）
　ネーム（クリムト　1862–1918）
　ポプ人（クリムト，グスタフ　1862–1918）

Klindworth, Karl
ドイツのヴァイオリン，ピアノ演奏家，指揮者。リストの弟子。
⇒岩世人（クリントヴォルト　1830.9.25–1916.7.27）

Kline, Christina Baker
イギリス生まれのアメリカの作家，編集者。
⇒海文新（クライン，クリスティナ・ベイカー　1964–）
　現世文（クライン，クリスティナ・ベイカー　1964–）

Kline, Franz
アメリカの画家。抽象表現主義の画家として注目された。
⇒岩世人（クライン　1910.5.23–1962.5.13）
　芸13（クライン，フランツ　1910–1962）
　ユ著人（Klein,Franz　クライン，フランツ　1910–1962）

Kline, Kevin
アメリカ生まれの男優。
⇒外12（クライン，ケビン　1947.10.24–）
　外16（クライン，ケビン　1947.10.24–）
　ク俳（クライン，ケヴィン　1947–）

Kline, Morris
アメリカの数学者。
⇒世数（クライン，モリス　1908–1992）

Kline, Nathan Schellenberg
アメリカの精神薬理学者。
⇒精医歴（クライン，ネーサン・シェレンバーグ　1916–1983）
　ユ著人（Kline,Nathan S.　クライン，ネイサン・S　1916–）

Kline, Ronald Lee
アメリカの大リーグ選手（投手）。
⇒メジャ（クライン，ロン　1932.3.9–2002.6.22）

Kline, Steven James
アメリカの大リーグ選手（投手）。
⇒メジャ（クライン，スティーヴ　1972.8.22–）

Klineberg, Otto
カナダ生まれのアメリカの社会心理学者。理論的に行動主義の立場から社会的差別の存在しない社会を理想とする。
⇒社小増 (クラインバーグ 1899–1992)

Kling, John
アメリカの大リーグ選手(捕手)。
⇒メジャ (クリング, ジョニー 1875.11.13–1947.1.31)

Kling, Thomas
ドイツの詩人。
⇒岩世人 (クリング 1957.6.5–2005.4.1)

Klingender, Francis Donald
ドイツ生まれのイギリスの美術史家, 歴史家。
⇒岩世人 (クリンジェンダー 1907–1955)

Klinger, Julius
オーストリアのポスター作家, 活字デザイナー, 画家。
⇒グラデ (Klinger, Julius クリンゲル, ユーリウス 1876–1942)

Klinger, Max
ドイツの版画家, 画家, 彫刻家。1878年『手袋』連作がその怪異性ゆえに物議をかもした。
⇒岩世人 (クリンガー 1857.2.18–1920.7.4)
芸13 (クリンガー, マックス 1857–1920)
広辞7 (クリンガー 1857–1920)

Klink, Matthias
ドイツのテノール歌手。
⇒魅惑 (Klink, Matthias ?–)

Klinsmann, Jürgen
ドイツのサッカー監督。
⇒異二辞 (クリンスマン[ユルゲン・〜] 1964–)
外12 (クリンスマン, ユルゲン 1964.7.30–)
外16 (クリンスマン, ユルゲン 1964.7.30–)
最世ス (クリンスマン, ユルゲン 1964.7.30–)
ネーム (クリンスマン 1964–)

Klint, Kaare
デンマークの建築家。代表作はコペンハーゲンのグルンドビグ聖堂(1926)。
⇒岩世人 (クリント 1888.12.15–1954.3.28)

Klippstein, John Calvin
アメリカの大リーグ選手(投手)。
⇒メジャ (クリップスタイン, ジョニー 1927.10.17–2003.10.10)

Klise, Kate
アメリカの児童文学作家。
⇒海文新 (クライス, ケイト 1963.4.13–)
現世文 (クライス, ケイト 1963.4.13–)

Klitchko, Vladimir
ウクライナのプロボクサー。
⇒外12 (クリチコ, ウラジーミル 1976.3.25–)
外16 (クリチコ, ウラジーミル 1976.3.25–)
最世ス (クリチコ, ウラジーミル 1976.3.25–)

Klitschko, Vitali
ウクライナのプロボクサー。
⇒異二辞 (クリチコ[ヴィタリ・〜] 1971–)
外12 (クリチコ, ヴィタリ 1971.7.19–)
外16 (クリチコ, ヴィタリ 1971.7.19–)
最世ス (クリチコ, ヴィタリ 1971.7.19–)

Klitzing, Klaus von
ドイツの物理学者。1985年ノーベル物理学賞。
⇒岩世人 (フォン・クリッツィング 1943.6.28–)
ノベ3 (クリッツィング, K. 1943.6.28–)
物理 (フォン・クリッツィング, クラウス 1943–)

Kliuchevskii, Vasilii Osipovich
ロシア帝政期の代表的歴史家。主著『ロシア史講義』(4巻, 1904~10)。
⇒岩世人 (クリュチェフスキー 1841.1.16–1911.5.12)

Kloborg, Sebastian
デンマークのバレエダンサー。
⇒外12 (クロボー, セバスチャン 1986.6.23–)
外16 (クロボー, セバスチャン 1986.6.23–)

Kloos, Marko
ドイツの作家。
⇒海文新 (クロウス, マルコ)
現世文 (クロウス, マルコ)

Kloos, Willem Johan Theodor
オランダの詩人, 評論家。「80年代の人人」という団体をつくり(1882), 機関誌『新指導』(85~1943)を創刊。作品に『子供と神の本』(1888),『サッフォ』(81),『オケアノス』(82~84) などがある。
⇒岩世人 (クロース 1859.5.6–1938.3.31)

Klopp, Jürgen
ドイツのサッカー監督(リバプール), サッカー選手。
⇒外12 (クロップ, ユルゲン 1967.6.16–)
外16 (クロップ, ユルゲン 1967.6.16–)
最世ス (クロップ, ユルゲン 1967.6.16–)

Klose, Miroslav
ドイツのサッカー選手。
⇒外12 (クローゼ, ミロスラフ 1978.6.9–)
外16 (クローゼ, ミロスラフ 1978.6.9–)
最世ス (クローゼ, ミロスラフ 1978.6.9–)
ネーム (クローゼ 1978–)

Kloss, Heinz
西ドイツの言語学者。ドイツ語の言語政策などについて多くの資料を収集し, 社会言語学的な分析を発表した。
⇒岩世人 (クロース 1904.10.30–1987.6.13)

Klossowska de Rola, Harumi
スイスの宝飾デザイナー。
⇒外12（クロソウスカ・ド・ローラ，春美　1973–）
　外16（クロソウスカ・ド・ローラ，春美　1973–）

Klossowski, Pierre
フランスの作家。
⇒岩世人（クロソウスキー　1905.8.9–2001.8.12）
　現世文（クロソウスキー，ピエール　1905.8.9–2001.8.12）
　メル別（クロソウスキー，ピエール　1905–2001）

Kluckhohn, Clyde Kay Maben
アメリカの人類学者。37年間ナバホ族の民族誌的研究に従事した。
⇒岩世人（クラックホーン　1905.1.11–1960.7.29）
　社小増（クラックホーン　1905–1960）
　新カト（クラックホーン　1905.1.11–1960.7.28）

Kluft, Carolina
スウェーデンの七種競技選手。
⇒外12（クリュフト，カロリナ　1983.2.2–）
　最世ス（クリュフト，カロリナ　1983.2.2–）

Klug, *Sir* Aaron
南アフリカ、イギリスの分子生物学者。
⇒岩生（クルーグ　1926–）
　外12（クルーグ，アーロン　1926.8.11–）
　外16（クルーグ，アーロン　1926.8.11–）
　化学（クルーグ　1926–）
　ノベ3（クルーグ，A.　1926.8.11–）
　ユ著人（Klug,Aaron　クルーグ，アーロン　1926–）

Klug, Chris
アメリカのスノーボード選手。
⇒外12（クルーグ，クリス　1972.11.18–）
　外16（クルーグ，クリス　1972.11.18–）
　最世ス（クルーグ，クリス　1972.11.18–）

Kluge, Alexander
ドイツの小説家、脚本家、映画監督。小説『経歴』(1962)、映画作品『きのうからの別れ』(66)などがある。
⇒岩世人（クルーゲ　1932.2.14–）
　映監（クルーゲ，アレクサンダー　1932.2.14–）
　現世文（クルーゲ，アレクサンダー　1932.2.14–）

Kluge, Friedrich
ドイツのゲルマン語学者。その著『ドイツ語語源辞典』(1881)は有名。
⇒岩世人（クルーゲ　1856.6.21–1926.5.21）

Kluge, Guenther Hans von
ドイツの軍人。ドイツ陸軍元帥。
⇒岩世人（クルーゲ　1882.10.30–1944.8.19）
　ネーム（クルーゲ　1882–1944）

Klüger, Ruth
アメリカ在住のドイツ語、英語による女性文学者。

⇒ユ著人（Klüger,Ruth　クリューガー，ルート　1931–）

Kluivert, Patrick
オランダのサッカー選手。
⇒外12（クライファート，パトリック　1976.7.1–）

Klum, Heidi
ドイツのファッションモデル、女優。
⇒外12（クラム，ハイジ　1973.6.1–）
　外16（クラム，ハイジ　1973.6.1–）

Klunder, Reverend Bruce
アメリカ・オハイオ州クリーヴランド市の人種平等会議(CORE)支部の設立メンバー。
⇒マルX（KLUNDER,REVEREND BRUCE　ブルース・クランダー牧師　?–1964）

Klüser, Johannes
ドイツのテノール歌手。
⇒魅惑（Klüser,Johannes　?–）

Kluszewski, Theodore Bernard
アメリカの大リーグ選手（一塁）。
⇒メジャ（クルズースキー，テッド　1924.9.10–1988.3.29）

Kluth, Heinz B.
ドイツの社会学者。
⇒社小増（クルート　1921–1977）

Klüver, Billy
アメリカの技術者。
⇒岩世人（クルーヴァー　1927.11.13–2004.1.11）

Kluver, Cayla
アメリカの作家。
⇒海文新（クリューバー，カイラ　1992.10.2–）

Klyuev, Nikolai Alekseevich
ロシアの詩人。宗教的色彩の濃い農民詩を書く。エセーニンらの「農民派」詩人グループに影響を与えた。
⇒岩世人（クリューエフ　1884.9.27/10.10–1937.10.23-25）

Kmentt, Waldemar
オーストリアのテノール歌手。
⇒オペラ（クメント，ヴァルデマール　1929–）
　失声（クメント，ヴァルデマール　1929–）
　標音2（クメント，ヴァルデマル　1929.2.2–）
　魅惑（Kmentt,Waldemar　1929–）

K'naan
ソマリア生まれの歌手。
⇒外12（ケイナーン　1978–）
　外16（ケイナーン　1978–）

Knab, Armin
ドイツの作曲家、著述家。1920年以降ドイツ青年音楽運動に関連して作曲家、著述家としての名声を得る。

knabe

⇒標音2（クナーブ, アルミーン　1881.2.19–1951.6.23）

Knabe, Franz Otto
アメリカの大リーグ選手（二塁）。
⇒メジャ（ネイブ, オットー　1884.6.12–1961.5.17）

Knabenbauer, Joseph
西ドイツの聖書学者。
⇒新カト（クナーベンバウアー　1839.3.19–1911.11.12）

Knapková, Miroslava
チェコのボート選手。
⇒外16（クナプコヴァ, ミロスラヴァ　1980.9.19–）
最世ス（クナプコバ, ミロスラバ　1980.9.19–）

Knapp, Arthur May
アメリカの宣教師, 編集者。
⇒アア歴（Knapp,Arthur May　ナップ, アーサー・メイ　1841.5.29–1921.1.29）

Knapp, Georg Friedrich
ドイツの経済学者。貨幣国定学説を提唱。
⇒岩世人（クナップ　1842.3.7–1926.2.20）
学叢思（クナップ, ゲオルグ・フリードリヒ　1842–?）
有経5（クナップ　1842–1926）

Knapp, Joseph Palmer
アメリカの出版人, 慈善家。新聞社の経営により得た資産をノース・カロライナ州の学校図書館の発展のため寄贈。
⇒ア図（クナップ, ジョセフ　1864–1951）

Knapp, Michael
オーストリアのテノール歌手。
⇒魅惑（Knapp,Michael　1966–）

Knapp, Seaman Asahel
アメリカの農学者。ルイジアナ州開発会社の顧問となり（1886）, アイオワ州近辺の稲作を成功させた。
⇒岩世人（ナップ　1833.12.10–1911.4.1）

Knapper, Gerd
ドイツ生まれの陶芸家, 造形家。
⇒芸13（クナッパー, ゲルト　1943–）

Knappertsbusch, Hans
ドイツの指揮者。
⇒岩世人（クナッパーツブッシュ　1888.3.12–1965.10.25）
オペラ（クナッパーツブッシュ, ハンス　1888–1965）
新音中（クナッパーツブッシュ, ハンス　1888.3.12–1965.10.25）
標音2（クナッパーツブッシュ, ハンス　1888.3.12–1965.10.25）

Knauer, Peter
ドイツのカトリック神学者。

⇒岩世人（クナウアー　1935.2.5–）

Knausgård, Karl Ove
ノルウェーの作家。
⇒海文新（クナウスゴール, カール・オーヴェ　1968.12.6–）
現世文（クナウスゴール, カール・オーヴェ　1968.12.6–）

Kneale, Matthew
イギリスの作家。
⇒外12（ニール, マシュー　1960–）
外16（ニール, マシュー　1960–）
現世文（ニール, マシュー　1960–）

Kneebone, Peter
イギリスのデザイナー, 挿絵画家, 教育者。
⇒グラデ（Kneebone,Peter　ニーボーン, ピーター　1923–1990）

Kneese, Allen Victor
アメリカの経済学者。環境・資源問題を研究する。
⇒岩経（クニース　1930–）
岩世人（クネーゼ　1930.4.5–2001.3.14）
有経5（クニーゼ　1930–2001）

Knef, Hildegard
ドイツ生まれの女優。
⇒ク俳（クネフ, ヒルデガルト　1925–2002）
スター（ネフ, ヒルデガルド　1925.12.28–2002）

Kneifel, Hans
ドイツのSF作家。
⇒現世文（クナイフェル, ハンス　1936.7.10–2012.3.7）

Knepper, Robert Wesley
アメリカの大リーグ選手（投手）。
⇒メジャ（ネッパー, ボブ　1954.5.25–）

Kner, Albert
ハンガリー生まれのデザイナー。
⇒グラデ（Kner,Albert　ネァ, アルバート　1899–1976）

Kness, Richard
アメリカのテノール歌手。
⇒魅惑（Kness,Richard　1937–）

Knetig, Jerzy
ポーランドのテノール歌手。
⇒魅惑（Knetig,Jerzy　1950–）

Kngwarreye, Emily
オーストラリアのアボリジニー画家。
⇒岩世人（ウングワレー　1910頃–1996.9.2）

Kniazev, Alexander
ロシアのチェロ奏者, オルガン奏者。
⇒外12（クニャーゼフ, アレクサンドル　1961.4.21–）

外16（クニャーゼフ, アレクサンドル 1961.4.21–）

Kniep, Hans
ドイツの植物生理学者。
⇒岩生（クニープ 1881–1930）

Knight, Alonzo P.
アメリカの大リーグ選手（外野, 投手）。
⇒メジャ（ナイト, ロン 1853.6.16–1932.4.23）

Knight, Baker
アメリカのソングライター, ロックンローラー。
⇒ロック（Knight,Baker ナイト, ベイカー）

Knight, Charles Ray
アメリカの大リーグ選手（三塁, 一塁）。
⇒メジャ（ナイト, レイ 1952.12.28–）

Knight, Curtis
アメリカ・カンザス州フォート・スコット生まれのミュージシャン。
⇒ロック（Knight,Curtis ナイト, カーティス 1945–）

Knight, E.E.
アメリカの作家。
⇒海文新（ナイト,E.E. 1965–）

Knight, Esmond
イギリス生まれの俳優。
⇒ク俳（ナイト, エズモンド 1906–1987）

Knight, Felix
アメリカのテノール歌手。
⇒魅惑（Knight,Felix 1912–）

Knight, Frank Hyneman
アメリカの経済学者。シカゴ大学教授（1928～）。シカゴ学派創始者のひとり。
⇒岩経（ナイト 1885–1972）
　岩世人（ナイト 1885.11.7–1972.4.15）
　新カト（ナイト 1885.11.7–1972.4.15）
　有経5（ナイト 1885–1972）

Knight, Gladys
アメリカの黒人女性歌手。
⇒異二辞（ナイト, グラディス 1944–）

Knight, Jules
イギリスのバリトン歌手, 俳優。
⇒外12（ナイト, ジュールス 1981.9.22–）
　外16（ナイト, ジュールス 1981.9.22–）

Knight, Orie Albert
アメリカの労働運動の指導者。石油労働者国際組合（OWIU）会長, 統一石油・化学・原子力労働者国際組合初代会長。
⇒アメ経（ナイト, オーリー 1902.9.24–1981.4.16）

Knight, Philip
アメリカの実業家。
⇒外16（ナイト, フィリップ 1938.2.24–）

Knight, Renée
イギリスの作家。
⇒海文新（ナイト, ルネ）
　現世文（ナイト, ルネ）

Knight, Robert
アメリカ・テネシー州フランクリン生まれの歌手。
⇒ロック（Knight,Robert ナイト, ロバート 1945.4.24–）

Knight, Robert Palmer
アメリカの臨床家, 精神分析家。
⇒精分岩（ナイト, ロバート・P 1902–1966）

Knight, Shirley
アメリカ生まれの女優。
⇒ク俳（ナイト, シャーリー 1936–）

Knight, Terry
アメリカ・ミシガン州フリント生まれの歌手, マネージャー, 企業家。
⇒ロック（Knight,Terry ナイト, テリー 1943.4.9–）

Knightley, Keira
イギリスの女優。
⇒外12（ナイトレイ, キーラ 1985.3.22–）
　外16（ナイトレイ, キーラ 1985.3.22–）

Knightley, Phillip
イギリスの犯罪記者。
⇒スパイ（ナイトリー, フィリップ 1929–）

Knipovich, Nikolai Mikhailovich
ソ連の海洋学者, 動物学者。白海, バレンツ海を調査（1887～1901）。
⇒岩世人（クニポーヴィチ 1862.3.25/4.6–1939.2.23）

Knipper, Lev
ジョージアの作曲家。
⇒岩世人（クニッペル 1898.11.21/12.3–1974.7.30）
　ク音3（クニッペル 1899–1974）
　標音2（クニッペル, レフ・コンスタンティノヴィチ 1898.12.3–1974.7.30）

Knipper-Chekhova, Olga Leonardovna
ソ連の女優。A.チェーホフの妻。モスクワ芸術座の創立に参加。
⇒岩世人（クニッペル＝チェーホヴァ 1868.9.9/21–1959.3.22）

Knipping, Erwin
ドイツの気象学者。来日して日本初の天気図を作成, 暴風雨警報事業を創設。

⇒岩世人（クニッピング 1844.4.27–1922.11.22）

Knipping, Paul
ドイツの物理学者。結晶格子によるレントゲン線の屈折を発見。
⇒岩世人（クニッピング 1883.5.21–1935.11）

Knoblauch, Edward Charles
アメリカの大リーグ選手（二塁，外野）。
⇒メジャ（ノブロック，チャック 1968.7.7–）

Knoop, Robert Frank
アメリカの大リーグ選手（二塁）。
⇒メジャ（カーノップ，ボビー 1938.10.18–）

Knopf, Chris
アメリカのハードボイルド作家。
⇒外12（クノップ，クリス）
　海文新（クノップ，クリス）
　現世文（クノップ，クリス）

Knöpfler, Alois
ドイツの教会史家。
⇒新カト（クネプフラー 1847.8.29–1921.7.14）

Knopfler, Mark
イギリスのギター奏者，作曲家。
⇒外12（ノップラー，マーク）
　外16（ノップラー，マーク）

Knorozov, Yury Valentinovich
ロシア，ソ連の言語学者，碑文学者。
⇒岩世人（クノーロゾフ 1922.11.19–1999.3.31）

Knorr, Sebastian
ドイツのイエズス会士，司祭，エスペランティスト，日本宣教師。
⇒日エ（クノール 1915.2.6–1982.10.8）

Knote, Heinrich
ドイツのテノール歌手。
⇒失声（クノーテ，ハインリッヒ 1870–1953）
　魅惑（Knote,Heinrich 1870–1953）

Knott, Cargill Gilston
イギリスの地震学者。東京帝国大学理学部で物理学を教授。
⇒岩世人（ノット 1856.6.30–1922.10.26）

Knott, Frederick
中国生まれのアメリカの劇作家。
⇒現世文（ノット，フレデリック 1916.8.28–2002.12.17）

Knott, John Henry
アメリカの大リーグ選手（投手）。
⇒メジャ（ノット，ジャック 1907.3.2–1981.10.13）

Knott, Thomas Albert
アメリカの英語学者。『ウェブスター英語新国際辞典』（第2版）の総編集に当たった。

⇒アメ州（Knott,Thomas Albert ノット，トーマス・アルバート 1880–1945）

Knotts, Don
アメリカ生まれの俳優。
⇒ク俳（ノッツ，ドン（ノッツ，ジェシー・ドナルド）1924–）

Knowland, William Fife
アメリカの政治家，新聞発行人。上院議員を勤めた後，「オークランド・トリビューン」紙の編集，発行にあたった。
⇒岩世人（ノーランド 1908.6.26–1974.2.23）

Knowles, Alison
アメリカの画家。
⇒現音キ（ノウルズ，アリソン 1933–）

Knowles, Darold Duane
アメリカの大リーグ選手（投手）。
⇒メジャ（ノウルズ，ダロルド 1941.12.9–）

Knowles, David
イギリスの教会，修道制の歴史家。
⇒岩世人（ノールズ 1896.9.29–1974.11.21）
　新カト（ノールズ 1896.9.29–1974.11.21）

Knowles, John
アメリカの小説家。
⇒現世文（ノールズ，ジョン 1926.9.16–2001.11.29）

Knowles, Lilian Charlotte Anne
イギリスの女性経済史家。
⇒岩世人（ノールズ 1870–1926.4.25）

Knowles, William
アメリカの化学者。2001年ノーベル化学賞。
⇒岩世人（ノールズ 1917.6.1–2012.6.13）
　外12（ノールズ，ウィリアム 1917.6.1–）
　化学（ノールズ 1917–2012）
　ノベ3（ノールズ，W. 1917.6.1–）

Knox, Alexander
カナダ生まれの俳優。
⇒ク俳（ノックス，アレグザンダー 1907–1995）

Knox, Buddy
アメリカ・テキサス州ハッピー生まれのカントリー歌手。
⇒ロック（Knox,Buddy ノックス，バディ 1933.4.14–）

Knox, Edmund Arbuthnott
イギリス国教会のマンチェスター主教。
⇒オク教（ノックス 1847–1937）

Knox, Elizabeth
ニュージーランドの女性小説家。
⇒ニュー（ノックス，エリザベス 1959–）

Knox, Garth
フランスのヴィオラ奏者，ヴィオラ・ダモーレ奏者。
⇒外12（ノックス，ガース　1956-）
　外16（ノックス，ガース　1956-）

Knox, George William
アメリカの長老派教会宣教師，神学者。東京帝国大学文科大学で哲学，審美学を教授，明治学院理事長。
⇒アア歴（Knox,George W(illiams)　ノックス，ジョージ・ウイリアムズ　1853.8.11-1912.4.25）
　岩世人（ノックス　1853.8.11-1912.4.25）

Knox, Philander Chase
アメリカの法律家，政治家。
⇒アメ経（ノックス，フィランダー　1853.5.6-1921.10.12）
　アメ州（Knox,Philander Chase　ノックス，フィランダー・チェイス　1853-1921）
　岩世人（ノックス　1853.5.6-1921.10.12）

Knox, Ronald Arbuthnott
イギリスのカトリック神学者。旧新約聖書を独力で英訳。
⇒岩世人（ノックス　1888.2.17-1957.8.24）
　オク教（ノックス　1888-1957）
　新カト（ノックス　1888.2.17-1957.8.24）

Knox, Tom
イギリスのジャーナリスト，作家。
⇒海文新（ノックス，トム）
　現世文（ノックス，トム）

Knox, William Franklin
アメリカのジャーナリスト。1931年シカゴ・デイリー・ニュース社の社長に就任。
⇒ア太戦（ノックス　1874-1944）
　岩世人（ノックス　1874.1.1-1944.4.28）

Knudsen, Jakob
デンマークの小説家。主著『老牧師』(1899)，『心』(1903)，『ユトランドの人々』(15〜17)。
⇒岩世人（クヌセン　1858.9.14-1917.1.21）

Knudsen, Knud Anton
デンマークの体育家。スウェーデン式体操の普及に尽した。
⇒岩世人（クヌセン　1864.8.21-1949.11.19）

Knudsen, Martin Hans Christian
デンマークの海洋学者。標準海水を作製。
⇒岩世人（クヌセン　1871.2.15-1949.5.27）

Knudsen, William Signius
デンマーク生まれのアメリカの実業家。1899年渡米，自転車製造後シヴォレー・モーター会社副社長，ゼネラル・モータース会社社長。第二次大戦には国防省生産局長（1942〜45）。
⇒アメ経（ヌードセン，ウィリアム　1879.3.25-1948.4.27）
　岩世人（ヌードセン　1879.3.25-1948.4.27）

Knudson, Alfred George, Jr.
アメリカの遺伝学者，医師。
⇒外12（クヌッドソン，アルフレッド・ジョージ（Jr.）　1922.8.9-）
　外16（クヌッドソン，アルフレッド・ジョージJr.　1922.8.9-）

Knudstorp, Jørgen Vig
デンマークの実業家。
⇒外16（クヌッドストープ，ヨアン・ヴィー　1968.11.21-）

Knudten, Arthur Christian
アメリカの一致ルーテル教会宣教師。
⇒岩世人（クヌーテン　1896.3.7-1974.9.12）

Knushevitskii, Svyatoslav Nikolaevich
ソ連のチェロ奏者。オボーリン，オイストラフと3重奏団を結成して活躍。
⇒標音2（クヌシェヴィツキー，スヴャトスラフ　1908.1.6-1963.2.19）

Knussen, Oliver
イギリスの作曲家。
⇒外12（ナッセン，オリバー　1952.6.12-）
　外16（ナッセン，オリバー　1952.6.12-）
　ク音3（ナッセン　1952-）

Knuth, Donald Ervin
アメリカの数学者，計算機科学者。スタンフォード大教授。業績「アルゴリズムの数学的解析」など。
⇒岩世人（クヌース　1938.1.10-）

Ko, Giddens
台湾の映画監督，作家，脚本家。
⇒外16（コー，ギデンズ　1978.8.25-）
　現世文（ジウバーダオ　九把刀　1978.8.25-）

Ko, Lydia
ニュージーランドのゴルフ選手。
⇒外16（コ，リディア　1997.4.24-）
　最世ス（コ，リディア　1997.4.24-）

Ko Ah-Sung
韓国の女優。
⇒韓俳（コ・アソン　1992.8.10-）

Kobel, Benedikt
オーストリアのテノール歌手。
⇒魅惑（Kobel,Benedikt　?-）

Kober, Amelie
ドイツのスノーボード選手。
⇒最世ス（コーバー，アメリエ　1987.11.16-）

Kober, Leopold
オーストリアの構造地質学者。世界の地帯構造を論じ，オロゲン説を提唱。

⇒岩世人（コーパー　1883.9.21-1970.9.6）

Kobilka, Brian
アメリカの生化学者。
⇒岩世人（コビルカ　1955.5.30-）
外16（コビルカ，ブライアン　1955.5.30-）
化学（コビルカ　1955-）
ノベ3（コビルカ，B.K.　1955.5.30-）

Kobow, Jan
ドイツのテノール歌手。
⇒魅惑（Kobow, Jan　?-）

Kobrin, Alexander
ロシアのピアノ奏者。
⇒外12（コブリン，アレクサンドル　1980-）
外16（コブリン，アレクサンドル　1980-）

Kobrin, Leon
ベラルーシ・ヴィテブスク生まれのイディッシュ語小説家，劇作家。
⇒ユ著人（Kobrin, Leon　コブリン，レオン　1872-1946）

Koç, Vehbi
トルコの実業家。1949年ジェネラル・エレクトリック・トルコ社創立。その他50以上の会社を設立。
⇒岩世人（コチ　1901-1996.2.25）

Kocan, Peter
オーストラリアの詩人，小説家，劇作家。
⇒世暗（コウカン，ピーター　1947-）

Koch, Charles
アメリカの実業家。
⇒外16（コーク，チャールズ　1935.11.1-）

Koch, Christopher
オーストラリアの作家。
⇒現世文（コッシュ，クリストファー　1932.7.16-2013.9.23）

Koch, David
アメリカの実業家。
⇒外16（コーク，デービッド　1940.5.3-）

Koch, Helmut
ドイツの指揮者。
⇒標音2（コッホ，ヘルムート　1908.4.5-1975.1.26）

Koch, Hugo Alexander
オランダの技師。1919年，暗号機の特許を申請した。
⇒スパイ（コッホ，ヒューゴ・アレキサンダー　1870-1928）

Koch, Ilse
ドイツの収容所看守。
⇒異二辞（コッホ［イルゼ・～］　1906-1967）

Koch, Josef
ドイツの中世神学・哲学史家。
⇒新カト（コッホ　1885.5.2-1967.3.10）

Koch, Karl-Heinz
ドイツのテノール歌手。
⇒魅惑（Koch, Karl-Heinz　1936-）

Koch, Kenneth
アメリカの詩人，劇作家。
⇒現世文（コーク，ケネス　1925.2.27-2002.7.6）

Koch, Lothar
ドイツのオーボエ奏者。
⇒標音2（コッホ，ロータル　1935.7.1-）

Koch, Martin
スウェーデンの小説家。プロレタリア文学の先駆者。代表作『労働者たち』（1912），『材木の谷』（13），『神々の美しき世界』（16）。
⇒岩世人（コック　1882.12.23-1940.6.22）

Koch, Richard
アメリカの投資家，経営コンサルタント。
⇒外16（コッチ，リチャード）

Koch, Robert
ドイツの医師。近世細菌学の開祖。結核研究の業績で1905年ノーベル生理・医学賞受賞。
⇒岩生（コッホ　1843-1910）
　岩世人（コッホ　1843.12.11-1910.5.27）
　旺生5（コッホ　1843-1910）
　オク科（コッホ（ローベルト）　1843-1910）
　学叢思（コッホ，ロベルト　1843-1910）
　広辞7（コッホ　1843-1910）
　三新生（コッホ　1843-1910）
　世史改（コッホ　1843-1910）
　世人新（コッホ　1843-1910）
　世人装（コッホ　1843-1910）
　ノベ3（コッホ，H.H.R.　1843.12.11-1910.5.27）
　ポプ人（コッホ，ロベルト　1843-1910）
　もう山（コッホ　1843-1910）

Koch, Rudolf
ドイツの文字意匠家。
⇒グラデ（Koch, Rudolf　コッホ，ルドルフ　1876-1934）

Kochánski, Leonid
ポーランドのピアノ奏者。東京音楽学校の教授として滞日（1925～31）。53年ふたたび来日して，武蔵野音楽大学で後進の指導にあたる。
⇒新音中（コハンスキ，レオニード　1893.10.25-1980.1.12）
　標音2（コハニスキ，レオニット　1893.10.25-1980.1.12）

Kocharian, Robert Sedrakovich
アルメニアの政治家。アルメニア大統領（1998～2008）。
⇒外12（コチャリャン，ロベルト　1954.8.31-）

世指導 (コチャリャン, ロベルト 1954.8.31-)

Kocher, Emil Theodor
スイスの外科医。甲状腺の生理学的, 病理学的研究と切除手術で, 1909年ノーベル生理・医学賞受賞。
⇒岩世人 (コッハー (コッヘル) 1841.8.25-1917.7.27)
ノベ3 (コッハー, E.T. 1841.8.25-1917.7.27)

Kochetov, Vsevolod Anisimovich
ソ連の作家。1952年の『ジュルビン一家』で現代の中心的な問題と取り組む代表的なソ連作家の1人と認められた。
⇒現世文 (コーチェトフ, フセヴォロド・アニシモヴィチ 1912.2.4-1973.11.4)

Koch-Grünberg, Theodor
ドイツの民俗学者, 南アメリカ探検家。ブラジルのインディアン族研究者として知られる。
⇒岩世人 (コッホ=グリューンベルク 1872.4.9-1924.10.8)

Kochiyama, Yuri
アメリカ(日系2世)の地域活動家。
⇒マルX (KOCHIYAMA,YURI コーチヤマ, ユリ 1921-)

Ko Chun-beng
台湾の牧師。
⇒岩キ (高俊明 コーチュンベン 1929-)
岩世人 (高俊明 こうしゅんめい 1929.6.6-)

Koci, Vladan
チェコのチェロ奏者。
⇒外12 (コチ, ヴラダン)
外16 (コチ, ヴラダン)

Kocian, Vojtech
チェコのテノール歌手。
⇒魅惑 (Kocian,Vojtech 1937-)

Kocka, Jürgen
ドイツの歴史家。
⇒岩世人 (コッカ 1941.4.19-)

Kocsis Zoltán
ハンガリーのピアノ奏者, 作曲家, 指揮者。
⇒外12 (コチシュ, ゾルターン 1952.5.30-)
外16 (コチシュ, ゾルターン 1952.5.30-)
新音中 (コチシュ, ゾルターン 1952.5.30-)
標音2 (コチシュ, ゾルターン 1952.5.30-)

Kodály Zoltán
ハンガリーの作曲家, 音楽学者。B.バルトークとともに, マジャール民謡の採集を行い, 『ハンガリー民謡大観』などを出版。主要作品は『無伴奏チェロ組曲』(1915), 『マロシュセーク舞曲』(30) など。
⇒岩世人 (コダーイ 1882.12.16-1967.3.6)
エデ (コダーイ, ゾルターン 1882.12.16-1967.3.6)
オペラ (コダーイ, ゾルターン 1882-1967)
ク音3 (コダーイ 1882-1967)
広辞7 (コダーイ 1882-1967)
新音小 (コダーイ, ゾルターン 1882-1967)
新音中 (コダーイ, ゾルターン 1882.12.16-1967.3.6)
新カト (コダーイ 1882.12.16-1967.3.6)
ネーム (コダーイ 1882-1967)
ビ曲改 (コダーイ, ゾルタン 1882-1967)
標音2 (コダーイ, ゾルターン 1882.12.16-1967.3.6)
ポプ人 (コダーイ・ゾルターン 1882-1967)

Kodjo, Edem
トーゴの政治家。トーゴ首相。
⇒世指導 (コジョ, エデム 1938-)

Koebe, Paul
ドイツの数学者。
⇒数辞 (ケーベ, ポール 1882-1945)

Koeber, Raphael von
ロシア生まれのドイツの哲学者。1893年来日, 1914年まで東京大学の教官。
⇒岩キ (ケーベル 1848-1923)
岩世人 (ケーベル 1848.1.15-1923.6.14)
学叢思 (ケーベル, ラファエル 1848-1923)
教人 (ケーベル 1848-1923)
広辞7 (ケーベル 1848-1923)
新カト (ケーベル 1848.1.15-1923.6.14)
ネーム (ケーベル 1848-1923)
比文増 (ケーベル (ラファエル) 1848 (嘉永1)-1923 (大正12))
ポプ人 (ケーベル, ラファエル 1848-1923)

Koecher, Karl E.
アメリカ中央情報局(CIA)元職員。CIAに浸透した初の東側諸国のスパイ。
⇒スパイ (ケヘル, カレル・E 1934-)

Koechlin, Charles
フランスの作曲家。1908年ラベルらと「独立音楽協会」を創立。
⇒岩世人 (ケクラン 1867.11.27-1950.12.31)
ク音3 (ケックラン 1867-1950)
新音小 (ケクラン, シャルル 1867-1950)
新音中 (ケクラン, シャルル 1867.11.27-1950.12.31)
標音2 (ケックラン, シャルル 1867.11.27-1950.12.31)

Koedel, Simon E.
第2次世界大戦中ドイツの指揮下でスパイ行為をしたアメリカ人。
⇒スパイ (ケーデル, ジモン・E 1881-?)

Koellreutter, Hans Joachim
西ドイツの指揮者, 作曲家。
⇒ク音3 (ケルロイター 1915-2005)

Koeman, Ronald
オランダのサッカー監督(サウサンプトン),

サッカー選手。
⇒異二辞（クーマン［ロナルド・〜］ 1963–）
外12（クーマン,ロナルド 1963.3.21–）
外16（クーマン,ロナルド 1963.3.21–）

Koenen, Mathias
ドイツの建築家。鉄筋コンクリート構造の設計理論を実験研究。
⇒岩世人（ケーネン 1849.3.3–1924.12.26）

Koenig, Ezra
アメリカのミュージシャン。
⇒外12（クーニグ,エズラ 1984–）

Koenig, Marie Pierre Joseph François
フランスの陸軍軍人。1954,55年国防相。
⇒岩世人（ケーニグ 1898.10.10–1970.9.2）

Koenig, Mark Anthony
アメリカの大リーグ選手（遊撃,二塁,三塁）。
⇒メジャ（ケーニッグ,マーク 1904.7.19–1993.4.22）

Koenigswalt, Gustav Heinrich Ralph von
ドイツの人類学者,古生物学者。
⇒岩世人（ケーニヒスヴァルト 1902.11.13–1982.7.10）

Koentarso, Poedji
インドネシアの外交官。
⇒外12（クンタルソ,プジ 1932–）
外16（クンタルソ,プジ 1932–）

Koeppen, Wolfgang
ドイツの社会派作家。長篇小説『ローマに死す』(1954)のほか,随筆『ロシアとほかの国々へ』(58)などがある。
⇒岩世人（ケッペン 1906.6.23–1996.3.15）
現世文（ケッペン,ウォルフガング 1906.6.23–1996.3.15）

Koes Murtiyah Paku Buwono
インドネシアのインドネシア宮廷舞踊家。
⇒外16（クス・ムルティア・パク・ブウォノ 1960.11.1–）

Koessler, August Edward Oscar
ドイツの日本学者。
⇒岩世人（クレスラー 1876.4.16–1955）

Koestler, Arthur
イギリス（ハンガリー系）の小説家。スターリン時代のソ連粛清をテーマにした小説『真昼の暗黒』(1940)で世に知られる。
⇒岩世人（ケストラー 1905.9.5–1983.3.3）
現世文（ケストラー,アーサー 1905.9.5–1983.3.3）
西文（ケストラー,アーサー 1905–1983）
ネーム（ケストラー 1905–1983）
ユ著人（Koestler,Authur ケストラー,アーサー 1905–1983）

Koffigoh, Joseph Kokou
トーゴの政治家。トーゴ首相。
⇒世指導（コフィゴ,ジョゼフ・コクー 1948–）

Koffka, Kurt
ドイツの心理学者。ユダヤ系のため渡米(1924)。ゲシュタルト心理学の創始者の一人。視知覚に関する多くの重要な業績を残した。主著"Principles of Gestalt Psychology"(35)など。
⇒岩世人（コフカ 1886.3.18–1941.11.22）
教人（コフカ 1886–1941）
メル3（コフカ,クルト 1886–1941）

Kofler, Andreas
オーストリアのスキー選手（ジャンプ）。
⇒外12（コフラー,アンドレアス 1984.5.17–）
外16（コフラー,アンドレアス 1984.5.17–）
最世ス（コフラー,アンドレアス 1984.5.17–）

Kofman, Sarah
フランスの哲学者。
⇒ユ著人（Kofman,Sarah コーフマン,サラ 1934–1994）

Kofoid, Charles Atwood
アメリカの動物学者。浮游生物,寄生原虫等を研究。
⇒岩世人（コフォイド 1865.10.11–1947.5.30）

Kogan, Leonid Borisovich
ロシアのヴァイオリン奏者。1947年プラハの国際コンクール,51年ブリュッセルのエリザベート皇后コンクール(1位)入賞。
⇒新音中（コーガン,レオニード 1924.11.14–1982.12.17）
ネーム（コーガン 1924–1982）
標音2（コーガン,レオニット 1924.11.14–1982.12.17）
ユ著人（Kogan,Leonid コーガン,レオニット 1924–1982）

Kogawa, Joy
カナダの女性詩人,小説家。
⇒外12（コガワ,ジョイ・ノゾミ 1935–）
外16（コガワ,ジョイ・ノゾミ 1935–）
現世文（コガワ,ジョイ・ノゾミ 1935–）

Ko Gon
韓国の政治家。交通部長官,農林水産部長官,韓国首相,ソウル市長。
⇒岩韓（コ・ゴン 高建 1948–）
岩世人（高建 コゴン 1938.1.2–）
外12（コゴン 高建 1938.1.2–）
外16（コゴン 高建 1938.1.2–）
世指導（コ・ゴン 1938.1.2–）

Koh, Tommy
シンガポールの外交官。

⇒外12（コー, トミー　1937.11.12-）
外16（コー, トミー　1937.11.12-）
世指導（コー, トミー　1937.11.12-）

Kohl, Helmut
ドイツの政治家。ドイツ首相。
⇒EU（コール, ヘルムート　1930-）
岩世人（コール　1930.4.3-）
外12（コール, ヘルムート　1930.4.3-）
外16（コール, ヘルムート　1930.4.3-）
広辞7（コール　1930-2017）
政経改（コール　1930-）
世史指（コール　1930-2017）
世指導（コール, ヘルムート　1930.4.3-2017.6.16）
世人新（コール　1930-）
世人装（コール　1930-）
ポプ人（コール, ヘルムート　1930-）
もう山（コール　1930-）

Kohl, Herbert H.
アメリカの政治家。
⇒外12（コール, ハーバート　1935.2.7-）

Kohlberg, Lawrence
アメリカ（ユダヤ系）の心理学者。
⇒岩世人（コールバーグ　1927.10.25-1987.1.19）
教思増（コールバーグ　1927-1987）
社心小（コールバーグ　1927-1987）
新カ人（コールバーグ　1927.10.25-1987.1.19）

Köhler, Georges
ドイツの免疫学者。
⇒岩生（ケーラー　1946-1995）
世発（ケーラー, ジョルジュ・ジャン・フランツ　1946-1995）
ノベ3（ケーラー, G.　1946.4.17-1995.3.1）

Köhler, Horst
ドイツの政治家, 銀行家。ドイツ大統領（2004～10）。
⇒岩世人（ケーラー　1943.2.22-）
外12（ケーラー, ホルスト　1943.2.22-）
外16（ケーラー, ホルスト　1943.2.22-）
世指導（ケーラー, ホルスト　1943.2.22-）

Kohler, Josef
ドイツの法学者。無体財産法学や民族比較法学などを開拓。主著に『民族法学の基礎』(1918) など。
⇒岩世人（コーラー　1849.3.9-1919.8.3）
学叢思（コーレル, ヨゼフ　1849-?）
広辞7（コーラー　1849-1919）

Kohler, Jürgen
ドイツのサッカー選手。
⇒異二辞（コーラー［ユルゲン・～］　1965-）
外12（コーラー, ユルゲン　1965.10.6-）

Kohler, Kaufmann
ユダヤ教の指導者, 神学者。アメリカへ移住し, 改革派のラビとして活躍。

⇒岩世人（コーラー　1843.5.10-1926.1.28）
ユ著人（Kohler,Kaufmann　コーラー, カウフマン　1843-1926）

Köhler, Wolfgang
ドイツの心理学者。ゲシュタルト心理学の創始者。主著 "Intelligenzprüfungen an Menschenaffen" (1917), "The Place of Value in a World of Facts" (38)。
⇒岩生（ケーラー　1887-1967）
岩世人（ケーラー　1887.1.21-1967.6.11）
教人（ケーラー　1887-）
広辞7（ケーラー　1887-1967）
メル3（ケーラー, ヴォルフガング　1887-1967）

Kohlhaussen, Martin
ドイツの銀行家。
⇒外12（コールハウゼン, マルティン　1935.11.6-）
外16（コールハウゼン, マルティン　1935.11.6-）

Kohlrausch, Eduard
ドイツの刑法学者。刑法の改正に努力した。
⇒岩世人（コールラウシュ　1874.2.4-1948.1.22）

Kohlrausch, Ernst
ドイツの医学者。スポーツ医学的研究の開拓者の一人。
⇒岩世人（コールラウシュ　1850.11.26-1923.5.16）

Kohlrausch, Friedrich Wilhelm Georg
ドイツの物理学者。1973年電解質の抵抗測定に使う交流ブリッジを考案。
⇒岩世人（コールラウシュ　1840.10.14-1910.1.17）
化学（コールラウシュ　1840-1910）
学叢思（コールラウシュ, フリードリヒ　1840-1909）

Kohn, Alfie
アメリカの評論家。
⇒外12（コーン, アルフィ）
外16（コーン, アルフィ）

Kohn, Hans
アメリカの歴史学者, 政治学者。ナショナリズムの研究家として知られ多くの著述がある。
⇒岩世人（コーン　1891.9.15-1971.3.16）
現社（コーン　1891-1971）
ユ著人（Kohn,Hans　コーン, ハンス　1891-1971）

Kohn, Melvin Lester
アメリカの社会学者。
⇒社小増（コーン　1928-）

Kohn, Walter
オーストリア, アメリカの量子化学者。
⇒岩世人（コーン　1923.3.9-）
外12（コーン, ウォルター　1923.3.9-）
外16（コーン, ウォルター　1923.3.9-）
化学（コーン, W.　1923-2016）

ノベ3（コーン,W. 1923.3.9–）

Ko Ho-gyeong
韓国の女優。
⇒外12（コホギョン 高昊敬 1980.4.13–）

Kohout, Pavel
チェコ出身の作家。
⇒現世文（コホウト,パヴェル 1928.7.20–）

Koht, Halvdan
ノルウェーのヨーロッパ近代史家,政治家。外相（1935～41）。
⇒岩世人（コート 1873.7.7–1965.12.12）

Kohut, Heinz
ウィーン生まれの精神分析医。
⇒現精（コフート 1913–1981）
　現精縮（コフート 1913–1981）
　精分岩（コフート,ハインツ 1913–1981）

Ko Hye-jung
韓国の放送作家。
⇒外12（コヘジョン 1968–）

Koh Young-choul
韓国の軍事評論家,軍人。
⇒外12（コウヨンチョル 高永喆 1953–）

Koirala, Bisweswar Prasad
ネパールの政治家。ネパール初の総選挙で首相に就任（1959）。農地改革,中立外交など革新的な内外政策を打ち出した。
⇒岩世人（コイララ 1914.9.8–1982.7.21）

Koirala, Girija Prasad
ネパールの政治家。ネパール首相。
⇒岩世人（コイララ 1925.2.20–2010.3.20）
　世指導（コイララ,ギリジャ・プラサド 1925.2.20–2010.3.20）
　南ア新（コイララ 1925–2010）

Koirala, Sushil
ネパールの政治家。ネパール首相。
⇒外16（コイララ,スシル 1938.2.3–）
　世指導（コイララ,スシル 1938.2.3–2016.2.9）

Koiso-Kanttila, Kalle
フィンランドのテノール歌手。
⇒魅惑（Koiso-Kanttila,Kalle 1976–）

Koivisto, Mauno Henrik
フィンランドの政治家。フィンランド大統領（1982～94）。
⇒岩世人（コイヴィスト 1923.11.25–）
　世指導（コイビスト,マウノ 1923.11.25–2017.5.12）

Koivu, Rudolf
フィンランドの画家。
⇒絵本（コイヴ,ルドルフ 1890–1946）

Koivu, Saku
フィンランドのアイスホッケー選手（FW）。
⇒外16（コイヴ,サク 1974.11.23–）
　最世ス（コイヴ,サク 1974.11.23–）

Kojève, Alexandre
ロシア生まれのフランスの哲学者。著作に『ヘーゲル読解入門』など。
⇒現社（コジェーヴ 1902–1968）
　広辞7（コジェーヴ 1902–1968）
　メル3（コジェーヴ,アレクサンドル 1902–1968）

Ko Joo-Yeon
韓国の女優。
⇒韓俳（コ・ジュヨン 1994.2.22–）

Ko Jung-wook
韓国の作家。
⇒海文新（コジョンウク）
　現世文（コ・ジョンウク）

Kok, Bessel
アメリカの植物生理学者。
⇒岩生（コック 1918–1979）

Kok, Wim
オランダの政治家。オランダ首相。
⇒岩世人（コック 1938.9.29–）
　世指導（コック,ウィム 1938.9.29–）

Kokas, László
ハンガリーのテノール歌手。
⇒魅惑（Kokas,László 1943–）

Koke
スペインのサッカー選手（アトレティコ・マドリード・MF）。
⇒外16（コケ 1992.1.8–）

Koke, Robert A.
アメリカのホテル経営者,政府役人。
⇒アア歴（Koke,Robert A. コウク,ロバート・A. 1910.10.13–）

Kökény, Roland
ハンガリーのカヌー選手。
⇒外16（ケケーニ,ロランド 1975.10.24–）
　最世ス（ケケーニ,ロランド 1975.10.24–）

Kokko, Yrjö
フィンランドの作家。『羽根をなくした妖精』（1944）。
⇒岩世人（コッコ 1903.10.16–1977.9.6）
　現世文（コッコ,ユリヨ 1903.10.16–1977.9.6）

Kokkonen, Joonas
フィンランドの作曲家。
⇒ク音3（コッコネン 1921–1996）
　新音中（コッコネン,ヨーナス 1921.11.13–1996.10.20）
　標音2（コッコネン,ヨーナス 1921.11.13–1996.

Kokolios-Bardi, Giorgio
ギリシャのテノール歌手。
⇒失声（ココリオス・バルディ, ジョルジョ　1916–1964）
　魅惑（Kokolios-Bardi, Giorgio　1916–1964）

Kokoschka, Oskar
オーストリア出身のイギリスの画家, 詩人, 舞台美術家, 劇作家。戯曲『人殺し, 女たちの希望』(1907), 詩集 "Die träumenden Knaben" (08), 戯曲 "Hiob" (17), "Orpheus und Eurydike" (23) がある。
⇒岩世人（ココシュカ　1886.3.1–1980.2.22）
　芸13（ココシュカ, オスカー　1886–1980）
　現世文（ココシュカ, オスカー　1886.3.1–1980.2.22）
　広辞7（ココシュカ　1886–1980）

Kokovtsov, Vladimir Nikolaevich
ロシアの政治家。ストルイピン暗殺 (1911) の後首相。ニコライ二世によって罷免。
⇒岩世人（ココーフツォフ　1853.4.18/30–1943.1.29）

Kołakowski, Leszek
ポーランドの哲学者, 作家。
⇒岩世人（コワコフスキ　1927.10.23–2009.7.17）

Kolář, Jiří
チェコスロバキアの前衛芸術家。プラハ言語学派とシュールレアリスムの影響下に詩と造形・映像を結合した詩人。
⇒岩世人（コラーシュ　1914.9.24–2002.8.11）

Kolas, Yakub
ベラルーシの詩人, 作家。叙事詩『漁夫の小屋』(1948) はスターリン賞を受けた。
⇒岩世人（コラス　1882.10.22/11.3–1956.8.13）

Kolb, Igor
ロシアのバレエダンサー。
⇒外12（コルプ, イーゴリ）

Kolb, John Harrison
アメリカの農村社会学者。
⇒社小増（コルブ　1888–1963）

Kolbe, Fritz
ドイツ外務省カール・リッター大使の特別補佐官。第2次世界大戦中にスイスのアメリカ戦略諜報局 (OSS) オフィスを飛び込みで訪れ, ドイツ政府による数百もの電文のコピーを連合国にもたらした。
⇒スパイ（コルベ, フリッツ　1900–1971）

Kolbe, Georg
ドイツの彫刻家。
⇒岩世人（コルベ　1877.4.15–1947.11.20）
　芸13（コルベ, ゲオルク　1877–1947）
　広辞7（コルベ　1877–1947）

Kolbe, Maksymilian Malia
ポーランド生まれの神父。第2次大戦中, アウシュビッツ収容所で, 死刑宣告された人に代わって餓死刑に服した。その隣人愛と英雄的行為により, 1982年「聖人」に列せられた。祝日8月14日。
⇒岩キ（コルベ　1894–1941）
　岩世人（コルベ　1894.1.8–1941.8.14）
　教聖（聖マキシミリアノ・マリア・コルベ司祭殉教者　1894–1941.8.14）
　広辞7（コルベ　1894–1941）
　新カト（マクシミリアン・マリア・コルベ　1894.1.8–1941.8.14）
　ネーム（コルベ　1894–1941）

Kolbenheyer, Erwin Guido
ドイツの小説家。主著は,『神を愛す』(1908), 3部作『パラツェルズス』(17～26)。
⇒岩世人（コルベンハイアー　1878.12.30–1962.4.12）

Kolchak, Aleksandr Vasilievich
ロシア帝政の提督。1916年黒海艦隊司令官。十月革命以後, 反革命軍の指導者として活動。
⇒岩世人（コルチャーク　1874.11.4/16–1920.2.7）
　世人新（コルチャーク　1874–1920）
　世人装（コルチャーク　1874–1920）

Koldewey, Robert
ドイツの古代学者。バビロニア, ヒッタイトなどで発掘。
⇒岩世人（コルデヴァイ　1855.9.10–1925.2.4）

Kolesnikova, Irina
ロシアのバレリーナ。
⇒外12（コレスニコワ, イリーナ）
　外16（コレスニコワ, イリーナ）

Kolff, Willem（Johan）
オランダ, アメリカの医者, 人工腎臓の開発者。
⇒世発（コルフ, ウィレム・ヨハン　1911–2009）
　世発（コルフ, ウィレム・ヨハン　1911–2009）

Kolïn, Minol
日本の画家。
⇒芸13（コーリン, ミノル　1949–）

Kolingba, André
中央アフリカの政治家, 軍人。中央アフリカ大統領・首相・国防相。
⇒世指導（コリンバ, アンドレ　1936.8.12–）

Kolirin, Eran
イスラエルの映画監督, 脚本家。
⇒外12（コリリン, エラン　1973–）
　外16（コリリン, エラン　1973–）

Kolk, Stanley
アメリカのテノール歌手。
⇒魅惑（Kolk, Stanley　1935–）

Kolko, Gabriel
アメリカの歴史学者,経済学者。
⇒社小増（コルコ　1932–）

Kolle, Wilhelm
ドイツの細菌学者,衛生学者。コレラ,牛疫,チフスの接種などについて研究。
⇒岩世人（コレ　1868.11.2–1935.5.10）

Kollek, Theodor
イスラエルの政治家。エルサレム市長。
⇒ユ著人（Kollek,Teddy（Theodor）　コレック,テディ　1911–）

Koller, Arnold
スイスの政治家。スイス司法警察相。
⇒世指導（コラー,アーノルド　1933.8.29–）

Koller, Jan
チェコのサッカー選手。
⇒外12（コラー,ヤン　1973.3.30–）
　最世ス（コラー,ヤン　1973.3.30–）

Kollman, Julius
ドイツの解剖学者,人類学者。上顔指数を人種分類に適用,類人猿から人種が生じたとした。
⇒岩世人（コルマン　1834.2.24–1918.6.24）

Kollo, René
ドイツのテノール歌手。
⇒オペラ（コロ,ルネ　1937–）
　外16（コロ,ルネ　1937.11.20–）
　失声（コロ,ルネ　1937–）
　新音中（コロ,ルネ　1937.11.20–）
　標音2（コロ,ルネ　1937.11.20–）
　魅惑（Kollo,René　1937–）

Kollo, Walter
ドイツの作曲家。『まだ優しい人たちのあいだにいる限り』をはじめとするポピュラー・ソングで有名。
⇒標音2（コロ,ヴァルター　1878.1.28–1940.9.30）

Kollontai, Aleksandra Mikhailovna
ソ連の婦人革命家,外交官。
⇒岩女（コロンタイ,アレクサンドラ　1872.5.19–1952.3.9）
　岩世人（コロンタイ　1872.3.19/31–1952.3.9）
　学叢思（コロンタイ　1872–?）
　広辞7（コロンタイ　1872–1952）
　ネーム（コロンタイ　1872–1952）

Kolloway, Donald Martin
アメリカの大リーグ選手（二塁,一塁）。
⇒メジャ（コロウェイ,ドン　1918.8.4–1994.6.30）

Kollwitz, Käthe
ドイツの女性画家,版画家,彫刻家。20世紀ドイツの代表的な版画家。作風は表現主義的。
⇒岩世人（コルヴィッツ　1867.7.8–1945.4.22）
　芸13（コルヴィッツ,ケーテ　1867–1945）
　広辞7（コルヴィッツ　1867–1945）
　ネーム（コルヴィッツ　1867–1945）

Kolm, Serge
フランスの公共経済学者,社会科学者。
⇒有経5（コルム〔B〕　1932–）

Kolmar, Gertrud
ドイツの詩人。
⇒岩世人（コルマル　1894.12.10–1943）

Kolmogorov, Andrei Nikolaevich
ソ連の数学者。1940年に確率過程の研究によりスターリン賞を受賞。確率論を公理的に構成し,現代確率論を樹立した。
⇒岩世人（コルモゴロフ　1903.4.12/25–1987.10.20）
　広辞7（コルモゴロフ　1903–1987）
　数辞（コルモゴロフ,アンドレイ・ニコラエヴィッチ　1903–1987）
　数小増（コルモゴロフ　1903–1987）
　世数（コルモゴロフ,アンドレイ・ニコラエヴィッチ　1903–1987）

Koloane, David
南アフリカの画家。
⇒岩世人（コロアネ　1938–）

Kolodin, Irving
アメリカの音楽評論家。
⇒ユ著人（Kolodin,Irving　コロディン,アーヴィング　1908–1988）

Kolodzieski, Edward
アメリカの実業家。
⇒外12（カレジェッスキー,エドワード　1960.1.31–）
　外16（カレジェッスキー,エドワード　1960.1.31–）

Kolomiec, E.A.
ロシア（現ウクライナ）のエスペランティスト。日露通信社勤務ののち,商社,レストランを経営。
⇒日エ（コロミエツ　?–?）

Kolomiets, Maksim
ロシアの編集者。
⇒外12（コロミーエツ,マクシム　1968–）
　外16（コロミーエツ,マクシム　1968–）

Kolonics, Gyorgy
ハンガリーのカヌー選手（カナディアン）。
⇒最世ス（コロニチ,ジョルジュ　1972.6.4–2008.7.15）

Kolpa, Rein
オランダのテノール歌手。
⇒魅惑（Kolpa,Rein　?–）

Kolpakova, Irina
ソ連のダンサー。

⇒外12（コルパコワ, イリーナ　1933.5.22–）
外16（コルパコワ, イリーナ　1933.5.22–）

Koltes, Bernard-Marie
フランスの劇作家。
⇒現世文（コルテス, ベルナール・マリ　1948.4.9–1989.4.15）

Kolthoff, Izaak Maurits
アメリカの分析化学者。分析化学を理論的基礎の上にたった学問に導いた近代分析化学の創始者。
⇒岩世人（コルトフ　1894.2.11–1993.3.4）
ユ著人（Kolthoff,Izaak Mourits　コルトッフ, イザーク・モウリッツ　1894–?）

Kol'tsov, Mihail Efimovich
ソ連のルポルタージュ作家。代表作として『スペイン日記』(1938)など。
⇒現世文（コリツォーフ, ミハイル・エフィモヴィチ　1898.6.12–1940）

Koltsov, Nikolai Konstantinovich
ソ連の動物学者。比較解剖学等に業績がある。
⇒岩世人（コリツォーフ　1872.7.3/15–1940.12.20）

Kolvenbach, Peter-Hans
オランダ・ドルーテン生まれのイエズス会総会長。
⇒新カト（コルヴェンバハ　1928.11.30–2016.11.26）

Kolzig, Olaf
ドイツのアイスホッケー選手(GK)。
⇒最世ス（コールジーグ, オラフ　1970.4.6–）

Komarov, Vladimir Leontievich
ソ連の植物学者。極東地方の植物相を調査。
⇒岩世人（コマローフ　1869.10.1/13–1945.12.5）

Komarova, Stanislava
ロシアの水泳選手（背泳ぎ）。
⇒外12（コマロワ, スタニスラワ　1986.6.12–）
最世ス（コマロワ, スタニスラワ　1986.6.12–）

Komissarzhevskaia, Vera Fëdorovna
ロシアの女優。
⇒岩世人（コミサルジェフスカヤ　1864.10.27–1910.2.10）

Kommadam
ラオスの少数民族反乱指導者。
⇒岩世人（コムマダム　?–1936.9.23）

Kommerell, Max
ドイツの文学史家、詩人。主著『ジャン・パウル』(1933)、『レッシングとアリストテレス』(40)。
⇒岩世人（コメレル　1902.2.25–1944.7.25）
現世文（コメレル, マックス　1902.2.25–1944.7.25）

Komon Khimthong
タイの学校教員。
⇒岩世人（コーモーン・キムトーン　1946.6.1–1971.2.22）

Komorowski, Bronisław
ポーランドの政治家。ポーランド大統領(2010～15)。
⇒外12（コモロフスキ, ブロニスワフ　1952.6.4–）
外16（コモロフスキ, ブロニスワフ　1952.6.4–）
世指導（コモロフスキ, ブロニスワフ　1952.6.4–）

Komov, Sergej
ウクライナのテノール歌手。
⇒魅惑（Komov,Sergej（Khomov）　?–）

Komova, Viktoria
ロシアの体操選手。
⇒外16（コモワ, ビクトリア　1995.1.30–）
最世ス（コモワ, ビクトリア　1995.1.30–）

Komšić, Željko
ボスニア・ヘルツェゴビナの政治家。
⇒外12（コムシッチ, ジェリコ　1964.1.20–）
外16（コムシッチ, ジェリコ　1964.1.20–）
世指導（コムシッチ, ジェリコ　1964.1.20–）

Konaré, Alpha Omar
マリの政治家。マリ大統領(1992～2002)。
⇒外12（コナレ, アルファ・ウマル　1946.2.2–）
外16（コナレ, アルファ・ウマル　1946.2.2–）
世指導（コナレ, アルファ・ウマル　1946.2.2–）

Konashevich, Vladimir Mikhajlovich
ロシアのイラストレーター。
⇒絵本（コナシェーヴィチ, ウラジーミル　1888–1963）

Konchalovskii, Pëtr Petrovich
ソ連, ロシアの人民画家。
⇒岩世人（コンチャロフスキー　1876.2.9/21–1956.2.2）
芸13（コンチャロフスキー, ピョートル・ペトローヴィッチ　1876–1956）

Kondakov, Ivan Lavrentievich
ロシアの有機化学者。
⇒化学（コンダコフ　1857–1931）

Kondakov, Nikodim Pavlovich
ロシアの美術史学者。ビザンティン美術, キリスト教考古学の権威。
⇒岩世人（コンダコーフ　1844.11.1/13–1925.2.17）
新カト（コンダコーフ　1844.11.13–1925.2.17）

Kondakova, Daria
ロシアの新体操選手。
⇒最世ス（コンダコワ, ダリア　1991.7.30–）

Kondaurova, Yekaterina
ロシアのバレリーナ。
⇒外16（コンダウーロワ,エカテリーナ 1982–）

Kondrashin, Kirill Petrovich
ソ連出身の指揮者。オランダに亡命し，アムステルダム・コンセルトヘボー管弦楽団常任指揮者となった。
⇒新音中（コンドラシン,キリル 1914.3.6–1981.3.8）
標音2（コンドラシン,キリル 1914.3.6–1981.3.8）

Kondrat'ev, Nikolai Dmitrievich
ソ連の経済学者。景気の長期循環論を定式化したことで有名。コンドラチエフの波と呼ばれている。
⇒岩世人（コンドラーチエフ 1892.3.4/16/17–1938.9.17）
広辞7（コンドラチェフ 1892–1938）
有経5（コンドラチェフ 1892–1938）

Kondylis, Georgios
ギリシアの軍人，政治家。
⇒岩世人（コンズィリス 1879–1936.2.1）

Konenkov, Sergei Timofeevich
ロシアの彫刻家。代表作『パガニーニの胸像』『ステパン・ラージン』など。
⇒芸13（コネンコフ,セルゲイ・ティモフェーヴィッチ 1874–1943）

Konerko, Paul Henry
アメリカの大リーグ選手（一塁）。
⇒メジャ（コナーコ,ポール 1976.3.5–）

Koneski, Blaže
マケドニアの作家，言語学者。
⇒岩世人（コネスキ 1921.12.19–1993.12.7）
現世文（コネスキ,ブラジェ 1921.12.19–1993.12.7）

Konetchy, Edward Joseph
アメリカの大リーグ選手（一塁）。
⇒メジャ（コネッチー,エド 1885.9.3–1947.5.27）

Konev, Ivan Stepanovich
ソ連の軍人。ソ連邦元帥。
⇒岩世人（コーネフ 1897.12.16/28–1973.5.21）

Kong, Bill
香港の映画プロデューサー。
⇒外12（コン,ビル 1953–）
外16（コン,ビル 1953–）

Kong, Leslie
ジャマイカ生まれの音楽家，プロデューサー，レコード店経営者。
⇒ロック（Kong,Leslie コング,レズリー）

Kong Hyo-jin
韓国の女優。
⇒外12（コンヒョジン 1980.4.4–）
韓俳（コン・ヒョジン 1980.4.4–）

Kong Le
ラオスの軍人。1960年8月クーデターを起し，ブーマ中立政権を樹立。66年タイに亡命。
⇒岩世人（コンレー 1934.3.6–）

Kongoli, Fatos
アルバニアの作家。
⇒岩世人（コンゴリ 1944.1.12–）

Kongos, John
南アフリカ生まれのギター奏者，歌手，作詞作曲家，プロデューサー。
⇒ロック（Kongos,John コンゴウズ,ジョン 1946–）

Kong Vorn
カンボジアのジャーナリスト。カンボジア教育支援基金代表，カンボジア日本友好学園理事長。
⇒外16（コン・ボーン 1937–）

König, Franz
オーストリアのカトリック聖職者，宗教学者，枢機卿。
⇒新カト（ケーニヒ 1905.8.3–2004.3.13）

König, Josef
ドイツの哲学者。
⇒岩世人（ケーニヒ 1893.2.24–1974.3.17）

König, Klaus
ドイツのテノール歌手。
⇒魅惑（König,Klaus 1934–）

König, Michael
テノール歌手。
⇒魅惑（König,Michael ?–）

König, René
ドイツの社会学者。合理的な科学論理と経験的研究を統合する「イデオロギーから自由な」社会学の建設を目ざしている。
⇒岩世人（ケーニヒ 1906.7.5–1992.3.21）
社小増（ケーニッヒ 1906–）

Königsberg, David
ガリチア生まれのイディッシュ14行詩人。
⇒ユ著人（Königsberg,David ケーニッヒスベルク,ダーフット 1889–1942）

Konigsburg, Elaine Lobl
アメリカの女性作家。
⇒岩世人（カニグズバーグ 1930.2.10–2013.4.19）
現世文（カニグズバーグ,E.L. 1930.2.10–2013.4.19）

Königswald, Gustav Heinrich Ralph von
ドイツの人類学者，考古学者。ピテカントロプス・モジョケルテンシス（1936），メガントロプ

ス・パレオジャバニクス (39,41) を発見。
⇒岩生（ケーニヒスワルト　1902–1982）

Konitz, Lee
アメリカのジャズ・アルトサックス奏者。クール・ジャズの代表的ミュージシャンとして多くのアルト奏者に影響を与えた。
⇒新音中（コニッツ，リー　1927.10.13–）
　標音2（コニッツ，リー　1927.10.13–）

Konopka, Gisela
ドイツ，アメリカの治療的グループワークの代表論者。
⇒現社福（コノプカ　1910–）

Konopnicka, Maria
ポーランドの女性児童文学者，詩人。
⇒岩世人（コノプニツカ　1842.5.23–1910.10.8）

Konovalov, Dmitrii Petrovich
ソ連の化学者。溶液論・反応速度論分野の研究で知られる。
⇒化学（コノヴァーロフ　1856–1929）

Konow, Sten
ノルウェーのインド，イラン学者。
⇒岩世人（コノウ　1867.4.17–1948.6.29）
　新佛3（クヌーヴ　1867–1948）

Konrad, Kai
ドイツのテノール歌手。
⇒魅惑（Konrad,Kai　?–）

Konrad, Nikolai Iosifovich
ソ連の東洋学者。日本と中国についての専門家。
⇒岩世人（コーンラド　1891.3.1/13–1970.9.30）
　比文増（コンラド（ニコライ・ヨシフォヴィチ）　1891（明治24）–1970（昭和45））

Konrád György
ハンガリーの作家。長編『ケースワーカー』『都市建設者』など。
⇒岩世人（コンラード　1933.4.2–）
　現世文（コンラード，ジェルジュ　1933.4.2–）

Konrote, Jioji
フィジーの政治家，軍人。フィジー大統領（2015～）。
⇒世指導（コンロテ，ジオジ　1947.12.26–）

Konstanty, Casimir James
アメリカの大リーグ選手（投手）。
⇒メジャ（コンスタンティ，ジム　1917.3.2–1976.6.11）

Konsumkunst, Wulle
ドイツ生まれの画家。
⇒芸13（コンズムクンスト，ワレ　1937–）

Kontarsky, Alfons
西ドイツのピアノ奏者。演奏活動の中心は，兄・アロイスとのピアノ二重奏。
⇒新音中（コンタルスキー　1932–）
　標音2（コンタルスキー，アルフォンス　1932.10.9–）

Kontarsky, Aloys
西ドイツのピアノ奏者。
⇒新音中（コンタルスキー　1931–）
　標音2（コンタルスキー，アロイス　1931.5.14–）

Kontić, Radoje
ユーゴスラビアの政治家。ユーゴスラビア連邦首相。
⇒世指導（コンティッチ，ラドイエ　1937.3.31–）

Kontoglou, Photis
ギリシアの画家。
⇒岩世人（コントグル　1896–1965.7.13）

Kontsevich, Maxim
ロシア生まれの数学者。
⇒世数（コンツェヴィッチ，マキシム・リヴォヴィッチ　1964–）

Konwicki, Tadeusz
ポーランドの作家，映画監督，脚本家。
⇒現世文（コンヴィツキ，タデウシュ　1926.6.22–2015.1.7）

Konwitschny, Franz
ドイツの指揮者。東ドイツ民主共和国から3つの国家賞を受け，1961年にはライプチヒ・ゲヴァントハウス管弦楽団を率いて初来日した。
⇒新音中（コンヴィチュニー，フランツ　1901.8.14–1962.7.28）
　標音2（コンヴィチュニー，フランツ　1901.8.14–1962.7.28）

Konwitschny, Peter
ドイツの演出家。
⇒外12（コンヴィチュニー，ペーター　1945–）
　外16（コンヴィチュニー，ペーター　1945–）

Kónya, Sándor
ハンガリーのテノール歌手。
⇒失声（コンヤ，シャンドール　1923–2002）
　標音2（コーンヤ，シャーンドル　1923.9.23–）
　魅惑（Kónya,Sándor　1923–2002）

Koo, Joseph
香港の作曲家。
⇒岩世人（顧嘉煇　こかき　1933.1.1–）

Koo, Louis
香港の俳優。
⇒外12（クー，ルイス　1970.10.21–）
　外16（クー，ルイス　1970.10.21–）

Koo Bon-moo
韓国の実業家。
⇒外16（グボンム　具本茂　1945.2.10–）

Koogle, Tim
アメリカの実業家。
⇒外16（クーグル，ティム　1952-）

Koöhler, Florian
ドイツの画家。
⇒芸13（ケーラー，フロリアン　1935-）

Kooij, Rachel van
オーストリアの作家。
⇒海文新（コーイ，ラヘル・ファン）
　現世文（コーイ，ラヘル・ファン　1968-）

Koo Ja-cheol
韓国のサッカー選手（ヴォルフスブルク・MF）。
⇒最世ス（クジャチョル　1989.2.27-）

Kook(kuk), Abraham Isak
パレスチナのアシュケナジ系首席ラビ。
⇒ユ著人（Kook(Kuk),Abraham Isaac　クック，アブラハム・イサク　1865-1935）

Koolhaas, Rem
オランダの建築家。
⇒岩世人（コールハース（クールハウス）　1944.11.17-）
　外12（クールハース，レム　1944.11.17-）
　外16（クールハース，レム　1944.11.17-）

Koons, Jeff
アメリカの彫刻家。
⇒岩世人（クーンズ　1955.1.21-）
　外12（クーンズ，ジェフ　1955-）
　外16（クーンズ，ジェフ　1955.1.21-）
　芸13（クーンズ，ジェフ　1955-）
　現アテ（Koons,Jeff　クーンズ，ジェフ　1955-）

Koontz, Dean Ray
アメリカの作家。
⇒外12（クーンツ，ディーン　1945-）
　外16（クーンツ，ディーン　1945.7.9-）
　現世文（クーンツ，ディーン　1945.7.9-）

Koontz, Harold
アメリカの経営学者。主著『経営管理の原則』（1955，オドンネルとの共著），『取締役会』（67），編著『経営の統一理論』（64）。
⇒ベシ経（クーンツ　1908-1984）
　有経5（クーンツ　1908-1984）

Kooper, Al
アメリカのジャズ奏者。
⇒外12（クーパー，アル　1944.2.5-）
　外16（クーパー，アル　1944.2.5-）
　ロック（Kooper,Al　クーパー，アル　1943-）

Koopman, Ton
オランダのハープシコード，オルガン奏者。
⇒外12（コープマン，トン　1944.10.2-）
　外16（コープマン，トン　1944.10.2-）
　新音中（コープマン，トン　1944.10.2-）
　標音2（コープマン，トン　1944.10.2-）

Koopmans, Tjalling Charles
オランダ生まれのアメリカの経済学者。早くから計量経済学に推計学を適用。
⇒岩経（クープマンズ　1910-1984）
　岩世人（クープマンス　1910.8.28-1985.2.26）
　ノペ3（クープマンス，T.C.　1910.8.28-1985.2.26）
　有経5（クープマンス　1910-1984）

Kooser, Ted
アメリカの詩人。
⇒外16（クーザー，テッド　1939.4.25-）
　現世文（クーザー，テッド　1939.4.25-）

Koosman, Jerome Martin
アメリカの大リーグ選手（投手）。
⇒メジャ（クーズマン，ジェリー　1942.12.23-）

Kopacki, Tedeusz
ポーランドのテノール歌手。
⇒魅惑（Kopacki,Tedeusz　1930-）

Kopacz, Ewa
ポーランドの政治家。ポーランド首相。
⇒外16（コパチ，エバ　1956.12.3-）
　世指導（コパチ，エバ　1956.12.3-）

Kopatchinskaja, Patricia
モルドバのヴァイオリン奏者。
⇒外12（コパチンスカヤ，パトリツィア　1977-）
　外16（コパチンスカヤ，パトリツィア　1977-）

Köpf, Gerhard
ドイツの小説家，文学研究者。
⇒現世文（ケップフ，ゲルハルト　1948-）

Kopit, Arthur Lee
アメリカの劇作家。
⇒現世文（コビット，アーサー　1937.5.10-）

Koplik, Henry
アメリカの小児科医。
⇒ユ著人（Koplik,Henry　コプリック，ヘンリー　1858-1927）

Kopp, Georg von
ドイツの枢機卿。
⇒新カト（コップ　1837.7.25-1914.3.4）

Kopp, Miroslav
チェコのテノール歌手。
⇒魅惑（Kopp,Miroslav　1955-）

Kopp, Rochelle
アメリカの経営コンサルタント。
⇒外12（カップ，ロッシェル　1964.6.29-）
　外16（カップ，ロッシェル　1964.6.29-）

Kopp, Viktor Leontievich
ソ連の外交官。日本駐在特命全権大使として来日（1925）。
⇒岩世人（コップ　1880.9.16/29-1930.5.24）

Koppel, Heinz
ドイツ・ベルリン生まれの画家。
⇒ユ著人（Koppel,Heinz　コッペル, ハインツ　1919-）

Koppel, Ted
アメリカの放送ジャーナリスト。
⇒外12（コッペル, テッド　1940.2.8-）

Köppen, Karl
ドイツの軍人。1869年に和歌山藩の軍事教官になった。
⇒来日（カッペン, カール・ヨセフ・ヴィルヘルム　1833-1907）

Köppen, Wladimir Peter
ロシア生まれのドイツの気候学者。ドイツ初の印刷天気図の作成, 観測法の確立, 観測網の整備などに貢献。
⇒岩世人（ケッペン　1846.9.25/10.8-1940.6.22）
オク気（ケッペン, ウラジミール　1846.9.25-1940.6.22）
オク地（ケッペン, ウラジミール・ペテル　1846-1940）
ネーム（ケッペン　1846-1940）
ポプ人（ケッペン, ウラディミール　1846-1940）

Koppers, Wilhelm
オーストリアの人類学者。歴史民族学の発展に寄与。主著『未開人とその世界観』(1949) など。
⇒岩世人（コッペルス　1886.2.8-1961.1.23）

Köprülü, Mehmed Fuad
トルコの文学者, 政治家。
⇒岩イ（キョプリュリュ　1890-1966）
岩世人（キョプリュリュ　1890.12.5-1966.6.28）

Kopylov, Andrei
ロシアの総合格闘家。
⇒異二辞（コピィロフ, アンドレイ　1965-）

Korab, Karl
オーストリアの画家。
⇒芸13（コーラップ, カール　1937-）

Korbut, Olga Valentinovna
ロシアの体操選手。
⇒異二辞（コルブト［オルガ・～］　1955-）

Korcia, Laurent
フランスのヴァイオリン奏者。
⇒外12（コルシア, ローラン）
外16（コルシア, ローラン）

Korcsmáros, Péter
ハンガリーのテノール歌手。
⇒魅惑（Korcsmáros,Péter　?-）

Korczak, Janusz
ポーランドの教育者, 児童文学者。代表作『マチウシ王1世』。
⇒ポプ人（コルチャック, ヤヌシュ　1878-1942）
ユ著人（Korczak,Janusz　コルチャク, ヤヌス　1878-1942）

Korda, *Sir* Alexander
イギリスの映画監督, プロデューサー。監督作品『ヘンリー8世の私生活』(1933) プロデュース作品『落ちた偶像』(49)『第三の男』(49) などがある。
⇒岩世人（コルダ　1893.9.16-1956.1.23）
映監（コルダ, アレクサンダー　1893.9.16-1956）
ユ著人（Korda,Alexander　コルダ, アレクサンダー　1893-1956）

Korda, Janos
テノール歌手。
⇒魅惑（Korda,Janos　?-）

Korda, Zoltán
チェコのテノール歌手。
⇒魅惑（Korda,Zoltán　?-）

Kordestani, Omid
アメリカの実業家。ツイッター取締役会会長, グーグル上級副社長・CBO。
⇒外16（コーデスタニ, オミド）

Kordon, Klaus
ドイツの作家, 児童文学作家。
⇒現世文（コルドン, クラウス　1943-）

Koren, Ziv
イスラエルの報道写真家。
⇒外12（コーレン, ジブ　1970-）
外16（コーレン, ジブ　1970.7.13-）

Koresh, David
アメリカのカルト指導者。
⇒岩世人（コレシュ　1959.8.17-1993.4.19）

Korff, Hermann August
ドイツの文学史家。評論『ゲーテ時代の精神』(1923〜57) が有名。
⇒岩世人（コルフ　1882.4.3-1963.7.21）

Korfmann, Manfred Osman
ドイツの考古学者。
⇒岩世人（コルフマン　1942.4.26-2005.8.11）

Korhonen, Arvi
フィンランドの歴史学者。
⇒岩世人（コルホネン　1890.1.9-1967.12.29）

Korine, Harmony
アメリカの映画監督, 脚本家。
⇒外12（コリン, ハーモニー　1973-）

外16（コリン，ハーモニー　1973–）

Korir, Sammy
ケニアのマラソン選手。
⇒少12（コリル，サミー　1971.12.12–）
最世ス（コリル，サミー　1971.12.12–）

Korman, Gordon Richard
カナダの作家。
⇒外16（コーマン，ゴードン　1963–）
現世文（コーマン，ゴードン　1963.10.23–）

Korn, Arthur
ドイツの物理学者。ローマとアメリカのバー・ハーバー間の無線写真電送（1923）に成功。
⇒岩世人（コルン　1870.5.20–1945.12.21/22）

Kornai, János
ハンガリーの経済学者。著書に『反均衡論』(1971)，『不足の経済学』(1980)など。
⇒岩経（コルナイ　1928–）
外16（コルナイ，ヤーノシュ　1928.1.21–）
有経5（コルナイ　1928–）

Kornberg, Arthur
アメリカの生化学者。
⇒岩生（コーンバーグ　1918–2007）
岩世人（コーンバーグ　1918.3.3–2007.10.26）
旺生5（コーンバーグ　1918–2007）
広辞7（コーンバーグ　1918–2007）
三新生（コーンバーグ　1918–2007）
ネーム（コーンバーグ　1918–2007）
ノベ3（コーンバーグ，A.　1918.3.3–2007.10.26）
ユ著人（Kronberg,Arthur　コーンバーグ，アーサー　1918–）

Kornberg, Roger
アメリカの生化学者。ノーベル化学賞受賞。
⇒岩生（コーンバーグ　1947–）
外12（コーンバーグ，ロジャー　1947–）
外16（コーンバーグ，ロジャー　1947.4.24–）
化学（コーンバーグ　1947–）
ノベ3（コーンバーグ，R.D.　1947.4.24–）

Korn Chatikavanij
タイの政治家。タイ財務相。
⇒岩世人（コーン・チャーティカワニット　1964.2.19–）
世指導（コーン・チャーティカワニット　1964.2.19–）

Korneichuk, Aleksandr Evdokimovich
ソ連の劇作家。『艦隊の滅亡』(1933)，『プラトン・クレチェット』(34)などが代表作。
⇒現世文（コルネイチューク，アレクサンドル・エヴドキモヴィチ　1905.5.25–1972.5.14）

Korner, Alexis
フランスのロック・ミュージシャン。
⇒ロック（Korner,Alexis　コーナー，アレクシス　1928–）

Körner, Theodor
オーストリアの軍人，政治家。下院議長，ヴィーン市長（1945～51）ののち大統領（51～57）。
⇒岩世人（ケルナー　1873.4.24–1957.1.4）

Kornetsky, L.A.
アメリカの作家。
⇒海文新（コーネツキー,L.A.）
現世文（コーネツキー,L.A.）

Kornfeld, Paul
ドイツの劇作家。主著 "Der ewige Traum"（1922）。
⇒岩世人（コルンフェルト　1889.12.11–1942.4.25）
ユ著人（Kornfeld,Paul　コルンフェルト，パウル　1889–1942）

Korngold, Erich Wolfgang
オーストリアの作曲家。映画音楽の作曲も多い。
⇒岩世人（コルンゴルト　1897.5.29–1957.11.29）
エデ（コルンゴルト，エーリヒ・ヴォルフガング　1897.5.29–1957.11.29）
オペラ（コルンゴルト，エーリヒ　1897–1957）
ク音3（コルンゴルト　1897–1957）
新音小（コルンゴルト，エーリヒ・ヴォルフガング　1897–1957）
新音中（コルンゴルト，エーリヒ・ヴォルフガング　1897.5.29–1957.11.29）
標音2（コルンゴルト，エーリヒ・ヴォルフガング　1897.5.29–1957.11.29）
ユ著人（Korngold,Erich Wolfgang　コルンゴルト，エーリッヒ・ヴォルフガング　1897–1957）

Korngold, Julius
オーストリアの批評家。
⇒ユ著人（Korngold,Jurius　コルンゴルト，ユリウス　1860–1945）

Kornhauser, William Alan
アメリカの社会学者。著作に『大衆社会の政治』(1959)がある。
⇒岩世人（コーンハウザー　1925–2004.7.3）
社小増（コーンハウザー　1925–）

Kornilov, Konspanpin
ソ連の心理学者。
⇒教人（コルニロフ　1879–）

Kornilov, Lavr Georgievich
ロシアの軍人。アレクセーエフやデニーキンらと反革命義勇軍を組織して戦い，1918年戦死。
⇒岩世人（コルニーロフ　1870.8.18/30–1918.4.13）
世人新（コルニーロフ　1870–1918）
世人装（コルニーロフ　1870–1918）
ネーム（コルニーロフ　1870–1918）

Környei, Béla
ハンガリーのテノール歌手。
⇒魅惑（Környei,Béla　1875–1925）

Korobova, Daria
ロシアのシンクロナイズドスイミング選手。

⇒最世ス（コロボワ, ダリア　1989.2.7–）

Korolenko, Vladimir Galaktionovich
ロシアの小説家。深い人間愛に貫かれた作品を多く残す。代表作『マカールの夢』(1885)。
⇒岩世人（コロレンコ　1853.7.15/27–1921.12.25）
学叢思（コロレンコ, ウラジーミル　1853–1920）
広辞7（コロレンコ　1853–1921）
西文（コロレンコ, ウラディミール　1853–1921）
ネーム（コロレンコ　1853–1921）

Korolyov, Denis Alexandrovich
ソ連のテノール歌手。
⇒魅惑（Korolyov,Denis Alexandrovich　1938–）

Korolyov, Sergei Pavlovich
ウクライナ生まれのソ連の宇宙技術者。
⇒岩世人（コロリョフ　1906.12.30/1907.1.12–1966.1.14）

Koroma, Ernest Bai
シエラレオネの政治家。シエラレオネ大統領（2007～18）。
⇒外12（コロマ, アーネスト・バイ　1953.10.2–）
外16（コロマ, アーネスト・バイ　1953.10.2–）
世指導（コロマ, アーネスト・バイ　1953.10.2–）

Korondi, György
ハンガリーのテノール歌手。
⇒魅惑（Korondi,György　1936–）

Koroneos, Antonis
アメリカのテノール歌手。
⇒魅惑（Koroneos,Antonis　?–）

Korostovets, Ivan Yakovlevich
帝政ロシア（ウクライナ）の外交官。
⇒岩世人（コロストヴェツ　1862.8.25/9.6–1933）

Korovin, Evgenii A.
ソ連の国際法学者。「ソヴェート国家と法」誌の副主筆。
⇒岩世人（コローヴィン　1892.9.30/10.12–1964.11.23）

Korovin, Konstantin Alekseevich
ロシアの画家, 舞台美術家。芸術のための芸術を主張した巨匠。
⇒岩世人（コローヴィン　1861.11.23/12.5–1939.9.11）
芸13（コローヴィン, コンスタンティン・アレクセエヴィッチ　1861–1939）

Korpi, Kiira
フィンランドのフィギュアスケート選手。
⇒外12（コルピ, キーラ　1988.9.26–）
最世ス（コルピ, キーラ　1988.9.26–）

Kors, Michael
アメリカの服飾デザイナー。
⇒外12（コース, マイケル　1959.8.9–）

外16（コース, マイケル　1959.8.9–）

Korsch, Karl
ドイツのマルクス主義哲学者。『マルクス主義と哲学』(1923)を発表, 第二インターの実証主義的史的唯物論の独断性を批判。
⇒岩経（コルシュ　1886–1961）
現社（コルシュ　1886–1961）
メル3（コルシュ, カール　1886–1961）

Korschelt, Eugen
ドイツの動物学者。再生と移植等について研究。
⇒岩生（コルシェルト　1858–1946）
岩世人（コルシェルト　1858.9.28–1946.12.22）

Korschelt, Oscar
ドイツの化学者。東京医学校で化学, 数学を教授。
⇒化学（コルシェルト　1853–1940）

Korschunow, Irina
ドイツの児童文学者。
⇒現世文（コルシュノフ, イリーナ　1925.12.31–2013.12.31）

Korsten, Gé
オランダのテノール歌手。
⇒魅惑（Korsten,Gé　?–）

Korteweg, Diederik Johannes
オランダの数学者, 力学者。
⇒岩世人（コルテヴェーク　1848.3.31–1941.5.10）

Kortner, Fritz
ドイツの俳優, 監督。
⇒ユ著人（Kortoner,Fritz　コルトナー, フリッツ　1892–1970）

Korum, Michael Felix
ドイツの司教。
⇒新カト（コルム　1840.11.2–1921.12.4）

Korvald, Lars
ノルウェーの政治家。ノルウェー首相, ノルウェーキリスト教民党委員長。
⇒岩世人（コルヴァール　1916.4.29–2006.7.4）

Koryta, Michael
アメリカの作家。
⇒外16（コリータ, マイケル）
海文新（コリータ, マイクル）
現世文（コリータ, マイケル）

Korzeniowski, Robert
ポーランドの競歩選手。
⇒岩世人（コジェニョフスキ　1968.7.30–）

Kosambī, Dāmodar Dharmānand
インドの数学者, 歴史家。マルクス主義史家としてインド古代史および封建制研究の上で独創的分野を開拓した。

⇒岩世人（コーサンビー　1907.7.31–1966.6.29）
　南ア新（コーサンビー　1907–1966）

Koschmann, J.Victor
アメリカの歴史学者。
⇒外12（コシュマン,J.ビクター　1942–）
　外16（コシュマン,J.ビクター　1942–）

Koscina, Sylva
イタリアの女優。
⇒ク俳（コシナ, シルヴァ　1933–1994）

Koselleck, Reinhart
ドイツの歴史家。
⇒岩世人（コゼレック　1923.4.23–2006.2.3）

Koser, Reinhold
ドイツの歴史家。主著『フリードリヒ大王伝』。
⇒岩世人（コーザー　1852.2.7–1914.8.25）

Kosgei, Salina
ケニアのマラソン選手。
⇒外12（コスゲイ, サリナ　1976.11.16–）
　最世ス（コスゲイ, サリナ　1976.11.16–）

Kosheleva, Tatiana
ロシアのバレーボール選手。
⇒最世ス（コシェレワ, タチアナ　1988.12.23–）

Kosinski, Jerzy Nikodem
ポーランド生まれのアメリカ（ユダヤ系）の作家。著書『異端の鳥』『異境』（全米図書賞受賞）。
⇒現世文（コジンスキー, イェールジ　1933.6.14–1991.5.3）
　ユ著人（Kosinsky,Jerzy Nikodem　コジンスキー, ジェルジィ・ニコデム　1933–1991）

Kosinski, Joseph
アメリカの映画監督。
⇒外16（コシンスキー, ジョセフ　1974–）

Koskenniemi, Veikko Antero
フィンランドの近代詩を開いた抒情詩人。代表作『心と死』(1919)、『鶴の群翔』(30)、『火と灰』(36)、『詩集』(06,24)。
⇒岩世人（コスケンニエミ　1885.7.8–1962.8.4）

Koskinen, Antti
フィンランドのテノール歌手。
⇒魅惑（Koskinen,Antti　?–）

Košler, Zdeněk
チェコの指揮者。
⇒新音中（コシュラー, ズデニェク　1928.3.25–1995.7.2）
　標音2（コシュラー, ズデニェク　1928.3.25–1995.7.2）

Koslo, George Bernard（Dave）
アメリカの大リーグ選手（投手）。
⇒メジャ（コスロ, デイヴ　1920.3.31–1975.12.1）

Kosma, Joseph
ハンガリー生まれのフランスの作曲家。シャンソン『枯葉』で世界的に知られる。
⇒ク音3（コスマ　1905–1969）
　新音中（コスマ, ジョゼフ　1905.10.22–1969.8.7）
　標音2（コスマ, ジョゼフ　1905.10.22–1969.8.7）

Kosminskii, Evgenii Alekseevich
ソ連の中世史家。イギリス封建制の解体過程をマルクス主義史学の立場より解明。主著『13世紀イギリス農業史の研究』。
⇒岩世人（コスミンスキー　1886.10.21/11.2–1959.7.24）

Ko Soo
韓国の俳優。
⇒外12（コス　1978.10.4–）
　外16（コス　1978.10.4–）
　韓俳（コ・ス　1978.9.5–）

Kosor, Jadranka
クロアチアの政治家。クロアチア首相。
⇒外12（コソル, ヤドランカ　1953.7.1–）
　外16（コソル, ヤドランカ　1953.7.1–）
　世指導（コソル, ヤドランカ　1953.7.1–）

Koss, Johann Olav
ノルウェーのスピードスケート選手。
⇒外12（コス, ヨハン・オラフ　1968–）
　外16（コス, ヨハン・オラフ　1968–）

Kossack, Georg
ドイツの考古学者。
⇒岩世人（コサック　1923.6.25–2004.10.17）

Kossel, Albrecht
ドイツの生化学者。細胞、核、蛋白質を研究し、蛋白体の塩基核を発見。
⇒岩生（コッセル　1853–1927）
　岩世人（コッセル　1853.9.16–1927.7.5）
　化学（コッセル　1853–1927）
　ノベ3（コッセル,A.　1853.9.16–1927.7.5）

Kossel, Walther
ドイツの物理学者。原子の原子価を論じ（1917～21）、今日の量子化学の基礎を築いた。
⇒岩世人（コッセル　1888.1.4–1956.5.22）
　三新物（コッセル　1888–1956）

Kossinna, Gustaf
ドイツの考古学者。遺物や人骨によるゲルマン民族遠古史の研究を唱道。
⇒岩世人（コッシナ　1858.9.28–1931.12.20）

Kossoff, Leon
イギリスの画家。
⇒芸13（コソフ, レオン　1926–）

Kossuth Ferenc
ハンガリーの政治家。独立党を組織し、商相となった（1906～09）。

⇒岩世人（コシュート　1841.11.16–1914.5.25）

Kostabi, Mark
アメリカの画家, 作曲家。
⇒外12（コスタビ, マーク　1960.11.27–）
　外16（コスタビ, マーク　1960.11.27–）

Kostadinova, Stefka
ブルガリアの走り高跳び選手。
⇒ネーム（コスタディノヴァ　1965–）

Kostelanetz, André
ロシア生まれのアメリカの編曲家, 指揮者。1922年渡米。コステラネッツ管弦楽団を結成, 放送, レコード, ステージに活躍。
⇒新音中（コステラネッツ, アンドレ　1901.12.22–1980.1.13）
　標音2（コステラネッツ, アンドレ　1901.12.22–1980.1.13）
　ユ著人（Kostelanetz, André　コステラネッツ, アンドレ　1901–1980）

Kostelecky, David
チェコの射撃選手（クレー射撃）。
⇒外12（コステレツキー, ダヴィド　1975.5.12–）
　最世ス（コステレツキー, ダヴィド　1975.5.12–）

Kostelić, Ivica
クロアチアのスキー選手（アルペン）。
⇒外12（コステリッツ, イヴィツァ　1979.11.23–）
　外16（コステリッツ, イヴィツァ　1979.11.23–）
　最世ス（コステリッツ, イヴィツァ　1979.11.23–）

Kostelic, Janica
クロアチアのスキー選手（アルペン）。
⇒外12（コステリッツ, ヤニツァ　1982.1.5–）
　外16（コステリッツ, ヤニツァ　1982.1.5–）
　最世ス（コステリッツ, ヤニツァ　1982.1.5–）

Koster, Henry
ドイツ生まれの映画監督。
⇒映監（コスター, ヘンリー　1905.5.1–1988）

Koster, Mannes Dominikus
ドイツのカトリック神学者。
⇒新カト（コスター　1901.3.13–1981.8.27）

Kostevych, Olena
ウクライナの射撃選手（ピストル）。
⇒外16（コステビッチ, オレーナ　1985.4.14–）
　最世ス（コステビッチ, オレーナ　1985.4.14–）

Kostin, Miĥael Kuzmiĉ
ロシアのエスペランティスト。東清鉄道ウッスリア部鉄道学校委員。
⇒日エ（コスチン　?–?）

Kostin, Walery
ロシアのテノール歌手。
⇒魅惑（Kostin, Walery　?–）

Köstler, Josef Nikolaus
ドイツの林学者。
⇒岩世人（ケストラー　1902.7.18–1982.12.24）

Köstlin, Heinrich Adolf
ドイツの実践神学者。
⇒新カト（ケストリン　1846.9.4–1907.6.4）

Köstlinger, Josef
ドイツのテノール歌手。
⇒魅惑（Köstlinger, Josef　1946–）

Kostner, Carolina
イタリアのフィギュアスケート選手。
⇒外12（コストナー, カロリナ　1987.2.8–）
　外16（コストナー, カロリナ　1987.2.8–）
　最世ス（コストナー, カロリナ　1987.2.8–）

Kostomarov, Roman
ロシアのフィギュアスケート選手（アイスダンス）。
⇒外12（コストマロフ, ロマン　1977.2.8–）
　最世ス（コストマロフ, ロマン　1977.2.8–）

Kostov, Ivan Jordanov
ブルガリアの政治家, 経済学者。ブルガリア首相（1997～2001）, 民主勢力同盟指導者。
⇒世指導（コストフ, イワン　1949.12.23–）

Kostov, Todor
ブルガリアのテノール歌手。
⇒失声（コストフ, トドール　1928–2009）
　魅惑（Kostov, Todor　1928–）

Kostov, Traicho
ブルガリアの政治家。ゲオルギ・ディミトロフ首相の後継者と目されていたが, 反逆罪に問われ処刑された。
⇒岩世人（コストフ　1897.6.17/29–1949.12.17）

Kostova, Elizabeth
アメリカの作家。
⇒外16（コストヴァ, エリザベス）
　海文新（コストヴァ, エリザベス　1964.12.26–）
　現世文（コストヴァ, エリザベス　1964.12.26–）

Kostrzewski, Józef
ポーランドの考古学者。ビスクーピンの発掘（1934～38）は重要。
⇒岩世人（コストシェフスキ　1885.2.25–1970.10.19）

Kostunica, Vojislav
セルビア・モンテネグロの政治家, 憲法学者。セルビア首相, セルビア民主党（DSS）党首, ユーゴスラビア連邦大統領（2000～03）。
⇒岩世人（コシュトゥニツァ　1944.3.24–）
　外12（コシュトニツァ, ボイスラフ　1944.3.24–）
　外16（コシュトニツァ, ヴォイスラフ　1944.3.24–）
　世指導（コシュトニツァ, ヴォイスラフ　1944.3.

24–)

Kostychev, Sergei Pavlovich
ソ連の植物生理学者。
⇒岩生（コスティチェフ　1877–1931）

Ko Su-heui
韓国の女優。
⇒外12（コスヒ　1976.7.18–）

Ko Surangkhanang
タイの作家。
⇒岩世人（コー・スラーンカナーン　1912.2.26–1999.6.23）
タイ（コー・スラーンカナーン　1912–1999）

Kosuth, Joseph
アメリカの美術家。「概念芸術」すなわち芸術の概念そのものを探査し，定義しようとする芸術活動の草分けかつ第一人者。
⇒岩世人（コスース　1945.1.31–）
外12（コスース，ジョゼフ　1945.1.31–）
外16（コスース，ジョゼフ　1945.1.31–）

Kosygin, Aleksei Nikolaevich
ソ連の政治家。1948年以降蔵相，軽工業相，民需物資生産相などを歴任。64年10月のフルシチョフ失脚ののち閣僚会議議長（首相）。
⇒岩世人（コスイギン　1904.2.21/3.5–1980.12.18）
広辞7（コスイギン　1904–1980）
世人新（コスイギン　1904–1980）
世人装（コスイギン　1904–1980）
ネーム（コスイギン　1904–1980）

Kosztolányi Dezső
ハンガリーの詩人，小説家。『貧しい子供の嘆き』（1910）ほか数十篇の詩集がある。
⇒岩世人（コストラーニ　1885.3.29–1936.11.3）
現世文（コストラーニ，デジェー　1885.3.29–1936.11.3）

Kotansky, Wieslaw
ポーランドの日本語・日本文化研究家。『古事記』をはじめ『雨月物語』，川端康成『雪国』のポーランド語訳を完成した。
⇒岩世人（コタンスキ　1915.4.7–2005.8.8）

Kotarbiński, Tadeusz
ポーランドの哲学者，論理学者。主著『知識理論の諸要素』（1929），『論理学史』（57）など。
⇒岩世人（コタルビンスキ　1886.3.31–1981.10.3）

Kotěra, Jan
チェコスロバキアの建築家。
⇒岩世人（コチェラ　1871.12.18–1923.4.17）

Köth, Erika
ドイツのソプラノ歌手。
⇒標音2（ケート，エーリカ　1927.9.15–1989.2.21）

Kothari, Komal
インドの民俗学者。

⇒南ア新（コーターリー　1929–2004）

Kotler, Martin J.
アメリカ生まれの画家。
⇒芸13（コトラー，マーティン・J　1953–）

Kotler, Philip
アメリカのマーケティング学者。
⇒岩世人（コトラー　1931.5.27–）
外16（コトラー，フィリップ　1931.5.27–）

Kotnis, Dwarkanath Shantaram
インドの医師。
⇒南ア新（コートニース　1910–1942）

Kotoński, Wlodzimierz
ポーランドの作曲家。1956年以降，前衛音楽創造の先頭に立ち，管弦楽曲『シロコ』（80）などを発表。
⇒新音中（コトンスキ，ヴォジミェシュ　1925.8.23–）
標音2（コトニスキ，ヴオジミエシ　1925.8.23–）

Kotsay, Mark Steven
アメリカの大リーグ選手（外野）。
⇒メジャ（コッツェイ，マーク　1975.12.2–）

Kotsenburg, Sage
アメリカのスノーボード選手。
⇒外16（コッツェンバーグ，セージ　1993.7.27–）

Kotsyubinskii, Mikhail Mikhailovich
ウクライナの作家。農民の革命運動を描いた『蜃気楼』（1904～10）など。
⇒岩世人（コツュビンスキー　1864.9.5–1913.4.12）

Kotter, John P.
アメリカのリーダーシップ論の研究者。ハーバード大学ビジネススクール名誉教授。
⇒外12（コッター，ジョン　1947–）
外16（コッター，ジョン　1947–）

Kötter, Paul
ドイツのテノール歌手。
⇒魅惑（Kötter,Paul　1898–1974）

Kotting-Uhl, Sylvia
ドイツの政治家。
⇒外12（コッティングウール，シルヴィア　1952–）

Kötzschke, Rudolf
ドイツの経済史家。主著『大荘園行政史の研究』（1899），『中世経済史』（1924），『東ドイツ植民地運動の研究』（37）など。
⇒岩世人（ケチュケ　1867.7.8–1949.8.3）

Kotzwinkle, William
アメリカの作家，詩人。
⇒外12（コツウィンクル，ウィリアム　1938–）
外16（コツウィンクル，ウィリアム　1938–）

現世文（コツウィンクル,ウィリアム　1938-）
Kouchner, Bernard
フランスの政治家,医師。
⇒岩世人（クシュネル　1939.11.1-）
外12（クシュネル,ベルナール　1939.11.1-）
外16（クシュネル,ベルナール　1939.11.1-）
世指導（クシュネル,ベルナール　1939.11.1-）
Koudelka, Josef
フランスの写真家。
⇒外12（クーデルカ,ジョセフ　1938.1.10-）
外16（クーデルカ,ジョセフ　1938.1.10-）
Koufax, Sandy
アメリカの大リーグ選手（投手）。
⇒アメ州（Koufax,Sandy　コーファックス,サンディ　1935-）
岩世人（コーファックス　1935.12.30-）
メジャ（コーファックス,サンディ　1935.12.30-）
ユ著人（Koufax,Sandy（Sanford）　コーファックス,サンディ　1935-1988）
Ko Un
韓国の詩人,作家。
⇒岩韓（コ・ウン　高銀　1933-）
外12（コウン　高銀　1933.8.1-）
外16（コウン　高銀　1933.8.1-）
韓現文（高銀　コ・ウン　1933.4.11-）
現世文（コ・ウン　高銀　1933.8.1-）
Koundouriotis, Paulos
ギリシアの提督,政治家。ギリシア共和制の成立（1924.3）とともに初代大統領（24〜29）。
⇒岩世人（クンドゥリオティス　1855.4.9-1935.8.21）
Kounellis, Janis
ギリシャ生まれのイタリアの芸術家。
⇒芸13（クネリス,ジャニス　1936-）
Kourchoumov, Pavel
テノール歌手。
⇒魅惑（Kourchoumov,Pavel　?-）
Kournikova, Anna
ロシアのテニス選手。
⇒異二辞（クルニコワ［アンナ・〜］　1981-）
Kouros, Alexis
イラン生まれのフィンランドの児童文学作家。
⇒現世文（クーロス,アレクシス　1961-）
Kourouma, Ahmadou
コートジボワールの小説家。
⇒岩世人（クルマ　1927.11.24-2003.12.11）
現世文（クルマ,アマドゥ　1927.11.24-2003.12.11）
広辞7（クルマ　1927-2003）
Koussa, Moussa
リビアの政治家。リビア外相。

⇒外12（クーサ,ムーサ）
外16（クーサ,ムーサ）
世指導（クーサ,ムーサ）
Koussevitzky, Sergei
ロシア生まれのアメリカの指揮者,コントラバス奏者。多くのロシア歌劇,現代音楽を初演。
⇒岩世人（クーセヴィッキー　1874.7.26-1951.6.4）
ク音3（クーセヴィツキー　1874-1951）
新音中（クーセヴィツキー,セルゲイ　1874.7.26-1951.6.4）
ネーム（クーゼヴィツキー　1874-1951）
標音2（クーセヴィツキー,セルゲイ　1874.7.26-1951.6.4）
ユ著人（Koussevitzky,Sergei Alexandrovich　クーゼヴィッキー,セルゲイ・アレクサンドロヴィチ　1874-1951）
Koussevizky, Moshe
ベラルーシ・スマルホニ生まれのアシュケナジ系のカントール＝ハザン。
⇒ユ著人（Koussevizky,Moshe　クーゼヴィッキー,モーシェ　1900-1966）
Kout, Jiří
チェコ,のちドイツの指揮者。
⇒外12（コウト,イルジー　1937.12.26-）
外16（コウト,イルジー　1937.12.26-）
Kouzes, James M.
アメリカのリーダーシップ論の研究者。サンタクララ大学教授,リービー経営大学院教授。
⇒外12（クーゼス,ジェームズ）
外16（クーゼス,ジェームズ）
Kováč, Michal
スロバキアの政治家,初代大統領（1993〜98）。
⇒岩世人（コヴァーチ　1930.8.5-）
世指導（コヴァチ,ミハル　1930.8.5-2016.10.5）
Kovacevich, Stephen（Bishop-）
アメリカのピアノ奏者。
⇒外12（コワセビチ,スティーブン　1940.10.17-）
新音中（コヴァセヴィチ,スティーヴン　1940.10.17-）
Kovacs, Ernie
アメリカの喜劇俳優。
⇒ク俳（コヴァックス,アーニー　1919-1962）
Kovacs, Katalin
ハンガリーのカヌー選手。
⇒外12（コバチ,カタリン　1976.2.29-）
外16（コバチ,カタリン　1976.2.29-）
最世ス（コバチ,カタリン　1976.2.29-）
Kovacsházi, István
ハンガリーのテノール歌手。
⇒魅惑（Kovacsházi,István　?-）
Kovalainen, Heikki
フィンランドのF1ドライバー。

⇒最世ス（コヴァライネン，ヘイキ　1981.10.19–）

Kovalenin, Dmitrii
ロシアの翻訳家，日本文学研究家。
⇒外12（コワレーニン，ドミトリー　1966–）
　外16（コワレーニン，ドミトリー　1966–）

Kovalevskii, Maksim Maksimovich
ロシアの歴史家。
⇒岩世人（コヴァレフスキー　1851.8.27–1916.3.23）

Kovář, Oldřich
チェコのテノール歌手。
⇒魅惑（Kovář,Oldřich　1907–1967）

Kovari, Yu
ロシアの児童文学者。
⇒絵本（コヴァーリ，ユーリー　1938–1995）

Kovind, Ram Nath
インドの政治家，法律家。インド大統領（2017～）。
⇒世指導（コビンド，ラム・ナート　1945.10.1–）

Kovner, Abraham Uri
リトアニア・ヴィルナ生まれのヘブライ語作家。現代ヘブライ語文芸評論の先駆者。
⇒ユ著人（Kovner,Abraham Uri　コヴナー，アブラハム・ウリ　1842–1909）

Kowal, Mary Robinette
アメリカの作家。
⇒海文新（コワル，メアリ・ロビネット　1969–）
　現世文（コワル，メアリ・ロビネット　1969–）

Kowalczyk, Justyna
ポーランドのスキー選手（距離）。
⇒外12（コワルチク，ユスチナ　1983.1.23–）
　外16（コワルチク，ユスチナ　1983.1.23–）
　最世ス（コワルチク，ユスチナ　1983.1.23–）

Kowalski, Jochen
ドイツのカウンターテナー歌手。
⇒外12（コヴァルスキー，ヨッヒェン　1954–）
　外16（コヴァルスキー，ヨッヒェン　1954–）
　新音中（コヴァルスキ，ヨッヘン　1954.1.30–）

Kowalski, Michael J.
アメリカの実業家。
⇒外12（コワルスキー，マイケル　1952–）
　外16（コワルスキー，マイケル　1952.3.14–）

Kowalski, Tadeusz
ポーランドのアルタイ語学者。特にトルコ語の研究に業績を残した。
⇒岩世人（コヴァルスキ　1889.6.21–1948.5.5）

Kowalsky, Nicolas
ベルリン・シュパンダウ生まれの宣教史学者，布教聖省の記録保管者。

⇒新カト（コワルスキー　1911–1966.6.6）

Kowarz, Agnellus
シレジア地方出身のドイツ人宣教師，フランスコ会員。
⇒新カト（コヴァルツ　1880.9.4–1937.6.22）

Ko Woo-soon
韓国のプロゴルファー。
⇒外12（コウスン　高又順　1964.4.21–）

Kowroski, Maria
アメリカのダンサー。
⇒外12（コウロスキー，マリア　1976–）
　外16（コウロスキー，マリア　1976–）

Koyama, Micael S.
アメリカの作家。ワシントン大学経済学名誉教授。
⇒外12（コヤマ，マイケル・S.）
　外16（コヤマ，マイケル・S.）

Koyré, Alexandre
フランスの哲学者。プラトン，デカルト，ベーメなどの研究者。近世自然科学の発生の研究で著名。
⇒岩世人（コイレ　1892.8.29–1964.4.28）
　メル3（コイレ，アレクサンドル　1892–1964）

Kozák, Danuta
ハンガリーのカヌー選手。
⇒外16（コザック，ダヌタ　1987.1.11–）
　最世ス（コザック，ダヌタ　1987.1.11–）

Kozak, Harley Jane
アメリカの作家，女優。
⇒海文新（コザック，ハーレイ・ジェーン　1957.1.28–）
　現世文（コザック，ハーレイ・ジェーン　1957.1.28–）

Kožená, Magdalena
チェコのメゾ・ソプラノ歌手。
⇒外12（コジェナー，マグダレナ　1973.5.26–）
　外16（コジェナー，マグダレナ　1973.5.26–）

Kozhévnikov, Valim M.
ソ連の作家。
⇒現世文（コジェヴニコフ，ワジム　1909–1984.10.20）

Kozik, Gregor-Torsten
ドイツ生まれの画家。
⇒芸13（コツィック，グレーガー・トスティン　1948–）

Kozintsev, Grigorii Mikhailovich
ソ連の映画監督。『十月っ子の冒険』（1924）などの前衛映画を製作，『マキシム3部作』で名声を確立。
⇒岩世人（コージンツェフ　1905.3.9/22–1973.5.11）

映監（コージンツェフ, グリゴーリ　1905.3.22–1973）

Kozlov, Genrikh Abramovich
ソ連の貨幣・財政理論家。
⇒岩世人（コズローフ　1901.2.4/17–1981）

Kozlov, Pëtr Kuzimich
ソ連の軍人, 探検家。匈奴の文化の解明に貢献。
⇒岩世人（コズローフ　1863.10.3/15–1935.10.26）
　広辞7（コズロフ　1863–1935）
　世人新（コズロフ　1863–1935）
　世人装（コズロフ　1863–1935）
　中文史（カズロフ　1863–1935）

Kozlov, Sergey
ロシア（ソ連）の児童文学作家。
⇒絵本（コズロフ, セルゲイ　1939–2010）
　現世文（コズロフ, セルゲイ　1939.8.22–2010.1.9）

Kozlovskii, Ivan
ウクライナのテノール歌手。
⇒失声（コズロフスキー, イワン　1900–1993）
　魅惑（Kozlovskii,Ivan　1900–1993）

Kozma, Lajos
ハンガリーのテノール歌手。
⇒魅惑（Kozma,Lajos　1938–）

Kozmus, Primož
スロベニアのハンマー投げ選手。
⇒外12（コズムス, プリモジュ　1979.9.30–）
　外16（コズムス, プリモジュ　1979.9.30–）
　最佳ス（コズムス, プリモジュ　1979.9.30–）

Kozub, Ernst
ドイツのテノール歌手。
⇒失声（コッブ, エルンスト　1924–1971）
　魅惑（Kozub,Ernst　1925–1971）

Kozyrev, Andrei Vladimirovich
ロシアの政治家, 外交官。ロシア外相。
⇒岩世人（コーズィレフ　1951.3.27–）
　世指導（コズイレフ, アンドレイ　1951.3.27–）

Kraayvanger, Heinz
ドイツのテノール歌手。
⇒魅惑（Kraayvanger,Heinz　1904–1971）

Krabbe, H.
オランダの公法学者。
⇒学叢思（クラッペ, ハー）

Krabbe, Jeroen
オランダ生まれの俳優。
⇒外12（クラッベ, エロン　1944.12.5–）
　外16（クラッベ, エロン　1944.12.5–）

Krabunt, Alfred Henschke
ドイツの作家。
⇒学叢思（クラブント　1891–）

Kracauer, Siegfried
アメリカの社会学者。ドイツ映画史を通してナチズムの心理学的分析を試みた。
⇒岩世人（クラカウアー　1889.2.8–1966.11.26）
　現社（クラカウアー　1889–1966）
　広辞7（クラカウア　1889–1966）
　社小増（クラカウアー　1889–1966）
　ユ著人（Kracauer,Siegfried　クラカウアー, ジークフリート　1889–1966）

Krachkovskii, Ignatii Yulianovich
ロシア, ソ連のアラビア学者。
⇒岩世人（クラチコフスキー　1883.3.4/16–1951.1.24）

Kracht, Klaus
ドイツの日本学者。フンボルト大学日本学科教授・森鷗外記念館館長。
⇒外16（クラハト, クラウス　1948–）

Kraemer, Adolf
ドイツ生まれのスイスの農学者, 農民組織者。農業経営学を主とした。
⇒岩世人（クレーマー　1832.5.25–1910.12.2）

Kraemer, Hendrik
オランダのプロテスタント神学者, 宗教学者。神学的考察を非キリスト教世界の諸宗教に導入することの必要を提唱した。
⇒岩世人（クラーメル　1888.5.17–1965.11.11）

Kraepelin, Emil
ドイツの精神医学者。精神病の系統的分類に貢献, 作業による性格検査を考案。
⇒岩世人（クレペリン　1856.2.15–1926.10.7）
　教人（クレペリン　1856–1926）
　現精（クレペリン　1856–1926）
　現精縮（クレペリン　1856–1926）
　広辞7（クレペリン　1856–1926）
　精医歴（クレペリン, エミール　1856–1926）
　ネーム（クレペリン　1856–1926）
　ポプ人（クレペリン, エミール　1856–1926）

Krafft, Guido
オーストリアの農学者。ヴィーンの工業大学教授（1884）。
⇒岩世人（クラフト　1844.12.15–1907.2.21）

Kraft, James Lewis
アメリカの実業家。J・L・クラフト・ブラザーズ社設立者。
⇒アメ経（クラフト, ジェームズ　1874.11.11–1953.2.16）

Kraft, Randy
アメリカの殺人犯。
⇒ネーム（クラフト, ランディ　1945–）

Kraft, Rudolf
テノール歌手。

⇒魅惑（Kraft,Rudolf ?-?）

Kraft, Werner
イスラエルの作家。
⇒岩世人（クラフト 1896.5.4–1991.6.14）
現世文（クラフト, ヴェルナー 1896.5.4–1991.6.14）

Kraft, William
アメリカの打楽器奏者, 作曲家。
⇒エデ（クラフト, ウィリアム 1923.9.6–）
現音キ（クラフト, ウィリアム 1923–）

Kragh, Thomas Poulsen
デンマークのテノール歌手。
⇒魅惑（Kragh,Thomas Poulsen ?–）

Krahe, Hans
ドイツの言語学者, 印欧語学者。
⇒岩世人（クラーエ 1898.2.7–1965.6.25）

Krähenbühl, Pierre
スイス生まれの赤十字国際委員会(ICRC)事業局長。
⇒外12（クレヘンビュール, ピエール 1966–）
外16（クレヘンビュール, ピエール 1966.1.8–）

Krakauer, Jon
アメリカのジャーナリスト, 作家, 登山家。
⇒外12（クラカワー, ジョン 1954–）
外16（クラカワー, ジョン 1954–）

Krakoff, Reed
アメリカのデザイナー。
⇒外12（クラッコフ, リード 1964–）
外16（クラッコフ, リード 1964–）

Kralik, Richard Ritter von Meyrswalden
オーストリアの作家, 哲学者。
⇒新カト（クラーリク 1852.10.1–1934.2.4）

Krall, Diana
カナダのジャズ歌手, ジャズ・ピアノ奏者。
⇒外12（クラール, ダイアナ 1966.11.16–）
外16（クラール, ダイアナ 1966.11.16–）

Kramář, Karel
チェコスロバキアの政治家。1918〜19年チェコスロバキア共和国の首相。34年ファシスト党結成。
⇒岩世人（クラマーシュ 1860.12.27–1937.5.26）

Kramer, Billy J.
イギリスの歌手。
⇒ロック（Billy J.Kramer and the Dakotas ビリー・J・クレイマー&ザ・ダコターズ 1943.8.19–）

Kramer, Jack Albert
アメリカのプロテニス・プレイヤー。1947年ウ
インブルドンでシングルスで優勝。
⇒岩世人（クレイマー 1921.8.1–2009.9.12）

Kramer, Joey
アメリカのロック・ドラム奏者。
⇒外12（クレーマー, ジョーイ 1950.6.21–）
外16（クレーマー, ジョーイ 1950.6.21–）

Kramer, John Henry
アメリカの大リーグ選手(投手)。
⇒メジャ（クレイマー, ジャック 1918.1.5–1995.5.18）

Krämer, Karl-Heinz
ドイツ空軍士官。
⇒スパイ（クレーマー, カール=ハインツ 1914–?）

Kramer, Lois F.
アメリカの女性宣教師。特殊教育に従事し, 日本聾話学校を創立。
⇒教人（クレーマー 1891–）

Kramer, Raymond C.
アメリカの軍人。
⇒岩世人（クレイマー 1901.5.25–1957.1.25）

Kramer, Samuel Noah
ウクライナ生まれのアメリカのアッシリア学者。
⇒岩世人（クレイマー 1897.9.28–1990.11.26）

Kramer, Stanley E.
アメリカの映画監督, 製作者。
⇒岩世人（クレイマー 1913.9.29–2001.2.19）
映監（クレイマー, スタンリー 1913.9.29–2001）
ユ著人（Kramer,Stanley クレーマー, スタンリー 1913–）

Kramer, Sven
オランダのスピードスケート選手。
⇒岩世人（クラマー 1986.4.23–）
外12（クラマー, スヴェン 1986.4.23–）
外16（クラマー, スヴェン 1986.4.23–）
最世ス（クラマー, スヴェン 1986.4.23–）

Krämer, Toni
ドイツのテノール歌手。
⇒失声（クレーマー, トニ 1935–）
魅惑（Krämer,Toni 1943–）

Krämer, Werner
ドイツの考古学者。
⇒岩世人（クレーマー 1917.3.8–2007.1.25）

Krämer-Badoni, Rudolf
ドイツの小説家, 評論家, 随筆家。主著『大いなる流れの中に』(1949)。
⇒現世文（クレーマー・バドーニ, ルドルフ 1913.12.22–1989.9.18）

Kramers, Hendrik Antony
オランダの理論物理学者。〈ヴェンツェル・ク

ラーマース・ブリュアン近似解法〉を創始。
⇒岩世人（クラマース　1894.12.17–1952.4.26）
物理（クラマース，ヘンドリク・アントニー　1894–1952）

Kramrisch, Stella
アメリカの美術史家。
⇒岩世人（クラムリッシュ　1896.5.29–1993.8.31）

Kranepool, Edward Emil
アメリカの大リーグ選手（一塁，外野）。
⇒メジャ（クレインプール，エド　1944.11.8–）

Kranjčar, Niko
クロアチアのサッカー選手（MF）。
⇒外12（クラニチャル，ニコ　1984.8.13–）
　外16（クラニチャル，ニコ　1984.8.13–）
　最世ス（クラニチャル，ニコ　1984.8.13–）

Kranjčar, Zlatko
クロアチアのサッカー指導者，サッカー選手。
⇒外12（クラニチャル，ズラトコ　1956.11.15–）
　外16（クラニチャル，ズラトコ　1956.11.15–）
　最世ス（クラニチャル，ズラトコ　1956.11.15–）

Krantz, Judith
アメリカの作家。
⇒現世文（クランツ，ジュディス　1928.1.9–）

Kranz, Gisbert
ドイツの文学史家，詩人。
⇒新カト（クランツ　1921.2.9–2009.10.3）

Krapka-Náchodský, Josef
チェコの社会民主主義の労働運動家。
⇒岩世人（クラプカ　1862.7.22–1909.4.13）

Krasae Chanawongse
タイの政治家，医師。タイ国立大学相，外相，首相府相を歴任。
⇒世指導（クラセー・チャナウォン）

Krasin, Leonid Borisovich
ソ連の政治家。新経済政策（ネップ）の時代に手腕を発揮。
⇒岩世人（クラーシン　1870.7.3/15–1926.11.24）
　学叢思（クラシン　1870–?）

Krasmann, Jürgen
テノール歌手。
⇒魅惑（Krasmann, Jürgen　?–?）

Krasner, Lee
アメリカの画家。
⇒岩世人（クラズナー　1908.10.27–1984.6.19）

Krasner, Stephan David
アメリカの政治学者。
⇒国政（クラズナー，スティーヴン　1942–）
　政経改（クラズナー　1942–）

Krasnosel'skii, Mark Alexandrovich
ウクライナの数学者。
⇒世数（クラスノセルスキー，マルク・アレキサンドロヴィッチ　1920–1997）

Krasts, Guntars
ラトビアの政治家。ラトビア首相。
⇒世指導（クラスツ，グンタルス　1957.10.16–）

Kraszewski, Andrzej
ポーランドの環境工学者。
⇒外12（クラシェフスキ，アンジェイ　1948.6.27–）
　外16（クラシェフスキ，アンジェイ　1948.6.27–）

Krasznahorkai, László
ハンガリーの小説家。
⇒岩世人（クラスナホルカイ　1954.1.5–）
　外12（クラスナホルカイ，ラースロー　1954–）
　外16（クラスナホルカイ，ラースロー　1954–）
　現世文（クラスナホルカイ，ラースロー　1954.1.5–）

Kratochvil, Jiří
チェコの作家。
⇒現世文（クラトフヴィル，イジー　1940–）

Kratochwil, Friedrich Victor
ドイツの国際政治学者。
⇒国政（クラトクウィル，フリードリヒ　1944–）

Kraus, Adalbert
ドイツのテノール歌手。
⇒魅惑（Kraus, Adalbert　1904–1971）

Kraus, Alfredo
スペインのテノール歌手。
⇒オペラ（クラウス，アルフレード　1927–1999）
　失声（クラウス，アルフレード　1927–1999）
　新音中（クラウス，アルフレード　1927.9.24–1999.9.10）
　標音2（クラウス，アルフレド　1927.9.24–1999.9.10）
　魅惑（Kraus, Alfredo　1927–1999）

Kraus, Chris
ドイツの映画監督。
⇒外12（クラウス，クリス　1963–）

Kraus, Edward Henry
アメリカの鉱物学者。鉱物の記載，光学定数の測定等の業績がある。
⇒岩世人（クラウス　1875.12.1–1973.2.3）

Kraus, Ernst
ドイツのテノール歌手。
⇒魅惑（Kraus, Ernst　1863–1941）

Kraus, Ezra Jacob
アメリカの植物学者。生化学者クレービルと共に「C・N（炭素・窒素）比率」の説をだした（1918）。

⇒岩世人（クラウス　1885.3.19–1959）
Kraus, Herold
ドイツのテノール歌手。
⇒魅惑（Kraus,Herold　1920–）
Kraus, Johannes
ドイツの宣教学者。
⇒新カト（クラウス　1898–1980）
Kraus, Johannes Baptista
ドイツの聖職者, 経済史家。上智大学教授となり（1930）,『カトリック大辞典』を企画, 出版。
⇒岩世人（クラウス　1892.5.21–1946.3.3）
　新カト（クラウス　1892.5.21–1946.3.3）
Kraus, Karl
オーストリアの詩人, 劇作家, 評論家。1899年に雑誌『たいまつ』を発刊。
⇒岩世人（クラウス　1874.4.25–1936.6.12）
　現世文（クラウス, カール　1874.4.28–1936.6.12）
　広辞7（クラウス　1874–1936）
　ユ著人（Kraus,Karl　クラウス, カール　1874–1936）
Kraus, Lili
ハンガリー, のちイギリスのピアノ奏者。
⇒岩世人（クラウス　1908.3.4–1986.11.6）
　新音中（クラウス, リリ　1905.3.4–1986.11.6）
　標音2（クラウス, リリ　1905.3.4–1986.11.6）
Kraus, Marinus
ドイツのスキー選手（ジャンプ）。
⇒外16（クラウス, マリヌス　1991.2.13–）
Kraus, Oskar
チェコスロバキアの哲学者。1916〜38年プラハ大学教授。主著"Zur Theorie des Wertes"（1901）,"Die Werttheorien"（37）。
⇒岩世人（クラウス　1872.7.24–1942.9.26）
Kraus, Tomáš
チェコのスキー選手（フリースタイル）。
⇒最世ス（クラウス, トーマス　1974.3.3–）
Krause, Dagmar
ドイツの歌手。
⇒外12（クラウゼ, ダグマー　1950.6.4–）
Krause, Harry William
アメリカの大リーグ選手（投手）。
⇒メジャ（クラウス, ハリー　1887.7.12–1940.10.23）
Krause, Tom
フィンランドのバリトン歌手。
⇒標音2（クラウゼ, トム　1934.7.5–）
Kraushaar, Silke
ドイツのリュージュ選手。
⇒最世ス（クラウスハール, シルケ　1970.10.10–）

Krauss, Alexis
アメリカのロック歌手。
⇒外12（クラウス, アレクシス）
Krauss, Alison
アメリカのブルーグラス歌手。
⇒外12（クラウス, アリソン　1971.7.23–）
　外16（クラウス, アリソン　1971.7.23–）
Krauss, Clemens Heinrich
オーストリアの指揮者。友人R.シュトラウスの作品を多く初演。
⇒岩世人（クラウス　1893.3.31–1954.5.16）
　オペラ（クラウス, クレメンス　1893–1954）
　新音中（クラウス, クレーメンス　1893.3.31–1954.5.16）
　標音2（クラウス, クレーメンス　1893.3.31–1954.5.16）
Krauss, Fritz
ドイツのテノール歌手。
⇒魅惑（Krauss,Fritz　1883–1976）
Krauss, Nicole
アメリカ・ニューヨーク生まれの作家。
⇒外12（クラウス, ニコール　1974–）
　海文新（クラウス, ニコール　1974.8.18–）
　現世文（クラウス, ニコール　1974.8.18–）
Krauss, Ruth
アメリカの児童文学作家。
⇒現世文（クラウス, ルース　1901.7.25–1993.7.10）
Krauss, Samuel
ハンガリー・ウーク生まれの歴史家, 哲学者, タルムード学者。
⇒ユ著人（Krauss,Samuel　クラウス, ザームエル　1866–1948）
Krauss, Werner
オーストリアの俳優。ベルリン国立劇場, ウィーンのブルグ劇場で活躍。映画『カリガリ博士』（1919）,『ブルク劇場』（37）に出演。
⇒岩世人（クラウス　1884.6.23–1959.10.20）
Kräutler, Walter
テノール歌手。
⇒魅惑（Kräutler,Walter　?–?）
Krauze, Zygmunt
ポーランドのピアノ奏者, 作曲家。
⇒新音中（クラウゼ, ジグムント　1938.9.19–）
　標音2（クラウゼ, ジグムント　1938.9.19–）
Kravchuk, Leonid Makarovich
ウクライナの政治家。ウクライナ大統領（1991〜94）。
⇒岩世人（クラフチューク　1934.1.10–）
　世指導（クラフチュク, レオニード　1934.1.10–）

Kravitz, Lenny
アメリカのミュージシャン。
- ⇒異二辞（クラヴィッツ，レニー　1964-）
  - 外12（クラヴィッツ，レニー　1964.5.26-）
  - 外16（クラヴィッツ，レニー　1964.5.26-）

Krawcheck, Sallie L.
アメリカの銀行家。
- ⇒外12（クロウチェック，サリー　1965-）
  - 外16（クロウチェック，サリー　1965-）

Krawczyk, Gerard
フランスの映画監督。
- ⇒外12（クラヴジック，ジェラール　1953.5.17-）

Krebs, Angelika
ドイツの哲学者，応用倫理学者，フェミニズム哲学者。
- ⇒岩世人（クレーブス　1961.8.12-）

Krebs, Edwin
アメリカの生化学者。1992年ノーベル生理学医学賞。
- ⇒岩生（クレブス　1918-2009）
  - ノベ3（クレブス，E.　1918.6.6-2009.12.25）

Krebs, Engelbert
ドイツのカトリック神学者。
- ⇒新カト（クレーブス　1881.9.4-1950.11.29）

Krebs, *Sir* Hans Adolf
イギリスの生化学者。炭水化物の代謝におけるクエン酸回路の発見（1937）等で53年ノーベル生理・医学賞受賞。
- ⇒岩生（クレブス　1900-1981）
  - 岩世人（クレーブズ　1900.8.25-1981.11.22）
  - 旺世5（クレブス　1900-1981）
  - オク科（クレブス（サー・ハンス・アドルフ）　1900-1981）
  - オク生（クレブス，ハンス・アドルフ，卿　1900-1981）
  - 化学（クレブス　1900-1981）
  - 現科大（クレブス，ハンス・アドルフ　1900-1981）
  - 広辞7（クレブス　1900-1981）
  - 三新生（クレブス　1900-1981）
  - ノベ3（クレブス，H.A.　1900.8.25-1981.11.22）
  - ユ著人（Krebs,Hans Adolf,Sir　クレブス，ハンス・アドルフ　1900-1981）

Krebs, Helmut
ドイツのテノール歌手。
- ⇒失声（クレップス，ヘルムート　1913-2007）
  - 魅惑（Krebs,Helmut　1913-）

Krebs, John Richard
イギリスの動物学者。
- ⇒外12（クレブス，ジョン・リチャード　1945.4.11-）
  - 外16（クレブス，ジョン・リチャード　1945.4.11-）
  - 世指導（クレブス，ジョン・リチャード　1945.4.11-）

Kreevich, Michael Andreas
アメリカの大リーグ選手（外野）。
- ⇒メジャ（クリーヴィック，マイク　1908.6.10-1994.4.25）

Kregel, Jan Allen
アメリカの経済学者。
- ⇒岩経（クレーゲル　1944-）
  - 有経5（クリーゲル　1944-）

Krehl, Stephan
ドイツの音楽理論家。『音楽形式論』（1902～05），『和声法』（21）を著わした。
- ⇒標音2（クレール，シュテファン　1864.7.5-1924.4.7）

Kreibig, Josef Klemens
オーストリアの哲学者。ブレンターノの学派に属した。
- ⇒岩世人（クライビヒ　1863.12.18-1917.11.15）

Krein, Mark Grigorievich
ソ連の数学者。
- ⇒数辞（クレイン，マーク・グリゴリエヴィッチ　1907-1989）
  - 世С（クレイン，マルク・グリゴリーヴィッチ　1907-1989）

Kreiner, David
オーストリアのスキー選手（複合）。
- ⇒外12（クレイナー，デーヴィッド　1981.3.8-）
  - 外16（クレイナー，デーヴィッド　1981.3.8-）
  - 最世ス（クレイナー，デーヴィッド　1981.3.8-）

Kreiner, Joseph
オーストリアの日本研究家。ボン大学日本研究所長（1977～）。
- ⇒岩世人（クライナー　1940.3.15-）
  - 外12（クライナー，ヨーゼフ　1940.3.15-）

Kreiner, Marion
オーストリアのスノーボード選手。
- ⇒最世ス（クライナー，マリオン　1981.5.4-）

Kreis, Wilhelm
ドイツの建築家。主作品『ヴィルヘルム・マルクス館』（1924）（デュッセルドルフ）。
- ⇒岩世人（クライス　1873.3.17-1955.8.13）

Kreisel, Georg
イギリス，アメリカで活動した数理論理学者。
- ⇒岩世人（クライゼル　1923.9.15-）

Kreisky, Bruno
オーストリアの政治家。1959～66年外相。67年社会党党首。70年首相に就任。
- ⇒岩世人（クライスキー　1911.1.22-1990.7.29）
  - ユ著人（Kreisky,Bruno　クライスキー，ブルーノ　1911-1990）

Kreisler, Fritz
オーストリアのヴァイオリン奏者，作曲家。

1943年アメリカに帰化。
⇒岩世人（クライスラー　1875.2.2–1962.1.29）
エデ（クライスラー，フリッツ（フリードリヒ）1875.2.2–1962.1.29）
ク音3（クライスラー　1875–1962）
広辞7（クライスラー　1875–1962）
新音小（クライスラー，フリッツ　1875–1962）
新音中（クライスラー，フリッツ　1875.2.2–1962.1.29）
標音2（クライスラー，フリッツ　1875.2.2–1962.1.29）

Krejčik, Vladimir
チェコのテノール歌手。
⇒魅惑（Krejčik,Vladimir　1931–）

Kremenyuk, Victor
ロシアのアメリカ研究の第一人者。ロシア科学アカデミー米国カナダ研究所副所長。
⇒外16（クレメニュク，ヴィクトル　1940.12.13–）

Kremer, Gidon
ラトビア生まれのヴァイオリン奏者。
⇒岩世人（クレーメル　1947.2.27–）
外12（クレーメル，ギドン　1947.2.27–）
外16（クレーメル，ギドン　1947.2.27–）
新音中（クレーメル，ギドン　1947.2.27–）
標音2（クレメル，ギドン　1947.2.27–）
ユ著人（Kremer,Gidon　クレーメル，ギドン

Kremer, Martin
ドイツのテノール歌手。
⇒魅惑（Kremer,Martin　1898–1971）

Kremer, Remy Peter
アメリカの大リーグ選手（投手）。
⇒メジャ（クレイマー，レイ　1893.3.23–1965.2.8）

Křenek, Ernst
オーストリア生まれのアメリカ（ユダヤ系）の作曲家。オペラ『ジョニーはひき始める』『カルル5世』などを作曲。『新しい音楽について』(1937), 12音技法のための『対位法教程』(40) などの著書がある。
⇒岩世人（クシェネック　1900.8.23–1991.12.23）
エデ（クシェネク，エルンスト　1900.8.23–1991.12.22）
オペラ（クルシェネク（クジェネク），エルンスト　1900–1991）
ク音3（クジェネーク（クルシェネク，クレーネク）1900–1991）
現音キ（クシェネク，エルンスト　1900–1991）
新音小（クルシェネク，エルンスト　1900–1991）
新音中（クルシェネク，エルンスト　1900.8.23–1991.12.22）
標音2（クルシェネク，エルンスト　1900.8.23–1991.12.22）

Krenn, Werner
オーストリアのテノール歌手。
⇒標音2（クレン，ヴェルナー　1943.9.21–）

⇒魅惑（Krenn,Werner　1943–）

Krens, Thomas
アメリカのグッゲンハイム美術館館長。
⇒外12（クレンズ，トーマス　1946.12.26–）
外16（クレンズ，トーマス　1946.12.26–）

Krenz, Egon
ドイツの政治家。東ドイツ社会主義統一党書記長・国家評議会議長（元首）。
⇒外12（クレンツ，エゴン　1937.3–）
外16（クレンツ，エゴン　1937.3–）

Krenz, Jan
ポーランドの指揮者。
⇒標音2（クレンツ，ヤン　1926.7.14–）

Kresge, S (ebastian) S (pering)
アメリカの実業家，慈善家。S.S.クレスギ商会設立者。
⇒アメ経（クレスギ，セバスチャン　1867.7.31–1966.10.16）

Kress, Nancy
アメリカの作家。
⇒外12（クレス，ナンシー　1948–）
外16（クレス，ナンシー　1948–）
現世文（クレス，ナンシー　1948–）

Kress, Ralph（Red）
アメリカの大リーグ選手（遊撃，三塁，外野）。
⇒メジャ（クレス，レッド　1905.1.2–1962.11.29）

Krestschinski, N.N.
ソ連の政治家。
⇒学叢思（クレスチンスキー　1883–）

Kretschmann, Winfried
ドイツの政治家。バーデン・ビュルテンベルク州首相。
⇒外12（クレッチュマン，ウィンフリート）
外16（クレッチュマン，ウィンフリート）

Kretschmar, Helmut
ドイツのテノール歌手。
⇒魅惑（Kretschmar,Helmut　1928–）

Kretschmer, Ernst
ドイツの精神医学者。主著『体格と性格』(1921)，『医学的心理学』(22)，『天才』(29)。
⇒岩世人（クレッチュマー　1888.10.8–1964.2.8）
教人（クレッチュマー　1884–）
現精（クレッチマー　1888–1964）
現精縮（クレッチマー　1888–1964）
広辞7（クレッチマー　1888–1964）
精医歴（クレッチマー，エルンスト　1888–1964）
ネーム（クレッチマー　1888–1964）
ポプ人（クレッチマー，エルンスト　1888–1964）

Kretschmer, Paul
ドイツの言語学者。ギリシア語の先史，方言な

どを研究。
⇒岩世人（クレッチュマー　1866.5.2–1956.3.9）

Kretschmer, Peter
ドイツのカヌー選手。
⇒外16（クレッチュマー，ペーター　1992.2.15–）
最世ス（クレッチュマー，ペーター　1992.2.15–）

Kretzschmar, Hermann
ドイツの音楽史家, 音楽家。ベルリン大学音楽講座の最初の教授（1904〜）。
⇒岩世人（クレッチュマー　1848.1.19–1924.5.10）
新音中（クレッチュマー，ヘルマン　1848.1.19–1924.5.10）
標音2（クレッチュマー，ヘルマン　1848.1.19–1924.5.10）

Kreuder, Ernst
ドイツの小説家, 評論家。代表作『見つけられない人々』（1948）。
⇒岩世人（クロイダー　1903.8.29–1972.12.24）
現世文（クロイダー，エルンスト　1903.8.29–1972.12.24）

Kreutz, Heinrich
ドイツの彗星研究家。
⇒天文大（クロイツ　1854–1907）

Kreutz, Olin
アメリカのプロフットボール選手。
⇒外16（クルーツ，オリン　1977.6.9–）
最世ス（クルーツ，オリン　1977.6.9–）

Kreutzer, Leonid
ロシアのピアノ奏者, 指揮者, 作曲家。
⇒岩世人（クロイツァー　1884.3.13–1953.10.30）
広辞7（クロイダー　1884–1953）
新音中（クロイツァー，レオニード　1884.3.13–1953.10.30）
標音2（クロイツァー，レオニット　1884.3.13–1953.10.30）
ユ著人（Kreutzer,Leonid　クロイツァー，レオニット　1884–1953）

Kreviazuk, Chantal
カナダのロック歌手。
⇒外12（クレビアジック，シャンタール　1974–）

Kriangsak Chamanand
タイの政治家, 軍人。タイ国家民主党（NDP）党首, タイ首相, タイ軍最高司令官・陸軍大将。
⇒岩世人（クリエンサック・チョマナン　1917.11.17–2003.12.23）
タイ（クリエンサック・チャマナン　1917–2003）

Krieck, Ernst
ドイツの教育学者。主著"Erziehungsphilosophie"（1930）。
⇒岩世人（クリーク　1882.7.6–1947.3.19）
教小3（クリーク　1882–1947）
教人（クリーク　1882–1947）
広辞7（クリーク　1882–1947）

Krief, Lucien
イスラエル生まれの画家。
⇒芸13（クリフ，ルシアン　?–）

Kriegenburg, Andreas
ドイツの演出家。
⇒外16（クリーゲンブルク，アンドレアス）

Krieger, David
アメリカの反核運動家。
⇒外12（クリーガー，デービッド　1942–）
外16（クリーガー，デービッド　1942–）

Kriemler, Albert
スイスの服飾デザイナー。
⇒外16（クリームラー，アルベルト　1960–）

Kries, Johannes von
ドイツの生理学者, 論理学者。ライプチヒ大学生理学教授（1883〜1923）。
⇒岩世人（クリース　1853.10.6–1928.12.30）

Krimpen, Jan van
オランダの書体デザイナー, 書家, ブック・デザイナー。
⇒グラデ（Krimpen,Jan van　クリンペン，ヤン・ファン　1892–1958）

Kring, Tim
アメリカのテレビプロデューサー, 脚本家。
⇒外12（クリング，ティム）
外16（クリング，ティム）

Krings, Hermann
ドイツの哲学者。主著 "Meditation des Denkens"（1956）, "Transzendentale Logik"（64）。
⇒岩世人（クリングス　1913.9.25–2004.2.19）
新カト（クリングス　1913.9.25–2004.2.19）

Kripke, Saul Aaron
アメリカの哲学者, 論理学者。
⇒岩世人（クリプキ　1940.11.13–）
現社（クリプキ　1940–）
メル別（クリプキ，ソール・アーロン　1940–）

Krips, Josef
オーストリアの指揮者。1963〜70年サンフランシスコ交響楽団常任指揮者および音楽監督を務めた。
⇒新音中（クリップス，ヨーゼフ　1902.4.8–1974.10.13）
標音2（クリップス，ヨーゼフ　1902.4.8–1974.10.13）
ユ著人（Krips,Josef　クリップス，ヨーゼフ　1902–1974）

Kris, Ernst
オーストリア生まれの精神分析学者。
⇒岩世人（クリス　1900.4.26–1957.2.27）
現精（クリス　1900–1957）

現精縮（クリス　1900–1957）
精分岩（クリス, エルンスト　1900–1957）

Krisada Visavateeranon
タイの泰日工業大学名誉教授。
⇒外16（クリサダー・ウィサワティーラノン）

Krishan Chandar
インドのウルドゥー語作家。短篇集『われわれは野蛮人だ』、長篇『敗北』などの代表作を残す。
⇒岩イ（クリシャン・チャンダル　1914–1977）
　岩人（クリシャン・チャンダル　1914.11.23–1977.3.8）
　現世文（チャンダル, クリシャン　1914.11.23–1977.3.8）
　南ア新（クリシャン・チャンダル　1914–1977）

Krishnan, Sir Kariamanikkam Srinivassa
インドの物理学者。ラーマンと共に〈ラーマン効果〉を発見した（1928）。
⇒岩世人（クリシュナン　1898.12.4–1961.6.14）

Krismer, Giuseppe
イタリアのテノール歌手。
⇒魅惑（Krismer,Giuseppe　1878–?）

Kristel, Sylvia
オランダ生まれの女優。
⇒ク俳（クリステル, シルヴィア　1952–）

Kristensen, Michael
デンマークのテノール歌手。
⇒魅惑（Kristensen,Michael　?–）

Kristensen, Tom
デンマークの詩人。主作品は詩集『海賊の夢』（1920）、『奇跡』（22）、『クジャクの羽』（22）、長篇小説『荒廃』（30）など。
⇒岩世人（クリステンセン　1893.8.4–1974.6.2）
　現世文（クリステンセン, トム　1893.8.4–1974.6.2）

Kristensen, Tom
デンマークのレーシングドライバー。
⇒異二辞（クリステンセン［トム・〜］　1967–）
　外16（クリステンセン, トム　1967.7.7–）
　最世ス（クリステンセン, トム　1967.7.7–）

Kristensen, William Brede
ノルウェーの宗教現象学者。
⇒新カト（クリステンセン　1867.6.21–1953.9.25）

Kristeva, Julia
フランスで活躍中の女性評論家。主著『記号分析研究』（1969）、『小説のテキスト』（71）。
⇒岩女（クリステヴァ, ジュリア　1941.6.24–）
　岩世人（クリステヴァ　1941.6.24–）
　外16（クリステヴァ, ジュリア　1941.6.24–）
　現社（クリステヴァ　1941–）
　広辞7（クリステヴァ　1941–）
　社小増（クリステヴァ　1941–）
　精分岩（クリステヴァ, ジュリア　1941–）
　哲中（クリステヴァ　1941–）
　ネーム（クリステヴァ　1941–）
　フ文小（クリステーヴァ, ジュリア　1941–）
　メル別（クリステヴァ, ジュリア　1940–）

Kristiansen, Kjeld Kirk
デンマークの実業家。
⇒外12（クリスチャンセン, ケル・キアク　1947.12.27–）
　外16（クリスチャンセン, ケル・キアク　1947.12.27–）

Kristjánsson, Ejnar
アイスランドのテノール歌手。
⇒魅惑（Kristjansson,Ejnar　1910–1966）

Kristof, Agota
ハンガリー出身、スイス在住の小説家。
⇒岩世人（クリストフ　1935.10.30–2012.7.27）
　現世文（クリストフ, アゴタ　1935.10.30–2011.7.26）
　フ文小（クリストフ, アゴタ　1935–）

Kristofferson, Kris
アメリカ・テキサス州生まれのミュージシャン。
⇒外12（クリストファーソン, クリス　1936.6.22–）
　外16（クリストファーソン, クリス　1936.6.22–）
　ク俳（クリストファスン, クリス　1936–）
　標音2（クリストファソン, クリス　1936.6.22–）
　ロック（Kristofferson,Kris　クリストファソン, クリス　1936.6.22–）

Kristol, Irving
アメリカの著述家, 編集者。
⇒アメ新（クリストル　1920–2009）

Kristol, William
アメリカのネオコン第2世代の代表的論客。
⇒アメ新（クリストル　1952–）

Kritsanaa Asooksin
タイの小説家。
⇒岩世人（クリッサナー・アソークシン　1931.11.27–）
　タイ（クリッサナー・アソークシン　1931–）

Krit Siwara
タイの軍人。
⇒岩世人（クリット・シーワラー　1913.3.25–1976.4.23）

Kriukov, Nikita
ロシアのスキー選手（距離）。
⇒外12（クリウコフ, ニキータ　1985.5.30–）
　外16（クリウコフ, ニキータ　1985.5.30–）
　最世ス（クリウコフ, ニキータ　1985.5.30–）

Krivine, Alain
フランスの社会運動家, 政治家。
⇒岩世人（クリヴィーヌ　1941.7.10–）
　世指導（クリヴィーヌ, アラン　1941.7.10–）

Krivine, Emmanuel
フランスの指揮者。
⇒外12（クリヴィヌ，エマニュエル 1947–）
外16（クリヴィヌ，エマニュエル 1947–）
新音中（クリヴィーヌ，エマニュエル 1947.5.7–）

Krivitsky, Walter
西側に亡命した最初のソ連の上級インテリジェンス・オフィサー。
⇒スパイ（クリヴィツキー，ウォルター 1899–1941）

Križanović, Jozo
ボスニア・ヘルツェゴビの政治家。ボスニア・ヘルツェゴビナ幹部会員（クロアチア人代表）。
⇒世指導（クリジャノビッチ，ヨゾ 1944.7.28–）

Krleža, Miroslav
クロアチア（ユーゴスラビア）の詩人，劇作家，小説家。詩集『パン』『三つの交響楽』（1917），戯曲『グレンバイ家の人々』（28），小説『クロアチアの神マルス』（22）などのほか評論，旅行記がある。
⇒岩世人（クルレジャ 1893.6.25/7.7–1981.12.29）
現世文（クルレジャ，ミロスラヴ 1893.7.7–1981.12.29）

Krnetić, Zvonimir
ユーゴスラビアのテノール歌手。
⇒魅惑（Krnetić, Zvonimir 1930–）

Kroc, Ray A.
アメリカの外食産業経営者。マクドナルド社の創立者。
⇒岩世人（クロック 1902.10.5–1984.1.1）
ポプ人（クロック，レイ 1902–1984）

Krock, Arthur
アメリカの新聞記者。「ニューヨーク・タイムス」論説委員となり，退職するまでコラム欄を担当。ピュリツァー賞を3度受賞。
⇒岩世人（クロック 1887.11.16–1974.4.12）

Kroeber, Alfred Louis
アメリカの文化人類学者。カリフォルニアのインディアンの宗教儀礼の研究で有名。
⇒アメ新（クローバー 1876–1960）
岩世人（クローバー 1876.6.11–1960.10.5）
教人（クローバー 1876–）
社小増（クローバー 1876–1960）
新カト（クローバー 1876.6.11–1960.10.5）
メル3（クローバー，アルフレッド＝ルイス 1876–1960）

Kroeger, Chad
カナダのミュージシャン。
⇒外12（クルーガー，チャド）
外16（クルーガー，チャド）

Kroeger, Mike
カナダのミュージシャン。

⇒外12（クルーガー，マイク）
外16（クルーガー，マイク）

Kroemer, Herbert
アメリカの物理学者。2000年ノーベル物理学賞。
⇒岩世人（クレーマー 1928.8.25–）
外12（クレーマー，ハーバート 1928.8.25–）
外16（クレーマー，ハーバート 1928.8.25–）
ノベ3（クレーマー，H. 1928.8.25–）

Kroes, Neelie
オランダの政治家，エコノミスト。
⇒外12（クロエス，ニーリー 1941.7.19–）
外12（クルス，ネリー 1941.7.19–）
外16（クロエス，ニーリー 1941.7.19–）
世指導（クロエス，ニーリー 1941.7.19–）

Kroetsch, Robert
カナダの作家，詩人。
⇒現世文（クロウチ，ロバート 1927.6.26–2011.6.21）

Kroetz, Franz Xaver
ドイツの俳優，演出家，劇作家。
⇒岩世人（クレッツ 1946.2.25–）
外12（クレッツ，フランツ・クサーファー 1946.2.25–）
外16（クレッツ，フランツ・クサーファー 1946.2.25–）
現世文（クレッツ，フランツ・クサーファー 1946.2.25–）

Krøyer, Paul Severin
ノルウェー生まれのデンマークの画家。
⇒岩世人（クロイアー 1851.7.23–1909.11.21）

Krog, Magnus
ノルウェーのスキー選手（複合）。
⇒外16（クローグ，マグヌス 1987.3.19–）

Krogh, Schack August Steenberg
デンマークの生理学者。
⇒岩生（クローグ 1874–1949）
岩世人（クローグ（クローウ） 1874.11.15–1949.9.13）
ノベ3（クローグ，S.A.S. 1874.11.15–1949.9.13）

Krogman, Wilton Marion
アメリカの法医人類学者。
⇒岩世人（クロッグマン 1903–1987）

Krogsgaard, Jan
デンマークの映画作家。
⇒外12（クログスガード，ヤン 1958–）
外16（クログスガード，ヤン 1958–）

Kroh, Oswald
ドイツの教育学者，教育心理学者。精神発達論，直観像素質に関する研究は著名。
⇒教人（クロー 1887–1955）

Krohg, Christian
ノルウェーの画家。
⇒岩世人（クローグ　1852.8.13–1925.10.16）
芸13（クローグ, クリスティアン　1852–1925）

Krohn, Leena
フィンランドの作家。
⇒岩世人（クルーン　1947.2.28–）
外12（クルーン, レーナ　1947–）
外16（クルーン, レーナ　1947–）
現世文（クルーン, レーナ　1947–）

Kroll, Joachim
ドイツ出身の殺人犯。
⇒ネーム（クロル, ヨアヒム　1933–1991）

Kroll, Wilhelm
ドイツの古典学者。ローマ文学および社会の研究で知られる。
⇒岩世人（クロル　1869.10.7–1939.4.21）

Kroll, William
アメリカのヴァイオリン奏者。
⇒標音2（クロル, ウィリアム　1901.1.30–1980.3.10）

Kroll, William Justin
ルクセンブルク生まれの冶金技術者。
⇒岩世人（クロル（クロール）　1889.11.24–1973.3.30）

Krollmann, Karl
ドイツのテノール歌手。
⇒魅惑（Krollmann, Karl　1912–）

Krolow, Karl
ドイツの抒情詩人。主要詩集に『地上にて』(1949),『見えない手』(62)がある。
⇒岩世人（クロロー　1915.3.11–1999.6.21）
現世文（クローロ, カール　1915.3.11–1999.6.21）

Krom, Nicolaas Johannes
オランダの東洋学者。インドネシア研究のための考古学研究所の設立に努力し, その初代所長となる。
⇒岩世人（クロム　1883.9.5–1945.3.8）

Kroman, Kristian
デンマークの哲学者。コペンハーゲン大学教授。
⇒岩世人（クローマン　1846.3.29–1925.7.27）

Krommun Naradhip Bongsprabandh
タイの政治家。タイ王族。プミポン国王のおじ。56年11月国連総会議長。58年1月副首相兼外相。「プラチャ・チャート」紙の創刊者としても有名。
⇒ア太戦（ワンワイヤーコン　1891–1976）
岩世人（ナラーティップポンプラパン　1891.8.25–1976.9.5）
タイ（ワンワイヤーコーン（親王）　1891–1976）

Krom Ngoy
カンボジアの詩人。
⇒岩世人（クロム・ゴイ　1865–1936）

Kromowidjojo, Ranomi
オランダの水泳選手（自由形）。
⇒外16（クロモビジョヨ, ラノミ　1990.8.20–）
最世ス（クロモビジョヨ, ラノミ　1990.8.20–）

Kronacher, Carl
ドイツの畜産学者。ベルリン大学畜産および家畜発生学研究所長（1929〜36）。
⇒岩世人（クローナッハー　1871.3.8–1938.4.9）

Krone, Fabian
ドイツの実業家。A・ランゲ&ゾーネCEO。
⇒外12（クローネ, ファビアン　1963–）
外16（クローネ, ファビアン　1963–）

Kronecker, Karl Hugo
スイスの生理学者。筋肉疲労や心臓生理の研究で業績を残した。
⇒岩世人（クローネッカー　1839.1.27–1914.6.6）
ユ著人（Kronecker, Karl Hugo　クロネッカー, カール・ヒューゴ　1839–1914）

Kröner, Adolf von
ドイツの出版業者。シラー, ゲーテの記念出版をした。
⇒岩世人（クレーナー　1836.5.26–1911.1.29）

Kroner, Richard
ドイツの哲学者。"Logos"誌の編集者（1910〜33）の一人。
⇒岩世人（クローナー　1884.3.8–1974.11.2）

Kroon, Marc Jason
アメリカの大リーグ選手（投手）。
⇒外12（クルーン, マーク　1973.4.2–）

Kropotkin, Pëtr Alekseevich
ロシアの地理学者, 無政府主義の革命家。
⇒岩生（クロポトキン　1842–1921）
岩世人（クロポートキン　1842.11.27/12.9–1921.2.8）
学叢思（クロポトキン, ピーター　1842–1919）
現社（クロポトキン　1842–1921）
広辞7（クロポトキン　1842–1921）
世人新（クロポトキン　1842–1921）
世人装（クロポトキン　1842–1921）
哲中（クロポトキン　1842–1921）
ネーム（クロポトキン　1842–1921）
ポプ人（クロポトキン, ピョートル　1842–1921）
メル3（クロポトキン, ピョートル＝アレクセイヴィチ　1842–1921）

Kross, Jaan
エストニアの小説家, 詩人。
⇒現世文（クロス, ヤーン　1920.2.19–2007.12.27）

Kroth, Thomas
ドイツのサッカー代理人,サッカー選手。
⇒外12（クロート,トーマス　1959.8.26-）
　外16（クロート,トーマス　1959.8.26-）

Kroto, Harold Walter
イギリスの化学者。1996年ノーベル化学賞。
⇒岩世人（クロトー　1939.10.7-）
　外12（クロート,ハロルド　1939.10.7-）
　外16（クロトー,ハロルド　1939.10.7-）
　化学（クロトー　1939-2016）
　ノベ3（クロート,H.W.　1939.10.7-）

Krsnamūrti, Jiddū
インドの神秘主義的哲学者。インドと西欧の哲学的,心理学的原理の融合を目差した。
⇒南文新（クリシュナムールティ　1895-1986）

Kruchenyh, Aleksei Eliseevich
ロシアの詩人。長詩『地獄のたわむれ』(1912)などでロシア未来主義の中心人物となる。
⇒岩世人（クルチョーヌイフ　1886.2.9/21-1968.6.17）

Kruczkowski, Leon
ポーランドの劇作家,小説家。ローゼンバーグ夫妻の処刑をテーマとした『エセルとジュリアス』(愛は死を越えて)(1953)などの戯曲で国際的名声を得た。
⇒岩世人（クルチュコフスキ　1900.6.28-1962.8.1）
　現世文（クルチコフスキ,レオン　1900.6.28-1962.8.1）

Krúdy, Gyula
ハンガリーの小説家。
⇒岩世人（クルーディ　1878.10.21-1933.5.12）

Krueger, Alan B.
アメリカの経済学者。
⇒外12（クルーガー,アラン　1960-）
　外16（クルーガー,アラン　1960.9.17-）

Krueger, Felix Emil
ドイツの心理学者。全体性心理学の主唱者。主著 "Das Wesen der Gefühle" (1928)。
⇒岩世人（クリューガー　1874.8.10-1948.2.25）
　教人（クリューガー　1874-1948）

Krueger, William Kent
アメリカの作家。
⇒外16（クルーガー,ウィリアム・ケント）
　海文新（クルーガー,ウィリアム・K.）
　現世文（クルーガー,ウィリアム・ケント）

Krug, Olivier
フランスの実業家。
⇒外12（クリュッグ,オリヴィエ　1966-）
　外16（クリュッグ,オリヴィエ　1966-）

Kruger, Barbara
アメリカ生まれの画家。
⇒岩世人（クルーガー　1945.1.26-）
　芸13（クルーガー,バーバラ　1945-）
　現アテ（Kruger,Barbara　クルーガー,バーバラ　1945-）

Kruger, Diane
ドイツの女優。
⇒外12（クルーガー,ダイアン　1975.7.15-）
　外16（クルーガー,ダイアン　1975.7.15-）

Krüger, Harald
ドイツの実業家。
⇒外16（クリューガー,ハラルト　1965-）

Krüger, Hardy
ドイツ生まれの俳優。
⇒ク俳（クリューガー,ハーディ（クリューガー,フランツ・エバーハート）　1928-）
　スター（クリューガー,ハーディ　1928.4.12-）

Krüger, Horst
ドイツの作家。
⇒岩世人（クリューガー　1919.9.19-1999.10.21）

Kruglov, Sergei Nikiforovich
ソ連の政治家。内務相(1946〜52,53〜56)。
⇒スパイ（クルグロフ,セルゲイ・ニキフォロヴィチ　1907-1977）

Krugman, Paul
アメリカの経済学者,ノーベル経済学賞受賞者。
⇒岩経（クルーグマン　1953-）
　岩世人（クルーグマン　1953.2.28-）
　外12（クルーグマン,ポール　1953.2.28-）
　外16（クルーグマン,ポール　1953.2.28-）
　広辞7（クルーグマン　1953-）
　ノベ3（クルーグマン,P.R.　1953.2.28-）
　有経5（クルーグマン　1953-）

Kruisinga, Etsko
オランダの英語学者。主著 "A handbook of Present・day English" (1931)。
⇒岩世人（クロイシンハ　1875.12.8-1944.2.15）

Kruk, John Martin
アメリカの大リーグ選手(一塁,外野)。
⇒メジャ（クラック,ジョン　1961.2.9-）

Krukow, Michael Edward
アメリカの大リーグ選手(投手)。
⇒メジャ（クルーコウ,マイク　1952.1.21-）

Krull, Wolfgangg (Adolf Ludwig Helmuth)
ドイツの数学者。
⇒数小増（クルル　1899-1971）
　世数（クルル,ヴォルフガング　1899-1971）

Krumbacher, Karl
ドイツのビザンチン学者。1892年『ビザンチン年鑑』を発刊し,ビザンチン学を樹立。主著

『ビザンチン文学史』(91),『新生ギリシアの文語文について』(1902) など。
⇒新カト（クルムバハー　1856.9.23–1909.12.12）

Kruminya, Brigitta A.
ラトビアの日本語研究者。
⇒外12（クルミニャ, ブリギッタ）

Krumm, Michael
ドイツのレーシングドライバー。
⇒外12（クルム, ミハエル　1970.3.19–）
　外16（クルム, ミハエル　1970.3.19–）
　最世ス（クルム, ミハエル　1970.3.19–）

Krümmel, Otto
ドイツの海洋学者, 地理学者。海水の定圧比熱, 粘性, 波などの多くの研究がある。
⇒岩世人（クリュンメル　1854.7.8–1912.10.12）

Krupa, Gene
アメリカのジャズ・ドラム奏者。スイング黄金時代の最も重要なドラマー。
⇒アメ州（Krupa,Gene　クルーパ, ジーン　1909–1973）
　新音中（クルーパ, ジーン　1909.1.15–1973.10.16）
　標音2（クルーパ, ジーン　1909.1.15–1973.10.16）

Krupensky, Vasily Nikolaevich
ロシアの外交官。
⇒岩世人（クルペンスキー　1869.8.22–1945.4.5）

Krupp von Bohen und Halbach, Gustav
ドイツの実業家。
⇒岩世人（クルップ　1870.8.7–1950.1.16）

Krupskaia, Nadezhda Konstantinovna
ソ連の教育家, 教育学者。レーニン夫人。
⇒岩世人（クルプスカヤ　1869.2.14/26–1939.2.27）
　学叢思（クルプスカヤ, ナデジュダ・コンスタンチノウナ　1869–?）
　教思増（クループスカヤ　1869–1939）
　教小3（クルプスカヤ　1869–1939）
　教人（クルプスカヤ　1869–1939）
　広辞7（クループスカヤ　1869–1939）
　世人新（クルプスカヤ　1869–1939）
　世人装（クルプスカヤ　1869–1939）
　ネーム（クループスカヤ　1869–1939）

Kruse, Heinz
ドイツのテノール歌手。
⇒魅惑（Kruse,Heinz　1940–）

Krusenstjerna, Agnes Julie Fredrika von
スウェーデンの女性作家。代表作は7部からなる『フォン・パーレン嬢たち』(1930～35)。
⇒岩世人（クリューセンシャーナ　1894.10.9–1940.3.10）
　現世文（クルーセンシャーナ, アグネス・フォン　1894.10.9–1940.3.10）

Krüss, James
ドイツの詩人, 児童文学作家。
⇒岩世人（クリュス　1926.5.31–1997.8.2）
　現世文（クリュス, ジェームス　1926.5.31–1997）

Kruuse, Marianne
ドイツのバレリーナ。ハンブルク・バレエ学校副校長, ハンブルク・バレエ団プリンシパル。
⇒外12（クルーゼ, マリアンネ　1942–）

Kruyt, Albertus Christiaan
オランダの人類学者。主著『中央セレベスにおける西部トラジア族』(1938)。
⇒岩世人（クライト　1869.10.10–1949.1.19）

Krylenko, Nikolai Vasilievich
ソ連の司法官。政府と共産党の活動家。
⇒岩世人（クルイレンコ　1885.5.2/14–1938.7.29）
　学叢思（クルイレンコ　1885–）

Krylov, Porfiry Nikitich
トゥーラ生まれの画家。ククルィニークシー（仲間）は, 他二人の画家と著名雑誌に掲載した政治的風刺画やポスターの合同名。
⇒芸13（クルルイニクシイ　1924–1993）
　ユ著人（Kukryniksy　ククルィニークシー（仲間）　1902–）

Krymov, Yury
ソ連の作家。
⇒現世文（クルイモフ, ユーリー　1908.1.19–1941.9.20）

Krymsky, Agatangel Yukhymovych
ソ連, ウクライナの詩人, 東洋学者。
⇒岩世人（クリムスキー　1871.1.3/15–1942.1.15）

Kryuchkov, Vladimir Aleksandrovich
ソ連の政治家。
⇒岩世人（クリュチコーフ　1924.2.29–2007.11.23）
　スパイ（クリュチコフ, ウラジーミル・アレクサンドロヴィチ　1924–2007）

Kryukov, Nikolai Nikolaevich
ロシアの作曲家。
⇒ク音3（クリューコフ　1908–1961）

Krzaklewski, Marian
ポーランドの政治家。連帯議長。
⇒世指導（クシャクレフスキ, マリアン　1950–）

Krzanich, Brian
アメリカの実業家。
⇒外16（クルザニッチ, ブライアン　1960.5.9–）

Krzanowski, Andrzej
ポーランドの作曲家, アコーディオン奏者。
⇒新音中（クシャノフスキ, アンジェイ　1951.4.9–1990.10.1）

Krzhizhanovskii, Gleb Maksimilianovich
ソ連の工学者,政治家。国家計画委員会議長 (1921〜30) などの要職に就いた。レーニン勲章受章。
⇒岩世人（クルジジャノフスキー 1872.1.12/24–1959.3.31）
学叢思（クルジャノフスキー 1872–?）

Krzymowski, Richard
スイス生まれのドイツの農学者。
⇒岩世人（クルチモウスキー 1875.9.5–1960.8.26）

Krzysztof, Kur
ポーランドのテノール歌手。
⇒魅惑（Krzysztof,Kur ?–）

Krzyzewski, Mike
アメリカのバスケットボール・コーチ。
⇒岩世人（シャシェフスキー 1947.2.13–）

Kshessinska, Mathilda
ロシアのダンサー,教師。
⇒岩世人（クシェシンスカヤ 1872.8.19/31–1971.12.6）

Kubek, Anthony Christopher
アメリカの大リーグ選手（遊撃,外野）。
⇒メジャ（クーベック,トニー 1935.10.12–）

Kubel, Jason James
アメリカの大リーグ選手（外野,DH）。
⇒メジャ（クーベル,ジェイソン 1982.5.25–）

Kubelik, Jan
チェコスロバキア出身のハンガリーのヴァイオリン奏者,作曲家。
⇒岩世人（クベリーク 1880.7.5–1940.12.5）
新音中（クーベリック,ヤン 1880.7.5–1940.12.5）
標音2（クベリーク,ヤン 1880.7.5–1940.12.5）

Kubelik, Rafael
チェコ生まれ,スイスの指揮者。
⇒岩世人（クベリーク 1914.6.29–1996.8.11）
オペラ（クベリーク,ラファエル 1914–1996）
新音中（クベリック,ラファエル 1914.6.29–1996.8.11）
標音2（クベリーク,ラファエル 1914.6.29–1996.8.11）

Kube-McDowell, Michael P.
アメリカのSF作家。
⇒現世文（キュービー・マクドウェル,マイケル 1954–）

Kubica, Mary
アメリカの作家。
⇒海文新（クビカ,メアリー）

Kubica, Robert
ポーランドのラリードライバー,F1ドライバー。
⇒外12（クビツァ,ロベルト 1984.12.7–）
外16（クビツァ,ロベルト 1984.12.7–）
最世ス（クビツァ,ロベルト 1984.12.7–）

Kubik, Gail (Thompson)
アメリカの作曲家。
⇒エデ（キュービック,ゲイル（トンプソン） 1914.9.5–1984.7.20）

Kubin, Alfred
オーストリアの画家。小説『対極』(1908),自叙伝『わが生涯より』,画帳『ザンザラ』がある。
⇒岩世人（クビーン 1877.4.10–1959.8.20）

Kubis, Jan
チェコスロバキア亡命政府の軍人。1942年ナチス・ドイツ高官ラインハルト・ハイドリヒを暗殺した。
⇒世暗（クービス,ヤン 1913–1942）

Kubišová, Marta
チェコの歌手。
⇒外12（クビショヴァ,マルタ 1942.11.1–）

Kubitschek de Oliveira, Juscelino
ブラジルの政治家。医学博士。ミナスジェライス州知事 (1950〜54) を経て大統領 (56〜60)。ブラジリア市を建設。
⇒岩世人（クビチェック 1902.9.12–1976.8.22）
ラテ新（クビシェッキ 1902–1976）

Kübler-Ross, Elizabeth
アメリカの精神科医。
⇒現精（キューブラー-ロス 1926–2004）
現精縮（キューブラー-ロス 1926–2004）
精分岩（キューブラー-ロス,エリザベート 1926–）

Kubrick, Stanley
アメリカの映画監督。
⇒岩世人（キューブリック 1928.7.26–1999.3.7）
映監（キューブリック,スタンリー 1928.7.26–1999）
広辞7（キューブリック 1928–1999）
ネーム（キューブリック 1928–1999）
ポプ人（キューブリック,スタンリー 1928–1999）
ユ著人（Kubrick,Stanley キューブリック,スタンリー 1928–1999）

Kučan, Milan
スロベニアの政治家。スロベニア大統領 (1992〜2002)。
⇒岩世人（クーチャン 1941.1.14–）
世指導（クーチャン,ミラン 1941.1.14–）

Ku Ch'ang-mo
韓国の歌手。
⇒岩世人（具昌模 クチャンモ 1954.4.27–）

Kuchar, Erick
オーストリアのテノール歌手。

⇒魅惑（Kuchar,Erick ?–）

Kuchar, Matt
アメリカのプロゴルファー。
⇒外12（クーチャー, マット 1978.6.21–）
　外16（クーチャー, マット 1978.6.21–）
　最世ス（クーチャー, マット 1978.6.21–）

Kuchársky, Andrej
チェコスロバキアのテノール歌手。
⇒失声（クチャルスキー, アンドレイ 1932–2010）
　魅惑（Kuchársky,Andrej 1932–）

Kūchek Khān Jangalī, Mīrzā
イランの革命家。
⇒岩イ（クーチェク・ハーン 1880/1881–1921）
　岩世人（クーチェク・ハーン 1880–1921.12.2）

Küchl, Rainer
オーストリアのヴァイオリン奏者。
⇒外12（キュッヒル, ライナー 1950.8.25–）
　外16（キュッヒル, ライナー 1950.8.25–）

Kuchma, Leonid Danilovich
ウクライナの政治家。ウクライナ大統領（1994～2005）。
⇒岩世人（クチマ 1938.8.9–）
　世指導（クチマ, レオニード 1938.8.9–）

Kucinich, Dennis
アメリカの政治家。下院議員（民主党）。
⇒世指導（クシニッチ, デニス 1946.10.8–）

Küçük Saîd Paşa
オスマン帝国の政治家。
⇒岩世人（キュチュク・サイト・パシャ 1840–1914.3.1）

Kuczinsi, Ruth
ドイツ生まれの諜報員。
⇒スパイ（クチンスキー, ウルスラ 1907–2000）

Kuczynski, Jürgen Peter
ドイツ生まれの経済学者, 経済史家, 経済統計学者。
⇒岩世人（クチンスキー 1904.9.17–1997.8.6）
　スパイ（クチンスキー, ユルゲン 1904–1997）

Kuczynski, Pedro-Pablo
ペルーの政治家, エコノミスト, 実業家。ペルー大統領（2016～18）。
⇒外12（クチンスキー, ペドロ・パブロ 1938–）
　外16（クチンスキー, ペドロ・パブロ 1939–）
　世指導（クチンスキー, ペドロ・パブロ 1938.10.3–）

Kuczynski, Robert René
ポーランド生まれの経済学者。観念的共産主義者。ソ連のスパイ, ユルゲン・クチンスキーとウルスラ・クチンスキーの父。
⇒スパイ（クチンスキー, ロベルト・ルネ 1876–1947）

Kuder, Edward M.（ED）
アメリカの教育者。
⇒アア歴（Kuder,Edward M.（"ED"）　クーダー, エドワード・M［エド］ 1896.5.15–1970）

Kudin, Tengku
マレー半島西岸のスランゴール王国の内乱に介入したクダ王国のムラユ人王族。
⇒岩世人（クディン, トゥンク ?–1909）

Kudoh, Miteki
フランスのバレリーナ。
⇒外12（クドー, ミテキ 1970.11.14–）

Kudriashov, Vladimir
ロシアのテノール歌手。
⇒魅惑（Kudriashov,Vladimir ?–）

Kudrin, Aleksei Leonidovich
ロシアの政治家, ロシア連邦副首相, 財務相。
⇒外12（クドリン, アレクセイ 1960.10.12–）
　外16（クドリン, アレクセイ 1960.10.12–）
　世指導（クドリン, アレクセイ 1960.10.12–）

Kudrow, Lisa
アメリカの女優。
⇒外12（クードロー, リサ 1963.7.30–）

Kudryashov, Oleg
ロシア生まれの版画家。
⇒芸13（クドリヤショフ, オレグ 1932–）

Kudryavtseva, Yana
ロシアの新体操選手。
⇒最世ス（クドリャフツェワ, ヤナ 1997.9.30–）

Kudukhov, Besik
ロシアのレスリング選手（フリースタイル）。
⇒最世ス（クドゥホフ, ベシク 1986.8.15–）

Kudus, Rohana
インドネシアの女性教育者。
⇒岩世人（クドゥス, ロハナ 1884.12.20–1972.8.17）

Kuebler, David
アメリカのテノール歌手。
⇒魅惑（Kuebler,David 1947–）

Kuehn, Bernard
第2次世界大戦直前のハワイで活動したドイツのスパイ。
⇒スパイ（クーン, ベルナルト）

Kuehne, William J.
アメリカの大リーグ選手（三塁, 遊撃, 外野）。
⇒メジャ（キーン, ビル 1858.10.24–1921.10.27）

Kuen, Paul
ドイツのテノール歌手。
⇒魅惑（Kuën, Paul　1910–1966）

Küenburg, Maximilian von
イエズス会司祭。
⇒新カト（キューエンブルク　1886.3.14–1957.9.29）

Kuenen, Philip Henry
オランダの地質学者。乱泥流（混濁流）の概念を提唱して1950・60年代の海洋研究に新局面を開いた。
⇒岩世人（キューネン　1902.7.22–1976.12.17）
　オク地（キューネン，フィリップ・ヘンリー　1902–1972）

Kuenn, Harvey Edward
アメリカの大リーグ選手（遊撃，外野）。
⇒メジャ（キーン，ハーヴィー　1930.12.4–1988.2.28）

Kuerten, Gustavo
ブラジルのテニス選手。
⇒外12（クエルテン，グスタボ　1976.9.10–）
　外16（クエルテン，グスタボ　1976.9.10–）

Kuffler, Stephen William
アメリカの神経生理学者。1950年代初めに網膜神経細胞の受容野の研究で，それまでの色覚についての二大学説を批判する原点を作った。
⇒岩世人（カフラー　1913.8.24–1980.10.11）

Kuffour, Samuel
ガーナのサッカー選手。
⇒最世ス（クフォー，サミュエル　1976.9.3–）

Kuftārū, Aḥmad
シリアのムフティー。
⇒岩イ（クフタールー　1912–）

Kufuor, John Agekum
ガーナの政治家。ガーナ大統領（2001〜09），ガーナ新愛国党（NPP）党首。
⇒岩世人（クフォー　1938.12.8–）
　外12（クフォー，ジョン・アジェクム　1938.12.8–）
　外16（クフォー，ジョン・アジェクム　1938.12.8–）
　世指導（クフォー，ジョン・アジェクム　1938.12.8–）

Kugler, Anna Sarah
アメリカの医師，宣教師。
⇒アア歴（Kugler, Anna Sarah　クーグラー，アナ・サラ　1856.4.19–1930.7.26）

Kugler, Franz Xaver
ドイツのイエズス会会員，天文学者，アッシリア学者。
⇒新カト（クーグラー　1862.11.27–1929.1.25）

Kuhel, Joseph Anthony
アメリカの大リーグ選手（一塁）。
⇒メジャ（クール，ジョー　1906.6.25–1984.2.26）

Kuhl, David E.
アメリカの放射線科医。アイソトープを用いたコンピューター断層撮影法で先駆的な業績を挙げた。
⇒異二辞（クール［デビッド・〜］　1929–）
　岩世人（クール　1929.10.27–）
　外12（クール，デービッド　1929.10.27–）
　外16（クール，デービッド　1929.10.27–）

Kühlmann, Richard von
ドイツの政治家，外交官。外務次官となり（1917〜18），ソ連，ルーマニアと講和条約を結んだ。
⇒岩世人（キュールマン　1873.5.3–1948.2.16）

Kuhlmann, Wolfgang
ドイツの哲学者。
⇒岩世人（クールマン　1939.10.19–）

Kühn, Alfred
ドイツの動物学者。昆虫類を研究し，また動物学の標準教科書を著した。
⇒岩生（キューン　1885–1968）
　岩世人（キューン　1885.4.22–1968.11.22）

Kuhn, Annette
イギリスの社会学者。
⇒社小増（クーン　1945–）

Kuhn, Bowie Kent
アメリカの弁護士，大リーグ第5代コミッショナー。
⇒メジャ（キューン，ボウイ　1926.10.28–2007.3.15）

Kuhn, Ernst
ドイツのインド学者。A.クーンの子。
⇒岩世人（クーン　1846.2.7–1920.8.21）

Kuhn, Gustav
オーストリアの指揮者，作曲家。
⇒新音中（クーン，グスタフ　1947.8.28–）

Kuhn, Hans
スイスの物理化学者。
⇒岩世人（クーン　1919.12.5–2012.11.25）

Kuhn, Harry Waldo
アメリカの数学者。
⇒有経5（クーン　1873–1965）

Kuhn, Helmut
ドイツの哲学者。
⇒岩世人（クーン　1899.3.22–1991.10.2）
　新カト（クーン　1899.3.22–1991.10.2）

Kühn, Herbert
ドイツの美術史家。

kuhn

⇒岩世人（キューン　1895.4.29–1980.6.25）

Kuhn, Maggie
アメリカの社会活動家。グレー・パンサーズ設立者。
⇒アメ経（クーン，マギー　1905.8.3–1995.4.22）

Kuhn, Paul
ドイツのテノール歌手。1933年政治的理由でアメリカに移住し、ニューヨークで教育活動を行なった。
⇒魅惑（Kuhn,Paul　1874–1966）

Kuhn, Richard Johann
ドイツの有機化学者。1938年カロチノイドとビタミンの研究で、ノーベル化学賞受賞が決まったが、ナチス政権の妨害で辞退。
⇒岩世人（クーン　1900.12.3–1967.7.31）
　化学（クーン　1900–1967）
　広辞7（クーン　1900–1967）
　ノベ3（クーン，R.　1900.12.3–1967.8.1）

Kuhn, Roland
スイスの精神科医。
⇒現精（クーン　1912–2005）
　現精縮（クーン　1912–2005）

Kuhn, Thomas Samuel
アメリカの科学史家。著書『科学革命の構造』(1962)で、科学史学界、科学哲学学界に大きな波紋を投げかけた。
⇒アメ新（クーン　1922–1996）
　岩世人（クーン　1922.7.18–1996.6.17）
　現社（クーン　1922–1996）
　広辞7（クーン　1922–1996）
　社小増（クーン　1922–1996）
　新カ人（クーン　1922.7.18–1996.6.17）
　哲中（クーン　1922–1996）
　ネーム（クーン　1922–1996）
　メル別（クーン，トマス・サミュエル　1922–1996）

Kühne, Max Hans
ドイツの建築家。義父ロッソーと共にライプチヒの中央停車場(1905～16)、およびドレスデンの劇場(13～14)を建築した。
⇒岩世人（キューネ　1874.6.3–1942.7.9）

Kühnel, Dietmar
西ドイツのテノール歌手。
⇒魅惑（Kühnel,Dietmar　1942–）

Kühnemann, Eugen
ドイツの哲学者、文学史家。主著『ヘルダー』(1893)、『シラー』(1905)、『カント』(23～24)、『ゲーテ』(30)。
⇒岩世人（キューネマン　1868.7.28–1946.5.12）

Kuhnert, Aloys
テノール歌手。
⇒魅惑（Kuhnert,Aloys　?–?）

Ku Hye-sun
韓国の女優。
⇒韓俳（ク・ヘソン　1984.11.9–）

Kuibyshev, Valerian Vladimirovich
ソ連の政治家。
⇒学叢思（クイビシェフ　1888–）
　広辞7（クイブイシェフ　1888–1935）

Kuijer, Guus
オランダの児童文学作家。
⇒外12（コイヤー，フース　1942–）
　外16（コイヤー，フース　1942–）
　現世文（コイヤー，フース　1942.8.1–）

Kuijken, Barthold
ベルギーのフラウト・トラヴェルソ奏者。
⇒外12（クイケン，バルトルド　1949.3.8–）
　外16（クイケン，バルトルド　1949.3.8–）
　新音中（クイケン，バルトルド　1949.3.8–）
　標音2（クイケン，バルトルト　1949.3.8–）

Kuijken, Sigiswald
ベルギーのバロック・ヴァイオリン、ヴィオラ・ダ・ガンバ奏者、指揮者。クイケン三兄弟の次兄。
⇒外12（クイケン，ジギスヴァルト　1944.2.16–）
　外16（クイケン，ジギスヴァルト　1944.2.16–）
　新音中（クイケン，ジギスヴァルト　1944.2.16–）
　標音2（クイケン，ジギスヴァルト　1944.2.16–）

Kuijken, Wieland
ベルギーのバロック・チェロ、ヴィオラ・ダ・ガンバ奏者。クイケン三兄弟の長兄。
⇒岩世人（クイケン　1938.8.31–）
　外12（クイケン，ヴィーラント　1938.8.31–）
　外16（クイケン，ヴィーラント　1938.8.31–）
　新音中（クイケン，ヴィーラント　1938.8.31–）
　標音2（クイケン，ヴィーラント　1938.8.31–）

Kuiper, Duane Eugene
アメリカの大リーグ選手（二塁）。
⇒メジャ（カイパー，デュアン　1950.6.19–）

Kuiper, Gerard Peter
アメリカの天文学者。1950年に星雲仮説の太陽系生成論を発表。
⇒岩世人（カイパー　1905.12.7–1973.12.24）
　オク地（カイパー，ヘラルド・ペーター　1905–1973）
　天文辞（カイパー　1905–1973）
　天文大（カイパー　1905–1973）

Kuiper, Jan Feenstra
長崎出島のオランダ商館の通訳官。
⇒岩世人（カイペル　1890–1927）

Kuipers, Alice
イギリスの詩人、作家。
⇒海文新（カイパース，アリス　1979–）

現世文（カイパース, アリス　1979–）

Kuitunen, Virpi
フィンランドのスキー選手（クロスカントリー）。
⇒最世ス（クイトゥネン, ビルビ　1976.5.20–）

Kukan, Eduard
スロバキアの政治家, 外交官。スロバキア外相, 国連コソボ担当特使, 欧州議会議員。
⇒世指導（クカン, エドアルド　1939.12.26–）

Kükenthal, Willy
ドイツの動物学者。
⇒岩生（キューケンタール　1861–1922）

Kuklamanakis, Nikolaos
ギリシャのヨット選手。
⇒最世ス（カクラマナキス, ニコラオス　1968.8.19–）

Kuklinski, Ryszard
ポーランド軍士官。1972年から亡命する81年まで, ソ連の軍事計画に関する情報をCIAにもたらした。
⇒スパイ（ククリンスキー, リシャルト　1930–2004）

KuKoc, Toni
クロアチアのバスケットボール選手。
⇒外12（クーコッチ, トニー　1968.9.18–）

Kukors, Ariana
アメリカの水泳選手（自由形）。
⇒最世ス（クーカーズ, アリアナ　1989.6.1–）

Kukrit Pramoj
タイの政治家, 小説家。タイ首相（1975〜76）。
⇒岩世人（クックリット・プラーモート　1911.4.20–1995.10.9）
　タイ（クックリット・プラーモート　1911–1995）

Kukučín, Martin
スロバキアの散文作家。
⇒岩世人（ククチーン　1860.5.17–1928.5.21）

Kukuczka, Jerzy
ポーランドの登山家。
⇒岩世人（ククチカ　1948.3.24–1989.10.24）

Kulap, K.S.R.
タイの思想家。
⇒岩世人（コー・ソー・ロー・クラープ　1835.3.23–1922.3.24）
　タイ（コー・ソー・ロー・クラープ　1835–1913）

Kulas Mahengheng
台湾原住民の指導者。
⇒岩世人（クラス・マホンホン　1852（咸豊2）–1911）

Kulczyk, Edward
ポーランドのテノール歌手。
⇒魅惑（Kulczyk,Edward　1961–）

Kulenkampff, Georg
ドイツのヴァイオリン奏者。
⇒新音中（クーレンカンプ, ゲオルク　1898.1.23–1948.10.5）
　標音2（クーレンカンプフ, ゲオルク　1898.1.23–1948.10.5）

Kuleshov, Lev Vladimirovich
ロシアの映画監督。1922年『実験工房』で映画演技とモンタージュの問題を研究。主作品『ボルシェビキの国におけるウェスト氏の異常な冒険』(24)。
⇒岩世人（クレショーフ　1899.1.1/13–1970.3.29）
　映監（クレショフ, レフ　1899.1.1–1970）

Kulhavý, Jaroslav
チェコの自転車選手（マウンテンバイク）。
⇒外16（クルハビ, ヤロスラフ　1985.1.8–）
　最世ス（クルハビ, ヤロスラフ　1985.1.8–）

Kulikov, Anatolii
ロシアの政治家, 軍人。ロシア副首相, 内相。
⇒世指導（クリコフ, アナトリー　1946.9.4–）

Kulischer, Joseph
ロシア生まれの経済史家。主著『中世・近代経済史概説』(2巻,1928〜29)。
⇒岩世人（クーリシェル　1878.8.1–1934.11.17）

Kulisciov, Anna
イタリアの社会主義者。
⇒岩世人（クリショフ　1845.1.9–1925.12.29）

Kulka, Otto Dov
イスラエルの歴史学者。
⇒外16（クルカ, オトー・ドフ　1933–）

Kulkarni, Shrikrishna G.
インドの実業家。
⇒外12（クルカルニ, シリクリシュナ　1963–）
　外16（クルカルニ, シリクリシュナ　1963–）

Külkey, Laszlo
ハンガリーのテノール歌手。
⇒魅惑（Külkey,Laszlo　?–?）

Kulko, Oleg
ウクライナのテノール歌手。
⇒魅惑（Kulko,Oleg　?–?）

Kullberg, Mirkku
フィンランドの実業家。
⇒外16（クルベリ, ミルック　1962–）

Kullman, Charles
アメリカのテノール歌手。
⇒失声（クルマン, チャールズ　1903–1983）

魅惑（Kullmann, Charles　1903–1983）

Kulov, Feliks
キルギスの政治家。キルギス首相。
⇒外12（クロフ, フェリクス　1948.10.29–）
世指導（クロフ, フェリクス　1948.10.29–）

Kulp, Daniel Harrison
アメリカの社会学者。サンダーソン, ギャルピンなどの農村社会学の伝統をうけついで, 心理学的な分析を武器とする。
⇒教人（カルプ　1888–1950）

Külpe, Oswald
ドイツの心理学者, 哲学者。ビュルツブルク学派の創始者。哲学的立場は批判的実在論, 実験美学を提唱。
⇒岩世人（キュルペ　1862.8.3–1915.12.30）
学叢思（キュルペ, オスヴァルト　1862–1915）
教人（キュルペ　1862–1915）
新カト（キュルペ　1862.7.22–1915.12.30）

Kumar, Sushil
インドのレスリング選手（フリースタイル）。
⇒最世ス（クマール, スシル　1983.5.26–）

Kumaratunga, Chandrika Bandaranaike
スリランカの政治家。スリランカ大統領（1994～2005）。
⇒岩世人（クマーラトゥンガ, チャンドリカ　1945.6.29–）
外12（クマーラトゥンガ, チャンドリカ　1945.6.29–）
世指導（クマーラトゥンガ, チャンドリカ・バンダラナイケ　1945.6.29–）

Kum Bo-Ra
韓国の女優。
⇒韓俳（クム・ボラ　1963.1.17–）

Kümel, Harry
ベルギーの映画監督。
⇒映監（クメール, ハリー　1940.1.27–）

Kumin, Maxine
アメリカの女性詩人。
⇒岩世人（クーミン　1925.6.7–2014.2.6）
現世文（クーミン, マキシン　1925.6.6–2014.2.6）

Kümmel, Otto
ドイツの東洋美術研究家。第二次大戦後イギリスに逃れ, ロンドンでイギリスの学者と協力, 季刊誌「東洋美術Oriental Art」を刊行した。
⇒岩世人（キュンメル　1874.8.22–1952.2.8）

Kümmel, Werner Georg
ドイツのプロテスタント神学者。『新約聖書便覧』改版に参与。
⇒岩世人（キュンメル　1905.5.16–1995.7.9）
新カト（キュンメル　1905.5.16–1995.7.9）

Kummer, Patrizia
スイスのスノーボード選手。
⇒外16（クンマー, パトリツィア　1987.10.16–）

Kunadze, Georgii
ロシアの日本研究家, 外交官。ロシア外務次官, 駐韓ロシア大使。
⇒外12（クナーゼ, ゲオルギー　1948.12.21–）
外16（クナーゼ, ゲオルギー　1948.12.21–）
世指導（クナーゼ, ゲオルギー　1948.12.21–）

Kunaev, Dinmukhamed Akhmedovich
ソ連の政治家。カザフ共和国共産党第一書記。1971年春の第24回党大会で党政治局員。
⇒岩世人（クナーエフ　1912.1.12–1993.8.22）

Künast, Renate
ドイツの政治家。ドイツ消費者保護食糧農業相, 1990年連合緑の党代表。
⇒世指導（キュナスト, レナーテ　1955.12.15–）

Kun Bela
ハンガリーの革命運動家。1919年のハンガリー革命を指導。
⇒岩世人（クン　1886.2.20–1939.11.30）
世人新（クン（ベラ＝クン）　1886–1937）
世人装（クン（ベラ＝クン）　1886–1937）
ユ著人（Kun, Béla　クーン, ベラ　1886–1939）

Kunc, Jan
チェコスロバキアの指揮者, 作曲家。
⇒標音2（クンツ, ヤン　1883.3.27–1976.9.11）

Kuncewiczowa, Maria
ポーランドの女性作家。代表作に『異国の女』（1948）, 『森番』（57）など。
⇒現世文（クンツェヴィチョヴァ, マリア　1899.10.30–1989.7.15）

Kuncoroningrat, Dr.
インドネシアの文化人類学者。
⇒岩世人（クンチョロニングラット　1923.6.15–1999.3.23）

Kunde, Gregory
アメリカのテノール歌手。
⇒外16（クンデ, グレゴリー　1954–）
失声（クンデ, グレゴリー　1954–）
魅惑（Kunde, Gregory　1955–）

Kundera, Milan
チェコスロバキアの詩人, 小説家, 劇作家。代表作に小説『冗談』（1967）, 『微笑を誘う愛の物語』（70）, 戯曲『鍵の持主たち』（62）, 『プターコビナ』（69）など。
⇒岩世人（クンデラ　1929.4.1–）
外12（クンデラ, ミラン　1929.4.1–）
外16（クンデラ, ミラン　1929.4.1–）
現世文（クンデラ, ミラン　1929.4.1–）
広辞7（クンデラ　1929–）

ネーム（クンデラ　1929–）
フ文小（クンデラ, ミラン　1929–）
ユ著人（Kundera,Milan　クンデラ, ミラン　1929–）

Kundlák, Jozef
スロバキアのテノール歌手。
⇒失声（クンドラック, ヨセフ　1956–）
魅惑（Kundlák,Josef　1956–）

Kunene, Mazisi
南アフリカの詩人。詩集『ズールー詩集』『偉大なる帝王シャカ』など。
⇒現世文（クネーネ, マジシ　1930.5.12–2006.8.12）

Kunert, Günter
ドイツの詩人。
⇒岩世人（クーネルト　1926.3.6–）
現世文（クーネルト, ギュンター　1929.3.26–）

Küng, Hans
スイス生まれの啓蒙的カトリック神学者。
⇒岩キ（キュング　1928–）
岩世人（キュング　1928.3.19–）
オク教（キュング　1928–）
外12（キュング, ハンス　1928.3.19–）
外16（キュング, ハンス　1928.3.19–）
広辞7（キュング　1928–）
新カト（キュング　1928.3.19–）

Kunisch, Hermann
ドイツの文学史家。
⇒新カト（クーニッシュ　1901.10.27–1991.2.24）

Kunitz, Stanley Jasspon
アメリカ（ユダヤ系）の詩人。
⇒現世文（クニッツ, スタンリー・ジャスポン　1905.7.29–2006.5.14）

Kunkle, Craig D.
アメリカ海軍対潜哨戒機搭乗員。
⇒スパイ（クンクル, クレイグ・D　1949–）

Kunnas, Kirsi Marjatta
フィンランドの詩人。
⇒岩世人（クンナス　1924.12.14–）

Kunnas, Mauri
フィンランドの絵本作家。
⇒絵本（クンナス, マウリ　1950–）

Künneke, Eduard
ドイツの作曲家。『ディングスダから来たいとこ』（1921）によってドイツ・オペレッタ界の代表的存在となる。
⇒ク音3（キュンネッケ　1885–1953）
標音2（キュネッケ, エードゥアルト　1885.1.27–1953.10.27）

Kunschak, Leopold
オーストリアのカトリック政治家, 国民党の創立者。
⇒新カト（クンシャク　1871.11.11–1953.3.13）

Kuntowijoyo
インドネシアの歴史学者, 思想家, 作家。
⇒岩世人（クントウィジョヨ　1943.9.18–2005.2.22）

Kuntsler, William
アメリカの弁護士。
⇒マルX（KUNTSLER,WILLIAM　キュンスラー, ウイリアム　1919–1995）

Kunz, Erich
オーストリアのバス・バリトン歌手。
⇒オペラ（クンツ, エーリヒ　1909–1995）
新音中（クンツ, エーリヒ　1909.5.20–1995.9.8）
標音2（クンツ, エーリヒ　1909.5.20–1995.9.8）

Kunze, Michael
プラハ生まれのドイツの作家, 脚本家, 作詞家。
⇒外12（クンツェ, ミヒャエル　1943–）
外16（クンツェ, ミヒャエル　1943–）
現世文（クンツェ, ミヒャエル　1943–）

Kunze, Reiner
ドイツの作家, 翻訳家。
⇒外12（クンツェ, ライナー　1933.8.16–）
外16（クンツェ, ライナー　1933.8.16–）
現世文（クンツェ, ライナー　1933.8.16–）

Künzli, Robert
テノール歌手。
⇒魅惑（Künzli,Robert　?–）

Kunzru, Hari
イギリスの作家, ジャーナリスト。
⇒外16（クンズル, ハリ　1969–）
海文新（クンズル, ハリ　1969–）
現世文（クンズル, ハリ　1969–）

Kuo, Yung-Huai
中国の工学者。
⇒岩世人（郭永懐　かくえいかい　1909.4.4（宣統1.閏2.14）–1968.12.5）

Ku Ok-hee
韓国のプロゴルファー。
⇒外12（クオッキ　具玉姫　1956.8.1–）

Kuok Hock Nien, Robert
マレーシア, 香港の実業家。マレーシア華人。
⇒中日3（郭鶴年　1923–）

Kuo Pao Kun
中国生まれのシンガポールの劇作家, 演出家。
⇒現世文（郭宝崑　かく・ほうこん　1939–2002.9.10）

Kupala, Yanka
ベラルーシの詩人。叙事詩『オレサ河のほとり』（1933）などがある。

⇒岩世人（クバーラ　1882.6.25/7.7–1942.6.28）

Kupchan, Charles A.
アメリカの国際政治学者。
⇒外16（カプチャン, チャールズ）

Kupcinet, Irv
アメリカ・シカゴ・サン・タイムズのジャーナリスト, 地方テレビ局のパーソナリティ。
⇒マルX（KUPCINET,IRV　カプシネット, アーヴ　1912–2003）

Kuper, Simon
イギリスのサッカー・ジャーナリスト。
⇒外12（クーパー, サイモン　1969–）
⇒外16（クーパー, サイモン　1969–）

Kupfer, Harry
ドイツの演出家, 舞台装置家。
⇒外16（クプファー, ハリー　1935–）

Kupferman, Moshe
ポーランド生まれの画家。
⇒ユ著人（Kupferman,Moshe　クッファーマン, モーシェ　1926–）

Kupfernagel, Hanka
ドイツの自転車選手（シクロクロス）。
⇒最世ス（クフェルナーゲル, ハンカ　1974.3.19–）

Kupka, František
チェコの画家。
⇒岩世人（クプカ　1871.9.23–1957.6.24）
芸13（クプカ, フランティシェク　1871–1957）
広辞7（クプカ　1871–1957）

Kuprin, Aleksandr Ivanovich
ロシアの小説家。
⇒岩世人（クプリーン　1870.8.26/9.7–1938.8.25）
学叢思（クープリン, アレキサンダー　1870–?）
広辞7（クプリーン　1870–1938）
西文（クプリーン, アレクサンドル　1870–1938）
ネーム（クプリーン　1870–1938）

Kupryanov, Mikhail Vasilievich
テチューシ生まれの画家。ククルィニークシー（仲間）は, 他二人の画家と著名雑誌に掲載した政治的風刺画やポスターの合同名。
⇒芸13（クルルイニクシイ　1924–1993）
ユ著人（Kukryniksy　ククルィニークシー（仲間）　1903–）

Kuranyi, Kevin
ドイツのサッカー選手（ホッフェンハイム・FW）。
⇒外12（クラニー, ケヴィン　1982.3.2–）
⇒外16（クラニー, ケヴィン　1982.3.2–）

Kurasov, Vladimir Vasilievich
ソビエト軍の情報機関（GRU）の局長。在職1949。

⇒スパイ（クラソフ, ウラジーミル・ワシリエヴィチ　1897–1973）

Kurath, Hans
アメリカの言語学者。アメリカの言語地図の完成に努めた。
⇒岩世人（クーラス　1891.12.13–1992.1.2）

Kuratowski, Casimir
ポーランドの数学者。集合論, 位相幾何学の発展に寄与。
⇒岩世人（クラトフスキ　1896.2.2–1980.6.18）
数辞（クラトフスキー, カシミール　1896–1980）
世数（クラトフスキ, カジミエールス　1896–1980）

Kurchatov, Igor Vasilievich
ソ連の物理学者。ヨーロッパ最初の原子炉の建設, 原子爆弾の開発, 世界最初の水素爆弾の開発など, 数々の国家的事業を手がけた。1957年レーニン賞受賞, レーニン勲章受章5回, 4回にわたるソ連邦国家賞受賞。
⇒岩世人（クルチャートフ　1902.12.30/1903.1.12–1960.2.7）
現科大（クルチャートフとオッペンハイマー　1903–1960）
三新物（クルチャトフ　1903–1960）

Kurd 'Alī, Muḥanmmad
シリアの政治家, 知識人。
⇒岩イ（ムハンマド・クルド・アリー　1876–1953）
岩世人（クルド・アリー　1876–1953.4.2）

Kureishi, Hanif
イギリスの小説家, 映画脚本作家。
⇒岩世人（クレイシ　1954.12.5–）
外12（クレイシ, ハニフ　1954.12.5–）
外16（クレイシ, ハニフ　1954.12.5–）
現世文（クレイシ, ハニフ　1954.12.5–）

Kurek, Bartosz
ポーランドのバレーボール選手。
⇒最世ス（クレク, バルトシュ　1988.8.29–）

Kurenberg, Joachim von
ドイツの小説家, 劇作家。
⇒現世文（キューレンベルク, ヨアヒム・フォン　1892.9.21–1954.11.3）

Kurilov, Vladimir I.
ロシア極東国立総合大学学長。
⇒外12（クリロフ, ウラジーミル）

Kurkov, Andrei
ウクライナのロシア語作家。
⇒現世文（クルコフ, アンドレイ　1961–）

Kurlansky, Mervyn
ロンドンで活躍するグラフィック・デザイナー。ペンタグラム社共同設立者。
⇒グラデ（Kurlansky,Mervyn　カーランスキー, マーヴィン　1936–）

Kurlbaum, Ferdinand
ドイツの物理学者。熱輻射の測定を行った。
⇒岩世人（クルルバウム　1857.10.4–1927.7.29）

Kurnakov, Nikolai Semyonovich
ソ連の化学者。各種金属合金の研究で著名。
⇒化学（クルナコーフ　1860–1941）

Kurniawan, Eka
インドネシアの作家。
⇒岩世人（クルニアワン，エカ　1975.11.28–）
海文新（エカ・クルニアワン　1975–）
現世文（エカ・クルニアワン　1975–）

Kuropatkin, Alekseí Nikolaevich
ロシアの軍人。日露戦争中満州のロシア軍総司令官。
⇒岩世人（クロパートキン　1848.3.17/29–1925.1.16）
広辞7（クロパトキン　1848–1925）

Kurowski, George John（Whitey）
アメリカの大リーグ選手（三塁）。
⇒メジャ（クロウスキー，ホワイティ　1918.4.19–1999.12.9）

Kurowsky, Agnes Von
ヘミングウェイ『武器よさらば』のヒロイン，キャサリン・バークレーのモデル。
⇒ヘミ（クロースキー，アグネス・フォン　1892–1984）

Kurski, D.I.
ソ連の政治家。
⇒学叢思（クールスキー　1878–?）

Kurtág, György
ルーマニア，のちハンガリーの作曲家。
⇒岩世人（クルターグ　1926.2.19–）
ク音3（クルターグ　1926–）
現音キ（クルターク，ジェルジ　1926–）
新音中（クルターグ，ジェルジュ　1926.2.19–）

Kürten, Peter
ドイツの殺人犯。
⇒ネーム（キュルテン，ペーター　1883–1932）

Kurth, Ernst
オーストリアの音楽学者。主著 "Bruckner"（1925）。
⇒岩世人（クルト　1886.6.1–1946.8.2）
標音2（クルト，エルンスト　1886.6.1–1946.8.2）
ユ著人（Kurth,Ernst　クルト，エルンスト　1886–1946）

Kurth, Godefroid
ベルギーの歴史家。近代実証主義的ベルギー史学の建設者。主著 "Les Origines de la civilisation moderne"（2巻,1886,1911）。
⇒岩世人（キュルト　1847.5.11–1916.1.4）

Kurti, Richard
イギリスの作家。
⇒海文新（カルティ，リチャード）

Kurtulmus, Numan
トルコの政治家。トルコ副首相，トルコ公正発展党（AKP）副党首。
⇒外16（クルトゥルムシュ，ヌーマン）
世指導（クルトゥルムシュ，ヌーマン）

Kurtz, Efrem
ロシア，のちアメリカの指揮者。
⇒新音中（クルツ，エフレム　1900.11.7–1995.6.27）
標音2（クルツ，エフレム　1900.11.7–1995.6.27）

Kurtz, Katherine
アメリカの女流作家。
⇒現世文（カーツ，キャサリン　1944.10.18–）

Kurylenko, Olga
ウクライナ生まれの女優。
⇒外12（キュリレンコ，オルガ　1979–）
外16（キュリレンコ，オルガ　1979–）

Kurylowicz, Jerzy
ポーランドの言語学者。主著『インド＝ヨーロッパ語研究』（1935），『インド＝ヨーロッパ語のアクセント』（58）など。
⇒岩世人（クルィウォーヴィチ　1895.8.26–1978.1.28）

Kurys, Diane
フランスの映画監督，女優。
⇒外12（キュリス，ディアーヌ　1948.12.3–）

Kurz, Isolde
ドイツの女性小説家，詩人。H.クルツの娘。代表作『フィレンツェ短篇集』（1890）。
⇒岩世人（クルツ　1853.12.21–1944.4.5）

Kurz, Michael
テノール歌手。
⇒魅惑（Kurz,Michael　?–）

Kurz, Otto
オーストリアの美術史家。
⇒岩世人（クルツ　1908.5.26–1975.9.3）

Kurz, Sebastian
オーストリアの政治家。オーストリア首相，オーストリア国民党（ÖVP）党首。
⇒世指導（クルツ，セバスティアン　1986.8.27–）

Kurz, Selma
オーストリアのソプラノ歌手。
⇒ユ著人（Kurz,Selma　クルツ，ゼルマ　1874–1933）

Kurzweil, Baruch
モラヴィア生まれの作家，教育者。バール・イラン大学教授。

⇒ユ著人（Kurzweil,Baruch　クルツヴァイル, バルーフ　1907–1972）

Ku Sang
韓国の詩人。中央大学客員教授, 文芸振興院理事。
⇒岩世人（具常　クサン　1919.9.28–2004.5.11）
韓現文（具常　ク・サン　1919.9.28–2004）
現世文（ク・サン　具常　1919.9.28–2004.5.11）

Kusch, Polykarp
アメリカの物理学者。場の量子論の基礎を与えた。1955年ノーベル物理学賞受賞。
⇒岩世人（クーシュ　1911.1.26–1993.3.20）
三新物（クッシュ　1911–1993）
ノベ3（クッシュ,P.　1911.1.26–1993.3.20）

Kuschela, Kurt
ドイツのカヌー選手。
⇒外16（クシェラ, クルト　1988.9.30–）
最世ス（クシェラ, クルト　1988.9.30–）

Kusenberg, Kurt
ドイツの小説家, 随筆家。
⇒岩世人（クーゼンベルク　1904.6.24–1983.10.3）
現世文（クーゼンベルク, クルト　1904.6.24–1983.10.3）

Kushner, Barak
アメリカの歴史学者。ケンブリッジ大学准教授。
⇒外16（クシュナー, バラック）

Kushner, Ellen
アメリカのファンタジー作家。
⇒外12（カシュナー, エレン）
現世文（カシュナー, エレン）

Kushner, Tony
アメリカの劇作家, 演出家。
⇒岩世人（クッシュナー　1956.7.16–）
現世文（クッシュナー, トニー　1956.7.16–）

Kushnir, Anton
ベラルーシのスキー選手（フリースタイル）。
⇒外16（クシュニール, アントン　1984.10.13–）
最世ス（クシニル, アントン　1984.10.13–）

Kusiewicz, Piotr
ポーランドのテノール歌手。
⇒魅惑（Kusiewicz,Piotr　?–）

Kuske, Kevin
ドイツのボブスレー選手。
⇒外12（クスケ, ケヴィン　1979.1.4–）
外16（クスケ, ケヴィン　1979.1.4–）
最世ス（クスケ, ケヴィン　1979.1.4–）

Kussmaul, Rainer
ドイツのヴァイオリン奏者。
⇒外12（クスマウル, ライナー　1946.6.3–）

Kussudiardja, Bagong
インドネシアの創作舞踊家, 踊り手。
⇒岩世人（クスディアルジャ, バゴン　1928.10.9–2004.6.11）

Küster, Ernst
ドイツの植物学者。ボン大学教授。
⇒岩生（キュスター　1874–1953）
岩世人（キュスター　1874.6.18–1953.7.6）

Küstner, Karl Friedrich
ドイツの天文学者。ボン天文台長（1891～1926）。恒星の子午線観測を行い, 恒星表を刊行。
⇒岩世人（キュストナー　1856.8.22–1936.10.15）
天文大（キュストナー　1856–1936）

Kusturica, Emil
ボスニア・ヘルツェゴビナの映画監督。
⇒岩世人（クストリツァ　1954.11.24–）
映監（クストリッツァ, エミール　1954.11.24–）
外12（クストリッツァ, エミール　1954.11.24–）
外16（クストリッツァ, エミール　1954.11.24–）

Kusumokesowo, Raden Tumenggung
インドネシアのジャワ島中部スラカルタの伝統舞踊の名手。
⇒岩世人（クスモケソウォ　1909–1972）

Kusznierewicz, Mateusz
ポーランドのヨット選手。
⇒外16（クシニエレウィッチ, マテウス　1975.4.29–）
最世ス（クシニエレウィッチ, マテウス　1975.4.29–）

Kutcher, Ashton
アメリカの俳優。
⇒外16（カッチャー, アシュトン　1978.2.7–）

Kuti, Fela
ナイジェリアの音楽家。
⇒岩世人（クティ　1938.10.15–1997.8.2）
広辞7（クティ　1938–1997）
新音中（クティ, フェラ　1938.10.15–1997.8.2）

Kuti, Seun
ナイジェリアのミュージシャン。
⇒外16（クティ, シェウン　1982–）

Kutscher, Arthur
ドイツの演劇学者。主著『演劇学綱要』（2巻, 1932～36）。
⇒岩世人（クッチャー　1878.7.17–1960.8.29）

Kutscher, Volker
ドイツの作家。
⇒海文新（クッチャー, フォルカー　1962.12.26–）
現世文（クッチャー, フォルカー　1962.12.26–）

Kutschera, Franz von
ドイツの哲学者,言語哲学者,論理学者。
⇒岩世人（クッチェラ 1932.3.3-）

Kutta, Wilhelm Martin
ドイツの数学者,物理学者。
⇒数辞（クッタ,ウィルヘルム・マティン 1867-1944）
世数（クッタ,マルティン・ヴィルヘルム 1867-1944）

Kutter, Hermann
スイスのプロテスタント神学者。チューリヒの牧師(1898～1926)。
⇒岩世人（クッター 1863.9.12-1931.3.22）
新カト（クッター 1863.9.12-1931.3.22）

Kuttner, Max
ドイツのテノール歌手。数多くの歌劇場に出演、またラジオ放送,レコードなどで活動したが、1933年ユダヤ系のためドイツを追われた。
⇒魅惑（Kuttner,Max 1880-?）

Kuttner, Stephan George
ドイツ生まれのアメリカの教会法史学者。
⇒新カト（クットナー 1907.3.24-1996.8.12）

Kuula, Toivo
フィンランドの作曲家。主作品『オーケストラのための二つの東ボトニア組曲』。
⇒新音中（クーラ,トイヴォ 1883.7.7-1918.5.18）

Kuusinen, Hertta（Elina）
フィンランドの政治家。
⇒岩世人（クーシネン 1904.2.14-1974.3.18）

Kuusinen, Otto Vil'gel'movich
フィンランドの革命家,のちソ連の政治家。
⇒岩世人（クーシネン 1881.9.22/10.4-1964.5.17）
広辞7（クーシネン 1881-1964）
ネーム（クーシネン 1881-1964）

Kuusisto, Mauno
フィンランドの国民的人気歌手。
⇒失声（クーシスト,マウノ 1917-2010）

Kuusisto, Pekka
フィンランドのヴァイオリン奏者。
⇒外12（クーシスト,ペッカ 1976-）

Kuyper, Abraham
オランダの改革派神学者,政治家。1880年アムステルダム自由大学創設、神学教育に尽力。
⇒岩世人（カイペル(カイパー) 1837.10.29-1920.11.8）
オク教（カイパー 1837-1920）
新カト（カイパー 1837.10.29-1920.11.8）

Kuyt, Dirk
オランダのサッカー選手（フェイエノールト・FW）。
⇒外12（カイト,ディルク 1980.7.22-）
外16（カイト,ディルク 1980.7.22-）
最世ス（カイト,ディルク 1980.7.22-）

Kuze, Josip
クロアチアのサッカー監督。
⇒外12（クゼ,ヨジップ 1952.11.13-）
最世ス（クゼ,ヨジップ 1952.11.13-2013.6.16）

Kuzkovski, Joseph
ロシア(ユダヤ系)の画家。
⇒ユ著人（Kuzkovski,Joseph クツコヴスキー,ヨセフ 1902-1970）

Kuzmin, Mikhail Alekseevich
ロシアの詩人,小説家。詩集『アレクサンドリアの歌』(1906)ほか。
⇒岩世人（クズミーン 1875.10.6/18-1936.3.1）

Kuzmina, Anastazia
スロバキアのバイアスロン選手。
⇒外12（クズミナ,アナスタシア 1984.8.28-）
外16（クズミナ,アナスタシア 1984.8.28-）
最世ス（クズミナ,アナスタシア 1984.8.28-）

Kuzmuk, Oleksandr
ウクライナの政治家,軍人。ウクライナ副首相・国防相。
⇒世指導（クズムク,オレクサンドル 1954.4.17-）

Kuznecov, Vasilij
ロシアのエスペランティスト。
⇒日エ（クズネツォフ 1899?-?）

Kuznets, Simon Smith
ロシア生まれのアメリカの経済学者、統計学者。1971年ノーベル経済学賞受賞。主著 "National Income : A Summary of Findings" (1946)など。
⇒岩経（クズネッツ 1901-1985）
岩世人（クズネッツ 1901.4.30-1985.7.8）
広辞7（クズネッツ 1901-1985）
社小増（クズネッツ 1901-1985）
ネーム（クズネッツ 1901-1985）
ノベ3（クズネッツ,S.S. 1901.4.30-1985.7.9）
有経5（クズネッツ 1901-1985）
ユ著人（Kuznets,Simon Smith クズネッツ,サイモン・スミス 1901-1985）

Kuznetsov, Anatoliy Vasil'evich
ソ連の小説家。第二次世界大戦中のキエフでのナチス＝ドイツの暴虐をえがいた『バービイ＝ヤール』(1966)のほか、『伝説のつづき』(1965)などのある。
⇒現世文（クズネツォフ,アナトリー・ワシリエヴィチ 1929.8.18-1979.6.13）

Kuznetsov, Fedor Fedotovich
ソビエト軍の情報機関（GRU）の局長。在職1943～46。
⇒スパイ（クズネツォフ,フョードル・フェドトヴィチ 1904-1979）

Kuznetsov, Lev Lentievitch
ロシアのテノール歌手。
⇒魅惑（Kuznetsov,Lev Lentievitch　1944–）

Kuznetsov, Pavel Varfolomeevich
ロシアの象徴主義の画家。
⇒岩世人（クズネツォーフ　1878.11.5/17–1968.2.21）

Kuznetsov, Sergei Il'ich
ロシアの歴史学者。
⇒外12（クズネツォフ，セルゲイ・イリイチ　1956–）

Kuznetsova, Svetlana
ロシアのテニス選手。
⇒外12（クズネツォワ，スベトラナ　1985.6.27–）
　外16（クズネツォワ，スヴェトラナ　1985.6.27–）
　最世ス（クズネツォワ，スヴェトラナ　1985.6.27–）

Kvirkelia, Manuchar
ジョージアのレスリング選手（グレコローマン）。
⇒外12（クリルクベリア，マヌシャル　1978.10.12–）
　最世ス（クリルクベリア，マヌシャル　1978.10.12–）

Kvitová, Petra
チェコのテニス選手。
⇒外12（クヴィトヴァ，ペトラ　1990.3.8–）
　外16（クヴィトヴァ，ペトラ　1990.3.8–）
　最世ス（クヴィトヴァ，ペトラ　1990.3.8–）

Kwahulé, Koffi
コートジボワールの作家，演劇人。
⇒海文新（クワユレ，コフィ　1956–）
　現世文（クワユレ，コフィ　1956–）

Kwak Jae-young
韓国の映画監督，脚本家。
⇒外12（ファクジェヨン　1959–）
　外16（ファクジェヨン　1959–）

Kwak Ji-min
韓国の女優。
⇒外12（ファクチミン　1985.2.13–）
　韓俳（ファク・チミン　1985.2.13–）

Kwak Kyung-taek
韓国の映画監督，脚本家。
⇒外12（ファクキョンテク　1966–）
　外16（ファクキョンテク　1966.5.23–）

Kwak Tae-hwi
韓国のサッカー選手（アル・ヒラル・DF）。
⇒外12（カクテヒ　郭泰輝　1981.7.8–）
　外16（カクテヒ　郭泰輝　1981.7.8–）
　最世ス（カクテヒ　1981.7.8–）

Kwalwasser, Jacob
アメリカの音楽心理学者，音楽教育学者。
⇒標音1（クワルワッサー，ジェーコブ　1894.2.27–1977.8.7）

K'wan
アメリカの作家。
⇒海文新（クワン）
　現世文（クワン）

Kwan, Kevin
シンガポール生まれのアメリカの作家。
⇒現世文（クワン，ケビン）

Kwan, Michelle
アメリカのフィギュアスケート選手。
⇒外12（クワン，ミシェル　1980.7.7–）
　外16（クワン，ミシェル　1980.7.7–）

Kwan, Nancy
香港生まれの女優。
⇒ク俳（クワン，ナンシー　1938–）

Kwan, Stanley
香港生まれの映画監督。
⇒岩世人（クワン　1957.10.9–）
　映監（クワン，スタンリー　1957.10.9–）
　外12（クワン，スタンリー　1957.10.9–）
　外16（クワン，スタンリー　1957.10.9–）

Kwan, Tak Hing
中国生まれの俳優。
⇒岩世人（クワン・タッヒン　1905.6.27（光緒31.5.25）–1996.6.28）

Kwang Hee
韓国の歌手。
⇒外12（グァンヒ　1988.8.25–）

Kwang-soo
韓国の歌手。
⇒外12（グァンス　4.22–）

Kwan Pak-huen
香港の映画監督，撮影監督。
⇒アニメ（関柏煊　クァン・パクフェン　1952–）

Kwaśniewski, Aleksander
ポーランドの政治家。ポーランド大統領（1995～2005），ポーランド社会民主党党首。
⇒岩世人（クワシニエフスキ　1954.11.15–）
　外12（クワシニエフスキ，アレクサンデル　1954.11.15–）
　世指導（クワシニエフスキ，アレクサンデル　1954.11.15–）
　世人新（クワシニエフスキ　1954–）
　世人装（クワシニエフスキ　1954–）

Kwee Kek Beng
インドネシアの華人ジャーナリスト，作家。
⇒岩世人（クウェ・ケック・ベン　1900.11.6–1975.5.31）

Kwee Tek Hoay
インドネシア（中国系）の文学者，宗教家。

⇒岩世人（クウェ・テックホイ　1886–1951.7.15）

Kwek Leng Beng
シンガポールの実業家。
⇒外16（クェック・レンベン　1941–）

Kwiechen, Mariusz
ポーランドのテノール歌手。
⇒外12（クヴィエチェン, マリウシュ）
　外16（クヴィエチェン, マリウシュ）

Kwik Kian Gie
インドネシアの経済評論家、企業経営者。
⇒岩世人（クウィック・キアン・ギー　1935.1.11–）
　世指導（クウィック・キアン・ギー　1935.1.11–）

Kwok, Aaron
香港生まれの俳優。
⇒外12（クォック, アーロン　1965.10.26–）
　外16（クォック, アーロン　1965.10.26–）

Kwok, Albert Fen Nam
北ボルネオのサバ（現マレーシア領）の抗日ゲリラ指導者。
⇒岩世人（クウォック　1922–1944.1.21）

Kwok, Derek
香港の映画監督、脚本家。
⇒外16（クォック, デレク）

Kwok, Dylan
台湾の俳優。
⇒外12（クォ, ディラン　1977.6.8–）

Kwok Ping-sheung, Walter
香港最大級の不動産企業集団であるサンフンカイ・プロパティーズ・グループの代表。
⇒現アジ（郭炳湘　1950–）

Kwon, Hae-hyo
韓国の俳優。
⇒外12（クォン, ヘヒョ　1965.11.6–）
　韓俳（クォン・ヘヒョ　1965.11.6–）

Kwon Chol-hyun
韓国の政治家, 行政学者。韓国国会議員（ハンナラ党）、駐日韓国大使。
⇒外12（クォンチョルヒョン　權哲賢　1947.1.2–）
　外16（クォンチョルヒョン　權哲賢　1947.1.2–）
　世指導（クォン・チョルヒョン　1947.1.2–）

Kwon Ki-Sun
韓国の女優。
⇒韓俳（クォン・ギソン　1960.5.10–）

Kwon Min-joong
韓国の女優。
⇒外12（クォンミンジュン　1976.4.27–）
　韓俳（クォン・ミンジュン　1976.4.27–）

Kwon O-gi
韓国のジャーナリスト。韓国副首相、統一院長官、東亜日報社長。
⇒世指導（クォン・オギ　1932.12.10–2011.11.3）

Kwon Oh-Joong
韓国の男優。
⇒韓俳（クォン・オジュン　1971.11.24–）

Kwon Oh-Min
韓国の男優。
⇒韓俳（クォン・オミン　1996.10.14–）

Kwon O-kyu
韓国の政治家。韓国副首相・財政経済相。
⇒外12（クォンオギュ　權五奎　1952.6.27–）
　世指導（クォン・オギュ　1952.6.27–）

Kwon Sang-woo
韓国の俳優。
⇒外12（クォンサンウ　1976.8.5–）
　外16（クォンサンウ　1976.8.5–）
　韓俳（クォン・サンウ　1976.8.5–）

Kwon So-hyun
韓国の歌手。
⇒外12（クォンソヒョン　1994.8.30–）

Kwon Yeo-sun
韓国の作家。
⇒現世文（クォン・ヨソン　權汝宣　1965–）

Kwon Yong-woon
韓国の男優。
⇒韓俳（クォン・ヨンウン　1966.5.3–）

Kyaw Nyein, U
ビルマ（ミャンマー）の政治家。ビルマ副首相。
⇒岩世人（チョーニェイン　1915–1986）

Kydland, Finn K.
アメリカの経済学者。
⇒外12（キドランド, フィン　1943–）
　外16（キドランド, フィン　1943–）
　ノベ3（キドランド, F.K.　1943.12.1–）
　有経5（キドランド　1943–）

Kyeon Mi-ri
韓国のタレント。
⇒韓俳（キョン・ミリ　1964.9.19–）

Kye Sun-Hi
北朝鮮の柔道選手。
⇒岩韓（ケ・スンヒ　1979.8.2–）
　外12（ケースンヒ　1979.8.2–）
　外16（ケースンヒ　1979.8.2–）
　最世ス（ケースンヒ　1979.8.2–）

Kyhle, Magnus
スウェーデンのテノール歌手。
⇒魅惑（Kyhle,Magnus　1959–）

Kyi Maung
ミャンマー（ビルマ）の政治家。ミャンマー国民

民主連盟（NLD）副議長。
⇒世指導（チー・マウン　1920.12.20–2004.8.19）

Kyl, Jon
アメリカの政治家。
⇒**外12**（カイル, ジョン　1942.4.25–）

Kylián, Jiří
チェコのダンサー, 振付家, 監督。
⇒**岩世人**（キリアン（キリアーン）　1947.3.21–）
　外12（キリアン, イリ　1947–）
　外16（キリアン, イリ　1947.3.21–）

Kyuhyun
韓国の歌手。
⇒**外12**（キュヒョン　1988.2.3–）

Kyu-jong
韓国の歌手。
⇒**外12**（キュジョン　1987.2.24–）

Kyung Joon
韓国の男優。
⇒**韓俳**（キョンジュン　1979.5.19–）

外国人物レファレンス事典
20世紀 Ⅲ(2011-2019) 1 欧文名 [A-K]

2019年12月25日　第1刷発行

発　行　者／大高利夫
編集・発行／日外アソシエーツ株式会社
　　　　　　〒140-0013 東京都品川区南大井6-16-16 鈴中ビル大森アネックス
　　　　　　電話 (03)3763-5241（代表）FAX(03)3764-0845
　　　　　　URL　http://www.nichigai.co.jp/
発　売　元／株式会社紀伊國屋書店
　　　　　　〒163-8636 東京都新宿区新宿 3-17-7
　　　　　　電話 (03)3354-0131（代表）
　　　　　　ホールセール部（営業）電話 (03)6910-0519

　　　　　電算漢字処理／日外アソシエーツ株式会社
　　　　　印刷・製本／株式会社平河工業社

不許複製・禁無断転載　　　　　　《中性紙三菱クリームエレガ使用》
〈落丁・乱丁本はお取り替えいたします〉
ISBN978-4-8169-2803-1　　Printed in Japan, 2019

本書はディジタルデータでご利用いただくことができます。詳細はお問い合わせください。

外国人物レファレンス事典
20世紀 第Ⅱ期（2002-2010）

20世紀に活躍した世界史上に登場する外国人が、どの事典にどんな表記で載っているかを一覧できる総索引。人名事典・歴史事典・専門事典など83種118冊の事典から、57,000人の人名見出しを収録。

1-2 欧文名
A5・2分冊　セット定価（本体74,000円＋税）　2011.12刊

3 漢字名
A5・310頁　定価（本体23,500円＋税）　2012.1刊

4 索引
A5・950頁　定価（本体37,000円＋税）　2012.1刊

外国人物レファレンス事典
古代-19世紀Ⅲ（2010-2018）

古代～19世紀の外国人が、どの事典にどのような見出しで収録されているかを一覧できる総索引。国内の主要な人名事典、歴史事典、百科事典など56種65冊から、38,000人の人名見出しを収録。

1-2 欧文名
A5・2分冊　セット定価（本体60,000円＋税）　2019.1刊

3 漢字名
A5・500頁　定価（本体25,000円＋税）　2018.12刊

4 索引
A5・780頁　定価（本体35,000円＋税）　2019.2刊

西洋美術作品レファレンス事典　第Ⅱ期
版画・彫刻・工芸・建造物篇

B5・910頁　定価（本体77,500円＋税）　2019.7刊

西洋美術全集に掲載された版画、彫刻、オブジェ、工芸品、建造物などの図版1万点の索引。作家ごとに作品名とその掲載全集名のほか、作品の素材、技法、寸法、制作年代、所蔵先、図版の所在等のデータがわかる。

データベースカンパニー
日外アソシエーツ

〒140-0013　東京都品川区南大井6-16-16
TEL.(03)3763-5241　FAX.(03)3764-0845　http://www.nichigai.co.jp/

収録事典一覧

(前見返しの続き)

略号	書　名	出版社	刊行年月
19仏	カリカチュアでよむ19世紀末フランス人物事典	白水社	2013.6
シュル	シュルレアリスム辞典	創元社	2016.4
書道増	書道辞典 増補版	二玄社	2010.12
辞歴	辞書びきえほん 歴史上の人物	ひかりのくに	2011.3
新オペ	新オペラ鑑賞事典	有楽出版社	2012.10
新音小	新編 音楽小辞典	音楽之友社	2004.2
新音中	新編 音楽中辞典	音楽之友社	2002.3
新カト	新カトリック大事典 1〜4, 別巻	研究社	1996.6〜2010.9
新佛3	新・佛教辞典 第三版	誠信書房	2006.5
人文地	人文地理学辞典 普及版	朝倉書店	2012.7
数辞	数学辞典 普及版	朝倉書店	2011.4
数小増	数学小辞典 第2版増補	共立出版	2017.5
スター	501 映画スター	講談社	2009.4
図哲	図解哲学人物＆用語事典	日本文芸社	2015.9
スパイ	スパイ大事典	論創社	2017.5
図翻	図説 翻訳文学総合事典 2〜4巻 原作者と作品(1)〜(3)	大空社	2009.11
世暗	世界暗殺者事典	原書房	2003.2
精医歴	精神医学歴史事典	みすず書房	2016.7
政経改	国際政治経済辞典 改訂版	東京書籍	2003.5
西文	西洋文学事典	筑摩書房	2012.4
精分岩	精神分析事典	岩崎学術出版社	2002.3
精分弘	新版 精神分析事典	弘文堂	2002.3
世演	世界演劇辞典	東京堂出版	2015.11
世界子	世界子ども学大事典	原書房	2016.12
世建	世界の建築家図鑑	原書房	2012.10
世史改	世界史用語集 改訂版	山川出版社	2018.12
世指導	事典 世界の指導者たち―冷戦後の政治リーダー3000人	日外アソシエーツ	2018.5
世人新	新版 世界史のための人名辞典	山川出版社	2010.6
世人装	新装版 世界史のための人名辞典	山川出版社	2014.4
世数	世界数学者事典	日本評論社	2015.9
世帝	世界帝王事典	新紀元社	2015.11
世発	世界の発明発見歴史百科	原書房	2015.9
戦ア大	戦後 アメリカ大統領事典	大空社	2009.2
戦思	戦略思想家事典	芙蓉書房出版	2003.10
タイ	タイ事典	めこん	2009.9